殷周金文集成引得

張亞初　編著

中　華　書　局

圖書在版編目(CIP)數據

殷周金文集成引得/張亞初編著. -北京:中華書局,2001.7
(2012.8 重印)
ISBN 978-7-101-02888-1

Ⅰ.殷… Ⅱ.張… Ⅲ.金文-商周時代-索引 Ⅳ.
K877.3

中國版本圖書館 CIP 數據核字(2001)第 23717 號

責任編輯:鄭仁甲

殷周金文集成引得
張亞初 編著
*
中華書局出版發行
(北京市豐臺區太平橋西里 38 號 100073)
http://www.zhbc.com.cn
E-mail:zhbc@zhbc.com.cn
北京瑞古冠中印刷廠印刷
*
787×1092 毫米 1/16 · 100¼印張 · 2 插頁 · 2659 千字
2001 年 7 月第 1 版 2012 年 8 月北京第 2 次印刷
印數:2501-4000 冊 定價:358.00 元

ISBN 978-7-101-02888-1

目　　録

序　言 …… 1
凡　例 …… 1
《殷周金文集成》釋文 …… 1
部首表 …… 181
單字排序便覽 …… 185
殷周金文集成引得 …… 225
《金文編》《引得》收字對照表 …… 1479
《引得》新收字一覽表 …… 1505
《殷周金文集成》單字出現頻度表 …… 1511
筆劃檢索 …… 1545
後　記 …… 1577

序　　言

自宋代以來，商周青銅器和銘文，陸續發現、增多。出于觀摩和研究的需要，每一個時代總會有滙總、集録金文資料的書籍問世。宋代的《歷代鐘鼎彝器款識法帖》、清代的《攈古録金文》、民國年間的《三代吉金文存》，都是這樣的代表作。中國社會科學院考古研究所編纂的《殷周金文集成》，僅拓本部分就有十八巨册，已經陸續出齊。它匯集了古今中外公私出土和收藏的青銅器銘文拓本約一萬兩千件，是迄今爲止資料收集最爲完備、編纂最爲科學、印制最爲精美的、最有代表性的金文總集。這部巨著的問世，在金文學科研究史上樹立了一塊新的里程碑。

隨着經濟建設高潮的到來，必然會掀起一個文化建設的高潮。從某種意義上來説，《集成》的印行，有它時代的必然性。筆者從1978年開始，經于省吾師等師友的極力薦舉、在夏鼐先生的熱心督促下，克服了不少困難，才得以從遼寧金縣一個農村中學調到北京，進入考古所《殷周金文集成》編纂組，欣逢其會，參加了這一太平盛世之作的編纂。

編纂工作是緊張而艱苦的，其艱辛程度局外人是難以體會到的。一天忙下來，往往累得筋疲力盡，晚上想搞點業餘研究也没有精神。儘管如此，自己不甘寂寞，選擇了《商周古文字源流疏證》這個題目，利用零星時間，斷斷續續，堅持不懈地撰寫了約80萬字。在撰寫過程中，我深切地體會到，金文學科的建設，把所有的金文拓本彙集在一起，固然重要，但要得心應手地利用這些資料，光做這一項工作是遠遠不夠的。除了拓本總滙以外，還必須在這個基礎上，編寫新的釋文、新的分類索引、新的字典、新的辭典、新的引得等等。這不但是個人研究的迫切需要，也是整個學科發展與繁榮的必要條件。

編纂組在完成十八册拓本的編纂之後，部分同志立即着手做釋文。我在完成釋文分工的同時，又額外進行其它工作。有鑒于人手少和工作量過大，引得並没有列入集體工作項目。而我個人則覺得這項工作又非做不可。儘管引得的艱難程度是令人望而生畏的，我還是知難而進。從1989年開始，我毅然放下手頭的《疏證》工作，先着手做引得工作。從那時至今，一直到1994年年底，引得工作基本告成。今年上半年，又對它作編號、檢索等後期加工。今年八月底，終于完成了全書的後期工作，可以交付中華書局出版了。

從1989年算起，此書編纂耗時達六年半之久，時間不短。由于《集成》工作緊張，白天坐班工作，引得只能利用業餘時間來做。每天挑燈夜戰，至多只能搞四、五個小時。如果兩天折合一個工作日的話，六年半只相當于三年多。其中又做了不少雜事，也占用了不少時間。這三百多萬字的大東西，在三年左右的時間內，能夠憑借手工勞動來完成，從這個角度講，又應該説是比較快的了。比較快的原因主要有兩條：一是自己對事業有一種執着精神，經得起商海大潮的誘惑，甘心坐冷板凳，甘心過清貧生活，多次謝絶能獲取豐厚稿酬通俗小册子的編寫工作，雷打不動地幹，以獻身精神鞭策自己，以愚公精神激勵自己。所以，才感動了"上帝"，克服了重重困難，終于在不太長的時間內達到了預期目的。二是得益于自己多年從事《集成》的編寫工作。在工作過程中，我對銘文資料和古文字經過了多年的摸索與思考。這樣，不但釋讀銘文能駕輕就熟，而且對大量疑難問題的處理，由于有平時的基礎，也能較快較好地予以解決。

周法高先生先後組織人力編寫了《金文詁林》和《金文詁林補》。該書以容庚先生《金文編》的單字爲基礎，移録篆字形體，摘録該字的銘文辭條，彙集各家對該字的説解，文末間或加以評點。這是一部對古文字學者十分有用而不可或離的工具書。周氏不愧是金文學研究的功臣。《金文詁林》對每個字摘録該字在銘文中的辭條，是與我們所編的引得相類似的。但與我們所編的引得相比，它存在以下三點不足：

一、引用資料不全：受《金文編》的影響，傳世摹本材料基本上没有利用。文後雖然把見于《兩周金文辭大系圖録考釋》收録的若干件器作了增補，也不解決問題。《金文編》對戰國文字（主要是兵器銘文）的收録也是相當少的。這一缺點，周氏之書也不能幸免。至于《集成》所收一萬二千件的銘文中，約有五分之一（約兩千餘件）是未見著録的新資料，就更是周氏基本上還未能見到的，更可補充很多資料，包括新的單字和新的辭條；

二、歸納辭條不全：周書對所用資料辭條的歸納並没有做到每辭必録，屬于有選擇的舉例式的。這對要求通過該書來全面檢索資料，以期達到對該字在所有銘文中的用法更加全面瞭解，就遠不能滿足要求。我們所編的引得，則做到每辭必録，務求其全，以方便讀者使用；

三、檢索不便：《金文編》的主要缺點有兩條，一是在一個字頭下，往往混列幾個不同文字的形體；二是同一個文字，既見于正編，又見于附録。以《金文編》爲基準的《金文詁林》受此局限，對讀者全面檢索文字和辭條，都帶來不便。而且《金文詁林》在同一個字頭下，辭條分别見于前後，新出資料又得再到《詁林補》中去翻檢，也都給讀者使用造成困難和不便。

如果説，周氏二詁（《詁林》和《詁林補》）在一個相當長的時期內，曾經起過積極作用的話，在金文新資料大量增多、《集成》對出土和傳世資料進行系統整理並全面滙集出版的今天，爲適應金文研究的需要，以單字爲經、以辭條爲緯的新的金文引得的編纂，就勢在必行。這一工作，對金文學研究的發展，肯定會起到積極的推動作用，並受到學術界的歡迎。當然，新的字典、新的辭典、新的集釋等項工作，也都有待于進行。我們所編的金文引得是一項基礎性的工作，對新的字典、辭典等項工作的開展，必將起到有力的推動作用。

編纂引得的基礎，是對金文單字的準確辨認。經過對《集成》所録銘文資料反覆審核和逐一清理之後，我們歸納出金文單字總數 4 972 個字。必須指出，這個統計數不能視爲絶對。不同的學者，對單字有不同的認識，其所作單字統計數，肯定不會一樣。之與齒、之與重，《金文編》曾分置于正編與附録。前二字認爲是不認識的文字。這樣，它們分别歸作四個字。時至今日，隨着研究的逐步深入，學術界已經一致認爲，是齒的整體象形。之作重是豎筆的假借重合。它們分别爲早晚字。這種認識上的變化，對單字統計便直接産生影響。目前，把與齒列在一起，與重定爲一字，已經達成共識，不會産生什麽異議。我們就巳經作此處理。有些字，明知其爲早晚字，由于考慮到學術界還没有統一認識，如果把它們歸併成一個字，使用者在查找時可能會産生困難。下面舉與己、、與成兩個例子來談談。是己的象形初文，是絲束整理之象，後世作紀，訓理①。曲筆之出于書寫方便而由曲筆改爲直筆，便成己。、己都是紀的早期初文，是一個字而不是兩個字。成字熟悉甲骨文的人都知道是从戌、从丁聲。但金文之、由于丁字的位置與卜辭不同，遂成爲不認識的新字了。成字是用斧鉞砍下敵人的首級（丁爲顛頂之頂的初文本字，這里代表人頭）的會意兼形聲字②。這兩個金文形體正是用斧（戌）砍下人頭（丁）而在戰争中取得成功和成就的生動寫照。過去單純把成字看作形聲字的認識是不全面的。把其所從的丁字解釋爲釘和朾，也都缺乏依據而不能成立。上述原始的己和成字，我們認爲與一般的己和成字按理説應該分别歸入一個字頭下面，以一個字來處理。儘管如此，我們出于目前學術界的不同認識和接受能力的考慮，不得不還是把它們分列成不同的單字。這樣，統計起來，統計數比實際應有的單字數就要多一些。這種情况，估計有幾十個字。

另外，《集成》分册定稿的過程較長。每册定稿以後，陸續有新的銘文資料出土和發表。到目前爲止，巳發表而《集成》没有來得及整理出版的新銘文，巳經有幾百件。例如，蔡公子頒戈的頒字、目鼎之目（盯）字（卜辭有此字，銘文首見）、晉侯斷毁的斷字、鍤字(从金、从圅省聲)、𨰻鐘之𨰻(𣀓)、敀、䶵(竽)、礨等,都是新出現的金文單字。可補的新單字,估計也要近四、五十了。

目前所見金文單字總數,包括新發表而《集成》没有來得及收的新器銘文,如果用4 972加五十來表示,應是大體符合當前的實際情況的。金文單字總數大約在5 000上下。過去,我們曾對《金文編》所收單字作過統計:正編收2 333個,附録收889個,二者合計爲3 222個字。放寬一點看,總數不超過3 300。《集成》所收單字數4 972,與3 222或3 300相比,顯然已不可同日而語了,大約增加了三分之一。這個數字是驚人的。這樣看來,《金文編》的再增訂已經是刻不容緩了。我們在引得中對金文單字所作的歸納、整理和辨認,對再版《金文編》,無疑具有重要的參考價值,爲《金文編》的再版打下了一個較好的基礎。

在4 972個金文單字中,我對其中的一千多個字提出了新認識。新識字有的括注在單字字號下,釋文依舊用原篆或原篆隸定字。有的則直接據此認識而作出釋文辭條。對這些新識字有必要作一些解釋。這一千多個新字情況比較複雜,不能一一加以闡述,下面分十二類作一扼要説明:

一、利用金文裝飾美化的特點釋字:金文作爲子孫永寶用的青銅器藝術品的一個組成部分,具有很強的裝飾意識。例如,族氏銘文經常採用對稱、合書、陰陽文交錯等書寫方式。北單作、馬豕作,就是對稱和合書的例子。過去,我們曾把"西單光"、"單光"之釋爲光③,認爲光字左右對稱而共用一個火字頭。這一認識已被較多學者所接受。瞭解和掌握了這個字的書寫方式和特點,舉一反三,以下幾個字也就比較容易確認。字應即令(左右對稱的兩個人共用一個令字頭)、字應即蚰(左右對稱的兩個虫身共用一個虫腦袋)④。對稱繁構的令字舊誤釋爲卿、蚰(虫)誤釋爲羊,都不可信。安陽婦好墓出土銅器銘文,好字的女旁對稱重出作。相同情況亦見于、等字。前者爲欶字繁文,後者爲叩字繁文。字則是山與東兩個偏旁組成的合體字,山是陽文、東是陰文,陰陽交錯對舉⑤。字形是崠,應無疑問。崠字舊訓山脊。山字置于東之上,山脊之意更顯。古代書法藝術家爲追求藝術性,把筆劃簡化、拉直,𤔲字竟寫成了(《金文編》1 035:047)。這種大膽的抽象表現手法,令衆多的學問家們都爲之瞠目。其實,這種表現形式還見于其它幾個字。只要互相比照,深思熟慮,就不難揭其底蘊。金文考釋必須注意到金文的固有特點,否則,有些字就理解不了,解决不好。

二、利用由繁趨簡規律釋字:金文,特别是族氏銘文,更原始、更象形,構形比同時代的文字要更繁複些。例如戒字,一般講作雙手捧戈或一手持戈形,以表戒備意。《説文》戒訓警戒當不誤。族氏銘文之戒多作𢦏形,作一直立人形執戈警戒的整體會意。婦好墓器銘作𢦤形,兩面各有一人用手執戈,以拱衛中間的大人(奴隸主),警戒守衛之意更明顯。一銘文作一人手中持戈而佇立于門口以警戒守衛，猶如今日之武裝門衛。這些字形繁複多變，但其基本結構是手執戈以表示警戒，所以都應釋戒。後者或釋寇，不足信。是爰(援)。爲扶。、則都已由整體會意轉變爲局部會意。對這兩個字早晚形體的認識，目前意見比較一致。直到戰國時期，在新鄭出土的韓國兵器銘文中，扶還作，猶存古形。但對這個字，還是缺乏認識的。按照上面兩個字推定，它就是後來的𠬪字，《説文》訓"物落上下相付"。它的整體會意字，正是上下相付的象意寫照。𠬪是從它省變而來。由繁趨簡的字，爲數不少，謎即誺、棤即棋、楒即梖、楜即剖[⑥]等等，都屬這種情況。

三、利用由簡趨繁規律釋字：劉釗同志認爲，夛即敖、眉𡱂即㞒、殿[⑦]，是十分正確的。㖯即𣪊(㱿)、孛即敦，也是由簡趨繁之例。攴旁、殳旁作爲表示行爲的意符，有時隨意增損。陶文之賣即𣪠、漢印之豪即毅，皆其例。甲骨文、金文之、就是孛字的初文，上面加上聲符丰得孛，再增表示行爲的殳旁就演變成敦字[⑧]。殺字也是先見𠬝，後見从攴的𢻱。㖯之演變爲𣪊，尚難以證實。也有可能㖯爲𣪊的省體。無論屬哪種情況，我們把㖯、𣪊定爲一字，孛、敦定爲一字，𠬝、𢻱定爲一字，應該説是没有問題的。此外，甲骨文、金文之，爲舊所不識。隸定成㑒，就可知其爲僉字初文。《集韻》以㑒爲儉。其實㑒是僉的初文，儉是僉的孳乳字。㑒之作僉，亦屬由簡趨繁之例。

四、利用偏旁通轉規律釋字：豨毁之豨，楊樹達曾根據希、豕義近而考定爲豨字[⑨]，十分正確。《金文編》採用遵即蹲説，也是很好的形旁通作之例。高明先生對義近偏旁通轉情況曾作過較全面的整理，歸納出 32 種類型[⑩]。實際還不止這些，例如𩛥即眮、𩞁(𩟄)即矇，是省旁、目旁通用的例子，就不屬于 32 種之中[⑪]。由此可見，義近偏旁通轉現象，在古文字中確實存在，而且相當普遍。金文之遇即踽、遉即踶(辵、足通)，遱即趣(辵、走通)，㪊即咭、𣢾即㖞(欠、口通)，嗙即謗(口、言通)、㪚即披，𢿏即攏、𢿚即摜、敹即操、㕚即抹(支、扌通)，𢪛即振、𢍏即抦(收、扌通)，鼄即螬(黽、虫通)，盨即甂、𥂰即瓮(皿、瓦通)，𠮷即盌、𥁕(口皿通)，等等，數量很多。盌形器自名爲𠮷。𠮷之釋盌當然没有問題。其它的通轉雖然没有辭例作證，因爲它們符合通轉規律，而且後世又有與之對應的文字可銜接，這樣的考訂也應視爲具有充足的理由。

五、利用音近偏旁通轉規律釋字：除了義近偏旁通轉外，音近偏旁也常見通轉。䵺之作頂，聲旁鼎、丁通轉，可由《説文》頂字籀文作䵺爲證。過去贅字被人與釐字混爲一談。柯昌濟氏提出，贅爲賚字(《古文字研究》13 輯 469 頁)，令人耳目一新。𠩺、來一音之轉。山東之萊，在銘文中作𠩺(《集成》8.4313)，正是𠩺、來通轉之佳證。在銘文中，音近偏旁通轉者，還可舉出以下數例：絔即縆(白、百通)、𣪠即𥫽(匕、比通)、𥘡即衲(入、内通)、仦即仯(小、少通)、𧃀即𢹔(萬、蠆通)、𨤲即理(𠩺、里通)、痄即瘥(左、差通)、狂即猩(同上)、需即懦(需、靈通)、遡即趞(栜散通)、戡即匙(柶)(甚、是通)、賢即稽(從稽省聲,韻、稽通)[12]、欣即掀(斤、欣通)等等,數量亦頗可觀,並不是偶然現象。

六、利用正確隸定釋字:在偏旁分析的基礎上,正確地隸定文字,是能否正確認字的前提條件。、二字从、从止,據甲骨文徒字、坐字、衔字所從的土作,按虛實無別來看,知其也爲土。从土从止聲便是址。字从口、从大即吳,是喧嘩之嘩或譁。文字正是一人張大嘴巴作喧嘩狀。吳字《玉篇》訓大聲是正確的。㱿和觶銘文从弓、从吳,我們隸定爲弫。有的學者把它與从弓从大的引字初文混爲一字,是不妥的。它應該是形容弓聲的一個字。燮(榮)子旅之燮或作營,下从一個圓圈。由雍己合文或作、雍之或作售可知,或可省爲○。故營即从燮、从省,應釋營,把營與燮等同起來的認識是不正確的。卜辭之亦當釋營,是金文營字的早期形體。字舊釋播。播字早期作敹、晚期作敽,都與此字字形不同。它左从巾市(此二字形義皆近,故偏旁可通)、从四點、右从反文,表示巾市衣屬敗壞之意,應該改釋爲敝。如果釋敹,其下的巾市字形就無法作出合理解釋。

七、利用甲骨文偏旁釋字:字中間的人持刀、下从月,應是刖字的整體會意字。《説文》:"刖,絶也,从刀、月聲。"刖本義是斷足,故或體作跀,原本是斷足的刑罰名。"絶"是它的引申義。正因爲是刑名,所以在金文中外面加一表示牢獄之象的形,説明施刖刑于牢獄中的犯人或奴隸。从刀、从月聲之刖是它的後起簡化字。卜辭早期刖字另一種寫法,是用刀或鋸把人一足截斷的會意字[13]。从文字發展角度看,銘文之形聲字要晚于這種會意字。在甲骨文中,形除了表示牢獄外,也用來表示女陰。(冥、挽、娩)就是表示用雙手在女陰處助産、接生。分娩時,除個别難産外,通常情況是産兒的頭部(丁、頂)先出。冥字中間的"口"(丁即頂)就是表示接生時先見産兒的頭頂。金文之字舊視爲不識字,其實它是从子、从冥省的㝃字,正是後來从子的挽字的初文。它直接在女陰中間書一"子"字,接生的雙手被省略,所以比較難以辨認。這是娩字的另一種寫法。卜辭習見以冥爲挽,而未見从子的挽,故金文从子的挽字形體形同陌路,被視爲不認識的怪字了。字可隸定爲荤。在戰國古璽文中,正有从艸的荤[14]。荤字不見于後代字書。按,卜辭幸、執二字可通用,故荤可釋蓺。蓺字《集韻》訓草不生,从艸、从執聲,聲中兼義,會草不生之義。幸是梏的本字,从艸、从梏,也能表示草不生義[15]。

八、利用晚期文字形體釋字:字釋脊,可从戰國秦漢文字找到根據。古璽文脊字作、睡虎地秦簡脊作[16],它們上面所从的、很明顯是从金文之省變來的。在商代,它是脊骨的象形字。發展到戰國時期,已演變成从脊骨形、从肉的會意字。戰國兵器銘文之瘠所从的脊字上面變作亦,是以亦爲聲[17]。這就進而變成从肉、从亦聲的形聲字。先秦文字中的脊字的變化軌跡是:由象形到會意,再到形聲。秦漢時期脊字上从𠦬，又是一變。今天的脊形就是从它直接省變來的。《説文》："脊，背也，从𠦬，从肉"。"𠦬、背吕也，象脅肋形"。許慎是根據秦漢的字形來分析的。"象脅肋形"之説是正確的。金文象形的脊字，李孝定説："象魚脊之形，字不可識"⑱。他雖然从字形上朦朧地意識到可能與脊字有關，由于没有找到論證的依據，不清楚脊字通變的情況，所以最終解决不了它的釋讀問題。應該説，這個字由推想到考定，古璽文等脊字古形起了關鍵作用。

□、□、□是同一個文字的三種繁簡形體。後者與《侯馬盟書》所見兟(先)氏之"先"形同⑲。兟(先)氏就是《左傳·昭公元年》所載"商有姺(侁)邳"之"侁"。雖然對它的構形我們還説不清楚，其音讀應該説已經由盟書得以解决。此字爲區别于習見的从止、从人的先，我們隸定爲侁。唐蘭等學者把它隸定爲"先"，雖無不可⑳，但以侁作隸釋，應更準確。因爲□、□是侁氏的專用字。侁氏之侁作先，已屬假借。殺字作□、□，可隸定爲㒤、敚，後者見于《玉篇》殺字古文。前者頭部作三叉形，加若干小點，以會殺戮而鮮血流淌意。後者則加攴，表示殺戮的行爲。㒤、敚兩種字形，其所从的侁字旁是關鍵部分。侁、殺二字都是山母字，聲母相同，音讀相近。殺字利用侁來造字，可能因爲侁曾經是商代最主要的敵人。這種判斷如能成立，那麼，不但爲殺字的構形找到了較好的解釋，同時，也爲□之釋侁又進一步提供了佐證。對□、□過去曾有争議，至今人們的認識也還未取得一致。現在根據晚出的盟書資料，可以使不同的認識得以統一。這又是利用晚期文字考訂早期文字的一例。

九、利用《説文》釋字：《説文》歷來被視作研究小學和古文字的不祧之祖。《説文》與古文字的關係及怎樣利用《説文》來考釋古文字，學者多有論述，毋須贅言。這裏僅舉兩三個例子。

《説文》要字云："身中也，象人要自臼之形"。要即腰字初文，字形"象人腰自臼之形"。《金文編》以□爲要(167頁)。這個字雙手所掬持者是角。在原始的農牧社會里，牲畜曾經是主要財富的象徵。計算辨法是數多少個"角"，表示多少頭牲畜。所以古人造字時"數"字用雙手逐一把持獸角、清點財富來表示。中山王器"方數百里"之"數"之上部即"數"字古文(曾見于殷墟卜辭)。銘文下从言，則表示數數而出聲，已是後起增繁體。《金文編》所引之"要"，上从古"數"字，下从女，應是从女、从"數"聲的婁字，即摟抱女子之摟的初文本字。釋要是不正確的。金文有要字作□，正是許慎所説的"象人要(腰)自臼之形"，字作雙手卡腰形，"視而可識，察而見意"，無需多作解釋。《説文》"□、臾曳也，从申、丿聲"。曳即拽字初文，訓拖、拕、引。在金文中作□，象一人用雙手拕拖木耒形，是把木耒从土內拔出來的會意字。《説文》對字形的分析不對，但它保留的曳字字形與金文相近，釋義也是正確的。金文中有一個怪字，作□，爲舊所不識。我們與《説文》保留的次字古文作相比較，發現二者的構形上部基本相同，只不過金文下部的訛變成了。《汗簡》次作，下部之與形更接近，正是二者形變的中介。這個字釋次當無問題。金文中另一，則是的省體，也應當釋次字。可見《説文》保存下來的古文字形對考釋古文字多麽有價值。《説文》溝通古今文字的作用由此可見一般。

十、利用後代字書釋字：甲骨文、金文都有和，羅振玉釋果，郭沫若釋桀、葉，然"皆未可確證"[21]。按，果字金文作、[22]，桀字上从世[23]，作止字三竪劃上加三圓形飾點[24]，而以止爲其聲，都與此字字形相去甚遠。這個字的形體在宋代的字書中有所保存。《集篆古文韻海》卷一、六脂虆作、欙作。纍虆兩個聲旁字上面都是三個近似的小圓圈，與甲骨、金文之形體相同。可隸定爲枲。是碩果纍纍的象形。枲从糸作絫，也是爲了進一步表示連緜不絶和衆多意。其後厽改作畾則由象形轉變成形聲了。《説文》"、絫坺土爲牆壁，象形"。厽是枲之省。"絫坺土爲牆壁"的説法是不正確的，應該改爲"厽、碩果累累，象形"。从厽的字均有增多義。厽、絫、累都是的後起字。卜辭"貞，叀不枲唯執，亘其枲唯執"（乙 5303）。貞卜對亘方是否能累有所獲。枲釋累正合文意[25]。

壽縣所出的吳王殘鐘銘中有一個字作，兩圓或合書寫成。這個字極爲難認。所以有的學者疑其爲臨字，只能作一猜測。很明顯，它與臨字形體有很大的不同。《汗簡》卷三有字，通過這個形體的分析，可以解開其釋讀之謎。《汗簡》此字釋舒。金文之字由人、（予）、舟三部分組成。《汗簡》之字以、（予）、、舟四部分組成。按，是亻旁的譌變。則是（予）旁的重出。形與金文之合書省筆字形正相吻合。字下面的竪劃應是"予"旁之下筆。配兒勾鑃舒作即其證。如果這種分析不誤，那麽《汗簡》舒之繁體字，實際上也是由人、予、舟三部分組成的。金文中的這個怪字應當釋爲舒字。這一釋文驗之于銘文，也正相符。銘文爲"吳王光逗之穆曾（贈）舒金，青吕（鋁）専皇，台（以）作寺吁龢鐘"（《集成》1.223—224 第一組）。"舒金"即産于或得于舒地之金。群舒所在的安徽等地區，正是盛産金（銅）之地，古銅礦遺址已有多處發現。可證此字釋舒于銘文也十分適合。

後代的字書中的文字，幾經傳抄翻刻，有時文字形體是會産生訛誤的。我們在太倉年會論文中曾經指出，宋代字書中的戜是戭（輜）的誤字，甾字上面的三道曲劃在傳抄翻刻時丢失了。从戈从田是不可能構成輜字的。只有从戈（代表軍事）、从甾聲，才能形成輜字。我們釋戜爲庚壺之戭，正是出于對甾、田二字形近易訛的考慮。由此可見，對戜、這類字，應該抓住其本質特徵而作靈活的分析與運用。過分機械、刻板地看待這類材料，無異于作繭自縛。《説文》大家都比較熟悉，在認字方面，開發、利用得比較充分。很多目前所存在的疑難字，應該擴大視野尋找新的綫索。我們所釋（、幹、聲符倝後加)等字,都是受宋代字書材料啟發而有所收獲的。

十一、利用文獻記載釋字:《左傳·僖公五年》所載"江、黄、道、柏方睦於齊",江、黄銅器銘文較多。道國僅見于甗鼎銘文"師雍父省道至于㝬(胡)"(《集成》5.2721,陳夢家先生首次指出此道即道國)。柏國銅器銘文以前一直没有發現。郲子誰臣戈(《集成》17.11253)之郲字,左旁梟作上下結構,从木、从白聲,與卜辭之柏字同形,故即柏字。邑化便成郲。柏子即柏國君主。這是柏國君主所作目前僅見的一件柏國銅器。《左傳》阮刻本柏作栢。由銘文可證,栢是柏的俗字,應以柏爲正。

"王羨之戈"(《集成》17.11015)之"王羨",就是冉鉦鋮(同上 2.428)"羨子孫余冄鑄此鉦鋮"之"羨"。由"余處此南疆"銘文可證,"王羨"是越王名。"余以伐徐"之辭表明,其年代在灭吳之後。有的學者誤以爲羨是歎詞之嗟,而把余冄鉦定爲吳器,並進而把余冄類比爲吳王柯轉[26],國别、年代都有可商。越國君主自勾踐以下累見于銘文,鼫與即者旨(諸稽)於睗、盲姑即丌北古、朱句即州句、諸咎即者彶。諸咎以下諸君還未見于銘文。諸咎下面的越王名,《竹書紀年》稱孚錯枝,《越世家》索隱引《紀年》作錯枝。羨字从火、从差省聲。錯枝就是羨的對音。王羨就是文獻記載中的越王錯枝,在位僅一年(375 B·C)。余冄稱"羨子孫余冄",余冄的年代自當晚于公元前 375 年。"子孫"之稱指子以下的諸後裔。如果是羨之子,就是無余之(又稱莽安),其下的無顓也有爲余冄的可能。余冄稱"余處此南疆",从口氣看,應該是越國的一代君主。他不是無余之,就是無顓。年代爲戰國中期,與鉦的形制的年代是符合的。總之,羨與余冄確定爲越國君主後,銘文中又增加了兩個越王名。這對越國史、乃至對整個戰國史的研究,都是有價值的。

十二、利用古代習俗釋字:銘文最常見的詞語"眉壽"之"眉"作、。《金文編》237 頁把此字與眉毛之眉併作一字。該文字構形是用水冲洗腦袋(頁),故人形前後都有水滴,呈水淋淋之狀。周法高已經指出:"容氏以此字列入篆文眉字下,非是"[27]。周氏的意見是對的。後來,林澐同窗將它改釋爲沬,指出:"該字應該是沬(古代沬、沐兩字通用)字的原始寫法"[28]。起初,我覺得釋沬有一定道理。後來仔細一想,發現釋沬也有問題。我出于以下四點考慮,認爲應該釋沐。

1. 沬字《説文》訓"洒面",即洗臉,除面垢。而此字形不是洗臉,而是洗整個腦袋,頁(首)旁前後都有水滴(沬字在頁後从不加飾水點)。《説文》沐訓濯髮,即去首垢,此與銘文釁(亹)構形相符,而與沬字構形不符。沬與釁一爲洗臉、一爲濯髮,在字形上是有明顯不同的;

2. "沐浴"是一個常見詞語。它在古代不但是一種習俗,而且是周禮中的一個重要組成部分。《周禮·天官·女御》:"大喪掌沐浴"、《宫人》:"共(供)王之沐浴"、《儀禮・士昏禮》:“夙興,婦沐浴纚笄”、《禮記・檀弓下》:“沐浴佩玉則兆”㉙。古代常見字之一的沐在銘文中毫無反應,是不應有的現象;

3. 古代“釁浴”或作“疊浴”,“釁”、“疊”都是鬒、釁的後起字。“釁浴”即“沐浴”。“釁浴”二字連文,是“釁”釋“沐”的最直接而有力的證據㉚;

4. 沐、沬二字古音相近。古無輕脣音,沬古讀與沐同。二字可相通假。《淮南厲王長傳》之“沬風雨”即“沐風雨”。沐之假作“眉”,猶沐之可假作沬。以沐釋“眉壽”之釁,並無任何障礙。从林氏括注“古代沬、沐兩字通用”這一點看,似乎也曾有以釁爲沐的考慮,但在沬沐二者間没有作出正確選擇,未達一間,殊爲可惜。

上面,我們對新認識的若干字分十二種情况作了簡要的説明。本書作爲資料性的引得,不是以考釋文字爲目的,不可能對文字做逐一詳明的考述。但是,識字是編纂這本書的基礎,當然不可避免地要表明我們對文字的認識。相當數量文字的新認識,很可能會使讀者在使用時産生若干疑問。因此,對這些情況作一交待,看來是必要的。至于所釋文字的對與錯,仁者見仁,智者見智,作爲學術問題可以再探討。好在無論對與錯,作爲一種代號,把它們分别歸納在一起,便于讀者查找使用,能達到這個目的,就符合工具書的要求了。

像島邦男的《殷墟卜辭綜類》和姚孝遂、肖丁主編的《殷墟甲骨刻辭類纂》那樣,每個辭條都有原篆對照,讀者比較容易審核,自然是較好的編纂體例。金文引得按此法編撰,自然是再好不過的。但是,這一工作量較之卜辭還要大,决不是憑個人之力在短期内所能完成。今後有志之士是可以來做這件工作的。我想,當務之急是先把比較準確、可靠的經隸定後的引得搞出來,供學術界使用。好在隸釋如有疑問,按照辭條後面的出處,找《集成》來覆核,也並不困難。我相信,這樣的問題肯定會有,但不至于會很多。

由于編纂的過程較長,作者前後對文字的認識有一個發展過程,對個别文字的釋讀曾作過部分調整。我們對該字本字字頭及其下屬的辭條作了重新抄寫,並對其它字頭辭條中相應字的釋讀也作了盡可能的校正。有可能個别地方没有能改正過來。萬一發現有歧異處,應以本字字頭及其下的辭條釋文爲準。個别銘文艱澀之器,學者後來曾有較好的考釋。對此,我們有的盡可能採納,有的已難于據此而作較大改動,只好一仍其舊。這是不無遺憾的。尚希讀者見諒。

内人紀喜春在本書的編纂過程中,協助做了資料分類整理、剪貼、編碼、打號等大量煩瑣的具體工作。爲了支持我歸隊搞專業,在調動工作不成的情况下,她忍痛辭去了正式工作,隨同來京做臨時工。多年來,她默默地承受着精神上的痛苦與經濟上的壓力。在身患重病的情况下,還拖着病軀,儘量支持和協助我工作。没有她的理解和支持,我將會一事無成。一首歌頌軍人妻子的歌詞説道:“軍功章上有我的一半,也有你的一半”。《集成・引得》一書，不是一般意義上所説的她應該擁有一半，而是名副其實地應該擁有一半——真正屬于她的一半。

本書的編纂出版，得到了本組同仁和中華書局許多同志的很多鼓勵和幫助，書此以誌謝。

1995 年 8 月 30 日張亞初于北京寓邸

注　釋

① 己爲紀字初文。參陳初生《金文常用字典》1151 頁所引王獻唐説。

② 天作[illegible]，□象人顛頂。甲骨文之冥(娩)字之□，表示分娩時産兒先出之頭頂。此字之丁，也是用作頭頂之頂而表示人腦袋的。

③ 張亞初、劉雨《商周族氏銘文考釋舉例》，《古文字研究》第七輯 36 頁。

④ 此字暫釋蝕，不排除釋虫字的可能。蝕、虫都可作族氏人名。這種對稱裝飾手法亦見于青銅器紋飾。

⑤ 此字構形情況與族氏名甫字相同。上部爲陽文、下部爲陰文的甫字舊以爲不識。李孝定指出:“疑甾之異構，圃之古文也”，十分正確，參李孝定、周法高、張日昇《金文詁林附録》769 頁 2339 器。

⑥ 誎、剖均採唐蘭説，參《西周青銅器銘文分代史徵》242 頁、143 頁。剖字商代卜辭作利(詳于省吾《甲骨文字釋林》394 頁)。西周早期从刀、从桮省聲(即从棓省聲)。後來又簡化爲从刀从音聲。此乃由簡至繁，又由繁趨簡之例。

⑦ 詳劉氏博士論文《古文字構形研究》，待刊。

⑧ 㝅字《説文》訓乳，《廣雅・釋詁》訓生。《説文段注》云:“㝅、乳也，上文之乳謂生子也。此乳者謂既生而乳哺之也”。享字从子从口、子向口旁，正是哺乳嬰兒的會意字。卜辭“告王享于祖乙、于妣⧄”(《甲骨文合集》17996)，此享引申爲子孫繁衍。此爲大事，故必卜告于其祖妣。

⑨ 參《積微居金文説》《新識字之由來》“義近形旁任作”條。

⑩ 參高明《中國古文字學通論》上編第三章第三節《意義相近的形旁互爲通用》。

⑪ 參徐中舒主《甲骨文字典》857 頁⿱罒豕釋冡。冡蒙古本一字。⿱罒豕字曾見《篇海》，音蒙，訓覆網，應有所據。所以⿰食⿱罒豕、⿰食冡即饛，就是後世之矇。

⑫ 嵇字的考定，可糾正徐鉉《説文》新附字“奚氏避難，特造此字，非古”之説。此字西周晚期就已出現。

⑬ 參《甲骨文字典》1159 頁。

⑭ 羅福頤主編《古璽文編》372 頁 2259 號璽“莑坨”，莑爲氏名，與銘文之莑作族氏名正相符。

⑮ 《唐韻》藙訓草生多貌，應是草不生的反訓。

⑯ 《古璽文編》587 頁 5569 號璽，陳振裕、劉信芳《睡虎地秦簡文字編》145 頁。此外，漢帛書、漢印之脊也有書作此形的。

⑰ 迹从亦聲，迹、脊音近字通。《詩・正月》“有倫有脊”，《春秋繁露・深察名號》脊引作迹。

⑱ 《金文詁林附録》761(2333)。

⑲ 參張頷《侯馬盟書》字表 338 頁甝字條。

⑳ 參《西周青銅器銘文分代史徵》257 頁。

㉑ 參徐中舒主編《甲骨文字典》654 頁。

㉒ 見《金文編》395 頁。

㉓ 同上 400 頁。

㉔ 參于省吾《甲骨文字釋林》461 頁。于先生云:"世字的造字本義,係于止字上部附加一點或三點,以別于止,而仍因止字以爲聲(止、世雙聲)"。

㉕ 卜辭有𣎆字。从枼、从主,若干主以表示若干世,這是世字的另一種會意結構。金文之𣎆即𣎆字,已變成了形聲字。枼、世音近字通。金文之𣎆就作世字用。𣎆、𣎆、世三字演變是一脈相承的。

㉖ 董楚平《吳越徐舒金文集釋》365—372 頁,浙江古籍出版社,1992 年。

㉗ 《金文詁林》1161 頁。

㉘ 《古文字研究簡論》46 頁,吉林大學出版社,1986 年。

㉙ 參符定一《聯緜字典》三巳 28"沐浴"條,中華書局,1983 年。

㉚ 參朱起鳳《辭通》卷二十一 2245 頁,一屋入聲 47 頁。長春古籍書店,1982 年。釁浴或連文、或對舉。舊注皆以釁(釁、釁)假作薰來説解。釁浴謂即以香薰草藥塗身洗澡。其實,像《國語・齊語》"三釁三浴"之釁,以釁本字來釋讀爲沐,沐與浴對舉更適合文意。本字可用,無須乞靈于通假。釁浴即沐浴。這一詞語古今相承。

凡　　例

一、本書是中國社會科學院考古研究所所編《殷周金文集成》的配套書。資料依據《集成》1—18册。引用資料後面的出處幾點幾，即《集成》第幾册第幾號器。

二、本書主要由《殷周金文集成》的釋文、單字表、引得和附録四部分組成。釋文目前有考古所集體編寫與筆者個人所作兩種，但兩者從體例（直譯、意譯）、釋字、句逗、補缺等方面，都有質的區别。二者當可互相補充，並行不悖。

三、對銘文可隸定者隸定之。部分篆字爲便于書寫刊印，據該字字形的大略加以隸寫，例如，所謂“亞醜”之“醜”，書作𩲃，正面直立人形兩手執干戈者隸作𡚬，蝙蝠形字書作蝠等。其中，𩲃實即召，𡚬即戎，是可識之字。蝠類字則帶有假設符號性質，尚待考訂。部分隸定字，爲便于讀者辨認對照，在該字的字號下，先寫原篆，後寫隸定字。實在難以隸定者，按原篆字形書寫。

四、文字的隸定，儘量與《集成》保持一致。部分字採用了學術研究的最新成果，例如，⺈爲尺、𧘇爲裼、眉爲屖、倿爲催等。同時，也包括了編者個人的研究成果，例如，𨐨爲嶂、鄔爲鄴、萈爲芫、𣬉爲匙（柶）等。故本書與《集成》釋字有不盡相同之處。

五、在釋文中，有時括注直接寫出應該釋讀的分化字與常用假字，例如，“邁年”之“邁”下括注“萬”。

六、爲便于檢索，書前列有部首表。書後備有筆劃檢索。各辭條按部首歸類。各部文字字頭按筆劃由少到多的先後順序排列。無法隸定不能定筆劃者，附于每部的後面。分部據字形自然歸納。個别的部首分部參照《説文》而定。共分413部。

七、每一字頭下所列辭條，以《集成》中該字先後出現在器銘中的順序爲序。每一器銘中該字出現一至若干次，按銘文先後順序摘録。每辭條前標明器號，以與上下器出現者相區别。

八、同銘數器辭例相同者，僅録其一，在引文前注明從幾號器至幾號器。

九、個別疑僞文字、後刻文字及補遺文字，在引文前後加括號説明。原則上，秦統一(221B・C)後的文字不作釋文與引得。

十、個別器銘重出者，亦加注説明。

十一、結構不同的異體字，及目前尚難取得統一認識的異構字形，原則上分别單列，但在括注中注明其爲某字，供讀者參考。

十二、個别有争議的合文，例如⿰阝尊(尊彝)、⿰玄鳥(玄鳥)亦列爲字頭，於字頭後括注説明爲二字合文。一般的合文都按應該讀爲幾個字而釋出幾個字。常見情況“夫=”(大夫)、“孫=”(子孫)之類合文，不再另作一一説明。

十三、凡文字釋讀疑而不能决者，在字後加問號“?”。

十四、本書出于疏通古文字流變之考慮，而在字號下注明其本字及後起形體，例如，“⿰京月”字下注“影”、“詋”字下注“咒”、“䚻”字下注“謠”、“⿸疒邑”字下注“悒”等等。僅供讀者參考。

十五、少數字出于形體不同和查找方便的考慮，分别置于兩個部首之中。初見和重見的字後面分别括注“又若干號”、“同若干號”。引得條文則只收在首見字字號下，重見字號不作重複處理。

《殷周金文集成》釋文

1.1 於

1.2 用享

1.3 其台

1.4 永寶用

1.5 天尹乍(作)元弄

1.6 天尹乍(作)元弄

1.7 自乍(作)其走(奏)鐘

1.8 宋公戌之謌(歌)鐘

1.9 宋公戌之謌(歌)鐘

1.10 宋公戌之謌(歌)鐘

1.11 宋公戌之謌(歌)鐘

1.12 宋公戌之謌(歌)鐘

1.13 宋公戌之謌(歌)鐘

1.14 己(紀)侯虓乍(作)寶鐘

1.15 留爲叔虢禾(龢)鐘

1.16 益公爲楚氏龢鐘

1.17 麖(麋)侯自乍(作)龢鐘用

1.18 魯邍乍(作)龢鐘,用享考(孝)

1.19 旨賞公卂訧(咭)之甬(用)鐘

1.20 倗友,兆其萬年臣天〔子〕

1.21 奠(鄭)井叔乍(作)霝(靈)龠(龢)鐘,用妥(綏)賓

1.22 奠(鄭)井叔乍(作)霝(靈)龠(龢)鐘,用妥(綏)賓

1.23 中義乍(作)龢鐘,其萬年永寶

1.24 中義乍(作)龢鐘,其萬年永寶

1.25 中義乍(作)龢鐘,其萬年永寶

1.26 中義乍(作)龢鐘,其萬年永寶

1.27 中義乍(作)龢鐘,其萬年永寶

1.28 中義乍(作)龢鐘,其萬年永寶

1.29 中義乍(作)龢鐘,其萬年永寶

1.30 中義乍(作)龢鐘,其萬年永寶

1.31 內(芮)公乍(作)從鐘,子孫永寶用

1.32 內(芮)公乍(作)鑄從鐘之句(鈎)

1.33 內(芮)公乍(作)鑄從鐘之句(鈎)

1.34 戎趄摶武,敢(敷)內(入)吳疆,卷(惓)乍(作)禾(龢)〔鐘〕

1.35 福無疆,媨(髮)其萬年,子子孫孫永寶

1.36 覞仲乍(作)朕文考釐公大鍴(林)寶鐘

1.37 秦王卑(俾)命競墉,王之定,救秦戎

1.38 唯䂂(荆)篙(曆)屈栾(夕),晉人救戎於楚競(境)

1.39 朕皇考叔旅魚父,豐㚇(㚇)降多福無疆

1.40 年無疆,龠事朕辟皇王,眉壽永寶

1.41 年無疆,龠事朕辟皇王,眉壽永寶

1.42 楚公冡自鑄鍚(錫)鐘,孫孫子子其永寶

1.43 楚公冡自乍(作)寶大歖(林)鐘,孫子其永寶

1.44 楚公冡自乍(作)寶大歖(林)鐘,孫孫子子其永寶

1.45 楚公冡自乍(作)寶大歖(林)鐘,孫孫子子其永寶

1.46 昆疕王貯(鑄)乍(作)龢鐘,其萬年子孫永寶

1.47 鑄侯求乍(作)季姜朕(媵)鐘,其子子孫孫永享用之

1.48 宮令宰僕賜粤白金十匀(鈞),粤敢拜䭫首

1.49 侃先王,先王其嚴(儼)在帝左右,斁狄(逖)不龏(恭),數數㚇㚇,降〔余多福無疆〕

1.50 鼄(邾)君求吉金,用自乍(作)其龢鐘、龢鈴,用處大政

1.51 余武于戎攻(功),霝(靈)聞,用樂嘉賓、父兄、大夫、倗友

1.52 八月初吉,日唯辰,王子嬰次自乍(作)□鐘,永用匽(宴)喜(饎)

1.53 唯王正月,初吉丁亥,楚王領(領)自乍(作)鈴鐘,其聿(律)

其言(歆)

1.54 走乍(作)朕皇祖、文考寶龢鐘,走其萬年,子子孫孫,永寶用享

1.55 乍(作)朕皇祖、文考寶龢〔鐘〕,其萬年,子子孫孫,永寶用享

1.56 走乍(作)朕皇祖、文考寶龢鐘,走其萬年,子子孫孫,永寶用享

1.57 走乍(作)朕皇祖、文考寶龢鐘,走其萬年,子子孫孫,永寶用享

1.58 走乍(作)朕皇祖、文考寶龢鐘,走其萬年,子子孫孫,永寶用享

1.59 唯鄀正二月,鄀公敄人自乍(作)走(奏)鐘,用追孝于厥皇祖哀公、皇考晨公,用祈眉壽,萬年無疆,子子孫孫,永寶用之

1.60-3 唯王元年,三月既生霸庚申,叔氏在大廟,叔氏令史歔召逆,叔氏若曰:逆,乃祖考許政于公室,今余賜女(汝)毌五、錫戈彤屡(蘇),用糶于公室,僕庸臣妾、小子、室家,毋又(有)不聞智(知),敬乃夙夜,用甹(屏)朕身,勿瀍(廢)朕命,毋彖(墜)乃政,逆敢拜手稽(頡)

1.64 受(授)余通彔(禄)、庚(康)龛、屯(純)右(祐),廣啟朕身,勴(擢)于永令(命),用寓光我家,受☐

1.65 兮仲乍(作)大鍗(林)鐘,其用追孝于皇考己(紀)伯,用侃(衎)喜(饎)前文人,子子孫孫,永寶用享

1.66 兮仲乍(作)大鏷(林)鐘,用追孝于皇考己(紀)伯,用侃喜前文人,子孫永寶用享

1.67 兮仲乍(作)大鏷(林)鐘,其用追孝于皇考己(紀)伯,用侃喜前文人

1.68 兮仲乍(作)大鏷(林)鐘,其用追孝于皇考己(紀)伯,用侃喜前文人,子孫永寶用享

1.69 兮仲乍(作)大薔(林)鐘,其用追孝于皇考己(紀)伯,用侃喜前文人,子孫永寶用享

1.70 兮仲乍(作)大鏷(林)鐘,其用追孝于皇考己(紀)伯,用侃喜

1.71 兮仲乍(作)大鏷(林)鐘,其用追孝于皇考己(紀)伯,用侃喜前文人,子孫永寶用享

1.72 唯正月初吉丁亥,楚王賸(媵)邛(江)仲孀(芈)南龢鐘,其眉壽無疆,子孫永保用之

1.73-4 唯王正月,初吉庚申,自乍(作)永(咏)命(鈴),其眉壽無疆,敬事天王,至于父蜆(兄),以樂君子,江漢之陰陽,百歲之外,以之大行

1.75 唯王正月,初吉庚申,自乍(作)永(咏)命(鈴),其眉壽無疆,敬事

1.76-7 唯王正月,初吉庚申,自乍(作)永(咏)命(鈴),其眉壽無疆,敬事天王,至于父蜆(兄),以樂君子,江漢之陰陽,百歲之外,以之大行

1.78-9 唯王正月,初吉庚申,自乍(作)永(咏)命(鈴),其眉壽無疆,敬事天王,至于父蜆(兄),以樂君子,江漢之陰陽,百歲之外,以之大行

1.80-1 唯王正月,初吉庚申,自乍(作)永(咏)命(鈴),其眉壽無疆,敬事天王,至于父蜆(兄),以樂君子,江漢之陰陽,百歲之外,以之大行

1.82 單伯㫚生(甥)曰:不(丕)顯皇祖剌(烈)考,徠匹之王,爯堇(勤)大令(命),余小子肇帥井(型)朕皇祖考懿德,用保奠

1.83 唯王五十又六祀,返自西旚,楚王酓(熊)章乍(作)曾侯乙宗彝,寞之于西旚,其永時(持)用享,穆商,商

1.84 乍(作)曾侯乙宗彝,寞之于西旚,其永時(持)用享,少羿(羽)反,宮反

1.85 唯王五十又六祀,返自西旚,楚王酓(熊)章乍(作)曾侯乙宗彝,寞之于西旚,其永時(持)用享

1.86 鼄(邾)大(太)宰欉子斂(掠),自乍(作)其衸(扣)鐘,擇其吉金膚(鏞)呂(鋁),斂(掠)用祈眉壽多福(福),萬年無疆,子子孫孫,永保用享

1.87 唯王六〔月〕,初吉壬午,鼄(邾)叔之伯☐友擇左(厥)吉金,用鑄其龢鐘,以乍(祚)其皇祖、皇考,用旂(祈)眉壽無疆,子子孫孫,永賨(保)用享

1.88 唯正月初吉丁亥,虘乍(作)寶鐘,用追

孝于己伯，用享大宗，用濼（樂）好賓，虘眔蔡姬永寶，用卲大宗

1.89 唯正月初吉丁亥，叡乍（作）寶鐘，用追孝于己伯，用享大宗，用濼（樂）好賓，叡眔蔡姬永寶，用卲大宗

1.90-1 用追孝于己伯，用享大宗，用濼（樂）好賓，叡眔蔡姬〔永寶〕

1.92 首，敢對揚天子不（丕）顯休，用乍（作）朕文考釐伯龢薔（林）鐘，叡眔蔡姬永寶

1.93 唯王正月，初吉丁亥，攻敔仲冬戲之外孫、坪之子臧孫，擇厥吉金，自乍（作）龢鐘，子子孫孫，永保是從

1.94 唯王正月，初吉丁亥，攻敔仲冬戲之外孫、坪之子臧孫，擇厥吉金，自乍（作）龢鐘，子子孫孫，永保是從

1.95 唯王正月，初吉丁亥，攻敔仲冬戲之外孫、坪之子臧孫，擇厥吉金，自乍（作）龢鐘，子子孫孫，永保是從

1.96 唯王正月，初吉丁亥，攻敔仲冬戲之外孫、坪之子臧孫，擇厥吉金，自乍（作）龢鐘，子子孫孫，永保是從

1.97 唯王正月，初吉丁亥，攻敔仲戲之外孫、坪之子臧孫，擇厥吉金，自乍（作）龢鐘，子子孫孫，永保是從

1.98 唯王正月，初吉丁亥，攻敔仲戲之外孫、坪之子臧孫，擇厥吉金，自乍（作）龢鐘，子子孫孫，永保是從

1.99 唯王正月，初吉丁亥，攻敔仲戲之外孫、坪之子臧孫，擇厥吉金，自乍（作）龢鐘，子子孫孫，永保是從

1.100 唯王正月，初吉丁亥，攻敔仲冬戲之外孫、坪之子臧孫，擇厥吉金，自乍（作）龢鐘，子子孫孫，永保是從

1.101 唯王正月，初吉丁亥，攻敔仲冬戲之外孫、坪之子臧孫，擇厥吉金，自乍（作）龢鐘，子子孫孫，永保是從

1.102 陸螭（融）之孫邾公釿，乍（作）厥禾（龢）鐘，用敬恤盟祀，旂（祈）年眉壽，用樂我嘉賓，及我正卿，揚君霝（靈），君以萬年

1.103 遅（遲）父乍（作）姬齊姜龢薔（林）鍾（鐘），用卲乃穆穆不（丕）顯龍（寵）光，乃用祈匄多福，侯（遲）父眔齊萬年眉壽，子子孫孫亡（無）疆寶

1.104 〔初〕吉甲戌，王命〼周，王若曰：㝬〔生〕（甥）

1.105 〔㝬〕生（甥）拜手韻首，敢對揚王休，㝬生（甥）用乍（作）穆公大鐘（林）鐘，用降多福，用喜沠（侃）前文人，用祈康㝹、屯（純）魯，用受〼

1.106 唯八月甲申，楚公逆自乍（作）夜雷鎛，厥格（名）曰身枷（恤），爲□舌屯，公逆其萬年又（有）壽，□師□身，孫子其永寶

1.107-8 唯正二月初吉，王歸自成周，膺（應）侯見工遺（饋）王于周，辛未，王各于康，焚（榮）伯內（入）右（佑）膺（應）侯見工，賜彤弓一、彤矢百、馬四匹，見工敢對揚天子休，用乍（作）朕皇祖膺（應）侯大薔（林）鐘，用賜眉壽、永命，子子孫孫永寶用

1.109-10 井人人妄曰：覭（景）盄（淑）文祖、皇考，克質（哲）厥德，得屯（純）用魯，永冬（終）于吉，妄不敢弗帥用文祖、皇考，穆穆秉德，妄憲憲聖趬（爽），疐處宗室，肄（肆）妄乍（作）龢父大薔（林）鐘，用追考（孝）、侃喜前文人，前文人其嚴在上，數數粵粵，降余厚多福無疆，妄其萬年，子子孫永寶用享

1.111 井人人妄曰：覭（景）盄（淑）文祖、皇考，克質（哲）厥德，得屯（純）用魯，永冬（終）于吉，妄不敢弗帥用文祖、皇考，穆穆秉德，妄憲憲聖趬（爽），疐處〔宗室〕

1.112 處宗室，肄（肆）妄乍（作）龢父大薔（林）鐘，用追考（孝）考（孝）侃前文人，前文人其嚴在上，數數粵粵，降余厚多福無疆，妄其萬年，子子孫永寶用享

1.113 唯正十月，初吉丁亥，群孫斨子璋，子璋擇其吉金，自乍（作）龢鐘，用匽（宴）以喜（饎），用爍（樂）父蜺（兄）、者（諸）士，其眉壽無基（期），子子孫孫，永保鼓之

1.114 唯正十月，初吉丁亥，群孫斨子璋，子璋擇其吉金，自乍（作）龢鐘，用匽（宴）以喜（饎），用樂父蜺（兄）、者（諸）士，其眉壽無基（期），子子孫孫，永保鼓之

1.115 唯正十月，初吉丁亥，群孫斨子璋，子璋擇其吉金，自乍（作）龢鐘，用匽（宴）以喜（饎），用樂父蜺

(兄)、者(諸)士,其眉壽無基(期),子子孫孫,永保鼓之

1.116 唯正十月,初吉丁亥,群孫斨子璋,子璋擇其吉金,自乍(作)龢鐘,用匽(宴)以喜(饎),用樂父䂂(兄)、者(諸)士,其眉壽無基(期),子子孫孫,永保鼓之

1.117 唯正十月,初吉丁亥,群孫斨子璋,子璋擇其吉金,自乍(作)龢鐘,用匽(宴)以喜(饎),用樂父䂂(兄)、者(諸)士,其眉壽無基(期),子子孫孫,永保鼓之

1.118–9 唯正十月,初吉丁亥,群孫斨子璋,璋擇其吉金,自乍(作)龢鐘,用匽(宴)以喜(饎),用樂天(父)兄、〔諸〕之(士),其眉壽無其(期),子子孫孫,永保鼓之

1.120 唯戉(越)十有(又)九年,王曰:者汈,女(汝)亦虔秉不(丕)浧(經)〔德〕,囗,〔用〕爯剌(烈)⿰爿立(壯),光之于聿(肆),女(汝)其用茲,妥(綏)安乃壽

1.121 唯戉(越)十有(又)九年,王曰:者汈,女(汝)亦虔秉不(丕)浧(經)德,以克總光朕⿰戉阝(越),于之愻學,超超哉,弼王侘(侂),㞷(往)攼(捍)庶⿰䖒戈(盟),台(以)祇光朕立(位),今余其念誧乃有

1.122 唯戉(越)十有(又)九年,王曰:者汈,女(汝)亦虔秉不(丕)浧(經)德,以克總光朕⿰戉阝(越),于之愻學,超超哉,弼王侘(侂),㞷(往)攼(捍)庶⿰䖒戈(盟),台(以)祇光朕立(位),今余其念誧乃有

1.123 剌(烈)⿰爿立(壯)用爯,光之于聿(肆),女(汝)其用茲,妥(綏)安乃壽,⊕牖(逸)康樂,勿有不義,訧之于不〔啻〕

1.124 勿有不義,訧之于不啻,唯王命,元瀕乃德,子孫永保

1.125–8 唯戉(越)十有(又)九年,王曰:者汈,女(汝)亦虔秉不(丕)浧(經)德,台(以)克總光朕⿰戉阝(越),于之愻(遜)學,超超哉,弼王侘(侂),㞷(往)攼(捍)庶⿰䖒戈(盟),台(以)祇光朕立(位),今余其念誧乃有,齊(齋)休祝成,用爯剌(烈)⿰爿立(壯),光之于聿(肆),女(汝)其用茲,妥(綏)安乃壽,⊕牖(逸)康樂,勿有不義,訧之于不啻,唯王命,元瀕乃德,子孫永保

1.129–31 〔于〕之愻(遜)學,超超哉,弼王侘(侂),㞷(往)攼(捍)庶⿰䖒戈(盟),台(以)祇光朕立(位),今余其念誧乃有,齊(齋)休祝成,用爯剌(烈)⿰爿立(壯),光之于聿(肆),女(汝)其用茲,妥(綏)安乃壽,⊕牖(逸)康樂,勿有不義,訧之于不啻,唯王命,元瀕乃德,子孫永保

1.132 唯戉(越)十有(又)九年,王曰:者汈,女(汝)亦虔秉不(丕)浧(經)德,台(以)克總光朕⿰戉阝(越),于囗

1.133 唯王三年,四月初吉甲寅,仲大(太)師右(佑)柞,柞賜載、朱黄(衡)、䜌(鑾),嗣五邑佃人事,柞拜手對揚仲大(太)師休,用乍(作)大⿰金稟(林)鐘,其子子孫孫永寶

1.134 (唯)王三年,四月初吉甲寅,仲大(太)師右(佑)柞,柞賜載、朱黄(衡)、䜌(鑾),嗣五邑佃人事,柞拜手對揚仲大(太)師休,用乍(作)大⿰金稟(林)鐘,其子子孫孫永寶

1.135 唯王三年,四月初吉甲寅,仲大(太)師右(佑)柞,柞賜載、朱黄(衡)、䜌(鑾),嗣五邑佃人事,柞拜手對揚仲大(太)師休,用乍(作)大⿰金稟(林)鐘,其子子孫孫永寶

1.136 唯王三年,四月初吉甲寅,仲大(太)師右(佑)柞,柞賜載、朱黄(衡)、䜌(鑾),嗣五邑佃人事,柞拜手對揚仲大(太)師休,用乍(作)大⿰金稟(林)鐘,其子子孫孫永寶

1.137–9 唯王三年,四月初吉甲寅,仲大(太)師右(佑)柞,柞賜載、朱黄(衡)、䜌(鑾),嗣五邑佃人事,柞拜手對揚仲大(太)師休,其子孫孫永寶

1.140 唯王正月,辰在丁亥,鼄(邾)公孫班擇其吉金,爲其龢鎛,用喜(饎)于其皇祖,其萬年頮(眉)壽,〓〓是保,霝(靈)命無其(期),子子孫孫,羕(永)保用之

1.141 師臾肁(肇)乍(作)朕剌(烈)祖虢季、宄公、幽叔、朕皇考德叔大稟(林)鐘,用喜侃前文人,用祈屯(純)魚(魯)、永令

(命),用匄眉壽無疆,師臾其萬年,永寶用享

1.142 唯正月初吉丁亥,齊鞷(鮑)氏孫[illegible]擇其吉金,自乍(作)龢鐘,卑(俾)[illegible](匀)彶(赴)好,用享台(以)孝于訇(台)皇祖文考,用匽(宴)用喜(饎),用樂嘉賓,及我倗友,子子孫孫,永保鼓之

1.143 唯□月初吉□寅,王在成周嗣土(徒)淲宮,王賜鮮吉金,鮮拜手䭫首,敢對揚天子休,用乍(作)朕皇考薔(林)鐘,用侃喜上下,用樂好賓,用祈多福,孫子永寶

1.144 唯正月甬(仲)春,吉日丁亥,戉(越)王者旨於睗擇厥吉金,自祝(鑄)禾(龢)玆(聯)翟(鑃),台(以)樂可康,嘉而(尔)賓客,甸甸台(以)鼓之,夙暮不貣(忒),順余子孫,萬枼(世)亡疆,用之勿相(爽)

1.145 乍(作)朕皇考叔氏寶薔(林)鐘,用喜侃皇考,皇考其嚴在上,數數㲋㲋(彙彙),降余魯多福亡疆,唯康右(祐)、屯(純)魯,用廣啟士父身,勵(擢)于永命,士父其眔□姬萬年,子子孫永寶,用享于宗

1.146 乍(作)朕皇考叔氏寶薔(林)鐘,用喜侃皇考,皇考其嚴在上,數數㲋㲋(彙彙),降余魯多福亡疆,唯康右(祐)、屯(純)魯,用廣啟士父身,勵(擢)于永命,士父其眔□姬萬年,子子孫永寶,用享于宗

1.147 乍(作)朕皇考叔氏寶薔(林)鐘,用喜侃皇考,〔皇考〕其嚴在上,數數㲋㲋(彙彙),降余魯多福亡疆,唯康右(祐)、屯(純)魯,用廣啟士父身,勵(擢)于永命,士父眔□〔姬〕萬年,子子孫永寶,用享于宗

1.148 乍(作)朕皇考叔氏薔(林)鐘,用喜侃皇考,皇考其嚴在〔上〕,數數㲋㲋(彙彙),降余魯多福亡疆,唯〔康〕右(祐)、屯(純)魯,用廣啟士父身,勵(擢)于永令(命),士父其眔□姬萬年,子子孫永寶,用享于宗

1.149 唯王正月初吉,辰在乙亥,鼄(邾)公牼擇厥吉金,玄鏐膚(鑪)呂(鋁),自乍(作)龢鍾(鐘),曰:余畢龏威(畏)忌,鑄辝(台)龢鍾(鐘)二鍺(堵),台(以)〔樂〕其身,台(以)匽(宴)大夫,台(以)喜(饎)者(諸)士,至于⿰土萬(萬)年,分器是寺(持)

1.150 唯王正月初吉,辰在乙亥,鼄(邾)公牼擇厥吉金,玄鏐膚(鑪)呂(鋁),自乍(作)龢鍾(鐘),曰:余畢龏威(畏)忌,鑄辝(台)龢鍾(鐘)二鍺(堵),台(以)樂其身,以匽(宴)大夫,台(以)喜(饎)者(諸)士,至于⿰土萬(萬)年,分器是寺(持)

1.151 唯王正月初吉,辰在乙亥,鼄(邾)公牼擇厥吉金,玄鏐膚(鑪)呂(鋁),自乍(作)龢鍾(鐘),曰:余畢龏威(畏)忌,鑄辝(台)龢鍾(鐘)二鍺(堵),台(以)樂其身,台(以)匽(宴)大夫,台(以)喜(饎)者(諸)士,至于⿰土萬(萬)年,分器是寺(持)

1.152 唯王正月初吉,辰在乙亥,鼄(邾)公牼擇厥吉金,玄鏐膚(鑪)呂(鋁),自乍(作)龢鍾(鐘),曰:余畢龏威(畏)忌,鑄辝(台)龢鍾(鐘)二鍺(堵),台(以)樂其身,台(以)匽(宴)大夫,台(以)喜(饎)者(諸)士,至于⿰土萬(萬)年,分器是寺(持)

1.153 唯正月初吉丁亥,鄦(許)子⿱將皿(醬)自(師)擇其吉金,自乍(作)鈴鐘,中(終)雗⿰虘又(且)⿸㫃昜(颺),元鳴孔皝(煌),穆穆龢鐘,用匽(宴)以喜(饎),用樂嘉賓、大夫,及我倗友,敱敱趣趣(熙熙),萬年無諆(期),眉壽毋已,子子孫孫,永保鼓之

1.154 唯正月初吉丁亥,鄦(許)子⿱將皿(醬)自(師)擇其吉金,自乍(作)鈴(鈴)鐘,中雗⿰虘又⿸㫃昜,元鳴孔皝(煌),穆穆龢鐘,用匽(宴)以喜(饎),用樂嘉賓、大夫,及我倗友,敱敱趣趣(熙熙),萬年無諆(期),眉壽毋已,子子孫孫,永保鼓之

1.155 □連小□利之於大〔邾〕者,連□小,□於□曰利,小者乍(作)心□,衣(依)余〔於〕郕(越)〔連〕者,利,大〔邾者〕連者(諸)尸(夷),郕(越)禦曰:唯余〔者〕(諸)尸(夷)連,〔大〕邾曰之,□□乍(作)尸(夷)□

1.156 尸(夷)膚(筥)甚□者元,乍(作)□曰:自祈□曰,□再愸(勞)曰利,連余大郙,大〔郙〕之宔(主)戉(越),曰:余入邦,乍(作)利□小,丌(其)者□□□於子子,行則曰:自余

1.157 唯廿又再祀,屭羌乍(作)戎,厥辟䣄(韓)宗徹,率征秦迮齊,入䠙(長)城,先會于平险(陰),武侄寺(持)力,富敓(奪)楚京,賞于䣄(韓)宗,令于晉公,昭于天子,用明則之于銘,武文咸剌(烈),永枼(世)毋忘

1.158 唯廿又再祀,屭羌乍(作)戎,厥辟䣄(韓)宗徹,率征秦迮齊,入䠙(長)城,先會于平险(陰),武侄寺(持)力,富敓(奪)楚京,賞于䣄(韓)宗,令于晉公,昭于天子,用明則之于銘,武文咸剌(烈),永枼(世)毋忘

1.159 唯廿又再祀,屭羌乍(作)戎,厥辟䣄(韓)宗徹,率征秦迮齊,入䠙(長)城,先會于平险(陰),武侄寺(持)力,富敓(奪)楚京,賞于䣄(韓)宗,令于晉公,昭于天子,用明則之于銘,武文咸剌(烈),永枼(世)毋忘

1.160 唯廿又再祀,屭羌乍(作)戎,厥辟䣄(韓)宗徹,率征秦迮齊,入䠙(長)城,先會于平险(陰),武侄寺(持)力,富敓(奪)楚京,賞于䣄(韓)宗,令于晉公,昭于天子,用明則之于銘,武文咸剌(烈),永枼(世)毋忘

1.161 唯廿又再祀,屭羌乍(作)戎,厥辟䣄(韓)宗徹,率征秦迮齊,入䠙(長)城,先會于平险(陰),武侄寺(持)力,富敓(奪)楚京,賞于䣄(韓)宗,令于晉公,昭于天子,用明則之于銘,武文咸剌(烈),永枼(世)毋忘

1.162 屭氏之鍾(鐘)

1.163 屭氏之鍾(鐘)

1.164 屭氏之鍾(鐘)

1.165 屭氏之鍾(鐘)

1.166 屭氏之鍾(鐘)

1.167 屭氏之鍾(鐘)

1.168 屭氏之鍾(鐘)

1.169 屭氏之鍾(鐘)

1.170 屭氏之鍾(鐘)

1.171 唯王正月,初吉乙巳,□朱句(勾)之孫(?)□亘□喪,王欲復師,擇吉金,自乍(作)禾(龢)童(鐘),台(以)樂賓客,志(誌)勞專(賻)者(諸)侯,往已(矣),余之客,畲畲孔協,萬枼(世)之後,亡(無)疾自下,允立(位),同女(汝)之利,台孫皆永寶

1.172 唯正月初吉庚午,簷(筥)叔之仲子平,自乍(作)鑄游鍾(鐘),玄鏐鋿鏞(鋁),乃爲之音,截截(嘟嘟)雍雍(嗡嗡),聞于𥝤(頂)東,仲平善弦(發)叡考,鑄其游鍊(鐘),台(以)濼(樂)其大酉(酋),聖智龏哴,其受此眉壽,萬年無諆(期),子子孫孫,永保用之

1.173 唯正月初吉庚午,簷(筥)叔之仲子平,自乍(作)鑄游鍊(鐘),玄鏐鋿鏞(鋁),乃爲之音,截截雍雍,聞于𥝤(頂)東,仲平善弦(發)叡考,鑄其游鍊(鐘),台(以)樂其大酉(酋),聖智龏哴,其受此眉壽,萬年無諆(期),子子孫孫,永保用之

1.174 唯正月初吉庚午,簷(筥)叔之仲子平,自乍(作)鑄其游鍊(鐘),玄鏐鋿鏞(鋁),乃爲之音,截截雍雍,聞于𥝤(頂)東,仲平善弦(發)叡考,鑄其游鍊(鐘),台(以)濼(樂)其大酉(酋),聖智龏哴,其受此眉壽,萬年無諆(期),孫永保用之

1.175 唯正月初吉庚午,簷(筥)叔之仲子平,自乍(作)鑄游鍊(鐘),玄鏐鋿鏞(鋁),乃爲之音,截截雍雍,聞于𥝤(頂)東,仲平善弦(發)叡考,鑄其游鍊(鐘),台(以)濼(樂)其大酉(酋),聖智龏哴,其受此眉壽,萬年無諆(期),子子孫孫,永保用之

1.176 唯正月初吉庚午,簷(筥)叔之仲子平,自乍(作)鑄游鍊(鐘),玄鏐鋿鏞(鋁),乃爲之音,截截雍雍,聞于𥝤(頂)東,仲平善弦(發)叡考,鑄其游鍊(鐘),台(以)濼(樂)其大酉(酋),聖智龏哴,其受此眉壽,萬年無諆(期),子子孫孫,永保用之

1.177 唯正月初吉庚午,簷(筥)叔之仲子平,自乍(作)鑄游鍊(鐘),玄鏐鋿鏞(鋁),乃爲之音,截截雍雍,聞于𥝤(頂)東,仲平善弦(發)叡考,鑄其游鍊(鐘),台(以)濼(樂)其大酉(酋),聖

智韓哴，其受此眉壽，萬年無諆（期），子子孫孫，永保用之

1.178 唯正月初吉庚午，簷（筥）叔之仲子平，自乍（作）鑄游鍊（鐘），玄鏐鏞鏞（鋁），乃爲之音，截截雍雍，聞于𦣻（頂）東，仲平善弦（發）𠭯考，鑄其游鍊（鐘），台（以）濼（樂）其大酉（酋），聖智韓哴，其受此眉壽，萬年無諆（期），子子孫孫，永保用之

1.179 唯正月初吉庚午，簷（筥）叔之仲子平，自乍（作）鑄其游鍊（鐘），玄鏐鏞鏞（鋁），乃爲之音，截截雍雍，聞于𦣻（頂）東，仲平善弦（發）𠭯考，鑄其游鍊（鐘），台（以）濼（樂）其大酉（酋），聖智韓哴，其受此眉壽，萬年無諆（期），子子孫孫，永保用之

1.180 唯正月初吉庚午，簷（筥）叔之仲子平，自乍（作）鑄其游鍊（鐘），玄鏐鏞鏞（鋁），乃爲之音，截截雍雍，聞于𦣻（頂）東，仲平善弦（發）𠭯考，鑄其游鍊（鐘），台（以）濼（樂）其大酉（酋），聖智韓哴，其受此眉壽，萬年無諆（期），子子孫孫，永保用之

1.181 𤔲土（徒）南宮乎，乍（作）大𨯫（林）協鐘，茲鐘名曰無睪（射），先祖南公，亞祖公仲必父之家，天子其萬年眉壽，畯永保四方，配皇天，乎拜手䭫首，敢對揚天子不（丕）顯魯休，用乍（作）朕皇祖南公、亞祖公仲

1.182 唯正月初吉，元日癸亥，郐（徐）王子旃擇其吉金，自乍（作）龢鐘，以敬盟祀，以樂嘉賓、倗友、者（諸）臤（賢），兼以父鋧（兄）、庶士，以宴以喜（饎），中翰𠭯譪（颺），元鳴孔皇（煌），其音警警（悠悠），聞于四方，諻諻巸巸（熙熙），眉壽無諆（期），子子孫孫，萬枼（世）鼓之

1.183 唯正九月，初吉丁亥，曾孫僕兒、余迖斯于之子（孫）、余兹佫之元子，曰："於虖敬哉，余義楚之良臣，而逐之字（慈）父，余贎逐兒，得吉金鎛鋁，台（以）鑄訴（龢）鐘，台（以）追考（孝）侁（先）祖，樂我父兄，飲飤訶（歌）遷（舞），子孫用之，後民是語

1.184 之字（慈）父，余贎逐兒，得吉金鎛鋁，台（以）鑄訴（龢）鐘，台（以）追考（孝）侁（先）祖，樂我父兄，飲飤訶（歌）遷（舞），子孫用之，後民是語

1.185 唯正九月，初吉丁亥，曾孫僕兒、余迖斯于之孫，余兹佫之元子，曰："於虖敬哉，余

1.186 追考（孝）于侁（先）祖，樂我父兄，飲飤訶（歌）遷（舞），子孫用之，後民是語

1.187-8 梁其曰：不（丕）顯皇祖考，穆穆異異（翼翼），克哲厥德，農臣先王，得屯（純）亡敃（愍），梁其肇帥井（型）皇祖考，秉明德，虔夙夕，辟天子，天子肩（肩）事梁其，身邦君大正，用天子寵蔑梁其曆，梁其敢對天子不（丕）顯休揚，用乍（作）朕皇祖考龢鐘，鎗鎗鏓鏓，鍺鍺鏞鏞，用卲各、喜侃前文人，用祈匄康㜮、屯（純）右（祐）、綽綰、通彔（祿），皇祖考其嚴在上，數數𥃝𥃝，降余大魯福亡睪（斁），用璌光梁其身，勵（擢）于永令（命），梁其其萬年無疆，龕臣皇王，眉壽永寶

1.189-90 梁其曰：不（丕）顯皇祖考，穆穆異異（翼翼），克哲厥德，農臣先王，得屯（純）亡敃（愍），梁其肇帥井（型）皇祖考，秉明德，虔夙夕，辟天子，天子肩（肩）事梁其，身邦君大止（正），用天子寵蔑梁其曆，梁其敢對天子不（丕）顯休揚，用乍（作）朕皇祖考龢鐘，鎗鎗鏓鏓，鍺鍺鏞鏞，用卲各、喜侃前文人，用祈匄康㜮、屯（純）右（祐）、綽綰、通彔（祿），皇祖考其嚴在下（上），數數𥃝𥃝，降余大魯福亡睪（斁），用璌光梁其身，勵（擢）于永令（命），梁其其萬年無疆，龕臣皇王，眉壽永寶

1.191 天子，天子肩（肩）事梁其，身邦君大正，用天子寵蔑梁其曆，梁其敢對天子不（丕）顯休揚，用乍（作）朕皇祖考龢鐘，梁其

1.192 曰：不（丕）顯皇祖考，穆穆異異（翼翼），克哲厥德，農臣先王，得屯（純）亡敃（愍），梁其肇帥井（型）皇祖考，秉明德，虔夙夕，鎗鎗鏓鏓，鍺鍺鏞鏞，用卲

1.193 唯正月初吉丁亥，工𢿥王皮難(然)之子者瀘，擇其吉金，自乍(作)鷂(謠)鐘，不帛(白)不羊(騂)，不濼(鑠)不彫，協于我霝(靈)龠(籥)，卑(俾)龢卑(俾)孚，用祈眉壽繁釐，于其皇祖皇考，若召公壽，若參(叄)壽，卑(俾)女(汝)鑰鑰剖剖，龢龢倉倉(鏘鏘)，其登于上下，聞于四方，子子孫孫，永保是尚(常)

1.194 唯正月初吉丁亥，工𢿥王皮難(然)之子者瀘，擇其吉金，自乍(作)鷂(謠)鐘，不帛(白)不羊(騂)，不濼(鑠)不彫，協于我霝(靈)龠(籥)，卑(俾)龢卑(俾)孚，用祈眉壽繁釐，于其皇祖皇考，若召公壽，若參(叄)壽，卑(俾)女(汝)鑰鑰剖剖，龢龢倉倉，其登于上下，聞于四方，子子孫孫，永保是尚(常)

1.195 唯正月初吉丁亥，工𢿥王皮難(然)之子者瀘，擇其吉金，自乍(作)鷂(謠)鐘，不帛(白)不羊(騂)，不濼(鑠)不彫，協于我霝(靈)龠(籥)，卑(俾)龢卑(俾)孚，用祈眉壽繁釐，于其皇祖皇考，若召公壽，若參(叄)壽，卑(俾)女(汝)鑰鑰音音，龢龢倉倉，其登于上下，聞于四方，子子孫孫，永保是尚(常)

1.196 唯正月初吉丁亥，工𢿥王皮難(然)之子者瀘，擇其吉金，自乍(作)鷂(謠)鐘，不帛(白)不羊(騂)，不濼(鑠)不彫，協于我霝(靈)龠(籥)，卑(俾)龢卑(俾)孚，用祈眉壽繁釐，于其皇祖皇考，若召公壽，若參(叄)壽，卑(俾)女(汝)鑰鑰剖剖，龢龢倉倉，其登于上下，聞于四方，子子孫孫，永保是尚(常)

1.197 唯正月初吉丁亥，工𢿥王皮難(然)之子者瀘，擇其吉金，自乍(作)鷂(謠)鐘，不帛(白)不羊(騂)，不濼(鑠)不彫，協于我霝(靈)龠(籥)，卑(俾)龢卑(俾)孚，用祈眉壽繁釐，于其皇祖皇考，若召公壽，若參(叄)壽，卑(俾)女(汝)鑰鑰剖剖，龢龢倉倉，其登于上下，聞于四方，子子孫孫，永保是尚(常)

1.198 唯正月初吉丁亥，工𢿥王皮難(然)之子者瀘，擇其吉金，自乍(作)鷂(謠)鐘，不帛(白)不羊(騂)，不濼(鑠)不彫，協于我霝(靈)龠(籥)，卑(俾)龢卑(俾)孚，用祈眉壽繁釐，于其皇祖皇考，若召公壽，若參(叄)壽，卑(俾)女(汝)鑰鑰剖剖，龢龢倉倉，其登于上下，聞于四方，子子孫孫，永保是尚(常)

1.199 唯正月初吉丁亥，工𢿥王皮難(然)之子者瀘，自乍(作)鷂(謠)鐘，子子孫孫，永保用之

1.200 唯正月初吉丁亥，工𢿥王皮難(然)之子者瀘，自乍(作)鷂(謠)鐘，子子孫孫，永保用之

1.201 唯正月初吉丁亥，工𢿥王皮難(然)之子者瀘，自乍(作)鷂(謠)鐘，子子孫孫，永保用之

1.202 唯正月初吉丁亥，工𢿥王皮難(然)之子者瀘，自乍(作)鷂(謠)鐘，子子孫孫，永保用之

1.203 唯正月初吉丁亥，𨛛(徐)王庚之惄(淑)子沇兒，擇其吉金，自乍(作)龢鐘，中韓歔昜(颺)，元鳴孔皇(煌)，孔嘉元成，用盤飲酉(酒)，龢𨖹百生(姓)，惄(淑)于畏(威)義(儀)，惠于明(盟)祀，𢿥(余)以匽(宴)以喜(饎)，以爍(樂)嘉賓，及我父蜺(兄)、庶士，皇皇𧼛𧼛(熙熙)，眉壽無期，子孫永保鼓之

1.204-5 唯十又六年，九月初吉庚寅，王在周康剌宮，王乎士曶召克，王親令克，遹涇東至于京師，賜克佃車、馬乘，克不敢㒸(墜)，尃(溥)奠王令(命)，克敢對揚天子休，用乍(作)朕皇祖考伯寶𣟝(林)鐘，用匄屯(純)叚(嘏)、永令(命)，克其萬年，子子孫孫永寶

1.206-7 唯十又六年，九月初吉庚寅，王在周康剌宮，王乎士曶召克，王親令克，遹涇東至于京師，賜克佃車、馬乘，克不敢㒸(墜)，尃奠王令(命)，克敢對揚天子休，用乍(作)朕皇祖考伯寶𣚘(林)鐘，用匄屯(純)叚(嘏)、永令(命)，克其萬年，子子孫孫永寶

1.208 唯十又六年，九月初吉庚寅，王在周康剌宮，王乎士曶召克，王親令克，遹涇東至于京〔師〕

1.209 唯十又六年，九月初吉庚寅，王在周康剌宮，王乎士曶召克，王親令克，遹涇東至于京師，賜克佃車、馬乘，克不敢彖(墜)，尃奠王令(命)，克敢對揚天子休，用乍(作)朕皇祖考伯寶𧋍(林)鐘，用匄屯(純)叚(嘏)、永令(命)，克其萬年，子子孫孫永寶

1.210 唯正五月，初吉孟庚，蔡侯〔龖〕曰：余唯(雖)末少子，余非敢寧忘(荒)，有虔不惕(易)，𨌈(佐)右(佑)楚王，隺隺豫政，天命是遥，定均庶邦，休有成慶，既悤(聰)于心，延(誕)中厥德，均(君)子大夫，建我邦國，豫令祇祇，不㥶(愆)不貣(忒)，自乍(作)訶(歌)鐘，元鳴無期，子孫鼓之

1.211 唯正五月，初吉孟庚，蔡侯〔龖〕曰：余唯(雖)末少子，余非敢寧忘(荒)，有虔不惕(易)，𨌈(佐)右(佑)楚王，隺隺豫政，天命是遥，定均庶邦，休有成慶，既悤(聰)于心，延(誕)中厥德，均(君)子大夫，建我邦國，豫令祇祇，不㥶(愆)不貣(忒)，自乍(作)訶(歌)鐘，元鳴無期，子孫鼓之

1.212 蔡侯龖(申)之行鐘

1.213 蔡侯龖(申)之行鐘

1.214-5 蔡侯龖(申)之行鐘

1.216 豫令祇祇，不㥶(愆)不貣(忒)，〔自乍〕訶(歌)鐘，元鳴無期，子孫鼓之

1.217 唯正月初吉孟庚，蔡侯〔龖〕曰：余唯(雖)末少子，余非敢寧忘(荒)，有虔不惕(易)，𨌈(佐)右(佑)楚王，隺隺豫政，天命是遥，定均庶邦，休有成慶，既悤(聰)于心，延(誕)中厥德，均(君)子大夫，建我邦國，豫(捨)令祇祇，不㥶(愆)不貣(忒)，自乍(作)訶(歌)鐘，元鳴無期，子孫鼓之

1.218 唯正月初吉孟庚，蔡侯〔龖〕曰：余唯(雖)末少子，余非敢寧忘(荒)，有虔不惕(易)，𨌈(佐)右(佑)楚王，隺隺豫政，天命是遥，定均庶邦，休有成慶，既悤(聰)于心，延(誕)中厥德，均(君)子大夫，建我邦國，豫(捨)令祇祇，不㥶(愆)不貣(忒)，自乍(作)訶(歌)鐘，元鳴無期，子孫鼓之

1.219 唯正月初吉孟庚，蔡侯〔龖〕曰：余唯(雖)末少子，余非敢寧忘(荒)，有虔不惕(易)，𨌈(佐)右(佑)楚王，隺隺豫政，天命是遥，定均庶邦，休有成慶，既悤(聰)于心，延(誕)中厥德，均(君)子大夫，建我邦國，豫(捨)令祇祇，不㥶(愆)不貣(忒)，自乍(作)訶(歌)鐘，元鳴無期，子孫鼓之

1.220 唯正月初吉孟庚，蔡侯〔龖〕曰：余唯(雖)末少子，余非敢寧忘(荒)，有虔不惕(易)，𨌈(佐)右(佑)楚王，隺隺豫政，天命是遥，定均庶邦，休有成慶，既悤(聰)于心，延(誕)中厥德，均(君)子大夫，建我邦國，豫(捨)令祇祇，不㥶(愆)不貣(忒)，自乍(作)訶(歌)鐘，元鳴無期，子孫鼓之

1.221 唯正月初吉孟庚，蔡侯〔龖〕曰：余唯(雖)末少子，余非敢寧忘(荒)，有虔不惕(易)，𨌈(佐)右(佑)楚王，隺隺豫政，天命是遥，定均庶邦，休有成慶，既悤(聰)于心，延(誕)中厥德，均(君)子大夫，建我邦國，豫(捨)令祇祇，不㥶(愆)不貣(忒)，自乍(作)訶(歌)鐘，元鳴無期，子孫鼓之

1.222 唯正月初吉孟庚，蔡侯〔龖〕曰：余唯(雖)末少子，余非敢寧忘(荒)，有虔不惕(易)，𨌈(佐)右(佑)楚王，隺隺豫政，天命是遥，定均庶邦，休有成慶，既悤(聰)于心，延(誕)中厥德，均(君)子大夫，建我邦國，豫(捨)令祇祇，不㥶(愆)不貣(忒)，自乍(作)訶(歌)鐘，元鳴無期，子孫鼓之

1.223-4 舍(余)厰(嚴)天之命，入成(城)不賡，〓春念(稔)歲，吉日初庚，吳王光逗之穆曾(贈)舒(舒)金，青呂(鋁)尃皇，台(以)乍(作)寺吁龢鐘，㞕(振)鳴㪥(且)龤，其〼大(？)㚸(？)〼，柬柬(簡簡)龢鐘，鳴陽(揚)條(調)虡(暢)，既孜㪥(且)紫(訾)，維紾紗□，莘英又(有)慶(宴)，〼臨春和〼，〼〼□□㪥，青黄□紫，維紾〼陮縈，〼慶□而(尔)光，油油漾漾，往已叔姬，虔〔敬〕命勿忘

1.225 唯王正月，初吉

丁亥，郘（吕）黛（𦅫）曰：余畢公之孫、郘（吕）伯之子，余頡岡（頏）事君，余嘼（狩）丮武，乍（作）爲余鐘，玄鏐鏞鋁，大鐘八隶（聿肆），其竈（簉）四堵，喬喬（嶠嶠）其龍，既旃（伸）鬯（暢）虡，大鐘既縣（懸），玉鑃（鼛）鼉鼓，余不敢爲喬（驕），我以享孝，樂我先祖，以祈眉壽，世世子孫，永以爲寶

1.226 唯王正月，初吉丁亥，郘（吕）黛（𦅫）曰：余畢公之孫、郘（吕）伯之子，余頡岡（頏）事君，余嘼（狩）丮武，乍（作）爲余鐘，玄鏐鏞鋁，大鐘八隶（聿肆），其竈（簉）四堵，喬喬（嶠嶠）其龍，既旃（伸）鬯（暢）虡，大鐘既縣（懸），玉鑃（鼛）鼉鼓，余不敢爲喬（驕），我以享孝，樂我先祖，以祈眉壽，世世子孫，永以爲寶

1.227 唯王正月，初吉丁亥，郘（吕）黛（𦅫）曰：余畢公之孫、郘（吕）伯之子，余頡岡（頏）事君，余嘼（狩）丮武，乍（作）爲余鐘，玄鏐鏞鋁，大鐘八隶（聿肆），其竈（簉）四堵，喬喬（嶠嶠）其龍，既旃（伸）鬯（暢）虡，大鐘既縣（懸），玉鑃（鼛）鼉鼓，余不敢爲喬（驕），我以享孝，樂我先祖，以祈眉壽，世世子孫，永以爲寶

1.228 唯王正月，初吉丁亥，郘（吕）黛（𦅫）曰：余畢公之孫、郘（吕）伯之子，余頡岡（頏）事君，余嘼（狩）丮武，乍（作）爲余鐘，玄鏐鏞鋁，大鐘八隶（聿肆），其竈（簉）四堵，喬喬（嶠嶠）其龍，既旃（伸）鬯（暢）虡，大鐘既縣（懸），玉鑃（鼛）鼉鼓，余不敢爲喬（驕），我以享孝，樂我先祖，以祈眉壽，世世子孫，永以爲寶

1.229 唯王正月，初吉丁亥，郘（吕）黛（𦅫）曰：余畢公之孫、郘（吕）伯之子，余頡岡（頏）事君，余嘼（狩）丮武，乍（作）爲余鐘，玄鏐鏞鋁，大鐘八隶（聿肆），其竈（簉）四堵，喬喬（嶠嶠）其龍，既旃（伸）鬯（暢）虡，大鐘既縣（懸），玉鑃（鼛）鼉鼓，余不敢爲喬（驕），我以享孝，樂我先祖，以祈眉壽，世世子孫，永以爲寶

1.230 唯王正月，初吉丁亥，郘（吕）黛（𦅫）曰：余畢公之孫、郘（吕）伯之子，余頡岡（頏）事君，余嘼（狩）丮武，乍（作）爲余鐘，玄鏐鏞鋁，大鐘八隶（聿肆），其竈（簉）四堵，喬喬（嶠嶠）其龍，既旃（伸）鬯（暢）虡，大鐘既縣（懸），玉鑃（鼛）鼉鼓，余不敢爲喬（驕），我以享孝，樂我先祖，以祈眉壽，世世子孫，永以爲寶

1.231 唯王正月，初吉丁亥，郘（吕）黛（𦅫）曰：余畢公之孫、郘（吕）伯之子，余頡岡（頏）事君，余嘼（狩）丮武，乍（作）爲余鐘，玄鏐鏞鋁，大鐘八隶（聿肆），其竈（簉）四堵，喬喬（嶠嶠）其龍，既旃（伸）鬯（暢）虡，大鐘既縣（懸），玉鑃（鼛）鼉鼓，余不敢爲喬（驕），我以享孝，樂我先祖，以祈眉壽，世世子孫，永以爲寶

1.232 唯王正月，初吉丁亥，郘（吕）黛（𦅫）曰：余畢公之孫、郘（吕）伯之子，余頡岡（頏）事君，余嘼（狩）丮武，乍（作）爲余鐘，玄鏐鏞鋁，大鐘八隶（聿肆），其竈（簉）四堵，喬喬（嶠嶠）其龍，既旃（伸）鬯（暢）虡，大鐘既縣（懸），玉鑃（鼛）鼉鼓，余不敢爲喬（驕），我以享孝，樂我先祖，以祈眉壽，世世子孫，永以爲寶

1.233 唯王正月，初吉丁亥，郘（吕）黛（𦅫）曰：余畢公之孫、郘（吕）伯之子，余頡岡（頏）事君，余嘼（狩）丮武，乍（作）爲余鐘，玄鏐鏞鋁，大鐘八隶（聿肆），其竈（簉）四堵，喬喬（嶠嶠）其龍，既旃（伸）鬯（暢）虡，大鐘既縣（懸），玉鑃（鼛）鼉鼓，余不敢爲喬（驕），我以享孝，樂我先祖，以祈眉壽，世世子孫，永以爲寶

1.234 唯王正月，初吉丁亥，郘（吕）黛（𦅫）曰：余畢公之孫、郘（吕）伯之子，余頡岡（頏）事君，余嘼（狩）丮武，乍（作）爲余鐘，玄鏐鏞鋁，大鐘八隶（聿肆），其竈（簉）四堵，喬喬（嶠嶠）其龍，既旃（伸）鬯（暢）虡，大鐘既縣（懸），玉鑃（鼛）鼉鼓，余不敢爲喬（驕），我以享孝，樂我先祖，以祈眉壽，世世子孫，永以爲寶

1.235 唯王正月，初吉丁亥，郘（吕）黛（𦅫）曰：余畢公之孫、郘（吕）伯之子，余頡岡（頏）事君，余嘼（狩）丮武，乍（作）爲余鐘，玄鏐鏞鋁，大鐘八隶

(聿肆),其竈(篙)四堵,喬喬(𫏋𫏋)其龍,既旃(伸)鬯(暢)虡,大鐘既縣(懸),玉鐈(鼗)鼉鼓,余不敢爲喬(驕),我以享孝,樂我先祖,以祈眉壽,世世子孫,永以爲寶

1.236 唯王正月,初吉丁亥,郘(吕)黛(繛)曰:余畢公之孫、郘(吕)伯之子,余頡岡(頏)事君,余嘼(狩)丮武,乍(作)爲余鐘,玄鏐鏞鋁,大鐘八隶(聿肆),其竈(篙)四堵,喬喬(𫏋𫏋)其龍,既旃(伸)鬯(暢)虡,大鐘既縣(懸),玉鐈(鼗)鼉鼓,余不敢爲喬(驕),我以享孝,樂我先祖,以祈眉壽,世世子孫,永以爲寶

1.237 唯王正月,初吉丁亥,郘(吕)黛(繛)曰:余畢公之孫、郘(吕)伯之子,余頡岡(頏)事君,余嘼(狩)丮武,乍(作)爲余鐘,玄鏐鏞鋁,大鐘八隶(聿肆),其竈(篙)四堵,喬喬(𫏋𫏋)其龍,既旃(伸)鬯(暢)虡,大鐘既縣(懸),玉鐈(鼗)鼉鼓,余不敢爲喬(驕),我以享孝,樂我先祖,以祈眉壽,世世子孫,永以爲寶

1.238 虢叔旅曰:不(丕)顯皇考叀(惠)叔,穆穆秉元明德,御于厥辟,得屯(純)亡敃(愍),旅敢肇帥井(型)皇考威義(儀),淄(祗)御于天子,廼天子多賜旅休,旅對天子魯休揚,用乍(作)皇考叀(惠)叔大薔(林)龢鐘,皇考嚴在上,異(翼)在下,數數彙彙,降旅多福,旅其萬年,子子孫孫,永寶用享

1.239 虢叔旅曰:不(丕)顯皇考叀(惠)叔,穆穆秉元明德,御于厥辟,得屯(純)亡敃(愍),旅敢肇帥井(型)皇考威義(儀),淄(祗)御于天子,廼天子多賜旅休,旅對天子魯休揚,用乍(作)皇考叀(惠)叔大薔(林)龢鐘,皇考嚴在上,異(翼)在下,數數彙彙,降旅多福,旅其萬年,子子孫孫,永寶用享

1.240 虢叔旅曰:不(丕)顯皇考叀(惠)叔,穆穆秉元明德,御于厥辟,得屯(純)亡敃(愍),旅敢肇帥井(型)皇考威義(儀),淄(祗)御于天子,廼天子多賜旅休,旅對天子魯休揚,用乍(作)朕皇考叀(惠)叔大薔(林)龢鐘,皇考其嚴在上,異(翼)在下,數數彙彙,降旅多福,旅其萬年,子子孫孫,永寶用享

1.241 虢叔旅曰:不(丕)顯皇考叀(惠)叔,穆穆秉元明德,御于厥辟,得屯(純)亡敃(愍),旅敢肇帥井(型)皇考威義(儀),淄(祗)御于天子,廼天子多賜旅休,旅敢對天子魯休揚,用乍(作)朕皇考叀(惠)叔大薔(林)龢鐘,皇考其嚴在上,異(翼)在下,數數彙彙,降旅多福,旅其萬年,子子孫孫,永寶用享

1.242-4 虢叔旅曰:不(丕)顯皇考叀(惠)叔,穆穆秉元明德,御于厥辟,得屯(純)亡敃(愍),旅敢肇帥井(型)皇考威義(儀),淄(祗)御于天子,廼天子多賜旅休,旅對天子魯休揚,用乍(作)朕皇考叀(惠)叔大薔(林)龢鐘,皇考嚴在上,異(翼)在下,數數〼

1.245 唯王正月,初吉乙亥,鼄(邾)公華擇厥吉金,玄鏐赤鏞(鋁),用鑄厥龢鐘,台(以)乍(祚)其皇祖皇考,曰:余畢龏威(畏)忌,思(淑)穆不家(墜)于厥身,鑄其龢鐘,台(以)恤其祭祀盟祀,台(以)樂大夫,台(以)宴士庶子,慎爲之名(銘),元器其舊,哉(載)公眉壽,鼄(邾)邦是保,其邁(萬)年無疆,子子孫孫,永保用享

1.246 㾱趄趄,夙夕聖趚(爽),追孝于高祖辛公、文祖乙公、皇考丁公,龢鐠(林)鐘,用卲各、喜侃樂前文人,用禓(祓)壽、匄永令(命),綽綰、猶(福)彔(禄)、屯(純)魯,弋皇祖考高對爾剌(烈),嚴在上,數數彙彙,蜅(融)妥(綏)厚多福,廣启㾱身,勵(擢)于永令(命),褱受(授)余爾䵼福,㾱其萬年,櫅(齊)角(禄)龔(熾)光,義(宜)文神,無疆覭(景)福,用㻽光㾱身,永余寶

1.247 㾱曰:不(丕)顯高祖、亞祖、文考,克明厥心,疋(胥)尹叙厥威義(儀),用辟先王,㾱不敢弗帥井(型)祖考,秉明德,圂(恪)夙夕,左(佐)尹氏,皇王對㾱身楙(懋),賜佩,敢乍(作)文人大寶協龢鐘,用追孝、鏊(敦)祀、卲各

樂大神，大神其陟降嚴祜，業妥(綏)厚多福，其豐豐彙彙，受(授)余屯(純)魯、通彔(祿)、永令(命)、眉壽、霝(靈)冬(終)，𤼈其萬年，永寶日鼓

1.248 𤼈曰：不(丕)顯高祖、亞祖、文考，克明厥心，疋(胥)尹叙厥威義(儀)，用辟先王，𤼈不敢弗帥井(型)祖考，秉明德，圝(恪)夙夕，左(佐)尹氏，皇王對𤼈身楙(懋)，賜佩，敢乍(作)文人大寶協龢鐘，用追孝、盩(敦)祀、卲各樂大神，大神其陟降嚴祜，業妥(綏)厚多福，其豐豐彙彙，受(授)余屯(純)魯、通彔(祿)、永令(命)、眉壽、霝(靈)冬(終)，𤼈其萬年，永寶日鼓

1.249 𤼈曰：不(丕)顯高祖、亞祖、文考，克明厥心，疋(胥)尹叙厥威義(儀)，用辟先王，𤼈不敢弗帥井(型)祖考，秉明德，圝(恪)夙夕，左(佐)尹氏，皇王對𤼈身楙(懋)，賜佩，敢乍(作)文人大寶協龢鐘，用追孝、盩(敦)祀、卲各樂大神，大神其陟降嚴祜，業妥(綏)厚多福，其豐豐彙彙，受(授)余屯(純)魯、通彔(祿)、永令(命)、眉壽、霝(靈)冬(終)，𤼈其萬年，永寶日鼓

1.250 𤼈曰：不(丕)顯高祖、亞祖、文考，克明厥心，疋(胥)尹叙厥威義(儀)，用辟先王，𤼈不敢弗帥井(型)祖考，秉明德，圝(恪)夙夕，左(佐)尹氏，皇王對𤼈身楙(懋)，賜佩，敢乍(作)文人大寶協龢鐘，用追孝、盩(敦)祀、卲各樂大神，大神其陟降嚴祜，業妥(綏)厚多福，其豐豐彙彙，受(授)余屯(純)魯、通彔(祿)、永令(命)、眉壽、霝(靈)冬(終)，𤼈其萬年，永寶日鼓

1.251-6 曰古文王，初盩龢于政，上帝降懿德大甹(屏)，匍(撫)有四方，匌受萬邦，雩武王既𢦏殷，微史刺(烈)祖來見武王，武王則令周公舍(捨)寓(宇)以五十頌處，今𤼈夙夕虔敬恤厥死(尸)事，肇乍(作)龢鑠(林)鐘，用螬(融)妥(綏)厚多福，廣啓𤼈身，勵(擢)于永令(命)，褱受(授)余爾𪓐福，霝(靈)冬(終)，𤼈其萬年羊角，義(宜)文神，無疆覭(景)福，用瑀光𤼈身，永余寶

1.257 𤼈乍(作)協鐘，萬年日鼓

1.258 𤼈乍(作)協鐘，萬年日鼓

1.259 𤼈乍(作)協鐘，萬年日鼓

1.260 王肇遹省文武、堇(覲)疆土，南或(國)𠬝孳(子)敢臽(陷)處我土，王𦎫(敦)伐其至，撲伐厥都，𠬝孳(子)迺遣閒來逆卲王，南尸(夷)、東尸(夷)具(俱)見廿又六邦，唯皇上帝、百神保余小子，朕猷又(有)成亡競，我唯司(嗣)配皇天，王對乍(作)宗周寶鐘，倉倉悤悤，雂雂(鶮鶮)雍雍，用卲各不(丕)顯祖考先王，先王其嚴在上，彙彙數數，降余多福，福余順孫，參(叄)壽唯利，㝬(胡)其萬年，畯保四或(國)

1.261 唯正月初吉丁亥，王孫遺者擇其吉金，自乍(作)龢鐘，中翰叡(且)旟(颺)，元鳴孔煌，用享台(以)孝，于我皇祖文考，用祈眉壽，余圅龏㝬屖，畏其(忌)趩趩，肅哲聖武，惠于政德，思(淑)于威義(儀)，誨(謀)猷不(丕)飤(飭)，闌闌(簡簡)龢鐘，用匽(宴)台(以)喜(饎)，用爍(樂)嘉賓、父䨴(兄)，及我倗友，余恁台(台)心，延(誕)中余德(值)，龢㳽(沴)民人，余尃(溥)昀(徇)于國，皝皝趣趣(熙熙)，萬年無諆(期)，枼(世)萬孫子，永保鼓之

1.262-3 秦公曰：我先祖受天令(命)，商(賞)宅受或(國)，刺刺(烈烈)卲文公、靜公、憲公，不彖(墜)于上，卲合(答)皇天，以虩事緣(蠻)方，公及王姬曰：余小子，余夙夕虔敬朕祀，以受多福，克明又(厥)心，盭龢胤士，咸畜左右，藹藹(藹藹)允義，翼受明德，以康奠協朕或(國)，盜(羨)百緣(蠻)，具(俱)即其服，乍(作)厥龢鐘，霝(靈)音鍺鍺雍雍，以匽(宴)皇公，以受大福，屯(純)魯多釐，大壽萬年，秦公其畯黔(令)在立(位)，膺受大令(命)，眉壽無疆，匍(撫)有四方，其康寶

1.264-6 秦公曰：我先祖受天命，商(賞)宅受或(國)，刺刺(烈

烈)卲文公、静公、憲公,不豕(墜)于上,卲合(答)皇天,以虩事緣(蠻)方,公及王姬曰：余小子,余夙夕虔敬朕祀,以受多福,克明又(厥)心,盭龢胤士,咸畜左右,藹藹(藹藹)允義,翼受明德,以康奠協朕或(國),盜百緣(蠻),具(俱)即其服,乍(作)厥龢鐘,霝(靈)音鍺鍺雍雍,以匽(宴)皇公,以受大福,屯(純)魯多釐,大壽萬年,秦☐

1.267 秦公曰：我先祖受天令(命),商(賞)宅受或(國),剌剌(烈烈)卲文公、静公、憲公,不豕(墜)于上,卲合(答)皇天,以虩事緣(蠻)方,公及王姬曰：余小子,余夙夕虔敬朕祀,以受多福,克明又(厥)心,盭龢胤士,咸畜左右,藹藹(藹藹)允義,翼受明德,以康奠協朕或(國),盜百緣(蠻),具(俱)即其服,乍(作)厥龢鐘,霝(靈)音鍺鍺雍雍,以匽(宴)皇公,以受大福,屯(純)魯多釐,大壽萬年,秦公其畯黔(紷令)在立(位),膺受大令(命),眉壽無疆,匍(撫)有四方,其康寶

1.268 秦公曰：我先祖受天令(命),商(賞)宅受或(國),剌剌(烈烈)卲文公、静公、憲公,不豕(墜)于上,卲合(答)皇天,以虩事緣(蠻)方,公及王姬曰：余小子,余夙夕虔敬朕祀,以受多福,克明又(厥)心,盭龢胤士,咸畜左右,藹藹(藹藹)允義,翼受明德,以康奠協朕或(國),盜百緣(蠻),具(俱)即其服,乍(作)厥龢鐘,霝(靈)音鍺鍺雍雍,以匽(宴)皇公,以受大福,屯(純)魯多釐,大壽萬年,秦公畯黔(令)在立(位),膺受大令(命),眉壽無疆,匍有四方,其康寶

1.269 秦公曰：我先祖受天令(命),商(賞)宅受或(國),剌剌(烈烈)卲文公、静公、憲公,不豕(墜)于上,卲合(答)皇天,以虩事緣(蠻)方,公及王姬曰：余小子,余夙夕虔敬朕祀,以受多福,克明又(厥)心,盭龢胤士,咸畜左右,藹藹(藹藹)允義,翼受明德,以康奠協朕或(國),盜百緣(蠻),具(俱)即其服,乍(作)厥龢鐘,霝(靈)音鍺鍺雍雍,以匽(宴)皇公,以受大福,屯(純)魯多釐,大壽萬年,秦公其畯黔(令)在立(位),膺受大令(命),眉壽無疆,匍(撫)有四方,其康寶

1.270 秦公曰：不(丕)顯朕皇祖受天命,竈(肇)又(有)下國,十又二公,不豕(墜)在上,嚴龏夤天命,保業厥秦,虩事緣(蠻)夏,曰：余雖小子,穆穆帥秉明德,叡(睿)尃(敷)明井(刑),虔敬朕祀,以受多福,協龢萬民,唬(號)夙夕,剌剌(烈烈)桓桓(桓桓),萬生(姓)是敕,咸畜百辟、胤士,藹藹(藹藹)文武,鋘(鎮)静(靖)不廷,𩓸(揉)燮百邦,于秦執事,乍(作)盄(淑)龢〔鎛〕,厥名曰䛒(固)邦,其音鍺鍺雍雍孔煌,以卲零(各)孝享,以受屯(純)魯多釐,眉壽無疆,畯疐在立(位),高引又(有)慶,匍(撫)又(有)四方,永寶,宜

1.271 唯王五月,初吉丁亥,齊辟鞷(鮑)叔之孫、遵(躋)仲之子䕻(紷),乍(作)子仲姜寶鎛,用祈侯氏永命,萬年䕻(令)保其身,用享考(孝)于皇祖聖叔、皇祀(妣)聖姜,于皇祖又成惠叔、皇祀(妣)又成惠姜,皇考遵(躋)仲、皇母,用祈壽老毋死,保慮(吾)兄弟,用求丂(考)命、彌生,肅肅(肅肅)義政,保慮(吾)子性(姓),鞷(鮑)叔又(有)成裳(勞)于齊邦,侯氏賜之邑二百又九十又九邑,譽(與)鄩之民人都啚(鄙),侯氏從造(告)之曰：枼(世)萬至於辞(台)孫子,勿或俞(渝)改,鞷(鮑)子䕻(紷)曰：余彌心畏誋(忌),余四事是台(以),余爲大攻厄、大事(史)、大逭(徒)、大(太)宰,是辞(台)可事(使),子子孫永保用享

1.272-8 唯王五月,辰在戊寅,師(次)于淄涶,公曰：女(汝)尸,余經乃先祖,余既尃乃心,女(汝)少(小)心畏忌,女(汝)不豕(墜)夙夜,宦執而(爾)政事,余引猒(厭)乃心,余命女(汝)政于朕三軍,肅成朕師旟之政德,諫罰朕庶民,左右毋諱,尸不敢弗憼戒,虔恤

厥死(尸)事，戮(勠)龢三軍徒𨓚，雩(與)厥行師，慎中厥罰，公曰：尸，女(汝)敬共(恭)辝(台)命，女(汝)膺(應)鬲(歷)公家，女(汝)巩(鞏)裳(勞)朕行師，女(汝)肇勄(敏)于戎攻(功)，余賜女(汝)釐(萊)都、賸(密)、劚(膠)，其縣三百，余命女(汝)嗣辝(台)釐(萊)，𨓚(造)或(鐵)徒四千，爲女(汝)敵(敵)寮，尸敢用拜韻首，弗敢不對揚朕辟皇君之登屯(純)厚乃命，女(汝)尸毋曰余少(小)子，女(汝)專余于艱恤，賜休命，公曰：尸，女(汝)康能乃又(有)事(吏)，眔乃敵(敵)寮，余用虔恤不易，左右余一人，余命女(汝)織(職)差正卿，䌛命于外內之事，中專盟(明)井(刑)，台(以)專戒公家，膺恤余于盟(明)恤，女(汝)台(以)恤余朕身，余賜女(汝)馬、車、戎兵，釐(萊)僕三百又五十家，女(汝)台(以)戒戎攸(迮)，尸用或敢再拜韻首，膺受君公之賜光，余弗敢灋(廢)乃命，尸典其先舊，及其高祖，虩虩(赫赫)成唐(湯)，又(有)敢(嚴)在帝所，尃(溥)受天命，剷伐夏司，敱厥靈(靈)師，伊少(小)臣唯補(輔)，咸有九州，處堣(禹)之堵，不(丕)顯穆公之孫，其配襄公之妣，而鹹公之女，雩(粤)生叔尸，是辟于齊侯之所，是少(小)心龏(恭)遵(齊)，靈(靈)力若虎，堇(勤)裳(勞)其政事，又(有)共(恭)于𥫗(桓)武靈(靈)公之所，𥫗(桓)武靈(靈)公賜尸吉金鈇鎬，玄鏐鏻鋁，尸用乍(作)鑄其寶鍾(鐘)，用享于其皇祖、皇妣、皇母、皇考，用旂(祈)眉壽，霝(靈)命難老，不(丕)顯皇祖，其乍(祚)福元孫，其邁(萬)福屯(純)魯，龢協而(爾)又(有)事，卑(俾)若鍾(鐘)鼓，外內剴(闓)辟(闢)，都都譽譽(譽譽)，這而(爾)倗剌，毋或丞(脀)頪，女(汝)考壽邁(萬)年，永保其身，卑(俾)百斯男，而埶(藝)斯字(滋)，肅肅義政，齊侯左右，毋疾毋已，至于枼(世)曰：武靈(靈)成，子孫永保用享

1.279 政德，諫罰朕庶民，左右毋諱，尸不敢

1.280 斯男，而埶(藝)斯字(滋)，肅肅義政，齊侯左右，毋▢公之孫，其配襄公之妣，而鹹公之女

1.281 執而(爾)政事，余引猒(厭)乃心，余▢勄(敏)于戎攻(功)，余賜女(汝)釐(萊)都、賸(密)▢

1.282 女(汝)專余于艱恤，虔恤不易，▢敢再拜韻首，膺受君公之▢

1.283 若虎，堇(勤)裳(勞)其政事，又▢九州，處堣(禹)之堵，不(丕)顯▢

1.284 卑(俾)若鍾(鐘)鼓，外內▢其皇祖、皇妣、皇母、皇▢

1.285 唯王五月，辰在戊寅，師(次)于淄涶，公曰：女(汝)尸，余經乃先祖，余既專乃心，女(汝)少(小)心畏忌，女(汝)不家(墜)夙夜，宦執而(爾)政事，余引猒(厭)乃心，余命女(汝)政于朕三軍，肅成朕師旟之政德，諫罰朕庶民，左右毋諱，尸不敢弗憼戒，虔恤乃死(尸)事，戮(勠)龢三軍徒𨓚，雩厥行師，慎中厥罰，公曰：尸，女(汝)敬共(恭)辝(台)命，女(汝)膺(應)鬲(歷)公家，女(汝)巩(鞏)裳(勞)朕行師，女(汝)肇勄(敏)于戎攻(功)，余賜女(汝)釐(萊)都、賸(密)、劚(膠)，其縣三百，余命女(汝)嗣辝(台)釐(萊)邑，𨓚(造)或(鐵)徒四千，爲女(汝)敵(敵)寮，乃敢用拜韻首，弗敢不對揚朕辟皇君之賜休命，公曰：尸，女(汝)康能乃又(有)事(吏)，眔乃敵(敵)寮，余用登屯(純)厚乃命，女(汝)尸毋曰余少(小)子，女(汝)專余于艱恤，虔恤不易，左右余一人，余命女(汝)織(職)差正卿，爲大事(吏)，䌛命于外內之事，中專盟(明)井(刑)，女(汝)台(以)專戒公家，膺恤余于盟(明)恤，女(汝)台(以)恤余朕身，余賜女(汝)車、馬、戎兵，釐(萊)僕三百又五十家，女(汝)台(以)戒戎攸(迮)，尸用或敢再拜韻首，膺受君公之賜光，余弗敢灋(廢)乃命，尸典其先舊，及其高祖，虩虩(赫赫)成唐(湯)，又(有)敢(嚴)

在帝所，博(溥)受天命，剢伐夏司，敱厥靈(靈)師，伊少(小)臣唯輔(輔)，咸有九州，處墒(禹)之堵，不(丕)顯穆公之孫、其配襄公之妣，而鹹公之女，雩(粵)生叔尸，是辟于齊侯之所，是少(小)心龔(恭)遭(齊)，靈(靈)力若虎，堇(勤)裳(勞)其政事，又(有)共(恭)于公所，敺擇吉金，鈇鎬鐈鋁，用乍(作)鑄其寶鎛，用享于其皇祖、皇妣、皇母、皇考，用旂(祈)眉壽，霝(靈)命難老，不(丕)顯皇祖，其乍(祚)福元孫，其邁(萬)福屯(純)魯，龢協而(爾)又(有)事，卑(俾)若鍾(鐘)鼓，外內剴(闓)辟(闢)，都都譽譽(譽譽)，這而(爾)倗剸，毋或丞(脊)頪，女(汝)考壽邁(萬)年，羕(永)保其身，卑(俾)百斯男，而埶(藝)斯字(滋)，肅肅義政，齊侯左右，毋疾毋已，至于枼(世)曰：武靈(靈)成，子子孫孫，羕(永)保用享

2.286 曾侯乙乍(作)時(持)，徵曾，宮，獸鐘之渻(衍)鍚(歸)，穆鐘之渻(衍)商，割(姑)肄(洗)之渻(衍)宮，濁新鐘之徵，獸鐘之渻(衍)徵，濁坪皇之商，濁文王之宮，濁割(姑)肄(洗)之下角，新鐘之渻(衍)翌(羽)，濁坪皇之渻(衍)商，濁文王之渻(衍)宮

2.287 曾侯乙乍(作)時(持)，商，翌(羽)曾，妥(蕤)賓之宮，妥(蕤)賓之在楚也爲坪皇，其在鸝(申)也爲遟(夷)則，大(太)族(簇)之珈鍚(歸)，無鐸(射)之宮曾，黄鐘之商角，文王之訢(變)商，爲朿音翌(羽)角，爲鄘(應)音翌(羽)，𡲒(夷)則之徵曾，割(姑)肄(洗)之翌(羽)曾，爲槃鐘徵，爲妥(蕤)賓之徵顧下角，爲無睪(射)徵顧

2.288 曾侯乙乍(作)時(持)，徵顧，徵曾，割(姑)肄(洗)之徵角，坪皇之翌(羽)，贏(贏)嗣之翌(羽)曾，爲獸鐘徵顧下角，爲穆音訢(變)商，割(姑)肄(洗)之徵曾，爲黄鐘徵，爲坪皇訢(變)商，爲𡲒(夷)則翌(羽)角，新鐘之翌(羽)，爲穆音之翌(羽)顧下角，刺(厲)音之翌(羽)曾，府(附)於索宮之顧

2.289 曾侯乙乍(作)時(持)，鄦鎛，徵角，割(姑)肄(洗)鄦鎛，穆音之翌(羽)，贏(贏)嗣(亂)之翌(羽)角，𡲒(夷)則之翌(羽)曾，鄘(應)鐘之訢(變)宮，割(姑)肄(洗)之徵角，坪皇之翌(羽)，爲無睪(射)之翌(羽)顧下角，爲獸鐘徵曾，妥(蕤)賓之翌(羽)，爲穆音翌(羽)角，爲刺(厲)音訢(變)商，爲獸鐘之徵顧下角

2.290 曾侯乙乍(作)時(持)，商角，商曾，割(姑)肄(洗)之商角，贏(贏)嗣(亂)之宮，贏(贏)嗣(亂)之在楚爲新鐘，其在齊爲吕音，割(姑)肄(洗)之商曾，穆音之宮，穆音之在楚爲穆鐘，其在周爲刺(厲)音，大(太)族(簇)之宮，其反，在晉爲槃鐘，贏(贏)嗣(亂)之宮角，妥(蕤)賓之宮曾

2.291 曾侯乙乍(作)時(持)，中鎛，宮曾，割(姑)肄(洗)之中鎛，朿音之宮，朿音之在楚也爲文王，遟(夷)則之商，爲刺(厲)音訢(變)徵，割(姑)肄(洗)之宮曾，朿音之下角，坪皇之訢(變)徵，贏(贏)辪(亂)之商，鄘(應)音之宮，鄘(應)音之在楚爲獸鐘，其在周爲鄘(應)音

2.292 曾侯乙乍(作)時(持)，商，翌(羽)曾，妥(蕤)賓之宮，妥(蕤)賓之在楚也爲坪皇，其在鸝(申)也爲遟(夷)則，大(太)族(簇)之珈鍚(歸)，無鐸(射)之宮曾，黄鐘之商角，割(姑)肄(洗)之翌(羽)曾，爲槃鐘徵，爲妥(蕤)賓之徵顧下角，爲無睪(射)徵角，文王之訢(變)商，爲朿音翌(羽)角，爲鄘(應)音翌(羽)，𡲒(夷)則之徵曾，府(附)於索商之顧

2.293 曾侯乙乍(作)時(持)，宮，徵曾，割(姑)肄(洗)之宮，割(姑)肄(洗)之在楚也爲吕鐘，其坂(反)，爲宣鐘，宣鐘之在晉也爲六𩫖(墉)，大(太)族(簇)之商，黄鐘之鍚(歸)，妥(蕤)賓之商曾，新鐘之翌(羽)，爲繆(穆)音之翌(羽)顧下角，刺(厲)音之翌(羽)曾，府(附)於索宮之顧，割(姑)肄

(洗)之徵曾，爲黄鐘徵，爲坪皇辪(變)商，爲穿(夷)則羽(羽)角

2.294 曾侯乙乍(作)峙(持)，羽(羽)，羽(羽)角，割(姑)洗(洗)之羽(羽)，遅(夷)則之徵，新鐘之徵曾，鄜(應)音之辪(變)商，東音之羽(羽)曾，無睪(射)之徵，爲鄜(應)音羽(羽)曾，爲大(太)族(簇)之徵顧下角，爲槃鐘徵曾，割(姑)洗(洗)之羽(羽)角，爲文王羽(羽)，爲坪皇徵角，爲獸鐘之羽(羽)顧下角

2.295 曾侯乙乍(作)峙(持)，徵，徵角，割(姑)洗(洗)之徵，大(太)族(簇)之羽(羽)，新鐘之辪(變)商，妥(蕤)賓之羽(羽)曾，黄鐘之徵角，東音之徵曾，宣鐘之珈徵，割(姑)洗(洗)之徵角，坪皇之羽(羽)，贏(贏)嗣(亂)之羽(羽)曾，爲獸鐘徵顧下角，文王之徵，爲穆音辪(變)商，爲大(太)族(簇)羽(羽)角，爲黄鐘徵曾

2.296 曾侯乙乍(作)峙(持)，鍚(歸)，宮曾，文王之宮，坪皇之商，割(姑)洗(洗)之鍚(歸)，新鐘之商曾，濁獸鐘之羽(羽)，獸鐘之宮，新鐘之濱(衍)商，濁割(姑)洗(洗)之羽(羽)，文王之濱(衍)鍚(歸)，新鐘之商，割(姑)洗(洗)之宮曾，濁坪皇之徵

2.297 曾侯乙乍(作)峙(持)，商，羽(羽)曾，坪皇之宮，割(姑)洗(洗)之濱(衍)商，穆鐘之角，新鐘之宮曾，濁獸鐘之徵，獸鐘之羽(羽)，穆鐘之徵，割(姑)洗(洗)之羽(羽)曾，濁新鐘之宮，鄜(應)音之濱(衍)羽(羽)，新鐘之徵顧，濁坪皇之下角，濁文王之商

2.298 曾侯乙乍(作)寺(持)，羽(羽)反，宮反，羽(羽)反，宮反

2.299 曾侯乙乍(作)寺(持)，角反，徵反，角反，徵反

2.300 曾侯乙乍(作)寺(持)，少商，羽(羽)曾，坪皇之巽反，割(姑)肄(洗)之少商，獸鐘之壴(鼓)反，濁新鐘之巽反，穆鐘之冬(終)反，濁坪皇之歅(贏)

2.301 曾侯乙乍(作)峙(持)，少羽(羽)，宮反，坪皇之冬(終)反，割(姑)肄(洗)之壴(鼓)，濁新鐘之壴(鼓)，獸鐘之喜(鼓)，新鐘之徵顧，濁坪皇之歅(贏)，割(姑)肄(洗)之巽，新鐘之商顧，濁新鐘之冬(終)

2.302 曾侯乙乍(作)寺(持)，下角，徵反，坪皇之少商，割(姑)肄(洗)之下角，濁穆鐘之冬(終)，穆鐘之壴(鼓)，濁文王之歅(贏)，濁穆鐘之商，割(姑)肄(洗)之冬(終)，新鐘之羽(羽)顧，濁獸鐘之〔巽〕

2.303 曾侯乙乍(作)寺(持)，商，羽(羽)曾，坪皇之巽，穆鐘之下角，割(姑)肄(洗)之商，濁獸鐘之冬(終)，獸鐘之喜(鼓)，新鐘之少徵顧，濁坪皇之歅(贏)，穆鐘之冬(終)，濁文王之少商，濁新鐘之巽

2.304 曾侯乙乍(作)寺(持)，宮，徵曾，獸鐘之下角，穆鐘之商，簡(姑)肄(洗)之宮，濁新鐘之冬(終)，新鐘之羽(羽)，濁坪皇之商，濁文王之宮，獸鐘之徵，濁坪皇之少商，濁文王之巽

2.305 曾侯乙乍(作)峙(持)，羽(羽)，羽(羽)角，坪皇之冬(終)，簡(姑)肄(洗)之羽(羽)，新鐘之徵曾，濁新鐘之下角，文王之羽(羽)，新鐘之徵，濁坪皇之宮，新鐘之冬(終)，濁坪皇之巽，濁簡(姑)肄(洗)之商

2.306 曾侯乙乍(作)峙(持)，徵，徵角，簡(姑)肄(洗)之徵，穆鐘之羽(羽)，新鐘之羽(羽)顧，濁獸鐘之宮，坪皇之喜(鼓)，割(姑)肄(洗)之徵角，濁獸鐘之下角，文王之冬(終)，新鐘之羽(羽)曾，濁穆鐘之商，濁簡(姑)肄(洗)之宮

2.307 曾侯乙乍(作)峙(持)，宮角，宮曾，文王之宮，坪皇之商，簡(姑)肄(洗)之角，新鐘之商曾，濁獸鐘之羽(羽)，文王之下角，新鐘之商，簡(姑)肄(洗)之宮曾，濁坪皇之冬(終)，獸鐘之宮，新鐘之商，濁簡(姑)肄(洗)之羽(羽)

2.308 曾侯乙乍(作)峙(持)，商，羽曾，坪皇之宮，簡(姑)肄(洗)之歆(衍)商，穆鐘之角，新鐘之宮曾，濁獸鐘之徵，獸鐘之羽(羽)，穆鐘之徵，簡(姑)肄(洗)之羽(羽)曾，濁新鐘之宮，鄜(應)音之鼓，新鐘之徵顧，濁坪皇之下角，濁文王之宮

2.309 曾侯乙乍(作)寺(持),羿(羽),宫反,割(姑)聿(洗)之羿(羽)反,獸鐘之歖(鼓),割(姑)肆(洗)之巽

2.310 曾侯乙乍(作)時(持),角反,徵反,割(姑)肆(洗)之歖(鼓),濁獸鐘之喜(鼓),穆鐘之喜(鼓)反,濁獸鐘之巽,割(姑)肆(洗)之冬(終)反,濁新鐘之少商

2.311 曾侯乙乍(作)時(持),少商,羿(羽)曾,坪皇之巽反,割(姑)肆(洗)之少商,獸鐘之喜(鼓)反,濁新鐘之巽反,穆鐘之冬(終)反,濁坪皇之歖(鼓)

2.312 曾侯乙乍(作)時(持),少羿(羽),宫反,坪皇之冬(終)反,割(姑)肆(洗)之喜(鼓),濁新鐘之歖(鼓),獸鐘之歖(鼓),穆鐘之少商,濁文王之喜(鼓),割(姑)肆(洗)之巽,新鐘之商頔,濁新鐘之冬(終)

2.313 曾侯乙乍(作)時(持),下角,徵反,坪皇之少商,割(姑)肆(洗)之下角,濁穆鐘之冬(終),穆鐘之喜(鼓),濁文王之歖(鼓),濁新鐘之商,割(姑)肆(洗)之冬(終),新鐘之羿(羽)頔,濁獸鐘之巽

2.314 曾侯乙乍(作)寺(持),商,羿(羽)曾,坪皇之巽,穆鐘之下角,割(姑)肆(洗)之商,濁獸鐘之冬(終),獸鐘之喜(鼓),新鐘之少徵頔,濁坪皇之歖(鼓),穆鐘之冬(終),濁文王之少商,濁新鐘之巽

2.315 曾侯乙乍(作)寺(持),宫,徵曾,獸鐘之下角,穆鐘之商,割(姑)肆(洗)之宫,濁新鐘之冬(終),新鐘之羿(羽),濁坪皇之商,濁文王之宫,獸鐘之徵,濁坪皇之少商,濁文王之巽

2.316 曾侯乙乍(作)時(持),羿(羽),羿(羽)角,坪皇之冬(終),割(姑)肆(洗)之羿(羽),新鐘之徵曾,濁新鐘之下角,文王之羿(羽),新鐘之徵,濁坪皇之宫,新鐘之冬(終),濁坪皇之巽,濁割(姑)肆(洗)之商

2.317 曾侯乙乍(作)時(持),徵,徵角,割(姑)肆(洗)之徵,穆鐘之羿(羽),新鐘之羿(羽)頔,濁獸鐘之宫,坪皇之喜(鼓),割(姑)肆(洗)之徵角,濁獸鐘之下角,文王之冬(終),新鐘之羿(羽)曾,濁穆鐘之商,濁割(姑)肆(洗)之冬(終)

2.318 曾侯乙乍(作)時(持),宫角,徵,文王之宫,坪皇之商,割(姑)肆(洗)之角,新鐘之商曾,濁獸鐘之羿(羽),文王下角,新鐘之商,割(姑)肆(洗)之宫曾,濁坪皇之冬(終),獸鐘之宫,新鐘之商,濁割(姑)肆(洗)之羿(羽)

2.319 曾侯乙乍(作)寺(持),商角,商曾,贏(贏)嗣(亂)之宫,贏(贏)嗣(亂)之在楚爲新鐘,其在鄰(齊)爲吕音,夫(太)族(簇)之宫,其反,在晉爲槃鐘,穆音之宫,穆音之在楚爲穆鐘,其在周爲刺(厲)音

2.320 曾侯乙乍(作)寺(持),商,羿(羽)曾,坪皇之宫,割(姑)肆(洗)之歆(衍)商,穆鐘之角,新鐘之宫曾,濁獸鐘之徵,獸鐘之羿(羽),穆鐘之徵,割(姑)肆(洗)之羿(羽)曾,濁新鐘之宫,鄜(應)音之喜(鼓),新鐘之徵頔,濁坪皇之下角,濁文王之商

2.321 曾侯乙乍(作)時(持),羿(羽),宫,割(姑)肆(洗)之少羿(羽),坪韹(皇)之終,獸鐘之羿(羽)角,割(姑)姘(洗)之少宫,割(姑)肆(洗)之在楚爲吕鐘,亘(宣)鐘之宫,洹(宣)鐘之在晉也爲六墉(墉)

2.322 曾侯乙乍(作)時(持),商角,商曾,贏(贏)嗣(亂)之宫,贏(贏)嗣(亂)之在楚也爲新鐘,其在鄰(齊)也爲吕音,大(太)族(簇)之在周也爲刺(厲)音,其在晉也爲槃鐘,穆音之宫,穆音之在楚也爲穆鐘

2.323 曾侯乙乍(作)時(持),宫角,徵,割(姑)肆(洗)之角,東音之宫,其在楚也爲文王,割(姑)肆(洗)之徵反,穆音之羿(羽),新鐘之羿(羽)角,東音之徵曾,徲(夷)則之羿(羽)曾,爲刺(厲)音鼓

2.324 曾侯乙乍(作)時(持),商,羿(羽)曾,割(姑)肆(洗)之少商,妥(蕤)賓之宫,妥(蕤)賓之在龖(申)也爲遟(夷)則,割(姑)肆(洗)之龠(龢),穆音之冬(終)坂(反),坪皇之徵曾,東音之辝(變)商,爲黄鐘鼓,

爲遅則徵曾

2.325 曾侯乙乍(作)峙(持),翆(羽),宫,割(姑)紻(洗)之翆(羽),妥(蕤)賓之冬(終),黄鐘之翆(羽)角,無鐸(射)之徵曾,割(姑)紻(洗)之宫佑,割(姑)紻(洗)之在楚也爲吕鐘,其坂(反),爲亘(宣)鐘,鄘(應)音之角,穆音之商,新鐘之辪(變)徵,柬音之辪(變)翆(羽)

2.326 曾侯乙乍(作)峙(持),宫角,徵,割(姑)紻(洗)之宫角,柬音之宫,柬音之在楚也爲文王,割(姑)紻(洗)之冬(終),大(太)族(簇)之鼓,嬴(亂)嗣(亂)之辪(變)商,鄘(應)鐘之徵角,柬音之徵曾,爲坪皇之翆(羽)顀下角,爲槃鐘翆(羽)

2.327 曾侯乙乍(作)峙(持),商,翆(羽)曾,割(姑)紻(洗)之商,妥(蕤)賓之宫,妥(蕤)賓之在楚也爲坪皇,其在䨻(申)也爲遅(夷)則,割(姑)紻(洗)之翆(羽)曾,爲槃鐘徵,爲妥(蕤)賓之徵顀下角,爲無鐸(射)徵角,文王之辪(變)商,爲柬音翆(羽)角,爲鄘(應)音翆(羽),遅(夷)則之徵曾,㝑(附)於索商之顀(𬰡)

2.328 曾侯乙乍(作)峙(持),宫,徵曾,割(姑)紻(洗)之宫,割(姑)紻(洗)之在楚也爲吕鐘,其坂(反),爲亘(宣)鐘,亘(宣)鐘之在晉爲六𩫖(墉),割(姑)紻(洗)之徵曾,爲黄鐘徵,爲坪皇辪(變)商,爲遅(夷)則翆(羽)角,新鐘之翆(羽),爲穆音之翆(羽)顀下角,剌(厲)音之翆(羽)曾,㝑(附)於索宫之顀(𬰡)

2.329 曾侯乙乍(作)寺(持),翆(羽),翆(羽)角,割(姑)紻(洗)之翆(羽),遅(夷)則之徵,新鐘之徵,新鐘之徵曾,鄘(應)音之辪(變)商,柬音之翆(羽)曾,割(姑)紻(洗)之翆(羽)角,爲文王翆(羽),爲坪皇徵角,爲獸鐘之翆(羽)顀下角,無鐸(射)之徵,爲鄘(應)音翆(羽)曾,爲夫(太)族(簇)之徵顀下角,爲槃鐘徵曾

2.330 曾侯乙乍(作)峙(持),徵,徵角,割(姑)紻(洗)之徵,夫(太)族(簇)之翆(羽),新鐘之辪(變)商,遅(夷)則之翆(羽)曾,獸鐘之徵角,割(姑)紻(洗)之徵角,坪皇之翆(羽),嬴(亂)嗣(亂)之翆(羽)曾,爲獸鐘之徵顀下角,文王徵,爲穆音辪(變)商,爲夫(太)族(簇)翆(羽)角,爲黄鐘徵曾

2.331 翆(羽),翆(羽)曾

2.332 徵曾,徵角

2.333 商角,商曾

2.334 徵曾,徵

2.335 翆(羽)角,翆(羽)曾

2.336 宫曾,宫

2.337 商曾,翆(羽)角

2.338 商角,翆(羽)

2.339 商,翆(羽)曾,膺(應)音之宫

2.340 商曾,翆(羽)角,柬音之宫

2.341 商角,翆(羽),割(姑)紻(洗)之宫

2.342 商,翆(羽)曾,黄鐘之宫

2.343 商,翆(羽)曾

2.344 宫徵,徵角

2.345 宫角,徵,穆音之宫

2.346 宫,徵曾,嬴(亂)嗣(亂)之宫

2.347 宫曾,徵角,妥(蕤)賓之宫

2.348 宫角,徵,大(太)族(簇)之宫

2.349 宫,徵曾,無鐸(射)之宫

2.350 陳(陳)大喪史仲高乍(作)鈴鐘,用祈眉壽無疆,子子孫孫,永寶用之

2.351 陳(陳)大喪史仲高乍(作)鈴鐘,用祈眉壽無疆,子子孫孫,永寶用之

2.352 陳(陳)大喪史仲高乍(作)鈴鐘,用祈眉壽無疆,子子孫孫,永寶用之

2.353 陳(陳)大喪史仲高乍(作)鈴鐘,用祈眉壽無疆,子子孫孫,永寶用之

2.354 陳(陳)大喪史仲高乍(作)鈴鐘,用祈眉壽無疆,子子孫孫,永寶用之

2.355 陳(陳)大喪史仲高乍(作)鈴鐘,用祈眉壽無疆,子子孫孫,永寶用之

2.356 井叔叔采乍(作)朕文祖穆公大鐘,用喜(饎)樂文神、人,用祈福(福)賈、〔多〕壽、每(誨)魯,其子子孫孫永日鼓樂茲鐘,其永寶用

2.357 井叔叔采乍(作)朕文祖穆公大鐘,用喜(饎)樂文神、人,用祈福(福)賈、多壽、每(誨)魯,其子子孫孫日鼓樂茲鐘,其永寶用

2.358 明韞文,乃膺受大令(命),匍(撫)右(有)四方,余小子肇嗣先王,配上下,乍(作)厥王大寶,用喜(饎)侃(衎)前文人,墉厚多福,用醽豳先王,受皇天大魯令(命),文人陟降,余黄耇(烝),受(授)余屯(純)魯,用[illegible]不廷方,默(胡)其萬年,永畯尹四方,保大令(命),乍(作)疐在下,御大福,其各,唯王五祀

2.359 鳶

2.360 [illegible]

2.361 圞(圍)

2.362 専

2.363 専

2.364 専

2.365 匿

2.366 匿

2.367 中

2.368 中

2.369 中

2.370 中

2.371 中

2.372 史

2.373 史

2.374 受

2.375 貯

2.376 舌

2.377 蒸

2.378 蒸

2.379 蒸

2.380 亞疑

2.381 亞疑

2.382 亞疑

2.383 亞弜

2.384 亞弜

2.385 亞夫

2.386 亞㝃

2.387 亞齔

2.388 北單

2.389 北單

2.390 北單

2.391 [illegible](矛)

2.392 夫册

2.393 㠭鳩

2.394 㠭鳩

2.395 [illegible]

2.396 [illegible]

2.397 [illegible]

2.398 亞[illegible](幾口□)

2.399 亞龏嬀

2.400 木見𠧪册

2.401 木見𠧪册

2.402 木見𠧪册

2.403 亞虹左

2.404 子離

2.405 亞佣嫻

2.406 亞佣嫻

2.407 亞佣嫻

2.408 乙正魚

2.409 乙正魚

2.410 乙正魚

2.411 亞萬父己

2.412 涞秋伊辛

2.413 亞疑

2.414 亞疑

2.415 亞疑

2.416 成周王令(鈴)

2.417 成周王令(鈴)

2.418 王

2.419 鄦郢率鐸

2.420 外卒鐸,鍾君(尹)

2.421 唯正初吉丁亥,其次擇其吉金,鑄句(勾)鑃,台(以)享台(以)考(孝),用祈萬壽,子子孫孫,永保用之

2.422 唯正初吉丁亥,其次擇其吉金,鑄句(勾)鑃,台(以)享台(以)考(孝),用祈萬壽,子子孫孫,永保用之

2.423 喬君淲虘與朕以贏,乍(作)無者俞寶鑩鍟(鐸),其萬年,用享用考(孝),用旂(祈)眉壽,子子孫孫,永寶用之

2.424 唯王正月,初吉丁亥,姑馮昏同(馮同、逢同)之子,擇厥吉金,自乍(作)商句(勾)鑃,以樂賓客,及我父蜺(兄),子子孫孫,永保用之

2.425 正月初吉,日在庚,郐(徐)諮(謟)尹者故蝉,自乍(作)征城,次[illegible]升䅽,儆至鐱(劍)兵,枼(世)萬子孫,眉壽無疆,皿皮(彼)吉人享,士余是尚(常)

2.426 〔唯〕□〔月〕初吉庚午,吳王□□□□犬子配兒,曰:余孰臧于戎攻(功)觑(且)武,余炏(畢)龏威(畏)其(忌),余不敢詩,舍(余)擇厥吉金,鉉(玄)鏐鏞鋁,自乍(作)鉤(鉤)鑃,台(以)宴賓客,台(以)樂我者(諸)父,子孫用之,先人是訏

2.427 〔唯〕□〔月〕初吉庚午,吳王□□□□犬子配兒,曰:余孰臧于戎攻(功)觑(且)武,余炏(畢)龏威(畏)其(忌),余不敢詩,舍(余)擇厥吉金,鉉(玄)鏐鏞鋁,自乍(作)鉤(鉤)鑃,台(以)宴賓客,台(以)樂我者(諸)父,子孫用之,先人是訏

2.428 唯正月□□□□,□□之子〔余冄〕,〔擇厥〕吉金,〔用自〕乍(作)鉦(征)鋮,以〼船,其〼,其〼,其〼盂舍,以陰以〔陽〕,〼師,余以政剖(台)徒,余以乙(乚)邸,余以伐郐(徐),羑子孫余冄,鑄此鉦(征)鋮,女(汝)勿喪勿敗,余處此南疆,萬枼(世)之外,子子孫孫,永堋乍(作)以□□

2.429 唯正月初吉庚午,余受此于之玄孫,聖靡公㑭擇其吉金,玄鏐鈍吕(鋁),自乍(作)隼鼓,命从若斀,遠盄(淑)聞于王東吳谷,逆〔于〕郐(徐)人、

陳〔人〕,迲(却)蔡于寺,其神其臭,☐以攴埜(野)于陳☐☐山之下,余寺(持)可參☐☐,其☐鼓芍芍(茯茯),乃于之雩,永祀是抈,俳公隻(獲)飛龍,曰夜白,☐,余以共旒示☐帝(嫡)庶子,余以會(會)同生(姓)九礼,以飤大夫、倗友,〔余以〕宅東土,至于淮之上,世(?)萬子孫永保
3.441 魚
3.442 東
3.443 皇
3.444 敹
3.445 侊
3.446 㛷(偪)
3.447 亘
3.448 史
3.449 叔(𠛱)
3.450 辛
3.451 㝉(字)
3.452 㝉(字)
3.453 鬲
3.454 ☐(享?)☐(?)
3.455 亞䨧
3.456 亞㣙
3.457 ☐鼎
3.458 父丁
3.459 父辛
3.460 癸父
3.461 𢍰母
3.462 寧母
3.463 婦☐
3.464 康侯
3.465 伯乍(作)
3.466 弔父〔丁〕
3.467 冉癸
3.468 史秦
3.469 乍(作)旅
3.470 乍(作)聮匽
3.471 乍(作)彝
3.472 亞☐其
3.473 享祖癸
3.474 㚔父乙
3.475 弔父乙
3.476 鳥父乙
3.477 ☐父乙
3.478 重父丙
3.479 𢍰父丁
3.480 弔父丁
3.481 㓞父己
3.482 ☐父己
3.483 冉父癸
3.484 ☐母辛
3.485 亞𧇊母
3.486 齊婦㚔
3.487 眉☐子
3.488 弔乍(作)彝
3.489 叔乍(作)彝
3.490 麥乍(作)彝
3.491 乍(作)尊彝
3.492 乍(作)尊彝
3.493 乍(作)寶彝
3.494 伯乍(作)彝
3.495 溓(濂)季乍(作)
3.496 鴋祖癸
3.497 竟乍(作)父乙
3.498 竟乍(作)父乙
3.499 𠂤丏父丁
3.500 冉蝰父丁
3.501 ☐糸父丁
3.502 亞牧父戊
3.503 亞貘父己
3.504 乍(作)父辛,☐(尺)
3.505 亞☐母乙
3.506 北伯乍(作)彝
3.507 彊伯乍(作)鼎
3.508 犴(筓)筈乍(作)彝
3.509 仲乍(作)寶彝
3.510 仲姬乍(作)鬲
3.511 姬(?)姞旅鬲
3.512 虢姞乍(作)鬲
3.513 左使車尼
3.514 夨伯乍(作)旅鼎
3.515 夨伯乍(作)旅鼎
3.516 微伯乍(作)齋鬲
3.517 微伯乍(作)齋鬲
3.518 微伯乍(作)齋鬲
3.519 微伯乍(作)齋鬲
3.520 微伯乍(作)齋鬲
3.521 微仲乍(作)旅尊
3.522 同姜乍(作)尊鬲
3.523 仲姜乍(作)尊鬲
3.524 虢叔乍(作)尊鬲
3.525 虢叔乍(作)尊鬲
3.526 顮姞乍(作)寶鼎
3.527 凌姬乍(作)寶齋
3.528 𩐊乍(作)寶尊彝
3.529 雺(露)人守乍(作)寶
3.530 伯禾乍(作)尊彝
3.531 季貞乍(作)尊鬲
3.532 旂姬乍(作)寶鬲
3.533 師☐乍(作)寶鬲
3.534 孟始(姒)乍(作)寶鬲
3.535 帛女(母)乍(作)齊(齋)鬲
3.536 會始(姒)乍(作)朕(媵)鬲
3.537 左使車工尼
3.538 祖辛、父甲,正朿(刺)
3.539 亞从父丁鴋
3.540 大乍(作)婳寶尊彝
3.541 季執乍(作)寶尊彝
3.542 楷叔𠬪(𠛱)父乍(作)鼎
3.543 敬乍(作)父丁尊齋
3.544 仲☐父乍(作)齍鬲
3.545 魯侯乍(作)姬番鬲
3.546 姬芀母乍(作)齋鬲
3.547 仲姞乍(作)羞鬲,華
3.548 仲姞乍(作)羞鬲,華
3.549 仲姞乍(作)羞鬲,華
3.550 仲姞乍(作)羞鬲,華
3.551 仲姞乍(作)羞鬲,華
3.552 仲姞乍(作)羞鬲,華
3.553 仲姞乍(作)羞鬲,華
3.554 仲姞乍(作)羞鬲,華
3.555 仲姞乍(作)羞鬲,華
3.556 仲姞乍(作)羞鬲,華
3.557 仲姞乍(作)羞鬲,華

3.558 仲姞乍(作)羞鬲,華

3.559 季右父乍(作)尊鬲

3.560 伯邦父乍(作)齍鬲

3.561 虢仲乍(作)姞尊鬲

3.562 虢仲乍(作)姞尊鬲

3.563 乍(作)予叔嬴賸(媵)鬲

3.564 通乍(作)父癸彝

3.565 吾乍(作)媵(滕)公寶尊彝

3.566 戒乍(作)䒞官(館)明(盟)尊彝

3.567 䨏乍(作)父癸寶彝

3.568 玔乍(作)父乙彝,蛙冉

3.569 乍(作)寶彝,其永寶

3.570 乍(作)寶彝,子其永寶

3.571 □戈(?)母乍(作)寶鬲

3.572 弭叔乍(作)犀妊齊(齍)鬲

3.573 弭叔乍(作)犀妊齊(齍)鬲

3.574 弭叔乍(作)犀妊齊(齍)鬲

3.575 鄦(許)姬乍(作)姜虎旅鬲

3.576 伯鄘父乍(作)姞尊鬲

3.577 曾侯乙詐(作)時(持)甬(用)冬(終)

3.578 周□乍(作)尊鬲,永寶用

3.579 奠(鄭)叔𢦚父乍(作)羞鬲

3.580 奠(鄭)井叔𢦚父乍(作)拜(饙)鬲

3.581 奠(鄭)井叔𢦚父乍(作)羞鬲

3.582 䁆子旅乍(作)父戊寶彝

3.583 䁆子旅乍(作)父戊寶彝

3.584 王乍(作)䫨王姬[illegible]𪊕彝

3.585 王乍(作)䫨王姬[illegible]𪊕彝

3.586 倗羲妣尊彝

3.587 𨚕(召)伯毛乍(作)王母尊鬲

3.588 叔皇父乍(作)仲姜尊鬲

3.589 時(詩)伯乍(作)叔母□羞鬲

3.590 時(詩)伯乍(作)叔母□羞鬲

3.591 時(詩)伯乍(作)叔母□羞鬲

3.592 士孫伯𣪘(捒)自乍(作)尊鬲

3.593 魯姬乍(作)尊鬲,永寶用

3.594 衛姒乍(作)鬲,以從永征

3.595 衛文君夫人叔姜乍(作)其行鬲,用從䍃(遥)征

3.596 郳始逘母鑄其羞鬲

3.597 奠(鄭)[illegible]伯乍(作)叔𡢁薦鬲

3.598 奠(鄭)[illegible]伯乍(作)叔𡢁薦鬲

3.599 奠(鄭)[illegible]伯乍(作)叔𡢁薦鬲

3.600 己(紀)侯乍(作)□姜□〔鬲〕,了子孫孫,永寶用之

3.601 宋𩒨父乍(作)豐子賸(媵)鬲

3.602 王乍(作)王母𦣞宮尊鬲

3.603 虢叔乍(作)叔殷𣪕尊鬲

3.604 聿造乍(作)尊鬲,永寶用

3.605 伯姜乍(作)齊(齍)鬲,永寶用

3.606 王伯姜乍(作)尊鬲,永寶用

3.607 王伯姜乍(作)尊鬲,永寶用

3.608 𢦏(戴)叔慶父乍(作)叔姬尊鬲

3.609 唯黃[illegible](榦)[illegible]用吉金乍(作)鬲

3.610 唯黃[illegible](榦)[illegible]用吉金乍(作)鬲

3.611 王乍(作)㐨(序)𪊕(蔣)𧸘母寶𪊕彝

3.612 〔番〕伯[illegible]子(孫)自乍(作)寶鬲,其萬☐

3.613 林𡖊乍(作)父辛寶尊彝,亞俞

3.614 叔鼏乍(作)己(紀)伯父丁寶尊彝

3.615 伯猏父乍(作)井叔、季姜尊鬲

3.616 伯墉父乍(作)叔姬鬲,永寶用

3.617 伯墉父乍(作)叔姬鬲,永寶用

3.618 伯墉父乍(作)叔姬鬲,永寶用

3.619 伯墉父乍(作)叔姬鬲,永寶用

3.620 伯墉父乍(作)叔姬鬲,永寶用

3.621 伯墉父乍(作)叔姬鬲,永寶用

3.622 伯墉父乍(作)叔姬鬲,永寶用

3.623 伯墉父乍(作)叔姬鬲,永寶用

3.624 黃子乍(作)黃甫(夫)人孟母器,則☐

3.625 曾子單用吉金自乍(作)寶鬲

3.626 樊君乍(作)叔[illegible]𡠦賸(媵)器寶𩰫(烓)

3.627 孜父乍(作)尊鬲,子子孫孫永寶用

3.628 姬趛母乍(作)尊鬲,其永用,[illegible](支)

3.629 姬趛母乍(作)尊鬲,其永用,[illegible](支)

3.630 番伯[illegible]孫自乍(作)寶鬲,其萬☐

3.631 𡈼乍(作)寶尊鼎,其萬年用鄉(饗)各

3.632 㷠(榮)伯鑄鬲,永[illegible],其邁(萬)年寶用

3.633 㙷(坍)肈家鑄乍(作)鬵,其永子孫寶

3.634 鄎(郳)姤(祁)乍

(作)尊鬲,其萬年永寶用

3.635 吕王乍(作)尊鬲,子子孫孫,永寶用享

3.636 吕雔姬乍(作)齋彝,其子子孫孫寶用

3.637 庚姬乍(作)叔娊(?)尊鬲,其永寶用

3.638 庚姬乍(作)叔娊(?)尊鬲,其永寶用

3.639 庚姬乍(作)叔娊(?)尊鬲,其永寶用

3.640 庚姬乍(作)叔娊(?)尊鬲,其永寶用

3.641 京姜𣎵母乍(作)尊鬲,其永缶(寶)用

3.642 芊伯碩〔父〕乍(作)叔娟(妘)寶鬲,其萬〔年〕子☐

3.643 㚤休賜厥瀕事(吏)貝,用乍(作)隣寶彝

3.644 伯上父乍(作)姜氏尊鬲,其永寶用

3.645 王乍(作)番妃齊(齋)鬲,其萬年永寶用

3.646 王乍(作)姬𩵦(䱾)母尊鬲,子子孫孫永寶用

3.647 王伯姜乍(作)尊鬲,其萬年永寶用

3.648 魯侯獄(熙)乍(作)彝,用享𩰫厥文考魯公

3.649 伯先父乍(作)妖尊鬲,其子子孫孫永寶用

3.650 伯先父乍(作)妖尊鬲,其子子孫孫永寶用

3.651 伯先父乍(作)妖尊鬲,其子子孫孫永寶用

3.652 伯先父乍(作)妖尊鬲,其子子孫孫永寶用

3.653 伯先父乍(作)妖尊鬲,其子子孫孫永寶用

3.654 伯先父乍(作)妖尊鬲,其子子孫孫永寶用

3.655 伯先父乍(作)妖尊,其子子孫孫永寶用

3.656 伯先父乍(作)妖尊,其子子孫孫永寶用

3.657 伯先父乍(作)妖鬲,其子子孫孫永寶用

3.658 伯先父乍(作)妖尊鬲,其子子孫孫永寶用

3.659 奠(鄭)羌伯乍(作)季姜尊鬲,其永寶用

3.660 奠(鄭)羌伯乍(作)季姜尊鬲,其永寶用

3.661 虢季子緻(組)乍(作)鬲,子孫永寶用享

3.662 虢季氏子緻(組)乍(作)鬲,子子孫孫,永寶用享

3.663 𪓐伯、𩵦母子剌乍(作)寶鬲,子孫永寶用

3.664 𪓐伯、𩵦母子剌乍(作)寶鬲,子孫永寶用

3.665 𪓐伯、𩵦母子剌乍(作)寶鬲,子孫永寶用

3.666 戲伯乍(作)𩞁(饙)齋,其萬年,子子孫孫永寶用

3.667 戲伯乍(作)𩞁(饙)齋,其萬年,子子孫孫永寶用

3.668 右戲仲夏父乍(作)豐鬲,子子孫孫永寶用

3.669 鼄(邾)伯乍(作)塍(媵)鬲,其萬年,子子孫孫永寶用

3.670 鼄(邾)來隹乍(作)貞(鼎),萬壽眉其年,無疆用

3.671 伯汃父乍(作)大姬齋鬲,子子孫孫永寶用

3.672 召仲乍(作)生妣尊鬲,其子子孫孫永寶用

3.673 召仲乍(作)生妣尊鬲,其子子孫孫永寶用

3.674 叔牙父乍(作)姞氏尊鬲,子子孫孫永寶用

3.675 樊夫人龍嬴,用其吉金,自乍(作)行鬲

3.676 樊夫人龍嬴,用其吉金,自乍(作)行鬲

3.677 邛(江)叔𠫑乍(作)其尊鬲,子子孫孫,永寶用之

3.678 鄽(慶)大嗣攻(空)嗣攻(空)單,〔自作〕鑄其鬲,子子孫孫,永保用之

3.679 𤇾(榮)又(有)嗣再乍(作)齋鬲,用朕(媵)嬴女𪏚母

3.680 成伯孫父乍(作)𥻆嬴尊鬲,子子孫孫永寶用

3.681 仲父乍(作)尊鬲,子子孫孫,其萬年永寶用

3.682 伯家父乍(作)孟姜𥅘(媵)鬲,其子孫永寶用

3.683 虢季氏子𠬝乍(作)寶鬲,子子孫孫,永寶用享

3.684 奠(鄭)鑄友父乍(作)幾姜旅鬲,其子子孫寶用

3.685 齊趫父乍(作)孟姬寶鬲,子子孫孫,永寶用享

3.686 齊趫父乍(作)孟姬寶鬲,子子孫孫,永寶用享

3.687 黄子乍(作)黄甫(夫)人行器,則永宕(祜)宕(福),霝(靈)冬(終)霝(靈)後

3.688 亞俞,𢍰入(納)

㸒于女(汝)子,用乍(作)又母辛尊彝

3.689 在戊辰,匽(燕)侯賜伯矩貝,用乍(作)父戊尊彝

3.690 魯伯愈父乍(作)鼄(邾)姬仁朕(媵)羞鬲,其永寶用

3.691 魯伯愈父乍(作)鼄(邾)姬仁朕(媵)羞鬲,其永寶用

3.692 魯伯愈父乍(作)鼄(邾)姬仁朕(媵)羞鬲,其永寶用

3.693 魯伯愈父乍(作)鼄(邾)姬仁朕(媵)羞鬲,其永寶用

3.694 魯伯愈父乍(作)鼄(邾)姬仁朕(媵)羞鬲,其永寶用

3.695 魯伯愈父乍(作)鼄(邾)姬仁朕(媵)羞鬲,其永寶用

3.696 夆(隆)伯乍(作)陴孟姬尊鬲,其萬年,子子孫孫永寶

3.697 弢(發)伯乍(作)叔姬尊鬲,其萬年,子子孫孫永寶用

3.698 杜伯乍(作)叔嫞(祁)尊鬲,其萬年,子子孫孫永寶用

3.699 唯曾伯宮父穆,廼用吉金,自乍(作)寶尊鬲

3.700 善(膳)〔夫〕吉父乍(作)京姬尊鬲,其子子孫孫永寶用

3.701 善(膳)夫吉父乍(作)京姬尊鬲,其子子孫孫永寶用

3.702 善(膳)夫吉父乍(作)京姬尊鬲,其子子孫孫永寶用

3.703 善(膳)夫吉父乍(作)京姬尊鬲,其子子孫孫永寶用

3.704 善(膳)夫吉父乍(作)京姬尊鬲,其子子孫孫永寶用

3.705 陳(?)侯乍(作)畢季嬀媵鬲,其萬年,子子孫孫永用

3.706 陳(?)侯乍(作)畢季嬀媵鬲,其萬年,子子孫孫永用

3.707 魯宰駟父乍(作)姬鵬賸(媵)鬲,其萬年永寶用

3.708 虢仲乍(作)虢妃尊鬲,其邁(萬)年,子子孫孫永寶用

3.709 虢伯乍(作)姬大母尊鬲,其萬年,子子孫孫永寶用

3.710 仲斯大也(它)鑄其寶鬲,其萬年,子子孫孫永寶用

3.711 內(芮)公乍(作)鑄京氏婦叔姬朕(媵)鬲,子子孫孫永用享

3.712 內(芮)公乍(作)鑄京氏婦叔姬朕(媵)鬲,子子孫孫,永寶用享

3.713 昶仲無龍乍(作)寶鬲,其萬年,子子孫孫,永寶用享

3.714 昶仲無龍乍(作)寶鬲,其子子孫永寶用享

3.715 睽士父乍(作)蓼(翏)妃尊鬲,其萬年,子子孫孫永寶用

3.716 睽士父乍(作)蓼(翏)妃尊鬲,其萬年,子子孫孫永寶用

3.717 鼄(邾)沓(友)父朕(媵)其子胙(胙)�寶鬲,其眉壽,永寶用

3.718 㦰季乍(作)孟姬𡨦(庿)女(母)達鬲,其萬年子孫用之

3.719 伯夏父乍(作)畢姬尊鬲,其萬年,子子孫孫,永寶用享

3.720 伯夏父乍(作)畢姬尊鬲,其萬年,子子孫孫,永寶用享

3.721 伯夏父乍(作)畢姬尊鬲,其萬年,子子孫孫,永寶用享

3.722 伯夏父乍(作)畢姬尊鬲,其萬年,子子孫孫,永寶用享

3.723 伯夏父乍(作)畢姬尊鬲,其萬年,子子孫孫,永寶用享

3.724 伯夏父乍(作)畢姬尊鬲,其萬年,子子孫孫,永寶用享

3.725 伯夏父乍(作)畢姬尊鬲,其萬年,子子孫孫,永寶用享

3.726 伯夏父乍(作)畢姬尊鬲,其萬年,子子孫孫,永寶用享

3.727 伯夏父乍(作)畢姬尊鬲,其萬年,子子孫孫,永寶用享

3.728 伯夏父乍(作)畢姬,其萬年,子子孫孫,永寶用享

3.729 仲生父乍(作)井孟姬寶鬲,其萬年,子子孫孫永寶用

3.730 奠(鄭)伯筍父乍(作)叔姬尊鬲,其邁(萬)年,子子孫孫永寶用

3.731 唯五月初吉丁酉,奠(鄭)師𩞁(遵)父乍(作)薦鬲,永寶用

3.732 唯番君酛伯自乍(作)寶鼎,萬年無疆,子子孫永用

3.733 唯番君酛伯自乍(作)寶鼎,萬年無疆,子子孫永用

3.734 唯番君酛伯自乍(作)寶鼎,萬年無疆,子孫永用

3.735 鑄子叔黑臣(頤)肇乍(作)寶鬲,其萬年眉壽,永寶用

3.736 虢文公子伇乍(作)叔妃鬲,其萬年,子孫永寶用享

3.737 單伯遵父乍(作)仲姞尊鬲,子子孫孫,其邁(萬)年,永寶用享

3.738 𠂤馬孟辛父,乍(作)孟姞寶尊鬲,其萬年,子子孫孫永寶

用
3.739 𨸏馬孟辛父，乍(作)孟姞寶尊鬲，其萬年，子子孫孫寶用
3.740 𨸏馬孟辛父，乍(作)孟姞寶尊鬲，其萬年，子子孫孫寶用
3.741 亞沚，庚寅，鄧(僆)壼(祓)□在寢，王光商(賞)鄧(僆)貝，用乍(作)父丁彝
3.742 蟨子子奠伯乍(作)尊鬲，其眉壽，萬年無疆，子子孫孫永寶用
3.743 內(芮)公乍(作)鑄京仲氏婦叔姬賸(媵)鬲，其子子孫孫永寶用享
3.744 琱生(甥)乍(作)文考宄仲尊甗，琱生(甥)其邁(萬)年，子子孫孫，永寶用享
3.745 唯九月初吉庚寅，師趛乍(作)文考聖公、文母聖姬尊𩰫，其萬年，子孫永寶用，亻(攴)
3.746 唯六月初吉，師湯父有𤔲仲柟父乍(作)寶鬲，用敢鄉(饗)考(孝)于皇祖丂(考)，用旂(祈)眉壽，其萬年，子子孫孫，其永寶用
3.747 唯六月初吉，師湯父有𤔲仲柟父乍(作)寶鬲，用敢鄉(饗)考(孝)于皇祖丂(考)，用旂(祈)眉壽，其萬年，子子孫孫，其永寶用
3.748 唯六月初吉，師湯父有𤔲仲柟父乍(作)寶鬲，用敢鄉(饗)考(孝)于皇祖丂(考)，用旂(祈)眉壽，其萬年，子子孫孫，其永寶用
3.749 唯六月初吉，師湯父有𤔲仲柟父乍(作)寶鬲，用敢鄉(饗)考(孝)于皇祖丂(考)，用旂(祈)眉壽，其萬年，子子孫孫，其永寶用
3.750 唯六月初吉，師湯父有𤔲仲柟父乍(作)寶鬲，用敢鄉(饗)考(孝)于皇祖丂(考)，用旂(祈)眉壽，其萬年，子子孫孫，其永寶用
3.751 唯六月初吉，師湯父有𤔲仲柟父乍(作)寶鬲，用敢鄉(饗)考(孝)于皇祖丂(考)，用旂(祈)眉壽，其萬年，子子孫孫，其永寶用
3.752 唯六月初吉，師湯父有𤔲仲柟父乍(作)寶鬲，用敢鄉(饗)考(孝)于皇祖丂(考)，用旂(祈)眉壽，其萬年，子子孫孫，其永寶用
3.753 唯十又二月既生霸，子仲漁㝵池，天君蔑公姞曆，事(使)賜公姞魚三百，拜𩒨首，對揚天君休，用乍(作)齋鼎
3.754 穆公乍(作)尹姞宗室于繇林，唯六月既生霸乙卯，休天君弗望(忘)穆公聖粦明㽙事先王，各于尹姞宗室繇林，君蔑尹姞曆，賜玉五品、馬四匹，拜𩒨首，對揚天君休，用乍(作)寶齋
3.755 穆公乍(作)尹姞宗室于繇林，唯六月既生霸乙卯，休天君弗望(忘)穆公聖粦明㽙事先王，各于尹姞宗室繇林，君蔑尹姞曆，賜玉五品、馬四匹，拜𩒨首，對揚天君休，用乍(作)寶齋
3.761 好
3.762 好
3.763 好
3.764 奄
3.765 戈
3.766 戈
3.767 戈
3.768 戈
3.769 𠕁
3.770 𠕁
3.771 𠕁
3.772 𦉫
3.773 𦉫
3.774 冉
3.775 冉
3.776 正
3.777 𠆭
3.778 𠬝(還)
3.779 戊
3.780 ㄨ(規)
3.781 木
3.782 弔
3.783 𠘧(尺)
3.784 戎
3.785 𠣌(匀)
3.786 ⓘ
3.787 友
3.788 六六一六六一
3.789 亞疑
3.790 夸
3.791 夸
3.792 宁壋
3.793 婦好
3.794 婦好
3.795 𢁒鴅
3.796 㪔冀
3.797 戈⋈
3.798 祖丁
3.799 父乙
3.800 父乙
3.801 父己
3.802 冉辛
3.803 遽從
3.804 𡗜藟
3.805 寶獻(甗)
3.806 祖丁幸旅
3.807 戈父甲
3.808 𠕁父乙
3.809 𠕁(擠)父乙
3.810 冉父乙
3.811 冉父乙
3.812 乙父𠘧
3.813 𠬪父丁
3.814 父戊戈
3.815 令父己

3.816 麡(庚)父己
3.817 𠂤父己
3.818 見乍(作)甗
3.819 見父己
3.820 元父辛
3.821 㚤(戒)父辛
3.822 㠱父癸
3.823 侯父癸
3.824 爰父癸
3.825 司㛸
3.826 𠂆母癸
3.827 亞㞢(趄)衎(延)
3.828 亞疑侁
3.829 伯乍(作)彝
3.830 伯乍(作)彝
3.831 父乍(作)彝
3.832 乍(作)寶,㓊
3.833 乍(作)寶彝
3.834 乍(作)寶彝
3.835 乍(作)從彝
3.836 乍(作)旅彝
3.837 戜乍(作)旅
3.838 子父乙犬
3.839 宁戈乙父
3.840 亞盉父丁
3.841 丏亞父丁
3.842 亞𣏟(𧷸)父丁
3.843 亞㠱(㾮)父己
3.844 父己得亞
3.845 黽乍(作)父辛
3.846 𦬊(𦪔)戉父癸
3.847 𡘅(关)北子冉
3.848 襄射乍(作)尊
3.849 䢅乍(作)寶彝
3.850 乍(作)戲尊彝
3.851 又(有)㚸寶甗
3.852 命乍(作)寶彝
3.853 舟乍(作)尊彝
3.854 闌乍(作)寶彝
3.855 宋乍(作)寶彝
3.856 彭母彝,冉
3.857 伯乍(作)寶彝
3.858 伯乍(作)旅獻(甗)
3.859 仲乍(作)旅彝
3.860 仲乍(作)旅獻(甗)
3.861 龍乍(作)旅彝
3.862 叀乍(作)旅獻(甗)
3.863 光乍(作)從彝
3.864 師中即☐
3.865 頪乍(作)旅彝
3.866 子商亞㡭乙
3.867 商婦乍(作)彝,㠱
3.868 伯𢉏乍(作)尊彝
3.869 伯丁乍(作)寶彝
3.870 伯真乍(作)旅獻(甗)
3.871 夨伯乍(作)旅
3.872 潦伯乍(作)甗
3.873 井伯乍(作)旅獻(甗)
3.874 解子乍(作)旅獻(甗)
3.875 沓乍(作)寶尊彝
3.876 雷乍(作)寶尊彝
3.877 䢅妊䑌(媵)獻(甗),𦣻
3.878 乍(作)祖己尊彝,朿(刺)
3.879 乍(作)祖己尊彝,朿(刺)
3.880 鼎乍(作)父乙尊彝
3.881 乍(作)父庚尊彝,☐㛹(偪)
3.882 㲃(揆)乍(作)父庚旅彝
3.883 膺(應)監乍(作)寶尊彝
3.884 師趞乍(作)旅甗尊
3.885 何㜸㕵乍(作)寶彝
3.886 亞䣪乍(作)季尊彝
3.887 㽙弗生(甥)乍(作)旅獻(甗)
3.888 㝯史㚸乍(作)旅彝
3.889 田告乍(作)仲子彝
3.890 田農乍(作)寶尊彝
3.891 奄乍(作)婦姑𩱧彝
3.892 伯矩乍(作)寶尊彝
3.893 伯矩乍(作)寶尊彝
3.894 夆(逢)伯命乍(作)旅彝
3.895 𩵦伯自爲用甗
3.896 朿(刺)叔乍(作)寶尊彝
3.897 虢伯乍(作)旅甗用
3.898 伯產乍(作)寶旅獻(甗)
3.899 朋,㝬㚸(㚸)乍(作)旅
3.900 伯𦣞(媚)父乍(作)旅獻(甗)
3.901 朿(刺)㢸乍(作)父乙尊彝
3.902 仲酉父肇乍(作)獻(甗)
3.903 亞又乍(作)父乙尊彝
3.904 亞無(許)𦣻(疇)乍(作)父己彝
3.905 乍(作)父癸寶尊獻(甗),吳
3.906 亞𢉏乍(作)父己彝尊
3.907 雔卯𠨍乍(作)母戊彝
3.908 𩵦伯乍(作)凡姬用甗
3.909 叔𦍌乍(作)寶獻(甗),永用
3.910 孟姬安自乍(作)寶獻(甗)
3.911 㝬仲雩父乍(作)旅獻(甗)
3.912 尹伯乍(作)祖辛寶尊彝
3.913 比乍(作)寶獻(甗),其萬年用
3.914 鑄器客爲集緒七府
3.915 大(太)史沓乍(作)召公寶尊彝
3.916 𠂤夫乍(作)祖丁寶尊彝,㠱
3.917 亞䣪,者(諸)女以大子尊彝
3.918 孚父𤜵(猕)乍(作)旅獻(甗),永寶用
3.919 犀乍(作)獻(甗),子子孫孫永寶用,井
3.920 亞,𡚬㚸乍(作)

父辛寶尊彝，朿(刺)

3.921 □□□乍(作)寶獻(甗)，其萬年永寶用

3.922 婦闟乍(作)文姑日癸尊彝，䢅

3.923 伯凌父乍(作)獻(甗)，其永寶〔用〕，井

3.924 乃子乍(作)父辛寶尊彝，佚册，乃子乍(作)父辛寶尊彝，佚册，六

3.925 濩刃筍父乍(作)寶獻(甗)，永寶用

3.926 奠(鄭)井叔乍(作)季姞獻(甗)，永寶用

3.927 伯姜乍(作)旅獻(甗)，其邁(萬)年永寶用

3.928 叔碩父乍(作)旅獻(甗)，子子孫孫永寶用

3.929 㲉父乍(作)寶獻(甗)，其萬年，子子孫孫永寶用

3.930 𤇾(榮)子旅乍(作)祖乙寶彝，子孫永寶

3.931 仲伐父乍(作)姬尚母旅獻(甗)，其永用

3.932 子邦父乍(作)旅獻(甗)，其子子孫孫永寶用

3.933 封仲乍(作)獻(甗)，用征用行，子子孫孫永寶用

3.934 唯𠤕用吉金，自乍(作)寶獻(甗)，至子子孫孫，其永用享

3.935 王𡍮(祓)于成周，王賜圛貝，用乍(作)寶尊彝

3.936 王后中官，二斗五升少半升，君昭

3.937 奠(鄭)大(太)師小子侯父乍(作)寶獻(甗)，子子孫永寶用

3.938 奠(鄭)氏伯高父乍(作)旅獻(甗)，其萬年，子子孫孫永寶

3.939 魯仲齊乍(作)旅獻(甗)，其萬年眉壽，子子孫孫永寶用

3.940 唯正月初吉庚午，伯鮮乍(作)旅獻(甗)，孫子永寶用

3.941 王人𣄰輔歸雚(觀)，鑄其寶，其邁(萬)年，子子孫孫，其永寶用貞(鼎)

3.942 唯六月初吉，仲枏父乍(作)旅獻(甗)，其萬年，子子孫孫永寶用

3.943 唯曾子仲謱用其吉金，自乍(作)旅獻(甗)，子子孫孫，其永用之

3.944 王宜人(夷)方，無敄，咸，王商(賞)乍(作)册般貝，用乍(作)父己尊，𥠖(萊)册

3.945 邕子良人擇其吉金，自乍(作)飤獻(甗)，其萬年無疆，其子子孫孫永〔壽用之〕

3.946 唯正月初吉丁亥，王孫壽擇其吉金，自乍(作)飤甗，其眉壽無疆，萬年無諆(期)，子子孫孫，永保用之

3.947 唯九月初吉丁亥，陳(陳)公子子叔邍父乍(作)旅獻(甗)，用征用行，用鬻(䭃、饎)稻粱(粱)，用祈眉壽，萬年無疆，子孫是尚(常)

3.948 唯六月既死霸丙寅，師雍父戍在古師(次)，遇(踽)從師雍父，肩(肩)史(事)遇事(使)于䚄(胡)侯，侯蔑遇曆，賜遇金，用乍(作)旅獻(甗)

3.949 王令中先省南或(國)貫行，埶(藝)应在曾，史兒至，以王令(命)曰：余令女(汝)史(使)小大邦，厥又舍(捨)女(汝)芻量，至于女庚，小多㲋，中省自方、登(鄧)，造□邦，在噩(鄂)師𠂤(次)，伯買父廼以厥人戍漢、中、州，曰叚、曰旒，厥人鬲廿夫，厥貯𧦧言，曰貯□貝，日傳□王〔皇〕休，肆肩(肩)又(有)羞，余□𢦏(捍)，用乍(作)父乙寶彝

3.966 𠂤

3.967 上

3.968 亞𢗋(悁)

3.969 宰秦

3.970 昶仲無龍

3.971 左使車工嗌(坿)

3.972 微伯癲乍(作)匕(朼)

3.973 微伯癲乍(作)匕(朼)

3.974 曾侯乙詐(作)時(持)甬(用)冬(終)

3.975 冶盤埜、秦忑爲之

3.976 冶盤埜、秦忑爲之，史秦

3.977 冶紹(紹)圣、陳共爲之

3.978 冶紹(紹)圣、陳共爲之

3.979 仲枏父乍(作)匕(朼)，永寶用

3.980 曰㣈(誕)有蚰匕(朼)，述(墜)王魚顛(鼎)，曰：欽哉，出游水虫，下民無智，參蚩(蚩)蚘(尤)命帛命入，敷䕻(滑)入䕻(滑)出，毋處其所

3.984 祖

3.985 父

3.986 丁

3.987 㢈(庚)

3.988 㢈(庚)

3.989 辛

3.990 辛

3.991 天

3.992 芾

3.993 卩

3.994 見

3.995 矢
3.996 吳
3.997 吳
3.998 媚
3.999 好
3.1000 竟
3.1001 保
3.1002 保
3.1003 重
3.1004 重
3.1005 倗
3.1006 倗
3.1007 倗
3.1008 妐(戒)
3.1009 妐(戒)
3.1010 何
3.1011 伐
3.1012 蕆(擎)
3.1013 忍
3.1014 化
3.1015 文
3.1016 付
3.1017 卷
3.1018 卷
3.1019 畀
3.1020 尧(嚮)
3.1021 尧(嚮)
3.1022 尧(嚮)
3.1023 尧(嚮)
3.1024 光
3.1025 光
3.1026 戠
3.1027 氏
3.1028 侁
3.1029 徭(跣)
3.1030 先
3.1031 微
3.1032 敎(撻)氏
3.1033 髭
3.1034 髻
3.1035 逆
3.1036 逆
3.1037 兒
3.1038 兒
3.1039 兒
3.1040 襄
3.1041 襄
3.1042 子
3.1043 子
3.1044 子
3.1045 子
3.1046 子
3.1047 団
3.1048 団
3.1049 糞
3.1050 出
3.1051 旋
3.1052 衛
3.1053 罶(圍)
3.1054 罶(圍)
3.1055 罶(圍)
3.1056 罶(圍)
3.1057 画(圍)
3.1058 画(圍)
3.1059 画(圍)
3.1060 正
3.1061 正
3.1062 徙
3.1063 徙
3.1064 口(方)
3.1065 圓
3.1066 得
3.1067 得
3.1068 妥
3.1069 奴(矧)
3.1070 羞
3.1071 羞
3.1072 羞
3.1073 史
3.1074 史
3.1075 史
3.1076 史
3.1077 史
3.1078 史
3.1079 史
3.1080 史
3.1081 史
3.1082 史
3.1083 史
3.1084 史
3.1085 史
3.1086 史
3.1087 史
3.1088 史
3.1089 離
3.1090 叉
3.1091 収
3.1092 拳
3.1093 旻
3.1094 旻
3.1095 旻
3.1096 [illegible]
3.1097 左
3.1098 [illegible](扐)
3.1099 聿
3.1100 專
3.1101 㝷
3.1102 牛
3.1103 牛
3.1104 牛
3.1105 羊
3.1106 羊
3.1107 鞏(彝)
3.1108 鞏(彝)
3.1109 鞏(彝)
3.1110 鹿
3.1111 驢
3.1112 漉
3.1113 豖(豴)
3.1114 豖(豴)
3.1115 豖(豴)
3.1116 豖(豴)
3.1117 玃
3.1118 玃
3.1119 龍
3.1120 鶬(?)
3.1121 鶬(?)
3.1122 獲
3.1123 鳶
3.1124 鳶
3.1125 漁
3.1126 魚
3.1127 魚
3.1128 魿(鈞)
3.1129 魿(鈞)
3.1130 鱉
3.1131 黿
3.1132 黿
3.1133 噧
3.1134 萬
3.1135 栩
3.1136 菶(蓺)
3.1137 [illegible](蕟?)
3.1138 齍
3.1139 鄦
3.1140 [illegible]
3.1141 臺
3.1142 倉
3.1143 [illegible]
3.1144 亞
3.1145 亞
3.1146 亞
3.1147 亞
3.1148 舟
3.1149 車
3.1150 車

3.1151 ⊗(輻)
3.1152 ⊗(輻)
3.1153 [illegible](鈴)
3.1154 [illegible]
3.1155 [illegible]
3.1156 [illegible]
3.1157 [illegible]
3.1158 [illegible]
3.1159 [illegible]
3.1160 [illegible]
3.1161 [illegible]
3.1162 [illegible]
3.1163 樐
3.1164 樐
3.1165 樐
3.1166 宁
3.1167 貯
3.1168 買
3.1169 [illegible]
3.1170 [illegible]
3.1171 [illegible]
3.1172 [illegible]
3.1173 [illegible]
3.1174 盧(魯)
3.1175 壴(鼓)
3.1176 冉
3.1177 冉
3.1178 冉
3.1179 冉
3.1180 冉
3.1181 冉
3.1182 冉
3.1183 冉
3.1184 冉
3.1185 冉
3.1186 冉
3.1187 冉
3.1188 鼎
3.1189 鼎
3.1190 鼎
3.1191 鼑
3.1192 串
3.1193 勺
3.1194 中
3.1195 戈
3.1196 戈
3.1197 戈
3.1198 戈
3.1199 戈
3.1200 戈
3.1201 戈
3.1202 戈
3.1203 戈
3.1204 戈
3.1205 戈
3.1206 戈
3.1207 戈
3.1208 聝
3.1209 聝
3.1210 聝
3.1211 聝(？)
3.1212 爻
3.1213 戉(鉞)
3.1214 弓
3.1215 葡(箙)
3.1216 葡(箙)
3.1217 葡(箙)
3.1218 [illegible]
3.1219 告
3.1220 舌
3.1221 舌
3.1222 耳
3.1223 聽
3.1224 丩(呞、呢)
3.1225 息
3.1226 息
3.1227 息
3.1228 霝
3.1229 霝
3.1230 浴
3.1231 [illegible]
3.1232 [illegible]
3.1233 [illegible]
3.1234 ⋈
3.1235 [illegible]
3.1236 平
3.1237 [illegible](扒)
3.1238 [illegible]
3.1239 [illegible]
3.1240 [illegible](會)
3.1241 ∽(己)
3.1242 [illegible]
3.1243 [illegible](晀)
3.1244 亘(師)
3.1245 朿(刺)
3.1246 朿(刺)
3.1247 朿(刺)
3.1248 [illegible]
3.1249 宀(字)
3.1250 隥
3.1251 祖乙
3.1252 祖乙
3.1253 祖戊
3.1254 祖辛
3.1255 父丁
3.1256 父丁
3.1257 父戊
3.1258 父戊
3.1259 父戊
3.1260 父己
3.1261 父己
3.1262 父己
3.1263 父己
3.1264 父己
3.1265 父己
3.1266 父己
3.1267 父辛
3.1268 父辛
3.1269 父辛
3.1270 父辛
3.1271 父辛
3.1272 壬父
3.1273 父癸
3.1274 父癸
3.1275 父癸
3.1276 父癸
3.1277 父癸
3.1278 父癸
3.1279 父癸
3.1280 父癸
3.1281 母乙
3.1282 癸母
3.1283 乙乍(作)
3.1284 乙[illegible](玉)
3.1285 酉乙
3.1286 酋乙
3.1287 乙戎
3.1288 丁㒸
3.1289 丁臺
3.1290 弔丁
3.1291 句戊
3.1292 己墉
3.1293 戈己
3.1294 鬶己
3.1295 鬶己
3.1296 辛墉
3.1297 墉青
3.1298 舟辛
3.1299 畀壬
3.1300 正癸
3.1301 子妥
3.1302 子妥
3.1303 子妥
3.1304 子妥
3.1305 子妥
3.1306 子龏

3.1307 子龏
3.1308 子龏
3.1309 子媚
3.1310 子廠
3.1311 子衛
3.1312 子衛
3.1313 子豪(就)
3.1314 子豪(就)
3.1315 子乙
3.1316 子戊
3.1317 子癸
3.1318 子翌
3.1319 子羽(緐)
3.1320 婦好
3.1321 婦好
3.1322 婦好
3.1323 婦好
3.1324 婦好
3.1325 婦好
3.1326 婦好
3.1327 婦好
3.1328 婦好
3.1329 婦好
3.1330 婦好
3.1331 婦好
3.1332 婦好
3.1333 婦好
3.1334 婦好
3.1335 婦好
3.1336 婦好
3.1337 婦好
3.1338 婦好
3.1339 婦好
3.1340 婦旋
3.1341 婦䋣
3.1342 婦䋣
3.1343 婦䋣
3.1344 旅(魯)婦
3.1345 䀠公(宮)
3.1346 向公
3.1347 公乘
3.1348 國子
3.1349 向孝子
3.1350 保夻
3.1351 尹臾
3.1352 尹臾
3.1353 史番
3.1354 史次
3.1355 庸(庚)册
3.1356 册蛭
3.1357 㺯册
3.1358 韋(衛)典(册)
3.1359 陸册
3.1360 叀册
3.1361 美宁
3.1362 鄉宁
3.1363 鄉宁
3.1364 鄉宁
3.1365 劦宁
3.1366 酉宁
3.1367 父宁
3.1368 告宁
3.1369 幸旅
3.1370 幸旅
3.1371 幸旅
3.1372 左敹
3.1373 瞏(玃)
3.1374 瞏(玃)
3.1375 瞏(玃)
3.1376 瞏(玃)
3.1377 射母𨸏
3.1378 射母𨸏
3.1379 射母𨸏
3.1380 冀叡
3.1381 冉蛭
3.1382 冉蛭
3.1383 冉蛭
3.1384 冉蛭
3.1385 乙冉
3.1386 丁冉
3.1387 己冉
3.1388 己冉
3.1389 冉辛
3.1390 冉辛
3.1391 癸冉
3.1392 癸冉
3.1393 亞弜
3.1394 亞弜
3.1395 亞弜
3.1396 亞弜
3.1397 亞弜
3.1398 亞弜
3.1399 亞弜
3.1400 亞弜
3.1401 亞豖
3.1402 亞𠃬
3.1403 亞父
3.1404 丮(攀)亞
3.1405 亞絴
3.1406 亞舟
3.1407 亞舟
3.1408 亞天
3.1409 亞厷(肱)
3.1410 亞告
3.1411 亞告
3.1412 亞喿(巢)
3.1413 亞卯
3.1414 亞明
3.1415 亞獿
3.1416 亞龠(雨)
3.1417 亞龠(雨)
3.1418 亞𪉲(𢺕)
3.1419 亞趩
3.1420 亞趩
3.1421 亞𨻰
3.1422 亞𨻰
3.1423 亞㝔
3.1424 亞㝔址
3.1425 亞衡
3.1426 亞疑
3.1427 亞疑
3.1428 亞疑
3.1429 亞疑
3.1430 亞疑
3.1431 亞疑
3.1432 亞疑
3.1433 亞醜
3.1434 亞醜
3.1435 亞醜
3.1436 亞醜
3.1437 亞醜
3.1438 亞醜
3.1439 亞醜
3.1440 亞醜
3.1441 亞醜
3.1442 亞醜
3.1443 亞醜
3.1444 亞醜
3.1445 亞醜
3.1446 亞斘(抆)
3.1447 亞戈
3.1448 戈宁
3.1449 弓𦎫
3.1450 冬刃
3.1451 冬刃
3.1452 冬刃
3.1453 竚
3.1454 享冊
3.1455 車从
3.1456 車𠜊
3.1457 舟尹
3.1458 尹舟
3.1459 倗舟
3.1460 趣(趨)母
3.1461 趣(趨)母
3.1462 耶印(印倗)

3.1463 羊侁
3.1464 魚羌
3.1465 魚從
3.1466 亇蚰
3.1467 蚰羊(？)
3.1468 弔龜
3.1469 弔龜
3.1470 㽙職
3.1471 己𡆥(萁)
3.1472 大禾
3.1473 笅伕
3.1474 丂婦
3.1475 守雩
3.1476 得鼎
3.1477 叉𡩜(牀)
3.1478 𡩜(牀)叉
3.1479 盥◗
3.1480 盥◗
3.1481 交鼎
3.1482 告田
3.1483 告田
3.1484 東宮
3.1485 𠦝
3.1486 亽(齊)◡
3.1487 亽冋
3.1488 齒嫩
3.1489 毄乍(作)
3.1490 徹㠱
3.1491 㠱登
3.1492 遽從
3.1493 遽從
3.1494 遽從
3.1495 遽從
3.1496 遽從
3.1497 周登
3.1498 襄奸
3.1499 𢒼徒
3.1500 正昜
3.1501 弗刀
3.1502 滌貞(鼎)
3.1503 西宫
3.1504 乍(作)鼎
3.1505 乍(作)寶
3.1506 乍(作)用
3.1507 半齋
3.1508 私官批(匕)
3.1509 杍氏
4.1510 倗祖丁
4.1511 戈祖辛
4.1512 象祖辛
4.1513 戈祖癸
4.1514 戈祖癸
4.1515 戈妣辛
4.1516 𡚸妣癸
4.1517 戈父甲
4.1518 戈父甲
4.1519 戈父甲
4.1520 咸父甲
4.1521 㠱父甲
4.1522 𡆥父甲
4.1523 㠱父乙
4.1524 㠱父乙
4.1525 㠱父乙
4.1526 㠱父乙
4.1527 㠱父乙
4.1528 𠨛(仉)父乙
4.1529 𠨛(仉)父乙
4.1530 光父乙
4.1531 光乙侁
4.1532 欠父乙
4.1533 𡛷(戎)父乙
4.1534 子父乙
4.1535 息父乙
4.1536 㚇(誓)父乙
4.1537 䶊父乙
4.1538 紟父乙
4.1539 葡(箙)父乙
4.1540 幸父乙
4.1541 网父乙
4.1542 网父乙
4.1543 冈父乙
4.1544 冉父乙
4.1545 父乙冉
4.1546 父乙鼎
4.1547 父乙鼎
4.1548 𠓛父乙
4.1549 具父乙
4.1550 析父乙
4.1551 魚父乙
4.1552 魚父乙
4.1553 魚父乙
4.1554 黿父乙
4.1555 黿父乙
4.1556 黿父乙
4.1557 黿父乙
4.1558 黿父乙
4.1559 黿父乙
4.1560 𠬝父乙
4.1561 山父乙
4.1562 未父乙
4.1563 祺父乙
4.1564 乍(作)父乙
4.1565 犬父丙
4.1566 冉父丙
4.1567 父丙𣪊
4.1568 弔父丙
4.1569 龜父丙
4.1570 㠱父丁
4.1571 㠱父丁
4.1572 㠱父丁
4.1573 父丁㠱
4.1574 冉父丁
4.1575 冉父丁
4.1576 父丁网
4.1577 𠂤父丁
4.1578 𠂤父丁
4.1579 𠂤父丁
4.1580 𠂤父丁
4.1581 㽙父丁
4.1582 豕(豝)父丁
4.1583 黽父丁
4.1584 黽父丁
4.1585 魚父丁
4.1586 鴹(鵬)父丁
4.1587 弔父丁
4.1588 弔父丁
4.1589 弔父丁
4.1590 大父丁
4.1591 何父丁
4.1592 倗父丁
4.1593 襄父丁
4.1594 𧗳(衛)父丁
4.1595 此父丁
4.1596 子父丁
4.1597 旬父丁
4.1598 息父丁
4.1599 戈父丁
4.1600 瞿(玃)父丁
4.1601 𡰥(尺)父戊
4.1602 大父己
4.1603 㠱父己
4.1604 㠱父己
4.1605 㚇(誓)父己
4.1606 戈父己
4.1607 网父己
4.1608 网父己
4.1609 冈父己
4.1610 冈父己
4.1611 网父己
4.1612 𠨍(卯)父己
4.1613 亇父己
4.1614 𠓛父己
4.1615 𠓛父己
4.1616 舌父己
4.1617 𠂢父己
4.1618 未父己

4.1619 秾(萊)父己
4.1620 乍(作)父己
4.1621 子父己
4.1622 父己車
4.1623 史父庚
4.1624 史父庚
4.1625 葡(箙)父庚
4.1626 父庚幸
4.1627 羊父庚
4.1628 父庚叟
4.1629 虎父庚
4.1630 䶂父庚
4.1631 亞父庚
4.1632 旅父辛
4.1633 侁父辛
4.1634 耑父辛
4.1635 父辛需
4.1636 父辛需
4.1637 父辛𠑹(嚮)
4.1638 戈父辛
4.1639 戈父辛
4.1640 獸父辛
4.1641 獸父辛
4.1642 田父辛
4.1643 魚父辛
4.1644 刿(刿)父辛
4.1645 辛父豻
4.1646 [illegible]父辛
4.1647 [illegible]父辛
4.1648 [illegible](尺)父辛
4.1649 [illegible](尺)父辛
4.1650 冉父辛
4.1651 冉父辛
4.1652 冉父辛
4.1653 冉父辛
4.1654 木父辛
4.1655 敝(揣)父辛
4.1656 壴(鼓)父辛
4.1657 聑父辛
4.1658 旬父辛
4.1659 束父辛
4.1660 串父辛
4.1661 子父辛
4.1662 父辛𢦏(誖)
4.1663 乍(作)父辛
4.1664 [illegible](龠)父辛
4.1665 木父壬
4.1666 重父壬
4.1667 大父癸
4.1668 龏(擊)父癸
4.1669 𠑹(嚮)父癸
4.1670 乘父癸
4.1671 [illegible](尺)父癸
4.1672 [illegible](尺)父癸
4.1673 [illegible]父癸
4.1674 冉父癸
4.1675 冉父癸
4.1676 戈父癸
4.1677 䇖(戒)父癸
4.1678 弓父癸
4.1679 畐父癸
4.1680 𠂤父癸
4.1681 [illegible]父癸
4.1682 黿父癸
4.1683 黿父癸
4.1684 黿父癸
4.1685 鳥父癸
4.1686 魚父癸
4.1687 [illegible](擠)父癸
4.1688 旻父癸
4.1689 旻父癸
4.1690 旻父癸
4.1691 目父癸
4.1692 徙父癸
4.1693 癸父串
4.1694 父癸川
4.1695 鬻父癸
4.1696 [illegible]父己(？)
4.1697 子父𢍏
4.1698 責戈父
4.1699 鄉乙宁
4.1700 鄉宁癸
4.1701 鄉癸宁
4.1702 乙[illegible]車
4.1703 亞丁乙
4.1704 甫母丁
4.1705 [illegible]乍(作)戊
4.1706 司母戊
4.1707 司母辛
4.1708 司母辛
4.1709 冉婦姃
4.1710 婦姘告
4.1711 黿婦[illegible]
4.1712 宰女(母)彝
4.1713 舟冊婦
4.1714 中婦鬻
4.1715 子脊[illegible]
4.1716 子脊[illegible]
4.1717 子雨己
4.1718 屰子干
4.1719 北子冉
4.1720 伯乍(作)鼎
4.1721 伯乍(作)鼎
4.1722 伯乍(作)鼎
4.1723 伯乍(作)鼎
4.1724 伯乍(作)鼎
4.1725 伯乍(作)寶
4.1726 伯乍(作)鬻
4.1727 伯乍(作)彝
4.1728 伯乍(作)彝
4.1729 伯乍(作)彝
4.1730 伯旅鼎
4.1731 仲乍(作)齋
4.1732 叔乍(作)寶
4.1733 乖叔乍(作)
4.1734 成王尊
4.1735 大(太)保鑄
4.1736 史己
4.1737 冊[illegible]宅
4.1738 左敉癸
4.1739 右敉癸
4.1740 亞受[illegible]
4.1741 亞鳥魚
4.1742 亞幸獿
4.1743 亞 豈（趄）衎（延）
4.1744 亞 豈（趄）衎（延）
4.1745 亞㠱(箕)疑
4.1746 亞疑辛
4.1747 北單戈
4.1748 北單戈
4.1749 北單戈
4.1750 北單戈
4.1751 鼎乍(作)貞
4.1752 [illegible]聑[illegible]
4.1753 [illegible]（埢）乍（作）彝
4.1754 [illegible]（埢）乍（作）彝
4.1755 [illegible]（埢）乍（作）彝
4.1756 丰丞(翊)兮
4.1757 七六八六七五，者[illegible](齊)
4.1758 亞㐬丁
4.1759 址亞蠷
4.1760 蚰𡸘力
4.1761 冊宁戈
4.1762 木見𠧢冊
4.1763 聑秉毌
4.1764 秉毌戊
4.1765 丁冉侁
4.1766 月魚几
4.1767 [illegible]（規）乍（作）尊

4.1768 㺇壺鼎
4.1769 尚乍(作)齋
4.1770 羞乍(作)寶
4.1771 㚔(揂、揮)乍(作)寶
4.1772 弜乍(作)旅
4.1773 乍(作)旅鼎
4.1774 乍(作)旅鼎
4.1775 乍(作)旅鼎
4.1776 伯乍(作)旅
4.1777 乍(作)旅鼎
4.1778 乍(作)旅鼎
4.1779 乍(作)寶鼎
4.1780 乍(作)寶鼎
4.1781 乍(作)寶鼎
4.1782 乍(作)寶鼎
4.1783 乍(作)寶鼎
4.1784 乍(作)寶鼎
4.1785 乍(作)寶鼎
4.1786 乍(作)寶鼎
4.1787 乍(作)寶鼎
4.1788 乍(作)旅彝
4.1789 乍(作)旅彝
4.1790 乍(作)旅寶
4.1791 乍(作)寶彝
4.1792 乍(作)寶彝
4.1793 乍(作)寶彝
4.1794 乍(作)寶彝
4.1795 乍(作)寶彝
4.1796 乍(作)寶彝
4.1797 乍(作)從彝
4.1798 子首氏
4.1799 䊮苣(芄)箕
4.1800 長腡會(合)
4.1801 右圣刃(刀)
4.1802 攸(?)夏官
4.1803 客鲞瞺
4.1804 客鲞瞺
4.1805 客鲞瞺
4.1806 客鲞瞺
4.1807 集㬵五
4.1808 毎胸(容)四分
4.1809 秉父辛
4.1810 ☒文☒彝,𦗏
4.1811 犬王祖甲
4.1812 䴙乍(作)祖丁
4.1813 祖丁巫□
4.1814 吴乍(作)祖戊
4.1815 祖己父癸
4.1816 �亞祖癸
4.1817 亞鳥父甲
4.1818 亞攸父乙
4.1819 亞醜父乙
4.1820 亞㱚父乙
4.1821 敖(扶)册父乙
4.1822 天册父乙
4.1823 丰丞(䍐)父乙
4.1824 鄉宁父乙
4.1825 竚父乙
4.1826 子刀父乙
4.1827 子□父乙
4.1828 子鼎父乙
4.1829 㕓父乙乙
4.1830 冉蛙父乙
4.1831 冉鼻(鵜)父乙
4.1832 罓乍(作)父乙
4.1833 父乙爻□(敢)
4.1834 父乙耳衡
4.1835 耳衡父乙
4.1836 宁羊父丙
4.1837 亞醜父丙
4.1838 丁父倗舟
4.1839 亞醜父丁
4.1840 亞醜父丁
4.1841 亞獏父丁
4.1842 亞獏父丁
4.1843 亞獏父丁
4.1844 亞獏父丁
4.1845 亞犬(獏?)父丁
4.1846 亞旛父丁
4.1847 亞西父丁
4.1848 亞㞢(趄)父丁
4.1849 田告父丁
4.1850 子羊父丁
4.1851 寧母父丁
4.1852 㲻父丁鑊
4.1853 耳衡父丁
4.1854 耳衡父丁
4.1855 庚玃父丁
4.1856 䂂(玃)父丁册
4.1857 尹舟父丁
4.1858 □父丁册
4.1859 弓摹父丁
4.1860 乍(作)父丁羊
4.1861 □(會)□父丁
4.1862 季父戊子
4.1863 亞徔(踐)父戊
4.1864 角字父戊
4.1865 亞𩵋父己
4.1866 亞𩵋父己
4.1867 父己亞醜
4.1868 亞𠈭(㠯)父己
4.1869 亞戈父己
4.1870 亞獸父己
4.1871 亞旛父己
4.1872 亞㕣父己
4.1873 子申父己
4.1874 父己小子
4.1875 右敄父己
4.1876 弓摹父己
4.1877 遽乍(作)父己
4.1878 乍(作)父己冉
4.1879 子刀父己
4.1880 亞得父庚
4.1881 子刀父辛
4.1882 子刀父辛
4.1883 亞㠱(醫)父辛
4.1884 亞醜父辛
4.1885 虎重父辛
4.1886 罓乍(作)父辛
4.1887 父辛侁册
4.1888 逆𣪠(㑹)父辛
4.1889 馬豢(豣)父辛
4.1890 父辛□矢
4.1891 子□(撜)父辛
4.1892 亞弁父癸
4.1893 何父癸䨓
4.1894 何父癸䨓
4.1895 射獸(?)父癸
4.1896 父癸衎(延)要
4.1897 册庸(庚)癸父
4.1898 册□(己)父癸
4.1899 允册父癸
4.1900 父癸疋册
4.1901 □乍(作)父癸
4.1902 □(齊)父癸
4.1903 乍(作)母旅彝
4.1904 䎸髭婦□
4.1905 婦未于黿
4.1906 㓚女(母)康
4.1907 彭母彝,冉
4.1908 彭母彝,冉
4.1909 亞□(敢)女(汝)子
4.1910 子鴾(鵬)君齋
4.1911 北伯乍(作)尊
4.1912 伯乍(作)寶鼎
4.1913 或伯乍(作)彝
4.1914 伯乍(作)寶鼎
4.1915 伯乍(作)旅鼎
4.1916 伯乍(作)旅彝
4.1917 伯乍(作)寶彝
4.1918 伯乍(作)寶彝
4.1919 伯乍(作)寶彝
4.1920 伯乍(作)寶彝

4.1921 伯乍(作)旅鼎
4.1922 仲乍(作)旅鼎
4.1923 叔乍(作)寶彝
4.1924 內(芮)叔乍(作)鼎
4.1925 叔尹乍(作)旅
4.1926 叔乍(作)穌(蘇)子
4.1927 叔乍(作)尊鼎
4.1928 叔乍(作)旅鼎
4.1929 叔乍(作)旅鼎
4.1930 叔職乍(作)用
4.1931 季乍(作)寶彝
4.1932 師公之鼎
4.1933 中�王貞(鼎)
4.1934 公乍(作)雩鼎
4.1935 國子,中官
4.1936 懋史繇鼎
4.1937 大(太)祝禽鼎
4.1938 大(太)祝禽鼎
4.1939 右敔父癸
4.1940 更乍(作)旅鼎
4.1941 劦册[illegible]辛
4.1942 臣辰先册
4.1943 臣辰先册
4.1944 亞 㠱 [illegible] [illegible] 䟊(摶)
4.1945 徝(廚)公(宮)右官
4.1946 公朱(廚)右官
4.1947 滑孝子,□武
4.1948 乍(作)寶鼎,戈
4.1949 中乍(作)寶齋
4.1950 寅乍(作)寶鼎
4.1951 筆乍(作)寶鼎
4.1952 筆乍(作)寶鼎
4.1953 舟乍(作)寶鼎
4.1954 舟乍(作)寶鼎
4.1955 鼎之伐妊(斑)
4.1956 右乍(作)旅鼎
4.1957 中乍(作)寶鼎
4.1958 員乍(作)用鼎
4.1959 䛢(䛥)其雞
4.1960 丰乍(作)寶鼎
4.1961 嗌乍(作)寶貞(鼎)
4.1962 興乍(作)寶貞(鼎)
4.1963 興乍(作)寶鼎
4.1964 甗乍(作)寶鼎
4.1965 兟乍(作)寶鼎
4.1966 墉乍(作)寶鼎
4.1967 楫(根)乍(作)寶鼒
4.1968 寡長乍(作)齋
4.1969 樂乍(作)旅鼎
4.1970 樂乍(作)旅鼎
4.1971 攸乍(作)旅貞(鼎)
4.1972 𣶒(淵)乍(作)寶彝
4.1973 [illegible]乍(作)寶彝
4.1974 犨乍(作)寶器
4.1975 膺(應)[illegible]乍(作)旅
4.1976 鮏禾乍(作)旅
4.1977 [illegible]乍(作)寶鼎
4.1978 由(古?)乍(作)旅貞(鼎)
4.1979 敖(扶)乍(作)旅鼎
4.1980 卲之飤貞(鼎)
4.1981 乍(作)丮(封)从彝
4.1982 乍(作)丮(封)从彝
4.1983 乍(作)寶尊彝
4.1984 乍(作)寶尊彝
4.1985 乍(作)寶尊彝
4.1986 乍(作)寶尊彝
4.1987 辛乍(作)寶彝
4.1988 明我乍(作)貞(鼎)
4.1989 眉壽乍(作)彝
4.1990 敵(麿)之行貞(鼎)
4.1991 兼明,昜兒
4.1992 宜陽右蒼(倉)
4.1993 今永里倉
4.1994 巨荁十九
4.1995 安氏私官
4.1996 盧(魯)祖庚父辛
4.1997 木祖辛父丙
4.1998 亞弁單父甲
4.1999 乍(作)父甲尊彝
4.2000 馬羊先父乙
4.2001 西單光父乙
4.2002 辰行奚父乙
4.2003 父乙臣辰先
4.2004 父乙臣辰先
4.2005 臣辰先父乙
4.2006 父乙臣辰先
4.2007 乍(作)父乙尊彝
4.2008 乍(作)父乙寶鼒
4.2009 旁㠯宁父乙
4.2010 宰儥宔(鑄)父丁
4.2011 毌丩(糾)乍(作)父戊
4.2012 殺乍(作)父戊鼒
4.2013 奄乍(作)父戊彝
4.2014 父己亞吾史
4.2015 小子乍(作)父己
4.2016 小子乍(作)父己
4.2017 子克册父辛
4.2018 子乍(作)鼎盟彝
4.2019 㠱兄戊父癸
4.2020 㠱䏌女(母)癸父
4.2021 孔乍(作)父癸旅
4.2022 [illegible]父乍(作)寶鼎
4.2023 䫂父乍(作)旅鼎
4.2024 考岣乍(作)旅鼎
4.2025 己乍(作)寶尊彝
4.2026 𠂤女(母)乍(作)山柔
4.2027 贏(嬴)氏乍(作)寶貞(鼎)
4.2028 亶(檀)姜乍(作)旅鼎
4.2029 散姬乍(作)尊鼎
4.2030 王伯乍(作)寶齋
4.2031 王季乍(作)鼎彝
4.2032 小臣乍(作)尊鼎
4.2033 亞㠱孤竹迺
4.2034 亞伯禾獶乍(作)
4.2035 亞㠱疑乍(作)

彝
4.2036 史吷乍(作)旅鼎
4.2037 頙乍(作)父庚彝
4.2038 伯員乍(作)旅鼎
4.2039 伯申乍(作)寶彝
4.2040 伯旂乍(作)寶鼎
4.2041 閥伯乍(作)旅鼎
4.2042 閥伯乍(作)旅鼎
4.2043 戲伯□□□,其萬年
4.2044 敄(奏)伯乍(作)旅貞(鼎)
4.2045 楷仲乍(作)旅彝
4.2046 仲師父乍(作)齋
4.2047 仲乍(作)寶尊鼎
4.2048 仲乍(作)旅寶鼎
4.2049 叔攸乍(作)旅鼎
4.2050 叔伐父乍(作)鼎
4.2051 叔乍(作)懿宗盡(齍)
4.2052 菽乍(作)寶尊彝
4.2053 叔乍(作)寶尊彝
4.2054 菽乍(作)寶尊彝
4.2055 單光乍(作)從彝
4.2056 單光乍(作)從彝
4.2057 良(郎)季乍(作)寶貞(鼎)
4.2058 竞乍(作)厥寶彝
4.2059 丂獲乍(作)尊彝
4.2060 醬乍(作)寶鬻彝
4.2061 腹公乍(作)寶鼎
4.2062 □乍(作)寶尊彝
4.2063 戡乍(作)寶鼎,皇
4.2064 [illegible]乍(作)□寶彝
4.2065 莢(莿)歎乍(作)寶鐙(鼾)
4.2066 訢肇乍(作)旅鼎
4.2067 釐乍(作)寶齋鼎
4.2068 姚乍(作)䁐饆(饙)鼎
4.2069 立乍(作)寶尊彝
4.2070 遑乍(作)寶尊彝
4.2071 旁肇乍(作)尊諆
4.2072 㓟乍(作)寶彝,[illegible]
4.2073 [illegible]律乍(作)匋(寶)器
4.2074 𢦏乍(作)厥尊貞(鼎)
4.2075 弔乍(作)母從彝
4.2076 觀肇乍(作)寶鼎
4.2077 龏乍(作)旅尊鼎
4.2078 事乍(作)小旅彝
4.2079 [illegible]乍(作)尊寶彝
4.2080 鼍乍(作)厥尊彝
4.2081 本肇乍(作)寶鼎
4.2082 虘北乍(作)季姬
4.2083 連迁之御堯
4.2084 連迁之行升(鼾)
4.2085 登(鄧)鮢(鰟)之飤貞(鼎)
4.2086 君子之弄鼎
4.2087 𢡟(蔡)子林之貞(鼎)
4.2088 左使車工𡑞(坿)
4.2089 左使車工𡑞(坿)
4.2090 左使車工𡑞(坿)
4.2091 左使車工𦈡
4.2092 左使車工尼
4.2093 左使車工蔡
4.2094 左使車工蔡
4.2095 集脰(廚),大(太)子貞(鼎)
4.2096 集脰(廚),大(太)子貞(鼎)
4.2097 王后左和室
4.2098 無(許)臭之饋(鎦)貞(鼎)
4.2099 無(許)臭之饋(鎦)貞(鼎)
4.2100 半斗,半斗,四
4.2101 沓里三斗鎮(鼎)
4.2102 中私官,膚(容)半
4.2103 眉(沬)脨(廚),一斗半
4.2104 上[illegible](范)床(廚),膚(容)四分
4.2105 上樂床(廚),膚(容)三分
4.2106 君夫人之貞(鼎)
4.2107 寧母又母剶
4.2108 之宅褱閅(門)申腋
4.2109 鰴伯乍(作)齋鼎,[illegible]
4.2110 𤟊(貍)乍(作)祖丁盟獲(鑊)
4.2111 冀祖辛禹,亞顉(預)
4.2112 冀祖辛禹,亞顉(預)
4.2113 [illegible]祖辛、祖癸享
4.2114 冝册,般乍(作)父乙
4.2115 臣辰侁册父乙
4.2116 臣辰侁册父乙
4.2117 [illegible]犬犬魚父乙
4.2118 疋彈寑乍(作)父丙
4.2119 乍(作)父丙寶尊彝

4.2120 韋乍(作)父丁彝,䀠
4.2121 歸乍(作)父丁寶鼎
4.2122 [illegible]乍(作)父丁尊彝
4.2123 [illegible]乍(作)父丁寶鼎
4.2124 𦤎[illegible]日戊乍(作)彝
4.2125 朿(刺)册,乍(作)父己彝
4.2126 奉乍(作)父己寶貞(鼎)
4.2127 剌乍(作)父庚尊彝
4.2128 具乍(作)父庚寶鼎
4.2129 乍(作)父辛寶尊彝
4.2130 乍(作)父辛寶尊彝
4.2131 木乍(作)父辛寶尊
4.2132 匚(報)賓,乍(作)父癸彝
4.2133 乍(作)父癸尊彝,或
4.2134 乍(作)父癸尊彝,或
4.2135 臣辰侁册父癸
4.2136 子[illegible]刀糸父癸
4.2137 黿,乍(作)婦姑𩰫彝
4.2138 黿,乍(作)婦姑𩰫彝
4.2139 㸚癸婦䵼乍(作)彝
4.2140 乍(作)歲婦尊彝,䀠
4.2141 犾(獮)父乍(作)𣃈(癭)始(姒)貞(鼎)
4.2142 安父乍(作)寶尊彝
4.2143 鮮父乍(作)寶尊彝
4.2144 旂父乍(作)寶𩰫彝
4.2145 田告乍(作)母辛尊
4.2146 㝵女(母)尊彝,亞疑
4.2147 王乍(作)仲姬寶彝
4.2148 齊姜乍(作)寶尊鼎
4.2149 夨王乍(作)寶尊貞(鼎)
4.2150 膺(應)公乍(作)寶尊彝
4.2151 膺(應)公乍(作)寶尊彝
4.2152 豐公[illegible]乍(作)尊彝
4.2153 康侯丰(封)乍(作)寶尊
4.2154 朕(滕)侯乍(作)寶尊彝
4.2155 堇伯乍(作)旅尊彝
4.2156 堇伯乍(作)尊彝,八五一
4.2157 徿乍(作)尊彝,大(太)保
4.2158 徿乍(作)尊彝,大(太)保
4.2159 徿乍(作)尊彝,大(太)保
4.2160 陊(隨)伯乍(作)寶尊彝
4.2161 陊(隨)伯乍(作)寶尊彝
4.2162 丏[illegible](佼)乍(作)尊,大丏
4.2163 丏[illegible](佼)乍(作)尊,大丏
4.2164 史逨(徠)乍(作)寶方鼎
4.2165 史逨(徠)乍(作)寶方鼎
4.2166 㪤(播)史乍(作)考尊彝
4.2167 伯卿乍(作)寶尊彝
4.2168 伯魚乍(作)寶尊彝
4.2169 史戎乍(作)寶尊彝
4.2170 伯矩乍(作)寶尊彝
4.2171 嬴需德乍(作)小鼎
4.2172 膺(應)叔乍(作)寶尊齋
4.2173 北單乍(作)從旅彝
4.2174 田農乍(作)寶尊彝
4.2175 虫留乍(作)寶旅鼎
4.2176 鳥壬舥乍(作)尊彝
4.2177 䀠遱乍(作)寶尊彝
4.2178 䀠遱乍(作)寶尊彝
4.2179 吹乍(作)楷妊尊彝
4.2180 向乍(作)厥尊彝,䀠
4.2181 乍(作)公尊彝,弓䇂
4.2182 乍(作)□寶尊彝,乘
4.2183 才僎父乍(作)尊彝
4.2184 霸姑乍(作)寶尊彝
4.2185 伯䁖乍(作)旅尊鼎
4.2186 外叔乍(作)寶尊彝
4.2187 叔旅乍(作)寶尊鼎
4.2188 考乍(作)沓父尊鼎
4.2189 史昔其乍(作)旅鼎
4.2190 伯趞(趄)乍(作)尊寶彝
4.2191 王乍(作)仲姜寶鼎
4.2192 㽙乍(作)井姬用鼎
4.2193 𪚽𡚱(姒)乍(作)寶尊彝
4.2194 [illegible]父乍(作)寶食彝
4.2195 伯遟父乍(作)鷫(鶉)貞(鼎)
4.2196 史盄父乍(作)寶鼎
4.2197 伯咸父乍(作)寶鼎
4.2198 陵叔乍(作)衣

寶彝

4.2199 井季㚤乍(作)旅鼎

4.2200 緐還乍(作)寶用鼎

4.2201 非(排)敀乍(作)保旅鼎

4.2202 孟㠯(貴)乍(作)鬻彝，亻(支)

4.2203 史宋自乍(作)盂貞(鼎)

4.2204 羌乍(作)宄姜鬻鼎

4.2205 鬵叟父乍(作)旅鼎

4.2206 燮(榮)子乍(作)寶尊鼎

4.2207 仲義父乍(作)尊鼎

4.2208 仲義父乍(作)尊鼎

4.2209 仲義父乍(作)尊鼎

4.2210 仲義父乍(作)尊鼎

4.2211 仲義父乍(作)尊鼎

4.2212 遣叔乍(作)旅鼎用

4.2213 孟淠父乍(作)寶鼎

4.2214 尹小叔乍(作)鑾(鬻)鼎

4.2215 蔡侯鬭(申)之飤鼾

4.2216 蔡侯鬭(申)之飤鼾

4.2217 蔡侯鬭(申)之飤貞(鼎)

4.2218 蔡侯鬭(申)之飤貞(鼎)

4.2219 蔡侯鬭(申)之飤貞(鼎)

4.2220 蔡侯鬭(申)之飤貞(鼎)

4.2221 蔡侯鬭(申)之飤貞(鼎)

4.2222 蔡侯鬭(申)之頭貞(鼎)

4.2223 蔡侯鬭(申)之頭貞(鼎)

4.2224 蔡侯鬭(申)之□貞(鼎)

4.2225 蔡侯鬭(申)之飤鼾

4.2226 蔡侯鬭(申)之□□

4.2227 取(郰)它人之善(膳)貞(鼎)

4.2228 中敀𠃓(卣、調)鼎，六斗

4.2229 沖子𨜶之行貞(鼎)

4.2230 [楚]子哀□乍(作)□貞(鼎)

4.2231 楚子趆之飤緐

4.2232 右卜(外)胅(廚)，三斗半

4.2233 宋公緣(欒)之饎(饙)貞(鼎)

4.2234 鄧尹疾之沰盜

4.2235 鄧子午之飤鐈

4.2236 王氏官之王人

4.2237 王蔑，𢍏(擿)𦮃王蔑

4.2238 須孟(嗸)生(甥)之飤貞(鼎)

4.2239 爰子𥙊之飤緐

4.2240 十年弗(戟?)官，庴(容)齋

4.2241 東陵鬴(鬴)，大右秦

4.2242 垣上官，庚(容)斛，和

4.2243 僊犀恖𠙵鉳伍㑆

4.2244 𩰫乍(作)祖乙寶尊彝

4.2245 亞俞，曆乍(作)祖己彝

4.2246 木工册，乍(作)妣戊爐

4.2247 蛙冉，乍(作)父乙寶爐

4.2248 亞盉，乍(作)父乙尊彝

4.2249 或乍(作)父丁寶尊彝

4.2250 吳乍(作)父丁寶尊彝

4.2251 穆乍(作)父丁寶尊彝

4.2252 鼎其用乍(作)父己寶

4.2253 役戊册，乍(作)父辛寶

4.2254 奄，屬乍(作)父辛尊鼎

4.2255 珡(挺)乍(作)父辛寶尊彝

4.2256 昜乍(作)父辛寶旅彝

4.2257 朏乍(作)父癸寶尊彝

4.2258 敝(㼝)乍(作)父癸寶尊鬻

4.2259 册乍(作)父癸寶尊彝

4.2260 亞𠂤，乍(作)母丙尊彝

4.2261 王乍(作)康季寶尊鬲

4.2262 亞㠱疑，𡨦乍(作)母癸

4.2263 曰：伯𠂤姞乍(作)尊鼎

4.2264 師乍(作)隈仲寶尊彝

4.2265 師乍(作)隈仲寶尊彝

4.2266 師乍(作)隈仲寶尊彝

4.2267 師乍(作)隈仲寶尊彝

4.2268 周公乍(作)文王尊彝

4.2269 匽(燕)侯旨乍(作)父辛尊

4.2270 叔乍(作)單公寶尊彝

4.2271 子戌乍(作)母丁尊彝

4.2272 圳(圳)小子句乍(作)寶鼎

4.2273 王乍(作)垂姬寶尊鼎

4.2274 侯乍(作)父丁尊彝，衤(襖)

4.2275 豊用乍(作)父壬鬻彝

4.2276 𢐗伯乍(作)自爲貞(鼎)段

4.2277 𢐗伯乍(作)井姬鼎

4.2278 𢐗伯乍(作)井姬窔(竈)貞(鼎)

4.2279 仲義君自乍(作)食繁

4.2280 𠂤乍(作)尊,用匄永福

4.2281 師閔乍(作)免伯寶鼎

4.2282 尹叔乍(作)𡚬姑賸(媵)鼎

4.2283 卑盼君光之飤貞(鼎)

4.2284 喬夫人鑄其𩛥(饋)貞(鼎)

4.2285 子陳口之孫☐行𠚗

4.2286 𧊒子𧊒(諄)自乍(作)飤鐈

4.2287 𪉖(胡)侯之孫𠱺之𩉭(鼾)

4.2288 卲(昭)王之諻(媓)之饋(𩛥)貞(鼎)

4.2289 王子𠈣自酢(作)飤貞(鼎)

4.2290 曾侯乙許(作)峙(持)甬(用)冬(終)

4.2291 曾侯乙許(作)峙(持)甬(用)冬(終)

4.2292 曾侯乙乍(作)峙(持)甬(用)冬(終)

4.2293 曾侯乙許(作)峙(持)甬(用)冬(終)

4.2294 曾侯乙許(作)峙(持)甬(用)冬(終)

4.2295 曾侯乙許(作)峙(持)甬(用)冬(終)

4.2296 鑄客爲集脰(廚),集脰(廚)

4.2297 鑄客爲集脰(廚)爲之

4.2298 鑄客爲集脰(廚)爲之

4.2299 鑄客爲集糕(饍)爲之

4.2300 鑄客爲集𩟄爲之

4.2301 巨萓王,巨萓十二

4.2302 𦞈所佶(造)貞貞(鼎),安效

4.2303 襄公上坴(埳)曲昜𡿪

4.2304 𩖸(長)信侯私官,西況,己

4.2305 墉夜君成之載(𩱦)貞(鼎)

4.2306 一寽(鋝)卅一冢(重),箓,大

4.2307 右𢊁公(宮)莆官和鎖(鼎)

4.2308 內黄,庴(容)半齋,黄

4.2309 旨府之右冶疾鑄

4.2310 逞(徵)乍(作)祖丁尊彝,永寶

4.2311 咸媒(妦)子乍(作)祖丁尊彝

4.2312 堇臨乍(作)父乙寶尊彝

4.2313 乍(作)父乙寶尊彝,亞牧

4.2314 士乍(作)父乙尊彝,䖒册

4.2315 亞豚乍(作)父乙寶尊鼎

4.2316 亞弜,亳乍(作)父乙尊彝

4.2317 亞𠕁(壴),乍(作)父丁寶尊彝

4.2318 汅(泓)乍(作)文父丁𤎥,鑊𠬝

4.2319 串乍(作)父丁寶鼎,𢦏(戉)𦰡(箙)

4.2320 𤓰子旅乍(作)父戊寶彝

4.2321 彈乍(作)父辛尊彝,亞𠂤

4.2322 乍(作)父辛寶尊彝,亞牧

4.2323 梓(𣐽)乍(作)父癸寶尊彝,𠕋(㹟)

4.2324 珁(挺)乍(作)父癸寶尊彝,𦍒

4.2325 𨚕季乍(作)父癸寶尊彝

4.2326 史造(?)乍(作)父癸寶尊彝

4.2327 賜貝,用乍(作)女(母)辛彝,𢑚

4.2328 木工册,乍(作)母辛尊彝

4.2329 北子乍(作)母癸寶尊彝

4.2330 姞㫚母乍(作)厥㝉(寶)尊鼎

4.2331 穆父乍(作)姜懿母𩛥(饋)貞(鼎)

4.2332 穆父乍(作)姜懿母𩛥(饋)貞(鼎)

4.2333 姫乍(作)厥姑日辛尊彝

4.2334 𧙍㒒父乍(作)𦊆姁朕(媵)鼎

4.2335 亞𩰫,季乍(作)兄己尊彝

4.2336 伯𢦚乍(作)厥父寶䔨(尊)彝

4.2337 伯六辝乍(作)𣲻旟寶䔨(尊)𧉫(盨)

4.2338 義仲乍(作)厥父周季尊彝

4.2339 公大(太)史乍(作)姬𡙇寶尊彝

4.2340 季𥁕(甗)乍(作)宮伯寶尊𧉫(盨)

4.2341 叔具乍(作)厥考寶尊彝

4.2342 叔𪓐(𧒂)肇乍(作)南宮寶尊

4.2343 叔虎父乍(作)叔姫寶鼎

4.2344 𤰈,渫(沫)伯𨒅乍(作)寶尊彝

4.2345 解子乍(作)厥宄𡈼宮鼎

4.2346 𠠻𠱺乍(作)丁侯尊彝,𪓐

4.2347 㫃乍(作)厥文考寶尊彝

4.2348 乍(作)長寶尊彝,日戊,旅

4.2349 𢍰乍(作)寶鼎,子孫永用

4.2350 乍(作)寶鼎,子子孫孫永寶用

4.2351 小臣氏樊尹乍(作)寶用

4.2352 𨑓(蹉)乍(作)鼎,其萬年寶用

4.2353 師𡨦父乍(作)季姞尊鼎

4.2354 魯內小臣𠩺生(甥)乍(作)𩰫

4.2355 𣲻叔之行貞(鼎),永用之

4.2356 𧊒之𣆳(登)貞(鼎),其永用之

4.2357 楚叔之孫倗之飤䵼
4.2358 宋君夫人之餗(饙)釪(盂)貞(鼎)
4.2359 吳王孫無土之脰(廚)貞(鼎)
4.2360 王后左和室,王后左和室,九射(觪)反(半)
4.2361 公朕(廚)右官貞(鼎),䍜篢爲
4.2362 鄉宁,亞㝬,竹室知光𪓿
4.2363 亞俞,父庚保𫑧祖辛
4.2364 亞俞,父庚保𫑧祖辛
4.2365 歸乍(作)祖壬寶尊彝,段(鍛)金
4.2366 奪乍(作)父丁寶尊彝,允册
4.2367 闌(管)監引乍(作)父己寶𩱦彝
4.2368 盙(魯)婦尊,示己、祖丁、父癸
4.2369 長子狗乍(作)文父乙尊彝
4.2370 公大(太)史乍(作)姬𡏳寶尊彝
4.2371 公大(太)史乍(作)姬𡏳寶尊彝
4.2372 大(太)保,𠈇乍(作)宗室寶尊彝
4.2373 史斿父乍(作)寶尊彝貞(鼎),七五六
4.2374 啐作比(妣)辛尊彝,亞疑
4.2375 逐肇諆(其)乍(作)廟叔寶尊彝
4.2376 乙公乍(作)尊貞(鼎),子子孫孫永寶
4.2377 薛侯戚乍(作)父乙鼎彝,史
4.2378 季念乍(作)旅鼎,其永寶用
4.2379 雧(集)兹乍(作)旅鼎,孫孫子永寶
4.2380 亘乍(作)寶鼎,子子孫永寶用
4.2381 穌(蘇)衛妃乍(作)旅鼎,其永用
4.2382 穌(蘇)衛妃乍(作)旅鼎,其永用
4.2383 穌(蘇)衛妃乍(作)旅鼎,其永用
4.2384 穌(蘇)衛妃乍(作)旅鼎,其永用
4.2385 至乍(作)寶鼎,其萬年永寶用
4.2386 絲駒父乍(作)旅鼎,永寶用
4.2387 內(芮)公乍(作)鑄從鼎,永寶用
4.2388 內(芮)公乍(作)鑄從鼎,永寶用
4.2389 內(芮)公乍(作)鑄從鼎,永寶用
4.2390 余(徐)子汆之鼎,百歲用之
4.2391 江小仲母生自乍(作)甬(用)鬲
4.2392 叔姬乍(作)陽伯旅鼎,永用
4.2393 鑄客爲王句(后)七府爲之
4.2394 鑄客爲王句(后)七府爲之
4.2395 鑄客爲大(太)句(后)脰(廚)官爲之
4.2396 公朱(廚)右官,君孝子貞(鼎),來
4.2397 壽春府貞(鼎),書䝱癎(餚),者□
4.2398 □釀京,[揚]辟商(賞),用乍(作)享□尊彝
4.2399 言肇用乍(作)尊鼎,其永寶用享
4.2400 亞若癸受丁旅乙沚自(師)
4.2401 亞若癸受丁旅乙父甲
4.2402 亞若癸受丁旅乙沚自(師)
4.2403 婦闟乍(作)文姑日癸尊彝,𢀛
4.2404 伯𢊁乍(作)厥宗寶尊彝𩣡(䮂)
4.2405 王賜德貝廿朋,用乍(作)寶尊彝
4.2406 戈冋,瓚陶,乍(作)父辛寶尊彝
4.2407 伯𩵦乍(作)召伯父辛寶尊鼎
4.2408 禽乍(作)文考父辛寶鼎,亞束(刺)
4.2409 大(太)師乍(作)叔姜鼎,其永寶用
4.2410 甚諆(其)肇乍(作)父丁尊彝,羊
4.2411 叔師父乍(作)尊鼎,其永寶用
4.2412 叔𢀖父乍(作)尊鼎,其永寶用
4.2413 霍乍(作)己公寶鼎,其萬年用
4.2414 伯旬乍(作)尊鼎,萬年永寶用
4.2415 奠(鄭)同媿乍(作)旅鼎,其永寶用
4.2416 子邁乍(作)寶鼎,子子孫孫永寶用
4.2417 廟孱乍(作)鼎,其子子孫孫永寶用
4.2418 己(紀)華父乍(作)寶鼎,子子孫永用
4.2419 樂乍(作)寶鼎,其萬年永寶用
4.2420 陽乍(作)寶鼎,孫子寶,其萬年
4.2421 奠(鄭)子石乍(作)鼎,子子孫孫永寶用
4.2422 邿造遣(譴)乍(作)寶鼎,子子孫孫用享
4.2423 曾侯仲子斿(遊)父自乍(作)𩱦彝
4.2424 曾侯仲子斿(遊)父自乍(作)𩱦彝
4.2425 乙未,王[賜]貝,㝵[賜]巾,在寢,用乍(作)[寶]彝
4.2426 鼄(邾)訧爲其鼎,子子孫孫永寶用
4.2427 亞㝬,宔父癸宅于丨丨(二),册𠂤
4.2428 [杞]子每刃乍(作)寶鼎,其萬年寶
4.2429 𩞁(𩞁)仲□乍(作)鼎,子子孫孫永

寶用
4.2430 自乍(作)尊鼎，其萬年無疆，子孫永寶用享
4.2431 乃孫乍(作)祖己宗寶鬵爐，匚(報)賓
4.2432 無敄，用乍(作)文父甲寶尊彝，㠱
4.2433 龏姛商(賞)賜貝于司，乍(作)父乙彝
4.2434 龏姛商(賞)賜貝于司，乍(作)父乙彝
4.2435 伯姜賜從貝卅朋，從用乍(作)寶鼎
4.2436 剌肇宁(貯)，用乍(作)父庚寶尊彝，𠂤
4.2437 𡿧(拔)虎乍(作)飤鼎，其邁(萬)年永寶用
4.2438 伯□乍(作)尊鼎，其萬年永寶用
4.2439 羊𠬝茲乍(作)厥文考叔寶尊彝
4.2440 叔□父乍(作)鼎，其萬年永寶用
4.2441 蔡侯乍(作)旅貞(鼎)，其萬年永寶用
4.2442 仲宦父乍(作)寶鼎，子子孫永寶用
4.2443 伯氏乍(作)𡡉氏羞貞(鼎)，其永寶用
4.2444 伯氏乍(作)𡡉氏羞貞(鼎)，其永寶用
4.2445 伯氏乍(作)𡡉氏羞貞(鼎)，其永寶用
4.2446 伯氏乍(作)𡡉氏羞貞(鼎)，其永寶用
4.2447 伯氏乍(作)𡡉氏羞貞(鼎)，其永寶用
4.2448 內(芮)大(太)子乍(作)鑄鼎，子孫永用享
4.2449 內(芮)大(太)子乍(作)鑄鼎，子孫永用享
4.2450 曾子伯誩鑄行器，爾永枯福
4.2451 梁上官，㝐(容)參(坴)分，宜信冢子，㝐(容)參(坴)分
4.2452 𨸏父之走(趣)馬吳買，乍(作)鶾(鶾)貞(鼎)用
4.2453 休王賜䦗(騽)父貝，用乍(作)厥寶尊彝
4.2454 休王賜䦗(騽)父貝，用乍(作)厥寶尊彝
4.2455 休王賜䦗(騽)父貝，用乍(作)厥寶尊彝
4.2456 伯矩乍(作)寶彝，用言(歆)王出內(入)事(使)人
4.2457 緐(鼬)侯獲巢，俘厥金胄，用乍(作)旅鼎
4.2458 侯賜中貝三朋，用乍(作)祖癸寶鼎
4.2459 交從嘼(獸)，徠即王，賜貝，用乍(作)寶彝
4.2460 枻(楝)伯肄(津)乍(作)烏寶鼎，其萬年用享
4.2461 从乍(作)寶鼎，其萬年，子孫永寶用
4.2462 倗仲乍(作)畢媿賸(媵)鼎，其萬年寶用
4.2463 仲殷父乍(作)鼎，其萬年，子子孫孫寶用
4.2464 仲殷父乍(作)鼎，其萬年，子子孫孫寶用
4.2465 伯𠭯父乍(作)寶鼎，其子子孫孫永用，井
4.2466 㴻(濂)俗父乍(作)旅貞(鼎)，子子孫孫，其永寶用
4.2467 奠(鄭)姜(羌)伯乍(作)寶鼎，子子孫孫，其永寶用
4.2468 𨻰(陳)生(甥)隺乍(作)飤鼎，子子孫孫，其永寶用
4.2469 大(太)師人騂乎乍(作)寶鼎，其子子孫孫用
4.2470 焚(棨)又(有)嗣再乍(作)𩰫鼎，用朕(媵)嬴女𡟰女(母)
4.2471 圂𠁩乍(作)鼎，其子子孫其永寶用，幸
4.2472 虢姜乍(作)寶尊鼎，其萬年永寶用
4.2473 史喜乍(作)朕文考翟祭，厥日唯乙
4.2474 傢嗣寇獸肇乍(作)寶貞(鼎)，其永寶用
4.2475 內(芮)公乍(作)鑄飤鼎，子孫永寶用享
4.2476 專車季乍(作)寶鼎，其子子孫孫永寶用
4.2477 何䜌君党擇其吉金，自乍(作)旅鼎
4.2478 [吉]日丁亥，〼其吉金，〼鎬，眉壽□□，[永]保用之
4.2479 楚王酓(熊)肯乍(作)鑄匜貞(鼎)，台(以)共(供)歲棠(嘗)
4.2480 鑄客爲集脮、伸脮、睘腋脮爲之
4.2481 二年，寧冢子得、冶諎爲財(鼐)，四分𠮚
4.2482 四年，昌國𩰫工師翟伐、冶更所爲
4.2483 彭生(甥)乍(作)[文考]日辛寶尊彝，侁册
4.2484 □舟乍(作)寶鼎，其萬年，子孫永寶用
4.2485 剌𧢦(肇)乍(作)寶尊，其用盟𩰫宄嫣日辛

4.2486 禽乍(作)文考寶爐鼎,子子孫孫永寶,亞束(刺)

4.2487 伯竅父乍(作)旅貞(鼎),用鄉(饗)王逆造事(使)人

4.2488 右伯乍(作)寶鼎,其萬年,子子孫孫永寶用

4.2489 伯衛父乍(作)□鬻,其孫孫子子邁(萬)年永寶

4.2490 叀乍(作)微伯娟(妘)氏勹(庖)鼎,永寶用,羊册

4.2491 居舦(服)騬乍(作)用寶鼎,其萬年永寶用

4.2492 虢叔大父乍(作)尊鼎,其萬年永寶用

4.2493 奠(鄭)饔邍父鑄鼎,其邁(萬)年子孫永用

4.2494 杞伯每刃乍(作)敉(邾)�寶貞(鼎),子子孫孫永寶用,杞伯每刃乍(作)鼄(邾)嫕寶貞(鼎),子子孫孫永寶用

4.2495 杞伯每刃乍(作)鼄(邾)嫕寶貞(鼎),子子孫孫永寶用

4.2496 內(芮)大(太)子白乍(作)鼎,其邁(萬)年,子孫永用

4.2497 黄君孟自乍(作)行器ㄟ,子孫則永祜瘟(福)

4.2498 鄒(邊)子萯褱爲其行器,其永壽用之

4.2499 癸卯,尹商(賞)脣貝三朋,用乍(作)父丁尊彝

4.2500 伯嚋父乍(作)比鼎,其萬年,孫子永寶用

4.2501 ☒霸,☒嗣工☒[作]册微鬻,☒女楚☒女玄☒旅☒天☒彝

4.2502 圓(昆)君婦媿霝[作]旅尊貞(鼎),其邁(萬)年永寶用

4.2503 燮(榮)子旅乍(作)父戊寶尊彝,其孫子永寶

4.2504 康侯在朽(柯)師(次),賜乍(作)册疐貝,用乍(作)寶彝

4.2505 休朕公君匽(燕)侯賜圉貝,用乍(作)寶尊彝

4.2506 己亥,王賜嚣貝,用乍(作)祖乙尊,田告亞

4.2507 侯賞復貝四朋,復用乍(作)父乙寶尊彝,㠱

4.2508 伯考父乍(作)寶鼎,其邁(萬)年,子子孫永寶用

4.2509 屯蔑曆于亢衛,用乍(作)鬻彝,父己,馬豕(豩)

4.2510 屯蔑曆于亢衛,用乍(作)鬻彝,父己,馬豕(豩)

4.2511 叔菁父乍(作)尊鼎,子孫其萬年永寶用

4.2512 吉父乍(作)旅鼎,其邁(萬)年,子子孫永寶用享

4.2513 伯筍父乍(作)寶鼎,其萬年,子子孫孫永寶用

4.2514 伯筍父乍(作)寶鼎,其萬年,子子孫孫永寶用

4.2515 史宜父乍(作)尊鼎,其萬年,子子孫孫永寶用

4.2516 粭娟(妘)乍(作)寶鼎,其萬年,子子孫永寶用享

4.2517 內(芮)子仲殿(搬)乍(作)叔媿尊鼎,子子孫孫永寶用

4.2518 ☒蔡生(甥)㳌(坑)乍(作)其貞(鼎),子子孫孫,邁(萬)年永寶用

4.2519 考㞢(征延)君季自乍(作)其盂鼎,子孫永寶用之

4.2520 奠(鄭)戒(勇)句父自乍(作)飤䵼,其子子孫孫永寶用

4.2521 雍乍(作)母乙尊鼎,其萬年,子子孫孫永寶用

4.2522 武生(甥)毀(捏)乍(作)其羞鼎,子子孫孫,永寶用之

4.2523 武生(甥)毀(捏)乍(作)其羞鼎,子子孫孫,永寶用之

4.2524 甪(甪)夰(扶)生(甥)乍(作)成媿賸(滕)貞(鼎),其子子孫孫永寶用

4.2525 鼄(邾)伯御戎乍(作)媵(滕)姬寶貞(鼎),子子孫孫永寶用

4.2526 穌(蘇)冶妊乍(作)虢妃魚母賸(滕),子子孫孫永寶用

4.2527 卅年,虒竘(令)瘫、眂(視)事鴟、冶巡鑄,脣(容)四分

4.2528 登(鄧)小仲皷(鵃)㣇□□取,用乍(作)厥文祖寶鬻尊蠹(盦),□厥□□□宫

4.2529 [仲]再父乍(作)寶鼎,其萬年,子子孫永用享孝

4.2530 □宫,□□,王子中府,長居☒,四斤十二兩,丑一

5.2531 王令雍伯啚于㞢爲宫,雍伯乍(作)寶尊彝

5.2532 乃膃子乍(作)厥文考尊彝,其萬年用㫚祀

5.2533 仲旼(涿)父乍(作)尊鼎,其萬年,子子孫孫,永寶用享

5.2534 犀伯魚父乍(作)旅鼎,其萬年,子子孫孫永寶用

5.2535 伯庸父乍(作)羊鼎,其子子孫孫萬年,永寶用享

5.2536 奠(鄭)登伯伋(及)叔嬭乍(作)寶鼎,其子子孫孫永寶用

5.2537 靜叔乍(作)𩰫嬶旅貞(鼎),其萬年眉壽,永寶用

5.2538 伯堂肇其乍(作)寶鼎,堂其萬年,子子孫孫永寶

5.2539 唯𢍚用吉金,自乍(作)寶鼎,其子子孫孫永用享

5.2540 唯𢍚用吉金,自乍(作)寶鼎,其子子孫孫永用享

5.2541 仲義父乍(作)新𡨎(客)寶鼎,其子子孫孫永寶用,華

5.2542 仲義父乍(作)新𡨎(客)寶鼎,其子子孫孫永寶用,華

5.2543 仲義父乍(作)新𡨎(客)寶鼎,其子子孫孫永寶用,華

5.2544 仲義父乍(作)新𡨎(客)寶鼎,其子子孫孫永寶用,華

5.2545 仲義父乍(作)新𡨎(客)寶鼎,其子子孫孫永寶用,華

5.2546 輔伯𠩺父乍(作)豐孟娟(妘)賸(媵)鼎,子子孫孫永寶用

5.2547 華季嗌乍(作)寶鼎,其萬年,子子孫孫,永寶用享

5.2548 函皇父乍(作)琱娟(妘)尊兔鼎,子子孫孫,其永寶用

5.2549 無(許)男乍(作)成姜逗(趄)女(母)朕(媵)尊貞(鼎),子子孫孫永寶用

5.2550 唯王十月既吉,曾伯從寵自乍(作)寶鼎用

5.2551 褱自乍(作)飤䃾鼎,其眉壽無期,永保用之

5.2552 師麻孝叔乍(作)旅貞(鼎),其萬年,子子孫孫永寶用

5.2553 膺(應)公乍(作)寶尊彝,曰:奄以乃弟用夙夕𩱮享

5.2554 膺(應)公乍(作)寶尊彝,曰:奄以乃弟用夙夕𩱮享

5.2555 文考遺寶責(積),弗敢喪,旂用乍(作)父戊寶尊彝

5.2556 𦣞(召)公𩞁(饋?)匽(燕),休于小臣𧷡(撻)貝五朋,用乍(作)寶尊彝

5.2557 師㠯(帥)其乍(作)寶𪔂鼎,其萬年,子子孫孫永寶用,𠂆(支)

5.2558 師賸父乍(作)𪉫(𪉫)姬寶鼎,其萬年,子子孫孫永寶用

5.2559 雍伯原乍(作)寶鼎,子子孫孫,其萬年永用享,射侖

5.2560 王伯姜乍(作)季姬𡪞母尊鼎,季姬其永寶用

5.2561 善(膳)夫伯辛父乍(作)尊鼎,其萬年,子子孫永寶用

5.2562 ㄓ金父乍(作)叔姬寶尊鼎,其萬子孫永寶用

5.2563 曾者子𩐈(𩐈)用乍(作)淄(𩱧)鼎,用享于祖,子子孫孫永壽

5.2564 曾仲子敔用吉金自乍(作)寶鼎,子孫永用享

5.2565 黄季乍(作)季嬴寶鼎,其萬年,子孫永寶用享

5.2566 黄子乍(作)黄甫(夫)人行器,則永𡨦(祜)𡩜(福),需(靈)冬(終)需(靈)後

5.2567 黄子乍(作)黄甫(夫)人孟姬器,則永祜需(靈)𡪪(𣝕、𨃏)

5.2568 鑄叔乍(作)嬴氏寶貞(鼎),其萬年眉壽,永寶用

5.2569 唯正月初[吉],㾓乍(作)其淄(𩱧)鼎貞(鼎),子子孫孫,永寶用之

5.2570 掃片昶猌乍(作)寶鼎,其萬年,子子孫永寶用享

5.2571 掃片昶猌乍(作)寶鼎,其萬年,子子孫永寶用享

5.2572 交君子叕肇乍(作)寶鼎,其眉壽萬年,永寶用

5.2573 鄧公乘自乍(作)飤𩱮,其眉壽無期,羕(永)保用之

5.2574 王四月,鄲(單)孝子台(以)庚寅之日,命鑄飤鼎鬲

5.2575 唯伯殷父北師(次)叟年,事(史)盥(𩓋)在井(邢),乍(作)考寶尊彝

5.2576 平宮右般,十三兩十七斤,大宮,二斗,左中

5.2577 十七年,叚工師王馬重(童)、眂(視)事𩛥、冶敬,在平陰勹(庖)之所

5.2578 孋乍(作)父庚𩞁,𢉖册,唯丁未,敢曰:□□仲自乍(作)未(斡)鼎

5.2579 ⿰⺌亼,𩀙堇(覲)于王,癸日,商(賞)𩀙貝二朋,用乍(作)𩀙尊彝

5.2580 大(太)師小子伯𦬁父乍(作)寶鼎,其萬年,子子孫孫永寶用

5.2581 小臣𨔝(逋)即事于西,休仲賜𨔝鼎,揚仲皇,乍(作)寶

5.2582 辛中姬皇母乍(作)尊鼎，其子子孫孫用享孝于宗老

5.2583 辛中姬皇母乍(作)尊鼎，[其子子]孫孫用享孝于宗老

5.2584 伯夏父乍(作)畢姬尊鼎，其萬年，子子孫孫，永寶用享

5.2585 鼂季乍(作)嬴(嬴)氏行鼎，子子孫其眉壽萬年，永用享

5.2586 齊犇(扰)史喜乍(作)寶貞(鼎)，其眉壽萬年，子子孫孫永寶用

5.2587 鑄子叔黑臣肇乍(作)寶貞(鼎)，其萬年眉壽，永寶用

5.2588 宋𦢊(莊)公之孫趨亥，自乍(作)會(膾)鼎，子子孫孫，永壽用之

5.2589 弗奴父乍(作)孟姒守(府)賸(媵)貞(鼎)，其眉壽萬年，永寶用

5.2590 十三年，梁陰命(令)率上官冢子疾、冶勳鑄，庴(容)料(半)

5.2591 [illegible] 魯宰兩乍(作)其晅嘉寶鼎，其子子孫孫永寶用之

5.2592 [魯]大左嗣徒元乍(作)善(膳)貞(鼎)，其萬年眉壽，永寶用之

5.2593 魯大左嗣徒元乍(作)善(膳)貞(鼎)，其萬年眉壽，永寶用之

5.2594 戊寅，王曰：𪓐隐馬，彭，賜貝，用乍(作)父丁尊彝，亞受

5.2595 公違省自東，在新邑，臣卿賜金，用乍(作)父乙寶彝

5.2596 新宮叔碩父、監姬乍(作)寶鼎，其邁(萬)年，子子孫孫永寶用

5.2597 晉嗣徒伯鄀父乍(作)周姬寶尊鼎，其萬年永寶用

5.2598 尗(叔)史小子毁乍(作)寒姒好尊鼎，其邁(萬)年，子子孫永寶用

5.2599 奠(鄭)虢仲悆戒(勇)用乍(作)皇祖、文考寶鼎，子子孫永寶用

5.2600 吳王姬乍(作)南宮史叔飤鼎，其萬年，子子孫孫永寶用

5.2601 郙伯肇乍(作)孟妊善(膳)貞(鼎)，其萬年眉壽，子子孫孫永寶用

5.2602 郙伯祀乍(作)善(膳)貞(鼎)，其萬年，眉壽無疆，子子孫永寶用享

5.2603 唯緊(紷)子丙車乍(作)行貞(鼎)，子孫永寶，萬年無疆，自用

5.2604 唯緊(紷)子丙車乍(作)行貞(鼎)，子孫永寶，萬年無疆，自用

5.2605 鄦(許)大邑魯生(甥)乍(作)壽母朕(媵)貞(鼎)，其萬年眉壽，永寶用

5.2606 曾孫無㠱(諆)自乍(作)飤𩞁，眉壽無疆，子孫永寶用之

5.2607 七月丁亥，乙自乍(作)飤𩞁，其眉壽無㠱(諆、期)，永保用之

5.2608 十一年，庫嗇夫肖(趙)不𢍰(𢍰)、貯氏大𠊦(令)所爲，空(容)二斗

5.2609 梁廿又七年，大梁司寇肖(趙)亡智鑄，爲量庴(容)四分

5.2610 梁廿又七年，大梁司寇肖(趙)亡智鑄，爲量庴(容)料(半)𪈠，下官

5.2611 卅五年，虒命(令)周収、眂(視)事狲、冶期鑄，庴(容)料(半)𪈠，下官

5.2612 已亥，揚見事于彭，車叔商(賞)揚馬，用乍(作)父庚尊彝，奄

5.2613 已亥，揚見事于彭，車叔商(賞)揚馬，用乍(作)父庚彝，奄

5.2614 曆肇對元德，考(孝)𦍆(友)唯井(型)，乍(作)寶尊彝，其用夙夕𩰫享

5.2615 𪂇叔從王南征，唯歸，唯八月在𠧞(頵)应，誨(誨)乍(作)寶鬲鼎

5.2616 衛乍(作)文考小仲、姜氏盂鼎，衛其萬年，子子孫孫永寶用

5.2617 唯番𥙒伯者尹自乍(作)寶貞(鼎)，其萬年，子孫永寶用，尹

5.2618 唯番𥙒伯者尹自乍(作)寶貞(鼎)，其萬年，子孫永寶用，尹

5.2619 善(膳)夫旅伯乍(作)毛仲姬尊鼎，其邁(萬)年，子子孫永寶用享

5.2620 唯曾子仲謱用其吉金，自乍(作)𩰫彝，子子孫孫，其永用之

5.2621 唯深伯[illegible](洛)[illegible]林乍(作)貞(鼎)，其萬年無疆，子子孫孫，永寶用之

5.2622 唯𥙒伯業自乍(作)寶䃭盜，其萬年無疆，子子孫孫，永寶用享

5.2623 集脰(廚)𥘅鼎，集脰(廚)，楚王酓(熊)肯乍(作)鑄鐈貞(鼎)，以共(供)歲棠(嘗)

5.2624 唯正月初吉乙亥，樊季氏孫仲𪓊[擇]其吉金，自乍(作)𥕢沱

5.2625 乙未，王商(賞)宗庚豊貝二朋，肜日乙，豊用乍(作)父丁鼎，亞甾

5.2626 唯成王大𠦪(祓)在宗周，商(賞)獻侯顯貝，用乍(作)丁侯尊彝，黿

5.2627 唯成王大𠦪(祓)在宗周，商(賞)獻侯顯貝，用乍(作)丁侯尊彝，黿

5.2628 匽(燕)侯旨初見事于宗周，王賞旨貝廿朋，用乍(作)又(有)始(姒)寶尊彝

5.2629 辛宮賜舍父帛、金，揚辛宮休，用乍(作)寶鼎，子子孫孫其永寶

5.2630 伯陶乍(作)厥文考宮叔寶𩰫彝，用匄永福，子子孫孫其永寶

5.2631 南公有𤔲𪕽(鬵)乍(作)尊鼎，其萬年，子子孫孫永寶，用享于宗廟

5.2632 [glyph]偖生(甥)[glyph][glyph]用吉金，乍(作)寶鼎，其邁(萬)年，子子孫永寶用享

5.2633 [glyph]偖生(甥)[glyph][glyph]用吉金，乍(作)寶鼎，其邁(萬)年，子子孫孫，永寶用享

5.2634 虢文公子𠬝乍(作)叔妃鼎，其萬年無疆，子孫孫永寶用享

5.2635 虢文公子𠬝乍(作)叔妃鼎，其萬年無疆，子孫孫永寶用享

5.2636 虢文公子𠬝乍(作)叔妃鼎，其萬年無疆，子孫孫永寶用享

5.2637 虢宣公子白乍(作)尊鼎，用卲享于皇祖考，用[祈眉壽]，子子孫孫，永用爲寶

5.2638 㠱侯賜弟[glyph]𤔲㦛(㚤)，弟[glyph]乍(作)寶鼎，其萬年，子子孫孫永寶用

5.2639 魯仲齊肇乍(作)皇考𩰫貞(鼎)，其邁(萬)年眉壽，子子孫孫，永寶用享

5.2640 鼄(邾)𦏴(翔)伯乍(作)此嬴尊鼎，其萬年，眉壽無疆，子子孫孫永寶用

5.2641 鼄(邾)𦏴(翔)伯乍(作)此嬴尊鼎，其萬年，眉壽無疆，子子孫孫永寶用

5.2642 杞伯每刃乍(作)鼄(邾)嫀寶貞(鼎)，其萬年眉壽，子子孫永寶用享

5.2643 唯登(鄧)八月初吉，伯氏、始(姒)氏乍(作)𪓊(嬭)婞㚤拜(鎛)貞(鼎)，其永寶用

5.2644 郿季之伯歸夆用其吉金，自乍(作)寶鼎，子子孫永寶用之

5.2645 郿季之伯歸夆用其吉金，自乍(作)寶鼎，子子孫孫，永寶用之

5.2646 叔夜鑄其𩛥(饙)貞(鼎)，以征以行，用盥(鬻)用鬻(烹)，用祈眉壽無疆

5.2647 三斤十一兩，魏廿六，魏三斗一升，魏三斗一升，廿三斤

5.2648 乙亥，子賜小子䍙(㚤)王商(賞)貝在[glyph](兢)師(次)，䍙(㚤)用乍(作)父己寶尊，㠱

5.2649 伯䪫父乍(作)朕皇考屖伯、吳姬寶鼎，其邁(萬)年，子子孫孫永寶用

5.2650 唯正月初吉丁亥，敶(陳)侯乍(作)鑄嬀囧母塍(媵)鼎，其永壽用之

5.2651 三年，詔事(使)，容一斗二升，未侯宮，十一斤十四兩，卌(四十)四

5.2652 唯五月初吉丁亥，涂大(太)子伯辰□乍(作)爲其好妻□[鼎]，□于橐𠂤(次)，永寶用之

5.2653 王賜小臣缶湡責(積)五年，缶用乍(作)享大(太)子乙家祀尊，㠱，父乙

5.2654 公侯賜亳杞土、麇土、𥝡禾、𪗋禾，亳敢對公仲休，用乍(作)尊鼎

5.2655 先(?)獸乍(作)朕老(考)寶尊鼎，獸其邁(萬)年永寶用，朝夕鄉(饗)厥多倗友

5.2656 唯十又二月初士(吉)，伯士(吉)父乍(作)毅尊鼎，其萬年，子子孫永寶用

5.2657 唯黃孫子綏(紽)君叔單自乍(作)貞(鼎)，其萬年無疆，子孫孫永寶用享

5.2658 私官，卅六年，工師瘨、工疑，一斗半正，十三斤八兩十四朱(銖)

5.2659 王初[glyph](夆)于成周，溓(濂)公蔑𤔲曆，賜睘□熉𩊚，𤔲揚公休，用乍(作)父辛尊彝，[glyph]

5.2660 辛乍(作)寶，其亡(無)疆，厥家擁(雍)德，𩁹用昔(穀)厥剝多友，多友贅(賚)辛，萬年唯人(仁)

5.2661 唯三月，王在成周，征(延、誕)武福自

蒿(鎬),咸,王賜德貝廿朋,用乍(作)寶尊彝

5.2662 或者乍(作)旅鼎,用匄偁魯福,用妥(綏)媘(福)彔(禄),用乍(作)文考宮伯寶尊彝

5.2663 唯正月初吉庚午,伯鮮乍(作)旅鼎,用享孝于文祖,子子孫孫永寶用

5.2664 唯正月初吉庚午,伯鮮乍(作)旅鼎,用享孝于文祖,子子孫孫永寶用

5.2665 唯正月初吉庚午,伯鮮乍(作)旅鼎,用享孝于文祖,子子孫孫永寶用

5.2666 唯正月初吉庚午,伯鮮乍(作)旅鼎,用享孝于文祖,子子孫孫永寶用

5.2667 奠(鄭)伯氏士叔皇父乍(作)旅鼎,其眉壽,萬年無疆,子子孫孫,永寶用享

5.2668 唯正月初吉己亥,大(太)帀(師)鐘伯侵自乍(作)石(礪)沱(盜),其子子孫孫永寶用之

5.2669 唯五月庚申,叔液自乍(作)𩰫(饙)貞(鼎),用祈眉壽,萬年無疆,永壽用之

5.2670 唯八月初吉,辰在乙卯,公賜旂僕,旂用乍(作)文父日乙寶尊彝,𦣞

5.2671 𢓊父乍(作)𩰫(𢶅)寶鼎,征(延、誕)令曰:有女(汝)多兄(貺),毋又(有)遳女(汝),唯女(汝)率我多友以事

5.2672 𢓊父乍(作)𩰫(𢶅)寶鼎,征(延、誕)令曰:有女(汝)多兄(貺),毋又(有)遳女(汝),唯女(汝)率我多友以事

5.2673 □令羌死(尸)𤔲□官,羌對揚君令于彝,用乍(作)文考𡨦叔𩰫彝,永余寶

5.2674 丙午,天君鄉(饗)禝酉(酒),在斤,天君賞厥征人斤貝,用乍(作)父丁尊彝,黿

5.2675 郐(徐)王𧤏用其良金,鑄其𩰫(饙)鼎,用𩰫(菜)𠊎(𢈜、暨)腊,用雍(饔)賓客,子子孫孫,世世是若

5.2676 井姬啚亦偁祖考夌公宗室,又孝价孝,䑣(䑣)保強伯,乍(作)井姬用貞(鼎)𣪕

5.2677 井姬啚亦偁祖考夌公宗室,又孝价孝,䑣(䑣)保強伯,乍(作)井姬用貞(鼎)𣪕

5.2678 唯十月,使于曾,宓伯于成周休𣬈小臣金,弗敢喪,昜(揚),用乍(作)寶旅鼎

5.2679 𢅥叔樊乍(作)昜(陽)姚寶鼎,用享孝于朕文祖,其萬年無疆,子子孫永寶用

5.2680 諶肈乍(作)其皇考、皇母告比君𩰫貞(鼎),諶其萬年眉壽,子孫孫永寶用享

5.2681 姬𩰫彝,用烝用嘗,用孝用享,用匄眉壽無疆,其萬年,子子孫孫永寶用

5.2682 癸卯,王來奠新邑,[二]旬又四日丁卯,[往]自新邑于柬,王[賞]貝十朋,用乍(作)寶彝

5.2683 王子剌公之宗婦鄁(部)嫛,爲宗彝𩰫彝,永寶用,以降大福,保辥(㛸)鄁(部)國

5.2684 王子剌公之宗婦鄁(部)嫛,爲宗彝𩰫彝,永寶用,以降大福,保辥(㛸)鄁(部)國

5.2685 王子剌公之宗婦鄁(部)嫛,爲宗彝𩰫彝,永寶用,以降大福,保辥(㛸)鄁(部)國

5.2686 王子剌公之宗婦鄁(部)嫛,爲宗彝𩰫彝,永寶用,以降大福,保辥(㛸)鄁(部)國

5.2687 王子剌公之宗婦鄁(部)嫛,爲宗彝𩰫彝,永寶用,以降大福,保辥(㛸)鄁(部)國

5.2688 王子剌公之宗婦鄁(部)嫛,爲宗彝𩰫彝,永寶用,以降大福,保辥(㛸)鄁(部)國

5.2689 王子剌公爲宗婦鄁(部)嫛宗彝𩰫彝,[永]寶用,以降大福,保辥(㛸)鄁(部)國

5.2690 唯八月初吉庚申,𢦏(戴)叔朕自乍(作)𩰫(饙)鼎,其萬年無疆,子子孫孫,永寶用之

5.2691 唯八月初吉庚申,𢦏(戴)叔朕自乍(作)𩰫(饙)鼎,其萬年無疆,子子孫孫,永寶用之

5.2692 唯八月初吉庚申,𢦏(戴)叔朕自乍(作)𩰫(饙)鼎,其萬年無疆,子子孫孫,永寶用之

5.2693 十九年,邛(江)干爲享陵財(𪓝),脣(容)半齋,五,廿四年,稾(槁)朝爲享陵鑄,脣(容)半齋,二

5.2694 亞卬(印),丁卯,王令宜子迨(會)西方于省,唯反(返),

王賞戍𠂤貝二朋，用乍(作)父乙齋

5.2695 唯征(正)月既望癸酉，王獸于眂(視)歡(廪)，王令員執犬，休善，用乍(作)父甲𩰫彝，𢍰

5.2696 內史令𦊆(并)事，賜金一勻(鈞)、非(緋)余(琭)，曰：內史龏朕天君，其萬年，用爲考寶尊

5.2697 唯王四年，八月初吉丁亥，楙伯車父乍(作)邪姞尊鼎，其萬年，子子孫永寶

5.2698 唯王四年，八月初吉丁亥，楙伯車父乍(作)邪姞尊鼎，其萬年，子子孫孫永寶

5.2699 唯王四年，八月初吉丁亥，楙伯車父乍(作)邪姞尊鼎，其萬年，子子孫孫永寶

5.2700 唯王四年，八月初吉丁亥，楙伯車父乍(作)邪姞尊鼎，其萬年，子子孫孫永寶

5.2701 公朱(廚)左官，十一年十一月乙巳朏，左官冶大夫杕命冶憙(憎)鑄貞(鼎)，谷(容)一斛

5.2702 丁亥，𡚬商(賞)又正嬰(聯)嬰貝在穆朋二百，嬰展𡚬商(賞)，用乍(作)母己尊熿，亞𠈣侯疑

5.2703 匽(燕)侯令𡗝鑫(饔)大(太)保于宗周，庚申，大(太)保賞𡗝貝，用乍(作)大子癸寶尊熿，ㄐ冊

5.2704 唯八月初吉，王姜賜旟田三于待劀，師櫨酤(舔)兄(貺)，用對王休，子子孫其永寶

5.2705 祝(兄)人師眉𣪘王爲周客，賜貝五朋，爲寶器鼎二、𣪘二，其用享于厥帝(嫡)考

5.2706 唯十又一月，井(邢)侯征(延)𠯑(嚝)于麥，麥賜赤金，用乍(作)鼎，用從井(邢)侯征事，用鄉(饗)多𡨦(寮)友

5.2707 𢊁里，十四苿，右使車嗇夫鄭(齊)痤、工簡，勻(鈞)二百六十二刀之勻(鈞)，奠𠤕𦤎，癸巳

5.2708 丙午，王商(賞)戍嗣(𡥈)貝廿朋，在闌(管)宗，用乍(作)父癸寶𩱰(餗)，唯王䬼闌(管)大室，在九月，犬魚

5.2709 乙亥，王餗，在𩵦𠂤(次)，王鄉(饗)西(酒)，尹光邐，唯各，商(賞)貝，用乍(作)父丁彝，唯王正(征)井方，𠇷

5.2710 庚午，王令寑𦸗省北田四品，在二月，乍(作)册友史賜𤳞貝，用乍(作)父乙尊，羊册

5.2711 癸亥，王𨑒于乍(作)册般新宗，王商(賞)乍(作)册豐貝，大(太)子賜東大貝，用乍(作)父己寶熿

5.2712 𡕒(𡙕)辛伯蔑乃子克曆，宔(貯)絲五十寽(鋝)，用乍(作)父辛寶尊彝，辛伯其竝(普)受厥永𩾚(福)，鼎

5.2713 唯九月初吉庚寅，師趛乍(作)文考聖公、文母聖姬尊𪔉，其萬年，子孫永寶用

5.2714 唯王八月既望，鄐公湯用其吉金，自乍(作)薦鼎，其萬年無疆，子子孫孫，永寶用享

5.2715 唯正月初吉丁亥，郤(徐)王之子庚兒，自乍(作)飤緐，用征用行，用龢用鬻(莱)，眉壽無疆

5.2716 唯正月初吉丁亥，郤(徐)王之子庚兒，自乍(作)飤緐，用征用行，用龢用鬻(莱)，眉壽無疆

5.2717 唯正月初吉丁亥，王子昊(昃)擇其吉金，自乍(作)飤鼾，其眉壽無諆(期)，子子孫孫，永保用之

5.2718 唯十又二月丁丑，寓獻佩于王姛，賜寓曼絲，對昜(揚)𤣩(挂)王姛休，用乍(作)父壬寶尊鼎

5.2719 唯十又二月，初吉壬午，叔氏使貧(布)安𠈣伯，賓貧(布)馬轡乘，公貿用牧休𩵦，用乍(作)寶彝

5.2720 唯七月，王在𦥑京，辛卯，王漁于𢈎池，乎(呼)井從漁，攸賜漁(魚)，對揚王休，用乍(作)寶尊鼎

5.2721 唯十又一月，師雍父省導(道)至于𤞷(胡)，𢉅從，其父蔑𢉅曆，賜金，對揚其父休，用乍(作)寶鼎

5.2722 唯正八月，初吉壬申，蘇公之孫寬兒，擇其吉金，自乍(作)飤緐，眉壽無期，永保用之

5.2723 王女(如)上侯，師俞從，王夜(掖)功，賜師俞金，俞則對揚厥德，其乍(作)厥文考寶貞(鼎)，孫孫子子寶用

5.2724 毛公旅鼎亦唯𣪘，我用飲厚眔我友，𩚄(飼、飼)用友(侑)，亦引唯考(孝)，𦘫(肆)毋又(有)弗讟(譿)，是用壽考

5.2725 唯八月，辰在乙亥，王在𦥑京，王賜歸

娥進金,肆(肆)[illegible]對揚王休,用乍(作)父辛寶齋,亞朿(刺)

5.2726 唯八月,辰在乙亥,王在葊京,王賜歸娥進金,肆(肆)[illegible]對揚王休,用乍(作)父辛寶齋,亞朿(刺)

5.2727 師器父乍(作)尊鼎,用享考(孝)于宗室,用旂(祈)眉壽、黄句(耇)、吉康,師器父其萬年,子子孫孫永寶用

5.2728 唯公大(太)保來伐反(叛)尸(夷)年,在十又一月庚申,公在盩師(次),公賜旅貝十朋,旅用乍(作)父丁尊彝,來(萊)

5.2729 唯二月初吉庚寅,在宗周,楷仲賞厥嫊奚逐毛兩、馬匹,對揚尹休,用乍(作)己公寶尊彝

5.2730 唯王來各于成周年,厚趠又(有)償(饋)于溓(濂)公,趠用乍(作)厥文考父辛寶尊齋,其子子孫孫永寶,朿(刺)

5.2731 王令趞蔵(捷)東反(叛)尸(夷),疐肇從趞征,攻龠(踰)無啻(敵),省于人身,俘戈,用乍(作)寶尊彝,子子孫孫其永寶

5.2732 唯正月初吉辛亥,鄦(鄀)宦之孫簷(筥)大(太)史申,乍(作)其造(竈)鼎十,用征台(以)迮,台(以)御賓客,子孫是若

5.2733 衛肇乍(作)厥文考己仲寶鬻,用桒(祓)壽、匄永福,乃用鄉(饗)王出入事(使)人,眔多倗友,子孫永寶

5.2734 唯正五月,初吉丁亥,周伯邊及仲傀(催)父伐南淮尸(夷),俘金,用乍(作)寶鼎,其萬年,子子孫孫永寶用

5.2735 唯八月既望(望)戊辰,王在上侯应,桒(祓)祼,不栺賜貝十朋,不栺拜韻首,敢揚王休,用乍(作)寶鬻彝

5.2736 唯八月既望(望)戊辰,王在上侯应,桒(祓)祼,不栺賜貝十朋,不栺拜韻首,敢揚王休,用乍(作)寶鬻彝

5.2737 曾子仲宣□用其吉金,自乍(作)寶貞(鼎),宣喪(尚)用雍(饔)其者(諸)父、者(諸)兄,其萬年無疆,子子孫孫,永寶用享

5.2738 唯正月初吉丁亥,蔡大(太)師䐗賸(媵)鄦(許)叔姬可母飤繁,用祈眉壽,邁(萬)年無疆,子子孫孫,永寶用之

5.2739 唯周公于征伐東尸(夷),豐公、尃(薄)古(姑)咸弋,公歸禩(禚)于周廟,戊辰,酓(飲)秦酓(飲),公賞塱(坍)貝百朋,用乍(作)尊鼎

5.2740 唯王伐東尸(夷),溓(濂)公令雪眔史旟曰:以盱眔厥有嗣、後或(國)戟伐腺(貊),雪俘貝,雪用乍(作)餽公寶尊鼎

5.2741 唯王伐東尸(夷),溓(濂)公令雪眔史旟曰:以盱眔厥有嗣、後或(國)戟伐腺(貊),雪俘貝,雪用乍(作)餽公寶尊鼎

5.2742 唯三年四月庚午,王在豐,王乎虢叔召瘨,賜駒兩,拜韻,用乍(作)皇祖文考盂鼎,瘨萬年永寶用

5.2743 仲師父乍(作)季妓始寶尊鼎,其用享用考(孝),于皇祖帝考,用賜眉壽無疆,其子子孫萬年,永寶用享

5.2744 仲師父乍(作)季妓始寶尊鼎,其用享用考(孝),于皇祖帝考,用賜眉壽無疆,其子子孫萬年,永寶用享

5.2745 函皇父乍(作)周娟(妘)般(盤)盉尊器,鼎設具,自豖鼎降十,又設八,兩罍、兩壺,琱娟(妘)其萬年,子子孫孫永寶用

5.2746 梁十九年,亡智求戟嗇夫庶魔擇吉金,鑄財(鼒),少料(半),穆穆魯辟,遮(徂)省朔旁(方),信于兹巽,鬲(歷)年萬不(丕)承

5.2747 唯五月既望,王[各]于師秦宮,王各于享廟,王□賜☒,敢對揚天子不(丕)顯休,用乍(作)尊鼎

5.2748 唯廿又二年,四月既望己酉,王客琱宮,衣事,丁巳,王蔑庚贏曆,賜祼朝(璋)、貝十朋,對王休,用乍(作)寶貞(鼎)

5.2749 唯九月既生霸辛酉,在匽(燕),侯賜憲貝、金,揚侯休,用乍(作)召伯父辛寶尊彝,憲萬年,子子孫孫寶,光用大(太)保

5.2750 上曾大(太)子般殷,乃擇吉金,自乍(作)鬻彝,心聖若慵(慮),哀哀利錐,用考(孝)用享,既龢無測,父母嘉寺(持),多用旨食

5.2751 唯王令南宮伐

反(叛)虎方之年,王令中先省南或(國)貫行,埶(藝)王应,在夒𨸏真山,中乎歸(饋)生鳳于王,埶(藝)于寶彝

5.2752 唯王令南宮伐反(叛)虎方之年,王令中先省南或(國)貫行,埶(藝)王应,在夒𨸏真山,中乎歸(饋)生鳳于王,埶(藝)于寶彝

5.2753 唯十又四月,既死霸壬午,下𧃍(鄀)雍公緘乍(作)尊鼎,用追享丂(孝)于皇祖考,用乞眉壽,萬年無疆,子子孫孫永寶用

5.2754 唯五月既死霸,辰在壬戌,王餈□大室,吕征(延)于大室,王賜吕秬鬯三卣、貝卅朋,對揚王休,用乍(作)寶齋,子子孫孫永用

5.2755 唯王九月既望乙巳,遣仲令穴𩞁(纘)𤔲奠(甸)田,穴拜䭫首,對揚遣仲休,用乍(作)朕文考釐叔尊貞(鼎),其孫孫子子其永寶

5.2756 唯二月既生霸丁丑,王在葊京真□,戊寅,王蔑曆,史(使)𪊟(諄)大人賜乍(作)册寓𩞁(纘)倬,寓拜䭫首,對王休,用乍(作)尊彝

5.2757 曾子𠭯擇其吉金,用鑄𩰫彝,惠于剌曲,𠧟犀下保,臧敌集[功],百民是莫,孔𡺺□□,事四國,用考(孝)用享,民具(俱)卑(俾)鄉(饗)

5.2758 公朿(刺)鑄武王、成王異鼎,唯四月既生霸己丑,公賞乍(作)册大白馬,大揚皇天尹大(太)保宣(貯),用乍(作)祖丁寶尊彝,雋册

5.2759 公朿(刺)鑄武王、成王異鼎,唯四月既生霸己丑,公賞乍(作)册大白馬,大揚皇天尹大(太)保宣(貯),用乍(作)祖丁寶尊彝,雋册

5.2760 公朿(刺)鑄武王、成王異鼎,唯四月既生霸己丑,公賞乍(作)册大白馬,大揚皇天尹大(太)保宣(貯),用乍(作)祖丁寶尊彝,雋册

5.2761 公朿(刺)鑄武王、成王異鼎,唯四月既生霸己丑,公賞乍(作)册大白馬,大揚皇天尹大(太)保宣(貯),用乍(作)祖丁寶尊彝,雋册

5.2762 史顭(頊)乍(作)朕皇考釐仲、王(皇)母泉母尊鼎,用追公孝,用祈匄眉壽、永令(命)、靈(靈)冬(終),顭(頊)其邁(萬)年,多福無疆,子子孫孫,永寶用享

5.2763 唯十月又一月丁亥,我乍(作)禦祉(恤)祖乙、妣乙、祖己、妣癸,征(延)礿繁(縮)二母,咸𢍰(羿)遣福二,𠦪貝五朋,用乍(作)父己寶尊彝,亞若

5.2764 上官,坪安邦斪客,𢈪(容)四分齋,卅二年,坪安邦𠂤客,𢈪(容)四分齋,五益(鎰)六釿半釿四分釿之冢(重),卅三年,單父上官嗣憙所受坪安君者也,上官

5.2765 唯三月初吉,螨(蚋)來遘于妊氏,妊氏令螨事保厥家,因付厥且僕二家,螨拜䭫首曰:休朕皇君弗醒(忘)厥寶臣,對昜(揚),用乍(作)寶尊

5.2766 唯正月吉日初庚,郐(徐)𩡫尹譬自乍(作)湯貞(鼎),𠧟良聖每(敏),余敢敬明(盟)祀,丩(糾)津涂俗,以知恤諱,壽躳穀子,眉壽無其(期),永保用之

5.2767 唯王正月,初吉乙丑,𤔲(胡)叔、伯(信)姬乍(作)寶鼎,其用享于文祖考,𤔲(胡)叔眔伯(信)姬其壽耇(耇)、多宗、永令(命),𤔲(胡)叔、伯(信)姬其邁(萬)年,子子孫永寶

5.2768 唯五月初吉壬申,梁其乍(作)尊鼎,用享考(孝)于皇祖考,用祈多福,眉壽無疆,畯臣天[子],其百子千孫,其萬年無疆,其子子孫孫永寶用

5.2769 唯五月初吉壬申,梁其乍(作)尊鼎,用享考(孝)于皇祖考,用祈多福,眉壽無疆,畯臣天[子],其百子千孫,其萬年無疆,其子子孫孫永寶用

5.2770 唯五月初吉壬申,梁其乍(作)尊鼎,用享考(孝)于皇祖考,用祈多福,眉壽無疆,畯臣天[子],其百子千孫,其萬年無疆,其子子孫孫永寶用

5.2771 唯鄀八月,初吉癸未,鄀公平侯自乍(作)尊錳(盂),用追孝于厥皇祖晨公,于厥皇考屖盜(盂)公,用賜(賜)眉壽,萬年無疆,子子孫孫,永寶用享

5.2772 唯鄀八月,初吉癸未,鄀公平侯自乍(作)尊錳(盂),用追孝于厥皇祖晨公,于

厥皇考屖盄(盂)公,用腸(賜)眉壽,萬年無疆,子子孫孫,永寶用享

5.2773 詢(信)安君私官,膚(容)料(半),眂(視)事敀、冶瘠,十二年,再(稱)二益(鎰)六釿,下官,膚(容)料(半),詢(信)安君私官,膚(容)料(半),眂(視)事司馬敀、冶王石,十二年,再(稱)九益(鎰),下官,膚(容)料(半)

5.2774 帥隹懋皃(貺),念王母堇(勤)匋(陶),自乍(作)後王母,厚商(賞)厥文母魯公孫用貞(鼎),乃顉子帥隹,王母唯用自念于周公孫子,曰:余弋毋墉(庸)又(有)譴(忘)

5.2775 正月,王在成周,王迖于楚麓,令小臣夌先省楚应,王至于迖应,無遣(譴),小臣夌賜貝、賜馬丙(兩),夌拜韻首,對揚王休,用乍(作)季娟(妘)寶尊彝

5.2776 唯五月,王在衣(殷),辰在丁卯,王啻(禘),用牡于大室,啻(禘)卲(昭)王,剌御,王賜剌貝卅朋,天子邁(萬)年,剌對揚王休,用乍(作)黄公尊

讙彝,其孫孫子子永寶用

5.2777 唯六年八月,初吉己巳,史伯碩父追考(孝)于朕皇考釐仲、王(皇)母泉母,尊鼎用祈匄百彔(禄)、眉壽、綰綽、永令(命),萬年無疆,子子孫孫,永寶用享

5.2778 尹令史獸立(涖)工于成周,十又一月癸未,史獸獻工(功)于尹,咸獻工(功),尹賞史獸祼,賜豖鼎一、爵一,對揚皇尹不(丕)顯休,用乍(作)父庚永寶尊彝

5.2779 𤔲(𤔲)畀其井,師同從,折首執訊,孚車馬五乘,大車廿,羊百𢦔(挈),用造王,羞于黽,孚戎金□卅,戎鼎廿,鋪五十,鐱(劍)廿,用鑄茲尊鼎,子子孫孫,其永寶用

5.2780 唯十又二月,初吉丙午,王在周新宫,在射廬,王乎宰膺賜盛弓、象弭、矢臸、彤欮,師湯父拜韻首,乍(作)朕文考毛叔讙彝,其邁(萬)年,孫孫子子永寶用

5.2781 唯五月既生霸庚午,伯俗父右(佑)□季,王賜赤□芾、玄衣黹屯(純)、䜌(鑾)旅(旂),曰:用又(佐)右(佑)俗父嗣寇,□季拜韻首,對揚王休,用乍(作)寶鼎,其萬年,子子孫孫永用

5.2782 正月庚午,嘉曰:余𩏁(墓、鄭)邦之產,少去母父,乍(作)鑄飤器黄鑊,君既安叀(惠),亦弗其遜獲,嘉是唯哀成叔,哀成叔之鼎,永用𥙿(煙、禋)祀,死(尸)于下土,台(以)事康公,勿或能䛇(已)

5.2783 唯七年十月既生霸,王在周般宫,旦,王各大室,井伯入右(佑)趞曹,立中廷,北鄉(嚮),賜趞曹㦰(緇)芾、冋(檾)黄(衡)、䜌(鑾),趞曹拜韻首,敢對揚天子休,用乍(作)寶鼎,用鄉(饗)倗舂(友)

5.2784 唯十又五年,五月既生霸壬午,龏(恭)王在周新宫,王射于射盧(廬),史趞曹賜弓矢、虎盧、九(厹)、冑、毌(干)、殳,趞曹敢對,曹拜韻首,敢對揚天子休,用乍(作)寶鼎,用鄉(饗)倗舂(友)

5.2785 唯十又三月庚寅,王在寒帥(次),王令大(太)史兄(貺)裛土,王曰:中,茲裛人入史(事),賜于武王乍(作)臣,今兄(貺)畀女(汝)裛土,乍(作)乃采,中對王休令(命),讙父乙尊,唯臣尚(常)中臣,七八六六六六,八七六六六六

5.2786 唯三月初吉甲戌,王在康宫,㷀(榮)伯內(入)右(佑)康,王令死(尸)嗣王家,命女(汝)幽黄(衡)、鋚革(勒),康拜韻首,敢對揚天子不(丕)顯休,用乍(作)朕文考釐伯寶尊鼎,子子孫孫,其萬年永寶用,奠(鄭)井

5.2787 唯三年五月丁巳,王在宗周,令史頌省穌(蘇)瀰(姻)友、里君、百生(姓),帥堣(偶)盩于成周,休又(有)成事,穌(蘇)賓章(璋)、馬四匹、吉金,用乍(作)讙彝,頌其萬年無疆,日運(揚)天子覭(景)令(命),子子孫孫永寶用

5.2788 唯三年五月丁巳,王在宗周,令史頌省穌(蘇)瀰(姻)友、里君、百生(姓),帥堣(偶)盩于成周,休又(有)成事,穌(蘇)賓章(璋)、馬四匹、吉金,用乍(作)讙彝,頌

其萬年無疆，日遅(揚)天子覭(景)令(命)，子子孫孫永寶用

5.2789 唯九月既望乙丑，在䢅自(次)，王𤊄(訋)姜事(使)內史友員賜戜玄衣、朱襮裣，戜拜韻首，對揚王𤊄(訋)姜休，用乍(作)寶䵼尊鼎，其用夙夜享孝于厥文祖乙公，于文妣日戊，其子子孫孫永寶

5.2790 唯王卄又三年九月，王在宗周，王令微䜌䡈(纘)嗣九陂，䜌乍(作)朕皇考䵼彝尊鼎，䜌用享孝于朕皇考，用賜康勵、魯休、屯(純)右(佑)、眉壽、永令(命)、霝(靈)冬(終)，其萬年無疆，䜌子子孫永寶用享

5.2791 唯正月既生霸庚申，王在葊京溼宮，天子溅宝(貯)伯姜，賜貝百朋，伯姜對揚天子休，用乍(作)寶尊彝，用夙夜明(盟)享于卲伯日庚，天子萬年，丙(百)世孫孫子子受厥屯(純)魯，伯姜日受天子魯休

5.2792 唯三月初吉庚寅，王在龢宮，大矢始賜友[曰]䣄，王在華宮冋，王在邦宮，始獻工(功)，賜□、賜章(璋)，王在邦，始友曰考、曰攸，大矢始敢對揚天子休，用乍(作)文考日己寶鼎，孫孫子子永寶用

5.2793 卄八年，坪安邦斪客財(䵼)，四分齋，一益(鎰)十釿半釿四分釿之冢(重)，卅三年，單父上官嗣憙所受坪安君者也，卄八年，坪安邦斪客財(䵼)，四分齋，六益(鎰)半釿之冢(重)，卅三年，單父上官嗣憙所受坪安君者也

5.2794 楚王酓(熊)忎(悍)戰獲兵銅，正月吉日，窒(室)鑄喬(鐈)貞(鼎)之盍(蓋)，以共(供)歲棠(嘗)，冶師史秦、差(佐)苛臚爲之，集脰(廚)，楚王酓(熊)忎(悍)戰獲兵銅，正月吉日，窒(室)鑄喬(鐈)貞(鼎)，以共(供)歲棠(嘗)，冶師盤埜、差(佐)秦忎爲之，集脰(廚)，三楚

5.2795 楚王酓(熊)忎(悍)戰獲兵銅，正月吉日，窒(室)鑄喬(鐈)貞(鼎)之盍(蓋)，以共(供)歲棠(嘗)，冶師紹(紹)圣、差(佐)陳共爲之，集脰(廚)，楚王酓(熊)忎(悍)戰獲兵銅，正月吉日，窒(室)鑄喬(鐈)貞(鼎)，以共(供)歲棠(嘗)，冶師紹(紹)圣、差(佐)陳共爲之

5.2796 唯王卄又三年九月，王在宗周，王命善(膳)夫克舍(捨)令于成周，適正八師之年，克乍(作)朕皇祖釐季寶宗彝，克其日用䵼，朕辟魯休，用匄康勵、屯(純)右(祐)、眉壽、永令(命)、霝(靈)冬(終)，邁(萬)年無疆，克其子子孫孫永寶用

5.2797 唯王卄又三年九月，王在宗周，王令善(膳)夫克舍(捨)[令]于成周，適正八師之年，克乍(作)朕皇祖釐季寶宗彝，克其日用䵼，朕辟魯休，用匄康勵、屯(純)右(祐)、眉壽、永令(命)、霝(靈)冬(終)，邁(萬)年無疆，克其子子孫孫永寶用

5.2798 唯王卄又三年九月，王在宗周，王命善(膳)夫克舍(捨)令于成周，適正八師之年，克乍(作)朕皇祖釐季寶宗彝，克其日用䵼，朕辟魯休，用匄康勵、屯(純)右(祐)、眉壽、永令(命)、霝(靈)冬(終)，邁(萬)年無疆，克其子子孫孫永寶用

5.2799 唯王卄又三年九月，王在宗周，王命善(膳)夫克舍(捨)令于成周，適正八師之年，克乍(作)朕皇祖釐季寶宗彝，克其日用䵼，朕辟魯休，用匄康勵、屯(純)右(祐)、眉壽、永令(命)、霝(靈)冬(終)，邁(萬)年無疆，克其子子孫孫永寶用

5.2800 唯王卄又三年九月，王在宗周，王命善(膳)夫克舍(捨)令(命)于成周，適正八師之年，克乍(作)朕皇祖釐季寶宗彝，克其日用䵼，朕辟魯休，用匄康勵、屯(純)右(祐)、眉壽、永令(命)、霝(靈)冬(終)，邁(萬)年無疆，克其子子孫孫永寶用

5.2801 唯王卄又三年九月，王在宗周，王命善(膳)夫克舍(捨)令于成周，適正八師之年，克乍(作)朕皇祖釐季寶宗彝，克其日用䵼，朕辟魯休，用匄康勵、屯(純)右(祐)、眉壽、永令(命)、霝(靈)冬(終)，邁(萬)無疆，克其子子孫孫永寶用

5.2802 唯王卄又三年

九月，王在宗周，王命善(膳)夫克舍令(命)于成周，遹正八師之年，克乍(作)朕皇祖釐季寶宗彝，克其日用䵼，朕辟魯休，用匄康勵、屯(純)右(祐)、眉壽、永令(命)、霝(靈)冬(終)，邁(萬)年無疆，克其子子孫孫永寶用

5.2803 王大耤(藉)農于諆田，餳(觴)，王射，有嗣眔師氏、小子卿(佮)射，王歸自諆田，王馭溓(濂)仲廙(僕)，令眔奮先馬走，王曰：令眔奮，乃克至，余其舍(捨)女(汝)臣十家，王至于溓(濂)宮，啟(撫)，令拜䭫首，曰：小子迺學，令對揚王休

5.2804 唯王九月丁亥，王客于般宮，井伯內(入)右(佑)利，立中廷，北鄉(嚮)，王乎乍(作)命內史冊命利，曰：賜女(汝)赤⊖市、䜌(鑾)旂，用事，利拜䭫首，對揚天子不(丕)顯皇休，用乍(作)朕文考㴑(漣)伯尊鼎，利其萬年，子孫永寶用

5.2805 唯王五月，初吉甲寅，王在康廟，武公有(佑)南宮柳，即立中廷，北鄉(嚮)，王乎乍(作)冊尹冊命柳：嗣六師牧、陽(場)大㕚(友)，嗣羲夷陽(場)佃史(事)，賜女(汝)赤市、幽黃(衡)、攸(鋚)勒，柳拜䭫首，對揚天子休，用乍(作)朕剌(烈)考尊鼎，其萬年，子子孫孫永寶用

5.2806 唯十又五年，三月既霸丁亥，王在盩侲宮，大以厥友守，鄉(饗)[醴]，王乎善(膳)大(夫)〼，王召〼，令□□□[卅]二匹賜大，〼子不(丕)顯休，用〼伯盂鼎，大其子[子孫孫邁]年永寶用

5.2807 唯十又五年，三月既霸丁亥，王在盩侲宮，大以厥友守，王鄉(饗)醴，王乎善(膳)大(夫)�召大，以厥友入攼(捍)，王召走(趣)馬雁，令取誰(骍)騆(犅)卅二匹賜大，大拜䭫首，對揚天子不(丕)顯休，用乍(作)朕剌(烈)考己伯盂鼎，大其子子孫孫邁(萬)年永寶用

5.2808 唯十又五年，三月既霸丁亥，王在盩侲宮，大以厥友守，王鄉(饗)醴，王乎善(膳)大(夫)駇召大，以厥友入攼(捍)，王召走(趣)馬雁，令取誰(骍)騆(犅)卅二匹賜大，大拜䭫首，對揚天子不(丕)顯休，用乍(作)朕剌(烈)考己伯盂鼎，大其子子孫孫邁(萬)年永寶用

5.2809 唯三月丁卯，師旂眔僕不從王征于方雷，使厥友引以告于伯懋父，在芀，伯懋父迺罰得夏古三百寽(鋝)，今弗克厥罰，懋父令曰：義(宜)敊(播)，𠭰厥不從厥右(佑)征，今毋敊(播)，其又(有)內(納)于師旂，引以告中史書，旂對厥賓(劾)于尊彝

5.2810 王南征，伐角、僪(遹)，唯還自征，在坏(坯)，噩(鄂)侯馭方內(納)壺于王，乃祼之，馭方畣(侑)王，王休偃(偃)，乃射，馭方卿(佮)王射，馭方休闌，王宴，咸畬(飲)，王寴(親)賜馭方玉五瑴、馬四匹、矢五束，馭方拜手䭫首，敢對揚天子不(丕)顯休贅(賚)，用乍(作)尊鼎，其邁(萬)年，子孫永寶用

5.2811 倗之遛(䣄)鼎，唯正月初吉丁亥，王子午擇其吉金，自乍(作)䵼彝遛(䣄)鼎，用享以孝于我皇祖文考，用祈眉壽，𢿢龏𣁋屖，畏兇(忌)趩趩，敬厥盟祀，永受其福，余不畏不差，惠于政德，𢘅(淑)于威義(儀)，闌闌(簡簡)獸獸(優優)，命(令)尹子庚，殹民之所亟(極)，萬年無諆(期)，子孫是制

5.2812 大(太)師小子師望(望)曰：不(丕)顯皇考宄公，穆穆克盟(明)厥心，哲厥德，用辟于先王，得屯(純)亡敃(愍)，望(望)肇帥井(型)皇考，虔夙夜，出內(入)王命，不敢不兮不妻，王用弗譼(忘)聖人之後，多蔑曆賜休，望(望)敢對揚天子不(丕)顯魯休，用乍(作)朕皇考宄公尊鼎，師望(望)其萬年，子子孫孫永寶用

5.2813 唯六月既生霸庚寅，王各于大室，嗣馬井伯右(佑)師奎父，王乎內史駒冊命師奎父，賜載(緇)市、冋(絅)黃(衡)、玄衣黹屯(純)、戈琱戟、旂，用嗣乃父官、友，奎父拜䭫首，對揚天子不(丕)杯(丕)魯休，用追考(孝)于剌仲，用乍(作)尊鼎，用匄眉壽、黃耇、吉康，

師奎父其萬年，子子孫永寶用

5.2814 唯九月既望甲戌，王各于周廟，灰(賄)于圖室，嗣徒南仲右(佑)無(許)叀，內(入)門，立中廷，王乎史翏册令(命)無叀，曰：官嗣穆王遉(正)側虎臣，賜女(汝)玄衣黹屯(純)、戈琱㦸、歇(厚)必(柲)、彤沙(蘇)、攸(鋚)勒、䜌(鑾)旂，無(許)叀敢對揚天子不(丕)顯魯休，用乍(作)尊鼎，用享于朕剌(烈)考，用割(匄)頮(眉)壽萬年，子孫永寶用

5.2815 唯十又九年，四月既望辛卯，王在周康卲宮，各于大室，即立(位)，宰訊右(佑)趞，入門，立中廷，北鄉(嚮)，史留(籀)受(授)王令(命)書，王乎內史㫃册賜趞：玄衣屯(純)黹、赤市、朱黄(衡)、䜌(鑾)旂、攸(鋚)勒，用事，趞拜䭫首，敢對揚天子不(丕)顯魯休，用乍(作)朕皇考㰤(郘)伯、奠(鄭)姬寶鼎，其眉壽萬年，子子孫孫永寶

5.2816 唯王八月，辰在丙午，王命𩍐(垣)侯伯晨曰：㐣(嗣)乃祖考侯于𩍐(垣)，賜女(汝)秬鬯一卣、玄衮衣、幽夫(芾)、赤舃、駒車、畫呻(紳)、幬(幬)學(較)、虎𩋼(幃)、冟袓里幽、攸(鋚)勒、旅(旂)五旅(旂)、彤弓、彤矢、旅(玈)弓、旅(玈)矢、𢦏戈、𦆼(皋)胄，用夙夜事，勿灋(廢)朕令，晨拜䭫首，敢對揚王休，用乍(作)朕文考瀕公宮尊鼎，子孫其萬年永寶用

5.2817 唯三年三月，初吉甲戌，王在周師彔宮，旦，王各大室，即立(位)，嗣馬共右(佑)師晨，入門，立中廷，王乎乍(作)册尹册命師晨：疋(胥)師俗嗣邑人，唯小臣、善(膳)夫、守、[友]、官、犬，眔奠(甸)人、善(膳)夫、官、守、友，賜赤舃，晨拜䭫首，敢對揚天子不(丕)顯休令(命)，用乍(作)朕文祖辛公尊鼎，晨其[百]世子子孫孫，其永寶用

5.2818 唯卅又二年，三月初吉壬辰，王在周康宮徲大室，鬲比以攸衛牧告于王，曰：女(汝)覓我田，牧弗能許鬲比，王令省史南以即虢旅，虢旅迺事(使)攸衛牧誓曰：我弗具付鬲匕(比)，其且(沮)射(厭)分田邑，則殺，攸衛牧則誓，比乍(作)朕皇祖丁公、皇考叀公尊鼎，鬲攸比其邁(萬)年，子子孫孫永寶用

5.2819 唯廿又八年，五月既望庚寅，王在周康穆宮，旦，王各大室，即立(位)，宰頵右(佑)寰，入門，立中廷，北鄉(嚮)，史黹受(授)王命書，王乎史減册賜寰：玄衣黹屯(純)、赤芇、朱黄(衡)、䜌(鑾)旂(旂)、攸(鋚)勒、戈琱㦸、歇(厚)必(柲)、彤沙(蘇)，寰拜䭫首，敢對揚天子不(丕)顯叚(遐)休令(命)，用乍(作)朕皇考奠(鄭)伯、姬尊鼎，寰其邁(萬)年，子孫永寶用

5.2820 唯十又二月初吉，辰在丁亥，王在宗周，王各大(太)師宮，王曰：善，昔先王既令女(汝)左(佐)疋(胥)㝬侯，今余唯肇䌜(申)先王令，令女(汝)左(佐)疋(胥)㝬侯，監𤔲(豳)師戍，賜女(汝)乃祖旂，用事，善敢拜䭫首，對揚皇天子不(丕)杯(丕)休，用乍(作)宗室寶尊，唯用妥(綏)福，唬(號)前文人，秉德共(恭)屯(純)，余其用各我宗子雩(與)百生(姓)，余用匄屯(純)魯雩(于)邁(萬)年，其永寶用之

5.2821 唯十又七年，十又二月，既生霸乙卯，王在周康宮徲宮，旦，王各大室，即立(位)，嗣土(徒)毛叔右(佑)此，入門，立中廷，王乎史翏册令(命)此，曰：旅邑人、善(膳)夫，賜女(汝)玄衣黹屯(純)、赤芇、朱黄(衡)、䜌(鑾)旅(旂)，此敢對揚天子不(丕)顯休令(命)，用乍(作)朕皇考癸公尊鼎，用享孝于文神，用匄眉壽，此其萬年無疆，畯臣天子，霝(靈)冬(終)，子子孫永寶用

5.2822 唯十又七年，十又二月，既生霸乙卯，王在周康宮徲宮，旦，王各大室，即立(位)，嗣土(徒)毛叔右(佑)此，入門，立中廷，王乎史翏册令(命)此，曰：旅邑人、善(膳)夫，賜女(汝)玄衣黹屯(純)、赤芇、朱黄(衡)、䜌(鑾)旂，此敢對揚天子不(丕)顯休

令(命),用乍(作)朕皇考癸公尊貞(鼎),用享孝于文神,用匄眉壽,此其萬年無疆,畯臣天子,霝(靈)冬(終),子子孫孫永寶用

5.2823 唯十又七年,十又二月,既生霸乙卯,王在周康宮徲宮,旦,王各大室,即立(位),嗣土(徒)毛叔又(佑)此,入門,立中廷,王乎史翏册令(命)此,曰:旅邑人、善(膳)夫,賜女(汝)玄衣黹屯(純)、赤芾、朱黄(衡)、䜌(鑾)旅(旂),此敢對揚天子不(丕)顯休令(命),用乍(作)朕皇考癸公尊鼎,用享孝于文神,用匄眉壽,此其萬年無疆,畯臣天子,霝(靈)冬(終),子子孫永寶用

5.2824 㦸曰:烏虖(乎),王唯念㦸辟剌(烈)考甲公,王用肇事(使)乃子㦸,率虎臣御(禦)淮戎,㦸曰:烏虖(乎),朕文考甲公、文母日庚弋休,則尚(常)安永宕乃子㦸心,安永襲㦸身,厥復享于天子,唯厥事(使)乃子㦸萬年辟事天子,毋又(有)眈于厥身,㦸拜韻首,對揚王令(命),用乍(作)文母日庚寶尊𩰫彝,用穆穆夙夜,尊享孝妥(綏)福,其子子孫孫永寶茲剌(烈)

5.2825 唯卅又七年,正月初吉庚戌,王在周,各圖室,南宮乎入右(佑)善(膳)夫山,入門,立中廷,北鄉(嚮),王乎史桒册令(命)山,王曰:山,令女(汝)官嗣歓(飲)獻人于冕,用乍(作)憲司貯,毋敢不善,賜女(汝)玄衣黹屯(純)、赤芾、朱黄(衡)、䜌(鑾)旂,山拜韻首,受册佩以出,反(返)入(納)堇(瑾)章(璋),山敢對揚天子休令(命),用乍(作)朕皇考叔碩父尊鼎,用祈匄眉壽、綽綰、永令(命)、霝(靈)冬(終),子子孫孫永寶用

5.2826 唯王九月乙亥,晉姜曰:余唯司(嗣)朕先姑君晉邦,余不叚(暇)妄(荒)寧,巠(經)雍明德,宣𨚍我猷,用召(紹)匹辝(台)辟,每(敏)揚厥光剌(烈),虔不豙(墜),魯覃京師,嬖(乂)我萬民,嘉遣我,賜鹵(滷)責(漬)千兩,勿灋(廢)文侯覞(景)令(命),卑(俾)貫通□,征繁湯(陽)䧟,取厥吉金,用乍(作)寶尊鼎,用康頣(揉)妥(綏)褱(懷)遠埶(邇)君子,晉姜用祈綽綰、眉壽,乍(作)疐爲亟(極),萬年無疆,用享用德,畯保其孫子,三壽是利

5.2827 唯三年五月,既死霸甲戌,王在周康卲宮,旦,王各大室,即立(位),宰引右(佑)頌,入門,立中廷,尹氏受(授)王令(命)書,王乎史虢生(甥)册令(命)頌,王曰:頌,令女(汝)官嗣成周貯(廛)廿家,監嗣新造,貯(廛)用宮御,賜女(汝)玄衣黹屯(純)、赤芾、朱黄(衡)、䜌(鑾)旂、攸(鋚)勒,用事,頌拜韻首,受令(命)册佩以出,反(返)入(納)堇(瑾)章(璋),頌敢對揚天子不(丕)顯魯休,用乍(作)朕皇考龏叔、皇母龏始(姒)寶尊鼎,用追孝祈匄康𩁹、屯(純)右(祐)、通彔(禄)、永令(命),頌其萬年眉壽,畯臣天子,霝(靈)冬(終),子子孫孫寶用

5.2828 唯三年五月,既死霸甲戌,王在周康卲宮,旦,王各大室,即立(位),宰引右(佑)頌,入門,立中廷,尹氏受(授)王令(命)書,王乎史虢生(甥)册令(命)頌,王曰:頌,令女(汝)官嗣成周貯(廛)廿家,監嗣新造,貯(廛)用宮御,賜女(汝)玄衣黹屯(純)、赤芾、朱黄(衡)、䜌(鑾)旂、攸(鋚)勒,用事,頌拜韻首,受令(命)册佩以出,反(返)入(納)堇(瑾)章(璋),頌敢對揚天子不(丕)顯魯休,用乍(作)朕皇考龏叔、皇母龏始(姒)寶尊鼎,用追孝祈匄康𩁹、屯(純)右(祐)、通彔(禄)、永令(命),頌其萬年眉壽,畯臣天子,霝(靈)冬(終),子子孫孫寶用

5.2829 唯三年五月,既死霸甲戌,王在周康卲宮,旦,王各大室,即立(位),宰引右(佑)頌,入門,立中廷,尹氏受(授)王令(命)書,王乎史虢生(甥)册令(命)頌,王曰:頌,令女(汝)官嗣成周貯(廛)廿家,監嗣新造,貯(廛)用宮御,賜女(汝)玄衣黹屯(純)、赤芾、朱黄(衡)、䜌(鑾)旂、攸(鋚)勒,用事,頌拜韻

首，受令（命）册佩以出，反（返）入（納）堇（瑾）章（璋），頌敢對揚天子不（丕）顯魯休，用乍（作）朕皇考龏叔、皇母龏始（姒）寶尊鼎，用追孝祈匄康鱻、屯（純）右（祐）、通彔（禄）、永令（命），頌其萬年眉壽，畯臣天子，霝（靈）冬（終），子子孫孫寶用

5.2830 唯王八祀正月，辰在丁卯，王曰：師𩛥，女（汝）克曫乃身，臣朕皇考穆穆王，用乃孔德琢（遜）屯（純），乃用引正乃辟安德，叀（惟）余小子肇盄（淑）先王德，賜女（汝）玄衣黼（黼）屯（純）、赤巿、朱橫（黃衡）、緣（鑾）旂、大（太）師金膺、攸（鋚）勒，用井（型）乃聖祖考，隣明紾（令）辟前王，事余一人，𩛥拜頶首，休伯大（太）師肩（肩）𦘦，𩛥臣皇辟天子，亦弗諲（忘）公上父㝬（胡）德，𩛥穫（蔑）曆伯大（太）師，不（丕）自乍（作）小子，夙夜専由先祖刺（烈）德，用臣皇辟，伯亦克𣲄（款）由先祖蠱孫子，一𦘦皇辟懿德，用保王身，𩛥敢𢿨（釐）王，卑（俾）天子邁（萬）年，𢳜𢳜伯大（太）師武，臣保天子，用厥刺（烈）祖介德，𩛥敢對王休，用妥（綏）乍（作）公上父尊，于朕考墉（郭）季易父敎（秩）宗

5.2831 唯九年正月，既死霸庚辰，王在周駒宮，各廟，眉敖（敖）者膚卓事見于王，王大黹，矩取省車、較𨏘（賁）圅、虎冟（幎）、蔡（𥿋）褘、畫轉、㚇（鞭）𢃄（席）𩍐、帛轡（纏）乘、金鹿（鑣）鋞（鋞），舍（捨）矩姜帛三兩，迺舍（捨）裘衛林晉里，𠭯厥唯顏林，我舍（捨）顏陳大馬兩，舍（捨）顏始（姒）虡𠳋（𠳋），舍（捨）顏有𤔲壽商𧷝（貉）裘、盠冟，矩迺眔溓（濂）粦令壽商眔意，曰：顜，履付裘衛林晉里，則乃成夆（封）四夆（封），顏小子具（俱）叀（惟）夆（封），壽商𨟭（? ），舍（捨）盠冒梯、羝皮二、選皮二、業舄通（筩）皮二，朏帛（白）金一反（鈑），厥吳喜皮二，舍（捨）溓虡冟（幎）𤍨（? ）𨏘（幩）、𩏂圅，東臣羔裘，顏下皮二，眔受，衛小子𡢁（? ）逆者（諸），其𠇷（媵）衛臣虣朏，衛用乍（作）朕文考寶鼎，衛其邁（萬）年永寶用

5.2832 唯正月初吉庚戌，衛以邦君厲告于井伯、伯邑父、定伯、𤅊伯、伯俗父，曰：厲曰余執龏（恭）王恤工，于卲大室東逆（朔），燮（營）二川，曰：余舍（捨）女（汝）田五田，正迺訊厲曰：女（汝）貯田不（否），厲迺許曰：余審貯田五田，井伯、伯邑父、定伯、𤅊伯、伯俗父迺顜，事（使）厲誓，迺令參有𤔲，𤔲土（徒）邑人趞、𤔲馬頸人邦、𤔲工陶矩，內史友寺芻，帥履裘衛厲田四田，迺舍寓（宇）于厥邑，厥逆（朔）疆眔厲田，厥東疆眔散田，厥南疆眔散田，眔政父田，厥西疆眔厲田，邦君厲眔付裘衛田，厲叔子夙、厲有𤔲𩠣（申）季、慶癸、𤼈（豳）表、荆人敢、井人偈𡱂，衛小子逆其鄉（饗）、𠇷（媵），衛用乍（作）朕文考寶鼎，衛其萬年永寶用，唯王五祀

5.2833 禹曰：不（丕）顯趄趄皇祖穆公，克夾召（紹）先王奠四方，𦘒（肆）武公亦弗叚（遐）朢（忘）賸（朕）聖祖考幽大叔、懿叔，命禹仦（肖）賸（朕）祖考，政于井邦，𦘒（肆）禹亦弗敢惷（惷），賜（惕）共（恭）賸（朕）辟之命，烏虖（乎）哀哉，用天降大喪于下或（國），亦唯噩（鄂）侯馭方率南淮尸（夷）、東尸（夷），廣伐南或（國）、東或（國），至于歷內，王迺命西六師、殷八師曰：𢯛（撲）伐噩（鄂）侯馭方，勿遺壽幼，𦘒（肆）師彌宋（怵）匌匡（恇），弗克伐噩（鄂），𦘒（肆）武公迺遣禹率公戎車百乘、斯（厮）馭二百、徒千，曰：于匡朕肅慕，叀（惟）西六師、殷八師伐噩（鄂）侯馭方，勿遺壽幼，雩禹以武公徒馭至于噩（鄂），𦎫（敦）伐噩（鄂），休獲厥君馭方，𦘒（肆）禹又（有）成，敢對揚武公不（丕）顯耿光，用乍（作）大寶鼎，禹其萬年，子子孫孫寶用

5.2834 禹曰：不（丕）顯走（趄趄）皇祖穆公，克夾召（紹）先王曰（奠）左（四）方，穆（𦘒）武公亦（弗）歷（叚）望（忘）〔朕聖〕自（祖）考幽大叔、懿〔叔〕，命禹允（仦）〔朕〕祖考，政于井邦，

弘(𢓜)〔禹〕夫(亦)〔弗敢惷〕,睗(惕)〔共〕朕般(辟)乍(之)命,臣(烏)工(虖)哀哉,用天降亦(大)喪于下或(國),亦唯噩(鄂)侯馭方率南〔淮〕尸(夷)、東〔尸〕廣〔伐〕南或(國)東或(國),至于歷寒(內),王〔廼〕命廼(西)六師、殷八師曰:𠟭(撲)伐噩(鄂)侯馭方,〔勿〕眉(遺)壽子(幼),右(𢓜)師〔彌〕客(宋)欮(匌)匡,每(弗)克我(伐)〔噩〕,聞(𢓜)武公廼〔遣〕我(禹)率公朱(戎)車百乘,斯(厮)馭二百、徒〔千〕,乍(曰)王(于)〔匡〕朕〔肅慕〕,叀(惟)揚(西)六師、殷八師〔伐噩〕侯馭方,勿〔遺〕壽幼,雩〔禹〕以〔武公徒馭〕至于噩(鄂),𦎫(敦)伐〔噩〕,〔休獲厥君馭〕方,𢓜(肆)禹〔有成〕,〔敢對揚武公丕顯耿〕光,用乍(作)大寶〔鼎〕,〔禹〕其萬〔年〕,子子孫孫寶用

5.2835 唯十月,用嚴(玁)允(狁)放𢧁,廣伐京師,告追于王,命武公遣乃元士,羞追于京師,武公命多友率公車,羞追于京師,癸未,戎伐筍(郇),衣俘,多友西追,甲申之脣(辰),搏于邾,多友右(有)折首執訊,凡以公車折首二百又□又五人,執訊廿又三人,俘戎車百乘一十又七乘,衣(卒)復筍(郇)人俘,或(又)搏于龔(共),折首卅又六人,執訊二人,俘車十乘,從至,追搏于世,多友或(又)右(有)折首執訊,𨒅(越)追至于楊冢(塚),公車折首百又十又五人,執訊三人,唯俘車不克以,衣(卒)焚,唯馬毆(毆)𦘦,復奪京師之俘,多友廼獻俘馘訊于公,武公廼獻于王,廼曰武公曰:女(汝)既靜(靖)京師,贅(賚)女(汝),賜女(汝)土田,丁酉,武公在獻宮,廼命向父(禹)佋多友,廼𨑹(延)于獻宮,公窺(親)曰多友曰:余肈事(使)女(汝),休不𨒪,又(有)成事,多禽(擒),女(汝)靜(靖)京師,賜女(汝)圭瓚一、湯(錫)鐘一𦗛(肆)、鐈鋚百勻(鈞),多友敢對揚公休,用乍(作)尊鼎,用倗用咎(友),其子子孫永寶用

5.2836 克曰:穆穆朕文祖師華父,悤(聰)𪷾厥心,宝(宇)靜于猷,盄(淑)哲厥德,𢓜(肆)克龏(恭)保厥辟龏(恭)王,諫辪(乂)王家,叀(惠)于萬民,𩕢(揉)遠能𤝕(邇),𢓜(肆)克𢉎于皇天,𤨞于上下,得屯(純)亡敃(愍),賜贅(賚)無疆,永念于厥孫辟天子,天子明哲,顯(景)孝于神,巠(經)念厥聖保祖師華父,𠟭克王服,出內(入)王令(命),多賜寶休,不(丕)顯天子,天子其萬年無疆,保辪(乂)周邦,畯尹四方,王在宗周,旦,王各穆廟,即立(位),𤕌(申)季右(佑)善(膳)夫克,入門,立中廷,北鄉(嚮),王乎尹氏册令(命)善(膳)夫克,王若曰:克,昔余既令女(汝)出內(入)朕令(命),今余唯𤕌(申)𠅘(就)乃令(命),賜女(汝)𧆛(素)巿、參冋(絅)、𦬇悤(蔥),賜女(汝)田于埜,賜女(汝)田于渒,賜女(汝)井寓𤔲,田于峻,以(與)厥臣妾,賜女(汝)田于康,賜女(汝)田于匽,賜女(汝)田于𨸏原,賜女(汝)田于寒山,賜女(汝)史、小臣、霝(靈)龠(龢)鼓鐘,賜女(汝)井、𢔶、𤔲人,𦗟(纘)賜女(汝)井人奔于量,敬夙夜用事,勿灋(廢)朕令(命),克拜䭫首,敢對揚天子不(丕)顯魯休,用乍(作)朕文祖師華父寶𪔂彝,克其萬年無疆,子子孫孫永寶用

5.2837 唯九月,王在宗周,令(命)盂,王若曰:盂,不(丕)顯文王,受天有大令(命),在武王嗣文乍(作)邦,辟(闢)厥匿,匍(撫)有四方,畯正厥民,在雩(于)御事,𠭰酉(酒)無敢𩰫(醽),有𩰬(祡)𤇯祀無敢𩠙,古(故)天異(翼)臨子,灋(法)保先王,〔匍〕有四方,我聞殷述(墜)令(命),唯殷邊侯、田(甸)雩(與)殷正百辟,率肄于酉(酒),古(故)喪師已(矣),女(汝)妹(昧)辰又(有)大服,余唯即朕小學,女(汝)勿𠢐(蔽)余乃辟一人,今我唯即井(型)㐭(禀)于文王正德,若文王令二三正,今余唯令女(汝)盂召(紹)𤇾(榮),敬擁(雍)德巠(經),敏朝夕入諫

(諫),享奔走,畏天畏(威),王曰: 而(耐),令女(汝)盂井(型)乃嗣祖南公,王曰: 盂,廼召(紹)夾死(尸)嗣戎,敏誎罰訟,夙夕召(紹)我一人烝四方,雩我其遹省先王受民受疆土,賜女(汝)鬯一卣、冂(褀)衣、芾、舄、車、馬,賜乃祖南公旂,用遷(狩),賜女(汝)邦嗣四伯,人鬲自馭至于庶人,六百又五十又九夫,賜尸(夷)嗣王臣十又三伯,人鬲千又五十夫,遜竊遷自厥土,王曰: 盂,若敬乃正,勿灋(廢)朕令(命),盂用對王休,用乍(作)祖南公寶鼎,唯王廿又三祀

5.2838 唯王元年,六月既望乙亥,王在周穆王大〔室〕,〔王〕若曰: 曶,令(命)女(汝)更乃祖考嗣卜事,賜女(汝)赤⊖〔芾〕、□,用事,王在遹应,井叔賜曶赤金、鐈,曶受休〔命于〕王,曶用茲金乍(作)朕文孝(考)宄伯鬻牛鼎,曶其萬年用祀,子子孫孫其永寶,唯王四月既省(生)霸,辰在丁酉,井叔在異,爲□□,事(使)厥小子鼨(究)以限訟于井叔,我既賣(贖)女(汝)五夫,效父用匹馬、束絲,限許曰: 𠭰則卑(俾)我賞(償)馬,效父則卑(俾)復厥絲束,䝨、效父廼許䚄,曰: 于王參門,□□木樹,用徵𢓊(誕)賣(贖)茲五夫,用百寽(鋝),非出五夫,則□訋(詢),廼䛠又(有)訋(詢)眔鬻金,井叔曰: 才(裁): 王人廼賣(贖)用徵,不逆付,曶毋卑(俾)式于𠭰,曶則拜頴首,受茲五夫,曰陪(陪)、曰恒、曰劦、曰鑫、曰省,事(使)寽(鋝)以告𠭰,廼卑(俾)〔饗〕以曶酉(酒)彶(及)羊、絲三寽(鋝),用到(致)茲人,曶廼每(誨)于䛠曰: 女(汝)其舍(捨)鼨(究)矢五秉,曰: 弋尚(當)卑(俾)處又(厥)邑,田厥田,𠭰則卑(俾)復令(命)曰: 若(諾),昔饉歲,匡眔厥臣廿夫,寇曶禾十秭,以匡季告東宮,東宮廼曰: 求乃人,乃弗得,女(汝)匡罰大,匡廼頴首,于曶用五田,用眔一夫,曰嗌,用臣曰疐、曰胐、曰奠,曰用茲四夫,頴首曰: 余無卣(由)具寇正(足)〔秭〕,不出,佚(鞭)余,曶或(又)以匡季告東宮,曶曰: 弋唯朕禾是賞(償),東宮廼曰: 賞(償)曶禾十秭,遺(饋)十秭,爲廿秭,〔若〕來歲弗賞(償),則付卌(四十)秭,廼或(又)即曶用田二,又臣一夫,凡用即曶田七田、人五夫,曶覓匡三十秭

5.2839 唯八月既望,辰在甲申,昧喪(爽),三左三右多君入服酉(酒),明,王各周廟,□□□邦賓,征(延)邦賓尊其旅服,東鄉(嚮),盂以多旂佩,䰟(鬼)方子□□入三門,告曰: 王令盂以□□伐䰟(鬼)方,□□□聝□,執嘼(酋)三人,獲聝四千八百又二聝,孚人萬三千八十一人,孚馬□□匹,孚車卅兩(輛),孚牛三百五十五牛,羊卅八羊,盂或(又)告曰: □□□□,乎蔑我征,執嘼(酋)一人,獲聝二百卅七聝,孚人□□人,孚馬百四匹,孚車百□兩(輛),王若曰: □,盂拜頴首,以嘼(酋)進,即大廷,王令𤇈(榮)遂嘼(酋),𤇈(榮)即嘼(酋)遂厥故,□趆伯□□䰟(鬼)旛(獯),䰟(鬼)旛(獯)虘以新□從,咸,折嘼(酋)于□,王乎贊伯令盂以人聝入門,獻西旅,□□入燎周廟,盂以⧄入三門,即立中廷,北鄉(嚮),盂告贊伯,即立(位),贊伯□□□□于明伯、𥅻(繼)伯、[illegible]伯,告咸,盂以(與)者(諸)侯眔侯、田(甸)、男□□從盂征,既咸,賓即立(位),贊賓,王乎贊盂,以□□□進賓,□□大采,三周入服酉(酒),王各廟,祝征(延)⧄邦賓,不(丕)祼,□□用牲啻(禘)周王、武王、成王,□□卜有臧,王祼,祼述,贊邦賓,王乎□□□令盂以區入,凡區以品,雩若翌日乙酉,□三事□□入服酉(酒),王各廟,贊王邦賓,征(誕)王令賞盂,□□□□□,弓一、矢百、畫皋(皋)一、貝冑一、金毌(干)一、㦸戈二、矢臸八,用乍(作)□伯寶尊彝,唯王廿又五祀

5.2840 唯十四年,中山王𰻞詐(作)貞(鼎),于銘曰: 於(烏)虖(乎),語不𤅊(廢)𢦏(哉),寡人聞之,蒦(與)其汋(溺)於人

旃，寧汋(溺)於淵，昔者，郾(燕)君子徻(噲)，觀(叡)弇夫瑶，張(長)爲人宔(主)，閈於天下之勿(物)矣，猶粯(迷)惑於子之而迒(亡)其邦，爲天下殄(僇)，而皇(況)才(在)於少君虖(乎)，昔者，䱷(吾)先考成王早棄群臣，寡人學(幼)踵(童)，未甬(通)智，唯俌(傅)侮(姆)氏(是)從，天降休命于朕邦，又(有)厥忠臣賙(賈)，皮(克)怭(順)皮(克)卑，亡不率尸(仁)，敬怭(順)天德，以𢓊(佐)右(佑)寡人，使智(知)社禝之賃(任)，臣宔(主)之宜，夙夜不解(懈)，以譔(誘)道(導)寡人，含(今)舍(余)方壯，智(知)天若否，侖(論)其德，省其行，亡不怭(順)道，考厇(度)唯型，於(烏)虖(乎)折(哲)𢦏(哉)，社禝其庶虖(乎)，厥業才(在)祗，寡人聞之，事少女(如)張(長)，事愚女(如)智，此易言而難行旃，非恁(信)與忠，其隹(誰)能之，其隹(誰)能之，唯䱷(吾)老賙(賈)，是皮(克)行之，於(烏)虖(乎)，攸(悠)𢦏(哉)，天其又(有)㓝(型)于𢦏(在)厥邦，氏(是)以寡人匡(委)賃(任)之邦，而去之遊，亡寠(懅)惖(惕)之忌(慮)，昔者，䱷(吾)先祖超王、邵(昭)考成王，身勤社禝行四方，以憂惄(勞)邦家，含(今)䱷(吾)老賙(賈)親率參軍之眾，以征不宜(義)之邦，奮枹晨(振)鐸，闢啟封疆，方譽(數)百里，剌(列)城譽(數)十，皮(克)僑(敵)大邦，寡人庸其德，嘉其力，氏(是)以賜之厥命：隹(雖)又(有)死辠(罪)，及參殜(世)，亡不若(赦)，以明其德，庸其工(功)，䱷(吾)老賙(賈)奔走不聽命，寡人懼其忽然不可得，憚憚憐憐，忎(恐)隕社禝之光，氏(是)以寡人許之，㥶(謀)忌(慮)皆從，皮(克)又(有)工(功)，智旃，詒死辠(罪)之又(有)若(赦)，智(知)爲人臣之宜旃，於(烏)虖(乎)，悆(念)之𢦏(哉)，後人其庸庸之，毋忘尔邦，昔者，吳人并(併)雩(越)，雩(越)人敓(修)教備恁(任)，五年覆吳，皮(克)并(併)之，至于含(今)，尔毋大而懛(肆)，毋富而喬(驕)，毋眾而囂，叜(鄰)邦難新(親)，栽(仇)人才(在)彷(旁)，於(烏)虖(乎)，悆(念)之𢦏(哉)，子子孫孫，永定保之，毋竝(替)厥邦

5.2841 王若曰：父厝，不(丕)顯文、武，皇天引猒(厭)厥德，配我有周，膺受大命，衛褱(懷)不廷方，亡不閈于文、武耿光，唯天𤖯(壯)集厥命，亦唯先正畯辟(嬖)厥辟，爵(勛)堇(勤)大命，緯(肆)皇天亡𠬝(斁)，臨保我有周，不(丕)巩(鞏)先王配命，畋(旻)天疾畏(威)，司余小子弗彶(及)，邦𤖯(將)害(曷)吉，𠭯𠭯四方，大從(縱)不靜(靖)，烏虖(乎)，趯余小子圂湛于艱，永巩(鞏)先王，王曰：父厝，今余唯肈巠(經)先王命，命女(汝)辥(嬖)我邦、我家内外，惷(惷)于小大政，甹(屏)朕立(位)，虩許上下若否雩(于)四方，死(尸)毋童(動)余一人在立(位)，引唯乃智，余非墉(庸)又聞(昏)，女(汝)毋敢妄(荒)寧，虔夙夕叀(惠)我一人，擁(雍)我邦小大猷，毋折緘，告余先王若德，用卬(仰)邵(昭)皇天，𤕌(申)圝(恪)大命，康能四或(國)，俗(欲)我弗乍(作)先王憂，王曰：父厝，雩之庶出入事于外，尃(敷)命尃(敷)政，埶(藝)小大楚(胥)賦，無唯正聞(昏)，引其唯王智，廼唯是喪我或(國)，歷自今，出入尃(敷)命于外，厥非先告父厝，父厝舍(捨)命，毋有敢惷尃(敷)命于外，王曰：父厝，今余唯𤕌(申)先王命，命女(汝)亟(極)一方，圅我邦、我家，女(汝)頣于政，勿雍(壅)逮庶人宕，毋敢龏(拱)橐(苞)，龏(拱)橐(苞)，廼敄(侮)鰥寡，善效乃又(有)正，毋敢湎于酉(酒)，女(汝)毋敢家(墜)在乃服，圝(恪)夙夕，敬念王畏(威)不睗(易)，女(汝)毋弗帥用先王乍(作)明井(型)，俗(欲)女(汝)弗以乃辟圅(陷)于艱，王曰：父厝，已曰，㚔(抄)茲卿事寮、大(太)史寮于父即尹，命女(汝)

鰥(纘)𤔲公族，雩
(與)參有𤔲、小子、師
氏、虎臣，雩(與)朕褻
事，以乃族干(捍)吾
(敔)王身，取徵卅寽
(鋝)，賜女(汝)秬鬯
一卣、祼圭瓚寶、朱
巿、悤(蔥)黃(衡)、玉
環、玉琭、金車、𠦪
(賁)緐較(較)、朱𩐋
(鞹)𢀛靳、虎冟(冪)
熏裏、右軛、畫轉、畫
𨌲、金甬(桶)、道(錯)
衡、金踵(踵)、金豙
(軝)、約(約)𧟰(盛)、
金簟弼(茀)、魚箙、馬
四匹、攸(鋚)勒、金𠻞
(臺)、金膺、朱旂二鈴
(鈴)，賜女(汝)茲关
(賸)，用歲用政(征)，
毛公𢉼對揚天子皇
休，用乍(作)尊鼎，子
子孫孫永寶用

6.2911 甲
6.2912 天
6.2913 天
6.2914 天
6.2915 犮
6.2916 弜
6.2917 弜
6.2918 専
6.2919 埶(藝)
6.2920 聑及(及倗)
6.2921 㚤(戎)
6.2922 婦
6.2923 好
6.2924 嫂
6.2925 㚢
6.2926 母
6.2927 重
6.2928 何
6.2929 忍
6.2930 妏(贇)
6.2931 卷
6.2932 𦤎
6.2933 𦤎
6.2934 𦤎
6.2935 𦤎
6.2936 竟
6.2937 𢓊(踐)
6.2938 兒
6.2939 兒
6.2940 兒
6.2941 乘
6.2942 乘
6.2943 丵
6.2944 𡴊
6.2945 𩰫(圍)
6.2946 𩰫(圍)
6.2947 𩰫(圍)
6.2948 正
6.2949 正
6.2950 徙
6.2951 亼(齊)
6.2952 図
6.2953 ⊕
6.2954 得
6.2955 㓞(㓞)
6.2956 㓞(㓞)
6.2957 史
6.2958 史
6.2959 史
6.2960 史
6.2961 史
6.2962 史
6.2963 史
6.2964 拳
6.2965 拳
6.2966 拳
6.2967 𠘧
6.2968 𠘧
6.2969 耒
6.2970 刿(刿)
6.2971 㪉
6.2972 逐
6.2973 牛
6.2974 虎
6.2975 虎
6.2976 虎
6.2977 虎
6.2978 虎
6.2979 鳥
6.2980 鳥(鸛)
6.2981 鳶
6.2982 魚
6.2983 魚
6.2984 魚
6.2985 黿
6.2986 享
6.2987 享
6.2988 車
6.2989 亦車
6.2990 尺(尺)
6.2991 尺
6.2992 尺
6.2993 尺
6.2994 㓁
6.2995 㓁
6.2996 㓁
6.2997 㓁
6.2998 㓁
6.2999 㓁
6.3000 㓁
6.3001 㯃
6.3002 㯃
6.3003 ㄓ
6.3004 ㄓ
6.3005 圓
6.3006 圓
6.3007 𠁩
6.3008 冉
6.3009 冉
6.3010 冉
6.3011 冉
6.3012 冉
6.3013 冉
6.3014 冉
6.3015 鼎
6.3016 𩰫
6.3017 𩰫
6.3018 戈
6.3019 戈
6.3020 戈
6.3021 戈
6.3022 戈
6.3023 戈
6.3024 戈
6.3025 戠(酖)
6.3026 五
6.3027 五
6.3028 中
6.3029 尹
6.3030 受
6.3031 受
6.3032 山
6.3033 𡵂
6.3034 句須
6.3035 九
6.3036 㔾
6.3037 爵
6.3038 竹冬
6.3039 㫃
6.3040 龍
6.3041 攺
6.3042 ∞(規)
6.3043 己V

6.3044 𠤎
6.3045 寅
6.3046 宧(字)
6.3047 宧(字)
6.3048 宧(字)
6.3049 祖乙
6.3050 祖戊
6.3051 祖辛
6.3052 父乙
6.3053 父丁
6.3054 父丁
6.3055 父戊
6.3056 父戊
6.3057 父己
6.3058 父己
6.3059 父辛
6.3060 父辛
6.3061 𠧪乙
6.3062 乙戈
6.3063 乙魚
6.3064 卷丁
6.3065 何戊
6.3066 戈己
6.3067 己天,父己
6.3068 辛倗
6.3069 辛𠀠
6.3070 癸山
6.3071 子巫
6.3072 子青
6.3073 子妻(晝)
6.3074 子妻(晝)
6.3075 子妥
6.3076 子昃(扫)
6.3077 子𦥑(孤)
6.3078 子龏
6.3079 子刀
6.3080 翌子
6.3081 婦妹
6.3082 𠬝婦
6.3083 龏母
6.3084 母襄
6.3085 康母
6.3086 乙冉
6.3087 冉丁
6.3088 己冉
6.3089 癸冉
6.3090 亞疑
6.3091 亞疑
6.3092 亞疑
6.3093 亞奚
6.3094 亞告
6.3095 亞醜
6.3096 亞醜
6.3097 亞醜
6.3098 亞醜
6.3099 亞醜
6.3100 亞盥
6.3101 亞盤
6.3102 亞貘
6.3103 亞夫
6.3104 亞光
6.3105 亞登
6.3106 尹舟
6.3107 尹舟
6.3108 瞏(玃)册
6.3109 光册
6.3110 允册
6.3111 鄉宁
6.3112 叡巽
6.3113 巽逋
6.3114 巽婀
6.3115 立䍃
6.3116 弔龜
6.3117 𠀠萬
6.3118 𠃊𠂇
6.3119 𠃑(曰)𠭯(柄)
6.3120 北單
6.3121 秉册
6.3122 禾休
6.3123 甗𠃍
6.3124 珥㫚
6.3125 𦳝(擧)虔柲
6.3126 車徙
6.3127 正侯
6.3128 魚從
6.3129 魚從
6.3130 夆彝
6.3131 夆彝
6.3132 遽從
6.3133 乍(作)彝
6.3134 中府
6.3135 𠀠祖丁
6.3136 門祖丁
6.3137 竹祖丁
6.3138 倗祖丁
6.3139 戈祖己
6.3140 倗祖己
6.3141 祖辛𠃊
6.3142 田父甲
6.3143 戈父甲
6.3144 𠘨父甲
6.3145 巽父乙
6.3146 巽父乙
6.3147 巽父乙
6.3148 父乙巽
6.3149 𠕁父乙
6.3150 咸父乙
6.3151 趣(趨)父乙
6.3152 𠘨父乙
6.3153 雋父乙
6.3154 父乙冉
6.3155 黿父乙
6.3156 戈父乙
6.3157 葡(箙)父乙
6.3158 天父乙
6.3159 天父乙
6.3160 父乙宧
6.3161 魚父乙
6.3162 魚父乙
6.3163 𠈌父乙
6.3164 𠈌父乙
6.3165 侁父乙
6.3166 侁父乙
6.3167 父乙侁
6.3168 木父丙
6.3169 巽父丁
6.3170 巽父丁
6.3171 戈父丁
6.3172 戈父丁
6.3173 戈父丁
6.3174 𠘨父丁
6.3175 父丁㠭(二幸)
6.3176 父丁𠂇
6.3177 䍃(䍌)父丁
6.3178 醜父丁
6.3179 黿父丁
6.3180 保父丁
6.3181 𠈌父丁
6.3182 亞父丁
6.3183 弔父丁
6.3184 弔父丁
6.3185 丩册父戊
6.3186 子父戊
6.3187 父戊黿
6.3188 舊父戊
6.3189 㚖(矧)父戊
6.3190 庴(庚)父戊
6.3191 冉父己
6.3192 冉父己
6.3193 𠆭父己
6.3194 車父己
6.3195 丱父己
6.3196 執(藝)父己
6.3197 舌父己
6.3198 氏父己
6.3199 𠀠父辛

6.3200 𪏽父辛
6.3201 鳶父辛
6.3202 㓞父辛
6.3203 串父辛
6.3204 串父辛
6.3205 ⺈父辛
6.3206 埶(藝)父辛
6.3207 𡚬(戒)父辛
6.3208 㾓父辛
6.3209 賁(黸)父辛
6.3210 酉父癸
6.3211 舀父癸
6.3212 獸父癸
6.3213 𥁕父癸
6.3214 父癸倗
6.3215 𡚬(孿)父癸
6.3216 魚父癸
6.3217 ⺍父癸
6.3218 冉父癸
6.3219 𠀤父癸
6.3220 母乙㠱
6.3221 戈母丁
6.3222 𡛟母己
6.3223 豕(豲)妣辛
6.3224 㠱母辛
6.3225 史母癸
6.3226 弔母癸
6.3227 旅母鳶
6.3228 婦旋
6.3229 婦𡟰咸
6.3230 乍(作)己姜
6.3231 䜌父寶
6.3232 㫃乙◡
6.3233 天己丁
6.3234 𠀀止子
6.3235 亞保酉
6.3236 弜乍(作)旅
6.3237 戈亳册
6.3238 ⺅寢出
6.3239 北單戠
6.3240 乍(作)母𠙵
6.3241 𢀜(翌)丰卷
6.3242 耳伯陪(陪)
6.3243 西單獲
6.3244 虢叔乍(作)
6.3245 亞□□
6.3246 亞 豈 (趄) 衎(延)
6.3247 乍(作)旅𣪘
6.3248 乍(作)旅𣪘
6.3249 乍(作)旅𣪘
6.3250 乍(作)旅𣪘
6.3251 乍(作)寶𣪘
6.3252 乍(作)寶𣪘
6.3253 乍(作)寶𣪘
6.3254 乍(作)寶𣪘
6.3255 乍(作)寶𣪘
6.3256 乍(作)寶𣪘
6.3257 乍(作)寶𣪘
6.3258 乍(作)寶𣪘
6.3259 乍(作)寶𣪘
6.3260 乍(作)寶𣪘
6.3261 乍(作)旅彝
6.3262 乍(作)旅彝
6.3263 乍(作)旅彝
6.3264 乍(作)寶彝
6.3265 乍(作)寶彝
6.3266 乍(作)寶彝
6.3267 乍(作)寶彝
6.3268 乍(作)寶彝
6.3269 乍(作)寶彝
6.3270 乍(作)寶彝
6.3271 乍(作)寶彝
6.3272 乍(作)寶彝
6.3273 乍(作)寶彝
6.3274 乍(作)寶彝
6.3275 乍(作)寶彝
6.3276 乍(作)寶彝
6.3277 乍(作)寶彝
6.3278 乍(作)寶彝
6.3279 乍(作)寶彝
6.3280 乍(作)從彝
6.3281 乍(作)從彝
6.3282 乍(作)尊彝
6.3283 乍(作)尊彝
6.3284 乍(作)尊彝
6.3285 伯乍(作)彝
6.3286 伯乍(作)彝
6.3287 伯乍(作)彝
6.3288 伯乍(作)彝
6.3289 伯乍(作)彝
6.3290 伯乍(作)彝
6.3291 伯乍(作)彝
6.3292 伯乍(作)彝
6.3293 伯乍(作)𣪘
6.3294 ⺯(縈)乍(作)彝
6.3295 乍(作)用𣪘
6.3296 祖癸父丁
6.3297 亞攴父乙
6.3298 父乙亞矢
6.3299 獸亞父乙
6.3300 亞雋父乙
6.3301 亞殺父乙
6.3302 ⺅㖞𦍌父乙
6.3303 ⺯(薺)册父乙
6.3304 允册父乙
6.3305 𣪕乍(作)父乙
6.3306 乍(作)父乙侁
6.3307 □乍(作)父乙
6.3308 亞𣝣父丁
6.3309 亞豈(趄)父丁
6.3310 亞醜父丁
6.3311 馬豕(豲)父丁
6.3312 文頣父丁
6.3313 蚰羊父丁
6.3314 蚰羊父丁
6.3315 冉鶩(？)父丁
6.3316 冉蛙父丁
6.3317 宁戈父丁
6.3318 𡩜父丁
6.3319 劦册父丁
6.3320 𦊆(玃)册父丁
6.3321 □□父丁
6.3322 子羽(𦇧)父丁
6.3323 允册父戊
6.3324 北𠂤父己
6.3325 尹舟父己
6.3326 亞竝父己
6.3327 亞戈父己
6.3328 耒乍(作)父己
6.3329 又(右)𢻱父己
6.3330 亞𢍰父辛
6.3331 亞醜父辛
6.3332 亞醜父辛
6.3333 亞醜父辛
6.3334 亞孿父辛
6.3335 賁(黸)乍(作)父辛
6.3336 乍(作)父辛彝
6.3337 鄉父癸宁
6.3338 亞弜父癸
6.3339 亞弁父癸
6.3340 耳衡父癸
6.3341 何𤸫父癸
6.3342 乍(作)父癸,侁
6.3343 彭母彝,冉
6.3344 王妊乍(作)𣪘
6.3345 聑髭婦𢆶
6.3346 考母乍(作)聅(聯)医
6.3347 母㛤乍(作)𣪘
6.3348 吕姜乍(作)𣪘
6.3349 乍(作)母尊彝
6.3350 伯姬乍(作),⺃(支)

6.3351 伯乍(作)旅毁
6.3352 伯乍(作)旅毁
6.3353 伯乍(作)寶毁
6.3354 伯乍(作)寶毁
6.3355 伯乍(作)寶毁
6.3356 伯乍(作)寶毁
6.3357 伯乍(作)寶毁
6.3358 伯乍(作)寶彝
6.3359 伯乍(作)寶彝
6.3360 伯乍(作)寶彝
6.3361 伯乍(作)寶彝
6.3362 伯身乍(作)寶
6.3363 楷仲乍(作)旅
6.3364 仲乍(作)寶毁
6.3365 く(畎)叔乍(作)姒尊
6.3366 晨乍(作)寶,䀠
6.3367 晨乍(作)寶簋(毁、毁)
6.3368 䢼乍(作)寶毁
6.3369 䢼乍(作)寶毁
6.3370 央乍(作)寶毁
6.3371 旂乍(作)寶毁
6.3372 奪乍(作)寶毁
6.3373 舍乍(作)寶毁
6.3374 霝乍(作)寶飤
6.3375 舟乍(作)寶毁
6.3376 闞乍(作)旅毁
6.3377 中乍(作)旅毁
6.3378 戜乍(作)旅毁
6.3379 般乍(作)寶彝
6.3380 琟乍(作)寶彝
6.3381 匀乍(作)寶彝
6.3382 卲乍(作)寶彝
6.3383 戈乍(作)旅彝
6.3384 戈乍(作)旅彝
6.3385 朁乍(作)旅彝
6.3386 屮(草)乍(作)從彝
6.3387 豐乍(作)從彝
6.3388 德乍(作)尊彝
6.3389 王乍(作)䵼彝
6.3390 見乍(作)寶尊
6.3391 尹乍(作)寶尊
6.3392 乍(作)矩父毁
6.3393 亞疋黿□
6.3394 戈罟乍(作)厥
6.3395 戈罟乍(作)厥
6.3396 戈罟乍(作)厥
6.3397 臣辰侁册
6.3398 宜陽右倉
6.3399 乍(作)寶尊彝
6.3400 乍(作)寶尊彝
6.3401 乍(作)寶尊彝
6.3402 乍(作)寶尊彝
6.3403 乍(作)寶尊彝
6.3404 乍(作)寶尊彝
6.3405 乍(作)寶尊彝
6.3406 乍(作)寶尊彝
6.3407 乍(作)寶尊彝
6.3408 乍(作)寶尊彝
6.3409 乍(作)寶尊彝
6.3410 乍(作)寶尊彝
6.3411 乍(作)寶尊彝
6.3412 乍(作)寶尊毁
6.3413 乍(作)寶用毁
6.3414 □□□□,用乍(作)寶彝
6.3415 乍(作)旅毁,尹
6.3416 乍(作)旅毁,䴡
6.3417 角單亖祖己
6.3418 庚獿馬父乙
6.3419 亞弁覃父乙
6.3420 子眉口父乙
6.3421 秉毌册父乙
6.3422 臣辰侁父乙
6.3423 父乙臣辰侁
6.3424 父乙臣辰侁
6.3425 乍(作)父乙毁,珥
6.3426 弔龜乍(作)父丙
6.3427 弔龜乍(作)父丙
6.3428 戈亳册父丁
6.3429 乍(作)父丁,✧ 
6.3430 凣乍(作)父丁彝
6.3431 劦册竹父丁
6.3432 劦册竹父丁
6.3433 天工册父己
6.3434 乍(作)父辛彝,䕺
6.3435 団乍(作)父辛彝
6.3436 繼(繐)乍(作)父癸彝
6.3437 朿(刺)凌乍(作)尊彝
6.3438 皿辟乍(作)尊彝
6.3439 新叏乍(作)饙(饋)毁
6.3440 新叏乍(作)饙(饋)毁
6.3441 單光乍(作)從彝
6.3442 膺(應)事乍(作)旅毁
6.3443 杝(椸)䋣(暌)乍(作)寶毁
6.3444 季𥣙乍(作)旅毁
6.3445 舟虡乍(作)旅毁
6.3446 舟虡乍(作)旅毁
6.3447 仲州乍(作)寶毁
6.3448 季楚乍(作)寶毁
6.3449 弔,仲子日乙
6.3450 乍(作)姬寶尊彝
6.3451 [illegible]乍(作)寶尊彝
6.3452 姜䠭乍(作)尊彝
6.3453 乍(作)夆商彝毁
6.3454 乍(作)車寶彝尊
6.3455 乍(作)妊氏从毁
6.3456 乍(作)妊氏从毁
6.3457 大丏乍(作)母彝
6.3458 乍(作)从毁,馬豙(豲)
6.3459 乍(作)从毁,馬豙(豲)
6.3460 王乍(作)又䵼彝
6.3461 農父乍(作)寶毁
6.3462 矩父乍(作)寶毁
6.3463 事父乍(作)寶彝
6.3464 圳(邛)父乍(作)車登
6.3465 嚧乍(作)寶尊彝
6.3466 匿(匧、杯)乍

(作)寶尊彝
6.3467 触乍(作)寶尊彝
6.3468 御乍(作)寶尊彝
6.3469 𩰫乍(作)寶尊彝
6.3470 畢□□□父戊旅毁
6.3471 文乍(作)寶尊彝
6.3472 文乍(作)寶尊彝
6.3473 ☐寶彝
6.3474 果乍(作)放(昉)旅毁
6.3475 陕乍(作)寶毁，冉
6.3476 闔乍(作)寶尊彝
6.3477 膺(應)公乍(作)旅彝
6.3478 膺(應)公乍(作)旅彝
6.3479 公乍(作)寶尊彝
6.3480 斀(㧻)伯乍(作)旅毁
6.3481 縈伯乍(作)旅毁
6.3482 丮伯乍(作)旅毁
6.3483 尸曰乍(作)寶尊
6.3484 □伯乍(作)寶毁
6.3485 叔𠃑(曶)乍(作)寶毁
6.3486 叔京乍(作)旅彝
6.3487 叔䜴(抳)乍(作)寶毁
6.3488 伯䣄(倢)乍(作)旅毁
6.3489 伯戜乍(作)旅毁
6.3490 伯到乍(作)嬂毁
6.3491 伯尚乍(作)寶毁
6.3492 伯乍(作)寶尊彝
6.3493 伯乍(作)寶尊彝
6.3494 伯乍(作)寶尊彝
6.3495 伯乍(作)寶尊彝
6.3496 伯乍(作)寶尊毁
6.3497 伯乍(作)寶尊毁
6.3498 伯乍(作)寶尊彝
6.3499 伯乍(作)南宫毁
6.3500 乍(作)祖戊寶毁，戠
6.3501 乍(作)祖戊寶毁，戠
6.3502 文父乙卯婦娸
6.3503 戈乍(作)父乙尊彝
6.3504 亞疑㠱侯父乙
6.3505 亞疑㠱乍(作)父乙
6.3506 臣辰㐱册父乙
6.3507 用乍(作)父乙尊彝
6.3508 令乍(作)父乙尊彝
6.3509 乍(作)父乙寶毁，亞
6.3510 乍(作)父乙寶毁，㐱
6.3511 乍(作)父乙寶毁，㐱
6.3512 柠(楮)乍(作)父丁尊彝
6.3513 亞疑㠱侯父戊
6.3514 乍(作)父戊旅彝，𠂢
6.3515 ᛉ𝘈乍(作)父己尊彝
6.3516 𣪘乍(作)父庚寶彝
6.3517 𣪕乍(作)父庚旅彝
6.3518 𣏟乍(作)父辛尊彝
6.3519 □乍(作)父辛寶彝
6.3520 虘乍(作)父辛尊彝
6.3521 𠀀敗(摶)乍(作)父癸尊彝
6.3522 臣辰㐱册父癸
6.3523 臣辰㐱册父癸
6.3524 陻(隔)伯乍(作)寶尊彝
6.3525 陻(隔)伯乍(作)寶尊彝
6.3526 亶(蟺檀)伯乍(作)寶尊彝
6.3527 漁伯乍(作)寶尊毁
6.3528 漁伯乍(作)寶尊毁
6.3529 漁伯乍(作)寶尊毁
6.3530 㐬伯乍(作)姬寶毁
6.3531 㐬伯乍(作)姬寶毁
6.3532 伯矩乍(作)寶尊彝
6.3533 伯矩乍(作)寶尊彝
6.3534 伯魚乍(作)寶尊彝
6.3535 伯魚乍(作)寶尊彝
6.3536 伯𩵦(𩵦)乍(作)寶尊彝
6.3537 伯妻俯乍(作)寶毁
6.3538 伯丂𠂤乍(作)寶彝
6.3539 伯丂𠂤乍(作)寶彝
6.3540 伯乍(作)乙公尊毁
6.3541 伯乍(作)寶用尊毁
6.3542 伯乍(作)寶用尊毁
6.3543 仲獲父乍(作)寶毁
6.3544 仲僘乍(作)寶尊彝
6.3545 仲師父乍(作)旅毁
6.3546 仲□父乍(作)寶毁
6.3547 仲酉父乍(作)旅毁

6.3548 仲言(?)父乍(作)旅段
6.3549 榀仲乍(作)寶尊彝
6.3550 敔仲乍(作)其旅段
6.3551 城虢仲乍(作)旅段
6.3552 叔虤乍(作)寶尊段
6.3553 叔虤乍(作)寶尊段
6.3554 叔虤乍(作)寶尊段
6.3555 叔攸父乍(作)叀段
6.3556 季屖乍(作)寶尊彝
6.3557 季㚸(姒)乍(作)用段,䀠
6.3558 嬴季乍(作)寶尊彝
6.3559 鄙父乍(作)寶尊彝
6.3560 □父☐
6.3561 安父乍(作)寶尊彝
6.3562 微父乍(作)寶尊彝
6.3563 姞伋父乍(作)寶段
6.3564 員父乍(作)寶尊段
6.3565 霸姞乍(作)寶尊彝
6.3566 𡿺娟乍(作)乙尊彝
6.3567 鱻㚸(姒)乍(作)寶尊彝
6.3568 雍㚸(姒)乍(作)寶尊彝
6.3569 戚姬乍(作)寶尊段
6.3570 王乍(作)姜氏尊段
6.3571 姜林母乍(作)䨻(錯)段
6.3572 向乍(作)厥尊彝,𦍒
6.3573 師蘌其乍(作)寶段
6.3574 噩(鄂))叔乍(作)寶尊彝
6.3575 農乍(作)寶尊彝,皇
6.3576 田農乍(作)寶尊彝
6.3577 卜孟乍(作)寶尊彝
6.3578 陽尹乍(作)厥旅段
6.3579 年姒乍(作)用段,䀠
6.3580 利乍(作)寶尊𪉧彝
6.3581 長甶乍(作)寶尊段
6.3582 長甶乍(作)寶尊段
6.3583 史㝬乍(作)寶尊彝
6.3584 燚(榮)子旅乍(作)寶段
6.3585 嬴霝德乍(作)䵼段
6.3586 段(鍛)金𨙸乍(作)旅段
6.3587 段(鍛)金𨙸乍(作)旅段
6.3588 𡱼(役)乍(作)盩伯寶段
6.3589 苪侯乍(作)登寶段
6.3590 登(鄧)公牧乍(作)𩜁(饙)段
6.3591 登(鄧)公牧乍(作)𩜁(饙)段
6.3592 蔡侯𤕌(申)乍(作)淄(䵼)段
6.3593 蔡侯𤕌(申)乍(作)淄(䵼)段
6.3594 蔡侯𤕌(申)乍(作)淄(䵼)段
6.3595 蔡侯𤕌(申)乍(作)淄(䵼)段
6.3596 蔡侯𤕌(申)乍(作)淄(䵼)段
6.3597 蔡侯𤕌(申)乍(作)淄(䵼)段
6.3598 蔡侯𤕌(申)乍(作)淄(䵼)段
6.3599 蔡侯𤕌(申)乍(作)淄(䵼)段
6.3600 𢀜乍(作)祖丁寶尊彝
6.3601 偁缶乍(作)祖癸尊彝
6.3602 乍(作)父乙寶彝,冉蛙
6.3603 大禾乍(作)父乙尊彝
6.3604 宔(鑄)父丁尊彝,䀠(矍)册
6.3605 弔乍(作)父丁寶尊彝
6.3606 觟(觿)乍(作)文父日丁,𦍒
6.3607 古乍(作)父丁寶隣(奠)彝
6.3608 宰犬乍(作)父丁𩜁(饙)彝
6.3609 休乍(作)父丁寶段,𠃌
6.3610 圣乍(作)父戊寶尊彝
6.3611 廣乍(作)父己寶尊,幸旅
6.3612 衛乍(作)父庚寶尊彝
6.3613 哦乍(作)父辛寶尊彝
6.3614 匽(燕)侯乍(作)姬丞尊彝
6.3615 𨊠(坒)敫(𢹂)伯具乍(作)寶段
6.3616 㴞伯乍(作)旅用鼎段
6.3617 㴞伯乍(作)旅用鼎段
6.3618 㴞伯乍(作)自爲貞(鼎)段
6.3619 義伯乍(作)宄婦陸姑
6.3620 嫄(媛)仲乍(作)乙伯寶段
6.3621 陸婦乍(作)高姑尊彝
6.3622 召父乍(作)厥□寶彝
6.3623 𣏌沽乍(作)父卯寶段
6.3624 叔單乍(作)義公尊彝
6.3625 比乍(作)伯婦尊彝,𡚤(戎)
6.3626 𢿱乍(作)文祖

寶尊彝
6.3627 𪓐乍(作)文祖寶尊彝
6.3628 㫃乍(作)寶尊彝,用𨭻(鑚)
6.3629 叉乍(作)厥考寶尊彝
6.3630 琟乍(作)寶段,用日享
6.3631 伊生(甥)乍(作)公母尊彝
6.3632 寧遹乍(作)柙(甲)娴尊段
6.3633 大(太)師乍(作)孟姜𨭻(鑚)段
6.3634 卲(昭)王之諻(媓)之𢉖(薦)㕓(段)
6.3635 卲(昭)王之諻(媓)之𢉖(薦)㕓(段)
6.3636 曾侯乙詐(作)時(持)甬(用)冬(終)
6.3637 曾侯乙詐(作)時(持)甬(用)冬(終)
6.3638 曾侯乙詐(作)時(持)甬(用)冬(終)
6.3639 曾侯乙詐(作)時(持)甬(用)冬(終)
6.3640 曾侯乙詐(作)時(持)甬(用)冬(終)
6.3641 曾侯乙詐(作)時(持)甬(用)冬(終)
6.3642 曾侯乙詐(作)時(持)甬(用)冬(終)
6.3643 曾侯乙詐(作)時(持)甬(用)冬(終)
6.3644 史楳䚇(晛),乍(作)祖辛寶彝
6.3645 㠱,敎乍(作)祖癸寶尊彝
6.3646 史述乍(作)父乙寶段,𩚵
6.3647 堇臨乍(作)父乙寶尊彝
6.3648 堇臨乍(作)父乙寶尊彝
6.3649 亼▬,乍(作)父丁寶尊彝
6.3650 亼▬,乍(作)父丁寶尊彝
6.3651 牧壁乍(作)父丁少(小)食段
6.3652 龠乍(作)父丁寶尊彝,𡆥
6.3653 子阩乍(作)父己寶尊彝
6.3654 𩲃乍(作)父壬寶尊彝,射
6.3655 亞高亢乍(作)父癸尊彝
6.3656 集,㢟(征)乍(作)父癸寶尊彝
6.3657 集,㢟(征)乍(作)父癸寶尊彝
6.3658 集,㢟(征)乍(作)父癸寶尊彝
6.3659 子令乍(作)父癸寶尊彝
6.3660 𣤶(㹑)乍(作)父癸寶尊彝,旅
6.3661 𣤶(㹑)乍(作)父癸寶尊彝,旅
6.3662 𣤶(㹑)乍(作)父癸寶尊彝,旅
6.3663 ☼(晄),黄乍(作)父癸寶尊彝
6.3664 無敄,乍(作)父乙寶尊彝
6.3665 戈,厚乍(作)兄日辛寶彝
6.3666 木工册,乍(作)母日甲尊彝
6.3667 倗丏乍(作)義妣寶尊彝
6.3668 噩(鄂)侯弟曆季自乍(作)段
6.3669 噩(鄂)季奞父乍(作)寶尊彝
6.3670 賸(滕)侯乍(作)朕公寶尊彝
6.3671 旟嗣土(徒)梳乍(作)寶尊段
6.3672 北伯邑辛乍(作)寶尊段
6.3673 蛙乍(作)厥母寶尊段,1(支)
6.3674 伯乍(作)厥諲(譴)子寶尊彝
6.3675 或者乍(作)宮伯寶尊彝
6.3676 㢜乍(作)寶段,其萬年用
6.3677 睘乍(作)寶段,其永寶用
6.3678 伯蔡父乍(作)母嫙寶段
6.3679 伯嘉父乍(作)𠧟姬尊段
6.3680 伯嘉父乍(作)𠧟姬尊段
6.3681 毅乍(作)寶段,子子孫孫永用
6.3682 大(太)師小子師望乍(作)䵼彝
6.3683 亞俞,父父庚保隣祖辛
6.3684 劃凾乍(作)祖戊寶尊彝,𡚬(戎)
6.3685 見乍(作)父己寶尊彝,亞其
6.3686 㭉廷冀乍(作)父癸寶尊彝
6.3687 ⺙婦乍(作)日癸尊彝,虢册
6.3688 通遴(遴)乍(作)父癸寶彝,允册
6.3689 亞疑㠯乍(作)母辛彝,亞疑㠯㢜乍(作)女(母)辛寶彝
6.3690 伯乍(作)寶段,子子孫孫永寶用
6.3691 伯好父自鑄乍(作)爲旅段
6.3692 伯𤓰乍(作)媿氏旅,用追考(孝)
6.3693 伯𤓰乍(作)媿氏旅,用追考(孝)
6.3694 叔宿乍(作)日壬寶尊彝,冉
6.3695 義叔聞𤐫(肇)乍(作)彝,用鄉(饗)賓
6.3696 嗣土(徒)嗣乍(作)厥丂(考)寶尊彝
6.3697 嗣土(徒)嗣乍(作)厥丂(考)寶尊彝
6.3698 東人守父乍(作)厥寶尊彝
6.3699 公大(太)史乍(作)母庚寶尊彝
6.3700 𧿧乍(作)尊段,其壽考寶用
6.3701 𧿧乍(作)尊段,其壽考寶用
6.3702 彔乍(作)文考乙公寶尊段
6.3703 同師乍(作)旅

段,其萬年用
6.3704 孟肅父乍(作)寶段,其永用
6.3705 師寏父乍(作)季姞寶尊段
6.3706 師寏父乍(作)叔姞寶尊段
6.3707 內(芮)公乍(作)鑄從段,永寶用
6.3708 內(芮)公乍(作)鑄從段,永寶用
6.3709 內(芮)公乍(作)鑄從段,永寶用
6.3710 西替乍(作)其妹靳鑵(饋)鉦鑰
6.3711 乍(作)祖乙攏侯叔尊彝,告田
6.3712 飛賜鳳玉,用乍(作)祖癸彝,臤
6.3713 亞若癸受丁旅乙沚自(師)
6.3714 辨乍(作)文父己寶尊彝,馬豕(豩)
6.3715 辨乍(作)文父己寶尊彝,馬豕(豩)
6.3716 辨乍(作)文父己寶尊彝,馬豕(豩)
6.3717 戠册北單,𢍰乍(作)父辛尊彝
6.3718 伯乍(作)寶段,其萬年,子子孫孫用
6.3719 𠭯伯頁肇乍(作)守,乍(作)宝(寶)尊彝
6.3720 康伯乍(作)登用段,竅邁(萬)年寶
6.3721 康伯乍(作)登用段,竅萬年寶
6.3722 莓(薮)伯乍(作)井姬寶段,子子孫孫用
6.3723 仲乍(作)寶尊彝,其萬年永用
6.3724 叔宝(宇)乍(作)寶段,其邁(萬)年永寶
6.3725 叔友父乍(作)尊段,其邁(萬)年用
6.3726 友父乍(作)寶段,子子孫孫永寶用
6.3727 友父乍(作)寶段,子子孫孫永寶用
6.3728 叔妃乍(作)尊段,其萬年寶用
6.3729 叔妃乍(作)尊,其萬年寶用,叔妃乍(作)尊段,其萬年寶用
6.3730 季飲乍(作)旅段,唯子孫乍(作)寶
6.3731 圳乍(作)寶段,用鄉(饗)王逆造事
6.3732 真從王戍荆,俘,用乍(作)鑵(饋)段
6.3733 王賜德貝廿朋,用乍(作)寶尊彝
6.3734 辰乍(作)鑵(饋)段,其子子孫孫永寶用
6.3735 旂乍(作)寶段,其子子孫孫永寶用
6.3736 旂乍(作)寶段,其子子孫孫永寶用
6.3737 畬乍(作)豐孄寶段,子子孫孫永用
6.3738 意乍(作)寶段,其邁(萬)年孫子寶
6.3739 穌(蘇)公乍(作)王妃盂段,永寶用
6.3740 齊史逗乍(作)寶段,其萬年用
6.3741 乍(作)寶段,其子孫邁(萬)年永寶
6.3742 乍(作)寶尊段,孫孫子子其萬年用
7.3743 保侃母賜貝于庚宮,乍(作)寶段
7.3744 保侃母賜貝于庚宮,乍(作)寶段
7.3745 斅乍(作)厥段兩,其萬年用鄉(饗)賓
7.3746 孄寏猷用乍(作)訇辛𩛥段,膚册
7.3747 仲再乍(作)又(厥)寶彝,用鄉(饗)王逆造
7.3748 伯者父乍(作)寶段,用鄉(饗)王逆造
7.3749 𢀛乍(作)厥祖寶尊彝,在十月,亞𠬝
7.3750 𤔲(龏)見(獻)駒,用乍(作)父乙尊彝,羊侁
7.3751 秎(稃)乍(作)父柙(甲)寶段,邁(萬)年孫子寶
7.3752 㶣侯曰:爲季姬段,其邁(萬)年用
7.3753 仲師父乍(作)好旅段,其用萬年
7.3754 仲師父乍(作)好旅段,其用萬年
7.3755 中友父乍(作)寶段,子子孫永寶用
7.3756 中友父乍(作)寶段,子子孫永寶用
7.3757 仲五父乍(作)段,其萬年永寶用
7.3758 仲五父乍(作)段,其萬年永寶用
7.3759 仲五父乍(作)段,其萬年永寶用
7.3760 叔臨父乍(作)寶段,其子子孫孫永用
7.3761 𤔲乍(作)寶段,其邁(萬)年,子子孫孫永用
7.3762 伯就父乍(作)𠫑(飤)段,子子孫孫永寶用
7.3763 遽伯睘乍(作)寶尊彝,用貝十朋又四朋
7.3764 叔㮚父乍(作)寶段,子子孫孫其萬年用
7.3765 伯幾父乍(作)𡙇(鑵、饋)段,子子孫孫,其永寶用
7.3766 伯幾父乍(作)𡙇(鑵、饋)段,子子孫孫,其永寶用
7.3767 㚒徣(誕)乍(作)寶段,其萬年子孫寶用
7.3768 㚒徣(誕)乍(作)寶段,其萬年子孫寶用
7.3769 乎乍(作)姞氏寶段,子子孫孫,其永寶用

7.3770 降(絳)人繁乍(作)寶設,其子子孫孫邁(萬)年用

7.3771 晉人事(吏)寓乍(作)寶設,其孫子永寶

7.3772 己(紀)侯乍(作)姜縈設,子子孫其永寶用

7.3773 伯闢乍(作)尊設,其子子孫孫萬年寶用

7.3774 伯闢乍(作)尊設,其子子孫孫萬年寶用

7.3775 登(鄧)公乍(作)膺(應)嫚妣(毘)朕(媵)設,其永寶用

7.3776 登(鄧)公乍(作)膺(應)嫚妣(毘)朕(媵)設,其永寶用

7.3777 散伯乍(作)夨姬寶設,其厲(萬)年永用

7.3778 散伯乍(作)夨姬寶設,其厲(萬)年永用

7.3779 散伯乍(作)夨姬寶設,其厲(萬)年永用

7.3780 散伯乍(作)夨姬寶設,其厲(萬)年永用

7.3781 侯氏乍(作)孟姬尊設,其邁(萬)年永寶

7.3782 侯氏乍(作)孟姬尊設,其邁(萬)年永寶

7.3783 仲競乍(作)寶設,其萬年,子子孫永用

7.3784 伯爭乍(作)伯繼寶設,世子孫孫寶用

7.3785 叡香妊乍(作)寶設,子孫孫永寶用享

7.3786 史窦乍(作)寶設,其萬年,子子孫孫永寶

7.3787 保子達乍(作)寶設,其子子孫孫永用,𠂇(支)

7.3788 𧼈乍(作)寶設,其萬年,子孫永寶用

7.3789 史䛐(場)父乍(作)尊設,其萬年永寶用

7.3790 大(太)保賜厥臣榹(剖)金,用乍(作)父丁尊彝

7.3791 甚䜌君休于王,自乍(作)器,孫子永寶

7.3792 伯芀乍(作)寶設,其萬年,子子孫孫永寶用

7.3793 伯梁父乍(作)嬶(龏)姞尊設,子子孫孫永寶用

7.3794 伯梁父乍(作)嬶(龏)姞尊設,子子孫孫永寶用

7.3795 伯梁父乍(作)嬶(龏)姞尊設,子子孫孫永寶用

7.3796 伯梁父乍(作)嬶(龏)姞尊設,子子孫孫永寶用

7.3797 歸叔山父乍(作)疊(嬗、姪)姬尊設,其永寶用

7.3798 歸叔山父乍(作)疊(嬗、姪)姬尊設,其永寶用

7.3799 歸叔山父乍(作)疊(嬗、姪)姬尊設,其永寶用

7.3800 歸叔山父乍(作)疊(嬗、姪)姬尊設,其永寶用

7.3801 歸叔山父乍(作)疊(嬗、姪)姬尊設,其永寶用

7.3802 叔侯父乍(作)尊設,其子子孫孫永寶用,𠂇(支)

7.3803 叔侯父乍(作)尊設,其子子孫孫永寶用,𠂇(支)

7.3804 𪉾(㝬胡)衍乍(作)寶設,其邁(萬)年,子子孫孫永寶用

7.3805 害叔乍(作)尊設,其萬年,子子孫孫永寶用

7.3806 害叔乍(作)尊設,其萬年,子子孫孫永寶用

7.3807 唯九月初吉,叡(搭)年伯自乍(作)其寶設

7.3808 兮仲乍(作)寶設,其萬年,子子孫孫永寶用

7.3809 兮仲乍(作)寶設,其萬年,孫孫(子子)孫孫永寶用,兮仲乍(作)寶設,其萬年,子子孫孫永寶用

7.3810 兮仲乍(作)寶設,其萬年,子子孫孫永寶用

7.3811 兮仲乍(作)寶設,其萬年,子子孫孫永寶用

7.3812 兮仲乍(作)寶設,其萬年,子子孫孫永寶用

7.3813 兮仲乍(作)寶設,其萬年,子子孫孫永寶用

7.3814 兮仲乍(作)寶設,其萬年,子子孫孫永寶用

7.3815 陳(陳)侯乍(作)王媯媵設,其萬年永寶用

7.3816 齊嬗(姪)姬乍(作)寶設,其萬年,子子孫孫永用

7.3817 寺(邿)季故公乍(作)寶設,子子孫孫,永寶用享

7.3818 寺(邿)季故公乍(作)寶設,子子孫孫,永寶用享

7.3819 叔旦乍(作)寶設,其邁(萬)年,子子孫孫永寶用

7.3820 唯王四年,虢姜乍(作)寶設,其永用享

7.3821 湋伯乍(作)意與尊設,其子子孫孫

永寶用

7.3822 休王賜效父吕(鋁)三，用乍(作)厥寶尊彝，五八六

7.3823 休王賜效父吕(鋁)三，用乍(作)又(厥)寶尊彝，五八六

7.3824 王桒(祓)于成周，王賜圉貝，用乍(作)寶尊彝

7.3825 王桒(祓)于成周，王賜圉貝，用乍(作)寶尊彝，伯魚乍(作)寶尊彝

7.3826 耳侯戣乍(作)鬻□□匽辝乙□□癸文考，〔其〕永寶用

7.3827 敌乍(作)寶段，用餴(饙)厥孫子，厥不(丕)吉，其[illegible]

7.3828 滕(滕)虎敢肇乍(作)厥皇考公命仲寶尊彝

7.3829 滕(滕)虎敢肇乍(作)厥皇考公命仲寶尊彝

7.3830 滕(滕)虎敢肇乍(作)厥皇考公命仲寶尊彝

7.3831 滕(滕)虎敢肇乍(作)厥皇考公命仲寶尊彝

7.3832 滕(滕)虎敢肇乍(作)厥皇考公命仲寶尊彝

7.3833 伯賓父乍(作)寶段，其邁(萬)年，子子孫孫永寶用

7.3834 伯賓父乍(作)寶段，其邁(萬)年，子子孫孫永寶用

7.3835 葷乍(作)父寶尊段，其子子孫孫萬年永寶用，毌

7.3836 衛㚸(姒)乍(作)寶尊段，子子孫孫，其萬年永寶用

7.3837 伯喜父乍(作)洹餴(饙)段，洹其萬年永寶用

7.3838 伯喜父乍(作)洹餴(饙)段，洹其萬年永寶用

7.3839 伯喜父乍(作)洹餴(饙)段，洹其萬年永寶用

7.3840 詁乍(作)皇母尊段，其子子孫孫邁(萬)年永寶用

7.3841 詁乍(作)皇母尊段，其子子孫孫邁(萬)年永寶用

7.3842 孟奠父乍(作)尊段，其邁(萬)年，子子孫孫永寶用

7.3843 孟奠父乍(作)尊段，其邁(萬)年，子子孫孫永寶用

7.3844 孟奠父乍(作)尊段，其邁(萬)年，子子孫孫永寶用

7.3845 妣㚤(理)母乍(作)南旁寶段，子子孫孫其永寶用

7.3846 㠯伯逵(達)乍(作)寶段，𠛬(其)萬年，孫孫子子其永用

7.3847 倗伯屖自乍(作)尊段，其子子孫永寶用享

7.3848 趞(遣)小子𩛥以(與)其友，乍(作)醽男、王姬鬻彝

7.3849 叔向父乍(作)婞(辛)姒尊段，其子子孫孫永寶用

7.3850 叔向父乍(作)婞(辛)姒尊段，其子子孫孫永寶用

7.3851 叔向父乍(作)婞(辛)姒尊段，其子子孫孫永寶用

7.3852 叔向父乍(作)婞(辛)姒尊段，其子子孫孫永寶用

7.3853 叔向父乍(作)婞(辛)姒尊段，其子子孫孫永寶用

7.3854 叔向父乍(作)婞(辛)姒尊段，其子子孫孫永寶用

7.3855 叔向父乍(作)婞(辛)姒尊段，其子子孫孫永寶用

7.3856 伯家父乍(作)孟姜賸(媵)段，其子子孫孫永寶用

7.3857 伯家父乍(作)孟姜賸(媵)段，其子子孫孫永寶用

7.3858 唯十又四月，王在侯[illegible]，登(鄧)公乍(作)旅段

7.3859 辛叔皇父乍(作)中姬尊段，子子孫孫其寶用

7.3860 膺(應)侯乍(作)姬邍母尊段，其邁(萬)年永寶用

7.3861 己亥，王賜貝在闌(管)，用乍(作)父己尊彝，亞古

7.3862 公史(使)微，事又(有)息，用乍(作)父乙寶尊彝，冉蛙生

7.3863 彔乍(作)厥文考乙公寶尊段，子子孫其永寶

7.3864 伯乍(作)尊彝，用對揚公休令(命)，□其萬年用寶

7.3865 㦿乍(作)祖庚尊段，子子孫孫，其萬年永寶用，[illegible]

7.3866 城虢遣生(甥)乍(作)旅段，其萬年，子孫永寶用

7.3867 洹秦乍(作)祖乙寶段，其萬年，子孫寶用，舟

7.3868 叀乍(作)祖辛寶段，其萬年，孫孫子子永寶用，賁(贐)

7.3869 亢僕乍(作)父己尊段，子子孫孫，其邁(萬)年永寶用

7.3870 叔向父爲備寶段兩、寶鼎二，亩(百)世孫子寶

7.3871 矢王乍(作)奠(鄭)姜尊段，子子孫孫，其邁(萬)年永寶用

7.3872 旅仲乍(作)誁寶段，其萬年，子子孫孫永用享考(孝)

7.3873 槷(藝)其乍(作)寶毁,其邁(萬)年壽考,子子孫孫永寶用

7.3874 旛嫼乍(作)尊毁,旛嫼其邁(萬)年,子子孫孫永寶用

7.3875 旛嫼乍(作)尊毁,旛嫼其邁(萬)年,子子孫孫永寶用

7.3876 旛嫼乍(作)尊毁,旛嫼其邁(萬)年,子子孫孫永寶用

7.3877 季佝父逖乍(作)寶毁,其萬年,子子孫孫永寶用

7.3878 奠(鄭)牧馬受乍(作)寶毁,其子子孫孫邁(萬)年永寶用

7.3879 奠(鄭)牧馬受乍(作)寶毁,其子子孫孫邁(萬)年永寶用

7.3880 奠(鄭)牧馬受乍(作)寶毁,其子子孫孫邁(萬)年永寶用

7.3881 楸車父乍(作)鄩(䣙)姞𩞁(餴、饙)毁,其萬年,子子孫孫永寶

7.3882 楸車父乍(作)鄩(䣙)姞餴(饙)毁,其萬年,子子孫孫永寶

7.3883 楸車父乍(作)鄩(䣙)姞餴(饙)毁,其萬年,子子孫孫永寶

7.3884 楸車父乍(作)鄩(䣙)姞餴(饙)毁,其萬年,子子孫孫永寶

7.3885 楸車父乍(作)鄩(䣙)姞餴(饙)毁,其萬年,子子孫孫永寶

7.3886 楸車父乍(作)鄩(䣙)姞餴(饙)毁,其萬年,子子孫孫永寶

7.3887 伯𨔟父乍(作)嫥寶毁,其邁(萬)年,子子孫孫永寶用

7.3888 叡(揸)其肇乍(作)毁,其萬年眉壽,子子孫孫永寶用

7.3889 叡(揸)其肇乍(作)毁,其萬年眉壽,子子孫孫永寶用

7.3890 廣乍(作)叔彭父寶毁,其萬年,子子孫孫永寶用

7.3891 井ホ叔安父自乍(作)寶毁,其子孫永寶用

7.3892 師昊父乍(作)寶毁,子子孫其萬年,永寶用𦎫(享)

7.3893 齊巫姜乍(作)尊毁,其萬年,子子孫永寶用享

7.3894 學(𢽳)父乍(作)姬獻賸(媵)毁,其萬年眉壽,永寶用

7.3895 䧅仲奠父乍(作)尊毁,其萬年,子子孫孫永寶用

7.3896 井(邢)姜大(太)宰虫(巳),鑄其寶毁,子子孫孫,永寶用享

7.3897 杞伯每刃乍(作)鼄(邾)嫀寶毁,子子孫孫,永寶用享

7.3898 杞伯每刃乍(作)鼄(邾)嫀寶毁,子子孫孫,永寶用享

7.3899 杞伯每刃乍(作)鼄(邾)嫀寶毁,子子孫孫,永寶用享

7.3900 杞伯每刃乍(作)嫀寶毁,子子子(孫),永寶用享

7.3901 杞伯每刃乍(作)鼄(邾)嫀寶毁,子子孫永寶用享

7.3902 杞伯每刃乍(作)鼄(邾)嫀寶毁,子子孫孫,永寶用享

7.3903 敶(陳)侯乍(作)嘉姬寶毁,其邁(萬)年,子子孫孫永寶用

7.3904 乙未,卿事賜小子𤔲貝二百,用乍(作)父丁尊毁,冀

7.3905 辛未,蛙□賜𪏾貝卅朋,𪏾用乍(作)父丁尊彝,亞

7.3906 侯賞攸貝三朋,用乍(作)父戊寶尊彝,肇乍(作)綦

7.3907 過伯從王伐反(叛)荆,孚金,用乍(作)宗室寶尊彝

7.3908 量侯𩲡(豺)柞(作)寶尊毁,子子孫邁(萬)年永寶,𢼊(斷)勿喪

7.3909 臭乍(作)日辛尊寶毁,其萬年,子子孫永用,幸旅

7.3910 唯十月,是婁乍(作)文考寶毁,其子孫永寶用

7.3911 唯十月,是婁乍(作)文考寶毁,其子孫永寶用

7.3912 𣅀生(甥)䅁(蔑)再曆,用乍(作)季日乙,子子孫孫永寶用,妻(晝)

7.3913 𣅀生(甥)䅁(蔑)再曆,用乍(作)季日乙,子子孫孫永寶用,妻(晝)

7.3914 大(太)師事(史)良父乍(作)寶毁,其萬年,子子孫孫永寶用

7.3915 周𧁒生(甥)乍(作)楷媍(妘)媿賸(媵)毁,其孫孫子子永寶用,[illegible]

7.3916 姞氏自牧(作)爲寶尊毁,其邁(萬)年,子子孫孫永寶用

7.3917 是𩣓乍(作)朕文考乙公尊毁,子子孫孫永寶用,鼎

7.3918 隩仲孛乍(作)父日乙尊毁,子子孫其永寶用,)

7.3919 郜公聞自乍(作)餴(饙)毁,其邁(萬)年,子子孫孫,永壽用之

7.3920 伯百父乍(作)周姜寶𣪘,用夙夕享,用祈邁(萬)壽

7.3921 叔𠭯父乍(作)朕文母、刺(烈)考尊𣪘,子孫永寶用

7.3922 叔𠭯父乍(作)朕文母、刺(烈)考尊𣪘,子子孫孫永寶用

7.3923 豐井叔乍(作)伯姬尊𣪘,其萬年,子子孫孫永寶用

7.3924 朿仲豆父乍(作)𣻃(𩰫)𣪘,其萬年,子子孫孫,永寶用享

7.3925 命父諲乍(作)寶𣪘,其萬年,子子孫孫,用享考(孝)受寶(福)

7.3926 命父諲乍(作)寶𣪘,其萬年,子子孫孫,用享考(孝)受寶(福)

7.3927 伯田父乍(作)井姺寶𣪘,其萬年,子子孫孫永寶用

7.3928 噩(鄂)侯乍(作)王姞㠱(媵)𣪘,王姞其萬年,子子孫永寶

7.3929 噩(鄂)侯乍(作)王姞㠱(媵)𣪘,王姞其萬年,子子孫永寶

7.3930 噩(鄂)侯乍(作)王姞㠱(媵)𣪘,王姞其萬年,子子孫永寶

7.3931 毳乍(作)王母媿氏𩜁(饙)𣪘,媿氏其眉壽,萬(邁)年用

7.3932 毳乍(作)王母媿氏𩜁(饙)𣪘,媿氏其眉壽,邁(萬)年用

7.3933 毳乍(作)王母媿氏𩜁(饙)𣪘,媿氏其眉壽,萬年用

7.3934 毳乍(作)王母媿氏𩜁(饙)𣪘,媿氏其眉壽,邁(萬)年用

7.3935 㸚生𥎦乍(作)寶𣪘,子子孫孫,其𧀫(萬)年用享,𠃊◆

7.3936 彔旁仲駒父乍(作)仲姜𣪘,子子孫永寶,用享孝

7.3937 彔旁仲駒父乍(作)仲姜𣪘,子子孫孫永寶,用享孝

7.3938 彔旁仲駒父乍(作)仲姜𣪘,子子孫孫永寶,用享孝

7.3939 唯正月己亥,禾(和)肇乍(作)皇母懿龏孟姬𩜁(饙)彝

7.3940 亞舟,乙亥,王賜巂𪓐玉十玉(玨)、章(璋),用乍(作)祖丁彝

7.3941 辛亥,王在寢,賞寢敄□貝二朋,用乍(作)祖癸寶尊

7.3942 王賜叔德臣嬞十人、貝十朋、羊百,用乍(作)寶尊彝

7.3943 伯祈乍(作)文考幽仲尊𣪘,祈其萬年寶,用鄉(饗、享)孝

7.3944 鑄子叔黑臣肇乍(作)寶𣪘,其萬年眉壽,永寶用

7.3945 鴋(鰑、唐)姬乍(作)㛤嫼賸(媵)𣪘,㛤嫼其邁(萬)年,子子孫孫永寶用

7.3946 中伯乍(作)亲(辛)姬䜌人寶𣪘,其萬年,子子孫孫永寶用

7.3947 中伯乍(作)亲(辛)姬䜌人寶𣪘,其萬年,子孫寶用

7.3948 公違省自東,在新邑,臣卿賜金,用乍(作)父乙寶彝

7.3949 季㚔肇乍(作)厥文考井叔寶尊彝,子子孫孫其永寶用

7.3950 唯九月,𨾊(唯)叔從王、員征楚荆,在成周,誨乍(作)寶𣪘

7.3951 唯九月,𨾊(唯)叔從王、員征楚荆,在成周,誨乍(作)寶𣪘

7.3952 唯三月初吉,格伯乍(作)晉姬寶𣪘,子子孫孫,其永寶用

7.3953 唯七月既生霸,辰在寅,□□自乍(作)寶𣪘,其子孫永寶

7.3954 仲幾父事(使)幾事(使)于者(諸)侯、者(諸)監,用厥賓(儐)乍(作)丁寶𣪘

7.3955 兑乍(作)朕皇考叔氏尊𣪘,兑其萬年,子子孫孫永寶用

7.3956 唯王正月,仲叀父乍(作)𩜁(饙)𣪘,其邁(萬)年,子子孫孫永寶用

7.3957 唯王正月,仲叀父乍(作)𩜁(饙)𣪘,其邁(萬)年,子子孫孫永寶用

7.3958 叔角父乍(作)朕皇考宕(宄)公尊𣪘,其子子孫孫永寶用,𠂇(支)

7.3959 叔角父乍(作)朕皇考宕(宄)公尊𣪘,其子孫永寶用,𠂇(支)

7.3960 孟𢎪父乍(作)寶𣪘,其邁(萬)年,子子孫孫永寶用

7.3961 孟𢎪父乍(作)寶𣪘,其邁(萬)年,子子孫孫永寶用

7.3962 孟𢎪父乍(作)幻伯妊賸(媵)𣪘八,其萬年,子子孫孫永寶用

7.3963 孟𢎪父乍(作)幻伯妊賸(媵)𣪘八,其萬年,子子孫孫永寶用

7.3964 仲殷父鑄𣪘,用朝夕享考(孝)宗室,其子子孫永寶用

7.3965 仲殷父鑄𣪘,用朝夕享考(孝)宗室,其子子孫永寶用

7.3966 仲殷父鑄𣪘,用

朝夕享考(孝)宗室,其子子孫永寶用

7.3967 仲殷父鑄段,用朝夕享考(孝)宗室,其子子孫孫永寶用

7.3968 仲殷父鑄段,用朝夕享考(孝)宗室,其子子孫永寶用

7.3969 仲殷父鑄段,用朝夕享考(孝)宗室,其子子孫永寶用

7.3970 仲殷父鑄段,用朝夕享考(孝)宗室,其子子孫永寶用

7.3971 虢季氏子緻(組)乍(作)段,其萬年無疆,子子孫孫,永寶用享

7.3972 虢季氏子緻(組)乍(作)段,其萬年無疆,子子孫孫,永寶用享

7.3973 虢季氏子緻(組)乍(作)段,其萬年無疆,子子孫孫,永寶用享

7.3974 魯伯大父乍(作)季姬婧賸(媵)段,其萬年眉壽,永寶用

7.3975 辛巳,王畲(飲)多亞,聽享京,邐賜貝二朋,用乍(作)大子丁,聑髭

7.3976 犾(獮)馭從王南征,伐楚荆,又(有)得,用乍(作)父戊寶尊彝,吳

7.3977 己(紀)侯貉子分己(紀)姜寶,乍(作)段,己(紀)姜石(祏)用㝛,用匄萬年

7.3978 溓(濂)姬乍(作)父庚尊段,用乍(作)乃後御,孫子其萬年永寶

7.3979 呂伯乍(作)厥宮室寶尊彝段,大牢其萬年祀厥取(祖)考

7.3980 吳彩父乍(作)皇祖考庚孟尊段,其萬年,子子孫孫永寶用

7.3981 吳彩父乍(作)皇祖考庚孟尊段,其萬年,子子孫孫永寶用

7.3982 吳彩父乍(作)皇祖考庚孟尊段,其萬年,子子孫孫永寶用

7.3983 唯二月戊寅,伯庶父乍(作)王姑凡姜尊段,其永寶用

7.3984 陽飤(食)生(甥)自乍(作)尊段,用賜眉壽萬年,子子孫孫,永寶用享

7.3985 陽飤(食)生(甥)自乍(作)尊段,用賜眉壽萬年,子子孫孫,永寶用享

7.3986 德克乍(作)朕文祖考尊段,克其萬年,子子孫孫,永寶用享

7.3987 魯大(太)宰邍父乍(作)季姬牙賸(媵)段,其萬年眉壽,永寶用

7.3988 魯伯大父乍(作)孟姜賸(媵)段,其萬年眉壽,永寶用

7.3989 魯伯大父乍(作)仲姬俞賸(媵)段,其萬年眉壽,永寶用享

7.3990 亞沚,辛巳,鄧(倢)尋㝛,在小圃,王光商(賞)鄧(倢)貝,用乍(作)父乙彝

7.3991 祖日庚,乃孫乍(作)寶段,用笹(世)享孝,其子子孫其永寶用,𩫏

7.3992 祖日庚,乃孫乍(作)寶段,用笹(世)享孝,其子子孫其永寶用,𩫏

7.3993 翏乍(作)北子柞段,用興厥祖父日乙,其萬年,子子孫孫永鬻(寶)

7.3994 翏乍(作)北柞段,用興厥祖父日乙,其萬年,子子孫孫鬻(寶)

7.3995 伯偈父乍(作)姬麋寶段,用夙夜享于宗室,子子孫永寶用

7.3996 吷客乍(作)朕文考日辛寶尊段,客其萬年,子子孫孫永寶用

7.3997 伯喜乍(作)朕文考剌公尊段,喜其萬年,子子孫孫,其永寶用

7.3998 伯喜乍(作)朕文考剌公尊段,喜其萬年,子子孫孫,其永寶用

7.3999 伯喜乍(作)朕文考剌公尊段,喜其萬年,子子孫孫,其永寶用

7.4000 伯喜乍(作)朕文考剌公尊段,喜其萬年,子子孫孫,其永寶用

7.4001 豐兮尸乍(作)朕皇考酉(尊)段,尸其萬年,子孫永寶,用享考(孝),豐兮尸乍(作)朕皇考尊段,尸其萬年,子子孫孫永寶,用享考(孝)

7.4002 豐兮尸乍(作)朕皇考尊段,尸其萬年,子子孫孫永寶,用享考(孝)

7.4003 豐兮尸乍(作)朕皇考酉(尊)段,尸其萬年,子子孫孫永寶,用享考(孝)

7.4004 師趛父孫孫叔多父,乍(作)孟姜尊段,其邁(萬)年,子子孫孫永寶用

7.4005 師趛父孫孫叔多父,乍(作)孟姜尊段,其邁(萬)年,子子孫孫永寶用

7.4006 師趛父孫孫叔多父,乍(作)孟姜尊

段，其邁(萬)年，子子孫孫永寶用

7.4007 沃伯寺自乍(作)寶段，用賜眉壽，其萬年，子子孫孫，永寶用享

7.4008 兮吉父乍(作)仲姜寶尊段，其萬年無疆，子子孫孫，永寶用享

7.4009 毛伯嚜(啞)父乍(作)仲姚寶段，其萬年無疆，子子孫孫，永寶用享

7.4010 殳偖(鮥)生(甥)乍(作)尹姞尊段，其萬年無疆，子子孫孫永寶，用享考(孝)

7.4011 復公子伯舍曰：敃新，乍(作)我姑登(鄧)孟媿賸(媵)段，永壽用之

7.4012 復公子伯舍曰：敃新，乍(作)我姑登(鄧)孟媿賸(媵)段，永壽用之

7.4013 復公子伯舍曰：敃新，乍(作)我姑登(鄧)孟媿賸(媵)段，永壽用之

7.4014 穌(蘇)公子癸父甲乍(作)尊段，其萬年無疆，子子孫孫，永寶用享

7.4015 穌(蘇)公子癸父甲乍(作)尊段，其萬年無疆，子子孫孫，永寶用享

7.4016 鄁公伯韭(韭)用吉金，用乍(作)寶段，子子孫孫永用享，萬年無疆

7.4017 鄁公伯韭(韭)用吉金，用乍(作)寶段，子子孫孫永用享，萬年無疆

7.4018 卓林父乍(作)寶段，用享用孝，祈眉壽，其子子孫孫永寶用，鼎

7.4019 曹伯狄乍(作)夙(宿)姒公尊段，其萬年眉壽，子子孫孫，永寶用享

7.4020 奄，癸亥，我天君鄉(饗)飳(飴)酉(酒)，商(賞)貝，厥征斤貝，用乍(作)父丁尊彝

7.4021 寧肇諆(其)乍(作)乙考尊段，其用各百神，用妥(綏)多福，世孫子寶

7.4022 寧肇諆(其)乍(作)乙考尊段，其用各百神，用妥(綏)多福，世孫子寶

7.4023 唯五月，辰在壬寅，伯中父夙夜事走(朕)考，用乍(作)厥寶尊段

7.4024 唯十又一月，既生霸庚戌，奠(鄭)虢仲乍(作)寶段，子子孫孫彶永用

7.4025 唯十又一月，既生霸庚戌，奠(鄭)虢仲乍(作)寶段，子子孫孫彶永用

7.4026 唯十又一月，既生霸庚戌，奠(鄭)虢仲乍(作)寶段，子子孫孫彶永用

7.4027 伯𧱏父乍(作)朕皇考偍伯、吳(虞)姬尊段，其邁(萬)年，子子孫孫永寶用

7.4028 唯六月初吉丙申，毛𢦏乍(作)寶段，其子子孫孫邁(萬)年，永寶用

7.4029 唯王令明公，遣三族伐東或(國)，在遾(撻)，魯侯又(有)𡆥(繇)工(功)，用乍(作)旅彝

7.4030 乙亥，王𢦏(誥)，畢公迺賜史𧧑貝十朋，𧧑由于彝，其于之朝夕監

7.4031 乙亥，王𢦏(誥)，畢公迺賜史𧧑貝十朋，𧧑由于彝，其于之朝夕監

7.4032 唯王正月，既死霸乙卯，官(管)夲父乍(作)義友寶段，孫孫子子永寶用

7.4033 唯王五月甲寅，向𦣞乍(作)旅段，𦣞其壽考萬年，孫子子永寶用

7.4034 唯王五月甲寅，向𦣞乍(作)旅段，𦣞其壽考萬年，孫子子永寶用

7.4035 唯十又二月初吉，伯吉父乍(作)毅尊段，其萬年，子子孫孫永寶用

7.4036 筥小子逬(跗)家弗受𢼸，用乍(作)厥文考隮(奠)段，其萬年，子子孫孫永寶用

7.4037 筥小子逬(跗)家弗受𢼸，用乍(作)厥文考隮(奠)段，其萬年，子子孫孫永寶用

7.4038 章叔將自乍(作)尊段，其用追孝于朕敵(嫡)考，其子子孫孫永寶用之

7.4039 黃君乍(作)季𠠐䊒賸(媵)段，用賜眉壽、黃耇、萬年，子子孫孫，永寶用享

7.4040 邾遾(譴)乍(作)寶段，用追孝于其父母，用賜永壽，子子孫孫，永寶用享

7.4041 王伐𡚸(蓋)侯，周公某(謀)，禽祼，禽又(有)啟(振)祼，王賜金百寽(鋝)，禽用乍(作)寶彝

7.4042 易𠦪曰：趞叔休于小臣貝三朋、臣三家，對厥休，用乍(作)父丁尊彝

7.4043 易𠦪曰：趞叔休于小臣貝三朋、臣三家，對厥休，用乍(作)父丁尊彝

7.4044 五月初吉甲申，懋父賞御正衛馬匹自王，用乍(作)父戊寶尊彝

7.4045 唯正月初吉丁亥，膺(應)侯乍(作)生杙姜尊𣪘，其邁(萬)年，子子孫孫永寶用

7.4046 唯八月初吉庚午，王令燮在(緇)芾、旅(旂)，對揚王休，用乍(作)宮仲念器

7.4047 □肇貯，眔子鼓𩰫鑄旅𣪘，唯巢來钕(迮)，王令東宮追以六師之年

7.4048 琱我父乍(作)交尊𣪘，用享于皇祖、文考，用賜眉壽，子子孫孫永寶用

7.4049 琱我父乍(作)交尊𣪘，用享于皇祖、文考，用賜眉壽，子子孫孫永寶用

7.4050 琱我父乍(作)交尊𣪘，用享于皇祖、文考，用賜眉壽，子子孫孫永寶用

7.4051 唯曾伯文自乍(作)寶𣪘，用賜眉壽、黄耇，其萬年，子子孫孫，永寶用享

7.4052 唯曾伯文自乍(作)寶𣪘，用賜眉壽、黄耇，其萬年，子子孫孫，永寶用享

7.4053 唯曾伯文自乍(作)寶𣪘，用賜眉壽、黄耇，其萬年，子子孫孫，永寶用享

7.4054 曾大(太)保□用吉金，自乍(作)□𣪘，用□□□，萬年眉壽，子子孫孫永用之

7.4055 唯登(鄧)九月初吉，不故女夫人訇(以)乍(迮)登(鄧)公，用爲女夫人尊誋𣪘

7.4056 叔𩁹父乍(作)鸞姬旅𣪘，其夙夜用享孝于皇君，其萬年永寶用

7.4057 叔𩁹父乍(作)鸞姬旅𣪘，其夙夜用享孝于皇君，其萬年永寶用

7.4058 叔𩁹父乍(作)鸞姬旅𣪘，其夙夜用享孝于皇君，其萬年永寶用

7.4059 王朿(來)伐商邑，征(誕)令康侯啚(鄙)于衛，湈(沬)嗣土(徒)𨑻眔啚(鄙)，乍(作)厥考尊彝，䀠

7.4060 唯九月初吉戊戌，王在大宮，王姜賜不壽裘，對揚王休，用乍(作)寶

7.4061 畢鮮乍(作)皇祖益公尊𣪘，用祈眉壽、魯休，鮮其萬年，子子孫孫永寶用

7.4062 㝬(胡)叔、㝬(胡)姬乍(作)伯媿媵(媵)𣪘，用享孝于其姑公，子子孫孫其萬年，永寶用

7.4063 㝬(胡)叔、㝬(胡)姬乍(作)伯媿媵(媵)𣪘，用享孝于其姑公，子子孫其邁(萬)年，永寶用

7.4064 㝬(胡)叔、㝬(胡)姬乍(作)伯媿媵(媵)𣪘，用享孝于其姑公，子子孫其邁(萬)年，永寶用

7.4065 㝬(胡)叔、㝬(胡)姬乍(作)伯媿媵(媵)𣪘，用享孝于其姑公，子子孫其萬年，永寶用，內(芮)叔𨟻父乍(作)寶𣪘，用享用考(孝)，用賜賔(眉)壽，子子孫孫永寶用

7.4066 㝬(胡)叔、㝬(胡)姬乍(作)伯媿媵(媵)𣪘，用享孝于其姑公，子子孫孫其萬年，永寶用，內(芮)叔𨟻父乍(作)寶𣪘，用享用考(孝)，用賜賔(眉)壽，子子孫孫永寶用

7.4067 㝬(胡)叔、㝬(胡)姬乍(作)伯媿媵(媵)𣪘，用享孝于其姑公，子子孫其萬年，永寶用，內(芮)叔𨟻父乍(作)寶𣪘，用享用考(孝)，用賜賔(眉)壽，子子孫孫永寶用

7.4068 牧師父弟叔㾓父御于君，乍(作)微姚寶𣪘，其萬年，子子孫孫，永寶用享

7.4069 牧師父弟叔㾓父御于君，乍(作)微姚寶𣪘，其萬年，子子孫孫，永寶用享

7.4070 牧師父弟叔㾓父御于君，乍(作)微姚寶𣪘，其萬年，子子孫孫，永寶用享

7.4071 孟姬㫖(脂)自乍(作)𩞁(饙)𣪘，其用追考(孝)于其辟君武公，孟姬其子孫永寶

7.4072 孟姬㫖(脂)自乍(作)𩞁(饙)𣪘，其用追考(孝)于其辟君武公，孟姬其子孫永寶

7.4073 伯椃乍(作)厥宮室寶𣪘，用追考(孝)于厥皇考，唯用祈𡘲(祓)邁(萬)年，孫孫子子永寶

7.4074 唯七月初吉甲戌，𨔶(傳)乍(作)朕文考胤伯尊𣪘，𨔶(傳)其萬年，子子孫孫永寶用

7.4075 唯七月初吉甲戌，𨔶(傳)乍(作)朕文考胤伯尊𣪘，𨔶(傳)其萬年，子子孫孫永寶用

7.4076 王子剌公之宗婦鄁(䣊)嬰，爲宗彝

鼒彝，永寶用，以降大福，保辥（㝬）鄀（鄀）國

7.4077 王子剌公之宗婦鄀（鄀）嬰，爲宗彝鼒彝，永寶用，以降大福，保辥（㝬）鄀（鄀）國

7.4078 王子剌公之宗婦鄀（鄀）嬰，爲宗彝鼒彝，永寶用，以降大福，保辥（㝬）鄀（鄀）國

7.4079 王子剌公之宗婦鄀（鄀）嬰，爲宗彝鼒彝，永寶用，以降大福，保辥（㝬）鄀（鄀）國

7.4080 王子剌公之宗婦鄀（鄀）嬰，爲宗彝鼒彝，永寶用，以降大福，保辥（㝬）鄀（鄀）國

7.4081 王子剌公之宗婦鄀（鄀）嬰，爲宗彝鼒彝，永寶用，以降大福，保辥（㝬）鄀（鄀）國

7.4082 王子剌公之宗婦鄀（鄀）嬰，爲宗彝鼒彝，永寶用，以降大福，保辥（㝬）鄀（鄀）國

7.4083 王子剌公之宗婦鄀（鄀）嬰，爲宗彝鼒彝，永寶用，以降大福，保辥（㝬）鄀（鄀）國

7.4084 王子剌公之宗婦鄀（鄀）嬰，爲宗彝鼒彝，永寶用，以降大福，保辥（㝬）鄀（鄀）國

7.4085 王子剌公之宗婦鄀（鄀）嬰，爲宗彝鼒彝，永寶用，以降大福，保辥（㝬）鄀（鄀）國

7.4086 王子剌公之宗婦鄀（鄀）嬰，爲宗彝鼒彝，永寶用，以降大福，保辥（㝬）鄀（鄀）國

7.4087 王子剌公之宗婦鄀（鄀）嬰，爲宗彝鼒彝，永寶用，以降大福，保辥（㝬）鄀（鄀）國

7.4088 唯十月初吉辛巳，公叚（姒）賜奢貝，在葊京，用乍（作）父乙寶彝，其子孫永寶

7.4089 唯三月既望乙亥，事（史）族乍（作）寶段，其朝夕用享于文考，其子子孫孫永寶用

7.4090 叔皮父乍（作）朕文考茀公，眔朕文母季姬寶段，其邁（萬）年，子子孫孫永寶用，弓

7.4091 伯梡虘肈乍（作）皇考剌公尊段，用享用孝，萬年眉壽，畯在立（位），子子孫孫永寶

7.4092 伯梡虘肈乍（作）皇考剌公尊段，用享用孝，萬年眉壽，畯在立（位），子子孫孫永寶

7.4093 伯梡虘肈乍（作）皇考剌公尊段，用享用孝，萬年眉壽，畯在立（位），子子孫孫永寶

7.4094 伯梡虘肈乍（作）皇考剌公尊段，用享用孝，萬年眉壽，畯在立（位），子子孫孫永寶

7.4095 唯食生（甥）走馬谷自乍（作）吉金用尊段，用賜其眉壽、萬年，子孫永寶用享

7.4096 冫（冰）月（十一月）丁亥，陳屯（純）裔孫逆，乍（作）爲生（皇）祖大宗段，以貟（睨、覎）羕（永）令（命）、頪（眉）壽，子孫是保

7.4097 祝（兄）人師眉，嬴（嬴）王爲周客，賜貝五朋，用爲寶器鼎二、段二，其用享于厥帝（嫡）考

7.4098 唯八月既生霸，𦗟乍（作）文祖考尊寶段，用孝于宗室，𦗟其萬年，孫孫子子永寶

7.4099 唯八月初吉丁亥，伯氏賠（貯）敾（攢），賜敾弓、矢束、馬匹、貝五朋，敾用從，永揚公休

7.4100 𠫑伯令生史事（使）于楚，伯錫（賜）賞，用乍（作）寶段，用事厥叡（祖）日丁，用事厥考日戊

7.4101 𠫑伯令生史事（使）于楚，伯錫（賜）賞，用乍（作）寶段，用事厥叡（祖）日丁，用事厥考日戊

7.4102 仲叡父乍（作）朕皇考遟伯、王（皇）母遟姬尊段，其邁（萬）年，子子孫孫永寶，用享于宗室

7.4103 仲叡父乍（作）朕皇考遟伯、王（皇）母遟姬尊段，其邁（萬）年，子子孫孫永寶，用享于宗室

7.4104 唯九月初吉庚午，公叔初見于衛，賢從，公命事（使）晦賢百晦䙹，用乍（作）寶彝

7.4105 唯九月初吉庚午，公叔初見于衛，賢從，公命事（使）晦賢百晦䙹，用乍（作）寶彝

7.4106 唯九月初吉庚午，公叔初見于衛，賢從，公命事（使）晦賢百晦䙹，用乍（作）寶彝

7.4107 豐伯車父乍（作）尊段，用祈眉壽，萬年無疆，子孫是尚（常），子孫之寶，用孝

用享

7.4108 叔𩵦父乍(作)孟姜尊𣪘,綰綽、眉壽、永令(命),彌厥生,萬年無疆,子子孫孫,永寶用享

7.4109 內(芮)伯多父乍(作)寶𣪘,用享于皇祖、文考,用賜眉壽,其萬年,子子孫孫,永寶用享

7.4110 魯士商𠭯肇乍(作)朕皇考叔猒父尊𣪘,商𠭯其萬年眉壽,子子孫孫,永寶用享

7.4111 魯士商𠭯肇乍(作)朕皇考叔猒父尊𣪘,商虘(𠭯)其萬年眉壽,子子孫孫,永寶用享

7.4112 唯十又一月,初吉甲申,王在華,王賜命鹿,用乍(作)寶彝,命其永以(與)多友𣪘(飤)飤

7.4113 唯八月初吉壬午,井南伯乍(作)鄭季姚好尊𣪘,其邁(萬)年,子子孫孫永寶,日用享考(孝)

7.4114 仲辛父乍(作)朕皇祖日丁、皇考日癸尊𣪘,辛父其萬年無疆,子孫孫永寶用享

7.4115 伯𢦚肇其乍(作)西宮寶,唯用妥(綏)神褢(鬼),唬(號)前文人,秉德共(恭)屯(純),唯匄萬年,子子孫孫永寶

7.4116 𪊨(𪊨)生(甥)曶父師害及仲曶,以召(紹)其辟,休厥成事,師害乍(作)文考尊𣪘,子子孫孫永寶用

7.4117 𪊨(𪊨)生(甥)曶父師害及仲曶,以召(紹)其辟,休厥成事,師害乍(作)文考尊𣪘,子子孫孫永寶用

7.4118 唯正月初吉庚寅,宴從㕓父東,多賜宴,宴用乍(作)朕文考日己寶𣪘,子子孫孫永寶用

7.4119 唯正月初吉庚寅,宴從㕓父東,多賜宴,宴用乍(作)朕文考日己寶𣪘,子子孫孫永寶用

7.4120 省仲之孫爲嗶,率樂𤔲子𡖎父,乍(作)召(?)伯聮(聯)保𣪘,其邁(萬)年無疆,子子孫孫,羕(永)保用享

8.4121 唯正月甲申,燮(榮)各,王休賜厥臣父瓚(贊)王祼、貝百朋,對揚天子休,用乍(作)寶尊彝

8.4122 伯雍父來自𠫑(胡),蔑彔曆,賜赤金,對揚伯休,用乍(作)文祖辛公寶𩰫𣪘,其子子孫孫永寶

8.4123 伯芀父事(使)䵹犢(覿)尹人于齊師,妊小從,䵹又(有)贊,用乍(作)妊小寶𣪘,其子子孫孫永寶用,𠂇(支)

8.4124 尌仲乍(作)朕皇考趠仲𩰫彝尊𣪘,用享用孝,祈匄眉壽,其萬年無疆,子子孫孫永寶用

8.4125 唯十又五年六月,大乍(作)尊𣪘,用享于高祖、皇考,用賜眉壽,其子子孫孫邁(萬)年永寶用

8.4126 唯王四年,八月初吉丁亥,椒季肇乍(作)朕王母叔姜寶𣪘,椒季其萬年,子子孫孫永寶

8.4127 唯二月初吉,乍(作)鑄叔皮父尊𣪘,其妻子用享考(孝)于叔皮父,子子孫孫寶,皇萬年永用

8.4128 復公仲若我曰:其擇吉金,用乍(作)我子孟媿寢小尊媵(媵)𣪘,其萬年永壽,用狃萬邦

8.4129 勇叔買自乍(作)尊𣪘,其用追孝于朕皇祖、啻(嫡)考,用賜黃耇、眉壽,買其子子孫孫永寶用享

8.4130 唯王三月,初吉癸卯,𢾊(敖)叔微㝬于西宮,嗌貝十朋,用乍(作)寶𣪘,子子孫孫,其邁(萬)年永寶用

8.4131 武征商,唯甲子朝,歲鼎克聞(昏),夙又(有)商,辛未,王在闌(管)師(次),賜又(右)事(史)利金,用乍(作)旝公寶尊彝

8.4132 唯王桒(祓)于宗周,王姜史(使)𠭯(叔)事(使)于大(太)保,賞𠭯(叔)鬱鬯、白金、趨(芻)牛,𠭯(叔)對大(太)保休,用乍(作)寶尊彝

8.4133 唯王桒(祓)于宗周,王姜史(使)𠭯(叔)事(使)于大(太)保,賞𠭯(叔)鬱鬯、白金、趨(芻)牛,𠭯(叔)對大(太)保休,用乍(作)寶尊彝

8.4134 唯六月既死霸壬申,伯犀父蔑御史競曆,賞金,競揚伯犀父休,用乍(作)父乙寶尊彝𣪘

8.4135 唯六月既死霸壬申,伯犀父蔑御史競曆,賞金,競揚伯犀父休,用乍(作)父乙寶尊彝𣪘

8.4136 唯二月乙亥,相侯休于厥臣殳,賜帛、金,殳揚侯休,告于文考,用乍(作)尊𣪘,其萬年□待□□侯

8.4137 叔妀乍(作)寶尊段,眔仲氏邁(萬)年,用侃喜百生(姓)、倗友眔子婦,子孫永寶,用夙夜享孝于宗室

8.4138 癸巳,𡚬商(賞)小子䍙貝十朋,在上魯,唯𡚬令伐人(夷)方,䍙賓(儐)貝,用乍(作)文父丁尊彝,在十月四,冀

8.4139 楷侯乍(作)姜氏寶䵼彝,堯(无)事姜氏,乍(作)寶段,用永皇堯(无)身,用乍(作)文母楷妊寶段,堯(无)其日受宮(貯)

8.4140 王伐彔(祿)子聽,叡厥反(叛),王降征令于大(太)保,大(太)保克敬亡遣(譴),王𠂢(永)大(太)保,賜休余(集)土,用茲彝對令

8.4141 圅皇父乍(作)琱娟(妘)般(盤)盉尊器段具,自豕鼎降十,又段八,兩罍、兩壺,琱娟其邁(萬)年,子子孫孫永寶用

8.4142 圅皇父乍(作)琱娟(妘)般(盤)盉尊器段具,自豕鼎降十,又段八,兩罍、兩壺,琱娟其邁(萬)年,子子孫孫永寶用

8.4143 圅皇父乍(作)琱娟(妘)般(盤)盉尊器段具,自豕鼎降十,又段八,兩罍、兩壺,琱娟其邁(萬)年,子子孫孫永寶用

8.4144 戊辰,弜師賜緈𠷎户贘貝,用乍(作)父乙寶彝,在十月一,唯王廿祀,𦎫日,遘于妣戊武乙爽,豕(豕)一,幸旅

8.4145 唯十又四年,陳侯午台(以)群者(諸)侯獻金,乍(作)皇妣孝大妃祭器鋨錞(敦),台(以)登(烝)台(以)嘗,保有齊邦,永𠀍(世)毋忘

8.4146 唯十又一月,初吉辛亥,公令繁伐(閥)于員伯,員伯穠(蔑)繁曆,賓(儐)柀廿、貝十朋,繁對揚公休,用乍(作)祖戊寶尊彝

8.4147 善(膳)夫梁其乍(作)朕皇考惠仲、皇母惠妀尊段,用追享孝,用匃眉壽,壽無疆,百字(子)千孫,孫子子孫孫,永寶用享

8.4148 善(膳)夫梁其乍(作)朕皇考惠仲、皇母惠妀尊段,用追享孝,用匃眉壽,壽無疆,百字(子)千孫,孫子子孫孫,永寶用享

8.4149 善(膳)夫梁其乍(作)朕皇考惠仲、皇母惠妀尊段,用追享孝,用匃眉壽,壽無疆,百字(子)千孫,孫子子孫孫,永寶用享

8.4150 善(膳)夫梁其乍(作)朕皇考惠仲、皇母惠妀尊段,用追享孝,用匃眉壽,壽無疆,百字(子)千孫,孫子子孫孫,永寶用享

8.4151 善(膳)夫梁其乍(作)朕皇考惠仲、皇母惠妀尊段,用追享孝,用匃眉壽,壽無疆,百字(子)千孫,孫子子孫孫,永寶用享

8.4152 唯五年正月丙午,𨟭(筥)侯少(小)子析(析)、乃孝孫不巨,盦(拾)趣(取)吉金,妳乍(作)皇妣𡛃(玲)君中妃祭器八段,永保用享

8.4153 廙乍(作)皇祖乙公、文公、武伯、皇考龏伯䵼彝,廙其洍洍(熙熙),萬年無疆,霝(靈)冬(終)、霝(靈)令(命),其子子孫孫永寶,用享于宗室

8.4154 唯六月初吉,師湯父有嗣仲枏父乍(作)寶段,用敢鄉(饗、享)考(孝)于皇祖丂(考),用祈眉壽,其萬年,孫孫(子子)孫其永寶用

8.4155 唯六月初吉,師湯父有嗣仲枏父乍(作)寶段,用敢鄉(饗、享)考(孝)于皇祖丂(考),用祈眉壽,其萬年,子子孫其永寶用

8.4156 唯伯家父部廼用吉金,自乍(作)寶段,用享于其皇𠭯(祖)、文考,用賜害(匃)眉壽、黃耇、霝(靈)冬(終)、萬年,子孫永寶用享

8.4157 唯正二月,既死霸壬戌,竈(蛇)乎乍(作)寶段,用聽夙夜,用享孝皇祖、文考,用匃眉壽、永令(命),乎其萬人(年)永用,束(刺)

8.4158 唯正二月,既死霸壬戌,竈(蛇)乎乍(作)寶段,用聽夙夜,用享孝皇祖、文考,用匃眉壽、永令(命),乎其萬人(年)永用,束(刺)

8.4159 唯正月初吉丁卯,䵹(蜎)𢓊(延)公,公賜䵹(蜎)宗彝一𨽍(肆),賜鼎二,賜貝五朋,䵹(蜎)對揚公休,用乍(作)辛公段,其萬年孫子寶

8.4160 伯康乍(作)寶段,用鄉(饗)倗友,用饎(饋)王(皇)父、王(皇)母,它它(施施)受茲永命,無疆屯(純)右(祐),康其萬

年眉壽，永寶茲𣪕，用夙夜無𠤳（已）

8.4161 伯康乍（作）寶𣪕，用鄉（饗）倗友，用饙（饋）王（皇）父、王（皇）母，它它（施施）受茲永命，無疆屯（純）右（祐），康其萬年眉壽，永寶茲𣪕，用夙夜無𠤳（已）

8.4162 孟曰：朕文考眔毛公、遣（遣）仲征無需，毛公賜朕文考臣，自厥工（功），對揚朕考賜休，用宔（鑄）茲彝，乍（作）厥，子子孫孫其永寶

8.4163 孟曰：朕文考眔毛公、遣（遣）仲征無需，毛公賜朕文考臣，自厥工（功），對揚朕考賜休，用宔（鑄）茲彝，乍（作）厥，子子孫孫其永寶

8.4164 孟曰：朕文考眔毛公、遣（遣）仲征無需，毛公賜朕文考臣，自厥工（功），對揚朕考賜休，用宔（鑄）茲彝，乍（作）厥，子子孫孫其永寶

8.4165 唯六月初吉丁巳，王在奠（鄭），穖（蔑）大曆，賜芻（犓）𦍩（騂）犅（犅），曰：用啻（禘）于乃考，大拜䭫首，對揚王休，用乍（作）朕皇考大仲尊𣪕

8.4166 唯四月初吉丁亥，王在周，各于大室，王穖（蔑）𢿋曆，賜玄衣、赤社，𢿋對昜（揚）王休，用乍（作）文考父丙𩰫彝，其萬年寶

8.4167 㝩拜䭫首，休朕匋（寶）君公伯，賜厥臣弟㝩井五楾，賜衶冑、干戈，㝩弗敢朢（忘）公伯休，對揚伯休，用乍（作）祖考寶尊彝

8.4168 唯正月初吉壬午，𩰫（蔣）兑乍（作）朕文祖乙公、皇考季氏尊𣪕，用祈眉壽，萬年無疆，多寶（福），兑其萬年，子子孫孫，永寶用享

8.4169 唯王伐逨（徠）魚，徣（誕）伐淖黑，至燎于宗周，賜墉（郭）伯𣪘（搉）貝十朋，敢對揚王休，用乍（作）朕文考寶尊𣪕，其萬年，子子孫孫，其永寶用

8.4170 𤼈曰：覭（景）皇祖考嗣威義（儀），用辟先王，不敢弗帥用夙夕，王對𤼈楙（懋），賜佩，乍（作）祖考𣪕，其盩（敦）祀大神，大神妥（綏）多福，𤼈萬年寶

8.4171 𤼈曰：覭（景）皇祖考嗣威義（儀），用辟先王，不敢弗帥用夙夕，王對𤼈楙（懋），賜佩，乍（作）祖考𣪕，其盩（敦）祀大神，大神妥（綏）多福，𤼈萬年寶

8.4172 𤼈曰：覭（景）皇祖考嗣威義（儀），用辟先王，不敢弗帥用夙夕，王對𤼈楙（懋），賜佩，乍（作）祖考𣪕，其盩（敦）祀大神，大神妥（綏）多福，𤼈萬年寶

8.4173 𤼈曰：覭（景）皇祖考嗣威義（儀），用辟先王，不敢弗帥用夙夕，王對𤼈楙（懋），賜佩，乍（作）祖考𣪕，其盩（敦）祀大神，大神妥（綏）多福，𤼈萬年寶

8.4174 𤼈曰：覭（景）皇祖考嗣威義（儀），用辟先王，不敢弗帥用夙夕，王對𤼈楙（懋），賜佩，乍（作）祖考𣪕，其盩（敦）祀大神，大神妥（綏）多福，𤼈萬年寶

8.4175 𤼈曰：覭（景）皇祖考嗣威義（儀），用辟先王，不敢弗帥用夙夕，王對𤼈楙（懋），賜佩，乍（作）祖考𣪕，其盩（敦）祀大神，大神妥（綏）多福，𤼈萬年寶

8.4176 𤼈曰：覭（景）皇祖考嗣威義（儀），用辟先王，不敢弗帥用夙夕，王對𤼈楙（懋），賜佩，乍（作）祖考𣪕，其盩祀大神，大神妥（綏）多福，𤼈萬年寶

8.4177 𤼈曰：覭（景）皇祖考嗣威義（儀），用辟先王，不敢弗帥用夙夕，王對𤼈楙（懋），賜佩，乍（作）祖考𣪕，其盩（敦）祀大神，大神妥（綏）多福，𤼈萬年寶

8.4178 唯正月初吉乙亥，王在康宮大室，王命君夫曰：儥求乃友，君夫敢奉（奉）揚王休，用乍（作）文父丁𩰫彝，子子孫孫，其永用之

8.4179 唯五月既死霸辛未，王事（使）小臣守事（使）于夷，賓（儐）馬兩、金十鈞，守敢對揚天子休令（命），用乍（作）鑄引仲寶𣪕，子子孫孫永寶用

8.4180 唯五月既死霸辛未，王事（使）小臣守事（使）于㑊（夷），賓（儐）馬兩、金十鈞，守敢對揚天子休令（命），用乍（作）鑄引仲寶𣪕，子子孫孫永寶用

8.4181 唯五月既死霸

辛未，王事(使)小臣守事(使)于僰(夷)，賓(儐)馬兩、金十鈞，守敢對揚天子休令(命)，用乍(作)鑄引仲寶𣪘，子子孫孫永寶用

8.4182 虢姜乍(作)寶尊𣪘，用禪(祈)追孝于皇考叀仲，祈匄康〓、屯(純)右(祐)、通彔(祿)、永令(命)，虢姜其萬年眉壽，受福無疆，子子孫孫，永寶用享

8.4183 唯都正二月，初吉乙丑，上都公敄人乍(作)尊𣪘，用享考(孝)于厥皇祖，于厥皇丂(考)，用賜眉壽，邁(萬)年無疆，子子孫孫，永寶用享

8.4184 虢仲令公臣嗣朕百工，賜女(汝)馬乘、鐘五金，用事，公臣拜䭫首，敢〓(揚？)天尹不(丕)顯休，用乍(作)尊𣪘，公臣其萬年，永寶茲休

8.4185 虢仲令公臣嗣朕百工，賜女(汝)馬乘、鐘五金，用事，公臣拜䭫首，敢〓(揚？)天尹不(丕)顯休，用乍(作)尊𣪘，公臣其萬年，永寶茲休

8.4186 虢仲令公臣嗣朕百工，賜女(汝)馬乘、鐘五金，用事，公臣拜䭫首，敢〓(揚？)天尹不(丕)顯休，用乍(作)尊𣪘，公臣其萬年，永寶茲休

8.4187 虢仲令公臣嗣朕百工，賜女(汝)馬乘、鐘五金，用事，公臣拜䭫首，敢〓(揚？)天尹不(丕)顯休，用乍(作)尊𣪘，公臣其萬年，永寶茲休

8.4188 仲爯父大(太)宰南〓(申)厥𤔲(辭)，乍(作)其皇祖考遟王、監伯尊𣪘，用享用孝，用賜賓(眉)壽、屯(純)右(祐)、康勵，邁(萬)年無疆，子子孫孫，永寶用享

8.4189 南〓(申)伯大(太)宰爯父厥𤔲(辭)，乍(作)其皇祖考遟王、監伯尊𣪘，用享用孝，用賜賓(眉)壽、屯(純)右(祐)、康勵，邁(萬)年無疆，子子孫孫，永寶用享

8.4190 唯王五月，元日丁亥，昉曰：余陳仲〓(產)孫、〓(釐、萊)叔和子，龏〓(貪)魂(鬼)神，〓(畢)龏(恭)畏忌，〓擇吉金，乍(作)茲寶𣪘，用追孝於(于)我皇𣪘(舅)，鑰

8.4191 唯王初女(如)〓，迺自商師(次)復還至于周，ʃ(此)夕，鄉(饗)醴于大室，穆公宥(侑)卬王，兮(乎)宰□賜穆公貝廿朋，穆公對王休，用乍(作)寶皇𣪘

8.4192 唯十又二月，既生霸丁亥，王事(使)焚(榮)穖(蔑)曆(曆)，令𢓊(往)邦，乎賜䜌(鑾)旂，用保厥邦，絺(稀)對揚王休，用自乍(作)寶器，萬年以(與)厥孫子寶用

8.4193 唯十又二月，既生霸丁亥，王事(使)焚(榮)穖(蔑)曆(曆)，令𢓊(往)邦，乎賜䜌(鑾)旂，用保厥邦，絺(稀)對揚王休，用自乍(作)寶器，萬年以(與)厥孫子寶用

8.4194 唯四月初吉丁卯，王穖(蔑)〓曆(曆)，賜牛三，〓既拜䭫首，升于厥文取(祖)考，〓對揚王休，用乍(作)厥文㚸(考)尊𣪘，〓眔厥子子孫永寶

8.4195 唯六月既生霸亲(辛)巳，王命萳眔叔緐父歸(饋)吳姬龔(饔)器，師黃賓(儐)萳章(璋)一、馬兩，吳姬賓(儐)帛束，萳對揚天子休，用乍(作)尊𣪘，季姜

8.4196 唯六月既生霸戊戌，旦，王各于大室，師毛父即立(位)，井伯右(佑)，內史冊命：賜赤芾，對揚王休，用乍(作)寶𣪘，其萬年，子子孫其永寶用

8.4197 唯元年三月丙寅，王各于大室，康公右(佑)卻(郤)智(盄)，賜戠(織)衣、赤Θ芾，曰：用𤔲(嗣)乃祖考事，乍(作)嗣土(徒)，智敢對揚王休，用乍(作)寶𣪘，子子孫孫其永寶

8.4198 蔡姞乍(作)皇兄尹叔尊〓彝，尹叔用妥(綏)多福于皇考德尹、叀姬，用匄眉壽、綽綰、永令(命)，彌(彌)厥生，霝(靈)冬(終)，其萬年無疆，子子孫孫，永寶用享

8.4199 王曰：恒，令女(汝)更喬克嗣直啚(鄙)，賜女(汝)䜌(鑾)旂，用事，夙夕勿灋(廢)朕令，恒拜䭫，敢對揚天子休，用乍(作)文考公叔寶𣪘，其萬年，世子子孫虞寶用

8.4200 王曰：恒，令女(汝)更喬克嗣直啚(鄙)，賜女(汝)䜌(鑾)旂，用事，夙夕勿灋(廢)朕令，恒拜䭫，敢對揚天子休，用乍(作)文考公叔寶𣪘，

其萬年，世子子孫孫虞寶用

8.4201 唯五月壬辰，同公在豐，令宅事伯懋父，伯賜小臣宅畫毌、戈九、昜(錫)金車、馬兩，揚公伯休，用乍(作)乙公尊彝，子子孫永寶，其萬年用鄉(饗)王出入

8.4202 唯三月初吉庚午，王在華宮，王乎虢仲入右(佑)𥎦，王賜𥎦赤巿、朱亢(衡)、䜌(鑾)旂，𥎦拜䭫首，對揚天子魯命，用乍(作)寶段，𥎦其萬年，子子孫孫，其永寶用

8.4203 唯五月既生霸庚申，曾仲大父蝨(蛕)迺用吉攸(鋚)，敀(搥)乃鷸(鑄)金，用自乍(作)寶段，蝨其用追孝于其皇考，用賜眉壽、黃耇、霝(靈)冬(終)，其邁(萬)年，子子子子(孫孫)，永寶用享

8.4204 唯五月既生霸庚申，曾仲大父蝨(蛕)迺用吉攸(鋚)，敀(搥)乃鷸(鑄)金，用自乍(作)寶段，蝨其用追孝于其皇考，用賜眉壽、黃耇、霝(靈)冬(終)，其邁(萬)年，子子孫孫，永寶用享

8.4205 唯九月既朢庚寅，楷伯于遘王休，亡尤，朕辟天子，楷伯令厥臣獻金車，對朕辟休，乍(作)朕文考光父乙，十世不諲(忘)，獻身在畢公家，受天子休

8.4206 唯五月既望甲子，王在葊京，令師田父殷成周年，師田父令小臣傳非(緋)余(琜)，傳□朕考𠀠，師田父令余𤔲□官，伯烱(訇)父賞小臣傳□，揚伯休，用乍(作)朕考日甲寶

8.4207 唯六月既生霸，穆穆王在葊京，乎漁于大池，王鄉(饗)酉(酒)，遹御亡遣(譴)，穆穆王寴(親)賜遹爵，遹拜首(手)䭫首，敢對揚穆穆王休，用乍(作)文考父乙尊彝，其孫孫子子永寶

8.4208 唯王十又四祀，十又一月丁卯，王真畢烝，戊辰曾(贈)，王穠(蔑)段曆，念畢仲孫子，令龏𡚬饋(饋)大則于段，敢對揚王休，用乍(作)段，孫孫子子萬年用享祀，孫子取引

8.4209 唯八月初吉丁亥，王客(各)于康宮，焚(榮)伯右(佑)衛，內(入)即立(位)，王曾(增)令衛，屖(殿)赤巿、攸(鋚)勒，衛敢對揚天子不(丕)顯休，用乍(作)朕文祖考寶尊段，衛其邁(萬)年，子子孫孫永寶用

8.4210 唯八月初吉丁亥，王客(各)于康宮，焚(榮)伯右(佑)衛，內(入)即立(位)，王曾(增)令衛，屖(殿)赤巿、攸(鋚)勒，衛敢對揚天子不(丕)顯休，用乍(作)朕文祖考寶尊段，衛其萬年，子子孫孫永寶用

8.4211 唯八月初吉丁亥，王客(各)于康宮，焚(榮)伯右(佑)衛，內(入)即立(位)，王曾(增)令衛，屖(殿)赤巿、攸(鋚)勒，衛敢對揚天子不(丕)顯休，用乍(作)朕文祖考寶尊段，衛其萬年，子子孫孫永寶用

8.4212 唯八月初吉丁亥，王客(各)于康宮，焚(榮)伯右(佑)衛，內(入)即立(位)，王曾(增)令衛，屖(殿)赤巿、攸(鋚)勒，衛敢對揚天子不(丕)顯休，用乍(作)朕文祖考寶尊段，衛其萬年，子子孫孫永寶用

8.4213 戎獻金于子牙父百車，而賜魯(魯)屖(殿)𢾊(敖)金十鈞，賜不諱，屖(殿)𢾊(敖)用[illegible]([illegible])用璧，用佾(䭫)首，其右(佑)子歆(嘟)、事(史)孟，屖(殿)𢾊(敖)堇(謹)用豹皮于事(史)孟，用乍(作)寶段，屖(殿)𢾊(敖)其子子孫孫永寶

8.4214 唯王三祀四月，既生霸辛酉，王在周，客(各)新宮，王征(誕)正師氏，王乎師朕賜師遽貝十朋，遽拜䭫首，敢對揚天子不(丕)环(丕)休，用乍(作)文考旄叔尊段，世孫子永寶

8.4215 唯王正月，辰在甲午，王曰：𩭄，命女(汝)𤔲成周里人，眔者(諸)侯、大亞，訊訟罰，取徵五寽(鋝)，賜女(汝)尸(夷)臣十家，用事，𩭄拜䭫首，對揚王休命，用乍(作)寶段，其子子孫孫寶用

8.4216 唯王五年九月，既生霸壬午，王曰：師旋，令女(汝)羞追于齊，儕(賫)女(汝)毌五、昜(錫)登盾生皇(凰)、畫內(枘)戈琱㦸、歑(厚)必(柲)、彤沙(蘇)，敬毋敗速(績)，旋敢昜(揚)王休，用乍(作)寶段，子子孫孫永寶用

8.4217 唯王五年九月，既生霸壬午，王曰：師旋，令女(汝)羞追于齊，儕(齎)女(汝)毌五、昜(錫)登盾生皇(凰)、畫內(枘)戈琱㦰、歇(厚)必(柲)、彤沙(蘇)，敬毋敗速(績)，旋敢昜(揚)王休，用乍(作)寶毁，子子孫孫永寶用

8.4218 唯王五年九月，既生霸壬午，王曰：師旋，令女(汝)羞追于齊，儕(齎)女(汝)毌五、昜(錫)登盾生皇(凰)、畫內(枘)戈琱㦰、歇(厚)必(柲)、彤沙(蘇)，敬毋敗速(績)，旋敢昜(揚)王休，用乍(作)寶毁，子子孫孫永寶用

8.4219 追虔夙夕恤厥死(尸)事，天子多賜追休，追敢對天子覭(景)揚，用乍(作)朕皇祖考尊毁，用享孝于前文人，用祈匄眉壽、永令(命)，畯臣天子，霝(靈)冬(終)，追其萬年，子子孫孫永寶用

8.4220 追虔夙夕恤厥死(尸)事，天子多賜追休，追敢對天子覭(景)揚，用乍(作)朕皇祖考尊毁，用享孝于前文人，用祈匄眉壽、永令(命)，畯臣天子，霝(靈)冬(終)，追其萬年，子子孫孫永寶用

8.4221 追虔夙夕恤厥死(尸)事，天子多賜追休，追敢對天子覭(景)揚，用乍(作)朕皇祖考尊毁，用享孝于前文人，用祈匄眉壽、永令(命)，畯臣天子，霝(靈)冬(終)，追其萬年，子子孫孫永寶用

8.4222 追虔夙夕恤厥死(尸)事，天子多賜追休，追敢對天子覭(景)揚，用乍(作)朕皇祖考尊毁，用享孝于前文人，用祈匄眉壽、永令(命)，畯臣天子，霝(靈)冬(終)，追其萬年，子子孫孫永寶用

8.4223 追虔夙夕恤厥死(尸)事，天子多賜追休，追敢對天子覭(景)揚，用乍(作)朕皇祖考尊毁，用享孝于前文人，用祈匄眉壽、永令(命)，畯臣天子，霝(靈)冬(終)，追其萬年，子子孫孫永寶用

8.4224 追虔夙夕恤厥死(尸)事，天子多賜追休，追敢對天子覭(景)揚，用乍(作)朕皇祖考尊毁，用享孝于前文人，用祈匄眉壽、永令(命)，畯臣天子，霝(靈)冬(終)，追其萬年，子子孫孫永寶用

8.4225 唯十又三年，正月初吉壬寅，王征南尸(夷)，王賜無㠱馬四匹，無㠱拜手䭫首，曰：敢對揚天子魯休令(命)，無㠱用乍(作)朕皇祖釐季尊毁，無㠱其萬年，子孫永寶用

8.4226 唯十又三年，正月初吉壬寅，王征南尸(夷)，王賜無㠱馬四匹，無㠱拜手䭫首，曰：敢對揚天子魯休令(命)，無㠱用乍(作)朕皇祖釐季尊毁，無㠱其萬年，子孫永寶用

8.4227 唯十又三年，正月初吉壬寅，王征南尸(夷)，王賜無㠱馬四匹，無㠱拜手䭫首，曰：敢對揚天子魯休令(命)，無㠱用乍(作)朕皇祖釐季尊毁，無㠱其萬年，子孫永寶用

8.4228 唯十又三年，正月初吉壬寅，王征南尸(夷)，王賜無㠱馬四匹，無㠱拜手䭫首，曰：敢對揚天子魯休令(命)，無㠱用乍(作)朕皇祖釐季尊毁，無㠱其萬年，子孫永寶用

8.4229 唯三年五月丁巳，王在宗周，令史頌省穌(蘇)洇(姻)友、里君、百生(姓)，帥堣(偶)盩于成周，休又(有)成事，穌(蘇)賓(儐)章(璋)、馬四匹、吉金，用乍(作)䵼彝，頌其萬年無疆，日遅(揚)天子覭(景)令(命)，子子孫孫永寶用

8.4230 唯三年五月丁巳，王在宗周，令史頌省穌(蘇)洇(姻)友、里君、百生(姓)，帥堣(偶)盩于成周，休又(有)成事，穌(蘇)賓(儐)章(璋)、馬四匹、吉金，用乍(作)䵼彝，頌其萬年無疆，日遅(揚)天子覭(景)令(命)，子子孫孫永寶用

8.4231 唯三年五月丁巳，王在宗周，令史頌省穌(蘇)洇(姻)友、里君、百生(姓)，帥堣(偶)盩于成周，休又(有)成事，穌(蘇)賓(儐)章(璋)、馬四匹、吉金，用乍(作)䵼彝，頌其萬年無疆，日遅(揚)天子覭(景)令(命)，子子孫孫永寶用

8.4232 唯三年五月丁巳，王在宗周，令史頌

省鮴(蘇)瀰(姻)友、里君、百生(姓),帥堣(偶)盩于成周,休又(有)成事,鮴(蘇)賓(儐)章(璋)、馬四匹、吉金,用乍(作)䵼彝,頌其萬年無疆,日遅(揚)天子覭(景)令(命),子子孫孫永寶用

8.4233 唯三年五月丁巳,王在宗周,令史頌省鮴(蘇)瀰(姻)友、里君、百生(姓),帥堣(偶)盩于成周,休又(有)成事,鮴(蘇)賓(儐)章(璋)、馬四匹、吉金,用乍(作)䵼彝,頌其萬年無疆,日遅(揚)天子覭(景)令(命),子子孫孫永寶用

8.4234 唯三年五月丁巳,王在宗周,令史頌省鮴(蘇)瀰(姻)友、里君、百生(姓),帥堣(偶)盩于成周,休又(有)成事,鮴(蘇)賓(儐)章(璋)、馬四匹、吉金,用乍(作)䵼彝,頌其萬年無疆,日遅(揚)天子覭(景)令(命),子子孫孫永寶用

8.4235 唯三年五月丁巳,王在宗周,令史頌省鮴(蘇)瀰(姻)友、里君、百生(姓),帥堣(偶)盩于成周,休又(有)成事,鮴(蘇)賓(儐)章(璋)、馬四匹、吉金,用乍(作)䵼彝,頌其萬年無疆,日遅(揚)天子覭(景)令(命),子子孫孫永寶用

8.4236 唯三年五月丁巳,王在宗周,令史頌省鮴(蘇)瀰(姻)友、里君、百生(姓),帥堣(偶)盩于成周,休又(有)成事,鮴(蘇)賓(儐)章(璋)、馬四匹、吉金,用乍(作)䵼彝,頌其萬年無疆,日遅(揚)天子覭(景)令(命),子子孫孫永寶用

8.4237 唯戎大出于軝,井(邢)侯⿸厂尃(搏)戎,征(誕)令臣諫□□亞旅處于軝,𢓊王□□,諫曰:拜手韻首,臣諫□亡,母弟引墉(庸)又(有)朢(忘),子□余弁(朕)皇辟侯,余䊷(稀)㪿〔作〕朕皇文考寶尊,唯用妥(綏)康令于皇辟侯,匄〔永福〕

8.4238 劇東尸(夷)大反(叛),伯懋父以殷八師征東尸(夷),唯十又二月,遣自䨣師(次),述東陕,伐海眉(堳),雩厥復歸在牧師(次),伯懋父承王令(命),賜師率征自五鬴貝,小臣謎(誎)蔑曆,眔賜貝,用乍(作)寶尊彝

8.4239 劇東尸(夷)大反(叛),伯懋父以殷八師征東尸(夷),唯十又二月,遣自䨣師(次),述東陕,伐海眉(堳),雩厥復歸在牧師(次),伯懋父承王令(命),賜師率征自五鬴貝,小臣謎(誎)蔑曆,眔賜貝,用乍(作)寶尊彝

8.4240 唯十又二月初吉,王在周,昧喪(爽),王各于大廟,井叔有(佑)免,即令(命),王受(授)乍(作)册尹者(書),卑(俾)册令(命)免,曰:令女(汝)疋(胥)周師嗣歔(廩),賜女(汝)赤⊖市,用事,免對揚王休,用乍(作)尊㲃,免其萬年永寶用

8.4241 唯三月,王令燮(榮)眔內史曰:䓣(介)井(邢)侯服,賜臣三品:州人、重人、墉(鄘)人,拜韻首,魯天子造厥瀕(頻)福,克奔走上下,帝無冬(終)令(命)于有周,追考(孝),對不敢家(墜),卲(昭)朕福盟,朕臣天子,用典王令(命),乍(作)周公彝

8.4242 叔向父禹曰:余小子司(嗣)朕皇考,肇帥井(型)先文祖,共(恭)明德,秉威義(儀),用䵼(申)圝(恪)、奠保我邦、我家,乍(作)朕皇祖幽大叔尊㲃,其嚴在上,降余多福、繁孷(釐),廣啟禹身,勵(擢)于永令(命),禹其邁(萬)年永寶用

8.4243 唯二月初吉,王在師嗣馬宮大室,即立(位),井伯內(入)右(佑)救,立中廷,北鄉(嚮),內史尹册賜救:玄衣黹屯(純)、旂四日,用大葡(備)于五邑守堣(堰),拜韻首,敢對揚天子休,用乍(作)寶㲃,其萬年,子子孫孫永寶用

8.4244 唯王十又二年,三月既望庚寅,王在周,各大室,即立(位),嗣馬井伯〔入〕右(佑)走,王乎乍(作)册尹〔册賜〕走:䵼(纘)疋(胥)益,賜女(汝)赤〔市、朱黃、緣〕旂,用考(事),走敢拜韻首,對揚王休,用自乍(作)寶尊㲃,走其眔厥子子孫孫,萬年永寶用

8.4245 唯王四月,初吉丁巳,[?](曾)孫三兒曰:余呂以□之孫,[?]□敃子,□又之

〔日〕，擇厥吉金，用〔乍〕寶毁，用〔享〕考(孝)于□，其遵(躋)孟□[illegible]敃子□塱仲□□，毋乞余[illegible]，□聖□□忌，余□□[illegible]□□[illegible]□□塱〔仲〕皇母，用祈萬年眉壽，子子孫孫，永保用享

8.4246 唯正月初吉丁亥，王各于康宮，仲倗父內(入)又(佑)楚，立中廷，內史尹氏冊命楚：赤⊖芾、䜌(鑾)旂，取遄(徵)五寽(鋝)，𤔲食啚(鄙)官(館)、內師舟，楚敢拜手䭫首，疐揚天子不(丕)顯休，用乍(作)尊毁，其子子孫孫邁(萬)年，永寶用

8.4247 唯正月初吉丁亥，王各于康宮，仲倗父內(入)又(佑)楚，立中廷，內史尹氏冊命楚：赤⊖芾、䜌(鑾)旂，取遄(徵)五寽(鋝)，𤔲食啚(鄙)官(館)、內師舟，楚敢拜手䭫首，疐揚天子不(丕)顯休，用乍(作)尊毁，其子子孫孫邁(萬)年，永寶用

8.4248 唯正月初吉丁亥，王各于康宮，仲倗父內(入)又(佑)楚，立中廷，內史尹氏冊命楚：赤⊖芾、䜌(鑾)旂，取遄(徵)五寽(鋝)，𤔲食啚(鄙)官(館)、內師舟，楚敢拜手䭫首，疐揚天子不(丕)顯休，用乍(作)尊毁，其子子孫孫邁(萬)年，永寶用

8.4249 唯正月初吉丁亥，王各于康宮，仲倗父內(入)又(佑)楚，立中廷，內史尹氏冊命楚：赤⊖芾、䜌(鑾)旂，取遄(徵)五寽(鋝)，𤔲食啚(鄙)官(館)、內師舟，楚敢拜手䭫首，疐揚天子不(丕)顯休，用乍(作)尊毁，其子子孫孫邁(萬)年，永寶用

8.4250 唯王三月，初吉庚申，王在康宮，各大室，定伯入右(佑)即，王乎命女(汝)：赤芾、朱黃(衡)、玄衣黹屯(純)、䜌(鑾)旂，曰：𤔲琱宮人虢旟，用事，即敢對揚天子不(丕)顯休，用乍(作)朕文考幽叔寶毁，即其萬年，子子孫孫永寶用

8.4251 正月既望甲午，王在周師量宮，旦，王各大室，即立(位)，王乎師晨召(詔)大(太)師虘，入門，立中廷，王乎宰曶賜大(太)師虘虎裘，虘拜䭫首，敢對揚天子不(丕)顯休，用乍(作)寶毁，虘其萬年永寶用，唯十又二年

8.4252 正月既望甲午，王在周師量宮，旦，王各大室，即立(位)，王乎師晨召(詔)大(太)師虘，入門，立中廷，王乎宰曶賜大(太)師虘虎裘，虘拜䭫首，敢對揚天子不(丕)顯休，用乍(作)寶毁，虘其萬年永寶用，唯十又二年

8.4253 唯五月初吉柙(甲)戌，王在葊，各于大室，即立中廷，井叔內(入)右(佑)師察，王乎尹氏冊命師察：賜女(汝)赤舄、攸(鋚)勒，用楚(胥)弭伯，師察拜䭫首，敢對揚天子休，用乍(作)朕文祖寶毁，弭叔其邁(萬)年，子子孫孫永寶用

8.4254 唯五月初吉柙(甲)戌，王在葊，各于大室，即立中廷，井叔內(入)右(佑)師察，王乎尹氏冊命師察：賜女(汝)赤舄、攸(鋚)勒，用楚(胥)弭伯，師察拜䭫首，敢對揚天子休，用乍(作)朕文祖寶毁，弭叔其邁(萬)年，子子孫孫永寶用

8.4255 唯正月乙巳，王各于大室，穆公入右(佑)誐，立中廷，北鄉(嚮)，王曰：誐，令女(汝)乍(作)𤔲土(徒)，官𤔲耤(藉)田，賜女(汝)戠(織)衣、赤⊖芾、䜌(鑾)旂、楚走馬，取徵五寽(鋝)，用事，誐拜䭫首，對揚王休，用乍(作)朕文考寶毁，其子子孫孫永用

8.4256 唯廿又七年，三月既生霸戊戌，王在周，各大室，即立(位)，南伯入右(佑)裘衛，入門，立中廷，北鄉(嚮)，王乎內史，賜衛載(緇)芾、朱黃(衡)、䜌(鑾)，衛拜䭫首，敢對揚天子不(丕)顯休，用乍(作)朕文祖考寶毁，衛其子子孫孫永寶用

8.4257 唯八月初吉戊寅，王各于大室，焚(榮)伯內(入)右(佑)師耤(藉)，即立中廷，王乎內史尹氏冊命師耤(藉)，賜女(汝)玄衣黹屯(純)、鈢(素)芾、金鈧(衡)、赤舄、戈琱胾、彤沙(蘇)、攸(鋚)勒、䜌(鑾)旂五日，用事，弭伯用乍(作)尊毁，其萬年，子子孫孫永寶用

8.4258 唯四月初吉，王在屖宮，宰屖父右(佑)害立，王冊命害，

曰：賜女(汝)𠦪(賁)朱黄(衡)、玄衣黹屯(純)、㫃、攸(鋚)革(勒)，賜戈琱㦸、彤沙(蘇)，用餅(籑)乃祖考事，官𤔲尸(夷)僕、小射、底魚，害䭫首，對揚王休命，用乍(作)文考寶𣪘，其孫孫子子永寶用

8.4259 唯四月初吉，王在屖宫，宰屖父右(佑)害立，王册命害，曰：賜女(汝)𠦪(賁)朱黄(衡)、玄衣黹屯(純)、㫃、攸(鋚)革(勒)，賜戈琱㦸、彤沙(蘇)，用餅(籑)乃祖考事，官𤔲尸(夷)僕、小射、底魚，害䭫首，對揚王休命，用乍(作)文考寶𣪘，其子子孫孫永寶用

8.4260 唯四月初吉，王在屖宫，宰屖父右(佑)害立，王册命害，曰：賜女(汝)𠦪(賁)朱黄(衡)、玄衣黹屯(純)、㫃、攸(鋚)革(勒)，賜戈琱㦸、彤沙(蘇)，用餅(籑)乃祖考事，官𤔲尸(夷)僕、小射、底魚，害䭫首，對揚王休命，用乍(作)文考寶𣪘，其子子孫孫永寶用

8.4261 乙亥，王又(有)大豊(禮)，王凡三方，王祀于天室，降，天亡又(宥)王，衣祀于王不(丕)顯考文王，事喜(饎)上帝，文王監在上，不(丕)顯王乍(則)省，不(丕)𦃟(肆)王乍(則)庚(庸)，不(丕)克乞(訖)衣(殷)王祀，丁丑，王鄉(饗)，大宜，王降亡助(賀、嘉)爵、退(褪)囊，唯朕又(有)蔑，每(敏)啟王休于尊𠂤(𣪘)

8.4262 唯正月初吉癸巳，王在成周，格伯爰良馬乘于倗生(甥)，厥貯(賈)卅田，則析，格伯邊殹妊彶佤，厥從格伯⿸厂女(按)彶佃(甸)：殷谷厥紉(絶)雩谷、杜木、邍谷、旅菜，涉東門，厥書史戠武，立(蒞)盨(歃)成塈(𨛜)，鑄保(寶)𣪘，用典格伯田，其邁(萬)年，子子孫孫永保用，

8.4263 唯正月初吉癸巳，王在成周，格伯爰良馬乘于倗生(甥)，厥貯(賈)卅田，則析，格伯邊殹妊彶佤，厥從格伯⿸厂女(按)彶佃(甸)：殷谷厥紉(絶)雩谷、杜木、邍谷、旅菜，涉東門，厥書史戠武，立(蒞)盨(歃)成塈(𨛜)，鑄保𣪘，用典格伯田，其邁(萬)年，子子孫孫永保用，

8.4264 唯正月初吉癸巳，王在成周，格伯爰良馬乘于倗生(甥)，厥貯(賈)卅田，則析，格伯邊殹妊彶佤，厥從格伯⿸厂女(按)彶佃(甸)：殷〔谷〕厥〔紉〕雩谷、杜木、邍谷、旅菜，涉東門，厥書史戠武，立(蒞)盨(歃)成塈(𨛜)，鑄保𣪘，用典格伯田，其邁(萬)年，子子孫孫永保用，

8.4265 唯正月初吉癸巳，王在成周，格伯爰良馬乘于倗生(甥)，厥貯(賈)卅田，則析，格伯邊殹妊彶佤，厥從格伯⿸厂女(按)彶佃(甸)：殷〔谷〕厥紉(絶)雩谷、杜木、邍谷、旅菜，涉東門，厥書史戠武，立(蒞)盨(歃)成塈(𨛜)，鑄保𣪘，用典格伯田，其邁(萬)年，子子孫孫永保用，

8.4266 唯三月，王在宗周，戊寅，王各于大朝(廟)，密叔又(佑)趩，即立(位)，內史即命，王若曰：趩，命女(汝)乍(作)𢻱(豳)師冢𤔲馬，啻(嫡)官僕、射、士，訊小大又(右)隣，取徵五寽(鋝)，賜女(汝)赤巿、幽亢(衡)、䜌(鑾)旂，用事，趩拜䭫首，對揚王休，用乍(作)季姜尊彝，其子子孫孫邁(萬)年寶用

8.4267 唯正月初吉丁卯，王在周康宮，各大室，即立(位)，益公內(入)右(佑)申，〔立〕中廷，王命尹册命申：更乃祖考疋(胥)大(太)祝，官𤔲豐人眔九盧祝，睗(賜)女(汝)赤巿、縈黄(衡)、䜌(鑾)旂，用事，申敢對揚天子休令(命)，用乍(作)朕皇考孝孟尊𣪘，申其邁(萬)年用，子子孫孫其永寶

8.4268 唯二年三月，初吉庚寅，王各于大室，益公入右(佑)王臣，即立中廷，北鄉(嚮)，乎內史𡗜(敖、侁)册命王臣：賜女(汝)朱黄(衡)𠦪(賁)親(襯)、玄衣黹屯(純)、䜌(鑾)旂五日、戈畫㦸、𢉩(墉)必(柲)、彤沙(蘇)，用事，王臣手(拜)䭫首，不(丕)敢顯天子對揚休，用乍(作)朕文考易仲尊𣪘，王臣其永寶用

8.4269 唯十又三月既望，辰在壬午，伯屖父休于縣妃，曰：𠭯乃任縣伯室，賜女(汝)婦爵、夘之先周(琱)玉、黄卝，縣妃妦(奉)

揚伯屖父休，曰：休伯哭(哭)䀌恤縣伯室，賜君我唯賜壽(儔)，我不能不眔縣伯萬年保，肄(肆)敢䧅(肆)于彝，曰：其自今日，孫孫子子毋敢望(忘)伯休

8.4270 唯十又二月，初吉丁丑，王在宗周，各于大廟，焚(榮)伯右(佑)同，立中廷，北鄉(嚮)，王命同：差(佐)右(佑)吳(虞)大父，嗣昜(場)、林、吳(虞)、牧，自虒東至于河，厥逆(朔)至于玄水，世孫孫子子差(佐)右(佑)吳(虞)大父，毋女(汝)又(有)閑，對揚天子厥休，用乍(作)朕文丂(考)叀(宄)仲尊寶𣪕，其邁(萬)年，子子孫孫永寶用

8.4271 唯十又二月，初吉丁丑，王在宗周，各于大廟，焚(榮)伯右(佑)同，立中廷，北鄉(嚮)，王命同：差(佐)右(佑)吳(虞)大父，嗣昜(場)、林、吳(虞)、牧，自虒東至于河，厥逆(朔)至于玄水，世孫孫子子差(佐)右(佑)吳(虞)大父，毋女(汝)又(有)閑，對揚天子厥休，用乍(作)朕文丂(考)叀(宄)仲尊寶𣪕，其邁(萬)年，子子孫孫永寶用

8.4272 唯王十又三年，六月初吉戊戌，王在周康宮新宮，旦，王各大室，即立(位)，宰倗父右(佑)望，入門，立中廷，北鄉(嚮)，王乎史年册命望：死(尸)嗣畢王家，賜女(汝)赤⊖巿、䜌(鑾)，用事，望拜䭫首，對揚天子不(丕)顯休，用乍(作)朕皇祖伯囱(窗)父寶𣪕，其邁(萬)年，子子孫孫永寶用

8.4273 唯六月初吉，王在莽京，丁卯，王令靜嗣射學宮，小子眔服、眔小臣、眔尸(夷)僕學射，雩八月初吉庚寅，王以(與)吳𠂔、呂犅(犅)，卿(佮)𢾗(豳)𦯉師邦君射于大池，靜學(教)無眈(尤)，王賜靜鞞刹(璲)，靜敢拜䭫首，對揚天子不(丕)顯休，用乍(作)文母外姞尊𣪕，子子孫孫，其萬年用

8.4274 唯元年五月，初吉甲寅，王在周，各康廟，即立(位)，同仲右(佑)師兑，入門，立中廷，王乎內史尹册令(命)師兑：疋(胥)師龢父，嗣左右走(趣)馬、五邑走(趣)馬，賜女(汝)乃祖巿、五黄(衡)、赤舄，兑拜䭫首，敢對揚天子不(丕)顯魚(魯)休，用乍(作)皇祖城公𩰫𣪕，師兑其萬年，子子孫孫永寶用

8.4275 唯元年五月，初吉甲寅，王在周，各康廟，即立(位)，同仲右(佑)師兑，入門，立中廷，王乎內史尹册令(命)師兑：疋(胥)師龢父，嗣左右走(趣)馬、五邑走(趣)馬，賜女(汝)乃祖巿、五黄(衡)、赤舄，兑拜䭫首，敢對揚天子不(丕)顯魯休，用乍(作)皇祖城公𩰫𣪕，師兑其萬年，子子孫孫永寶用

8.4276 唯王二月既眚(生)霸，辰在戊寅，王各于師戲大室，井伯入右(佑)豆閉，王乎內史册命豆閉，王曰：閉，賜女(汝)戠(織)衣、⊖巿、䜌(鑾)旂，用倂(抄)乃祖考事，嗣窫(窺)俞邦君嗣馬、弓、矢，閉拜䭫首，敢對揚天子不(丕)顯休命，用乍(作)朕文考釐叔寶𣪕，用賜𤯍壽，萬年永寶用于宗室

8.4277 唯三年三月，初吉甲戌，在周師彔宮，旦，王各大室，即立(位)，嗣馬共右(佑)師俞，入門，立中廷，王乎乍(作)册內史册命師俞：䟒(纘)嗣𠈌人，賜赤巿、朱黄(衡)、旂，俞拜䭫首，天子其萬年，眉壽、黄耇，畯在立(位)，俞其蔑曆，日賜魯休，俞敢對揚天子不(丕)顯休，用乍(作)寶，其萬年永保，臣天子

8.4278 唯卅又二年，三月初吉壬辰，王在周康宮徲大室，鬲比以攸衛牧告于王，曰：女(汝)覓(覓)我田，牧弗能許鬲比，王令省史南以即虢旅，虢旅迺事(使)攸衛牧誓，曰：敢弗具(俱)付鬲匕(比)，其且(沮)射(厭)分田邑，則殺，攸衛牧則誓，比乍(作)皇祖丁公、皇考叀公尊𣪕，比其邁(萬)年，子子孫孫永寶用

8.4279 唯王元年，四月既生霸，王在淢应，甲寅，王各廟，即立(位)，遅公入右(佑)師旋，即立中廷，王乎乍(作)册尹克册命師旋，曰：備于大左，官嗣豐還，左(佐)右(佑)師氏，賜女(汝)

赤芾、冋(檾)黄(衡)、麗般(鞶),敬夙夕用事,旋拜䭫首,敢對昜(揚)天子不(丕)顯魯休命,用乍(作)朕文祖益仲尊𣪕,其邁(萬)年,子子孫孫永寶用

8.4280 唯王元年,四月既生霸,王在淢应,甲寅,王各廟,即立(位),遟公入右(佑)師旋,即立中廷,王乎乍(作)册尹克册命師旋,曰:備于大左,官𤔲豐還,左(佐)右(佑)師氏,賜女(汝)赤芾、冋(檾)黄(衡)、麗般(鞶),敬夙夕用事,旋拜䭫首,敢對揚天子不(丕)顯魯休令(命),用乍(作)朕文祖益仲尊𣪕,其邁(萬)年,子子孫孫永寶用

8.4281 唯王元年,四月既生霸,王在淢应,甲寅,王各廟,即立(位),遟公入右(佑)師旋,即立中廷,王乎乍(作)册尹克册命師旋,曰:備于大左,官𤔲豐還,左(佐)右(佑)師氏,賜女(汝)赤芾、冋(檾)黄(衡)、麗般(鞶),敬夙夕用事,旋拜䭫首,敢對揚天子不(丕)顯魯休(命),用乍(作)朕文祖益仲尊𣪕,其邁(萬)年,子子孫孫永寶用

8.4282 唯王元年,四月既生霸,王在淢应,甲寅,王各廟,即立(位),遟公入右(佑)師旋,即立中廷,王乎乍(作)册尹克册命師旋,曰:備于大左,官𤔲豐還,左(佐)右(佑)師氏,賜女(汝)赤芾、冋(檾)黄(衡)、麗般(鞶),敬夙夕用事,旋拜䭫首,敢對揚天子不(丕)顯魯休令(命),用乍(作)朕文祖益仲尊𣪕,其邁(萬)年,子子孫孫永寶用

8.4283 唯二月初吉戊寅,王在周師𤔲馬宮,各大室,即立(位),𤔲馬井伯親右(佑)師瘨,入門,立中廷,王乎內史吳册令(命)師瘨,曰:先王既令(命)女(汝),今余唯䌛(申)先王令(命),令(命)女(汝)官𤔲邑人、師氏,賜女(汝)金勒,瘨拜䭫首,敢對揚天子不(丕)顯休,用乍(作)朕文考外季尊𣪕,瘨其萬年,孫孫子子其永寶,用享于宗室

8.4284 唯二月初吉戊寅,王在周師𤔲馬宮,各大室,即立(位),𤔲馬井伯親右(佑)師瘨,入門,立中廷,王乎內史吳册令(命)師瘨,曰:先王既令(命)女(汝),今余唯䌛(申)先王令(命),令(命)女(汝)官𤔲邑人、師氏,賜女(汝)金勒,瘨拜䭫首,敢對揚天子不(丕)顯休,用乍(作)朕文考外季尊𣪕,瘨其萬年,孫孫子子其永寶,用享于宗室

8.4285 唯五年三月,初吉庚寅,王在周師彔宮,旦,王各大室,𣪘(即)立(位),𤔲馬共右(佑)諫,入門,立中廷,王乎內史𦒱(敖、佚)册命諫,曰:先王既命女(汝)䌛(纘)𤔲王宥,女(汝)某(謀)不又(有)聞(昏),毋敢不善,今余唯或𤔲(嗣)命女(汝),賜女(汝)攸(鋚)勒,諫拜䭫首,敢對揚天子不(丕)顯休,用乍(作)朕文考叀伯尊𣪕,諫其萬年,子子孫孫永寶用

8.4286 唯王九月,既生霸甲寅,王在周康宮,各大室,即立(位),焚(榮)伯入右(佑)輔師嫠,王乎乍(作)册尹册令(命)嫠,曰:更乃祖考𤔲輔,我(哉)賜女(汝)載(緇)芾、素黄(衡)、䜌(鑾)旂,今余曾(增)乃令(命),賜女(汝)玄衣黹屯(純)、赤芾、朱黄(衡)、戈彤沙(蘇)琱㦸、旂五日,用事,嫠拜䭫首,敢對揚王休令(命),用乍(作)寶尊𣪕,嫠其萬年,子子孫孫永寶,用事

8.4287 唯王廿又七年,正月既望丁亥,王在周康宮,旦,王各穆大室,即立(位),䌛(申)季內(入)右(佑)伊,立中廷,北鄉(嚮),王乎命尹封册命伊:䌛(纘)官𤔲康宮王臣妾、百工,賜女(汝)赤芾、幽黄(衡)、䜌(鑾)旂、攸(鋚)勒,用事,伊拜手䭫首,對昜(揚)天子休,伊用乍(作)朕不(丕)顯皇祖文考徲叔寶𪔂彝,伊其萬年無疆,子子孫孫,永寶用享

8.4288 唯王元年正月,王在吳(虞),各吳(虞)大廟,公族𤔲釐入右(佑)師酉,立中廷,王乎史牆册命師酉:𤔲(嗣)乃祖,啻(嫡)官邑人、虎臣、西門尸(夷)、𡚬尸(夷)、秦尸(夷)、京尸(夷)、弁身尸(夷),新賜女

(汝)赤芾、朱黃(衡)、中絅(褧)、攸(鋚)勒，敬夙夜勿灋(廢)朕令(命)，師酉拜頶首，對揚天子不(丕)顯休令(命)，用乍(作)朕文考乙伯、宄姬尊毁，酉其萬年，子子孫孫永寶用

8.4289 唯王元年正月，王在吳(虞)，各吳(虞)大廟，公族[illegible]釐入右(佑)師酉，立中廷，王乎史牆册命師酉：𤔲(嗣)乃祖，啻(嫡)官邑人、虎臣、西門尸(夷)、𩵦尸(夷)、秦尸(夷)、京尸(夷)、弁身尸(夷)，新賜女(汝)赤芾、朱黃(衡)、中絅(褧)、攸(鋚)勒，敬夙夜勿灋(廢)朕令(命)，師酉拜頶首，對揚天子不(丕)顯休命，用乍(作)朕文考乙伯、宄姬尊毁，酉其萬年，子子孫孫永寶用

8.4290 唯王元年正月，王在吳(虞)，各吳(虞)大廟，公族[illegible]釐入右(佑)師酉，立中廷，王乎史牆册命師酉：𤔲(嗣)乃祖，啻(嫡)官邑人、虎臣、西門尸(夷)、𩵦尸(夷)、秦尸(夷)、京尸(夷)、弁身尸(夷)，新賜女(汝)赤芾、朱黃(衡)、中絅(褧)、攸(鋚)勒，敬夙夜勿灋(廢)朕令(命)，師酉拜頶首，對揚天子不(丕)顯休命，用乍(作)朕文考乙伯、宄姬尊毁，酉其萬年，子子孫孫永寶用

8.4291 唯王元年正月，王在吳(虞)，各吳(虞)大廟，公族[illegible]釐入右(佑)師酉，立中廷，王乎史牆册命師酉：𤔲(嗣)乃祖，啻(嫡)官邑人、虎臣、西門尸(夷)、𩵦尸(夷)、秦尸(夷)、京尸(夷)、弁身尸(夷)，新賜女(汝)赤芾、朱黃(衡)、中絅(褧)、攸(鋚)勒，敬夙夜勿灋(廢)朕令(命)，師酉拜頶首，對揚天子不(丕)顯休命，用乍(作)朕文考乙伯、宄姬尊毁，酉其萬年，子子孫孫永寶用

8.4292 唯五年正月己丑，琱生(甥)又(有)事，召來合事，余獻寢氏以壺，告曰：以君氏令曰，余老止公，僕墉(庸)土田多諫，弋伯氏從許，公宕其參(叁)，女(汝)則宕其貳，公宕其貳，女(汝)則宕其一，余[illegible](蟪、惠)于君氏大章(璋)，報寢氏帛束、璜，召伯虎曰：余既訊[illegible]，我考我母令，余弗敢𤔔(亂)，余或至(致)我考我母令，琱生(甥)則堇(覲)圭

8.4293 唯六年四月甲子，王在𦵧，召伯虎告曰：余告慶，曰：公厥稟(廩)貝，用獄誎爲伯，又(有)祇又(有)成，亦我考幽伯、幽姜令，余告慶，余以邑訊有𤔲，余典勿敢封，今余既訊，有𤔲曰：[illegible]令，今余既一名典獻，伯氏則報璧，琱生(甥)奉揚朕宗君其休，用乍(作)朕剌(烈)祖召公嘗毁，其萬年，子子孫孫寶，用享于宗

8.4294 唯王九月，既省(生)霸庚寅，王在周康宮，旦，各大室，即立(位)，𤔲徒單伯內(入)右(佑)揚，王乎內史史[illegible](敖、佚)册令(命)揚，王若曰：揚，乍(作)𤔲工(空)，官𤔲量田佃，眔𤔲笠(位)，眔𤔲芻，眔𤔲寇，眔𤔲工(空)司(事)，睗(賜)女(汝)赤⿰8巿(⊖)芾、縊(鑾)旂，訊訟，取徵五寽(鋝)，揚拜手頶首，敢對揚天子不(丕)顯休，余用乍(作)朕剌(烈)考害(憲)伯寶毁，子子孫其萬年永寶用

8.4295 唯王九月，既省(生)霸庚寅，王在周康宮，旦，各大室，即立(位)，𤔲徒單伯內(入)右(佑)揚，王乎內史史[illegible](敖、佚)册令(命)揚，王若曰：揚，乍(作)𤔲工(空)，官𤔲量田佃，眔𤔲笠(位)，眔𤔲芻，眔𤔲寇，眔𤔲工(空)史(事)，睗(賜)女(汝)赤⿰8巿(⊖)芾、縊(鑾)旂，訊訟，取徵五寽(鋝)，揚拜手頶首，敢對揚天子不(丕)顯休，余用乍(作)朕剌(烈)考害(憲)伯寶毁，子子孫其萬年永寶用

8.4296 唯二年正月初吉，王在周邵宮，丁亥，王各于宣射(榭)，毛伯內(入)門，立中廷，右(佑)祝鄭，王乎內史册命鄭，王曰：鄭，昔先王既命女(汝)乍(作)邑，䌛(纘)五邑祝，今余唯𤕌(申)𦤎(就)乃命，賜女(汝)赤芾、冋(絅)𦅫(縷)黃(衡)、縊(鑾)旂，用事，鄭拜頶首，敢對揚天子休命，鄭用乍(作)朕皇考龏伯尊毁，鄭其眉壽，邁(萬)年無疆，子

子孫孫，永寶用享

8.4297 唯二年正月初吉，王在周卲宮，丁亥，王各于宣射(榭)，毛伯內(入)門，立中廷，右(佑)祝鄆，王乎內史冊命鄆，王曰：鄆，昔先王既命女(汝)乍(作)邑，䟽(纘)五邑祝，今余唯𤔲(申)𦎫(就)乃命，賜女(汝)赤芾、冋(絅)嬰(縷)黃(衡)、緣(鑾)旂，用事，鄆拜䭫首，敢對揚天子休命，鄆用乍(作)朕皇考龏伯尊段，鄆其眉壽，邁(萬)年無疆，子子孫孫，永寶用享

8.4298 唯十又二年，三月既生霸丁亥，王在盨侲宮，王乎吳(虞)師召(詔)大，賜趩睽里，王令善(膳)夫豖曰趩睽曰：余既賜大乃里，睽賓(儐)豖章(璋)、帛束，睽令豖曰天子：余弗敢𢿨(吝)，豖以(與)睽履大賜里，大賓(儐)豖訊(介)章(璋)、馬兩，賓(儐)睽訊(介)章(璋)、帛束，大拜䭫首，敢對揚天子不(丕)顯休，用乍(作)朕皇考剌伯尊段，其子子孫孫永寶用

8.4299 唯十又二年，三月既生霸丁亥，王在盨侲宮，王乎吳(虞)師召(詔)大，賜趩睽里，王令善(膳)夫豖曰趩睽曰：余既賜大乃里，睽賓(儐)豖章(璋)、帛束，睽令豖曰天子：余弗敢𢿨(吝)，豖以(與)睽履大賜里，大賓(儐)豖訊(介)章(璋)、馬兩，賓(儐)睽訊(介)章(璋)、帛束，大拜䭫首，敢對揚天子不(丕)顯休，用乍(作)朕皇考剌伯尊段，其子子孫孫永寶用

8.4300 唯王于伐楚，伯在炎，唯九月既死霸丁丑，乍(作)冊夨令尊宜于王姜，姜商(賞)令貝十朋、臣十家、鬲百人，公尹伯丁父兄(貺)于戍，戍冀嗣乞(訖)，令敢揚皇王宦(貯)，丁公文報，用䭫(稽)後人享，唯丁公報，令用𡘋(深)扆于皇王，令敢扆皇王宦(貯)，用乍(作)丁公寶段，用尊事于皇宗，用鄉(饗)王逆造，用匓寮(僚)人，婦子後人永寶，雋册

8.4301 唯王于伐楚，伯在炎，唯九月既死霸丁丑，乍(作)冊夨令尊宜于王姜，姜商(賞)令貝十朋、臣十家、鬲百人，公尹伯丁父兄(貺)于戍，戍冀嗣乞(訖)，令敢揚皇王宦(貯)，丁公文報，用䭫(稽)後人享，唯丁公報，令用𡘋(深)扆于皇王，令敢扆皇王宦(貯)，用乍(作)丁公寶段，用尊史(事)于皇宗，用鄉(饗)王逆造，用匓寮(僚)人，婦子後人永寶，雋册

8.4302 唯王正月，辰在庚寅，王若曰：彔伯㦰，繇自乃祖考，有爵(勛)于周邦，右(佑)闢四方，叀(惠)圅天令(命)，女(汝)肇不家(墜)，余賜女(汝)秬鬯一卣、金車、桒(賁)𨌲(幬)較(較)、桒(賁)圅朱虢(鞹)靳、虎冟(冪)窠(朱)裏、金甬(筩)、畫聞(輯)、金厄(軛)、畫轉、馬四匹、鋚勒，彔伯㦰敢拜手䭫首，對(對)揚天子不(丕)顯休，用乍(作)朕皇考釐王寶尊段，余其永邁(萬)年寶用，子子孫孫，其帥井(型)受茲休

8.4303 唯十又七年，十又二月，既生霸乙卯，王在周康宮徲宮，旦，王各大室，即立(位)，嗣土(徒)毛叔右(佑)此，入門，立中廷，王乎史翏册令(命)此，曰：旅邑人、善(膳)夫，賜女(汝)玄衣黹屯(純)、赤芾、朱黃(衡)、緣(鑾)旅(旂)，此敢對揚天子不(丕)顯休令(命)，用乍(作)朕皇考癸公尊段，用享孝于文神，用匄眉壽，此其萬年無疆，畯臣天子，霝(靈)冬(終)，子子孫孫永寶用

8.4304 唯十又七年，十又二月，既生霸乙卯，王在周康宮徲宮，旦，王各大室，即立(位)，嗣土(徒)毛叔右(佑)此，入門，立中廷，王乎史翏册令(命)此，曰：旅邑人、善(膳)夫，賜女(汝)玄衣黹屯(純)、赤芾、朱黃(衡)、緣(鑾)旅(旂)，此敢對揚天子不(丕)顯休令(命)，用乍(作)朕皇考癸公尊段，用享孝于文神，用匄眉壽，此其萬年無疆，畯臣天子，霝(靈)冬(終)，子子孫孫永寶用

8.4305 唯十又七年，十又二月，既生霸乙卯，王在周康宮徲宮，旦，王各大室，即立(位)，嗣土(徒)毛叔右(佑)此，入門，立中廷，王乎史翏册令(命)此，

曰：旅邑人、善(膳)夫，賜女(汝)玄衣黹屯(純)、赤芾、朱黄(衡)、䜌(鑾)旂(旂)，此敢對揚天子不(丕)顯休令(命)，用乍(作)朕皇考癸公尊𣪘，用享孝于文神，用匃眉壽，此其萬年無疆，畯臣天子，霝(靈)冬(終)，子子孫孫永寶用

8.4306 唯十又七年，十又二月，既生霸乙卯，王在周康宮徲宮，旦，各大室，即立(位)，𤔲土(徒)毛叔右(佑)此，〔入〕門，立中廷，王乎史翏册令(命)〔此〕曰：旅邑人、善(膳)夫，賜女(汝)玄衣〔黹〕屯(純)、赤芾、朱黄(衡)、䜌(鑾)旂(旂)，此敢對揚天子不(丕)顯休令(命)，用乍(作)皇考考癸尊𣪘，用享孝于文神，用匃眉壽，此其萬年〔無〕疆，畯臣天子，霝(靈)冬(終)，子子孫孫永寶用

8.4307 唯十又七年，十又二月，既生霸乙卯，王在周康宮徲宮，旦，王各大室，即立(位)，𤔲土(徒)毛叔右(佑)此，入門，立中廷，王乎史翏册令(命)此，曰：旅邑人、善(膳)夫，賜女(汝)玄衣黹屯(純)、赤芾、朱黄(衡)、䜌(鑾)旂(旂)，此敢對揚天子不(丕)顯休令(命)，用乍(作)朕皇考考癸尊𣪘，用享孝于文神，用匃眉壽，此其萬年無疆，畯臣天子，霝(靈)冬(終)，子子孫孫永寶用

8.4308 唯十又七年，十又二月，既生霸乙卯，王在周康宮徲宮，旦，王各大室，即立(位)，𤔲土(徒)毛叔右(佑)此，入門，立中廷，王乎史翏册令(命)此，曰：旅邑人、善(膳)夫，賜女(汝)玄衣黹屯(純)、赤芾、朱黄(衡)、䜌(鑾)旂(旂)，此敢對揚天子不(丕)顯休令(命)，用乍(作)朕皇考癸公尊𣪘，用享孝于文神，用匃眉壽，此其萬年無疆，畯臣天子，霝(靈)冬(終)，子子孫孫永寶用

8.4309 唯十又七年，十又二月，既生霸乙卯，王在周康宮徲宮，旦，王各大室，即立(位)，𤔲土(徒)毛叔右(佑)此，入門，立中廷，王乎史翏册令(命)此，曰：旅邑人、善(膳)夫，賜女(汝)玄衣黹屯(純)、赤芾、朱黄(衡)、䜌(鑾)旂(旂)，此敢對揚天子不(丕)顯休令(命)，用乍(作)朕皇考癸公尊𣪘，用享孝于文神，用匃眉壽，此其萬年無疆，畯臣天子，霝(靈)冬(終)，子子孫孫永寶用

8.4310 唯十又七年，十又二月，既生霸乙卯，王在周康宮徲宮，旦，王各大室，即立(位)，𤔲土(徒)毛叔右(佑)此，入門，立中廷，王乎史翏册令(命)此，曰：旅邑人、善(膳)夫，賜女(汝)玄衣黹屯(純)、赤芾、朱黄(衡)、䜌(鑾)旂(旂)，此敢對揚天子不(丕)顯休令(命)，用乍(作)朕皇考癸公尊𣪘，用孝于文神，匃眉壽，此其萬年無疆，畯臣天子，霝(靈)冬(終)，子子孫孫永寶用

8.4311 唯王元年正月，初吉丁亥，伯龢父若曰：師𤼈，乃祖考又(有)𡗜(勛)于我家，女(汝)有隹(雖)小子，余令女(汝)死(尸)我家，𦅫(纘)𤔲我西扁(偏)、東扁(偏)，僕馭百工、牧臣妾，東(董)裁(裁)內外，毋敢否(不)善，賜女(汝)戈琱胾、〔歐〕必(柲)、彤杘(沙、蘇)、毌五、錫鐘一𣪕(肆)五金，敬乃夙夜，用事，𤼈拜䭫首，敢對揚皇君休，用乍(作)朕文考乙仲𩰫𣪘，𤼈其萬年，子子孫孫，永寶用享

8.4312 唯王元年九月，既望丁亥，王在周康宮，旦，王各大室，𤔲工(空)液伯入右(佑)師頵，立中廷，北鄉(嚮)，王乎內史遣册令(命)師頵，王若曰：師頵，才先王既令(命)女(汝)乍(作)𤔲士，官𤔲汸闇，今余唯肇𤕌(申)乃令(命)，賜女(汝)赤芾、朱黄(衡)、䜌(鑾)旂、攸(鋚)勒，用事，頵拜䭫首，敢對揚天子不(丕)顯休，用乍(作)朕文考尹伯尊𣪘，師頵其萬年，子子孫孫永寶用

8.4313 王若曰：𠂤(𢦏)淮尸(夷)，繇我貟(帛)畮臣，今敢博(薄)厥眾叚(暇)，反(返)厥工事(吏)，弗速(蹟)我東𢧢(國)，今余肇令女(汝)，率齊師曩(紀)、𠫑(釐、萊)、僰，𡱂(殿)左右虎臣，征淮尸(夷)，即

賀(賓)厥邦嘼(酋),曰冄、曰㚇(裘)、曰鈴、曰達,師寰虔不家(墜),夙夜恤厥牆(将)事,休既又(有)工(功),折首執訊,無諆(碁)徒馭,毆(毆)俘士女、牛羊,俘吉金,今余弗叚(遐)組(徂),余用乍(作)朕後男巤尊毁,其萬年,孫孫子子,永寶用享

8.4314 王若曰:師寰,𢦔(捄)淮尸(夷),繇我貞(帛)晦臣,今敢博(薄)厥眔叚(暇),反(返)工事(吏),弗速(蹟)我東䧵(國),今余肇令女(汝),率齊師、曩(紀)、𠫑(萊)、僰,𡰥(殿)左右虎臣,征淮尸(夷),即賀(賓)厥邦嘼(酋),曰冄、曰㚇(裘)、曰鈴、曰達,師寰虔不家(墜),夙夜恤厥牆(將)事,休既又(有)工(功),折首執訊,無諆(碁)徒馭,毆(毆)俘士女、羊牛,俘吉金,今余弗叚(遐)組(徂),余用乍(作)朕後男巤尊毁,其邁(萬)年,子子孫孫,永寶用享

8.4315 秦公曰:不(丕)顯朕皇祖,受天命,鼏(冪)宅禹責(跡),十又二公,在帝之坏(坯),嚴龏(恭)夤天命,保業厥秦,虩(赫)事緣(蠻)夏,余雖小子,穆穆帥秉明德,剌剌(烈烈)超超(桓桓),邁(萬)民是敕,咸畜胤士,𧻚𧻚(藹藹)文武,鋘(鎮)静(靖)不廷,虔敬朕祀,乍(作)嗕宗彝,以卲(昭)皇祖,𠀠(其)嚴𨖷(遄)各,以受屯(純)魯多釐,眉壽無疆,畯疐在天,高引又(有)慶,竈(造)囿(有)四方,宜,西元器,一斗七升小拳(賸),毁,西,一斗七升大半升,蓋

8.4316 唯元年六月,既望甲戌,王在杜空(应),㣇于大室,井伯內(入)右(佑)師虎,即立中廷,北鄉(嚮),王乎內史吳曰:册令(命)虎,王若曰:虎,截(載)先王既令(命)乃取(祖)考事,啻(嫡)官嗣左右戲緐荆,今余唯帥井(型)先王令(命),令(命)女(汝)更乃取(祖)考,啻(嫡)官嗣左右戲緐荆,敬夙夜勿灋(廢)朕令(命),賜女(汝)赤舄,用事,虎敢拜韻首,對揚天子不(丕)环(丕)魯休,用乍(作)朕剌(烈)考日庚尊毁,子子孫孫,其永寶用

8.4317 王曰:有余隹(雖)小子,余亡康晝夜,巠(經)擁(雍)先王,用配皇天,簧黹朕心,墜(地)于四方,肄(肆)余以餧士、獻民,再盩先王宗室,㝬(胡)乍(作)𩰫彝寶毁,用康惠朕皇文剌(烈)祖考,其各前文人,其瀕在帝廷,陟降,𤔲(申)圝(恪)皇帝大魯令(命),用軨(紷令)保我家、朕立(位)、㝬(胡)身,陀陀降余多福,害(憲)烝宇、慕遠猷,㝬(胡)其萬年𩰫,實朕多禦,用桒(祓)壽、匃永令(命),畯在立(位),乍(作)疐在下,唯王十又二祀

8.4318 唯三年二月,初吉丁亥,王在周,各大廟,即立(位),𩛥伯右(佑)師兑,入門,立中廷,王乎內史尹册令(命)師兑:余既令女(汝)疋(胥)師龢父,嗣左右走(趣)馬,今余唯𤔲(申)𩫏(就)乃令(命),令(命)女(汝)䝨(纘)嗣走(趣)馬,賜女(汝)秬鬯一卣、金車、桒(賁)較(較)、朱虢(鞹)𩊚靳、虎冟(冪)熏(纁)裏、右厄(軛)、畫轉、畫輯、金甬(筩)、馬四匹、攸(鋚)勒,師兑拜韻首,敢對揚天子不(丕)顯魯休,用乍(作)朕皇考釐公𩰫毁,師兑其萬年,子子孫孫永寶用

8.4319 唯三年二月,初吉丁亥,王在周,各大廟,即立(位),𩛥伯右(佑)師兑,入門,立中廷,王乎內史尹册令(命)師兑:余既令(命)女(汝)疋(胥)師龢父,嗣左右走(趣)馬,今余唯𤔲(申)𩫏(就)乃令(命),令(命)女(汝)䝨(纘)嗣走(趣)馬,賜女(汝)秬鬯一卣、金車、桒(賁)較(較)、朱虢(鞹)𩊚靳、虎冟(冪)熏(纁)裏、右厄(軛)、畫轉、畫輯、金甬(筩)、馬四匹、攸(鋚)勒,師兑拜韻首,敢對揚天子不(丕)顯魯休,用乍(作)朕皇考釐公𩰫毁,師兑其萬年,子子孫孫永寶用

8.4320 唯四月,辰在丁未,王省武王、成王伐商圖,征(誕)省東或(國)圖,王立(涖)于宜,入土(社),南鄉(嚮),王令(命)虞(虎)侯夨曰:鄠(?)侯于宜,賜𩰪(𥁕)鬯

一卣、商瓚一□、彤弓一、彤矢百、旅(玈)弓十、旅(玈)矢千，賜土：厥川(甽)三百□，厥□百又廿，厥宅邑卅又五，厥□百又卌(四十)，賜在宜王人十又七生(姓)，賜奠(甸)七伯，厥盧□又五十夫，賜宜庶人六百又□六夫，宜侯夨揚王休，乍(作)虞(虎)公父丁尊彝

8.4321 王若曰：訇，不(丕)顯文、武受令(命)，則乃祖奠周邦，今余令(命)女(汝)啻(嫡)官嗣邑人，先虎臣後庸：西門尸(夷)、秦尸(夷)、京尸(夷)、𩰫尸(夷)、師笭、側新(薪)、□華尸(夷)、弁豸尸(夷)、𠭯人、成周走亞、戍、秦人、降人、服尸(夷)，賜女(汝)玄衣黹屯(純)、載(緇)巿、冋(絅)黄(衡)、戈琱㦸、歇(厚)必(柲)、彤沙(蘇)、緣(鑾)旂、攸(鋚)勒，用事，訇䭫首，對揚天子休令(命)，用乍(作)文祖乙伯、同姬尊𣪘，訇邁(萬)年，子子孫永寶用，唯王十又七祀，王在射日宮，旦，王各，益公入右(佑)訇

8.4322 唯六月初吉乙酉，在𠫑師(次)，戎伐𢦏，𢦏率有嗣、師氏奔追𨞽(攔)戎于㰘(域)林，博(搏)戎𢦚(胡)，朕文母競敏𢓊行，休宕厥心，永襲厥身，卑(俾)克厥啻(敵)，獲馘(聝)百、執訊二夫，俘戎兵𥓁(盾)、矛、戈、弓、備(箙)、矢、裨冑，凡百又卅又五叙(款)，寽(捋)俘人百又十又四人，衣(卒)博(搏)，無眈(尤)于𢦏身，乃子𢦏拜䭫首，對揚文母福剌(烈)，用乍(作)文母日庚寶尊𣪘，卑(俾)乃子𢦏萬年，用夙夜尊享于厥文母，其子子孫孫永寶

8.4323 唯王十月，王在成周，南淮尸(夷)遱、殳，內伐洹、昴、參泉、裕敏、陰(陰)陽洛，王令敔追𨞽(攔)于上洛、炂(烋)谷，至于伊、班，長榜(榜)𢦏(載)首百，執訊卌(四十)，奪俘人四百，啚于焚(榮)伯之所，于炂(烋)衣諱，復付厥君，唯王十又一月，王各于成周大廟，武公入右(佑)敔，告禽(擒)馘百、訊卌(四十)，王蔑敔曆，事(使)尹氏受(授)釐(賚)敔：圭(珪)瓚、㲋貝五十朋，賜田于敌(扲)五十田，于早五十田，敔敢對揚天子休，用乍(作)尊𣪘，敔其邁(萬)年，子子孫孫永寶用

8.4324 唯十又一年，九月初吉丁亥，王在周，各于大室，即立(位)，宰琱生(甥)內(入)右(佑)師𠭰，王乎尹氏册令(命)師𠭰，王曰：師𠭰，在昔先王小學，女(汝)敏可事(使)，既令(命)女(汝)更乃祖考嗣小輔，今余唯醽(申)𩫖(就)乃令(命)，令(命)女(汝)嗣乃祖舊官小輔眔鼓鐘，賜女(汝)𧟽(素)巿、金黄(衡)、赤舄、攸(鋚)勒，用事，敬夙夜勿灋(廢)朕令(命)，師𠭰拜手䭫首，敢對揚天子休，用乍(作)朕皇考輔伯尊𣪘，𠭰其邁(萬)年，子子孫孫永寶用，師龢父𢦏(胙)𠭰𧟽(素)巿，巩(恐)告于王

8.4325 唯十又一年，九月初吉丁亥，王在周，各于大室，即立(位)，宰琱生(甥)內(入)右(佑)師𠭰，王乎尹氏册令(命)師𠭰，王曰：師𠭰，在昔先王小學，女(汝)敏可事(使)，既令女(汝)更乃祖考嗣，今余唯醽(申)𩫖(就)乃令(命)，令(命)女(汝)嗣乃祖舊官小輔、鼓鐘，賜女(汝)𧟽(素)巿、金黄(衡)、赤舄、攸(鋚)勒，用事，敬夙夜勿灋(廢)朕令(命)，師𠭰拜手䭫首，對揚天子休，用乍(作)朕皇考輔伯尊𣪘，𠭰其萬年，子子孫孫永寶用，師龢父𢦏(胙)𠭰𧟽(素)巿，巩(恐)告于王

8.4326 不(丕)顯皇祖考，穆穆克誓(哲)厥德，嚴(儼)在上，廣啟厥孫子于下，勵于大服，番生(甥)不敢弗帥井(型)皇祖考不(丕)杯(丕)元德，用醽(申)圂(恪)大令(命)，甹(屏)王立(位)，虔夙夜，專(溥)求不朁(潛)德，用諫四方，顚(揉)遠能㹜(邇)，王令䵼(纘)嗣公族、卿事(士)、大(太)史寮，取徵廿寽(鋝)，賜朱巿、悤(蔥)黄(衡)、鞞𩌏(璲)、玉睘(環)、玉琭、車、電軫、桒(賁)縟較(较)、朱𩍐(鞹)𩏂靳、虎冟(冪)熏(纁)裏、逪(錯)衡、右厄(軛)、畫轉、畫𨌤、金童(踵)、金豙(軝)、金簟弼(茀)、魚葡(箙)、朱旂

旜(旜)金芫二鈴,番生(甥)敢對天子休,用乍(作)段,永寶

8.4327 唯王十又一月,既生霸丁亥,焚(榮)季入右(佑)卯,立中廷,焚(榮)伯乎令(命)卯曰:䣊(載)乃先祖考死(尸)嗣焚(榮)公室,昔乃祖亦既令乃父死(尸)嗣莽人,不盄(淑),寽(捋)我家,窠用喪,今余非敢夢先公又(有)雚遂,余懋爯先公官,今余唯令女(汝)死(尸)莽宮、莽人,女(汝)毋敢不善,賜女(汝)瓚四、章(璋)斅(瑴)、宗彝一𣂋(肆),寶,賜女(汝)馬十四、牛十,賜于乍一田,賜于宩(宜)一田,賜于隊一田,賜于戜一田,卯拜手頁(䭫)手(首),敢對揚焚(榮)伯休,用乍(作)寶尊段,卯其萬年,子子孫孫永寶用

8.4328 唯九月初吉戊申,伯氏曰:不期,馭方、厰(玁)允(狁)廣伐西俞,王令我羞追于西,余來歸獻禽(擒),余命女(汝)御(禦)追于署,女(汝)以我車宕伐厰(玁)允(狁)于高陶,女(汝)多折首執訊,戎大同,從追女(汝),女(汝)彶戎大臺(敦)戟(搏),女(汝)休弗以我車圅(陷)于𩁹,女(汝)多禽(擒),折首執訊,伯氏曰:不期,女(汝)小子,女(汝)肈誨(敏)于戎工(功),賜女(汝)弓一、矢束、臣五家、田十田,用從(永)乃事,不期拜䭫手(首)休,用乍(作)朕皇祖公伯、孟姬尊段,用匃多福,眉壽無疆,川(永)屯(純)、霝(靈)冬(終),子子孫孫,其永寶用享

8.4329 唯九月初吉戊申,伯氏曰:不期,馭方、厰(玁)允(狁)廣伐西俞,王令我羞追于西,余來歸獻禽(擒),余命女(汝)御(禦)追于署,女(汝)以我車宕伐𢽤(玁)允(狁)于高陶,女(汝)多折首執訊,戎大同,從追女(汝),女(汝)彶戎大臺(敦)戟(搏),女(汝)休弗以我車圅(陷)于𩁹,女(汝)多禽(擒),折首執訊,伯氏曰:不期,女(汝)小子,女(汝)肈誨(敏)于戎工(功),賜女(汝)弓一、矢束、臣五家、田十田,用永乃事,不期拜䭫手(首)休,用乍(作)朕皇祖公伯、孟姬尊段,用匃多福,眉壽無疆,永屯(純)、霝(靈)冬(終),子子孫孫,其永寶用享

8.4330 也曰:拜䭫首,敢𠬝(擘)卲(昭)告朕吾考,令乃鴅(嫿)沈子乍(作)𦅫于周公宗,陟二公,不敢不𦅫休同,公克成妥(綏)吾考,以于顯顯受令(命),烏虖(乎),唯考取又念自先王、先公,廼妹(昧)克衣告剌(烈)成工(功),𢽤吾考克淵克,乃沈子其顧褱(懷)多公能福,烏虖(乎),乃沈子妹(昧)克蔑見猒(厭)于公休,沈子肈斁𦀚貯嗇,乍(作)茲段,用䣊鄉(饗)己公,用徭多公,其丮哀(愛)乃沈子也唯福,用水(賜)霝(靈)令(命),用妥(綏)公唯壽,也用褱(懷)迨我多弟子,我孫克又(有)井(型)斅(效),懿父廼是子

8.4331 唯王九年九月甲寅,王命益公征眉敖,益公至告,二月,眉敖至見,獻貴(帛),己未,王命仲到(致)歸(饋)𢦚伯貔(貔)裘,王若曰:𢦚伯,朕不(丕)顯祖文、武,膺受大命,乃祖克𠦪(弼)先王,異(翼)自它邦,又(有)芇(當)于大命,我亦弗宷(深)享邦,賜女(汝)貔(貔)裘,𢦚伯拜手䭫首,天子休弗朢(忘)小𢊁(裔)邦,歸夆敢對揚天子不(丕)伓(丕)魯休,用乍(作)朕皇考武𢦚幾王尊段,用好宗朝(廟),享夙夕,好倗友雩百者(諸)婚遘(媾),用祈屯(純)彔(祿)、永命,魯壽子孫,歸夆其邁(萬)年,日用享于宗室

8.4332 唯三年五月,既死霸甲戌,王在周康卲宮,旦,王各大室,即立(位),宰引右(佑)頌,入門,立中廷,尹氏受(授)王令(命)書,王乎史虢生(甥)册令(命)頌,王曰:頌,令(命)女(汝)官嗣成周貯(廛),監嗣新造,貯(廛)用宮御,賜女(汝)玄衣黹屯(純)、赤芾、朱黄(衡)、䜌(鑾)旂、攸(鋚)勒,用事,頌拜䭫首,受令(命)册佩以出,反(返)入(納)堇(瑾)章(璋),頌敢對揚天子不(丕)顯魯休,用乍(作)朕皇考龏叔、皇

母𢍰始(姒)寶尊𣪘,用追孝、祈匄康𩞁、屯(純)右(祐)、通彔(祿)、永令(命),頌其萬年,眉壽無疆,畯臣天子,霝(靈)冬(終),子子孫孫永寶用

8.4333 唯三年五月,既死霸甲戌,王在周康卲宮,旦,王各大室,即立(位),宰引右(佑)頌,入門,立中廷,尹氏受(授)王令(命)書,王乎史虢生(甥)册令(命)頌,王曰:頌,令女(汝)官𤔲成周貯(廛),監𤔲新造,貯(廛)用宮御,賜女(汝)玄衣黹屯(純)、赤市、朱黄(衡)、䜌(鑾)旂、攸(鋚)勒,用事,頌拜䭫首,受令(命)册佩以出,反(返)入(納)堇(瑾)章(璋),頌敢對揚天子不(丕)顯魯休,用乍(作)朕皇考𢍰叔、皇母𢍰始(姒)寶尊𣪘,用追孝祈匄康𩞁、屯(純)右(祐)、通彔(祿)、永令(命),頌其萬年,眉壽無疆,畯臣天子,霝(靈)冬(終),子子孫孫永寶用

8.4334 唯三年五月,既死霸甲戌,王在周康卲宮,旦,王各大室,即立(位),宰引右(佑)頌,入門,立中廷,尹氏受(授)王令(命)書,王乎史虢生(甥)册令(命)頌,王曰:頌,令女(汝)官𤔲成周貯(廛),監𤔲新造,貯(廛)用宮御,賜女(汝)玄衣黹屯(純)、赤市、朱黄(衡)、䜌(鑾)旂、攸(鋚)勒,用事,頌拜䭫首,受令(命)册佩以出,反(返)入(納)堇(瑾)章(璋),頌敢對揚天子不(丕)顯魯休,用乍(作)朕皇考𢍰叔、皇母𢍰始(姒)寶尊𣪘,用追孝祈匄康𩞁、屯(純)右(祐)、通彔(祿)、永令(命),頌其萬年,眉壽無疆,畯臣天子,霝(靈)冬(終),子子孫孫永寶用

8.4335 唯三年五月,既死霸甲戌,王在周康卲宮,旦,王各大室,即立(位),宰引右(佑)頌,入門,立中廷,尹氏受(授)王令(命)書,王乎史虢生(甥)册令(命)頌,王曰:頌,令女(汝)官𤔲成周貯(廛),監𤔲新造,貯(廛)用宮御,賜女(汝)玄衣黹屯(純)、赤市、朱黄(衡)、䜌(鑾)旂、攸(鋚)勒,用事,頌拜䭫首,受令(命)册佩以出,反(返)入(納)堇(瑾)章(璋),頌敢對揚天子不(丕)顯魯休,用乍(作)朕皇考𢍰叔、皇母𢍰始(姒)寶尊𣪘,用追孝祈匄康𩞁、屯(純)右(祐)、通彔(祿)、永令(命),頌其萬年,眉壽無疆,畯臣天子,霝(靈)冬(終),子孫永寶用

8.4336 唯三年五月,既死霸甲戌,王在周康卲宮,旦,王各大室,即立(位),宰引右(佑)頌,入門,立中廷,尹氏受(授)王令(命)書,王乎史虢生(甥)册令(命)頌,王曰:頌,令女(汝)官𤔲成周貯(廛),監𤔲新造,貯(廛)用宮御,賜女(汝)玄衣黹屯(純)、赤市、朱黄(衡)、䜌(鑾)旂、攸(鋚)勒,用事,頌拜䭫首,受令(命)册佩以出,反(返)入(納)堇(瑾)章(璋),頌敢對揚天子不(丕)顯魯休,用乍(作)朕皇考𢍰叔、皇母𢍰始(姒)寶尊𣪘,用追孝祈匄康𩞁、屯(純)右(祐)、通彔(祿)、永令(命),頌其萬年,眉壽無疆,畯臣天子,霝(靈)冬(終),子子孫孫永寶用

8.4337 唯三年五月,既死霸甲戌,王在周康卲宮,旦,王各大室,即立(位),宰引右(佑)頌,入門,立中廷,尹氏受(授)王令(命)書,王乎史虢生(甥)册令(命)頌,王曰:頌,令女(汝)官𤔲成周貯(廛),監𤔲新造,貯(廛)用宮御,賜女(汝)玄衣黹屯(純)、赤市、朱黄(衡)、䜌(鑾)旂、攸(鋚)勒,用事,頌拜䭫首,受令(命)册佩以出,反(返)入(納)堇(瑾)章(璋),頌敢對揚天子不(丕)顯魯休,用乍(作)朕皇考𢍰叔、皇母𢍰始(姒)寶尊𣪘,用追孝祈匄康𩞁、屯(純)右(祐)、通彔(祿)、永令(命),頌其萬年,眉壽無疆,畯臣天子,霝(靈)冬(終),子子孫孫永寶用

8.4338 唯三年五月,既死霸甲戌,王在周康卲宮,旦,王各大室,即立(位),宰引右(佑)頌,入門,立中廷,尹氏受(授)王令(命)書,王乎史虢生(甥)册令(命)頌,王曰:頌,令女(汝)官𤔲成周貯(廛),監𤔲

新造，貯(廛)用宮御，賜女(汝)玄衣黹屯(純)、赤巿、朱黄(衡)、䜌(鑾)旂、攸(鋚)勒，用事，頌拜䭫首，受令(命)册佩以出，反(返)入(納)堇(瑾)章(璋)，頌敢對揚天子不(丕)顯魯休，用乍(作)朕皇考龏叔、皇母龏始(姒)寶尊毁，用追孝祈匄康𩍙、屯(純)右(祐)、通彔(禄)、永令(命)，頌其萬年，眉壽無疆，畯臣天子，霝(靈)冬(終)，子子孫孫永寶用

8.4339 唯三年五月，既死霸甲戌，王在周康卲宮，旦，王各大室，即立(位)，宰引右(佑)頌，入門，立中廷，尹氏受(授)王令(命)書，王乎史虢生(甥)册令(命)頌，王曰：頌，令女(汝)官嗣成周貯(廛)，監嗣新造，貯(廛)用宮御，賜女(汝)玄衣黹屯(純)、赤巿、朱黄(衡)、䜌(鑾)旂、攸(鋚)勒，用事，頌拜䭫首，受令(命)册佩以出，反(返)入(納)堇(瑾)章(璋)，頌敢對揚天子不(丕)顯魯休，用乍(作)朕皇考龏叔、皇母龏始(姒)寶尊毁，用追孝祈匄康𩍙、屯(純)右(祐)、通彔(禄)、永令(命)，頌其萬年，眉壽無疆，畯臣天子，霝(靈)冬(終)，子子孫孫永寶用

8.4340 唯元年既望丁亥，王在雍应，旦，王各廟，即立(位)，宰曶入右(佑)蔡，立中廷，王乎史寿(敖、佚)册令(命)蔡，王若曰：蔡，昔先王既令女(汝)乍(作)宰，嗣王家，今余唯醽(申)憙(就)乃令(命)，令(命)女(汝)眔曶𤔲(纘)疋(胥)對各，从嗣王家外內，毋敢又(有)不聞，嗣百工，出入姜氏令，厥又(有)見又(有)即令，厥非先告蔡，毋敢疾又(有)入告，女(汝)毋弗善效姜氏人，勿事(使)敢又(有)疾止從(縱)獄，賜女(汝)玄衮衣、赤舄，敬夙夕勿灋(廢)朕令(命)，蔡拜手䭫首，敢對揚天子不(丕)顯魯休，用乍(作)寶尊毁，蔡其萬年眉壽，子子孫孫永寶用

8.4341 唯八月初吉，在宗周，甲戌，王令毛伯更虢城公服，粤(屏)王立(位)，乍(作)四方亟(極)，秉繁、蜀、巢，令賜鈴勒，咸，王令毛公以邦冢君、土(徒)馭、𢦏(䥽)人伐東或(國)瘠戎，咸，王令吳(虞)伯曰：以乃師左比毛公，王令吕伯曰：以乃師右比毛父，趞(遣)令曰：以乃族從父征，徃(誕)城衛父身，三年靜(靖)東或(國)，亡不成肬天畏(威)，否畀屯(純)陟，公告厥事于上，唯民亡徃(延)才(哉)，彝态(昧)天令(命)，故亡，允才(哉)顯，唯敬德，亡卣(攸)違，班䭫首曰：烏虖(乎)，不(丕)杯(丕)丮皇公受京宗懿釐，毓(后)文王、王㚸(姒)聖孫，隥于大服，廣成厥工(功)，文王孫亡弗褱(懷)井(型)，亡克競厥剌(烈)，班非敢覓，唯乍(作)卲(昭)考爽，益(謚)曰大政，子子孫多世其永寶

8.4342 王若曰：師訇，不(丕)顯文、武，膺受天令(命)，亦則於女(汝)乃聖祖考克尃(輔)右(佑)先王，乍(作)厥厷(肱)殳(股)，用夾召(紹)厥辟，奠大令(命)，盩鬲(龢)雩(于)政，肄(肆)皇帝亡臭(斁)，臨保我又(有)周，雩四方民亡不康靜(靖)，王曰：師訇，哀才(哉)，今日天疾畏(威)降喪，首德不克妻(畫)，古(故)亡承于先王，鄉(嚮)女(汝)彶屯(純)恤周邦，妥(綏)立余小子，𢦚(載)乃事，唯王身厚皆，今余唯醽(申)憙(就)乃令(命)，令(命)女(汝)叀(惠)擁(雍)我邦小大猷，邦弡潢辪(嬖)，敬明乃心，率以乃友干(捍)吾(禦)王身，谷(欲)女(汝)弗以乃辟函(陷)于艱，賜女(汝)秬鬯一卣、圭瓚、尸(夷)允(訊)三百人，訇䭫首，敢對揚天子休，用乍(作)朕剌(烈)祖乙伯、同益姬寶毁，訇其萬囟(斯)年，子子孫孫永寶，用乍(作)州宮寶，唯元年二月，既望庚寅，王各于大室，熒(榮)內(入)右(佑)訇

8.4343 唯王七年，十又三月，既生霸甲寅，王在周，在師汙父宮，各大室，即立(位)，公族組(紹)入右(佑)牧，立中廷，王乎內史吳册令(命)牧，王若曰：牧，昔先王既令女

(汝)乍(作)𤔲士，今余唯或𣪘改，令女(汝)辟百寮(僚)，有冋(烱)事包迺多𤔲(亂)，不用先王乍(作)井(型)，亦多虐庶民，厥訊庶右𪒠(鄰)，不井(型)不中，迺侯之耤(籍)，以今𩛥(𥷚)司匐(服)厥辠(罪)𠹭(厥)故(辜)，王曰：牧，女(汝)毋敢弗帥先王乍(作)明井(型)用，雩乃訊庶右𪒠(鄰)，毋敢不明不中不井(型)，乃毌(貫)政事，毋敢不尹人不中不井(型)，今余唯𤕌(申)𩫏(就)乃命，賜女(汝)秬鬯一卣、金車、桒(賁)較(較)、畫輯、朱虢(鞹)𠁁靳、虎冟(冪)熏(纁)裏、旂、余(駼)〔馬〕四匹，取〔徵〕□寽(鋝)，敬夙夕勿灋(廢)朕令(命)，牧拜稽首，敢對揚王不(丕)顯休，用乍(作)朕皇文考益伯寶尊𣪕，牧其萬年壽考，子子孫孫永寶用

9.4344 攸𪙐乍(作)旅盨(𩔈)

9.4345 伯夸父乍(作)寶盨(𩔈)

9.4346 𨸏伯乍(作)仲姞尊

9.4347 𦬂伯乍(作)妌𩡫用

9.4348 師奐父乍(作)旅須(盨)

9.4349 師奐父乍(作)旅須(盨)

9.4350 伯筍父乍(作)旅盨

9.4351 叔倉父乍(作)寶盨

9.4352 㝬女(母)乍(作)微姬旅盨

9.4353 夨賸乍(作)寶旅盨，永用

9.4354 大(太)師小子師朢乍(作)𪔛彝

9.4355 中伯乍(作)𡢁(孌)姬旅盨用

9.4356 中伯乍(作)𡢁(孌)姬旅盨用

9.4357 彔乍(作)鑄𩠞㲃(𣪕)，其永保用

9.4358 彔乍(作)鑄𩠞㲃(𣪕)，其永保用

9.4359 彔乍(作)鑄𩠞㲃(𣪕)，其永保用

9.4360 彔乍(作)鑄𩠞㲃(𣪕)，其永保用

9.4361 伯鮮乍(作)旅𣪕，其永寶用

9.4362 伯鮮乍(作)旅𣪕，其永寶用

9.4363 伯鮮乍(作)旅𣪕，其永寶用

9.4364 伯鮮乍(作)旅𣪕，其永寶用

9.4365 立象(爲)旅須(盨)，子子孫孫永寶用

9.4366 史㒸乍(作)旅盨，其永寶用

9.4367 史㒸乍(作)旅盨，其永寶用

9.4368 伯多父乍(作)旅須(盨)，其永寶用

9.4369 伯多父乍(作)旅須(盨)，其永寶用

9.4370 伯多父乍(作)旅須(盨)，其永寶用

9.4371 伯多父乍(作)旅須(盨)，其永寶用

9.4372 仲彤乍(作)旅盨，子子孫孫永寶用

9.4373 仲彤乍(作)旅盨，子子孫孫永寶用

9.4374 苗𡚒乍(作)盨，其子子孫孫永寶用

9.4375 叔謙父乍(作)旅盨𣪕，其永用

9.4376 叔謙父乍(作)旅盨𣪕，其永用

9.4377 叔賓父乍(作)寶盨，子子孫孫永用

9.4378 㓹叔乍(作)旅須(盨)，子子孫孫永寶用

9.4379 敶(陳)姬小公子子𧰽(豰、猔)叔嫣飤盨

9.4380 周駱乍(作)旅須(盨)，子子孫孫永寶用，[illegible]

9.4381 京叔乍(作)𩞁(饙)盨，其萬壽，永寶用

9.4382 伯車父乍(作)旅須(盨)，其萬年永寶

9.4383 伯車父乍(作)旅盨，其萬年永寶用

9.4384 伯公父乍(作)旅盨，子子孫孫永寶用

9.4385 弭叔乍(作)旅盨，其萬年永寶用

9.4386 仲義父乍(作)旅盨，其永寶用，華

9.4387 仲義父乍(作)旅盨，其永寶用，華

9.4388 叔姞乍(作)旅盨，其萬年永寶用

9.4389 虢叔鑄行盨，子子孫孫，永寶用享

9.4390 昜(陽)叔乍(作)旅須(盨)，其子子孫孫永寶用享

9.4391 奠(鄭)義伯乍(作)旅須(盨)，子子孫孫，其永寶用

9.4392 奠(鄭)義羌父乍(作)旅盨，子子孫孫永寶用

9.4393 奠(鄭)義羌父乍(作)旅盨，子子孫孫永寶用

9.4394 伯大(太)師乍(作)旅盨，其邁(萬)年永寶用

9.4395 伯大(太)師乍(作)旅盨，其邁(萬)年永寶用

9.4396 奠(鄭)登叔乍(作)旅盨，及子子孫孫永寶用

9.4397 仲大(太)師小子休，爲其旅盨，永寶用

9.4398 仲閔父乍(作)

旅盨，其子子孫孫永寶用

9.4399 仲鑠父攸(作)鑄旅盨，其邁(萬)年永寶用，亘虎

9.4400 奠(鄭)井叔康乍(作)旅盨(頹)，子子孫孫，其永寶用

9.4401 奠(鄭)井叔康乍(作)旅盨(頹)，子子孫孫，其永寶用

9.4402 圃自乍(作)旅盨，其萬年，子子孫孫永寶用

9.4403 圃自乍(作)旅盨，其萬年，子子孫孫永寶用

9.4404 伯大(太)師釐乍(作)旅盨，其邁(萬)年永寶用

9.4405 鬲叔興父乍(作)旅須(盨)，其子子孫孫永寶用

9.4406 □□爲甫(夫)人行盨，用征用行，邁(萬)歲用尚(常)

9.4407 伯孝鼓鑄旅須(盨)，其邁(萬)年，子子孫孫永寶用

9.4408 伯孝鼓鑄旅須(盨)，其邁(萬)年，子子孫孫永寶用

9.4409 叔良父乍(作)旅盨，其邁(萬)年，子子孫孫永寶用

9.4410 伯庶父乍(作)盨段，其萬年，子子孫孫永寶用

9.4411 項燮(豳)乍(作)旅盨，其萬年，子子孫孫，永寶用享

9.4412 華季嗌乍(作)寶段，其萬年，子子孫孫永寶用

9.4413 譔季獻乍(作)旅須(盨)，其邁(萬)年，子子孫孫永寶用

9.4414 改乍(作)朕文考乙公旅盨，子子孫孫永寶用，鼎

9.4415 魯嗣徒伯吳，敢肇乍(作)旅段，萬年永寶用

9.4416 遣叔吉父乍(作)虢王姞旅須(盨)，子子孫永寶用

9.4417 遣叔吉父乍(作)虢王姞旅須(盨)，子子孫孫永寶用

9.4418 遣叔吉父乍(作)虢王姞旅須(盨)，子子孫永寶用

9.4419 伯多父乍(作)成姬多母霤(鐠)段，其永寶用享

9.4420 走亞斸(𨐬)孟延乍(作)盨，延其萬年永寶，子子孫孫用

9.4421 走亞斸(𨐬)孟延乍(作)盨，延其萬年永寶，子子孫孫用

9.4422 筍伯大父乍(作)嬴妃鑄匋(寶)盨，其子子孫孫永匋(寶)用

9.4423 鑄子叔黑臣肇乍(作)寶盨，其萬年眉壽，永寶用

9.4424 單子白乍(作)叔姜旅盨，其子子孫孫萬年永寶用

9.4425 皛叔乍(作)仲姬旅盨，皛叔其萬年，永彶仲姬寶用

9.4426 兮伯吉父乍(作)旅尊盨，其萬年無疆，子子孫孫永寶用

9.4427 食仲走父乍(作)旅盨，永寶用，走父以(與)其子子孫孫寶用

9.4428 滕(滕)侯穌乍(作)厥文考滕(滕)仲旅段，其子子孫萬年永寶用

9.4429 唯王正月既望，師趍乍(作)楷姬旅盨，子子孫其萬年，永寶用

9.4430 唯五月既生霸庚寅，弭叔乍(作)叔班旅須(盨)，其子子孫孫永寶用

9.4431 曼龏父乍(作)寶盨，用享孝宗室，其邁(萬)年無疆，子子孫孫永寶用

9.4432 曼龏父乍(作)寶盨，用享孝宗室，用匄眉壽，子子孫孫永寶用

9.4433 曼龏父乍(作)寶盨，用享孝宗室，用匄眉壽，子子孫孫永寶用

9.4434 曼龏父乍(作)寶盨，用享孝宗室，其萬年無疆，子子孫孫永寶用

9.4435 虢仲以王南征，伐南淮尸(夷)，在成周，乍(作)旅盨，茲盨友(有)十又二

9.4436 犀(徲)乍(作)姜湈盨，用享考(孝)于姑公，用祈眉壽屯(純)魯，子子孫永寶用

9.4437 乘父士杉，其肇乍(作)其皇考伯明父寶段，其萬年眉壽，永寶用〔享〕

9.4438 唯卅又三年，八月既死辛卯，王在成周，伯寛(窺、覓)父乍(作)寶盨，子子孫孫永用

9.4439 唯卅又三年，八月既死辛卯，王在成周，伯寛(覓、窺)父乍(作)寶須(盨)，子子孫孫永用

9.4440 魯嗣仕(辻、徒)仲齊，肇乍(作)皇考伯走父𩚼(饋)盨段，其萬年眉壽，子子孫孫，永寶用享

9.4441 魯嗣仕(徒)仲齊，肇乍(作)皇考伯走父𩚼(饋)盨段，其萬年眉壽，子子孫永寶用享

9.4442 㠱伯子宼父，乍(作)其延(征)盨，其

陰其陽，以延(征)以行，割(匄)眉壽無疆，慶其以臧

9.4443 曩伯子宼父，乍(作)其延(征)盨，其陰其陽，以延(征)以行，割(匄)眉壽無疆，慶其以臧

9.4444 曩伯子宼父，乍(作)其延(征)盨，其陰其陽，以延(征)以行，割(匄)眉壽無疆，慶其以臧

9.4445 曩伯子宼父，乍(作)其延(征)盨，其陰其陽，以延(征)以行，割(匄)眉壽無疆，慶其以臧

9.4446 伯梁其乍(作)旅須(盨)，用享用孝，用匄眉壽、多福，畯臣天子，萬年唯亟(極)，子子孫孫永寶用

9.4447 伯梁其乍(作)旅須(盨)，用享用孝，用匄眉壽、多福，畯臣天子，萬年唯亟(極)，子子孫孫永寶用

9.4448 杜伯乍(作)寶盨，其用享孝于皇申(神)、祖考，于好倗友，用𣪘(祓)壽、匄永令(命)，其萬年永寶用

9.4449 杜伯乍(作)寶盨，其用享孝于皇申(神)、祖考，于好倗友，用𣪘(祓)壽、匄永令(命)，其萬年永寶用

9.4450 杜伯乍(作)寶盨，其用享孝于皇申(神)、祖考，于好倗友，用𣪘(祓)壽、匄永令(命)，其萬年永寶用

9.4451 杜伯乍(作)寶盨，其用享孝于皇申(神)、祖考，于好倗友，用𣪘(祓)壽、匄永令(命)，其萬年永寶用

9.4452 杜伯乍(作)寶盨，其用享孝于皇申(神)、祖考，于好倗友，用𣪘(祓)壽、匄永令(命)，其萬年永寶用

9.4453 仲自(師)父乍(作)季𢦏□寶尊盨，其用享用孝于皇祖、文考，匄眉壽無疆，其子子孫萬年，永寶用享

9.4454 唯王元年，王在成周，六月初吉丁亥，叔𠭯(䣄)父乍(作)奠(鄭)季寶鐘六金、尊盨四、鼎七，奠(鄭)季其子子孫孫永寶用

9.4455 唯王元年，王在成周，六月初吉丁亥，叔𠭯(䣄)父乍(作)奠(鄭)季寶鐘六金、尊盨四、鼎七，奠(鄭)季其子子孫孫永寶用

9.4456 唯王元年，王在成周，六月初吉丁亥，叔𠭯(䣄)父乍(作)奠(鄭)季寶鐘六金、尊盨四、鼎七，奠(鄭)季其子子孫孫永寶用

9.4457 唯王元年，王在成周，六月初吉丁亥，叔𠭯(䣄)父乍(作)奠(鄭)季寶鐘六金、尊盨四、鼎七，奠(鄭)季其子子孫孫永寶用

9.4458 魯伯悆用公龏(恭)，其肇乍(作)其皇孝(考)、皇母旅盨毁，悆夙屭(興)用追孝，用旜(祈)多福，悆其萬年眉壽，永寶用享

9.4459 王征南淮尸(夷)，伐角、津，伐桐、遹(僪)，翏生(甥)從，執訊折首，俘戎器，俘金，用乍(作)旅盨，用對剌(烈)，翏生(甥)眔大娟(妘)，其百男、百女、千孫，其邁(萬)年眉壽，永寶用

9.4460 王征南淮尸(夷)，伐角、津，伐桐、遹(僪)，翏生(甥)從，執訊折首，俘戎器，俘金，用乍(作)旅盨，用對剌(烈)，翏生(甥)眔大娟(妘)，其百男、百女、千孫，其邁(萬)年眉壽，永寶用

9.4461 王征南淮尸(夷)，伐角、津，伐桐、遹(僪)，翏生(甥)從，執訊折首，俘戎器，俘金，用乍(作)旅盨，用對剌(烈)，翏生(甥)眔大娟(妘)，其百男、百女、千孫，其邁(萬)年眉壽，永寶用

9.4462 唯四年二月，既生霸戊戌，王在周師彔宫，各大室，即立(位)，𤔲馬共右(佑)𤼈，王乎史寿(敖)册賜般(鞶)靳、虢(鞹)攸(芾)、攸(鋚)勒，敢對揚天子休，用乍(作)文考寶毁，𤼈其萬年，子子孫孫其永寶，木羊册

9.4463 唯四年二月，既生霸戊戌，王在周師彔宫，各大室，即立(位)，𤔲馬共右(佑)𤼈，王乎史寿(敖)册賜般(鞶)靳、虢(鞹)攸(芾)、攸(鋚)勒，敢對揚天子休，用乍(作)文考寶毁，𤼈其萬年，子子孫孫其永寶，木羊册

9.4464 唯王十又八年正月，南仲邦父命駒父毁(即)南者(諸)侯，逶(帥)高父見南淮尸(夷)，厥取厥服，堇(謹)尸(夷)俗，豖(遂)不敢不敬畏王命，逆見我，厥獻厥服，我乃至于淮小大邦，亡敢不敓(敹)具(俱)逆王命，四月，還至于蔡，乍(作)旅盨，

駒父其邁(萬)年,永用多休

9.4465 唯十又八年,十又二月,初吉庚寅,王在周康穆宮,王令尹氏友史趛,典善(膳)夫克田人,克拜䭫首,敢對天子不(丕)顯魯休揚,用乍(作)旅盨,唯用獻于師尹、倗友、聞(婚)遘(媾),克其用朝夕享于皇祖考,皇祖考其數數𣪘𣪘,降克多福、眉壽、永令(命),畯臣天子,克其日賜休無疆,克其萬年,子子孫孫永寶用

9.4466 唯王廿又五年,七月既望□□,王在永師田宮,令小臣成友逆旅□、內史無斁、大(太)史旟,曰:章(賞)厥賓夫吒鬲比田,其邑旃、𠈇(鄰)、嚴(買),𠂤(復)友(賄)鬲比其田,其邑復歃、言二邑(邑),畀(俾)鬲比𠂤(復)厥小宮吒鬲比田,其邑彶眔句、商、兒,眔讎、戈,復(復)限余(予)鬲比田,其邑兢、𣏟(櫨)、甲三邑,州、瀘二邑,凡復友(賄)、復付鬲比田十又三邑,厥右(佑)善(膳)夫克,鬲比乍(作)朕皇祖丁公、文考叀(宄)公盨,其子子孫孫永寶用,褱

9.4467 王若曰:師克,不(丕)顯文、武,膺受大令(命),匍(撫)有四方,則繇唯乃先祖考又(有)爵(勛)于周邦,干(捍)害(禦)王身,乍(作)爪牙,王曰:克,余唯巠(經)乃先祖考,克黔(令)臣先王,昔余既令(命)女(汝),今余唯𤕌(申)𩫏(就)乃令(命),令(命)女(汝)更乃祖考,䌛(纘)𤔲左右虎臣,賜女(汝)秬鬯一卣、赤巿、五黄(衡)、赤舄、牙僰、駒車、𠦪(賁)較(較)、朱虢(鞹)𩏂靳、虎冟(冪)熏(纁)裏、畫𨍭(䡈)、畫輯、金甬(筩)、朱旂、馬四匹、攸(鋚)勒、素戉(鉞),敬夙夕勿灋(廢)朕令(命),克敢對揚天子不(丕)顯魯休,用乍(作)旅盨,克其邁(萬)年,子子孫孫永寶用

9.4468 王若曰:師克,不(丕)顯文、武,膺受大令(命),匍(撫)有四方,則唯乃先祖考又(有)爵(勛)于周邦,干(捍)害(禦)王身,乍(作)爪牙,王曰:克,余唯巠(經)乃先祖考,克黔(令)臣先王,昔余既令(命)女(汝),今余唯𤕌(申)𩫏(就)乃令(命),令(命)女(汝)更乃祖考,䌛(纘)𤔲左右虎臣,賜女(汝)秬鬯一卣、赤巿、五黄(衡)、赤舄、牙僰、駒車、𠦪(賁)較(較)、朱虢(鞹)𩏂靳、虎冟(冪)熏(纁)裏、畫𨍭(䡈)、畫輯、金甬(筩)、朱旂、馬四匹、攸(鋚)勒、素戉(鉞),敬夙夕勿灋(廢)朕令(命),克敢對揚天子不(丕)顯魯休,用乍(作)旅盨,克其邁(萬)年,子子孫孫永寶用

9.4469 又(有)進退,雩邦人、正人、師氏人,又(有)辠(罪)又(有)故(辜),廼𩣡(協)倗即女(汝),廼繇(繇)宕,卑(俾)復虐逐厥君、厥師,廼乍(作)余一人咎,王曰:𡎖(坤、坍),敬明乃心,用辟我一人,善效(教)乃友內(入)䢅(譬),勿事(使)暴虐從(縱)獄,爰奪𠭯行道,厥非正命,廼敢疾訊人,則唯輔天降喪,不[盄]唯死,賜女(汝)秬鬯一卣、乃父巿、赤舄、駒車、𠦪(賁)較(較)、朱虢(鞹)𩏂靳、虎冟(冪)熏(纁)裏、畫𨍭(䡈)、畫輯、金甬(筩)、馬四匹、鋚勒,敬夙夕勿灋(廢)朕命,𡎖(坍)拜䭫首,對揚天子不(丕)顯魯休,用乍(作)寶盨,叔邦父、叔姞邁(萬)年,子子孫孫永寶用

9.4470 鑄

9.4471 倗之簠

9.4472 □之簠

9.4473 史利乍(作)簠

9.4474 史利乍(作)簠

9.4475 𢆶之行簠

9.4476 大(太)府之簠

9.4477 左使車工蔡

9.4478 左使車工𡐦(坿)

9.4479 射南自乍(作)其簠

9.4480 射南自乍(作)其簠

9.4481 史頌乍(作)簠,永寶

9.4482 仲其父乍(作)旅簠

9.4483 仲其父乍(作)旅簠

9.4484 劉伯乍(作)孟姬簠

9.4485 般仲𧾷肇乍(作)簠,般仲㡿肇乍(作)簠

9.4486 微乘鑄其寶簠

9.4487 樊君靡之飤簠

9.4488 曾子遡之行簠

9.4489 曾子遡之行簠

9.4490 蔡侯龖(申)之飤簠

9.4491 蔡侯龖(申)之飤簠

9.4492 蔡侯龖(申)之飤簠

9.4493 蔡侯龖(申)之飤簠

9.4494 盛君縈之御簠

9.4495 曾侯乙詐(作)時(持)甬(用)冬(終)

9.4496 曾侯乙詐(作)時(持)甬(用)冬(終)

9.4497 圅交仲乍(作)旅簠,寶用

9.4498 虢叔乍(作)叔殷穀尊簠

9.4499 衛子叔旡父乍(作)旅簠

9.4500 蔡公子義工之飤簠

9.4501 王孫𠭯乍(作)蔡姬飤簠

9.4502 慶孫之子峠之𩞁(饙)簠

9.4503 西替乍(作)其妹靳尊簠

9.4504 京叔姬乍(作)寶簠,其永用

9.4505 大嗣馬孛术自乍(作)飤簠

9.4506 鑄客爲王句(后)六室爲之

9.4507 鑄客爲王句(后)六室爲之

9.4508 鑄客爲王句(后)六室爲之

9.4509 鑄客爲王句(后)六室爲之

9.4510 鑄客爲王句(后)六室爲之

9.4511 鑄客爲王句(后)六室爲之

9.4512 鑄客爲王句(后)六室爲之,八

9.4513 鑄客爲王句(后)六室爲之

9.4514 虢叔乍(作)旅簠,其萬年永寶

9.4515 虢叔乍(作)旅簠,其萬年永寶

9.4516 治[illegible]乍(作)寶匰(筐),子子孫孫永寶用

9.4517 魯士虖(閑)父乍(作)飤簠,永寶用

9.4518 魯士虖(閑)父乍(作)飤簠,永寶用

9.4519 魯士虖(閑)父乍(作)飤簠,永寶用

9.4520 魯士虖(閑)父乍(作)飤簠,永寶用

9.4521 階侯微逆乍(作)簠,永壽用之

9.4522 寍(密)姒乍(作)旅匚(筐),其子子孫孫永寶用

9.4523 史𩰫乍(作)旅簠,其萬年永寶用

9.4524 寋(塞)自乍(作)[旅]簠,其子子孫孫永寶用

9.4525 伯𣄃父乍(作)旅簠,用倗旨飤

9.4526 伯彊爲皇氏伯行器,永祜福

9.4527 吴王御士尹氏叔緐乍(作)旅匚(筐)

9.4528 曾子𡱂(㬎)自乍(作)行器,則永祜福

9.4529 曾子𡱂(㬎)自乍(作)行器,則永祜福

9.4530 善(膳)夫吉父乍(作)旅簠,其萬年永寶

9.4531 内(芮)公乍(作)鑄寶簠,子孫永寶用享

9.4532 冑自乍(作)𩞁(饙)簠,其子子孫孫永寶用享

9.4533 伊誒(譒)乍(作)簠,用事于丂(考),永寶用之

9.4534 姅仲乍(作)甫妣朕(媵)簠,子子孫孫永寶用

9.4535 伯壽父乍(作)寶簠,其萬年永寶用

9.4536 伯嗎父乍(作)𩞁(饙)簠,□其邁(萬)年永寶用

9.4537 内(芮)大(太)子白乍(作)簠,其邁(萬)年,子子孫永用

9.4538 内(芮)大(太)子白乍(作)簠,其邁(萬)年,子子孫永用

9.4539 𩵦山奢淲鑄其寶簠,子子孫永寶用

9.4540 𩵦山旅虎鑄其寶簠,子子孫永寶用

9.4541 𩵦山旅虎鑄其寶簠,子子孫永寶用

9.4542 鄀于子瓶(甈)自乍(作)旅簠

9.4543 鄀于子瓶(甈)又自乍(作)旅簠,子子孫孫永用

9.4544 八田日,子叔牀(秋)父乍(作)行器,永古(祜)畐(福)

9.4545 𨞵(邊)子乍(作)[illegible](飤)簠,𡔬爲其行器,永壽用

9.4546 辥(薛)子仲安乍(作)旅簠,其子子孫孫永寶用享

9.4547 辥(薛)子仲安乍(作)旅簠,其子子孫永寶用享

9.4548 辥(薛)子仲安乍(作)旅簠,其子子孫孫永寶用享

9.4549 楚王酓(熊)肯攸(作)鑄金簠,以共(供)歲棠(嘗),戊寅

9.4550 楚王酓(熊)肯攸(作)鑄金簠,以共(供)歲棠(嘗),乙

9.4551 楚王酓(熊)肯攸(作)鑄金簠,以共(供)歲棠(嘗),辛

9.4552 䵼(胡)叔乍(作)吴(虞)姬尊鉦(筐),其萬年,子子孫孫永寶用

9.4553 尹氏貯(賈)良乍(作)旅匚(筐),其邁(萬)年,子子孫孫永寶用

9.4554 伯戜(勇)父乍(作)簠,其萬年眉壽,子子孫孫永寶用

9.4555 師麻孝叔乍(作)旅匿(筐),其萬年,子子孫孫永寶用

9.4556 走(趣)馬辥(薛)仲赤,自乍(作)其簠,子子孫孫,永保用享

9.4557 商丘叔乍(作)其旅簠,其萬年,子子孫孫永寶用

9.4558 商丘叔乍(作)其旅簠,其萬年,子子孫孫永寶用

9.4559 商丘叔乍(作)其旅簠,其萬年,子子孫孫永寶用

9.4560 鑄叔乍(作)嬴氏寶簠,其萬年眉壽,永寶用

9.4561 鼾侯乍(作)叔姬寺男賸(媵)簠,子子孫孫,永寶用享

9.4562 鼾侯乍(作)叔姬寺男賸(媵)簠,子子孫孫,永寶用享

9.4563 季宫父乍(作)宗(崇)娟(妘)儹(媵)簠,其萬年,子子孫孫永寶用

9.4564 季宫父乍(作)宗(崇)娟(妘)儹(媵)簠,其萬年,子子孫孫永寶用

9.4565 交君子叕肇乍(作)寶簠,其眉壽萬年,永寶用

9.4566 魯伯俞(愈)父乍(作)姬仁簠,其萬年眉壽,永寶用

9.4567 魯伯俞(愈)父乍(作)姬仁簠,其萬年眉壽,永寶用

9.4568 魯伯俞(愈)父乍(作)姬仁簠,其萬年眉壽,永寶用

9.4569 鄀公乍(作)屖仲、仲孎(芈)義男尊簠,子子孫孫,永寶用之

9.4570 鑄子叔黑臣,肇乍(作)寶簠,其萬年眉壽,永寶用

9.4571 鑄子叔黑臣,肇乍(作)寶簠,其萬年眉壽,永寶用

9.4572 季宫父乍(作)仲姊孃姬佚(媵)簠,其萬年,子子孫孫永寶用

9.4573 唯九月初吉庚申,曾子遽彝爲孟姬鄬鑄賸(媵)簠

9.4574 鑄公乍(作)孟妊車母朕(媵)簠,其萬年眉壽,子子孫孫永寶用

9.4575 唯八月初吉庚申,楚子暖鑄其飤簠,子孫永保之

9.4576 唯八月初吉庚申,楚子暖鑄其飤簠,子孫永保之

9.4577 唯八月初吉庚申,楚子暖鑄其飤簠,子孫永保之

9.4578 唯羌仲无擇其吉金,用自乍(作)寶簠,其子子孫孫永寶用享

9.4579 史免乍(作)旅匿(筐),從王征行,用盛旛(稻)梁(粱),其子子孫孫永寶用享

9.4580 叔邦父乍(作)簠,用征用行,用從君王,子子孫孫,其萬年無疆

9.4581 唯伯其(麒)父慶(磬)乍(作)旅祜(簠),用賜眉壽萬年,子子孫孫,永寶用之

9.4582 番君召乍(作)饆(饙)簠,用享用耆(孝),用笴(祈)眉壽,子子孫孫永寶用

9.4583 番君召乍(作)饆(饙)簠,用享用耆(孝),用笴(祈)眉壽,子子孫孫永寶用

9.4584 番君召乍(作)饆(饙)簠,用享用耆(孝),用笴(祈)眉壽,子子孫孫永寶用

9.4585 番君召乍(作)饆(饙)簠,用享用耆(孝),用笴(祈)眉壽,子子孫孫永寶用

9.4586 番君召乍(作)饆(饙)簠,用享用耆(孝),用笴(祈)眉壽,子子孫孫永寶用

9.4587 番君召乍(作)饆(饙)簠,用享用耆(孝),用笴(祈)眉壽,子子孫孫,永寶用之

9.4588 唯正月初吉丁亥,曾子□自乍(作)飤簠,子子孫孫,永保用之

9.4589 有殷天乙唐(湯)孫宋公緣(欒),乍(作)其妹句敔夫人季子媵簠

9.4590 有殷天乙唐(湯)孫宋公緣(欒),乍(作)其妹句敔夫人季子媵簠

9.4591 曾孫史尸乍(作)饆(饙)簠,其萬〼,永寶用之

9.4592 是叔虎父乍(作)杞孟辝(姒)饆(饙)簠,其萬年眉壽,子子孫孫,永寶用享

9.4593 曹公賸(媵)孟姬悆母匿(筐),用祈眉壽無疆,子子孫孫,永壽用之

9.4594 子季嬴青擇其吉金,自乍(作)飤簠,眉壽無其(期),子子孫孫,羕(永)保用之

9.4595 齊陳曼不敢逸康,肇堇(謹)經德,乍(作)皇考獻叔饆(饙)瓬(盤),永保用簠

9.4596 齊陳曼不敢逸康,肇堇(謹)經德,乍(作)皇考獻叔饆(饙)瓬(盤),永保用簠

9.4597 陳(陳)公子仲慶,自乍(作)匿(筐)簠,用祈眉壽,萬年無疆,子子孫孫,永壽用之

9.4598 叔姬霝乍(迮)

黄邦，曾侯乍(作)叔姬、邛(江)嬶(芈)賸(媵)器鼝彝，其子子孫孫其永用之

9.4599 鄴(養)伯受用其吉金，乍(作)其元妹叔嬴爲心賸(媵)鐈(饙)簠，子子孫孫，其永用之

9.4600 蛣(都)公諴(諴)乍(作)旅簠，用追孝于皇祖、皇考，用賜眉壽萬年，子子孫孫永寶用

9.4601 奠(鄭)伯大嗣工(空)召叔山父乍(作)旅簠，用享用孝，用匄眉壽，子子孫孫，用爲永寶

9.4602 奠(鄭)伯大嗣工(空)召叔山父乍(作)旅簠，用享用孝，用匄眉壽，子子孫孫，用爲永寶

9.4603 唯正月初吉丁亥，敶(陳)侯乍(作)王仲嬀𡟰(痟)賸(媵)簠，用祈眉壽無疆，永壽用之

9.4604 唯正月初吉丁亥，敶(陳)侯乍(作)王仲嬀𡟰(痟)賸(媵)簠，用祈眉壽無疆，永壽用之

9.4605 唯九月初吉壬申，嘉子伯昜臚用其吉金，自乍(作)寶簠，子子孫孫，永壽用之

9.4606 唯正月初吉丁亥，敶(陳)侯乍(作)孟姜𡢁(痟)賸(媵)簠，用祈眉壽，萬年無疆，永壽用之

9.4607 唯正月初吉丁亥，敶(陳)侯乍(作)孟姜𡢁(痟)賸(媵)簠，用祈眉壽，萬年無疆，永壽用之

9.4608 唯正月初吉丁亥，考叔㫚父自乍(作)尊簠，其眉壽，萬年無疆，子子孫孫，永寶用之

9.4609 唯正月初吉丁亥，考叔㫚父自乍(作)尊簠，其眉壽，萬年無疆，子子孫孫，永寶用之

9.4610 唯正十又一月辛巳，𩐏(申)公彭宇自乍(作)淄(𨥫)簠，宇其眉壽，萬年無疆，子子孫孫，永寶用之

9.4611 唯正十又一月辛巳，𩐏(申)公彭宇自乍(作)淄(𨥫)簠，宇其眉壽，萬年無疆，子子孫孫，永寶用之

9.4612 唯正月初吉丁亥，楚屈子赤目朕(媵)仲嬶(芈)璜飤簠，其眉壽無疆，子子孫孫，永保用之

9.4613 唯正六月，初吉丁亥，上鄀府擇其吉金，鑄其淄(𨥫)簠，𠀠(其)眉壽無記(期)，子子孫孫，永寶用之

9.4614 唯正□月初吉乙亥，曾□□擇其吉金，自乍(作)鐈(饙)簠，其眉壽無疆，子子孫孫，永寶用之

9.4615 叔家父乍(作)仲姬匡(筐)，用成(盛)旝(稻)梁(粱)，用速(速)先後者(諸)皃(兄)，用祈眉考(老)無疆，哲德不亡(忘)，孫子之𩁹(睨)

9.4616 唯正月初吉丁亥，鄦(許)子妝擇其吉金，用鑄其簠，用賸(媵)孟姜、秦嬴，其子子孫孫羕(永)保用之

9.4617 唯王正月，初吉丁亥，無(許)公買擇厥吉金，自乍(作)飤簠，以祈眉壽，永命無疆，子子孫孫，永寶用之

9.4618 唯正月初吉丁亥，樂子嚷豧擇其吉金，自乍(作)飤簠，其眉壽，萬年無楷(諆期)，子子孫孫，永保用之

9.4619 唯正月初吉丁亥，孫叔左擇其吉金，自乍(作)鐈(饙)簠，其萬年，眉壽無疆，子子孫孫，永寶用之

9.4620 唯十月初吉庚午，叔朕擇其吉金，自乍(作)䢦(薦)簠，以敹稻粱，萬年無疆，叔朕眉壽，子子孫孫，永寶用之

9.4621 唯十月初吉庚午，叔朕擇其吉金，自乍(作)䢦(薦)簠，以敹稻粱，萬年無疆，叔朕眉壽，子子孫孫，永寶用之

9.4622 唯十月初吉庚午，叔朕擇其吉金，自乍(作)䢦(薦)簠，以敹稻粱，萬年無疆，叔朕眉壽，□□敓之寶

9.4623 唯正月初吉，鼄(邾)大(太)宰欉子斟(耕)鑄其簠，曰：余諾龏(恭)孔惠，其眉壽以鐈，萬年無㫷(期)，子子孫孫，永寶用之

9.4624 唯正月初吉，鼄(邾)大(太)宰欉子斟(耕)鑄其簠，曰：余諾龏(恭)孔惠，其眉壽以鐈，萬年無㫷(期)，子子孫孫，永寶用之

9.4625 唯正月初吉丁亥，長子𩡉臣擇其吉金，乍(作)其子孟嬶(芈)之女賸(媵)簠，其眉壽，萬年無楷(諆、期)，子子孫孫，永保用之

9.4626 唯三月既生霸乙卯，王在周，令(命)免乍(作)嗣土(徒)，嗣奠(鄭)還㪤(廩)，眔吳(虞)、眔牧，賜戠(織)衣、䜌(鑾)，對揚

王休，用乍(作)旅𪔂彝，免其萬年永寶用

9.4627 弭仲乍(作)寶匿(璉)，擇之金，錛(礦)鈗鏷鏞(鋁)，其𤰈(良)、其玄、其黄，用成(盛)朮(秫)稻(稻)糕粱，用卿(饗)大正，音(歆)王賓，饍具(俱)旨食，弭仲受無疆福，者(諸)友飪飤具(俱)飽(飽)，弭仲畀壽

9.4628 伯大(太)師小子伯公父乍(作)簠，擇之金，唯鐈唯盧(鋁)，其金孔吉，亦玄亦黄，用成(盛)糕(糕)稻(稻)需(糯)粱，我用召(紹)鄉(卿)事(士)、辟王，用召(紹)者(諸)考(老)者(諸)兄，用旂(祈)眉壽，多福無疆，其子子孫孫永寶用享

9.4629 唯王正月，初吉丁亥，少子陳逆曰：余陳(田)趄(桓)子之裔孫，余寅(夤)事齊侯，懽血(恤)宗家，擇厥吉金，台(以)乍(作)厥元配季姜之祥器，鑄茲簠(簠)簠(笑)，台(以)享台(以)養(孝)于大宗、皇稷(梖、祖)、皇妣、皇丂(考)、皇母，乍(作)豙(遂)今命，沬(眉)壽邁(萬)年，子子孫孫羕(永)保用

9.4630 唯王正月，初吉丁亥，少子陳逆曰：余陳(田)趄(桓)子之裔孫，余寅(夤)事齊侯，懽血(恤)宗家，擇厥吉金，台(以)乍(作)厥元配季姜之祥器，鑄茲簠(簠)簠(笑)，台(以)享台(以)養(孝)于大宗、皇稷(梖、祖)、皇妣、皇丂(考)、皇母，乍(作)豙(遂)今命，沬(眉)壽邁(萬)年，子子孫孫羕(永)保用

9.4631 唯王九月，初吉庚午，曾伯霥(漆)哲聖元武，元武孔黹，克狄(逖)淮尸(夷)，印(抑)燮繁(繁)湯(陽)，金導鍚(錫)行，具既卑(俾)方，余擇其吉金黄鏞(铝)，余用自乍(作)旅簠，以征以行，用盛稻粱，用孝用享于我皇祖、文考，天賜(賜)之福，曾伯霥(漆)叚(遐)不黄耇、邁(萬)年，眉壽無疆，子子孫孫，永寶用之享

9.4632 唯王九月，初吉庚午，曾伯霥(漆)哲聖元武，元武孔黹，克狄(逖)淮尸(夷)，印(抑)燮繁(繁)湯(陽)，金導鍚(錫)行，具既卑(俾)方，余擇其吉金黄鏞(铝)，余用自乍(作)旅簠，以征以行，用盛稻粱，用孝用享于我皇文考，天賜(賜)之福，曾霥(漆)叚(遐)不黄耇、邁(萬)年，眉壽無疆，子子孫孫，永寶用之享

9.4633 右𡱝(𨑓、遅)君(尹)

9.4634 大(太)府之饋(饙)盞

9.4635 滕(滕)侯昊(昃)之御盞(敦)

9.4636 郳于敱(𪊲)之行盞

9.4637 楚子𠬪(迎)鄴之飤，子

9.4638 齊侯乍(作)飤𦎫(敦)，其邁(萬)年永保用

9.4639 齊侯乍(作)飤𦎫(敦)，其邁(萬)年永保用

9.4640 魯子仲之子歸父爲其善(膳)𦎫(敦)

9.4641 𨺅(郳)公冑(克)鑄其饍(饙)鐓(敦)，永保用之

9.4642 荆公孫鑄其善(膳)𦎫(敦)，萬壽用之，大寶無朞(期)

9.4643 王子申乍(作)嘉孏(芈)盞盂，其眉壽無期，永保用之

9.4644 唯正月吉日乙丑，拍乍(作)朕配平姬墉宫祀彝，絟(繼)毋𡉚(埋)用祀，永枼(世)毋出

9.4645 齊侯乍(作)朕(媵)寬圓孟姜膳𦎫(敦)，用旂(祈)眉壽，邁(萬)年無疆，它它(施施)配配(熙熙)，男女無期，子子孫永保用之

9.4646 唯十又四年，陳侯午台(以)群者(諸)侯獻金，乍(作)皇妣孝大妃祭器錍(鈛)錞(敦)，台(以)登(烝)台(以)嘗，保又(有)齊邦，永枼(世)毋忘

9.4647 唯十又四年，陳侯午台(以)群者(諸)侯獻金，乍(作)皇妣孝大妃祭器錍(鈛)錞(敦)，台(以)登(烝)台嘗，保又(有)齊邦，永枼(世)毋忘

9.4648 唯十年，陳侯午淖(朝)群邦者(諸)侯于齊，者(諸)侯享(獻)台(以)吉金，用乍(作)平壽适器𦎫(敦)，台(以)登(烝)台(以)嘗，保有齊邦，永枼(世)毋忘

9.4649 唯正六月癸未，陳侯因資(齊)曰：皇考孝武趄(桓)公龏(恭)𢦏(戴)，大慕(謨)克成，其惟因資(齊)揚皇考，𦔻(招、紹)緟(緟)高祖黄啻(帝)，侎㲺(嗣)趄文，

淖(朝)聞(問)者(諸)侯,合(答)揚厥德,者(諸)侯寅(夤)薦吉金,用乍(作)孝武趄(桓)公祭器鐘(敦),台(以)登(烝)台(以)嘗,保有齊邦,𦉢(世)萬子孫,永爲典尚(常)

9.4650 哀成叔之鉌

9.4651 樐

9.4652 叡龔

9.4653 亞疑

9.4654 公

9.4655 公

9.4656 公

9.4657 公

9.4658 串雞父丁

9.4659 穌(蘇)貉乍(作)小用

9.4660 卲之御鎰

9.4661 卲之御鎰

9.4662 郃之飤盞(鬪)

9.4663 哀成叔之𥂴(卷)

9.4664 左使車工尼

9.4665 左使車工𣓁

9.4666 衛始(姒)乍(作)饙(餴)𣪕

9.4667 衛始(姒)乍(作)饙(餴)𣪕

9.4668 蒦(畫)圆窑(陶)里人告(造)

9.4669 𩰫叔乍(作)德人旅甫(簠)

9.4670 曾侯乙詐(作)右(持)甬(用)冬(終)

9.4671 曾侯乙詐(作)峕(持)甬(用)冬(終)

9.4672 單昊生(甥)乍(作)羞豆,用享

9.4673 曾仲斿父自乍(作)寶甫(簠)

9.4674 曾仲斿父自乍(作)寶甫(簠)

9.4675 鑄客爲王句(后)六室爲之

9.4676 鑄客爲王句(后)六室爲之

9.4677 鑄客爲王句(后)六室爲之

9.4678 鑄客爲王句(后)六室爲之

9.4679 鑄客爲王句(后)六室爲之

9.4680 鑄客爲王句(后)六室爲之

9.4681 微伯瘭乍(作)簠,其萬年永寶

9.4682 周生(甥)乍(作)尊豆,用享于宗室

9.4683 周生(甥)乍(作)尊豆,用享于宗室

9.4684 [illegible]公乍(作)杜𡢁(祁)鏌(奠)鋪(簠),永寶用

9.4685 康生(甥)乍(作)玟(文)考癸公寶尊彝

9.4686 黄君孟自乍(作)行器,子子孫孫,則永寚(祜)福(福)

9.4687 黄子乍(作)黄甫(夫)人行器,則永寚(祜)福(福),霝(靈)冬(終)、霝(靈)後

9.4688 富子之上官獲之畫[illegible]銅鈇十,台(以)爲大迲(赴)之從鈇,莫(暮)其𩈁

9.4689 魯大𤔲徒厚氏元,乍(作)善(膳)匿(簠),其眉壽,萬年無疆,子孫永寶用之

9.4690 魯大𤔲徒厚氏元,乍(作)善(膳)匿(簠),其眉壽,萬年無疆,子子孫孫,永寶用之

9.4691 魯大𤔲徒厚氏元,乍(作)善(膳)匿(簠),其眉壽,萬年無疆,子子孫孫,永寶用之

9.4692 大(太)師虘乍(作)烝尊豆,用卲洛(各)朕文祖考,用旂(祈)多福,用匄永令(命),虘其永寶用享

9.4693 姬寏母乍(作)大公、墉公、□公、魯仲臤、省伯、孝公、靜公豆,用祈眉壽,永命多福,永寶用

9.4694 郢姬府所告(造),豚(重)十[illegible]四[illegible],𠭯桼(率)一㴴(挻)襄(鑲),冢(重)三桼(率)二𠭯桼(率)四[illegible],郪陵君王子申,攸𢦏(載)𢼊(造)鈇(簠)盍(盒),攸立(涖)歲嘗(嘗),以祀皇祖,以會父侳(兄),祥(永)甬(用)之,官(綰)攸(悠)無疆

9.4695 郪陵君王子申,攸𢦏(載)𢼊(造)鈇(簠)盍(盒),攸立(涖)歲嘗(嘗),以祀皇祖,以會父侃(兄),祥(永)甬(用)之,官(綰)攸(悠)無疆

10.4701 戈

10.4702 戈

10.4703 戈

10.4704 戈

10.4705 戈

10.4706 戈

10.4707 戈

10.4708 戈

10.4709 戈

10.4710 戈

10.4711 戠

10.4712 [illegible]

10.4713 [illegible]

10.4714 [illegible]

10.4715 [illegible]

10.4716 [illegible]

10.4717 [illegible]

10.4718 [illegible]

10.4719 [illegible]

10.4720 [illegible]

10.4721 史

10.4722 史

10.4723 史

10.4724 史

10.4725 史

10.4726 史

10.4727 冉

10.4728 冉

10.4729 冉

10.4730 冉

10.4731 冉
10.4732 子
10.4733 竝
10.4734 奚
10.4735 拲
10.4736 斆(二教)
10.4737 受
10.4738 爰
10.4739 [glyph]
10.4740 魚
10.4741 漁
10.4742 龏
10.4743 燮
10.4744 [glyph]
10.4745 鼎
10.4746 鼎
10.4747 [glyph]
10.4748 [glyph]
10.4749 秝
10.4750 禾
10.4751 蛙
10.4752 萬
10.4753 敄
10.4754 嫂
10.4755 嫂
10.4756 [glyph]
10.4757 [glyph]
10.4758 𦎫
10.4759 冀
10.4760 竃
10.4761 竃
10.4762 嬬
10.4763 嬬
10.4764 [glyph]
10.4765 [glyph]
10.4766 [glyph]
10.4767 舌
10.4768 舌
10.4769 天
10.4770 [glyph](共)
10.4771 天
10.4772 天
10.4773 [glyph]
10.4774 丮
10.4775 [glyph]
10.4776 卷
10.4777 觥
10.4778 徙
10.4779 還(狩)
10.4780 葡
10.4781 葡
10.4782 堅(鏗)
10.4783 [glyph]
10.4784 龍
10.4785 叀
10.4786 弔
10.4787 鳶
10.4788 獲
10.4789 彖
10.4790 [glyph]
10.4791 叉
10.4792 𥄎
10.4793 五
10.4794 徙
10.4795 得
10.4796 橐
10.4797 [glyph](示)
10.4798 需
10.4799 楠
10.4800 楠
10.4801 楠
10.4802 交
10.4803 冊
10.4804 [glyph]
10.4805 亞伐
10.4806 亞醜
10.4807 亞醜
10.4808 亞醜
10.4809 亞醜
10.4810 亞醜
10.4811 亞獸
10.4812 亞奚
10.4813 亞疑
10.4814 亞丏
10.4815 亞弁
10.4816 亞弁
10.4817 亞其
10.4818 亞母
10.4819 亞盥
10.4820 告亞
10.4821 祖辛
10.4822 父乙
10.4823 冉乙
10.4824 冉丙
10.4825 丁丰
10.4826 丁犬
10.4827 丁冉
10.4828 丁[glyph]
10.4829 己䰇
10.4830 己䰇
10.4831 己䰇
10.4832 [glyph]己
10.4833 冉己
10.4834 辛冉
10.4835 父辛
10.4836 父癸
10.4837 父癸
10.4838 癸冉
10.4839 癸[glyph]
10.4840 癸[glyph]
10.4841 癸豕
10.4842 倗舟
10.4843 [glyph]母
10.4844 婦冀
10.4845 婦[glyph]
10.4846 婦[glyph]
10.4847 子侯
10.4848 子[glyph]
10.4849 子臭
10.4850 子[glyph](㹃)
10.4851 母魚
10.4852 竹旅
10.4853 魚從
10.4854 戈[glyph](五)
10.4855 冉鱻(魰)
10.4856 冉蛙
10.4857 冉蛙
10.4858 [glyph]
10.4859 [glyph]
10.4860 亞享
10.4861 亞享
10.4862 亞享
10.4863 [glyph]犮
10.4864 戊木
10.4865 弗刀
10.4866 [glyph]
10.4867 [glyph](危)耳
10.4868 六一八六一一,𩱨(召)
10.4869 皇戈
10.4870 冊徫(衛)
10.4871 矍(玃)冊
10.4872 冊告
10.4873 [glyph](衛)典
10.4874 買車
10.4875 [glyph]仌(冰)
10.4876 冀微
10.4877 戲冀
10.4878 戲冀
10.4879 戲冀
10.4880 眀[glyph](封)
10.4881 [glyph]安
10.4882 葡貝
10.4883 [glyph](會)[glyph]
10.4884 用征
10.4885 馬永

10.4886 乍(作)彝
10.4887 乍(作)旅
10.4888 旅彝
10.4889 鳥祖甲
10.4890 糿祖乙
10.4891 子祖丁
10.4892 豺祖戊
10.4893 □祖戊
10.4894 子祖己
10.4895 祖庚史
10.4896 竟祖辛
10.4897 鳶祖辛
10.4898 子祖壬
10.4899 祖癸丙
10.4900 冀祖癸
10.4901 子祖癸
10.4902 鳥父甲
10.4903 甲父田
10.4904 丙父甲
10.4905 丰父甲
10.4906 敄父甲
10.4907 舟父甲
10.4908 天父乙
10.4909 天父乙
10.4910 何父乙
10.4911 趣(趨)父乙
10.4912 朿(刺)父乙
10.4913 册父乙
10.4914 魚父乙
10.4915 魚父乙
10.4916 魚父乙
10.4917 父乙魚
10.4918 卷父乙
10.4919 高子父乙
10.4920 丙父乙
10.4921 凡父乙
10.4922 黿父乙
10.4923 黿父乙
10.4924 黿父乙
10.4925 □(亞)父乙
10.4926 冀父乙
10.4927 光父乙
10.4928 鼂(鵬)父乙
10.4929 史父乙
10.4930 □(皮)父乙
10.4931 敄父乙
10.4932 □父乙
10.4933 亞父乙
10.4934 □父乙
10.4935 廟(庚)父乙
10.4936 析父丙
10.4937 牧父丙
10.4938 冀父丁
10.4939 冀父丁
10.4940 凡父丁
10.4941 史父丁
10.4942 爵父丁
10.4943 子父丁
10.4944 朿(刺)父丁
10.4945 耒父丁
10.4946 耒父丁
10.4947 酉父丁
10.4948 爻父丁，爻丁尹
10.4949 𠂤父丁
10.4950 黿父戊
10.4951 酉父己
10.4952 酉父己
10.4953 □(鈴)父己
10.4954 戈父己
10.4955 戈父己
10.4956 趣(趨)父己
10.4957 獸父己
10.4958 受父己
10.4959 遽父己
10.4960 父己冀
10.4961 父己冀
10.4962 凡父己
10.4963 冉父己
10.4964 萬父己
10.4965 丙父己
10.4966 丙父己
10.4967 父庚冀
10.4968 弓父庚
10.4969 子父庚
10.4970 父庚𢧵
10.4971 責(贐)父辛
10.4972 賓婦丁父辛
10.4973 丙父辛
10.4974 丙父辛
10.4975 □(秝幸)父辛
10.4976 天父辛
10.4977 父辛埶(藝)
10.4978 黿父辛
10.4979 父辛黽
10.4980 冀父辛
10.4981 弔父辛
10.4982 凡父辛
10.4983 辛父凡
10.4984 擊父辛
10.4985 翌父辛
10.4986 冉父辛
10.4987 父辛酉
10.4988 爵父癸
10.4989 另(剮)父癸
10.4990 史父癸
10.4991 戕(戒)父癸
10.4992 串父癸
10.4993 黿父癸
10.4994 取父癸
10.4995 令父癸
10.4996 葜(擘)父癸
10.4997 父癸魚
10.4998 父癸冀
10.4999 魚母乙
10.5000 冀母己
10.5001 爻母辛
10.5002 倗兄丁
10.5003 倗兄丁
10.5004 子辛覦(覞)
10.5005 子廟圖
10.5006 劦册竹
10.5007 西單獲
10.5008 秉毌丁
10.5009 丁冉蛙
10.5010 癸𡃧(衛)典
10.5011 冀稅(祓)
10.5012 踣其雞
10.5013 林亞俞
10.5014 亞 豈 (趄) 衎 (延)
10.5015 亞疑其(曩)
10.5016 丰叕(蹳)兮
10.5017 鳥 □ (四) 𡱒 (柄)
10.5018 大(太)保鑄
10.5019 乇田舌
10.5020 七五六六六七，罍(召)仲
10.5021 公乍(作)彝
10.5022 伯乍(作)彝
10.5023 伯寶彝
10.5024 員乍(作)夾
10.5025 吳乍(作)彝
10.5026 從乍(作)彝
10.5027 乍(作)從彝
10.5028 乍(作)從彝
10.5029 乍(作)旅彝
10.5030 乍(作)旅彝
10.5031 乍(作)旅彝
10.5032 乍(作)旅彝
10.5033 乍(作)旅，弓
10.5034 乍(作)寶彝
10.5035 乍(作)寶彝
10.5036 乍(作)寶彝
10.5037 乍(作)寶彝

10.5038 乍(作)寶彝
10.5039 乍(作)寶彝
10.5040 乍(作)尊彝
10.5041 乍(作)尊彝
10.5042 酉乍(作)旅
10.5043 乍(作)宗彝
10.5044 祖丁父己
10.5045 𦊁(玃)册祖丁
10.5046 𦊁(玃)册祖丁
10.5047 [illegible](戉)葡祖乙
10.5048 卬(邛)刀祖己
10.5049 亞冀(瘨)父甲
10.5050 陸册父甲
10.5051 父乙韋(衛)典
10.5052 陸册父乙
10.5053 亞覃父乙
10.5054 亞俞父乙
10.5055 亞厷(肱)父乙
10.5056 田告父乙
10.5057 子羽(𣧑)父乙
10.5058 聑日父乙
10.5059 丩冊父乙
10.5060 丩冊父乙
10.5061 幸旅父乙
10.5062 馬豢(貆)父丁
10.5063 馬豢(貆)父丁
10.5064 立畬父丁
10.5065 立畬父丁
10.5066 微乍(作)父丁
10.5067 獄盧父丁
10.5068 串雞父丁
10.5069 串雋父丁
10.5070 子廟父丁
10.5071 冉蛙父丁
10.5072 冉蛙父丁
10.5073 舟丙父丁
10.5074 埶(藝)公父丁
10.5075 采乍(作)父丁
10.5076 丩冊父戊
10.5077 又(右)敄父己
10.5078 亞㠱父己
10.5079 亞址父己
10.5080 子翌父庚
10.5081 陸册父庚
10.5082 家戈父庚
10.5083 獲婦父庚
10.5084 獸幸父辛
10.5085 亞醜父辛
10.5086 亞獏父辛
10.5087 令[illegible]父辛
10.5088 葡貝父辛
10.5089 旬[illegible]父辛
10.5090 幸旅父辛
10.5091 何父癸瘏
10.5092 乍(作)父癸,侁
10.5093 行天父癸
10.5094 亞得父癸
10.5095 韋(衛)册父癸
10.5096 畀[illegible](己)父癸
10.5097 亞醜杞婦
10.5098 聑髭婦[illegible]
10.5099 婦聿征(延)廙
10.5100 亞襄皇祈
10.5101 戉葡吳(嘩)辰
10.5102 王乍(作)姛弄
10.5103 伯[illegible]父乍(作)
10.5104 伯乍(作)尊彝
10.5105 伯乍(作)寶彝
10.5106 伯乍(作)寶彝
10.5107 伯乍(作)寶彝
10.5108 叔乍(作)旅彝
10.5109 叔乍(作)寶彝
10.5110 彭女(母)彝,冉
10.5111 丰丒(翟)母彝
10.5112 戈罟乍(作)厥
10.5113 毎乍(作)尊彝
10.5114 闌乍(作)尊彝
10.5115 登乍(作)尊彝
10.5116 辛乍(作)寶彝
10.5117 耒乍(作)寶彝
10.5118 駛乍(作)旅彝
10.5119 獵乍(作)旅彝
10.5120 乍(作)旅彝,冉
10.5121 乍(作)旅寶彝
10.5122 乍(作)宗寶彝
10.5123 乍(作)從彝,獸
10.5124 戎乍(作)從彝
10.5125 [illegible](會)[illegible]從彝
10.5126 乍(作)寶尊彝
10.5127 乍(作)寶尊彝
10.5128 乍(作)寶尊彝
10.5129 乍(作)寶尊彝
10.5130 乍(作)寶尊彝
10.5131 乍(作)寶尊彝
10.5132 乍(作)寶尊彝
10.5133 乍(作)寶尊彝
10.5134 乍(作)寶尊彝
10.5135 乍(作)寶尊彝
10.5136 乍(作)寶尊彝
10.5137 乍(作)寶尊彝
10.5138 乍(作)寶尊彝
10.5139 乍(作)寶尊彝
10.5140 乍(作)寶尊彝
10.5141 戈乍(作)旅彝
10.5142 眀子弓葡
10.5143 子鬻遽册
10.5144 乍(作)戲尊彝
10.5145 [illegible]父己㚸(戎)
10.5146 [illegible]祖己、父辛
10.5147 亞虒柩父乙
10.5148 冀乍(作)父乙彝
10.5149 臣辰侁父乙
10.5150 臣辰侁父乙
10.5151 臣辰侁父乙
10.5152 臣辰侁父乙
10.5153 臣辰侁父乙
10.5154 競乍(作)父乙旅
10.5155 頣文父丁毆(撫)
10.5156 西單冊父丁
10.5157 咏乍(作)旅父丁
10.5158 劦册竹父丁
10.5159 乍(作)父戊寶彝
10.5160 乍(作)父戊寶彝
10.5161 丩冊,六六六,父戊
10.5162 亞雀父己魚
10.5163 冀父己、母癸
10.5164 畬乍(作)父己彝
10.5165 北子冉父辛
10.5166 [illegible]木父辛册
10.5167 冀敄(扶)父辛彝
10.5168 亞其戈父辛
10.5169 父辛葡册戉
10.5170 守宫乍(作)父辛
10.5171 冀乍(作)父辛彝
10.5172 冀父癸母畬
10.5173 天番册父癸
10.5174 又(右)敄癸,又母[illegible]
10.5175 小子乍(作)母己
10.5176 小子乍(作)母

己
10.5177 膺(應)公乍(作)寶彝
10.5178 伯乍(作)寶尊彝
10.5179 伯乍(作)寶尊彝
10.5180 伯乍(作)寶尊彝
10.5181 伯乍(作)寶尊彝
10.5182 伯乍(作)寶尊彝
10.5183 伯乍(作)寶尊彝
10.5184 仲乍(作)寶尊彝
10.5185 叔乍(作)寶尊彝
10.5186 允册乍(作)尊彝
10.5187 叀乍(作)寶尊彝
10.5188 頼乍(作)寶尊彝
10.5189 肇乍(作)寶尊彝
10.5190 曶乍(作)寶尊彝
10.5191 豐乍(作)從寶彝,豐乍(作)寶從彝
10.5192 皇□乍(作)尊彝
10.5193 □娸乍(作)從彝
10.5194 師獲乍(作)尊彝
10.5195 干子□父戊
10.5196 見乍(作)寶尊彝
10.5197 狽乍(作)寶尊彝
10.5198 狛(猘)乍(作)寶尊彝
10.5199 亞弁祖乙、父己
10.5200 乍(作)祖戊寶彝,戠
10.5201 㠱祖辛禹亞顉(預)
10.5202 齊乍(作)父乙尊彝
10.5203 亞寢趩宔(鑄)父乙
10.5204 乍(作)父乙寶彝,兓(簪)
10.5205 觪采乍(作)父乙彝
10.5206 亞矢望丩父乙(15.9565)
10.5207 𠨘乍(作)父乙寶彝
10.5208 弓天(?)兼未父丙
10.5209 叀乍(作)父丁寶彝
10.5210 乍(作)父丁寶旅彝
10.5211 乍(作)丁揚尊彝,奄
10.5212 大中乍(作)父丁尊
10.5213 聑義乍(作)父庚尊彝
10.5214 戠乍(作)父戊旅彝
10.5215 亞古,乍(作)父己彝
10.5216 考乍(作)父辛尊彝
10.5217 乍(作)父辛寶尊彝
10.5218 乍(作)父癸尊彝,集
10.5219 乍(作)公尊彝,弓䡈
10.5220 膺(應)公乍(作)寶尊彝
10.5221 錀(險)伯乍(作)寶尊彝
10.5222 俞伯乍(作)寶尊彝
10.5223 汪伯乍(作)寶旅彝
10.5224 陧(隔)伯乍(作)寶尊彝
10.5225 陧(隔)伯乍(作)寶尊彝
10.5226 㵸(涇)伯乍(作)寶尊彝
10.5227 㵸(涇)伯乍(作)寶尊彝
10.5228 伯矩乍(作)寶尊彝
10.5229 伯矩乍(作)寶尊彝
10.5230 伯矩乍(作)寶尊彝
10.5231 伯各乍(作)寶尊彝
10.5232 伯各乍(作)寶尊彝
10.5233 伯貉乍(作)寶尊彝
10.5234 伯魚乍(作)寶尊彝
10.5235 力伯乍(作)寶尊彝
10.5236 仲𢿌乍(作)寶尊彝
10.5237 叔䵻乍(作)寶尊彝
10.5238 亞䣇乍(作)寶尊彝
10.5239 井季㚔乍(作)旅彝
10.5240 鄺季乍(作)寶尊彝
10.5241 㴱季乍(作)寶旅彝
10.5242 衛父乍(作)寶尊彝
10.5243 魰(鯆)父乍(作)旅彝,□(□)
10.5244 正父乍(作)寶彝,正父乍(作)寶尊彝
10.5245 夆(逢)苜(苫)父乍(作)寶彝
10.5246 仲自(師)父乍(作)旅彝
10.5247 安父乍(作)寶尊彝
10.5248 㚖乍(作)車(旅)彝,亞疑
10.5249 貙乍(作)寶尊彝,⋈(五)
10.5250 向乍(作)厥尊彝,㠱
10.5251 𤕌(蔣)嗌乍(作)寶尊彝
10.5252 買王罘尊彝,買王罘乍(作)尊彝
10.5253 竟乍(作)厥寶尊彝
10.5254 誓(醬)乍(作)

□寶尊彝，凣
10.5255 似向(餉)米宴(宮)尊彝
10.5256 焚(縈)子旅乍(作)旅彝
10.5257 盟 引 (强) 乍(作)寶尊彝
10.5258 卿乍(作)厥考尊彝
10.5259 卿乍(作)厥考尊彝
10.5260 遣乍(作)祖乙寶尊彝
10.5261 𨘢乍(作)祖乙寶尊彝
10.5262 𠖥乍(作)祖乙寶尊彝
10.5263 趄乍(作)祖丁寶尊彝
10.5264 𣏟(杙、枇)乍(作)祖辛尊彝，宁
10.5265 祖丁、示己、父癸，旅
10.5266 輂乍(作)妣癸尊彝，聿
10.5267 羊乍(作)父乙寶尊彝
10.5268 小臣乍(作)父乙寶彝
10.5269 乍(作)父乙寶尊彝，兕(誓)
10.5270 貣(布)乍(作)父乙尊彝，𠂤
10.5271 亞𡩜(䏤)宔𡦃(孤)竹丁父
10.5272 戈車乍(作)父丁寶尊彝
10.5273 田 告 父 丁 乍(作)寶彝
10.5274 子殷用乍(作)父丁彝
10.5275 敄乍(作)父丁尊彝，保
10.5276 耳日乍(作)父丁寶尊彝
10.5277 叀乍(作)父戊寶旅彝
10.5278 狽元乍(作)父戊尊彝
10.5279 㐭乍(作)寶尊彝，父己
10.5280 𡕮 (騪) 尸 乍(作)父己尊彝
10.5281 巽父己乍(作)寶尊彝
10.5282 𡥈乍(作)父己寶尊彝
10.5283 賁(贉)乍(作)父辛寶尊彝
10.5284 黴(黴)乍(作)父辛寶尊彝
10.5285 𠂆 𠃍 (舌) 乍(作)父辛尊彝
10.5286 竟乍(作)父辛寶尊彝
10.5287 敁(揣)乍(作)父辛旅彝，亞
10.5288 史戌乍(作)父壬尊彝
10.5289 乍(作)父壬寶尊彝，走
10.5290 賁(贉)乍(作)父癸寶尊彝
10.5291 矢伯獲乍(作)父癸彝
10.5292 亞其(㠱)疑乍(作)母辛彝
10.5293 亞其(㠱)疑乍(作)母辛彝
10.5294 亞其(㠱)疑乍(作)母辛彝
10.5295 亞 疑 㠱 臺 乍(作)母癸
10.5296 尹舟乍(作)兄癸尊彝
10.5297 閾乍(作)宄伯寶尊彝
10.5298 閾乍(作)宄伯寶尊彝
10.5299 北伯殁乍(作)寶尊彝
10.5300 散伯乍(作)屖(侹)父尊彝
10.5301 散伯乍(作)屖(侹)父尊彝
10.5302 弔敄(扶)册乍(作)寶彝
10.5303 朿 (刺) 叔 乍(作)厥寶尊彝
10.5304 佷矢乍(作)父辛寶彝
10.5305 史見乍(作)父甲尊彝
10.5306 乃子子乍(作)父庚寶尊彝
10.5307 髭乍(作)祖癸寶尊彝，朮
10.5308 甕(瓮)乍(作)父甲寶尊彝，單
10.5309 亞 騳 (䢿)，無(許)憂乍(作)父丁彝
10.5310 析家乍(作)父戊寶尊彝
10.5311 䚇(觀)乍(作)父戊寶尊彝，戠
10.5312 鈇乍(作)父戊尊彝，戈，句
10.5313 寤乍(作)父辛尊彝，俞亞
10.5314 夾乍(作)父辛尊彝，亞𠛬
10.5315 㸚(㗊)乍(作)父癸寶尊彝，旅
10.5316 伯 乍 (作) 文(大)公寶尊旅彝
10.5317 虘(摅)伯罰乍(作)寶尊彝，魚
10.5318 㠯 (師) 丞 乍(作)文父丁尊彝，吕
10.5319 王 賜 ⺄ 高 吕(鋁)，用乍(作)彝
10.5320 小夫乍(作)父丁宗尊彝
10.5321 交乍(作)祖乙寶尊彝，史
10.5322 闢 乍 (作) 𡉚(皇)昜日辛尊彝
10.5323 衛乍(作)季衛父寶尊彝
10.5324 戎帆(抑)玉人父宗彝䏌(肆)
10.5325 噩(鄂)侯弟厝(曆)季乍(作)旅彝
10.5326 伯 𡧊 (睘) 乍(作)厥室寶尊彝
10.5327 伯 𡧊 (睘) 乍(作)厥室寶尊彝，⋈(五)
10.5328 對乍(作)父乙寶尊彝，亞朩(求)
10.5329 畀乍(作)父乙旅尊彝，子廟
10.5330 奪乍(作)父丁寶尊彝，允册
10.5331 奪乍(作)父丁寶尊彝，允册

10.5332 𣎵(𢆉)乍(作)父丁尊彝,亞此,中

10.5333 公賞束,用乍(作)父辛于(鬱)彝

10.5334 㞕(征)乍(作)父癸寶尊彝,用旅

10.5335 𠧪(卣)乍(作)文考癸寶尊彝,竚

10.5336 述乍(作)兄日乙寶尊彝,飲

10.5337 屯乍(作)兄辛寶尊彝,馬豕(豨)

10.5338 剌乍(作)兄丁、辛尊彝,亞旇(杠)

10.5339 𡨦乍(作)兄日壬寶尊彝,⊠

10.5340 伯亘乍(作)西宫伯寶尊彝

10.5341 仲乍(作)好旅彝,其用萬年

10.5342 仲乍(作)好旅彝,其用萬年

10.5343 参乍(作)甲考宗彝,其永寶

10.5344 螯嗣土(徒)幽乍(作)祖辛旅彝

10.5345 㑒(僉)莽高乍(作)父乙寶尊彝

10.5346 豐乍(作)父癸寶尊彝,晉𠦪

10.5347 亞啟父乙,烏父乙母告田

10.5348 麃父乍(作)䍙是從宗彝𦘦(肆)

10.5349 婦闆乍(作)文姑日癸尊彝,𦣞

10.5350 婦闆乍(作)文姑日癸尊彝,𦣞

10.5351 女(汝)子小臣兒乍(作)己尊彝,𦣞

10.5352 商(賞)小臣豐貝,用乍(作)父乙彝

10.5353 辛卯,子賜寎貝,用乍(作)凡彝,𡪞

10.5354 敫乍(作)旅彝,孫子用言(歆)出入

10.5355 子賜𩋬(坒),用乍(作)父癸尊彝,𪓐

10.5356 獸,由伯曰:七月,乍(作)父丙寶尊彝

10.5357 㦃(憻)季遽父乍(作)豐姬寶尊彝

10.5358 㦃(憻)季遽父乍(作)豐姬寶尊彝

10.5359 守宫乍(作)父辛尊彝,其永寶

10.5360 亞橐(㯻)寇豊(禮)乍(作)父癸寶尊彝,𦣞

10.5361 宜生(甥)商(賞)朏,用乍(作)父辛尊彝,𪓐

10.5362 雔乍(作)文父日丁寶尊旅彝,𦣞

10.5363 明,湈(沫)伯𨒅乍(作)厥考寶旅尊,明,湈(沫)伯𨒅乍(作)厥考寶旅尊彝

10.5364 明,湈(沫)伯𨒅乍(作)厥考寶旅尊,明,湈(沫)伯𨒅乍(作)厥考寶旅尊彝

10.5365 豚乍(作)父庚宗彝,其子子孫孫永寶

10.5366 倗乍(作)厥考寶尊彝,用萬年事

10.5367 丙寅,王賜𡨦貝朋,用乍(作)母乙彝

10.5368 𢀛尹肇家,乎渪用乍(作)父己尊彝,亞𠬝

10.5369 𤔲(許)仲𨒅乍(作)厥文考寶尊彝,日辛

10.5370 父癸,亞集,䒹乍(作)文考父丁寶尊彝

10.5371 伯乍(作)厥文考尊彝,其子孫永寶

10.5372 異乍(作)厥考伯效父寶宗彝,用旅

10.5373 子賜𠭰𠂤(靁)玗一,𠭰𠂤(靁)用乍(作)丁師彝

10.5374 王𡭴(祓)于成周,王賜圂貝,用乍(作)寶尊彝

10.5375 子乍(作)婦𡛷彝,女(汝)子母庚宓(閟)祀尊彝,𦣞(𤵸)

10.5376 虢季子緅(組)乍(作)寶彝,其萬年,子子孫孫永寶用

10.5377 乙亥,䍙賜孝貝,用乍(作)祖丁彝,𠰻侯亞疑

10.5378 王賜小臣𢆶(系),賜在寢,用乍(作)祖乙尊,𤕫𠦝(敢)

10.5379 王賜小臣𢆶(系),賜在寢,用乍(作)祖乙尊,𤕫𠦝(敢)

10.5380 𨞢,辛巳,王賜馭𠂢貝一具,用乍(作)父己尊彝

10.5381 寓對揚王休,用乍(作)幽尹寶尊彝,其永寶用

10.5382 縈叔乍(作),乍(作)其爲厥考宗彝,用匃壽,邁(萬)年永寶

10.5383 亞,王征𡘋(蓋),賜岡刧貝朋,用乍(作)朕蒿(高)祖缶(寶)尊彝

10.5384 寧史賜耳,耳休弗敢且(沮),用乍(作)父乙寶尊彝,刀

10.5385 唯王八月,息伯賜貝于姜,用乍(作)父乙寶尊彝

10.5386 唯王八月,息伯賜貝于姜,用乍(作)父乙寶尊彝

10.5387 員從史旟伐會(鄶),員先內(入)邑,員俘金,用乍(作)旅彝

10.5388 䪻(頂)乍(作)母辛尊彝,䪻(頂)賜婦𡟭(婚)曰:用𩰫于乃姑宓(閟)

10.5389 䪻(頂)乍(作)母辛尊彝,䪻(頂)賜婦𡟭(婚)曰:用𩰫于乃姑宓(閟)

10.5390 伯𡧊(㢋)父曰:休父賜余馬,對

揚父休，用乍(作)寶尊彝

10.5391 乙亥，尹洛(各)于宮，商(賞)執，賜呂(鋁)二、聿(筆)二，執用乍(作)父丁尊彝

10.5392 𦎫不叔(淑)，〓乃邦，烏虖(乎)，詠帝家，以寡子乍(作)永寶，子

10.5393 乍(作)寶彝，伯䏡(痙)享京，享□□，乍(作)厥文考父辛寶尊彝

10.5394 甲寅，子商(賞)小子省貝五朋，省揚君商(賞)，用乍(作)父己寶彝，㠱

10.5395 王來獸自豆彔(麓)，在〓(揗)師(次)，王鄉(饗)酉(酒)，王光宰甫貝五朋，用乍(作)寶䵼

10.5396 辛亥，王在廙，降令曰：歸祼于我多高，处(咎)山賜嫠(釐)，用乍(作)毓(后)祖丁尊，〓

10.5397 丁巳，王賜巂𠭯貝在𡨝，用乍(作)兄癸彝，在九月，唯王九祀，劦日，〓

10.5398 唯十又二月，夨王賜同金車、弓矢，同對揚王休，用乍(作)父戊寶尊彝

10.5399 乍(作)旅，甫，兮公室(貯)盂鬯束、貝十朋，盂對揚公休，用乍(作)父丁寶尊彝，羊

10.5400 唯明保殷成周年，公賜乍(作)册䰜(醽)鬯、貝，䰜揚公休，用乍(作)父乙寶尊彝，〓册舟

10.5401 文考日癸，乃戒(戚)子壴，乍(作)父癸旅宗尊彝，其以父癸夙夕卿(佮)爾百聞(婚)遘(媾)，單光

10.5402 唯十又三月辛卯，王在庈(斥)，賜趞(遣)采曰趞，賜貝五朋，趞對王休，用乍(作)姞寶彝

10.5403 唯六月既生霸乙卯，王在成周，令豐殷(殷)大矩，大矩賜豐金、貝，用乍(作)父辛寶尊彝，木羊册

10.5404 唯五月，辰在丁亥，帝司賞庚姬貝卅朋、弋(貸)絲廿寽(鋝)，商用乍(作)文辟日丁寶尊彝，㠱

10.5405 唯二月初吉丁卯，公姞令次嗣田人，次㦤(蔑)曆，賜馬，賜裘，對揚公姞休，用乍(作)寶彝

10.5406 唯九月既生霸乙亥，周乎鑄旅宗彝，用享于文考庚仲，用匄永福，孫孫子子，其永寶用，〓

10.5407 唯十又九年，王在庈(斥)，王姜令乍(作)册睘安尸伯，尸伯賓(儐)睘貝、布，揚王姜休，用乍(作)文考癸寶尊器

10.5408 唯四月初吉丙寅，王在莽京，王賜靜弓，靜拜䭫首，敢對揚王休，用乍(作)宗彝，其子子孫孫永寶用

10.5409 唯正月丁丑，王各于呂𣪘，王牢于厥(陸)，咸宜，王令士道歸(饋)貉子鹿三，貉子對昜(揚)王休，用乍(作)寶尊彝

10.5410 王出獸南山，叟(搜)迦(跚)山谷，至于上侯滰(滰)川上，啟從征，堇(謹)不爕(擾)，乍(作)祖丁寶旅尊彝，用匄魯福，用夙夜事，〓(戊)葡

10.5411 稱從師雍父戍于古師(次)，蔑曆，賜貝卅寽(鋝)，稱拜䭫首，對揚師雍父休，用乍(作)文考日乙寶尊彝，其子子孫永福(寶)，戉

10.5412 亞貘父丁，丙辰，王令𠨘(郯)其兄(貺)䜌于夆田渪，賓貝五朋，在正月，遘于妣丙，肜日，大乙爽，唯王二祀，既𡧊于上下帝

10.5413 亞貘父丁，乙巳，王曰：尊文武帝乙，宜在召大廳，遘乙，翌日，丙午，䰜，丁未，𩚅(煑)，己酉，王在梌，𠨘(郯)其賜貝，在四月，唯王四祀，翌日

10.5414 乙亥，𠨘(郯)其賜乍(作)册孯徵一、玗一，用乍(作)祖癸尊彝，在六月，唯王六祀，翌日，亞貘

10.5415 乙卯，王令保及殷東或(國)五侯，征(誕)兄(貺)六品，蔑曆于保，賜賓，用乍(作)文父癸宗寶尊彝，遘于四方，迨(會)王大祀，祓(宥)于周，在二月既望

10.5416 唯九月，在炎師(次)，甲午，伯懋父賜(賜)召白馬、妦黃、髮(髮)微，用〓不(丕)杯(丕)召多，用追于炎，不(丕)緒(肆)伯懋父畜(友)召，萬年永光，用乍(作)團宮旅彝

10.5417 乙巳，子令小子䍃先以人于堇，子光商(賞)䍃貝二朋，子曰：貝唯丁蔑女(汝)曆，䍃用乍(作)母辛彝，在十月，唯子曰令望人(夷)方曶，㠱母辛

10.5418 唯六月初吉，王在奠(鄭)，丁亥，王各大室，井叔右(佑)

免，王蔑免曆，令史懋賜免：載（緇）芾、冋（嵤）黃（衡），乍（作）嗣工（空），對揚王休，用乍（作）尊彝，免其萬年永寶用

10.5419 王令戜曰：叡淮尸（夷）敢伐內國，女（汝）其以成周師氏戍于𨸏（固）師（次），伯雍父蔑彔曆，賜貝十朋，彔拜頓首，對揚伯休，用乍（作）文考乙公寶尊彝

10.5420 王令戜曰：叡淮尸（夷）敢伐內國，女（汝）其以成周師氏戍于𨸏（固）師（次），伯雍父蔑彔曆，賜貝十朋，彔拜頓首，對揚伯休，用乍（作）文考乙公寶尊彝

10.5421 唯王大龠（禴、礿）于宗周，徃（誕）餴葊京年，在五月既望辛酉，王令士上眔史寅廏（殷）于成周，旹（穀）百生（姓）豚，眔賞卣、鬯、貝，用乍（作）父癸寶尊彝，臣辰册侁

10.5422 唯王大龠（禴、礿）于宗周，徃（誕）餴葊京年，在五月既望辛酉，王令士上眔史寅廏（殷）于成周，旹（穀）百生（姓）豚，眔賞卣、鬯、貝，用乍（作）父癸寶尊彝，臣辰册侁

10.5423 唯四月初吉甲午，懿王在射盧（廬），乍（作）象ナ，匡甫象鱳二，王曰：休，匡拜手頓首，對揚天子不（丕）顯休，用乍（作）文考日丁寶彝，其子子孫孫永寶用

10.5424 唯正月甲午，王在𨽍应，王窺（親）令伯𣅀曰：毋卑（俾）農弋（特），事（使）厥各（友）妻農，廼嗇（廩）厥孥（帑），厥小子，小大事毋又田，農三拜頓首，敢對揚王休，從乍（作）寶彝

10.5425 唯伯犀父以成師即東，命伐南尸（夷），正月既生霸辛丑，在鄞（坯），伯犀父皇競各于官，競蔑曆，賞競章（璋），對揚伯休，用乍（作）父乙寶尊彝，子子孫永寶

10.5426 唯王十月既望，辰在己丑，王逄（各）于庚贏（嬴）宮，王穠（秣、蔑）庚贏（嬴）曆，賜貝十朋，又丹一柝（柝、管），庚贏（嬴）對揚王休，用乍（作）厥文姑寶尊彝，其子子孫孫萬年，永寶用

10.5427 乍（作）册嗌乍（作）父辛尊，厥名義（宜），曰：子子孫寶，不彔（禄）嗌子，子征（延）先盡死，亡子，子引有孫，不敢娣（雉），擿（叨）蜆（貺）鑄彝，用乍（作）大禦于厥祖妣、父母、多申（神），毋念戈（哉），弋勿刂（剥）嗌鰥寡，遺祐石（祏）宗不刜

10.5428 叔趯父曰：余考（老）不克御事，唯女（汝）焂㠱（其）敬辪（乂）乃身，毋尚（常）爲小子，余蜆（貺）爲女（汝）兹小鬱彝，女（汝）㠱（其）用鄉（饗）乃辟軝侯，逆造出內（入）事（使）人，烏虖（乎），焂，敬戈（哉），兹小彝妹吹見，余唯用諆（其）䣝女（汝）

10.5429 叔趯父曰：余考（老）不克御事，唯女（汝）焂㠱（其）敬辪（乂）乃身，毋尚（常）爲小子，余蜆（貺）爲女（汝）兹小鬱彝，女（汝）㠱（其）用鄉（饗）乃辟軝侯，逆造出內（入）事（使）人，烏虖（乎），焂，敬戈（哉），兹小彝妹吹見，余唯用諆（其）䣝女（汝）

10.5430 唯九月初吉癸丑，公彭祀，雩（越）旬又一日辛亥，公啻（禘）彭辛公祀，衣事亡畋，公穠（蔑）繁曆，賜宗彝一脅（肆），車馬兩，繁拜手頓首，對揚公休，用乍（作）文考辛公寶尊彝，其邁（萬）年寶，或

10.5431 亞，唯十又二月，王初餴旁，唯還在周，辰在庚申，王歐（飲）西宮，烝，咸釐（理、釐），尹賜臣唯小僰，揚尹休，高對乍（作）父丙寶尊彝，尹其亘萬年受厥永魯，亡競在服，㠱長疑其子子孫孫寶用

10.5432 唯公大（太）史見服于宗周年，在二月既望乙亥，公大（太）史咸見服于辟王，辨（遍）于多正，雩四月既生霸庚午，王遣公大（太）史，公大（太）史在豐，賞乍（作）册䰜馬，揚公休，用乍（作）日己旅尊彝

10.5433 唯四月初吉甲午，王雚（觀）于嘗公東宮，內（納）鄉（饗）于王，王賜公貝五十朋，公賜厥涉（世）子效王休（好）貝廿朋，效對公休，用乍（作）寶尊彝，烏虖（乎），效不敢不邁（萬）年夙夜奔走揚公休，亦其子子孫孫永寶

11.5441 天

11.5442 夫

11.5443 侁

11.5444 [illegible]

11.5445 何
11.5446 乘
11.5447 冀
11.5448 旅
11.5449 又
11.5450 又
11.5451 并
11.5452 口
11.5453 句
11.5454 正
11.5455 史
11.5456 史
11.5457 史
11.5458 史
11.5459 史
11.5460 史
11.5461 史
11.5462 史
11.5463 册
11.5464 葡
11.5465 𢀛(誓)
11.5466 戉(鉞)
11.5467 我
11.5468 戈
11.5469 戈
11.5470 戈
11.5471 戈
11.5472 戈
11.5473 戈
11.5474 戈
11.5475 戈
11.5476 戈
11.5477 虘
11.5478 獸
11.5479 弔
11.5480 [illegible]
11.5481 [illegible]
11.5482 [illegible]
11.5483 [illegible]
11.5484 [illegible]
11.5485 [illegible]
11.5486 [illegible]
11.5487 [illegible]
11.5488 冉
11.5489 冉
11.5490 冉
11.5491 [illegible]
11.5492 [illegible]
11.5493 [illegible]
11.5494 [illegible]
11.5495 櫨
11.5496 鼎
11.5497 凡
11.5498 [illegible]
11.5499 [illegible]
11.5500 [illegible]
11.5501 宀
11.5502 橐
11.5503 串
11.5504 串
11.5505 夸
11.5506 爻
11.5507 玉
11.5508 [illegible]
11.5509 [illegible]
11.5510 祖戊
11.5511 祖辛
11.5512 祖壬
11.5513 祖癸
11.5514 鳥祖
11.5515 父甲
11.5516 父乙
11.5517 父乙
11.5518 乙父
11.5519 父乙
11.5520 父乙
11.5521 父乙
11.5522 父丙
11.5523 父丁
11.5524 父丁
11.5525 父戊
11.5526 父己
11.5527 父己
11.5528 父己
11.5529 父辛
11.5530 父辛
11.5531 父辛
11.5532 父辛
11.5533 父癸
11.5534 父癸
11.5535 婦好
11.5536 婦好
11.5537 婦好
11.5538 司娉
11.5539 司娉
11.5540 子曩
11.5541 子曩
11.5542 子漁
11.5543 子龏
11.5544 子廟
11.5545 匿乙
11.5546 乙冉
11.5547 丁冉
11.5548 丁冉
11.5549 冉丁
11.5550 幸丁
11.5551 冉己
11.5552 冉己
11.5553 己冉
11.5554 天己
11.5555 辛聿
11.5556 戱冀
11.5557 侁坿(府)
11.5558 㔾(危)耳
11.5559 亞醜
11.5560 亞醜
11.5561 亞醜
11.5562 亞醜
11.5563 亞醜
11.5564 [illegible]亞
11.5565 亞[illegible]
11.5566 亞[illegible]
11.5567 亞亶
11.5568 亞[illegible]
11.5569 亞此
11.5570 亞疑
11.5571 亞盉
11.5572 亞奚
11.5573 瞿(矍)册
11.5574 襄射
11.5575 牧正
11.5576 丏甫
11.5577 鄉宁
11.5578 幸旅
11.5579 幸旅
11.5580 衞(衛)辰
11.5581 遽叔
11.5582 皇戈
11.5583 丩册
11.5584 弗刀
11.5585 羊口
11.5586 巫鳥
11.5587 冉鼂(敏)
11.5588 魚從
11.5589 魚丨(棍)
11.5590 買車
11.5591 用征
11.5592 乍(作)旅
11.5593 乍(作)齊
11.5594 乍(作)彝
11.5595 障(尊彝)息
11.5596 己祖乙
11.5597 己祖乙
11.5598 黿祖乙
11.5599 爵祖丙
11.5600 冉祖丁

11.5601 𡚬(戎)祖丁
11.5602 𠂇祖丁
11.5603 戈祖己
11.5604 𢆶祖己
11.5605 乍(作)祖庚
11.5606 乍(作)祖庚
11.5607 冉祖辛
11.5608 祖辛亼
11.5609 象祖辛
11.5610 㠱祖癸
11.5611 罒祖癸
11.5612 亞妣辛
11.5613 咸妣癸
11.5614 山父乙
11.5615 橐乙父
11.5616 舌父乙
11.5617 𠂇父乙
11.5618 父乙㠱
11.5619 甫父乙
11.5620 冉父乙
11.5621 父乙亼
11.5622 亼父乙
11.5623 黿父乙
11.5624 戈父乙
11.5625 幸乙父
11.5626 休父乙
11.5627 母父丁
11.5628 母父丁
11.5629 父丁㠱
11.5630 尹父丁
11.5631 𧗝(衛)父丁
11.5632 𠂤父丁
11.5633 亼父丁
11.5634 父丁亞
11.5635 父丁魚
11.5636 黿父丁
11.5637 豕(豩)父丁
11.5638 豕(豩)父丁
11.5639 鼓父丁
11.5640 天父戊
11.5641 罒父戊
11.5642 山父戊
11.5643 吳父己
11.5644 侁父己
11.5645 遽父己
11.5646 𧗝(衛)父己
11.5647 耒父己
11.5648 鼎父己
11.5649 鼎父己
11.5650 𠆢父己
11.5651 己父馬(？)
11.5652 乍(作)父己
11.5653 父庚䚷
11.5654 髻父辛
11.5655 黿父辛
11.5656 刄(刀)父辛
11.5657 毌父辛
11.5658 罒父辛
11.5659 冉父辛
11.5660 䢵(庚)父辛
11.5661 莑父辛
11.5662 史父壬
11.5663 舟父壬
11.5664 𠁁(臣)父壬
11.5665 㸚父癸
11.5666 史父癸
11.5667 史父癸
11.5668 𠬝父癸
11.5669 戈父癸
11.5670 耴(取)父癸
11.5671 冉父癸
11.5672 𠬝(搠、挏)父癸
11.5673 罒父癸
11.5674 罒父癸
11.5675 爵父癸
11.5676 舀父癸
11.5677 鳥父癸
11.5678 黿父癸
11.5679 㠱母己
11.5680 司𡠦癸
11.5681 司𡠦癸
11.5682 子廟圖
11.5683 倗兄丁
11.5684 亞 䍃(杠) 𡪞(𡡴)
11.5685 亞 豈(趞) 衎(延)
11.5686 亞齊婞
11.5687 大御𣪘(𣪘)
11.5688 天乍(作)从
11.5689 㓝册享
11.5690 伯乍(作)彝
11.5691 仲乍(作)彝
11.5692 員乍(作)旅
11.5693 明乍(作)旅
11.5694 木見𠧪册
11.5695 長隹壺
11.5696 ㄨㄨ(丽)𡰪(退)𠂤
11.5697 右府君(尹)
11.5698 乍(作)旅彝
11.5699 乍(作)旅彝
11.5700 乍(作)旅彝
11.5701 乍(作)從,單
11.5702 乍(作)從彝
11.5703 乍(作)從彝
11.5704 乍(作)寶彝
11.5705 乍(作)寶彝
11.5706 乍(作)寶彝
11.5707 乍(作)寶彝
11.5708 乍(作)寶彝
11.5709 乍(作)寶彝
11.5710 乍(作)寶彝
11.5711 乍(作)寶彝
11.5712 乍(作)尊彝
11.5713 乍(作)尊彝
11.5714 𠧪受祖丁
11.5715 𡚬乍(作)祖丁
11.5716 子祖辛步
11.5717 祖辛、父丁
11.5718 祖辛,侁册
11.5719 伯祖癸,丮
11.5720 幸旅父甲
11.5721 侁𣲙(府)父乙
11.5722 侁𣲙(府)父乙
11.5723 乍(作)父乙,侁
11.5724 𡴞册父乙
11.5725 子翌父乙
11.5726 子父乙步
11.5727 亞離父乙
11.5728 亞䚷父乙
11.5729 馬豕(豩)父乙
11.5730 亞攴(啟)父乙
11.5731 𡚬(戎)鼎父乙
11.5732 乍(作)父乙旅
11.5733 文父丁㠱
11.5734 文父丁㠱
11.5735 亞䚷父丁
11.5736 亞貘父丁
11.5737 馬豕(豩)父丁
11.5738 父丁享𠂤(戉)
11.5739 丩毌父戊
11.5740 又(右)敹父己
11.5741 尹舟父己
11.5742 亞㠱父己
11.5743 子翌父己
11.5744 𡴞册父庚
11.5745 亞父辛亼
11.5746 亞㠱父辛
11.5747 亞𢍰父辛
11.5748 𧗝(衛)葙父辛
11.5749 𠂤馬父辛
11.5750 車木父辛
11.5751 亞天父癸

11.5752 尹舟父癸
11.5753 劦册父癸
11.5754 劦册父癸
11.5755 父癸告(牛)正
11.5756 何父癸癪
11.5757 何父癸癪
11.5758 弓幸父癸
11.5759 乍(作)母旅彝
11.5760 耶髭婦[illegible]
11.5761 子之弄鳥
11.5762 北子乍(作)彝
11.5763 伯乍(作)旅彝
11.5764 伯乍(作)旅彝
11.5765 伯乍(作)寶彝
11.5766 鼀乍(作)從彝
11.5767 刅(創)乍(作)旅彝
11.5768 登乍(作)尊彝
11.5769 㲉(揆)由乍(作)旅
11.5770 [illegible](并)乍(作)旅彝
11.5771 乍(作)從彝，戈
11.5772 戈乍(作)尊彝
11.5773 戈乍(作)旅彝
11.5774 辛乍(作)寶彝
11.5775 獵乍(作)旅彝
11.5776 莫乍(作)旅彝
11.5777 窜(穽)乍(作)旅彝
11.5778 [illegible]乍(作)旅彝
11.5779 米寊(宮)尊彝
11.5780 乍(作)旅彝，牛
11.5781 乍(作)寶尊彝
11.5782 乍(作)寶尊彝
11.5783 乍(作)寶尊彝
11.5784 乍(作)寶尊彝
11.5785 乍(作)寶尊彝
11.5786 乍(作)寶尊彝
11.5787 乍(作)寶尊彝
11.5788 乍(作)寶尊彝
11.5789 乍(作)寶尊彝
11.5790 乍(作)寶尊彝
11.5791 乍(作)從尊彝
11.5792 乍(作)從彝，侁
11.5793 乍(作)祖丁尊彝
11.5794 乍(作)祖戊尊彝
11.5795 臣辰侁父乙
11.5796 競乍(作)父乙旅
11.5797 季甫(父)父乙[illegible](㞢)
11.5798 戈乍(作)父丙彝
11.5799 咏乍(作)旅父丁
11.5800 干子[illegible]父戊
11.5801 魚乍(作)父庚彝
11.5802 [illegible](及)父辛[illegible]雞
11.5803 馬豢(豧)乍(作)父辛
11.5804 宰乍(作)父辛旅
11.5805 鳥册宁父辛
11.5806 刖父壬
11.5807 王乍(作)母癸尊
11.5808 [illegible]亞亢父癸
11.5809 乍(作)龍母彝，正
11.5810 乍(作)彭史从尊
11.5811 羕史乍(作)旅彝
11.5812 見乍(作)寶尊彝
11.5813 事伯乍(作)旅彝
11.5814 曶乍(作)寶尊彝
11.5815 史曶乍(作)寶彝
11.5816 [illegible](㪔)赤乍(作)寶彝
11.5817 事乍(作)小旅彝
11.5818 矩乍(作)寶尊彝
11.5819 壴乍(作)寶尊彝
11.5820 壴乍(作)寶尊彝
11.5821 虘乍(作)從彝，曳
11.5822 乍(作)祖乙寶尊彝
11.5823 陵乍(作)父乙旅彝
11.5824 乍(作)父乙寶彝，兂(朁)
11.5825 衎耳乍(作)父乙彝
11.5826 乍(作)父丁寶彝，兂(朁)
11.5827 柚乍(作)父丁旅彝
11.5828 商乍(作)父丁吾尊
11.5829 乍(作)父丁寶彝尊
11.5830 乍(作)父戊寶尊彝
11.5831 乍(作)父己寶彝，[illegible]
11.5832 □乍(作)父庚寶尊彝
11.5833 魚乍(作)父庚彝
11.5834 [illegible]乍(作)父辛尊彝
11.5835 小臣侁辰父辛
11.5836 亞羊子征(延)父辛
11.5837 乍(作)父辛寶尊上彝
11.5838 臣辰侁册父癸
11.5839 狽乍(作)旅彝，日辛
11.5840 亞䤈乍(作)季尊彝
11.5841 膺(應)公乍(作)寶尊彝
11.5842 乍(作)公尊彝，弓𦎫
11.5843 焚(棥)子乍(作)寶尊彝
11.5844 伯各乍(作)寶尊彝
11.5845 伯貉乍(作)寶尊彝
11.5846 伯矩乍(作)寶尊彝
11.5847 陾(隔)伯乍(作)寶尊彝
11.5848 濦(涇)伯乍(作)寶尊彝
11.5849 俞伯乍(作)寶尊彝
11.5850 盧伯𦥑(貂)乍

(作)寶尊
11.5851 仲皺乍(作)寶尊彝
11.5852 登仲乍(作)寶尊彝
11.5853 登仲乍(作)寶尊彝
11.5854 仲夷乍(作)旅尊彝
11.5855 噩(鄂)革夯乍(作)寶尊
11.5856 戒叔乍(作)寶尊彝
11.5857 叔趣乍(作)寶尊彝
11.5858 彊季乍(作)寶旅彝
11.5859 井季㚤(逨)乍(作)旅彝
11.5860 鄺季乍(作)寶尊彝
11.5861 員父乍(作)寶尊彝
11.5862 竟乍(作)厥寶尊彝
11.5863 段(鍛)金歸乍(作)旅彝
11.5864 適(傳)臾乍(作)從宗彝
11.5865 亞耳乍(作)祖丁尊彝
11.5866 乍(作)祖己寶尊彝,冉
11.5867 竟乍(作)祖癸寶尊彝
11.5868 史見乍(作)父甲尊彝
11.5869 辟東乍(作)父乙尊彝
11.5870 小臣乍(作)父乙寶彝
11.5871 禾伯乍(作)父乙寶尊
11.5872 子殷用乍(作)父丁彝
11.5873 乍(作)父丁寶尊彝,丰
11.5874 逆乍(作)父丁寶尊彝
11.5875 乍(作)父丁寶尊彝,夀(敖)
11.5876 㠱,𠂤乍(作)父丁尊彝
11.5877 鮮乍(作)文父日丁,㠱
11.5878 㚶乍(作)父己寶尊彝
11.5879 羌乍(作)父己寶尊彝
11.5880 魚乍(作)父己寶尊彝
11.5881 冶仲乍(作)父己彝,戈
11.5882 𢽾(揝)乍(作)父辛寶尊彝
11.5883 費(鑪)乍(作)父辛寶尊彝
11.5884 鴅矢乍(作)父辛寶彝
11.5885 者史乍(作)父辛旅彝
11.5886 此乍(作)父辛寶尊彝
11.5887 咏乍(作)𨟭(𢹎)尊彝,日戊
11.5888 亞㠱疑,𡨄乍(作)母癸
11.5889 卿乍(作)厥考寶尊彝
11.5890 北伯殁乍(作)寶尊彝
11.5891 魁乍(作)祖乙寶彝,子廟
11.5892 㬜(𧡺)乍(作)祖辛寶尊彝,凡
11.5893 𦌔乍(作)妣癸尊彝,𢍁
11.5894 亞䰲,彭,乍(作)父乙尊彝
11.5895 㾨乍(作)父乙寶尊彝,侁
11.5896 令哮(咾)乍(作)父乙寶尊彝
11.5897 史伏乍(作)父乙寶旅彝
11.5898 乍(作)父丁寶尊彝,馬豕(豩)
11.5899 㪿(攄)乍(作)父戊寶𡚬(尊)彝,䶲
11.5900 亯册𨟭(?)乍(作)父己尊彝
11.5901 隹乍(作)父己寶彝,卣(戉)莆
11.5902 獸乍(作)父庚寶尊彝,弓
11.5903 厥子乍(作)父辛寶尊彝
11.5904 貍乍(作)父癸寶尊彝,單
11.5905 單曩(具)乍(作)父癸寶尊彝
11.5906 𩁹乍(作)父癸旅寶尊彝
11.5907 𪗸(㽙)乍(作)父癸寶尊彝,旅
11.5908 𤕌乍(作)厥皇考寶尊彝
11.5909 仲子乍(作)日乙尊彝,冉
11.5910 子麦乍(作)母辛尊彝,㠱
11.5911 亞覃,乙丁辛甲𠕁受
11.5912 噩(鄂)侯弟曆(曆)季乍(作)旅彝
11.5913 彊伯乍(作)井姬用盂鑵
11.5914 虢叔乍(作)叔殷穀尊朕
11.5915 衛乍(作)季衛父寶尊彝
11.5916 戎帆(抻)玉人父宗彝𦚵(肆)
11.5917 盠𤔲土(徒)幽乍(作)祖辛旅彝
11.5918 對乍(作)父乙寶尊彝,亞𣎆(求)
11.5919 對乍(作)父乙寶尊彝,亞𣎆(求)
11.5920 單乍(作)父乙旅尊彝,子廟
11.5921 奪乍(作)父丁寶尊彝,允册
11.5922 周免旁乍(作)父丁宗寶彝
11.5923 乍(作)父丁寶旅彝,亞㠱侯
11.5924 乍(作)父丁寶旅彝,亞㠱侯
11.5925 傳乍(作)父戊寶尊彝,亞牧
11.5926 亞𩰫(杠)旅𦬞乍(作)父辛彝尊
11.5927 曆(征)乍(作)父癸寶尊彝,用旅
11.5928 𢍁辟乍(作)日

癸公寶尊彝

11.5929 鼄乍(作)母甲尊彝,木工册

11.5930 麃父乍(作)娸是從宗彝𦞂(肆)

11.5931 曶乍(作)文考日庚寶尊器

11.5932 屯乍(作)兄辛寶尊彝,馬豕(豩)

11.5933 㝬乍(作)兄日壬寶尊彝,[illegible]

11.5934 述乍(作)兄日乙寶尊彝,飤

11.5935 亞䰯,者(諸)姛以大子尊彝

11.5936 亞䰯,者(諸)姛以大子尊彝

11.5937 亞旅止乙受若癸自(師)

11.5938 亞受旅乙沚若癸自(師)乙

11.5939 蔡侯𪒠(申)乍(作)大孟姬賸(媵)尊

11.5940 季𥁰(寧)乍(作)寶尊彝,用䄀(祓)畐(福)

11.5941 [illegible]乍(作)宗尊,厥孫子永寶

11.5942 参乍(作)甲考宗彝,其永寶

11.5943 亞鳥,效乍(作)祖辛亢寶尊彝

11.5944 戈宁册,𤤫(班)乍(作)父乙寶尊彝

11.5945 𢓊(扶)者君乍(作)父乙寶尊彝,[illegible](龜)

11.5946 □乍(作)父癸寶尊彝,其孫孫子子永用

11.5947 憻(憻)季遽父乍(作)豐姬寶尊彝

11.5948 公乍(作)寶尊彝,其孫子永用

11.5949 亞䍙,丁乙受丁辛丁甲[illegible]

11.5950 引爲𩴾膚寶尊彝,用永孝

11.5951 [illegible](薺)册,省史趞乍(作)祖丁寶尊彝

11.5952 叀肇諆(其)爲禦,乍(作)父甲旅尊

11.5953 犀庫(肇)其乍(作)父己寶尊彝,羽旻

11.5954 睸,湈(沫)伯𨒅乍(作)厥考寶旅尊彝

11.5955 倗乍(作)厥考寶尊彝,用萬年事

11.5956 鬲賜貝于王,用乍(作)父甲寶尊彝

11.5957 𢿌(擐)𥃝(𥄳)事,用乍(作)父乙旅尊彝,敊(扶)册

11.5958 彈攸乍(作)父庚尊彝,子子孫孫其永寶

11.5959 守宫揚王休,乍(作)父辛尊,其永寶

11.5960 事(史)䀎乍(作)丁公寶彝,其永賜

11.5961 伯乍(作)厥文考尊彝,其子孫永寶

11.5962 叔䏘(貔)賜貝于王𡛷(姒),用乍(作)寶尊彝

11.5963 無(許)仲𨘙乍(作)厥文考寶尊彝,日辛

11.5964 㱿乍(作)父乙宗寶尊彝,子子孫孫其永寶

11.5965 子光商(賞)[illegible](𣪘)㠱啟貝,用乍(作)文父辛尊彝

11.5966 員乍(作)父壬寶尊彝,子子孫其永寶,冉

11.5967 娸商(賞)小子夫貝二朋,用乍(作)父己尊彝,丰𠬝(𦑥)

11.5968 服肇夙夕明(盟)享,乍(作)文考日辛寶尊彝

11.5969 伯乍(作)蔡姬宗彝,其邁(萬)年,世孫子永寶

11.5970 黄子魯天,乍(作)父己寶宗彝,孫子永寶

11.5971 乙亥,尹洛(各)于宫,賞執,賜吕(鋁)二、聿(筆)二,執用乍(作)父丁尊彝

11.5972 □□乍(作)其爲乙考宗彝,用匄壽,邁(萬)年永寶

11.5973 乙卯,伯[illegible]父賜殺金,用乍(作)父乙尊彝,奄

11.5974 王在魯,蔡賜貝十朋,對揚王休,用乍(作)宗彝

11.5975 公賜微貝,對公休,用乍(作)父乙寶尊彝,冉蛙

11.5976 黄肇乍(作)文考宗伯旅尊彝,其丙(百)世孫子永寶

11.5977 王征𡚬(蓋),賜𢀙(㦺)刧貝朋,用乍(作)魚(𩵦)高祖缶(寶)尊彝

11.5978 匽(燕)侯賞復冂(幎)衣、臣妾、貝,用乍(作)父乙寶尊彝,㠱

11.5979 臾從王女(如)南,攸貝,𩰲𠨍,用乍(作)公日辛寶彝,何車

11.5980 乍(作)文考日己寶尊宗彝,其子子孫孫邁(萬)年,永寶用,天

11.5981 𢿂(啜)休于𡉚季,受貝二朋,揚季休,用乍(作)考付父尊彝

11.5982 唯東睸𡧍(惠)于金,自乍(作)寶彝,其萬年,子孫永寶用享

11.5983 啟從王南征,𨒪(跚)山谷,在洀水上,啟乍(作)祖丁旅寶彝,(戉)箙

11.5984 能匋賜貝于厥智(盌)公,矢宧(㢊)五朋,能匋用乍(作)文父日乙寶尊彝,㠱

11.5985 丁巳，王在新邑，初饋(望)，王賜𣪕士卿貝朋，用乍(作)父戊尊彝，子脊

11.5986 唯公遼于宗周，𨻰(睦)從公𠂤(師、次)䣆，洛(各)于官，商(賞)𨻰(睦)貝，用乍(作)父乙寶尊彝

11.5987 唯四月乙卯，公賜臣衛宋𣪕貝四朋，在新喬，用乍(作)父辛寶尊彝

11.5988 唯四月，王工(貢)，從，𣄰(靳)各(格)仲，仲賜𣄰瓚，𣄰𢻬(揚)仲休，用乍(作)文考尊彝，永寶

11.5989 在庌(斥)，君令余乍(作)册睘安尸伯，尸伯賓(儐)用貝、布，用乍(作)朕文考日癸旅寶，𠘨

11.5990 丁巳，王省夒𠂤(京)，王賜小臣俞夒貝，唯王來征人(夷)方，唯王十祀又五，肜日

11.5991 唯明保殷成周年，公賜乍(作)册𪉖(鬻)鬯、貝，𪉖揚公休，用乍(作)父乙寶尊彝，𡨦册

11.5992 唯十又三月辛卯，王在庌(斥)，賜趞(遣)采曰趚，賜貝五朋，趞對王休，用乍(作)姞寶彝

11.5993 乍(作)厥穆穆文祖考寶尊彝，其用夙夜享于厥大宗，其用匃永福，邁(萬)年子孫寶

11.5994 唯二月初吉丁卯，公姞令次嗣田人，次𣪕(蔑)曆，賜馬、賜裘，對揚公姞休，用乍(作)寶彝

11.5995 王女(如)上侯，師俞从，王夜(掖)功，賜師俞金，俞則對揚厥德，用乍(作)厥文考寶彝，孫孫子子寶

11.5996 唯六月既生霸乙卯，王在成周，令豐㲃(殷)大矩，大矩賜豐金、貝，用乍(作)父辛寶尊彝，木羊册

11.5997 唯五月，辰在丁亥，帝司(姛)賞庚姬貝卅朋、迖(貸)絲廿寽(鋝)，商用乍(作)文辟日丁寶尊彝，㠱

11.5998 獸，由伯曰：𠦪御乍(作)尊彝，曰：毋入于公，曰由伯子曰：𠦪爲厥父彝，丙日唯毋入于公

11.5999 唯王大龠(禴、礿)于宗周，𢓊(誕)餗𦰩京年，在五月既朢辛酉，王令士上眔史寅㲃(殷)于成周，𣋡(穀)百生(姓)豚，眔賞卣、鬯、貝，用乍(作)父癸寶尊彝，臣辰侁册

11.6000 乙巳，見(獻)在大室，白□一、琅九㞢(又)百，用王商(賞)子黄瓚一、貝百朋，子女(母)商(賞)妘、丁貝，用乍(作)己寶𠂤，㠱

11.6001 唯王南征在庌(斥)，王令生辨事于公宗，小子生賜金、鬱鬯，用乍(作)𣪕寶尊彝，用對揚王休，其萬年永寶，用鄉(饗)出內(入)事(使)人

11.6002 唯五月，王在庌(斥)，戊子，令乍(作)册折兄(貺)朢土于相侯，賜金、賜臣，揚王休，唯王十又九祀，用乍(作)父乙尊，其永寶，木羊册

11.6003 乙卯，王令保及殷東或(國)五侯，𢓊(誕)兄(貺)六品，蔑曆于保，賜賓，用乍(作)父癸宗寶尊彝，遘于四方，迨(會)王大祀，祐(宥)于周，在二月既望(朢)

11.6004 唯九月，在炎師(次)，甲午，伯懋父賜(賜)召白馬、妦黄、𩬊(髮)微，用𠦪不(丕)杯(丕)召多，用追于炎，不(丕)𦕶(肆)伯懋父畜(友)召，萬年永光，用乍(作)團宮旅彝

11.6005 唯九月既生霸，公令𪓰(螟)從□友□炎身，𪓰既告于公，休亡䀠，敢對揚厥休，用乍(作)辛公寶尊彝，用夙夕配宗，子子孫孫，其萬年永寶

11.6006 唯六月初吉，王在奠(鄭)，丁亥，王各大室，井叔右(佑)免，王蔑免曆，令史懋賜免：载(緇)芾、冋(𦅫)黄(衡)，乍(作)嗣工(空)，對揚王休，用乍(作)尊彝，免其萬年永寶用

11.6007 唯六月初吉，辰在辛卯，侯各于耳，𩁹侯休于耳，賜臣十家，𠂤師耳對𢔶(揚)侯休，肄(肇)乍(作)京公寶尊彝，京公孫子寶，侯萬年壽考、黄耇，耳日𠬝(受)休

11.6008 唯十又三月，既生霸丁卯，爰從師雍父戍于𠰢(固)𠂤(次)之年，爰𣪕(蔑)曆，仲競父賜赤金，爰拜𩒨首，對揚競父休，用乍(作)父乙寶旅彝，其子子孫孫永用

11.6009 唯四月初吉甲午，王雚(觀)于嘗公東宮，內(納)鄉(饗)于王，王賜公貝五十朋，公賜厥涉(世)子效王休(好)貝廿朋，效對公休，用乍(作)

寶尊彝，烏虖(乎)，效不敢不邁(萬)年夙夜奔走揚公休，亦其子子孫孫永寶

11.6010 元年正月，初吉辛亥，蔡侯𪓐(申)虔共(恭)大命，上下陟祐，歡(攖)敬不惕(易)，肇𨌲(佐)天子，用詐(作)大孟姬賸(媵)彝鐳(缶)，禋享是台(以)，祇盟嘗嘀，祐受無已，𧜸(齋)諁(嘏)整諯(肅)，籟文王母，穆穆亹亹(亹亹)，悤(聰)憲訢𣃁(揚)，威義(儀)遊遊(優優)，霝(靈)頌託商，康諧穆好，敬配吳王，不諱壽考，子孫蕃昌，永保用之，千歲無疆

11.6011 王拘駒㡿(拆、斥)，賜盠駒勇雷騅子，唯王十又二月，辰在甲申，王初執駒于㡿(斥)，王乎師豦召(詔)盠，王親旨(詣)盠，駒賜兩，拜䭫首曰：王弗朢(忘)厥舊宗小子，𧎡(柚)皇盠身，盠曰：王倗下，不(丕)其則，邁(萬)年保我邁(萬)宗，盠曰：余其敢對揚天子之休，余用乍(作)朕文考大仲寶尊彝，盠曰：其邁(萬)年，世子子孫孫永寶之

11.6012 王 拘 駒 㠯(𠂤)，賜盠駒勇雷駱子

11.6013 唯八月初吉，王各于周廟，穆公又(佑)盠，立中廷，北鄉(嚮)，王册令(命)尹，賜盠：赤巿、幽亢(衡)、攸(鋚)勒，曰：用𤔲六師、王行、參(叁)有𤔲：𤔲土(徒)、𤔲馬、𤔲工(空)，王令(命)盠曰：𦖞(纘)𤔲六師眔八師埶(藝)，盠拜䭫首，敢對揚王休，用乍(作)朕文祖益公寶尊彝，盠曰：不(丕)叚(遐)不(丕)其(基)，萬年保我萬邦，盠敢拜䭫首曰：剌剌(烈烈)朕身，㝚(更)朕先寶事

11.6014 唯王初䙴宅于成周，復再武王豊(禮)，祼自天，在四月丙戌，王𢍰(誥)宗小子于京室，曰：昔在爾考公氏，克逨(弼)文王，𩁹(肆)文王受茲大命，唯武王既克大邑商，則廷告于天，曰：余其宅茲中或(國)，自之辪(辥、壁)民，烏虖(乎)，爾有唯(雖)小子亡戠(識)，眂(視)于公氏，有爵(勛)于天，𢽾(徹)令(命)，敬享𢦏(哉)，叀(唯)王龏德谷(裕)天，順我不每(敏)，王咸𢍰(誥)，𣄰賜貝卅朋，用乍(作)囷(叀、庚)公寶尊彝，唯王五祀

11.6015 王令辟井(邢)侯出坏(坯)，侯于井(邢)，雩若二月，侯見于宗周，亡述(尤)，迨(會)王𩟄葊京，彭祀，雩若竭(昱、翌)日，在璧(辟)雝(雍)，王乘于舟，爲大豊(禮)，王射大龏(鴻)禽，侯乘于赤旂舟，從，死咸，之日，王以侯內(入)于寢，侯賜玄周(琱)戈，雩王在㡿(斥)，已夕，侯賜者(赭)𢦚臣二百家，劑(齎)用王乘車馬、金勒、冂(褸)衣、巿、舄，唯歸，遻(揚)天子休，告亡尤，用龏(恭)義(儀)寧侯，䚄(景)孝于井(邢)侯，乍(作)册麥賜金于辟侯，麥揚，用乍(作)寶尊彝，用鬲侯逆造，遻明令，唯天子休于麥辟侯之年鑄，孫孫子子其永亡冬(終)，冬(終)用造德，妥(綏)多友，享旋走令

11.6016 唯八月，辰在甲申，王令周公子明保，尹三事四方，受卿事寮，丁亥，令夨告于周公宮，公令𢓊(延)同卿事寮，唯十月月吉癸未，明公朝至于成周，𢓊(誕)令舍(捨)三事令，眔卿事寮、眔者(諸)尹，眔里君、眔百工，眔者(諸)侯：侯、田、男，舍(捨)四方命(令)，既咸令，甲申，明公用牲于京宮，乙酉，用牲于康宮，咸既，用牲于明公，歸自王，明公賜亢師鬯、金、小牛，曰：用禘(祓)，賜令鬯、金、小牛，曰：用禘(祓)，廼令曰：今我唯令女(汝)二人亢眔夨，奭(尚)左右于乃寮以乃友事，乍(作)册令敢揚明公尹厥宦(貯)，用乍(作)父丁寶尊彝，敢追明公賞于父丁，用光父丁，雋册

11.6017 辛

11.6018 癸

11.6019 癸

11.6020 子

11.6021 子

11.6022 㔸

11.6023 㔸

11.6024 㔸

11.6025 夫

11.6026 㒸(兴)

11.6027 文

11.6028 羞

11.6029 侁

11.6030 光

11.6031 戠

11.6032 [illegible]
11.6033 舌
11.6034 鳴
11.6035 䦼(圍)
11.6036 㞷(踬)
11.6037 㞷(踬)
11.6038 徙
11.6039 㞢
11.6040 聿
11.6041 受
11.6042 拳
11.6043 旻
11.6044 鼓
11.6045 史
11.6046 史
11.6047 史
11.6048 史
11.6049 史
11.6050 槬
11.6051 槬
11.6052 葡
11.6053 戈
11.6054 戈
11.6055 戈
11.6056 戈
11.6057 戈
11.6058 戈
11.6059 戈
11.6060 戈
11.6061 戈
11.6062 戈
11.6063 戈
11.6064 戈
11.6065 戈
11.6066 戈
11.6067 弢(發)
11.6068 馬
11.6069 馵
11.6070 萬
11.6071 萬
11.6072 鳶
11.6073 [illegible]
11.6074 [illegible]
11.6075 [illegible]
11.6076 [illegible]
11.6077 冉
11.6078 冉
11.6079 冉
11.6080 冉
11.6081 冉
11.6082 爻
11.6083 旬
11.6084 亻(支)
11.6085 串
11.6086 巫
11.6087 中
11.6088 仲
11.6089 仲
11.6090 京
11.6091 祖甲
11.6092 祖丙
11.6093 祖丁
11.6094 祖丁
11.6095 祖辛
11.6096 祖辛
11.6097 父乙
11.6098 乙父
11.6099 父乙
11.6100 父乙
11.6101 父乙
11.6102 父丙
11.6103 父丁
11.6104 父丁
11.6105 父丁
11.6106 父丁
11.6107 父丁
11.6108 父丁
11.6109 父丁
11.6110 父丁
11.6111 父丁
11.6112 父丁
11.6113 父丁
11.6114 父丁
11.6115 父戊
11.6116 父戊
11.6117 父戊
11.6118 父戊
11.6119 父己
11.6120 父己
11.6121 父己
11.6122 父己
11.6123 父庚
11.6124 父庚
11.6125 父辛
11.6126 父辛
11.6127 父辛
11.6128 父辛
11.6129 父辛
11.6130 父癸
11.6131 父癸
11.6132 父癸
11.6133 逆父
11.6134 母戊
11.6135 丁母
11.6136 子媚
11.6137 子龏
11.6138 子龏
11.6139 子刀
11.6140 子弓
11.6141 婦好
11.6142 婦冬(？)
11.6143 婦嫡
11.6144 山婦
11.6145 [illegible]婦
11.6146 [illegible]婦
11.6147 [illegible]婦，[illegible]婦
11.6148 婦姦
11.6149 盥女(母)
11.6150 蒦母
11.6151 戈母
11.6152 龏侁
11.6153 [illegible]辛
11.6154 戈辛
11.6155 聑兆(疣)
11.6156 亞疑
11.6157 亞㞢
11.6158 亞微
11.6159 亞醜
11.6160 亞醜
11.6161 亞橐
11.6162 亞重
11.6163 亞井
11.6164 亞䡅
11.6165 亞獲
11.6166 [illegible](戉)葡
11.6167 幸旅
11.6168 史犬
11.6169 史農
11.6170 大丏
11.6171 羊册
11.6172 夕册
11.6173 康侯
11.6174 膺(應)公
11.6175 伯頙
11.6176 冉丁
11.6177 冉戊
11.6178 冉辛
11.6179 冉螅
11.6180 爰蚰
11.6181 冉鱻(敏)
11.6182 弔龜
11.6183 賡(庚)玃
11.6184 羊[illegible]
11.6185 舜羊
11.6186 弓辜
11.6187 獻龔

11.6188 北單
11.6189 倗舟
11.6190 車馬
11.6191 告田
11.6192 告田
11.6193 攸乍(作)
11.6194 乍(作)仲
11.6195 叔乍(作)
11.6196 乍(作)侯
11.6197 乍(作)[illegible]
11.6198 乍(作)旅
11.6199 乍(作)尊
11.6200 史祖乙
11.6201 祖乙[illegible](封)
11.6202 凡祖丙
11.6203 文祖丙
11.6204 冉祖丁
11.6205 我祖丁
11.6206 舟祖丁
11.6207 監祖丁
11.6208 襄祖戊
11.6209 戈祖己
11.6210 子祖乙
11.6211 戈祖辛
11.6212 刀祖癸
11.6213 征中祖
11.6214 冉父甲
11.6215 [illegible]父甲
11.6216 萬父甲
11.6217 大父乙
11.6218 冀父乙
11.6219 冀父乙
11.6220 冀父乙
11.6221 [illegible](戎)父乙
11.6222 戚父乙
11.6223 我父乙
11.6224 戊父乙
11.6225 幸父乙
11.6226 牧父乙
11.6227 宰(寞、潔)父乙
11.6228 [illegible]父乙
11.6229 受父乙
11.6230 酰(酐)父乙
11.6231 [illegible]父乙
11.6232 亞父乙
11.6233 凡父乙
11.6234 凡父乙
11.6235 凡父乙
11.6236 父乙[illegible](鈴)
11.6237 [illegible]父乙
11.6238 [illegible]父乙
11.6239 辰父乙
11.6240 豪(嫁)父乙
11.6241 父乙遽
11.6242 父乙束(刺)
11.6243 魚父乙
11.6244 奄父乙
11.6245 奄父乙
11.6246 父乙寶
11.6247 父乙飤
11.6248 子父丙
11.6249 父丙重
11.6250 [illegible]父丙
11.6251 戈父丙
11.6252 戈父丙
11.6253 乍(作)父丙
11.6254 子父丁
11.6255 冀父丁
11.6256 [illegible]父丁
11.6257 父丁萬
11.6258 雔父丁
11.6259 享父丁
11.6260 舌父丁
11.6261 山父丁
11.6262 幸父丁
11.6263 癸父丁
11.6264 皀(皏、次)父丁
11.6265 蚰父丁
11.6266 [illegible]父丁
11.6267 冉父丁
11.6268 冉父丁
11.6269 奴(㚢)父戊
11.6270 字父己
11.6271 襄父己
11.6272 史父己
11.6273 祝父己
11.6274 丨父己
11.6275 冉父己
11.6276 冉父己
11.6277 冉父己
11.6278 凡父己
11.6279 [illegible](秅)父己
11.6280 木父己
11.6281 [illegible]父己
11.6282 埶(藝)父己
11.6283 己父[illegible](玉)
11.6284 奴(㚢)父己
11.6285 [illegible](妊)父己
11.6286 父己[illegible]([illegible])
11.6287 [illegible]父己
11.6288 鼻(鵬)父己
11.6289 奄父己
11.6290 黽父己
11.6291 萬父己
11.6292 子父庚
11.6293 [illegible](戒)父庚
11.6294 庚父[illegible]
11.6295 乍(作)父庚
11.6296 子父辛
11.6297 立父辛
11.6298 疑父辛
11.6299 竟父辛
11.6300 父辛冀
11.6301 父辛冀
11.6302 孜父辛
11.6303 父辛戈
11.6304 戈父辛
11.6305 行父辛
11.6306 父辛[illegible]
11.6307 [illegible]父辛
11.6308 凡父辛
11.6309 凡父辛
11.6310 [illegible]父辛
11.6311 [illegible]父辛
11.6312 冉父辛
11.6313 [illegible]父辛
11.6314 雔父辛
11.6315 羊父辛
11.6316 榭父辛
11.6317 父辛束(刺)
11.6318 遽徙父辛
11.6319 寐父辛
11.6320 賁(驢)父辛
11.6321 [illegible]父辛
11.6322 [illegible]父壬
11.6323 子父癸
11.6324 重父癸
11.6325 重父癸
11.6326 冀父癸
11.6327 父癸冀
11.6328 [illegible]父癸
11.6329 [illegible](戒)父癸
11.6330 [illegible](戒)父癸
11.6331 弜父癸
11.6332 弓父癸
11.6333 矢父癸
11.6334 奴(㚢)父癸
11.6335 奴(㚢)父癸
11.6336 戈父癸
11.6337 史父癸
11.6338 叡父癸
11.6339 父癸爰
11.6340 冉父癸
11.6341 冉父癸

11.6342 𠭯父癸
11.6343 魚父癸
11.6344 敄父癸
11.6345 粪母辛
11.6346 婦亞弜
11.6347 亞𢍰婦
11.6348 母朱戈
11.6349 𢍰女(汝)子，子𢍰
11.6350 乍(作)姑彝
11.6351 子癸𡏳
11.6352 彭女(母)冉
11.6353 卤兄丁
11.6354 兄丁奞
11.6355 𠔁兄辛
11.6356 亞𪚰冉
11.6357 秉毌戊
11.6358 𠛬册享
11.6359 𠕇𤤫省
11.6360 臼乍(作)衒
11.6361 伯乍(作)彝
11.6362 伯乍(作)彝
11.6363 伯乍(作)彝
11.6364 西單匿
11.6365 戚乍(作)彝
11.6366 戚乍(作)彝
12.6367 唐子祖乙
12.6368 徙乍(作)祖丁凶(卤)
12.6369 祖戊再冉
12.6370 囗𠔁祖己
12.6371 亞祖辛𠨍(卯)
12.6372 篙分父甲
12.6373 子廟父乙
12.6374 熗(爗)大父乙
12.6375 亞大父乙
12.6376 亞大父乙
12.6377 亞疑父乙
12.6378 亞䖵(虹)父乙
12.6379 亞俞父乙
12.6380 𢊁(庚)册父乙
12.6381 𢊁(庚)玃父乙
12.6382 鄉宁父乙
12.6383 蛙冉父乙
12.6384 西單父乙
12.6385 珥日父乙
12.6386 㡀戉父乙
12.6387 ‖(二)又父乙
12.6388 尹舟父丙
12.6389 冉蛙父丙
12.6390 䀠(玃)册父丁
12.6391 父丁告田
12.6392 母父丁戉
12.6393 典弜父丁
12.6394 冉蛙父丁
12.6395 亞丏父丁
12.6396 西單父丁
12.6397 𢍰父戊
12.6398 告宁父戊
12.6399 子𠭯父己
12.6400 辰𧗿(衛)父己
12.6401 父己矢𡚬(戎)
12.6402 亞㠱父己
12.6403 亞脊父己
12.6404 亞𢍰父己
12.6405 彊父己
12.6406 牧正父己
12.6407 冉乍(作)父己
12.6408 父己馬豢(豩)
12.6409 亞若父己
12.6410 子𠀠父辛
12.6411 父辛亞俞
12.6412 亞𠂤(臬)父辛
12.6413 亞𢍰父辛
12.6414 亞孿父辛
12.6415 弓𦎫父辛
12.6416 逆𣪕父辛
12.6417 宀乍(作)父辛
12.6418 穷寮父辛
12.6419 寧乍(作)父辛
12.6420 子𧗿(衛)父癸
12.6421 亞食父癸
12.6422 尹舟父癸
12.6423 齊豹父癸
12.6424 何父癸𢈕
12.6425 䜌父癸
12.6426 𠂇乍(作)父癸
12.6427 光乍(作)每(母)辛
12.6428 婦𡡉𢊁册
12.6429 𤞷兄日壬
12.6430 亞若癸冉
12.6431 員乍(作)旅彝
12.6432 員乍(作)旅彝
12.6433 戈罟乍(作)厥
12.6434 季乍(作)旅彝
12.6435 乍(作)𡉚(封)從彝
12.6436 逨(徠)乍(作)寶彝
12.6437 未乍(作)寶彝
12.6438 乍(作)寶尊彝
12.6439 𠂤厚祖戊
12.6440 亞疑𠭰(㪕)父乙
12.6441 高乍(作)父乙彝
12.6442 冋(坰)逋乍(作)父乙
12.6443 雞登串父丁
12.6444 劦册竹父丁
12.6445 庚宁册父丁
12.6446 聅(聯)子乍(作)父丁
12.6447 𪓐乍(作)父丁，𠕇
12.6448 乍(作)父辛寶尊
12.6449 𠂇乍(作)父癸，ㄐ
12.6450 𠂇小集母乙
12.6451 姞亘母乍(作)寶
12.6452 夨王乍(作)寶彝
12.6453 麦伯乍(作)寶彝
12.6454 伯𢦚乍(作)飲壺
12.6455 伯𢦚乍(作)旅彝
12.6456 伯乍(作)姬飲壺
12.6457 井叔乍(作)飲壺
12.6458 叔偈父乍(作)姜
12.6459 邑乍(作)寶尊彝
12.6460 事乍(作)小旅彝
12.6461 亘丰(丰)𤣩(珛)乍(作)彝
12.6462 義楚之祭耑(觶)
12.6463 邑祖辛、父辛，云
12.6464 㠱侯亞疑妣辛
12.6465 亞𠦪萬豕父乙
12.6466 尚乍(作)父乙彝，鳥
12.6467 丰(丰)乍(作)父乙尊彝
12.6468 小臣乍(作)父乙寶彝
12.6469 膺(應)事乍

(作)父乙寶
12.6470 ◗乍(作)父丙尊彝
12.6471 句乍(作)父丁尊彝
12.6472 耳犾乍(作)禦父辛
12.6473 □乍(作)父辛寶尊彝
12.6474 敉乍(作)父癸彝,舟
12.6475 朕乍(作)父癸尊彝
12.6476 北子芈乍(作)旅彝
12.6477 伯旟乍(作)寶尊彝
12.6478 伯旟乍(作)寶尊彝
12.6479 者(諸)兒乍(作)寶尊彝
12.6480 壝乍(作)寶尊彝
12.6481 䧹鬙(䟐)獿乍(作)祖辛彝
12.6482 中乍(作)妣己彝,亞沚
12.6483 乍(作)父戊彝,亞正册
12.6484 亞玗(斉),乍(作)父己尊彝
12.6485 子达乍(作)兄日辛彝
12.6486 叔僡(塼)乍(作)楷公寶彝
12.6487 征乍(作)夸公寶尊彝
12.6488 冶徣乍(作)厥寶尊彝
12.6489 其(箕)史乍(作)祖己寶尊彝
12.6490 齊史壝乍(作)祖辛寶彝
12.6491 齊史壝乍(作)祖辛寶彝
12.6492 五,凡乍(作)父乙尊彝,狽
12.6493 諫乍(作)父丁寶尊彝,車
12.6494 舌仲乍(作)父丁寶尊彝
12.6495 遽仲乍(作)父丁寶,𣥠(癶)
12.6496 子乍(作)父戊彝,犬山双
12.6497 甚乍(作)父戊寶尊,𢎘子,甚戊,𠕒子
12.6498 父己年庽,母壬、日壬
12.6499 亞及,諫乍(作)父己尊彝
12.6500 鼓䡬乍(作)父辛寶尊彝
12.6501 㐄乍(作)父癸寶尊彝,用
12.6502 木工册,乍(作)母甲尊彝
12.6503 吕伯乍(作)厥叡(祖)寶尊彝
12.6504 甾作(作)父己寶尊彝,南宫
12.6505 何乍(作)枏(藝、禰)日辛尊彝,亞得
12.6506 郐(徐)王朱又之耑(觶),耑(觶)溉之炳(炢)
12.6507 北子乍(作)寶尊彝,其邁(萬)禾(年),孫子子永寶
12.6508 𠂇肇貝宁(貯),用乍(作)父乙寶尊彝,雋册
12.6509 乙丑,䂓賜貝于公仲,用乍(作)寶尊彝
12.6510 乙丑,公仲賜庶貝十朋,庶用乍(作)寶尊彝
12.6511 㠱仲乍(作)倗生(甥)飲壺,匄三壽、懿德、萬年
12.6512 王後𠬧(坂、返)克商,在成師,周公賜小臣單貝十朋,用乍(作)寶尊彝
12.6513 唯正月吉日丁酉,郐(徐)王義楚擇余吉金,自酢(作)祭鍴(觶),用享于皇天,及我文䢅(考),永保怠(台)身,子孫寶
12.6514 王大省公族于庚,孱(振)旅,王賜中馬,自𨞲侯四䮿,南宫兄(貺),王曰:用先,中埶(藝)王休,用乍(作)父乙寶尊彝
12.6515 萬諆乍(作)兹䢅(觶),用享𢮃尹人,配用𦣞,侃(衎)多友,其鼎此觥祼,用寧室人、㠯人,萬年寶,用乍(作)念于多友
12.6516 唯三月初吉乙卯,王在周,各大室,咸井叔入右(佑)趩,王乎內史册令(命)趩:更厥祖考服,賜趩戠(織)衣、載(緇)芾、冋(禜)黄(衡)、旂,趩拜䭫首,揚王休,對趩蔑曆,用乍(作)寶尊彝,𠦪(百)世孫子毋敢家(墜),永寶,唯王二祀
12.6520 祖
12.6521 母
12.6522 婦
12.6523 媓
12.6524 子
12.6525 子
12.6526 子
12.6527 子
12.6528 子
12.6529 子
12.6530 字
12.6531 団
12.6532 旅
12.6533 旅
12.6534 旅
12.6535 旅
12.6536 旅
12.6537 䰻(魯)
12.6538 𢍏
12.6539 𠔿
12.6540 𠔿
12.6541 𠔿
12.6542 𡗗
12.6543 天
12.6544 天
12.6545 天
12.6546 㚔
12.6547 夫
12.6548 夫

12.6549 佚
12.6550 佚
12.6551 佚
12.6552 襄
12.6553 [illegible]（揉）
12.6554 [illegible]（抓）
12.6555 [illegible]
12.6556 峁
12.6557 参
12.6558 参
12.6559 矢
12.6560 [illegible]（昊）
12.6561 奚
12.6562 徭
12.6563 徭
12.6564 徭
12.6565 [illegible]
12.6566 [illegible]
12.6567 [illegible]
12.6568 重
12.6569 重
12.6570 弔
12.6571 弔
12.6572 夻
12.6573 [illegible]
12.6574 [illegible]
12.6575 [illegible]
12.6576 役
12.6577 何
12.6578 件
12.6579 竝（並）
12.6580 舌
12.6581 舌
12.6582 瞿（瞿）
12.6583 旻
12.6584 旻
12.6585 [illegible]
12.6586 耴
12.6587 埶（藝）
12.6588 左
12.6589 [illegible]
12.6590 [illegible]
12.6591 [illegible]
12.6592 [illegible]
12.6593 攺（啟）
12.6594 攺（啟）
12.6595 𢼀
12.6596 𢼀
12.6597 并
12.6598 寅
12.6599 収（翊）
12.6600 共
12.6601 受
12.6602 受
12.6603 受
12.6604 翁
12.6605 卷
12.6606 秉
12.6607 史
12.6608 史
12.6609 史
12.6610 史
12.6611 史
12.6612 史
12.6613 史
12.6614 史
12.6615 史
12.6616 史
12.6617 史
12.6618 史
12.6619 史
12.6620 史
12.6621 史
12.6622 史
12.6623 史
12.6624 册
12.6625 宁
12.6626 幸（梏）
12.6627 幸（梏）
12.6628 拲
12.6629 拲
12.6630 拲
12.6631 圉
12.6632 步
12.6633 徙
12.6634 得
12.6635 得
12.6636 正
12.6637 𨙶（圍）
12.6638 𧗿（衛）
12.6639 𧗿（衛）
12.6640 遽
12.6641 遽
12.6642 告
12.6643 告
12.6644 淄
12.6645 甾
12.6646 宄（宄）
12.6647 犬
12.6648 豖（豭）
12.6649 豖（豭）
12.6650 豩（豩）
12.6651 豻
12.6652 圂
12.6653 圂
12.6654 彘
12.6655 冡
12.6656 羊
12.6657 羊
12.6658 羍（𦏧）
12.6659 葥
12.6660 葥
12.6661 葥
12.6662 敄
12.6663 敄
12.6664 [illegible]
12.6665 [illegible]
12.6666 鹿
12.6667 象
12.6668 豕
12.6669 [illegible]
12.6670 獸
12.6671 獸
12.6672 鳥
12.6673 鳥
12.6674 鳥
12.6675 鳥
12.6676 鳶
12.6677 鳶
12.6678 鳶
12.6679 進
12.6680 萬
12.6681 黿
12.6682 蛙
12.6683 魚
12.6684 魚
12.6685 魰
12.6686 魰
12.6687 戈
12.6688 戈
12.6689 戈
12.6690 戈
12.6691 戈
12.6692 戈
12.6693 戈
12.6694 戈
12.6695 戈
12.6696 戈
12.6697 戈
12.6698 戕（戒）
12.6699 戕（戒）
12.6700 戕（戒）
12.6701 戕（戒）
12.6702 戕（戒）
12.6703 戕（戒）
12.6704 戕（戒）

12.6705 㚾
12.6706 妕(戎)
12.6707 妕(戎)
12.6708 妕(戎)
12.6709 㓭
12.6710 鬣
12.6711 聝
12.6712 聝
12.6713 聝
12.6714 聝
12.6715 聝
12.6716 尧(譬)
12.6717 尧(譬)
12.6718 伐
12.6719 [illegible]
12.6720 干
12.6721 麡(庚)
12.6722 庚
12.6723 辛
12.6724 鼎
12.6725 櫙
12.6726 櫙
12.6727 竚
12.6728 [illegible]
12.6729 [illegible]
12.6730 [illegible]
12.6731 [illegible]
12.6732 [illegible]
12.6733 [illegible]
12.6734 [illegible]
12.6735 [illegible]
12.6736 [illegible]
12.6737 [illegible]
12.6738 亯
12.6739 亯
12.6740 辜
12.6741 竹
12.6742 木
12.6743 木
12.6744 朿(刺)
12.6745 [illegible](齎、穧)
12.6746 臣
12.6747 串
12.6748 串
12.6749 車
12.6750 車
12.6751 車
12.6752 車
12.6753 [illegible](輻)
12.6754 [illegible](輻)
12.6755 [illegible]
12.6756 [illegible]
12.6757 𠂤
12.6758 𠂤
12.6759 [illegible]
12.6760 [illegible]
12.6761 薎
12.6762 [illegible](鈴)
12.6763 [illegible]
12.6764 [illegible]
12.6765 [illegible]
12.6766 [illegible]
12.6767 [illegible]
12.6768 冉
12.6769 冉
12.6770 冉
12.6771 冉
12.6772 冉
12.6773 曩
12.6774 曩
12.6775 曩
12.6776 曩
12.6777 曩
12.6778 [illegible](詷)
12.6779 被(脈)
12.6780 敽
12.6781 敽
12.6782 敽
12.6783 雩
12.6784 [illegible](畢)
12.6785 亢
12.6786 秉
12.6787 [illegible](傑)
12.6788 [illegible]
12.6789 東(康)
12.6790 [illegible](齊)
12.6791 [illegible]
12.6792 [illegible]
12.6793 [illegible]
12.6794 脊
12.6795 [illegible](卿、卯)
12.6796 [illegible](卿、卯)
12.6797 交
12.6798 交
12.6799 [illegible]
12.6800 幵(筓)
12.6801 [illegible]
12.6802 丨(棍)
12.6803 [illegible](支)
12.6804 觟
12.6805 □己
12.6806 祖辛
12.6807 祖辛
12.6808 祖辛
12.6809 祖壬
12.6810 父乙
12.6811 父乙
12.6812 父丙
12.6813 父己
12.6814 己父
12.6815 父己
12.6816 父庚
12.6817 父癸
12.6818 甲戈
12.6819 [illegible](封)乙
12.6820 [illegible](玉)乙
12.6821 乙正
12.6822 乙正
12.6823 乙参
12.6824 乙息
12.6825 戈乙
12.6826 乙戈
12.6827 乙冉
12.6828 冉乙
12.6829 乙[illegible](宔)
12.6830 丁冉
12.6831 丁冉
12.6832 丁[illegible]
12.6833 弔丁
12.6834 戊木
12.6835 㫃己
12.6836 玉己
12.6837 己聿
12.6838 庚户
12.6839 辛戈
12.6840 癸重
12.6841 癸𠂤
12.6842 [illegible]癸
12.6843 癸冉
12.6844 己口(方)
12.6845 叔(拍)己
12.6846 叔(拍)己
12.6847 婦好
12.6848 婦好
12.6849 婦好
12.6850 婦好
12.6851 婦好
12.6852 婦好
12.6853 婦好
12.6854 婦好
12.6855 婦好
12.6856 婦好
12.6857 婦好
12.6858 婦好
12.6859 婦好
12.6860 婦好

12.6861 婦好
12.6862 婦好
12.6863 婦好
12.6864 婦好
12.6865 婦好
12.6866 婦
12.6867 婦好
12.6868 婦䊆
12.6869 婦䊆
12.6870 婦鳥
12.6871 婦田
12.6872 賓女(母)
12.6873 賓女(母)
12.6874 女(母)盥
12.6875 母戊
12.6876 魚母
12.6877 魚母
12.6878 射母[illegible]
12.6879 朕母
12.6880 司㜏
12.6881 司㜏
12.6882 司㜏
12.6883 司㜏
12.6884 司㜏
12.6885 司㜏
12.6886 司㜏
12.6887 司㜏
12.6888 司㜏
12.6889 司㜏
12.6890 司[illegible](𠦪、攀)
12.6891 子𦥎
12.6892 子𦥎
12.6893 子𦥎
12.6894 子㒸
12.6895 子㒸
12.6896 子妥
12.6897 子脊
12.6898 子媚
12.6899 子媚
12.6900 子[illegible](規)
12.6901 子[illegible](規)
12.6902 子𧗟(衛)
12.6903 子𧗟(衛)
12.6904 子𧗟(衛)
12.6905 子𧗟(衛)
12.6906 子虬(虯)
12.6907 子[illegible]
12.6908 子蝠
12.6909 子保
12.6910 子[illegible]
12.6911 子[illegible](扲)
12.6912 子光
12.6913 子雨
12.6914 𢍰子
12.6915 襄未
12.6916 并[illegible](鬲)
12.6917 并[illegible](鬲)
12.6918 𠭯𦦖
12.6919 𠭯𦦖
12.6920 樂文
12.6921 兮建
12.6922 見爻
12.6923 玉玐
12.6924 交忏(筓)
12.6925 [illegible](𡆥)𡦉(抦)
12.6926 羌柔
12.6927 [illegible]
12.6928 聑及(及倗)
12.6929 妥(妥倗)聑
12.6930 聑髭
12.6931 弜(引)耳
12.6932 聑竹
12.6933 毌中
12.6934 叉[illegible](娟)
12.6935 叉[illegible](娟)
12.6936 㝴川(三)
12.6937 祓(脉、脈)
12.6938 叉宂(牀)
12.6939 叉宂(牀)
12.6940 冋𢍰
12.6941 [illegible](及見鼓)
12.6942 正紟
12.6943 㪤(二教)
12.6944 衜(還、狩)
12.6945 亞獸
12.6946 亞其
12.6947 亞其
12.6948 亞其
12.6949 亞其
12.6950 亞其
12.6951 亞其
12.6952 亞其
12.6953 亞其
12.6954 亞其
12.6955 亞其
12.6956 亞弜
12.6957 亞弜
12.6958 亞弜
12.6959 亞疑
12.6960 亞疑
12.6961 亞疑
12.6962 亞疑
12.6963 亞疑
12.6964 亞疑
12.6965 亞疑
12.6966 亞疑
12.6967 亞䰯
12.6968 亞䰯
12.6969 亞䰯
12.6970 亞䰯
12.6971 亞竟
12.6972 亞告
12.6973 亞敄
12.6974 亞喿(㿈)
12.6975 亞朩
12.6976 [illegible](史)亞
12.6977 𠦪(攀)亞
12.6978 𠦪(攀)亞
12.6979 𠦪(攀)亞
12.6980 雔亞
12.6981 亞獲
12.6982 亞獲
12.6983 亞豖(㧻)
12.6984 亞𢍰
12.6985 夅亞
12.6986 亞𡨦(䴷)
12.6987 耳亞
12.6988 亞弔
12.6989 亞酉
12.6990 亞酉
12.6991 亞盥
12.6992 亞□
12.6993 工册
12.6994 庚(庚)册
12.6995 玐册
12.6996 糸保
12.6997 馬何
12.6998 馬何
12.6999 尹舟
12.7000 幸旅
12.7001 幸旅
12.7002 幸旅
12.7003 鄉宁
12.7004 鄉宁
12.7005 告宁
12.7006 告宁
12.7007 竚
12.7008 竚
12.7009 宁戈
12.7010 美宁
12.7011 宁朋
12.7012 田免
12.7013 田告
12.7014 南單
12.7015 西單
12.7016 西單

12.7017 北單
12.7018 單光
12.7019 甗征
12.7020 甗奞
12.7021 工甗
12.7022 旅工
12.7023 冬刃
12.7024 冬刃
12.7025 毌得
12.7026 毌得
12.7027 秝毌
12.7028 秝毌
12.7029 秉毌
12.7030 丩毌
12.7031 宁壺
12.7032 弗刀
12.7033 □戈
12.7034 戈□
12.7035 戕(戒)虎
12.7036 卜亯
12.7037 倗舟
12.7038 倗舟
12.7039 倗舟
12.7040 涉車
12.7041 車丮
12.7042 亦車
12.7043 亦車
12.7044 亦車
12.7045 亦車
12.7046 車𦎫
12.7047 𦎫車
12.7048 買車
12.7049 弔車
12.7050 非□
12.7051 弔𦕇(排)
12.7052 禾椑(櫘)
12.7053 鹵木
12.7054 目宋(不)
12.7055 □(臣)豩
12.7056 鳥□
12.7057 魚從
12.7058 弔龜
12.7059 弔龜
12.7060 弔龜
12.7061 □(黽)□(敗)
12.7062 冉鱻(魰)
12.7063 冉鱻(魰)
12.7064 冉蛙
12.7065 冉丨
12.7066 丨(棍)尧(嚚)
12.7067 丮□
12.7068 弓□(衛)
12.7069 刀□
12.7070 □(奉)宁
12.7071 □(尊彝)息
12.7072 羊祖甲
12.7073 黽祖乙
12.7074 家祖乙
12.7075 乙祖匜
12.7076 □(戎)祖丙
12.7077 □(夘、嚮)祖丁
12.7078 戈祖丁
12.7079 □(鵬)己祖
12.7080 襄祖己
12.7081 山祖庚
12.7082 子祖辛
12.7083 戈祖辛
12.7084 祖癸冉
12.7085 子祖癸
12.7086 得父乙
12.7087 敄父乙
12.7088 鳥父乙
12.7089 □(係)父乙
12.7090 □(鈴)父乙
12.7091 父乙豙(□)
12.7092 冀父乙
12.7093 冀父乙
12.7094 冀父乙
12.7095 黿父乙
12.7096 黿父乙
12.7097 亞(?)父乙
12.7098 □父乙
12.7099 父乙盂
12.7100 冉父乙
12.7101 乍(作)父乙
12.7102 史父丙
12.7103 子父丙
12.7104 敄父丙
12.7105 亞父丁
12.7106 父丁史
12.7107 文父丁
12.7108 巴父丁
12.7109 冀父丁
12.7110 □父丁
12.7111 冉父丁
12.7112 冉父丁
12.7113 冉父丁
12.7114 □父丁
12.7115 山父丁
12.7116 山父丁
12.7117 山父丁
12.7118 鳶父丁
12.7119 □(鵬)父丁
12.7120 木父丁
12.7121 冀父戊
12.7122 臽(陷)父戊
12.7123 叙(㓞)父戊
12.7124 子父己
12.7125 亞父己
12.7126 亞父己
12.7127 □父己
12.7128 □父己
12.7129 □父己
12.7130 冉父己
12.7131 叙(㓞)父己
12.7132 舌父己
12.7133 旻父己
12.7134 雔父己
12.7135 戈父己
12.7136 □(玉)父己
12.7137 冀父庚
12.7138 子庚父
12.7139 吳父庚
12.7140 冀父辛
12.7141 父辛耑
12.7142 父辛竝
12.7143 𢍺(擘)父辛
12.7144 尧(嚚)父辛
12.7145 口父辛
12.7146 椃父辛
12.7147 弔父辛
12.7148 冉父辛
12.7149 冉父辛
12.7150 虎未父辛
12.7151 椑(櫘)父辛
12.7152 辛父攸
12.7153 黿父癸
12.7154 獲父癸
12.7155 戈父癸
12.7156 釆父癸
12.7157 行父癸
12.7158 子父癸
12.7159 □父癸
12.7160 蚰羊乙
12.7161 舌甗戊
12.7162 己鄉宁
12.7163 辛鄉宁
12.7164 甲母□(衲)
12.7165 甲母□(衲)
12.7166 魚母乙
12.7167 丮享册
12.7168 丮享册
12.7169 丮享册
12.7170 丮享册
12.7171 婦□((半)

12.7172 婦嫌(（半）
12.7173 子蝠㓥
12.7174 子蝠㓥
12.7175 子取工
12.7176 允册丁
12.7177 鍐㢈册
12.7178 亞仌爾
12.7179 亞卩犬(？)
12.7180 冀亞次
12.7181 亞木守
12.7182 亞丁丮
12.7183 亞𤔲乙
12.7184 亞㐭亢
12.7185 亞 岂（䞣）衔（徙）
12.7186 亞 岂（䞣）衔（徙）
12.7187 衛(還)自(次)
12.7188 亽葡嗥(䈞)
12.7189 弓丁囗
12.7190 弓丁囗
12.7191 南單冓
12.7192 西單光
12.7193 西單己
12.7194 西單𠬝
12.7195 戈北單
12.7196 媒冉串
12.7197 媒冉串
12.7198 丁冉侁
12.7199 丁冉侁
12.7200 丁冉侁
12.7201 羊則(貳)車
12.7202 崠耒蚀
12.7203 冬臣單
12.7204 米宫彝
12.7205 夭(走)乍(作)彝
12.7206 夭(走)乍(作)彝
12.7207 乍(作)從彝
12.7208 乍(作)從彝
12.7209 乍(作)從彝
12.7210 羊侁父乙
12.7211 祖丁、父乙
12.7212 祖丁、父乙
12.7213 鼅獻祖丁
12.7214 木戊祖戊
12.7215 大中祖己
12.7216 祖辛戉刞
12.7217 祖壬丰刀
12.7218 弔龜祖癸
12.7219 亞冀(㾖)妣己
12.7220 女(汝)子妣丁
12.7221 卷父甲丁
12.7222 册䢅父甲
12.7223 父乙妕(戎)虎
12.7224 册叚(退)父乙
12.7225 幸旅父乙
12.7226 丩毌父乙
12.7227 㢈(庚)册父乙
12.7228 亞鳶父丁
12.7229 子刀父丁
12.7230 亞醜父丁
12.7231 亞貘父丁
12.7232 亞盉父丁
12.7233 力册父丁
12.7234 省乍(作)父丁
12.7235 乍(作)父丁，冀
12.7236 尹舟父丁
12.7237 ⽋㦰父丁
12.7238 㡀(二幸)父戊
12.7239 亞古父己
12.7240 大册父己
12.7241 亞疑父己
12.7242 辰𧖴(衛)父己
12.7243 亞旅父己
12.7244 戌未父己
12.7245 幸旅父辛
12.7246 幸旅父辛
12.7247 父辛册叟
12.7248 亞宁父癸
12.7249 父癸幸葡
12.7250 何父癸㾓
12.7251 何父癸㾓
12.7252 母辛亞□
12.7253 乙亳戈册
12.7254 聑髭婦𢆶
12.7255 糸子工刀
12.7256 子工册木
12.7257 戈䍜乍(作)厥
12.7258 登乍(作)尊彝
12.7259 亽乍(作)從彝
12.7260 乍(作)丮(封)從彝
12.7261 𠔀祖乙乍(作)彝
12.7262 亳戈册父乙
12.7263 㢈(庚)㚔父乙馬
12.7264 亞父乙微莫
12.7265 丩毌乍(作)父乙
12.7266 㢈册父庚叚(退)
12.7267 臣辰侁父乙
12.7268 臣辰侁父乙
12.7269 劦(耒？)册父辛叟
12.7270 子妣心
12.7271 亞登兄日庚
12.7272 叔乍(作)母□彝
12.7273 單光乍(作)從彝
12.7274 敉(敉)册乍(作)从彝
12.7275 買王罘尊彝
12.7276 買王罘尊彝
12.7277 亞𠬝(離)辛爵
12.7278 責(𧢲)引乍(作)尊彝
12.7279 史見乍(作)父甲彝
12.7280 句乍(作)父丁尊彝
12.7281 秉以父庚宗尊
12.7282 秉以父庚宗尊
12.7283 乍(作)父辛尊，亞疑
12.7284 乍(作)父辛寶尊彝
12.7285 亞夫乍(作)寶從彝
12.7286 亞夫乍(作)寶從彝
12.7287 婦𪇰(鴟)乍(作)彝，亞醜
12.7288 亞䑬(杠)妏父辛尊彝
12.7289 𠮛乍(作)祖己尊彝，交
12.7290 亞乍(作)父乙寶尊彝
12.7291 亞乍(作)父乙寶尊彝
12.7292 卿乍(作)父乙寶尊彝
12.7293 亞㝠(䡅)宔(鑄)父丁，𢎨(孤)竹
12.7294 㪤乍(作)父戊尊彝，䚕
12.7295 㪤乍(作)父戊尊彝，䚕
12.7296 天(大、太)子聽乍(作)父丁彝

12.7297 亞疑員，毫乍(作)母癸彝
12.7298 亞疑員，毫乍(作)母癸彝
12.7299 咢(嚚)丏龖父辛彝
12.7300 亞獡皿合乍(作)尊彝
12.7301 執(藝)戊乍(作)祖癸句寶彝
12.7302 亞或其說乍(作)父己彝，兴
12.7303 友(右)敄父癸丨川(三)处
12.7304 妏乍(作)乙公寶彝，允册
12.7305 趞乍(作)日癸寶尊彝，姍(戎)
12.7306 亞𠂤羌𪊲向乍(作)尊彝
12.7307 亞𣄨(杠)𠬝(負)乍(作)父丁寶尊彝
12.7308 亞若癸乙自(師)受丁沚旅
12.7309 亞若癸乙自(師)受丁沚旅
12.7310 貝唯賜，用乍(作)父乙尊彝，奄
12.7311 龏姛賜商(賞)貝于姛，用乍(作)父乙彝
12.7312 □□，麇婦□賞于𡚱，用〔作〕辟日乙尊彝，〔鑊〕㕡
13.7313 子
13.7314 子
13.7315 子
13.7316 子
13.7317 子
13.7318 子
13.7319 子
13.7320 子
13.7321 囝
13.7322 𢍰〔俘〕
13.7323 吳(嘩)
13.7324 天
13.7325 天
13.7326 天
13.7327 天
13.7328 大
13.7329 㚘
13.7330 𠂇
13.7331 兴
13.7332 兴
13.7333 兴
13.7334 奚
13.7335 奚
13.7336 亢
13.7337 屰
13.7338 屰
13.7339 逆
13.7340 夫
13.7341 夫
13.7342 𠂔
13.7343 参
13.7344 獶
13.7345 𠂢
13.7346 微
13.7347 侁
13.7348 侁
13.7349 侁
13.7350 侁
13.7351 侁
13.7352 𢆶
13.7353 侁
13.7354 光
13.7355 𠑹
13.7356 𠑹
13.7357 見
13.7358 見
13.7359 卩
13.7360 令
13.7361 印
13.7362 卷
13.7363 卷
13.7364 卪
13.7365 重
13.7366 重
13.7367 重
13.7368 䟫(疛)
13.7369 紟
13.7370 何
13.7371 何
13.7372 𠂇
13.7373 匿
13.7374 匿
13.7375 匿
13.7376 匿
13.7377 匿
13.7378 克
13.7379 克
13.7380 克
13.7381 毗
13.7382 句
13.7383 敬
13.7384 倗
13.7385 倗舟
13.7386 休
13.7387 𢎗(引)
13.7388 姍(戎)
13.7389 𠬝
13.7390 役
13.7391 咢(嚚)
13.7392 咢(嚚)
13.7393 咢(嚚)
13.7394 咢(嚚)
13.7395 咢(嚚)
13.7396 咢(嚚)
13.7397 咢(嚚)
13.7398 伐
13.7399 徰
13.7400 𢍰
13.7401 竝
13.7402 北
13.7403 从
13.7404 保
13.7405 敖(扶)
13.7406 保
13.7407 𠬞(斧)
13.7408 卿
13.7409 母
13.7410 母
13.7411 母
13.7412 母
13.7413 媚
13.7414 姁
13.7415 𡉚
13.7416 媓
13.7417 媓
13.7418 𣦼
13.7419 冀
13.7420 冀
13.7421 㫃(旟)
13.7422 旅
13.7423 旅
13.7424 幸旅
13.7425 旅
13.7426 旅
13.7427 旅
13.7428 奄
13.7429 豸(貘)
13.7430 豸(貘)
13.7431 豸(貘)
13.7432 夸
13.7433 夸

13.7434 [illegible]
13.7435 又
13.7436 敎
13.7437 [illegible]
13.7438 [illegible]
13.7439 得
13.7440 聿
13.7441 聿
13.7442 聿
13.7443 聿
13.7444 聿
13.7445 史
13.7446 史
13.7447 史
13.7448 史
13.7449 史
13.7450 史
13.7451 [illegible]
13.7452 [illegible]
13.7453 [illegible]
13.7454 [illegible](抹)
13.7455 [illegible]
13.7456 [illegible](貴)
13.7457 [illegible]
13.7458 [illegible](㲃、匋)
13.7459 爰
13.7460 受
13.7461 興
13.7462 興
13.7463 興
13.7464 興
13.7465 拳
13.7466 父壬
13.7467 眗
13.7468 畀
13.7469 [illegible](柄)
13.7470 止(趾)
13.7471 沚
13.7472 沚
13.7473 步
13.7474 步
13.7475 徙
13.7476 迺(退)
13.7477 伯[illegible]
13.7478 登
13.7479 [illegible](连)
13.7480 正
13.7481 正
13.7482 正
13.7483 正
13.7484 正
13.7485 [illegible]
13.7486 [illegible]
13.7487 [illegible]
13.7488 [illegible]
13.7489 [illegible]
13.7490 [illegible](衛)
13.7491 [illegible](衛)
13.7492 [illegible](衛)
13.7493 目
13.7494 目
13.7495 [illegible]
13.7496 旻
13.7497 旻
13.7498 旻
13.7499 旻
13.7500 [illegible](玃)
13.7501 舌
13.7502 舌
13.7503 舌
13.7504 舌
13.7505 耳
13.7506 恖
13.7507 恖
13.7508 虎
13.7509 象
13.7510 羊
13.7511 羊
13.7512 羊
13.7513 羊
13.7514 [illegible]
13.7515 [illegible]
13.7516 [illegible](小牢)
13.7517 [illegible]
13.7518 豕
13.7519 豕
13.7520 豕
13.7521 豰
13.7522 馭
13.7523 眉
13.7524 犬
13.7525 犬
13.7526 犬
13.7527 [illegible]
13.7528 [illegible]
13.7529 家
13.7530 彘
13.7531 [illegible]
13.7532 龍
13.7533 龍
13.7534 龍
13.7535 龜
13.7536 黽
13.7537 魚
13.7538 魚
13.7539 魚
13.7540 魚
13.7541 魚
13.7542 魚
13.7543 魚
13.7544 魚
13.7545 魚
13.7546 漁
13.7547 漁
13.7548 漁
13.7549 漁
13.7550 萬
13.7551 萬
13.7552 萬
13.7553 萬
13.7554 [illegible]
13.7555 虫
13.7556 弔
13.7557 弔
13.7558 弔(？)
13.7559 弔
13.7560 弔
13.7561 弔
13.7562 弔
13.7563 [illegible]
13.7564 [illegible]
13.7565 [illegible](囮)
13.7566 [illegible](蟥)
13.7567 脊
13.7568 脊
13.7569 鳥
13.7570 鳥
13.7571 鳥
13.7572 鳥([illegible])
13.7573 鳶
13.7574 鳶
13.7575 册
13.7576 册
13.7577 册
13.7578 册
13.7579 告
13.7580 [illegible]
13.7581 [illegible]
13.7582 [illegible]
13.7583 [illegible]
13.7584 [illegible]
13.7585 [illegible]
13.7586 [illegible]
13.7587 [illegible]
13.7588 邑
13.7589 邑

13.7590 酉
13.7591 酉
13.7592 莤
13.7593 莤
13.7594 𠂤
13.7595 𠂤
13.7596 𠂤
13.7597 𠂤
13.7598 𠂤
13.7599 𠂤
13.7600 𠂤
13.7601 𡨄(崞、嵲)
13.7602 𡨄(崞、嵲)
13.7603 𣅀(豆)
13.7604 皿
13.7605 皿
13.7606 盄
13.7607 盥
13.7608 𠙵
13.7609 刀
13.7610 刀
13.7611 冬刃
13.7612 冬刃
13.7613 紉(絶)
13.7614 紉(絶)
13.7615 戈
13.7616 戈
13.7617 戈
13.7618 戈
13.7619 戈
13.7620 戈
13.7621 戈
13.7622 戈
13.7623 戈
13.7624 戈
13.7625 戈
13.7626 戈
13.7627 戈
13.7628 戈
13.7629 戈
13.7630 戈
13.7631 戈
13.7632 矢
13.7633 矢
13.7634 射
13.7635 葙
13.7636 葙
13.7637 哭(瞚)
13.7638 聝
13.7639 聝
13.7640 聝
13.7641 咸
13.7642 戉(鉞)
13.7643 冊
13.7644 冊
13.7645 施
13.7646 旟
13.7647 旟
13.7648 單
13.7649 禽
13.7650 宄(忙)
13.7651 宄(忙)
13.7652 眴
13.7653 山
13.7654 山
13.7655 㒳
13.7656 㒳
13.7657 㒳
13.7658 㒳
13.7659 㒳
13.7660 㒳
13.7661 㒳
13.7662 㒳
13.7663 㒳
13.7664 㒳
13.7665 㒳
13.7666 㒳
13.7667 㒳
13.7668 甲
13.7669 庚
13.7670 㢈(庚)
13.7671 辛
13.7672 辛
13.7673 癸
13.7674 冉
13.7675 冉
13.7676 冉
13.7677 冉
13.7678 冉
13.7679 冉
13.7680 冉
13.7681 冉
13.7682 冉
13.7683 冉
13.7684 冉
13.7685 冉
13.7686 冉
13.7687 冉
13.7688 𡰣(尺)
13.7689 𡰣
13.7690 𡰣
13.7691 𡰣
13.7692 𡰣
13.7693 𡰣
13.7694 𡰣
13.7695 𡰣
13.7696 𠕎(瞻)
13.7697 㐱(鈴)
13.7698 㐱(鈴)
13.7699 叀
13.7700 田
13.7701 𠳋(齎、穧)
13.7702 名
13.7703 古
13.7704 衡(還)
13.7705 衡(還)
13.7706 𢀚
13.7707 幸
13.7708 幸
13.7709 啈
13.7710 襄
13.7711 襄
13.7712 襄
13.7713 [illegible]
13.7714 串
13.7715 串
13.7716 中
13.7717 ⊗(輻)
13.7718 亦車
13.7719 亦車
13.7720 𠆨
13.7721 𠆨
13.7722 𡳾
13.7723 珥日
13.7724 𣥂(止)
13.7725 禾
13.7726 朿
13.7727 嗇(嗇)
13.7728 棗(棟)
13.7729 嗇
13.7730 𠬝
13.7731 屮
13.7732 𡳿(往)
13.7733 兮
13.7734 兮
13.7735 弜
13.7736 木
13.7737 困(種)
13.7738 困(種)
13.7739 秉
13.7740 秉
13.7741 𣎳
13.7742 析
13.7743 文
13.7744 舟
13.7745 [illegible]

13.7746 雩
13.7747 亽(齊)
13.7748 亽(齊)
13.7749 ⋈(五)
13.7750 ⋈(五)
13.7751 息
13.7752 丿
13.7753 ⿴囗己(起)
13.7754 ⿴囗己(起)
13.7755 乚
13.7756 樐
13.7757 樐
13.7758 樐
13.7759 㒼
13.7760 爻
13.7761 爻
13.7762 爻
13.7763 爻
13.7764 爻
13.7765 㗊(鑃)
13.7766 橐
13.7767 [illegible]
13.7768 [illegible]
13.7769 [illegible]
13.7770 易
13.7771 吃
13.7772 亞疑
13.7773 亞疑
13.7774 亞疑
13.7775 亞疑
13.7776 亞疑
13.7777 亞疑
13.7778 亞疑
13.7779 亞疑
13.7780 亞疑
13.7781 亞疑
13.7782 亞疑
13.7783 亞醜
13.7784 亞醜
13.7785 亞醜
13.7786 亞醜
13.7787 亞醜
13.7788 亞子
13.7789 亞倗
13.7790 亞徙
13.7791 亞徙
13.7792 亞徙
13.7793 亞𡨦
13.7794 亞𡨦
13.7795 亞弁
13.7796 亞弁
13.7797 亞[illegible]
13.7798 亞𠭮(揀)
13.7799 亞𠭮(揀)
13.7800 亞盥
13.7801 亞敄
13.7802 亞獸
13.7803 亞犬
13.7804 亞犬
13.7805 亞獸
13.7806 亞馬
13.7807 亞獸
13.7808 亞鼈
13.7809 亞鳥
13.7810 亞雔
13.7811 亞獲
13.7812 亞獲
13.7813 亞獲
13.7814 亞龜
13.7815 亞過
13.7816 亞[illegible](攀)
13.7817 亞址
13.7818 亞址
13.7819 亞弜
13.7820 亞弜
13.7821 亞弜
13.7822 亞舟
13.7823 亞舟
13.7824 亞䳑(鴡)
13.7825 亞丙
13.7826 亞罒
13.7827 亞戈
13.7828 告亞
13.7829 [illegible]亞
13.7830 亞[illegible](妖)
13.7831 亞其
13.7832 亞其
13.7833 亞其
13.7834 亞其
13.7835 亞其
13.7836 亞其
13.7837 亞其
13.7838 亞其
13.7839 亞其
13.7840 亞其
13.7841 亞其
13.7842 亞其
13.7843 亞其
13.7844 亞辛
13.7845 祖甲
13.7846 祖甲
13.7847 祖乙
13.7848 祖乙
13.7849 祖乙
13.7850 祖乙
13.7851 祖乙
13.7852 祖丁
13.7853 祖丁
13.7854 祖戊
13.7855 祖戊
13.7856 祖戊
13.7857 祖己
13.7858 祖己
13.7859 祖庚
13.7860 祖庚
13.7861 祖庚
13.7862 辛祖
13.7863 祖辛
13.7864 祖辛
13.7865 祖辛
13.7866 祖辛
13.7867 祖辛
13.7868 祖壬
13.7869 祖癸
13.7870 祖癸
13.7871 祖癸
13.7872 祖癸
13.7873 父甲
13.7874 父甲
13.7875 父甲
13.7876 父甲
13.7877 父甲
13.7878 父甲
13.7879 父甲
13.7880 父乙
13.7881 父乙
13.7882 父乙
13.7883 父乙
13.7884 父乙
13.7885 父乙
13.7886 父乙
13.7887 父乙
13.7888 父乙
13.7889 父乙
13.7890 父乙
13.7891 父乙
13.7892 父乙
13.7893 父乙
13.7894 父乙
13.7895 父乙
13.7896 父乙
13.7897 父乙
13.7898 父乙
13.7899 父乙
13.7900 父乙
13.7901 父丙

13.7902 父丁
13.7903 父丁
13.7904 父丁
13.7905 父丁
13.7906 父丁
13.7907 父丁
13.7908 父丁
13.7909 父丁
13.7910 父丁
13.7911 父丁
13.7912 父丁
13.7913 父丁
13.7914 父丁
13.7915 父丁
13.7916 父丁
13.7917 父丁
13.7918 父丁
13.7919 父丁
13.7920 父丁
13.7921 父丁
13.7922 父丁
13.7923 父丁
13.7924 父丁
13.7925 父丁
13.7926 父丁
13.7927 父戊
13.7928 父戊
13.7929 父戊
13.7930 父戊
13.7931 父戊
13.7932 父己
13.7933 父己
13.7934 父己
13.7935 父己
13.7936 父己
13.7937 父己
13.7938 父己
13.7939 父己
13.7940 父己
13.7941 父己
13.7942 父己
13.7943 父己
13.7944 父己
13.7945 父己
13.7946 父己
13.7947 父己
13.7948 庚父
13.7949 父庚
13.7950 父庚
13.7951 父庚
13.7952 父辛
13.7953 父辛
13.7954 父辛
13.7955 父辛
13.7956 父辛
13.7957 父辛
13.7958 父辛
13.7959 父辛
13.7960 父辛
13.7961 父辛
13.7962 父辛
13.7963 父辛
13.7964 父辛
13.7965 父辛
13.7966 父辛
13.7967 父辛
13.7968 父辛
13.7969 父辛
13.7970 父辛
13.7971 父壬
13.7972 父壬
13.7973 父壬
13.7974 父壬
13.7975 父壬
13.7976 父癸
13.7977 父癸
13.7978 父癸
13.7979 父癸
13.7980 父癸
13.7981 父癸
13.7982 父癸
13.7983 父癸
13.7984 父癸
13.7985 父癸
13.7986 父癸
13.7987 父癸
13.7988 父癸
13.7989 父癸
13.7990 癸父
13.7991 父□
13.7992 母己
13.7993 母己
13.7994 母己
13.7995 母癸
13.7996 母癸
13.7997 母癸
13.7998 妣癸
13.7999 示甲
13.8000 甲虫
13.8001 中甲
13.8002 甲拳
13.8003 癸乙
13.8004 何乙
13.8005 [illegible]乙
13.8006 [illegible]乙
13.8007 乙冉
13.8008 乙冉
13.8009 冉乙
13.8010 冉乙
13.8011 [illegible]乙
13.8012 [illegible]乙
13.8013 朿(刺)乙
13.8014 戈乙
13.8015 冉丙
13.8016 牧丙
13.8017 山丁
13.8018 丁羞
13.8019 丁冉
13.8020 丁冉
13.8021 冉丁
13.8022 冉丁
13.8023 冉丁
13.8024 冉丁
13.8025 丁父
13.8026 丁戈
13.8027 㚔丁
13.8028 丁乙
13.8029 𨷺(二幸)戊
13.8030 己竝
13.8031 夕己
13.8032 夕己
13.8033 戈己
13.8034 己[illegible](玉)
13.8035 朿(刺)己
13.8036 己西
13.8037 己[illegible]
13.8038 己[illegible]
13.8039 己耒
13.8040 冉己
13.8041 己[illegible]
13.8042 㠱己
13.8043 己重
13.8044 [illegible](疌)己
13.8045 [illegible](疌)己
13.8046 乍(作)己
13.8047 [illegible]庚
13.8048 庚[illegible]
13.8049 庚子
13.8050 萬庚
13.8051 羊庚
13.8052 辛戈
13.8053 辛戈
13.8054 戈辛
13.8055 [illegible]辛
13.8056 辛冉
13.8057 冉辛

13.8058 䜌辛
13.8059 癸弔
13.8060 癸企
13.8061 癸冉
13.8062 冉癸
13.8063 𧗝(衛)癸
13.8064 㳄(次)癸
13.8065 史癸
13.8066 侁癸
13.8067 㬪(替)癸
13.8068 癸盥(盥)
13.8069 雋癸
13.8070 介癸
13.8071 子癸
13.8072 子尊(尊)
13.8073 子吅(吅)
13.8074 子冎
13.8075 子痾
13.8076 子媚
13.8077 子媚
13.8078 子媚
13.8079 子媚
13.8080 子媚
13.8081 子媚
13.8082 子媚
13.8083 子媚
13.8084 子每
13.8085 子冎
13.8086 子左
13.8087 子𧗝(衛)
13.8088 子𧗝(衛)
13.8089 子𧗝(衛)
13.8090 子𧗝(衛)
13.8091 子蝠
13.8092 子蝠
13.8093 子蝠
13.8094 子蝠
13.8095 子蝠
13.8096 子蝠
13.8097 子蝠
13.8098 子脊
13.8099 子脊
13.8100 子蚪(虬)
13.8101 子𠂤
13.8102 子㚔
13.8103 子鼎
13.8104 子鼎
13.8105 子系
13.8106 子系
13.8107 子系
13.8108 子禾
13.8109 子禾
13.8110 子不
13.8111 子工
13.8112 子工
13.8113 子雨
13.8114 子雨
13.8115 子彔
13.8116 子刀
13.8117 子□
13.8118 子㞢
13.8119 㚔子
13.8120 折子
13.8121 □子
13.8122 婦好
13.8123 婦好
13.8124 婦好
13.8125 婦好
13.8126 婦好
13.8127 婦好
13.8128 婦好
13.8129 婦好
13.8130 婦好
13.8131 婦好
13.8132 婦工
13.8133 女(母)㚔
13.8134 㚔㚔
13.8135 龔婦
13.8136 甲婦
13.8137 遣妊
13.8138 㐰(信)母
13.8139 □母
13.8140 葡㚔
13.8141 教天
13.8142 戈天
13.8143 㚔天
13.8144 㚔天
13.8145 蝠天
13.8146 天工
13.8147 工弔
13.8148 工弔
13.8149 口髻
13.8150 𡿦行
13.8151 何幸
13.8152 幸何
13.8153 天㚔
13.8154 刞㚔
13.8155 周免
13.8156 周免
13.8157 耳髭
13.8158 弔征
13.8159 㚔辛
13.8160 侁册
13.8161 光父
13.8162 光父
13.8163 單光
13.8164 㚔何
13.8165 倗舟亼
13.8166 亼大中
13.8167 龔㪔
13.8168 龔㪔
13.8169 龔㪔
13.8170 保朿(刺)
13.8171 保㚔
13.8172 珥埶(藝)
13.8173 㚔㚔(衎)
13.8174 爰㚔
13.8175 鄉宁
13.8176 鄉宁
13.8177 鄉宁
13.8178 北干(單)
13.8179 刞旅
13.8180 單竝
13.8181 亼竝
13.8182 木竝
13.8183 亼㐺(眔)
13.8184 伐□
13.8185 㚔□
13.8186 冊得
13.8187 冊得
13.8188 史犬
13.8189 攴工
13.8190 工敎
13.8191 盥㚔
13.8192 盥㚔
13.8193 叓(史)
13.8194 禾又
13.8195 敹又(右)
13.8196 敹又(右)
13.8197 又(右)敹
13.8198 又㚔(㳄)
13.8199 宀枏(埶、藝)
13.8200 翌正
13.8201 正御
13.8202 冊㚔(㚔)
13.8203 工𧗝(衛)
13.8204 𠬝(退)甗
13.8205 珥竹
13.8206 珥竹
13.8207 內耳
13.8208 㔾戊
13.8209 戊木
13.8210 獸宁
13.8211 㒸冊
13.8212 㒸冊
13.8213 㚔豕

13.8214 𠬝
13.8215 麝
13.8216 亳
13.8217 亳
13.8218 亳
13.8219 羊𠙵
13.8220 羊𠙵
13.8221 鳥卯
13.8222 鴻豕
13.8223 冋龍
13.8224 弔龜
13.8225 弔龜
13.8226 弔龜
13.8227 弔龜
13.8228 弔龜
13.8229 䀠湈(沬)
13.8230 䀠湈(沬)
13.8231 䀠湈(沬)
13.8232 戈叀
13.8233 冋戈
13.8234 冋戈
13.8235 家戈
13.8236 𠙵戈
13.8237 父戈
13.8238 丘刀
13.8239 戎翌
13.8240 五葡
13.8241 葡侁
13.8242 幸葡
13.8243 㹉
13.8244 㹉
13.8245 𠙵矢
13.8246 襄射
13.8247 刀口
13.8248 戉斧鳥
13.8249 秉毌
13.8250 車買
13.8251 車買
13.8252 貝車
13.8253 弔車
13.8254 壬舟
13.8255 旃册
13.8256 旃册
13.8257 西單
13.8258 西單
13.8259 西單
13.8260 𠂤
13.8261 干冉
13.8262 戊冉
13.8263 𡉚幸
13.8264 告宁
13.8265 告宁
13.8266 告𠙵
13.8267 耳𠂤
13.8268 耳奠
13.8269 耳竹
13.8270 丿竹
13.8271 竹司
13.8272 𠙵(瞻)文
13.8273 木叚(抦)
13.8274 亞攸
13.8275 酉冎
13.8276 酉冎
13.8277 賓匚(報)
13.8278 亼凵
13.8279 亯
13.8280 𠟭册
13.8281 𠙵離
13.8282 劦册
13.8283 甗奞
13.8284 𩰫
13.8285 𩰫
13.8286 𩰫
13.8287 𩰫
13.8288 𩰫
13.8289 𩰫
13.8290 𩰫
13.8291 𩰫
13.8292 𩰫
13.8293 个(个、箇)祖
13.8294 祖甲
13.8295 寢出
13.8296 寢玄
13.8297 辰𠂆(飛)
13.8298 彐(掌)父
13.8299 伯亩(廩)
13.8300 伯乍(作)
13.8301 侯乍(作)
13.8302 廿乍(作)
13.8303 乍(作)彝
13.8304 乍(作)從
13.8305 乍(作)寶
13.8306 乍(作)尊
13.8307 遽從
13.8308 遽從
13.8309 妝王
13.8310 康侯
14.8311 卷祖乙
14.8312 𡆥(嚳)祖乙
14.8313 冉祖乙
14.8314 冉祖乙
14.8315 豕祖乙
14.8316 𠘧祖乙
14.8317 𠘧祖乙
14.8318 丫祖乙
14.8319 冋祖丙
14.8320 𠘧祖丙
14.8321 冉祖丙
14.8322 車祖丁
14.8323 亞祖丁
14.8324 山祖丁
14.8325 宔(祏)祖丁
14.8326 祖丁𠂤
14.8327 册祖丁
14.8328 𠬝祖丁
14.8329 戈祖戊
14.8330 𠬝(𡉚)祖戊
14.8331 𠭯戊𩰫
14.8332 𠭯戊𩰫
14.8333 襄祖己
14.8334 襄祖己
14.8335 戈祖己
14.8336 𠬝(𡉚)祖己
14.8337 㔻祖己
14.8338 𠘧祖己
14.8339 𠂤祖己
14.8340 𠂤祖己
14.8341 𠙵祖庚
14.8342 冉祖庚
14.8343 子祖辛
14.8344 𡚬(戎)祖辛
14.8345 齊祖辛
14.8346 祖辛棉
14.8347 祖辛棉
14.8348 句祖辛
14.8349 戈祖辛
14.8350 木祖辛
14.8351 㠯(𣪘)祖辛
14.8352 𠂤祖辛
14.8353 𠙵祖辛
14.8354 日祖壬
14.8355 𠬝(𡉚)祖壬
14.8356 山祖壬
14.8357 瞩祖壬
14.8358 𡆥(嚳)祖癸
14.8359 𡆥(嚳)祖癸
14.8360 𠬝(伎)祖癸
14.8361 趣(𧽊)祖癸
14.8362 趣(𧽊)祖癸
14.8363 鳥祖癸
14.8364 𠙵祖癸
14.8365 𠘧祖癸
14.8366 𠙵祖癸
14.8367 羊祖癸
14.8368 田父甲
14.8369 串父甲

14.8370 串父甲
14.8371 車父甲
14.8372 陸父甲
14.8373 萬父甲
14.8374 父甲攺
14.8375 父甲攺
14.8376 天父乙
14.8377 𡛷(戎)父乙
14.8378 令父乙
14.8379 㠱父乙
14.8380 㠱父乙
14.8381 父乙㠱
14.8382 父乙㠱
14.8383 子父乙
14.8384 侁父乙
14.8385 父乙侁
14.8386 侁父乙
14.8387 父乙侁
14.8388 父乙侁
14.8389 皃(䜌)父乙
14.8390 舀父乙
14.8391 㔾父乙
14.8392 㔾父乙
14.8393 孑父乙
14.8394 臤父乙
14.8395 黿父乙
14.8396 黿父乙
14.8397 蔍父乙
14.8398 㒸父乙
14.8399 雋父乙
14.8400 魚父乙
14.8401 魚父乙
14.8402 魚父乙
14.8403 魚父乙
14.8404 亞父乙
14.8405 亞父乙
14.8406 亞父乙
14.8407 戈父乙
14.8408 父乙戈
14.8409 戈父乙
14.8410 戈父乙
14.8411 戈父乙
14.8412 膚父乙
14.8413 雋父乙
14.8414 中父乙
14.8415 酉父乙
14.8416 弜父乙
14.8417 宂父乙
14.8418 冟父乙
14.8419 鼎父乙
14.8420 鼎父乙
14.8421 父乙鼏
14.8422 父乙鼏
14.8423 丩冊父乙
14.8424 朿父乙
14.8425 冉父乙
14.8426 冉父乙
14.8427 冉父乙
14.8428 冉父乙
14.8429 耒父乙
14.8430 舟父乙
14.8431 乍(作)父乙
14.8432 乍(作)父乙
14.8433 □父乙
14.8434 𦝠父乙
14.8435 父乙□
14.8436 畀父丙
14.8437 魚父丙
14.8438 重父丙
14.8439 鼎父丙
14.8440 聑父丙
14.8441 子父丁
14.8442 子父丁
14.8443 󰀀(保)父丁
14.8444 𠑹父丁
14.8445 𠑹父丁
14.8446 𢆶父丁
14.8447 欠父丁
14.8448 卩父丁
14.8449 氏父丁
14.8450 父丁幸旅
14.8451 父丁豙(豲)
14.8452 𠨍(卬)父丁
14.8453 史父丁
14.8454 凬父丁
14.8455 𠬪父丁
14.8456 𡿺(擠)父丁
14.8457 𡥈(揨)父丁
14.8458 𢔶(衛)父丁
14.8459 龜父丁
14.8460 魚父丁
14.8461 魚父丁
14.8462 弔父丁
14.8463 蚰父丁
14.8464 㓹(刿)父丁
14.8465 戔父丁
14.8466 𠬝(㓷)父丁
14.8467 戈父丁
14.8468 戈父丁
14.8469 戈父丁
14.8470 戈父丁
14.8471 朿(刺)父丁
14.8472 宀(宔)父丁
14.8473 丏父丁
14.8474 皿父丁
14.8475 皿父丁
14.8476 禾父丁
14.8477 木父丁
14.8478 芾父丁
14.8479 㒳父丁
14.8480 父丁冉
14.8481 冉父丁
14.8482 冉父丁
14.8483 冉父丁
14.8484 冉父丁
14.8485 冉父丁
14.8486 冉父丁
14.8487 冉父丁
14.8488 𠂤父丁
14.8489 𠂤父丁
14.8490 𠤕父丁
14.8491 宂父丁
14.8492 宂父丁
14.8493 宂父丁
14.8494 宂父丁
14.8495 襄父丁
14.8496 𠘧父丁
14.8497 糸父丁
14.8498 𠂤(師)父丁
14.8499 宔(寏、潔)父丁
14.8500 𠫓父丁
14.8501 曲父丁
14.8502 匚(報)父丁
14.8503 令(鈴)父丁
14.8504 凸父丁
14.8505 交父丁
14.8506 車父丁
14.8507 文父丁
14.8508 𠄎(召)父丁
14.8509 父丁彝
14.8510 □父丁
14.8511 □父丁
14.8512 乍(作)父丁
14.8513 子父戊
14.8514 子父戊
14.8515 子父戊
14.8516 子父戊
14.8517 父戊㠱
14.8518 黿父戊
14.8519 𠆤(亢)父戊
14.8520 屰父戊
14.8521 𢓊父戊
14.8522 告父戊
14.8523 𠬝(㓷)父戊
14.8524 𠬝(㓷)父戊

14.8525 庴(庚)父戊
14.8526 䍃父戊
14.8527 亼🐦父戊
14.8528 賁(賸)父戊
14.8529 父戊𢼸
14.8530 父戊口
14.8531 丩册父戊
14.8532 冉父戊
14.8533 冉父戊
14.8534 亽父戊
14.8535 才父戊
14.8536 父己子
14.8537 𠀠父己
14.8538 㓞父己
14.8539 父己㔔
14.8540 㔔父己
14.8541 𠂤父己
14.8542 𠬝父己
14.8543 秝父己
14.8544 卩父己
14.8545 父己若
14.8546 面父己
14.8547 屮(屮)父己
14.8548 面父己
14.8549 啟父己
14.8550 𠂔父己
14.8551 𨑒父己
14.8552 舌父己
14.8553 舌父己
14.8554 心父己
14.8555 戈父己
14.8556 戈父己
14.8557 戈父己
14.8558 戈父己
14.8559 戈父己
14.8560 戈父己
14.8561 𣪠(㓷)父己
14.8562 舟父己
14.8563 㓷(㓷)父己
14.8564 萬父己
14.8565 萬父己
14.8566 鼎父己
14.8567 獻父己
14.8568 冉父己
14.8569 冉父己
14.8570 冉父己
14.8571 冉父己
14.8572 𠕁父己
14.8573 𠕁父己
14.8574 𠕁父己
14.8575 宂父己
14.8576 亽父己
14.8577 覃父己
14.8578 凵(坎)父己
14.8579 𠧪父己
14.8580 父己𠙹
14.8581 幸父己
14.8582 幸父己
14.8583 父己册
14.8584 子父庚
14.8585 𢦚父庚
14.8586 𢦚父庚
14.8587 𠂹父庚
14.8588 父庚鼀
14.8589 父庚鼀
14.8590 乙父庚
14.8591 宂父庚
14.8592 㢵父口
14.8593 子父辛
14.8594 子父辛
14.8595 子父辛
14.8596 子父辛
14.8597 囝父辛
14.8598 大父辛
14.8599 弁父辛
14.8600 父辛光
14.8601 父辛𡚽(戎)
14.8602 𡚽(戎)父辛
14.8603 㚤(戒)父辛
14.8604 倗父辛
14.8605 㑒(嚮)父辛
14.8606 矢父辛
14.8607 㔔父辛
14.8608 㔔父辛
14.8609 父辛賁(賸)
14.8610 父辛賁(賸)
14.8611 賁(賸)父辛
14.8612 賁(賸)父辛
14.8613 𠭯父辛
14.8614 翌父辛
14.8615 史父辛
14.8616 興父辛
14.8617 豕父辛
14.8618 黽父辛
14.8619 口萬父辛
14.8620 𣪕父辛
14.8621 弔父辛
14.8622 父辛𨜒
14.8623 酉父辛
14.8624 𠙶父辛
14.8625 皿父辛
14.8626 𩵜父辛
14.8627 畐父辛
14.8628 畐父辛
14.8629 父辛㝃
14.8630 父辛中
14.8631 亞父辛
14.8632 亞父辛
14.8633 父辛木
14.8634 宋(朩)父辛
14.8635 父辛枭(梟)
14.8636 㯱父辛
14.8637 𣚤父辛
14.8638 鼎父辛
14.8639 鼎父辛
14.8640 鼎父辛
14.8641 册父辛
14.8642 父辛畀
14.8643 襄父辛
14.8644 冉父辛
14.8645 冉父辛
14.8646 冉父辛
14.8647 冉父辛
14.8648 冉父辛
14.8649 𠕁父辛
14.8650 𠕁辛父
14.8651 𠕁父辛
14.8652 𠕁父辛
14.8653 𠕁父辛
14.8654 宂父辛
14.8655 宂父辛
14.8656 戈父辛
14.8657 戈父辛
14.8658 父辛永
14.8659 乍(作)父辛
14.8660 乍(作)父辛
14.8661 霝父辛
14.8662 子父壬
14.8663 木父壬
14.8664 冉父壬
14.8665 父壬糸
14.8666 子癸父
14.8667 子癸父
14.8668 𡗜(掌)父癸
14.8669 𠀠父癸
14.8670 𠀠父癸
14.8671 侁父癸
14.8672 元父癸
14.8673 㔔父癸
14.8674 㔔父癸
14.8675 㔔父癸
14.8676 𠂹父癸
14.8677 趣(趨)父癸
14.8678 㚤(戒)父癸
14.8679 𡧍(傒)父癸
14.8680 㑒(嚮)父癸

14.8681 敖(扶)父癸
14.8682 旅父癸
14.8683 旅父癸
14.8684 母父癸
14.8685 盥父癸
14.8686 叙(矧)父癸
14.8687 叙(矧)父癸
14.8688 耒父癸
14.8689 耒父癸
14.8690 徙父癸
14.8691 木父癸
14.8692 父癸獸
14.8693 黿父癸
14.8694 鳥父癸
14.8695 鳥父癸
14.8696 集父癸
14.8697 獲父癸
14.8698 雔父癸
14.8699 戈父癸
14.8700 戈父癸
14.8701 矢父癸
14.8702 矢父癸
14.8703 弓父癸
14.8704 鬣父癸
14.8705 幸父癸
14.8706 幸父癸
14.8707 𠂢父癸
14.8708 土父癸
14.8709 享父癸
14.8710 丰父癸
14.8711 木父癸
14.8712 父癸冋
14.8713 𠬝父癸
14.8714 襄父癸
14.8715 𠃊父癸
14.8716 宿父癸
14.8717 冈父癸
14.8718 𢆶(鈴)父癸
14.8719 玄父癸
14.8720 四父癸
14.8721 四父癸
14.8722 㝯父癸
14.8723 冉父癸
14.8724 父癸冉
14.8725 冉父癸
14.8726 冉父癸
14.8727 冉父癸
14.8728 㿝父癸
14.8729 凡父癸
14.8730 父癸□
14.8731 蚰父[丁]
14.8732 □父□
14.8733 凡父□
14.8734 戈母乙
14.8735 劓妣乙
14.8736 竝妣乙
14.8737 妣丙丨
14.8738 㒳母己
14.8739 𠇗妣己
14.8740 母庚黿
14.8741 𠬝妣辛
14.8742 䏌兄癸
14.8743 司娉
14.8744 司娉
14.8745 司娉
14.8746 司娉
14.8747 司娉
14.8748 司娉
14.8749 司娉
14.8750 司娉
14.8751 司娉
14.8752 𠦝子妥
14.8753 齊婛
14.8754 齊婛
14.8755 婦竹
14.8756 子♠(皀)母
14.8757 子♠(皀)母
14.8758 子♠(皀)母
14.8759 子♠(皀)母
14.8760 子工單
14.8761 子工單
14.8762 目(眉)子工
14.8763 子工萬
14.8764 子工萬
14.8765 子工𠨍(卯)
14.8766 子𠂆爰
14.8767 子亯(就)
14.8768 子丁𠂤
14.8769 𡿩夻保
14.8770 𡿩夻保
14.8771 巽亞秝(秡)
14.8772 巽亞秝(秡)
14.8773 巽亞秝(秡)
14.8774 巽亞秝(秡)
14.8775 亞父𦥑
14.8776 畀亞父
14.8777 亞㚄芾
14.8778 亞母方
14.8779 亞乙羌
14.8780 亞册舟
14.8781 亞 夭(走)䟗(䟗)
14.8782 亞龜舟
14.8783 亞 㔾(逗、趄)衛(延)
14.8784 亞 㔾(逗、趄)衛(延)
14.8785 亞干示
14.8786 亞𢀛(䟗)𢆶
14.8787 戈𠃬甲宁
14.8788 告亞𠮷(韋)
14.8789 蚰羊乙
14.8790 脊丁𠃊
14.8791 册丁㿝
14.8792 𤔲(嗣)工(空)丁
14.8793 丁冉侁
14.8794 丁冉侁
14.8795 何禽戊
14.8796 羊己妊(姪)
14.8797 辛鄉寧
14.8798 辛秉冊
14.8799 𠇗𠂇辛
14.8800 日辛弁
14.8801 宁未口
14.8802 卷𠌫(亍)
14.8803 宗𠂤妣
14.8804 羊𠇷(貳)車
14.8805 蚰崠耒
14.8806 北單戈
14.8807 𢦏(或、䎸)北單
14.8808 西單𠀠
14.8809 戈涉𢆶(系)
14.8810 矢祖𠂤
14.8811 矢祖𠂤
14.8812 矢祖𠂤
14.8813 冉夫麑
14.8814 亼啈葡
14.8815 目亼民
14.8816 長隹壺
14.8817 長隹壺
14.8818 員乍(作)旅
14.8819 員乍(作)旅
14.8820 孟乍(作)旅
14.8821 弓𦎧
14.8822 爵寶彝
14.8823 爵寶彝
14.8824 仲乍(作)公
14.8825 乍(作)乙公
14.8826 𨚕(蔣)子寶
14.8827 𨚕(蔣)子寶
14.8828 則乍(作)寶
14.8829 右乍(作)彝
14.8830 訋(詔、叨)乍(作)彝

14.8831 佚乍(作)彝
14.8832 蔡乍(作)旅
14.8833 乍(作)從彝
14.8834 唐子祖乙
14.8835 唐子祖乙
14.8836 唐子祖乙
14.8837 ♣丁祖乙
14.8838 㓞乍(作)祖丁
14.8839 祖丁幸旅
14.8840 爵聑倗祖丁
14.8841 祖戊✧釆
14.8842 祖己冊佣(偁)
14.8843 弓䢅(衛)祖己
14.8844 亞枲(臬)祖己
14.8845 冫攴(冰支)丩冊祖辛
14.8846 叀(叀)乍(作)祖辛
14.8847 父己、祖辛
14.8848 劦册竹祖癸
14.8849 冊佣(偁)父甲
14.8850 亞豕父甲
14.8851 父甲卩册
14.8852 亞僕父乙
14.8853 亞䏊(犀)父乙
14.8854 亞盥父乙
14.8855 敢(敢)亞父乙
14.8856 敢(敢)亞父乙
14.8857 敢(敢)父乙爻
14.8858 亞聿父乙
14.8859 亞戈父乙
14.8860 亞勺父乙
14.8861 子翌父乙
14.8862 乎子父乙
14.8863 乎子父乙
14.8864 大𣜬(曹)父乙
14.8865 㢠𢐗父乙
14.8866 犬山父乙
14.8867 㭬犬父乙
14.8868 ◘萬父乙
14.8869 辰侁父乙
14.8870 攺父乙
14.8871 秉冊父乙
14.8872 冊佣(偁)父乙
14.8873 冉敂(扣)父乙
14.8874 父乙陸册
14.8875 㢠册父乙
14.8876 旟乍(作)父乙
14.8877 㦿乍(作)父乙
14.8878 馬乍(作)父乙
14.8879 □乍(作)父乙
14.8880 卿乍(作)父乙
14.8881 乍(作)父乙彝
14.8882 亞䰞父丙
14.8883 父丙㢠册
14.8884 西單父丙
14.8885 鼈乍(作)父丙
14.8886 鼈乍(作)父丙
14.8887 父丁亞𢍜
14.8888 亞魚父丁
14.8889 亞魚父丁
14.8890 亞覃父丁
14.8891 亞弜父丁
14.8892 亞弜父丁
14.8893 父丁亞旃(杠)
14.8894 亞貘父丁
14.8895 亞貘父丁
14.8896 父丁羊建
14.8897 父丁幸旅
14.8898 己竝父丁
14.8899 己竝父丁
14.8900 己竝父丁
14.8901 埶(藝)戈父丁
14.8902 尹舟父丁
14.8903 田告父丁
14.8904 𢉖父丁
14.8905 弔父丁ⵣ
14.8906 父丁㠯回
14.8907 㢠册父丁
14.8908 秉册父丁
14.8909 父丁㘣册
14.8910 壬册父丁
14.8911 壬册父丁
14.8912 劦册父丁
14.8913 □册父丁
14.8914 父丁宁戈
14.8915 叀庚父丁
14.8916 㾞乍(作)父丁
14.8917 㾞乍(作)父丁
14.8918 𠫑(叅)矢父戊
14.8919 𠫑(叅)矢父戊
14.8920 𠫑(叅)矢父戊
14.8921 父戊車豖
14.8922 父戊車豖
14.8923 丩冊乍(作)父戊
14.8924 加乍(作)父戊
14.8925 加乍(作)父戊
14.8926 亞址父己
14.8927 亞古父己
14.8928 父己亞若
14.8929 㝃(挽)父己㪔
14.8930 辰䢅(衛)父己
14.8931 幸旅父己
14.8932 幸旅父己
14.8933 尹舟父己
14.8934 北单父己
14.8935 㞢册父己
14.8936 㞢册父己
14.8937 單冊父己
14.8938 父己冊佣(偁)
14.8939 父庚弓䢅(衛)
14.8940 㬎𢇛(㰺)父庚
14.8941 亞伐父辛
14.8942 亞伐父辛
14.8943 亞臯父辛
14.8944 大丏父辛
14.8945 父辛㚸(詟)丏
14.8946 子壓父辛
14.8947 父辛侁册
14.8948 父辛侁册
14.8949 父辛㐌重
14.8950 父辛㐌重
14.8951 叏興父辛
14.8952 䖒乍(作)父辛
14.8953 父壬亞鹿
14.8954 子翌父壬
14.8955 父癸亞㞢(注)
14.8956 大𣜬父癸
14.8957 何父癸𤸫
14.8958 何父癸𤸫
14.8959 何父癸𤸫
14.8960 禾子父癸
14.8961 𠂤子父癸
14.8962 北单父癸
14.8963 父癸鄉宁
14.8964 𢍜目父癸
14.8965 𢍜目父癸
14.8966 𢍜目父癸
14.8967 父癸舟尹
14.8968 父癸妻(畫)雋
14.8969 父癸幸旅
14.8970 父癸幸㭬
14.8971 盧(鱸)夷父癸
14.8972 庚壴(鼓)父癸
14.8973 冊佣(偁)父癸
14.8974 罒册父癸
14.8975 罒册父癸
14.8976 伯乍(作)父癸
14.8977 母丙遂冀
14.8978 舌乍(作)妣丁
14.8979 舌乍(作)妣丁
14.8980 享乍(作)㬅母
14.8981 亞魚兄丁
14.8982 聑髭婦㚸
14.8983 聑髭婦㚸

14.8984 聑髭婦□
14.8985 卂申乍(作)寶
14.8986 走(趣)馬乍(作)彝
14.8987 子𡆧乙辛(酉)
14.8988 鼉乍(作)□子
14.8989 戈嚣乍(作)厥
14.8990 戈嚣乍(作)厥
14.8991 過伯乍(作)彝
14.8992 □(㫐、良)乍(作)祖乙彝
14.8993 □祖丁、父乙
14.8994 父乙臣辰侁
14.8995 父乙臣辰侁
14.8996 父乙臣辰侁
14.8997 父乙臣辰侁
14.8998 臣乍(作)父乙寶
14.8999 臣乍(作)父乙寶
14.9000 疑亞乍(作)父乙
14.9001 疑亞乍(作)父乙
14.9002 大亞乍(作)父乙
14.9003 執乍(作)父乙冉
14.9004 乍(作)父乙尊彝
14.9005 父丁弓𦎫
14.9006 羊侁獸父丁
14.9007 □(尹)木亞父丁
14.9008 亞弁叙(掾)父丁
14.9009 𢦏乍(作)父丁寶
14.9010 亞向□(丸)父戊
14.9011 亞商乍(作)父戊
14.9012 乍(作)尊,父戊,舟
14.9013 乍(作)尊,父戊,舟
14.9014 攴宁享父戊
14.9015 亞帝己父□
14.9016 父辛亞天
14.9017 守宮乍(作)父辛
14.9018 守宮乍(作)父辛
14.9019 父辛弓𦎫
14.9020 歸乍(作)父辛彝
14.9021 家父乍(作)辛
14.9022 子𡆧木父癸
14.9023 □(𡛨)乍(作)父癸
14.9024 𢽾(搋)乍(作)妣癸蚰(蛋)
14.9025 亞丁父癸尊彝
14.9026 □(豩)父癸尊彝
14.9027 妊乍(作)殺(郗)嬴(嬴)彝
14.9028 妊乍(作)殺(郗)嬴(嬴)彝
14.9029 麇婦辟彝,𢍰
14.9030 麇婦辟彝,𢍰
14.9031 立乍(作)寶尊彝
14.9032 聞乍(作)寶尊彝
14.9033 剛乍(作)寶尊彝
14.9034 癸旻乍(作)考戊
14.9035 伯晢乍(作)寶彝
14.9036 伯限乍(作)寶彝
14.9037 叔牙乍(作)尊彝
14.9038 聑□獲乍(作)寶旅彝
14.9039 尹公乍(作)旅彝
14.9040 伯尾父乍(作)寶彝
14.9041 史㫚乍(作)寶彝
14.9042 乍(作)卂尊彝,黿
14.9043 𠟭乍(作)祖乙寶彝
14.9044 𠟭乍(作)祖乙寶彝
14.9045 𣎆乍(作)祖丁寶彝
14.9046 遳乍(作)祖辛旅彝
14.9047 襄庚乍(作)祖辛彝
14.9048 膺(應)史乍(作)父乙寶
14.9049 子册翌□父乙
14.9050 貝唯賜,黿父乙
14.9051 貝唯賜,黿父乙
14.9052 乍(作)甫(父)丁寶尊彝
14.9053 獸乍(作)父戊寶彝
14.9054 獸乍(作)父戊寶
14.9055 糸子□刀父己
14.9056 秉以父庚宗尊
14.9057 秉以父庚宗尊
14.9058 執(藝)遥父庚寶彝
14.9059 □(貆)乍(作)父庚尊彝
14.9060 乍(作)父辛,木羊册
14.9061 □(淄)公乍(作)父戊,羊
14.9062 嫞乍(作)父癸尊彝
14.9063 史逵乍(作)寶尊彝
14.9064 弜册,乍(作)祖乙,亞𢦏
14.9065 效乍(作)祖戊寶尊彝
14.9066 □(嗑)乍(作)祖己旅寶彝
14.9067 𤔲乍(作)父乙寶尊彝
14.9068 𤔲乍(作)父乙寶尊彝
14.9069 乍(作)父乙旅尊彝,旻
14.9070 癲乍(作)父丁,乍(作)尊彝
14.9071 小車乍(作)父丁寶彝
14.9072 乍(作)父丁尊彝,𧗿(衛)册
14.9073 □(𥈐)乍(作)父己尊彝,聑□
14.9074 耳銜父庚西侁
14.9075 㠱亞疑,𡩜乍(作)母癸

14.9076 攸乍(作)上父寶尊彝
14.9077 □乍(作)厥父寶尊彝
14.9078 𩰫(召)乍(作)父丁尊彝,亞頙
14.9079 牛 册, 逹 乍(作)父己尊彝
14.9080 豐乍(作)父辛寶,木羊册
14.9081 豐乍(作)父辛寶,木羊册
14.9082 豐乍(作)父辛寶,木羊册
14.9083 葬大乍(作)父辛寶尊彝
14.9084 友(右)敉父癸𠂆姒
14.9085 又(右)敉父癸父𠂆姒
14.9086 美乍(作)厥祖可公尊彝
14.9087 美乍(作)厥祖可公尊彝
14.9088 子楚在[illegible],乍(作)文父乙彝
14.9089 穌乍(作)召伯父辛寶尊彝
14.9090 亞 䚄, 者 (諸)婀以大子尊彝
14.9091 索諆乍(作)有羔日辛𩰫彝
14.9092 婦闟乍(作)文姑日癸尊彝,𢍰
14.9093 婦闟乍(作)文姑日癸尊彝,𢍰
14.9094 公賜朢貝,用乍(作)父甲寶彝
14.9095 吕仲僕乍(作)毓子寶尊彝,或
14.9096 魯 侯 乍 (作)爵,㫚[illegible]用尊梟(縮)盟
14.9097 舟鑰(角)烑乍(作)厥祖乙寶宗彝
14.9098 乙未,王賞叟瓦在寢,用乍(作)尊彝
14.9099 丁 未, 𠭯 商(賞)征貝,用乍(作)父辛彝,亞疑
14.9100 甲寅,子賜奄𩊚(坒)貝,用乍(作)父癸尊彝
14.9101 辛卯,王賜寢魚貝,用乍(作)父丁彝,亞魚
14.9102 丙申,王賜莆亞𧇡(唬)奚貝,在𩱛,用乍(作)父癸彝
14.9103 唯四月既望丁亥,公大(太)保賞御正良貝,用乍(作)父辛尊彝,[illegible](掌)
14.9104 唯王初𡲬(祓)于成周,王令盂寧登(鄧)伯,賓(儐)貝,用乍(作)父寶尊彝
14.9105 庚申,王在𨶹(闌、管),王各,宰椃从,賜貝五朋,用乍(作)父丁尊彝,在六月,唯王廿祀,翌又五,𢉩(庚)册
15.9106 髭
15.9107 鹵
15.9108 元
15.9109 侻
15.9110 襄
15.9111 皃
15.9112 丮
15.9113 奚
15.9114 匿
15.9115 匿
15.9116 何
15.9117 何
15.9118 参成
15.9119 竝
15.9120 北
15.9121 [illegible]
15.9122 臣
15.9123 旻
15.9124 聿
15.9125 史
15.9126 爰
15.9127 其
15.9128 興
15.9129 興
15.9130 正
15.9131 正
15.9132 𨙶(圍)
15.9133 徙
15.9134 奄
15.9135 鳥
15.9136 雋
15.9137 [illegible]
15.9138 [illegible]
15.9139 楠
15.9140 戈
15.9141 寅
15.9142 莆
15.9143 亞
15.9144 [illegible](?)
15.9145 [illegible]
15.9146 亶
15.9147 册
15.9148 ⊗(輻)
15.9149 亼(齊)
15.9150 串
15.9151 [illegible]
15.9152 戊
15.9153 戊
15.9154 癸
15.9155 冉
15.9156 亞疑
15.9157 亞疑
15.9158 亞疑
15.9159 亞䚄(召)
15.9160 亞西
15.9161 亞𣪊
15.9162 亞舀
15.9163 亞其(箕)
15.9164 亞貘
15.9165 祖戊
15.9166 祖己
15.9167 父乙
15.9168 己父
15.9169 父庚
15.9170 父辛
15.9171 父癸
15.9172 子蝠
15.9173 子媚
15.9174 子漁
15.9175 𢍰[illegible](尺)
15.9176 𠭯(摣)𢍰
15.9177 女(母)亞
15.9178 婦好
15.9179 婦好
15.9180 婦好
15.9181 婦好
15.9182 [illegible]
15.9183 [illegible]
15.9184 [illegible]
15.9185 [illegible]乙
15.9186 乙魚
15.9187 庚戈

15.9188 辛冉
15.9189 □(曰)叚(柄)
15.9190 □田
15.9191 目辛□(掃)
15.9192 唯□(掃)
15.9193 弔龜
15.9194 丁冉侁
15.9195 鄉宁
15.9196 買車
15.9197 車刜
15.9198 㢊(庚)册
15.9199 瞿(玃)册
15.9200 西單
15.9201 爻祖丁
15.9202 鼏祖丁
15.9203 襄祖己
15.9204 豖(豧)父甲
15.9205 田父甲
15.9206 □父乙
15.9207 冉父乙
15.9208 冉父乙
15.9209 奄父乙
15.9210 山父乙
15.9211 乍(作)父乙
15.9212 單父丁
15.9213 聿父戊
15.9214 保父己
15.9215 冉父己
15.9216 冉父辛
15.9217 冉父辛
15.9218 善(譱)父辛
15.9219 冀父癸
15.9220 畀父癸
15.9221 冎父□
15.9222 司㛸
15.9223 司㛸
15.9224 子㬪
15.9225 亞 豈(逗、趄)衜(延)
15.9226 𦣞其雞
15.9227 妣田干
15.9228 亞弜父丁
15.9229 竚父丁
15.9230 西單父丁
15.9231 丩册乍(作)父戊
15.9232 山口父辛
15.9233 何父癸寤
15.9234 亞次馬豖(豧)
15.9235 □(史)朋乍(作)彝
15.9236 登乍(作)尊彝
15.9237 光乍(作)從彝
15.9238 辛亞離𤰈
15.9239 菁乍(作)寶尊彝
15.9240 戈卬(栅、併)乍(作)父丁彝
15.9241 劦闢乍(作)父丁彝
15.9242 宁狽乍(作)父丁彝
15.9243 乍(作)婦姑尊彝，黽
15.9244 微乍(作)康公寶尊彝
15.9245 員亞疑，臺乍(作)母癸
15.9246 婦闔乍(作)文姑日癸尊彝，冀
15.9247 婦闔乍(作)文姑日癸尊彝，冀
15.9248 乍(作)父乙寶尊彝，木羊册
15.9249 癸巳，王賜小臣邑貝十朋，用乍(作)母癸尊彝，唯王六祀，肜日，在四月，亞疑
15.9250 㯱
15.9251 婦
15.9252 丏甫
15.9253 亞若
15.9254 □雨
15.9255 冉蛙
15.9256 □宔(㝉)
15.9257 田告，告田
15.9258 竚
15.9259 幸，幸旅
15.9260 婦好
15.9261 婦好
15.9262 享□
15.9263 罒己
15.9264 庚搴
15.9265 癸萬
15.9266 羊父甲
15.9267 奄父乙
15.9268 𠬝父乙
15.9269 父乙冀
15.9270 父乙冀
15.9271 山父乙
15.9272 豖(豧)父乙
15.9273 光父乙
15.9274 父丁尊
15.9275 天父丁
15.9276 父戊竟
15.9277 句父庚
15.9278 戍父辛
15.9279 奄父癸
15.9280 司母辛
15.9281 司母辛
15.9282 王子聽
15.9283 劦册冉
15.9284 文父丁冀
15.9285 爵丏父癸
15.9286 㪍(摘)乍(作)寶彝
15.9287 王㞢(祐)母，叙
15.9288 責(贖)引乍(作)尊彝
15.9289 㐭乍(作)父丁寶彝
15.9290 冉父辛寶尊彝
15.9291 乍(作)女(母)戊寶尊彝
15.9292 匽(匽)乍(作)父辛寶尊彝，幸
15.9293 旛乍(作)父乙寶尊彝，亞
15.9294 亞䣢，者(諸)女(母)以大子尊彝
15.9295 亞䣢，者(諸)女(母)以大子尊彝，亞䣢，者(諸)姛以大子尊彝
15.9296 戈宁册，㻞(班)乍(作)父乙寶尊彝
15.9297 守宮乍(作)父辛尊彝，其永寶
15.9298 仲子員沔(泓)乍(作)文父丁尊彝，鑊㪉
15.9299 王令般兄(貺)米于鉶(搕)，丂甶，甶用賓父己，稌
15.9300 吳，㹊(獮)馭弟史遡(饋)馬，弗左，用乍(作)父戊寶尊彝
15.9301 冀，丙寅，子賜□貝，用乍(作)文嫊己寶彝，在十月又三，冀
15.9302 乍(作)文考日己寶尊宗彝，其子子

孫孫邁(萬)年,永寶用,天
15.9303 唯五月,王在㡉(斥),戊子,令乍(作)册折兄(貺)聖土于相侯,賜金、賜臣,揚王休,唯王十又九祀,用乍(作)父乙尊,其永寶,木羊册
15.9304 㠱
15.9305 兊(跪)
15.9306 侁
15.9307 𦙍(府)
15.9308 㝉(字)
15.9309 丏甫
15.9310 黿
15.9311 魚
15.9312 舀
15.9313 矢
15.9314 𣐺
15.9315 左
15.9316 中
15.9317 又(右)
15.9318 甲
15.9319 冉
15.9320 冉
15.9321 凡(尺)
15.9322 爻
15.9323 亞醜
15.9324 亞醜
15.9325 亞獸
15.9326 亞豈(逗、趄)
15.9327 㠱䖒
15.9328 [illegible]
15.9329 乙冉
15.9330 冉鱻(敏)
15.9331 魚從
15.9332 子蝠
15.9333 婦好
15.9334 婦好
15.9335 婦好
15.9336 乍(作)祖辛
15.9337 子祖辛
15.9338 子父乙
15.9339 子父乙
15.9340 子父乙
15.9341 子父乙
15.9342 黿父乙
15.9343 㚸(訾)父乙
15.9344 乙父畀
15.9345 [illegible]父乙
15.9346 丩毌父乙
15.9347 父乙[illegible]
15.9348 父乙飤
15.9349 父丁子,丁父子
15.9350 倗父丁
15.9351 [illegible]父丁
15.9352 冉父丁
15.9353 𠂤(次)父丁,𠂤(次)父丁
15.9354 黿父戊
15.9355 戈父戊
15.9356 啇父戊
15.9357 啇父戊
15.9358 [illegible]父己
15.9359 黿父癸
15.9360 𢦔(戒)父癸
15.9361 史父癸
15.9362 爵父癸
15.9363 凡父癸
15.9364 旬父癸
15.9365 冉父癸
15.9366 亞醜母
15.9367 員乍(作)盉
15.9368 元乍(作)彝
15.9369 伯彭乍(作)
15.9370 萳參父乙
15.9371 亞盉父乙
15.9372 七六七六七六,父乙吳
15.9373 亞醜父丁
15.9374 亞貘父丁
15.9375 亞得父丁
15.9376 戈宁父丁
15.9377 瞿(玃)册父丁
15.9378 亞古父丁
15.9379 亞學(斈)父辛
15.9380 臣辰侁册
15.9381 戈罟乍(作)厥
15.9382 冉乍(作)宗彝
15.9383 丫(屮)乍(作)從彝
15.9384 乍(作)𡉚(封)從彝
15.9385 此乍(作)寶彝
15.9386 敄昏(括)般盉
15.9387 子亽[illegible]父甲
15.9388 宁未父乙册
15.9389 戈北單父丁
15.9390 訾子乍(作)父戊
15.9391 訾子乍(作)父戊
15.9392 父癸臣辰侁
15.9393 乍(作)公[illegible]𤇾(鎣),㠱
15.9394 亞夫,乍(作)從彝
15.9395 鄙(鼈)父乍(作)寶彝
15.9396 單光乍(作)從彝用,單光從彝
15.9397 公乍(作)寶尊彝
15.9398 伯矩乍(作)旅盉
15.9399 伯春乍(作)寶盉
15.9400 伯定乍(作)寶彝
15.9401 師轉乍(作)寶𤇾(鎣)
15.9402 卿乍(作)父乙尊彝
15.9403 亞鴞从父丁
15.9404 戈卬(併)乍(作)父丁彝
15.9405 中乍(作)父丁彝,成
15.9406 㢊乍(作)父己,徙遽
15.9407 吳乍(作)寶盉,亞御
15.9408 魯侯乍(作)姜享彝
15.9409 㝬伯自乍(作)般(盤)𤇾(鎣)
15.9410 仲𠂤(師)父乍(作)旅盉
15.9411 𩰫王乍(作)姬姊盉
15.9412 伯矩乍(作)寶尊彝
15.9413 伯寍自乍(作)用盉
15.9414 陾(隔)伯乍(作)寶尊彝,陾(隔)伯乍(作)
15.9415 亞唬,乍(作)仲子辛彝
15.9416 鑄父乍(作)兹女(母)匋(寶)盉
15.9417 伯𨟻乍(作)母娟旅盉
15.9418 伯𨟻乍(作)母

娟旅盨
15.9419 季嬴霝德乍(作)寶盨
15.9420 鑄客爲集𦚬爲之,鑄客爲集𦚬爲之
15.9421 沭乍(作)父乙尊彝,虢册
15.9422 沭乍(作)父乙尊彝,虢册
15.9423 亞□□乍(作)父戊尊盨
15.9424 朋,𨒥乍(作)厥考寶尊彝
15.9425 伯百父乍(作)孟姬朕(媵)鎣
15.9426 楚叔之孫途爲之盨
15.9427 伯𢆶乍(作)西宫伯寶尊彝,𢆶乍(作)西
15.9428 𠂤乍(作)宗尊,厥孫子永寶
15.9429 來父乍(作)盨,子子孫其永寶
15.9430 伯害(憲)乍(作)召伯父辛寶尊彝
15.9431 柙乍(作)寶尊彝,其萬年用鄉(饗)賓
15.9432 師(畬)子于匹乍(作)旅盨,萬年永寶用
15.9433 乍(作)遣盨,用追考(孝),匄邁(萬)年壽,嫞(霝、靈)冬(終)
15.9434 圓(昆)君婦媿霝乍(作)㶾(鎣),其萬年,子子孫孫實用
15.9435 伯衛父乍(作)嬴𩰫彝,孫孫子子,邁(萬)年永寶
15.9436 堯(无)敢乍(作)姜盨,用萬年用楚(胥)保眔叔堯(无)
15.9437 伯墉父乍(作)寶盨,其萬年,子子孫孫永寶用
15.9438 王乍(作)豐妊單寶盨,其萬年永寶用
15.9439 㠱侯亞疑,匽(燕)侯賜亞貝,乍(作)父乙寶尊彝
15.9440 伯角父乍(作)寶盨,其萬年,子子孫孫,其永寶用
15.9441 伯玉𣪕(殺)乍(作)寶盨,其萬年,子子孫孫,其永寶用
15.9442 𩰫乍(作)王(皇)母媿氏𩓐(沬)盨,媿氏其眉壽,邁(萬)年用
15.9443 季良父乍(作)𡛗始(姒)寶盨,其萬年,子子孫孫永寶用
15.9444 季老或乍(作)文考大伯寶尊彝,子子孫孫,其邁(萬)年永寶用
15.9445 黄子乍(作)黄甫(夫)人行器,則永祏(祜)寍(福),霝(靈)冬(終)霝(靈)後之
15.9446 嘉(嘉)仲者比用其吉金,自乍(作)盨,子子孫孫,其永用之
15.9447 王仲皇父乍(作)尾娟(妘)般(盤)盨,其邁(萬)年,子子孫孫永寶用
15.9448 十一茉,右使車嗇夫宋、鄁(齊)痓、工隼(觸),冢(重)三百八刀,右𦫼者
15.9449 卅五年,虒令周収、視事乍(作)盨,犽、冶期鑄,庴(容)半𪓪,䮾𢀖(吴)
15.9450 左𦫼者,十二茉,右使車嗇夫鄁(齊)虘、工𨰻,冢(重)三百卌(四十)五刀,鉣
15.9451 井(邢)侯光厥事(吏)麥,鬲(嗝、鬲)于麥宫,侯賜麥金,乍(作)盨,用從井(邢)侯征事,用旋走,夙夕鬲(嗝、鬲)御事
15.9452 五,長𨚍,銅婁(鏤)鋸(唇)鎵足,旻(晏)繼(緇)又(有)盇(蓋),𦫼(聯)緕(絞),一斗二益(溢),少府,長陵一斗一升,受長𦫳(抚、概),銅婁(鏤)鋸(唇)鎵足,旻(晏)繼(緇)又(有)盇(蓋),𦫼緕
15.9453 唯十又一月,既生霸甲申,王在魯,卿(佮)即邦君、者(諸)侯、正、有嗣大射,義蔑曆,眔于王,逨(徠)義賜貝十朋,對揚王休,用乍(作)寶尊盨,子子孫其永寶
15.9454 唯王大龠(禴)于宗周,㣐(誕)餕葊京年,在五月既望辛酉,王令士上眔史寅𣪕(殷)于成周,㫚(穀)百生(姓)豚,眔賞卣、鬯、貝,用乍(作)父癸寶尊彝,臣辰册侁
15.9455 唯三月初吉丁亥,穆王在下淢应(位),穆王鄉(饗)豊(醴),即井伯、大(太)祝射,穆穆王蔑長甶以逨(徠)即井伯,井伯氏(是)彊(夤)不姦,長甶蔑曆,敢對揚天子不(丕)杯(丕)休,用肇乍(作)尊彝
15.9456 唯三年三月,既生霸壬寅,王爯旂于豐,矩伯庶人取堇(瑾)章(璋)于裘衛,才(裁)八十朋,厥貯(賈)其舍(捨)田十田,矩或取赤虎(琥)兩、麀桒(韍)兩、桒(賁)韐(韐、帢)一,才(裁)廿朋,其舍(捨)田三田,裘衛迺彘(矢)告于伯邑父、焚(榮)伯、定伯、琼伯、單伯,伯邑父、焚(榮)伯、定伯、琼伯、單伯迺令參有嗣:嗣土

(徒)微邑、嗣馬單旟、嗣工(空)邑人服眔受(授)田，燹(豳)趙、衛小子韓逆者(諸)其鄉(饗)，衛用乍(作)朕文考惠孟寶般(盤)，衛其萬年，永寶用
15.9457 侁
15.9458 先
15.9459 㬕
15.9460 㬕
15.9461 耳
15.9462 鼉(圍)
15.9463 鼉(圍)
15.9464 奔(扶)
15.9465 興
15.9466 興
15.9467 𦥑(蟥)
15.9468 弔
15.9469 劦
15.9470 劦
15.9471 𠂤(鈴)
15.9472 戈
15.9473 弓
15.9474 寅
15.9475 爻
15.9476 褏
15.9477 勝
15.9478 亞倗
15.9479 亞弜
15.9480 ♠(皀、𣪘)旅
15.9481 鄉宁
15.9482 鄉宁
15.9483 宁劦
15.9484 丁冉
15.9485 子龍
15.9486 婦好
15.9487 婦好
15.9488 心𠘨
15.9489 天犬
15.9490 史放
15.9491 盟商
15.9492 叔姜〼
15.9493 父己
15.9494 之壺
15.9495 李瘣
15.9496 公乘
15.9497 末昊
15.9498 五斗
15.9499 左㞒(迟、遲)
15.9500 子父乙
15.9501 趣(趨)父乙
15.9502 史父丁
15.9503 弔父丁
15.9504 酉父己
15.9505 𠕁父辛
15.9506 魚父癸
15.9507 冀兄辛
15.9508 北單戈
15.9509 婦好正
15.9510 司𡠀
15.9511 司𡠀
15.9512 叔乍(作)寶
15.9513 公鑄壺
15.9514 公子裙(裻)獲
15.9515 毎下官
15.9516 嘪孝子
15.9517 上白羽
15.9518 堯(无)乍(作)壺
15.9519 乍(作)旅壺
15.9520 乍(作)旅彝
15.9521 乍(作)從彝
15.9522 宁戈父乙
15.9523 宁戈父乙
15.9524 𠀠(會)▬父丁
15.9525 辰乍(作)父己
15.9526 臣辰侁册
15.9527 考女(母)乍(作)聅(聯)匜，考母乍(作)聅(聯)匜
15.9528 伯乍(作)寶壺
15.9529 伯乍(作)寶壺
15.9530 事(史)从乍(作)壺
15.9531 蜍乍(作)寶彝
15.9532 刅(創)乍(作)寶彝
15.9533 夾乍(作)彝，𠂤(次)
15.9534 員乍(作)旅壺
15.9535 皆乍(作)尊壺
15.9536 𢆶乍(作)寶壺
15.9537 趙君啟妾
15.9538 左孝子之壺
15.9539 左孝子之壺
15.9540 已孝子之壺五
15.9541 已孝子之壺二
15.9542 嘪君之獲
15.9543 徝(廚)宮右官
15.9544 亞羌乍(作)㹜(獮、禰)彝
15.9545 亞舀乍(作)旅彝
15.9546 劦册竹父丁
15.9547 工册天父己
15.9548 乍(作)父己尊彝
15.9549 父庚𤴓(退)𢊁册
15.9550 𩰫乍(作)尊彝，𢦏(我)
15.9551 王七祀，王鑄
15.9552 天姬自乍(作)壺
15.9553 楷侯乍(作)旅彝
15.9554 亚伯乍(作)尊彝
15.9555 𠟭(劏、嬗、姪)嫣乍(作)寶壺
15.9556 嬗(姪)妊乍(作)安壺
15.9557 㪤姬乍(作)寶彝
15.9558 雁(䧹)子䁂尊壺
15.9559 子𢆶逦子壺
15.9560 子𢆶逦子壺
15.9561 左使車工尼
15.9562 左使車工㬎
15.9563 右㞒(迟、遲)君(尹)，西宫
15.9564 恒乍(作)祖辛壺
15.9565 亞矢望𠃊父乙(10.5206)
15.9566 㳄乍(作)父乙尊彝，虢册
15.9567 伯矩乍(作)寶尊彝
15.9568 伯矩乍(作)寶尊彝
15.9569 伯到(致)乍(作)寶尊彝
15.9570 伯濼父乍(作)旅壺
15.9571 孟𢧵父乍(作)鬱壺
15.9572 𩛥(唐)仲多乍(作)醴壺
15.9573 蔡侯𪒠(申)之淄(𦉜)壺
15.9574 蔡侯𪒠(申)之淄(𦉜)壺
15.9575 奠(鄭)右𠷎

(廩),盛季壺

15.9576 [illegible](嬰)尸乍(作)父己尊彝

15.9577 戲乍(作)父辛彝,旟冊

15.9578 □父乍(作)父壬寶壺

15.9579 魯侯乍(作)尹叔姬壺

15.9580 鑄大[illegible]之笲一壺

15.9581 曾侯乙乍(作)時(持)用冬(終)

15.9582 曾侯乙詐(作)時(持)甬(用)冬(終)

15.9583 見厶(私)官,韓氏[illegible],丑,田,丌(其)

15.9584 鬼乍(作)父丙寶壺,伊[illegible]

15.9585 內(芮)伯肇乍(作)釐公尊彝

15.9586 [illegible](柏)侯乍(作)旅壺,永寶用

15.9587 [illegible](柏)侯乍(作)旅壺,永寶用

15.9588 右走(趣)馬嘉自乍(作)行壺

15.9589 冢客之官,苛[illegible]官

15.9590 左硒五十三,徝(廚)宮左官

15.9591 左硒卅四,徝(廚)宮左官

15.9592 奪乍(作)父丁寶尊彝,允冊

15.9593 奪乍(作)父丁寶尊彝,允冊

15.9594 歸娥進,乍(作)父辛歔,亞束(刺)

15.9595 歸娥乍(作)父辛寶尊彝,亞束(刺)

15.9596 內(芮)公乍(作)鑄從壺,永寶用

15.9597 內(芮)公乍(作)鑄從壺,永寶用

15.9598 內(芮)公乍(作)鑄從壺,永寶用

15.9599 伯魚父乍(作)旅壺,永寶用

15.9600 伯魚父乍(作)旅壺,永寶用,伯魯父乍(作)旅壺,永寶用

15.9601 賁(邑)車父乍(作)寶壺,永用享

15.9602 賁(邑)車父乍(作)寶壺,永用享

15.9603 子叔乍(作)叔姜尊壺,永用,子叔乍(作)尊壺

15.9604 子叔乍(作)叔姜尊壺,永用

15.9605 雍工敃,三斗,北濡(浸),莤(糟)府

15.9606 纕(襄)安君其鉼(瓶),弍孛(穀、斛),酉,樂

15.9607 永用,休涅,受六孛(穀、斛)四斛

15.9608 伯山父乍(作)尊墉(甗),厲(萬)年寶用

15.9609 成伯邦父乍(作)叔姜萬人(年)壺

15.9610 呂季姜乍(作)醴壺,子子孫孫永寶用

15.9611 呂季姜乍(作)醴壺,子子孫孫永寶用

15.9612 大乍(作)父乙寶彝,其子子孫孫永寶

15.9613 今[illegible]伯多人非壺,子孫永用

15.9614 丙,孟上父乍(作)尊壺,其永寶用

15.9615 宬伯員生(甥)乍(作)旅壺,其永寶用

15.9616 春成侯中府,春成侯中府爲重(鍾),冢(重)十八益(鎰)

15.9617 百卌(四十)八,重金鉀,受一吉(穀、斛)六斛

15.9618 尚自乍(作)旅壺,其邁(萬)年,子子孫孫永用,尚自乍(作)旅壺,其邁(萬)年,子子孫孫永用

15.9619 伯庶父乍(作)醴壺,彶姜氏永寶用

15.9620 伯濼父乍(作)寶壺,其邁(萬)年永寶用

15.9621 成周邦父乍(作)干仲姜寶壺,永用

15.9622 登(鄧)孟乍(作)監嫚尊壺,子子孫孫永寶用

15.9623 王伯姜乍(作)尊壺,其萬年永寶用

15.9624 王伯姜乍(作)尊壺,其萬年永寶用

15.9625 擇厥吉日丁,盜叔尊壺,永用之

15.9626 擇厥吉日丁,盜叔之尊壺,永用之

15.9627 蔡侯□〔作〕□母朕(媵)〔壺〕,其邁(萬)年無疆,子子孫孫,永保用享

15.9628 曾仲斿(游)父用吉金,自乍(作)寶尊壺

15.9629 曾仲斿(游)父用吉金,自乍(作)寶尊壺

15.9630 呂王造乍(作)內(芮)姬尊壺,其永寶用享

15.9631 奠(鄭)楙叔賓父乍(作)醴壺,子子孫孫永寶用

15.9632 己(紀)侯乍(作)鑄壺,事(使)小臣以汲,永寶用

15.9633 陳(陳)侯乍(作)嬀櫓朕(媵)壺,其萬年永寶用

15.9634 陳(陳)侯乍(作)嬀櫓朕(媵)壺,其萬年永寶用

15.9635 嵋粦乍(作)寶壺,其萬年,子子孫孫永寶用

15.9636 黃君孟自乍(作)行器,子子孫孫,則永祐(祜)福(福)

15.9637 樊夫人龍嬴,用其吉金,自乍(作)行壺

15.9638 唯正月初吉庚午，華母自乍(作)薦壺

15.9639 邛(江)君婦龢乍(作)其壺，子孫永寶用之

15.9640 廿九年十二月，爲東周左官酒(糟)壺

15.9641 嗣寇良父，乍(作)爲衛姬壺，子子孫永保用

15.9642 仲南父乍(作)尊壺，其萬年，子子孫孫永寶用

15.9643 仲南父乍(作)尊壺，其邁(萬)年，子子孫孫永寶用

15.9644 內(芮)大(太)子白，乍(作)鑄寶壺，邁(萬)子孫永用享

15.9645 內(芮)大(太)子白，乍(作)鑄寶壺，邁(萬)子孫永用享

15.9646 王婀賜保侃母貝，揚婀休，用乍(作)寶壺

15.9647 徝(廚)宮左官，左酒(糟)七，卅五再五哥(鋝)五冢(重)

15.9648 四斗刣客，四哥(鋝)十一冢(重)盞，右內酒(糟)七

15.9649 左內酒(糟)廿八，四斗刣客，四哥(鋝)七冢(重)盞

15.9650 四斗刣客，四哥(鋝)十三冢(重)，[illegible](賠)刣，右內酒(糟)四

15.9651 矩叔乍(作)仲姜寶尊壺，其邁(萬)年，子子孫孫永用

15.9652 矩叔乍(作)仲姜寶尊壺，其邁(萬)年，子子孫孫永用

15.9653 史僕乍(作)尊壺，僕其萬年，子子孫孫，永寶用享

15.9654 史僕乍(作)尊壺，僕其萬年，子子孫孫，永寶用享

15.9655 虢季氏子緻(組)乍(作)寶壺，子子孫孫永寶，其用享

15.9656 伯公父乍(作)叔姬醴壺，萬年子子孫孫永寶用

15.9657 侯母乍(作)侯父戎壺，用征行，用求福無疆

15.9658 郏(鄀)季寬(魔)車自乍(作)行壺，子孫永寶用之

15.9659 齊皇乍(作)壺盂，其眉壽無期，子孫永保用

15.9660 左酒(糟)卅，徝(廚)宮左官，十九再四哥(鋝)廿九冢(重)□

15.9661 大(太)師小子師塱乍(作)寶壺，其萬年，子子孫孫永寶用

15.9662 交君子叕肇乍(作)寶壺，其眉壽萬年，永寶用

15.9663 黃子乍(作)黃父(夫)人行器，則永祜福(福)，霝(靈)冬(終)霝(靈)復(後)

15.9664 黃子乍(作)黃父(夫)人行器，則永祜福(福)，霝(靈)冬(終)霝(靈)復(後)

15.9665 十四茉，[illegible](片)器嗇夫亮疸所靭(勒)翰(看)器乍(作)靭(勒)者

15.9666 十四茉，[illegible](片)器嗇夫亮疸所靭(勒)翰(看)器乍(作)靭(勒)者

15.9667 中伯乍(作)亲(辛)姬繺(孌)人朕(媵)壺，其邁(萬)年，子子孫孫永寶用

15.9668 中伯乍(作)亲(辛)姬繺(孌)人朕(媵)壺，其邁(萬)年，子子孫孫永寶用

15.9669 椒(散)氏車父乍(作)醒姜尊壺，其萬年，子子孫孫永寶用

15.9670 □□生乍(作)懿伯寶壺，番其萬年，子子孫孫，永寶用享

15.9671 兮熬乍(作)尊壺，其萬年，子子孫孫，永用享考(孝)于大宗

15.9672 仲自(師)父乍(作)甶壺，仲自(師)父其用各(侑)，眔以(台)倗友醮

15.9673 二年，寺工師初、丞拑、稟(廩)人莽，三斗，北寖(浸、寢)，茜(糟)府

15.9674 十茉，右使〔車〕嗇夫吳蕘、工贘，冢(重)一石百卌(四十)二刀之冢(重)

15.9675 十三茉，左使車嗇夫孫固所靭(勒)翰(看)器乍(作)靭(勒)者

15.9676 叚句乍(作)其寶壺，用興甫(夫)人，其萬年，子子孫孫，永寶用享

15.9677 □叔▨奠▨，黽以▨其吉〔金〕，▨寶壺，用睗(賜)眉壽，子子孫孫，其永用之

15.9678 禺(遇)邗王于黃池，爲趙孟庎(介)，邗王之惕(賜)金，台(以)爲祠器

15.9679 禺(遇)邗王于黃池，爲趙孟庎(介)，邗王之惕(賜)金，台(以)爲祠器

15.9680 匹(甕)君茲旃者，其成公鑄子孟妃朕(媵)盥壺，羕(永)保用之

15.9681 復公仲擇其吉金，用乍(作)鄉(饗)壺，其賜公子孫，邁(萬)壽用之

15.9682 屖氏，三斗少半，今三斗二升少半升，己戊，十六斤

15.9683 十苿，冶匀嗇夫斿重、工尼，冢(重)四百六刀冢(重)，左鑾者

15.9684 十一苿，右使車嗇夫鄌(齊)痓、工角，冢(重)一石八十二刀之冢(重)

15.9685 十二苿，左使車嗇夫孫固、工𠂤(師)賃，冢(重)五百六十九刀，左鑾者

15.9686 十三苿，左使車嗇夫孫固、工𡎺(坿)，冢(重)一石三百刀之冢(重)

15.9687 杞伯每刃乍(作)鼄(邾)嫀寶壺，邁(萬)年眉壽，子子孫孫，永寶用享

15.9688 杞伯每刃乍(作)鼄(邾)嫀宲(寶)卣，其萬年眉考(老)，子子孫永寶用享

15.9689 唯四月，伯懋父北征，唯還，吕行𢦏(捷)寽(捋)兕(犀)，用乍(作)寶尊彝

15.9690 周䝩乍(作)公己尊壺，其用享于宗，其子子孫孫邁(萬)年，永寶用，[illegible]

15.9691 周䝩乍(作)公己尊壺，其用享于宗，其子子孫孫邁(萬)年，永寶用，[illegible]

15.9692 三苿，左使車嗇夫孫固、工上，冢(重)四百七十四刀之冢(重)，左鑾者

15.9693 十三苿，左使車嗇夫孫固、工𡎺(坿)，冢(重)一石三百卅九刀之冢(重)

15.9694 虞嗣寇伯吹乍(作)寶壺，用享用孝，用祈眉壽，子子孫孫，永寶用之

15.9695 虞嗣寇伯吹乍(作)寶壺，用享用孝，用祈眉壽，子子孫孫，永寶用之

15.9696 唯王二月，初吉壬戌，虞侯政乍(作)寶壺，其邁(萬)年，子子孫孫永寶用

15.9697 椒(散)車父乍(作)皇母𨢍姜寶壺，用逆姞氏，伯車父其萬年，子子孫孫永寶

15.9698 王子剌公之宗婦鄁(鄁)嬰，爲宗彝𩰫彝，永寶用，以降大福，保辥(嬖)鄁(鄁)國

15.9699 王子剌公之宗婦鄁(鄁)嬰，爲宗彝𩰫彝，永寶用，以降大福，保辥(嬖)鄁(鄁)國

15.9700 陳喜再立(涖)事歲，𨟭月己酉，爲左(佐)大族，台(以)寺(持)民巴(選)，宗詞客敬爲陻(禋)壺九

15.9701 唯正月初吉庚午，蔡公子□乍(作)尊壺，其眉壽無疆，子子孫孫，萬年永寶用享

15.9702 唯王正月，初吉庚寅，辛公再父宮，賜[illegible](葉、𣏾)伯矢束、素絲束，對揚王休，用乍(作)𩐏(𩐈)壺

15.9703 唯王五年，奠(鄭)昜、陳得再立(涖)事歲，孟冬戊辰，大𤕤(將)鈛孔、陳璋內(入)伐匽(燕)亳邦之獲

15.9704 曩(紀)公乍(作)爲子叔姜媵盥壺，眉壽萬年，永保其身，它它(施施)熙熙，受福無期，子孫永保用之

15.9705 唯廿又六年，十月初吉己卯，番匊(鞠)生(甥)鑄媵壺，用媵(媵)厥元子孟妃乖，子子孫孫永寶用

15.9706 唯王正月，初吉甲戌，邛(江)立(大、太)宰孫叔師父乍(作)行具，眉壽萬年無疆，子子孫永寶用之

15.9707 至此，十三斗一升，安邑下官重(鍾)，七年九月，府嗇夫在、冶事(吏)狄敀(捁)之，大斛斗一益(溢)少半益(溢)

15.9708 唯六月初吉丁亥，冶仲丂父自乍(作)壺，用祀用鄉(饗)，多福滂滂，用祈眉壽，萬年無疆，子子孫永寶是尚(常)

15.9709 公孫竈(灶)立(涖)事歲，飯者月，公子土斧乍(作)子仲姜𨪈之般(盤)壺，用旂(祈)眉壽、萬年，羕(永)保其身，子子孫孫，羕(永)保用之

15.9710 唯王廿又六年，聖趄(桓)之夫人曾姬無卹，虗安兹漾陵，蒿閒(間)之無䮃(匹)，甬(用)乍(作)宗彝尊壺，後嗣甬(用)之，職在王室

15.9711 唯王廿又六年，聖趄(桓)之夫人曾姬無卹，虗安兹漾陵，蒿閒(間)之無䮃(匹)，甬(用)乍(作)宗彝尊壺，後嗣甬(用)之，職在王室

15.9712 唯曾伯陭廼用吉金鐈鋚，用自乍(作)醴壺，用鄉(饗)賓客，爲德無叚(瑕)，用孝用享，用賜(賜)眉壽，子子孫孫，用受大福無疆

15.9713 [illegible](弁)季良父乍(作)[illegible]始(姒)尊壺，用盛旨酉(酒)，用享孝于兄弟、聞(婚)顜(媾)、者(諸)老，用祈匄眉壽，其萬年，霝(靈)冬(終)難老，子子孫孫是永寶

15.9714 唯八月既死霸戊寅,王在葊京溼宮,窺(親)令史懋路(露)筮,咸,王乎伊伯賜懋貝,懋拜韻首,對王休,用乍(作)父丁寶壺

15.9715 杕氏福及,歲賢鮮于(虞),可(何、荷)是金暫(絜),盧(吾)台(以)爲弄壺,自頌既好,多寡不訏,盧(吾)台(以)匽(宴)飲,盱(于)我室家,䍐(罟)獵毋後,窴(籑)在我車

15.9716 唯五月初吉壬申,梁其乍(作)尊壺,用享考(孝)于皇祖考,用祈多福、眉壽,永令(命)無疆,其百子千孫,永寶用

15.9717 唯五月初吉壬申,梁其乍(作)尊壺,用享考(孝)于皇祖考,用祈多福、眉壽,永令(命)無疆,其百子千孫,永寶用,其子子孫孫永寶用

15.9718 䲨史展(殿)乍(作)寶壺,用禋祀于茲宗室,用追富(福)彔(禄),于茲先申(神)、皇祖,享叔用賜眉壽無疆,用賜百富(福),子子孫孫,其邁(萬)年,永寶用享

15.9719 唯十年四月吉日,命(令)瓜(狐)君嗣子,乍(作)鑄尊壺,柬柬(簡簡)嘼嘼(優優),康樂我家,犀犀康盄,承受屯(純)德,旂(祈)無疆,至于萬意(億)年,子之子,孫之孫,其永用之

15.9720 唯十年四月吉日,命(令)瓜(狐)君嗣子,乍(作)鑄尊壺,柬柬(簡簡)嘼嘼(優優),康樂我家,犀犀康盄,承受屯(純)德,旂(祈)無疆,至于萬意(億)年,子之子,孫之孫,其永用之

15.9721 唯五月初吉庚午,同仲宄西宮,賜幾父秆桒(斁)六、僕四家、金十鈞,幾父拜韻首,對揚朕皇君休,用乍(作)朕剌(烈)考尊壺,幾父用追孝,其邁(萬)年,孫孫子子永寶用

15.9722 唯五月初吉庚午,同仲宄西宮,賜幾父秆桒(斁)六、僕四家、金十鈞,幾父拜韻首,對揚朕皇君休,用乍(作)朕剌(烈)考尊壺,幾父用追孝,其邁(萬)年,子子孫孫永寶用

15.9723 唯十又三年,九月初吉戊寅,王在成周嗣土(徒)虒宮,各大室,即立(位),䍙父右(佑)瘨,王乎乍(作)册尹册賜瘨:畫靳、牙僰、赤舄,瘨拜韻首,對揚王休,瘨其萬年永寶

15.9724 唯十又三年,九月初吉戊寅,王在成周嗣土(徒)虒宮,各大室,即立(位),䍙父右(佑)瘨,王乎乍(作)册尹册賜瘨:畫靳、牙僰、赤舄,瘨拜韻首,對揚王休,瘨其萬年永寶

15.9725 唯十又六年,七月既生雨(霸)乙未,伯大(太)師賜伯克僕卅夫,伯克對揚天右(佑)王伯友(賄),用乍(作)朕穆考後仲尊墉(甗),克用匄眉老無疆,克克其子子孫孫永寶用享

15.9726 唯三年九月丁巳,王在奠(鄭),鄉(饗)醴,王乎虢叔召(詔)瘨,賜羔俎,己丑,王在句陵,鄉(饗)逆酉(酒),乎師壽召(詔)瘨,賜彘俎,拜韻首,敢對揚天子休,用乍(作)皇祖、文考尊壺,瘨其萬年永寶

15.9727 唯三年九月丁巳,王在奠(鄭),鄉(饗)醴,王乎虢叔召(詔)瘨,賜羔俎,己丑,王在句陵,鄉(饗)逆酉(酒),乎師壽召(詔)瘨,賜彘俎,拜韻首,敢對揚天子休,用乍(作)皇祖、文考尊壺,瘨其萬年永寶

15.9728 唯正月初吉丁亥,王各于成宮,井公内(入)右(佑)曶,王乎尹氏册令(命)曶,曰:更乃祖考,乍(作)冢嗣土(徒)于成周八師,賜女(汝)秬鬯一卣、玄衮衣、赤巿、幽黄(衡)、赤舄、攸(鋚)勒、緣(鑾)旂,用事,曶拜手韻首,敢對揚天子不(丕)顯魯休令(命),用乍(作)朕文考釐公尊壺,曶用匄萬年眉壽,永令(命)多福,子子孫孫,其永寶用

15.9729 齊侯女雷肈(聿)喪其殷(舅),齊侯命大(太)子乘遽來句宗伯,聖(聽)命于天子,曰:期則爾期,余不其事(使)女(汝)受朿(刺),遄傳淄(祇)御,爾其濟(躋)受御,齊侯拜嘉命,于上天子用璧玉備(珽),于大無嗣折(誓)、于大嗣命用璧、兩壺、八鼎,于南宮子用璧二備(珽)、玉二嗣(笥)、鼓鐘〔一肆〕,齊侯既濟(躋)洹子孟姜喪,其人民都邑堇(謹)宴舞,用從(縱)爾大樂,用鑄爾羞鈚

(瓶),用御天子之事,洹子孟姜用乞嘉命,用旂(祈)眉壽,萬年無疆,用御爾事

15.9730 齊侯女雷肆(聿)喪其毆(舅),齊侯命大(太)子乘遽來句宗伯,聖(聽)命于天子,曰:期則爾期,余不其事(使)女(汝)受束(刺),遄傳淄(祗)御,爾其濟(躋)受御,齊侯拜嘉命,于上天子用璧玉備(珽)、〔玉〕一嗣(笥),于大無嗣折(誓)、于大嗣命用璧、兩壺、八鼎,于南宫子用璧二備(珽)、玉二嗣(笥)、鼓鐘一銉(肆),齊侯既濟(躋)洹子孟姜喪,其人民都邑堇(謹)宴舞,用從(縱)爾大樂,用鑄爾羞鈚(瓶),用御天子之事,洹子孟姜用乞嘉命,用旂(祈)眉壽,邁(萬)年無疆,用御爾事

15.9731 唯三年五月,既死霸甲戌,王在周康卲(昭)宫,旦,王各大室,即立(位),宰引右(佑)頌,入門,立中廷,尹氏受(授)王令(命)書,王乎史虢生(甥)册令(命)頌,王曰:頌,令女(汝)官嗣成周貯(廛)廿家,監嗣新造,貯(廛)用宫御,賜女(汝)玄衣黹屯(純)、赤巿、朱黄(衡)、緣(鑾)旂、攸(鋚)勒,用事,頌拜韻首,受令(命)册佩以出,反(返)入(納)堇(瑾)章(璋),頌敢對揚天子不(丕)顯魯休,用乍(作)朕皇考龏叔、皇母龏始(姒)寶尊壺,用追孝祈匄康龕、屯(純)右(祐)、通彔(禄)、永令(命),頌其萬年眉壽,畯臣天子,霝(靈)冬(終),子子孫孫寶用

15.9732 唯三年五月,既死霸甲戌,王在周康卲(昭)宫,旦,王各大室,即立(位),宰引右(佑)頌,入門,立中廷,尹氏受(授)王令(命)書,王乎史虢生(甥)册令(命)頌,王曰:頌,令女(汝)官嗣成周貯(廛)廿家,監嗣新造,貯(廛)用宫御,賜女(汝)玄衣黹屯(純)、赤巿、朱黄(衡)、緣(鑾)旂、攸(鋚)勒,用事,頌拜韻首,受令(命)册佩以出,反(返)入(納)堇(瑾)章(璋),頌敢對揚天子不(丕)顯魯休,用乍(作)朕皇考龏叔、皇母龏始(姒)寶尊壺,用追孝祈匄康龕、屯(純)右(祐)、通彔(禄)、永令(命),頌其萬年眉壽,畯臣天子,霝(靈)冬(終),子子孫孫寶用

15.9733 唯王正月,初吉丁亥,殷王之孫、右師之子武叔曰庚,擇其吉金,台(以)鑄其濼(盥)壺,齊三軍圍釐(萊),冉(崔)子䖒(執)鼓,庚大門之,䖒者獻于霝(靈)公之所,公曰:甬甬(庸庸),商(賞)之台(以)邑,嗣(嗣)衣、裘、車、馬,於霝(靈)公之壬(廷),庚率二百乘舟入鄬(筥)從洌(河),台(以)亟(殛)伐戱□丘,殺其□□□□毀(鬭)者,俘□□□□,□其士女,□昀𢎨(矢)舟犇(羿)鯀丘,𢎨于梁,歸獻于霝(靈)公之所,商(賞)之台(以)兵䖒(皋)車馬,庚戍陸,罘(罣)其王馹,䖒方綾縢相乘駐(牡),釗不□其王乘駐(牡),與台□戱師,庚戠(捷)其兵䖒(皋)車馬,獻之于戩(輜、莊)公之所,公曰:甬甬(庸庸),戒□曰𢎨余台(以)賜女(汝)□,曰:不可多也,天□□□□受(授)女(汝)

15.9734 胤嗣妾𧽊,敢明易(揚)告:昔者先王,𢝊(慈)𢜺(忎、愛)百每(民),竹(畜)胄亡疆,日炙(夜)不忘,大𡊇(去)型(刑)罰,以憂厥民之隹(罹)不𤔲(辜),或得賢(賢)犾(猛、佐)司馬賙(貯),而冡(重)賃(任)之邦,逢郾(燕)亡道𤆍(煬)上,子之大臂(闢)不宜(義),返臣丌(其)宔(主),唯司馬賙(貯)訢詻戰(僤)忞(怒),不能寧處,率師征郾(燕),大啟邦沔(污、宇),枋(方)譻(數)百里,唯邦之𣏟(幹),唯送(朕)先王,茅(苗)蒐畋(田)獵,于皮(彼)新土(杢),其澮(會)女(如)林,馭右和同,四駐(牡)汸汸(滂滂),以取鮮薹(薧),鄉(饗)祀先王,德行盛生(旺),隱𢓜(逸)先王,於(烏)虖(乎),先王之德,弗可復得,霖霖(潸潸)流霦(涕),不敢寧處,敬明新墜(地),雨(雩)祠先王,𣴎𣴎(世世)毋𡉳(乏),以追庸(誦)先王之工(功)刺(烈),子子孫孫,毋又(有)不敬,寓祗丞(烝)祀

15.9735 唯十四年，中山王礜命相邦賙(貯)擇郾(燕)吉金，鑄爲彝壺，節于醺(禋)醻，可灋(法)可尚(常)，以鄉(饗、享)上帝，以祀先王，穆穆濟濟，嚴敬不敢悳(怠)荒，因載所美，卲犮(跋)皇工(功)，詆(詆)郾(燕)之訛，以憼(儆)嗣王，唯朕皇祖文、武，趠(桓)祖、成考，是又(有)軘(純)德遺巡(訓)，以阤(陁、施)及子孫，用唯朕所放(倣)，慈孝寰(宣)惠，舉(舉)臤(賢)使能，天不臭(斁)其又(有)忨(願)，使得臤(賢)在(士)良猹(佐)賙(貯)，以輔相厥身，余智(知)其忠訫(信)旃，而講(專)賃(任)之邦，氏(是)以遊夕(閟)飲飤，宓(寧)又(有)窓(懅)惖(惕)，賙(貯)渴(竭)志盡忠，以猹(佐)右(佑)厥闢(辟)，不貳(膩、貳)其心，受賃(任)猹(佐)邦，夙夜篚(匪)解(懈)，進臤(賢)散(措)能，亡又(有)轉(常)息，以明闢(辟)光，儋(適)曹(遭)郾(燕)君子徻(噲)，不顧大宜(義)，不舊(舊)者(諸)侯，而臣宔(主)易立(位)，以內絶邵(召)公之業，乏其先王之祭祀，外之則牆(將)使並(上)勤於天子之廟，而退與者(諸)侯齒張(長)於逾(會)同，則並(上)逆於天，下不巡(順)於人旃，寡人非之，賙(貯)曰：爲人臣而返(反)臣其宔(主)，不祥莫大焉，牆(將)與盧(吾)君並立於丗(世)，齒張(長)於逾(會)同，則臣不忍見旃，賙(貯)忨(願)從在(士)大夫，以請(靖)郾(燕)疆，氏(是)以身蒙幸(皋)胄，以栽(誅)不巡(順)，郾(燕)旃(故)君子徻(噲)，新君子之，不用豊(禮)宜(儀)，不顧逆巡(順)，旃(故)邦亡身死，曾亡鼠(一)夫之救，述(遂)定君臣之謂(位)，上下之軆(體)，休又(有)成工(功)，刱(創)辟封疆，天子不忘其又(有)勛，使其老筞(策)賞仲父，者(諸)侯皆賀，夫古之聖王，敄(務)在得臤(賢)，其即得民，旃(故)辭(辭)豊(禮)敬，則臤(賢)人至，㢜(陟)炁(愛)深，則臤(賢)人窺(親)，怍(作)斂中，則庶民窋(附)，於(烏)虖(乎)，允筭(哉)若言，明犮(跋)之于壺而時觀焉，祇祇翼卲告後嗣，唯逆生禍，唯巡(順)生福，載之笄(簡)筞(策)，以戒(誡)嗣王，唯德窋(附)民，唯宜(義)可緐(長)，子之子，孫之孫，其永保用亡疆

15.9736 竝

15.9737 糞

15.9738 妫

15.9739 何

15.9740 史

15.9741 [illegible]

15.9742 得

15.9743 漁

15.9744 鱻(敏)

15.9745 [illegible]

15.9746 圅(圍)

15.9747 鳶

15.9748 樠

15.9749 𠂤

15.9750 宏(忓)

15.9751 享

15.9752 戈

15.9753 戈

15.9754 戈

15.9755 戈

15.9756 冉

15.9757 [illegible]

15.9758 耒

15.9759 周(周)

15.9760 [illegible]

15.9761 亞疑

15.9762 亞疑

15.9763 亞䰜

15.9764 亞䰜

15.9765 亞䰜

15.9766 亞䰜

15.9767 亞䰜

15.9768 亞旁

15.9769 亞止(趾)

15.9770 叡龔

15.9771 登屰

15.9772 敄又(右)

15.9773 賣(鱸)甲

15.9774 敎工

15.9775 冊得

15.9776 車刌

15.9777 田告

15.9778 父癸

15.9779 丁癸

15.9780 母嫐

15.9781 婦好

15.9782 婦好

15.9783 左姦

15.9784 子媚

15.9785 田父甲

15.9786 父乙[illegible]

15.9787 襄父丁

15.9788 [illegible](糈)父己

15.9789 冉父己

15.9790 ㄨㄨ(丽)疋(退)𠂤

15.9791 〔父〕庚寶，魚

15.9792 木見齒册

15.9793 孤竹亞䙴

15.9794 鴝(玄鳥)婦，亞疑

15.9795 冊俳(偁)父乙

15.9796 馬豕(豟)父乙

15.9797 馬豕(豟)父丁

15.9798 父丁子天

15.9799 川(三)子，父

丁
15.9800 何父癸𤸫
15.9801 考母乍(作)聅(聯)医
15.9802 竟乍(作)厥彝
15.9803 乍(作)員從彝
15.9804 乍(作)員從彝
15.9805 乍(作)祖戊尊彝
15.9806 祖辛禹稅(祓)冀
15.9807 敄亞高父丁
15.9808 朋五夅(降)父庚
15.9809 大(太)史乍(作)尊彝
15.9810 父丁孤竹亞微
15.9811 冉乍(作)父丁妻盟
15.9812 皿乍(作)父己尊彝
15.9813 伯乍(作)厥寶尊彝
15.9814 禹乍(作)日父丁尊彝
15.9815 乍(作)父乙寶彝尊雷(罍),𠨍(韋卬)
15.9816 陵乍(作)父日乙寶雷(罍),𠂤
15.9817 趞乍(作)文父戊尊彝,雔冊
15.9818 亞醜,者(諸)姛以大子尊彝,亞醜,者(諸)姛以尊彝大子
15.9819 亞醜,者(諸)姛以大子尊彝
15.9820 婦闔乍(作)文姑日癸尊彝,冀
15.9821 王由攸田劦,乍(作)父丁尊,瀼
15.9822 𣪕乍(作)祖己尊彝,其子子孫永寶,戈
15.9823 乃孫𠦪乍(作)祖甲𦉜(罍),其𨗳𣃦弗述(墜),〔賓〕貝,其乍(作)彝
15.9824 洀御事(史)乍(作)尊雷(罍),其萬年無疆,子子孫孫,永寶用享
15.9825 洀御事(史)乍(作)尊雷(罍),其萬年無疆,子子孫孫,永寶用享
15.9826 對乍(作)文考日癸寶尊雷(罍),子子孫孫,其邁(萬)年永寶,用匄眉壽,敬冬(終),冉
15.9827 季𣄰(姒)𦥑乍(作)寶𦉜(罍),其用萬人(年),享孝于厥多公,事萬人(年),子子孫孫寶用,𠀠
16.9828 髻
16.9829 㣲
16.9830 竝
16.9831 又(右)
16.9832 聿
16.9833 史
16.9834 目
16.9835 𠂤
16.9836 鳶
16.9837 鼎
16.9838 車
16.9839 栩
16.9840 戈
16.9841 戈
16.9842 弔
16.9843 㮚
16.9844 丏甫
16.9845 亞疑
16.9846 亞舟
16.9847 亞攴
16.9848 亞醜
16.9849 亞醜
16.9850 亞醜
16.9851 亞㿝
16.9852 亞羲
16.9853 亞又
16.9854 亞弜
16.9855 冉蛙
16.9856 鄉宁
16.9857 鄉宁
16.9858 鄉宁
16.9859 㢓辰
16.9860 角丏
16.9861 婦好
16.9862 婦好
16.9863 婦好
16.9864 婦好
16.9865 子蝠
16.9866 𠂤(昃)父乙
16.9867 𠔿(掆)父庚
16.9868 戈北單
16.9869 蚰𧋍耒
16.9870 子㢓圖
16.9871 㻌𠂤父乙
16.9872 馬豕(豧)父丁
16.9873 母宰(㝗、㴭)𣎵(䤨)婦
16.9874 冉癸,乙冉
16.9875 井叔乍(作)旅彝
16.9876 伯豐乍(作)旅彝
16.9877 冊𡕒乍(作)彝,祖癸
16.9878 竹宔(鑄)父戊,告永
16.9879 竹宔(鑄)父戊,告永
16.9880 㷗(榮)子乍(作)寶尊彝
16.9881 㷗(榮)子乍(作)寶尊彝
16.9882 仲追父乍(作)宗彝
16.9883 皿天全(玪)乍(作)父己尊彝
16.9884 㔿(匽)乍(作)父辛寶尊彝,幸
16.9885 㔿(匽)乍(作)父辛寶尊彝,幸
16.9886 亞若癸乙自(師)受丁旅祉
16.9887 亞若癸乙自(師)受丁旅祉
16.9888 叔䖒(貘)賜貝于王㚸(姒),用乍(作)寶尊彝
16.9889 彃攸(肇)乍(作)父庚尊彝,子子孫孫其永寶
16.9890 癸未,王在圃,雚(觀)京,王商(賞)遚(趨)貝,用乍(作)父癸寶尊
16.9891 乍(作)文考日己寶尊宗彝,其子子孫孫邁(萬)年,永寶用,天
16.9892 頎肇卿(佮)宁(貯)百生(姓),揚,用

乍(作)高文考父癸寶尊彝,用[illegible]([illegible]、申)文考剌(烈),余其萬年[illegible],孫子寶,[illegible]

16.9893 在八月乙亥,辟井(邢)侯光厥正事(吏),[illegible]于麥宮,賜金,用乍(作)尊彝,用[illegible]井(邢)侯出入[illegible](揚)令(命),孫孫子子其永寶

16.9894 己酉,戍鈴尊宜于[illegible](召),康[illegible][illegible]九律,[illegible]商(賞)貝十朋、丏豚,用宔(鑄)丁宗彝,在九月,唯王十祀,[illegible]日,唯來束(東)

16.9895 唯五月,王在厈(斥),戊子,令乍(作)册折兄(貺)聖土于相侯,賜金,賜臣,揚王休,唯王十又九祀,用乍(作)父乙尊,其永寶,木羊册

16.9896 唯八年十又二月,初吉丁亥,齊生(甥)魯肇貯(賈),休多贏,唯朕文考乙公永啟余魯,用乍(作)朕文考乙公寶尊彝,魯其萬年,子子孫孫永寶用

16.9897 唯正月既生霸丁酉,王在周康寢,鄉(饗)醴,師遽蔑曆,[illegible](侑)王,王乎宰利賜師遽瑂圭一、環(瑑)章(璋)四,師遽拜䭫首,敢對揚天子不(丕)顯休,用乍(作)文祖它公寶尊彝,用匄萬年無疆,百世孫子永寶

16.9898 唯二月初吉丁亥,王在周成大室,旦,王各廟,宰朏右(佑)乍(作)册吳,入門,立中廷,北鄉(嚮),王乎史戊册令(命)吳:𤔲旆眔叔金,賜秬鬯一卣、玄衮衣、赤舄、金車、𠦪(賁)𠚍朱虢(鞹)靳、虎冟(冪)熏(纁)裏、𠦪(賁)較(較)、畫轉、金甬(筩)、馬四匹、攸(鋚)勒,吳拜䭫首,敢對揚王休,用乍(作)青尹寶尊彝,吳其世子孫永寶用,唯王二祀

16.9899 唯八月初吉,王各于周廟,穆公又(佑)盠,立于中廷,北鄉(嚮),王册令(命)尹,賜盠:赤巿、幽亢(衡)、攸(鋚)勒,曰:用𤔲六師王行、參有𤔲:𤔲土(徒)、𤔲馬、𤔲工(空),王令(命)盠曰:[illegible](纘)𤔲六師眔八師埶(藝),盠拜䭫首,敢對揚王休,用乍(作)朕文祖益公寶尊彝,盠曰:天子不(丕)叚(遐)不(丕)其(基),萬年保我萬邦,盠敢拜䭫首曰:剌剌(烈烈)朕身,[illegible](更)朕先寶事

16.9900 唯八月初吉,王各于周廟,穆公又(佑)盠,立于中廷,北鄉(嚮),王册令(命)尹,賜盠:赤巿、幽黃(衡)、攸(鋚)勒,曰:用𤔲六師王行、參有𤔲:𤔲土(徒)、𤔲馬、𤔲工(空),王令(命)盠曰:[illegible](纘)𤔲六師眔八師埶(藝),盠拜䭫首,敢對揚王休,用乍(作)朕文祖益公寶尊彝,盠曰:天子不(丕)叚(遐)不(丕)其(基),萬年保我萬邦,盠敢拜䭫首曰:剌剌(烈烈)朕身,[illegible](更)朕先寶事

16.9901 唯八月,辰在甲申,王令(命)周公子明保,尹三事四方,受(授)卿事寮,丁亥,令矢告于周公宮,公令𢓊同卿事寮,唯十月月吉癸未,明公朝至于成周,𢓊令舍(捨)三事令,眔卿事寮、眔者(諸)尹,眔里君、眔百工,眔者(諸)侯:侯、田(甸)、男,舍(捨)四方令,既咸令,甲申,明公用牲于京宮,乙酉,用牲于康宮,咸既,用牲于王,明公歸自王,明公賜亢師鬯、金、小牛,曰:用𥛱(祓),賜令鬯、金、小牛,曰:用𥛱(祓),迺令曰:今我唯令女(汝)二人亢眔矢,爽(尚)[illegible]([illegible]、左)右于乃寮以乃友事,乍(作)册令敢揚明公尹厥宔(貯),用乍(作)父丁寶尊彝,敢追明公賞于父丁,用光父丁,雋册

16.9902 子

16.9903 配

16.9904 又

16.9905 鳶

16.9906 襄

16.9907 [illegible]

16.9908 [illegible][illegible]([illegible])

16.9909 囗(圍)册

16.9910 亞弜

16.9911 亞舟

16.9912 亞其

16.9913 耶[illegible]

16.9914 龏子

16.9915 賁(驢)引

16.9916 婦好

16.9917 婦好

16.9918 婦好

16.9919 婦好

16.9920 婦好

16.9921 婦好

16.9922 婦好

16.9923 婦好

16.9924 左使車工蔡

16.9925 左使車工蔡

16.9926 左使車工縣

16.9927 曾侯乙詐(作)時(持)甬(用)冬(終)

16.9928 曾侯乙詐(作)

峕(持)甬(用)冬(終)

16.9929 曾侯乙詐(作)峕(持)甬(用)冬(終)

16.9930 曾侯乙詐(作)峕(持)甬(用)冬(終)

16.9931 冶事(吏)秦、苛膪爲之

16.9932 冶事(吏)秦、苛膪爲之

16.9933 十三茦,右使車工疥

16.9934 十三茦,右使車工疥

16.7360 伯公父乍(作)金爵,用獻用酌,用享用孝,于朕皇考,用祈眉壽,子孫永寶用耇

16.9937 甘孝子

16.9938 汷都

16.9939 脩(修)武府

16.9940 冢(重)十六傎(傎)

16.9941 槭

16.9942 忍

16.9943 矦

16.9944 車

16.9945 冉

16.9946 戈

16.9947 膐

16.9948 亞疑

16.9949 印(卬)興

16.9950 戈負(負)

16.9951 弔龜

16.9952 婦好

16.9953 婦好

16.9954 癸冉

16.9955 又(右)敄

16.9956 亞髺享

16.9957 丩冊父戊

16.9958 亞車丙邑

16.9959 亞離𠭯

16.9960 衵伯墉

16.9961 唯曾伯文自乍(作)厥歙(飲)鑩,用征行

16.9962 善(膳)夫吉父乍(作)旅鑩,其子子孫孫永寶用

16.9963 黄君孟自乍(作)行器,子子孫孫,則永祜(祜)福(福)

16.9964 仲義父乍(作)旅鑩,其萬年,子子孫孫永寶用

16.9965 仲義父乍(作)旅鑩,其萬年,子子孫孫永寶用

16.9966 黄子乍(作)黄甫(夫)人孟乙行器,則永祜(祜)缶(福),霝(鑩)

16.9967 伯夏父乍(作)畢姬尊霝(鑩),其萬年,子子孫孫永寶用

16.9968 伯夏父乍(作)畢姬尊霝(鑩),其萬年,子子孫孫永寶用

16.9969 享□父衵戊乍(作)寶罍(鑩),其萬年,子子孫永寶用

16.9970 享□父衵戊乍(作)寶罍(鑩),其萬年,子子孫孫,永寶用享

16.9971 唯番伯官曾(曾)自乍(作)寶罍(鑩),其萬年,子子孫孫,永寶用享

16.9972 唯東䀠書于金,自乍(作)寶鼢(鑩),其萬年,子孫永寶用享

16.9973 奠(鄭)義伯乍(作)步□鑩(鑩),以燮我奠(鄭),逆造,我用以皮沓⺁,我以螽獸,用賜眉壽,孫子彡永寶,奠(鄭)義伯乍(作)步□鑩(鑩),以行以川,我奠(鄭)逆造,我用以皮沓⺁,我以螽獸,用賜眉壽,孫子彡永寶

16.9974 唯正月衣(初)吉丁亥,黄孫須頸子伯亞臣,自乍(作)鑩,用征,用祈眉壽,萬(萬)年無疆,子孫永寶是尚(常)

16.9975 唯王五年,奠(鄭)昜、陳得再立(涖)事歲,孟冬戊辰,齊燮(将)钱(鍋)孔、陳璋內(入)伐匽(燕)亳邦之獲,廿二,重金絡襄(鑲),受一言(轂、斛)五尌

16.9976 蔡侯龖(申)之鉼(鉼)

16.9977 土匀(軍),容四斗錍(瓶)

16.9978 魏公鈚(鉼),三斗二升,取

16.9979 陳(陳)公孫寣父乍(作)旅甗(鉼),用祈眉壽,萬年無疆,永壽用之

16.9980 郜□孟城乍(作)爲行鉳(鉼),其眉壽無疆,子孫永寶用之

16.9981 樂大嗣徒子佘之子引,乍(作)旅甗(鉼),其眉壽,子子孫孫永寶用

16.9982 喪史賓(賓)自乍(作)鈚(鉼),用征用行,用祈眉壽,萬年無疆,子子孫永寶

16.9983 冎

16.9984 亞疑

16.9985 婦好

16.9986 仲乍(作)旅鑵

16.9987 黄子乍(作)黄孟姬行器,則永祜寶(福),霝(靈)冬(終)霝(靈)復(後)

16.9988 倗之尊缶

16.9989 右屖(迟、遲)君(尹),楚高

16.9990 屖(迟、遅)君(尹),右屖(迟)君(尹),楚高

16.9991 蔡侯朱之缶

16.9992 蔡侯龖(申)之盥缶

16.9993 蔡侯龖(申)之尊缶

16.9994 蔡侯龖(申)之尊缶

16.9995 邯子鄐(鬢)之赴缶

16.9996 曾子遡之行缶

16.9997 廿七年,寧爲錳(皿)

16.9998 曾侯乙詐(作)

時(持)甬(用)冬(終)

16.9999 曾侯乙詐(作)時(持)甬(用)冬(終)

16.10000 曾侯乙詐(作)時(持)甬(用)冬(終)

16.10001 蔡公子乍(作)姬安尊淄(𦈡)□

16.10002 鑄客爲王句(后)六室爲之

16.10003 鑄客爲王句(后)六室爲之

16.10004 蔡侯𩡶(申)乍(作)大孟姬賸(媵)盥缶

16.10005 唯正月初吉丁亥,孟滕姬擇其吉金,自乍(作)浴缶,永保用之

16.10006 唯正月初吉丁亥,不(邳)伯夏子自乍(作)尊罍,用祈眉壽無疆,子子孫孫,永寶用之

16.10007 唯正月初吉丁亥,不(邳)伯夏子自乍(作)尊罍,用祈眉壽無疆,子子孫孫,永寶用之

16.10008 正月季春,元日己丑,余畜孫書也,擇其吉金,以攸(作)鑄鈚(缶),以祭我皇祖,䖒(吾)以旂(祈)眉壽,䜌(欒)書之子孫,萬𦬶(世)是窑(寶)

16.10009 車

16.10010 ⊗(輻)

16.10011 束

16.10012 葡

16.10013 敾(二教)

16.10014 丩(糾)

16.10015 𠕀

16.10016 八一六

16.10017 舟

16.10018 魚

16.10019 六六一一六一

16.10020 㝉(字)

16.10021 亞疑

16.10022 亞疑

16.10023 亞疑

16.10024 父甲

16.10025 父辛

16.10026 丁冉

16.10027 子刀

16.10028 婦好

16.10029 寢㚔(攸)

16.10030 䍜(玃)册

16.10031 鼓寢

16.10032 ◇交

16.10033 幸旅

16.10034 □(五Ψ)

16.10035 俞舌

16.10036 魚從

16.10037 遽從

16.10038 冀父甲

16.10039 倗父乙

16.10040 黿父乙

16.10041 弔父丁

16.10042 父戊𠂤

16.10043 □父己

16.10044 父辛鳥

16.10045 亞疑妃

16.10046 𧗝(衛)典䚗

16.10047 北單戈

16.10048 季乍(作)寶

16.10049 乍(作)從彝

16.10050 乍(作)從彝

16.10051 豆册父丁

16.10052 戠乍(作)父戊

16.10053 臣辰侁册

16.10054 大(太)保𨚕鑄

16.10055 輈乍(作)寶艦

16.10056 封仲乍(作)般(盤)

16.10057 乍(作)玐(封)從彝

16.10058 永寶用享

16.10059 曆乍(作)寶尊彝

16.10060 矩乍(作)寶尊彝

16.10061 事(史)從乍(作)寶般(盤)

16.10062 公乍(作)寶尊彝

16.10063 㺇伯乍(作)用盨(盤)

16.10064 㺇伯乍(作)般(盤)𤇈(鎣)

16.10065 令乍(作)父丁,雋册

16.10066 吳乍(作)寶般(盤),亞御

16.10067 㣼(延)乍(作)周公尊彝

16.10068 𨟙(𨟚)父乍(作)寶尊彝

16.10069 𤇈(滎)子乍(作)寶尊彝

16.10070 單子白乍(作)寶般(盤)

16.10071 宗(崇)仲乍(作)尹姞般(盤)

16.10072 蔡侯𩡶(申)乍(作)尊盤(盤)

16.10073 𢀜(規)伯矩乍(作)寶尊彝

16.10074 伯雍父自乍(作)用器

16.10075 畣父乍(作)兹女(母)匋(寶)般(盤)

16.10076 季嬴霝德乍(作)寶般(盤)

16.10077 曾侯乙詐(作)時(持)用冬(終)

16.10078 朏,𨑫乍(作)厥考寶尊彝

16.10079 伯百父乍(作)孟姬朕(媵)般(盤)

16.10080 穌(蘇)甫(夫)人乍(作)嫚(姪)妃襄賸(媵)般(盤)

16.10081 曩伯㝱父朕(媵)姜無㬎(沬)般(盤)

16.10082 樊夫人龍嬴自乍(作)行盤

16.10083 京㔸(陝)仲僕乍(作)父辛寶尊彝

16.10084 北子宋乍(作)文父乙寶尊彝

16.10085 麥□乍(作)鋑(鎣)般(盤),孫孫子子其寶用

16.10086 魯伯厚父乍(作)仲姬俞賸(媵)般(盤)

16.10087 魯伯者父乍

(作)孟姬嫜(媾)朕(媵)般(盤)

16.10088 虢 嫚 (姪)〔妃〕乍(作)寶般(盤),子子孫孫永寶用

16.10089 自乍(作)般(盤),其萬年,子孫永寶用

16.10090 奠(鄭)伯乍(作)般(盤)匜,其子子孫孫永寶用

16.10091 真乍(作)寶般(盤),其邁(萬)年,子子孫孫永寶用

16.10092 晨乍(作)寶〔盤〕,其萬年,子子孫孫永寶用

16.10093 史頌乍(作)般(盤),其萬年,子子孫孫永寶用

16.10094 〔番〕昶〔伯〕□乍(作)寶般(盤),其萬年,子子孫孫,永寶用享

16.10095 京叔乍(作)孟嬴塍(媵)般(盤),子子孫永寶用

16.10096 筍侯乍(作)叔姬賸(媵)般(盤),其永寶用鄉(饗)

16.10097 曾仲自乍(作)旅盤,子子孫永寶用之

16.10098 賸金氏(氏)孫乍(作)寶般(盤),子子孫孫永寶用

16.10099 郐(徐)王義楚擇其吉金,自乍(作)浧(浣)盤

16.10100 楚王酓(熊)肯钕(作)爲盥盤,台(以)共(供)歲祟(嘗)

16.10101 仲丮臣亻肇合以金,用乍(作)仲宔(寶)器

16.10102 中友父乍(作)般(盤),其邁(萬)年,子子孫孫永寶用

16.10103 伯駟父乍(作)姬淪朕(媵)般(盤),子子孫孫永寶用

16.10104 黄君孟自乍(作)行器,子子孫孫,則永祜(祜)福(福)

16.10105 陶子或賜匋(陶)姛金一鈞,用乍(作)寶尊彝

16.10106 尧(无)敢乍(作)姜般(盤),用萬年用楚(胥)保眔叔尧

16.10107 叔五父乍(作)寶般(盤),其萬年,子子孫孫永寶用

16.10108 伯考父乍(作)寶盤,其萬年,子子孫孫永寶用

16.10109 郳(郳)季寬(魔)車自乍(作)行盤,子子孫孫,永寶用之

16.10110 德其肇乍(作)盤,其萬年眉壽,子子孫孫永寶用

16.10111 師寏父乍(作)季姬般(盤),其萬年,子子孫孫永寶用

16.10112 伯碩𢓊乍(作)鳌姬饗般(盤),其邁(萬)年,子子孫孫永用

16.10113 魯伯愈父乍(作)鼄(邾)姬仁朕(媵)頮(沬)盤,其永寶用

16.10114 魯伯愈父乍(作)鼄(邾)姬仁朕(媵)頮(沬)盤,其永寶用

16.10115 魯伯愈父乍(作)鼄(邾)姬仁朕(媵)頮(沬)盤,其永寶用

16.10116 魯𤔲徃(徒)仲齊肇乍(作)般(盤),其萬年,永寶用享

16.10117 齊侯乍(作)𦰡(蓋)姬寶般(盤),其邁(萬)年,子子孫孫永保用

16.10118 穌(蘇)冶妊乍(作)虢妃魚母般(盤),子子孫永寶用之

16.10119 毳乍(作)王(皇)母媿氏頮(沬)般(盤),媿氏其眉壽,邁(萬)年用

16.10120 周𡢃(𡢃)生(甥)乍(作)楷娟(妘)朕(媵)般(盤),〔吉〕金用〔迮〕邦,其孫孫子子永寶用

16.10121 鄧伯吉射自乍(作)盥般(盤),子子孫萬年,永寶用享

16.10122 黄子乍(作)黄孟臣(姬)行器,則永祜祐(福),靁(靈)宑(終)靁(靈)复(後)

16.10123 齊侯乍(作)皇氏孟姬寶般(盤),其萬年,眉壽無疆

16.10124 魯正叔之𡧊,乍(作)鑄其御般(盤),子子孫孫,永壽用之

16.10125 楚季吪(苟)乍(作)嬶(芈)尊賸(媵)盥般(盤),其子子孫孫永寶用享

16.10126 取膚(慮)上子商鑄般(盤),用賸(媵)之麗奴,子子孫孫永寶用

16.10127 唯正月初吉,僑孫殹穀乍(作)頮(沬)盤,子子孫孫,永壽用之

16.10128 唯正月初吉,僑孫殹穀乍(作)頮(沬),子子孫孫,永壽用之

16.10129 伯侯父媵(媵)叔嬀𦗢(聯)母盤(盤),用祈眉壽,萬年用之

16.10130 昶伯墉自乍(作)寶監(鑑),其萬年疆無,子孫永用享

16.10131 干氏叔子乍(作)仲姬客母媵(媵)

般(盤),子子孫孫,永寶用之

16.10132 綏君單自乍(作)□(盤),其萬年無疆,子子孫永寶用享

16.10133 薛侯乍(作)叔妊襄朕(媵)般(盤),其眉壽萬年,子子孫孫永寶用

16.10134 欣(掀)仲鬻(叜)履用其吉金,自乍(作)寶盤,子子孫,其永用之

16.10135 鄴仲賸(媵)仲女子寶般(盤),其邁(萬)年無疆,子子孫孫永寶用

16.10136 唯番君伯歔(攏)用其青金,自萬年,子孫永用之享

16.10137 中子化用保楚王,用征梠(莒),用擇其吉金,自乍(作)盥(浣)盤

16.10138 曾師季軸(芾)用其士(吉)金,自乍(作)寶般(盤),用孝用享,用祈富(福)無疆

16.10139 唯番昶伯者君,自乍(作)寶般(盤),其萬年,子子孫永寶用享

16.10140 唯番昶伯者君用其吉金,自乍(作)旅盤,子孫永寶用之

16.10141 唯句它□□〔自〕乍(作)寶般(盤),其萬年無疆,子子孫孫,永寶用享

16.10142 齊叔姬乍(作)孟庚寶般(盤),其萬年無疆,子子孫孫,永受大福用

16.10143 唯般仲柔乍(作)其盤,其萬年,眉壽無疆,子子孫孫,永寶用之

16.10144 曹公媵(媵)孟姬悆母般(盤),用祈眉壽無疆,子子孫孫,永壽用之

16.10145 毛叔朕(媵)彪氏孟姬寶般(盤),其萬年,眉壽無疆,子子孫孫永保用

16.10146 唯正月初吉庚申,黄韋俞父自乍(作)飤器,子子孫孫,其永用之

16.10147 齊縈姬之孆(姪),乍(作)寶般(盤),其眉壽,萬年無疆,子子孫孫,永保用享

16.10148 唯王二月,初吉庚午,楚嬴鑄其寶盤,其萬年,子子孫孫永用享

16.10149 唯正月初吉庚午,囂伯媵(媵)嬴尹母鬱(沫)盤,其萬年,子子孫永用之

16.10150 唯□右自乍(作)用其吉金寶般(盤),迺用萬年,子子孫孫,永寶用享,〔永〕用之

16.10151 唯王八月丁亥,齊大(太)宰歸父□爲忌鬱(沫)盤,台(以)祈眉壽,霝(靈)命難老

16.10152 王子剌公之宗婦鄁(鄁)嬰,爲宗彝鬻彝,永寶用,以降大福,保辪(嬖)鄁(鄁)國

16.10153 十月乙酉,佩孫奎母乍(作)如寶般(盤),用祈眉壽,其子孫永保用之

16.10154 魯少(小)嗣寇垟(封)孫宅(庇),乍(作)其子孟姬嫛朕(媵)盤,其眉壽萬年,永寶用之

16.10155 唯正月初吉壬午,鏊(棠)湯叔伯氏荏鑄其尊,其萬年無疆,子子孫孫,永寶用之

16.10156 唯曾子伯皖用其吉金,自乍(作)旅盤,其黄耇霝(靈)冬(終),萬年無疆,子孫永寶用享

16.10157 唯正月初吉丁亥,陳(陳)侯乍(作)王仲嬀媛(痛)母媵般(盤),用祈眉壽,萬年無疆,永壽用之

16.10158 楚王酓(熊)忎(悍)戰獲兵銅,正月吉日,窒(室)鑄少(小)盤,以共(供)歲祟(嘗),冶師紹(紹)圣、差(佐)陳共爲之

16.10159 齊侯乍(作)賸(媵)寬圜孟姜盥般(盤),用祈眉壽,邁(萬)年無疆,它它(施施)配配(熙熙),男女無期,子子孫孫,永保用之

16.10160 唯正月初吉丁亥,邛(江)仲之孫伯戔,自乍(作)顯(沬)盤,用祈眉壽,邁(萬)年無疆,子子孫孫,永寶用之

16.10161 唯五月初吉,王在周,令乍(作)册內史賜免鹵百陵,免䅉(蔑)靜女王休,用乍(作)般(盤)盉,其萬年寶用

16.10162 唯王正月,初吉丁亥,黄大(太)子伯克,乍(作)仲嬴□賸(媵)盤,用祈眉壽,萬禾(年)無疆,子子孫孫,永寶用之

16.10163 唯王正月,初吉丁亥,夆(逢)叔乍(作)季妃盥般(盤),其眉壽萬年,永保其身,它它(施施)配配(熙熙),壽老無期,永保用之

16.10164 函皇父乍(作)琱娟(妘)般(盤)盉尊器,鼎毁一具,自豕鼎降十又一,毁八、

兩罍、兩壺，琱娟(妘)其萬年，子子孫孫永寶用

16.10165 唯王正月，初吉丁亥，者尚余卑□於[illegible](即?)擇其吉金，自乍(作)鑄其般(盤)，用祈眉壽，萬年無疆，子子孫孫，永寶用之

16.10166 唯王卅又四祀，唯五月既望戊午，王在䓝京，啻(禘)于珋(昭)王，鮮穠(蔑)曆，祼王䡊，祼玉三品，貝廿朋，對王休，用乍(作)，子孫其永寶

16.10167 唯八月既生霸庚申，辛□□胃□[illegible]□[illegible]，䜌伯方□邑，印[illegible](寿)山，賜(賜)三國，□內(入)吳，□□□亟旃西□，鼎立，□邑百，□攸(鋚)金，自乍(作)朕(浣)般(盤)，其萬年眉壽、黄耇，子子孫孫，寶用于[illegible](新)邑

16.10168 唯正月既生霸乙未，王在周，周師光守宮事，祼周師不(丕)䂓(丕)，賜守宮絲束、蘆(苴)幎(幕)五、蘆(苴)萺(冟、冪)二、馬匹、毳希(布)三、專(專、團)倅(篷)三、銮(琜)朋，守宮對揚周師釐，用乍(作)祖乙尊，其丙(百)世子子孫孫永寶用，勿遂(墜)

15.10169 唯正二月，初吉甲寅，備仲內(入)右(佑)吕服余，王曰：服余，令(命)女(汝)敗(捷、更)乃祖考事，疋(胥)備仲嗣六師服，賜女(汝)赤枚(㧊、芾)、幽黄(衡)、鋚勒、旂，吕服余敢對揚天〔子〕不(丕)顯休令(命)，用乍(作)寶般(盤)盉，其子子孫孫永寶用

16.10170 唯廿年正月既望甲戌，王在周康宮，旦，王各大室，即立(位)，益公右(佑)走(趣)馬休，入門，立中廷，北鄉(嚮)，王乎乍(作)册尹册賜休：玄衣黹屯(純)、赤芾、朱黄(衡)、戈琱䖒、彤沙(蘇)、歇(厚)必(柲)、䜌(鑾)旂，休拜頴首，敢對揚天子不(丕)顯休令(命)，用乍(作)朕文考日丁尊般(盤)，休其萬年，子子孫孫永寶

16.10171 元年正月，初吉辛亥，蔡侯䨿(申)虔共(恭)大命，上下陟祏(否)，歡(攬)敬不惕(易)，肇䡟(佐)天子，用詐(作)大孟姬嬇(媵)彝盤(盤)，禋享是台(以)，祇盟嘗嘀(謫)，祐受毋已，禮(齋)䛐(嘏)整譱(肅)，䪿(類)文王母，穆穆亹亹(亹亹)，悤(聰)憲訢旟(揚)，威義(儀)遊遊(優優)，霝(靈)頌託商，康諧穆好，敬配吳王，不諱考壽，子孫蕃昌，永保用之，千歲無疆

16.10172 唯廿又八年，五月既望庚寅，王在周康穆宮，旦，王各大室，即立(位)，宰頵右(佑)寰，入門，立中廷，北鄉(嚮)，史黹受(授)王令(命)書，王乎史減册賜寰：玄衣黹屯(純)、赤芾、朱黄(衡)、䜌(鑾)旂、攸(鋚)勒、戈琱䖒、歇(厚)必(柲)、彤沙(蘇)，寰拜頴首，敢對揚天子不(丕)顯叚(遐)休令(命)，用乍(作)朕皇考奠(鄭)伯、奠(鄭)姬寶般(盤)，寰其邁(萬)年，子子孫孫永寶用

16.10173 唯十又二年，正月初吉丁亥，虢季子白乍(作)寶盤，不(丕)顯子白，壯武于戎工(功)，經繳(維)四方，搏伐厥(玁)𤞷(桅、狁)，于洛之陽，折首五百，執訊五十，是以先行，𧻚𧻚(桓桓)子白，獻聝于王，王孔加(嘉)子白義，王各周廟宣廟，爰鄉(饗)，王曰伯父，孔覭(景)又(有)光，王睗(賜)乘馬，是用左(佐)王，睗(賜)用弓，彤矢其央，睗(賜)用戉(鉞)，用政(征)䜌(蠻)方，子子孫孫，萬年無疆

16.10174 唯五年三月，既死霸庚寅，王初各(格)伐厥(玁)𤞷(桅、狁)于𠷎盧，兮甲從王，折首執訊，休亡敃(愍)，王賜兮甲馬四匹、駒車，王令甲政(征)𤔲(嗣)成周四方責(積)，至于南淮尸(夷)，淮尸(夷)舊我員(帛)畮人，毋敢不出其員(帛)、其責(積)、其進人，其責(積)，毋敢不即餗(次)，即市，敢不用令(命)，則即井(刑)𢻹(撲)伐，其唯我者(諸)侯、百生(姓)，厥貯(賈)，毋不即市，毋敢或入䜌(蠻)宄貯(賈)，則亦井(刑)，兮伯吉父乍(作)般(盤)，其眉壽，萬年無疆，子子孫孫永寶用

16.10175 曰古文王，初𢿐(盩)龢于政，上帝降懿德大甹(屏)，匍(撫)有上下，迨(會)

受萬邦，䋣圉武王，遹征四方，達殷畯民，永不(丕)巩(恐)狄虘(祖)，微伐尸(夷)童，憲聖成王，左右綬(綬)𤔲剛鯀，用肇(肇)敿(徹)周邦，淵哲康王，㝵(勴)尹意(億)疆，弦(宏)魯卲(昭)王，廣㪔楚荆，唯寏(煥)南行，祇覭(景)穆王，井(型)帥宇(訏)誨(謀)，𤕦(申)寧天子，天子圝(恪)𦣻(纘)文武長剌(烈)，天子釁(徽)無匄(害)，𡨦(褰)卬(邪、併)上下，亟獄逗(宣)慕(謨)，昊䋎(照)亡哭(斁)，上帝司𡗡(擾)尤保，受(授)天子綰(寬)令(命)、厚福、豐年，方緣(蠻)亡不𥄥(踝)見，青幽高祖，在微霝(靈)處，雩武王既𢦏殷，微史剌(烈)祖迺來見武王，武王則令周公舍(捨)圓(宇)于周，卑(俾)處甬，叀(惟)乙祖逨(弼)匹厥辟，遠猷腹心，子(兹)㕭(納)㽙明，亞祖祖辛，𩛥毓(育)子孫，緐(繁)𧂂(福)多孷(釐)，櫅(齊)角(禄)𢈷(熾)光，義(宜)其𥟍(禋)祀，𡢁(㝬、胡)屖(遲)文考乙公遽(競)趩(爽)，得屯(純)無諫，農嗇(穡)戉(越)㬱(曆)，唯辟孝春(友)，史牆夙夜不豖(墜)，其日蔑曆，牆弗敢取(沮、沮)，對揚天子不(丕)顯休令(命)，用乍(作)寶尊彝，剌(烈)祖文考，弋(式)𡨄(貯)受(授)牆爾(薾)𪓐(𪓐)福，褱(懷)𧂂(福)彔(禄)、黄耇、彌生，龕(堪)事厥辟，其萬年永寶用

16.10176 用矢𢧵(撲)散邑，迺即散用田，眉(堳)自瀗涉以南，至于大沽(湖)，一奉(封)，以陟，二奉(封)，至于邊柳，復涉瀗、陟雩，𣪘(徂)𨘉𨻵以西，奉(封)于敝城、楮木，奉(封)于芻逨(徠)，奉(封)于芻道，内陟芻，登于厂湶，奉(封)𠜱桥、𨻵陵、剛桥，奉(封)于𤔲道，奉(封)于原道，奉(封)于周道，以東，奉(封)于𩁹(棹)東疆，右還奉(封)于眉(郿)道，以南奉(封)于𢍰徠道，以西，至于𨾴(鳿)莫(墓)，眉(堳)井邑田，自根木道，左至于井邑，奉(封)，道以東一奉(封)，還以西一奉(封)，陟剛(崗)三奉(封)，降以南，奉(封)于同道，陟州剛(崗)，登杤，降棫，二奉(封)，矢人有𤔲眉(堳)田：鮮、且、微、武父、西宫襄、豆人虞丂、彔、貞、師氏右省、小門人䌛、原人虞艿、淮𤔲工(空)虎孛、𦊓豐父、𨾴(鳿)人有𤔲、刑丂，凡十又五夫，正眉(堳)夨舍(捨)散田：𤔲土(徒)屰𨗨、𤔲馬𤔲𩰫、𩚟人𤔲工(空)騋君、宰德父，散人小子眉(堳)田：戎、微父、效𣚰(櫂)父、襄之有𤔲槖、州𦎫(就)、攸從鬲(鬲)，凡散有𤔲十夫，唯王九月，辰在乙卯，夨卑(俾)鮮、且、𨞨、旅誓，曰：我𣄰(既)付散氏田器，有爽，實余有散氏心賊，則爰(隱)千罰千，傳棄之，鮮、且、𨞨、旅則誓，迺卑(俾)西宫襄、武父誓，曰：我既付散氏溼田、𤱶(畛)田，余有爽𤔲(變)，爰(隱)千罰千，西宫襄、武父則誓，厥受(授)圖，夨王于豆新宫東廷，厥左執𦃉史正仲農

16.10177 媟

16.10178 册宁竹

16.10179 季姬乍(作)盉

16.10180 叔乍(作)旅匜

16.10181 㬎叔乍(作)旅也(匜)

16.10182 宗(崇)仲乍(作)尹姞盉

16.10183 姞𩰫母乍(作)旅匜

16.10184 乍(作)子□□也(匜)，永寶用

16.10185 孟皇父乍(作)旅也(匜)

16.10186 自乍(作)吴姬賸(媵)也(匜)

16.10187 魯士商𠭯乍(作)也(匜)

16.10188 郾湯伯茬乍(作)也(匜)

16.10189 蔡侯𤕦(申)之盥匜

16.10190 王子适之澮(會)盞(浣)

16.10191 乍(作)父乙寶尊彝，冉

16.10192 虢季乍(作)中姬寶也(匜)

16.10193 散伯乍(作)夨姬寶也(匜)

16.10194 㡿𠭯丘堂之鐈(會)鑪(浣)

16.10195 蔡侯乍(作)姬單賸(媵)也(匜)

16.10196 蔡子𠂤自乍(作)會𠫓(匜)

16.10197 曾侯乙詐(作)時(持)甬(用)冬(終)

16.10198 曾侯乙乍(作)時(持)甬(用)冬(終)

16.10199 鑄客爲御臸(駟)爲之

16.10200 伯庶父乍(作)肙(肩),永寶用

16.10201 匽伯聖乍(作)[illegible](工)也(匜),永用

16.10202 [illegible]姬乍(作)寶,其用〔子〕孫享

16.10203 叔侯父乍(作)姜□寶也(匜)

16.10204 奠(鄭)義伯乍(作)季姜寶也(匜)用

16.10205 穌(蘇)甫(夫)人乍(作)嫿(姪)妃襄賸(媵)盉也(匜)

16.10206 甫人父乍(作)旅匜,其萬人(年)用

16.10207 唯曾子伯尹自乍(作)尊匜

16.10208 郾湯伯茬乍(作)也(匜),永用之

16.10209 樊夫人龍嬴自乍(作)行也(匜)

16.10210 鑄子撫乍(作)也(匜),其永寶用

16.10211 曩(紀)伯寍父朕(媵)姜無𣅀(沬)也(匜)

16.10212 工𪊨季生乍(作)其盥會匜

16.10213 寒戊乍(作)寶也(匜),其子子孫孫永用

16.10214 黃仲自乍(作)賸也(匜),永寶用享

16.10215 弭伯乍(作)旅也(匜),其子子孫孫永寶用

16.10216 召樂父乍(作)婦妃寶也(匜),永寶用

16.10217 備叔黑臣(頤)乍(作)寶也(匜),其永寶用

16.10218 [illegible],周窀(寲)乍(作)救姜寚(寶)也(匜),孫孫(子孫)永寚(寶)用

16.10219 顨(聯)子叔榖自乍(作)盥匜,萬年用之

16.10220 史頌乍(作)匜,其邁(萬)年,子子孫孫永寶用

16.10221 尋(鄩)伯乍(作)邾子□□朕(媵)匜,子子孫孫永寶用

16.10222 魯伯敢乍(作)寶也(匜),其邁(萬)年永寶用

16.10223 賸金氏(氏)乍(作)寶也(匜),子子孫孫永寶用

16.10224 中友父乍(作)匜,其邁(萬)年,子子孫孫永寶用

16.10225 函皇父乍(作)周(琱)娟(妘)也(匜),其子子孫孫永寶用

16.10226 伯吉父乍(作)京姬也(匜),其子子孫孫永寶用

16.10227 埸(陽)飤生(甥)自乍(作)寶也(匜),用賜眉壽,用享

16.10228 唯登(鄧)㮚(柞)生(甥)吉疇(酬)登(鄧)公金,自乍(作)盥也(匜)

16.10229 匽(燕)公乍(作)爲姜乘般(盤)匜,萬年永寶用

16.10230 黃君孟自乍(作)行器,子孫則永祜福(福)

16.10231 伯正父乍(作)旅也(匜),其邁(萬)年,子子孫孫永寶用

16.10232 筍侯□乍(作)寶盉,其萬壽,子子孫孫永寶用

16.10233 齊侯子行乍(作)其寶也(匜),子子孫孫,永寶用享

16.10234 郔(鄦)季寬(魔)車自乍(作)行匜,子孫永寶用之

16.10235 綏君單自乍(作)寶也(匜),其萬年子子孫孫用之

16.10236 苜(苢)父弃□子賓頋寶用,鼄(邾)釿(厮)寶鬲其□

16.10237 䢅仲[illegible]乍(作)寶匜,其萬年,子子孫孫,永寶用享

16.10238 仲姞義母乍(作)旅也(匜),其萬年,子子孫孫永寶用

16.10239 叔高父乍(作)仲妀也(匜),其萬年,子子孫孫永寶用

16.10240 王婦曩孟姜乍(作)旅也(匜),其邁(萬)年眉壽用之

16.10241 嗣馬南叔乍(作)𡚬姬朕(媵)也(匜),子子孫孫,永寶用享

16.10242 齊侯乍(作)婪(蓋)姬寶也(匜),其萬年,子子孫永保用

16.10243 吕仲生[illegible]乍(作)旅也(匜),其萬年,子孫永寶用

16.10244 魯伯愈父乍(作)鼄(邾)姬仁朕(媵)盨(沬)也(匜),其永寶用

16.10245 鴸子乍(作)行彝,其萬年無疆,子孫永保用

16.10246 唯衞邑弋伯自乍(作)寶匜,子子孫孫,永寶用之

16.10247 𤔲乍(作)王(皇)母媿氏顒(沬)盉,媿氏其眉壽,邁(萬)年用

16.10248 叔𡱉父乍(作)師姬寶也(匜),其萬年,子子孫孫永寶用

16.10249 䢅仲無龍乍(作)寶也(匜),其萬年,子子孫孫,永寶用享

16.10250 唯伯弗乍(作)寶匜，其萬年無疆，子子孫孫永用之

16.10251 唯筭肇其乍(作)顯(沫)鼎也(匜)，其萬年無疆，子孫享

16.10252 唯王二月，貯(賈)子己父乍(作)寶盉，其子子孫孫永用

16.10253 取膚(盧、慮)上子商鑄也(匜)，用賸(媵)之麗妃，子子孫孫永寶用

16.10254 黄子乍(作)黄孟臣(姬)行器，則永祜祐(福)，霝(靈)审(終)霝(靈)复(後)

16.10255 杞伯每刃鑄鼄(邾)嬚用寶也(匜)，其子孫永寶用

16.10256 樊君夔用自乍(作)浂(浣)也(匜)，子子孫孫，其永寶用享

16.10257 八茉，冶匀嗇夫殷重、工貣，冡(重)七十刀之冡(重)，右鑾者

16.10258 唯番仲𠂤自乍(作)寶也(匜)，其萬年，子子孫永寶用享

16.10259 唯番伯酓自乍(作)也(匜)，其萬年無疆，子孫永寶用

16.10260 乍(作)嗣𢦏彝，用率用〔征〕，唯之百〔姓〕，雩之四方，永乍(作)祜〔福〕

16.10261 㠯甫(夫)人余，余王寶叡孫，兹乍(作)寶也(匜)，子子孫孫永寶用

16.10262 唯𡧊(洧)伯君堇生(甥)自乍(作)也(匜)，其萬年，子子孫永寶用之

16.10263 薛侯乍(作)叔妊襄朕(媵)也(匜)，其眉壽萬年，子子孫孫永寶用

16.10264 唯十月，伯乍(作)日□監日文☐，眉壽無疆，子子孫孫，永保用也(匜)

16.10265 唯甫季加自乍(作)寶也(匜)，其萬年無畺(疆)，子子孫孫，永寶用享

16.10266 尋(鄩)仲賸(媵)仲女丁子子寶也(匜)，其萬年無疆，子子孫孫永寶用

16.10267 敶(陳)伯𪆪(鷉)之子伯元，乍(作)西孟嬀婤母塍(媵)匜，永壽用之

16.10268 唯番昶伯者君自乍(作)寶匜，其萬年，子子孫永寶用享

16.10269 唯番昶伯者尹(君)自乍(作)寶匜，其萬年，子孫永寶用享，S(己)

16.10270 叔男父乍(作)爲霍姬賸(媵)旅也(匜)，其子子孫孫，其萬年永寶用，井

16.10271 唯番君肇用士(吉)金，乍(作)自寶也(匜)，其萬年，子孫永寶用享

16.10272 齊侯乍(作)虢孟姬良女(母)寶也(匜)，其邁(萬)年無疆，子子孫孫永寶用

16.10273 唯王正月，初吉庚午，楚嬴(嬴)鑄其匜，其萬年，子孫永用享

16.10274 大(太)師子大孟姜，乍(作)般(盤)匜，用享用考(孝)，用祈眉壽，子子孫孫，用爲元寶

16.10275 魯嗣徃(徒)仲齊，肇乍(作)皇考伯走父寶也(匜)，其萬年眉壽，子子孫孫，永寶用享

16.10276 唯正月初吉庚午，寘(塞)公孫𢍰父自乍(作)盥匜，其眉壽無疆，子子孫孫，永寶用之

16.10277 魯大嗣徒子仲白，〔作〕其庶女𤻮(厲、賴)孟姬賸(媵)也(匜)，其眉壽，萬年無疆，子子孫孫，永保用之

16.10278 唯王正月，初吉庚午，浮公之孫公父宅，鑄其行也(匜)，其邁(萬)年，子子孫永寶用之

16.10279 唯正月初吉丁亥，敶(陳)子子，乍(作)𢊁孟爲(嬀)穀女(母)塍(媵)匜，用祈眉壽，萬年無疆，永壽用之

16.10280 慶叔攸(作)朕(媵)子孟姜盥匜，其眉壽萬年，羕(永)保其身，沱沱(施施)巸巸(熙熙)，男女無期，子子孫孫，羕(永)保用之

16.10281 唯十又二月，初吉乙巳，奠(鄭)大內史叔上，乍(作)叔媜(妘)朕(媵)匜，其萬年無疆，子子孫孫，永寶用之

16.10282 唯王正月，初吉丁亥，夆(逢)叔乍(作)季妃盥般(盤)，其眉壽邁(萬)年，永保其身，它它(施施)巸巸(熙熙)，壽老無期，永保用之

16.10283 齊侯乍(作)賸(媵)寬圓孟姜盥盂，用祈眉壽，邁(萬)年無疆，它它(施施)巸巸(熙熙)，男女無期，子子孫孫，永保用之

16.10284 唯正月初吉丁亥，蔡叔季之孫君，賸(媵)孟姬有之婦沫盤，用祈眉壽，萬年無疆，子子孫孫，永寶用

之，匜

16.10285 唯三月既死霸甲申，王在葊上宮，伯揚父迺成賫(劾)，曰：牧牛，𠭰乃可(苛)湛(抌)，女(汝)敢以乃師訟，女(汝)上卬(侹)先誓，今女(汝)亦既又(有)御誓，尃(溥)趦(洛)嗇覷(睦)儹，造亦茲五夫，亦既御乃誓，女(汝)亦既從辭從誓，弋(式)可(苛)，我義(宜)俊(鞭)女(汝)千，黷黷(剭)女(汝)，今我赦女(汝)，義(宜)俊(鞭)女(汝)千，黜(黜)黷(剭)女(汝)，今大赦女(汝)，俊(鞭)女(汝)五百，罰女(汝)三百寽(鋝)，伯揚父迺或事(使)牧牛誓，曰：自今余敢嚘(擾)乃小大史(事)，乃師或以女(汝)告，則到(致)，乃俊(鞭)千、黷黷(剭)，牧牛則誓，乃以告事(吏)𥄳、事(吏)曶于會，牧牛辭(辭)誓，成，罰金，𠑇用乍(作)旅盉

16.10286 射母?

16.10287 大右刀(?)

16.10288 智君子之弄鑑

16.10289 智君子之弄鑑

16.10290 蔡侯𪓊(申)之尊浴(浣)匜

16.10291 集脰(廚)，大(太)子之鎬

16.10292 曾侯乙詐(作)時(持)甬(用)冬(終)

16.10293 鑄客為王句(后)六室為之

16.10294 吳王夫差擇厥吉金，自乍(作)御監(鑑)

16.10295 吳王夫差擇厥吉金，自乍(作)御監(鑑)

16.10296 吳王夫差擇厥吉金，自乍(作)御監(鑑)

16.10297 郙陵君王子申，攸𦥑(載)造金監(鑑)，攸立(涖)歲祟(嘗)，以祀皇祖，以會父佳(兄)，羕(永)甬(用)之，官(綰)攸(悠)無疆，王郢姬之濫(鑑)

16.10298 唯王五月，既字白(迫)期，吉日初庚，吳王光擇其吉金，玄銧(礦)白銧(礦)，台(以)乍(作)叔姬寺吁宗彝(彝)薦鑑，用享用孝，眉壽無疆，往已叔姬，虔敬乃后，子孫勿忘

16.10299 唯王五月，既字白(迫)期，吉日初庚，吳王光擇其吉金，玄銧(礦)白銧(礦)，台(以)乍(作)叔姬寺吁宗彝(彝)薦鑑，用享用孝，眉壽無疆，往已叔姬，虔敬乃后，子孫勿忘

16.10300 ?

16.10301 好

16.10302 寢小室盂

16.10303 匽(燕)侯乍(作)旅盂

16.10304 匽(燕)侯乍(作)旅盂

16.10305 匽(燕)侯乍(作)餴(饙)盂

16.10306 虢叔乍(作)旅盂

16.10307 虢叔乍(作)旅盂

16.10308 述乍(作)寶尊彝，?(?)

16.10309 微乍(作)康公寶尊彝

16.10310 滋乍(作)盂段，其萬年，子子孫孫永寶用

16.10311 庶乍(作)寶盂，其萬年，子子孫永寶用

16.10312 伯乍(作)寶尊盂，其萬年，孫孫子子，永寶用享

16.10313 □乍(作)父丁盂，其萬年永寶，用享宗公

16.10314 伯公父乍(作)旅盂，其萬年，子子孫永寶用

16.10315 善(膳)夫吉父乍(作)盂，其邁(萬)年，子子孫孫永寶用

16.10316 魯大嗣徒元乍(作)飲盂，其萬年眉壽，永寶用

16.10317 伯索史乍(作)季姜寶盂，其邁(萬)年，子子孫孫永用

16.10318 齊侯乍(作)朕(媵)子仲姜寶盂，其眉壽萬年，永保其身，子子孫孫，永保用之

16.10319 唯正月初吉，婁君伯?自乍(作)餴(饙)盂，用祈眉壽無疆，子子孫孫，〔永〕寶是尚(常)

16.10320 唯正月初吉己酉，郐(徐)王季糧之孫宜桐，乍(作)鑄飤盂，以寡妹，孫子永壽用之

16.10321 唯正月初吉，君在潦既宮，命遹(逋)事(使)于述(遂)土，隮諆(其)各㚸(姒)，司寮女寮：奚、微、華，天君事(使)遹事(使)㬎(沬)，遹敢封(奉)揚，用乍(作)文祖己公尊盂，其永寶用

16.10322 唯十又二年，初吉丁卯，益公內(入)即命于天子，公迺出厥命，賜畀(錫)師永厥田：湌(洛、

陰)昜(陽)洛，疆眔師俗父田，厥眔公出厥命：井伯、焚(榮)伯、尹氏、師俗父、趞(遣)仲，公廼命酉嗣徃(徒)圅父、周人嗣工(空)㞷、敞史、師氏、邑人奎父、畢人師同，付永厥田，厥逹(率)舋(堳)：厥疆宋句(洵)，永拜韻首，對揚天子休命，永用乍(作)朕文考乙伯尊盂，永其邁(萬)年，孫孫子子，永其逹寶用

16.10323 吞

16.10324 微𤼈乍(作)寶

16.10325 微𤼈乍(作)寶

16.10326 嗣料朿所〔持〕

16.10327 嗣料朿所寺(持)

16.10328 八茉，冶匀嗇夫孫𢘊(𢘊)、工福

16.10329 樊君蒷(芫)用其吉金，自乍(作)寶盆

16.10330 鄎(息)子行自乍(作)飤盆，永寶用之

16.10331 子叔嬴內君乍(作)寶器，子孫永用

16.10332 曾孟嬶(芈)諫乍(作)飲鄦盆，其眉壽用之

16.10333 十茉，右使車嗇夫鄰(齊)痓、工[illegible]，冢

16.10334 杞伯每刃乍(作)鼄(邾)嫊寶盄(盄)，其子子孫孫永寶用

16.10335 唯子訔(訔)鑄其行盂，子子孫永壽用之

16.10336 曾大(太)保譽叔亟，用其吉金，自乍(作)旅盆，子子孫孫永用之

16.10337 唯郳(䣄)子宿車自乍(作)行盆，子子孫孫，永寶用享，萬年無疆

16.10338 唯正月初吉丁亥，黃大(太)子伯克，乍(作)其鑵(饋)盆，其眉壽無疆，子子孫孫，永寶用之

16.10339 唯正九月，初吉庚午，□子季〔嬴青自〕乍(作)鑄〔鑵盆〕，萬年無疆，子子孫孫，永寶用之

16.10340 唯八月初吉丁亥，彭子仲擇其吉金，自乍(作)鑵(饋)盆，其眉壽無疆，子子孫孫，永寶用之

16.10341 唯八月初吉庚午，邛(江)仲之孫伯戔，自乍(作)鑵(饋)盞，其眉壽，萬年無疆，子子孫孫，永保用之，邛(江)仲之孫伯戔，自乍(作)鑵(饋)盞，永保用之

16.10342 唯王正月，初吉丁亥，晉公曰：我皇祖鄺(唐)公，〔膺〕受大命，左(佐)右(佑)武王，龢〔燮〕百緣(蠻)，廣嗣四方，至于大廷，莫不來〔王〕，〔王〕命鄺(唐)公，冂(冪)宅京師，□□〔晉〕邦，我刺(烈)考〼疆，〼虩虩在〔上〕，〼召韡(業)〼晉邦，公曰：余惟今小子，敢帥井(型)先王，秉德𧫒𧫒(秩秩)，𤔲(固)燮萬邦，諗莫不日頓韆，余咸畜胤士，乍(作)馮(凴)左右，保辪(㚔)王國，剌票(暴)龢(胡)彶(迮)，□攻虩者，否(丕)乍(作)元女，〼賸(媵)墓四酉，□□□□，虔龏盟〔祀〕，以倉(答)〔揚〕皇卿，𤔲(固)親百黹，惟今小子，整辪(乂)爾容，宗婦楚邦，烏(無)㱃(咎)萬年，晉邦唯韓(翰)，永康寶

16.10343 幸旅

16.10344 亞疑

16.10345 司母辛

16.10346 司㛸

16.10347 王乍(作)㚸弄

16.10348 曾侯乙乍(作)峕(持)

16.10349 左使車工蔡

16.10350 辠氏詹(諺)乍(作)善(膳)鑰

16.10351 乍(作)父丁寶旅彝，㠱侯亞

16.10352 史孔乍(作)和，子子孫孫永寶用

16.10353 一斗八升，廿五年，咎(盌)攴(扣)

16.10354 [illegible][illegible][illegible]之九璧沃[illegible]紆収

16.10355 黃子乍(作)黃甫(夫)人孟姬器，用[illegible]

16.10356 唯王正月，初吉壬午，蔡大(太)史䫲乍(作)其鉌，永保用

16.10357 卲宮和官，四斗少半斗，和工工感，廿三斤十兩，十五

16.10358 十茉，左使車嗇夫事𢾊、工貭，冢(重)百十一刀之冢(重)，左鑾者

16.10359 十二茉，右使車嗇夫鄰(齊)痓、工虞，冢(重)百廿八刀之冢(重)，左鑾者

16.10360 唯十又二月，初吉丁卯，𦉢(召)肇進事，旋走事皇辟君，休王自穀事(使)賞畢土方五十里，𦉢(召)弗敢諲(忘)王休異(翼)，用乍(作)歆宮旅彝

16.10361 國差(佐)立(涖)事歲，咸丁亥，攻

(工)帀(師)㑘鑄西墉寶鐈四秉,用實旨酉(酒),侯氏受福眉壽,卑(俾)旨卑(俾)瀞(清),侯氏毋㾓毋痌,齊邦鼏(謐)靜安寧,子子孫孫,永保用之,[illegible]

16.10362 戲,參分

16.10363 𪒠(嗣)工(空)

16.10364 王□□

16.10365 斛(斞)半弁(賸)

16.10366 右里[illegible](敀)鍳(鎣)

16.10367 右里[illegible](敀)鍳(鎣)

16.10368 左關之鉚

16.10369 衛自(師)辛(?)㽙𢘅

16.10370 郢大府之□笲(筲),少

16.10371 陳猷立(涖)事歲,𩛄月戊寅,於兹安陵亭,命左關師發敕(敕)成左關之釜(釜),節于𢿌(廩)釜(釜),𢿌(屯)者曰陳純

16.10372 十八年,齊遣卿大夫眾來聘,冬十二月乙酉,大良造鞅,爰積十六尊(寸)五分尊(寸)壹爲升,臨,重泉

16.10373 郾(郾、燕)客臧嘉聞(問)王於蔵郢之歲,享月己酉之日,羅莫囂(敖)臧帀(師)、連囂(敖)屈走(让),以命攻(工)尹穆丙、攻(工)差(佐)競之、集尹陳夏、少集尹龏賜、少攻(工)差(佐)孝癸,鑄廿金𠜻(桶),以賹,告(造)七月

16.10374 □□立(涖)事歲,禝月丙午,子禾(和)子□□内者御梠(莒)市,□命誒陳得:左關釜(釜)節于𢿌(廩)釜(釜),關鉚節于𢿌(廩)半,關人築桿戚釜(釜),閉料于□外,槃釜(釜)而車人制之,而台(以)發退女(如)關人,不用命則寅之,御關人□□丌(其)事,中刑斤逐(殺),贖台(以)金半鈞,□□丌(其)亟,厥辟□逐,贖台(以)□犀,□命者,于丌(其)事區夫,丘關之釜(釜)

16.10375 王

16.10376 王

16.10377 □堵

16.10378 又二勻(鈞)益(鎰)

16.10379、孯之倌(官)環

16.10380 公芻半石

16.10381 郘穜之器(?)

16.10382 侯興□𠦪(固)三

16.10383 右伯君西里疸

16.10384 三年,漆工𢀜、丞詘造,工隸臣牟,禾石,高奴

16.10385 五年,司馬成公朔(影)[illegible](𦚧)事,命戍代、冶與、下庫工師孟、關師四人,以禾石石尚(當)䜌平石

16.10386 王子嬰次之废(炒)盧(爐)

16.10387 曾侯乙詐(作)時(持)甬(用)冬(終)

16.10388 鑄客爲集[illegible]爲之

16.10389 鑄客爲集□敗(梘)爲之

16.10390 郐(徐)王之尭(无)元柰(背)之少(小)熨(爊)膚(盧、爐)

16.10391 瘽(瘥、痓)君之孫郐(徐)敓(令)尹者(諸)旨(稽)型(耕),擇其吉金,自乍(作)盧(爐)盤

16.10392 史

16.10393 亞疑

16.10394 婦好

16.10395 䘙(衛)册䢷

16.10396 左鑾者

16.10397 十茉,右使車工㳘

16.10398 曾侯乙詐(作)時(持)甬(用)冬(終)

16.10399 曾侯乙詐(作)時(持)甬(用)冬(終)

16.10400 楚王

16.10401 左九

16.10402 十茉,左使車嗇夫七斆(敨)、工尼,冢(重)一石三百五十五刀之冢(重),右鑾者

16.10403 王

16.10404 公鶡

16.10405 仲蚚

16.10406 吴王長睘(?)

16.10407 勿可悊(折)冬(中),册復毋反,毋拰(詐)毋悬(諆),不汲於利,民產又丙,不擇貴戔(賤),宜曲則曲,宜植(直)則直,允

16.10408 王

16.10409 雍

16.10410 左工塡(坩)

16.10411 左工蔡

16.10412 左工貴

16.10413 左使車工下士甘□

16.10414 從睘

16.10415 □睘

16.10416 辛柘(苫)睘

16.10417 辛柘(苫)睘

16.10418 辛柘(苫)睘

16.10419 辛柘(苫)睘

16.10420 敀(披、皮)氏睘

16.10421 敀(披、皮)氏睘

16.10422 方城睘

16.10423 方城畏
16.10424 偶復畏
16.10425 坪（平）险（陰）畏
16.10426 林單畏
16.10427 武[illegible]畏
16.10428 茖（匋、陶）险（陰）畏
16.10429 □□□畏
16.10430 □□畏
16.10431 痗少[illegible]（掌）畏
16.10432 □少兩畏
16.10433 豊王竹畏
16.10434 北尚城畏
16.10435 東尚城畏
16.10436 沓□缶畏
16.10437 □□城畏
16.10438 大府之器
16.10439 曾侯乙詐（作）時（持）甬（用）冬（終）
16.10440 十四兩八分十六分卅二反（半）
16.10441 十四苿，牀（藏）麈（鑣）嗇夫郚信靭（勒）斡（看）器
16.10442 十四苿，牀（藏）麈（鑣）嗇夫郚信靭（勒）斡（看）器
16.10443 十四苿，牀（藏）麈（鑣）嗇夫郚信靭（勒）斡（看）器
16.10444 十四苿，左使車嗇夫孫固、工蔡
16.10445 十四苿，左使車嗇夫鄭（齊）痓、工疥
16.10446 十四苿，右使車嗇夫鄭（齊）痓、工疥，冢（重）
16.10447 十四苿，左使車嗇夫孫固、工㬎，冢（重）
16.10448 十二
16.10449 川（三）
16.10450 右使車工蔡，十一
16.10451 右使車工㬎，十
16.10452 右佐裁（織）
16.10453 廿四年，鳌昌我左攻（工）戕（18.11902）
16.10454 公
16.10455 曾侯乙詐（作）時（持）甬（用）冬（終）
16.10456 桕室門鉼（栚）
16.10457 右□[illegible]（片）□
16.10458 少府，胷（胸、容）二益（溢）
16.10459 左相朏（？）大攻（工）肴（尹）月鑄
16.10460 [illegible]（厌）還
16.10461 洵城都
16.10462 [illegible][illegible]
16.10463 史乍（作）[illegible]
16.10464 [illegible][illegible]孕
16.10465 三年，中富丞肖（趙）□、冶泪
16.10466 左鍾肴（尹）
16.10467 左
16.10468 上五
16.10469 十三
16.10470 王上、上、上、上
16.10471 君王上、上，王、上、上
16.10472 十四苿，左使車造
16.10473 十四苿，牀（藏）麈（鑣）嗇夫郐（牫）試靭（勒）之
16.10474 十四苿，牀（藏）麈（鑣）嗇夫郐（牫）試靭（勒）之
16.10475 十四苿，牀（藏）麈（鑣）嗇夫郐（牫）試靭（勒）之
16.10476 亞辛弁乙覃
16.10477 十四苿，右使車嗇夫鄭（齊）痓、工疥
16.10478 王堂方二百乇（尺），丘平者五十乇（尺），丌（其）坡五十乇（尺），王后堂方二百乇（尺），丌（其）葬（葬），眂（視）忢（寧）后，丘平者五十乇（尺），丌（其）坡五十乇（尺），忢（寧）后堂方二百乇（尺），丘平者五十乇（尺），丌（其）坡五十乇（尺），□堂方百五十乇（尺），丌（其）葷桓（棺）中桓（棺）眂（視）忢（寧）后，丌（其）棍（題）起（凑）𢁉（長）三乇（尺），丘平者卌（四十）乇（尺），丌（其）坡卌（四十）乇（尺），夫人堂方百五十乇（尺），葷桓（棺）中桓（棺）眂（視）忢（寧）后，丌（其）棍（題）起（凑）𢁉（長）三乇（尺），丘平者卌（四十）乇（尺），丌（其）坡卌（四十）乇（尺），王命賙（貯）爲逃（兆）乏（窆），闊閱（狹）少（小）大之[illegible]，又（有）事者官圖之，逮（進）退逃（兆）乏（窆）者，死亡若（赦），不行王命者，怣（殃）逕（連）子孫，丌（其）一從，丌（其）一㾓（藏）府，兩堂閔（間）百乇（尺），兩堂閔（間）八十乇（尺），丘欧（坎），從丘欧（坎）以至內宮六步，從丘欧（坎）至內宮廿四步，內宮垣，中宮垣，閔（門），大牆（將）宮方百乇（尺），執㿝（帛）宮方百乇（尺），正奎宮方百乇（尺），痞宗宮方百乇（尺），從內宮至中宮廿五步，從內宮以至中宮卅步，從內宮至中宮卅六步
16.10479 競
16.10480 嬬
16.10481 妥
16.10482 弔
16.10483 豢（豧）
16.10484 羊
16.10485 敏
16.10486 龍

16.10487 旅
16.10488 衕
16.10489 戈
16.10490 栩
16.10491 [illegible]
16.10492 ↑
16.10493 霝
16.10494 [illegible](齋)
16.10495 㞢
16.10496 𠂤
16.10497 亞醜
16.10498 亞弜
16.10499 父辛
16.10500 父辛
16.10501 父癸
16.10502 鄉宁
16.10503 鄉宁
16.10504 侜浾(府)
16.10505 叉宂(腙)
16.10506 叉宂(腙)
16.10507 聑嘼
16.10508 尹舟
16.10509 乙戈
16.10510 戎
16.10511 辜
16.10512 [illegible]辛
16.10513 子[illegible](鼠)
16.10514 子妻(畫)
16.10515 𧔥(衛)子
16.10516 奄父乙
16.10517 壴(鼓)父乙
16.10518 子父丁
16.10519 [illegible]父丁
16.10520 冀父丁
16.10521 亞父辛
16.10522 家父辛
16.10523 壴(鼓)父辛
16.10524 [illegible]父癸
16.10525 冉父癸
16.10526 册享刜
16.10527 乍(作)尊彝
16.10528 乍(作)寶彝
16.10529 乍(作)寶彝
16.10530 乍(作)旅彝
16.10531 乍(作)旅彝
16.10532 [illegible]享父乙
16.10533 弔妶父乙
16.10534 戠乍(作)父乙
16.10535 亞離父丁
16.10536 田告父丁
16.10537 母康丁,[illegible]
16.10538 光乍(作)從彝
16.10539 乍(作)狽寶彝
16.10540 伯乍(作)旅彝
16.10541 伯乍(作)旅彝
16.10542 弔乍(作)寶彝
16.10543 卲乍(作)寶彝
16.10544 宵乍(作)旅彝
16.10545 伯魚乍(作)寶彝
16.10546 䰠伯乍(作)寶彝
16.10547 弔乍(作)寶尊彝
16.10548 叔乍(作)寶尊彝
16.10549 [illegible]姬乍(作)寶彝
16.10550 吳(嘩)禾乍(作)寶彝
16.10551 比乍(作)寶尊彝
16.10552 凡乍(作)旅彝,戈
16.10553 疑乍(作)伯旅彝
16.10554 衎耳乍(作)父乙彝
16.10555 子乍(作)父乙寶彝
16.10556 柚乍(作)父丁旅彝
16.10557 乍(作)父丁寶旅彝
16.10558 壽乍(作)父戊尊彝
16.10559 其(曩)侯亞疑,父己
16.10560 䢅(封)乍(作)父辛尊彝
16.10561 宊气(乞)乍(作)父辛彝
16.10562 女(汝)母乍(作)婦己彝
16.10563 伯享父乍(作)𩰫彝
16.10564 伯丙乍(作)寶尊彝
16.10565 師高乍(作)寶尊毁
16.10566 俞伯乍(作)寶尊彝
16.10567 向乍(作)厥尊彝,冀
16.10568 山乍(作)父乙尊彝,御
16.10569 岬乍(作)父戊寶尊彝
16.10570 乍(作)父戊彝,亞正册
16.10571 堇伯乍(作)旅尊彝,八五一
16.10572 [illegible]乍(作)父丁寶尊彝
16.10573 田乍(作)父己寶尊彝,正
16.10574 耳乍(作)父癸寶尊彝,弜(引)
16.10575 趨(鄒)子[illegible](偯)乍(作)父庚寶尊彝
16.10576 庚姬乍(作)𩰫女(母)寶尊彝,冀
16.10577 鑄客爲集脰(廚)爲之
16.10578 鑄客爲王句(后)六室爲之
16.10579 汩盤(器)不而留丌(其)欽,廿一
16.10580 保彶(如)母賜貝于庚姜,用乍(作)旅彝
16.10581 唯八月甲申,公仲在宗周,賜䎼(羿)貝五朋,用乍(作)父辛尊彝,𢧀
16.10582 六月初吉癸卯,伊𡚸祉(延)于辛事(吏),伊𡚸賞辛事(吏)秦金,用乍(作)父□尊彝,山
16.10583 郾(燕)侯庫(𦎫載)思(夙)夜思(淑)人,哉教丩(糾)〔俗〕,祗敬禘祀,休台馬醻皇母,□□□餍(餍、饋),匯賓允□,□□焦金壴(鼓),永

台(以)馬母□□司乘，安毋聿(肆)截(屠)

17.10591 屮
17.10592 屮
17.10593 屮
17.10594 屮
17.10595 屮
17.10596 屮
17.10597 屮
17.10598 屮
17.10599 屮
17.10600 屮
17.10601 屮
17.10602 屮
17.10603 屮
17.10604 屮
17.10605 屮
17.10606 屮
17.10607 屮
17.10608 屮
17.10609 屮
17.10610 屮
17.10611 屮
17.10612 屮
17.10613 屮
17.10614 屮
17.10615 屮
17.10616 屮
17.10617 屮
17.10618 屮
17.10619 屮
17.10620 屮
17.10621 屮
17.10622 屮
17.10623 屮
17.10624 屮
17.10625 屮
17.10626 屮
17.10627 屮
17.10628 族
17.10629 天
17.10630 天
17.10631 天
17.10632 屰
17.10633 屰
17.10634 屰
17.10635 亦
17.10636 需
17.10637 交
17.10638 交
17.10639 立
17.10640 [illegible]
17.10641 侁
17.10642 伐
17.10643 敕
17.10644 卷
17.10645 卷
17.10646 旃(旂)
17.10647 乘
17.10648 乘
17.10649 徙
17.10650 徙
17.10651 参
17.10652 寅从
17.10653 旅
17.10654 黿
17.10655 豙(貐)
17.10656 夸
17.10657 夸
17.10658 夸
17.10659 夸
17.10660 夸
17.10661 夸
17.10662 夸
17.10663 夸
17.10664 夸
17.10665 臣
17.10666 臣
17.10667 臣
17.10668 [illegible](俔)
17.10669 [illegible](眂、[illegible])
17.10670 皇
17.10671 耳
17.10672 耳
17.10673 旻
17.10674 旻
17.10675 旻
17.10676 旻
17.10677 旻
17.10678 瞏(玃)
17.10679 豖
17.10680 [illegible](殀)
17.10681 収
17.10682 叟(剽)
17.10683 翌
17.10684 爰
17.10685 剮
17.10686 系
17.10687 [illegible]
17.10688 [illegible]
17.10689 正
17.10690 衞(衛)
17.10691 圍(圍)
17.10692 [illegible]
17.10693 子
17.10694 子
17.10695 子
17.10696 子
17.10697 萬
17.10698 萬
17.10699 萬
17.10700 萬
17.10701 萬
17.10702 弔
17.10703 弔
17.10704 弔
17.10705 弔
17.10706 弔
17.10707 蛙
17.10708 蛙
17.10709 蛙
17.10710 [illegible](駱)
17.10711 鳥
17.10712 [illegible]
17.10713 羊
17.10714 冉
17.10715 冉
17.10716 宁
17.10717 榆
17.10718 榆
17.10719 [illegible]
17.10720 貯
17.10721 萧
17.10722 眗
17.10723 息
17.10724 息
17.10725 兮
17.10726 卝(䂞、卵)
17.10727 州
17.10728 萆
17.10729 戈
17.10730 戈
17.10731 戈
17.10732 戈
17.10733 戈
17.10734 戈
17.10735 我
17.10736 我
17.10737 我
17.10738 田
17.10739 田
17.10740 田
17.10741 [illegible]
17.10742 [illegible]
17.10743 [illegible]

17.10744 亯
17.10745 墉
17.10746 [illegible](輻)
17.10747 舟
17.10748 舟
17.10749 叀
17.10750 𠂤
17.10751 𠂤
17.10752 𠂤
17.10753 𠂤
17.10754 𠂤
17.10755 斆(二教)
17.10756 教
17.10757 斆(二教)
17.10758 甗
17.10759 [illegible]
17.10760 [illegible]
17.10761 [illegible]
17.10762 未
17.10763 聿
17.10764 秉
17.10765 册
17.10766 册
17.10767 [illegible]
17.10768 [illegible](我)齒
17.10769 齒
17.10770 斲侯
17.10771 [illegible]
17.10772 [illegible]
17.10773 矢
17.10774 [illegible]
17.10775 魯
17.10776 秉
17.10777 亢
17.10778 俞
17.10779 中
17.10780 史
17.10781 獸
17.10782 朿(刺)
17.10783 矢
17.10784 矢
17.10785 [illegible](瓦)
17.10786 [illegible](丌)
17.10787 干
17.10788 竟
17.10789 妋(戒)
17.10790 五(衙)
17.10791 射
17.10792 射
17.10793 侯
17.10794 侯
17.10795 侯
17.10796 侯
17.10797 侯
17.10798 侯
17.10799 侯
17.10800 侯
17.10801 侯
17.10802 [illegible](宔、庭)
17.10803 联
17.10804 畟
17.10805 折(制)
17.10806 丌(其、箕)
17.10807 丌(其、箕)
17.10808 京
17.10809 元
17.10810 元
17.10811 寊
17.10812 利
17.10813 公
17.10814 武
17.10815 武
17.10816 陳
17.10817 薛
17.10818 鵬
17.10819 用
17.10820 箬(笭)
17.10821 獿
17.10822 夙
17.10823 鄹
17.10824 垔
17.10825 行
17.10826 右
17.10827 涉
17.10828 鄆
17.10829 鄴
17.10830 亞疑
17.10831 亞疑
17.10832 亞疑
17.10833 亞疑
17.10834 亞疑
17.10835 亞疑
17.10836 亞疑
17.10837 亞杂(梟)
17.10838 亞倗
17.10839 亞䣬
17.10840 亞犬(？)
17.10841 亞獸
17.10842 [illegible](攀)亞
17.10843 亞受
17.10844 亞[illegible]
17.10845 亞攸
17.10846 栩
17.10847 需索
17.10848 寿(敖)獸
17.10849 丮觟
17.10850 丮天
17.10851 竝幵(笄)
17.10852 子商
17.10853 子工
17.10854 子工
17.10855 子[illegible](戉)
17.10856 己戈
17.10857 馬戈
17.10858 馬戈
17.10859 告戈
17.10860 [illegible]虎
17.10861 雞串
17.10862 弔龜
17.10863 亦車
17.10864 亦車
17.10865 亦車
17.10866 車教
17.10867 [illegible]
17.10868 秝册
17.10869 聑奠
17.10870 秉册
17.10871 聑册
17.10872 伐甗
17.10873 伐甗
17.10874 左右(佐佑)
17.10875 史册
17.10876 亳册
17.10877 [illegible](？)
17.10878 俞弓
17.10879 鼎劦
17.10880 酉冎
17.10881 冬刃
17.10882 成周
17.10883 成周
17.10884 成周
17.10885 新邑
17.10886 伯矢
17.10887 匽(燕)侯
17.10888 焚(榮)子
17.10889 矢仲
17.10890 餶甗(甗)
17.10891 元用
17.10892 大嚚(酉)
17.10893 監戈
17.10894 監戈
17.10895 伯析(析)
17.10896 鄘戈
17.10897 鄘戈
17.10898 䕨(滕)子
17.10899 是鄀

17.10900 武城
17.10901 黄戜(?)
17.10902 郪戈
17.10903 □昜
17.10904 〓(徹)子
17.10905 〓(徶)子
17.10906 中都
17.10907 郻(鄡)戈
17.10908 武陽
17.10909 周輿
17.10910 玄翏(鏐)
17.10911 玄翏(鏐)
17.10912 邶鳥
17.10913 膚(鑪)用
17.10914 長鄛
17.10915 長鄛
17.10916 陽狐
17.10917 鑯鏄
17.10918 建昜
17.10919 吳(虞)庫
17.10920 晉陽
17.10921 晉陽
17.10922 酸棗
17.10923 阿武
17.10924 陳圭(往)
17.10925 平陸
17.10926 平陸
17.10927 屯留
17.10928 武安
17.10929 閼與
17.10930 左稟(廩)
17.10931 左軍
17.10932 渾(鄆)左
17.10933 右庫
17.10934 江魚
17.10935 漆垣
17.10936 宜(宜陽),吾(衙)
17.10937 寡都
17.10938 成固
17.10939 成固
17.10940 成固
17.10941 冶〓
17.10942 郾(燕)王
17.10943 守昜
17.10944 右卯
17.10945 陽右
17.10946 亞又(右)敔
17.10947 亞又(右)敔
17.10948 亞又(右)敔
17.10949 亞又(右)敔
17.10950 亞又(右)敔
17.10951 亞又(右)敔
17.10952 木見齒册
17.10953 匽(燕)侯天戜(戟)
17.10954 大(太)保黹
17.10955 呂師(次)戈
17.10956 交車戈
17.10957 子車戈
17.10958 子惻子
17.10959 䜌(欒)左庫
17.10960 䜌(欒)左庫
17.10961 高子戈
17.10962 蔵戠(造)戈
17.10963 陳散戈
17.10964 陳冢邑
17.10965 攻(工)師迻
17.10966 武城戈
17.10967 武城戟
17.10968 左之艁(造)
17.10969 郳右庀(庀、廥、廂)
17.10970 玄翏(鏐)敊(鏞)鋁之用
17.10971 左徒戈
17.10972 高密戈
17.10973 入(內、芮)公戈
17.10974 閒右庫
17.10975 亡瀘(鹽)右
17.10976 亡瀘(鹽)右
17.10977 龔(龍)公戈
17.10978 右濯戈
17.10979 〓(匋)晉戈
17.10980 淵行還
17.10981 曾侯郕(越)
17.10982 皇宮左
17.10983 皇宮(?)左
17.10984 皇宮(?)左
17.10985 音宮(?)左
17.10986 中陽,鐃
17.10987 甲十三
17.10988 差左庫
17.10989 齊䧹垸(象)郜(造)
17.10990 奠(鄭)武庫
17.10991 奠(鄭)武庫
17.10992 奠(鄭)往庫
17.10993 奠(鄭)往庫
17.10994 鄭左庫
17.10995 鄭右庫
17.10996 甘(邯)丹(鄲)上
17.10997 〓右庀(庀、廥、廂)
17.10998 昌城右
17.10999 大公戈
17.11000 孟右人
17.11001 平阿左
17.11002 虞之戟
17.11003 〔郾王〕職乍(作)□□鋸(戵)
17.11004 郾(燕)王喜怸(授、授)〼
17.11005 郾(燕)王喜〼
17.11006 喿之艁(造)
17.11007 〓右
17.11008 蜀西工
17.11009 蜀西工
17.11010 亞 攴 左(父?),〓
17.11011 匽(燕)侯舞戈
17.11012 皿自(次)寢戈
17.11013 元用戈
17.11014 豐伯乍(作)戈
17.11015 王差之戈
17.11016 □□𩦹馬
17.11017 平陽左庫
17.11018 賸(滕)侯昃(昃)之〔戈〕
17.11019 雍之田戈
17.11020 高坪乍(作)鈛(戈)
17.11021 子備璋(嶂)戈
17.11022 鄘左庫戈
17.11023 高密戠(造)戈
17.11024 武城徒戈
17.11025 武城建鈛(戈)
17.11026 𨟻(郢)君凡寶有
17.11027 鄴之寶(?)戈
17.11028 自乍(作)用戈
17.11029 攻敔王光自乍(作)
17.11030 □□□□之用戈

17.11031 陳□車戈
17.11032 吁□□佚
17.11033 陳貝散盞(戈)
17.11034 陳卯鋯(造)銭(戈)
17.11035 陳余造銭(戈)
17.11036 陳窒散銭(戈)
17.11037 陳豫車戈
17.11038 陳子[illegible][illegible]
17.11039 甘(邯)丹(鄲)上庫
17.11040 叔孫殺(誅)戈
17.11041 平堲(阿)左銭(戈)
17.11042 郗之新部(造)
17.11043 周旟之戈
17.11044 鳌吹克壅
17.11045 酈之殻(造)戈
17.11046 敔之造戟(?)
17.11047 旟乍(作)[illegible]戈
17.11048 邶君乍(作)之
17.11049 仕斤徒戈
17.11050 仕斤徒戈
17.11051 大亜公戜(戟)
17.11052 宜鑄歔(造)用
17.11053 武陽右庫
17.11054 上黨武庫
17.11055 詢(信)陰(陰)君庫
17.11056 平陸左戜(戟)
17.11057 郾(燕)侯右宮
17.11058 郾(燕)王詈戈(?)
17.11059 乍(作)御司馬
17.11060 卲之散(造)戈
17.11061 車大夫長畫
17.11062 陵右鋯(造)鉞(戟)
17.11063 兵闢(避)大武
17.11064 楚公冢秉戈
17.11065 嚚(器)渒侯散戈
17.11066 卑乍(作)之元戈
17.11067 遙叔之行戈
17.11068 豫少(小)鉤(鈎)庫造
17.11069 事孫□丘戈
17.11070 曹右庭(庭、廥、廂)散(造)戈
17.11071 [illegible]用十[illegible]戈
17.11072 子可䫥(掑)之用
17.11073 闤(閭)丘虞鵑造
17.11074 郲(郲、豫)州左庫造
17.11075 右買之用戈
17.11076 [illegible](徹)子之艁(造)戈
17.11077 賸(滕)侯耆(蓍、耆)之鋯(造)
17.11078 賸(滕)侯耆(蓍、耆)之艁(造)
17.11079 賸(滕)侯昊(昃)之艁(造)
17.11080 [illegible]子之艁(造)戈
17.11081 陳侯因脊(齊)鋯(造)
17.11082 陳丽子𥨊(造)銭(戈)
17.11083 陳御寇散銭(戈)
17.11084 陳子山造戜(戟)
17.11085 亳庭(庭、廥、廂)八族戈
17.11086 陳子翼徒戈
17.11087 陳子翼造戈
17.11088 君子翻造戜(戟)
17.11089 羊子之艁(造)戈
17.11090 羊子之艁(造)戈
17.11091 玄夫(鏞)鑄戈之□
17.11092 敓乍(作)楚王戜(戟)
17.11093 雍王其所馬
17.11094 曾侯邚(越)乍(作)時(持)
17.11095 曾侯邚(越)乍(作)時(持)
17.11096 曾侯邚(越)乍(作)時(持)
17.11097 曾侯邚(越)乍(作)時(持)
17.11098 曾侯邚(越)之戜(戟)
17.11099 □公之造戈
17.11100 子賏(朋)之用戈
17.11101 平阿右造(?)銭(戈)
17.11102 武王之童督
17.11103 武王之童督
17.11104 武王之童督
17.11105 子𡸆𢍏之戜(戟)
17.11106 少府,邦之入
17.11107 乍(作)用于昌弗(?)
17.11108 ☐御戈五百
17.11109 郾(燕)王右庫戈
17.11110 郾(燕)王職乍(作)〔攸〕萃鋸
17.11111 左行議逵戈
17.11112 宜無之棗(造)戜(戟)
17.11113 犢共卑氏戜(戟)
17.11114 亞若癸,亞旅乙止(沚)
17.11115 祖乙、祖己、祖丁
17.11116 虢大(太)子元徒戈
17.11117 虢大(太)子元徒戈
17.11118 宮氏伯子元栖(栝)
17.11119 宮氏伯子元栖(栝)
17.11120 曹公子池之鋯(造)戈
17.11121 曾侯𩣡伯秉戈

17.11122 王子反鑄寢戈

17.11123 滕(滕)侯昊(昃)之籓(酷、造)戟

17.11124 辜(淳)于公之鑄皓(造)

17.11125 辜(淳)于公之鑄皓(造)

17.11126 陳子皮之告(造)戈

17.11127 陳胎之右棨鈛(戈)

17.11128 陳卿聖孟造鈛(戈)

17.11129 陳侯因資(齊)之造

17.11130 子禾(和)子左造戜(戟)

17.11131 司馬望之告(造)鈛(戈)

17.11132 宋公得(德、特)之賠(造)戈

17.11133 宋公緣(欒)之賠(造)戈

17.11134 無(許)伯彪之用戈

17.11135 陰晉左庫冶嘉

17.11136 玄翏(鏐)敖(鏞)鋁之用

17.11137 玄翏(鏐)敖(鏞)鋁之用

17.11138 玄翏(鏐)敖(鏞)鋁之用

17.11139 玄翏(鏐)敖(鏞)鋁之用

17.11140 蔡侯龖(申)之行戈

17.11141 蔡侯龖(申)之用戈

17.11142 蔡侯龖(申)之用戈

17.11143 蔡侯產之用戈

17.11144 蔡侯產之用戈

17.11145 蔡公子果之用

17.11146 蔡公子果之用

17.11147 蔡公子果之用

17.11148 蔡公子加之用

17.11149 蔡加子之用戈

17.11150 蔡侯毛之用戟

17.11151 攻敔王光自，捏(揚)

17.11152 楚王孫漁(子魚)之用

17.11153 楚王孫漁(子魚)之用

17.11154 成陽(崵)辛城里鈛(戈)

17.11155 成陽(崵)辛城里鈛(戈)

17.11156 平壂(埸)高馬里鈛(戈)

17.11157 □君□受用戈

17.11158 平阿左造徒戜(戟)

17.11159 敚命(令)長足、冶哥

17.11160 即墨華之造用

17.11161 新弨自 鍛(拎)弗戜(戟)

17.11162 王子□之戕(拱)戈

17.11163 玄翏(鏐)夫(鏞)睸(鋁)之用

17.11164 蛕㬱乍(作)莡(造)戈三百

17.11165 田(甸)人邑再戈

17.11166 田(甸)人邑再戈

17.11167 曾侯乙之寢戈

17.11168 曾侯乙之走戈

17.11169 曾侯乙之用戈

17.11170 曾侯乙之用戈

17.11171 曾侯乙之走戈

17.11172 曾侯乙之用戜(戟)

17.11173 曾侯乙之用戜(戟)

17.11174 曾侯邚(越)之用戈

17.11175 曾侯邚(越)之行戜(戟)

17.11176 曾侯邚(越)之行戜(戟)

17.11177 曾侯邚(越)之行戜(戟)

17.11178 曾侯㬎之用戜(戟)

17.11179 曾侯㬎之用戜(戟)

17.11180 曾侯遡之行戜(戟)

17.11181 曾侯遡之行戜(戟)

17.11182 朝訶(歌)右庫,工師戕(毀敗)

17.11183 谷哂戠(造)鈛(戈)□

17.11184 郾(燕)侯脮乍(作)〔币〕萃鍨鍗(戟)

17.11185 郾(燕)侯庫(羣、載)乍(作)□鍨(戣)鍗(戟)六

17.11186 郾(燕)侯庫(羣、載)乍(作)萃鋸(戵)

17.11187 郾(燕)王職乍(作)王萃

17.11188 郾(燕)王職乍(作)斪鋸(戵)

17.11189 郾(燕)王職乍(作)斪鋸(戵)

17.11190 郾(燕)王職乍(作)王萃

17.11191 郾(燕)王職乍(作)王萃

17.11192 郾(燕)王戎人王萃鋸(戵)

17.11193 郾(燕)王詈乍(作)斪鋸(戵)

17.11194 郾(燕)王詈愳(慢、授)斪鋸(戵)

17.11195 郾(燕)王喜愳(慢、授)斪鋸(戵)

17.11196 郾(燕)王詈愳(慢、授)行議鍨(戣)

17.11197 □年，寺工讋、工嘉，寺工

17.11198 楚屈叔佗之元用

17.11199 黄君孟乍(作)元□戈

17.11200 衛公孫吕之告(造)戈

17.11201 □□伯之元執

17.11202 郕(程)侯之廍(造)戈五百

17.11203 內(芮)大攺□之造

17.11204 宋公差(佐)之賠(造)戈

17.11205 滕(滕)司徒□之戈

17.11206 邾大嗣馬之艁(造)戈

17.11207 王子玖之用戈,捏(揚)

17.11208 王子玖之用戈,捏(揚)

17.11209 夅公鉌曹(造)戈三百

17.11210 羊角之亲(新)艁(造)散戈

17.11211 工城佐早、冶昌茆銭(戈)

17.11212 周王叚之元用戈

17.11213 涑鄡(縣)發弩戈,冶珍

17.11214 斾(析)君墨脣之郜(造)鉘(戟)

17.11215 廿七年,晉上容大夫

17.11216 廿九年,州□冶池

17.11217 郾(燕)侯〔職〕乍(作)攼萃鋸(戳)

17.11218 郾(燕)侯庫(犨)乍(作)左宮鋸(戳)

17.11219 郾(燕)侯庫(犨)乍(作)帀(師)萃鉘(戟)

17.11220 郾(燕)侯庫(犨)乍(作)右軍鉘(戟)

17.11221 郾(燕)侯職愳(悛、授)帀(師)萃鋸(戳)

17.11222 郾(燕)侯職乍(作)帀(師)萃鋸(戳)

17.11223 郾(燕)侯職乍(作)帀(師)萃鋸(戳)

17.11224 郾(燕)王戠(職)乍(作)雩萃鋸(戳)

17.11225 郾(燕)王職乍(作)帀(師)萃鋸(戳)

17.11226 郾(燕)王職乍(作)廳萃鋸(戳)

17.11227 郾(燕)王職乍(作)雩(瀶)萃鋸(戳)

17.11228 郾(燕)王職乍(作)雩(瀶)萃鋸(戳)

17.11229 郾(燕)王職乍(作)雩(瀶)萃鋸(戳)

17.11230 郾(燕)王職乍(作)巨攼鋸(戳)

17.11231 郾(燕)王職乍(作)巨攼鋸(戳)

17.11232 郾(燕)王職乍(作)巨攼鋸(戳)

17.11233 郾(燕)王職乍(作)巨攼鋸(戳)

17.11234 郾(燕)王職乍(作)巨攼鋸(戳)

17.11235 郾(燕)王職乍(作)巨攼鋸(戳)

17.11236 郾(燕)王職乍(作)御司馬

17.11237 郾(燕)王戎人乍(作)攼鋸(戳)

17.11238 郾(燕)王戎人乍(作)攼鋸(戳)

17.11239 郾(燕)王戎人乍(作)攼鋸(戳)

17.11240 郾(燕)王詈愳(悛、授)巨攼鋸(戳)

17.11241 郾(燕)王詈愳(悛、授)雩(瀶)萃鋸(戳)

17.11242 郾(燕)王詈愳(悛、授)雩(瀶)萃鋸(戳)

17.11243 郾(燕)王詈愳(悛、授)行議鍨,右攻(工)君(尹),其攻(工)眾

17.11244 郾(燕)王詈愳(悛、授)行議鍨,右攻(工)君(尹),其攻(工)眾

17.11245 郾(燕)王詈乍(作)巨攼鋸(戳)

17.11246 郾(燕)王喜愳(悛、授)巨攼鋸(戳)

17.11247 郾(燕)王喜愳(悛、授)巨攼鋸(戳)

17.11248 郾(燕)王喜愳(悛、授)巨攼鋸(戳)

17.11249 郾(燕)王喜愳(悛、授)巨攼鋸(戳)

17.11250 二年,寺工讋、金角,寺工

17.11251 陳旺之歲,侍廙(府)之戜(戟)

17.11252 邛(江)季之孫□方或之元

17.11253 郭(柏)子誰臣之元允(用)戈

17.11254 曾仲之孫𥝢叡用戈

17.11255 大(吳)王光逗自乍(作)用戈

17.11256 大(吳)王光逗自(作)用戈

17.11257 大(吳)王光逗自乍(作)用戈

17.11258 攻敔工(夫)差自乍(作)用戜(戟)

17.11259 亘(是)立(涖)事歲,簹右工銭(戈)

17.11260 陳侯因咨(齊)造,勹(復)昜(陽)右

17.11261 番中(仲)攸(作)伯皇之散(造)戈

17.11262 翏(鏐)金良金,台(以)鑄良兵

17.11263 邗王是埜(野),乍(作)爲元用
17.11264 十八年,鄉左庫吳□
17.11265 虎豹丘君豫之元用
17.11266 四年,右庫冶气(乞)之鑄
17.11267 單㟁託乍(作)用戈三万(萬)
17.11268 庚寅,用厥金乍(作)吉用
17.11269 十四年,州工師明、冶㫖
17.11270 非欽業邗,塗(冷)陽,廿四
17.11271 七年,得工戔(或)、冶左勿
17.11272 郾(燕)侯脮乍(作)帀(師)萃鍨鉘(戟)
17.11273 郾(燕)王戎人乍(作)雩(瀕)萃鋸(戳)
17.11274 郾(燕)王戎人乍(作)雩(瀕)萃鋸(戳)
17.11275 郾(燕)王戎人乍(作)雩(瀕)萃鋸(戳)
17.11276 郾(燕)王戎人乍(作)巨攷鋸(戳)
17.11277 郾(燕)王喜乍(作)雩(瀕)攷鋸(戳)
17.11278 郾(燕)王喜怒(㥽、授)御司馬鍨(戣)
17.11279 十三年,大良造鞅之造戟
17.11280 㥁公之元戈,壽之用交(效)
17.11281 宋公差(佐)之所賠(造)茆族戈
17.11282 郐(徐)王之子羽(叚)之元用戈
17.11283 九年,𢓜工師□□、〔冶〕戠(馘)
17.11284 𡖊(燕)月,嗇夫冰、冶幸,□都
17.11285 郳㬎(㥾)歲,相公子矰(猷)之告(造)
17.11286 不降棘余子之貲金,右軍
17.11287 三年,上郡〔守〕高、丞甲、徒淫
17.11288 攻敔王夫差,自乍(作)其用戈
17.11289 宋公差(佐)之所賠(造)不昜族戈
17.11290 子孔擇厥吉金,鑄其元用
17.11291 十年,邙(言)命(令)羑、右庫工師鮇、冶□
17.11292 二年,㕣(厶)貫廥(府)受(授)御㦰宿(右)㕣(厶)
17.11293 三年,莆(蒲)子□□碏、工師㬪、冶□
17.11294 〔十六〕年,丞相觸(壽燭)造,咸陽工師葉、工武
17.11295 章子鄍(國)尾其元金,爲其戎戈
17.11296 王五年,上郡疾造,高奴工鬼(鬉)
17.11297 王六年,上郡守疾之造,工師積
17.11298 二年,州□□□忩(忦)、工師𣞀𣞀(漆)、丞造
17.11299 廿三年,郚(梧)命(令)垠、右工師𠫑、冶良
17.11300 □年,㝨庫□工師乙□、〔冶〕□明,廿
17.11301 廿三年,下丘嗇夫□、工師𠨬、冶系
17.11302 廿九年,高都命(令)陳鶬(鶬、懽)、工師冶勳(勝)
17.11303 廿九年,高都命(令)陳鶬(鶬、懽)、工師冶勳(勝)
17.11304 郾(燕)王職乍(作)雩萃鋸(戳),㳄𡉟(垧)都尉
17.11305 郾(燕)王詈怒(㥽、授)行義(議、儀)自𠂤司馬鉘(戟)
17.11306 廿一年,㪊𡊄(封)竛(令)癕、工師鈠、冶者,㪊封
17.11307 九年,□丘命(令)□□□、冶□
17.11308 四年,相邦呂不韋造,寺工讋、丞義、工可
17.11309 周王孫季㤅(怡),孔臧元武,元用戈
17.11310 𢦏(癸)亥,郳(郐)□至(致),卓(王),戉(越)王者旨於睗
17.11311 𢦏(癸)亥,郳(郐)□至(致),卓(王),戉(越)王者(諸)旨(稽)於睗
17.11312 卅三年,業(鄴)竛(令)㣐(禓)、左庫工師臣、冶山
17.11313 九年,𢦔(甾)丘命(令)癕、工師𩑺、冶淂,高望
17.11314 二年,皇陽命(令)强䚢、工師痞鏉(黝)、冶才
17.11315 二年,皇陽命(令)强䚢、工師痞鏉(黝)、冶才
17.11316 四年命(令)韓誁、宜陽工師𢿣(播)悎、冶庶
17.11317 三年,𨸏(附)余(魚)命(令)韓譙、工師罕(罕)痸(瘳)、冶㠯(埽)
17.11318 三年,𨸏(附)余(魚)命(令)韓譙、工師罕(罕)痸(瘳)、冶㠯(埽)
17.11319 三年,𨸏(附)余(魚)命(令)韓譙、工師罕(罕)痸(瘳)、冶竈
17.11320 六年,庰命(令)肖(趙)㲃、下庫工師□、冶□
17.11321 卅四年,邨(頓)丘命(令)燮、左工師哲、冶夢

17.11322 七年，侖(綸)氏命(令)韓化、工師棨𠨍(原)、冶𢘓(謀)

17.11323 八年，𢆶(兹)氏命(令)吳庶、下庫工師長武

17.11324 廿五年，陽春嗇夫維、工師𢾊(操)、冶𠜂

17.11325 九年，𨟓(將)軍張二月，𠻛宮我其獻

17.11326 九年，𨟓(將)軍張二月，𠻛宮我其獻

17.11327 六年，格氏命(令)韓貴、工師亘公、冶□

17.11328 王二年，奠(鄭)命(令)韓□、右庫工師𨌱鳶

17.11329 王何立(涖)事，得工冶𦝤所教、馬重(童)爲，宜安

17.11330 卅三年，大梁左庫工師丑、冶刃(刃)

17.11331 廿二年，臨汾守曋、庫係、工歍造

17.11332 十四年，屬邦工師𢦏、丞□、工□，屬邦

17.11333 𠇷勹白赤，烏兹戈，厥□(璧)𩝞，季秉𦫸(香)

17.11334 〔元〕鏞用，𢦏(戴)大𨟴(酉)㶿臣鑄其載戈

17.11335 四年，邘命(令)輅庶、上庫工師𨚍□、冶氏𦘔(𦘔)

17.11336 六年，奠(鄭)命(令)韓熙、右庫工師司馬𩿨、冶狄

17.11337 六年，命(令)司寇書、右庫工師𢉵向、冶𠫑

17.11338 三年，𧑗(𠬝)命(令)樂疢(痏)，工師奠(鄭)𢘍、冶𢼸(微)，山陽

17.11339 十三年正月，𨚵左乘馬大夫子駭戟

17.11340 四年，□□子□□，𢿎(播)𧙗、萬丌(其)所爲

17.11341 四年，咎(高)奴𦵔命(令)壯𦋲、工師𥇗疾、冶問

17.11342 廿一年，相邦冄(冉)造，雍工師葉，壞(懷)、德、雍

17.11343 □〔年〕，㠯命(令)司馬伐、右庫工師高㕒、冶□

17.11344 八年，㠯(芒)命(令)□䡴、左庫工師叔𣂌(梁)掃、冶小

17.11345 八年，亲(新)城大命(令)韓定、工師宋費、冶褚

17.11346 梁伯乍(作)宮行元用，卬(抑)䰠(鬼)方䜌(蠻)，卬(抑?)攻旁(方)

17.11347 十三年，□陽命(令)𢘅戲、工師北宮(宮)壘、冶黄

17.11348 五年，龏(龔)𨚛(令)思、左庫工師長史𢊁、冶數近

17.11349 五年，龏(龔)𨚛(令)思、左庫工師長史𢊁、冶數近

17.11350 郾(燕)王詈𢘙(悛、授)行議鍨(戣)，右攻(工)君(尹)青，其攻(工)豎

17.11351 十六年，喜倫(令)韓𦩍、左庫工師司馬裕、冶何

17.11352 秦子乍(作)𨒌(造)中臂元用，左右市𩵦，用𦢏(逸)，宜

17.11353 秦子乍(作)𨒌(造)公族元用，左右市𩵦，用𦢏(逸)，宜

17.11354 三年，𨛭匋命(令)富反、下庫工師王豈、冶禽

17.11355 十二年，肖(趙)命(令)甘(邯)丹(鄲)□(偉)、右庫工師䍃(蛁)𦀚(紹)、冶倉𢼄(造)(?)

17.11356 廿四年，郮险(陰)命(令)萬爲、右庫工師莧(䪥)、冶豎

17.11357 王三年，奠(鄭)命(令)韓熙、右庫工師事(吏)𧟅(裼)、冶□

17.11358 獻鼎之歲，羕(養)陵公伺之睘(縣)所郜(造)、冶己女

17.11359 廿年，相邦冄(冉)其造，西工師訇、丞哭、隸臣□

17.11360 元年，郛𨚛(令)夜㝳(胍)、上庫工師□□、冶𨶹(閻)

17.11361 四年，相邦樛斿之造，櫟陽工上造間，吾(衙)

17.11362 二年，上郡守廟造，漆工疾、丞㳉、隸臣宁

17.11363 〔十二〕年，上郡守〔壽之〕造，漆垣工師爽、工更長猗，定陽

17.11364 二年，宗子攻(工)正明我、左工師□許、馬重(童)丹所爲，虎奔(賁)

17.11365 穆侯之子、西宮之孫，曾大攻(工)尹季𢘅(怡)之用

17.11366 十七年，坓(型、邢)倫(令)吳𠀤(次)、上庫工師宋艮、冶厜敎(撻)齋(劑)

17.11367 六年，𦰩(漢)中守𨌴(運)造，左工師齊、丞𢀴、工牲，公

17.11368 廿六年，蜀守武造，東工師宦、丞耒、工□，武

17.11369 三年，上郡守冰(李冰)造，工師瘖、丞□、工城旦王(?)

17.11370 卌(四十)年，上郡守起之〔造〕，啚(圖)工師耤(藉)、丞秦、〔工〕隸臣庚

17.11371 十七年，奠

(鄭)命(令)幽□恒、司寇彭璋、武庫工師車㤞、冶㺸

17.11372 卄年,奠(鄭)倫(令)韓恙(恙)、司寇敖(扶)裕、右庫工師張阪、冶贛

17.11373 卄一年,奠(鄭)命(令)䑝□、司寇敖(扶)裕、左庫工師吉忘、冶綅

17.11374 卄七年,上守趞(司馬錯)造,漆工師𤞞、丞拺、工隸臣積,□陽

17.11375 王三年,馬雍命(令)事(吏)吳、武庫工師奭信、冶祥造,卄二

17.11376 十八年,冢子韓𦈢(黻)、邦庫嗇夫敖(扶)湯、冶舒敳(槽、造)戈

17.11377 十四年,武城命(令)□□、莒早、〔庫〕嗇夫事(吏)歎、冶章敎(撻)齋(劑)

17.11378 十八年,漆工朐、□□守丞巨造,工正,上郡武庫

17.11379 十七年,丞相啟、狀造,郃陽嘉、丞兼、庫脽、工邪,郃陽

17.11380 五年,相邦呂不韋造,詔事(使)圖、丞戴、工寅,詔事(使)

17.11381 楚王酓(熊)璋嚴龏(恭)寅乍(作)𨌫(軩)戈,台(以)卲(昭)𦒅(揚)文武之戊(茂)用(庸)

17.11382 十七年,彘倫(令)䑝腾、司寇奠(鄭)㝉、左庫工師器較(較)、冶□敳(造)

17.11383 蝨(蚔)生不(丕)乍(作)戎戒(械),郾(燕)侯軍(輦)載)自洹徠(來),大庀(庇)欽祇,𨓋𦣞(熙)

17.11384 四年,奠(鄭)倫(令)韓半、司寇長朱、武庫工師𢇍恙、冶肙(尹)敀(拔)敳(造)

17.11385 五年,奠(鄭)倫(令)韓夌、司寇長朱、右庫工師皂高、冶肙(尹)𥎦敳(造)

17.11386 八年,奠(鄭)倫(令)公先豊(幼)、司寇事(吏)𨻰、右庫工師皂高、冶肙(尹)□敳(造)

17.11387 十四年,奠(鄭)倫(令)肖(趙)距、司寇王𤊎、武庫工師鑄章、冶㺸

17.11388 十五年,奠(鄭)倫(令)肖(趙)距、司寇彭璋、右庫工師陳坪、冶贛

17.11389 十六年,奠(鄭)倫(令)肖(趙)距、司寇彭璋、往庫工師皇佳、冶𤸫

17.11390 □年,邦府大夫肖(趙)閎、邦上庫工師韓山、冶问敎(撻)齋(劑),咸陽

17.11391 卄九年,相邦肖(趙)狐(豹)、邦左庫工師鄖哲、冶匜□敎(撻)齋(劑)

17.11392 大兄日乙、兄日戊、兄日壬、兄日癸、兄日癸、兄日丙

17.11393 楚王之元右(佑)王鐘,𤔲笙于缶,楚屈叔佗屈□之孫

17.11394 十三年,相邦義(張儀)之造,咸陽工師田、工大人耆、工積

17.11395 八年,相邦呂不韋造,詔事(使)圖、丞戴、工奭,屬邦,詔事(使)

17.11396 五年,相邦呂不韋造,詔事(使)圖、丞戴、工寅,屬邦,詔事(使)

17.11397 六年,奠(鄭)倫(令)公先豊(學、幼)、司寇向□、左庫工師百慶、冶肙(尹)□敳(造)

17.11398 卅一年,奠(鄭)倫(令)棺(槨、郭)涵、司寇肖(趙)它、往庫工師皮耳、冶肙(尹)啟

17.11399 二年,上郡守冰(李冰)造,高工丞沐叟(叟)、工隸臣逑(徒),上郡武庫

17.11400 王森(森)人,王之孫,嚣仲之子伯剌,用其良金,自乍(作)其元戈

17.11401 大祖日己、祖日丁、祖日乙、祖日庚、祖日丁、祖日己、祖日己

17.11402 公孳里脽之大夫敀(拔)之卒,左軍之𢽫僕介巨,栊里瘟之𢽫戈

17.11403 祖日乙、大父日癸、大父日癸、仲父日癸、父日癸、父日辛、父日己

17.11404 十二年,上郡守壽(向壽)造,漆垣工師爽、工更長猗,洛都,浙,廣衍,歐

17.11405 十五年,上郡守壽(向壽)之造,漆垣工師爽、丞㬎、冶工隸臣猗,西都,中陽

17.11406 卄五年,上郡守厝(司馬錯)造,高奴工師竈、丞申、工鬼薪詘,上郡武庫,洛都

17.11407 ☐毋乍(作)亓(其)枽(速、迹),□□或☐子,厥□□御□,下吉勿而獲𧊒,獲于公尚,☐侯□已𧊒(䖵)☐

18.11411 北單

18.11412 元

18.11413 𩕅

18.11414 夸

18.11415 夸

18.11416 夸

18.11417 夸

18.11418 夸
18.11419 夸
18.11420 夸
18.11421 夸
18.11422 夸
18.11423 交
18.11424 亳
18.11425 息
18.11426 罒
18.11427 公
18.11428 公
18.11429 武
18.11430 枸
18.11431 西
18.11432 五
18.11433 亞疑
18.11434 亞疑
18.11435 亞疑
18.11436 亞疑
18.11437 亞疑
18.11438 亞醜
18.11439 亞醜
18.11440 亞醜
18.11441 亞醜
18.11442 亞醜
18.11443 亞醜
18.11444 亞囊(㪟)
18.11445 北單
18.11446 北單
18.11447 亦車
18.11448 亦車
18.11449 倗舟
18.11450 康侯
18.11451 戉(越)王
18.11452 寺工
18.11453 寺工
18.11454 少府
18.11455 右宮
18.11456 右軍
18.11457 往庫
18.11458 左庫
18.11459 乇庫
18.11460 泿陽
18.11461 孱陵
18.11462 孱陵
18.11463 陽周
18.11464 陽周
18.11465 平周
18.11466 平周
18.11467 平周
18.11468 武,戳
18.11469 武敢
18.11470 不降
18.11471 平陽
18.11472 詔使
18.11473 高奴
18.11474 宜章
18.11475 長□
18.11476 逦鬲
18.11477 𪊨睘
18.11478 日[illegible]
18.11479 郾(燕)王戎〔人〕☐
18.11480 郾(燕)王職□□
18.11481 郾(燕)王右□□
18.11482 郾(燕)王喜□□
18.11483 郾(燕)王職□□
18.11484 郾(燕)右軍
18.11485 奠(鄭)右庫
18.11486 辛邑阦
18.11487 右𧗿急(逸)
18.11488 安朮右
18.11489 安朮右
18.11490 安朮右
18.11491 行議(儀)鍨(戣)
18.11492 高望,博
18.11493 高望,博
18.11494 中陽,卒人
18.11495 攴(拍)陸睘
18.11496 正□虘非
18.11497 郾(燕)王詈(讋)愳
18.11498 郾(燕)王戎人
18.11499 格氏冶𨫫
18.11500 上黨武庫,武庫
18.11501 上郡武庫
18.11502 櫟陽,武,當
18.11503 右洀(盤)州還
18.11504 東周左庫
18.11505 東周左庫
18.11506 武都,造庫
18.11507 奠(鄭)往庫旐(戟)朿(刺)
18.11508 廿二年,左郭
18.11509 廣衍,上武(上郡武庫),□陽
18.11510 少明☐
18.11511 戉(越)王者(諸)旨(稽)於睗
18.11512 戉(越)王者(諸)旨(稽)於睗
18.11513 郾(燕)侯軍(犛)乍(作)左軍
18.11514 郾(燕)王職乍(作)攷鈦
18.11515 郾(燕)王職乍(作)攷鈦
18.11516 郾(燕)王職乍(作)攷鈦
18.11517 郾(燕)王職乍(作)黄(廣)衣(卒)鈦
18.11518 郾(燕)王職乍(作)黄(廣)衣(卒)鈦
18.11519 郾(燕)王職乍(作)攷鈦
18.11520 郾(燕)王職乍(作)攷鈦
18.11521 郾(燕)王職乍(作)攷鈦
18.11522 郾(燕)王喜愳(授、授)□廩□
18.11523 郾(燕)王喜愳(授、授)檢□
18.11524 郾(燕)王詈(讋)乍(作)攷鈦
18.11525 郾(燕)王戎人□□,台(以)急(逸)□□
18.11526 郾(燕)王職乍(作)巨攷鈦
18.11527 郾(燕)王職乍(作)巨攷鈦
18.11528 郾(燕)王喜愳(授、授)全䟫(長)利
18.11529 郾(燕)王喜愳(授、授)全䟫(長)利
18.11530 郾(燕)王詈(讋)愳(授、授)夷萃攷
18.11531 郾(燕)王戎人乍(作)攷鈦
18.11532 少府,武庫受(授)屬邦
18.11533 寺工,武庫受

(授)屬邦

18.11534 吳王夫差自乍(作)甬(用)鍬(鍭)

18.11535 戉(越)王州句自乍(作)用矛

18.11536 郾(燕)王戎人乍(作)巨攼鈦

18.11537 郾(燕)王戎人乍(作)巨攼鈦

18.11538 郾(燕)王戎人乍(作)王萃鈦

18.11539 郾(燕)王戎人乍(作)巨攼鈦

18.11540 郾(燕)王詈(讙)乍(作)巨攼鋈(矛)

18.11541 不降棘余子之賞金

18.11542 平都、濕成，久陵、萑朿

18.11543 郾(燕)王戎人乍(作)自[illegible]率鈦

18.11544 於戉(越)㠯(台)王旨郾之大(太)子㐀(三)壽，自乍(作)元用矛

18.11545 七年，邦司寇富勳、上庫工師戎閔、冶朕

18.11546 七年，宅陽命(令)隅鐙、右庫工師夜痃(瘥)、冶趄數(造)

18.11547 秦子乍(作)造公族元用，左右芾鮐，用牖(逸)，宜

18.11548 卄年，寺工[illegible](幹)、攻(工)丞敎造，上目，屮郡武庫

18.11549 十二年，邦司寇野弟(茀)、上庫工師司馬瘺、冶督

18.11550 十三年，少府工儋，西成，武庫受(授)屬邦，八一

18.11551 九年，奠(鄭)倫(令)向佃、司寇霎(露)商、武庫工師鑄章、冶狽

18.11552 元年，奠(鄭)倫(令)棺(椁、郭)涵、司寇芋慶、往庫工師皮耴、冶君(尹)貞數(造)

18.11553 五年，奠(鄭)命(令)韓半、司寇長(張)朱、左庫工師昜(陽)熵(慖)、冶君(尹)弜散(撸、造)

18.11554 七年，奠(鄭)倫(令)公先豐(幼)、司寇史陉(隋)、左庫工師倉慶、冶君(尹)弜(彊)數(造)

18.11555 卅二年，奠(鄭)倫(令)棺(椁、郭)涵、司寇肖(趙)它、往庫工師皮耴、冶君(尹)竣(坡)

18.11556 元年，相邦春平侯、邦右庫工師肖(趙)瘁、冶韓開教(撻)齋(劑)

18.11557 五年，相邦春平侯、邦左伐器工師長翟(鳳)、冶粆(粭)教(撻)齋(劑)

18.11558 十七年，相邦春平侯、邦左庫工師長翟(鳳)、冶[illegible](匀)教(撻)齋(劑)

18.11559 三年，奠(鄭)倫(令)棺(椁、郭)涵、司寇芋慶、左庫工師邰䜣、冶君(尹)弜(彊)數(造)

18.11560 卅四年，奠(鄭)命(令)棺(椁、郭)涵、司寇肖(趙)它、往庫工師皮耴、冶君(尹)竣(坡)數(造)

18.11561 十一年，閃倫(令)肖(趙)狽、下庫工師畋石、冶人參所鑄鉆户者

18.11562 六年，安陽倫(令)韓王、司刑欣(哳)𨧴、右庫工師㚕(若)固、冶𨌃數(造)戟朿(刺)

18.11563 二年，奠(鄭)倫(令)棺(椁、郭)涵、司寇芋慶、往庫工師皮耴、冶君(尹)竣(坡)數(造)戟朿(刺)

18.11564 四年，䳸(截)雍倫(令)韓匡、司寇判它、左庫工師刑秦、冶𨚵(裼)散(撸、造)戟朿(刺)

18.11565 廿三年，襄田倫(令)夆(擧)名、司寇麻維、右庫工師甘(邯)丹(鄲)飪、冶向數(造)，貞寺(持)

18.11566 五酉之後，曰：毋又(有)中央，勇畬生安空，氏(是)曰：□之後，曰：毋又(有)中央，勇畬生安空

18.11567 曾侯郕(越)之用殳

18.11568 刀

18.11569 五

18.11570 戉(越)王

18.11571 戉(越)王

18.11572 豐伯

18.11573 豐伯

18.11574 洛都

18.11575 □工

18.11576 大攻(工)君(尹)

18.11577 大攻(工)君(尹)

18.11578 𦈡(搖、郄、卻)子之用

18.11579 戉(越)王州句(勾)之〔元用劍〕，余王利攼(捍)

18.11580 巳(巽)金□鐘

18.11581 高陽左庫

18.11582 繁𣎆(陽)之金

18.11583 郾(燕)王喜慗□

18.11584 郾(燕)王喜金□

18.11585 郾(燕)王喜慗□□□

18.11586 吉爲乍(作)元用

18.11587 蔡侯產之用鐱(劍)

18.11588 鍬鍾之鍊

(造)鐱(劍)

18.11589 富奠之斵(斲)鐱(劍)

18.11590 奠(鄭)武庫、冶期

18.11591 陳窒(窒)散造鐱(劍)

18.11592 高陽右卪徒

18.11593 先嶙余之用

18.11594 戉(越)王欨(勾)戔(踐)之子

18.11595 戉(越)王欨(勾)戔(踐)之子

18.11596 戉(越)王者(諸)旨(稽)於睗

18.11597 戉(越)王者(諸)旨(稽)於睗

18.11598 戉(越)王者(諸)旨(稽)於睗

18.11599 戉(越)王者(諸)旨(稽)於睗

18.11600 戉(越)王者(諸)旨(稽)於睗

18.11601 蔡侯⿰屮寸叔之用

18.11602 蔡侯產乍(作)畏(威)效(效)

18.11603 蔡侯產乍(作)畏(威)效(效)

18.11604 蔡侯產之用僉(劍)

18.11605 蔡公子從之用

18.11606 郾(燕)王喜慦旅鈦

18.11607 郾(燕)王喜慦旅鈦

18.11608 滕(滕)之不怌由于

18.11609 陰(陰)平左庫之艁(造)

18.11610 未吕(貽)金,自用命

18.11611 郙王䙶自牧(作)承鋥

18.11612 郾(燕)王喜慦無(橅)旅鈦

18.11613 郾(燕)王喜慦無(橅)旅鈦

18.11614 郾(燕)王喜慦無(橅)旅鈦

18.11615 郾(燕)王喜慦無(橅)旅鈦

18.11616 郾(燕)王喜慦無(橅)旅鈦

18.11617 郾(燕)王喜慦無(橅)旅鈦

18.11618 唯弜公之居旨卲亥(?)齒丌□僉(劍)

18.11619 四年,相邦建信〔君〕□工師□

18.11620 攻敔王光自乍(作)用鐱(劍)

18.11621 邚王欿(勾)淺(踐)自乍(作)用鐱(劍)

18.11622 戉(越)王州(朱)句(勾)自乍(作)用僉(劍)

18.11623 戉(越)王州(朱)句(勾)自乍(作)用僉(劍)

18.11624 戉(越)王州(朱)句(勾)自乍(作)用僉(劍)

18.11625 戉(越)王州(朱)句(勾)自乍(作)用僉(劍)

18.11626 戉(越)王州(朱)句(勾)自乍(作)用僉(劍)

18.11627 戉(越)王州(朱)句(勾)自乍(作)用僉(劍)

18.11628 戉(越)王州(朱)句(勾)自乍(作)用僉(劍)

18.11629 戉(越)王州(朱)句(勾)自乍(作)用僉(劍)

18.11630 戉(越)王州(朱)句(勾)自乍(作)用僉(劍)

18.11631 戉(越)王州(朱)句(勾)自乍(作)用僉(劍)

18.11632 戉(越)王州(朱)句(勾)自乍(作)用僉(劍)

18.11633 十二年,寧右庫五朿(刺)

18.11634 郾(燕)王職慦武無(橅)旅鐱(劍)

18.11635 三年,相邦建信君、邦右庫□□工師吳症(瘠)、冶疕敎(撻)齋(劑)

18.11636 攻敔王夫差自乍(作)其元用

18.11637 攻敔王夫差自乍(作)其元用

18.11638 攻敔王夫差自乍(作)其元用

18.11639 攻敔王夫差自乍(作)其元用

18.11640 吳季子之子逞之元用鐱(劍)

18.11641 戉(越)王訠(台)旨(者旨)不光,自乍(作)用攻(?)

18.11642 戉(越)王訠(台)旨(者旨)不光,自乍(作)用攻(?)

18.11643 郾(燕)王職乍(作)武無(橅)鏃(鍺)鐱(劍),右(佑)攻

18.11644 戉(越)王不光厥□□□□卯□

18.11645 戉(越)王不光厥□□□□卯□

18.11646 戉(越)王不光厥□□□□卯□

18.11647 戉(越)王不光厥□□□□卯□

18.11648 戉(越)王不光厥□□□□卯□

18.11649 戉(越)王不光厥□□□□卯□

18.11650 戉(越)王不光厥□丌□□卯□

18.11651 䳡公圃自乍(作)元鐱(劍),征(延、誕)匋(寶)用之

18.11652 廿九年,高都命(令)陳鷍(鷊)、工師治勳

18.11653 廿九年,高都命(令)陳鷍(鷊)

18.11654 攻敔王光自乍(作)用鐱(劍),台(以)戠(擋)戚人

18.11655 自戉(越)□

18.11656 唯弜公之居旨卲亥(?)齒丌(其)

□僉(劍)

18.11657 七年，坓(型、邢)肖、下庫工師孫曳(烛)、冶湨敎(撻)齋(劑)

18.11658 十七年，寺工敏、工寫，寺工，子壬五

18.11659 楚王酓(熊)章爲從□士鑄用〔劍〕，用征□

18.11660 元年，往□倫(令)王褱、右庫工師坴(埶、廉)生、冶參敎(撻)齋(劑)

18.11661 三年，隰倫(令)梠(槨、郭)唐、下庫工師孫屯、冶沽敎(撻)齋(劑)

18.11662 五年，相邦春平侯□伐器工師□□、冶□

18.11663 虡公自擇橛(厥)吉金，其吕(以)乍(作)爲用元鐱(劍)

18.11664 戉(越)王不光厥□□□□卯□

18.11665 工𫸉王乍(作)元巳(祀)用鐱(劍)，乂江之台，北南西行

18.11666 攻敔王光自乍(作)用鐱(劍)，逗余允至，克戕多攻

18.11667 戉(越)王不光厥□□□□卯□

18.11668 郐(徐)王義楚之元子羽，擇其吉金，自乍(作)用僉(劍)

18.11669 王立(涖)事，攸倫(令)肖(趙)世、上庫工師樂星、冶朗(影)敎(撻)齋(劑)

18.11670 守相坴(埶、廉)波(頗)、右庫工師慶□、冶巡敎(撻)齋(劑)，大攻(工)看(尹)公孫桴

18.11671 六年，安平守變疾、左庫工師賦(戥)頙、冶余敎(撻)齋(劑)

18.11672 七年，坓(型、邢)疫命(令)邦乙、下庫工師孫屏、長缶、冶浊齋(劑)

18.11673 王立(涖)事，南行昜(唐)倫(令)瞿(瞿)卯、右庫工師司馬郃、冶得敎(撻)齋(劑)

18.11674 王立(涖)事，南行昜(唐)倫(令)瞿(瞿)卯、右庫工師司馬郃、冶得敎(撻)齋(劑)

18.11675 三年，武信倫(令)馬師闟(閭)、右庫啟工師粤秦、冶瘀敎(撻)齋(劑)

18.11676 十二年，邦司寇肖(趙)新、邦右庫工師下足、冶巡敎(撻)齋(劑)

18.11677 八年，相邦建信君、邦右庫工師郪段、冶看(尹)秪敎(撻)齋(劑)

18.11678 八年，相邦建信君、邦左庫工師郪段、冶看(尹)秪敎(撻)齋(劑)

18.11679 八年，相邦建信君、邦左庫工師郪段、冶看(尹)肉敎(撻)齋(劑)

18.11680 八年，相邦建信君、邦左庫工師郪段、冶看(尹)匝敎(撻)齋(劑)

18.11681 八年，相邦建信君、邦左庫工師郪段、冶看(尹)月(明)敎(撻)齋(劑)

18.11682 二年，相邦春平侯、邦左庫工師肖(趙)痔、冶事(吏)開敎(撻)齋(劑)

18.11683 三年，相邦春平侯、邦左庫工師肖(趙)痔、冶事(吏)開敎(撻)齋(劑)

18.11684 十七年，相邦春平侯、邦左庫工師□□□、冶馬齋(劑)

18.11685 十年，得工嗇夫杜相女(如)、左得工工師韓段、冶看(尹)朝敎(撻)齋(劑)

18.11686 五年，邦司寇馬陸、迂(下)庫工師得尚、冶看(尹)曒半釪敎(撻)齋(劑)，武垣

18.11687 三年，相邦建信君、邦左庫工師塚旅、冶肉敎(撻)齋(劑)，洛都

18.11688 王立(涖)事，相邦春平侯、邦左庫工師肖(趙)痔、冶看(尹)五月敎(撻)齋(劑)

18.11689 十七年，相邦春平侯、邦左伐器工師長翟(鳳)、冶赦敎(撻)齋(劑)

18.11690 十七年，相邦春平侯、邦左伐器工師長翟(鳳)、冶明敎(撻)齋(劑)

18.11691 十五年，相邦春平侯、邦左伐器工師長翟(鳳)、冶句敎(撻)齋(劑)

18.11692 戉(越)王唯弜公之居旨卲亥(？)嵤丌□僉

18.11693 卅三年，奠(鄭)命(令)梠(槨、郭)浘、司寇肖(趙)它、往庫工師皮耴、冶看(尹)启斅(造)

18.11694 四年，春平相邦鄁(晉)得、邦右庫工師䍐(瞖)軡徒、冶臣成敎(撻)齋(劑)

18.11695 四年，相邦建信君、邦右庫韓段、工師爿瘂、冶息敎(撻)齋(劑)，事

18.11696 吉日壬午，乍(作)爲元用，玄鏐鋪(鏞)吕(鋁)，朕余名

之，胃(謂)之少虡

18.11697 吉日壬午，乍(作)爲元用，玄鏐鋪(鏞)呂(鋁)，朕余名之，胃(謂)之少虡

18.11698 ☐鋪(鏞)呂(鋁)，朕余名之，胃(謂)之少虡

18.11699 十七年，相邦春平侯、邦左伐器工師□□□□、冶匽敎(撻)齋(劑)

18.11700 十五年，守相杢(埶、廉)波(頗)、邦右庫工師韓亥、冶巡敎(撻)齋(劑)，大攻(工)君(尹)韓耑

18.11701 十五年，守相杢(埶、廉)波(頗)、邦右庫工師韓亥、冶巡敎(撻)齋(劑)，大攻(工)君(尹)公孫桴

18.11702 十五年，守相杢(埶、廉)波(頗)、邦左庫工師采隅、冶句敎(撻)齋(劑)，大攻(工)君(尹)公孫桴

18.11703 唯戉(越)王丌(其)北古，自乍(作)元之用之僉(劍)，戉(越)王丌(其)北古，自乍(作)用旨自

18.11704 戉(越)王，訂(台)旨(者旨)不光自乍(作)用攻(?)，台戉(越)不光唯曰：可，乍(作)於元用僉(劍)

18.11705 郾(燕)王喜立(涖)事，南行昜(唐)倫(令)睸(瞿)卯、右庫工師司馬卲、冶君(尹)㐁得敎(撻)齋(劑)(?)

18.11706 八年，相邦建信君、邦左庫工師郥段、冶君(尹)㐁敎(撻)齋(劑)，大攻(工)君(尹)韓耑

18.11707 四年，相邦春平侯、邦左庫工師長身、冶宙瀧敎(撻)齊(劑)，大攻(工)君(尹)肖(趙)閎

18.11708 十七年，相邦春平侯、邦右庫工師訬㐁、冶巡敎(撻)齋(劑)，大攻(工)君(尹)韓耑

18.11709 十五年，相邦春平侯、邦右伐器工師羊敹(播)、冶疢敎(撻)齋(劑)，大攻(工)君(尹)韓耑

18.11710 十八年，相邦春平侯、左伐器脟工師析諭、冶涇敎(撻)齋(劑)，大攻(工)君(尹)肖(趙)㿝

18.11711 十三年，右☐衣，邦右☐，守相申毋官、邦☐韓㰴、冶醇敎(撻)齋(劑)，大攻(工)君(尹)韓耑

18.11712 七年，相邦陽安君、邦右庫工師史筌胡、冶事(吏)痾敎(撻)齋(劑)，大攻(工)君(尹)韓耑

18.11713 十七年，相邦春平侯、邦左伐器工師長瞿(鳳)、冶句敎(撻)齋(劑)，大攻(工)君(尹)韓耑

18.11714 十七年，相邦春平侯、邦左伐器工師長瞿(鳳)、冶句敎(撻)齋(劑)，大攻(工)君(尹)韓耑

18.11715 十七年，相邦春平侯、邦右伐器工師從訬、冶巡敎(撻)齋(劑)，大攻(工)君(尹)韓耑

18.11716 十七年，相邦春平侯、邦左伐器工師長瞿(鳳)、冶�敎(撻)齋(劑)，大攻(工)君(尹)韓耑

18.11717 十八年，相邦建信君、邦右庫工師司馬卲、冶得㐁敎(撻)齋(劑)，大攻(工)君(尹)告㞢

18.11718 工敾大(太)子姑發㬰(䎮)反，自乍(作)元用，在行之先，云用云獲，莫敢御(禦)余，余處江之陽，至于南行西行

18.11719 叔趙父乍(作)旅爯，其寶用，焚(縈)監

18.11720 㚔

18.11721 何

18.11722 何

18.11723 伐

18.11724 皇

18.11725 宓(忴)

18.11726 兮

18.11727 䘙(衛)

18.11728 正

18.11729 戈

18.11730 敂

18.11731 羞

18.11732 鄉

18.11733 幸

18.11734 册

18.11735 田

18.11736 家

18.11737 甗

18.11738 寅

18.11739 婦好

18.11740 婦好

18.11741 司𡚬

18.11742 亞㳄

18.11743 亞䣜

18.11744 亞疑

18.11745 亞疑

18.11746 亞疑

18.11747 亞父

18.11748 亞父

18.11749 亞父

18.11750 㠯父

18.11751 𢍰子

18.11752 子𤇾

18.11753 伐甗

18.11754 山午

18.11755 耒㸓(呈)

18.11756 㚇(嚳)父乙

18.11757 於取(郰)子敄鼓𨪈鏞元喬

18.11758 天子建邦，中山侯恣(忣)乍(作)兹軍釷，以敬(儆)厥眾

18.11759 庚
18.11760 王
18.11761 冋(坰)
18.11762 疑
18.11763 疑
18.11764 俞
18.11765 俞
18.11766 征(延)
18.11767 毌
18.11768 ㄨ(規)
18.11769 丌(其)
18.11770 ↑
18.11771 ↓
18.11772 巾
18.11773 毛
18.11774 豐王
18.11775 亞疑
18.11776 亞疑
18.11777 亞融
18.11778 康侯
18.11779 康侯
18.11780 中屮(屮)
18.11781 弔龜
18.11782 弔龜
18.11783 竕(戒)虎
18.11784 右庫
18.11785 戲嗣土(徒)北征蒿盧
18.11786 吕大叔之貳車之斧
18.11787 吕大叔之貳車之斧
18.11788 郘(吕)大叔以新金爲資(貳)車之斧十
18.11789 子
18.11790 ⿵
18.11791 己
18.11792 己
18.11793 何
18.11794 亞疑
18.11795 亞疑
18.11796 亞融
18.11797 亞融
18.11798 戈
18.11799 ㄎ(己)
18.11800 公
18.11801 亞疑
18.11802 右庫
18.11803 𪓾
18.11804 豙(豲)
18.11805 搴
18.11806 宁
18.11807 ⺦(芇)
18.11808 己
18.11809 屮(屮)巨
18.11810 亞弜
18.11811 亞弜
18.11812 康侯
18.11813 亞疑
18.11814 左使車工墳(坿)
18.11815 齊城右造車鏚(戟)、冶腽
18.11816 唯侯(侘)仲𡟊子用
18.11817 王
18.11818 王
18.11819 王
18.11820 角
18.11821 公
18.11822 十四苿,左使車四
18.11823 ↑
18.11824 牛
18.11825 嫪佪
18.11826 屖(遅、遲)肀(尹)
18.11827 右庫
18.11828 豙(豲)
18.11829 田
18.11830 中山
18.11831 亞疑
18.11832 右庫
18.11833 右庫
18.11834 𤔔
18.11835 侯
18.11836 皇宫右
18.11837 八年,邦右庫冶事(吏)𡗜
18.11838 衛師昜(錫)
18.11839 衛師昜(錫)
18.11840 五
18.11841 矢(仄)
18.11842 䨳(䩞)
18.11843 干
18.11844 莫
18.11845 豐
18.11846 豐
18.11847 豐
18.11848 豐王
18.11849 豐王
18.11850 豐王
18.11851 矢笴(�)
18.11852 亞疑
18.11853 亞疑
18.11854 匽(燕)侯
18.11855 中次
18.11856 中次
18.11857 日毛
18.11858 非師昜(錫)
18.11859 衛師昜(錫)
18.11860 匽(燕)侯無(舞)昜(錫)
18.11861 匽(燕)侯無(舞)昜(錫)
18.11862 十四苿十二月,師紿
18.11863 十三苿,私庫嗇夫煑正、工孟鮮
18.11864 十三苿,私庫嗇夫煑正、工夏旻(昃)
18.11865 十三苿,私庫嗇夫煑正、工陲亘
18.11866 先
18.11867 俞
18.11868 𥄕(瞚)
18.11869 鼻(鵬)
18.11870 𥁕
18.11871 析
18.11872 𣏟(攀)亞
18.11873 𣏟(攀)亞
18.11874 甲
18.11875 甲
18.11876 甲
18.11877 正
18.11878 鼎
18.11879 𠬢
18.11880 合
18.11881 合
18.11882 合
18.11883 合
18.11884 合
18.11885 貯
18.11886 貯
18.11887 兮
18.11888 囬
18.11889 旋
18.11890 舟
18.11891 卜
18.11892 ↑
18.11893 一
18.11894 二
18.11895 五
18.11896 五

18.11897 五
18.11898 五
18.11899 八
18.11900 零(露)十命
18.11901 皮氏大鑰(鈴)
18.11902 廿四年，鍪昌我左攻(工)戠(16.10453)
18.11903 彝冋
18.11904 [illegible]
18.11905 郮
18.11906 中府
18.11907 鄴斲(牙)庫
18.11908 右旁(坊)造
18.11909 庚(唐)都司馬
18.11910 梠(舥)洍都大嗣馬
18.11911 十六年，大良造庶長鞅之造，雍，[illegible]
18.11912 幸
18.11913 ㄖ(規)
18.11914 聽七㽕
18.11915 悍(忏)乍(作)距末，用差(佐)商國
18.11916 廿年，尚上張乘，丌(其)我彊攻(工)書
18.11917 上攻□底者□□，僕□□少□眾，□□長□頁
18.11918 丞廣
18.11919 右攻(工)君(尹)
18.11920 右攻(工)君(尹)
18.11921 右攻(工)君(尹)
18.11922 右攻(工)君(尹)
18.11923 左攻(工)君(尹)
18.11924 左攻(工)君(尹)
18.11925 左周印
18.11926 左周印
18.11927 左周印
18.11928 左周印
18.11929 右昜攻(工)君(尹)
18.11930 右昜宮攻(工)君(尹)
18.11931 八年，右偈(遇)攻(工)君(尹)五大夫青，丌(其)攻(工)涅
18.11932 公
18.11933 公
18.11934 上
18.11935 左
18.11936 左
18.11937 右
18.11938 右
18.11939 右
18.11940 空
18.11941 易
18.11942 商丘
18.11943 右得工
18.11944 右得工
18.11945 右得工
18.11946 右得工
18.11947 右得工
18.11948 右得工
18.11949 右得工
18.11950 右得工
18.11951 右得工
18.11952 右得工
18.11953 右得工
18.11954 右得工
18.11955 右得工
18.11956 右得工
18.11957 右得工
18.11958 右得工
18.11959 右得工
18.11960 右得工
18.11961 右得工
18.11962 右得工
18.11963 右得工
18.11964 右得工
18.11965 右得工
18.11966 右得工
18.11967 右得工
18.11968 右得工
18.11969 右得工
18.11970 右得工
18.11971 右得工
18.11972 右得工
18.11973 右得工
18.11974 左得工
18.11975 左得工
18.11976 左得工
18.11977 左得工
18.11978 左得工
18.11979 左得工
18.11980 左得工
18.11981 左得工
18.11982 左得工
18.11983 左得工
18.11984 左得工
18.11985 左得工
18.11986 㝵(得工)仕
18.11987 不降
18.11988 [illegible]北
18.11989 [illegible]北
18.11990 [illegible]北
18.11991 [illegible]北
18.11992 [illegible]北
18.11993 [illegible]北
18.11994 叏(鞭)右頙
18.11995 [illegible](哾)公之矢
18.11996 廿一年，得工欯(赵)
18.11997 郳(唧)公[illegible][illegible]之矢，顴之蝨(蚚)
18.11998 敬虘(虐)㙑(嗟)忏(吁)
18.11999 虎
18.12000 車
18.12001 車
18.12002 之
18.12003 侌
18.12004 左
18.12005 左
18.12006 左
18.12007 侯
18.12008 侯
18.12009 子
18.12010 子
18.12011 旅
18.12012 倗史
18.12013 左宮
18.12014 左宮
18.12015 下宮
18.12016 右庫
18.12017 册侌
18.12018 酉年
18.12019 右輚(軷)
18.12020 康侯
18.12021 夫人
18.12022 楚高
18.12023 陳窒散
18.12024 陳窒散
18.12025 君軽(軖)鉺

(耳)
18.12026 大(太)后公(宮)
18.12027 晉公之車
18.12028 晉公之車
18.12029 口乍(作)矢寶
18.12030 嫚(姪)妊乍(作)安車
18.12031 齊司馬郜右
18.12032 十年,昜(陽)曲爰馬重(童)
18.12033 豚工,二兩二朱(銖)
18.12034 豚工,二兩五朱(銖)
18.12035 豚工,二兩十朱(銖)
18.12036 豚工,〔二〕兩十二朱(銖)
18.12037 豚工,二兩十二朱(銖)
18.12038 豚工,二兩廿一朱(銖)
18.12039 少府,二兩十四朱(銖)
18.12040 冶緗(紹)夅、陳共爲之
18.12041 廿一年,寺工獻、工上造但
18.12042 十四茉,私庫嗇夫責正、工適
18.12043 十四茉,私庫嗇夫責正、工適
18.12044 十四茉,私庫嗇夫責正、工適
18.12045 十四茉,私庫嗇夫責正、工適
18.12046 十四茉,私庫嗇夫責正、工適
18.12047 十四茉,私庫嗇夫責正、工適
18.12048 十四茉,私庫嗇夫責正、工適
18.12049 十四茉,私庫嗇夫責正、工適
18.12050 十四茉,私庫嗇夫責正、工適
18.12051 十四茉,私庫嗇夫責正、工適
18.12052 十四茉,私庫嗇夫責正、工適
18.12053 十四茉,私庫嗇夫責正、工適
18.12054 十四茉,左使車嗇夫孫固、工蒷(埘),五
18.12055 十四茉,左使車嗇夫孫固、工蒷(埘),四
18.12056 十四茉,左使車嗇夫孫固、工蒷(埘),三
18.12057 左使車嗇夫孫固、工蒷(埘),一
18.12058 十四茉,左使車嗇夫孫固、工蒷(埘),二
18.12059 十四茉,左使車嗇夫孫固、工蒷(埘),十
18.12060 十四茉,左使車嗇夫孫固、工蒷(埘),六
18.12061 十四茉,左使車嗇夫孫固、工蒷(埘),三
18.12062 十四茉,左使車嗇夫孫固、工蒷(埘),四
18.12063 十四茉,左使車嗇夫孫固、工蒷(埘),五
18.12064
18.12065 右
18.12066 □叔
18.12067 右企
18.12068 左宮之三
18.12069 左宮之廿
18.12070 周
18.12071 南
18.12072 南
18.12073 南
18.12074 田
18.12075 丩
18.12076 矢
18.12077 矢
18.12078 矢
18.12079 矢
18.12080 矢
18.12081 矢
18.12082
18.12083 矢丁
18.12084 矢丁
18.12085 (坂)
18.12086 節
18.12087 乘□□八□□乘
18.12088 麐屃(屄、臀)
18.12089 懺(悄)節
18.12090 齊節大夫敀(屄、欣)五
18.12091 騎傳(遑)竹屌(佝)
18.12092 亡縱一乘
18.12093 采者旃節
18.12094 王命命遄(傳)賃
18.12095 王命命遄(傳)賃
18.12096 王命傳我
18.12097 王命命遄(傳)賃,一檐(擔)飤之
18.12098 王命命遄(傳)賃,一檐(擔)飤之
18.12099 王命命遄(傳)賃,一檐(擔)飤之
18.12100 王命命遄(傳)賃,一檐(擔)飤之
18.12101 王命命遄(傳)賃,一檐(擔)飤之
18.12102 王命命遄(傳)賃,一檐(擔)飤之
18.12103 造□八□□右□,□□八丙
18.12104 傳虡(遽)甫戊燕,舟三千不句酉
18.12105 傳虡(遽)甫戊燕,傳舟得三千不句酉
18.12106 傳虡(遽)甫戊燕,傳舟得三千不句酉
18.12107 辟(壁)大夫信節,埍(填)丘牙(與)塿紙,貴〔將軍信節〕
18.12108 甲兵之符,右在王,左在新郪,凡興士被(披)甲,用兵五

十人以上——會王符，乃敢行之，燔隊(燧)事，雖毋會符，行殹(也)

18.12109 兵甲之符，右在君，左在杜，凡興士被(披)甲，用兵五十人以上，必會君符，乃敢行之，燔燧之事，雖毋會符，行殹(也)

18.12110 大司馬卲(昭)鄒(陽)敗晉師於襄陵之歲，夏㞷之月，乙亥之日，王凥(処)於葳郢之遊宮，大攻(工)尹脽台(以)王命，命集尹恖(㤫)穞(褚)、裁(織)尹逆、裁(織)殺(令)阢，爲鄂(鄂)君啟之府賸(僦、就)鑄金節，車五十乘，歲罷(贏、贏)返，毋載金、革、黽(鏑、箭)箭，女(如)馬、女(如)牛、女(如)僡(慎、犆、特)，屯十台(以)堂(當)一車，女(如)檐(擔)徒，屯廿檐(擔)台(以)堂(當)一車，台(以)毀於五十乘之中，自鄂(鄂)市，就鄒(陽)丘、就邡(方)城、就鲁(象)禾、就栖(柳)焚(棼)、就繁昜(陽)、就高丘、就下鄵(蔡)、就居鄛(巢)、就郢，見其金節則毋政(徵)，毋舍(捨)桴(饌)飤，不見其金節則政(徵)

18.12111 大司馬卲(昭)鄒(陽)敗晉師於襄陵之歲，夏㞷之月，乙亥之日，王凥(処)於葳郢之遊宮，大攻(工)尹脽台(以)王命，命集尹恖(㤫)穞(褚)、裁(織)尹逆、裁(織)殺(令)阢，爲鄂(鄂)君啟之府賸(僦、就)鑄金節，車五十乘，歲罷(贏、贏)返，毋載金、革、黽(鏑、箭)箭，女(如)馬、女(如)牛、女(如)僡(值、犆、特)，屯十台(以)堂(當)一車，女(如)檐(擔)徒，屯廿檐(擔)台(以)堂(當)一車，台(以)毀於五十乘之中，自鄂(鄂)市，就昜(陽)丘、就邡(方)城、就鲁(象)禾、就栖(柳)焚(棼)、就繁昜(陽)、就高丘、就下鄵(蔡)、就居鄛(巢)、就郢，見其金節則毋政(徵)，毋舍(捨)桴(饌)飤，不見其金節則政(徵)

18.12112 大司馬卲(昭)鄒(陽)敗晉師於襄陵之歲，夏㞷之月，乙亥之日，王凥(処)於葳郢之遊宮，大攻(工)尹脽台(以)王命，命集尹恖(㤫)穞(褚)、裁(織)尹逆、裁(織)殺(令)阢，爲鄂(鄂)君啟之府賸(僦、就)鑄金節，車五十乘，歲罷(贏、贏)返，毋載金、革、黽(鏑、箭)箭，女(如)馬、女(如)牛、女(如)僡(值、犆、特)，屯十台(以)堂(當)一車，女(如)檐(擔)徒，屯廿檐(擔)台(以)堂(當)一車，台(以)毀於五十乘之中，自鄂(鄂)市，就昜(陽)丘、就邡(方)城、就鲁(象)禾、就栖(柳)焚(棼)、就繁昜(陽)、就高丘、就下鄵(蔡)、就居鄛(巢)、就郢，見其金節則毋政(徵)，毋舍(捨)桴(饌)飤，不見其金節則政(徵)

18.12113 大司馬卲(昭)鄒(陽)敗晉師於襄陵之歲，夏㞷之月，乙亥之日，王凥(処)於葳郢之遊宮，大攻(工)尹脽台(以)王命，命集尹恖(㤫)穞(褚)、裁(織)尹逆、裁(織)殺(令)阢，爲鄂(鄂)君啟之府賸(僦、就)鑄金節，屯三舟爲一舿(舸)，五十舿(舸)，歲罷(贏、贏)返，自鄂(鄂)市，逾油(淯)，𨑓(让、上)灘(漢)，就䣓(穀)，就芸(䢵)昜(陽)，逾灘(漢)，就𨛭(襄)，逾夏，內(入)邔(涓)，逾江，就彭射(澤)，就松(樅)昜(陽)，內(入)瀘(瀘)江，就爰陵，𨑓(让、上)江，內(入)湘，就𨜒(牒)，就𨛬(洮)昜(陽)，內(入)澑(耒)，就鄎(郴)，內(入)澬(資)、沅、澧、𤅊(油)，𨑓(让、上)江，就木閘(關)，就郢，見其金節則毋政(徵)，毋舍(捨)桴(饌)飤，不見其金節則政(徵)，女(如)載馬、牛、羊，台(以)出內(入)閘(關)，則政(徵)於大府，毋政(徵)於閘(關)

部首表

1. 人部 ……… 185
2. 大部 ……… 186
3. 元部 ……… 186
4. 首部 ……… 186
5. 頁部 ……… 186
6. 百部 ……… 186
7. 丱部 ……… 186
8. 異部 ……… 187
9. 女部 ……… 187
10. 身部 ……… 187
11. 㐆部 ……… 187
12. 卧部 ……… 187
13. 文部 ……… 187
14. 产部 ……… 188
15. 欠部 ……… 188
16. 旡部 ……… 188
17. 先部 ……… 188
18. 立部 ……… 188
19. 尸部 ……… 188
20. 卩部 ……… 188
21. 夘部 ……… 188
22. 見部 ……… 188
23. 儿部 ……… 189
24. 兄部 ……… 189
25. 老部 ……… 189
26. 勹部 ……… 189
27. 尢部 ……… 189
28. 夭部 ……… 189
29. 矢部 ……… 189
30. 克部 ……… 189
31. 北部 ……… 189
32. 髟部 ……… 189
33. 囟部 ……… 189
34. 臣部 ……… 189
35. 乑部 ……… 189
36. 亽部 ……… 189
37. 長部 ……… 189
38. 重部 ……… 189
39. 民部 ……… 189
40. 氏部 ……… 189
41. 冎部 ……… 189
42. 歺部 ……… 189
43. 𣦼部 ……… 189
44. 死部 ……… 189
45. 又部 ……… 189
46. 寸部 ……… 190
47. 支部 ……… 190
48. 殳部 ……… 191
49. 手部 ……… 191
50. 爪部 ……… 191
51. 収部 ……… 191
52. 𣬉部 ……… 192
53. 臼部 ……… 192
54. 受部 ……… 192
55. 舁部 ……… 192
56. 丮部 ……… 192
57. 印部 ……… 192
58. 叕部 ……… 192
59. 鬥部 ……… 192
60. 止部 ……… 192
61. 正部 ……… 192
62. 步部 ……… 192
63. 足部 ……… 192
64. 疋部 ……… 192
65. 走部 ……… 192
66. 辵部 ……… 193
67. 从部 ……… 193
68. 彳部 ……… 193
69. 行部 ……… 194
70. 廴部 ……… 194
71. 夂部 ……… 194
72. 夊部 ……… 194
73. 舛部 ……… 194
74. 桀部 ……… 194
75. 癶部 ……… 194
76. 出部 ……… 194
77. 去部 ……… 194
78. 之部 ……… 194
79. 至部 ……… 194
80. 言部 ……… 194
81. 誩部 ……… 195
82. 音部 ……… 195
83. 心部 ……… 195
84. 口部 ……… 196
85. 吅部 ……… 196
86. 㗊部 ……… 196
87. 品部 ……… 196
88. 曰部 ……… 196
89. 甘部 ……… 196
90. 舌部 ……… 196
91. 耳部 ……… 196
92. 聑部 ……… 196
93. 自部 ……… 196
94. 目部 ……… 196
95. 省部 ……… 197
96. 䀠部 ……… 197
97. 面部 ……… 197
98. 肉部 ……… 197
99. 食部 ……… 197
100. 旨部 …… 197
101. 鬲部 …… 197
102. 䰜部 … 197
103. 鼎部 …… 198
104. 皀部 …… 198
105. 壺部 …… 198
106. 爵部 …… 198
107. 斝部 …… 198
108. 卣部 …… 198
109. 鬯部 …… 198
110. 皿部 …… 198
111. 血部 …… 198
112. 凵部 …… 198
113. 缶部 …… 199
114. 甾部 …… 199
115. 豆部 …… 199
116. 瓦部 …… 199

117. 鼓部 …… 199
118. 壴部 …… 199
119. 喜部 …… 199
120. 豈部 …… 199
121. 斗部 …… 199
122. 勺部 …… 199
123. 匕部 …… 199
124. 七部 …… 199
125. 臼部 …… 199
126. 宀部 …… 199
127. 穴部 …… 200
128. 广部 …… 200
129. 厂部 …… 201
130. 門部 …… 201
131. 户部 …… 201
132. 京部 …… 201
133. 高部 …… 201
134. 𩫏𦎧部 … 201
135. 疒疒部 … 201
136. 爿部 …… 202
137. 片部 …… 202
138. 金部 …… 202
139. 貝部 …… 202
140. 玉部 …… 203
141. 車部 …… 203
142. 舟部 …… 203
143. 革部 …… 203
144. 韋部 …… 203
145. 皮部 …… 203
146. 求部 …… 203
147. 衣部 …… 204
148. 黹部 …… 204
149. 巾部 …… 204
150. 帛部 …… 204
151. 糸部 …… 204
152. 系部 …… 204
153. 𤔔部 …… 204
154. 素部 …… 204
155. 幺部 …… 204
156. 丝部 …… 204
157. 丩部 …… 204
158. 叀部 …… 205
159. 几部 …… 205
160. 丌部 …… 205
161. 且部 …… 205
162. 用部 …… 205
163. 丹部 …… 205
164. 赤部 …… 205
165. 黄部 …… 205
166. 白部 …… 205
167. 皕部 …… 205
168. 黑部 …… 205
169. 青部 …… 205
170. 戈部 …… 205
171. 矛部 …… 205
172. 戉部 …… 205
173. 我部 …… 205
174. 弓部 …… 205
175. 弜部 …… 206
176. 矢部 …… 206
177. 刀部 …… 206
178. 刃部 …… 206
179. 斤部 …… 206
180. 毌部 …… 206
181. 干部 …… 206
182. 网部 …… 206
183. 𠦒部 …… 206
184. 率部 …… 206
185. 冉部 …… 207
186. 卥部 …… 207
187. 𢦏部 …… 207
188. 㫃部 …… 207
189. 㪟部 …… 207
190. 𡴘㚔幸部… 207
191. 王部 …… 207
192. 士部 …… 207
193. 工部 …… 207
194. 巫部 …… 207
195. 臣部 …… 207
196. 亞部 …… 207
197. 册部 …… 207
198. 史部 …… 207
199. 𠂤師部 … 207
200. 司部 …… 207
201. 后部 …… 207
202. 示部 …… 208
203. 卜部 …… 208
204. 鬼部 …… 208
205. 由部 …… 208
206. 囟部 …… 208
207. 雨部 …… 208
208. 气部 …… 208
209. 永部 …… 208
210. 水部 …… 208
211. 川部 …… 209
212. 井部 …… 209
213. 泉部 …… 209
214. 冰部 …… 209
215. 火部 …… 209
216. 炎部 …… 210
217. 光部 …… 210
218. 土部 …… 210
219. 自部 …… 207
220. 堇部 …… 210
221. 𩫖章部 … 210
222. 田部 …… 210
223. 阜部 …… 211
224. 邑部 …… 211
225. 里部 …… 212
226. 石部 …… 212
227. 山部 …… 212
228. 丘部 …… 212
229. 谷部 …… 212
230. 馬部 …… 212
231. 牛部 …… 212
232. 羊部 …… 212
233. 犬部 …… 212
234. 豕部 …… 213
235. 彖部 …… 213
236. 㣇部 …… 213
237. 㲋部 …… 213
238. 兔部 …… 213
239. 能部 …… 213
240. 虎部 …… 213
241. 虍部 …… 213
242. 豸部 …… 213
243. 龍部 …… 213
244. 象部 …… 213
245. 舄部 …… 213
246. 鹿部 …… 213
247. 廌部 …… 213
248. 鼠部 …… 213
249. 瞿部 …… 213
250. 釆部 …… 213
251. 内部 …… 213
252. 𦫳部 …… 213
253. 苜部 …… 213
254. 萑部 …… 214
255. 鳥部 …… 214
256. 魚部 …… 214
257. 龜部 …… 214
258. 黽部 …… 214
259. 虫部 …… 214
260. 它部 …… 214
261. 𣎆部 …… 214
262. 隹部 …… 214
263. 雔部 …… 214
264. 雥部 …… 214
265. 奞部 …… 214
266. 烏部 …… 214
267. 燕部 …… 215
268. 鹵部 …… 215
269. 牙部 …… 215
270. 角部 …… 215
271. 毛部 …… 215
272. 尾部 …… 215

273. 眉部 …… 215
274. 羽部 …… 215
275. 飛部 …… 215
276. 屮部 …… 215
277. 艸部 …… 215
278. 禾部 …… 216
279. 木部 …… 216
280. 林部 …… 216
281. 棶部 …… 217
282. 竹部 …… 217
283. 朿部 …… 217
284. 來部 …… 217
285. 麥部 …… 217
286. 米部 …… 217
287. 瓜部 …… 217
288. 華部 …… 217
289. 束部 …… 217
290. 㯻部 …… 217
291. 東部 …… 217
292. 東部 …… 217
293. 橐部 …… 217
294. 巿部 …… 217
295. 生部 …… 217
296. 巢部 …… 217
297. 耒部 …… 217
298. 力部 …… 217
299. 亩部 …… 217
300. 啬部 …… 218
301. 倉部 …… 218
302. 麻部 …… 218
303. 耑部 …… 218
304. 夲部 …… 218
305. 不部 …… 218
306. 勿部 …… 218
307. 亡部 …… 218
308. 有部 …… 218
309. 是部 …… 218
310. 非部 …… 218
311. 古部 …… 218
312. 才部 …… 218
313. 乃部 …… 218
314. 弋部 …… 218
315. 此部 …… 218
316. 小部 …… 218
317. 多部 …… 218
318. 下部 …… 218
319. 上部 …… 218
320. 尚部 …… 218
321. 入部 …… 218
322. 𠂇左部 … 218
323. 丶部 …… 218
324. 丨部 …… 218
325. 丰部 …… 218
326. 幵部 …… 218
327. 丬部 …… 218
328. 彡部 …… 218
329. 𠃊部 …… 218
330. 匸部 …… 219
331. 乚部 …… 219
332. 二部 …… 219
333. 乂部 …… 219
334. 爻部 …… 219
335. 㸚部 …… 219
336. 四部 …… 219
337. 丂部 …… 219
338. 兮部 …… 219
339. 亏于部 … 219
340. 丏部 …… 219
341. 门部 …… 219
342. 冖部 …… 219
343. 凵部 …… 219
344. 卩部 …… 219
345. 厶部 …… 219
346. 曲部 …… 219
347. 予部 …… 219
348. 吕部 …… 219
349. 毛部 …… 219
350. 尺部 …… 219
351. 方部 …… 219
352. 圓部 …… 219
353. 㠯部 …… 219
354. 口部 …… 219
355. 冃部 …… 220
356. 良部 …… 220
357. 夬部 …… 220
358. 宁部 …… 220
359. 马部 …… 220
360. 丙部 …… 220
361. 卂部 …… 220
362. 两部 …… 220
363. 从部 …… 220
364. 彔部 …… 220
365. 举部 …… 220
366. 弟部 …… 220
367. 聿部 …… 220
368. 聿部 …… 220
369. 隶部 …… 220
370. 畫部 …… 220
371. 亼部 …… 220
372. 龠部 …… 220
373. 興部 …… 220
374. 興部 …… 220
375. 嫠部 …… 220
376. 肉部 …… 220
377. 西部 …… 220
378. 一部 …… 220
379. 五部 …… 220
380. 六部 …… 220
381. 七部 …… 220
382. 八部 …… 221
383. 九部 …… 221
384. 十部 …… 221
385. 甲部 …… 221
386. 乙部 …… 221
387. 丙部 …… 221
388. 丁部 …… 221
389. 戊部 …… 221
390. 己部 …… 221
391. 庚部 …… 221
392. 辛部 …… 221
393. 辛部 …… 221
394. 壬部 …… 221
395. 壬部 …… 221
396. 癸部 …… 221
397. 子部 …… 221
398. 丑部 …… 221
399. 寅部 …… 221
400. 卯部 …… 221
401. 辰部 …… 221
402. 巳部 …… 221
403. 午部 …… 221
404. 未部 …… 221
405. 申部 …… 221
406. 酉部 …… 222
407. 酋部 …… 222
408. 戌部 …… 222
409. 亥部 …… 222
410. 月部 …… 222
411. 夕部 …… 222
412. 日部 …… 222
413. 晶部 …… 222
其它 …… 222

單字排序便覽

1. 人　部

0001 人 ············ 225
0002 仁、[illegible] ······ 228
0003 [illegible] ············ 228
0004 弔(吊) ······ 228
0005 叔(弔) ······ 229
0006 付 ············ 235
0007 仕 ············ 235
0008 代 ············ 235
0009 仦、仯 ······ 235
0010 伐 ············ 235
0011 仲 ············ 236
0012 㐺(眾) ······ 241
0013 伇、役 ······ 241
0014 企 ············ 241
0015 件 ············ 241
0016 佩 ············ 241
0017 佤 ············ 241
0018 伊 ············ 241
0019 任 ············ 242
0020 伖(帑) ······ 242
0021 佚 ············ 242
0022 价 ············ 242
0023 伋 ············ 242
0024 伏 ············ 242
0025 似 ············ 242
0026 [illegible](佁) ······ 242
0027 伯(白) ······ 242
0028 何 ············ 254
0029 夾 ············ 254
0030 佋 ············ 254
0031 伺 ············ 254
0032 佗 ············ 254
0033 伸 ············ 254
0034 侮(姆) ······ 254
0035 但 ············ 254
0036 彼 ············ 254
0037 佋 ············ 254
0038 佐 ············ 254
0039 休 ············ 254
0040 佃 ············ 254
0041 性(姓) ······ 255
0042 [illegible](疌、埶) ······ 255
0043 [illegible] ············ 255
0044 侁 ············ 255
0045 侯 ············ 255
0046 併(抄) ······ 255
0047 使、使 ······ 255
0048 佩 ············ 256
0049 侄 ············ 256
0050 侇 ············ 256
0051 倘 ············ 256
0052 [illegible](匋) ······ 257
0053 免 ············ 257
0054 侎 ············ 257
0055 佫 ············ 257
0056 伎(便、鞭) ······ 257
0057 佸 ············ 257
0058 侍 ············ 257
0059 [illegible](保) ······ 257
0060 保 ············ 257
0061 [illegible]、信 ······ 259
0062 俖 ············ 260
0063 佶 ············ 260
0064 俗 ············ 260
0065 侲(晨) ······ 260
0066 侳 ············ 260
0067 侵 ············ 260
0068 俌(傅) ······ 260
0069 俸 ············ 260
0070 係 ············ 260
0071 倌 ············ 260
0072 俘 ············ 260
0073 偖 ············ 260
0074 倫(伶) ······ 260
0075 倗 ············ 261
0076 偭 ············ 262
0077 俯 ············ 262
0078 侯(佗) ······ 262
0079 侘 ············ 262
0080 倬 ············ 262
0081 眔 ············ 262
0082 倜 ············ 262
0083 偈 ············ 262
0084 側 ············ 262
0085 偁、㑄 ······ 262
0086 備 ············ 262
0087 僘、僘 ······ 262
0088 傎、[illegible] ······ 262
0089 傢(催) ······ 262
0090 得 ············ 262
0091 僑 ············ 262
0092 傳 ············ 262
0093 僕 ············ 263
0094 僪 ············ 263
0095 僰 ············ 263
0096 儋 ············ 263
0097 儡(仃) ······ 263
0098 儕 ············ 263
0099 儥 ············ 263
0100 僎 ············ 263
0101 儹 ············ 263
0102 僕 ············ 263
0103 [illegible] ············ 263
0104 [illegible] ············ 263
0105 [illegible](尊) ······ 264
0106 [illegible]、巴 ······ 264
0107 儫 ············ 264
0108 儀 ············ 264
0109 㑵 ············ 264
0110 僅 ············ 264
0111 [illegible](佼) ······ 264
0112 [illegible] ············ 264

0113 □(曰) …… 264
0114 □ ………… 264
0115 □ ………… 264
0116 □ ………… 264
0117 □(伎) …… 264
0118 □ ………… 264
0119 □ ………… 264
0120 □ ………… 264
0121 □ ………… 264
0122 偄、偃 …… 264
0123 傚 ………… 264
0124 伍 ………… 264
0125 俳(背) …… 264
0126 佷(又4429) … ………………… 264
0127 佝 ………… 264
0128 佑(佑) …… 264

2. 大 部

0129 大 ………… 264
0130 □ ………… 271
0131 亢 ………… 271
0132 天 ………… 271
0133 夫 ………… 275
0134 交 ………… 278
0135 亦 ………… 278
0136 □ ………… 279
0137 □ ………… 279
0138 夸 ………… 279
0139 夻 ………… 279
0140 夷 ………… 279
0141 㚤、奺(同0786) ………………… 438
0142 秋(休) …… 279
0143 奄 ………… 279
0144 □(棄、棄) … 279
0145 奎 ………… 279
0146 豖(豜、豜) … 279
0147 奚 ………… 279
0148 □(昊) …… 279
0149 奢 ………… 279
0150 奚 ………… 280
0151 奪 ………… 280
0152 奫(偪) …… 280
0153 奄 ………… 280
0154 奮 ………… 280
0155 奭(㚇) …… 280
0156 㚇、姑 …… 280
0157 奭、嬃(聯) …… ………………… 281
0158 □ ………… 281
0159 □ ………… 281
0160 □ ………… 281
0161 □ ………… 281
0162 □ ………… 281
0163 □ ………… 281
0164 □(僕) …… 281
0165 □(掌) …… 281
0166 □(兀) …… 281
0167 㚔、㚔(㚔) …… ………………… 281
0168 㚔(伐) …… 281
0169 㚔 ………… 281
0170 □ ………… 281
0171 □(共) …… 281
0172 㚔(偪) …… 281
0173 □ ………… 281
0174 □(杊、枇) …… ………………… 281
0175 □(幸、𦓤) …… ………………… 281
0176 □ ………… 281
0177 □(抓) …… 281
0178 □(揉) …… 281
0179 □ ………… 281
0180 □ ………… 281
0181 □ ………… 281
0182 □(睞) …… 281
0183 □ ………… 281
0184 □(偟) …… 281
0185 □ ………… 281
0186 □ ………… 281
0187 □ ………… 281
0188 □ ………… 281
0189 □ ………… 281
0190 □ ………… 281
0191 □ ………… 282
0192 □ ………… 282
0193 □(同2648) … ………………… 861

3. 元 部

0194 元 ………… 282
0195 䡇 ………… 283
0196 䢅 ………… 283

4. 首 部

0197 首 ………… 283
0198 䭫、馘(䭫) …… ………………… 284
0199 縣 ………… 285
0200 㒸(䭫) …… 285
0201 䭫(髮) …… 285

5. 頁 部

0202 頁 ………… 285
0203 頊 ………… 285
0204 頎 ………… 285
0205 須 ………… 285
0206 順 ………… 285
0207 頌 ………… 285
0208 領、頷 …… 286
0209 顋 ………… 286
0210 碩 ………… 286
0211 顗 ………… 286
0212 類 ………… 288
0213 頡 ………… 288
0214 顒(揉) …… 288
0215 頠 ………… 288
0216 頭 ………… 288
0217 頯(𩕢) …… 288
0218 顯、𩔢 …… 288
0219 灝 ………… 288
0220 頒 ………… 288
0221 頸 ………… 288
0222 傾 ………… 288
0223 頓 ………… 288
0224 頣 ………… 288
0225 顏 ………… 288
0226 顆 ………… 288
0227 顛 ………… 289
0228 顑 ………… 289
0229 顴 ………… 289
0230 額 ………… 289
0231 顧 ………… 289
0232 顛、頙 …… 289
0233 顐(預) …… 289
0234 顭(頂) …… 289
0235 □、□(頂) …… ………………… 289
0236 顯 ………… 289
0237 顲 ………… 291
0238 顳 ………… 291
0239 顥 ………… 291
0240 𩕳 ………… 291

6. 百 部

0241 夏 ………… 291
0242 酉 ………… 291
0243 𦣻(𩬊) …… 291

7. 丠 部

0244 丠 ………… 291
0245 乘、𦦵 …… 291
0246 □ ………… 292
0247 𦥑(扫) …… 292

0248 龔(龔) …… 292
0249 㠭(具) …… 293
0250 龔(擧) …… 293

8. 異　部

0251 異 ………… 293

9. 女　部

0252 女 ………… 293
0253 母 ………… 298
0254 毋(母) …… 301
0255 妀 ………… 302
0256 奴 ………… 302
0257 妄 ………… 302
0258 㚷(祁) …… 303
0259 好 ………… 303
0260 妄 ………… 303
0261 妙 ………… 303
0262 奸 ………… 303
0263 妖 ………… 303
0264 㚣 ………… 304
0265 妃 ………… 304
0266 妃 ………… 304
0267 妏(妥) …… 304
0268 㚰 ………… 304
0269 婏(婸) …… 304
0270 㚩 ………… 304
0271 妻 ………… 304
0272 㚥 ………… 304
0273 姀 ………… 305
0274 㚶 ………… 305
0275 妊 ………… 305
0276 妣、妃 …… 305
0277 妟(晏) …… 305
0278 姊 ………… 306
0279 妊(娗) …… 306
0280 妓 ………… 306
0281 㚹 ………… 306
0282 妥 ………… 306
0283 娼、姒 …… 306
0284 姛、㚬、㛠、㛚、[illegible]
(姒) ………… 306
0285 始 ………… 307
0286 妹 ………… 307
0287 姑 ………… 307
0288 妯 ………… 308
0289 姃 ………… 308
0290 姄 ………… 308
0291 妱 ………… 308
0292 妶(嬐) …… 308
0293 姁 ………… 308
0294 姘 ………… 308
0295 姚 ………… 308
0296 姦 ………… 308
0297 姜 ………… 308
0298 姞 ………… 310
0299 姰 ………… 311
0300 威 ………… 311
0301 㛂 ………… 311
0302 [illegible](姞) …… 311
0303 娱 ………… 311
0304 娊 ………… 311
0305 㛄 ………… 311
0306 娗 ………… 311
0307 姬 ………… 312
0308 娘 ………… 315
0309 媚 ………… 315
0310 婤 ………… 316
0311 婧 ………… 316
0312 娟 ………… 316
0313 娸 ………… 316
0314 婠 ………… 316
0315 娺 ………… 316
0316 婍 ………… 316
0317 [illegible]、婄 …… 316
0318 媓 ………… 316
0319 媅 ………… 316
0320 㜄 ………… 316
0321 媿 ………… 316
0322 [illegible] ………… 316
0323 媄 ………… 316
0324 媵、嬇、媵 … 316
0325 媿 ………… 316
0326 娼(妘) …… 317
0327 媲 ………… 317
0328 媰 ………… 317
0329 媴 ………… 317
0330 嫄(媛) …… 317
0331 媜(姆) …… 317
0332 寢(婦) …… 317
0333 嫡 ………… 317
0334 嫩 ………… 317
0335 嫜(嫞) …… 317
0336 嫛 ………… 317
0337 嫪 ………… 317
0338 嫚 ………… 317
0339 媳 ………… 317
0340 嫞(祁) …… 317
0341 嫤 ………… 318
0342 嬐 ………… 318
0343 嫺 ………… 318
0344 嫡 ………… 318
0345 嬌 ………… 318
0346 嬰 ………… 318
0347 [illegible] ………… 318
0348 嫝 ………… 318
0349 嫣 ………… 318
0350 嫖 ………… 319
0351 嫙 ………… 319
0352 嬴 ………… 319
0353 嬌 ………… 319
0354 嬙 ………… 319
0355 嫺、媥 …… 319
0356 嫁 ………… 319
0357 嬖 ………… 319
0358 嬰 ………… 319
0359 嬉 ………… 319
0360 嬣 ………… 319
0361 嬬 ………… 319
0362 嬢 ………… 319
0363 嬦 ………… 319
0364 嬬、㜪 …… 319
0365 嬗、姪 …… 320
0366 嬾 ………… 320
0367 孅 ………… 320
0368 㛀 ………… 320
0369 㛛 ………… 320
0370 [illegible] ………… 320
0371 [illegible](妖) …… 320
0372 [illegible] ………… 320
0373 [illegible] ………… 320
0374 [illegible] ………… 320
0375 [illegible] ………… 320
0376 婞 ………… 320
0377 嬫 ………… 320
0378 婦、帚 …… 320
0379 歸(嬐) …… 322
0380 [illegible](姆) …… 322
0381 㱙(妖) …… 322

10. 身　部

0382 身 ………… 322
0383 躬 ………… 323
0384 軆(體) …… 323

11. 㐆　部

0385 殷 ………… 323
0386 㱚 ………… 323

12. 卧　部

0387 監 ………… 323
0388 臨 ………… 324

13. 文　部

0389 文、玟 …… 324
0390 㪅(贇) …… 328

0391 叟 ………… 328
0392 □ ………… 328
0393 □ ………… 328

14. 产 部

0394 彥 ………… 328
0395 產、𢊁 …… 328
0396 彥(諺) …… 329

15. 欠 部

0397 欠 ………… 329
0398 次 ………… 329
0399 □、□(次) …… ………………… 329
0400 玖(吁) …… 329
0401 吹 ………… 329
0402 □、□ …… 329
0403 放(昉) …… 329
0404 欰 ………… 329
0405 欿 ………… 329
0406 欣(听) …… 329
0407 欮(戾) …… 329
0408 歋(姍) …… 329
0409 歆(咭) …… 329
0410 歀 ………… 329
0411 欶 ………… 329
0412 欽(咱) …… 329
0413 欧(跌) …… 329
0414 歑(呼) …… 329
0415 歎 ………… 329
0416 欷(嘟) …… 329
0417 歚 ………… 329
0418 歈 ………… 329
0419 歆 ………… 330
0420 歃 ………… 330
0421 歍(鳴) …… 330
0422 歐 ………… 330
0423 歇(嘿) …… 330
0424 歖 ………… 330
0425 歡(歖) …… 330
0426 欲 ………… 330
0427 𣤎、歔(譆) …… ………………… 330
0428 □(抆) …… 330
0429 □ ………… 330

16. 旡 部

0430 旡 ………… 330
0431 䊢 ………… 330
0432 䊢 ………… 330

17. 先 部

0433 先 ………… 330
0434 兟 ………… 332

18. 立 部

0435 立 ………… 332
0436 竔(影) …… 333
0437 竏 ………… 333
0438 □(竛) …… 333
0439 𥩟(堞) …… 333
0440 竩 ………… 333
0441 竝、並(普又1796) ………… 333
0442 竟 ………… 334
0443 竰、竛 …… 334
0444 竩 ………… 334
0445 竨(位) …… 334
0446 竮 ………… 334
0447 竴(坩) …… 334
0448 端 ………… 334

19. 尸 部

0449 尸 ………… 334
0450 𡰥(仁) …… 335
0451 尼 ………… 335
0452 屃(屏) …… 335
0453 屆(侹) …… 335
0454 屆(佝) …… 335
0455 居 ………… 335
0456 屎 ………… 336
0457 展(殿) …… 336
0458 屐(役) …… 336
0459 屖 ………… 336
0460 屢(纘) …… 336
0461 屛(佂) …… 336
0462 屬、僭(觴) …… ………………… 336
0463 屭(僎) …… 336
0464 屭(腆) …… 336

20. 卩 部

0465 卩 ………… 336
0466 厄、軛 …… 336
0467 令、□、□ … 337
0468 卲、珋 …… 343
0469 𢀖(敖) …… 344
0470 卭(併) …… 344
0471 𠨐(坧) …… 344
0472 卬(侹) …… 344
0473 卹(邲) …… 344
0474 𠨰(佅) …… 344
0475 □、卷 …… 344
0476 卻(郤) …… 344
0477 □(負) …… 344
0478 卹(倢) …… 344
0479 卿 ………… 344
0480 □ ………… 344
0481 □ ………… 344
0482 □(吼) …… 344
0483 □(絬) …… 344
0484 □ ………… 344
0485 □ ………… 344
0486 □(叕) …… 344
0487 □ ………… 345
0488 □ ………… 345
0489 □ ………… 345
0490 □ ………… 345
0491 □、仉 …… 345
0492 □ ………… 345
0493 □ ………… 345
0494 □ ………… 345
0495 □ ………… 345
0496 □(掌) …… 345

21. 夘 部

0497 □(夘、嚮) …… ………………… 345
0498 □(弆) …… 345
0499 □、卯 …… 345
0500 𨚖(佮) …… 345
0501 卿 ………… 345
0502 鄉(饗) …… 345
0503 □ ………… 346
0504 □ ………… 346
0505 □(史) …… 346
0506 □(倸) …… 346

22. 見 部

0507 見 ………… 346
0508 覞、視 …… 347
0509 覝(眯) …… 347
0510 覠 ………… 347
0511 覭、覞、覶、覰(景) ………………… 347
0512 親 ………… 347
0513 覷 ………… 348
0514 覼 ………… 348
0515 覿 ………… 348
0516 覸(睦) …… 348
0517 觀 ………… 348
0518 □(敗、捜) …… ………………… 348
0519 □ ………… 348
0520 覻(睐) …… 348

23. 儿　部

0521 允 ………… 348
0522 堯(无) …… 348
0523 兑 ………… 348
0524 皃 ………… 348
0525 皃(貌) …… 349

24. 兄　部

0526 兄、侃、佳 … 349
0527 蜆 ………… 349
0528 跣 ………… 349
0529 兢(競) …… 349
0530 踉 ………… 349

25. 老　部

0531 老 ………… 349
0532 孝、耆 …… 350
0533 者、耇 …… 352
0534 耆、耆 …… 352
0535 考 ………… 352
0536 薹、耋(耄) ……
………………… 359
0537 壽 ………… 359

26. 勹　部

0538 勹 ………… 364
0539 匀 ………… 364
0540 勺 ………… 364
0541 包 ………… 364
0542 伷(三) …… 364
0543 匀(匔) …… 364
0544 旬 ………… 364
0545 匊 ………… 364
0546 匐 ………… 364
0547 匌 ………… 364
0548 匍 ………… 364
0549 匐 ………… 364
0550 冢 ………… 364
0551 匑 ………… 365
0552 匔、匓(匔) ……
………………… 365
0553 匔、匑、腹 … 365
0554 匑 ………… 365

27. 尢　部

0555 尢 ………… 365
0556 尯(尯) …… 365

28. 夭　部

0557 夭(走) …… 365
0558 奔 ………… 365
0559 㚘、逩 …… 365
0560 喬 ………… 365
0561 㚘 ………… 366
0562 𧾷 ………… 366
0563 趯 ………… 366
0564 趣(趨) …… 366

29. 矢　部

0565 矢(仄) …… 366
0566 吳 ………… 366

30. 克　部

0567 克 ………… 367
0568 皃 ………… 368

31. 北　部

0569 北 ………… 368
0570 背(背) …… 369
0571 冀 ………… 369

32. 髟　部

0572 髻 ………… 369
0573 髭 ………… 369

33. 匃　部

0574 囱(匃) …… 369
0575 恖、恩（聰同1379）………… 524

34. 臣　部

0576 臣、臣 …… 369
0577 臣 ………… 369
0578 頤 ………… 370
0579 臺(稟) …… 370
0580 臀 ………… 370

35. 㸚　部

0581 脊、脊 …… 370

36. 亼　部

0582 亼、亼(齊) ……
………………… 370
0583 亼、亼(薺) ……
………………… 370
0584 㐭、齎(櫜) ……
………………… 370
0585 齊 ………… 370

37. 長　部

0586 長 ………… 371
0587 䠷、㙊 …… 372

38. 重　部

0588 重 ………… 372
0589 量 ………… 372

39. 民　部

0590 民 ………… 372

40. 氏　部

0591 氏 ………… 373
0592 氐 ………… 375
0593 厥(氒) …… 375
0594 久 ………… 379

41. 冄　部

0595 冄 ………… 379
0596 另(冎、剮) ……
………………… 379

42. 歺　部

0597 殅、殅 …… 379
0598 殄 ………… 379

43. 奴　部

0599 賓 ………… 379
0600 質(賓) …… 379
0601 叡 ………… 379

44. 死　部

0602 死 ………… 379
0603 㱙、辜 …… 380

45. 又　部

0604 又 ………… 380
0605 叉 ………… 383
0606 叉 ………… 383
0607 厷(肱) …… 383
0608 父 ………… 383
0609 及 ………… 413
0610 㞋 ………… 413
0611 反 ………… 413
0612 友 ………… 414
0613 㕛、攷 …… 415
0614 尹 ………… 415
0615 㕟(抍) …… 417
0616 㕞(抹) …… 417
0617 取(扭) …… 417
0618 叔、敀(廹) ……
………………… 417
0619 㕡(坂) …… 417
0620 㕦、㦰(㦰) ……
………………… 417

0621 取(担) …… 417
0622 取、耿 …… 417
0623 秉 ………… 417
0624 㕡、插 …… 418
0625 叀(友) …… 418
0626 叚 ………… 418
0627 叔 ………… 419
0628 叡(揀) …… 419
0629 叟 ………… 419
0630 叡、𡰥 …… 419
0631 叚(捱) …… 419
0632 隻、獲、穫 … 419
0633 叙(款) …… 419
0634 叙 ………… 419
0635 曼 ………… 419
0636 叡、郭(揨) ……
…………………… 419
0637 叡、叡、徹 … 419
0638 叡(搭) …… 419
0639 叡 ………… 419
0640 叡(叡、攎) ……
…………………… 420
0641 叡、擊 …… 420
0642 叡 ………… 420
0643 叡(揎) …… 420
0644 叡 ………… 420
0645 燮 ………… 420
0646 燮 ………… 420
0647 叡 ………… 421
0648 叡(皮) …… 421
0649 叡 ………… 421
0650 叡 ………… 421
0651 叡(馭) …… 421
0652 叡(婢) …… 421
0653 叡 ………… 421
0654 叡 ………… 421
0655 叡 ………… 421
0656 叡、叡 …… 421
0657 叡 ………… 421
0658 叡 ………… 421
0659 叡(尹) …… 421
0660 叡(叡) …… 421
0661 叡 ………… 421
0662 叡 ………… 421
0663 叡、弁 …… 421
0664 叡、叡(又 2335)
…………………… 421
0665 叡 ………… 421

46. 寸 部

0666 寺 ………… 421
0667 夺 ………… 422
0668 專 ………… 422
0669 專、叀、叀(轉) …
…………………… 422
0670 將 ………… 422
0671 尋 ………… 422
0672 導 ………… 422
0673 對 ………… 422

47. 攴 部

0674 攴 ………… 422
0675 攺 ………… 422
0676 孜、孜 …… 422
0677 改 ………… 422
0678 攻 ………… 422
0679 攸 ………… 423
0680 攼(捍) …… 425
0681 攺(托) …… 425
0682 敂(扣) …… 426
0683 枚(抪) …… 426
0684 攽(搣) …… 426
0685 放 ………… 426
0686 牧 ………… 426
0687 炇(敹) …… 426
0688 効(教) …… 426
0689 更 ………… 426
0690 敀(披) …… 427
0691 敉 ………… 427
0692 敷(捭) …… 427
0693 敃 ………… 427
0694 政 ………… 427
0695 攸、攸(拃) ……
…………………… 428
0696 故 ………… 428
0697 變 ………… 428
0698 敋(挌) …… 428
0699 敎(拳) …… 428
0700 敀(搥) …… 428
0701 效 ………… 428
0702 敀、敀(拆) ……
…………………… 429
0703 敀、敀 …… 429
0704 敀(挭) …… 429
0705 敀 ………… 429
0706 敀(挺) …… 429
0707 敔 ………… 429
0708 敗 ………… 429
0709 敏、敀 …… 429
0710 敀、敀、敀(措) …
…………………… 429
0711 寇 ………… 430
0712 敀、敀、启 … 431
0713 教 ………… 431
0714 敓(捝、脱) ……
…………………… 431
0715 救、栽 …… 431
0716 敕 ………… 431
0717 敕 ………… 432
0718 敀 ………… 432
0719 敗(挸) …… 432
0720 敐(振) …… 432
0721 赦 ………… 432
0722 敀(敀) …… 432
0723 敀(拎) …… 432
0724 敀(招) …… 432
0725 散(措) …… 432
0726 敀、敀(拎) ……
…………………… 432
0727 敀(摡) …… 432
0728 敀(拒) …… 432
0729 敀(摢) …… 432
0730 敞 ………… 432
0731 敀(掠) …… 432
0732 數(摡) …… 432
0733 敬、苟 …… 432
0734 敦(揘) …… 433
0735 敀、教、殺 … 433
0736 敀(擒) …… 433
0737 敝(攏) …… 433
0738 敷(摢) …… 433
0739 毆 ………… 433
0740 敀 ………… 433
0741 敷(敷) …… 433
0742 敀 ………… 433
0743 敀(摡) …… 433
0744 敀(搐) …… 433
0745 敵(敵) …… 433
0746 敀 ………… 433
0747 敀(擐) …… 433
0748 敀(擴) …… 433
0749 敀(擶) …… 433
0750 敀(擂) …… 433
0751 敀(撝) …… 434
0752 數(摜) …… 434
0753 整 ………… 434
0754 敀 ………… 434
0755 敀 ………… 434
0756 敀、敀(播) ……
…………………… 434
0757 斂 ………… 434
0758 敀 ………… 434
0759 敀(描) …… 434
0760 敀(擗) …… 434
0761 斁(擇) …… 434
0762 斆 ………… 434

0763 敫(操) …… 434
0764 數、敹(播) …… 434
0765 敹(溧) …… 434
0766 斆 ………… 434
0767 噭 ………… 434
0768 敹 ………… 434
0769 繖 ………… 434
0770 斆(攔) …… 434
0771 斆(捏) …… 434
0772 敦(敦) …… 434
0773 斆(擌) …… 434
0774 斆 ………… 434
0775 斆 ………… 434
0776 斆(擇、攪) …… 435
0777 斆 ………… 435
0778 斆(攏) …… 435
0779 數 ………… 435
0780 斆(究) …… 435
0781 斆 ………… 435
0782 斆、斆(搢) …… 435
0783 斆 ………… 435
0784 敢 ………… 435
0785 斆 ………… 438
0786 㪋(扶)(又 0141) …… 438
0787 邀 ………… 439
0788 斆(擡) …… 439
0789 斆(搬) …… 439
0790 [illegible] ………… 439
0791 [illegible] ………… 439
0792 斆 ………… 439

48. 殳　部

0793 殳 ………… 439
0794 [illegible] ………… 439
0795 殳(抄) …… 439
0796 殺(抚) …… 439
0797 段(鍛) …… 439
0798 殺(威) …… 439
0799 [illegible](拓) …… 439
0800 殺、杀 …… 439
0801 殺、敉(誅) …… 439
0802 毀(捏) …… 439
0803 殴 ………… 439
0804 殺(揀) …… 439
0805 [illegible](擞) …… 439
0806 殿(插) …… 439
0807 殺 ………… 440
0808 敲 ………… 440
0809 毀、戕 …… 440
0810 殺(揆) …… 440
0811 毆、歐、毆 … 440
0812 毅 ………… 440
0813 毀(鬭) …… 440
0814 瘢、擁 …… 440

49. 手　部

0815 手 ………… 440
0816 拑 ………… 440
0817 拍 ………… 440
0818 拘 ………… 440
0819 抹 ………… 440
0820 拳 ………… 440
0821 挂 ………… 440
0822 [illegible]、掃 …… 440
0823 [illegible](捸) …… 440
0824 擘(曼) …… 440
0825 [illegible]、[illegible]、[illegible](取、俏) …… 440
0826 捏 ………… 441
0827 搏 ………… 441
0828 搏 ………… 441
0829 揚 ………… 441
0830 拜、捧 …… 444
0831 抱、敀 …… 445
0832 抈、肞 …… 445

50. 爪　部

0833 爪 ………… 445
0834 孚、俘 …… 445
0835 奚 ………… 445
0836 [illegible] ………… 445
0837 孚(裼) …… 445
0838 豢(拳) …… 446
0839 覓 ………… 446
0840 爲 ………… 446
0841 豪(嫁) …… 449
0842 虘、摣(攕) …… 449
0843 [illegible] ………… 449

51. 収　部

0844 収 ………… 449
0845 弁 ………… 449
0846 共 ………… 449
0847 承 ………… 449
0848 丞 ………… 450
0849 [illegible](扐) …… 450
0850 [illegible]、[illegible] …… 450
0851 谷(送) …… 450
0852 [illegible](擠) …… 450
0853 [illegible] ………… 450
0854 夯(扶) …… 450
0855 弄 ………… 450
0856 奉 ………… 450
0857 兵 ………… 451
0858 [illegible](拔) …… 451
0859 戛(柄) …… 451
0860 [illegible](挑) …… 451
0861 [illegible]、畀(同 2602) …… 811
0862 [illegible](捆) …… 451
0863 𢍏 ………… 451
0864 弇 ………… 451
0865 具 ………… 451
0866 奐、奐 …… 451
0867 弄、鼻(振) …… 451
0868 弄(誥又 1285) …… 451
0869 衾(搒) …… 451
0870 非(排) …… 451
0871 舁(揮) …… 451
0872 龕、叙 …… 451
0873 蒦(攜) …… 452
0874 舞、犀(殿) …… 452
0875 鼻 ………… 452
0876 羼、擇 …… 452
0877 鼻 ………… 453
0878 彝、彝、爵(勛) … 454
0879 [illegible] ………… 454
0880 [illegible]、奉 …… 454
0881 [illegible]、匓(匃) …… 454
0882 [illegible](臾) …… 454
0883 [illegible] ………… 454
0884 [illegible] ………… 454
0885 [illegible](撜) …… 454
0886 [illegible]、登(同 1230) …… 498
0887 豖(捍) …… 454
0888 舉(薦) …… 454
0889 弅 ………… 454
0890 [illegible] ………… 454
0891 [illegible](概) …… 454
0892 弃(揥) …… 454
0893 [illegible] ………… 454
0894 [illegible] ………… 454
0895 [illegible](開) …… 454

52. 𠬞 部

0896 𠬞、𡴂(攀) …………………………… 454
0897 𢍕(搬) …… 454
0898 樊 ………… 454

53. 臼 部

0899 臼(掬) …… 454
0900 𦥑、𦥑、貴 … 454
0901 臾 ………… 454
0902 𡥈(俘) …… 455
0903 曳 ………… 455
0904 晨 ………… 455
0905 㮚 ………… 455
0906 𡋳、要(腰) …………………………… 455
0907 婁 ………… 455
0908 𡥉(撑) …… 455
0909 農 ………… 455
0910 鼏 ………… 455
0911 𦥔(揺) …… 455
0912 𦥑 ………… 455
0913 𦥒 ………… 455
0914 舀(括) …… 455
0915 𢍏(抆) …… 455
0916 𦥑 ………… 455

54. 𠬪 部

0917 𠬪 ………… 455
0918 寽(捋) …… 455
0919 受 ………… 456
0920 𤔲(剽) …… 458
0921 爰(又0926) …………………………… 458
0922 𤔍(隱) …… 458
0923 𤔔 ………… 458
0924 𤔰 ………… 458
0925 𤔷 ………… 458
0926 𤓯、爰(同0921) …………………………… 458

55. 舁 部

0927 舁 ………… 458
0928 與 ………… 458
0929 興 ………… 458
0930 𦦔 ………… 459
0931 𦥯 ………… 459
0932 𦥑 ………… 459

56. 丮 部

0933 丮 ………… 459
0934 𠃨 ………… 459
0935 巩 ………… 459
0936 𢀜 ………… 459
0937 㧬 ………… 459
0938 𢀩(挺) …… 459
0939 𡛞 ………… 459
0940 𦏲(𦕡) …… 459
0941 𧢲(封) …… 459
0942 𡐦(挂) …… 459
0943 𤖈(撫) …… 459
0944 𦏴(搖) …… 459
0945 𡢁、𣂚(𢮯) …………………………… 460
0946 埶 ………… 460
0947 𡍮、𡘏、𣏕、𥞊、埶(藝) ………… 460
0948 𦏲(纘) …… 460
0949 𣢁 ………… 461
0950 𩖖(搘) …… 461
0951 𩕄(揾) …… 461
0952 𩖴 ………… 461
0953 𩀀 ………… 461
0954 𪏤(打) …… 461
0955 𩓬(擦) …… 461
0956 帆(抻) …… 461
0957 𦥓 ………… 461
0958 𤕭 ………… 461

57. 印 部

0959 𠨍 ………… 461
0960 印 ………… 461

58. 㲋 部

0961 㲋 ………… 461

59. 鬥 部

0962 鬭 ………… 461

60. 止 部

0963 止(趾) …… 461
0964 𣥂(退) …… 461
0965 𣥅(踄) …… 461
0966 世 ………… 461
0967 𡚸(如) …… 462
0968 𣥆、𨑒 …… 462
0969 𣦏、𨒪 …… 462
0970 𣥎 ………… 462
0971 𨒡 ………… 462
0972 𣥓、𨒋 …… 462
0973 𣥙、𨒝 …… 462
0974 𣥚、𨑽 …… 462
0975 𣦒、還(同1149) …………………………… 483
0976 𣥛、速 …… 462
0977 𣦎、𣦔(𨑱、𧻓) … …………………………… 462
0978 前 ………… 462
0979 𣦦(踬) …… 462
0980 𣦤(蹱) …… 463
0981 歸 ………… 463
0982 𣦻、遻(同1137) …………………………… 483
0983 𠑹、𠦵 …… 463
0984 𢓊、𦫵(迖) …………………………… 463

0985 𣦵(是) …… 463
0986 𣥑 ………… 463

61. 正 部

0987 正 ………… 463
0988 乏 ………… 466

62. 步 部

0989 步 ………… 466
0990 歲、𢧜 …… 466

63. 足 部

0991 足 ………… 467
0992 距 ………… 467
0993 路 ………… 467
0994 𠈌(跀) …… 467

64. 疋 部

0995 疋 ………… 467
0996 𤴯 ………… 467
0997 𤴰(䟴) …… 467
0998 𤴔 ………… 467

65. 走 部

0999 走 ………… 467
1000 赴 ………… 468
1001 徒、𨑒 …… 468
1002 起 ………… 468
1003 趄 ………… 468
1004 趀 ………… 468
1005 趌 ………… 468
1006 趜 ………… 468
1007 趞 ………… 468
1008 趦 ………… 469
1009 趙 ………… 469
1010 趧 ………… 469
1011 趬 ………… 469
1012 趪 ………… 469
1013 趫(趫) …… 469

1014 趡 ………… 469
1015 趣 ………… 469
1016 趞 ………… 469
1017 趝 ………… 469
1018 趠(逴) …… 469
1019 𧽈(達) …… 469
1020 𧽜 ………… 469
1021 趄 ………… 469
1022 𧽒(運) …… 469
1023 𧾷 ………… 469
1024 𧽿 ………… 469
1025 𧽤 ………… 469
1026 趨 ………… 470
1027 𧼴 ………… 470
1028 趆、𧽯 …… 470
1029 𧾔(遣) …… 470
1030 𧾘 ………… 470
1031 𧾉 ………… 470
1032 䞞(𧾷) …… 470
1033 趫 ………… 470
1034 𧾐 ………… 470
1035 𧽪 ………… 470
1036 𧾩 ………… 470
1037 𧾧 ………… 470

66. 辵　部

1038 巡 ………… 470
1039 达 ………… 470
1040 辷 ………… 470
1041 迖 ………… 470
1042 迊(下) …… 470
1043 迁 ………… 471
1044 迠 ………… 471
1045 迦、迢 …… 471
1046 近 ………… 471
1047 迏 ………… 471
1048 迖(赴) …… 471
1049 迗 ………… 471
1050 迊、𨑘 …… 471
1051 返 ………… 471
1052 𨒅(跚) …… 471
1053 𨑓(征) …… 471
1054 迲、𡘋 …… 471
1055 徣(延、迣) ……
………………… 471
1056 迣、𢓜 …… 471
1057 述 ………… 471
1058 迮 ………… 471
1059 𨑯(跗) …… 471
1060 𨑗 ………… 471
1061 速 ………… 472
1062 追 ………… 472
1063 屰 ………… 473
1064 逆 ………… 473
1065 退 ………… 474
1066 𨓏 ………… 474
1067 送 ………… 474
1068 𨒷 ………… 474
1069 逃 ………… 474
1070 逜、适 …… 474
1071 𨒡(會) …… 474
1072 造、𢦏、艁、鋯、賠、
𢊁、𨓈、窖 …… 474
1073 逐 ………… 475
1074 𨘷 ………… 475
1075 𨑫 ………… 476
1076 途 ………… 476
1077 連 ………… 476
1078 𨒍(連) …… 476
1079 週、通 …… 476
1080 逞 ………… 476
1081 逜 ………… 476
1082 逞 ………… 476
1083 逦(踁) …… 476
1084 逑 ………… 476
1085 隹、進 …… 476
1086 逮 ………… 477
1087 逌 ………… 477
1088 逮 ………… 477
1089 逓、徲 …… 477
1090 遇(踽) …… 477
1091 逨(速) …… 477
1092 遒 ………… 477
1093 逞 ………… 477
1094 遫 ………… 477
1095 遂 ………… 477
1096 達 ………… 477
1097 逸、徸 …… 477
1098 違 ………… 477
1099 道 ………… 477
1100 𨔶(遄) …… 477
1101 遄 ………… 477
1102 過 ………… 478
1103 逾 ………… 478
1104 遉(偵) …… 478
1105 遱 ………… 478
1106 適 ………… 478
1107 𨕖、𨕗、𨕘、𨕙、𨕚、
傳、傳 ………… 478
1108 遘 ………… 478
1109 遬 ………… 478
1110 遠 ………… 478
1111 𨕿(饋) …… 478
1112 遣 ………… 478
1113 遲(遲) …… 478
1114 遱(趨) …… 479
1115 遳 ………… 479
1116 𨗂 ………… 479
1117 邁(遇) …… 479
1118 遛 ………… 479
1119 逋、𨗈 …… 479
1120 遳 ………… 479
1121 遮(徂) …… 479
1122 邁 ………… 479
1123 遷 ………… 481
1124 遭 ………… 481
1125 遹 ………… 481
1126 遮 ………… 481
1127 遺 ………… 482
1128 遹 ………… 482
1129 遺 ………… 482
1130 𨗨(邀) …… 482
1131 遽 ………… 482
1132 遳 ………… 482
1133 遻 ………… 482
1134 還 ………… 482
1135 遵(躋) …… 482
1136 邊 ………… 482
1137 𨘿(趨又 0982)
………………… 483
1138 邊 ………… 483
1139 遷、衢 …… 483
1140 邇 ………… 483
1141 𨙇 ………… 483
1142 邃 ………… 483
1143 𨙂(越) …… 483
1144 邏(囓) …… 483
1145 邎(邎) …… 483
1146 邐 ………… 483
1147 遪 ………… 483
1148 逭 ………… 483
1149 選(又 0975) …
………………… 483
1150 𢕌 ………… 483

67. 从　部

1151 从 ………… 483
1152 從 ………… 483
1153 并 ………… 485
1154 𠀤、𠀧(并) ……
………………… 485

68. 彳　部

1155 彳 ………… 485
1156 彶(如) …… 485
1157 彸 ………… 485

1158 徃(延、誕) ………………………… 485
1159 彷 ………… 486
1160 㣺(赵) …… 486
1161 㣣 ………… 486
1162 彶(赴) …… 486
1163 彸 ………… 486
1164 征、正 …… 486
1165 徦、逄 …… 487
1166 後 ………… 487
1167 徔 ………… 487
1168 律 ………… 487
1169 待 ………… 487
1170 徙 ………… 487
1171 得 ………… 487
1172 徠、逨 …… 488
1173 御 ………… 488
1174 徫 ………… 489
1175 遊、遊 …… 489
1176 徸(遣、蹢) ………………………… 489
1177 復、复 …… 489
1178 徢(蹉) …… 490
1179 徺、徺(蹺) ………………………… 490
1180 偶(遇) …… 490
1181 徲(徲) …… 490
1182 微、散 …… 490
1183 [illegible] ………… 491
1184 夆、逢 …… 491
1185 徭、徺 …… 491
1186 徹 ………… 491
1187 徿 ………… 491
1188 徻 ………… 491
1189 徾 ………… 491
1190 德 ………… 491
1191 徹 ………… 492
1192 徫(躉) …… 492
1193 徛(扣) …… 492
1194 㑳(逸) …… 492
1195 [illegible](衊) …… 492
1196 [illegible] ………… 492
1197 [illegible] ………… 492
1198 [illegible]、[illegible](徹) ………………………… 492
1199 [illegible](衞、衞) ………………………… 492
1200 [illegible] ………… 492

69. 行 部

1201 行 ………… 492
1202 衍 ………… 494
1203 衎 ………… 494
1204 衒(征) …… 494
1205 [illegible](衒) …… 494
1206 衙 ………… 494
1207 衛 ………… 494
1208 衛、𡍭(衛) ………………………… 494
1209 衡 ………… 495
1210 [illegible](還、狩) ………………………… 495
1211 衛、達 …… 495

70. 廴 部

1212 廷 ………… 495
1213 建 ………… 496
1214 延 ………… 496

71. 夂 部

1215 夅 ………… 496
1216 夆 ………… 496
1217 夆、夆 …… 497
1218 夆 ………… 497
1219 [illegible] ………… 497

72. 夊 部

1220 麦 ………… 497
1221 致(致) …… 497
1222 畟 ………… 497
1223 夓、㚔 …… 497
1224 憂 ………… 497
1225 夔、夔 …… 497
1226 夏 ………… 497

73. 舛 部

1227 舞 ………… 497

74. 桀 部

1228 乘、㮐 …… 497

75. 癶 部

1229 [illegible]、[illegible](癶) ………………………… 498
1230 登(又 0886) ………………………… 498
1231 𤼽 ………… 499

76. 出 部

1232 出 ………… 499
1233 𡴲、敖 …… 499
1234 [illegible](敖) …… 499

77. 去 部

1235 去 ………… 499
1236 𨟕 ………… 499

78. 之 部

1237 之 ………… 499
1238 㞷、往 …… 511
1239 [illegible] ………… 511

79. 至 部

1240 至 ………… 511
1241 𦤶、臺 …… 512
1242 𦥑、𦥑、𦥑、𦥑(臸) ………………………… 512

80. 言 部

1243 言 ………… 512
1244 訋(訋) …… 512
1245 訚(謑、嗟) ………………………… 512
1246 託 ………… 512
1247 記 ………… 512
1248 訊 ………… 512
1249 訟 ………… 512
1250 許 ………… 513
1251 訏 ………… 513
1252 訙 ………… 513
1253 䚻(謡) …… 513
1254 訛 ………… 513
1255 訢 ………… 513
1256 諉(譒) …… 513
1257 諷 ………… 513
1258 訏 ………… 513
1259 訦 ………… 513
1260 訙、詖 …… 513
1261 訬 ………… 513
1262 訇(訽) …… 513
1263 說(咒) …… 513
1264 詁 ………… 513
1265 訶 ………… 513
1266 謌(歌) …… 513
1267 詒 ………… 513
1268 訴 ………… 513
1269 詐 ………… 514
1270 訷 ………… 514
1271 詘 ………… 514
1272 詔 ………… 514
1273 [illegible](詷) …… 514
1274 詻 ………… 514
1275 詳 ………… 514
1276 諫 ………… 514
1277 詠 ………… 514
1278 詈(讙) …… 514

1279 誐 ………… 515
1280 諰 ………… 515
1281 詩 ………… 515
1282 誨 ………… 515
1283 諆 ………… 515
1284 語 ………… 515
1285 誩(誥)(同 0868) ………………… 451
1286 諫 ………… 515
1287 誓 ………… 515
1288 誫(詆) …… 515
1289 誒 ………… 515
1290 誰 ………… 515
1291 誇 ………… 515
1292 諉 ………… 515
1293 諎 ………… 515
1294 請 ………… 515
1295 諆、訾 …… 515
1296 鵴(籟、鞠) …… ………………… 516
1297 諄(辭) …… 516
1298 諾 ………… 516
1299 諫 ………… 516
1300 諻 ………… 516
1301 諱 ………… 516
1302 諡 ………… 516
1303 諧 ………… 516
1304 諔 ………… 516
1305 諥 ………… 516
1306 諹 ………… 516
1307 諶 ………… 516
1308 諮(謟) …… 516
1309 諻 ………… 516
1310 謣 ………… 516
1311 謎(誺) …… 516
1312 韹 ………… 516
1313 譙 ………… 516
1314 絲 ………… 516
1315 講 ………… 518
1316 謙 ………… 518
1317 議 ………… 518
1318 譻、數 …… 518
1319 譃、膺 …… 518
1320 譢(譑) …… 518
1321 譼、謹 …… 518
1322 譵、諴 …… 518
1323 譟 ………… 518
1324 譎 ………… 518
1325 讕 ………… 519
1326 譸 ………… 519
1327 論 ………… 519
1328 讐 ………… 519
1329 讎 ………… 519
1330 訒(詔、叨) …… ………………… 519
1331 訫(信) …… 519

81. 詰 部

1332 詰 ………… 519
1333 善 ………… 519
1334 競 ………… 520

82. 音 部

1335 音 ………… 520
1336 章 ………… 521
1337 韽、韼 …… 521
1338 韴(龢) …… 521
1339 韾 ………… 522
1340 韹 ………… 522
1341 韺 ………… 522
1342 韻 ………… 522
1343 韽 ………… 522

83. 心 部

1344 心 ………… 522
1345 忍(懨) …… 522
1346 志 ………… 522
1347 忍 ………… 522
1348 忞(怒) …… 522
1349 忎(恐) …… 522
1350 忈、恖(順) …… ………………… 522
1351 忑 ………… 522
1352 忐(悍) …… 522
1353 忘 ………… 522
1354 忌 ………… 523
1355 怠、怹、怣(怡) … ………………… 523
1356 忨(忨) …… 523
1357 忠 ………… 523
1358 卷(惓) …… 523
1359 忽 ………… 523
1360 念、悆 …… 523
1361 忢、怒 …… 523
1362 忿(忦) …… 523
1363 忬 ………… 523
1364 忩(忺) …… 523
1365 宊、忓 …… 523
1366 忩(寧) …… 523
1367 怓(惾) …… 523
1368 怸(怏) …… 524
1369 怷(怠) …… 524
1370 惎(謀) …… 524
1371 思 ………… 524
1372 态 ………… 524
1373 怸(寧、哀) …… ………………… 524
1374 恁(信) …… 524
1375 恒 ………… 524
1376 息 ………… 524
1377 恙、恙 …… 524
1378 悍、忓 …… 524
1379 恖(又 0575) … ………………… 524
1380 怊(怊) …… 525
1381 悶(憪) …… 525
1382 恴(慮) …… 525
1383 悆 ………… 525
1384 毎(悔) …… 525
1385 恿(勇) …… 525
1386 惟 ………… 525
1387 悇(肆) …… 525
1388 憭 ………… 525
1389 愚 ………… 525
1390 愗(勞) …… 525
1391 惑 ………… 525
1392 愵(愆) …… 525
1393 愓 ………… 525
1394 感 ………… 526
1395 愈 ………… 526
1396 意 ………… 526
1397 憙 ………… 526
1398 憙、愘 …… 526
1399 慚 ………… 526
1400 憃(逸) …… 526
1401 慈 ………… 526
1402 恙、恙 …… 526
1403 慎 ………… 526
1404 愻 ………… 526
1405 憄(值) …… 526
1406 憲 ………… 526
1407 慕 ………… 526
1408 蕙(蕙慒) … 526
1409 慶 ………… 526
1410 憃(惷) …… 527
1411 憲、憲 …… 527
1412 憚 ………… 527
1413 憖、憖(憪) …… ………………… 527
1414 懅(懅) …… 527
1415 懞 ………… 527
1416 憼 ………… 527
1417 懋 ………… 527
1418 懸 ………… 527
1419 懍(懔) …… 527
1420 慮(慮) …… 527

1421 悪(懚) …… 527
1422 懱(懱) …… 528
1423 懽(歡) …… 528
1424 懼 ………… 528
1425 炁(愛) …… 528
1426 慁(悭) …… 528
1427 恁 ………… 528

84. 口 部

1428 口 ………… 528
1429 叱 ………… 528
1430 右 ………… 528
1431 䚊、䛁(召) ……………………… 533
1432 䚩、召 …… 534
1433 台 ………… 534
1434 可 ………… 535
1435 㕣(厺) …… 536
1436 吉 ………… 536
1437 吁 ………… 541
1438 各 ………… 541
1439 吳(嘩) …… 542
1440 名 ………… 542
1441 吒 ………… 542
1442 㝐 ………… 542
1443 同 ………… 542
1444 君 ………… 543
1445 告 ………… 545
1446 吾 ………… 546
1447 含 ………… 546
1448 和、和 …… 546
1449 吤 ………… 546
1450 昏 ………… 546
1451 呹、㕕 …… 546
1452 呻 ………… 546
1453 咏 ………… 546
1454 命 ………… 546
1455 周 ………… 550
1456 𠻟、𠱠(周) … 553
1457 咨、咉 …… 553
1458 咎、处 …… 553
1459 㕑(盌) …… 553
1460 㕡 ………… 553
1461 哢(詩) …… 553
1462 哀 ………… 554
1463 哉 ………… 554
1464 哩(哯) …… 554
1465 𠱓(哈) …… 554
1466 㕦 ………… 554
1467 哲(㖞) …… 554
1468 哮(咾) …… 554
1469 哲 ………… 554
1470 問 ………… 555
1471 啹 ………… 555
1472 哦、㖸 …… 555
1473 哴(讓) …… 555
1474 唐 ………… 555
1475 唯、佳 …… 555
1476 啲(謌) …… 563
1477 唬 ………… 563
1478 𠵈(苟) …… 563
1479 嘀(謫) …… 563
1480 㭞、啉 …… 563
1481 啎 ………… 563
1482 啜 ………… 563
1483 啻 ………… 563
1484 啵 ………… 563
1485 咸 ………… 563
1486 䣡(啣) …… 564
1487 㗀(咲、笑) ……………………… 564
1488 嗌 ………… 564
1489 嗕 ………… 564
1490 㽙、㽙(疇) ……………………… 564
1491 嘗、嘗 …… 564
1492 嘡 ………… 564
1493 嚳(嚳) …… 564
1494 㘈、嚌 …… 564
1495 囑(囋) …… 564
1496 嚷 ………… 564
1497 孑口 ………… 564
1498 𠯑(哯) …… 564
1499 𦉪、𦉪 …… 564
1500 𠮵 ………… 564
1501 噘 ………… 564
1502 㜸(誨) …… 564
1503 咺 ………… 564
1504 喳 ………… 564

85. 吅 部

1505 單 ………… 564
1506 𠦎、𠦎 …… 565
1507 噩 ………… 565
1508 襄、𠂆、𠂆(攘) … ……………………… 566
1509 𠂆(兢) …… 566
1510 𠂆、𠂆(鑲) …… ……………………… 566
1511 𠂆、𠂆(壤) …… ……………………… 566
1512 嚴 ………… 566

86. 㗊 部

1513 器 ………… 566
1514 嚻(唬) …… 568
1515 囂 ………… 568
1516 䜌、䜌 …… 568

87. 品 部

1517 品 ………… 568
1518 喿 ………… 568

88. 曰 部

1519 曰 ………… 568
1520 曶 ………… 572
1521 沓 ………… 573
1522 曹 ………… 573
1523 㬱 ………… 573

89. 甘 部

1524 甘 ………… 573
1525 甚 ………… 573
1526 㽍 ………… 573
1527 曆、晉 …… 573

90. 舌 部

1528 舌 ………… 574

91. 耳 部

1529 耳 ………… 574
1530 耴 ………… 574
1531 聽 ………… 574
1532 聖 ………… 574
1533 取(揖) …… 575
1534 聘 ………… 575
1535 䎽、聞、婚 … 575
1536 聝、䎲 …… 575
1537 職 ………… 575
1538 聾 ………… 576

92. 聑 部

1539 聑(聭) …… 576
1540 𦔮、𦔮(蚵) …… ……………………… 576

93. 自 部

1541 自 ………… 576
1542 㚃(縮、莤) …… ……………………… 581
1543 鼻 ………… 581
1544 㝐 ………… 581
1545 臭 ………… 581

94. 目 部

1546 目 ………… 581

1547 旬(眴) …… 581
1548 盱 ………… 581
1549 䀹、䀹 …… 581
1550 盾、 …… 581
1551 相 ………… 581
1552 眈 ………… 582
1553 眦 ………… 582
1554 眡、䚷、視 … 582
1555 罘 ………… 583
1556 罘、昊(瞚、瞬) … ………………… 584
1557 哭(哭) …… 584
1558 督 ………… 584
1559 晳 ………… 584
1560 匽(瞖) …… 584
1561 睘 ………… 584
1562 睎 ………… 584
1563 睅(瞀) …… 584
1564 睗 ………… 584
1565 瞝 ………… 585
1566 瞬(眣、瞚) …… ………………… 585
1567 翰(看) …… 585
1568 矙 ………… 585
1569 瞏、瞏(睦) …… ………………… 585
1570 珇(眓) …… 585
1571 (晛) …… 585

95. 省　部

1572 省 ………… 585
1573 䀠(眮) …… 586
1574 䁍(矇) …… 586

96. 䀠　部

1575 䀠(瞿) …… 586
1576 䀠、旻 …… 586
1577 瞏、睽 …… 586
1578 奭 ………… 586
1579 䀠、䀠 …… 586

97. 面　部

1580 面 ………… 587
1581 而 ………… 587

98. 肉　部

1582 肉 ………… 587
1583 肖 ………… 587
1584 肩(肩) …… 587
1585 肘(䏔) …… 588
1586 肖、胸 …… 588
1587 肴 ………… 588
1588 肯 ………… 589
1589 胡 ………… 589
1590 胎 ………… 589
1591 胃 ………… 589
1592 胸 ………… 589
1593 胤 ………… 589
1594 胅 ………… 589
1595 脊(齊、臍) …… ………………… 589
1596 胾(膩) …… 589
1597 脩 ………… 589
1598 脣 ………… 589
1599 脊(胍) …… 589
1600 脰 ………… 589
1601 腰 ………… 590
1602 胴(胙) …… 590
1603 脺 ………… 590
1604 腎、腏 …… 590
1605 腸 ………… 590
1606 散 ………… 590
1607 腋 ………… 590
1608 脽 ………… 590
1609 脊 ………… 590
1610 胱 ………… 590
1611 脾 ………… 590
1612 脣(厭又 2093) ………………… 590
1613 膃 ………… 590
1614 膭 ………… 590
1615 膋 ………… 590
1616 腺(貊) …… 590
1617 膚 ………… 591
1618 膋 ………… 591
1619 膝 ………… 591
1620 膳 ………… 591
1621 腊 ………… 591
1622 雁、膺 …… 591
1623 臂 ………… 591
1624 膞 ………… 591
1625 膦 ………… 592
1626 臚 ………… 592
1627 脺 ………… 592
1628 臂 ………… 592
1629 膋 ………… 592
1630 膶 ………… 592

99. 食　部

1631 食 ………… 592
1632 飤 ………… 592
1633 飤(飤) …… 593
1634 飪 ………… 593
1635 飫 ………… 593
1636 飥 ………… 593
1637 飯 ………… 593
1638 飮、歙、飲 … 593
1639 飾 ………… 594
1640 餀 ………… 594
1641 餓 ………… 594
1642 餕(餐) …… 594
1643 餒 ………… 594
1644 餘 ………… 594
1645 飧、飧(饔飴) … ………………… 594
1646 饋 ………… 594
1647 餘 ………… 594
1648 餳 ………… 594
1649 餅(饕) …… 594
1650 餇(饡、饜) …… ………………… 594
1651 餗 ………… 594
1652 饉 ………… 594
1653 餑、饆(饋) …… ………………… 594
1654 鐙 ………… 595
1655 饒 ………… 595
1656 饔 ………… 595
1657 饌 ………… 595
1658 饐(饎) …… 595
1659 饞(望) …… 595
1660 餍(餍、饋) …… ………………… 595
1661 餂(甛) …… 595

100. 旨　部

1662 旨 ………… 595
1663 嘗、崇 …… 596

101. 鬲　部

1664 鬲 ………… 596
1665 鬲 ………… 598
1666 鬲、鬻(嗝) …… ………………… 599
1667 鬵 ………… 599

102. 䰜䰜　部

1668 鬻(烓) …… 599
1669 鬻、䰞 …… 599
1670 鬻(萊) …… 599
1671 鬻(䭅、饎) …… ………………… 599
1672 盨(鬻) …… 599
1673 鬻(烹) …… 599
1674 鬻、鑊 …… 599
1675 鬻、煙 …… 599

1676 鬻 ………… 599
1677 鬻(㲽、腐) ……
………………… 599

103. 鼎　部

1678 鼎 ………… 599
1679 鼒 ………… 604
1680 鼾、鼾 …… 604
1681 鼏 ………… 604
1682 礵 ………… 604
1683 鼑 ………… 604
1684 鼐(鼐) …… 604
1685 鼒 ………… 604
1686 鼒 ………… 604
1687 鐙(鼏) …… 605
1688 鼐 ………… 606
1689 鬻(餗) …… 606
1690 齋 ………… 606

104. 皀　部

1691 即 ………… 606
1692 𣪘 ………… 607
1693 既 ………… 607
1694 皀 ………… 609

105. 壺　部

1695 壺 ………… 609
1696 壹 ………… 611
1697 懿 ………… 611

106. 爵　部

1698 爵 ………… 611
1699 鬺、觴 …… 611

107. 斝　部

1700 斝 ………… 611
1701 斝 ………… 611
1702 斝 ………… 611
1703 斝 ………… 611
1704 鬯、鬯 …… 611

108. 鹵　部

1705 卣、卣 …… 612
1706 𠧪 ………… 612

109. 㠯　部

1707 㠯 ………… 612
1708 𩰫、秬 …… 613
1709 鬱 ………… 614

110. 皿　部

1710 皿、鉶 …… 614
1711 主(注) …… 614
1712 盂、錳 …… 614
1713 盞(鍋) …… 615
1714 盄 ………… 615
1715 盅 ………… 615
1716 盆 ………… 615
1717 皿 ………… 615
1718 盄(盈) …… 615
1719 盈 ………… 615
1720 盉、盉 …… 615
1721 盦、盨(閥) ……
………………… 616
1722 盍 ………… 616
1723 盄 ………… 616
1724 盄 ………… 616
1725 盛 ………… 616
1726 宝(宇) …… 616
1727 盄(盂) …… 616
1728 盜 ………… 616
1729 盄 ………… 616
1730 盄 ………… 616
1731 凵(盂、替) ……
………………… 616
1732 盜 ………… 616
1733 盄 ………… 616
1734 盜 ………… 616
1735 盄 ………… 616
1736 盄、畝 …… 616
1737 盜、洪(滌) ……
………………… 616
1738 蓋 ………… 616
1739 盧(魯) …… 616
1740 益 ………… 616
1741 盄(韡) …… 617
1742 盡 ………… 617
1743 盞 ………… 617
1744 盥(浣) …… 617
1745 盤、盤、盤、鎜 …
………………… 617
1746 盥 ………… 618
1747 盧(魯) …… 618
1748 盧 ………… 618
1749 盨、盨、櫝 … 618
1750 濾(鹹又3096)
………………… 619
1751 盨(甎) …… 619
1752 盭、鐔、鐳、盨 …
………………… 619
1753 盨(甒) …… 620
1754 盨 ………… 620
1755 盨、盨(醢) ……
………………… 620
1756 盨 ………… 620
1757 盨(瓮) …… 620
1758 簠、匪、笑(簠) …
………………… 620
1759 盨、盨、齋(粢) …
………………… 622
1760 盨 ………… 622
1761 盨(鹽) …… 622
1762 盤 ………… 622
1763 盨(器) …… 622
1764 盨 ………… 622
1765 盨(媢) …… 622
1766 盨(鑄) …… 622
1767 盨、鑪 …… 622
1768 凵 ………… 622
1769 凵 ………… 622
1770 谷、浴(又3099)
………………… 622
1771 盨 ………… 622
1772 㔾 ………… 622
1773 𠀀、𠀀(咽) ……
………………… 622
1774 𠀀 ………… 622
1775 𠀀(盛) …… 622
1776 𠀀 ………… 622
1777 𠀀(嗞) …… 622
1778 𠀀 ………… 622
1779 盨 ………… 622

111. 血　部

1780 血 ………… 622
1781 卹、恤 …… 622
1782 盥(膿) …… 623
1783 盡 ………… 623

112. 凵　部

1784 凵(嘖) …… 623
1785 𠀀(肴、殽) ……
………………… 623
1786 𠀀 ………… 623
1787 𠀀(智) …… 623
1788 𠀀 ………… 623
1789 𠀀、𠀀、孤 … 623
1790 𠀀(孤) …… 623
1791 𠀀 ………… 623
1792 𠀀 ………… 623
1793 𠀀、𠀀、𠀀 … 623
1794 替 ………… 623
1795 𠀀 ………… 623
1796 替、竝(同0441)
………………… 333
1797 𠀀 ………… 623

1798 [illegible]（朁）…… 623
1799 [illegible] ………… 623
1800 [illegible] ………… 623
1801 [illegible]、[illegible] …… 623

113. 缶 部

1802 缶、缻、䍃 … 623
1803 釜（釜）…… 623
1804 缾、鈚、甁、𤭛（甁、瓶）………… 624
1805 罐 ………… 624
1806 罍 ………… 624
1807 罍、罍、櫑 … 624
1808 罏、鑪 …… 624

114. 甾 部

1809 甾 ………… 624

115. 豆 部

1810 豆 ………… 624
1811 豊（禮）…… 624
1812 豢 ………… 624
1813 豎 ………… 624
1814 豐 ………… 624
1815 豑（𧯷）…… 625

116. 瓦 部

1816 瓦 ………… 625
1817 瓶（甈）…… 625
1818 甈（甕）…… 625
1819 甑 ………… 625
1820 甗 ………… 625

117. 鼓 部

1821 鼓 ………… 625
1822 鼖 ………… 626
1823 [illegible]（及見鼓）………… 626

118. 壴 部

1824 壴（鼓）…… 626
1825 尌（樹）…… 626
1826 彭 ………… 626
1827 [illegible]（澧）…… 626
1828 嘉 ………… 626

119. 喜 部

1829 喜 ………… 627
1830 䵷 ………… 628

120. 豈 部

1831 豈 ………… 628

121. 斗 部

1832 斗 ………… 628
1833 升 ………… 628
1834 料、半 …… 628
1835 斛 ………… 628
1836 斞（斞）…… 628

122. 勹 部

1837 勹 ………… 628

123. 匕 部

1838 匕 ………… 629
1839 比 ………… 629
1840 卓 ………… 629
1841 㔸（匙）…… 629

124. 七 部

1842 化 ………… 629
1843 真 ………… 629
1844 [illegible]（真、貨）………… 629

125. 臼 部

1845 臿 ………… 629
1846 舀 ………… 629
1847 𦥑 ………… 629
1848 舂 ………… 629
1849 㬜 ………… 629

126. 宀 部

1850 宀 ………… 629
1851 亭 ………… 629
1852 宅 ………… 629
1853 守 ………… 630
1854 [illegible]、[illegible]、[illegible] … 630
1855 安 ………… 630
1856 向 ………… 631
1857 穷 ………… 631
1858 㝉（字）…… 631
1859 宇 ………… 631
1860 宊（窋）…… 631
1861 宲（寶、潔）………… 631
1862 宋（牀）…… 632
1863 宋 ………… 632
1864 㝑（坊）…… 632
1865 审 ………… 632
1866 宗 ………… 632
1867 宓 ………… 634
1868 府（府）…… 635
1869 弦 ………… 635
1870 宋（宲）…… 635
1871 定 ………… 635
1872 客 ………… 635
1873 宕 ………… 635
1874 宔（主）…… 635
1875 宜 ………… 635
1876 宮、宮、宮 … 635
1877 室 ………… 638
1878 宬 ………… 640
1879 宥 ………… 640
1880 㝛 ………… 640
1881 宬 ………… 640
1882 宭 ………… 640
1883 宣 ………… 640
1884 㝉（字）…… 640
1885 宷 ………… 640
1886 官 ………… 640
1887 客、客 …… 641
1888 容 ………… 642
1889 家 ………… 642
1890 宵 ………… 643
1891 寶 ………… 643
1892 宔 ………… 643
1893 寋（塞）…… 643
1894 害 ………… 643
1895 宝、室 …… 643
1896 宊 ………… 643
1897 宫 ………… 643
1898 宰 ………… 644
1899 [illegible] ………… 644
1900 宴 ………… 644
1901 宿、宕 …… 644
1902 㝩（坑）…… 644
1903 密 ………… 644
1904 寉 ………… 644
1905 寍 ………… 644
1906 宦 ………… 644
1907 㝗（康）…… 645
1908 宿 ………… 645
1909 宂 ………… 645
1910 寓 ………… 645
1911 寓（宇）…… 645
1912 寎（寎）…… 645
1913 寙、廳（又 2053）………… 645
1914 寣（祜）…… 645
1915 寚（堡）…… 645
1916 寏 ………… 645
1917 富 ………… 645
1918 㡓、㡓 …… 645
1919 寏（院）…… 645

1920 寡 ………… 645
1921 寣 ………… 645
1922 寒 ………… 645
1923 寐 ………… 646
1924 寤(造同1072) ………… 474
1925 寏 ………… 646
1926 寖、寑(密) ………… 646
1927 寗 ………… 646
1928 寋 ………… 646
1929 寠 ………… 646
1930 寘(寘) ………… 646
1931 寙 ………… 646
1932 寚、寀(寚) ………… 646
1933 寑 ………… 646
1934 寜(寍、寕) ………… 646
1935 寚 ………… 646
1936 寛 ………… 646
1937 寞 ………… 646
1938 寠(宷) ………… 646
1939 寣、寤 ………… 647
1940 寥(寥) ………… 647
1941 實 ………… 647
1942 察 ………… 647
1943 寧 ………… 647
1944 寧(寧) ………… 647
1945 寤(寘) ………… 647
1946 寞 ………… 647
1947 寢 ………… 647
1948 寬 ………… 647
1949 寪(室) ………… 647
1950 寮(僚) ………… 647
1951 寱(藏) ………… 647
1952 康 ………… 647
1953 寲(禋) ………… 647
1954 寳(陻) ………… 647
1955 賓(又1956) ………… 647
1956 賓(同1955) ………… 647
1957 襄 ………… 647
1958 寴(廦、壁) ………… 647
1959 寵 ………… 647
1960 寶 ………… 647
1961 寶(寶) ………… 647
1962 寷(福) ………… 647
1963 寵(醃) ………… 648
1964 寴(親) ………… 648
1965 寶 ………… 648
1966 寶 ………… 648
1967 寵(魔) ………… 648
1968 寶 ………… 648
1969 寴(親) ………… 648
1970 寶 ………… 648
1971 寶 ………… 648
1972 寶(庿) ………… 648
1973 寶 ………… 648
1974 寶(寶) ………… 679
1975 寶(寶) ………… 679
1976 寵 ………… 679
1977 寶 ………… 679
1978 寶 ………… 679
1979 寶、寶(貯) ………… 679
1980 寶(寶) ………… 679
1981 寶 ………… 679
1982 寶 ………… 679
1983 寶 ………… 679
1984 寶 ………… 679
1985 寶、寶(寶) ………… 679
1986 寶、寶(福) ………… 679
1987 寶(寶) ………… 679
1988 寶 ………… 679
1989 寶 ………… 679
1990 宔(祉) ………… 679
1991 寶 ………… 679
1992 宀 ………… 679
1993 宀 ………… 679
1994 宨(庖) ………… 679
1995 宀(宔、庭) ………… 679
1996 宀 ………… 679
1997 宀(宜、宂) ………… 679
1998 宀 ………… 679
1999 宀 ………… 679

127. 穴 部

2000 穸 ………… 679
2001 空 ………… 679
2002 窀(竈) ………… 679
2003 突(深、究竟) ………… 679
2004 突(竈、灶) ………… 679
2005 窅(宮) ………… 679
2006 窊 ………… 680
2007 窒(竅) ………… 680
2008 窑(窯) ………… 680
2009 窅(窺、覓) ………… 680
2010 窠 ………… 680
2011 窣 ………… 680
2012 窠(穽) ………… 680
2013 窟 ………… 680
2014 窨(窨) ………… 680
2015 窖(竈、灶) ………… 680
2016 竈、竈 ………… 680
2017 窒、窒 ………… 680
2018 竄 ………… 680

128. 广 部

2019 庀(庇) ………… 680
2020 庎 ………… 680
2021 庁(斥) ………… 680
2022 庎(疥) ………… 680
2023 庆(知) ………… 680
2024 底 ………… 680
2025 庭(庭、膺廂) ………… 680
2026 府、府 ………… 680
2027 应、空(位) ………… 681
2028 庰 ………… 681
2029 庰 ………… 681
2030 庥 ………… 681
2031 庂(陆、医) ………… 681
2032 庫 ………… 681
2033 庿 ………… 684
2034 康 ………… 684
2035 庡、庮(炒) ………… 686
2036 庿(廟) ………… 686
2037 庿 ………… 686
2038 庴 ………… 686
2039 庲 ………… 686
2040 庳 ………… 686
2041 廚(榭) ………… 686
2042 廙 ………… 686
2043 廜 ………… 686
2044 廝 ………… 686
2045 廣 ………… 686
2046 廬 ………… 686
2047 廟 ………… 686
2048 廔 ………… 686
2049 廞 ………… 686
2050 廛 ………… 686
2051 廛(厚) ………… 687

2052 廬 ………… 687
2053 廡、廳(同1913) …………………… 645
2054 □(廩) …… 687

129. 厂 部

2055 厂 ………… 687
2056 厈、□(岸) …… …………………… 687
2057 厇(宅) …… 687
2058 厗(席) …… 687
2059 厎(厥) …… 687
2060 屏 ………… 687
2061 厏 ………… 687
2062 厞(叟) …… 687
2063 厒 ………… 687
2064 原 ………… 687
2065 厓 ………… 687
2066 厔、厔 …… 687
2067 厝 ………… 687
2068 厜 ………… 687
2069 歷 ………… 687
2070 厝(厝) …… 687
2071 厡 ………… 687
2072 厮 ………… 687
2073 厧 ………… 687
2074 厨 ………… 687
2075 厩 ………… 687
2076 厫 ………… 687
2077 厬 ………… 688
2078 厭、厭 …… 688
2079 厯 ………… 688
2080 厰(餚) …… 688
2081 厱 ………… 688
2082 厲(厩) …… 688
2083 厴 ………… 688
2084 厴 ………… 688
2085 厵(厵) …… 688
2086 厴 ………… 688
2087 厲 ………… 688
2088 厥 ………… 688
2089 厲 ………… 688
2090 厴 ………… 688
2091 厴(陟) …… 688
2092 厴 ………… 688
2093 厭(同1612) … …………………… 590
2094 厴、厴 …… 688
2095 □(原) …… 688
2096 厡(矣) …… 688
2097 □ ………… 688
2098 □ ………… 688

130. 門 部

2099 門 ………… 689
2100 閂(門) …… 689
2101 閈 ………… 689
2102 閉 ………… 689
2103 閑 ………… 689
2104 開 ………… 689
2105 閔 ………… 689
2106 間 ………… 689
2107 閎 ………… 689
2108 閔 ………… 690
2109 閼 ………… 690
2110 閒 ………… 690
2111 闇 ………… 690
2112 閱 ………… 690
2113 闕 ………… 690
2114 闊 ………… 690
2115 闌 ………… 690
2116 闕 ………… 690
2117 闢 ………… 690
2118 闞 ………… 690
2119 闢、闡 …… 690
2120 闢 ………… 690
2121 闌、𨶹、𨶹 … 690
2122 闢 ………… 690
2123 闐 ………… 690
2124 闔(閡) …… 690
2125 □(南門) … 690

131. 户 部

2126 户 ………… 690
2127 扁 ………… 690
2128 扉 ………… 691
2129 扂 ………… 691
2130 扃 ………… 691
2131 扆 ………… 691
2132 □(扂) …… 691

132. 京 部

2133 京 ………… 691
2134 □(京) …… 691
2135 享 ………… 692
2136 㫖 ………… 696
2137 亶、就 …… 696
2138 亹、亹 …… 696
2139 亭(亭) …… 696

133. 高 部

2140 高 ………… 697
2141 亮 ………… 697
2142 亳 ………… 697
2143 亮 ………… 698

134. 㫗旱 部

2144 □、□、㫗(厚) … …………………… 698
2145 □(㫗) …… 698
2146 □(?) …… 698
2147 厚 ………… 698
2148 歊(啍) …… 698
2149 □(糈) …… 699
2150 □(㟰) …… 699
2151 □、𪏭 …… 699
2152 覃 ………… 699

135. 疒疒 部

2153 疚 ………… 699
2154 疕 ………… 699
2155 兆(疣) …… 699
2156 疥 ………… 699
2157 疫 ………… 699
2158 疢 ………… 699
2159 疾 ………… 699
2160 疴(佝) …… 699
2161 疽 ………… 699
2162 痞 ………… 699
2163 痉(瘥) …… 699
2164 痍 ………… 699
2165 痋 ………… 699
2166 痁(瘠) …… 699
2167 痏 ………… 699
2168 痓 ………… 699
2169 瘖 ………… 700
2170 瘄 ………… 700
2171 瘁 ………… 700
2172 瘀 ………… 700
2173 瘜(愢) …… 700
2174 瘓(痃) …… 700
2175 瘠(痟) …… 700
2176 瘣 ………… 700
2177 瘨 ………… 700
2178 瘨(癲) …… 700
2179 瘠 ………… 700
2180 瘜、瘌(瘳) …… …………………… 700
2181 瘟 ………… 700
2182 瘻 ………… 700
2183 癐 ………… 700
2184 癉 ………… 700
2185 癃 ………… 700
2186 瘰 ………… 700
2187 癀 ………… 700
2188 □ ………… 701

136. 爿 部

2189 爿 ………… 701
2190 妝 ………… 701
2191 狀 ………… 701
2192 [illegible](葬) …… 701
2193 斨 ………… 701
2194 [illegible](疛) …… 701
2195 [illegible](痓) …… 701
2196 [illegible](醬) …… 701
2197 [illegible](瘖) …… 701
2198 [illegible](瘑、癟) ……
………………… 701
2199 [illegible]、[illegible] …… 701
2200 [illegible] ………… 701
2201 [illegible]、[illegible]、[illegible] … 701
2202 冀(瘨) …… 702
2203 [illegible] ………… 702
2204 [illegible] ………… 702
2205 牆 ………… 702
2206 [illegible] ………… 702
2207 [illegible] ………… 702
2208 [illegible] ………… 702

137. 片 部

2209 片 ………… 702
2210 [illegible]、[illegible] …… 702
2211 版(析) …… 702

138. 金 部

2212 金 ………… 702
2213 釪 ………… 706
2214 釤 ………… 706
2215 釬 ………… 706
2216 鈺 ………… 706
2217 鈦 ………… 706
2218 鈎 ………… 706
2219 鈗 ………… 706
2220 鈍 ………… 706
2221 鈧 ………… 706
2222 鈇 ………… 706
2223 釿 ………… 707
2224 欽 ………… 707
2225 鈛(鍋) …… 707
2226 鈖 ………… 707
2227 鈲 ………… 707
2228 [illegible](鉚) …… 707
2229 鉆 ………… 707
2230 鉦 ………… 707
2231 鉤(鈎) …… 707
2232 鈴、錀 …… 707
2233 [illegible]、[illegible]、[illegible] … 707
2234 鉥(鑿) …… 708
2235 銑 ………… 708
2236 銘 ………… 708
2237 鉺 ………… 708
2238 鋮 ………… 708
2239 銅 ………… 708
2240 銉(錄) …… 708
2241 鋪 ………… 708
2242 鉘(戟?) … 708
2243 鉀、礦 …… 708
2244 鍡(鉽) …… 708
2245 鋈 ………… 708
2246 鉼 ………… 708
2247 鉄 ………… 708
2248 鋞(鋞) …… 708
2249 鋥 ………… 708
2250 鉌 ………… 708
2251 銷 ………… 709
2252 鍊 ………… 709
2253 鍺 ………… 709
2254 錇、鏄 …… 709
2255 鑂 ………… 709
2256 鐯 ………… 709
2257 鋘 ………… 709
2258 鋳 ………… 709
2259 鋁 ………… 709
2260 錫、鐊 …… 709
2261 鋸 ………… 709
2262 錐 ………… 710
2263 [illegible](鋘) …… 710
2264 錍(甈) …… 710
2265 錳 ………… 710
2266 鍾 ………… 710
2267 鍚 ………… 710
2268 鐊(錫) …… 711
2269 鍥、鍥 …… 711
2270 鍱(戣) …… 711
2271 鍟(鐸) …… 711
2272 鍴 ………… 711
2273 錄 ………… 711
2274 錍(鉀) …… 711
2275 鍬 ………… 711
2276 鎝 ………… 711
2277 鎬 ………… 711
2278 鎛 ………… 711
2279 鍪、鍐 …… 711
2280 [illegible](鏗) …… 711
2281 鑵(罐) …… 711
2282 鎗 ………… 711
2283 鏓 ………… 711
2284 鏐 ………… 711
2285 鐘 ………… 711
2286 鐈 ………… 715
2287 鏷 ………… 715
2288 鐪 ………… 715
2289 鏮 ………… 715
2290 鏙 ………… 715
2291 鐱(劍) …… 715
2292 鐸 ………… 715
2293 鑃 ………… 715
2294 鑄、鈢 …… 715
2295 鑑 ………… 718
2296 鑢 ………… 718
2297 鑯 ………… 718
2298 鑵 ………… 718
2299 鑷 ………… 718
2300 鑾 ………… 718
2301 鑼(鬻) …… 719
2302 鍉 ………… 719
2303 鎮(鼎) …… 719
2304 鉼 ………… 719
2305 鐳(鑘) …… 719
2306 鏃 ………… 719
2307 鉉 ………… 719
2308 鑕 ………… 719
2309 鉣 ………… 719
2310 鉅 ………… 719
2311 [illegible] ………… 719

139. 貝 部

2312 貝 ………… 719
2313 貝(貳) …… 721
2314 朋 ………… 721
2315 助(賀) …… 722
2316 貣、貣 …… 722
2317 貥 ………… 722
2318 貿(睍、晛) ……
………………… 722
2319 貴 ………… 722
2320 貣(布) …… 722
2321 責 ………… 722
2322 貴 ………… 722
2323 賀 ………… 722
2324 費 ………… 722
2325 貿 ………… 722
2326 買 ………… 722
2327 貯、賍 …… 723
2328 貳 ………… 723
2329 貺 ………… 723
2330 貲 ………… 723
2331 賃 ………… 723
2332 賁、贐 …… 723
2333 賕 ………… 723
2334 貭(賍) …… 724

2335 賓 ………… 724
2336 貹、貺 …… 724
2337 賻 ………… 725
2338 賏 ………… 725
2339 贅 ………… 725
2340 賜 ………… 725
2341 賞、賫 …… 731
2342 賙(貯) …… 732
2343 賦 ………… 732
2344 賣(贖) …… 732
2345 賢、贀、賍(賍) …
………………… 732
2346 贓 ………… 732
2347 賦(儥) …… 732
2348 賡 ………… 732
2349 賢、賷 …… 732
2350 賭 ………… 732
2351 賤 ………… 732
2352 貸 ………… 732
2353 [illegible]、賝 …… 732
2354 賹 ………… 732
2355 贅(賚) …… 732
2356 賸 ………… 732
2357 贇、儨 …… 733
2358 賺 ………… 733
2359 贖 ………… 733
2360 贊 ………… 733
2361 贖 ………… 733
2362 贙 ………… 733
2363 贛 ………… 734
2364 賟 ………… 734
2365 贛 ………… 734
2366 贇 ………… 734
2367 [illegible](負) …… 734

140. 玉　部

2368 玉 ………… 734
2369 [illegible]、[illegible]、[illegible]、玉 …
………………… 734
2370 玗 ………… 734
2371 奎 ………… 734
2372 珈 ………… 734
2373 珍 ………… 734
2374 玾 ………… 734
2375 現 ………… 734
2376 拳 ………… 734
2377 琅 ………… 734
2378 琮 ………… 734
2379 瓔(理) …… 735
2380 鑾 ………… 735
2381 琱 ………… 735
2382 璧 ………… 735
2383 璂、瑄 …… 735
2384 琯 ………… 735
2385 瑱 ………… 735
2386 瑴、㝅、瑴 ……
………………… 735
2387 璲 ………… 736
2388 瑗(瑑) …… 736
2389 璃(瑀) …… 736
2390 璜 ………… 736
2391 璋 ………… 736
2392 瑛 ………… 736
2393 環 ………… 736
2394 [illegible]、[illegible]、璧 … 736
2395 瓚 ………… 736
2396 璽 ………… 736
2397 [illegible](琯) …… 736
2398 [illegible] ………… 736

141. 車　部

2399 車 ………… 737
2400 軍 ………… 739
2401 較、轍(較) ……
………………… 739
2402 軝(輚) …… 740
2403 軝(軝) …… 740
2404 軠(軖、軖) ……
………………… 740
2405 軫 ………… 740
2406 輚(較) …… 740
2407 輅 ………… 740
2408 載 ………… 740
2409 輔 ………… 740
2410 輦 ………… 740
2411 輅 ………… 741
2412 輶(轓) …… 741
2413 輿 ………… 741
2414 轉 ………… 741
2415 軽、庫(輂) ……
………………… 741
2416 輾(輆) …… 741
2417 轟(捙) …… 742
2418 轘 ………… 742
2419 [illegible]、[illegible](輻) ……
………………… 742

142. 舟　部

2420 舟 ………… 742
2421 舣 ………… 742
2422 般 ………… 742
2423 舣 ………… 744
2424 服 ………… 744
2425 俞 ………… 744
2426 舳(艄) …… 744
2427 船 ………… 744
2428 朕 ………… 744
2429 朕 ………… 749
2430 舒(舒) …… 749
2431 艕 ………… 749
2432 艫 ………… 750
2433 艦 ………… 750
2434 艖、艕(艕) ……
………………… 750
2435 履 ………… 750
2436 舦 ………… 750
2437 肆(津) …… 750
2438 蕽 ………… 750

143. 革　部

2439 革 ………… 750
2440 勒 ………… 750
2441 靭(又 2797) …
………………… 751
2442 靳 ………… 752
2443 鞅 ………… 752
2444 鬲(鞃、韔又 4440)
………………… 752
2445 鞞 ………… 753
2446 鞣(鞣) …… 753
2447 㚏(鞭) …… 753
2448 鞣 ………… 753
2449 鞲 ………… 753
2450 鞶(鞄) …… 754

144. 韋　部

2451 韋 ………… 754
2452 [illegible](韋) …… 754
2453 韍 ………… 754
2454 韍(韍) …… 754
2455 韐(韐) …… 754
2456 韏 ………… 754
2457 韓 ………… 754
2458 韜(幬) …… 755
2459 韤 ………… 755

145. 皮　部

2460 皮 ………… 755
2461 裧、被(脈) ……
………………… 756

146. 求　部

2462 求 ………… 756
2463 裘 ………… 756

147. 衣 部

2464 衣 ………… 756
2465 衸(衲) …… 757
2466 卒 ………… 757
2467 衦 ………… 757
2468 袢(褉) …… 758
2469 衮 ………… 758
2470 衺、袨 …… 758
2471 被 ………… 758
2472 裄 ………… 758
2473 袤、裲 …… 758
2474 裘 ………… 758
2475 裁(裁) …… 758
2476 裔 ………… 758
2477 裏 ………… 758
2478 褭、裙 …… 759
2479 裳、裺 …… 759
2480 裕 ………… 759
2481 裣(衿、襟) ……
………………… 759
2482 褀 ………… 759
2483 褚 ………… 759
2484 裨 ………… 759
2485 褏(褃) …… 759
2486 韡、褘 …… 759
2487 福(䙴) …… 759
2488 褱(懷) …… 759
2489 褺、褻 …… 759
2490 褻(褒、表) ……
………………… 759
2491 褳 ………… 759
2492 褱 ………… 759
2493 襮 ………… 759
2494 襲 ………… 759

148. 黹 部

2495 黹 ………… 759
2496 黹、黺 …… 760
2497 黼、黼 …… 760
2498 黻 ………… 761

149. 巾 部

2499 巾 ………… 761
2500 市、芾 …… 761
2501 布、希 …… 763
2502 帑(帑) …… 763
2503 帥 ………… 763
2504 帚 ………… 763
2505 韍(幃) …… 764

150. 帛 部

2506 帛 ………… 764
2507 㡀、貟(帛) ……
………………… 764

151. 糸 部

2508 糸(絲) …… 764
2509 絲 ………… 764
2510 紉、絕 …… 764
2511 紆 ………… 764
2512 蒳(約) …… 764
2513 蚘、純 …… 764
2514 繙、紙 …… 764
2515 終 ………… 764
2516 絣 ………… 764
2517 緺(綩) …… 765
2518 紿 ………… 765
2519 紷 ………… 765
2520 緅、組 …… 765
2521 絡 ………… 765
2522 緊(紽) …… 765
2523 紫 ………… 765
2524 絆 ………… 765
2525 聯(聯) …… 765
2526 絈(縚) …… 765
2527 欹(局) …… 765
2528 裁、織 …… 765
2529 經 ………… 765
2530 紗 ………… 765
2531 緐、緐、繁 … 765
2532 綁、紹 …… 766
2533 綏(紽) …… 766
2534 綃 ………… 766
2535 緱 ………… 766
2536 練 ………… 766
2537 維 ………… 766
2538 綰 ………… 766
2539 繼(緇) …… 766
2540 綬 ………… 766
2541 綾 ………… 766
2542 綦、綦 …… 766
2543 緘 ………… 766
2544 縢 ………… 766
2545 緶 ………… 766
2546 縈、[illegible] …… 766
2547 縷 ………… 767
2548 縱、縱 …… 767
2549 彝 ………… 767
2550 緞 ………… 785
2551 繭 ………… 785
2552 總 ………… 785
2553 纕 ………… 785
2554 㢆(縺) …… 785
2555 䜌(繼) …… 785
2556 㡭(繼) …… 785
2557 豊(纚) …… 785
2558 𦆬、彎 …… 785
2559 繼 ………… 785
2560 纍、絅 …… 785
2561 縲 ………… 785
2562 䋮(揵) …… 785
2563 [illegible] ………… 785

152. 系 部

2564 𦃃、𦃃、系 … 785
2565 孫 ………… 785
2566 𦅿 ………… 800
2567 繇 ………… 800
2568 繇 ………… 800

153. 𤔔 部

2569 𤔔 ………… 800
2570 𤔔、𤔔 …… 800
2571 𤔔 ………… 800
2572 𤔔 ………… 801
2573 𤔔 ………… 801
2574 𤔔(𢪌) …… 804
2575 𤔔 ………… 804
2576 𤔔 ………… 804
2577 繼(繐) …… 804

154. 素 部

2578 素 ………… 805
2579 𥿃、𦁏、𦁏(紷) …
………………… 805
2580 繛(綬) …… 805
2581 繛、綽 …… 805

155. 幺 部

2582 玄 ………… 805
2583 幼 ………… 807
2584 𢆶 ………… 807

156. 丝 部

2585 幽 ………… 807
2586 𢆶(幼) …… 807
2587 𢆶(幼) …… 807
2588 𢆶、[illegible]、𢆶(紂) …
………………… 807
2589 茲、茲 …… 807
2590 幾 ………… 808

157. 丩 部

2591 丩(糾) …… 808
2592 句 ………… 808

158. 叀 部

2593 叀 ………… 809
2594 惠 ………… 810
2595 疐 ………… 810

159. 几 部

2596 几 ………… 810
2597 凥(処) …… 810
2598 處 ………… 811

160. 丌 部

2599 丌、亓(基) ……
…………………… 811
2600 亣(丌) …… 811
2601 典 ………… 811
2602 畀(又 0861) …
…………………… 811
2603 畁 ………… 811
2604 畁 ………… 811
2605 奠、隫 …… 811
2606 巽、巴 …… 813

161. 且 部

2607 俎 ………… 813
2608 𠇍(俎) …… 814
2609 且 ………… 814

162. 用 部

2610 用 ………… 814
2611 甫 ………… 841
2612 葡、箙 …… 842
2613 庸 ………… 842
2614 𠕁(周) …… 842

163. 丹 部

2615 丹 ………… 842
2616 彤 ………… 843

164. 赤 部

2617 赤 ………… 843

165. 黄 部

2618 黄 ………… 845
2619 横 ………… 848
2620 𪏰 ………… 848
2621 黌(黇) …… 848

166. 白 部

2622 白 ………… 848
2623 㿝 ………… 848
2624 百 ………… 849
2625 皂 ………… 850
2626 皆 ………… 850
2627 者 ………… 850
2628 智 ………… 852
2629 魯 ………… 852
2630 臭、臮(澤) ……
…………………… 854

167. 皕 部

2631 奭 ………… 854

168. 黑 部

2632 黑 ………… 854
2633 黛(緟) …… 855
2634 黨 ………… 855
2635 黳、黺(剭) ……
…………………… 855
2636 黰 ………… 855
2637 黴、黻 …… 855
2638 𪐴(黿) …… 855

169. 青 部

2639 青 ………… 855
2640 静 ………… 855

170. 戈 部

2641 戈 ………… 855
2642 戋(彧) …… 859
2643 戒(扐) …… 859
2644 戍 ………… 859
2645 𢦏、殁、哦 … 859
2646 𢦒、戎 …… 859
2647 㦮、戕、㦯、戒 …
…………………… 860
2648 𢦔(戕又 0193)
…………………… 861
2649 戔 ………… 861
2650 或 ………… 861
2651 戒(戚) …… 861
2652 戕(同 2932) …
…………………… 861
2653 武、珷 …… 861
2654 㦰(勇) …… 863
2655 戣(疼) …… 863
2656 㦸(戠) …… 863
2657 戚、㦹 …… 863
2658 戕 ………… 864
2659 戬 ………… 864
2660 戓 ………… 864
2661 戜 ………… 864
2662 戭 ………… 864
2663 戋 ………… 864
2664 戕 ………… 864
2665 戚 ………… 864
2666 戟、戜、鉾、鉞、戳、
旋、𢧢 ………… 864
2667 戚、暴 …… 865
2668 戕(毁敫) … 865
2669 戫、截 …… 865
2670 戫(輻) …… 865
2671 戩(屠) …… 865
2672 戠 ………… 865
2673 戠 ………… 865
2674 賊 ………… 865
2675 戮 ………… 865
2676 肈、戍、肈、肈、肆
…………………… 865
2677 戲 ………… 867
2678 戰 ………… 867
2679 戳、撲 …… 867
2680 戴 ………… 867
2681 戳 ………… 867
2682 戴 ………… 867
2683 戲 ………… 867
2684 戳 ………… 867
2685 戵 ………… 867
2686 戴 ………… 867
2687 戔 ………… 867
2688 𢦏 ………… 867
2689 𢦶(誅) …… 867
2690 戔、𥁕、誖 … 867

171. 矛 部

2691 矛 ………… 867
2692 𠃓(矛) …… 867
2693 稍 ………… 867
2694 稃 ………… 867

172. 戉 部

2695 戉(鉞) …… 868
2696 戚 ………… 868

173. 我 部

2697 我 ………… 869
2698 𢦐(我) …… 870
2699 義 ………… 870

174. 弓 部

2700 弓 ………… 871
2701 引、弞 …… 872
2702 弜 ………… 872
2703 弔(剛、强) … 872

2704 弤 ………… 872
2705 弢(發) …… 872
2706 𢎗、弩 …… 872
2707 弽 ………… 872
2708 弨 ………… 872
2709 弤 ………… 872
2710 㢱(羿) …… 872
2711 羿、弅 …… 872
2712 弻 ………… 873
2713 弼(彯) …… 873
2714 弽 ………… 873
2715 弿 ………… 873
2716 彂 ………… 873
2717 弭 ………… 873
2718 張 ………… 873
2719 發 ………… 873
2720 彃 ………… 873
2721 彏 ………… 873
2722 弓、彈 …… 873
2723 彇、彌 …… 873
2724 彉 ………… 873
2725 彍 ………… 873
2726 彎、漁、彐 … 873
2727 彏 ………… 874
2728 弴(發) …… 874

175. 弜 部

2729 弜 ………… 874
2730 𢎘、弢 …… 874
2731 弗 ………… 874
2732 弼 ………… 875
2733 弻(敫) …… 875

176. 矢 部

2734 矢 ………… 875
2735 矤、矧(同 0664)
………………… 421
2736 矣 ………… 875
2737 知 ………… 875
2738 矦 ………… 875
2739 矬 ………… 882
2740 射 ………… 882
2741 矪(雉) …… 882
2742 矰(躲、射) ……
………………… 882
2743 矰 ………… 882
2744 𢎪 ………… 882
2745 矤 ………… 882
2746 矱 ………… 882
2747 𢎫 ………… 882

177. 刀 部

2748 刀 ………… 882
2749 刄 ………… 883
2750 𠚣、𠚤、翌(同
4662) ……… 1468
2751 𠚥、𠚦 …… 883
2752 刂(剥) …… 883
2753 刓 ………… 883
2754 㓞(契) …… 883
2755 刑 ………… 883
2756 初 ………… 883
2757 𠛅、𠚨、刋 … 886
2758 利 ………… 886
2759 判 ………… 886
2760 刜 ………… 887
2761 刦(劫) …… 887
2762 刿(列) …… 887
2763 則 ………… 887
2764 制 ………… 888
2765 剈 ………… 888
2766 剑 ………… 888
2767 剒 ………… 888
2768 剛 ………… 888
2769 班 ………… 888
2770 剞、劘 …… 888
2771 剫 ………… 888
2772 剖 ………… 888
2773 剅 ………… 888
2774 剢 ………… 888
2775 剭 ………… 888
2776 剴 ………… 888
2777 剻 ………… 888
2778 割 ………… 888
2779 剺 ………… 889
2780 劏 ………… 889
2781 剸、剠 …… 889
2782 剻(剖) …… 889
2783 罰 ………… 889
2784 劓 ………… 889
2785 劕、劚 …… 889
2786 辨 ………… 889
2787 劑 ………… 889
2788 劊 ………… 889
2789 劉 ………… 889
2790 劙 ………… 889
2791 劃 ………… 889
2792 劘 ………… 890
2793 𠛎 ………… 890
2794 刪 ………… 890
2795 剷 ………… 890

178. 刃 部

2796 刃 ………… 890
2797 靭(勒同 2441)
………………… 751
2798 刅(創) …… 890
2799 刱(創) …… 890
2800 𠚭 ………… 890

179. 斤 部

2801 斤 ………… 890
2802 斧 ………… 890
2803 所 ………… 890
2804 斪 ………… 891
2805 斫 ………… 891
2806 斯 ………… 891
2807 斮 ………… 891
2808 𣂔(厮) …… 891
2809 新 ………… 891
2810 新 ………… 891
2811 斷(斲) …… 892
2812 斲 ………… 892
2813 斳 ………… 892
2814 㫁(斷) …… 892
2815 𣃔 ………… 892

180. 毌 部

2816 毌 ………… 892
2817 貫(遺) …… 893
2818 貫 ………… 893
2819 毌戈 ………… 893

181. 干 部

2820 干 ………… 893

182. 网 部

2821 罕(罕) …… 893
2822 罢(罷) …… 893
2823 罶、罾 …… 893
2824 罯 ………… 893
2825 罳 ………… 893
2826 罽(置) …… 893
2827 罾 ………… 893
2828 罾 ………… 893
2829 罿 ………… 893
2830 羅 ………… 893
2831 羉 ………… 893

183. 芈 部

2832 芈 ………… 893
2833 畢 ………… 893
2834 棄 ………… 894

184. 率 部

2835 率 ………… 894

185. 冉　部

2836 冉 ………… 894
2837 再 ………… 896
2838 侢(偁) …… 896
2839 爯 ………… 896
2840 冓 ………… 897
2841 冄 ………… 897
2842 [illegible] ………… 897

186. 鹵　部

2843 鹵 ………… 897
2844 𪉨、[illegible] …… 897
2845 䴚 ………… 897
2846 𪉩 ………… 897

187. 𢦏　部

2847 𢦏 ………… 897
2848 載、𢧢 …… 897
2849 𢦔 ………… 897

188. 㫃　部

2850 㫃 ………… 897
2851 [illegible] ………… 898
2852 斿 ………… 898
2853 斻 ………… 898
2854 施 ………… 898
2855 斿 ………… 898
2856 斾 ………… 898
2857 㫃、㫃 …… 898
2858 族 ………… 898
2859 旅 ………… 898
2860 旃 ………… 898
2861 旅 ………… 898
2862 旂 ………… 905
2863 旄 ………… 907
2864 旊 ………… 907
2865 族 ………… 907
2866 旋 ………… 907
2867 旆 ………… 907
2868 旇 ………… 907
2869 旊 ………… 907
2870 旓 ………… 907
2871 [illegible] ………… 907
2872 旃(旃) …… 907
2873 旂(祈) …… 907
2874 旓 ………… 907
2875 旋 ………… 907
2876 旒 ………… 907
2877 旐 ………… 908
2878 旗 ………… 908
2879 旟 ………… 908
2880 旞 ………… 908
2881 旚 ………… 908
2882 旛 ………… 908
2883 旝 ………… 908
2884 旞 ………… 908
2885 旜 ………… 908
2886 旟 ………… 908
2887 旛、旛(杠) ……
…………………… 908
2888 旝、旝 …… 908
2889 旜、旜 …… 908
2890 旟、旟 …… 908
2891 旗 ………… 908
2892 旟 ………… 908
2893 旚 ………… 908
2894 旟 ………… 909
2895 旞 ………… 909
2896 旛 ………… 909
2897 旟 ………… 909
2898 旋 ………… 909
2899 [illegible] ………… 909

189. 倝　部

2900 倝 ………… 909
2901 𠦝、朝 …… 909

190. 𡴘㚔幸　部

2902 㚔、幸(梏) ……
…………………… 909
2903 [illegible] ………… 910
2904 𡴘(二幸) … 910
2905 睪、睾(籀) ……
…………………… 910
2906 執 ………… 910
2907 圉 ………… 910
2908 [illegible]、[illegible]、拲 … 910
2909 敎(撻) …… 910
2910 𢿋(二敎) … 912
2911 報 ………… 912
2912 [illegible] ………… 912
2913 睪 ………… 912
2914 盩、盩 …… 912
2915 𢽽 ………… 912
2916 [illegible]、[illegible] …… 912
2917 [illegible]、[illegible] …… 912

191. 王　部

2918 王 ………… 912
2919 皇、[illegible]、[illegible] … 928

192. 士　部

2920 士 ………… 934
2921 壯、𤕫 …… 934

193. 工　部

2922 工 ………… 934
2923 巨 ………… 940
2924 矩、𩰫 …… 940

194. 巫　部

2925 巫 ………… 941
2926 靈、霝、靈、靈 …
…………………… 941

195. 臣　部

2927 臣 ………… 941
2928 臤(賢) …… 943
2929 𦣞(附) …… 943
2930 𦣝 ………… 944
2931 𦣞(𦣝) …… 944
2932 臧、臧(又 2652)
…………………… 944
2933 𦣻 ………… 944
2934 𦣼 ………… 944
2935 𦤀 ………… 944

196. 亞　部

2936 亞 ………… 944

197. 册　部

2937 册 ………… 950
2938 嗣、𤔲、𠕋、𠕋、𠕋
…………………… 953

198. 史　部

2939 史 ………… 953
2940 [illegible]、𡜪(史) ……
…………………… 957
2941 事 ………… 957

199. 𠂤師　部

2942 師、𠂤、帀 … 960
2943 [illegible](師) …… 968
2944 𠂤、𠂤(次) ……
…………………… 968

200. 司　部

2945 司 ………… 968
2946 詞 ………… 970

201. 后　部

2947 后 ………… 970

2948 垢、启 …… 970

202. 示 部

2949 示、[illegible]、[illegible] … 970
2950 礼 ………… 970
2951 礼(祉) …… 970
2952 祀 ………… 970
2953 社 ………… 971
2954 社、袿 …… 971
2955 礿(禴) …… 971
2956 祈、旛、䜭、旝 … ………………… 971
2957 祓(祐) …… 972
2958 祇 ………… 972
2959 祝 ………… 972
2960 神 ………… 972
2961 祇、祗 …… 973
2962 祖 ………… 973
2963 祠 ………… 979
2964 祜、祰 …… 979
2965 祐 ………… 980
2966 衈(恤) …… 980
2967 祥 ………… 980
2968 祫(裪) …… 980
2969 祟 ………… 980
2970 祭 ………… 980
2971 祏 ………… 980
2972 福 ………… 980
2973 祼 ………… 981
2974 繫 ………… 981
2975 禋 ………… 981
2976 畐(富) …… 981
2977 禍 ………… 981
2978 禓(禓) …… 981
2979 禝 ………… 981
2980 禨、禨 …… 982
2981 禀 ………… 982
2982 禝 ………… 982
2983 禦 ………… 982
2984 禥、齋 …… 982
2985 禥 ………… 983
2986 禪 ………… 983
2987 祠 ………… 983
2988 鮭 ………… 983

203. 卜 部

2989 卜 ………… 983
2990 囗(卟) …… 983
2991 貞 ………… 983

204. 鬼 部

2992 鬼、䰟 …… 985
2993 魑、魃 …… 985
2994 魌 ………… 985
2995 魖 ………… 985
2996 魏 ………… 985

205. 由 部

2997 由 ………… 985
2998 䶊 ………… 985
2999 畏 ………… 985

206. 囟 部

3000 囟 ………… 985
3001 巤、[illegible]、[illegible]、[illegible] … ………………… 985
3002 妣(毘) …… 985
3003 [illegible] ………… 985

207. 雨 部

3004 雨 ………… 986
3005 雩(澭) …… 986
3006 龠(雨) …… 986
3007 雩、雩 …… 986
3008 [illegible]、靁 …… 986
3009 雷 ………… 986
3010 電 ………… 987
3011 需、霙 …… 987
3012 零 ………… 987
3013 [illegible](霰、潸) …… ………………… 987
3014 靈 ………… 987
3015 霣(霓) …… 988
3016 霾(涕) …… 988
3017 霰 ………… 988
3018 云(雲) …… 988

208. 气 部

3019 气 ………… 988
3020 乞 ………… 988

209. 永 部

3021 永 ………… 988
3022 辰 ……… 1004
3023 羕 ……… 1004

210. 水 部

3024 水 ……… 1004
3025 [illegible](洧) … 1004
3026 氽 ……… 1004
3027 沏 ……… 1004
3028 汩 ……… 1005
3029 汙 ……… 1005
3030 汒 ……… 1005
3031 汭 ……… 1005
3032 池 ……… 1005
3033 江 ……… 1005
3034 沙 ……… 1005
3035 汲 ……… 1005
3036 沖 ……… 1005
3037 汸 ……… 1005
3038 沆(究) … 1005
3039 汏 ……… 1005
3040 汪 ……… 1005
3041 沚 ……… 1005
3042 汾 ……… 1006
3043 沐 ……… 1006
3044 沅 ……… 1006
3045 沈 ……… 1006
3046 洵 ……… 1006
3047 沃 ……… 1006
3048 洛 ……… 1006
3049 況 ……… 1006
3050 沽 ……… 1006
3051 河 ……… 1006
3052 油 ……… 1006
3053 沫 ……… 1006
3054 洒 ……… 1006
3055 沱 ……… 1006
3056 波 ……… 1006
3057 泪 ……… 1006
3058 泝 ……… 1006
3059 洪(滌) … 1006
3060 洓(減) … 1006
3061 洿(污) … 1006
3062 衍(同 3131) … ……………… 1010
3063 津 ……… 1006
3064 洀 ……… 1006
3065 洛 ……… 1006
3066 洹 ……… 1007
3067 浊 ……… 1007
3068 洓 ……… 1007
3069 涙 ……… 1007
3070 涑 ……… 1007
3071 浮 ……… 1007
3072 流 ……… 1007
3073 涂 ……… 1007
3074 深(次) … 1007
3075 涉 ……… 1007
3076 涇 ……… 1007
3077 海 ……… 1007
3078 涅 ……… 1007
3079 涅 ……… 1007
3080 淪 ……… 1007
3081 淊 ……… 1007

3082 洍(洍) … 1007
3083 深 ……… 1007
3084 淖(潮) … 1007
3085 減 ……… 1007
3086 液 ……… 1008
3087 湡 ……… 1008
3088 湡 ……… 1008
3089 㳇 ……… 1008
3090 㴏 ……… 1008
3091 㴸(沴) … 1008
3092 淲 ……… 1008
3093 淄 ……… 1008
3094 淺 ……… 1008
3095 淮 ……… 1008
3096 減(同 1750) … …………………… 619
3097 渒 ……… 1008
3098 渾 ……… 1008
3099 湁、浴(同 1770) …………………… 622
3100 溉 ……… 1008
3101 渴 ……… 1008
3102 湨(湨) … 1008
3103 湋 ……… 1009
3104 湛 ……… 1009
3105 㴲(漣) … 1009
3106 渴 ……… 1009
3107 滁 ……… 1009
3108 [illegible]、[illegible](渦) …… ………………… 1009
3109 湶 ……… 1009
3110 渭 ……… 1009
3111 游 ……… 1009
3112 湄 ……… 1009
3113 測 ……… 1009
3114 湩 ……… 1009
3115 湶(源) … 1009
3116 湯 ……… 1009
3117 湉 ……… 1009
3118 湩 ……… 1009
3119 湘 ……… 1009
3120 湈 ……… 1010
3121 滋 ……… 1010
3122 滰(滰) … 1010
3123 溼 ……… 1010
3124 滑 ……… 1010
3125 滂 ……… 1010
3126 濅(浸) … 1010
3127 滰 ……… 1010
3128 溓(濂) … 1010
3129 滄(洽、泠) …… ………………… 1010
3130 潢 ……… 1010
3131 潽、㵊(衍又 3063) ………………… 1010
3132 漾(瀁) … 1010
3133 滵、漶 …… 1010
3134 漢 ……… 1010
3135 溥 ……… 1010
3136 潦 ……… 1010
3137 潶(涇) … 1010
3138 淵、㴣 …… 1010
3139 漆、桼 …… 1010
3140 桼(漆) … 1011
3141 濁 ……… 1011
3142 澧 ……… 1011
3143 濡 ……… 1011
3144 濕 ……… 1011
3145 濯 ……… 1011
3146 瀾 ……… 1011
3147 濟 ……… 1011
3148 瀘(瀘) … 1011
3149 濫 ……… 1011
3150 濼 ……… 1012
3151 瀘 ……… 1012
3152 瀕 ……… 1012
3153 瀞 ……… 1012
3154 瀼 ……… 1012
3155 灑 ……… 1012
3156 灕(油) … 1012
3157 灋(法) … 1012
3158 灘 ……… 1012
3159 灑 ……… 1012
3160 瀵 ……… 1012
3161 [illegible]、引(泓) …… ………………… 1012
3162 澙 ……… 1012
3163 澗 ……… 1012
3164 㴱(滕) … 1012
3165 [illegible](盥) … 1012
3166 [illegible] ……… 1012
3167 [illegible] ……… 1012
3168 [illegible] ……… 1012
3169 [illegible] ……… 1012
3170 [illegible] ……… 1012

211. 川　部

3171 川 ……… 1012
3172 州 ……… 1013
3173 [illegible](𡿧、𡿩) …… ………………… 1013
3174 巟 ……… 1013
3175 巠(經) … 1013
3176 [illegible] ……… 1013
3177 侃 ……… 1013

212. 井　部

3178 井 ……… 1013
3179 Õ ……… 1015
3180 弃(深) … 1015
3181 㭙、𡚩 …… 1015
3182 橸 ……… 1015
3183 [illegible] ……… 1015

213. 泉　部

3184 泉 ……… 1015
3185 灥 ……… 1015
3186 灥 ……… 1016
3187 䖯、䖯(灥) …… ………………… 1016
3188 灥 ……… 1016

214. 冰　部

3189 仌(冰) … 1016
3190 冰 ……… 1016
3191 [illegible](冰、凝) …… ………………… 1016
3192 冬 ……… 1016
3193 冶 ……… 1018
3194 㓛(脂) … 1021
3195 㝵(㝵) … 1021
3196 凌 ……… 1021
3197 馮 ……… 1021
3198 [illegible] ……… 1021

215. 火　部

3199 [illegible]、炙(燕) …… ………………… 1021
3200 灰 ……… 1021
3201 炙(夜) … 1021
3202 烝、[illegible] …… 1021
3203 羙 ……… 1021
3204 耿 ……… 1022
3205 烕 ……… 1022
3206 票 ……… 1022
3207 叜、烛 …… 1022
3208 焂 ……… 1022
3209 焯 ……… 1022
3210 [illegible] ……… 1022
3211 㷖(炤、照) …… ………………… 1022
3212 庶 ……… 1022
3213 熜、[illegible] …… 1022
3214 烕(㓕) … 1022
3215 焚 ……… 1022
3216 然(𤏸) … 1022

3217 𤈦 ……… 1022
3218 膭 ……… 1023
3219 焦 ……… 1023
3220 炅、煬 …… 1023
3221 炅、熉 …… 1023
3222 塍 ……… 1023
3223 㷀 ……… 1023
3224 熙 ……… 1023
3225 燙(煬) … 1023
3226 熫 ……… 1023
3227 熬 ……… 1023
3228 焽 ……… 1023
3229 燢 ……… 1023
3230 爔(熾) … 1023
3231 熵 ……… 1023
3232 燎 ……… 1023
3233 㸌(爀) … 1023
3234 燔 ……… 1024
3235 燻(煙) … 1024
3236 爍 ……… 1024
3237 爕 ……… 1024
3238 爑(煣) … 1024
3239 爒(煣) … 1024
3240 爔、爕 …… 1024
3241 爒 ……… 1024
3242 爤(黝) … 1024
3243 焫(炦) … 1024

216. 炎 部

3244 炎 ……… 1024
3245 焱 ……… 1024
3246 燅、燊(衮) ……
……………… 1024
3247 煽(爘) … 1024
3248 粦 ……… 1024
3249 燓、燓 …… 1024

217. 光 部

3250 光 ……… 1024
3251 艎、煌 …… 1025
3252 𤎫 ……… 1025

218. 土 部

3253 土(圡) … 1026
3254 在(才) … 1026
3255 圭 ……… 1030
3256 坴 ……… 1030
3257 𡉉(埕) … 1030
3258 坙(埥) … 1030
3259 均 ……… 1030
3260 垟(𡉰、封) ……
……………… 1030
3261 址 ……… 1030
3262 㘸(垪、型) ……
……………… 1030
3263 𡊁(坂) … 1030
3264 坂 ……… 1030
3265 𡉀、均 …… 1030
3266 坪 ……… 1030
3267 坏、坯 …… 1031
3268 坡、坡 …… 1031
3269 封、𡋨 …… 1031
3270 𡋨(封) … 1031
3271 𡉚、𡉞 …… 1031
3272 𡋩、𡉝 …… 1031
3273 垠 ……… 1031
3274 垔 ……… 1031
3275 型 ……… 1031
3276 城、𩫨 …… 1031
3277 垣、𩫨 …… 1032
3278 埶 ……… 1032
3279 垂 ……… 1032
3280 垦 ……… 1032
3281 堨、堰 …… 1032
3282 堣 ……… 1032
3283 堵、𩫖 …… 1032
3284 基 ……… 1032
3285 堳 ……… 1032
3286 堍 ……… 1032
3287 場 ……… 1032
3288 塂 ……… 1032
3289 𡎺 ……… 1032
3290 堋(堋) … 1032
3291 塼 ……… 1032
3292 塍(塍) … 1032
3293 塚 ……… 1033
3294 塿 ……… 1033
3295 壣(場) … 1033
3296 墜 ……… 1033
3297 墉、𩫖(又 3323)
……………… 1033
3298 墨 ……… 1033
3299 𡐓 ……… 1033
3300 塑(坍) … 1033
3301 𡒊 ……… 1033
3302 墷 ……… 1033
3303 墫、塼 …… 1033
3304 墢 ……… 1033
3305 壘 ……… 1033
3306 壞 ……… 1033
3307 壆、邑 …… 1033
3308 壘 ……… 1034
3309 堂、𡑜 …… 1034
3310 壁 ……… 1034
3311 坽(冷) … 1034
3312 堲 ……… 1034
3313 壆 ……… 1034
3314 壈 ……… 1034
3315 墩(墩、埻) ……
……………… 1034

219. 自 部

3316 𠂤 ……… 1034
3317 𨺅 ……… 1034
3318 𨼲 ……… 1034

220. 堇 部

3319 堇 ……… 1034
3320 菓 ……… 1035
3321 艱 ……… 1035
3322 難 ……… 1035

221. 𩫖章 部

3323 章(𩫖同 3297)
……………… 1033
3324 𩫖(坏) … 1035
3325 𩫖(坒) … 1035
3326 𩫖、堣 …… 1035
3327 𩫖(墉) … 1035
3328 𩫖 ……… 1035

222. 田 部

3329 田 ……… 1035
3330 由 ……… 1036
3331 甸 ……… 1036
3332 男 ……… 1036
3333 畜 ……… 1037
3334 留 ……… 1037
3335 𤱪(畊、耕) ……
……………… 1037
3336 畯、畹 …… 1037
3337 𤲅(畛) … 1037
3338 𤲏(域) … 1037
3339 𤱫、曆(壢) ……
……………… 1037
3340 𤳉 ……… 1037
3341 畮 ……… 1037
3342 疇、𠃬 …… 1037
3343 疆、畕、畺、彊、䧙
……………… 1038
3344 疁 ……… 1040
3345 𤳖(暖) … 1040

223. 阜　部

3346 阢 ……… 1040
3347 阦 ……… 1040
3348 阤、陀(陁) …… ……………… 1040
3349 阪 ……… 1040
3350 陂 ……… 1040
3351 阿 ……… 1040
3352 陘、隋 …… 1040
3353 [illegible] ……… 1040
3354 陕 ……… 1040
3355 陕(隆) … 1040
3356 限 ……… 1040
3357 降、夅 …… 1040
3358 [illegible](陪) … 1041
3359 陟 ……… 1041
3360 [illegible]、[illegible](序) …… ……………… 1041
3361 [illegible] ……… 1041
3362 陸 ……… 1041
3363 陰、[illegible]、隂 ……… ……………… 1041
3364 [illegible] ……… 1041
3365 陵 ……… 1041
3366 [illegible](埽) … 1042
3367 陮 ……… 1042
3368 陭 ……… 1042
3369 陖、[illegible] …… 1042
3370 陲 ……… 1042
3371 陶 ……… 1042
3372 陽 ……… 1042
3373 隊 ……… 1043
3374 隓、陜 …… 1043
3375 陻(堙) … 1043
3376 階 ……… 1043
3377 隕 ……… 1043
3378 [illegible] ……… 1043
3379 [illegible] ……… 1043
3380 隉 ……… 1043
3381 隞 ……… 1043
3382 [illegible] ……… 1043
3383 [illegible]、陳 …… 1043
3384 [illegible] ……… 1044
3385 [illegible] ……… 1044
3386 [illegible] ……… 1044
3387 [illegible] ……… 1044
3388 [illegible] ……… 1044
3389 隥 ……… 1044
3390 [illegible] ……… 1044
3391 [illegible](陳) … 1044
3392 隣 ……… 1044
3393 [illegible] ……… 1044
3394 隱 ……… 1044
3395 [illegible] ……… 1044
3396 [illegible] ……… 1044
3397 [illegible] ……… 1044
3398 [illegible] ……… 1045
3399 [illegible] ……… 1045
3400 [illegible](尊彝) ……… ……………… 1045
3401 [illegible] ……… 1045
3402 [illegible] ……… 1045
3403 [illegible] ……… 1045
3404 [illegible] ……… 1045

224. 邑　部

3405 邑 ……… 1045
3406 邕 ……… 1046
3407 邙 ……… 1046
3408 邗 ……… 1046
3409 邘 ……… 1046
3410 邛、[illegible](江) …… ……………… 1046
3411 邪 ……… 1046
3412 [illegible] ……… 1046
3413 [illegible] ……… 1046
3414 邛 ……… 1046
3415 邡 ……… 1046
3416 邦、邦 …… 1046
3417 邮 ……… 1049
3418 [illegible](越) … 1049
3419 [illegible](戴) … 1049
3420 [illegible] ……… 1049
3421 邶(鄁) … 1049
3422 郃 ……… 1049
3423 [illegible] ……… 1049
3424 邾 ……… 1049
3425 [illegible] ……… 1049
3426 [illegible] ……… 1049
3427 [illegible] ……… 1049
3428 [illegible]([illegible]) … 1049
3429 郣 ……… 1049
3430 郚 ……… 1049
3431 郾 ……… 1049
3432 [illegible]([illegible]、豫) …… ……………… 1050
3433 [illegible] ……… 1050
3434 郶 ……… 1050
3435 郘 ……… 1050
3436 [illegible] ……… 1050
3437 [illegible](青) … 1050
3438 郙 ……… 1050
3439 [illegible] ……… 1050
3440 郐(徐) … 1050
3441 郡 ……… 1050
3442 郒 ……… 1050
3443 郚 ……… 1050
3444 [illegible](𨞛) … 1051
3445 都 ……… 1051
3446 郳 ……… 1051
3447 [illegible] ……… 1051
3448 鄾、郾 …… 1051
3449 鄀 ……… 1053
3450 鄔(鄔) … 1053
3451 鄛(沙) … 1053
3452 郛 ……… 1053
3453 鄒 ……… 1053
3454 [illegible](柏) … 1053
3455 鄍 ……… 1053
3456 [illegible](𨞫) … 1053
3457 [illegible] ……… 1053
3458 鄆 ……… 1053
3459 [illegible] ……… 1053
3460 [illegible]([illegible]) … 1053
3461 [illegible] ……… 1053
3462 鄭 ……… 1053
3463 [illegible](程) … 1053
3464 [illegible](晉) … 1053
3465 [illegible](息) … 1054
3466 [illegible] ……… 1054
3467 [illegible]([illegible]) … 1054
3468 [illegible] ……… 1054
3469 [illegible] ……… 1054
3470 [illegible]、[illegible] …… 1054
3471 [illegible] ……… 1054
3472 鄱 ……… 1054
3473 [illegible] ……… 1054
3474 [illegible] ……… 1054
3475 [illegible](鄯) … 1054
3476 [illegible] ……… 1054
3477 [illegible]([illegible]) … 1054
3478 鄲(單) … 1054
3479 [illegible] ……… 1054
3480 [illegible]、[illegible]、[illegible] ……… ……………… 1054
3481 鄧 ……… 1055
3482 [illegible] ……… 1055
3483 [illegible] ……… 1055
3484 [illegible] ……… 1055
3485 [illegible] ……… 1055
3486 [illegible](邊) … 1055
3487 [illegible] ……… 1055
3488 [illegible]([illegible]、[illegible]) …… ……………… 1055
3489 [illegible](蔡) … 1055

3490 鄦(鄂) … 1055
3491 鄌(唐) … 1055
3492 鄜 ……… 1055
3493 鄺 ……… 1055
3494 鄺 ……… 1055
3495 鄸 ……… 1055
3496 鄽 ……… 1055
3497 鄵 ……… 1055
3498 鄭 ……… 1055
3499 鄅 ……… 1055
3500 邵 ……… 1055
3501 鄺(應) … 1056
3502 郔 ……… 1056
3503 邷 ……… 1056
3504 鄨 ……… 1056
3505 邨 ……… 1056

225. 里 部

3506 里 ……… 1056
3507 野 ……… 1057
3508 埜 ……… 1057
3509 釐 ……… 1057

226. 石 部

3510 石 ……… 1057
3511 碏 ……… 1058
3512 礓 ……… 1058
3513 礪(礪) … 1058
3514 𥐓 ……… 1058

227. 山 部

3515 山 ……… 1058
3516 屵 ……… 1058
3517 岙(嵍) … 1058
3518 崩(茀) … 1058
3519 岡 ……… 1058
3520 峠 ……… 1059
3521 畯、峻 …… 1059
3522 毎 ……… 1059
3523 崥 ……… 1059
3524 崠 ……… 1059
3525 嵋 ……… 1059
3526 嵧(留?) ………
……………… 1059
3527 嶂(嶂) … 1059
3528 陽(崵) … 1059
3529 嶙 ……… 1059
3530 嶱、嵇 …… 1059
3531 巕 ……… 1059
3532 巒 ……… 1059

228. 丘 部

3533 丘 ……… 1059

229. 谷 部

3534 谷 ……… 1059
3535 𧮫 ……… 1060
3536 谿(隃) … 1060
3537 欲 ……… 1060

230. 馬 部

3538 馬 ……… 1060
3539 馰(牡) … 1063
3540 馮 ……… 1063
3541 騂(駢) … 1063
3542 馴 ……… 1063
3543 駭(騮) … 1063
3544 駒 ……… 1063
3545 駱 ……… 1063
3546 駘 ……… 1063
3547 駿、馭 …… 1063
3548 騆 ……… 1064
3549 騬 ……… 1064
3550 騅 ……… 1064
3551 騎 ……… 1064
3552 騵 ……… 1064
3553 驫(犅) … 1064
3554 騳 ……… 1064
3555 驢 ……… 1064
3556 驫(騁) … 1064
3557 驅 ……… 1064

231. 牛 部

3558 牛 ……… 1064
3559 牟 ……… 1064
3560 犾(犿) … 1064
3561 牢 ……… 1064
3562 牡 ……… 1064
3563 牶、犖 …… 1064
3564 牲 ……… 1064
3565 牼 ……… 1064
3566 犀、犀 …… 1064
3567 犅(犅) … 1065
3568 犪 ……… 1065
3569 犢 ……… 1065
3570 𠂤(牸) … 1065

232. 羊 部

3571 羊 ……… 1065
3572 羌 ……… 1065
3573 美 ……… 1066
3574 羍 ……… 1066
3575 羊 ……… 1066
3576 羔 ……… 1066
3577 羝 ……… 1066
3578 羣 ……… 1066
3579 羛 ……… 1066
3580 羒 ……… 1066
3581 羴(羴) … 1066
3582 群 ……… 1066
3583 羬 ……… 1066
3584 羳(犅) … 1066
3585 莧、羦 …… 1066
3586 羱 ……… 1066
3587 羬 ……… 1066
3588 𦍌 ……… 1066

233. 犬 部

3589 犬 ……… 1066
3590 犮 ……… 1066
3591 狃 ……… 1066
3592 犾(狱、猌) ……
……………… 1066
3593 狄 ……… 1067
3594 狦 ……… 1067
3595 犽 ……… 1067
3596 狗 ……… 1067
3597 狐 ……… 1067
3598 狛(猘、狾) ……
……………… 1067
3599 狦 ……… 1067
3600 猌 ……… 1067
3601 犾、豩(獮) ……
……………… 1067
3602 狽 ……… 1067
3603 狺 ……… 1067
3604 猒 ……… 1067
3605 猣、獵 …… 1067
3606 猲 ……… 1067
3607 猒、猗 …… 1067
3608 猚(猚) … 1067
3609 猷 ……… 1067
3610 猶 ……… 1067
3611 猛、狜 …… 1067
3612 獄 ……… 1068
3613 獏、獏 …… 1068
3614 獄 ……… 1068
3615 獡 ……… 1068
3616 獣(誏) … 1068
3617 獎 ……… 1068
3618 獿 ……… 1068
3619 獿 ……… 1068
3620 獵 ……… 1068
3621 獻、獻 …… 1068
3622 猋 ……… 1069

234. 豕　部

3623 豕 ……… 1069

3624 豖 ……… 1069

3625 豻 ……… 1069

3626 豩 ……… 1069

3627 豼 ……… 1069

3628 豛 ……… 1069

3629 豚 ……… 1069

3630 豢 ……… 1069

3631 豦 ……… 1070

3632 豨 ……… 1070

3633 豧 ……… 1070

3634 豬 ……… 1070

3635 豯 ……… 1070

3636 豰(貂) … 1070

3637 豬 ……… 1070

3638 豬 ……… 1070

3639 豵 ……… 1070

3640 豩 ……… 1070

3641 豲(玃) … 1070

3642 豪(豨) … 1070

3643 豢(豯、豵) ……
………………… 1070

3644 豲 ……… 1070

3645 [illegible] ……… 1070

235. 彖　部

3646 彙 ……… 1070

236. 帬　部

3647 帬 ……… 1070

3648 韓(?) … 1070

3649 豨(豨) … 1070

3650 貉 ……… 1070

3651 [illegible]、[illegible](貉、豘) …
………………… 1070

237. 奂　部

3652 奂 ……… 1070

3653 龀、龇(貔、貔) …
………………… 1071

3654 夐 ……… 1071

3655 奂(豼) … 1071

3656 奂 ……… 1071

3657 奂 ……… 1071

3658 奂 ……… 1071

238. 兔　部

3659 兔 ……… 1071

239. 能　部

3660 能 ……… 1071

240. 虎　部

3661 虎 ……… 1071

3662 唬 ……… 1073

3663 彪 ……… 1073

3664 虓(豺) … 1073

3665 虘 ……… 1073

3666 虒 ……… 1073

3667 虢 ……… 1073

3668 號 ……… 1073

3669 虪、虪 …… 1074

3670 虢、虢、虞、虞 …
………………… 1074

3671 虤 ……… 1074

3672 虩 ……… 1075

241. 虍　部

3673 虐、虐 …… 1075

3674 虖 ……… 1075

3675 虔、虔 …… 1075

3676 虛 ……… 1075

3677 虔 ……… 1075

3678 盧 ……… 1075

3679 虞 ……… 1076

3680 虡 ……… 1076

3681 虘 ……… 1076

3682 虞 ……… 1076

3683 虞(鱸) … 1076

3684 虔(虞) … 1076

3685 虞 ……… 1076

3686 虪 ……… 1076

3687 [illegible] ……… 1076

242. 豸　部

3688 豸 ……… 1076

3689 豹 ……… 1076

3690 貉 ……… 1076

3691 貍 ……… 1076

3692 貙、貙 …… 1076

243. 龍　部

3693 龍 ……… 1076

3694 龖 ……… 1077

244. 象　部

3695 象 ……… 1077

3696 豫、豫 …… 1077

3697 豫 ……… 1077

245. 舄　部

3698 兕 ……… 1077

246. 鹿　部

3699 鹿 ……… 1077

3700 麀 ……… 1077

3701 麀 ……… 1077

3702 麇 ……… 1077

3703 麋 ……… 1077

3704 [illegible] ……… 1077

3705 麌、麐 …… 1077

3706 麇(麞) … 1077

3707 麝 ……… 1077

3708 麗、丽 …… 1078

3709 ㄨㄨ(丽) … 1078

3710 [illegible](邐) … 1078

3711 麤 ……… 1078

247. 廌　部

3712 廌 ……… 1078

3713 廌、廌 …… 1078

3714 廌 ……… 1078

248. 鼠　部

3715 鼯 ……… 1078

3716 鼷 ……… 1078

3717 鼬(鼬) … 1078

249. 㽞　部

3718 㽞 ……… 1078

3719 獸(獸形銘) ……
………………… 1078

3720 鼉 ……… 1079

250. 釆　部

3721 釆(釆、㞢) ……
………………… 1079

3722 番 ……… 1079

3723 審、寀 …… 1079

251. 内　部

3724 禹 ……… 1079

3725 禺 ……… 1080

3726 禽 ……… 1080

3727 萬 ……… 1080

252. 𦫳　部

3728 芇、芇 …… 1086

3729 乖 ……… 1086

253. 苜　部

3730 蔑 ……… 1086

254. 萑 部

3731 蒦 ……… 1086
3732 雚 ……… 1086
3733 舊 ……… 1086

255. 鳥 部

3734 鳥 ……… 1087
3735 凫 ……… 1087
3736 圖(囮) … 1087
3737 鳿、难 …… 1087
3738 鳳 ……… 1087
3739 鶤(鳳) … 1087
3740 鳴 ……… 1087
3741 鼻(鴂) … 1087
3742 鳦 ……… 1087
3743 鳷(鵧) … 1087
3744 鵧、鴾 …… 1088
3745 鳶、鳶 …… 1088
3746 鴡 ……… 1088
3747 鳥、鴝(鴡) ……
……………… 1088
3748 鴅 ……… 1088
3749 鴗(玄鳥) ………
……………… 1088
3750 鵬 ……… 1088
3751 鴠 ……… 1088
3752 鸒、鴻 …… 1088
3753 𪀗(鴼) … 1088
3754 鴼 ……… 1088
3755 鴯(鸝) … 1088
3756 鴴(鵋) … 1088
3757 鴐 ……… 1088
3758 鵃 ……… 1088
3759 鴾(鶛) … 1088
3760 鵧、鵅 …… 1088
3761 鶇 ……… 1088
3762 鷟(鷹) … 1088
3763 鸚、鸏 …… 1088
3764 鷺 ……… 1088
3765 鶬(鶬) … 1088
3766 鸛(鶵、翔) ……
……………… 1088
3767 鶉(鶉) … 1088
3768 鶒 ……… 1089
3769 鵑、鵑 …… 1089
3770 鴟 ……… 1089
3771 𠃌 ……… 1089

256. 魚 部

3772 魚 ……… 1089
3773 魡(釣) … 1090
3774 𩵋、漁 …… 1090
3775 𩺰、敏 …… 1090
3776 𩵝 ……… 1090
3777 𩵞 ……… 1090
3778 魼 ……… 1090
3779 鮮 ……… 1090
3780 𩶃 ……… 1090
3781 鮇(鰟) … 1090
3782 鯀 ……… 1090
3783 鯉 ……… 1090
3784 𩺰 ……… 1090

257. 龜 部

3785 龜 ……… 1090
3786 龝、䶰 …… 1091

258. 黽 部

3787 黽、黽 …… 1091
3788 黿(蛇) … 1091
3789 鼅(蛛) … 1091
3790 鼂(蜩) … 1092
3791 鼄、蜍 …… 1092
3792 鼉(螭) … 1092
3793 鼉(螺) … 1092
3794 鼈、鼈 …… 1092

259. 虫 部

3795 虫 ……… 1092
3796 虯、虬 …… 1092
3797 蚘(蛔) … 1092
3798 蚸、蝨 …… 1092
3799 蜓(蛋) … 1092
3800 蚌(蚩) … 1092
3801 𧈢 ……… 1092
3802 螣 ……… 1092
3803 蛪(蟗) … 1092
3804 蛪、蚓 …… 1092
3805 融 ……… 1092
3806 强 ……… 1092
3807 蜀 ……… 1092
3808 蛙 ……… 1092
3809 蝱(蟺) … 1092
3810 蝠 ……… 1092
3811 蝢 ……… 1092
3812 蝭 ……… 1093
3813 螷 ……… 1093
3814 蝻(蚋) … 1093
3815 蠯 ……… 1093
3816 蝕 ……… 1093
3817 蝨(蚔、蚔) ……
……………… 1093
3818 蝨(蛸) … 1093
3819 蠚、蛞 …… 1093
3820 蠭、蠭(龕、蛤) …
……………… 1093
3821 蠖、蠖 …… 1093
3822 蠮、蟰 …… 1093
3823 蠷 ……… 1093

260. 它 部

3824 它 ……… 1093
3825 也 ……… 1093

261. 羸 部

3826 羸、羸 …… 1095
3827 羸 ……… 1095
3828 羸(裎) … 1095
3829 羸、羸 …… 1095
3830 羸 ……… 1095

262. 隹 部

3831 隹、唯 …… 1095
3832 雀 ……… 1095
3833 惟 ……… 1095
3834 雍 ……… 1095
3835 隽 ……… 1096
3836 雟 ……… 1096
3837 𠂉 ……… 1096
3838 雒、鵅 …… 1096
3839 雗、離 …… 1096
3840 雞、鷄 …… 1096
3841 翰(翰) … 1096

263. 雔 部

3842 雔 ……… 1096
3843 雔 ……… 1096
3844 讎 ……… 1096
3845 靃 ……… 1096

264. 雥 部

3846 雧(集) … 1096
3847 集 ……… 1096

265. 奞 部

3848 奞 ……… 1097
3849 奪 ……… 1097
3850 奮 ……… 1097

266. 烏 部

3851 烏 ……… 1097
3852 舃 ……… 1097

3853 於 ……… 1097
3854 焉 ……… 1098

267. 燕　部

3855 燕 ……… 1098

268. 齒　部

3856 [illegible]、齒、[illegible] ……………………… 1098
3857 [illegible]（齗、齬）……………………… 1098
3858 齘 ……… 1098
3859 齧（齧）… 1098

269. 牙　部

3860 牙、䖸、齖 ……………………… 1099
3861 猗 ……… 1099

270. 角　部

3862 角 ……… 1099
3863 龣（觸）… 1100
3864 解 ……… 1100
3865 觟 ……… 1100
3866 觥 ……… 1100
3867 觸 ……… 1100
3868 鬻（？）… 1100

271. 毛　部

3869 毛 ……… 1100
3870 毡 ……… 1100
3871 毼 ……… 1100
3872 毳 ……… 1101

272. 尾　部

3873 尾 ……… 1101
3874 屎、屖 …… 1101
3875 屈 ……… 1101
3876 屬 ……… 1101

273. 眉　部

3877 眉、釁（沐）……………………… 1101
3878 [illegible]（瞏）… 1104

274. 羽　部

3879 羽 ……… 1104
3880 翆 ……… 1104
3881 翏 ……… 1105
3882 翳（翳）… 1106
3883 翟 ……… 1106
3884 翿（翳）… 1106
3885 翖 ……… 1106

275. 飛　部

3886 飛 ……… 1106
3887 [illegible]（飛）… 1106
3888 翼（龔）… 1106

276. 屮　部

3889 [illegible]、[illegible] …… 1106
3890 [illegible]、[illegible] …… 1106
3891 [illegible]（芍、范）……………………… 1106
3892 屯 ……… 1106
3893 每 ……… 1109
3894 荎（蓺）… 1109
3895 熏 ……… 1109

277. 艸　部

3896 芍（茯）… 1109
3897 艾（着）… 1110
3898 艿 ……… 1110
3899 芋 ……… 1110
3900 芣 ……… 1110
3901 苜（苫）… 1110
3902 芮 ……… 1110
3903 芻 ……… 1110
3904 芇 ……… 1110
3905 芜 ……… 1110
3906 芸 ……… 1110
3907 折 ……… 1110
3908 若 ……… 1111
3909 苫 ……… 1111
3910 茅 ……… 1111
3911 苗 ……… 1111
3912 茀 ……… 1111
3913 英 ……… 1111
3914 苛 ……… 1111
3915 茆 ……… 1112
3916 荒 ……… 1112
3917 茲 ……… 1112
3918 茬 ……… 1112
3919 荲 ……… 1112
3920 荁 ……… 1112
3921 荆 ……… 1112
3922 茌 ……… 1112
3923 莫 ……… 1112
3924 菩 ……… 1112
3925 菫 ……… 1112
3926 莆 ……… 1112
3927 莣（芁）… 1112
3928 莘 ……… 1112
3929 莤 ……… 1112
3930 莽（蒡）… 1112
3931 莆（蒲）… 1112
3932 莽 ……… 1112
3933 春 ……… 1112
3934 莩 ……… 1113
3935 萃 ……… 1113
3936 萆 ……… 1114
3937 萩 ……… 1114
3938 萑 ……… 1114
3939 菜 ……… 1114
3940 菨 ……… 1114
3941 萈 ……… 1114
3942 萓 ……… 1114
3943 葬 ……… 1114
3944 葉 ……… 1114
3945 蒼 ……… 1114
3946 蒐 ……… 1114
3947 蓍 ……… 1114
3948 蒿、董 …… 1114
3949 蒷 ……… 1114
3950 蓰 ……… 1114
3951 蒙、蒙 …… 1114
3952 莓（薇）… 1114
3953 蓐（晨）… 1114
3954 蘆 ……… 1114
3955 曹 ……… 1114
3956 蕆 ……… 1114
3957 蔓 ……… 1114
3958 蕃 ……… 1114
3959 蕺 ……… 1114
3960 蔵（捷）… 1115
3961 蔡 ……… 1115
3962 蕽（芫）… 1116
3963 蕺 ……… 1116
3964 藉（膏）… 1116
3965 薪 ……… 1116
3966 薛、脺 …… 1116
3967 蓋（同4109）………………………… 1145
3968 薦 ……… 1116
3969 嘉 ……… 1116
3970 蘩 ……… 1116
3971 蕿 ……… 1116
3972 蘇 ……… 1116
3973 蘋（蕒）… 1116
3974 藉（同4211）………………………… 1182
3975 芊 ……… 1116
3976 蕁、蔯 …… 1116
3977 𦬠 ……… 1116
3978 𠔿 ……… 1116

278. 禾 部

3979 禾 ……… 1116
3980 年 ……… 1117
3981 秉 ……… 1127
3982 析(析) … 1127
3983 秙 ……… 1127
3984 秼 ……… 1127
3985 术(秫) … 1128
3986 秦 ……… 1128
3987 秶、穕(秠、秠) ………………… 1128
3988 秺(穉) … 1128
3989 稟 ……… 1128
3990 稊(秡) … 1128
3991 兼 ……… 1128
3992 稈 ……… 1128
3993 稻 ……… 1128
3994 積 ……… 1128
3995 穖(藝) … 1129
3996 穆 ……… 1129
3997 穳 ……… 1130
3998 穌、穌 …… 1130
3999 穖(秣) … 1130
4000 龢 ……… 1130

279. 木 部

4001 木 ……… 1131
4002 本 ……… 1132
4003 末 ……… 1132
4004 朱 ……… 1132
4005 棥、棨 …… 1134
4006 休 ……… 1135
4007 朽 ……… 1139
4008 [illegible](銖) … 1139
4009 杞 ……… 1139
4010 杍(杍) … 1139
4011 杙 ……… 1139
4012 杉 ……… 1139
4013 李 ……… 1139
4014 杝(柁、椸) ………………… 1139
4015 杕 ……… 1139
4016 杜 ……… 1139
4017 余(集) … 1139
4018 宋(不、櫷) ………………… 1139
4019 牀 ……… 1139
4020 采 ……… 1140
4021 枋 ……… 1140
4022 枏(楠) … 1140
4023 林 ……… 1140
4024 松 ……… 1140
4025 枀 ……… 1140
4026 析 ……… 1140
4027 枊(藝) … 1140
4028 果 ……… 1140
4029 枼 ……… 1140
4030 某 ……… 1140
4031 柠(楮) … 1140
4032 柜(椇) … 1140
4033 柞、筰 …… 1140
4034 柳 ……… 1141
4035 柀 ……… 1141
4036 柂(椸、舵) ………………… 1141
4037 枝 ……… 1141
4038 柔 ……… 1141
4039 亲 ……… 1141
4040 栖(栝) … 1141
4041 栟、栟 …… 1141
4042 桓 ……… 1141
4043 桐 ……… 1141
4044 桮、莕 …… 1141
4045 桖 ……… 1141
4046 格 ……… 1141
4047 柚 ……… 1141
4048 栺 ……… 1141
4049 梼 ……… 1141
4050 格 ……… 1141
4051 栒 ……… 1141
4052 沵、梁 …… 1141
4053 條 ……… 1142
4054 梠 ……… 1142
4055 梎 ……… 1142
4056 梌 ……… 1142
4057 梞、梖 …… 1142
4058 梯 ……… 1142
4059 梀 ……… 1142
4060 梄 ……… 1142
4061 桿 ……… 1142
4062 梐 ……… 1142
4063 桴 ……… 1142
4064 棨 ……… 1142
4065 棫 ……… 1142
4066 植 ……… 1142
4067 椶(椒、椉) ………………… 1143
4068 椃 ……… 1143
4069 梟(梟) … 1143
4070 楷 ……… 1143
4071 楊 ……… 1143
4072 楳(梅) … 1143
4073 楴 ……… 1143
4074 榦 ……… 1143
4075 [illegible]、[illegible]、末(幹) ………………… 1143
4076 榭 ……… 1143
4077 槊(櫂) … 1143
4078 [illegible](柏) … 1143
4079 榴(槨) … 1143
4080 橐、橐(楝) ………………… 1143
4081 槿、楮 …… 1143
4082 虢 ……… 1144
4083 樛 ……… 1144
4084 樂 ……… 1144
4085 [illegible] ……… 1144
4086 樭(棋) … 1144
4087 橤 ……… 1144
4088 橛 ……… 1144
4089 [illegible](韓、棹) ………………… 1144
4090 檢 ……… 1144
4091 檐 ……… 1144
4092 櫅 ……… 1145
4093 櫓 ……… 1145
4094 櫋(榜) … 1145
4095 櫟 ……… 1145
4096 櫗(林) … 1145
4097 欑 ……… 1145
4098 樫、栩 …… 1145
4099 枊 ……… 1145
4100 田、柙(匣) ………………… 1145
4101 椑(槵) … 1145
4102 櫨 ……… 1145
4103 櫾(槫) … 1145
4104 [illegible](柣) … 1145
4105 稟 ……… 1145
4106 棉 ……… 1145

280. 林 部

4107 林 ……… 1145
4108 棻(柚) … 1145
4109 棼(蓋又 3967) ………………… 1145
4110 楙(茂) … 1145
4111 楚 ……… 1145
4112 槲(柏、槌) ………………… 1147
4113 埜(棠) … 1147
4114 森(森) … 1147
4115 鬱 ……… 1147
4116 [illegible](杌) … 1147
4117 麓 ……… 1147

4118 薿、薿(檥、檕) ……………………… 1147
4119 [illegible] ……… 1147

281. 林　部

4120 林 ……… 1147
4121 椒(撒) … 1147

282. 竹　部

4122 竹 ……… 1147
4123 个(个、箇) ……………………… 1147
4124 竻 ……… 1147
4125 竗 ……… 1147
4126 笝(笀) … 1147
4127 笲(簡) … 1148
4128 笭 ……… 1148
4129 笙 ……… 1148
4130 符 ……… 1148
4131 筐(筴) … 1148
4132 筨(答、會) ……………………… 1148
4133 筍、筍 …… 1148
4134 筩 ……… 1148
4135 筆 ……… 1148
4136 筡 ……… 1148
4137 筶、箬 …… 1148
4138 筵 ……… 1148
4139 筌 ……… 1148
4140 筥 ……… 1148
4141 筭 ……… 1148
4142 節 ……… 1148
4143 箕 ……… 1148
4144 其(箕) … 1148
4145 箞(笭) … 1164
4146 箭 ……… 1164
4147 箄 ……… 1164
4148 箵 ……… 1164
4149 箣(策) … 1164
4150 箭 ……… 1164
4151 篃(簫) … 1164
4152 段、皀(簋) ……………………… 1164
4153 篚 ……… 1173
4154 篙 ……… 1173
4155 築 ……… 1173
4156 簀 ……… 1173
4157 簞 ……… 1173
4158 簡(簪) … 1173
4159 簷(筥) … 1173
4160 籟 ……… 1173
4161 籌、籌 …… 1173

283. 朩　部

4162 朩 ……… 1174
4163 菽(叔) … 1174

284. 來　部

4164 來 ……… 1174
4165 乘、秝 …… 1174
4166 [illegible] ……… 1174

285. 麥　部

4167 麥 ……… 1174
4168 麮 ……… 1174

286. 米　部

4169 米 ……… 1174
4170 粃(粕) … 1174
4171 料 ……… 1174
4172 粊(糜) … 1174
4173 粭 ……… 1174
4174 粱 ……… 1174
4175 粯、糬 …… 1174
4176 糈 ……… 1175
4177 槃 ……… 1175
4178 糉 ……… 1175
4179 糭 ……… 1175
4180 粺、糕 …… 1175
4181 糧 ……… 1175
4182 糕(饈) … 1175

287. 瓜　部

4183 瓜 ……… 1175

288. 華　部

4184 華 ……… 1175

289. 束　部

4185 束(刺) … 1175
4186 棗 ……… 1176
4187 棘 ……… 1176

290. 朿　部

4188 朿 ……… 1176

291. 束　部

4189 束 ……… 1176
4190 刺 ……… 1176
4191 柬 ……… 1178
4192 䅽(秺) … 1178

292. 東　部

4193 東 ……… 1178
4194 棘 ……… 1178

293. 櫜　部

4195 櫜 ……… 1178
4196 櫜 ……… 1178
4197 囊 ……… 1179
4198 橐、櫜 …… 1179

294. 市　部

4199 朩 ……… 1179
4200 孛 ……… 1179
4201 朱 ……… 1179
4202 索 ……… 1179
4203 索 ……… 1179
4204 綤(嗦) … 1179
4205 南 ……… 1179

295. 生　部

4206 生 ……… 1180
4207 丰 ……… 1182

296. 巢　部

4208 巢 ……… 1182
4209 臱(貶) … 1182

297. 耒　部

4210 耒 ……… 1182
4211 耤、藉(又 3974) ……………………… 1182

298. 力　部

4212 力 ……… 1183
4213 加 ……… 1183
4214 功 ……… 1183
4215 劦 ……… 1183
4216 勇 ……… 1183
4217 勑 ……… 1183
4218 劵 ……… 1183
4219 勘 ……… 1183
4220 勝(勝) … 1183
4221 勛 ……… 1183
4222 勝 ……… 1183
4223 勵(擢) … 1183
4224 勤 ……… 1184
4225 勞 ……… 1184

299. 亩　部

4226 亩(廩) … 1184
4227 啚(鄙) … 1184
4228 稟、廩 …… 1184
4229 嗇、稟、廩(廩) ……………………… 1184

4230 啚(廥) … 1184
4231 嗇(檁) … 1184

300. 嗇 部

4232 嗇(穡) … 1184
4233 嗇(嗇) … 1185
4234 牆 ……… 1185

301. 倉 部

4235 倉 ……… 1185

302. 麻 部

4236 麻 ……… 1186

303. 耑 部

4237 耑 ……… 1186
4238 寓 ……… 1186

304. 夲 部

4239 桒、𣓌(祓) …… ……………… 1186
4240 皋(皐) … 1187
4241 執(𥝖、梳) …… ……………… 1187
4242 敎(奏) … 1187

305. 不 部

4243 不 ……… 1187
4244 否 ……… 1191
4245 杯 ……… 1191
4246 嚭 ……… 1191

306. 勿 部

4247 勿 ……… 1192
4248 昜 ……… 1192

307. 亡 部

4249 亡 ……… 1193
4250 匄(丐) … 1193
4251 乍、作 …… 1195
4252 望 ……… 1246
4253 喪 ……… 1246
4254 無、橆 …… 1246

308. 有 部

4255 有 ……… 1249
4256 㞢(有) … 1250

309. 是 部

4257 是 ……… 1250

310. 非 部

4258 非 ……… 1251

311. 古 部

4259 古 ……… 1251

312. 才 部

4260 才 ……… 1251

313. 乃 部

4261 乃 ……… 1252
4262 廼 ……… 1254

314. 弋 部

4263 弋 ……… 1254

315. 此 部

4264 此 ……… 1254

316. 小 部

4265 小 ……… 1255
4266 少 ……… 1257

317. 多 部

4267 多 ……… 1258
4268 㝵、𡨦 …… 1259
4269 𡖊、𡖋 …… 1259

318. 下 部

4270 下 ……… 1259

319. 上 部

4271 上 ……… 1260
4272 帝 ……… 1261
4273 旁 ……… 1262

320. 尚 部

4274 尚 ……… 1262
4275 堂、坣 …… 1262
4276 党 ……… 1262
4277 當 ……… 1262
4278 𡌭(掌) … 1262

321. 入 部

4279 入 ……… 1262
4280 內 ……… 1263
4281 仝、全 …… 1265

322. 𠂇左 部

4282 𠂇、左 …… 1265
4283 差 ……… 1268
4284 卑 ……… 1268

323. ● 部

4285 ●、●(炷) …… ……………… 1269
4286 ● ……… 1269
4287 ●(丸) … 1269
4288 主(同 1874) … ……………… 635

324. | 部

4289 |、|(棍) …… ……………… 1269
4290 ●(丫) … 1269
4291 中 ……… 1269
4292 串 ……… 1271
4293 弗 ……… 1271

325. 丰 部

4294 ●、丰、●、丰 … ……………… 1271

326. 幵 部

4295 ●、●、●、幵、幵(筓) ………… 1271

327. 𠁁 部

4296 ● ……… 1271
4297 𠁁、𠁁(礦、磺) … ……………… 1271
4298 ●、●、●、𨚗(卵) ……………… 1271
4299 ●(蟥) … 1271

328. 彡 部

4300 彤 ……… 1271
4301 彡 ……… 1271
4302 㐱 ……… 1271
4303 彫 ……… 1271
4304 𩯞(鬒) … 1272

329. 匸 部

4305 匚、匸 …… 1272
4306 匜、鉇 …… 1272
4307 匫 ……… 1272
4308 匞 ……… 1272
4309 医 ……… 1272
4310 匡(筐) … 1272
4311 匜(瓮) … 1272
4312 匼(匿、杯) …… ……………… 1272
4313 匣 ……… 1272
4314 匧 ……… 1272
4315 匩 ……… 1272

4316 𠥔 ········· 1273
4317 𠥩 ········· 1273
4318 𠥚 ········· 1273
4319 𠥏 ········· 1273
4320 𠥹 ········· 1273
4321 𠥡 ········· 1273
4322 匽(堰) ··· 1273
4323 匰、匱 ······ 1273

330. 匸　部

4324 匹 ········· 1273
4325 匽 ········· 1274
4326 區 ········· 1274
4327 匿 ········· 1274
4328 㔼 ········· 1274

331. 乚　部

4329 丙(陋) ··· 1274
4330 直 ········· 1275
4331 𠃬(埢、睠) ······
················· 1275

332. 亖　部

4332 凡 ········· 1275
4333 亘 ········· 1275
4334 𠀑(暈) ··· 1275
4335 亟 ········· 1275
4336 𠙽(匱、柩) ······
················· 1275

333. 乂　部

4337 乂 ········· 1275

334. 爻　部

4338 爻 ········· 1275

335. 㸚　部

4339 爽 ········· 1275
4340 爾 ········· 1275

336. 四　部

4341 四、㕚 ······ 1276
4342 明、朙 ······ 1276
4343 盟、盥、㿶 ·········
················· 1276

337. 丂　部

4344 丂 ········· 1277
4345 甹(甹) ··· 1277
4346 覍 ········· 1277
4347 甹鳥(鳭) ··· 1277
4348 寧 ········· 1277

338. 兮　部

4349 兮 ········· 1278
4350 乎(評) ··· 1278
4351 羲、羲 ······ 1280

339. 亏于　部

4352 于 ········· 1280
4353 平 ········· 1287
4354 𣃦(㝈) ··· 1288

340. 丏　部

4355 丏 ········· 1288
4356 万 ········· 1289

341. 冂　部

4357 冂 ········· 1289
4358 冟 ········· 1289
4359 鼏 ········· 1289
4360 飺(冟) ··· 1289

342. 冖　部

4361 冖、冋(坰) ······
················· 1289
4362 央 ········· 1290
4363 市 ········· 1290

343. 凵　部

4364 凵(坎) ··· 1290
4365 臽(陷) ··· 1290

344. 卩　部

4366 㔾 ········· 1290
4367 㔽 ········· 1290
4368 卩 ········· 1290
4369 卬、㔿 ······ 1290
4370 卩(牢) ··· 1290
4371 𠚕(囚) ··· 1290
4372 卵、挽 ······ 1290
4373 𠨐、刖 ······ 1290

345. 厶　部

4374 厶、私 ······ 1290
4375 羑 ········· 1290

346. 曲　部

4376 曲 ········· 1290

347. 予　部

4377 予 ········· 1290
4378 幻 ········· 1291
4379 舒 ········· 1291
4380 斜 ········· 1291

348. 吕　部

4381 吕、呂 ······ 1291

349. 乇　部

4382 乇(又 4383) ···
················· 1291
4383 𠂇、乇(同 4382)
················· 1291

350. 尺　部

4384 𡰣、𡰤(尺) ······
················· 1291
4385 𡰥、𡰦(眂、瞭) ···
················· 1292

351. 方　部

4386 口(方) ··· 1292
4387 方 ········· 1292
4388 㫃 ········· 1293

352. 圓　部

4389 〇、圓 ······ 1293
4390 員 ········· 1293
4391 䲸 ········· 1293

353. ⊖　部

4392 ⊖、𦀚(纆) ······
················· 1293
4393 䅭、營 ······ 1294

354. 囗　部

4394 囗(圍) ··· 1294
4395 𡆧(起) ··· 1294
4396 囙 ········· 1294
4397 回 ········· 1294
4398 囝 ········· 1294
4399 因 ········· 1294
4400 困 ········· 1294
4401 困(種) ··· 1294
4402 固 ········· 1294
4403 𠯁(固) ··· 1294
4404 囿 ········· 1294
4405 圄 ········· 1294
4406 圃 ········· 1294
4407 圂 ········· 1294
4408 圁 ········· 1294
4409 國 ········· 1294
4410 𡈼(圍) ··· 1295
4411 𡇶(圍) ··· 1295
4412 圍 ········· 1295

4413 圂(宇) … 1295
4414 圓(昆) … 1295
4415 圉(匽、庾) …… …………………… 1295
4416 圛 ……… 1295
4417 團 ……… 1295
4418 圖 ……… 1295
4419 圏 ……… 1295
4420 圝 ……… 1295
4421 圜 ……… 1296

355. 𠕁 部

4422 𠬝(穀) … 1296
4423 冒 ……… 1296
4424 冑 ……… 1296
4425 𠕀 ……… 1296
4426 冕 ……… 1296
4427 𠖍(帽) … 1296

356. 良 部

4428 良 ……… 1296
4429 俍(同0126) … …………………… 264
4430 𠃬 ……… 1296
4431 𠀠、𠂤(良) …… …………………… 1296

357. 夬 部

4432 玨、玦(玨) …… …………………… 1296
4433 㕣 ……… 1296

358. 宁 部

4434 宁 ……… 1296
4435 𡧊 ……… 1297
4436 𡧐 ……… 1297
4437 竚 ……… 1297

359. 马 部

4438 函 ……… 1297
4439 甬 ……… 1297
4440 䎫(韔、韜同2444) …………………… 752
4441 圅(函) … 1298

360. 西 部

4442 西、囱 …… 1298
4443 䤊 ……… 1298
4444 𨢿 ……… 1299
4445 醭(幕) … 1299

361. 丮 部

4446 丮 ……… 1299

362. 丙 部

4447 覆 ……… 1299

363. 从 部

4448 从 ……… 1299
4449 兩 ……… 1299
4450 𡴭 ……… 1299

364. 彔 部

4451 彔 ……… 1299

365. 丵 部

4452 業、䜌、𤔲 … 1300
4453 對 ……… 1300

366. 弟 部

4454 弟 ……… 1303

367. 聿 部

4455 叙(掾) … 1303
4456 肆、肆 …… 1303
4457 肆 ……… 1304
4458 肅 ……… 1304

368. 聿 部

4459 聿 ……… 1304
4460 書 ……… 1304
4461 𦘒 ……… 1304
4462 𦘔(洗) … 1304
4463 𦘕(銳) … 1305

369. 隶 部

4464 隶 ……… 1305
4465 隸 ……… 1305

370. 畫 部

4466 畫 ……… 1305
4467 𦘠、𦘡(畫) …… …………………… 1306
4468 晝 ……… 1306

371. 亼 部

4469 今 ……… 1306
4470 合 ……… 1307
4471 僉(僉) … 1307
4472 僉 ……… 1307
4473 侖 ……… 1308
4474 舍 ……… 1308
4475 會 ……… 1308
4476 龠 ……… 1308
4477 龕 ……… 1308
4478 𠆶(陰) … 1308
4479 全(坽) … 1308

372. 龠 部

4480 龠 ……… 1308
4481 龣(角) … 1309
4482 龢 ……… 1309
4483 龤 ……… 1309
4484 䶳(龠) … 1309
4485 𠕒 ……… 1309

373. 𦥑 部

4486 𦦙、𦦚、𦦛(鐳) … …………………… 1309
4487 釁 ……… 1309

374. 𦥒 部

4488 𦦝 ……… 1309
4489 釁(沬) … 1309
4490 𦦟 ……… 1309

375. 𣥏 部

4491 𣥏 ……… 1309
4492 𣦃(厥) … 1309

376. 商 部

4493 商、𧶜 …… 1309

377. 西 部

4494 西 ……… 1311

378. 一 部

4495 一 ……… 1312
4496 鼠 ……… 1314
4497 二 ……… 1314
4498 弎 ……… 1316
4499 三 ……… 1316
4500 亖、四 …… 1318

379. 五 部

4501 五 ……… 1321
4502 ⋈(网、五) …… …………………… 1324

380. 六 部

4503 六 ……… 1324

381. 七 部

4504 七 ……… 1325

382. 八　部

4505 八 ……… 1326
4506 公 ……… 1327
4507 分 ……… 1335
4508 介 ……… 1335
4509 必 ……… 1335
4510 尔 ……… 1336
4511 [illegible] ……… 1336
4512 敂 ……… 1336
4513 余 ……… 1336
4514 豕(墜) … 1339
4515 𠕁、曽、曾 ……………… 1340
4516 䜭 ……… 1342
4517 [illegible] ……… 1342

383. 九　部

4518 九 ……… 1342

384. 十　部

4519 十 ……… 1343
4520 廿、廿(二十) ……………… 1347
4521 卅(三十) ……………… 1348
4522 卌(四十) ……………… 1348
4523 千 ……… 1348
4524 協 ……… 1349
4525 博、戟、搏 ……………… 1349

385. 甲　部

4526 甲 ……… 1349

386. 乙　部

4527 乙 ……… 1350
4528 尤 ……… 1359
4529 孔 ……… 1359

387. 丙　部

4530 丙 ……… 1359
4531 [illegible]、[illegible] …… 1360
4532 [illegible] ……… 1361
4533 [illegible](鈴) … 1361
4534 [illegible]、[illegible] …… 1361
4535 [illegible] ……… 1361
4536 [illegible]、[illegible](鐸) ……………… 1361
4537 [illegible](鐸) … 1361
4538 [illegible] ……… 1361
4539 [illegible]、[illegible]、[illegible]、[illegible](鈴) ……………… 1361
4540 [illegible](鈴) … 1361

388. 丁　部

4541 丁 ……… 1361

389. 戊　部

4542 戊 ……… 1369
4543 成 ……… 1371

390. 己　部

4544 [illegible]、[illegible](己) ……………… 1373
4545 [illegible](己) … 1373
4546 己 ……… 1373
4547 曩 ……… 1377

391. 庚　部

4548 康(庚) … 1377
4549 庚 ……… 1378
4550 庸(鏞) … 1380

392. 辛　部

4551 辛 ……… 1380
4552 [illegible]、辥(辪) ……………… 1385
4553 辣(辣) … 1386
4554 辟 ……… 1386
4555 辠 ……… 1387
4556 辥、辠 …… 1387
4557 辭 ……… 1387

393. 辛　部

4558 㝄、辛 …… 1387
4559 啇、舌 …… 1387
4560 妾 ……… 1387
4561 童 ……… 1387
4562 辭、辭 …… 1387

394. 壬　部

4563 壬 ……… 1387

395. 壬　部

4564 壬 ……… 1388
4565 壂 ……… 1388
4566 𡈼、𡈼、呈、徵 ……………… 1389

396. 癸　部

4567 癸 ……… 1389

397. 子　部

4568 子 ……… 1394
4569 孕 ……… 1417
4570 字 ……… 1417
4571 孟 ……… 1417
4572 季 ……… 1419
4573 孖、孖、孴 … 1421
4574 孖 ……… 1421
4575 孛、穀 …… 1421
4576 毓 ……… 1421
4577 孳 ……… 1421
4578 孿 ……… 1422
4579 孱(孱) … 1422
4580 孯(賢子) ……………… 1422
4581 孯 ……… 1422
4582 吳、疑 …… 1422
4583 孶 ……… 1423
4584 㪨、學(斈) ……………… 1423
4585 學 ……… 1423
4586 孜 ……… 1423
4587 孑 ……… 1423

398. 丑　部

4588 丑 ……… 1423
4589 羞 ……… 1423

399. 寅　部

4590 寅 ……… 1424

400. 卯　部

4591 卯 ……… 1425

401. 辰　部

4592 辰 ……… 1425
4593 [illegible] ……… 1426

402. 巳　部

4594 巳 ……… 1426
4595 已 ……… 1426
4596 㠯、以 …… 1427

403. 午　部

4597 午 ……… 1430

404. 未　部

4598 未 ……… 1430

405. 申　部

4599 申 ……… 1431
4600 [illegible] ……… 1431

406. 酉 部

4601 酉(又4605) …… 1431
4602 配 …… 1432
4603 酌 …… 1432
4604 彭 …… 1432
4605 酒、酉(同4601) …… 1431
4606 酨(酟) … 1433
4607 酢 …… 1433
4608 酟 …… 1433
4609 酸 …… 1433
4610 醋、醇 …… 1433
4611 醧 …… 1433
4612 醒 …… 1433
4613 醬(酷) … 1433
4614 酷 …… 1433
4615 醎 …… 1433
4616 醅 …… 1433
4617 醞(醬) … 1433
4618 醛 …… 1433
4619 醴 …… 1433
4620 醵 …… 1433
4621 醻 …… 1433
4622 醿 …… 1433
4623 醮 …… 1433
4624 [illegible] …… 1433
4625 [illegible] …… 1433
4626 [illegible] …… 1433
4627 [illegible] …… 1433
4628 [illegible] …… 1433

407. 酋 部

4629 酋 …… 1433
4630 隫、尊 …… 1433

408. 戌 部

4631 戌 …… 1452

409. 亥 部

4632 亥 …… 1453

410. 月 部

4633 月 …… 1455
4634 朏 …… 1460
4635 朔 …… 1461
4636 期、朞、春 …… 1461
4637 朝 …… 1461
4638 霸 …… 1461
4639 朣 …… 1462

411. 夕 部

4640 夕 …… 1462
4641 外 …… 1463
4642 夙 …… 1463
4643 夜 …… 1464
4644 夤 …… 1465
4645 夢 …… 1465

412. 日 部

4646 日 …… 1465
4647 旦 …… 1467
4648 旵(涿) … 1467
4649 早 …… 1467
4650 昊 …… 1467
4651 昊(昃) … 1467
4652 [illegible]、[illegible](昃) …… 1467
4653 [illegible](昊) … 1467
4654 香 …… 1467
4655 昊 …… 1467
4656 昆 …… 1467
4657 昔 …… 1467
4658 昌 …… 1467
4659 旺 …… 1468
4660 昫 …… 1468
4661 旹、時 …… 1468
4662 翌、竭(昱又2750) …… 1468
4663 昶 …… 1468
4664 昧 …… 1468
4665 昭、昭 …… 1468
4666 鼎、昴 …… 1468
4667 㬎、㬎 …… 1468
4668 晢 …… 1468
4669 耆、者 …… 1468
4670 晉 …… 1468
4671 㬰 …… 1469
4672 㬬 …… 1469
4673 暊 …… 1469
4674 晛、虹 …… 1469
4675 㬥 …… 1469
4676 暜 …… 1469
4677 暮 …… 1469
4678 曋 …… 1469
4679 曧 …… 1469
4680 易 …… 1469
4681 [illegible](暉) … 1469

413. 晶 部

4682 星 …… 1469
4683 參 …… 1469
4684 疊 …… 1469
4685 劃(劃) … 1470

其 它

4686 [illegible] …… 1470
4687 木 …… 1470
4688 [illegible](求) … 1470
4689 [illegible] …… 1470
4690 [illegible]、[illegible] …… 1470
4691 [illegible] …… 1470
4692 [illegible]、[illegible] …… 1470
4693 [illegible] …… 1470
4694 [illegible] …… 1470
4695 [illegible](苇) … 1470
4696 [illegible]、[illegible] …… 1470
4697 [illegible] …… 1470
4698 [illegible]、[illegible] …… 1470
4699 [illegible] …… 1470
4700 [illegible] …… 1470
4701 [illegible] …… 1470
4702 [illegible] …… 1470
4703 [illegible] …… 1470
4704 [illegible] …… 1470
4705 [illegible] …… 1470
4706 [illegible] …… 1470
4707 [illegible](龜) … 1470
4708 [illegible](吃) … 1470
4709 [illegible](蛟) … 1470
4710 [illegible](黽) … 1470
4711 [illegible] …… 1470
4712 [illegible] …… 1470
4713 [illegible] …… 1470
4714 [illegible]、[illegible]、[illegible] …… 1470
4715 腵(犀) … 1470
4716 繇(鼬) … 1470
4717 [illegible](豜) … 1470
4718 [illegible] …… 1470
4719 [illegible] …… 1470
4720 [illegible] …… 1470
4721 [illegible]、[illegible] …… 1470
4722 [illegible] …… 1470
4723 [illegible] …… 1470
4724 [illegible] …… 1470
4725 [illegible] …… 1470
4726 [illegible](貊) … 1471
4727 [illegible](龤) … 1471
4728 [illegible](害) … 1471
4729 [illegible]、戉 …… 1471
4730 [illegible]、[illegible](戚) …… 1471
4731 [illegible] …… 1471

4732 ……… 1471
4733 (我) … 1471
4734 (我) … 1471
4735 ……… 1471
4736 ↑(午) … 1471
4737 ↓(午) … 1471
4738 ……… 1471
4739 (囿、圄) ……… 1471
4740 ……… 1471
4741 ……… 1471
4742 ……… 1471
4743 (卣) … 1471
4744 ……… 1471
4745 ……… 1471
4746 ……… 1471
4747 ……… 1471
4748 (奠) … 1471
4749 ……… 1471
4750 ……… 1472
4751 ……… 1472
4752 (非？) ……… 1472
4753 ……… 1472
4754 ……… 1472
4755 (危) … 1472
4756 (舌) … 1472
4757 ……… 1472
4758 ……… 1472
4759 ……… 1472
4760 ……… 1472
4761 (宔) … 1472
4762 (宔) … 1472
4763 ……… 1472
4764 ……… 1472
4765 ……… 1472
4766 ……… 1472
4767 ……… 1472
4768 (皀) … 1472
4769 ……… 1472
4770 ……… 1473
4771 ……… 1473
4772 ……… 1473
4773 ……… 1473
4774 ……… 1473
4775 ……… 1473
4776 ……… 1473
4777 ……… 1473
4778 ……… 1473
4779 ……… 1473
4780 (會) … 1473
4781 (壴) … 1473
4782 (豆) … 1473
4783 ……… 1473
4784 ……… 1473
4785 ……… 1473
4786 ……… 1473
4787 ……… 1473
4788 ……… 1473
4789)、((半) ……… 1473
4790 (分) ……… 1473
4791 (扒) … 1473
4792 (規) ……… 1473
4793 ……… 1474
4794 (胖) … 1474
4795 ……… 1474
4796 (攴) ……… 1474
4797 (冰攴) ……… 1474
4798 ……… 1474
4799 ……… 1474
4800 く(畎) … 1474
4801 ……… 1474
4802 ……… 1474
4803 ……… 1474
4804 ……… 1474
4805 丿、亅 ……… 1474
4806 ……… 1474
4807 ……… 1474
4808 ……… 1474
4809 ……… 1474
4810 ……… 1474
4811 ||(二) … 1474
4812 |||(三) … 1474
4813 (彡) ……… 1474
4814 ……… 1474
4815 (杚、概) ……… 1474
4816 ……… 1474
4817 ……… 1474
4818 ……… 1474
4819 (晄) … 1474
4820 (晄) … 1474
4821 ……… 1474
4822 ……… 1474
4823 (眉) … 1474
4824 ……… 1474
4825 ……… 1474
4826 ……… 1474
4827 ……… 1474
4828 ……… 1474
4829 ……… 1474
4830 ……… 1475
4831 ……… 1475
4832 ……… 1475
4833 ……… 1475
4834 ……… 1475
4835 ……… 1475
4836 ……… 1475
4837 ……… 1475
4838 ……… 1475
4839 ……… 1475
4840 ……… 1475
4841 (賠) … 1475
4842 ……… 1475
4843 (淄) … 1475
4844 (呈) … 1475
4845 ……… 1475
4846 ……… 1475
4847 ……… 1475
4848 ……… 1475
4849 ……… 1475
4850 ……… 1475
4851 ……… 1475
4852 (臣) … 1475
4853 (臣) … 1475
4854 (掌) … 1475
4855 ……… 1475
4856 ……… 1475
4857 (妊) … 1475
4858 (寿) … 1475
4859 ……… 1475
4860 ……… 1475
4861 ……… 1475
4862 ……… 1475
4863 ……… 1475
4864 ……… 1475
4865 ……… 1475
4866 ……… 1475
4867 ……… 1475
4868 ……… 1475
4869 ……… 1475

4870 海 ……… 1475
4871 [illegible] ……… 1475
4872 [illegible] ……… 1475
4873 [illegible] ……… 1476
4874 [illegible] ……… 1476
4875 [illegible](此) … 1476
4876 [illegible] ……… 1476
4877 [illegible] ……… 1476
4878 [illegible](雌) … 1476
4879 [illegible]、[illegible](扯) …… ……… 1476
4880 [illegible] ……… 1476
4881 [illegible](工) … 1476
4882 [illegible]、[illegible](得、工) … ……… 1476
4883 [illegible] ……… 1476
4884 [illegible] ……… 1476
4885 [illegible] ……… 1476
4886 [illegible] ……… 1476
4887 [illegible] ……… 1476
4888 [illegible] ……… 1476
4889 [illegible](獀) … 1476
4890 [illegible] ……… 1476
4891 [illegible] ……… 1476
4892 [illegible] ……… 1476
4893 [illegible] ……… 1476
4894 [illegible] ……… 1476
4895 [illegible] ……… 1476
4896 [illegible] ……… 1476
4897 [illegible] ……… 1476
4898 [illegible] ……… 1476
4899 [illegible] ……… 1476
4900 [illegible]、[illegible] …… 1476
4901 [illegible] ……… 1476
4902 [illegible] ……… 1476
4903 [illegible] ……… 1476
4904 [illegible] ……… 1476
4905 [illegible] ……… 1476
4906 [illegible] ……… 1476
4907 [illegible] ……… 1476
4908 [illegible] ……… 1476
4909 [illegible] ……… 1476
4910 [illegible] ……… 1476
4911 [illegible] ……… 1477
4912 [illegible] ……… 1477
4913 [illegible] ……… 1477
4914 [illegible] ……… 1477
4915 [illegible] ……… 1477
4916 [illegible]、[illegible] …… 1477
4917 [illegible] ……… 1477
4918 [illegible] ……… 1477
4919 [illegible] ……… 1477
4920 [illegible] ……… 1477
4921 [illegible] ……… 1477
4922 [illegible] ……… 1477
4923 [illegible] ……… 1477
4924 [illegible] ……… 1477
4925 [illegible] ……… 1477
4926 [illegible] ……… 1477
4927 [illegible] ……… 1477
4928 [illegible] ……… 1477
4929 [illegible] ……… 1477
4930 [illegible](兀) … 1477
4931 [illegible] ……… 1477
4932 [illegible] ……… 1477
4933 [illegible] ……… 1477
4934 [illegible] ……… 1477
4935 [illegible] ……… 1477
4936 [illegible] ……… 1477
4937 [illegible] ……… 1477
4938 [illegible] ……… 1477
4939 [illegible] ……… 1477
4940 [illegible] ……… 1477
4941 [illegible] ……… 1477
4942 [illegible] ……… 1477
4943 [illegible] ……… 1477
4944 [illegible] ……… 1477
4945 [illegible] ……… 1477
4946 [illegible] ……… 1477
4947 [illegible] ……… 1477
4948 [illegible] ……… 1478
4949 [illegible] ……… 1478
4950 [illegible](?) … 1478
4951 [illegible] ……… 1478
4952 [illegible] ……… 1478
4953 [illegible]、[illegible](勻) …… ……… 1478
4954 [illegible] ……… 1478
4955 [illegible] ……… 1478
4956 [illegible](僕) … 1478
4957 [illegible] ……… 1478
4958 [illegible] ……… 1478
4959 [illegible] ……… 1478
4960 [illegible] ……… 1478
4961 [illegible] ……… 1478
4962 [illegible] ……… 1478
4963 [illegible] ……… 1478
4964 㢦 ……… 1478
4965 [illegible](躲) … 1478
4966 [illegible] ……… 1478
4967 [illegible] ……… 1478
4968 [illegible] ……… 1478
4969 [illegible] ……… 1478
4970 [illegible] ……… 1478
4971 [illegible] ……… 1478
4972 [illegible](喬豫?) …… ……… 1478

殷周金文集成引得

0001 人

1.38 晉人救戎於楚競(境)
1.59 鄀公敄人自乍(作)走(奏)鐘
1.65 用侃(衎)喜(饎)前文人
1.66 用侃喜前文人
1.67 用侃喜前文人
1.68 用侃喜前文人
1.69 用侃喜前文人
1.71 用侃喜前文人
1.105 用喜洍(侃)前文人
1.109-10 井人人妄曰: 覭(景)盄(淑)文祖、皇考 / 用追考(孝)、侃喜前文人 / 前文人其嚴在上
1.111 井人人妄曰: 覭(景)盄(淑)文祖、皇考
1.112 用追考(孝)考(孝)侃前文人 / 前文人其嚴在上
1.133 𤔲五邑佃人事
1.134 𤔲五邑佃人事
1.135 𤔲五邑佃人事
1.136 𤔲五邑佃人事
1.137-9 𤔲五邑佃人事
1.141 用喜侃前文人
1.187-8 用卲各、喜侃前文人
1.189-90 用卲各、喜侃前文人
1.246 用卲各、喜侃樂前文人
1.247 敢乍(作)文人大寶協龢鐘
1.248 敢乍(作)文人大寶協龢鐘
1.249 敢乍(作)文人大寶協龢鐘
1.250 敢乍(作)文人大寶協龢鐘
1.261 龢[illegible](沴)民人
1.271 𦥑(與)鄩之民人都啚(鄙)
1.272-8 左右余一人
1.285 左右余一人
2.356 用喜(饎)樂文神、人
2.357 用喜(饎)樂文神、人
2.358 用喜(饎)侃(衎)前文人 / 文人陟降
2.425 皿皮(彼)吉人享
2.426 先人是訏
2.427 先人是訏
2.429 逆〔于〕郐(徐)人、陳〔人〕
3.529 零(露)人守乍(作)寶
3.595 衛文君夫人叔姜乍(作)其行鬲
3.624 黃子乍(作)黃甫(夫)人孟母器
3.675 樊夫人龍嬴
3.676 樊夫人龍嬴
3.687 黃子乍(作)黃甫(夫)人行器
3.941 王人眈輔歸雚(觀)
3.944 王宜人(夷)方
3.945 邕子良人擇其吉金
3.949 伯買父迺以厥人戍漢、中、州 / 厥人鬲廿夫
4.2106 君夫人之貞(鼎)
4.2227 取(聊)它人之善(膳)貞(鼎)
4.2236 王氏官之王人
4.2284 喬夫人鑄其餴(饙)貞(鼎)
4.2358 宋君夫人之餴(饙)釪(盂)貞(鼎)
4.2456 用言(歆)王出內(入)事(使)人
4.2469 大(太)師人駍乎乍(作)寶鼎
4.2487 用鄉(饗)王逆造事(使)人
5.2566 黃子乍(作)黃甫(夫)人行器
5.2567 黃子乍(作)黃甫(夫)人孟姬器
5.2660 萬年唯人(仁)
5.2674 天君賞厥征人斤貝
5.2705 祝(兄)人師眉贏王爲周客
5.2731 省于人身
5.2733 乃用鄉(饗)王出入事(使)人
5.2756 史(使)[illegible](諄)大人賜乍(作)册寓䵼(纘)倬
5.2785 茲福人入史(事)
5.2812 王用弗讙(忘)聖人之後
5.2817 王乎乍(作)册尹册命師晨: 疋(胥)

師俗嗣邑人/眔奠(甸)人、善(膳)夫、官、守、友
5.2820 唬(號)前文人
5.2821 曰:旅邑人、善(膳)夫
5.2822 曰:旅邑人、善(膳)夫
5.2823 曰:旅邑人、善(膳)夫
5.2825 令女(汝)官嗣歙(飲)獻人于冕
5.2830 事余一人
5.2832 嗣土(徒)邑人趙、嗣馬頌人邦、嗣工陶矩/厲叔子夙、厲有嗣醽(申)季、慶癸、燹(豳)表、荆人敢、井人偈屖
5.2835 凡以公車折首二百又□又五人/執訊廿又三人/衣(卒)復筍(郇)人孚/折首卅又六人/執訊二人/公車折首百又十又五人/執訊三人
5.2836 賜女(汝)井、微、匍人/䵼(纘)賜女(汝)井人奔于量
5.2837 女(汝)勿能(蔽)余乃辟一人/夙夕召(紹)我一人烝四方/人鬲自馭至于庶人/人鬲千又五十夫
5.2838 井叔曰:才(裁):王人迺賣(贖)用徵/用致(致)兹人/東宮迺曰:求乃人/凡用即曶田七田、人五夫
5.2839 執嘼(酋)三人/孚人萬三千八十一人/執嘼(酋)一人/孚人□□人/王乎𧻚伯令盂以人馘入門
5.2840 寡人聞之/蒦(與)其汋(溺)於人旃/𨱼(長)爲人宔(主)/寡人學(幼)踵(童)/以㺨(佐)右(佑)寡人/以諱(誘)道(導)寡人/寡人聞之/氏(是)以寡人匧(委)賃(任)之邦/寡人庸其德/寡人懼其忽然不可得/氏(是)以寡人許之/智(知)爲人臣之宜旃/後人其庸庸之/吳人并(併)雩(越)/雩(越)人飭(修)教備恁(任)/戠(仇)人才(在)彷(旁)
5.2841 死(尸)毋童(動)余一人在立(位)/虔夙夕叀(惠)我一人/勿雍(壅)逮庶人宦
6.3698 朿人守父乍(作)厥寶尊彝
7.3770 降(絳)人繁乍(作)寶𣪘
7.3771 晉人事(吏)寓乍(作)寶𣪘
7.3942 王賜叔德臣嫊十人、貝十朋、羊百
7.3946 中伯乍(作)亲(辛)姬䜌人寶𣪘
7.3947 中伯乍(作)亲(辛)姬䜌人寶𣪘
7.4055 不故女夫人訇(以)乍(迮)登(鄧)公/用爲女夫人尊詩敦
7.4097 祝(兄)人師眉
7.4115 唬(號)前文人
8.4123 伯芳父事(使)䵼櫝(覲)尹人于齊師
8.4138 唯䎽令伐人(夷)方
8.4157 乎其萬人(年)永用
8.4158 乎其萬人(年)永用
8.4183 上鄀公敄人乍(作)尊𣪘
8.4215 命女(汝)嗣成周里人
8.4219 用享孝于前文人
8.4220 用享孝于前文人
8.4221 用享孝于前文人
8.4222 用享孝于前文人
8.4223 用享孝于前文人
8.4224 用享孝于前文人
8.4241 賜臣三品:州人、重人、墉(鄘)人
8.4250 曰:嗣琱宫人虩廝
8.4267 官嗣豐人眔九盤祝
8.4277 王乎乍(作)册内史册命師俞:䵼(纘)嗣㐱人
8.4283 令(命)女(汝)官嗣邑人、師氏
8.4284 令(命)女(汝)官嗣邑人、師氏
8.4288 啻(嫡)官邑人、虎臣、西門尸(夷)、㚟尸(夷)、秦尸(夷)、京尸(夷)、弁身尸(夷)
8.4289 啻(嫡)官邑人、虎臣、西門尸(夷)、㚟尸(夷)、秦尸(夷)、京尸(夷)、弁身尸(夷)
8.4290 啻(嫡)官邑人、虎臣、西門尸(夷)、㚟尸(夷)、秦尸(夷)、京尸(夷)、弁身尸(夷)
8.4291 啻(嫡)官邑人、虎臣、西門尸(夷)、㚟尸(夷)、秦尸(夷)、京尸(夷)、弁身尸(夷)
8.4300 姜商(賞)令貝十朋、臣十家、鬲百人/用韻(稽)後人享/用饗寮(僚)人/婦子後人永寶
8.4301 姜商(賞)令貝十朋、臣十家、鬲百人/用韻(稽)後人享/用饗寮(僚)人/婦子後人永寶
8.4303 曰:旅邑人、善(膳)夫
8.4304 曰:旅邑人、善(膳)夫
8.4305 曰:旅邑人、善(膳)夫
8.4306 王乎史翏册令(命)〔此〕曰:旅邑人、善(膳)夫

8.4307 曰：旅邑人、善(膳)夫
8.4308 曰：旅邑人、善(膳)夫
8.4309 曰：旅邑人、善(膳)夫
8.4310 曰：旅邑人、善(膳)夫
8.4317 其各前文人
8.4320 賜在宜王人十又七生(姓)/賜宜庶人六百又□六夫
8.4321 今余令(命)女(汝)啻(嫡)官嗣邑人/先虎臣後庸：西門尸(夷)、秦尸(夷)、京尸(夷)、纂尸(夷)、師笭、側新(薪)、□華尸(夷)、弁豸尸(夷)、瞏人、成周走亞、戍、秦人、降人、服尸(夷)
8.4322 寽(捋)俘人百又十又四人
8.4323 奪俘人四百
8.4327 昔乃祖亦既令乃父死(尸)嗣葊人/今余唯令女(汝)死(尸)葊宮、葊人
8.4340 女(汝)毋弗善效姜氏人
8.4341 王令毛公以邦冢君、土(徒)馭、或(越)人伐東或(國)瘠戎
8.4342 賜女(汝)秬鬯一卣、圭瓚、尸(夷)允(訊)三百人
8.4343 毋敢不尹人不中不井(型)
9.4406 □□爲甫(夫)人行盨
9.4465 典善(膳)夫克田人
9.4469 雩邦人、正人、師氏人/廼乍(作)余一人咎/用辟我一人/廼敢疾訊人
9.4589 乍(作)其妹句敔夫人季子媵簠
9.4590 乍(作)其妹句敔夫人季子媵簠
9.4668 蔓(晝)圅窑(陶)里人告(造)
9.4669 鼄叔乍(作)德人旅甫(簠)
9.4687 黄子乍(作)黄甫(夫)人行器
10.5324 戉帆(抑)玉人父宗彝牆(肆)
10.5405 公姞令次嗣田人
10.5417 子令小子畜先以人于堇/唯子曰令望人(夷)方腎
10.5428 逆造出內(入)事(使)人
10.5429 逆造出內(入)事(使)人
11.5916 戉帆(抑)玉人父宗彝牆(肆)
11.5990 唯王來征人(夷)方
11.5994 公姞令次嗣田人
11.6001 用鄉(饗)出內(入)事(使)人
11.6016 廼令曰：今我唯令女(汝)二人亢眔矢
12.6515 用享揤尹人/用寧室人、□人
15.9445 黄子乍(作)黄甫(夫)人行器
15.9456 矩伯庶人取堇(瑾)章(璋)于裘衛/伯邑父、焚(榮)伯、定伯、琼伯、單伯廼令參有嗣：嗣土(徒)微邑、嗣馬單旟、嗣工(空)邑人服眔受(授)田
15.9609 成伯邦父乍(作)叔姜萬人(年)壺
15.9613 今□伯多人非壺
15.9637 樊夫人龍嬴
15.9663 黄子乍(作)黄父(夫)人行器
15.9664 黄子乍(作)黄父(夫)人行器
15.9667 中伯乍(作)亲(辛)姬䜌(變)人朕(媵)壺
15.9668 中伯乍(作)亲(辛)姬䜌(變)人朕(媵)壺
15.9673 寺工師初、丞拑、稟(廩)人莽
15.9676 用興甫(夫)人
15.9710 聖趄(桓)之夫人曾姬無卹
15.9711 聖趄(桓)之夫人曾姬無卹
15.9729 其人民都邑堇(謹)宴舞
15.9730 其人民都邑堇(謹)宴舞
15.9735 下不巡(順)於人旃/寡人非之/賙(貯)曰：爲人臣而返(反)臣其宔(主)/則臤(賢)人至/則臤(賢)人窺(親)
15.9827 其用萬人(年)/事萬人(年)
16.9901 廼令曰：今我唯令女(汝)二人亢眔矢
16.9966 黄子乍(作)黄甫(夫)人孟乙行器
16.10080 穌(蘇)甫(夫)人乍(作)嬗(姪)妃襄賸(媵)般(盤)
16.10082 樊夫人龍嬴自乍(作)行盤
16.10174 淮尸(夷)舊我員(帛)晦人/毋敢不出其員(帛)、其責(積)、其進人
16.10176 矢人有嗣眉(堳)田：鮮、且、微、武父、西宮襄、豆人虞丂、彔、貞、師氏右眚、小門人䌛、原人虞艿、淮嗣工(空)虎孛、䦇豐父、唯(鳿)人有嗣、刑丂/正眉(堳)矢舍(捨)散田：嗣土(徒)屰盉、嗣馬單□、䣄人嗣工(空)騌君、宰德父/散人小子眉(堳)田：戎、微父、效果(櫂)父、襄之有嗣橐、州豪(就)、倐從嵩(鬲)
16.10205 穌(蘇)甫

(夫)人乍(作)嬶(姪)妃襄賸(媵)盉也(匜)
16.10206 甫人父乍(作)旅匜/其萬人(年)用
16.10209 樊夫人龍嬴自乍(作)行也(匜)
16.10261 䵼甫(夫)人余
16.10322 公廼命酉嗣徃(徒)凾父、周人嗣工(空)屖、敞史、師氏、邑人奎父、畢人師同
16.10355 黃子乍(作)黃甫(夫)人孟姬器
16.10374 闢人築桿戚畬(釜)/蠶畬(釜)而車人制之/而台(以)發退女(如)闢人/御闢人□□丌(其)事
16.10385 命戍代、冶與、下庫工師孟、關師四人
16.10478 夫人堂方百五十乇(尺)
16.10583 郾(燕)侯庫(肈載)思(夙)夜恚(淑)人
17.11000 孟右人
17.11165 田(甸)人邑再戈
17.11166 田(甸)人邑再戈
17.11192 郾(燕)王戎人王萃鋸(戳)
17.11237 郾(燕)王戎人乍(作)攼鋸(戳)
17.11238 郾(燕)王戎人乍(作)攼鋸(戳)
17.11239 郾(燕)王戎人乍(作)攼鋸(戳)
17.11273 郾(燕)王戎人乍(作)雩(瀞)萃鋸(戳)
17.11274 郾(燕)王戎人乍(作)雩(瀞)萃鋸(戳)
17.11275 郾(燕)王戎人乍(作)雩(瀞)萃鋸(戳)
17.11276 郾(燕)王戎人乍(作)巨攼鋸(戳)
17.11394 咸陽工師田、工大人耆、工積
17.11400 王𣛧(森)人
18.11494 卒人
18.11498 郾(燕)王戎人
18.11525 郾(燕)王戎人□□
18.11531 郾(燕)王戎人乍(作)攼鈦
18.11536 郾(燕)王戎人乍(作)巨攼鈦
18.11537 郾(燕)王戎人乍(作)巨攼鈦
18.11538 郾(燕)王戎人乍(作)王萃鈦
18.11539 郾(燕)王戎人乍(作)巨攼鈦
18.11543 郾(燕)王戎人乍(作)自釒率鈦
18.11561 閔倫(令)肖(趙)狽、下庫工師叚石、冶人參所鑄鈷户者
18.11654 台(以)戠(擋)戒人
18.12021 夫人
18.12108 用兵五十人以上——會王符
18.12109 用兵五十人以上

0002 仁、𡰥

3.690 魯伯愈父乍(作)鼄(邾)姬仁朕(媵)羞鬲
3.691 魯伯愈父乍(作)鼄(邾)姬仁朕(媵)羞鬲
3.692 魯伯愈父乍(作)鼄(邾)姬仁朕(媵)羞鬲
3.693 魯伯愈父乍(作)鼄(邾)姬仁朕(媵)羞鬲
3.694 魯伯愈父乍(作)鼄(邾)姬仁朕(媵)羞鬲
3.695 魯伯愈父乍(作)鼄(邾)姬仁朕(媵)羞鬲
9.4566 魯伯俞(愈)父乍(作)姬仁簠
9.4567 魯伯俞(愈)父乍(作)姬仁簠
9.4568 魯伯俞(愈)父乍(作)姬仁簠
16.10113 魯伯愈父乍(作)鼄(邾)姬仁朕(媵)頮(沬)盤
16.10114 魯伯愈父乍(作)鼄(邾)姬仁朕(媵)頮(沬)盤
16.10115 魯伯愈父乍(作)鼄(邾)姬仁朕(媵)頮(沬)盤
16.10244 魯伯愈父乍(作)鼄(邾)姬仁朕(媵)𥂴(沬)也(匜)

0003 仙

14.9084 友(右)敔父癸仙处
14.9085 又(右)敔父癸父仙处

0004 弔(吊)

3.466 弔父〔丁〕
3.475 弔父乙
3.480 弔父丁
3.782 弔
3.1290 弔丁
3.1468 弔龜
3.1469 弔龜
4.1568 弔父丙
4.1587 弔父丁
4.1588 弔父丁
4.1589 弔父丁
4.2075 弔乍(作)母從彝
6.3116 弔龜
6.3183 弔父丁
6.3184 弔父丁
6.3226 弔母癸
6.3426 弔龜乍(作)父丙
6.3427 弔龜乍(作)父丙
6.3449 弔
6.3605 弔乍(作)父丁寶尊彝
10.4786 弔
10.4981 弔父辛

10.5302 弔攴(扶)册乍(作)寶彝
11.5479 弔
11.6182 弔龜
12.6570 弔
12.6571 弔
12.6833 弔丁
12.6988 亞弔
12.7049 弔車
12.7051 弔非(排)
12.7058 弔龜
12.7059 弔龜
12.7060 弔龜
12.7147 弔父辛
12.7218 弔龜祖癸
13.7556 弔
13.7557 弔
13.7558 弔(?)
13.7559 弔
13.7560 弔
13.7561 弔
13.7562 弔
13.8224 弔龜
13.8225 弔龜
13.8226 弔龜
13.8227 弔龜
13.8228 弔龜
13.8253 弔車
14.8462 弔父丁
14.8621 弔父辛
14.8905 弔父丁𠂔
15.9193 弔龜
15.9468 弔
15.9503 弔父丁
16.9842 弔
16.9951 弔龜
16.10041 弔父丁
16.10482 弔
16.10533 弔妶父乙
16.10542 弔乍(作)寶彝
16.10547 弔乍(作)寶尊彝
17.10702 弔
17.10703 弔
17.10704 弔
17.10705 弔
17.10706 弔
17.10862 弔龜
18.11781 弔龜
18.11782 弔龜

0005 叔(弔)

1.15 留爲叔虢禾(龢)鐘
1.21 莫(鄭)井叔乍(作)霝(靈)閘(龢)鐘
1.22 莫(鄭)井叔乍(作)霝(靈)閘(龢)鐘
1.39 朕皇考叔旅魚父
1.60-3 叔氏在大廟/叔氏令史敨召逆/叔氏若曰: 逆
1.87 奄(邾)叔之伯□友擇左(厥)吉金
1.141 師臾肁(肇)乍(作)朕剌(烈)祖虢季、宄公、幽叔、朕皇考德叔大禀(林)鐘
1.145 乍(作)朕皇考叔氏寶薔(林)鐘
1.146 乍(作)朕皇考叔氏寶薔(林)鐘
1.147 乍(作)朕皇考叔氏寶薔(林)鐘
1.148 乍(作)朕皇考叔氏薔(林)鐘
1.172 篙(筥)叔之仲子平
1.173 篙(筥)叔之仲子平
1.174 篙(筥)叔之仲子平
1.175 篙(筥)叔之仲子平
1.176 篙(筥)叔之仲子平
1.177 篙(筥)叔之仲子平
1.178 篙(筥)叔之仲子平
1.179 篙(筥)叔之仲子平
1.180 篙(筥)叔之仲子平
1.223-4 往已叔姬
1.238 虢叔旅曰: 不(丕)顯皇考叀(惠)叔/用乍(作)皇考叀(惠)叔大薔(林)龢鐘
1.239 虢叔旅曰: 不(丕)顯皇考叀(惠)叔/用乍(作)皇考叀(惠)叔大薔(林)龢鐘
1.240 虢叔旅曰: 不(丕)顯皇考叀(惠)叔/用乍(作)朕皇考叀(惠)叔大薔(林)龢鐘
1.241 虢叔旅曰: 不(丕)顯皇考叀(惠)叔/用乍(作)朕皇考叀(惠)叔大薔(林)龢鐘
1.242-4 虢叔旅曰: 不(丕)顯皇考叀(惠)叔/用乍(作)朕皇考叀(惠)叔大薔(林)龢鐘
1.271 齊辟鞷(鮑)叔之孫、遵(躋)仲之子鞥(給)/用享考(孝)于皇祖聖叔、皇祉(妣)聖姜/于皇祖又成惠叔、皇祉(妣)又成惠姜/鞷(鮑)叔又(有)成裳(勞)于齊邦
1.272-8 雩(粤)生叔尸
1.285 雩(粤)生叔尸
2.356 井叔叔采乍(作)朕文祖穆公大鐘
2.357 井叔叔采乍(作)朕文祖穆公大鐘
3.489 叔乍(作)彝
3.524 虢叔乍(作)尊鬲
3.525 虢叔乍(作)尊鬲
3.542 楷叔知(矧)父乍(作)鼎
3.563 乍(作)予叔嬴賸(媵)鬲
3.572 弭叔乍(作)犀妊齊(齋)鬲
3.573 弭叔乍(作)犀妊齊(齋)鬲
3.574 弭叔乍(作)犀妊齊(齋)鬲
3.579 莫(鄭)叔[illegible]父乍(作)羞鬲
3.580 莫(鄭)井叔[illegible]父乍(作)拜(饙)鬲
3.581 莫(鄭)井叔[illegible]父乍(作)羞鬲
3.588 叔皇父乍(作)仲姜尊鬲
3.595 衛文君夫人叔姜乍(作)其行鬲
3.597 莫(鄭)[illegible]伯乍(作)叔嬬薦鬲
3.598 莫(鄭)[illegible]伯乍

(作)叔嬬鬲
3.599 奠(鄭)𪔂伯乍(作)叔嬬鬲
3.603 虢叔乍(作)叔殷穀尊鬲
3.608 弋(戴)叔慶父乍(作)叔姬尊鬲
3.614 叔鼎乍(作)己(紀)伯父丁寶尊彝
3.615 伯狺父乍(作)井叔、季姜尊鬲
3.616 伯墉父乍(作)叔姬鬲
3.617 伯墉父乍(作)叔姬鬲
3.618 伯墉父乍(作)叔姬鬲
3.619 伯墉父乍(作)叔姬鬲
3.620 伯墉父乍(作)叔姬鬲
3.621 伯墉父乍(作)叔姬鬲
3.622 伯墉父乍(作)叔姬鬲
3.623 伯墉父乍(作)叔姬鬲
3.626 樊君乍(作)叔𦀚嬴賸(媵)器寶鬵(烓)
3.637 庚姬乍(作)叔娊(?)尊鬲
3.638 庚姬乍(作)叔娊(?)尊鬲
3.639 庚姬乍(作)叔娊(?)尊鬲
3.640 庚姬乍(作)叔娊(?)尊鬲
3.642 芊伯碩〔父〕乍(作)叔媍(妘)寶鬲
3.674 叔牙父乍(作)姞氏尊鬲
3.677 邛(江)叔盗乍(作)其尊鬲
3.697 弢(發)伯乍(作)叔姬尊鬲
3.698 杜伯乍(作)叔嬬(祁)尊鬲
3.711 內(芮)公乍(作)鑄京氏婦叔姬朕(媵)鬲
3.712 內(芮)公乍(作)鑄京氏婦叔姬朕(媵)鬲
3.730 奠(鄭)伯筍父乍(作)叔姬尊鬲
3.735 鑄子叔黑臣(頤)肇乍(作)寶鬲
3.736 虢文公子伇乍(作)叔妃鬲
3.743 內(芮)公乍(作)鑄京仲氏婦叔姬賸(媵)鬲
3.896 朿(刺)叔乍(作)寶尊彝
3.909 叔啇乍(作)寶獻(甗)
3.926 奠(鄭)井叔乍(作)季姞獻(甗)
3.928 叔碩父乍(作)旅獻(甗)
3.947 陳(陳)公子子叔遼父乍(作)旅獻(甗)
4.1732 叔乍(作)寶
4.1733 乖叔乍(作)
4.1923 叔乍(作)寶彝
4.1924 內(芮)叔乍(作)鼎
4.1925 叔尹乍(作)旅
4.1926 叔乍(作)穌(蘇)子
4.1927 叔乍(作)尊鼎
4.1928 叔乍(作)旅鼎
4.1929 叔乍(作)旅鼎
4.1930 叔職乍(作)用
4.2049 叔攸乍(作)旅鼎
4.2050 叔伐父乍(作)鼎
4.2051 叔乍(作)懿宗盡(齍)
4.2053 叔乍(作)寶尊彝
4.2172 膺(應)叔乍(作)寶尊齋
4.2186 外叔乍(作)寶尊彝
4.2187 叔旅乍(作)寶尊鼎
4.2198 陵叔乍(作)衣寶彝
4.2212 遣叔乍(作)旅鼎用
4.2214 尹小叔乍(作)鑾(鑾)鼎
4.2270 叔乍(作)單公寶尊彝
4.2282 尹叔乍(作)陽姞賸(媵)鼎
4.2341 叔具乍(作)厥考寶尊彝
4.2342 叔雷(螭)肇乍(作)南宮寶尊
4.2343 叔虎父乍(作)叔姬寶鼎
4.2355 涾叔之行貞(鼎)
4.2357 楚叔之孫倗之飤鼾
4.2375 逐肇諆(其)乍(作)廟叔寶尊彝
4.2392 叔姬乍(作)陽伯旅鼎
4.2409 大(太)師乍(作)叔姜鼎
4.2411 叔師父乍(作)尊鼎
4.2412 叔𠂹父乍(作)尊鼎
4.2439 羊𢆶茲乍(作)厥文考叔寶尊彝
4.2440 叔□父乍(作)鼎
4.2492 虢叔大父乍(作)尊鼎
4.2511 叔𦬁父乍(作)尊鼎
4.2517 內(芮)子仲𣪘(搬)乍(作)叔媿尊鼎
5.2536 奠(鄭)登伯伋(及)叔嬬乍(作)寶鼎
5.2537 靜叔乍(作)鬻嬶旅貞(鼎)
5.2552 師麻孝叔乍(作)旅貞(鼎)
5.2562 𢆶金父乍(作)叔姬寶尊鼎
5.2568 鑄叔乍(作)嬴氏寶貞(鼎)
5.2587 鑄子叔黑臣肇乍(作)寶貞(鼎)
5.2596 新宮叔碩父、監姬乍(作)寶鼎
5.2600 吳王姬乍(作)南宮史叔飤鼎
5.2612 車叔商(賞)揚馬

5.2613 車叔商(賞)揚馬
5.2615 鳿叔從王南征
5.2630 伯陶乍(作)厥文考宮叔寶䵼彝
5.2634 虢文公子䚄乍(作)叔妃鼎
5.2635 虢文公子䚄乍(作)叔妃鼎
5.2636 虢文公子䚄乍(作)叔妃鼎
5.2646 叔夜鑄其饙(饋)貞(鼎)
5.2657 唯黃孫子綏(䌷)君叔單自乍(作)貞(鼎)
5.2667 奠(鄭)伯氏士叔皇父乍(作)旅鼎
5.2669 叔液自乍(作)饙(饋)貞(鼎)
5.2673 用乍(作)文考寏叔䵼彝
5.2679 旛叔樊乍(作)昜(陽)姚寶鼎
5.2690 弋(戴)叔朕自乍(作)饙(饋)鼎
5.2691 弋(戴)叔朕自乍(作)饙(饋)鼎
5.2692 弋(戴)叔朕自乍(作)饙(饋)鼎
5.2719 叔氏使貧(布)安㠱伯
5.2738 蔡大(太)師腆媵(媵)鄦(許)叔姬可母飤繁
5.2742 王乎虢叔召瘨
5.2755 用乍(作)朕文考釐叔尊貞(鼎)
5.2767 㝬(胡)叔、仉(信)姬乍(作)寶鼎/㝬(胡)叔眔仉(信)姬其壽耇(耇)、多宗、永令(命)/㝬(胡)叔、仉(信)姬其邁(萬)年
5.2780 乍(作)朕文考毛叔䵼彝
5.2782 嘉是唯哀成叔/哀成叔之鼎
5.2821 嗣土(徒)毛叔右(佑)此
5.2822 嗣土(徒)毛叔右(佑)此
5.2823 嗣土(徒)毛叔又(佑)此
5.2825 用乍(作)朕皇考叔碩父尊鼎
5.2827 用乍(作)朕皇考龏叔、皇母龏始(姒)寶尊鼎
5.2828 用乍(作)朕皇考龏叔、皇母龏始(姒)寶尊鼎
5.2829 用乍(作)朕皇考龏叔、皇母龏始(姒)寶尊鼎
5.2832 厲叔子夙、厲有嗣醽(申)季、慶癸、燹(豳)麃、荆人敢、井人偈屖
5.2833 肄(肆)武公亦弗叚(遐)朢(忘)賸(朕)聖祖考幽大叔、懿叔
5.2834 穆(肄)武公亦(弗)歷(叚)望(忘)〔朕聖〕自(祖)考幽大叔、懿〔叔〕
5.2838 井叔賜曶赤金、鬱/井叔在異/事(使)厥小子𩰫(究)以限訟于井叔/井叔曰:才(裁):王人迺賣(贖)用徵
6.3244 虢叔乍(作)
6.3365 く(畎)叔乍(作)姒尊
6.3485 叔[illegible](曶)乍(作)寶毁
6.3486 叔京乍(作)旅彝
6.3487 叔攺(拒)乍(作)寶毁
6.3552 叔虤乍(作)寶尊毁
6.3553 叔虤乍(作)寶尊毁
6.3554 叔虤乍(作)寶尊毁
6.3555 叔伇父乍(作)𤰈毁
6.3574 噩(鄂))叔乍(作)寶尊彝
6.3624 叔單乍(作)義公尊彝
6.3694 叔宿乍(作)日壬寶尊彝
6.3695 義叔聞𤉮(肇)乍(作)彝
6.3706 師寏父乍(作)叔姑寶尊毁
6.3711 乍(作)祖乙雔侯叔尊彝
6.3724 叔宔(宇)乍(作)寶毁
6.3725 叔友父乍(作)尊毁
6.3728 叔妃乍(作)尊毁
6.3729 叔妃乍(作)尊/叔妃乍(作)尊毁
7.3760 叔臨父乍(作)寶毁
7.3764 叔㮚父乍(作)寶毁
7.3797 歸叔山父乍(作)疊(嫚、姪)姬尊毁
7.3798 歸叔山父乍(作)疊(嫚、姪)姬尊毁
7.3799 歸叔山父乍(作)疊(嫚、姪)姬尊毁
7.3800 歸叔山父乍(作)疊(嫚、姪)姬尊毁
7.3801 歸叔山父乍(作)疊(嫚、姪)姬尊毁
7.3802 叔侯父乍(作)尊毁
7.3803 叔侯父乍(作)尊毁
7.3805 害叔乍(作)尊毁
7.3806 害叔乍(作)尊毁
7.3819 叔旦乍(作)寶毁
7.3849 叔向父乍(作)婞(辛)姒尊毁
7.3850 叔向父乍(作)婞(辛)姒尊毁
7.3851 叔向父乍(作)婞(辛)姒尊毁
7.3852 叔向父乍(作)

婞(辛)姒尊段
7.3853 叔向父乍(作)婞(辛)姒尊段
7.3854 叔向父乍(作)婞(辛)姒尊段
7.3855 叔向父乍(作)婞(辛)姒尊段
7.3859 辛叔皇父乍(作)中姬尊段
7.3870 叔向父爲備寶段兩、寶鼎二
7.3890 廣乍(作)叔彭父寶段
7.3891 井𠂇叔安父自乍(作)寶段
7.3921 叔𢿌父乍(作)朕文母、剌(烈)考尊段
7.3922 叔𢿌父乍(作)朕文母、剌(烈)考尊段
7.3923 豐井叔乍(作)伯姬尊段
7.3942 王賜叔德臣嫀十人、貝十朋、羊百
7.3944 鑄子叔黑臣肇乍(作)寶段
7.3949 季魯肇乍(作)厥文考井叔寶尊彝
7.3950 鳿(唯)叔從王、員征楚荆
7.3951 鳿(唯)叔從王、員征楚荆
7.3955 兑乍(作)朕皇考叔氏尊段
7.3958 叔角父乍(作)朕皇考宕(宄)公尊段
7.3959 叔角父乍(作)朕皇考宕(宄)公尊段
7.4004 師趩父孫孫叔多父
7.4005 師趩父孫孫叔多父
7.4006 師趩父孫孫叔多父
7.4038 章叔將自乍(作)尊段
7.4042 易𠂇曰：趞叔休于小臣貝三朋、臣三家
7.4043 易𠂇曰：趞叔休于小臣貝三朋、臣三家
7.4056 叔噩父乍(作)鷟姬旅段
7.4057 叔噩父乍(作)鷟姬旅段
7.4058 叔噩父乍(作)鷟姬旅段
7.4062 誅(胡)叔、誅(胡)姬乍(作)伯媿賸(媵)段
7.4063 誅(胡)叔、誅(胡)姬乍(作)伯媿賸(媵)段
7.4064 誅(胡)叔、誅(胡)姬乍(作)伯媿賸(媵)段
7.4065 誅(胡)叔、誅(胡)姬乍(作)伯媿賸(媵)段 / 內(芮)叔壓父乍(作)寶段
7.4066 誅(胡)叔、誅(胡)姬乍(作)伯媿賸(媵)段 / 內(芮)叔壓父乍(作)寶段
7.4067 誅(胡)叔、誅(胡)姬乍(作)伯媿賸(媵)段 / 內(芮)叔壓父乍(作)寶段
7.4068 牧師父弟叔㾭父御于君
7.4069 牧師父弟叔㾭父御于君
7.4070 牧師父弟叔㾭父御于君
7.4090 叔皮父乍(作)朕文考茀公
7.4104 公叔初見于衛
7.4105 公叔初見于衛
7.4106 公叔初見于衛
7.4108 叔䍚父乍(作)孟姜尊段
7.4110 魯士商𠭯肇乍(作)朕皇考叔猒父尊段
7.4111 魯士商𠭯肇乍(作)朕皇考叔猒父尊段
8.4126 栿季肇乍(作)朕王母叔姜寶段
8.4127 乍(作)鑄叔皮父尊段 / 其妻子用享考(孝)于叔皮父
8.4129 勇叔買自乍(作)尊段
8.4130 𢦔(敖)叔微㝨于西宫
8.4137 叔妖乍(作)寶尊段
8.4190 䢅曰：余陳仲𤘊(產)孫、盧(𥂴、萊)叔和子
8.4195 王命萬.眔叔緐父歸(饋)吳姬饔(饔)器
8.4198 蔡姞乍(作)皇兄尹叔尊𩰫彝 / 尹叔用妥(綏)多福于皇考德尹、叀姬
8.4199 用乍(作)文考公叔寶段
8.4200 用乍(作)文考公叔寶段
8.4214 用乍(作)文考旆叔尊段
8.4240 井叔有(佑)免
8.4242 叔向父禹曰：余小子司(嗣)朕皇考 / 乍(作)朕皇祖幽大叔尊段
8.4250 用乍(作)朕文考幽叔寶段
8.4253 井叔內(入)右(佑)師察 / 弭叔其邁(萬)年
8.4254 井叔內(入)右(佑)師察 / 弭叔其邁(萬)年
8.4266 密叔又(佑)趞
8.4276 用乍(作)朕文考釐叔寶段
8.4287 伊用乍(作)朕不(丕)顯皇祖文考徲叔寶𩰫彝
8.4303 嗣土(徒)毛叔右(佑)此
8.4304 嗣土(徒)毛叔右(佑)此
8.4305 嗣土(徒)毛叔右(佑)此
8.4306 嗣土(徒)毛叔右(佑)此
8.4307 嗣土(徒)毛叔右(佑)此
8.4308 嗣土(徒)毛叔

右(佑)此
8.4309 嗣土(徒)毛叔右(佑)此
8.4310 嗣土(徒)毛叔右(佑)此
8.4332 用乍(作)朕皇考龏叔、皇母龏始(姒)寶尊段
8.4333 用乍(作)朕皇考龏叔、皇母龏始(姒)寶尊段
8.4334 用乍(作)朕皇考龏叔、皇母龏始(姒)寶尊段
8.4335 用乍(作)朕皇考龏叔、皇母龏始(姒)寶尊段
8.4336 用乍(作)朕皇考龏叔、皇母龏始(姒)寶尊段
8.4337 用乍(作)朕皇考龏叔、皇母龏始(姒)寶尊段
8.4338 用乍(作)朕皇考龏叔、皇母龏始(姒)寶尊段
8.4339 用乍(作)朕皇考龏叔、皇母龏始(姒)寶尊段
9.4351 叔倉父乍(作)寶盨
9.4375 叔謙父乍(作)旅盨段
9.4376 叔謙父乍(作)旅盨段
9.4377 叔賓父乍(作)寶盨
9.4378 劃叔乍(作)旅須(盨)
9.4379 敶(陳)姬小公子子彖(豯、豵)叔媯飤盨
9.4381 京叔乍(作)䭼(饙)盨
9.4385 弭叔乍(作)旅盨
9.4388 叔姞乍(作)旅盨
9.4389 虢叔鑄行盨
9.4390 昜(陽)叔乍(作)旅須(盨)
9.4396 奠(鄭)登叔乍(作)旅盨
9.4400 奠(鄭)井叔康乍(作)旅盨(槓)
9.4401 奠(鄭)井叔康乍(作)旅盨(槓)
9.4405 鬲叔興父乍(作)旅須(盨)
9.4409 叔良父乍(作)旅盨
9.4416 遣叔吉父乍(作)虢王姞旅須(盨)
9.4417 遣叔吉父乍(作)虢王姞旅須(盨)
9.4418 遣叔吉父乍(作)虢王姞旅須(盨)
9.4423 鑄子叔黑臣肇乍(作)寶盨
9.4424 單子白乍(作)叔姜旅盨
9.4425 㠱叔乍(作)仲姬旅盨/㠱叔其萬年
9.4430 弭叔乍(作)叔班旅須(盨)
9.4454 叔𠜱(剸)父乍(作)奠(鄭)季寶鐘六金、尊盨四、鼎七
9.4455 叔𠜱(剸)父乍(作)奠(鄭)季寶鐘六金、尊盨四、鼎七
9.4456 叔𠜱(剸)父乍(作)奠(鄭)季寶鐘六金、尊盨四、鼎七
9.4457 叔𠜱(剸)父乍(作)奠(鄭)季寶鐘六金、尊盨四、鼎七
9.4469 叔邦父、叔姞邁(萬)年
9.4498 虢叔乍(作)叔殷穀尊簠
9.4499 衛子叔旡父乍(作)旅簠
9.4504 京叔姬乍(作)寶簠
9.4514 虢叔乍(作)旅簠
9.4515 虢叔乍(作)旅簠
9.4527 吳王御士尹氏叔緐乍(作)旅匡(筐)
9.4544 子叔狀(𤘫)父乍(作)行器
9.4552 㝬(胡)叔乍(作)吳(虞)姬尊鉦(筐)
9.4555 師麻孝叔乍(作)旅匡(筐)
9.4557 商丘叔乍(作)其旅簠
9.4558 商丘叔乍(作)其旅簠
9.4559 商丘叔乍(作)其旅簠
9.4560 鑄叔乍(作)嬴氏寶簠
9.4561 𩰲侯乍(作)叔姬寺男賸(媵)簠
9.4562 𩰲侯乍(作)叔姬寺男賸(媵)簠
9.4570 鑄子叔黑臣
9.4571 鑄子叔黑臣
9.4580 叔邦父乍(作)簠
9.4592 是叔虎父乍(作)杞孟辝(姒)䭼(饙)簠
9.4595 乍(作)皇考獻叔䭼(饙)般(盤)
9.4596 乍(作)皇考獻叔䭼(饙)般(盤)
9.4598 叔姬霝乍(迮)黃邦/曾侯乍(作)叔姬、邛(江)嬭(芈)賸(媵)器䵼彝
9.4599 乍(作)其元妹叔嬴爲心賸(媵)䭼(饙)簠
9.4601 奠(鄭)伯大嗣工(空)召叔山父乍(作)旅簠
9.4602 奠(鄭)伯大嗣工(空)召叔山父乍(作)旅簠
9.4608 考叔脂父自乍(作)尊簠
9.4609 考叔脂父自乍(作)尊簠
9.4615 叔家父乍(作)仲姬匡(筐)
9.4619 孫叔左擇其吉金
9.4620 叔朕擇其吉金/叔朕眉壽
9.4621 叔朕擇其吉金/叔朕眉壽

9.4622 叔朕擇其吉金／叔朕眉壽
9.4650 哀成叔之鉌
9.4663 哀成叔之鼎(卷)
9.4669 䣄叔乍(作)德人旅甫(簠)
10.5108 叔乍(作)旅彝
10.5109 叔乍(作)寶彝
10.5185 叔乍(作)寶尊彝
10.5237 叔截乍(作)寶尊彝
10.5303 朿(刺)叔乍(作)厥寶尊彝
10.5382 縈叔乍(作)
10.5392 䧹不叔(淑)
10.5418 井叔右(佑)免
10.5428 叔趯父曰：余考(老)不克御事
10.5429 叔趯父曰：余考(老)不克御事
11.5581 遽叔
11.5856 戒叔乍(作)寶尊彝
11.5857 叔虘乍(作)寶尊彝
11.5914 虢叔乍(作)叔殷穀尊朕
11.5962 叔䚄(貔)賜貝于王姛(姒)
11.6006 井叔右(佑)免
11.6195 叔乍(作)
12.6457 井叔乍(作)飲壺
12.6458 叔偈父乍(作)姜
12.6486 叔傳(塼)乍(作)楷公寶彝
12.6516 咸井叔入右(佑)趩
12.7272 叔乍(作)母□彝
14.9037 叔牙乍(作)尊彝
15.9426 楚叔之孫途爲之盉
15.9436 用萬年用楚(胥)保眔叔堯(无)
15.9492 叔姜〼
15.9512 叔乍(作)寶
15.9579 魯侯乍(作)尹叔姬壺
15.9603 子叔乍(作)叔姜尊壺／子叔乍(作)尊壺
15.9604 子叔乍(作)叔姜尊壺
15.9609 成伯邦父乍(作)叔姜萬人(年)壺
15.9625 迖叔尊壺
15.9626 迖叔之尊壺
15.9631 奠(鄭)楙叔賓父乍(作)醴壺
15.9651 矩叔乍(作)仲姜寶尊壺
15.9652 矩叔乍(作)仲姜寶尊壺
15.9656 伯公父乍(作)叔姬醴壺
15.9677 □叔〼奠〼
15.9704 曩(紀)公乍(作)爲子叔姜賸盥壺
15.9706 邛(江)立(大、太)宰孫叔師父乍(作)行具
15.9718 亯叔用賜眉壽無疆
15.9726 王乎虢叔召(詔)瘨
15.9727 王乎虢叔召(詔)瘨
15.9731 用乍(作)朕皇考龏叔、皇母龏始(姒)寶尊壺
15.9732 用乍(作)朕皇考龏叔、皇母龏始(姒)寶尊壺
15.9733 殷王之孫、右師之子武叔曰庚
16.9875 井叔乍(作)旅彝
16.9888 叔䚄(貔)賜貝于王姛(姒)
16.10095 京叔乍(作)孟嬴賸(賸)般(盤)
16.10096 筍侯乍(作)叔姬賸(賸)般(盤)
16.10106 用萬年用楚(胥)保眔叔堯
16.10107 叔五父乍(作)寶般(盤)
16.10124 魯正叔之𥦂
16.10129 伯侯父賸(賸)叔媯聑(聯)母鎜(盤)
16.10131 干氏叔子乍(作)仲姬客母媵(賸)般(盤)
16.10133 薛侯乍(作)叔妊襄朕(賸)般(盤)
16.10142 齊叔姬乍(作)孟庚寶般(盤)
16.10145 毛叔朕(賸)彪氏孟姬寶般(盤)
16.10155 堂(棠)湯叔伯氏荏鑄其尊
16.10163 夆(逢)叔乍(作)季妃盥般(盤)
16.10180 叔乍(作)旅匜
16.10181 㲋叔乍(作)旅也(匜)
16.10203 叔侯父乍(作)姜□寶也(匜)
16.10217 備叔黑臣(頤)乍(作)寶也(匜)
16.10219 聑(聯)子叔穀自乍(作)盥匜
16.10239 叔高父乍(作)仲妣也(匜)
16.10241 蒯馬南叔乍(作)𢍰姬朕(賸)也(匜)
16.10248 叔㞒父乍(作)師姬寶也(匜)
16.10263 薛侯乍(作)叔妊襄朕(賸)也(匜)
16.10270 叔男父乍(作)爲霍姬賸(賸)旅也(匜)
16.10280 慶叔攸(作)朕(賸)子孟姜盥匜
16.10281 奠(鄭)大內史叔上／乍(作)叔娟(妘)朕(賸)匜
16.10282 夆(逢)叔乍(作)季妃盥般(盤)
16.10284 蔡叔季之孫君
16.10298 台(以)乍(作)叔姬寺吁宗彝(彝)薦鑑／往已叔姬
16.10299 台(以)乍(作)叔姬寺吁宗彝(彝)薦鑑／往已叔姬

16.10306 虢叔乍(作)旅盂
16.10307 虢叔乍(作)旅盂
16.10331 子叔嬴內君乍(作)寶器
16.10336 曾大(太)保譽叔亟
16.10548 叔乍(作)寶尊彝
17.11040 叔孫殺(誅)戈
17.11067 盜叔之行戈
17.11198 楚屈叔佗之元用
17.11344 盲(芒)命(令)□轄、左庫工師叔新(梁)掃、冶小
17.11393 楚屈叔佗屈□之孫
18.11601 蔡侯𠃬叔之用
18.11719 叔趙父乍(作)旅再
18.11786 呂大叔之貳車之斧
18.11787 呂大叔之貳車之斧
18.11788 郘(呂)大叔以新金爲貣(貳)車之斧十
18.12066 □叔

0006 付

3.1016 付
5.2765 因付厥且僕二家
5.2818 虢旅迺事(使)攸衛牧誓曰：我弗具付隔匕(比)
5.2831 履付裘衛林𦿆里
5.2832 邦君厲眔付裘衛田
5.2838 不逆付/則付卅(四十)秭
8.4278 曰：敢弗具(俱)付隔匕(比)
8.4323 復付厥君
9.4466 凡復友(賄)、復付隔比田十又三邑
11.5981 用乍(作)考付父尊彝
16.10176 曰：我既(既)付散氏田器/曰：我既付散氏溼田、牆(畛)田
16.10322 付永厥田

0007 仕

17.11049 仕斤徒戈
17.11050 仕斤徒戈
18.11986 㝵(得工)仕

0008 代

16.10385 命戍代、冶與、下庫工師孟、關師四人

0009 仦、仯

5.2833 命禹仯(肖)賸(朕)祖考

0010 伐

1.260 王𦎫(敦)伐其至/撲伐厥都
1.272-8 剸伐夏司
1.285 剸伐夏司
2.428 余以伐郐(徐)
3.931 仲伐父乍(作)姬尚母旅甗(甗)
3.1011 伐
4.1955 鼎之伐妊(珽)
4.2050 叔伐父乍(作)鼎
4.2482 昌國豚工師翟伐、冶更所爲
5.2728 唯公大(太)保來伐反(叛)尸(夷)年
5.2734 周伯邊及仲㑺(催)父伐南淮尸(夷)
5.2739 唯周公于征伐東尸(夷)
5.2740 唯王伐東尸(夷)/溓(濂)公令䨄眔史旟曰：以師眔厥有嗣、後或(國)戜伐腺(貊)
5.2741 唯王伐東尸(夷)/溓(濂)公令䨄眔史旟曰：以師眔厥有嗣、後或(國)戜伐腺(貊)
5.2751 唯王令南宮伐反(叛)虎方之年
5.2752 唯王令南宮伐反(叛)虎方之年
5.2810 伐角、僪(遹)
5.2833 廣伐南或(國)、東或(國)/王迺命西六師、殷八師曰：剿(撲)伐噩(鄂)侯馭方/弗克伐噩(鄂)/叀(惟)西六師、殷八師伐噩(鄂)侯馭方/𦎫(敦)伐噩(鄂)
5.2834 王〔迺〕命迺(西)六師、殷八師曰：剿(撲)伐噩(鄂)侯馭方/𦎫(敦)伐〔噩〕
5.2835 廣伐京師/戎伐筍(郇)
5.2839 告曰：王令盂以□□伐𩲃(鬼)方
7.3907 過伯從王伐反(叛)荊
7.3976 伐楚荊
7.4029 遣三族伐東或(國)
7.4041 王伐禁(蓋)侯
7.4059 王朿(來)伐商邑
8.4138 唯𡚸令伐人(夷)方
8.4140 王伐彔(祿)子聽
8.4146 公令繁伐(閥)于㠱伯
8.4169 唯王伐逨(徠)魚/徭(誕)伐淖黑
8.4238 伐海眉(堳)
8.4239 伐海眉(堳)
8.4300 唯王于伐楚
8.4301 唯王于伐楚
8.4320 王省武王、成王伐商圖
8.4322 戎伐馭
8.4323 內伐涢、昴、參泉、裕敏、隂(陰)陽洛
8.4328 馭方、厰(玁)允(狁)廣伐西俞/女(汝)以我車宕伐厰(玁)允(狁)于高陶
8.4329 馭方、厰(玁)允(狁)廣伐西俞/女(汝)以我車宕伐敢

(獵)允(狁)于高陶

8.4341 王令毛公以邦冢君、土(徒)馭、或(越)人伐東或(國)痛戎

9.4435 伐南淮尸(夷)

9.4459 伐角、津 / 伐桐、遹(僪)

9.4460 伐角、津 / 伐桐、遹(僪)

9.4461 伐角、津 / 伐桐、遹(僪)

10.4805 亞伐

10.5387 員從史旟伐會(鄶)

10.5419 王令戜曰：叡淮尸(夷)敢伐內國

10.5420 王令戜曰：叡淮尸(夷)敢伐內國

10.5425 命伐南尸(夷)

12.6718 伐

13.7398 伐

13.8184 伐□

14.8941 亞伐父辛

14.8942 亞伐父辛

15.9703 大嬰(將)鈛孔、陳璋內(入)伐匽(燕)亳邦之獲

15.9733 台(以)亟(殛)伐𠑭□丘

16.9975 齊嬰(將)鈛(鍋)孔、陳璋內(入)伐匽(燕)亳邦之獲

16.10173 搏伐厰(玁)執(㽙、狁)

16.10174 王初各(格)伐厰(玁)執(㽙、狁)于冨慮 / 則即井(刑)厦(撲)伐

16.10175 微伐尸(夷)童

17.10642 伐

17.10872 伐甗

17.10873 伐甗

17.11343 亩命(令)司馬伐、右庫工師高雁、冶□

18.11557 相邦春平侯、邦左伐器工師長翟(鳳)、冶私(粕)敎(撻)齋(劑)

18.11662 相邦春平侯☒伐器工師□□、冶☒

18.11689 相邦春平侯、邦左伐器工師長翟(鳳)、冶赦敎(撻)齋(劑)

18.11690 相邦春平侯、邦左伐器工師長翟(鳳)、冶明敎(撻)齋(劑)

18.11691 相邦春平侯、邦左伐器工師長翟(鳳)、冶句敎(撻)齋(劑)

18.11699 相邦春平侯、邦左伐器工師□□□□、冶亘敎(撻)齋(劑)

18.11709 相邦春平侯、邦右伐器工師羊秋(播)、冶疢敎(撻)齋(劑)

18.11710 相邦春平侯、左伐器𠜱工師析論、冶𨊠敎(撻)齋(劑)

18.11713 相邦春平侯、邦左伐器工師長翟(鳳)、冶句敎(撻)齋(劑)

18.11714 相邦春平侯、邦左伐器工師長翟(鳳)、冶句敎(撻)齋(劑)

18.11715 相邦春平侯、邦右伐器工師從訬、冶巡敎(撻)齋(劑)

18.11716 相邦春平侯、邦左伐器工師長翟(鳳)、冶匡敎(撻)齋(劑)

18.11723 伐

18.11753 伐甗

0011 仲

1.36 𧵦仲乍(作)朕文考釐公大鍴(林)寶鐘

1.65 兮仲乍(作)大鍴(林)鐘

1.66 兮仲乍(作)大鏷(林)鐘

1.67 兮仲乍(作)大鏷(林)鐘

1.68 兮仲乍(作)大鏷(林)鐘

1.69 兮仲乍(作)大薔(林)鐘

1.70 兮仲乍(作)大鏷(林)鐘

1.71 兮仲乍(作)大鏷(林)鐘

1.72 楚王媵(媵)邛(江)仲嬭(芊)南龢鐘

1.93 攻敔仲冬戕之外孫、坪之子臧孫

1.94 攻敔仲冬戕之外孫、坪之子臧孫

1.95 攻敔仲冬戕之外孫、坪之子臧孫

1.96 攻敔仲冬戕之外孫、坪之子臧孫

1.97 攻敔仲戕之外孫、坪之子臧孫

1.98 攻敔仲戕之外孫、坪之子臧孫

1.99 攻敔仲戕之外孫、坪之子臧孫

1.100 攻敔仲冬戕之外孫、坪之子臧孫

1.101 攻敔仲冬戕之外孫、坪之子臧孫

1.133 仲大(太)師右(佑)柞 / 柞拜手對揚仲大(太)師休

1.134 仲大(太)師右(佑)柞 / 柞拜手對揚仲大(太)師休

1.135 仲大(太)師右(佑)柞 / 柞拜手對揚仲大(太)師休

1.136 仲大(太)師右(佑)柞 / 柞拜手對揚仲大(太)師休

1.137-9 仲大(太)師右(佑)柞 / 柞拜手對揚仲大(太)師休

1.172 簷(筥)叔之仲子平 / 仲平善弦(發)叡考

1.173 簷(筥)叔之仲子平 / 仲平善弦(發)叡考

1.174 簷(筥)叔之仲子平 / 仲平善弦(發)叡考

1.175 簷(管)叔之仲子平/仲平善弦(發)叡考
1.176 簷(管)叔之仲子平/仲平善弦(發)叡考
1.177 簷(管)叔之仲子平/仲平善弦(發)叡考
1.178 簷(管)叔之仲子平/仲平善弦(發)叡考
1.179 簷(管)叔之仲子平/仲平善弦(發)叡考
1.180 簷(管)叔之仲子平/仲平善弦(發)叡考
1.181 亞祖公仲必父之家/用乍(作)朕皇祖南公、亞祖公仲
1.271 齊辟鼟(鮑)叔之孫、遵(躋)仲之子輪(紟)/乍(作)子仲姜寶鎛/皇考遵(躋)仲、皇母
2.350 陳(陳)大喪史仲高乍(作)鈴鐘
2.351 陳(陳)大喪史仲高乍(作)鈴鐘
2.352 陳(陳)大喪史仲高乍(作)鈴鐘
2.353 陳(陳)大喪史仲高乍(作)鈴鐘
2.354 陳(陳)大喪史仲高乍(作)鈴鐘
2.355 陳(陳)大喪史仲高乍(作)鈴鐘
3.509 仲乍(作)寶彝
3.510 仲姬乍(作)鬲
3.521 微仲乍(作)旅尊
3.523 仲姜乍(作)尊鬲
3.544 仲[illegible]父乍(作)齍鬲
3.547 仲姞乍(作)羞鬲
3.548 仲姞乍(作)羞鬲
3.549 仲姞乍(作)羞鬲
3.550 仲姞乍(作)羞鬲
3.551 仲姞乍(作)羞鬲
3.552 仲姞乍(作)羞鬲
3.553 仲姞乍(作)羞鬲
3.554 仲姞乍(作)羞鬲
3.555 仲姞乍(作)羞鬲
3.556 仲姞乍(作)羞鬲
3.557 仲姞乍(作)羞鬲
3.558 仲姞乍(作)羞鬲
3.561 虢仲乍(作)姞尊鬲
3.562 虢仲乍(作)姞尊鬲
3.588 叔皇父乍(作)仲姜尊鬲
3.668 右戲仲夏父乍(作)豐鬲
3.672 召仲乍(作)生妣尊鬲
3.673 召仲乍(作)生妣尊鬲
3.681 仲父乍(作)尊鬲
3.708 虢仲乍(作)虢妃尊鬲
3.710 仲勘大也(它)鑄其寶鬲
3.713 祉仲無龍乍(作)寶鬲
3.714 祉仲無龍乍(作)寶鬲
3.729 仲生父乍(作)井孟姬寶鬲
3.737 單伯遼父乍(作)仲姞尊鬲
3.743 內(芮)公乍(作)鑄京仲氏婦叔姬賸(媵)鬲
3.744 琱生(甥)乍(作)文考宄仲尊鬲
3.746 師湯父有嗣仲枏父乍(作)寶鬲
3.747 師湯父有嗣仲枏父乍(作)寶鬲
3.748 師湯父有嗣仲枏父乍(作)寶鬲
3.749 師湯父有嗣仲枏父乍(作)寶鬲
3.750 師湯父有嗣仲枏父乍(作)寶鬲
3.751 師湯父有嗣仲枏父乍(作)寶鬲
3.752 師湯父有嗣仲枏父乍(作)寶鬲
3.753 子仲漁雯池
3.859 仲乍(作)旅彝
3.860 仲乍(作)旅獻(甗)
3.889 田告乍(作)仲子彝
3.902 仲西父肇乍(作)獻(甗)
3.911 粤仲雩父乍(作)旅獻(甗)
3.931 仲伐父乍(作)姬尚母旅獻(甗)
3.933 尌仲乍(作)獻(甗)
3.939 魯仲齊乍(作)旅獻(甗)
3.942 仲枏父乍(作)旅獻(甗)
3.943 唯曾子仲謱用其吉金
3.970 祉仲無龍
3.979 仲枏父乍(作)匕(朼)
4.1731 仲乍(作)齋
4.1922 仲乍(作)旅鼎
4.2045 楷仲乍(作)旅彝
4.2046 仲師父乍(作)齋
4.2047 仲乍(作)寶尊鼎
4.2048 仲乍(作)旅寶鼎
4.2147 王乍(作)仲姬寶彝
4.2191 王乍(作)仲姜寶鼎
4.2207 仲義父乍(作)尊鼎
4.2208 仲義父乍(作)尊鼎
4.2209 仲義父乍(作)尊鼎
4.2210 仲義父乍(作)尊鼎
4.2211 仲義父乍(作)尊鼎
4.2264 師乍(作)陧仲寶尊彝
4.2265 師乍(作)陧仲寶尊彝
4.2266 師乍(作)陧仲寶尊彝
4.2267 師乍(作)陧仲寶尊彝
4.2279 仲義君自乍

(作)食繁
4.2338 義仲乍(作)厥父周季尊彝
4.2391 江小仲母生自乍(作)甬(用)鬲
4.2423 曾侯仲子游(遊)父自乍(作)䵼彝
4.2424 曾侯仲子游(遊)父自乍(作)䵼彝
4.2429 鄦(酁)仲□乍(作)鼎
4.2442 仲宦父乍(作)寶鼎
4.2462 倗仲乍(作)畢媿賸(媵)鼎
4.2463 仲殷父乍(作)鼎
4.2464 仲殷父乍(作)鼎
4.2517 內(芮)子仲殿(搬)乍(作)叔媿尊鼎
4.2528 登(鄧)小仲鼓(鯆)徂□□取
5.2533 仲吃(涿)父乍(作)尊鼎
5.2541 仲義父乍(作)新宿(客)寶鼎
5.2542 仲義父乍(作)新宿(客)寶鼎
5.2543 仲義父乍(作)新宿(客)寶鼎
5.2544 仲義父乍(作)新宿(客)寶鼎
5.2545 仲義父乍(作)新宿(客)寶鼎
5.2564 曾仲子敔用吉金自乍(作)寶鼎
5.2578 敢曰：□□仲自乍(作)朿(幹)鼎
5.2581 休仲賜遄鼎 / 揚仲皇
5.2599 奠(鄭)虢仲念戒(勇)用乍(作)皇祖、文考寶鼎
5.2616 衛乍(作)文考小仲、姜氏盂鼎
5.2619 善(膳)夫旅伯乍(作)毛仲姬尊鼎
5.2620 唯曾子仲謱用其吉金
5.2624 樊季氏孫仲𪔅[擇]其吉金
5.2639 魯仲齊肈乍(作)皇考䵼貞(鼎)
5.2654 亳敢對公仲休
5.2729 楷仲賞厥嫊奚逐毛兩、馬匹
5.2733 衛肈乍(作)厥文考己仲寶䵼
5.2734 周伯邊及仲偯(催)父伐南淮尸(夷)
5.2737 曾子仲宣□用其吉金
5.2743 仲師父乍(作)季妓始寶尊鼎
5.2744 仲師父乍(作)季妓始寶尊鼎
5.2755 遣仲令穸䎤(纘)𤔲奠(甸)田 / 對揚遣仲休
5.2762 史顛(頊)乍(作)朕皇考釐仲、王(皇)母泉母尊鼎
5.2777 史伯碩父追考(孝)于朕皇考釐仲、王(皇)母泉母
5.2803 王馭溓(濂)仲㒒(僕)
5.2813 用追考(孝)于刺仲
5.2814 𤔲徒南仲右(佑)無(許)叀
6.3363 楷仲乍(作)旅
6.3364 仲乍(作)寶𣪘
6.3447 仲州乍(作)寶𣪘
6.3449 仲子日乙
6.3543 仲獲父乍(作)寶𣪘
6.3544 仲僘乍(作)寶尊彝
6.3545 仲師父乍(作)旅𣪘
6.3546 仲□父乍(作)寶𣪘
6.3547 仲酉父乍(作)旅𣪘
6.3548 仲言(？)父乍(作)旅𣪘
6.3549 楅仲乍(作)寶尊彝
6.3550 敔仲乍(作)其旅𣪘
6.3551 城虢仲乍(作)旅𣪘
6.3620 嫄(媛)仲乍(作)乙伯寶𣪘
6.3723 仲乍(作)寶尊彝
7.3747 仲再乍(作)又(厥)寶彝
7.3753 仲師父乍(作)好旅𣪘
7.3754 仲師父乍(作)好旅𣪘
7.3757 仲五父乍(作)𣪘
7.3758 仲五父乍(作)𣪘
7.3759 仲五父乍(作)𣪘
7.3783 仲競乍(作)寶𣪘
7.3808 兮仲乍(作)寶𣪘
7.3809 兮仲乍(作)寶𣪘 / 兮仲乍(作)寶𣪘
7.3810 兮仲乍(作)寶𣪘
7.3811 兮仲乍(作)寶𣪘
7.3812 兮仲乍(作)寶𣪘
7.3813 兮仲乍(作)寶𣪘
7.3814 兮仲乍(作)寶𣪘
7.3828 滕(滕)虎敢肈乍(作)厥皇考公命仲寶尊彝
7.3829 滕(滕)虎敢肈乍(作)厥皇考公命仲寶尊彝
7.3830 滕(滕)虎敢肈乍(作)厥皇考公命仲寶尊彝
7.3831 滕(滕)虎敢肈乍(作)厥皇考公命仲寶尊彝
7.3832 滕(滕)虎敢肈乍(作)厥皇考公命仲寶尊彝
7.3872 旅仲乍(作)諆寶𣪘
7.3895 䣄仲奠父乍(作)尊𣪘

7.3918 隩仲孛乍(作)父日乙尊段
7.3924 束仲豆父乍(作)淄(𩚌)段
7.3936 彔旁仲駒父乍(作)仲姜段
7.3937 彔旁仲駒父乍(作)仲姜段
7.3938 彔旁仲駒父乍(作)仲姜段
7.3943 伯祈乍(作)文考幽仲尊段
7.3954 仲幾父事(使)幾事(使)于者(諸)侯、者(諸)監
7.3956 仲叀父乍(作)作(饙)段
7.3957 仲叀父乍(作)作(饙)段
7.3964 仲殷父鑄段
7.3965 仲殷父鑄段
7.3966 仲殷父鑄段
7.3967 仲殷父鑄段
7.3968 仲殷父鑄段
7.3969 仲殷父鑄段
7.3970 仲殷父鑄段
7.3989 魯伯大父乍(作)仲姬俞賸(媵)段
7.4008 兮吉父乍(作)仲姜寶尊段
7.4009 毛伯噬(哂)父乍(作)仲姚寶段
7.4024 奠(鄭)虢仲乍(作)寶段
7.4025 奠(鄭)虢仲乍(作)寶段
7.4026 奠(鄭)虢仲乍(作)寶段
7.4046 用乍(作)宮仲念器
7.4102 仲𠭯父乍(作)朕皇考遅伯、王(皇)母遅姬尊段
7.4103 仲𠭯父乍(作)朕皇考遅伯、王(皇)母遅姬尊段
7.4114 仲辛父乍(作)朕皇祖日丁、皇考日癸尊段
7.4116 麋(麌)生(甥)曶父師害及仲曶
7.4117 麋(麌)生(甥)曶父師害及仲曶
7.4120 省仲之孫爲嗕
8.4124 䣄仲乍(作)朕皇考𧻚仲𩛥彝尊段
8.4128 復公仲若我曰:其擇吉金
8.4137 眔仲氏邁(萬)年
8.4147 善(膳)夫梁其乍(作)朕皇考惠仲、皇母惠𡛷尊段
8.4148 善(膳)夫梁其乍(作)朕皇考惠仲、皇母惠𡛷尊段
8.4149 善(膳)夫梁其乍(作)朕皇考惠仲、皇母惠𡛷尊段
8.4150 善(膳)夫梁其乍(作)朕皇考惠仲、皇母惠𡛷尊段
8.4151 善(膳)夫梁其乍(作)朕皇考惠仲、皇母惠𡛷尊段
8.4154 師湯父有𤔲仲枏父乍(作)寶段
8.4155 師湯父有𤔲仲枏父乍(作)寶段
8.4162 孟曰:朕文考眔毛公、遣(遣)仲征無需
8.4163 孟曰:朕文考眔毛公、遣(遣)仲征無需
8.4164 孟曰:朕文考眔毛公、遣(遣)仲征無需
8.4165 用乍(作)朕皇考大仲尊段
8.4179 用乍(作)鑄引仲寶段
8.4180 用乍(作)鑄引仲寶段
8.4181 用乍(作)鑄引仲寶段
8.4182 用禪(祈)追孝于皇考叀仲
8.4184 虢仲令公臣𤔲朕百工
8.4185 虢仲令公臣𤔲朕百工
8.4186 虢仲令公臣𤔲朕百工
8.4187 虢仲令公臣𤔲朕百工
8.4188 仲再父大(太)宰南𬮱(申)厥辭(辭)
8.4190 䢅曰:余陳仲𤔲(產)孫、𥁰(盩、萊)叔和子
8.4202 王乎虢仲入右(佑)𤔲
8.4203 曾仲大父蛕(蛕)廼用吉攸(鋚)
8.4204 曾仲大父蛕(蛕)廼用吉攸(鋚)
8.4208 念畢仲孫子
8.4245 其遵(躋)孟□卝歐子□𡌭仲□□
8.4246 仲倗父內(入)又(佑)楚
8.4247 仲倗父內(入)又(佑)楚
8.4248 仲倗父內(入)又(佑)楚
8.4249 仲倗父內(入)又(佑)楚
8.4268 用乍(作)朕文考易仲尊段
8.4270 用乍(作)朕文丂(考)亯(亢)仲尊寶段
8.4271 用乍(作)朕文丂(考)亯(亢)仲尊寶段
8.4274 同仲右(佑)師兑
8.4275 同仲右(佑)師兑
8.4279 用乍(作)朕文祖益仲尊段
8.4280 用乍(作)朕文祖益仲尊段
8.4281 用乍(作)朕文祖益仲尊段
8.4282 用乍(作)朕文祖益仲尊段
8.4311 用乍(作)朕文考乙仲𩛥段
8.4331 王命仲到(致)歸(饋)𢧀伯𧛧(鼬)裘
9.4346 𨸏伯乍(作)仲姞尊
9.4372 仲彤乍(作)旅盨

9.4373 仲彤乍(作)旅盨
9.4386 仲義父乍(作)旅盨
9.4387 仲義父乍(作)旅盨
9.4397 仲大(太)師小子休
9.4398 仲閔父乍(作)旅盨
9.4399 仲鑠父攸(作)鑄旅盨
9.4425 皃叔乍(作)仲姬旅盨/永伇仲姬寶用
9.4427 食仲走父乍(作)旅盨
9.4428 滕(滕)侯穌乍(作)厥文考滕(滕)仲旅毁
9.4435 虢仲以王南征
9.4440 魯嗣徃(迋、徒)仲齊
9.4441 魯嗣徃(徒)仲齊
9.4453 仲自(師)父乍(作)季㚸□寶尊盨
9.4464 南仲邦父命駒父毁(即)南者(諸)侯
9.4482 仲其父乍(作)旅簠
9.4483 仲其父乍(作)旅簠
9.4485 般仲遽肇乍(作)簠/般仲虡肇乍(作)簠
9.4497 函交仲乍(作)旅簠
9.4534 妦仲乍(作)甫妋朕(媵)簠
9.4546 辟(薛)子仲安乍(作)旅簠
9.4547 辟(薛)子仲安乍(作)旅簠
9.4548 辟(薛)子仲安乍(作)旅簠
9.4556 走(趣)馬辟(薛)仲赤
9.4569 鄀公乍(作)屖仲、仲嬭(芈)義男尊簠
9.4572 季宮父乍(作)仲姊𡠦姬侯(媵)簠
9.4578 唯羌仲无擇其吉金
9.4597 敶(陳)公子仲慶
9.4603 敶(陳)侯乍(作)王仲嬀𡟰(痈)媵(媵)簠
9.4604 敶(陳)侯乍(作)王仲嬀𡟰(痈)媵(媵)簠
9.4612 楚屈子赤目朕(媵)仲嫋(芈)璜飤簠
9.4615 叔家父乍(作)仲姬匡(筐)
9.4627 弭仲乍(作)寶匽(琏)/弭仲受無疆福/弭仲畁壽
9.4640 魯子仲之子歸父爲其善(膳)辜(敦)
9.4673 曾仲斿父自乍(作)寶甫(簠)
9.4674 曾仲斿父自乍(作)寶甫(簠)
9.4693 姬寏母乍(作)大公、墉公、□公、魯仲㝕、省伯、孝公、靜公豆
10.5020 罶(召)仲
10.5184 仲乍(作)寶尊彝
10.5236 仲緻乍(作)寶尊彝
10.5246 仲自(師)父乍(作)旅彝
10.5341 仲乍(作)好旅彝
10.5342 仲乍(作)好旅彝
10.5369 無(許)仲趪乍(作)厥文考寶尊彝
10.5406 用享于文考庚仲
11.5691 仲乍(作)彝
11.5851 仲緻乍(作)寶尊彝
11.5852 登仲乍(作)寶尊彝
11.5853 登仲乍(作)寶尊彝
11.5854 仲夷乍(作)旅尊彝
11.5881 冶仲乍(作)父己彝
11.5909 仲子乍(作)日乙尊彝
11.5963 無(許)仲趪乍(作)厥文考寶尊彝
11.5988 斳(靳)各(格)仲/仲賜斳瓚/斳㝨(揚)仲休
11.6008 仲競父賜赤金
11.6011 余用乍(作)朕文考大仲寶尊彝
11.6088 仲
11.6089 仲
11.6194 乍(作)仲
12.6494 舌仲乍(作)父丁寶尊彝
12.6495 遽仲乍(作)父丁寶
12.6509 厝賜貝于公仲
12.6510 公仲賜庶貝十朋
12.6511 㠱仲乍(作)倗生(甥)飲壺
14.8824 仲乍(作)公
14.9095 呂仲僕乍(作)毓子寶尊彝
15.9298 仲子㠱㳄(泓)乍(作)文父丁尊彝
15.9410 仲自(師)父乍(作)旅盉
15.9415 乍(作)仲子辛彝
15.9446 蓋(嘉)仲者比用其吉金
15.9447 王仲皇父乍(作)尾娟(妘)般(盤)盉
15.9572 鴋(唐)仲多乍(作)醴壺
15.9621 成周邦父乍(作)干仲姜寶壺
15.9628 曾仲斿(遊)父用吉金
15.9629 曾仲斿(遊)父用吉金
15.9642 仲南父乍(作)尊壺
15.9643 仲南父乍(作)尊壺
15.9651 矩叔乍(作)仲姜寶尊壺

15.9652 矩叔乍(作)仲姜寶尊壺
15.9672 仲𠂤(師)父乍(作)卣壺 / 仲𠂤(師)父其用各(侑)
15.9681 復公仲擇其吉金
15.9708 治仲丂父自乍(作)壺
15.9709 公子土斧乍(作)子仲姜鑑之般(盤)壺
15.9721 同仲宄西宮
15.9722 同仲宄西宮
15.9725 用乍(作)朕穆考後仲尊墉(甂)
15.9735 使其老箭(策)賞仲父
16.9882 仲追父乍(作)宗彝
16.9964 仲義父乍(作)旅鑐
16.9965 仲義父乍(作)旅鑐
16.9986 仲乍(作)旅鑵
16.10056 封仲乍(作)般(盤)
16.10071 宗(崇)仲乍(作)尹姞般(盤)
16.10083 京隮(陝)仲僕乍(作)父辛寶尊彝
16.10086 魯伯厚父乍(作)仲姬俞賸(媵)般(盤)
16.10097 曾仲自乍(作)旅盤
16.10101 仲丮臣亻肇合以金 / 用乍(作)仲宝(寶)器
16.10116 魯嗣徃(徒)仲齊肇乍(作)般(盤)
16.10131 干氏叔子乍(作)仲姬客母嫛(媵)般(盤)
16.10134 欣(掀)仲鬻(竇)履用其吉金
16.10135 鄩仲賸(媵)仲女子寶般(盤)
16.10143 唯般仲柔乍(作)其盤
16.10157 陳(陳)侯乍(作)王仲嬀𡠄(痛)母媵般(盤)
16.10160 邛(江)仲之孫伯戔
16.10162 乍(作)仲嬴□賸(媵)盤
15.10169 備仲內(入)右(佑)吕服余 / 疋(胥)備仲嗣六師服
16.10176 厥左執縷史正仲農
16.10182 宗(崇)仲乍(作)尹姞盉
16.10214 黃仲自乍(作)匜也(匜)
16.10237 祖仲□乍(作)寶匜
16.10238 仲姑義母乍(作)旅也(匜)
16.10239 叔高父乍(作)仲妣也(匜)
16.10243 吕仲生□乍(作)旅也(匜)
16.10249 祖仲無龍乍(作)寶也(匜)
16.10258 唯番仲□自乍(作)寶也(匜)
16.10266 尋(鄩)仲賸(媵)仲女丁子子寶也(匜)
16.10275 魯嗣徃(徒)仲齊
16.10277 魯大嗣徒子仲白
16.10318 齊侯乍(作)朕(媵)子仲姜寶盂
16.10322 厥眔公出厥命：井伯、燮(榮)伯、尹氏、師俗父、趞(遣)仲
16.10340 彭子仲擇其吉金
16.10341 邛(江)仲之孫伯戔 / 邛(江)仲之孫伯戔
16.10405 仲蚯
16.10581 公仲在宗周
17.10889 夨仲
17.11254 曾仲之孫□戲用戈
17.11400 嚻仲之子伯刺
17.11403 祖日乙、大父日癸、大父日癸、仲父日癸、父日癸、父日辛、父日己
18.11816 唯侯(侘)仲嫐子用

0012 似(眔)

13.8183 亽似(眔)

0013 伇、役

4.2253 役戊册
12.6576 役
13.7390 役

0014 企

13.8060 癸企
18.12067 右企

0015 件

12.6578 件

0016 佩

2.405 亞佩㛤
2.406 亞佩㛤
2.407 亞佩㛤

0017 佤

8.4262 格伯𨘋毆妊彶佤
8.4263 格伯𨘋毆妊彶佤
8.4264 格伯𨘋毆妊彶佤
8.4265 格伯𨘋毆妊彶佤

0018 伊

1.272-8 伊少(小)臣唯補(輔)
1.285 伊少(小)臣唯補(輔)
2.412 洡秋伊辛
6.3631 伊生(甥)乍(作)公母尊彝
8.4287 龖(申)季內(入)右(佑)伊 / 王乎命尹封册命伊：䌛(纘)官嗣康宮王臣妾、百工 / 伊拜手䭬首 / 伊用乍(作)朕不(丕)顯皇祖文考徲叔寶𪔅彝 / 伊其萬年無

疆
8.4323 至于伊、班
9.4533 伊 諆（潘）乍（作）簠
15.9584 伊卯
15.9714 王乎伊伯賜懋貝
16.10582 伊 丮 征（延）于辛事（吏）/伊丮賞辛事（吏）秦金

0019 任

8.4269 曰：𠭯乃任縣伯室

0020 伎（䋯）

6.3555 叔伎父乍（作）叀𣪘

0021 伕

3.1473 㚣伕
17.11032 吁□□伕

0022 价

5.2676 又孝价孝
5.2677 又孝价孝

0023 伋

5.2536 奠（鄭）登伯伋（及）叔嬬乍（作）寶鼎
6.3563 姞伋父乍（作）寶𣪘

0024 伏

11.5897 史伏乍（作）父乙寶旅彝

0025 似

10.5255 似向（餇）米宣（宮）尊彝

0026 訇（伯）

1.142 用享台（以）孝于訇（台）皇祖文考
1.172 訇（以）濼（樂）其大酉（酋）
1.173 訇（以）樂其大酉（酋）
1.174 訇（以）濼（樂）其大酉（酋）
1.176 訇（以）濼（樂）其大酉（酋）
1.177 訇（以）濼（樂）其大酉（酋）
1.178 訇（以）濼（樂）其大酉（酋）
1.179 訇（以）濼（樂）其大酉（酋）
1.180 訇（以）濼（樂）其大酉（酋）
1.261 余恁訇（台）心
2.428 余以政訇（台）徒
3.899 寶訇（姒）乍（作）旅
4.1906 訇女（母）康
4.2024 考訇乍（作）旅鼎
4.2477 何訇君党擇其吉金
5.2782 勿或能訇（已）
5.2816 王命𩎟（垣）侯伯晨曰：訇（嗣）乃祖考侯于𩎟（垣）
6.3719 訇伯㝨肇乍（作）守
7.3846 訇伯𨔺（達）乍（作）寶𣪘
7.4055 不故女夫人訇（以）乍（迮）登（鄧）公
8.4160 用夙夜無訇（已）
8.4161 用夙夜無訇（已）
8.4197 曰：用訇（嗣）乃祖考事
9.4662 訇之飤盇（鬧）
15.9648 四斗訇客
15.9649 四斗訇客
15.9650 四斗訇客 / 𦥑（賠）訇
15.9827 季訇（姒）𨟻乍（作）寶罍（罍）
16.10194 虘訇丘堂之鑰（會）鑪（浣）
16.10321 𩐈諆（其）各訇（姒）
17.11265 虎訇丘君豫之元用
18.11641 戉（越）王訇（台）旨（者旨）不光
18.11642 戉（越）王訇（台）旨（者旨）不光
18.11704 訇（台）旨（者旨）不光自乍（作）用攻（？）

0027 伯（白）

1.65 其用追孝于皇考己（紀）伯
1.66 用追孝于皇考己（紀）伯
1.67 其用追孝于皇考己（紀）伯
1.68 其用追孝于皇考己（紀）伯
1.69 其用追孝于皇考己（紀）伯
1.70 其用追孝于皇考己（紀）伯
1.71 其用追孝于皇考己（紀）伯
1.82 單伯昊生（甥）曰：不（丕）顯皇祖剌（烈）考
1.87 鼄（邾）叔之伯□友擇左（厥）吉金
1.88 用追孝于己伯
1.89 用追孝于己伯
1.90-1 用追孝于己伯
1.92 用乍（作）朕文考釐伯龢薔（林）鐘
1.107-8 焚（榮）伯内（入）右（佑）膺（應）侯見工
1.204-5 用乍（作）朕皇祖考伯寶劄（林）鐘
1.206-7 用乍（作）朕皇祖考伯寶劄（林）鐘
1.209 用乍（作）朕皇祖考伯寶劄（林）鐘
1.225 郘（呂）黛（𦆽）曰：余畢公之孫、郘（呂）伯之子
1.226 郘（呂）黛（𦆽）曰：余畢公之孫、郘（呂）伯之子
1.227 郘（呂）黛（𦆽）曰：余畢公之孫、郘（呂）伯之子
1.228 郘（呂）黛（𦆽）曰：余畢公之孫、郘（呂）伯之子
1.229 郘（呂）黛（𦆽）曰：余畢公之孫、郘（呂）伯之子
1.230 郘（呂）黛（𦆽）

曰：余畢公之孫、郘(呂)伯之子

1.231 郘(呂)黛(纅)曰：余畢公之孫、郘(呂)伯之子

1.232 郘(呂)黛(纅)曰：余畢公之孫、郘(呂)伯之子

1.233 郘(呂)黛(纅)曰：余畢公之孫、郘(呂)伯之子

1.234 郘(呂)黛(纅)曰：余畢公之孫、郘(呂)伯之子

1.235 郘(呂)黛(纅)曰：余畢公之孫、郘(呂)伯之子

1.236 郘(呂)黛(纅)曰：余畢公之孫、郘(呂)伯之子

1.237 郘(呂)黛(纅)曰：余畢公之孫、郘(呂)伯之子

3.465 伯乍(作)

3.494 伯乍(作)彝

3.506 北伯乍(作)彝

3.507 彊伯乍(作)鼎

3.514 夨伯乍(作)旅鼎

3.515 夨伯乍(作)旅鼎

3.516 微伯乍(作)𩰫鬲

3.517 微伯乍(作)𩰫鬲

3.518 微伯乍(作)𩰫鬲

3.519 微伯乍(作)𩰫鬲

3.520 微伯乍(作)𩰫鬲

3.530 伯𥝌乍(作)尊彝

3.560 伯邦父乍(作)𩰫鬲

3.576 伯𨛫父乍(作)姞尊鬲

3.587 𩫖(召)伯毛乍(作)王母尊鬲

3.589 旹(詩)伯乍(作)叔母□羞鬲

3.590 旹(詩)伯乍(作)叔母□羞鬲

3.591 旹(詩)伯乍(作)叔母□羞鬲

3.592 士孫伯殺(捄)自乍(作)尊鬲

3.597 奠(鄭)[illegible]伯乍(作)叔嬬薦鬲

3.598 奠(鄭)[illegible]伯乍(作)叔嬬薦鬲

3.599 奠(鄭)[illegible]伯乍(作)叔嬬薦鬲

3.605 伯姜乍(作)齊(齋)鬲

3.606 王伯姜乍(作)尊鬲

3.607 王伯姜乍(作)尊鬲

3.612〔番〕伯𠣪子(孫)自乍(作)寶鬲

3.614 叔䍙乍(作)己(紀)伯父丁寶尊彝

3.615 伯狺父乍(作)井叔、季姜尊鬲

3.616 伯墉父乍(作)叔姬鬲

3.617 伯墉父乍(作)叔姬鬲

3.618 伯墉父乍(作)叔姬鬲

3.619 伯墉父乍(作)叔姬鬲

3.620 伯墉父乍(作)叔姬鬲

3.621 伯墉父乍(作)叔姬鬲

3.622 伯墉父乍(作)叔姬鬲

3.623 伯墉父乍(作)叔姬鬲

3.630 番伯𠣪孫自乍(作)寶鬲

3.632 燓(榮)伯鑄鬲

3.642 芉伯碩〔父〕乍(作)叔娟(妘)寶鬲

3.644 伯上父乍(作)姜氏尊鬲

3.647 王伯姜乍(作)尊鬲

3.649 伯先父乍(作)妘尊鬲

3.650 伯先父乍(作)妘尊鬲

3.651 伯先父乍(作)妘尊鬲

3.652 伯先父乍(作)妘尊鬲

3.653 伯先父乍(作)妘尊鬲

3.654 伯先父乍(作)妘尊鬲

3.655 伯先父乍(作)妘尊

3.656 伯先父乍(作)妘尊

3.657 伯先父乍(作)妘鬲

3.658 伯先父乍(作)妘尊鬲

3.659 奠(鄭)羌伯乍(作)季姜尊鬲

3.660 奠(鄭)羌伯乍(作)季姜尊鬲

3.663 盩伯、𩰫母子剌乍(作)寶鬲

3.664 盩伯、𩰫母子剌乍(作)寶鬲

3.665 盩伯、𩰫母子剌乍(作)寶鬲

3.666 戲伯乍(作)饙(饋)齋

3.667 戲伯乍(作)饙(饋)齋

3.669 鼄(邾)伯乍(作)塍(媵)鬲

3.671 伯汃父乍(作)大姬𩰫鬲

3.680 成伯孫父乍(作)𥻸嬴尊鬲

3.682 伯家父乍(作)孟姜𡡗(媵)鬲

3.689 匽(燕)侯賜伯矩貝

3.690 魯伯愈父乍(作)鼄(邾)姬仁朕(媵)羞鬲

3.691 魯伯愈父乍(作)鼄(邾)姬仁朕(媵)羞鬲

3.692 魯伯愈父乍(作)鼄(邾)姬仁朕(媵)羞鬲

3.693 魯伯愈父乍(作)鼄(邾)姬仁朕(媵)羞鬲

3.694 魯伯愈父乍(作)鼄(邾)姬仁朕(媵)羞鬲

3.695 魯伯愈父乍(作)鼄(邾)姬仁朕(媵)羞鬲

3.696 夆(隆)伯乍(作)陘孟姬尊鬲

3.697 弦(發)伯乍(作)叔姬尊鬲
3.698 杜伯乍(作)叔孀(祁)尊鬲
3.699 唯曾伯宮父穆
3.709 虢伯乍(作)姬大母尊鬲
3.719 伯夏父乍(作)畢姬尊鬲
3.720 伯夏父乍(作)畢姬尊鬲
3.721 伯夏父乍(作)畢姬尊鬲
3.722 伯夏父乍(作)畢姬尊鬲
3.723 伯夏父乍(作)畢姬尊鬲
3.724 伯夏父乍(作)畢姬尊鬲
3.725 伯夏父乍(作)畢姬尊鬲
3.726 伯夏父乍(作)畢姬尊鬲
3.727 伯夏父乍(作)畢姬尊鬲
3.728 伯夏父乍(作)畢姬
3.730 奠(鄭)伯筍父乍(作)叔姬尊鬲
3.732 唯番君酢伯自乍(作)寶鼎
3.733 唯番君酢伯自乍(作)寶鼎
3.734 唯番君酢伯自乍(作)寶鼎
3.737 單伯邍父乍(作)仲姞尊鬲
3.742 醫子子奠伯乍(作)尊鬲
3.829 伯乍(作)彝
3.830 伯乍(作)彝
3.857 伯乍(作)寶彝
3.858 伯乍(作)旅獻(甗)
3.868 伯𢊁乍(作)尊彝
3.869 伯丁乍(作)寶彝
3.870 伯真乍(作)旅獻(甗)
3.871 矢伯乍(作)旅
3.872 潦伯乍(作)甗
3.873 井伯乍(作)旅獻(甗)
3.892 伯矩乍(作)寶尊彝
3.893 伯矩乍(作)寶尊彝
3.894 夆(逢)伯命乍(作)旅彝
3.895 𢐗伯自爲用甗
3.897 虢伯乍(作)旅甗用
3.898 伯產乍(作)寶旅獻(甗)
3.900 伯[illegible](媚)父乍(作)旅獻(甗)
3.908 𢐗伯乍(作)凡姬用甗
3.912 尹伯乍(作)祖辛寶尊彝
3.923 伯凌父乍(作)獻(甗)
3.927 伯姜乍(作)旅獻(甗)
3.938 奠(鄭)氏伯高父乍(作)旅獻(甗)
3.940 伯鮮乍(作)旅獻(甗)
3.949 伯買父迺以厥人戍漢、中、州
3.972 微伯瘐乍(作)匕(朼)
3.973 微伯瘐乍(作)匕(朼)
4.1720 伯乍(作)鼎
4.1721 伯乍(作)鼎
4.1722 伯乍(作)鼎
4.1723 伯乍(作)鼎
4.1724 伯乍(作)鼎
4.1725 伯乍(作)寶
4.1726 伯乍(作)䵼
4.1727 伯乍(作)彝
4.1728 伯乍(作)彝
4.1729 伯乍(作)彝
4.1730 伯旅鼎
4.1776 伯乍(作)旅
4.1911 北伯乍(作)尊
4.1912 伯乍(作)寶鼎
4.1913 或伯乍(作)彝
4.1914 伯乍(作)寶鼎
4.1915 伯乍(作)旅鼎
4.1916 伯乍(作)旅彝
4.1917 伯乍(作)寶彝
4.1918 伯乍(作)寶彝
4.1919 伯乍(作)寶彝
4.1920 伯乍(作)寶彝
4.1921 伯乍(作)旅鼎
4.2030 王伯乍(作)寶齍
4.2034 亞伯禾獲乍(作)
4.2038 伯員乍(作)旅鼎
4.2039 伯申乍(作)寶彝
4.2040 伯旂乍(作)寶鼎
4.2041 閼伯乍(作)旅鼎
4.2042 閼伯乍(作)旅鼎
4.2043 戱伯□□□
4.2044 敔(奏)伯乍(作)旅貞(鼎)
4.2109 繳伯乍(作)齍鼎
4.2155 堇伯乍(作)旅尊彝
4.2156 堇伯乍(作)尊彝
4.2160 陘(隮)伯乍(作)寶尊彝
4.2161 陘(隮)伯乍(作)寶尊彝
4.2167 伯卿乍(作)寶尊彝
4.2168 伯魚乍(作)寶尊彝
4.2170 伯矩乍(作)寶尊彝
4.2185 伯𥏼乍(作)旅尊鼎
4.2190 伯趞(趠)乍(作)尊寶彝
4.2195 伯遲父乍(作)鶾(鸏)貞(鼎)
4.2197 伯咸父乍(作)寶鼎
4.2263 曰:伯叀姑乍(作)尊鼎
4.2276 𢐗伯乍(作)自爲貞(鼎)段
4.2277 𢐗伯乍(作)井姬鼎
4.2278 𢐗伯乍(作)井姬穴(竈)貞(鼎)
4.2281 師閔乍(作)免

伯寶鼎
4.2336 伯戜乍(作)厥父寶蕁(尊)彝
4.2337 伯六辝乍(作)湭旟寶蕁(尊)盞(齍)
4.2340 季 甗(甗) 乍(作)宮伯寶尊盞(齍)
4.2344 湈(沬)伯逘乍(作)寶尊彝
4.2392 叔姬乍(作)陽伯旅鼎
4.2404 伯旛乍(作)厥宗寶尊彝䰜(鬳)
4.2407 伯龢乍(作)召伯父辛寶尊鼎
4.2414 伯旬乍(作)尊鼎
4.2435 伯姜賜從貝卅朋
4.2438 伯□乍(作)尊鼎
4.2443 伯氏乍(作)嫊氏羞貞(鼎)
4.2444 伯氏乍(作)嫊氏羞貞(鼎)
4.2445 伯氏乍(作)嫊氏羞貞(鼎)
4.2446 伯氏乍(作)嫊氏羞貞(鼎)
4.2447 伯氏乍(作)嫊氏羞貞(鼎)
4.2450 曾子伯誩鑄行器
4.2456 伯矩乍(作)寶彝
4.2460 柦(梋) 伯 肆(津)乍(作)鳥寶鼎
4.2465 伯䡅父乍(作)寶鼎
4.2467 奠(鄭)姜(羌)伯乍(作)寶鼎
4.2487 伯宬父乍(作)旅貞(鼎)
4.2488 右伯乍(作)寶鼎
4.2489 伯衛父乍(作)□鬻
4.2490 叀乍(作)微伯娟(妘)氏勹(庖)鼎
4.2494 杞伯每刃乍(作)敉(邾)嫊寶貞(鼎)/ 杞伯每刃乍(作)鼄(邾)嫊寶貞(鼎)
4.2495 杞伯每刃乍(作)鼄(邾)嫊寶貞(鼎)
4.2500 伯嘼父乍(作)比鼎
4.2508 伯考父乍(作)寶鼎
4.2513 伯筍父乍(作)寶鼎
4.2514 伯筍父乍(作)寶鼎
4.2525 鼄(邾)伯御戎乍(作)媵(滕)姬寶貞(鼎)
5.2531 王令雍伯啚于𡳿爲宮 / 雍伯乍(作)寶尊彝
5.2534 犀伯魚父乍(作)旅鼎
5.2535 伯庸父乍(作)羊鼎
5.2536 奠(鄭)登伯伋(及)叔嬌乍(作)寶鼎
5.2538 伯堂肇其乍(作)寶鼎
5.2546 輔伯䧱父乍(作)豐孟娟(妘)媵(媵)鼎
5.2550 曾伯從寵自乍(作)寶鼎用
5.2559 雍伯原乍(作)寶鼎
5.2560 王伯姜乍(作)季姬福母尊鼎
5.2561 善(膳)夫伯辛父乍(作)尊鼎
5.2575 唯伯殷父北師(次)叟年
5.2580 大(太)師小子伯莀父乍(作)寶鼎
5.2584 伯夏父乍(作)畢姬尊鼎
5.2597 晉嗣徒伯郙父乍(作)周姬寶尊鼎
5.2601 郝伯肇乍(作)孟妊善(膳)貞(鼎)
5.2602 郝伯祀乍(作)善(膳)貞(鼎)
5.2617 唯番昶伯者尹自乍(作)寶貞(鼎)
5.2618 唯番昶伯者尹自乍(作)寶貞(鼎)
5.2619 善(膳)夫旅伯乍(作)毛仲姬尊鼎
5.2621 唯深伯𠄊(挌)𣎆林乍(作)貞(鼎)
5.2622 唯昶伯業自乍(作)寶䃭盜
5.2630 伯陶乍(作)厥文考宮叔寶鬻彝
5.2640 鼄(邾)䍃(翔)伯乍(作)此嬴尊鼎
5.2641 鼄(邾)䍃(翔)伯乍(作)此嬴尊鼎
5.2642 杞伯每刃乍(作)鼄(邾)嫊寶貞(鼎)
5.2643 伯氏、始(姒)氏乍(作)𡢁(孎)婞嫛拜(䣊)貞(鼎)
5.2644 廓季之伯歸夌用其吉金
5.2645 廓季之伯歸夌用其吉金
5.2649 伯頵父乍(作)朕皇考屖伯、吳姬寶鼎
5.2652 涂大(太)子伯辰□乍(作)爲其好妻□[鼎]
5.2656 伯士(吉)父乍(作)毅尊鼎
5.2662 用乍(作)文考宮伯寶尊彝
5.2663 伯鮮乍(作)旅鼎
5.2664 伯鮮乍(作)旅鼎
5.2665 伯鮮乍(作)旅鼎
5.2666 伯鮮乍(作)旅鼎
5.2667 奠(鄭)伯氏士叔皇父乍(作)旅鼎
5.2668 大(太)帀(師)鐘伯侵自乍(作)石(䃭)沱(盜)
5.2676 紒(觪)保鴅伯
5.2677 紒(觪)保鴅伯
5.2678 宓伯于成周休眖小臣金
5.2697 椒伯車父乍

(作)邪姑尊鼎
5.2698 栿伯車父乍(作)邪姑尊鼎
5.2699 栿伯車父乍(作)邪姑尊鼎
5.2700 栿伯車父乍(作)邪姑尊鼎
5.2712 叔(䢅)辛伯蔑乃子克曆/辛伯其竝(普)受厥永匐(福)
5.2719 叔氏使貧(布)安㠱伯
5.2734 周伯邊及仲偯(催)父伐南淮尸(夷)
5.2749 用乍(作)召伯父辛寶尊彝
5.2777 史伯碩父追考(孝)于朕皇考釐仲、王(皇)母泉母
5.2781 伯俗父右(佑)甬季
5.2783 井伯入右(佑)趞曹
5.2786 焚(榮)伯內(入)右(佑)康/用乍(作)朕文考釐伯寶尊鼎
5.2791 天子泚宔(貯)伯姜/伯姜對揚天子休/用夙夜明(盟)享于卲伯日庚/伯姜日受天子魯休
5.2804 井伯內(入)右(佑)利/用乍(作)朕文考𣶃(漣)伯尊鼎
5.2806 用□伯盂鼎
5.2807 用乍(作)朕剌(烈)考己伯盂鼎
5.2808 用乍(作)朕剌(烈)考己伯盂鼎
5.2809 使厥友引以告于伯懋父/伯懋父迺罰得𦥑古三百寽(鋝)
5.2813 嗣馬井伯右(佑)師奎父
5.2815 用乍(作)朕皇考𥂴(郘)伯、奠(鄭)姬寶鼎
5.2816 王命韐(垣)侯伯晨曰:䚄(嗣)乃祖考侯于韐(垣)
5.2819 用乍(作)朕皇考奠(鄭)伯、姬尊鼎
5.2830 休伯大(太)師肩(肩)𦔮/䣄䄂(蔑)曆伯大(太)師/伯亦克𣪘(款)由先祖蠱孫子/𥙥禣伯大(太)師武
5.2832 衛以邦君厲告于井伯、伯邑父、定伯、琼伯、伯俗父/井伯、伯邑父、定伯、琼伯、伯俗父迺顜
5.2837 賜女(汝)邦嗣四伯/賜尸(夷)嗣王臣十又三伯
5.2838 㫚用兹金乍(作)朕文孝(考)宄伯䵼牛鼎
5.2839 □越伯□□䤋(鬼)𪏾(獯)/王乎𧶠伯令盂以人職入門/盂告𧶠伯/𧶠伯□□□□于明伯、𨻰(繼)伯、𢘅伯/用乍(作)□伯寶尊彝
6.3242 耳伯陪(陪)
6.3285 伯乍(作)彝
6.3286 伯乍(作)彝
6.3287 伯乍(作)彝
6.3288 伯乍(作)彝
6.3289 伯乍(作)彝
6.3290 伯乍(作)彝
6.3291 伯乍(作)彝
6.3292 伯乍(作)彝
6.3293 伯乍(作)毁
6.3350 伯姬乍(作)
6.3351 伯乍(作)旅毁
6.3352 伯乍(作)旅毁
6.3353 伯乍(作)寶毁
6.3354 伯乍(作)寶毁
6.3355 伯乍(作)寶毁
6.3356 伯乍(作)寶毁
6.3357 伯乍(作)寶毁
6.3358 伯乍(作)寶彝
6.3359 伯乍(作)寶彝
6.3360 伯乍(作)寶彝
6.3361 伯乍(作)寶彝
6.3362 伯身乍(作)寶
6.3480 毅(掾)伯乍(作)旅毁
6.3481 縈伯乍(作)旅毁
6.3482 卂伯乍(作)旅毁
6.3484 □伯乍(作)寶毁
6.3488 伯郢(倢)乍(作)旅毁
6.3489 伯戜乍(作)旅毁
6.3490 伯到乍(作)嫩毁
6.3491 伯尚乍(作)寶毁
6.3492 伯乍(作)寶尊彝
6.3493 伯乍(作)寶尊彝
6.3494 伯乍(作)寶尊彝
6.3495 伯乍(作)寶尊彝
6.3496 伯乍(作)寶尊毁
6.3497 伯乍(作)寶尊毁
6.3498 伯乍(作)寶尊彝
6.3499 伯乍(作)南宮毁
6.3524 隥(隔)伯乍(作)寶尊彝
6.3525 隥(隔)伯乍(作)寶尊彝
6.3526 亶(蟺檀)伯乍(作)寶尊彝
6.3527 強伯乍(作)寶尊毁
6.3528 強伯乍(作)寶尊毁
6.3529 強伯乍(作)寶尊毁
6.3530 㐬伯乍(作)姬寶毁
6.3531 㐬伯乍(作)姬寶毁
6.3532 伯矩乍(作)寶尊彝
6.3533 伯矩乍(作)寶尊彝
6.3534 伯魚乍(作)寶尊彝
6.3535 伯魚乍(作)寶尊彝

6.3536 伯艕(膀)乍(作)寶尊彝
6.3537 伯妻俯乍(作)寶𣪘
6.3538 伯丂侖乍(作)寶彝
6.3539 伯丂侖乍(作)寶彝
6.3540 伯乍(作)乙公尊𣪘
6.3541 伯乍(作)寶用尊𣪘
6.3542 伯乍(作)寶用尊𣪘
6.3588 𡰥(役)乍(作)䀠伯寶𣪘
6.3615 𩑢(𡉚)𢿌(摅)伯具乍(作)寶𣪘
6.3616 㵣伯乍(作)旅用鼎𣪘
6.3617 㵣伯乍(作)旅用鼎𣪘
6.3618 㵣伯乍(作)自爲貞(鼎)𣪘
6.3619 義伯乍(作)宄婦陸姞
6.3620 嫊(媛)仲乍(作)乙伯寶𣪘
6.3625 比乍(作)伯婦尊彝
6.3672 北伯邑辛乍(作)寶尊𣪘
6.3674 伯乍(作)厥諲(諲)子寶尊彝
6.3675 或者乍(作)宮伯寶尊彝
6.3678 伯蔡父乍(作)母嫊寶𣪘
6.3679 伯嘉父乍(作)𧊒姬尊𣪘
6.3680 伯嘉父乍(作)𧊒姬尊𣪘
6.3690 伯乍(作)寶𣪘
6.3691 伯好父自鑄乍(作)爲旅𣪘
6.3692 伯熵乍(作)媿氏旅
6.3693 伯熵乍(作)媿氏旅
6.3718 伯乍(作)寶𣪘
6.3719 㚸伯眞肇乍(作)守
6.3720 康伯乍(作)登用𣪘
6.3721 康伯乍(作)登用𣪘
6.3722 莓(䔍)伯乍(作)井姬寶𣪘
7.3748 伯者父乍(作)寶𣪘
7.3762 伯就父乍(作)□(飤)𣪘
7.3763 遽伯睘乍(作)寶尊彝
7.3765 伯幾父乍(作)𣪕(饙、饋)𣪘
7.3766 伯幾父乍(作)𣪕(饙、饋)𣪘
7.3773 伯闢乍(作)尊𣪘
7.3774 伯闢乍(作)尊𣪘
7.3777 散伯乍(作)夨姬寶𣪘
7.3778 散伯乍(作)夨姬寶𣪘
7.3779 散伯乍(作)夨姬寶𣪘
7.3780 散伯乍(作)夨姬寶𣪘
7.3784 伯偁乍(作)伯䜌寶𣪘
7.3792 伯芀乍(作)寶𣪘
7.3793 伯梁父乍(作)嬶(龏)姞尊𣪘
7.3794 伯梁父乍(作)嬶(龏)姞尊𣪘
7.3795 伯梁父乍(作)嬶(龏)姞尊𣪘
7.3796 伯梁父乍(作)嬶(龏)姞尊𣪘
7.3807 叡(搭)年伯自乍(作)其寶𣪘
7.3821 湋伯乍(作)意與尊𣪘
7.3825 伯魚乍(作)寶尊彝
7.3833 伯賓父乍(作)寶𣪘
7.3834 伯賓父乍(作)寶𣪘
7.3837 伯喜父乍(作)洹饙(饋)𣪘
7.3838 伯喜父乍(作)洹饙(饋)𣪘
7.3839 伯喜父乍(作)洹饙(饋)𣪘
7.3846 㚸伯達(達)乍(作)寶𣪘
7.3847 倗伯雁自乍(作)尊𣪘
7.3856 伯家父乍(作)孟姜賸(媵)𣪘
7.3857 伯家父乍(作)孟姜賸(媵)𣪘
7.3864 伯乍(作)尊彝
7.3887 伯𨑞父乍(作)嫜寶𣪘
7.3897 杞伯每刃乍(作)鼄(邾)嫀寶𣪘
7.3898 杞伯每刃乍(作)鼄(邾)嫀寶𣪘
7.3899 杞伯每刃乍(作)鼄(邾)嫀寶𣪘
7.3900 杞伯每刃乍(作)嫀寶𣪘
7.3901 杞伯每刃乍(作)鼄(邾)嫀寶𣪘
7.3902 杞伯每刃乍(作)鼄(邾)嫀寶𣪘
7.3907 過伯從王伐反(叛)荆
7.3920 伯百父乍(作)周姜寶𣪘
7.3923 豐井叔乍(作)伯姬尊𣪘
7.3927 伯田父乍(作)井㛸寶𣪘
7.3943 伯祈乍(作)文考幽仲尊𣪘
7.3946 中伯乍(作)亲(辛)姬䜌人寶𣪘
7.3947 中伯乍(作)亲(辛)姬䜌人寶𣪘
7.3952 格伯乍(作)晉姬寶𣪘
7.3962 孟𢎃父乍(作)幻伯妊賸(媵)𣪘八
7.3963 孟𢎃父乍(作)幻伯妊賸(媵)𣪘八
7.3974 魯伯大父乍(作)季姬婧賸(媵)𣪘
7.3979 吕伯乍(作)厥宮室寶尊彝𣪘
7.3983 伯庶父乍(作)

王姑凡姜尊毁
7.3988 魯伯大父乍(作)孟姜賸(媵)毁
7.3989 魯伯大父乍(作)仲姬俞賸(媵)毁
7.3995 伯偈父乍(作)姬麋寶毁
7.3997 伯喜乍(作)朕文考剌公尊毁
7.3998 伯喜乍(作)朕文考剌公尊毁
7.3999 伯喜乍(作)朕文考剌公尊毁
7.4000 伯喜乍(作)朕文考剌公尊毁
7.4007 泆伯寺自乍(作)寶毁
7.4009 毛伯嘐(㖤)父乍(作)仲姚寶毁
7.4011 復公子伯舍曰:啟新
7.4012 復公子伯舍曰:啟新
7.4013 復公子伯舍曰:啟新
7.4016 鄁公伯韭(韭)用吉金
7.4017 鄁公伯韭(韭)用吉金
7.4019 曹伯狄乍(作)夙(宿)娸公尊毁
7.4023 伯中父夙夜事走(朕)考
7.4027 伯䝞父乍(作)朕皇考徲伯、吳(虞)姬尊毁
7.4035 伯吉父乍(作)毅尊毁
7.4051 唯曾伯文自乍(作)寶毁
7.4052 唯曾伯文自乍(作)寶毁
7.4053 唯曾伯文自乍(作)寶毁
7.4062 㝬(胡)叔、㝬(胡)姬乍(作)伯媿賸(媵)毁
7.4063 㝬(胡)叔、㝬(胡)姬乍(作)伯媿賸(媵)毁
7.4064 㝬(胡)叔、㝬(胡)姬乍(作)伯媿賸(媵)毁
7.4065 㝬(胡)叔、㝬(胡)姬乍(作)伯媿賸(媵)毁
7.4066 㝬(胡)叔、㝬(胡)姬乍(作)伯媿賸(媵)毁
7.4067 㝬(胡)叔、㝬(胡)姬乍(作)伯媿賸(媵)毁
7.4073 伯梡乍(作)厥宮室寶毁
7.4074 迪(傳)乍(作)朕文考胤伯尊毁
7.4075 迪(傳)乍(作)朕文考胤伯尊毁
7.4091 伯椃虘肇乍(作)皇考剌公尊毁
7.4092 伯椃虘肇乍(作)皇考剌公尊毁
7.4093 伯椃虘肇乍(作)皇考剌公尊毁
7.4094 伯椃虘肇乍(作)皇考剌公尊毁
7.4099 伯氏賠(貯)敷(擯)
7.4100 𡕎伯令生史事(使)于楚/伯錫(賜)賞
7.4101 𡕎伯令生史事(使)于楚/伯錫(賜)賞
7.4102 仲叡父乍(作)朕皇考遟伯、王(皇)母遟姬尊毁
7.4103 仲叡父乍(作)朕皇考遟伯、王(皇)母遟姬尊毁
7.4107 豐伯車父乍(作)尊毁
7.4109 內(芮)伯多父乍(作)寶毁
7.4113 井南伯乍(作)鄭季姚好尊毁
7.4115 伯䢅肇其乍(作)西宮寶
7.4120 乍(作)召(?)伯聅(聯)保毁
8.4122 伯雍父來自㝬(胡)/對揚伯休
8.4123 伯艿父事(使)䩛𩔠(覲)尹人于齊師
8.4134 伯犀父蔑御史競曆/競揚伯犀父休
8.4135 伯犀父蔑御史競曆/競揚伯犀父休
8.4146 公令繁伐(閥)于曩伯/曩伯穖(蔑)繁曆
8.4153 㝨乍(作)皇祖乙公、文公、武伯、皇考龏伯𩰫彝
8.4156 唯伯家父郜廼用吉金
8.4160 伯康乍(作)寶毁
8.4161 伯康乍(作)寶毁
8.4167 休朕匋(寶)君公伯/㲄弗敢望(忘)公伯休/對揚伯休
8.4169 賜墉(郭)伯取(捱)貝十朋
8.4188 乍(作)其皇祖考遟王、監伯尊毁
8.4189 南𩏂(申)伯大(太)宰再父厥辭(辭)/乍(作)其皇祖考遟王、監伯尊毁
8.4196 井伯右(佑)
8.4201 令宅事伯懋父/伯賜小臣宅畫毌、戈九、昜(錫)金車、馬兩/揚公伯休
8.4205 楷伯于遘王休/楷伯令厥臣獻金車
8.4206 伯𠛬(𢦏)父賞小臣傳□/揚伯休
8.4209 㷀(榮)伯右(佑)衛
8.4210 㷀(榮)伯右(佑)衛
8.4211 㷀(榮)伯右(佑)衛
8.4212 㷀(榮)伯右(佑)衛
8.4238 伯懋父以殷八師征東尸(夷)/伯懋父承王令(命)
8.4239 伯懋父以殷八師征東尸(夷)/伯懋父承王令(命)
8.4243 井伯內(入)右(佑)救

8.4244 𤔲馬井伯〔入〕右(佑)走
8.4250 定伯入右(佑)即
8.4253 用楚(胥)弭伯
8.4254 用楚(胥)弭伯
8.4256 南伯入右(佑)裘衛
8.4257 燮(榮)伯內(入)右(佑)師耤(藉)/弭伯用乍(作)尊𣪕
8.4262 格伯爰良馬乘于倗生(甥)/格伯邍殹妊彶佤/厥從格伯厈(按)彶佃(甸):殷谷厥紉(絕)雩谷、杜木、邍谷、旅菜/用典格伯田
8.4263 格伯爰良馬乘于倗生(甥)/格伯邍殹妊彶佤/厥從格伯厈(按)彶佃(甸):殷谷厥紉(絕)雩谷、杜木、邍谷、旅菜/用典格伯田
8.4264 格伯爰良馬乘于倗生(甥)/格伯邍殹妊彶佤/厥從格伯厈(按)彶佃(甸):殷〔谷〕厥〔紉〕雩谷、杜木、邍谷、旅菜/用典格伯田
8.4265 格伯爰良馬乘于倗生(甥)/格伯邍殹妊彶佤/厥從格伯厈(按)彶佃(甸):殷〔谷〕厥紉(絕)雩谷、杜木、邍谷、旅菜/用典格伯田
8.4269 伯屖父休于縣妃/曰:𠭯乃任縣伯室/縣妃奉(奉)揚伯屖父休/曰:休伯哭(哭)益恤縣伯室/我不能不眔縣伯萬年保/孫孫子子毋敢朢(忘)伯休
8.4270 燮(榮)伯右(佑)同
8.4271 燮(榮)伯右(佑)同
8.4272 用乍(作)朕皇祖伯囪(窗)父寶𣪕
8.4276 井伯入右(佑)豆閉
8.4283 𤔲馬井伯親右(佑)師瘨
8.4284 𤔲馬井伯親右(佑)師瘨
8.4285 用乍(作)朕文考𢆶伯尊𣪕
8.4286 燮(榮)伯入右(佑)輔師嫠
8.4288 用乍(作)朕文考乙伯、究姬尊𣪕
8.4289 用乍(作)朕文考乙伯、究姬尊𣪕
8.4290 用乍(作)朕文考乙伯、究姬尊𣪕
8.4291 用乍(作)朕文考乙伯、究姬尊𣪕
8.4292 弋伯氏從許/召伯虎曰:余既訊㞷
8.4293 召伯虎告曰:余告慶/用獄諫爲伯/亦我考幽伯、幽姜令/伯氏則報璧
8.4294 𤔲徒單伯內(入)右(佑)揚/余用乍(作)朕剌(烈)考害(憲)伯寶𣪕
8.4295 𤔲徒單伯內(入)右(佑)揚/余用乍(作)朕剌(烈)考害(憲)伯寶𣪕
8.4296 毛伯內(入)門/鄭用乍(作)朕皇考龔伯尊𣪕
8.4297 毛伯內(入)門/鄭用乍(作)朕皇考龔伯尊𣪕
8.4298 用乍(作)朕皇考剌伯尊𣪕
8.4299 用乍(作)朕皇考剌伯尊𣪕
8.4300 伯在炎/公尹伯丁父兄(貺)于戍
8.4301 伯在炎/公尹伯丁父兄(貺)于戍
8.4302 王若曰:彔伯𢦚/彔伯𢦚敢拜手䭫首
8.4311 伯龢父若曰:師獸
8.4312 𤔲工(空)液伯入右(佑)師穎/用乍(作)朕文考尹伯尊𣪕
8.4316 井伯內(入)右(佑)師虎
8.4318 䁖伯右(佑)師兑
8.4319 䁖伯右(佑)師兑
8.4320 賜奠(甸)七伯
8.4321 用乍(作)文祖乙伯、同姬尊𣪕
8.4323 畐于燮(榮)伯之所
8.4324 用乍(作)朕皇考輔伯尊𣪕
8.4325 用乍(作)朕皇考輔伯尊𣪕
8.4327 燮(榮)伯乎令(命)卯曰:𢦏(載)乃先祖考死(尸)𤔲燮(榮)公室/敢對揚燮(榮)伯休
8.4328 伯氏曰:不𡚱/伯氏曰:不𡚱/用乍(作)朕皇祖公伯、孟姬尊𣪕
8.4329 伯氏曰:不𡚱/伯氏曰:不𡚱/用乍(作)朕皇祖公伯、孟姬尊𣪕
8.4331 王命仲𦤹(致)歸(饋)𠦪伯𦇧(貔)裘/王若曰:𠦪伯/𠦪伯拜手䭫首
8.4341 王令毛伯更虢城公服/王令吳(虞)伯曰:以乃師左比毛公/王令吕伯曰:以乃師右比毛父
8.4342 用乍(作)朕剌(烈)祖乙伯、同益姬寶𣪕
8.4343 用乍(作)朕皇文考益伯寶尊𣪕
9.4345 伯夸父乍(作)寶盨(𩞄)
9.4346 𨸏伯乍(作)仲姞尊
9.4347 𦬸伯乍(作)㚸𥨪用
9.4350 伯筍父乍(作)

旅盨
9.4355 中伯乍(作)孌(欒)姬旅盨用
9.4356 中伯乍(作)孌(欒)姬旅盨用
9.4361 伯鮮乍(作)旅毁
9.4362 伯鮮乍(作)旅毁
9.4363 伯鮮乍(作)旅毁
9.4364 伯鮮乍(作)旅毁
9.4368 伯多父乍(作)旅須(盨)
9.4369 伯多父乍(作)旅須(盨)
9.4370 伯多父乍(作)旅須(盨)
9.4371 伯多父乍(作)旅須(盨)
9.4382 伯車父乍(作)旅須(盨)
9.4383 伯車父乍(作)旅盨
9.4384 伯公父乍(作)旅盨
9.4391 奠(鄭)義伯乍(作)旅須(盨)
9.4394 伯大(太)師乍(作)旅盨
9.4395 伯大(太)師乍(作)旅盨
9.4404 伯大(太)師釐乍(作)旅盨
9.4407 伯孝鼓鑄旅須(盨)
9.4408 伯孝鼓鑄旅須(盨)
9.4410 伯庶父乍(作)盨毁
9.4415 魯嗣徒伯吳
9.4419 伯多父乍(作)成姬多母霝(鍇)毁
9.4422 筍伯大父乍(作)嬴妃鑄匋(寶)盨
9.4426 兮伯吉父乍(作)旅尊盨
9.4437 其肇乍(作)其皇考伯明父寶毁
9.4438 伯寬(窺、覓)父乍(作)寶盨
9.4439 伯寬(覓、窺)父乍(作)寶須(盨)
9.4440 肇乍(作)皇考伯走父餴(饋)盨毁
9.4441 肇乍(作)皇考伯走父餴(饋)盨毁
9.4442 㠱伯子宼父
9.4443 㠱伯子宼父
9.4444 㠱伯子宼父
9.4445 㠱伯子宼父
9.4446 伯梁其乍(作)旅須(盨)
9.4447 伯梁其乍(作)旅須(盨)
9.4448 杜伯乍(作)寶盨
9.4449 杜伯乍(作)寶盨
9.4450 杜伯乍(作)寶盨
9.4451 杜伯乍(作)寶盨
9.4452 杜伯乍(作)寶盨
9.4458 魯伯悆用公龔(恭)
9.4484 劃伯乍(作)孟姬簠
9.4525 伯旚父乍(作)旅簠
9.4526 伯彊爲皇氏伯行器
9.4535 伯壽父乍(作)寶簠
9.4536 伯嚧父乍(作)餴(饋)簠
9.4554 伯戒(勇)父乍(作)簠
9.4566 魯伯俞(愈)父乍(作)姬仁簠
9.4567 魯伯俞(愈)父乍(作)姬仁簠
9.4568 魯伯俞(愈)父乍(作)姬仁簠
9.4581 唯伯其(麒)父慶(饗)乍(作)旅祜(簠)
9.4599 鄴(養)伯受用其吉金
9.4601 奠(鄭)伯大嗣工(空)召叔山父乍(作)旅簠
9.4602 奠(鄭)伯大嗣工(空)召叔山父乍(作)旅簠
9.4605 嘉子伯昜臚用其吉金
9.4628 伯大(太)師小子伯公父乍(作)簠
9.4631 曾伯霥(漆)哲聖元武/曾伯霥(漆)叚(遐)不黃耇、邁(萬)年
9.4632 曾伯霥(漆)哲聖元武
9.4681 微伯癲乍(作)箭
9.4693 姬寏母乍(作)大公、墉公、□公、魯仲臤、省伯、孝公、靜公豆
10.5022 伯乍(作)彝
10.5023 伯寶彝
10.5103 伯壴父乍(作)
10.5104 伯乍(作)尊彝
10.5105 伯乍(作)寶彝
10.5106 伯乍(作)寶彝
10.5107 伯乍(作)寶彝
10.5178 伯乍(作)寶尊彝
10.5179 伯乍(作)寶尊彝
10.5180 伯乍(作)寶尊彝
10.5181 伯乍(作)寶尊彝
10.5182 伯乍(作)寶尊彝
10.5183 伯乍(作)寶尊彝
10.5221 綸(隃)伯乍(作)寶尊彝
10.5222 俞伯乍(作)寶尊彝
10.5223 汪伯乍(作)寶旅彝
10.5224 陖(隔)伯乍(作)寶尊彝
10.5225 陖(隔)伯乍(作)寶尊彝
10.5226 溧(涇)伯乍(作)寶尊彝
10.5227 溧(涇)伯乍(作)寶尊彝

10.5228 伯矩乍(作)寶尊彝
10.5229 伯矩乍(作)寶尊彝
10.5230 伯矩乍(作)寶尊彝
10.5231 伯各乍(作)寶尊彝
10.5232 伯各乍(作)寶尊彝
10.5233 伯貉乍(作)寶尊彝
10.5234 伯魚乍(作)寶尊彝
10.5235 力伯乍(作)寶尊彝
10.5291 矢伯獲乍(作)父癸彝
10.5297 閑乍(作)宄伯寶尊彝
10.5298 閑乍(作)宄伯寶尊彝
10.5299 北伯殁乍(作)寶尊彝
10.5300 散伯乍(作)垕(侹)父尊彝
10.5301 散伯乍(作)垕(侹)父尊彝
10.5316 伯乍(作)文(大)公寶尊旅彝
10.5317 㧗(㧗)伯罰乍(作)寶尊彝
10.5326 伯□(睘)乍(作)厥室寶尊彝
10.5327 伯□(睘)乍(作)厥室寶尊彝
10.5340 伯亘乍(作)西宮伯寶尊彝
10.5356 由伯曰:七月
10.5363 湈(沬)伯𨒅乍(作)厥考寶旅尊/湈(沬)伯𨒅乍(作)厥考寶旅尊彝
10.5364 湈(沬)伯𨒅乍(作)厥考寶旅尊/湈(沬)伯𨒅乍(作)厥考寶旅尊彝
10.5371 伯乍(作)厥文考尊彝
10.5372 異乍(作)厥考伯效父寶宗彝
10.5385 息伯賜貝于姜
10.5386 息伯賜貝于姜
10.5390 伯亩(廩)父曰:休父賜余馬
10.5393 伯䏰(瘽)享京
10.5407 王姜令乍(作)册睘安尸伯/尸伯賓(儐)睘貝、布
10.5416 伯懋父賜(賜)召白馬、妦黄、䯀(髮)微/不(丕)緐(肆)伯懋父吝(友)召
10.5419 伯雍父蔑彔曆/對揚伯休
10.5420 伯雍父蔑彔曆/對揚伯休
10.5424 王寴(親)令伯㫃曰:毋卑(俾)農弋(特)
10.5425 唯伯屖父以成師即東/伯屖父皇競各于官/對揚伯休
11.5690 伯乍(作)彝
11.5719 伯祖癸
11.5763 伯乍(作)旅彝
11.5764 伯乍(作)旅彝
11.5765 伯乍(作)寶彝
11.5813 事伯乍(作)旅彝
11.5844 伯各乍(作)寶尊彝
11.5845 伯貉乍(作)寶尊彝
11.5846 伯矩乍(作)寶尊彝
11.5847 陵(隔)伯乍(作)寶尊彝
11.5848 㴲(涇)伯乍(作)寶尊彝
11.5849 俞伯乍(作)寶尊彝
11.5850 虘伯䍙(貂)乍(作)寶尊
11.5871 禾伯乍(作)父乙寶尊
11.5890 北伯殁乍(作)寶尊彝
11.5913 彊伯乍(作)井姬用盂鏟
11.5954 湈(沬)伯𨒅乍(作)厥考寶旅尊彝
11.5961 伯乍(作)厥文考尊彝
11.5969 伯乍(作)蔡姬宗彝
11.5973 伯□父賜殺金
11.5976 黄肇乍(作)文考宗伯旅尊彝
11.5989 君令余乍(作)册睘安尸伯/尸伯賓(儐)用貝、布
11.5998 由伯曰:□御乍(作)尊彝/曰由伯子曰:□爲厥父彝
11.6004 伯懋父賜(賜)召白馬、妦黄、䯀(髮)微/不(丕)譬(肆)伯懋父吝(友)召
11.6175 伯頊
11.6361 伯乍(作)彝
11.6362 伯乍(作)彝
11.6363 伯乍(作)彝
12.6453 麦伯乍(作)寶彝
12.6454 伯戜乍(作)飲壺
12.6455 伯戜乍(作)旅彝
12.6456 伯乍(作)姬飲壺
12.6477 伯旛乍(作)寶尊彝
12.6478 伯旛乍(作)寶尊彝
12.6503 吕伯乍(作)厥取(祖)寶尊彝
13.7477 伯𨕘(趣)
13.8299 伯亩(廩)
13.8300 伯乍(作)
14.8976 伯乍(作)父癸
14.8991 過伯乍(作)彝
14.9035 伯眲乍(作)寶彝
14.9036 伯限乍(作)寶彝
14.9040 伯尾父乍(作)寶彝
14.9089 𩛥乍(作)召伯父辛寶尊彝
14.9104 王令盂寧登(鄧)伯
15.9369 伯彭乍(作)
15.9398 伯矩乍(作)旅盉
15.9399 伯春乍(作)寶

盉
15.9400 伯定乍(作)寶彝
15.9409 強伯自乍(作)般(盤)娄(鎣)
15.9412 伯矩乍(作)寶尊彝
15.9413 伯𩰫自乍(作)用盉
15.9414 隊(隔)伯乍(作)寶尊彝/隊(隔)伯乍(作)
15.9417 伯衄乍(作)母娟旅盉
15.9418 伯衄乍(作)母娟旅盉
15.9425 伯百父乍(作)孟姬朕(媵)鎣
15.9427 伯㠯乍(作)西宮伯寶尊彝
15.9430 伯富(憲)乍(作)召伯父辛寶尊彝
15.9435 伯衛父乍(作)嬴𩰫彝
15.9437 伯墉父乍(作)寶盉
15.9440 伯角父乍(作)寶盉
15.9441 伯玉𣪘(敦)乍(作)寶盉
15.9444 季老或乍(作)文考大伯寶尊彝
15.9455 即井伯、大(太)祝射/穆穆王蔑長由以逨(徠)即井伯/井伯氏(是)強(黄)不姦
15.9456 矩伯庶人取堇(瑾)章(璋)于裘衛/裘衛迺彘(矢)告于伯邑父、娄(榮)伯、定伯、琼伯、單伯/伯邑父、娄(榮)伯、定伯、琼伯、單伯迺令參有𤔲:𤔲土(徒)微邑、𤔲馬單旟、𤔲工(空)邑人服眔受(授)田
15.9528 伯乍(作)寶壺
15.9529 伯乍(作)寶壺
15.9554 亞伯乍(作)尊彝
15.9567 伯矩乍(作)寶尊彝
15.9568 伯矩乍(作)寶尊彝
15.9569 伯到(致)乍(作)寶尊彝
15.9570 伯濼父乍(作)旅壺
15.9585 內(芮)伯肇乍(作)𥂴公尊彝
15.9599 伯魚父乍(作)旅壺
15.9600 伯魚父乍(作)旅壺/伯魯父乍(作)旅壺
15.9608 伯山父乍(作)尊墉(甂)
15.9609 成伯邦父乍(作)叔姜萬人(年)壺
15.9613 今𠂤伯多人非壺
15.9615 宬伯𦣻生(甥)乍(作)旅壺
15.9619 伯庶父乍(作)醴壺
15.9620 伯濼父乍(作)寶壺
15.9623 王伯姜乍(作)尊壺
15.9624 王伯姜乍(作)尊壺
15.9656 伯公父乍(作)叔姬醴壺
15.9667 中伯乍(作)亲(辛)姬緣(孌)人朕(媵)壺
15.9668 中伯乍(作)亲(辛)姬緣(孌)人朕(媵)壺
15.9670 □□生乍(作)懿伯寶壺
15.9687 杞伯每刃乍(作)鼄(邾)嫀寶壺
15.9688 杞伯每刃乍(作)鼄(邾)嫀宝(寶)卣
15.9689 伯懋父北征
15.9694 虞𤔲寇伯吹乍(作)寶壺
15.9695 虞𤔲寇伯吹乍(作)寶壺
15.9697 伯車父其萬年
15.9702 賜𠦪(櫜、奈)伯矢束、素絲束
15.9712 唯曾伯陭迺用吉金鐈鋚
15.9714 王乎伊伯賜懋貝
15.9725 伯大(太)師賜伯克僕卅夫/伯克對揚天右(佑)王伯友(賄)
15.9729 齊侯命大(太)子乘遽來句宗伯
15.9730 齊侯命大(太)子乘遽來句宗伯
15.9813 伯乍(作)厥寶尊彝
16.9876 伯豐乍(作)旅彝
16.7360 伯公父乍(作)金爵
16.9960 䢅伯墉
16.9961 唯曾伯文自乍(作)厥歙(飲)鑐
16.9967 伯夏父乍(作)畢姬尊霝(鑐)
16.9968 伯夏父乍(作)畢姬尊霝(鑐)
16.9971 唯番伯官𠂤(曾)自乍(作)寶𩰫(鑐)
16.9973 奠(鄭)義伯乍(作)步□鑐(鑐)/奠(鄭)義伯乍(作)步□鑐(鑐)
16.9974 黄孫須頸子伯亞臣
16.10006 不(邳)伯夏子自乍(作)尊罍
16.10007 不(邳)伯夏子自乍(作)尊罍
16.10063 強伯乍(作)用盜(盤)
16.10064 強伯乍(作)般(盤)娄(鎣)
16.10073 𢀜(規)伯矩乍(作)寶尊彝
16.10074 伯雍父自乍(作)用器
16.10079 伯百父乍(作)孟姬朕(媵)般(盤)
16.10081 𦣻伯寏父朕(媵)姜無㬎(沫)般

(盤)
16.10086 魯伯厚父乍(作)仲姬俞賸(媵)般(盤)
16.10087 魯伯者父乍(作)孟姬嫜(嫞)朕(媵)般(盤)
16.10090 奠(鄭)伯乍(作)般(盤)匜
16.10103 伯駟父乍(作)姬淪朕(媵)般(盤)
16.10108 伯考父乍(作)寶盤
16.10112 伯碩㝬乍(作)䲷姬饔般(盤)
16.10113 魯伯愈父乍(作)鼄(邾)姬仁朕(媵)顋(沫)盤
16.10114 魯伯愈父乍(作)鼄(邾)姬仁朕(媵)顋(沫)盤
16.10115 魯伯愈父乍(作)鼄(邾)姬仁朕(媵)顋(沫)盤
16.10121 鄧伯吉射自乍(作)盥般(盤)
16.10129 伯侯父賸(媵)叔嬀𦗰(聯)母鎜(盤)
16.10130 袒伯墉自乍(作)寶監(鑑)
16.10136 唯番君伯歊(攏)用其青金
16.10139 唯番袒伯者君
16.10140 唯番袒伯者君用其吉金
16.10149 𠑹伯賸(媵)嬴尹母㵒(沫)盤
16.10155 塦(棠)湯叔伯氏茬鑄其尊
16.10156 唯曾子伯皖用其吉金
16.10160 邛(江)仲之孫伯戔
16.10162 黃大(太)子伯克
16.10167 緐伯方□邑
16.10172 用乍(作)朕皇考奠(鄭)伯、奠(鄭)姬寶般(盤)
16.10173 王曰伯父
16.10174 兮伯吉父乍(作)般(盤)
16.10188 郾湯伯茬乍(作)也(匜)
16.10193 散伯乍(作)夨姬寶也(匜)
16.10200 伯庶父乍(作)肙(肩)
16.10201 匽伯聖乍(作)𢀜(工)也(匜)
16.10204 奠(鄭)義伯乍(作)季姜寶也(匜)用
16.10207 唯曾子伯尹自乍(作)尊匜
16.10208 郾湯伯茬乍(作)也(匜)
16.10211 曩(紀)伯庭父朕(媵)姜無㲋(沫)也(匜)
16.10215 弭伯乍(作)旅也(匜)
16.10221 𨛭(鄀)伯乍(作)郳子□□朕(媵)匜
16.10222 魯伯敢乍(作)寶也(匜)
16.10226 伯吉父乍(作)京姬也(匜)
16.10231 伯正父乍(作)旅也(匜)
16.10244 魯伯愈父乍(作)鼄(邾)姬仁朕(媵)𣵦(沫)也(匜)
16.10246 唯㣙邑戈伯自乍(作)寶匜
16.10250 唯伯𠦪乍(作)寶匜
16.10255 杞伯每刃鑄鼄(邾)嫀用寶也(匜)
16.10259 唯番伯酓自乍(作)也(匜)
16.10262 唯𢍰(洧)伯君堇生(甥)自乍(作)也(匜)
16.10264 伯乍(作)日□監日文☐
16.10267 敶(陳)伯鴅(鶪)之子伯元
16.10268 唯番袒伯者君自乍(作)寶匜
16.10269 唯番袒伯者尹(君)自乍(作)寶匜
16.10275 肇乍(作)皇考伯走父寶也(匜)
16.10285 伯揚父迺成賢(劾)/伯揚父迺或事(使)牧牛誓
16.10312 伯乍(作)寶尊盂
16.10314 伯公父乍(作)旅盂
16.10317 伯索史乍(作)季姜寶盂
16.10319 㝅君伯𢈕自乍(作)𩰫(饙)盂
16.10322 厤眔公出厥命:井伯、焚(榮)伯、尹氏、師俗父、趞(遣)仲/永用乍(作)朕文考乙伯尊盂
16.10334 杞伯每刃乍(作)鼄(邾)嫀寶盌(盂)
16.10338 黃大(太)子伯克
16.10341 邛(江)仲之孫伯戔/邛(江)仲之孫伯戔
16.10383 右伯君西里疸
16.10540 伯乍(作)旅彝
16.10541 伯乍(作)旅彝
16.10545 伯魚乍(作)寶彝
16.10546 䱹伯乍(作)寶彝
16.10553 疑乍(作)伯旅彝
16.10563 伯享父乍(作)𪒠彝
16.10564 伯丙乍(作)寶尊彝
16.10566 俞伯乍(作)寶尊彝
16.10571 堇伯乍(作)旅尊彝
17.10886 伯矢
17.10895 伯析(析)
17.11014 豐伯乍(作)戈

17.11118 宮氏伯子元栖(栝)
17.11119 宮氏伯子元栖(栝)
17.11121 曾侯𤔲伯秉戈
17.11134 無(許)伯彪之用戈
17.11201 □□伯之元執
17.11261 番中(仲)攸(作)伯皇之戠(造)戈
17.11346 梁伯乍(作)宮行元用
17.11400 𡨦仲之子伯剌
18.11572 豐伯
18.11573 豐伯

0028 何

3.885 何𡠦仸乍(作)寶彝
3.1010 何
4.1591 何父丁
4.1893 何父癸𤕫
4.1894 何父癸𤕫
4.2477 何㠯君党擇其吉金
6.2928 何
6.3065 何戊
6.3341 何𤕫父癸
10.4910 何父乙
10.5091 何父癸𤕫
11.5445 何
11.5756 何父癸𤕫
11.5757 何父癸𤕫
11.5979 何車
12.6424 何父癸𤕫
12.6505 何乍(作)枏(藝、禰)日辛尊彝
12.6577 何
12.6997 馬何
12.6998 馬何
12.7250 何父癸𤕫
12.7251 何父癸𤕫
13.7370 何
13.7371 何
13.8004 何乙
13.8151 何幸
13.8152 幸何
13.8164 𡿨何
14.8795 何禽戊
14.8957 何父癸𤕫
14.8958 何父癸𤕫
14.8959 何父癸𤕫
15.9116 何
15.9117 何
15.9233 何父癸𤕫
15.9739 何
15.9800 何父癸𤕫
17.11329 王何立(涖)事
17.11351 喜倫(令)韓䑫、左庫工師司馬裕、冶何
18.11721 何
18.11722 何
18.11793 何

0029 夾

5.2833 克夾召(紹)先王奠四方
5.2834 克夾召(紹)先王曰(奠)左(四)方
5.2837 迺召(紹)夾死(尸)𤔲戎
8.4342 用夾召(紹)厥辟
10.5024 員乍(作)夾
10.5314 夾乍(作)父辛尊彝
15.9533 夾乍(作)彝

0030 佋

5.2835 迺命向父(禹)佋多友

0031 伺

17.11358 羕(養)陵公伺之睘(縣)所郜(造)、冶己女

0032 佗

17.11198 楚屈叔佗之元用
17.11393 楚屈叔佗屈□之孫

0033 伸

4.2480 鑄客爲集朡、伸朡、睘腋朡爲之

0034 佲(姆)

5.2840 唯俌(傅)佲(姆)氏(是)從

0035 但

18.12041 寺工獻、工上造但

0036 彼

18.11669 彼倫(令)肖(趙)世、上庫工師樂星、冶朗(影)敎(撻)齋(劑)

0037 邰

18.11559 奠(鄭)倫(令)棺(槨、郭)涵、司寇芋慶、左庫工師邰䜣、冶肴(尹)弜(弜)𢾊(造)

0038 佐

16.10452 右佐裁(織)
17.11211 工城佐𠂤、冶昌茆鈛(戈)

0039 休

6.3122 禾休

0040 佃

1.133 𤔲五邑佃人事
1.134 𤔲五邑佃人事
1.135 𤔲五邑佃人事
1.136 𤔲五邑佃人事
1.137-9 𤔲五邑佃人事
1.204-5 賜克佃車、馬乘
1.206-7 賜克佃車、馬乘
1.209 賜克佃車、馬乘
5.2805 𤔲羲夷陽(場)佃史(事)
8.4262 厥從格伯𡉚(按)彶佃(甸):殷谷厥紉(絶)雩谷、杜木、𨗉谷、旅菜
8.4263 厥從格伯𡉚(按)彶佃(甸):殷谷厥紉(絶)雩谷、杜木、𨗉谷、旅菜
8.4264 厥從格伯𡉚(按)彶佃(甸):殷〔谷〕厥〔紉〕雩谷、杜木、𨗉谷、旅菜

8.4265 厥從格伯反(按)彶佃(甸)：殷〔谷〕厥紉(絶)雩谷、杜木、邍谷、旅菜
8.4294 官𤔲量田佃
8.4295 官𤔲量田佃
18.11551 奠(鄭)倫(令)向佃、司寇雺(露)商、武庫工師鑄章、冶狽

0041 性(姓)

1.271 保慮(吾)子性(姓)

0042 丮(疌、埶)

13.8044 丮(疌)己
13.8045 丮(疌)己

0043 丮

13.7372 丮

0044 侁

3.445 侁
3.828 亞疑侁
3.924 侁册 / 侁册
3.1028 侁
3.1463 羊侁
4.1531 光乙侁
4.1633 侁父辛
4.1765 丁冉侁
4.1887 父辛侁册
4.1942 臣辰侁册
4.1943 臣辰侁册
4.2000 馬羊侁父乙
4.2003 父乙臣辰侁
4.2004 父乙臣辰侁
4.2005 臣辰侁父乙
4.2006 父乙臣辰侁
4.2115 臣辰侁册父乙
4.2116 臣辰侁册父乙
4.2135 臣辰侁册父癸
4.2483 侁册
6.3165 侁父乙
6.3166 侁父乙
6.3167 父乙侁
6.3306 乍(作)父乙侁
6.3342 侁
6.3397 臣辰侁册
6.3422 臣辰侁父乙
6.3423 父乙臣辰侁
6.3424 父乙臣辰侁
6.3506 臣辰侁册父乙
6.3510 侁
6.3511 侁
6.3522 臣辰侁册父癸
6.3523 臣辰侁册父癸
7.3750 羊侁
10.5092 侁
10.5149 臣辰侁父乙
10.5150 臣辰侁父乙
10.5151 臣辰侁父乙
10.5152 臣辰侁父乙
10.5153 臣辰侁父乙
10.5421 臣辰册侁
10.5422 臣辰册侁
11.5443 侁
11.5557 侁㷉(府)
11.5644 侁父己
11.5718 侁册
11.5721 侁㷉(府)父乙
11.5722 侁㷉(府)父乙
11.5723 侁
11.5792 侁
11.5795 臣辰侁父乙
11.5835 小臣侁辰父辛
11.5838 臣辰侁册父癸
11.5895 侁
11.5999 臣辰侁册
11.6029 侁
11.6152 箅侁
12.6549 侁
12.6550 侁
12.6551 侁
12.7198 丁冉侁
12.7199 丁冉侁
12.7200 丁冉侁
12.7210 羊侁父乙
12.7267 臣辰侁父乙
12.7268 臣辰侁父乙
13.7347 侁
13.7348 侁
13.7349 侁
13.7350 侁
13.7351 侁
13.7353 侁
13.8066 侁癸
13.8160 侁册
13.8241 𦬒侁
14.8384 侁父乙
14.8385 父乙侁
14.8386 侁父乙
14.8387 父乙侁
14.8388 父乙侁
14.8671 侁父癸
14.8793 丁冉侁
14.8794 丁冉侁
14.8831 侁乍(作)彝
14.8869 辰侁父乙
14.8947 父辛侁册
14.8948 父辛侁册
14.8994 父乙臣辰侁
14.8995 父乙臣辰侁
14.8996 父乙臣辰侁
14.8997 父乙臣辰侁
14.9006 羊侁獸父丁
14.9074 耳衡父庚酉侁
15.9109 侁
15.9194 丁冉侁
15.9306 侁
15.9380 臣辰侁册
15.9392 父癸臣辰侁
15.9454 臣辰册侁
15.9457 侁
15.9526 臣辰侁册
16.10053 臣辰侁册
16.10504 侁㷉(府)
17.10641 侁

0045 佚

3.823 佚父癸
9.4572 季宫父乍(作)仲姊孃姬佚(媵)簋

0046 併(抄)

8.4276 用併(抄)乃祖考事

0047 使、使

3.513 左使車尼
3.537 左使車工尼
3.971 左使車工嗴(坿)
4.2088 左使車工嗴(坿)
4.2089 左使車工嗴(坿)
4.2090 左使車工嗴(坿)
4.2091 左使車工縣
4.2092 左使車工尼
4.2093 左使車工蔡
4.2094 左使車工蔡
5.2678 使于曾
5.2707 右使車嗇夫鄰(齊)痤、工箭
5.2719 叔氏使貧(布)

安員伯
5.2809 使厥友引以告于伯懋父
5.2840 使智(知)社禝之賃(任)
9.4477 左使車工蔡
9.4478 左使車工蹪(坿)
9.4664 左使車工尼
9.4665 左使車工𣿬
15.9448 右使車嗇夫宋、鄭(齊)痤、工𣪘(觸)
15.9450 右使車嗇夫鄭(齊)虡、工𢻻
15.9561 左使車工尼
15.9562 左使車工𣿬
15.9674 右使〔車〕嗇夫吳𧧸、工䀛
15.9675 左使車嗇夫孫固所勬(勤)翰(看)器乍(作)勬(勤)者
15.9684 右使車嗇夫鄭(齊)痤、工角
15.9685 左使車嗇夫孫固、工𠂤(師)賃
15.9686 左使車嗇夫孫固、工蹪(坿)
15.9692 左使車嗇夫孫固、工上
15.9693 左使車嗇夫孫固、工蹪(坿)
15.9735 舁(舉)孯(賢)使能/使得孯(賢)在(士)良猹(佐)䀛(貯)/外之則迺(將)使丗(上)勤於天子之庿/使其老笫(策)賞仲父
16.9924 左使車工蔡
16.9925 左使車工蔡
16.9926 左使車工𣿬
16.9933 右使車工疥
16.9934 右使車工疥
16.10333 右使車嗇夫鄭(齊)痤、工𢻻
16.10349 左使車工蔡
16.10358 左使車嗇夫事斁、工賁
16.10359 右使車嗇夫鄭(齊)痤、工廣
16.10397 右使車工疥
16.10402 左使車嗇夫七敗(敌)、工尼
16.10413 左使車工下士甘□
16.10444 左使車嗇夫孫固、工蔡
16.10445 左使車嗇夫鄭(齊)痤、工疥
16.10446 右使車嗇夫鄭(齊)痤、工疥
16.10447 左使車嗇夫孫固、工𣿬
16.10450 右使車工蔡
16.10451 右使車工𣿬
16.10472 左使車造
16.10477 右使車嗇夫鄭(齊)痤、工疥
18.11472 詔使
18.11814 左使車工蹪(坿)
18.11822 左使車四
18.12054 左使車嗇夫孫固、工蹪(坿)
18.12055 左使車嗇夫孫固、工蹪(坿)
18.12056 左使車嗇夫孫固、工蹪(坿)
18.12057 左使車嗇夫孫固、工蹪(坿)
18.12058 左使車嗇夫孫固、工蹪(坿)
18.12059 左使車嗇夫孫固、工蹪(坿)
18.12060 左使車嗇夫孫固、工蹪(坿)
18.12061 左使車嗇夫孫固、工蹪(坿)
18.12062 左使車嗇夫孫固、工蹪(坿)
18.12063 左使車嗇夫孫固、工蹪(坿)

0048 佩

1.247 賜佩
1.248 賜佩
1.249 賜佩
1.250 賜佩
5.2718 寓獻佩于王姛
5.2825 受册佩以出
5.2827 受令(命)册佩以出
5.2828 受令(命)册佩以出
5.2829 受令(命)册佩以出
5.2839 盂以多旂佩
8.4170 賜佩
8.4171 賜佩
8.4172 賜佩
8.4173 賜佩
8.4174 賜佩
8.4175 賜佩
8.4176 賜佩
8.4177 賜佩
8.4332 受令(命)册佩以出
8.4333 受令(命)册佩以出
8.4334 受令(命)册佩以出
8.4335 受令(命)册佩以出
8.4336 受令(命)册佩以出
8.4337 受令(命)册佩以出
8.4338 受令(命)册佩以出
8.4339 受令(命)册佩以出
15.9731 受令(命)册佩以出
15.9732 受令(命)册佩以出

0049 侄

1.157 武侄寺(持)力
1.158 武侄寺(持)力
1.159 武侄寺(持)力
1.160 武侄寺(持)力
1.161 武侄寺(持)力
4.2289 王子侄自酢(作)飤貞(鼎)

0050 俠

8.4180 王事(使)小臣守事(使)于俠(夷)
8.4181 王事(使)小臣守事(使)于俠(夷)

0051 僞

5.2676 井姬啺亦僞祖考夌公宗室
5.2677 井姬啺亦僞祖考夌公宗室

0052 □(匋)

17.10979 □(匋)晉戈

0053 免

4.2281 師閔乍(作)免伯寶鼎

8.4240 井叔有(佑)免 / 卑(俾)册令(命)免 / 免對揚王休 / 免其萬年永寶用

9.4579 史免乍(作)旅匡(筐)

9.4626 令(命)免乍(作)嗣土(徒)/ 免其萬年永寶用

10.5418 井叔右(佑)免 / 王蔑免曆 / 令史懋賜免: 載(緇)芾、冋(檾)黄(衡)/ 免其萬年永寶用

11.5922 周免旁乍(作)父丁宗寶彝

11.6006 井叔右(佑)免 / 王蔑免曆 / 令史懋賜免: 載(緇)芾、冋(檾)黄(衡)/ 免其萬年永寶用

12.7012 田免

13.8155 周免

13.8156 周免

16.10161 令乍(作)册內史賜免鹵百𨻰 / 免𧰼(蔑)靜女王休

0054 俫

9.4649 俫望(嗣)趄文

0055 佫

1.183 曾孫僕兒、余迖斯于之子(孫)、余茲佫之元子

1.185 余茲佫之元子

0056 伩(便、鞭)

5.2838 伩(鞭)余

16.10285 我義(宜)伩(鞭)女(汝)千 / 義(宜)伩(鞭)女(汝)千 / 伩(鞭)女(汝)五百 / 乃伩(鞭)千、𪒠𪓊(剭)

0057 偖

8.4213 用偖(頧)首

0058 侍

17.11251 侍廙(府)之戟(戟)

0059 孓(保)

14.8443 孓(保)父丁

0060 保

1.72 子孫永保用之

1.82 用保奠

1.86 永保用享

1.93 永保是從

1.94 永保是從

1.95 永保是從

1.96 永保是從

1.97 永保是從

1.98 永保是從

1.99 永保是從

1.100 永保是從

1.101 永保是從

1.113 永保鼓之

1.114 永保鼓之

1.115 永保鼓之

1.116 永保鼓之

1.117 永保鼓之

1.118-9 永保鼓之

1.124 子孫永保

1.125-8 子孫永保

1.129-31 子孫永保

1.140 □□是保 / 羕(永)保用之

1.142 永保鼓之

1.153 永保鼓之

1.154 永保鼓之

1.172 永保用之

1.173 永保用之

1.174 孫永保用之

1.175 永保用之

1.176 永保用之

1.177 永保用之

1.178 永保用之

1.179 永保用之

1.180 永保用之

1.181 畯永保四方

1.193 永保是尚(常)

1.194 永保是尚(常)

1.195 永保是尚(常)

1.196 永保是尚(常)

1.197 永保是尚(常)

1.198 永保是尚(常)

1.199 永保用之

1.200 永保用之

1.201 永保用之

1.202 永保用之

1.203 子孫永保鼓之

1.245 鼄(邾)邦是保 / 永保用享

1.260 唯皇上帝、百神保余小子 / 畯保四或(國)

1.261 永保鼓之

1.270 保業厥秦

1.271 萬年𪗉(令)保其身 / 保𪓕(吾)兄弟 / 保𪓕(吾)子侳(姓)/ 子子孫永保用享

1.272-8 永保其身 / 子孫永保用享

1.285 羕(永)保其身 / 羕(永)保用享

2.358 保大令(命)

2.421 永保用之

2.422 永保用之

2.424 永保用之

2.429 世(?)萬子孫永保

3.678 永保用之

3.946 永保用之

3.1001 保

3.1002 保

3.1350 保□

4.1735 大(太)保鑄

4.2157 大(太)保

4.2158 大(太)保

4.2159 大(太)保

4.2201 非(排)啟乍(作)保旅鼎

4.2363 父庚保𨸏祖辛

4.2364 父庚保𨸏祖辛

4.2372 大(太)保

4.2478 [永]保用之

5.2551 永保用之

5.2573 羕(永)保用之

5.2607 永保用之

5.2676 鮒(𦨶)保𢏚伯

5.2677 鮒(𦨶)保𢏚伯

5.2683 保辥(嬖)鄁(部)國

5.2684 保辥(嬖)鄁(部)國

5.2685 保辟(䢃)鄁(鄁)國
5.2686 保辟(䢃)鄁(鄁)國
5.2687 保辟(䢃)鄁(鄁)國
5.2688 保辟(䢃)鄁(鄁)國
5.2689 保辟(䢃)鄁(鄁)國
5.2703 匽(燕)侯令萬饔(饔)大(太)保于宗周/大(太)保賞萬貝
5.2717 永保用之
5.2722 永保用之
5.2728 唯公大(太)保來伐反(叛)尸(夷)年
5.2749 光用大(太)保
5.2757 卣厚下保
5.2758 大揚皇天尹大(太)保宔(貯)
5.2759 大揚皇天尹大(太)保宔(貯)
5.2760 大揚皇天尹大(太)保宔(貯)
5.2761 大揚皇天尹大(太)保宔(貯)
5.2765 妊氏令蛸事保厥家
5.2766 永保用之
5.2826 畯保其孫子
5.2830 用保王身/臣保天子
5.2836 肆(肆)克龏(恭)保厥辟龏(恭)王/巠(經)念厥聖保祖師華父/保辟(䢃)周邦
5.2837 灋(法)保先王
5.2840 永定保之
5.2841 臨保我有周
6.3180 保父丁
6.3235 亞保西
6.3683 父父庚保隊祖辛
7.3743 保侃母賜貝于庚宮
7.3744 保侃母賜貝于庚宮
7.3787 保子達乍(作)寶設
7.3790 大(太)保賜厥臣椈(剖)金
7.4054 曾大(太)保□用吉金
7.4076 保辟(䢃)鄁(鄁)國
7.4077 保辟(䢃)鄁(鄁)國
7.4078 保辟(䢃)鄁(鄁)國
7.4079 保辟(䢃)鄁(鄁)國
7.4080 保辟(䢃)鄁(鄁)國
7.4081 保辟(䢃)鄁(鄁)國
7.4082 保辟(䢃)鄁(鄁)國
7.4083 保辟(䢃)鄁(鄁)國
7.4084 保辟(䢃)鄁(鄁)國
7.4085 保辟(䢃)鄁(鄁)國
7.4086 保辟(䢃)鄁(鄁)國
7.4087 保辟(䢃)鄁(鄁)國
7.4096 子孫是保
7.4120 乍(作)召(?)伯聅(聯)保設/兼(永)保用享
8.4132 王姜史(使)敊(叔)事(使)于大(太)保/敊(叔)對大(太)保休
8.4133 王姜史(使)敊(叔)事(使)于大(太)保/敊(叔)對大(太)保休
8.4140 王降征令于大(太)保/大(太)保克敬亡遣(譴)/王辰(永)大(太)保
8.4145 保有齊邦
8.4152 永保用享
8.4192 用保厥邦
8.4193 用保厥邦
8.4242 用離(申)圝(恪)、奠保我邦、我家
8.4245 永保用享
8.4262 鑄保(寶)設/子子孫孫永保用
8.4263 鑄保設/子子孫孫永保用
8.4264 鑄保設/子子孫孫永保用
8.4265 鑄保設/子子孫孫永保用
8.4269 我不能不眔縣伯萬年保
8.4277 其萬年永保
8.4315 保業厥秦
8.4317 用𢧁(紷令)保我家、朕立(位)、㝬(胡)身
8.4342 臨保我又(有)周
9.4357 其永保用
9.4358 其永保用
9.4359 其永保用
9.4360 其永保用
9.4556 永保用享
9.4575 子孫永保之
9.4576 子孫永保之
9.4577 子孫永保之
9.4588 永保用之
9.4594 兼(永)保用之
9.4595 永保用簠
9.4596 永保用簠
9.4612 永保用之
9.4616 其子子孫孫兼(永)保用之
9.4618 永保用之
9.4625 永保用之
9.4629 子子孫孫兼(永)保用
9.4630 子子孫孫兼(永)保用
9.4638 其邁(萬)年永保用
9.4639 其邁(萬)年永保用
9.4641 永保用之
9.4643 永保用之
9.4645 子子孫永保用之
9.4646 保又(有)齊邦
9.4647 保又(有)齊邦
9.4648 保有齊邦
9.4649 保有齊邦
10.5018 大(太)保鑄
10.5275 保
10.5400 唯明保殷成周年

10.5415 王令保及殷東或(國)五侯/蔑曆于保
11.5991 唯明保殷成周年
11.6003 王令保及殷東或(國)五侯/蔑曆于保
11.6010 永保用之
11.6011 邁(萬)年保我邁(萬)宗
11.6013 萬年保我萬邦
11.6016 王令周公子明保
12.6513 永保怠(台)身
12.6909 子保
12.6996 糸保
13.7404 保
13.7406 保
13.8170 保朿(刺)
13.8171 保夰
14.8769 ᖯᗪ夰保
14.8770 ᖯᗪ夰保
14.9103 公大(太)保賞御正良貝
15.9214 保父己
15.9436 用萬年用楚(胥)保眔叔堯(无)
15.9627 永保用享
15.9641 子子孫永保用
15.9646 王姛賜保侃母貝
15.9659 子孫永保用
15.9680 羕(永)保用之
15.9698 保辪(嬖)鄁(部)國
15.9699 保辪(嬖)鄁(部)國
15.9704 永保其身/子孫永保用之
15.9709 羕(永)保其身/羕(永)保用之
15.9735 其永保用亡疆
16.9899 萬年保我萬邦
16.9900 萬年保我萬邦
16.9901 王令(命)周公子明保
16.10005 永保用之
16.10054 大(太)保邺鑄
16.10106 用萬年用楚(胥)保眔叔堯
16.10117 子子孫孫永保用
16.10137 中子化用保楚王
16.10145 子子孫孫永保用
16.10147 永保用享
16.10152 保辪(嬖)鄁(部)國
16.10153 其子孫永保用之
16.10159 永保用之
16.10163 永保其身/永保用之
16.10171 永保用之
16.10175 上帝司蠼(擾)尤保
16.10242 子子孫永保用
16.10245 子孫永保用
16.10264 永保用也(匜)
16.10277 永保用之
16.10280 羕(永)保其身/羕(永)保用之
16.10282 永保其身/永保用之
16.10283 永保用之
16.10318 永保其身/永保用之
16.10336 曾大(太)保譽叔亟
16.10341 永保用之/永保用之
16.10342 保辪(嬖)王國
16.10356 永保用
16.10361 永保用之
16.10580 保彶(如)母賜貝于庚姜
17.10954 大(太)保甭

0061 伩、信

4.2304 㞑(長)信侯私官
4.2451 宜信冢子
5.2746 信于茲巽
5.2767 㝬(胡)叔、伩(信)姬乍(作)寶鼎/㝬(胡)叔眔伩(信)姬其壽考(考)、多宗、永令(命)/㝬(胡)叔、伩(信)姬其邁(萬)年
13.8138 伩(信)母
16.10441 𣏟(藏)廙(鏕)嗇夫部信鞀(勒)翰(看)器
16.10442 𣏟(藏)廙(鏕)嗇夫部信鞀(勒)翰(看)器
16.10443 𣏟(藏)廙(鏕)嗇夫部信鞀(勒)翰(看)器
17.11375 馬雍命(令)事(吏)吳、武庫工師奭信、冶祥造
18.11619 相邦建信〔君〕▨工師▨
18.11635 相邦建信君、邦右庫□□工師吳痓(瘠)、冶疕敎(撻)齋(劑)
18.11675 武信倫(令)馬師闖(閭)、右庫啟工師粤秦、冶瘀敎(撻)齋(劑)
18.11677 相邦建信君、邦右庫工師郥叚、冶肙(尹)砝敎(撻)齋(劑)
18.11678 相邦建信君、邦左庫工師郥叚、冶肙(尹)砝敎(撻)齋(劑)
18.11679 相邦建信君、邦左庫工師郥叚、冶肙(尹)肉敎(撻)齋(劑)
18.11680 相邦建信君、邦左庫工師郥叚、冶肙(尹)匝敎(撻)齋(劑)
18.11681 相邦建信君、邦左庫工師郥叚、冶肙(尹)月(明)敎(撻)齋(劑)
18.11687 相邦建信君、邦左庫工師塚旅、冶肉敎(撻)齋(劑)
18.11695 相邦建信君、邦右庫韓叚、工師爿瘟、冶息敎(撻)齋(劑)
18.11706 相邦建信君、

邦左庫工師鄟𣪘、冶君(尹)𢆉敦(撻)齋(劑)
18.11717 相邦建𠈌君、邦右庫工師司馬郃、冶得𢆉敦(撻)齋(劑)
18.12107 辟(壁)大夫𠈌節

0062 佰

15.9590 左佰五十三
15.9591 左佰卅四
15.9640 爲東周左官佰(槽)壺
15.9647 左佰(槽)七
15.9648 右內佰(槽)七
15.9649 左內佰(槽)卄八
15.9650 右內佰(槽)四
15.9660 左佰(槽)卅

0063 佶

4.2302 膉所佶(造)貞貞(鼎)

0064 俗

4.2466 溓(濂)俗父乍(作)旅貞(鼎)
5.2766 丩(糾)津涂俗
5.2781 伯俗父右(佑)𠂤季/曰: 用又(佐)右(佑)俗父嗣寇
5.2817 王乎乍(作)册尹册命師晨: 疋(胥)師俗嗣邑人
5.2832 衛以邦君厲告于井伯、伯邑父、定伯、琼伯、伯俗父/井伯、伯邑父、定伯、琼伯、伯俗父迺顜
5.2841 俗(欲)我弗乍(作)先王憂/俗(欲)女(汝)弗以乃辟圅(陷)于艱
9.4464 堇(謹)尸(夷)俗
16.10322 疆眔師俗父田/厥眔公出厥命: 井伯、燮(榮)伯、尹氏、師俗父、趞(遣)仲

0065 侲(㐀)

5.2806 王在𨛜侲宮
5.2807 王在𨛜侲宮
5.2808 王在𨛜侲宮
8.4298 王在𨛜侲宮
8.4299 王在𨛜侲宮

0066 侳

8.4277 王乎乍(作)册內史册命師俞: 䌛(纘)嗣𨛜人

0067 侵

5.2668 大(太)帀(師)鐘伯侵自乍(作)石(礪)沱(盜)

0068 俌(傅)

5.2840 唯俌(傅)侮(姆)氏(是)從

0069 俸

16.10168 賜守宮絲束、蘆(苴)𩁹(幕)五、蘆(苴)㝊(冟、冪)二、馬匹、毳希(布)三、専(專、團)𠈌(篷)三、𥩟(珠)朋

0070 係

17.11331 臨汾守曋、庫係、工歍造

0071 倌

16.10379 孯之倌(官)環

0072 倂

7.3784 伯倂乍(作)伯䜌寶𣪘

0073 偖

5.2632 𠂤偖生(甥)𠂤用吉金
5.2633 𠂤偖生(甥)𠂤用吉金

0074 倫(伶)

17.11351 喜倫(令)韓𨟻、左庫工師司馬裕、冶何
17.11366 坓(型、邢)倫(令)吳𠕁(次)、上庫工師宋𡰥、冶𡰥敦(撻)齋(劑)
17.11372 奠(鄭)倫(令)韓恙(恙)、司寇𢻶(扶)裕、右庫工師張阪、冶贛
17.11382 𡎆倫(令)䑲𦡆、司寇奠(鄭)𣅀、左庫工師器較(較)、冶□斅(造)
17.11384 奠(鄭)倫(令)韓半、司寇長朱、武庫工師𠂤恙、冶君(尹)敓(拔)斅(造)
17.11385 奠(鄭)倫(令)韓𡘟、司寇長朱、右庫工師皂高、冶君(尹)𦫳斅(造)
17.11386 奠(鄭)倫(令)公先𠁩(幼)、司寇事(吏)𨻰、右庫工師皂高、冶君(尹)□斅(造)
17.11387 奠(鄭)倫(令)肖(趙)距、司寇王㞕、武庫工師鑄章、冶㹞
17.11388 奠(鄭)倫(令)肖(趙)距、司寇彭璋、右庫工師陳坪、冶贛
17.11389 奠(鄭)倫(令)肖(趙)距、司寇彭璋、往庫工師皇隹、冶𤸫
17.11397 奠(鄭)倫(令)公先𠁩(學、幼)、司寇向□、左庫工師百慶、冶君(尹)□斅(造)
17.11398 奠(鄭)倫(令)棺(槨、郭)涽、司寇肖(趙)它、往庫工師皮耴、冶君(尹)啟
18.11551 奠(鄭)倫(令)向佃、司寇𩅧(露)商、武庫工師鑄章、冶㹞
18.11552 奠(鄭)倫(令)棺(槨、郭)涽、司寇芋慶、往庫工師皮耴、冶君(尹)貞斅

(造)
18.11554 莫(鄭)倫(令)公先豊(幼)、司寇史陉(隋)、左庫工師倉慶、冶君(尹)弜(彉)數(造)
18.11555 莫(鄭)倫(令)棺(槨、郭)涹、司寇肖(趙)它、往庫工師皮耴、冶君(尹)波(坡)
18.11559 莫(鄭)倫(令)棺(槨、郭)涹、司寇芋慶、左庫工師郘竘、冶君(尹)弜(彉)數(造)
18.11561 閔倫(令)肖(趙)狽、下庫工師皎石、冶人參所鑄鉣户者
18.11562 安陽倫(令)韓壬、司刑欣(听)鹼、右庫工師艾(肴)固、冶疋數(造)戟束(刺)
18.11563 莫(鄭)倫(令)棺(槨、郭)涹、司寇芋慶、往庫工師皮耴、冶君(尹)波(坡)數(造)戟束(刺)
18.11564 戠(截)雍倫(令)韓匡、司寇判它、左庫工師刑秦、冶采(褐)散(擿、造)戟束(刺)
18.11565 襄田倫(令)弅(舉)名、司寇麻維、右庫工師甘(邯)丹(鄲)飪、冶向數(造)
18.11660 往□倫(令)王褢、右庫工師杢(埶、廉)生、冶參教(撻)齋(劑)
18.11661 隰倫(令)棺(槨、郭)唐、下庫工師孫屯、冶沽教(撻)齋(劑)
18.11669 彼倫(令)肖(趙)世、上庫工師樂星、冶胡(影)教(撻)齋(劑)
18.11673 南行易(唐)倫(令)眲(瞿)卯、右庫工師司馬郃、冶得教(撻)齋(劑)
18.11674 南行易(唐)倫(令)眲(瞿)卯、右庫工師司馬郃、冶得教(撻)齋(劑)
18.11675 武信倫(令)馬師闞(閭)、右庫啟工師咢秦、冶瘀教(撻)齋(劑)
18.11705 南行易(唐)倫(令)眲(瞿)卯、右庫工師司馬郃、冶君(尹)毛得教(撻)齋(劑)(?)

0075 倗

1.20 倗友
1.51 用樂嘉賓、父兄、大夫、倗友
1.142 及我倗友
1.153 及我倗友
1.154 及我倗友
1.182 以樂嘉賓、倗友、者(諸)臤(賢)
1.261 及我倗友
1.272-8 這而(爾)倗剌
1.285 這而(爾)倗剌
2.429 以飤大夫、倗友
3.586 倗羲妣尊彝
3.1005 倗
3.1006 倗
3.1007 倗
3.1459 倗舟
4.1510 倗祖丁
4.1592 倗父丁
4.1838 丁父倗舟
4.2357 楚叔之孫倗之飤鼾
4.2462 倗仲乍(作)畢媿賸(媵)鼎
5.2655 朝夕鄉(饗)厥多倗友
5.2733 眔多倗友
5.2783 用鄉(饗)倗咎(友)
5.2784 用鄉(饗)倗咎(友)
5.2811 倗之遡(䵼)鼾
5.2835 用倗用咎(友)
6.3068 辛倗
6.3138 倗祖丁
6.3140 倗祖己
6.3214 父癸倗
6.3667 倗丏乍(作)義妣寶尊彝
7.3847 倗伯雁自乍(作)尊段
8.4137 用侃喜百生(姓)、倗友眔子婦
8.4160 用鄉(饗)倗友
8.4161 用鄉(饗)倗友
8.4246 仲倗父內(入)又(佑)楚
8.4247 仲倗父內(入)又(佑)楚
8.4248 仲倗父內(入)又(佑)楚
8.4249 仲倗父內(入)又(佑)楚
8.4262 格伯爰良馬乘于倗生(甥)
8.4263 格伯爰良馬乘于倗生(甥)
8.4264 格伯爰良馬乘于倗生(甥)
8.4265 格伯爰良馬乘于倗生(甥)
8.4272 宰倗父右(佑)朢
8.4331 好倗友雩百者(諸)婚遘(媾)
9.4448 于好倗友
9.4449 于好倗友
9.4450 于好倗友
9.4451 于好倗友
9.4452 于好倗友
9.4465 唯用獻于師尹、倗友、聞(婚)遘(媾)
9.4469 廼騺(協)倗即女(汝)
9.4471 倗之簠
9.4525 用倗旨飤
10.4842 倗舟
10.5002 倗兄丁
10.5003 倗兄丁
10.5366 倗乍(作)厥考寶尊彝
11.5683 倗兄丁
11.5955 倗乍(作)厥考寶尊彝
11.6011 盠曰:王倗下
11.6189 倗舟
12.6511 員仲乍(作)倗

生(甥)飲壺
12.7037 僩舟
12.7038 僩舟
12.7039 僩舟
13.7384 僩
13.7385 僩舟
13.7789 亞僩
13.8165 僩舟今
14.8604 僩父辛
14.8840 爵𦔻僩祖丁
15.9350 僩父丁
15.9478 亞僩
15.9672 眔以(台)僩友雔
16.9988 僩之尊缶
16.10039 僩父乙
17.10838 亞僩
18.11449 僩舟
18.12012 僩史

0076 偭

18.11825 嫪偭

0077 俯

6.3537 伯婁俯乍(作)寶𣪘

0078 俣(侘)

18.11816 唯俣(侘)仲𡜁子用

0079 侘

1.121 弜王侘(侂)
1.122 弜王侘(侂)
1.125-8 弜王侘(侂)
1.129-31 弜王侘(侂)

0080 倬

5.2756 史(使)廙(諄)大人賜乍(作)册寓𩐁(纘)倬

0081 眔

5.2809 師旅眔僕不從王征于方雷
5.2838 匡眔厥臣廿夫 / 用眔一夫
5.2840 含(今)𠪚(吾)老賙(賈)親率參軍之眔 / 毋眔而嚻
8.4313 今敢博(薄)厥眔叚(暇)
8.4314 今敢博(薄)厥眔叚(暇)
16.10372 齊遣卿大夫眔來聘
17.11243 其攻(工)眔
17.11244 其攻(工)眔
18.11758 以敬(儆)厥眔
18.11917 僕□□少□眔

0082 侗

16.10361 攻(工)帀(師)侗鑄西墉寶鐘四秉

0083 偈

5.2832 厲叔子夙、厲有嗣𩰫(申)季、慶癸、燹(豳)麀、荆人敢、井人偈屖
7.3995 伯偈父乍(作)姬麀寶𣪘
12.6458 叔偈父乍(作)姜

0084 側

5.2814 曰:官嗣穆王遉(正)側虎臣
8.4321 先虎臣後庸:西門尸(夷)、秦尸(夷)、京尸(夷)、𥳑尸(夷)、師笭、側新(薪)、□華尸(夷)、弁豸尸(夷)、𣪊人、成周走亞、戍、秦人、降人、服尸(夷)

0085 偁、偁

5.2662 用匄偁魯福
6.3601 偁缶乍(作)祖癸尊彝

0086 備

5.2840 雩(越)人飭(修)教備恁(任)
7.3870 叔向父爲備寶𣪘兩、寶鼎二
8.4279 曰:備于大左
8.4280 曰:備于大左
8.4281 曰:備于大左
8.4282 曰:備于大左
8.4322 俘戎兵𥎦(盾)、矛、戈、弓、備(箙)、矢、裨胄
15.9729 于上天子用璧玉備(珽)/ 于南宮子用璧二備(珽)、玉二嗣(笥)、鼓鐘〔一銉〕
15.9730 于上天子用璧玉備(珽)、〔玉〕一嗣(笥)/ 于南宮子用璧二備(珽)、玉二嗣(笥)、鼓鐘一銉(肆)
15.10169 備仲內(入)右(佑)吕服余 / 疋(胥)備仲嗣六師服
16.10217 備叔黑𦣞(頤)乍(作)寶也(匜)
17.11021 子備𨐋(嶂)戈

0087 儆、儆

17.11333 儆勺白赤

0088 傎、傎

16.9940 冢(重)十六傎(傎)

0089 偯(催)

5.2734 周伯邊及仲偯(催)父伐南淮尸(夷)

0090 得

6.2954 得

0091 偙

5.2840 皮(克)偙(敵)大邦
15.9735 偙(適)曹(遭)郾(燕)君子𡌥(噲)

0092 傳

3.949 日傳□王〔皇〕休
8.4206 師田父令小臣傳非(緋)余(琜)/ 傳□朕考𦉢 / 伯𠜲(創)父賞小臣傳□
11.5925 傳乍(作)父戊寶尊彝
15.9729 遄傳滔(祇)御
15.9730 遄傳滔(祇)御
16.10176 傳棄之

18.12091 騎傳(遭)竹

丙(內)

18.12096 王命傳我

18.12104 傳虞(遽)甫戊燕

18.12105 傳虞(遽)甫戊燕/傳舟得三千不句酉

18.12106 傳虞(遽)甫戊燕/傳舟得三千不句酉

0093 僕

1.48 宮令宰僕賜粤白金十匀(鈞)

1.60-3 僕庸臣妾、小子、室家

1.183 曾孫僕兒、余达斯于之子(孫)、余茲佫之元子

1.185 曾孫僕兒、余达斯于之孫

1.272-8 釐(萊)僕三百又五十家

1.285 釐(萊)僕三百又五十家

5.2670 公賜旂僕

5.2765 因付厥且僕二家

5.2809 師旂眾僕不從王征于方雷

7.3869 亢僕乍(作)父己尊段

8.4258 官嗣尸(夷)僕、小射、底魚

8.4259 官嗣尸(夷)僕、小射、底魚

8.4260 官嗣尸(夷)僕、小射、底魚

8.4266 啻(嫡)官僕、射、士

8.4273 小子眾服、眾小臣、眾尸(夷)僕學射

8.4292 僕墉(庸)土田多諫

8.4311 僕馭百工、牧臣妾

14.8852 亞僕父乙

14.9095 呂仲僕乍(作)毓子寶尊彝

15.9653 史僕乍(作)尊壺/僕其萬年

15.9654 史僕乍(作)尊壺/僕其萬年

15.9721 賜幾父秆桒(韍)六、僕四家、金十鈞

15.9722 賜幾父秆桒(韍)六、僕四家、金十鈞

15.9725 伯大(太)師賜伯克僕卅夫

16.10083 京隮(陝)仲僕乍(作)父辛寶尊彝

17.11402 左軍之攷僕介巨

18.11917 僕□□少□眾

0094 僪

5.2810 伐角、僪(通)

0095 僰

8.4313 率齊師曩(紀)、巿(釐、萊)、僰

8.4314 率齊師、曩(紀)、釐(萊)、僰

9.4467 賜女(汝)秬鬯一卣、赤芾、五黄(衡)、赤舄、牙僰、駒車、桒(賁)較(較)、朱虢(鞹)鞃靳、虎冟(冪)熏(纁)裏、畫轉(轉)、畫輴、金甬(筩)、朱旂、馬四匹、攸(鋚)勒、素戉(鉞)

9.4468 賜女(汝)秬鬯一卣、赤芾、五黄(衡)、赤舄、牙僰、駒車、桒(賁)較(較)、朱虢(鞹)鞃靳、虎冟(冪)熏(纁)裏、畫轉(轉)、畫輴、金甬(筩)、朱旂、馬四匹、攸(鋚)勒、素戉(鉞)

10.5431 尹賜臣唯小僰

15.9723 王乎乍(作)册尹册賜瘐:畫靳、牙僰、赤舄

15.9724 王乎乍(作)册尹册賜瘐:畫靳、牙僰、赤舄

0096 儈

18.11550 少府工儈

0097 僴(仃)

14.8802 卷僴(仃)

0098 儕

8.4216 儕(齎)女(汝)毌五、昜(錫)登盾生皇(凰)、畫內(枘)戈琱戫、歐(厚)必(柲)、彤沙(蘇)

8.4217 儕(齎)女(汝)毌五、昜(錫)登盾生皇(凰)、畫內(枘)戈琱戫、歐(厚)必(柲)、彤沙(蘇)

8.4218 儕(齎)女(汝)毌五、昜(錫)登盾生皇(凰)、畫內(枘)戈琱戫、歐(厚)必(柲)、彤沙(蘇)

16.10127 儕孫殷穀乍(作)頮(沬)盤

16.10128 儕孫殷穀乍(作)頮(沬)

0099 儥

8.4178 王命君夫曰:儥求乃友

0100 僎

4.2183 才僎父乍(作)尊彝

0101 儹

9.4563 季宫父乍(作)宗(崇)娟(妘)儹(媵)簠

9.4564 季宫父乍(作)宗(崇)娟(妘)儹(媵)簠

16.10285 尃(溥)趦(洛)啇覫(睦)儹

0102 僕

16.10285 僕用乍(作)旅盉

0103 𠈂

11.6032 𠈂

0104 亻

16.10196 蔡子[illegible]自乍(作)會[illegible](匜)

0105 [illegible](尊)

13.8072 子[illegible](尊)

0106 [illegible]、巴

12.7108 巴父丁
16.10308 [illegible](？)

0107 傢

4.2474 傢嗣寇獸肇乍(作)寶貞(鼎)

0108 僕

4.2334 祷僕父乍(作)嘼姁朕(媵)鼎

0109 㑋

4.2243 僿犀悤𠙵鉌伍㑋

0110 僿

4.2243 僿犀悤𠙵鉌伍㑋

0111 [illegible](佼)

4.2162 丏[illegible](佼)乍(作)尊
4.2163 丏[illegible](佼)乍(作)尊

0112 [illegible]

12.6508 [illegible]肇貝宁(貯)

0113 [illegible](㔾)

6.3119 [illegible](㔾)叚(柄)
10.5017 鳥[illegible](㔾)叚(柄)
12.6925 [illegible](㔾)叚(柄)
15.9189 [illegible](㔾)叚(柄)

0114 [illegible]

10.5174 又母[illegible]

0115 [illegible]

12.6574 [illegible]

0116 [illegible]

12.6573 [illegible]

0117 [illegible](伇)

14.8360 [illegible](伇)祖癸

0118 [illegible]

12.6927 [illegible]

0119 [illegible]

13.8173 [illegible](衎)

0120 [illegible]

13.8074 子[illegible]

0121 [illegible]

2.398 亞[illegible](幾口□)

0122 伮、偃

5.2810 王休伮(偃)

0123 傲

2.425 傲至鐱(劍)兵

0124 伍

4.2243 僿犀悤𠙵鉌伍㑋

0125 俳(背)

2.429 俳公隻(獲)飛龍

0126 佷

10.5304 佷矢乍(作)父辛寶彝

0127 佝

7.3877 季佝父逃乍(作)寶毁

0128 佑(厷)

2.325 割(姑)肄(洗)之宮佑

0129 大

1.36 旣仲乍(作)朕文考釐公大鍗(林)寶鐘
1.43 楚公豙自乍(作)寶大歡(林)鐘
1.44 楚公豙自乍(作)寶大歡(林)鐘
1.45 楚公豙自乍(作)寶大歡(林)鐘
1.50 用處大政
1.51 用樂嘉賓、父兄、大夫、倗友
1.60-3 叔氏在大廟
1.65 兮仲乍(作)大鍗(林)鐘
1.66 兮仲乍(作)大鏷(林)鐘
1.67 兮仲乍(作)大鏷(林)鐘
1.68 兮仲乍(作)大鏷(林)鐘
1.69 兮仲乍(作)大蕃(林)鐘
1.70 兮仲乍(作)大鏷(林)鐘
1.71 兮仲乍(作)大鏷(林)鐘
1.73-4 以之大行
1.76-7 以之大行
1.78-9 以之大行
1.80-1 以之大行
1.82 鼻堇(勤)大令(命)
1.86 竈(邾)大(太)宰欉子斆(掠)
1.88 用享大宗/用卲大宗
1.89 用享大宗/用卲大宗
1.90-1 用享大宗
1.105 𡖊生(甥)用乍(作)穆公大鐘(林)鐘
1.107-8 用乍(作)朕皇祖膺(應)侯大蕃(林)鐘
1.109-10 𦘔(肆)妄乍(作)龢父大蕃(林)鐘
1.112 𦘔(肆)妄乍(作)龢父大蕃(林)鐘
1.133 仲大(太)師右(佑)柞/柞拜手對揚仲大(太)師休/用乍(作)大鏷(林)鐘
1.134 仲大(太)師右(佑)柞/柞拜手對揚仲大(太)師休/用乍(作)大鏷(林)鐘
1.135 仲大(太)師右(佑)柞/柞拜手對揚仲大(太)師休/用乍(作)大鏷(林)鐘
1.136 仲大(太)師右(佑)柞/柞拜手對揚仲大(太)師休/用乍(作)大鏷(林)鐘

1.137-9 仲大(太)師右(佑)柞/柞拜手對揚仲大(太)師休
1.141 師臾庫(肇)乍(作)朕剌(烈)祖虢季、宄公、幽叔、朕皇考德叔大稟(林)鐘
1.149 台(以)匽(宴)大夫
1.150 以匽(宴)大夫
1.151 台(以)匽(宴)大夫
1.152 台(以)匽(宴)大夫
1.153 用樂嘉賓、大夫
1.154 用樂嘉賓、大夫
1.155 □連小〼利之於大〔郗〕者/大〔郗者〕連者(諸)尸(夷)
1.156 連余大郗/大〔郗〕之宔(主)戉(越)
1.172 台(以)濼(樂)其大酉(酋)
1.173 台(以)樂其大酉(酋)
1.174 台(以)濼(樂)其大酉(酋)
1.175 台(以)濼(樂)其大酉(酋)
1.176 台(以)濼(樂)其大酉(酋)
1.177 台(以)濼(樂)其大酉(酋)
1.178 台(以)濼(樂)其大酉(酋)
1.179 台(以)濼(樂)其大酉(酋)
1.180 台(以)濼(樂)其大酉(酋)
1.181 乍(作)大鐳(林)協鐘
1.187-8 身邦君大正/降余大魯福亡睪(斁)
1.189-90 身邦君大止(正)/降余大魯福亡睪(斁)
1.191 身邦君大正
1.210 均(君)子大夫
1.211 均(君)子大夫
1.217 均(君)子大夫
1.218 均(君)子大夫
1.219 均(君)子大夫
1.220 均(君)子大夫
1.221 均(君)子大夫
1.222 均(君)子大夫
1.223-4 其〼大(?)婁(?)〼
1.225 大鐘八隶(聿肆)/大鐘既縣(懸)
1.226 大鐘八隶(聿肆)/大鐘既縣(懸)
1.227 大鐘八隶(聿肆)/大鐘既縣(懸)
1.228 大鐘八隶(聿肆)/大鐘既縣(懸)
1.229 大鐘八隶(聿肆)/大鐘既縣(懸)
1.230 大鐘八隶(聿肆)/大鐘既縣(懸)
1.231 大鐘八隶(聿肆)/大鐘既縣(懸)
1.232 大鐘八隶(聿肆)/大鐘既縣(懸)
1.233 大鐘八隶(聿肆)/大鐘既縣(懸)
1.234 大鐘八隶(聿肆)/大鐘既縣(懸)
1.235 大鐘八隶(聿肆)/大鐘既縣(懸)
1.236 大鐘八隶(聿肆)/大鐘既縣(懸)
1.237 大鐘八隶(聿肆)/大鐘既縣(懸)
1.238 用乍(作)皇考叀(惠)叔大薔(林)龢鐘
1.239 用乍(作)皇考叀(惠)叔大薔(林)龢鐘
1.240 用乍(作)朕皇考叀(惠)叔大薔(林)龢鐘
1.241 用乍(作)朕皇考叀(惠)叔大薔(林)龢鐘
1.242-4 用乍(作)朕皇考叀(惠)叔大薔(林)龢鐘
1.245 台(以)樂大夫
1.247 敢乍(作)文人大寶協龢鐘/用追孝、嫯(敦)祀、卲各樂大神/大神其陟降嚴祜
1.248 敢乍(作)文人大寶協龢鐘/用追孝、嫯(敦)祀、卲各樂大神/大神其陟降嚴祜
1.249 敢乍(作)文人大寶協龢鐘/用追孝、嫯(敦)祀、卲各樂大神/大神其陟降嚴祜
1.250 敢乍(作)文人大寶協龢鐘/用追孝、嫯(敦)祀、卲各樂大神/大神其陟降嚴祜
1.251-6 上帝降懿德大甹(屏)
1.262-3 以受大福/大壽萬年/膺受大令(命)
1.264-6 以受大福/大壽萬年
1.267 以受大福/大壽萬年/膺受大令(命)
1.268 以受大福/大壽萬年/膺受大令(命)
1.269 以受大福/大壽萬年/膺受大令(命)
1.271 余爲大攻厄、大事(史)、大逩(徒)、大(太)宰
1.285 爲大事(吏)
2.287 大(太)族(簇)之珈鼂(歸)
2.290 大(太)族(簇)之宮
2.292 大(太)族(簇)之珈鼂(歸)
2.293 大(太)族(簇)之商
2.294 爲大(太)族(簇)之徵顧下角
2.295 大(太)族(簇)之翌(羽)/爲大(太)族(簇)翌(羽)角
2.322 大(太)族(簇)之在周也爲剌(厲)音
2.326 大(太)族(簇)之鼓
2.348 大(太)族(簇)之宮
2.350 敶(陳)大喪史仲高乍(作)鈴鐘
2.351 敶(陳)大喪史仲高乍(作)鈴鐘
2.352 敶(陳)大喪史仲高乍(作)鈴鐘
2.353 敶(陳)大喪史仲

高乍(作)鈴鐘
2.354 敶(陳)大喪史仲高乍(作)鈴鐘
2.355 敶(陳)大喪史仲高乍(作)鈴鐘
2.356 井叔叔采乍(作)朕文祖穆公大鐘
2.357 井叔叔采乍(作)朕文祖穆公大鐘
2.358 乃膺受大令(命)/乍(作)厥王大寶/受皇天大魯令(命)/保大令(命)/御大福
2.429 以飤大夫、倗友
3.540 大乍(作)婳寶尊彝
3.671 伯汖父乍(作)大姬齏鬲
3.678 鄽(慶)大嗣攻(空)嗣攻(空)單
3.709 虢伯乍(作)姬大母尊鬲
3.710 仲勘大也(它)鑄其寶鬲
3.915 大(太)史沓乍(作)召公寶尊彝
3.917 者(諸)女以大子尊彝
3.937 奠(鄭)大(太)師小子侯父乍(作)寶甗(甗)
3.949 以王令(命)曰:余令女(汝)史(使)小大邦
3.1472 大禾
4.1590 大父丁
4.1602 大父己
4.1667 大父癸
4.1735 大(太)保鑄
4.1937 大(太)祝禽鼎
4.1938 大(太)祝禽鼎
4.2095 大(太)子貞(鼎)
4.2096 大(太)子貞(鼎)
4.2157 大(太)保
4.2158 大(太)保
4.2159 大(太)保
4.2162 大丏
4.2163 大丏
4.2241 大右秦
4.2306 大
4.2339 公大(太)史乍(作)姬峑寶尊彝
4.2370 公大(太)史乍(作)姬峑寶尊彝
4.2371 公大(太)史乍(作)姬峑寶尊彝
4.2372 大(太)保
4.2395 鑄客爲大(太)句(后)脰(廚)官爲之
4.2409 大(太)師乍(作)叔姜鼎
4.2448 內(芮)大(太)子乍(作)鑄鼎
4.2449 內(芮)大(太)子乍(作)鑄鼎
4.2469 大(太)師人駢乎乍(作)寶鼎
4.2492 虢叔大父乍(作)尊鼎
4.2496 內(芮)大(太)子白乍(作)鼎
5.2576 大宮
5.2580 大(太)師小子伯菮父乍(作)寶鼎
5.2592 [魯]大左嗣徒元乍(作)善(膳)貞(鼎)
5.2593 魯大左嗣徒元乍(作)善(膳)貞(鼎)
5.2605 鄦(許)大邑魯生(甥)乍(作)壽母朕(媵)貞(鼎)
5.2608 庫嗇夫肖(趙)不羋(羋)、貯氏大埳(令)所爲
5.2609 大梁司寇肖(趙)亡智鑄
5.2610 大梁司寇肖(趙)亡智鑄
5.2626 唯成王大桒(祓)在宗周
5.2627 唯成王大桒(祓)在宗周
5.2652 涂大(太)子伯辰□乍(作)爲其好妻□[鼎]
5.2653 缶用乍(作)享大(太)子乙家祀尊
5.2668 大(太)帀(師)鐘伯侵自乍(作)石(礓)沱(盜)
5.2683 以降大福
5.2684 以降大福
5.2685 以降大福
5.2686 以降大福
5.2687 以降大福
5.2688 以降大福
5.2689 以降大福
5.2701 左官冶大夫杕命冶憙(懵)鑄貞(鼎)
5.2703 匽(燕)侯令菫(饔)大(太)保于宗周/大(太)保賞菫貝/用乍(作)大子癸寶尊爐
5.2708 唯王餯闌(管)大室
5.2711 大(太)子賜東大貝
5.2728 唯公大(太)保來伐反(叛)尸(夷)年
5.2732 鄦(鄀)宰之孫簷(筥)大(太)史申
5.2738 蔡大(太)師腆賸(媵)鄦(許)叔姬可母飤繁
5.2749 光用大(太)保
5.2750 上曾大(太)子般殷
5.2754 王餯□大室/呂祉(延)于大室
5.2756 史(使)廜(諄)大人賜乍(作)册寓耦(鑽)倬
5.2758 公賞乍(作)册大白馬/大揚皇天尹大(太)保宮(貯)
5.2759 公賞乍(作)册大白馬/大揚皇天尹大(太)保宮(貯)
5.2760 公賞乍(作)册大白馬/大揚皇天尹大(太)保宮(貯)
5.2761 公賞乍(作)册大白馬/大揚皇天尹大(太)保宮(貯)
5.2776 用牡于大室
5.2779 大車卄
5.2783 王各大室
5.2785 王令大(太)史兄(貺)福土
5.2792 大矢始賜友[曰]䵣/大矢始敢對揚天子休

5.2803 王大耤(藉)農于諆田
5.2805 王乎乍(作)册尹册命柳：嗣六師牧、陽(場)大畣(友)
5.2806 大以厥友守/王乎善(膳)大(夫)〼/令□□□[卅]二匹賜大/大其子[子孫孫邁]年永寶用
5.2807 大以厥友守/王乎善(膳)大(夫)駛召大/令取誰(粹)騆(犅)卅二匹賜大/大拜頶首/大其子子孫孫邁(萬)年永寶用
5.2808 大以厥友守/王乎善(膳)大(夫)駛召大/令取誰(粹)騆(犅)卅二匹賜大/大拜頶首/大其子子孫孫邁(萬)年永寶用
5.2812 大(太)師小子師朢(望)曰：不(丕)顯皇考宄公
5.2813 王各于大室
5.2815 各于大室
5.2817 王各大室
5.2818 王在周康宮徲大室
5.2819 王各大室
5.2820 王各大(太)師宮
5.2821 王各大室
5.2822 王各大室
5.2823 王各大室
5.2827 王各大室
5.2828 王各大室
5.2829 王各大室
5.2830 賜女(汝)玄衣黹(黼)屯(純)、赤市、朱橫(黄衡)、絲(鑾)旂、大(太)師金膺、攸(鋚)勒/休伯大(太)師肩(肩)𦕢/𠭯𣂁(蔑)曆伯大(太)師/褍褘伯大(太)師武
5.2831 王大𦊔/我舍(捨)顔陳大馬兩
5.2832 于邵大室東逆(朔)
5.2833 𦘫(肆)武公亦弗叚(遐)朢(忘)賸(朕)聖祖考幽大叔、懿叔/用天降大喪于下或(國)/用乍(作)大寶鼎
5.2834 穆(𦘫)武公亦(弗)歷(叚)望(忘)[朕聖]自(祖)考幽大叔、懿[叔]/用乍(作)大寶[鼎]
5.2837 受天有大令(命)/女(汝)妹(昧)辰又(有)大服
5.2838 王在周穆王大[室]/女(汝)匡罰大
5.2839 即大廷/□□大采
5.2840 皮(克)㑦(敵)大邦/尔毋大而惏(肆)
5.2841 膺受大命/𤔲(勛)堇(勤)大命/大從(縱)不靜(靖)/𢍁(𢍁)于小大政/擁(雍)我邦小大猷/𤔔(申)𧻚(恪)大命/埶(藝)小大楚(胥)賦/𤼈(抄)茲卿事寮、大(太)史寮于父即尹
6.3457 大丏乍(作)母彝
6.3603 大禾乍(作)父乙尊彝
6.3633 大(太)師乍(作)孟姜饙(饙)𣪘
6.3682 大(太)師小子師朢乍(作)𩰫彝
6.3699 公大(太)史乍(作)母庚寶尊彝
7.3790 大(太)保賜厥臣梚(剖)金
7.3896 井(邢)姜大(太)宰虫(巳)
7.3914 大(太)師事(史)良父乍(作)寶𣪘
7.3974 魯伯大父乍(作)季姬婧賸(媵)𣪘
7.3975 用乍(作)大子丁
7.3979 大牢其萬年祀厥取(祖)考
7.3987 魯大(太)宰遼父乍(作)季姬牙賸(媵)𣪘
7.3988 魯伯大父乍(作)孟姜賸(媵)𣪘
7.3989 魯伯大父乍(作)仲姬俞賸(媵)𣪘
7.4054 曾大(太)保□用吉金
7.4060 王在大宮
7.4076 以降大福
7.4077 以降大福
7.4078 以降大福
7.4079 以降大福
7.4080 以降大福
7.4081 以降大福
7.4082 以降大福
7.4083 以降大福
7.4084 以降大福
7.4085 以降大福
7.4086 以降大福
7.4087 以降大福
7.4096 乍(作)爲生(皇)祖大宗𣪘
8.4125 大乍(作)尊𣪘
8.4132 王姜史(使)菽(叔)事(使)于大(太)保/菽(叔)對大(太)保休
8.4133 王姜史(使)菽(叔)事(使)于大(太)保/菽(叔)對大(太)保休
8.4140 王降征令于大(太)保/大(太)保克敬亡遣(譴)/王辰(永)大(太)保
8.4145 乍(作)皇妣孝大妃祭器錍鐘(敦)
8.4165 𣂁(蔑)大曆/大拜頶首/用乍(作)朕皇考大仲尊𣪘
8.4166 各于大室
8.4170 其盩(敦)祀大神/大神妥(綏)多福
8.4171 其盩(敦)祀大神/大神妥(綏)多福
8.4172 其盩(敦)祀大神/大神妥(綏)多福
8.4173 其盩(敦)祀大神/大神妥(綏)多福
8.4174 其盩(敦)祀大神/大神妥(綏)多福

8.4175 其盝(敦)祀大神/大神妥(綏)多福
8.4176 其盝祀大神/大神妥(綏)多福
8.4177 其盝(敦)祀大神/大神妥(綏)多福
8.4178 王在康宮大室
8.4188 仲再父大(太)宰南䵼(申)厥辭(辭)
8.4189 南䵼(申)伯大(太)宰再父厥辭(辭)
8.4191 鄉(饗)醴于大室
8.4196 王各于大室
8.4197 王各于大室
8.4203 曾仲大父螽(蛕)廼用吉攸(鋚)
8.4204 曾仲大父螽(蛕)廼用吉攸(鋚)
8.4207 乎漁于大池
8.4208 令彝娸湌(饋)大則于段
8.4215 眾者(諸)侯、大亞
8.4237 唯戎大出于軝
8.4238 𠭯東尸(夷)大反(叛)
8.4239 𠭯東尸(夷)大反(叛)
8.4240 王各于大廟
8.4242 乍(作)朕皇祖幽大叔尊段
8.4243 王在師嗣馬宮大室/用大葡(備)于五邑守堰(堰)
8.4244 各大室
8.4250 各大室
8.4251 王各大室/王乎師晨召(詔)大(太)師虘/王乎宰曶賜大(太)師虘虎裘
8.4252 王各大室/王乎師晨召(詔)大(太)師虘/王乎宰曶賜大(太)師虘虎裘
8.4253 各于大室
8.4254 各于大室
8.4255 王各于大室
8.4256 各大室
8.4257 王各于大室
8.4261 王又(有)大豊(禮)/大宜
8.4266 王各于大朝(廟)/訊小大又(右)隣
8.4267 各大室/王命尹册命申:更乃祖考疋(胥)大(太)祝
8.4268 王各于大室
8.4270 各于大廟/王命同:差(佐)右(佑)吳(虞)大父/世孫孫子子差(佐)右(佑)吳(虞)大父
8.4271 各于大廟/王命同:差(佐)右(佑)吳(虞)大父/世孫孫子子差(佐)右(佑)吳(虞)大父
8.4272 王各大室
8.4273 卿(佮)數(豳)茲師邦君射于大池
8.4276 王各于師戲大室
8.4277 王各大室
8.4278 王在周康宮徲大室
8.4279 曰:備于大左
8.4280 曰:備于大左
8.4281 曰:備于大左
8.4282 曰:備于大左
8.4283 各大室
8.4284 各大室
8.4285 王各大室
8.4286 各大室
8.4287 王各穆大室
8.4288 各吳(虞)大廟
8.4289 各吳(虞)大廟
8.4290 各吳(虞)大廟
8.4291 各吳(虞)大廟
8.4292 余𧊒(蟪、惠)于君氏大章(璋)
8.4294 各大室
8.4295 各大室
8.4298 王乎吳(虞)師召(詔)大/王令善(膳)夫豖曰趞睽曰:余既賜大乃里/豖以(與)睽履大賜里/大賓(儐)豖訊(介)章(璋)、馬兩/大拜韻首
8.4299 王乎吳(虞)師召(詔)大/王令善(膳)夫豖曰趞睽曰:余既賜大乃里/豖以(與)睽履大賜里/大賓(儐)豖訊(介)章(璋)、馬兩/大拜韻首
8.4303 王各大室
8.4304 王各大室
8.4305 王各大室
8.4306 各大室
8.4307 王各大室
8.4308 王各大室
8.4309 王各大室
8.4310 王各大室
8.4312 王各大室
8.4315 一斗七升大半升
8.4316 俗于大室
8.4317 䵼(申)圂(恪)皇帝大魯令(命)
8.4318 各大廟
8.4319 各大廟
8.4323 王各于成周大廟
8.4324 各于大室
8.4325 各于大室
8.4326 勳于大服/用䵼(申)圂(恪)大令(命)/王令䵼(纘)嗣公族、卿事(士)、大(太)史寮
8.4328 戎大同/女(汝)彶戎大𦎫(敦)戟(搏)
8.4329 戎大同/女(汝)彶戎大𦎫(敦)戟(搏)
8.4331 膺受大命/又(有)芇(當)于大命
8.4332 王各大室
8.4333 王各大室
8.4334 王各大室
8.4335 王各大室
8.4336 王各大室
8.4337 王各大室
8.4338 王各大室
8.4339 王各大室
8.4341 隥于大服/益(謚)曰大政
8.4342 奠大令(命)/令(命)女(汝)叀(惠)擁(雍)我邦小大猷/王

各于大室
8.4343 各大室
9.4354 大(太)師小子師望乍(作)䵼彝
9.4394 伯大(太)師乍(作)旅盨
9.4395 伯大(太)師乍(作)旅盨
9.4397 仲大(太)師小子休
9.4404 伯大(太)師釐乍(作)旅盨
9.4422 筍伯大父乍(作)嬴妃鑄匋(寶)盨
9.4459 翏生(甥)眔大娟(妘)
9.4460 翏生(甥)眔大娟(妘)
9.4461 翏生(甥)眔大娟(妘)
9.4462 各大室
9.4463 各大室
9.4464 我乃至于淮小大邦
9.4466 令小臣成友逆旅□、內史無䝗、大(太)史旟
9.4467 膺受大令(命)
9.4468 膺受大令(命)
9.4476 大(太)府之簠
9.4505 大嗣馬孛术自乍(作)飤簠
9.4537 內(芮)大(太)子白乍(作)簠
9.4538 內(芮)大(太)子白乍(作)簠
9.4601 奠(鄭)伯大嗣工(空)召叔山父乍(作)旅簠
9.4602 奠(鄭)伯大嗣工(空)召叔山父乍(作)旅簠
9.4623 奄(邾)大(太)宰欉子𣪘(耕)鑄其簠
9.4624 奄(邾)大(太)宰欉子𣪘(耕)鑄其簠
9.4627 用鄉(饗)大正
9.4628 伯大(太)師小子伯公父乍(作)簠
9.4629 台(以)享台(以)耈(孝)于大宗、皇梘(槼、祖)、皇妣、皇丂(考)、皇母
9.4630 台(以)享台(以)耈(孝)于大宗、皇梘(槼、祖)、皇妣、皇丂(考)、皇母
9.4634 大(太)府之饋(鍿)盞
9.4642 大寶無碁(期)
9.4646 乍(作)皇妣孝大妃祭器鈛(釴)鐔(敦)
9.4647 乍(作)皇妣孝大妃祭器鈛(釴)鐔(敦)
9.4649 大慕(謨)克成
9.4688 台(以)爲大迲(赴)之從鈇
9.4689 魯大嗣徒厚氏元
9.4690 魯大嗣徒厚氏元
9.4691 魯大嗣徒厚氏元
9.4692 大(太)師虘乍(作)烝尊豆
9.4693 姬寏母乍(作)大公、墉公、□公、魯仲臤、省伯、孝公、靜公豆
10.5018 大(太)保鑄
10.5212 大中乍(作)父丁尊
10.5403 令豐寏(殷)大矩/大矩賜豐金、貝
10.5412 大乙爽
10.5413 宜在召大廳
10.5415 迨(會)王大祀
10.5418 王各大室
10.5421 唯王大龠(禴、礿)于宗周
10.5422 唯王大龠(禴、礿)于宗周
10.5424 小大事毋又田
10.5427 用乍(作)大禦于厥祖妣、父母、多申(神)
10.5432 唯公大(太)史見服于宗周年/公大(太)史咸見服于辟王/王遣公大(太)史/公大(太)史在豐
11.5687 大御酋(酳)
11.5935 者(諸)姛以大子尊彝
11.5936 者(諸)姛以大子尊彝
11.5939 蔡侯𩁹(申)乍(作)大孟姬賸(媵)尊
11.5993 其用夙夜享于厥大宗
11.5996 令豐寏(殷)大矩/大矩賜豐金、貝
11.5999 唯王大龠(禴、礿)于宗周
11.6000 見(獻)在大室
11.6003 迨(會)王大祀
11.6006 王各大室
11.6010 蔡侯𩁹(申)虔共(恭)大命/用詐(作)大孟姬賸(媵)彝鐳(缶)
11.6011 余用乍(作)朕文考大仲寶尊彝
11.6014 肄(肆)文王受茲大命/唯武王既克大邑商
11.6015 爲大豊(禮)/王射大龏(鴻)禽
11.6170 大丏
11.6217 大父乙
12.6374 熗(燣)大父乙
12.6375 亞大父乙
12.6376 亞大父乙
12.6514 王大省公族于庚
12.6516 各大室
12.7215 大中祖己
12.7240 大册父己
13.7328 大
13.8166 亽大中
14.8598 大父辛
14.8864 大棘(曹)父乙
14.8944 大丏父辛
14.8956 大棘父癸
14.9002 大亞乍(作)父乙
14.9083 葬大乍(作)父辛寶尊彝
14.9090 者(諸)姛以大子尊彝
14.9103 公大(太)保賞御正良貝
15.9294 者(諸)女(母)以大子尊彝

15.9295 者(諸)女(母)以大子尊彝/者(諸)婦以大子尊彝
15.9444 季老或乍(作)文考大伯寶尊彝
15.9453 卿(佮)即邦君、者(諸)侯、正、有嗣大射
15.9454 唯王大龠(禴)于宗周
15.9455 即井伯、大(太)祝射
15.9580 鑄大𠬝之笿一壺
15.9612 大乍(作)父乙寶彝
15.9644 內(芮)大(太)子白
15.9645 內(芮)大(太)子白
15.9661 大(太)師小子師朢乍(作)寶壺
15.9671 永用享考(孝)于大宗
15.9698 以降大福
15.9699 以降大福
15.9700 爲左(佐)大族
15.9703 大嬰(將)鈛孔、陳璋內(入)伐匽(燕)亳邦之獲
15.9707 大斛斗一益(溢)少半益(溢)
15.9712 用受大福無疆
15.9723 各大室
15.9724 各大室
15.9725 伯大(太)師賜伯克僕卅夫
15.9729 齊侯命大(太)子乘遽來句宗伯/于大無嗣折(誓)、于大嗣命用璧、兩壺、八鼎/用從(縱)爾大樂
15.9730 齊侯命大(太)子乘遽來句宗伯/于大無嗣折(誓)、于大嗣命用璧、兩壺、八鼎/用從(縱)爾大樂
15.9731 王各大室
15.9732 王各大室
15.9733 庚大門之
15.9734 大夻(去)型(刑)罰/子之大臂(闢)不宜(義)/大啟邦沔(污、宇)
15.9735 不顧大宜(義)/不祥莫大焉/賙(貯)忎(願)從在(士)大夫
15.9809 大(太)史乍(作)尊彝
15.9818 者(諸)婦以大子尊彝/者(諸)婦以尊彝大子
15.9819 者(諸)婦以大子尊彝
16.9898 王在周成大室
16.9981 樂大嗣徒子𠂹之子引
16.10004 蔡侯𤕌(申)乍(作)大孟姬賸(媵)盥缶
16.10054 大(太)保䣝鑄
16.10142 永受大福用
16.10151 齊大(太)宰歸父𠂤爲忌豐(沫)盤
16.10152 以降大福
16.10162 黄大(太)子伯克
16.10170 王各大室
16.10171 蔡侯𤕌(申)虔共(恭)大命/用詐(作)大孟姬嬇(媵)彝盤(盤)
16.10172 王各大室
16.10175 上帝降懿德大甹(屏)
16.10176 至于大沽(湖)
16.10274 大(太)師子大孟姜
16.10277 魯大嗣徒子仲白
16.10281 奠(鄭)大內史叔上
16.10285 今大赦女(汝)/曰:自今余敢𢠳(擾)乃小大史(事)
16.10287 大右刀(?)
16.10291 大(太)子之鎬
16.10316 魯大嗣徒元乍(作)飲盂
16.10336 曾大(太)保𪔂叔亟
16.10338 黄大(太)子伯克
16.10342 〔膺〕受大命/至于大廷
16.10356 蔡大(太)史䰜乍(作)其鉶
16.10370 郢大府之□笿(筲)
16.10372 齊遣卿大夫眔來聘/大良造鞅
16.10438 大府之器
16.10459 左相胐(?)大攻(工)君(尹)月鑄
16.10478 闖閔(狹)少(小)大之𢆶/大酒(將)宮方百乇(尺)
17.10892 大畱(酉)
17.10954 大(太)保𢍰
17.10999 大公戈
17.11051 大亜公戜(戟)
17.11061 車大夫長畫
17.11063 兵闢(避)大武
17.11116 虢大(太)子元徒戈
17.11117 虢大(太)子元徒戈
17.11203 內(芮)大𢼒□之造
17.11206 郝大嗣馬之䑿(造)戈
17.11215 晉上容大夫
17.11255 大(吳)王光逗自乍(作)用戈
17.11256 大(吳)王光逗自(作)用戈
17.11257 大(吳)王光逗自乍(作)用戈
17.11279 大良造鞅之造戟
17.11330 大梁左庫工師丑、冶刃(刃)
17.11334 戠(戴)大畱(酉)焆臣鑄其載戈
17.11339 㪷左乘馬大夫子駿戜
17.11345 亲(新)城大命(令)韓定、工師宋費、冶褚
17.11365 曾大攻(工)

尹季𥿑(怡)之用
17.11383 大庀(庇)欽祇
17.11390 邦府大夫肖(趙)閔、邦上庫工師韓山、冶问教(撻)齋(劑)
17.11392 大兄日乙、兄日戊、兄日壬、兄日癸、兄日癸、兄日丙
17.11394 咸陽工師田、工大人耆、工積
17.11401 大祖日己、祖日丁、祖日乙、祖日庚、祖日丁、祖日己、祖日己
17.11402 公孿里𦚔之大夫敓(披)之卒
17.11403 祖日乙、大父日癸、大父日癸、仲父日癸、父日癸、父日辛、父日己
18.11544 於戉(越)㠯(台)王旨郘之大(太)子何(三)壽
18.11576 大攻(工)君(尹)
18.11577 大攻(工)君(尹)
18.11670 大攻(工)君(尹)公孫桴
18.11700 大攻(工)君(尹)韓耑
18.11701 大攻(工)君(尹)公孫桴
18.11702 大攻(工)君(尹)公孫桴
18.11706 大攻(工)君(尹)韓耑
18.11707 大攻(工)君(尹)肖(趙)閔
18.11708 大攻(工)君(尹)韓耑
18.11709 大攻(工)君(尹)韓耑
18.11710 大攻(工)君(尹)肖(趙)𣳾
18.11711 大攻(工)君(尹)韓耑
18.11712 大攻(工)君(尹)韓啻
18.11713 大攻(工)君(尹)韓耑
18.11714 大攻(工)君(尹)韓耑
18.11715 大攻(工)君(尹)韓耑
18.11716 大攻(工)君(尹)韓耑
18.11717 大攻(工)君(尹)告𦥑
18.11718 工𢿢大(太)子姑發𦭔(𧊒)反
18.11786 呂大叔之貳車之斧
18.11787 呂大叔之貳車之斧
18.11788 郘(呂)大叔以新金爲資(貳)車之斧十
18.11901 皮氏大鈴(鈴)
18.11910 梠(舵)湩都大𤔲馬
18.11911 大良造庶長鞅之造
18.11931 右偶(遇)攻(工)君(尹)五大夫青
18.12026 大(太)后公(宮)
18.12090 齊節大夫𢼸(㞋、欥)五
18.12107 辟(壁)大夫信節
18.12110 大司馬邵(昭)鄢(陽)敗晉師於襄陵之歲 / 大攻(工)尹脽台(以)王命
18.12111 大司馬邵(昭)鄢(陽)敗晉師於襄陵之歲 / 大攻(工)尹脽台(以)王命
18.12112 大司馬邵(昭)鄢(陽)敗晉師於襄陵之歲 / 大攻(工)尹脽台(以)王命
18.12113 大司馬邵(昭)鄢(陽)敗晉師於襄陵之歲 / 大攻(工)尹脽台(以)王命 / 則政(徵)於大府

0130 𡗜

12.6542 𡗜
18.12064 𡗜

0131 亢

4.2509 屯蔑曆于亢衛
4.2510 屯蔑曆于亢衛
6.3655 亞高亢乍(作)父癸尊彝
7.3869 亢僕乍(作)父己尊𣪘
8.4202 王賜𤕰赤芾、朱亢(衡)、䜌(鑾)旂
8.4266 賜女(汝)赤芾、幽亢(衡)、䜌(鑾)旂
11.5808 𠙵亞亢父癸
11.5943 效乍(作)祖辛亢寶尊彝
11.6013 賜盠:赤芾、幽亢(衡)、攸(鋚)勒
11.6016 明公賜亢師鬯、金、小牛 / 廼令曰:今我唯令女(汝)二人亢眔矢
12.6785 亢
12.7184 亞𠙵亢
13.7336 亢
16.9899 賜盠:赤芾、幽亢(衡)、攸(鋚)勒
16.9901 明公賜亢師鬯、金、小牛 / 廼令曰:今我唯令女(汝)二人亢眔矢
17.10777 亢

0132 天

1.5 天尹乍(作)元弄
1.6 天尹乍(作)元弄
1.20 𠦪其萬年臣天〔子〕
1.73-4 敬事天王
1.76-7 敬事天王
1.78-9 敬事天王
1.80-1 敬事天王
1.92 敢對揚天子不(丕)顯休
1.107-8 見工敢對揚天子休
1.118-9 用樂天(父)兄、〔諸〕之(士)
1.143 敢對揚天子休
1.157 昭于天子
1.158 昭于天子
1.159 昭于天子

1.160 昭于天子
1.161 昭于天子
1.181 天子其萬年眉壽/配皇天/敢對揚天子不(丕)顯魯休
1.187-8 辟天子/天子肩(肩)事粱其/用天子寵蔑粱其曆/粱其敢對天子不(丕)顯休揚
1.189-90 辟天子/天子肩(肩)事粱其/用天子寵蔑粱其曆/粱其敢對天子不(丕)顯休揚
1.191 天子/天子肩(肩)事粱其/用天子寵蔑粱其曆/粱其敢對天子不(丕)顯休揚
1.204-5 克敢對揚天子休
1.206-7 克敢對揚天子休
1.209 克敢對揚天子休
1.210 天命是遅
1.211 天命是遅
1.217 天命是遅
1.218 天命是遅
1.219 天命是遅
1.220 天命是遅
1.221 天命是遅
1.222 天命是遅
1.223-4 舍(余)厥(嚴)天之命
1.238 淄(祇)御于天子/廼天子多賜旅休/旅對天子魯休揚
1.239 淄(祇)御于天子/廼天子多賜旅休/旅對天子魯休揚
1.240 淄(祇)御于天子/廼天子多賜旅休/旅對天子魯休揚
1.241 淄(祇)御于天子/廼天子多賜旅休/旅敢對天子魯休揚
1.242-4 淄(祇)御于天子/廼天子多賜旅休/旅對天子魯休揚
1.260 我唯司(嗣)配皇天
1.262-3 秦公曰：我先祖受天令(命)/卲合(答)皇天
1.264-6 秦公曰：我先祖受天命/卲合(答)皇天
1.267 秦公曰：我先祖受天令(命)/卲合(答)皇天
1.268 秦公曰：我先祖受天令(命)/卲合(答)皇天
1.269 秦公曰：我先祖受天令(命)/卲合(答)皇天
1.270 秦公曰：不(丕)顯朕皇祖受天命/嚴龏夤天命
1.272-8 尃(溥)受天命
1.285 塼(溥)受天命
2.358 受皇天大魯令(命)
3.753 天君蔑公姞曆/對揚天君休
3.754 休天君弗望(忘)穆公聖粦明𩛥事先王/對揚天君休
3.755 休天君弗望(忘)穆公聖粦明𩛥事先王/對揚天君休
3.991 天
3.1408 亞天
4.1822 天册父乙
4.2501 ☐女楚☐女玄☐旅☐天☐彝
5.2674 天君鄉(饗)複西(酒)/天君賞厥征人斤貝
5.2696 曰：內史龏朕天君
5.2747 敢對揚天子不(丕)顯休
5.2758 大揚皇天尹大(太)保宮(貯)
5.2759 大揚皇天尹大(太)保宮(貯)
5.2760 大揚皇天尹大(太)保宮(貯)
5.2761 大揚皇天尹大(太)保宮(貯)
5.2768 畯臣天[子]
5.2769 畯臣天[子]
5.2770 畯臣天[子]
5.2776 天子邁(萬)年
5.2783 敢對揚天子休
5.2784 敢對揚天子休
5.2786 敢對揚天子不(丕)顯休
5.2787 日遅(揚)天子覭(景)令(命)
5.2788 日遅(揚)天子覭(景)令(命)
5.2791 天子減宮(貯)伯姜/伯姜對揚天子休/天子萬年/伯姜日受天子魯休
5.2792 大矢始敢對揚天子休
5.2804 對揚天子不(丕)顯皇休
5.2805 對揚天子休
5.2807 對揚天子不(丕)顯休
5.2808 對揚天子不(丕)顯休
5.2810 敢對揚天子不(丕)顯休贅(賚)
5.2812 朢(望)敢對揚天子不(丕)顯魯休
5.2813 對揚天子不(丕)杯(丕)魯休
5.2814 無(許)叀敢對揚天子不(丕)顯魯休
5.2815 敢對揚天子不(丕)顯魯休
5.2817 敢對揚天子不(丕)顯休令(命)
5.2819 敢對揚天子不(丕)顯叚(遐)休令(命)
5.2820 對揚皇天子不(丕)杯(丕)休
5.2821 此敢對揚天子不(丕)顯休令(命)/畯臣天子
5.2822 此敢對揚天子不(丕)顯休令(命)/畯臣天子
5.2823 此敢對揚天子不(丕)顯休令(命)/畯臣天子
5.2824 厥復享于天子/唯厥事(使)乃子㦰萬年辟事天子
5.2825 山敢對揚天子

休令(命)
5.2827 頌敢對揚天子不(丕)顯魯休 / 畯臣天子
5.2828 頌敢對揚天子不(丕)顯魯休 / 畯臣天子
5.2829 頌敢對揚天子不(丕)顯魯休 / 畯臣天子
5.2830 𨕖臣皇辟天子 / 卑(俾)天子邁(萬)年 / 臣保天子
5.2833 用天降大喪于下或(國)
5.2834 用天降亦(大)喪于下或(國)
5.2836 𦘒(肆)克𢍰于皇天 / 永念于厥孫辟天子 / 天子明哲 / 不(丕)顯天子 / 天子其萬年無疆 / 敢對揚天子不(丕)顯魯休
5.2837 受天有大令(命)/ 古(故)天異(翼)臨子 / 畏天畏(威)
5.2840 閈於天下之勿(物)矣 / 爲天下𣨼(僇)/ 天降休命于朕邦 / 敬𢘅(順)天德 / 智(知)天若否 / 天其又(有)𢦕(型)于𡉚(在)厥邦
5.2841 皇天引猒(厭)厥德 / 唯天𤕺(壯)集厥命 / 𦘒(肆)皇天亡斁(斁)/ 臤(旻)天疾畏(威)/ 用印(仰)卲(昭)皇天 / 毛公𢉬對揚天子皇休
6.2912 天
6.2913 天
6.2914 天
6.3067 己天
6.3158 天父乙
6.3159 天父乙
6.3233 天己丁
6.3433 天工册父己
7.4020 我天君鄉(饗)舍(𨓍)酉(酒)
8.4121 對揚天子休
8.4179 守敢對揚天子休令(命)
8.4180 守敢對揚天子休令(命)
8.4181 守敢對揚天子休令(命)
8.4184 敢𩛥(揚?)天尹不(丕)顯休
8.4185 敢𩛥(揚?)天尹不(丕)顯休
8.4186 敢𩛥(揚?)天尹不(丕)顯休
8.4187 敢𩛥(揚?)天尹不(丕)顯休
8.4195 𦙶對揚天子休
8.4199 敢對揚天子休
8.4200 敢對揚天子休
8.4202 對揚天子魯命
8.4205 朕辟天子 / 受天子休
8.4209 衛敢對揚天子不(丕)顯休
8.4210 衛敢對揚天子不(丕)顯休
8.4211 衛敢對揚天子不(丕)顯休
8.4212 衛敢對揚天子不(丕)顯休
8.4214 敢對揚天子不(丕)㔻(丕)休
8.4219 天子多賜追休 / 追敢對天子覭(景)揚 / 畯臣天子
8.4220 天子多賜追休 / 追敢對天子覭(景)揚 / 畯臣天子
8.4221 天子多賜追休 / 追敢對天子覭(景)揚 / 畯臣天子
8.4222 天子多賜追休 / 追敢對天子覭(景)揚 / 畯臣天子
8.4223 天子多賜追休 / 追敢對天子覭(景)揚 / 畯臣天子
8.4224 天子多賜追休 / 追敢對天子覭(景)揚 / 畯臣天子
8.4225 曰:敢對揚天子魯休令(命)
8.4226 曰:敢對揚天子魯休令(命)
8.4227 曰:敢對揚天子魯休令(命)
8.4228 曰:敢對揚天子魯休令(命)
8.4229 日遷(揚)天子覭(景)令(命)
8.4230 日遷(揚)天子覭(景)令(命)
8.4231 日遷(揚)天子覭(景)令(命)
8.4232 日遷(揚)天子覭(景)令(命)
8.4233 日遷(揚)天子覭(景)令(命)
8.4234 日遷(揚)天子覭(景)令(命)
8.4235 日遷(揚)天子覭(景)令(命)
8.4236 日遷(揚)天子覭(景)令(命)
8.4241 魯天子造厥瀕(頻)福 / 朕臣天子
8.4243 敢對揚天子休
8.4246 𧯷揚天子不(丕)顯休
8.4247 𧯷揚天子不(丕)顯休
8.4248 𧯷揚天子不(丕)顯休
8.4249 𧯷揚天子不(丕)顯休
8.4250 即敢對揚天子不(丕)顯休
8.4251 敢對揚天子不(丕)顯休
8.4252 敢對揚天子不(丕)顯休
8.4253 敢對揚天子休
8.4254 敢對揚天子休
8.4256 敢對揚天子不(丕)顯休
8.4261 王祀于天室 / 天亡又(宥)王
8.4267 申敢對揚天子休令(命)
8.4268 不(丕)敢顯天子對揚休
8.4270 對揚天子厥休
8.4271 對揚天子厥休
8.4272 對揚天子不(丕)顯休
8.4273 對揚天子不

(丕)顯休
8.4274 敢對揚天子不(丕)顯魚(魯)休
8.4275 敢對揚天子不(丕)顯魯休
8.4276 敢對揚天子不(丕)顯休命
8.4277 天子其萬年/俞敢對揚天子不(丕)顯休/臣天子
8.4279 敢對昜(揚)天子不(丕)顯魯休命
8.4280 敢對揚天子不(丕)顯魯休令(命)
8.4281 敢對揚天子不(丕)顯魯休(命)
8.4282 敢對揚天子不(丕)顯魯休令(命)
8.4283 敢對揚天子不(丕)顯休
8.4284 敢對揚天子不(丕)顯休
8.4285 敢對揚天子不(丕)顯休
8.4287 對昜(揚)天子休
8.4288 對揚天子不(丕)顯休令(命)
8.4289 對揚天子不(丕)顯休命
8.4290 對揚天子不(丕)顯休命
8.4291 對揚天子不(丕)顯休命
8.4294 敢對揚天子不(丕)顯休
8.4295 敢對揚天子不(丕)顯休
8.4296 敢對揚天子休命
8.4297 敢對揚天子休命
8.4298 睽令豖曰天子:余弗敢歠(吝)/敢對揚天子不(丕)顯休
8.4299 睽令豖曰天子:余弗敢歠(吝)/敢對揚天子不(丕)顯休
8.4302 叀(惠)圅天令(命)/對(對)揚天子不(丕)顯休
8.4303 此敢對揚天子不(丕)顯休令(命)/畯臣天子
8.4304 此敢對揚天子不(丕)顯休令(命)/畯臣天子
8.4305 此敢對揚天子不(丕)顯休令(命)/畯臣天子
8.4306 此敢對揚天子不(丕)顯休令(命)/畯臣天子
8.4307 此敢對揚天子不(丕)顯休令(命)/畯臣天子
8.4308 此敢對揚天子不(丕)顯休令(命)/畯臣天子
8.4309 此敢對揚天子不(丕)顯休令(命)/畯臣天子
8.4310 此敢對揚天子不(丕)顯休令(命)/畯臣天子
8.4312 敢對揚天子不(丕)顯休
8.4315 受天命/嚴龏(恭)夤天命/畯疐在天
8.4316 對揚天子不(丕)秠(丕)魯休
8.4317 用配皇天
8.4318 敢對揚天子不(丕)顯魯休
8.4319 敢對揚天子不(丕)顯魯休
8.4321 對揚天子休令(命)
8.4323 敔敢對揚天子休
8.4324 敢對揚天子休
8.4325 對揚天子休
8.4326 番生(甥)敢對天子休
8.4331 天子休弗望(忘)小䣄(裔)邦/歸芻敢對揚天子不(丕)秠(丕)魯休
8.4332 頌敢對揚天子不(丕)顯魯休/畯臣天子
8.4333 頌敢對揚天子不(丕)顯魯休/畯臣天子
8.4334 頌敢對揚天子不(丕)顯魯休/畯臣天子
8.4335 頌敢對揚天子不(丕)顯魯休/畯臣天子
8.4336 頌敢對揚天子不(丕)顯魯休/畯臣天子
8.4337 頌敢對揚天子不(丕)顯魯休/畯臣天子
8.4338 頌敢對揚天子不(丕)顯魯休/畯臣天子
8.4339 頌敢對揚天子不(丕)顯魯休/畯臣天子
8.4340 敢對揚天子不(丕)顯魯休
8.4341 亡不成眈天畏(威)/彝忝(昧)天令(命)
8.4342 膺受天令(命)/今日天疾畏(威)降喪/敢對揚天子休
9.4446 畯臣天子
9.4447 畯臣天子
9.4462 敢對揚天子休
9.4463 敢對揚天子休
9.4465 敢對天子不(丕)顯魯休揚/畯臣天子
9.4467 克敢對揚天子不(丕)顯魯休
9.4468 克敢對揚天子不(丕)顯魯休
9.4469 則唯輔天降喪/對揚天子不(丕)顯魯休
9.4589 有殷天乙唐(湯)孫宋公緣(欒)
9.4590 有殷天乙唐(湯)孫宋公緣(欒)
9.4631 天晹(賜)之福
9.4632 天晹(賜)之福
10.4769 天
10.4771 天
10.4772 天
10.4908 天父乙
10.4909 天父乙

10.4976 天父辛
10.5093 行天父癸
10.5173 天朁册父癸
10.5208 弓天(？)兼未父丙
10.5423 對揚天子不(丕)顯休
11.5441 天
11.5554 天己
11.5640 天父戊
11.5688 天乍(作)从
11.5751 亞天父癸
11.5970 黄子魯天
11.5980 天
11.6010 肇䢅(佐)天子
11.6011 盠曰：余其敢對揚天子之休
11.6014 裸自天 / 則廷告于天 / 有𠭰(勛)于天 / 叀(唯)王龏德谷(裕)天
11.6015 遅(揚)天子休 / 唯天子休于麥辟侯之年鑄
12.6513 用享于皇天
12.6543 天
12.6544 天
12.6545 天
12.7296 天(大、太)子聽乍(作)父丁彝
13.7324 天
13.7325 天
13.7326 天
13.7327 天
13.8141 敎天
13.8142 戈天
13.8143 [illegible]天
13.8144 [illegible]天
13.8145 蝠天
13.8146 天[illegible]
13.8153 天[illegible]
14.8376 天父乙
14.9016 父辛亞天
15.9275 天父丁
15.9302 天
15.9455 敢對揚天子不(丕)杯(丕)休
15.9489 天犬
15.9547 工册天父己
15.9552 天姬自乍(作)壺
15.9725 伯克對揚天右(佑)王伯友(賄)
15.9726 敢對揚天子休
15.9727 敢對揚天子休
15.9728 敢對揚天子不(丕)顯魯休令(命)
15.9729 聖(聽)命于天子 / 于上天子用璧玉備(珽)/ 用御天子之事
15.9730 聖(聽)命于天子 / 于上天子用璧玉備(珽)、〔玉〕一 嗣(笥)/ 用御天子之事
15.9731 頌敢對揚天子不(丕)顯魯休 / 畯臣天子
15.9732 頌敢對揚天子不(丕)顯魯休 / 畯臣天子
15.9733 天□□□□受(授)女(汝)
15.9735 天不臭(斁)其又(有)忈(願)/ 外之則牐(將)使𪐰(上)勤於天子之庿 / 則𪐰(上)逆於天 / 天子不忘其又(有)勛
15.9798 父丁子天
16.9883 皿天全(玪)乍(作)父己尊彝
16.9891 天
16.9897 敢對揚天子不(丕)顯休
16.9899 盠曰：天子不(丕)叚(遐)不(丕)其(基)
16.9900 盠曰：天子不(丕)叚(遐)不(丕)其(基)
15.10169 吕服余敢對揚天〔子〕不(丕)顯休令(命)
16.10170 敢對揚天子不(丕)顯休令(命)
16.10171 肇䢅(佐)天子
16.10172 敢對揚天子不(丕)顯叚(遐)休令(命)
16.10175 䌛(申)寧天子 / 天子圝(恪)㕓(纘)文武長剌(烈)/ 天子𧗿(徽)無匄(害)/ 受(授)天子綰(寬)令(命)、厚福、豐年 / 對揚天子不(丕)顯休令(命)
16.10321 天君事(使)逋事(使)㬎(沫)
16.10322 益公內(入)即命于天子 / 對揚天子休命
17.10629 天
17.10630 天
17.10631 天
17.10850 玐天
17.10953 匽(燕)侯天戜(戟)
18.11758 天子建邦

0133 夫

1.51 用樂嘉賓、父兄、大夫、倗友
1.149 台(以)匽(宴)大夫
1.150 以匽(宴)大夫
1.151 台(以)匽(宴)大夫
1.152 台(以)匽(宴)大夫
1.153 用樂嘉賓、大夫
1.154 用樂嘉賓、大夫
1.210 均(君)子大夫
1.211 均(君)子大夫
1.217 均(君)子大夫
1.218 均(君)子大夫
1.219 均(君)子大夫
1.220 均(君)子大夫
1.221 均(君)子大夫
1.222 均(君)子大夫
1.245 台(以)樂大夫
2.319 夫(太)族(簇)之宫
2.329 爲夫(太)族(簇)之徵顀下角
2.330 夫(太)族(簇)之翆(羽)/ 爲夫(太)族(簇)翆(羽)角
2.385 亞夫
2.392 夫册
2.429 以飤大夫、倗友
3.595 衛文君夫人叔姜乍(作)其行鬲
3.675 樊夫人龍嬴

3.676 樊夫人龍嬴
3.701 善(膳)夫吉父乍(作)京姬尊鬲
3.702 善(膳)夫吉父乍(作)京姬尊鬲
3.703 善(膳)夫吉父乍(作)京姬尊鬲
3.704 善(膳)夫吉父乍(作)京姬尊鬲
3.916 □夫乍(作)祖丁寶尊彝
3.949 厥人鬲廿夫
4.2106 君夫人之貞(鼎)
4.2284 喬夫人鑄其饙(饋)貞(鼎)
4.2358 宋君夫人之饙(饋)釪(盂)貞(鼎)
5.2561 善(膳)夫伯辛父乍(作)尊鼎
5.2608 庫嗇夫肖(趙)不舉(狳)、貯氏大螸(令)所爲
5.2619 善(膳)夫旅伯乍(作)毛仲姬尊鼎
5.2701 左官冶大夫杕命冶憲(懵)鑄貞(鼎)
5.2707 右使車嗇夫鄭(齊)痤、工簡
5.2746 亡智求戟嗇夫庶魔擇吉金
5.2796 王命善(膳)夫克舍(捨)令于成周
5.2797 王令善(膳)夫克舍(捨)[令]于成周
5.2798 王命善(膳)夫克舍(捨)令于成周
5.2799 王命善(膳)夫克舍(捨)令于成周
5.2800 王命善(膳)夫克舍(捨)令(命)于成周
5.2801 王命善(膳)夫克舍(捨)令于成周
5.2802 王命善(膳)夫克舍令(命)于成周
5.2816 賜女(汝)秬鬯一卣、玄袞衣、幽夫(芾)、赤舄、駒車、畫呻(紳)、幬(幬)學(較)、虎幃(幃)、冟袪里幽、攸(鋚)勒、旅(旂)五旅(旂)、彤弓、彤矢、旅(玈)弓、旅(玈)矢、㚇戈、虢(皋)胄
5.2817 唯小臣、善(膳)夫、守、[友]、官、犬 / 眔奠(甸)人、善(膳)夫、官、守、友
5.2821 曰: 旅邑人、善(膳)夫
5.2822 曰: 旅邑人、善(膳)夫
5.2823 曰: 旅邑人、善(膳)夫
5.2825 南宮乎入右(佑)善(膳)夫山
5.2834 弘(肆)〔禹〕夫(亦)〔弗敢惷〕
5.2836 䪢(申)季右(佑)善(膳)夫克 / 王乎尹氏册令(命)善(膳)夫克
5.2837 六百又五十又九夫 / 人鬲千又五十夫
5.2838 我既賣(贖)女(汝)五夫 / 用徵祉(誕)賣(贖)茲五夫 / 非出五夫 / 受茲五夫 / 匡眔厥臣廿夫 / 用眔一夫 / 曰用茲四夫 / 又臣一夫 / 凡用即曶田七田、人五夫
5.2840 叡(叡)弇夫䅗
6.3103 亞夫
7.4055 不故女夫人㠯(以)乍(迮)登(鄧)公 / 用爲女夫人尊誌敦
8.4147 善(膳)夫梁其乍(作)朕皇考惠仲、皇母惠妣尊𣪕
8.4148 善(膳)夫梁其乍(作)朕皇考惠仲、皇母惠妣尊𣪕
8.4149 善(膳)夫梁其乍(作)朕皇考惠仲、皇母惠妣尊𣪕
8.4150 善(膳)夫梁其乍(作)朕皇考惠仲、皇母惠妣尊𣪕
8.4151 善(膳)夫梁其乍(作)朕皇考惠仲、皇母惠妣尊𣪕
8.4178 王命君夫曰: 儥求乃友 / 君夫敢妦(奉)揚王休
8.4298 王令善(膳)夫豖曰趞睽曰: 余既賜大乃里
8.4299 王令善(膳)夫豖曰趞睽曰: 余既賜大乃里
8.4303 曰: 旅邑人、善(膳)夫
8.4304 曰: 旅邑人、善(膳)夫
8.4305 曰: 旅邑人、善(膳)夫
8.4306 王乎史翏册令(命)〔此〕曰: 旅邑人、善(膳)夫
8.4307 曰: 旅邑人、善(膳)夫
8.4308 曰: 旅邑人、善(膳)夫
8.4309 曰: 旅邑人、善(膳)夫
8.4310 曰: 旅邑人、善(膳)夫
8.4320 厥盧□又五十夫 / 賜宜庶人六百又□六夫
8.4322 獲馘(聝)百、執訊二夫
9.4465 典善(膳)夫克田人
9.4466 曰: 章(賞)厥嗇夫吒鬲比田 / 厥右(佑)善(膳)夫克
9.4530 善(膳)夫吉父乍(作)旅簠
9.4589 乍(作)其妹句敔夫人季子媵簠
9.4590 乍(作)其妹句敔夫人季子媵簠
10.5320 小夫乍(作)父丁宗尊彝
11.5442 夫
11.5967 趴商(賞)小子夫貝二朋
11.6025 夫
12.6547 夫
12.6548 夫
12.7285 亞夫乍(作)寶

從彝
12.7286 亞夫乍(作)寶從彝
13.7340 夫
13.7341 夫
14.8813 冉夫麋
15.9394 亞夫
15.9448 右使車嗇夫宋、郮(齊)痤、工𢀡(觸)
15.9450 右使車嗇夫郮(齊)虘、工𢀡
15.9637 樊夫人龍嬴
15.9665 𠂤(片)器嗇夫亮疸所𩏂(勒)翰(看)器乍(作)𩏂(勒)者
15.9666 𠂤(片)器嗇夫亮疸所𩏂(勒)翰(看)器乍(作)𩏂(勒)者
15.9674 右使〔車〕嗇夫吳㡭、工瞷
15.9675 左使車嗇夫孫固所𩏂(勒)翰(看)器乍(作)𩏂(勒)者
15.9683 冶匀嗇夫㪉重、工尼
15.9684 右使車嗇夫郮(齊)痤、工角
15.9685 左使車嗇夫孫固、工𠂤(師)賃
15.9686 左使車嗇夫孫固、工𡊼(坿)
15.9692 左使車嗇夫孫固、工上
15.9693 左使車嗇夫孫固、工𡊼(坿)
15.9707 府嗇夫在、冶事(吏)狄敂(挌)之
15.9710 聖趄(桓)之夫人曾姬無䘏
15.9711 聖趄(桓)之夫人曾姬無䘏
15.9725 伯大(太)師賜伯克僕卅夫
15.9735 賙(貯)忎(願)從在(士)大夫/曾亡鼠(一)夫之救/夫古之聖王
16.9962 善(膳)夫吉父乍(作)旅𩰫
16.10082 樊夫人龍嬴自乍(作)行盤
16.10176 凡十又五夫/凡散有𤔲十夫
16.10209 樊夫人龍嬴自乍(作)行也(匜)
16.10257 冶匀嗇夫殷重、工貣
16.10285 造亦兹五夫
16.10294 吳王夫差擇厥吉金
16.10295 吳王夫差擇厥吉金
16.10296 吳王夫差擇厥吉金
16.10315 善(膳)夫吉父乍(作)盂
16.10328 冶匀嗇夫孫㤄(芃)、工福
16.10333 右使車嗇夫郮(齊)痤、工𢀡
16.10358 左使車嗇夫事斀、工貣
16.10359 右使車嗇夫郮(齊)痤、工𧇾
16.10372 齊遣卿大夫眔來聘
16.10374 于丌(其)事區夫
16.10402 左使車嗇夫七斂(畝)、工尼
16.10441 𣎳(藏)麀(鑣)嗇夫郜信𩏂(勒)翰(看)器
16.10442 𣎳(藏)麀(鑣)嗇夫郜信𩏂(勒)翰(看)器
16.10443 𣎳(藏)麀(鑣)嗇夫郜信𩏂(勒)翰(看)器
16.10444 左使車嗇夫孫固、工蔡
16.10445 左使車嗇夫郮(齊)痤、工疥
16.10446 右使車嗇夫郮(齊)痤、工疥
16.10447 左使車嗇夫孫固、工㬎
16.10473 𣎳(藏)麀(鑣)嗇夫郄(枱)試𩏂(勒)之
16.10474 𣎳(藏)麀(鑣)嗇夫郄(枱)試𩏂(勒)之
16.10475 𣎳(藏)麀(鑣)嗇夫郄(枱)試𩏂(勒)之
16.10477 右使車嗇夫郮(齊)痤、工疥
16.10478 夫人堂方百五十乇(尺)
17.11061 車大夫長畫
17.11091 玄夫(鏞)鑄戈之□
17.11163 玄翏(鏐)夫(鏞)朋(鋁)之用
17.11215 晉上容大夫
17.11284 嗇夫冰、冶幸
17.11288 攻敔王夫差
17.11301 下丘嗇夫□、工師𢼸、冶系
17.11324 陽春嗇夫維、工師𣪊(操)、冶𠜷
17.11339 㪷左乘馬大夫子駭戡
17.11376 冢子韓矰(軰)、邗庫嗇夫㪿(扶)湯、冶舒𢿌(摺、造)戈
17.11377 武城命(令)□□、苫早、〔庫〕嗇夫事(吏)歟、冶章教(撻)齋(劑)
17.11390 邗府大夫肖(趙)閔、邗上庫工師韓山、冶冋教(撻)齋(劑)
17.11402 公孶里脽之大夫敀(披)之卒
18.11534 吳王夫差自乍(作)甬(用)鍬(鍨)
18.11636 攻敔王夫差自乍(作)其元用
18.11637 攻敔王夫差自乍(作)其元用
18.11638 攻敔王夫差自乍(作)其元用
18.11639 攻敔王夫差自乍(作)其元用
18.11685 得工嗇夫杜相女(如)、左得工工師韓段、冶肴(尹)朝教(撻)齋(劑)
18.11863 私庫嗇夫貣正、工孟鮮
18.11864 私庫嗇夫貣

正、工夏昃(昃)
18.11865 私庫嗇夫貣正、工陲亘
18.11931 右偶(遇)攻(工)君(尹)五大夫青
18.12021 夫人
18.12042 私庫嗇夫貣正、工適
18.12043 私庫嗇夫貣正、工適
18.12044 私庫嗇夫貣正、工適
18.12045 私庫嗇夫貣正、工適
18.12046 私庫嗇夫貣正、工適
18.12047 私庫嗇夫貣正、工適
18.12048 私庫嗇夫貣正、工適
18.12049 私庫嗇夫貣正、工適
18.12050 私庫嗇夫貣正、工適
18.12051 私庫嗇夫貣正、工適
18.12052 私庫嗇夫貣正、工適
18.12053 私庫嗇夫貣正、工適
18.12054 左使車嗇夫孫固、工嶺(坿)
18.12055 左使車嗇夫孫固、工嶺(坿)
18.12056 左使車嗇夫孫固、工嶺(坿)
18.12057 左使車嗇夫孫固、工嶺(坿)
18.12058 左使車嗇夫孫固、工嶺(坿)
18.12059 左使車嗇夫孫固、工嶺(坿)
18.12060 左使車嗇夫孫固、工嶺(坿)
18.12061 左使車嗇夫孫固、工嶺(坿)
18.12062 左使車嗇夫孫固、工嶺(坿)
18.12063 左使車嗇夫孫固、工嶺(坿)
18.12090 齊節大夫欥(戾、欥)五
18.12107 辟(壁)大夫信節

0134 交

3.1481 交鼎
4.2459 交從嘼(獸)
5.2572 交君子叕肇乍(作)寶鼎
7.4048 琱我父乍(作)交尊毁
7.4049 琱我父乍(作)交尊毁
7.4050 琱我父乍(作)交尊毁
9.4497 函交仲乍(作)旅簠
9.4565 交君子叕肇乍(作)寶簠
10.5321 交乍(作)祖乙寶尊彝
12.6924 交玕(�)
12.7289 交
15.9662 交君子叕肇乍(作)寶壺
17.10637 交
17.10638 交
17.10956 交車戈
17.11280 壽之用交(效)
18.11423 交

0135 亦

1.120 女(汝)亦虔秉不(丕)涇(經)〔德〕
1.121 女(汝)亦虔秉不(丕)涇(經)德
1.122 女(汝)亦虔秉不(丕)涇(經)德
1.125-8 女(汝)亦虔秉不(丕)涇(經)德
1.132 女(汝)亦虔秉不(丕)涇(經)德
5.2676 井姬啺亦偁祖考夌公宗室
5.2677 井姬啺亦偁祖考夌公宗室
5.2724 毛公旅鼎亦唯毁/亦引唯考(孝)
5.2782 亦弗其盄獲
5.2830 亦弗諲(忘)公上父䵼(胡)德/伯亦克豩(款)由先祖蠱孫子
5.2833 肄(肆)武公亦弗叚(遐)朢(忘)賸(朕)聖祖考幽大叔、懿叔/肄(肆)禹亦弗敢惷(惷)/亦唯噩(鄂)侯馭方率南淮尸(夷)、東尸(夷)
5.2834 穆(肄)武公亦(弗)歷(叚)望(忘)〔朕聖〕自(祖)考幽大叔、懿〔叔〕/用天降亦(大)喪于下或(國)/亦唯噩(鄂)侯馭方率南〔淮〕尸(夷)、東〔尸〕廣〔伐〕南或(國)東或(國)
5.2841 亦唯先正罒辥(嬖)厥辟
6.2989 亦車
8.4293 亦我考幽伯、幽姜令
8.4327 昔乃祖亦既令乃父死(尸)嗣葊人
8.4331 我亦弗宊(深)享邦
8.4342 亦則於女(汝)乃聖祖考克専(輔)右(佑)先王
8.4343 亦多虐庶民
9.4628 亦玄亦黄
10.5433 亦其子子孫孫永寶
11.6009 亦其子子孫孫永寶
12.7042 亦車
12.7043 亦車
12.7044 亦車
12.7045 亦車
13.7718 亦車
13.7719 亦車
16.10174 則亦井(刑)
16.10285 今女(汝)亦既又(有)御誓/造亦兹五夫/亦既御乃誓/女(汝)亦既從辭從誓
17.10635 亦
17.10863 亦車
17.10864 亦車
17.10865 亦車
18.11447 亦車

18.11448 亦車

0136 亣

18.11988 亣北
18.11989 亣北
18.11990 亣北
18.11991 亣北
18.11992 亣北
18.11993 亣北

0137 𡗗

5.2816 賜女(汝)秬鬯一卣、玄衮衣、幽夫(芾)、赤舄、駒車、畫呻(紳)、幬(幬)學(較)、虎幃(幃)、冟袚里幽、攸(鋚)勒、旅(旂)五旅(旂)、彤弓、彤矢、旅(玈)弓、旅(玈)矢、𡗗戈、虢(皋)冑

0138 夸

3.790 夸
3.791 夸
9.4345 伯夸父乍(作)寶盨(鎮)
11.5505 夸
13.7432 夸
13.7433 夸
17.10656 夸
17.10657 夸
17.10658 夸
17.10659 夸
17.10660 夸
17.10661 夸
17.10662 夸
17.10663 夸
17.10664 夸
18.11414 夸
18.11415 夸
18.11416 夸
18.11417 夸
18.11418 夸
18.11419 夸
18.11420 夸
18.11421 夸
18.11422 夸

0139 㚔

12.6572 㚔

0140 夷

5.2805 嗣義夷陽(場)佃史(事)
8.4179 王事(使)小臣守事(使)于夷
11.5854 仲夷乍(作)旅尊彝
14.8971 膚(臚)夷父癸
18.11530 郾(燕)王詈(讙)愳(悛、授)夷萃釨

0142 秌(休)

2.412 洓秌伊辛

0143 奄

5.2553 曰:奄以乃弟用夙夕𩰫享
5.2554 曰:奄以乃弟用夙夕𩰫享

0144 𡙁(棄、棄)

15.9702 賜𡙁(棄、棄)伯矢束、素絲束

0145 奎

16.10153 侃孫奎母乍(作)始寶般(盤)
16.10322 公廼命酉嗣徃(徒)𠷎父、周人嗣工(空)㞙、𢼸史、師氏、邑人奎父、畢人師同
16.10478 正奎宮方百乇(尺)

0146 豙(豨、豜)

3.1113 豙(豨)
3.1114 豙(豨)
3.1115 豙(豨)
3.1116 豙(豨)
4.1582 豙(豨)父丁
4.1889 馬豙(豨)父辛
4.2509 馬豙(豨)
4.2510 馬豙(豨)
6.3223 豙(豨)妣辛
6.3311 馬豙(豨)父丁
6.3458 馬豙(豨)
6.3459 馬豙(豨)
6.3714 馬豙(豨)
6.3715 馬豙(豨)
6.3716 馬豙(豨)
10.5062 馬豙(豨)父丁
10.5063 馬豙(豨)父丁
10.5337 馬豙(豨)
11.5637 豙(豨)父丁
11.5638 豙(豨)父丁
11.5729 馬豙(豨)父乙
11.5737 馬豙(豨)父丁
11.5803 馬豙(豨)乍(作)父辛
11.5898 馬豙(豨)
11.5932 馬豙(豨)
12.6408 父己馬豙(豨)
12.6648 豙(豨)
12.6649 豙(豨)
12.7091 父乙豙(豨)
13.7429 豙(豨)
13.7430 豙(豨)
13.7431 豙(豨)
14.8451 父丁豙(豨)
15.9204 豙(豨)父甲
15.9234 亞次馬豙(豨)
15.9272 豙(豨)父乙
15.9796 馬豙(豨)父乙
15.9797 馬豙(豨)父丁
16.9872 馬豙(豨)父丁
16.10483 豙(豨)
17.10655 豙(豨)
18.11804 豙(豨)
18.11828 豙(豨)

0147 奚

5.2729 楷仲賞厥嫊奚逐毛兩、馬匹
6.3093 亞奚
10.4734 奚
10.4812 亞奚
11.5572 亞奚
12.6561 奚
13.7334 奚
13.7335 奚
14.9102 王賜莆亞𩰫(唬)奚貝
15.9113 奚
16.10321 司寮女寮:奚、微、華

0148 𡗣(昊)

15.9449 朋𡗣(昊)

0149 奢

7.4088 公𡛷(姒)賜奢貝

9.4539 旦山奢虒鑄其寶簠

0150 奏

16.10356 蔡大(太)史奏乍(作)其鉌

0151 𡚁

16.10112 伯碩𡚁乍(作)䡅姬饔般(盤)

0152 煏(偪)

18.11553 奠(鄭)命(令)韓半、司寇長(張)朱、左庫工師昜(陽)煏(偪)、冶君(尹)弜散(措、造)

0153 奄

3.764 奄
3.891 奄乍(作)婦姑𩰫彝
3.1131 奄
3.1132 奄
4.1554 奄父乙
4.1555 奄父乙
4.1556 奄父乙
4.1557 奄父乙
4.1558 奄父乙
4.1559 奄父乙
4.1682 奄父癸
4.1683 奄父癸
4.1684 奄父癸
4.1711 奄婦[illegible]
4.1905 婦未于奄
4.2013 奄乍(作)父戊彝
4.2137 奄
4.2138 奄
4.2254 奄
4.2346 奄
5.2612 奄
5.2613 奄
5.2626 奄
5.2627 奄
5.2674 奄
6.2985 奄
6.3155 奄父乙
6.3179 奄父丁
6.3187 父戊奄
6.3393 亞疋奄□
7.4020 奄
10.4760 奄
10.4761 奄
10.4922 奄父乙
10.4923 奄父乙
10.4924 奄父乙
10.4950 奄父戊
10.4978 奄父辛
10.4993 奄父癸
10.5211 奄
10.5355 奄
10.5361 奄
11.5598 奄祖乙
11.5623 奄父乙
11.5636 奄父丁
11.5655 奄父辛
11.5678 奄父癸
11.5766 奄乍(作)從彝
11.5973 奄
11.6244 奄父乙
11.6245 奄父乙
11.6289 奄父己
12.6681 奄
12.7095 奄父乙
12.7096 奄父乙
12.7153 奄父癸
12.7213 奄獻祖丁
12.7310 奄
13.7428 奄
14.8395 奄父乙
14.8396 奄父乙
14.8518 奄父戊
14.8588 父庚奄
14.8589 父庚奄
14.8693 奄父癸
14.8740 母庚奄
14.9042 奄
14.9050 奄父乙
14.9051 奄父乙
14.9100 子賜奄𩍉(坒)貝
15.9134 奄
15.9209 奄父乙
15.9267 奄父乙
15.9279 奄父癸
15.9310 奄
15.9342 奄父乙
15.9354 奄父戊
15.9359 奄父癸
16.10040 奄父乙
16.10516 奄父乙
17.10654 奄

0154 奮

18.11566 勇奮生安空/勇奮生安空

0155 㝬(䵍)

2.386 亞㝬
3.1423 亞㝬
3.1424 亞㝬址
4.1944 亞㝬[illegible](揵)
4.2033 亞㝬孤竹迺
4.2362 亞㝬
4.2427 亞㝬
10.5100 亞㝬皇祈
10.5271 亞㝬(䵍)宕𦉢(孤)竹丁父
12.6986 亞㝬(䵍)
12.7293 亞㝬(䵍)宕(鑄)父丁
13.7793 亞㝬
13.7794 亞㝬
14.8777 亞㝬芇
15.9793 孤竹亞㝬
18.11444 亞㝬(䵍)

0156 䵍、姑

1.260 䵍(胡)其萬年
1.261 余𠾱𢦚䵍㞕
2.358 䵍(胡)其萬年
3.948 肩(肩)史(事)遹事(使)于䵍(胡)侯
4.2063 䵍乍(作)寶鼎
4.2287 䵍(胡)侯之孫𠭯之䣄(䣄)
5.2721 師雍父省導(道)至于䵍(胡)
5.2767 䵍(胡)叔、仰(信)姬乍(作)寶鼎/䵍(胡)叔眔仰(信)姬其壽考(耇)、多宗、永令(命)/䵍(胡)叔、仰(信)姬其邁(萬)年
5.2792 大矢始賜友[曰]䵍
5.2811 𠾱𢦚䵍㞕
5.2830 亦弗諲(忘)公上父䵍(胡)德
7.3804 䵍(䵍胡)衍乍(作)寶𣪘
7.4062 䵍(胡)叔、䵍(胡)姬乍(作)伯媿賸(媵)𣪘

7.4063 㝬(胡)叔、㝬(胡)姬乍(作)伯媿賸(賸)段

7.4064 㝬(胡)叔、㝬(胡)姬乍(作)伯媿賸(賸)段

7.4065 㝬(胡)叔、㝬(胡)姬乍(作)伯媿賸(賸)段

7.4066 㝬(胡)叔、㝬(胡)姬乍(作)伯媿賸(賸)段

7.4067 㝬(胡)叔、㝬(胡)姬乍(作)伯媿賸(賸)段

8.4122 伯雍父來自㝬(胡)

8.4317 㝬(胡)乍(作)鬻彝寶段/用㱃(紟令)保我家、朕立(位)、㝬(胡)身/㝬(胡)其萬年鬻

8.4322 博(搏)戎㝬(胡)

9.4552 㝬(胡)叔乍(作)吳(虞)姬尊鉦(筐)

0157　嬰、婜(聯)

5.2702 矨商(賞)又正嬰(聯)嬰貝在穆朋二百/嬰展矨商(賞)

7.4098 嬰乍(作)文祖考尊寶段/嬰其萬年

15.9558 雅(雍)子嬰尊壺

16.10129 伯侯父媵(媵)叔媯嬰(聯)母盤(盤)

16.10219 嬰(聯)子叔敎自乍(作)盥匜

0158　■

10.5280 ■(嬰)尸乍(作)父己尊彝

15.9576 ■(嬰)尸乍(作)父己尊彝

0159　■

10.5423 乍(作)象■

0160　■

12.7067 圳■

13.8154 圳■

0161　■

13.8119 ■子

0162　■

15.9190 ■田

0163　■

3.777 ■

0164　■(傒)

14.8679 ■(傒)父癸

0165　■(掌)

14.8668 ■(掌)父癸

0166　■(兀)

14.8519 ■(兀)父戊

0167　犾、犮(㕛)

6.3200 犾父辛

10.5262 犾乍(作)祖乙寶尊彝

11.5668 犾父癸

14.8538 犮父己

0168　戏(伐)

11.6222 戏父乙

14.8585 戏父庚

14.8586 戏父庚

0169　■

12.6709 ■

0170　■

10.4773 ■

0171　■(共)

10.4770 ■(共)

0172　㛹(偪)

3.446 㛹(偪)

3.881 □㛹(偪)

0173　■

3.505 亞■母乙

0174　■(朼、枇)

10.5264 ■(朼、枇)乍(作)祖辛尊彝

0175　■(幸、𦓤)

10.4975 ■(𦓤幸)父辛

0176　■

12.6555 ■

0177　■(抓)

12.6554 ■(抓)

0178　■(揉)

12.6553 ■(揉)

0179　■

11.5724 ■册父乙

0180　■

13.8140 葙■

0181　■

17.10640 ■

0182　■(瞍)

14.9073 ■(瞍)乍(作)父己尊彝

0183　■

11.5998 由伯曰:■御乍(作)尊彝/曰由伯子曰:■爲厥父彝

0184　■(偟)

12.6575 ■

0185　■

12.7289 ■乍(作)祖己尊彝

0186　■

13.7329 ■

0187　■

13.7330 ■

0188　■

4.1858 ■父丁册

0189　■

3.826 ■母癸

0190　■

14.8799 乘辛

0191

5.2725 肄(肆)對揚王休
5.2726 肄(肆)對揚王休

0192

12.7089 (係)父乙

0194 元

1.5 天尹乍(作)元弄
1.6 天尹乍(作)元弄
1.60-3 唯王元年
1.124 元㵾乃德
1.125-8 元㵾乃德
1.129-31 元㵾乃德
1.153 元鳴孔煌(煌)
1.154 元鳴孔煌(煌)
1.156 尸(夷)膚(筥)甚□者元
1.182 元日癸亥/元鳴孔皇(煌)
1.183 曾孫僕兒、余迭斯于之子(孫)、余茲佫之元子
1.185 余茲佫之元子
1.203 元鳴孔皇(煌)/孔嘉元成
1.210 元鳴無期
1.211 元鳴無期
1.216 元鳴無期
1.217 元鳴無期
1.218 元鳴無期
1.219 元鳴無期
1.220 元鳴無期
1.221 元鳴無期
1.222 元鳴無期
1.238 穆穆秉元明德
1.239 穆穆秉元明德
1.240 穆穆秉元明德
1.241 穆穆秉元明德
1.242-4 穆穆秉元明德
1.245 元器其舊
1.261 元鳴孔煌
1.272-8 其乍(祚)福元孫
1.285 其乍(祚)福元孫
3.820 元父辛
5.2592 [魯]大左嗣徒元乍(作)善(膳)貞(鼎)
5.2593 魯大左嗣徒元乍(作)善(膳)貞(鼎)
5.2614 厤肇對元德
5.2835 命武公遣乃元士
5.2838 唯王元年
8.4190 元日丁亥
8.4197 唯元年三月丙寅
8.4274 唯元年五月
8.4275 唯元年五月
8.4279 唯王元年
8.4280 唯王元年
8.4281 唯王元年
8.4282 唯王元年
8.4288 唯王元年正月
8.4289 唯王元年正月
8.4290 唯王元年正月
8.4291 唯王元年正月
8.4311 唯王元年正月
8.4312 唯王元年九月
8.4315 西元器
8.4316 唯元年六月
8.4326 番生(甥)不敢弗帥井(型)皇祖考不(丕)杯(丕)元德
8.4340 唯元年既望丁亥
8.4342 唯元年二月
9.4454 唯王元年
9.4455 唯王元年
9.4456 唯王元年
9.4457 唯王元年
9.4599 乍(作)其元妹叔嬴爲心賸(媵)饙(饋)簠
9.4629 台(以)乍(作)厥元配季姜之祥器
9.4630 台(以)乍(作)厥元配季姜之祥器
9.4631 曾伯霥(漆)哲聖元武/元武孔黹
9.4632 曾伯霥(漆)哲聖元武/元武孔黹
9.4689 魯大嗣徒厚氏元
9.4690 魯大嗣徒厚氏元
9.4691 魯大嗣徒厚氏元
10.5278 狽元乍(作)父戊尊彝
11.6010 元年正月
14.8672 元父癸
15.9108 元
15.9368 元乍(作)彝
15.9705 用賸(媵)厥元子孟妃乖
16.10008 元日己丑
16.10171 元年正月
16.10267 敶(陳)伯鵖(鵑)之子伯元
16.10274 用爲元寶
16.10316 魯大嗣徒元乍(作)飲盂
16.10342 否(丕)乍(作)元女
16.10390 郐(徐)王之堯(元)元柴(背)之少(小)㝇(爐)膚(盧、爐)
17.10809 元
17.10810 元
17.10891 元用
17.11013 元用戈
17.11066 㝬乍(作)之元戈
17.11116 虢大(太)子元徒戈
17.11117 虢大(太)子元徒戈
17.11118 宮氏伯子元栖(栝)
17.11119 宮氏伯子元栖(栝)
17.11198 楚屈叔佗之元用
17.11199 黄君孟乍(作)元□戈
17.11201 □□伯之元執
17.11212 周王叚之元用戈
17.11252 邛(江)季之孫□方或之元
17.11253 郳(柏)子誰臣之元允(用)戈
17.11263 乍(作)爲元用
17.11265 虎𠭯丘君豫之元用
17.11280 恿公之元戈
17.11282 郐(徐)王之

子羽(叚)之元用戈
17.11290 鑄其元用
17.11295 章子鄭(國)尾其元金
17.11309 孔臧元武/元用戈
17.11346 梁伯乍(作)宮行元用
17.11352 秦子乍(作)遣(造)中臂元用
17.11353 秦子乍(作)遣(造)公族元用
17.11360 元年
17.11393 楚王之元右(佑)王鐘
17.11400 自乍(作)其元戈
18.11412 元
18.11544 自乍(作)元用矛
18.11547 秦子乍(作)造公族元用
18.11552 元年
18.11556 元年
18.11586 吉爲乍(作)元用
18.11636 攻敔王夫差自乍(作)其元用
18.11637 攻敔王夫差自乍(作)其元用
18.11638 攻敔王夫差自乍(作)其元用
18.11639 攻敔王夫差自乍(作)其元用
18.11640 吳季子之子逞之元用鐱(劍)
18.11651 鵙公圃自乍(作)元鐱(劍)
18.11660 元年
18.11663 其吕(以)乍(作)爲用元鐱(劍)
18.11665 工盧王乍(作)元巳(祀)用鐱(劍)
18.11668 郤(徐)王義楚之元子羽
18.11696 乍(作)爲元用
18.11697 乍(作)爲元用
18.11703 自乍(作)元之用之僉(劍)
18.11704 乍(作)於元用僉(劍)
18.11718 自乍(作)元用
18.11757 於取(郰)子敀鼓鑄鑵元喬

0195 䶍

1.261 䶍䶍趄趄(熙熙)

0196 𥘵

4.2239 爰子𥘵之飤繁

0197 首

1.48 粤敢拜頴首
1.92 首
1.105 〔䍙〕生(甥)拜手頴首
1.143 鮮拜手頴首
1.181 乎拜手頴首
1.272-8 尸敢用拜頴首/尸用或敢再拜頴首
1.282 ☑敢再拜頴首
1.285 乃敢用拜頴首/尸用或敢再拜頴首
3.753 拜頴首
3.754 拜頴首
3.755 拜頴首
4.1798 子首氏
5.2735 不栺拜頴首
5.2736 不栺拜頴首
5.2755 宁拜頴首
5.2756 寓拜頴首
5.2765 蝺拜頴首曰:休朕皇君弗醒(忘)厥寶臣
5.2775 麦拜頴首
5.2779 折首執訊
5.2780 師湯父拜頴首
5.2781 𠆦季拜頴首
5.2783 趞曹拜頴首
5.2784 曹拜頴首
5.2786 康拜頴首
5.2789 戜拜頴首
5.2803 令拜頴首
5.2804 利拜頴首
5.2805 柳拜頴首
5.2807 大拜頴首
5.2808 大拜頴首
5.2810 馭方拜手頴首
5.2813 奎父拜頴首
5.2815 趞拜頴首
5.2816 晨拜頴首
5.2817 晨拜頴首
5.2819 寰拜頴首
5.2820 善敢拜頴首
5.2824 戜拜頴首
5.2825 山拜頴首
5.2827 頌拜頴首
5.2828 頌拜頴首
5.2829 頌拜頴首
5.2830 𠭯拜頴首
5.2835 多友右(有)折首執訊/凡以公車折首二百又□又五人/折首卅又六人/多友或(又)右(有)折首執訊/公車折首百又十又五人
5.2836 克拜頴首
5.2838 曶則拜頴首/匡廼頴首/頴首曰:余無卣(由)具寇正(足)〔秭〕
5.2839 盂拜頴首
8.4165 大拜頴首
8.4167 𧆞拜頴首
8.4184 公臣拜頴首
8.4185 公臣拜頴首
8.4186 公臣拜頴首
8.4187 公臣拜頴首
8.4194 𠭁既拜頴首
8.4202 犅拜頴首
8.4207 遹拜首(手)頴首
8.4213 用㫖(頴)首
8.4214 遽拜頴首
8.4215 𪓰拜頴首
8.4225 無㠱拜手頴首
8.4226 無㠱拜手頴首
8.4227 無㠱拜手頴首
8.4228 無㠱拜手頴首
8.4237 諫曰:拜手頴首
8.4241 拜頴首
8.4243 拜頴首
8.4244 走敢拜頴首
8.4246 楚敢拜手頴首
8.4247 楚敢拜手頴首
8.4248 楚敢拜手頴首
8.4249 楚敢拜手頴首
8.4251 𧆞拜頴首
8.4252 𧆞拜頴首
8.4253 師察拜頴首

8.4254 師察拜䭫首
8.4255 戠拜䭫首
8.4256 衛拜䭫首
8.4258 害䭫首
8.4259 害䭫首
8.4260 害䭫首
8.4266 趩拜䭫首
8.4268 王臣手(拜)䭫首
8.4272 朢拜䭫首
8.4273 靜敢拜䭫首
8.4274 兑拜䭫首
8.4275 兑拜䭫首
8.4276 閉拜䭫首
8.4277 俞拜䭫首
8.4279 旋拜䭫首
8.4280 旋拜䭫首
8.4281 旋拜䭫首
8.4282 旋拜䭫首
8.4283 瘨拜䭫首
8.4284 瘨拜䭫首
8.4285 諫拜䭫首
8.4286 楚拜䭫首
8.4287 伊拜手䭫首
8.4288 師酉拜䭫首
8.4289 師酉拜䭫首
8.4290 師酉拜䭫首
8.4291 師酉拜䭫首
8.4294 揚拜手䭫首
8.4295 揚拜手䭫首
8.4296 郜拜䭫首
8.4297 郜拜䭫首
8.4298 大拜䭫首
8.4299 大拜䭫首
8.4302 彔伯𢦚敢拜手䭫首
8.4311 猒拜䭫首
8.4312 䫜拜䭫首
8.4313 折首執訊
8.4314 折首執訊
8.4316 虎敢拜䭫首
8.4318 師兑拜䭫首
8.4319 師兑拜䭫首
8.4321 訇䭫首
8.4322 乃子𢦚拜䭫首
8.4323 長櫅(榜)𢦏(載)首百
8.4324 師嫠拜手䭫首
8.4325 師嫠拜手䭫首
8.4328 女(汝)多折首執訊 / 折首執訊
8.4329 女(汝)多折首執訊 / 折首執訊
8.4330 也曰: 拜䭫首
8.4331 𣄨伯拜手䭫首
8.4332 頌拜䭫首
8.4333 頌拜䭫首
8.4334 頌拜䭫首
8.4335 頌拜䭫首
8.4336 頌拜䭫首
8.4337 頌拜䭫首
8.4338 頌拜䭫首
8.4339 頌拜䭫首
8.4340 蔡拜手䭫首
8.4341 班䭫首曰: 烏虖(乎)
8.4342 首德不克妻(畫)/ 訇䭫首
8.4343 牧拜䭫首
9.4459 執訊折首
9.4460 執訊折首
9.4461 執訊折首
9.4465 克拜䭫首
9.4469 𡎖(坍)拜䭫首
10.5408 靜拜䭫首
10.5411 𥡴拜䭫首
10.5419 彔拜䭫首
10.5420 彔拜䭫首
10.5423 匡拜手䭫首
10.5424 農三拜䭫首
10.5430 繁拜手䭫首
11.6008 爰拜䭫首
11.6011 拜䭫首曰: 王弗朢(忘)厥舊宗小子
11.6013 盠拜䭫首 / 盠敢拜䭫首曰: 剌剌(烈烈)朕身
12.6516 趩拜䭫首
15.9714 懋拜䭫首
15.9721 幾父拜䭫首
15.9722 幾父拜䭫首
15.9723 瘨拜䭫首
15.9724 瘨拜䭫首
15.9726 拜䭫首
15.9727 拜䭫首
15.9728 曶拜手䭫首
15.9731 頌拜䭫首
15.9732 頌拜䭫首
16.9897 師遽拜䭫首
16.9898 吳拜䭫首
16.9899 盠拜䭫首 / 盠敢拜䭫首曰: 剌剌(烈烈)朕身
16.9900 盠拜䭫首 / 盠敢拜䭫首曰: 剌剌(烈烈)朕身
16.10170 休拜䭫首
16.10172 寰拜䭫首
16.10173 折首五百
16.10174 折首執訊
16.10322 永拜䭫首

0198 𩠹、䭭(酺)

2.287 爲妟(蕤)賓之徵䭮下角 / 爲無睪(射)徵䭮
2.288 徵䭮 / 爲獸鐘徵䭮下角 / 爲穆音之翆(羽)䭮下角 / 守(附)於索宮之䭮
2.289 爲無睪(射)之翆(羽)䭮下角 / 爲獸鐘之徵䭮下角
2.292 爲妟(蕤)賓之徵䭮下角 / 守(附)於索商之䭮
2.293 爲𥢶(穆)音之翆(羽)䭮下角 / 守(附)於索宮之䭮
2.294 爲大(太)族(簇)之徵䭮下角 / 爲獸鐘之翆(羽)䭮下角
2.295 爲獸鐘徵䭮下角
2.297 新鐘之徵䭮
2.301 新鐘之徵䭮 / 新鐘之商䭮
2.302 新鐘之翆(羽)䭮
2.303 新鐘之少徵䭮
2.306 新鐘之翆(羽)䭮
2.308 新鐘之徵䭮
2.312 新鐘之商䭮
2.313 新鐘之翆(羽)䭮
2.314 新鐘之少徵䭮
2.317 新鐘之翆(羽)䭮
2.320 新鐘之徵䭮
2.326 爲坪皇之翆(羽)䭮下角
2.327 爲妟(蕤)賓之徵䭮下角 / 守(附)於索商之䭮(酺)
2.328 爲穆音之翆(羽)䭮下角 / 守(附)於索宮之䭮(酺)
2.329 爲獸鐘之翆(羽)䭮下角 / 爲夫(太)族(簇)之徵䭮下角

2.330 爲猷鐘之徵䪾下角

0199　縣

1.225 大鐘既縣(懸)
1.226 大鐘既縣(懸)
1.227 大鐘既縣(懸)
1.228 大鐘既縣(懸)
1.229 大鐘既縣(懸)
1.230 大鐘既縣(懸)
1.231 大鐘既縣(懸)
1.232 大鐘既縣(懸)
1.233 大鐘既縣(懸)
1.234 大鐘既縣(懸)
1.235 大鐘既縣(懸)
1.236 大鐘既縣(懸)
1.237 大鐘既縣(懸)
1.272-8 其縣三百
1.285 其縣三百
8.4269 伯屖父休于縣妃/曰:䰞乃任縣伯室/縣妃妦(奉)揚伯屖父休/曰:休伯哭(哭)益恤縣伯室/我不能不眔縣伯萬年保

0200　㚅(䚃)

3.1020 㚅(䚃)
3.1021 㚅(䚃)
3.1022 㚅(䚃)
3.1023 㚅(䚃)
4.1536 㚅(䚃)父乙
4.1605 㚅(䚃)父己
4.1637 父辛㚅(䚃)
4.1669 㚅(䚃)父癸
10.5204 㚅(䚃)
10.5269 㚅(䚃)
11.5465 㚅(䚃)
11.5824 㚅(䚃)
11.5826 㚅(䚃)
12.6716 㚅(䚃)
12.6717 㚅(䚃)
12.7066 丨(棍)㚅(䚃)
12.7144 㚅(䚃)父辛
12.7299 㚅(䚃)丏䚄父辛彝
13.7391 㚅(䚃)
13.7392 㚅(䚃)
13.7393 㚅(䚃)
13.7394 㚅(䚃)
13.7395 㚅(䚃)
13.7396 㚅(䚃)
13.7397 㚅(䚃)
14.8312 㚅(䚃)祖乙
14.8358 㚅(䚃)祖癸
14.8359 㚅(䚃)祖癸
14.8389 㚅(䚃)父乙
14.8605 㚅(䚃)父辛
14.8680 㚅(䚃)父癸
14.8945 父辛㚅(䚃)丏
15.9343 㚅(䚃)父乙
18.11756 㚅(䚃)父乙

0201　𩑧(髮)

1.35 𩑧(髮)其萬年
1.246 綽綰、𩑧(福)彔(祿)、屯(純)魯
5.2662 用妥(綏)𩑧(福)彔(祿)
10.5416 伯懋父賜(賜)召白馬、妦黄、𩑧(髮)微
11.6004 伯懋父賜(賜)召白馬、妦黄、𩑧(髮)微
16.10175 緐(繁)𩑧(福)多孷(釐)/褱(懷)𩑧(福)彔(祿)、黄耇、彌生

0202　頁

8.4327 卯拜手頁(䭫)手(首)
18.11917 □□長□頁

0203　頊

11.6175 伯頊
18.11994 叏(鞭)右頊

0204　頏

16.9892 頏肈卿(佮)宁(貯)百生(姓)

0205　須

4.2238 須孟(嫊)生(甥)之飤貞(鼎)
6.3034 句須
9.4348 師奐父乍(作)旅須(盨)
9.4349 師奐父乍(作)旅須(盨)
9.4365 立象(爲)旅須(盨)
9.4368 伯多父乍(作)旅須(盨)
9.4369 伯多父乍(作)旅須(盨)
9.4370 伯多父乍(作)旅須(盨)
9.4371 伯多父乍(作)旅須(盨)
9.4378 劃叔乍(作)旅須(盨)
9.4380 周駱乍(作)旅須(盨)
9.4382 伯車父乍(作)旅須(盨)
9.4390 昜(陽)叔乍(作)旅須(盨)
9.4391 奠(鄭)義伯乍(作)旅須(盨)
9.4405 鬲叔興父乍(作)旅須(盨)
9.4407 伯孝鼓鑄旅須(盨)
9.4408 伯孝鼓鑄旅須(盨)
9.4413 諫季獻乍(作)旅須(盨)
9.4416 遣叔吉父乍(作)虢王姞旅須(盨)
9.4417 遣叔吉父乍(作)虢王姞旅須(盨)
9.4418 遣叔吉父乍(作)虢王姞旅須(盨)
9.4430 弭叔乍(作)叔班旅須(盨)
9.4439 伯寬(覓、窺)父乍(作)寶須(盨)
9.4446 伯梁其乍(作)旅須(盨)
9.4447 伯梁其乍(作)旅須(盨)
16.9974 黄孫須頸子伯亞臣

0206　順

1.144 順余子孫
1.260 福余順孫
11.6014 順我不每(敏)

0207　頌

1.251-6 武王則令周公舍(捨)寓(宇)以五十頌處
5.2787 令史頌省穌

(蘇)澗(姻)友、里君、百生(姓)/頌其萬年無疆

5.2788 令史頌省穌(蘇)澗(姻)友、里君、百生(姓)/頌其萬年無疆

5.2827 宰引右(佑)頌/王乎史虢生(甥)册令(命)頌/王曰:頌/頌拜頶首/頌敢對揚天子不(丕)顯魯休/頌其萬年眉壽

5.2828 宰引右(佑)頌/王乎史虢生(甥)册令(命)頌/王曰:頌/頌拜頶首/頌敢對揚天子不(丕)顯魯休/頌其萬年眉壽

5.2829 宰引右(佑)頌/王乎史虢生(甥)册令(命)頌/王曰:頌/頌拜頶首/頌敢對揚天子不(丕)顯魯休/頌其萬年眉壽

8.4229 令史頌省穌(蘇)澗(姻)友、里君、百生(姓)/頌其萬年無疆

8.4230 令史頌省穌(蘇)澗(姻)友、里君、百生(姓)/頌其萬年無疆

8.4231 令史頌省穌(蘇)澗(姻)友、里君、百生(姓)/頌其萬年無疆

8.4232 令史頌省穌(蘇)澗(姻)友、里君、百生(姓)/頌其萬年無疆

8.4233 令史頌省穌(蘇)澗(姻)友、里君、百生(姓)/頌其萬年無疆

8.4234 令史頌省穌(蘇)澗(姻)友、里君、百生(姓)/頌其萬年無疆

8.4235 令史頌省穌(蘇)澗(姻)友、里君、百生(姓)/頌其萬年無疆

8.4236 令史頌省穌(蘇)澗(姻)友、里君、百生(姓)/頌其萬年無疆

8.4332 宰引右(佑)頌/王乎史虢生(甥)册令(命)頌/王曰:頌/頌拜頶首/頌敢對揚天子不(丕)顯魯休/頌其萬年

8.4333 宰引右(佑)頌/王乎史虢生(甥)册令(命)頌/王曰:頌/頌拜頶首/頌敢對揚天子不(丕)顯魯休/頌其萬年

8.4334 宰引右(佑)頌/王乎史虢生(甥)册令(命)頌/王曰:頌/頌拜頶首/頌敢對揚天子不(丕)顯魯休/頌其萬年

8.4335 宰引右(佑)頌/王乎史虢生(甥)册令(命)頌/王曰:頌/頌拜頶首/頌敢對揚天子不(丕)顯魯休/頌其萬年

8.4336 宰引右(佑)頌/王乎史虢生(甥)册令(命)頌/王曰:頌/頌拜頶首/頌敢對揚天子不(丕)顯魯休/頌其萬年

8.4337 宰引右(佑)頌/王乎史虢生(甥)册令(命)頌/王曰:頌/頌拜頶首/頌敢對揚天子不(丕)顯魯休/頌其萬年

8.4338 宰引右(佑)頌/王乎史虢生(甥)册令(命)頌/王曰:頌/頌拜頶首/頌敢對揚天子不(丕)顯魯休/頌其萬年

8.4339 宰引右(佑)頌/王乎史虢生(甥)册令(命)頌/王曰:頌/頌拜頶首/頌敢對揚天子不(丕)顯魯休/頌其萬年

9.4481 史頌乍(作)簠

11.6010 霝(靈)頌託商

15.9715 自頌既好

15.9731 宰引右(佑)頌/王乎史虢生(甥)册令(命)頌/王曰:頌/頌拜頶首/頌敢對揚天子不(丕)顯魯休/頌其萬年眉壽

15.9732 宰引右(佑)頌/王乎史虢生(甥)册令(命)頌/王曰:頌/頌拜頶首/頌敢對揚天子不(丕)顯魯休/頌其萬年眉壽

16.10093 史頌乍(作)般(盤)

16.10171 霝(靈)頌託商

16.10220 史頌乍(作)匜

0208 領、頜

1.53 楚王領(頜)自乍(作)鈴鐘

0209 頫

5.2832 嗣土(徒)邑人趙、嗣馬頫人邦、嗣工陶矩

0210 碩

3.642 芊伯碩〔父〕乍(作)叔娟(妘)寶鬲

3.928 叔碩父乍(作)旅獻(甗)

5.2596 新宮叔碩父、監姬乍(作)寶鼎

5.2777 史伯碩父追考(孝)于朕皇考釐仲、王(皇)母泉母

5.2825 用乍(作)朕皇考叔碩父尊鼎

16.10112 伯碩夤乍(作)釐姬饔般(盤)

0211 頶

1.48 粤敢拜頶首

1.105 〔睘〕生(甥)拜手頶首

1.143 鮮拜手頶首

1.181 乎拜手𩒨首
1.272-8 尸敢用拜𩒨首/尸用或敢再拜𩒨首
1.282 ☒敢再拜𩒨首
1.285 乃敢用拜𩒨首/尸用或敢再拜𩒨首
3.753 拜𩒨首
3.754 拜𩒨首
3.755 拜𩒨首
5.2735 不栺拜𩒨首
5.2736 不栺拜𩒨首
5.2742 拜𩒨
5.2755 穸拜𩒨首
5.2756 寓拜𩒨首
5.2765 螨拜𩒨首曰:休朕皇君弗醒(忘)厥寶臣
5.2775 麦拜𩒨首
5.2780 師湯父拜𩒨首
5.2781 𠆢季拜𩒨首
5.2783 趞曹拜𩒨首
5.2784 曹拜𩒨首
5.2786 康拜𩒨首
5.2789 戜拜𩒨首
5.2803 令拜𩒨首
5.2804 利拜𩒨首
5.2805 柳拜𩒨首
5.2807 大拜𩒨首
5.2808 大拜𩒨首
5.2810 馭方拜手𩒨首
5.2813 坴父拜𩒨首
5.2815 趩拜𩒨首
5.2816 晨拜𩒨首
5.2817 晨拜𩒨首
5.2819 袁拜𩒨首
5.2820 善敢拜𩒨首
5.2824 戜拜𩒨首
5.2825 山拜𩒨首
5.2827 頌拜𩒨首
5.2828 頌拜𩒨首
5.2829 頌拜𩒨首
5.2830 𩛥拜𩒨首
5.2836 克拜𩒨首
5.2838 曶則拜𩒨首/匡廼𩒨首/𩒨首曰:余無卣(由)具寇正(足)〔秭〕
5.2839 盂拜𩒨首
8.4165 大拜𩒨首
8.4167 虘拜𩒨首
8.4184 公臣拜𩒨首
8.4185 公臣拜𩒨首
8.4186 公臣拜𩒨首
8.4187 公臣拜𩒨首
8.4194 𠭯既拜𩒨首
8.4199 恒拜𩒨
8.4200 恒拜𩒨
8.4202 㝬拜𩒨首
8.4207 遹拜首(手)𩒨首
8.4214 遽拜𩒨首
8.4215 𪓹拜𩒨首
8.4225 無㠱拜手𩒨首
8.4226 無㠱拜手𩒨首
8.4227 無㠱拜手𩒨首
8.4228 無㠱拜手𩒨首
8.4237 諫曰:拜手𩒨首
8.4241 拜𩒨首
8.4243 拜𩒨首
8.4244 走敢拜𩒨首
8.4246 楚敢拜手𩒨首
8.4247 楚敢拜手𩒨首
8.4248 楚敢拜手𩒨首
8.4249 楚敢拜手𩒨首
8.4251 虘拜𩒨首
8.4252 虘拜𩒨首
8.4253 師察拜𩒨首
8.4254 師察拜𩒨首
8.4255 誐拜𩒨首
8.4256 衛拜𩒨首
8.4258 害𩒨首
8.4259 害𩒨首
8.4260 害𩒨首
8.4266 趞拜𩒨首
8.4268 王臣手(拜)𩒨首
8.4272 朢拜𩒨首
8.4273 静敢拜𩒨首
8.4274 兑拜𩒨首
8.4275 兑拜𩒨首
8.4276 閉拜𩒨首
8.4277 俞拜𩒨首
8.4279 旋拜𩒨首
8.4280 旋拜𩒨首
8.4281 旋拜𩒨首
8.4282 旋拜𩒨首
8.4283 瘨拜𩒨首
8.4284 瘨拜𩒨首
8.4285 諫拜𩒨首
8.4286 嫠拜𩒨首
8.4287 伊拜手𩒨首
8.4288 師酉拜𩒨首
8.4289 師酉拜𩒨首
8.4290 師酉拜𩒨首
8.4291 師酉拜𩒨首
8.4294 揚拜手𩒨首
8.4295 揚拜手𩒨首
8.4296 郮拜𩒨首
8.4297 郮拜𩒨首
8.4298 大拜𩒨首
8.4299 大拜𩒨首
8.4300 用𩒨(稽)後人享
8.4301 用𩒨(稽)後人享
8.4302 彔伯戜敢拜手𩒨首
8.4311 𩛥拜𩒨首
8.4312 𩓣拜𩒨首
8.4316 虎敢拜𩒨首
8.4318 師兑拜𩒨首
8.4319 師兑拜𩒨首
8.4321 訇𩒨首
8.4322 乃子戜拜𩒨首
8.4324 師嫠拜手𩒨首
8.4325 師嫠拜手𩒨首
8.4328 不𡢁拜𩒨手(首)休
8.4329 不𡢁拜𩒨手(首)休
8.4330 也曰:拜𩒨首
8.4331 羿伯拜手𩒨首
8.4332 頌拜𩒨首
8.4333 頌拜𩒨首
8.4334 頌拜𩒨首
8.4335 頌拜𩒨首
8.4336 頌拜𩒨首
8.4337 頌拜𩒨首
8.4338 頌拜𩒨首
8.4339 頌拜𩒨首
8.4340 蔡拜手𩒨首
8.4341 班𩒨首曰:烏虖(乎)
8.4342 訇𩒨首
8.4343 牧拜𩒨首
9.4465 克拜𩒨首
9.4469 塱(坰)拜𩒨首
10.5408 静拜𩒨首
10.5411 稱拜𩒨首
10.5419 彔拜𩒨首
10.5420 彔拜𩒨首
10.5423 匡拜手𩒨首
10.5424 農三拜𩒨首
10.5430 繁拜手𩒨首
11.6008 爰拜𩒨首

11.6011 拜頣首曰：王弗朢(忘)厥舊宗小子
11.6013 盠拜頣首/盠敢拜頣首曰：剌剌(烈烈)朕身
12.6516 趩拜頣首
15.9714 懋拜頣首
15.9721 幾父拜頣首
15.9722 幾父拜頣首
15.9723 瘐拜頣首
15.9724 瘐拜頣首
15.9726 拜頣首
15.9727 拜頣首
15.9728 曶拜手頣首
15.9731 頌拜頣首
15.9732 頌拜頣首
16.9897 師遽拜頣首
16.9898 吳拜頣首
16.9899 盠拜頣首/盠敢拜頣首曰：剌剌(烈烈)朕身
16.9900 盠拜頣首/盠敢拜頣首曰：剌剌(烈烈)朕身
16.10170 休拜頣首
16.10172 寰拜頣首
16.10322 永拜頣首

0212 頪

1.272-8 毋或丞(脅)頪
1.285 毋或丞(脅)頪
3.865 頪乍(作)旅彝
9.4357 彔乍(作)鑄頪㲃(毁)
9.4358 彔乍(作)鑄頪㲃(毁)
9.4359 彔乍(作)鑄頪㲃(毁)
9.4360 彔乍(作)鑄頪㲃(毁)

0213 頡

1.225 余頡岡(頏)事君
1.226 余頡岡(頏)事君
1.227 余頡岡(頏)事君
1.228 余頡岡(頏)事君
1.229 余頡岡(頏)事君
1.230 余頡岡(頏)事君
1.231 余頡岡(頏)事君
1.232 余頡岡(頏)事君
1.233 余頡岡(頏)事君
1.234 余頡岡(頏)事君
1.235 余頡岡(頏)事君
1.236 余頡岡(頏)事君
1.237 余頡岡(頏)事君

0214 顫(揉)

1.270 顫(揉)燮百邦
5.2826 用康顫(揉)妥(綏)褱(懷)遠埶(邇)君子
5.2836 顫(揉)遠能埶(邇)
8.4326 顫(揉)遠能埶(邇)

0215 頢

5.2649 伯頢父乍(作)朕皇考屖伯、吳姬寶鼎
5.2819 宰頢右(佑)寰
16.10172 宰頢右(佑)寰

0216 頭

4.2222 蔡侯𪒠(申)之頭貞(鼎)
4.2223 蔡侯𪒠(申)之頭貞(鼎)

0217 頮(釁)

1.140 其萬年頮(眉)壽
3.601 宋頮父乍(作)豐子賸(媵)鬲
5.2814 用割(匄)頮(眉)壽萬年
7.4096 以眢(睨、睍)羕(永)令(命)、頮(眉)壽

0218 顯、盨

15.9442 龺乍(作)王(皇)母媿氏顯(沬)盉
16.10113 魯伯愈父乍(作)鼄(邾)姬仁朕(媵)顯(沬)盤
16.10114 魯伯愈父乍(作)鼄(邾)姬仁朕(媵)顯(沬)盤
16.10115 魯伯愈父乍(作)鼄(邾)姬仁朕(媵)顯(沬)盤
16.10119 龺乍(作)王(皇)母媿氏顯(沬)般(盤)
16.10127 儕孫殷穀乍(作)顯(沬)盤
16.10128 儕孫殷穀乍(作)顯(沬)
16.10160 自乍(作)顯(沬)盤
16.10244 魯伯愈父乍(作)鼄(邾)姬仁朕(媵)盨(沬)也(匜)
16.10247 龺乍(作)王(皇)母媿氏顯(沬)盉
16.10251 唯箄肇其乍(作)顯(沬)鼎也(匜)

0219 瀕

1.124 元瀕乃德
1.125-8 元瀕乃德
1.129-31 元瀕乃德

0220 頡

10.5188 頡乍(作)寶尊彝

0221 頸

16.9974 黃孫須頸子伯亞臣

0222 傾

5.2774 乃傾子帥隹
5.2841 女(汝)傾于政

0223 頓

16.10342 諭莫不日頓甏

0224 頣

14.9078 亞頣

0225 顏

5.2831 觑厥唯顏林/我舍(捨)顏陳大馬兩/舍(捨)顏始(姒)虞咨(咎)/舍(捨)顏有嗣壽商圅(貉)裘、盠冟/顏小子具(俱)叀(惟)夆(封)/顏下皮二

0226 類

8.4312 嗣工(空)液伯入右(佑)師類/王乎

內史遺册令(命)師頪/王若曰：師頪/頪拜䭫首/師頪其萬年

0227 顛

3.980 述(墜)王魚顛(鼎)

0228 顧

8.4330 乃沈子其顧褱(懷)多公能福

0229 顴

5.2831 曰：顴
5.2832 井伯、伯邑父、定伯、㝛伯、伯俗父迺顴
15.9713 用享孝于兄弟、聞(婚)顴(媾)、者(諸)老

0230 頦

3.526 頦姑乍(作)寶鼎
3.584 王乍(作)頦王姬𠦪𩰫彝
3.585 王乍(作)頦王姬𠦪𩰫彝

0231 顱

15.9735 不顱大宜(義)/不顱逆𢘫(順)

0232 顫、頙

5.2762 史顫(頙)乍(作)朕皇考釐仲、王(皇)母泉母尊鼎/顫(頙)其邁(萬)年

0233 頞(預)

4.2111 亞頞(預)
4.2112 亞頞(預)
10.5201 㔻祖辛禹亞頞(預)

0234 顲(頂)

10.5388 顲(頂)乍(作)母辛尊彝/顲(頂)賜婦𡚸(婚)曰：用𩰫于乃姑宓(閟)
10.5389 顲(頂)乍(作)母辛尊彝/顲(頂)賜婦𡚸(婚)曰：用𩰫于乃姑宓(閟)

0235 𩑋、𩑋(頂)

1.172 聞于𩑋(頂)東
1.173 聞于𩑋(頂)東
1.174 聞于𩑋(頂)東
1.175 聞于𩑋(頂)東
1.176 聞于𩑋(頂)東
1.177 聞于𩑋(頂)東
1.178 聞于𩑋(頂)東
1.179 聞于𩑋(頂)東
1.180 聞于𩑋(頂)東

0236 顯

1.82 單伯昊生(甥)曰：不(丕)顯皇祖剌(烈)考
1.92 敢對揚天子不(丕)顯休
1.103 用卲乃穆穆不(丕)顯龍(寵)光
1.181 敢對揚天子不(丕)顯魯休
1.187-8 梁其曰：不(丕)顯皇祖考/梁其敢對天子不(丕)顯休揚
1.189-90 梁其曰：不(丕)顯皇祖考/梁其敢對天子不(丕)顯休揚
1.191 梁其敢對天子不(丕)顯休揚
1.192 曰：不(丕)顯皇祖考
1.238 虢叔旅曰：不(丕)顯皇考叀(惠)叔
1.239 虢叔旅曰：不(丕)顯皇考叀(惠)叔
1.240 虢叔旅曰：不(丕)顯皇考叀(惠)叔
1.241 虢叔旅曰：不(丕)顯皇考叀(惠)叔
1.242-4 虢叔旅曰：不(丕)顯皇考叀(惠)叔
1.247 㾓曰：不(丕)顯高祖、亞祖、文考
1.248 㾓曰：不(丕)顯高祖、亞祖、文考
1.249 㾓曰：不(丕)顯高祖、亞祖、文考
1.250 㾓曰：不(丕)顯高祖、亞祖、文考
1.260 用卲各不(丕)顯祖考先王
1.270 秦公曰：不(丕)顯朕皇祖受天命
1.272-8 不(丕)顯穆公之孫/不(丕)顯皇祖
1.283 不(丕)顯囗
1.285 不(丕)顯穆公之孫、其配襄公之妣/不(丕)顯皇祖
5.2747 敢對揚天子不(丕)顯休
5.2778 對揚皇尹不(丕)顯休
5.2786 敢對揚天子不(丕)顯休
5.2804 對揚天子不(丕)顯皇休
5.2806 囗子不(丕)顯休
5.2807 對揚天子不(丕)顯休
5.2808 對揚天子不(丕)顯休
5.2810 敢對揚天子不(丕)顯休釐(賚)
5.2812 大(太)師小子師朢(望)曰：不(丕)顯皇考宄公/朢(望)敢對揚天子不(丕)顯魯休
5.2814 無(許)叀敢對揚天子不(丕)顯魯休
5.2815 敢對揚天子不(丕)顯魯休
5.2817 敢對揚天子不(丕)顯休令(命)
5.2819 敢對揚天子不(丕)顯叚(遐)休令(命)
5.2821 此敢對揚天子不(丕)顯休令(命)
5.2822 此敢對揚天子不(丕)顯休令(命)
5.2823 此敢對揚天子不(丕)顯休令(命)
5.2827 頌敢對揚天子不(丕)顯魯休
5.2828 頌敢對揚天子不(丕)顯魯休
5.2829 頌敢對揚天子

不(丕)顯魯休
5.2833 禹曰：不(丕)顯趄趄皇祖穆公/敢對揚武公不(丕)顯耿光
5.2834 禹曰：不(丕)顯走(趄趄)皇祖穆公
5.2836 不(丕)顯天子/敢對揚天子不(丕)顯魯休
5.2837 不(丕)顯文王
5.2841 不(丕)顯文、武
8.4184 敢𫅇(揚？)天尹不(丕)顯休
8.4185 敢𫅇(揚？)天尹不(丕)顯休
8.4186 敢𫅇(揚？)天尹不(丕)顯休
8.4187 敢𫅇(揚？)天尹不(丕)顯休
8.4209 衛敢對揚天子不(丕)顯休
8.4210 衛敢對揚天子不(丕)顯休
8.4211 衛敢對揚天子不(丕)顯休
8.4212 衛敢對揚天子不(丕)顯休
8.4246 疐揚天子不(丕)顯休
8.4247 疐揚天子不(丕)顯休
8.4248 疐揚天子不(丕)顯休
8.4249 疐揚天子不(丕)顯休
8.4250 即敢對揚天子不(丕)顯休
8.4251 敢對揚天子不(丕)顯休
8.4252 敢對揚天子不(丕)顯休
8.4256 敢對揚天子不(丕)顯休
8.4261 衣祀于王不(丕)顯考文王/不(丕)顯王乍(則)省
8.4268 不(丕)敢顯天子對揚休
8.4272 對揚天子不(丕)顯休
8.4273 對揚天子不(丕)顯休
8.4274 敢對揚天子不(丕)顯魚(魯)休
8.4275 敢對揚天子不(丕)顯魯休
8.4276 敢對揚天子不(丕)顯休命
8.4277 俞敢對揚天子不(丕)顯休
8.4279 敢對昜(揚)天子不(丕)顯魯休命
8.4280 敢對揚天子不(丕)顯魯休令(命)
8.4281 敢對揚天子不(丕)顯魯休(命)
8.4282 敢對揚天子不(丕)顯魯休令(命)
8.4283 敢對揚天子不(丕)顯休
8.4284 敢對揚天子不(丕)顯休
8.4285 敢對揚天子不(丕)顯休
8.4287 伊用乍(作)朕不(丕)顯皇祖文考徲叔寶𪔂彝
8.4288 對揚天子不(丕)顯休令(命)
8.4289 對揚天子不(丕)顯休命
8.4290 對揚天子不(丕)顯休命
8.4291 對揚天子不(丕)顯休命
8.4294 敢對揚天子不(丕)顯休
8.4295 敢對揚天子不(丕)顯休
8.4298 敢對揚天子不(丕)顯休
8.4299 敢對揚天子不(丕)顯休
8.4302 瓚(對)揚天子不(丕)顯休
8.4303 此敢對揚天子不(丕)顯休令(命)
8.4304 此敢對揚天子不(丕)顯休令(命)
8.4305 此敢對揚天子不(丕)顯休令(命)
8.4306 此敢對揚天子不(丕)顯休令(命)
8.4307 此敢對揚天子不(丕)顯休令(命)
8.4308 此敢對揚天子不(丕)顯休令(命)
8.4309 此敢對揚天子不(丕)顯休令(命)
8.4310 此敢對揚天子不(丕)顯休令(命)
8.4312 敢對揚天子不(丕)顯休
8.4315 秦公曰：不(丕)顯朕皇祖
8.4318 敢對揚天子不(丕)顯魯休
8.4319 敢對揚天子不(丕)顯魯休
8.4321 不(丕)顯文、武受令(命)
8.4326 不(丕)顯皇祖考
8.4330 以于顯顯受令(命)
8.4331 朕不(丕)顯祖文、武
8.4332 頌敢對揚天子不(丕)顯魯休
8.4333 頌敢對揚天子不(丕)顯魯休
8.4334 頌敢對揚天子不(丕)顯魯休
8.4335 頌敢對揚天子不(丕)顯魯休
8.4336 頌敢對揚天子不(丕)顯魯休
8.4337 頌敢對揚天子不(丕)顯魯休
8.4338 頌敢對揚天子不(丕)顯魯休
8.4339 頌敢對揚天子不(丕)顯魯休
8.4340 敢對揚天子不(丕)顯魯休
8.4341 允才(哉)顯
8.4342 不(丕)顯文、武
8.4343 敢對揚王不(丕)顯休
9.4465 敢對天子不(丕)顯魯休揚
9.4467 不(丕)顯文、武/克敢對揚天子不(丕)顯魯休
9.4468 不(丕)顯文、武

/克敢對揚天子不(丕)顯魯休
9.4469 對揚天子不(丕)顯魯休
10.5423 對揚天子不(丕)顯休
15.9728 敢對揚天子不(丕)顯魯休令(命)
15.9731 頌敢對揚天子不(丕)顯魯休
15.9732 頌敢對揚天子不(丕)顯魯休
16.9897 敢對揚天子不(丕)顯休
15.10169 吕服余敢對揚天〔子〕不(丕)顯休令(命)
16.10170 敢對揚天子不(丕)顯休令(命)
16.10172 敢對揚天子不(丕)顯叚(遐)休令(命)
16.10173 不(丕)顯子白
16.10175 對揚天子不(丕)顯休令(命)

0237　顲

18.11997 顲之蝨(蛅)

0238　顬

5.2762 用祈匄眉壽、永令(命)、顬(靈)冬(終)

0239　顯

5.2626 商(賞)獻侯顯貝
5.2627 商(賞)獻侯顯貝

0240　驥

9.4625 長子驥臣擇其吉金

0241　㬎

5.2809 伯懋父迺罰得㬎古三百寽(鋝)

0242　𩈁

5.2615 唯八月在𩈁(頵)应

0243　𦕒(髯)

17.11335 邗命(令)輅庶、上庫工師郾□、冶氏𦕒(髯)

0244　𠔡

3.847 𠔡(兴)北子冉
3.1288 丁𠔡
4.2124 𠔡㔾日戊乍(作)彝
10.5346 晉𠔡
11.6026 𠔡(兴)
11.6157 亞𠔡
12.6539 𠔡
12.6540 𠔡
12.6541 𠔡
12.7261 𠔡祖乙乍(作)彝
12.7302 𠔡
13.7331 𠔡
13.7332 𠔡
13.7333 𠔡
13.8150 𠔡行
14.8444 𠔡父丁
14.8445 𠔡父丁
14.8537 𠔡父己
14.8669 𠔡父癸
14.8670 𠔡父癸
15.9268 𠔡父乙

0245　𠔠、𠔱

2.377 𠔠
2.378 𠔠
2.379 𠔠
2.393 𠔱鴅
2.394 𠔱鴅
3.461 𠔱母
3.474 𠔠父乙
3.479 𠔱父丁
3.486 齊婦𠔠
3.795 𠔠鴅
3.796 叡𠔱
3.822 𠔱父癸
3.867 𠔱
3.916 𠔱
3.922 𠔱
3.1049 𠔱
3.1380 𠔱叡
3.1490 微𠔱
3.1491 𠔱登
4.1516 𠔠妣癸
4.1521 𠔱父甲
4.1523 𠔱父乙
4.1524 𠔱父乙
4.1525 𠔱父乙
4.1526 𠔱父乙
4.1527 𠔱父乙
4.1570 𠔱父丁
4.1571 𠔱父丁
4.1572 𠔱父丁
4.1573 父丁𠔱
4.1603 𠔱父己
4.1604 𠔱父己
4.1670 𠔠父癸
4.1810 𠔱
4.2019 𠔱兄戊父癸
4.2020 𠔱俞女(母)癸父
4.2111 𠔱祖辛禹
4.2112 𠔱祖辛禹
4.2120 𠔱
4.2140 𠔱
4.2180 𠔱
4.2182 𠔠
4.2324 𠔱
4.2327 𠔠
4.2403 𠔱
4.2432 𠔱
4.2507 𠔱
5.2648 𠔱
5.2653 𠔱
5.2670 𠔱
5.2695 𠔱
6.2941 𠔠
6.2942 𠔠
6.2943 𠔱
6.3112 叡𠔱
6.3113 𠔱逋
6.3114 𠔱姍
6.3145 𠔱父乙
6.3146 𠔱父乙
6.3147 𠔱父乙
6.3148 父乙𠔱
6.3169 𠔱父丁
6.3170 𠔱父丁
6.3220 母乙𠔱
6.3224 𠔱母辛
6.3434 𠔱
6.3572 𠔱
6.3606 𠔱
6.3645 𠔱
7.3904 𠔱
8.4138 𠔱

9.4652 䖒〓
10.4759 〓
10.4844 婦〓
10.4876 〓㣲
10.4877 䖒〓
10.4878 䖒〓
10.4879 䖒〓
10.4900 〓祖癸
10.4926 〓父乙
10.4938 〓父丁
10.4939 〓父丁
10.4960 父己〓
10.4961 父己〓
10.4967 父庚〓
10.4980 〓父辛
10.4998 父癸〓
10.5000 〓母己
10.5011 〓秜(秝)
10.5148 〓乍(作)父乙彝
10.5163 〓父己、母癸
10.5167 〓敉(扶)父辛彝
10.5171 〓乍(作)父辛彝
10.5172 〓父癸母〓
10.5201 〓祖辛禹亞頮(預)
10.5250 〓
10.5281 〓父己乍(作)寶尊彝
10.5349 〓
10.5350 〓
10.5351 〓
10.5360 〓
10.5362 〓
10.5394 〓
10.5404 〓
10.5417 〓母辛
11.5446 〓
11.5447 〓
11.5556 䖒〓
11.5610 〓祖癸
11.5618 父乙〓
11.5629 父丁〓
11.5665 〓父癸
11.5679 〓母己
11.5733 文父丁〓
11.5734 文父丁〓
11.5746 亞〓父辛
11.5876 〓
11.5877 〓
11.5910 〓
11.5965 子光商(賞)〓(㲄)〓啟貝
11.5978 〓
11.5984 〓
11.5997 〓
11.6000 〓
11.6022 〓
11.6023 〓
11.6024 〓
11.6187 䖒〓
11.6218 〓父乙
11.6219 〓父乙
11.6220 〓父乙
11.6255 〓父丁
11.6300 父辛〓
11.6301 父辛〓
11.6326 〓父癸
11.6327 父癸〓
11.6345 〓母辛
12.6481 〓𨿅(鵛)獿乍(作)祖辛彝
12.6538 〓
12.6918 䖒〓
12.6919 䖒〓
12.7092 〓父乙
12.7093 〓父乙
12.7094 〓父乙
12.7109 〓父丁
12.7121 〓父戊
12.7137 〓父庚
12.7140 〓父辛
12.7180 〓亞次
12.7235 〓
13.7418 〓
13.7419 〓
13.7420 〓
13.8042 〓己
13.8134 〓〓
13.8135 〓婦
13.8167 〓䖒
13.8168 〓䖒
13.8169 〓䖒
14.8337 〓祖己
14.8379 〓父乙
14.8380 〓父乙
14.8381 父乙〓
14.8382 父乙〓
14.8517 父戊〓
14.8539 父己〓
14.8540 〓父己
14.8587 〓父庚
14.8607 〓父辛
14.8608 〓父辛
14.8673 〓父癸
14.8674 〓父癸
14.8675 〓父癸
14.8676 〓父癸
14.8739 〓妣己
14.8771 〓亞秜(秝)
14.8772 〓亞秜(秝)
14.8773 〓亞秜(秝)
14.8774 〓亞秜(秝)
14.8799 〓〓辛
14.8977 母丙遂〓
14.9029 〓
14.9030 〓
14.9092 〓
14.9093 〓
15.9175 〓〓(尺)
15.9176 䖒(攎)〓
15.9219 〓父癸
15.9246 〓
15.9247 〓
15.9269 父乙〓
15.9270 父乙〓
15.9284 文父丁〓
15.9301 〓/〓
15.9304 〓
15.9327 〓䖒
15.9393 〓
15.9507 〓兄辛
15.9737 〓
15.9770 䖒〓
15.9806 祖辛禹秜(秝)〓
15.9820 〓
16.10038 〓父甲
16.10520 〓父丁
16.10567 〓
16.10576 〓
17.10647 〓
17.10648 〓
18.11413 〓
18.11720 〓

0246 〓

12.6907 子〓

0247 〓(扣)

6.3076 子〓(扣)

0248 〓(饗)

16.10369 衛𠂤(師)辛

(?)巽嬰

0249 㬝(具)

11.5905 單㬝(具)乍(作)父癸寶尊彝

0250 𦾓(擘)

3.1012 𦾓(擘)
4.1668 𦾓(擘)父癸
6.3125 𦾓(擘)虎秘
6.3215 𦾓(擘)父癸
10.4996 𦾓(擘)父癸
12.7143 𦾓(擘)父辛

0251 異

1.187-8 穆穆異異(翼翼)
1.189-90 穆穆異異(翼翼)
1.192 穆穆異異(翼翼)
1.238 異(翼)在下
1.239 異(翼)在下
1.240 異(翼)在下
1.241 異(翼)在下
1.242-4 異(翼)在下
5.2758 公朿(刺)鑄武王、成王異鼎
5.2759 公朿(刺)鑄武王、成王異鼎
5.2760 公朿(刺)鑄武王、成王異鼎
5.2761 公朿(刺)鑄武王、成王異鼎
5.2837 古(故)天異(翼)臨子
5.2838 井叔在異
8.4331 異(翼)自它邦
10.5372 異乍(作)厥考伯效父寶宗彝
16.10360 𩰫(召)弗敢謹(忘)王休異(翼)

0252 女

1.60-3 今余賜女(汝)毌五、錫戈彤屖(蘇)
1.120 女(汝)亦虔秉不(丕)涇(經)〔德〕/女(汝)其用茲
1.121 女(汝)亦虔秉不(丕)涇(經)德
1.122 女(汝)亦虔秉不(丕)涇(經)德
1.123 女(汝)其用茲
1.125-8 女(汝)亦虔秉不(丕)涇(經)德/女(汝)其用茲
1.129-31 女(汝)其用茲
1.132 女(汝)亦虔秉不(丕)涇(經)德
1.171 同女(汝)之利
1.193 卑(俾)女(汝)龢龢剖剖
1.194 卑(俾)女(汝)龢龢剖剖
1.195 卑(俾)女(汝)龢龢音音
1.196 卑(俾)女(汝)龢龢剖剖
1.197 卑(俾)女(汝)龢龢剖剖
1.198 卑(俾)女(汝)龢龢剖剖
1.272-8 公曰:女(汝)尸/女(汝)少(小)心畏忌/女(汝)不彖(墜)夙夜/余命女(汝)政于朕三軍/女(汝)敬共(恭)辝(台)命/女(汝)膺(應)鬲(歷)公家/女(汝)巩(鞏)裳(勞)朕行師/女(汝)肇勄(敏)于戎攻(功)/余賜女(汝)釐(萊)都、朡(密)、劚(膠)/余命女(汝)嗣辝(台)釐(萊)/爲女(汝)敵(敵)寮/女(汝)尸毋曰余少(小)子/女(汝)専余于艱恤/女(汝)康能乃又(有)事(吏)/余命女(汝)織(職)差正卿/女(汝)台(以)恤余朕身/余賜女(汝)馬、車、戎兵/女(汝)台(以)戒戎攸(迮)/而鍼公之女/女(汝)考壽邁(萬)年
1.280 而鍼公之女
1.281 余賜女(汝)釐(萊)都、朡(密)〼
1.282 女(汝)専余于艱恤
1.285 公曰:女(汝)尸/女(汝)少(小)心畏忌/女(汝)不彖(墜)夙夜/余命女(汝)政于朕三軍/女(汝)敬共(恭)辝(台)命/女(汝)膺(應)鬲(歷)公家/女(汝)巩(鞏)裳(勞)朕行師/女(汝)肇勄(敏)于戎攻(功)/余賜女(汝)釐(萊)都、朡(密)、劚(膠)/余命女(汝)嗣辝(台)釐(萊)邑/爲女(汝)敵(敵)寮/女(汝)康能乃又(有)事(吏)/女(汝)尸毋曰余少(小)子/女(汝)専余于艱恤/余命女(汝)織(職)差正卿/女(汝)台(以)専戒公家/女(汝)台(以)恤余朕身/余賜女(汝)車、馬、戎兵/女(汝)台(以)戒戎攸(迮)/而鍼公之女/女(汝)考壽邁(萬)年
2.428 女(汝)勿喪勿敗
3.535 帛女(母)乍(作)齊(齋)鬲
3.679 用朕(媵)嬴女𪚴母
3.688 𢍰入(納)熯于女(汝)子
3.718 𡘜季乍(作)孟姬宮(庿)女(母)逹鬲
3.917 者(諸)女以大子尊彝
3.949 以王令(命)曰:余令女(汝)史(使)小大邦/厥又舍(捨)女(汝)芻量/至于女庚
4.1712 宰女(母)彝
4.1906 匄女(母)康
4.1909 亞𠬝(敢)女(汝)子
4.2020 冀佾女(母)癸父
4.2026 𠂤女(母)乍(作)山柔
4.2146 員女(母)尊彝
4.2327 用乍(作)女

(母)辛彝

4.2470 用朕(媵)嬴女孋女(母)

4.2501 ☐女楚☐女玄☐旅☐天☐彝

5.2549 鮆(許)男乍(作)成姜逗(趄)女(母)朕(媵)尊貞(鼎)

5.2671 征(延、誕)令曰:有女(汝)多兄(貺)/毋又(有)達女(汝)/唯女(汝)率我多友以事

5.2672 征(延、誕)令曰:有女(汝)多兄(貺)/毋又(有)達女(汝)/唯女(汝)率我多友以事

5.2723 王女(如)上侯

5.2785 今兄(貺)畀女(汝)福土

5.2786 命女(汝)幽黄(衡)、鋚革(勒)

5.2803 余其舍(捨)女(汝)臣十家

5.2804 曰:賜女(汝)赤⊖芾、絲(鑾)旂

5.2805 賜女(汝)赤芾、幽黄(衡)、攸(鋚)勒

5.2814 賜女(汝)玄衣黹屯(純)、戈琱戟、歇(厚)必(柲)、彤沙(蘇)、攸(鋚)勒、絲(鑾)旂

5.2816 賜女(汝)秬鬯一卣、玄衮衣、幽夫(芾)、赤舄、駒車、畫呻(紳)、幬(幬)學(較)、虎帬(幃)、冟袦里幽、攸(鋚)勒、旅(旂)五旅(旂)、彤弓、彤矢、旅(玈)弓、旅(玈)矢、𢦏戈、虢(皋)胄

5.2818 曰:女(汝)覓我田

5.2820 昔先王既令女(汝)左(佐)疋(胥)𩵦侯/令女(汝)左(佐)疋(胥)𩵦侯/賜女(汝)乃祖旂

5.2821 賜女(汝)玄衣黹屯(純)、赤芾、朱黄(衡)、絲(鑾)旅(旂)

5.2822 賜女(汝)玄衣黹屯(純)、赤芾、朱黄(衡)、絲(鑾)旂

5.2823 賜女(汝)玄衣黹屯(純)、赤芾、朱黄(衡)、絲(鑾)旅(旂)

5.2825 令女(汝)官嗣歙(飲)獻人于冕/賜女(汝)玄衣黹屯(純)、赤芾、朱黄(衡)、絲(鑾)旂

5.2827 令女(汝)官嗣成周貯(廛)廿家/賜女(汝)玄衣黹屯(純)、赤芾、朱黄(衡)、絲(鑾)旂、攸(鋚)勒

5.2828 令女(汝)官嗣成周貯(廛)廿家/賜女(汝)玄衣黹屯(純)、赤芾、朱黄(衡)、絲(鑾)旂、攸(鋚)勒

5.2829 令女(汝)官嗣成周貯(廛)廿家/賜女(汝)玄衣黹屯(純)、赤芾、朱黄(衡)、絲(鑾)旂、攸(鋚)勒

5.2830 女(汝)克蠱乃身/賜女(汝)玄衣黼(黼)屯(純)、赤芾、朱橫(黄衡)、絲(鑾)旂、大(太)師金膺、攸(鋚)勒

5.2832 曰:余舍(捨)女(汝)田五田/正廼訊厲曰:女(汝)貯田不(否)

5.2835 廼曰武公曰:女(汝)既靜(靖)京師/贅(賚)女(汝)/賜女(汝)土田/公竆(親)曰多友曰:余肇事(使)女(汝)/女(汝)靜(靖)京師/賜女(汝)圭瓚一、湯(錫)鐘一牆(肆)、鐈鋚百勻(鈞)

5.2836 昔余既令女(汝)出內(入)朕令(命)/賜女(汝)菽(素)芾、參冋(絅)、芇悤(葱)/賜女(汝)田于埜/賜女(汝)田于淠/賜女(汝)井寓匔/賜女(汝)田于康/賜女(汝)田于匽/賜女(汝)田于陣原/賜女(汝)田于寒山/賜女(汝)史、小臣、霝(靈)龠(龢)鼓鐘/賜女(汝)井、微、匔人/覯(纘)賜女(汝)井人奔于量

5.2837 女(汝)妹(昧)辰又(有)大服/女(汝)勿䛐(蔽)余乃辟一人/今余唯令女(汝)盂召(紹)熒(榮)/令女(汝)盂井(型)乃嗣祖南公/賜女(汝)鬯一卣、冂(冪)衣、芾、舄、車、馬/賜女(汝)邦嗣四伯

5.2838 令(命)女(汝)更乃祖考嗣卜事/賜女(汝)赤⊖〔芾〕、☐/我既賣(贖)女(汝)五夫/曶廼每(誨)于䛐曰:女(汝)其舍(捨)𣪘(究)矢五秉/女(汝)匡罰大

5.2840 事少女(如)䟫(長)/事愚女(如)智

5.2841 命女(汝)辥(乂)我邦、我家內外/女(汝)毋敢妄(荒)寧/命女(汝)亟(極)一方/女(汝)餌于政/女(汝)毋敢家(墜)在乃服/女(汝)毋弗帥用先王乍(作)明井(型)/俗(欲)女(汝)弗以乃辟圅(陷)于艱/命女(汝)覯(纘)嗣公族/賜女(汝)秬鬯一卣、祼圭瓚寶、朱芾、悤(葱)黄(衡)、玉環、玉琮、金車、桒(賁)縟較(較)、朱䩛(鞹)𩋈靳、虎冟(冪)

熏裏、右軛、畫轉、畫輯、金甬(桶)、遣(錯)衡、金嶂(踵)、金家(軛)、軥(約)㲔(盛)、金簟弼(茀)、魚箙、馬四匹、攸(鋚)勒、金□(臺)、金膺、朱旂二鈴(鈴)/ 賜女(汝)茲弁(賸)

6.3689 亞疑㠱㽙乍(作)女(母)辛寶彝

7.4055 不故女夫人㠯(以)乍(迮)登(鄧)公 / 用爲女夫人尊諆㪉

8.4184 賜女(汝)馬乘、鐘五金

8.4185 賜女(汝)馬乘、鐘五金

8.4186 賜女(汝)馬乘、鐘五金

8.4187 賜女(汝)馬乘、鐘五金

8.4191 唯王初女(如)□

8.4199 令女(汝)更喬克嗣直啚(鄙)/ 賜女(汝)䜌(鑾)旂

8.4200 令女(汝)更喬克嗣直啚(鄙)/ 賜女(汝)䜌(鑾)旂

8.4215 命女(汝)嗣成周里人 / 賜女(汝)尸(夷)臣十家

8.4216 令女(汝)差追于齊 / 儕(齎)女(汝)毌五、昜(錫)登盾生皇(凰)、畫內(枘)戈琱戟、歇(厚)必(柲)、彤沙(蘇)

8.4217 令女(汝)差追于齊 / 儕(齎)女(汝)毌五、昜(錫)登盾生皇(凰)、畫內(枘)戈琱戟、歇(厚)必(柲)、彤沙(蘇)

8.4218 令女(汝)差追于齊 / 儕(齎)女(汝)毌五、昜(錫)登盾生皇(凰)、畫內(枘)戈琱戟、歇(厚)必(柲)、彤沙(蘇)

8.4240 曰：令女(汝)疋(胥)周師嗣歔(廩)/ 賜女(汝)赤⊖市

8.4244 賜女(汝)赤〔市、朱黃、䜌〕旂

8.4250 王乎命女(汝)：赤市、朱黃(衡)、玄衣黹屯(純)、䜌(鑾)旂

8.4253 王乎尹氏册命師察：賜女(汝)赤舄、攸(鋚)勒

8.4254 王乎尹氏册命師察：賜女(汝)赤舄、攸(鋚)勒

8.4255 令女(汝)乍(作)嗣土(徒)/ 賜女(汝)戠(織)衣、赤⊖市、䜌(鑾)旂、楚走馬

8.4257 賜女(汝)玄衣黹屯(純)、鉥(素)市、金鈧(衡)、赤舄、戈琱戟、彤沙(蘇)、攸(鋚)勒、䜌(鑾)旂五日

8.4258 曰：賜女(汝)秬(賁)朱黃(衡)、玄衣黹屯(純)、㫃、攸(鋚)革(勒)

8.4259 曰：賜女(汝)秬(賁)朱黃(衡)、玄衣黹屯(純)、㫃、攸(鋚)革(勒)

8.4260 曰：賜女(汝)秬(賁)朱黃(衡)、玄衣黹屯(純)、㫃、攸(鋚)革(勒)

8.4266 命女(汝)乍(作)斅(豳)師冢嗣馬 / 賜女(汝)赤市、幽亢(衡)、䜌(鑾)旂

8.4267 睗(賜)女(汝)赤市、縈黃(衡)、䜌(鑾)旂

8.4268 乎內史寿(敖、佚)册命王臣：賜女(汝)朱黃(衡)秬(賁)親(襯)、玄衣黹屯(純)、䜌(鑾)旂五日、戈畫戟、厤(墉)必(柲)、彤沙(蘇)

8.4269 賜女(汝)婦爵、㚸之先周(琱)玉、黃□

8.4270 毋女(汝)又(有)閑

8.4271 毋女(汝)又(有)閑

8.4272 賜女(汝)赤⊖市、䜌(鑾)

8.4274 賜女(汝)乃祖巾、五黃(衡)、赤舄

8.4275 賜女(汝)乃祖巾、五黃(衡)、赤舄

8.4276 賜女(汝)戠(織)衣、⊖市、䜌(鑾)旂

8.4278 曰：女(汝)爰(覓)我田

8.4279 賜女(汝)赤市、冋(褧)黃(衡)、麗般(鞶)

8.4280 賜女(汝)赤市、冋(褧)黃(衡)、麗般(鞶)

8.4281 賜女(汝)赤市、冋(褧)黃(衡)、麗般(鞶)

8.4282 賜女(汝)赤市、冋(褧)黃(衡)、麗般(鞶)

8.4283 曰：先王既令(命)女(汝)/ 令(命)女(汝)官嗣邑人、師氏 / 賜女(汝)金勒

8.4284 曰：先王既令(命)女(汝)/ 令(命)女(汝)官嗣邑人、師氏 / 賜女(汝)金勒

8.4285 曰：先王既命女(汝)䡅(纘)嗣王宥 / 女(汝)某(謀)不又(有)聞(昏)/ 今余唯或嗣(嗣)命女(汝)/ 賜女(汝)攸(鋚)勒

8.4286 㦸(哉)賜女(汝)載(緇)市、素黃(衡)、䜌(鑾)旜 / 賜女(汝)玄衣黹屯(純)、赤市、朱黃(衡)、戈彤沙(蘇)琱戟、旂五日

8.4287 賜女(汝)赤市、幽黃(衡)、䜌(鑾)旂、攸(鋚)勒

8.4288 新賜女(汝)赤

芾、朱黄(衡)、中絅(褧)、攸(鋚)勒

8.4289 新賜女(汝)赤芾、朱黄(衡)、中絅(褧)、攸(鋚)勒

8.4290 新賜女(汝)赤芾、朱黄(衡)、中絅(褧)、攸(鋚)勒

8.4291 新賜女(汝)赤芾、朱黄(衡)、中絅(褧)、攸(鋚)勒

8.4292 女(汝)則宕其貳/女(汝)則宕其一

8.4294 賜(賜)女(汝)赤⿰㠯市(㠯)芾、䜌(鑾)旂

8.4295 賜(賜)女(汝)赤⿰㠯市(㠯)芾、䜌(鑾)旂

8.4296 昔先王既命女(汝)乍(作)邑/賜女(汝)赤芾、冋(䌹)睘(緀)黄(衡)、䜌(鑾)旂

8.4297 昔先王既命女(汝)乍(作)邑/賜女(汝)赤芾、冋(䌹)睘(緀)黄(衡)、䜌(鑾)旂

8.4302 女(汝)肇不家(墜)/余賜女(汝)秬鬯一卣、金車、桒(賁)疇(幬)較(較)、桒(賁)㴱朱虢(鞹)靳、虎冟(冪)𥻰(朱)裏、金甬(筩)、畫聞(䡞)、金厄(軛)、畫轉、馬四匹、鋚勒

8.4303 賜女(汝)玄衣黹屯(純)、赤芾、朱黄(衡)、䜌(鑾)旂(旂)

8.4304 賜女(汝)玄衣黹屯(純)、赤芾、朱黄(衡)、䜌(鑾)旂(旂)

8.4305 賜女(汝)玄衣黹屯(純)、赤芾、朱黄(衡)、䜌(鑾)旂(旂)

8.4306 賜女(汝)玄衣〔黹〕屯(純)、赤芾、朱黄(衡)、䜌(鑾)旂(旂)

8.4307 賜女(汝)玄衣黹屯(純)、赤芾、朱黄(衡)、䜌(鑾)旂(旂)

8.4308 賜女(汝)玄衣黹屯(純)、赤芾、朱黄(衡)、䜌(鑾)旂(旂)

8.4309 賜女(汝)玄衣黹屯(純)、赤芾、朱黄(衡)、䜌(鑾)旂(旂)

8.4310 賜女(汝)玄衣黹屯(純)、赤芾、朱黄(衡)、䜌(鑾)旂(旂)

8.4311 女(汝)有隹(雖)小子/余令女(汝)死(尸)我家/賜女(汝)戈琱戟、〔歇〕必(柲)、彤𣏟(沙、蘇)、毌五、鍚鐘一斅(肆)五金

8.4312 才先王既令(命)女(汝)乍(作)嗣士/賜女(汝)赤芾、朱黄(衡)、䜌(鑾)旂、攸(鋚)勒

8.4313 今余肇令女(汝)/歐(毆)俘士女、牛羊

8.4314 今余肇令女(汝)/歐(毆)俘士女、羊牛

8.4316 令(命)女(汝)更乃叡(祖)考/賜女(汝)赤舄

8.4318 王乎內史尹册令(命)師兑：余既令女(汝)疋(胥)師龢父/令(命)女(汝)䡅(纘)嗣走(趣)馬/賜女(汝)秬鬯一卣、金車、桒(賁)較(較)、朱虢(鞹)㴱靳、虎冟(冪)熏(纁)裏、右厄(軛)、畫轉、畫䡞、金甬(筩)、馬四匹、攸(鋚)勒

8.4319 王乎內史尹册令(命)師兑：余既令(命)女(汝)疋(胥)師龢父/令(命)女(汝)䡅(纘)嗣走(趣)馬/賜女(汝)秬鬯一卣、金車、桒(賁)較(較)、朱虢(鞹)㴱靳、虎冟(冪)熏(纁)裏、右厄(軛)、畫轉、畫䡞、金甬(筩)、馬四匹、攸(鋚)勒

8.4321 今余令(命)女(汝)啻(嫡)官嗣邑人/賜女(汝)玄衣黹屯(純)、載(緇)芾、冋(䌹)黄(衡)、戈琱戟、歇(厚)必(柲)、彤沙(蘇)、䜌(鑾)旂、攸(鋚)勒

8.4324 女(汝)敏可事(使)/既令(命)女(汝)更乃祖考嗣小輔/令(命)女(汝)嗣乃祖舊官小輔眔鼓鐘/賜女(汝)菽(素)芾、金黄(衡)、赤舄、攸(鋚)勒

8.4325 女(汝)敏可事(使)/既令女(汝)更乃祖考嗣/令(命)女(汝)嗣乃祖舊官小輔、鼓鐘/賜女(汝)菽(素)芾、金黄(衡)、赤舄、攸(鋚)勒

8.4327 今余唯令女(汝)死(尸)𦳔宮、𦳔人/女(汝)毋敢不善/賜女(汝)瓚四、章(璋)瑴(瑴)、宗彝一𦞅(肆)/賜女(汝)馬十匹、牛十

8.4328 余命女(汝)御(禦)追于𨂕/女(汝)以我車宕伐厰(玁)允(狁)于高陶/女(汝)多折首執訊/從追女(汝)/女(汝)彶戎大臺(敦)戟(搏)/女(汝)休弗以我車圅(陷)于艱/女(汝)多禽(擒)/女(汝)小子/女(汝)肇誨(敏)于戎工(功)/賜女(汝)弓一、矢束、臣五家、田十田

8.4329 余命女(汝)御(禦)追于𨂕/女(汝)以我車宕伐㺇(玁)允(狁)于高陶/女(汝)

多折首執訊/從追女(汝)/女(汝)彶戎大辜(敦)戟(搏)/女(汝)休弗以我車圅(陷)于艱/女(汝)多禽(擒)/女(汝)小子/女(汝)肈誨(敏)于戎工(功)/賜女(汝)弓一、矢束、臣五家、田十田

8.4331 賜女(汝)緻(鼬)裘

8.4332 令(命)女(汝)官嗣成周貯(廛)/賜女(汝)玄衣黹屯(純)、赤芾、朱黄(衡)、絲(鑾)旂、攸(鋚)勒

8.4333 令女(汝)官嗣成周貯(廛)/賜女(汝)玄衣黹屯(純)、赤芾、朱黄(衡)、絲(鑾)旂、攸(鋚)勒

8.4334 令女(汝)官嗣成周貯(廛)/賜女(汝)玄衣黹屯(純)、赤芾、朱黄(衡)、絲(鑾)旂、攸(鋚)勒

8.4335 令女(汝)官嗣成周貯(廛)/賜女(汝)玄衣黹屯(純)、赤芾、朱黄(衡)、絲(鑾)旂、攸(鋚)勒

8.4336 令女(汝)官嗣成周貯(廛)/賜女(汝)玄衣黹屯(純)、赤芾、朱黄(衡)、絲(鑾)旂、攸(鋚)勒

8.4337 令女(汝)官嗣成周貯(廛)/賜女(汝)玄衣黹屯(純)、赤芾、朱黄(衡)、絲(鑾)旂、攸(鋚)勒

8.4338 令女(汝)官嗣成周貯(廛)/賜女(汝)玄衣黹屯(純)、赤芾、朱黄(衡)、絲(鑾)旂、攸(鋚)勒

8.4339 令女(汝)官嗣成周貯(廛)/賜女(汝)玄衣黹屯(純)、赤芾、朱黄(衡)、絲(鑾)旂、攸(鋚)勒

8.4340 昔先王既令女(汝)乍(作)宰/令(命)女(汝)眔曶耤(纘)疋(胥)對各/女(汝)毋弗善效姜氏人/賜女(汝)玄衮衣、赤舃

8.4342 亦則於女(汝)乃聖祖考克尃(輔)右(佑)先王/鄉(嚮)女(汝)彶屯(純)恤周邦/令(命)女(汝)叀(惠)擁(雍)我邦小大猷/谷(欲)女(汝)弗以乃辟圅(陷)于艱/賜女(汝)秬鬯一卣、圭瓚、尸(夷)允(訊)三百人

8.4343 昔先王既令女(汝)乍(作)嗣士/令女(汝)辟百寮(僚)/女(汝)毋敢弗帥先王乍(作)明井(型)用/賜女(汝)秬鬯一卣、金車、桒(賁)較(較)、畫輴、朱虢(鞹)圅靳、虎冟(冪)熏(纁)裏、旂、余(駼)〔馬〕四匹

9.4352 罢女(母)乍(作)微姬旅盨

9.4459 其百男、百女、千孫

9.4460 其百男、百女、千孫

9.4461 其百男、百女、千孫

9.4467 昔余既令(命)女(汝)/令(命)女(汝)更乃祖考/賜女(汝)秬鬯一卣、赤芾、五黄(衡)、赤舃、牙僰、駒車、桒(賁)較(較)、朱虢(鞹)圅靳、虎冟(冪)熏(纁)裏、畫轉(轉)、畫輴、金甬(筩)、朱旂、馬四匹、攸(鋚)勒、素戉(鉞)

9.4468 昔余既令(命)女(汝)/令(命)女(汝)更乃祖考/賜女(汝)秬鬯一卣、赤芾、五黄(衡)、赤舃、牙僰、駒車、桒(賁)較(較)、朱虢(鞹)圅靳、虎冟(冪)熏(纁)裏、畫轉(轉)、畫輴、金甬(筩)、朱旂、馬四匹、攸(鋚)勒、素戉(鉞)

9.4469 迺騐(協)倗即女(汝)/賜女(汝)秬鬯一卣、乃父芾、赤舃、駒車、桒(賁)較(較)、朱虢(鞹)圅靳、虎冟(冪)熏(纁)裏、畫轉、畫輴、金甬(筩)、馬四匹、鋚勒

9.4625 乍(作)其子孟媯(芈)之女賸(媵)簠

9.4645 男女無期

10.5110 彭女(母)彝

10.5351 女(汝)子小臣兒乍(作)己尊彝

10.5375 女(汝)子母庚宓(閟)祀尊彝

10.5417 子曰:貝唯丁蔑女(汝)曆

10.5419 女(汝)其以成周師氏戍于辪(固)師(次)

10.5420 女(汝)其以成周師氏戍于辪(固)師(次)

10.5428 唯女(汝)焂䢅(其)敬辪(乂)乃身/余蜺(睨)爲女(汝)兹小鬱彝/女(汝)䢅(其)用鄉(饗)乃辟軧侯/余唯用諆(其)醻女(汝)

10.5429 唯女(汝)焂䢅(其)敬辪(乂)乃身/余蜺(睨)爲女(汝)兹小鬱彝/女(汝)䢅(其)用鄉(饗)乃辟軧侯/余唯用諆(其)醻女(汝)

11.5979 臾從王女(如)南

11.5995 王女(如)上侯

11.6000 子女(母)商(賞)奾、丁貝

11.6016 廼令曰:今我唯令女(汝)二人亢眔

矢
11.6149 𥂝女(母)
11.6349 𢍰女(汝)子
11.6352 彭女(母)冉
12.6872 賓女(母)
12.6873 賓女(母)
12.6874 女(母)𥂝
12.7220 女(汝)子妣丁
13.8133 女(母)♀
15.9177 女(母)亞
15.9291 乍(作)女(母)戊寶尊彝
15.9294 者(諸)女(母)以大子尊彝
15.9295 者(諸)女(母)以大子尊彝
15.9416 畲父乍(作)兹女(母)匋(寶)盉
15.9527 考女(母)乍(作)聮(聯)匸
15.9728 賜女(汝)秬鬯一卣、玄衮衣、赤巿、幽黄(衡)、赤舄、攸(鋚)勒、緣(鑾)旂
15.9729 齊侯女雷肈(聿)喪其段(舅)/余不其事(使)女(汝)受朿(刺)
15.9730 齊侯女雷肈(聿)喪其段(舅)/余不其事(使)女(汝)受朿(刺)
15.9731 令女(汝)官嗣成周貯(廛)廿家/賜女(汝)玄衣黹屯(純)、赤芾、朱黄(衡)、緣(鑾)旂、攸(鋚)勒
15.9732 令女(汝)官嗣成周貯(廛)廿家/賜女(汝)玄衣黹屯(純)、赤芾、朱黄(衡)、緣(鑾)旂、攸(鋚)勒
15.9733 □其士女/戒□曰⾣余台(以)賜女(汝)□/天□□□□受(授)女(汝)
15.9734 其遉(會)女(如)林
16.9901 廼令曰:今我唯令女(汝)二人亢眔矢
16.10075 畲父乍(作)兹女(母)匋(寶)般(盤)
16.10135 鄩仲媵(媵)仲女子寶般(盤)
16.10159 男女無期
16.10161 免䅟(蔑)静女王休
15.10169 令(命)女(汝)㪅(挭、更)乃祖考事/賜女(汝)赤𩍗(巿、芾)、幽黄(衡)、鋚勒、旂
16.10266 尋(鄩)仲媵(媵)仲女丁子子寶也(匜)
16.10272 齊侯乍(作)虢孟姬良女(母)寶也(匜)
16.10277 〔作〕其庶女䔽(厲、賴)孟姬媵(媵)也(匜)
16.10279 乍(作)庳孟爲(嬀)穀女(母)塍(媵)匜
16.10280 男女無期
16.10283 男女無期
16.10285 女(汝)敢以乃師訟/女(汝)上卬(侹)先誓/今女(汝)亦既又(有)御誓/女(汝)亦既從辭從誓/我義(宜)俊(鞭)女(汝)千/黜䵼(剭)女(汝)/今我赦女(汝)/義(宜)俊(鞭)女(汝)千/黜(黜)䵼(剭)女(汝)/今大赦女(汝)/俊(鞭)女(汝)五百/罰女(汝)三百寽(鋝)/乃師或以女(汝)告
16.10321 司寮女寮:奚、微、華
16.10342 否(丕)乍(作)元女
16.10374 而台(以)發退女(如)闢人
16.10562 女(汝)母乍(作)婦己彝
16.10576 庚姬乍(作)𪉺女(母)寶尊彝
17.11358 羕(養)陵公伺之睘(縣)所郜(造)、冶己女
18.11685 得工嗇夫杜相女(如)、左得工工師韓段、冶君(尹)朝敎(撻)齋(劑)
18.12110 女(如)馬、女(如)牛、女(如)僡(值、犆、特)/女(如)槍(擔)徒
18.12111 女(如)馬、女(如)牛、女(如)僡(值、犆、特)/女(如)槍(擔)徒
18.12112 女(如)馬、女(如)牛、女(如)僡(值、犆、特)/女(如)槍(擔)徒
18.12113 女(如)載馬、牛、羊

0253 母

1.271 皇考遵(躋)仲、皇母
1.272-8 用享于其皇祖、皇妣、皇母、皇考
1.284 外內〼其皇祖、皇妣、皇母、皇〼
1.285 用享于其皇祖、皇妣、皇母、皇考
3.461 㠱母
3.462 寧母
3.484 ⿱母辛
3.485 亞盤母
3.505 亞𢓊母乙
3.546 姬芀母乍(作)䵼鬲
3.571 □戈(?)母乍(作)寶鬲
3.587 𨙶(召)伯毛乍(作)王母尊鬲
3.589 時(詩)伯乍(作)叔母□羞鬲
3.590 時(詩)伯乍(作)叔母□羞鬲
3.591 時(詩)伯乍(作)叔母□羞鬲
3.596 郳始逆母鑄其羞鬲
3.602 王乍(作)王母𨚸宮尊鬲

3.611 王乍(作)孖(序)𨟻(蔣)贊母寶𨟻彝
3.624 黄子乍(作)黄甫(夫)人孟母器
3.628 姬趁母乍(作)尊鬲
3.629 姬趁母乍(作)尊鬲
3.641 京姜𣎵母乍(作)尊鬲
3.646 王乍(作)姬㝬(狓)母尊鬲
3.663 𣪘伯、㝬母子剌乍(作)寶鬲
3.664 𣪘伯、㝬母子剌乍(作)寶鬲
3.665 𣪘伯、㝬母子剌乍(作)寶鬲
3.679 用朕(媵)嬴女孅母
3.688 用乍(作)又母辛尊彝
3.709 虢伯乍(作)姬大母尊鬲
3.745 師趛乍(作)文考聖公、文母聖姬尊𩰬
3.826 𣎵母癸
3.856 彭母彝
3.907 雔卯𠨍乍(作)母戊彝
3.931 仲伐父乍(作)姬尚母旅獻(甗)
3.1281 母乙
3.1282 癸母
3.1377 射母𡱝
3.1378 射母𡱝
3.1379 射母𡱝
3.1460 趄(𧼤)母
3.1461 趄(𧼤)母
4.1704 甫母丁
4.1706 司母戊
4.1707 司母辛
4.1708 司母辛
4.1851 寧母父丁
4.1903 乍(作)母旅彝
4.1907 彭母彝
4.1908 彭母彝
4.2075 弔乍(作)母從彝
4.2107 寧母又母剔
4.2145 田告乍(作)母辛尊
4.2260 乍(作)母丙尊彝
4.2262 臺乍(作)母癸
4.2271 子戌乍(作)母丁尊彝
4.2328 乍(作)母辛尊彝
4.2329 北子乍(作)母癸寶尊彝
4.2330 姞曶母乍(作)厥宝(寶)尊鼎
4.2331 穆父乍(作)姜懿母𩰫(饙)貞(鼎)
4.2332 穆父乍(作)姜懿母𩰫(饙)貞(鼎)
4.2391 江小仲母生自乍(作)甬(用)鬲
4.2521 雍乍(作)母乙尊鼎
4.2526 穌(蘇)冶妊乍(作)虢妃魚母賸(媵)
5.2560 王伯姜乍(作)季姬福母尊鼎
5.2582 辛中姬皇母乍(作)尊鼎
5.2583 辛中姬皇母乍(作)尊鼎
5.2605 鄦(許)大邑魯生(甥)乍(作)壽母朕(媵)貞(鼎)
5.2650 陳(陳)侯乍(作)鑄嫣冋母賸(媵)鼎
5.2680 諶肇乍(作)其皇考、皇母告比君𨟻貞(鼎)
5.2702 用乍(作)母己尊爐
5.2713 師趛乍(作)文考聖公、文母聖姬尊𡖊
5.2738 蔡大(太)師䐀賸(媵)鄦(許)叔姬可母飤緐
5.2750 父母嘉寺(持)
5.2762 史䫫(頊)乍(作)朕皇考𣪘仲、王(皇)母泉母尊鼎
5.2763 征(延)礿𦃃(縮)二母
5.2774 念王母堇(勤)匋(陶)/自乍(作)後王母/厚商(賞)厥文母魯公孫用貞(鼎)/王母唯用自念于周公孫子
5.2777 史伯碩父追考(孝)于朕皇考𣪘仲、王(皇)母泉母
5.2782 少去母父
5.2824 朕文考甲公、文母日庚弋休/用乍(作)文母日庚寶尊𨟻彝
5.2827 用乍(作)朕皇考龏叔、皇母龏始(姒)寶尊鼎
5.2828 用乍(作)朕皇考龏叔、皇母龏始(姒)寶尊鼎
5.2829 用乍(作)朕皇考龏叔、皇母龏始(姒)寶尊鼎
6.2926 母
6.3083 龏母
6.3084 母襄
6.3085 康母
6.3220 母乙𦎫
6.3221 戈母丁
6.3222 妕母己
6.3224 𦎫母辛
6.3225 史母癸
6.3226 弔母癸
6.3227 旅母鳶
6.3240 乍(作)母𠙵
6.3343 彭母彝
6.3346 考母乍(作)聅(聯)匧
6.3347 母姅乍(作)𣪘
6.3349 乍(作)母尊彝
6.3457 大丏乍(作)母彝
6.3571 姜林母乍(作)𩃬(錯)𣪘
6.3631 伊生(甥)乍(作)公母尊彝
6.3666 乍(作)母日甲尊彝
6.3673 蛙乍(作)厥母寶尊𣪘
6.3678 伯蔡父乍(作)母嫙寶𣪘
6.3689 亞疑㝨乍(作)母辛彝

6.3699 公大(太)史乍(作)母庚寶尊彝
7.3743 保侃母賜貝于庚宮
7.3744 保侃母賜貝于庚宮
7.3840 詁乍(作)皇母尊段
7.3841 詁乍(作)皇母尊段
7.3845 妣嬰(理)母乍(作)南旁寶段
7.3860 膺(應)侯乍(作)姬邍母尊段
7.3921 叔𢼸父乍(作)朕文母、剌(烈)考尊段
7.3922 叔𢼸父乍(作)朕文母、剌(烈)考尊段
7.3931 毳乍(作)王母媿氏餴(饙)段
7.3932 毳乍(作)王母媿氏餴(饙)段
7.3933 毳乍(作)王母媿氏餴(饙)段
7.3934 毳乍(作)王母媿氏餴(饙)段
7.3939 禾(和)肇乍(作)皇母懿龏孟姬餴(饙)彝
7.4040 用追孝于其父母
7.4090 眔朕文母季姬寶段
7.4102 仲慶父乍(作)朕皇考遲伯、王(皇)母遲姬尊段
7.4103 仲慶父乍(作)朕皇考遲伯、王(皇)母遲姬尊段
8.4126 敉季肇乍(作)朕王母叔姜寶段
8.4139 用乍(作)文母楷妊寶段
8.4147 善(膳)夫梁其乍(作)朕皇考惠仲、皇母惠妣尊段
8.4148 善(膳)夫梁其乍(作)朕皇考惠仲、皇母惠妣尊段
8.4149 善(膳)夫梁其乍(作)朕皇考惠仲、皇母惠妣尊段
8.4150 善(膳)夫梁其乍(作)朕皇考惠仲、皇母惠妣尊段
8.4151 善(膳)夫梁其乍(作)朕皇考惠仲、皇母惠妣尊段
8.4160 用餴(饙)王(皇)父、王(皇)母
8.4161 用餴(饙)王(皇)父、王(皇)母
8.4237 母弟引墉(庸)又(有)望(忘)
8.4245 余□□𢆶□□𠂤□□塱[仲]皇母
8.4273 用乍(作)文母外姑尊段
8.4292 我考我母令 / 余或至(致)我考我母令
8.4322 朕文母競敏竊行 / 對揚文母福剌(烈)/ 用乍(作)文母日庚寶尊段 / 用夙夜尊享于厥文母
8.4332 用乍(作)朕皇考龏叔、皇母龏始(姒)寶尊段
8.4333 用乍(作)朕皇考龏叔、皇母龏始(姒)寶尊段
8.4334 用乍(作)朕皇考龏叔、皇母龏始(姒)寶尊段
8.4335 用乍(作)朕皇考龏叔、皇母龏始(姒)寶尊段
8.4336 用乍(作)朕皇考龏叔、皇母龏始(姒)寶尊段
8.4337 用乍(作)朕皇考龏叔、皇母龏始(姒)寶尊段
8.4338 用乍(作)朕皇考龏叔、皇母龏始(姒)寶尊段
8.4339 用乍(作)朕皇考龏叔、皇母龏始(姒)寶尊段
9.4419 伯多父乍(作)成姬多母䰜(鐕)段
9.4458 其肇乍(作)其皇孝(考)、皇母旅盨段
9.4574 鑄公乍(作)孟妊車母朕(媵)簠
9.4593 曹公塍(媵)孟姬念母匡(筐)
9.4629 台(以)享台(以)耆(孝)于大宗、皇梫(柔、祖)、皇妣、皇丂(考)、皇母
9.4630 台(以)享台(以)耆(孝)于大宗、皇梫(柔、祖)、皇妣、皇丂(考)、皇母
9.4693 姬寏母乍(作)大公、墉公、□公、魯仲臤、省伯、孝公、靜公豆
10.4818 亞母
10.4843 ♀母
10.4851 母魚
10.4999 魚母乙
10.5000 䍙母己
10.5001 爻母辛
10.5111 丰𠪑(𨅝)母彝
10.5163 䍙父己、母癸
10.5172 䍙父癸母䍃
10.5174 又母𢇛
10.5175 小子乍(作)母己
10.5176 小子乍(作)母己
10.5292 亞其(㠱)疑乍(作)母辛彝
10.5293 亞其(㠱)疑乍(作)母辛彝
10.5294 亞其(㠱)疑乍(作)母辛彝
10.5295 亞疑㠱𡨦乍(作)母癸
10.5347 鳥父乙母告田
10.5367 用乍(作)母乙彝
10.5375 女(汝)子母庚宓(閟)祀尊彝
10.5388 䪿(頂)乍(作)母辛尊彝
10.5389 䪿(頂)乍(作)母辛尊彝
10.5417 畣用乍(作)母辛彝 / 䍙母辛

10.5427 用乍(作)大禦于厥祖妣、父母、多申(神)
11.5627 母父丁
11.5628 母父丁
11.5679 槩母己
11.5759 乍(作)母旅彝
11.5807 王乍(作)母癸尊
11.5809 乍(作)龍母彝
11.5888 䨿乍(作)母癸
11.5910 子麦乍(作)母辛尊彝
11.5929 鱸乍(作)母甲尊彝
11.6010 䋼文王母
11.6134 母戊
11.6135 丁母
11.6150 萑母
11.6151 戈母
11.6345 槩母辛
11.6348 母朱戈
12.6392 母父丁戊
12.6450 ✻小集母乙
12.6451 姑亘母乍(作)寶
12.6498 母壬、日壬
12.6502 乍(作)母甲尊彝
12.6521 母
12.6875 母戊
12.6876 魚母
12.6877 魚母
12.6878 射母𠂤
12.6879 朕母
12.7164 甲母礻(衲)
12.7165 甲母礻(衲)
12.7166 魚母乙
12.7252 母辛亞□
12.7272 叔乍(作)母□彝
12.7297 䨿乍(作)母癸彝
12.7298 䨿乍(作)母癸彝
13.7409 母
13.7410 母
13.7411 母
13.7412 母
13.7992 母己
13.7993 母己
13.7994 母己
13.7995 母癸
13.7996 母癸
13.7997 母癸
13.8138 伯(信)母
13.8139 □母
14.8684 母父癸
14.8734 戈母乙
14.8738 爫母己
14.8740 母庚奄
14.8756 子▲(皀)母
14.8757 子▲(皀)母
14.8758 子▲(皀)母
14.8759 子▲(皀)母
14.8778 亞母方
14.8977 母丙遂槩
14.8980 享乍(作)咉母
14.9075 䨿乍(作)母癸
15.9245 䨿乍(作)母癸
15.9249 用乍(作)母癸尊彝
15.9280 司母辛
15.9281 司母辛
15.9287 王出(祐)母
15.9366 亞䣈母
15.9417 伯㗊乍(作)母娟旅盉
15.9418 伯㗊乍(作)母娟旅盉
15.9442 毳乍(作)王(皇)母媿氏頮(沬)盉
15.9527 考母乍(作)聅(聯)医
15.9627 蔡侯□〔作〕□母朕(媵)〔壺〕
15.9638 華母自乍(作)薦壺
15.9646 王㛃賜保侃母貝
15.9657 侯母乍(作)侯父戎壺
15.9697 㪔(散)車父乍(作)皇母醓姜寶壺
15.9731 用乍(作)朕皇考龏叔、皇母龏始(姒)寶尊壺
15.9732 用乍(作)朕皇考龏叔、皇母龏始(姒)寶尊壺
15.9780 母嫩
15.9801 考母乍(作)聅(聯)医
16.9873 母宰(寏、潔)𠬝(鉒)婦
16.10118 穌(蘇)冶妊乍(作)虢妃魚母般(盤)
16.10119 毳乍(作)王(皇)母媿氏頮(沬)般(盤)
16.10129 伯侯父媵(媵)叔嬀䁀(聯)母槃(盤)
16.10131 干氏叔子乍(作)仲姬客母媵(媵)般(盤)
16.10144 曹公媵(媵)孟姬悆母般(盤)
16.10149 𡖃伯媵(媵)嬴尹母𩰫(沬)盤
16.10153 侃孫奎母乍(作)姒寶般(盤)
16.10157 陳(陳)侯乍(作)王仲嬀㛿(痛)母媵般(盤)
16.10171 䋼(類)文王母
16.10183 姑𠦪母乍(作)旅匜
16.10238 仲姑義母乍(作)旅也(匜)
16.10247 毳乍(作)王(皇)母媿氏頮(沬)盉
16.10267 乍(作)西孟嬀㛃母媵(媵)匜
16.10286 射母𠂤
16.10345 司母辛
16.10537 母康丁
16.10562 女(汝)母乍(作)婦己彝
16.10580 保攸(如)母賜貝于庚姜
16.10583 休台馬醻皇母/永台(以)馬母□□司乘

0254 毋(母)

1.60-3 毋又(有)不聞智(知)/毋家(墜)乃政
1.153 眉壽毋已
1.154 眉壽毋已
1.157 永枼(世)毋忘
1.158 永枼(世)毋忘
1.159 永枼(世)毋忘

1.160 永枼(世)毋忘
1.161 永枼(世)毋忘
1.271 用祈壽老毋死
1.272-8 左右毋諱 / 女(汝)尸毋曰余少(小)子 / 毋或丞(胥)頪 / 毋疾毋已
1.279 左右毋諱
1.280 毋㘝公之孫
1.285 左右毋諱 / 女(汝)尸毋曰余少(小)子 / 毋或丞(胥)頪 / 毋疾毋已
3.980 毋處其所
5.2671 毋又(有)違女(汝)
5.2672 毋又(有)違女(汝)
5.2724 肄(肆)毋又(有)弗讀(讀)
5.2774 曰:余弋毋墉(庸)又(有)譴(忘)
5.2809 今毋敉(播)
5.2824 毋又(有)眈于厥身
5.2825 毋敢不善
5.2838 曶毋卑(俾)式于㕚
5.2840 毋忘尔邦 / 尔毋大而㥽(肆)/ 毋富而喬(驕)/ 毋眾而囂 / 毋竝(替)厥邦
5.2841 死(尸)毋童(動)余一人在立(位)/ 女(汝)毋敢妄(荒)寧 / 毋折緘 / 毋有敢惷専(敷)命于外 / 毋敢龏(拱)槖(苞)/ 毋敢𢧵于酉(酒)/ 女(汝)毋敢彖(墜)在乃服 / 女(汝)毋弗帥用先王乍(作)明井(型)
8.4145 永﨤(世)毋忘
8.4216 敬毋敗速(績)
8.4217 敬毋敗速(績)
8.4218 敬毋敗速(績)
8.4245 毋乞余𢦏
8.4269 孫孫子子毋敢朢(忘)伯休
8.4270 毋女(汝)又(有)閑
8.4271 毋女(汝)又(有)閑
8.4285 毋敢不善
8.4311 毋敢否(不)善
8.4327 女(汝)毋敢不善
8.4340 毋敢又(有)不聞 / 毋敢疾又(有)入告 / 女(汝)毋弗善效姜氏人
8.4343 女(汝)毋敢弗帥先王乍(作)明井(型)用 / 毋敢不明不中不井(型)/ 毋敢不尹人不中不井(型)
9.4644 絲(繼)毋呈(埕)用祀 / 永枼(世)毋出
9.4646 永﨤(世)毋忘
9.4647 永﨤(世)毋忘
9.4648 永﨤(世)毋忘
10.5424 王窺(親)令伯䀹曰:毋卑(俾)農弋(特)/ 小大事毋又田
10.5427 毋念戈(哉)
10.5428 毋尚(常)爲小子
10.5429 毋尚(常)爲小子
11.5998 曰:毋入于公 / 丙日唯毋入于公
12.6516 桒(百)世孫子毋敢彖(墜)
15.9715 罢(罷)獵毋後
15.9734 㔺㔺(世世)毋𢓕(乏)/ 毋又(有)不敬
16.10171 祐受毋已
16.10174 毋敢不出其貟(帛)、其責(積)、其進人 / 毋敢不即帥(次)/ 毋不即市 / 毋敢或入緣(蠻)宄貯(賈)
16.10361 侯氏毋瘠毋痟
16.10407 册復毋反 / 毋𢓜(詐)毋㥧(謀)
16.10583 安毋聿(肆)𢦏(屠)
17.11407 㘝毋乍(作)丌(其)朿(速、迹)
18.11566 曰:毋又(有)中央 / 曰:毋又(有)中央
18.11711 守相申毋官、邦㘝韓狄、冶醇𢽹(撻)齋(劑)
18.12108 雖毋會符
18.12109 雖毋會符
18.12110 毋載金、革、黽(鏑、箭)箭 / 見其金節則毋政(徵)/ 毋舍(捨)槫(饌)飤
18.12111 毋載金、革、黽(鏑、箭)箭 / 見其金節則毋政(徵)/ 毋舍(捨)槫(饌)飤
18.12112 毋載金、革、黽(鏑、箭)箭 / 見其金節則毋政(徵)/ 毋舍(捨)槫(饌)飤
18.12113 見其金節則毋政(徵)/ 毋舍(捨)槫(饌)飤 / 毋政(徵)於闢(關)

0255 妀

11.6000 子女(母)商(賞)妀、丁貝

0256 奴

5.2589 弗奴父乍(作)孟姒府(府)賸(媵)貞(鼎)
16.10384 高奴
17.11296 高奴工𣓌(甃)
17.11341 咎(高)奴曹命(令)壯罌、工師賙疾、冶問
17.11406 高奴工師竈、丞申、工鬼薪詘
18.11473 高奴

0257 妄

1.109-10 井人人妄曰:䨟(景)盄(淑)文祖、皇考 / 妄不敢弗帥用文祖、皇考 / 妄憲憲聖䟽(爽)/ 肄(肆)妄乍(作)龢父大䵻(林)鐘 / 妄其萬年
1.111 井人人妄曰:䨟(景)盄(淑)文祖、皇

考/妄不敢弗帥用文祖、皇考/妄憲憲聖趩(爽)
1.112 𦘒(肆)妄乍(作)龢父大薔(林)鐘/妄其萬年

0258 妣(祁)

3.634 鄦(郳)嫼(祁)乍(作)尊鬲

0259 好

1.88 用濼(樂)好賓
1.89 用濼(樂)好賓
1.90-1 用濼(樂)好賓
1.142 卑(俾)𠤎(匀)彶(赴)好
1.143 用樂好賓
3.761 好
3.762 好
3.763 好
3.793 婦好
3.794 婦好
3.999 好
3.1320 婦好
3.1321 婦好
3.1322 婦好
3.1323 婦好
3.1324 婦好
3.1325 婦好
3.1326 婦好
3.1327 婦好
3.1328 婦好
3.1329 婦好
3.1330 婦好
3.1331 婦好
3.1332 婦好
3.1333 婦好
3.1334 婦好
3.1335 婦好
3.1336 婦好
3.1337 婦好
3.1338 婦好
3.1339 婦好
5.2598 尗(叔)史小子殺乍(作)寒姒好尊鼎
5.2652 涂大(太)子伯辰□乍(作)爲其好妻□[鼎]
6.2923 好
6.3691 伯好父自鑄乍(作)爲旅段
7.3753 仲師父乍(作)好旅段
7.3754 仲師父乍(作)好旅段
7.4113 井南伯乍(作)鄭季姚好尊段
8.4331 用好宗朝(廟)/好倗友雩百者(諸)婚遘(媾)
9.4448 于好倗友
9.4449 于好倗友
9.4450 于好倗友
9.4451 于好倗友
9.4452 于好倗友
10.5341 仲乍(作)好旅彝
10.5342 仲乍(作)好旅彝
11.5535 婦好
11.5536 婦好
11.5537 婦好
11.6010 康諧穆好
11.6141 婦好
12.6847 婦好
12.6848 婦好
12.6849 婦好
12.6850 婦好
12.6851 婦好
12.6852 婦好
12.6853 婦好
12.6854 婦好
12.6855 婦好
12.6856 婦好
12.6857 婦好
12.6858 婦好
12.6859 婦好
12.6860 婦好
12.6861 婦好
12.6862 婦好
12.6863 婦好
12.6864 婦好
12.6865 婦好
12.6867 婦好
13.8122 婦好
13.8123 婦好
13.8124 婦好
13.8125 婦好
13.8126 婦好
13.8127 婦好
13.8128 婦好
13.8129 婦好
13.8130 婦好
13.8131 婦好
15.9178 婦好
15.9179 婦好
15.9180 婦好
15.9181 婦好
15.9260 婦好
15.9261 婦好
15.9333 婦好
15.9334 婦好
15.9335 婦好
15.9486 婦好
15.9487 婦好
15.9509 婦好正
15.9715 自頌既好
15.9781 婦好
15.9782 婦好
16.9861 婦好
16.9862 婦好
16.9863 婦好
16.9864 婦好
16.9916 婦好
16.9917 婦好
16.9918 婦好
16.9919 婦好
16.9920 婦好
16.9921 婦好
16.9922 婦好
16.9923 婦好
16.9952 婦好
16.9953 婦好
16.9985 婦好
16.10028 婦好
16.10171 康諧穆好
16.10301 好
16.10394 婦好
18.11739 婦好
18.11740 婦好

0260 妄

5.2826 余不叚(暇)妄(荒)寧
5.2841 女(汝)毋敢妄(荒)寧

0261 妙

15.9738 妙

0262 奸

3.1498 襄奸

0263 妖

3.649 伯先父乍(作)妖

尊鬲
3.650 伯先父乍(作)妖尊鬲
3.651 伯先父乍(作)妖尊鬲
3.652 伯先父乍(作)妖尊鬲
3.653 伯先父乍(作)妖尊鬲
3.654 伯先父乍(作)妖尊鬲
3.655 伯先父乍(作)妖尊
3.656 伯先父乍(作)妖尊
3.657 伯先父乍(作)妖鬲
3.658 伯先父乍(作)妖尊鬲

0264 妷

7.3845 妷嫢(理)母乍(作)南旁寶段
8.4137 叔妷乍(作)寶尊段
8.4147 善(膳)夫梁其乍(作)朕皇考惠仲、皇母惠妷尊段
8.4148 善(膳)夫梁其乍(作)朕皇考惠仲、皇母惠妷尊段
8.4149 善(膳)夫梁其乍(作)朕皇考惠仲、皇母惠妷尊段
8.4150 善(膳)夫梁其乍(作)朕皇考惠仲、皇母惠妷尊段
8.4151 善(膳)夫梁其乍(作)朕皇考惠仲、皇母惠妷尊段
9.4534 妦仲乍(作)甫妷朕(媵)簠
16.10239 叔高父乍(作)仲妷也(匜)

0265 妃

3.645 王乍(作)番妃齊(齋)鬲
3.708 虢仲乍(作)虢妃尊鬲
3.715 睽士父乍(作)蓼(翏)妃尊鬲
3.716 睽士父乍(作)蓼(翏)妃尊鬲
3.736 虢文公子铃乍(作)叔妃鬲
4.2381 穌(蘇)衛妃乍(作)旅鼎
4.2382 穌(蘇)衛妃乍(作)旅鼎
4.2383 穌(蘇)衛妃乍(作)旅鼎
4.2384 穌(蘇)衛妃乍(作)旅鼎
4.2526 穌(蘇)冶妊乍(作)虢妃魚母賸(媵)
5.2634 虢文公子铃乍(作)叔妃鼎
5.2635 虢文公子铃乍(作)叔妃鼎
5.2636 虢文公子铃乍(作)叔妃鼎
6.3728 叔妃乍(作)尊段
6.3729 叔妃乍(作)尊 / 叔妃乍(作)尊段
6.3739 穌(蘇)公乍(作)王妃盂段
8.4269 伯犀父休于縣妃 / 縣妃妦(奉)揚伯犀父休
9.4422 筍伯大父乍(作)嬴妃鑄匋(寶)盨
15.9680 其成公鑄子孟妃朕(媵)盥壺
15.9705 用賸(媵)厥元子孟妃乖
16.10080 穌(蘇)甫(夫)人乍(作)嫚(姪)妃襄賸(媵)般(盤)
16.10118 穌(蘇)冶妊乍(作)虢妃魚母般(盤)
16.10163 夆(逄)叔乍(作)季妃盥般(盤)
16.10205 穌(蘇)甫(夫)人乍(作)嫚(姪)妃襄賸(媵)盉也(匜)
16.10216 召樂父乍(作)婦妃寶也(匜)
16.10282 夆(逄)叔乍(作)季妃盥般(盤)

0266 妀

8.4145 乍(作)皇妣孝大妀祭器鈇錞(敦)
8.4152 妳乍(作)皇妣𠁁(玪)君中妀祭器八段
9.4646 乍(作)皇妣孝大妀祭器鈇(鈛)錞(敦)
9.4647 乍(作)皇妣孝大妀祭器鈇(鈛)錞(敦)
16.10045 亞疑妀

0267 妏(妾)

12.7288 亞𢑴(杠)妏父辛尊彝
12.7304 妏乍(作)乙公寶彝

0268 㚢

12.7303 友(右)敫父癸丨川(三)㚢
14.9084 友(右)敫父癸仙㚢
14.9085 又(右)敫父癸父仙㚢

0269 㛂(婸)

7.3927 伯田父乍(作)井㛂寶段

0270 㚶

7.4019 曹伯狄乍(作)夙(宿)㚶公尊段
9.4593 曹公賸(媵)孟㚶悆母匡(筐)

0271 妻

5.2652 涂大(太)子伯辰□乍(作)爲其好妻□[鼎]
8.4127 其妻子用享考(孝)于叔皮父
10.5424 事(使)厥沓(友)妻農
15.9811 冉乍(作)父丁妻盟

0272 㚥

9.4347 𦬁伯乍(作)㚥𧟰用

0273 𡛷

6.3081 婦𡛷

0274 妦

6.3347 母妦乍(作)𣪕
8.4178 君夫敢妦(奉)揚王休
8.4269 縣妃妦(奉)揚伯犀父休
9.4534 妦仲乍(作)甫妣朕(媵)簠
10.5416 伯懋父賜(賜)召白馬、妦黄、髟(髪)微
11.6004 伯懋父賜(賜)召白馬、妦黄、髟(髪)微

0275 妊

3.572 弭叔乍(作)犀妊齊(齋)鬲
3.573 弭叔乍(作)犀妊齊(齋)鬲
3.574 弭叔乍(作)犀妊齊(齋)鬲
3.877 齀妊賸(媵)獻(甗)
4.2179 吹乍(作)楷妊尊彝
4.2526 穌(蘇)冶妊乍(作)虢妃魚母賸(媵)
5.2601 邿伯肇乍(作)孟妊善(膳)貞(鼎)
5.2765 蜹(蚋)來遣于妊氏 / 妊氏令蜹事保厥家
6.3344 王妊乍(作)𣪕
6.3455 乍(作)妊氏从𣪕
6.3456 乍(作)妊氏从𣪕
7.3785 叡香妊乍(作)寶𣪕
7.3962 孟𢎥父乍(作)幻伯妊賸(媵)𣪕八
7.3963 孟𢎥父乍(作)幻伯妊賸(媵)𣪕八
8.4123 妊小從 / 用乍(作)妊小寶𣪕
8.4139 用乍(作)文母楷妊寶𣪕
8.4262 格伯𨒪殹妊彶佤
8.4263 格伯𨒪殹妊彶佤
8.4264 格伯𨒪殹妊彶佤
8.4265 格伯𨒪殹妊彶佤
9.4574 鑄公乍(作)孟妊車母朕(媵)簠
13.8137 遣妊
14.9027 妊乍(作)殺(郳)贏(嬴)彝
14.9028 妊乍(作)殺(郳)贏(嬴)彝
15.9438 王乍(作)豐妊單寶盉
15.9556 嬗(姪)妊乍(作)安壺
16.10118 穌(蘇)冶妊乍(作)虢妃魚母般(盤)
16.10133 薛侯乍(作)叔妊襄朕(媵)般(盤)
16.10263 薛侯乍(作)叔妊襄朕(媵)也(匜)
18.12030 嬗(姪)妊乍(作)安車

0276 妣、妣

1.272-8 用享于其皇祖、皇妣、皇母、皇考
1.284 外內〼其皇祖、皇妣、皇母、皇〼
1.285 用享于其皇祖、皇妣、皇母、皇考
3.586 倗羲妣尊彝
3.672 召仲乍(作)生妣尊鬲
3.673 召仲乍(作)生妣尊鬲
4.1515 戈妣辛
4.1516 㚔妣癸
4.2246 乍(作)妣戊爐
5.2763 我乍(作)禦祉(恤)祖乙、妣乙、祖己、妣癸
5.2789 于文妣日戊
6.3223 豢(豨)妣辛
6.3667 倗丏乍(作)義妣寶尊彝
8.4144 遣于妣戊武乙爽
8.4145 乍(作)皇妣孝大妃祭器錭鐘(敦)
8.4152 妳乍(作)皇妣[illegible](玲)君中妃祭器八𣪕
9.4629 台(以)享台(以)耇(孝)于大宗、皇梫(栗、祖)、皇妣、皇丂(考)、皇母
9.4630 台(以)享台(以)耇(孝)于大宗、皇梫(栗、祖)、皇妣、皇丂(考)、皇母
9.4646 乍(作)皇妣孝大妃祭器錭(鈛)鐘(敦)
9.4647 乍(作)皇妣孝大妃祭器錭(鈛)鐘(敦)
10.5266 肇乍(作)妣癸尊彝
10.5412 遘于妣丙
10.5427 用乍(作)大禦于厥祖妣、父母、多申(神)
11.5612 亞妣辛
11.5613 咸妣癸
11.5893 肇乍(作)妣癸尊彝
12.6464 㠱侯亞疑妣辛
12.6482 中乍(作)妣己彝
12.7219 亞㠱(㠱)妣己
12.7220 女(汝)子妣丁
13.7998 妣癸
14.8735 剢妣乙
14.8736 竝妣乙
14.8737 妣丙丨
14.8739 㚔妣己
14.8741 㕛妣辛
14.8803 宗𠂤妣
14.8978 舌乍(作)妣丁
14.8979 舌乍(作)妣丁
14.9024 敓(摅)乍(作)妣癸虹(蛋)
15.9227 妣田干

0277 妟(晏)

15.9452 妟(晏)繒(緇)又(有)盍(蓋)/ 妟(晏)繒(緇)又(有)盍

（蓋）

0278 姊

9.4572 季宮父乍（作）仲姊嬢姬伕（媵）簠
15.9411 虢王乍（作）姬姊盉

0279 妊（姙）

14.8796 羊己妊（姙）

0280 妓

5.2743 仲師父乍（作）季妓始寶尊鼎
5.2744 仲師父乍（作）季妓始寶尊鼎

0281 㚸

10.5102 王乍（作）㚸弄
16.10347 王乍（作）㚸弄

0282 妥

1.21 用妥（綏）賓
1.22 用妥（綏）賓
1.120 妥（綏）安乃壽
1.123 妥（綏）安乃壽
1.125-8 妥（綏）安乃壽
1.129-31 妥（綏）安乃壽
1.246 蛕（融）妥（綏）厚多福
1.247 業妥（綏）厚多福
1.248 業妥（綏）厚多福
1.249 業妥（綏）厚多福
1.250 業妥（綏）厚多福
1.251-6 用蛕（融）妥（綏）厚多福
2.287 妥（蕤）賓之宮／妥（蕤）賓之在楚也爲坪皇／爲妥（蕤）賓之徵顚下角
2.289 妥（蕤）賓之羿（羽）
2.290 妥（蕤）賓之宮曾
2.292 妥（蕤）賓之宮／妥（蕤）賓之在楚也爲坪皇／爲妥（蕤）賓之徵顚下角
2.293 妥（蕤）賓之商曾
2.295 妥（蕤）賓之羿（羽）曾
2.324 妥（蕤）賓之宮／妥（蕤）賓之在𨜿（申）也爲遟（夷）則
2.325 妥（蕤）賓之冬（終）
2.327 妥（蕤）賓之宮／妥（蕤）賓之在楚也爲坪皇／爲妥（蕤）賓之徵顚下角
2.347 妥（蕤）賓之宮
3.1068 妥
3.1301 子妥
3.1302 子妥
3.1303 子妥
3.1304 子妥
3.1305 子妥
5.2662 用妥（綏）媎（福）彔（祿）
5.2820 唯用妥（綏）福
5.2824 尊享孝妥（綏）福
5.2826 用康頤（揉）妥（綏）褱（懷）遠犾（邇）君子
5.2830 用妥（綏）乍（作）公上父尊
6.3075 子妥
7.4021 用妥（綏）多福
7.4022 用妥（綏）多福
7.4115 唯用妥（綏）神褱（鬼）
8.4170 大神妥（綏）多福
8.4171 大神妥（綏）多福
8.4172 大神妥（綏）多福
8.4173 大神妥（綏）多福
8.4174 大神妥（綏）多福
8.4175 大神妥（綏）多福
8.4176 大神妥（綏）多福
8.4177 大神妥（綏）多福
8.4198 尹叔用妥（綏）多福于皇考德尹、叀姬
8.4237 唯用妥（綏）康令于皇辟侯
8.4330 公克成妥（綏）吾考／用妥（綏）公唯壽
8.4342 妥（綏）立余小子
11.6015 妥（綏）多友
12.6896 子妥
12.6929 妥（妥倗）聑
14.8752 㞢子妥
16.10481 妥

0283 妃、姒

3.594 衛姒乍（作）鬲
5.2589 弗奴父乍（作）孟姒府（府）賸（媵）貞（鼎）
5.2598 尗（叔）史小子𣪘乍（作）寒姒好尊鼎
6.3365 く（甽）叔乍（作）姒尊
6.3579 年姒乍（作）用設
7.3849 叔向父乍（作）婞（辛）姒尊設
7.3850 叔向父乍（作）婞（辛）姒尊設
7.3851 叔向父乍（作）婞（辛）姒尊設
7.3852 叔向父乍（作）婞（辛）姒尊設
7.3853 叔向父乍（作）婞（辛）姒尊設
7.3854 叔向父乍（作）婞（辛）姒尊設
7.3855 叔向父乍（作）婞（辛）姒尊設
9.4522 宓（密）姒乍（作）旅匡（筐）
16.10153 侃孫奎母乍（作）姒寶般（盤）

0284 姛、鉰、𡚬、銅、[illegible]（姒）

3.643 姛休賜厥瀕事（吏）貝
3.851 又（有）姛寶甗
4.2193 𪓑姛（姒）乍（作）寶尊彝
4.2425 姛［賜］巾
4.2433 龏姛商（賞）賜貝于司
4.2434 龏姛商（賞）賜

貝于司

5.2718 寓獻佩于王姛 / 對昜(揚)玳(珪)王姛休

6.3439 新姛乍(作)餴(饙)毁

6.3440 新姛乍(作)餴(饙)毁

6.3557 季姛(姒)乍(作)用毁

6.3567 矗姛(姒)乍(作)寶尊彝

6.3568 雍姛(姒)乍(作)寶尊彝

6.3632 寧遹乍(作)柙(甲)姛尊毁

7.3836 衛姛(姒)乍(作)寶尊毁

7.4088 公姛(姒)賜奢貝

8.4341 毓(后)文王、王姛(姒)聖孫

11.5935 者(諸)姛以大子尊彝

11.5936 者(諸)姛以大子尊彝

11.5962 叔䑣(貔)賜貝于王姛(姒)

12.7311 鼻姛賜商(賞)貝于姛

14.9090 者(諸)姛以大子尊彝

14.9098 王賞姛瓦在寢

15.9295 者(諸)姛以大子尊彝

15.9646 王姛賜保侃母貝 / 揚姛休

15.9818 者(諸)姛以大子尊彝 / 者(諸)姛以尊彝大子

15.9819 者(諸)姛以大子尊彝

16.9888 叔䑣(貔)賜貝于王姛(姒)

16.10105 匋子或賜匋(陶)姛金一鈞

0285 始

3.534 孟始(姒)乍(作)寶鬲

3.536 會始(姒)乍(作)朕(媵)鬲

4.2141 犾(獮)父乍(作)翺(嬹)始(姒)貞(鼎)

5.2628 用乍(作)又(有)始(姒)寶尊彝

5.2643 伯氏、始(姒)氏乍(作)鬲(孎)婞娶拜(餴)貞(鼎)

5.2743 仲師父乍(作)季姘始寶尊鼎

5.2744 仲師父乍(作)季姘始寶尊鼎

5.2792 大矢始賜友[曰]斅 / 始獻工(功) / 始友曰考、曰攸 / 大矢始敢對揚天子休

5.2827 用乍(作)朕皇考龏叔、皇母龏始(姒)寶尊鼎

5.2828 用乍(作)朕皇考龏叔、皇母龏始(姒)寶尊鼎

5.2829 用乍(作)朕皇考龏叔、皇母龏始(姒)寶尊鼎

5.2831 舍(捨)顏始(姒)虞爻(肴)

8.4332 用乍(作)朕皇考龏叔、皇母龏始(姒)寶尊毁

8.4333 用乍(作)朕皇考龏叔、皇母龏始(姒)寶尊毁

8.4334 用乍(作)朕皇考龏叔、皇母龏始(姒)寶尊毁

8.4335 用乍(作)朕皇考龏叔、皇母龏始(姒)寶尊毁

8.4336 用乍(作)朕皇考龏叔、皇母龏始(姒)寶尊毁

8.4337 用乍(作)朕皇考龏叔、皇母龏始(姒)寶尊毁

8.4338 用乍(作)朕皇考龏叔、皇母龏始(姒)寶尊毁

8.4339 用乍(作)朕皇考龏叔、皇母龏始(姒)寶尊毁

9.4666 衛始(姒)乍(作)饙(餴)[illegible]毁

9.4667 衛始(姒)乍(作)饙(餴)[illegible]毁

15.9443 季良父乍(作)[illegible]始(姒)寶盉

15.9713 [illegible](弁)季良父乍(作)[illegible]始(姒)尊壺

15.9731 用乍(作)朕皇考龏叔、皇母龏始(姒)寶尊壺

15.9732 用乍(作)朕皇考龏叔、皇母龏始(姒)寶尊壺

0286 妹

5.2837 女(汝)妹(昧)辰又(有)大服

6.3710 西替乍(作)其妹靳餴(饙)鉦鐳

8.4330 迺妹(昧)克衣告剌(烈)成工(功)/ 乃沈子妹(昧)克蔑見猒(厭)于公休

9.4503 西替乍(作)其妹靳尊簠

9.4589 乍(作)其妹句敔夫人季子媵簠

9.4590 乍(作)其妹句敔夫人季子媵簠

9.4599 乍(作)其元妹叔嬴爲心賸(媵)餴(饙)簠

10.5428 兹小彝妹吹見

10.5429 兹小彝妹吹見

16.10320 以寡妹

0287 姑

2.424 姑馮昏同(馮同、逢同)之子

3.891 奄乍(作)婦姑𪙚彝

3.922 婦闟乍(作)文姑日癸尊彝

4.2137 乍(作)婦姑𪙚彝

4.2138 乍(作)婦姑𪙚彝

4.2263 曰:伯重姑乍(作)尊鼎

4.2333 姬乍(作)厥姑日辛尊彝

4.2403 婦闟乍(作)文

姞日癸尊彝
5.2826 晉姜曰：余唯司(嗣)朕先姞君晉邦
6.3621 陸婦乍(作)高姞尊彝
7.3983 伯庶父乍(作)王姞凡姜尊毁
7.4011 乍(作)我姞登(鄧)孟媿賸(媵)毁
7.4012 乍(作)我姞登(鄧)孟媿賸(媵)毁
7.4013 乍(作)我姞登(鄧)孟媿賸(媵)毁
7.4062 用享孝于其姞公
7.4063 用享孝于其姞公
7.4064 用享孝于其姞公
7.4065 用享孝于其姞公
7.4066 用享孝于其姞公
7.4067 用享孝于其姞公
9.4436 用享考(孝)于姞公
10.5349 婦闆乍(作)文姞日癸尊彝
10.5350 婦闆乍(作)文姞日癸尊彝
10.5388 顯(頂)賜婦□(婿)曰：用䵼于乃姞宓(閟)
10.5389 顯(頂)賜婦□(婿)曰：用䵼于乃姞宓(閟)
10.5426 用乍(作)厥文姞寶尊彝
14.9092 婦闆乍(作)文姞日癸尊彝
14.9093 婦闆乍(作)文姞日癸尊彝
15.9243 乍(作)婦姞尊彝
15.9246 婦闆乍(作)文姞日癸尊彝
15.9247 婦闆乍(作)文姞日癸尊彝
15.9820 婦闆乍(作)文姞日癸尊彝
18.11718 工勮大(太)子姞發𦒻(衈)反

0288 ⿰女出

1.272-8 其配襄公之⿰女出
1.280 其配襄公之⿰女出
1.285 不(丕)顯穆公之孫、其配襄公之⿰女出

0289 姃

4.1709 冉婦姃

0290 ⿰女白

3.596 郳⿰女白逕母鑄其羞鬲

0291 ⿰女只

16.10126 用賸(媵)之麗⿰女只
16.10253 用賸(媵)之麗⿰女只

0292 妶(嬘)

16.10533 弔嬘父乙

0293 姁

4.2334 袳僕父乍(作)訇姁朕(媵)鼎

0294 ⿰女羊

4.1710 婦⿰女羊告

0295 姚

4.2068 姚乍(作)𩼧鑄(鐈)鼎
5.2679 旛叔樊乍(作)易(陽)姚寶鼎
7.4009 毛伯𠻸(㗊)父乍(作)仲姚寶毁
7.4068 乍(作)微姚寶毁
7.4069 乍(作)微姚寶毁
7.4070 乍(作)微姚寶毁
7.4113 井南伯乍(作)鄭季姚好尊毁

0296 姦

11.6148 婦姦
15.9455 井伯氏(是)彁(貪)不姦
15.9783 左姦

0297 姜

1.47 鑄侯求乍(作)季姜朕(媵)鐘
1.103 遅(遲)父乍(作)姬齊姜龢䜌(林)鍾(鐘)
1.271 乍(作)子仲姜寶鎛／用享考(孝)于皇祖聖叔、皇祉(妣)聖姜／于皇祖又成惠叔、皇祉(妣)又成惠姜
3.522 同姜乍(作)尊鬲
3.523 仲姜乍(作)尊鬲
3.575 無(許)姬乍(作)姜虎旅鬲
3.588 叔皇父乍(作)仲姜尊鬲
3.595 衛文君夫人叔姜乍(作)其行鬲
3.600 己(紀)侯乍(作)□姜□〔鬲〕
3.605 伯姜乍(作)齊(齋)鬲
3.606 王伯姜乍(作)尊鬲
3.607 王伯姜乍(作)尊鬲
3.615 伯狺父乍(作)井叔、季姜尊鬲
3.641 京姜糸母乍(作)尊鬲
3.644 伯上父乍(作)姜氏尊鬲
3.647 王伯姜乍(作)尊鬲
3.659 奠(鄭)羌伯乍(作)季姜尊鬲
3.660 奠(鄭)羌伯乍(作)季姜尊鬲
3.682 伯家父乍(作)孟姜㑹(媵)鬲
3.684 奠(鄭)鑄友父乍(作)幾姜旅鬲
3.927 伯姜乍(作)旅獻(甗)
4.2028 亶(檀)姜乍(作)旅鼎
4.2148 齊姜乍(作)寶尊鼎
4.2191 王乍(作)仲姜

寶鼎

4.2204 羌乍(作)宄姜鼐鼎

4.2331 穆父乍(作)姜懿母餴(饋)貞(鼎)

4.2332 穆父乍(作)姜懿母餴(饋)貞(鼎)

4.2409 大(太)師乍(作)叔姜鼎

4.2435 伯姜賜從貝卅朋

4.2467 奠(鄭)姜(羌)伯乍(作)寶鼎

4.2472 虢姜乍(作)寶尊鼎

5.2549 無(許)男乍(作)成姜逗(趄)女(母)朕(媵)尊貞(鼎)

5.2560 王伯姜乍(作)季姬福母尊鼎

5.2616 衛乍(作)文考小仲、姜氏盂鼎

5.2704 王姜賜旟田三于待劆

5.2789 王𡚸(𠛬)姜事(使)內史友員賜戠玄衣、朱褮裣 / 對揚王𡚸(𠛬)姜休

5.2791 天子泚宔(貯)伯姜 / 伯姜對揚天子休 / 伯姜日受天子魯休

5.2826 晉姜曰:余唯司(嗣)朕先姑君晉邦 / 晉姜用祈綽綰、眉壽

5.2831 舍(捨)矩姜帛三兩

6.3230 乍(作)己姜

6.3348 呂姜乍(作)𣪘

6.3452 姜㻇乍(作)尊彝

6.3570 王乍(作)姜氏尊𣪘

6.3571 姜林母乍(作)䰍(錯)𣪘

6.3633 大(太)師乍(作)孟姜餴(饋)𣪘

7.3772 己(紀)侯乍(作)姜縈𣪘

7.3820 虢姜乍(作)寶𣪘

7.3856 伯家父乍(作)孟姜賸(媵)𣪘

7.3857 伯家父乍(作)孟姜賸(媵)𣪘

7.3871 夨王乍(作)奠(鄭)姜尊𣪘

7.3893 齊巫姜乍(作)尊𣪘

7.3896 井(邢)姜大(太)宰𢀛(巳)

7.3920 伯百父乍(作)周姜寶𣪘

7.3936 彔旁仲駒父乍(作)仲姜𣪘

7.3937 彔旁仲駒父乍(作)仲姜𣪘

7.3938 彔旁仲駒父乍(作)仲姜𣪘

7.3977 己(紀)侯貉子分己(紀)姜寶 / 己(紀)姜石(祏)用㐭

7.3983 伯庶父乍(作)王姑凡姜尊𣪘

7.3988 魯伯大父乍(作)孟姜賸(媵)𣪘

7.4004 乍(作)孟姜尊𣪘

7.4005 乍(作)孟姜尊𣪘

7.4006 乍(作)孟姜尊𣪘

7.4008 兮吉父乍(作)仲姜寶尊𣪘

7.4045 膺(應)侯乍(作)生杙姜尊𣪘

7.4060 王姜賜不壽裘

7.4108 叔䌛父乍(作)孟姜尊𣪘

8.4126 𣐭季肈乍(作)朕王母叔姜寶𣪘

8.4132 王姜史(使)菽(叔)事(使)于大(太)保

8.4133 王姜史(使)菽(叔)事(使)于大(太)保

8.4139 楷侯乍(作)姜氏寶䵼彝 / 堯(无)事姜氏

8.4182 虢姜乍(作)寶尊𣪘 / 虢姜其萬年眉壽

8.4195 季姜

8.4266 用乍(作)季姜尊彝

8.4293 亦我考幽伯、幽姜令

8.4300 乍(作)冊夨令尊宜于王姜 / 姜商(賞)令貝十朋、臣十家、鬲百人

8.4301 乍(作)冊夨令尊宜于王姜 / 姜商(賞)令貝十朋、臣十家、鬲百人

8.4340 出入姜氏令 / 女(汝)毋弗善效姜氏人

9.4424 單子白乍(作)叔姜旅盨

9.4436 犀(徲)乍(作)姜淠盨

9.4606 陳(陳)侯乍(作)孟姜㛿(㾓)媵(媵)簠

9.4607 陳(陳)侯乍(作)孟姜㛿(㾓)媵(媵)簠

9.4616 用賸(媵)孟姜、秦嬴

9.4629 台(以)乍(作)厥元配季姜之祥器

9.4630 台(以)乍(作)厥元配季姜之祥器

9.4645 齊侯乍(作)朕(媵)寬圓孟姜膳𦎫(敦)

10.5385 息伯賜貝于姜

10.5386 息伯賜貝于姜

10.5407 王姜令乍(作)冊睘安尸伯 / 揚王姜休

12.6458 叔偈父乍(作)姜

15.9408 魯侯乍(作)姜享彝

15.9436 堯(无)敢乍(作)姜盉

15.9492 叔姜☐

15.9603 子叔乍(作)叔姜尊壺

15.9604 子叔乍(作)叔姜尊壺

15.9609 成伯邦父乍

(作)叔姜萬人(年)壺
15.9610 吕季姜乍(作)醴壺
15.9611 吕季姜乍(作)醴壺
15.9619 伋姜氏永寶用
15.9621 成周邦父乍(作)干仲姜寶壺
15.9623 王伯姜乍(作)尊壺
15.9624 王伯姜乍(作)尊壺
15.9651 矩叔乍(作)仲姜寶尊壺
15.9652 矩叔乍(作)仲姜寶尊壺
15.9669 㪔(散)氏車父乍(作)醒姜尊壺
15.9697 㪔(散)車父乍(作)皇母醒姜寶壺
15.9704 㠱(紀)公乍(作)爲子叔姜媵盥壺
15.9709 公子土斧乍(作)子仲姜鎜之般(盤)壺
15.9729 齊侯既𨘋(躋)洹子孟姜喪 / 洹子孟姜用乞嘉命
15.9730 齊侯既𨘋(躋)洹子孟姜喪 / 洹子孟姜用乞嘉命
16.10081 㠱伯庭父朕(媵)姜無昃(沬)般(盤)
16.10106 堯(无)敢乍(作)姜般(盤)
16.10159 齊侯乍(作)賸(媵)寬圓孟姜盥般(盤)
16.10203 叔侯父乍(作)姜□寶也(匜)
16.10204 奠(鄭)義伯乍(作)季姜寶也(匜)用
16.10211 㠱(紀)伯庭父朕(媵)姜無昃(沬)也(匜)
16.10218 周笔(竈)乍(作)救姜寚(寶)也(匜)
16.10229 匽(燕)公乍(作)爲姜乘般(盤)匜
16.10240 王婦㠱孟姜乍(作)旅也(匜)
16.10274 大(太)師子大孟姜
16.10280 慶叔攸(作)朕(媵)子孟姜盥匜
16.10283 齊侯乍(作)賸(媵)寬圓孟姜盥盂
16.10317 伯索史乍(作)季姜寶盂
16.10318 齊侯乍(作)朕(媵)子仲姜寶盂
16.10580 保汝(如)母賜貝于庚姜

0298 姞

3.511 姬(?)姞旅鬲
3.512 虢姞乍(作)鬲
3.526 額姞乍(作)寶鼎
3.547 仲姞乍(作)羞鬲
3.548 仲姞乍(作)羞鬲
3.549 仲姞乍(作)羞鬲
3.550 仲姞乍(作)羞鬲
3.551 仲姞乍(作)羞鬲
3.552 仲姞乍(作)羞鬲
3.553 仲姞乍(作)羞鬲
3.554 仲姞乍(作)羞鬲
3.555 仲姞乍(作)羞鬲
3.556 仲姞乍(作)羞鬲
3.557 仲姞乍(作)羞鬲
3.558 仲姞乍(作)羞鬲
3.561 虢仲乍(作)姞尊鬲
3.562 虢仲乍(作)姞尊鬲
3.576 伯鄘父乍(作)姞尊鬲
3.674 叔牙父乍(作)姞氏尊鬲
3.737 單伯邍父乍(作)仲姞尊鬲
3.738 乍(作)孟姞寶尊鬲
3.739 乍(作)孟姞寶尊鬲
3.740 乍(作)孟姞寶尊鬲
3.753 天君蔑公姞曆 / 事(使)賜公姞魚三百
3.754 穆公乍(作)尹姞宗室于繇林 / 各于尹姞宗室繇林 / 君蔑尹姞曆
3.755 穆公乍(作)尹姞宗室于繇林 / 各于尹姞宗室繇林 / 君蔑尹姞曆
3.926 奠(鄭)井叔乍(作)季姞獻(甗)
4.2184 霸姞乍(作)寶尊彝
4.2282 尹叔乍(作)陽姞賸(媵)鼎
4.2330 姞曶母乍(作)厥宲(寶)尊鼎
4.2353 師寏父乍(作)季姞尊鼎
5.2697 㪔伯車父乍(作)邪姞尊鼎
5.2698 㪔伯車父乍(作)邪姞尊鼎
5.2699 㪔伯車父乍(作)邪姞尊鼎
5.2700 㪔伯車父乍(作)邪姞尊鼎
6.3563 姞伋父乍(作)寶𣪘
6.3565 霸姞乍(作)寶尊彝
6.3619 義伯乍(作)宄婦陸姞
6.3705 師寏父乍(作)季姞寶尊𣪘
6.3706 師寏父乍(作)叔姞寶尊𣪘
7.3769 乎乍(作)姞氏寶𣪘
7.3793 伯梁父乍(作)嫨(龏)姞尊𣪘
7.3794 伯梁父乍(作)嫨(龏)姞尊𣪘
7.3795 伯梁父乍(作)嫨(龏)姞尊𣪘
7.3796 伯梁父乍(作)嫨(龏)姞尊𣪘
7.3881 㪔車父乍(作)郳(郱)姞桒(餴、饋)𣪘
7.3882 㪔車父乍(作)郳(郱)姞餴(饋)𣪘
7.3883 㪔車父乍(作)郳(郱)姞餴(饋)𣪘
7.3884 㪔車父乍(作)郳(郱)姞餴(饋)𣪘

7.3885 椃車父乍(作)鄭(鄭)姞䵼(饋)毁
7.3886 椃車父乍(作)鄭(鄭)姞䵼(饋)毁
7.3916 姞氏自牧(作)爲寶尊毁
7.3928 噩(鄂)侯乍(作)王姞朕(媵)毁/王姞其萬年
7.3929 噩(鄂)侯乍(作)王姞朕(媵)毁/王姞其萬年
7.3930 噩(鄂)侯乍(作)王姞朕(媵)毁/王姞其萬年
7.4010 殳儕(鯈)生(甥)乍(作)尹姞尊毁
8.4198 蔡姞乍(作)皇兄尹叔尊𩰫彝
8.4273 用乍(作)文母外姞尊毁
9.4346 隆伯乍(作)仲姞尊
9.4388 叔姞乍(作)旅盨
9.4416 遣叔吉父乍(作)虢王姞旅須(盨)
9.4417 遣叔吉父乍(作)虢王姞旅須(盨)
9.4418 遣叔吉父乍(作)虢王姞旅須(盨)
9.4469 叔邦父、叔姞邁(萬)年
10.5402 用乍(作)姞寶彝
10.5405 公姞令次𤔲田人/對揚公姞休
11.5992 用乍(作)姞寶彝
11.5994 公姞令次𤔲田人/對揚公姞休
11.6350 乍(作)姞彝
12.6451 姞亘母乍(作)寶
15.9697 用逆姞氏
16.10071 宗(崇)仲乍(作)尹姞般(盤)
16.10182 宗(崇)仲乍(作)尹姞盉
16.10183 姞𩵦母乍(作)旅匜
16.10238 仲姞義母乍(作)旅也(匜)

0299 娟

6.3566 卌娟乍(作)乙尊彝

0300 威

1.149 曰：余畢龏威(畏)忌
1.150 曰：余畢龏威(畏)忌
1.151 曰：余畢龏威(畏)忌
1.152 曰：余畢龏威(畏)忌
1.238 旅敢肈帥井(型)皇考威義(儀)
1.239 旅敢肈帥井(型)皇考威義(儀)
1.240 旅敢肈帥井(型)皇考威義(儀)
1.241 旅敢肈帥井(型)皇考威義(儀)
1.242-4 旅敢肈帥井(型)皇考威義(儀)
1.245 曰：余畢龏威(畏)忌
1.247 疋(胥)尹叙厥威義(儀)
1.248 疋(胥)尹叙厥威義(儀)
1.249 疋(胥)尹叙厥威義(儀)
1.250 疋(胥)尹叙厥威義(儀)
1.261 忈(淑)于威義(儀)
2.426 余𠨘(畢)龏威(畏)其(忌)
2.427 余𠨘(畢)龏威(畏)其(忌)
5.2811 忈(淑)于威義(儀)
8.4170 𤼈曰：䚆(景)皇祖考𤔲威義(儀)
8.4171 𤼈曰：䚆(景)皇祖考𤔲威義(儀)
8.4172 𤼈曰：䚆(景)皇祖考𤔲威義(儀)
8.4173 𤼈曰：䚆(景)皇祖考𤔲威義(儀)
8.4174 𤼈曰：䚆(景)皇祖考𤔲威義(儀)
8.4175 𤼈曰：䚆(景)皇祖考𤔲威義(儀)
8.4176 𤼈曰：䚆(景)皇祖考𤔲威義(儀)
8.4177 𤼈曰：䚆(景)皇祖考𤔲威義(儀)
8.4242 秉威義(儀)
11.6010 威義(儀)遊遊(優優)
16.10171 威義(儀)遊遊(優優)

0301 娀

12.7270 子娀心

0302 𡠛(婚)

15.9559 子𡠛迺子壺
15.9560 子𡠛迺子壺

0303 媒

4.2311 咸媒(𡛟)子乍(作)祖丁尊彝
12.7196 媒冉串
12.7197 媒冉串

0304 娊

3.637 庚姬乍(作)叔娊(？)尊鬲
3.638 庚姬乍(作)叔娊(？)尊鬲
3.639 庚姬乍(作)叔娊(？)尊鬲
3.640 庚姬乍(作)叔娊(？)尊鬲

0305 媨

3.998 媨

0306 婞

7.3849 叔向父乍(作)婞(辛)姒尊毁
7.3850 叔向父乍(作)婞(辛)姒尊毁
7.3851 叔向父乍(作)婞(辛)姒尊毁
7.3852 叔向父乍(作)婞(辛)姒尊毁
7.3853 叔向父乍(作)婞(辛)姒尊毁
7.3854 叔向父乍(作)

婞(辛)姒尊毁
7.3855 叔向父乍(作)婞(辛)姒尊毁

0307 姬

1.88 虘罘蔡姬永寶
1.89 叡罘蔡姬永寶
1.90-1 叡罘蔡姬〔永寶〕
1.92 叡罘蔡姬永寶
1.103 遅(遲)父乍(作)姬齊姜龢蕾(林)鍾(鐘)
1.145 士父其罘□姬萬年
1.146 士父其罘□姬萬年
1.148 士父其罘□姬萬年
1.223-4 往已叔姬
1.262-3 公及王姬曰:余小子
1.264-6 公及王姬曰:余小子
1.267 公及王姬曰:余小子
1.268 公及王姬曰:余小子
1.269 公及王姬曰:余小子
3.510 仲姬乍(作)鬲
3.511 姬(?)姑旅鬲
3.527 凌姬乍(作)寶齋
3.532 旂姬乍(作)寶鬲
3.545 魯侯乍(作)姬番鬲
3.546 姬艿母乍(作)齋鬲
3.575 鄦(許)姬乍(作)姜虎旅鬲
3.584 王乍(作)䫉王姬〓鬻彝
3.585 王乍(作)䫉王姬〓鬻彝
3.593 魯姬乍(作)尊鬲
3.608 𢦏(戴)叔慶父乍(作)叔姬尊鬲
3.616 伯墉父乍(作)叔姬鬲
3.617 伯墉父乍(作)叔姬鬲
3.618 伯墉父乍(作)叔姬鬲
3.619 伯墉父乍(作)叔姬鬲
3.620 伯墉父乍(作)叔姬鬲
3.621 伯墉父乍(作)叔姬鬲
3.622 伯墉父乍(作)叔姬鬲
3.623 伯墉父乍(作)叔姬鬲
3.628 姬趛母乍(作)尊鬲
3.629 姬趛母乍(作)尊鬲
3.636 呂雔姬乍(作)齋彝
3.637 庚姬乍(作)叔娊(?)尊鬲
3.638 庚姬乍(作)叔娊(?)尊鬲
3.639 庚姬乍(作)叔娊(?)尊鬲
3.640 庚姬乍(作)叔娊(?)尊鬲
3.646 王乍(作)姬龟(⿰豸夷)母尊鬲
3.671 伯汒父乍(作)大姬齋鬲
3.685 齊趫父乍(作)孟姬寶鬲
3.686 齊趫父乍(作)孟姬寶鬲
3.690 魯伯愈父乍(作)鼄(邾)姬仁朕(媵)羞鬲
3.691 魯伯愈父乍(作)鼄(邾)姬仁朕(媵)羞鬲
3.692 魯伯愈父乍(作)鼄(邾)姬仁朕(媵)羞鬲
3.693 魯伯愈父乍(作)鼄(邾)姬仁朕(媵)羞鬲
3.694 魯伯愈父乍(作)鼄(邾)姬仁朕(媵)羞鬲
3.695 魯伯愈父乍(作)鼄(邾)姬仁朕(媵)羞鬲
3.696 夅(隆)伯乍(作)陘孟姬尊鬲
3.697 弢(發)伯乍(作)叔姬尊鬲
3.700 善(膳)〔夫〕吉父乍(作)京姬尊鬲
3.701 善(膳)夫吉父乍(作)京姬尊鬲
3.702 善(膳)夫吉父乍(作)京姬尊鬲
3.703 善(膳)夫吉父乍(作)京姬尊鬲
3.704 善(膳)夫吉父乍(作)京姬尊鬲
3.707 魯宰駟父乍(作)姬鵬賸(媵)鬲
3.709 虢伯乍(作)姬大母尊鬲
3.711 內(芮)公乍(作)鑄京氏婦叔姬朕(媵)鬲
3.712 內(芮)公乍(作)鑄京氏婦叔姬朕(媵)鬲
3.718 〓季乍(作)孟姬窋(庿)女(母)遳鬲
3.719 伯夏父乍(作)畢姬尊鬲
3.720 伯夏父乍(作)畢姬尊鬲
3.721 伯夏父乍(作)畢姬尊鬲
3.722 伯夏父乍(作)畢姬尊鬲
3.723 伯夏父乍(作)畢姬尊鬲
3.724 伯夏父乍(作)畢姬尊鬲
3.725 伯夏父乍(作)畢姬尊鬲
3.726 伯夏父乍(作)畢姬尊鬲
3.727 伯夏父乍(作)畢姬尊鬲
3.728 伯夏父乍(作)畢姬
3.729 仲生父乍(作)井孟姬寶鬲
3.730 奠(鄭)伯筍父乍(作)叔姬尊鬲
3.743 內(芮)公乍(作)鑄京仲氏婦叔姬賸(媵)鬲

3.745 師趛乍(作)文考聖公、文母聖姬尊𩰫
3.908 強伯乍(作)凡姬用甗
3.910 孟姬安自乍(作)寶獻(甗)
3.931 仲伐父乍(作)姬尚母旅獻(甗)
4.2029 散姬乍(作)尊鼎
4.2082 虘北乍(作)季姬
4.2147 王乍(作)仲姬寶彝
4.2192 強乍(作)井姬用鼎
4.2273 王乍(作)垂姬寶尊鼎
4.2277 強伯乍(作)井姬鼎
4.2278 強伯乍(作)井姬穼(竈)貞(鼎)
4.2333 姬乍(作)厥姑日辛尊彝
4.2339 公大(太)史乍(作)姬娎寶尊彝
4.2343 叔虎父乍(作)叔姬寶鼎
4.2370 公大(太)史乍(作)姬娎寶尊彝
4.2371 公大(太)史乍(作)姬娎寶尊彝
4.2392 叔姬乍(作)陽伯旅鼎
4.2525 鼄(邾)伯御戎乍(作)媵(媵)姬寶貞(鼎)
5.2558 師賸父乍(作)豳(豳)姬寶鼎
5.2560 王伯姜乍(作)季姬福母尊鼎 / 季姬其永寶用
5.2562 [illegible]金父乍(作)叔姬寶尊鼎
5.2567 黃子乍(作)黃甫(夫)人孟姬器
5.2582 辛中姬皇母乍(作)尊鼎
5.2583 辛中姬皇母乍(作)尊鼎
5.2584 伯夏父乍(作)畢姬尊鼎
5.2596 新宮叔碩父、監姬乍(作)寶鼎
5.2597 晉嗣徒伯𨛭父乍(作)周姬寶尊鼎
5.2600 吳王姬乍(作)南宮史叔飤鼎
5.2619 善(膳)夫旅伯乍(作)毛仲姬尊鼎
5.2649 伯頵父乍(作)朕皇考屖伯、吳姬寶鼎
5.2676 井姬啼亦偁祖考夌公宗室 / 乍(作)井姬用貞(鼎)段
5.2677 井姬啼亦偁祖考夌公宗室 / 乍(作)井姬用貞(鼎)段
5.2681 姬䵼彝
5.2713 師趛乍(作)文考聖公、文母聖姬尊晨
5.2738 蔡大(太)師䐑賸(媵)鄦(許)叔姬可母飤繁
5.2767 䣄(胡)叔、伈(信)姬乍(作)寶鼎 / 䣄(胡)叔眔伈(信)姬其壽耇(耇)、多宗、永令(命)/ 䣄(胡)叔、伈(信)姬其邁(萬)年
5.2815 用乍(作)朕皇考𩁹(郈)伯、奠(鄭)姬寶鼎
5.2819 用乍(作)朕皇考奠(鄭)伯、姬尊鼎
6.3350 伯姬乍(作)
6.3450 乍(作)姬寶尊彝
6.3530 𠫤伯乍(作)姬寶段
6.3531 𠫤伯乍(作)姬寶段
6.3569 戚姬乍(作)寶尊段
6.3614 匽(燕)侯乍(作)姬丞尊彝
6.3679 伯嘉父乍(作)𧊒姬尊段
6.3680 伯嘉父乍(作)𧊒姬尊段
6.3722 苺(敄)伯乍(作)井姬寶段
7.3752 𣪕侯曰:爲季姬段
7.3777 散伯乍(作)矢姬寶段
7.3778 散伯乍(作)矢姬寶段
7.3779 散伯乍(作)矢姬寶段
7.3780 散伯乍(作)矢姬寶段
7.3781 侯氏乍(作)孟姬尊段
7.3782 侯氏乍(作)孟姬尊段
7.3797 歸叔山父乍(作)疊(嫚、姪)姬尊段
7.3798 歸叔山父乍(作)疊(嫚、姪)姬尊段
7.3799 歸叔山父乍(作)疊(嫚、姪)姬尊段
7.3800 歸叔山父乍(作)疊(嫚、姪)姬尊段
7.3801 歸叔山父乍(作)疊(嫚、姪)姬尊段
7.3816 齊嫚(姪)姬乍(作)寶段
7.3848 乍(作)魯男、王姬䵼彝
7.3859 辛叔皇父乍(作)中姬尊段
7.3860 膺(應)侯乍(作)姬遼母尊段
7.3894 孶(㢑)父乍(作)姬獻賸(媵)段
7.3903 陳(陳)侯乍(作)嘉姬寶段
7.3923 豐井叔乍(作)伯姬尊段
7.3939 禾(和)肇乍(作)皇母懿龏孟姬餴(饙)彝
7.3945 鴋(鷊、唐)姬乍(作)旛嫼賸(媵)段
7.3946 中伯乍(作)亲(辛)姬䜌人寶段
7.3947 中伯乍(作)亲(辛)姬䜌人寶段

7.3952 格伯乍(作)晉姬寶毁
7.3974 魯伯大父乍(作)季姬婧賸(媵)毁
7.3978 溓(濂)姬乍(作)父庚尊毁
7.3987 魯大(太)宰遼父乍(作)季姬牙賸(媵)毁
7.3989 魯伯大父乍(作)仲姬俞賸(媵)毁
7.3995 伯偈父乍(作)姬麇寶毁
7.4027 伯豱父乍(作)朕皇考屖伯、吳(虞)姬尊毁
7.4056 叔噩父乍(作)鸞姬旅毁
7.4057 叔噩父乍(作)鸞姬旅毁
7.4058 叔噩父乍(作)鸞姬旅毁
7.4062 誅(胡)叔、誅(胡)姬乍(作)伯媿賸(媵)毁
7.4063 誅(胡)叔、誅(胡)姬乍(作)伯媿賸(媵)毁
7.4064 誅(胡)叔、誅(胡)姬乍(作)伯媿賸(媵)毁
7.4065 誅(胡)叔、誅(胡)姬乍(作)伯媿賸(媵)毁
7.4066 誅(胡)叔、誅(胡)姬乍(作)伯媿賸(媵)毁
7.4067 誅(胡)叔、誅(胡)姬乍(作)伯媿賸(媵)毁
7.4071 孟姬湁(脂)自乍(作)餴(饋)毁 / 孟姬其子孫永寶
7.4072 孟姬湁(脂)自乍(作)餴(饋)毁 / 孟姬其子孫永寶
7.4090 眔朕文母季姬寶毁
7.4102 仲叡父乍(作)朕皇考遅伯、王(皇)母遅姬尊毁
7.4103 仲叡父乍(作)朕皇考遅伯、王(皇)母遅姬尊毁
8.4195 王命萬眔叔緐父歸(饋)吳姬飴(饔)器 / 吳姬賓(儐)帛束
8.4198 尹叔用妥(綏)多福于皇考德尹、叀姬
8.4288 用乍(作)朕文考乙伯、宄姬尊毁
8.4289 用乍(作)朕文考乙伯、宄姬尊毁
8.4290 用乍(作)朕文考乙伯、宄姬尊毁
8.4291 用乍(作)朕文考乙伯、宄姬尊毁
8.4321 用乍(作)文祖乙伯、同姬尊毁
8.4328 用乍(作)朕皇祖公伯、孟姬尊毁
8.4329 用乍(作)朕皇祖公伯、孟姬尊毁
8.4342 用乍(作)朕剌(烈)祖乙伯、同益姬寶毁
9.4352 㝠女(母)乍(作)微姬旅盨
9.4355 中伯乍(作)嬔(孌)姬旅盨用
9.4356 中伯乍(作)嬔(孌)姬旅盨用
9.4379 陳(陳)姬小公子子豙(豭、豵)叔嬀飤盨
9.4419 伯多父乍(作)成姬多母霝(鍇)毁
9.4425 皃叔乍(作)仲姬旅盨 / 永彶仲姬寶用
9.4429 師趛乍(作)楷姬旅盨
9.4484 劃伯乍(作)孟姬簠
9.4501 王孫叕乍(作)蔡姬飤簠
9.4504 京叔姬乍(作)寶簠
9.4552 誅(胡)叔乍(作)吳(虞)姬尊鉦(筐)
9.4561 鼾侯乍(作)叔姬寺男塍(媵)簠
9.4562 鼾侯乍(作)叔姬寺男塍(媵)簠
9.4566 魯伯俞(愈)父乍(作)姬仁簠
9.4567 魯伯俞(愈)父乍(作)姬仁簠
9.4568 魯伯俞(愈)父乍(作)姬仁簠
9.4572 季宮父乍(作)仲姊孃姬侯(媵)簠
9.4573 曾子遼彝爲孟姬鄗鑄賸(媵)簠
9.4598 叔姬需乍(迮)黃邦 / 曾侯乍(作)叔姬、邛(江)嫞(芊)賸(媵)器黨彝
9.4615 叔家父乍(作)仲姬匡(筐)
9.4644 拍乍(作)朕配平姬墉宮祀彝
9.4693 姬寏母乍(作)大公、墉公、□公、魯仲臤、省伯、孝公、靜公豆
9.4694 郢姬府所告(造)
10.5357 憻(憻)季遽父乍(作)豐姬寶尊彝
10.5358 憻(憻)季遽父乍(作)豐姬寶尊彝
10.5404 帝司賞庚姬貝卅朋、忒(貸)絲廿寽(鋝)
11.5913 彊伯乍(作)井姬用盂鑵
11.5939 蔡侯䌸(申)乍(作)大孟姬賸(媵)尊
11.5947 憻(憻)季遽父乍(作)豐姬寶尊彝
11.5969 伯乍(作)蔡姬宗彝
11.5997 帝司(姛)賞庚姬貝卅朋、忒(貸)絲廿寽(鋝)
11.6010 用詐(作)大孟姬賸(媵)彝鑑(缶)
12.6456 伯乍(作)姬飲壺
15.9411 籔王乍(作)姬姊盉
15.9425 伯百父乍(作)孟姬朕(媵)鎣

15.9552 天姬自乍(作)壺
15.9557 畝姬乍(作)寶彝
15.9579 魯侯乍(作)尹叔姬壺
15.9630 吕王造乍(作)內(芮)姬尊壺
15.9641 乍(作)爲衛姬壺
15.9656 伯公父乍(作)叔姬醴壺
15.9667 中伯乍(作)亲(辛)姬繺(孌)人朕(媵)壺
15.9668 中伯乍(作)亲(辛)姬繺(孌)人朕(媵)壺
15.9710 聖趄(桓)之夫人曾姬無恤
15.9711 聖趄(桓)之夫人曾姬無恤
16.9967 伯夏父乍(作)畢姬尊霝(鐳)
16.9968 伯夏父乍(作)畢姬尊霝(鐳)
16.9987 黃子乍(作)黃孟姬行器
16.10001 蔡公子乍(作)姬安尊湽(瓿)□
16.10004 蔡侯𩐿(申)乍(作)大孟姬賸(媵)盥缶
16.10005 孟滕姬擇其吉金
16.10079 伯百父乍(作)孟姬朕(媵)般(盤)
16.10086 魯伯厚父乍(作)仲姬俞賸(媵)般(盤)
16.10087 魯伯者父乍(作)孟姬嫜(墉)朕(媵)般(盤)
16.10096 筍侯乍(作)叔姬賸(媵)般(盤)
16.10103 伯駟父乍(作)姬淪朕(媵)般(盤)
16.10111 師寏父乍(作)季姬般(盤)
16.10112 伯碩𦔻乍(作)鼄姬饔般(盤)
16.10113 魯伯愈父乍(作)鼄(邾)姬仁朕(媵)頮(沬)盤
16.10114 魯伯愈父乍(作)鼄(邾)姬仁朕(媵)頮(沬)盤
16.10115 魯伯愈父乍(作)鼄(邾)姬仁朕(媵)頮(沬)盤
16.10117 齊侯乍(作)埶(蓋)姬寶般(盤)
16.10123 齊侯乍(作)皇氏孟姬寶般(盤)
16.10131 干氏叔子乍(作)仲姬客母嬖(媵)般(盤)
16.10142 齊叔姬乍(作)孟庚寶般(盤)
16.10144 曹公塍(媵)孟姬悆母般(盤)
16.10145 毛叔朕(媵)彪氏孟姬寶般(盤)
16.10147 齊縈姬之嫿(姪)
16.10154 乍(作)其子孟姬嬰朕(媵)盤
16.10171 用詐(作)大孟姬嬪(媵)彝盤(盤)
16.10172 用乍(作)朕皇考奠(鄭)伯、奠(鄭)姬寶般(盤)
16.10179 季姬乍(作)盉
16.10186 自乍(作)吳姬賸(媵)也(匜)
16.10192 虢季乍(作)中姬寶也(匜)
16.10193 散伯乍(作)夨姬寶也(匜)
16.10195 蔡侯乍(作)姬單媵(媵)也(匜)
16.10202 𠂈姬乍(作)寶
16.10226 伯吉父乍(作)京姬也(匜)
16.10241 嗣馬南叔乍(作)𢑏姬朕(媵)也(匜)
16.10242 齊侯乍(作)埶(蓋)姬寶也(匜)
16.10244 魯伯愈父乍(作)鼄(邾)姬仁朕(媵)𩑥(沬)也(匜)
16.10248 叔𠪚父乍(作)師姬寶也(匜)
16.10270 叔男父乍(作)爲霍姬賸(媵)旅也(匜)
16.10272 齊侯乍(作)虢孟姬良女(母)寶也(匜)
16.10277 〔作〕其庶女𤔲(厲、賴)孟姬賸(媵)也(匜)
16.10284 賸(媵)孟姬有之婦沬盤
16.10297 王郘姬之濫(鑑)
16.10298 台(以)乍(作)叔姬寺吁宗彝(彝)薦鑑/往已叔姬
16.10299 台(以)乍(作)叔姬寺吁宗彝(彝)薦鑑/往已叔姬
16.10355 黃子乍(作)黃甫(夫)人孟姬器
16.10549 𣏟姬乍(作)寶彝
16.10576 庚姬乍(作)𩰫女(母)寶尊彝

0308 婛

11.5686 𠁥齊婛
14.8753 齊婛
14.8754 齊婛

0309 媢

3.1309 子媢
11.6136 子媢
12.6898 子媢
12.6899 子媢
13.7413 媢
13.8076 子媢
13.8077 子媢
13.8078 子媢
13.8079 子媢
13.8080 子媢
13.8081 子媢
13.8082 子媢
13.8083 子媢
15.9173 子媢
15.9784 子媢

0310 婤

16.10267 乍(作)西孟嬀婤母塍(媵)匜

0311 婧

7.3974 魯伯大父乍(作)季姬婧賸(媵)段

0312 娟

15.9417 伯𠬝乍(作)母娟旅盉

15.9418 伯𠬝乍(作)母娟旅盉

0313 娸

6.3502 文父乙卯婦娸

0314 娴

10.5375 子乍(作)婦娴彝

0315 婐

16.10177 婐

0316 娜

2.405 亞佴娜

2.406 亞佴娜

2.407 亞佴娜

6.3114 㢠娜

0317 𡝤、婚

10.5388 顒(頂)賜婦𡝤(婚)曰:用𩛥于乃姑宓(閟)

10.5389 顒(頂)賜婦𡝤(婚)曰:用𩛥于乃姑宓(閟)

0318 媓

12.6523 媓

13.7416 媓

13.7417 媓

0319 媅

7.3915 周𩞁生(甥)乍(作)楷娟(妘)媅賸(媵)段

0320 嫐

3.1488 齒嫐

0321 嫂

6.2924 嫂

10.4754 嫂

10.4755 嫂

0322 𡜤

4.1904 珥髭婦𡜤

6.3345 珥髭婦𡜤

10.5098 珥髭婦𡜤

11.5760 珥髭婦𡜤

12.7254 珥髭婦𡜤

14.8982 珥髭婦𡜤

14.8983 珥髭婦𡜤

14.8984 珥髭婦𡜤

0323 鍐

12.7177 鍐䏊册

0324 媵、嬇、嫈

3.705 陳(?)侯乍(作)畢季嬀媵鬲

3.706 陳(?)侯乍(作)畢季嬀媵鬲

7.3815 敶(陳)侯乍(作)王嬀媵段

9.4589 乍(作)其妹句敔夫人季子媵簠

9.4590 乍(作)其妹句敔夫人季子媵簠

15.9704 曩(紀)公乍(作)爲子叔姜媵盥壺

16.10131 干氏叔子乍(作)仲姬客母嫈(媵)般(盤)

16.10157 敶(陳)侯乍(作)王仲嬀㛿(痡)母媵般(盤)

16.10171 用詐(作)大孟姬嬇(媵)彝盤(盤)

0325 媿

4.2415 奠(鄭)同媿乍(作)旅鼎

4.2462 倗仲乍(作)畢媿賸(媵)鼎

4.2502 圓(昆)君婦媿霝[作]旅尊貞(鼎)

4.2517 內(芮)子仲㲋(搬)乍(作)叔媿尊鼎

4.2524 㐭(㐭)𠫑(扰)生(甥)乍(作)成媿賸(媵)貞(鼎)

6.3692 伯𤒃乍(作)媿氏旅

6.3693 伯𤒃乍(作)媿氏旅

7.3931 𣪘乍(作)王母媿氏𩜁(饙)段/媿氏其眉壽

7.3932 𣪘乍(作)王母媿氏𩜁(饙)段/媿氏其眉壽

7.3933 𣪘乍(作)王母媿氏𩜁(饙)段/媿氏其眉壽

7.3934 𣪘乍(作)王母媿氏𩜁(饙)段/媿氏其眉壽

7.4011 乍(作)我姑登(鄧)孟媿賸(媵)段

7.4012 乍(作)我姑登(鄧)孟媿賸(媵)段

7.4013 乍(作)我姑登(鄧)孟媿賸(媵)段

7.4062 㝬(胡)叔、㝬(胡)姬乍(作)伯媿賸(媵)段

7.4063 㝬(胡)叔、㝬(胡)姬乍(作)伯媿賸(媵)段

7.4064 㝬(胡)叔、㝬(胡)姬乍(作)伯媿賸(媵)段

7.4065 㝬(胡)叔、㝬(胡)姬乍(作)伯媿賸(媵)段

7.4066 㝬(胡)叔、㝬(胡)姬乍(作)伯媿賸(媵)段

7.4067 㝬(胡)叔、㝬(胡)姬乍(作)伯媿賸(媵)段

15.9434 圓(昆)君婦媿霝乍(作)㚇(鎣)

15.9442 𣪘乍(作)王(皇)母媿氏顋(沬)盉/媿氏其眉壽

16.10119 𣪘乍(作)王(皇)母媿氏顋(沬)般(盤)/媿氏其眉壽

16.10247 𣪘乍(作)王(皇)母媿氏顋(沬)盉/媿氏其眉壽

0326 嫃(妘)

3.642 芊伯碩〔父〕乍(作)叔嫃(妘)寶鬲
4.2490 叀乍(作)微伯嫃(妘)氏勹(庖)鼎
4.2516 粭嫃(妘)乍(作)寶鼎
5.2546 輔伯𤼈父乍(作)豐孟嫃(妘)賸(媵)鼎
5.2548 圅皇父乍(作)琱嫃(妘)尊兔鼎
5.2745 圅皇父乍(作)周嫃(妘)般(盤)盉尊器 / 琱嫃(妘)其萬年
5.2775 用乍(作)季嫃(妘)寶尊彝
7.3915 周𩓋生(甥)乍(作)楷嫃(妘)媿賸(媵)𣪕
8.4141 圅皇父乍(作)琱嫃(妘)般(盤)盉尊器𣪕具 / 琱嫃其邁(萬)年
8.4142 圅皇父乍(作)琱嫃(妘)般(盤)盉尊器𣪕具 / 琱嫃其邁(萬)年
8.4143 圅皇父乍(作)琱嫃(妘)般(盤)盉尊器𣪕具 / 琱嫃其邁(萬)年
9.4459 翏生(甥)眔大嫃(妘)
9.4460 翏生(甥)眔大嫃(妘)
9.4461 翏生(甥)眔大嫃(妘)
9.4563 季㝬父乍(作)宗(崇)嫃(妘)媵(媵)簠
9.4564 季㝬父乍(作)宗(崇)嫃(妘)媵(媵)簠
15.9447 王仲皇父乍(作)尾嫃(妘)般(盤)盉
16.10120 周㚸(𩓋)生(甥)乍(作)楷嫃(妘)朕(媵)般(盤)
16.10164 圅皇父乍(作)琱嫃(妘)般(盤)盉尊器 / 琱嫃(妘)其萬年
16.10225 圅皇父乍(作)周(琱)嫃(妘)也(匜)
16.10281 乍(作)叔嫃(妘)朕(媵)匜

0327 嬂

6.3229 婦嬂咸

0328 嫋

2.399 亞䣄嫋

0329 嫊

5.2729 楷仲賞厥嫊奚逐毛兩、馬匹
7.3942 王賜叔德臣嫊十人、貝十朋、羊百
15.9301 用乍(作)文嫊己寶彝

0330 嫇(媛)

6.3620 嫇(媛)仲乍(作)乙伯寶𣪕

0331 嫸(娒)

8.4128 用乍(作)我子孟嫸寑小尊賸(媵)𣪕

0332 寑(婦)

8.4128 用乍(作)我子孟嫸寑小尊賸(媵)𣪕
8.4292 余獻寑氏以壺 / 報寑氏帛束、璜

0333 嫡

11.6143 婦嫡

0334 𡣍

6.3490 伯到乍(作)𡣍𣪕

0335 嫜(嫞)

16.10087 魯伯者父乍(作)孟姬嫜(嫞)朕(媵)般(盤)

0336 嫛

16.10154 乍(作)其子孟姬嫛朕(媵)盤

0337 嫪

18.11825 嫪偭

0338 嫚

7.3775 登(鄧)公乍(作)膺(應)嫚毗(㮚)朕(媵)𣪕
7.3776 登(鄧)公乍(作)膺(應)嫚毗(㮚)朕(媵)𣪕
15.9622 登(鄧)孟乍(作)監嫚尊壺

0339 嫭

3.825 司嫭
11.5538 司嫭
11.5539 司嫭
11.5680 司嫭癸
11.5681 司嫭癸
12.6880 司嫭
12.6881 司嫭
12.6882 司嫭
12.6883 司嫭
12.6884 司嫭
12.6885 司嫭
12.6886 司嫭
12.6887 司嫭
12.6888 司嫭
12.6889 司嫭
14.8743 司嫭
14.8744 司嫭
14.8745 司嫭
14.8746 司嫭
14.8747 司嫭
14.8748 司嫭
14.8749 司嫭
14.8750 司嫭
14.8751 司嫭
15.9222 司嫭
15.9223 司嫭
15.9510 司嫭
15.9511 司嫭
16.10346 司嫭
18.11741 司嫭

0340 嫿(祁)

3.698 杜伯乍(作)叔嫿(祁)尊鬲
6.3737 㚔乍(作)豐嫿寶𣪕
9.4684 𠂤公乍(作)杜

嫿(祁)鏌(莫)鋪(箭)

0341 嫊

3.885 何嫊灰乍(作)寶彝

0342 嬔

12.7171 婦嬔((半)
12.7172 婦嬔((半)

0343 嫲

7.3746 嫲 寴 敒 用 乍(作)訇辛𩐁殷

0344 媔

3.540 大乍(作)媔寶尊彝

0345 嬬

3.597 奠(鄭)𦣻伯乍(作)叔嬬薦鬲
3.598 奠(鄭)𦣻伯乍(作)叔嬬薦鬲
3.599 奠(鄭)𦣻伯乍(作)叔嬬薦鬲
5.2536 奠(鄭)登伯伋(及)叔嬬乍(作)寶鼎

0346 嫛

5.2683 王子剌公之宗婦鄁(邯)嫛
5.2684 王子剌公之宗婦鄁(邯)嫛
5.2685 王子剌公之宗婦鄁(邯)嫛
5.2686 王子剌公之宗婦鄁(邯)嫛
5.2687 王子剌公之宗婦鄁(邯)嫛
5.2688 王子剌公之宗婦鄁(邯)嫛
5.2689 王子剌公爲宗婦鄁(邯)嫛宗彝𩰫彝
7.4076 王子剌公之宗婦鄁(邯)嫛
7.4077 王子剌公之宗婦鄁(邯)嫛
7.4078 王子剌公之宗婦鄁(邯)嫛
7.4079 王子剌公之宗婦鄁(邯)嫛
7.4080 王子剌公之宗婦鄁(邯)嫛
7.4081 王子剌公之宗婦鄁(邯)嫛
7.4082 王子剌公之宗婦鄁(邯)嫛
7.4083 王子剌公之宗婦鄁(邯)嫛
7.4084 王子剌公之宗婦鄁(邯)嫛
7.4085 王子剌公之宗婦鄁(邯)嫛
7.4086 王子剌公之宗婦鄁(邯)嫛
7.4087 王子剌公之宗婦鄁(邯)嫛
15.9698 王子剌公之宗婦鄁(邯)嫛
15.9699 王子剌公之宗婦鄁(邯)嫛
16.10152 王子剌公之宗婦鄁(邯)嫛

0347 𢆶

3.463 婦𢆶
3.1341 婦𢆶
3.1342 婦𢆶
3.1343 婦𢆶
10.4845 婦𢆶
10.4846 婦𢆶
12.6868 婦𢆶
12.6869 婦𢆶

0348 嬞

3.717 鼄(邾)沓(友)父朕(媵)其子胸(胙)嬞寶鬲
4.2443 伯氏乍(作)嬞氏羞貞(鼎)
4.2444 伯氏乍(作)嬞氏羞貞(鼎)
4.2445 伯氏乍(作)嬞氏羞貞(鼎)
4.2446 伯氏乍(作)嬞氏羞貞(鼎)
4.2447 伯氏乍(作)嬞氏羞貞(鼎)
4.2494 杞伯每刃乍(作)敉(邾)嬞寶貞(鼎)/ 杞伯每刃乍(作)鼄(邾)嬞寶貞(鼎)
4.2495 杞伯每刃乍(作)鼄(邾)嬞寶貞(鼎)
5.2642 杞伯每刃乍(作)鼄(邾)嬞寶貞(鼎)
7.3897 杞伯每刃乍(作)鼄(邾)嬞寶殷
7.3898 杞伯每刃乍(作)鼄(邾)嬞寶殷
7.3899 杞伯每刃乍(作)鼄(邾)嬞寶殷
7.3900 杞伯每刃乍(作)嬞寶殷
7.3901 杞伯每刃乍(作)鼄(邾)嬞寶殷
7.3902 杞伯每刃乍(作)鼄(邾)嬞寶殷
15.9687 杞伯每刃乍(作)鼄(邾)嬞寶壺
15.9688 杞伯每刃乍(作)鼄(邾)嬞宝(寶)卣
16.10255 杞伯每刃鑄鼄(邾)嬞用寶也(匜)
16.10334 杞伯每刃乍(作)鼄(邾)嬞寶盉(盂)

0349 嫣

3.705 陳(?)侯乍(作)畢季嫣媵鬲
3.706 陳(?)侯乍(作)畢季嫣媵鬲
4.2485 其用盟𩰫宄嫣日辛
5.2650 敶(陳)侯乍(作)鑄嫣冋母媵(媵)鼎
7.3815 敶(陳)侯乍(作)王嫣媵殷
9.4379 敶(陳)姬小公子子豪(豯、豨)叔嫣飤盨
9.4603 敶(陳)侯乍(作)王仲嫣𡚱(痡)媵(媵)簠
9.4604 敶(陳)侯乍(作)王仲嫣𡚱(痡)媵(媵)簠
15.9555 𠠗(劉、嫚、姪)嫣乍(作)寶壺
15.9633 敶(陳)侯乍

(作)嬀櫓朕(媵)壺
15.9634 陳(陳)侯乍(作)嬀櫓朕(媵)壺
16.10129 伯侯父塍(媵)叔嬀聑(聯)母鋬(盤)
16.10157 陳(陳)侯乍(作)王仲嬀痕(瘉)母塍般(盤)
16.10267 乍(作)西孟嬀婤母塍(媵)匜

0350 嫖

7.3874 旛嫖乍(作)尊段/旛嫖其邁(萬)年
7.3875 旛嫖乍(作)尊段/旛嫖其邁(萬)年
7.3876 旛嫖乍(作)尊段/旛嫖其邁(萬)年
7.3945 鴋(鴋、唐)姬乍(作)旛嫖賸(媵)段/旛嫖其邁(萬)年

0351 婊

6.3678 伯蔡父乍(作)母婊寶段

0352 嬴

2.326 嬴(嬴)嗣(亂)之辭(變)商
3.563 乍(作)予叔嬴賸(媵)鬲
3.675 樊夫人龍嬴
3.676 樊夫人龍嬴
3.679 用朕(媵)嬴女孀母
3.680 成伯孫父乍(作)稀嬴尊鬲
4.2171 嬴霝德乍(作)小鼎
4.2470 用朕(媵)嬴女孀女(母)
5.2565 黃季乍(作)季嬴寶鼎
5.2568 鑄叔乍(作)嬴氏寶貞(鼎)
5.2640 鼄(邾)翟(翔)伯乍(作)此嬴尊鼎
5.2641 鼄(邾)翟(翔)伯乍(作)此嬴尊鼎
5.2748 王蔑庚嬴曆
6.3558 嬴季乍(作)寶尊彝
6.3585 嬴霝德乍(作)𤔲段
9.4422 筍伯大父乍(作)嬴妃鑄匋(寶)盨
9.4560 鑄叔乍(作)嬴氏寶簠
9.4594 子季嬴青擇其吉金
9.4599 乍(作)其元妹叔嬴爲心賸(媵)餗(饙)簠
9.4616 用賸(媵)孟姜、秦嬴
15.9419 季嬴霝德乍(作)寶盉
15.9435 伯衛父乍(作)嬴𩰫彝
15.9637 樊夫人龍嬴
16.10076 季嬴霝德乍(作)寶般(盤)
16.10082 樊夫人龍嬴自乍(作)行盤
16.10095 京叔乍(作)孟嬴塍(媵)般(盤)
16.10148 楚嬴鑄其寶盤
16.10149 鼏伯塍(媵)嬴尹母釁(沬)盤
16.10162 乍(作)仲嬴𠂤賸(媵)盤
16.10209 樊夫人龍嬴自乍(作)行也(匜)
16.10331 子叔嬴內君乍(作)寶器

0353 嬌

14.9062 嬌乍(作)父癸尊彝

0354 嬓

15.9780 母嬓

0355 嬭、嫋

1.72 楚王賸(媵)邛(江)仲嬭(羋)南龢鐘
9.4569 郜公乍(作)犀仲、仲嬭(羋)義男尊簠
9.4598 曾侯乍(作)叔姬、邛(江)嬭(羋)賸(媵)器𩰫彝
9.4612 楚屈子赤目朕(媵)仲嬭(羋)璜飤簠
9.4625 乍(作)其子孟嬭(羋)之女賸(媵)簠
9.4643 王子申乍(作)嘉嬭(羋)盞盂
16.10125 楚季㝬(苟)乍(作)嬭(芈)尊賸(媵)盥般(盤)
16.10332 曾孟嬭(羋)諫乍(作)飲鄀盆

0356 妳

8.4152 妳乍(作)皇妣𠂤(玲)君中妃祭器八段

0357 嬖

5.2579 嬖堇(覲)于王/商(賞)嬖貝二朋/用乍(作)嬖尊彝

0358 嬰

1.52 王子嬰次自乍(作)□鐘
16.10386 王子嬰次之庡(炒)盧(爐)

0359 嬉

10.4762 嬉
10.4763 嬉
16.10480 嬉

0360 嫶

7.3887 伯𨒅父乍(作)嫶寶段

0361 嬶

2.393 𡚸嬶
2.394 𡚸嬶
3.795 𡚸嬶

0362 嬢

9.4572 季宮父乍(作)仲姊嬢姬佚(媵)簠

0363 嬄

5.2578 嬄乍(作)父庚鼒

0364 嬬、嬬

15.9433 嬬(嬬、靈)冬

(終)

0365 嬗、姪

7.3816 齊嬗(姪)姬乍(作)寶毁

15.9556 嬗(姪)妊乍(作)安壺

16.10080 穌(蘇)甫(夫)人乍(作)嬗(姪)妃襄賸(媵)般(盤)

16.10088 虢嬗(姪)〔妃〕乍(作)寶般(盤)

16.10147 齊縈姬之嬗(姪)

16.10205 穌(蘇)甫(夫)人乍(作)嬗(姪)妃襄賸(媵)盉也(匜)

16.10342 秉德嬗嬗(秩秩)

18.12030 嬗(姪)妊乍(作)安車

0366 嬵

9.4355 中伯乍(作)嬵(孌)姬旅盨用

9.4356 中伯乍(作)嬵(孌)姬旅盨用

0367 嫸

5.2537 靜叔乍(作)𪓐嫸旅貞(鼎)

7.3793 伯梁父乍(作)嫸(彝)姑尊毁

7.3794 伯梁父乍(作)嫸(彝)姑尊毁

7.3795 伯梁父乍(作)嫸(彝)姑尊毁

7.3796 伯梁父乍(作)嫸(彝)姑尊毁

0368 㚸

8.4323 事(使)尹氏受(授)贅(賚)敔:圭(珪)瓚、㚸貝五十朋

0369 姰

13.7414 姰

0370 𢏏

13.7415 𢏏

0371 妖(妖)

13.7830 亞妖(妖)

0372 娕

6.3451 娕乍(作)寶尊彝

0373 姆

6.2925 姆

0374 㚤

13.8134 𠂔㚤

0375 𡛰

4.1711 黿婦𡛰

0376 婞

5.2643 伯氏、始(姒)氏乍(作)𡢁(嫞)婞㝬拜(餴)貞(鼎)

0377 嬚

12.6428 婦嬚㢊册

0378 婦、帚

3.463 婦𡛰

3.486 齊婦𠂔

3.711 內(芮)公乍(作)鑄京氏婦叔姬朕(媵)鬲

3.712 內(芮)公乍(作)鑄京氏婦叔姬朕(媵)鬲

3.743 內(芮)公乍(作)鑄京仲氏婦叔姬賸(媵)鬲

3.793 婦好

3.794 婦好

3.867 商婦乍(作)彝

3.891 黿乍(作)婦姑𪓐彝

3.922 婦闟乍(作)文姑日癸尊彝

3.1320 婦好

3.1321 婦好

3.1322 婦好

3.1323 婦好

3.1324 婦好

3.1325 婦好

3.1326 婦好

3.1327 婦好

3.1328 婦好

3.1329 婦好

3.1330 婦好

3.1331 婦好

3.1332 婦好

3.1333 婦好

3.1334 婦好

3.1335 婦好

3.1336 婦好

3.1337 婦好

3.1338 婦好

3.1339 婦好

3.1340 婦旋

3.1341 婦𡛰

3.1342 婦𡛰

3.1343 婦𡛰

3.1344 𣄰(魯)婦

3.1474 丂婦

4.1709 冉婦姃

4.1710 婦姘告

4.1711 黿婦𡛰

4.1713 舟册婦

4.1714 中婦𪓐

4.1904 弭髭婦𡛰

4.1905 婦未于黿

4.2137 乍(作)婦姑𪓐彝

4.2138 乍(作)婦姑𪓐彝

4.2139 𠂇癸婦𢦏乍(作)彝

4.2140 乍(作)歲婦尊彝

4.2368 𣄰(魯)婦尊

4.2403 婦闟乍(作)文姑日癸尊彝

4.2502 圓(昆)君婦媿霝[作]旅尊貞(鼎)

5.2683 王子剌公之宗婦鄁(邯)嬰

5.2684 王子剌公之宗婦鄁(邯)嬰

5.2685 王子剌公之宗婦鄁(邯)嬰

5.2686 王子剌公之宗婦鄁(邯)嬰

5.2687 王子剌公之宗婦鄁(邯)嬰

5.2688 王子剌公之宗婦鄁(邯)嬰

5.2689 王子剌公爲宗婦鄁(邯)嬰宗彝𪓐彝

6.2922 婦

6.3081 婦妏

6.3082 婦
6.3228 婦旋
6.3229 婦㚸咸
6.3345 聑髭婦
6.3502 文父乙卯婦娸
6.3619 義伯乍(作)宄婦陸姞
6.3621 陸婦乍(作)高姑尊彝
6.3625 比乍(作)伯婦尊彝
6.3687 婦乍(作)日癸尊彝
7.4076 王子剌公之宗婦鄁(鄁)嬰
7.4077 王子剌公之宗婦鄁(鄁)嬰
7.4078 王子剌公之宗婦鄁(鄁)嬰
7.4079 王子剌公之宗婦鄁(鄁)嬰
7.4080 王子剌公之宗婦鄁(鄁)嬰
7.4081 王子剌公之宗婦鄁(鄁)嬰
7.4082 王子剌公之宗婦鄁(鄁)嬰
7.4083 王子剌公之宗婦鄁(鄁)嬰
7.4084 王子剌公之宗婦鄁(鄁)嬰
7.4085 王子剌公之宗婦鄁(鄁)嬰
7.4086 王子剌公之宗婦鄁(鄁)嬰
7.4087 王子剌公之宗婦鄁(鄁)嬰
8.4137 用佩喜百生(姓)、倗友眔子婦
8.4269 賜女(汝)婦爵、𡨦之先周(琱)玉、黄
8.4300 婦子後人永寶
8.4301 婦子後人永寶
10.4844 婦禩
10.4845 婦
10.4846 婦
10.4972 賓婦丁父辛
10.5083 獲婦父庚
10.5097 亞醜杞婦
10.5098 聑髭婦
10.5099 婦聿征(延)廚
10.5349 婦闖乍(作)文姑日癸尊彝
10.5350 婦闖乍(作)文姑日癸尊彝
10.5375 子乍(作)婦婤彝
10.5388 顚(頂)賜婦(婚)曰：用䵼于乃姑宓(閟)
10.5389 顚(頂)賜婦(婚)曰：用䵼于乃姑宓(閟)
11.5535 婦好
11.5536 婦好
11.5537 婦好
11.5760 聑髭婦
11.6141 婦好
11.6142 婦冬(？)
11.6143 婦嫡
11.6144 山婦
11.6145 婦
11.6146 婦
11.6147 婦 / 婦
11.6148 婦姦
11.6346 婦亞弜
11.6347 亞婦
12.6428 婦𡟰廚册
12.6522 婦
12.6847 婦好
12.6848 婦好
12.6849 婦好
12.6850 婦好
12.6851 婦好
12.6852 婦好
12.6853 婦好
12.6854 婦好
12.6855 婦好
12.6856 婦好
12.6857 婦好
12.6858 婦好
12.6859 婦好
12.6860 婦好
12.6861 婦好
12.6862 婦好
12.6863 婦好
12.6864 婦好
12.6865 婦好
12.6866 婦
12.6867 婦好
12.6868 婦
12.6869 婦
12.6870 婦鳥
12.6871 婦田
12.7171 婦𡟰((半)
12.7172 婦𡟰((半)
12.7254 聑髭婦
12.7287 婦鴴(鵶)乍(作)彝
12.7312 麇婦□賞于𡛥
13.8122 婦好
13.8123 婦好
13.8124 婦好
13.8125 婦好
13.8126 婦好
13.8127 婦好
13.8128 婦好
13.8129 婦好
13.8130 婦好
13.8131 婦好
13.8132 婦
13.8135 禩婦
13.8136 甲婦
14.8755 婦竹
14.8982 聑髭婦
14.8983 聑髭婦
14.8984 聑髭婦
14.9029 麇婦辟彝
14.9030 麇婦辟彝
14.9092 婦闖乍(作)文姑日癸尊彝
14.9093 婦闖乍(作)文姑日癸尊彝
15.9178 婦好
15.9179 婦好
15.9180 婦好
15.9181 婦好
15.9243 乍(作)婦姑尊彝
15.9246 婦闖乍(作)文姑日癸尊彝
15.9247 婦闖乍(作)文姑日癸尊彝
15.9251 婦
15.9260 婦好
15.9261 婦好
15.9333 婦好
15.9334 婦好
15.9335 婦好
15.9434 圓(昆)君婦媿霝乍(作)㷉(鎣)
15.9486 婦好
15.9487 婦好
15.9509 婦好正
15.9639 邛(江)君婦龢

乍(作)其壺
15.9698 王子剌公之宗婦䣊(鄀)嬰
15.9699 王子剌公之宗婦䣊(鄀)嬰
15.9781 婦好
15.9782 婦好
15.9794 𪃔(玄鳥)婦
15.9820 婦闆乍(作)文姑日癸尊彝
16.9861 婦好
16.9862 婦好
16.9863 婦好
16.9864 婦好
16.9873 母宰(寏、潔)𣎳(鈯)婦
16.9916 婦好
16.9917 婦好
16.9918 婦好
16.9919 婦好
16.9920 婦好
16.9921 婦好
16.9922 婦好
16.9923 婦好
16.9952 婦好
16.9953 婦好
16.9985 婦好
16.10028 婦好
16.10152 王子剌公之宗婦䣊(鄀)嬰
16.10216 召樂父乍(作)婦妃寶也(匜)
16.10240 王婦曩孟姜乍(作)旅也(匜)
16.10284 賸(媵)孟姬有之婦沫盤
16.10342 宗婦楚邦
16.10394 婦好
16.10562 女(汝)母乍(作)婦己彝
18.11739 婦好
18.11740 婦好

0379 歸(嫿)

3.920 歸娥乍(作)父辛寶尊彝
4.2121 歸乍(作)父丁寶鼎
4.2365 歸乍(作)祖壬寶尊彝
5.2725 王賜歸娥進金
5.2726 王賜歸娥進金
6.3586 段(鍛)金歸乍(作)旅段
6.3587 段(鍛)金歸乍(作)旅段
7.3797 歸叔山父乍(作)疊(嫚、姪)姬尊段
7.3798 歸叔山父乍(作)疊(嫚、姪)姬尊段
7.3799 歸叔山父乍(作)疊(嫚、姪)姬尊段
7.3800 歸叔山父乍(作)疊(嫚、姪)姬尊段
7.3801 歸叔山父乍(作)疊(嫚、姪)姬尊段
11.5863 段(鍛)金歸乍(作)旅彝
14.9020 歸乍(作)父辛彝
15.9594 歸娥進
15.9595 歸娥乍(作)父辛寶尊彝

0380 𰎼(姛)

12.6934 妥𰎼(姛)
12.6935 妥𰎼(姛)

0381 歡(妜)

7.3746 婳𡧋歡用乍(作)訇辛𦉢段

0382 身

1.60-3 用粤(屏)朕身
1.64 廣啟朕身
1.106 厥格(名)曰身柚(恤)/□師□身
1.145 用廣啟士父身
1.146 用廣啟士父身
1.147 用廣啟士父身
1.148 用廣啟士父身
1.149 台(以)〔樂〕其身
1.150 台(以)樂其身
1.151 台(以)樂其身
1.152 台(以)樂其身
1.187-8 身邦君大正/用琝光梁其身
1.189-90 身邦君大止(正)/用琝光梁其身
1.191 身邦君大正
1.245 忠(淑)穆不家(墜)于厥身
1.246 廣啓瘨身/用瑀光瘨身
1.247 皇王對瘨身楙(懋)
1.248 皇王對瘨身楙(懋)
1.249 皇王對瘨身楙(懋)
1.250 皇王對瘨身楙(懋)
1.251-6 廣啓瘨身/用瑀光瘨身
1.271 萬年龠(令)保其身
1.272-8 女(汝)台(以)恤余朕身/永保其身
1.285 女(汝)台(以)恤余朕身/羕(永)保其身
5.2731 省于人身
5.2824 安永襲或身/毋又(有)眈于厥身
5.2830 女(汝)克𦗢乃身/用保王身
5.2840 身勤社禝行四方
5.2841 以乃族干(捍)吾(敔)王身
6.3362 伯身乍(作)寶
8.4139 用永皇堯(无)身
8.4205 獻身在畢公家
8.4242 廣啟禹身
8.4288 啻(嫡)官邑人、虎臣、西門尸(夷)、㚙尸(夷)、秦尸(夷)、京尸(夷)、弁身尸(夷)
8.4289 啻(嫡)官邑人、虎臣、西門尸(夷)、㚙尸(夷)、秦尸(夷)、京尸(夷)、弁身尸(夷)
8.4290 啻(嫡)官邑人、虎臣、西門尸(夷)、㚙尸(夷)、秦尸(夷)、京尸(夷)、弁身尸(夷)
8.4291 啻(嫡)官邑人、虎臣、西門尸(夷)、㚙尸(夷)、秦尸(夷)、京尸(夷)、弁身尸(夷)

8.4317 用黔(紟令)保我家、朕立(位)、𩡧(胡)身
8.4322 永襄厥身/無眈(尤)于𢦏身
8.4341 徣(誕)城衛父身
8.4342 唯王身厚鮨/率以乃友干(捍)吾(禦)王身
9.4467 干(捍)害(禦)王身
9.4468 干(捍)害(禦)王身
10.5428 唯女(汝)焂𣄰(其)敬辪(乂)乃身
10.5429 唯女(汝)焂𣄰(其)敬辪(乂)乃身
11.6005 公令䵹(蠣)從□友□炎身
11.6011 𦬊(柚)皇盠身
11.6013 盠敢拜𩒨首曰:剌剌(烈烈)朕身
12.6513 永保㠯(台)身
15.9704 永保其身
15.9709 羕(永)保其身
15.9735 以輔相厥身/氏(是)以身蒙幸(皋)胄/旂(故)邦亡身死
16.9899 盠敢拜𩒨首曰:剌剌(烈烈)朕身
16.9900 盠敢拜𩒨首曰:剌剌(烈烈)朕身
16.10163 永保其身
16.10280 羕(永)保其身
16.10282 永保其身
16.10318 永保其身
18.11707 相邦春平侯、邦左庫工師長身、冶窑𤅊敦(撻)齊(劑)

0383　躳

5.2766 壽躳𣪘子

0384　體(體)

15.9735 上下之軆(體)

0385　殷

1.251-6 雩武王既𢦏殷
3.603 虢叔乍(作)叔殷𣪘尊鬲
4.2463 仲殷父乍(作)鼎
4.2464 仲殷父乍(作)鼎
5.2575 唯伯殷父北師(次)叟年
5.2750 上曾大(太)子般殷
5.2833 王廼命西六師、殷八師曰:𨷥(撲)伐噩(鄂)侯馭方/叀(惟)西六師、殷八師伐噩(鄂)侯馭方
5.2834 王〔廼〕命廼(西)六師、殷八師曰:𨷥(撲)伐噩(鄂)侯馭方/叀(惟)𨑘(西)六師、殷八師〔伐噩〕侯馭方
5.2837 我聞殷述(墜)令(命)/唯殷邊侯、田(甸)雩(與)殷正百辟
6.3379 殷乍(作)寶彝
7.3964 仲殷父鑄𣪘
7.3965 仲殷父鑄𣪘
7.3966 仲殷父鑄𣪘
7.3967 仲殷父鑄𣪘
7.3968 仲殷父鑄𣪘
7.3969 仲殷父鑄𣪘
7.3970 仲殷父鑄𣪘
8.4206 令師田父殷成周年
8.4238 伯懋父以殷八師征東尸(夷)
8.4239 伯懋父以殷八師征東尸(夷)
8.4262 厥從格伯反(按)彶佃(甸):殷谷厥紉(絶)雩谷、杜木、邍谷、旅菜
8.4263 厥從格伯反(按)彶佃(甸):殷谷厥紉(絶)雩谷、杜木、邍谷、旅菜
8.4264 厥從格伯反(按)彶佃(甸):殷〔谷〕厥〔紉〕雩谷、杜木、邍谷、旅菜
8.4265 厥從格伯反(按)彶佃(甸):殷〔谷〕厥紉(絶)雩谷、杜木、邍谷、旅菜
9.4498 虢叔乍(作)叔殷𣪘尊簠
9.4589 有殷天乙唐(湯)孫宋公䜌(欒)
9.4590 有殷天乙唐(湯)孫宋公䜌(欒)
10.5274 子殷用乍(作)父丁彝
10.5400 唯明保殷成周年
10.5415 王令保及殷東或(國)五侯
11.5872 子殷用乍(作)父丁彝
11.5914 虢叔乍(作)叔殷𣪘尊朕
11.5991 唯明保殷成周年
11.6003 王令保及殷東或(國)五侯
15.9733 殷王之孫、右師之子武叔曰庚
16.10127 儕孫殷𣪘乍(作)顒(沫)盤
16.10128 儕孫殷𣪘乍(作)顒(沫)
16.10175 達殷畯民/雩武王既𢦏殷
16.10257 冶匀嗇夫殷重、工賁

0386　𩟄

10.5412 王令𠦪(必)其兄(貺)𩟄于夆田渴

0387　監

3.883 膺(應)監乍(作)寶尊彝
4.2367 闌(管)監引乍(作)父己寶𩰫彝
5.2596 新宮叔碩父、監姬乍(作)寶鼎
5.2820 監㸚(豳)師戍
5.2827 監嗣新造
5.2828 監嗣新造
5.2829 監嗣新造
7.3954 仲幾父事(使)幾事(使)于者(諸)侯、者(諸)監
7.4030 其于之朝夕監
7.4031 其于之朝夕監

8.4188 乍(作)其皇祖考遟王、監伯尊𣪕
8.4189 乍(作)其皇祖考遟王、監伯尊𣪕
8.4261 文王監在上
8.4332 監嗣新造
8.4333 監嗣新造
8.4334 監嗣新造
8.4335 監嗣新造
8.4336 監嗣新造
8.4337 監嗣新造
8.4338 監嗣新造
8.4339 監嗣新造
11.6207 監祖丁
15.9622 登(鄧)孟乍(作)監嫚尊壺
15.9731 監嗣新造
15.9732 監嗣新造
16.10130 䢼伯墉自乍(作)寶監(鑑)
16.10264 伯乍(作)日□監日文☐
16.10294 自乍(作)御監(鑑)
16.10295 自乍(作)御監(鑑)
16.10296 自乍(作)御監(鑑)
16.10297 攸𢍰(載)造金監(鑑)
17.10893 監戈
17.10894 監戈
18.11719 㷠(榮)監

0388 臨

1.223-4 ☐臨春和☐
4.2312 堇臨乍(作)父乙寶尊彝
5.2837 古(故)天異(翼)臨子
5.2841 臨保我有周
6.3647 堇臨乍(作)父乙寶尊彝
6.3648 堇臨乍(作)父乙寶尊彝
7.3760 叔臨父乍(作)寶𣪕
8.4342 臨保我又(有)周
16.10372 臨
17.11331 臨汾守曋、庫係、工歍造

0389 文、玟

1.36 𣄨仲乍(作)朕文考釐公大鏞(林)寶鐘
1.54 走乍(作)朕皇祖、文考寶龢鐘
1.55 乍(作)朕皇祖、文考寶龢〔鐘〕
1.56 走乍(作)朕皇祖、文考寶龢鐘
1.57 走乍(作)朕皇祖、文考寶龢鐘
1.58 走乍(作)朕皇祖、文考寶龢鐘
1.65 用侃(衎)喜(饎)前文人
1.66 用侃喜前文人
1.67 用侃喜前文人
1.68 用侃喜前文人
1.69 用侃喜前文人
1.71 用侃喜前文人
1.92 用乍(作)朕文考釐伯龢薔(林)鐘
1.105 用喜㳘(侃)前文人
1.109-10 井人人妄曰：覭(景)盄(淑)文祖、皇考／妄不敢弗帥用文祖、皇考／用追考(孝)、侃喜前文人／前文人其嚴在上
1.111 井人人妄曰：覭(景)盄(淑)文祖、皇考／妄不敢弗帥用文祖、皇考
1.112 用追考(孝)考(孝)侃前文人／前文人其嚴在上
1.141 用喜侃前文人
1.142 用享台(以)孝于訇(台)皇祖文考
1.157 武文咸剌(烈)
1.158 武文咸剌(烈)
1.159 武文咸剌(烈)
1.160 武文咸剌(烈)
1.161 武文咸剌(烈)
1.187-8 用卲各、喜侃前文人
1.189-90 用卲各、喜侃前文人
1.246 追孝于高祖辛公、文祖乙公、皇考丁公／用卲各、喜侃樂前文人／義(宜)文神
1.247 瘨曰：不(丕)顯高祖、亞祖、文考／敢乍(作)文人大寶協龢鐘
1.248 瘨曰：不(丕)顯高祖、亞祖、文考／敢乍(作)文人大寶協龢鐘
1.249 瘨曰：不(丕)顯高祖、亞祖、文考／敢乍(作)文人大寶協龢鐘
1.250 瘨曰：不(丕)顯高祖、亞祖、文考／敢乍(作)文人大寶協龢鐘
1.251-6 曰古文王／義(宜)文神
1.260 王肇遹省文武、堇(覲)疆土
1.261 于我皇祖文考
1.262-3 剌剌(烈烈)卲文公、靜公、憲公
1.264-6 剌剌(烈烈)卲文公、靜公、憲公
1.267 剌剌(烈烈)卲文公、靜公、憲公
1.268 剌剌(烈烈)卲文公、靜公、憲公
1.269 剌剌(烈烈)卲文公、靜公、憲公
1.270 趞趞(藹藹)文武
2.286 濁文王之宮／濁文王之渻(衍)宮
2.287 文王之誁(變)商
2.291 柬音之在楚也爲文王
2.292 文王之誁(變)商
2.294 爲文王䎽(羽)
2.295 文王之徵
2.296 文王之宮／文王之渻(衍)鍚(歸)
2.297 濁文王之商
2.302 濁文王之歍(駅)
2.303 濁文王之少商
2.304 濁文王之宮／濁文王之巽
2.305 文王之䎽(羽)
2.306 文王之冬(終)
2.307 文王之宮／文王

之下角
2.308 濁文王之宮
2.312 濁文王之喜(鼓)
2.313 濁文王之歍(馱)
2.314 濁文王之少商
2.315 濁文王之宮 / 濁文王之巽
2.316 文王之翟(羽)
2.317 文王之冬(終)
2.318 文王之宮 / 文王下角
2.320 濁文王之商
2.323 其在楚也爲文王
2.326 柬音之在楚也爲文王
2.327 文王之辭(變)商
2.329 爲文王翟(羽)
2.330 文王徵
2.356 井叔叔采乍(作)朕文祖穆公大鐘 / 用喜(饎)樂文神、人
2.357 井叔叔采乍(作)朕文祖穆公大鐘 / 用喜(饎)樂文神、人
2.358 明𩐋文 / 用喜(饎)侃(衎)前文人 / 文人陟降
3.595 衛文君夫人叔姜乍(作)其行鬲
3.648 用享䵼厥文考魯公
3.736 虢文公子铉乍(作)叔妃鬲
3.744 琱生(甥)乍(作)文考宄仲尊𩰫
3.745 師趛乍(作)文考聖公、文母聖姬尊𩰳
3.922 婦闟乍(作)文姑日癸尊彝
3.1015 文
4.1810 ☐文☐彝
4.2268 周公乍(作)文王尊彝
4.2318 㳄(泓)乍(作)文父丁㸑
4.2347 旅乍(作)厥文考寶尊彝
4.2369 長子狗乍(作)文父乙尊彝
4.2403 婦闟乍(作)文姑日癸尊彝
4.2408 禽乍(作)文考父辛寶鼎
4.2432 用乍(作)文父甲寶尊彝
4.2439 羊𠂤茲乍(作)厥文考叔寶尊彝
4.2473 史喜乍(作)朕文考翟祭
4.2486 禽乍(作)文考寶㸑鼎
4.2528 用乍(作)厥文祖寶䵼尊𥂴(𪔉)
5.2532 乃𪐣子乍(作)厥文考尊彝
5.2555 文考遺寶責(積)
5.2599 奠(鄭)虢仲悆戒(勇)用乍(作)皇祖、文考寶鼎
5.2616 衛乍(作)文考小仲、姜氏盂鼎
5.2630 伯陶乍(作)厥文考宮叔寶䵼彝
5.2634 虢文公子铉乍(作)叔妃鼎
5.2635 虢文公子铉乍(作)叔妃鼎
5.2636 虢文公子铉乍(作)叔妃鼎
5.2662 用乍(作)文考宮伯寶尊彝
5.2663 用享孝于文祖
5.2664 用享孝于文祖
5.2665 用享孝于文祖
5.2666 用享孝于文祖
5.2670 旂用乍(作)文父日乙寶尊彝
5.2673 用乍(作)文考寡叔䵼彝
5.2679 用享孝于朕文祖
5.2713 師趛乍(作)文考聖公、文母聖姬尊㔾
5.2723 其乍(作)厥文考寶貞(鼎)
5.2730 趞用乍(作)厥文考父辛寶尊齋
5.2733 衛肇乍(作)厥文考己仲寶䵼
5.2742 用乍(作)皇祖文考盂鼎
5.2755 用乍(作)朕文考𧾷叔尊貞(鼎)
5.2767 其用享于文祖考
5.2774 㞸商(賞)厥文母魯公孫用貞(鼎)
5.2780 乍(作)朕文考毛叔䵼彝
5.2786 用乍(作)朕文考𧾷伯寶尊鼎
5.2789 其用夙夜享孝于厥文祖乙公 / 于文妣日戊
5.2792 用乍(作)文考日己寶鼎
5.2804 用乍(作)朕文考溯(漣)伯尊鼎
5.2811 用享以孝于我皇祖文考
5.2816 用乍(作)朕文考瀕公宮尊鼎
5.2817 用乍(作)朕文祖辛公尊鼎
5.2820 唬(虢)前文人
5.2821 用享孝于文神
5.2822 用享孝于文神
5.2823 用享孝于文神
5.2824 朕文考甲公、文母日庚弋休 / 用乍(作)文母日庚寶尊䵼彝
5.2826 勿灋(廢)文侯覭(景)令(命)
5.2831 衛用乍(作)朕文考寶鼎
5.2832 衛用乍(作)朕文考寶鼎
5.2836 克曰:穆穆朕文祖師華父 / 用乍(作)朕文祖師華父寶䵼彝
5.2837 不(丕)顯文王 / 在武王嗣文乍(作)邦 / 今我唯即井(型)㐭(禀)于文王正德 / 若文王令二三正
5.2838 曶用茲金乍(作)朕文孝(考)宄伯䵼牛鼎
5.2841 不(丕)顯文、武 / 亡不閈于文、武耿光
6.3312 文唄父丁

6.3471 文乍(作)寶尊彝
6.3472 文乍(作)寶尊彝
6.3502 文父乙卯婦娸
6.3606 觲(觲)乍(作)文父日丁
6.3626 繖乍(作)文祖寶尊彝
6.3627 繖乍(作)文祖寶尊彝
6.3702 彔乍(作)文考乙公寶尊段
6.3714 辨乍(作)文父己寶尊彝
6.3715 辨乍(作)文父己寶尊彝
6.3716 辨乍(作)文父己寶尊彝
7.3826 耳侯戥乍(作)䵼□□匿辝乙□□癸文考
7.3863 彔乍(作)厥文考乙公寶尊段
7.3910 是婁乍(作)文考寶段
7.3911 是婁乍(作)文考寶段
7.3917 是騗乍(作)朕文考乙公尊段
7.3921 叔䝅父乍(作)朕文母、剌(烈)考尊段
7.3922 叔䝅父乍(作)朕文母、剌(烈)考尊段
7.3943 伯祈乍(作)文考幽仲尊段
7.3949 季𩙓肇乍(作)厥文考井叔寶尊彝
7.3986 德克乍(作)朕文祖考尊段
7.3996 吷客乍(作)朕文考日辛寶尊段
7.3997 伯喜乍(作)朕文考剌公尊段
7.3998 伯喜乍(作)朕文考剌公尊段
7.3999 伯喜乍(作)朕文考剌公尊段
7.4000 伯喜乍(作)朕文考剌公尊段
7.4036 用乍(作)厥文考隮(奠)段
7.4037 用乍(作)厥文考隮(奠)段
7.4048 用享于皇祖、文考
7.4049 用享于皇祖、文考
7.4050 用享于皇祖、文考
7.4051 唯曾伯文自乍(作)寶段
7.4052 唯曾伯文自乍(作)寶段
7.4053 唯曾伯文自乍(作)寶段
7.4074 逈(傳)乍(作)朕文考胤伯尊段
7.4075 逈(傳)乍(作)朕文考胤伯尊段
7.4089 其朝夕用享于文考
7.4090 叔皮父乍(作)朕文考茀公/眔朕文母季姬寶段
7.4098 㚔乍(作)文祖考尊寶段
7.4109 用享于皇祖、文考
7.4115 唬(號)前文人
7.4116 師害乍(作)文考尊段
7.4117 師害乍(作)文考尊段
7.4118 宴用乍(作)朕文考日己寶段
7.4119 宴用乍(作)朕文考日己寶段
8.4122 用乍(作)文祖辛公寶䵼段
8.4136 告于文考
8.4138 用乍(作)文父丁尊彝
8.4139 用乍(作)文母楷妊寶段
8.4153 㬎乍(作)皇祖乙公、文公、武伯、皇考龏伯䵼彝
8.4156 用享于其皇取(祖)、文考
8.4157 用享孝皇祖、文考
8.4158 用享孝皇祖、文考
8.4162 孟曰: 朕文考眔毛公、趞(遣)仲征無需/毛公賜朕文考臣
8.4163 孟曰: 朕文考眔毛公、趞(遣)仲征無需/毛公賜朕文考臣
8.4164 孟曰: 朕文考眔毛公、趞(遣)仲征無需/毛公賜朕文考臣
8.4166 用乍(作)文考父丙䵼彝
8.4168 䵼(蔣)兑乍(作)朕文祖乙公、皇考季氏尊段
8.4169 用乍(作)朕文考寶尊段
8.4178 用乍(作)文父丁䵼彝
8.4194 升于厥文取(祖)考/用乍(作)厥文㚕(考)尊段
8.4199 用乍(作)文考公叔寶段
8.4200 用乍(作)文考公叔寶段
8.4205 乍(作)朕文考光父乙
8.4207 用乍(作)文考父乙尊彝
8.4209 用乍(作)朕文祖考寶尊段
8.4210 用乍(作)朕文祖考寶尊段
8.4211 用乍(作)朕文祖考寶尊段
8.4212 用乍(作)朕文祖考寶尊段
8.4214 用乍(作)文考旄叔尊段
8.4219 用享孝于前文人
8.4220 用享孝于前文人
8.4221 用享孝于前文人
8.4222 用享孝于前文人

8.4223 用享孝于前文人
8.4224 用享孝于前文人
8.4237 余𥞤(稀)敂〔作〕朕皇文考寶尊
8.4242 肇帥井(型)先文祖
8.4250 用乍(作)朕文考幽叔寶𣪕
8.4253 用乍(作)朕文祖寶𣪕
8.4254 用乍(作)朕文祖寶𣪕
8.4255 用乍(作)朕文考寶𣪕
8.4256 用乍(作)朕文祖考寶𣪕
8.4258 用乍(作)文考寶𣪕
8.4259 用乍(作)文考寶𣪕
8.4260 用乍(作)文考寶𣪕
8.4261 衣祀于王不(丕)顯考文王/文王監在上
8.4268 用乍(作)朕文考易仲尊𣪕
8.4270 用乍(作)朕文丂(考)萓(亢)仲尊寶𣪕
8.4271 用乍(作)朕文丂(考)萓(亢)仲尊寶𣪕
8.4273 用乍(作)文母外姞尊𣪕
8.4276 用乍(作)朕文考釐叔寶𣪕
8.4279 用乍(作)朕文祖益仲尊𣪕
8.4280 用乍(作)朕文祖益仲尊𣪕
8.4281 用乍(作)朕文祖益仲尊𣪕
8.4282 用乍(作)朕文祖益仲尊𣪕
8.4283 用乍(作)朕文考外季尊𣪕
8.4284 用乍(作)朕文考外季尊𣪕
8.4285 用乍(作)朕文考叀伯尊𣪕
8.4287 伊用乍(作)朕不(丕)顯皇祖文考徲叔寶𩰫彝
8.4288 用乍(作)朕文考乙伯、宄姬尊𣪕
8.4289 用乍(作)朕文考乙伯、宄姬尊𣪕
8.4290 用乍(作)朕文考乙伯、宄姬尊𣪕
8.4291 用乍(作)朕文考乙伯、宄姬尊𣪕
8.4300 丁公文報
8.4301 丁公文報
8.4303 用享孝于文神
8.4304 用享孝于文神
8.4305 用享孝于文神
8.4306 用享孝于文神
8.4307 用享孝于文神
8.4308 用享孝于文神
8.4309 用享孝于文神
8.4310 用孝于文神
8.4311 用乍(作)朕文考乙仲𩰫𣪕
8.4312 用乍(作)朕文考尹伯尊𣪕
8.4315 𧽊𧽊(藹藹)文武
8.4317 用康惠朕皇文剌(烈)祖考/其各前文人
8.4321 不(丕)顯文、武受令(命)/用乍(作)文祖乙伯、同姬尊𣪕
8.4322 朕文母競敏竊行/對揚文母福剌(烈)/用乍(作)文母日庚寶尊𣪕/用夙夜尊享于厥文母
8.4331 朕不(丕)顯祖文、武
8.4341 毓(后)文王、王㚸(姒)聖孫/文王孫亡弗褱(懷)井(型)
8.4342 不(丕)顯文、武
8.4343 用乍(作)朕皇文考益伯寶尊𣪕
9.4414 改乍(作)朕文考乙公旅盨
9.4428 滕(滕)侯穌乍(作)厥文考滕(滕)仲旅𣪕
9.4453 其用享用孝于皇祖、文考
9.4462 用乍(作)文考寶𣪕
9.4463 用乍(作)文考寶𣪕
9.4466 鬲比乍(作)朕皇祖丁公、文考萓(亢)公盨
9.4467 不(丕)顯文、武
9.4468 不(丕)顯文、武
9.4631 用孝用享于我皇祖、文考
9.4632 用孝用享于我皇文考
9.4649 侎𠣼(嗣)趄文
9.4685 康生(甥)乍(作)玟(文)考癸公寶尊彝
9.4692 用邵洛(各)朕文祖考
10.5155 瞋文父丁歐(撫)
10.5316 伯乍(作)文(大)公寶尊旅彝
10.5318 𠂤(師)丞乍(作)文父丁尊彝
10.5335 [illegible](卣)乍(作)文考癸寶尊彝
10.5349 婦闟乍(作)文姑日癸尊彝
10.5350 婦闟乍(作)文姑日癸尊彝
10.5362 䧹乍(作)文父日丁寶尊旅彝
10.5369 無(許)仲𨒅乍(作)厥文考寶尊彝
10.5370 𦾔乍(作)文考父丁寶尊彝
10.5371 伯乍(作)厥文考尊彝
10.5393 乍(作)厥文考父辛寶尊彝
10.5401 文考日癸
10.5404 商用乍(作)文辟日丁寶尊彝
10.5406 用享于文考庚仲
10.5407 用乍(作)文考癸寶尊器
10.5411 用乍(作)文考日乙寶尊彝

10.5413 王曰：尊文武帝乙
10.5415 用乍(作)文父癸宗寶尊彝
10.5419 用乍(作)文考乙公寶尊彝
10.5420 用乍(作)文考乙公寶尊彝
10.5423 用乍(作)文考日丁寶彝
10.5426 用乍(作)厥文姑寶尊彝
10.5430 用乍(作)文考辛公寶尊彝
11.5733 文父丁巽
11.5734 文父丁巽
11.5877 雔乍(作)文父日丁
11.5931 曶乍(作)文考日庚寶尊器
11.5961 伯乍(作)厥文考尊彝
11.5963 無(許)仲趞乍(作)厥文考寶尊彝
11.5965 用乍(作)文父辛尊彝
11.5968 乍(作)文考日辛寶尊彝
11.5976 黃肈乍(作)文考宗伯旅尊彝
11.5980 乍(作)文考日己寶尊宗彝
11.5984 能匋用乍(作)文父日乙寶尊彝
11.5988 用乍(作)文考尊彝
11.5989 用乍(作)朕文考日癸旅寶
11.5993 乍(作)厥穆穆文祖考寶尊彝
11.5995 用乍(作)厥文考寶彝
11.5997 商用乍(作)文辟日丁寶尊彝
11.6010 籟文王母
11.6011 余用乍(作)朕文考大仲寶尊彝
11.6013 用乍(作)朕文祖益公寶尊彝
11.6014 克逨(弼)文王/肄(肆)文王受茲大命
11.6027 文
11.6203 文祖丙
12.6513 及我文攷(攷、考)
12.6920 樂文
12.7107 文父丁
13.7743 文
13.8272 [illegible](瞭)文
14.8507 文父丁
14.9088 乍(作)文父乙彝
14.9092 婦闟乍(作)文姑日癸尊彝
14.9093 婦闟乍(作)文姑日癸尊彝
15.9246 婦闟乍(作)文姑日癸尊彝
15.9247 婦闟乍(作)文姑日癸尊彝
15.9284 文父丁巽
15.9298 仲子曩汅(泓)乍(作)文父丁尊彝
15.9301 用乍(作)文嫊己寶彝
15.9302 乍(作)文考日己寶尊宗彝
15.9444 季老或乍(作)文考大伯寶尊彝
15.9456 衛用乍(作)朕文考惠孟寶般(盤)
15.9726 用乍(作)皇祖、文考尊壺
15.9727 用乍(作)皇祖、文考尊壺
15.9728 用乍(作)朕文考釐公尊壺
15.9735 唯朕皇祖文、武
15.9817 趞乍(作)文父戊尊彝
15.9820 婦闟乍(作)文姑日癸尊彝
15.9826 對乍(作)文考日癸寶尊雷(罍)
16.9891 乍(作)文考日己寶尊宗彝
16.9892 用乍(作)高文考父癸寶尊彝/用𪗉(𪘁、申)文考剌(烈)
16.9896 唯朕文考乙公永啟余魯/用乍(作)朕文考乙公寶尊彝
16.9897 用乍(作)文祖它公寶尊彝
16.9899 用乍(作)朕文祖益公寶尊彝
16.9900 用乍(作)朕文祖益公寶尊彝
16.9961 唯曾伯文自乍(作)厥歙(飲)䤺
16.10084 北子宋乍(作)文父乙寶尊彝
16.10170 用乍(作)朕文考日丁尊般(盤)
16.10171 籟(類)文王母
16.10175 曰古文王/天子圂(恪)屖(纘)文武長剌(烈)/匿(䠷、胡)屖(遲)文考乙公遽(競)趚(爽)/剌(烈)祖文考
16.10264 伯乍(作)日口監日文☐
16.10321 用乍(作)文祖己公尊盂
16.10322 永用乍(作)朕文考乙伯尊盂
17.11381 台(以)卲(昭)旟(揚)文武之戊(茂)用(庸)

0390 ⿰文攵(贇)

6.2930 ⿰文攵(贇)

0391 嬰

5.2840 嬰(鄰)邦難新(親)

0392 [illegible]

12.6449 [illegible]乍(作)父癸

0393 [illegible]

16.10085 麥[illegible]乍(作)鋈(鋈)般(盤)

0394 彥

4.2499 尹商(賞)彥貝三朋

0395 產、[illegible]

3.898 伯產乍(作)寶旅獻(甗)
5.2782 嘉曰：余𩃥

(墓、鄭)邦之產
8.4190 昉曰：余陳仲產(產)孫、釐(釐、萊)叔和子
16.10407 民產又芮
17.11143 蔡侯產之用戈
17.11144 蔡侯產之用戈
18.11587 蔡侯產之用鐱(劍)
18.11602 蔡侯產乍(作)畏(威)效(效)
18.11603 蔡侯產乍(作)畏(威)效(效)
18.11604 蔡侯產之用僉(劍)

0396 詹(諺)

16.10350 羣氏詹(諺)乍(作)善(膳)鑰

0397 欠

4.1532 欠父乙
14.8447 欠父丁

0398 次

1.52 王子嬰次自乍(作)□鐘
2.421 其次擇其吉金
2.422 其次擇其吉金
2.425 次𠂤升稍
3.1354 史次
10.5405 公姞令次嗣田人 / 次櫗(蔑)曆
11.5994 公姞令次嗣田人 / 次櫗(蔑)曆
12.7180 㬜亞次
15.9234 亞次馬豢(豧)
16.10386 王子嬰次之庻(炒)盧(爐)
18.11855 中次
18.11856 中次

0399 㳄、㳄(次)

13.8064 㳄(次)癸
17.11366 坓(型、邢)倫(令)吳㳄(次)、上庫工師宋艮、冶㕓敎(撻)齋(劑)

0400 玖(吁)

17.11207 王子玖之用戈
17.11208 王子玖之用戈

0401 吹

4.2179 吹乍(作)楷妊尊彝
10.5428 兹小彝妹吹見
10.5429 兹小彝妹吹見
15.9694 虞嗣寇伯吹乍(作)寶壺
15.9695 虞嗣寇伯吹乍(作)寶壺
17.11044 釐吹克瘻

0402 𠯑、𠯑

4.1737 册𠯑宅
4.2427 册𠯑

0403 放(昉)

6.3474 果乍(作)放(昉)旅段

0404 欨

5.2773 眡(視)事欨、冶瘖 / 眡(視)事司馬欨、冶王石
18.11594 戉(越)王欨(勾)戔(踐)之子
18.11595 戉(越)王欨(勾)戔(踐)之子

0405 欱

18.11621 郕王欱(勾)淺(踐)自乍(作)用鐱(劍)

0406 欣(听)

18.11562 安陽倫(令)韓壬、司刑欣(听)鈢、右庫工師艾(肴)固、冶㔷散(造)戟朿(刺)

0407 㰥(㞙)

18.12090 齊節大夫㰥(㞙、㰥)五

0408 㱍(姍)

4.1888 逆㱍(姍)父辛
4.2258 㱍(姍)乍(作)父癸寶尊𩰫
6.3660 㱍(姍)乍(作)父癸寶尊彝
6.3661 㱍(姍)乍(作)父癸寶尊彝
6.3662 㱍(姍)乍(作)父癸寶尊彝
10.5315 㱍(姍)乍(作)父癸寶尊彝
11.5907 㱍(姍)乍(作)父癸寶尊彝

0409 㰷(咭)

1.19 旨賞公卂㰷(咭)之甬(用)鐘

0410 欮

5.2780 王乎宰曆賜盛弓、象弭、矢臸、彤欮
7.3745 欮乍(作)厥段兩

0411 欶

17.10643 欶

0412 㰹(咱)

16.10402 左使車嗇夫七㰹(欨)、工尼

0413 欯(欯)

16.10478 丘欯(坎)/ 從丘欯(坎)以至內宮六步 / 從丘欯(坎)至內宮廿四步

0414 㰲(呼)

9.4620 以㰲稻粱
9.4621 以㰲稻粱
9.4622 以㰲稻粱

0415 歑

3.980 歑𦼮(滑)入𦼮(滑)出

0416 欶(嘟)

8.4213 其右(佑)子欶(嘟)、事(史)孟

0417 㪉

11.5981 㪉(啜)休于㞢季

0418 欿

16.10342 烏（無）歈(咎)萬年

0419 散

16.10360 用乍(作)散宮旅彝

0420 歒

1.60-3 叔氏令史歒召逆

9.4466 其邑復歒、言二挹(邑)

0421 歍(鳴)

17.11331 臨汾守曋、庫係、工歍造

0422 歐

17.11404 歐

0423 歑(嘿)

17.11377 武城命(令)□□、苢早、〔庫〕嗇夫事(吏)歑、冶章敕(撻)齋(劑)

0424 歚

6.3305 歚乍(作)父乙

0425 歀(款)

15.9594 乍(作)父辛歀

0426 欲

1.171 王欲復師

0427 邀、歔(譴)

2.308 簓(姑)肄(洗)之邀(衍)商

2.320 割(姑)肄(洗)之邀(衍)商

4.2422 郙造邀(譴)乍(作)寶鼎

7.4040 郙邀(譴)乍(作)寶毁

0428 𢎨(抶)

6.3717 𢎨乍(作)父辛尊彝

0429 𢎎

16.10260 乍(作)嗣𢎎彝

0430 旡

9.4499 衛子叔旡父乍(作)旅簠

9.4578 唯羌仲旡擇其吉金

0431 兓

6.3380 兓乍(作)寶彝

16.10176 曰：我兓(既)付散氏田器

0432 𤜼

7.3761 𤜼乍(作)寶毁

8.4202 王乎虢仲入右(佑)𤜼 / 王賜𤜼赤芾、朱亢(衡)、緣(鑾)旂 / 𤜼拜韻首 / 𤜼其萬年

10.5339 𤜼乍(作)兄日壬寶尊彝

11.5933 𤜼乍(作)兄日壬寶尊彝

11.6014 𤜼賜貝卅朋

12.6429 𤜼兄日壬

12.7173 子蝠𤜼

12.7174 子蝠𤜼

13.8075 子𤜼

0433 先

1.49 侃先王 / 先王其嚴(儼)在帝左右

1.157 先會于平隂(陰)

1.158 先會于平隂(陰)

1.159 先會于平隂(陰)

1.160 先會于平隂(陰)

1.161 先會于平隂(陰)

1.181 先祖南公

1.187-8 農臣先王

1.189-90 農臣先王

1.192 農臣先王

1.225 樂我先祖

1.226 樂我先祖

1.227 樂我先祖

1.228 樂我先祖

1.229 樂我先祖

1.230 樂我先祖

1.231 樂我先祖

1.232 樂我先祖

1.233 樂我先祖

1.234 樂我先祖

1.235 樂我先祖

1.236 樂我先祖

1.237 樂我先祖

1.247 用辟先王

1.248 用辟先王

1.249 用辟先王

1.250 用辟先王

1.260 用卲各不(丕)顯祖考先王 / 先王其嚴在上

1.262-3 秦公曰：我先祖受天令(命)

1.264-6 秦公曰：我先祖受天命

1.267 秦公曰：我先祖受天令(命)

1.268 秦公曰：我先祖受天令(命)

1.269 秦公曰：我先祖受天令(命)

1.272-8 余經乃先祖 / 尸典其先舊

1.285 余經乃先祖 / 尸典其先舊

2.358 余小子肇嗣先王 / 用龢㽙先王

2.426 先人是訏

2.427 先人是訏

3.649 伯先父乍(作)妓尊鬲

3.650 伯先父乍(作)妓尊鬲

3.651 伯先父乍(作)妓尊鬲

3.652 伯先父乍(作)妓尊鬲

3.653 伯先父乍(作)妓尊鬲

3.654 伯先父乍(作)妓尊鬲

3.655 伯先父乍(作)妓尊

3.656 伯先父乍(作)妓尊

3.657 伯先父乍(作)妓鬲

3.658 伯先父乍(作)妓尊鬲

3.754 休天君弗望(忘)穆公聖粦明𣪕事先王

3.755 休天君弗望(忘)穆公聖粦明𣪕事先王

3.949 王令中先省南或

(國)貫行
3.1030 先
5.2655 先(?)獣乍(作)朕老(考)寶尊鼎
5.2751 王令中先省南或(國)貫行
5.2752 王令中先省南或(國)貫行
5.2775 令小臣夌先省楚应
5.2803 令眔奮先馬走
5.2812 用辟于先王
5.2820 昔先王既令女(汝)左(佐)疋(胥)𠑇侯 / 今余唯肇𩐋(申)先王令
5.2826 晉姜曰:余唯司(嗣)朕先姑君晉邦
5.2830 叀(惟)余小子肇盄(淑)先王德 / 夙夜專由先祖剌(烈)德 / 伯亦克欵(款)由先祖蠱孫子
5.2833 克夾召(紹)先王奠四方
5.2834 克夾召(紹)先王曰(奠)左(四)方
5.2837 灋(法)保先王 / 雩我其遹省先王受民受疆土
5.2840 𠭰(吾)先考成王早棄群臣 / 𠭰(吾)先祖桓王、卲(昭)考成王
5.2841 亦唯先正𩁹辥(嬖)厥辟 / 不(丕)巩(鞏)先王配命 / 永巩(鞏)先王 / 今余唯肇巠(經)先王命 / 告余先王若德 / 俗(欲)我弗乍(作)先王憂 / 厥非先告父厝 / 今余唯𩐋(申)先王命 / 女(汝)毋弗帥用先王乍(作)明井(型)
8.4170 用辟先王
8.4171 用辟先王
8.4172 用辟先王
8.4173 用辟先王
8.4174 用辟先王
8.4175 用辟先王
8.4176 用辟先王
8.4177 用辟先王
8.4242 肇帥井(型)先文祖
8.4269 賜女(汝)婦爵、𠨍之先周(琱)玉、黄𣁋
8.4283 曰:先王既令(命)女(汝)/ 今余唯𩐋(申)先王令(命)
8.4284 曰:先王既令(命)女(汝)/ 今余唯𩐋(申)先王令(命)
8.4285 曰:先王既命女(汝)𩁹(纘)嗣王宥
8.4296 昔先王既命女(汝)乍(作)邑
8.4297 昔先王既命女(汝)乍(作)邑
8.4312 才先王既令(命)女(汝)乍(作)嗣士
8.4316 截(載)先王既令(命)乃取(祖)考事 / 今余唯帥井(型)先王令(命)
8.4317 巠(經)擁(雍)先王 / 再盩先王宗室
8.4321 先虎臣後庸:西門尸(夷)、秦尸(夷)、京尸(夷)、𠑇尸(夷)、師笭、側新(薪)、□華尸(夷)、弁豸尸(夷)、𠭯人、成周走亞、戍、秦人、降人、服尸(夷)
8.4324 在昔先王小學
8.4325 在昔先王小學
8.4327 焚(榮)伯乎令(命)卯曰:𢦏(載)乃先祖考死(尸)嗣焚(榮)公室 / 今余非敢夢先公又(有)𢓊遂 / 余懋再先公官
8.4330 唯考敀又念自先王、先公
8.4331 乃祖克桒(弼)先王
8.4340 昔先王既令女(汝)乍(作)宰 / 厥非先告蔡
8.4342 亦則於女(汝)乃聖祖考克專(輔)右(佑)先王 / 古(故)亡承于先王
8.4343 昔先王既令女(汝)乍(作)嗣士 / 不用先王乍(作)井(型)/ 女(汝)毋敢弗帥先王乍(作)明井(型)用
9.4467 則繇唯乃先祖考又(有)爵(勛)于周邦 / 余唯巠(經)乃先祖考 / 克黔(令)臣先王
9.4468 則唯乃先祖考又(有)爵(勛)于周邦 / 余唯巠(經)乃先祖考 / 克黔(令)臣先王
9.4615 用速(速)先後者(諸)兄(兄)
10.5387 員先內(入)邑
10.5417 子令小子畬先以人于堇
10.5427 子祉(延)先蠹死
11.6013 迺(更)朕先寶事
12.6514 王曰:用先
15.9458 先
15.9718 于兹先申(神)、皇祖
15.9734 敢明易(揚)告:昔者先王 / 唯送(朕)先王 / 鄉(饗)祀先王 / 隱俛(逸)先王 / 先王之德 / 雨(雩)祠先王 / 以追庸(誦)先王之工(功)剌(烈)
15.9735 以祀先王 / 乏其先王之祭祀
16.9899 迺(更)朕先寶事
16.9900 迺(更)朕先寶事
16.10173 是以先行
16.10285 女(汝)上印(侹)先誓
16.10342 敢帥井(型)先王
17.11386 奠(鄭)倫(令)公先𦎫(幼)、司寇事(吏)㰱、右庫工師皂高、冶君(尹)□𢿌(造)

17.11397 奠（鄭）倫（令）公先嘼（學、幼）、司寇向□、左庫工師百慶、冶肴（尹）□歔（造）
18.11554 奠（鄭）倫（令）公先嘼（幼）、司寇史陉（隋）、左庫工師倉慶、冶肴（尹）弜（彊）歔（造）
18.11593 先嶙余之用
18.11718 在行之先
18.11866 先

0434 秫

15.9635 嵋秫乍（作）寶壺

0435 立

1.121 台（以）祇光朕立（位）
1.122 台（以）祇光朕立（位）
1.125-8 台（以）祇光朕立（位）
1.129-31 台（以）祇光朕立（位）
1.171 允立（位）
1.262-3 秦公其畯紷（令）在立（位）
1.267 秦公其畯紷（紷令）在立（位）
1.268 秦公畯紷（令）在立（位）
1.269 秦公其畯紷（令）在立（位）
1.270 畯疐在立（位）
4.2069 立乍（作）寶尊彝
5.2778 尹令史獸立（涖）工于成周
5.2783 立中廷
5.2804 立中廷
5.2805 即立中廷
5.2814 立中廷
5.2815 即立（位）/立中廷
5.2817 即立（位）/立中廷
5.2819 即立（位）/立中廷
5.2821 即立（位）/立中廷
5.2822 即立（位）/立中廷
5.2823 即立（位）/立中廷
5.2825 立中廷
5.2827 即立（位）/立中廷
5.2828 即立（位）/立中廷
5.2829 即立（位）/立中廷
5.2836 即立（位）/立中廷
5.2839 即立中廷/即立（位）/賓即立（位）
5.2841 嗖（屏）朕立（位）/死（尸）毋童（動）余一人在立（位）
6.3115 立鈶
7.4091 畯在立（位）
7.4092 畯在立（位）
7.4093 畯在立（位）
7.4094 畯在立（位）
8.4196 師毛父即立（位）
8.4209 內（入）即立（位）
8.4210 內（入）即立（位）
8.4211 內（入）即立（位）
8.4212 內（入）即立（位）
8.4243 即立（位）/立中廷
8.4244 即立（位）
8.4246 立中廷
8.4247 立中廷
8.4248 立中廷
8.4249 立中廷
8.4251 即立（位）/立中廷
8.4252 即立（位）/立中廷
8.4253 即立中廷
8.4254 即立中廷
8.4255 立中廷
8.4256 即立（位）/立中廷
8.4257 即立中廷
8.4258 宰屖父右（佑）害立
8.4259 宰屖父右（佑）害立
8.4260 宰屖父右（佑）害立
8.4262 立（蒞）盨（畝）成壘（邑）
8.4263 立（蒞）盨（畝）成壘（邑）
8.4264 立（蒞）盨（畝）成壘（邑）
8.4265 立（蒞）盨（畝）成壘（邑）
8.4266 即立（位）
8.4267 即立（位）
8.4268 即立中廷
8.4270 立中廷
8.4271 立中廷
8.4272 即立（位）/立中廷
8.4274 即立（位）/立中廷
8.4275 即立（位）/立中廷
8.4277 即立（位）/立中廷/畯在立（位）
8.4279 即立（位）/即立中廷
8.4280 即立（位）/即立中廷
8.4281 即立（位）/即立中廷
8.4282 即立（位）/即立中廷
8.4283 即立（位）/立中廷
8.4284 即立（位）/立中廷
8.4285 𣪘（即）立（位）/立中廷
8.4286 即立（位）
8.4287 即立（位）/立中廷
8.4288 立中廷
8.4289 立中廷
8.4290 立中廷
8.4291 立中廷
8.4294 即立（位）
8.4295 即立（位）
8.4296 立中廷
8.4297 立中廷
8.4303 即立（位）/立中

廷
8.4304 即立(位)/立中廷
8.4305 即立(位)/立中廷
8.4306 即立(位)/立中廷
8.4307 即立(位)/立中廷
8.4308 即立(位)/立中廷
8.4309 即立(位)/立中廷
8.4310 即立(位)/立中廷
8.4312 立中廷
8.4316 即立中廷
8.4317 用龢(紷令)保我家、朕立(位)、䝁(胡)身/畯在立(位)
8.4318 即立(位)/立中廷
8.4319 即立(位)/立中廷
8.4320 王立(蒞)于宜
8.4324 即立(位)
8.4325 即立(位)
8.4326 粤(屏)王立(位)
8.4327 立中廷
8.4332 即立(位)/立中廷
8.4333 即立(位)/立中廷
8.4334 即立(位)/立中廷
8.4335 即立(位)/立中廷
8.4336 即立(位)/立中廷
8.4337 即立(位)/立中廷
8.4338 即立(位)/立中廷
8.4339 即立(位)/立中廷
8.4340 即立(位)/立中廷
8.4341 粤(屏)王立(位)
8.4342 妥(綏)立余小子
8.4343 即立(位)/立中廷
9.4365 立象(爲)旅須(盨)
9.4462 即立(位)
9.4463 即立(位)
9.4694 攸立(涖)歲祟(嘗)
9.4695 攸立(涖)歲祟(嘗)
10.5064 立㑹父丁
10.5065 立㑹父丁
11.6013 立中廷
11.6297 立父辛
14.9031 立乍(作)寶尊彝
15.9700 陳喜再立(涖)事歲
15.9703 奠(鄭)昜、陳得再立(涖)事歲
15.9706 邛(江)立(大、太)宰孫叔師父乍(作)行具
15.9709 公孫窹(灶)立(涖)事歲
15.9723 即立(位)
15.9724 即立(位)
15.9731 即立(位)/立中廷
15.9732 即立(位)/立中廷
15.9735 而臣宔(主)易立(位)/ 牺(將)與盧(吾)君並立於殜(世)
16.9898 立中廷
16.9899 立于中廷
16.9900 立于中廷
16.9975 奠(鄭)昜、陳得再立(涖)事歲
16.10167 鼎立
16.10170 即立(位)/立中廷
16.10172 即立(位)/立中廷
16.10297 攸立(涖)歲祟(嘗)
16.10361 國差(佐)立(涖)事歲
16.10371 陳猷立(涖)事歲
16.10374 □□立(涖)事歲
17.10639 立
17.11259 昰(是)立(涖)事歲
17.11329 王何立(涖)事
18.11669 王立(涖)事
18.11673 王立(涖)事
18.11674 王立(涖)事
18.11688 王立(涖)事
18.11705 郾(燕)王喜立(涖)事

0436 ⿰立月(影)

16.10385 司馬成公⿰立月(影)⿰⿱亼立丨(𨓏)事
18.11669 攸倫(令)肖(趙)世、上庫工師樂星、冶⿰立月(影)敎(撻)齋(劑)

0437 竏

18.11559 奠(鄭)倫(令)棺(槨、郭)涵、司寇芋慶、左庫工師郘竏、冶君(尹)弜(彇)歒(造)

0438 ⿰⿱亼立丨(坽)

8.4152 㚤乍(作)皇妣⿰⿱亼立丨(坽)君中妃祭器八𣪕

0439 ⿱世立(堞)

8.4145 永⿱世立(世)毋忘
9.4646 永⿱世立(世)毋忘
9.4647 永⿱世立(世)毋忘
9.4648 永⿱世立(世)毋忘
9.4649 ⿱世立(世)萬子孫

0440 ⿰立乚

15.9734 殜殜(世世)毋⿰立乚(乏)

0441 竝、並(普)

5.2712 辛伯其竝(普)受厥永福(福)
5.2840 毋竝(替)厥邦
6.3326 亞竝父己
10.4733 竝
12.6579 竝(並)
12.7142 父辛竝
13.7401 竝

13.8030 己竝
13.8180 單竝
13.8181 仒竝
13.8182 木竝
14.8736 竝妣乙
14.8898 己竝父丁
14.8899 己竝父丁
14.8900 己竝父丁
15.9119 竝
15.9735 牆(將)與麆(吾)君竝立於殜(世)
15.9736 竝
16.9830 竝
17.10851 竝秆(笄)

0442 竟

3.497 竟乍(作)父乙
3.498 竟乍(作)父乙
3.1000 竟
4.2058 竟乍(作)厥寶彝
6.2936 竟
10.4896 竟祖辛
10.5253 竟乍(作)厥寶尊彝
10.5286 竟乍(作)父辛寶尊彝
11.5862 竟乍(作)厥寶尊彝
11.5867 竟乍(作)祖癸寶尊彝
11.6299 竟父辛
12.6971 亞竟
15.9276 父戊竟
15.9802 竟乍(作)厥彝
17.10788 竟

0443 竛、竛

4.2527 虒竛(令)瘫、眡(視)事鷉、冶巡鑄
5.2608 庫嗇夫肖(趙)不半(姅)、貯氏大竛(令)所爲
17.11306 啟𡉚(封)竛(令)瘫、工師鈘、冶者
17.11312 業(鄴)竛(令)㝟(裼)、左庫工師臣、冶山
17.11348 龏(龔)竛(令)思、左庫工師長史鑪、冶數近
17.11349 龏(龔)竛(令)思、左庫工師長史鑪、冶數近
17.11360 郛竛(令)夜㫚(胍)、上庫工師□□、冶闕(閒)

0444 䇞

17.11267 單䇞託乍(作)用戈三万(萬)

0445 竨(位)

15.9735 述(遂)定君臣之竨(位)

0446 𥫃

5.2840 寡人學(幼)𥫃(童)

0447 𥫕(坿)

3.971 左使車工𥫕(坿)
4.2088 左使車工𥫕(坿)
4.2089 左使車工𥫕(坿)
4.2090 左使車工𥫕(坿)
9.4478 左使車工𥫕(坿)
15.9686 左使車嗇夫孫固、工𥫕(坿)
15.9693 左使車嗇夫孫固、工𥫕(坿)
16.10410 左工𥫕(坿)
18.11814 左使車工𥫕(坿)
18.12054 左使車嗇夫孫固、工𥫕(坿)
18.12055 左使車嗇夫孫固、工𥫕(坿)
18.12056 左使車嗇夫孫固、工𥫕(坿)
18.12057 左使車嗇夫孫固、工𥫕(坿)
18.12058 左使車嗇夫孫固、工𥫕(坿)
18.12059 左使車嗇夫孫固、工𥫕(坿)
18.12060 左使車嗇夫孫固、工𥫕(坿)
18.12061 左使車嗇夫孫固、工𥫕(坿)
18.12062 左使車嗇夫孫固、工𥫕(坿)
18.12063 左使車嗇夫孫固、工𥫕(坿)

0448 𥫔

17.11385 奠(鄭)倫(令)韓麥、司寇長朱、右庫工師皂高、冶肎(尹)𥫔敱(造)

0449 尸

1.155 大〔郑者〕連者(諸)尸(夷)/ 邲(越)禦曰: 唯余〔者〕(諸)尸(夷)連 /□□乍(作)尸(夷)□
1.156 尸(夷)膚(笞)甚□者元
1.260 南尸(夷)、東尸(夷)具(俱)見廿又六邦
1.272-8 公曰: 女(汝)尸 / 尸不敢弗憼戒 / 公曰: 尸 / 尸敢用拜韻首 / 女(汝)尸毋曰余少(小)子 / 公曰: 尸 / 尸用或敢再拜韻首 / 尸典其先舊 / 雩(粵)生叔尸 / 趫(桓)武䨓(靈)公賜尸吉金鈇鎬 / 尸用乍(作)鑄其寶鍾(鐘)
1.279 尸不敢
1.285 公曰: 女(汝)尸 / 尸不敢弗憼戒 / 公曰: 尸 / 公曰: 尸 / 女(汝)尸毋曰余少(小)子 / 尸用或敢再拜韻首 / 尸典其先舊 / 雩(粵)生叔尸
5.2728 唯公大(太)保來伐反(叛)尸(夷)年
5.2731 王令趞蔑(捷)東反(叛)尸(夷)
5.2734 周伯邊及仲僕(催)父伐南淮尸(夷)
5.2739 唯周公于征伐東尸(夷)
5.2740 唯王伐東尸(夷)
5.2741 唯王伐東尸(夷)

5.2833 亦唯噩(鄂)侯馭方率南淮尸(夷)、東尸(夷)
5.2834 亦唯噩(鄂)侯馭方率南〔淮〕尸(夷)、東〔尸〕廣〔伐〕南或(國)東或(國)
5.2837 賜尸(夷)𤔲王臣十又三伯
6.3483 尸曰乍(作)寶尊
7.4001 豐兮尸乍(作)朕皇考酉(尊)段/尸其萬年/豐兮尸乍(作)朕皇考尊段/尸其萬年
7.4002 豐兮尸乍(作)朕皇考尊段/尸其萬年
7.4003 豐兮尸乍(作)朕皇考酉(尊)段/尸其萬年
8.4215 賜女(汝)尸(夷)臣十家
8.4225 王征南尸(夷)
8.4226 王征南尸(夷)
8.4227 王征南尸(夷)
8.4228 王征南尸(夷)
8.4238 叡東尸(夷)大反(叛)/伯懋父以殷八師征東尸(夷)
8.4239 叡東尸(夷)大反(叛)/伯懋父以殷八師征東尸(夷)
8.4258 官𤔲尸(夷)僕、小射、底魚
8.4259 官𤔲尸(夷)僕、小射、底魚
8.4260 官𤔲尸(夷)僕、小射、底魚
8.4273 小子眔服、眔小臣、眔尸(夷)僕學射
8.4288 啻(嫡)官邑人、虎臣、西門尸(夷)、㠯尸(夷)、秦尸(夷)、京尸(夷)、弁身尸(夷)
8.4289 啻(嫡)官邑人、虎臣、西門尸(夷)、㠯尸(夷)、秦尸(夷)、京尸(夷)、弁身尸(夷)
8.4290 啻(嫡)官邑人、虎臣、西門尸(夷)、㠯尸(夷)、秦尸(夷)、京尸(夷)、弁身尸(夷)
8.4291 啻(嫡)官邑人、虎臣、西門尸(夷)、㠯尸(夷)、秦尸(夷)、京尸(夷)、弁身尸(夷)
8.4313 王若曰:戉(搣)淮尸(夷)/征淮尸(夷)
8.4314 戉(搣)淮尸(夷)/征淮尸(夷)
8.4321 先虎臣後庸:西門尸(夷)、秦尸(夷)、京尸(夷)、㠯尸(夷)、師笭、側新(薪)、□華尸(夷)、弁豸尸(夷)、㔾人、成周走亞、戍、秦人、降人、服尸(夷)
8.4323 南淮尸(夷)遱、殳
8.4342 賜女(汝)秬鬯一卣、圭瓚、尸(夷)允(訊)三百人
9.4435 伐南淮尸(夷)
9.4459 王征南淮尸(夷)
9.4460 王征南淮尸(夷)
9.4461 王征南淮尸(夷)
9.4464 逹(帥)高父見南淮尸(夷)/堇(謹)尸(夷)俗
9.4591 曾孫史尸乍(作)𩞁(饙)簠
9.4631 克狄(逖)淮尸(夷)
9.4632 克狄(逖)淮尸(夷)
10.5280 ⿱(㝬)尸乍(作)父己尊彝
10.5407 王姜令乍(作)册睘安尸伯/尸伯賓(儐)睘貝、布
10.5419 王令䧹曰:叡淮尸(夷)敢伐內國
10.5420 王令䧹曰:叡淮尸(夷)敢伐內國
10.5425 命伐南尸(夷)
11.5989 君令余乍(作)册睘安尸伯/尸伯賓(儐)用貝、布
15.9576 ⿱(㝬)尸乍(作)父己尊彝
16.10174 至于南淮尸(夷)/淮尸(夷)舊我員(帛)畮人
16.10175 微伐尸(夷)童

0450 𡰥(仁)

5.2840 亡不率𡰥(仁)

0451 尼

3.513 左使車尼
3.537 左使車工尼
4.2092 左使車工尼
9.4664 左使車工尼
15.9561 左使車工尼
15.9683 冶匀嗇夫孜重、工尼
16.10402 左使車嗇夫七斁(敀)、工尼

0452 屍(展)

8.4313 屍(殿)左右虎臣
8.4314 屍(殿)左右虎臣
18.12088 膺屍(展、臀)

0453 屋(侹)

10.5300 散伯乍(作)屋(侹)父尊彝
10.5301 散伯乍(作)屋(侹)父尊彝

0454 屌(㑇)

18.12091 騎傳(遵)竹屌(㑇)

0455 居

4.2530 長居▨
18.11618 唯弫公之居旨卲亥(?)𠷎丌□僉(劍)
18.11656 唯弫公之居旨卲亥(?)𠷎丌(其)□僉(劍)
18.11692 戉(越)王唯弫公之居旨卲亥(?)𠷎丌□僉
18.12110 就鄒(陽)丘、

就邡(方)城、就䢭(象)禾、就栖(柳)焚(棼)、就繁昜(陽)、就高丘、就下鄰(蔡)、就居鄛(巢)、就郢
18.12111 就昜(陽)丘、就邡(方)城、就䢭(象)禾、就栖(柳)焚(棼)、就繁昜(陽)、就高丘、就下鄰(蔡)、就居鄛(巢)、就郢
18.12112 就昜(陽)丘、就邡(方)城、就䢭(象)禾、就栖(柳)焚(棼)、就繁昜(陽)、就高丘、就下鄰(蔡)、就居鄛(巢)、就郢

0456 尿

18.12110 夏尿之月
18.12111 夏尿之月
18.12112 夏尿之月
18.12113 夏尿之月

0457 𡱒(殿)

8.4209 𡱒(殿)赤芾、攸(鋚)勒
8.4210 𡱒(殿)赤芾、攸(鋚)勒
8.4211 𡱒(殿)赤芾、攸(鋚)勒
8.4212 𡱒(殿)赤芾、攸(鋚)勒
8.4213 而賜魯(魯)𡱒(殿)𢼸(敖)金十鈞/𡱒(殿)𢼸(敖)用𢷘(捺)用璧/𡱒(殿)𢼸(敖)堇(謹)用豹皮于事(史)孟/𡱒(殿)𢼸(敖)其子子孫孫永寶
15.9718 䣪史𡱒(殿)乍(作)寶壺
16.10322 公迺命酉嗣社(徒)𠭰父、周人嗣工(空)𡱒、㪔史、師氏、邑人奎父、畢人師同

0458 殸(役)

6.3588 殸(役)乍(作)𩭴伯寶毁

0459 屖

1.261 余𠭰龏𢦏屖
3.919 屖乍(作)獻(甗)
4.2243 㒒屖恖𠂹鉚伍㑆
5.2649 伯頵父乍(作)朕皇考屖伯、吳姬寶鼎
5.2757 𠭰屖下保
5.2771 于厥皇考屖䀁(孟)公
5.2772 于厥皇考屖䀁(孟)公
5.2811 𠭰龏𢦏屖
5.2832 厲叔子夙、厲有嗣䰟(申)季、慶癸、𤽄(豳)麃、荆人敢、井人偈屖
6.3556 季屖乍(作)寶尊彝
8.4134 伯屖父蔑御史競曆/競揚伯屖父休
8.4135 伯屖父蔑御史競曆/競揚伯屖父休
8.4258 王在屖宮/宰屖父右(佑)害立
8.4259 王在屖宮/宰屖父右(佑)害立
8.4260 王在屖宮/宰屖父右(佑)害立
8.4269 伯屖父休于縣妃/縣妃𡚸(奉)揚伯屖父休
9.4436 屖(𠍮)乍(作)姜湶盨
10.5425 唯伯屖父以成師即東/伯屖父皇競各于官
11.5953 屖𡩜(肇)其乍(作)父己寶尊彝
15.9719 屖屖康盄
15.9720 屖屖康盄
16.10175 㕣(𢦏、胡)屖(遲)文考乙公遽(競)𧼨(爽)

0460 㞼(纘)

16.10175 天子㘬(恪)㞼(纘)文武長剌(烈)

0461 屆(征)

6.3656 屆(征)乍(作)父癸寶尊彝
6.3657 屆(征)乍(作)父癸寶尊彝
6.3658 屆(征)乍(作)父癸寶尊彝
10.5334 屆(征)乍(作)父癸寶尊彝
11.5927 屆(征)乍(作)父癸寶尊彝

0462 層、𠑹(觡)

7.4010 殳𠑹(觡)生(甥)乍(作)尹姞尊毁

0463 屭(㒨)

9.4458 𠈇夙屭(興)用追孝

0464 屭(腆)

17.11178 曾侯屭之用戟(戟)
17.11179 曾侯屭之用戟(戟)

0465 卩

3.993 卩
12.7179 亞卩犬(?)
13.7359 卩
14.8448 卩父丁
14.8544 卩父己
14.8851 父甲卩册

0466 厄、軛

1.271 余爲大攻厄、大事(史)、大逵(徒)、大(太)宰
5.2841 賜女(汝)秬鬯一卣、祼圭瓚寶、朱芾、恖(蔥)黃(衡)、玉環、玉瑹、金車、𠦪(賁)縟較(較)、朱䩚(鞹)𠭰靳、虎冟(冪)熏裏、右軛、畫轉、畫輯、金甬(桶)、道(錯)衡、金嶂(踵)、金豙(軝)、㪍(約)𥂴(盛)、金簟弼(茀)、魚箙、馬四匹、攸(鋚)勒、金𠯑(臺)、金膺、朱旂二鈴(鈴)
8.4302 余賜女(汝)秬鬯一卣、金車、𠦪(賁)

疇(幬)較(較)、桒(賁)圅朱虢(鞹)靳、虎冟(冪)寀(朱)裹、金甬(筩)、畫聞(䩛)、金䡈(軛)、畫轉、馬四匹、鋚勒

8.4318 賜女(汝)秬鬯一卣、金車、桒(賁)較(較)、朱虢(鞹)圅靳、虎冟(冪)熏(纁)裹、右䡈(軛)、畫轉、畫䩛、金甬(筩)、馬四匹、攸(鋚)勒

8.4319 賜女(汝)秬鬯一卣、金車、桒(賁)較(較)、朱虢(鞹)圅靳、虎冟(冪)熏(纁)裹、右䡈(軛)、畫轉、畫䩛、金甬(筩)、馬四匹、攸(鋚)勒

8.4326 賜朱芾、悤(蔥)黃(衡)、鞞鞢(璲)、玉睘(環)、玉瑹、車、電軫、桒(賁)縟較(较)、朱鬲(鞹)圅靳、虎冟(冪)熏(纁)裹、遣(錯)衡、右䡈(軛)、畫轉、畫䩛、金童(踵)、金家(軝)、金簟彌(茀)、魚葡(箙)、朱旂旜(旜)金芫二鈴

0467 令、[illegible]、[illegible]

1.48 宮令宰僕賜粤白金十匀(鈞)

1.60-3 叔氏令史敔召逆

1.64 勵(擢)于永令(命)

1.82 彝堇(勤)大令(命)

1.141 用祈屯(純)魚(魯)、永令(命)

1.148 勵(擢)于永令(命)

1.157 令于晉公

1.158 令于晉公

1.159 令于晉公

1.160 令于晉公

1.161 令于晉公

1.187-8 勵(擢)于永令(命)

1.189-90 勵(擢)于永令(命)

1.204-5 王親令克 / 専(溥)奠王令(命)/ 用匄屯(純)叚(嘏)、永令(命)

1.206-7 王親令克 / 専奠王令(命)/ 用匄屯(純)叚(嘏)、永令(命)

1.208 王親令克

1.209 王親令克 / 専奠王令(命)/ 用匄屯(純)叚(嘏)、永令(命)

1.210 豫令祇祇

1.211 豫令祇祇

1.216 豫令祇祇

1.217 豫(捨)令祇祇

1.218 豫(捨)令祇祇

1.219 豫(捨)令祇祇

1.220 豫(捨)令祇祇

1.221 豫(捨)令祇祇

1.222 豫(捨)令祇祇

1.246 用褅(祓)壽、匄永令(命)/ 勵(擢)于永令(命)

1.247 受(授)余屯(純)魯、通彔(祿)、永令(命)、眉壽、霝(靈)冬(終)

1.248 受(授)余屯(純)魯、通彔(祿)、永令(命)、眉壽、霝(靈)冬(終)

1.249 受(授)余屯(純)魯、通彔(祿)、永令(命)、眉壽、霝(靈)冬(終)

1.250 受(授)余屯(純)魯、通彔(祿)、永令(命)、眉壽、霝(靈)冬(終)

1.251-6 武王則令周公舍(捨)寓(宇)以五十頌處 / 勵(擢)于永令(命)

1.262-3 秦公曰: 我先祖受天令(命)/ 膺受大令(命)

1.267 秦公曰: 我先祖受天令(命)/ 膺受大令(命)

1.268 秦公曰: 我先祖受天令(命)/ 膺受大令(命)

1.269 秦公曰: 我先祖受天令(命)/ 膺受大令(命)

2.358 乃膺受大令(命)/ 受皇天大魯令(命)/ 保大令(命)

2.416 成周王令(鈴)

2.417 成周王令(鈴)

3.815 令父己

3.949 王令中先省南或(國)貫行 / 以王令(命)曰: 余令女(汝)史(使)小大邦

5.2531 王令雍伯啚于𡳿爲宮

5.2671 征(延、誕)令曰: 有女(汝)多兄(貺)

5.2672 征(延、誕)令曰: 有女(汝)多兄(貺)

5.2673 □令羌死(尸)𤔲□官 / 羌對揚君令于彝

5.2694 王令宜子迨(會)西方于省

5.2695 王令員執犬

5.2696 內史令𦥑(并)事

5.2703 匽(燕)侯令莫饔(饔)大(太)保于宗周

5.2710 王令寢䢅省北田四品

5.2731 王令趞蔵(捷)東反(叛)尸(夷)

5.2740 溓(溓)公令䨣眔史旟曰: 以師眔厥有𤔲、後或(國)或伐腺(貊)

5.2741 溓(溓)公令䨣眔史旟曰: 以師眔厥有𤔲、後或(國)或伐腺(貊)

5.2751 唯王令南宮伐反(叛)虎方之年 / 王令中先省南或(國)貫行

5.2752 唯王令南宮伐反(叛)虎方之年/王令中先省南或(國)貫行
5.2755 遣仲令穸粗(纘)嗣奠(甸)田
5.2762 用祈匄眉壽、永令(命)、霝(靈)冬(終)
5.2765 妊氏令蛕事保厥家
5.2767 㝬(胡)叔眔仙(信)姬其壽耇(耆)、多宗、永令(命)
5.2775 令小臣夌先省楚应
5.2777 尊鼎用祈匄百彔(禄)、眉壽、綰綽、永令(命)
5.2778 尹令史獸立(涖)工于成周
5.2785 王令大(太)史兄(貺)褔土/中對王休令(命)
5.2786 王令死(尸)嗣王家
5.2787 令史頌省穌(蘇)瀰(姻)友、里君、百生(姓)/日遅(揚)天子䫉(景)令(命)
5.2788 令史頌省穌(蘇)瀰(姻)友、里君、百生(姓)/日遅(揚)天子䫉(景)令(命)
5.2790 王令微䜌粗(纘)嗣九陂/用賜康勵、魯休、屯(純)右(佑)、眉壽、永令(命)、霝(靈)冬(終)
5.2796 王命善(膳)夫克舍(捨)令于成周/用匄康勵、屯(純)右(祐)、眉壽、永令(命)、霝(靈)冬(終)
5.2797 王令善(膳)夫克舍(捨)[令]于成周/用匄康勵、屯(純)右(祐)、眉壽、永令(命)、霝(靈)冬(終)
5.2798 王命善(膳)夫克舍(捨)令于成周/用匄康勵、屯(純)右(祐)、眉壽、永令(命)、霝(靈)冬(終)
5.2799 王命善(膳)夫克舍(捨)令于成周/用匄康勵、屯(純)右(祐)、眉壽、永令(命)、霝(靈)冬(終)
5.2800 王命善(膳)夫克舍(捨)令(命)于成周/用匄康勵、屯(純)右(祐)、眉壽、永令(命)、霝(靈)冬(終)
5.2801 王命善(膳)夫克舍(捨)令于成周/用匄康勵、屯(純)右(祐)、眉壽、永令(命)、霝(靈)冬(終)
5.2802 王命善(膳)夫克舍令(命)于成周/用匄康勵、屯(純)右(祐)、眉壽、永令(命)、霝(靈)冬(終)
5.2803 令眔奮先馬走/王曰：令眔奮/令拜䭫首/令對揚王休
5.2806 令 □□□[卅]二匹賜大
5.2807 令取誰(骍)䮂(犅)卅二匹賜大
5.2808 令取誰(骍)䮂(犅)卅二匹賜大
5.2809 懋父令曰：義(宜)敉(播)
5.2814 王乎史翏册令(命)無叀
5.2815 史留(籀)受(授)王令(命)書
5.2816 勿灋(廢)朕令
5.2817 敢對揚天子不(丕)顯休令(命)
5.2818 王令省史南以即虢旅
5.2819 敢對揚天子不(丕)顯叚(遐)休令(命)
5.2820 昔先王既令女(汝)左(佐)疋(胥)㠱侯/今余唯肇離(申)先王令/令女(汝)左(佐)疋(胥)㠱侯
5.2821 王乎史翏册令(命)此/此敢對揚天子不(丕)顯休令(命)
5.2822 王乎史翏册令(命)此/此敢對揚天子不(丕)顯休令(命)
5.2823 王乎史翏册令(命)此/此敢對揚天子不(丕)顯休令(命)
5.2824 對揚王令(命)
5.2825 王乎史𣐗册令(命)山/令女(汝)官嗣歈(飲)獻人于㬎/山敢對揚天子休令(命)/用祈匄眉壽、綽綰、永令(命)、霝(靈)冬(終)
5.2826 勿灋(廢)文侯䫉(景)令(命)
5.2827 尹氏受(授)王令(命)書/王乎史虢生(甥)册令(命)頌/令女(汝)官嗣成周貯(廛)廿家/受令(命)册佩以出/用追孝祈匄康䲨、屯(純)右(祐)、通彔(禄)、永令(命)
5.2828 尹氏受(授)王令(命)書/王乎史虢生(甥)册令(命)頌/令女(汝)官嗣成周貯(廛)廿家/受令(命)册佩以出/用追孝祈匄康䲨、屯(純)右(祐)、通彔(禄)、永令(命)
5.2829 尹氏受(授)王令(命)書/王乎史虢生(甥)册令(命)頌/令女(汝)官嗣成周貯(廛)廿家/受令(命)册佩以出/用追孝祈匄康䲨、屯(純)右(祐)、通彔(禄)、永令(命)
5.2831 矩廼眔溓(濂)粦令壽商眔意
5.2832 廼令參有嗣
5.2836 出內(入)王令(命)/王乎尹氏册令(命)善(膳)夫克/昔余既令女(汝)出內

(入)朕令(命)/今余唯𤔲(申)稾(就)乃令(命)/勿灋(廢)朕令(命)

5.2837 令(命)盂/受天有大令(命)/我聞殷述(墜)令(命)/若文王令二三正/今余唯令女(汝)盂召(紹)焚(榮)/令女(汝)盂井(型)乃嗣祖南公/勿灋(廢)朕令(命)

5.2838 令(命)女(汝)更乃祖考𤔲卜事/眡則卑(俾)復令(命)曰:若(諾)

5.2839 告曰:王令盂以□□伐戜(鬼)方/王令焚(榮)遻嘼(酋)/王乎䝿伯令盂以人聝入門/王乎□□□令盂以區入/征(誕)王令賞盂

6.3508 令乍(作)父乙尊彝

6.3659 子令乍(作)父癸寶尊彝

7.3864 用對揚公休令(命)

7.4029 唯王令明公

7.4046 王令燮在(緇)芾、旅(旂)

7.4047 王令東宮追以六師之年

7.4059 征(誕)令康侯啚(鄙)于衛

7.4096 以賈(眖、貺)羕(永)令(命)、頪(眉)壽

7.4100 [illegible]伯令生史事(使)于楚

7.4101 [illegible]伯令生史事(使)于楚

7.4108 縮綽、眉壽、永令(命)

8.4138 唯𡛟令伐人(夷)方

8.4140 王降征令于大(太)保/用茲彝對令

8.4146 公令繁伐(閥)于曩伯

8.4153 霝(靈)冬(終)、霝(靈)令(命)

8.4157 用匄眉壽、永令(命)

8.4158 用匄眉壽、永令(命)

8.4179 守敢對揚天子休令(命)

8.4180 守敢對揚天子休令(命)

8.4181 守敢對揚天子休令(命)

8.4182 祈匄康䝔、屯(純)右(祐)、通彔(祿)、永令(命)

8.4184 虢仲令公臣𤔲朕百工

8.4185 虢仲令公臣𤔲朕百工

8.4186 虢仲令公臣𤔲朕百工

8.4187 虢仲令公臣𤔲朕百工

8.4192 令𢓜(往)邦

8.4193 令𢓜(往)邦

8.4198 用匄眉壽、綽綰、永令(命)

8.4199 令女(汝)更喬克𤔲直啚(鄙)/夙夕勿灋(廢)朕令

8.4200 令女(汝)更喬克𤔲直啚(鄙)/夙夕勿灋(廢)朕令

8.4201 令宅事伯懋父

8.4205 楷伯令厥臣獻金車

8.4206 令師田父殷成周年/師田父令小臣傳非(緋)余(琮)/師田父令余𤔲□官

8.4208 令[illegible]𡛟逭(饋)大則于段

8.4209 王曾(增)令衛

8.4210 王曾(增)令衛

8.4211 王曾(增)令衛

8.4212 王曾(增)令衛

8.4216 令女(汝)羞追于齊

8.4217 令女(汝)羞追于齊

8.4218 令女(汝)羞追于齊

8.4219 用祈匄眉壽、永令(命)

8.4220 用祈匄眉壽、永令(命)

8.4221 用祈匄眉壽、永令(命)

8.4222 用祈匄眉壽、永令(命)

8.4223 用祈匄眉壽、永令(命)

8.4224 用祈匄眉壽、永令(命)

8.4225 曰:敢對揚天子魯休令(命)

8.4226 曰:敢對揚天子魯休令(命)

8.4227 曰:敢對揚天子魯休令(命)

8.4228 曰:敢對揚天子魯休令(命)

8.4229 令史頌省穌(蘇)㶣(姻)友、里君、百生(姓)/日遷(揚)天子覭(景)令(命)

8.4230 令史頌省穌(蘇)㶣(姻)友、里君、百生(姓)/日遷(揚)天子覭(景)令(命)

8.4231 令史頌省穌(蘇)㶣(姻)友、里君、百生(姓)/日遷(揚)天子覭(景)令(命)

8.4232 令史頌省穌(蘇)㶣(姻)友、里君、百生(姓)/日遷(揚)天子覭(景)令(命)

8.4233 令史頌省穌(蘇)㶣(姻)友、里君、百生(姓)/日遷(揚)天子覭(景)令(命)

8.4234 令史頌省穌(蘇)㶣(姻)友、里君、百生(姓)/日遷(揚)天子覭(景)令(命)

8.4235 令史頌省穌(蘇)㶣(姻)友、里君、百生(姓)/日遷(揚)天子覭(景)令(命)

8.4236 令史頌省穌(蘇)㶣(姻)友、里君、百生(姓)/日遷(揚)天子覭(景)令(命)

8.4237 征(誕)令臣諫

□□亞旅處于軝/唯用妥(綏)康令于皇辟侯

8.4238 伯懋父承王令(命)

8.4239 伯懋父承王令(命)

8.4240 即令(命)/卑(俾)册令(命)免/曰:令女(汝)疋(胥)周師嗣歔(廩)

8.4241 王令燮(榮)眔內史曰:善(介)井(邢)侯服/帝無冬(終)令(命)于有周/用典王令(命)

8.4242 勵(擢)于永令(命)

8.4255 令女(汝)乍(作)嗣土(徒)

8.4267 申敢對揚天子休令(命)

8.4273 王令靜嗣射學宮

8.4274 王乎內史尹册令(命)師兌:疋(胥)師龢父

8.4275 王乎內史尹册令(命)師兌:疋(胥)師龢父

8.4278 王令省史南以即虢旅

8.4280 敢對揚天子不(丕)顯魯休令(命)

8.4282 敢對揚天子不(丕)顯魯休令(命)

8.4283 王乎內史吳册令(命)師𤸰/曰:先王既令(命)女(汝)/今余唯𤔲(申)先王令(命)/令(命)女(汝)官嗣邑人、師氏

8.4284 王乎內史吳册令(命)師𤸰/曰:先王既令(命)女(汝)/今余唯𤔲 申)先王令(命)/令(命)女(汝)官嗣邑人、師氏

8.4286 王乎乍(作)册尹册令(命)𤔲/今余曾(增)乃令(命)/敢對揚王休令(命)

8.4288 敬夙夜勿灋(廢)朕令(命)/對揚天子不(丕)顯休令(命)

8.4289 敬夙夜勿灋(廢)朕令(命)

8.4290 敬夙夜勿灋(廢)朕令(命)

8.4291 敬夙夜勿灋(廢)朕令(命)

8.4292 告曰:以君氏令曰/我考我母令/余或至(致)我考我母令

8.4293 亦我考幽伯、幽姜令/有嗣曰:㝵令

8.4294 王乎內史史寿(敖、佚)册令(命)揚

8.4295 王乎內史史寿(敖、佚)册令(命)揚

8.4298 王令善(膳)夫豕曰趞睽曰:余既賜大乃里/睽令豕曰天子:余弗敢歡(吝)

8.4299 王令善(膳)夫豕曰趞睽曰:余既賜大乃里/睽令豕曰天子:余弗敢歡(吝)

8.4300 乍(作)册矢令尊宜于王姜/姜商(賞)令貝十朋、臣十家、鬲百人/令敢揚皇王宮(貯)/令用弃(深)辰于皇王/令敢辰皇王宮(貯)

8.4301 乍(作)册矢令尊宜于王姜/姜商(賞)令貝十朋、臣十家、鬲百人/令敢揚皇王宮(貯)/令用弃(深)辰于皇王/令敢辰皇王宮(貯)

8.4302 叀(惠)圅天令(命)

8.4303 王乎史翏册令(命)此/此敢對揚天子不(丕)顯休令(命)

8.4304 王乎史翏册令(命)此/此敢對揚天子不(丕)顯休令(命)

8.4305 王乎史翏册令(命)此/此敢對揚天子不(丕)顯休令(命)

8.4306 王乎史翏册令(命)〔此〕曰:旅邑人、善(膳)夫/此敢對揚天子不(丕)顯休令(命)

8.4307 王乎史翏册令(命)此/此敢對揚天子不(丕)顯休令(命)

8.4308 王乎史翏册令(命)此/此敢對揚天子不(丕)顯休令(命)

8.4309 王乎史翏册令(命)此/此敢對揚天子不(丕)顯休令(命)

8.4310 王乎史翏册令(命)此/此敢對揚天子不(丕)顯休令(命)

8.4311 余令女(汝)死(尸)我家

8.4312 王乎內史遣册令(命)師類/才先王既令(命)女(汝)乍(作)嗣士/今余唯肇𤔲(申)乃令(命)

8.4313 今余肇令女(汝)

8.4314 今余肇令女(汝)

8.4316 王乎內史吳曰:册令(命)虎/截(載)先王既令(命)乃取(祖)考事/今余唯帥井(型)先王令(命)/令(命)女(汝)更乃取(祖)考/敬夙夜勿灋(廢)朕令(命)

8.4317 𤔲(申)圂(恪)皇帝大魯令(命)/用𡴝(祓)壽、匄永令(命)

8.4318 王乎內史尹册令(命)師兌:余既令女(汝)疋(胥)師龢父/今余唯𤔲(申)𦎫(就)乃令(命)/令(命)女(汝)䜌(纘)嗣走(趣)馬

8.4319 王乎內史尹册令(命)師兌:余既令(命)女(汝)疋(胥)師龢父/今余唯𤔲(申)

𦎫(就)乃令(命)/令(命)女(汝)䝨(纘)嗣走(趣)馬
8.4320 王令(命)虞(虎)侯夨曰:鄱(?)侯于宜
8.4321 不(丕)顯文、武受令(命)/今余令(命)女(汝)啻(嫡)官嗣邑人/對揚天子休令(命)
8.4323 王令敔追𨑨(攔)于上洛、烬(㷉)谷
8.4324 王乎尹氏册令(命)師嫠/既令(命)女(汝)更乃祖考嗣小輔/今余唯䌛(申)𦎫(就)乃令(命)/令(命)女(汝)嗣乃祖舊官小輔眔鼓鐘/敬夙夜勿灋(廢)朕令(命)
8.4325 王乎尹氏册令(命)師嫠/既令女(汝)更乃祖考嗣/今余唯䌛(申)𦎫(就)乃令(命)/令(命)女(汝)嗣乃祖舊官小輔、鼓鐘/敬夙夜勿灋(廢)朕令(命)
8.4326 用䌛(申)圝(恪)大令(命)/王令䝨(纘)嗣公族、卿事(士)、大(太)史寮
8.4327 焚(榮)伯乎令(命)卯曰:䣄(載)乃先祖考死(尸)嗣焚(榮)公室/昔乃祖亦既令乃父死(尸)嗣𦎧人/今余唯令女(汝)死(尸)𦎧宮、𦎧人
8.4328 王令我羞追于西
8.4329 王令我羞追于西
8.4330 令乃鵙(嫿)沈子乍(作)緺于周公宗/以于顯顯受令(命)/用水(賜)霝(靈)令(命)
8.4332 尹氏受(授)王令(命)書/王乎史虢生(甥)册令(命)頌/令(命)女(汝)官嗣成周貯(廛)/受令(命)册佩以出/用追孝、祈匄康𩐋、屯(純)右(祐)、通彔(祿)、永令(命)
8.4333 尹氏受(授)王令(命)書/王乎史虢生(甥)册令(命)頌/令女(汝)官嗣成周貯(廛)/受令(命)册佩以出/用追孝祈匄康𩐋、屯(純)右(祐)、通彔(祿)、永令(命)
8.4334 尹氏受(授)王令(命)書/王乎史虢生(甥)册令(命)頌/令女(汝)官嗣成周貯(廛)/受令(命)册佩以出/用追孝祈匄康𩐋、屯(純)右(祐)、通彔(祿)、永令(命)
8.4335 尹氏受(授)王令(命)書/王乎史虢生(甥)册令(命)頌/令女(汝)官嗣成周貯(廛)/受令(命)册佩以出/用追孝祈匄康𩐋、屯(純)右(祐)、通彔(祿)、永令(命)
8.4336 尹氏受(授)王令(命)書/王乎史虢生(甥)册令(命)頌/令女(汝)官嗣成周貯(廛)/受令(命)册佩以出/用追孝祈匄康𩐋、屯(純)右(祐)、通彔(祿)、永令(命)
8.4337 尹氏受(授)王令(命)書/王乎史虢生(甥)册令(命)頌/令女(汝)官嗣成周貯(廛)/受令(命)册佩以出/用追孝祈匄康𩐋、屯(純)右(祐)、通彔(祿)、永令(命)
8.4338 尹氏受(授)王令(命)書/王乎史虢生(甥)册令(命)頌/令女(汝)官嗣成周貯(廛)/受令(命)册佩以出/用追孝祈匄康𩐋、屯(純)右(祐)、通彔(祿)、永令(命)
8.4339 尹氏受(授)王令(命)書/王乎史虢生(甥)册令(命)頌/令女(汝)官嗣成周貯(廛)/受令(命)册佩以出/用追孝祈匄康𩐋、屯(純)右(祐)、通彔(祿)、永令(命)
8.4340 王乎史寿(敖、佚)册令(命)蔡/昔先王既令女(汝)乍(作)宰/今余唯䌛(申)𦎫(就)乃令(命)/令(命)女(汝)眔曶䝨(纘)疋(胥)對各/出入姜氏令/厥又(有)見又(有)即令/敬夙夕勿灋(廢)朕令(命)
8.4341 王令毛伯更虢城公服/令賜鈴勒/王令毛公以邦冢君、土(徒)馭、䥫(𢧵)人伐東或(國)瘠戎/王令吳(虞)伯曰:以乃師左比毛公/王令吕伯曰:以乃師右比毛父/趞(遣)令曰:以乃族從父征/彝态(昧)天令(命)
8.4342 膺受天令(命)/奠大令(命)/今余唯䌛(申)𦎫(就)乃令(命)/令(命)女(汝)叀(惠)擁(雍)我邦小大猷
8.4343 王乎內史吳册令(命)牧/昔先王既令女(汝)乍(作)嗣士/令女(汝)辟百寮(僚)/敬夙夕勿灋(廢)朕令(命)
9.4448 用𣪘(祓)壽、匄永令(命)
9.4449 用𣪘(祓)壽、匄永令(命)
9.4450 用𣪘(祓)壽、匄永令(命)
9.4451 用𣪘(祓)壽、匄

永令(命)

9.4452 用桒(祓)壽、匃永令(命)

9.4465 王令尹氏友史趛/降克多福、眉壽、永令(命)

9.4466 令小臣成友逆旅□、內史無彘、大(太)史旟

9.4467 膺受大令(命)/昔余既令(命)女(汝)/今余唯醽(申)豪(就)乃令(命)/令(命)女(汝)更乃祖考/敬夙夕勿灋(廢)朕令(命)

9.4468 膺受大令(命)/昔余既令(命)女(汝)/今余唯醽(申)豪(就)乃令(命)/令(命)女(汝)更乃祖考/敬夙夕勿灋(廢)朕令(命)

9.4626 令(命)免乍(作)嗣土(徒)

9.4692 用匃永令(命)

10.4995 令父癸

10.5087 令□父辛

10.5396 降令曰：歸祼于我多高

10.5403 令豐𡨦(殷)大矩

10.5405 公姞令次嗣田人

10.5407 王姜令乍(作)册睘安尸伯

10.5409 王令士道歸(饋)貉子鹿三

10.5412 王令𠨘(邲)其兄(貺)鬣于夆田濁

10.5415 王令保及殷東或(國)五侯

10.5417 子令小子畬先以人于堇/唯子曰令望人(夷)方䍐

10.5418 令史懋賜免：載(緇)市、冋(䌹)黃(衡)

10.5419 王令𢦏曰：戲淮尸(夷)敢伐內國

10.5420 王令𢦏曰：戲淮尸(夷)敢伐內國

10.5421 王令士上眔史寅𡨦(殷)于成周

10.5422 王令士上眔史寅𡨦(殷)于成周

10.5424 王窺(親)令伯矯曰：毋卑(俾)農弋(特)

11.5896 令咾(咤)乍(作)父乙寶尊彝

11.5989 君令余乍(作)册睘安尸伯

11.5994 公姞令次嗣田人

11.5996 令豐𡨦(殷)大矩

11.5999 王令士上眔史寅𡨦(殷)于成周

11.6001 王令生辨事于公宗

11.6002 令乍(作)册折兄(貺)聖土于相侯

11.6003 王令保及殷東或(國)五侯

11.6005 公令鼄(蠅)從□友□炎身

11.6006 令史懋賜免：載(緇)市、冋(䌹)黃(衡)

11.6013 王册令(命)尹/王令(命)盠曰：䡌(纘)嗣六師眔八師埶(藝)

11.6014 叡(徹)令(命)

11.6015 王令辟井(邢)侯出坏(坯)/遲明令/享旋走令

11.6016 王令周公子明保/令夨告于周公宮/公令徃(延)同卿事寮/徃(誕)令舍(捨)三事令/既咸令/賜令鬯、金、小牛/廼令曰：今我唯令女(汝)二人亢眔夨/乍(作)册令敢揚明公尹厥宦(貯)

12.6516 王乎內史册令(命)趩：更厥祖考服

13.7360 令

14.8378 令父乙

14.9104 王令盂寧登(鄧)伯

15.9299 王令般兄(貺)米于鈏(搤)

15.9303 令乍(作)册折兄(貺)聖土于相侯

15.9449 虒令周叹、視事乍(作)盉

15.9454 王令士上眔史寅𡨦(殷)于成周

15.9456 伯邑父、焚(榮)伯、定伯、琼伯、單伯廼令參有嗣：嗣土(徒)微邑、嗣馬單旟、嗣工(空)邑人服眔受(授)田

15.9714 窺(親)令史懋路(露)筮

15.9716 永令(命)無疆

15.9717 永令(命)無疆

15.9728 王乎尹氏册令(命)曶/敢對揚天子不(丕)顯魯休令(命)/永令(命)多福

15.9731 尹氏受(授)王令(命)書/王乎史虢生(甥)册令(命)頌/令女(汝)官嗣成周貯(廛)廿家/受令(命)册佩以出/用追孝祈匃康彘、屯(純)右(祐)、通彔(祿)、永令(命)

15.9732 尹氏受(授)王令(命)書/王乎史虢生(甥)册令(命)頌/令女(汝)官嗣成周貯(廛)廿家/受令(命)册佩以出/用追孝祈匃康彘、屯(純)右(祐)、通彔(祿)、永令(命)

16.9893 用鬲井(邢)侯出入遅(揚)令(命)

16.9895 令乍(作)册折兄(貺)聖土于相侯

16.9898 王乎史戊册令(命)吳：嗣旃眔叔金

16.9899 王册令(命)尹/王令(命)盠曰：䡌(纘)嗣六師眔八師埶(藝)

16.9900 王册令(命)尹/王令(命)盠曰：䡌

(纘)𤔲六師眔八師埶(藝)
16.9901 王令(命)周公子明保 / 令夨告于周公宮 / 公令𢓊同卿事寮 / 𢓊令舍(捨)三事令 / 舍(捨)四方令 / 既咸令 / 賜令鬯、金、小牛 / 廼令曰：今我唯令女(汝)二人亢眔夨 / 乍(作)册令敢揚明公尹厥宦(貯)
16.10065 令乍(作)父丁
16.10161 令乍(作)册內史賜免鹵百𨻰
15.10169 令(命)女(汝)敗(挭、更)乃祖考事 / 吕服余敢對揚天〔子〕不(丕)顯休令(命)
16.10170 敢對揚天子不(丕)顯休令(命)
16.10172 史𦝛受(授)王令(命)書 / 敢對揚天子不(丕)顯叚(遐)休令(命)
16.10174 王令甲政𤔲(𤔲)成周四方責(積) / 敢不用令(命)
16.10175 受(授)天子綰(寬)令(命)、厚福、豐年 / 武王則令周公舍(捨)圓(宇)于周 / 對揚天子不(丕)顯休令(命)

0468 卲、⿰王卲

1.88 用卲大宗
1.89 用卲大宗
1.103 用卲乃穆穆不(丕)顯龍(寵)光
1.187-8 用卲各、喜侃前文人
1.189-90 用卲各、喜侃前文人
1.192 用卲
1.246 用卲各、喜侃樂前文人
1.247 用追孝、𩁹(敦)祀、卲各樂大神
1.248 用追孝、𩁹(敦)祀、卲各樂大神
1.249 用追孝、𩁹(敦)祀、卲各樂大神
1.250 用追孝、𩁹(敦)祀、卲各樂大神
1.260 𠬝孳(子)廼遣閒來逆卲王 / 用卲各不(丕)顯祖考先王
1.262-3 剌剌(烈烈)卲文公、靜公、憲公 / 卲合(答)皇天
1.264-6 剌剌(烈烈)卲文公、靜公、憲公 / 卲合(答)皇天
1.267 剌剌(烈烈)卲文公、靜公、憲公 / 卲合(答)皇天
1.268 剌剌(烈烈)卲文公、靜公、憲公 / 卲合(答)皇天
1.269 剌剌(烈烈)卲文公、靜公、憲公 / 卲合(答)皇天
1.270 以卲零(各)孝享
4.1980 卲之飤貞(鼎)
4.2288 卲(昭)王之諻(媓)之饋(餡)貞(鼎)
5.2637 用卲享于皇祖考
5.2776 啻(禘)卲(昭)王
5.2791 用夙夜明(盟)享于卲伯日庚
5.2815 王在周康卲宮
5.2827 王在周康卲宮
5.2828 王在周康卲宮
5.2829 王在周康卲宮
5.2832 于卲大室東逆(朔)
5.2840 虘(吾)先祖桓王、卲(昭)考成王
5.2841 用卬(仰)卲(昭)皇天
6.3382 卲乍(作)寶彝
6.3634 卲(昭)王之諻(媓)之廌(薦)㲃(𣪘)
6.3635 卲(昭)王之諻(媓)之廌(薦)㲃(𣪘)
8.4241 卲(昭)朕福盟
8.4296 王在周卲宮
8.4297 王在周卲宮
8.4315 以卲(昭)皇祖
8.4330 敢取(擥)卲(昭)告朕吾考
8.4332 王在周康卲宮
8.4333 王在周康卲宮
8.4334 王在周康卲宮
8.4335 王在周康卲宮
8.4336 王在周康卲宮
8.4337 王在周康卲宮
8.4338 王在周康卲宮
8.4339 王在周康卲宮
8.4341 唯乍(作)卲(昭)考爽
9.4660 卲之御𨩍
9.4661 卲之御𨩍
9.4692 用卲洛(各)朕文祖考
15.9731 王在周康卲(昭)宮
15.9732 王在周康卲(昭)宮
15.9735 卲犮(跋)皇工(功)/ 祗祗翼卲告後嗣
16.10166 啻(禘)于卲(昭)王
16.10175 弦(宏)魯卲(昭)王
16.10357 卲宮和官
16.10543 卲乍(作)寶彝
17.11060 卲之𢿢(造)戈
17.11381 台(以)卲(昭)𣄨(揚)文武之戊(茂)用(庸)
18.11618 唯弜公之居旨卲亥(？)𠷎丌□僉(劍)
18.11656 唯弜公之居旨卲亥(？)𠷎丌(其)□僉(劍)
18.11692 戉(越)王唯弜公之居旨卲亥(？)𠷎丌□僉
18.12110 大司馬卲(昭)鄒(陽)敗晉師於襄陵之歲
18.12111 大司馬卲(昭)鄒(陽)敗晉師於襄陵之歲
18.12112 大司馬卲(昭)鄒(陽)敗晉師於

襄陵之歲

18.12113 大司馬卲(昭)鄒(陽)敗晉師於襄陵之歲

0469 寿(敖)

8.4268 乎內史寿(敖、佚)册命王臣：賜女(汝)朱黄(衡)𡣟(賁)親(襯)、玄衣黹屯(純)、䜌(鑾)旂五日、戈畫㦸、厚(墉)必(柲)、彤沙(蘇)

8.4285 王乎內史寿(敖、佚)册命諫

8.4294 王乎內史史寿(敖、佚)册令(命)揚

8.4295 王乎內史史寿(敖、佚)册令(命)揚

8.4340 王乎史寿(敖、佚)册令(命)蔡

9.4462 王乎史寿(敖)册賜般(鞶)靳、虢(鞹)攸(苃)、攸(鋚)勒

9.4463 王乎史寿(敖)册賜般(鞶)靳、虢(鞹)攸(苃)、攸(鋚)勒

11.5875 寿(敖)

17.10848 寿(敖)獸

0470 卬(併)

15.9240 戈卬(刑、併)乍(作)父丁彝

15.9404 戈卬(併)乍(作)父丁彝

16.10175 𢊁(寨)卬(刑、併)上下

0471 坤(坸)

4.2272 坤(坸)小子句乍(作)寶鼎

6.3464 坤(坸)父乍(作)車登

6.3731 坤乍(作)寶段

10.5048 坤(坸)刀祖己

0472 印(侹)

16.10285 女(汝)上印(侹)先誓

0473 邺(邲)

2.426 余邺(畢)龏威(畏)其(忌)

2.427 余邺(畢)龏威(畏)其(忌)

3.907 倠卯邺乍(作)母戊彝

5.2826 宣邺我猷

8.4269 賜女(汝)婦爵、邺之先周(琱)玉、黄𤔲

10.5412 王令邺(邲)其兄(貺)䰞于夆田渪

10.5413 邺(邲)其賜貝

10.5414 邺(邲)其賜乍(作)册孯徵一、㺭一

0474 耓(俅)

14.8543 耓父己

0475 𢀖、卷

3.1017 卷

3.1018 卷

6.2931 卷

6.3064 卷丁

10.4776 卷

10.4918 卷父乙

12.6605 卷

12.7221 卷父甲丁

13.7362 卷

13.7363 卷

14.8311 卷祖乙

14.8802 卷㑆(亻丁)

17.10644 卷

17.10645 卷

0476 卻(郤)

8.4197 康公右(佑)卻(郤)㕚(盌)

18.11673 南行昜(唐)倫(令)瞿(瞿)卯、右庫工師司馬卻、冶得敎(撻)齋(劑)

18.11674 南行昜(唐)倫(令)瞿(瞿)卯、右庫工師司馬卻、冶得敎(撻)齋(劑)

18.11705 南行昜(唐)倫(令)瞿(瞿)卯、右庫工師司馬卻、冶君(尹)秮得敎(撻)齋(劑)(?)

18.11717 相邦建信君、邦右庫工師司馬卻、冶得秮敎(撻)齋(劑)

0477 𩰫(負)

16.9950 戈𩰫(負)

0478 郅(倢)

3.741 郅(倢)𡣟(祓)□在寢 / 王光商(賞)郅(倢)貝

6.3488 伯郅(倢)乍(作)旅段

7.3990 郅(倢)尋㑒 / 王光商(賞)郅(倢)貝

8.4322 㦰率有𤔲、師氏奔追郅(攔)戎于𣪕(域)林

8.4323 王令敔追郅(攔)于上洛、炂(炂)谷

0479 鄜

10.5240 鄜季乍(作)寶尊彝

11.5860 鄜季乍(作)寶尊彝

0480 𨚕

15.9815 𨚕(章坤)

0481 𢀳

13.8055 𢀳辛

0482 𠮛(吼)

13.8073 子𠮛(吼)

0483 𦀚(紑)

13.8185 𦀚□

0484 𢆶

14.8446 𢆶父丁

0485 𩰬

14.8810 矢祖𩰬

14.8811 矢祖𩰬

14.8812 矢祖𩰬

0486 𡚬(夋)

14.8918 𡚬(夋)矢父戊

14.8919 𡚬(夋)矢父戊

14.8920 𡚬(夋)矢父戊

0487　□

2.391 □□(矛)

0488　□

13.7352 □

0489　□

10.4775 □

0490　□

10.4832 □己

0491　□、仉

4.1528 □(仉)父乙
4.1529 □(仉)父乙

0492　□

4.2113 □祖辛、祖癸享

0493　□

17.10844 亞□

0494　□

3.501 □糸父丁

0495　□

12.6792 □

0496　□(掌)

14.9103 □(掌)

0497　□(卯、嚮)

12.6371 亞祖辛□(卯)
12.7077 □(卯、嚮)祖丁

0498　□(弅)

13.7407 □(弅)

0499　□、叩

4.1612 □(叩)父己
14.8452 □(叩)父丁
14.8765 子□□(叩)

0500　卿(佮)

5.2803 有嗣眔師氏、小子卿(佮)射
5.2810 馭方卿(佮)王射
8.4273 卿(佮)𣪕(豳)茲師邦君射于大池
10.5401 其以父癸夙夕卿(佮)爾百聞(婚)遘(媾)
15.9453 卿(佮)即邦君、者(諸)侯、正、有嗣大射
16.9892 頙肇卿(佮)宁(貯)百生(姓)

0501　卿

1.102 及我正卿
1.272-8 余命女(汝)織(職)差正卿
1.285 余命女(汝)織(職)差正卿
4.2167 伯卿乍(作)寶尊彝
5.2595 臣卿賜金
5.2841 㲋(抄)茲卿事寮、大(太)史寮于父即尹
7.3904 卿事賜小子𨟭貝二百
7.3948 臣卿賜金
8.4326 王令䎽(纘)嗣公族、卿事(士)、大(太)史寮
10.5258 卿乍(作)厥考尊彝
10.5259 卿乍(作)厥考尊彝
11.5889 卿乍(作)厥考寶尊彝
11.5985 王賜𠭯士卿貝朋
11.6016 受卿事寮 / 公令徃(延)同卿事寮 / 眔卿事寮、眔者(諸)尹
12.7292 卿乍(作)父乙寶尊彝
13.7408 卿
14.8880 卿乍(作)父乙
15.9402 卿乍(作)父乙尊彝
16.9901 受(授)卿事寮 / 公令徃同卿事寮 / 眔卿事寮、眔者(諸)尹
16.10342 以　㿝　(答)〔揚〕皇卿
16.10372 齊遣卿大夫眔來聘
17.11128 陳卿聖孟造戟(戈)

0502　鄉(饗)

3.631 其萬年用鄉(饗)各
3.746 用敢鄉(饗)考(孝)于皇祖丂(考)
3.747 用敢鄉(饗)考(孝)于皇祖丂(考)
3.748 用敢鄉(饗)考(孝)于皇祖丂(考)
3.749 用敢鄉(饗)考(孝)于皇祖丂(考)
3.750 用敢鄉(饗)考(孝)于皇祖丂(考)
3.751 用敢鄉(饗)考(孝)于皇祖丂(考)
3.752 用敢鄉(饗)考(孝)于皇祖丂(考)
3.1362 鄉宁
3.1363 鄉宁
3.1364 鄉宁
4.1699 鄉乙宁
4.1700 鄉宁癸
4.1701 鄉癸宁
4.1824 鄉宁父乙
4.2362 鄉宁
4.2487 用鄉(饗)王逆造事(使)人
5.2655 朝夕鄉(饗)厥多倗友
5.2674 天君鄉(饗)褸酉(酒)
5.2706 用鄉(饗)多㝉(寮)友
5.2709 王鄉(饗)酉(酒)
5.2733 乃用鄉(饗)王出入事(使)人
5.2757 民具(俱)卑(俾)鄉(饗)
5.2783 北鄉(嚮)/ 用鄉(饗)倗客(友)
5.2784 用鄉(饗)倗客(友)
5.2804 北鄉(嚮)
5.2805 北鄉(嚮)
5.2806 鄉(饗)[醴]
5.2807 王鄉(饗)醴
5.2808 王鄉(饗)醴

5.2815 北鄉(嚮)
5.2819 北鄉(嚮)
5.2825 北鄉(嚮)
5.2832 衛小子逆其鄉(饗)、餇(媵)
5.2836 北鄉(嚮)
5.2839 東鄉(嚮)/北鄉(嚮)
6.3111 鄉宁
6.3337 鄉父癸宁
6.3695 用鄉(饗)賓
6.3731 用鄉(饗)王逆造事
7.3745 其萬年用鄉(饗)賓
7.3747 用鄉(饗)王逆造
7.3748 用鄉(饗)王逆造
7.3943 用鄉(饗、享)孝
7.4020 我天君鄉(饗)餂(恬)酉(酒)
8.4154 用敢鄉(饗、享)考(孝)于皇祖丂(考)
8.4155 用敢鄉(饗、享)考(孝)于皇祖丂(考)
8.4160 用鄉(饗)倗友
8.4161 用鄉(饗)倗友
8.4191 鄉(饗)醴于大室
8.4201 其萬年用鄉(饗)王出入
8.4207 王鄉(饗)酉(酒)
8.4243 北鄉(嚮)
8.4255 北鄉(嚮)
8.4256 北鄉(嚮)
8.4261 王鄉(饗)
8.4268 北鄉(嚮)
8.4270 北鄉(嚮)
8.4271 北鄉(嚮)
8.4272 北鄉(嚮)
8.4287 北鄉(嚮)
8.4300 用鄉(饗)王逆造
8.4301 用鄉(饗)王逆造
8.4312 北鄉(嚮)
8.4316 北鄉(嚮)
8.4320 南鄉(嚮)
8.4330 用䣄鄉(饗)己公
8.4342 鄉(嚮)女(汝)彶屯(純)恤周邦
9.4627 用鄉(饗)大正
9.4628 我用召(紹)鄉(卿)事(士)、辟王
10.5395 王鄉(饗)酉(酒)
10.5428 女(汝)娸(其)用鄉(饗)乃辟軝侯
10.5429 女(汝)娸(其)用鄉(饗)乃辟軝侯
10.5433 內(納)鄉(饗)于王
11.5577 鄉宁
11.6001 用鄉(饗)出內(入)事(使)人
11.6009 內(納)鄉(饗)于王
11.6013 北鄉(嚮)
12.6382 鄉宁父乙
12.7003 鄉宁
12.7004 鄉宁
12.7162 己鄉宁
12.7163 辛鄉宁
13.8175 鄉宁
13.8176 鄉宁
13.8177 鄉宁
14.8797 辛鄉寧
14.8963 父癸鄉宁
15.9195 鄉宁
15.9431 其萬年用鄉(饗)賓
15.9455 穆王鄉(饗)豊(醴)
15.9456 㪤(豳)趞、衛小子䧅逆者(諸)其鄉(饗)
15.9481 鄉宁
15.9482 鄉宁
15.9681 用乍(作)鄉(饗)壺
15.9708 用祀用鄉(饗)
15.9712 用鄉(饗)賓客
15.9726 鄉(饗)醴/鄉(饗)逆酉(酒)
15.9727 鄉(饗)醴/鄉(饗)逆酉(酒)
15.9734 鄉(饗)祀先王
15.9735 以鄉(饗、享)上帝
16.9856 鄉宁
16.9857 鄉宁
16.9858 鄉宁
16.9897 鄉(饗)醴
16.9898 北鄉(嚮)
16.9899 北鄉(嚮)
16.9900 北鄉(嚮)
16.10096 其永寶用鄉(饗)
16.10170 北鄉(嚮)
16.10172 北鄉(嚮)
16.10173 爰鄉(饗)
16.10502 鄉宁
16.10503 鄉宁
18.11732 鄉

0503 □

14.8542 □父己

0504 □

15.9121 □

0505 □(史)

12.6976 □(史)亞

0506 □(倸)

12.6787 □(倸)

0507 見

1.107-8 膺(應)侯見工遺(饋)王于周/燮(榮)伯內(入)右(佑)膺(應)侯見工/見工敢對揚天子休
1.251-6 微史剌(烈)祖來見武王
1.260 南尸(夷)、東尸(夷)具(俱)見廿又六邦
2.400 木見卤册
2.401 木見卤册
2.402 木見卤册
3.818 見乍(作)甗
3.819 見父己
3.994 見
4.1762 木見卤册
5.2612 揚見事于彭
5.2613 揚見事于彭
5.2628 匽(燕)侯旨初見事于宗周
5.2831 眉敫(敖)者膚卓事見于王
6.3390 見乍(作)寶尊
6.3685 見乍(作)父己

寶尊彝
7.3750 㲋(瘄)見(獻)駒
7.4104 公叔初見于衛
7.4105 公叔初見于衛
7.4106 公叔初見于衛
8.4330 乃沈子妹(昧)克蔑見猒(厭)于公休
8.4331 眉敖至見
8.4340 厥又(有)見又(有)即令
9.4464 逹(帥)高父見南淮尸(夷)/逆見我
10.5196 見乍(作)寶尊彝
10.5305 史見乍(作)父甲尊彝
10.5428 兹小彝妹吹見
10.5429 兹小彝妹吹見
10.5432 唯公大(太)史見服于宗周年/公大(太)史咸見服于辟王
11.5694 木見卤册
11.5812 見乍(作)寶尊彝
11.5868 史見乍(作)父甲尊彝
11.6000 見(獻)在大室
11.6015 侯見于宗周
12.6922 見爻
12.7279 史見乍(作)父甲彝
13.7357 見
13.7358 見
15.9583 見厶(私)官
15.9735 則臣不忍見旃
15.9792 木見卤册
16.10175 方緣(蠻)亡不𢦚(踝)見/微史剌(烈)祖廼來見武王
17.10952 木見卤册
18.12110 見其金節則毋政(徵)/不見其金節則政(徵)
18.12111 見其金節則毋政(徵)/不見其金節則政(徵)
18.12112 見其金節則毋政(徵)/不見其金節則政(徵)
18.12113 見其金節則毋政(徵)/不見其金節則政(徵)

0508　睍、視

11.6014 睍(視)于公氏
15.9449 虒令周収、睍事乍(作)盉

0509　粯(眯)

5.2840 猶粯(迷)惑於子之而亡(亡)其邦

0510　絸

8.4283 嗣馬井伯絸右(佑)師瘨
8.4284 嗣馬井伯絸右(佑)師瘨

0511　䙹、顅、䫆、覵(景)

1.109-10 井人人妄曰:䙹(景)盄(淑)文祖、皇考
1.111 井人人妄曰:䙹(景)盄(淑)文祖、皇考
1.246 無疆䙹(景)福
1.251-6 無疆䙹(景)福
5.2787 日遅(揚)天子䙹(景)令(命)
5.2788 日遅(揚)天子䙹(景)令(命)
5.2826 勿灋(廢)文侯䙹(景)令(命)
5.2836 䙹(景)孝于神
8.4170 瘐曰:䙹(景)皇祖考嗣威義(儀)
8.4171 瘐曰:䙹(景)皇祖考嗣威義(儀)
8.4172 瘐曰:䙹(景)皇祖考嗣威義(儀)
8.4173 瘐曰:䙹(景)皇祖考嗣威義(儀)
8.4174 瘐曰:䙹(景)皇祖考嗣威義(儀)
8.4175 瘐曰:䙹(景)皇祖考嗣威義(儀)
8.4176 瘐曰:䙹(景)皇祖考嗣威義(儀)
8.4177 瘐曰:䙹(景)皇祖考嗣威義(儀)
8.4219 追敢對天子䙹(景)揚
8.4220 追敢對天子䙹(景)揚
8.4221 追敢對天子䙹(景)揚
8.4222 追敢對天子䙹(景)揚
8.4223 追敢對天子䙹(景)揚
8.4224 追敢對天子䙹(景)揚
8.4229 日遅(揚)天子䙹(景)令(命)
8.4230 日遅(揚)天子䙹(景)令(命)
8.4231 日遅(揚)天子䙹(景)令(命)
8.4232 日遅(揚)天子䙹(景)令(命)
8.4233 日遅(揚)天子䙹(景)令(命)
8.4234 日遅(揚)天子䙹(景)令(命)
8.4235 日遅(揚)天子䙹(景)令(命)
8.4236 日遅(揚)天子䙹(景)令(命)
11.6015 䙹(景)孝于井(邢)侯
16.10173 孔䙹(景)又(有)光
16.10175 祇䙹(景)穆王

0512　親

1.204-5 王親令克
1.206-7 王親令克
1.208 王親令克
1.209 王親令克
5.2840 含(今)虞(吾)老賙(賈)親率參軍之眾
8.4268 乎内史寿(敖、佚)册命王臣:賜女(汝)朱黄(衡)桒(賁)親(襯)、玄衣黹屯(純)、緣(鑾)旂五日、戈畫㦸、厤(墉)必(柲)、彤沙(蘇)
11.6011 王親旨(詣)盠
16.10342 咭(固)親百黹

0513 覩

5.2840 覩(叡)弇夫䝯

0514 覸

10.5311 覸(覸)乍(作)父戊寶尊彝

0515 觀

4.2485 刺觀(肇)乍(作)寶尊

0516 覩(睦)

16.10285 専(溥)㳣(洛)啚覩(睦)儥

0517 觀

4.2076 觀肇乍(作)寶鼎

15.9735 明友(跋)之于壺而時觀焉

0518 𪏁(敗、掜)

12.7061 □(䀢)𪏁(敗)

0519 䀢

6.3469 䀢乍(作)寶尊彝

0520 𪉈(䁭)

18.12113 就𪉈(䁭)

0521 允

1.171 允立(位)

1.262-3 趚趚(藹藹)允義

1.264-6 趚趚(藹藹)允義

1.267 趚趚(藹藹)允義

1.268 趚趚(藹藹)允義

1.269 趚趚(藹藹)允義

4.1899 允册父癸

4.2366 允册

5.2834 命禹允(仦)〔朕〕祖考

5.2835 用嚴(玁)允(狁)放媺

6.3110 允册

6.3304 允册父乙

6.3323 允册父戊

6.3688 允册

8.4328 馭方、厰(玁)允(狁)廣伐西俞/女(汝)以我車宕伐厰(玁)允(狁)于高陶

8.4329 馭方、厰(玁)允(狁)廣伐西俞/女(汝)以我車宕伐厰(玁)允(狁)于高陶

8.4341 允才(哉)顯

8.4342 賜女(汝)秬鬯一卣、圭瓚、尸(夷)允(訊)三百人

10.5186 允册乍(作)尊彝

10.5330 允册

10.5331 允册

11.5921 允册

12.7176 允册丁

12.7304 允册

15.9592 允册

15.9593 允册

15.9735 允𢦏(哉)若言

16.10407 允

16.10583 䣄賓允□

17.11253 郳(柏)子誰臣之元允(用)戈

18.11666 逗余允至

0522 堯(无)

4.2083 連迁之御堯

8.4139 堯(无)事姜氏/用永皇堯(无)身/堯(无)其日受宝(貯)

15.9436 堯(无)敢乍(作)姜盉/用萬年用楚(胥)保眔叔堯(无)

15.9518 堯(无)乍(作)壺

16.10106 堯(无)敢乍(作)姜般(盤)/用萬年用楚(胥)保眔叔堯

16.10390 郐(徐)王之堯(无)元柴(背)之少(小)熨(爐)膚(盧、爐)

0523 兑

7.3955 兑乍(作)朕皇考叔氏尊㲃/兑其萬年

8.4168 㶣(蔣)兑乍(作)朕文祖乙公、皇考季氏尊㲃/兑其萬年

8.4274 同仲右(佑)師兑/王乎內史尹册令(命)師兑：疋(胥)師龢父/兑拜䭫首/師兑其萬年

8.4275 同仲右(佑)師兑/王乎內史尹册令(命)師兑：疋(胥)師龢父/兑拜䭫首/師兑其萬年

8.4318 醽伯右(佑)師兑/王乎內史尹册令(命)師兑：余既令女(汝)疋(胥)師龢父/師兑拜䭫首/師兑其萬年

8.4319 醽伯右(佑)師兑/王乎內史尹册令(命)師兑：余既令(命)女(汝)疋(胥)師龢父/師兑拜䭫首/師兑其萬年

0524 兒

1.183 曾孫僕兒、余迖斯于之子(孫)、余兹佫之元子/余䞏逨兒

1.184 余䞏逨兒

1.185 曾孫僕兒、余迖斯于之孫

1.203 郐(徐)王庚之思(淑)子沇兒

2.426 吳王□□□□犬子配兒

2.427 吳王□□□□犬子配兒

3.949 史兒至

3.1037 兒

3.1038 兒

3.1039 兒

4.1991 昜兒

5.2715 郐(徐)王之子庚兒

5.2716 郐(徐)王之子庚兒

5.2722 蘇公之孫寬兒

6.2938 兒

6.2939 兒

6.2940 兒

8.4245 曾(曾)孫三兒曰：余呂以□之孫

9.4466 其邑彶眔句、商、兒
10.5351 女(汝)子小臣兒乍(作)己尊彝
12.6479 者(諸)兒乍(作)寶尊彝

0525 皃(貌)

15.9111 皃

0526 兄、倪、佳

1.51 用樂嘉賓、父兄、大夫、倗友
1.118-9 用樂天(父)兄、〔諸〕之(士)
1.183 樂我父兄
1.184 樂我父兄
1.186 樂我父兄
1.271 保虞(吾)兄弟
4.2019 㠱兄戊父癸
4.2335 季乍(作)兄己尊彝
5.2671 祉(延、誕)令曰：有女(汝)多兄(貺)
5.2672 祉(延、誕)令曰：有女(汝)多兄(貺)
5.2704 師櫨酤(舔)兄(貺)
5.2737 宣喪(尚)用雍(饔)其者(諸)父、者(諸)兄
5.2785 王令大(太)史兄(貺)褔土 / 令兄(貺)畀女(汝)褔土
6.3665 厚乍(作)兄日辛寶彝
8.4198 蔡姞乍(作)皇兄尹叔尊𩰫彝
8.4300 公尹伯丁父兄(貺)于戍
8.4301 公尹伯丁父兄(貺)于戍
9.4628 用召(紹)者(諸)考(老)者(諸)兄
9.4694 以會父佳(兄)
9.4695 以會父倪(兄)
10.5002 倗兄丁
10.5003 倗兄丁
10.5296 尹舟乍(作)兄癸尊彝
10.5336 述乍(作)兄日乙寶尊彝
10.5337 屯乍(作)兄辛寶尊彝
10.5338 剌乍(作)兄丁、辛尊彝
10.5339 痾乍(作)兄日壬寶尊彝
10.5397 用乍(作)兄癸彝
10.5412 王令𡨄(毖)其兄(貺)𧸔于夆田渇
10.5415 祉(誕)兄(貺)六品
11.5683 倗兄丁
11.5932 屯乍(作)兄辛寶尊彝
11.5933 痾乍(作)兄日壬寶尊彝
11.5934 述乍(作)兄日乙寶尊彝
11.6002 令乍(作)册折兄(貺)聖土于相侯
11.6003 祉(誕)兄(貺)六品
11.6353 齒兄丁
11.6354 兄丁奞
11.6355 亼兄辛
12.6429 痾兄日壬
12.6485 子达乍(作)兄日辛彝
12.6514 南宮兄(貺)
12.7271 亞登兄日庚
14.8742 廚兄癸
14.8981 亞魚兄丁
15.9299 王令般兄(貺)米于鉶(搕)
15.9303 令乍(作)册折兄(貺)聖土于相侯
15.9507 㠱兄辛
15.9713 用享孝于兄弟、聞(婚)顜(媾)、者(諸)老
16.9895 令乍(作)册折兄(貺)聖土于相侯
16.10297 以會父佳(兄)
17.11392 大兄日乙、兄日戊、兄日壬、兄日癸、兄日癸、兄日丙

0527 蜺

1.73-4 至于父蜺(兄)
1.76-7 至于父蜺(兄)
1.78-9 至于父蜺(兄)
1.80-1 至于父蜺(兄)
1.113 用爍(樂)父蜺(兄)、者(諸)士
1.114 用樂父蜺(兄)、者(諸)士
1.115 用樂父蜺(兄)、者(諸)士
1.116 用樂父蜺(兄)、者(諸)士
1.117 用樂父蜺(兄)、者(諸)士
1.182 兼以父蜺(兄)、庶士
1.203 及我父蜺(兄)、庶士
1.261 用爍(樂)嘉賓、父蜺(兄)
2.424 及我父蜺(兄)
5.2774 帥隹懋蜺(貺)
6.3644 史楳蜺(貺)
9.4615 用速(速)先後者(諸)蜺(兄)
10.5427 夒(叨)蜺(貺)鑄彝
10.5428 余蜺(貺)爲女(汝)兹小鬱彝
10.5429 余蜺(貺)爲女(汝)兹小鬱彝
16.10285 乃以告事(吏)蜺、事(吏)曶于會

0528 䟽

6.3700 䟽乍(作)尊毁
6.3701 䟽乍(作)尊毁

0529 競(兢)

9.4466 其邑競、楙(槌)、甲三邑

0530 𨂴

6.3654 𨂴乍(作)父壬寶尊彝

0531 老

1.271 用祈壽老毋死
1.272-8 霝(靈)命難老
1.285 霝(靈)命難老
5.2582 其子子孫孫用

享孝于宗老
5.2583 [其子子]孫孫用享孝于宗老
5.2655 先(?)獸乍(作)朕老(考)寶尊鼎
5.2840 唯虘(吾)老賙(賈)/含(今)虘(吾)老賙(賈)親率參軍之眾/虘(吾)老賙(賈)奔走不聽命
8.4292 余老止公
15.9444 季老或乍(作)文考大伯寶尊彝
15.9713 用享孝于兄弟、閳(婚)顜(媾)、者(諸)老/霝(靈)冬(終)難老
15.9725 克用匄眉老無疆
15.9735 使其老箭(策)賞仲父
16.10151 霝(靈)命難老
16.10163 壽老無期
16.10282 壽老無期

0532 孝、耇

1.59 用追孝于厥皇祖哀公、皇考晨公
1.65 其用追孝于皇考己(紀)伯
1.66 用追孝于皇考己(紀)伯
1.67 其用追孝于皇考己(紀)伯
1.68 其用追孝于皇考己(紀)伯
1.69 其用追孝于皇考己(紀)伯
1.70 其用追孝于皇考己(紀)伯
1.71 其用追孝于皇考己(紀)伯
1.88 用追孝于己伯
1.89 用追孝于己伯
1.90-1 用追孝于己伯
1.142 用享台(以)孝于鈶(台)皇祖文考
1.225 我以享孝
1.226 我以享孝
1.227 我以享孝
1.228 我以享孝
1.229 我以享孝
1.230 我以享孝
1.231 我以享孝
1.232 我以享孝
1.233 我以享孝
1.234 我以享孝
1.235 我以享孝
1.236 我以享孝
1.237 我以享孝
1.246 追孝于高祖辛公、文祖乙公、皇考丁公
1.247 用追孝、敦(敦)祀、卲各樂大神
1.248 用追孝、敦(敦)祀、卲各樂大神
1.249 用追孝、敦(敦)祀、卲各樂大神
1.250 用追孝、敦(敦)祀、卲各樂大神
1.261 用享台(以)孝
1.270 以卲零(各)孝享
3.1349 向孝子
4.1947 滑孝子
4.2396 肴孝子貞(鼎)
4.2529 子子孫永用享孝
5.2552 師麻孝叔乍(作)旅貞(鼎)
5.2574 鄲(單)孝子台(以)庚寅之日
5.2582 其子子孫孫用享孝于宗老
5.2583 [其子子]孫孫用享孝于宗老
5.2663 用享孝于文祖
5.2664 用享孝于文祖
5.2665 用享孝于文祖
5.2666 用享孝于文祖
5.2676 又孝价孝
5.2677 又孝价孝
5.2679 用享孝于朕文祖
5.2681 用孝用享
5.2762 用追公孝
5.2771 用追孝于厥皇祖晨公
5.2772 用追孝于厥皇祖晨公
5.2789 其用夙夜享孝于厥文祖乙公
5.2790 繇用享孝于朕皇考
5.2811 用享以孝于我皇祖文考
5.2821 用享孝于文神
5.2822 用享孝于文神
5.2823 用享孝于文神
5.2824 尊享孝妥(綏)福
5.2827 用追孝祈匄康𩁹、屯(純)右(祐)、通彔(禄)、永令(命)
5.2828 用追孝祈匄康𩁹、屯(純)右(祐)、通彔(禄)、永令(命)
5.2829 用追孝祈匄康𩁹、屯(純)右(祐)、通彔(禄)、永令(命)
5.2836 顥(景)孝于神
5.2838 曶用兹金乍(作)朕文孝(考)宄伯䵼牛鼎
7.3936 用享孝
7.3937 用享孝
7.3938 用享孝
7.3943 用鄉(饗、享)孝
7.3991 用篃(世)享孝
7.3992 用篃(世)享孝
7.4018 用享用孝
7.4038 其用追孝于朕啇(嫡)考
7.4040 用追孝于其父母
7.4056 其夙夜用享孝于皇君
7.4057 其夙夜用享孝于皇君
7.4058 其夙夜用享孝于皇君
7.4062 用享孝于其姑公
7.4063 用享孝于其姑公
7.4064 用享孝于其姑公
7.4065 用享孝于其姑公
7.4066 用享孝于其姑公
7.4067 用享孝于其姑公
7.4091 用享用孝
7.4092 用享用孝

7.4093 用享用孝
7.4094 用享用孝
7.4098 用孝于宗室
7.4107 用孝用享
8.4124 用享用孝
8.4129 其用追孝于朕皇祖、啻(嫡)考
8.4137 用夙夜享孝于宗室
8.4145 乍(作)皇妣孝大妃祭器鈚鐘(敦)
8.4147 用追享孝
8.4148 用追享孝
8.4149 用追享孝
8.4150 用追享孝
8.4151 用追享孝
8.4152 鄘(筥)侯少(小)子析(析)、乃孝孫不巨
8.4157 用享孝皇祖、文考
8.4158 用享孝皇祖、文考
8.4182 用禪(祈)追孝于皇考叀仲
8.4188 用享用孝
8.4189 用享用孝
8.4190 用追孝於(于)我皇㲃(舅)
8.4203 螽其用追孝于其皇考
8.4204 螽其用追孝于其皇考
8.4219 用享孝于前文人
8.4220 用享孝于前文人
8.4221 用享孝于前文人
8.4222 用享孝于前文人
8.4223 用享孝于前文人
8.4224 用享孝于前文人
8.4267 用乍(作)朕皇考孝孟尊㲃
8.4303 用享孝于文神
8.4304 用享孝于文神
8.4305 用享孝于文神
8.4306 用享孝于文神
8.4307 用享孝于文神
8.4308 用享孝于文神
8.4309 用享孝于文神
8.4310 用孝于文神
8.4332 用追孝、祈匄康𩁹、屯(純)右(祐)、通彔(祿)、永令(命)
8.4333 用追孝祈匄康𩁹、屯(純)右(祐)、通彔(祿)、永令(命)
8.4334 用追孝祈匄康𩁹、屯(純)右(祐)、通彔(祿)、永令(命)
8.4335 用追孝祈匄康𩁹、屯(純)右(祐)、通彔(祿)、永令(命)
8.4336 用追孝祈匄康𩁹、屯(純)右(祐)、通彔(祿)、永令(命)
8.4337 用追孝祈匄康𩁹、屯(純)右(祐)、通彔(祿)、永令(命)
8.4338 用追孝祈匄康𩁹、屯(純)右(祐)、通彔(祿)、永令(命)
8.4339 用追孝祈匄康𩁹、屯(純)右(祐)、通彔(祿)、永令(命)
9.4407 伯孝鼓鑄旅須(盨)
9.4408 伯孝鼓鑄旅須(盨)
9.4431 用享孝宗室
9.4432 用享孝宗室
9.4433 用享孝宗室
9.4434 用享孝宗室
9.4446 用享用孝
9.4447 用享用孝
9.4448 其用享孝于皇申(神)、祖考
9.4449 其用享孝于皇申(神)、祖考
9.4450 其用享孝于皇申(神)、祖考
9.4451 其用享孝于皇申(神)、祖考
9.4452 其用享孝于皇申(神)、祖考
9.4453 其用享用孝于皇祖、文考
9.4458 其肇乍(作)其皇孝(考)、皇母旅盨㲃/僉夙屭(興)用追孝
9.4555 師麻孝叔乍(作)旅�(筐)
9.4582 用享用饕(孝)
9.4583 用享用饕(孝)
9.4584 用享用饕(孝)
9.4585 用享用饕(孝)
9.4586 用享用饕(孝)
9.4587 用享用饕(孝)
9.4600 用追孝于皇祖、皇考
9.4601 用享用孝
9.4602 用享用孝
9.4629 台(以)享台(以)饕(孝)于大宗、皇梖(臮、祖)、皇妣、皇丂(考)、皇母
9.4630 台(以)享台(以)饕(孝)于大宗、皇梖(臮、祖)、皇妣、皇丂(考)、皇母
9.4631 用孝用享于我皇祖、文考
9.4632 用孝用享于我皇文考
9.4646 乍(作)皇妣孝大妃祭器鈚(鈛)鐘(敦)
9.4647 乍(作)皇妣孝大妃祭器鈚(鈛)鐘(敦)
9.4649 陳侯因資(齊)曰:皇考孝武超(桓)公龏(恭)㦰(戴)/用乍(作)孝武超(桓)公祭器鐘(敦)
9.4693 姬寏母乍(作)大公、墉公、□公、魯仲臤、省伯、孝公、静公豆
10.5377 㚸賜孝貝
11.5950 用永孝
11.6015 覭(景)孝于井(邢)侯
15.9516 喟孝子
15.9538 左孝子之壺
15.9539 左孝子之壺
15.9540 己孝子之壺五
15.9541 己孝子之壺二
15.9694 用享用孝
15.9695 用享用孝
15.9712 用孝用享

15.9713 用享孝于兄弟、聞(婚)顜(媾)、者(諸)老
15.9721 幾父用追孝
15.9722 幾父用追孝
15.9731 用追孝祈匄康㲃、屯(純)右(祐)、通彔(禄)、永令(命)
15.9732 用追孝祈匄康㲃、屯(純)右(祐)、通彔(禄)、永令(命)
15.9735 慈孝寰(宣)惠
15.9827 享孝于厥多公
16.7360 用享用孝
16.9937 甘孝子
16.10138 用孝用享
16.10175 唯辟孝沓(友)
16.10298 用享用孝
16.10299 用享用孝
16.10373 以命攻(工)尹穆丙、攻(工)差(佐)競之、集尹陳夏、少集尹龏賜、少攻(工)差(佐)孝癸

0533 者、耂

5.2767 𢦚(胡)叔眔仉(信)姬其壽耂(耇)、多宗、永令(命)
5.2813 用匄眉壽、黄耇、吉康
7.4039 用賜眉壽、黄耇、萬年
7.4051 用賜眉壽、黄耇
7.4052 用賜眉壽、黄耇
7.4053 用賜眉壽、黄耇
8.4129 用賜黄耇、眉壽
8.4156 用賜害(匄)眉壽、黄耇、霝(靈)冬(終)、萬年
8.4203 用賜眉壽、黄耇、霝(靈)冬(終)
8.4204 用賜眉壽、黄耇、霝(靈)冬(終)
8.4277 眉壽、黄耇
9.4631 曾伯桼(漆)叚(遐)不黄耇、邁(萬)年
9.4632 曾桼(漆)叚(遐)不黄耇、邁(萬)年
11.5885 耇史乍(作)父辛旅彝
11.6007 侯萬年壽考、黄耇
16.7360 子孫永寶用耇
16.10156 其黄耇霝(靈)冬(終)
16.10167 其萬年眉壽、黄耇
16.10175 褱(懷)媢(福)彔(禄)、黄耇、彌生

0534 者、耆

17.11077 滕(滕)侯耆(耆、耆)之鋯(造)
17.11078 滕(滕)侯耆(耆、耆)之䢜(造)

0535 考

1.18 用享考(孝)
1.36 䢅仲乍(作)朕文考釐公大鈿(林)寶鐘
1.39 朕皇考叔旅魚父
1.54 走乍(作)朕皇祖、文考寶龢鐘
1.55 乍(作)朕皇祖、文考寶龢〔鐘〕
1.56 走乍(作)朕皇祖、文考寶龢鐘
1.57 走乍(作)朕皇祖、文考寶龢鐘
1.58 走乍(作)朕皇祖、文考寶龢鐘
1.59 用追孝于厥皇祖哀公、皇考晨公
1.60-3 乃祖考許政于公室
1.65 其用追孝于皇考己(紀)伯
1.66 用追孝于皇考己(紀)伯
1.67 其用追孝于皇考己(紀)伯
1.68 其用追孝于皇考己(紀)伯
1.69 其用追孝于皇考己(紀)伯
1.70 其用追孝于皇考己(紀)伯
1.71 其用追孝于皇考己(紀)伯
1.82 單伯𦉢生(甥)曰:不(丕)顯皇祖剌(烈)考/余小子肇帥井(型)朕皇祖考懿德
1.87 以乍(祚)其皇祖、皇考
1.92 用乍(作)朕文考釐伯龢薔(林)鐘
1.109-10 井人人妄曰:覭(景)盄(淑)文祖、皇考/妄不敢弗帥用文祖、皇考/用追考(孝)、侃喜前文人
1.111 井人人妄曰:覭(景)盄(淑)文祖、皇考/妄不敢弗帥用文祖、皇考
1.112 用追考(孝)考(孝)侃前文人
1.141 師臾肁(肇)乍(作)朕剌(烈)祖虢季、宄公、幽叔、朕皇考德叔大稟(林)鐘
1.142 用享台(以)孝于㓃(台)皇祖文考
1.143 用乍(作)朕皇考薔(林)鐘
1.145 乍(作)朕皇考叔氏寶薔(林)鐘/用喜侃皇考/皇考其嚴在上
1.146 乍(作)朕皇考叔氏寶薔(林)鐘/用喜侃皇考/皇考其嚴在上
1.147 乍(作)朕皇考叔氏寶薔(林)鐘/用喜侃皇考
1.148 乍(作)朕皇考叔氏薔(林)鐘/用喜侃皇考/皇考其嚴在〔上〕
1.172 仲平善弦(發)叡考
1.173 仲平善弦(發)叡考
1.174 仲平善弦(發)叡考
1.175 仲平善弦(發)叡考
1.176 仲平善弦(發)叡考

1.177 仲平善弦(發)戲考
1.178 仲平善弦(發)戲考
1.179 仲平善弦(發)戲考
1.180 仲平善弦(發)戲考
1.183 台(以)追考(孝)侁(先)祖
1.184 台(以)追考(孝)侁(先)祖
1.186 追考(孝)于侁(先)祖
1.187-8 梁其曰: 不(丕)顯皇祖考/梁其肇帥井(型)皇祖考/用乍(作)朕皇祖考龢鐘/皇祖考其嚴在上
1.189-90 梁其曰: 不(丕)顯皇祖考/梁其肇帥井(型)皇祖考/用乍(作)朕皇祖考龢鐘/皇祖考其嚴在下(上)
1.191 用乍(作)朕皇祖考龢鐘
1.192 曰: 不(丕)顯皇祖考/梁其肇帥井(型)皇祖考
1.193 于其皇祖皇考
1.194 于其皇祖皇考
1.195 于其皇祖皇考
1.196 于其皇祖皇考
1.197 于其皇祖皇考
1.198 于其皇祖皇考
1.204-5 用乍(作)朕皇祖考伯寶劃(林)鐘
1.206-7 用乍(作)朕皇祖考伯寶劃(林)鐘
1.209 用乍(作)朕皇祖考伯寶劃(林)鐘
1.238 虢叔旅曰: 不(丕)顯皇考叀(惠)叔/旅敢肇帥井(型)皇考威義(儀)/用乍(作)皇考叀(惠)叔大巤(林)龢鐘/皇考嚴在上
1.239 虢叔旅曰: 不(丕)顯皇考叀(惠)叔/旅敢肇帥井(型)皇考威義(儀)/用乍(作)皇考叀(惠)叔大巤(林)龢鐘/皇考嚴在上
1.240 虢叔旅曰: 不(丕)顯皇考叀(惠)叔/旅敢肇帥井(型)皇考威義(儀)/用乍(作)朕皇考叀(惠)叔大巤(林)龢鐘/皇考其嚴在上
1.241 虢叔旅曰: 不(丕)顯皇考叀(惠)叔/旅敢肇帥井(型)皇考威義(儀)/用乍(作)朕皇考叀(惠)叔大巤(林)龢鐘/皇考其嚴在上
1.242-4 虢叔旅曰: 不(丕)顯皇考叀(惠)叔/旅敢肇帥井(型)皇考威義(儀)/用乍(作)朕皇考叀(惠)叔大巤(林)龢鐘/皇考嚴在上
1.245 台(以)乍(祚)其皇祖皇考
1.246 追孝于高祖辛公、文祖乙公、皇考丁公/弋皇祖考高對爾剌(烈)
1.247 瘐曰: 不(丕)顯高祖、亞祖、文考/瘐不敢弗帥井(型)祖考
1.248 瘐曰: 不(丕)顯高祖、亞祖、文考/瘐不敢弗帥井(型)祖考
1.249 瘐曰: 不(丕)顯高祖、亞祖、文考/瘐不敢弗帥井(型)祖考
1.250 瘐曰: 不(丕)顯高祖、亞祖、文考/瘐不敢弗帥井(型)祖考
1.260 用卲各不(丕)顯祖考先王
1.261 于我皇祖文考
1.271 用享考(孝)于皇祖聖叔、皇礼(妣)聖姜/皇考遵(躋)仲、皇母
1.272-8 用享于其皇祖、皇妣、皇母、皇考/女(汝)考壽邁(萬)年
1.285 用享于其皇祖、皇妣、皇母、皇考/女(汝)考壽邁(萬)年
2.421 台(以)享台(以)考(孝)
2.422 台(以)享台(以)考(孝)
2.423 用享用考(孝)
3.648 用享黜厥文考魯公
3.744 琱生(甥)乍(作)文考宄仲尊甗
3.745 師趛乍(作)文考聖公、文母聖姬尊鼎
3.746 用敢鄉(饗)考(孝)于皇祖丂(考)
3.747 用敢鄉(饗)考(孝)于皇祖丂(考)
3.748 用敢鄉(饗)考(孝)于皇祖丂(考)
3.749 用敢鄉(饗)考(孝)于皇祖丂(考)
3.750 用敢鄉(饗)考(孝)于皇祖丂(考)
3.751 用敢鄉(饗)考(孝)于皇祖丂(考)
3.752 用敢鄉(饗)考(孝)于皇祖丂(考)
4.2024 考㝬乍(作)旅鼎
4.2166 散(揩)史乍(作)考尊彝
4.2188 考乍(作)咎父尊鼎
4.2341 叔具乍(作)厥考寶尊彝
4.2347 旂乍(作)厥文考寶尊彝
4.2408 禽乍(作)文考父辛寶鼎
4.2439 羊𠂤兹乍(作)厥文考叔寶尊彝
4.2473 史喜乍(作)朕文考翟祭
4.2486 禽乍(作)文考寶爊鼎
4.2508 伯考父乍(作)寶鼎
4.2519 考𠙵(征延)君季自乍(作)其盂鼎

5.2532 乃牆子乍(作)厥文考尊彝

5.2555 文考遺寶責(積)

5.2575 乍(作)考寶尊彝

5.2599 奠(鄭)虢仲悆戒(勇)用乍(作)皇祖、文考寶鼎

5.2614 考(孝)各(友)唯井(型)

5.2616 衛乍(作)文考小仲、姜氏盂鼎

5.2630 伯陶乍(作)厥文考宮叔寶𪔂彝

5.2637 用卲享于皇祖考

5.2639 魯仲齊肇乍(作)皇考𪔂貞(鼎)

5.2649 伯頵父乍(作)朕皇考犀伯、吳姬寶鼎

5.2662 用乍(作)文考宮伯寶尊彝

5.2673 用乍(作)文考㝼叔𪔂彝

5.2676 井姬㛸亦偁祖考夌公宗室

5.2677 井姬㛸亦偁祖考夌公宗室

5.2680 諶肇乍(作)其皇考、皇母告比君𪔂貞(鼎)

5.2696 用爲考寶尊

5.2705 其用享于厥帝(嫡)考

5.2713 師趛乍(作)文考聖公、文母聖姬尊䵼

5.2723 其乍(作)厥文考寶貞(鼎)

5.2724 亦引唯考(孝)/是用壽考

5.2727 用享考(孝)于宗室

5.2730 趙用乍(作)厥文考父辛寶尊齋

5.2733 衛肇乍(作)厥文考己仲寶𪔂

5.2742 用乍(作)皇祖文考盂鼎

5.2743 其用享用考(孝)/于皇祖帝考

5.2744 其用享用考(孝)/于皇祖帝考

5.2750 用考(孝)用享

5.2753 用追享丂(孝)于皇祖考

5.2755 用乍(作)朕文考釐叔尊貞(鼎)

5.2757 用考(孝)用享

5.2762 史頵(頍)乍(作)朕皇考釐仲、王(皇)母泉母尊鼎

5.2767 其用享于文祖考

5.2768 用享考(孝)于皇祖考

5.2769 用享考(孝)于皇祖考

5.2770 用享考(孝)于皇祖考

5.2771 于厥皇考犀訟(盂)公

5.2772 于厥皇考犀訟(盂)公

5.2777 史伯碩父追考(孝)于朕皇考釐仲、王(皇)母泉母

5.2780 乍(作)朕文考毛叔𪔂彝

5.2786 用乍(作)朕文考釐伯寶尊鼎

5.2790 𢇍乍(作)朕皇考𪔂彝尊鼎/𢇍用享孝于朕皇考

5.2792 始友曰考、曰攸/用乍(作)文考日己寶鼎

5.2804 用乍(作)朕文考𣹢(漣)伯尊鼎

5.2805 用乍(作)朕刺(烈)考尊鼎

5.2807 用乍(作)朕刺(烈)考己伯盂鼎

5.2808 用乍(作)朕刺(烈)考己伯盂鼎

5.2811 用享以孝于我皇祖文考

5.2812 大(太)師小子師朢(望)曰：不(丕)顯皇考宄公/朢(望)肇帥井(型)皇考/用乍(作)朕皇考宄公尊鼎

5.2813 用追考(孝)于刺仲

5.2814 用享于朕刺(烈)考

5.2815 用乍(作)朕皇考龔(郘)伯、奠(鄭)姬寶鼎

5.2816 王命𩏂(垣)侯伯晨曰：䛐(嗣)乃祖考侯于𩏂(垣)/用乍(作)朕文考瀕公宮尊鼎

5.2818 比乍(作)朕皇祖丁公、皇考叀公尊鼎

5.2819 用乍(作)朕皇考奠(鄭)伯、姬尊鼎

5.2821 用乍(作)朕皇考癸公尊鼎

5.2822 用乍(作)朕皇考癸公尊貞(鼎)

5.2823 用乍(作)朕皇考癸公尊鼎

5.2824 王唯念㦰辟刺(烈)考甲公/朕文考甲公、文母日庚弋休

5.2825 用乍(作)朕皇考叔碩父尊鼎

5.2827 用乍(作)朕皇考龏叔、皇母龏始(姒)寶尊鼎

5.2828 用乍(作)朕皇考龏叔、皇母龏始(姒)寶尊鼎

5.2829 用乍(作)朕皇考龏叔、皇母龏始(姒)寶尊鼎

5.2830 臣朕皇考穆穆王/用井(型)乃聖祖考/于朕考墉(郭)季易父教(秩)宗

5.2831 衛用乍(作)朕文考寶鼎

5.2832 衛用乍(作)朕文考寶鼎

5.2833 𦘠(肆)武公亦弗叚(遐)朢(忘)賸(朕)聖祖考幽大叔、懿叔/命禹仦(肖)賸(朕)祖考

5.2834 穆(𦘠)武公亦

(弗)歷(叚)望(忘)〔朕聖〕自(祖)考幽大叔、懿〔叔〕/命禹允(仆)〔朕〕祖考
5.2838 令(命)女(汝)更乃祖考嗣卜事
5.2840 虘(吾)先考成王早棄群臣/考尼(度)唯型/虘(吾)先祖桓王、卲(昭)考成王
6.3346 考母乍(作)聯(聯)医
6.3629 叉乍(作)厥考寶尊彝
6.3692 用追考(孝)
6.3693 用追考(孝)
6.3700 其壽考寶用
6.3701 其壽考寶用
6.3702 彔乍(作)文考乙公寶尊段
7.3826 耳侯戥乍(作)鬻□□隥辟乙□□癸文考
7.3828 滕(滕)虎敢肇乍(作)厥皇考公命仲寶尊彝
7.3829 滕(滕)虎敢肇乍(作)厥皇考公命仲寶尊彝
7.3830 滕(滕)虎敢肇乍(作)厥皇考公命仲寶尊彝
7.3831 滕(滕)虎敢肇乍(作)厥皇考公命仲寶尊彝
7.3832 滕(滕)虎敢肇乍(作)厥皇考公命仲寶尊彝
7.3863 彔乍(作)厥文考乙公寶尊段
7.3872 子子孫孫永用享考(孝)
7.3873 其邁(萬)年壽考
7.3910 是婁乍(作)文考寶段
7.3911 是婁乍(作)文考寶段
7.3917 是騳乍(作)朕文考乙公尊段
7.3921 叔𣪘父乍(作)朕文母、剌(烈)考尊段
7.3922 叔𣪘父乍(作)朕文母、剌(烈)考尊段
7.3925 用享考(孝)受寶(福)
7.3926 用享考(孝)受寶(福)
7.3943 伯祈乍(作)文考幽仲尊段
7.3949 季魯肇乍(作)厥文考井叔寶尊彝
7.3955 兑乍(作)朕皇考叔氏尊段
7.3958 叔角父乍(作)朕皇考宕(宄)公尊段
7.3959 叔角父乍(作)朕皇考宕(宄)公尊段
7.3964 用朝夕享考(孝)宗室
7.3965 用朝夕享考(孝)宗室
7.3966 用朝夕享考(孝)宗室
7.3967 用朝夕享考(孝)宗室
7.3968 用朝夕享考(孝)宗室
7.3969 用朝夕享考(孝)宗室
7.3970 用朝夕享考(孝)宗室
7.3979 大牢其萬年祀厥取(祖)考
7.3980 吳彩父乍(作)皇祖考庚孟尊段
7.3981 吳彩父乍(作)皇祖考庚孟尊段
7.3982 吳彩父乍(作)皇祖考庚孟尊段
7.3986 德克乍(作)朕文祖考尊段
7.3996 吔客乍(作)朕文考日辛寶尊段
7.3997 伯喜乍(作)朕文考剌公尊段
7.3998 伯喜乍(作)朕文考剌公尊段
7.3999 伯喜乍(作)朕文考剌公尊段
7.4000 伯喜乍(作)朕文考剌公尊段
7.4001 豐兮尸乍(作)朕皇考酋(尊)段/用享考(孝)/豐兮尸乍(作)朕皇考尊段/用享考(孝)
7.4002 豐兮尸乍(作)朕皇考尊段/用享考(孝)
7.4003 豐兮尸乍(作)朕皇考酋(尊)段/用享考(孝)
7.4010 用享考(孝)
7.4021 寧肇諆(其)乍(作)乙考尊段
7.4022 寧肇諆(其)乍(作)乙考尊段
7.4023 伯中父夙夜事走(朕)考
7.4027 伯𧴖父乍(作)朕皇考屖伯、吳(虞)姬尊段
7.4033 䀏其壽考萬年
7.4034 䀏其壽考萬年
7.4036 用乍(作)厥文考隮(奠)段
7.4037 用乍(作)厥文考隮(奠)段
7.4038 其用追孝于朕啇(嫡)考
7.4048 用享于皇祖、文考
7.4049 用享于皇祖、文考
7.4050 用享于皇祖、文考
7.4059 乍(作)厥考尊彝
7.4065 用享用考(孝)
7.4066 用享用考(孝)
7.4067 用享用考(孝)
7.4071 其用追考(孝)于其辟君武公
7.4072 其用追考(孝)于其辟君武公
7.4073 用追考(孝)于厥皇考
7.4074 迺(傳)乍(作)朕文考胤伯尊段
7.4075 迺(傳)乍(作)朕文考胤伯尊段
7.4089 其朝夕用享于

文考
7.4090 叔皮父乍(作)朕文考茀公
7.4091 伯梳虘肈乍(作)皇考剌公尊毁
7.4092 伯梳虘肈乍(作)皇考剌公尊毁
7.4093 伯梳虘肈乍(作)皇考剌公尊毁
7.4094 伯梳虘肈乍(作)皇考剌公尊毁
7.4097 其用享于厥帝(嫡)考
7.4098 娸乍(作)文祖考尊寶毁
7.4100 用事厥考日戊
7.4101 用事厥考日戊
7.4102 仲叡父乍(作)朕皇考遅伯、王(皇)母遅姬尊毁
7.4103 仲叡父乍(作)朕皇考遅伯、王(皇)母遅姬尊毁
7.4109 用享于皇祖、文考
7.4110 魯士商叡肈乍(作)朕皇考叔猒父尊毁
7.4111 魯士商叡肈乍(作)朕皇考叔猒父尊毁
7.4113 日用享考(孝)
7.4114 仲辛父乍(作)朕皇祖日丁、皇考日癸尊毁
7.4116 師害乍(作)文考尊毁
7.4117 師害乍(作)文考尊毁
7.4118 宴用乍(作)朕文考日己寶毁
7.4119 宴用乍(作)朕文考日己寶毁
8.4124 封仲乍(作)朕皇考趄仲鬻彝尊毁
8.4125 用享于高祖、皇考
8.4127 其妻子用享考(孝)于叔皮父
8.4129 其用追孝于朕皇祖、啻(嫡)考
8.4136 告于文考
8.4147 善(膳)夫梁其乍(作)朕皇考惠仲、皇母惠妣尊毁
8.4148 善(膳)夫梁其乍(作)朕皇考惠仲、皇母惠妣尊毁
8.4149 善(膳)夫梁其乍(作)朕皇考惠仲、皇母惠妣尊毁
8.4150 善(膳)夫梁其乍(作)朕皇考惠仲、皇母惠妣尊毁
8.4151 善(膳)夫梁其乍(作)朕皇考惠仲、皇母惠妣尊毁
8.4153 屢乍(作)皇祖乙公、文公、武伯、皇考龏伯鬻彝
8.4154 用敢鄉(饗、享)考(孝)于皇祖丂(考)
8.4155 用敢鄉(饗、享)考(孝)于皇祖丂(考)
8.4156 用享于其皇取(祖)、文考
8.4157 用享孝皇祖、文考
8.4158 用享孝皇祖、文考
8.4162 孟曰:朕文考眔毛公、趞(遣)仲征無需/毛公賜朕文考臣/對揚朕考賜休
8.4163 孟曰:朕文考眔毛公、趞(遣)仲征無需/毛公賜朕文考臣/對揚朕考賜休
8.4164 孟曰:朕文考眔毛公、趞(遣)仲征無需/毛公賜朕文考臣/對揚朕考賜休
8.4165 曰:用啻(禘)于乃考/用乍(作)朕皇考大仲尊毁
8.4166 用乍(作)文考父丙鬻彝
8.4167 用乍(作)祖考寶尊彝
8.4168 鬻(蔣)兑乍(作)朕文祖乙公、皇考季氏尊毁
8.4169 用乍(作)朕文考寶尊毁
8.4170 瘐曰:覭(景)皇祖考嗣威義(儀)/乍(作)祖考毁
8.4171 瘐曰:覭(景)皇祖考嗣威義(儀)/乍(作)祖考毁
8.4172 瘐曰:覭(景)皇祖考嗣威義(儀)/乍(作)祖考毁
8.4173 瘐曰:覭(景)皇祖考嗣威義(儀)/乍(作)祖考毁
8.4174 瘐曰:覭(景)皇祖考嗣威義(儀)/乍(作)祖考毁
8.4175 瘐曰:覭(景)皇祖考嗣威義(儀)/乍(作)祖考毁
8.4176 瘐曰:覭(景)皇祖考嗣威義(儀)/乍(作)祖考毁
8.4177 瘐曰:覭(景)皇祖考嗣威義(儀)/乍(作)祖考毁
8.4182 用禪(祈)追孝于皇考叀仲
8.4183 用享考(孝)于厥皇祖
8.4188 乍(作)其皇祖考遅王、監伯尊毁
8.4189 乍(作)其皇祖考遅王、監伯尊毁
8.4194 升于厥文取(祖)考
8.4197 曰:用刣(嗣)乃祖考事
8.4198 尹叔用妥(綏)多福于皇考德尹、叀姬
8.4199 用乍(作)文考公叔寶毁
8.4200 用乍(作)文考公叔寶毁
8.4203 蠢其用追孝于其皇考
8.4204 蠢其用追孝于其皇考
8.4205 乍(作)朕文考光父乙
8.4206 傳□朕考㘳/用乍(作)朕考日甲寶
8.4207 用乍(作)文考

父乙尊彝
8.4209 用乍(作)朕文祖考寶尊段
8.4210 用乍(作)朕文祖考寶尊段
8.4211 用乍(作)朕文祖考寶尊段
8.4212 用乍(作)朕文祖考寶尊段
8.4214 用乍(作)文考旄叔尊段
8.4219 用乍(作)朕皇祖考尊段
8.4220 用乍(作)朕皇祖考尊段
8.4221 用乍(作)朕皇祖考尊段
8.4222 用乍(作)朕皇祖考尊段
8.4223 用乍(作)朕皇祖考尊段
8.4224 用乍(作)朕皇祖考尊段
8.4237 余緐(豨)敢〔作〕朕皇文考寶尊
8.4241 追考(孝)
8.4242 叔向父禹曰:余小子司(嗣)朕皇考
8.4244 用考(事)
8.4245 用〔享〕考(孝)于□
8.4250 用乍(作)朕文考幽叔寶段
8.4255 用乍(作)朕文考寶段
8.4256 用乍(作)朕文祖考寶段
8.4258 用餴(饙)乃祖考事/用乍(作)文考寶段
8.4259 用餴(饙)乃祖考事/用乍(作)文考寶段
8.4260 用餴(饙)乃祖考事/用乍(作)文考寶段
8.4261 衣祀于王不(丕)顯考文王
8.4267 王命尹册命申:更乃祖考疋(胥)大(太)祝/用乍(作)朕皇考孝孟尊段
8.4268 用乍(作)朕文考易仲尊段
8.4276 用㑊(抄)乃祖考事/用乍(作)朕文考釐叔寶段
8.4278 比乍(作)皇祖丁公、皇考叀公尊段
8.4283 用乍(作)朕文考外季尊段
8.4284 用乍(作)朕文考外季尊段
8.4285 用乍(作)朕文考叀伯尊段
8.4286 曰:更乃祖考𤔲輔
8.4287 伊用乍(作)朕不(丕)顯皇祖文考徲叔寶𪔂彝
8.4288 用乍(作)朕文考乙伯、宄姬尊段
8.4289 用乍(作)朕文考乙伯、宄姬尊段
8.4290 用乍(作)朕文考乙伯、宄姬尊段
8.4291 用乍(作)朕文考乙伯、宄姬尊段
8.4292 我考我母令/余或至(致)我考我母令
8.4293 亦我考幽伯、幽姜令
8.4294 余用乍(作)朕剌(烈)考𡩜(憲)伯寶段
8.4295 余用乍(作)朕剌(烈)考𡩜(憲)伯寶段
8.4296 鄀用乍(作)朕皇考龏伯尊段
8.4297 鄀用乍(作)朕皇考龏伯尊段
8.4298 用乍(作)朕皇考剌伯尊段
8.4299 用乍(作)朕皇考剌伯尊段
8.4302 繇自乃祖考/用乍(作)朕皇考釐王寶尊段
8.4303 用乍(作)朕皇考癸公尊段
8.4304 用乍(作)朕皇考癸公尊段
8.4305 用乍(作)朕皇考癸公尊段
8.4306 用乍(作)皇考考癸尊段
8.4307 用乍(作)朕皇考考癸尊段
8.4308 用乍(作)朕皇考癸公尊段
8.4309 用乍(作)朕皇考癸公尊段
8.4310 用乍(作)朕皇考癸公尊段
8.4311 乃祖考又(有)爵(勛)于我家/用乍(作)朕文考乙仲𪔂段
8.4312 用乍(作)朕文考尹伯尊段
8.4316 截(載)先王既令(命)乃取(祖)考事/令(命)女(汝)更乃取(祖)考/用乍(作)朕剌(烈)考日庚尊段
8.4317 用康惠朕皇文剌(烈)祖考
8.4318 用乍(作)朕皇考釐公𪔂段
8.4319 用乍(作)朕皇考釐公𪔂段
8.4324 既令(命)女(汝)更乃祖考𤔲小輔/用乍(作)朕皇考輔伯尊段
8.4325 既令女(汝)更乃祖考𤔲/用乍(作)朕皇考輔伯尊段
8.4326 不(丕)顯皇祖考/番生(甥)不敢弗帥井(型)皇祖考不(丕)伓(丕)元德
8.4327 㚇(榮)伯乎令(命)卯曰:𢦏(載)乃先祖考死(尸)𤔲㚇(榮)公室
8.4330 敢臤(擊)卲(昭)告朕吾考/公克成妥(綏)吾考/唯考敢又念自先王、先公/叡吾考克淵克
8.4331 用乍(作)朕皇考武斨幾王尊段
8.4332 用乍(作)朕皇考龏叔、皇母龏始

(姒)寶尊毁
8.4333 用乍(作)朕皇考龏叔、皇母龏始(姒)寶尊毁
8.4334 用乍(作)朕皇考龏叔、皇母龏始(姒)寶尊毁
8.4335 用乍(作)朕皇考龏叔、皇母龏始(姒)寶尊毁
8.4336 用乍(作)朕皇考龏叔、皇母龏始(姒)寶尊毁
8.4337 用乍(作)朕皇考龏叔、皇母龏始(姒)寶尊毁
8.4338 用乍(作)朕皇考龏叔、皇母龏始(姒)寶尊毁
8.4339 用乍(作)朕皇考龏叔、皇母龏始(姒)寶尊毁
8.4341 唯乍(作)卲(昭)考爽
8.4342 亦則於女(汝)乃聖祖考克專(輔)右(佑)先王
8.4343 用乍(作)朕皇文考益伯寶尊毁/牧其萬年壽考
9.4414 改乍(作)朕文考乙公旅盨
9.4428 滕(滕)侯穌乍(作)厥文考滕(滕)仲旅毁
9.4436 用享考(孝)于姞公
9.4437 其肇乍(作)其皇考伯明父寶毁
9.4440 肇乍(作)皇考伯走父饎(饙)盨毁
9.4441 肇乍(作)皇考伯走父饎(饙)盨毁
9.4448 其用享孝于皇申(神)、祖考
9.4449 其用享孝于皇申(神)、祖考
9.4450 其用享孝于皇申(神)、祖考
9.4451 其用享孝于皇申(神)、祖考
9.4452 其用享孝于皇申(神)、祖考
9.4453 其用享用孝于皇祖、文考
9.4462 用乍(作)文考寶毁
9.4463 用乍(作)文考寶毁
9.4465 克其用朝夕享于皇祖考/皇祖考其數數𩡧𩡧
9.4466 鬲比乍(作)朕皇祖丁公、文考𠭯(宄)公盨
9.4467 則繇唯乃先祖考又(有)爵(勛)于周邦/余唯巠(經)乃先祖考/令(命)女(汝)更乃祖考
9.4468 則唯乃先祖考又(有)爵(勛)于周邦/余唯巠(經)乃先祖考/令(命)女(汝)更乃祖考
9.4595 乍(作)皇考獻叔饎(饙)盤(盤)
9.4596 乍(作)皇考獻叔饎(饙)盤(盤)
9.4600 用追孝于皇祖、皇考
9.4608 考叔脂父自乍(作)尊簠
9.4609 考叔脂父自乍(作)尊簠
9.4615 用祈眉考(老)無疆
9.4628 用召(紹)者(諸)考(老)者(諸)兄
9.4631 用孝用享于我皇祖、文考
9.4632 用孝用享于我皇文考
9.4649 陳侯因資(齊)曰:皇考孝武趄(桓)公龏(恭)戩(戴)/其惟因資(齊)揚皇考
9.4685 康生(甥)乍(作)玟(文)考癸公寶尊彝
9.4692 用卲洛(各)朕文祖考
10.5216 考乍(作)父辛尊彝
10.5258 卿乍(作)厥考尊彝
10.5259 卿乍(作)厥考尊彝
10.5335 𠙵(卣)乍(作)文考癸寶尊彝
10.5343 厽乍(作)甲考宗彝
10.5363 湈(沬)伯疑乍(作)厥考寶旅尊/湈(沬)伯疑乍(作)厥考寶旅尊彝
10.5364 湈(沬)伯疑乍(作)厥考寶旅尊/湈(沬)伯疑乍(作)厥考寶旅尊彝
10.5366 倗乍(作)厥考寶尊彝
10.5369 無(許)仲趞乍(作)厥文考寶尊彝
10.5370 莽乍(作)文考父丁寶尊彝
10.5371 伯乍(作)厥文考尊彝
10.5372 異乍(作)厥考伯效父寶宗彝
10.5382 乍(作)其爲厥考宗彝
10.5393 乍(作)厥文考父辛寶尊彝
10.5401 文考日癸
10.5406 用享于文考庚仲
10.5407 用乍(作)文考癸寶尊器
10.5411 用乍(作)文考日乙寶尊彝
10.5419 用乍(作)文考乙公寶尊彝
10.5420 用乍(作)文考乙公寶尊彝
10.5423 用乍(作)文考日丁寶彝
10.5428 叔趞父曰:余考(老)不克御事
10.5429 叔趞父曰:余考(老)不克御事
10.5430 用乍(作)文考辛公寶尊彝
11.5889 卿乍(作)厥考寶尊彝
11.5908 䨻乍(作)厥皇

考寶尊彝
11.5931 㫚乍(作)文考日庚寶尊器
11.5942 叄乍(作)甲考宗彝
11.5954 渫(沬)伯𨑖乍(作)厥考寶旅尊彝
11.5955 倗乍(作)厥考寶尊彝
11.5961 伯乍(作)厥文考尊彝
11.5963 醢(許)仲𧺆乍(作)厥文考寶尊彝
11.5968 乍(作)文考日辛寶尊彝
11.5972 □□乍(作)其爲乙考宗彝
11.5976 黃肇乍(作)文考宗伯旅尊彝
11.5980 乍(作)文考日己寶尊宗彝
11.5981 用乍(作)考付父尊彝
11.5988 用乍(作)文考尊彝
11.5989 用乍(作)朕文考日癸旅寶
11.5993 乍(作)厥穆穆文祖考寶尊彝
11.5995 用乍(作)厥文考寶彝
11.6007 侯萬年壽考、黃耇
11.6010 不諱壽考
11.6011 余用乍(作)朕文考大仲寶尊彝
11.6014 曰：昔在爾考公氏
12.6516 王乎內史册令(命)趩：更厥祖考服
14.9034 癸旻乍(作)考戊
15.9302 乍(作)文考日己寶尊宗彝
15.9424 𨑖乍(作)厥考寶尊彝
15.9433 用追考(孝)
15.9444 季老或乍(作)文考大伯寶尊彝
15.9456 衛用乍(作)朕文考惠孟寶般(盤)
15.9527 考女(母)乍(作)聅(聯)匜 / 考母乍(作)聅(聯)匜
15.9671 永用享考(孝)于大宗
15.9688 其萬年眉考(老)
15.9716 用享考(孝)于皇祖考
15.9717 用享考(孝)于皇祖考
15.9721 用乍(作)朕剌(烈)考尊壺
15.9722 用乍(作)朕剌(烈)考尊壺
15.9725 用乍(作)朕穆考後仲尊墉(甗)
15.9726 用乍(作)皇祖、文考尊壺
15.9727 用乍(作)皇祖、文考尊壺
15.9728 曰：更乃祖考 / 用乍(作)朕文考釐公尊壺
15.9731 用乍(作)朕皇考龏叔、皇母龏始(姒)寶尊壺
15.9732 用乍(作)朕皇考龏叔、皇母龏始(姒)寶尊壺
15.9735 趄(桓)祖、成考
15.9801 考母乍(作)聅(聯)匜
15.9826 對乍(作)文考日癸寶尊雷(罍)
16.9891 乍(作)文考日己寶尊宗彝
16.9892 用乍(作)高文考父癸寶尊彝 / 用𩁹(𩁹、申)文考剌(烈)
16.9896 唯朕文考乙公永啟余魯 / 用乍(作)朕文考乙公寶尊彝
16.7360 于朕皇考
16.10078 𨑖乍(作)厥考寶尊彝
16.10108 伯考父乍(作)寶盤
15.10169 令(命)女(汝)敗(㝬、更)乃祖考事
16.10170 用乍(作)朕文考日丁尊般(盤)
16.10171 不諱考壽
16.10172 用乍(作)朕皇考奠(鄭)伯、奠(鄭)姬寶般(盤)
16.10175 匽(㝬、胡)屖(遲)文考乙公遽(競)趬(爽)/ 剌(烈)祖文考
16.10274 用享用考(孝)
16.10275 肇乍(作)皇考伯走父寶也(匜)
16.10322 永用乍(作)朕文考乙伯尊盂
16.10342 我剌(烈)考〼疆

0536 𦒿、臺(耄)

4.2262 臺乍(作)母癸
10.5295 亞疑貝臺乍(作)母癸
11.5888 臺乍(作)母癸
12.7297 臺乍(作)母癸彝
12.7298 臺乍(作)母癸彝
14.9075 臺乍(作)母癸
15.9245 臺乍(作)母癸

0537 壽

1.40 眉壽永寶
1.41 眉壽永寶
1.59 用祈眉壽
1.72 其眉壽無疆
1.73-4 其眉壽無疆
1.75 其眉壽無疆
1.76-7 其眉壽無疆
1.78-9 其眉壽無疆
1.80-1 其眉壽無疆
1.86 敓(掠)用祈眉壽多𥛚(福)
1.87 用旂(祈)眉壽無疆
1.102 旂(祈)年眉壽
1.103 侯(遲)父眔齊萬年眉壽
1.106 公逆其萬年又(有)壽
1.107-8 用賜眉壽、永命
1.113 其眉壽無基(期)

1.114 其眉壽無基(期)
1.115 其眉壽無基(期)
1.116 其眉壽無基(期)
1.117 其眉壽無基(期)
1.118-9 其眉壽無其(期)
1.120 妥(綏)安乃壽
1.123 妥(綏)安乃壽
1.125-8 妥(綏)安乃壽
1.129-31 妥(綏)安乃壽
1.140 其萬年頮(眉)壽
1.141 用匄眉壽無疆
1.153 眉壽毋已
1.154 眉壽毋已
1.172 其受此眉壽
1.173 其受此眉壽
1.174 其受此眉壽
1.175 其受此眉壽
1.176 其受此眉壽
1.177 其受此眉壽
1.178 其受此眉壽
1.179 其受此眉壽
1.180 其受此眉壽
1.181 天子其萬年眉壽
1.182 眉壽無諆(期)
1.187-8 眉壽永寶
1.189-90 眉壽永寶
1.193 用祈眉壽繁釐/若召公壽/若參(叁)壽
1.194 用祈眉壽繁釐/若召公壽/若參(叁)壽
1.195 用祈眉壽繁釐/若召公壽/若參(叁)壽
1.196 用祈眉壽繁釐/若召公壽/若參(叁)壽
1.197 用祈眉壽繁釐/若召公壽/若參(叁)壽
1.198 用祈眉壽繁釐/若召公壽/若參(叁)壽
1.203 眉壽無期
1.225 以祈眉壽
1.226 以祈眉壽
1.227 以祈眉壽
1.228 以祈眉壽
1.229 以祈眉壽
1.230 以祈眉壽
1.231 以祈眉壽
1.232 以祈眉壽
1.233 以祈眉壽
1.234 以祈眉壽
1.235 以祈眉壽
1.236 以祈眉壽
1.237 以祈眉壽
1.245 哉(載)公眉壽
1.246 用褅(祓)壽、匄永令(命)
1.247 受(授)余屯(純)魯、通彔(祿)、永令(命)、眉壽、霝(靈)冬(終)
1.248 受(授)余屯(純)魯、通彔(祿)、永令(命)、眉壽、霝(靈)冬(終)
1.249 受(授)余屯(純)魯、通彔(祿)、永令(命)、眉壽、霝(靈)冬(終)
1.250 受(授)余屯(純)魯、通彔(祿)、永令(命)、眉壽、霝(靈)冬(終)
1.260 參(叁)壽唯利
1.261 用祈眉壽
1.262-3 大壽萬年/眉壽無疆
1.264-6 大壽萬年
1.267 大壽萬年/眉壽無疆
1.268 大壽萬年/眉壽無疆
1.269 大壽萬年/眉壽無疆
1.270 眉壽無疆
1.271 用祈壽老毋死
1.272-8 用旂(祈)眉壽/女(汝)考壽邁(萬)年
1.285 用旂(祈)眉壽/女(汝)考壽邁(萬)年
2.350 用祈眉壽無疆
2.351 用祈眉壽無疆
2.352 用祈眉壽無疆
2.353 用祈眉壽無疆
2.354 用祈眉壽無疆
2.355 用祈眉壽無疆
2.356 用祈寷(福)貫、〔多〕壽、每(誨)魯
2.357 用祈寷(福)貫、多壽、每(誨)魯
2.421 用祈萬壽
2.422 用祈萬壽
2.423 用旂(祈)眉壽
2.425 眉壽無疆
3.670 萬壽眉其年
3.717 其眉壽
3.735 其萬年眉壽
3.742 其眉壽
3.746 用旂(祈)眉壽
3.747 用旂(祈)眉壽
3.748 用旂(祈)眉壽
3.749 用旂(祈)眉壽
3.750 用旂(祈)眉壽
3.751 用旂(祈)眉壽
3.752 用旂(祈)眉壽
3.939 其萬年眉壽
3.946 王孫壽擇其吉金/其眉壽無疆
3.947 用祈眉壽
4.1989 眉壽乍(作)彝
4.2397 壽春府貞(鼎)
4.2478 眉壽□□
4.2498 其永壽用之
5.2537 其萬年眉壽
5.2551 其眉壽無期
5.2563 子子孫孫永壽
5.2568 其萬年眉壽
5.2572 其眉壽萬年
5.2573 其眉壽無期
5.2585 子子孫其眉壽萬年
5.2586 其眉壽萬年
5.2587 其萬年眉壽
5.2588 永壽用之
5.2589 其眉壽萬年
5.2592 其萬年眉壽
5.2593 其萬年眉壽
5.2601 其萬年眉壽
5.2602 眉壽無疆
5.2605 鄦(許)大邑魯生(甥)乍(作)壽母朕(媵)貞(鼎)/其萬年眉壽
5.2606 眉壽無疆
5.2607 其眉壽無朞(棋、期)
5.2639 其邁(萬)年眉壽
5.2640 眉壽無疆

5.2641 眉壽無疆
5.2642 其萬年眉壽
5.2646 用祈眉壽無疆
5.2650 其永壽用之
5.2667 其眉壽
5.2669 用祈眉壽 / 永壽用之
5.2680 諆其萬年眉壽
5.2681 用匄眉壽無疆
5.2715 眉壽無疆
5.2716 眉壽無疆
5.2717 其眉壽無諆(期)
5.2722 眉壽無期
5.2724 是用壽考
5.2727 用旂(祈)眉壽、黃句(耇)、吉康
5.2733 用桒(祓)壽、匄永福
5.2738 用祈眉壽
5.2743 用賜眉壽無疆
5.2744 用賜眉壽無疆
5.2753 用乞眉壽
5.2762 用祈匄眉壽、永令(命)、靁頁(靈)冬(終)
5.2766 壽躬穀子 / 眉壽無其(期)
5.2767 默(胡)叔眔仰(信)姬其壽耇(者)、多宗、永令(命)
5.2768 眉壽無疆
5.2769 眉壽無疆
5.2770 眉壽無疆
5.2771 用腸(賜)眉壽
5.2772 用腸(賜)眉壽
5.2777 尊鼎用祈匄百彔(禄)、眉壽、綰綽、永令(命)
5.2790 用賜康勵、魯休、屯(純)右(佑)、眉壽、永令(命)、霝(靈)冬(終)
5.2796 用匄康勵、屯(純)右(祐)、眉壽、永令(命)、霝(靈)冬(終)
5.2797 用匄康勵、屯(純)右(祐)、眉壽、永令(命)、霝(靈)冬(終)
5.2798 用匄康勵、屯(純)右(祐)、眉壽、永令(命)、霝(靈)冬(終)
5.2799 用匄康勵、屯(純)右(祐)、眉壽、永令(命)、霝(靈)冬(終)
5.2800 用匄康勵、屯(純)右(祐)、眉壽、永令(命)、霝(靈)冬(終)
5.2801 用匄康勵、屯(純)右(祐)、眉壽、永令(命)、霝(靈)冬(終)
5.2802 用匄康勵、屯(純)右(祐)、眉壽、永令(命)、霝(靈)冬(終)
5.2811 用祈眉壽
5.2813 用匄眉壽、黃耇、吉康
5.2814 用割(匄)頪(眉)壽萬年
5.2815 其眉壽萬年
5.2821 用匄眉壽
5.2822 用匄眉壽
5.2823 用匄眉壽
5.2825 用祈匄眉壽、綽綰、永令(命)、霝(靈)冬(終)
5.2826 晉姜用祈綽綰、眉壽 / 三壽是利
5.2827 頌其萬年眉壽
5.2828 頌其萬年眉壽
5.2829 頌其萬年眉壽
5.2831 舍(捨)顏有嗣壽商圝(貉)裘、盠冟 / 矩廼眔溓(濂)粦令壽商眔意 / 壽商闠(?)
5.2833 勿遺壽幼 / 勿遺壽幼
5.2834 〔勿〕眉(遺)壽子(幼)/ 勿〔遣〕壽幼
6.3700 其壽考寶用
6.3701 其壽考寶用
7.3873 其邁(萬)年壽考
7.3888 其萬年眉壽
7.3889 其萬年眉壽
7.3894 其萬年眉壽
7.3919 永壽用之
7.3920 用祈邁(萬)壽
7.3931 媿氏其眉壽
7.3932 媿氏其眉壽
7.3933 媿氏其眉壽
7.3934 媿氏其眉壽
7.3944 其萬年眉壽
7.3974 其萬年眉壽
7.3984 用賜眉壽萬年
7.3985 用賜眉壽萬年
7.3987 其萬年眉壽
7.3988 其萬年眉壽
7.3989 其萬年眉壽
7.4007 用賜眉壽
7.4011 永壽用之
7.4012 永壽用之
7.4013 永壽用之
7.4018 祈眉壽
7.4019 其萬年眉壽
7.4033 劉其壽考萬年
7.4034 劉其壽考萬年
7.4039 用賜眉壽、黃耇、萬年
7.4040 用賜永壽
7.4048 用賜眉壽
7.4049 用賜眉壽
7.4050 用賜眉壽
7.4051 用賜眉壽、黃耇
7.4052 用賜眉壽、黃耇
7.4053 用賜眉壽、黃耇
7.4054 萬年眉壽
7.4060 王姜賜不壽裘
7.4061 用祈眉壽、魯休
7.4065 用賜賓(眉)壽
7.4066 用賜賓(眉)壽
7.4067 用賜賓(眉)壽
7.4091 萬年眉壽
7.4092 萬年眉壽
7.4093 萬年眉壽
7.4094 萬年眉壽
7.4095 用賜其眉壽、萬年
7.4096 以貟(䁔、䀑)羕(永)令(命)、頪(眉)壽
7.4107 用祈眉壽
7.4108 綰綽、眉壽、永令(命)
7.4109 用賜眉壽
7.4110 商叡其萬年眉壽
7.4111 商虘(叡)其萬

年眉壽
8.4124 祈匃眉壽
8.4125 用賜眉壽
8.4128 其萬年永壽
8.4129 用賜黄耇、眉壽
8.4147 用匃眉壽／壽無疆
8:4148 用匃眉壽／壽無疆
8.4149 用匃眉壽／壽無疆
8.4150 用匃眉壽／壽無疆
8.4151 用匃眉壽／壽無疆
8.4154 用祈眉壽
8.4155 用祈眉壽
8.4156 用賜害(匃)眉壽、黄耇、霝(靈)冬(終)、萬年
8.4157 用匃眉壽、永令(命)
8.4158 用匃眉壽、永令(命)
8.4160 康其萬年眉壽
8.4161 康其萬年眉壽
8.4168 用祈眉壽
8.4182 虢姜其萬年眉壽
8.4183 用賜眉壽
8.4188 用賜賓(眉)壽、屯(純)右(祐)、康勵
8.4189 用賜賓(眉)壽、屯(純)右(祐)、康勵
8.4198 用匃眉壽、綽綰、永令(命)
8.4203 用賜眉壽、黄耇、霝(靈)冬(終)
8.4204 用賜眉壽、黄耇、霝(靈)冬(終)
8.4219 用祈匃眉壽、永令(命)
8.4220 用祈匃眉壽、永令(命)
8.4221 用祈匃眉壽、永令(命)
8.4222 用祈匃眉壽、永令(命)
8.4223 用祈匃眉壽、永令(命)
8.4224 用祈匃眉壽、永令(命)
8.4245 用祈萬年眉壽
8.4269 賜君我唯賜壽(儔)
8.4276 用賜疇壽
8.4277 眉壽、黄耇
8.4296 鄁其眉壽
8.4297 鄁其眉壽
8.4303 用匃眉壽
8.4304 用匃眉壽
8.4305 用匃眉壽
8.4306 用匃眉壽
8.4307 用匃眉壽
8.4308 用匃眉壽
8.4309 用匃眉壽
8.4310 匃眉壽
8.4315 眉壽無疆
8.4317 用桒(祓)壽、匃永令(命)
8.4328 眉壽無疆
8.4329 眉壽無疆
8.4330 用妥(綏)公唯壽
8.4331 魯壽子孫
8.4332 眉壽無疆
8.4333 眉壽無疆
8.4334 眉壽無疆
8.4335 眉壽無疆
8.4336 眉壽無疆
8.4337 眉壽無疆
8.4338 眉壽無疆
8.4339 眉壽無疆
8.4340 蔡其萬年眉壽
8.4343 牧其萬年壽考
9.4381 其萬壽
9.4423 其萬年眉壽
9.4432 用匃眉壽
9.4433 用匃眉壽
9.4436 用祈眉壽屯(純)魯
9.4437 其萬年眉壽
9.4440 其萬年眉壽
9.4441 其萬年眉壽
9.4442 割(匃)眉壽無疆
9.4443 割(匃)眉壽無疆
9.4444 割(匃)眉壽無疆
9.4445 割(匃)眉壽無疆
9.4446 用匃眉壽、多福
9.4447 用匃眉壽、多福
9.4448 用桒(祓)壽、匃永令(命)
9.4449 用桒(祓)壽、匃永令(命)
9.4450 用桒(祓)壽、匃永令(命)
9.4451 用桒(祓)壽、匃永令(命)
9.4452 用桒(祓)壽、匃永令(命)
9.4453 匃眉壽無疆
9.4458 悆其萬年眉壽
9.4459 其邁(萬)年眉壽
9.4460 其邁(萬)年眉壽
9.4461 其邁(萬)年眉壽
9.4465 降克多福、眉壽、永令(命)
9.4521 永壽用之
9.4535 伯壽父乍(作)寶簠
9.4545 永壽用
9.4554 其萬年眉壽
9.4560 其萬年眉壽
9.4565 其眉壽萬年
9.4566 其萬年眉壽
9.4567 其萬年眉壽
9.4568 其萬年眉壽
9.4570 其萬年眉壽
9.4571 其萬年眉壽
9.4574 其萬年眉壽
9.4581 用賜眉壽萬年
9.4582 用旂(祈)眉壽
9.4583 用旂(祈)眉壽
9.4584 用旂(祈)眉壽
9.4585 用旂(祈)眉壽
9.4586 用旂(祈)眉壽
9.4587 用旂(祈)眉壽
9.4592 其萬年眉壽
9.4593 用祈眉壽無疆／永壽用之
9.4594 眉壽無其(期)
9.4597 用祈眉壽／永壽用之
9.4600 用賜眉壽萬年
9.4601 用匃眉壽
9.4602 用匃眉壽
9.4603 用祈眉壽無疆／永壽用之
9.4604 用祈眉壽無疆／

永壽用之
9.4605 永壽用之
9.4606 用祈眉壽/永壽用之
9.4607 用祈眉壽/永壽用之
9.4608 其眉壽
9.4609 其眉壽
9.4610 宇其眉壽
9.4611 宇其眉壽
9.4612 其眉壽無疆
9.4613 諆(其)眉壽無記(期)
9.4614 其眉壽無疆
9.4617 以祈眉壽
9.4618 其眉壽
9.4619 眉壽無疆
9.4620 叔朕眉壽
9.4621 叔朕眉壽
9.4622 叔朕眉壽
9.4623 其眉壽以餴
9.4624 其眉壽以餴
9.4625 其眉壽
9.4627 弭仲畀壽
9.4628 用旝(祈)眉壽
9.4629 沬(眉)壽邁(萬)年
9.4630 沬(眉)壽邁(萬)年
9.4631 眉壽無疆
9.4632 眉壽無疆
9.4642 萬壽用之
9.4643 其眉壽無期
9.4645 用旂(祈)眉壽
9.4648 用乍(作)平壽适器辜(敦)
9.4689 其眉壽
9.4690 其眉壽
9.4691 其眉壽
9.4693 用祈眉壽
10.5382 用匄壽
11.5972 用匄壽
11.6007 侯萬年壽考、黄耇
11.6010 不諱壽考
12.6511 匄三壽、懿德、萬年
15.9433 匄邁(萬)年壽
15.9442 媿氏其眉壽
15.9659 其眉壽無期
15.9662 其眉壽萬年
15.9677 用睗(賜)眉壽
15.9681 邁(萬)壽用之
15.9687 邁(萬)年眉壽
15.9694 用祈眉壽
15.9695 用祈眉壽
15.9701 其眉壽無疆
15.9704 眉壽萬年
15.9706 眉壽萬年無疆
15.9708 用祈眉壽
15.9709 用旂(祈)眉壽、萬年
15.9712 用睗(賜)眉壽
15.9713 用祈匄眉壽
15.9716 用祈多福、眉壽
15.9717 用祈多福、眉壽
15.9718 享叔用賜眉壽無疆
15.9726 乎師壽召(詔)癲
15.9727 乎師壽召(詔)癲
15.9728 曶用匄萬年眉壽
15.9729 用旂(祈)眉壽
15.9730 用旂(祈)眉壽
15.9731 頌其萬年眉壽
15.9732 頌其萬年眉壽
15.9826 用匄眉壽
16.7360 用祈眉壽
16.9973 用賜眉壽/用賜眉壽
16.9974 用祈眉壽
16.9979 用祈眉壽/永壽用之
16.9980 其眉壽無疆
16.9981 其眉壽
16.9982 用祈眉壽
16.10006 用祈眉壽無疆
16.10007 用祈眉壽無疆
16.10008 䖒(吾)以旂(祈)眉壽
16.10110 其萬年眉壽
16.10119 媿氏其眉壽
16.10123 眉壽無疆
16.10124 永壽用之
16.10127 永壽用之
16.10128 永壽用之
16.10129 用祈眉壽
16.10133 其眉壽萬年
16.10143 眉壽無疆
16.10144 用祈眉壽無疆/永壽用之
16.10145 眉壽無疆
16.10147 其眉壽
16.10151 台(以)祈眉壽
16.10153 用祈眉壽
16.10154 其眉壽萬年
16.10157 用祈眉壽/永壽用之
16.10159 用祈眉壽
16.10160 用祈眉壽
16.10162 用祈眉壽
16.10163 其眉壽萬年/壽老無期
16.10165 用祈眉壽
16.10167 其萬年眉壽、黄耇
16.10171 不諱考壽
16.10174 其眉壽
16.10227 用賜眉壽
16.10232 其萬壽
16.10240 其邁(萬)年眉壽用之
16.10247 媿氏其眉壽
16.10263 其眉壽萬年
16.10264 眉壽無疆
16.10267 永壽用之
16.10274 用祈眉壽
16.10275 其萬年眉壽
16.10276 其眉壽無疆
16.10277 其眉壽
16.10279 用祈眉壽/永壽用之
16.10280 其眉壽萬年
16.10282 其眉壽邁(萬)年/壽老無期
16.10283 用祈眉壽
16.10284 用祈眉壽
16.10298 眉壽無疆
16.10299 眉壽無疆
16.10316 其萬年眉壽
16.10318 其眉壽萬年
16.10319 用祈眉壽無疆
16.10320 孫子永壽用之
16.10332 其眉壽用之
16.10335 子子孫永壽用之
16.10338 其眉壽無疆

16.10340 其眉壽無疆
16.10341 其眉壽
16.10361 侯氏受福眉壽
16.10558 壽乍(作)父戊尊彝
17.11280 壽之用交(效)
17.11404 上郡守壽(向壽)造
17.11405 上郡守壽(向壽)之造
18.11544 於戉(越)㠯(台)王旨郘之大(太)子侚(三)壽

0538 勹

4.2490 㝨乍(作)微伯娟(妘)氏勹(庖)鼎
5.2577 在平陰勹(庖)之所
17.11260 勹(復)昜(陽)右

0539 勻

1.48 宮令宰僕賜粤白金十勻(鈞)
5.2696 賜金一勻(鈞)、非(緋)余(琜)
5.2707 勻(鈞)二百六十二刀之勻(鈞)
5.2835 賜女(汝)圭瓚一、湯(鍚)鐘一𩋚(肆)、鐈鋚百勻(鈞)
6.3381 勻乍(作)寶彝
15.9683 冶勻嗇夫攺重、工尼
16.9977 土勻(軍)
16.10257 冶勻嗇夫殷重、工貲
16.10328 冶勻嗇夫孫茈(芃)、工福
16.10378 又二勻(鈞)益(鎰)

0540 𠣬

3.785 𠣬(勻)

0541 包

8.4343 有同(烔)事包廼多亂(亂)

0542 侚(三)

18.11544 於戉(越)㠯(台)王旨郘之大(太)子侚(三)壽

0543 匋(匋)

5.2774 念王母堇(勤)匋(陶)

0544 旬

5.2682 [二]旬又四日丁卯
10.5430 雩(越)旬又一日辛亥
11.6083 旬

0545 匑

15.9705 番匑(鞠)生(甥)鑄賸壺

0546 匔

4.2073 𦀚律乍(作)匔(寶)器
8.4167 休朕匔(寶)君公伯
9.4422 笱伯大父乍(作)嬴妃鑄匔(寶)盨/其子子孫孫永匔(寶)用
11.5984 能匔賜貝于厥咎(盥)公/能匔用乍(作)文父日乙寶尊彝
15.9416 㑹父乍(作)兹女(母)匔(寶)盉
16.10075 㑹父乍(作)兹女(母)匔(寶)般(盤)
16.10105 陶子或賜匔(陶)婤金一鈞
17.11354 鈖匔命(令)富反、下庫工師王豈、冶禽
18.11651 征(延、誕)匔(寶)用之

0547 匌

1.251-6 匌受萬邦
5.2833 肄(肆)師彌宋(怵)匌匡(恇)

0548 匍

1.251-6 匍(撫)有四方
1.262-3 匍(撫)有四方
1.267 匍(撫)有四方
1.268 匍有四方
1.269 匍(撫)有四方
1.270 匍(撫)又(有)四方
2.358 匍(撫)右(有)四方
5.2837 匍(撫)有四方
9.4467 匍(撫)有四方
9.4468 匍(撫)有四方
16.10175 匍(撫)有上下

0549 匐

5.2712 辛伯其竝(普)受厥永匐(福)
8.4343 以今𩒨(簎)司匐(服)厥辠(罪)㕟(厥)故(辜)

0550 冢

4.2306 一寽(鋝)卅一冢(重)
4.2451 宜信冢子
4.2481 寧冢子得、冶諎爲財(鼐)
5.2590 梁陰命(令)率上官冢子疾、冶勳鑄
5.2764 五益(鎰)六釿半釿四分釿之冢(重)
5.2793 一益(鎰)十釿半釿四分釿之冢(重)/六益(鎰)半釿之冢(重)
5.2835 遱(越)追至于楊冢(塚)
8.4266 命女(汝)乍(作)𢽃(豳)師冢𤔲馬
8.4341 王令毛公以邦冢君、土(徒)馭、或(越)人伐東或(國)痟戎
9.4694 冢(重)三桼(率)二夆桼(率)四𠁩
15.9448 冢(重)三百八刀
15.9450 冢(重)三百卌(四十)五刀
15.9616 冢(重)十八益(鎰)
15.9647 卅五再五寽

(鋝)五冢(重)
15.9648 四寽(鋝)十一冢(重)盉
15.9649 四寽(鋝)七冢(重)盉
15.9650 四寽(鋝)十三冢(重)
15.9660 十九再四寽(鋝)廿九冢(重)□
15.9674 冢(重)一石百卌(四十)二刀之冢(重)
15.9683 冢(重)四百六刀冢(重)
15.9684 冢(重)一石八十二刀之冢(重)
15.9685 冢(重)五百六十九刀
15.9686 冢(重)一石三百刀之冢(重)
15.9692 冢(重)四百七十四刀之冢(重)
15.9693 冢(重)一石三百卌九刀之冢(重)
15.9728 乍(作)冢嗣土(徒)于成周八師
15.9734 而冢(重)賃(任)之邦
16.9940 冢(重)十六𠈇(值)
16.10257 冢(重)七十刀之冢(重)
16.10333 冢
16.10358 冢(重)百十一刀之冢(重)
16.10359 冢(重)百廿八刀之冢(重)
16.10402 冢(重)一石三百五十五刀之冢(重)
16.10446 冢(重)
16.10447 冢(重)
17.10964 陳冢邑
17.11376 冢子韓矰(䣝)、邦庫嗇夫敊(扶)湯、冶舒數(槽、造)戈

0551 䖞

5.2831 其䖞(賸)衛臣虢朏
5.2832 衛小子逆其鄉(饗)、䖞(賸)

0552 匓、𣪘(匓)

5.2724 𣪘(匓、匓)用友(侑)
6.3367 晨乍(作)寶𣪘(匓、段)
8.4300 用匓寮(僚)人
8.4301 用匓寮(僚)人
9.4627 者(諸)友飪飤具(俱)匓(匓)

0553 匔、匑、腹

4.2061 腹公乍(作)寶鼎
16.10175 遠猷腹心

0554 匋

5.2836 賜女(汝)井寓匋/賜女(汝)井、微、匋人

0555 尢

16.10175 上帝司夒(擾)尢保

0556 尥(尳)

10.5317 尥(尳)伯罰乍(作)寶尊彝

0557 夭(走)

12.7205 夭(走)乍(作)彝
12.7206 夭(走)乍(作)彝
14.8781 亞夭(走)𤔲(䟽)

0558 奔

5.2836 䡴(纘)賜女(汝)井人奔于量
5.2837 享奔走
5.2840 𢦏(吾)老賙(賈)奔走不聽命
8.4241 克奔走上下
8.4322 𢦏率有嗣、師氏奔追鄧(攔)戎于㭁(域)林
10.5433 效不敢不邁(萬)年夙夜奔走揚公休
11.6009 效不敢不邁(萬)年夙夜奔走揚公休
17.11364 虎奔(賁)

0559 𢼸、𨓈

8.4330 也用褱(懷)𨓈我多弟子

0560 喬

1.225 喬喬(嬌嬌)其龍/余不敢爲喬(驕)
1.226 喬喬(嬌嬌)其龍/余不敢爲喬(驕)
1.227 喬喬(嬌嬌)其龍/余不敢爲喬(驕)
1.228 喬喬(嬌嬌)其龍/余不敢爲喬(驕)
1.229 喬喬(嬌嬌)其龍/余不敢爲喬(驕)
1.230 喬喬(嬌嬌)其龍/余不敢爲喬(驕)
1.231 喬喬(嬌嬌)其龍/余不敢爲喬(驕)
1.232 喬喬(嬌嬌)其龍/余不敢爲喬(驕)
1.233 喬喬(嬌嬌)其龍/余不敢爲喬(驕)
1.234 喬喬(嬌嬌)其龍/余不敢爲喬(驕)
1.235 喬喬(嬌嬌)其龍/余不敢爲喬(驕)
1.236 喬喬(嬌嬌)其龍/余不敢爲喬(驕)
1.237 喬喬(嬌嬌)其龍/余不敢爲喬(驕)
2.423 喬君淲虘與朕以贏
4.2284 喬夫人鑄其䭒(饋)貞(鼎)
5.2794 窒(室)鑄喬(鐈)貞(鼎)之盍(蓋)/窒(室)鑄喬(鐈)貞(鼎)
5.2795 窒(室)鑄喬(鐈)貞(鼎)之盍(蓋)/窒(室)鑄喬(鐈)貞(鼎)
5.2840 毋富而喬(驕)
8.4199 令女(汝)更喬克嗣直啚(鄙)
8.4200 令女(汝)更喬

克嗣直啚(鄙)
11.5987 在新喬
18.11757 於取(瞅)子敄鼓鑄鑵元喬

0561 [illegible]

16.10150 唯[illegible]右自乍(作)用其吉金寶般(盤)

0562 猒

3.849 猒乍(作)寶彝

0563 趩

3.1419 亞趩
3.1420 亞趩
10.5203 亞寢趩宔(鑄),父乙
11.5568 亞趩

0564 趣(趨)

3.1460 趣(趨)母
3.1461 趣(趨)母
6.3151 趣(趨)父乙
10.4911 趣(趨)父乙
10.4956 趣(趨)父己
14.8361 趣(趨)祖癸
14.8362 趣(趨)祖癸
14.8677 趣(趨)父癸
15.9501 趣(趨)父乙

0565 夨(仄)

3.514 夨伯乍(作)旅鼎
3.515 夨伯乍(作)旅鼎
3.871 夨伯乍(作)旅
3.995 夨
4.1890 父辛𠂤夨
4.2149 夨王乍(作)寶尊貞(鼎)
7.3777 散伯乍(作)夨姬寶毀
7.3778 散伯乍(作)夨姬寶毀
7.3779 散伯乍(作)夨姬寶毀
7.3780 散伯乍(作)夨姬寶毀
7.3871 夨王乍(作)奠(鄭)姜尊毀
8.4300 乍(作)册夨令尊宜于王姜
8.4301 乍(作)册夨令尊宜于王姜
8.4320 王令(命)虞(虎)侯夨曰:鄀(?)侯于宜/宜侯夨揚王休
9.4353 夨賸乍(作)寶旅盨
10.5206 亞夨望丩父乙(15.9565)
10.5304 倀夨乍(作)父辛寶彝
10.5398 夨王賜同金車、弓矢
11.5884 鴅夨乍(作)父辛寶彝
11.5984 夨亩(廩)五朋
11.6016 令夨告于周公宮/廼令曰:今我唯令女(汝)二人亢眔夨
12.6452 夨王乍(作)寶彝
12.6559 夨
14.8606 夨父辛
14.8918 [illegible](夋)夨父戊
14.8919 [illegible](夋)夨父戊
14.8920 [illegible](夋)夨父戊
15.9565 亞夨望丩父乙(10.5206)
16.9901 令夨告于周公宮/廼令曰:今我唯令女(汝)二人亢眔夨
16.10176 用夨戣(撲)散邑/夨人有嗣眉(堳)田:鮮、且、微、武父、西宮襄、豆人虞丂、彔、貞、師氏右省、小門人繇、原人虞艿、淮嗣工(空)虎孛、開豐父、𨾔(鳿)人有嗣、刑丂/正眉(堳)夨舍(捨)散田:嗣土(徒)屰𠫑、嗣馬單[illegible]、䢅人嗣工(空)騵君、宰德父/夨卑(俾)鮮、且、𦣞、旅誓/夨王于豆新宮東廷
16.10193 散伯乍(作)夨姬寶也(匜)
17.10783 夨
17.10784 夨
17.10886 伯夨
17.10889 夨仲
18.11841 夨(仄)
18.11851 夨笴(笰)
18.12029 口乍(作)夨寶
18.12076 夨
18.12077 夨
18.12078 夨
18.12079 夨
18.12080 夨
18.12081 夨
18.12083 夨丁
18.12084 夨丁

0566 吳

1.34 敷(敷)內(入)吳疆
1.223-4 吳王光逗之穆曾(贈)舒(舒)金
2.426 吳王□□□□犬子配兒
2.427 吳王□□□□犬子配兒
2.429 遠盄(淑)聞于王東吳谷
3.905 吳
3.996 吳
3.997 吳
4.1814 吳乍(作)祖戊
4.2250 吳乍(作)父丁寶尊彝
4.2359 吳王孫無土之脰(廚)貞(鼎)
4.2452 陴父之走(趣)馬吳買
5.2600 吳王姬乍(作)南宮史叔飤鼎
5.2649 伯頵父乍(作)朕皇考屖伯、吳姬寶鼎
5.2831 厥吳喜皮二
5.2840 吳人并(併)雩(越)/五年覆吳
7.3976 吳
7.3980 吳彩父乍(作)皇祖考庚孟尊毀
7.3981 吳彩父乍(作)皇祖考庚孟尊毀
7.3982 吳彩父乍(作)皇祖考庚孟尊毀
7.4027 伯豧父乍(作)朕皇考徲伯、吳(虞)

姬尊段
8.4195 王命莔眔叔緐父歸(饋)吳姬饔(饔)器 / 吳姬賓(儐)帛束
8.4270 王命同：差(佐)右(佑)吳(虞)大父 / 𤔲昜(場)、林、吳(虞)、牧 / 世孫孫子子差(佐)右(佑)吳(虞)大父
8.4271 王命同：差(佐)右(佑)吳(虞)大父 / 𤔲昜(場)、林、吳(虞)、牧 / 世孫孫子子差(佐)右(佑)吳(虞)大父
8.4273 王以(與)吳朿、呂𤔲(犅)
8.4283 王乎內史吳册令(命)師瘨
8.4284 王乎內史吳册令(命)師瘨
8.4288 王在吳(虞)/ 各吳(虞)大廟
8.4289 王在吳(虞)/ 各吳(虞)大廟
8.4290 王在吳(虞)/ 各吳(虞)大廟
8.4291 王在吳(虞)/ 各吳(虞)大廟
8.4298 王乎吳(虞)師召(詔)大
8.4299 王乎吳(虞)師召(詔)大
8.4316 王乎內史吳曰：册令(命)虎
8.4341 王令吳(虞)伯曰：以乃師左比毛公
8.4343 王乎內史吳册令(命)牧
9.4415 魯𤔲徒伯吳
9.4527 吳王御士尹氏叔繁乍(作)旅匡(筐)
9.4552 㝬(胡)叔乍(作)吳(虞)姬尊鉦(筐)
9.4626 眔吳(虞)、眔牧
10.5025 吳乍(作)彝
11.5643 吳父己
11.6010 敬配吳王
12.7139 吳父庚
15.9300 吳
15.9372 父乙吳
15.9407 吳乍(作)寶盉
15.9674 右使〔車〕嗇夫吳莣、工䏌
16.9898 宰胐右(佑)乍(作)册吳 / 王乎史戊册令(命)吳：𤔲旓眔叔金 / 吳拜𩒨首 / 吳其世子孫永寶用
16.10066 吳乍(作)寶般(盤)
16.10167 □內(入)吳
16.10171 敬配吳王
16.10186 自乍(作)吳姬賸(媵)也(匜)
16.10294 吳王夫差擇厥吉金
16.10295 吳王夫差擇厥吉金
16.10296 吳王夫差擇厥吉金
16.10298 吳王光擇其吉金
16.10299 吳王光擇其吉金
16.10406 吳王長睘(?)
17.10919 吳(虞)庫
17.11264 鄉左庫吳□
17.11323 𢆶(茲)氏命(令)吳庶、下庫工師長武
17.11366 坓(型、邢)倫(令)吳帀(次)、上庫工師宋㝵、冶㞤敕(撻)齋(劑)
17.11375 馬雍命(令)事(吏)吳、武庫工師奭信、冶祥造
18.11534 吳王夫差自乍(作)甬(用)鍬(鍨)
18.11635 相邦建信君、邦右庫□□工師吳症(瘄)、冶疕敕(撻)齋(劑)
18.11640 吳季子之子逞之元用鐱(劍)

0567 克

1.109-10 克悊(哲)厥德
1.111 克悊(哲)厥德
1.121 以克總光朕郕(越)
1.122 以克總光朕郕(越)
1.125-8 台(以)克總光朕郕(越)
1.132 台(以)克總光朕郕(越)
1.187-8 克哲厥德
1.189-90 克哲厥德
1.192 克哲厥德
1.204-5 王乎士曶召克 / 王親令克 / 賜克佃車、馬乘 / 克不敢彖(墜)/ 克敢對揚天子休 / 克其萬年
1.206-7 王乎士曶召克 / 王親令克 / 賜克佃車、馬乘 / 克不敢彖(墜)/ 克敢對揚天子休 / 克其萬年
1.208 王乎士曶召克 / 王親令克
1.209 王乎士曶召克 / 王親令克 / 賜克佃車、馬乘 / 克不敢彖(墜)/ 克敢對揚天子休 / 克其萬年
1.247 克明厥心
1.248 克明厥心
1.249 克明厥心
1.250 克明厥心
1.262-3 克明又(厥)心
1.264-6 克明又(厥)心
1.267 克明又(厥)心
1.268 克明又(厥)心
1.269 克明又(厥)心
4.2017 子克册父辛
5.2712 𠭖(㓷)辛伯蔑乃子克曆
5.2796 王命善(膳)夫克舍(捨)令于成周 / 克乍(作)朕皇祖釐季寶宗彝 / 克其日用𩰫 / 克其子子孫孫永寶用
5.2797 王令善(膳)夫克舍(捨)[令]于成周 / 克乍(作)朕皇祖釐季寶宗彝 / 克其日用𩰫 / 克其子子孫孫永寶用

5.2798 王命善(膳)夫克舍(捨)令于成周/克乍(作)朕皇祖釐季寶宗彝/克其日用𩰬/克其子子孫孫永寶用
5.2799 王命善(膳)夫克舍(捨)令于成周/克乍(作)朕皇祖釐季寶宗彝/克其日用𩰬/克其子子孫孫永寶用
5.2800 王命善(膳)夫克舍(捨)令(命)于成周/克乍(作)朕皇祖釐季寶宗彝/克其日用𩰬/克其子子孫孫永寶用
5.2801 王命善(膳)夫克舍(捨)令于成周/克乍(作)朕皇祖釐季寶宗彝/克其日用𩰬/克其子子孫孫永寶用
5.2802 王命善(膳)夫克舍令(命)于成周/克乍(作)朕皇祖釐季寶宗彝/克其日用𩰬/克其子子孫孫永寶用
5.2803 乃克至
5.2809 今弗克厥罰
5.2812 穆穆克盟(明)厥心
5.2830 女(汝)克𧃍乃身/伯亦克㪇(款)由先祖蠱孫子
5.2833 克夾召(紹)先王奠四方/弗克伐噩(鄂)
5.2834 克夾召(紹)先王曰(奠)左(四)方/每(弗)克我(伐)〔噩〕
5.2835 唯俘車不克以
5.2836 克曰:穆穆朕文祖師華父/𦘠(肆)克龏(恭)保厥辟龏(恭)王/𦘠(肆)克[illegible]于皇天/勵克王服/𤔲(申)季右(佑)善(膳)夫克/王乎尹氏册令(命)善(膳)夫克/王若曰:克/克拜䭫首/克其萬年無疆
7.3986 德克乍(作)朕文祖考尊設/克其萬年
8.4131 歲鼎克聞(昏)
8.4140 大(太)保克敬亡遣(譴)
8.4199 令女(汝)更喬克嗣直啚(鄙)
8.4200 令女(汝)更喬克嗣直啚(鄙)
8.4241 克奔走上下
8.4261 不(丕)克乞(訖)衣(殷)王祀
8.4279 王乎乍(作)册尹克册命師旋
8.4280 王乎乍(作)册尹克册命師旋
8.4281 王乎乍(作)册尹克册命師旋
8.4282 王乎乍(作)册尹克册命師旋
8.4322 卑(俾)克厥啻(敵)
8.4326 穆穆克誓(哲)厥德
8.4330 公克成妥(綏)吾考/迺妹(昧)克衣告刺(烈)成工(功)/叡吾考克淵克/乃沈子妹(昧)克蔑見猒(厭)于公休/我孫克又(有)井(型)斆(效)
8.4331 乃祖克桒(弼)先王
8.4341 亡克競厥刺(烈)
8.4342 亦則於女(汝)乃聖祖考克尃(輔)右(佑)先王/首德不克妻(畫)
9.4465 典善(膳)夫克田人/克拜䭫首/克其用朝夕享于皇祖考/降克多福、眉壽、永令(命)/克其日賜休無疆/克其萬年
9.4466 厥右(佑)善(膳)夫克
9.4467 王若曰:師克/王曰:克/克黔(令)臣先王/克敢對揚天子不(丕)顯魯休/克其邁(萬)年
9.4468 王若曰:師克/王曰:克/克黔(令)臣先王/克敢對揚天子不(丕)顯魯休/克其邁(萬)年
9.4631 克狄(逖)淮尸(夷)
9.4632 克狄(逖)淮尸(夷)
9.4649 大慕(謨)克成
10.5428 叔趞父曰:余考(老)不克御事
10.5429 叔趞父曰:余考(老)不克御事
11.6014 克逨(弼)文王/唯武王既克大邑商
12.6512 王後阪(坂、返)克商
13.7378 克
13.7379 克
13.7380 克
15.9725 伯大(太)師賜伯克僕卅夫/伯克對揚天右(佑)王伯友(賄)/克用匄眉老無疆/克克其子子孫孫永寶用享
16.10162 黃大(太)子伯克
16.10338 黃大(太)子伯克
17.11044 釐吹克瘗
18.11666 克戢多攻

0568 晃

5.2825 令女(汝)官嗣畬(飲)獻人于晃

0569 北

2.388 北單
2.389 北單
2.390 北單
3.506 北伯乍(作)彝
3.847 㒸(共)北子冉
4.1719 北子冉
4.1747 北單戈
4.1748 北單戈
4.1749 北單戈
4.1750 北單戈

4.1911 北伯乍(作)尊

4.2082 虘北乍(作)季姬

4.2173 北單乍(作)從旅彝

4.2329 北子乍(作)母癸寶尊彝

5.2575 唯伯段父北師(次)叟年

5.2710 王令寑農省北田四品

5.2783 北鄉(嚮)

5.2804 北鄉(嚮)

5.2805 北鄉(嚮)

5.2815 北鄉(嚮)

5.2819 北鄉(嚮)

5.2825 北鄉(嚮)

5.2836 北鄉(嚮)

5.2839 北鄉(嚮)

6.3120 北單

6.3239 北單戠

6.3324 北𠂤父己

6.3672 北伯邑辛乍(作)寶尊段

6.3717 戠册北單

7.3993 翏乍(作)北子柞段

7.3994 翏乍(作)北柞段

8.4243 北鄉(嚮)

8.4255 北鄉(嚮)

8.4256 北鄉(嚮)

8.4268 北鄉(嚮)

8.4270 北鄉(嚮)

8.4271 北鄉(嚮)

8.4272 北鄉(嚮)

8.4287 北鄉(嚮)

8.4312 北鄉(嚮)

8.4316 北鄉(嚮)

10.5165 北子冉父辛

10.5299 北伯殁乍(作)寶尊彝

11.5762 北子乍(作)彝

11.5890 北伯殁乍(作)寶尊彝

11.6013 北鄉(嚮)

11.6188 北單

12.6476 北子芈乍(作)旅彝

12.6507 北子乍(作)寶尊彝

12.7017 北單

12.7195 戈北單

13.7402 北

13.8178 北干(單)

14.8806 北單戈

14.8807 [illegible](或、戜)北單

14.8934 北𠂤父己

14.8962 北𠂤父癸

15.9120 北

15.9389 戈北單父丁

15.9508 北單戈

15.9605 北寖(浸)

15.9673 北寖(浸、寑)

15.9689 伯懋父北征

16.9868 戈北單

16.9898 北鄉(嚮)

16.9899 北鄉(嚮)

16.9900 北鄉(嚮)

16.10047 北單戈

16.10084 北子宋乍(作)文父乙寶尊彝

16.10170 北鄉(嚮)

16.10172 北鄉(嚮)

17.11347 □陽命(令)둃戲、工師北宮(宮)壘、冶黃

18.11411 北單

18.11445 北單

18.11446 北單

18.11665 北南西行

18.11703 唯戉(越)王丌(其)北古 / 戉(越)王丌(其)北古

18.11785 叡嗣土(徒)北征蒿盧

18.11988 [illegible]北

18.11989 [illegible]北

18.11990 [illegible]北

18.11991 [illegible]北

18.11992 [illegible]北

18.11993 [illegible]北

0570　柴(背)

16.10390 郗(徐)王之堯(无)元柴(背)之少(小)熨(熽)膚(盧、爐)

0571　冀

6.3686 幷廷冀乍(作)父癸寶尊彝

8.4300 戍冀嗣乞(訖)

8.4301 戍冀嗣乞(訖)

0572　髻

3.1034 髻

11.5654 髻父辛

13.8149 口髻

16.9828 髻

16.9956 亞髻享

0573　髭

3.1033 髭

4.1904 聑髭婦[illegible]

5.2837 有髭(祟)烝祀無敢醆

6.3345 聑髭婦[illegible]

7.3975 聑髭

10.5098 聑髭婦[illegible]

10.5307 髭乍(作)祖癸寶尊彝

11.5760 聑髭婦[illegible]

12.6930 聑髭

12.7254 聑髭婦[illegible]

13.8157 耳髭

14.8982 聑髭婦[illegible]

14.8983 聑髭婦[illegible]

14.8984 聑髭婦[illegible]

15.9106 髭

0574　囟(囱)

8.4272 用乍(作)朕皇祖伯囟(窗)父寶段

0576　臣、𠥑

3.735 鑄子叔黑臣(頤)肇乍(作)寶鬲

5.2587 鑄子叔黑臣肇乍(作)寶貞(鼎)

7.3944 鑄子叔黑臣肇乍(作)寶段

9.4423 鑄子叔黑臣肇乍(作)寶盨

9.4570 鑄子叔黑臣

9.4571 鑄子叔黑臣

12.6746 臣

16.10122 黃子乍(作)黃孟臣(姬)行器

16.10217 備叔黑臣(頤)乍(作)寶也(匜)

16.10254 黃子乍(作)黃孟臣(姬)行器

0577　𦣞

1.182 諻諻巸巸(熙熙)
9.4645 它它(施施)巸巸(熙熙)
15.9452 長巸
16.10159 它它(施施)巸巸(熙熙)
16.10163 它它(施施)巸巸(熙熙)
16.10280 沱沱(施施)巸巸(熙熙)
16.10282 它它(施施)巸巸(熙熙)
16.10283 它它(施施)巸巸(熙熙)
16.10384 漆工巸、丞詘造
17.11367 左工師齊、丞巸、工牲
17.11383 廼巸(熙)

0578 𢀸

18.11562 安陽倫(令)韓壬、司刑欣(哳)𠫑、右庫工師𦭵(若)固、冶𢀸𢽾(造)𢦏朿(刺)

0579 𢆶(㢋)

15.9575 奠(鄭)右𢆶(㢋)

0580 𩠐

3.742 𩠐子子奠伯乍(作)尊鬲

0581 脊、𦟝

4.1715 子脊𠄔
4.1716 子脊𠄔
11.5985 子脊
12.6403 亞脊父己
12.6794 脊
12.6897 子脊
13.7567 脊
13.7568 脊
13.8098 子脊
13.8099 子脊
14.8790 脊丁乚

0582 亼、亼(齊)

3.1486 亼(齊)𠃌
3.1487 亼冋
4.1757 者亼(齊)
4.1902 𠃌亼(齊)父癸
4.2109 亼
5.2579 𠃌亼
6.2951 亼(齊)
6.3302 亼啐荀父乙
6.3429 亼𠃌
6.3649 亼𠃌
6.3650 亼𠃌
7.3865 亼𠃌
7.3935 𠃌亼
12.6790 亼(齊)
12.7188 亼荀啐(籀)
12.7259 亼乍(作)從彝
13.7747 亼(齊)
13.7748 亼(齊)
13.8165 倗舟亼
13.8166 亼大中
13.8181 亼竝
13.8183 亼从(眾)
13.8278 亼𠃌
14.8527 亼𠃌父戊
14.8814 亼啐荀
14.8815 目亼民
14.8841 祖戊亼采
15.9149 亼(齊)
15.9387 子亼𠃌父甲
16.10032 亼爻
16.10572 亼𠃌乍(作)父丁寶尊彝

0583 ⺍、⺍(薺)

6.3303 ⺍(薺)册父乙
11.5951 ⺍(薺)册
16.10494 ⺍(薺)

0584 𠚁、𠚁(𪗉)

3.1138 𠚁
12.6745 𠚁(齎、積)
13.7701 𠚁(齎、積)

0585 齊

1.103 遟(遲)父乍(作)姬齊姜龢䕡(林)鍾(鐘)/ 俟(遲)父眔齊萬年眉壽
1.125-8 齊(齋)休祝成
1.129-31 齊(齋)休祝成
1.142 齊𩜁(鮑)氏孫𠃌擇其吉金
1.157 率征秦迮齊
1.158 率征秦迮齊
1.159 率征秦迮齊
1.160 率征秦迮齊
1.161 率征秦迮齊
1.271 齊辟𩜁(鮑)叔之孫、適(躋)仲之子𦁟(紷)/ 𩜁(鮑)叔又(有)成裝(勞)于齊邦
1.272-8 是辟于齊侯之所 / 齊侯左右
1.280 齊侯左右
1.285 是辟于齊侯之所 / 齊侯左右
2.290 其在齊爲吕音
3.486 齊婦𡚱
3.535 帛女(母)乍(作)齊(齍)鬲
3.572 弭叔乍(作)犀妊齊(齍)鬲
3.573 弭叔乍(作)犀妊齊(齍)鬲
3.574 弭叔乍(作)犀妊齊(齍)鬲
3.605 伯姜乍(作)齊(齍)鬲
3.645 王乍(作)番妃齊(齍)鬲
3.685 齊趫父乍(作)孟姬寶鬲
3.686 齊趫父乍(作)孟姬寶鬲
3.939 魯仲齊乍(作)旅獻(甗)
4.2148 齊姜乍(作)寶尊鼎
5.2586 齊𡗜(扶)史喜乍(作)寶貞(鼎)
5.2639 魯仲齊肇乍(作)皇考𩰫貞(鼎)
6.3740 齊史逗乍(作)寶𣪕
7.3816 齊嫿(姪)姬乍(作)寶𣪕
7.3893 齊巫姜乍(作)尊𣪕
8.4123 伯艿父事(使)䵼𧷢(覿)尹人于齊師
8.4145 保有齊邦
8.4216 令女(汝)羞追于齊
8.4217 令女(汝)羞追于齊
8.4218 令女(汝)羞追于齊

8.4313 率齊師曩(紀)、𠩺(釐、萊)、僰
8.4314 率齊師、曩(紀)、賚(萊)、僰
9.4440 魯𤔲徃(辻、徒)仲齊
9.4441 魯𤔲徃(徒)仲齊
9.4595 齊陳曼不敢逸康
9.4596 齊陳曼不敢逸康
9.4629 余寅(夤)事齊侯
9.4630 余寅(夤)事齊侯
9.4638 齊侯乍(作)飤𩰫(敦)
9.4639 齊侯乍(作)飤𩰫(敦)
9.4645 齊侯乍(作)朕(賸)寬圓孟姜膳𩰫(敦)
9.4646 保又(有)齊邦
9.4647 保又(有)齊邦
9.4648 陳侯午淖(朝)群邦者(諸)侯于齊/保有齊邦
9.4649 保有齊邦
10.5202 齊乍(作)父乙尊彝
11.5593 乍(作)齊
11.5686 [illegible]齊婛
12.6423 齊豺父癸
12.6490 齊史遻乍(作)祖辛寶彝
12.6491 齊史遻乍(作)祖辛寶彝
14.8345 齊祖辛
14.8753 齊婛
14.8754 齊婛
15.9659 齊皇乍(作)壺孟
15.9729 齊侯女雷𦘒(聿)喪其毀(舅)/齊侯命大(太)子乘遽來句宗伯/齊侯拜嘉命/齊侯既遭(躋)洹子孟姜喪
15.9730 齊侯女雷𦘒(聿)喪其毀(舅)/齊侯命大(太)子乘遽來句宗伯/齊侯拜嘉命/齊侯既遭(躋)洹子孟姜喪
15.9733 齊三軍圍釐(萊)
16.9896 齊生(甥)魯肇貯(賈)
16.9975 齊嬰(將)鈛(鍋)孔、陳璋內(入)伐匽(燕)亳邦之獲
16.10116 魯𤔲徃(徒)仲齊肇乍(作)般(盤)
16.10117 齊侯乍(作)婪(蓋)姬寶般(盤)
16.10123 齊侯乍(作)皇氏孟姬寶般(盤)
16.10142 齊叔姬乍(作)孟庚寶般(盤)
16.10147 齊縈姬之嬨(姪)
16.10151 齊大(太)宰歸父[illegible]爲忌釁(沬)盤
16.10159 齊侯乍(作)賸(媵)寬圓孟姜盥般(盤)
16.10233 齊侯子行乍(作)其寶也(匜)
16.10242 齊侯乍(作)婪(蓋)姬寶也(匜)
16.10272 齊侯乍(作)虢孟姬良女(母)寶也(匜)
16.10275 魯𤔲徃(徒)仲齊
16.10283 齊侯乍(作)賸(媵)寬圓孟姜盥盂
16.10318 齊侯乍(作)朕(媵)子仲姜寶盂
16.10361 齊邦鼏(謐)靜安寧
16.10372 齊遣卿大夫眔來聘
17.10989 齊蓳堍(象)部(造)
17.11367 左工師齊、丞𦣞、工牲
18.11707 相邦春平侯、邦左庫工師長身、冶窑瀌敎(撻)齊(劑)
18.11815 齊城右造車鍼(戟)、冶[illegible]
18.12031 齊司馬郤右
18.12090 齊節大夫欨(戾、欥)五

0586 長

4.1800 長腡會(合)
4.1968 寡長乍(作)齋
4.2348 乍(作)長寶尊彝
4.2369 長子狗乍(作)文父乙尊彝
4.2530 長居囗
6.3581 長由乍(作)寶尊毀
6.3582 長由乍(作)寶尊毀
8.4323 長𣘻(榜)𢦏(載)首百
9.4625 長子𩣡臣擇其吉金
10.5431 曩長疑其子子孫孫寶用
11.5695 長隹壺
14.8816 長隹壺
14.8817 長隹壺
15.9452 長𦣞/長陵一斗一升/受長[illegible](抚、概)
15.9455 穆穆王蔑長由以逨(徠)即井伯/長由蔑曆
16.10175 天子圝(恪)屭(纘)文武長剌(烈)
16.10406 吳王長睘(?)
17.10914 長鄝
17.10915 長鄝
17.11061 車大夫長畫
17.11159 敓命(令)長足、冶哥
17.11323 [illegible](兹)氏命(令)吳庶、下庫工師長武
17.11348 龏(龔)竛(令)思、左庫工師長史盧、冶數近
17.11349 龏(龔)竛(令)思、左庫工師長史盧、冶數近
17.11363 漆垣工師爽、工更長猗
17.11384 奠(鄭)倫(令)韓半、司寇長朱、

武庫工師𢦏悲、冶君(尹)敀(披)𢿛(造)
17.11385 奠(鄭)倫(令)韓𢒇、司寇長朱、右庫工師皂高、冶君(尹)𢿫𢿛(造)
17.11404 㭍垣工師爽、工吏長猗
18.11475 長□
18.11553 奠(鄭)命(令)韓半、司寇長(張)朱、左庫工師昜(陽)𣎴(碯)、冶君(尹)弜𢿛(𢿛、造)
18.11557 相邦春平侯、邦左伐器工師長翟(鳳)、冶秎(粉)教(撻)齋(劑)
18.11558 相邦春平侯、邦左庫工師長翟(鳳)、冶㔾(匀)教(撻)齋(劑)
18.11672 𦔻(型、邢)疫命(令)邦乙、下庫工師孫所、長缶、冶浊齋(劑)
18.11689 相邦春平侯、邦左伐器工師長翟(鳳)、冶赦教(撻)齋(劑)
18.11690 相邦春平侯、邦左伐器工師長翟(鳳)、冶明教(撻)齋(劑)
18.11691 相邦春平侯、邦左伐器工師長翟(鳳)、冶句教(撻)齋(劑)
18.11707 相邦春平侯、邦左庫工師長身、冶䆿瀌教(撻)齊(劑)
18.11713 相邦春平侯、邦左伐器工師長翟(鳳)、冶句教(撻)齋(劑)
18.11714 相邦春平侯、邦左伐器工師長翟(鳳)、冶句教(撻)齋(劑)
18.11716 相邦春平侯、邦左伐器工師長翟(鳳)、冶匠教(撻)齋(劑)
18.11911 大良造庶長鞅之造
18.11917 □□長□頁

0587 𨱍、𨲌

1.157 入𨱍(長)城
1.158 入𨱍(長)城
1.159 入𨱍(長)城
1.160 入𨱍(長)城
1.161 入𨱍(長)城
4.2304 𨱍(長)信侯私官
5.2840 𨱍(長)爲人宔(主)/事少女(如)𨱍(長)
7.3789 史𨱍(場)父乍(作)尊設
15.9735 而退與者(諸)侯齒𨱍(長)於遳(會)同/齒𨱍(長)於遳(會)同
16.10478 丌(其)棍(題)起(湊)𨱍(長)三乇(尺)/丌(其)棍(題)起(湊)𨱍(長)三乇(尺)
18.11528 郾(燕)王喜怣(授、授)全𨱍(長)利
18.11529 郾(燕)王喜怣(授、授)全𨱍(長)利

0588 重

3.478 重父丙
3.1003 重
3.1004 重
4.1666 重父壬
4.1885 虎重父辛
5.2577 叚工師王馬重(童)、眂(視)事鐙、冶敬
6.2927 重
8.4241 賜臣三品:州人、重人、墉(鄘)人
11.6162 亞重
11.6249 父丙重
11.6324 重父癸
11.6325 重父癸
12.6568 重
12.6569 重
12.6840 癸重
13.7365 重
13.7366 重
13.7367 重
13.8043 己重
14.8438 重父丙
14.8949 父辛皀重
14.8950 父辛皀重
15.9616 春成侯中府爲重(鍾)
15.9617 重金鉀
15.9683 冶匀嗇夫攸重、工尼
15.9707 安邑下官重(鍾)
16.9975 重金絡襄(鑲)
16.10257 冶匀嗇夫殷重、工貲
16.10372 重泉
17.11329 得工冶䏿所教、馬重(童)爲
17.11364 宗子攻(工)正明我、左工師𢀛許、馬重(童)丹所爲
18.12032 昜(陽)曲筌馬重(童)

0589 量

3.949 厥又舍(捨)女(汝)𢍰量
5.2609 爲量庯(容)四分
5.2610 爲量庯(容)料(半)齋
5.2836 䵼(纘)賜女(汝)井人奔于量
7.3908 量侯尌(豺)柞(作)寶尊設
8.4251 王在周師量宮
8.4252 王在周師量宮
8.4294 官𤔲量田佃
8.4295 官𤔲量田佃

0590 民

1.183 後民是語
1.184 後民是語
1.186 後民是語
1.261 龢𧰼(沴)民人
1.270 協龢萬民
1.271 𦦙(與)鄩之民人都啚(鄙)
1.272-8 諫罰朕庶民

1.279 諫罰朕庶民
1.285 諫罰朕庶民
3.980 下民無智
5.2757 百民是奠/民具(俱)卑(俾)鄉(饗)
5.2811 毆民之所亟(極)
5.2826 簪(叜)我萬民
5.2836 叀(惠)于萬民
5.2837 畯正厥民/雩我其遹省先王受民受疆土
8.4315 邁(萬)民是敕
8.4317 肄(肆)余以餯士、獻民
8.4341 唯民亡浛(延)才(哉)
8.4342 雩四方民亡不康靜(靖)
8.4343 亦多虐庶民
11.6014 自之辪(辥、叜)民
14.8815 目✧民
15.9700 台(以)寺(持)民巴(選)
15.9729 其人民都邑堇(謹)寠舞
15.9730 其人民都邑堇(謹)寠舞
15.9734 以憂厥民之佳(罹)不䟫(辜)
15.9735 其即得民/則庶民𡭊(附)/唯德𡭊(附)民
16.10175 達殷畯民
16.10407 民產又芮

0591 氏

1.16 益公爲楚氏龢鐘
1.60-3 叔氏在大廟/叔氏令史䜴召逆/叔氏若曰：逆
1.142 齊鞸(鮑)氏孫ㄎ擇其吉金
1.145 乍(作)朕皇考叔氏寶薔(林)鐘
1.146 乍(作)朕皇考叔氏寶薔(林)鐘
1.147 乍(作)朕皇考叔氏寶薔(林)鐘
1.148 乍(作)朕皇考叔氏薔(林)鐘
1.162 𠫑氏之鍾(鐘)
1.163 𠫑氏之鍾(鐘)
1.164 𠫑氏之鍾(鐘)
1.165 𠫑氏之鍾(鐘)
1.166 𠫑氏之鍾(鐘)
1.167 𠫑氏之鍾(鐘)
1.168 𠫑氏之鍾(鐘)
1.169 𠫑氏之鍾(鐘)
1.170 𠫑氏之鍾(鐘)
1.247 左(佐)尹氏
1.248 左(佐)尹氏
1.249 左(佐)尹氏
1.250 左(佐)尹氏
1.271 用祈侯氏永命/侯氏賜之邑二百又九十又九邑/侯氏從造(告)之曰：枼(世)萬至於辝(台)孫子
3.644 伯上父乍(作)姜氏尊鬲
3.662 虢季氏子緻(組)乍(作)鬲
3.674 叔牙父乍(作)姞氏尊鬲
3.683 虢季氏子钕乍(作)寶鬲
3.711 內(芮)公乍(作)鑄京氏婦叔姬朕(媵)鬲
3.712 內(芮)公乍(作)鑄京氏婦叔姬朕(媵)鬲
3.743 內(芮)公乍(作)鑄京仲氏婦叔姬賸(媵)鬲
3.938 奠(鄭)氏伯高父乍(作)旅獻(甗)
3.1509 杅氏
4.1798 子首氏
4.1995 安氏私官
4.2027 贏(嬴)氏乍(作)寶貞(鼎)
4.2236 王氏官之王人
4.2351 小臣氏樊尹乍(作)寶用
4.2443 伯氏乍(作)嫀氏羞貞(鼎)
4.2444 伯氏乍(作)嫀氏羞貞(鼎)
4.2445 伯氏乍(作)嫀氏羞貞(鼎)
4.2446 伯氏乍(作)嫀氏羞貞(鼎)
4.2447 伯氏乍(作)嫀氏羞貞(鼎)
4.2490 叀乍(作)微伯娟(妘)氏勹(庖)鼎
5.2568 鑄叔乍(作)贏氏寶貞(鼎)
5.2585 鼭季乍(作)贏(嬴)氏行鼎
5.2608 庫嗇夫肖(趙)不銔(拏)、貯氏大竘(令)所爲
5.2616 衛乍(作)文考小仲、姜氏盂鼎
5.2624 樊季氏孫仲𪏮[擇]其吉金
5.2643 伯氏、始(姒)氏乍(作)𪏮(孋)婞䍙拜(鎛)貞(鼎)
5.2667 奠(鄭)伯氏士叔皇父乍(作)旅鼎
5.2719 叔氏使貧(布)安曩伯
5.2765 蝺(蚋)來遘于妊氏/妊氏令蝺事保厥家
5.2803 有嗣眔師氏、小子卿(佮)射
5.2827 尹氏受(授)王令(命)書
5.2828 尹氏受(授)王令(命)書
5.2829 尹氏受(授)王令(命)書
5.2836 王乎尹氏册令(命)善(膳)夫克
5.2840 唯俌(傅)母(姆)氏(是)從/氏(是)以寡人匡(委)賃(任)之邦/氏(是)以賜之厥命：隹(雖)又(有)死辠(罪)/氏(是)以寡人許之
5.2841 雩(與)參有嗣、小子、師氏、虎臣
6.3455 乍(作)妊氏从𣪘
6.3456 乍(作)妊氏从𣪘
6.3570 王乍(作)姜氏尊𣪘
6.3692 伯𤓰乍(作)媿

氏旅
6.3693 伯熾乍(作)媿氏旅
7.3769 乎乍(作)姞氏寶段
7.3781 侯氏乍(作)孟姬尊段
7.3782 侯氏乍(作)孟姬尊段
7.3916 姞氏自牧(作)爲寶尊段
7.3931 毳乍(作)王母媿氏鋳(饙)段/媿氏其眉壽
7.3932 毳乍(作)王母媿氏鋳(饙)段/媿氏其眉壽
7.3933 毳乍(作)王母媿氏鋳(饙)段/媿氏其眉壽
7.3934 毳乍(作)王母媿氏鋳(饙)段/媿氏其眉壽
7.3955 兑乍(作)朕皇考叔氏尊段
7.3971 虢季氏子緅(組)乍(作)段
7.3972 虢季氏子緅(組)乍(作)段
7.3973 虢季氏子緅(組)乍(作)段
7.4099 伯氏賍(貯)敷(擯)
8.4137 眔仲氏邁(萬)年
8.4139 楷侯乍(作)姜氏寶𩰫彝/堯(无)事姜氏
8.4168 𩰫(蔣)兑乍(作)朕文祖乙公、皇考季氏尊段
8.4214 王征(誕)正師氏
8.4246 內史尹氏册命楚：赤⊖巿、緣(鑾)旂
8.4247 內史尹氏册命楚：赤⊖巿、緣(鑾)旂
8.4248 內史尹氏册命楚：赤⊖巿、緣(鑾)旂
8.4249 內史尹氏册命楚：赤⊖巿、緣(鑾)旂
8.4253 王乎尹氏册命師察：賜女(汝)赤舄、攸(鋚)勒
8.4254 王乎尹氏册命師察：賜女(汝)赤舄、攸(鋚)勒
8.4257 王乎內史尹氏册命師耤(藉)
8.4279 左(佐)右(佑)師氏
8.4280 左(佐)右(佑)師氏
8.4281 左(佐)右(佑)師氏
8.4282 左(佐)右(佑)師氏
8.4283 令(命)女(汝)官嗣邑人、師氏
8.4284 令(命)女(汝)官嗣邑人、師氏
8.4292 余獻寢氏以壺/告曰：以君氏令曰/弋伯氏從許/余重(蟪、惠)于君氏大章(璋)/報寢氏帛束、璜
8.4293 伯氏則報璧
8.4322 㦰率有嗣、師氏奔追鄧(攔)戎于𩁹(域)林
8.4323 事(使)尹氏受(授)贅(賚)敔：圭(珪)瓚、𢹂貝五十朋
8.4324 王乎尹氏册令(命)師嫠
8.4325 王乎尹氏册令(命)師嫠
8.4328 伯氏曰：不𡋖/伯氏曰：不𡋖
8.4329 伯氏曰：不𡋖/伯氏曰：不𡋖
8.4332 尹氏受(授)王令(命)書
8.4333 尹氏受(授)王令(命)書
8.4334 尹氏受(授)王令(命)書
8.4335 尹氏受(授)王令(命)書
8.4336 尹氏受(授)王令(命)書
8.4337 尹氏受(授)王令(命)書
8.4338 尹氏受(授)王令(命)書
8.4339 尹氏受(授)王令(命)書
8.4340 出入姜氏令/女(汝)毋弗善效姜氏人
9.4465 王令尹氏友史趛
9.4469 雩邦人、正人、師氏人
9.4526 伯彊爲皇氏伯行器
9.4527 吳王御士尹氏叔緐乍(作)旅匡(筐)
9.4553 尹氏貯(賈)良乍(作)旅匡(筐)
9.4560 鑄叔乍(作)嬴氏寶簠
9.4689 魯大嗣徒厚氏元
9.4690 魯大嗣徒厚氏元
9.4691 魯大嗣徒厚氏元
10.5419 女(汝)其以成周師氏戍于㕚(固)師(次)
10.5420 女(汝)其以成周師氏戍于㕚(固)師(次)
11.6014 曰：昔在爾考公氏/覨(視)于公氏
15.9442 毳乍(作)王(皇)母媿氏頮(沬)盉/媿氏其眉壽
15.9455 井伯氏(是)強(夤)不姦
15.9583 韓氏回
15.9619 彶姜氏永寶用
15.9655 虢季氏子緅(組)乍(作)寶壺
15.9669 㪔(散)氏車父乍(作)醒姜尊壺
15.9682 屑氏
15.9697 用逆姞氏
15.9715 杕氏福及
15.9728 王乎尹氏册令

(命)曶
15.9731 尹氏受(授)王令(命)書
15.9732 尹氏受(授)王令(命)書
15.9735 氏(是)以遊夕(閔)飲飤 / 氏(是)以身蒙幸(皋)胄
16.10119 毳乍(作)王(皇)母媿氏頮(沬)般(盤) / 媿氏其眉壽
16.10123 齊侯乍(作)皇氏孟姬寶般(盤)
16.10131 干氏叔子乍(作)仲姬客母嬰(媵)般(盤)
16.10145 毛叔朕(媵)彪氏孟姬寶般(盤)
16.10155 荃(棠)湯叔伯氏茬鑄其尊
16.10176 矢人有嗣眉(堳)田:鮮、且、微、武父、西宮襄、豆人虞丂、彔、貞、師氏右省、小門人繇、原人虞艿、淮嗣工(空)虎孛、閈豐父、难(鴻)人有嗣、刑丂 / 曰:我既(既)付散氏田器 / 實余有散氏心賊 / 曰:我既付散氏溼田、牆(畛)田
16.10247 毳乍(作)王(皇)母媿氏頮(沬)盉 / 媿氏其眉壽
16.10322 厥眔公出厥命:井伯、焚(榮)伯、尹氏、師俗父、趞(遣)仲 / 公廼命酉嗣徒(徒)面父、周人嗣工(空)屍、敝史、師氏、邑人奎父、畢人師同
16.10350 黽氏膚(諺)乍(作)善(膳)鎗
16.10361 侯氏受福眉壽 / 侯氏毋瘖毋痟
16.10420 敚(披、皮)氏睘
16.10421 敚(披、皮)氏睘
17.11113 犢共卑氏戜(戟)
17.11118 宮氏伯子元栖(栝)
17.11119 宮氏伯子元栖(栝)
17.11322 侖(綸)氏命(令)韓化、工師榮[illegible](原)、冶惪(謀)
17.11323 [illegible](兹)氏命(令)吳庶、下庫工師長武
17.11327 格氏命(令)韓貴、工師亘公、冶[illegible]
17.11335 邘命(令)輅庶、上庫工師郾□、冶氏聑(聱)
18.11499 格氏冶對
18.11566 氏(是)曰:□之後
18.11901 皮氏大鈴(鈴)

0592 氐

3.1027 氐
3.1032 敎(撻)氐
6.3198 氐父己
14.8449 氐父丁
16.10098 賸金氐(氏)孫乍(作)寶般(盤)
16.10223 賸金氐(氏)乍(作)寶也(匜)

0593 厥(氒)

1.59 用追孝于厥皇祖哀公、皇考晨公
1.93 擇厥吉金
1.94 擇厥吉金
1.95 擇厥吉金
1.96 擇厥吉金
1.97 擇厥吉金
1.98 擇厥吉金
1.99 擇厥吉金
1.100 擇厥吉金
1.101 擇厥吉金
1.102 乍(作)厥禾(龢)鐘
1.106 厥格(名)曰身桖(恤)
1.109-10 克質(哲)厥德
1.111 克質(哲)厥德
1.144 戉(越)王者旨於睗擇厥吉金
1.149 鼄(邾)公牼擇厥吉金
1.150 鼄(邾)公牼擇厥吉金
1.151 鼄(邾)公牼擇厥吉金
1.152 鼄(邾)公牼擇厥吉金
1.157 厥辟軓(韓)宗徹
1.158 厥辟軓(韓)宗徹
1.159 厥辟軓(韓)宗徹
1.160 厥辟軓(韓)宗徹
1.161 厥辟軓(韓)宗徹
1.187-8 克哲厥德
1.189-90 克哲厥德
1.192 克哲厥德
1.210 延(誕)中厥德
1.211 延(誕)中厥德
1.217 延(誕)中厥德
1.218 延(誕)中厥德
1.219 延(誕)中厥德
1.220 延(誕)中厥德
1.221 延(誕)中厥德
1.222 延(誕)中厥德
1.238 御于厥辟
1.239 御于厥辟
1.240 御于厥辟
1.241 御于厥辟
1.242-4 御于厥辟
1.245 鼄(邾)公華擇厥吉金 / 用鑄厥龢鐘 / 恖(淑)穆不豖(墜)于厥身
1.247 克明厥心 / 疋(胥)尹叙厥威義(儀)
1.248 克明厥心 / 疋(胥)尹叙厥威義(儀)
1.249 克明厥心 / 疋(胥)尹叙厥威義(儀)
1.250 克明厥心 / 疋(胥)尹叙厥威義(儀)
1.251-6 今瘨夙夕虔敬恤厥死(尸)事
1.260 撲伐厥都
1.262-3 乍(作)厥龢鐘
1.264-6 乍(作)厥龢鐘
1.267 乍(作)厥龢鐘
1.268 乍(作)厥龢鐘
1.269 乍(作)厥龢鐘
1.270 保業厥秦 / 厥名曰咭(固)邦
1.272-8 虔恤厥死(尸)

事 / 雩(與)厥行師 / 慎中厥罰 / 敱厥靈(靈)師
1.285 雩厥行師 / 慎中厥罰 / 敱厥靈(靈)師
2.358 乍(作)厥王大寶
2.424 擇厥吉金
2.426 舍(余)擇厥吉金
2.427 舍(余)擇厥吉金
3.643 婤休賜厥瀕事(吏)貝
3.648 用享𩰫厥文考魯公
3.949 厥又舍(捨)女(汝)𦥑量 / 伯買父廼以厥人戍漢、中、州 / 厥人鬲廿夫 / 厥貯昝言
4.2058 竟乍(作)厥寶彝
4.2074 或乍(作)厥尊貞(鼎)
4.2080 𦔻乍(作)厥尊彝
4.2180 向乍(作)厥尊彝
4.2330 姞𦥑母乍(作)厥宝(寶)尊鼎
4.2333 姬乍(作)厥姑日辛尊彝
4.2336 伯䢅乍(作)厥父寶尊(尊)彝
4.2338 義仲乍(作)厥父周季尊彝
4.2341 叔具乍(作)厥考寶尊彝
4.2345 解子乍(作)厥宂𠨘宮鼎
4.2347 旅乍(作)厥文考寶尊彝
4.2404 伯旟乍(作)厥宗寶尊彝𩰫(𩰫)
4.2439 羊𠂤茲乍(作)厥文考叔寶尊彝
4.2453 用乍(作)厥寶尊彝
4.2454 用乍(作)厥寶尊彝
4.2455 用乍(作)厥寶尊彝
4.2457 俘厥金胄
4.2473 厥日唯乙
4.2528 用乍(作)厥文祖寶𩰫尊䵼(齍)/□厥□□□宮
5.2532 乃𦤎子乍(作)厥文考尊彝
5.2630 伯陶乍(作)厥文考宮叔寶𩰫彝
5.2655 朝夕鄉(饗)厥多倗友
5.2660 厥家擁(雍)德 / 𢀛用替(穀)厥剌多友
5.2674 天君賞厥征人斤貝
5.2705 其用享于厥帝(嫡)考
5.2712 辛伯其竝(普)受厥永𩁹(福)
5.2723 俞則對揚厥德 / 其乍(作)厥文考寶貞(鼎)
5.2729 楷仲賞厥𡛷奚逐毛兩、馬匹
5.2730 趞用乍(作)厥文考父辛寶尊𩰫
5.2733 衛肇乍(作)厥文考己仲寶𩰫
5.2740 溓(溓)公令𠂤眔史旟曰:以𠂤眔厥有嗣、後或(國)戜伐腺(貊)
5.2741 溓(溓)公令𠂤眔史旟曰:以𠂤眔厥有嗣、後或(國)戜伐腺(貊)
5.2765 妊氏令蛕事保厥家 / 因付厥且僕二家 / 蛕拜𩒨首曰:休朕皇君弗醒(忘)厥寶臣
5.2771 用追孝于厥皇祖晨公 / 于厥皇考𡱂𣪕(盂)公
5.2772 用追孝于厥皇祖晨公 / 于厥皇考𡱂𣪕(盂)公
5.2774 㕓商(賞)厥文母魯公孫用貞(鼎)
5.2789 其用夙夜享孝于厥文祖乙公
5.2791 丙(百)世孫孫子子受厥屯(純)魯
5.2806 大以厥友守
5.2807 大以厥友守 / 以厥友入攼(捍)
5.2808 大以厥友守 / 以厥友入攼(捍)
5.2809 使厥友引以告于伯懋父 / 今弗克厥罰 / 𠭯厥不從厥右(佑)征 / 旂對厥貿(劾)于尊彝
5.2811 敬厥盟祀
5.2812 穆穆克盟(明)厥心 / 哲厥德
5.2824 厥復享于天子 / 唯厥事(使)乃子戜萬年辟事天子 / 毋又(有)眈于厥身
5.2826 每(敏)揚厥光剌(烈)/ 取厥吉金
5.2830 用厥剌(烈)祖介德
5.2831 𠭯厥唯顔林 / 厥吳喜皮二
5.2832 廼舍寓(宇)于厥邑 / 厥逆(朔)疆眔厲田 / 厥東疆眔散田 / 厥南疆眔散田 / 厥西疆眔厲田
5.2833 休獲厥君馭方
5.2836 悤(聰)𩁹厥心 / 盄(淑)哲厥德 / 𦘔(肆)克龏(恭)保厥辟龏(恭)王 / 永念于厥孫辟天子 / 巠(經)念厥聖保祖師華父 / 以(與)厥臣妾
5.2837 辟(闢)厥匿 / 畯正厥民 / 遹𡨦遷自厥土
5.2838 事(使)厥小子𩰫(究)以限訟于井叔 / 效父則卑(俾)復厥絲束 / 田厥田 / 匡眔厥臣廿夫
5.2839 㚇(榮)即𥃳(酉)𨒅厥故
5.2840 又(有)厥忠臣賙(貫)/ 厥業才(在)祇 / 天其又(有)𢦏(型)于𢦔(在)厥邦 / 氏(是)以賜之厥命:隹(雖)又(有)死辠(罪)/ 毋竝(替)厥邦

5.2841 皇天引猒(厭)厥德／唯天𨚕(壯)集厥命／亦唯先正𠭯辪(嬖)厥辟／厥非先告父厝
6.3394 戈罟乍(作)厥
6.3395 戈罟乍(作)厥
6.3396 戈罟乍(作)厥
6.3572 向乍(作)厥尊彝
6.3578 陽尹乍(作)厥旅段
6.3622 召父乍(作)厥□寶彝
6.3629 叉乍(作)厥考寶尊彝
6.3673 蛙乍(作)厥母寶尊段
6.3674 伯乍(作)厥諲(譚)子寶尊彝
6.3696 𤔲土(徒)𤔲乍(作)厥丂(考)寶尊彝
6.3697 𤔲土(徒)𤔲乍(作)厥丂(考)寶尊彝
6.3698 東人守父乍(作)厥寶尊彝
7.3745 敕乍(作)厥段兩
7.3749 [illegible]乍(作)厥祖寶尊彝
7.3790 大(太)保賜厥臣椆(剖)金
7.3822 用乍(作)厥寶尊彝
7.3827 用饙(饋)厥孫子／厥不(丕)吉
7.3828 賸(媵)虎敢肇乍(作)厥皇考公命仲寶尊彝
7.3829 賸(媵)虎敢肇乍(作)厥皇考公命仲寶尊彝
7.3830 賸(媵)虎敢肇乍(作)厥皇考公命仲寶尊彝
7.3831 賸(媵)虎敢肇乍(作)厥皇考公命仲寶尊彝
7.3832 賸(媵)虎敢肇乍(作)厥皇考公命仲寶尊彝
7.3863 彔乍(作)厥文考乙公寶尊段
7.3949 季魯肇乍(作)厥文考井叔寶尊彝
7.3954 用厥賓(儐)乍(作)丁寶段
7.3979 呂伯乍(作)厥宮室寶尊彝段／大牢其萬年祀厥取(祖)考
7.3993 用興厥祖父日乙
7.3994 用興厥祖父日乙
7.4020 厥征斤貝
7.4023 用乍(作)厥寶尊段
7.4036 用乍(作)厥文考隩(奠)段
7.4037 用乍(作)厥文考隩(奠)段
7.4042 對厥休
7.4043 對厥休
7.4059 乍(作)厥考尊彝
7.4073 伯椃乍(作)厥宮室寶段／用追考(孝)于厥皇考
7.4097 其用享于厥帝(嫡)考
7.4100 用事厥叡(祖)日丁／用事厥考日戊
7.4101 用事厥叡(祖)日丁／用事厥考日戊
7.4108 彌厥生
7.4116 休厥成事
7.4117 休厥成事
8.4121 王休賜厥臣父瓚(贊)王祼、貝百朋
8.4136 相侯休于厥臣殳
8.4140 叡厥反(叛)
8.4162 自厥工(功)／乍(作)厥
8.4163 自厥工(功)／乍(作)厥
8.4164 自厥工(功)／乍(作)厥
8.4167 賜厥臣弟豦井五褆
8.4183 用享考(孝)于厥皇祖／于厥皇丂(考)
8.4188 仲再父大(太)宰南𨿾(申)厥𤔲(辭)
8.4189 南𨿾(申)伯大(太)宰再父厥𤔲(辭)
8.4192 用保厥邦／萬年以(與)厥孫子寶用
8.4193 用保厥邦／萬年以(與)厥孫子寶用
8.4194 升于厥文取(祖)考／用乍(作)厥文姥(考)尊段／各眔厥子子孫永寶
8.4198 彊(彌)厥生
8.4205 楷伯令厥臣獻金車
8.4219 追虔夙夕恤厥死(尸)事
8.4220 追虔夙夕恤厥死(尸)事
8.4221 追虔夙夕恤厥死(尸)事
8.4222 追虔夙夕恤厥死(尸)事
8.4223 追虔夙夕恤厥死(尸)事
8.4224 追虔夙夕恤厥死(尸)事
8.4238 雩厥復歸在牧師(次)
8.4239 雩厥復歸在牧師(次)
8.4241 魯天子造厥瀕(頻)福
8.4244 走其眔厥子子孫孫
8.4245 擇厥吉金
8.4262 厥貯(賈)卅田／厥從格伯厎(按)彶佃(甸)：殷谷厥紉(絶)雩谷、杜木、邍谷、旅菜／厥書史戠武
8.4263 厥貯(賈)卅田／厥從格伯厎(按)彶佃(甸)：殷谷厥紉(絶)雩谷、杜木、邍谷、旅菜／厥書史戠武
8.4264 厥貯(賈)卅田／厥從格伯厎(按)彶佃(甸)：殷〔谷〕厥〔紉〕雩谷、杜木、邍谷、旅菜／厥書史戠武
8.4265 厥貯(賈)卅田／厥從格伯厎(按)彶佃

(甸): 殷〔谷〕厥紉(絕)雩谷、杜木、邍谷、旅菜 / 厥書史戠武
8.4270 厥逆(朔)至于玄水 / 對揚天子厥休
8.4271 厥逆(朔)至于玄水 / 對揚天子厥休
8.4293 曰: 公厥稟(廩)貝
8.4313 今敢博(薄)厥眾叚(暇)/ 反(返)厥工事(吏)/ 即質(賓)厥邦嘼(酋)/ 夙夜恤厥牆(将)事
8.4314 今敢博(薄)厥眾叚(暇)/ 即質(賓)厥邦嘼(酋)/ 夙夜恤厥牆(將)事
8.4315 保業厥秦
8.4320 賜土: 厥川(甽)三百□/ 厥□百又廿 / 厥宅邑卅又五 / 厥□百又卌(四十)/ 厥盧□又五十夫
8.4322 休宕厥心 / 永襲厥身 / 卑(俾)克厥啻(敵)/ 用夙夜尊享于厥文母
8.4323 復付厥君
8.4326 穆穆克誓(哲)厥德 / 廣啟厥孫子于下
8.4340 厥又(有)見又(有)即令 / 厥非先告蔡
8.4341 公告厥事于上 / 廣成厥工(功)/ 亡克競厥剌(烈)
8.4342 乍(作)厥厷(肱)殳(股)/ 用夾召(紹)厥辟
8.4343 厥訊庶右讎(鄰)/ 以今餉(簐)司匐(服)厥辠(罪)嘅(厥)故(辜)
9.4428 朕(滕)侯穌乍(作)厥文考朕(滕)仲旅毁
9.4464 厥取厥服 / 厥獻厥服
9.4466 曰: 章(賞)厥嗇夫吒㒳比田 / 卑(俾)㒳比复(復)厥小宮吒㒳比田 / 厥右(佑)善(膳)夫克
9.4469 卑(俾)復虐逐厥君、厥師 / 厥非正命
9.4617 鄦(許)公買擇厥吉金
9.4629 擇厥吉金 / 台(以)乍(作)厥元配季姜之祥器
9.4630 擇厥吉金 / 台(以)乍(作)厥元配季姜之祥器
9.4649 合(答)揚厥德
10.5112 戈習乍(作)厥
10.5250 向乍(作)厥尊彝
10.5253 竟乍(作)厥寶尊彝
10.5258 卿乍(作)厥考尊彝
10.5259 卿乍(作)厥考尊彝
10.5303 朿(刺)叔乍(作)厥寶尊彝
10.5326 伯□(睘)乍(作)厥室寶尊彝
10.5327 伯□(睘)乍(作)厥室寶尊彝
10.5363 渫(沬)伯遝乍(作)厥考寶旅尊 / 渫(沬)伯遝乍(作)厥考寶旅尊彝
10.5364 渫(沬)伯遝乍(作)厥考寶旅尊 / 渫(沬)伯遝乍(作)厥考寶旅尊彝
10.5366 倗乍(作)厥考寶尊彝
10.5369 鄦(許)仲𧼈乍(作)厥文考寶尊彝
10.5371 伯乍(作)厥文考尊彝
10.5372 異乍(作)厥考伯效父寶宗彝
10.5382 乍(作)其爲厥考宗彝
10.5393 乍(作)厥文考父辛寶尊彝
10.5424 事(使)厥沓(友)妻農 / 迺啚(稟)厥卒(祭)/ 厥小子
10.5426 用乍(作)厥文姑寶尊彝
10.5427 厥名義(宜)/ 用乍(作)大禦于厥祖妣、父母、多申(神)
10.5431 尹其亘萬年受厥永魯
10.5433 公賜厥涉(世)子效王休(好)貝廿朋
11.5862 竟乍(作)厥寶尊彝
11.5889 卿乍(作)厥考寶尊彝
11.5903 厥子乍(作)父辛寶尊彝
11.5908 翏乍(作)厥皇考寶尊彝
11.5941 厥孫子永寶
11.5954 渫(沬)伯遝乍(作)厥考寶旅尊彝
11.5955 倗乍(作)厥考寶尊彝
11.5961 伯乍(作)厥文考尊彝
11.5963 鄦(許)仲𧼈乍(作)厥文考寶尊彝
11.5984 能匋賜貝于厥咎(盤)公
11.5993 乍(作)厥穆穆文祖考寶尊彝 / 其用夙夜享于厥大宗
11.5995 俞則對揚厥德 / 用乍(作)厥文考寶彝
11.5998 曰由伯子曰: □爲厥父彝
11.6005 敢對揚厥休
11.6009 公賜厥涉(世)子效王休(好)貝廿朋
11.6011 拜䭫首曰: 王弗望(忘)厥舊宗小子
11.6016 乍(作)册令敢揚明公尹厥宔(貯)
12.6433 戈習乍(作)厥
12.6488 冶徃乍(作)厥寶尊彝
12.6503 呂伯乍(作)厥取(祖)寶尊彝
12.6516 王乎內史册令(命)趩: 更厥祖考服

12.7257 戈器乍(作)厥
14.8989 戈器乍(作)厥
14.8990 戈器乍(作)厥
14.9077 □乍(作)厥父寶尊彝
14.9086 美乍(作)厥祖可公尊彝
14.9087 美乍(作)厥祖可公尊彝
14.9097 舟綸(角)烸乍(作)厥祖乙寶宗彝
15.9381 戈器乍(作)厥
15.9424 遟乍(作)厥考寶尊彝
15.9428 厥孫子永寶
15.9451 井(邢)侯光厥事(吏)麥
15.9456 厥貯(賈)其舍(捨)田十田
15.9625 擇厥吉日丁
15.9626 擇厥吉日丁
15.9705 用賸(媵)厥元子孟妃乖
15.9734 以憂厥民之隹(罹)不敃(辜)
15.9735 以輔相厥身/以㳄(佐)右(佑)厥闢(辟)
15.9802 竟乍(作)厥彝
15.9813 伯乍(作)厥寶尊彝
15.9827 享孝于厥多公
16.9893 辟井(邢)侯光厥正事(吏)
16.9901 乍(作)册令敢揚明公尹厥宦(貯)
16.9961 唯曾伯文自乍(作)厥歓(飲)鑐
16.10078 遟乍(作)厥考寶尊彝
16.10174 厥貯(賈)
16.10175 叀(惟)乙祖逨(弼)匹厥辟/龕(堪)事厥辟
16.10176 厥受(授)圖/厥左執縷史正仲農
16.10294 吳王夫差擇厥吉金
16.10295 吳王夫差擇厥吉金
16.10296 吳王夫差擇厥吉金
16.10322 公迺出厥命/賜畀(錍)師永厥田:滄(洛、陰)昜(陽)洛/厥眔公出厥命:井伯、焚(榮)伯、尹氏、師俗父、趞(遣)仲/付永厥田/厥逹(率)舋(堳):厥疆宋句(洵)
16.10374 厥辟□逘
16.10567 向乍(作)厥尊彝
17.11268 用厥金乍(作)吉用
17.11290 子孔擇厥吉金
17.11333 厥㳚(璧)畒
17.11407 厥□□御□
18.11644 戉(越)王不光厥□□□□卯□
18.11645 戉(越)王不光厥□□□□卯□
18.11646 戉(越)王不光厥□□□□卯□
18.11647 戉(越)王不光厥□□□□卯□
18.11648 戉(越)王不光厥□□□□卯□
18.11649 戉(越)王不光厥□□□□卯□
18.11650 戉(越)王不光厥□亓□□卯□
18.11664 戉(越)王不光厥□□□□卯□
18.11667 戉(越)王不光厥□□□□卯□
18.11758 以敬(儆)厥眾

0594 久

18.11542 久陵、萑康

0595 冎

13.8275 西冎
13.8276 西冎
15.9221 冎父□
17.10880 西冎

0596 另(剮、剮)

10.4989 另(剮)父癸

0597 殅、殜

5.2840 及參殜(世)
15.9734 殜殜(世世)毋𢀜(乏)
15.9735 𤖴(將)與𠪚(吾)君並立於殜(世)

0598 殄

5.2840 爲天下殄(僇)

0599 賓

5.2809 旂對厥賓(劾)于尊彝
16.10285 伯揚父迺成賓(劾)

0600 貿(貿)

8.4313 即貿(貿)厥邦嘼(酋)
8.4314 即貿(貿)厥邦嘼(酋)

0601 叡

1.270 叡(睿)尃(敷)明井(刑)

0602 死

1.251-6 今瘨夙夕虔敬恤厥死(尸)事
1.271 用祈壽老毋死
1.272-8 虔恤厥死(尸)事
1.285 虔恤乃死(尸)事
3.948 唯六月既死霸丙寅
5.2673 □令羌死(尸)嗣□官
5.2753 既死霸壬午
5.2754 唯五月既死霸
5.2782 死(尸)于下土
5.2786 王令死(尸)嗣王家
5.2827 既死霸甲戌
5.2828 既死霸甲戌
5.2829 既死霸甲戌
5.2831 既死霸庚辰
5.2837 迺召(紹)夾死(尸)嗣戎
5.2840 氏(是)以賜之厥命:隹(雖)又(有)死辠(罪)/詒死辠(罪)之又(有)若(赦)
5.2841 死(尸)毋童

(動)余一人在立(位)
7.4032 既死霸乙卯
8.4134 唯六月既死霸壬申
8.4135 唯六月既死霸壬申
8.4157 既死霸壬戌
8.4158 既死霸壬戌
8.4179 唯五月既死霸辛未
8.4180 唯五月既死霸辛未
8.4181 唯五月既死霸辛未
8.4219 追虔夙夕恤厥死(尸)事
8.4220 追虔夙夕恤厥死(尸)事
8.4221 追虔夙夕恤厥死(尸)事
8.4222 追虔夙夕恤厥死(尸)事
8.4223 追虔夙夕恤厥死(尸)事
8.4224 追虔夙夕恤厥死(尸)事
8.4272 王乎史年册命朢：死(尸)嗣畢王家
8.4300 唯九月既死霸丁丑
8.4301 唯九月既死霸丁丑
8.4311 余令女(汝)死(尸)我家
8.4327 焚(榮)伯乎令(命)卯曰：䢅(載)乃先祖考死(尸)嗣焚(榮)公室 / 昔乃祖亦既令乃父死(尸)嗣葊人 / 今余唯令女(汝)死(尸)葊宮、葊人
8.4332 既死霸甲戌
8.4333 既死霸甲戌
8.4334 既死霸甲戌
8.4335 既死霸甲戌
8.4336 既死霸甲戌
8.4337 既死霸甲戌
8.4338 既死霸甲戌
8.4339 既死霸甲戌
9.4438 八月既死辛卯
9.4439 八月既死辛卯
9.4469 不[盄]唯死
10.5427 子征(延)先𦉢死
11.6015 死咸
15.9714 唯八月既死霸戊寅
15.9731 既死霸甲戌
15.9732 既死霸甲戌
15.9735 旂(故)邦亡身死
16.10174 既死霸庚寅
16.10285 唯三月既死霸甲申
16.10478 死亡若(赦)

0603 㱙、辜

15.9734 以憂厥民之隹(罹)不㱙(辜)

0604 又

1.60-3 毋又(有)不聞智(知)
1.83 唯王五十又六祀
1.85 唯王五十又六祀
1.106 公逆其萬年又(有)壽
1.157 唯廿又再祀
1.158 唯廿又再祀
1.159 唯廿又再祀
1.160 唯廿又再祀
1.161 唯廿又再祀
1.204-5 唯十又六年
1.206-7 唯十又六年
1.208 唯十又六年
1.209 唯十又六年
1.223-4 莘英又(有)慶(宴)
1.260 南尸(夷)、東尸(夷)具(俱)見廿又六邦 / 朕猷又(有)成亡競
1.262-3 克明又(厥)心
1.264-6 克明又(厥)心
1.267 克明又(厥)心
1.268 克明又(厥)心
1.269 克明又(厥)心
1.270 竈(肇)又(有)下國 / 十又二公 / 高引又(有)慶 / 匍(撫)又(有)四方
1.271 于皇祖又成惠叔、皇祉(妣)又成惠姜 / 𩏂(鮑)叔又(有)成裳(勞)于齊邦 / 侯氏賜之邑二百又九十又九邑
1.272-8 女(汝)康能乃又(有)事(吏)/ 蓥(萊)僕三百又五十家 / 又(有)敢(嚴)在帝所 / 又(有)共(恭)于䢼(桓)武靈(靈)公之所 / 龢協而(爾)又(有)事
1.283 又⊠九州
1.285 女(汝)康能乃又(有)事(吏)/ 蓥(萊)僕三百又五十家 / 又(有)敢(嚴)在帝所 / 又(有)共(恭)于公所 / 龢協而(爾)又(有)事
3.679 焚(榮)又(有)嗣再乍(作)𩰫鬲
3.688 用乍(作)又母辛尊彝
3.753 唯十又二月既生霸
3.851 又(有)姛寶甗
3.903 亞又乍(作)父乙尊彝
3.949 厥又舍(捨)女(汝)䵼量 / 肆肩(肩)又(有)羞
4.2107 寧母又母剌
4.2470 焚(榮)又(有)嗣再乍(作)𩰫鼎
5.2609 梁廿又七年
5.2610 梁廿又七年
5.2628 用乍(作)又(有)始(姒)寶尊彝
5.2656 唯十又二月初士(吉)
5.2671 毋又(有)違女(汝)
5.2672 毋又(有)違女(汝)
5.2676 又孝价孝
5.2677 又孝价孝
5.2682 [二]旬又四日丁卯
5.2702 娸商(賞)又正嬰(聯)嬰貝在穆朋二百
5.2706 唯十又一月

5.2718 唯十又二月丁丑
5.2719 唯十又二月
5.2721 唯十又一月
5.2724 肄（肆）毋又（有）弗讟(讀)
5.2728 在十又一月庚申
5.2730 厚趠又（有）償（饋）于溓（濂）公
5.2745 又𣪘八
5.2748 唯廿又二年
5.2753 唯十又四月
5.2763 唯十月又一月丁亥
5.2774 曰：余弋毋墉（庸）又（有）諲（忘）
5.2778 十又一月癸未
5.2780 唯十又二月
5.2781 曰：用又（佐）右（佑）俗父嗣寇
5.2784 唯十又五年
5.2785 唯十又三月庚寅
5.2787 休又（有）成事
5.2788 休又（有）成事
5.2790 唯王廿又三年九月
5.2796 唯王廿又三年九月
5.2797 唯王廿又三年九月
5.2798 唯王廿又三年九月
5.2799 唯王廿又三年九月
5.2800 唯王廿又三年九月
5.2801 唯王廿又三年九月
5.2802 唯王廿又三年九月
5.2806 唯十又五年
5.2807 唯十又五年
5.2808 唯十又五年
5.2809 其又（有）內（納）于師旂
5.2815 唯十又九年
5.2818 唯卅又二年
5.2819 唯廿又八年
5.2820 唯十又二月初吉
5.2821 唯十又七年 / 十又二月
5.2822 唯十又七年 / 十又二月
5.2823 唯十又七年 / 十又二月 / 嗣土（徒）毛叔又（佑）此
5.2824 毋又（有）眈于厥身
5.2825 唯卅又七年
5.2833 肄（肆）禹又（有）成
5.2835 凡以公車折首二百又□又五人 / 執訊廿又三人 / 俘戎車百乘一十又七乘 / 折首卅又六人 / 公車折首百又十又五人 / 又（有）成事
5.2837 女（汝）妹（昧）辰又（有）大服 / 六百又五十又九夫 / 賜尸（夷）嗣王臣十又三伯 / 人鬲千又五十夫 / 唯王廿又三祀
5.2838 迺酷又（有）訽（詬）眔𪒠金 / 曰：弋尚（當）卑（俾）處又（厥）邑 / 又臣一夫
5.2839 獲聝四千八百又二聝 / 唯王廿又五祀
5.2840 又（有）厥忠臣賙（賈）/ 天其又（有）刑（型）于𢦏（在）厥邦 / 氏（是）以賜之厥命：隹（雖）又（有）死辠（罪）/ 皮（克）又（有）工（功）/ 詒死辠（罪）之又（有）若（赦）
5.2841 余非墉（庸）又聞（昏）/ 善效乃又（有）正
6.3329 又（右）敔父己
6.3460 王乍（作）又𩰫彝
7.3747 仲再乍（作）又（厥）寶彝
7.3763 用貝十朋又四朋
7.3823 用乍（作）又（厥）寶尊彝
7.3858 唯十又四月
7.3862 事又（有）息
7.3976 又（有）得
7.4024 唯十又一月
7.4025 唯十又一月
7.4026 唯十又一月
7.4029 魯侯又（有）囚（繇）工（功）
7.4035 唯十又二月初吉
7.4041 禽又（有）䢅（振）祝
7.4112 唯十又一月
8.4123 䎽又（有）贖
8.4125 唯十又五年六月
8.4131 夙又（有）商 / 賜又（右）事（史）利金
8.4141 又𣪘八
8.4142 又𣪘八
8.4143 又𣪘八
8.4145 唯十又四年
8.4146 唯十又一月
8.4192 唯十又二月
8.4193 唯十又二月
8.4208 唯王十又四祀 / 十又一月丁卯
8.4225 唯十又三年
8.4226 唯十又三年
8.4227 唯十又三年
8.4228 唯十又三年
8.4229 休又（有）成事
8.4230 休又（有）成事
8.4231 休又（有）成事
8.4232 休又（有）成事
8.4233 休又（有）成事
8.4234 休又（有）成事
8.4235 休又（有）成事
8.4236 休又（有）成事
8.4237 母弟引墉（庸）又（有）望（忘）
8.4238 唯十又二月
8.4239 唯十又二月
8.4240 唯十又二月初吉
8.4244 唯王十又二年
8.4245 □又之〔日〕
8.4246 仲倗父內（入）又（佑）楚
8.4247 仲倗父內（入）又（佑）楚
8.4248 仲倗父內（入）

又(佑)楚
8.4249 仲倗父內(入)又(佑)楚
8.4251 唯十又二年
8.4252 唯十又二年
8.4256 唯廿又七年
8.4261 王又(有)大豊(禮)/ 天亡又(宥)王 / 唯朕又(有)蔑
8.4266 密叔又(佑)趞 / 訊小大又(右)隣
8.4269 唯十又三月既望
8.4270 唯十又二月 / 毋女(汝)又(有)閑
8.4271 唯十又二月 / 毋女(汝)又(有)閑
8.4272 唯王十又三年
8.4278 唯卅又二年
8.4285 女(汝)某(謀)不又(有)聞(昏)
8.4287 唯王廿又七年
8.4292 琱生(甥)又(有)事
8.4293 又(有)祇又(有)成
8.4298 唯十又二年
8.4299 唯十又二年
8.4303 唯十又七年 / 十又二月
8.4304 唯十又七年 / 十又二月
8.4305 唯十又七年 / 十又二月
8.4306 唯十又七年 / 十又二月
8.4307 唯十又七年 / 十又二月
8.4308 唯十又七年 / 十又二月
8.4309 唯十又七年 / 十又二月
8.4310 唯十又七年 / 十又二月
8.4311 乃祖考又(有)爵(勛)于我家
8.4313 休既又(有)工(功)
8.4314 休既又(有)工(功)
8.4315 十又二公 / 高引又(有)慶
8.4317 唯王十又二祀
8.4320 厥□百又卅 / 厥宅邑卅又五 / 厥□百又卌(四十)/ 賜在宜王人十又七生(姓)/ 厥盧□又五十夫 / 賜宜庶人六百又□六夫
8.4321 唯王十又七祀
8.4322 凡百又卅又五叙(款)/ 寽(捋)俘人百又十又四人
8.4323 唯王十又一月
8.4324 唯十又一年
8.4325 唯十又一年
8.4327 唯王十又一月 / 今余非敢夢先公又(有)徸遂
8.4330 唯考耴又念自先王、先公 / 我孫克又(有)井(型)斆(效)
8.4331 又(有)芇(當)于大命
8.4340 毋敢又(有)不聞 / 厥又(有)見又(有)即令 / 毋敢疾又(有)入告 / 勿事(使)敢又(有)疾止從(縱)獄
8.4342 臨保我又(有)周
8.4343 十又三月
9.4435 茲盨友(有)十又二
9.4438 唯卅又三年
9.4439 唯卅又三年
9.4464 唯王十又八年正月
9.4465 唯十又八年 / 十又二月
9.4466 唯王廿又五年 / 凡復友(賄)、復付鬲比田十又三邑
9.4467 則繇唯乃先祖考又(有)爵(勛)于周邦
9.4468 則唯乃先祖考又(有)爵(勛)于周邦
9.4469 又(有)進退 / 又(有)辠(罪)又(有)故(辜)
9.4543 鄀于子瓶(甓)又自乍(作)旅簠
9.4610 唯正十又一月辛巳
9.4611 唯正十又一月辛巳
9.4646 唯十又四年 / 保又(有)齊邦
9.4647 唯十又四年 / 保又(有)齊邦
10.5077 又(右)敄父己
10.5174 又(右)敄癸 / 又母[illegible]
10.5398 唯十又二月
10.5402 唯十又三月辛卯
10.5407 唯十又九年
10.5424 小大事毋又田
10.5426 又丹一栫(柝、管)
10.5430 雩(越)旬又一日辛亥
10.5431 唯十又二月
11.5449 又
11.5450 又
11.5740 又(右)敄父己
11.5990 唯王十祀又五
11.5992 唯十又三月辛卯
11.6002 唯王十又九祀
11.6008 唯十又三月
11.6011 唯王十又二月
11.6013 穆公又(佑)盠
12.6387 ‖(二)又父乙
12.6506 郐(徐)王㫃又之耑(觶)
13.7435 又
13.8194 禾又
13.8195 敄又(右)
13.8196 敄又(右)
13.8197 又(右)敄
14.9085 又(右)敄父癸父仙妣
14.9105 翌又五
15.9301 在十月又三
15.9303 唯王十又九祀
15.9317 又(右)
15.9452 旻(晏)纘(緇)又(有)盍(蓋)/ 旻(晏)纘(緇)又(有)盍(蓋)
15.9453 唯十又一月
15.9705 唯廿又六年

15.9710 唯王廿又六年
15.9711 唯王廿又六年
15.9723 唯十又三年
15.9724 唯十又三年
15.9725 唯十又六年
15.9734 毋又(有)不敬
15.9735 是又(有)𦊓(純)德遺𢘅(訓)/天不臭(斁)其又(有)𢘔(願)/𡧊(寧)又(有)𢡚(𢥞)𢙜(惕)/亡又(有)𫞢(常)息/休又(有)成工(功)/天子不忘其又(有)勛
15.9772 敄又(右)
16.9831 又(右)
16.9853 亞又
16.9895 唯王十又九祀
16.9896 唯八年十又二月
16.9899 穆公又(佑)𥂴
16.9900 穆公又(佑)𥂴
16.9904 又
16.9955 又(右)敄
16.10164 自豕鼎降十又一
16.10166 唯王卅又四祀
16.10172 唯廿又八年
16.10173 唯十又二年/孔䚃(景)又(有)光
16.10176 凡十又五夫
16.10281 唯十又二月
16.10285 今女(汝)亦既又(有)御誓
16.10322 唯十又二年
16.10360 唯十又二月
16.10378 又二勻(鈞)益(鎰)
16.10407 民産又芮
16.10478 又(有)事者官𡨦之
17.10946 亞又(右)敄
17.10947 亞又(右)敄
17.10948 亞又(右)敄
17.10949 亞又(右)敄
17.10950 亞又(右)敄
17.10951 亞又(右)敄
18.11566 曰:毋又(有)中央/曰:毋又(有)中央

0605 叉

3.1090 叉
3.1477 叉𣎆(𣏟)
3.1478 𣎆(𣏟)叉
10.4791 叉
12.6938 叉𣎆(𣏟)
12.6939 叉𣎆(𣏟)
13.8198 叉𣎆(𣏟)
16.10505 叉𣎆(𣏟)
16.10506 叉𣎆(𣏟)

0606 叉

6.3629 叉乍(作)厥考寶尊彝

0607 厷(肱)

3.1409 亞厷(肱)
8.4342 乍(作)厥厷(肱)殳(股)
10.5055 亞厷(肱)父乙

0608 父

1.39 朕皇考叔旅魚父
1.51 用樂嘉賓、父兄、大夫、倗友
1.73-4 至于父䂂(兄)
1.76-7 至于父䂂(兄)
1.78-9 至于父䂂(兄)
1.80-1 至于父䂂(兄)
1.103 遟(遲)父乍(作)姬齊姜龢𬮛(林)鍾(鐘)/侯(遲)父眔齊萬年眉壽
1.109-10 𨽍(肆)妟乍(作)龢父大𬮛(林)鐘
1.112 𨽍(肆)妟乍(作)龢父大𬮛(林)鐘
1.113 用爍(樂)父䂂(兄)、者(諸)士
1.114 用樂父䂂(兄)、者(諸)士
1.115 用樂父䂂(兄)、者(諸)士
1.116 用樂父䂂(兄)、者(諸)士
1.117 用樂父䂂(兄)、者(諸)士
1.145 用廣啟士父身/士父其眔□姬萬年
1.146 用廣啟士父身/士父其眔□姬萬年
1.147 用廣啟士父身/士父眔□〔姬〕萬年
1.148 用廣啟士父身/士父其眔□姬萬年
1.181 亞祖公仲必父之家
1.182 兼以父䂂(兄)、庶士
1.183 而逐之字(慈)父/樂我父兄
1.184 之字(慈)父/樂我父兄
1.186 樂我父兄
1.203 及我父䂂(兄)、庶士
1.261 用爍(樂)嘉賓、父䂂(兄)
2.411 亞萬父己
2.424 及我父䂂(兄)
2.426 台(以)樂我者(諸)父
2.427 台(以)樂我者(諸)父
3.458 父丁
3.459 父辛
3.460 癸父
3.466 弔父〔丁〕
3.474 𢍰父乙
3.475 弔父乙
3.476 鳥父乙
3.477 𡿪父乙
3.478 重父丙
3.479 𢍏父丁
3.480 弔父丁
3.481 𠧪父己
3.482 𠀠父己
3.483 冉父癸
3.497 竟乍(作)父乙
3.498 竟乍(作)父乙
3.499 𠂤丏父丁
3.500 冉蛙父丁
3.501 𠦪糸父丁
3.502 亞牧父戊
3.503 亞䝞父己
3.504 乍(作)父辛
3.538 祖辛、父甲
3.539 亞𠈌父丁鴝
3.542 楷叔䝬(𥎦)父乍(作)鼎
3.543 敬乍(作)父丁尊𩰫
3.544 仲𢦏父乍(作)䰙鬲

3.559 季右父乍(作)尊鬲
3.560 伯邦父乍(作)齍鬲
3.564 通乍(作)父癸彝
3.567 靁乍(作)父癸寶彝
3.568 玑乍(作)父乙彝
3.576 伯鄘父乍(作)姞尊鬲
3.579 奠(鄭)叔戡父乍(作)羞鬲
3.580 奠(鄭)井叔戡父乍(作)拜(饙)鬲
3.581 奠(鄭)井叔戡父乍(作)羞鬲
3.582 訾子旅乍(作)父戊寶彝
3.583 訾子旅乍(作)父戊寶彝
3.588 叔皇父乍(作)仲姜尊鬲
3.601 宋頪父乍(作)豐子賸(媵)鬲
3.608 弋(戴)叔慶父乍(作)叔姬尊鬲
3.613 林㚤乍(作)父辛寶尊彝
3.614 叔鼏乍(作)已(紀)伯父丁寶尊彝
3.615 伯猒父乍(作)井叔、季姜尊鬲
3.616 伯墉父乍(作)叔姬鬲
3.617 伯墉父乍(作)叔姬鬲
3.618 伯墉父乍(作)叔姬鬲
3.619 伯墉父乍(作)叔姬鬲
3.620 伯墉父乍(作)叔姬鬲
3.621 伯墉父乍(作)叔姬鬲
3.622 伯墉父乍(作)叔姬鬲
3.623 伯墉父乍(作)叔姬鬲
3.627 孜父乍(作)尊鬲
3.644 伯上父乍(作)姜氏尊鬲
3.649 伯先父乍(作)妫尊鬲
3.650 伯先父乍(作)妫尊鬲
3.651 伯先父乍(作)妫尊鬲
3.652 伯先父乍(作)妫尊鬲
3.653 伯先父乍(作)妫尊鬲
3.654 伯先父乍(作)妫尊鬲
3.655 伯先父乍(作)妫尊
3.656 伯先父乍(作)妫尊
3.657 伯先父乍(作)妫鬲
3.658 伯先父乍(作)妫尊鬲
3.668 右戲仲夏父乍(作)豐鬲
3.671 伯汏父乍(作)大姬齍鬲
3.674 叔牙父乍(作)姞氏尊鬲
3.680 成伯孫父乍(作)浸嬴尊鬲
3.681 仲父乍(作)尊鬲
3.682 伯家父乍(作)孟姜㬋(媵)鬲
3.684 奠(鄭)鑄友父乍(作)幾姜旅鬲
3.685 齊趫父乍(作)孟姬寶鬲
3.686 齊趫父乍(作)孟姬寶鬲
3.689 用乍(作)父戊尊彝
3.690 魯伯愈父乍(作)鼄(邾)姬仁朕(媵)羞鬲
3.691 魯伯愈父乍(作)鼄(邾)姬仁朕(媵)羞鬲
3.692 魯伯愈父乍(作)鼄(邾)姬仁朕(媵)羞鬲
3.693 魯伯愈父乍(作)鼄(邾)姬仁朕(媵)羞鬲
3.694 魯伯愈父乍(作)鼄(邾)姬仁朕(媵)羞鬲
3.695 魯伯愈父乍(作)鼄(邾)姬仁朕(媵)羞鬲
3.699 唯曾伯宮父穆
3.700 善(膳)〔夫〕吉父乍(作)京姬尊鬲
3.701 善(膳)夫吉父乍(作)京姬尊鬲
3.702 善(膳)夫吉父乍(作)京姬尊鬲
3.703 善(膳)夫吉父乍(作)京姬尊鬲
3.704 善(膳)夫吉父乍(作)京姬尊鬲
3.707 魯宰駟父乍(作)姬鵬賸(媵)鬲
3.715 睽士父乍(作)蓼(翏)妃尊鬲
3.716 睽士父乍(作)蓼(翏)妃尊鬲
3.717 鼄(邾)畜(友)父朕(媵)其子胙(胙)嫌寶鬲
3.719 伯夏父乍(作)畢姬尊鬲
3.720 伯夏父乍(作)畢姬尊鬲
3.721 伯夏父乍(作)畢姬尊鬲
3.722 伯夏父乍(作)畢姬尊鬲
3.723 伯夏父乍(作)畢姬尊鬲
3.724 伯夏父乍(作)畢姬尊鬲
3.725 伯夏父乍(作)畢姬尊鬲
3.726 伯夏父乍(作)畢姬尊鬲
3.727 伯夏父乍(作)畢姬尊鬲
3.728 伯夏父乍(作)畢姬
3.729 仲生父乍(作)井孟姬寶鬲
3.730 奠(鄭)伯筍父乍(作)叔姬尊鬲
3.731 奠(鄭)師𤔲(邍)父乍(作)薦鬲
3.737 單伯邍父乍(作)仲姞尊鬲

3.738 𠂤馬盂辛父
3.739 𠂤馬盂辛父
3.740 𠂤馬盂辛父
3.741 用乍(作)父丁彝
3.746 師湯父有嗣仲枏父乍(作)寶鬲
3.747 師湯父有嗣仲枏父乍(作)寶鬲
3.748 師湯父有嗣仲枏父乍(作)寶鬲
3.749 師湯父有嗣仲枏父乍(作)寶鬲
3.750 師湯父有嗣仲枏父乍(作)寶鬲
3.751 師湯父有嗣仲枏父乍(作)寶鬲
3.752 師湯父有嗣仲枏父乍(作)寶鬲
3.799 父乙
3.800 父乙
3.801 父己
3.807 戈父甲
3.808 𠕁父乙
3.809 𠕁(擠)父乙
3.810 冉父乙
3.811 冉父乙
3.812 乙父𠆢
3.813 𠬝父丁
3.814 父戊戈
3.815 令父己
3.816 𢊁(庚)父己
3.817 𠂤父己
3.819 見父己
3.820 元父辛
3.821 𡜏(戒)父辛
3.822 㠱父癸
3.823 伏父癸
3.824 爰父癸
3.838 子父乙犬
3.839 宁戈乙父
3.840 亞盉父丁
3.841 丏亞父丁
3.842 亞𩰫(䶂)父丁
3.843 亞𠩺(瘨)父己
3.844 父己得亞
3.845 黽乍(作)父辛
3.846 𦬠(箙)戉父癸
3.880 鼎乍(作)父乙尊彝
3.881 乍(作)父庚尊彝
3.882 𣪕(揆)乍(作)父庚旅彝
3.900 伯䨻(媢)父乍(作)旅獻(甗)
3.901 朿(刺)弜乍(作)父乙尊彝
3.902 仲酉父肈乍(作)獻(甗)
3.903 亞又乍(作)父乙尊彝
3.904 亞無(許)𠷎(疇)乍(作)父己彝
3.905 乍(作)父癸寶尊獻(甗)
3.906 亞𢉖乍(作)父己彝尊
3.911 㝬仲雩父乍(作)旅獻(甗)
3.918 孚父狇(貅)乍(作)旅獻(甗)
3.920 𨺅𡛥乍(作)父辛寶尊彝
3.923 伯凌父乍(作)獻(甗)
3.924 乃子乍(作)父辛寶尊彝 / 乃子乍(作)父辛寶尊彝
3.925 潩刃筍父乍(作)寶獻(甗)
3.928 叔碩父乍(作)旅獻(甗)
3.929 𣪘父乍(作)寶獻(甗)
3.931 仲伐父乍(作)姬尚母旅獻(甗)
3.932 子邦父乍(作)旅獻(甗)
3.937 奠(鄭)大(太)師小子侯父乍(作)寶獻(甗)
3.938 奠(鄭)氏伯高父乍(作)旅獻(甗)
3.942 仲枏父乍(作)旅獻(甗)
3.944 用乍(作)父己尊
3.947 敶(陳)公子子叔遼父乍(作)旅獻(甗)
3.948 師雍父戍在古師(次)/ 遇(𨁈)從師雍父
3.949 伯買父廼以厥人戍漢、中、州 / 用乍(作)父乙寶彝
3.979 仲枏父乍(作)匕(朼)
3.985 父
3.1255 父丁
3.1256 父丁
3.1257 父戊
3.1258 父戊
3.1259 父戊
3.1260 父己
3.1261 父己
3.1262 父己
3.1263 父己
3.1264 父己
3.1265 父己
3.1266 父己
3.1267 父辛
3.1268 父辛
3.1269 父辛
3.1270 父辛
3.1271 父辛
3.1272 壬父
3.1273 父癸
3.1274 父癸
3.1275 父癸
3.1276 父癸
3.1277 父癸
3.1278 父癸
3.1279 父癸
3.1280 父癸
3.1367 父宁
3.1403 亞父
4.1517 戈父甲
4.1518 戈父甲
4.1519 戈父甲
4.1520 咸父甲
4.1521 㠱父甲
4.1522 𠙵父甲
4.1523 㠱父乙
4.1524 㠱父乙
4.1525 㠱父乙
4.1526 㠱父乙
4.1527 㠱父乙
4.1528 𠂤(仉)父乙
4.1529 𠂤(仉)父乙
4.1530 光父乙
4.1532 欠父乙
4.1533 𡜏(戎)父乙
4.1534 子父乙
4.1535 息父乙
4.1536 𠑵(𠰏)父乙
4.1537 𩰫父乙
4.1538 紟父乙
4.1539 𦬠(箙)父乙

4.1540 幸父乙
4.1541 罒父乙
4.1542 罒父乙
4.1543 㓁父乙
4.1544 冉父乙
4.1545 父乙冉
4.1546 父乙鼎
4.1547 父乙鼎
4.1548 余父乙
4.1549 具父乙
4.1550 析父乙
4.1551 魚父乙
4.1552 魚父乙
4.1553 魚父乙
4.1554 黿父乙
4.1555 黿父乙
4.1556 黿父乙
4.1557 黿父乙
4.1558 黿父乙
4.1559 黿父乙
4.1560 交父乙
4.1561 山父乙
4.1562 未父乙
4.1563 祺父乙
4.1564 乍(作)父乙
4.1565 犬父丙
4.1566 冉父丙
4.1567 父丙犇
4.1568 弔父丙
4.1569 龜父丙
4.1570 巽父丁
4.1571 巽父丁
4.1572 巽父丁
4.1573 父丁巽
4.1574 冉父丁
4.1575 冉父丁
4.1576 父丁罒
4.1577 卓父丁
4.1578 卓父丁
4.1579 卓父丁
4.1580 卓父丁
4.1581 西父丁
4.1582 豢(豧)父丁
4.1583 黽父丁
4.1584 黽父丁
4.1585 魚父丁
4.1586 鳾(鵙)父丁
4.1587 弔父丁
4.1588 弔父丁
4.1589 弔父丁
4.1590 大父丁
4.1591 何父丁
4.1592 倗父丁
4.1593 襄父丁
4.1594 韋(衛)父丁
4.1595 此父丁
4.1596 子父丁
4.1597 句父丁
4.1598 息父丁
4.1599 戈父丁
4.1600 瞿(玃)父丁
4.1601 𠘧(尺)父戊
4.1602 大父己
4.1603 巽父己
4.1604 巽父己
4.1605 尭(嚳)父己
4.1606 戈父己
4.1607 罒父己
4.1608 罒父己
4.1609 㓁父己
4.1610 㓁父己
4.1611 罒父己
4.1612 𠨕(叩)父己
4.1613 介父己
4.1614 余父己
4.1615 余父己
4.1616 舌父己
4.1617 尸父己
4.1618 耒父己
4.1619 𥞩(萊)父己
4.1620 乍(作)父己
4.1621 子父己
4.1622 父己車
4.1623 史父庚
4.1624 史父庚
4.1625 葡(箙)父庚
4.1626 父庚幸
4.1627 羊父庚
4.1628 父庚叟
4.1629 虎父庚
4.1630 齔父庚
4.1631 亞父庚
4.1632 旅父辛
4.1633 侁父辛
4.1634 耑父辛
4.1635 父辛需
4.1636 父辛需
4.1637 父辛尭(嚳)
4.1638 戈父辛
4.1639 戈父辛
4.1640 獸父辛
4.1641 獸父辛
4.1642 田父辛
4.1643 魚父辛
4.1644 列(𧳜)父辛
4.1645 辛父豺
4.1646 罒父辛
4.1647 罒父辛
4.1648 𠘧(尺)父辛
4.1649 𠘧(尺)父辛
4.1650 冉父辛
4.1651 冉父辛
4.1652 冉父辛
4.1653 冉父辛
4.1654 木父辛
4.1655 敁(描)父辛
4.1656 壴(鼓)父辛
4.1657 聑父辛
4.1658 句父辛
4.1659 東父辛
4.1660 串父辛
4.1661 子父辛
4.1662 父辛㦸(誖)
4.1663 乍(作)父辛
4.1664 𠕁(龠)父辛
4.1665 木父壬
4.1666 重父壬
4.1667 大父癸
4.1668 舁(舉)父癸
4.1669 尭(嚳)父癸
4.1670 丞父癸
4.1671 𠘧(尺)父癸
4.1672 𠘧(尺)父癸
4.1673 罒父癸
4.1674 冉父癸
4.1675 冉父癸
4.1676 戈父癸
4.1677 𢦔(戒)父癸
4.1678 弓父癸
4.1679 酉父癸
4.1680 卓父癸
4.1681 西父癸
4.1682 黿父癸
4.1683 黿父癸
4.1684 黿父癸
4.1685 鳥父癸
4.1686 魚父癸
4.1687 𣁋(擠)父癸
4.1688 旻父癸
4.1689 旻父癸
4.1690 旻父癸
4.1691 目父癸
4.1692 徙父癸
4.1693 癸父串
4.1694 父癸川
4.1695 鬣父癸

4.1696 凡父己(？)
4.1697 子父异
4.1698 責戈父
4.1809 秉父辛
4.1815 祖己父癸
4.1817 亞鳥父甲
4.1818 亞朿父乙
4.1819 亞醜父乙
4.1820 亞歐父乙
4.1821 敖(扶)冊父乙
4.1822 天冊父乙
4.1823 丰丞(蹬)父乙
4.1824 鄉宁父乙
4.1825 紵父乙
4.1826 子刀父乙
4.1827 子□父乙
4.1828 子鼎父乙
4.1829 廞父乙乙
4.1830 冉蛙父乙
4.1831 冉鼻(鴞)父乙
4.1832 冂乍(作)父乙
4.1833 父乙爻敢(敢)
4.1834 父乙耳衡
4.1835 耳衡父乙
4.1836 宁羊父丙
4.1837 亞醜父丙
4.1838 丁父倗舟
4.1839 亞醜父丁
4.1840 亞醜父丁
4.1841 亞獏父丁
4.1842 亞獏父丁
4.1843 亞獏父丁
4.1844 亞獏父丁
4.1845 亞犬(獏？)父丁
4.1846 亞旛父丁
4.1847 亞酉父丁
4.1848 亞豈(趙)父丁
4.1849 田告父丁
4.1850 子羊父丁
4.1851 寧母父丁
4.1852 叙父丁鑊
4.1853 耳衡父丁
4.1854 耳衡父丁
4.1855 庚獿父丁
4.1856 畟(獿)父丁冊
4.1857 尹舟父丁
4.1858 𡗜父丁冊
4.1859 弓𦎫父丁
4.1860 乍(作)父丁羊
4.1861 𠔿(會)━父丁
4.1862 季父戊子
4.1863 亞徙(跣)父戊
4.1864 角字父戊
4.1865 亞𢼄父己
4.1866 亞𢼄父己
4.1867 父己亞醜
4.1868 亞冀(㾄)父己
4.1869 亞戈父己
4.1870 亞獸父己
4.1871 亞旛父己
4.1872 亞舀父己
4.1873 子申父己
4.1874 父己小子
4.1875 右敎父己
4.1876 弓𦎫父己
4.1877 遽乍(作)父己
4.1878 乍(作)父己冉
4.1879 子刀父己
4.1880 亞得父庚
4.1881 子刀父辛
4.1882 子刀父辛
4.1883 亞卤(醬)父辛
4.1884 亞醜父辛
4.1885 虎重父辛
4.1886 罒乍(作)父辛
4.1887 父辛侁冊
4.1888 逆𣪕(姗)父辛
4.1889 馬豢(豩)父辛
4.1890 父辛叒矢
4.1891 子夊(撜)父辛
4.1892 亞弁父癸
4.1893 何父癸寤
4.1894 何父癸寤
4.1895 射獸(？)父癸
4.1896 父癸衍(延)要
4.1897 冊膚(庚)癸父
4.1898 冊㠱(己)父癸
4.1899 允冊父癸
4.1900 父癸疋冊
4.1901 𠂤乍(作)父癸
4.1902 𠃊亽(齊)父癸
4.1939 右敎父癸
4.1996 盧(魯)祖庚父辛
4.1997 木祖辛父丙
4.1998 亞弁覃父甲
4.1999 乍(作)父甲尊彝
4.2000 馬羊侁父乙
4.2001 西單光父乙
4.2002 辰行受父乙
4.2003 父乙臣辰侁
4.2004 父乙臣辰侁
4.2005 臣辰侁父乙
4.2006 父乙臣辰侁
4.2007 乍(作)父乙尊彝
4.2008 乍(作)父乙寶䵼
4.2009 旁艮宁父乙
4.2010 宰徳宔(鑄)父丁
4.2011 毌丩(糾)乍(作)父戊
4.2012 殺乍(作)父戊䵼
4.2013 奄乍(作)父戊彝
4.2014 父己亞咅史
4.2015 小子乍(作)父己
4.2016 小子乍(作)父己
4.2017 子克冊父辛
4.2019 㠱兄戊父癸
4.2020 㠱俞女(母)癸父
4.2021 孔乍(作)父癸旅
4.2022 𣪊父乍(作)寶鼎
4.2023 斯父乍(作)旅鼎
4.2037 䌛乍(作)父庚彝
4.2046 仲師父乍(作)齋
4.2050 叔伐父乍(作)鼎
4.2114 般乍(作)父乙
4.2115 臣辰侁冊父乙
4.2116 臣辰侁冊父乙
4.2117 俞犬犬魚父乙
4.2118 疋彈寝乍(作)父丙
4.2119 乍(作)父丙寶尊彝
4.2120 韋乍(作)父丁彝
4.2121 歸乍(作)父丁寶鼎
4.2122 㳄乍(作)父丁尊彝
4.2123 𠂇乍(作)父丁寶鼎

4.2125 乍(作)父己彝
4.2126 奉乍(作)父己寶貞(鼎)
4.2127 剌乍(作)父庚尊彝
4.2128 具乍(作)父庚寶鼎
4.2129 乍(作)父辛寶尊彝
4.2130 乍(作)父辛寶尊彝
4.2131 木乍(作)父辛寶尊
4.2132 乍(作)父癸彝
4.2133 乍(作)父癸尊彝
4.2134 乍(作)父癸尊彝
4.2135 臣辰侁册父癸
4.2136 子■刀糸父癸
4.2141 犾(獮)父乍(作)糊(瀕)始(姒)貞(鼎)
4.2142 安父乍(作)寶尊彝
4.2143 鮮父乍(作)寶尊彝
4.2144 旂父乍(作)寶𪔂彝
4.2183 才㑴父乍(作)尊彝
4.2188 考乍(作)各父尊鼎
4.2194 [illegible]父乍(作)寶食彝
4.2195 伯遅父乍(作)鶉(鶉)貞(鼎)
4.2196 史盄父乍(作)寶鼎
4.2197 伯咸父乍(作)寶鼎
4.2205 鶾叟父乍(作)旅鼎
4.2207 仲義父乍(作)尊鼎
4.2208 仲義父乍(作)尊鼎
4.2209 仲義父乍(作)尊鼎
4.2210 仲義父乍(作)尊鼎
4.2211 仲義父乍(作)尊鼎
4.2213 孟湃父乍(作)寶鼎
4.2247 乍(作)父乙寶熽
4.2248 乍(作)父乙尊彝
4.2249 或乍(作)父丁寶尊彝
4.2250 吳乍(作)父丁寶尊彝
4.2251 穆乍(作)父丁寶尊彝
4.2252 鼎其用乍(作)父己寶
4.2253 乍(作)父辛寶
4.2254 屬乍(作)父辛尊鼎
4.2255 珷(挺)乍(作)父辛寶尊彝
4.2256 昜乍(作)父辛寶旅彝
4.2257 朋乍(作)父癸寶尊彝
4.2258 𣪘(哪)乍(作)父癸寶尊𪔂
4.2259 册乍(作)父癸寶尊彝
4.2269 匽(燕)侯旨乍(作)父辛尊
4.2274 侯乍(作)父丁尊彝
4.2275 豊用乍(作)父壬𪔂彝
4.2312 堇臨乍(作)父乙寶尊彝
4.2313 乍(作)父乙寶尊彝
4.2314 士乍(作)父乙尊彝
4.2315 亞豚乍(作)父乙寶尊鼎
4.2316 亳乍(作)父乙尊彝
4.2317 乍(作)父丁寶尊彝
4.2318 泻(泓)乍(作)文父丁熽
4.2319 串乍(作)父丁寶鼎
4.2320 營子旅乍(作)父戊寶彝
4.2321 彈乍(作)父辛尊彝
4.2322 乍(作)父辛寶尊彝
4.2323 梓(辣)乍(作)父癸寶尊彝
4.2324 珷(挺)乍(作)父癸寶尊彝
4.2325 [illegible]季乍(作)父癸寶尊彝
4.2326 史造(?)乍(作)父癸寶尊彝
4.2331 穆父乍(作)姜懿母𩜁(饋)貞(鼎)
4.2332 穆父乍(作)姜懿母𩜁(饋)貞(鼎)
4.2334 裖㑴父乍(作)畀姛朕(媵)鼎
4.2336 伯彧乍(作)厥父寶𦳋(尊)彝
4.2338 義仲乍(作)厥父周季尊彝
4.2343 叔虎父乍(作)叔姬寶鼎
4.2353 師奐父乍(作)季姞尊鼎
4.2363 父庚保𦡧祖辛
4.2364 父庚保𦡧祖辛
4.2366 奪乍(作)父丁寶尊彝
4.2367 闌(管)監引乍(作)父己寶𪔂彝
4.2368 示己、祖丁、父癸
4.2369 長子狗乍(作)文父乙尊彝
4.2373 史斿父乍(作)寶尊彝貞(鼎)
4.2377 薛侯戚乍(作)父乙鼎彝
4.2386 絲駒父乍(作)旅鼎
4.2401 亞若癸受丁旅乙父甲
4.2406 乍(作)父辛寶尊彝
4.2407 伯龢乍(作)召伯父辛寶尊鼎
4.2408 禽乍(作)文考父辛寶鼎
4.2410 甚諆(其)肇乍(作)父丁尊彝

4.2411 叔師父乍(作)尊鼎
4.2412 叔[illegible]父乍(作)尊鼎
4.2418 己(紀)華父乍(作)寶鼎
4.2423 曾侯仲子遊(遊)父自乍(作)䵼彝
4.2424 曾侯仲子遊(遊)父自乍(作)䵼彝
4.2427 宖父癸宅于｜｜(二)
4.2432 用乍(作)文父甲寶尊彝
4.2433 乍(作)父乙彝
4.2434 乍(作)父乙彝
4.2436 用乍(作)父庚寶尊彝
4.2440 叔□父乍(作)鼎
4.2442 仲宧父乍(作)寶鼎
4.2452 𨸏父之走(趣)馬吳買
4.2453 休王賜䍙(翳)父貝
4.2454 休王賜䍙(翳)父貝
4.2455 休王賜䍙(翳)父貝
4.2463 仲殷父乍(作)鼎
4.2464 仲殷父乍(作)鼎
4.2465 伯䡅父乍(作)寶鼎
4.2466 溓(濂)俗父乍(作)旅貞(鼎)
4.2487 伯寏父乍(作)旅貞(鼎)
4.2489 伯衛父乍(作)□䵼
4.2492 虢叔大父乍(作)尊鼎
4.2493 奠(鄭)饔邍父鑄鼎
4.2499 用乍(作)父丁尊彝
4.2500 伯嚊父乍(作)比鼎
4.2503 燮(榮)子旅乍(作)父戊寶尊彝
4.2507 復用乍(作)父乙寶尊彝
4.2508 伯考父乍(作)寶鼎
4.2509 父己
4.2510 父己
4.2511 叔𦯧父乍(作)尊鼎
4.2512 吉父乍(作)旅鼎
4.2513 伯筍父乍(作)寶鼎
4.2514 伯筍父乍(作)寶鼎
4.2515 史宜父乍(作)尊鼎
4.2520 奠(鄭)甬(勇)句父自乍(作)飤𩰫
4.2529 [仲]爯父乍(作)寶鼎
5.2533 仲𣆪(豚)父乍(作)尊鼎
5.2534 犀伯魚父乍(作)旅鼎
5.2535 伯庸父乍(作)羊鼎
5.2541 仲義父乍(作)新寍(客)寶鼎
5.2542 仲義父乍(作)新寍(客)寶鼎
5.2543 仲義父乍(作)新寍(客)寶鼎
5.2544 仲義父乍(作)新寍(客)寶鼎
5.2545 仲義父乍(作)新寍(客)寶鼎
5.2546 輔伯𡻕父乍(作)豐孟娟(妘)賸(媵)鼎
5.2548 圅皇父乍(作)琱娟(妘)尊兔鼎
5.2555 旂用乍(作)父戊寶尊彝
5.2558 師賸父乍(作)𪐗(豳)姬寶鼎
5.2561 善(膳)夫伯辛父乍(作)尊鼎
5.2562 [illegible]金父乍(作)叔姬寶尊鼎
5.2575 唯伯殷父北師(次)叟年
5.2578 𡢃乍(作)父庚𩰫
5.2580 大(太)師小子伯䒤父乍(作)寶鼎
5.2584 伯夏父乍(作)畢姬尊鼎
5.2589 弗奴父乍(作)孟姒府(府)賸(媵)貞(鼎)
5.2594 用乍(作)父丁尊彝
5.2595 用乍(作)父乙寶彝
5.2596 新宮叔碩父、監姬乍(作)寶鼎
5.2597 晉嗣徒伯鄀父乍(作)周姬寶尊鼎
5.2612 用乍(作)父庚尊彝
5.2613 用乍(作)父庚彝
5.2625 豊用乍(作)父丁鼎
5.2629 辛宮賜舍父帛、金
5.2648 䍙(冥)用乍(作)父己寶尊
5.2649 伯頵父乍(作)朕皇考𡰥伯、吳姬寶鼎
5.2653 父乙
5.2656 伯士(吉)父乍(作)毅尊鼎
5.2659 用乍(作)父辛尊彝
5.2667 奠(鄭)伯氏士叔皇父乍(作)旅鼎
5.2670 旂用乍(作)文父日乙寶尊彝
5.2671 𢊁父乍(作)䵼(揰)寶鼎
5.2672 𢊁父乍(作)䵼(揰)寶鼎
5.2674 用乍(作)父丁尊彝
5.2694 用乍(作)父乙𩰫
5.2695 用乍(作)父甲䵼彝
5.2697 㭬伯車父乍(作)郳姞尊鼎
5.2698 㭬伯車父乍(作)郳姞尊鼎

5.2699 棥伯車父乍(作)郳姞尊鼎
5.2700 棥伯車父乍(作)郳姞尊鼎
5.2708 用乍(作)父癸寶𩰫(餗)
5.2709 用乍(作)父丁彝
5.2710 用乍(作)父乙尊
5.2711 用乍(作)父己寶𤎩
5.2712 用乍(作)父辛寶尊彝
5.2718 用乍(作)父壬寶尊鼎
5.2721 師雍父省導(道)至于𫊟(胡)/其父蔑𢊁曆/對揚其父休
5.2725 用乍(作)父辛寶齋
5.2726 用乍(作)父辛寶齋
5.2727 師器父乍(作)尊鼎/師器父其萬年
5.2728 旅用乍(作)父丁尊彝
5.2730 𧾷用乍(作)厥文考父辛寶尊齋
5.2734 周伯邊及仲𠐧(催)父伐南淮尸(夷)
5.2737 宣喪(尚)用雍(饔)其者(諸)父、者(諸)兄
5.2743 仲師父乍(作)季妘始寶尊鼎
5.2744 仲師父乍(作)季妘始寶尊鼎
5.2745 函皇父乍(作)周娟(妘)般(盤)盉尊器
5.2749 用乍(作)召伯父辛寶尊彝
5.2750 父母嘉寺(持)
5.2763 用乍(作)父己寶尊彝
5.2764 單父上官嗣憙所受坪安君者也
5.2777 史伯碩父追考(孝)于朕皇考𪒠仲、王(皇)母泉母
5.2778 用乍(作)父庚永寶尊彝
5.2780 師湯父拜韻首
5.2781 伯俗父右(佑)𠆦季/曰:用又(佐)右(佑)俗父𤔲寇
5.2782 少去母父
5.2785 𤔲父乙尊
5.2793 單父上官嗣憙所受坪安君者也/單父上官嗣憙所受坪安君者也
5.2809 使厥友引以告于伯懋父/伯懋父迺罰得𦥑古三百寽(鋝)/懋父令曰:義(宜)敊(播)
5.2813 嗣馬井伯右(佑)師奎父/王乎內史駒册命師奎父/用嗣乃父官、友/奎父拜韻首/師奎父其萬年
5.2825 用乍(作)朕皇考叔碩父尊鼎
5.2830 亦弗諲(忘)公上父𫊟(胡)德/用妥(綏)乍(作)公上父尊/于朕考墉(郭)季易父𣪘(秩)宗
5.2832 衛以邦君厲告于井伯、伯邑父、定伯、𫏋伯、伯俗父/井伯、伯邑父、定伯、𫏋伯、伯俗父迺顜/眔政父田
5.2835 迺命向父(禹)佋多友
5.2836 克曰:穆穆朕文祖師華父/巠(經)念厥聖保祖師華父/用乍(作)朕文祖師華父寶𤔲彝
5.2838 效父用匹馬、束絲/效父則卑(俾)復厥絲束/𩡧、效父迺許𩡧
5.2841 王若曰:父厝/王曰:父厝/父厝/厥非先告父厝/父厝舍(捨)命/王曰:父厝/王曰:父厝/㪔(抄)茲卿事寮、大(太)史寮于父即尹
6.3052 父乙
6.3053 父丁
6.3054 父丁
6.3055 父戊
6.3056 父戊
6.3057 父己
6.3058 父己
6.3059 父辛
6.3060 父辛
6.3067 父己
6.3142 田父甲
6.3143 戈父甲
6.3144 𠘧父甲
6.3145 𦍸父乙
6.3146 𦍸父乙
6.3147 𦍸父乙
6.3148 父乙𦍸
6.3149 冎父乙
6.3150 咸父乙
6.3151 𧼛(𧽊)父乙
6.3152 𠘧父乙
6.3153 雋父乙
6.3154 父乙冉
6.3155 黿父乙
6.3156 戈父乙
6.3157 𦬋(䈪)父乙
6.3158 天父乙
6.3159 天父乙
6.3160 父乙㠯
6.3161 魚父乙
6.3162 魚父乙
6.3163 爻父乙
6.3164 爻父乙
6.3165 侁父乙
6.3166 侁父乙
6.3167 父乙侁
6.3168 木父丙
6.3169 𦍸父丁
6.3170 𦍸父丁
6.3171 戈父丁
6.3172 戈父丁
6.3173 戈父丁
6.3174 𠘧父丁
6.3175 父丁𡴘(二幸)
6.3176 父丁中
6.3177 𣏟(𥻘)父丁
6.3178 𩰤父丁
6.3179 黿父丁
6.3180 保父丁

6.3181 爻父丁
6.3182 亞父丁
6.3183 弔父丁
6.3184 弔父丁
6.3185 丩冊父戊
6.3186 子父戊
6.3187 父戊奄
6.3188 舊父戊
6.3189 叔(刱)父戊
6.3190 庚(庚)父戊
6.3191 冉父己
6.3192 冉父己
6.3193 糸父己
6.3194 車父己
6.3195 丱父己
6.3196 埶(藝)父己
6.3197 舌父己
6.3198 氏父己
6.3199 罒父辛
6.3200 㚒父辛
6.3201 鳶父辛
6.3202 杒父辛
6.3203 串父辛
6.3204 串父辛
6.3205 凡父辛
6.3206 埶(藝)父辛
6.3207 㚨(戒)父辛
6.3208 庚父辛
6.3209 賁(䚈)父辛
6.3210 酉父癸
6.3211 㫚父癸
6.3212 獸父癸
6.3213 㝵父癸
6.3214 父癸倗
6.3215 㚔(擘)父癸
6.3216 魚父癸
6.3217 罒父癸
6.3218 冉父癸
6.3219 弁父癸
6.3231 䜌父寶
6.3296 祖癸父丁
6.3297 亞攴父乙
6.3298 父乙亞矢
6.3299 獸亞父乙
6.3300 亞雋父乙
6.3301 亞殺父乙
6.3302 亼啐肴父乙
6.3303 㸚(齊)冊父乙
6.3304 允冊父乙
6.3305 歔乍(作)父乙
6.3306 乍(作)父乙侁
6.3307 □乍(作)父乙
6.3308 亞橐父丁
6.3309 亞豈(趄)父丁
6.3310 亞䖒父丁
6.3311 馬豕(豩)父丁
6.3312 文䫺父丁
6.3313 蝕羊父丁
6.3314 蝕羊父丁
6.3315 冉鶩(?)父丁
6.3316 冉蛙父丁
6.3317 宁戈父丁
6.3318 㚖父丁
6.3319 劦冊父丁
6.3320 瞿(玃)冊父丁
6.3321 □□父丁
6.3322 子羽(䜌)父丁
6.3323 允冊父戊
6.3324 北单父己
6.3325 尹舟父己
6.3326 亞竝父己
6.3327 亞戈父己
6.3328 耒乍(作)父己
6.3329 又(右)敄父己
6.3330 亞弜父辛
6.3331 亞䖒父辛
6.3332 亞䖒父辛
6.3333 亞䖒父辛
6.3334 亞孿父辛
6.3335 賁(䚈)乍(作)父辛
6.3336 乍(作)父辛彝
6.3337 鄉父癸宁
6.3338 亞弜父癸
6.3339 亞弁父癸
6.3340 耳衡父癸
6.3341 何瘖父癸
6.3342 乍(作)父癸
6.3392 乍(作)矩父毁
6.3418 庚獿馬父乙
6.3419 亞弁覃父乙
6.3420 子眉口父乙
6.3421 秉冊冊父乙
6.3422 臣辰侁父乙
6.3423 父乙臣辰侁
6.3424 父乙臣辰侁
6.3425 乍(作)父乙毁
6.3426 弔龜乍(作)父丙
6.3427 弔龜乍(作)父丙
6.3428 戈亳冊父丁
6.3429 乍(作)父丁
6.3430 凡乍(作)父丁彝
6.3431 劦冊竹父丁
6.3432 劦冊竹父丁
6.3433 天工冊父己
6.3434 乍(作)父辛彝
6.3435 囝乍(作)父辛彝
6.3436 緿(總)乍(作)父癸彝
6.3461 農父乍(作)寶毁
6.3462 矩父乍(作)寶毁
6.3463 事父乍(作)寶彝
6.3464 卬(邛)父乍(作)車登
6.3470 畢□□□父戊旅毁
6.3502 文父乙卯婦娸
6.3503 戈乍(作)父乙尊彝
6.3504 亞疑𠭯侯父乙
6.3505 亞疑𠭯乍(作)父乙
6.3506 臣辰侁冊父乙
6.3507 用乍(作)父乙尊彝
6.3508 令乍(作)父乙尊彝
6.3509 乍(作)父乙寶毁
6.3510 乍(作)父乙寶毁
6.3511 乍(作)父乙寶毁
6.3512 柠(楮)乍(作)父丁尊彝
6.3513 亞疑𠭯侯父戊
6.3514 乍(作)父戊旅彝
6.3515 丫𠂇乍(作)父己尊彝
6.3516 㰱乍(作)父庚寶彝
6.3517 殺乍(作)父庚旅彝
6.3518 䎕乍(作)父辛尊彝
6.3519 □乍(作)父辛寶彝
6.3520 盧乍(作)父辛

尊彝
6.3521 𠄎 攴(捭) 乍(作)父癸尊彝
6.3522 臣辰佐册父癸
6.3523 臣辰佐册父癸
6.3543 仲獲父乍(作)寶段
6.3545 仲師父乍(作)旅段
6.3546 仲□父乍(作)寶段
6.3547 仲酉父乍(作)旅段
6.3548 仲言(?)父乍(作)旅段
6.3555 叔攸父乍(作)叀段
6.3559 䣄父乍(作)寶尊彝
6.3560 □父☐
6.3561 安父乍(作)寶尊彝
6.3562 微父乍(作)寶尊彝
6.3563 姞伋父乍(作)寶段
6.3564 員父乍(作)寶尊段
6.3602 乍(作)父乙寶彝
6.3603 大禾乍(作)父乙尊彝
6.3604 宔(鑄)父丁尊彝
6.3605 弔乍(作)父丁寶尊彝
6.3606 䧹(雝)乍(作)文父日丁
6.3607 古乍(作)父丁寶隮(奠)彝
6.3608 宰犬乍(作)父丁鐔(饙)彝
6.3609 休乍(作)父丁寶段
6.3610 圣乍(作)父戊寶尊彝
6.3611 廣乍(作)父己寶尊
6.3612 衛乍(作)父庚寶尊彝
6.3613 哦乍(作)父辛寶尊彝
6.3622 召父乍(作)厥□寶彝
6.3623 𥎦沽乍(作)父卯寶段
6.3646 史逑乍(作)父乙寶段
6.3647 堇臨乍(作)父乙寶尊彝
6.3648 堇臨乍(作)父乙寶尊彝
6.3649 乍(作)父丁寶尊彝
6.3650 乍(作)父丁寶尊彝
6.3651 牧壁乍(作)父丁少(小)食段
6.3652 侖乍(作)父丁寶尊彝
6.3653 子阩乍(作)父己寶尊彝
6.3654 㚔乍(作)父壬寶尊彝
6.3655 亞高亢乍(作)父癸尊彝
6.3656 晵(征)乍(作)父癸寶尊彝
6.3657 晵(征)乍(作)父癸寶尊彝
6.3658 晵(征)乍(作)父癸寶尊彝
6.3659 子令乍(作)父癸寶尊彝
6.3660 敝(𠼂)乍(作)父癸寶尊彝
6.3661 敝(𠼂)乍(作)父癸寶尊彝
6.3662 敝(𠼂)乍(作)父癸寶尊彝
6.3663 黄乍(作)父癸寶尊彝
6.3664 乍(作)父乙寶尊彝
6.3669 噩(鄂)季奞父乍(作)寶尊彝
6.3678 伯蔡父乍(作)母嫔寶段
6.3679 伯嘉父乍(作)叀姬尊段
6.3680 伯嘉父乍(作)叀姬尊段
6.3683 父父庚保𨺅祖辛
6.3685 見乍(作)父己寶尊彝
6.3686 䢅廷冀乍(作)父癸寶尊彝
6.3688 適遾(遾)乍(作)父癸寶彝
6.3691 伯好父自鑄乍(作)爲旅段
6.3698 柬人守父乍(作)厥寶尊彝
6.3704 孟肅父乍(作)寶段
6.3705 師寏父乍(作)季姞寶尊段
6.3706 師寏父乍(作)叔姞寶尊段
6.3714 辨乍(作)文父己寶尊彝
6.3715 辨乍(作)文父己寶尊彝
6.3716 辨乍(作)文父己寶尊彝
6.3717 𠃬乍(作)父辛尊彝
6.3725 叔友父乍(作)尊段
6.3726 友父乍(作)寶段
6.3727 友父乍(作)寶段
7.3748 伯者父乍(作)寶段
7.3750 用乍(作)父乙尊彝
7.3751 䅟(穉)乍(作)父柙(甲)寶段
7.3753 仲師父乍(作)好旅段
7.3754 仲師父乍(作)好旅段
7.3755 中友父乍(作)寶段
7.3756 中友父乍(作)寶段
7.3757 仲五父乍(作)段
7.3758 仲五父乍(作)段
7.3759 仲五父乍(作)段
7.3760 叔臨父乍(作)寶段

7.3762 伯就父乍(作)[illegible](飤)殷

7.3764 叔杲父乍(作)寶殷

7.3765 伯幾父乍(作)䊮(饙、饋)殷

7.3766 伯幾父乍(作)䊮(饙、饋)殷

7.3789 史𣥺(場)父乍(作)尊殷

7.3790 用乍(作)父丁尊彝

7.3793 伯梁父乍(作)𡡉(龏)姞尊殷

7.3794 伯梁父乍(作)𡡉(龏)姞尊殷

7.3795 伯梁父乍(作)𡡉(龏)姞尊殷

7.3796 伯梁父乍(作)𡡉(龏)姞尊殷

7.3797 䢅叔山父乍(作)曼(嫚、姪)姬尊殷

7.3798 䢅叔山父乍(作)曼(嫚、姪)姬尊殷

7.3799 䢅叔山父乍(作)曼(嫚、姪)姬尊殷

7.3800 䢅叔山父乍(作)曼(嫚、姪)姬尊殷

7.3801 䢅叔山父乍(作)曼(嫚、姪)姬尊殷

7.3802 叔侯父乍(作)尊殷

7.3803 叔侯父乍(作)尊殷

7.3822 休王賜效父吕(鋁)三

7.3823 休王賜效父吕(鋁)三

7.3833 伯賓父乍(作)寶殷

7.3834 伯賓父乍(作)寶殷

7.3835 堇乍(作)父寶尊殷

7.3837 伯喜父乍(作)洹饙(饋)殷

7.3838 伯喜父乍(作)洹饙(饋)殷

7.3839 伯喜父乍(作)洹饙(饋)殷

7.3842 孟奠父乍(作)尊殷

7.3843 孟奠父乍(作)尊殷

7.3844 孟奠父乍(作)尊殷

7.3849 叔向父乍(作)婞(辛)姒尊殷

7.3850 叔向父乍(作)婞(辛)姒尊殷

7.3851 叔向父乍(作)婞(辛)姒尊殷

7.3852 叔向父乍(作)婞(辛)姒尊殷

7.3853 叔向父乍(作)婞(辛)姒尊殷

7.3854 叔向父乍(作)婞(辛)姒尊殷

7.3855 叔向父乍(作)婞(辛)姒尊殷

7.3856 伯家父乍(作)孟姜賸(媵)殷

7.3857 伯家父乍(作)孟姜賸(媵)殷

7.3859 辛叔皇父乍(作)中姬尊殷

7.3861 用乍(作)父己尊彝

7.3862 用乍(作)父乙寶尊彝

7.3869 亢僕乍(作)父己尊殷

7.3870 叔向父爲備寶殷兩、寶鼎二

7.3877 季佝父迸乍(作)寶殷

7.3881 楸車父乍(作)鄦(鄭)姞䊮(饙、饋)殷

7.3882 楸車父乍(作)鄦(鄭)姞饙(饋)殷

7.3883 楸車父乍(作)鄦(鄭)姞饙(饋)殷

7.3884 楸車父乍(作)鄦(鄭)姞饙(饋)殷

7.3885 楸車父乍(作)鄦(鄭)姞饙(饋)殷

7.3886 楸車父乍(作)鄦(鄭)姞饙(饋)殷

7.3887 伯遟父乍(作)嫎寶殷

7.3890 廣乍(作)叔彭父寶殷

7.3891 井[illegible]叔安父自乍(作)寶殷

7.3892 師昊父乍(作)寶殷

7.3894 學(孷)父乍(作)姬獻賸(媵)殷

7.3895 鲶仲奠父乍(作)尊殷

7.3904 用乍(作)父丁尊殷

7.3905 𡛷用乍(作)父丁尊彝

7.3906 用乍(作)父戊寶尊彝

7.3914 大(太)師事(史)良父乍(作)寶殷

7.3918 隁仲孛乍(作)父日乙尊殷

7.3920 伯百父乍(作)周姜寶殷

7.3921 叔[illegible]父乍(作)朕文母、剌(烈)考尊殷

7.3922 叔[illegible]父乍(作)朕文母、剌(烈)考尊殷

7.3924 朿仲豆父乍(作)湽(𨥨)殷

7.3925 命父諲乍(作)寶殷

7.3926 命父諲乍(作)寶殷

7.3927 伯田父乍(作)井姯寶殷

7.3936 彔旁仲駒父乍(作)仲姜殷

7.3937 彔旁仲駒父乍(作)仲姜殷

7.3938 彔旁仲駒父乍(作)仲姜殷

7.3948 用乍(作)父乙寶彝

7.3954 仲幾父事(使)幾事(使)于者(諸)侯、者(諸)監

7.3956 仲叀父乍(作)饙(饋)殷

7.3957 仲叀父乍(作)

餴(饋)𣪘
7.3958 叔角父乍(作)朕皇考宕(宄)公尊𣪘
7.3959 叔角父乍(作)朕皇考宕(宄)公尊𣪘
7.3960 孟𢎥父乍(作)寶𣪘
7.3961 孟𢎥父乍(作)寶𣪘
7.3962 孟𢎥父乍(作)幻伯妊賸(媵)𣪘八
7.3963 孟𢎥父乍(作)幻伯妊賸(媵)𣪘八
7.3964 仲𣪘父鑄𣪘
7.3965 仲𣪘父鑄𣪘
7.3966 仲𣪘父鑄𣪘
7.3967 仲𣪘父鑄𣪘
7.3968 仲𣪘父鑄𣪘
7.3969 仲𣪘父鑄𣪘
7.3970 仲𣪘父鑄𣪘
7.3974 魯伯大父乍(作)季姬婧賸(媵)𣪘
7.3976 用乍(作)父戊寶尊彝
7.3978 溓(濂)姬乍(作)父庚尊𣪘
7.3980 吳彭父乍(作)皇祖考庚孟尊𣪘
7.3981 吳彭父乍(作)皇祖考庚孟尊𣪘
7.3982 吳彭父乍(作)皇祖考庚孟尊𣪘
7.3983 伯庶父乍(作)王姑凡姜尊𣪘
7.3987 魯大(太)宰邍父乍(作)季姬牙賸(媵)𣪘
7.3988 魯伯大父乍(作)孟姜賸(媵)𣪘
7.3989 魯伯大父乍(作)仲姬俞賸(媵)𣪘
7.3990 用乍(作)父乙彝
7.3993 用興厥祖父日乙
7.3994 用興厥祖父日乙
7.3995 伯偈父乍(作)姬麋寶𣪘
7.4004 師𧻚父孫孫叔多父
7.4005 師𧻚父孫孫叔多父
7.4006 師𧻚父孫孫叔多父
7.4008 兮吉父乍(作)仲姜寶尊𣪘
7.4009 毛伯嚜(喔)父乍(作)仲姚寶𣪘
7.4014 穌(蘇)公子癸父甲乍(作)尊𣪘
7.4015 穌(蘇)公子癸父甲乍(作)尊𣪘
7.4018 卓林父乍(作)寶𣪘
7.4020 用乍(作)父丁尊彝
7.4023 伯中父夙夜事走(朕)考
7.4027 伯𤞞父乍(作)朕皇考𢓊伯、吳(虞)姬尊𣪘
7.4032 官(管)夌父乍(作)義友寶𣪘
7.4035 伯吉父乍(作)毅尊𣪘
7.4040 用追孝于其父母
7.4042 用乍(作)父丁尊彝
7.4043 用乍(作)父丁尊彝
7.4044 懋父賞御正衛馬匹自王/用乍(作)父戊寶尊彝
7.4048 琱我父乍(作)交尊𣪘
7.4049 琱我父乍(作)交尊𣪘
7.4050 琱我父乍(作)交尊𣪘
7.4056 叔噩父乍(作)鸞姬旅𣪘
7.4057 叔噩父乍(作)鸞姬旅𣪘
7.4058 叔噩父乍(作)鸞姬旅𣪘
7.4065 內(芮)叔𨛜父乍(作)寶𣪘
7.4066 內(芮)叔𨛜父乍(作)寶𣪘
7.4067 內(芮)叔𨛜父乍(作)寶𣪘
7.4068 牧師父弟叔㾓父御于君
7.4069 牧師父弟叔㾓父御于君
7.4070 牧師父弟叔㾓父御于君
7.4088 用乍(作)父乙寶彝
7.4090 叔皮父乍(作)朕文考茀公
7.4102 仲䱷父乍(作)朕皇考遟伯、王(皇)母遟姬尊𣪘
7.4103 仲䱷父乍(作)朕皇考遟伯、王(皇)母遟姬尊𣪘
7.4107 豐伯車父乍(作)尊𣪘
7.4108 叔𫷷父乍(作)孟姜尊𣪘
7.4109 內(芮)伯多父乍(作)寶𣪘
7.4110 魯士商䱷肇乍(作)朕皇考叔猒父尊𣪘
7.4111 魯士商䱷肇乍(作)朕皇考叔猒父尊𣪘
7.4114 仲辛父乍(作)朕皇祖日丁、皇考日癸尊𣪘/辛父其萬年無疆
7.4116 麐(慶)生(甥)曶父師害及仲曶
7.4117 麐(慶)生(甥)曶父師害及仲曶
7.4118 宴從匽父東
7.4119 宴從匽父東
7.4120 率樂𣓞子𦍨父
8.4121 王休賜厥臣父瓚(贊)王祼、貝百朋
8.4122 伯雍父來自𨸏(胡)
8.4123 伯艿父事(使)𩕳𧷸(覲)尹人于齊師
8.4127 乍(作)鑄叔皮父尊𣪘/其妻子用享考(孝)于叔皮父
8.4134 伯𡱝父蔑御史競曆/競揚伯𡱝父休/用乍(作)父乙寶尊彝𣪘
8.4135 伯𡱝父蔑御史

競曆/競揚伯屖父休/用乍(作)父乙寶尊彝𣪕

8.4138 用乍(作)文父丁尊彝

8.4141 圅皇父乍(作)琱娟(妘)般(盤)盉尊器𣪕具

8.4142 圅皇父乍(作)琱娟(妘)般(盤)盉尊器𣪕具

8.4143 圅皇父乍(作)琱娟(妘)般(盤)盉尊器𣪕具

8.4144 用乍(作)父乙寶彝

8.4154 師湯父有𤔲仲枏父乍(作)寶𣪕

8.4155 師湯父有𤔲仲枏父乍(作)寶𣪕

8.4156 唯伯家父部廼用吉金

8.4160 用餴(饋)王(皇)父、王(皇)母

8.4161 用餴(饋)王(皇)父、王(皇)母

8.4166 用乍(作)文考父丙𩱛彝

8.4178 用乍(作)文父丁𩱛彝

8.4188 仲再父大(太)宰南𨟻(申)厥𤔲(辭)

8.4189 南𨟻(申)伯大(太)宰再父厥𤔲(辭)

8.4195 王命萳眔叔緐父歸(饋)吳姬饔(饔)器

8.4196 師毛父即立(位)

8.4201 令宅事伯懋父

8.4203 曾仲大父螽(蛕)廼用吉攸(鋚)

8.4204 曾仲大父螽(蛕)廼用吉攸(鋚)

8.4205 乍(作)朕文考光父乙

8.4206 令師田父殷成周年/師田父令小臣傳非(緋)余(琜)/師田父令余𤔲□官/伯𤔲(𠜨)父賞小臣傳□

8.4207 用乍(作)文考父乙尊彝

8.4213 戎獻金于子牙父百車

8.4238 伯懋父以殷八師征東尸(夷)/伯懋父承王令(命)

8.4239 伯懋父以殷八師征東尸(夷)/伯懋父承王令(命)

8.4242 叔向父禹曰：余小子司(嗣)朕皇考

8.4246 仲倗父內(入)又(佑)楚

8.4247 仲倗父內(入)又(佑)楚

8.4248 仲倗父內(入)又(佑)楚

8.4249 仲倗父內(入)又(佑)楚

8.4258 宰屖父右(佑)害立

8.4259 宰屖父右(佑)害立

8.4260 宰屖父右(佑)害立

8.4269 伯屖父休于縣妃/縣妃姅(奉)揚伯屖父休

8.4270 王命同：差(佐)右(佑)吳(虞)大父/世孫孫子子差(佐)右(佑)吳(虞)大父

8.4271 王命同：差(佐)右(佑)吳(虞)大父/世孫孫子子差(佐)右(佑)吳(虞)大父

8.4272 宰倗父右(佑)塱/用乍(作)朕皇祖伯囪(窗)父寶𣪕

8.4274 王乎內史尹冊令(命)師兌：疋(胥)師龢父

8.4275 王乎內史尹冊令(命)師兌：疋(胥)師龢父

8.4300 公尹伯丁父兄(貺)于戍

8.4301 公尹伯丁父兄(貺)于戍

8.4311 伯龢父若曰：師獸

8.4318 王乎內史尹冊令(命)師兌：余既令女(汝)疋(胥)師龢父

8.4319 王乎內史尹冊令(命)師兌：余既令(命)女(汝)疋(胥)師龢父

8.4320 乍(作)虞(虎)公父丁尊彝

8.4324 師龢父伇(胙)𣀈菽(素)芾

8.4325 師龢父伇(胙)𣀈菽(素)芾

8.4327 昔乃祖亦既令乃父死(尸)𤔲莽人

8.4330 懿父廼是子

8.4341 王令吕伯曰：以乃師右比毛父/趞(遣)令曰：以乃族從父征/徣(誕)城衛父身

8.4343 在師汙父宫

9.4345 伯夸父乍(作)寶盨(鎮)

9.4348 師奐父乍(作)旅須(盨)

9.4349 師奐父乍(作)旅須(盨)

9.4350 伯筍父乍(作)旅盨

9.4351 叔倉父乍(作)寶盨

9.4368 伯多父乍(作)旅須(盨)

9.4369 伯多父乍(作)旅須(盨)

9.4370 伯多父乍(作)旅須(盨)

9.4371 伯多父乍(作)旅須(盨)

9.4375 叔譔父乍(作)旅盨𣪕

9.4376 叔譔父乍(作)旅盨𣪕

9.4377 叔賓父乍(作)寶盨

9.4382 伯車父乍(作)旅須(盨)

9.4383 伯車父乍(作)旅盨

9.4384 伯公父乍(作)

旅盨
9.4386 仲義父乍(作)旅盨
9.4387 仲義父乍(作)旅盨
9.4392 奠(鄭)義羌父乍(作)旅盨
9.4393 奠(鄭)義羌父乍(作)旅盨
9.4398 仲閔父乍(作)旅盨
9.4399 仲鑠父攸(作)鑄旅盨
9.4405 鬲叔興父乍(作)旅須(盨)
9.4409 叔良父乍(作)旅盨
9.4410 伯庶父乍(作)盨毁
9.4416 遣叔吉父乍(作)虢王姞旅須(盨)
9.4417 遣叔吉父乍(作)虢王姞旅須(盨)
9.4418 遣叔吉父乍(作)虢王姞旅須(盨)
9.4419 伯多父乍(作)成姬多母霝(鍇)毁
9.4422 筍伯大父乍(作)嬴妃鑄匋(寶)盨
9.4426 兮伯吉父乍(作)旅尊盨
9.4427 食仲走父乍(作)旅盨/走父以(與)其子子孫孫寶用
9.4431 曼龏父乍(作)寶盨
9.4432 曼龏父乍(作)寶盨
9.4433 曼龏父乍(作)寶盨
9.4434 曼龏父乍(作)寶盨
9.4437 乘父士杉/其肇乍(作)其皇考伯明父寶毁
9.4438 伯寬(窺、覓)父乍(作)寶盨
9.4439 伯寬(覓、窺)父乍(作)寶須(盨)
9.4440 肇乍(作)皇考伯走父餴(饋)盨毁
9.4441 肇乍(作)皇考伯走父餴(饋)盨毁
9.4442 㠱伯子宊父
9.4443 㠱伯子宊父
9.4444 㠱伯子宊父
9.4445 㠱伯子宊父
9.4453 仲自(師)父乍(作)季龏□寶尊盨
9.4454 叔剌(剸)父乍(作)奠(鄭)季寶鐘六金、尊盨四、鼎七
9.4455 叔剌(剸)父乍(作)奠(鄭)季寶鐘六金、尊盨四、鼎七
9.4456 叔剌(剸)父乍(作)奠(鄭)季寶鐘六金、尊盨四、鼎七
9.4457 叔剌(剸)父乍(作)奠(鄭)季寶鐘六金、尊盨四、鼎七
9.4464 南仲邦父命駒父毁(即)南者(諸)侯/逹(帥)高父見南淮尸(夷)/駒父其邁(萬)年
9.4469 賜女(汝)秬鬯一卣、乃父芾、赤舄、駒車、𠦪(賁)較(較)、朱虢(鞹)圅靳、虎冟(冪)熏(纁)裏、畫轉、畫輯、金甬(筩)、馬四匹、鋚勒/叔邦父、叔姞邁(萬)年
9.4482 仲其父乍(作)旅簠
9.4483 仲其父乍(作)旅簠
9.4499 衛子叔旡父乍(作)旅簠
9.4517 魯士厚(閔)父乍(作)飤簠
9.4518 魯士厚(閔)父乍(作)飤簠
9.4519 魯士厚(閔)父乍(作)飤簠
9.4520 魯士厚(閔)父乍(作)飤簠
9.4525 伯𣃔父乍(作)旅簠
9.4530 善(膳)夫吉父乍(作)旅簠
9.4535 伯壽父乍(作)寶簠
9.4536 伯嚍父乍(作)餴(饋)簠
9.4544 子叔狀(秠)父乍(作)行器
9.4554 伯戒(勇)父乍(作)簠
9.4563 季𠂤父乍(作)宗(崇)娟(妘)償(媵)簠
9.4564 季𠂤父乍(作)宗(崇)娟(妘)償(媵)簠
9.4566 魯伯俞(愈)父乍(作)姬仁簠
9.4567 魯伯俞(愈)父乍(作)姬仁簠
9.4568 魯伯俞(愈)父乍(作)姬仁簠
9.4572 季宮父乍(作)仲姊嬢姬侯(媵)簠
9.4580 叔邦父乍(作)簠
9.4581 唯伯其(麒)父慶(譽)乍(作)旅祜(簠)
9.4592 是叔虎父乍(作)杞孟辝(姒)餴(饋)簠
9.4601 奠(鄭)伯大嗣工(空)召叔山父乍(作)旅簠
9.4602 奠(鄭)伯大嗣工(空)召叔山父乍(作)旅簠
9.4608 考叔𢁊父自乍(作)尊簠
9.4609 考叔𢁊父自乍(作)尊簠
9.4615 叔家父乍(作)仲姬匡(筐)
9.4628 伯大(太)師小子伯公父乍(作)簠
9.4640 魯子仲之子歸父爲其善(膳)𩫖(敦)
9.4658 串雞父丁
9.4673 曾仲斿父自乍(作)寶甫(簠)
9.4674 曾仲斿父自乍(作)寶甫(簠)
9.4694 以會父佳(兄)
9.4695 以會父倪(兄)
10.4822 父乙

10.4835 父辛
10.4836 父癸
10.4837 父癸
10.4902 鳥父甲
10.4903 甲父田
10.4904 罒父甲
10.4905 丰父甲
10.4906 敄父甲
10.4907 舟父甲
10.4908 天父乙
10.4909 天父乙
10.4910 何父乙
10.4911 趣(趨)父乙
10.4912 朿(刺)父乙
10.4913 册父乙
10.4914 魚父乙
10.4915 魚父乙
10.4916 魚父乙
10.4917 父乙魚
10.4918 卷父乙
10.4919 高子父乙
10.4920 罒父乙
10.4921 [illegible]父乙
10.4922 黿父乙
10.4923 黿父乙
10.4924 黿父乙
10.4925 }{(亞)父乙
10.4926 冀父乙
10.4927 光父乙
10.4928 [illegible](鵬)父乙
10.4929 史父乙
10.4930 [illegible](皮)父乙
10.4931 敄父乙
10.4932 [illegible]父乙
10.4933 亞父乙
10.4934 [illegible]父乙
10.4935 [illegible](庚)父乙
10.4936 析父丙
10.4937 牧父丙
10.4938 冀父丁
10.4939 冀父丁
10.4940 宂父丁
10.4941 史父丁
10.4942 爵父丁
10.4943 子父丁
10.4944 朿(刺)父丁
10.4945 耒父丁
10.4946 耒父丁
10.4947 酉父丁
10.4948 爻父丁
10.4949 阜父丁
10.4950 黿父戊
10.4951 酉父己
10.4952 酉父己
10.4953 [illegible](鈴)父己
10.4954 戈父己
10.4955 戈父己
10.4956 趣(趨)父己
10.4957 獸父己
10.4958 受父己
10.4959 遽父己
10.4960 父己冀
10.4961 父己冀
10.4962 宂父己
10.4963 冉父己
10.4964 萬父己
10.4965 罒父己
10.4966 罒父己
10.4967 父庚冀
10.4968 弓父庚
10.4969 子父庚
10.4970 父庚[illegible]
10.4971 盡([illegible])父辛
10.4972 賓婦丁父辛
10.4973 罒父辛
10.4974 罒父辛
10.4975 [illegible]([illegible]幸)父辛
10.4976 天父辛
10.4977 父辛埶(藝)
10.4978 黿父辛
10.4979 父辛黽
10.4980 冀父辛
10.4981 弔父辛
10.4982 宂父辛
10.4983 辛父宂
10.4984 掔父辛
10.4985 翌父辛
10.4986 冉父辛
10.4987 父辛酉
10.4988 爵父癸
10.4989 另(剮)父癸
10.4990 史父癸
10.4991 戉(戒)父癸
10.4992 串父癸
10.4993 黿父癸
10.4994 取父癸
10.4995 令父癸
10.4996 [illegible](擧)父癸
10.4997 父癸魚
10.4998 父癸冀
10.5044 祖丁父己
10.5049 亞冀(㠱)父甲
10.5050 陸册父甲
10.5051 父乙[illegible](衛)典
10.5052 陸册父乙
10.5053 亞覃父乙
10.5054 亞俞父乙
10.5055 亞厷(肱)父乙
10.5056 田告父乙
10.5057 子[illegible]([illegible])父乙
10.5058 耳日父乙
10.5059 丩册父乙
10.5060 丩册父乙
10.5061 幸旅父乙
10.5062 馬豕([illegible])父丁
10.5063 馬豕([illegible])父丁
10.5064 立[illegible]父丁
10.5065 立[illegible]父丁
10.5066 微乍(作)父丁
10.5067 獄盧父丁
10.5068 串雞父丁
10.5069 串雋父丁
10.5070 子廟父丁
10.5071 冉蛭父丁
10.5072 冉蛭父丁
10.5073 舟丏父丁
10.5074 埶(藝)公父丁
10.5075 釆乍(作)父丁
10.5076 丩册父戊
10.5077 又(右)敄父己
10.5078 亞[illegible]父己
10.5079 亞址父己
10.5080 子翌父庚
10.5081 陸册父庚
10.5082 家戈父庚
10.5083 獲婦父庚
10.5084 獸幸父辛
10.5085 亞醜父辛
10.5086 亞[illegible]父辛
10.5087 令[illegible]父辛
10.5088 葡貝父辛
10.5089 句[illegible]父辛
10.5090 幸旅父辛
10.5091 何父癸[illegible]
10.5092 乍(作)父癸
10.5093 行天父癸
10.5094 亞得父癸
10.5095 [illegible](衛)册父癸
10.5096 畀[illegible](己)父癸
10.5103 伯[illegible]父乍(作)
10.5145 [illegible]父己[illegible](戎)
10.5146 [illegible]祖己、父辛
10.5147 亞[illegible]父乙
10.5148 冀乍(作)父乙彝
10.5149 臣辰[illegible]父乙

10.5150 臣辰侁父乙
10.5151 臣辰侁父乙
10.5152 臣辰侁父乙
10.5153 臣辰侁父乙
10.5154 競乍(作)父乙旅
10.5155 頙文父丁毆(撫)
10.5156 西單冊父丁
10.5157 咏乍(作)旅父丁
10.5158 劦冊竹父丁
10.5159 乍(作)父戊寶彝
10.5160 乍(作)父戊寶彝
10.5161 父戊
10.5162 亞雀父己魚
10.5163 𠦪父己、母癸
10.5164 㑹乍(作)父己彝
10.5165 北子冉父辛
10.5166 ᅲ木父辛冊
10.5167 𠦪敖(扶)父辛彝
10.5168 亞其戈父辛
10.5169 父辛䇂冊戉
10.5170 守宮乍(作)父辛
10.5171 𠦪乍(作)父辛彝
10.5172 𠦪父癸母㑹
10.5173 天𤸰冊父癸
10.5195 干子𠤕父戊
10.5199 亞弁祖乙、父己
10.5202 齊乍(作)父乙尊彝
10.5203 亞寢𧽊宔(鑄)父乙
10.5204 乍(作)父乙寶彝
10.5205 𤔲采乍(作)父乙彝
10.5206 亞矢望ㄐ父乙(15.9565)
10.5207 㸚乍(作)父乙寶彝
10.5208 弓天(?)兼未父丙
10.5209 𡔈乍(作)父丁寶彝
10.5210 乍(作)父丁寶旅彝
10.5212 大中乍(作)父丁尊
10.5213 䎽義乍(作)父庚尊彝
10.5214 䚄乍(作)父戊旅彝
10.5215 乍(作)父己彝
10.5216 考乍(作)父辛尊彝
10.5217 乍(作)父辛寶尊彝
10.5218 乍(作)父癸尊彝
10.5242 衛父乍(作)寶尊彝
10.5243 𩲡(魑)父乍(作)旅彝
10.5244 正父乍(作)寶彝 / 正父乍(作)寶尊彝
10.5245 夆(逢)苜(苜)父乍(作)寶彝
10.5246 仲自(師)父乍(作)旅彝
10.5247 安父乍(作)寶尊彝
10.5265 祖丁、示己、父癸
10.5267 羊乍(作)父乙寶尊彝
10.5268 小臣乍(作)父乙寶彝
10.5269 乍(作)父乙寶尊彝
10.5270 貣(布)乍(作)父乙尊彝
10.5271 亞㠱(䪏)宔晉(孤)竹丁父
10.5272 戈車乍(作)父丁寶尊彝
10.5273 田告父丁乍(作)寶彝
10.5274 子殷用乍(作)父丁彝
10.5275 𢼸乍(作)父丁尊彝
10.5276 䎽𠂤乍(作)父丁寶尊彝
10.5277 𧈢乍(作)父戊寶旅彝
10.5278 狽元乍(作)父戊尊彝
10.5279 父己
10.5280 𠬝(䢅)尸乍(作)父己尊彝
10.5281 𠦪父己乍(作)寶尊彝
10.5282 𡚱乍(作)父己寶尊彝
10.5283 賁(𧶠)乍(作)父辛寶尊彝
10.5284 𢿛(𢿛)乍(作)父辛寶尊彝
10.5285 𠂤𠃌(舌)乍(作)父辛尊彝
10.5286 竟乍(作)父辛寶尊彝
10.5287 𢼸(描)乍(作)父辛旅彝
10.5288 史戍乍(作)父壬尊彝
10.5289 乍(作)父壬寶尊彝
10.5290 賁(𧶠)乍(作)父癸寶尊彝
10.5291 矢伯獲乍(作)父癸彝
10.5300 散伯乍(作)屖(侹)父尊彝
10.5301 散伯乍(作)屖(侹)父尊彝
10.5304 㑵矢乍(作)父辛寶彝
10.5305 史見乍(作)父甲尊彝
10.5306 乃子子乍(作)父庚寶尊彝
10.5308 䍩(瓮)乍(作)父甲寶尊彝
10.5309 無(許)憂乍(作)父丁彝
10.5310 析家乍(作)父戊寶尊彝
10.5311 𧢲(覶)乍(作)父戊寶尊彝
10.5312 䤼乍(作)父戊尊彝
10.5313 寤乍(作)父辛尊彝
10.5314 夾乍(作)父辛尊彝
10.5315 𦘔(𡅅)乍(作)

父癸寶尊彝
10.5318 㠯(師)丞乍(作)文父丁尊彝
10.5320 小夫乍(作)父丁宗尊彝
10.5323 衛乍(作)季衛父寶尊彝
10.5324 戎帆(抑)玉人父宗彝牆(肆)
10.5328 對乍(作)父乙寶尊彝
10.5329 㽙乍(作)父乙旅尊彝
10.5330 奪乍(作)父丁寶尊彝
10.5331 奪乍(作)父丁寶尊彝
10.5332 [illegible](平)乍(作)父丁尊彝
10.5333 用乍(作)父辛于(鬱)彝
10.5334 㡯(征)乍(作)父癸寶尊彝
10.5345 贠(僉)𦰩高乍(作)父乙寶尊彝
10.5346 豐乍(作)父癸寶尊彝
10.5347 亞啟父乙/鳥父乙母告田
10.5348 麃父乍(作)𡛟是從宗彝牆(肆)
10.5352 用乍(作)父乙彝
10.5355 用乍(作)父癸尊彝
10.5356 乍(作)父丙寶尊彝
10.5357 憻(憻)季遽父乍(作)豐姬寶尊彝
10.5358 憻(憻)季遽父乍(作)豐姬寶尊彝
10.5359 守宮乍(作)父辛尊彝
10.5360 亞㠱(㠱)寏𧯡(禮)乍(作)父癸寶尊彝
10.5361 用乍(作)父辛尊彝
10.5362 雔乍(作)文父日丁寶尊旅彝
10.5365 豚乍(作)父庚宗彝
10.5368 乎淍用乍(作)父己尊彝
10.5370 父癸/𦰩乍(作)文考父丁賣尊彝
10.5372 異乍(作)厥考伯效父寶宗彝
10.5380 用乍(作)父己尊彝
10.5384 用乍(作)父乙寶尊彝
10.5385 用乍(作)父乙寶尊彝
10.5386 用乍(作)父乙寶尊彝
10.5390 伯富(㝩)父曰:休父賜余馬/對揚父休
10.5391 執用乍(作)父丁尊彝
10.5393 乍(作)厥文考父辛寶尊彝
10.5394 用乍(作)父己寶彝
10.5398 用乍(作)父戊寶尊彝
10.5399 用乍(作)父丁寶尊彝
10.5400 用乍(作)父乙寶尊彝
10.5401 乍(作)父癸旅宗尊彝/其以父癸夙夕卿(佮)爾百閒(婚)遘(媾)
10.5403 用乍(作)父辛寶尊彝
10.5411 𥝢從師雍父戍于古師(次)/對揚師雍父休
10.5412 亞𤞷父丁
10.5413 亞𤞷父丁
10.5415 用乍(作)文父癸宗寶尊彝
10.5416 伯懋父睗(賜)召白馬、妦黃、㸒(髮)微/不(丕)䋣(肆)伯懋父眘(友)召
10.5419 伯雍父蔑彔曆
10.5420 伯雍父蔑彔曆
10.5421 用乍(作)父癸寶尊彝
10.5422 用乍(作)父癸寶尊彝
10.5425 唯伯屖父以成師即東/伯屖父皇競各于官/用乍(作)父乙寶尊彝
10.5427 乍(作)册嗌乍(作)父辛尊/用乍(作)大禦于厥祖妣、父母、多申(神)
10.5428 叔趩父曰:余考(老)不克御事
10.5429 叔趩父曰:余考(老)不克御事
10.5431 高對乍(作)父丙寶尊彝
11.5515 父甲
11.5516 父乙
11.5517 父乙
11.5518 乙父
11.5519 父乙
11.5520 父乙
11.5521 父乙
11.5522 父丙
11.5523 父丁
11.5524 父丁
11.5525 父戊
11.5526 父己
11.5527 父己
11.5528 父己
11.5529 父辛
11.5530 父辛
11.5531 父辛
11.5532 父辛
11.5533 父癸
11.5534 父癸
11.5614 山父乙
11.5615 橐乙父
11.5616 舌父乙
11.5617 [illegible]父乙
11.5618 父乙冀
11.5619 甫父乙
11.5620 冉父乙
11.5621 父乙[illegible]
11.5622 [illegible]父乙
11.5623 奄父乙
11.5624 戈父乙
11.5625 幸乙父
11.5626 休父乙
11.5627 母父丁
11.5628 母父丁
11.5629 父丁冀
11.5630 尹父丁
11.5631 𧗸(衛)父丁

11.5632 卓父丁
11.5633 凡父丁
11.5634 父丁[illegible]
11.5635 父丁魚
11.5636 黿父丁
11.5637 豖(豬)父丁
11.5638 豖(豬)父丁
11.5639 鼓父丁
11.5640 天父戊
11.5641 𠦪父戊
11.5642 山父戊
11.5643 吳父己
11.5644 侁父己
11.5645 遽父己
11.5646 韋(衛)父己
11.5647 未父己
11.5648 鼎父己
11.5649 鼎父己
11.5650 㫃父己
11.5651 己父馬(?)
11.5652 乍(作)父己
11.5653 父庚戠
11.5654 髻父辛
11.5655 黿父辛
11.5656 刄(刀)父辛
11.5657 毌父辛
11.5658 𠦪父辛
11.5659 冉父辛
11.5660 庚(庚)父辛
11.5661 華父辛
11.5662 史父壬
11.5663 舟父壬
11.5664 𦣞(臣)父壬
11.5665 𠂔父癸
11.5666 史父癸
11.5667 史父癸
11.5668 𢦔父癸
11.5669 戈父癸
11.5670 耿(取)父癸
11.5671 冉父癸
11.5672 𠬝(𢪊、𢪊)父癸
11.5673 𠦪父癸
11.5674 𠦪父癸
11.5675 爵父癸
11.5676 舀父癸
11.5677 鳥父癸
11.5678 黿父癸
11.5717 祖辛、父丁
11.5720 幸旅父甲
11.5721 侁𣏟(府)父乙
11.5722 侁𣏟(府)父乙
11.5723 乍(作)父乙
11.5724 𠂹册父乙
11.5725 子翌父乙
11.5726 子父乙步
11.5727 亞離父乙
11.5728 亞䣙父乙
11.5729 馬豖(豬)父乙
11.5730 亞攸(啟)父乙
11.5731 𡛷(戎)鼎父乙
11.5732 乍(作)父乙旅
11.5733 文父丁㠱
11.5734 文父丁㠱
11.5735 亞䣙父丁
11.5736 亞𤟦父丁
11.5737 馬豖(豬)父丁
11.5738 父丁享㠯(戉)
11.5739 丩毌父戊
11.5740 又(右)敉父己
11.5741 尹舟父己
11.5742 亞㠱父己
11.5743 子翌父己
11.5744 𠀠毌父庚
11.5745 亞父辛𠘧
11.5746 亞㠱父辛
11.5747 亞𢍏父辛
11.5748 韋(衛)𣏟父辛
11.5749 卓馬父辛
11.5750 車木父辛
11.5751 亞天父癸
11.5752 尹舟父癸
11.5753 劦册父癸
11.5754 劦册父癸
11.5755 父癸告(牛)正
11.5756 何父癸㾓
11.5757 何父癸㾓
11.5758 弓幸父癸
11.5795 臣辰侁父乙
11.5796 競乍(作)父乙旅
11.5797 季甫(父)父乙𦉢(𤜪)
11.5798 戈乍(作)父丙彝
11.5799 咏乍(作)旅父丁
11.5800 干子[illegible]父戊
11.5801 魚乍(作)父庚彝
11.5802 𡳿(及)父辛[illegible]雞
11.5803 馬豖(豬)乍(作)父辛
11.5804 宰乍(作)父辛旅
11.5805 鳥册宁父辛
11.5806 刖父壬
11.5808 [illegible]亞亢父癸
11.5823 陵乍(作)父乙旅彝
11.5824 乍(作)父乙寶彝
11.5825 衍耳乍(作)父乙彝
11.5826 乍(作)父丁寶彝
11.5827 柚乍(作)父丁旅彝
11.5828 商乍(作)父丁吾尊
11.5829 乍(作)父丁寶彝尊
11.5830 乍(作)父戊寶尊彝
11.5831 乍(作)父己寶彝
11.5832 □乍(作)父庚寶尊彝
11.5833 魚乍(作)父庚彝
11.5834 [illegible]乍(作)父辛尊彝
11.5835 小臣侁辰父辛
11.5836 亞羊子征(延)父辛
11.5837 乍(作)父辛寶尊上彝
11.5838 臣辰侁册父癸
11.5861 員父乍(作)寶尊彝
11.5868 史見乍(作)父甲尊彝
11.5869 辟東乍(作)父乙尊彝
11.5870 小臣乍(作)父乙寶彝
11.5871 禾伯乍(作)父乙寶尊
11.5872 子殷用乍(作)父丁彝
11.5873 乍(作)父丁寶尊彝
11.5874 逆乍(作)父丁寶尊彝
11.5875 乍(作)父丁寶

尊彝
11.5876 枽乍(作)父丁尊彝
11.5877 䲨乍(作)文父日丁
11.5878 好乍(作)父己寶尊彝
11.5879 羌乍(作)父己寶尊彝
11.5880 魚乍(作)父己寶尊彝
11.5881 冶仲乍(作)父己彝
11.5882 㪤(㨗)乍(作)父辛寶尊彝
11.5883 責(𧷤)乍(作)父辛寶尊彝
11.5884 鴅矢乍(作)父辛寶彝
11.5885 耇史乍(作)父辛旅彝
11.5886 此乍(作)父辛寶尊彝
11.5894 乍(作)父乙尊彝
11.5895 𨻰乍(作)父乙寶尊彝
11.5896 令 哮 (咾) 乍(作)父乙寶尊彝
11.5897 史伏乍(作)父乙寶旅彝
11.5898 乍(作)父丁寶尊彝
11.5899 䖒(摣)乍(作)父戊寶𡔲(尊)彝
11.5900 亩册毗(?)乍(作)父己尊彝
11.5901 隹乍(作)父己寶彝
11.5902 獸乍(作)父庚寶尊彝
11.5903 厥子乍(作)父辛寶尊彝
11.5904 貍乍(作)父癸寶尊彝
11.5905 單 㠱 (具) 乍(作)父癸寶尊彝
11.5906 雝乍(作)父癸旅寶尊彝
11.5907 𣀔(姍)乍(作)父癸寶尊彝
11.5915 衛乍(作)季衛父寶尊彝
11.5916 戎帆(抻)玉人父宗彝𦚬(肆)
11.5918 對乍(作)父乙寶尊彝
11.5919 對乍(作)父乙寶尊彝
11.5920 單乍(作)父乙旅尊彝
11.5921 奪乍(作)父丁寶尊彝
11.5922 周免旁乍(作)父丁宗寶彝
11.5923 乍(作)父丁寶旅彝
11.5924 乍(作)父丁寶旅彝
11.5925 傳乍(作)父戊寶尊彝
11.5926 亞䰜(杠)旅葬乍(作)父辛彝尊
11.5927 𡰥(征)乍(作)父癸寶尊彝
11.5930 麃父乍(作)娸是從宗彝𦚬(肆)
11.5944 㺿(班)乍(作)父乙寶尊彝
11.5945 夰(扶)者君乍(作)父乙寶尊彝
11.5946 □乍(作)父癸寶尊彝
11.5947 憻(憻)季遽父乍(作)豐姬寶尊彝
11.5952 乍(作)父甲旅尊
11.5953 犀庫(肈)其乍(作)父己寶尊彝
11.5956 用乍(作)父甲寶尊彝
11.5957 用乍(作)父乙旅尊彝
11.5958 彃攸乍(作)父庚尊彝
11.5959 乍(作)父辛尊
11.5964 㲃乍(作)父乙宗寶彝
11.5965 用乍(作)文父辛尊彝
11.5966 員乍(作)父壬寶尊彝
11.5967 用乍(作)父己尊彝
11.5970 乍(作)父己寶宗彝
11.5971 執用乍(作)父丁尊彝
11.5973 伯𠂤父賜𣪘金/用乍(作)父乙尊彝
11.5975 用乍(作)父乙寶尊彝
11.5978 用乍(作)父乙寶尊彝
11.5981 用乍(作)考付父尊彝
11.5984 能匋用乍(作)文父日乙寶尊彝
11.5985 用乍(作)父戊尊彝
11.5986 用乍(作)父乙寶尊彝
11.5987 用乍(作)父辛寶尊彝
11.5991 用乍(作)父乙寶尊彝
11.5996 用乍(作)父辛寶尊彝
11.5998 曰由伯子曰:𠂤爲厥父彝
11.5999 用乍(作)父癸寶尊彝
11.6002 用乍(作)父乙尊
11.6003 用乍(作)父癸宗寶尊彝
11.6004 伯懋父睗(賜)召白馬、妦黄、𩭏(髮)微/不(丕)䝂(肆)伯懋父沓(友)召
11.6008 爰從師雍父戍于𠀠(固)𠂤(次)之年/仲競父賜赤金/對揚競父休/用乍(作)父乙寶旅彝
11.6016 用乍(作)父丁寶尊彝/敢追明公賞于父丁/用光父丁
11.6097 父乙
11.6098 乙父
11.6099 父乙
11.6100 父乙
11.6101 父乙
11.6102 父丙
11.6103 父丁
11.6104 父丁

11.6105 父丁
11.6106 父丁
11.6107 父丁
11.6108 父丁
11.6109 父丁
11.6110 父丁
11.6111 父丁
11.6112 父丁
11.6113 父丁
11.6114 父丁
11.6115 父戊
11.6116 父戊
11.6117 父戊
11.6118 父戊
11.6119 父己
11.6120 父己
11.6121 父己
11.6122 父己
11.6123 父庚
11.6124 父庚
11.6125 父辛
11.6126 父辛
11.6127 父辛
11.6128 父辛
11.6129 父辛
11.6130 父癸
11.6131 父癸
11.6132 父癸
11.6133 逆父
11.6214 冉父甲
11.6215 [illegible]父甲
11.6216 萬父甲
11.6217 大父乙
11.6218 兴父乙
11.6219 兴父乙
11.6220 兴父乙
11.6221 妕(戎)父乙
11.6222 烕父乙
11.6223 我父乙
11.6224 戉父乙
11.6225 幸父乙
11.6226 牧父乙
11.6227 宰(㝠、潔)父乙
11.6228 [illegible]父乙
11.6229 受父乙
11.6230 酨(酖)父乙
11.6231 [illegible]父乙
11.6232 亞父乙
11.6233 [illegible]父乙
11.6234 [illegible]父乙
11.6235 [illegible]父乙
11.6236 父乙[illegible](鈴)
11.6237 [illegible]父乙
11.6238 [illegible]父乙
11.6239 辰父乙
11.6240 豙(㛿)父乙
11.6241 父乙遽
11.6242 父乙朿(刺)
11.6243 魚父乙
11.6244 奄父乙
11.6245 奄父乙
11.6246 父乙寶
11.6247 父乙飤
11.6248 子父丙
11.6249 父丙重
11.6250 罒父丙
11.6251 戈父丙
11.6252 戈父丙
11.6253 乍(作)父丙
11.6254 子父丁
11.6255 兴父丁
11.6256 [illegible]父丁
11.6257 父丁萬
11.6258 雔父丁
11.6259 享父丁
11.6260 舌父丁
11.6261 山父丁
11.6262 幸父丁
11.6263 爻父丁
11.6264 㿝(師、次)父丁
11.6265 蚰父丁
11.6266 [illegible]父丁
11.6267 冉父丁
11.6268 冉父丁
11.6269 叙(矧)父戊
11.6270 字父己
11.6271 襄父己
11.6272 史父己
11.6273 祝父己
11.6274 丨父己
11.6275 冉父己
11.6276 冉父己
11.6277 冉父己
11.6278 [illegible]父己
11.6279 䍃(䖵)父己
11.6280 木父己
11.6281 [illegible]父己
11.6282 埶(藝)父己
11.6283 己父[illegible](玉)
11.6284 叙(矧)父己
11.6285 [illegible](妊)父己
11.6286 父己[illegible]([illegible])
11.6287 [illegible]父己
11.6288 鼻(鵬)父己
11.6289 奄父己
11.6290 䀠父己
11.6291 萬父己
11.6292 子父庚
11.6293 妭(戒)父庚
11.6294 庚父𠂤
11.6295 乍(作)父庚
11.6296 子父辛
11.6297 立父辛
11.6298 疑父辛
11.6299 竟父辛
11.6300 父辛兴
11.6301 父辛兴
11.6302 我父辛
11.6303 父辛戈
11.6304 戈父辛
11.6305 行父辛
11.6306 父辛罒
11.6307 罒父辛
11.6308 [illegible]父辛
11.6309 [illegible]父辛
11.6310 [illegible]父辛
11.6311 [illegible]父辛
11.6312 冉父辛
11.6313 齵父辛
11.6314 雔父辛
11.6315 羊父辛
11.6316 榭父辛
11.6317 父辛朿(刺)
11.6318 遽徙父辛
11.6319 寐父辛
11.6320 賁(䝰)父辛
11.6321 [illegible]父辛
11.6322 [illegible]父壬
11.6323 子父癸
11.6324 重父癸
11.6325 重父癸
11.6326 兴父癸
11.6327 父癸兴
11.6328 [illegible]父癸
11.6329 妭(戒)父癸
11.6330 妭(戒)父癸
11.6331 弝父癸
11.6332 弓父癸
11.6333 矢父癸
11.6334 叙(矧)父癸
11.6335 叙(矧)父癸
11.6336 戈父癸
11.6337 史父癸
11.6338 䀠父癸

11.6339 父癸爰
11.6340 冉父癸
11.6341 冉父癸
11.6342 𠂤父癸
11.6343 魚父癸
11.6344 敄父癸
12.6372 篤分父甲
12.6373 子廟父乙
12.6374 煏(燷)大父乙
12.6375 亞大父乙
12.6376 亞大父乙
12.6377 亞疑父乙
12.6378 亞蚰(虹)父乙
12.6379 亞俞父乙
12.6380 𢉩(庚)册父乙
12.6381 𢉩(庚)玃父乙
12.6382 鄉宁父乙
12.6383 蛙冉父乙
12.6384 西單父乙
12.6385 耳日父乙
12.6386 葡戉父乙
12.6387 川(二)又父乙
12.6388 尹舟父丙
12.6389 冉蛙父丙
12.6390 瞏(玃)册父丁
12.6391 父丁告田
12.6392 母父丁戉
12.6393 典弜父丁
12.6394 冉蛙父丁
12.6395 亞丏父丁
12.6396 西單父丁
12.6397 𢀛父戊
12.6398 告宁父戊
12.6399 子龏父己
12.6400 辰𧗝(衛)父己
12.6401 父己矢𡚬(戎)
12.6402 亞㠱父己
12.6403 亞脊父己
12.6404 亞奉父己
12.6405 磹父己
12.6406 牧正父己
12.6407 冉乍(作)父己
12.6408 父己馬豕(豩)
12.6409 亞若父己
12.6410 子工父辛
12.6411 父辛亞俞
12.6412 亞枲(梟)父辛
12.6413 亞奉父辛
12.6414 亞孿父辛
12.6415 弓臺父辛
12.6416 逆旃父辛
12.6417 宀乍(作)父辛
12.6418 穸寮父辛
12.6419 寧乍(作)父辛
12.6420 子𧗝(衛)父癸
12.6421 亞食父癸
12.6422 尹舟父癸
12.6423 齊豸父癸
12.6424 何父癸𤸫
12.6425 𠀠父癸
12.6426 木乍(作)父癸
12.6440 亞疑叡(搏)父乙
12.6441 高乍(作)父乙彝
12.6442 问(坰)逋乍(作)父乙
12.6443 雞登串父丁
12.6444 劦册竹父丁
12.6445 庚宁册父丁
12.6446 聅(聯)子乍(作)父丁
12.6447 𢊁乍(作)父丁
12.6448 乍(作)父辛寶尊
12.6449 癸乍(作)父癸
12.6458 叔偈父乍(作)姜
12.6463 邑祖辛、父辛
12.6465 亞聿萬豕父乙
12.6466 尚乍(作)父乙彝
12.6467 丰(丯)乍(作)父乙尊彝
12.6468 小臣乍(作)父乙寶彝
12.6469 膺(應)事乍(作)父乙寶
12.6470 ◗乍(作)父丙尊彝
12.6471 句乍(作)父丁尊彝
12.6472 耳𢦏乍(作)鬻父辛
12.6473 □乍(作)父辛寶尊彝
12.6474 敄乍(作)父癸彝
12.6475 朕乍(作)父癸尊彝
12.6483 乍(作)父戊彝
12.6484 乍(作)父己尊彝
12.6492 凡乍(作)父乙尊彝
12.6493 諫乍(作)父丁寶尊彝
12.6494 舌仲乍(作)父丁寶尊彝
12.6495 遽仲乍(作)父丁寶
12.6496 子乍(作)父戊彝
12.6497 甚乍(作)父戊寶尊
12.6498 父己年𢉩
12.6499 諫乍(作)父己尊彝
12.6500 鼓臺乍(作)父辛寶尊彝
12.6501 𠂇乍(作)父癸寶尊彝
12.6504 甾作(作)父己寶尊彝
12.6508 用乍(作)父乙寶尊彝
12.6514 用乍(作)父乙寶尊彝
12.6810 父乙
12.6811 父乙
12.6812 父丙
12.6813 父己
12.6814 己父
12.6815 父己
12.6816 父庚
12.6817 父癸
12.7086 得父乙
12.7087 敄父乙
12.7088 鳥父乙
12.7089 𢆶(係)父乙
12.7090 㫃(鈴)父乙
12.7091 父乙豕(豩)
12.7092 𦥑父乙
12.7093 𦥑父乙
12.7094 𦥑父乙
12.7095 黿父乙
12.7096 黿父乙
12.7097 亞(?)父乙
12.7098 𠘧父乙
12.7099 父乙盂
12.7100 冉父乙
12.7101 乍(作)父乙
12.7102 史父丙
12.7103 子父丙
12.7104 敄父丙
12.7105 亞父丁

12.7106 父丁史
12.7107 文父丁
12.7108 巴父丁
12.7109 㠱父丁
12.7110 𠀠父丁
12.7111 冉父丁
12.7112 冉父丁
12.7113 冉父丁
12.7114 𠓛父丁
12.7115 山父丁
12.7116 山父丁
12.7117 山父丁
12.7118 鳶父丁
12.7119 鴅(鵬)父丁
12.7120 木父丁
12.7121 㠱父戊
12.7122 臽(陷)父戊
12.7123 犮(犻)父戊
12.7124 子父己
12.7125 亞父己
12.7126 亞父己
12.7127 𠀠父己
12.7128 𠀠父己
12.7129 𠘧父己
12.7130 冉父己
12.7131 犮(犻)父己
12.7132 舌父己
12.7133 㝵父己
12.7134 雔父己
12.7135 戈父己
12.7136 ⺩(玉)父己
12.7137 㠱父庚
12.7138 子庚父
12.7139 吳父庚
12.7140 㠱父辛
12.7141 父辛耑
12.7142 父辛竝
12.7143 㢊(擊)父辛
12.7144 㚇(嚳)父辛
12.7145 口父辛
12.7146 梳父辛
12.7147 弔父辛
12.7148 冉父辛
12.7149 冉父辛
12.7150 虎未父辛
12.7151 榫(槵)父辛
12.7152 辛父攸
12.7153 竈父癸
12.7154 獲父癸
12.7155 戈父癸
12.7156 釆父癸
12.7157 行父癸
12.7158 子父癸
12.7159 𠄎父癸
12.7210 羊侁父乙
12.7211 祖丁、父乙
12.7212 祖丁、父乙
12.7221 卷父甲丁
12.7222 册畣父甲
12.7223 父乙姍(戎)虎
12.7224 册卫(退)父乙
12.7225 幸旅父乙
12.7226 丩毌父乙
12.7227 㢑(庚)册父乙
12.7228 亞鳫父丁
12.7229 子刀父丁
12.7230 亞醜父丁
12.7231 亞貘父丁
12.7232 亞盉父丁
12.7233 力册父丁
12.7234 省乍(作)父丁
12.7235 乍(作)父丁
12.7236 尹舟父丁
12.7237 𠘧戔父丁
12.7238 㚔(二幸)父戊
12.7239 亞古父己
12.7240 大册父己
12.7241 亞疑父己
12.7242 辰𧊒(衛)父己
12.7243 亞旅父己
12.7244 戉未父己
12.7245 幸旅父辛
12.7246 幸旅父辛
12.7247 父辛册叟
12.7248 亞宁父癸
12.7249 父癸幸冓
12.7250 何父癸𤸫
12.7251 何父癸𤸫
12.7262 亳戈册父乙
12.7263 㢑(庚)𤞷父乙馬
12.7264 亞父乙微莫
12.7265 丩毌乍(作)父乙
12.7266 㢑册父庚卫(退)
12.7267 臣辰侁父乙
12.7268 臣辰侁父乙
12.7269 劦(耒?)册父辛叟
12.7279 史見乍(作)父甲彝
12.7280 旬乍(作)父丁尊彝
12.7281 秉以父庚宗尊
12.7282 秉以父庚宗尊
12.7283 乍(作)父辛尊
12.7284 乍(作)父辛寶尊彝
12.7288 亞𠤳(杠)妏父辛尊彝
12.7290 亞乍(作)父乙寶尊彝
12.7291 亞乍(作)父乙寶尊彝
12.7292 卿乍(作)父乙寶尊彝
12.7293 亞 㚔(㪅) 宝(鑄)父丁
12.7294 叡乍(作)父戊尊彝
12.7295 叡乍(作)父戊尊彝
12.7296 天(大、太)子聽乍(作)父丁彝
12.7299 㚇(嚳)丏醜父辛彝
12.7302 亞或其說乍(作)父己彝
12.7303 友(右)敤父癸丨川(三)灶
12.7307 亞𠤳(杠)𦣻(負)乍(作)父丁寶尊彝
12.7310 用乍(作)父乙尊彝
12.7311 用乍(作)父乙彝
13.7466 父壬
13.7873 父甲
13.7874 父甲
13.7875 父甲
13.7876 父甲
13.7877 父甲
13.7878 父甲
13.7879 父甲
13.7880 父乙
13.7881 父乙
13.7882 父乙
13.7883 父乙
13.7884 父乙
13.7885 父乙
13.7886 父乙
13.7887 父乙
13.7888 父乙
13.7889 父乙

13.7890 父乙
13.7891 父乙
13.7892 父乙
13.7893 父乙
13.7894 父乙
13.7895 父乙
13.7896 父乙
13.7897 父乙
13.7898 父乙
13.7899 父乙
13.7900 父乙
13.7901 父丙
13.7902 父丁
13.7903 父丁
13.7904 父丁
13.7905 父丁
13.7906 父丁
13.7907 父丁
13.7908 父丁
13.7909 父丁
13.7910 父丁
13.7911 父丁
13.7912 父丁
13.7913 父丁
13.7914 父丁
13.7915 父丁
13.7916 父丁
13.7917 父丁
13.7918 父丁
13.7919 父丁
13.7920 父丁
13.7921 父丁
13.7922 父丁
13.7923 父丁
13.7924 父丁
13.7925 父丁
13.7926 父丁
13.7927 父戊
13.7928 父戊
13.7929 父戊
13.7930 父戊
13.7931 父戊
13.7932 父己
13.7933 父己
13.7934 父己
13.7935 父己
13.7936 父己
13.7937 父己
13.7938 父己
13.7939 父己
13.7940 父己
13.7941 父己
13.7942 父己
13.7943 父己
13.7944 父己
13.7945 父己
13.7946 父己
13.7947 父己
13.7948 庚父
13.7949 父庚
13.7950 父庚
13.7951 父庚
13.7952 父辛
13.7953 父辛
13.7954 父辛
13.7955 父辛
13.7956 父辛
13.7957 父辛
13.7958 父辛
13.7959 父辛
13.7960 父辛
13.7961 父辛
13.7962 父辛
13.7963 父辛
13.7964 父辛
13.7965 父辛
13.7966 父辛
13.7967 父辛
13.7968 父辛
13.7969 父辛
13.7970 父辛
13.7971 父壬
13.7972 父壬
13.7973 父壬
13.7974 父壬
13.7975 父壬
13.7976 父癸
13.7977 父癸
13.7978 父癸
13.7979 父癸
13.7980 父癸
13.7981 父癸
13.7982 父癸
13.7983 父癸
13.7984 父癸
13.7985 父癸
13.7986 父癸
13.7987 父癸
13.7988 父癸
13.7989 父癸
13.7990 癸父
13.7991 父口
13.8025 丁父
13.8161 光父
13.8162 光父
13.8237 父戈
13.8298 彐(掌)父
14.8368 田父甲
14.8369 串父甲
14.8370 串父甲
14.8371 車父甲
14.8372 陸父甲
14.8373 萬父甲
14.8374 父甲攸
14.8375 父甲攸
14.8376 天父乙
14.8377 妕(戎)父乙
14.8378 令父乙
14.8379 冀父乙
14.8380 冀父乙
14.8381 父乙冀
14.8382 父乙冀
14.8383 子父乙
14.8384 侁父乙
14.8385 父乙侁
14.8386 侁父乙
14.8387 父乙侁
14.8388 父乙侁
14.8389 尧(響)父乙
14.8390 舀父乙
14.8391 [illegible]父乙
14.8392 [illegible]父乙
14.8393 子父乙
14.8394 臤父乙
14.8395 黿父乙
14.8396 黿父乙
14.8397 虎父乙
14.8398 [illegible]父乙
14.8399 雋父乙
14.8400 魚父乙
14.8401 魚父乙
14.8402 魚父乙
14.8403 魚父乙
14.8404 亞父乙
14.8405 亞父乙
14.8406 亞父乙
14.8407 戈父乙
14.8408 父乙戈
14.8409 戈父乙
14.8410 戈父乙
14.8411 戈父乙
14.8412 腐父乙
14.8413 雋父乙
14.8414 中父乙
14.8415 酉父乙
14.8416 弜父乙

14.8417 ㄦ父乙
14.8418 冝父乙
14.8419 鼎父乙
14.8420 鼎父乙
14.8421 父乙鼎
14.8422 父乙鼎
14.8423 丩册父乙
14.8424 束父乙
14.8425 冉父乙
14.8426 冉父乙
14.8427 冉父乙
14.8428 冉父乙
14.8429 耒父乙
14.8430 舟父乙
14.8431 乍(作)父乙
14.8432 乍(作)父乙
14.8433 □父乙
14.8434 鿋父乙
14.8435 父乙□
14.8436 畀父丙
14.8437 魚父丙
14.8438 重父丙
14.8439 鼎父丙
14.8440 珥父丙
14.8441 子父丁
14.8442 子父丁
14.8443 呆(保)父丁
14.8444 兕父丁
14.8445 兕父丁
14.8446 𢆶父丁
14.8447 欠父丁
14.8448 卩父丁
14.8449 氏父丁
14.8450 父丁幸旅
14.8451 父丁豕(豬)
14.8452 𢆶(卯)父丁
14.8453 史父丁
14.8454 凬父丁
14.8455 𡿧父丁
14.8456 㐭(擠)父丁
14.8457 學(捋)父丁
14.8458 嶹(衛)父丁
14.8459 龜父丁
14.8460 魚父丁
14.8461 魚父丁
14.8462 弔父丁
14.8463 蚰父丁
14.8464 剢(刴)父丁
14.8465 戔父丁
14.8466 敹(矧)父丁
14.8467 戈父丁
14.8468 戈父丁
14.8469 戈父丁
14.8470 戈父丁
14.8471 朿(刺)父丁
14.8472 宀(宔)父丁
14.8473 丏父丁
14.8474 皿父丁
14.8475 皿父丁
14.8476 禾父丁
14.8477 木父丁
14.8478 茀父丁
14.8479 㓁父丁
14.8480 父丁冉
14.8481 冉父丁
14.8482 冉父丁
14.8483 冉父丁
14.8484 冉父丁
14.8485 冉父丁
14.8486 冉父丁
14.8487 冉父丁
14.8488 𠂤父丁
14.8489 𠂤父丁
14.8490 甫父丁
14.8491 ㄦ父丁
14.8492 ㄦ父丁
14.8493 ㄦ父丁
14.8494 ㄦ父丁
14.8495 襄父丁
14.8496 凡父丁
14.8497 糸父丁
14.8498 自(師)父丁
14.8499 宰(寠、潔)父丁
14.8500 㫃父丁
14.8501 曲父丁
14.8502 匚(報)父丁
14.8503 令(鈴)父丁
14.8504 凸父丁
14.8505 交父丁
14.8506 車父丁
14.8507 文父丁
14.8508 䚻(召)父丁
14.8509 父丁彝
14.8510 □父丁
14.8511 □父丁
14.8512 乍(作)父丁
14.8513 子父戊
14.8514 子父戊
14.8515 子父戊
14.8516 子父戊
14.8517 父戊冀
14.8518 竈父戊
14.8519 亢(兀)父戊
14.8520 弁父戊
14.8521 徙父戊
14.8522 告父戊
14.8523 敹(矧)父戊
14.8524 敹(矧)父戊
14.8525 庚(庚)父戊
14.8526 手父戊
14.8527 亼𩾏父戊
14.8528 書(驢)父戊
14.8529 父戊𢆶
14.8530 父戊口
14.8531 丩册父戊
14.8532 冉父戊
14.8533 冉父戊
14.8534 交父戊
14.8535 才父戊
14.8536 父己子
14.8537 兕父己
14.8538 㓞父己
14.8539 父己冀
14.8540 冀父己
14.8541 𠂤父己
14.8542 𢆶父己
14.8543 邾父己
14.8544 卩父己
14.8545 父己若
14.8546 面父己
14.8547 屮(屮)父己
14.8548 面父己
14.8549 啟父己
14.8550 㒼父己
14.8551 㔾父己
14.8552 舌父己
14.8553 舌父己
14.8554 心父己
14.8555 戈父己
14.8556 戈父己
14.8557 戈父己
14.8558 戈父己
14.8559 戈父己
14.8560 戈父己
14.8561 敹(矧)父己
14.8562 舟父己
14.8563 剢(刴)父己
14.8564 萬父己
14.8565 萬父己
14.8566 鼎父己
14.8567 獻父己
14.8568 冉父己
14.8569 冉父己
14.8570 冉父己
14.8571 冉父己

14.8572 罒父己
14.8573 罒父己
14.8574 罒父己
14.8575 凡父己
14.8576 交父己
14.8577 覃父己
14.8578 凵(坎)父己
14.8579 [illegible]父己
14.8580 父己[illegible]
14.8581 幸父己
14.8582 幸父己
14.8583 父己册
14.8584 子父庚
14.8585 娍父庚
14.8586 娍父庚
14.8587 乘父庚
14.8588 父庚竜
14.8589 父庚竜
14.8590 乙父庚
14.8591 凡父庚
14.8592 廙父□
14.8593 子父辛
14.8594 子父辛
14.8595 子父辛
14.8596 子父辛
14.8597 团父辛
14.8598 大父辛
14.8599 屰父辛
14.8600 父辛光
14.8601 父辛𡜊(戎)
14.8602 𡜊(戎)父辛
14.8603 犾(戒)父辛
14.8604 倗父辛
14.8605 尧(誓)父辛
14.8606 矢父辛
14.8607 冀父辛
14.8608 冀父辛
14.8609 父辛賁(贖)
14.8610 父辛賁(贖)
14.8611 賁(贖)父辛
14.8612 賁(贖)父辛
14.8613 臤父辛
14.8614 翌父辛
14.8615 史父辛
14.8616 興父辛
14.8617 豕父辛
14.8618 黽父辛
14.8619 □萬父辛
14.8620 舄父辛
14.8621 弔父辛
14.8622 父辛替
14.8623 酉父辛
14.8624 [illegible]父辛
14.8625 皿父辛
14.8626 鬳父辛
14.8627 畐父辛
14.8628 畐父辛
14.8629 父辛亯
14.8630 父辛中
14.8631 亞父辛
14.8632 亞父辛
14.8633 父辛木
14.8634 宋(不)父辛
14.8635 父辛枲(櫐)
14.8636 橐父辛
14.8637 椃父辛
14.8638 鼎父辛
14.8639 鼎父辛
14.8640 鼎父辛
14.8641 册父辛
14.8642 父辛畀
14.8643 襄父辛
14.8644 冉父辛
14.8645 冉父辛
14.8646 冉父辛
14.8647 冉父辛
14.8648 冉父辛
14.8649 罒父辛
14.8650 罒辛父
14.8651 罒父辛
14.8652 罒父辛
14.8653 罒父辛
14.8654 凡父辛
14.8655 凡父辛
14.8656 戈父辛
14.8657 戈父辛
14.8658 父辛永
14.8659 乍(作)父辛
14.8660 乍(作)父辛
14.8661 霝父辛
14.8662 子父壬
14.8663 木父壬
14.8664 冉父壬
14.8665 父壬糸
14.8666 子癸父
14.8667 子癸父
14.8668 [illegible](掌)父癸
14.8669 𡴀父癸
14.8670 𡴀父癸
14.8671 侁父癸
14.8672 元父癸
14.8673 冀父癸
14.8674 冀父癸
14.8675 冀父癸
14.8676 乘父癸
14.8677 趣(趨)父癸
14.8678 犾(戒)父癸
14.8679 [illegible](傒)父癸
14.8680 尧(誓)父癸
14.8681 敖(扶)父癸
14.8682 旅父癸
14.8683 旅父癸
14.8684 母父癸
14.8685 盥父癸
14.8686 矤(矧)父癸
14.8687 矤(矧)父癸
14.8688 耒父癸
14.8689 耒父癸
14.8690 徙父癸
14.8691 木父癸
14.8692 父癸獸
14.8693 竜父癸
14.8694 鳥父癸
14.8695 鳥父癸
14.8696 集父癸
14.8697 獲父癸
14.8698 雔父癸
14.8699 戈父癸
14.8700 戈父癸
14.8701 矢父癸
14.8702 矢父癸
14.8703 弓父癸
14.8704 鬷父癸
14.8705 幸父癸
14.8706 幸父癸
14.8707 [illegible]父癸
14.8708 土父癸
14.8709 享父癸
14.8710 丰父癸
14.8711 木父癸
14.8712 父癸冋
14.8713 [illegible]父癸
14.8714 襄父癸
14.8715 [illegible]父癸
14.8716 穷父癸
14.8717 [illegible]父癸
14.8718 [illegible](鈴)父癸
14.8719 玄父癸
14.8720 罒父癸
14.8721 罒父癸
14.8722 亘父癸
14.8723 冉父癸
14.8724 父癸冉
14.8725 冉父癸
14.8726 冉父癸
14.8727 冉父癸

14.8728 𠂤父癸
14.8729 ⺇父癸
14.8730 父癸□
14.8731 蚰父[丁]
14.8732 □父□
14.8733 ⺇父□
14.8775 亞父呂
14.8776 畀亞父
14.8847 父己、祖辛
14.8849 冊㑥(偁)父甲
14.8850 亞豕父甲
14.8851 父甲卩冊
14.8852 亞僕父乙
14.8853 亞䏶(犀)父乙
14.8854 亞盤父乙
14.8855 𢽼(敢)亞父乙
14.8856 𢽼(敢)亞父乙
14.8857 𢽼(敢)父乙爻
14.8858 亞聿父乙
14.8859 亞戈父乙
14.8860 亞勺父乙
14.8861 子翌父乙
14.8862 乎子父乙
14.8863 乎子父乙
14.8864 大棘(曹)父乙
14.8865 𢊁𤔲父乙
14.8866 犬山父乙
14.8867 楠犬父乙
14.8868 口萬父乙
14.8869 辰侁父乙
14.8870 攸父乙
14.8871 秉毌父乙
14.8872 冊㑥(偁)父乙
14.8873 冉收(扣)父乙
14.8874 父乙陸冊
14.8875 𢊁冊父乙
14.8876 旟乍(作)父乙
14.8877 㦡乍(作)父乙
14.8878 馬乍(作)父乙
14.8879 □乍(作)父乙
14.8880 卿乍(作)父乙
14.8881 乍(作)父乙彝
14.8882 亞𩰫父丙
14.8883 父丙𢊁冊
14.8884 西單父丙
14.8885 鼈乍(作)父丙
14.8886 鼈乍(作)父丙
14.8887 父丁亞㚔
14.8888 亞魚父丁
14.8889 亞魚父丁
14.8890 亞覃父丁
14.8891 亞弜父丁
14.8892 亞弜父丁
14.8893 父丁亞𣄴(杠)
14.8894 亞𤞷父丁
14.8895 亞𤞷父丁
14.8896 父丁羊建
14.8897 父丁幸旅
14.8898 己竝父丁
14.8899 己竝父丁
14.8900 己竝父丁
14.8901 埶(藝)戈父丁
14.8902 尹舟父丁
14.8903 田告父丁
14.8904 𢊁父丁
14.8905 弔父丁𠂹
14.8906 父丁𠙵回
14.8907 𢊁冊父丁
14.8908 秉冊父丁
14.8909 父丁困冊
14.8910 壬冊父丁
14.8911 壬冊父丁
14.8912 劦冊父丁
14.8913 □冊父丁
14.8914 父丁宁戈
14.8915 叀庚父丁
14.8916 㾓乍(作)父丁
14.8917 㾓乍(作)父丁
14.8918 𠫤(叁)矢父戊
14.8919 𠫤(叁)矢父戊
14.8920 𠫤(叁)矢父戊
14.8921 父戊車冢
14.8922 父戊車冢
14.8923 丩毌乍(作)父戊
14.8924 加乍(作)父戊
14.8925 加乍(作)父戊
14.8926 亞址父己
14.8927 亞古父己
14.8928 父己亞若
14.8929 𡆥(䖒)父己𦯧
14.8930 辰𡘋(衛)父己
14.8931 幸旅父己
14.8932 幸旅父己
14.8933 尹舟父己
14.8934 北𠂤父己
14.8935 𠂈冊父己
14.8936 𠂈冊父己
14.8937 單毌父己
14.8938 父己冊㑥(偁)
14.8939 父庚弓𡘋(衛)
14.8940 㫃𢎨(𢓜)父庚
14.8941 亞伐父辛
14.8942 亞伐父辛
14.8943 亞皋父辛
14.8944 大丏父辛
14.8945 父辛𡉚(誓)丏
14.8946 子𡑞父辛
14.8947 父辛侁冊
14.8948 父辛侁冊
14.8949 父辛𩵋重
14.8950 父辛𩵋重
14.8951 孚興父辛
14.8952 虘乍(作)父辛
14.8953 父壬亞鹿
14.8954 子翌父壬
14.8955 父癸亞𠀠(注)
14.8956 大棘父癸
14.8957 何父癸𤶜
14.8958 何父癸𤶜
14.8959 何父癸𤶜
14.8960 禾子父癸
14.8961 㠯子父癸
14.8962 北𠂤父癸
14.8963 父癸鄉宁
14.8964 㚔目父癸
14.8965 㚔目父癸
14.8966 㚔目父癸
14.8967 父癸舟尹
14.8968 父癸妻(晝)雋
14.8969 父癸幸旅
14.8970 父癸幸楠
14.8971 𧇾(𪊨)夷父癸
14.8972 庚壴(鼓)父癸
14.8973 冊㑥(偁)父癸
14.8974 𠕁冊父癸
14.8975 𠕁冊父癸
14.8976 伯乍(作)父癸
14.8993 𠕁祖丁、父乙
14.8994 父乙臣辰侁
14.8995 父乙臣辰侁
14.8996 父乙臣辰侁
14.8997 父乙臣辰侁
14.8998 臣乍(作)父乙寶
14.8999 臣乍(作)父乙寶
14.9000 疑亞乍(作)父乙
14.9001 疑亞乍(作)父乙
14.9002 大亞乍(作)父乙
14.9003 執乍(作)父乙冉
14.9004 乍(作)父乙尊

彝
14.9005 父丁弓辜
14.9006 羊侁獸父丁
14.9007 ㄹ(尹)木亞父丁
14.9008 亞弁叙(掾)父丁
14.9009 𢦏乍(作)父丁寶
14.9010 亞向𠬝(丸)父戊
14.9011 亞商乍(作)父戊
14.9012 父戊
14.9013 父戊
14.9014 攸宁享父戊
14.9015 亞帝己父ㄱ
14.9016 父辛亞天
14.9017 守宮乍(作)父辛
14.9018 守宮乍(作)父辛
14.9019 父辛弓辜
14.9020 歸乍(作)父辛彝
14.9021 家父乍(作)辛
14.9022 子■木父癸
14.9023 ⸾(犻)乍(作)父癸
14.9025 亞丁父癸尊彝
14.9026 𧲾(𧳅)父癸尊彝
14.9040 伯尾父乍(作)寶彝
14.9048 膺(應)史乍(作)父乙寶
14.9049 子册翌㚖父乙
14.9050 黿父乙
14.9051 黿父乙
14.9053 獸乍(作)父戊寶彝
14.9054 獸乍(作)父戊寶
14.9055 糸子口刀父己
14.9056 秉以父庚宗尊
14.9057 秉以父庚宗尊
14.9058 埶(藝)遅父庚寶彝
14.9059 𣃔(貆)乍(作)父庚尊彝
14.9060 乍(作)父辛
14.9061 𠙹(淄)公乍(作)父戊
14.9062 嫶乍(作)父癸尊彝
14.9067 牆乍(作)父乙寶尊彝
14.9068 牆乍(作)父乙寶尊彝
14.9069 乍(作)父乙旅尊彝
14.9070 瘨乍(作)父丁
14.9071 小車乍(作)父丁寶彝
14.9072 乍(作)父丁尊彝
14.9073 𡗜(睞)乍(作)父己尊彝
14.9074 耳銜父庚酉侁
14.9076 攸乍(作)上父寶尊彝
14.9077 □乍(作)厥父寶尊彝
14.9078 𨹾(召)乍(作)父丁尊彝
14.9079 達乍(作)父己尊彝
14.9080 豐乍(作)父辛寶
14.9081 豐乍(作)父辛寶
14.9082 豐乍(作)父辛寶
14.9083 葬大乍(作)父辛寶尊彝
14.9084 友(右)敄父癸仙妣
14.9085 又(右)敄父癸父仙妣
14.9088 乍(作)文父乙彝
14.9089 穌乍(作)召伯父辛寶尊彝
14.9094 用乍(作)父甲寶彝
14.9099 用乍(作)父辛彝
14.9100 用乍(作)父癸尊彝
14.9101 用乍(作)父丁彝
14.9102 用乍(作)父癸彝
14.9103 用乍(作)父辛尊彝
14.9104 用乍(作)父寶尊彝
14.9105 用乍(作)父丁尊彝
15.9167 父乙
15.9168 己父
15.9169 父庚
15.9170 父辛
15.9171 父癸
15.9204 豕(豧)父甲
15.9205 田父甲
15.9206 米父乙
15.9207 冉父乙
15.9208 冉父乙
15.9209 黿父乙
15.9210 山父乙
15.9211 乍(作)父乙
15.9212 單父丁
15.9213 聿父戊
15.9214 保父己
15.9215 冉父己
15.9216 冉父辛
15.9217 冉父辛
15.9218 羍(𦍩)父辛
15.9219 冀父癸
15.9220 畀父癸
15.9221 冎父□
15.9228 亞弜父丁
15.9229 竚父丁
15.9230 西單父丁
15.9231 ㄐ册乍(作)父戊
15.9232 山口父辛
15.9233 何父癸𤸫
15.9240 戈卬(郱、併)乍(作)父丁彝
15.9241 劦闢乍(作)父丁彝
15.9242 宁狽乍(作)父丁彝
15.9248 乍(作)父乙寶尊彝
15.9266 羊父甲
15.9267 黿父乙
15.9268 𡗜父乙
15.9269 父乙冀
15.9270 父乙冀
15.9271 山父乙
15.9272 豕(豧)父乙
15.9273 光父乙
15.9274 父丁尊

15.9275 天父丁
15.9276 父戊竟
15.9277 句父庚
15.9278 戍父辛
15.9279 黿父癸
15.9284 文父丁冀
15.9285 爵丏父癸
15.9289 䡴乍(作)父丁寶彝
15.9290 冉父辛寶尊彝
15.9292 匽(匽)乍(作)父辛寶尊彝
15.9293 旛乍(作)父乙寶尊彝
15.9296 斑(班)乍(作)父乙寶尊彝
15.9297 守宮乍(作)父辛尊彝
15.9298 仲子曩㳄(泓)乍(作)文父丁尊彝
15.9299 亩用賓父己
15.9300 用乍(作)父戊寶尊彝
15.9303 用乍(作)父乙尊
15.9338 子父乙
15.9339 子父乙
15.9340 子父乙
15.9341 子父乙
15.9342 黿父乙
15.9343 兇(嚮)父乙
15.9344 乙父畀
15.9345 丙父乙
15.9346 丩冊父乙
15.9347 父乙□
15.9348 父乙飤
15.9349 父丁子／丁父子
15.9350 倗父丁
15.9351 夰父丁
15.9352 冉父丁
15.9353 𠂤(次)父丁／自(次)父丁
15.9354 黿父戊
15.9355 戈父戊
15.9356 亩父戊
15.9357 亩父戊
15.9358 □父己
15.9359 黿父癸
15.9360 妋(戒)父癸
15.9361 史父癸
15.9362 爵父癸
15.9363 凡父癸
15.9364 句父癸
15.9365 冉父癸
15.9370 莆參父乙
15.9371 亞盉父乙
15.9372 父乙臭
15.9373 亞醜父丁
15.9374 亞貘父丁
15.9375 亞得父丁
15.9376 戈宁父丁
15.9377 瞿(玃)冊父丁
15.9378 亞古父丁
15.9379 亞學(孳)父辛
15.9387 子□□父甲
15.9388 宁未父乙冊
15.9389 戈北單父丁
15.9390 營子乍(作)父戊
15.9391 營子乍(作)父戊
15.9392 父癸臣辰先
15.9395 䜌(鑾)父乍(作)寶彝
15.9402 卿乍(作)父乙尊彝
15.9403 亞鴞从父丁
15.9404 戈卬(㣈)乍(作)父丁彝
15.9405 中乍(作)父丁彝
15.9406 廙乍(作)父己
15.9410 仲自(師)父乍(作)旅盨
15.9416 畬父乍(作)茲女(母)匋(寶)盉
15.9421 汏乍(作)父乙尊彝
15.9422 汏乍(作)父乙尊彝
15.9423 亞□□乍(作)父戊尊盉
15.9425 伯百父乍(作)孟姬朕(媵)鎣
15.9429 來父乍(作)盉
15.9430 伯富(憲)乍(作)召伯父辛寶尊彝
15.9435 伯衛父乍(作)嬴䰙彝
15.9437 伯墉父乍(作)寶盉
15.9439 乍(作)父乙寶尊彝
15.9440 伯角父乍(作)寶盉
15.9443 季良父乍(作)□始(姒)寶盉
15.9447 王仲皇父乍(作)尾娟(妘)般(盤)盉
15.9454 用乍(作)父癸寶尊彝
15.9456 裘衛迺彘(矢)告于伯邑父、熒(榮)伯、定伯、琼伯、單伯／伯邑父、熒(榮)伯、定伯、琼伯、單伯迺令參有𤔲：𤔲土(徒)微邑、𤔲馬單旟、𤔲工(空)邑人服眔受(授)田
15.9493 父己
15.9500 子父乙
15.9501 趡(趨)父乙
15.9502 史父丁
15.9503 弔父丁
15.9504 酉父己
15.9505 丙父辛
15.9506 魚父癸
15.9522 宁戈父乙
15.9523 宁戈父乙
15.9524 □(會)□父丁
15.9525 辰乍(作)父己
15.9546 劦冊竹父丁
15.9547 工冊天父己
15.9548 乍(作)父己尊彝
15.9549 父庚㞢(退)䧹冊
15.9565 亞矢望丩父乙(10.5206)
15.9566 汏乍(作)父乙尊彝
15.9570 伯滐父乍(作)旅壺
15.9571 孟䜌父乍(作)鬱壺
15.9576 □(𡚬)尸乍(作)父己尊彝
15.9577 叡乍(作)父辛彝
15.9578 □父乍(作)父壬寶壺
15.9584 鬼乍(作)父丙寶壺

15.9592 奪乍(作)父丁寶尊彝
15.9593 奪乍(作)父丁寶尊彝
15.9594 乍(作)父辛歔
15.9595 歸娥乍(作)父辛寶尊彝
15.9599 伯魚父乍(作)旅壺
15.9600 伯魚父乍(作)旅壺 / 伯魯父乍(作)旅壺
15.9601 賓(㝛)車父乍(作)寶壺
15.9602 賓(㝛)車父乍(作)寶壺
15.9608 伯山父乍(作)尊墉(甗)
15.9609 成伯邦父乍(作)叔姜萬人(年)壺
15.9612 大乍(作)父乙寶彝
15.9614 孟上父乍(作)尊壺
15.9619 伯庶父乍(作)醴壺
15.9620 伯濼父乍(作)寶壺
15.9621 成周邦父乍(作)干仲姜寶壺
15.9628 曾仲斿(遊)父用吉金
15.9629 曾仲斿(遊)父用吉金
15.9631 奠(鄭)楙叔賓父乍(作)醴壺
15.9641 嗣寇良父
15.9642 仲南父乍(作)尊壺
15.9643 仲南父乍(作)尊壺
15.9656 伯公父乍(作)叔姬醴壺
15.9657 侯母乍(作)侯父戎壺
15.9663 黃子乍(作)黃父(夫)人行器
15.9664 黃子乍(作)黃父(夫)人行器
15.9669 椒(散)氏車父乍(作)醒姜尊壺
15.9672 仲自(師)父乍(作)卣壺 / 仲自(師)父其用沓(侑)
15.9689 伯懋父北征
15.9697 椒(散)車父乍(作)皇母醒姜寶壺 / 伯車父其萬年
15.9702 辛公再父宮
15.9706 邛(江)立(大、太)宰孫叔師父乍(作)行具
15.9708 治仲丂父自乍(作)壺
15.9713 [illegible](弁)季良父乍(作)[illegible]始(姒)尊壺
15.9714 用乍(作)父丁寶壺
15.9721 賜幾父秆桒(韍)六、僕四家、金十鈞 / 幾父拜䭬首 / 幾父用追孝
15.9722 賜幾父秆桒(韍)六、僕四家、金十鈞 / 幾父拜䭬首 / 幾父用追孝
15.9723 僻父右(佑)癲
15.9724 僻父右(佑)癲
15.9735 使其老箭(策)賞仲父
15.9778 父癸
15.9785 田父甲
15.9786 父乙[illegible]
15.9787 襄父丁
15.9788 [illegible](糈)父己
15.9789 冉父己
15.9795 毌侜(倗)父乙
15.9796 馬豕(豴)父乙
15.9797 馬豕(豴)父丁
15.9798 父丁子天
15.9799 父丁
15.9800 何父癸癗
15.9807 敄亞高父丁
15.9808 朋五夅(降)父庚
15.9810 父丁孤竹亞微
15.9811 冉乍(作)父丁妻盟
15.9812 皿乍(作)父己尊彝
15.9814 再乍(作)日父丁尊彝
15.9815 乍(作)父乙寶彝尊雷(罍)
15.9816 陵乍(作)父日乙寶雷(罍)
15.9817 趞乍(作)文父戊尊彝
15.9821 乍(作)父丁尊
16.9866 [illegible](炅)父乙
16.9867 [illegible](擱)父庚
16.9871 珥日父乙
16.9872 馬豕(豴)父丁
16.9878 竹宮(鑄)父戊
16.9879 竹宮(鑄)父戊
16.9882 仲追父乍(作)宗彝
16.9883 皿天全(坽)乍(作)父己尊彝
16.9884 匽(匽)乍(作)父辛寶尊彝
16.9885 匽(匽)乍(作)父辛寶尊彝
16.9889 彈攸(肇)乍(作)父庚尊彝
16.9890 用乍(作)父癸寶尊
16.9892 用乍(作)高文考父癸寶尊彝
16.9895 用乍(作)父乙尊
16.9901 用乍(作)父丁寶尊彝 / 敢追明公賞于父丁 / 用光父丁
16.7360 伯公父乍(作)金爵
16.9957 ㄐ毌父戊
16.9962 善(膳)夫吉父乍(作)旅鑐
16.9964 仲義父乍(作)旅鑐
16.9965 仲義父乍(作)旅鑐
16.9967 伯夏父乍(作)畢姬尊霝(鑐)
16.9968 伯夏父乍(作)畢姬尊霝(鑐)
16.9969 享□父昶戊乍(作)寶鑸(鑐)
16.9970 享□父昶戊乍(作)寶罍(鑐)
16.9979 陳(陳)公孫牄父乍(作)旅甗(鉼)
16.10024 父甲
16.10025 父辛
16.10038 䣈父甲

16.10039 倗父乙
16.10040 鼀父乙
16.10041 弔父丁
16.10042 父戊𠂤
16.10043 𢦏父己
16.10044 父辛鳥
16.10051 豆册父丁
16.10052 戕乍(作)父戊
16.10065 令乍(作)父丁
16.10068 鄦(鬵)父乍(作)寶尊彝
16.10074 伯雍父自乍(作)用器
16.10075 畬父乍(作)兹女(母)匋(寶)般(盤)
16.10079 伯百父乍(作)孟姬朕(媵)般(盤)
16.10081 曩伯庭父朕(媵)姜無㫰(沬)般(盤)
16.10083 京隮(陴)仲僕乍(作)父辛寶尊彝
16.10084 北子宋乍(作)文父乙寶尊彝
16.10086 魯伯厚父乍(作)仲姬俞賸(媵)般(盤)
16.10087 魯伯者父乍(作)孟姬嫜(嫞)朕(媵)般(盤)
16.10102 中友父乍(作)般(盤)
16.10103 伯駟父乍(作)姬淪朕(媵)般(盤)
16.10107 叔五父乍(作)寶般(盤)
16.10108 伯考父乍(作)寶盤
16.10111 師寏父乍(作)季姬般(盤)
16.10113 魯伯愈父乍(作)鼄(邾)姬仁朕(媵)顋(沬)盤
16.10114 魯伯愈父乍(作)鼄(邾)姬仁朕(媵)顋(沬)盤
16.10115 魯伯愈父乍(作)鼄(邾)姬仁朕(媵)顋(沬)盤
16.10129 伯侯父塍(媵)叔嬀㝃(聯)母鎜(盤)
16.10146 黄韋俞父自乍(作)飤器
16.10151 齊大(太)宰歸父𠂤爲忌鬻(沬)盤
16.10164 函皇父乍(作)琱娟(妘)般(盤)盉尊器
16.10173 王曰伯父
16.10174 兮伯吉父乍(作)般(盤)
16.10176 矢人有嗣眉(堳)田：鮮、且、微、武父、西宮褱、豆人虞丂、彔、貞、師氏右省、小門人繇、原人虞芳、淮嗣工(空)虎孛、開豐父、难(鳿)人有嗣、刑丂 / 正眉(堳)矢舍(捨)散田：嗣土(徒)屰再、嗣馬嘼𠷎、䣄人嗣工(空)騎君、宰德父 / 散人小子眉(堳)田：戎、微父、效果(櫂)父、襄之有嗣橐、州豪(就)、焂從嵩(鬲)/ 迺卑(俾)西宮褱、武父誓 / 西宮褱、武父則誓
16.10185 孟皇父乍(作)旅也(匜)
16.10191 乍(作)父乙寶尊彝
16.10200 伯庶父乍(作)肩(肩)
16.10203 叔侯父乍(作)姜□寶也(匜)
16.10206 甫人父乍(作)旅匜
16.10211 曩(紀)伯庭父朕(媵)姜無㫰(沬)也(匜)
16.10216 召樂父乍(作)婦妃寶也(匜)
16.10224 中友父乍(作)匜
16.10225 函皇父乍(作)周(琱)娟(妘)也(匜)
16.10226 伯吉父乍(作)京姬也(匜)
16.10231 伯正父乍(作)旅也(匜)
16.10236 苜(苜)父弃□子賓匜寶用
16.10239 叔高父乍(作)仲妣也(匜)
16.10244 魯伯愈父乍(作)鼄(邾)姬仁朕(媵)盨(沬)也(匜)
16.10248 叔𢊁父乍(作)師姬寶也(匜)
16.10252 貯(賈)子己父乍(作)寶盉
16.10270 叔男父乍(作)爲霍姬賸(媵)旅也(匜)
16.10275 肇乍(作)皇考伯走父寶也(匜)
16.10276 寘(塞)公孫𢉕父自乍(作)盥匜
16.10278 浮公之孫公父宅
16.10285 伯揚父迺成㝵(劾)/ 伯揚父迺或事(使)牧牛誓
16.10297 以會父侄(兄)
16.10313 □乍(作)父丁盂
16.10314 伯公父乍(作)旅盂
16.10315 善(膳)夫吉父乍(作)盂
16.10322 疆眔師俗父田 / 厥眔公出厥命：井伯、焚(榮)伯、尹氏、師俗父、遣(遣)仲 / 公迺命酉嗣徃(徒)函父、周人嗣工(空)㞒、𢽾史、師氏、邑人奎父、畢人師同
16.10351 乍(作)父丁寶旅彝
16.10499 父辛
16.10500 父辛
16.10501 父癸
16.10516 鼀父乙
16.10517 壴(鼓)父乙
16.10518 子父丁

16.10519 凡父丁
16.10520 𩰫父丁
16.10521 亞父辛
16.10522 家父辛
16.10523 壴(鼓)父辛
16.10524 𠔁父癸
16.10525 冉父癸
16.10532 𩰫享父乙
16.10533 弔妶父乙
16.10534 𢦏乍(作)父乙
16.10535 亞離父丁
16.10536 田告父丁
16.10554 衔耳乍(作)父乙彝
16.10555 子乍(作)父乙寶彝
16.10556 柚乍(作)父丁旅彝
16.10557 乍(作)父丁寶旅彝
16.10558 壽乍(作)父戊尊彝
16.10559 父己
16.10560 𡉚(封)乍(作)父辛尊彝
16.10561 𥦗气(乞)乍(作)父辛彝
16.10563 伯享父乍(作)𩰫彝
16.10568 山乍(作)父乙尊彝
16.10569 岬乍(作)父戊寶尊彝
16.10570 乍(作)父戊彝
16.10572 ⺈𠃊乍(作)父丁寶尊彝
16.10573 田乍(作)父己寶尊彝
16.10574 耳乍(作)父癸寶尊彝
16.10575 趣(鄒)子𡨦(倞)乍(作)父庚寶尊彝
16.10581 用乍(作)父辛尊彝
16.10582 用乍(作)父□尊彝
17.11403 祖日乙、大父日癸、大父日癸、仲父日癸、父日癸、父日辛、父日己
18.11719 叔趙父乍(作)旅再
18.11747 亞父
18.11748 亞父
18.11749 亞父
18.11750 𠀀父
18.11756 𠑷(嚮)父乙

0609 及

1.102 及我正卿
1.142 及我倗友
1.153 及我倗友
1.154 及我倗友
1.203 及我父蜺(兄)、庶士
1.261 及我倗友
1.262-3 公及王姬曰：余小子
1.264-6 公及王姬曰：余小子
1.267 公及王姬曰：余小子
1.268 公及王姬曰：余小子
1.269 公及王姬曰：余小子
1.272-8 及其高祖
1.285 及其高祖
2.424 及我父蜺(兄)
5.2734 周伯邊及仲倲(催)父伐南淮尸(夷)
5.2840 及參𣦼(世)
6.2920 𦕐及(及倗)
7.4116 麇(麐)生(甥)曶父師害及仲曶
7.4117 麇(麐)生(甥)曶父師害及仲曶
9.4396 及子子孫孫永寶用
10.5415 王令保及殷東或(國)五侯
11.6003 王令保及殷東或(國)五侯
12.6499 亞及
12.6513 及我文㚸(攷、考)
12.6928 𦕐及(及倗)
15.9715 杕氏福及
15.9735 以陁(陁、施)及子孫

0610 𠬝

1.260 南或(國)𠬝孳(子)敢臽(陷)處我土/𠬝孳(子)迺遣閒來逆卲王
4.2009 旁𠬝宁父乙
11.6039 𠬝
17.11366 坓(型、邢)倫(令)吳㳄(次)、上庫工師宋𠬝、冶𡉚敎(撻)𪗋(劑)

0611 反

1.84 少𦏲(羽)反/宮反
2.290 其反
2.298 𦏲(羽)反/宮反/𦏲(羽)反/宮反
2.299 角反/徵反/角反/徵反
2.300 坪皇之巽反/獸鐘之壴(鼓)反/濁新鐘之巽反/穆鐘之冬(終)反
2.301 宮反/坪皇之冬(終)反
2.302 徵反
2.309 宮反/割(姑)𦘠(洗)之𦏲(羽)反
2.310 角反/徵反/穆鐘之喜(鼓)反/割(姑)𦘠(洗)之冬(終)反
2.311 坪皇之巽反/獸鐘之喜(鼓)反/濁新鐘之巽反/穆鐘之冬(終)反
2.312 宮反/坪皇之冬(終)反
2.313 徵反
2.319 其反
2.323 割(姑)𦘠(洗)之徵反
4.2360 九㠯(觞)反(半)
5.2694 唯反(返)
5.2728 唯公大(太)保來伐反(叛)尸(夷)年
5.2731 王令趞𢦏(捷)東反(叛)尸(夷)
5.2751 唯王令南宮伐反(叛)虎方之年

5.2752 唯王令南宮伐反(叛)虎方之年
5.2825 反(返)入(納)堇(瑾)章(璋)
5.2827 反(返)入(納)堇(瑾)章(璋)
5.2828 反(返)入(納)堇(瑾)章(璋)
5.2829 反(返)入(納)堇(瑾)章(璋)
5.2831 朏帛(白)金一反(鈑)
7.3907 過伯從王伐反(叛)荆
8.4140 叡厥反(叛)
8.4238 叡東尸(夷)大反(叛)
8.4239 叡東尸(夷)大反(叛)
8.4313 反(返)厥工事(吏)
8.4314 反(返)工事(吏)
8.4332 反(返)入(納)堇(瑾)章(璋)
8.4333 反(返)入(納)堇(瑾)章(璋)
8.4334 反(返)入(納)堇(瑾)章(璋)
8.4335 反(返)入(納)堇(瑾)章(璋)
8.4336 反(返)入(納)堇(瑾)章(璋)
8.4337 反(返)入(納)堇(瑾)章(璋)
8.4338 反(返)入(納)堇(瑾)章(璋)
8.4339 反(返)入(納)堇(瑾)章(璋)
15.9731 反(返)入(納)堇(瑾)章(璋)
15.9732 反(返)入(納)堇(瑾)章(璋)
16.10407 册復毋反
16.10440 十四兩八分十六分卅二反(半)
17.11122 王子反鑄寢戈
17.11354 鈖匋命(令)富反、下庫工師王豈、冶禽
18.11718 工獻大(太)子姑發𦑻(䣄)反

0612 友

1.20 倗友
1.51 用樂嘉賓、父兄、大夫、倗友
1.87 奄(邾)叔之伯□友擇左(厥)吉金
1.142 及我倗友
1.153 及我倗友
1.154 及我倗友
1.182 以樂嘉賓、倗友、者(諸)臤(賢)
1.261 及我倗友
2.429 以飤大夫、倗友
3.684 奠(鄭)鑄友父乍(作)幾姜旅鬲
3.787 友
5.2655 朝夕鄉(饗)厥多倗友
5.2660 𢍰用𣏌(穀)厥剈多友/多友贅(賚)辛
5.2671 唯女(汝)率我多友以事
5.2672 唯女(汝)率我多友以事
5.2706 用鄉(饗)多寮(寮)友
5.2710 乍(作)册友史賜𧷸貝
5.2724 我用飲厚眔我友/𩰫(匓、飽)用友(侑)
5.2733 眔多倗友
5.2787 令史頌省穌(蘇)澴(姻)友、里君、百生(姓)
5.2788 令史頌省穌(蘇)澴(姻)友、里君、百生(姓)
5.2789 王𤉹(𠟭)姜事(使)內史友員賜戜玄衣、朱襮裣
5.2792 大矢始賜友[曰]𢾅/始友曰考、曰攸
5.2806 大以厥友守
5.2807 大以厥友守/以厥友入攼(捍)
5.2808 大以厥友守/以厥友入攼(捍)
5.2809 使厥友引以告于伯𢝒父
5.2813 用嗣乃父官、友
5.2817 眔奠(甸)人、善(膳)夫、官、守、友
5.2832 內史友寺芻
5.2835 武公命多友率公車/多友西追/多友右(有)折首執訊/多友或(又)右(有)折首執訊/多友迺獻俘聝訊于公/迺命向父(禹)佋多友/公寴(親)曰多友曰:余肇事(使)女(汝)/多友敢對揚公休
6.3725 叔友父乍(作)尊𣪘
6.3726 友父乍(作)寶𣪘
6.3727 友父乍(作)寶𣪘
7.3755 中友父乍(作)寶𣪘
7.3756 中友父乍(作)寶𣪘
7.3848 趞(遣)小子䡅以(與)其友
7.4032 官(管)夲父乍(作)義友寶𣪘
7.4112 命其永以(與)多友𣪘(匓)飤
8.4137 用侃喜百生(姓)、倗友眔子婦
8.4160 用鄉(饗)倗友
8.4161 用鄉(饗)倗友
8.4178 王命君夫曰:儥求乃友
8.4229 令史頌省穌(蘇)澴(姻)友、里君、百生(姓)
8.4230 令史頌省穌(蘇)澴(姻)友、里君、百生(姓)
8.4231 令史頌省穌(蘇)澴(姻)友、里君、百生(姓)
8.4232 令史頌省穌(蘇)澴(姻)友、里君、百生(姓)
8.4233 令史頌省穌(蘇)澴(姻)友、里君、

百生(姓)
8.4234 令史頌省穌(蘇)㵣(姻)友、里君、百生(姓)
8.4235 令史頌省穌(蘇)㵣(姻)友、里君、百生(姓)
8.4236 令史頌省穌(蘇)㵣(姻)友、里君、百生(姓)
8.4331 好倗友雩百者(諸)婚遘(媾)
8.4342 率以乃友干(捍)菩(禦)王身
9.4435 兹鍾友(有)十又二
9.4448 于好倗友
9.4449 于好倗友
9.4450 于好倗友
9.4451 于好倗友
9.4452 于好倗友
9.4465 王令尹氏友史趛/唯用獻于師尹、倗友、聞(婚)遘(媾)
9.4466 令小臣成友逆旅□、內史無𢼊、大(太)史旟/㝵(復)友(賄)㝁比其田/凡復友(賄)、復付㝁比田十又三邑
9.4469 善效(教)乃友內(入)辟(躎)
9.4627 者(諸)友飪飤具(俱)飼(飽)
11.6005 公令罍(螺)從□友□炎身
11.6015 妥(綏)多友
11.6016 爽(尚)左右于乃寮以乃友事
12.6515 侃(衎)多友/用乍(作)念于多友
12.7303 友(右)敄父癸丨川(三)址
14.9084 友(右)敄父癸仙址
15.9672 罪以(台)倗友醮
15.9725 伯克對揚天右(佑)王伯友(賄)
16.9901 爽(尚)眉(𨑳、左)右于乃寮以乃友事
16.10102 中友父乍(作)般(盤)
16.10224 中友父乍(作)匜

0613 㱿、㪇

12.6513 及我文㱿(㪇、考)

0614 尹

1.5 天尹乍(作)元弄
1.6 天尹乍(作)元弄
1.247 疋(胥)尹叙厥威義(儀)/左(佐)尹氏
1.248 疋(胥)尹叙厥威義(儀)/左(佐)尹氏
1.249 疋(胥)尹叙厥威義(儀)/左(佐)尹氏
1.250 疋(胥)尹叙厥威義(儀)/左(佐)尹氏
2.358 永畯尹四方
2.425 郤(徐)諮(詔)尹者故𨟻
3.754 穆公乍(作)尹姞宗室于繇林/各于尹姞宗室繇林/君蔑尹姞曆
3.755 穆公乍(作)尹姞宗室于繇林/各于尹姞宗室繇林/君蔑尹姞曆
3.912 尹伯乍(作)祖辛寶尊彝
3.1351 尹臾
3.1352 尹臾
3.1457 舟尹
3.1458 尹舟
4.1857 尹舟父丁
4.1925 叔尹乍(作)旅
4.2214 尹小叔乍(作)鑾(鬻)鼎
4.2234 鄧尹疾之沰盜
4.2282 尹叔乍(作)陵姞賸(媵)鼎
4.2351 小臣氏樊尹乍(作)寶用
4.2499 尹商(賞)𢆶貝三朋
5.2617 唯番昶伯者尹自乍(作)寶貞(鼎)/尹
5.2618 唯番昶伯者尹自乍(作)寶貞(鼎)/尹
5.2709 尹光邐
5.2729 對揚尹休
5.2758 大揚皇天尹大(太)保宮(貯)
5.2759 大揚皇天尹大(太)保宮(貯)
5.2760 大揚皇天尹大(太)保宮(貯)
5.2761 大揚皇天尹大(太)保宮(貯)
5.2766 郤(徐)𨞽尹譬自乍(作)湯貞(鼎)
5.2778 尹令史獸立(涖)工于成周/史獸獻工(功)于尹/尹賞史獸裸/對揚皇尹不(丕)顯休
5.2805 王乎乍(作)册尹册命柳:𤔲六師牧、陽(埸)大㕚(友)
5.2811 命(令)尹子庚
5.2817 王乎乍(作)册尹册命師晨:疋(胥)師俗𤔲邑人
5.2827 尹氏受(授)王令(命)書
5.2828 尹氏受(授)王令(命)書
5.2829 尹氏受(授)王令(命)書
5.2836 畯尹四方/王乎尹氏册令(命)善(膳)夫克
5.2841 㲋(抄)兹卿事寮、大(太)史寮于父即尹
6.3029 尹
6.3106 尹舟
6.3107 尹舟
6.3325 尹舟父己
6.3391 尹乍(作)寶尊
6.3415 尹
6.3578 陽尹乍(作)厥旅毁
7.4010 殳偕(鮨)生(甥)乍(作)尹姞尊毁
8.4123 伯芀父事(使)䵼𩠡(覲)尹人于齊師
8.4184 敢[illegible](揚?)天尹不(丕)顯休

8.4185 敢□(揚?)天尹不(丕)顯休
8.4186 敢□(揚?)天尹不(丕)顯休
8.4187 敢□(揚?)天尹不(丕)顯休
8.4198 蔡姞乍(作)皇兄尹叔尊𩰫彝/尹叔用妥(綏)多福于皇考德尹、叀姬
8.4240 王受(授)乍(作)册尹者(書)
8.4243 內史尹册賜救:玄衣黹屯(純)、旂四日
8.4244 王乎乍(作)册尹〔册賜〕走:䊷(纘)疋(胥)益
8.4246 內史尹氏册命楚:赤⊖巿、䜌(鑾)旂
8.4247 內史尹氏册命楚:赤⊖巿、䜌(鑾)旂
8.4248 內史尹氏册命楚:赤⊖巿、䜌(鑾)旂
8.4249 內史尹氏册命楚:赤⊖巿、䜌(鑾)旂
8.4253 王乎尹氏册命師察:賜女(汝)赤舄、攸(鋚)勒
8.4254 王乎尹氏册命師察:賜女(汝)赤舄、攸(鋚)勒
8.4257 王乎內史尹氏册命師耤(藉)
8.4267 王命尹册命申:更乃祖考疋(胥)大(太)祝
8.4274 王乎內史尹册令(命)師兑:疋(胥)師龢父
8.4275 王乎內史尹册令(命)師兑:疋(胥)師龢父
8.4279 王乎乍(作)册尹克册命師旋
8.4280 王乎乍(作)册尹克册命師旋
8.4281 王乎乍(作)册尹克册命師旋
8.4282 王乎乍(作)册尹克册命師旋
8.4286 王乎乍(作)册尹册令(命)䞣
8.4287 王乎命尹封册命伊:䊷(纘)官嗣康宮王臣妾、百工
8.4300 公尹伯丁父兄(貺)于戍
8.4301 公尹伯丁父兄(貺)于戍
8.4312 用乍(作)朕文考尹伯尊段
8.4318 王乎內史尹册令(命)師兑:余既令女(汝)疋(胥)師龢父
8.4319 王乎內史尹册令(命)師兑:余既令(命)女(汝)疋(胥)師龢父
8.4323 事(使)尹氏受、(授)釐(賚)敔:圭(珪)瓚、䝙貝五十朋
8.4324 王乎尹氏册令(命)師䞣
8.4325 王乎尹氏册令(命)師䞣
8.4332 尹氏受(授)王令(命)書
8.4333 尹氏受(授)王令(命)書
8.4334 尹氏受(授)王令(命)書
8.4335 尹氏受(授)王令(命)書
8.4336 尹氏受(授)王令(命)書
8.4337 尹氏受(授)王令(命)書
8.4338 尹氏受(授)王令(命)書
8.4339 尹氏受(授)王令(命)書
8.4343 毋敢不尹人不中不井(型)
9.4465 王令尹氏友史趛/唯用獻于師尹、倗友、聞(婚)遘(媾)
9.4527 吳王御士尹氏叔緐乍(作)旅匡(筐)
9.4553 尹氏貯(賈)良乍(作)旅匡(筐)
10.4948 㸚丁尹
10.5296 尹舟乍(作)兄癸尊彝
10.5368 ¥尹肇家
10.5381 用乍(作)幽尹寶尊彝
10.5391 尹洛(各)于宮
10.5431 尹賜臣唯小僰/揚尹休/尹其亘萬年受厥永魯
11.5630 尹父丁
11.5741 尹舟父己
11.5752 尹舟父癸
11.5971 尹洛(各)于宮
11.6013 王册令(命)尹
11.6016 尹三事四方/眔卿事寮、眔者(諸)尹/乍(作)册令敢揚明公尹厥宣(貯)
12.6388 尹舟父丙
12.6422 尹舟父癸
12.6515 用享㮰尹人
12.6999 尹舟
12.7236 尹舟父丁
14.8902 尹舟父丁
14.8933 尹舟父己
14.8967 父癸舟尹
14.9039 尹公乍(作)旅彝
15.9579 魯侯乍(作)尹叔姬壺
15.9723 王乎乍(作)册尹册賜𤼈:畫靳、牙僰、赤舄
15.9724 王乎乍(作)册尹册賜𤼈:畫靳、牙僰、赤舄
15.9728 王乎尹氏册令(命)曶
15.9731 尹氏受(授)王令(命)書
15.9732 尹氏受(授)王令(命)書
16.9898 用乍(作)青尹寶尊彝
16.9899 王册令(命)尹
16.9900 王册令(命)尹
16.9901 尹三事四方/眔卿事寮、眔者(諸)尹/乍(作)册令敢揚明公尹厥宣(貯)

16.10071 宗(崇)仲乍(作)尹姞般(盤)

16.10149 囂伯塍(媵)嬴尹母釁(沬)盤

16.10170 王乎乍(作)册尹册賜休：玄衣黹屯(純)、赤市、朱黄(衡)、戈琱㦸、彤沙(蘇)、敔(厚)必(柲)、緣(鑾)旂

16.10175 㚔(勔)尹意(億)疆

16.10182 宗(崇)仲乍(作)尹姞盉

16.10207 唯曾子伯尹自乍(作)尊匜

16.10269 唯番昶伯者尹(君)自乍(作)寶匜

16.10322 厥眔公出厥命：井伯、燮(榮)伯、尹氏、師俗父、趞(遣)仲

16.10373 以命攻(工)尹穆丙、攻(工)差(佐)競之、集尹陳夏、少集尹龏賜、少攻(工)差(佐)孝癸

16.10391 瘈(痽、疕)君之孫郐(徐)敆(令)尹者(諸)旨(稽)䎧(耕)

16.10508 尹舟

17.11365 曾大攻(工)尹季䖵(怡)之用

18.12110 大攻(工)尹脽台(以)王命/命集尹郘(怊)稽(楮)、裁(織)尹逆、裁(織)尹殹(令)阬

18.12111 大攻(工)尹脽台(以)王命/命集尹郘(怊)稽(楮)、裁(織)尹逆、裁(織)殹(令)阬

18.12112 大攻(工)尹脽台(以)王命/命集尹郘(怊)稽(楮)、裁(織)尹逆、裁(織)殹(令)阬

18.12113 大攻(工)尹脽台(以)王命/命集尹郘(怊)稽(楮)、裁(織)尹逆、裁(織)殹(令)阬

0615　殷(拇)

11.5672 殷(拇、拇)父癸

0616　叔(抹)

13.7454 叔(抹)

0617　取(抯)

4.2528 登(鄧)小仲鮍(鮪)𢓊□□取

7.3979 大宰其萬年祀厥取(祖)考

8.4156 用享于其皇取(祖)、文考

8.4194 升于厥文取(祖)考

8.4316 截(載)先王既令(命)乃取(祖)考事/令(命)女(汝)更乃取(祖)考

12.6503 呂伯乍(作)厥取(祖)寶尊彝

16.10175 牆弗敢取(抯、沮)

0618　叡、敀(廹)

12.6845 叡(拍)己

12.6846 叡(拍)己

18.11495 敀(拍)陸睘

0619　叚(坂)

12.6512 王後叚(坂、返)克商

0620　叏、威(拔)

8.4313 王若曰：叏(拔)淮尸(夷)

8.4314 叏(拔)淮尸(夷)

0621　取(担)

8.4208 孫子取引

12.7175 子取Ⅱ

0622　取、耿

4.2227 取(聊)它人之善(膳)貞(鼎)

5.2807 令取誰(粹)䮾(犅)卅二匹賜大

5.2808 令取誰(粹)䮾(犅)卅二匹賜大

5.2826 取厥吉金

5.2831 矩取省車、軷𠦪(賁)𠧪、虎冟(幎)、蔡(𢂕)𠏠、畫轉、㚏(鞭)𢈱(席)𩌏、帛轡(總)乘、金麃(鑣)鋞(鋞)

5.2841 取徵卅爰(鋝)

8.4215 取徵五寽(鋝)

8.4246 取遄(徵)五寽(鋝)

8.4247 取遄(徵)五寽(鋝)

8.4248 取遄(徵)五寽(鋝)

8.4249 取遄(徵)五寽(鋝)

8.4255 取徵五寽(鋝)

8.4266 取徵五寽(鋝)

8.4294 取徵五寽(鋝)

8.4295 取徵五寽(鋝)

8.4326 取徵廿寽(鋝)

8.4343 取〔徵〕□寽(鋝)

9.4464 厥取厥服

10.4994 取父癸

11.5670 耿(取)父癸

15.9456 矩伯庶人取堇(瑾)章(璋)于裘衛/矩或取赤虎(琥)兩、麀𠦪(韍)兩、𠦪(賁)韐(帢、帢)一

15.9734 以取鮮𦳝(薧)

16.9978 取

16.10126 取膚(盧)上子商鑄般(盤)

16.10253 取膚(盧、盧)上子商鑄也(匜)

18.11757 於取(聊)子敄鼓鑄鑵元喬

0623　秉

1.109–10 穆穆秉德

1.111 穆穆秉德

1.120 女(汝)亦虔秉不(丕)涇(經)〔德〕

1.121 女(汝)亦虔秉不(丕)涇(經)德

1.122 女(汝)亦虔秉不(丕)涇(經)德

1.125–8 女(汝)亦虔秉不(丕)涇(經)德

1.132 女(汝)亦虔秉不(丕)涇(經)德
1.187-8 秉明德
1.189-90 秉明德
1.192 秉明德
1.238 穆穆秉元明德
1.239 穆穆秉元明德
1.240 穆穆秉元明德
1.241 穆穆秉元明德
1.242-4 穆穆秉元明德
1.247 秉明德
1.248 秉明德
1.249 秉明德
1.250 秉明德
1.270 穆穆帥秉明德
4.1763 珥秉毌
4.1764 秉毌戊
4.1809 秉父辛
5.2820 秉德共(恭)屯(純)
5.2838 曶廼每(誨)于䛠曰:女(汝)其舍(捨)䜭(究)矢五秉
6.3121 秉毌
6.3421 秉毌册父乙
7.4115 秉德共(恭)屯(純)
8.4242 秉威義(儀)
8.4315 穆穆帥秉明德
8.4341 秉繁、蜀、巢
10.5008 秉毌丁
11.6357 秉毌戊
12.6606 秉
12.7029 秉毌
13.8249 秉毌
14.8798 辛秉毌
14.8871 秉毌父乙
16.10342 秉德嬻嬻(秩秩)
16.10361 攻(工)帀(師)㑭鑄西墉寶鐈四秉
17.10764 秉
17.10870 秉毌
17.11064 楚公冢秉戈
17.11121 曾侯𫰡伯秉戈
17.11333 季秉昏(春)

0624 㕡、㮶

12.6515 用享㮶尹人

0625 沓(友)

3.717 鼄(邾)沓(友)父朕(媵)其子胙(胙)嫞寶鬲
3.875 沓乍(作)寶尊彝
3.915 大(太)史沓乍(作)召公寶尊彝
4.2188 考乍(作)沓父尊鼎
5.2614 考(孝)沓(友)唯井(型)
5.2783 用鄉(饗)倗沓(友)
5.2784 用鄉(饗)倗沓(友)
5.2805 王乎乍(作)册尹册命柳:嗣六師牧、陽(場)大沓(友)
5.2810 馭方沓(侑)王
5.2835 用倗用沓(友)
6.3385 沓乍(作)旅彝
8.4191 穆公沓(侑)卬王
8.4194 王穠(蔑)沓昏(曆)/沓既拜韻首/沓對揚王休/沓眔厥子子孫永寶
10.5416 不(丕)𩐢(肆)伯懋父沓(友)召
10.5424 事(使)厥沓(友)妻農
11.6004 不(丕)䜌(肆)伯懋父沓(友)召
15.9672 仲自(師)父其用沓(侑)
16.9897 沓(侑)王
16.10175 唯辟孝沓(友)

0626 叚

1.204-5 用匄屯(純)叚(嘏)、永令(命)
1.206-7 用匄屯(純)叚(嘏)、永令(命)
1.209 用匄屯(純)叚(嘏)、永令(命)
3.949 曰叚、曰旒
5.2577 叚工師王馬重(童)、眂(視)事鎧、冶敬
5.2819 敢對揚天子不(丕)顯叚(遐)休令(命)
5.2826 余不叚(暇)妄(荒)寧
5.2833 肄(肆)武公亦弗叚(遐)朢(忘)賸(朕)聖祖考幽大叔、懿叔
8.4313 今敢博(薄)厥眔叚(暇)/今余弗叚(遐)組(徂)
8.4314 今敢博(薄)厥眔叚(暇)/今余弗叚(遐)組(徂)
9.4631 曾伯霥(漆)叚(遐)不黄耇、邁(萬)年
9.4632 曾霥(漆)叚(遐)不黄耇、邁(萬)年
11.6013 盠曰:不(丕)叚(遐)不(丕)其(基)
15.9712 爲德無叚(瑕)
16.9899 盠曰:天子不(丕)叚(遐)不(丕)其(基)
16.9900 盠曰:天子不(丕)叚(遐)不(丕)其(基)
16.10172 敢對揚天子不(丕)顯叚(遐)休令(命)
17.11212 周王叚之元用戈
18.11677 相邦建信君、邦右庫工師郹叚、冶君(尹)㓝教(撻)齋(劑)
18.11678 相邦建信君、邦左庫工師郹叚、冶君(尹)㓝教(撻)齋(劑)
18.11679 相邦建信君、邦左庫工師郹叚、冶君(尹)肉教(撻)齋(劑)
18.11680 相邦建信君、邦左庫工師郹叚、冶君(尹)匜教(撻)齋(劑)
18.11681 相邦建信君、邦左庫工師郹叚、冶君(尹)月(明)教(撻)

齋(劑)

18.11695 相邦建信君、邦右庫韓叚、工師爿瘖、冶息教(撻)齋(劑)

18.11706 相邦建信君、邦左庫工師郟叚、冶肴(尹)䏃教(撻)齋(劑)

0627 叔

3.589 旹(詩)伯乍(作)叔母□羞鬲

3.590 旹(詩)伯乍(作)叔母□羞鬲

3.591 旹(詩)伯乍(作)叔母□羞鬲

0628 𠭯(揀)

13.7798 亞𠭯(揀)

13.7799 亞𠭯(揀)

0629 叟

4.1628 父庚叟

4.2205 鶾叟父乍(作)旅鼎

5.2575 唯伯殷父北師(次)叟年

10.5410 叟(搜)遡(跚)山谷

12.7247 父辛冊叟

12.7269 㚤(耒?)冊父辛叟

0630 臤、臤

4.2022 臤父乍(作)寶鼎

0631 臤(捱)

8.4169 賜墉(郭)伯臤(捱)貝十朋

0632 隻、獲、蒦

2.429 佣公獲(獲)飛龍

3.1122 獲

4.2059 丂獲乍(作)尊彝

4.2110 鐵(捏)乍(作)祖丁盟獲(鑊)

4.2457 絲(鼬)侯獲巢

5.2782 亦弗其㭿獲

5.2794 楚王酓(熊)忎(悍)戰獲兵銅 / 楚王酓(熊)忎(悍)戰獲兵銅

5.2795 楚王酓(熊)忎(悍)戰獲兵銅 / 楚王酓(熊)忎(悍)戰獲兵銅

5.2833 休獲厥君馭方

5.2839 獲聝四千八百又二聝 / 獲聝二百卅七聝

6.3243 西單獲

6.3543 仲獲父乍(作)寶𣪘

8.4322 獲馘(聝)百、執訊二夫

9.4688 富子之上官獲之畫鉶銅鈇十

10.4788 獲

10.5007 西單獲

10.5083 獲婦父庚

10.5194 師獲乍(作)尊彝

10.5291 矢伯獲乍(作)父癸彝

11.6165 亞獲

12.6981 亞獲

12.6982 亞獲

12.7154 獲父癸

13.7811 亞獲

13.7812 亞獲

13.7813 亞獲

14.8697 獲父癸

14.9038 聑日獲乍(作)寶旅彝

15.9514 公子裙(裘)獲

15.9542 嘐君之獲

15.9703 大㝳(將)銭孔、陳璋內(入)伐匽(燕)亳邦之獲

16.9975 齊㝳(將)銭(鍋)孔、陳璋內(入)伐匽(燕)亳邦之獲

16.10158 楚王酓(熊)忎(悍)戰獲兵銅

17.11407 下吉勿而獲 U / 獲于公尚

18.11718 云用云獲

0633 叙(款)

8.4322 凡百又卅又五叙(款)

0634 𣪊

7.3921 叔𣪊父乍(作)朕文母、剌(烈)考尊𣪘

7.3922 叔𣪊父乍(作)朕文母、剌(烈)考尊𣪘

0635 曼

5.2718 賜寓曼絲

9.4431 曼龏父乍(作)寶盨

9.4432 曼龏父乍(作)寶盨

9.4433 曼龏父乍(作)寶盨

9.4434 曼龏父乍(作)寶盨

9.4595 齊陳曼不敢逸康

9.4596 齊陳曼不敢逸康

0636 叡、敦(捽)

12.6440 亞疑叡(捽)父乙

0637 敽、敷、徹

11.6014 敽(徹)令(命)

16.10175 用肇(肇)敽(徹)周邦

0638 叡(搈)

7.3807 叡(搈)年伯自乍(作)其寶𣪘

0639 嫠

8.4286 熒(榮)伯入右(佑)輔師嫠 / 王乎乍(作)册尹册令(命)嫠 / 嫠拜䭫首 / 嫠其萬年

8.4324 宰琱生(甥)內(入)右(佑)師嫠 / 王乎尹氏册令(命)師嫠 / 王曰:師嫠 / 師嫠拜手䭫首 / 嫠其邁(萬)年 / 師龢父𢦚(胙)嫠菽(素)芾

8.4325 宰琱生(甥)內(入)右(佑)師嫠 / 王

乎尹氏册令（命）師嫠 / 王曰：師嫠 / 師嫠拜手䭫首 / 嫠其萬年 / 師龢父段（胙）嫠菽（素）芾

10.5396 处（咎）山賜嫠（釐）

0640 叡（戲、摣）

1.89 叡乍（作）寶鐘 / 叡眔蔡姬永寶

1.90-1 叡眔蔡姬〔永寶〕

1.92 叡眔蔡姬永寶

1.153 中（終）斡叡（且）旟（颺）

1.154 中斡叡旟

1.172 仲平善弦（發）叡考

1.173 仲平善弦（發）叡考

1.174 仲平善弦（發）叡考

1.175 仲平善弦（發）叡考

1.176 仲平善弦（發）叡考

1.177 仲平善弦（發）叡考

1.178 仲平善弦（發）叡考

1.179 仲平善弦（發）叡考

1.180 仲平善弦（發）叡考

1.182 中斡叡諹（颺）

1.203 中斡叡昜（颺）

1.223-4 屖（振）鳴叡（且）鑰 / 既孜叡（且）紫（眥）/ □□□□叡

1.261 中斡叡（且）旟（颺）

2.426 曰：余執臧于戎攻（功）叡（且）武

2.427 曰：余執臧于戎攻（功）叡（且）武

3.796 叡𢍏

3.1380 𢍏叡

5.2809 叡厥不從厥右（佑）征

5.2831 叡厥唯顏林

5.2837 叡酉（酒）無敢酖（酖）

6.3112 叡𢍏

7.3785 叡昏妊乍（作）寶段

7.4100 用事厥叡（祖）日丁

7.4101 用事厥叡（祖）日丁

7.4102 仲叡父乍（作）朕皇考遟伯、王（皇）母遟姬尊段

7.4103 仲叡父乍（作）朕皇考遟伯、王（皇）母遟姬尊段

7.4110 魯士商叡肈乍（作）朕皇考叔猷父尊段 / 商叡其萬年眉壽

7.4111 魯士商叡肈乍（作）朕皇考叔猷父尊段

8.4140 叡厥反（叛）

8.4238 叡東尸（夷）大反（叛）

8.4239 叡東尸（夷）大反（叛）

8.4269 曰：叡乃任縣伯室

8.4330 叡吾考克淵克

9.4469 爰奪叡行道

9.4652 叡𢍏

10.4877 叡𢍏

10.4878 叡𢍏

10.4879 叡𢍏

10.5373 子賜叡宋（霝）玗一 / 叡宋（霝）用乍（作）丁師彝

10.5419 王令㦰曰：叡淮尸（夷）敢伐內國

10.5420 王令㦰曰：叡淮尸（夷）敢伐內國

11.5556 叡𢍏

11.5899 叡（摣）乍（作）父戊寶䵼（尊）彝

11.6187 叡𢍏

12.6918 叡𢍏

12.6919 叡𢍏

12.7294 叡乍（作）父戊尊彝

12.7295 叡乍（作）父戊尊彝

13.8167 𢍏叡

13.8168 𢍏叡

13.8169 𢍏叡

14.8331 叡戊䚷

14.8332 叡戊䚷

15.9176 叡（摣）𢍏

15.9327 𢍏叡

15.9577 叡乍（作）父辛彝

15.9770 叡𢍏

16.10176 叡（祖）遂𨸏以西

16.10187 魯士商叡乍（作）也（匜）

16.10261 余王寶叡孫

16.10285 叡乃可（苛）湛（抌）

17.11254 曾仲之孫不叡用戈

18.11785 叡𤔲土（徒）北征蒿盧

0641 毄、擊

10.5414 𠨘（邲）其賜乍（作）册擊徵一、玗一

0642 𢾅

8.4322 戎伐𢾅

0643 𢟪（抯）

7.3888 𢟪（抯）其肈乍（作）段

7.3889 𢟪（抯）其肈乍（作）段

0644 埶

9.4684 埶公乍（作）杜嬬（祁）鐼（奠）鋪（箭）

0645 燮

10.4743 燮

17.11321 邨（頓）丘命（令）燮、左工師哲、冶夢

0646 燮

1.270 𩔓（揉）燮百邦

7.4046 王令燮在（緇）芾、旅（旂）

9.4631 印（抑）燮繁（繁）湯（陽）

9.4632 印（抑）燮繁（繁）湯（陽）

16.9973 以燮我莫（鄭）

16.10342 𤔲(固)萬邦

0647

18.11997 郋(卿)公 之矢

0648 (皮)

10.4930 (皮)父乙

0649

11.6197 乍(作)

0650

11.6322 父壬

0651 (馭)

8.4245 余□□ □□ □□塱(仲)皇母

0652 (婢)

14.9023 (婢)乍(作)父癸

0653

14.8550 父己

0654

14.8391 父乙
14.8392 父乙

0655

14.8529 父戊

0656 、

13.7453
14.8961 子父癸
15.9741

0657

7.3827 其

0658

14.8551 父己

0659 (尹)

14.9007 (尹)木亞父丁

0660 ()

11.6286 父己()

0661

17.10867
18.11834

0662

11.5802 (及)父辛 雞

0663 、弁

15.9713 (弁)季良父乍(作) 始(姒)尊壺

0664 叔、𠭰

3.449 叔(𠭰)
3.542 楷叔叔(𠭰)父乍(作)鼎
3.1069 叔(𠭰)
5.2712 叔(𠭰)辛伯蔑乃子克曆
6.2955 叔(𠭰)
6.2956 叔(𠭰)
6.3189 叔(𠭰)父戊
11.6269 叔(𠭰)父戊
11.6284 叔(𠭰)父己
11.6334 叔(𠭰)父癸
11.6335 叔(𠭰)父癸
12.6599 叔(𠭰)
12.7123 叔(𠭰)父戊
12.7131 叔(𠭰)父己
13.7451 叔(𠭰)
13.7452 叔(𠭰)
14.8330 叔(𠭰)祖戊
14.8336 叔(𠭰)祖己
14.8355 叔(𠭰)祖壬
14.8466 叔(𠭰)父丁
14.8523 叔(𠭰)父戊
14.8524 叔(𠭰)父戊
14.8561 叔(𠭰)父己
14.8686 叔(𠭰)父癸
14.8687 叔(𠭰)父癸

0665

5.2621 唯㴱伯(洛) 林乍(作)貞(鼎)

0666 寺

1.149 分器是寺(持)
1.150 分器是寺(持)
1.151 分器是寺(持)
1.152 分器是寺(持)
1.157 武侄寺(持)力
1.158 武侄寺(持)力
1.159 武侄寺(持)力
1.160 武侄寺(持)力
1.161 武侄寺(持)力
1.223-4 台(以)乍(作)寺吁龢鐘
2.298 曾侯乙乍(作)寺(持)
2.299 曾侯乙乍(作)寺(持)
2.300 曾侯乙乍(作)寺(持)
2.302 曾侯乙乍(作)寺(持)
2.303 曾侯乙乍(作)寺(持)
2.304 曾侯乙乍(作)寺(持)
2.309 曾侯乙乍(作)寺(持)
2.314 曾侯乙乍(作)寺(持)
2.315 曾侯乙乍(作)寺(持)
2.319 曾侯乙乍(作)寺(持)
2.320 曾侯乙乍(作)寺(持)
2.329 曾侯乙乍(作)寺(持)
2.429 迲(却)蔡于寺/余寺(持)可參□□
5.2750 父母嘉寺(持)
5.2832 內史友寺芻
7.3817 寺(邿)季故公乍(作)寶毁
7.3818 寺(邿)季故公乍(作)寶毁
7.4007 汱伯寺自乍(作)寶毁
9.4561 𨟭侯乍(作)叔姬寺男賸(媵)簠
9.4562 𨟭侯乍(作)叔姬寺男賸(媵)簠
15.9673 寺工師初、丞拑、稟(廩)人莽
15.9700 台(以)寺(持)民叵(選)
16.10298 台(以)乍(作)叔姬寺吁宗彝(彝)薦鑑
16.10299 台(以)乍

(作)叔姬寺吁宗彝(彝)薦鑑
16.10327 嗣料柬所寺(持)
17.11197 寺工讋、工嘉/寺工
17.11250 寺工讋、金角/寺工
17.11308 寺工讋、丞義、工可
18.11452 寺工
18.11453 寺工
18.11533 寺工
18.11548 寺工朩(幹)、攻(工)丞敂造
18.11565 貞寺(持)
18.11658 寺工敏、工寫/寺工
18.12041 寺工獻、工上造但

0667 夺

7.4032 官(管)夺父乍(作)義友寶𣪘

0668 専

1.171 志(誌)勞専(賻)者(諸)侯
1.204-5 専(溥)奠王令(命)
1.206-7 専奠王令(命)
1.209 専奠王令(命)
1.223-4 青呂(鋁)専皇
1.261 余専(溥)昀(徇)于國
1.270 叡(睿)専(敷)明井(刑)
1.272-8 余既専乃心/女(汝)専余于艱恤/中専盟(明)井(刑)/台(以)専戒公家/専(溥)受天命
1.282 女(汝)専余于艱恤
1.285 余既専乃心/女(汝)専余于艱恤/中専盟(明)井(刑)/女(汝)台(以)専戒公家
5.2739 豐公、専(薄)古(姑)咸戈
5.2830 夙夜専由先祖剌(烈)德
5.2841 専(敷)命専(敷)政/出入専(敷)命于外/毋有敢憃専(敷)命于外
8.4326 専(溥)求不朁(潛)德
8.4342 亦則於女(汝)乃聖祖考克専(輔)右(佑)先王
16.10285 専(溥)趦(洛)嗇覘(睦)𠈃

0669 專、叀、叀(轉)

2.362 專
2.363 專
2.364 專
3.1100 專
4.2476 專車季乍(作)寶鼎
6.2918 專
16.10168 賜守宮絲束、蘆(苴)幎(幕)五、蘆(苴)𢄊(冟、冪)二、馬匹、毳希(布)三、專(專、團)俘(篷)三、銮(琜)朋

0670 將

7.4038 章叔將自乍(作)尊𣪘

0671 尋

7.3990 郅(僆)尋𠊊
16.10221 尋(鄩)伯乍(作)邾子□□朕(媵)匜
16.10266 尋(鄩)仲賸(媵)仲女丁子子寶也(匜)

0672 導

5.2721 師雍父省導(道)至于㝬(胡)
9.4631 金導鍚(錫)行
9.4632 金導鍚(錫)行

0673 對

18.11499 格氏冶對

0674 攴

2.429 㠯以攴埜(野)于陳□□山之下

0675 攺

17.11203 內(芮)大攺□之造

0676 孜、孜

1.223-4 既孜𣪘(且)紫(訾)
3.627 孜父乍(作)尊鬲

0677 改

1.271 勿或俞(渝)改
8.4343 今余唯或𣪘改
9.4414 改乍(作)朕文考乙公旅盨

0678 攻

1.51 余武于戎攻(功)
1.93 攻敔仲冬𢧢之外孫、坪之子臧孫
1.94 攻敔仲冬𢧢之外孫、坪之子臧孫
1.95 攻敔仲冬𢧢之外孫、坪之子臧孫
1.96 攻敔仲冬𢧢之外孫、坪之子臧孫
1.97 攻敔仲𢧢之外孫、坪之子臧孫
1.98 攻敔仲𢧢之外孫、坪之子臧孫
1.99 攻敔仲𢧢之外孫、坪之子臧孫
1.100 攻敔仲冬𢧢之外孫、坪之子臧孫
1.101 攻敔仲冬𢧢之外孫、坪之子臧孫
1.271 余爲大攻厄、大事(史)、大遀(徒)、大(太)宰
1.272-8 女(汝)肈勄(敏)于戎攻(功)
1.281 余㠯勄(敏)于戎攻(功)
1.285 女(汝)肈勄(敏)于戎攻(功)
2.426 曰:余孰臧于戎攻(功)𣪘(且)武
2.427 曰:余孰臧于戎攻(功)𣪘(且)武
3.678 鄜(慶)大嗣攻(空)嗣攻(空)單
5.2731 攻龠(踰)無啻

(敵)
16.10342 □攻虢者
16.10361 攻(工)帀(師)㑹鑄西墉寶鐈四秉
16.10373 以命攻(工)尹穆丙、攻(工)差(佐)競之、集尹陳夏、少集尹龏賜、少攻(工)差(佐)孝癸
16.10453 鍪昌我左攻(工)戠(18.11902)
16.10459 左相胐(?)大攻(工)君(尹)月鑄
17.10965 攻(工)師迻
17.11029 攻敔王光自乍(作)
17.11151 攻敔王光自
17.11243 右攻(工)君(尹)/其攻(工)眾
17.11244 右攻(工)君(尹)/其攻(工)眾
17.11258 攻敔工(夫)差自乍(作)用戜(戟)
17.11288 攻敔王夫差
17.11346 卬(抑?)攻旁(方)
17.11350 右攻(工)君(尹)青/其攻(工)豎
17.11364 宗子攻(工)正明我、左工師𠨘許、馬重(童)丹所爲
17.11365 曾大攻(工)尹季䢼(怡)之用
18.11548 寺工𣏌(幹)、攻(工)丞敬造
18.11576 大攻(工)君(尹)
18.11577 大攻(工)君(尹)
18.11620 攻敔王光自乍(作)用鐱(劍)
18.11636 攻敔王夫差自乍(作)其元用
18.11637 攻敔王夫差自乍(作)其元用
18.11638 攻敔王夫差自乍(作)其元用
18.11639 攻敔王夫差自乍(作)其元用
18.11641 自乍(作)用攻(?)
18.11642 自乍(作)用攻(?)
18.11643 右(佑)攻
18.11654 攻敔王光自乍(作)用鐱(劍)
18.11666 攻敔王光自乍(作)用鐱(劍)/克戩多攻
18.11670 大攻(工)君(尹)公孫桴
18.11700 大攻(工)君(尹)韓耑
18.11701 大攻(工)君(尹)公孫桴
18.11702 大攻(工)君(尹)公孫桴
18.11704 飤(台)旨(者旨)不光自乍(作)用攻(?)
18.11706 大攻(工)君(尹)韓耑
18.11707 大攻(工)君(尹)肖(趙)閔
18.11708 大攻(工)君(尹)韓耑
18.11709 大攻(工)君(尹)韓耑
18.11710 大攻(工)君(尹)肖(趙)㿟
18.11711 大攻(工)君(尹)韓耑
18.11712 大攻(工)君(尹)韓啻
18.11713 大攻(工)君(尹)韓耑
18.11714 大攻(工)君(尹)韓耑
18.11715 大攻(工)君(尹)韓耑
18.11716 大攻(工)君(尹)韓耑
18.11717 大攻(工)君(尹)告𠂤
18.11902 鍪昌我左攻(工)戠(16.10453)
18.11916 丌(其)我彊攻(工)書
18.11917 上攻□庶者□□
18.11919 右攻(工)君(尹)
18.11920 右攻(工)君(尹)
18.11921 右攻(工)君(尹)
18.11922 右攻(工)君(尹)
18.11923 左攻(工)君(尹)
18.11924 左攻(工)君(尹)
18.11929 右昜攻(工)君(尹)
18.11930 右昜宮攻(工)君(尹)
18.11931 右偶(遇)攻(工)君(尹)五大夫青/丌(其)攻(工)涅
18.12110 大攻(工)尹脽台(以)王命
18.12111 大攻(工)尹脽台(以)王命
18.12112 大攻(工)尹脽台(以)王命
18.12113 大攻(工)尹脽台(以)王命

0679 攸

4.1802 攸(?)夏官
4.1971 攸乍(作)旅貞(鼎)
4.2049 叔攸乍(作)旅鼎
5.2720 攸賜漁(魚)
5.2792 始友曰考、曰攸
5.2805 賜女(汝)赤巿、幽黄(衡)、攸(鋚)勒
5.2814 賜女(汝)玄衣黹屯(純)、戈琱戫、㬰(厚)必(柲)、彤沙(蘇)、攸(鋚)勒、䜌(鑾)旂
5.2815 王乎内史㗊册賜趞;玄衣屯(純)黹、赤巿、朱黄(衡)、䜌(鑾)旂、攸(鋚)勒
5.2816 賜女(汝)秬鬯一卣、玄衮衣、幽夫(巿)、赤舄、駒車、畫呻(紳)、𩏂(幬)學(較)、虎幃(幃)、冟袛里幽、攸(鋚)勒、旅(旂)五旅(旂)、彤弓、彤矢、旅(㫃)弓、旅

(㫃)矢、𢍰戈、虢(皋)胄

5.2818 鬲比以攸衛牧告于王/虢旅廼事(使)攸衛牧誓曰：我弗具付鬲匕(比)/攸衛牧則誓/鬲攸比其邁(萬)年

5.2819 王乎史減册賜寰：玄衣黹屯(純)、赤芾、朱黄(衡)、絲(鑾)旅(旂)、攸(鋚)勒、戈琱㦸、歇(厚)必(柲)、彤沙(蘇)

5.2827 賜女(汝)玄衣黹屯(純)、赤芾、朱黄(衡)、絲(鑾)旂、攸(鋚)勒

5.2828 賜女(汝)玄衣黹屯(純)、赤芾、朱黄(衡)、絲(鑾)旂、攸(鋚)勒

5.2829 賜女(汝)玄衣黹屯(純)、赤芾、朱黄(衡)、絲(鑾)旂、攸(鋚)勒

5.2830 賜女(汝)玄衣黼(黼)屯(純)、赤芾、朱横(黄衡)、絲(鑾)旂、大(太)師金膺、攸(鋚)勒

5.2840 攸(悠)綒(哉)

5.2841 賜女(汝)秬鬯一卣、祼圭瓚寶、朱芾、悤(蔥)黄(衡)、玉環、玉琭、金車、𠦪(賁)緟較(較)、朱𩍿(鞹)𩍖靳、虎冟(冪)熏裏、右軛、畫轉、畫輯、金甬(桶)、造(錯)衡、金嶂(踵)、金豙(軝)、約(約)𩬊(盛)、金簟弼(茀)、魚箙、馬四匹、攸(鋚)勒、金𠯑(臺)、金膺、朱旂二鈴(鈴)

7.3906 侯賞攸貝三朋

8.4203 曾仲大父蝨(蛕)廼用吉攸(鋚)

8.4204 曾仲大父蝨(蛕)廼用吉攸(鋚)

8.4209 屒(殿)赤芾、攸(鋚)勒

8.4210 屒(殿)赤芾、攸(鋚)勒

8.4211 屒(殿)赤芾、攸(鋚)勒

8.4212 屒(殿)赤芾、攸(鋚)勒

8.4253 王乎尹氏册命師察：賜女(汝)赤舄、攸(鋚)勒

8.4254 王乎尹氏册命師察：賜女(汝)赤舄、攸(鋚)勒

8.4257 賜女(汝)玄衣黹屯(純)、鉥(素)芾、金鈧(衡)、赤舄、戈琱㦸、彤沙(蘇)、攸(鋚)勒、絲(鑾)旂五日

8.4258 曰：賜女(汝)𠦪(賁)朱黄(衡)、玄衣黹屯(純)、㫃、攸(鋚)革(勒)

8.4259 曰：賜女(汝)𠦪(賁)朱黄(衡)、玄衣黹屯(純)、㫃、攸(鋚)革(勒)

8.4260 曰：賜女(汝)𠦪(賁)朱黄(衡)、玄衣黹屯(純)、㫃、攸(鋚)革(勒)

8.4278 鬲比以攸衛牧告于王/虢旅廼事(使)攸衛牧誓/攸衛牧則誓

8.4285 賜女(汝)攸(鋚)勒

8.4287 賜女(汝)赤芾、幽黄(衡)、絲(鑾)旂、攸(鋚)勒

8.4288 新賜女(汝)赤芾、朱黄(衡)、中絅(褧)、攸(鋚)勒

8.4289 新賜女(汝)赤芾、朱黄(衡)、中絅(褧)、攸(鋚)勒

8.4290 新賜女(汝)赤芾、朱黄(衡)、中絅(褧)、攸(鋚)勒

8.4291 新賜女(汝)赤芾、朱黄(衡)、中絅(褧)、攸(鋚)勒

8.4312 賜女(汝)赤芾、朱黄(衡)、絲(鑾)旂、攸(鋚)勒

8.4318 賜女(汝)秬鬯一卣、金車、𠦪(賁)較(較)、朱虢(鞹)𩍖靳、虎冟(冪)熏(纁)裏、右厄(軛)、畫轉、畫輯、金甬(筩)、馬四匹、攸(鋚)勒

8.4319 賜女(汝)秬鬯一卣、金車、𠦪(賁)較(較)、朱虢(鞹)𩍖靳、虎冟(冪)熏(纁)裏、右厄(軛)、畫轉、畫輯、金甬(筩)、馬四匹、攸(鋚)勒

8.4321 賜女(汝)玄衣黹屯(純)、載(緇)芾、冋(檾)黄(衡)、戈琱㦸、歇(厚)必(柲)、彤沙(蘇)、絲(鑾)旂、攸(鋚)勒

8.4324 賜女(汝)赦(素)芾、金黄(衡)、赤舄、攸(鋚)勒

8.4325 賜女(汝)赦(素)芾、金黄(衡)、赤舄、攸(鋚)勒

8.4332 賜女(汝)玄衣黹屯(純)、赤芾、朱黄(衡)、絲(鑾)旂、攸(鋚)勒

8.4333 賜女(汝)玄衣黹屯(純)、赤芾、朱黄(衡)、絲(鑾)旂、攸(鋚)勒

8.4334 賜女(汝)玄衣黹屯(純)、赤芾、朱黄(衡)、絲(鑾)旂、攸(鋚)勒

8.4335 賜女(汝)玄衣黹屯(純)、赤芾、朱黄(衡)、絲(鑾)旂、攸(鋚)勒

8.4336 賜女(汝)玄衣黹屯(純)、赤芾、朱黄(衡)、絲(鑾)旂、攸(鋚)勒

8.4337 賜女(汝)玄衣黹屯(純)、赤芾、朱黄(衡)、絲(鑾)旂、攸(鋚)勒

8.4338 賜女(汝)玄衣黹屯(純)、赤芾、朱黄(衡)、縊(鑾)旂、攸(鋚)勒
8.4339 賜女(汝)玄衣黹屯(純)、赤芾、朱黄(衡)、縊(鑾)旂、攸(鋚)勒
9.4344 攸鬲乍(作)旅盨(鎮)
9.4462 王乎史寿(敖)册賜般(鞶)靳、虢(鞹)軝(芾)、攸(鋚)勒
9.4463 王乎史寿(敖)册賜般(鞶)靳、虢(鞹)軝(芾)、攸(鋚)勒
9.4467 賜女(汝)秬鬯一卣、赤芾、五黄(衡)、赤舄、牙僰、駒車、桒(賁)較(較)、朱虢(鞹)鞃靳、虎冟(冪)熏(纁)裏、畫轉(轉)、畫輯、金甬(筩)、朱旂、馬四匹、攸(鋚)勒、素戉(鉞)
9.4468 賜女(汝)秬鬯一卣、赤芾、五黄(衡)、赤舄、牙僰、駒車、桒(賁)較(較)、朱虢(鞹)鞃靳、虎冟(冪)熏(纁)裏、畫轉(轉)、畫輯、金甬(筩)、朱旂、馬四匹、攸(鋚)勒、素戉(鉞)
9.4694 攸爭(載)散(造)鈇(筲)盉(盒)/攸立(涖)歲祟(嘗)/官(綰)攸(悠)無疆
9.4695 攸爭(載)散(造)鈇(筲)盉(盒)/攸立(涖)歲祟(嘗)/官(綰)攸(悠)無疆
11.5979 攸貝
11.6013 賜螽: 赤芾、幽亢(衡)、攸(鋚)勒
14.9076 攸乍(作)上父寶尊彝
15.9728 賜女(汝)秬鬯一卣、玄衮衣、赤巾、幽黄(衡)、赤舄、攸(鋚)勒、縊(鑾)旂
15.9731 賜女(汝)玄衣黹屯(純)、赤芾、朱黄(衡)、縊(鑾)旂、攸(鋚)勒
15.9732 賜女(汝)玄衣黹屯(純)、赤芾、朱黄(衡)、縊(鑾)旂、攸(鋚)勒
15.9821 王由攸田劦
16.9898 賜秬鬯一卣、玄衮衣、赤舄、金車、桒(賁)鞃朱虢(鞹)靳、虎冟(冪)熏(纁)裏、桒(賁)較(較)、畫轉、金甬(筩)、馬四匹、攸(鋚)勒
16.9899 賜螽: 赤芾、幽亢(衡)、攸(鋚)勒
16.9900 賜螽: 赤芾、幽黄(衡)、攸(鋚)勒
16.10167 □攸(鋚)金
16.10172 王乎史減册賜寰: 玄衣黹屯(純)、赤芾、朱黄(衡)、縊(鑾)旂、攸(鋚)勒、戈琱戫、歐(厚)必(柲)、彤沙(蘇)
16.10297 攸爭(載)造金監(鑑)/攸立(涖)歲祟(嘗)/官(綰)攸(悠)無疆

0680　攼(捍)

1.121 室(往)攼(捍)庶戱(盟)
1.122 室(往)攼(捍)庶戱(盟)
1.125-8 室(往)攼(捍)庶戱(盟)
1.129-31 室(往)攼(捍)庶戱(盟)
5.2807 以厥友入攼(捍)
5.2808 以厥友入攼(捍)
18.11579 余王利攼(捍)

0681　攺(托)

17.11188 郾(燕)王職乍(作)攺鋸(戳)
17.11189 郾(燕)王職乍(作)攺鋸(戳)
17.11193 郾(燕)王詈乍(作)攺鋸(戳)
17.11194 郾(燕)王詈恕(授、授)攺鋸(戳)
17.11195 郾(燕)王喜恕(授、授)攺鋸(戳)
17.11217 郾(燕)侯〔職〕乍(作)攺萃鋸(戳)
17.11230 郾(燕)王職乍(作)巨攺鋸(戳)
17.11231 郾(燕)王職乍(作)巨攺鋸(戳)
17.11232 郾(燕)王職乍(作)巨攺鋸(戳)
17.11233 郾(燕)王職乍(作)巨攺鋸(戳)
17.11234 郾(燕)王職乍(作)巨攺鋸(戳)
17.11235 郾(燕)王職乍(作)巨攺鋸(戳)
17.11237 郾(燕)王戎人乍(作)攺鋸(戳)
17.11238 郾(燕)王戎人乍(作)攺鋸(戳)
17.11239 郾(燕)王戎人乍(作)攺鋸(戳)
17.11240 郾(燕)王詈恕(授、授)巨攺鋸(戳)
17.11245 郾(燕)王詈乍(作)巨攺鋸(戳)
17.11246 郾(燕)王喜恕(授、授)巨攺鋸(戳)
17.11247 郾(燕)王喜恕(授、授)巨攺鋸(戳)
17.11248 郾(燕)王喜恕(授、授)巨攺鋸(戳)
17.11249 郾(燕)王喜恕(授、授)巨攺鋸(戳)
17.11276 郾(燕)王戎人乍(作)巨攺鋸(戳)
17.11277 郾(燕)王喜乍(作)雩(瀞)攺鋸(戳)

17.11402 左軍之毜僕介巨 / 枝里瘟之毜戈
18.11514 郾(燕)王職乍(作)毜鈦
18.11515 郾(燕)王職乍(作)毜鈦
18.11516 郾(燕)王職乍(作)毜鈦
18.11519 郾(燕)王職乍(作)毜鈦
18.11520 郾(燕)王職乍(作)毜鈦
18.11521 郾(燕)王職乍(作)毜鈦
18.11524 郾(燕)王詈(讙)乍(作)毜鈦
18.11526 郾(燕)王職乍(作)巨毜鈦
18.11527 郾(燕)王職乍(作)巨毜鈦
18.11530 郾(燕)王詈(讙)怒(悛、授)夷萃毜
18.11531 郾(燕)王戎人乍(作)毜鈦
18.11536 郾(燕)王戎人乍(作)巨毜鈦
18.11537 郾(燕)王戎人乍(作)巨毜鈦
18.11539 郾(燕)王戎人乍(作)巨毜鈦
18.11540 郾(燕)王詈(讙)乍(作)巨毜鋻(矛)

0682 敂(扣)

14.8873 冉敂(扣)父乙
16.10353 咎(盌)敂(扣)

0683 枚(抪)

9.4462 王乎史寿(敖)册賜般(鞶)靳、虢(鞹)枚(芾)、攸(鋚)勒
9.4463 王乎史寿(敖)册賜般(鞶)靳、虢(鞹)枚(芾)、攸(鋚)勒
15.10169 賜女(汝)赤枚(抪、芾)、幽黄(衡)、鋚勒、旂

0684 欣(掀)

16.10134 欣(掀)仲贊(窦)履用其吉金

0685 放

5.2835 用嚴(玁)允(狁)放濮
15.9735 用唯朕所放(倣)

0686 牧

3.502 亞牧父戊
4.2313 亞牧
4.2322 亞牧
5.2719 公貿用牧休鱻
5.2805 王乎乍(作)册尹册命柳：嗣六師牧、陽(場)大吝(友)
5.2818 鬲比以攸衛牧告于王 / 牧弗能許鬲比 / 虢旅廼事(使)攸衛牧誓曰：我弗具付鬲匕(比) / 攸衛牧則誓
6.3590 登(鄧)公牧乍(作)餴(饋)段
6.3591 登(鄧)公牧乍(作)餴(饋)段
6.3651 牧壁乍(作)父丁少(小)食段
7.3878 奠(鄭)牧馬受乍(作)寶段
7.3879 奠(鄭)牧馬受乍(作)寶段
7.3880 奠(鄭)牧馬受乍(作)寶段
7.4068 牧師父弟叔痰父御于君
7.4069 牧師父弟叔痰父御于君
7.4070 牧師父弟叔痰父御于君
8.4238 雩厥復歸在牧師(次)
8.4239 雩厥復歸在牧師(次)
8.4270 嗣易(場)、林、吳(虞)、牧
8.4271 嗣易(場)、林、吳(虞)、牧
8.4278 鬲比以攸衛牧告于王 / 牧弗能許鬲比 / 虢旅廼事(使)攸衛牧誓 / 攸衛牧則誓
8.4311 僕馭百工、牧臣妾
8.4343 公族組(紹)入右(佑)牧 / 王乎內史吳册令(命)牧 / 王若曰：牧 / 王曰：牧 / 牧拜𩒨首 / 牧其萬年壽考
9.4626 眔吳(虞)、眔牧
10.4937 牧父丙
11.5575 牧正
11.5925 亞牧
11.6226 牧父乙
12.6406 牧正父己
13.8016 牧丙
16.10285 曰：牧牛 / 伯揚父廼或事(使)牧牛誓 / 牧牛則誓 / 牧牛辭(辭)誓

0687 炇(敹)

9.4464 亡敢不炇(敹)具(俱)逆王命

0688 效(教)

4.2302 安效
16.10176 散人小子眉(堳)田：戎、微父、效㮚(櫂)父、襄之有嗣橐、州熹(就)、倏從鬲(鬲)
18.11602 蔡侯產乍(作)畏(威)效(效)
18.11603 蔡侯產乍(作)畏(威)效(效)

0689 更

4.1940 更乍(作)旅鼎
4.2482 昌國豚工師翟伐、冶更所爲
5.2838 令(命)女(汝)更乃祖考嗣卜事
8.4199 令女(汝)更喬克嗣直啚(鄙)
8.4200 令女(汝)更喬克嗣直啚(鄙)
8.4267 王命尹册命申：更乃祖考疋(胥)大(太)祝

8.4286 曰：更乃祖考𤔲輔
8.4316 令（命）女（汝）更乃取（祖）考
8.4324 既令（命）女（汝）更乃祖考𤔲小輔
8.4325 既令女（汝）更乃祖考𤔲
8.4341 王令毛伯更虢城公服
9.4467 令（命）女（汝）更乃祖考
9.4468 令（命）女（汝）更乃祖考
12.6516 王乎內史册令（命）趩：更厥祖考服
15.9728 曰：更乃祖考
17.11363 漆垣工師爽、工更長猗
17.11404 漆垣工師爽、工更長猗

0690 敝（披）

16.10420 敝（披、皮）氏睘
16.10421 敝（披、皮）氏睘
17.11384 奠（鄭）倫（令）韓半、司寇長朱、武庫工師𢦏恙、冶君（尹）敝（披）𢾊（造）
17.11402 公孳里脽之大夫敝（披）之卒

0691 敄

1.59 鄀公敄人自乍（作）走（奏）鐘
3.944 無敄
4.2432 無敄
5.2841 廼敄（侮）鰥寡
6.3664 無敄
7.3941 賞寢敄□貝二朋
8.4183 上鄀公敄人乍（作）尊毁
12.6474 敄乍（作）父癸彝
15.9386 敄昏（括）般盉
15.9735 敄（務）在得孯（賢）
18.11757 於取（郰）子敄鼓鑄鑵元喬

0692 [虫攵]（捭）

6.3521 亞[虫攵]（捭）乍（作）父癸尊彝
13.8189 [虫攵]亞

0693 敃

1.187-8 得屯（純）亡敃（愍）
1.189-90 得屯（純）亡敃（愍）
1.192 得屯（純）亡敃（愍）
1.238 得屯（純）亡敃（愍）
1.239 得屯（純）亡敃（愍）
1.240 得屯（純）亡敃（愍）
1.241 得屯（純）亡敃（愍）
1.242-4 得屯（純）亡敃（愍）
4.2228 中敃𠃓（卣、調）鼎
5.2812 得屯（純）亡敃（愍）
5.2836 得屯（純）亡敃（愍）
5.2841 敃（旻）天疾畏（威）
7.4011 復公子伯舍曰：敃新
7.4012 復公子伯舍曰：敃新
7.4013 復公子伯舍曰：敃新
8.4245 𢍰□敃子／其遵（躋）孟□𢍰敃子□塱仲□□
15.9605 雍工敃
16.10174 休亡敃（愍）

0694 政

1.50 用處大政
1.60-3 乃祖考許政于公室／毋家（墜）乃政
1.210 雈雈豫政
1.211 雈雈豫政
1.217 雈雈豫政
1.218 雈雈豫政
1.219 雈雈豫政
1.220 雈雈豫政
1.221 雈雈豫政
1.222 雈雈豫政
1.251-6 初盭龢于政
1.261 惠于政德
1.271 箭箭（肅肅）義政
1.272-8 宦執而（爾）政事／余命女（汝）政于朕三軍／肅成朕師旟之政德／堇（勤）裳（勞）其政事／肅肅義政
1.279 政德
1.280 肅肅義政
1.281 執而（爾）政事
1.283 堇（勤）裳（勞）其政事
1.285 宦執而（爾）政事／余命女（汝）政于朕三軍／肅成朕師旟之政德／堇（勤）裳（勞）其政事／肅肅義政
2.428 余以政鈶（台）徒
5.2811 惠于政德
5.2832 眔政父田
5.2833 政于井邦
5.2834 政于井邦
5.2841 惷（惷）于小大政／專（敷）命專（敷）政／女（汝）頢于政／用歲用政（征）
8.4341 益（謚）曰大政
8.4342 盭屚（龢）雩（于）政
8.4343 乃毌（貫）政事
15.9696 虞侯政乍（作）寶壺
16.10173 用政（征）䜌（蠻）方
16.10174 王令甲政𤔲（𤔲）成周四方責（積）
16.10175 初敹（盭）龢于政
18.12110 見其金節則毋政（徵）／不見其金節則政（徵）
18.12111 見其金節則毋政（徵）／不見其金節則政（徵）
18.12112 見其金節則毋政（徵）／不見其金節則政（徵）

18.12113 見其金節則毋政(徵)/不見其金節則政(徵)/則政(徵)於大府/毋政(徵)於闗(關)

0695 攸、伇(拃)

1.272-8 女(汝)台(以)戒戎攸(迮)
1.285 女(汝)台(以)戒戎攸(迮)
3.683 虢季氏子攸乍(作)寶鬲
3.736 虢文公子攸乍(作)叔妃鬲
5.2634 虢文公子攸乍(作)叔妃鼎
5.2635 虢文公子攸乍(作)叔妃鼎
5.2636 虢文公子攸乍(作)叔妃鼎
7.3916 姞氏自攸(作)爲寶尊段
7.4047 唯巢來攸(迮)
8.4324 師龢父攸(胙)婺菽(素)芾
8.4325 師龢父攸(胙)婺菽(素)芾
9.4399 仲鑠父攸(作)鑄旅盨
9.4549 楚王酓(熊)肯攸(作)鑄金簠
9.4550 楚王酓(熊)肯攸(作)鑄金簠
9.4551 楚王酓(熊)肯攸(作)鑄金簠
15.9735 攸(作)斂中
16.10008 以攸(作)鑄鉌(缶)
16.10100 楚王酓(熊)肯攸(作)爲盥盤
16.10280 慶叔攸(作)朕(媵)子孟姜盥匜
17.11261 番中(仲)攸(作)伯皇之散(造)戈
18.11611 郙王褒自攸(作)承鋥

0696 故

2.425 郐(徐)諮(詔)尹者故蝉
5.2839 娄(榮)即嘼(酉)遼厥故
7.3817 寺(邿)季故公乍(作)寶段
7.3818 寺(邿)季故公乍(作)寶段
7.4055 不故女夫人鈶(以)乍(迮)登(鄧)公
8.4341 故亡
8.4343 以今餉(簕)司匐(服)厥辠(罪)嘁(厥)故(辜)
9.4469 又(有)辠(罪)又(有)故(辜)

0697 變

16.10385 以禾石石尚(當)變平石
18.11671 安平守變疾、左庫工師賦(戥)頁、冶余敎(撻)齋(劑)

0698 敋(挌)

15.9707 府嗇夫在、冶事(吏)狄敋(挌)之

0699 羖(養)

3.444 羖
3.1372 左羖
4.1738 左羖癸
4.1739 右羖癸
4.1875 右羖父己
4.1939 右羖父癸
6.3329 又(右)羖父己
10.4753 羖
10.4906 羖父甲
10.4931 羖父乙
10.5077 又(右)羖父己
10.5174 又(右)羖癸
11.5740 又(右)羖父己
11.6344 羖父癸
12.6662 羖
12.6663 羖
12.6973 亞羖
12.7087 羖父乙
12.7104 羖父丙
12.7303 友(右)羖父癸丨川(三)疋
13.7801 亞羖
13.8195 羖又(右)
13.8196 羖又(右)
13.8197 又(右)羖
14.9084 友(右)羖父癸仙疋
14.9085 又(右)羖父癸父仙疋
15.9772 羖又(右)
15.9807 羖亞高父丁
16.9955 又(右)羖
17.10946 亞又(右)羖
17.10947 亞又(右)羖
17.10948 亞又(右)羖
17.10949 亞又(右)羖
17.10950 亞又(右)羖
17.10951 亞又(右)羖

0700 敀(搥)

8.4203 敀(搥)乃鑄(醻)金
8.4204 敀(搥)乃鑄(醻)金

0701 效

5.2838 效父用匹馬、束絲/效父則卑(俾)復厥絲束/賢、效父迺許譬
5.2841 善效乃又(有)正
7.3822 休王賜效父吕(鋁)三
7.3823 休王賜效父吕(鋁)三
8.4340 女(汝)毋弗善效姜氏人
9.4469 善效(教)乃友內(入)辟(躃)
10.5372 異乍(作)厥考伯效父寶宗彝
10.5433 公賜厥涉(世)子效王休(好)貝廿朋/效對公休/效不敢不邁(萬)年夙夜奔走揚公休
11.5943 效乍(作)祖辛亢寶尊彝
11.6009 公賜厥涉(世)子效王休(好)貝廿朋/效對公休/效不敢不邁(萬)年夙夜奔走揚公休
14.9065 效乍(作)祖戊寶尊彝

0702 㪿、㪿(拆)

11.6011 王拘駒㪿(拆、斥)/ 王初執駒于㪿(斥)
11.6015 雩王在㪿(斥)

0703 𢼸、𢼸

15.9443 季良父乍(作)𢼸始(姒)寶盉
15.9713 弁(弁)季良父乍(作)𢼸始(姒)尊壺

0704 㪅(挭)

15.10169 令(命)女(汝)㪅(挭、更)乃祖考事

0705 僘

6.3544 仲僘乍(作)寶尊彝

0706 㴋(挻)

9.4694 圣桼(率)一㴋(挻)襄(鑲)

0707 敔

1.93 攻敔仲冬戲之外孫、坪之子臧孫
1.94 攻敔仲冬戲之外孫、坪之子臧孫
1.95 攻敔仲冬戲之外孫、坪之子臧孫
1.96 攻敔仲冬戲之外孫、坪之子臧孫
1.97 攻敔仲戲之外孫、坪之子臧孫
1.98 攻敔仲戲之外孫、坪之子臧孫
1.99 攻敔仲戲之外孫、坪之子臧孫
1.100 攻敔仲冬戲之外孫、坪之子臧孫
1.101 攻敔仲冬戲之外孫、坪之子臧孫
5.2564 曾仲子敔用吉金自乍(作)寶鼎
5.2757 臧敔集[功]
6.3550 敔仲乍(作)其旅段
7.3827 敔乍(作)寶段
8.4166 王穠(蔑)敔曆/敔對昜(揚)王休
8.4323 王令敔追御(攔)于上洛、煜(焬)谷/武公入右(佑)敔/王蔑敔曆/事(使)尹氏受(授)贅(賚)敔:圭(珪)瓚、㚸貝五十朋/敔敢對揚天子休/敔其邁(萬)年
9.4589 乍(作)其妹句敔夫人季子媵簠
9.4590 乍(作)其妹句敔夫人季子媵簠
17.11029 攻敔王光自乍(作)
17.11046 敔之造戟(?)
17.11151 攻敔王光自
17.11258 攻敔工(夫)差自乍(作)用戜(戟)
17.11288 攻敔王夫差
18.11620 攻敔王光自乍(作)用鐱(劍)
18.11636 攻敔王夫差自乍(作)其元用
18.11637 攻敔王夫差自乍(作)其元用
18.11638 攻敔王夫差自乍(作)其元用
18.11639 攻敔王夫差自乍(作)其元用
18.11654 攻敔王光自乍(作)用鐱(劍)
18.11666 攻敔王光自乍(作)用鐱(劍)

0708 敗

2.428 女(汝)勿喪勿敗
8.4216 敬毋敗速(績)
8.4217 敬毋敗速(績)
8.4218 敬毋敗速(績)
18.12110 大司馬卲(昭)鄢(陽)敗晉師於襄陵之歲
18.12111 大司馬卲(昭)鄢(陽)敗晉師於襄陵之歲
18.12112 大司馬卲(昭)鄢(陽)敗晉師於襄陵之歲
18.12113 大司馬卲(昭)鄢(陽)敗晉師於襄陵之歲

0709 敏、勄

1.272-8 女(汝)肈勄(敏)于戎攻(功)
1.281 余□勄(敏)于戎攻(功)
1.285 女(汝)肈勄(敏)于戎攻(功)
5.2837 敏朝夕入讕(諫)/敏諫罰訟
8.4322 朕文母競敏竊行
8.4323 內伐湄、昴、參泉、裕敏、陰(陰)陽洛
8.4324 女(汝)敏可事(使)
8.4325 女(汝)敏可事(使)
18.11658 寺工敏、工寫

0710 𢼊、𣪘、𢿨(造)

9.4694 攸斈(載)𢼊(造)鈇(簫)盉(盒)
9.4695 攸斈(載)𢼊(造)鈇(簫)盉(盒)
17.11045 鄙之𢼊(造)戈
17.11052 宜鑄𢼊(造)用
17.11060 卲之𢼊(造)戈
17.11070 曹右庭(庭、脣、廂)𢼊(造)戈
17.11261 番中(仲)攸(作)伯皇之𢼊(造)戈
17.11355 肖(趙)命(令)甘(邯)丹(鄲)𢀛(僕)、右庫工師盟(蝟)緦(紹)、冶倉𢼊(造)(?)
17.11382 㝬倫(令)觤䐿、司寇莫(鄭)訔、左庫工師器較(較)、冶□𢼊(造)
17.11384 莫(鄭)倫(令)韓半、司寇長朱、武庫工師𢀛恙、冶尹(尹)㪍(披)𢼊(造)
17.11385 莫(鄭)倫(令)韓䴬、司寇長朱、右庫工師皂高、冶尹

(尹)𥫩𫷷(造)

17.11386 奠(鄭)倫(令)公先豊(幼)、司寇事(吏)陜、右庫工師皂高、冶肙(尹)□𫷷(造)

17.11397 奠(鄭)倫(令)公先豊(學、幼)、司寇向□、左庫工師百慶、冶肙(尹)□𫷷(造)

18.11546 宅陽命(令)隅𩡦、右庫工師夜疰(瘥)、冶起𫷷(造)

18.11552 奠(鄭)倫(令)棺(梆、郭)涵、司寇芋慶、往庫工師皮耴、冶肙(尹)貞𫷷(造)

18.11554 奠(鄭)倫(令)公先豊(幼)、司寇史陉(隋)、左庫工師倉慶、冶肙(尹)弜(彊)𫷷(造)

18.11559 奠(鄭)倫(令)棺(梆、郭)涵、司寇芋慶、左庫工師邙昕、冶肙(尹)弜(彊)𫷷(造)

18.11560 奠(鄭)命(令)棺(梆、郭)涵、司寇肖(趙)它、往庫工師皮耴、冶肙(尹)竝(坡)𫷷(造)

18.11562 安陽倫(令)韓壬、司刑欣(听)𫏀、右庫工師艾(肴)固、冶𠩳𫷷(造)戟朿(刺)

18.11563 奠(鄭)倫(令)棺(梆、郭)涵、司寇芋慶、往庫工師皮耴、冶肙(尹)竝(坡)𫷷(造)戟朿(刺)

18.11565 襄田倫(令)夆(舉)名、司寇麻維、右庫工師甘(邯)丹(鄲)旣、冶向𫷷(造)

18.11693 奠(鄭)命(令)棺(梆、郭)涵、司寇肖(趙)它、往庫工師皮耴、冶肙(尹)啟𫷷(造)

0711 寇

4.2474 㒒𤔲寇獸肇乍(作)寶貞(鼎)

5.2609 大梁司寇肖(趙)亡智鑄

5.2610 大梁司寇肖(趙)亡智鑄

5.2781 曰: 用又(佐)右(佑)俗父𤔲寇

5.2838 寇曶禾十秭 / 韻首曰: 余無卣(由)具寇正(足)〔秭〕

8.4294 眔𤔲寇

8.4295 眔𤔲寇

15.9641 𤔲寇良父

15.9694 虞𤔲寇伯吹乍(作)寶壺

15.9695 虞𤔲寇伯吹乍(作)寶壺

16.10154 魯少(小)𤔲寇垟(封)孫宅(庇)

17.11083 陳御寇散戟(戈)

17.11337 命(令)司寇書、右庫工師啓向、冶厮

17.11371 奠(鄭)命(令)幽□恒、司寇彭璋、武庫工師車啞、冶狃

17.11372 奠(鄭)倫(令)韓恙(恙)、司寇敊(扶)裕、右庫工師張阪、冶贛

17.11373 奠(鄭)命(令)鯱□、司寇敊(扶)裕、左庫工師吉忘、冶緦

17.11382 彘倫(令)鯱腨、司寇奠(鄭)𠶷、左庫工師器較(較)、冶□𢿘(造)

17.11384 奠(鄭)倫(令)韓半、司寇長朱、武庫工師𫝀恙、冶肙(尹)敓(披)𢿘(造)

17.11385 奠(鄭)倫(令)韓夌、司寇長朱、右庫工師皂高、冶肙(尹)𥫩𢿘(造)

17.11386 奠(鄭)倫(令)公先豊(幼)、司寇事(吏)陜、右庫工師皂高、冶肙(尹)□𢿘(造)

17.11387 奠(鄭)倫(令)肖(趙)距、司寇王屠、武庫工師鑄章、冶狃

17.11388 奠(鄭)倫(令)肖(趙)距、司寇彭璋、右庫工師陳坪、冶贛

17.11389 奠(鄭)倫(令)肖(趙)距、司寇彭璋、往庫工師皇佳、冶瘖

17.11397 奠(鄭)倫(令)公先豊(學、幼)、司寇向□、左庫工師百慶、冶肙(尹)□𢿘(造)

17.11398 奠(鄭)倫(令)棺(梆、郭)涵、司寇肖(趙)它、往庫工師皮耴、冶肙(尹)啟

18.11545 邦司寇富勳、上庫工師戎閃、冶脁

18.11549 邦司寇野弟(茀)、上庫工師司馬瘷、冶督

18.11551 奠(鄭)倫(令)向佃、司寇雺(露)商、武庫工師鑄章、冶狃

18.11552 奠(鄭)倫(令)棺(梆、郭)涵、司寇芋慶、往庫工師皮耴、冶肙(尹)貞𢿘(造)

18.11553 奠(鄭)命(令)韓半、司寇長(張)朱、左庫工師昜(陽)𤕘(偪)、冶肙(尹)弔𢿘(撍、造)

18.11554 奠(鄭)倫(令)公先豊(幼)、司寇史陉(隋)、左庫工師倉慶、冶肙(尹)弜(彊)𢿘(造)

18.11555 奠(鄭)倫(令)棺(梆、郭)涵、司寇肖(趙)它、往庫工

師皮耴、冶肴(尹)竝(坡)

18.11559 奠(鄭)倫(令)棺(槨、郭)涿、司寇芋慶、左庫工師佋䜣、冶肴(尹)弜(彊)斁(造)

18.11560 奠(鄭)命(令)棺(槨、郭)涿、司寇肖(趙)它、往庫工師皮耴、冶肴(尹)竝(坡)斁(造)

18.11563 奠(鄭)倫(令)棺(槨、郭)涿、司寇芋慶、往庫工師皮耴、冶肴(尹)竝(坡)斁(造)戟朿(刺)

18.11564 㦰(截)雍倫(令)韓匡、司寇判它、左庫工師刑秦、冶系(裼)散(播、造)戟朿(刺)

18.11565 襄田倫(令)丞(舉)名、司寇麻維、右庫工師甘(邯)丹(鄲)鈺、冶向斁(造)

18.11676 邦司寇肖(趙)新、邦右庫工師下足、冶巡教(撻)齋(劑)

18.11686 邦司寇馬憖、迂(下)庫工師得尚、冶肴(尹)曠半舒教(撻)齋(劑)

18.11693 奠(鄭)命(令)棺(槨、郭)涿、司寇肖(趙)它、往庫工師皮耴、冶肴(尹)敓斁(造)

0712 攺、敨、啓

1.64 廣啓朕身

1.145 用廣啓士父身

1.146 用廣啓士父身

1.147 用廣啓士父身

1.148 用廣啓士父身

1.246 廣啓瘨身

1.251-6 廣啓瘨身

4.1818 亞攺父乙

4.2201 非(排)啓乍(作)保旅鼎

5.2840 闢啓封疆

6.3041 攺

6.3297 亞攺父乙

8.4242 廣啓禹身

8.4261 每(敏)啓王休于尊𠂤(𣪘)

8.4326 廣啓厥孫子于下

10.5347 亞啓父乙

10.5410 啓從征

11.5730 亞攺(敨)父乙

11.5958 𩏂攺乍(作)父庚尊彝

11.5965 子光商(賞)孚(教)㲋啓貝

11.5983 啓從王南征/啓乍(作)祖丁旅寶彝

12.6593 攺(敨)

12.6594 攺(敨)

12.7152 辛父攺

13.7455 攺

13.8274 亞攺

14.8374 父甲攺

14.8375 父甲攺

14.8549 啓父己

14.8870 攺父乙

14.9014 攺宁享父戊

15.9537 趙君啓妾

15.9683 冶匀啬夫攺重、工尼

15.9734 大啓邦㳙(污、宇)

16.9847 亞攺

16.9889 𩏂攺(肇)乍(作)父庚尊彝

16.9896 唯朕文考乙公永啓余魯

17.10845 亞攺

17.11010 亞 攺 左(父?)

17.11306 啓𡉚(封)𢕄(令)瘫、工師鈐、冶者/啓封

17.11379 丞相啓、狀造

17.11398 奠(鄭)倫(令)棺(槨、郭)涿、司寇肖(趙)它、往庫工師皮耴、冶肴(尹)啓

18.11675 武信倫(令)馬師闒(間)、右庫啓工師𦒱秦、冶瘀教(撻)齋(劑)

18.11693 奠(鄭)命(令)棺(槨、郭)涿、司寇肖(趙)它、往庫工師皮耴、冶肴(尹)啓斁(造)

18.11742 亞攺

18.12110 爲鄗(鄂)君啓之府賦(僦、就)鑄金節

18.12111 爲鄗(鄂)君啓之府賦(僦、就)鑄金節

18.12112 爲鄗(鄂)君啓之府賦(僦、就)鑄金節

18.12113 爲鄗(鄂)君啓之府賦(僦、就)鑄金節

0713 教

5.2840 雩(越)人𩜁(修)教備恁(任)

16.10583 哉教丩(糾)〔俗〕

17.11329 得工冶賸所教、馬重(童)爲

0714 敚(挩、脱)

1.157 富敚(奪)楚京

1.158 富敚(奪)楚京

1.159 富敚(奪)楚京

1.160 富敚(奪)楚京

1.161 富敚(奪)楚京

17.11092 敚乍(作)楚王戎(戟)

17.11159 敚命(令)長足、冶哥

0715 救、戟

1.37 救秦戎

1.38 晉人救戎於楚競(境)

8.4243 井伯內(入)右(佑)救/內史尹册賜救:玄衣黹屯(純)、旂四日

15.9735 曾亡鼠(一)夫之救

16.10218 周窐(竃)乍(作)救姜寚(寶)也(匜)

0716 敕

1.270 萬生(姓)是敷
8.4315 邁(萬)民是敷

0717 敕

16.10371 命左關師發敕(敕)成左關之釜(釜)

0718 攱

11.6001 用乍(作)攱寶尊彝

0719 敗(覞)

16.10389 鑄客爲集□敗(覞)爲之

0720 㪇(振)

7.4041 禽又(有)㪇(振)祝

0721 敽

16.10285 今我敽女(汝)/今大敽女(汝)
18.11689 相邦春平侯、邦左伐器工師長翟(鳳)、冶敽敎(撻)齋(劑)

0722 𢻱(敨)

16.10366 右里𢻱(敨)鋻(鋻)
16.10367 右里𢻱(敨)鋻(鋻)

0723 敆(拎)

8.4323 賜田于敆(拎)五十田

0724 𢿢(招)

9.4649 𢿢(招、紹)練(緟)高祖黃啻(帝)

0725 散(措)

15.9735 進孯(賢)散(措)能

0726 敛、敆(拎)

16.10391 瘵(瘥、痄)君之孫郐(徐)敆(令)尹者(諸)旨(稽)耜(耕)
17.11161 新弨自敆(拎)弗戜(戟)
18.12110 命集尹悊(慆)楮(楮)、裁(織)尹逆、裁(織)敆(令)阢
18.12111 命集尹悊(慆)楮(楮)、裁(織)尹逆、裁(織)敆(令)阢
18.12112 命集尹悊(慆)楮(楮)、裁(織)尹逆、裁(織)敆(令)阢
18.12113 命集尹悊(慆)楮(楮)、裁(織)尹逆、裁(織)敆(令)阢

0727 敺(攎)

5.2803 敺(攎)

0728 敁(拒)

6.3487 叔敁(拒)乍(作)寶段

0729 敽(摅)

14.9024 敽(摅)乍(作)妣癸蚯(蚤)

0730 敝

16.10176 奉(封)于敝城、楮木

0731 敦(掠)

1.86 鼄(邾)大(太)宰欉子敦(掠)/敦(掠)用祈眉壽多寵(福)

0732 數(嫐)

17.11348 鄭(龔)竝(令)思、左庫工師長史廔、冶數近
17.11349 鄭(龔)竝(令)思、左庫工師長史廔、冶數近

0733 敬、苟

1.60-3 敬乃夙夜
1.73-4 敬事天王
1.75 敬事
1.76-7 敬事天王
1.78-9 敬事天王
1.80-1 敬事天王
1.102 用敬恤盟祀
1.182 以敬盟祀
1.183 曰:“於虖敬哉
1.185 曰:“於虖敬哉
1.251-6 今瘐夙夕虔敬恤厥死(尸)事
1.262-3 余夙夕虔敬朕祀
1.264-6 余夙夕虔敬朕祀
1.267 余夙夕虔敬朕祀
1.268 余夙夕虔敬朕祀
1.269 余夙夕虔敬朕祀
1.270 虔敬朕祀
1.272-8 女(汝)敬共(恭)辝(台)命
1.285 女(汝)敬共(恭)辝(台)命
3.543 敬乍(作)父丁尊齋
5.2577 叚工師王馬重(童)、眂(視)事鎧、冶敬
5.2766 余敢敬明(盟)祀
5.2811 敬厥盟祀
5.2836 敬夙夜用事
5.2837 敬擁(雍)德巠(經)/若敬乃正
5.2840 敬思(順)天德
5.2841 敬念王畏(威)不睗(易)
8.4140 大(太)保克敬亡遣(譴)
8.4216 敬毋敗速(績)
8.4217 敬毋敗速(績)
8.4218 敬毋敗速(績)
8.4279 敬夙夕用事
8.4280 敬夙夕用事
8.4281 敬夙夕用事
8.4282 敬夙夕用事
8.4288 敬夙夜勿灋(廢)朕令(命)
8.4289 敬夙夜勿灋(廢)朕令(命)
8.4290 敬夙夜勿灋(廢)朕令(命)
8.4291 敬夙夜勿灋(廢)朕令(命)
8.4311 敬乃夙夜
8.4315 虔敬朕祀
8.4316 敬夙夜勿灋

(廢)朕令(命)
8.4324 敬夙夜勿灋(廢)朕令(命)
8.4325 敬夙夜勿灋(廢)朕令(命)
8.4340 敬夙夕勿灋(廢)朕令(命)
8.4341 唯敬德
8.4342 敬明乃心
8.4343 敬夙夕勿灋(廢)朕令(命)
9.4464 豕(遂)不敢不敬畏王命
9.4467 敬夙夕勿灋(廢)朕令(命)
9.4468 敬夙夕勿灋(廢)朕令(命)
9.4469 敬明乃心／敬夙夕勿灋(廢)朕命
10.5428 唯女(汝)焂期(其)敬辥(乂)乃身／敬戈(哉)
10.5429 唯女(汝)焂期(其)敬辥(乂)乃身／敬戈(哉)
11.6010 歒(攏)敬不愓(易)／敬配吳王
11.6014 敬享戈(哉)
15.9700 宗詞客敬爲陻(禋)壺九
15.9734 敬明新墜(地)／毋又(有)不敬
15.9735 嚴敬不敢居(怠)荒／旃(故)辝(辭)豊(禮)敬
15.9826 敬冬(終)
16.10171 歒(攏)敬不愓(易)／敬配吳王
16.10298 虔敬乃后
16.10299 虔敬乃后
16.10583 祇敬禖祀
18.11758 以敬(儆)厥眾
18.11998 敬唐(虐)槎(嗟)仔(吁)

0734 敦(揘)

1.153 敦敦趣趣(熙熙)
1.154 敦敦趣趣(熙熙)

0735 孰、敎、彀

3.603 虢叔乍(作)叔殷彀尊鬲
3.929 彀父乍(作)寶獻(甗)
3.1489 彀乍(作)
5.2766 壽躬彀子
8.4327 賜女(汝)瓚四、章(璋)彀(瑴)、宗彝一膞(肆)
9.4498 虢叔乍(作)叔殷彀尊簠
11.5914 虢叔乍(作)叔殷彀尊朕
11.5964 彀乍(作)父乙宗寶尊彝
15.9441 伯玉彀(瑴)乍(作)寶盉
16.10127 僙孫殷彀乍(作)頮(沫)盤
16.10128 僙孫殷彀乍(作)頮(沫)
16.10219 㽙(聯)子叔彀自乍(作)盥匜
16.10279 乍(作)庠孟爲(嬀)彀女(母)賸(媵)匜
16.10360 休王自彀事(使)賞畢土方五十里

0736 畲(揄)

15.9557 畲姬乍(作)寶彝

0737 敝(攡)

16.10175 廣敝楚荆

0738 敷(搋)

6.3615 戟(坒)敷(搋)伯具乍(作)寶殷

0739 歐

4.1820 亞歐父乙

0740 斁

1.49 斁狄(逖)不龏(恭)
8.4190 斁(畢)龏(恭)畏忌
8.4330 沈子肇斁狃貯嗇

0741 敟(敷)

1.34 敟(敷)內(入)吳疆

0742 𢿈

18.11548 寺工𣎵(幹)、攻(工)丞𢿈造

0743 敺(撫)

10.5155 頤文父丁敺(撫)

0744 敵(擿)

1.272-8 爲女(汝)敵(敵)寮／眔乃敵(敵)寮
1.285 爲女(汝)敵(敵)寮／眔乃敵(敵)寮

0745 敵(敵)

7.4038 其用追孝于朕敵(嫡)考

0746 𢿌

1.272-8 𢿌(勠)龢三軍徒旃
1.285 𢿌(勠)龢三軍徒旃

0747 斀(擐)

11.5957 斀(擐)覭(眘)事

0748 數(攢)

7.4099 伯氏賠(貯)數(攢)／賜數弓、矢束、馬匹、貝五朋／數用從

0749 夑(掰)

15.9703 大夑(將)鈛孔、陳璋內(入)伐匽(燕)亳邦之獲
16.9975 齊夑(將)鈛(鍋)孔、陳璋內(入)伐匽(燕)亳邦之獲

0750 散(槽)

17.11376 冢子韓贈(憕)、邦庫嗇夫敖(扶)湯、冶舒散(槽、造)戈
18.11553 奠(鄭)命(令)韓半、司寇長

(張)朱、左庫工師昜(陽)㮰(俑)、冶君(尹)弜敼(撸、造)

18.11564 戠(截)雍倫(令)韓匡、司寇判它、左庫工師刑秦、冶豖(裼)敼(撸、造)戟朿(刺)

0751 敺(撝)

4.1990 敺(麾)之行貞(鼎)

9.4636 跻于敺(麾)之行盨

0752 𣀔(摜)

1.272-8 𣀔厥𩆊(靈)師

1.285 𣀔厥𩆊(靈)師

0753 整

11.6010 禣(齋)𠭯(搬)整𧬃(肅)

16.10171 禣(齋)𠭯(搬)整𧬃(肅)

16.10342 整辥(乂)爾容

0754 敿

5.2831 眉敿(敖)者膚卓事見于王

0755 敝

16.10322 公廼命酉𤔲徃(徒)𠂤父、周人𤔲工(空)屄、敝史、師氏、邑人奎父、畢人師同

0756 敉、𢿨(播)

5.2809 懋父令曰:義(宜)敉(播)/ 今毋敉(播)

17.11316 四年命(令)韓誰、宜陽工師敉(播)愷、冶庶

17.11340 敉(播)㚖、萬丌(其)所爲

18.11709 相邦春平侯、邦右伐器工師羊敉(播)、冶疢敎(撻)齋(劑)

0757 斂

15.9735 攸(作)斂中

0758 𣀕

16.10371 𣀕月戊寅

0759 敀(描)

4.1655 敀(描)父辛

10.5287 敀(描)乍(作)父辛旅彝

0760 𣀖(髮)

1.285 𣀖擇吉金

0761 𣀗(擇)

16.10358 左使車嗇夫事𣀗、工貨

0762 敽

8.4311 賜女(汝)戈琱㦰、〔㪿〕必(柲)、彤屎(沙、蘇)、毌五、錫鐘一敽(肆)五金

0763 𣀘(操)

17.11324 陽春嗇夫維、工師𣀘(操)、冶剸

0764 𣀙、𣀚(播)

5.2695 王獸于眂(視)𣀚(廩)

16.10371 節于𣀚(廩)釜(釜)

16.10374 □命誃陳得:左關釜(釜)節于𣀚(廩)釜(釜)/ 關鉌節于𣀚(廩)半

0765 𣀛(澟)

1.43 楚公豙自乍(作)寶大𣀛(林)鐘

1.44 楚公豙自乍(作)寶大𣀛(林)鐘

1.45 楚公豙自乍(作)寶大𣀛(林)鐘

0766 𣀜

6.3480 𣀜(豥)伯乍(作)旅段

0767 𣀝

11.5985 王賜𣀝士卿貝朋

0768 敹

10.5354 敹乍(作)旅彝

0769 𣀞

4.1865 亞𣀞父己

4.1866 亞𣀞父己

0770 𣀟(攔)

11.6010 𣀟(攔)敬不惕(易)

16.10171 𣀟(攔)敬不惕(易)

0771 𣀠(搜)

4.2110 𣀠(搜)乍(作)祖丁盟獲(鑊)

0772 𣀡(敦)

16.10371 𣀡(屯)者曰陳純

0773 𣀢(擴)

3.1418 亞𣀢(擴)

10.4811 亞𣀢

0774 𣀣

4.2109 𣀣伯乍(作)齋鼎

4.2362 竹宔知光𣀣

6.3626 𣀣乍(作)文祖寶尊彝

6.3627 𣀣乍(作)文祖寶尊彝

7.3940 王賜𢿙𣀣玉十玉(玨)、章(璋)

10.5236 仲𣀣乍(作)寶尊彝

11.5851 仲𣀣乍(作)寶尊彝

0775 𣀤

8.4240 曰:令女(汝)疋(胥)周師𤔲𣀤(廩)

8.4298 睽令豖曰天子:余弗敢𣀤(吝)

8.4299 睽令豖曰天子:余弗敢𣀤(吝)

9.4626 𤔲奠(鄭)還𣀤(廩)

0776 斆(擧、攪)

8.4330 我孫克又(有)井(型)斆(效)

0777 𢿢

1.193 工𢿢王皮難(然)之子者減
1.194 工𢿢王皮難(然)之子者減
1.195 工𢿢王皮難(然)之子者減
1.196 工𢿢王皮難(然)之子者減
1.197 工𢿢王皮難(然)之子者減
1.198 工𢿢王皮難(然)之子者減
1.199 工𢿢王皮難(然)之子者減
1.200 工𢿢王皮難(然)之子者減
1.201 工𢿢王皮難(然)之子者減
1.202 工𢿢王皮難(然)之子者減
1.203 𢿢(余)以匽(宴)以喜(饎)
18.11718 工𢿢大(太)子姑發𦖞(䣄)反

0778 𢿦(攏)

16.10136 唯番君伯𢿦(攏)用其青金

0779 數

1.49 數數象象
1.109-10 數數象象
1.112 數數象象
1.145 數數兔兔(象象)
1.146 數數兔兔(象象)
1.147 數數兔兔(象象)
1.148 數數兔兔(象象)
1.187-8 數數象象
1.189-90 數數象象
1.238 數數象象
1.239 數數象象
1.240 數數象象
1.241 數數象象
1.242-4 數數☐
1.246 數數象象
1.260 象象數數
9.4465 皇祖考其數數象象

0780 𣫕(究)

5.2838 事(使)厥小子𣫕(究)以限訟于井叔/賀迺每(誨)于𥃝曰:女(汝)其舍(捨)𣫕(究)矢五秉

0781 𢿳

8.4266 命女(汝)乍(作)𢿳(幽)師冢嗣馬
8.4273 卿(佮)𢿳(幽)茲師邦君射于大池
15.9411 𢿳王乍(作)姬姊盉

0782 𢿱、敳(搢)

4.2166 𢿱(搢)史乍(作)考尊彝
10.5284 𢿱(敳)乍(作)父辛寶尊彝
11.5882 𢿱(搢)乍(作)父辛寶尊彝

0783 𢿿

5.2594 王曰:𢿿隱馬

0784 敢

1.48 甹敢拜䭫首
1.60-3 逆敢拜手䭫(䭫)
1.92 敢對揚天子不(丕)顯休
1.105 敢對揚王休
1.107-8 見工敢對揚天子休
1.109-10 妟不敢弗帥用文祖、皇考
1.111 妟不敢弗帥用文祖、皇考
1.143 敢對揚天子休
1.181 敢對揚天子不(丕)顯魯休
1.187-8 梁其敢對天子不(丕)顯休揚
1.189-90 梁其敢對天子不(丕)顯休揚
1.191 梁其敢對天子不(丕)顯休揚
1.204-5 克不敢家(墜)/克敢對揚天子休
1.206-7 克不敢家(墜)/克敢對揚天子休
1.209 克不敢家(墜)/克敢對揚天子休
1.210 余非敢寧忘(荒)
1.211 余非敢寧忘(荒)
1.217 余非敢寧忘(荒)
1.218 余非敢寧忘(荒)
1.219 余非敢寧忘(荒)
1.220 余非敢寧忘(荒)
1.221 余非敢寧忘(荒)
1.222 余非敢寧忘(荒)
1.225 余不敢爲喬(驕)
1.226 余不敢爲喬(驕)
1.227 余不敢爲喬(驕)
1.228 余不敢爲喬(驕)
1.229 余不敢爲喬(驕)
1.230 余不敢爲喬(驕)
1.231 余不敢爲喬(驕)
1.232 余不敢爲喬(驕)
1.233 余不敢爲喬(驕)
1.234 余不敢爲喬(驕)
1.235 余不敢爲喬(驕)
1.236 余不敢爲喬(驕)
1.237 余不敢爲喬(驕)
1.238 旅敢肇帥井(型)皇考威義(儀)
1.239 旅敢肇帥井(型)皇考威義(儀)
1.240 旅敢肇帥井(型)皇考威義(儀)
1.241 旅敢肇帥井(型)皇考威義(儀)/旅敢對天子魯休揚
1.242-4 旅敢肇帥井(型)皇考威義(儀)
1.247 瘐不敢弗帥井(型)祖考/敢乍(作)文人大寶協龢鐘
1.248 瘐不敢弗帥井(型)祖考/敢乍(作)文人大寶協龢鐘
1.249 瘐不敢弗帥井(型)祖考/敢乍(作)文人大寶協龢鐘
1.250 瘐不敢弗帥井(型)祖考/敢乍(作)文人大寶協龢鐘
1.260 南或(國)𠬝孳(子)敢臽(陷)處我土

1.272-8 尸不敢弗憼戒/尸敢用拜韻首/弗敢不對揚朕辟皇君之登屯(純)厚乃命/尸用或敢再拜韻首/余弗敢灋(廢)乃命/又(有)敢(嚴)在帝所
1.279 尸不敢
1.282 □敢再拜韻首
1.285 尸不敢弗憼戒/乃敢用拜韻首/弗敢不對揚朕辟皇君之賜休命/尸用或敢再拜韻首/余弗敢灋(廢)乃命/又(有)敢(嚴)在帝所
2.426 余不敢誨
2.427 余不敢誨
3.746 用敢鄉(饗)考(孝)于皇祖丂(考)
3.747 用敢鄉(饗)考(孝)于皇祖丂(考)
3.748 用敢鄉(饗)考(孝)于皇祖丂(考)
3.749 用敢鄉(饗)考(孝)于皇祖丂(考)
3.750 用敢鄉(饗)考(孝)于皇祖丂(考)
3.751 用敢鄉(饗)考(孝)于皇祖丂(考)
3.752 用敢鄉(饗)考(孝)于皇祖丂(考)
5.2555 弗敢喪
5.2578 敢曰:□□仲自乍(作)未(幹)鼎
5.2654 亳敢對公仲休
5.2678 弗敢喪
5.2735 敢揚王休
5.2736 敢揚王休
5.2747 敢對揚天子不(丕)顯休
5.2766 余敢敬明(盟)祀
5.2783 敢對揚天子休
5.2784 趞曹敢對/敢對揚天子休
5.2786 敢對揚天子不(丕)顯休
5.2792 大矢始敢對揚天子休
5.2810 敢對揚天子不(丕)顯休贅(賚)
5.2812 不敢不[illegible]不婁/朢(望)敢對揚天子不(丕)顯魯休
5.2814 無(許)叀敢對揚天子不(丕)顯魯休
5.2815 敢對揚天子不(丕)顯魯休
5.2816 敢對揚王休
5.2817 敢對揚天子不(丕)顯休令(命)
5.2819 敢對揚天子不(丕)顯叚(遐)休令(命)
5.2820 善敢拜韻首
5.2821 此敢對揚天子不(丕)顯休令(命)
5.2822 此敢對揚天子不(丕)顯休令(命)
5.2823 此敢對揚天子不(丕)顯休令(命)
5.2825 毋敢不善/山敢對揚天子休令(命)
5.2827 頌敢對揚天子不(丕)顯魯休
5.2828 頌敢對揚天子不(丕)顯魯休
5.2829 頌敢對揚天子不(丕)顯魯休
5.2830 [illegible]敢[illegible](釐)王/[illegible]敢對王休
5.2832 厲叔子夙、厲有嗣䛠(申)季、慶癸、[illegible](豳)褱、荆人敢、井人偈屖
5.2833 肄(肆)禹亦弗敢惷(惷)/敢對揚武公不(丕)顯耿光
5.2835 多友敢對揚公休
5.2836 敢對揚天子不(丕)顯魯休
5.2837 叡酉(酒)無敢醭(舔)/有髭(祡)烝祀無敢[illegible]
5.2841 女(汝)毋敢妄(荒)寧/毋有敢惷専(敷)命于外/毋敢龏(拱)橐(苞)/毋敢[illegible]于酉(酒)/女(汝)毋敢家(墜)在乃服
7.3828 滕(滕)虎敢肇乍(作)厥皇考公命仲寶尊彝
7.3829 滕(滕)虎敢肇乍(作)厥皇考公命仲寶尊彝
7.3830 滕(滕)虎敢肇乍(作)厥皇考公命仲寶尊彝
7.3831 滕(滕)虎敢肇乍(作)厥皇考公命仲寶尊彝
7.3832 滕(滕)虎敢肇乍(作)厥皇考公命仲寶尊彝
8.4154 用敢鄉(饗、享)考(孝)于皇祖丂(考)
8.4155 用敢鄉(饗、享)考(孝)于皇祖丂(考)
8.4167 豦弗敢朢(忘)公伯休
8.4169 敢對揚王休
8.4170 不敢弗帥用夙夕
8.4171 不敢弗帥用夙夕
8.4172 不敢弗帥用夙夕
8.4173 不敢弗帥用夙夕
8.4174 不敢弗帥用夙夕
8.4175 不敢弗帥用夙夕
8.4176 不敢弗帥用夙夕
8.4177 不敢弗帥用夙夕
8.4178 君夫敢妦(奉)揚王休
8.4179 守敢對揚天子休令(命)
8.4180 守敢對揚天子休令(命)
8.4181 守敢對揚天子休令(命)
8.4184 敢[illegible](揚?)天尹不(丕)顯休
8.4185 敢[illegible](揚?)天尹不(丕)顯休
8.4186 敢[illegible](揚?)天尹不(丕)顯休
8.4187 敢[illegible](揚?)天尹不(丕)顯休

8.4197 咎敢對揚王休
8.4199 敢對揚天子休
8.4200 敢對揚天子休
8.4207 敢對揚穆穆王休
8.4208 敢對揚王休
8.4209 衛敢對揚天子不(丕)顯休
8.4210 衛敢對揚天子不(丕)顯休
8.4211 衛敢對揚天子不(丕)顯休
8.4212 衛敢對揚天子不(丕)顯休
8.4214 敢對揚天子不(丕)邳(丕)休
8.4216 旋敢昜(揚)王休
8.4217 旋敢昜(揚)王休
8.4218 旋敢昜(揚)王休
8.4219 追敢對天子覭(景)揚
8.4220 追敢對天子覭(景)揚
8.4221 追敢對天子覭(景)揚
8.4222 追敢對天子覭(景)揚
8.4223 追敢對天子覭(景)揚
8.4224 追敢對天子覭(景)揚
8.4225 曰：敢對揚天子魯休令(命)
8.4226 曰：敢對揚天子魯休令(命)
8.4227 曰：敢對揚天子魯休令(命)
8.4228 曰：敢對揚天子魯休令(命)
8.4241 對不敢㒸(墜)
8.4243 敢對揚天子休
8.4244 走敢拜䭬首
8.4246 楚敢拜手䭬首
8.4247 楚敢拜手䭬首
8.4248 楚敢拜手䭬首
8.4249 楚敢拜手䭬首
8.4250 即敢對揚天子不(丕)顯休
8.4251 敢對揚天子不(丕)顯休
8.4252 敢對揚天子不(丕)顯休
8.4253 敢對揚天子休
8.4254 敢對揚天子休
8.4256 敢對揚天子不(丕)顯休
8.4267 申敢對揚天子休令(命)
8.4268 不(丕)敢顯天子對揚休
8.4269 䋣(肆)敢𨻰(肆)于彝/孫孫子子毋敢塱(忘)伯休
8.4273 靜敢拜䭬首
8.4274 敢對揚天子不(丕)顯魚(魯)休
8.4275 敢對揚天子不(丕)顯魯休
8.4276 敢對揚天子不(丕)顯休命
8.4277 俞敢對揚天子不(丕)顯休
8.4278 曰：敢弗具(俱)付鬲匕(比)
8.4279 敢對昜(揚)天子不(丕)顯魯休命
8.4280 敢對揚天子不(丕)顯魯休令(命)
8.4281 敢對揚天子不(丕)顯魯休(命)
8.4282 敢對揚天子不(丕)顯魯休令(命)
8.4283 敢對揚天子不(丕)顯休
8.4284 敢對揚天子不(丕)顯休
8.4285 毋敢不善/敢對揚天子不(丕)顯休
8.4286 敢對揚王休令(命)
8.4292 余弗敢𤔲(亂)
8.4293 余典勿敢封
8.4294 敢對揚天子不(丕)顯休
8.4295 敢對揚天子不(丕)顯休
8.4296 敢對揚天子休命
8.4297 敢對揚天子休命
8.4298 睽令豖曰天子：余弗敢㪤(吝)/敢對揚天子不(丕)顯休
8.4299 睽令豖曰天子：余弗敢㪤(吝)/敢對揚天子不(丕)顯休
8.4300 令敢揚皇王室(貯)/令敢辰皇王室(貯)
8.4301 令敢揚皇王室(貯)/令敢辰皇王室(貯)
8.4302 彔伯㦰敢拜手䭬首
8.4303 此敢對揚天子不(丕)顯休令(命)
8.4304 此敢對揚天子不(丕)顯休令(命)
8.4305 此敢對揚天子不(丕)顯休令(命)
8.4306 此敢對揚天子不(丕)顯休令(命)
8.4307 此敢對揚天子不(丕)顯休令(命)
8.4308 此敢對揚天子不(丕)顯休令(命)
8.4309 此敢對揚天子不(丕)顯休令(命)
8.4310 此敢對揚天子不(丕)顯休令(命)
8.4311 毋敢否(不)善/敢對揚皇君休
8.4312 敢對揚天子不(丕)顯休
8.4313 今敢博(薄)厥眾叚(暇)
8.4314 今敢博(薄)厥眾叚(暇)
8.4316 虎敢拜䭬首
8.4318 敢對揚天子不(丕)顯魯休
8.4319 敢對揚天子不(丕)顯魯休
8.4323 敔敢對揚天子休
8.4324 敢對揚天子休
8.4326 番生(甥)不敢弗帥井(型)皇祖考不(丕)邳(丕)元德/番生(甥)敢對天子休
8.4327 今余非敢夢先公又(有)㒼遂/女(汝)毋敢不善/敢對

揚熒(榮)伯休
8.4330 敢 𦣞(擊) 卲(昭)告朕吾考 / 不敢不㬝休同
8.4331 歸𠭯敢對揚天子不(丕)杯(丕)魯休
8.4332 頌敢對揚天子不(丕)顯魯休
8.4333 頌敢對揚天子不(丕)顯魯休
8.4334 頌敢對揚天子不(丕)顯魯休
8.4335 頌敢對揚天子不(丕)顯魯休
8.4336 頌敢對揚天子不(丕)顯魯休
8.4337 頌敢對揚天子不(丕)顯魯休
8.4338 頌敢對揚天子不(丕)顯魯休
8.4339 頌敢對揚天子不(丕)顯魯休
8.4340 毋敢又(有)不聞 / 毋敢疾又(有)入告 / 勿事(使)敢又(有)疾止從(縱)獄 / 敢對揚天子不(丕)顯魯休
8.4341 班非敢覓
8.4342 敢對揚天子休
8.4343 女(汝)毋敢弗帥先王乍(作)明井(型)用 / 毋敢不明不中不井(型)/ 毋敢不尹人不中不井(型)/ 敢對揚王不(丕)顯休
9.4415 敢肇乍(作)旅段
9.4462 敢對揚天子休
9.4463 敢對揚天子休
9.4464 家(遂)不敢不敬畏王命 / 亡敢不㚖(敹)具(俱)逆王命
9.4465 敢對天子不(丕)顯魯休揚
9.4467 克敢對揚天子不(丕)顯魯休
9.4468 克敢對揚天子不(丕)顯魯休
9.4469 廼敢疾訊人
9.4595 齊陳曼不敢逸康
9.4596 齊陳曼不敢逸康
10.5384 耳休弗敢且(沮)
10.5408 敢對揚王休
10.5419 王令䧹曰: 叡淮尸(夷)敢伐內國
10.5420 王令䧹曰: 叡淮尸(夷)敢伐內國
10.5424 敢對揚王休
10.5427 不敢㛿(雉)
10.5433 效不敢不邁(萬)年夙夜奔走揚公休
11.6005 敢對揚厥休
11.6009 效不敢不邁(萬)年夙夜奔走揚公休
11.6011 盠曰: 余其敢對揚天子之休
11.6013 敢對揚王休 / 盠敢拜韻首曰: 剌剌(烈烈)朕身
11.6016 乍(作)册令敢揚明公尹厥宦(貯)/ 敢追明公賞于父丁
12.6516 桒(百)世孫子毋敢家(墜)
15.9436 堯(无)敢乍(作)姜盉
15.9455 敢對揚天子不(丕)杯(丕)休
15.9726 敢對揚天子休
15.9727 敢對揚天子休
15.9728 敢對揚天子不(丕)顯魯休令(命)
15.9731 頌敢對揚天子不(丕)顯魯休
15.9732 頌敢對揚天子不(丕)顯魯休
15.9734 敢明易(揚)告: 昔者先王 / 不敢寧處
15.9735 嚴敬不敢㞾(怠)荒
16.9897 敢對揚天子不(丕)顯休
16.9898 敢對揚王休
16.9899 敢對揚王休 / 盠敢拜韻首曰: 剌剌(烈烈)朕身
16.9900 敢對揚王休 / 盠敢拜韻首曰: 剌剌(烈烈)朕身
16.9901 乍(作)册令敢揚明公尹厥宦(貯)/ 敢追明公賞于父丁
16.10106 堯(无)敢乍(作)姜般(盤)
15.10169 吕服余敢對揚天〔子〕不(丕)顯休令(命)
16.10170 敢對揚天子不(丕)顯休令(命)
16.10172 敢對揚天子不(丕)顯叚(遐)休令(命)
16.10174 毋敢不出其負(帛)、其責(積)、其進人 / 毋敢不即𠂤(次)/ 敢不用令(命)/ 毋敢或入䜌(蠻)宄貯(賈)
16.10175 牆弗敢取(担、沮)
16.10222 魯伯敢乍(作)寶也(匜)
16.10285 女(汝)敢以乃師訟 / 曰: 自今余敢嬡(擾)乃小大史(事)
16.10321 遡敢封(奉)揚
16.10342 敢帥井(型)先王
16.10360 㽙(召)弗敢諲(忘)王休異(翼)
18.11469 武敢
18.11718 莫敢御(禦)余
18.12108 乃敢行之
18.12109 乃敢行之

0785 敷

17.11346 卬(抑)敷(鬼)方䜌(蠻)

0786 敖(扶)

4.1821 敖(扶)册父乙
4.1979 敖(扶)乍(作)旅鼎
10.5167 龔敖(扶)父辛彝
10.5302 弔敖(扶)册乍

（作）寶彝
11.5957 敖（扶）册
12.7274 敖（敖）册乍（作）从彝
13.7405 敖（扶）
14.8681 敖（扶）父癸
17.10970 玄翏（鏐）敖（鏞）鋁之用
17.11136 玄翏（鏐）敖（鏞）鋁之用
17.11137 玄翏（鏐）敖（鏞）鋁之用
17.11138 玄翏（鏐）敖（鏞）鋁之用
17.11139 玄翏（鏐）敖（鏞）鋁之用
17.11372 莫（鄭）倫（令）韓恙（恙）、司寇敖（扶）裕、右庫工師張阪、冶贛
17.11373 莫（鄭）命（令）鯱□、司寇敖（扶）裕、左庫工師吉忘、冶緄
17.11376 冢子韓熷（瞉）、邦庫嗇夫敖（扶）湯、冶舒散（槽、造）戈

0787 遨

7.4029 在遨（摅）

0788 數（撎）

2.429 命从若數

0789 歐（搬）

4.2517 內（芮）子仲歐（搬）乍（作）叔媿尊鼎

0790 □

3.1143 □
12.6665 □
12.6842 □癸
15.9745 □
17.10712 □

0791 □

12.6664 □

0792 弢

10.5275 弢乍（作）父丁尊彝

0793 殳

5.2784 史趞曹賜弓矢、虎盧、九（厹）、冑、毌（干）、殳
7.4010 殳偖（觰）生（甥）乍（作）尹姞尊段
8.4136 相侯休于厥臣殳/殳揚侯休
8.4323 南淮尸（夷）遱、殳
8.4342 乍（作）厥厷（肱）殳（股）
18.11567 曾侯邚（越）之用殳

0794 □

10.4932 □父乙
11.5617 □父乙
11.6228 □父乙

0795 □（抄）

5.2841 □（抄）茲卿事寮、大（太）史寮于父即尹

0796 豛（抚）

11.5973 伯□父賜豛金

0797 段（鍛）

4.2365 段（鍛）金
6.3586 段（鍛）金歸乍（作）旅段
6.3587 段（鍛）金歸乍（作）旅段
8.4208 王穠（蔑）段曆/令龏䚃逌（饋）大則于段
11.5863 段（鍛）金歸乍（作）旅彝
18.11685 得工嗇夫杜相女（如）、左得工工師韓段、冶君（尹）朝敎（撻）齋（劑）

0798 殁（戚）

10.5299 北伯殁乍（作）寶尊彝
11.5890 北伯殁乍（作）寶尊彝

0799 □（拓）

8.4245 □□敗子

0800 殺、杀

4.2012 殺乍（作）父戊䵼
5.2818 則殺
6.3301 亞殺父乙
8.4278 則殺
15.9733 殺其□□□□毀（鬭）者

0801 殺、敉（誅）

4.2494 杞伯每刃乍（作）殺（邾）嫊寶貞（鼎）
14.9027 妊乍（作）殺（邾）嬴（嬴）彝
14.9028 妊乍（作）殺（邾）嬴（嬴）彝
17.11040 叔孫殺（誅）戈

0802 毀（捏）

4.2522 武生（甥）毀（捏）乍（作）其羞鼎
4.2523 武生（甥）毀（捏）乍（作）其羞鼎

0803 殹

5.2811 殹民之所亟（極）
8.4262 格伯遱殹妊彶佤
8.4263 格伯遱殹妊彶佤
8.4264 格伯遱殹妊彶佤
8.4265 格伯遱殹妊彶佤
18.12108 行殹（也）
18.12109 行殹（也）

0804 □（捒）

3.592 士孫伯□（捒）自乍（作）尊鬲

0805 □（嗀）

11.5816 □（嗀）赤乍（作）寶彝

0806 □（揷）

15.9286 𣪘(搯)乍(作)寶彝

0807 㱿

6.3730 季㱿乍(作)旅段

15.9676 㱿句乍(作)其寶壺

0808 敨

6.2971 敨

12.6780 敨

12.6781 敨

12.6782 敨

15.9161 亞敨

0809 毁、戕

18.12110 台(以)毁於五十乘之中

18.12111 台(以)毁於五十乘之中

18.12112 台(以)毁於五十乘之中

0810 𣪩(揆)

3.882 𣪩(揆)乍(作)父庚旅彝

6.3517 𣪩乍(作)父庚旅彝

11.5769 𣪩(揆)由乍(作)旅

0811 毆、歐、毆

5.2835 唯馬毆(毆)盡

8.4313 毆(毆)俘士女、牛羊

8.4314 毆(毆)俘士女、羊牛

0812 㲉

5.2656 伯士(吉)父乍(作)㲉尊鼎

6.3681 㲉乍(作)寶段

7.4035 伯吉父乍(作)㲉尊段

0813 毇(鬭)

15.9733 殺其□□□□毇(鬭)者

0814 毈、擁

5.2660 厥家擁(雍)德

5.2837 敬擁(雍)德巠(經)

5.2841 擁(雍)我邦小大猷

8.4317 巠(經)擁(雍)先王

8.4342 令(命)女(汝)叀(惠)擁(雍)我邦小大猷

0815 手

1.60-3 逆敢拜手稽(䭫)

1.105 〔哭〕生(甥)拜手䭫首

1.133 柞拜手對揚仲大(太)師休

1.134 柞拜手對揚仲大(太)師休

1.135 柞拜手對揚仲大(太)師休

1.136 柞拜手對揚仲大(太)師休

1.137-9 柞拜手對揚仲大(太)師休

1.143 鮮拜手䭫首

1.181 乎拜手䭫首

5.2810 馭方拜手䭫首

8.4225 無㠱拜手䭫首

8.4226 無㠱拜手䭫首

8.4227 無㠱拜手䭫首

8.4228 無㠱拜手䭫首

8.4237 誎曰:拜手䭫首

8.4246 楚敢拜手䭫首

8.4247 楚敢拜手䭫首

8.4248 楚敢拜手䭫首

8.4249 楚敢拜手䭫首

8.4268 王臣手(拜)䭫首

8.4287 伊拜手䭫首

8.4294 揚拜手䭫首

8.4295 揚拜手䭫首

8.4302 彔伯𢦚敢拜手䭫首

8.4324 師𠭰拜手䭫首

8.4325 師𠭰拜手䭫首

8.4327 卯拜手頁(䭫)手(首)

8.4328 不㫷拜䭫手(首)休

8.4329 不㫷拜䭫手(首)休

8.4331 𣂑伯拜手䭫首

8.4340 蔡拜手䭫首

10.5423 匡拜手䭫首

10.5430 繁拜手䭫首

15.9728 曶拜手䭫首

0816 拑

15.9673 寺工師初、丞拑、稟(廩)人莽

0817 拍

9.4644 拍乍(作)朕配平姬墉宮祀彝

0818 拘

11.6011 王拘駒㡯(拆、斥)

11.6012 王拘駒㠯(阜)

0819 㧋

17.11374 漆工師豬、丞㧋、工隸臣積

0820 拳

8.4315 一斗七升小拳(賸)

0821 挂

16.10407 毋挂(詐)毋𢘽(謀)

0822 𢬿、掃

5.2570 掃片𧙗𥜲乍(作)寶鼎

5.2571 掃片𧙗𥜲乍(作)寶鼎

15.9191 目辛𢬿(掃)

15.9192 唯𢬿(掃)

17.11344 盲(芒)命(令)□𨍽、左庫工師叔新(梁)掃、冶小

0823 𢪔(捸)

5.2707 奠𠂤𢪔

0824 𢱭(曼)

10.4984 𢱭父辛

0825 𢬿、𢬿、𠂤(𠬝、㐆)

8.4184 敢□(揚？)天尹不(丕)顯休
8.4185 敢□(揚？)天尹不(丕)顯休
8.4186 敢□(揚？)天尹不(丕)顯休
8.4187 敢□(揚？)天尹不(丕)顯休

0826　揑

17.11151 揑(揚)
17.11207 揑(揚)
17.11208 揑(揚)

0827　搏

5.2835 搏于郩/或(又)搏于龏(共)/追搏于世
16.10173 搏伐厰(玁)執(梡、狁)

0828　摶

1.34 戎趄摶武

0829　揚

1.92 敢對揚天子不(丕)顯休
1.102 揚君霝(靈)
1.105 敢對揚王休
1.107-8 見工敢對揚天子休
1.133 柞拜手對揚仲大(太)師休
1.134 柞拜手對揚仲大(太)師休
1.135 柞拜手對揚仲大(太)師休
1.136 柞拜手對揚仲大(太)師休
1.137-9 柞拜手對揚仲大(太)師休
1.143 敢對揚天子休
1.181 敢對揚天子不(丕)顯魯休
1.187-8 梁其敢對天子不(丕)顯休揚
1.189-90 梁其敢對天子不(丕)顯休揚
1.191 梁其敢對天子不(丕)顯休揚
1.204-5 克敢對揚天子休
1.206-7 克敢對揚天子休
1.209 克敢對揚天子休
1.238 旅對天子魯休揚
1.239 旅對天子魯休揚
1.240 旅對天子魯休揚
1.241 旅敢對天子魯休揚
1.242-4 旅對天子魯休揚
1.272-8 弗敢不對揚朕辟皇君之登屯(純)厚乃命
1.285 弗敢不對揚朕辟皇君之賜休命
3.753 對揚天君休
3.754 對揚天君休
3.755 對揚天君休
5.2581 揚仲皇
5.2612 揚見事于彭/車叔商(賞)揚馬
5.2613 揚見事于彭/車叔商(賞)揚馬
5.2629 揚辛宮休
5.2659 嗣揚公休
5.2673 羌對揚君令于彝
5.2720 對揚王休
5.2721 對揚其父休
5.2723 俞則對揚厥德
5.2725 䋣(肆)□對揚王休
5.2726 䋣(肆)□對揚王休
5.2729 對揚尹休
5.2735 敢揚王休
5.2736 敢揚王休
5.2747 敢對揚天子不(丕)顯休
5.2749 揚侯休
5.2754 對揚王休
5.2755 對揚遣仲休
5.2758 大揚皇天尹大(太)保宮(貯)
5.2759 大揚皇天尹大(太)保宮(貯)
5.2760 大揚皇天尹大(太)保宮(貯)
5.2761 大揚皇天尹大(太)保宮(貯)
5.2775 對揚王休
5.2776 剌對揚王休
5.2778 對揚皇尹不(丕)顯休
5.2781 對揚王休
5.2783 敢對揚天子休
5.2784 敢對揚天子休
5.2786 敢對揚天子不(丕)顯休
5.2789 對揚王㚸(訇)姜休
5.2791 伯姜對揚天子休
5.2792 大矢始敢對揚天子休
5.2803 令對揚王休
5.2804 對揚天子不(丕)顯皇休
5.2805 對揚天子休
5.2807 對揚天子不(丕)顯休
5.2808 對揚天子不(丕)顯休
5.2810 敢對揚天子不(丕)顯休贅(賚)
5.2812 朢(望)敢對揚天子不(丕)顯魯休
5.2813 對揚天子不(丕)矛(丕)魯休
5.2814 無(許)叀敢對揚天子不(丕)顯魯休
5.2815 敢對揚天子不(丕)顯魯休
5.2816 敢對揚王休
5.2817 敢對揚天子不(丕)顯休令(命)
5.2819 敢對揚天子不(丕)顯叚(遐)休令(命)
5.2820 對揚皇天子不(丕)矛(丕)休
5.2821 此敢對揚天子不(丕)顯休令(命)
5.2822 此敢對揚天子不(丕)顯休令(命)
5.2823 此敢對揚天子不(丕)顯休令(命)
5.2824 對揚王令(命)
5.2825 山敢對揚天子休令(命)
5.2826 每(敏)揚厥光剌(烈)
5.2827 頌敢對揚天子不(丕)顯魯休

5.2828 頌敢對揚天子不(丕)顯魯休
5.2829 頌敢對揚天子不(丕)顯魯休
5.2833 敢對揚武公不(丕)顯耿光
5.2834 叀(惟)揚(西)六師、殷八師〔伐噩〕侯馭方
5.2835 多友敢對揚公休
5.2836 敢對揚天子不(丕)顯魯休
5.2841 毛公厝對揚天子皇休
7.3864 用對揚公休令(命)
7.4046 對揚王休
7.4060 對揚王休
7.4099 永揚公休
8.4121 對揚天子休
8.4122 對揚伯休
8.4134 競揚伯屖父休
8.4135 競揚伯屖父休
8.4136 殳揚侯休
8.4146 繁對揚公休
8.4159 鼂(蜎)對揚公休
8.4162 對揚朕考賜休
8.4163 對揚朕考賜休
8.4164 對揚朕考賜休
8.4165 對揚王休
8.4167 對揚伯休
8.4169 敢對揚王休
8.4178 君夫敢妦(奉)揚王休
8.4179 守敢對揚天子休令(命)
8.4180 守敢對揚天子休令(命)
8.4181 守敢對揚天子休令(命)
8.4192 緐(稀)對揚王休
8.4193 緐(稀)對揚王休
8.4194 各對揚王休
8.4195 蔄對揚天子休
8.4196 對揚王休
8.4197 㪤敢對揚王休
8.4199 敢對揚天子休
8.4200 敢對揚天子休
8.4201 揚公伯休
8.4202 對揚天子魯命
8.4206 揚伯休
8.4207 敢對揚穆穆王休
8.4208 敢對揚王休
8.4209 衛敢對揚天子不(丕)顯休
8.4210 衛敢對揚天子不(丕)顯休
8.4211 衛敢對揚天子不(丕)顯休
8.4212 衛敢對揚天子不(丕)顯休
8.4214 敢對揚天子不(丕)杯(丕)休
8.4215 對揚王休命
8.4219 追敢對天子覭(景)揚
8.4220 追敢對天子覭(景)揚
8.4221 追敢對天子覭(景)揚
8.4222 追敢對天子覭(景)揚
8.4223 追敢對天子覭(景)揚
8.4224 追敢對天子覭(景)揚
8.4225 曰:敢對揚天子魯休令(命)
8.4226 曰:敢對揚天子魯休令(命)
8.4227 曰:敢對揚天子魯休令(命)
8.4228 曰:敢對揚天子魯休令(命)
8.4240 免對揚王休
8.4243 敢對揚天子休
8.4244 對揚王休
8.4246 叀揚天子不(丕)顯休
8.4247 叀揚天子不(丕)顯休
8.4248 叀揚天子不(丕)顯休
8.4249 叀揚天子不(丕)顯休
8.4250 即敢對揚天子不(丕)顯休
8.4251 敢對揚天子不(丕)顯休
8.4252 敢對揚天子不(丕)顯休
8.4253 敢對揚天子休
8.4254 敢對揚天子休
8.4255 對揚王休
8.4256 敢對揚天子不(丕)顯休
8.4258 對揚王休命
8.4259 對揚王休命
8.4260 對揚王休命
8.4266 對揚王休
8.4267 申敢對揚天子休令(命)
8.4268 不(丕)敢顯天子對揚休
8.4269 縣妃妦(奉)揚伯屖父休
8.4270 對揚天子厥休
8.4271 對揚天子厥休
8.4272 對揚天子不(丕)顯休
8.4273 對揚天子不(丕)顯休
8.4274 敢對揚天子不(丕)顯魚(魯)休
8.4275 敢對揚天子不(丕)顯魯休
8.4276 敢對揚天子不(丕)顯休命
8.4277 俞敢對揚天子不(丕)顯休
8.4280 敢對揚天子不(丕)顯魯休令(命)
8.4281 敢對揚天子不(丕)顯魯休(命)
8.4282 敢對揚天子不(丕)顯魯休令(命)
8.4283 敢對揚天子不(丕)顯休
8.4284 敢對揚天子不(丕)顯休
8.4285 敢對揚天子不(丕)顯休
8.4286 敢對揚王休令(命)
8.4288 對揚天子不(丕)顯休令(命)
8.4289 對揚天子不(丕)顯休命
8.4290 對揚天子不(丕)顯休命
8.4291 對揚天子不

(丕)顯休命
8.4293 琱生(甥)奉揚朕宗君其休
8.4294 𤔲徒單伯內(入)右(佑)揚/王乎內史史寿(敖、侁)册令(命)揚/王若曰:揚/揚拜手䭫首/敢對揚天子不(丕)顯休
8.4295 𤔲徒單伯內(入)右(佑)揚/王乎內史史寿(敖、侁)册令(命)揚/王若曰:揚/揚拜手䭫首/敢對揚天子不(丕)顯休
8.4296 敢對揚天子休命
8.4297 敢對揚天子休命
8.4298 敢對揚天子不(丕)顯休
8.4299 敢對揚天子不(丕)顯休
8.4300 令敢揚皇王宣(貯)
8.4301 令敢揚皇王宣(貯)
8.4302 對(對)揚天子不(丕)顯休
8.4303 此敢對揚天子不(丕)顯休令(命)
8.4304 此敢對揚天子不(丕)顯休令(命)
8.4305 此敢對揚天子不(丕)顯休令(命)
8.4306 此敢對揚天子不(丕)顯休令(命)
8.4307 此敢對揚天子不(丕)顯休令(命)
8.4308 此敢對揚天子不(丕)顯休令(命)
8.4309 此敢對揚天子不(丕)顯休令(命)
8.4310 此敢對揚天子不(丕)顯休令(命)
8.4311 敢對揚皇君休
8.4312 敢對揚天子不(丕)顯休
8.4316 對揚天子不(丕)环(丕)魯休
8.4318 敢對揚天子不(丕)顯魯休
8.4319 敢對揚天子不(丕)顯魯休
8.4320 宜侯夨揚王休
8.4321 對揚天子休令(命)
8.4322 對揚文母福剌(烈)
8.4323 敔敢對揚天子休
8.4324 敢對揚天子休
8.4325 對揚天子休
8.4327 敢對揚焚(榮)伯休
8.4331 歸夆敢對揚天子不(丕)环(丕)魯休
8.4332 頌敢對揚天子不(丕)顯魯休
8.4333 頌敢對揚天子不(丕)顯魯休
8.4334 頌敢對揚天子不(丕)顯魯休
8.4335 頌敢對揚天子不(丕)顯魯休
8.4336 頌敢對揚天子不(丕)顯魯休
8.4337 頌敢對揚天子不(丕)顯魯休
8.4338 頌敢對揚天子不(丕)顯魯休
8.4339 頌敢對揚天子不(丕)顯魯休
8.4340 敢對揚天子不(丕)顯魯休
8.4342 敢對揚天子休
8.4343 敢對揚王不(丕)顯休
9.4462 敢對揚天子休
9.4463 敢對揚天子休
9.4465 敢對天子不(丕)顯魯休揚
9.4467 克敢對揚天子不(丕)顯魯休
9.4468 克敢對揚天子不(丕)顯魯休
9.4469 對揚天子不(丕)顯魯休
9.4626 對揚王休
9.4649 其惟因資(齊)揚皇考/合(答)揚厥德
10.5211 乍(作)丁揚尊彝
10.5381 寓對揚王休
10.5390 對揚父休
10.5394 省揚君商(賞)
10.5398 同對揚王休
10.5399 盂對揚公休
10.5400 𤔲揚公休
10.5405 對揚公姞休
10.5407 揚王姜休
10.5408 敢對揚王休
10.5411 對揚師雍父休
10.5418 對揚王休
10.5419 對揚伯休
10.5420 對揚伯休
10.5423 對揚天子不(丕)顯休
10.5424 敢對揚王休
10.5425 對揚伯休
10.5426 庚贏(嬴)對揚王休
10.5430 對揚公休
10.5431 揚尹休
10.5432 揚公休
10.5433 效不敢不邁(萬)年夙夜奔走揚公休
11.5959 守宮揚王休
11.5974 對揚王休
11.5981 揚季休
11.5991 𤔲揚公休
11.5994 對揚公姞休
11.5995 俞則對揚厥德
11.6001 用對揚王休
11.6002 揚王休
11.6005 敢對揚厥休
11.6006 對揚王休
11.6008 對揚競父休
11.6009 效不敢不邁(萬)年夙夜奔走揚公休
11.6011 盠曰:余其敢對揚天子之休
11.6013 敢對揚王休
11.6015 麥揚
11.6016 乍(作)册令敢揚明公尹厥宣(貯)
12.6516 揚王休
15.9303 揚王休
15.9453 對揚王休
15.9455 敢對揚天子不(丕)环(丕)休
15.9646 揚㚸休
15.9702 對揚王休

15.9721 對揚朕皇君休
15.9722 對揚朕皇君休
15.9723 對揚王休
15.9724 對揚王休
15.9725 伯克對揚天右(佑)王伯友(賄)
15.9726 敢對揚天子休
15.9727 敢對揚天子休
15.9728 敢對揚天子不(丕)顯魯休令(命)
15.9731 頌敢對揚天子不(丕)顯魯休
15.9732 頌敢對揚天子不(丕)顯魯休
16.9892 揚
16.9895 揚王休
16.9897 敢對揚天子不(丕)顯休
16.9898 敢對揚王休
16.9899 敢對揚王休
16.9900 敢對揚王休
16.9901 乍(作)册令敢揚明公尹厥宦(貯)
16.10168 守宮對揚周師釐
15.10169 吕服余敢對揚天〔子〕不(丕)顯休令(命)
16.10170 敢對揚天子不(丕)顯休令(命)
16.10172 敢對揚天子不(丕)顯叚(遐)休令(命)
16.10175 對揚天子不(丕)顯休令(命)
16.10285 伯揚父迺成賓(劾)/伯揚父迺或事(使)牧牛誓
16.10321 遹敢封(奉)揚
16.10322 對揚天子休命

0830 拜、捧

1.48 粤敢拜頶首
1.60-3 逆敢拜手稖(頶)
1.105 〔𡚾〕生(甥)拜手頶首
1.133 柞拜手對揚仲大(太)師休
1.134 柞拜手對揚仲大(太)師休
1.135 柞拜手對揚仲大(太)師休
1.136 柞拜手對揚仲大(太)師休
1.137-9 柞拜手對揚仲大(太)師休
1.143 鮮拜手頶首
1.181 乎拜手頶首
1.272-8 尸敢用拜頶首/尸用或敢再拜頶首
1.282 ☒敢再拜頶首
1.285 乃敢用拜頶首/尸用或敢再拜頶首
3.580 奠(鄭)井叔甑父乍(作)拜(饙)鬲
3.753 拜頶首
3.754 拜頶首
3.755 拜頶首
5.2643 伯氏、始(姒)氏乍(作)𡢁(孍)婞𡚾拜(饆)貞(鼎)
5.2735 不栺拜頶首
5.2736 不栺拜頶首
5.2742 拜頶
5.2755 守拜頶首
5.2756 寓拜頶首
5.2765 蝺拜頶首曰:休朕皇君弗醒(忘)厥寶臣
5.2775 麦拜頶首
5.2780 師湯父拜頶首
5.2781 𠆤季拜頶首
5.2783 趞曹拜頶首
5.2784 曹拜頶首
5.2786 康拜頶首
5.2789 㦰拜頶首
5.2803 令拜頶首
5.2804 利拜頶首
5.2805 柳拜頶首
5.2807 大拜頶首
5.2808 大拜頶首
5.2810 馭方拜手頶首
5.2813 奎父拜頶首
5.2815 趞拜頶首
5.2816 晨拜頶首
5.2817 晨拜頶首
5.2819 袁拜頶首
5.2820 善敢拜頶首
5.2824 㦰拜頶首
5.2825 山拜頶首
5.2827 頌拜頶首
5.2828 頌拜頶首
5.2829 頌拜頶首
5.2830 𩛥拜頶首
5.2836 克拜頶首
5.2838 曶則拜頶首
5.2839 盂拜頶首
8.4165 大拜頶首
8.4167 豦拜頶首
8.4184 公臣拜頶首
8.4185 公臣拜頶首
8.4186 公臣拜頶首
8.4187 公臣拜頶首
8.4194 沓既拜頶首
8.4199 恒拜頶
8.4200 恒拜頶
8.4202 𣧊拜頶首
8.4207 適拜首(手)頶首
8.4214 遽拜頶首
8.4215 齇拜頶首
8.4225 無㠱拜手頶首
8.4226 無㠱拜手頶首
8.4227 無㠱拜手頶首
8.4228 無㠱拜手頶首
8.4237 諫曰:拜手頶首
8.4241 拜頶首
8.4243 拜頶首
8.4244 走敢拜頶首
8.4246 楚敢拜手頶首
8.4247 楚敢拜手頶首
8.4248 楚敢拜手頶首
8.4249 楚敢拜手頶首
8.4251 虘拜頶首
8.4252 虘拜頶首
8.4253 師察拜頶首
8.4254 師察拜頶首
8.4255 訧拜頶首
8.4256 衛拜頶首
8.4266 趞拜頶首
8.4272 朢拜頶首
8.4273 靜敢拜頶首
8.4274 兑拜頶首
8.4275 兑拜頶首
8.4276 閉拜頶首
8.4277 俞拜頶首
8.4279 旋拜頶首
8.4280 旋拜頶首
8.4281 旋拜頶首
8.4282 旋拜頶首
8.4283 瘨拜頶首
8.4284 瘨拜頶首

8.4285 諫拜頴首
8.4286 㪤拜頴首
8.4287 伊拜手頴首
8.4288 師酉拜頴首
8.4289 師酉拜頴首
8.4290 師酉拜頴首
8.4291 師酉拜頴首
8.4294 揚拜手頴首
8.4295 揚拜手頴首
8.4296 鄀拜頴首
8.4297 鄀拜頴首
8.4298 大拜頴首
8.4299 大拜頴首
8.4302 彔伯㦰敢拜手頴首
8.4311 𤔲拜頴首
8.4312 類拜頴首
8.4316 虎敢拜頴首
8.4318 師兑拜頴首
8.4319 師兑拜頴首
8.4322 乃子㦰拜頴首
8.4324 師𩵦拜手頴首
8.4325 師𩵦拜手頴首
8.4327 卯拜手頁(頴)手(首)
8.4328 不㫚拜頴手(首)休
8.4329 不㫚拜頴手(首)休
8.4330 也曰:拜頴首
8.4331 㸒伯拜手頴首
8.4332 頌拜頴首
8.4333 頌拜頴首
8.4334 頌拜頴首
8.4335 頌拜頴首
8.4336 頌拜頴首
8.4337 頌拜頴首
8.4338 頌拜頴首
8.4339 頌拜頴首
8.4340 蔡拜手頴首
8.4343 牧拜頴首
9.4465 克拜頴首
9.4469 𡉚(坍)拜頴首
10.5408 靜拜頴首
10.5411 稱拜頴首
10.5419 彔拜頴首
10.5420 彔拜頴首
10.5423 匡拜手頴首
10.5424 農三拜頴首
10.5430 繁拜手頴首
11.6008 爰拜頴首
11.6011 拜頴首曰:王弗朢(忘)厥舊宗小子
11.6013 盠拜頴首/盠敢拜頴首曰:剌剌(烈烈)朕身
12.6516 趩拜頴首
15.9714 㦰拜頴首
15.9721 幾父拜頴首
15.9722 幾父拜頴首
15.9723 瘐拜頴首
15.9724 瘐拜頴首
15.9726 拜頴首
15.9727 拜頴首
15.9728 㫚拜手頴首
15.9729 齊侯拜嘉命
15.9730 齊侯拜嘉命
15.9731 頌拜頴首
15.9732 頌拜頴首
16.9897 師遽拜頴首
16.9898 吳拜頴首
16.9899 盠拜頴首/盠敢拜頴首曰:剌剌(烈烈)朕身
16.9900 盠拜頴首/盠敢拜頴首曰:剌剌(烈烈)朕身
16.10170 休拜頴首
16.10172 袁拜頴首
16.10322 永拜頴首

0831　挹、⿰邑又

9.4466 其邑復歓、言二挹(邑)

0832　捐、股

2.429 永祀是捐

0833　爪

9.4467 乍(作)爪牙
9.4468 乍(作)爪牙

0834　孚、俘

1.193 卑(俾)龢卑(俾)孚
1.194 卑(俾)龢卑(俾)孚
1.195 卑(俾)龢卑(俾)孚
1.196 卑(俾)龢卑(俾)孚
1.197 卑(俾)龢卑(俾)孚
1.198 卑(俾)龢卑(俾)孚
3.918 孚父㺸(𤜱)乍(作)旅獻(甗)
4.2457 俘厥金胄
5.2731 俘戈
5.2734 俘金
5.2740 寠俘貝
5.2741 寠俘貝
5.2779 俘車馬五乘/俘戎金[illegible]卅
5.2835 衣俘/俘戎車百乘一十又七乘/衣(卒)復筍(郇)人俘/俘車十乘/唯俘車不克以/復奪京師之俘/多友迺獻俘聝訊于公
5.2839 俘人萬三千八十一人/俘馬□□匹/俘車卅兩(輛)/俘牛三百五十五牛/俘人□□人/俘馬百四匹/俘車百□兩(輛)
6.3732 俘
7.3907 俘金
8.4313 毆(毆)俘士女、牛羊/俘吉金
8.4314 毆(毆)俘士女、羊牛/俘吉金
8.4322 俘戎兵[illegible](盾)、矛、戈、弓、備(箙)、矢、裨胄/孚(捋)俘人百又十又四人
8.4323 奪俘人四百
9.4459 俘戎器/俘金
9.4460 俘戎器/俘金
9.4461 俘戎器/俘金
10.5387 員俘金
15.9733 俘□□□□

0835　奚

4.2002 辰行奚父乙

0836　[illegible]

16.10162 乍(作)仲嬴[illegible]賸(媵)盤

0837　⿱爫衣(裼)

17.11312 業(鄴)𠃬(令)⿱爫衣(裼)、左庫工師臣、冶山
17.11357 奠(鄭)命

(令)韓熙、右庫工師事(吏)䍙(裼)、冶□

18.11564 㦰(截)雍倫(令)韓匡、司寇判它、左庫工師刑秦、冶䍙(裼)散(摶、造)戟束(刺)

0838 豖(豢)

12.6983 亞豖(琢)

0839 覓

5.2818 曰:女(汝)覓我田

5.2838 曶覓匡三十秭

8.4341 班非敢覓

0840 爲

1.15 留爲叔𧾷禾(龢)鐘

1.16 益公爲楚氏龢鐘

1.106 爲□舌屯

1.140 爲其龢鎛

1.172 乃爲之音

1.173 乃爲之音

1.174 乃爲之音

1.175 乃爲之音

1.176 乃爲之音

1.177 乃爲之音

1.178 乃爲之音

1.179 乃爲之音

1.180 乃爲之音

1.225 乍(作)爲余鐘/余不敢爲喬(驕)/永以爲寶

1.226 乍(作)爲余鐘/余不敢爲喬(驕)/永以爲寶

1.227 乍(作)爲余鐘/余不敢爲喬(驕)/永以爲寶

1.228 乍(作)爲余鐘/余不敢爲喬(驕)/永以爲寶

1.229 乍(作)爲余鐘/余不敢爲喬(驕)/永以爲寶

1.230 乍(作)爲余鐘/余不敢爲喬(驕)/永以爲寶

1.231 乍(作)爲余鐘/余不敢爲喬(驕)/永以爲寶

1.232 乍(作)爲余鐘/余不敢爲喬(驕)/永以爲寶

1.233 乍(作)爲余鐘/余不敢爲喬(驕)/永以爲寶

1.234 乍(作)爲余鐘/余不敢爲喬(驕)/永以爲寶

1.235 乍(作)爲余鐘/余不敢爲喬(驕)/永以爲寶

1.236 乍(作)爲余鐘/余不敢爲喬(驕)/永以爲寶

1.237 乍(作)爲余鐘/余不敢爲喬(驕)/永以爲寶

1.245 慎爲之名(銘)

1.271 余爲大攻厄、大事(史)、大逹(徒)、大(太)宰

1.272-8 爲女(汝)敧(敵)寮

1.285 爲女(汝)敧(敵)寮/爲大事(吏)

2.287 妥(蕤)賓之在楚也爲坪皇/其在䜌(申)也爲遟(夷)則/爲柬音羿(羽)角/爲鄺(應)音羿(羽)/爲槃鐘徵/爲妥(蕤)賓之徵顛下角/爲無睪(射)徵顛

2.288 爲獸鐘徵顛下角/爲穆音詓(變)商/爲黃鐘徵/爲坪皇詓(變)商/爲屖(夷)則羿(羽)角/爲穆音之羿(羽)顛下角

2.289 爲無睪(射)之羿(羽)顛下角/爲獸鐘徵曾/爲穆音羿(羽)角/爲剌(厲)音詓(變)商/爲獸鐘之徵顛下角

2.290 贏(贏)嗣(亂)之在楚爲新鐘/其在齊爲吕音/穆音之在楚爲穆鐘/其在周爲剌(厲)音/在晉爲槃鐘

2.291 柬音之在楚也爲文王/爲剌(厲)音詓(變)徵/鄺(應)音之在楚爲獸鐘/其在周爲鄺(應)音

2.292 妥(蕤)賓之在楚也爲坪皇/其在䜌(申)也爲遟(夷)則/爲槃鐘徵/爲妥(蕤)賓之徵顛下角/爲無睪(射)徵角/爲柬音羿(羽)角/爲鄺(應)音羿(羽)

2.293 割(姑)䢅(洗)之在楚也爲吕鐘/爲宣鐘/宣鐘之在晉也爲六辜(墉)/爲䜌(穆)音之羿(羽)顛下角/爲黃鐘徵/爲坪皇詓(變)商/爲屖(夷)則羿(羽)角

2.294 爲鄺(應)音羿(羽)曾/爲大(太)族(簇)之徵顛下角/爲槃鐘徵曾/爲文王羿(羽)/爲坪皇徵角/爲獸鐘之羿(羽)顛下角

2.295 爲獸鐘徵顛下角/爲穆音詓(變)商/爲大(太)族(簇)羿(羽)角/爲黃鐘徵曾

2.319 贏(贏)嗣(亂)之在楚爲新鐘/其在鄭(齊)爲吕音/在晉爲槃鐘/穆音之在楚爲穆鐘/其在周爲剌(厲)音

2.321 割(姑)䢅(洗)之在楚爲吕鐘/洹(宣)鐘之在晉也爲六墉(墉)

2.322 贏(贏)嗣(亂)之在楚也爲新鐘/其在鄭(齊)也爲吕音/大(太)族(簇)之在周也爲剌(厲)音/其在晉也爲槃鐘/穆音之在楚也爲穆鐘

2.323 其在楚也爲文王/爲剌(厲)音鼓

2.324 妥(蕤)賓之在䜌

(申)也爲遲(夷)則/爲黃鐘鼓/爲遲則徵曾
2.325 割(姑)肄(洗)之在楚也爲呂鐘/爲亘(宣)鐘
2.326 柬音之在楚也爲文王/爲坪皇之翠(羽)顧下角/爲槃鐘翠(羽)
2.327 妥(蕤)賓之在楚也爲坪皇/其在䵼(申)也爲遲(夷)則/爲槃鐘徵/爲妥(蕤)賓之徵顧下角/爲無鐸(射)徵角/爲柬音翠(羽)角/爲鄘(應)音翠(羽)
2.328 割(姑)肄(洗)之在楚也爲呂鐘/爲亘(宣)鐘/亘(宣)鐘之在晉爲六亭(墉)/爲黃鐘徵/爲坪皇辭(變)商/爲遲(夷)則翠(羽)角/爲穆音之翠(羽)顧下角
2.329 爲文王翠(羽)/爲坪皇徵角/爲獸鐘之翠(羽)顧下角/爲鄘(應)音翠(羽)曾/爲夫(太)族(簇)之徵顧下角/爲槃鐘徵曾
2.330 爲獸鐘之徵顧下角/爲穆音辭(變)商/爲夫(太)族(簇)翠(羽)角/爲黃鐘徵曾
3.895 強伯自爲用甗
3.914 鑄器客爲集楮七府
3.975 冶盤埜、秦忑爲之
3.976 冶盤埜、秦忑爲之
3.977 冶紉(紹)圣、陳共爲之
3.978 冶紉(紹)圣、陳共爲之
4.2276 強伯乍(作)自爲貞(鼎)段
4.2296 鑄客爲集脰(廚)
4.2297 鑄客爲集脰(廚)爲之
4.2298 鑄客爲集脰(廚)爲之
4.2299 鑄客爲集糕(饎)爲之
4.2300 鑄客爲集[illegible]爲之
4.2361 羃箕爲
4.2393 鑄客爲王句(后)七府爲之
4.2394 鑄客爲王句(后)七府爲之
4.2395 鑄客爲大(太)句(后)脰(廚)官爲之
4.2426 奄(郗)訧爲其鼎
4.2480 鑄客爲集腏、伸腏、睘腋腏爲之
4.2481 寧家子得、冶諸爲財(薾)
4.2482 昌國豚工師翟伐、冶更所爲
4.2498 鄬(邊)子真臺爲其行器
5.2531 王令雍伯啚于屮爲宮
5.2608 庫嗇夫肖(趙)不䍒(絆)、貯氏大竛(令)所爲
5.2609 爲量脣(容)四分
5.2610 爲量脣(容)料(半)齋
5.2637 永用爲寶
5.2652 涂大(太)子伯辰□乍(作)爲其好妻□[鼎]
5.2683 爲宗彝𩰫彝
5.2684 爲宗彝𩰫彝
5.2685 爲宗彝𩰫彝
5.2686 爲宗彝𩰫彝
5.2687 爲宗彝𩰫彝
5.2688 爲宗彝𩰫彝
5.2689 王子剌公爲宗婦鄁(部)嬰宗彝𩰫彝
5.2693 邛(江)干爲享陵財(薾)/稟(槁)朝爲享陵鑄
5.2696 用爲考寶尊
5.2705 祝(兄)人師眉贏王爲周客/爲寶器鼎二、段二
5.2794 冶師史秦、差(佐)苛膡爲之/冶師盤埜、差(佐)秦忑爲之
5.2795 冶師紉(紹)圣、差(佐)陳共爲之/冶師紉(紹)圣、差(佐)陳共爲之
5.2826 乍(作)𡧊爲亟(極)
5.2838 爲□□/爲什秭
5.2840 㞋(長)爲人主(主)/爲天下㾓(僇)/智(知)爲人臣之宜旃
6.3618 強伯乍(作)自爲貞(鼎)段
6.3691 伯好父自鑄乍(作)爲旅段
7.3752 𣐺侯曰:爲季姬段
7.3870 叔向父爲備寶段兩、寶鼎二
7.3916 姞氏自攸(作)爲寶尊段
7.4055 用爲女夫人尊諆敦
7.4076 爲宗彝𩰫彝
7.4077 爲宗彝𩰫彝
7.4078 爲宗彝𩰫彝
7.4079 爲宗彝𩰫彝
7.4080 爲宗彝𩰫彝
7.4081 爲宗彝𩰫彝
7.4082 爲宗彝𩰫彝
7.4083 爲宗彝𩰫彝
7.4084 爲宗彝𩰫彝
7.4085 爲宗彝𩰫彝
7.4086 爲宗彝𩰫彝
7.4087 爲宗彝𩰫彝
7.4096 乍(作)爲㞷(皇)祖大宗段
7.4097 贏(嬴)王爲周客/用爲寶器鼎二、段二
7.4120 省仲之孫爲嗕
8.4293 用獄諫爲伯
9.4397 爲其旅盨
9.4406 □□爲甫(夫)人行盨
9.4506 鑄客爲王句(后)六室爲之
9.4507 鑄客爲王句(后)六室爲之

9.4508 鑄客爲王句(后)六室爲之
9.4509 鑄客爲王句(后)六室爲之
9.4510 鑄客爲王句(后)六室爲之
9.4511 鑄客爲王句(后)六室爲之
9.4512 鑄客爲王句(后)六室爲之
9.4513 鑄客爲王句(后)六室爲之
9.4526 伯彊爲皇氏伯行器
9.4545 塦爲其行器
9.4573 曾子遷彝爲孟姬鄬鑄賸(媵)簠
9.4599 乍(作)其元妹叔嬴爲心賸(媵)餴(饋)簠
9.4601 用爲永寶
9.4602 用爲永寶
9.4640 魯子仲之子歸父爲其善(膳)辜(敦)
9.4649 永爲典尚(常)
9.4675 鑄客爲王句(后)六室爲之
9.4676 鑄客爲王句(后)六室爲之
9.4677 鑄客爲王句(后)六室爲之
9.4678 鑄客爲王句(后)六室爲之
9.4679 鑄客爲王句(后)六室爲之
9.4680 鑄客爲王句(后)六室爲之
9.4688 台(以)爲大迲(赴)之從鈇

10.5382 乍(作)其爲厥考宗彝
10.5428 毋尚(常)爲小子/余蜺(晛)爲女(汝)兹小鬱彝
10.5429 毋尚(常)爲小子/余蜺(晛)爲女(汝)兹小鬱彝
11.5950 引爲魅膚寶尊彝
11.5952 叀肇諆(其)爲禦
11.5972 □□乍(作)其爲乙考宗彝
11.5998 曰由伯子曰:𢀛爲厥父彝
11.6015 爲大豊(禮)
15.9420 鑄客爲集𦣞爲之/鑄客爲集𦣞爲之
15.9426 楚叔之孫途爲之盉
15.9616 春成侯中府爲重(鍾)
15.9640 爲東周左官酉(糟)壺
15.9641 乍(作)爲衛姬壺
15.9678 爲趙孟庎(介)/台(以)爲祠器
15.9679 爲趙孟庎(介)/台(以)爲祠器
15.9698 爲宗彝𩰫彝
15.9699 爲宗彝𩰫彝
15.9700 爲左(佐)大族/宗祠客敬爲陘(禋)壺九
15.9704 曩(紀)公乍(作)爲子叔姜滕盥壺
15.9712 爲德無叚(瑕)

15.9715 盧(吾)台(以)爲弄壺
15.9735 鑄爲彝壺/賙(貯)曰:爲人臣而返(反)臣其宔(主)
16.9931 冶事(吏)秦、苛膪爲之
16.9932 冶事(吏)秦、苛膪爲之
16.9980 郡□孟城乍(作)爲行𩞁(缾)
16.9997 寧爲鈚(皿)
16.10002 鑄客爲王句(后)六室爲之
16.10003 鑄客爲王句(后)六室爲之
16.10100 楚王酓(熊)肯攸(作)爲𥁰盤
16.10151 齊大(太)宰歸父𢀛爲忌鬠(沬)盤
16.10152 爲宗彝𩰫彝
16.10158 冶師絮(紹)圣、差(佐)陳共爲之
16.10199 鑄客爲御臸(馹)爲之
16.10229 匽(燕)公乍(作)爲姜乘般(盤)匜
16.10270 叔男父乍(作)爲霍姬賸(媵)旅也(匜)
16.10274 用爲元寶
16.10279 乍(作)庳孟爲(嫣)穀女(母)塍(媵)匜
16.10293 鑄客爲王句(后)六室爲之
16.10372 爰積十六尊(寸)五分尊(寸)壹爲升

16.10388 鑄客爲集𦣞爲之
16.10389 鑄客爲集□敗(抧)爲之
16.10478 王命賙(貯)爲逃(兆)乏(窆)
16.10577 鑄客爲集脰(廚)爲之
16.10578 鑄客爲王句(后)六室爲之
17.11263 乍(作)爲元用
17.11295 爲其戜戈
17.11329 得工冶膞所教、馬重(童)爲
17.11340 敿(播)奭、萬丌(其)所爲
17.11356 郙险(陰)命(令)萬爲、右庫工師莧(䙴)、冶豎
17.11364 宗子攻(工)正明我、左工師𢀛許、馬重(童)丹所爲
18.11586 吉爲乍(作)元用
18.11659 楚王酓(熊)章爲從□士鑄用〔劍〕
18.11663 其台(以)乍(作)爲用元鐱(劍)
18.11696 乍(作)爲元用
18.11697 乍(作)爲元用
18.11788 郘(呂)大叔以新金爲貣(貮)車之斧十
18.12040 冶絮(紹)圣、陳共爲之
18.12110 爲鄂(鄂)君

敀之府賦(僦、就)鑄金節
18.12111 爲鄂(鄂)君敀之府賦(僦、就)鑄金節
18.12112 爲鄂(鄂)君敀之府賦(僦、就)鑄金節
18.12113 爲鄂(鄂)君敀之府賦(僦、就)鑄金節/屯三舟爲一舿(舸)

0841 冡(嫁)

1.42 楚公冡自鑄錫(錫)鐘
1.43 楚公冡自乍(作)寶大歔(林)鐘
1.44 楚公冡自乍(作)寶大歔(林)鐘
1.45 楚公冡自乍(作)寶大歔(林)鐘
11.6240 冡(嫁)父乙
17.11064 楚公冡秉戈

0842 䰜、攄(攕)

5.2556 休于小臣䰜(攕)貝五朋

0843 𦥑

7.3749 𦥑乍(作)厥祖寶尊彝

0844 収

3.1091 収
5.2611 虎命(令)周収、眂(視)事犽、冶期鑄
15.9449 虎令周収、視事乍(作)盉
16.10354 [illegible]之九壁汏[illegible]紆収

0845 弁

4.1892 亞弁父癸
4.1998 亞弁覃父甲
6.3339 亞弁父癸
6.3419 亞弁覃父乙
8.4288 啻(嫡)官邑人、虎臣、西門尸(夷)、𩵦尸(夷)、秦尸(夷)、京尸(夷)、弁身尸(夷)
8.4289 啻(嫡)官邑人、虎臣、西門尸(夷)、𩵦尸(夷)、秦尸(夷)、京尸(夷)、弁身尸(夷)
8.4290 啻(嫡)官邑人、虎臣、西門尸(夷)、𩵦尸(夷)、秦尸(夷)、京尸(夷)、弁身尸(夷)
8.4291 啻(嫡)官邑人、虎臣、西門尸(夷)、𩵦尸(夷)、秦尸(夷)、京尸(夷)、弁身尸(夷)
8.4321 先虎臣後庸:西門尸(夷)、秦尸(夷)、京尸(夷)、𩵦尸(夷)、師笭、側新(薪)、□華尸(夷)、弁豸尸(夷)、𠭯人、成周走亞、戍、秦人、降人、服尸(夷)
10.5199 亞弁祖乙、父己
14.8800 日辛弁
14.9008 亞弁叙(掾)父丁
16.10476 亞辛弁乙覃

0846 共

1.272-8 女(汝)敬共(恭)辞(台)命/又(有)共(恭)于箮(桓)武靈(靈)公之所
1.285 女(汝)敬共(恭)辞(台)命/又(有)共(恭)于公所
2.429 余以共旐示□帝(嫡)庶子
3.977 冶紹(紹)夅、陳共爲之
3.978 冶紹(紹)夅、陳共爲之
4.2479 台(以)共(供)歲祟(嘗)
5.2623 以共(供)歲祟(嘗)
5.2794 以共(供)歲祟(嘗)/以共(供)歲祟(嘗)
5.2795 以共(供)歲祟(嘗)/冶師紹(紹)夅、差(佐)陳共爲之/以共(供)歲祟(嘗)/冶師紹(紹)夅、差(佐)陳共爲之
5.2817 嗣馬共右(佑)師晨
5.2820 秉德共(恭)屯(純)
5.2833 賜(惕)共(恭)朕(朕)辟之命
7.4115 秉德共(恭)屯(純)
8.4242 共(恭)明德
8.4277 嗣馬共右(佑)師俞
8.4285 嗣馬共右(佑)諫
9.4462 嗣馬共右(佑)瘨
9.4463 嗣馬共右(佑)瘨
9.4549 以共(供)歲祟(嘗)
9.4550 以共(供)歲祟(嘗)
9.4551 以共(供)歲祟(嘗)
11.6010 蔡侯𦅻(申)虔共(恭)大命
12.6600 共
16.10100 台(以)共(供)歲祟(嘗)
16.10158 以共(供)歲祟(嘗)/冶師紹(紹)夅、差(佐)陳共爲之
16.10171 蔡侯𦅻(申)虔共(恭)大命
17.11113 犢共皋氏戟(戟)
18.12040 冶紹(紹)夅、陳共爲之

0847 承

5.2746 鬲(歷)年萬不(丕)承
8.4238 伯懋父承王令(命)
8.4239 伯懋父承王令(命)
8.4342 古(故)亡承于先王
15.9719 承受屯(純)德
15.9720 承受屯(純)德
18.11611 郙王𥡴自牧

(作)承鋥

0848 丞

1.272-8 毋或丞(胥)頪
1.285 毋或丞(胥)頪
6.3614 匽(燕)侯乍(作)姬丞尊彝
10.5318 𠂤(師)丞乍(作)文父丁尊彝
15.9673 寺工師初、丞拑、稟(廩)人莽
15.9734 寠祇丞(烝)祀
16.10384 漆工巸、丞詘造
16.10465 中富丞肖(趙)□、冶汨
17.11287 上郡〔守〕高、丞甲、徒
17.11294 丞相觸(壽燭)造
17.11298 州□□□忿(㑋)、工師犢𣏟(漆)、丞造
17.11308 寺工讋、丞義、工可
17.11332 屬邦工師戠、丞□、工□
17.11359 西工師旬、丞冞、隸臣□
17.11362 漆工疾、丞袧、隸臣宁
17.11367 左工師齊、丞巸、工牲
17.11368 東工師宦、丞耒、工
17.11369 工師痯、丞□、工城旦王(?)
17.11370 啚(圖)工師粺(藉)、丞秦、〔工〕隸臣庚
17.11374 漆工師豬、丞㧊、工隸臣積
17.11378 漆工朐、□□守丞巨造
17.11379 丞相啟、狀造/郃陽嘉、丞兼、庫脽、工邪
17.11380 詔事(使)圖、丞戠、工寅
17.11395 詔事(使)圖、丞戠、工奭
17.11396 詔事(使)圖、丞戠、工寅
17.11399 高工丞沐叜(叟)、工隸臣逑(徒)
17.11405 漆垣工師爽、丞𥡴、冶工隸臣猗
17.11406 高奴工師竈、丞申、工鬼薪詘
18.11548 寺工朩(幹)、攻(工)丞敬造
18.11918 丞廣

0849 𠕋(抍)

3.1098 𠕋(抍)
16.9983 𠕋

0850 冉、𠕋

6.3149 冉父乙
10.4783 冉
11.5911 乙丁辛甲冉受
11.5949 丁乙受丁辛丁甲冉
12.7056 鳥冉
18.11790 冉

0851 俞(送)

4.2020 㠱俞女(母)癸父
6.3115 立俞
10.5064 立俞父丁
10.5065 立俞父丁
10.5164 俞乍(作)父己彝
10.5172 㠱父癸母俞
10.5397 王賜嶲俞貝在𡪞
12.6604 俞
12.7222 册俞父甲
13.7457 俞
17.10778 俞
17.10878 俞弓
18.11764 俞
18.11765 俞
18.11867 俞
18.12003 俞
18.12017 册俞

0852 𠕋(擠)

3.809 𠕋(擠)父乙
4.1687 𠕋(擠)父癸
14.8456 𠕋(擠)父丁

0853 𢍁

13.7797 亞𢍁

0854 奔(扶)

4.2524 宿(竊)奔(扶)生(甥)乍(作)成媿賸(媵)貞(鼎)
5.2586 齊奔(扶)史喜乍(作)寶貞(鼎)
11.5945 奔(扶)者君乍(作)父乙寶尊彝
15.9464 奔(扶)
16.10236 苢(苢)父奔□子賓匠寶用

0855 弄

1.5 天尹乍(作)元弄
1.6 天尹乍(作)元弄
4.2086 君子之弄鼎
10.5102 王乍(作)㚸弄
11.5761 子之弄鳥
15.9715 𪊨(吾)台(以)爲弄壺
16.10288 智君子之弄鑑
16.10289 智君子之弄鑑
16.10347 王乍(作)㚸弄

0856 奉

4.2126 奉乍(作)父己寶貞(鼎)
8.4293 琱生(甥)奉揚朕宗君其休
16.10176 一奉(封)/二奉(封)/奉(封)于敝城、楮木/奉(封)于芻逨(徠)/奉(封)于芻道/奉(封)剎析、隮陵、剛析/奉(封)于單道/奉(封)于原道/奉(封)于周道/奉(封)于𣐕(棹)東疆/右還奉(封)于眉(郿)道/以南奉(封)于𣶒徠道/奉(封)/道以東一奉(封)/還以西一奉(封)/陟剛(崗)三奉(封)/奉(封)于同道/二奉(封)

0857 兵

1.272-8 余賜女(汝)馬、車、戎兵
1.285 余賜女(汝)車、馬、戎兵
2.425 儆至鐱(劍)兵
5.2794 楚王酓(熊)忎(悍)戰獲兵銅/楚王酓(熊)忎(悍)戰獲兵銅
5.2795 楚王酓(熊)忎(悍)戰獲兵銅/楚王酓(熊)忎(悍)戰獲兵銅
8.4322 俘戎兵[illegible](盾)、矛、戈、弓、備(箙)、矢、裨冑
15.9733 商(賞)之台(以)兵虩(皋)車馬/庚葳(捷)其兵虩(皋)車馬
16.10158 楚王酓(熊)忎(悍)戰獲兵銅
17.11063 兵闢(避)大武
17.11262 台(以)鑄良兵
18.12108 甲兵之符/用兵五十人以上——會王符
18.12109 兵甲之符/用兵五十人以上

0858 㕚(拔)

4.2437 㕚(拔)虎乍(作)飤鼎

0859 叚(柄)

6.3119 [illegible](曰)叚(柄)
10.5017 鳥[illegible](四)叚(柄)
12.6925 [illegible](四)叚(柄)
13.7469 叚(柄)
13.8273 木叚(柄)
15.9189 [illegible](曰)叚(柄)

0860 𠙵(挠)

10.5368 亞𠙵

0862 𠕁(搁)

11.6321 𠕁父辛
16.9867 𠕁(搁)父庚

0863 弆

11.6185 弆羊

0864 弇

5.2840 覻(叡)弇夫豨

0865 具

1.260 南尸(夷)、東尸(夷)具(俱)見廿又六邦
1.262-3 具(俱)即其服
1.264-6 具(俱)即其服
1.267 具(俱)即其服
1.268 具(俱)即其服
1.269 具(俱)即其服
4.1549 具父乙
4.2128 具乍(作)父庚寶鼎
4.2341 叔具乍(作)厥考寶尊彝
5.2745 鼎段具
5.2757 民具(俱)卑(俾)鄉(饗)
5.2818 虢旅迺事(使)攸衛牧誓曰:我弗具付鬲匕(比)
5.2831 顏小子具(俱)叀(惟)夆(封)
5.2838 頌首曰:余無卣(由)具寇正(足)〔秭〕
6.3615 䡍(坒)敟(摅)伯具乍(作)寶段
8.4141 函皇父乍(作)琱娟(妘)般(盤)盉尊器段具
8.4142 函皇父乍(作)琱娟(妘)般(盤)盉尊器段具
8.4143 函皇父乍(作)琱娟(妘)般(盤)盉尊器段具
8.4278 曰:敢弗具(俱)付鬲匕(比)
9.4464 亡敢不𢽾(数)具(俱)逆王命
9.4627 𩚁具(俱)旨食/者(諸)友飪飤具(俱)飼(飽)
9.4631 具既卑(俾)方
9.4632 具既卑(俾)方
10.5380 王賜馭〉貝一具
15.9706 邛(江)立(大、太)宰孫叔師父乍(作)行具
16.10164 鼎段一具

0866 奐、奐

9.4348 師奐父乍(作)旅須(盨)
9.4349 師奐父乍(作)旅須(盨)

0867 𡱝、𡲒(振)

3.745 師趛乍(作)文考聖公、文母聖姬尊𡲒
12.6514 𡲒(振)旅

0868 𢍒(誥)

7.4030 王𢍒(誥)
7.4031 王𢍒(誥)
11.6014 王𢍒(誥)宗小子于京室/王咸𢍒(誥)

0869 𢍟(搒)

8.4246 嗣𢍟啚(鄙)官(館)、內師舟
8.4247 嗣𢍟啚(鄙)官(館)、內師舟
8.4248 嗣𢍟啚(鄙)官(館)、內師舟
8.4249 嗣𢍟啚(鄙)官(館)、內師舟

0870 非(排)

4.2201 𦘻(排)啟乍(作)保旅鼎
12.7051 弔𦘻(排)

0871 弊(揮)

4.1771 弊(掬、揮)乍(作)寶

0872 龠、叙

1.247 疋(胥)尹𢽾厥威義(儀)
1.248 疋(胥)尹𢽾厥威義(儀)
1.249 疋(胥)尹𢽾厥威義(儀)

1.250 疋(胥)尹敍厥威義(儀)

0873 蕞(攩)

7.3935 其蠆(萬)年用享

0874 睪、犀(斁)

8.4190 睪擇吉金

0875 彝

10.5248 彝乍(作)車(旅)彝

0876 斁、擇

1.86 擇其吉金膚(鏞)呂(鋁)
1.87 鼄(邾)叔之伯□友擇左(厥)吉金
1.93 擇厥吉金
1.94 擇厥吉金
1.95 擇厥吉金
1.96 擇厥吉金
1.97 擇厥吉金
1.98 擇厥吉金
1.99 擇厥吉金
1.100 擇厥吉金
1.101 擇厥吉金
1.113 子璋擇其吉金
1.114 子璋擇其吉金
1.115 子璋擇其吉金
1.116 子璋擇其吉金
1.117 子璋擇其吉金
1.118-9 璋擇其吉金
1.140 鼄(邾)公孫班擇其吉金
1.142 齊𩍜(鮑)氏孫ㄋ擇其吉金
1.144 戉(越)王者旨於賜擇厥吉金
1.149 鼄(邾)公牼擇厥吉金
1.150 鼄(邾)公牼擇厥吉金
1.151 鼄(邾)公牼擇厥吉金
1.152 鼄(邾)公牼擇厥吉金
1.153 鄦(許)子𥂴(醬)𠂤(師)擇其吉金
1.154 鄦(許)子𥂴(醬)𠂤(師)擇其吉金
1.171 擇吉金
1.182 郤(徐)王子旃擇其吉金
1.193 擇其吉金
1.194 擇其吉金
1.195 擇其吉金
1.196 擇其吉金
1.197 擇其吉金
1.198 擇其吉金
1.203 擇其吉金
1.245 鼄(邾)公華擇厥吉金
1.261 王孫遺者擇其吉金
1.285 斁擇吉金
2.421 其次擇其吉金
2.422 其次擇其吉金
2.424 擇厥吉金
2.426 舍(余)擇厥吉金
2.427 舍(余)擇厥吉金
2.429 聖靡公𩚈擇其吉金
3.945 邕子良人擇其吉金
3.946 王孫壽擇其吉金
4.2477 何𠭯君党擇其吉金
5.2717 王子昊(昃)擇其吉金
5.2722 擇其吉金
5.2746 亡智求戟嗇夫庶魔擇吉金
5.2750 乃擇吉金
5.2757 曾子軛擇其吉金
5.2811 王子午擇其吉金
8.4128 復公仲若我曰:其擇吉金
8.4190 睪擇吉金
8.4245 擇厥吉金
9.4578 唯羌仲无擇其吉金
9.4594 子季嬴青擇其吉金
9.4613 上都府擇其吉金
9.4614 曾□□擇其吉金
9.4616 鄦(許)子妝擇其吉金
9.4617 無(許)公買擇厥吉金
9.4618 樂子嚷豧擇其吉金
9.4619 孫叔左擇其吉金
9.4620 叔朕擇其吉金
9.4621 叔朕擇其吉金
9.4622 叔朕擇其吉金
9.4625 長子𩡧臣擇其吉金
9.4627 擇之金
9.4628 擇之金
9.4629 擇厥吉金
9.4630 擇厥吉金
9.4631 余擇其吉金黃鏞(鋁)
9.4632 余擇其吉金黃鏞(鋁)
12.6513 郤(徐)王義楚擇余吉金
15.9625 擇厥吉日丁
15.9626 擇厥吉日丁
15.9681 復公仲擇其吉金
15.9733 擇其吉金
15.9735 中山王嚳命相邦賙(貯)擇郾(燕)吉金
16.10005 孟滕姬擇其吉金
16.10008 擇其吉金
16.10099 郤(徐)王義楚擇其吉金
16.10137 用擇其吉金
16.10165 者尚余卑□於𠂤?(即?)擇其吉金
16.10294 吳王夫差擇厥吉金
16.10295 吳王夫差擇厥吉金
16.10296 吳王夫差擇厥吉金
16.10298 吳王光擇其吉金
16.10299 吳王光擇其吉金
16.10340 彭子仲擇其吉金
16.10391 擇其吉金
16.10407 不擇貴戔(賤)
17.11290 子孔擇厥吉

金
18.11663 虡公自擇槭(厥)吉金
18.11668 擇其吉金

0877 龏

1.49 敃狄(逖)不龏(恭)
1.149 曰：余畢龏威(畏)忌
1.150 曰：余畢龏威(畏)忌
1.151 曰：余畢龏威(畏)忌
1.152 曰：余畢龏威(畏)忌
1.172 聖智龏哴
1.173 聖智龏哴
1.174 聖智龏哴
1.175 聖智龏哴
1.176 聖智龏哴
1.177 聖智龏哴
1.178 聖智龏哴
1.179 聖智龏哴
1.180 聖智龏哴
1.245 曰：余畢龏威(畏)忌
1.261 余亟龏誅屖
1.270 嚴龏夤天命
1.272-8 是少(小)心龏(恭)遵(齊)
1.285 是少(小)心龏(恭)遵(齊)
2.426 余卯(畢)龏威(畏)其(忌)
2.427 余卯(畢)龏威(畏)其(忌)
3.688 龏入(納)爐于女(汝)子
3.877 龏妊賸(媵)獻(甗)
3.1306 子龏
3.1307 子龏
3.1308 子龏
4.2077 龏乍(作)旅尊鼎
4.2433 龏娟商(賞)賜貝于司
4.2434 龏娟商(賞)賜貝于司
5.2696 曰：內史龏朕天君
5.2784 龏(恭)王在周新宮
5.2811 亟龏誅屖
5.2827 用乍(作)朕皇考龏叔、皇母龏始(姒)寶尊鼎
5.2828 用乍(作)朕皇考龏叔、皇母龏始(姒)寶尊鼎
5.2829 用乍(作)朕皇考龏叔、皇母龏始(姒)寶尊鼎
5.2832 曰：厲曰余執龏(恭)王恤工
5.2835 或(又)搏于龏(共)
5.2836 肆(肆)克龏(恭)保厥辟龏(恭)王
5.2841 毋敢龏(拱)橐(苞)/龏(拱)橐(苞)
6.3078 子龏
6.3083 龏母
6.3330 亞龏父辛
7.3939 禾(和)肇乍(作)皇母懿龏孟姬餴(饙)彝
8.4153 㢓乍(作)皇祖乙公、文公、武伯、皇考龏伯鬻彝
8.4190 龏寍(夤)䰠(鬼)神/敃(畢)龏(恭)畏忌
8.4208 令龏䜌追(饋)大則于段
8.4296 鄦用乍(作)朕皇考龏伯尊段
8.4297 鄦用乍(作)朕皇考龏伯尊段
8.4315 嚴龏(恭)夤天命
8.4332 用乍(作)朕皇考龏叔、皇母龏始(姒)寶尊段
8.4333 用乍(作)朕皇考龏叔、皇母龏始(姒)寶尊段
8.4334 用乍(作)朕皇考龏叔、皇母龏始(姒)寶尊段
8.4335 用乍(作)朕皇考龏叔、皇母龏始(姒)寶尊段
8.4336 用乍(作)朕皇考龏叔、皇母龏始(姒)寶尊段
8.4337 用乍(作)朕皇考龏叔、皇母龏始(姒)寶尊段
8.4338 用乍(作)朕皇考龏叔、皇母龏始(姒)寶尊段
8.4339 用乍(作)朕皇考龏叔、皇母龏始(姒)寶尊段
9.4431 曼龏父乍(作)寶盨
9.4432 曼龏父乍(作)寶盨
9.4433 曼龏父乍(作)寶盨
9.4434 曼龏父乍(作)寶盨
9.4453 仲自(師)父乍(作)季龏□寶尊盨
9.4458 魯伯悆用公龏(恭)
9.4623 曰：余諾龏(恭)孔惠
9.4624 曰：余諾龏(恭)孔惠
9.4649 陳侯因資(齊)曰：皇考孝武超(桓)公龏(恭)截(戴)
10.4742 龏
11.5543 子龏
11.5747 亞龏父辛
11.6014 叀(唯)王龏德谷(裕)天
11.6015 王射大龏(鴻)禽/用龏(恭)義(儀)寧侯
11.6152 龏侁
11.6349 龏女(汝)子/子龏
12.6914 龏子
12.6940 冋龏
12.7311 龏娟賜商(賞)貝于娟
15.9731 用乍(作)朕皇考龏叔、皇母龏始(姒)寶尊壺
15.9732 用乍(作)朕皇考龏叔、皇母龏始(姒)寶尊壺

16.9914 龏子

16.10342 虘龏盟〔祀〕

16.10373 以命攻(工)尹穆丙、攻(工)差(佐)競之、集尹陳夏、少集尹龏賜、少攻(工)差(佐)孝癸

17.11105 子𪔓龏之戠(戟)

17.11348 龏(龔)竮(令)思、左庫工師長史鏖、冶數近

17.11349 龏(龔)竮(令)思、左庫工師長史鏖、冶數近

17.11381 楚王酓(熊)璋嚴龏(恭)寅乍(作)𨍭(斡)戈

18.11751 龏子

18.11903 龏同

0878 䢼、𤔲、𤔲(勛)

1.82 䢼堇(勤)大令(命)

5.2841 䢼(勛)堇(勤)大命

6.3037 𤔲

8.4302 有䢼(勛)于周邦

8.4311 乃祖考又(有)䢼(勛)于我家

9.4467 則繇唯乃先祖考又(有)䢼(勛)于周邦

9.4468 則唯乃先祖考又(有)䢼(勛)于周邦

11.6014 有𤔲(勛)于天

0879 𠬞

14.8455 𠬞父丁

0880 奉、奉

12.7070 奉(奉)宁

0881 㲹、㲹(匃)

13.7458 㲹(㲹、匃)

0882 臾(臾)

16.10196 蔡子臾自乍(作)會臾(匜)

0883 𣪊

14.8398 𣪊父乙

0884 𢦚

8.4245 毋乞余𢦚

0885 𢼸(撜)

4.1891 子𢼸(撜)父辛

0887 𧜟(捍)

3.949 余□𧜟(捍)

0888 廌(薦)

9.4620 自乍(作)廌(薦)簠

9.4621 自乍(作)廌(薦)簠

9.4622 自乍(作)廌(薦)簠

0889 弅

5.2841 賜女(汝)茲弅(賸)

8.4237 子□余弅(朕)皇辟侯

13.8248 戉弅鳥

16.10365 斛(斞)半弅(賸)

0890 𠭥

4.1833 父乙交𠭥(敢)

4.1909 亞𠭥(敢)女(汝)子

10.5378 交𠭥(敢)

10.5379 交𠭥(敢)

14.8855 𠭥(敢)亞父乙

14.8856 𠭥(敢)亞父乙

14.8857 𠭥(敢)父乙交

0891 𣪠(概)

15.9452 受長𠂤𣪠(抚、概)

0892 𢍰(揥)

4.2237 𢍰(揥)荏王蔑

0893 𠭥

12.6439 𠭥厚祖戊

0894 㓞

9.4347 㓞伯乍(作)姸𩜁用

0895 𠔿(開)

13.8199 𠔿杋(埶、藝)

0896 𠦃、𠦃(攀)

3.1404 𠦃(攀)亞

12.6890 司𠦃(𠦃、攀)

12.6977 𠦃(攀)亞

12.6978 𠦃(攀)亞

12.6979 𠦃(攀)亞

13.7816 亞𠦃(攀)

17.10842 𠦃(攀)亞

18.11872 𠦃(攀)亞

18.11873 𠦃(攀)亞

0897 𣪘(搬)

16.10132 綏君單自乍(作)𣪘(盤)

0898 樊

3.626 樊君乍(作)叔嬴䵼賸(媵)器寶𩰫(烓)

3.675 樊夫人龍嬴

3.676 樊夫人龍嬴

4.2351 小臣氏樊尹乍(作)寶用

5.2624 樊季氏孫仲䵼[擇]其吉金

5.2679 旛叔樊乍(作)昜(陽)姚寶鼎

9.4487 樊君𩰫之飤簠

15.9637 樊夫人龍嬴

16.10082 樊夫人龍嬴自乍(作)行盤

16.10209 樊夫人龍嬴自乍(作)行也(匜)

16.10256 樊君𡡉用自乍(作)浂(浣)也(匜)

16.10329 樊君𦰩(芫)用其吉金

0899 臼(掬)

11.6360 臼乍(作)銜

0900 𠁁、𠁁、貴

4.2202 孟𠁁(貴)乍(作)䵼彝

13.7456 𠁁(貴)

0901 臾

1.141 師臾肁(肇)乍(作)朕剌(烈)祖虢季、宄公、幽叔、朕皇

考德叔大稟(林)鐘/師臾其萬年
3.1351 尹臾
3.1352 尹臾
11.5864 遣(傳)臾乍(作)從宗彝

0902 □(俘)

13.7322 □〔俘〕

0903 曳

11.5821 曳

0904 晨

1.59 用追孝于厥皇祖哀公、皇考晨公
5.2713 師趛乍(作)文考聖公、文母聖姬尊晨
5.2771 用追孝于厥皇祖晨公
5.2772 用追孝于厥皇祖晨公
5.2816 王命鞰(垣)侯伯晨曰：飼(嗣)乃祖考侯于鞰(垣)/晨拜韻首
5.2817 嗣馬共右(佑)師晨/王乎乍(作)册尹册命師晨：疋(胥)師俗嗣邑人/晨拜韻首/晨其[百]世子子孫孫
5.2840 奮桴晨(振)鐸
6.3366 晨乍(作)寶
6.3367 晨乍(作)寶鵔(匓、段)
8.4251 王乎師晨召(詔)大(太)師盧
8.4252 王乎師晨召(詔)大(太)師盧
12.6515 萬諆乍(作)茲晨(觶)
16.10092 晨乍(作)寶〔盤〕

0905 嬰

5.2702 娥商(賞)又正嬰(聯)嬰貝在穆朋二百

0906 □、要(腰)

4.1896 父癸銜(延)要

0907 婁

1.223-4 其☒大(?)婁(?)☒
6.3537 伯婁俯乍(作)寶段
7.3910 是婁乍(作)文考寶段
7.3911 是婁乍(作)文考寶段
15.9452 銅婁(鏤)鋸(唇)錄足/銅婁(鏤)鋸(唇)錄足
16.10319 婁君伯庿自乍(作)鋳(饋)盂

0908 孚(捋)

14.8457 孚(捋)父丁

0909 農

1.187-8 農臣先王
1.189-90 農臣先王
1.192 農臣先王
3.890 田農乍(作)寶尊彝
4.2174 田農乍(作)寶尊彝
5.2803 王大耤(藉)農于諆田
6.3461 農父乍(作)寶段
6.3575 農乍(作)寶尊彝
6.3576 田農乍(作)寶尊彝
10.5424 王寴(親)令伯䏣曰：毋卑(俾)農弋(特)/事(使)厥沓(友)妻農/農三拜韻首
11.6169 史農
16.10175 農嗇(穡)戉(越)曆(曆)
16.10176 厥左執縷史正仲農

0910 鼎

4.1546 父乙鼎
4.1547 父乙鼎
4.1828 子鼎父乙
13.8103 子鼎
13.8104 子鼎
14.8421 父乙鼎
14.8422 父乙鼎

0911 □(抬)

12.6911 子□(抬)

0912 □

14.8906 父丁□回

0913 □

4.2436 □

0914 曶(括)

15.9386 攸曶(括)般盉

0915 㚔(抉)

3.1446 亞㚔(抉)

0916 □

15.9387 子令□父甲

0917 妥

12.6934 妥□(姛)
12.6935 妥□(姛)
14.8951 妥興父辛

0918 寽(捋)

4.2306 一寽(鋝)卅一冢(重)
5.2712 宔(貯)絲五十寽(鋝)
5.2809 伯懋父廼罰得夓古三百寽(鋝)
5.2838 用百寽(鋝)/事(使)寽(鋝)以告眂/廼卑(俾)〔饗〕以曶酉(酒)彶(及)羊、絲三寽(鋝)
7.4041 王賜金百寽(鋝)
8.4215 取徵五寽(鋝)
8.4246 取遄(徵)五寽(鋝)
8.4247 取遄(徵)五寽(鋝)
8.4248 取遄(徵)五寽(鋝)
8.4249 取遄(徵)五寽(鋝)
8.4255 取徵五寽(鋝)

8.4266 取徵五寽(鋝)
8.4294 取徵五寽(鋝)
8.4295 取徵五寽(鋝)
8.4322 寽(捋)俘人百又十又四人
8.4326 取徵卄寽(鋝)
8.4327 寽(捋)我家
8.4343 取〔徵〕□寽(鋝)
10.5404 帝司賞庚姬貝卅朋、迖(貸)絲卄寽(鋝)
10.5411 賜貝卅寽(鋝)
11.5997 帝司(姛)賞庚姬貝卅朋、迖(貸)絲卄寽(鋝)
15.9647 卅五再五寽(鋝)五家(重)
15.9648 四寽(鋝)十一家(重)盠
15.9649 四寽(鋝)七家(重)盠
15.9650 四寽(鋝)十三家(重)
15.9660 十九再四寽(鋝)卄九家(重)□
15.9689 吕行葴(摅)寽(捋)兕(犀)
16.10285 罰女(汝)三百寽(鋝)
17.11159 敓命(令)長足、治寽

0919 受

1.64 受(授)余通彔(禄)、庚(康)𧉙、屯(純)右(祐)/受▨
1.105 用受▨
1.172 其受此眉壽
1.173 其受此眉壽
1.174 其受此眉壽
1.175 其受此眉壽
1.176 其受此眉壽
1.177 其受此眉壽
1.178 其受此眉壽
1.179 其受此眉壽
1.180 其受此眉壽
1.246 褱受(授)余爾黼福
1.247 受(授)余屯(純)魯、通彔(祿)、永令(命)、眉壽、霝(靈)冬(終)
1.248 受(授)余屯(純)魯、通彔(祿)、永令(命)、眉壽、霝(靈)冬(終)
1.249 受(授)余屯(純)魯、通彔(祿)、永令(命)、眉壽、霝(靈)冬(終)
1.250 受(授)余屯(純)魯、通彔(祿)、永令(命)、眉壽、霝(靈)冬(終)
1.251-6 匍受萬邦/褱受(授)余爾黼福
1.262-3 秦公曰：我先祖受天令(命)/商(賞)宅受或(國)/以受多福/翼受明德/以受大福/膺受大令(命)
1.264-6 秦公曰：我先祖受天命/商(賞)宅受或(國)/以受多福/翼受明德/以受大福
1.267 秦公曰：我先祖受天令(命)/商(賞)宅受或(國)/以受多福/翼受明德/以受大福/膺受大令(命)
1.268 秦公曰：我先祖受天令(命)/商(賞)宅受或(國)/以受多福/翼受明德/以受大福/膺受大令(命)
1.269 秦公曰：我先祖受天令(命)/商(賞)宅受或(國)/以受多福/翼受明德/以受大福/膺受大令(命)
1.270 秦公曰：不(丕)顯朕皇祖受天命/以受多福/以受屯(純)魯多釐
1.272-8 膺受君公之賜光/尃(溥)受天命
1.282 膺受君公之▨
1.285 膺受君公之賜光/塼(溥)受天命
2.358 乃膺受大令(命)/受皇天大魯令(命)/受(授)余屯(純)魯
2.374 受
2.429 余受此于之玄孫
4.1740 亞受𠂤
4.2400 亞若癸受丁旅乙沚自(師)
4.2401 亞若癸受丁旅乙父甲
4.2402 亞若癸受丁旅乙沚自(師)
5.2594 亞受
5.2712 辛伯其竝(普)受厥永畐(福)
5.2764 單父上官嗣憙所受坪安君者也
5.2791 丙(百)世孫孫子子受厥屯(純)魯/伯姜日受天子魯休
5.2793 單父上官嗣憙所受坪安君者也/單父上官嗣憙所受坪安君者也
5.2811 永受其福
5.2815 史留(籀)受(授)王令(命)書
5.2819 史黹受(授)王命書
5.2825 受册佩以出
5.2827 尹氏受(授)王令(命)書/受令(命)册佩以出
5.2828 尹氏受(授)王令(命)書/受令(命)册佩以出
5.2829 尹氏受(授)王令(命)書/受令(命)册佩以出
5.2831 眔受
5.2837 受天有大令(命)/雩我其遹省先王受民受疆土
5.2838 曶受休〔命于〕王/受茲五夫
5.2841 膺受大命
6.3030 受
6.3031 受
6.3713 亞若癸受丁旅乙沚自(師)
7.3878 奠(鄭)牧馬受乍(作)寶殷
7.3879 奠(鄭)牧馬受乍(作)寶殷

7.3880 奠(鄭)牧馬受乍(作)寶段
7.3925 用享考(孝)受寶(福)
7.3926 用享考(孝)受寶(福)
7.4036 筥小子逬(跗)家弗受滋
7.4037 筥小子逬(跗)家弗受滋
8.4139 堯(无)其日受宔(貯)
8.4160 它它(施施)受兹永命
8.4161 它它(施施)受兹永命
8.4182 受福無疆
8.4205 受天子休
8.4240 王受(授)乍(作)册尹者(書)
8.4302 其帥井(型)受兹休
8.4315 受天命/以受屯(純)魯多釐
8.4321 不(丕)顯文、武受令(命)
8.4323 事(使)尹氏受(授)賚(賚)敔:圭(珪)瓚、䝿貝五十朋
8.4330 以于顯顯受令(命)
8.4331 膺受大命
8.4332 尹氏受(授)王令(命)書/受令(命)册佩以出
8.4333 尹氏受(授)王令(命)書/受令(命)册佩以出
8.4334 尹氏受(授)王令(命)書/受令(命)册佩以出
8.4335 尹氏受(授)王令(命)書/受令(命)册佩以出
8.4336 尹氏受(授)王令(命)書/受令(命)册佩以出
8.4337 尹氏受(授)王令(命)書/受令(命)册佩以出
8.4338 尹氏受(授)王令(命)書/受令(命)册佩以出
8.4339 尹氏受(授)王令(命)書/受令(命)册佩以出
8.4341 不(丕)秠(丕)丮皇公受京宗懿釐
8.4342 膺受天令(命)
9.4467 膺受大令(命)
9.4468 膺受大令(命)
9.4599 郌(養)伯受用其吉金
9.4627 弭仲受無疆福
10.4737 受
10.4958 受父已
10.5431 尹其亘萬年受厥永魯
11.5714 齒受祖丁
11.5911 乙丁辛甲[illegible]受
11.5937 亞旅止乙受若癸自(師)
11.5938 亞受旅乙沚若癸自(師)乙
11.5949 丁乙受丁辛丁甲[illegible]
11.5981 受貝二朋
11.6010 祐受無已
11.6014 肄(肆)文王受兹大命
11.6016 受卿事寮
11.6041 受
11.6229 受父乙
12.6601 受
12.6602 受
12.6603 受
12.7308 亞若癸乙自(師)受丁沚旅
12.7309 亞若癸乙自(師)受丁沚旅
13.7460 受
15.9452 受長[illegible](抚、摡)
15.9456 伯邑父、焚(榮)伯、定伯、琼伯、單伯廼令參有嗣:嗣土(徒)微邑、嗣馬單旟、嗣工(空)邑人服眔受(授)田
15.9607 受六孛(瞉、斛)四射
15.9617 受一啬(瞉、斛)六射
15.9704 受福無期
15.9712 用受大福無疆
15.9719 承受屯(純)德
15.9720 承受屯(純)德
15.9729 余不其事(使)女(汝)受朿(刺)/爾其遊(躋)受御
15.9730 余不其事(使)女(汝)受朿(刺)/爾其遊(躋)受御
15.9731 尹氏受(授)王令(命)書/受令(命)册佩以出
15.9732 尹氏受(授)王令(命)書/受令(命)册佩以出
15.9733 天□□□□受(授)女(汝)
15.9735 受賃(任)𤜲(佐)邦
16.9886 亞若癸乙自(師)受丁旅沚
16.9887 亞若癸乙自(師)受丁旅沚
16.9901 受(授)卿事寮
16.9975 受一啬(瞉、斛)五射
16.10142 永受大福用
16.10171 祐受毋已
16.10172 史喬受(授)王令(命)書
16.10175 逭(會)受萬邦/受(授)天子綰(寬)令(命)、厚福、豐年/弋(式)竈(貯)受(授)牆爾(薾)龖(髗)福
16.10176 厥受(授)圖
16.10342 〔膺〕受大命
16.10361 侯氏受福眉壽
17.10843 亞受
17.11157 □君□受用戈
17.11292 㐭(厶)貫府(府)受(授)御貳宿(右)㐭(厶)
18.11532 武庫受(授)屬邦
18.11533 武庫受(授)屬邦
18.11550 武庫受(授)屬邦

0920 𤔲(剽)

17.10682 𤔲(剽)

0921 爰

3.824 爰父癸
4.2239 爰子祝之飤繁
5.2841 取徵卅爰(鋝)
8.4262 格伯爰良馬乘于倗生(甥)
8.4263 格伯爰良馬乘于倗生(甥)
8.4264 格伯爰良馬乘于倗生(甥)
8.4265 格伯爰良馬乘于倗生(甥)
8.4278 曰：女(汝)爰(覓)我田
9.4469 爰奪𢼸行道
10.4738 爰
11.6008 爰從師雍父戍于𠭯(固)自(次)之年 / 爰䏰(蔑)曆 / 爰拜𩒨首
11.6180 爰蚰
11.6339 父癸爰
13.7459 爰
13.8174 爰
14.8766 子卜爰
15.9126 爰
16.10173 爰鄉(饗)
16.10372 爰積十六尊(寸)五分尊(寸)壹爲升
17.10684 爰
18.12113 就爰陵

0922 𢀛(隱)

16.10176 則𢀛(隱)千罰千 / 𢀛(隱)千罰千

0923 寽

3.1101 寽
12.6936 寽川(三)

0924 𡡃

16.10369 衛𠂤(師)辛(?)𢍰𡡃

0925 𧽊

1.64 受(授)余通彔(禄)、庚(康)𧽊、屯(純)右(祐)
1.105 用祈康𧽊、屯(純)魯
1.187-8 用祈匄康𧽊、屯(純)右(祐)、綽綰、通彔(祿)
1.189-90 用祈匄康𧽊、屯(純)右(祐)、綽綰、通彔(祿)
5.2660 𧽊用替(穀)厥剌多友
5.2827 用追孝祈匄康𧽊、屯(純)右(祐)、通彔(禄)、永令(命)
5.2828 用追孝祈匄康𧽊、屯(純)右(祐)、通彔(禄)、永令(命)
5.2829 用追孝祈匄康𧽊、屯(純)右(祐)、通彔(禄)、永令(命)
8.4182 祈匄康𧽊、屯(純)右(祐)、通彔(祿)、永令(命)
8.4332 用追孝、祈匄康𧽊、屯(純)右(祐)、通彔(祿)、永令(命)
8.4333 用追孝祈匄康𧽊、屯(純)右(祐)、通彔(祿)、永令(命)
8.4334 用追孝祈匄康𧽊、屯(純)右(祐)、通彔(祿)、永令(命)
8.4335 用追孝祈匄康𧽊、屯(純)右(祐)、通彔(祿)、永令(命)
8.4336 用追孝祈匄康𧽊、屯(純)右(祐)、通彔(祿)、永令(命)
8.4337 用追孝祈匄康𧽊、屯(純)右(祐)、通彔(祿)、永令(命)
8.4338 用追孝祈匄康𧽊、屯(純)右(祐)、通彔(祿)、永令(命)
8.4339 用追孝祈匄康𧽊、屯(純)右(祐)、通彔(祿)、永令(命)
15.9731 用追孝祈匄康𧽊、屯(純)右(祐)、通彔(禄)、永令(命)
15.9732 用追孝祈匄康𧽊、屯(純)右(祐)、通彔(禄)、永令(命)
16.10241 鬎馬南叔乍(作)𧽊姬朕(媵)也(匜)

0927 舁

4.1697 子父舁

0928 與

2.423 喬君滬虘與朕以贏
5.2840 非恁(信)與忠
7.3821 𣶃伯乍(作)意與尊𣪕
15.9733 與台□堯師
15.9735 而退與者(諸)侯齒䟢(長)於𨖹(會)同 / 𨟭(將)與𪊨(吾)君並立於𠀍(世)
16.10385 命戍代、冶與、下庫工師孟、關師四人
17.10929 閼與

0929 興

4.1962 興乍(作)寶貞(鼎)
4.1963 興乍(作)寶鼎
7.3993 用興厥祖父日乙
7.3994 用興厥祖父日乙
9.4405 鬲叔興父乍(作)旅須(盨)
13.7461 興
13.7462 興
13.7463 興
13.7464 興
14.8616 興父辛
14.8951 𤔲興父辛
15.9128 興
15.9129 興
15.9465 興
15.9466 興
15.9676 用興甫(夫)人
16.9949 印(卬)興
16.10382 侯興□𠭯(固)三
18.12108 凡興士被(披)甲
18.12109 凡興士被(披)甲

0930　[illegible]

11.6014 唯王初[illegible]宅于成周

0931　[illegible]

3.597 奠(鄭)[illegible]伯乍(作)叔嬬鬲
3.598 奠(鄭)[illegible]伯乍(作)叔嬬鬲
3.599 奠(鄭)[illegible]伯乍(作)叔嬬鬲

0932　[illegible]

4.2471 圉[illegible]乍(作)鼎

0933　丮

1.225 余畧(狩)丮武
1.226 余畧(狩)丮武
1.227 余畧(狩)丮武
1.228 余畧(狩)丮武
1.229 余畧(狩)丮武
1.230 余畧(狩)丮武
1.231 余畧(狩)丮武
1.232 余畧(狩)丮武
1.233 余畧(狩)丮武
1.234 余畧(狩)丮武
1.235 余畧(狩)丮武
1.236 余畧(狩)丮武
1.237 余畧(狩)丮武
8.4330 其丮哀(愛)乃沈子也唯福
8.4341 不(丕)邳(丕)丮皇公受京宗懿釐
10.4774 丮
11.5719 丮
12.6923 玉丮
12.6995 丮册
12.7182 亞丁丮
14.8787 戈丮甲宁
14.8985 丮申乍(作)寶
14.9042 乍(作)丮尊彝
15.9112 丮
16.10101 仲丮臣亻肇合以金
17.10849 丮觥
17.10850 丮天
17.11330 大梁左庫工師丑、冶丮(刃)

0934　[illegible]

5.2638 弟[illegible]乍(作)寶鼎

0935　巩

1.272-8 女(汝)巩(鞏)裟(勞)朕行師
1.285 女(汝)巩(鞏)裟(勞)朕行師
5.2841 不(丕)巩(鞏)先王配命/永巩(鞏)先王
8.4324 巩(恐)告于王
8.4325 巩(恐)告于王
16.10175 永不(丕)巩(恐)狄盧(柤)

0936　⿰彳丮

6.3712 ⿰彳丮賜鳳玉

0937　⿰土丮

3.568 ⿰土丮乍(作)父乙彝

0938　⿰王丮(挺)

4.2255 ⿰王丮(挺)乍(作)父辛寶尊彝
4.2324 ⿰王丮(挺)乍(作)父癸寶尊彝

0939　⿰女丮

3.613 林⿰女丮乍(作)父辛寶尊彝
3.888 寡史⿰女丮乍(作)旅彝
3.920 歸⿰女丮乍(作)父辛寶尊彝
3.1357 ⿰女丮册
5.2702 ⿰女丮商(賞)又正嬰(聯)嬰貝在穆朋二百/嬰辰⿰女丮商(賞)
5.2725 王賜歸⿰女丮進金
5.2726 王賜歸⿰女丮進金
7.3905 蛙□賜⿰女丮貝卄朋/⿰女丮用乍(作)父丁尊彝
8.4138 ⿰女丮商(賞)小子𣪕貝十朋/唯⿰女丮令伐人(夷)方
8.4208 令彝⿰女丮饋(饋)大則于段
10.5193 [illegible]⿰女丮乍(作)從彝
10.5348 麃父乍(作)⿰女丮是從宗彝肆(肆)
10.5377 ⿰女丮賜孝貝
10.5412 既⿰女丮于上下帝
11.5930 麃父乍(作)⿰女丮是從宗彝肆(肆)
11.5967 ⿰女丮商(賞)小子夫貝二朋
11.6015 侯賜者(赭)⿰女丮臣二百家
12.6705 ⿰女丮
12.7312 麌婦□賞于⿰女丮
13.7434 ⿰女丮
14.9099 ⿰女丮商(賞)祉貝
15.9594 歸⿰女丮進
15.9595 歸⿰女丮乍(作)父辛寶尊彝
16.10175 方緣(蠻)亡不⿰女丮(踝)見
16.10582 伊⿰女丮祉(延)于辛事(吏)/伊⿰女丮賞辛事(吏)秦金

0940　⿰爿丮(䴞)

6.3177 ⿰爿丮(䴞)父丁

0941　⿰丰丮(封)

4.1981 乍(作)⿰丰丮(封)从彝
4.1982 乍(作)⿰丰丮(封)从彝
6.3518 ⿰丰丮乍(作)父辛尊彝
12.6435 乍(作)⿰丰丮(封)從彝
12.7260 乍(作)⿰丰丮(封)從彝
15.9384 乍(作)⿰丰丮(封)從彝
16.10057 乍(作)⿰丰丮(封)從彝
16.10560 ⿰丰丮(封)乍(作)父辛尊彝

0942　⿰圭丮(挂)

5.2718 對昜(揚)⿰圭丮(挂)王姛休

0943　⿰臣丮(摡)

11.5887 咏乍(作)⿰臣丮(摡)尊彝
17.10890 餇⿰臣丮(摡)

0944　⿰舌丮(揺)

18.11578 䋭（搖、郄、郤）子之用

0945 𡡌、𢀩（諆）

4.2023 𢀩父乍（作）旅鼎

5.2606 曾孫無𢀩（諆）自乍（作）飤繁

5.2607 其眉壽無𢀩（諆、期）

5.2811 畏𢀩（忌）趩趩

7.3846 𢀩（其）萬年

8.4315 𢀩（其）嚴遄（遄）各

8.4328 伯氏曰：不𢀩／伯氏曰：不𢀩／不𢀩拜頴手（首）休

8.4329 伯氏曰：不𢀩／伯氏曰：不𢀩／不𢀩拜頴手（首）休

9.4613 𢀩（其）眉壽無記（期）

10.5428 唯女（汝）焂𢀩（其）敬辪（嬖）乃身／女（汝）𢀩（其）用鄉（饗）乃辟軝侯

10.5429 唯女（汝）焂𢀩（其）敬辪（嬖）乃身／女（汝）𢀩（其）用鄉（饗）乃辟軝侯

17.11072 子可𢀩（諆）之用

0946 孰

2.426 曰：余孰臧于戎攻（功）叡（且）武

2.427 曰：余孰臧于戎攻（功）叡（且）武

0947 䄛、坴、䄯、秇、埶（藝）

1.272-8 而埶（藝）斯字（滋）

1.280 而埶（藝）斯字（滋）

1.285 而埶（藝）斯字（滋）

3.949 埶（藝）应在曾

5.2751 埶（藝）王应／埶（藝）于寶彝

5.2752 埶（藝）王应／埶（藝）于寶彝

5.2841 埶（藝）小大楚（胥）賦

6.2919 埶（藝）

6.3196 埶（藝）父己

6.3206 埶（藝）父辛

10.4977 父辛埶（藝）

10.5074 埶（藝）公父丁

11.6013 王令（命）盠曰：䊮（纘）𤔲六師眔八師埶（藝）

11.6282 埶（藝）父己

12.6514 中埶（藝）王休

12.6587 埶（藝）

12.7301 埶（藝）戉乍（作）祖癸句寶彝

13.8172 耶埶（藝）

14.8901 埶（藝）戈父丁

14.9058 埶（藝）遅父庚寶彝

16.9899 王令（命）盠曰：䊮（纘）𤔲六師眔八師埶（藝）

16.9900 王令（命）盠曰：䊮（纘）𤔲六師眔八師埶（藝）

18.11660 往□倫（令）王褱、右庫工師坴（埶、廉）生、冶參敎（撻）齋（劑）

18.11670 守相坴（埶、廉）波（頗）、右庫工師慶□、冶巡敎（撻）齋（劑）

18.11700 守相坴（埶、廉）波（頗）、邦右庫工師韓亥、冶巡敎（撻）齋（劑）

18.11701 守相坴（埶、廉）波（頗）、邦右庫工師韓亥、冶巡敎（撻）齋（劑）

18.11702 守相坴（埶、廉）波（頗）、邦左庫工師采隅、冶句敎（撻）齋（劑）

0948 䊮（纘）

1.60-3 用䊮于公室

1.272-8 䊮命于外內之事

1.285 䊮命于外內之事

5.2755 遣仲令窅䊮（纘）𤔲奠（甸）田

5.2756 史（使）庴（諄）大人賜乍（作）册寓䊮（纘）倬

5.2790 王令微䜌䊮（纘）𤔲九陂

5.2836 䊮（纘）賜女（汝）井人奔于量

5.2841 命女（汝）䊮（纘）𤔲公族

8.4123 伯艿父事（使）䊮櫝（覲）尹人于齊師／䊮又（有）贀

8.4244 王乎乍（作）册尹〔册賜〕走：䊮（纘）疋（胥）益

8.4277 王乎乍（作）册內史册命師俞：䊮（纘）𤔲侸人

8.4285 曰：先王既命女（汝）䊮（纘）𤔲王宥

8.4287 王乎命尹封册命伊：䊮（纘）官𤔲康宮王臣妾、百工

8.4296 䊮（纘）五邑祝

8.4297 䊮（纘）五邑祝

8.4311 䊮（纘）𤔲我西扁（偏）、東扁（偏）

8.4318 令（命）女（汝）䊮（纘）𤔲走（趣）馬

8.4319 令（命）女（汝）䊮（纘）𤔲走（趣）馬

8.4326 王令䊮（纘）𤔲公族、卿事（士）、大（太）史寮

8.4340 令（命）女（汝）眔曶䊮（纘）疋（胥）對各

9.4467 䊮（纘）𤔲左右虎臣

9.4468 䊮（纘）𤔲左右虎臣

11.6013 王令（命）盠曰：䊮（纘）𤔲六師眔八師埶（藝）

16.9899 王令（命）盠曰：䊮（纘）𤔲六師眔八師埶（藝）

16.9900 王令（命）盠曰：䊮（纘）𤔲六師眔八師埶（藝）

0949 歞

4.2065 萊（莿）歞乍（作）寶䀇（𣪘）

0950 𨈛（搳）

8.4298 大賓（儐）豕𨈛（介）章（璋）、馬兩／賓（儐）睽𨈛（介）章（璋）、帛束

8.4299 大賓（儐）豕𨈛（介）章（璋）、馬兩／賓（儐）睽𨈛（介）章（璋）、帛束

0951 𩰫（搯）

15.9299 王令般兄（貺）米于𩰫（搯）

0952 𩰬

5.2830 王曰：師𩰬／𩰬拜䭫首／𩰬臣皇辟天子／𩰬穠（蔑）曆伯大（太）師／𩰬敢𢦏（釐）王／𩰬敢對王休

6.3585 嬴霝德乍（作）𩰬𣪘

7.3746 𡡊𡨦𣪕用乍（作）𠥍辛𩰬𣪘

8.4327 㷔（榮）伯乎令（命）卯曰：𩰬（載）乃先祖考死（尸）𤔲㷔（榮）公室

8.4330 用𩰬鄉（饗）己公

8.4342 𩰬（載）乃事

15.9700 𩰬月己酉

0953 𩰭

4.2465 伯𩰭父乍（作）寶鼎

5.2748 賜裸𩰭（璋）、貝十朋

16.10166 裸王𩰭

0954 𩰮（打）

15.9202 𩰮祖丁

15.9550 𩰮乍（作）尊彝

0955 𩰯（摖）

8.4213 㞐（殿）𢼸（敖）用𩰯（摖）用璧

0956 帆（抻）

10.5324 戎帆（抻）玉人父宗彝𦖞（肆）

11.5916 戎帆（抻）玉人父宗彝𦖞（肆）

0957 𢍰

17.11301 下丘啬夫□、工師𢍰、冶系

0958 𤓰

5.2556 𦉜（召）公𤓰（饋？）匽（燕）

0959 卬

3.1462 䎣卬（卬倗）

5.2694 亞卬（印）

5.2841 用卬（仰）卲（昭）皇天

8.4191 穆公𠙏（侑）卬王

9.4631 卬（抑）燮𦥑（繁）湯（陽）

9.4632 卬（抑）燮𦥑（繁）湯（陽）

13.7361 卬

17.11346 卬（抑）敫（鬼）方䜌（蠻）／卬（抑？）攻旁（方）

0960 印

16.9949 印（卬）興

16.10167 印𡉈（寿）山

18.11925 左周印

18.11926 左周印

18.11927 左周印

18.11928 左周印

0961 叕

5.2572 交君子叕肇乍（作）寶鼎

9.4565 交君子叕肇乍（作）寶簠

15.9662 交君子叕肇乍（作）寶壺

0962 闒

5.2831 壽商闒（？）

0963 止（趾）

1.189-90 身邦君大止（正）

6.3234 𠀁止子

8.4292 余老止公

8.4340 勿事（使）敢又（有）疾止從（縱）獄

11.5937 亞旅止乙受若癸自（師）

13.7470 止（趾）

15.9769 亞止（趾）

17.11114 亞旅乙止（沚）

0964 𣥐（退）

11.5696 𠬪（丽）𣥐（退）𠂤

12.7224 册𣥐（退）父乙

12.7266 𢊁册父庚𣥐（退）

13.8204 𣥐（退）甗

15.9549 父庚𣥐（退）𢊁册

15.9790 𠬪（丽）𣥐（退）𠂤

0965 𣦼（踷）

4.1756 丰𣦼（踷）兮

4.1823 丰𣦼（踷）父乙

6.3241 𣦼（踷）丰卷

10.5016 丰𣦼（踷）兮

10.5111 丰𣦼（踷）母彝

11.5967 丰𣦼（踷）

0966 世

1.225 世世子孫

1.226 世世子孫

1.227 世世子孫

1.228 世世子孫

1.229 世世子孫

1.230 世世子孫

1.231 世世子孫

1.232 世世子孫

1.233 世世子孫

1.234 世世子孫

1.235 世世子孫

1.236 世世子孫

1.237 世世子孫

2.429 世（？）萬子孫永保

5.2675 世世是若

5.2791 西（百）世孫孫子子受厥屯（純）魯

5.2817 晨其［百］世子

子孫孫
5.2835 追搏于世
7.3784 世子孫孫寶用
7.3870 亙(百)世孫子寶
7.4021 世孫子寶
7.4022 世孫子寶
8.4199 世子子孫虞寶用
8.4200 世子子孫孫虞寶用
8.4205 十世不諲(忘)
8.4214 世孫子永寶
8.4270 世孫孫子子差(佐)右(佑)吳(虞)大父
8.4271 世孫孫子子差(佐)右(佑)吳(虞)大父
8.4341 子子孫多世其·永寶
11.5969 世孫子永寶
11.5976 其西(百)世孫子永寶
11.6011 世子子孫孫永寶之
12.6516 臸(百)世孫子毋敢豙(墜)
16.9897 百世孫子永寶
16.9898 吳其世子孫永寶用
16.10168 其西(百)世子子孫孫永寶用
18.11669 攸倫(令)肖(趙)世、上庫工師樂星、冶朗(影)敎(撻)齋(劑)

0967 奎(如)

16.10029 寢奎(伖)

0968 走、辻

16.10373 羅莫囂(敖)臧帀(師)、連囂(敖)屈走(辻)
18.12113 走(辻、上)灘(漢)/ 走(辻、上)江 / 走(辻、上)江

0969 𣥺、迦

9.4637 楚子𣥺(迦)鄴之飤

0970 卪

10.4744 卪

0971 逌

13.7476 逌(退)

0972 𤴓、迊

5.2652 □于棗𤴓(次)

0973 屖、迡

9.4633 右屖(迡、遲)君(尹)
15.9499 左屖(迡、遲)
15.9563 右屖(迡、遲)君(尹)
16.9989 右屖(迡、遲)君(尹)
16.9990 屖(迡、遲)君(尹)/ 右屖(迡)君(尹)
18.11826 屖(迡、遲)君(尹)

0974 去、迲

15.9734 大去(去)型(刑)罰

0976 棗、速

17.11407 ☐毋乍(作)丌(其)棗(速、迹)

0977 豈、昰(逗、趄)

3.827 亞豈(趄)衎(延)
4.1743 亞豈(趄)衎(延)
4.1744 亞豈(趄)衎(延)
4.1848 亞豈(趄)父丁
6.3246 亞豈(趄)衎(延)
6.3309 亞豈(趄)父丁
10.5014 亞豈(趄)衎(延)
11.5685 亞豈(趄)衎(延)
12.7185 亞豈(趄)衎(征)
12.7186 亞豈(趄)衎(征)
14.8783 亞昰(逗、趄)衎(延)
14.8784 亞昰(逗、趄)衎(延)
15.9225 亞豈(逗、趄)衎(延)
15.9326 亞豈(逗、趄)

0978 前

1.65 用侃(衎)喜(饎)前文人
1.66 用侃喜前文人
1.67 用侃喜前文人
1.68 用侃喜前文人
1.69 用侃喜前文人
1.71 用侃喜前文人
1.105 用喜泀(侃)前文人
1.109-10 用追考(孝)、侃喜前文人 / 前文人其嚴在上
1.112 用追考(孝)考(孝)侃前文人 / 前文人其嚴在上
1.141 用喜侃前文人
1.187-8 用卲各、喜侃前文人
1.189-90 用卲各、喜侃前文人
1.246 用卲各、喜侃樂前文人
2.358 用喜(饎)侃(衎)前文人
5.2820 唬(號)前文人
5.2830 隣明紷(令)辟前王
7.4115 唬(號)前文人
8.4219 用享孝于前文人
8.4220 用享孝于前文人
8.4221 用享孝于前文人
8.4222 用享孝于前文人
8.4223 用享孝于前文人
8.4224 用享孝于前文人
8.4317 其各前文人

0979 歷(跜)

11.6036 歷(跜)
11.6037 歷(跜)

0980 墥(蹱)

5.2841 賜女(汝)秬鬯一卣、祼圭瓚寶、朱芾、悤(蔥)黄(衡)、玉環、玉琜、金車、桒(賁)綧較(較)、朱鞹(鞹)靣靳、虎冟(冪)熏裏、右軛、畫轉、畫輯、金甬(桶)、道(錯)衡、金墥(踵)、金豙(軝)、剌(約)㲋(盛)、金簟弼(茀)、魚箙、馬四匹、攸(鋚)勒、金□(臺)、金膺、朱旂二鈴(鈴)

0981 歸

1.107-8 王歸自成周
3.941 王人𣅈輔歸雚(觀)
5.2615 唯歸
5.2644 厤季之伯歸𡚬用其吉金
5.2645 厤季之伯歸𡚬用其吉金
5.2739 公歸禩(禳)于周廟
5.2751 中乎歸(饋)生鳳于王
5.2752 中乎歸(饋)生鳳于王
5.2803 王歸自諆田
8.4195 王命𦉢眔叔𦉼父歸(饋)吳姬𩜁(饔)器
8.4238 雩厥復歸在牧師(次)
8.4239 雩厥復歸在牧師(次)
8.4328 余來歸獻禽(擒)
8.4329 余來歸獻禽(擒)
8.4331 王命仲致(致)歸(饋)𤞷伯𣫡(貔)裘/歸夆敢對揚天子不(丕)伓(丕)魯休/歸夆其邁(萬)年
9.4640 魯子仲之子歸父爲其善(膳)𩫖(敦)
10.5396 降令曰:歸祼于我多高
10.5409 王令士道歸(饋)貉子鹿三
11.6015 唯歸
11.6016 歸自王
15.9733 歸獻于𩂣(靈)公之所
16.9901 明公歸自王
16.10151 齊大(太)宰歸父𠂤爲忌鑵(沬)盤

0983 □、□

2.395 □□
2.396 □□
2.397 □□

0984 □、犇(迮)

13.7479 □(迮)

0985 昰(是)

17.11259 昰(是)立(涖)事歲

0986 □

18.11710 大攻(工)君(尹)肖(趙)□

0987 正

1.53 唯王正月
1.59 唯都正二月
1.72 唯正月初吉丁亥
1.73-4 唯王正月
1.75 唯王正月
1.76-7 唯王正月
1.78-9 唯王正月
1.80-1 唯王正月
1.88 唯正月初吉丁亥
1.89 唯正月初吉丁亥
1.93 唯王正月
1.94 唯王正月
1.95 唯王正月
1.96 唯王正月
1.97 唯王正月
1.98 唯王正月
1.99 唯王正月
1.100 唯王正月
1.101 唯王正月
1.102 及我正卿
1.107-8 唯正二月初吉
1.113 唯正十月
1.114 唯正十月
1.115 唯正十月
1.116 唯正十月
1.117 唯正十月
1.118-9 唯正十月
1.140 唯王正月
1.142 唯正月初吉丁亥
1.144 唯正月甬(仲)春
1.149 唯王正月初吉
1.150 唯王正月初吉
1.151 唯王正月初吉
1.152 唯王正月初吉
1.153 唯正月初吉丁亥
1.154 唯正月初吉丁亥
1.171 唯王正月
1.172 唯正月初吉庚午
1.173 唯正月初吉庚午
1.174 唯正月初吉庚午
1.175 唯正月初吉庚午
1.176 唯正月初吉庚午
1.177 唯正月初吉庚午
1.178 唯正月初吉庚午
1.179 唯正月初吉庚午
1.180 唯正月初吉庚午
1.182 唯正月初吉
1.183 唯正九月
1.185 唯正九月
1.187-8 身邦君大正
1.191 身邦君大正
1.193 唯正月初吉丁亥
1.194 唯正月初吉丁亥
1.195 唯正月初吉丁亥
1.196 唯正月初吉丁亥
1.197 唯正月初吉丁亥
1.198 唯正月初吉丁亥
1.199 唯正月初吉丁亥
1.200 唯正月初吉丁亥
1.201 唯正月初吉丁亥
1.202 唯正月初吉丁亥
1.203 唯正月初吉丁亥
1.210 唯正五月
1.211 唯正五月
1.217 唯正月初吉孟庚
1.218 唯正月初吉孟庚
1.219 唯正月初吉孟庚
1.220 唯正月初吉孟庚
1.221 唯正月初吉孟庚
1.222 唯正月初吉孟庚
1.225 唯王正月
1.226 唯王正月
1.227 唯王正月
1.228 唯王正月
1.229 唯王正月
1.230 唯王正月

1.231 唯王正月
1.232 唯王正月
1.233 唯王正月
1.234 唯王正月
1.235 唯王正月
1.236 唯王正月
1.237 唯王正月
1.245 唯王正月
1.261 唯正月初吉丁亥
1.272-8 余命女(汝)織(職)差正卿
1.285 余命女(汝)織(職)差正卿
2.408 乙正魚
2.409 乙正魚
2.410 乙正魚
2.421 唯正初吉丁亥
2.422 唯正初吉丁亥
2.424 唯王正月
2.425 正月初吉
2.428 唯正月□□□□
2.429 唯正月初吉庚午
3.538 正朿(刺)
3.776 正
3.940 唯正月初吉庚午
3.946 唯正月初吉丁亥
3.1060 正
3.1061 正
3.1300 正癸
3.1500 正昜
5.2569 唯正月初[吉]
5.2624 唯正月初吉乙亥
5.2650 唯正月初吉丁亥
5.2658 一斗半正
5.2663 唯正月初吉庚午
5.2664 唯正月初吉庚午
5.2665 唯正月初吉庚午
5.2666 唯正月初吉庚午
5.2668 唯正月初吉己亥
5.2702 㜏商(賞)又正嬰(聯)嬰貝在穆朋二百
5.2709 唯王正(征)井方
5.2715 唯正月初吉丁亥
5.2716 唯正月初吉丁亥
5.2717 唯正月初吉丁亥
5.2722 唯正八月
5.2732 唯正月初吉辛亥
5.2734 唯正五月
5.2738 唯正月初吉丁亥
5.2766 唯正月吉日初庚
5.2767 唯王正月
5.2775 正月
5.2782 正月庚午
5.2791 唯正月既生霸庚申
5.2794 正月吉日 / 正月吉日
5.2795 正月吉日 / 正月吉日
5.2796 適正八師之年
5.2797 適正八師之年
5.2798 適正八師之年
5.2799 適正八師之年
5.2800 適正八師之年
5.2801 適正八師之年
5.2802 適正八師之年
5.2811 唯正月初吉丁亥
5.2825 正月初吉庚戌
5.2830 唯王八祀正月 / 乃用引正乃辟安德
5.2831 唯九年正月
5.2832 唯正月初吉庚戌 / 正廼訊厲曰：女(汝)貯田不(否)
5.2837 畯正厥民 / 唯殷邊侯、田(甸)雩(與)殷正百辟 / 今我唯即井(型)廩(禀)于文王正德 / 若文王令二三正 / 若敬乃正
5.2838 䭫首曰：余無卣(由)具寇正(足)〔秭〕
5.2841 亦唯先正㽙辥(嬖)厥辟 / 無唯正聞(昏)/ 善效乃又(有)正
6.2948 正
6.2949 正
6.3127 正侯
7.3939 唯正月己亥
7.3956 唯王正月
7.3957 唯王正月
7.4032 唯王正月
7.4044 懋父賞御正衛馬匹自王
7.4045 唯正月初吉丁亥
7.4118 唯正月初吉庚寅
7.4119 唯正月初吉庚寅
8.4121 唯正月甲申
8.4152 唯五年正月丙午
8.4157 唯正二月
8.4158 唯正二月
8.4159 唯正月初吉丁卯
8.4168 唯正月初吉壬午
8.4178 唯正月初吉乙亥
8.4183 唯鄀正二月
8.4214 王征(誕)正師氏
8.4215 唯王正月
8.4225 正月初吉壬寅
8.4226 正月初吉壬寅
8.4227 正月初吉壬寅
8.4228 正月初吉壬寅
8.4246 唯正月初吉丁亥
8.4247 唯正月初吉丁亥
8.4248 唯正月初吉丁亥
8.4249 唯正月初吉丁亥
8.4251 正月既望甲午
8.4252 正月既望甲午
8.4255 唯正月乙巳
8.4262 唯正月初吉癸巳
8.4263 唯正月初吉癸巳
8.4264 唯正月初吉癸巳
8.4265 唯正月初吉癸巳

8.4267 唯正月初吉丁卯
8.4287 正月既望丁亥
8.4288 唯王元年正月
8.4289 唯王元年正月
8.4290 唯王元年正月
8.4291 唯王元年正月
8.4292 唯五年正月己丑
8.4296 唯二年正月初吉
8.4297 唯二年正月初吉
8.4302 唯王正月
8.4311 唯王元年正月
9.4429 唯王正月既望
9.4464 唯王十又八年正月
9.4469 雩邦人、正人、師氏人 / 厥非正命
9.4588 唯正月初吉丁亥
9.4603 唯正月初吉丁亥
9.4604 唯正月初吉丁亥
9.4606 唯正月初吉丁亥
9.4607 唯正月初吉丁亥
9.4608 唯正月初吉丁亥
9.4609 唯正月初吉丁亥
9.4610 唯正十又一月辛巳
9.4611 唯正十又一月辛巳
9.4612 唯正月初吉丁亥
9.4613 唯正六月
9.4614 唯正□月初吉乙亥
9.4616 唯正月初吉丁亥
9.4617 唯王正月
9.4618 唯正月初吉丁亥
9.4619 唯正月初吉丁亥
9.4623 唯正月初吉
9.4624 唯正月初吉
9.4625 唯正月初吉丁亥
9.4627 用鄉(饗)大正
9.4629 唯王正月
9.4630 唯王正月
9.4644 唯正月吉日乙丑
9.4649 唯正六月癸未
10.5244 正父乍(作)寶彝 / 正父乍(作)寶尊彝
10.5409 唯正月丁丑
10.5412 在正月
10.5424 唯正月甲午
10.5425 正月既生霸辛丑
10.5432 辨(遍)于多正
11.5454 正
11.5575 牧正
11.5755 父癸告(牛)正
11.5809 正
11.6010 元年正月
12.6406 牧正父己
12.6483 亞正册
12.6513 唯正月吉日丁酉
12.6636 正
12.6821 乙正
12.6822 乙正
12.6942 正紟
13.7480 正
13.7481 正
13.7482 正
13.7483 正
13.7484 正
13.8200 翌正
13.8201 正御
14.9103 公大(太)保賞御正良貝
15.9130 正
15.9131 正
15.9453 𠨘(佮)即邦君、者(諸)侯、正、有𤔲大射
15.9509 婦好正
15.9638 唯正月初吉庚午
15.9701 唯正月初吉庚午
15.9702 唯王正月
15.9706 唯王正月
15.9728 唯正月初吉丁亥
15.9733 唯王正月
16.9893 辟井(邢)侯光厥正事(吏)
16.9897 唯正月既生霸丁酉
16.9974 唯正月衣(初)吉丁亥
16.10005 唯正月初吉丁亥
16.10006 唯正月初吉丁亥
16.10007 唯正月初吉丁亥
16.10008 正月季春
16.10124 魯正叔之𥥛
16.10127 唯正月初吉
16.10128 唯正月初吉
16.10146 唯正月初吉庚申
16.10149 唯正月初吉庚午
16.10155 唯正月初吉壬午
16.10157 唯正月初吉丁亥
16.10158 正月吉日
16.10160 唯正月初吉丁亥
16.10162 唯王正月
16.10163 唯王正月
16.10165 唯王正月
16.10168 唯正月既生霸乙未
15.10169 唯正二月
16.10170 唯廿年正月既望甲戌
16.10171 元年正月
16.10173 正月初吉丁亥
16.10176 正眉(堳)夨舍(捨)散田：𤔲土(徒)屰亩、𤔲馬嘼𡝤、𩵦人𤔲工(空)騬君、宰德父 / 厥左執纓史正仲農
16.10231 伯正父乍(作)旅也(匜)
16.10273 唯王正月
16.10276 唯正月初吉庚午
16.10278 唯王正月

16.10279 唯正月初吉丁亥
16.10282 唯王正月
16.10284 唯正月初吉丁亥
16.10319 唯正月初吉
16.10320 唯正月初吉己酉
16.10321 唯正月初吉
16.10338 唯正月初吉丁亥
16.10339 唯正九月
16.10342 唯王正月
16.10356 唯王正月
16.10478 正奎宮方百乇(尺)
16.10570 亞正册
16.10573 正
17.10689 正
17.11339 十三年正月
17.11364 宗子攻(工)正明我、左工師㠯許、馬重(童)丹所爲
17.11378 工正
18.11496 正□虘非
18.11728 正
18.11863 私庫嗇夫貴正、工孟鮮
18.11864 私庫嗇夫貴正、工夏昊(昃)
18.11865 私庫嗇夫貴正、工陲亘
18.11877 正
18.12042 私庫嗇夫貴正、工適
18.12043 私庫嗇夫貴正、工適
18.12044 私庫嗇夫貴正、工適
18.12045 私庫嗇夫貴正、工適
18.12046 私庫嗇夫貴正、工適
18.12047 私庫嗇夫貴正、工適
18.12048 私庫嗇夫貴正、工適
18.12049 私庫嗇夫貴正、工適
18.12050 私庫嗇夫貴正、工適
18.12051 私庫嗇夫貴正、工適
18.12052 私庫嗇夫貴正、工適
18.12053 私庫嗇夫貴正、工適

0988 乏

15.9735 乏其先王之祭祀
16.10478 王命賙(貯)爲逃(兆)乏(窆)/逮(進)退逃(兆)乏(窆)者

0989 步

11.5716 子祖辛步
11.5726 子父乙步
12.6632 步
13.7473 步
13.7474 步
16.9973 奠(鄭)義伯乍(作)步□鑐(鑐)/奠(鄭)義伯乍(作)步□鑐(鑐)
16.10478 從丘欧(坎)以至內宮六步/從丘欧(坎)至內宮廿四步/從內宮至中宮廿五步/從內宮以至中宮卅步/從內宮至中宮卅六步

0990 歲、戢

1.73-4 百歲之外
1.76-7 百歲之外
1.78-9 百歲之外
1.80-1 百歲之外
1.223-4 □春念(稔)歲
4.2140 乍(作)歲婦尊彝
4.2390 百歲用之
4.2479 台(以)共(供)歲棠(嘗)
5.2623 以共(供)歲棠(嘗)
5.2794 以共(供)歲棠(嘗)/以共(供)歲棠(嘗)
5.2795 以共(供)歲棠(嘗)/以共(供)歲棠(嘗)
5.2838 昔饉歲/[若]來歲弗賞(償)
5.2841 用歲用政(征)
8.4131 歲鼎克聞(昏)
9.4406 邁(萬)歲用尚(常)
9.4549 以共(供)歲棠(嘗)
9.4550 以共(供)歲棠(嘗)
9.4551 以共(供)歲棠(嘗)
9.4694 攸立(涖)歲棠(嘗)
9.4695 攸立(涖)歲棠(嘗)
11.6010 千歲無疆
15.9700 陳喜再立(涖)事歲
15.9703 奠(鄭)昜、陳得再立(涖)事歲
15.9709 公孫窹(灶)立(涖)事歲
15.9715 歲賢鮮于(虞)
16.9975 奠(鄭)昜、陳得再立(涖)事歲
16.10100 台(以)共(供)歲棠(嘗)
16.10158 以共(供)歲棠(嘗)
16.10171 千歲無疆
16.10297 攸立(涖)歲棠(嘗)
16.10361 國差(佐)立(涖)事歲
16.10371 陳猷立(涖)事歲
16.10373 郾(郾、燕)客臧嘉聞(問)王於蔵郢之歲
16.10374 □□立(涖)事歲
17.11251 陳旺之歲
17.11259 昰(是)立(涖)事歲
17.11285 郾悬(愜)歲
17.11358 獻鼎之歲
18.12110 大司馬卲(昭)鄒(陽)敗晉師於襄陵之歲/歲䶮(翰、贏)返
18.12111 大司馬卲(昭)鄒(陽)敗晉師於

襄陵之𡿨/𡿨龍(鄒、嬴)返
18.12112 大司馬卲(昭)鄒(陽)敗晉師於襄陵之𡿨/𡿨龍(鄒、嬴)返
18.12113 大司馬卲(昭)鄒(陽)敗晉師於襄陵之𡿨/𡿨龍(鄒、嬴)返

0991　足

15.9452 銅婁(鏤)鋸(唇)鋑𧾷/銅婁(鏤)鋸(唇)鋑𧾷
17.11159 敓命(令)長𧾷、冶丏
18.11676 邦司寇肖(趙)新、邦右庫工師下𧾷、冶巡敎(撻)齋(劑)

0992　距

17.11387 奠(鄭)倫(令)肖(趙)距、司寇王瘖、武庫工師鑄章、冶狃
17.11388 奠(鄭)倫(令)肖(趙)距、司寇彭璋、右庫工師陳坪、冶贛
17.11389 奠(鄭)倫(令)肖(趙)距、司寇彭璋、往庫工師皇佳、冶瘖
18.11915 悍(忓)乍(作)距末

0993　路

15.9714 寴(親)令史懋路(露)筮

0994　夋(跜)

15.9305 夋(跜)

0995　疋

1.247 疋(胥)尹叙厥威義(儀)
1.248 疋(胥)尹叙厥威義(儀)
1.249 疋(胥)尹叙厥威義(儀)
1.250 疋(胥)尹叙厥威義(儀)
4.1900 父癸疋册
4.2118 疋彈𡨦乍(作)父丙
5.2817 王乎乍(作)册尹册命師晨：疋(胥)師俗嗣邑人
5.2820 昔先王既令女(汝)左(佐)疋(胥)𣪘侯/令女(汝)左(佐)疋(胥)𣪘侯
6.3393 亞疋亀□
8.4240 曰：令女(汝)疋(胥)周師嗣歡(廩)
8.4244 王乎乍(作)册尹〔册賜〕走：䡈(纘)疋(胥)益
8.4267 王命尹册命申：更乃祖考疋(胥)大(太)祝
8.4274 王乎內史尹册令(命)師兑：疋(胥)師龢父
8.4275 王乎內史尹册令(命)師兑：疋(胥)師龢父
8.4318 王乎內史尹册令(命)師兑：余既令女(汝)疋(胥)師龢父
8.4319 王乎內史尹册令(命)師兑：余既令(命)女(汝)疋(胥)師龢父
8.4340 令(命)女(汝)眔曶䡈(纘)疋(胥)對各
15.10169 疋(胥)備仲嗣六師服

0996　甊

2.387 亞甊

0997　甊(跜)

14.8781 亞夭(走)甊(跜)

0998　𠂈

14.8786 亞𠂈(跜)𠔿

0999　走

1.7 自乍(作)其走(奏)鐘
1.54 走乍(作)朕皇祖、文考寶龢鐘/走其萬年
1.56 走乍(作)朕皇祖、文考寶龢鐘/走其萬年
1.57 走乍(作)朕皇祖、文考寶龢鐘/走其萬年
1.58 走乍(作)朕皇祖、文考寶龢鐘/走其萬年
1.59 都公敄人自乍(作)走(奏)鐘
4.2452 𨸏父之走(趣)馬吳買
5.2803 令眔奮先馬走
5.2807 王召走(趣)馬膺
5.2808 王召走(趣)馬膺
5.2834 禹曰：不(丕)顯走(趄趄)皇祖穆公
5.2837 享奔走
5.2840 𠭯(吾)老賙(賈)奔走不聽命
7.4023 伯中父夙夜事走(朕)考
7.4095 唯食生(甥)走馬谷自乍(作)吉金用尊毁
8.4241 克奔走上下
8.4244 嗣馬井伯〔入〕右(佑)走/王乎乍(作)册尹〔册賜〕走：䡈(纘)疋(胥)益/走敢拜䭫首/走其眔厥子子孫孫
8.4255 賜女(汝)戠(織)衣、赤𠔿芾、緣(鑾)旂、楚走馬
8.4274 嗣左右走(趣)馬、五邑走(趣)馬
8.4275 嗣左右走(趣)馬、五邑走(趣)馬
8.4318 嗣左右走(趣)馬/令(命)女(汝)䡈(纘)嗣走(趣)馬
8.4319 嗣左右走(趣)馬/令(命)女(汝)䡈(纘)嗣走(趣)馬

8.4321 先虎臣後庸：西門尸(夷)、秦尸(夷)、京尸(夷)、彙尸(夷)、師笭、側新(薪)、□華尸(夷)、弁豸尸(夷)、㕚人、成周走亞、戍、秦人、降人、服尸(夷)
9.4420 走亞𪓐(䜌)孟延乍(作)盨
9.4421 走亞𪓐(䜌)孟延乍(作)盨
9.4427 食仲走父乍(作)旅盨／走父以(與)其子子孫孫寶用
9.4440 肇乍(作)皇考伯走父𩟄(饋)盨毁
9.4441 肇乍(作)皇考伯走父𩟄(饋)盨毁
9.4556 走(趣)馬辪(薛)仲赤
10.5289 走
10.5433 效不敢不邁(萬)年夙夜奔走揚公休
11.6009 效不敢不邁(萬)年夙夜奔走揚公休
11.6015 享旋走令
14.8986 走(趣)馬乍(作)彝
15.9451 用旋走
15.9588 右走(趣)馬嘉自乍(作)行壺
16.10170 益公右(佑)走(趣)馬休
16.10275 肇乍(作)皇考伯走父寶也(匜)
16.10360 旋走事皇辟君
17.11168 曾侯乙之走戈
17.11171 曾侯乙之走戈

1000 赴

16.9995 郙子彰(鬻)之赴缶

1001 徒、𢓊

1.272-8 勬(勠)龢三軍徒𨕊／𨖍(造)或(䧅)徒四千
1.285 勬(勠)龢三軍徒𨕊／𨖍(造)或(䧅)徒四千
2.428 余以政𤔲(台)徒
3.1499 □徒
5.2592 [魯]大左𤔲徒元乍(作)善(膳)貞(鼎)
5.2593 魯大左𤔲徒元乍(作)善(膳)貞(鼎)
5.2597 晉𤔲徒伯𨛭父乍(作)周姬寶尊鼎
5.2814 𤔲徒南仲右(佑)無(許)叀
5.2833 𩍈(肆)武公迺遣禹率公戎車百乘、斯(厮)馭二百、徒千／雩禹以武公徒馭至于噩(鄂)
5.2834 斯(厮)馭二百、徒〔千〕
8.4294 𤔲徒單伯內(入)右(佑)揚
8.4295 𤔲徒單伯內(入)右(佑)揚
8.4313 無諆(㠱)徒馭
8.4314 無諆(㠱)徒馭
9.4415 魯𤔲徒伯吳
9.4440 魯𤔲𢓊(辻、徒)仲齊
9.4441 魯𤔲𢓊(徒)仲齊
9.4689 魯大𤔲徒厚氏元
9.4690 魯大𤔲徒厚氏元
9.4691 魯大𤔲徒厚氏元
16.9981 樂大𤔲徒子𠂤之子引
16.10116 魯𤔲𢓊(徒)仲齊肇乍(作)般(盤)
16.10275 魯𤔲𢓊(徒)仲齊
16.10277 魯大𤔲徒子仲白
16.10316 魯大𤔲徒元乍(作)飲盂
16.10322 公迺命酉𤔲𢓊(徒)𠕋父、周人𤔲工(空)㞋、敝史、師氏、邑人奎父、畢人師同
17.10971 左徒戈
17.11024 武城徒戈
17.11049 仕斤徒戈
17.11050 仕斤徒戈
17.11086 陳子翼徒戈
17.11116 虢大(太)子元徒戈
17.11117 虢大(太)子元徒戈
17.11158 平阿左造徒戜(戟)
17.11205 滕(滕)司徒□之戈
17.11287 上郡〔守〕高、丞甲、徒淫
18.11592 高陽右□徒
18.11694 春平相邦鄗(晉)得、邦右庫工師㲻(䡌)𨋫徒、冶臣成敕(撻)齋(劑)
18.12110 女(如)檜(擔)徒
18.12111 女(如)檜(擔)徒
18.12112 女(如)檜(擔)徒

1002 起

17.11370 上郡守起之〔造〕

1003 趄

18.11546 宅陽命(令)隅𨱯、右庫工師夜痆(瘥)、冶趄𢿵(造)

1004 趑

10.5402 賜趞(遣)采曰趑
11.5992 賜趞(遣)采曰趑

1005 趌

4.2231 楚子趌之飤緐

1006 趙

15.9537 趙君啟妾

1007 𧺳

1.34 戎𧺳搏武

1.121 趄趄哉
1.122 趄趄哉
1.125-8 趄趄哉
1.129-31 趄趄哉
1.246 痶趄趄
1.270 剌剌(烈烈)趄趄(桓桓)
5.2833 禹曰：不(丕)顯趄趄皇祖穆公
5.2840 𪊨(吾)先祖趄王、卲(昭)考成王
8.4124 尌仲乍(作)朕皇考趄仲𩰬彝尊㲃
8.4315 剌剌(烈烈)趄趄(桓桓)
9.4629 少子陳逆曰：余陳(田)趄(桓)子之裔孫
9.4630 少子陳逆曰：余陳(田)趄(桓)子之裔孫
9.4649 陳侯因𪒠(齊)曰：皇考孝武趄(桓)公龏(恭)載(戴)/ 倈𢑛(嗣)趄文 / 用乍(作)孝武趄(桓)公祭器錞(敦)
10.5263 趄乍(作)祖丁寶尊彝
11.5951 省史趄乍(作)祖丁寶尊彝
15.9710 聖趄(桓)之夫人曾姬無卹
15.9711 聖趄(桓)之夫人曾姬無卹
15.9735 趄(桓)祖、成考
16.10173 趄趄(桓桓)子白

1008 趦

16.10285 尃(溥)趦(狢)畜覩(睦)餴

1009 趙

15.9678 爲趙孟庎(介)
15.9679 爲趙孟庎(介)
18.11719 叔趙父乍(作)旅爯

1010 起

16.10478 丌(其)楬(題)起(湊)堋(長)三乇(尺)/ 丌(其)楬(題)起(湊)堋(長)三乇(尺)

1011 越

5.2839 □越伯□□亟(鬼)旟(獯)

1012 趙

5.2832 𤔲土(徒)邑人趙、𤔲馬頌人邦、𤔲工陶矩
15.9456 燮(豳)趙、衛小子𨒅逆者(諸)其鄉(饗)

1013 趞(趏)

4.2190 伯趞(趏)乍(作)尊寶彝

1014 趡

15.9817 趡乍(作)文父戊尊彝

1015 趣

8.4152 盦(拾)趣(取)吉金

1016 趞

5.2783 井伯入右(佑)趞曹 / 賜趞曹載(緇)巿、冋(裦)黃(衡)、䜌(鑾)/ 趞曹拜䭫首
5.2784 史趞曹賜弓矢、虎盧、九(厹)、冑、毌(干)、殳 / 趞曹敢對
17.11374 上守趞(司馬錯)造

1017 趝

3.628 姬趝母乍(作)尊鬲
3.629 姬趝母乍(作)尊鬲
3.745 師趝乍(作)文考聖公、文母聖姬尊𩰬
5.2713 師趝乍(作)文考聖公、文母聖姬尊䰜
9.4429 師趝乍(作)楷姬旅盨
9.4465 王令尹氏友史趝

1018 趧(逭)

5.2730 厚趧又(有)償(饋)于溓(濂)公 / 趧用乍(作)厥文考父辛寶尊齍

1019 趮(達)

7.3788 趮乍(作)寶㲃
7.3846 訇伯趮(達)乍(作)寶㲃

1020 趆

3.884 師趆乍(作)旅甗尊

1021 趄

7.4042 易𣎳曰：趄叔休于小臣貝三朋、臣三家
7.4043 易𣎳曰：趄叔休于小臣貝三朋、臣三家

1022 趩(運)

17.11367 莫(漢)中守趩(運)造

1023 趱

8.4298 賜趱睽里 / 王令善(膳)夫豖曰趱睽曰：余既賜大乃里
8.4299 賜趱睽里 / 王令善(膳)夫豖曰趱睽曰：余既賜大乃里

1024 趬

1.262-3 趬趬(藹藹)允義
1.264-6 趬趬(藹藹)允義
1.267 趬趬(藹藹)允義
1.268 趬趬(藹藹)允義
1.269 趬趬(藹藹)允義
1.270 趬趬(藹藹)文武
8.4315 趬趬(藹藹)文武

1025 趧

8.4266 密叔又(佑)趧 /

王若曰：趞/趞拜䭫首

1026 趨

8.4132 賞菽(叔)鬱鬯、白金、趨(芻)牛
8.4133 賞菽(叔)鬱鬯、白金、趨(芻)牛
16.10575 趨(鄒)子𡨦(㑥)乍(作)父庚寶尊彝

1027 䞘

5.2588 宋䐗(莊)公之孫䞘亥
5.2815 宰訊右(佑)䞘/王乎內史𠤳册賜䞘：玄衣屯(純)黹、赤芾、朱黃(衡)、䜌(鑾)旂、攸(鋚)勒/䞘拜䭫首

1028 趄、趄

1.153 敦敦趄趄(熙熙)
1.154 敦敦趄趄(熙熙)
1.203 皇皇趄趄(熙熙)
1.261 䣝䣝趄趄(熙熙)

1029 䞯(遣)

5.2731 王令䞯截(捷)東反(叛)尸(夷)/疐肇從䞯征
7.3848 䞯(遣)小子䣃以(與)其友
8.4162 孟曰：朕文考眔毛公、䞯(遣)仲征無需
8.4163 孟曰：朕文考眔毛公、䞯(遣)仲征無需
8.4164 孟曰：朕文考眔毛公、䞯(遣)仲征無需
8.4341 䞯(遣)令曰：以乃族從父征
10.5402 賜䞯(遣)采曰趆/䞯對王休
11.5992 賜䞯(遣)采曰趆/䞯對王休
16.10322 厥眔公出厥命：井伯、焚(榮)伯、尹氏、師俗父、䞯(遣)仲

1030 趞

12.7305 趞乍(作)日癸寶尊彝

1031 䞭

10.5369 無(許)仲䞭乍(作)厥文考寶尊彝
11.5963 無(許)仲䞭乍(作)厥文考寶尊彝

1032 趧(趩)

1.261 畏其(忌)趧趧
5.2811 畏期(忌)趧趧
12.6516 咸井叔入右(佑)趧/王乎內史册令(命)趧：更厥祖考服/賜趧戠(織)衣、載(緇)芾、冋(絅)黃(衡)、旂/趧拜䭫首/對趧蔑曆

1033 趫

3.685 齊趫父乍(作)孟姬寶鬲
3.686 齊趫父乍(作)孟姬寶鬲

1034 趡

1.246 夙夕聖趡(爽)
16.10175 㽙(㝬、胡)屖(遲)文考乙公遽(競)趡(爽)

1035 趚

1.109-10 㝬憲憲聖趚(爽)
1.111 㝬憲憲聖趚(爽)

1036 䟊

7.4004 師䟊父孫孫叔多父
7.4005 師䟊父孫孫叔多父
7.4006 師䟊父孫孫叔多父
10.5428 叔䟊父曰：余考(老)不克御事
10.5429 叔䟊父曰：余考(老)不克御事

1037 趯

5.2841 趯余小子圂湛于艱

1038 巡

4.2527 虒竛(令)𤺺、眂(視)事𩀧、冶巡鑄
18.11670 守相杢(執、廉)波(頗)、右庫工師慶□、冶巡敎(撻)齋(劑)
18.11676 邦司寇肖(趙)新、邦右庫工師下足、冶巡敎(撻)齋(劑)
18.11700 守相杢(執、廉)波(頗)、邦右庫工師韓亥、冶巡敎(撻)齋(劑)
18.11701 守相杢(執、廉)波(頗)、邦右庫工師韓亥、冶巡敎(撻)齋(劑)
18.11708 相邦春平侯、邦右庫工師訬秳、冶巡敎(撻)齋(劑)
18.11715 相邦春平侯、邦右伐器工師從訬、冶巡敎(撻)齋(劑)

1039 达

12.6485 子达乍(作)兄日辛彝

1040 𨑒

5.2840 猶粯(迷)惑於子之而𨑒(亡)其邦

1041 迖

5.2711 王迖于乍(作)册般新宗
5.2775 王迖于楚麓/王至于迖应
10.5404 帝司賞庚姬貝卅朋、迖(貸)絲廿寽(鋝)
11.5997 帝司(姛)賞庚姬貝卅朋、迖(貸)絲廿寽(鋝)

1042 迀(下)

18.11686 邦司寇馬慦、迀(下)庫工師得尚、

冶君(尹)曦半釪敎(撻)齋(劑)

1043 迋

4.2083 連迋之御堯
4.2084 連迋之行升(斛)

1044 𬨎

11.6015 亡𬨎(尤)

1045 迿、㓞

17.10965 攻(工)師迿

1046 近

17.11348 龏(龔)翰(令)思、左庫工師長史廬、冶數近
17.11349 龏(龔)翰(令)思、左庫工師長史廬、冶數近

1047 迲

1.183 曾孫僕兒、余迲斯于之子(孫)、余茲佫之元子
1.185 曾孫僕兒、余迲斯于之孫

1048 𨑖(赴)

9.4688 台(以)爲大𨑖(赴)之從鈇

1049 迠

18.11506 迠庫

1050 迺、廼

15.9559 子𡟳迺子壺
15.9560 子𡟳迺子壺

1051 返

1.83 返自西旓
1.85 返自西旓
15.9734 返臣丌(其)宔(主)
15.9735 賙(貯)曰:爲人臣而返(反)臣其宔(主)
18.12110 歲罷(𩁹、嬴)返
18.12111 歲罷(𩁹、嬴)返
18.12112 歲罷(𩁹、嬴)返
18.12113 歲罷(𩁹、嬴)返

1052 𨒌(跚)

10.5410 叟(搜)𨒌(跚)山谷
11.5983 𨒌(跚)山谷

1053 𨑗(征)

9.4420 走亞𨑗(𨑗)孟𨑗乍(作)𦉢/𨑗其萬年永寶
9.4421 走亞𨑗(𨑗)孟𨑗乍(作)𦉢/𨑗其萬年永寶
9.4442 乍(作)其𨑗(征)𦉢/以𨑗(征)以行
9.4443 乍(作)其𨑗(征)𦉢/以𨑗(征)以行
9.4444 乍(作)其𨑗(征)𦉢/以𨑗(征)以行
9.4445 乍(作)其𨑗(征)𦉢/以𨑗(征)以行

1054 迲、盍

2.429 迲(却)蔡于寺

1055 徣(延、辿)

7.3767 㝬徣(誕)乍(作)寶𣪕
7.3768 㝬徣(誕)乍(作)寶𣪕
8.4169 徣(誕)伐渒黑
8.4341 徣(誕)城衛父身/唯民亡徣(延)才(哉)
10.5421 徣(誕)餗葊京年
10.5422 徣(誕)餗葊京年
11.5999 徣(誕)餗葊京年
11.6016 公令徣(延)同卿事寮/徣(誕)令舍(捨)三事令
12.6488 冶徣乍(作)厥寶尊彝
15.9454 徣(誕)餗葊京年
16.9901 公令徣同卿事寮/徣令舍(捨)三事令

1056 辿、𢓇

5.2835 廼辿(延)于獻宮
8.4159 𪓐(蜩)辿(延)公

1057 述

3.980 述(墜)王魚顛(鼎)
5.2837 我聞殷述(墜)令(命)
5.2839 祼述
6.3646 史述乍(作)父乙寶𣪕
8.4238 述東陕
8.4239 述東陕
10.5336 述乍(作)兄日乙寶尊彝
11.5934 述乍(作)兄日乙寶尊彝
15.9735 述(遂)定君臣之竨(位)
15.9823 其遾𣄰弗述(墜)
16.10321 命㴋(逋)事(使)于述(遂)土

1058 迮

1.157 率征秦迮齊
1.158 率征秦迮齊
1.159 率征秦迮齊
1.160 率征秦迮齊
1.161 率征秦迮齊
5.2732 用征台(以)迮

1059 𨒂(跗)

7.4036 筥小子𨒂(跗)家弗受𢼇
7.4037 筥小子𨒂(跗)家弗受𢼇

1060 逑

16.10308 逑乍(作)寶尊彝

1061 速

8.4216 敬毋敗速(績)
8.4217 敬毋敗速(績)
8.4218 敬毋敗速(績)
8.4313 弗速(蹟)我東𨛭(國)
8.4314 弗速(蹟)我東𨛭(國)

1062 追

1.59 用追孝于厥皇祖哀公、皇考晨公
1.65 其用追孝于皇考己(紀)伯
1.66 用追孝于皇考己(紀)伯
1.67 其用追孝于皇考己(紀)伯
1.68 其用追孝于皇考己(紀)伯
1.69 其用追孝于皇考己(紀)伯
1.70 其用追孝于皇考己(紀)伯
1.71 其用追孝于皇考己(紀)伯
1.88 用追孝于己伯
1.89 用追孝于己伯
1.90-1 用追孝于己伯
1.109-10 用追考(孝)、侃喜前文人
1.112 用追考(孝)考(孝)侃前文人
1.183 台(以)追考(孝)侁(先)祖
1.184 台(以)追考(孝)侁(先)祖
1.186 追考(孝)于侁(先)祖
1.246 追孝于高祖辛公、文祖乙公、皇考丁公
1.247 用追孝、𩛥(敦)祀、卲各樂大神
1.248 用追孝、𩛥(敦)祀、卲各樂大神
1.249 用追孝、𩛥(敦)祀、卲各樂大神
1.250 用追孝、𩛥(敦)祀、卲各樂大神
5.2753 用追享丂(孝)于皇祖考
5.2762 用追公孝
5.2771 用追孝于厥皇祖晨公
5.2772 用追孝于厥皇祖晨公
5.2777 史伯碩父追考(孝)于朕皇考釐仲、王(皇)母泉母
5.2813 用追考(孝)于刺仲
5.2827 用追孝祈匄康𩁹、屯(純)右(祐)、通彔(禄)、永令(命)
5.2828 用追孝祈匄康𩁹、屯(純)右(祐)、通彔(禄)、永令(命)
5.2829 用追孝祈匄康𩁹、屯(純)右(祐)、通彔(禄)、永令(命)
5.2835 告追于王 / 羞追于京師 / 羞追于京師 / 多友西追 / 追搏于世 / 𨒥(越)追至于楊冢(塚)
6.3692 用追考(孝)
6.3693 用追考(孝)
7.4038 其用追孝于朕敵(嫡)考
7.4040 用追孝于其父母
7.4047 王令東宮追以六師之年
7.4071 其用追考(孝)于其辟君武公
7.4072 其用追考(孝)于其辟君武公
7.4073 用追考(孝)于厥皇考
8.4129 其用追孝于朕皇祖、啻(嫡)考
8.4147 用追享孝
8.4148 用追享孝
8.4149 用追享孝
8.4150 用追享孝
8.4151 用追享孝
8.4182 用禪(祈)追孝于皇考叀仲
8.4190 用追孝於(于)我皇𣪘(舅)
8.4203 𥁰其用追孝于其皇考
8.4204 𥁰其用追孝于其皇考
8.4216 令女(汝)羞追于齊
8.4217 令女(汝)羞追于齊
8.4218 令女(汝)羞追于齊
8.4219 追虔夙夕恤厥死(尸)事 / 天子多賜追休 / 追敢對天子覭(景)揚 / 追其萬年
8.4220 追虔夙夕恤厥死(尸)事 / 天子多賜追休 / 追敢對天子覭(景)揚 / 追其萬年
8.4221 追虔夙夕恤厥死(尸)事 / 天子多賜追休 / 追敢對天子覭(景)揚 / 追其萬年
8.4222 追虔夙夕恤厥死(尸)事 / 天子多賜追休 / 追敢對天子覭(景)揚 / 追其萬年
8.4223 追虔夙夕恤厥死(尸)事 / 天子多賜追休 / 追敢對天子覭(景)揚 / 追其萬年
8.4224 追虔夙夕恤厥死(尸)事 / 天子多賜追休 / 追敢對天子覭(景)揚 / 追其萬年
8.4241 追考(孝)
8.4322 戜率有嗣、師氏奔追鄧(攔)戎于𢦏(域)林
8.4323 王令敔追鄧(攔)于上洛、㷅(熤)谷
8.4328 王令我羞追于西 / 余命女(汝)御(禦)追于䍐 / 從追女(汝)
8.4329 王令我羞追于西 / 余命女(汝)御(禦)追于䍐 / 從追女(汝)
8.4332 用追孝、祈匄康𩁹、屯(純)右(祐)、通彔(祿)、永令(命)
8.4333 用追孝祈匄康𩁹、屯(純)右(祐)、通

彔(祿)、永令(命)
8.4334 用追孝祈匃康𩁹、屯(純)右(祐)、通彔(祿)、永令(命)
8.4335 用追孝祈匃康𩁹、屯(純)右(祐)、通彔(祿)、永令(命)
8.4336 用追孝祈匃康𩁹、屯(純)右(祐)、通彔(祿)、永令(命)
8.4337 用追孝祈匃康𩁹、屯(純)右(祐)、通彔(祿)、永令(命)
8.4338 用追孝祈匃康𩁹、屯(純)右(祐)、通彔(祿)、永令(命)
8.4339 用追孝祈匃康𩁹、屯(純)右(祐)、通彔(祿)、永令(命)
9.4458 僉夙屢(興)用追孝
9.4600 用追孝于皇祖、皇考
10.5416 用追于炎
11.6004 用追于炎
11.6016 敢追明公賞于父丁
15.9433 用追考(孝)
15.9718 用追寵(福)彔(祿)
15.9721 幾父用追孝
15.9722 幾父用追孝
15.9731 用追孝祈匃康𩁹、屯(純)右(祐)、通彔(祿)、永令(命)
15.9732 用追孝祈匃康𩁹、屯(純)右(祐)、通彔(祿)、永令(命)
15.9734 以追庸(誦)先王之工(功)剌(烈)
16.9882 仲追父乍(作)宗彝
16.9901 敢追明公賞于父丁

1063 屰

4.1718 屰子干
7.3749 亞屰
10.4815 亞屰
10.4816 亞屰
12.6546 屰
13.7337 屰
13.7338 屰
13.7795 亞屰
13.7796 亞屰
13.8027 屰丁
13.8059 癸屰
13.8147 𠁩屰
13.8148 𠁩屰
13.8158 屰征
14.8520 屰父戊
14.8599 屰父辛
14.8887 父丁亞屰
14.8964 屰目父癸
14.8965 屰目父癸
14.8966 屰目父癸
15.9771 登屰
16.9854 亞屰
16.9910 亞屰
16.10176 正眉(堳)夨舍(捨)散田：嗣土(徒)屰𠷎、嗣馬單𩢛、𨟭人嗣工(空)騵君、宰德父
17.10632 屰
17.10633 屰
17.10634 屰

1064 逆

1.60-3 叔氏令史畝召逆 / 叔氏若曰：逆 / 逆敢拜手䭫(韻)
1.106 楚公逆自乍(作)夜雷鎛 / 公逆其萬年又(有)壽
1.260 𠬝孳(子)迺遣閒來逆卲王
2.429 逆〔于〕郐(徐)人、陳〔人〕
3.1035 逆
3.1036 逆
4.1888 逆𣪘(䎳)父辛
4.2487 用鄉(饗)王逆造事(使)人
5.2831 衛小子𡚬(?)逆者(諸)
5.2832 于卲大室東逆(朔)/ 厥逆(朔)疆眔厲田 / 衛小子逆其鄉(饗)、飼(賸)
5.2838 不逆付
6.3731 用鄉(饗)王逆造事
7.3747 用鄉(饗)王逆造
7.3748 用鄉(饗)王逆造
7.4096 陳屯(純)裔孫逆
8.4270 厥逆(朔)至于玄水
8.4271 厥逆(朔)至于玄水
8.4300 用鄉(饗)王逆造
8.4301 用鄉(饗)王逆造
9.4464 逆見我 / 亡敢不𢿞(敉)具(俱)逆王命
9.4466 令小臣成友逆旅□、內史無𥀿、大(太)史旟
9.4521 階侯微逆乍(作)簠
9.4629 少子陳逆曰：余陳(田)趄(桓)子之裔孫
9.4630 少子陳逆曰：余陳(田)趄(桓)子之裔孫
10.5428 逆造出內(入)事(使)人
10.5429 逆造出內(入)事(使)人
11.5874 逆乍(作)父丁寶尊彝
11.6015 用㝨侯逆造
11.6133 逆父
12.6416 逆㰻父辛
13.7339 逆
15.9456 燮(豳)趙、衛小子𩛥逆者(諸)其鄉(饗)
15.9697 用逆姞氏
15.9726 鄉(饗)逆酉(酒)
15.9727 鄉(饗)逆酉(酒)
15.9735 則並(上)逆於天 / 不顧逆㤻(順)/ 唯逆生禍
16.9973 逆造 / 我奠(鄭)逆造
18.12110 命集尹恕

(怊)糣(䊧)、裁(織)尹逆、裁(織)斂(令)阢

18.12111 命集尹恕(怊)糣(䊧)、裁(織)尹逆、裁(織)斂(令)阢

18.12112 命集尹恕(怊)糣(䊧)、裁(織)尹逆、裁(織)斂(令)阢

18.12113 命集尹恕(怊)糣(䊧)、裁(織)尹逆、裁(織)斂(令)阢

1065 退

8.4261 王降亡助(賀、嘉)爵、退(褪)囊

9.4469 又(有)進退

15.9735 而退與者(諸)侯齒淲(長)於逾(會)同

16.10374 而台(以)發退女(如)闢人

16.10478 建(進)退逃(兆)乏(窆)者

1066 遂

16.10374 中刑斤遂(殺)/ 厥辟□遂

1067 送

15.9734 唯送(朕)先王

1068 逗

1.223-4 吳王光逗之穆曾(贈)舯(舒)金

5.2549 鄦(許)男乍(作)成姜逗(趄)女(母)朕(媵)尊貞(鼎)

6.3740 齊史逗乍(作)寶殷

16.10175 亟獄逗(宣)慕(謨)

17.11255 大(吳)王光逗自乍(作)用戈

17.11256 大(吳)王光逗自(作)用戈

17.11257 大(吳)王光逗自乍(作)用戈

18.11666 逗余允至

1069 逃

16.10478 王命賙(貯)爲逃(兆)乏(窆)/ 建(進)退逃(兆)乏(窆)者

1070 遹、适

9.4648 用乍(作)平壽遹器辜(敦)

16.10190 王子遹之逾(會)盡(浣)

1071 逾(會)

5.2694 王令宜子逾(會)西方于省

10.5415 逾(會)王大祀

11.6003 逾(會)王大祀

11.6015 逾(會)王餴莽京

16.10175 逾(會)受萬邦

1072 造、戠、艁、鋯、賠、廍、遣、寤

1.271 侯氏從造(告)之曰：枼(世)萬至於辝(台)孫子

3.604 聿造乍(作)尊鬲

3.949 造□邦

4.2326 史造(？)乍(作)父癸寶尊彝

4.2422 郜造遾(譴)乍(作)寶鼎

4.2487 用鄉(饗)王逆造事(使)人

5.2732 乍(作)其造(竈)鼎十

5.2779 用造王

5.2827 監嗣新造

5.2828 監嗣新造

5.2829 監嗣新造

6.3731 用鄉(饗)王逆造事

7.3747 用鄉(饗)王逆造

7.3748 用鄉(饗)王逆造

8.4241 魯天子造厥瀕(頻)福

8.4300 用鄉(饗)王逆造

8.4301 用鄉(饗)王逆造

8.4332 監嗣新造

8.4333 監嗣新造

8.4334 監嗣新造

8.4335 監嗣新造

8.4336 監嗣新造

8.4337 監嗣新造

8.4338 監嗣新造

8.4339 監嗣新造

10.5428 逆造出內(入)事(使)人

10.5429 逆造出內(入)事(使)人

11.6015 用鬲侯逆造 / 冬(終)用造德

15.9630 吕王造乍(作)內(芮)姬尊壺

15.9731 監嗣新造

15.9732 監嗣新造

16.9973 逆造 / 我奠(鄭)逆造

16.10285 造亦兹五夫

16.10297 攸爭(載)造金監(鑑)

16.10372 大良造鞅

16.10384 漆工配、丞詘造

16.10472 左使車造

17.10962 𦿘戠(造)戈

17.10968 左之艁(造)

17.11006 桒之艁(造)

17.11023 高密戠(造)戈

17.11034 陳卯鋯(造)鈛(戈)

17.11035 陳余造鈛(戈)

17.11046 敔之造戟(？)

17.11062 陵右鋯(造)鍼(戟)

17.11068 豫少(小)鉤(鈎)庫造

17.11073 闖(間)丘虞鴝造

17.11074 郛(郛、豫)州左庫造

17.11076 𢓊(徹)子之艁(造)戈

17.11077 滕(滕)侯耆(耆、耆)之鋯(造)

17.11078 滕(滕)侯耆(耆、耆)之艁(造)
17.11079 滕(滕)侯昊(昃)之艁(造)
17.11080 𪓑子之艁(造)戈
17.11081 陳侯因資(齊)艁(造)
17.11084 陳子山造戜(戟)
17.11087 陳子翼造戈
17.11088 君子㣇造戜(戟)
17.11089 羊子之艁(造)戈
17.11090 羊子之艁(造)戈
17.11099 □公之造戈
17.11101 平阿右造(?)銭(戈)
17.11120 曹公子池之艁(造)戈
17.11124 𦎧(淳)于公之𧰼艁(造)
17.11125 𦎧(淳)于公之𧰼艁(造)
17.11128 陳卿聖孟造銭(戈)
17.11129 陳侯因資(齊)之造
17.11130 子禾(和)子左造戜(戟)
17.11132 宋公得(德、特)之𧵥(造)戈
17.11133 宋公䜌(欒)之𧵥(造)戈
17.11158 平阿左造徒戜(戟)
17.11160 即墨華之造用
17.11183 谷眗𢦏(造)銭(戈)□
17.11202 御(程)侯之𧵥(造)戈五百
17.11203 内(芮)大攺□之造
17.11204 宋公差(佐)之𧵥(造)戈
17.11206 邾大𤔲馬之艁(造)戈
17.11210 羊角之亲(新)艁(造)散戈
17.11260 陳侯因咨(齊)造
17.11279 大良造鞅之造戟
17.11281 宋公差(佐)之所𧵥(造)莭族戈
17.11289 宋公差(佐)之所𧵥(造)不昜族戈
17.11294 丞相觸(壽燭)造
17.11296 上郡疾造
17.11297 上郡守疾之造
17.11298 州□□□忩(价)、工師㯟𣏟(漆)、丞造
17.11308 相邦呂不韋造
17.11331 臨汾守曋、庫係、工歍造
17.11342 相邦冄(冉)造
17.11352 秦子乍(作)造(造)中辟元用
17.11353 秦子乍(作)造(造)公族元用
17.11359 相邦冄(冉)其造
17.11361 相邦樛斿之造/櫟陽工上造間
17.11362 上郡守廟造
17.11363 上郡守〔壽之〕造
17.11367 菓(漢)中守趣(運)造
17.11368 蜀守武造
17.11369 上郡守冰(李冰)造
17.11374 上守趞(司馬錯)造
17.11375 馬雍命(令)事(吏)吳、武庫工師奭信、冶祥造
17.11378 漆工朐、□□守丞巨造
17.11379 丞相啟、狀造
17.11380 相邦呂不韋造
17.11394 相邦義(張儀)之造
17.11395 相邦呂不韋造
17.11396 相邦呂不韋造
17.11399 上郡守冰(李冰)造
17.11404 上郡守壽(向壽)造
17.11405 上郡守壽(向壽)之造
17.11406 上郡守厝(司馬錯)造
18.11547 秦子乍(作)造公族元用
18.11548 寺工朩(幹)、攻(工)丞㪣造
18.11591 陳窒(窒)散造鐱(劍)
18.11609 险(陰)平左庫之艁(造)
18.11815 齊城右造車鉞(戟)、冶腽
18.11908 右㝑(坊)造
18.11911 大良造庶長鞅之造
18.12041 寺工獻、工上造但
18.12103 造□八□□右□

1073　逐

4.2375 逐肈諆(其)乍(作)廟叔寶尊彝
5.2729 楷仲賞厥嫊奚逐毛兩、馬匹
6.2972 逐
9.4469 㝵(俾)復虐逐厥君、厥師

1074　𨘲

4.2177 田𨘲乍(作)寶尊彝
4.2178 田𨘲乍(作)寶尊彝
4.2344 湈(沫)伯𨘲乍(作)寶尊彝
7.3887 伯𨘲父乍(作)嫥寶𣪘
7.4059 湈(沫)𤔲土(徒)𨘲眔啚(鄙)
10.5363 湈(沫)伯𨘲乍(作)厥考寶旅尊/湈(沫)伯𨘲乍(作)厥考寶旅尊彝

10.5364 湈(沫)伯⿺辶疑乍(作)厥考寶旅尊/湈(沫)伯⿺辶疑乍(作)厥考寶旅尊彝
11.5954 湈(沫)伯⿺辶疑乍(作)厥考寶旅尊彝
12.6480 ⿺辶疑乍(作)寶尊彝
12.6490 齊史⿺辶疑乍(作)祖辛寶彝
12.6491 齊史⿺辶疑乍(作)祖辛寶彝
15.9424 ⿺辶疑乍(作)厥考寶尊彝
16.10078 ⿺辶疑乍(作)厥考寶尊彝

1075 迣

7.3877 季佝父迣乍(作)寶毀

1076 途

15.9426 楚叔之孫途爲之盉

1077 連

1.155 □連小□利之於大〔郙〕者/連□小/大〔郙者〕連者(諸)尸(夷)/郕(越)禦曰:唯余〔者〕(諸)尸(夷)連
1.156 連余大郙
4.2083 連迁之御堯
4.2084 連迁之行升(鼎)
16.10373 羅莫囂(敖)臧帀(師)、連囂(敖)屈走(让)

1078 ⿺辶兹(連)

16.10478 巹(殃)⿺辶兹(連)子孫

1079 週、通

1.64 受(授)余通彔(祿)、庚(康)𧟄、屯(純)右(祐)
1.187-8 用祈匃康𧟄、屯(純)右(祐)、綽綰、通彔(祿)
1.189-90 用祈匃康𧟄、屯(純)右(祐)、綽綰、通彔(祿)
1.247 受(授)余屯(純)魯、通彔(祿)、永令(命)、眉壽、霝(靈)冬(終)
1.248 受(授)余屯(純)魯、通彔(祿)、永令(命)、眉壽、霝(靈)冬(終)
1.249 受(授)余屯(純)魯、通彔(祿)、永令(命)、眉壽、霝(靈)冬(終)
1.250 受(授)余屯(純)魯、通彔(祿)、永令(命)、眉壽、霝(靈)冬(終)
3.564 通乍(作)父癸彝
5.2826 卑(俾)貫通□
5.2827 用追孝祈匃康𧟄、屯(純)右(祐)、通彔(祿)、永令(命)
5.2828 用追孝祈匃康𧟄、屯(純)右(祐)、通彔(祿)、永令(命)
5.2829 用追孝祈匃康𧟄、屯(純)右(祐)、通彔(祿)、永令(命)
5.2831 舍(捨)盠冒梯、羝皮二、選皮二、業舄通(箭)皮二
8.4182 祈匃康𧟄、屯(純)右(祐)、通彔(祿)、永令(命)
8.4332 用追孝、祈匃康𧟄、屯(純)右(祐)、通彔(祿)、永令(命)
8.4333 用追孝祈匃康𧟄、屯(純)右(祐)、通彔(祿)、永令(命)
8.4334 用追孝祈匃康𧟄、屯(純)右(祐)、通彔(祿)、永令(命)
8.4335 用追孝祈匃康𧟄、屯(純)右(祐)、通彔(祿)、永令(命)
8.4336 用追孝祈匃康𧟄、屯(純)右(祐)、通彔(祿)、永令(命)
8.4337 用追孝祈匃康𧟄、屯(純)右(祐)、通彔(祿)、永令(命)
8.4338 用追孝祈匃康𧟄、屯(純)右(祐)、通彔(祿)、永令(命)
8.4339 用追孝祈匃康𧟄、屯(純)右(祐)、通彔(祿)、永令(命)
15.9731 用追孝祈匃康𧟄、屯(純)右(祐)、通彔(祿)、永令(命)
15.9732 用追孝祈匃康𧟄、屯(純)右(祐)、通彔(祿)、永令(命)

1080 ⿺辶㞢

4.2310 ⿺辶㞢(徵)乍(作)祖丁尊彝

1081 ⿺辶亟

18.11476 ⿺辶亟鬲

1082 逞

18.11640 吳季子之子逞之元用鐱(劍)

1083 ⿺辶更(𨂊)

11.6013 ⿺辶更(更)朕先寶事
16.9899 ⿺辶更(更)朕先寶事
16.9900 ⿺辶更(更)朕先寶事

1084 述

17.11399 高工丞沐叜(叟)、工隸臣述(徒)

1085 隹、進

5.2725 王賜歸𡚬進金
5.2726 王賜歸𡚬進金
5.2839 以嘼(酋)進/以□□□進賓
9.4469 又(有)進退
12.6679 進
15.9594 歸𡚬進
15.9735 進臤(賢)散(措)能
16.10174 毋敢不出其貟(帛)、其責(積)、其進人
16.10360 𦣞(召)肇進事

1086 建

16.10478 建(進)退逃(兆)乏(窆)者

1087 逪

5.2841 賜女(汝)秬鬯一卣、祼圭瓚寶、朱芾、悤(蔥)黄(衡)、玉環、玉琭、金車、桒(賁)綷較(較)、朱䩛(鞹)𢆶靳、虎冟(冪)熏裏、右軛、畫轉、畫輯、金甬(桶)、逪(錯)衡、金嶂(踵)、金豙(軛)、軜(約)㲋(盛)、金簟弼(茀)、魚箙、馬四匹、攸(鋚)勒、金𠯑(臺)、金膺、朱旂二鈴(鈴)

8.4326 賜朱芾、悤(蔥)黄(衡)、鞞鞣(璲)、玉睘(環)、玉琭、車、電軫、桒(賁)綷較(较)、朱䩛(鞹)𢆶靳、虎冟(冪)熏(纁)裏、逪(錯)衡、右戹(軛)、畫轉、畫輯、金童(踵)、金豙(軛)、金簟弼(茀)、魚葡(箙)、朱旂旜(旜)金芫二鈴

1088 逮

5.2841 勿雍(壅)逮庶人𡧊

1089 遟、徲

1.210 天命是遟
1.211 天命是遟
1.217 天命是遟
1.218 天命是遟
1.219 天命是遟
1.220 天命是遟
1.221 天命是遟
1.222 天命是遟
5.2787 日遟(揚)天子覭(景)令(命)
5.2788 日遟(揚)天子覭(景)令(命)
8.4229 日遟(揚)天子覭(景)令(命)
8.4230 日遟(揚)天子覭(景)令(命)
8.4231 日遟(揚)天子覭(景)令(命)
8.4232 日遟(揚)天子覭(景)令(命)
8.4233 日遟(揚)天子覭(景)令(命)
8.4234 日遟(揚)天子覭(景)令(命)
8.4235 日遟(揚)天子覭(景)令(命)
8.4236 日遟(揚)天子覭(景)令(命)
11.6015 遟(揚)天子休 / 遟明令
14.9058 埶(藝)遟父庚寶彝
16.9893 用鬲井(邢)侯出入遟(揚)令(命)

1090 遇(踽)

3.948 遇(踽)從師雍父 / 肩(肩)史(事)遇事(使)于䵼(胡)侯 / 侯蔑遇曆 / 賜遇金

1091 速(速)

9.4615 用速(速)先後者(諸)蜺(兄)

1092 逌

16.10176 奉(封)于芻逌

1093 逕

3.596 郳始逕母鑄其羞鬲

1094 遜

5.2837 遜窾遷自厥土

1095 遂

8.4327 今余非敢夢先公又(有)嶲遂
14.8977 母丙遂凿
16.10168 勿遂(墜)

1096 達

7.3787 保子達乍(作)寶殷
8.4313 曰冄、曰𢑚(䇾)、曰鈴、曰達
8.4314 曰冄、曰𢑚(䇾)、曰鈴、曰達
14.9079 達乍(作)父己尊彝
16.10175 達殷畯民

1097 逸、俛

9.4595 齊陳曼不敢逸康
9.4596 齊陳曼不敢逸康

1098 違

5.2595 公違省自東
7.3948 公違省自東
8.4341 亡卣(攸)違

1099 道

5.2840 以誅(誘)道(導)寡人 / 亡不𢍜(順)道
9.4469 爰奪叡行道
10.5409 王令士道歸(饋)貉子鹿三
15.9734 逢郾(燕)亡道燙(煬)上
16.10176 奉(封)于畧道 / 奉(封)于原道 / 奉(封)于周道 / 右還奉(封)于眉(郿)道 / 以南奉(封)于𢓊徠道 / 自根木道 / 道以東一奉(封)/ 奉(封)于同道

1100 邋(遄)

8.4315 㠱(其)嚴邋(遄)各

1101 遄

8.4246 取遄(徵)五寽(鋝)
8.4247 取遄(徵)五寽(鋝)
8.4248 取遄(徵)五寽(鋝)
8.4249 取遄(徵)五寽(鋝)
15.9729 遄傳淄(祇)御
15.9730 遄傳淄(祇)御

1102 過

7.3907 過伯從王伐反(叛)荆
13.7815 亞過
14.8991 過伯乍(作)彝

1103 逾

18.12113 逾油(淯)/逾灘(漢)/逾夏/逾江

1104 遉(偵)

5.2814 曰：官𤔲穆王遉(正)側虎臣

1105 遱

8.4323 南淮尸(夷)遱、殳

1106 適

18.12042 私庫嗇夫責正、工適
18.12043 私庫嗇夫責正、工適
18.12044 私庫嗇夫責正、工適
18.12045 私庫嗇夫責正、工適
18.12046 私庫嗇夫責正、工適
18.12047 私庫嗇夫責正、工適
18.12048 私庫嗇夫責正、工適
18.12049 私庫嗇夫責正、工適
18.12050 私庫嗇夫責正、工適
18.12051 私庫嗇夫責正、工適
18.12052 私庫嗇夫責正、工適
18.12053 私庫嗇夫責正、工適

1107 𨓚、𨓚、𨗉、遭、遭、傳、傳

7.4074 𨓚(傳)乍(作)朕文考胤伯尊段/𨓚(傳)其萬年
7.4075 𨓚(傳)乍(作)朕文考胤伯尊段/𨓚(傳)其萬年
11.5864 𨗉(傳)臾乍(作)從宗彝
18.12094 王命命𨓚(傳)賃
18.12095 王命命𨓚(傳)賃
18.12097 王命命𨓚(傳)賃
18.12098 王命命𨓚(傳)賃
18.12099 王命命𨓚(傳)賃
18.12100 王命命𨓚(傳)賃
18.12101 王命命𨓚(傳)賃
18.12102 王命命𨓚(傳)賃

1108 遘

5.2765 蝺(蚋)來遘于妊氏
8.4144 遘于妣戊武乙爽
8.4205 楷伯于遘王休
8.4331 好倗友雩百者(諸)婚遘(媾)
9.4465 唯用獻于師尹、倗友、聞(婚)遘(媾)
10.5401 其以父癸夙夕卿(佮)爾百聞(婚)遘(媾)
10.5412 遘于妣丙
10.5413 遘乙
10.5415 遘于四方
11.6003 遘于四方

1109 𨓈

1.183 而𨓈之字(慈)父/余購𨓈兒
1.184 余購𨓈兒

1110 遠

2.429 遠盄(淑)聞于王東吳谷
5.2826 用康頣(揉)妥(綏)褱(懷)遠銔(邇)君子
5.2836 頣(揉)遠能銔(邇)
8.4317 寍(憲)烝宇、慕遠猷
8.4326 頣(揉)遠能銔(邇)
16.10175 遠猷腹心

1111 遀(饋)

8.4208 令龏娥遀(饋)大則于段

1112 遣

1.260 艮孳(子)廼遣閑來逆卲王
4.2212 遣叔乍(作)旅鼎用
5.2755 遣仲令宍觏(纘)𤔲奠(甸)田/對揚遣仲休
5.2763 咸𢍰(羿)遣福二
5.2775 無遣(譴)
5.2826 嘉遣我
5.2833 肄(肆)武公廼遣禹率公戎車百乘、斯(厮)馭二百、徒千
5.2835 命武公遣乃元士
7.3866 城虢遣生(甥)乍(作)旅段
7.4029 遣三族伐東或(國)
8.4140 大(太)保克敬亡遣(譴)
8.4207 適御亡遣(譴)
8.4238 遣自𠂤師(次)
8.4239 遣自𠂤師(次)
9.4416 遣叔吉父乍(作)虢王姞旅須(盨)
9.4417 遣叔吉父乍(作)虢王姞旅須(盨)
9.4418 遣叔吉父乍(作)虢王姞旅須(盨)
10.5260 遣乍(作)祖乙寶尊彝
10.5432 王遣公大(太)史
13.8137 遣妊
15.9433 乍(作)遣盉
16.10372 齊遣卿大夫眾來聘

1113 遟(遲)

1.103 遟(遲)父乍(作)

姬齊姜龢𥂴(林)鍾(鐘)
2.287 其在䢅(申)也爲遟(夷)則
2.291 遟(夷)則之商
2.292 其在䢅(申)也爲遟(夷)則
2.294 遟(夷)則之徵
2.324 妥(蕤)賓之在䢅(申)也爲遟(夷)則/爲遟則徵曾
2.327 其在䢅(申)也爲遟(夷)則/遟(夷)則之徵曾
2.328 爲遟(夷)則翌(羽)角
2.329 遟(夷)則之徵
2.330 遟(夷)則之翌(羽)曾
4.2195 伯遟父乍(作)鶇(鶉)貞(鼎)
7.4102 仲𠭯父乍(作)朕皇考遟伯、王(皇)母遟姬尊𣪘
7.4103 仲𠭯父乍(作)朕皇考遟伯、王(皇)母遟姬尊𣪘
8.4188 乍(作)其皇祖考遟王、監伯尊𣪘
8.4189 乍(作)其皇祖考遟王、監伯尊𣪘
8.4279 遟公入右(佑)師旋
8.4280 遟公入右(佑)師旋
8.4281 遟公入右(佑)師旋
8.4282 遟公入右(佑)師旋

1114 遻(趨)

13.7477 伯遻(趨)
16.9890 王商(賞)遻(趨)貝

1115 遳

11.6014 克遳(弼)文王
14.9063 史遳乍(作)寶尊彝
16.10175 叀(惟)乙祖遳(弼)匹厥辟

1116 𨗓

1.272-8 𨗓(造)或(越)徒四千
1.285 𨗓(造)或(越)徒四千

1117 遇(遇)

4.2416 子遇乍(作)寶鼎

1118 𨘐

5.2811 倗之𨘐(𩰫)𩱧/自乍(作)𩱧彝𨘐(𩰫)鼎

1119 逋、逋

5.2581 小臣逋(逋)即事于西/休仲賜逋鼎
6.3113 㠯逋
12.6442 冋(坰)逋乍(作)父乙
16.10321 命逋(逋)事(使)于述(遂)土/天君事(使)逋事(使)𣳚(沫)/逋敢封(奉)揚

1120 逹

3.718 𡭴季乍(作)孟姬甯(庿)女(母)逹鬲
9.4464 逹(帥)高父見南淮尸(夷)
16.10322 厥逹(率)䝳(堣):厥疆宋句(洵)/永其逹寶用
17.11111 左行議逹戈

1121 𨘂(徂)

5.2746 𨘂(徂)省朔旁(方)

1122 邁

1.272-8 其邁(萬)福屯(純)魯/女(汝)考壽邁(萬)年
1.285 其邁(萬)福屯(純)魯/女(汝)考壽邁(萬)年
3.632 其邁(萬)年寶用
3.708 其邁(萬)年
3.730 其邁(萬)年
3.737 其邁(萬)年
3.744 琱生(甥)其邁(萬)年
3.927 其邁(萬)年永寶用
3.941 其邁(萬)年
4.2437 其邁(萬)年永寶用
4.2489 其孫孫子子邁(萬)年永寶
4.2493 其邁(萬)年子孫永用
4.2496 其邁(萬)年
4.2502 其邁(萬)年永寶用
4.2508 其邁(萬)年
4.2512 其邁(萬)年
4.2518 邁(萬)年永寶用
5.2596 其邁(萬)年
5.2598 其邁(萬)年
5.2619 其邁(萬)年
5.2632 其邁(萬)年
5.2633 其邁(萬)年
5.2639 其邁(萬)年眉壽
5.2649 其邁(萬)年
5.2655 猒其邁(萬)年永寶用
5.2738 邁(萬)年無疆
5.2762 顛(頊)其邁(萬)年
5.2767 𠫑(胡)叔、伯(信)姬其邁(萬)年
5.2776 天子邁(萬)年
5.2780 其邁(萬)年
5.2796 邁(萬)年無疆
5.2797 邁(萬)年無疆
5.2798 邁(萬)年無疆
5.2799 邁(萬)年無疆
5.2800 邁(萬)年無疆
5.2801 邁(萬)無疆
5.2802 邁(萬)年無疆
5.2807 大其子子孫孫邁(萬)年永寶用
5.2808 大其子子孫孫邁(萬)年永寶用
5.2810 其邁(萬)年
5.2818 鬲攸比其邁(萬)年
5.2819 寰其邁(萬)年
5.2820 余用匄屯(純)魯雩(于)邁(萬)年

5.2830 卑(俾)天子邁(萬)年
5.2831 衛其邁(萬)年永寶用
6.3720 窥邁(萬)年寶
6.3724 其邁(萬)年永寶
6.3725 其邁(萬)年用
6.3738 其邁(萬)年孫子寶
6.3741 其子孫邁(萬)年永寶
7.3751 邁(萬)年孫子寶
7.3752 其邁(萬)年用
7.3761 其邁(萬)年
7.3770 其子子孫孫邁(萬)年用
7.3781 其邁(萬)年永寶
7.3782 其邁(萬)年永寶
7.3804 其邁(萬)年
7.3819 其邁(萬)年
7.3833 其邁(萬)年
7.3834 其邁(萬)年
7.3840 其子子孫孫邁(萬)年永寶用
7.3841 其子子孫孫邁(萬)年永寶用
7.3842 其邁(萬)年
7.3843 其邁(萬)年
7.3844 其邁(萬)年
7.3860 其邁(萬)年永寶用
7.3869 其邁(萬)年永寶用
7.3871 其邁(萬)年永寶用
7.3873 其邁(萬)年壽考
7.3874 嬶嫼其邁(萬)年
7.3875 嬶嫼其邁(萬)年
7.3876 嬶嫼其邁(萬)年
7.3878 其子子孫孫邁(萬)年永寶用
7.3879 其子子孫孫邁(萬)年永寶用
7.3880 其子子孫孫邁(萬)年永寶用
7.3887 其邁(萬)年
7.3903 其邁(萬)年
7.3908 子子孫邁(萬)年永寶
7.3916 其邁(萬)年
7.3919 其邁(萬)年
7.3920 用祈邁(萬)壽
7.3932 邁(萬)年用
7.3934 邁(萬)年用
7.3945 嬶嫼其邁(萬)年
7.3956 其邁(萬)年
7.3957 其邁(萬)年
7.3960 其邁(萬)年
7.3961 其邁(萬)年
7.4004 其邁(萬)年
7.4005 其邁(萬)年
7.4006 其邁(萬)年
7.4027 其邁(萬)年
7.4028 其子子孫孫邁(萬)年
7.4045 其邁(萬)年
7.4063 子子孫其邁(萬)年
7.4064 子子孫其邁(萬)年
7.4073 唯用祈桒(祓)邁(萬)年
7.4090 其邁(萬)年
7.4102 其邁(萬)年
7.4103 其邁(萬)年
7.4113 其邁(萬)年
7.4120 其邁(萬)年無疆
8.4125 其子子孫孫邁(萬)年永寶用
8.4130 其邁(萬)年永寶用
8.4137 眔仲氏邁(萬)年
8.4141 琱娟其邁(萬)年
8.4142 琱娟其邁(萬)年
8.4143 琱娟其邁(萬)年
8.4183 邁(萬)年無疆
8.4188 邁(萬)年無疆
8.4189 邁(萬)年無疆
8.4203 其邁(萬)年
8.4204 其邁(萬)年
8.4209 衛其邁(萬)年
8.4242 禹其邁(萬)年永寶用
8.4246 其子子孫孫邁(萬)年
8.4247 其子子孫孫邁(萬)年
8.4248 其子子孫孫邁(萬)年
8.4249 其子子孫孫邁(萬)年
8.4253 弭叔其邁(萬)年
8.4254 弭叔其邁(萬)年
8.4262 其邁(萬)年
8.4263 其邁(萬)年
8.4264 其邁(萬)年
8.4265 其邁(萬)年
8.4266 其子子孫孫邁(萬)年寶用
8.4267 申其邁(萬)年用
8.4270 其邁(萬)年
8.4271 其邁(萬)年
8.4272 其邁(萬)年
8.4278 比其邁(萬)年
8.4279 其邁(萬)年
8.4280 其邁(萬)年
8.4281 其邁(萬)年
8.4282 其邁(萬)年
8.4296 邁(萬)年無疆
8.4297 邁(萬)年無疆
8.4302 余其永邁(萬)年寶用
8.4314 其邁(萬)年
8.4315 邁(萬)民是敕
8.4321 訇邁(萬)年
8.4323 敔其邁(萬)年
8.4324 嫠其邁(萬)年
8.4331 歸芻其邁(萬)年
9.4394 其邁(萬)年永寶用
9.4395 其邁(萬)年永寶用
9.4399 其邁(萬)年永寶用
9.4404 其邁(萬)年永寶用
9.4406 邁(萬)歲用尚(常)

9.4407 其邁(萬)年
9.4408 其邁(萬)年
9.4409 其邁(萬)年
9.4413 其邁(萬)年
9.4431 其邁(萬)年無疆
9.4459 其邁(萬)年眉壽
9.4460 其邁(萬)年眉壽
9.4461 其邁(萬)年眉壽
9.4464 駒父其邁(萬)年
9.4467 克其邁(萬)年
9.4468 克其邁(萬)年
9.4469 叔邦父、叔姞邁(萬)年
9.4536 □其邁(萬)年永寶用
9.4537 其邁(萬)年
9.4538 其邁(萬)年
9.4553 其邁(萬)年
9.4629 沬(眉)壽邁(萬)年
9.4630 沬(眉)壽邁(萬)年
9.4631 曾伯霥(漆)叚(遐)不黄耇、邁(萬)年
9.4632 曾霥(漆)叚(遐)不黄耇、邁(萬)年
9.4638 其邁(萬)年永保用
9.4639 其邁(萬)年永保用
9.4645 邁(萬)年無疆
10.5382 邁(萬)年永寶
10.5430 其邁(萬)年寶
10.5433 效不敢不邁(萬)年夙夜奔走揚公休
11.5969 其邁(萬)年
11.5972 邁(萬)年永寶
11.5980 其子子孫孫邁(萬)年
11.5993 邁(萬)年子孫寶
11.6009 效不敢不邁(萬)年夙夜奔走揚公休
11.6011 邁(萬)年保我邁(萬)宗 / 盠曰：其邁(萬)年
12.6507 其邁(萬)禾(年)
15.9302 其子子孫孫邁(萬)年
15.9433 㔾邁(萬)年壽
15.9435 邁(萬)年永寶
15.9442 邁(萬)年用
15.9444 其邁(萬)年永寶用
15.9447 其邁(萬)年
15.9618 其邁(萬)年 / 其邁(萬)年
15.9620 其邁(萬)年永寶用
15.9627 其邁(萬)年無疆
15.9643 其邁(萬)年
15.9644 邁(萬)子孫永用享
15.9645 邁(萬)子孫永用享
15.9651 其邁(萬)年
15.9652 其邁(萬)年
15.9667 其邁(萬)年
15.9668 其邁(萬)年
15.9681 邁(萬)壽用之
15.9687 邁(萬)年眉壽
15.9690 其子子孫孫邁(萬)年
15.9691 其子子孫孫邁(萬)年
15.9696 其邁(萬)年
15.9718 其邁(萬)年
15.9721 其邁(萬)年
15.9722 其邁(萬)年
15.9730 邁(萬)年無疆
15.9826 其邁(萬)年永寶
16.9891 其子子孫孫邁(萬)年
16.10091 其邁(萬)年
16.10102 其邁(萬)年
16.10112 其邁(萬)年
16.10117 其邁(萬)年
16.10119 邁(萬)年用
16.10135 其邁(萬)年無疆
16.10159 邁(萬)年無疆
16.10160 邁(萬)年無疆
16.10172 袁其邁(萬)年
16.10220 其邁(萬)年
16.10222 其邁(萬)年永寶用
16.10224 其邁(萬)年
16.10231 其邁(萬)年
16.10240 其邁(萬)年眉壽用之
16.10247 邁(萬)年用
16.10272 其邁(萬)年無疆
16.10278 其邁(萬)年
16.10282 其眉壽邁(萬)年
16.10283 邁(萬)年無疆
16.10315 其邁(萬)年
16.10317 其邁(萬)年
16.10322 永其邁(萬)年

1123　遷

5.2837 遹寏遷自厥土

1124　𨗿

1.203 龢𨗿百生(姓)
15.9734 其𨗿(會)女(如)林
15.9735 而退與者(諸)侯齒㫰(長)於𨗿(會)同 / 齒㫰(長)於𨗿(會)同
16.10190 王子适之𨗿(會)𥁕(浣)

1125　遡

1.272-8 敥(勠)龢三軍徒遡
1.285 敥(勠)龢三軍徒遡

1126　𨘢

1.183 飲飤訶(歌)𨘢(舞)
1.184 飲飤訶(歌)𨘢(舞)
1.186 飲飤訶(歌)𨘢(舞)

1127 遣

8.4312 王乎內史遣册令(命)師類

1128 遹

1.204-5 遹涇東至于京師
1.206-7 遹涇東至于京師
1.208 遹涇東至于京〔師〕
1.209 遹涇東至于京師
1.260 王肇遹省文武、堇(覲)疆土
5.2796 遹正八師之年
5.2797 遹正八師之年
5.2798 遹正八師之年
5.2799 遹正八師之年
5.2800 遹正八師之年
5.2801 遹正八師之年
5.2802 遹正八師之年
5.2837 雩我其遹省先王受民受疆土
6.3632 寧遹乍(作)柙(甲)姛尊毁
6.3688 遹遜(遜)乍(作)父癸寶彝
8.4207 遹御亡遣(譴)/穆穆王寴(親)賜遹爵/遹拜首(手)韻首
9.4459 伐桐、遹(僪)
9.4460 伐桐、遹(僪)
9.4461 伐桐、遹(僪)
16.10175 遹征四方

1129 遺

1.107-8 膺(應)侯見工遺(饋)王于周
1.261 王孫遺者擇其吉金
5.2555 文考遺寶責(積)
5.2833 勿遺壽幼/勿遺壽幼
5.2838 遺(饋)十秭
10.5427 遺祜石(祐)宗不剌
15.9735 是又(有)軘(純)德遺巡(訓)

1130 ⿺辶散(⿺走散)

7.4036 筥小子迣(跗)家弗受⿺辶散
7.4037 筥小子迣(跗)家弗受⿺辶散

1131 遽

3.803 遽從
3.1492 遽從
3.1493 遽從
3.1494 遽從
3.1495 遽從
3.1496 遽從
4.1877 遽乍(作)父己
6.3132 遽從
7.3763 遽伯睘乍(作)寶尊彝
8.4214 王乎師朕賜師遽貝十朋/遽拜韻首
9.4485 般仲遽肈乍(作)簠
10.4959 遽父己
10.5143 子𪭢遽册
10.5357 憻(憻)季遽父乍(作)豐姬寶尊彝
10.5358 憻(憻)季遽父乍(作)豐姬寶尊彝
11.5581 遽叔
11.5645 遽父己
11.5947 憻(憻)季遽父乍(作)豐姬寶尊彝
11.6241 父乙遽
11.6318 遽徙父辛
12.6495 遽仲乍(作)父丁寶
12.6640 遽
12.6641 遽
13.8307 遽從
13.8308 遽從
15.9406 徙遽
15.9729 齊侯命大(太)子乘遽來句宗伯
15.9730 齊侯命大(太)子乘遽來句宗伯
16.9897 師遽蔑曆/王乎宰利賜師遽琱圭一、環(瑑)章(璋)四/師遽拜韻首
16.10037 遽從
16.10175 㝬(㝬、胡)犀(遲)文考乙公遽(競)趣(爽)

1132 違

5.2671 毋又(有)違女(汝)
5.2672 毋又(有)違女(汝)

1133 遱

4.2070 遱乍(作)寶尊彝

1134 還

4.2200 緐還乍(作)寶用鼎
5.2810 唯還自征
8.4191 迺自商師(次)復還至于周
8.4279 官𤔲豐還
8.4280 官𤔲豐還
8.4281 官𤔲豐還
8.4282 官𤔲豐還
9.4464 還至于蔡
9.4626 𤔲奠(鄭)還歠(廩)
10.5431 唯還在周
15.9689 唯還
16.10176 右還奉(封)于眉(郿)道/還以西一奉(封)
16.10460 [illegible](厈)還
17.10980 淵行還
18.11503 右洀(盤)州還

1135 ⿺辶齊(躋)

1.271 齊辟𩍰(鮑)叔之孫、⿺辶齊(躋)仲之子𨝏(紟)/皇考⿺辶齊(躋)仲、皇母
1.272-8 是少(小)心龏(恭)⿺辶齊(齊)
1.285 是少(小)心龏(恭)⿺辶齊(齊)
8.4245 其⿺辶齊(躋)孟□[illegible]敃子□塱仲□□
15.9729 爾其⿺辶齊(躋)受御/齊侯既⿺辶齊(躋)洹子孟姜喪
15.9730 爾其⿺辶齊(躋)受御/齊侯既⿺辶齊(躋)洹子孟姜喪

1136 邊

5.2734 周伯邊及仲偯(催)父伐南淮尸(夷)
5.2837 唯殷邊侯、田(甸)雩(與)殷正百辟
16.10176 至于邊柳

1137 遇(趨)

9.4488 曾子遇之行簠
9.4489 曾子遇之行簠
16.9996 曾子遇之行缶
17.11180 曾侯遇之行戟(戟)
17.11181 曾侯遇之行戟(戟)

1138 邆

8.4262 格伯邆毁妊彶佤
8.4263 格伯邆毁妊彶佤
8.4264 格伯邆毁妊彶佤
8.4265 格伯邆毁妊彶佤

1139 還、衢

5.2837 用還(狩)
10.4779 還(狩)

1140 遛

15.9300 㺇(獮)馭弟史遛(饋)馬

1141 迴

10.5261 迴乍(作)祖乙寶尊彝

1142 遼

1.18 魯遼乍(作)龢鐘

3.737 單伯遼父乍(作)仲姞尊鬲
3.947 敶(陳)公子子叔遼父乍(作)旅獻(甗)
4.2493 奠(鄭)饔遼父鑄鼎
7.3860 膺(應)侯乍(作)姬遼母尊毁
7.3987 魯大(太)宰遼父乍(作)季姬牙賸(媵)毁
8.4262 厥從格伯反(按)彶佃(甸):殷谷厥紉(絶)雩谷、杜木、遼谷、旅菜
8.4263 厥從格伯反(按)彶佃(甸):殷谷厥紉(絶)雩谷、杜木、遼谷、旅菜
8.4264 厥從格伯反(按)彶佃(甸):殷〔谷〕厥〔紉〕雩谷、杜木、遼谷、旅菜
8.4265 厥從格伯反(按)彶佃(甸):殷〔谷〕厥紉(絶)雩谷、杜木、遼谷、旅菜
9.4573 曾子遼彝爲孟姬鄀鑄賸(媵)簠
11.5986 唯公遼于宗周
15.9823 其遼朸弗述(墜)
16.10176 叡(祖)遼隫以西

1143 䢦(越)

5.2835 䢦(越)追至于楊冢(塚)

1144 邇(嗵)

5.2838 王在邇应

1145 遜(遜)

5.2839 王令焚(榮)遜嘼(酉)/焚(榮)即嘼(酉)遜厥故
6.3688 通遜(遜)乍(作)父癸寶彝

1146 邐

5.2709 尹光邐
7.3975 邐賜貝二朋

1147 遮

1.271 余爲大攻厄、大事(史)、大遮(徒)、大(太)宰

1148 逭

1.272-8 逭而(爾)倗剌
1.285 逭而(爾)倗剌

1149 選

5.2831 舍(捨)盠冒梯、羝皮二、選皮二、業舄通(筩)皮二

1150 䜌

16.10361 䜌

1151 从

2.429 命从若敳
3.1455 車从
4.1981 乍(作)刊(封)从彝
4.1982 乍(作)刊(封)从彝

4.2461 从乍(作)寶鼎
6.3455 乍(作)妊氏从毁
6.3456 乍(作)妊氏从毁
6.3458 乍(作)从毁
6.3459 乍(作)从毁
8.4340 从嗣王家外內
11.5688 天乍(作)从
11.5810 乍(作)彭史从尊
11.5995 師俞从
12.7274 敉(敉)册乍(作)从彝
13.7403 从
14.9105 宰梡从
15.9530 事(史)从乍(作)壺
17.10652 寅从

1152 從

1.31 內(芮)公乍(作)從鐘
1.32 內(芮)公乍(作)鑄從鐘之句(鉤)
1.33 內(芮)公乍(作)鑄從鐘之句(鉤)
1.93 永保是從
1.94 永保是從
1.95 永保是從
1.96 永保是從
1.97 永保是從
1.98 永保是從
1.99 永保是從
1.100 永保是從
1.101 永保是從
1.271 侯氏從造(告)之曰:枼(世)萬至於辝(台)孫子

3.594 以從永征
3.595 用從鴸(遥)征
3.803 遽從
3.835 乍(作)從彝
3.863 光乍(作)從彝
3.948 遇(踽)從師雍父
3.1465 魚從
3.1492 遽從
3.1493 遽從
3.1494 遽從
3.1495 遽從
3.1496 遽從
4.1797 乍(作)從彝
4.2055 單光乍(作)從彝
4.2056 單光乍(作)從彝
4.2075 弔乍(作)母從彝
4.2173 北單乍(作)從旅彝
4.2387 內(芮)公乍(作)鑄從鼎
4.2388 內(芮)公乍(作)鑄從鼎
4.2389 內(芮)公乍(作)鑄從鼎
4.2435 伯姜賜從貝卅朋/從用乍(作)寶鼎
4.2459 交從嘼(獸)
5.2550 曾伯從寵自乍(作)寶鼎用
5.2615 鴋叔從王南征
5.2706 用從井(邢)侯征事
5.2720 乎(呼)井從漁
5.2721 敵從
5.2723 師俞從
5.2731 疐肈從趞征
5.2779 師同從
5.2809 師旂眔僕不從王征于方雷/叡厥不從厥右(佑)征
5.2835 從至
5.2839 戜(鬼)旟(獯)虘以新□從/盂以(與)者(諸)侯眔侯、田(甸)、男□□從盂征
5.2840 唯俌(傅)母(姆)氏(是)從/㥏(謀)忌(慮)皆從
5.2841 大從(縱)不靜(靖)
6.3128 魚從
6.3129 魚從
6.3132 遽從
6.3280 乍(作)從彝
6.3281 乍(作)從彝
6.3386 屮(草)乍(作)從彝
6.3387 豐乍(作)從彝
6.3441 單光乍(作)從彝
6.3707 內(芮)公乍(作)鑄從設
6.3708 內(芮)公乍(作)鑄從設
6.3709 內(芮)公乍(作)鑄從設
6.3732 真從王戍荆
7.3907 過伯從王伐反(叛)荆
7.3950 鴋(唯)叔從王、員征楚荆
7.3951 鴋(唯)叔從王、員征楚荆
7.3976 犾(獮)馭從王南征
7.4099 敷用從
7.4104 賢從
7.4105 賢從
7.4106 賢從
7.4118 宴從㝬父東
7.4119 宴從㝬父東
8.4123 妊小從
8.4262 厥從格伯反(按)彶佃(甸):殷谷厥紉(絶)雩谷、杜木、邍谷、旅菜
8.4263 厥從格伯反(按)彶佃(甸):殷谷厥紉(絶)雩谷、杜木、邍谷、旅菜
8.4264 厥從格伯反(按)彶佃(甸):殷〔谷〕厥〔紉〕雩谷、杜木、邍谷、旅菜
8.4265 厥從格伯反(按)彶佃(甸):殷〔谷〕厥紉(絶)雩谷、杜木、邍谷、旅菜
8.4292 弋伯氏從許
8.4328 從追女(汝)/用從(永)乃事
8.4329 從追女(汝)
8.4340 勿事(使)敢又(有)疾止從(縱)獄
8.4341 趞(遣)令曰:以乃族從父征
9.4459 翏生(甥)從
9.4460 翏生(甥)從
9.4461 翏生(甥)從
9.4469 勿事(使)暴虐從(縱)獄
9.4579 從王征行
9.4580 用從君王
9.4688 台(以)爲大迖(赴)之從鈇
10.4853 魚從
10.5026 從乍(作)彝
10.5027 乍(作)從彝
10.5028 乍(作)從彝
10.5123 乍(作)從彝
10.5124 戎乍(作)從彝
10.5125 卄(會)⌣從彝
10.5191 豐乍(作)從寶彝/豐乍(作)寶從彝
10.5193 丰娸乍(作)從彝
10.5348 庶父乍(作)娸是從宗彝牆(肆)
10.5387 員從史旟伐會(鄶)
10.5410 啟從征
10.5411 稱從師雍父戍于古師(次)
10.5424 從乍(作)寶彝
11.5588 魚從
11.5701 乍(作)從
11.5702 乍(作)從彝
11.5703 乍(作)從彝
11.5766 黿乍(作)從彝
11.5771 乍(作)從彝
11.5791 乍(作)從尊彝
11.5792 乍(作)從彝
11.5821 虘乍(作)從彝
11.5864 遖(傳)臾乍(作)從宗彝
11.5930 庶父乍(作)娸是從宗彝牆(肆)
11.5979 臾從王女(如)南
11.5983 啟從王南征
11.5986 隮(睦)從公𠂤(師、次)䀕

11.5988 從
11.6005 公令畱(螺)從□友□炎身
11.6008 爰從師雍父戍于古(固)自(次)之年
11.6015 從
12.6435 乍(作)丮(封)從彝
12.7057 魚從
12.7207 乍(作)從彝
12.7208 乍(作)從彝
12.7209 乍(作)從彝
12.7259 亽乍(作)從彝
12.7260 乍(作)丮(封)從彝
12.7273 單光乍(作)從彝
12.7285 亞夫乍(作)寶從彝
12.7286 亞夫乍(作)寶從彝
13.8304 乍(作)從
13.8307 遽從
13.8308 遽從
14.8833 乍(作)從彝
15.9237 光乍(作)從彝
15.9331 魚從
15.9383 屮(屮)乍(作)從彝
15.9384 乍(作)丮(封)從彝
15.9394 乍(作)從彝
15.9396 單光乍(作)從彝用 / 單光從彝
15.9451 用從井(邢)侯征事
15.9521 乍(作)從彝
15.9596 內(芮)公乍(作)鑄從壺
15.9597 內(芮)公乍(作)鑄從壺
15.9598 內(芮)公乍(作)鑄從壺
15.9729 用從(縱)爾大樂
15.9730 用從(縱)爾大樂
15.9733 庚率二百乘舟入鄘(莒)從洀(河)
15.9735 賙(貯)忈(願)從在(士)大夫
15.9803 乍(作)員從彝
15.9804 乍(作)員從彝
16.10036 魚從
16.10037 遽從
16.10049 乍(作)從彝
16.10050 乍(作)從彝
16.10057 乍(作)丮(封)從彝
16.10061 事(史)從乍(作)寶般(盤)
16.10174 兮甲從王
16.10176 散人小子眉(堳)田:戎、微父、效㮚(櫂)父、襄之有𤔲橐、州𦤹(就)、焂從嵩(鬲)
16.10285 女(汝)亦既從辭從誓
16.10414 從罠
16.10478 丌(其)一從 / 從丘欧(坎)以至內宮六步 / 從丘欧(坎)至內宮廿四步 / 從內宮至中宮廿五步 / 從內宮以至中宮卅步 / 從內宮至中宮卅六步
16.10538 光乍(作)從彝
18.11605 蔡公子從之用
18.11659 楚王酓(熊)章爲從□士鑄用〔劍〕
18.11715 相邦春平侯、邦右伐器工師從訬、冶巡敦(撻)齋(劑)

1153 并

5.2840 吳人并(併)雩(越)/ 皮(克)并(併)之
11.5451 并
12.6597 并
12.6916 并𠙵(鬲)
12.6917 并𠙵(鬲)

1154 𢍜、𦨶(并)

5.2696 內史令𦨶(并)事
11.5770 𢍜(并)乍(作)旅彝

1155 彳

8.4237 彳王□□

1156 彶(如)

16.10580 保彶(如)母賜貝于庚姜

1157 㣈

18.11711 守相申毋官、邦〼韓㣈、冶醇敦(撻)齋(劑)

1158 㢟(延、誕)

3.980 曰㢟(誕)有蚰匕(朼)
5.2661 㢟(延、誕)武福自蒿(鎬)
5.2671 㢟(延、誕)令曰:有女(汝)多兄(貺)
5.2672 㢟(延、誕)令曰:有女(汝)多兄(貺)
5.2706 井(邢)侯㢟(延)嚆(嚌)于麥
5.2754 呂㢟(延)于大室
5.2763 㢟(延)礿絭(縮)二母
5.2838 用徵㢟(誕)賣(贖)茲五夫
5.2839 㢟(延)邦賓尊其旅服 / 祝㢟(延)〼邦賓 / 㢟(誕)王令賞盂
7.4059 㢟(誕)令康侯啚(鄙)于衛
8.4214 王㢟(誕)正師氏
8.4237 㢟(誕)令臣諫□□亞旅處于軧
8.4320 㢟(誕)省東或(國)圖
10.5099 婦聿㢟(延)廌
10.5415 㢟(誕)兄(貺)六品
10.5427 子㢟(延)先𦘫死
11.5836 亞羊子㢟(延)父辛
11.6003 㢟(誕)兄(貺)六品
11.6213 㢟中祖
12.6487 㢟乍(作)笭公

寶尊彝
12.7019 㽉𢓊
13.8158 弁𢓊
14.9099 𢦏商(賞)𢓊貝
16.10067 𢓊(延)乍(作)周公尊彝
16.10582 伊𢦏𢓊(延)于辛事(吏)
18.11651 𢓊(延、誕)匋(寶)用之
18.11766 𢓊(延)

1159 彷

5.2840 𢦔(仇)人才(在)彷(旁)

1160 㣧(赼)

18.11996 得工㣧(赼)

1161 𢓌

11.5626 𢓌父乙

1162 𢓡(赴)

1.142 卑(俾)旬(匀)𢓡(赴)好

1163 彶

5.2838 迺卑(俾)〔饗〕以習酉(酒)彶(及)羊、絲三寽(鋝)
5.2841 司余小子弗彶(及)
7.4024 子子孫孫彶永用
7.4025 子子孫孫彶永用
7.4026 子子孫孫彶永用
8.4262 格伯𨘢毆妊彶佤/厥從格伯厈(按)彶佃(甸):殷谷厥紉(絕)雩谷、杜木、邍谷、旅菜
8.4263 格伯𨘢毆妊彶佤/厥從格伯厈(按)彶佃(甸):殷谷厥紉(絕)雩谷、杜木、邍谷、旅菜
8.4264 格伯𨘢毆妊彶佤/厥從格伯厈(按)彶佃(甸):殷〔谷〕厥〔紉〕雩谷、杜木、邍谷、旅菜
8.4265 格伯𨘢毆妊彶佤/厥從格伯厈(按)彶佃(甸):殷〔谷〕厥紉(絕)雩谷、杜木、邍谷、旅菜
8.4328 女(汝)彶戎大𦎧(敦)戟(搏)
8.4329 女(汝)彶戎大𦎧(敦)戟(搏)
8.4342 鄉(嚮)女(汝)彶屯(純)恤周邦
9.4425 永彶仲姬寶用
9.4466 其邑彶眔句、商、兒
15.9619 彶姜氏永寶用

1164 征、正

1.157 率征秦迮齊
1.158 率征秦迮齊
1.159 率征秦迮齊
1.160 率征秦迮齊
1.161 率征秦迮齊
2.425 自乍(作)征城
3.594 以從永征
3.595 用從鴅(遥)征
3.933 用征用行
3.947 用征用行
5.2615 𪉖叔從王南征
5.2646 以征以行
5.2674 天君賞厥征人斤貝
5.2695 唯征(正)月既望癸酉
5.2706 用從井(邢)侯征事
5.2715 用征用行
5.2716 用征用行
5.2731 𠷎肇從趙征
5.2732 用征台(以)迮
5.2739 唯周公于征伐東尸(夷)
5.2809 師旂眔僕不從王征于方雷/𠭯厥不從厥右(佑)征
5.2810 王南征/唯還自征
5.2826 征繁湯(陽)𩁹
5.2839 乎蔑我征/盂以(與)者(諸)侯眔侯、田(甸)、男□□從盂征
5.2840 以征不宜(義)之邦
7.3950 𪉖(𨾴)叔從王、員征楚荆
7.3951 𪉖(𨾴)叔從王、員征楚荆
7.3976 𤜵(獮)馭從王南征
7.4020 厥征斤貝
8.4131 武征商
8.4140 王降征令于大(太)保
8.4162 孟曰:朕文考眔毛公、𧻚(遣)仲征無需
8.4163 孟曰:朕文考眔毛公、𧻚(遣)仲征無需
8.4164 孟曰:朕文考眔毛公、𧻚(遣)仲征無需
8.4225 王征南尸(夷)
8.4226 王征南尸(夷)
8.4227 王征南尸(夷)
8.4228 王征南尸(夷)
8.4238 伯懋父以殷八師征東尸(夷)/賜師率征自五齵貝
8.4239 伯懋父以殷八師征東尸(夷)/賜師率征自五齵貝
8.4313 征淮尸(夷)
8.4314 征淮尸(夷)
8.4331 王命益公征眉敖
8.4341 𧻚(遣)令曰:以乃族從父征
9.4406 用征用行
9.4435 虢仲以王南征
9.4459 王征南淮尸(夷)
9.4460 王征南淮尸(夷)
9.4461 王征南淮尸(夷)
9.4579 從王征行
9.4580 用征用行
9.4631 以征以行
9.4632 以征以行
10.4884 用征
10.5383 王征𡚸(蓋)
10.5410 啟從征

11.5591 用征
11.5977 王征䒤(蓋)
11.5983 啟從王南征
11.5990 唯王來征人(夷)方
11.6001 唯王南征在庐(斥)
15.9451 用從井(邢)侯征事
15.9657 用征行
15.9689 伯懋父北征
15.9734 率師征郾(燕)
16.9961 用征行
16.9974 用征
16.9982 用征用行
16.10137 用征相(莒)
16.10175 適征四方
18.11659 用征□
18.11785 叡嗣土(徒)北征蒿盧

1165 ⿰彳各、⿺辶各

8.4316 ⿰彳各于大室
8.4330 用⿰彳各多公
10.5391 尹⿰彳各(各)于宮
10.5426 王⿺辶各(各)于庚嬴(嬴)宮
11.5971 尹⿰彳各(各)于宮

1166 後

1.171 萬枼(世)之後
1.183 後民是語
1.184 後民是語
1.186 後民是語
3.687 霝(靈)冬(終)霝(靈)後
5.2566 霝(靈)冬(終)霝(靈)後
5.2740 溓(溓)公令雩眔史旗曰：以師眔厥有嗣、後或(國)戜伐腺(貊)
5.2741 溓(溓)公令雩眔史旗曰：以師眔厥有嗣、後或(國)戜伐腺(貊)
5.2774 自乍(作)後王母
5.2812 王用弗謹(忘)聖人之後
5.2840 後人其庸庸之
7.3978 用乍(作)乃後御
8.4300 用韻(稽)後人享 / 婦子後人永寶
8.4301 用韻(稽)後人享 / 婦子後人永寶
8.4313 余用乍(作)朕後男巤尊𣪘
8.4314 余用乍(作)朕後男巤尊𣪘
8.4321 先虎臣後庸：西門尸(夷)、秦尸(夷)、京尸(夷)、㠯尸(夷)、師笭、側新(薪)、□華尸(夷)、弁豸尸(夷)、𠭯人、成周走亞、戍、秦人、降人、服尸(夷)
9.4615 用速(速)先後者(諸)䶵(兄)
9.4687 霝(靈)冬(終)、霝(靈)後
12.6512 王後𠬝(坂、返)克商
15.9445 霝(靈)冬(終)霝(靈)後
15.9710 後嗣甬(用)之
15.9711 後嗣甬(用)之
15.9715 罢(罷)獵毋後
15.9725 用乍(作)朕穆考後仲尊墉(甂)
15.9735 祇祇翼卲告後嗣
18.11566 五酉之後 / 氏(是)曰：□之後

1167 侁

1.183 台(以)追考(孝)侁(先)祖
1.184 台(以)追考(孝)侁(先)祖
1.186 追考(孝)于侁(先)祖

1168 律

4.2073 𣏟律乍(作)匋(寶)器
16.9894 康虒𪗉九律

1169 待

5.2704 王姜賜旗田三于待劃
8.4136 其萬年□待□□侯

1170 徙

3.1062 徙
3.1063 徙
4.1692 徙父癸
6.2950 徙
6.3126 車徙
10.4794 徙
11.6038 徙
11.6318 遽徙父辛
12.6368 徙乍(作)祖丁凶(齒)
12.6633 徙
13.7475 徙
14.8690 徙父癸
15.9133 徙
15.9406 徙遽

1171 得

1.109–10 得屯(純)用魯
1.111 得屯(純)用魯
1.183 得吉金鎛鋁
1.184 得吉金鎛鋁
1.187–8 得屯(純)亡敃(愍)
1.189–90 得屯(純)亡敃(愍)
1.192 得屯(純)亡敃(愍)
1.238 得屯(純)亡敃(愍)
1.239 得屯(純)亡敃(愍)
1.240 得屯(純)亡敃(愍)
1.241 得屯(純)亡敃(愍)
1.242–4 得屯(純)亡敃(愍)
3.844 父己得亞
3.1066 得
3.1067 得
3.1476 得鼎
4.1880 亞得父庚
4.2481 寧冢子得、冶諎爲肘(鬲)
5.2809 伯懋父迺罰得𦤎古三百寽(鋝)
5.2812 得屯(純)亡敃(愍)

5.2836 得屯(純)亡敃(愍)
5.2838 乃弗得
5.2840 寡人懼其忽然不可得
7.3976 又(有)得
10.4795 得
10.5094 亞得父癸
12.6505 亞得
12.6634 得
12.6635 得
12.7025 冊得
12.7026 冊得
12.7086 得父乙
13.7439 得
13.8186 冊得
13.8187 冊得
15.9375 亞得父丁
15.9703 奠(鄭)昜、陳得再立(涖)事歲
15.9734 或得賢(賢)犹(猛、佐)司馬賙(貯)/弗可復得
15.9735 使得孯(賢)在(士)良猛(佐)賙(貯)/敄(務)在得孯(賢)/其即得民
15.9742 得
15.9775 冊得
16.9975 奠(鄭)昜、陳得再立(涖)事歲
16.10175 得屯(純)無諫
16.10374 □命誽陳得:左闢釜(釜)節于敷(廩)釜(釜)
17.11132 宋公得(德、特)之賹(造)戈
17.11271 得工戈(或)、冶左勿
17.11329 得工冶膡所教、馬重(童)爲
18.11673 南行昜(唐)倫(令)睸(瞿)卯、右庫工師司馬卻、冶得敦(撻)齋(劑)
18.11674 南行昜(唐)倫(令)睸(瞿)卯、右庫工師司馬卻、冶得敦(撻)齋(劑)
18.11685 得工嗇夫杜相女(如)、左得工工師韓段、冶君(尹)朝敦(撻)齋(劑)
18.11686 邦司寇馬隆、迋(下)庫工師得尚、冶君(尹)曦半舒敦(撻)齋(劑)
18.11694 春平相邦鄗(晉)得、邦右庫工師匽(瞖)輅徒、冶臣成敦(撻)齋(劑)
18.11705 南行昜(唐)倫(令)睸(瞿)卯、右庫工師司馬卻、冶君(尹)饬得敦(撻)齋(劑)(?)
18.11717 相邦建信君、邦右庫工師司馬卻、冶得饬敦(撻)齋(劑)
18.11943 右得工
18.11944 右得工
18.11945 右得工
18.11946 右得工
18.11947 右得工
18.11948 右得工
18.11949 右得工
18.11950 右得工
18.11951 右得工
18.11952 右得工
18.11953 右得工
18.11954 右得工
18.11955 右得工
18.11956 右得工
18.11957 右得工
18.11958 右得工
18.11959 右得工
18.11960 右得工
18.11961 右得工
18.11962 右得工
18.11963 右得工
18.11964 右得工
18.11965 右得工
18.11966 右得工
18.11967 右得工
18.11968 右得工
18.11969 右得工
18.11970 右得工
18.11971 右得工
18.11972 右得工
18.11973 右得工
18.11974 左得工
18.11975 左得工
18.11976 左得工
18.11977 左得工
18.11978 左得工
18.11979 左得工
18.11980 左得工
18.11981 左得工
18.11982 左得工
18.11983 左得工
18.11984 左得工
18.11985 左得工
18.11996 得工欨(赵)
18.12105 傳舟得三千不句酉
18.12106 傳舟得三千不句酉

1172 徠、逨

1.82 徠匹之王
4.2164 史逨(徠)乍(作)寶方鼎
4.2165 史逨(徠)乍(作)寶方鼎
4.2459 徠即王
8.4169 唯王伐逨(徠)魚
12.6436 逨(徠)乍(作)寶彝
15.9453 逨(徠)義賜貝十朋
15.9455 穆穆王蔑長甶以逨(徠)即井伯
16.10176 奉(封)于芻逨(徠)/以南奉(封)于𣲙徠道
17.11383 郾(燕)侯庫(羣載)自洹徠(來)

1173 御

1.238 御于厥辟/淄(祇)御于天子
1.239 御于厥辟/淄(祇)御于天子
1.240 御于厥辟/淄(祇)御于天子
1.241 御于厥辟/淄(祇)御于天子
1.242-4 御于厥辟/淄(祇)御于天子
2.358 御大福
4.2083 連迂之御堯
4.2525 奄(邾)伯御戎乍(作)媵(滕)姬寶貞(鼎)

5.2732 台(以)御賓客
5.2776 刺御
5.2824 率虎臣御(禦)淮戎
5.2827 貯(廙)用宮御
5.2828 貯(廙)用宮御
5.2829 貯(廙)用宮御
5.2837 在雩(于)御事
6.3468 御乍(作)寶尊彝
7.3978 用乍(作)乃後御
7.4044 懋父賞御正衛馬匹自王
7.4068 牧師父弟叔㾜父御于君
7.4069 牧師父弟叔㾜父御于君
7.4070 牧師父弟叔㾜父御于君
8.4134 伯屖父蔑御史競曆
8.4135 伯屖父蔑御史競曆
8.4207 通御亡遣(譴)
8.4328 余命女(汝)御(禦)追于畧
8.4329 余命女(汝)御(禦)追于畧
8.4332 貯(廙)用宮御
8.4333 貯(廙)用宮御
8.4334 貯(廙)用宮御
8.4335 貯(廙)用宮御
8.4336 貯(廙)用宮御
8.4337 貯(廙)用宮御
8.4338 貯(廙)用宮御
8.4339 貯(廙)用宮御
9.4494 盛君縈之御簠
9.4527 吳王御士尹氏叔緐乍(作)旅匡(筐)
9.4635 滕(滕)侯昊(昃)之御盞(敦)
9.4660 卲之御錳
9.4661 卲之御錳
10.5428 叔趯父曰: 余考(老)不克御事
10.5429 叔趯父曰: 余考(老)不克御事
11.5687 大御嗇(廥)
11.5998 由伯曰: 𠦝御乍(作)尊彝
13.8201 正御
14.9103 公大(太)保賞御正良貝
15.9407 亞御
15.9451 夙夕鬲(嗝、鬲)御事
15.9729 遄傳淄(祇)御/爾其遺(躋)受御/用御天子之事/用御爾事
15.9730 遄傳淄(祇)御/爾其遺(躋)受御/用御天子之事/用御爾事
15.9731 貯(廙)用宮御
15.9732 貯(廙)用宮御
15.9824 洛御事(史)乍(作)尊雷(罍)
15.9825 洛御事(史)乍(作)尊雷(罍)
16.10066 亞御
16.10124 乍(作)鑄其御般(盤)
16.10199 鑄客為御臸(馹)為之
16.10285 今女(汝)亦既又(有)御誓/亦既御乃誓
16.10294 自乍(作)御監(鑑)
16.10295 自乍(作)御監(鑑)
16.10296 自乍(作)御監(鑑)
16.10374 子禾(和)子□□內者御相(莒)市/御關人□□丌(其)事
16.10568 御
17.11059 乍(作)御司馬
17.11083 陳御寇散戈
17.11108 ☐御戈五百
17.11236 郾(燕)王職乍(作)御司馬
17.11278 郾(燕)王喜怒(悛、授)御司馬鍨(戣)
17.11292 合(厶)貫府(府)受(授)御戈宿(右)合(厶)
17.11407 厥□□御□
18.11718 莫敢御(禦)余

1174　微

3.456 亞微
11.6158 亞微

1175　游、遊

4.2423 曾侯仲子游(遊)父自乍(作)䵼彝
4.2424 曾侯仲子游(遊)父自乍(作)䵼彝
5.2840 而去之遊
11.6010 威義(儀)遊遊(優優)
15.9735 氏(是)以遊夕(閑)飲飤
16.10171 威義(儀)遊遊(優優)
18.12110 王凥(処)於葴郢之遊宮
18.12111 王凥(処)於葴郢之遊宮
18.12112 王凥(処)於葴郢之遊宮
18.12113 王凥(処)於葴郢之遊宮

1176　徝(逗、蹰)

4.1945 徝(廚)公(宮)右官
15.9543 徝(廚)宮右官
15.9590 徝(廚)宮左官
15.9591 徝(廚)宮左官
15.9647 徝(廚)宮左官
15.9660 徝(廚)宮左官

1177　復、复

1.171 王欲復師
4.2507 侯賞復貝四朋/復用乍(作)父乙寶尊彝
5.2824 厥復享于天子
5.2835 衣(卒)復筍(郇)人俘/復奪京師之俘
5.2838 效父則卑(俾)復厥絲束/既則卑(俾)復令(命)曰: 若(諾)
7.4011 復公子伯舍曰: 敃新

7.4012 復公子伯舍曰：敃新
7.4013 復公子伯舍曰：敃新
8.4128 復公仲若我曰：其擇吉金
8.4191 迺自商師（次）復還至于周
8.4238 雩厥復歸在牧師（次）
8.4239 雩厥復歸在牧師（次）
8.4323 復付厥君
9.4466 其邑復歃、言二挹（邑）/ 凡復友（賄）、復付鬲比田十又三邑
9.4469 卑（俾）復虐逐厥君、厥師
11.5978 匽（燕）侯賞復冂（衤冥）衣、臣妾、貝
11.6014 復再武王豊（禮）
15.9663 霝（靈）冬（終）霝（靈）復（後）
15.9664 霝（靈）冬（終）霝（靈）復（後）
15.9681 復公仲擇其吉金
15.9734 弗可復得
16.9987 霝（靈）冬（終）霝（靈）復（後）
16.10122 霝（靈）宑（終）霝（靈）复（後）
16.10176 復涉瀗、陟雩
16.10254 霝（靈）宑（終）霝（靈）复（後）
16.10407 册復毋反
16.10424 禑復睘

1178 𢓊（蹉）

4.2352 𢓊（蹉）乍（作）鼎

1179 徙、𢕺（蹝）

3.1029 𢕺（蹝）
4.1863 亞𢕺（蹝）父戊
6.2937 𢕺（蹝）
10.4778 𢕺
12.6562 𢕺
12.6563 𢕺
12.6564 𢕺
13.7399 𢕺
13.7790 亞𢕺
13.7791 亞𢕺
13.7792 亞𢕺
14.8521 𢕺父戊
16.9829 𢕺
17.10649 𢕺
17.10650 𢕺

1180 禑（遇）

16.10424 禑復睘
18.11931 右禑（遇）攻（工）君（尹）五大夫青

1181 徲（遲）

2.287 徲（夷）則之徵曾
2.288 爲徲（夷）則羽（羽）角
2.289 徲（夷）則之羽（羽）曾
2.292 徲（夷）則之徵曾
2.293 爲徲（夷）則羽（羽）角
2.323 徲（夷）則之羽（羽）曾
5.2818 王在周康宮徲大室
5.2821 王在周康宮徲宮
5.2822 王在周康宮徲宮
5.2823 王在周康宮徲宮
7.4027 伯豩父乍（作）朕皇考徲伯、吳（虞）姬尊設
8.4278 王在周康宮徲大室
8.4287 伊用乍（作）朕不（丕）顯皇祖文考徲叔寶𪫑彝
8.4303 王在周康宮徲宮
8.4304 王在周康宮徲宮
8.4305 王在周康宮徲宮
8.4306 王在周康宮徲宮
8.4307 王在周康宮徲宮
8.4308 王在周康宮徲宮
8.4309 王在周康宮徲宮
8.4310 王在周康宮徲宮
15.9723 徲父右（佑）瘨
15.9724 徲父右（佑）瘨

1182 微、敚

1.251-6 微史剌（烈）祖來見武王
3.516 微伯乍（作）鬲鬲
3.517 微伯乍（作）鬲鬲
3.518 微伯乍（作）鬲鬲
3.519 微伯乍（作）鬲鬲
3.520 微伯乍（作）鬲鬲
3.521 微仲乍（作）旅尊
3.972 微伯瘨乍（作）匕（朼）
3.973 微伯瘨乍（作）匕（朼）
3.1031 微
4.2490 叀乍（作）微伯娟（妘）氏勹（庖）鼎
4.2501 ☐𤔲工☐［作］册微𪫑
5.2790 王令微䜌𤔲（纘）𤔲九陂
5.2836 賜女（汝）井、微、匔人
6.3562 微父乍（作）寶尊彝
7.3862 公史（使）微
7.4068 乍（作）微姚寶設
7.4069 乍（作）微姚寶設
7.4070 乍（作）微姚寶設
8.4130 𢼸（敖）叔微𥄳于西宮
9.4352 𡚸女（母）乍（作）微姬旅盨
9.4486 微乘鑄其寶簠
9.4521 階侯微逆乍（作）簠
9.4681 微伯瘨乍（作）箭
10.5066 微乍（作）父丁
10.5416 伯懋父賜（賜）召白馬、妦黄、䯴（髮）微

11.5975 公賜微貝
11.6004 伯懋父賜(賜)召白馬、姅黃、𩭁(髮)微
12.7264 亞父乙微莫
13.7346 微
15.9244 微乍(作)康公寶尊彝
15.9456 伯邑父、燮(榮)伯、定伯、琼伯、單伯廼令參有𤔲:𤔲土(徒)微邑、𤔲馬單旟、𤔲工(空)邑人服眔受(授)田
15.9810 父丁孤竹亞微
16.10175 微伐尸(夷)童/在微霝(靈)處/微史剌(烈)祖廼來見武王
16.10176 夨人有𤔲眉(堳)田:鮮、且、微、武父、西宮襄、豆人虞丂、彔、貞、師氏右省、小門人繇、原人虞艿、淮𤔲工(空)虎孛、開豐父、堆(鳿)人有𤔲、刑丂/散人小子眉(堳)田:戎、微父、效果(櫂)父、襄之有𤔲橐、州豪(就)、攸從鬲(鬲)
16.10309 微乍(作)康公寶尊彝
16.10321 司寮女寮:奚、微、華
16.10324 微瘐乍(作)寶
16.10325 微瘐乍(作)寶
17.11338 工師莫(鄭)恙、冶微(微)

1183 〓

11.6007 〓師耳對揚(揚)侯休

1184 逄、逢

15.9734 逢郾(燕)亡道燙(煬)上

1185 徙、衞

5.2831 矩取省車、軐奉(賁)圅、虎冟(幎)、蔡(帬)衞、畫轉、攴(鞭)㢸(席)䩞、帛轡(縛)乘、金廌(鑣)鋞(鋞)
10.4870 册徙(衞)

1186 徵

3.1490 徵巽
10.4876 巽徵

1187 徫

4.2157 徫乍(作)尊彝
4.2158 徫乍(作)尊彝
4.2159 徫乍(作)尊彝
4.2372 徫乍(作)宗室寶尊彝

1188 徻

5.2840 郾(燕)君子徻(噲)
15.9735 僪(適)曹(遭)郾(燕)君子徻(噲)/郾(燕)旂(故)君子徻(噲)

1189 徹

1.157 厥辟軐(韓)宗徹
1.158 厥辟軐(韓)宗徹
1.159 厥辟軐(韓)宗徹
1.160 厥辟軐(韓)宗徹
1.161 厥辟軐(韓)宗徹

1190 德

1.82 余小子肈帥井(型)朕皇祖考懿德
1.109-10 克質(哲)厥德/穆穆秉德
1.111 克質(哲)厥德/穆穆秉德
1.121 女(汝)亦虔秉不(丕)涇(經)德
1.122 女(汝)亦虔秉不(丕)涇(經)德
1.124 元㵟乃德
1.125-8 女(汝)亦虔秉不(丕)涇(經)德/元㵟乃德
1.129-31 元㵟乃德
1.132 女(汝)亦虔秉不(丕)涇(經)德
1.141 師臾肁(肇)乍(作)朕剌(烈)祖虢季、宄公、幽叔、朕皇考德叔大稟(林)鐘
1.187-8 克哲厥德/秉明德
1.189-90 克哲厥德/秉明德
1.192 克哲厥德/秉明德
1.210 延(誕)中厥德
1.211 延(誕)中厥德
1.217 延(誕)中厥德
1.218 延(誕)中厥德
1.219 延(誕)中厥德
1.220 延(誕)中厥德
1.221 延(誕)中厥德
1.222 延(誕)中厥德
1.238 穆穆秉元明德
1.239 穆穆秉元明德
1.240 穆穆秉元明德
1.241 穆穆秉元明德
1.242-4 穆穆秉元明德
1.247 秉明德
1.248 秉明德
1.249 秉明德
1.250 秉明德
1.251-6 上帝降懿德大甹(屏)
1.261 惠于政德
1.262-3 翼受明德
1.264-6 翼受明德
1.267 翼受明德
1.268 翼受明德
1.269 翼受明德
1.270 穆穆帥秉明德
1.272-8 肅成朕師旟之政德
1.279 政德
1.285 肅成朕師旟之政德
4.2171 羸霝德乍(作)小鼎
4.2405 王賜德貝廿朋
5.2614 曆肇對元德
5.2660 厥家擁(雍)德
5.2661 王賜德貝廿朋
5.2723 俞則對揚厥德
5.2811 惠于政德
5.2812 哲厥德
5.2820 秉德共(恭)屯(純)
5.2826 巠(經)雍明德/用享用德

5.2830 用乃孔德琢(遂)屯(純)/乃用引正乃辟安德/叀(惟)余小子肇盄(淑)先王德/亦弗譔(忘)公上父猒(胡)德/夙夜専由先祖剌(烈)德/一𦣞皇辟懿德/用厥剌(烈)祖介德

5.2836 盄(淑)哲厥德

5.2837 今我唯即井(型)亶(稟)于文王正德/敬擁(雍)德巠(經)

5.2840 敬㥀(順)天德/侖(論)其德/寡人庸其德/以明其德

5.2841 皇天引猒(厭)厥德/告余先王若德

6.3388 德乍(作)尊彝

6.3585 嬴霝德乍(作)𨏭段

6.3733 王賜德貝廿朋

7.3942 王賜叔德臣嫊十人、貝十朋、羊百

7.3986 德克乍(作)朕文祖考尊段

7.4115 秉德共(恭)屯(純)

8.4198 尹叔用妥(綏)多福于皇考德尹、叀姬

8.4242 共(恭)明德

8.4315 穆穆帥秉明德

8.4326 穆穆克誓(哲)厥德/番生(甥)不敢弗帥井(型)皇祖考不(丕)秠(丕)元德/尃(溥)求不朁(潛)德

8.4341 唯敬德

8.4342 首德不克妻(畫)

9.4595 肇堇(謹)經德

9.4596 肇堇(謹)經德

9.4615 哲德不亡(忘)

9.4649 合(荅)揚厥德

9.4669 㸚叔乍(作)德人旅甫(簠)

11.5995 俞則對揚厥德

11.6014 叀(唯)王龏德谷(裕)天

11.6015 冬(終)用造德

12.6511 匄三壽、懿德、萬年

15.9419 季嬴霝德乍(作)寶盉

15.9712 爲德無叚(瑕)

15.9719 承受屯(純)德

15.9720 承受屯(純)德

15.9734 德行盛生(旺)/先王之德

15.9735 是又(有)𦀚(純)德遺巛(訓)/唯德偣(附)民

16.10076 季嬴霝德乍(作)寶般(盤)

16.10110 德其肇乍(作)盤

16.10175 上帝降懿德大甹(屏)

16.10176 正眉(堳)夨舍(捨)散田:嗣土(徒)屰䍙、嗣馬單𩁹、䩢人嗣工(空)騌君、宰德父

16.10342 秉德嫞嫞(秩秩)

17.11342 壞(懷)、德、雍

1191 ⿰彳農

4.2010 宰⿰彳農宔(鑄)父丁

1192 雚(讙)

8.4327 今余非敢夢先公又(有)雚遂

1193 敂(扣)

1.86 自乍(作)其敂(扣)鐘

1194 偽(逸)

15.9734 隱偽(逸)先王

1195 ⿰彳㞢(徥)

14.8940 旻⿰彳㞢(徥)父庚

1196 ⿰彳由

4.2528 登(鄧)小仲皽(鮪)⿰彳由□□取

1197 ⿰彳聿

9.4516 冶⿰彳聿乍(作)寶匱(筐)

1198 ⿰彳㚇、⿰彳㚇(徹)

17.10904 ⿰彳㚇(徹)子

17.11076 ⿰彳㚇(徹)子之䑺(造)戈

1199 ⿰彳𢆶(徽、黴)

17.10905 ⿰彳𢆶(徽)子

1200 ⿰彳谷

4.2122 ⿰彳谷乍(作)父丁尊彝

1201 行

1.73-4 以之大行

1.76-7 以之大行

1.78-9 以之大行

1.80-1 以之大行

1.156 行則曰:自余

1.212 蔡侯𩕢(申)之行鐘

1.213 蔡侯𩕢(申)之行鐘

1.214-5 蔡侯𩕢(申)之行鐘

1.272-8 雩(與)厥行師/女(汝)巩(鞏)裝(勞)朕行師

1.285 雩厥行師/女(汝)巩(鞏)裝(勞)朕行師

3.595 衛文君夫人叔姜乍(作)其行鬲

3.675 自乍(作)行鬲

3.676 自乍(作)行鬲

3.687 黃子乍(作)黃甫(夫)人行器

3.933 用征用行

3.947 用征用行

3.949 王令中先省南或(國)貫行

4.1990 敀(麿)之行貞(鼎)

4.2002 辰行奚父乙

4.2084 連迁之行升(𣂑)

4.2229 沖子𥇢之行貞(鼎)

4.2285 子陳□之孫☒行𦉜

4.2355 洜叔之行貞

(鼎)
4.2450 曾子伯誩鑄行器
4.2497 黄君孟自乍(作)行器彐
4.2498 鄬(邊)子𩒨𡕒爲其行器
5.2566 黄子乍(作)黄甫(夫)人行器
5.2585 𢉚季乍(作)𪒴(嬴)氏行鼎
5.2603 唯𦄂(紷)子丙車乍(作)行貞(鼎)
5.2604 唯𦄂(紷)子丙車乍(作)行貞(鼎)
5.2646 以征以行
5.2715 用征用行
5.2716 用征用行
5.2751 王令中先省南或(國)貫行
5.2752 王令中先省南或(國)貫行
5.2840 省其行/此易言而難行旃/是皮(克)行之/身勤社稷行四方
8.4322 朕文母競敏𤔲行
9.4389 虢叔鑄行盨
9.4406 □□爲甫(夫)人行盨/用征用行
9.4442 以延(征)以行
9.4443 以延(征)以行
9.4444 以延(征)以行
9.4445 以延(征)以行
9.4469 爰奪𪓕行道
9.4475 𢇍之行簠
9.4488 曾子遇之行簠
9.4489 曾子遇之行簠
9.4526 伯彊爲皇氏伯行器
9.4528 曾子𡿨(𡿨)自乍(作)行器
9.4529 曾子𡿨(𡿨)自乍(作)行器
9.4544 子叔𤜶(𤜶)父乍(作)行器
9.4545 𡕒爲其行器
9.4579 從王征行
9.4580 用征用行
9.4631 金導鐊(錫)行/以征以行
9.4632 金導鐊(錫)行/以征以行
9.4636 𤖪于敵(𢿋)之行盞
9.4686 黄君孟自乍(作)行器
9.4687 黄子乍(作)黄甫(夫)人行器
10.5093 行天父癸
11.6013 曰:用𤔲六師、王行、參(叄)有𤔲:𤔲土(徒)、𤔲馬、𤔲工(空)
11.6305 行父辛
12.7157 行父癸
13.8150 𠭧行
15.9445 黄子乍(作)黄甫(夫)人行器
15.9588 右走(趣)馬嘉自乍(作)行壺
15.9636 黄君孟自乍(作)行器
15.9637 自乍(作)行壺
15.9657 用征行
15.9658 鄇(鄀)季寬(魔)車自乍(作)行壺
15.9663 黄子乍(作)黄父(夫)人行器
15.9664 黄子乍(作)黄父(夫)人行器
15.9689 吕行𢦏(撻)寽(捋)兕(犀)
15.9706 邛(江)立(大、太)宰孫叔師父乍(作)行具
15.9734 德行盛㞷(旺)
16.9899 曰:用𤔲六師王行、參有𤔲:𤔲土(徒)、𤔲馬、𤔲工(空)
16.9900 曰:用𤔲六師王行、參有𤔲:𤔲土(徒)、𤔲馬、𤔲工(空)
16.9961 用征行
16.9963 黄君孟自乍(作)行器
16.9966 黄子乍(作)黄甫(夫)人孟乙行器
16.9973 以行以川
16.9980 郜□孟城乍(作)爲行𦉢(缾)
16.9982 用征用行
16.9987 黄子乍(作)黄孟姬行器
16.9996 曾子遇之行缶
16.10082 樊夫人龍嬴自乍(作)行盤
16.10104 黄君孟自乍(作)行器
16.10109 鄇(鄀)季寬(魔)車自乍(作)行盤
16.10122 黄子乍(作)黄孟臣(姬)行器
16.10173 是以先行
16.10175 唯㝠(焕)南行
16.10209 樊夫人龍嬴自乍(作)行也(匜)
16.10230 黄君孟自乍(作)行器
16.10233 齊侯子行乍(作)其寶也(匜)
16.10234 鄇(鄀)季寬(魔)車自乍(作)行匜
16.10245 𩑍子乍(作)行彝
16.10254 黄子乍(作)黄孟臣(姬)行器
16.10278 鑄其行也(匜)
16.10330 郋(息)子行自乍(作)𨟻盆
16.10335 唯子𣌭(朞)鑄其行盂
16.10337 唯鄇(鄀)子宿車自乍(作)行盆
16.10478 不行王命者
17.10825 行
17.10980 淵行還
17.11067 𨖹叔之行戈
17.11111 左行議逵戈
17.11140 蔡侯𪌫(申)之行戈
17.11175 曾侯邚(越)之行戓(戟)
17.11176 曾侯邚(越)之行戓(戟)
17.11177 曾侯邚(越)之行戓(戟)
17.11180 曾侯遇之行戓(戟)
17.11181 曾侯遇之行戓(戟)
17.11196 郾(燕)王詈㲃(授、授)行議鍨

(戣)
17.11243 郾(燕)王詈怒(悛、授)行議鍨
17.11244 郾(燕)王詈怒(悛、授)行議鍨
17.11305 郾(燕)王詈怒(悛、授)行義(議、儀)自𢆶司馬鉘(戟)
17.11346 梁伯乍(作)宮行元用
17.11350 郾(燕)王詈怒(悛、授)行議鍨(戣)
18.11491 行議(儀)鍨(戣)
18.11665 北南西行
18.11673 南行昜(唐)倫(令)目(瞿)卯、右庫工師司馬卻、冶得敎(撻)齋(劑)
18.11674 南行昜(唐)倫(令)目(瞿)卯、右庫工師司馬卻、冶得敎(撻)齋(劑)
18.11705 南行昜(唐)倫(令)目(瞿)卯、右庫工師司馬卻、冶看(尹)㐰得敎(撻)齋(劑)(?)
18.11718 在行之先/至于南行西行
18.12108 乃敢行之/行殹(也)
18.12109 乃敢行之/行殹(也)

1202 衍

7.3804 姑(馱胡)衍乍(作)寶毁
11.5825 衍耳乍(作)父乙彝
16.10554 衍耳乍(作)父乙彝
17.11404 廣衍
18.11509 廣衍

1203 衡

16.10488 衡

1204 銜(征)

3.827 亞豈(趄)銜(延)
4.1743 亞豈(趄)銜(延)
4.1744 亞豈(趄)銜(延)
4.1896 父癸銜(延)要
6.3246 亞豈(趄)銜(延)
10.5014 亞豈(趄)銜(延)
11.5685 亞豈(趄)銜(延)
12.7185 亞豈(趄)銜(征)
12.7186 亞豈(趄)銜(征)
14.8783 亞㠱(逗、趄)銜(延)
14.8784 亞㠱(逗、趄)銜(延)
15.9225 亞豈(逗、趄)銜(延)

1205 𢓊(銜)

13.8173 𢓊(銜)

1206 衡

4.1834 父乙耳衡
4.1835 耳衡父乙
4.1853 耳衡父丁
4.1854 耳衡父丁
6.3340 耳衡父癸
11.6360 臼乍(作)衡
14.9074 耳衡父庚酉侁

1207 衛

16.10246 唯衛邑戈伯自乍(作)寶匜

1208 衛、𧗿(衛)

3.594 衛姒乍(作)鬲
3.595 衛文君夫人叔姜乍(作)其行鬲
3.1052 衛
3.1311 子衛
3.1312 子衛
3.1358 𧗿(衛)典(册)
4.1594 𧗿(衛)父丁
4.2381 穌(蘇)衛妃乍(作)旅鼎
4.2382 穌(蘇)衛妃乍(作)旅鼎
4.2383 穌(蘇)衛妃乍(作)旅鼎
4.2384 穌(蘇)衛妃乍(作)旅鼎
4.2489 伯衛父乍(作)□鼐
4.2509 屯蔑曆于亢衛
4.2510 屯蔑曆于亢衛
5.2616 衛乍(作)文考小仲、姜氏盂鼎/衛其萬年
5.2733 衛肈乍(作)厥文考己仲寶鼐
5.2818 鬲比以攸衛牧告于王/虢旅迺事(使)攸衛牧誓曰:我弗具付鬲匕(比)/攸衛牧則誓
5.2831 迺舍(捨)裘衛林舂里/履付裘衛林舂里/衛小子𡩜(?)逆者(諸)/其鋓(賸)衛臣虣朏/衛用乍(作)朕文考寶鼎/衛其邁(萬)年永寶用
5.2832 衛以邦君厲告于井伯、伯邑父、定伯、琼伯、伯俗父/帥履裘衛厲田四田/邦君厲眔付裘衛田/衛小子逆其鄉(饗)、鋓(賸)/衛用乍(作)朕文考寶鼎/衛其萬年永寶用
6.2944 𧗿
6.3612 衛乍(作)父庚寶尊彝
7.3836 衛叟(姒)乍(作)寶尊毁
7.4044 懋父賞御正衛馬匹自王
7.4059 征(誕)令康侯啚(鄙)于衛
7.4104 公叔初見于衛
7.4105 公叔初見于衛
7.4106 公叔初見于衛
8.4209 焚(榮)伯右(佑)衛/王曾(增)令衛/衛敢對揚天子不(丕)顯休/衛其邁(萬)年
8.4210 焚(榮)伯右(佑)衛/王曾(增)令衛/衛敢對揚天子不

(丕)顯休/衛其萬年
8.4211 燮(榮)伯右(佑)衛/王曾(增)令衛/衛敢對揚天子不(丕)顯休/衛其萬年
8.4212 燮(榮)伯右(佑)衛/王曾(增)令衛/衛敢對揚天子不(丕)顯休/衛其萬年
8.4256 南伯入右(佑)裘衛/賜衛載(緇)巿、朱黃(衡)、緣(鑾)/衛拜韻首/衛其子子孫孫永寶用
8.4278 鬲比以攸衛牧告于王/虢旅迺事(使)攸衛牧誓/攸衛牧則誓
8.4341 徣(誕)城衛父身
9.4499 衛子叔旡父乍(作)旅簠
9.4666 衛始(姒)乍(作)饙(餴)𠆸𣪘
9.4667 衛始(姒)乍(作)饙(餴)𠆸𣪘
10.4873 衛(衛)典
10.5010 癸衛(衛)典
10.5051 父乙衛(衛)典
10.5095 衛(衛)册父癸
10.5242 衛父乍(作)寶尊彝
10.5323 衛乍(作)季衛父寶尊彝
11.5580 衛(衛)辰
11.5631 衛(衛)父丁
11.5646 衛(衛)父己
11.5748 衛(衛)葡父辛
11.5915 衛乍(作)季衛父寶尊彝
11.5987 公賜臣衛宋𨟻貝四朋
12.6400 辰衛(衛)父己
12.6420 子衛(衛)父癸
12.6638 衛(衛)
12.6639 衛(衛)
12.6902 子衛(衛)
12.6903 子衛(衛)
12.6904 子衛(衛)
12.6905 子衛(衛)
12.7068 弓衛(衛)
12.7242 辰衛(衛)父己
13.7490 衛(衛)
13.7491 衛(衛)
13.7492 衛(衛)
13.8063 衛(衛)癸
13.8087 子衛(衛)
13.8088 子衛(衛)
13.8089 子衛(衛)
13.8090 子衛(衛)
13.8203 工衛(衛)
14.8458 衛(衛)父丁
14.8843 弓衛(衛)祖己
14.8930 辰衛(衛)父己
14.8939 父庚弓衛(衛)
14.9072 衛(衛)册
15.9435 伯衛父乍(作)嬴𩰫彝
15.9456 矩伯庶人取堇(瑾)章(璋)于裘衛/裘衛迺彘(矢)告于伯邑父、燮(榮)伯、定伯、琼伯、單伯/燮(豳)趙、衛小子𩏂逆者(諸)其鄉(饗)/衛用乍(作)朕文考惠孟寶般(盤)/衛其萬年
15.9641 乍(作)爲衛姬壺
16.10046 衛(衛)典斫
16.10369 衛自(師)辛(?)冀夓
16.10395 衛(衛)册斫
16.10515 衛(衛)子
17.10690 衛(衛)
17.11200 衛公孫呂之告(造)戈
18.11727 衛(衛)
18.11838 衛師昜(錫)
18.11839 衛師昜(錫)
18.11859 衛師昜(錫)

1209　衡

3.1425 亞衡
5.2841 賜女(汝)秬鬯一卣、祼圭瓚寶、朱巿、悤(蔥)黃(衡)、玉環、玉琮、金車、𠦪(賁)緟較(較)、朱䩵(鞹)𩊚靳、虎冟(冪)熏裏、右軛、畫轉、畫輯、金甬(桶)、遺(錯)衡、金嶂(踵)、金家(軝)、約(約)𩚴(盛)、金簟弼(茀)、魚箙、馬四匹、攸(鋚)勒、金𠱾(臺)、金膺、朱旂二鈴(鈴)
8.4326 賜朱巿、悤(蔥)黃(衡)、鞞鞢(璲)、玉睘(環)、玉琮、車、電軫、𠦪(賁)緟較(较)、朱䩵(鞹)𩊚靳、虎冟(冪)熏(纁)裏、遺(錯)衡、右厄(軛)、畫轉、畫輯、金童(踵)、金家(軝)、金簟弼(茀)、魚葡(箙)、朱旂旜(旜)金芫二鈴

1210　衝(還、狩)

12.6944 衝(還、狩)
12.7187 衝(還)自(次)
13.7704 衝(還)
13.7705 衝(還)

1211　衛、達

5.2841 衛褱(懷)不廷方

1212　廷

1.270 鍜(鎮)静(靖)不廷
2.358 用𢓊不廷方
5.2783 立中廷
5.2804 立中廷
5.2805 即立中廷
5.2814 立中廷
5.2815 立中廷
5.2817 立中廷
5.2819 立中廷
5.2821 立中廷
5.2822 立中廷
5.2823 立中廷
5.2825 立中廷
5.2827 立中廷
5.2828 立中廷
5.2829 立中廷
5.2836 立中廷
5.2839 即大廷/即立中廷
5.2841 衛褱(懷)不廷方
6.3686 屰廷冀乍(作)父癸寶尊彝
8.4243 立中廷

8.4246 立中廷
8.4247 立中廷
8.4248 立中廷
8.4249 立中廷
8.4251 立中廷
8.4252 立中廷
8.4253 即立中廷
8.4254 即立中廷
8.4255 立中廷
8.4256 立中廷
8.4257 即立中廷
8.4267 〔立〕中廷
8.4268 即立中廷
8.4270 立中廷
8.4271 立中廷
8.4272 立中廷
8.4274 立中廷
8.4275 立中廷
8.4277 立中廷
8.4279 即立中廷
8.4280 即立中廷
8.4281 即立中廷
8.4282 即立中廷
8.4283 立中廷
8.4284 立中廷
8.4285 立中廷
8.4287 立中廷
8.4288 立中廷
8.4289 立中廷
8.4290 立中廷
8.4291 立中廷
8.4296 立中廷
8.4297 立中廷
8.4303 立中廷
8.4304 立中廷
8.4305 立中廷
8.4306 立中廷
8.4307 立中廷
8.4308 立中廷
8.4309 立中廷
8.4310 立中廷
8.4312 立中廷
8.4315 鋘(鎮)静(靖)不廷
8.4316 即立中廷
8.4317 其瀕在帝廷
8.4318 立中廷
8.4319 立中廷
8.4327 立中廷
8.4332 立中廷
8.4333 立中廷
8.4334 立中廷
8.4335 立中廷
8.4336 立中廷
8.4337 立中廷
8.4338 立中廷
8.4339 立中廷
8.4340 立中廷
8.4343 立中廷
11.6013 立中廷
11.6014 則廷告于天
15.9731 立中廷
15.9732 立中廷
16.9898 立中廷
16.9899 立于中廷
16.9900 立于中廷
16.10170 立中廷
16.10172 立中廷
16.10176 夨王于豆新宮東廷
16.10342 至于大廷

1213 建

1.210 建我邦國
1.211 建我邦國
1.217 建我邦國
1.218 建我邦國
1.219 建我邦國
1.220 建我邦國
1.221 建我邦國
1.222 建我邦國
12.6921 兮建
14.8896 父丁羊建
17.10918 建昜
17.11025 武城建鉞(戈)
18.11619 相邦建信〔君〕□工師□
18.11635 相邦建信君、邦右庫□□工師吳痶(瘠)、冶疕敎(撻)齋(劑)
18.11677 相邦建信君、邦右庫工師郥叚、冶肙(尹)瓬敎(撻)齋(劑)
18.11678 相邦建信君、邦左庫工師郥叚、冶肙(尹)瓬敎(撻)齋(劑)
18.11679 相邦建信君、邦左庫工師郥叚、冶肙(尹)肉敎(撻)齋(劑)
18.11680 相邦建信君、邦左庫工師郥叚、冶肙(尹)匜敎(撻)齋(劑)
18.11681 相邦建信君、邦左庫工師郥叚、冶肙(尹)月(明)敎(撻)齋(劑)
18.11687 相邦建信君、邦左庫工師塚旅、冶肉敎(撻)齋(劑)
18.11695 相邦建信君、邦右庫韓叚、工師爿瘖、冶息敎(撻)齋(劑)
18.11706 相邦建信君、邦左庫工師郥叚、冶肙(尹)瓬敎(撻)齋(劑)
18.11717 相邦建信君、邦右庫工師司馬卻、冶得瓬敎(撻)齋(劑)
18.11758 天子建邦

1214 延

1.210 延(誕)中厥德
1.211 延(誕)中厥德
1.217 延(誕)中厥德
1.218 延(誕)中厥德
1.219 延(誕)中厥德
1.220 延(誕)中厥德
1.221 延(誕)中厥德
1.222 延(誕)中厥德
1.261 延(誕)中余德(值)

1215 夅

12.6985 夅亞

1216 夆

3.894 夆(逢)伯命乍(作)旅彝
5.2831 則乃成夆(封)四夆(封)/顏小子具(俱)叀(惟)夆(封)
6.3130 夆彝
6.3131 夆彝
10.5245 夆(逢)苜(苢)父乍(作)寶彝
10.5412 王令㚸(邲)其兄(貺)𩰫于夆田渴
16.10163 夆(逢)叔乍

(作)季妃盥般(盤)
16.10282 夆(逢)叔乍(作)季妃盥般(盤)

1217 夅、夆

3.696 夅(隆)伯乍(作)陲孟姬尊鬲

1218 畬

10.5417 子令小子畬先以人于堇／子光商(賞)畬貝二朋／畬用乍(作)母辛彝

1219 𦥑

15.9823 乃孫𦥑乍(作)祖甲罍(罍)

1220 夌

5.2676 井姬晶亦偁祖考夌公宗室
5.2677 井姬晶亦偁祖考夌公宗室
5.2775 令小臣夌先省楚应／小臣夌賜貝、賜馬丙(兩)／夌拜韻首
11.5910 子夌乍(作)母辛尊彝
12.6453 夌伯乍(作)寶彝
17.11385 奠(鄭)倫(令)韓夌、司寇長朱、右庫工師皂高、冶肴(尹)嬬散(造)

1221 到(致)

5.2838 用到(致)茲人
6.3490 伯到乍(作)媿殷
8.4331 王命仲到(致)歸(饋)犾伯貔(貔)裘
15.9569 伯到(致)乍(作)寶尊彝
16.10285 則到(致)

1222 叜

17.10804 叜

1223 叟、娒

3.753 子仲漁叟池

1224 夒

5.2840 以夒愁(勞)邦家
5.2841 俗(欲)我弗乍(作)先王夒
10.5309 無(許)夒乍(作)父丁彝
15.9734 以夒厥民之隹(罹)不辜(辜)

1225 夓、夓

5.2751 在夓障真山
5.2752 在夓障真山
11.5990 王省夓京(京)／王賜小臣俞夓貝
16.10256 樊君夓用自乍(作)浂(浣)也(匜)

1226 夏

1.270 虢事繇(蠻)夏
1.272-8 𠞤伐夏司
1.285 𠞤伐夏司
3.668 右戲仲夏父乍(作)豐鬲
3.719 伯夏父乍(作)畢姬尊鬲
3.720 伯夏父乍(作)畢姬尊鬲
3.721 伯夏父乍(作)畢姬尊鬲
3.722 伯夏父乍(作)畢姬尊鬲
3.723 伯夏父乍(作)畢姬尊鬲
3.724 伯夏父乍(作)畢姬尊鬲
3.725 伯夏父乍(作)畢姬尊鬲
3.726 伯夏父乍(作)畢姬尊鬲
3.727 伯夏父乍(作)畢姬尊鬲
3.728 伯夏父乍(作)畢姬
4.1802 攸(?)夏官
5.2584 伯夏父乍(作)畢姬尊鼎
8.4315 虩(赫)事繇(蠻)夏
16.9967 伯夏父乍(作)畢姬尊霝(鐳)
16.9968 伯夏父乍(作)畢姬尊霝(鐳)
16.10006 不(邳)伯夏子自乍(作)尊罍
16.10007 不(邳)伯夏子自乍(作)尊罍
16.10373 以命攻(工)尹穆丙、攻(工)差(佐)競之、集尹陳夏、少集尹龏賜、少攻(工)差(佐)孝癸
18.11864 私庫嗇夫貴正、工夏昊(昃)
18.12110 夏层之月
18.12111 夏层之月
18.12112 夏层之月
18.12113 夏层之月／逾夏

1227 舞

15.9729 其人民都邑堇(謹)宴舞
15.9730 其人民都邑堇(謹)宴舞
17.11011 匽(燕)侯舞戈

1228 乘、𠓗

1.204-5 賜克佃車、馬乘
1.206-7 賜克佃車、馬乘
1.209 賜克佃車、馬乘
3.1347 公乘
5.2573 鄧公乘自乍(作)飤䵼
5.2719 賓貧(布)馬繇乘
5.2779 俘車馬五乘
5.2831 矩取省車、軐桒(賁)𠧗、虎冟(幎)、蔡(希)𢒍、畫轉、叜(鞭)𠂤(席)𩋶、帛繡(總)乘、金麃(鑣)鋞(鋞)
5.2833 𦘔(肆)武公迺遣禹率公戎車百乘、斯(厮)馭二百、徒千
5.2834 聞(𦘔)武公迺〔遣〕我(禹)率公朱(戎)車百乘
5.2835 俘戎車百乘一十又七乘／俘車十乘
8.4184 賜女(汝)馬乘、

鐘五金
8.4185 賜女(汝)馬乘、鐘五金
8.4186 賜女(汝)馬乘、鐘五金
8.4187 賜女(汝)馬乘、鐘五金
8.4262 格伯爰良馬乘于倗生(甥)
8.4263 格伯爰良馬乘于倗生(甥)
8.4264 格伯爰良馬乘于倗生(甥)
8.4265 格伯爰良馬乘于倗生(甥)
9.4437 乘父士杉
9.4486 微乘鑄其寶簠
11.6015 王乘于舟 / 侯乘于赤旂舟 / 劑(齎)用王乘車馬、金勒、冂(裓)衣、芾、舄
15.9496 公乘
15.9729 齊侯命大(太)子乘遽來句宗伯
15.9730 齊侯命大(太)子乘遽來句宗伯
15.9733 庚率二百乘舟入鄘(莒)從洀(河)/ 䰜方綾滕相乘駐(牡)/ 釗不□其王乘駐(牡)
16.10173 王賜(賜)乘馬
16.10229 匽(燕)公乍(作)爲姜乘般(盤)匜
16.10583 永台(以)馬母□□司乘
17.11339 斜左乘馬大夫子駿戩
18.11916 尚上張乘
18.12087 乘□□八□□乘
18.12092 亡縱一乘
18.12110 車五十乘 / 台(以)毀於五十乘之中
18.12111 車五十乘 / 台(以)毀於五十乘之中
18.12112 車五十乘 / 台(以)毀於五十乘之中

1229 𣥠、𣥠(癶)

12.6495 𣥠(癶)
13.8202 毌𣥠(癶)

1230 登

1.193 其登于上下
1.194 其登于上下
1.195 其登于上下
1.196 其登于上下
1.197 其登于上下
1.198 其登于上下
1.272-8 弗敢不對揚朕辟皇君之登屯(純)厚乃命
1.285 余用登屯(純)厚乃命
3.949 中省自方、登(鄧)
3.1491 冀登
3.1497 周登
4.2085 登(鄧)鮇(鰟)之飤貞(鼎)
4.2528 登(鄧)小仲皾(鮪)𢓊□□取
5.2536 奠(鄭)登伯伋(及)叔嫞乍(作)寶鼎
5.2643 唯登(鄧)八月初吉
6.3105 亞登
6.3464 圳(邛)父乍(作)車登
6.3589 芇侯乍(作)登寶𣪘
6.3590 登(鄧)公牧乍(作)鍏(饋)𣪘
6.3591 登(鄧)公牧乍(作)鍏(饋)𣪘
6.3720 康伯乍(作)登用𣪘
6.3721 康伯乍(作)登用𣪘
7.3775 登(鄧)公乍(作)膺(應)嫚毗(皀)朕(媵)𣪘
7.3776 登(鄧)公乍(作)膺(應)嫚毗(皀)朕(媵)𣪘
7.3858 登(鄧)公乍(作)旅𣪘
7.4011 乍(作)我姑登(鄧)孟媿媵(媵)𣪘
7.4012 乍(作)我姑登(鄧)孟媿媵(媵)𣪘
7.4013 乍(作)我姑登(鄧)孟媿媵(媵)𣪘
7.4055 唯登(鄧)九月初吉 / 不故女夫人舒(以)乍(迮)登(鄧)公
8.4145 台(以)登(烝)台(以)嘗
8.4216 儕(齎)女(汝)毌五、昜(錫)登盾生皇(凰)、畫內(枘)戈琱藏、歇(厚)必(柲)、彤沙(蘇)
8.4217 儕(齎)女(汝)毌五、昜(錫)登盾生皇(凰)、畫內(枘)戈琱藏、歇(厚)必(柲)、彤沙(蘇)
8.4218 儕(齎)女(汝)毌五、昜(錫)登盾生皇(凰)、畫內(枘)戈琱藏、歇(厚)必(柲)、彤沙(蘇)
9.4396 奠(鄭)登叔乍(作)旅盨
9.4646 台(以)登(烝)台(以)嘗
9.4647 台(以)登(烝)台嘗
9.4648 台(以)登(烝)台(以)嘗
9.4649 台(以)登(烝)台(以)嘗
10.5115 登乍(作)尊彝
11.5768 登乍(作)尊彝
11.5852 登仲乍(作)寶尊彝
11.5853 登仲乍(作)寶尊彝
12.6443 雞登串父丁
12.7258 登乍(作)尊彝
12.7271 亞登兄日庚
13.7478 登
14.9104 王令孟寧登(鄧)伯
15.9236 登乍(作)尊彝
15.9622 登(鄧)孟乍(作)監嫚尊壺
15.9771 登屰
16.10176 登于厂湶 / 登柝

16.10228 唯登(鄧)篕(柞)生(甥)吉疇(酬)登(鄧)公金

1231 𣥆

17.11269 州工師明、冶𣥆

1232 出

3.980 出游水虫/欶藉(滑)入藉(滑)出
3.1050 出
4.2456 用言(歆)王出內(入)事(使)人
5.2733 乃用鄉(饗)王出入事(使)人
5.2812 出內(入)王命
5.2825 受册佩以出
5.2827 受令(命)册佩以出
5.2828 受令(命)册佩以出
5.2829 受令(命)册佩以出
5.2836 出內(入)王令(命)/昔余既令女(汝)出內(入)朕令(命)
5.2838 非出五夫/不出
5.2841 雩之庶出入事于外/出入尃(敷)命于外
6.3238 㔾寢出
8.4201 其萬年用鄉(饗)王出入
8.4237 唯戎大出于軧
8.4332 受令(命)册佩以出
8.4333 受令(命)册佩以出
8.4334 受令(命)册佩以出
8.4335 受令(命)册佩以出
8.4336 受令(命)册佩以出
8.4337 受令(命)册佩以出
8.4338 受令(命)册佩以出
8.4339 受令(命)册佩以出
8.4340 出入姜氏令
9.4644 永枼(世)毋出
10.5354 孫子用言(歆)出入
10.5410 王出獸南山
10.5428 逆造出內(入)事(使)人
10.5429 逆造出內(入)事(使)人
11.6001 用鄉(饗)出內(入)事(使)人
11.6015 王令辟井(邢)侯出坏(坯)
13.8295 寢出
15.9731 受令(命)册佩以出
15.9732 受令(命)册佩以出
16.9893 用鬲井(邢)侯出入遈(揚)令(命)
16.10174 毋敢不出其員(帛)、其責(積)、其進人
16.10322 公廼出厥命/厥眔公出厥命:井伯、焚(榮)伯、尹氏、師俗父、遣(遣)仲
18.12113 台(以)出內(入)閘(關)

1233 夽、𢼸

8.4331 王命益公征眉𢼸/眉𢼸至見

1234 𢼸(敖)

8.4130 𢼸(敖)叔微𥄳于西宮
8.4213 而賜魯(魯)屖(殿)𢼸(敖)金十鈞/屖(殿)𢼸(敖)用𧶠(㩮)用璧/屖(殿)𢼸(敖)堇(謹)用豹皮于事(史)孟/屖(殿)𢼸(敖)其子子孫孫永寶

1235 去

5.2782 少去母父
5.2840 而去之遊

1236 𩰫

17.11333 厥𨐨(壁)𩰫

1237 之

1.8 宋公戌之謌(歌)鐘
1.9 宋公戌之謌(歌)鐘
1.10 宋公戌之謌(歌)鐘
1.11 宋公戌之謌(歌)鐘
1.12 宋公戌之謌(歌)鐘
1.13 宋公戌之謌(歌)鐘
1.19 旨賞公卂舎(咭)之甬(用)鐘
1.32 內(芮)公乍(作)鑄從鐘之句(鉤)
1.33 內(芮)公乍(作)鑄從鐘之句(鉤)
1.37 王之定
1.47 其子子孫孫永享用之
1.59 永寶用之
1.72 子孫永保用之
1.73–4 江漢之陰陽/百歲之外/以之大行
1.76–7 江漢之陰陽/百歲之外/以之大行
1.78–9 江漢之陰陽/百歲之外/以之大行
1.80–1 江漢之陰陽/百歲之外/以之大行
1.82 徠匹之王
1.83 寘之于西旃
1.84 寘之于西旃
1.85 寘之于西旃
1.87 鼄(邾)叔之伯□友擇左(厥)吉金
1.93 攻敔仲冬𢧁之外孫、坪之子臧孫
1.94 攻敔仲冬𢧁之外孫、坪之子臧孫
1.95 攻敔仲冬𢧁之外孫、坪之子臧孫
1.96 攻敔仲冬𢧁之外孫、坪之子臧孫
1.97 攻敔仲𢧁之外孫、坪之子臧孫
1.98 攻敔仲𢧁之外孫、坪之子臧孫
1.99 攻敔仲𢧁之外孫、坪之子臧孫
1.100 攻敔仲冬𢧁之外

孫、坪之子臧孫
1.101 攻敔仲冬戯之外孫、坪之子臧孫
1.102 陸螎(融)之孫邾公鈓
1.113 永保鼓之
1.114 永保鼓之
1.115 永保鼓之
1.116 永保鼓之
1.117 永保鼓之
1.118-9 用樂天(父)兄、〔諸〕之(士)/ 永保鼓之
1.120 光之于聿(肆)
1.121 于之遜學
1.122 于之遜學
1.123 光之于聿(肆)/ 訊之于不〔啻〕
1.124 訊之于不啻
1.125-8 于之遜(遜)學 / 光之于聿(肆)/ 訊之于不啻
1.129-31 〔于〕之遜(遜)學 / 光之于聿(肆)/ 訊之于不啻
1.140 羕(永)保用之
1.142 永保鼓之
1.144 匍匍台(以)鼓之 / 用之勿相(爽)
1.153 永保鼓之
1.154 永保鼓之
1.155 □連小〼利之於大〔邾〕者 /〔大〕邾曰之
1.156 大〔邾〕之宔(主)戉(越)
1.157 用明則之于銘
1.158 用明則之于銘
1.159 用明則之于銘
1.160 用明則之于銘
1.161 用明則之于銘
1.162 𠫑氏之鍾(鐘)
1.163 𠫑氏之鍾(鐘)
1.164 𠫑氏之鍾(鐘)
1.165 𠫑氏之鍾(鐘)
1.166 𠫑氏之鍾(鐘)
1.167 𠫑氏之鍾(鐘)
1.168 𠫑氏之鍾(鐘)
1.169 𠫑氏之鍾(鐘)
1.170 𠫑氏之鍾(鐘)
1.171 □朱句(勾)之孫(?)□亘□喪 / 余之客 / 萬枼(世)之後 / 同女(汝)之利
1.172 簷(筥)叔之仲子平 / 乃爲之音 / 永保用之
1.173 簷(筥)叔之仲子平 / 乃爲之音 / 永保用之
1.174 簷(筥)叔之仲子平 / 乃爲之音 / 孫永保用之
1.175 簷(筥)叔之仲子平 / 乃爲之音 / 永保用之
1.176 簷(筥)叔之仲子平 / 乃爲之音 / 永保用之
1.177 簷(筥)叔之仲子平 / 乃爲之音 / 永保用之
1.178 簷(筥)叔之仲子平 / 乃爲之音 / 永保用之
1.179 簷(筥)叔之仲子平 / 乃爲之音 / 永保用之
1.180 簷(筥)叔之仲子平 / 乃爲之音 / 永保用之
1.181 亞祖公仲必父之家
1.182 萬枼(世)鼓之
1.183 曾孫僕兒、余迭斯于之子(孫)、余茲佫之元子 / 余義楚之良臣 / 而逨之字(慈)父 / 子孫用之
1.184 之字(慈)父 / 子孫用之
1.185 曾孫僕兒、余迭斯于之孫 / 余茲佫之元子
1.186 子孫用之
1.193 工𪻐王皮𪏮(然)之子者減
1.194 工𪻐王皮𪏮(然)之子者減
1.195 工𪻐王皮𪏮(然)之子者減
1.196 工𪻐王皮𪏮(然)之子者減
1.197 工𪻐王皮𪏮(然)之子者減
1.198 工𪻐王皮𪏮(然)之子者減
1.199 工𪻐王皮𪏮(然)之子者減 / 永保用之
1.200 工𪻐王皮𪏮(然)之子者減 / 永保用之
1.201 工𪻐王皮𪏮(然)之子者減 / 永保用之
1.202 工𪻐王皮𪏮(然)之子者減 / 永保用之
1.203 郐(徐)王庚之思(淑)子沇兒 / 子孫永保鼓之
1.210 子孫鼓之
1.211 子孫鼓之
1.212 蔡侯𪗋(申)之行鐘
1.213 蔡侯𪗋(申)之行鐘
1.214-5 蔡侯𪗋(申)之行鐘
1.216 子孫鼓之
1.217 子孫鼓之
1.218 子孫鼓之
1.219 子孫鼓之
1.220 子孫鼓之
1.221 子孫鼓之
1.222 子孫鼓之
1.223-4 舍(余)厰(嚴)天之命 / 吳王光逗之穆曽(贈)舿(舒)金
1.225 郘(吕)黛(縓)曰:余畢公之孫、郘(吕)伯之子
1.226 郘(吕)黛(縓)曰:余畢公之孫、郘(吕)伯之子
1.227 郘(吕)黛(縓)曰:余畢公之孫、郘(吕)伯之子
1.228 郘(吕)黛(縓)曰:余畢公之孫、郘(吕)伯之子
1.229 郘(吕)黛(縓)曰:余畢公之孫、郘(吕)伯之子
1.230 郘(吕)黛(縓)曰:余畢公之孫、郘(吕)伯之子
1.231 郘(吕)黛(縓)曰:余畢公之孫、郘

(吕)伯之子
1.232 郘(吕)黛(繛)曰：余畢公之孫、郘(吕)伯之子
1.233 郘(吕)黛(繛)曰：余畢公之孫、郘(吕)伯之子
1.234 郘(吕)黛(繛)曰：余畢公之孫、郘(吕)伯之子
1.235 郘(吕)黛(繛)曰：余畢公之孫、郘(吕)伯之子
1.236 郘(吕)黛(繛)曰：余畢公之孫、郘(吕)伯之子
1.237 郘(吕)黛(繛)曰：余畢公之孫、郘(吕)伯之子
1.245 慎爲之名(銘)
1.261 永保鼓之
1.271 齊辟鞷(鮑)叔之孫、遵(躋)仲之子輪(紟)/ 侯氏賜之邑二百又九十又九邑 / 舉(與)鄩之民人都啚(鄙)/ 侯氏從造(告)之曰：枼(世)萬至於辝(台)孫子
1.272-8 肅成朕師旟之政德 / 弗敢不對揚朕辟皇君之登屯(純)厚乃命 / 䣄命于外内之事 / 膺受君公之賜光 / 處堣(禹)之堵 / 不(丕)顯穆公之孫 / 其配襄公之妣 / 而鹹公之女 / 是辟于齊侯之所 / 又(有)共(恭)于箮(桓)武龗(靈)公之所
1.280 毋☐公之孫 / 其配襄公之妣 / 而鹹公之女
1.282 膺受君公之☐
1.283 處堣(禹)之堵
1.285 肅成朕師旟之政德 / 弗敢不對揚朕辟皇君之賜休命 / 䣄命于外内之事 / 膺受君公之賜光 / 處堣(禹)之堵 / 不(丕)顯穆公之孫、其配襄公之妣 / 而鹹公之女 / 是辟于齊侯之所
2.286 獸鐘之湆(衍)鍋(歸)/ 穆鐘之湆(衍)商 / 割(姑)辪(洗)之湆(衍)宮 / 濁新鐘之徵 / 獸鐘之湆(衍)徵 / 濁坪皇之商 / 濁文王之宮 / 濁割(姑)辪(洗)之下角 / 新鐘之湆(衍)翆(羽)/ 濁坪皇之湆(衍)商 / 濁文王之湆(衍)宮
2.287 妥(蕤)賓之宮 / 妥(蕤)賓之在楚也爲坪皇 / 大(太)族(簇)之珈鍋(歸)/ 無鐸(射)之宮曾 / 黄鐘之商角 / 文王之訢(變)商 / 屖(夷)則之徵曾 / 割(姑)辪(洗)之翆(羽)曾 / 爲妥(蕤)賓之徵顧下角
2.288 割(姑)辪(洗)之徵角 / 坪皇之翆(羽) / 贏(贏)嗣之翆(羽)曾 / 割(姑)辪(洗)之徵曾 / 新鐘之翆(羽) / 爲穆音之翆(羽)顧下角 / 剌(厲)音之翆(羽)曾 / 符(附)於索宮之顧
2.289 穆音之翆(羽)/ 贏(贏)嗣(亂)之翆(羽)角 / 屖(夷)則之翆(羽)曾 / 鄽(應)鐘之訢(變)宮 / 割(姑)辪(洗)之徵角 / 坪皇之翆(羽)/ 爲無睪(射)之翆(羽)顧下角 / 妥(蕤)賓之翆(羽)/ 爲獸鐘之徵顧下角
2.290 割(姑)辪(洗)之商角 / 贏(贏)嗣(亂)之宮 / 贏(贏)嗣(亂)之在楚爲新鐘 / 割(姑)辪(洗)之商曾 / 穆音之宮 / 穆音之在楚爲穆鐘 / 大(太)族(簇)之宮 / 贏(贏)嗣(亂)之宮角 / 妥(蕤)賓之宮曾
2.291 割(姑)辪(洗)之中鎛 / 柬音之宮 / 柬音之在楚也爲文王 / 遅(夷)則之商 / 割(姑)辪(洗)之宮曾 / 柬音之下角 / 坪皇之訢(變)徵 / 贏(贏)辪(亂)之商 / 鄽(應)音之宮 / 鄽(應)音之在楚爲獸鐘
2.292 妥(蕤)賓之宮 / 妥(蕤)賓之在楚也爲坪皇 / 大(太)族(簇)之珈鍋(歸)/ 無鐸(射)之宮曾 / 黄鐘之商角 / 割(姑)辪(洗)之翆(羽)曾 / 爲妥(蕤)賓之徵顧下角 / 文王之訢(變)商 / 屖(夷)則之徵曾 / 符(附)於索商之顧
2.293 割(姑)辪(洗)之宮 / 割(姑)辪(洗)之在楚也爲吕鐘 / 宣鐘之在晉也爲六亯(墉) / 大(太)族(簇)之商 / 黄鐘之鍋(歸)/ 妥(蕤)賓之商曾 / 新鐘之翆(羽)/ 爲譈(穆)音之翆(羽)顧下角 / 剌(厲)音之翆(羽)曾 / 符(附)於索宮之顧 / 割(姑)辪(洗)之徵曾
2.294 割(姑)辪(洗)之翆(羽)/ 遅(夷)則之徵 / 新鐘之徵曾 / 鄽(應)音之訢(變)商 / 柬音之翆(羽)曾 / 無睪(射)之徵 / 爲大(太)族(簇)之徵顧下角 / 割(姑)辪(洗)之翆(羽)角 / 爲獸鐘之翆(羽)顧下角
2.295 割(姑)辪(洗)之徵 / 大(太)族(簇)之翆(羽)/ 新鐘之訢(變)商 / 妥(蕤)賓之翆(羽)曾 / 黄鐘之徵角 / 柬音之徵曾 / 宣鐘之珈徵 / 割(姑)辪

(洗)之徵角/坪皇之羿(羽)/嬴(嬴)嗣(亂)之羿(羽)曾/文王之徵

2.296 文王之宮/坪皇之商/割(姑)辪(洗)之鍚(歸)/新鐘之商曾/濁獸鐘之羿(羽)/獸鐘之宮/新鐘之涫(衍)商/濁割(姑)辪(洗)之羿(羽)/文王之涫(衍)鍚(歸)/新鐘之商/割(姑)辪(洗)之宮曾/濁坪皇之徵

2.297 坪皇之宮/割(姑)辪(洗)之涫(衍)商/穆鐘之角/新鐘之宮曾/濁獸鐘之徵/獸鐘之羿(羽)/穆鐘之徵/割(姑)辪(洗)之羿(羽)曾/濁新鐘之宮/鄘(應)音之涫(衍)羿(羽)/新鐘之徵頔/濁坪皇之下角/濁文王之商

2.300 坪皇之巽反/割(姑)肄(洗)之少商/獸鐘之壴(鼓)反/濁新鐘之巽反/穆鐘之冬(終)反/濁坪皇之歞(駃)

2.301 坪皇之冬(終)反/割(姑)肄(洗)之壴(鼓)/濁新鐘之壴(鼓)/獸鐘之喜(鼓)/新鐘之徵頔/濁坪皇之歞(駃)/割(姑)肄(洗)之巽/新鐘之商頔/濁新鐘之冬(終)

2.302 坪皇之少商/割(姑)肄(洗)之下角/濁穆鐘之冬(終)/穆鐘之壴(鼓)/濁文王之歞(駃)/濁穆鐘之商/割(姑)肄(洗)之冬(終)/新鐘之羿(羽)頔/濁獸鐘之〔巽〕

2.303 坪皇之巽/穆鐘之下角/割(姑)肄(洗)之商/濁獸鐘之冬(終)/獸鐘之喜(鼓)/新鐘之少徵頔/濁坪皇之歞(駃)/穆鐘之冬(終)/濁文王之少商/濁新鐘之巽

2.304 獸鐘之下角/穆鐘之商/割(姑)肄(洗)之宮/濁新鐘之冬(終)/新鐘之羿(羽)/濁坪皇之商/濁文王之宮/獸鐘之徵/濁坪皇之少商/濁文王之巽

2.305 坪皇之冬(終)/割(姑)肄(洗)之羿(羽)/新鐘之徵曾/濁新鐘之下角/文王之羿(羽)/新鐘之徵/濁坪皇之宮/新鐘之冬(終)/濁坪皇之巽/濁割(姑)肄(洗)之商

2.306 割(姑)肄(洗)之徵/穆鐘之羿(羽)/新鐘之羿(羽)頔/濁獸鐘之宮/坪皇之喜(鼓)/割(姑)肄(洗)之徵角/濁獸鐘之下角/文王之冬(終)/新鐘之羿(羽)曾/濁穆鐘之商/濁割(姑)肄(洗)之宮

2.307 文王之宮/坪皇之商/割(姑)肄(洗)之角/新鐘之商曾/濁獸鐘之羿(羽)/文王之下角/新鐘之商/割(姑)肄(洗)之宮曾/濁坪皇之冬(終)/獸鐘之宮/新鐘之商/濁割(姑)肄(洗)之羿(羽)

2.308 坪皇之宮/割(姑)肄(洗)之歆(衍)商/穆鐘之角/新鐘之宮曾/濁獸鐘之徵/獸鐘之羿(羽)/穆鐘之徵/割(姑)肄(洗)之羿(羽)曾/濁新鐘之宮/鄘(應)音之鼓/新鐘之徵頔/濁坪皇之下角/濁文王之宮

2.309 割(姑)肄(洗)之羿(羽)反/獸鐘之歞(駃)/割(姑)肄(洗)之巽

2.310 割(姑)肄(洗)之歞(駃)/濁獸鐘之喜(鼓)/穆鐘之喜(鼓)反/濁獸鐘之巽/割(姑)肄(洗)之冬(終)反/濁新鐘之少商

2.311 坪皇之巽反/割(姑)肄(洗)之少商/獸鐘之喜(鼓)反/濁新鐘之巽反/穆鐘之冬(終)反/濁坪皇之歞(駃)

2.312 坪皇之冬(終)反/割(姑)肄(洗)之喜(鼓)/濁新鐘之歞(駃)/獸鐘之歞(駃)/穆鐘之少商/濁文王之喜(鼓)/割(姑)肄(洗)之巽/新鐘之商頔/濁新鐘之冬(終)

2.313 坪皇之少商/割(姑)肄(洗)之下角/濁穆鐘之冬(終)/穆鐘之喜(鼓)/濁文王之歞(駃)/濁新鐘之商/割(姑)肄(洗)之冬(終)/新鐘之羿(羽)頔/濁獸鐘之巽

2.314 坪皇之巽/穆鐘之下角/割(姑)肄(洗)之商/濁獸鐘之冬(終)/獸鐘之喜(鼓)/新鐘之少徵頔/濁坪皇之歞(駃)/穆鐘之冬(終)/濁文王之少商/濁新鐘之巽

2.315 獸鐘之下角/穆鐘之商/割(姑)肄(洗)之宮/濁新鐘之冬(終)/新鐘之羿(羽)/濁坪皇之商/濁文王之宮/獸鐘之徵/濁坪皇之少商/濁文王之巽

2.316 坪皇之冬(終)/

割(姑)肄(洗)之羿(羽)/新鐘之徵曾/濁新鐘之下角/文王之羿(羽)/新鐘之徵/濁坪皇之宮/新鐘之冬(終)/濁坪皇之巽/濁割(姑)肄(洗)之商

2.317 割(姑)肄(洗)之徵/穆鐘之羿(羽)/新鐘之羿(羽)頧/濁獸鐘之宮/坪皇之喜(鼓)/割(姑)肄(洗)之徵角/濁獸鐘之下角/文王之冬(終)/新鐘之羿(羽)曾/濁穆鐘之商/濁割(姑)肄(洗)之冬(終)

2.318 文王之宮/坪皇之商/割(姑)肄(洗)之角/新鐘之商曾/濁獸鐘之羿(羽)/新鐘之商/割(姑)肄(洗)之宮曾/濁坪皇之冬(終)/獸鐘之宮/新鐘之商/濁割(姑)肄(洗)之羿(羽)

2.319 贏(贏)嗣(亂)之宮/贏(贏)嗣(亂)之在楚爲新鐘/夫(太)族(簇)之宮/穆音之宮/穆音之在楚爲穆鐘

2.320 坪皇之宮/割(姑)肄(洗)之歆(衍)商/穆鐘之角/新鐘之宮曾/濁獸鐘之徵/獸鐘之羿(羽)/穆鐘之徵/割(姑)肄(洗)之羿(羽)曾/濁新鐘之宮/鄘(應)音之喜(鼓)/新鐘之徵頧/濁坪皇之下角/濁文王之商

2.321 割(姑)肄(洗)之少羿(羽)/坪韹(皇)之終/獸鐘之羿(羽)角/割(姑)肄(洗)之少宮/割(姑)肄(洗)之在楚爲呂鐘/亘(宣)鐘之宮/洹(宣)鐘之在晉也爲六墉(墉)

2.322 贏(贏)嗣(亂)之宮/贏(贏)嗣(亂)之在楚也爲新鐘/大(太)族(簇)之在周也爲剌(厲)音/穆音之宮/穆音之在楚也爲穆鐘

2.323 割(姑)肄(洗)之角/東音之宮/割(姑)肄(洗)之徵反/穆音之羿(羽)/新鐘之羿(羽)角/東音之徵曾/徲(夷)則之羿(羽)曾

2.324 割(姑)肄(洗)之少商/妥(蕤)賓之宮/妥(蕤)賓之在[illegible](申)也爲遅(夷)則/割(姑)肄(洗)之論(龢)/穆音之冬(終)坂(反)/坪皇之徵曾/東音之訢(變)商

2.325 割(姑)肄(洗)之羿(羽)/妥(蕤)賓之冬(終)/黃鐘之羿(羽)角/無鐸(射)之徵曾/割(姑)肄(洗)之宮佑/割(姑)肄(洗)之在楚也爲呂鐘/鄘(應)音之角/穆音之商/新鐘之訢(變)徵/東音之訢(變)羿(羽)

2.326 割(姑)肄(洗)之宮角/東音之宮/東音之在楚也爲文王/割(姑)肄(洗)之冬(終)/大(太)族(簇)之鼓/贏(贏)嗣(亂)之訢(變)商/鄘(應)鐘之徵角/東音之徵曾/爲坪皇之羿(羽)頧下角

2.327 割(姑)肄(洗)之商/妥(蕤)賓之宮/妥(蕤)賓之在楚也爲坪皇/割(姑)肄(洗)之羿(羽)曾/爲妥(蕤)賓之徵頧下角/文王之訢(變)商/遅(夷)則之徵曾/符(附)於索商之頧(酺)

2.328 割(姑)肄(洗)之宮/割(姑)肄(洗)之在楚也爲呂鐘/亘(宣)鐘之在晉爲六𦎫(墉)/割(姑)肄(洗)之徵曾/新鐘之羿(羽)/爲穆音之羿(羽)頧下角/剌(厲)音之羿(羽)曾/符(附)於索宮之頧(酺)

2.329 割(姑)肄(洗)之羿(羽)/遅(夷)則之徵/新鐘之徵/新鐘之徵曾/鄘(應)音之訢(變)商/東音之羿(羽)曾/割(姑)肄(洗)之羿(羽)角/爲獸鐘之羿(羽)頧下角/無鐸(射)之徵/爲夫(太)族(簇)之徵頧下角

2.330 割(姑)肄(洗)之徵/夫(太)族(簇)之羿(羽)/新鐘之訢(變)商/遅(夷)則之羿(羽)曾/獸鐘之徵角/割(姑)肄(洗)之徵角/坪皇之羿(羽)/贏(贏)嗣(亂)之羿(羽)曾/爲獸鐘之徵頧下角

2.339 膺(應)音之宮

2.340 東音之宮

2.341 割(姑)肄(洗)之宮

2.342 黃鐘之宮

2.345 穆音之宮

2.346 贏(贏)嗣(亂)之宮

2.347 妥(蕤)賓之宮

2.348 大(太)族(簇)之宮

2.349 無鐸(射)之宮

2.350 永寶用之

2.351 永寶用之

2.352 永寶用之

2.353 永寶用之

2.354 永寶用之

2.355 永寶用之

2.421 永保用之

2.422 永保用之

2.423 永寶用之
2.424 姑馮昏同(馮同、逢同)之子 / 永保用之
2.426 子孫用之
2.427 子孫用之
2.428 □□之子〔余冄〕/ 萬枼(世)之外
2.429 余受此于之玄孫 / ☐以支埜(野)于陳□□山之下 / 乃于之雩 / 至于淮之上
3.600 永寶用之
3.677 永寶用之
3.678 永保用之
3.718 其萬年子孫用之
3.943 其永用之
3.946 永保用之
3.975 冶盤埜、秦忑爲之
3.976 冶盤埜、秦忑爲之
3.977 冶紉(紹)夅、陳共爲之
3.978 冶紉(紹)夅、陳共爲之
4.1932 師公之鼎
4.1955 鼎之伐妊(斑)
4.1980 卲之飤貞(鼎)
4.1990 敵(麔)之行貞(鼎)
4.2083 連迁之御尭
4.2084 連迁之行升(斛)
4.2085 登(鄧)鮇(鰟)之飤貞(鼎)
4.2086 君子之弄鼎
4.2087 憏愭(蔡)子林之貞(鼎)
4.2098 無(許)臭之饋(鍿)貞(鼎)
4.2099 無(許)臭之饋(鍿)貞(鼎)
4.2106 君夫人之貞(鼎)
4.2108 之宅褱閅(門)申腋
4.2215 蔡侯𩕿(申)之飤斛
4.2216 蔡侯𩕿(申)之飤斛
4.2217 蔡侯𩕿(申)之飤貞(鼎)
4.2218 蔡侯𩕿(申)之飤貞(鼎)
4.2219 蔡侯𩕿(申)之飤貞(鼎)
4.2220 蔡侯𩕿(申)之飤貞(鼎)
4.2221 蔡侯𩕿(申)之飤貞(鼎)
4.2222 蔡侯𩕿(申)之頭貞(鼎)
4.2223 蔡侯𩕿(申)之頭貞(鼎)
4.2224 蔡侯𩕿(申)之□貞(鼎)
4.2225 蔡侯𩕿(申)之飤斛
4.2226 蔡侯𩕿(申)之□□
4.2227 取(郰)它人之善(膳)貞(鼎)
4.2229 沖子𨟻之行貞(鼎)
4.2231 楚子趏之飤繁
4.2233 宋公緣(欒)之餴(饙)貞(鼎)
4.2234 鄧尹疾之沰盗
4.2235 鄧子午之飤鐈
4.2236 王氏官之王人
4.2238 須丞•(嵍)生(甥)之飤貞(鼎)
4.2239 爰子祀之飤繁
4.2283 卑吤君光之飤貞(鼎)
4.2285 子陕□之孫☐行峃
4.2287 㝬(胡)侯之孫陬之䵼(斛)
4.2288 卲(昭)王之諻(媓)之饋(鍿)貞(鼎)
4.2297 鑄客爲集脰(廚)爲之
4.2298 鑄客爲集脰(廚)爲之
4.2299 鑄客爲集糕(饎)爲之
4.2300 鑄客爲集䑢爲之
4.2305 墉夜君成之載(𦤎)貞(鼎)
4.2309 旨府之右冶疾鑄
4.2355 洘叔之行貞(鼎)/ 永用之
4.2356 盅之噔(登)貞(鼎)/ 其永用之
4.2357 楚叔之孫倗之飤斛
4.2358 宋君夫人之餴(饙)釪(盂)貞(鼎)
4.2359 吳王孫無土之脰(廚)貞(鼎)
4.2390 余(徐)子氽之鼎 / 百歲用之
4.2393 鑄客爲王句(后)七府爲之
4.2394 鑄客爲王句(后)七府爲之
4.2395 鑄客爲大(太)句(后)脰(廚)官爲之
4.2452 陴父之走(趣)馬吳買
4.2478 [永]保用之
4.2480 鑄客爲集腏、伸腏、睘腋腏爲之
4.2498 其永壽用之
4.2519 子孫永寶用之
4.2522 永寶用之
4.2523 永寶用之
5.2551 永保用之
5.2569 永寶用之
5.2573 羕(永)保用之
5.2574 鄲(單)孝子台(以)庚寅之日
5.2577 在平陰勹(庖)之所
5.2588 宋𦡷(莊)公之孫趣亥 / 永壽用之
5.2591 其子子孫孫永寶用之
5.2592 永寶用之
5.2593 永寶用之
5.2606 子孫永寶用之
5.2607 永保用之
5.2620 其永用之
5.2621 永寶用之
5.2644 郚季之伯歸𡠗用其吉金 / 子子孫永寶用之
5.2645 郚季之伯歸𡠗用其吉金 / 永寶用之
5.2650 其永壽用之
5.2652 永寶用之
5.2668 其子子孫孫永

寶用之
5.2669 永壽用之
5.2683 王子剌公之宗婦鄁(鄁)嫛
5.2684 王子剌公之宗婦鄁(鄁)嫛
5.2685 王子剌公之宗婦鄁(鄁)嫛
5.2686 王子剌公之宗婦鄁(鄁)嫛
5.2687 王子剌公之宗婦鄁(鄁)嫛
5.2688 王子剌公之宗婦鄁(鄁)嫛
5.2690 永寶用之
5.2691 永寶用之
5.2692 永寶用之
5.2707 匀(鈞)二百六十二刀之匀(鈞)
5.2715 郐(徐)王之子庚兒
5.2716 郐(徐)王之子庚兒
5.2717 永保用之
5.2722 蘇公之孫寬兒/永保用之
5.2732 鄦(鄀)审之孫簹(筥)大(太)史申
5.2738 永寶用之
5.2751 唯王令南宮伐反(叛)虎方之年
5.2752 唯王令南宮伐反(叛)虎方之年
5.2764 五益(鎰)六釿半釿四分釿之冢(重)
5.2766 永保用之
5.2782 嘉曰: 余[illegible](墓、鄭)邦之產/哀成叔之鼎
5.2793 一益(鎰)十釿半釿四分釿之冢(重)/六益(鎰)半釿之冢(重)
5.2794 窒(室)鑄喬(鐈)貞(鼎)之盍(蓋)/冶師史秦、差(佐)苛䏬爲之/冶師盤埜、差(佐)秦忑爲之
5.2795 窒(室)鑄喬(鐈)貞(鼎)之盍(蓋)/冶師紉(紹)夲、差(佐)陳共爲之/冶師紉(紹)夲、差(佐)陳共爲之
5.2796 適正八師之年
5.2797 適正八師之年
5.2798 適正八師之年
5.2799 適正八師之年
5.2800 適正八師之年
5.2801 適正八師之年
5.2802 適正八師之年
5.2810 乃祼之
5.2811 倗之遹(𤔲)鼾/殴民之所亟(極)
5.2812 王用弗譔(忘)聖人之後
5.2820 其永寶用之
5.2833 賜(惕)共(恭)賸(朕)辟之命
5.2835 甲申之脣(辰)/復奪京師之俘
5.2840 寡人聞之/閈於天下之勿(物)矣/猶粯(迷)惑於子之而亡(亡)其邦/使智(知)社禝之賃(任)/臣宔(主)之宜/寡人聞之/其隹(誰)能之/其隹(誰)能之/是皮(克)行之/氏(是)以寡人匡(委)賃(任)之邦/而去之遊/亡窓(懅)昜(惕)之忌(慮)/含(今)膚(吾)老賙(賈)親率參軍之眾/以征不宜(義)之邦/氏(是)以賜之厥命: 隹(雖)又(有)死辠(罪)/忑(恐)隕社禝之光/氏(是)以寡人許之/詒死辠(罪)之又(有)若(赦)/智(知)爲人臣之宜旃/怠(念)之夆(哉)/後人其庸庸之/皮(克)并(併)之/怠(念)之夆(哉)/永定保之
5.2841 雩之庶出入事于外
6.3634 卲(昭)王之諻(媓)之廌(薦)廏(毁)
6.3635 卲(昭)王之諻(媓)之廌(薦)廏(毁)
7.3919 永壽用之
7.4011 永壽用之
7.4012 永壽用之
7.4013 永壽用之
7.4030 其于之朝夕監
7.4031 其于之朝夕監
7.4038 其子子孫孫永寶用之
7.4047 王令東宮追以六師之年
7.4054 子子孫孫永用之
7.4076 王子剌公之宗婦鄁(鄁)嫛
7.4077 王子剌公之宗婦鄁(鄁)嫛
7.4078 王子剌公之宗婦鄁(鄁)嫛
7.4079 王子剌公之宗婦鄁(鄁)嫛
7.4080 王子剌公之宗婦鄁(鄁)嫛
7.4081 王子剌公之宗婦鄁(鄁)嫛
7.4082 王子剌公之宗婦鄁(鄁)嫛
7.4083 王子剌公之宗婦鄁(鄁)嫛
7.4084 王子剌公之宗婦鄁(鄁)嫛
7.4085 王子剌公之宗婦鄁(鄁)嫛
7.4086 王子剌公之宗婦鄁(鄁)嫛
7.4087 王子剌公之宗婦鄁(鄁)嫛
7.4107 子孫之寶
7.4120 省仲之孫爲㝬
8.4178 其永用之
8.4245 [illegible](曾)孫三兒曰: 余吕以□之孫/□又之〔日〕
8.4269 賜女(汝)婦爵、㚸之先周(琱)玉、黄[illegible]
8.4315 在帝之坏(坯)
8.4323 畐于㷋(榮)伯之所
8.4343 迺侯之耤(籍)
9.4471 倗之簠
9.4472 □之簠
9.4475 [illegible]之行簠
9.4476 大(太)府之簠

9.4487 樊君𢉩之飤簠
9.4488 曾子遇之行簠
9.4489 曾子遇之行簠
9.4490 蔡侯𬚸(申)之飤簠
9.4491 蔡侯𬚸(申)之飤簠
9.4492 蔡侯𬚸(申)之飤簠
9.4493 蔡侯𬚸(申)之飤簠
9.4494 盛君縈之御簠
9.4500 蔡公子義工之飤簠
9.4502 慶孫之子峠之䭃(饋)簠
9.4506 鑄客爲王句(后)六室爲之
9.4507 鑄客爲王句(后)六室爲之
9.4508 鑄客爲王句(后)六室爲之
9.4509 鑄客爲王句(后)六室爲之
9.4510 鑄客爲王句(后)六室爲之
9.4511 鑄客爲王句(后)六室爲之
9.4512 鑄客爲王句(后)六室爲之
9.4513 鑄客爲王句(后)六室爲之
9.4521 永壽用之
9.4533 永寶用之
9.4569 永寶用之
9.4575 子孫永保之
9.4576 子孫永保之
9.4577 子孫永保之
9.4581 永寶用之
9.4587 永寶用之
9.4588 永保用之
9.4591 永寶用之
9.4593 永壽用之
9.4594 羕(永)保用之
9.4597 永壽用之
9.4598 其子子孫孫其永用之
9.4599 其永用之
9.4603 永壽用之
9.4604 永壽用之
9.4605 永壽用之
9.4606 永壽用之
9.4607 永壽用之
9.4608 永寶用之
9.4609 永寶用之
9.4610 永寶用之
9.4611 永寶用之
9.4612 永保用之
9.4613 永寶用之
9.4614 永寶用之
9.4615 孫子之䵼(晛)
9.4616 其子子孫孫羕(永)保用之
9.4617 永寶用之
9.4618 永保用之
9.4619 永寶用之
9.4620 永寶用之
9.4621 永寶用之
9.4622 □□敂之寶
9.4623 永寶用之
9.4624 永寶用之
9.4625 乍(作)其子孟𡠗(羋)之女賸(媵)簠/永保用之
9.4627 擇之金
9.4628 擇之金
9.4629 少子陳逆曰:余陳(田)趄(桓)子之裔孫/台(以)乍(作)厥元配季姜之祥器
9.4630 少子陳逆曰:余陳(田)趄(桓)子之裔孫/台(以)乍(作)厥元配季姜之祥器
9.4631 天賜(賜)之福/永寶用之享
9.4632 天賜(賜)之福/永寶用之享
9.4634 大(太)府之饋(餾)盞
9.4635 滕(滕)侯昃(昃)之御敦(敦)
9.4636 䀠于敵(麐)之行盞
9.4637 楚子𨑫(迻)鄭之飤
9.4640 魯子仲之子歸父爲其善(膳)𦎫(敦)
9.4641 永保用之
9.4642 萬壽用之
9.4643 永保用之
9.4645 子子孫永保用之
9.4650 哀成叔之鉌
9.4660 卲之御鎠
9.4661 卲之御鎠
9.4662 㠯之飤盇(閤)
9.4663 哀成叔之𦎫(卷)
9.4675 鑄客爲王句(后)六室爲之
9.4676 鑄客爲王句(后)六室爲之
9.4677 鑄客爲王句(后)六室爲之
9.4678 鑄客爲王句(后)六室爲之
9.4679 鑄客爲王句(后)六室爲之
9.4680 鑄客爲王句(后)六室爲之
9.4688 富子之上官獲之畫𨱇銅鈇十/台(以)爲大迲(赴)之從鈇
9.4689 子孫永寶用之
9.4690 永寶用之
9.4691 永寶用之
9.4694 祥(永)甬(用)之
9.4695 祥(永)甬(用)之
11.5761 子之弄鳥
11.6008 爰從師雍父戍于𤔲(固)𠂤(次)之年
11.6010 永保用之
11.6011 盠曰:余其敢對揚天子之休/世子子孫孫永寶之
11.6014 自之䛸(辟、嬖)民
11.6015 之日/唯天子休于麥辟侯之年鑄
12.6462 義楚之祭耑(觶)
12.6506 郤(徐)王𢒉又之耑(觶)/耑(觶)溉之炈(炽)
15.9420 鑄客爲集𦣞爲之/鑄客爲集𦣞爲之
15.9426 楚叔之孫途爲之盉
15.9446 其永用之
15.9494 之壺
15.9538 左孝子之壺
15.9539 左孝子之壺

15.9540 己孝子之壺五
15.9541 己孝子之壺二
15.9542 嗗君之獲
15.9573 蔡侯𪆵(申)之滔(𩜇)壺
15.9574 蔡侯𪆵(申)之滔(𩜇)壺
15.9580 鑄大𢆶之笲一壺
15.9589 冢客之官
15.9625 永用之
15.9626 盜叔之尊壺/永用之
15.9639 子孫永寶用之
15.9658 子孫永寶用之
15.9674 冢(重)一石百卌(四十)二刀之冢(重)
15.9677 其永用之
15.9678 邗王之惕(賜)金
15.9679 邗王之惕(賜)金
15.9680 羕(永)保用之
15.9681 邁(萬)壽用之
15.9684 冢(重)一石八十二刀之冢(重)
15.9686 冢(重)一石三百刀之冢(重)
15.9692 冢(重)四百七十四刀之冢(重)
15.9693 冢(重)一石三百卅九刀之冢(重)
15.9694 永寶用之
15.9695 永寶用之
15.9698 王子剌公之宗婦鄁(部)嫛
15.9699 王子剌公之宗婦鄁(部)嫛
15.9703 大嬰(將)鈛孔、陳璋內(入)伐匽(燕)亳邦之獲
15.9704 子孫永保用之
15.9706 子子孫永寶用之
15.9707 府嗇夫在、冶事(吏)狄敓(挌)之
15.9709 公子土斧乍(作)子仲姜鐘之般(盤)壺/羕(永)保用之
15.9710 聖趄(桓)之夫人曾姬無恤/蒿閉(間)之無駜(匹)/後嗣甬(用)之
15.9711 聖趄(桓)之夫人曾姬無恤/蒿閉(間)之無駜(匹)/後嗣甬(用)之
15.9719 子之子/孫之孫/其永用之
15.9720 子之子/孫之孫/其永用之
15.9729 用御天子之事
15.9730 用御天子之事
15.9733 殷王之孫、右師之子武叔曰庚/庚大門之/虢者獻于靈(靈)公之所/商(賞)之台(以)邑/於靈(靈)公之壬(廷)/歸獻于靈(靈)公之所/商(賞)之台(以)兵虢(皋)車馬/獻之于𢦏(輜、莊)公之所
15.9734 以憂厥民之隹(罹)不𧗟(辜)/而冢(重)賃(任)之邦/子之大臂(闢)不宜(義)/唯邦之榦(幹)/先王之德/以追庸(誦)先王之工(功)刺(烈)
15.9735 𧧑(祗)郾(燕)之訛/而譁(專)賃(任)之邦/以內絶邵(召)公之業/乏其先王之祭祀/外之則𣲆(將)使𨑥(上)勤於天子之庿/寡人非之/新君子之/曾亡鼠(一)夫之救/述(遂)定君臣之𤽸(位)/上下之軆(體)/夫古之聖王/明友(跋)之于壺而時觀焉/載之笲(簡)筬(策)/子之子/孫之孫
16.9931 冶事(吏)秦、苛膽爲之
16.9932 冶事(吏)秦、苛膽爲之
16.9975 齊嬰(將)鈛(鍋)孔、陳璋內(入)伐匽(燕)亳邦之獲
16.9976 蔡侯𪆵(申)之𨩽(鉼)
16.9979 永壽用之
16.9980 子孫永寶用之
16.9981 樂大𤔲徒子𠫑之子引
16.9988 倗之尊缶
16.9991 蔡侯朱之缶
16.9992 蔡侯𪆵(申)之盥缶
16.9993 蔡侯𪆵(申)之尊缶
16.9994 蔡侯𪆵(申)之尊缶
16.9995 郙子彩(髲)之赴缶
16.9996 曾子遯之行缶
16.10002 鑄客爲王句(后)六室爲之
16.10003 鑄客爲王句(后)六室爲之
16.10005 永保用之
16.10006 永寶用之
16.10007 永寶用之
16.10008 䜌(欒)書之子孫
16.10097 子子孫永寶用之
16.10109 永寶用之
16.10118 子子孫永寶用之
16.10124 魯正叔之㝐/永壽用之
16.10126 用賸(媵)之麗奴
16.10127 永壽用之
16.10128 永壽用之
16.10129 萬年用之
16.10131 永寶用之
16.10134 其永用之
16.10136 子孫永用之享
16.10140 子孫永寶用之
16.10143 永寶用之
16.10144 永壽用之
16.10146 其永用之
16.10147 齊縈姬之𡢁(姪)
16.10149 子子孫永用之
16.10150 〔永〕用之

16.10152 王子剌公之宗婦鄁(鄁)嫛
16.10153 其子孫永保用之
16.10154 永寶用之
16.10155 永寶用之
16.10157 永壽用之
16.10158 冶師紹(紹)圣、差(佐)陳共爲之
16.10159 永保用之
16.10160 邛(江)仲之孫伯戔/永寶用之
16.10162 永寶用之
16.10163 永保用之
16.10165 永寶用之
16.10171 永保用之
16.10173 于洛之陽
16.10176 散人小子眉(堳)田：戎、微父、效果(櫂)父、襄之有𤔲橐、州豪(就)、攸從鬲(隔)/傳棄之
16.10189 蔡侯𨭉(申)之盥匜
16.10190 王子适之澮(會)𥁕(浣)
16.10194 虖𠤳丘堂之鐈(會)𥂿(浣)
16.10199 鑄客爲御𦤎(駟)爲之
16.10208 永用之
16.10219 萬年用之
16.10234 子孫永寶用之
16.10235 其萬年子子孫孫用之
16.10240 其邁(萬)年眉壽用之
16.10246 永寶用之
16.10250 子子孫孫永用之
16.10253 用賸(媵)之麗奴
16.10257 冢(重)七十刀之冢(重)
16.10260 唯之百〔姓〕/雩之四方
16.10262 子子孫永寶用之
16.10267 敶(陳)伯𩿨(鵑)之子伯元/永壽用之
16.10276 永寶用之
16.10277 永保用之
16.10278 浮公之孫公父宅/子子孫永寶用之
16.10279 永壽用之
16.10280 羕(永)保用之
16.10281 永寶用之
16.10282 永保用之
16.10283 永保用之
16.10284 蔡叔季之孫貫/賸(媵)孟姬有之婦沬盤/永寶用之
16.10288 智君子之弄鑑
16.10289 智君子之弄鑑
16.10290 蔡侯𨭉(申)之尊𥂴(浣)匜
16.10291 大(太)子之鎬
16.10293 鑄客爲王句(后)六室爲之
16.10297 羕(永)甬(用)之/王郢姬之濫(鑑)
16.10318 永保用之
16.10320 郐(徐)王季糧之孫宜桐/孫子永壽用之
16.10330 永寶用之
16.10332 其眉壽用之
16.10335 子子孫永壽用之
16.10336 子子孫孫永用之
16.10338 永寶用之
16.10339 永寶用之
16.10340 永寶用之
16.10341 邛(江)仲之孫伯戔/永保用之/邛(江)仲之孫伯戔/永保用之
16.10354 [illegible]之九壁汖[illegible]紆収
16.10358 冢(重)百十一刀之冢(重)
16.10359 冢(重)百廿八刀之冢(重)
16.10361 永保用之
16.10368 左關之鈉
16.10370 郢大府之□笶(筲)
16.10371 命左關師發敕(敕)成左關之釜(釜)
16.10373 郾(郾、燕)客臧嘉聞(問)王於莪郢之歲/享月己酉之日/以命攻(工)尹穆丙、攻(工)差(佐)競之、集尹陳夏、少集尹龔賜、少攻(工)差(佐)孝癸
16.10374 𨨏釜(釜)而車人制之/不用命則寅之/丘關之釜(釜)
16.10379 孯之倌(官)環
16.10381 邸㾍之器(?)
16.10386 王子嬰次之庡(炒)盧(爐)
16.10388 鑄客爲集[illegible]爲之
16.10389 鑄客爲集□敗(挸)爲之
16.10390 郐(徐)王之堯(无)元柴(背)之少(小)叟(熽)膚(盧、爐)
16.10391 瘞(瘥、痄)君之孫郐(徐)敆(令)尹者(諸)旨(稽)䎖(耕)
16.10402 冢(重)一石三百五十五刀之冢(重)
16.10438 大府之器
16.10473 牀(藏)麀(鏕)啬夫郐(粉)試鞄(勒)之
16.10474 牀(藏)麀(鏕)啬夫郐(粉)試鞄(勒)之
16.10475 牀(藏)麀(鏕)啬夫郐(粉)試鞄(勒)之
16.10478 闊閟(狹)少(小)大之[illegible]/又(有)事者官圖之
16.10577 鑄客爲集脰(廚)爲之
16.10578 鑄客爲王句

(后)六室爲之
17.10968 左之皓(造)
17.10970 玄翏(鏐)敖(鏞)鋁之用
17.11002 虡之戟
17.11006 喿之皓(造)
17.11015 王羕之戈
17.11018 塍(滕)侯昊(昃)之〔戈〕
17.11019 雍之田戈
17.11027 鄴之寳(?)戈
17.11030 □□□□之用戈
17.11042 郙之新部(造)
17.11043 周旟之戈
17.11045 鄝之散(造)戈
17.11046 敔之造戟(?)
17.11048 郘君乍(作)之
17.11060 邵之散(造)戈
17.11066 㝬乍(作)之元戈
17.11067 盜叔之行戈
17.11072 子可期(㭒)之用
17.11075 右買之用戈
17.11076 [illegible](徹)子之皓(造)戈
17.11077 塍(滕)侯耆(耆、耆)之鋯(造)
17.11078 塍(滕)侯耆(耆、耆)之皓(造)
17.11079 塍(滕)侯昊(昃)之皓(造)
17.11080 [illegible]子之皓(造)戈
17.11089 羊子之皓(造)戈
17.11090 羊子之皓(造)戈
17.11091 玄夫(鏞)鑄戈之□
17.11098 曾侯邚(越)之戟(戟)
17.11099 □公之造戈
17.11100 子貝(畀)之用戈
17.11102 武王之童督
17.11103 武王之童督
17.11104 武王之童督
17.11105 子𡨀鄣之戟(戟)
17.11106 邦之入
17.11112 宜無之棗(造)戟(戟)
17.11120 曹公子池之鋯(造)戈
17.11123 塍(滕)侯昊(昃)之𨠯(酷、造)𢧢
17.11124 𦎫(淳)于公之豫皓(造)
17.11125 𦎫(淳)于公之豫皓(造)
17.11126 陳子皮之告(造)戈
17.11127 陳胎之右𣛷鈛(戈)
17.11129 陳侯因資(齊)之造
17.11131 司馬望之告(造)鈛(戈)
17.11132 宋公得(德、特)之賠(造)戈
17.11133 宋公緣(欒)之賠(造)戈
17.11134 無(許)伯彪之用戈
17.11136 玄翏(鏐)敖(鏞)鋁之用
17.11137 玄翏(鏐)敖(鏞)鋁之用
17.11138 玄翏(鏐)敖(鏞)鋁之用
17.11139 玄翏(鏐)敖(鏞)鋁之用
17.11140 蔡侯[illegible](申)之行戈
17.11141 蔡侯[illegible](申)之用戈
17.11142 蔡侯[illegible](申)之用戈
17.11143 蔡侯產之用戈
17.11144 蔡侯產之用戈
17.11145 蔡公子果之用
17.11146 蔡公子果之用
17.11147 蔡公子果之用
17.11148 蔡公子加之用
17.11149 蔡加子之用戈
17.11150 蔡侯𣪘之用𢧢
17.11152 楚王孫漁(子魚)之用
17.11153 楚王孫漁(子魚)之用
17.11160 即墨華之造用
17.11162 王子□之戕(拱)戈
17.11163 玄翏(鏐)夫(鏞)睸(鋁)之用
17.11167 曾侯乙之寢戈
17.11168 曾侯乙之走戈
17.11169 曾侯乙之用戈
17.11170 曾侯乙之用戈
17.11171 曾侯乙之走戈
17.11172 曾侯乙之用戟(戟)
17.11173 曾侯乙之用戟(戟)
17.11174 曾侯邚(越)之用戈
17.11175 曾侯邚(越)之行戟(戟)
17.11176 曾侯邚(越)之行戟(戟)
17.11177 曾侯邚(越)之行戟(戟)
17.11178 曾侯㽙之用戟(戟)
17.11179 曾侯㽙之用戟(戟)
17.11180 曾侯遇之行戟(戟)
17.11181 曾侯遇之行戟(戟)
17.11198 楚屈叔佗之元用
17.11200 衛公孫呂之告(造)戈

17.11201 □□伯之元執
17.11202 郢(程)侯之廝(造)戈五百
17.11203 內(芮)大攻□之造
17.11204 宋公差(佐)之賠(造)戈
17.11205 滕(滕)司徒□之戈
17.11206 郱大嗣馬之艁(造)戈
17.11207 王子玫之用戈
17.11208 王子玫之用戈
17.11210 羊角之亲(新)艁(造)散戈
17.11212 周王叚之元用戈
17.11214 斦(析)君墨脣之郜(造)鉘(戟)
17.11251 陳旺之歲/侍膚(府)之戜(戟)
17.11252 邛(江)季之孫□方或之元
17.11253 郻(柏)子誰臣之元允(用)戈
17.11254 曾仲之孫𠀠𠭯用戈
17.11261 番中(仲)攸(作)伯皇之敀(造)戈
17.11265 虎𤔲丘君豫之元用
17.11266 右庫冶气(乞)之鑄
17.11279 大良造鞅之造戟
17.11280 愿公之元戈/壽之用交(效)
17.11281 宋公差(佐)之所賠(造)茆族戈
17.11282 郐(徐)王之子羽(叚)之元用戈
17.11285 相公子矰(戠)之告(造)
17.11286 不降棘余子之貲金
17.11289 宋公差(佐)之所賠(造)不昜族戈
17.11297 上郡守疾之造
17.11358 獻鼎之歲/羕(養)陵公伺之睘(縣)所郜(造)、冶己女
17.11361 相邦樛斿之造
17.11365 穆侯之子、西宮之孫/曾大攻(工)尹季䊯(怡)之用
17.11370 上郡守起之〔造〕
17.11381 台(以)邵(昭)旟(揚)文武之戊(茂)用(庸)
17.11393 楚王之元右(佑)王鐘/楚屈叔佗屈□之孫
17.11394 相邦義(張儀)之造
17.11400 王之孫/瞿仲之子伯刺
17.11402 公孳里脽之大夫𢽳(披)之卒/左軍之攸僕介巨/枝里瘟之攸戈
17.11405 上郡守壽(向壽)之造
18.11541 不降棘余子之貲金
18.11544 於戊(越)㠯(台)王旨𨜒之大(太)子𠇊(三)壽
18.11566 五酉之後/氏(是)曰:□之後
18.11567 曾侯郕(越)之用殳
18.11578 䎩(搖、郄、卻)子之用
18.11579 戊(越)王州句(勾)之〔元用劍〕
18.11582 繁𨛭(陽)之金
18.11587 蔡侯產之用鐱(劍)
18.11588 鄦鍾之鏮(造)鐱(劍)
18.11589 富奠之斳(斲)鐱(劍)
18.11593 先𠱊余之用
18.11594 戊(越)王敂(勾)戔(踐)之子
18.11595 戊(越)王敂(勾)戔(踐)之子
18.11601 蔡侯𠃓叔之用
18.11604 蔡侯產之用僉(劍)
18.11605 蔡公子從之用
18.11608 滕(滕)之不㤓由于
18.11609 陰(陰)平左庫之艁(造)
18.11618 唯弜公之居旨卲亥(?)𠚤丌□僉(劍)
18.11640 吳季子之子逞之元用鐱(劍)
18.11651 征(延、誕)匋(寶)用之
18.11656 唯弜公之居旨卲亥(?)𠚤丌(其)□僉(劍)
18.11665 乂江之台
18.11668 郐(徐)王義楚之元子羽
18.11692 戊(越)王唯弜公之居旨卲亥(?)𠚤丌□僉
18.11696 朕余名之/胃(謂)之少虡
18.11697 朕余名之/胃(謂)之少虡
18.11698 朕余名之/胃(謂)之少虡
18.11703 自乍(作)元之用之僉(劍)
18.11718 在行之先/余處江之陽
18.11786 呂大叔之貳車之斧
18.11787 呂大叔之貳車之斧
18.11788 郘(呂)大叔以新金爲資(貳)車之斧十
18.11911 大良造庶長鞅之造
18.11995 𠬝(晲)公之矢
18.11997 郎(卿)公𦣞𡆥之矢/顧之𧊒(蚯)
18.12002 之
18.12027 晉公之車

18.12028 晉公之車
18.12040 冶紹(紹)㚔、陳共爲之
18.12068 左宮之三
18.12069 左宮之廿
18.12097 一檐(擔)飤之
18.12098 一檐(擔)飤之
18.12099 一檐(擔)飤之
18.12100 一檐(擔)飤之
18.12101 一檐(擔)飤之
18.12102 一檐(擔)飤之
18.12108 甲兵之符 / 乃敢行之
18.12109 兵甲之符 / 乃敢行之 / 燔㸑之事
18.12110 大司馬卲(昭)鄒(陽)敗晉師於襄陵之歲 / 夏层之月 / 乙亥之日 / 王凥(処)於蔵郢之遊宮 / 爲鄂(鄂)君啟之府賦(僦、就)鑄金節 / 台(以)毀於五十乘之中
18.12111 大司馬卲(昭)鄒(陽)敗晉師於襄陵之歲 / 夏层之月 / 乙亥之日 / 王凥(処)於蔵郢之遊宮 / 爲鄂(鄂)君啟之府賦(僦、就)鑄金節 / 台(以)毀於五十乘之中
18.12112 大司馬卲(昭)鄒(陽)敗晉師於襄陵之歲 / 夏层之月 / 乙亥之日 / 王凥(処)於蔵郢之遊宮 / 爲鄂(鄂)君啟之府賦(僦、就)鑄金節 / 台(以)毀於五十乘之中
18.12113 大司馬卲(昭)鄒(陽)敗晉師於襄陵之歲 / 夏层之月 / 乙亥之日 / 王凥(処)於蔵郢之遊宮 / 爲鄂(鄂)君啟之府賦(僦、就)鑄金節

1238 生、往

1.171 往已(矣)
1.223-4 往已叔姬
7.4096 乍(作)爲生(皇)祖大宗段
10.5322 鬮乍(作)生(皇)昜日辛尊彝
13.7732 生(往)
15.9734 德行盛生(旺)
16.10298 往已叔姬
16.10299 往已叔姬
17.10924 陳生(往)
17.10992 奠(鄭)往庫
17.10993 奠(鄭)往庫
17.11389 奠(鄭)倫(令)肖(趙)距、司寇彭璋、往庫工師皇佳、冶瘠
17.11398 奠(鄭)倫(令)棺(槨、郭)涵、司寇肖(趙)它、往庫工師皮耴、冶君(尹)啟
18.11457 往庫
18.11507 奠(鄭)往庫旅(戟)束(刺)
18.11552 奠(鄭)倫(令)棺(槨、郭)涵、司寇芋慶、往庫工師皮耴、冶君(尹)貞歠(造)
18.11555 奠(鄭)倫(令)棺(槨、郭)涵、司寇肖(趙)它、往庫工師皮耴、冶君(尹)波(坡)
18.11560 奠(鄭)命(令)棺(槨、郭)涵、司寇肖(趙)它、往庫工師皮耴、冶君(尹)波(坡)歠(造)
18.11563 奠(鄭)倫(令)棺(槨、郭)涵、司寇芋慶、往庫工師皮耴、冶君(尹)波(坡)歠(造)戟束(刺)
18.11660 往□倫(令)王褰、右庫工師杢(埶、廉)生、冶參教(撻)齋(劑)
18.11693 奠(鄭)命(令)棺(槨、郭)涵、司寇肖(趙)它、往庫工師皮耴、冶君(尹)啟歠(造)

1239 𨔝

8.4192 令𨔝(往)邦
8.4193 令𨔝(往)邦

1240 至

1.73-4 至于父蜺(兄)
1.76-7 至于父蜺(兄)
1.78-9 至于父蜺(兄)
1.80-1 至于父蜺(兄)
1.149 至于堣(萬)年
1.150 至于堣(萬)年
1.151 至于堣(萬)年
1.152 至于堣(萬)年
1.204-5 適涇東至于京師
1.206-7 適涇東至于京師
1.208 適涇東至于京〔師〕
1.209 適涇東至于京師
1.260 王臺(敦)伐其至
1.271 侯氏從造(告)之曰：枼(世)萬至於辝(台)孫子
1.272-8 至于枼(世)曰：武靈(靈)成
1.285 至于枼(世)曰：武靈(靈)成
2.425 儆至鐱(劍)兵
2.429 至于淮之上
3.934 至子子孫孫
3.949 史兒至 / 至于女庬
4.2385 至乍(作)寶鼎
5.2721 師雍父省導(道)至于㝬(胡)
5.2775 王至于迖应
5.2803 乃克至 / 王至于溓(濂)宮
5.2833 至于歷內 / 雩禹以武公徒馭至于噩(鄂)
5.2834 至于歷寒(內)/ 雩〔禹〕以〔武公徒馭〕至于噩(鄂)
5.2835 從至 / 逑(越)追至于楊冢(塚)
5.2837 人鬲自馭至于

庶人
5.2840 至于含(今)
8.4169 至燎于宗周
8.4191 迺自商師(次)復還至于周
8.4270 自虐東至于河 / 厥逆(朔)至于玄水
8.4271 自虐東至于河 / 厥逆(朔)至于玄水
8.4292 余或至(致)我考我母令
8.4323 至于伊、班
8.4331 益公至告 / 眉敖至見
9.4464 我乃至于淮小大邦 / 還至于蔡
10.5410 至于上侯滰(滰)川上
11.6016 明公朝至于成周
15.9707 至此
15.9719 至于萬意(億)年
15.9720 至于萬意(億)年
15.9735 則掔(賢)人至
16.9901 明公朝至于成周
16.10174 至于南淮尸(夷)
16.10176 至于大沽(湖)/ 至于邉柳 / 至于唯(鳴)莫(墓)/ 左至于井邑
16.10342 至于大廷
16.10478 從丘欿(坎)以至內宮六步 / 從丘欿(坎)至內宮廿四步 / 從內宮至中宮廿五步 / 從內宮以至中宮卅步 / 從內宮至中宮卅六步
17.11310 鄣(郤)□至(致)
17.11311 鄣(郤)□至(致)
18.11666 逗余允至
18.11718 至于南行西行

1241 臸、臺

5.2780 王乎宰曶賜盛弓、象弭、矢臸、彤欮
5.2839 弓一、矢百、畫虢(皋)一、貝胄一、金毌(干)一、戠戈二、矢臸八
16.10199 鑄客爲御臸(馹)爲之

1242 𡔷、槷、槷、𣓎(臸)

3.842 亞𡔷(𡔷)父丁
7.3915 周𡔷生(甥)乍(作)楷娟(妘)媿賸(媵)段
10.5309 亞𡔷(臸)
10.5360 亞槷(槷)寂盤(鑄)乍(作)父癸寶尊彝
12.6481 冀𡔷(臸)獲乍(作)祖辛彝
16.10120 周𡔷(臸)生(甥)乍(作)楷娟(妘)朕(媵)般(盤)

1243 言

1.53 其聿(律)其言(歆)
3.949 厥貯眷言
4.2399 言肇用乍(作)尊鼎
4.2456 用言(歆)王出內(入)事(使)人
5.2840 此易言而難行旃
6.3548 仲言(?)父乍(作)旅段
9.4466 其邑復畝、言二邑(邑)
10.5354 孫子用言(歆)出入
15.9735 允𢦏(哉)若言

1244 訋(詢)

5.2838 則□訋(詢)/ 迺𨟻又(有)訋(詢)眔𦕓金

1245 䛩(謎、嗟)

16.9901 爽(尚)䛩(謎、左)右于乃寮以乃友事

1246 託

11.6010 霝(靈)頌託商
16.10171 霝(靈)頌託商
17.11267 單𦗟託乍(作)用戈三万(萬)

1247 記

9.4613 𣄰(其)眉壽無記(期)

1248 訊

5.2779 折首執訊
5.2832 正迺訊厲曰:女(汝)貯田不(否)
5.2835 多友右(有)折首執訊 / 執訊卄又三人 / 執訊二人 / 多友或(又)右(有)折首執訊 / 執訊三人 / 多友迺獻俘聝訊于公
8.4215 訊訟罰
8.4266 訊小大又(右)隣
8.4292 召伯虎曰:余既訊𠪚
8.4293 余以邑訊有𤔲 / 今余既訊
8.4294 訊訟
8.4295 訊訟
8.4313 折首執訊
8.4314 折首執訊
8.4322 獲馘(聝)百、執訊二夫
8.4323 執訊卌(四十)/ 告禽(擒)聝百、訊卌(四十)
8.4328 女(汝)多折首執訊 / 折首執訊
8.4329 女(汝)多折首執訊 / 折首執訊
8.4343 厥訊庶右𨛭(鄰)/ 雩乃訊庶右𨛭(鄰)
9.4459 執訊折首
9.4460 執訊折首
9.4461 執訊折首
9.4469 迺敢疾訊人
16.10173 執訊五十
16.10174 折首執訊

1249 訟

5.2837 敏諫罰訟

5.2838 事(使)厥小子黢(究)以限訟于井叔

8.4215 訊訟罰

8.4294 訊訟

8.4295 訊訟

16.10285 女(汝)敢以乃師訟

1250 許

1.60-3 乃祖考許政于公室

5.2818 牧弗能許鬲比

5.2832 厲廼許曰：余審貯田五田

5.2838 限許曰：旺則卑(俾)我賞(償)馬／譬、效父廼許譬

5.2840 氏(是)以寡人許之

5.2841 虢許上下若否雩(于)四方

8.4278 牧弗能許鬲比

8.4292 弋伯氏從許

17.11364 宗子攻(工)正明我、左工師𠂤許、馬重(童)丹所爲

1251 訏

15.9715 多寡不訏

1252 試

16.10473 𤖹(藏)麀(鑣)啬夫郗(粭)試靭(勒)之

16.10474 𤖹(藏)麀(鑣)啬夫郗(粭)試靭(勒)之

16.10475 𤖹(藏)麀(鑣)啬夫郗(粭)試靭(勒)之

1253 畓(謠)

6.3737 畓乍(作)豐嫿寶段

1254 訛

15.9735 訛(詆)郾(燕)之訛

1255 訢

11.6010 恖(聰)憲訢旟(揚)

15.9734 唯司馬賙(貯)訢詻戰(俾)忞(怒)

16.10171 恖(聰)憲訢旟(揚)

1256 謏(譒)

9.4533 伊謏(譒)乍(作)簠

1257 訊

5.2815 宰訊右(佑)趞

1258 訏

2.426 先人是訏

2.427 先人是訏

1259 訧

4.2426 鼁(郫)訧爲其鼎

1260 訙、訦

1.123 訙之于不〔啻〕

1.124 訙之于不啻

1.125-8 訙之于不啻

1.129-31 訙之于不啻

1261 訬

18.11708 相邦春平侯、邦右庫工師訬秖、冶巡教(撻)齋(劑)

18.11715 相邦春平侯、邦右伐器工師從訬、冶巡教(撻)齋(劑)

1262 訇(詾)

7.3746 媤琭𣪕用乍(作)訇辛𣪕段

8.4321 王若曰：訇／訇𩒨首／訇邁(萬)年／益公入右(佑)訇

8.4342 王若曰：師訇／王曰：師訇／訇𩒨首／訇其萬囟(斯)年／焚(榮)内(入)右(佑)訇

1263 詋(兕)

12.7302 亞或其詋乍(作)父已彝

1264 詁

7.3840 詁乍(作)皇母尊段

7.3841 詁乍(作)皇母尊段

1265 訶

1.183 飲飤訶(歌)遯(舞)

1.184 飲飤訶(歌)遯(舞)

1.186 飲飤訶(歌)遯(舞)

1.210 自乍(作)訶(歌)鐘

1.211 自乍(作)訶(歌)鐘

1.216 〔自作〕訶(歌)鐘

1.217 自乍(作)訶(歌)鐘

1.218 自乍(作)訶(歌)鐘

1.219 自乍(作)訶(歌)鐘

1.220 自乍(作)訶(歌)鐘

1.221 自乍(作)訶(歌)鐘

1.222 自乍(作)訶(歌)鐘

17.11182 朝訶(歌)右庫

1266 謌(歌)

1.8 宋公戌之謌(歌)鐘

1.9 宋公戌之謌(歌)鐘

1.10 宋公戌之謌(歌)鐘

1.11 宋公戌之謌(歌)鐘

1.12 宋公戌之謌(歌)鐘

1.13 宋公戌之謌(歌)鐘

1267 詒

5.2840 詒死辠(罪)之又(有)若(赦)

1268 訴

4.2066 訴肇乍(作)旅鼎

1269 詐

3.577 曾侯乙詐(作)時(持)甬(用)冬(終)
3.974 曾侯乙詐(作)時(持)甬(用)冬(終)
4.2290 曾侯乙詐(作)時(持)甬(用)冬(終)
4.2291 曾侯乙詐(作)時(持)甬(用)冬(終)
4.2293 曾侯乙詐(作)時(持)甬(用)冬(終)
4.2294 曾侯乙詐(作)時(持)甬(用)冬(終)
4.2295 曾侯乙詐(作)時(持)甬(用)冬(終)
5.2840 中山王䜌詐(作)貞(鼎)
6.3636 曾侯乙詐(作)時(持)甬(用)冬(終)
6.3637 曾侯乙詐(作)時(持)甬(用)冬(終)
6.3638 曾侯乙詐(作)時(持)甬(用)冬(終)
6.3639 曾侯乙詐(作)時(持)甬(用)冬(終)
6.3640 曾侯乙詐(作)時(持)甬(用)冬(終)
6.3641 曾侯乙詐(作)時(持)甬(用)冬(終)
6.3642 曾侯乙詐(作)時(持)甬(用)冬(終)
6.3643 曾侯乙詐(作)時(持)甬(用)冬(終)
9.4495 曾侯乙詐(作)時(持)甬(用)冬(終)
9.4496 曾侯乙詐(作)時(持)甬(用)冬(終)
9.4670 曾侯乙詐(作)右(持)甬(用)冬(終)
9.4671 曾侯乙詐(作)時(持)甬(用)冬(終)
11.6010 用詐(作)大孟姬賸(媵)彝鐈(缶)
15.9582 曾侯乙詐(作)時(持)甬(用)冬(終)
16.9927 曾侯乙詐(作)時(持)甬(用)冬(終)
16.9928 曾侯乙詐(作)時(持)甬(用)冬(終)
16.9929 曾侯乙詐(作)時(持)甬(用)冬(終)
16.9930 曾侯乙詐(作)時(持)甬(用)冬(終)
16.9998 曾侯乙詐(作)時(持)甬(用)冬(終)
16.9999 曾侯乙詐(作)時(持)甬(用)冬(終)
16.10000 曾侯乙詐(作)時(持)甬(用)冬(終)
16.10077 曾侯乙詐(作)時(持)用冬(終)
16.10171 用詐(作)大孟姬嬇(媵)彝盤(盤)
16.10197 曾侯乙詐(作)時(持)甬(用)冬(終)
16.10292 曾侯乙詐(作)時(持)甬(用)冬(終)
16.10387 曾侯乙詐(作)時(持)甬(用)冬(終)
16.10398 曾侯乙詐(作)時(持)甬(用)冬(終)
16.10399 曾侯乙詐(作)時(持)甬(用)冬(終)
16.10439 曾侯乙詐(作)時(持)甬(用)冬(終)
16.10455 曾侯乙詐(作)時(持)甬(用)冬(終)

1270 訷

17.11316 四年命(令)韓訷、宜陽工師敉(播)悳、冶庶

1271 詘

16.10384 漆工配、丞詘造
17.11406 高奴工師竈、丞申、工鬼薪詘

1272 詔

5.2651 詔事(使)
17.11380 詔事(使)圖、丞戠、工寅 / 詔事(使)
17.11395 詔事(使)圖、丞戠、工奭 / 詔事(使)
17.11396 詔事(使)圖、丞戠、工寅 / 詔事(使)
18.11472 詔使

1273 玊(詷)

12.6778 玊(詷)

1274 詻

15.9734 唯司馬賙(貯)訢詻戰(僤)忞(怒)

1275 ⿰言聿

8.4323 于熜(熜)衣⿰言聿

1276 諫

16.10175 得屯(純)無諫

1277 詠

10.5392 詠帝家

1278 詈(讙)

17.11058 郾(燕)王詈戈(?)
17.11193 郾(燕)王詈乍(作)攼鋸(戳)
17.11194 郾(燕)王詈愳(授、授)攼鋸(戳)
17.11196 郾(燕)王詈愳(授、授)行議鍨(戣)
17.11240 郾(燕)王詈愳(授、授)巨攼鋸(戳)
17.11241 郾(燕)王詈愳(授、授)雩(澌)萃鋸(戳)
17.11242 郾(燕)王詈愳(授、授)雩(澌)萃鋸(戳)
17.11243 郾(燕)王詈愳(授、授)行議鍨
17.11244 郾(燕)王詈愳(授、授)行議鍨
17.11245 郾(燕)王詈乍(作)巨攼鋸(戳)
17.11305 郾(燕)王詈愳(授、授)行義(議、儀)自⺯司馬鍗(戟)

17.11350 郾(燕)王詈恕(悛、授)行議鍨(戣)
18.11497 郾(燕)王詈(讙)恕
18.11524 郾(燕)王詈(讙)乍(作)攼鈦
18.11530 郾(燕)王詈(讙)恕(悛、授)夷萃攼
18.11540 郾(燕)王詈(讙)乍(作)巨攼鋻(矛)

1279　誐

8.4255 穆公入右(佑)誐/王曰:誐/誐拜䭫首
15.9571 孟誐父乍(作)鬱壺

1280　認

1.271 䍃(鮑)子鎛(紷)曰:余彌心畏認(忌)

1281　詩

7.4055 用爲女夫人尊詩敦

1282　誨

1.261 誨(謀)猷不(丕)飤(飭)
5.2615 誨(誒)乍(作)寶鬲鼎
8.4328 女(汝)肇誨(敏)于戎工(功)
8.4329 女(汝)肇誨(敏)于戎工(功)
16.10175 井(型)帥宇(訏)誨(謀)

1283　謱

3.943 唯曾子仲謱用其吉金
5.2620 唯曾子仲謱用其吉金

1284　語

1.183 後民是語
1.184 後民是語
1.186 後民是語
5.2840 語不墢(廢)絲(哉)

1286　諫

5.2837 敏諫罰訟
8.4292 僕墉(庸)土田多諫
12.6499 諫乍(作)父己尊彝

1287　誓

5.2818 虢旅迺事(使)攸衛牧誓曰:我弗具付兩匕(比)/攸衛牧則誓
5.2832 事(使)厲誓
8.4278 虢旅迺事(使)攸衛牧誓/攸衛牧則誓
8.4326 穆穆克誓(哲)厥德
16.10176 矢卑(俾)鮮、且、𡜁、旅誓/鮮、且、𡜁、旅則誓/迺卑(俾)西宮襄、武父誓/西宮襄、武父則誓
16.10285 女(汝)上卬(侹)先誓/今女(汝)亦既又(有)御誓/亦既御乃誓/女(汝)亦既從辭從誓/伯揚父迺或事(使)牧牛誓/牧牛則誓/牧牛辭(辭)誓

1288　⿰言𠂢(詆)

15.9735 ⿰言𠂢(詆)郾(燕)之訛

1289　設

16.10374 □命設陳得:左關釜(釜)節于敦(廩)釜(釜)

1290　誰

5.2807 令取誰(犉)䮽(犅)卅二匹賜大
5.2808 令取誰(犉)䮽(犅)卅二匹賜大
17.11253 郙(柏)子誰臣之元允(用)戈

1291　⿰言奇

2.426 余不敢⿰言奇
2.427 余不敢⿰言奇

1292　諉

7.3950 諉乍(作)寶𣪘
7.3951 諉乍(作)寶𣪘

1293　諎

4.2481 寧冢子得、冶諎爲肘(鬳)

1294　請

15.9735 以請(靖)郾(燕)疆

1295　諆、⿱亓言

1.153 萬年無諆(期)
1.154 萬年無諆(期)
1.172 萬年無諆(期)
1.173 萬年無諆(期)
1.174 萬年無諆(期)
1.175 萬年無諆(期)
1.176 萬年無諆(期)
1.177 萬年無諆(期)
1.178 萬年無諆(期)
1.179 萬年無諆(期)
1.180 萬年無諆(期)
1.182 眉壽無諆(期)
1.261 萬年無諆(期)
3.946 萬年無諆(期)
4.2071 旁肇乍(作)尊諆
4.2375 逐肇諆(其)乍(作)廟叔寶尊彝
4.2410 甚諆(其)肇乍(作)父丁尊彝
5.2717 其眉壽無諆(期)
5.2803 王大耤(藉)農于諆田/王歸自諆田
5.2811 萬年無諆(期)
7.4021 寧肇諆(其)乍(作)乙考尊𣪘
7.4022 寧肇諆(其)乍(作)乙考尊𣪘
8.4313 無諆(碁)徒馭
8.4314 無諆(碁)徒馭
10.5428 余唯用諆(其)醋女(汝)
10.5429 余唯用諆(其)醋女(汝)
11.5952 叀肇諆(其)爲

禦
12.6515 萬諆乍(作)兹晨(觶)
14.9091 索諆乍(作)有羔日辛䵼彝
16.10321 䧁諆(其)各㚸(姒)
16.10335 唯子諆(朞)鑄其行盂

1296 䚷(籒、鞫)

8.4343 以今䚷(籒)司匐(服)厥辠(罪)嘅(厥)故(辜)

1297 辝(辭)

15.9735 旂(故)辝(辭)豊(禮)敬

1298 諾

9.4623 曰: 余諾龏(恭)孔惠
9.4624 曰: 余諾龏(恭)孔惠

1299 諫

1.272-8 諫罰朕庶民
1.279 諫罰朕庶民
1.285 諫罰朕庶民
5.2836 諫辥(乂)王家
8.4237 征(誕)令臣諫□□亞旅處于軧/諫曰: 拜手𩒨首/臣諫□亡
8.4285 嗣馬共右(佑)諫/王乎內史寿(敖、佚)册命諫/諫拜𩒨首/諫其萬年
8.4326 用諫四方
12.6493 諫乍(作)父丁寶尊彝
16.10332 曾孟嬭(芈)諫乍(作)飲鄲盆

1300 諻

1.182 諻諻巸巸(熙熙)
4.2288 卲(昭)王之諻(媓)之饋(餾)貞(鼎)
6.3634 卲(昭)王之諻(媓)之廌(薦)廏(毁)
6.3635 卲(昭)王之諻(媓)之廌(薦)廏(毁)

1301 諱

1.272-8 左右毋諱
1.279 左右毋諱
1.285 左右毋諱
8.4213 賜不諱
11.6010 不諱壽考
16.10171 不諱考壽

1302 諃

8.4293 用獄諃爲伯

1303 諧

11.6010 康諧穆好
16.10171 康諧穆好

1304 諔

11.6010 禥(齋)諔(嘏)整諽(肅)
16.10171 禥(齋)諔(嘏)整諽(肅)

1305 諥

7.3925 命父諥乍(作)寶毁
7.3926 命父諥乍(作)寶毁

1306 諹

1.182 中韓叡諹(颺)

1307 諶

5.2680 諶肇乍(作)其皇考、皇母告比君䵼貞(鼎)/諶其萬年眉壽

1308 謟(詔)

2.425 郄(徐)謟(詔)尹者故蟳

1309 詳

5.2840 以詳(誘)道(導)寡人

1310 𧩸

5.2766 以知恤𧩸

1311 謎(誎)

8.4238 小臣謎(誎)蔑曆
8.4239 小臣謎(誎)蔑曆

1312 韓

1.203 中韓叡易(颺)
1.261 中韓叡(且)旟(颺)

1313 譙

17.11317 笞(附) 余(魚)命(令)韓譙、工師罕(罕)痫(瘳)、冶陽(埽)
17.11318 笞(附) 余(魚)命(令)韓譙、工師罕(罕)痫(瘳)、冶陽(埽)
17.11319 笞(附) 余(魚)命(令)韓譙、工師罕(罕)痫(瘳)、冶竈

1314 䜌

1.133 柞賜載、朱黄(衡)、䜌(鑾)
1.134 柞賜載、朱黄(衡)、䜌(鑾)
1.135 柞賜載、朱黄(衡)、䜌(鑾)
1.136 柞賜載、朱黄(衡)、䜌(鑾)
1.137-9 柞賜載、朱黄(衡)、䜌(鑾)
1.262-3 以虢事䜌(蠻)方/盜(羨)百䜌(蠻)
1.264-6 以虢事䜌(蠻)方/盜百䜌(蠻)
1.267 以虢事䜌(蠻)方/盜百䜌(蠻)
1.268 以虢事䜌(蠻)方/盜百䜌(蠻)
1.269 以虢事䜌(蠻)方/盜百䜌(蠻)
1.270 虢事䜌(蠻)夏
4.2233 宋公䜌(欒)之餴(饙)貞(鼎)
5.2781 王賜赤⊖巿、玄衣黹屯(純)、䜌(鑾)旅(旂)
5.2783 賜趞曹載(緇)巿、冋(絅)黄(衡)、䜌(鑾)
5.2790 王令微䜌䎽

(纘)嗣九陂 / 䜌乍(作)朕皇考䵼彝尊鼎 / 䜌用享孝于朕皇考 / 䜌子子孫永寶用享

5.2804 曰：賜女(汝)赤⊖芾、䜌(鑾)旂

5.2814 賜女(汝)玄衣黹屯(純)、戈琱㦸、歐(厚)必(柲)、彤沙(蘇)、攸(鋚)勒、䜌(鑾)旂

5.2815 王乎內史□册賜趞；玄衣屯(純)黹、赤芾、朱黃(衡)、䜌(鑾)旂、攸(鋚)勒

5.2819 王乎史減册賜寰：玄衣黹屯(純)、赤芾、朱黃(衡)、䜌(鑾)旅(旂)、攸(鋚)勒、戈琱㦸、歐(厚)必(柲)、彤沙(蘇)

5.2821 賜女(汝)玄衣黹屯(純)、赤芾、朱黃(衡)、䜌(鑾)旅(旂)

5.2822 賜女(汝)玄衣黹屯(純)、赤芾、朱黃(衡)、䜌(鑾)旂

5.2823 賜女(汝)玄衣黹屯(純)、赤芾、朱黃(衡)、䜌(鑾)旅(旂)

5.2825 賜女(汝)玄衣黹屯(純)、赤芾、朱黃(衡)、䜌(鑾)旂

5.2827 賜女(汝)玄衣黹屯(純)、赤芾、朱黃(衡)、䜌(鑾)旂、攸(鋚)勒

5.2828 賜女(汝)玄衣黹屯(純)、赤芾、朱黃(衡)、䜌(鑾)旂、攸(鋚)勒

5.2829 賜女(汝)玄衣黹屯(純)、赤芾、朱黃(衡)、䜌(鑾)旂、攸(鋚)勒

5.2830 賜女(汝)玄衣䵂(黼)屯(純)、赤芾、朱橫(黃衡)、䜌(鑾)旂、大(太)師金膺、攸(鋚)勒

7.3946 中伯乍(作)亲(辛)姬䜌人寶毁

7.3947 中伯乍(作)亲(辛)姬䜌人寶毁

8.4192 乎賜䜌(鑾)旂

8.4193 乎賜䜌(鑾)旂

8.4199 賜女(汝)䜌(鑾)旂

8.4200 賜女(汝)䜌(鑾)旂

8.4202 王賜𤔲赤芾、朱亢(衡)、䜌(鑾)旂

8.4246 內史尹氏册命楚：赤⊖芾、䜌(鑾)旂

8.4247 內史尹氏册命楚：赤⊖芾、䜌(鑾)旂

8.4248 內史尹氏册命楚：赤⊖芾、䜌(鑾)旂

8.4249 內史尹氏册命楚：赤⊖芾、䜌(鑾)旂

8.4250 王乎命女(汝)：赤芾、朱黃(衡)、玄衣黹屯(純)、䜌(鑾)旂

8.4255 賜女(汝)戠(織)衣、赤⊖芾、䜌(鑾)旂、楚走馬

8.4256 賜衛載(緇)芾、朱黃(衡)、䜌(鑾)

8.4257 賜女(汝)玄衣黹屯(純)、鋍(素)芾、金鈧(衡)、赤舄、戈琱㦸、彤沙(蘇)、攸(鋚)勒、䜌(鑾)旂五日

8.4266 賜女(汝)赤芾、幽亢(衡)、䜌(鑾)旂

8.4267 賜(賜)女(汝)赤芾、縈黃(衡)、䜌(鑾)旂

8.4268 乎內史夀(敖、佚)册命王臣：賜女(汝)朱黃(衡)賁(賁)親(襯)、玄衣黹屯(純)、䜌(鑾)旂五日、戈畫㦸、厤(墉)必(柲)、彤沙(蘇)

8.4272 賜女(汝)赤⊖芾、䜌(鑾)

8.4276 賜女(汝)戠(織)衣、⊖芾、䜌(鑾)旂

8.4286 𢦏(哉)賜女(汝)載(緇)芾、素黃(衡)、䜌(鑾)旟

8.4287 賜女(汝)赤芾、幽黃(衡)、䜌(鑾)旂、攸(鋚)勒

8.4294 賜(賜)女(汝)赤𩇯(⊖)芾、䜌(鑾)旂

8.4295 賜(賜)女(汝)赤𩇯(⊖)芾、䜌(鑾)旂

8.4296 賜女(汝)赤芾、冋(絅)䙨(䙨)黃(衡)、䜌(鑾)旂

8.4297 賜女(汝)赤芾、冋(絅)䙨(䙨)黃(衡)、䜌(鑾)旂

8.4303 賜女(汝)玄衣黹屯(純)、赤芾、朱黃(衡)、䜌(鑾)旅(旂)

8.4304 賜女(汝)玄衣黹屯(純)、赤芾、朱黃(衡)、䜌(鑾)旅(旂)

8.4305 賜女(汝)玄衣黹屯(純)、赤芾、朱黃(衡)、䜌(鑾)旅(旂)

8.4306 賜女(汝)玄衣〔黹〕屯(純)、赤芾、朱黃(衡)、䜌(鑾)旅(旂)

8.4307 賜女(汝)玄衣黹屯(純)、赤芾、朱黃(衡)、䜌(鑾)旅(旂)

8.4308 賜女(汝)玄衣黹屯(純)、赤芾、朱黃(衡)、䜌(鑾)旅(旂)

8.4309 賜女(汝)玄衣黹屯(純)、赤芾、朱黃(衡)、䜌(鑾)旅(旂)

8.4310 賜女(汝)玄衣黹屯(純)、赤芾、朱黃(衡)、䜌(鑾)旅(旂)

8.4312 賜女(汝)赤芾、朱黃(衡)、䜌(鑾)旂、攸(鋚)勒

8.4315 虩(赫)事䜌(蠻)夏

8.4321 賜女(汝)玄衣黹屯(純)、載(緇)芾、冋(絅)黃(衡)、戈琱

䵼、歐(厚)必(柲)、彤沙(蘇)、䜌(鑾)旂、攸(鋚)勒
8.4332 賜女(汝)玄衣黹屯(純)、赤芾、朱黄(衡)、䜌(鑾)旂、攸(鋚)勒
8.4333 賜女(汝)玄衣黹屯(純)、赤芾、朱黄(衡)、䜌(鑾)旂、攸(鋚)勒
8.4334 賜女(汝)玄衣黹屯(純)、赤芾、朱黄(衡)、䜌(鑾)旂、攸(鋚)勒
8.4335 賜女(汝)玄衣黹屯(純)、赤芾、朱黄(衡)、䜌(鑾)旂、攸(鋚)勒
8.4336 賜女(汝)玄衣黹屯(純)、赤芾、朱黄(衡)、䜌(鑾)旂、攸(鋚)勒
8.4337 賜女(汝)玄衣黹屯(純)、赤芾、朱黄(衡)、䜌(鑾)旂、攸(鋚)勒
8.4338 賜女(汝)玄衣黹屯(純)、赤芾、朱黄(衡)、䜌(鑾)旂、攸(鋚)勒
8.4339 賜女(汝)玄衣黹屯(純)、赤芾、朱黄(衡)、䜌(鑾)旂、攸(鋚)勒
9.4589 有殷天乙唐(湯)孫宋公䜌(欒)
9.4590 有殷天乙唐(湯)孫宋公䜌(欒)
9.4626 賜戠(織)衣、䜌(鑾)
15.9667 中伯乍(作)亲(辛)姬䜌(孌)人朕(媵)壺
15.9668 中伯乍(作)亲(辛)姬䜌(孌)人朕(媵)壺
15.9728 賜女(汝)秬鬯一卣、玄袞衣、赤巿、幽黄(衡)、赤舄、攸(鋚)勒、䜌(鑾)旂
15.9731 賜女(汝)玄衣黹屯(純)、赤芾、朱黄(衡)、䜌(鑾)旂、攸(鋚)勒
15.9732 賜女(汝)玄衣黹屯(純)、赤芾、朱黄(衡)、䜌(鑾)旂、攸(鋚)勒
16.10008 䜌(欒)書之子孫
16.10167 䜌伯方□邑
16.10170 王乎乍(作)册尹册賜休：玄衣黹屯(純)、赤芾、朱黄(衡)、戈琱䵼、彤沙(蘇)、歐(厚)必(柲)、䜌(鑾)㫃
16.10172 王乎史減册賜寰：玄衣黹屯(純)、赤芾、朱黄(衡)、䜌(鑾)旂、攸(鋚)勒、戈琱䵼、歐(厚)必(柲)、彤沙(蘇)
16.10173 用政(征)䜌(蠻)方
16.10174 毋敢或入䜌(蠻)宄貯(賈)
16.10175 方䜌(蠻)亡不䂂(踝)見
16.10342 穌〔燮〕百䜌(蠻)
17.10959 䜌(欒)左庫
17.10960 䜌(欒)左庫
17.11133 宋公䜌(欒)之賠(造)戈
17.11346 卬(抑)𩲃(鬼)方䜌(蠻)

1315 譁

15.9735 而譁(專)賃(任)之邦

1316 論

16.10342 論莫不日頓覕

1317 議

17.11111 左行議逹戈
17.11196 郾(燕)王詈恖(㥯、授)行議鍨(戣)
17.11243 郾(燕)王詈恖(㥯、授)行議鍨
17.11244 郾(燕)王詈恖(㥯、授)行議鍨
17.11350 郾(燕)王詈恖(㥯、授)行議鍨(戣)
18.11491 行議(儀)鍨(戣)

1318 譽、數

5.2840 方譽(數)百里/剌(列)城譽(數)十
15.9734 枋(方)譽(數)百里

1319 譙、膺

2.339 譍(應)音之宮

1320 譪(譪)

5.2724 肆(肆)毋又(有)弗譪(譪)

1321 譵、譵

5.2774 曰：余弋毋墉(庸)又(有)譵(忘)
5.2812 王用弗譵(忘)聖人之後
5.2830 亦弗譵(忘)公上父㝬(胡)德
6.3674 伯乍(作)厥譵(譵)子寶尊彝
8.4205 十世不譵(忘)
16.10360 𩁹(召)弗敢譵(忘)王休異(翼)

1322 譿、諴

9.4600 蜡(都)公譿(諴)乍(作)旅簠

1323 讅

9.4375 叔讅父乍(作)旅𥁋毁
9.4376 叔讅父乍(作)旅𥁋毁
9.4413 讅季獻乍(作)旅須(𥁋)

1324 讉

1.121 今余其念讉乃有
1.122 今余其念讉乃有
1.125-8 今余其念讉乃有

1.129-31 今余其念諵乃有

1325 讕

5.2837 敏朝夕入讕(諫)

1326 䜃

11.6010 擠(齋)諔(㲃)整䜃(肅)

16.10171 擠(齋)諔(㲃)整䜃(肅)

1327 論

18.11710 相邦春平侯、左伐器𠩺工師析論、冶瓬教(撻)𪗉(劑)

1328 讐

17.11197 寺工讐、工嘉

17.11250 寺工讐、金角

17.11308 寺工讐、丞義、工可

1329 辯

16.10285 女(汝)亦既從辯從誓

1330 訋(詔、叨)

14.8830 訋(詔、叨)乍(作)彝

1331 䚱(信)

5.2773 䚱(信)安君私官 / 䚱(信)安君私官

15.9735 余智(知)其忠䚱(信)旃

17.11055 䚱(信)険(陰)君庫

1332 詰

4.2450 曾子伯詰鑄行器

1333 善

1.172 仲平譱弦(發)歔考

1.173 仲平譱弦(發)歔考

1.174 仲平譱弦(發)歔考

1.175 仲平譱弦(發)歔考

1.176 仲平譱弦(發)歔考

1.177 仲平譱弦(發)歔考

1.178 仲平譱弦(發)歔考

1.179 仲平譱弦(發)歔考

1.180 仲平譱弦(發)歔考

3.700 譱(膳)〔夫〕吉父乍(作)京姬尊鬲

3.701 譱(膳)夫吉父乍(作)京姬尊鬲

3.702 譱(膳)夫吉父乍(作)京姬尊鬲

3.703 譱(膳)夫吉父乍(作)京姬尊鬲

3.704 譱(膳)夫吉父乍(作)京姬尊鬲

4.2227 取(郰)它人之譱(膳)貞(鼎)

5.2561 譱(膳)夫伯辛父乍(作)尊鼎

5.2592 [魯]大左𤔲徒元乍(作)譱(膳)貞(鼎)

5.2593 魯大左𤔲徒元乍(作)譱(膳)貞(鼎)

5.2601 郙伯肇乍(作)孟妊譱(膳)貞(鼎)

5.2602 郙伯祀乍(作)譱(膳)貞(鼎)

5.2619 譱(膳)夫旅伯乍(作)毛仲姬尊鼎

5.2695 休譱

5.2796 王命譱(膳)夫克舍(捨)令于成周

5.2797 王令譱(膳)夫克舍(捨)[令]于成周

5.2798 王命譱(膳)夫克舍(捨)令于成周

5.2799 王命譱(膳)夫克舍(捨)令于成周

5.2800 王命譱(膳)夫克舍(捨)令(命)于成周

5.2801 王命譱(膳)夫克舍(捨)令于成周

5.2802 王命譱(膳)夫克舍令(命)于成周

5.2806 王乎譱(膳)大(夫)〼

5.2807 王乎譱(膳)大(夫)駟召大

5.2808 王乎譱(膳)大(夫)駟召大

5.2817 唯小臣、譱(膳)夫、守、[友]、官、犬 / 眔奠(甸)人、譱(膳)夫、官、守、友

5.2820 王曰: 譱 / 譱敢拜䭫首

5.2821 曰: 旅邑人、譱(膳)夫

5.2822 曰: 旅邑人、譱(膳)夫

5.2823 曰: 旅邑人、譱(膳)夫

5.2825 南宮乎入右(佑)譱(膳)夫山 / 毋敢不譱

5.2836 𤕌(申)季右(佑)譱(膳)夫克 / 王乎尹氏册令(命)譱(膳)夫克

5.2841 譱效乃又(有)正

8.4147 譱(膳)夫梁其乍(作)朕皇考惠仲、皇母惠𡛚尊𣪘

8.4148 譱(膳)夫梁其乍(作)朕皇考惠仲、皇母惠𡛚尊𣪘

8.4149 譱(膳)夫梁其乍(作)朕皇考惠仲、皇母惠𡛚尊𣪘

8.4150 譱(膳)夫梁其乍(作)朕皇考惠仲、皇母惠𡛚尊𣪘

8.4151 譱(膳)夫梁其乍(作)朕皇考惠仲、皇母惠𡛚尊𣪘

8.4285 毋敢不譱

8.4298 王令譱(膳)夫豖曰趞睽曰: 余既賜大乃里

8.4299 王令譱(膳)夫豖曰趞睽曰: 余既賜大乃里

8.4303 曰: 旅邑人、譱(膳)夫

8.4304 曰: 旅邑人、譱

(膳)夫

8.4305 曰：旅邑人、譱(膳)夫

8.4306 王乎史翏册令(命)〔此〕曰：旅邑人、譱(膳)夫

8.4307 曰：旅邑人、譱(膳)夫

8.4308 曰：旅邑人、譱(膳)夫

8.4309 曰：旅邑人、譱(膳)夫

8.4310 曰：旅邑人、譱(膳)夫

8.4311 毋敢否(不)譱

8.4327 女(汝)毋敢不譱

8.4340 女(汝)毋弗譱效姜氏人

9.4465 典譱(膳)夫克田人

9.4466 厥右(佑)譱(膳)夫克

9.4469 譱效(教)乃友內(入)辟(蹕)

9.4530 譱(膳)夫吉父乍(作)旅簠

9.4640 魯子仲之子歸父爲其譱(膳)辜(敦)

9.4642 荆公孫鑄其譱(膳)辜(敦)

9.4689 乍(作)譱(膳)匿(箭)

9.4690 乍(作)譱(膳)匿(箭)

9.4691 乍(作)譱(膳)匿(箭)

16.9962 譱(膳)夫吉父乍(作)旅鑐

16.10315 譱(膳)夫吉父乍(作)盂

16.10350 羣氏䛅(諺)乍(作)譱(膳)鎗

1334 競

1.37 秦王卑(俾)命競墉

1.38 晉人救戎於楚競(境)

1.260 朕猷又(有)成亡競

7.3783 仲競乍(作)寶毁

8.4134 伯屖父蔑御史競曆/競揚伯屖父休

8.4135 伯屖父蔑御史競曆/競揚伯屖父休

8.4322 朕文母競敏𡩟行

8.4341 亡克競厥剌(烈)

10.5154 競乍(作)父乙旅

10.5425 伯屖父皇競各于官/競蔑曆/賞競章(璋)

10.5431 亡競在服

11.5796 競乍(作)父乙旅

11.6008 仲競父賜赤金/對揚競父休

16.10373 以命攻(工)尹穆丙、攻(工)差(佐)競之、集尹陳夏、少集尹龏賜、少攻(工)差(佐)孝癸

16.10479 競

1335 音

1.172 乃爲之音

1.173 乃爲之音

1.174 乃爲之音

1.175 乃爲之音

1.176 乃爲之音

1.177 乃爲之音

1.178 乃爲之音

1.179 乃爲之音

1.180 乃爲之音

1.182 其音𢟍𢟍(悠悠)

1.195 卑(俾)女(汝)𪛉𪛉音音

1.262-3 霝(靈)音鍺鍺雍雍

1.264-6 霝(靈)音鍺鍺雍雍

1.267 霝(靈)音鍺鍺雍雍

1.268 霝(靈)音鍺鍺雍雍

1.269 霝(靈)音鍺鍺雍雍

1.270 其音鍺鍺雍雍孔煌

2.287 爲東音羿(羽)角/爲𨟻(應)音羿(羽)

2.288 爲穆音訢(變)商/爲穆音之羿(羽)顀下角/剌(厲)音之羿(羽)曾

2.289 穆音之羿(羽)/爲穆音羿(羽)角/爲剌(厲)音訢(變)商

2.290 其在齊爲呂音/穆音之宮/穆音之在楚爲穆鐘/其在周爲剌(厲)音

2.291 東音之宮/東音之在楚也爲文王/爲剌(厲)音訢(變)徵/東音之下角/𨟻(應)音之宮/𨟻(應)音之在楚爲獸鐘/其在周爲𨟻(應)音.

2.292 爲東音羿(羽)角/爲𨟻(應)音羿(羽)

2.293 爲𧯨(穆)音之羿(羽)顀下角/剌(厲)音之羿(羽)曾

2.294 𨟻(應)音之訢(變)商/東音之羿(羽)曾/爲𨟻(應)音羿(羽)曾

2.295 東音之徵曾/爲穆音訢(變)商

2.297 𨟻(應)音之渃(衍)羿(羽)

2.308 𨟻(應)音之鼓

2.319 其在鄦(齊)爲呂音/穆音之宮/穆音之在楚爲穆鐘/其在周爲剌(厲)音

2.320 𨟻(應)音之喜(鼓)

2.322 其在鄦(齊)也爲呂音/大(太)族(簇)之在周也爲剌(厲)音/穆音之宮/穆音之在楚也爲穆鐘

2.323 東音之宮/穆音之羿(羽)/東音之徵曾/爲剌(厲)音鼓

2.324 穆音之冬(終)坂(反)/東音之訢(變)商

2.325 𨟻(應)音之角/

穆音之商/東音之誁(變)翌(羽)
2.326 東音之宮/東音之在楚也爲文王/東音之徵曾
2.327 爲東音翌(羽)角/爲𨛭(應)音翌(羽)
2.328 爲穆音之翌(羽)顚下角/剌(厲)音之翌(羽)曾
2.329 𨛭(應)音之誁(變)商/東音之翌(羽)曾/爲𨛭(應)音翌(羽)曾
2.330 爲穆音誁(變)商
2.339 膺(應)音之宮
2.340 東音之宮
2.345 穆音之宮
9.4627 音(歆)王賓
17.10985 音宮(?)左

1336 章

1.83 楚王酓(熊)章乍(作)曾侯乙宗彝
1.85 楚王酓(熊)章乍(作)曾侯乙宗彝
5.2787 穌(蘇)賓章(璋)、馬四匹、吉金
5.2788 穌(蘇)賓章(璋)、馬四匹、吉金
5.2792 賜□、賜章(璋)
5.2825 反(返)入(納)堇(瑾)章(璋)
5.2827 反(返)入(納)堇(瑾)章(璋)
5.2828 反(返)入(納)堇(瑾)章(璋)
5.2829 反(返)入(納)堇(瑾)章(璋)
7.3940 王賜巂鑾玉十玉(玨)、章(璋)
7.4038 章叔將自乍(作)尊𣪕
8.4195 師黃賓(儐)萠章(璋)一、馬兩
8.4229 穌(蘇)賓(儐)章(璋)、馬四匹、吉金
8.4230 穌(蘇)賓(儐)章(璋)、馬四匹、吉金
8.4231 穌(蘇)賓(儐)章(璋)、馬四匹、吉金
8.4232 穌(蘇)賓(儐)章(璋)、馬四匹、吉金
8.4233 穌(蘇)賓(儐)章(璋)、馬四匹、吉金
8.4234 穌(蘇)賓(儐)章(璋)、馬四匹、吉金
8.4235 穌(蘇)賓(儐)章(璋)、馬四匹、吉金
8.4236 穌(蘇)賓(儐)章(璋)、馬四匹、吉金
8.4292 余𩁹(蟪、惠)于君氏大章(璋)
8.4298 睽賓(儐)豕章(璋)、帛束/大賓(儐)豕𦗈(介)章(璋)、馬兩/賓(儐)睽𦗈(介)章(璋)、帛束
8.4299 睽賓(儐)豕章(璋)、帛束/大賓(儐)豕𦗈(介)章(璋)、馬兩/賓(儐)睽𦗈(介)章(璋)、帛束
8.4327 賜女(汝)瓚四、章(璋)𣪘(瑴)、宗彝一𦉜(肆)
8.4332 反(返)入(納)堇(瑾)章(璋)
8.4333 反(返)入(納)堇(瑾)章(璋)
8.4334 反(返)入(納)堇(瑾)章(璋)
8.4335 反(返)入(納)堇(瑾)章(璋)
8.4336 反(返)入(納)堇(瑾)章(璋)
8.4337 反(返)入(納)堇(瑾)章(璋)
8.4338 反(返)入(納)堇(瑾)章(璋)
8.4339 反(返)入(納)堇(瑾)章(璋)
9.4466 曰:章(賞)厥睯夫吒兩比田
10.5425 賞競章(璋)
15.9456 矩伯庶人取堇(瑾)章(璋)于裘衛
15.9731 反(返)入(納)堇(瑾)章(璋)
15.9732 反(返)入(納)堇(瑾)章(璋)
16.9897 王乎宰利賜師遽瑚圭一、環(瑑)章(璋)四
17.11295 章子𨞰(國)尾其元金
17.11377 武城命(令)□□、苜早、〔庫〕嗇夫事(吏)歎、冶章敎(撻)齋(劑)
17.11387 奠(鄭)倫(令)肖(趙)距、司寇王𣪘、武庫工師鑄章、冶狃
18.11474 宜章
18.11551 奠(鄭)倫(令)向佃、司寇䨏(露)商、武庫工師鑄章、冶狃
18.11659 楚王酓(熊)章爲從□士鑄用〔劍〕

1337 誁、訮

2.287 文王之誁(變)商
2.288 爲穆音誁(變)商/爲坪皇誁(變)商
2.289 𨛭(應)鐘之誁(變)宮/爲剌(厲)音誁(變)商
2.291 爲剌(厲)音誁(變)徵/坪皇之誁(變)徵
2.292 文王之誁(變)商
2.293 爲坪皇誁(變)商
2.294 𨛭(應)音之誁(變)商
2.295 新鐘之誁(變)商/爲穆音誁(變)商
2.324 東音之誁(變)商
2.325 新鐘之誁(變)徵/東音之誁(變)翌(羽)
2.326 贏(贏)𤔲(亂)之誁(變)商
2.327 文王之誁(變)商
2.328 爲坪皇誁(變)商
2.329 𨛭(應)音之誁(變)商
2.330 新鐘之誁(變)商/爲穆音誁(變)商

1338 訴(穌)

1.183 台(以)鑄訴(穌)鐘

1.184 台(以)鑄龢(龢)鐘

1339 䜈

1.182 其音䜈䜈(悠悠)

1340 諻

2.321 坪諻(皇)之終

1341 謬

2.293 爲謬(穆)音之羿(羽)顀下角

1342 論

2.324 割(姑)㳬(洗)之論(龢)

1343 𪛖

2.287 大(太)族(簇)之珈𪛖(歸)
2.292 大(太)族(簇)之珈𪛖(歸)
2.293 黄鐘之𪛖(歸)

1344 心

1.155 小者乍(作)心□
1.210 既悤(聰)于心
1.211 既悤(聰)于心
1.217 既悤(聰)于心
1.218 既悤(聰)于心
1.219 既悤(聰)于心
1.220 既悤(聰)于心
1.221 既悤(聰)于心
1.222 既悤(聰)于心
1.247 克明厥心
1.248 克明厥心
1.249 克明厥心
1.250 克明厥心
1.261 余恁台(台)心
1.262-3 克明又(厥)心
1.264-6 克明又(厥)心
1.267 克明又(厥)心
1.268 克明又(厥)心
1.269 克明又(厥)心
1.271 䨨(鮑)子龢(紟)曰:余彌心畏誋(忌)
1.272-8 余既専乃心/女(汝)少(小)心畏忌/余引猒(厭)乃心/是少(小)心龏(恭)遵(齊)
1.281 余引猒(厭)乃心
1.285 余既専乃心/女(汝)少(小)心畏忌/余引猒(厭)乃心/是少(小)心龏(恭)遵(齊)
5.2750 心聖若慵(慮)
5.2812 穆穆克盟(明)厥心
5.2824 則尚(常)安永宕乃子戜心
5.2836 悤(聰)䝉厥心
8.4317 簧黹朕心
8.4322 休宕厥心
8.4342 敬明乃心
9.4469 敬明乃心
9.4599 乍(作)其元妹叔嬴爲心媵(媵)鉃(饙)簠
12.7270 子姉心
14.8554 心父己
15.9488 心凧
15.9735 不戜(膩、貳)其心
16.10175 遠猷腹心
16.10176 實余有散氏心賊

1345 忍(懈)

3.1013 忍
6.2929 忍
13.7364 忍
16.9942 忍

1346 志

1.171 志(誌)勞専(賻)者(諸)侯
15.9735 賙(貯)渴(竭)志盡忠

1347 忍

15.9735 則臣不忍見旃

1348 忞(怒)

15.9734 唯司馬賙(貯)訢詻戰(僤)忞(怒)

1349 忎(恐)

5.2840 忎(恐)隕社稷之光

1350 𢗃、𢘓(順)

5.2840 皮(克)𢗃(順)皮(克)卑/敬𢗃(順)天德/亡不𢗃(順)道
15.9735 是又(有)軘(純)德遺𢘓(訓)/下不𢘓(順)於人旃/以栽(誅)不𢘓(順)/不顧逆𢘓(順)/唯𢘓(順)生福

1351 𢗗

3.975 冶盤埜、秦𢗗爲之
3.976 冶盤埜、秦𢗗爲之
5.2794 冶師盤埜、差(佐)秦𢗗爲之

1352 忓(悍)

5.2794 楚王酓(熊)忓(悍)戰獲兵銅/楚王酓(熊)忓(悍)戰獲兵銅
5.2795 楚王酓(熊)忓(悍)戰獲兵銅/楚王酓(熊)忓(悍)戰獲兵銅
16.10158 楚王酓(熊)忓(悍)戰獲兵銅

1353 忘

1.157 永枼(世)毋忘
1.158 永枼(世)毋忘
1.159 永枼(世)毋忘
1.160 永枼(世)毋忘
1.161 永枼(世)毋忘
1.210 余非敢寧忘(荒)
1.211 余非敢寧忘(荒)
1.217 余非敢寧忘(荒)
1.218 余非敢寧忘(荒)
1.219 余非敢寧忘(荒)
1.220 余非敢寧忘(荒)
1.221 余非敢寧忘(荒)
1.222 余非敢寧忘(荒)
1.223-4 虔〔敬〕命勿忘
5.2840 毋忘尔邦
8.4145 永𦬫(世)毋忘
9.4646 永𦬫(世)毋忘
9.4647 永𦬫(世)毋忘
9.4648 永𦬫(世)毋忘
15.9734 日灸(夜)不忘
15.9735 天子不忘其又(有)勛

16.10298 子孫勿忘
16.10299 子孫勿忘
17.11373 奠（鄭）命（令）𩵋□、司寇敓（扶）裕、左庫工師吉忘、冶繏

1354 忌

1.149 曰：余畢龏威（畏）忌
1.150 曰：余畢龏威（畏）忌
1.151 曰：余畢龏威（畏）忌
1.152 曰：余畢龏威（畏）忌
1.245 曰：余畢龏威（畏）忌
1.272-8 女（汝）少（小）心畏忌
1.285 女（汝）少（小）心畏忌
8.4190 𢿬（畢）龏（恭）畏忌
8.4245 □聖□□忌
16.10151 齊大（太）宰歸父𠬝爲忌釁（沬）盤

1355 紿、怠、怨(怡)

12.6513 永保怨（台）身
17.11309 周王孫季怨（怡）
17.11365 曾大攻（工）尹季怠（怡）之用

1356 忎(忨)

15.9735 天不臭（斁）其又（有）忎（願）/ 賙（貯）忎（願）從在（士）大夫

1357 忠

5.2840 又（有）厥忠臣賙（賈）/ 非恁（信）與忠
15.9735 余智（知）其忠𧦝（信）旃 / 賙（貯）渴（竭）志盡忠

1358 卷(惓)

1.34 卷（惓）乍（作）禾（龢）〔鐘〕

1359 忽

5.2840 寡人懼其忽然不可得

1360 念、𢗚

1.121 今余其念𧦝乃有
1.122 今余其念𧦝乃有
1.125-8 今余其念𧦝乃有
1.129-31 今余其念𧦝乃有
1.223-4 𠂤春念（稔）歲
5.2774 念王母堇（勤）匋（陶）/ 王母唯用自念于周公孫子
5.2824 王唯念𢦏辟剌（烈）考甲公
5.2836 永念于厥孫辟天子 / 巠（經）念厥聖保祖師華父
5.2840 𢗚（念）之𢦔（哉）/ 𢗚（念）之𢦔（哉）
5.2841 敬念王畏（威）不睗（易）
7.4046 用乍（作）宮仲念器
8.4208 念畢仲孫子
8.4330 唯考敢又念自先王、先公
10.5427 毋念𢦏（哉）
12.6515 用乍（作）念于多友

1361 思、惄

1.203 郤（徐）王庚之思（淑）子沇兒 / 思（淑）于畏（威）義（儀）
1.245 思（淑）穆不彖（墜）于厥身
1.261 思（淑）于威義（儀）
5.2811 思（淑）于威義（儀）
16.10583 郾（燕）侯庫（肇載）思（夙）夜思（淑）人

1362 忿(价)

17.11298 州□□□忿（价）、工師犢桼（漆）、丞造

1363 忬

18.11608 滕（滕）之不忬由于

1364 忩(忺)

15.9734 𢦔（慈）忩（㤅、愛）百每（民）
18.11758 中山侯忩（忺）乍（作）茲軍釚

1365 宏、忔

12.6646 宏（忔）
13.7650 宏（忔）
13.7651 宏（忔）
15.9256 ㄅ宏（忔）
15.9750 宏（忔）
18.11725 宏（忔）

1366 㝘(寧)

11.5940 季㝘（寧）乍（作）寶尊彝
15.9735 㝘（寧）又（有）窓（㦝）𥦚（惕）

1367 慦(㥞)

17.11004 郾（燕）王喜慦（㥞、授）☐
17.11194 郾（燕）王詈慦（㥞、授）攸鋸（戳）
17.11195 郾（燕）王喜慦（㥞、授）攸鋸（戳）
17.11196 郾（燕）王詈慦（㥞、授）行議鍨（戣）
17.11221 郾（燕）侯職慦（㥞、授）帀（師）萃鋸（戳）
17.11240 郾（燕）王詈慦（㥞、授）巨攸鋸（戳）
17.11241 郾（燕）王詈慦（㥞、授）雩（瀟）萃鋸（戳）
17.11242 郾（燕）王詈慦（㥞、授）雩（瀟）萃鋸（戳）
17.11243 郾（燕）王詈慦（㥞、授）行議鍨
17.11244 郾（燕）王詈慦（㥞、授）行議鍨

17.11246 郾(燕)王喜愨(㥯、授)巨攸鋸(戳)

17.11247 郾(燕)王喜愨(㥯、授)巨攸鋸(戳)

17.11248 郾(燕)王喜愨(㥯、授)巨攸鋸(戳)

17.11249 郾(燕)王喜愨(㥯、授)巨攸鋸(戳)

17.11278 郾(燕)王喜愨(㥯、授)御司馬鍨(戣)

17.11305 郾(燕)王詈愨(㥯、授)行義(議、儀)自𠂤司馬鉘(戟)

17.11350 郾(燕)王詈愨(㥯、授)行議鍨(戣)

18.11497 郾(燕)王詈(讙)愨

18.11522 郾(燕)王喜愨(㥯、授)□廩□

18.11523 郾(燕)王喜愨(㥯、授)檢□

18.11528 郾(燕)王喜愨(㥯、授)全羕(長)利

18.11529 郾(燕)王喜愨(㥯、授)全羕(長)利

18.11530 郾(燕)王詈(讙)愨(㥯、授)夷萃攸

18.11583 郾(燕)王喜愨□

18.11585 郾(燕)王喜愨□□□

18.11606 郾(燕)王喜愨旅鈦

18.11607 郾(燕)王喜愨旅鈦

18.11612 郾(燕)王喜愨無(橅)旅鈦

18.11613 郾(燕)王喜愨無(橅)旅鈦

18.11614 郾(燕)王喜愨無(橅)旅鈦

18.11615 郾(燕)王喜愨無(橅)旅鈦

18.11616 郾(燕)王喜愨無(橅)旅鈦

18.11617 郾(燕)王喜愨無(橅)旅鈦

18.11634 郾(燕)王職愨武無(橅)旅鐱(劍)

1368 㤙(怏)

16.10478 㤙(殃)逦(連)子孫

1369 㞨(怠)

15.9735 嚴敬不敢㞨(怠)荒

1370 㤥(謀)

5.2840 㤥(謀)慮(慮)皆從

16.10407 毋拄(詐)毋㤥(謀)

1371 思

16.10583 郾(燕)侯庫(韋載)思(夙)夜悹(淑)人

17.11348 龏(龔)𥩟(令)思、左庫工師長史盧、冶數近

17.11349 龏(龔)𥩟(令)思、左庫工師長史盧、冶數近

1372 态

8.4341 彝态(昧)天令(命)

1373 㤺(寧、哀)

16.10478 眂(視)㤺(寧)后 / 㤺(寧)后堂方二百乇(尺)/ 丌(其)葦桓(棺)中桓(棺)眂(視)㤺(寧)后 / 葦桓(棺)中桓(棺)眂(視)㤺(寧)后

1374 㤽(信)

5.2840 非㤽(信)與忠

1375 恒

5.2838 曰陪(陪)、曰恒、曰劦、曰䨂、曰省

8.4199 王曰:恒 / 恒拜韻

8.4200 王曰:恒 / 恒拜韻

15.9564 恒乍(作)祖辛壺

17.11371 奠(鄭)命(令)幽□恒、司寇彭璋、武庫工師車啞、冶狽

1376 息

3.1225 息

3.1226 息

3.1227 息

4.1535 息父乙

4.1598 息父丁

7.3862 事又(有)息

10.5385 息伯賜貝于姜

10.5386 息伯賜貝于姜

11.5595 障(尊彝)息

12.6824 乙息

12.7071 障(尊彝)息

13.7751 息

15.9735 亡又(有)轉(常)息

17.10723 息

17.10724 息

18.11425 息

18.11695 相邦建信君、邦右庫韓叚、工師爿痆、冶息敎(撻)齋(劑)

1377 㤴、恙

17.11338 工師奠(鄭)恙、冶敳(微)

17.11384 奠(鄭)倫(令)韓半、司寇長朱、武庫工師𠂔恙、冶肴(尹)敝(披)敱(造)

1378 悍、忓

18.11915 悍(忓)乍(作)距末

18.11998 敬唐(虐)嗟(嗟)悍(吁)

1379 悤

1.210 既悤(聰)于心

1.211 既悤(聰)于心

1.217 既悤(聰)于心

1.218 既悤(聰)于心

1.219 既悤(聰)于心
1.220 既悤(聰)于心
1.221 既悤(聰)于心
1.222 既悤(聰)于心
1.260 倉倉悤悤
4.2243 僕孱悤𠙵鉦伍佣
5.2836 悤(聰)䖒厥心/賜女(汝)菽(素)芾、参冋(絅)、芇悤(蔥)
5.2841 賜女(汝)秬鬯一卣、祼圭瓚寶、朱芾、悤(蔥)黄(衡)、玉環、玉瑹、金車、桒(賁)縟較(較)、朱鞹(鞹)靣靳、虎冟(冪)熏裏、右軛、畫轉、畫輯、金甬(桶)、道(錯)衡、金嶂(踵)、金豙(軝)、㫃(約)㬎(盛)、金簟弼(茀)、魚箙、馬四匹、攸(鋚)勒、金𠯑(臺)、金膺、朱旂二鈴(鈴)
8.4326 賜朱芾、悤(蔥)黄(衡)、鞞鞍(璲)、玉睘(環)、玉瑹、車、電軫、桒(賁)縟較(较)、朱鬣(鞹)靣靳、虎冟(冪)熏(纁)裏、道(錯)衡、右厄(軛)、畫轉、畫輯、金童(踵)、金豙(軝)、金簟弼(茀)、魚葡(箙)、朱旂旜(旜)金芫二鈴
11.6010 悤(聰)憲訢旟(揚)
13.7506 悤
13.7507 悤
16.10171 悤(聰)憲訢旟(揚)

1380 恝(怊)

18.12110 命集尹恝(怊)𰯼(緒)、栽(織)尹逆、栽(織)㱿(令)阞
18.12111 命集尹恝(怊)𰯼(緒)、栽(織)尹逆、栽(織)㱿(令)阞
18.12112 命集尹恝(怊)𰯼(緒)、栽(織)尹逆、栽(織)㱿(令)阞
18.12113 命集尹恝(怊)𰯼(緒)、栽(織)尹逆、栽(織)㱿(令)阞

1381 懚(憪)

3.1250 懚
4.1803 客巻懚
4.1804 客巻懚
4.1805 客巻懚
4.1806 客巻懚
18.11686 邦司寇馬懚、迁(下)庫工師得尚、冶君(尹)曠半舒敎(撻)齋(劑)

1382 悬(慮)

5.2840 亡寍(懅)㬎(惕)之悬(慮)/毋(謀)悬(慮)皆從

1383 悆

4.2378 季悆乍(作)旅鼎
5.2599 奠(鄭)虢仲悆戒(勇)用乍(作)皇祖、文考寶鼎
9.4458 魯伯悆用公龏(恭)/悆夙屭(興)用追孝/悆其萬年眉壽
9.4593 曹公媵(媵)孟姬悆母匡(筐)
16.10144 曹公媵(媵)孟姬悆母般(盤)

1384 𢙢(悔)

17.11322 侖(綸)氏命(令)韓化、工師榮𠩄(原)、冶𢙢(謀)

1385 恿(勇)

17.11280 恿公之元戈

1386 惟

9.4649 其惟因脊(齊)揚皇考

1387 悕(肆)

5.2840 尔毋大而悕(肆)

1388 憏

4.2087 憏(蔡)子林之貞(鼎)

1389 愚

5.2840 事愚女(如)智

1390 愁(勞)

1.156 □再愁(勞)其利
5.2840 以憂愁(勞)邦家

1391 惑

5.2840 猶粯(迷)惑於子之而迒(亡)其邦

1392 偲(愆)

1.210 不偲(愆)不貣(忒)
1.211 不偲(愆)不貣(忒)
1.216 不偲(愆)不貣(忒)
1.217 不偲(愆)不貣(忒)
1.218 不偲(愆)不貣(忒)
1.219 不偲(愆)不貣(忒)
1.220 不偲(愆)不貣(忒)
1.221 不偲(愆)不貣(忒)
1.222 不偲(愆)不貣(忒)

1393 惕

1.210 有虔不惕(易)
1.211 有虔不惕(易)
1.217 有虔不惕(易)
1.218 有虔不惕(易)
1.219 有虔不惕(易)
1.220 有虔不惕(易)
1.221 有虔不惕(易)
1.222 有虔不惕(易)
11.6010 㪟(攝)敬不惕(易)
15.9678 邯王之惕(賜)

金
15.9679 邗王之愓(賜)金
16.10171 歔(攬)敬不愓(易)

1394 感

16.10357 和工工感

1395 愈

3.690 魯伯愈父乍(作)鼄(邾)姬仁朕(媵)羞鬲
3.691 魯伯愈父乍(作)鼄(邾)姬仁朕(媵)羞鬲
3.692 魯伯愈父乍(作)鼄(邾)姬仁朕(媵)羞鬲
3.693 魯伯愈父乍(作)鼄(邾)姬仁朕(媵)羞鬲
3.694 魯伯愈父乍(作)鼄(邾)姬仁朕(媵)羞鬲
3.695 魯伯愈父乍(作)鼄(邾)姬仁朕(媵)羞鬲
16.10113 魯伯愈父乍(作)鼄(邾)姬仁朕(媵)頮(沬)盤
16.10114 魯伯愈父乍(作)鼄(邾)姬仁朕(媵)頮(沬)盤
16.10115 魯伯愈父乍(作)鼄(邾)姬仁朕(媵)頮(沬)盤
16.10244 魯伯愈父乍(作)鼄(邾)姬仁朕(媵)盨(沬)也(匜)

1396 意

5.2831 矩廼眔溓(濂)粦令壽商眔意
6.3738 意乍(作)寶毁
7.3821 湋伯乍(作)意與尊毁
15.9719 至于萬意(億)年
15.9720 至于萬意(億)年
16.10175 㫃(勔)尹意(億)疆

1397 熹

5.2764 單父上官嗣熹所受坪安君者也
5.2793 單父上官嗣熹所受坪安君者也/單父上官嗣熹所受坪安君者也

1398 憙、憘

17.11316 四年命(令)韓誁、宜陽工師㪔(播)憘、冶庶

1399 惻

17.10958 子惻子

1400 急(逸)

18.11487 右徻急(逸)
18.11525 台(以)急(逸)□□

1401 慈

15.9735 慈孝寰(宣)惠

1402 恙、恙

17.11372 奠(鄭)倫(令)韓恙(恙)、司寇㪅(扶)裕、右庫工師張阪、冶贛

1403 慎

1.245 慎爲之名(銘)
1.272-8 慎中厥罰
1.285 慎中厥罰

1404 孫

1.121 于之孫學
1.122 于之孫學
1.125-8 于之孫(遜)學
1.129-31 〔于〕之孫(遜)學

1405 德(值)

1.261 延(誕)中余德(值)
18.12110 女(如)馬、女(如)牛、女(如)德(恒、犆、特)
18.12111 女(如)馬、女(如)牛、女(如)德(值、犆、特)
18.12112 女(如)馬、女(如)牛、女(如)德(值、犆、特)

1406 寁

15.9734 寁祗丞(烝)祀

1407 慕

5.2833 曰:于匡朕肅慕
8.4317 富(憲)烝宇、慕遠猷
9.4649 大慕(謨)克成
16.10175 亟獄逌(宣)慕(謨)

1408 惠(蕙懵)

5.2701 左官冶大夫杕命冶惠(懵)鑄貞(鼎)

1409 慶

1.210 休有成慶
1.211 休有成慶
1.217 休有成慶
1.218 休有成慶
1.219 休有成慶
1.220 休有成慶
1.221 休有成慶
1.222 休有成慶
1.223-4 莘英又(有)慶(宴)/囚慶□而(尔)光
1.270 高引又(有)慶
3.608 戈(戴)叔慶父乍(作)叔姬尊鬲
5.2832 厲叔子夙、厲有嗣黼(申)季、慶癸、燹(豳)麇、荆人敢、井人偈屖
8.4293 召伯虎告曰:余告慶/余告慶
8.4315 高引又(有)慶
9.4442 慶其以臧
9.4443 慶其以臧
9.4444 慶其以臧
9.4445 慶其以臧
9.4502 慶孫之子峠之餴(饙)簠
9.4597 敶(陳)公子仲慶

16.10280 慶叔攸(作)朕(賸)子孟姜盥匜
17.11397 奠(鄭)倫(令)公先嘼(學、幼)、司寇向□、左庫工師百慶、冶君(尹)□散(造)
18.11552 奠(鄭)倫(令)棺(槨、郭)涵、司寇芋慶、往庫工師皮耴、冶君(尹)貞散(造)
18.11554 奠(鄭)倫(令)公先嘼(幼)、司寇史陉(隋)、左庫工師倉慶、冶君(尹)弱(骠)散(造)
18.11559 奠(鄭)倫(令)棺(槨、郭)涵、司寇芋慶、左庫工師郘䜣、冶君(尹)弱(骠)散(造)
18.11563 奠(鄭)倫(令)棺(槨、郭)涵、司寇芋慶、往庫工師皮耴、冶君(尹)皷(坡)散(造)戟朿(刺)
18.11670 守相杢(執、廉)波(頗)、右庫工師慶□、冶巡敕(撻)齋(劑)

1410 舂(舂)

5.2833 肄(肆)禹亦弗敢舂(舂)
5.2841 舂(舂)于小大政/毋有敢舂専(敷)命于外

1411 害、憲

1.109-10 妟憲憲聖趩(爽)
1.111 妟憲憲聖趩(爽)
1.262-3 剌剌(烈烈)卲文公、靜公、憲公
1.264-6 剌剌(烈烈)卲文公、靜公、憲公
1.267 剌剌(烈烈)卲文公、靜公、憲公
1.268 剌剌(烈烈)卲文公、靜公、憲公
1.269 剌剌(烈烈)卲文公、靜公、憲公
5.2749 侯賜憲貝、金/憲萬年
5.2825 用乍(作)憲司貯
8.4294 余用乍(作)朕剌(烈)考憲(憲)伯寶𣪕
8.4295 余用乍(作)朕剌(烈)考憲(憲)伯寶𣪕
8.4317 憲(憲)烝宇、慕遠猷
11.6010 恖(聰)憲訢旟(揚)
15.9430 伯憲(憲)乍(作)召伯父辛寶尊彝
16.10171 恖(聰)憲訢旟(揚)
16.10175 憲聖成王

1412 憚

5.2840 憚憚憐憐

1413 猶、懺(悩)

18.12089 懺(悩)節

1414 寡(懷)

5.2840 亡寡(懷)睘(惕)之息(慮)
15.9735 盅(寧)又(有)寡(懷)睘(惕)

1415 憐

5.2840 憚憚憐憐

1416 憖

1.272-8 尸不敢弗憖戒
1.285 尸不敢弗憖戒
15.9735 以憖(儆)嗣王

1417 懋

4.1936 懋史繇鼎
5.2774 帥隹懋𧡧(貺)
5.2809 使厥友引以告于伯懋父/伯懋父迺罰得𡘇古三百寽(鋝)/懋父令曰:義(宜)敉(播)
7.4044 懋父賞御正衛馬匹自王
8.4201 令宅事伯懋父
8.4238 伯懋父以殷八師征東尸(夷)/伯懋父承王令(命)
8.4239 伯懋父以殷八師征東尸(夷)/伯懋父承王令(命)
8.4327 余懋再先公官
10.5416 伯懋父賜(賜)召白馬、妦黃、𩑋(髮)微/不(丕)䜌(肆)伯懋父督(友)召
10.5418 令史懋賜免:載(緇)芾、冋(𦅫)黃(衡)
11.6004 伯懋父賜(賜)召白馬、妦黃、𩑋(髮)微/不(丕)䜌(肆)伯懋父督(友)召
11.6006 令史懋賜免:載(緇)芾、冋(𦅫)黃(衡)
15.9689 伯懋父北征
15.9714 寴(親)令史懋路(露)筮/王乎伊伯賜懋貝/懋拜韻首

1418 圞

16.10478 又(有)事者官圞之

1419 幢(憧)

10.5357 幢(憧)季遽父乍(作)豐姬寶尊彝
10.5358 幢(憧)季遽父乍(作)豐姬寶尊彝
11.5947 幢(憧)季遽父乍(作)豐姬寶尊彝

1420 慮(慮)

5.2750 心聖若慮(慮)

1421 霝(靈)

1.262-3 霝(靈)音鍺鍺雍雍
1.264-6 霝(靈)音鍺鍺雍雍
1.267 霝(靈)音鍺鍺雍雍
1.268 霝(靈)音鍺鍺雍雍
1.269 霝(靈)音鍺鍺雍

雍

1422 懮(懮)

14.8877 懮乍(作)父乙

1423 懽(歡)

9.4629 懽血(恤)宗家
9.4630 懽血(恤)宗家

1424 懼

5.2840 寡人懼其忽然不可得

1425 炁(愛)

15.9735 匽(陟)炁(愛)深

1426 㥯(㥯)

17.11285 郳㥯(㥯)歲

1427 恁

1.261 余恁訇(台)心
5.2840 雩(越)人敂(修)教備恁(任)

1428 口

11.5452 口
12.7145 口父辛
14.8530 父戊口
14.8801 宁未口
15.9232 山口父辛
18.12029 口乍(作)矢寶

1429 叱

13.7771 叱

1430 右

1.49 先王其嚴(儼)在帝左右
1.64 受(授)余通彔(祿)、庚(康)𩱸、屯(純)右(祐)
1.107-8 㸚(榮)伯內(入)右(佑)膺(應)侯見工
1.133 仲大(太)師右(佑)柞
1.134 仲大(太)師右(佑)柞
1.135 仲大(太)師右(佑)柞
1.136 仲大(太)師右(佑)柞
1.137-9 仲大(太)師右(佑)柞
1.145 唯康右(祐)、屯(純)魯
1.146 唯康右(祐)、屯(純)魯
1.147 唯康右(祐)、屯(純)魯
1.148 唯〔康〕右(祐)、屯(純)魯
1.187-8 用祈匄康𩱸、屯(純)右(祐)、綽綰、通彔(祿)
1.189-90 用祈匄康𩱸、屯(純)右(祐)、綽綰、通彔(祿)
1.210 𨿅(佐)右(佑)楚王
1.211 𨿅(佐)右(佑)楚王
1.217 𨿅(佐)右(佑)楚王
1.218 𨿅(佐)右(佑)楚王
1.219 𨿅(佐)右(佑)楚王
1.220 𨿅(佐)右(佑)楚王
1.221 𨿅(佐)右(佑)楚王
1.222 𨿅(佐)右(佑)楚王
1.262-3 咸畜左右
1.264-6 咸畜左右
1.267 咸畜左右
1.268 咸畜左右
1.269 咸畜左右
1.272-8 左右毋諱 / 左右余一人 / 齊侯左右
1.279 左右毋諱
1.280 齊侯左右
1.285 左右毋諱 / 左右余一人 / 齊侯左右
2.358 匍(撫)右(有)四方
3.559 季右父乍(作)尊鬲
3.668 右戲仲夏父乍(作)豐鬲
4.1739 右敄癸
4.1801 右奉刃(刀)
4.1875 右敄父己
4.1939 右敄父癸
4.1945 徝(廚)公(宮)右官
4.1946 公朱(廚)右官
4.1956 右乍(作)旅鼎
4.1992 宜陽右蒼(倉)
4.2232 右卜(外)脒(廚)
4.2241 大右秦
4.2307 右廩公(宮)莆官和鎮(鼎)
4.2309 旨府之右冶疾鑄
4.2361 公脒(廚)右官貞(鼎)
4.2396 公朱(廚)右官
4.2488 右伯乍(作)寶鼎
5.2576 平宮右般
5.2707 右使車嗇夫鄌(齊)痓、工簡
5.2781 伯俗父右(佑)𠨘季 / 曰:用又(佐)右(佑)俗父嗣寇
5.2783 井伯入右(佑)趞曹
5.2786 㸚(榮)伯內(入)右(佑)康
5.2790 用賜康勵、魯休、屯(純)右(佑)、眉壽、永令(命)、霝(靈)冬(終)
5.2796 用匄康勵、屯(純)右(祐)、眉壽、永令(命)、霝(靈)冬(終)
5.2797 用匄康勵、屯(純)右(祐)、眉壽、永令(命)、霝(靈)冬(終)
5.2798 用匄康勵、屯(純)右(祐)、眉壽、永令(命)、霝(靈)冬(終)
5.2799 用匄康勵、屯(純)右(祐)、眉壽、永令(命)、霝(靈)冬(終)
5.2800 用匄康勵、屯(純)右(祐)、眉壽、永

令(命)、霝(靈)冬(終)
5.2801 用匄康勵、屯(純)右(祐)、眉壽、永令(命)、霝(靈)冬(終)
5.2802 用匄康勵、屯(純)右(祐)、眉壽、永令(命)、霝(靈)冬(終)
5.2804 井伯內(入)右(佑)利
5.2809 𠭰厥不從厥右(佑)征
5.2813 𤔲馬井伯右(佑)師奎父
5.2814 𤔲徒南仲右(佑)無(許)叀
5.2815 宰訊右(佑)趞
5.2817 𤔲馬共右(佑)師晨
5.2819 宰頵右(佑)袁
5.2821 𤔲土(徒)毛叔右(佑)此
5.2822 𤔲土(徒)毛叔右(佑)此
5.2825 南宮乎入右(佑)善(膳)夫山
5.2827 宰引右(佑)頌/用追孝祈匄康𩵦、屯(純)右(祐)、通彔(祿)、永令(命)
5.2828 宰引右(佑)頌/用追孝祈匄康𩵦、屯(純)右(祐)、通彔(祿)、永令(命)
5.2829 宰引右(佑)頌/用追孝祈匄康𩵦、屯(純)右(祐)、通彔(祿)、永令(命)
5.2834 右(肄)師〔彌〕客(宋)𣪕(匋)匡
5.2835 多友右(有)折首執訊/多友或(又)右(有)折首執訊
5.2836 𩰬(申)季右(佑)善(膳)夫克
5.2839 三左三右多君入服酉(酒)
5.2840 以𨒌(佐)右(佑)寡人
5.2841 賜女(汝)秬鬯一卣、祼圭瓚寶、朱巿、悤(蔥)黃(衡)、玉環、玉琮、金車、𠦪(賁)縟較(較)、朱䩛(鞹)𩏂靳、虎冟(冪)熏裏、右軛、畫轉、畫𨏖、金甬(桶)、道(錯)衡、金𨌲(踵)、金豙(軝)、𩍐(約)𥁰(盛)、金簟弼(茀)、魚箙、馬四匹、攸(鋚)勒、金𠱥(臺)、金膺、朱旂二鈴(鈴)
6.3398 宜陽右倉
8.4160 無疆屯(純)右(祐)
8.4161 無疆屯(純)右(祐)
8.4182 祈匄康𩵦、屯(純)右(祐)、通彔(祿)、永令(命)
8.4188 用賜賨(眉)壽、屯(純)右(祐)、康勵
8.4189 用賜賨(眉)壽、屯(純)右(祐)、康勵
8.4196 井伯右(佑)王臣
8.4197 康公右(佑)卻(部)咎(盌)
8.4202 王乎虢仲入右(佑)㹢
8.4209 焱(榮)伯右(佑)衛
8.4210 焱(榮)伯右(佑)衛
8.4211 焱(榮)伯右(佑)衛
8.4212 焱(榮)伯右(佑)衛
8.4213 其右(佑)子歆(𠷎)、事(史)孟
8.4243 井伯內(入)右(佑)救
8.4244 𤔲馬井伯〔入〕右(佑)走
8.4250 定伯入右(佑)即
8.4253 井叔內(入)右(佑)師察
8.4254 井叔內(入)右(佑)師察
8.4255 穆公入右(佑)𢦏
8.4256 南伯入右(佑)裘衛
8.4257 焱(榮)伯內(入)右(佑)師耤(藉)
8.4258 宰屖父右(佑)害立
8.4259 宰屖父右(佑)害立
8.4260 宰屖父右(佑)害立
8.4267 益公內(入)右(佑)申
8.4268 益公入右(佑)
8.4270 焱(榮)伯右(佑)同/王命同:差(佐)右(佑)吳(虞)大父/世孫孫子子差(佐)右(佑)吳(虞)大父
8.4271 焱(榮)伯右(佑)同/王命同:差(佐)右(佑)吳(虞)大父/世孫孫子子差(佐)右(佑)吳(虞)大父
8.4272 宰倗父右(佑)望
8.4274 同仲右(佑)師兑/𤔲左右走(趣)馬、五邑走(趣)馬
8.4275 同仲右(佑)師兑/𤔲左右走(趣)馬、五邑走(趣)馬
8.4276 井伯入右(佑)豆閉
8.4277 𤔲馬共右(佑)師俞
8.4279 遟公入右(佑)師旋/左(佐)右(佑)師氏
8.4280 遟公入右(佑)師旋/左(佐)右(佑)師氏
8.4281 遟公入右(佑)師旋/左(佐)右(佑)師氏
8.4282 遟公入右(佑)師旋/左(佐)右(佑)師氏
8.4283 𤔲馬井伯親右(佑)師𤸫

8.4284 𤔲馬井伯親右(佑)師瘨
8.4285 𤔲馬共右(佑)諫
8.4286 𤇾(榮)伯入右(佑)𨌲師嫠
8.4287 [illegible](甲)季內(入)右(佑)伊
8.4288 公族[illegible]入右(佑)師酉
8.4289 公族[illegible]入右(佑)師酉
8.4290 公族[illegible]入右(佑)師酉
8.4291 公族[illegible]入右(佑)師酉
8.4294 𤔲徒單伯內(入)右(佑)揚
8.4295 𤔲徒單伯內(入)右(佑)揚
8.4296 右(佑)祝鄭
8.4297 右(佑)祝鄭
8.4302 右(佑)闢四方
8.4303 𤔲土(徒)毛叔右(佑)此
8.4304 𤔲土(徒)毛叔右(佑)此
8.4305 𤔲土(徒)毛叔右(佑)此
8.4306 𤔲土(徒)毛叔右(佑)此
8.4307 𤔲土(徒)毛叔右(佑)此
8.4308 𤔲土(徒)毛叔右(佑)此
8.4309 𤔲土(徒)毛叔右(佑)此
8.4310 𤔲土(徒)毛叔右(佑)此
8.4312 𤔲工(空)液伯入右(佑)師穎
8.4313 尿(殿)左右虎臣
8.4314 尿(殿)左右虎臣
8.4316 井伯內(入)右(佑)師虎/啻(嫡)官𤔲左右戲繁荆/啻(嫡)官𤔲左右戲繁荆
8.4318 䣄伯右(佑)師兑/𤔲左右走(趣)馬/賜女(汝)秬鬯一卣、金車、㯱(賁)較(較)、朱虢(鞹)𡨦靳、虎冟(冪)熏(纁)裏、右厄(軶)、畫轉、畫輯、金甬(筩)、馬四匹、攸(鋚)勒
8.4319 䣄伯右(佑)師兑/𤔲左右走(趣)馬/賜女(汝)秬鬯一卣、金車、㯱(賁)較(較)、朱虢(鞹)𡨦靳、虎冟(冪)熏(纁)裏、右厄(軶)、畫轉、畫輯、金甬(筩)、馬四匹、攸(鋚)勒
8.4321 益公入右(佑)訇
8.4323 武公入右(佑)敔
8.4324 宰琱生(甥)內(入)右(佑)師嫠
8.4325 宰琱生(甥)內(入)右(佑)師嫠
8.4326 賜朱芾、悤(葱)黄(衡)、鞞鞢(璲)、玉睘(環)、玉珠、車、電軫、㯱(賁)緷較(较)、朱𩍐(鞹)𡨦靳、虎冟(冪)熏(纁)裏、造(錯)衡、右厄(軶)、畫轉、畫輯、金童(踵)、金豙(軝)、金簟弼(茀)、魚葡(箙)、朱旂旜(旜)金芫二鈴
8.4327 𤇾(榮)季入右(佑)卯
8.4332 宰引右(佑)頌/用追孝、祈匄康𩌡、屯(純)右(祐)、通彔(祿)、永令(命)
8.4333 宰引右(佑)頌/用追孝祈匄康𩌡、屯(純)右(祐)、通彔(祿)、永令(命)
8.4334 宰引右(佑)頌/用追孝祈匄康𩌡、屯(純)右(祐)、通彔(祿)、永令(命)
8.4335 宰引右(佑)頌/用追孝祈匄康𩌡、屯(純)右(祐)、通彔(祿)、永令(命)
8.4336 宰引右(佑)頌/用追孝祈匄康𩌡、屯(純)右(祐)、通彔(祿)、永令(命)
8.4337 宰引右(佑)頌/用追孝祈匄康𩌡、屯(純)右(祐)、通彔(祿)、永令(命)
8.4338 宰引右(佑)頌/用追孝祈匄康𩌡、屯(純)右(祐)、通彔(祿)、永令(命)
8.4339 宰引右(佑)頌/用追孝祈匄康𩌡、屯(純)右(祐)、通彔(祿)、永令(命)
8.4340 宰曶入右(佑)蔡
8.4341 王令吕伯曰:以乃師右比毛父
8.4342 亦則於女(汝)乃聖祖考克専(輔)右(佑)先王/𤇾(榮)內(入)右(佑)訇
8.4343 公族絹(緡)入右(佑)牧/厥訊庶右鄰(鄰)/雩乃訊庶右鄰(鄰)
9.4462 𤔲馬共右(佑)𤺺
9.4463 𤔲馬共右(佑)𤺺
9.4466 厥右(佑)善(膳)夫克
9.4467 䣄(纘)𤔲左右虎臣
9.4468 䣄(纘)𤔲左右虎臣
9.4633 右𡱂(遅、遲)君(尹)
9.4670 曾侯乙詐(作)右(持)甬(用)冬(終)
10.5418 井叔右(佑)免
11.5697 右府君(尹)
11.6006 井叔右(佑)免
11.6016 爽(尚)左右于乃寮以乃友事
12.6516 咸井叔入右(佑)趩
14.8829 右乍(作)彝
15.9448 右使車嗇夫宋、鄭(齊)痓、工𦤎

(觸)/右䥽者
15.9450 右使車嗇夫鄣(齊)㾐、工𢆶
15.9543 徍(廚)宮右官
15.9563 右屖(迟、遟)君(尹)
15.9575 奠(鄭)右亶(廩)
15.9588 右走(趣)馬嘉自乍(作)行壺
15.9648 右內酉(糟)七
15.9650 右內酉(糟)四
15.9674 右使〔車〕嗇夫吳훀、工䁃
15.9684 右使車嗇夫鄣(齊)痓、工角
15.9723 㑁父右(佑)瘨
15.9724 㑁父右(佑)瘨
15.9725 伯克對揚天右(佑)王伯友(賄)
15.9728 井公內(入)右(佑)曶
15.9731 宰引右(佑)頌/用追孝祈匃康㝨、屯(純)右(祐)、通彔(祿)、永令(命)
15.9732 宰引右(佑)頌/用追孝祈匃康㝨、屯(純)右(祐)、通彔(祿)、永令(命)
15.9733 殷王之孫、右師之子武叔曰庚
15.9734 馭右和同
15.9735 以猹(佐)右(佑)厥闢(辟)
16.9898 宰朏右(佑)乍(作)册吳
16.9901 爽(尚)𠂇(差、左)右于乃寮以乃友事
16.9933 右使車工疥
16.9934 右使車工疥
16.9989 右屖(迟、遟)君(尹)
16.9990 右屖(迟)君(尹)
16.10150 唯𢆶右自乍(作)用其吉金寶般(盤)
15.10169 備仲內(入)右(佑)吕服余
16.10170 益公右(佑)走(趣)馬休
16.10172 宰頵右(佑)袁
16.10175 左右綏(綏)綰剛絲
16.10176 右還奉(封)于眉(郿)道/矢人有嗣眉(堳)田:鮮、且、微、武父、西宮襄、豆人虞丂、彔、貞、師氏右省、小門人繇、原人虞艿、淮嗣工(空)虎孛、開豐父、难(鳿)人有嗣、刑丂
16.10257 右䥽者
16.10287 大右刀(?)
16.10333 右使車嗇夫鄣(齊)痓、工𢆶
16.10342 左(佐)右(佑)武王/乍(作)馮(凴)左右
16.10359 右使車嗇夫鄣(齊)痓、工廣
16.10366 右里𢆶(敀)鎣(鎣)
16.10367 右里𢆶(敀)鎣(鎣)
16.10383 右伯君西里疸
16.10397 右使車工疥
16.10402 右䥽者
16.10446 右使車嗇夫鄣(齊)痓、工疥
16.10450 右使車工蔡
16.10451 右使車工㬎
16.10452 右佐裁(織)
16.10457 右□𢆶(片)□
16.10477 右使車嗇夫鄣(齊)痓、工疥
17.10826 右
17.10874 左右(佐佑)
17.10933 右庫
17.10944 右卯
17.10945 陽右
17.10969 郧右庀(庀、庴、廂)
17.10974 間右庫
17.10975 亡滷(鹽)右
17.10976 亡滷(鹽)右
17.10978 右濯戈
17.10995 鄭右庫
17.10997 𢆶右庀(庀、庴、廂)
17.10998 昌城右
17.11000 孟右人
17.11007 𢆶右
17.11053 武陽右庫
17.11057 郾(燕)侯右宮
17.11062 陵右鋯(造)鍼(戟)
17.11070 曹右庀(庀、庴、廂)散(造)戈
17.11075 右買之用戈
17.11101 平阿右造(?)鈛(戈)
17.11109 郾(燕)王右庫戈
17.11127 陳胎之右栄鈛(戈)
17.11182 朝訶(歌)右庫
17.11220 郾(燕)侯庫乍(作)右軍鉘(戟)
17.11243 右攻(工)君(尹)
17.11244 右攻(工)君(尹)
17.11259 𩰫右工鈛(戈)
17.11260 勹(復)昜(陽)右
17.11266 右庫冶气(乞)之鑄
17.11286 右軍
17.11291 邙(亡)命(令)羙、右庫工師鉥、冶□
17.11299 郚(梧)命(令)垠、右工師齒、冶良
17.11328 奠(鄭)命(令)韓□、右庫工師駱㕙
17.11336 奠(鄭)命(令)韓熙、右庫工師司馬鴟、冶狄
17.11337 命(令)司寇書、右庫工師䏍向、冶厮
17.11343 肓命(令)司馬伐、右庫工師高㕙、

冶□

17.11350 右攻(工)君(尹)青

17.11352 左右芾鈇

17.11353 左右芾鈇

17.11355 肖(趙)命(令)甘(邯)丹(鄲)[illegible](偉)、右庫工師翌(翊)綤(紹)、冶倉敀(造)(?)

17.11356 郙陰(陰)命(令)萬爲、右庫工師萈(鞿)、冶豎

17.11357 奠(鄭)命(令)韓熙、右庫工師事(吏)采(裼)、冶□

17.11372 奠(鄭)倫(令)韓恙(恙)、司寇攱(扶)裕、右庫工師張阪、冶贛

17.11385 奠(鄭)倫(令)韓夌、司寇長朱、右庫工師皂高、冶肴(尹)端敳(造)

17.11386 奠(鄭)倫(令)公先豊(幼)、司寇事(吏)陜、右庫工師皂高、冶肴(尹)□敳(造)

17.11388 奠(鄭)倫(令)肖(趙)距、司寇彭璋、右庫工師陳坪、冶贛

17.11393 楚王之元右(佑)王鐘

18.11455 右宮

18.11456 右軍

18.11481 郾(燕)王右□□

18.11484 郾(燕)右軍

18.11485 奠(鄭)右庫

18.11487 右莿急(逸)

18.11488 安术右

18.11489 安术右

18.11490 安术右

18.11503 右洀(盤)州還

18.11546 宅陽命(令)隅鐙、右庫工師夜疟(瘧)、冶趄敳(造)

18.11547 左右芾鈇

18.11556 相邦春平侯、邦右庫工師肖(趙)瘁、冶韓開敎(撻)齋(劑)

18.11562 安陽倫(令)韓壬、司刑欣(哷)龤、右庫工師芰(若)固、冶瓸敳(造)戟朿(刺)

18.11565 襄田倫(令)夅(舉)名、司寇麻維、右庫工師甘(邯)丹(鄲)毹、冶向敳(造)

18.11592 高陽右[illegible]徒

18.11633 寧右庫五朿(刺)

18.11635 相邦建信君、邦右庫□□工師吳疸(瘖)、冶疕敎(撻)齋(劑)

18.11643 右(佑)攻

18.11660 往□倫(令)王褱、右庫工師坴(埶、廉)生、冶参敎(撻)齋(劑)

18.11670 守相坴(埶、廉)波(頗)、右庫工師慶□、冶巡敎(撻)齋(劑)

18.11673 南行昜(唐)倫(令)瞿(瞿)卯、右庫工師司馬郃、冶得敎(撻)齋(劑)

18.11674 南行昜(唐)倫(令)瞿(瞿)卯、右庫工師司馬郃、冶得敎(撻)齋(劑)

18.11675 武信倫(令)馬師闞(閆)、右庫啟工師粤秦、冶瘀敎(撻)齋(劑)

18.11676 邦司寇肖(趙)新、邦右庫工師下足、冶巡敎(撻)齋(劑)

18.11677 相邦建信君、邦右庫工師郾叚、冶肴(尹)荭敎(撻)齋(劑)

18.11694 春平相邦鄑(晉)得、邦右庫工師嬰(瞖)略徒、冶臣成敎(撻)齋(劑)

18.11695 相邦建信君、邦右庫韓叚、工師爿痘、冶息敎(撻)齋(劑)

18.11700 守相坴(埶、廉)波(頗)、邦右庫工師韓亥、冶巡敎(撻)齋(劑)

18.11701 守相坴(埶、廉)波(頗)、邦右庫工師韓亥、冶巡敎(撻)齋(劑)

18.11705 南行昜(唐)倫(令)瞿(瞿)卯、右庫工師司馬郃、冶肴(尹)荭得敎(撻)齋(劑)(?)

18.11708 相邦春平侯、邦右庫工師訬荭、冶巡敎(撻)齋(劑)

18.11709 相邦春平侯、邦右伐器工師羊敹(播)、冶疢敎(撻)齋(劑)

18.11711 右〼衣/邦右〼

18.11712 相邦陽安君、邦右庫工師史䇓胡、冶事(吏)痀敎(撻)齋(劑)

18.11715 相邦春平侯、邦右伐器工師從訬、冶巡敎(撻)齋(劑)

18.11717 相邦建信君、邦右庫工師司馬郃、冶得荭敎(撻)齋(劑)

18.11784 右廩

18.11802 右廩

18.11815 齊城右造車鉞(戟)、冶腽

18.11827 右廩

18.11832 右廩

18.11833 右廩

18.11836 皇宮右

18.11837 邦右庫冶事(吏)[illegible]

18.11908 右穷(坊)造

18.11919 右攻(工)君(尹)

18.11920 右攻(工)君(尹)

18.11921 右攻(工)君(尹)

18.11922 右攻(工)君(尹)
18.11929 右昜攻(工)君(尹)
18.11930 右昜宮攻(工)君(尹)
18.11931 右偶(遇)攻(工)君(尹)五大夫青
18.11937 右
18.11938 右
18.11939 右
18.11943 右得工
18.11944 右得工
18.11945 右得工
18.11946 右得工
18.11947 右得工
18.11948 右得工
18.11949 右得工
18.11950 右得工
18.11951 右得工
18.11952 右得工
18.11953 右得工
18.11954 右得工
18.11955 右得工
18.11956 右得工
18.11957 右得工
18.11958 右得工
18.11959 右得工
18.11960 右得工
18.11961 右得工
18.11962 右得工
18.11963 右得工
18.11964 右得工
18.11965 右得工
18.11966 右得工
18.11967 右得工
18.11968 右得工
18.11969 右得工
18.11970 右得工
18.11971 右得工
18.11972 右得工
18.11973 右得工
18.11994 叏(鞭)右頙
18.12016 右庫
18.12019 右較(軗)
18.12031 齊司馬部右
18.12065 右
18.12067 右企
18.12103 造□八□□右□
18.12108 右在王
18.12109 右在君

1431　⿰酉兌、⿵冂酉(召)

2.399 亞⿰酉兌嫡
3.886 亞⿰酉兌乍(作)季尊彝
3.917 亞⿰酉兌
3.1433 亞⿰酉兌
3.1434 亞⿰酉兌
3.1435 亞⿰酉兌
3.1436 亞⿰酉兌
3.1437 亞⿰酉兌
3.1438 亞⿰酉兌
3.1439 亞⿰酉兌
3.1440 亞⿰酉兌
3.1441 亞⿰酉兌
3.1442 亞⿰酉兌
3.1443 亞⿰酉兌
3.1444 亞⿰酉兌
3.1445 亞⿰酉兌
4.1819 亞⿰酉兌父乙
4.1837 亞⿰酉兌父丙
4.1839 亞⿰酉兌父丁
4.1840 亞⿰酉兌父丁
4.1867 父己亞⿰酉兌
4.1883 亞⿵冂酉(⿴囗酉)父辛
4.1884 亞⿰酉兌父辛
4.2335 亞⿰酉兌
6.3095 亞⿰酉兌
6.3096 亞⿰酉兌
6.3097 亞⿰酉兌
6.3098 亞⿰酉兌
6.3099 亞⿰酉兌
6.3178 ⿰酉兌父丁
6.3310 亞⿰酉兌父丁
6.3331 亞⿰酉兌父辛
6.3332 亞⿰酉兌父辛
6.3333 亞⿰酉兌父辛
10.4806 亞⿰酉兌
10.4807 亞⿰酉兌
10.4808 亞⿰酉兌
10.4809 亞⿰酉兌
10.4810 亞⿰酉兌
10.5085 亞⿰酉兌父辛
10.5097 亞⿰酉兌杞婦
10.5238 亞⿰酉兌乍(作)寶尊彝
11.5559 亞⿰酉兌
11.5560 亞⿰酉兌
11.5561 亞⿰酉兌
11.5562 亞⿰酉兌
11.5563 亞⿰酉兌
11.5728 亞⿰酉兌父乙
11.5735 亞⿰酉兌父丁
11.5840 亞⿰酉兌乍(作)季尊彝
11.5894 亞⿰酉兌
11.5935 亞⿰酉兌
11.5936 亞⿰酉兌
11.6159 亞⿰酉兌
11.6160 亞⿰酉兌
12.6967 亞⿰酉兌
12.6968 亞⿰酉兌
12.6969 亞⿰酉兌
12.6970 亞⿰酉兌
12.7230 亞⿰酉兌父丁
12.7287 亞⿰酉兌
12.7299 兇(誓)丏⿰酉兌父辛彝
13.7783 亞⿰酉兌
13.7784 亞⿰酉兌
13.7785 亞⿰酉兌
13.7786 亞⿰酉兌
13.7787 亞⿰酉兌
14.8882 亞⿰酉兌父丙
14.9090 亞⿰酉兌
15.9159 亞⿰酉兌(召)
15.9294 亞⿰酉兌
15.9295 亞⿰酉兌/亞⿰酉兌
15.9323 亞⿰酉兌
15.9324 亞⿰酉兌
15.9366 亞⿰酉兌母
15.9373 亞⿰酉兌父丁
15.9763 亞⿰酉兌
15.9764 亞⿰酉兌
15.9765 亞⿰酉兌
15.9766 亞⿰酉兌
15.9767 亞⿰酉兌
15.9818 亞⿰酉兌/亞⿰酉兌
15.9819 亞⿰酉兌
16.9848 亞⿰酉兌
16.9849 亞⿰酉兌
16.9850 亞⿰酉兌
16.10497 亞⿰酉兌
17.10839 亞⿰酉兌
18.11438 亞⿰酉兌
18.11439 亞⿰酉兌
18.11440 亞⿰酉兌
18.11441 亞⿰酉兌
18.11442 亞⿰酉兌
18.11443 亞⿰酉兌
18.11743 亞⿰酉兌
18.11777 亞⿰酉兌
18.11796 亞⿰酉兌
18.11797 亞⿰酉兌

1432 䀹、召

1.60-3 叔氏令史䟽召逆
1.193 若召公壽
1.194 若召公壽
1.195 若召公壽
1.196 若召公壽
1.197 若召公壽
1.198 若召公壽
1.204-5 王乎士曶召克
1.206-7 王乎士曶召克
1.208 王乎士曶召克
1.209 王乎士曶召克
3.587 䀹(召)伯毛乍(作)王母尊鬲
3.672 召仲乍(作)生妣尊鬲
3.673 召仲乍(作)生妣尊鬲
3.915 大(太)史砳乍(作)召公寶尊彝
4.2407 伯龢乍(作)召伯父辛寶尊鼎
5.2556 䀹(召)公𩰫(饋?)匽(燕)
5.2742 王乎虢叔召癲
5.2749 用乍(作)召伯父辛寶尊彝
5.2806 王召〼
5.2807 王乎善(膳)大(夫)騕召大/王召走(趣)馬膺
5.2808 王乎善(膳)大(夫)騕召大/王召走(趣)馬膺
5.2826 用召(紹)匹辝(台)辟
5.2833 克夾召(紹)先王奠四方
5.2834 克夾召(紹)先王曰(奠)左(四)方
5.2837 今余唯令女(汝)盂召(紹)焚(榮)/ 迺召(紹)夾死(尸)𤔲戎/夙夕召(紹)我一人烝四方
6.3622 召父乍(作)厥□寶彝
7.4116 以召(紹)其辟
7.4117 以召(紹)其辟
7.4120 乍(作)召(?)伯聅(聯)保段
8.4251 王乎師晨召(詔)大(太)師虘
8.4252 王乎師晨召(詔)大(太)師虘
8.4292 召來合事/召伯虎曰:余既訊𡰥
8.4293 召伯虎告曰:余告慶/用乍(作)朕剌(烈)祖召公嘗段
8.4298 王乎吳(虞)師召(詔)大
8.4299 王乎吳(虞)師召(詔)大
8.4342 用夾召(紹)厥辟
9.4582 番君召乍(作)饆(饙)簠
9.4583 番君召乍(作)饆(饙)簠
9.4584 番君召乍(作)饆(饙)簠
9.4585 番君召乍(作)饆(饙)簠
9.4586 番君召乍(作)饆(饙)簠
9.4587 番君召乍(作)饆(饙)簠
9.4601 奠(鄭)伯大𤔲工(空)召叔山父乍(作)旅簠
9.4602 奠(鄭)伯大𤔲工(空)召叔山父乍(作)旅簠
9.4628 我用召(紹)鄉(卿)事(士)、辟王/用召(紹)者(諸)考(老)者(諸)兄
10.4868 䀹(召)
10.5020 䀹(召)仲
10.5413 宜在召大廳
10.5416 伯懋父睗(賜)召白馬、妦黃、𩬊(髮)微/用𠂤不(丕)杯(丕)召多/不(丕)緐(肆)伯懋父沓(友)召
11.6004 伯懋父睗(賜)召白馬、妦黃、𩬊(髮)微/用𠂤不(丕)杯(丕)召多/不(丕)緐(肆)伯懋父沓(友)召
11.6011 王乎師豦召(詔)盠
14.8508 䀹(召)父丁
14.9078 䀹(召)乍(作)父丁尊彝
14.9089 龢乍(作)召伯父辛寶尊彝
15.9430 伯富(憲)乍(作)召伯父辛寶尊彝
15.9726 王乎虢叔召(詔)癲/乎師壽召(詔)癲
15.9727 王乎虢叔召(詔)癲/乎師壽召(詔)癲
16.9894 戍鈴尊宜于䀹(召)
16.10216 召樂父乍(作)婦妃寶也(匜)
16.10342 〼召𤔲(業)〼晉邦
16.10360 䀹(召)肈進事/䀹(召)弗敢謹(忘)王休異(翼)

1433 台

1.3 其台
1.121 台(以)祇光朕立(位)
1.122 台(以)祇光朕立(位)
1.125-8 台(以)克總光朕邲(越)/台(以)祇光朕立(位)
1.129-31 台(以)祇光朕立(位)
1.132 台(以)克總光朕邲(越)
1.142 用享台(以)孝于㚸(台)皇祖文考
1.144 台(以)樂可康/匍匍台(以)鼓之
1.149 台(以)〔樂〕其身/台(以)匽(宴)大夫/台(以)喜(饎)者(諸)士
1.150 台(以)樂其身/台(以)喜(饎)者(諸)士
1.151 台(以)樂其身/台(以)匽(宴)大夫/台(以)喜(饎)者(諸)士

1.152 台(以)樂其身／台(以)匽(宴)大夫／台(以)喜(饎)者(諸)士
1.171 台(以)樂賓客／台孫皆永寶
1.175 台(以)濼(樂)其大酉(酒)
1.183 台(以)鑄訴(龢)鐘／台(以)追考(孝)侁(先)祖
1.184 台(以)鑄訴(龢)鐘／台(以)追考(孝)侁(先)祖
1.223-4 台(以)乍(作)寺吁龢鐘
1.245 台(以)乍(祚)其皇祖皇考／台(以)恤其祭祀盟祀／台(以)樂大夫／台(以)宴士庶子
1.261 用享台(以)孝／用匽(宴)台(以)喜(饎)
1.271 余四事是台(以)
1.272-8 台(以)専戒公家／女(汝)台(以)恤余朕身／女(汝)台(以)戒戎攸(迮)
1.285 女(汝)台(以)専戒公家／女(汝)台(以)恤余朕身／女(汝)台(以)戒戎攸(迮)
2.421 台(以)享台(以)考(孝)
2.422 台(以)享台(以)考(孝)
2.426 台(以)宴賓客／台(以)樂我者(諸)父
2.427 台(以)宴賓客／台(以)樂我者(諸)父
4.2479 台(以)共(供)歲祟(嘗)
5.2574 鄲(單)孝子台(以)庚寅之日
5.2732 用征台(以)迮／台(以)御賓客
5.2782 台(以)事康公
8.4145 陳侯午台(以)群者(諸)侯獻金／台(以)登(烝)台(以)嘗
9.4629 台(以)乍(作)厥元配季姜之祥器／台(以)享台(以)養(孝)于大宗、皇梫(聚、祖)、皇妣、皇丂(考)、皇母
9.4630 台(以)乍(作)厥元配季姜之祥器／台(以)享台(以)養(孝)于大宗、皇梫(聚、祖)、皇妣、皇丂(考)、皇母
9.4646 陳侯午台(以)群者(諸)侯獻金／台(以)登(烝)台(以)嘗
9.4647 陳侯午台(以)群者(諸)侯獻金／台(以)登(烝)台嘗
9.4648 者(諸)侯享(獻)台(以)吉金／台(以)登(烝)台(以)嘗
9.4649 台(以)登(烝)台(以)嘗
9.4688 台(以)爲大迖(赴)之從鈇
11.6010 禋享是台(以)
15.9678 台(以)爲祠器
15.9679 台(以)爲祠器
15.9700 台(以)寺(持)民巴(選)
15.9715 ⿱虍魚(吾)台(以)爲弄壺／⿱虍魚(吾)台(以)匽(宴)飲
15.9733 台(以)鑄其㴝(盟)壺／商(賞)之台(以)邑／台(以)亟(殛)伐彘□丘／商(賞)之台(以)兵虩(臬)車馬／與台□彘師／戒□曰𠭰余台(以)賜女(汝)□
16.10100 台(以)共(供)歲祟(嘗)
16.10151 台(以)祈眉壽
16.10171 禋享是台(以)
16.10298 台(以)乍(作)叔姬寺吁宗𢍜(彝)薦鑑
16.10299 台(以)乍(作)叔姬寺吁宗𢍜(彝)薦鑑
16.10374 而台(以)發退女(如)關人／贖台(以)金半鈞／贖台(以)□犀
16.10583 休台馬醻皇母／永台(以)馬母□□司乘
17.11262 台(以)鑄良兵
17.11381 台(以)卲(昭)旟(揚)文武之戊(茂)用(庸)
18.11525 台(以)急(逸)□□
18.11654 台(以)戠(擋)戒人
18.11665 乂江之台
18.11704 台戉(越)不光唯曰：可
18.12110 大攻(工)尹脽台(以)王命／屯十台(以)堂(當)一車／屯廿檐(擔)台(以)堂(當)一車／台(以)毀於五十乘之中
18.12111 大攻(工)尹脽台(以)王命／屯十台(以)堂(當)一車／屯廿檐(擔)台(以)堂(當)一車／台(以)毀於五十乘之中
18.12112 大攻(工)尹脽台(以)王命／屯十台(以)堂(當)一車／屯廿檐(擔)台(以)堂(當)一車／台(以)毀於五十乘之中
18.12113 大攻(工)尹脽台(以)王命／台(以)出內(入)閘(關)

1434 可

1.144 台(以)樂可康
1.271 是辝(台)可事(使)
2.429 余寺(持)可参□□
5.2738 蔡大(太)師腆賸(媵)鄦(許)叔姬可母飤繁
5.2840 寡人懼其忽然

不可得
8.4324 女(汝)敏可事(使)
8.4325 女(汝)敏可事(使)
14.9086 美乍(作)厥祖可公尊彝
14.9087 美乍(作)厥祖可公尊彝
15.9715 可(何、荷)是金哲(誓)
15.9733 曰:不可多也
15.9734 弗可復得
15.9735 可灋(法)可尚(常)/唯宜(義)可昶(長)
16.10285 叡乃可(苛)湛(抌)/弋(式)可(苛)
16.10407 勿可哲(折)冬(中)
17.11072 子可期(諆)之用
17.11308 寺工譬、丞義、工可
18.11704 台戊(越)不光唯曰:可

1435 厶(厶)

17.11292 厶(厶)貫府(府)受(授)御貳宿(右)厶(厶)

1436 吉

1.50 鼄(邾)君求吉金
1.52 八月初吉
1.53 初吉丁亥
1.72 唯正月初吉丁亥
1.73-4 初吉庚申
1.75 初吉庚申
1.76-7 初吉庚申
1.78-9 初吉庚申
1.80-1 初吉庚申
1.86 擇其吉金膚(鏞)呂(鋁)
1.87 初吉壬午/鼄(邾)叔之伯□友擇左(厥)吉金
1.88 唯正月初吉丁亥
1.89 唯正月初吉丁亥
1.93 初吉丁亥/擇厥吉金
1.94 初吉丁亥/擇厥吉金
1.95 初吉丁亥/擇厥吉金
1.96 初吉丁亥/擇厥吉金
1.97 初吉丁亥/擇厥吉金
1.98 初吉丁亥/擇厥吉金
1.99 初吉丁亥/擇厥吉金
1.100 初吉丁亥/擇厥吉金
1.101 初吉丁亥/擇厥吉金
1.104 〔初〕吉甲戌
1.107-8 唯正二月初吉
1.109-10 永冬(終)于吉
1.111 永冬(終)于吉
1.113 初吉丁亥/子璋擇其吉金
1.114 初吉丁亥/子璋擇其吉金
1.115 初吉丁亥/子璋擇其吉金
1.116 初吉丁亥/子璋擇其吉金
1.117 初吉丁亥/子璋擇其吉金
1.118-9 初吉丁亥/璋擇其吉金
1.133 四月初吉甲寅
1.134 四月初吉甲寅
1.135 四月初吉甲寅
1.136 四月初吉甲寅
1.137-9 四月初吉甲寅
1.140 鼄(邾)公孫班擇其吉金
1.142 唯正月初吉丁亥/齊鞷(鮑)氏孫𠂤擇其吉金
1.143 唯□月初吉□寅/王賜鮮吉金
1.144 吉日丁亥/戉(越)王者旨於賜擇厥吉金
1.149 唯王正月初吉/鼄(邾)公牼擇厥吉金
1.150 唯王正月初吉/鼄(邾)公牼擇厥吉金
1.151 唯王正月初吉/鼄(邾)公牼擇厥吉金
1.152 唯王正月初吉/鼄(邾)公牼擇厥吉金
1.153 唯正月初吉丁亥/鄦(許)子盟(醬)自(師)擇其吉金
1.154 唯正月初吉丁亥/鄦(許)子盟(醬)自(師)擇其吉金
1.171 初吉乙巳/擇吉金
1.172 唯正月初吉庚午
1.173 唯正月初吉庚午
1.174 唯正月初吉庚午
1.175 唯正月初吉庚午
1.176 唯正月初吉庚午
1.177 唯正月初吉庚午
1.178 唯正月初吉庚午
1.179 唯正月初吉庚午
1.180 唯正月初吉庚午
1.182 唯正月初吉/叙(徐)王子旃擇其吉金
1.183 初吉丁亥/得吉金鎛鋁
1.184 得吉金鎛鋁
1.185 初吉丁亥
1.193 唯正月初吉丁亥/擇其吉金
1.194 唯正月初吉丁亥/擇其吉金
1.195 唯正月初吉丁亥/擇其吉金
1.196 唯正月初吉丁亥/擇其吉金
1.197 唯正月初吉丁亥/擇其吉金
1.198 唯正月初吉丁亥/擇其吉金
1.199 唯正月初吉丁亥
1.200 唯正月初吉丁亥
1.201 唯正月初吉丁亥
1.202 唯正月初吉丁亥
1.203 唯正月初吉丁亥/擇其吉金
1.204-5 九月初吉庚寅
1.206-7 九月初吉庚寅
1.208 九月初吉庚寅
1.209 九月初吉庚寅
1.210 初吉孟庚
1.211 初吉孟庚
1.217 唯正月初吉孟庚

1.218 唯正月初吉孟庚
1.219 唯正月初吉孟庚
1.220 唯正月初吉孟庚
1.221 唯正月初吉孟庚
1.222 唯正月初吉孟庚
1.223-4 吉日初庚
1.225 初吉丁亥
1.226 初吉丁亥
1.227 初吉丁亥
1.228 初吉丁亥
1.229 初吉丁亥
1.230 初吉丁亥
1.231 初吉丁亥
1.232 初吉丁亥
1.233 初吉丁亥
1.234 初吉丁亥
1.235 初吉丁亥
1.236 初吉丁亥
1.237 初吉丁亥
1.245 初吉乙亥 / 鼄(邾)公華擇厥吉金
1.261 唯正月初吉丁亥 / 王孫遺者擇其吉金
1.271 初吉丁亥
1.272-8 簹(桓)武靈(靈)公賜尸吉金鈇鎬
1.285 歐擇吉金
2.421 唯正初吉丁亥 / 其次擇其吉金
2.422 唯正初吉丁亥 / 其次擇其吉金
2.424 初吉丁亥 / 擇厥吉金
2.425 正月初吉 / 皿皮(彼)吉人享
2.426 〔唯〕□〔月〕初吉庚午 / 舍(余)擇厥吉金
2.427 〔唯〕□〔月〕初吉庚午 / 舍(余)擇厥吉金
2.428 〔擇厥〕吉金
2.429 唯正月初吉庚午 / 聖靡公㥯擇其吉金
3.609 唯黃𣎵(榦)[illegible]用吉金乍(作)鬲
3.610 唯黃𣎵(榦)[illegible]用吉金乍(作)鬲
3.625 曾子單用吉金自乍(作)寶鬲
3.675 用其吉金
3.676 用其吉金
3.699 迺用吉金
3.700 善(膳)〔夫〕吉父乍(作)京姬尊鬲
3.701 善(膳)夫吉父乍(作)京姬尊鬲
3.702 善(膳)夫吉父乍(作)京姬尊鬲
3.703 善(膳)夫吉父乍(作)京姬尊鬲
3.704 善(膳)夫吉父乍(作)京姬尊鬲
3.731 唯五月初吉丁酉
3.745 唯九月初吉庚寅
3.746 唯六月初吉
3.747 唯六月初吉
3.748 唯六月初吉
3.749 唯六月初吉
3.750 唯六月初吉
3.751 唯六月初吉
3.752 唯六月初吉
3.934 唯[illegible]用吉金
3.940 唯正月初吉庚午
3.942 唯六月初吉
3.943 唯曾子仲諆用其吉金
3.945 邕子良人擇其吉金
3.946 唯正月初吉丁亥 / 王孫壽擇其吉金
3.947 唯九月初吉丁亥
4.2477 何訇君党擇其吉金
4.2478 〼其吉金
4.2512 吉父乍(作)旅鼎
5.2539 唯[illegible]用吉金
5.2540 唯[illegible]用吉金
5.2550 唯王十月既吉
5.2564 曾仲子敔用吉金自乍(作)寶鼎
5.2620 唯曾子仲諆用其吉金
5.2624 唯正月初吉乙亥 / 樊季氏孫仲鼏[擇]其吉金
5.2632 [illegible]偖生(甥)[illegible]用吉金
5.2633 [illegible]偖生(甥)[illegible]用吉金
5.2643 唯登(鄧)八月初吉
5.2644 鄘季之伯歸夌用其吉金
5.2645 鄘季之伯歸夌用其吉金
5.2650 唯正月初吉丁亥
5.2652 唯五月初吉丁亥
5.2663 唯正月初吉庚午
5.2664 唯正月初吉庚午
5.2665 唯正月初吉庚午
5.2666 唯正月初吉庚午
5.2668 唯正月初吉己亥
5.2670 唯八月初吉
5.2690 唯八月初吉庚申
5.2691 唯八月初吉庚申
5.2692 唯八月初吉庚申
5.2697 八月初吉丁亥
5.2698 八月初吉丁亥
5.2699 八月初吉丁亥
5.2700 八月初吉丁亥
5.2704 唯八月初吉
5.2713 唯九月初吉庚寅
5.2714 鄁公湯用其吉金
5.2715 唯正月初吉丁亥
5.2716 唯正月初吉丁亥
5.2717 唯正月初吉丁亥 / 王子旲(昃)擇其吉金
5.2719 初吉壬午
5.2722 初吉壬申 / 擇其吉金
5.2727 用旂(祈)眉壽、黃句(耇)、吉康
5.2729 唯二月初吉庚寅
5.2732 唯正月初吉辛亥
5.2734 初吉丁亥
5.2737 曾子仲宣□用其吉金

5.2738 唯正月初吉丁亥
5.2746 亡智求戟畜夫庶魔擇吉金
5.2750 乃擇吉金
5.2757 曾子䢅擇其吉金
5.2765 唯三月初吉
5.2766 唯正月吉日初庚
5.2767 初吉乙丑
5.2768 唯五月初吉壬申
5.2769 唯五月初吉壬申
5.2770 唯五月初吉壬申
5.2771 初吉癸未
5.2772 初吉癸未
5.2777 初吉己巳
5.2780 初吉丙午
5.2786 唯三月初吉甲戌
5.2787 穌(蘇)賓章(璋)、馬四匹、吉金
5.2788 穌(蘇)賓章(璋)、馬四匹、吉金
5.2792 唯三月初吉庚寅
5.2794 正月吉日/正月吉日
5.2795 正月吉日/正月吉日
5.2805 初吉甲寅
5.2811 唯正月初吉丁亥/王子午擇其吉金
5.2813 用匄眉壽、黃耇、吉康
5.2817 初吉甲戌
5.2818 三月初吉壬辰
5.2820 唯十又二月初吉
5.2825 正月初吉庚戌
5.2826 取厥吉金
5.2832 唯正月初吉庚戌
5.2841 邦𤔲(將)害(曷)吉
7.3807 唯九月初吉
7.3827 厥不(丕)吉
7.3952 唯三月初吉
7.4008 兮吉父乍(作)仲姜寶尊𣪘
7.4016 鄀公伯韭(韭)用吉金
7.4017 鄀公伯韭(韭)用吉金
7.4028 唯六月初吉丙申
7.4035 唯十又二月初吉/伯吉父乍(作)毅尊𣪘
7.4044 五月初吉甲申
7.4045 唯正月初吉丁亥
7.4046 唯八月初吉庚午
7.4054 曾大(太)保□用吉金
7.4055 唯登(鄧)九月初吉
7.4060 唯九月初吉戊戌
7.4074 唯七月初吉甲戌
7.4075 唯七月初吉甲戌
7.4088 唯十月初吉辛巳
7.4095 唯食生(甥)走馬谷自乍(作)吉金用尊𣪘
7.4099 唯八月初吉丁亥
7.4104 唯九月初吉庚午
7.4105 唯九月初吉庚午
7.4106 唯九月初吉庚午
7.4112 初吉甲申
7.4113 唯八月初吉壬午
7.4118 唯正月初吉庚寅
7.4119 唯正月初吉庚寅
8.4126 八月初吉丁亥
8.4127 唯二月初吉
8.4128 復公仲若我曰:其擇吉金
8.4130 初吉癸卯
8.4146 初吉辛亥
8.4152 龕(拾)趣(取)吉金
8.4154 唯六月初吉
8.4155 唯六月初吉
8.4156 唯伯家父部廼用吉金
8.4159 唯正月初吉丁卯
8.4165 唯六月初吉丁巳
8.4166 唯四月初吉丁亥
8.4168 唯正月初吉壬午
8.4178 唯正月初吉乙亥
8.4183 初吉乙丑
8.4190 𨕖擇吉金
8.4194 唯四月初吉丁卯
8.4202 唯三月初吉庚午
8.4203 曾仲大父螽(蛕)廼用吉攸(鋚)
8.4204 曾仲大父螽(蛕)廼用吉攸(鋚)
8.4209 唯八月初吉丁亥
8.4210 唯八月初吉丁亥
8.4211 唯八月初吉丁亥
8.4212 唯八月初吉丁亥
8.4225 正月初吉壬寅
8.4226 正月初吉壬寅
8.4227 正月初吉壬寅
8.4228 正月初吉壬寅
8.4229 穌(蘇)賓(儐)章(璋)、馬四匹、吉金
8.4230 穌(蘇)賓(儐)章(璋)、馬四匹、吉金
8.4231 穌(蘇)賓(儐)章(璋)、馬四匹、吉金
8.4232 穌(蘇)賓(儐)章(璋)、馬四匹、吉金
8.4233 穌(蘇)賓(儐)章(璋)、馬四匹、吉金
8.4234 穌(蘇)賓(儐)章(璋)、馬四匹、吉金
8.4235 穌(蘇)賓(儐)章(璋)、馬四匹、吉金
8.4236 穌(蘇)賓(儐)

章(璋)、馬四匹、吉金
8.4240 唯十又二月初吉
8.4243 唯二月初吉
8.4245 初吉丁巳 / 擇厥吉金
8.4246 唯正月初吉丁亥
8.4247 唯正月初吉丁亥
8.4248 唯正月初吉丁亥
8.4249 唯正月初吉丁亥
8.4250 初吉庚申
8.4253 唯五月初吉枏(甲)戌
8.4254 唯五月初吉枏(甲)戌
8.4257 唯八月初吉戊寅
8.4258 唯四月初吉
8.4259 唯四月初吉
8.4260 唯四月初吉
8.4262 唯正月初吉癸巳
8.4263 唯正月初吉癸巳
8.4264 唯正月初吉癸巳
8.4265 唯正月初吉癸巳
8.4267 唯正月初吉丁卯
8.4268 初吉庚寅
8.4270 初吉丁丑
8.4271 初吉丁丑
8.4272 六月初吉戊戌
8.4273 唯六月初吉 / 雩八月初吉庚寅
8.4274 初吉甲寅
8.4275 初吉甲寅
8.4277 初吉甲戌
8.4278 三月初吉壬辰
8.4283 唯二月初吉戊寅
8.4284 唯二月初吉戊寅
8.4285 初吉庚寅
8.4296 唯二年正月初吉
8.4297 唯二年正月初吉
8.4311 初吉丁亥
8.4313 俘吉金
8.4314 俘吉金
8.4318 初吉丁亥
8.4319 初吉丁亥
8.4322 唯六月初吉乙酉
8.4324 九月初吉丁亥
8.4325 九月初吉丁亥
8.4328 唯九月初吉戊申
8.4329 唯九月初吉戊申
8.4341 唯八月初吉
9.4416 遣叔吉父乍(作)虢王姞旅須(盨)
9.4417 遣叔吉父乍(作)虢王姞旅須(盨)
9.4418 遣叔吉父乍(作)虢王姞旅須(盨)
9.4426 兮伯吉父乍(作)旅尊盨
9.4454 六月初吉丁亥
9.4455 六月初吉丁亥
9.4456 六月初吉丁亥
9.4457 六月初吉丁亥
9.4465 初吉庚寅
9.4530 善(膳)夫吉父乍(作)旅簠
9.4573 唯九月初吉庚申
9.4575 唯八月初吉庚申
9.4576 唯八月初吉庚申
9.4577 唯八月初吉庚申
9.4578 唯羌仲无擇其吉金
9.4588 唯正月初吉丁亥
9.4594 子季嬴青擇其吉金
9.4599 鄴(養)伯受用其吉金
9.4603 唯正月初吉丁亥
9.4604 唯正月初吉丁亥
9.4605 唯九月初吉壬申 / 嘉子伯昜臚用其吉金
9.4606 唯正月初吉丁亥
9.4607 唯正月初吉丁亥
9.4608 唯正月初吉丁亥
9.4609 唯正月初吉丁亥
9.4612 唯正月初吉丁亥
9.4613 初吉丁亥 / 上鄀府擇其吉金
9.4614 唯正□月初吉乙亥 / 曾□□擇其吉金
9.4616 唯正月初吉丁亥 / 鄦(許)子妝擇其吉金
9.4617 初吉丁亥 / 鄦(許)公買擇厥吉金
9.4618 唯正月初吉丁亥 / 樂子嚷豧擇其吉金
9.4619 唯正月初吉丁亥 / 孫叔左擇其吉金
9.4620 唯十月初吉庚午 / 叔朕擇其吉金
9.4621 唯十月初吉庚午 / 叔朕擇其吉金
9.4622 唯十月初吉庚午 / 叔朕擇其吉金
9.4623 唯正月初吉
9.4624 唯正月初吉
9.4625 唯正月初吉丁亥 / 長子驢臣擇其吉金
9.4628 其金孔吉
9.4629 初吉丁亥 / 擇厥吉金
9.4630 初吉丁亥 / 擇厥吉金
9.4631 初吉庚午 / 余擇其吉金黃鑪(铝)
9.4632 初吉庚午 / 余擇其吉金黃鑪(铝)
9.4644 唯正月吉日乙丑
9.4648 者(諸)侯享(獻)台(以)吉金
9.4649 者(諸)侯寔(賓)薦吉金

10.5405 唯二月初吉丁卯
10.5408 唯四月初吉丙寅
10.5418 唯六月初吉
10.5423 唯四月初吉甲午
10.5430 唯九月初吉癸丑
10.5433 唯四月初吉甲午
11.5994 唯二月初吉丁卯
11.6006 唯六月初吉
11.6007 唯六月初吉
11.6009 唯四月初吉甲午
11.6010 初吉辛亥
11.6013 唯八月初吉
11.6016 唯十月月吉癸未
12.6513 唯正月吉日丁酉 / 郐(徐)王義楚擇余吉金
12.6516 唯三月初吉乙卯
15.9446 蒿(嘉)仲者比用其吉金
15.9455 唯三月初吉丁亥
15.9625 擇厥吉日丁
15.9626 擇厥吉日丁
15.9628 曾仲斿(游)父用吉金
15.9629 曾仲斿(游)父用吉金
15.9637 用其吉金
15.9638 唯正月初吉庚午
15.9677 黽以〼其吉〔金〕
15.9681 復公仲擇其吉金
15.9696 初吉壬戌
15.9701 唯正月初吉庚午
15.9702 初吉庚寅
15.9705 十月初吉己卯
15.9706 初吉甲戌
15.9708 唯六月初吉丁亥
15.9712 唯曾伯陭迺用吉金鐈鋚
15.9716 唯五月初吉壬申
15.9717 唯五月初吉壬申
15.9719 唯十年四月吉日
15.9720 唯十年四月吉日
15.9721 唯五月初吉庚午
15.9722 唯五月初吉庚午
15.9723 九月初吉戊寅
15.9724 九月初吉戊寅
15.9728 唯正月初吉丁亥
15.9733 初吉丁亥 / 擇其吉金
15.9735 中山王譽命相邦賙(貯)擇郾(燕)吉金
16.9896 初吉丁亥
16.9898 唯二月初吉丁亥
16.9899 唯八月初吉
16.9900 唯八月初吉丁亥
16.9901 唯十月月吉癸未
16.9962 善(膳)夫吉父乍(作)旅鑘
16.9974 唯正月衣(初)吉丁亥
16.10005 唯正月初吉丁亥 / 孟滕姬擇其吉金
16.10006 唯正月初吉丁亥
16.10007 唯正月初吉丁亥
16.10008 擇其吉金
16.10099 郐(徐)王義楚擇其吉金
16.10121 鄧伯吉射自乍(作)盥般(盤)
16.10127 唯正月初吉
16.10128 唯正月初吉
16.10134 欣(掀)仲鬻(㝅)履用其吉金
16.10137 用擇其吉金
16.10140 唯番昶伯者君用其吉金
16.10146 唯正月初吉庚申
16.10148 初吉庚午
16.10149 唯正月初吉庚午
16.10150 唯[illegible]右自乍(作)用其吉金寶般(盤)
16.10155 唯正月初吉壬午
16.10156 唯曾子伯皮用其吉金
16.10157 唯正月初吉丁亥
16.10158 正月吉日
16.10160 唯正月初吉丁亥
16.10161 唯五月初吉
16.10162 初吉丁亥
16.10163 初吉丁亥
16.10165 初吉丁亥 / 者尚余卑□於[illegible](即?)擇其吉金
15.10169 初吉甲寅
16.10171 初吉辛亥
16.10173 正月初吉丁亥
16.10174 兮伯吉父乍(作)般(盤)
16.10226 伯吉父乍(作)京姬也(匜)
16.10228 唯登(鄧)築(柞)生(甥)吉疇(酬)登(鄧)公金
16.10273 初吉庚午
16.10276 唯正月初吉庚午
16.10278 初吉庚午
16.10279 唯正月初吉丁亥
16.10281 初吉乙巳
16.10282 初吉丁亥
16.10284 唯正月初吉丁亥
16.10294 吳王夫差擇厥吉金
16.10295 吳王夫差擇厥吉金
16.10296 吳王夫差擇厥吉金
16.10298 吉日初庚 / 吳王光擇其吉金

16.10299 吉日初庚/吳王光擇其吉金
16.10315 善(膳)夫吉父乍(作)盂
16.10319 唯正月初吉
16.10320 唯正月初吉己酉
16.10321 唯正月初吉
16.10322 初吉丁卯
16.10329 樊君蒖(芫)用其吉金
16.10336 用其吉金
16.10338 唯正月初吉丁亥
16.10339 初吉庚午
16.10340 唯八月初吉丁亥/彭子仲擇其吉金
16.10341 唯八月初吉庚午
16.10342 初吉丁亥
16.10356 初吉壬午
16.10360 初吉丁卯
16.10391 擇其吉金
16.10582 六月初吉癸卯
17.11268 用厥金乍(作)吉用
17.11290 子孔擇厥吉金
17.11373 奠(鄭)命(令)鯱□、司寇敂(扶)裕、左庫工師吉忘、冶綅
17.11407 下吉勿而獲𢀛
18.11586 吉爲乍(作)元用
18.11663 虡公自擇槪(厥)吉金
18.11668 擇其吉金
18.11696 吉日壬午
18.11697 吉日壬午

1437 吁

1.223-4 台(以)乍(作)寺吁龢鐘
16.10298 台(以)乍(作)叔姬寺吁宗彝(彝)薦鑑
16.10299 台(以)乍(作)叔姬寺吁宗彝(彝)薦鑑
17.11032 吁□□佚

1438 各

1.107-8 王各于康
1.187-8 用卲各、喜侃前文人
1.189-90 用卲各、喜侃前文人
1.246 用卲各、喜侃樂前文人
1.247 用追孝、敾(敦)祀、卲各樂大神
1.248 用追孝、敾(敦)祀、卲各樂大神
1.249 用追孝、敾(敦)祀、卲各樂大神
1.250 用追孝、敾(敦)祀、卲各樂大神
1.260 用卲各不(丕)顯祖考先王
2.358 其各
3.631 其萬年用鄉(饗)各
3.754 各于尹姞宗室繇林
3.755 各于尹姞宗室繇林
5.2709 唯各
5.2730 唯王來各于成周年
5.2747 王各于享廟
5.2783 王各大室
5.2813 王各于大室
5.2814 王各于周廟
5.2815 各于大室
5.2817 王各大室
5.2819 王各大室
5.2820 王各大(太)師宮/余其用各我宗子雩(與)百生(姓)
5.2821 王各大室
5.2822 王各大室
5.2823 王各大室
5.2825 各圖室
5.2827 王各大室
5.2828 王各大室
5.2829 王各大室
5.2831 各廟
5.2836 王各穆廟
5.2839 王各周廟/王各廟/王各廟
7.4021 其用各百神
7.4022 其用各百神
8.4121 焚(桊)各
8.4166 各于大室
8.4196 王各于大室
8.4197 王各于大室
8.4240 王各于大廟
8.4244 各大室
8.4246 王各于康宮
8.4247 王各于康宮
8.4248 王各于康宮
8.4249 王各于康宮
8.4250 各大室
8.4251 王各大室
8.4252 王各大室
8.4253 各于大室
8.4254 各于大室
8.4255 王各于大室
8.4256 各大室
8.4257 王各于大室
8.4266 王各于大朝(廟)
8.4267 各大室
8.4268 王各于大室
8.4270 各于大廟
8.4271 各于大廟
8.4272 王各大室
8.4274 各康廟
8.4275 各康廟
8.4276 王各于師戲大室
8.4277 王各大室
8.4279 王各廟
8.4280 王各廟
8.4281 王各廟
8.4282 王各廟
8.4283 各大室
8.4284 各大室
8.4285 王各大室
8.4286 各大室
8.4287 王各穆大室
8.4288 各吳(虞)大廟
8.4289 各吳(虞)大廟
8.4290 各吳(虞)大廟
8.4291 各吳(虞)大廟
8.4294 各大室
8.4295 各大室
8.4296 王各于宣射(榭)
8.4297 王各于宣射(榭)
8.4303 王各大室

8.4304 王各大室
8.4305 王各大室
8.4306 各大室
8.4307 王各大室
8.4308 王各大室
8.4309 王各大室
8.4310 王各大室
8.4312 王各大室
8.4315 𠀠(其)嚴𨘋(遄)各
8.4317 其各前文人
8.4318 各大廟
8.4319 各大廟
8.4321 王各
8.4323 王各于成周大廟
8.4324 各于大室
8.4325 各于大室
8.4332 王各大室
8.4333 王各大室
8.4334 王各大室
8.4335 王各大室
8.4336 王各大室
8.4337 王各大室
8.4338 王各大室
8.4339 王各大室
8.4340 王各廟/令(命)女(汝)眔曶䋣(纘)疋(胥)對各
8.4342 王各于大室
8.4343 各大室
9.4462 各大室
9.4463 各大室
10.5231 伯各乍(作)寶尊彝
10.5232 伯各乍(作)寶尊彝
10.5409 王各于呂𨜏
10.5418 王各大室
10.5425 伯犀父皇競各于官
11.5844 伯各乍(作)寶尊彝
11.5988 斪(靳)各(格)仲
11.6006 王各大室
11.6007 侯各于耳
11.6013 王各于周廟
12.6516 各大室
14.9105 王各
15.9723 各大室
15.9724 各大室
15.9728 王各于成宫
15.9731 王各大室
15.9732 王各大室
16.9898 王各廟
16.9899 王各于周廟
16.9900 王各于周廟
16.10170 王各大室
16.10172 王各大室
16.10173 王各周廟宣𢊁
16.10174 王初各(格)伐厰(玁)𩰫(㺸、狁)于嚣𢉖
16.10321 𨸏𧥝(其)各𡚱(姒)

1439 吴(嘩)

10.5101 戊𦳃吴(嘩)辰
13.7323 吴(嘩)
16.10550 吴(嘩)禾乍(作)寶彝

1440 名

1.181 茲鐘名曰無昊(射)
1.245 慎爲之名(銘)
1.270 厥名曰䧹(固)邦
8.4293 今余既一名典獻
10.5427 厥名義(宜)
13.7702 名
18.11565 襄田倫(令)㪟(舉)名、司寇麻維、右庫工師甘(邯)丹(鄲)鈛、冶向𢼸(造)
18.11696 朕余名之
18.11697 朕余名之
18.11698 朕余名之

1441 吒

9.4466 曰:章(賞)厥𤔲夫吒㔸比田/畀(俾)㔸比𠣞(復)厥小宫吒㔸比田

1442 𠮷

17.11343 𠮷命(令)司馬伐、右庫工師高胵、冶□
17.11344 𠮷(芒)命(令)□䡈、左庫工師叔新(梁)掃、冶小

1443 同

1.171 同女(汝)之利
2.424 姑馮昏同(馮同、逢同)之子
2.429 余以𠋫(會)同生(姓)九礼
3.522 同姜乍(作)尊鬲
4.2415 奠(鄭)同媿乍(作)旅鼎
5.2779 師同從
6.3703 同師乍(作)旅段
8.4201 同公在豐
8.4270 𤇾(榮)伯右(佑)同/王命同:差(佐)右(佑)吳(虞)大父
8.4271 𤇾(榮)伯右(佑)同/王命同:差(佐)右(佑)吳(虞)大父
8.4274 同仲右(佑)師兑
8.4275 同仲右(佑)師兑
8.4321 用乍(作)文祖乙伯、同姬尊段
8.4328 戎大同
8.4329 戎大同
8.4330 不敢不𦃞休同
8.4342 用乍(作)朕剌(烈)祖乙伯、同益姬寶段
10.5398 夨王賜同金車、弓矢/同對揚王休
11.6016 公令𢓊(延)同卿事寮
15.9721 同仲宄西宫
15.9722 同仲宄西宫
15.9734 馭右和同
15.9735 而退與者(諸)侯齒𨱖(長)於𠋫(會)同/齒𨱖(長)於𠋫(會)同
16.9901 公令𢓊同卿事寮
16.10176 奉(封)于同道
16.10322 公廼命酉𤔲徃(徒)𠭯父、周人𤔲

工(空)展、敝史、師氏、邑人奎父、畢人師同

1444 君

1.50 鼄(邾)君求吉金
1.73-4 以樂君子
1.76-7 以樂君子
1.78-9 以樂君子
1.80-1 以樂君子
1.102 揚君霝(靈)/君以萬年
1.187-8 身邦君大正
1.189-90 身邦君大止(正)
1.191 身邦君大正
1.225 余頡岡(頏)事君
1.226 余頡岡(頏)事君
1.227 余頡岡(頏)事君
1.228 余頡岡(頏)事君
1.229 余頡岡(頏)事君
1.230 余頡岡(頏)事君
1.231 余頡岡(頏)事君
1.232 余頡岡(頏)事君
1.233 余頡岡(頏)事君
1.234 余頡岡(頏)事君
1.235 余頡岡(頏)事君
1.236 余頡岡(頏)事君
1.237 余頡岡(頏)事君
1.272-8 弗敢不對揚朕辟皇君之登屯(純)厚乃命/膺受君公之賜光
1.282 膺受君公之☐
1.285 弗敢不對揚朕辟皇君之賜休命/膺受君公之賜光
2.423 喬君滤盧與朕以贏
3.595 衛文君夫人叔姜乍(作)其行鬲
3.626 樊君乍(作)叔[illegible]嬴賸(媵)器寶鬻(烓)
3.732 唯番君酟伯自乍(作)寶鼎
3.733 唯番君酟伯自乍(作)寶鼎
3.734 唯番君酟伯自乍(作)寶鼎
3.753 天君蔑公姑曆/對揚天君休
3.754 休天君弗望(忘)穆公聖粦明𣪘事先王/君蔑尹姑曆/對揚天君休
3.755 休天君弗望(忘)穆公聖粦明𣪘事先王/君蔑尹姑曆/對揚天君休
3.936 君昭
4.1910 子鴅(鵬)君齍
4.2086 君子之弄鼎
4.2106 君夫人之貞(鼎)
4.2279 仲義君自乍(作)食繁
4.2283 卑吩君光之飤貞(鼎)
4.2305 墉夜君成之載(𪔂)貞(鼎)
4.2358 宋君夫人之餴(饙)釪(盂)貞(鼎)
4.2477 何訇君党擇其吉金
4.2497 黃君孟自乍(作)行器[illegible]
4.2502 圓(昆)君婦媿霝[作]旅尊貞(鼎)
4.2505 休朕公君匽(燕)侯賜圉貝
4.2519 考[illegible](征延)君季自乍(作)其盍鼎
5.2572 交君子叕肇乍(作)寶鼎
5.2657 唯黃孫子䋣(綄)君叔單自乍(作)貞(鼎)
5.2673 羌對揚君令于彝
5.2674 天君鄉(饗)褸酉(酒)/天君賞厥征人斤貝
5.2680 諆肇乍(作)其皇考、皇母告比君𪔂貞(鼎)
5.2696 曰:內史龏朕天君
5.2764 單父上官嗣憙所受坪安君者也
5.2765 蔡拜䭫首曰:休朕皇君弗醒(忘)厥寶臣
5.2773 諱(信)安君私官/諱(信)安君私官
5.2782 君既安叀(惠)
5.2787 令史頌省穌(蘇)潤(姻)友、里君、百生(姓)
5.2788 令史頌省穌(蘇)潤(姻)友、里君、百生(姓)
5.2793 單父上官嗣憙所受坪安君者也/單父上官嗣憙所受坪安君者也
5.2826 晉姜曰:余唯司(嗣)朕先姑君晉邦/用康頣(揉)妥(綏)褱(懷)遠𤞤(邇)君子
5.2832 衛以邦君厲告于井伯、伯邑父、定伯、𡧊伯、伯俗父/邦君厲眔付裘衛田
5.2833 休獲厥君馭方
5.2839 三左三右多君入服酉(酒)
5.2840 郾(燕)君子徻(噲)/而皇(況)才(在)於少君虖(乎)
7.3791 甚學君休于王
7.4020 我天君鄉(饗)飴(䛓)酉(酒)
7.4039 黃君乍(作)季𠡠秘賸(媵)段
7.4056 其夙夜用享孝于皇君
7.4057 其夙夜用享孝于皇君
7.4058 其夙夜用享孝于皇君
7.4068 牧師父弟叔㾓父御于君
7.4069 牧師父弟叔㾓父御于君
7.4070 牧師父弟叔㾓父御于君
7.4071 其用追考(孝)于其辟君武公
7.4072 其用追考(孝)于其辟君武公
8.4152 妳乍(作)皇妣[illegible](坽)君中妃祭器八段
8.4167 休朕匋(寶)君公伯
8.4178 王命君夫曰:

僨求乃友/君夫敢妦(奉)揚王休
8.4229 令史頌省穌(蘇)瀰(姻)友、里君、百生(姓)
8.4230 令史頌省穌(蘇)瀰(姻)友、里君、百生(姓)
8.4231 令史頌省穌(蘇)瀰(姻)友、里君、百生(姓)
8.4232 令史頌省穌(蘇)瀰(姻)友、里君、百生(姓)
8.4233 令史頌省穌(蘇)瀰(姻)友、里君、百生(姓)
8.4234 令史頌省穌(蘇)瀰(姻)友、里君、百生(姓)
8.4235 令史頌省穌(蘇)瀰(姻)友、里君、百生(姓)
8.4236 令史頌省穌(蘇)瀰(姻)友、里君、百生(姓)
8.4269 賜君我唯賜壽(儔)
8.4273 卿(佮)斅(豳)葢師邦君射于大池
8.4276 嗣窑(窾)俞邦君嗣馬、弓、矢
8.4292 告曰: 以君氏令曰/余䖵(蟪、惠)于君氏大章(璋)
8.4293 琱生(甥)奉揚朕宗君其休
8.4311 敢對揚皇君休
8.4323 復付厥君
8.4341 王令毛公以邦冢君、土(徒)馭、或(越)人伐東或(國)瘠戎
9.4469 卑(俾)復虐逐厥君、厥師
9.4487 樊君廬之飤簠
9.4494 盛君縈之御簠
9.4565 交君子叕肇乍(作)寶簠
9.4580 用從君王
9.4582 番君召乍(作)饙(饋)簠
9.4583 番君召乍(作)饙(饋)簠
9.4584 番君召乍(作)饙(饋)簠
9.4585 番君召乍(作)饙(饋)簠
9.4586 番君召乍(作)饙(饋)簠
9.4587 番君召乍(作)饙(饋)簠
9.4686 黄君孟自乍(作)行器
9.4694 鄧陵君王子申
9.4695 鄧陵君王子申
10.5394 省揚君商(賞)
11.5945 夰(扶)者君乍(作)父乙寶尊彝
11.5989 君令余乍(作)册睘安尸伯
11.6016 眔里君、眔百工
15.9434 圓(昆)君婦媿霝乍(作)燮(鎣)
15.9453 卿(佮)即邦君、者(諸)侯、正、有嗣大射
15.9537 趙君啟妾
15.9542 嗖君之獲
15.9606 纕(襄)安君其鉼(瓶)
15.9636 黄君孟自乍(作)行器
15.9639 邛(江)君婦龢乍(作)其壺
15.9662 交君子叕肇乍(作)寶壺
15.9680 匹(瓮)君茲旆者
15.9719 命(令)瓜(狐)君嗣子
15.9720 命(令)瓜(狐)君嗣子
15.9721 對揚朕皇君休
15.9722 對揚朕皇君休
15.9735 僑(適)曹(遭)郾(燕)君子徻(噲)/迺(将)與䖒(吾)君並立於㯱(世)/郾(燕)旃(故)君子徻(噲)/新君子之/述(遂)定君臣之竩(位)
16.9901 眔里君、眔百工
16.9963 黄君孟自乍(作)行器
16.10104 黄君孟自乍(作)行器
16.10132 綏君單自乍(作)□(盤)
16.10136 唯番君伯䣄(攏)用其青金
16.10139 唯番昶伯者君
16.10140 唯番昶伯者君用其吉金
16.10176 正眉(堳)夨舍(捨)散田: 嗣土(徒)屰亩、嗣馬嚚□、䫘人嗣工(空)騡君、宰德父
16.10230 黄君孟自乍(作)行器
16.10235 綏君單自乍(作)寶也(匜)
16.10256 樊君夔用自乍(作)浂(浣)也(匜)
16.10262 唯□(湝)伯君堇生(甥)自乍(作)也(匜)
16.10268 唯番昶伯者君自乍(作)寶匜
16.10271 唯番君肇用士(吉)金
16.10288 智君子之弄鑑
16.10289 智君子之弄鑑
16.10297 鄧陵君王子申
16.10319 婁君伯㾓自乍(作)饙(饋)盂
16.10321 君在潦既宫/天君事(使)遬事(使)㬥(沫)
16.10329 樊君蔑(芫)用其吉金
16.10331 子叔嬴內君乍(作)寶器
16.10360 旋走事皇辟君
16.10383 右伯君西里疸
16.10391 瘓(瘥、疙)君之孫郐(徐)敓(令)尹

者(諸)旨(稽)習(耕)
16.10471 君王上、上
17.11026 郙(郢)君凡寶有
17.11048 邮君乍(作)之
17.11055 䜌(信)险(陰)君庫
17.11088 君子㺃造戟(戟)
17.11157 □君□受用戈
17.11199 黄君孟乍(作)元□戈
17.11214 斦(析)君墨晵之部(造)鉩(戟)
17.11265 虎𨟭丘君豫之元用
18.11635 相邦建信君、邦右庫□□工師吳痥(瘠)、冶疕敎(撻)齋(劑)
18.11677 相邦建信君、邦右庫工師郰㝅、冶君(尹)砤敎(撻)齋(劑)
18.11678 相邦建信君、邦左庫工師郰㝅、冶君(尹)砤敎(撻)齋(劑)
18.11679 相邦建信君、邦左庫工師郰㝅、冶君(尹)肉敎(撻)齋(劑)
18.11680 相邦建信君、邦左庫工師郰㝅、冶君(尹)匜敎(撻)齋(劑)
18.11681 相邦建信君、邦左庫工師郰㝅、冶君(尹)月(明)敎(撻)齋(劑)
18.11687 相邦建信君、邦左庫工師塚旅、冶肉敎(撻)齋(劑)
18.11695 相邦建信君、邦右庫韓㝅、工師爿瘂、冶息敎(撻)齋(劑)
18.11706 相邦建信君、邦左庫工師郰㝅、冶君(尹)砤敎(撻)齋(劑)
18.11712 相邦陽安君、邦右庫工師史笶胡、冶事(吏)痌敎(撻)齋(劑)
18.11717 相邦建信君、邦右庫工師司馬卻、冶得砤敎(撻)齋(劑)
18.12025 君軴(軒)鉺(耳)
18.12109 右在君 / 必會君符
18.12110 爲鄗(鄂)君啟之府賦(僦、就)鑄金節
18.12111 爲鄗(鄂)君啟之府賦(僦、就)鑄金節
18.12112 爲鄗(鄂)君啟之府賦(僦、就)鑄金節
18.12113 爲鄗(鄂)君啟之府賦(僦、就)鑄金節

1445 告

3.889 田告乍(作)仲子彝
3.1219 告
3.1368 告宁
3.1410 亞告
3.1411 亞告
3.1482 告田
3.1483 告田
4.1710 婦姘告
4.1849 田告父丁
4.2145 田告乍(作)母辛尊
4.2506 田告亞
5.2680 諶肈乍(作)其皇考、皇母告比君鬻貞(鼎)
5.2809 使厥友引以告于伯懋父 / 引以告中史書
5.2818 鬲比以攸衛牧告于王
5.2832 衛以邦君厲告于井伯、伯邑父、定伯、琼伯、伯俗父
5.2835 告追于王
5.2838 事(使)寽(鋝)以告𠭯 / 以匡季告東宮 / 曶或(又)以匡季告東宮
5.2839 告曰：王令盂以□□伐戜(鬼)方 / 盂或(又)告曰：□□□□/ 盂告𧶠伯 / 告咸
5.2841 告余先王若德 / 厥非先告父厝
6.3094 亞告
6.3711 告田
8.4136 告于文考
8.4278 鬲比以攸衛牧告于王
8.4292 告曰：以君氏令曰
8.4293 召伯虎告曰：余告慶 / 余告慶
8.4323 告禽(擒)聝百、訊卌(四十)
8.4324 巩(恐)告于王
8.4325 巩(恐)告于王
8.4330 敢取(擊)卲(昭)告朕吾考 / 廼妹(昧)克衣告剌(烈)成工(功)
8.4331 益公至告
8.4340 厥非先告蔡 / 毋敢疾又(有)入告
8.4341 公告厥事于上
9.4668 蒦(畫)圜窑(陶)里人告(造)
9.4694 鄄姬府所告(造)
10.4820 告亞
10.4872 册告
10.5056 田告父乙
10.5273 田告父丁乍(作)寶彝
10.5347 鳥父乙母告田
11.5755 父癸告(牛)正
11.6005 罍既告于公
11.6014 則廷告于天
11.6015 告亡尤
11.6016 令夨告于周公宮
11.6191 告田
11.6192 告田
12.6391 父丁告田
12.6398 告宁父戊
12.6642 告

12.6643 告
12.6972 亞告
12.7005 告宁
12.7006 告宁
12.7013 田告
13.7579 告
13.7828 告亞
13.8264 告宁
13.8265 告宁
13.8266 告口
14.8522 告父戊
14.8788 告亞㔾(韋)
14.8903 田告父丁
15.9257 田告 / 告田
15.9456 裘衛廼彘(矢)告于伯邑父、焚(榮)伯、定伯、㝬伯、單伯
15.9734 敢明昜(揚)告: 昔者先王
15.9735 祇祇翼卲告後嗣
15.9777 田告
16.9878 告永
16.9879 告永
16.9901 令夨告于周公宮
16.10285 乃師或以女(汝)告 / 乃以告事(吏)蚬、事(吏)曶于會
16.10373 告(造)七月
16.10536 田告父丁
17.10859 告戈
17.11126 陳子皮之告(造)戈
17.11131 司馬望之告(造)戟(戈)
17.11200 衛公孫呂之告(造)戈
17.11285 相公子贈(酨)之告(造)
18.11717 大攻(工)君(尹)告㞢

1446 吾

3.565 吾乍(作)賸(媵)公寶尊彝
5.2841 以乃族干(捍)吾(敔)王身
8.4330 敢臤(擘)卲(昭)告朕吾考 / 公克成妥(綏)吾考 / 虘吾考克淵克
11.5828 商乍(作)父丁吾尊
17.10936 吾(衙)
17.11361 吾(衙)

1447 含

5.2840 含(今)舍(余)方壯 / 含(今)虘(吾)老賙(賈)親率參軍之衆 / 至于含(今)

1448 和、和

1.223-4 ☐臨春和☐
4.2097 王后左和室
4.2242 和
4.2307 右廩公(宮)莆官和鎖(鼎)
4.2360 王后左和室 / 王后左和室
8.4190 䢅曰: 余陳仲𤯷(產)孫、𥁰(盤、萊)叔和子
15.9734 馭右和同
16.10352 史孔乍(作)和
16.10357 卲宮和官 / 和工工感

1449 吩

4.2283 卑吩君光之飤貞(鼎)

1450 昏

2.424 姑馮昏同(馮同、逢同)之子

1451 吏、害

4.2036 史吏乍(作)旅鼎
7.3996 吏客乍(作)朕文考日辛寶尊𣪘

1452 呻

5.2816 賜女(汝)秬鬯一卣、玄衮衣、幽夫(芾)、赤舄、駒車、畫呻(紳)、幬(幬)學(較)、虎幃(幃)、𠃧裣里幽、攸(鋚)勒、旅(旂)五旅(旂)、彤弓、彤矢、旅(玈)弓、旅(玈)矢、𠂎戈、皋(皐)胄

1453 咏

10.5157 咏乍(作)旅父丁
11.5799 咏乍(作)旅父丁
11.5887 咏乍(作)甗(甗)尊彝

1454 命

1.37 秦王卑(俾)命競墉
1.60-3 勿灋(廢)朕命
1.73-4 自乍(作)永(咏)命(鈴)
1.75 自乍(作)永(咏)命(鈴)
1.76-7 自乍(作)永(咏)命(鈴)
1.78-9 自乍(作)永(咏)命(鈴)
1.80-1 自乍(作)永(咏)命(鈴)
1.104 王命☐周
1.107-8 用賜眉壽、永命
1.124 唯王命
1.125-8 唯王命
1.129-31 唯王命
1.140 霝(靈)命無其(期)
1.145 勵(擢)于永命
1.146 勵(擢)于永命
1.147 勵(擢)于永命
1.210 天命是遥
1.211 天命是遥
1.217 天命是遥
1.218 天命是遥
1.219 天命是遥
1.220 天命是遥
1.221 天命是遥
1.222 天命是遥
1.223-4 舍(余)厰(嚴)天之命 / 虔〔敬〕命勿忘
1.264-6 秦公曰: 我先祖受天命
1.270 秦公曰: 不(丕)顯朕皇祖受天命 / 嚴龏夤天命

1.271 用祈侯氏永命/用求丂(考)命、彌生

1.272-8 余命女(汝)政于朕三軍/女(汝)敬共(恭)辝(台)命/余命女(汝)嗣辝(台)釐(萊)/弗敢不對揚朕辟皇君之登屯(純)厚乃命/賜休命/余命女(汝)織(職)差正卿/䌛命于外內之事/余弗敢灋(廢)乃命/尃(溥)受天命/霝(靈)命難老

1.285 余命女(汝)政于朕三軍/女(汝)敬共(恭)辝(台)命/余命女(汝)嗣辝(台)釐(萊)邑/弗敢不對揚朕辟皇君之賜休命/余用登屯(純)厚乃命/余命女(汝)織(職)差正卿/䌛命于外內之事/余弗敢灋(廢)乃命/尃(溥)受天命/霝(靈)命難老

2.429 命从若數

3.852 命乍(作)寶彝

3.894 夆(逢)伯命乍(作)旅彝

3.980 參峙(蚩)蚘(尤)命帛命入

5.2574 命鑄飤鼎鬲

5.2590 梁陰命(令)率上官冢子疾、冶勳鑄

5.2611 虒命(令)周収、眂(視)事豞、冶期鑄

5.2701 左官冶大夫杕命冶憙(懵)鑄貞(鼎)

5.2786 命女(汝)幽黃(衡)、鋚革(勒)

5.2796 王命善(膳)夫克舍(捨)令于成周

5.2798 王命善(膳)夫克舍(捨)令于成周

5.2799 王命善(膳)夫克舍(捨)令于成周

5.2800 王命善(膳)夫克舍(捨)令(命)于成周

5.2801 王命善(膳)夫克舍(捨)令于成周

5.2802 王命善(膳)夫克舍令(命)于成周

5.2804 王乎乍(作)命內史冊命利

5.2805 王乎乍(作)冊尹冊命柳:嗣六師牧、陽(場)大吝(友)

5.2811 命(令)尹子庚

5.2812 出內(入)王命

5.2813 王乎內史駒冊命師奎父

5.2816 王命鄭(垣)侯伯晨曰:釮(嗣)乃祖考侯于鄭(垣)

5.2817 王乎乍(作)冊尹冊命師晨:疋(胥)師俗嗣邑人

5.2819 史嵛受(授)王命書

5.2833 命禹仦(肖)賸(朕)祖考/賜(惕)共(恭)賸(朕)辟之命/王迺命西六師、殷八師曰:䣄(撲)伐噩(鄂)侯馭方

5.2834 命禹允(仦)〔朕〕祖考/賜(惕)〔共〕朕般(辟)乍(之)命/王〔迺〕命迺(西)六師、殷八師曰:䣄(撲)伐噩(鄂)侯馭方

5.2835 命武公遣乃元士/武公命多友率公車/迺命向父(禹)佋多友

5.2840 天降休命于朕邦/氏(是)以賜之厥命:隹(雖)又(有)死辠(罪)/虘(吾)老賙(賈)奔走不聽命

5.2841 膺受大命/唯天䏁(壯)集厥命/鼻(勛)堇(勤)大命/不(丕)巩(鞏)先王配命/今余唯肇巠(經)先王命/命女(汝)辪(壁)我邦、我家內外/醽(申)圂(恪)大命/尃(敷)命尃(敷)政/出入尃(敷)命于外/父厝舍(捨)命/毋有敢惷尃(敷)命于外/今余唯醽(申)先王命/命女(汝)亟(極)一方/命女(汝)䌛(纘)嗣公族

7.3828 𦛬(滕)虎敢肇乍(作)厥皇考公命仲寶尊彝

7.3829 𦛬(滕)虎敢肇乍(作)厥皇考公命仲寶尊彝

7.3830 𦛬(滕)虎敢肇乍(作)厥皇考公命仲寶尊彝

7.3831 𦛬(滕)虎敢肇乍(作)厥皇考公命仲寶尊彝

7.3832 𦛬(滕)虎敢肇乍(作)厥皇考公命仲寶尊彝

7.3925 命父諲乍(作)寶毁

7.3926 命父諲乍(作)寶毁

7.4104 公命事(使)晦賢百晦䵼

7.4105 公命事(使)晦賢百晦䵼

7.4106 公命事(使)晦賢百晦䵼

7.4112 王賜命鹿/命其永以(與)多友毁(餇)飤

8.4160 它它(施施)受茲永命

8.4161 它它(施施)受茲永命

8.4178 王命君夫曰:價求乃友

8.4195 王命蔿眔叔緐父歸(饋)吳姬饔(饔)器

8.4196 內史冊命:賜赤芾

8.4202 對揚天子魯命

8.4215 命女(汝)嗣成周里人/對揚王休命

8.4246 內史尹氏冊命楚:赤Ө芾、絲(鑾)旂

8.4247 內史尹氏冊命楚:赤Ө芾、絲(鑾)旂

8.4248 內史尹氏册命楚：赤⊖巿、緣(鑾)旂
8.4249 內史尹氏册命楚：赤⊖巿、緣(鑾)旂
8.4250 王乎命女(汝)：赤巿、朱黃(衡)、玄衣黹屯(純)、緣(鑾)旂
8.4253 王乎尹氏册命師察：賜女(汝)赤舄、攸(鋚)勒
8.4254 王乎尹氏册命師察：賜女(汝)赤舄、攸(鋚)勒
8.4257 王乎內史尹氏册命師耤(藉)
8.4258 王册命害／對揚王休命
8.4259 王册命害／對揚王休命
8.4260 王册命害／對揚王休命
8.4266 內史即命／命女(汝)乍(作)歠(豳)師冢嗣馬
8.4267 王命尹册命申：更乃祖考疋(胥)大(太)祝
8.4268 乎內史寿(敖、佻)册命王臣：賜女(汝)朱黃(衡)桒(賁)親(襯)、玄衣黹屯(純)、緣(鑾)旂五日、戈畫戟、厤(墉)必(柲)、彤沙(蘇)
8.4270 王命同：差(佐)右(佑)吳(虞)大父
8.4271 王命同：差(佐)右(佑)吳(虞)大父
8.4272 王乎史年册命望：死(尸)嗣畢王家
8.4276 王乎內史册命豆閉／敢對揚天子不(丕)顯休命
8.4277 王乎乍(作)册內史册命師俞：䵼(纘)嗣𠒇人
8.4279 王乎乍(作)册尹克册命師旋／敢對昜(揚)天子不(丕)顯魯休命
8.4280 王乎乍(作)册尹克册命師旋
8.4281 王乎乍(作)册尹克册命師旋
8.4282 王乎乍(作)册尹克册命師旋
8.4285 王乎內史寿(敖、佻)册命諫／曰：先王既命女(汝)䵼(纘)嗣王宥／今余唯或嗣(嗣)命女(汝)
8.4287 王乎命尹封册命伊：䵼(纘)官嗣康宮王臣妾、百工
8.4288 王乎史牆册命師酉：嗣(嗣)乃祖
8.4289 王乎史牆册命師酉：嗣(嗣)乃祖／對揚天子不(丕)顯休命
8.4290 王乎史牆册命師酉：嗣(嗣)乃祖／對揚天子不(丕)顯休命
8.4291 王乎史牆册命師酉：嗣(嗣)乃祖／對揚天子不(丕)顯休命
8.4296 王乎內史册命郿／昔先王既命女(汝)乍(作)邑／今余唯𤔲(申)𦎫(就)乃命／敢對揚天子休命
8.4297 王乎內史册命郿／昔先王既命女(汝)乍(作)邑／今余唯𤔲(申)𦎫(就)乃命／敢對揚天子休命
8.4315 受天命／嚴龏(恭)夤天命
8.4328 余命女(汝)御(禦)追于畧
8.4329 余命女(汝)御(禦)追于畧
8.4331 王命益公征眉敖／王命仲到(致)歸(饋)𣏟伯𦃓(貂)裘／膺受大命／又(有)祡(當)于大命／用祈屯(純)彔(祿)、永命
8.4343 今余唯𤔲(申)𦎫(就)乃命
9.4464 南仲邦父命駒父殷(即)南者(諸)侯／家(遂)不敢不敬畏王命／亡敢不攸(敉)具(俱)逆王命
9.4469 厥非正命／敬夙夕勿灋(廢)朕命
9.4617 永命無疆
9.4629 乍(作)家(遂)今命
9.4630 乍(作)家(遂)今命
9.4693 永命多福
10.5425 命伐南尸(夷)
11.6010 蔡侯𤔲(申)虔共(恭)大命
11.6014 肄(肆)文王受茲大命
11.6016 舍(捨)四方命(令)
15.9719 命(令)瓜(狐)君嗣子
15.9720 命(令)瓜(狐)君嗣子
15.9729 齊侯命大(太)子乘遽來句宗伯／聖(聽)命于天子／齊侯拜嘉命／于大無嗣折(誓)、于大嗣命用璧、兩壺、八鼎／洹子孟姜用乞嘉命
15.9730 齊侯命大(太)子乘遽來句宗伯／聖(聽)命于天子／齊侯拜嘉命／于大無嗣折(誓)、于大嗣命用璧、兩壺、八鼎／洹子孟姜用乞嘉命
15.9735 中山王𠷎命相邦賙(貯)擇郾(燕)吉金
16.10151 霝(靈)命難老
16.10171 蔡侯𤔲(申)虔共(恭)大命
16.10321 命遄(逋)事(使)于述(遂)土
16.10322 益公內(入)即命于天子／公廼出

厥龠／厥眔公出厥
龠：井伯、焚（榮）伯、
尹氏、師俗父、趩（遣）
仲／公廼龠酉嗣仕
（徒）甬父、周人䚋工
（空）屎、散史、師氏、
邑人奎父、畢人師同
／對揚天子休龠

16.10342 〔賡〕受大龠／
〔王〕龠郮（唐）公

16.10371 龠左闋師發
敚（救）成左闋之䥁
（釜）

16.10373 以龠攻（工）
尹穆丙、攻（工）差
（佐）競之、集尹陳夏、
少集尹㝵賜、少攻
（工）差（佐）孝癸

16.10374 □龠詨陳得：
左闋䥁（釜）節于敫
（廩）䥁（釜）／不用龠
則寅之／□龠者

16.10385 龠戌代、冶
與、下庫工師孟、闋師
四人

16.10478 王龠䁝（貯）
爲逃（兆）乏（空）／不
行王龠者

17.11159 敂龠（令）長
足、冶孚

17.11291 邙（旨）龠
（令）羛、右庫工師魪、
冶□

17.11299 郚（梧）龠
（令）垠、右工師齒、冶
良

17.11302 高都龠（令）
陳鶹（鷦、㰥）、工師冶
勑（勝）

17.11303 高都龠（令）
陳鶹（鷦、㰥）、工師冶
勑（勝）

17.11307 □丘龠（令）
□□□、冶□

17.11313 戈（翟）丘龠
（令）瘫、工師鯞、冶淂

17.11314 皇陽龠（令）
強䞈、工師疤斂（斁）、
冶才

17.11315 皇陽龠（令）
強䞈、工師疤斂（斁）、
冶才

17.11316 四年龠（令）
韓訷、宜陽工師敕
（播）愷、冶庶

17.11317 筥（附）余
（魚）龠（令）韓譙、工
師罪（罕）㾜（瘮）、冶
隔（塥）

17.11318 筥（附）余
（魚）龠（令）韓譙、工
師罪（罕）㾜（瘮）、冶
隔（塥）

17.11319 筥（附）余
（魚）龠（令）韓譙、工
師罪（罕）㾜（瘮）、冶
竈

17.11320 屏龠（令）肖
（趙）軏、下庫工師□、
冶□

17.11321 邨（頓）丘龠
（令）變、左工師晢、冶
夢

17.11322 侖（綸）氏龠
（令）韓化、工師榮亓
（頂）、冶愸（謀）

17.11323 ⺠（兹）氏龠
（令）吳庶、下庫工師

長武

17.11327 格氏龠（令）
韓貴、工師亙公、冶⺩

17.11328 莫（鄭）龠
（令）韓□、右庫工師
䛾鳶

17.11335 邘龠（令）䶳
庶、上庫工師郖□、冶
氏耳（耷）

17.11336 莫（鄭）龠
（令）韓熙、右庫工師
司馬鴎、冶狄

17.11337 龠（令）司寇
書、右庫工師厡向、冶
厲

17.11338 䢴（胈）龠
（令）樂疚（疴）

17.11341 咎（高）奴䕏
龠（令）壯罺、工師�퀴
疾、冶問

17.11343 盲龠（令）司
馬伐、右庫工師高鴈、
冶□

17.11344 盲（芒）龠
（令）□轄、左庫工師
叔新（梁）掃、冶小

17.11345 亲（新）城大
龠（令）韓定、工師宋
費、冶裻

17.11347 □陽龠（令）
愇戲、工師北宮（宮）
壘、冶黃

17.11354 紛匋龠（令）
富反、下庫工師王豈、
冶禽

17.11355 肖（趙）龠
（令）甘（邯）丹（鄲）㬃
（僤）、右庫工師蜀
（蚋）緎（紹）、冶倉敓

（造）（？）

17.11356 邨陉（陰）龠
（令）萬爲、右庫工師
莧（䒤）、冶豎

17.11357 莫（鄭）龠
（令）韓熙、右庫工師
事（吏）裻（褐）、冶□

17.11371 莫（鄭）龠
（令）幽□恒、司寇彭
璋、武庫工師車咺、冶
狈

17.11373 莫（鄭）龠
（令）䑤□、司寇㪬
（扶）裕、左庫工師吉
忘、冶緤

17.11375 馬雍龠（令）
事（吏）吳、武庫工師
爽信、冶祥造

17.11377 武城龠（令）
□□、苜早、〔庫〕嗇夫
事（吏）歇、冶章敇
（撻）齋（劑）

18.11546 宅陽龠（令）
隔鎧、右庫工師夜疰
（瘥）、冶赳散（造）

18.11553 莫（鄭）龠
（令）韓半、司寇長
（張）朱、左庫工師易
（陽）㳁（偈）、冶君
（尹）㢸散（撘、造）

18.11560 莫（鄭）龠
（令）棓（槨、郭）洰、司
寇肖（趙）它、往庫工
師皮玌、冶君（尹）坡
（坡）散（造）

18.11610 自用龠

18.11652 高都龠（令）
陳鶹（鷦）、工師冶勑

18.11653 高都龠（令）

陳鵖(鶬)

18.11672 坓(型、邢)疫命(令)邦乙、下庫工師孫屏、長缶、冶浊齋(劑)

18.11693 奠 (鄭) 命(令)棺(桺、郭)涌、司寇肖(趙)它、往庫工師皮耴、冶肴(尹)啟𢿷(造)

18.11900 零(露)十命

18.12094 王 命 命 遖(傳)賃

18.12095 王 命 命 遖(傳)賃

18.12096 王命傳我

18.12097 王 命 命 遖(傳)賃

18.12098 王 命 命 遖(傳)賃

18.12099 王 命 命 遖(傳)賃

18.12100 王 命 命 遖(傳)賃

18.12101 王 命 命 遖(傳)賃

18.12102 王 命 命 遖(傳)賃

18.12110 大攻(工)尹脽台(以)王命/命集尹恕(怊)𢧁(䅣)、䵷(織)尹逆、䵷(織)殺(令)阢

18.12111 大攻(工)尹脽台(以)王命/命集尹恕(怊)𢧁(䅣)、䵷(織)尹逆、䵷(織)殺(令)阢

18.12112 大攻(工)尹脽台(以)王命/命集尹恕(怊)𢧁(䅣)、䵷(織)尹逆、䵷(織)殺(令)阢

18.12113 大攻(工)尹脽台(以)王命/命集尹恕(怊)𢧁(䅣)、䵷(織)尹逆、䵷(織)殺(令)阢

1455 周

1.104 王命□周

1.107-8 王歸自成周/膺(應)侯見工遺(饋)王于周

1.143 王在成周嗣土(徒)淲宮

1.204-5 王在周康剌宮

1.206-7 王在周康剌宮

1.208 王在周康剌宮

1.209 王在周康剌宮

1.251-6 武王則令周公舍(捨)寓(宇)以五十頌處

1.260 王對乍(作)宗周寶鐘

2.290 其在周爲剌(厲)音

2.291 其在周爲鄜(應)音

2.319 其在周爲剌(厲)音

2.322 大(太)族(簇)之在周也爲剌(厲)音

2.416 成周王令(鈴)

2.417 成周王令(鈴)

3.578 周□乍(作)尊鬲

3.935 王桒(祓)于成周

3.1497 周登

4.2268 周公乍(作)文王尊彝

4.2338 義仲乍(作)厥父周季尊彝

5.2597 晉嗣徒伯鄀父乍(作)周姬寶尊鼎

5.2611 虒命(令)周奴、眂(視)事猀、冶期鑄

5.2626 唯成王大桒(祓)在宗周

5.2627 唯成王大桒(祓)在宗周

5.2628 匽(燕)侯旨初見事于宗周

5.2659 王初□(彙)于成周

5.2661 王在成周

5.2678 宓伯于成周休賜小臣金

5.2703 匽(燕)侯令堇饎(饔)大(太)保于宗周

5.2705 祝(兄)人師眉贏王爲周客

5.2729 在宗周

5.2730 唯王來各于成周年

5.2734 周伯邊及仲㑌(催)父伐南淮尸(夷)

5.2739 唯周公于征伐東尸(夷)/公歸禩(禴)于周廟

5.2745 函皇父乍(作)周娟(妘)般(盤)盉尊器

5.2774 王母唯用自念于周公孫子

5.2775 王在成周

5.2778 尹令史獸立(涖)工于成周

5.2780 王在周新宮

5.2783 王在周般宮

5.2784 龏(恭)王在周新宮

5.2787 王在宗周/帥堣(偶)盩于成周

5.2788 王在宗周/帥堣(偶)盩于成周

5.2790 王在宗周

5.2796 王在宗周/王命善(膳)夫克舍(捨)令于成周

5.2797 王在宗周/王令善(膳)夫克舍(捨)[令]于成周

5.2798 王在宗周/王命善(膳)夫克舍(捨)令于成周

5.2799 王在宗周/王命善(膳)夫克舍(捨)令于成周

5.2800 王在宗周/王命善(膳)夫克舍(捨)令(命)于成周

5.2801 王在宗周/王命善(膳)夫克舍(捨)令于成周

5.2802 王在宗周/王命善(膳)夫克舍令(命)于成周

5.2814 王各于周廟

5.2815 王在周康卲宮

5.2817 王在周師彔宮

5.2818 王在周康宮徲大室

5.2819 王在周康穆宮

5.2820 王在宗周

5.2821 王在周康宮徲

宮
5.2822 王在周康宮徲宮
5.2823 王在周康宮徲宮
5.2825 王在周
5.2827 王在周康卲宮/令女(汝)官嗣成周貯(廛)廿家
5.2828 王在周康卲宮/令女(汝)官嗣成周貯(廛)廿家
5.2829 王在周康卲宮/令女(汝)官嗣成周貯(廛)廿家
5.2831 王在周駒宮
5.2836 保辪(嬖)周邦/王在宗周
5.2837 王在宗周
5.2838 王在周穆王大〔室〕
5.2839 王各周廟/□□入燎周廟/三周入服酉(酒)/□□用牲啻(禘)周王、武王、成王
5.2841 配我有周/臨保我有周
7.3824 王桒(祓)于成周
7.3825 王桒(祓)于成周
7.3915 周[illegible]生(甥)乍(作)楷娟(妘)媿賸(媵)段
7.3920 伯百父乍(作)周姜寶段
7.3950 在成周
7.3951 在成周
7.4041 周公某(謀)
7.4097 贏(贏)王爲周客
8.4132 唯王桒(祓)于宗周
8.4133 唯王桒(祓)于宗周
8.4166 王在周
8.4169 至燎于宗周
8.4191 廼自商師(次)復還至于周
8.4206 令師田父殷成周年
8.4214 王在周
8.4215 命女(汝)嗣成周里人
8.4229 王在宗周/帥堣(偶)盩于成周
8.4230 王在宗周/帥堣(偶)盩于成周
8.4231 王在宗周/帥堣(偶)盩于成周
8.4232 王在宗周/帥堣(偶)盩于成周
8.4233 王在宗周/帥堣(偶)盩于成周
8.4234 王在宗周/帥堣(偶)盩于成周
8.4235 王在宗周/帥堣(偶)盩于成周
8.4236 王在宗周/帥堣(偶)盩于成周
8.4240 王在周/曰:令女(汝)疋(胥)周師嗣歔(廩)
8.4241 帝無冬(終)令(命)于有周/乍(作)周公彝
8.4244 王在周
8.4251 王在周師量宮
8.4252 王在周師量宮
8.4256 王在周
8.4262 王在成周
8.4263 王在成周
8.4264 王在成周
8.4265 王在成周
8.4266 王在宗周
8.4267 王在周康宮
8.4269 賜女(汝)婦爵、𠨘之先周(琱)玉、黄[illegible]
8.4270 王在宗周
8.4271 王在宗周
8.4272 王在周康宮新宮
8.4274 王在周
8.4275 王在周
8.4277 在周師彔宮
8.4278 王在周康宮徲大室
8.4283 王在周師嗣馬宮
8.4284 王在周師嗣馬宮
8.4285 王在周師彔宮
8.4286 王在周康宮
8.4287 王在周康宮
8.4294 王在周康宮
8.4295 王在周康宮
8.4296 王在周卲宮
8.4297 王在周卲宮
8.4302 有爵(勛)于周邦
8.4303 王在周康宮徲宮
8.4304 王在周康宮徲宮
8.4305 王在周康宮徲宮
8.4306 王在周康宮徲宮
8.4307 王在周康宮徲宮
8.4308 王在周康宮徲宮
8.4309 王在周康宮徲宮
8.4310 王在周康宮徲宮
8.4312 王在周康宮
8.4318 王在周
8.4319 王在周
8.4321 則乃祖奠周邦/先虎臣後庸:西門尸(夷)、秦尸(夷)、京尸(夷)、𥃝尸(夷)、師笭、側新(薪)、□華尸(夷)、弁豸尸(夷)、𠫑人、成周走亞、戍、秦人、降人、服尸(夷)
8.4323 王在成周/王各于成周大廟
8.4324 王在周
8.4325 王在周
8.4330 令乃鴅(嫿)沈子乍(作)𦅫于周公宗
8.4332 王在周康卲宮/令(命)女(汝)官嗣成周貯(廛)
8.4333 王在周康卲宮/令女(汝)官嗣成周貯(廛)
8.4334 王在周康卲宮/令女(汝)官嗣成周貯(廛)
8.4335 王在周康卲宮/令女(汝)官嗣成周貯(廛)

8.4336 王在周康卲宮/令女(汝)官嗣成周貯(廛)
8.4337 王在周康卲宮/令女(汝)官嗣成周貯(廛)
8.4338 王在周康卲宮/令女(汝)官嗣成周貯(廛)
8.4339 王在周康卲宮/令女(汝)官嗣成周貯(廛)
8.4341 在宗周
8.4342 臨保我又(有)周/鄉(嚮)女(汝)彶屯(純)恤周邦
8.4343 王在周
9.4380 周駱乍(作)旅須(盨)
9.4435 在成周
9.4438 王在成周
9.4439 王在成周
9.4454 王在成周
9.4455 王在成周
9.4456 王在成周
9.4457 王在成周
9.4462 王在周師彔宮
9.4463 王在周師彔宮
9.4465 王在周康穆宮
9.4467 則繇唯乃先祖考又(有)爵(勛)于周邦
9.4468 則唯乃先祖考又(有)爵(勛)于周邦
9.4626 王在周
9.4682 周生(甥)乍(作)尊豆
9.4683 周生(甥)乍(作)尊豆
10.5374 王𠦪(祓)于成周
10.5400 唯明保殷成周年
10.5403 王在成周
10.5406 周乎鑄旅宗彝
10.5415 祐(宥)于周
10.5419 女(汝)其以成周師氏戍于𨐨(固)師(次)
10.5420 女(汝)其以成周師氏戍于𨐨(固)師(次)
10.5421 唯王大龠(禴、礿)于宗周/王令士上眔史寅𡩜(殷)于成周
10.5422 唯王大龠(禴、礿)于宗周/王令士上眔史寅𡩜(殷)于成周
10.5431 唯還在周
10.5432 唯公大(太)史見服于宗周年
11.5922 周免旁乍(作)父丁宗寶彝
11.5986 唯公遼于宗周
11.5991 唯明保殷成周年
11.5996 王在成周
11.5999 唯王大龠(禴、礿)于宗周/王令士上眔史寅𡩜(殷)于成周
11.6003 祐(宥)于周
11.6013 王各于周廟
11.6014 唯王初䙴宅于成周
11.6015 侯見于宗周/侯賜玄周(琱)戈
11.6016 王令周公子明保/令夨告于周公宮/明公朝至于成周
12.6512 周公賜小臣單貝十朋
12.6516 王在周
13.8155 周免
13.8156 周免
14.9104 唯王初𠦪(祓)于成周
15.9449 虎令周收、視事乍(作)盉
15.9454 唯王大龠(禴)于宗周/王令士上眔史寅𡩜(殷)于成周
15.9621 成周邦父乍(作)干仲姜寶壺
15.9640 爲東周左官酒(槽)壺
15.9690 周蒙乍(作)公己尊壺
15.9691 周蒙乍(作)公己尊壺
15.9723 王在成周嗣土(徒)淲宮
15.9724 王在成周嗣土(徒)淲宮
15.9728 乍(作)冢嗣土(徒)于成周八師
15.9731 王在周康卲(昭)宮/令女(汝)官嗣成周貯(廛)廿家
15.9732 王在周康卲(昭)宮/令女(汝)官嗣成周貯(廛)廿家
16.9897 王在周康寢
16.9898 王在周成大室
16.9899 王各于周廟
16.9900 王各于周廟
16.9901 王令(命)周公子明保/令夨告于周公宮/明公朝至于成周
16.10067 征(延)乍(作)周公尊彝
16.10120 周棸(臸)生(甥)乍(作)楷媜(妘)朕(媵)般(盤)
16.10161 王在周
16.10168 王在周/周師光守宮事/祼周師不(丕)㔻(丕)/守宮對揚周師釐
16.10170 王在周康宮
16.10172 王在周康穆宮
16.10173 王各周廟宣廟
16.10174 王令甲政嗣(嗣)成周四方責(積)
16.10175 用肇(肇)敵(徹)周邦/武王則令周公舍(捨)圛(宇)于周
16.10176 奉(封)于周道
16.10218 周窒(寰)乍(作)救姜寶(寶)也(匜)
16.10225 函皇父乍(作)周(琱)娟(妘)也(匜)
16.10322 公廼命酉嗣社(徒)啚父、周人嗣工(空)屖、敞史、師氏、邑人奎父、畢人師同

16.10581 公仲在宗周
17.10882 成周
17.10883 成周
17.10884 成周
17.10909 周輿
17.11043 周旚之戈
17.11212 周王叚之元用戈
17.11309 周王孫季怠(怡)
18.11463 陽周
18.11464 陽周
18.11465 平周
18.11466 平周
18.11467 平周
18.11504 東周左庫
18.11505 東周左庫
18.11925 左周印
18.11926 左周印
18.11927 左周印
18.11928 左周印
18.12070 周

1456 𤰈、𤰈(周)

7.3835 𤰈
7.3915 𤰈
8.4262 𤰈
8.4263 𤰈
8.4264 𤰈
8.4265 𤰈
9.4380 𤰈
10.5406 𤰈
14.8579 𤰈父己
15.9690 𤰈
15.9691 𤰈
16.10218 𤰈

1457 吝、吷

14.8980 享乍(作)吷母

1458 咎、处

9.4469 廼乍(作)余一人咎
10.5396 处(咎)山賜鳌(鳌)
17.11341 咎(高)奴曹命(令)壯罌、工師賙疾、冶問

1459 咨(盌)

8.4197 康公右(佑)卲(邵)咨(盌)/咨敢對揚王休
11.5984 能匋賜貝于厥咨(盌)公
16.10353 咨(盌)吺(扣)

1460 㫷

9.4466 㫷(復)友(賄)两比其田/弗(俾)两比㫷(復)厥小宮吒两比田
9.4563 季㫷父乍(作)宗(崇)娟(妘)媵(媵)簠
9.4564 季㫷父乍(作)宗(崇)娟(妘)媵(媵)簠
14.8629 父辛㫷

1461 時(詩)

1.83 其永時(持)用享
1.84 其永時(持)用享
1.85 其永時(持)用享
2.286 曾侯乙乍(作)時(持)
2.287 曾侯乙乍(作)時(持)
2.288 曾侯乙乍(作)時(持)
2.289 曾侯乙乍(作)時(持)
2.290 曾侯乙乍(作)時(持)
2.291 曾侯乙乍(作)時(持)
2.292 曾侯乙乍(作)時(持)
2.293 曾侯乙乍(作)時(持)
2.294 曾侯乙乍(作)時(持)
2.295 曾侯乙乍(作)時(持)
2.296 曾侯乙乍(作)時(持)
2.297 曾侯乙乍(作)時(持)
2.301 曾侯乙乍(作)時(持)
2.305 曾侯乙乍(作)時(持)
2.306 曾侯乙乍(作)時(持)
2.307 曾侯乙乍(作)時(持)
2.308 曾侯乙乍(作)時(持)
2.310 曾侯乙乍(作)時(持)
2.311 曾侯乙乍(作)時(持)
2.312 曾侯乙乍(作)時(持)
2.313 曾侯乙乍(作)時(持)
2.316 曾侯乙乍(作)時(持)
2.317 曾侯乙乍(作)時(持)
2.318 曾侯乙乍(作)時(持)
2.321 曾侯乙乍(作)時(持)
2.322 曾侯乙乍(作)時(持)
2.323 曾侯乙乍(作)時(持)
2.324 曾侯乙乍(作)時(持)
2.325 曾侯乙乍(作)時(持)
2.326 曾侯乙乍(作)時(持)
2.327 曾侯乙乍(作)時(持)
2.328 曾侯乙乍(作)時(持)
2.330 曾侯乙乍(作)時(持)
3.577 曾侯乙詐(作)時(持)甬(用)冬(終)
3.589 時(詩)伯乍(作)叔母□羞鬲
3.590 時(詩)伯乍(作)叔母□羞鬲
3.591 時(詩)伯乍(作)叔母□羞鬲
3.974 曾侯乙詐(作)時(持)甬(用)冬(終)
4.2290 曾侯乙詐(作)時(持)甬(用)冬(終)
4.2291 曾侯乙詐(作)時(持)甬(用)冬(終)
4.2292 曾侯乙乍(作)

時(持)甬(用)冬(終)
4.2293 曾侯乙詐(作)時(持)甬(用)冬(終)
4.2294 曾侯乙詐(作)時(持)甬(用)冬(終)
4.2295 曾侯乙詐(作)時(持)甬(用)冬(終)
6.3636 曾侯乙詐(作)時(持)甬(用)冬(終)
6.3637 曾侯乙詐(作)時(持)甬(用)冬(終)
6.3638 曾侯乙詐(作)時(持)甬(用)冬(終)
6.3639 曾侯乙詐(作)時(持)甬(用)冬(終)
6.3640 曾侯乙詐(作)時(持)甬(用)冬(終)
6.3641 曾侯乙詐(作)時(持)甬(用)冬(終)
6.3642 曾侯乙詐(作)時(持)甬(用)冬(終)
6.3643 曾侯乙詐(作)時(持)甬(用)冬(終)
9.4495 曾侯乙詐(作)時(持)甬(用)冬(終)
9.4496 曾侯乙詐(作)時(持)甬(用)冬(終)
9.4671 曾侯乙詐(作)時(持)甬(用)冬(終)
15.9581 曾侯乙乍(作)時(持)用冬(終)
15.9582 曾侯乙詐(作)時(持)甬(用)冬(終)
16.9927 曾侯乙詐(作)時(持)甬(用)冬(終)
16.9928 曾侯乙詐(作)時(持)甬(用)冬(終)
16.9929 曾侯乙詐(作)時(持)甬(用)冬(終)
16.9930 曾侯乙詐(作)時(持)甬(用)冬(終)
16.9998 曾侯乙詐(作)時(持)甬(用)冬(終)
16.9999 曾侯乙詐(作)時(持)甬(用)冬(終)
16.10000 曾侯乙詐(作)時(持)甬(用)冬(終)
16.10077 曾侯乙詐(作)時(持)用冬(終)
16.10197 曾侯乙詐(作)時(持)甬(用)冬(終)
16.10198 曾侯乙乍(作)時(持)甬(用)冬(終)
16.10292 曾侯乙詐(作)時(持)甬(用)冬(終)
16.10348 曾侯乙乍(作)時(持)
16.10387 曾侯乙詐(作)時(持)甬(用)冬(終)
16.10398 曾侯乙詐(作)時(持)甬(用)冬(終)
16.10399 曾侯乙詐(作)時(持)甬(用)冬(終)
16.10439 曾侯乙詐(作)時(持)甬(用)冬(終)
16.10455 曾侯乙詐(作)時(持)甬(用)冬(終)
17.11094 曾侯邚(越)乍(作)時(持)
17.11095 曾侯邚(越)乍(作)時(持)
17.11096 曾侯邚(越)乍(作)時(持)
17.11097 曾侯邚(越)乍(作)時(持)

1462 哀

1.59 用追孝于厥皇祖哀公、皇考晨公
4.2230 [楚]子哀□乍(作)□貞(鼎)
5.2750 哀哀利錐
5.2782 嘉是唯哀成叔/哀成叔之鼎
5.2833 烏虖(乎)哀哉
5.2834 臣(烏)工(虖)哀哉
8.4330 其丮哀(愛)乃沈子也唯福
8.4342 哀才(哉)
9.4650 哀成叔之鉌
9.4663 哀成叔之盬(卷)

1463 哉

1.121 趄趄哉
1.122 趄趄哉
1.125-8 趄趄哉
1.129-31 趄趄哉
1.183 曰:"於虖敬哉
1.185 曰:"於虖敬哉
1.245 哉(載)公眉壽
3.980 曰:欽哉
5.2833 烏虖(乎)哀哉
5.2834 臣(烏)工(虖)哀哉
16.10583 哉教丩(糾)〔俗〕

1464 啞(啞)

7.4009 毛伯嚶(啞)父乍(作)仲姚寶毁

1465 𠮛(哈)

5.2841 賜女(汝)秬鬯一卣、祼圭瓚寶、朱芾、悤(蔥)黄(衡)、玉環、玉琮、金車、桒(賁)縟較(較)、朱䩲(鞹)𩌏靳、虎冟(冪)熏裏、右軛、畫轉、畫𨋈、金甬(桶)、造(錯)衡、金嶂(踵)、金豙(軶)、約(約)𣪕(盛)、金簟弼(茀)、魚箙、馬四匹、攸(鋚)勒、金𠮛(臺)、金膺、朱旂二鈴(鈴)

1466 咨

17.11260 陳侯因咨(齊)造

1467 誓(噢)

15.9715 可(何、荷)是金誓(誓)

1468 哮(咾)

11.5896 令哮(咾)乍(作)父乙寶尊彝

1469 哲

1.187-8 克悊厥德
1.189-90 克悊厥德
1.192 克悊厥德
1.261 肅悊聖武
5.2812 悊厥德

5.2836 盄(淑)哲厥德/天子明哲
9.4615 哲德不亡(忘)
9.4631 曾伯霥(漆)哲聖元武
9.4632 曾伯霥(漆)哲聖元武
16.10175 淵哲康王
16.10407 勿可哲(折)冬(中)
17.11391 相邦肖(趙)狐、邦左庫工師鄭哲、冶匜□敎(撻)齋(劑)

1470 問

17.11341 咎(高)奴曹命(令)壯罌、工師畇疾、冶問

1471 㞙

5.2757 孔㞙□□

1472 哦、䖊

6.3613 哦乍(作)父辛寶尊彝

1473 哴(讓)

1.172 聖智龏哴
1.173 聖智龏哴
1.174 聖智龏哴
1.175 聖智龏哴
1.176 聖智龏哴
1.177 聖智龏哴
1.178 聖智龏哴
1.179 聖智龏哴
1.180 聖智龏哴

1474 唐

1.272-8 虩虩(赫赫)成唐(湯)
1.285 虩虩(赫赫)成唐(湯)
9.4589 有殷天乙唐(湯)孫宋公緣(欒)
9.4590 有殷天乙唐(湯)孫宋公緣(欒)
12.6367 唐子祖乙
14.8834 唐子祖乙
14.8835 唐子祖乙
14.8836 唐子祖乙
18.11661 隰倫(令)棺(椁、郭)唐、下庫工師孫屯、冶沽敎(撻)齋(劑)

1475 唯、隹

1.38 唯翟(荆)篙(曆)屈栾(夕)
1.52 日唯辰
1.53 唯王正月
1.59 唯鄀正二月
1.60-3 唯王元年
1.72 唯正月初吉丁亥
1.73-4 唯王正月
1.75 唯王正月
1.76-7 唯王正月
1.78-9 唯王正月
1.80-1 唯王正月
1.83 唯王五十又六祀
1.85 唯王五十又六祀
1.87 唯王六〔月〕
1.88 唯正月初吉丁亥
1.89 唯正月初吉丁亥
1.93 唯王正月
1.94 唯王正月
1.95 唯王正月
1.96 唯王正月
1.97 唯王正月
1.98 唯王正月
1.99 唯王正月
1.100 唯王正月
1.101 唯王正月
1.106 唯八月甲申
1.107-8 唯正二月初吉
1.113 唯正十月
1.114 唯正十月
1.115 唯正十月
1.116 唯正十月
1.117 唯正十月
1.118-9 唯正十月
1.120 唯戉(越)十有(又)九年
1.121 唯戉(越)十有(又)九年
1.122 唯戉(越)十有(又)九年
1.124 唯王命
1.125-8 唯戉(越)十有(又)九年/唯王命
1.129-31 唯王命
1.132 唯戉(越)十有(又)九年
1.133 唯王三年
1.135 唯王三年
1.136 唯王三年
1.137-9 唯王三年
1.140 唯王正月
1.142 唯正月初吉丁亥
1.143 唯□月初吉□寅
1.144 唯正月甬(仲)春
1.145 唯康右(祐)、屯(純)魯
1.146 唯康右(祐)、屯(純)魯
1.147 唯康右(祐)、屯(純)魯
1.148 唯〔康〕右(祐)、屯(純)魯
1.149 唯王正月初吉
1.150 唯王正月初吉
1.151 唯王正月初吉
1.152 唯王正月初吉
1.153 唯正月初吉丁亥
1.154 唯正月初吉丁亥
1.155 邩(越)禦曰:唯余〔者〕(諸)尸(夷)連
1.157 唯廿又再祀
1.158 唯廿又再祀
1.159 唯廿又再祀
1.160 唯廿又再祀
1.161 唯廿又再祀
1.171 唯王正月
1.172 唯正月初吉庚午
1.173 唯正月初吉庚午
1.174 唯正月初吉庚午
1.175 唯正月初吉庚午
1.176 唯正月初吉庚午
1.177 唯正月初吉庚午
1.178 唯正月初吉庚午
1.179 唯正月初吉庚午
1.180 唯正月初吉庚午
1.182 唯正月初吉
1.183 唯正九月
1.185 唯正九月
1.193 唯正月初吉丁亥
1.194 唯正月初吉丁亥
1.195 唯正月初吉丁亥
1.196 唯正月初吉丁亥
1.197 唯正月初吉丁亥
1.198 唯正月初吉丁亥
1.199 唯正月初吉丁亥
1.200 唯正月初吉丁亥
1.201 唯正月初吉丁亥
1.202 唯正月初吉丁亥
1.203 唯正月初吉丁亥
1.204-5 唯十又六年

1.206-7 唯十又六年
1.208 唯十又六年
1.209 唯十又六年
1.210 唯正五月／蔡侯〔[illegible]〕曰：余唯(雖)末少子
1.211 唯正五月／蔡侯〔[illegible]〕曰：余唯(雖)末少子
1.217 唯正月初吉孟庚／蔡侯〔[illegible]〕曰：余唯(雖)末少子
1.218 唯正月初吉孟庚／蔡侯〔[illegible]〕曰：余唯(雖)末少子
1.219 唯正月初吉孟庚／蔡侯〔[illegible]〕曰：余唯(雖)末少子
1.220 唯正月初吉孟庚／蔡侯〔[illegible]〕曰：余唯(雖)末少子
1.221 唯正月初吉孟庚／蔡侯〔[illegible]〕曰：余唯(雖)末少子
1.222 唯正月初吉孟庚／蔡侯〔[illegible]〕曰：余唯(雖)末少子
1.225 唯王正月
1.226 唯王正月
1.227 唯王正月
1.228 唯王正月
1.229 唯王正月
1.230 唯王正月
1.231 唯王正月
1.232 唯王正月
1.233 唯王正月
1.234 唯王正月
1.235 唯王正月
1.236 唯王正月
1.237 唯王正月
1.245 唯王正月
1.260 唯皇上帝、百神保余小子／我唯司(嗣)配皇天／參(叁)壽唯利
1.261 唯正月初吉丁亥
1.271 唯王五月
1.272-8 唯王五月／伊少(小)臣唯補(輔)
1.285 唯王五月／伊少(小)臣唯補(輔)
2.358 唯王五祀
2.421 唯正初吉丁亥
2.422 唯正初吉丁亥
2.424 唯王正月
2.428 唯正月□□□□
2.429 唯正月初吉庚午
3.609 唯黄朩(幹)[illegible]用吉金乍(作)鬲
3.610 唯黄朩(幹)[illegible]用吉金乍(作)鬲
3.699 唯曾伯宫父穆
3.731 唯五月初吉丁酉
3.732 唯番君酖伯自乍(作)寶鼎
3.733 唯番君酖伯自乍(作)寶鼎
3.734 唯番君酖伯自乍(作)寶鼎
3.745 唯九月初吉庚寅
3.746 唯六月初吉
3.747 唯六月初吉
3.748 唯六月初吉
3.749 唯六月初吉
3.750 唯六月初吉
3.751 唯六月初吉
3.752 唯六月初吉
3.753 唯十又二月既生霸
3.754 唯六月既生霸乙卯
3.755 唯六月既生霸乙卯
3.934 唯[illegible]用吉金
3.940 唯正月初吉庚午
3.942 唯六月初吉
3.943 唯曾子仲謱用其吉金
3.946 唯正月初吉丁亥
3.947 唯九月初吉丁亥
3.948 唯六月既死霸丙寅
4.2473 厥日唯乙
5.2539 唯[illegible]用吉金
5.2540 唯[illegible]用吉金
5.2550 唯王十月既吉
5.2569 唯正月初[吉]
5.2575 唯伯殷父北師(次)叟年
5.2578 唯丁未
5.2603 唯緊(紷)子丙車乍(作)行貞(鼎)
5.2604 唯緊(紷)子丙車乍(作)行貞(鼎)
5.2614 考(孝)沓(友)唯井(型)
5.2615 唯歸／唯八月在皕(頗)应
5.2617 唯番袒伯者尹自乍(作)寶貞(鼎)
5.2618 唯番袒伯者尹自乍(作)寶貞(鼎)
5.2620 唯曾子仲謱用其吉金
5.2621 唯深伯[illegible](格)[illegible]林乍(作)貞(鼎)
5.2622 唯袒伯業自乍(作)寶磚盜
5.2624 唯正月初吉乙亥
5.2626 唯成王大桒(祓)在宗周
5.2627 唯成王大桒(祓)在宗周
5.2643 唯登(鄧)八月初吉
5.2650 唯正月初吉丁亥
5.2652 唯五月初吉丁亥
5.2656 唯十又二月初士(吉)
5.2657 唯黄孫子綵(紷)君叔單自乍(作)貞(鼎)
5.2660 萬年唯人(仁)
5.2661 唯三月
5.2663 唯正月初吉庚午
5.2664 唯正月初吉庚午
5.2665 唯正月初吉庚午
5.2666 唯正月初吉庚午
5.2668 唯正月初吉己亥
5.2669 唯五月庚申
5.2670 唯八月初吉
5.2671 唯女(汝)率我多友以事
5.2672 唯女(汝)率我多友以事
5.2678 唯十月
5.2690 唯八月初吉庚申

5.2691 唯八月初吉庚申
5.2692 唯八月初吉庚申
5.2694 唯反(返)
5.2695 唯征(正)月既望癸酉
5.2697 唯王四年
5.2698 唯王四年
5.2699 唯王四年
5.2700 唯王四年
5.2704 唯八月初吉
5.2706 唯十又一月
5.2708 唯王餴闌(管)大室
5.2709 唯各 / 唯王正(征)井方
5.2713 唯九月初吉庚寅
5.2714 唯王八月既望
5.2715 唯正月初吉丁亥
5.2716 唯正月初吉丁亥
5.2717 唯正月初吉丁亥
5.2718 唯十又二月丁丑
5.2719 唯十又二月
5.2720 唯七月
5.2721 唯十又一月
5.2722 唯正八月
5.2724 毛公旅鼎亦唯𣪘 / 亦引唯考(孝)
5.2725 唯八月
5.2726 唯八月
5.2728 唯公大(太)保來伐反(叛)尸(夷)年
5.2729 唯二月初吉庚寅
5.2730 唯王來各于成周年
5.2732 唯正月初吉辛亥
5.2734 唯正五月
5.2735 唯八月既望(望)戊辰
5.2736 唯八月既望(望)戊辰
5.2738 唯正月初吉丁亥
5.2739 唯周公于征伐東尸(夷)
5.2740 唯王伐東尸(夷)
5.2741 唯王伐東尸(夷)
5.2742 唯三年四月庚午
5.2747 唯五月既望
5.2748 唯廿又二年
5.2749 唯九月既生霸辛酉
5.2751 唯王令南宮伐反(叛)虎方之年
5.2752 唯王令南宮伐反(叛)虎方之年
5.2753 唯十又四月
5.2754 唯五月既死霸
5.2755 唯王九月既望乙巳
5.2756 唯二月既生霸丁丑
5.2758 唯四月既生霸己丑
5.2759 唯四月既生霸己丑
5.2760 唯四月既生霸己丑
5.2761 唯四月既生霸己丑
5.2763 唯十月又一月丁亥
5.2765 唯三月初吉
5.2766 唯正月吉日初庚
5.2767 唯王正月
5.2768 唯五月初吉壬申
5.2769 唯五月初吉壬申
5.2770 唯五月初吉壬申
5.2771 唯都八月
5.2772 唯都八月
5.2774 王母唯用自念于周公孫子
5.2776 唯五月
5.2777 唯六年八月
5.2780 唯十又二月
5.2781 唯五月既生霸庚午
5.2782 嘉是唯哀成叔
5.2783 唯七年十月既生霸
5.2784 唯十又五年
5.2785 唯十又三月庚寅 / 唯臣尚(常)中臣
5.2786 唯三月初吉甲戌
5.2787 唯三年五月丁巳
5.2788 唯三年五月丁巳
5.2789 唯九月既望乙丑
5.2790 唯王廿又三年九月
5.2791 唯正月既生霸庚申
5.2792 唯三月初吉庚寅
5.2796 唯王廿又三年九月
5.2797 唯王廿又三年九月
5.2798 唯王廿又三年九月
5.2799 唯王廿又三年九月
5.2800 唯王廿又三年九月
5.2801 唯王廿又三年九月
5.2802 唯王廿又三年九月
5.2804 唯王九月丁亥
5.2805 唯王五月
5.2806 唯十又五年
5.2807 唯十又五年
5.2808 唯十又五年
5.2809 唯三月丁卯
5.2810 唯還自征
5.2811 唯正月初吉丁亥
5.2813 唯六月既生霸庚寅
5.2814 唯九月既望甲戌
5.2815 唯十又九年
5.2816 唯王八月
5.2817 唯三年三月 / 唯小臣、善(膳)夫、守、[友]、官、犬
5.2818 唯卅又二年
5.2819 唯廿又八年

5.2820 唯十又二月初吉/今余唯肇𤔲(申)先王令/唯用妥(綏)福
5.2821 唯十又七年
5.2822 唯十又七年
5.2823 唯十又七年
5.2824 王唯念𢦚辟剌(烈)考甲公/唯厥事(使)乃子𢦚萬年辟事天子
5.2825 唯卅又七年
5.2826 唯王九月乙亥/晉姜曰：余唯司(嗣)朕先姑君晉邦
5.2827 唯三年五月
5.2828 唯三年五月
5.2829 唯三年五月
5.2830 唯王八祀正月
5.2831 唯九年正月/叡厥唯顏林
5.2832 唯正月初吉庚戌/唯王五祀
5.2833 亦唯噩(鄂)侯馭方率南淮尸(夷)、東尸(夷)
5.2834 亦唯噩(鄂)侯馭方率南〔淮〕尸(夷)、東〔尸〕廣〔伐〕南或(國)東或(國)
5.2835 唯十月/唯俘車不克以/唯馬敺(毆)盡
5.2836 今余唯𤔲(申)𩫏(就)乃令(命)
5.2837 唯九月/唯殷邊侯、田(甸)雩(與)殷正百辟/余唯即朕小學/今我唯即井(型)𡩜(稟)于文王正德/今余唯令女(汝)盂召(紹)焚(榮)/唯王廿又三祀
5.2838 唯王元年/唯王四月既省(生)霸/曶曰：弋唯朕禾是賞(償)
5.2839 唯八月既望/唯王廿又五祀
5.2840 唯十四年/唯俌(傅)㑄(姆)氏(是)從/考𡰥(度)唯型/唯𪊨(吾)老賙(賈)
5.2841 唯天𨼏(壯)集厥命/亦唯先正𤔔辪(辥)厥辟/今余唯肇巠(經)先王命/引唯乃智/無唯正聞(昏)/引其唯王智/廼唯是喪我或(國)/今余唯𤔲(申)先王命
6.3730 唯子孫乍(作)寶
7.3807 唯九月初吉
7.3820 唯王四年
7.3858 唯十又四月
7.3910 唯十月
7.3911 唯十月
7.3939 唯正月己亥
7.3950 唯九月
7.3951 唯九月
7.3952 唯三月初吉
7.3953 唯七月既生霸
7.3956 唯王正月
7.3957 唯王正月
7.3983 唯二月戊寅
7.4023 唯五月
7.4024 唯十又一月
7.4025 唯十又一月
7.4026 唯十又一月
7.4028 唯六月初吉丙申
7.4029 唯王令明公
7.4032 唯王正月
7.4033 唯王五月甲寅
7.4034 唯王五月甲寅
7.4035 唯十又二月初吉
7.4045 唯正月初吉丁亥
7.4046 唯八月初吉庚午
7.4047 唯巢來钕(迮)
7.4051 唯曾伯文自乍(作)寶毁
7.4052 唯曾伯文自乍(作)寶毁
7.4053 唯曾伯文自乍(作)寶毁
7.4055 唯登(鄧)九月初吉
7.4060 唯九月初吉戊戌
7.4073 唯用祈𠦪(祓)邁(萬)年
7.4074 唯七月初吉甲戌
7.4075 唯七月初吉甲戌
7.4088 唯十月初吉辛巳
7.4089 唯三月既望乙亥
7.4095 唯食生(甥)走馬谷自乍(作)吉金用尊毁
7.4098 唯八月既生霸
7.4099 唯八月初吉丁亥
7.4104 唯九月初吉庚午
7.4105 唯九月初吉庚午
7.4106 唯九月初吉庚午
7.4112 唯十又一月
7.4113 唯八月初吉壬午
7.4115 唯用妥(綏)神褱(鬼)/唯匄萬年
7.4118 唯正月初吉庚寅
7.4119 唯正月初吉庚寅
8.4121 唯正月甲申
8.4125 唯十又五年六月
8.4126 唯王四年
8.4127 唯二月初吉
8.4130 唯王三月
8.4131 唯甲子朝
8.4132 唯王𠦪(祓)于宗周
8.4133 唯王𠦪(祓)于宗周
8.4134 唯六月既死霸壬申
8.4135 唯六月既死霸壬申
8.4136 唯二月乙亥
8.4138 唯𡚬令伐人(夷)方
8.4144 唯王廿祀
8.4145 唯十又四年
8.4146 唯十又一月
8.4152 唯五年正月丙

午
8.4154 唯六月初吉
8.4155 唯六月初吉
8.4156 唯伯家父郜廼用吉金
8.4157 唯正二月
8.4158 唯正二月
8.4159 唯正月初吉丁卯
8.4165 唯六月初吉丁巳
8.4166 唯四月初吉丁亥
8.4168 唯正月初吉壬午
8.4169 唯王伐逨(徠)魚
8.4178 唯正月初吉乙亥
8.4179 唯五月既死霸辛未
8.4180 唯五月既死霸辛未
8.4181 唯五月既死霸辛未
8.4183 唯都正二月
8.4190 唯王五月
8.4191 唯王初女(如)[illegible]
8.4192 唯十又二月
8.4193 唯十又二月
8.4194 唯四月初吉丁卯
8.4195 唯六月既生霸亲(辛)巳
8.4196 唯六月既生霸戊戌
8.4197 唯元年三月丙寅
8.4201 唯五月壬辰
8.4202 唯三月初吉庚午
8.4203 唯五月既生霸庚申
8.4204 唯五月既生霸庚申
8.4205 唯九月既望庚寅
8.4206 唯五月既望甲子
8.4207 唯六月既生霸
8.4208 唯王十又四祀
8.4209 唯八月初吉丁亥
8.4210 唯八月初吉丁亥
8.4211 唯八月初吉丁亥
8.4212 唯八月初吉丁亥
8.4214 唯王三祀四月
8.4215 唯王正月
8.4216 唯王五年九月
8.4217 唯王五年九月
8.4218 唯王五年九月
8.4225 唯十又三年
8.4226 唯十又三年
8.4227 唯十又三年
8.4228 唯十又三年
8.4229 唯三年五月丁巳
8.4230 唯三年五月丁巳
8.4231 唯三年五月丁巳
8.4232 唯三年五月丁巳
8.4233 唯三年五月丁巳
8.4234 唯三年五月丁巳
8.4235 唯三年五月丁巳
8.4236 唯三年五月丁巳
8.4237 唯戎大出于軝 / 唯用妥(綏)康令于皇辟侯
8.4238 唯十又二月
8.4239 唯十又二月
8.4240 唯十又二月初吉
8.4241 唯三月
8.4243 唯二月初吉
8.4244 唯王十又二年
8.4245 唯王四月
8.4246 唯正月初吉丁亥
8.4247 唯正月初吉丁亥
8.4248 唯正月初吉丁亥
8.4249 唯正月初吉丁亥
8.4250 唯王三月
8.4251 唯十又二年
8.4252 唯十又二年
8.4253 唯五月初吉枂(甲)戌
8.4254 唯五月初吉枂(甲)戌
8.4255 唯正月乙巳
8.4256 唯廿又七年
8.4257 唯八月初吉戊寅
8.4258 唯四月初吉
8.4259 唯四月初吉
8.4260 唯四月初吉
8.4261 唯朕又(有)蔑
8.4262 唯正月初吉癸巳
8.4263 唯正月初吉癸巳
8.4264 唯正月初吉癸巳
8.4265 唯正月初吉癸巳
8.4266 唯三月
8.4267 唯正月初吉丁卯
8.4268 唯二年三月
8.4269 唯十又三月既望 / 賜君我唯賜壽(儔)
8.4270 唯十又二月
8.4271 唯十又二月
8.4272 唯王十又三年
8.4273 唯六月初吉
8.4274 唯元年五月
8.4275 唯元年五月
8.4276 唯王二月既省(生)霸
8.4277 唯三年三月
8.4278 唯卅又二年
8.4279 唯王元年
8.4280 唯王元年
8.4281 唯王元年
8.4282 唯王元年
8.4283 唯二月初吉戊寅 / 今余唯𤕌(申)先王令(命)
8.4284 唯二月初吉戊寅 / 今余唯𤕌(申)先王令(命)
8.4285 唯五年三月 / 今余唯或𤔲(嗣)命女

(汝)
8.4286 唯王九月
8.4287 唯王廿又七年
8.4288 唯王元年正月
8.4289 唯王元年正月
8.4290 唯王元年正月
8.4291 唯王元年正月
8.4292 唯五年正月己丑
8.4293 唯六年四月甲子
8.4294 唯王九月
8.4295 唯王九月
8.4296 唯二年正月初吉/今余唯醽(申)臺(就)乃命
8.4297 唯二年正月初吉/今余唯醽(申)臺(就)乃命
8.4298 唯十又二年
8.4299 唯十又二年
8.4300 唯王于伐楚/唯九月既死霸丁丑/唯丁公報
8.4301 唯王于伐楚/唯九月既死霸丁丑/唯丁公報
8.4302 唯王正月
8.4303 唯十又七年
8.4304 唯十又七年
8.4305 唯十又七年
8.4306 唯十又七年
8.4307 唯十又七年
8.4308 唯十又七年
8.4309 唯十又七年
8.4310 唯十又七年
8.4311 唯王元年正月
8.4312 唯王元年九月/今余唯肇醽(申)乃令(命)
8.4316 唯元年六月/今余唯帥井(型)先王令(命)
8.4317 唯王十又二祀
8.4318 唯三年二月/今余唯醽(申)臺(就)乃令(命)
8.4319 唯三年二月/今余唯醽(申)臺(就)乃令(命)
8.4320 唯四月
8.4321 唯王十又七祀
8.4322 唯六月初吉乙酉
8.4323 唯王十月/唯王十又一月
8.4324 唯十又一年/今余唯醽(申)臺(就)乃令(命)
8.4325 唯十又一年/今余唯醽(申)臺(就)乃令(命)
8.4327 唯王十又一月/今余唯令女(汝)死(尸)葊宮、葊人
8.4328 唯九月初吉戊申
8.4329 唯九月初吉戊申
8.4330 唯考敃又念自先王、先公/其孔哀(愛)乃沈子也唯福/用妥(綏)公唯壽
8.4331 唯王九年九月甲寅
8.4332 唯三年五月
8.4333 唯三年五月
8.4334 唯三年五月
8.4335 唯三年五月
8.4336 唯三年五月
8.4337 唯三年五月
8.4338 唯三年五月
8.4339 唯三年五月
8.4340 唯元年既望丁亥/今余唯醽(申)臺(就)乃令(命)
8.4341 唯八月初吉/唯民亡徣(延)才(哉)/唯敬德/唯乍(作)卲(昭)考爽
8.4342 唯王身厚皆/今余唯醽(申)臺(就)乃令(命)/唯元年二月
8.4343 唯王七年/今余唯或𩚵改/今余唯醽(申)臺(就)乃命
9.4429 唯王正月既望
9.4430 唯五月既生霸庚寅
9.4438 唯卅又三年
9.4439 唯卅又三年
9.4446 萬年唯亟(極)
9.4447 萬年唯亟(極)
9.4454 唯王元年
9.4455 唯王元年
9.4456 唯王元年
9.4457 唯王元年
9.4462 唯四年二月
9.4463 唯四年二月
9.4464 唯王十又八年正月
9.4465 唯十又八年/唯用獻于師尹、倗友、聞(婚)遘(媾)
9.4466 唯王廿又五年
9.4467 則繇唯乃先祖考又(有)爵(勛)于周邦/余唯巠(經)乃先祖考/今余唯醽(申)臺(就)乃令(命)
9.4468 則唯乃先祖考又(有)爵(勛)于周邦/余唯巠(經)乃先祖考/今余唯醽(申)臺(就)乃令(命)
9.4469 則唯輔天降喪/不[盄]唯死
9.4573 唯九月初吉庚申
9.4575 唯八月初吉庚申
9.4576 唯八月初吉庚申
9.4577 唯八月初吉庚申
9.4578 唯羌仲无擇其吉金
9.4581 唯伯其(麒)父慶(馨)乍(作)旅祜(簠)
9.4588 唯正月初吉丁亥
9.4603 唯正月初吉丁亥
9.4604 唯正月初吉丁亥
9.4605 唯九月初吉壬申
9.4606 唯正月初吉丁亥
9.4607 唯正月初吉丁亥
9.4608 唯正月初吉丁亥
9.4609 唯正月初吉丁

亥
9.4610 唯正十又一月辛巳
9.4611 唯正十又一月辛巳
9.4612 唯正月初吉丁亥
9.4613 唯正六月
9.4614 唯正□月初吉乙亥
9.4616 唯正月初吉丁亥
9.4617 唯王正月
9.4618 唯正月初吉丁亥
9.4619 唯正月初吉丁亥
9.4620 唯十月初吉庚午
9.4621 唯十月初吉庚午
9.4622 唯十月初吉庚午
9.4623 唯正月初吉
9.4624 唯正月初吉
9.4625 唯正月初吉丁亥
9.4626 唯三月既生霸乙卯
9.4628 唯鐈唯盧(鋁)
9.4629 唯王正月
9.4630 唯王正月
9.4631 唯王九月
9.4632 唯王九月
9.4644 唯正月吉日乙丑
9.4646 唯十又四年
9.4647 唯十又四年
9.4648 唯十年
9.4649 唯正六月癸未
10.5385 唯王八月
10.5386 唯王八月
10.5397 唯王九祀
10.5398 唯十又二月
10.5400 唯明保殷成周年
10.5402 唯十又三月辛卯
10.5403 唯六月既生霸乙卯
10.5404 唯五月
10.5405 唯二月初吉丁卯
10.5406 唯九月既生霸乙亥
10.5407 唯十又九年
10.5408 唯四月初吉丙寅
10.5409 唯正月丁丑
10.5412 唯王二祀
10.5413 唯王四祀
10.5414 唯王六祀
10.5416 唯九月
10.5417 子曰：貝唯丁蔑女(汝)曆 / 唯子曰令望人(夷)方曷
10.5418 唯六月初吉
10.5421 唯王大龠(禴、礿)于宗周
10.5422 唯王大龠(禴、礿)于宗周
10.5423 唯四月初吉甲午
10.5424 唯正月甲午
10.5425 唯伯屖父以成師即東
10.5426 唯王十月既望
10.5428 唯女(汝)傚𣪘(其)敬辪(乂)乃身 / 余唯用諆(其)醽女(汝)
10.5429 唯女(汝)傚𣪘(其)敬辪(乂)乃身 / 余唯用諆(其)醽女(汝)
10.5430 唯九月初吉癸丑
10.5431 唯十又二月 / 唯還在周 / 尹賜臣唯小僰
10.5432 唯公大(太)史見服于宗周年
10.5433 唯四月初吉甲午
11.5982 唯東𤰔叀(惠)于金
11.5986 唯公遷于宗周
11.5987 唯四月乙卯
11.5988 唯四月
11.5990 唯王來征人(夷)方 / 唯王十祀又五
11.5991 唯明保殷成周年
11.5992 唯十又三月辛卯
11.5994 唯二月初吉丁卯
11.5996 唯六月既生霸乙卯
11.5997 唯五月
11.5998 丙日唯毋入于公
11.5999 唯王大龠(禴、礿)于宗周
11.6001 唯王南征在庈(斥)
11.6002 唯五月 / 唯王十又九祀
11.6004 唯九月
11.6005 唯九月既生霸
11.6006 唯六月初吉
11.6007 唯六月初吉
11.6008 唯十又三月
11.6009 唯四月初吉甲午
11.6011 唯王十又二月
11.6013 唯八月初吉
11.6014 唯王初鄦宅于成周 / 唯武王既克大邑商 / 爾有唯(雖)小子亡戠(識)/ 唯王五祀
11.6015 唯歸 / 唯天子休于麥辟侯之年鑄
11.6016 唯八月 / 唯十月月吉癸未 / 廼令曰：今我唯令女(汝)二人亢眔矢
12.6513 唯正月吉日丁酉
12.6516 唯三月初吉乙卯 / 唯王二祀
12.7310 貝唯賜
14.9050 貝唯賜
14.9051 貝唯賜
14.9103 唯四月既望丁亥
14.9104 唯王初桒(祓)于成周
14.9105 唯王廿祀
15.9192 唯[illegible](掃)
15.9249 唯王六祀
15.9303 唯五月 / 唯王十又九祀
15.9453 唯十又一月

15.9454 唯王大龠(禴)于宗周
15.9455 唯三月初吉丁亥
15.9456 唯三年三月
15.9638 唯正月初吉庚午
15.9689 唯四月 / 唯還
15.9696 唯王二月
15.9701 唯正月初吉庚午
15.9702 唯王正月
15.9703 唯王五年
15.9705 唯廿又六年
15.9706 唯王正月
15.9708 唯六月初吉丁亥
15.9710 唯王廿又六年
15.9711 唯王廿又六年
15.9712 唯曾伯陭廼用吉金鐈鋚
15.9714 唯八月既死霸戊寅
15.9716 唯五月初吉壬申
15.9717 唯五月初吉壬申
15.9719 唯十年四月吉日
15.9720 唯十年四月吉日
15.9721 唯五月初吉庚午
15.9722 唯五月初吉庚午
15.9723 唯十又三年
15.9724 唯十又三年
15.9725 唯十又六年
15.9726 唯三年九月丁巳
15.9727 唯三年九月丁巳
15.9728 唯正月初吉丁亥
15.9731 唯三年五月
15.9732 唯三年五月
15.9733 唯王正月
15.9734 唯司馬賙(貯)訢諤戰(僤)忿(怒)/ 唯邦之榦(幹)/ 唯送(朕)先王
15.9735 唯十四年 / 唯朕皇祖文、武 / 用唯朕所放(倣)/ 唯逆生禍 / 唯巛(順)生福 / 唯德筺(附)民 / 唯宜(義)可緩(長)
16.9894 唯王十祀 / 唯來束(東)
16.9895 唯五月 / 唯王十又九祀
16.9896 唯八年十又二月 / 唯朕文考乙公永啟余魯
16.9897 唯正月既生霸丁酉
16.9898 唯二月初吉丁亥 / 唯王二祀
16.9899 唯八月初吉
16.9900 唯八月初吉
16.9901 唯八月 / 唯十月月吉癸未 / 廼令曰：今我唯令女(汝)二人亢眔矢
16.9961 唯曾伯文自乍(作)厥歙(飲)鑐
16.9971 唯番伯官曾(曾)自乍(作)寶罍(鑐)
16.9972 唯東睭曺于金
16.9974 唯正月衣(初)吉丁亥
16.9975 唯王五年
16.10005 唯正月初吉丁亥
16.10006 唯正月初吉丁亥
16.10007 唯正月初吉丁亥
16.10127 唯正月初吉
16.10128 唯正月初吉
16.10136 唯番君伯歔(攏)用其青金
16.10139 唯番昶伯者君
16.10140 唯番昶伯者君用其吉金
16.10141 唯句它□□〔自〕乍(作)寶般(盤)
16.10143 唯般仲柔乍(作)其盤
16.10146 唯正月初吉庚申
16.10148 唯王二月
16.10149 唯正月初吉庚午
16.10150 唯〓右自乍(作)用其吉金寶般(盤)
16.10151 唯王八月丁亥
16.10155 唯正月初吉壬午
16.10156 唯曾子伯晵用其吉金
16.10157 唯正月初吉丁亥
16.10160 唯正月初吉丁亥
16.10161 唯五月初吉
16.10162 唯王正月
16.10163 唯王正月
16.10165 唯王正月
16.10166 唯王卅又四祀 / 唯五月既望戊午
16.10167 唯八月既生霸庚申
16.10168 唯正月既生霸乙未
15.10169 唯正二月
16.10170 唯廿年正月既望甲戌
16.10172 唯廿又八年
16.10173 唯十又二年
16.10174 唯五年三月 / 其唯我者(諸)侯、百生(姓)
16.10175 唯寏(煥)南行 / 唯辟孝沓(友)
16.10176 唯王九月
16.10207 唯曾子伯尹自乍(作)尊匜
16.10228 唯登(鄧)筡(柞)生(甥)吉疇(酬)登(鄧)公金
16.10246 唯衞邑戈伯自乍(作)寶匜
16.10250 唯伯氶乍(作)寶匜
16.10251 唯箄肈其乍(作)顋(沬)鼎也(匜)
16.10252 唯王二月
16.10258 唯番仲〓自乍(作)寶也(匜)
16.10259 唯番伯酓自乍(作)也(匜)

16.10260 唯之百〔姓〕
16.10262 唯𣲘(湇)伯君堇生(甥)自乍(作)也(匜)
16.10264 唯十月
16.10265 唯甫季加自乍(作)寶也(匜)
16.10268 唯番昶伯者君自乍(作)寶匜
16.10269 唯番昶伯者尹(君)自乍(作)寶匜
16.10271 唯番君肇用士(吉)金
16.10273 唯王正月
16.10276 唯正月初吉庚午
16.10278 唯王正月
16.10279 唯正月初吉丁亥
16.10281 唯十又二月
16.10282 唯王正月
16.10284 唯正月初吉丁亥
16.10285 唯三月既死霸甲申
16.10298 唯王五月
16.10299 唯王五月
16.10319 唯正月初吉
16.10320 唯正月初吉己酉
16.10321 唯正月初吉
16.10322 唯十又二年
16.10335 唯子𣅀(朁)鑄其行盂
16.10337 唯郯(祁)子宿車自乍(作)行盆
16.10338 唯正月初吉丁亥
16.10339 唯正九月
16.10340 唯八月初吉丁亥
16.10341 唯八月初吉庚午
16.10342 唯王正月/晉邦唯韓(翰)
16.10356 唯王正月
16.10360 唯十又二月
16.10581 唯八月甲申
18.11618 唯𢦏公之居旨卲亥(?)𠷎丌□僉(劍)
18.11656 唯𢦏公之居旨卲亥(?)𠷎丌(其)□僉(劍)
18.11692 戉(越)王唯𢦏公之居旨卲亥(?)𠷎丌□僉
18.11703 唯戉(越)王丌(其)北古
18.11704 台戉(越)不光唯曰:可
18.11816 唯俣(佗)仲𡤾子用

1476 嘒(譓)

5.2841 嘒(屏)朕立(位)
15.9516 嘒孝子
15.9542 嘒君之獲

1477 唬

1.270 唬(虢)夙夕
5.2820 唬(虢)前文人
7.4115 唬(虢)前文人

1478 𠰔(苟)

16.10125 楚季𠰔(苟)乍(作)媥(羋)尊賸(媵)盥般(盤)

1479 嘀(謫)

11.6010 祇盟嘗嘀
16.10171 祇盟嘗嘀(謫)

1480 䓇、咻

6.3710 西䓇乍(作)其妹靳𩜁(饋)鉦鍂
9.4503 西䓇乍(作)其妹靳尊簠

1481 𠯩

5.2838 廼𠯩又(有)訽(詾)眔𩰫金/曶廼每(誨)于𠯩曰:女(汝)其舍(捨)𢿛(究)矢五秉

1482 唆

11.6007 耳日唆(受)休

1483 啻

1.124 訙之于不啻
1.125-8 訙之于不啻
1.129-31 訙之于不啻
5.2731 攻龠(踰)無啻(敵)
5.2776 王啻(禘)/啻(禘)卲(昭)王
5.2839 □□用牲啻(禘)周王、武王、成王
8.4129 其用追孝于朕皇祖、啻(嫡)考
8.4165 曰:用啻(禘)于乃考
8.4266 啻(嫡)官僕、射、士
8.4288 啻(嫡)官邑人、虎臣、西門尸(夷)、㠱尸(夷)、秦尸(夷)、京尸(夷)、弁身尸(夷)
8.4289 啻(嫡)官邑人、虎臣、西門尸(夷)、㠱尸(夷)、秦尸(夷)、京尸(夷)、弁身尸(夷)
8.4290 啻(嫡)官邑人、虎臣、西門尸(夷)、㠱尸(夷)、秦尸(夷)、京尸(夷)、弁身尸(夷)
8.4291 啻(嫡)官邑人、虎臣、西門尸(夷)、㠱尸(夷)、秦尸(夷)、京尸(夷)、弁身尸(夷)
8.4316 啻(嫡)官嗣左右戲緐荆/啻(嫡)官嗣左右戲緐荆
8.4321 今余令(命)女(汝)啻(嫡)官嗣邑人
8.4322 卑(俾)克厥啻(敵)
9.4649 𡚬(招、紹)緟(緟)高祖黃啻(帝)
10.5430 公啻(禘)酌辛公祀
16.10166 啻(禘)于卲(昭)王
18.11712 大攻(工)君(尹)韓啻

1484 噬

5.2835 休不噬

1485 咸

1.157 武文咸刺(烈)
1.158 武文咸刺(烈)
1.159 武文咸刺(烈)

1.160 武文咸剌(烈)
1.161 武文咸剌(烈)
1.262-3 咸畜左右
1.264-6 咸畜左右
1.267 咸畜左右
1.268 咸畜左右
1.269 咸畜左右
1.270 咸畜百辟、胤士
1.272-8 咸有九州
1.285 咸有九州
3.944 咸
4.1520 咸父甲
4.2197 伯咸父乍(作)寶鼎
4.2311 咸娸(妳)子乍(作)祖丁尊彝
5.2661 咸
5.2739 豐公、尃(薄)古(姑)咸戈
5.2763 咸异(羿)遣福二
5.2778 咸獻工(功)
5.2810 咸酓(飲)
5.2839 咸 / 告咸 / 既咸
6.3150 咸父乙
6.3229 婦姃咸
8.4315 咸畜胤士
8.4341 咸 / 咸
10.5409 咸宜
10.5431 咸釐(理、釐)
10.5432 公大(太)史咸見服于辟王
11.5613 咸妣癸
11.6014 王咸弄(誥)
11.6015 死咸
11.6016 既咸令 / 咸既
12.6516 咸井叔入右(佑)趩
13.7641 咸
15.9714 咸
16.9901 既咸令 / 咸既
16.10342 余咸畜胤士
16.10361 咸丁亥
17.11294 咸陽工師葉、工武
17.11390 咸陽
17.11394 咸陽工師田、工大人耆、工積

1486 卽(卿)

18.11997 卽(卿)公[illegible]之矢

1487 咲(咲、笑)

3.682 伯家父乍(作)孟姜咲(媵)鬲

1488 嗌

4.1961 嗌乍(作)寶貞(鼎)
5.2547 華季嗌乍(作)寶鼎
5.2838 曰嗌
8.4130 嗌貝十朋
9.4412 華季嗌乍(作)寶段
10.5251 [illegible](蔣)嗌乍(作)寶尊彝
10.5427 乍(作)册嗌乍(作)父辛尊 / 不彔(祿)嗌子 / 弋勿刂(剥)嗌鰥寡

1489 噚

7.4120 省仲之孫爲噚
8.4315 乍(作)噚宗彝

1490 壽、𠷎(嚋)

3.904 亞無(許)𠷎(嚋)乍(作)父己彝

1491 萬、噧

3.1133 噧

1492 噔

4.2356 盅之噔(登)貞(鼎)

1493 譽(譽)

1.271 譽(與)鄩之民人都啚(鄙)
1.272-8 截截譽譽(譽譽)
1.285 截截譽譽(譽譽)

1494 廬、嚧

4.2500 伯嚧父乍(作)比鼎
9.4536 伯嚧父乍(作)餴(饋)簠

1495 噧(嚽)

5.2706 井(邢)侯征(延)噧(嚽)于麥

1496 嚷

9.4618 樂子嚷豧擇其吉金

1497 [illegible]

14.8766 子[illegible]爰

1498 [illegible](哾)

18.11995 [illegible](哾)公之矢

1499 [illegible]、[illegible]

5.2694 王賞戍[illegible]貝二朋
15.9299 丂[illegible] / [illegible]用賓父己
16.10175 卑(俾)處[illegible]

1500 [illegible]

16.10478 闊閿(狹)少(小)大之[illegible]

1501 噘

8.4343 以今匐(籍)司匍(服)厥辠(罪)噘(厥)故(辜)

1502 每(誨)

2.356 用祈寵(福)實、〔多〕壽、每(誨)魯
2.357 用祈寵(福)實、多壽、每(誨)魯

1503 咺

5.2591 [illegible]魯宰兩乍(作)其咺嘉寶鼎

1504 啞

17.11371 奠(鄭)命(令)幽□恆、司寇彭璋、武庫工師車啞、冶狎

1505 單

1.82 單伯罢生(甥)曰:不(丕)顯皇祖剌(烈)考
2.388 北單
2.389 北單
2.390 北單
3.625 曾子單用吉金自

乍(作)寶鬲
3.678 鄦(慶)大嗣攻(空)嗣攻(空)單
3.737 單伯邍父乍(作)仲姞尊鬲
4.1747 北單戈
4.1748 北單戈
4.1749 北單戈
4.1750 北單戈
4.2001 西單光父乙
4.2055 單光乍(作)從彝
4.2056 單光乍(作)從彝
4.2173 北單乍(作)從旅彝
4.2270 叔乍(作)單公寶尊彝
5.2657 唯黃孫子綏(絻)君叔單自乍(作)貞(鼎)
5.2764 單父上官嗣憙所受坪安君者也
5.2793 單父上官嗣憙所受坪安君者也 / 單父上官嗣憙所受坪安君者也
6.3120 北單
6.3239 北單戠
6.3243 西單獲
6.3417 角單匿祖己
6.3441 單光乍(作)從彝
6.3624 叔單乍(作)義公尊彝
6.3717 戠冊北單
8.4294 嗣徒單伯內(入)右(佑)揚
8.4295 嗣徒單伯內(入)右(佑)揚
9.4424 單子白乍(作)叔姜旅盨
9.4672 單罢生(甥)乍(作)羞豆
10.5007 西單獲
10.5156 西單冊父丁
10.5308 單
10.5401 單光
11.5701 單
11.5904 單
11.5905 單員(具)乍(作)父癸寶尊彝
11.5920 單乍(作)父乙旅尊彝
11.6188 北單
11.6364 西單匿
12.6384 西單父乙
12.6396 西單父丁
12.6512 周公賜小臣單貝十朋
12.7014 南單
12.7015 西單
12.7016 西單
12.7017 北單
12.7018 單光
12.7191 南單冓
12.7192 西單光
12.7193 西單己
12.7194 西單[illegible]
12.7195 戈北單
12.7203 冬臣單
12.7273 單光乍(作)從彝
13.7648 單
13.8163 單光
13.8180 單竝
13.8257 西單
13.8258 西單
13.8259 西單
14.8760 子工單
14.8761 子工單
14.8806 北單戈
14.8807 [illegible](或、戜)北單
14.8808 西單匿
14.8884 西單父丙
14.8937 單冊父己
15.9200 西單
15.9212 單父丁
15.9230 西單父丁
15.9389 戈北單父丁
15.9396 單光乍(作)從彝用 / 單光從彝
15.9438 王乍(作)豐妊單寶盉
15.9456 裘衛廼彘(矢)告于伯邑父、燓(榮)伯、定伯、琼伯、單伯 / 伯邑父、燓(榮)伯、定伯、琼伯、單伯廼令參有嗣:嗣土(徒)微邑、嗣馬單旟、嗣工(空)邑人服眔受(授)田
15.9508 北單戈
16.9868 戈北單
16.10047 北單戈
16.10070 單子白乍(作)寶般(盤)
16.10132 綏君單自乍(作)[illegible](盤)
16.10195 蔡侯乍(作)姬單媵(媵)也(匜)
16.10235 綏君單自乍(作)寶也(匜)
16.10426 林單睘
17.11267 單靖託乍(作)用戈三万(萬)
18.11411 北單
18.11445 北單
18.11446 北單

1506 𢆉、𢆉

3.877 𢆉
3.1485 𢆉
15.9328 𢆉
15.9816 𢆉

1507 噩

3.949 在噩(鄂)師帥(次)
5.2810 噩(鄂)侯馭方內(納)壺于王
5.2833 亦唯噩(鄂)侯馭方率南淮尸(夷)、東尸(夷)/ 王廼命西六師、殷八師曰:𢦏(撲)伐噩(鄂)侯馭方 / 弗克伐噩(鄂)/ 叀(惟)西六師、殷八師伐噩(鄂)侯馭方 / 雩禹以武公徒馭至于噩(鄂)/ 辜(敦)伐噩(鄂)
5.2834 亦唯噩(鄂)侯馭方率南〔淮〕尸(夷)、東〔尸〕廣〔伐〕南或(國)東或(國)/ 王〔廼〕命廼(西)六師、殷八師曰:𢦏(撲)伐噩(鄂)侯馭方 / 雩〔禹〕以〔武公徒馭〕至于噩(鄂)
6.3574 噩(鄂))叔乍(作)寶尊彝
6.3668 噩(鄂)侯弟厤

季自乍(作)段
6.3669 噩(鄂)季奞父乍(作)寶尊彝
7.3928 噩(鄂)侯乍(作)王姞朕(媵)段
7.3929 噩(鄂)侯乍(作)王姞朕(媵)段
7.3930 噩(鄂)侯乍(作)王姞朕(媵)段
7.4056 叔噩父乍(作)鷺姬旅段
7.4057 叔噩父乍(作)鷺姬旅段
7.4058 叔噩父乍(作)鷺姬旅段
10.5325 噩(鄂)侯弟厝(曆)季乍(作)旅彝
11.5855 噩(鄂)革弔乍(作)寶尊
11.5912 噩(鄂)侯弟厝(曆)季乍(作)旅彝
11.5960 事(史)噩乍(作)丁公寶彝

1508 襄、𡿧、𡿧(攘)

1.272-8 其配襄公之始
1.280 其配襄公之始
1.285 不(丕)顯穆公之孫、其配襄公之始
3.848 襄射乍(作)尊
3.1040 襄
3.1041 襄
4.1593 襄父丁
4.2303 襄公上坴(堷)曲昜戈
6.3084 母襄
9.4466 襄
9.4694 全泰(率)一泼(挻)襄(鑲)
11.5574 襄射
11.6208 襄祖戊
11.6271 襄父己
12.6552 襄
12.6915 襄未
12.7080 襄祖己
13.7710 襄
13.7711 襄
13.7712 襄
13.8246 襄射
14.8333 襄祖己
14.8334 襄祖己
14.8495 襄父丁
14.8643 襄父辛
14.8714 襄父癸
14.9047 襄庚乍(作)祖辛彝
15.9110 襄
15.9203 襄祖己
15.9787 襄父丁
16.9906 襄
16.9975 重金絡襄(鑲)
16.10080 穌(蘇)甫(夫)人乍(作)嫚(姪)妃襄賸(媵)般(盤)
16.10133 薛侯乍(作)叔妊襄朕(媵)般(盤)
16.10176 散人小子眉(堳)田:戎、微父、效䍐(櫂)父、襄之有嗣橐、州豪(就)、倏從鬲(鬲)
16.10205 穌(蘇)甫(夫)人乍(作)嫚(姪)妃襄賸(媵)盉也(匜)
16.10263 薛侯乍(作)叔妊襄朕(媵)也(匜)
18.11565 襄田倫(令)夆(舉)名、司寇麻維、右庫工師甘(邯)丹(鄲)飥、冶向敳(造)
18.12110 大司馬卲(昭)鄒(陽)敗晉師於襄陵之歲
18.12111 大司馬卲(昭)鄒(陽)敗晉師於襄陵之歲
18.12112 大司馬卲(昭)鄒(陽)敗晉師於襄陵之歲
18.12113 大司馬卲(昭)鄒(陽)敗晉師於襄陵之歲

1509 𡿧(兢)

5.2648 子賜小子臦(哭)王商(賞)貝在𡿧(兢)帥(次)

1510 𡿧、𡿧(鑲)

11.5831 𡿧
11.5928 𡿧辟乍(作)日癸公寶尊彝

1511 𡿧、𡿧(壞)

11.6256 𡿧父丁

1512 嚴

1.49 先王其嚴(儼)在帝左右
1.109-10 前文人其嚴在上
1.112 前文人其嚴在上
1.145 皇考其嚴在上
1.146 皇考其嚴在上
1.147〔皇考〕其嚴在上
1.148 皇考其嚴在〔上〕
1.187-8 皇祖考其嚴在上
1.189-90 皇祖考其嚴在下(上)
1.238 皇考嚴在上
1.239 皇考嚴在上
1.240 皇考其嚴在上
1.241 皇考其嚴在上
1.242-4 皇考嚴在上
1.246 嚴在上
1.247 大神其陟降嚴祜
1.248 大神其陟降嚴祜
1.249 大神其陟降嚴祜
1.250 大神其陟降嚴祜
1.260 先王其嚴在上
1.270 嚴龏夤天命
5.2835 用嚴(玁)允(狁)放瀕
8.4242 其嚴在上
8.4315 嚴龏(恭)夤天命/焽(其)嚴遡(遄)各
8.4326 嚴(儼)在上
15.9735 嚴敬不敢怠(怠)荒
17.11381 楚王酓(熊)璋嚴龏(恭)寅乍(作)軞(榦)戈

1513 器

1.149 分器是寺(持)
1.150 分器是寺(持)
1.151 分器是寺(持)
1.152 分器是寺(持)
1.245 元器其舊
3.624 黃子乍(作)黃甫(夫)人孟母器
3.626 樊君乍(作)叔𡿧羸賸(媵)器寶鬻(烓)
3.687 黃子乍(作)黃甫

(夫)人行器
3.914 鑄器客爲集糌七府
4.1974 龏乍(作)寶器
4.2073 [illegible]律乍(作)匋(寶)器
4.2450 曾子伯誩鑄行器
4.2497 黄君孟自乍(作)行器ㄋ
4.2498 鄬(邊)子蒷臺爲其行器
5.2566 黄子乍(作)黄甫(夫)人行器
5.2567 黄子乍(作)黄甫(夫)人孟姬器
5.2705 爲寶器鼎二、段二
5.2727 師器父乍(作)尊鼎/師器父其萬年
5.2745 圅皇父乍(作)周娟(妘)般(盤)盉尊器
5.2782 乍(作)鑄飤器黄鑊
7.3791 自乍(作)器
7.4046 用乍(作)宮仲念器
7.4097 用爲寶器鼎二、段二
8.4141 圅皇父乍(作)琱娟(妘)般(盤)盉尊器段具
8.4142 圅皇父乍(作)琱娟(妘)般(盤)盉尊器段具
8.4143 圅皇父乍(作)琱娟(妘)般(盤)盉尊器段具
8.4145 乍(作)皇妣孝大妃祭器鉠鐔(敦)
8.4152 妳乍(作)皇妣[illegible](玪)君中妃祭器八段
8.4192 用自乍(作)寶器
8.4193 用自乍(作)寶器
8.4195 王命萮眔叔緐父歸(饋)吳姬饔(饔)器
8.4315 西元器
9.4459 俘戎器
9.4460 俘戎器
9.4461 俘戎器
9.4526 伯彊爲皇氏伯行器
9.4528 曾子屎(屡)自乍(作)行器
9.4529 曾子屎(屡)自乍(作)行器
9.4544 子叔牀(秌)父乍(作)行器
9.4545 臺爲其行器
9.4598 曾侯乍(作)叔姬、邛(江)嬶(芈)賸(媵)器鬻彝
9.4629 台(以)乍(作)厥元配季姜之祥器
9.4630 台(以)乍(作)厥元配季姜之祥器
9.4646 乍(作)皇妣孝大妃祭器鉠(鉽)鐔(敦)
9.4647 乍(作)皇妣孝大妃祭器鉠(鉽)鐔(敦)
9.4648 用乍(作)平壽适器𦎫(敦)
9.4649 用乍(作)孝武趄(桓)公祭器鐔(敦)
9.4686 黄君孟自乍(作)行器
9.4687 黄子乍(作)黄甫(夫)人行器
10.5407 用乍(作)文考癸寶尊器
11.5931 曶乍(作)文考日庚寶尊器
15.9445 黄子乍(作)黄甫(夫)人行器
15.9636 黄君孟自乍(作)行器
15.9663 黄子乍(作)黄父(夫)人行器
15.9664 黄子乍(作)黄父(夫)人行器
15.9665 爿(片)器嗇夫亮疸所勒(勒)斡(看)器乍(作)勒(勒)者
15.9666 爿(片)器嗇夫亮疸所勒(勒)斡(看)器乍(作)勒(勒)者
15.9675 左使車嗇夫孫固所勒(勒)斡(看)器乍(作)勒(勒)者
15.9678 台(以)爲祠器
15.9679 台(以)爲祠器
16.9963 黄君孟自乍(作)行器
16.9966 黄子乍(作)黄甫(夫)人孟乙行器
16.9987 黄子乍(作)黄孟姬行器
16.10074 伯雍父自乍(作)用器
16.10101 用乍(作)仲宕(寶)器
16.10104 黄君孟自乍(作)行器
16.10122 黄子乍(作)黄孟臣(姬)行器
16.10146 黄韋俞父自乍(作)飤器
16.10164 圅皇父乍(作)琱娟(妘)般(盤)盉尊器
16.10176 曰：我既(既)付散氏田器
16.10230 黄君孟自乍(作)行器
16.10254 黄子乍(作)黄孟臣(姬)行器
16.10331 子叔嬴內君乍(作)寶器
16.10355 黄子乍(作)黄甫(夫)人孟姬器
16.10381 郘秎之器(？)
16.10438 大府之器
16.10441 牀(藏)麀(鑣)嗇夫郜信勒(勒)斡(看)器
16.10442 牀(藏)麀(鑣)嗇夫郜信勒(勒)斡(看)器
16.10443 牀(藏)麀(鑣)嗇夫郜信勒(勒)斡(看)器
17.11382 龏倫(令)艇腨、司寇奠(鄭)宮、左庫工師器較(較)、冶□散(造)
18.11557 相邦春平侯、邦左伐器工師長翟(鳳)、冶私(粘)教

(撻)齋(劑)
18.11662 相邦春平侯□伐器工師□□、冶□
18.11689 相邦春平侯、邦左伐器工師長翟(鳳)、冶赦教(撻)齋(劑)
18.11690 相邦春平侯、邦左伐器工師長翟(鳳)、冶明教(撻)齋(劑)
18.11691 相邦春平侯、邦左伐器工師長翟(鳳)、冶句教(撻)齋(劑)
18.11699 相邦春平侯、邦左伐器工師□□□□、冶亘教(撻)齋(劑)
18.11709 相邦春平侯、邦右伐器工師羊敕(播)、冶疢教(撻)齋(劑)
18.11710 相邦春平侯、左伐器厮工師析論、冶瓬教(撻)齋(劑)
18.11713 相邦春平侯、邦左伐器工師長翟(鳳)、冶句教(撻)齋(劑)
18.11714 相邦春平侯、邦左伐器工師長翟(鳳)、冶句教(撻)齋(劑)
18.11715 相邦春平侯、邦右伐器工師從詥、冶巡教(撻)齋(劑)
18.11716 相邦春平侯、邦左伐器工師長翟(鳳)、冶�教(撻)齋(劑)

1514 𡅕(唬)

14.9102 王賜莆亞𡅕(唬)奚貝

1515 囂

5.2840 毋眔而囂
16.10149 囂伯塍(媵)嬴尹母費(沬)盤
16.10373 羅莫囂(敖)臧帀(師)、連囂(敖)屈走(让)
17.11400 囂仲之子伯剌

1516 嚻、嚻

4.2229 沖子嚻之行貞(鼎)
5.2841 賜女(汝)秬鬯一卣、祼圭瓚寶、朱芾、悤(蔥)黄(衡)、玉環、玉琜、金車、桒(賁)緟較(較)、朱嚻(鞹)𩏫靳、虎冟(冪)熏裏、右軛、畫轉、畫輯、金甬(桶)、逪(錯)衡、金嶂(踵)、金豙(軶)、約(約)𧢻(盛)、金簟弼(茀)、魚箙、馬四匹、攸(鋚)勒、金𠯑(臺)、金膺、朱旂二鈴(鈴)

1517 品

3.754 賜玉五品、馬四匹
3.755 賜玉五品、馬四匹
5.2710 王令寢䢅省北田四品
5.2839 凡區以品
8.4241 賜臣三品: 州人、重人、墉(鄘)人
10.5415 征(誕)兄(貺)六品
11.6003 征(誕)兄(貺)六品
16.10166 祼玉三品

1518 枭

7.3764 叔枭父乍(作)寶毁
17.11006 枭之艁(造)

1519 曰

1.60-3 叔氏若曰: 逆
1.82 單伯冞生(甥)曰: 不(丕)顯皇祖剌(烈)考
1.104 王若曰: 冞〔生〕(甥)
1.106 厥格(名)曰身柦(恤)
1.109-10 井人人妄曰: 覭(景)盄(淑)文祖、皇考
1.111 井人人妄曰: 覭(景)盄(淑)文祖、皇考
1.120 王曰: 者㲻
1.121 王曰: 者㲻
1.122 王曰: 者㲻
1.125-8 王曰: 者㲻
1.132 王曰: 者㲻
1.149 曰: 余畢龏威(畏)忌
1.150 曰: 余畢龏威(畏)忌
1.151 曰: 余畢龏威(畏)忌
1.152 曰: 余畢龏威(畏)忌
1.155 □於□曰利 / 邸(越)禦曰: 唯余〔者〕(諸)尸(夷)連 /〔大〕邾曰之
1.156 乍(作)□曰: 自祈□曰 /□再愁(勞)曰利 / 曰: 余入邦 / 行則曰: 自余
1.181 兹鐘名曰無冞(射)
1.183 曰: "於虖敬哉
1.185 曰: "於虖敬哉
1.187-8 梁其曰: 不(丕)顯皇祖考
1.189-90 梁其曰: 不(丕)顯皇祖考
1.192 曰: 不(丕)顯皇祖考
1.210 蔡侯〔龖〕曰: 余唯(雖)末少子
1.211 蔡侯〔龖〕曰: 余唯(雖)末少子
1.217 蔡侯〔龖〕曰: 余唯(雖)末少子
1.218 蔡侯〔龖〕曰: 余唯(雖)末少子
1.219 蔡侯〔龖〕曰: 余唯(雖)末少子
1.220 蔡侯〔龖〕曰: 余唯(雖)末少子
1.221 蔡侯〔龖〕曰: 余唯(雖)末少子

1.222 蔡侯〔龖〕曰：余唯(雖)末少子
1.225 郘(呂)黛(繛)曰：余畢公之孫、郘(呂)伯之子
1.226 郘(呂)黛(繛)曰：余畢公之孫、郘(呂)伯之子
1.227 郘(呂)黛(繛)曰：余畢公之孫、郘(呂)伯之子
1.228 郘(呂)黛(繛)曰：余畢公之孫、郘(呂)伯之子
1.229 郘(呂)黛(繛)曰：余畢公之孫、郘(呂)伯之子
1.230 郘(呂)黛(繛)曰：余畢公之孫、郘(呂)伯之子
1.231 郘(呂)黛(繛)曰：余畢公之孫、郘(呂)伯之子
1.232 郘(呂)黛(繛)曰：余畢公之孫、郘(呂)伯之子
1.233 郘(呂)黛(繛)曰：余畢公之孫、郘(呂)伯之子
1.234 郘(呂)黛(繛)曰：余畢公之孫、郘(呂)伯之子
1.235 郘(呂)黛(繛)曰：余畢公之孫、郘(呂)伯之子
1.236 郘(呂)黛(繛)曰：余畢公之孫、郘(呂)伯之子
1.237 郘(呂)黛(繛)曰：余畢公之孫、郘(呂)伯之子
1.238 虢叔旅曰：不(丕)顯皇考叀(惠)叔
1.239 虢叔旅曰：不(丕)顯皇考叀(惠)叔
1.240 虢叔旅曰：不(丕)顯皇考叀(惠)叔
1.241 虢叔旅曰：不(丕)顯皇考叀(惠)叔
1.242-4 虢叔旅曰：不(丕)顯皇考叀(惠)叔
1.245 曰：余畢龏威(畏)忌
1.247 瘐曰：不(丕)顯高祖、亞祖、文考
1.248 瘐曰：不(丕)顯高祖、亞祖、文考
1.249 瘐曰：不(丕)顯高祖、亞祖、文考
1.250 瘐曰：不(丕)顯高祖、亞祖、文考
1.251-6 曰古文王
1.262-3 秦公曰：我先祖受天令(命)/ 公及王姬曰：余小子
1.264-6 秦公曰：我先祖受天命 / 公及王姬曰：余小子
1.267 秦公曰：我先祖受天令(命)/ 公及王姬曰：余小子
1.268 秦公曰：我先祖受天令(命)/ 公及王姬曰：余小子
1.269 秦公曰：我先祖受天令(命)/ 公及王姬曰：余小子
1.270 秦公曰：不(丕)顯朕皇祖受天命 / 曰：余雖小子 / 厥名曰咭(固)邦
1.271 侯氏從造(告)之曰：枼(世)萬至於辝(台)孫子 / 鞷(鮑)子鞈(紷)曰：余彌心畏諆(忌)
1.272-8 公曰：女(汝)尸 / 公曰：尸 / 女(汝)尸毋曰余少(小)子 / 公曰：尸 / 至于枼(世)曰：武靈(靈)成
1.285 公曰：女(汝)尸 / 公曰：尸 / 公曰：尸 / 女(汝)尸毋曰余少(小)子 / 至于枼(世)曰：武靈(靈)成
2.426 曰：余孰臧于戎攻(功)叡(且)武
2.427 曰：余孰臧于戎攻(功)叡(且)武
2.429 曰夜白
3.949 以王令(命)曰：余令女(汝)史(使)小大邦 / 曰叚、曰旒 / 曰貯□貝
3.980 曰征(誕)有蚰匕(朼)/ 曰：欽哉
4.2263 曰：伯亩姑乍(作)尊鼎
5.2553 曰：奄以乃弟用夙夕鬻享
5.2554 曰：奄以乃弟用夙夕鬻享
5.2578 敢曰：□□仲自乍(作)末(斡)鼎
5.2594 王曰：斆隠馬
5.2671 征(延、誕)令曰：有女(汝)多兄(睨)
5.2672 征(延、誕)令曰：有女(汝)多兄(睨)
5.2696 曰：內史龏朕天君
5.2740 溓(濂)公令雪眔史旟曰：以厈眔厥有嗣、後或(國)戜伐腺(貊)
5.2741 溓(濂)公令雪眔史旟曰：以厈眔厥有嗣、後或(國)戜伐腺(貊)
5.2765 蝺拜䭫首曰：休朕皇君弗醒(忘)厥寶臣
5.2774 曰：余弋毋墉(庸)又(有)謹(忘)
5.2781 曰：用又(佐)右(佑)俗父嗣寇
5.2782 嘉曰：余鄭(墓、鄭)邦之產
5.2785 王曰：中
5.2792 始友曰考、曰攸
5.2803 王曰：令眔奮 / 曰：小子迺學
5.2804 曰：賜女(汝)赤㫄芾、緣(鑾)旂
5.2809 懋父令曰：義(宜)敕(播)
5.2812 大(太)師小子師朢(望)曰：不(丕)顯皇考宄公
5.2814 曰：官嗣穆王遉(正)側虎臣
5.2816 王命𨟭(垣)侯

伯晨曰：司(嗣)乃祖考侯于𩉘(垣)
5.2818 曰：女(汝)覓我田/虢旅迺事(使)攸衛牧誓曰：我弗具付𤔲匕(比)
5.2820 王曰：善
5.2821 曰：旅邑人、善(膳)夫
5.2822 曰：旅邑人、善(膳)夫
5.2823 曰：旅邑人、善(膳)夫
5.2824 戜曰：烏虖(乎)/戜曰：烏虖(乎)
5.2825 王曰：山
5.2826 晉姜曰：余唯司(嗣)朕先姑君晉邦
5.2827 王曰：頌
5.2828 王曰：頌
5.2829 王曰：頌
5.2830 王曰：師𩛥
5.2831 曰：顜
5.2832 曰：厲曰余執龏(恭)王恤工/曰：余舍(捨)女(汝)田五田/正迺訊厲曰：女(汝)貯田不(否)/厲迺許曰：余審貯田五田
5.2833 禹曰：不(丕)顯趠趠皇祖穆公/王迺命西六師、殷八師曰：𢦏(撲)伐噩(鄂)侯馭方/曰：于匡朕肅慕
5.2834 禹曰：不(丕)顯走(趠趠)皇祖穆公/克夾召(紹)先王曰(奠)左(四)方/王〔迺〕命迺(西)六師、殷八師曰：𢦏(撲)伐噩(鄂)侯馭方
5.2835 迺曰武公曰：女(汝)既靜(靖)京師/公窺(親)曰多友曰：余肇事(使)女(汝)
5.2836 克曰：穆穆朕文祖師華父/王若曰：克
5.2837 王若曰：盂/王曰：而(耐)/王曰：盂/王曰：盂
5.2838〔王〕若曰：曶/限許曰：𨟭則卑(俾)我賞(償)馬/曰：于王參門/井叔曰：才(裁)：王人迺賣(贖)用徵/曰陪(陪)、曰恒、曰劦、曰𨭰、曰省/曶迺每(誨)于𩵦曰：女(汝)其舍(捨)𣪕(究)矢五秉/曰：弋尚(當)卑(俾)處又(厥)邑/𨟭則卑(俾)復令(命)曰：若(諾)/東宮迺曰：求乃人/曰嗌/用臣曰疐、曰朏、曰奠/曰用茲四夫/䭫首曰：余無卣(由)具寇正(足)〔秭〕/曶曰：弋唯朕禾是賞(償)/東宮迺曰：賞(償)曶禾十秭
5.2839 告曰：王令盂以□□伐𢧵(鬼)方/盂或(又)告曰：□□□□/王若曰：□
5.2840 于銘曰：於(烏)虖(乎)
5.2841 王若曰：父厝/王曰：父厝/王曰：父厝/王曰：父厝/已曰
6.3483 尸曰乍(作)寶尊
7.3752 牀侯曰：爲季姬段
7.4011 復公子伯舍曰：𢼄新
7.4012 復公子伯舍曰：𢼄新
7.4013 復公子伯舍曰：𢼄新
7.4042 易夨曰：趞叔休于小臣貝三朋、臣三家
7.4043 易夨曰：趞叔休于小臣貝三朋、臣三家
8.4128 復公仲若我曰：其擇吉金
8.4162 孟曰：朕文考眔毛公、趞(遣)仲征無需
8.4163 孟曰：朕文考眔毛公、趞(遣)仲征無需
8.4164 孟曰：朕文考眔毛公、趞(遣)仲征無需
8.4165 曰：用啻(禘)于乃考
8.4170 痶曰：覭(景)皇祖考嗣威義(儀)
8.4171 痶曰：覭(景)皇祖考嗣威義(儀)
8.4172 痶曰：覭(景)皇祖考嗣威義(儀)
8.4173 痶曰：覭(景)皇祖考嗣威義(儀)
8.4174 痶曰：覭(景)皇祖考嗣威義(儀)
8.4175 痶曰：覭(景)皇祖考嗣威義(儀)
8.4176 痶曰：覭(景)皇祖考嗣威義(儀)
8.4177 痶曰：覭(景)皇祖考嗣威義(儀)
8.4178 王命君夫曰：儥求乃友
8.4190 肪曰：余陳仲𤯓(產)孫、𠩺(釐、萊)叔和子
8.4197 曰：用司(嗣)乃祖考事
8.4199 王曰：恒
8.4200 王曰：恒
8.4215 王曰：𩿥
8.4216 王曰：師旋
8.4217 王曰：師旋
8.4218 王曰：師旋
8.4225 曰：敢對揚天子魯休令(命)
8.4226 曰：敢對揚天子魯休令(命)
8.4227 曰：敢對揚天子魯休令(命)
8.4228 曰：敢對揚天子魯休令(命)
8.4237 諫曰：拜手䭫首
8.4240 曰：令女(汝)疋(胥)周師嗣𢽺(廩)

8.4241 王令燮(榮)眔內史曰：害(介)井(邢)侯服
8.4242 叔向父禹曰：余小子司(嗣)朕皇考
8.4245 [illegible](曾)孫三兒曰：余呂以□之孫
8.4250 曰：嗣琱宮人虩𦅫
8.4255 王曰：戠
8.4258 曰：賜女(汝)𠦪(賁)朱黃(衡)、玄衣黹屯(純)、㫃、攸(鋚)革(勒)
8.4259 曰：賜女(汝)𠦪(賁)朱黃(衡)、玄衣黹屯(純)、㫃、攸(鋚)革(勒)
8.4260 曰：賜女(汝)𠦪(賁)朱黃(衡)、玄衣黹屯(純)、㫃、攸(鋚)革(勒)
8.4266 王若曰：趞
8.4269 曰：叡乃任縣伯室／曰：休伯哭(哭)益恤縣伯室／曰：其自今日
8.4276 王曰：閉
8.4278 曰：女(汝)爰(覓)我田／曰：敢弗具(俱)付鬲匕(比)
8.4279 曰：備于大左
8.4280 曰：備于大左
8.4281 曰：備于大左
8.4282 曰：備于大左
8.4283 曰：先王既令(命)女(汝)
8.4284 曰：先王既令(命)女(汝)
8.4285 曰：先王既命女(汝)䌛(纘)嗣王宥
8.4286 曰：更乃祖考嗣輔
8.4292 告曰：以君氏令曰／召伯虎曰：余既訊㕓
8.4293 召伯虎告曰：余告慶／曰：公厥稟(廩)貝／有嗣曰：㕓令
8.4294 王若曰：揚
8.4295 王若曰：揚
8.4296 王曰：鄠
8.4297 王曰：鄠
8.4298 王令善(膳)夫豕曰趞睽曰：余既賜大乃里／睽令豕曰天子：余弗敢𪔈(吝)
8.4299 王令善(膳)夫豕曰趞睽曰：余既賜大乃里／睽令豕曰天子：余弗敢𪔈(吝)
8.4302 王若曰：彔伯䧹
8.4303 曰：旅邑人、善(膳)夫
8.4304 曰：旅邑人、善(膳)夫
8.4305 曰：旅邑人、善(膳)夫
8.4306 王乎史翏册令(命)〔此〕曰：旅邑人、善(膳)夫
8.4307 曰：旅邑人、善(膳)夫
8.4308 曰：旅邑人、善(膳)夫
8.4309 曰：旅邑人、善(膳)夫
8.4310 曰：旅邑人、善(膳)夫
8.4311 伯龢父若曰：師獸
8.4312 王若曰：師㝨
8.4313 王若曰：㞢(拔)淮尸(夷)／曰冄、曰𢍰(裝)、曰鈴、曰達
8.4314 王若曰：師㝨／曰冄、曰𢍰(裝)、曰鈴、曰達
8.4315 秦公曰：不(丕)顯朕皇祖
8.4316 王乎內史吳曰：册令(命)虎／王若曰：虎
8.4317 王曰：有余隹(雖)小子
8.4320 王令(命)虞(虎)侯夨曰：鄠(？)侯于宜
8.4321 王若曰：訇
8.4324 王曰：師嫠
8.4325 王曰：師嫠
8.4327 燮(榮)伯乎令(命)卯曰：䖒(載)乃先祖考死(尸)嗣燮(榮)公室
8.4328 伯氏曰：不䠣／伯氏曰：不䠣
8.4329 伯氏曰：不䠣／伯氏曰：不䠣
8.4330 也曰：拜䭫首
8.4331 王若曰：𢦚伯
8.4332 王曰：頌
8.4333 王曰：頌
8.4334 王曰：頌
8.4335 王曰：頌
8.4336 王曰：頌
8.4337 王曰：頌
8.4338 王曰：頌
8.4339 王曰：頌
8.4340 王若曰：蔡
8.4341 王令吳(虞)伯曰：以乃師左比毛公／王令吕伯曰：以乃師右比毛父／趞(遣)令曰：以乃族從父征／班䭫首曰：烏虖(乎)／益(謚)曰大政
8.4342 王若曰：師訇／王曰：師訇
8.4343 王若曰：牧／王曰：牧
9.4466 曰：章(賞)厥𩰫夫吒鬲比田
9.4467 王若曰：師克／王曰：克
9.4468 王若曰：師克／王曰：克
9.4469 王曰：𡐨(坤、坶)
9.4623 曰：余諾龏(恭)孔惠
9.4624 曰：余諾龏(恭)孔惠
9.4629 少子陳逆曰：余陳(田)趄(桓)子之裔孫
9.4630 少子陳逆曰：余陳(田)趄(桓)子之裔孫
9.4649 陳侯因資(齊)曰：皇考孝武趄(桓)公龏(恭)截(戴)
10.5356 由伯曰：七月

10.5388 顚(頂)賜婦[?](婚)曰：用𩰫于乃姑宓(閟)

10.5389 顚(頂)賜婦[?](婚)曰：用𩰫于乃姑宓(閟)

10.5390 伯𡨦(廩)父曰：休父賜余馬

10.5396 降令曰：歸祼于我多高

10.5402 賜趞(遣)采曰趑

10.5413 王曰：尊文武帝乙

10.5417 子曰：貝唯丁蔑女(汝)曆 / 唯子曰令望人(夷)方䍙

10.5419 王令𢦏曰：㪔淮尸(夷)敢伐內國

10.5420 王令𢦏曰：㪔淮尸(夷)敢伐內國

10.5423 王曰：休

10.5424 王𡨦(親)令伯𢀛曰：毋卑(俾)農弋(特)

10.5427 曰：子子孫寶

10.5428 叔䞦父曰：余考(老)不克御事

10.5429 叔䞦父曰：余考(老)不克御事

11.5992 賜趞(遣)采曰趑

11.5998 由伯曰：[?]御乍(作)尊彝 / 曰：毋入于公 / 曰由伯子曰：[?]爲厥父彝

11.6011 拜䭫首曰：王弗朢(忘)厥舊宗小子 / 盠曰：王倗下 / 盠曰：余其敢對揚天子之休 / 盠曰：其邁(萬)年

11.6013 曰：用𤔲六師、王行、參(叄)有𤔲：𤔲土(徒)、𤔲馬、𤔲工(空)/ 王令(命)盠曰：䟒(纘)𤔲六師眔八師埶(藝)/ 盠曰：不(丕)叚(遐)不(丕)其(基)/ 盠敢拜䭫首曰：剌剌(烈烈)朕身

11.6014 曰：昔在爾考公氏 / 曰：余其宅玆中或(國)

11.6016 曰：用褘(祓)/ 曰：用褘(祓)/ 廼令曰：今我唯令女(汝)二人亢眔矢

12.6514 王曰：用先

15.9728 曰：更乃祖考

15.9729 曰：期則爾期

15.9730 曰：期則爾期

15.9731 王曰：頌

15.9732 王曰：頌

15.9733 殷王之孫、右師之子武叔曰庚 / 公曰：甬甬(庸庸)/ 公曰：甬甬(庸庸)/ 戒□曰[?]余台(以)賜女(汝)□/ 曰：不可多也

15.9735 賙(貯)曰：爲人臣而返(反)臣其宔(主)

16.9899 曰：用𤔲六師王行、參有𤔲：𤔲土(徒)、𤔲馬、𤔲工(空)/ 王令(命)盠曰：䟒(纘)𤔲六師眔八師埶(藝)/ 盠曰：天子不(丕)叚(遐)不(丕)其(基)/ 盠敢拜䭫首曰：剌剌(烈烈)朕身

16.9900 曰：用𤔲六師王行、參有𤔲：𤔲土(徒)、𤔲馬、𤔲工(空)/ 王令(命)盠曰：䟒(纘)𤔲六師眔八師埶(藝)/ 盠曰：天子不(丕)叚(遐)不(丕)其(基)/ 盠敢拜䭫首曰：剌剌(烈烈)朕身

16.9901 曰：用褘(祓)/ 曰：用褘(祓)/ 廼令曰：今我唯令女(汝)二人亢眔矢

15.10169 王曰：服余

16.10173 王曰伯父

16.10175 曰古文王

16.10176 曰：我既(既)付散氏田器 / 曰：我既付散氏溼田、𤲞(畛)田

16.10285 曰：牧牛 / 曰：自今余敢嚘(擾)乃小大史(事)

16.10342 晉公曰：我皇祖𨛫(唐)公 / 公曰：余惟今小子

16.10371 𢿤(屯)者曰陳純

18.11566 曰：毋又(有)中央 / 氏(是)曰：□之後 / 曰：毋又(有)中央

18.11704 台戉(越)不光唯曰：可

1520 曶

1.204-5 王乎士曶召克

1.206-7 王乎士曶召克

1.208 王乎士曶召克

1.209 王乎士曶召克

4.2175 虫曶乍(作)寶旅鼎

4.2330 姞曶母乍(作)厥宔(寶)尊鼎

5.2838〔王〕若曰：曶 / 井叔賜曶赤金、鋚 / 曶受休〔命于〕王 / 曶用玆金乍(作)朕文孝(考)宄伯𩰫牛鼎 / 曶其萬年用祀 / 曶毋卑(俾)式于𣪕 / 曶則拜䭫首 / 廼卑(俾)〔饗〕以曶酉(酒)彶(及)羊、絲三寽(鋝)/ 曶廼每(誨)于𩵦曰：女(汝)其舍(捨)𩵦(究)矢五秉 / 寇曶禾十秭 / 于曶用五田 / 曶或(又)以匡季告東宮 / 曶曰：弋唯朕禾是賞(償)/ 東宮廼曰：賞(償)曶禾十秭 / 廼或(又)即曶用田二 / 凡用即曶田七田、人五夫 / 曶覓匡三十秭

7.4116 𪊨(麌)生(甥)曶父師害及仲曶

7.4117 𪊨(麌)生(甥)曶父師害及仲曶

8.4251 王乎宰曶賜大(太)師虘虎裘

8.4252 王乎宰曶賜大

(太)師盧虎裘
8.4340 宰曶入右(佑)蔡/令(命)女(汝)罘曶𦖞(纘)疋(胥)對各
10.5190 曶乍(作)寶尊彝
11.5814 曶乍(作)寶尊彝
11.5815 史曶乍(作)寶彝
11.5931 曶乍(作)文考日庚寶尊器
14.9041 史曶乍(作)寶彝
15.9728 井公內(入)右(佑)曶/王乎尹氏册令(命)曶/曶拜手韻首/曶用匄萬年眉壽
16.10285 乃以告事(吏)蚒、事(吏)曶于會

1521 沓

4.2101 沓里三斗鎖(鼎)
16.9973 我用以皮沓⺈/我用以皮沓⺈
16.10436 沓□缶睘

1522 曹

5.2783 井伯入右(佑)趞曹/賜趞曹載(緇)巿、冋(裔)黃(衡)、緣(鑾)/趞曹拜韻首
5.2784 史趞曹賜弓矢、虎盧、九(厹)、冑、毌(干)、殳/趞曹敢對/曹拜韻首
7.4019 曹伯狄乍(作)夙(宿)姒公尊毀
9.4593 曹公塍(媵)孟姒念母匡(筐)
15.9735 倘(適)曹(遭)郾(燕)君子徻(噲)
16.10144 曹公塍(媵)孟姬念母般(盤)
17.11070 曹右庭(定、胥、廟)散(造)戈
17.11120 曹公子沱之鋯(造)戈
17.11209 陰公鉌曹(造)戈三百

1523 朁

8.4326 尃(溥)求不朁(潛)德

1524 甘

16.9937 甘孝子
16.10413 左使車工下士甘□
17.10996 甘(邯)丹(鄲)上
17.11039 甘(邯)丹(鄲)上庫
17.11355 肖(趙)命(令)甘(邯)丹(鄲)⺈(僕)、右庫工師翟(翊)綤(紹)、冶倉散(造)(?)
18.11565 襄田倫(令)⺈(擧)名、司寇麻維、右庫工師甘(邯)丹(鄲)氏、冶向斅(造)

1525 甚

1.156 尸(夷)膚(筥)甚□者元
4.2410 甚諆(其)肇乍(作)父丁尊彝
7.3791 甚孿君休于王
12.6497 甚乍(作)父戊寶尊/甚戊

1526 ⿰甚冊

5.2830 休伯大(太)師肩(肩)⿰甚冊/一⿰甚冊皇辟懿德
11.5987 公賜臣衛宋⿰甚冊貝四朋

1527 曆、⿱秝日

1.187-8 用天子寵蔑梁其曆
1.189-90 用天子寵蔑梁其曆
1.191 用天子寵蔑梁其曆
3.753 天君蔑公姞曆
3.754 君蔑尹姞曆
3.755 君蔑尹姞曆
3.948 侯蔑遇曆
4.2245 曆乍(作)祖己彝
4.2509 屯蔑曆于亢衛
4.2510 屯蔑曆于亢衛
5.2614 曆肇對元德
5.2659 溓(濂)公蔑嗣曆
5.2712 叔(翃)辛伯蔑乃子克曆
5.2721 其父蔑敵曆
5.2748 王蔑庚贏曆
5.2756 王蔑曆
5.2812 多蔑曆賜休
5.2830 𠭰穠(蔑)曆伯大(太)師
7.3912 兒生(甥)穠(蔑)再曆
7.3913 兒生(甥)穠(蔑)再曆
8.4122 蔑彔曆
8.4134 伯屖父蔑御史競曆
8.4135 伯屖父蔑御史競曆
8.4146 員伯穠(蔑)繁曆
8.4165 穠(蔑)大曆
8.4166 王穠(蔑)敔曆
8.4194 王穠(蔑)各⿱秝日(曆)
8.4208 王穠(蔑)段曆
8.4238 小臣謎(誺)蔑曆
8.4239 小臣謎(誺)蔑曆
8.4277 俞其蔑曆
8.4323 王蔑敔曆
10.5405 次穠(蔑)曆
10.5411 蔑曆
10.5415 蔑曆于保
10.5417 子曰:貝唯丁蔑女(汝)曆
10.5418 王蔑免曆
10.5419 伯雍父蔑彔曆
10.5420 伯雍父蔑彔曆
10.5425 競蔑曆
10.5426 王穠(秣、蔑)庚贏(贏)曆
10.5430 公穠(蔑)繁曆
11.5994 次穠(蔑)曆
11.6003 蔑曆于保
11.6006 王蔑免曆
11.6008 爰穠(蔑)曆
12.6516 對遇蔑曆

15.9453 義蔑曆
15.9455 長甶蔑曆
16.9897 師遽蔑曆
16.10059 曆乍(作)寶尊彝
16.10166 鮮穠(蔑)曆
16.10175 其日蔑曆

1528 舌

1.106 爲□舌屯
2.376 舌
3.1220 舌
3.1221 舌
4.1616 舌父己
6.3197 舌父己
10.4767 舌
10.4768 舌
10.5019 乇田舌
11.5616 舌父乙
11.6033 舌
11.6260 舌父丁
12.6494 舌仲乍(作)父丁寶尊彝
12.6580 舌
12.6581 舌
12.7132 舌父己
12.7161 舌甗戊
13.7501 舌
13.7502 舌
13.7503 舌
13.7504 舌
14.8552 舌父己
14.8553 舌父己
14.8978 舌乍(作)妣丁
14.8979 舌乍(作)妣丁
16.10035 俞舌

1529 耳

3.1222 耳
4.1834 父乙耳衡
4.1835 耳衡父乙
4.1853 耳衡父丁
4.1854 耳衡父丁
6.3242 耳伯陪(陪)
6.3340 耳衡父癸
7.3826 耳侯戣乍(作)鬻□□匲辟乙□□癸文考
10.4867 㔾(危)耳
10.5384 寧史賜耳/耳休弗敢且(沮)
11.5558 㔾(危)耳
11.5825 衔耳乍(作)父乙彝
11.5865 亞耳乍(作)祖丁尊彝
11.6007 侯各于耳/辭侯休于耳/𠂤師耳對䬲(揚)侯休/耳日受(受)休
12.6472 耳𡿧乍(作)禦父辛
12.6931 弜(引)耳
12.6987 耳亞
13.7505 耳
13.8157 耳髭
13.8207 内耳
13.8267 耳日
13.8268 耳奠
13.8269 耳竹
14.9074 耳衡父庚酉侁
15.9461 耳
16.10554 衔耳乍(作)父乙彝
16.10574 耳乍(作)父癸寶尊彝
17.10671 耳
17.10672 耳

1530 耴

12.6586 耴
17.11398 奠(鄭)倫(令)棺(槨、郭)涵、司寇肖(趙)它、往庫工師皮耴、冶君(尹)啟
18.11552 奠(鄭)倫(令)棺(槨、郭)涵、司寇芋慶、往庫工師皮耴、冶君(尹)貞散(造)
18.11555 奠(鄭)倫(令)棺(槨、郭)涵、司寇肖(趙)它、往庫工師皮耴、冶君(尹)波(坡)
18.11560 奠(鄭)命(令)棺(槨、郭)涵、司寇肖(趙)它、往庫工師皮耴、冶君(尹)波(坡)散(造)
18.11563 奠(鄭)倫(令)棺(槨、郭)涵、司寇芋慶、往庫工師皮耴、冶君(尹)波(坡)散(造)戟朿(刺)
18.11693 奠(鄭)命(令)棺(槨、郭)涵、司寇肖(趙)它、往庫工師皮耴、冶君(尹)啟散(造)

1531 聽

3.1223 聽
5.2840 盧(吾)老賙(賈)奔走不聽命
7.3975 聽享京
8.4140 王伐彔(祿)子聽
8.4157 用聽夙夜
8.4158 用聽夙夜
12.7296 天(大、太)子聽乍(作)父丁彝
15.9282 王子聽
18.11914 聽七府

1532 聖

1.109–10 妄憲憲聖趣(爽)
1.111 妄憲憲聖趣(爽)
1.172 聖智龏哴
1.173 聖智龏哴
1.174 聖智龏哴
1.175 聖智龏哴
1.176 聖智龏哴
1.177 聖智龏哴
1.178 聖智龏哴
1.179 聖智龏哴
1.180 聖智龏哴
1.246 夙夕聖趣(爽)
1.261 肅哲聖武
1.271 用享考(孝)于皇祖聖叔、皇祀(妣)聖姜
2.429 聖靡公犢擇其吉金
3.745 師趛乍(作)文考聖公、文母聖姬尊彝
3.754 休天君弗望(忘)穆公聖粦明飢事先王
3.755 休天君弗望(忘)穆公聖粦明飢事先王
5.2713 師趛乍(作)文考聖公、文母聖姬尊晨
5.2750 心聖若慵(慮)
5.2766 甬良聖每(敏)

5.2812 王用弗𦔻(忘)聖人之後
5.2830 用井(型)乃聖祖考
5.2833 肄(肆)武公亦弗叚(遐)朢(忘)賸(朕)聖祖考幽大叔、懿叔
5.2836 巠(經)念厥聖保祖師華父
8.4245 □聖□□忌
8.4341 毓(后)文王、王姒(姒)聖孫
8.4342 亦則於女(汝)乃聖祖考克尃(輔)右(佑)先王
9.4631 曾伯桼(漆)哲聖元武
9.4632 曾伯桼(漆)哲聖元武
11.6002 令乍(作)册折兄(貺)聖土于相侯
15.9303 令乍(作)册折兄(貺)聖土于相侯
15.9710 聖趄(桓)之夫人曾姬無卹
15.9711 聖趄(桓)之夫人曾姬無卹
15.9729 聖(聽)命于天子
15.9730 聖(聽)命于天子
15.9735 夫古之聖王
16.9895 令乍(作)册折兄(貺)聖土于相侯
16.10175 憲聖成王
16.10201 匽伯聖乍(作)𠃉(工)也(匜)
17.11128 陳卿聖孟造銭(戈)

1533 耴(揖)

8.4330 唯考耴又念自先王、先公

1534 聘

16.10372 齊遣卿大夫眔來聘

1535 䎽、聞、婚

1.51 霝(靈)䎽
1.60-3 毋又(有)不䎽智(知)
1.172 䎽于𧻚(頂)東
1.173 䎽于𧻚(頂)東
1.174 䎽于𧻚(頂)東
1.175 䎽于𧻚(頂)東
1.176 䎽于𧻚(頂)東
1.177 䎽于𧻚(頂)東
1.178 䎽于𧻚(頂)東
1.179 䎽于𧻚(頂)東
1.180 䎽于𧻚(頂)東
1.182 䎽于四方
1.193 䎽于四方
1.194 䎽于四方
1.195 䎽于四方
1.196 䎽于四方
1.197 䎽于四方
1.198 䎽于四方
2.429 遠盄(淑)䎽于王東吳谷
5.2834 䎽(肄)武公迺〔遣〕我(禹)率公朱(戎)車百乘
5.2837 我䎽殷述(墜)令(命)
5.2840 寡人䎽之/寡人䎽之
5.2841 余非墉(庸)又䎽(昏)/無唯正䎽(昏)
6.3695 義叔䎽肈(肇)乍(作)彝
7.3919 鄀公䎽自乍(作)𩞁(饙)段
8.4131 歲鼎克䎽(昏)
8.4285 女(汝)某(謀)不又(有)䎽(昏)
8.4302 余賜女(汝)秬鬯一卣、金車、桒(賁)幬(幬)較(較)、桒(賁)𠄎朱虢(鞹)靳、虎冟(冪)桼(朱)裏、金甬(筩)、畫䎽(輴)、金厄(軛)、畫轉、馬四匹、鋚勒
8.4331 好倗友雩百者(諸)婚遘(媾)
8.4340 毋敢又(有)不䎽
9.4465 唯用獻于師尹、倗友、䎽(婚)遘(媾)
9.4649 淖(朝)䎽(問)者(諸)侯
10.5401 其以父癸夙夕卿(佮)爾百䎽(婚)遘(媾)
14.9032 䎽乍(作)寶尊彝
15.9713 用享孝于兄弟、䎽(婚)顜(媾)、者(諸)老
16.10373 郾(郾、燕)客臧嘉䎽(問)王於蔵郢之歲

1536 聝、馘

3.1208 聝
3.1209 聝
3.1210 聝
3.1211 聝(?)
3.1470 𠃊聝
4.1930 叔聝乍(作)用
5.2835 多友迺獻俘聝訊于公
5.2839 □□□聝□/獲聝四千八百又二聝/獲聝二百卅七聝/王乎𧶠伯令孟以人聝入門
8.4322 獲聝(聝)百、執訊二夫
8.4323 告禽(擒)聝百、訊卅(四十)
12.6711 聝
12.6712 聝
12.6713 聝
12.6714 聝
12.6715 聝
13.7638 聝
13.7639 聝
13.7640 聝
16.10173 獻聝于王

1537 職

15.9710 職在王室
15.9711 職在王室
17.11003 〔郾王〕職乍(作)□□鋸(戳)
17.11110 郾(燕)王職乍(作)〔攴〕萃鋸
17.11187 郾(燕)王職乍(作)王萃
17.11188 郾(燕)王職乍(作)攴鋸(戳)
17.11189 郾(燕)王職

乍(作)敀鋸(戳)
17.11190 郾(燕)王職乍(作)王萃
17.11191 郾(燕)王職乍(作)王萃
17.11221 郾(燕)侯職恖(悛、授)帀(師)萃鋸(戳)
17.11222 郾(燕)侯職乍(作)帀(師)萃鋸(戳)
17.11223 郾(燕)侯職乍(作)帀(師)萃鋸(戳)
17.11225 郾(燕)王職乍(作)帀(師)萃鋸(戳)
17.11226 郾(燕)王職乍(作)廳萃鋸(戳)
17.11227 郾(燕)王職乍(作)雩(澭)萃鋸(戳)
17.11228 郾(燕)王職乍(作)雩(澭)萃鋸(戳)
17.11229 郾(燕)王職乍(作)雩(澭)萃鋸(戳)
17.11230 郾(燕)王職乍(作)巨敀鋸(戳)
17.11231 郾(燕)王職乍(作)巨敀鋸(戳)
17.11232 郾(燕)王職乍(作)巨敀鋸(戳)
17.11233 郾(燕)王職乍(作)巨敀鋸(戳)
17.11234 郾(燕)王職乍(作)巨敀鋸(戳)
17.11235 郾(燕)王職乍(作)巨敀鋸(戳)
17.11236 郾(燕)王職乍(作)御司馬
17.11304 郾(燕)王職乍(作)雩萃鋸(戳)
18.11480 郾(燕)王職□□
18.11483 郾(燕)王職□□
18.11514 郾(燕)王職乍(作)敀鈦
18.11515 郾(燕)王職乍(作)敀鈦
18.11516 郾(燕)王職乍(作)敀鈦
18.11517 郾(燕)王職乍(作)黄(廣)衣(卒)鈦
18.11518 郾(燕)王職乍(作)黄(廣)衣(卒)鈦
18.11519 郾(燕)王職乍(作)敀鈦
18.11520 郾(燕)王職乍(作)敀鈦
18.11521 郾(燕)王職乍(作)敀鈦
18.11526 郾(燕)王職乍(作)巨敀鈦
18.11527 郾(燕)王職乍(作)巨敀鈦
18.11634 郾(燕)王職恖武無(桴)旅鐱(劍)
18.11643 郾(燕)王職乍(作)武無(桴)鏃(鍺)鐱(劍)

1538 聾

4.1974 聾乍(作)寶器

1539 聑(璃)

3.1462 聑卬(卬倗)
4.1657 聑父辛
4.1752 [illegible]聑日
4.1763 聑秉冊
4.1904 聑髭婦[illegible]
6.2920 聑及(及倗)
6.3124 聑冒
6.3345 聑髭婦[illegible]
6.3425 聑
7.3975 聑髭
10.5058 聑日父乙
10.5098 聑髭婦[illegible]
10.5213 聑義乍(作)父庚尊彝
10.5276 聑日乍(作)父丁寶尊彝
11.5760 聑髭婦[illegible]
11.6155 聑兆(疣)
12.6385 聑日父乙
12.6928 聑及(及倗)
12.6929 妥(妥倗)聑
12.6930 聑髭
12.6932 聑竹
12.7254 聑髭婦[illegible]
13.7723 聑日
13.8172 聑埶(藝)
13.8205 聑竹
13.8206 聑竹
14.8440 聑父丙
14.8840 爵聑倗祖丁
14.8982 聑髭婦[illegible]
14.8983 聑髭婦[illegible]
14.8984 聑髭婦[illegible]
14.9038 聑日獲乍(作)寶旅彝
14.9073 聑日
16.9871 聑日父乙
16.9913 聑日
16.10507 聑冒
17.10869 聑奠
17.10871 聑冊

1540 習、習(蝒)

17.11407 ☐侯□已習(蝒)☐
18.11718 工歔大(太)子姑發習(蝒)反

1541 自

1.7 自乍(作)其走(奏)鐘
1.17 麇(麌)侯自乍(作)龢鐘用
1.42 楚公冡自鑄錫(鍚)鐘
1.43 楚公冡自乍(作)寶大歔(林)鐘
1.44 楚公冡自乍(作)寶大歔(林)鐘
1.45 楚公冡自乍(作)寶大歔(林)鐘
1.50 用自乍(作)其龢鐘、龢鈴
1.52 王子嬰次自乍(作)□鐘
1.53 楚王領(頷)自乍(作)鈴鐘
1.59 郘公敄人自乍(作)走(奏)鐘
1.73-4 自乍(作)永(咏)命(鈴)
1.75 自乍(作)永(咏)命(鈴)
1.76-7 自乍(作)永(咏)命(鈴)
1.78-9 自乍(作)永

(咏)命(鈴)
1.80-1 自乍(作)永(咏)命(鈴)
1.83 返自西旟
1.85 返自西旟
1.86 自乍(作)其衩(扣)鐘
1.93 自乍(作)龢鐘
1.94 自乍(作)龢鐘
1.95 自乍(作)龢鐘
1.96 自乍(作)龢鐘
1.97 自乍(作)龢鐘
1.98 自乍(作)龢鐘
1.99 自乍(作)龢鐘
1.100 自乍(作)龢鐘
1.101 自乍(作)龢鐘
1.106 楚公逆自乍(作)夜雷鎛
1.107-8 王歸自成周
1.113 自乍(作)龢鐘
1.114 自乍(作)龢鐘
1.115 自乍(作)龢鐘
1.116 自乍(作)龢鐘
1.117 自乍(作)龢鐘
1.118-9 自乍(作)龢鐘
1.142 自乍(作)龢鐘
1.144 自祝(鑄)禾(龢)茲(聯)翟(鑃)
1.149 自乍(作)龢鍾(鐘)
1.150 自乍(作)龢鍾(鐘)
1.151 自乍(作)龢鍾(鐘)
1.152 自乍(作)龢鍾(鐘)
1.153 自乍(作)鈴鐘
1.154 自乍(作)鑰(鈴)鐘
1.156 乍(作)□曰：自祈□曰/行則曰：自余
1.171 自乍(作)禾(龢)童(鐘)/亡(無)疾自下
1.172 自乍(作)鑄游鍾(鐘)
1.173 自乍(作)鑄游鍊(鐘)
1.174 自乍(作)鑄其游鍊(鐘)
1.175 自乍(作)鑄游鍊(鐘)
1.176 自乍(作)鑄游鍊(鐘)
1.177 自乍(作)鑄游鍊(鐘)
1.178 自乍(作)鑄游鍊(鐘)
1.179 自乍(作)鑄其游鍊(鐘)
1.180 自乍(作)鑄其游鍊(鐘)
1.182 自乍(作)龢鐘
1.193 自乍(作)鴼(謠)鐘
1.194 自乍(作)鴼(謠)鐘
1.195 自乍(作)鴼(謠)鐘
1.196 自乍(作)鴼(謠)鐘
1.197 自乍(作)鴼(謠)鐘
1.198 自乍(作)鴼(謠)鐘
1.199 自乍(作)鴼(謠)鐘
1.200 自乍(作)鴼(謠)鐘
1.201 自乍(作)鴼(謠)鐘
1.202 自乍(作)鴼(謠)鐘
1.203 自乍(作)龢鐘
1.210 自乍(作)訶(歌)鐘
1.211 自乍(作)訶(歌)鐘
1.217 自乍(作)訶(歌)鐘
1.218 自乍(作)訶(歌)鐘
1.219 自乍(作)訶(歌)鐘
1.220 自乍(作)訶(歌)鐘
1.221 自乍(作)訶(歌)鐘
1.222 自乍(作)訶(歌)鐘
1.261 自乍(作)龢鐘
2.424 自乍(作)商句(勾)鑃
2.425 自乍(作)征城
2.426 自乍(作)鉤(鈎)鑃
2.427 自乍(作)鉤(鈎)鑃
2.429 自乍(作)隼鼓
3.592 士孫伯殺(捒)自乍(作)尊鬲
3.612 〔番〕伯ㄅ子(孫)自乍(作)寶鬲
3.625 曾子單用吉金自乍(作)寶鬲
3.630 番伯ㄅ孫自乍(作)寶鬲
3.675 自乍(作)行鬲
3.676 自乍(作)行鬲
3.699 自乍(作)寶尊鬲
3.732 唯番君𨠡伯自乍(作)寶鼎
3.733 唯番君𨠡伯自乍(作)寶鼎
3.734 唯番君𨠡伯自乍(作)寶鼎
3.895 強伯自爲用甗
3.910 孟姬安自乍(作)寶獻(甗)
3.934 自乍(作)寶獻(甗)
3.943 自乍(作)旅獻(甗)
3.945 自乍(作)飤獻(甗)
3.946 自乍(作)飤甗
3.949 中省自方、登(鄧)
4.2203 史宋自乍(作)孟貞(鼎)
4.2276 強伯乍(作)自爲貞(鼎)毁
4.2279 仲義君自乍(作)食繁
4.2286 盅子𪏭(誖)自乍(作)飤鐈
4.2289 王子侹自酢(作)飤貞(鼎)
4.2391 江小仲母生自乍(作)甬(用)鬲
4.2423 曾侯仲子游(遊)父自乍(作)䵼彝
4.2424 曾侯仲子游(遊)父自乍(作)䵼彝
4.2430 自乍(作)尊鼎

4.2477 自乍(作)旅鼎
4.2497 黄君孟自乍(作)行器ㄟ
4.2519 考𠂤(征延)君季自乍(作)其盉鼎
4.2520 奠(鄭)戒(勇)句父自乍(作)飤蘄
5.2539 自乍(作)寶鼎
5.2540 自乍(作)寶鼎
5.2550 曾伯從寵自乍(作)寶鼎用
5.2551 褱自乍(作)飤碼鼾
5.2564 曾仲子敔用吉金自乍(作)寶鼎
5.2573 鄧公乘自乍(作)飤𩰫
5.2578 敢曰:□□仲自乍(作)朱(幹)鼎
5.2588 自乍(作)會(膾)鼎
5.2595 公違省自東
5.2603 自用
5.2604 自用
5.2606 曾孫無期(棋)自乍(作)飤繁
5.2607 乙自乍(作)飤繁
5.2617 唯番昶伯者尹自乍(作)寶貞(鼎)
5.2618 唯番昶伯者尹自乍(作)寶貞(鼎)
5.2620 自乍(作)鬻彝
5.2622 唯昶伯業自乍(作)寶碼盜
5.2624 自乍(作)碼沱
5.2644 自乍(作)寶鼎
5.2645 自乍(作)寶鼎
5.2657 唯黄孫子綄(綄)君叔單自乍(作)貞(鼎)
5.2661 征(延、誕)武福自蒿(鎬)
5.2668 大(太)市(師)鐘伯侵自乍(作)石(碼)沱(盜)
5.2669 叔液自乍(作)鐈(饙)貞(鼎)
5.2682 [往]自新邑于柬
5.2690 戈(戴)叔朕自乍(作)鐈(饙)鼎
5.2691 戈(戴)叔朕自乍(作)鐈(饙)鼎
5.2692 戈(戴)叔朕自乍(作)鐈(饙)鼎
5.2714 自乍(作)薦鼎
5.2715 自乍(作)飤繁
5.2716 自乍(作)飤繁
5.2717 自乍(作)飤鼾
5.2722 自乍(作)飤繁
5.2737 自乍(作)寶貞(鼎)
5.2745 自豕鼎降十
5.2750 自乍(作)鬻彝
5.2766 郐(徐)䣄尹譬自乍(作)湯貞(鼎)
5.2771 鄀公平侯自乍(作)尊錳(盂)
5.2772 鄀公平侯自乍(作)尊錳(盂)
5.2774 自乍(作)後王母/王母唯用自念于周公孫子
5.2803 王歸自諆田
5.2810 唯還自征
5.2811 自乍(作)鬻彝遹(𩰫)鼎
5.2830 不(丕)自乍(作)小子
5.2834 穆(肄)武公亦(弗)歷(叚)望(忘)〔朕聖〕自(祖)考幽大叔、懿〔叔〕
5.2837 人鬲自馭至于庶人/遜寴遷自厥土
5.2841 歷自今
6.3618 強伯乍(作)自爲貞(鼎)毁
6.3668 噩(鄂)侯弟曆季自乍(作)毁
6.3691 伯好父自鑄乍(作)爲旅毁
7.3791 自乍(作)器
7.3807 叡(搭)年伯自乍(作)其寶毁
7.3847 倗伯㕇自乍(作)尊毁
7.3891 井𠂇叔安父自乍(作)寶毁
7.3916 姞氏自攸(作)爲寶尊毁
7.3919 郚公聞自乍(作)鐈(饙)毁
7.3948 公違省自東
7.3953 □□自乍(作)寶毁
7.3984 陽飤(食)生(甥)自乍(作)尊毁
7.3985 陽飤(食)生(甥)自乍(作)尊毁
7.4007 泆伯寺自乍(作)寶毁
7.4038 章叔將自乍(作)尊毁
7.4044 懋父賞御正衛馬匹自王
7.4051 唯曾伯文自乍(作)寶毁
7.4052 唯曾伯文自乍(作)寶毁
7.4053 唯曾伯文自乍(作)寶毁
7.4054 自乍(作)□毁
7.4071 孟姬旨(脂)自乍(作)鐈(饙)毁
7.4072 孟姬旨(脂)自乍(作)鐈(饙)毁
7.4095 唯食生(甥)走馬谷自乍(作)吉金用尊毁
8.4122 伯雍父來自獣(胡)
8.4129 勇叔買自乍(作)尊毁
8.4141 自豕鼎降十
8.4142 自豕鼎降十
8.4143 自豕鼎降十
8.4156 自乍(作)寶毁
8.4162 自厥工(功)
8.4163 自厥工(功)
8.4164 自厥工(功)
8.4191 迺自商師(次)復還至于周
8.4192 用自乍(作)寶器
8.4193 用自乍(作)寶器
8.4203 用自乍(作)寶毁
8.4204 用自乍(作)寶毁
8.4238 遣自𩰫師(次)/賜師率征自五齵貝
8.4239 遣自𩰫師(次)/賜師率征自五齵貝

8.4244 用自乍(作)寶尊段
8.4269 曰：其自今日
8.4270 自虐東至于河
8.4271 自虐東至于河
8.4302 繇自乃祖考
8.4330 唯考敃又念自先王、先公
8.4331 異(翼)自它邦
9.4402 圃自乍(作)旅盨
9.4403 圃自乍(作)旅盨
9.4479 射南自乍(作)其簠
9.4480 射南自乍(作)其簠
9.4505 大嗣馬孛术自乍(作)飤簠
9.4524 寏(塞)自乍(作)[旅]簠
9.4528 曾子㬎(㬎)自乍(作)行器
9.4529 曾子㬎(㬎)自乍(作)行器
9.4532 胄自乍(作)𩟄(饙)簠
9.4542 鄀于子𤭯(甏)自乍(作)旅簠
9.4543 鄀于子𤭯(甏)又自乍(作)旅簠
9.4556 自乍(作)其簠
9.4578 用自乍(作)寶簠
9.4588 曾子□自乍(作)飤簠
9.4594 自乍(作)飤簠
9.4597 自乍(作)匡(筐)簠
9.4605 自乍(作)寶簠
9.4608 考叔脂父自乍(作)尊簠
9.4609 考叔脂父自乍(作)尊簠
9.4610 𨻻(申)公彭宇自乍(作)湽(𩛈)簠
9.4611 𨻻(申)公彭宇自乍(作)湽(𩛈)簠
9.4614 自乍(作)𩟄(饙)簠
9.4617 自乍(作)飤簠
9.4618 自乍(作)飤簠
9.4619 自乍(作)𩟄(饙)簠
9.4620 自乍(作)𢊍(薦)簠
9.4621 自乍(作)𢊍(薦)簠
9.4622 自乍(作)𢊍(薦)簠
9.4631 余用自乍(作)旅簠
9.4632 余用自乍(作)旅簠
9.4673 曾仲斿父自乍(作)寶甫(𥬔)
9.4674 曾仲斿父自乍(作)寶甫(𥬔)
9.4686 黃君孟自乍(作)行器
10.5395 王來獸自豆彔(麓)
11.5982 自乍(作)寶彝
11.6014 祼自天/自之皞(辪、嬖)民
11.6016 歸自王
12.6513 自酢(作)祭鍴(觶)
12.6514 自隮侯四騶
15.9409 漁伯自乍(作)般(盤)熒(鎣)
15.9413 伯𡩜自乍(作)用盉
15.9446 自乍(作)盉
15.9552 天姬自乍(作)壺
15.9588 右走(趣)馬嘉自乍(作)行壺
15.9618 尚自乍(作)旅壺/尚自乍(作)旅壺
15.9628 自乍(作)寶尊壺
15.9629 自乍(作)寶尊壺
15.9636 黃君孟自乍(作)行器
15.9637 自乍(作)行壺
15.9638 華母自乍(作)薦壺
15.9658 郳(謿)季寬(魔)車自乍(作)行壺
15.9708 冶仲丂父自乍(作)壺
15.9712 用自乍(作)醴壺
15.9715 自頌既好
16.9901 明公歸自王
16.9961 唯曾伯文自乍(作)厥歙(飲)鑐
16.9963 黃君孟自乍(作)行器
16.9971 唯番伯官𠦪(曾)自乍(作)寶𨮛(鑐)
16.9972 自乍(作)寶䵼(鑐)
16.9974 自乍(作)鑐
16.9982 喪史賓(賓)自乍(作)鈚(鉼)
16.10005 自乍(作)浴缶
16.10006 不(邳)伯夏子自乍(作)尊罍
16.10007 不(邳)伯夏子自乍(作)尊罍
16.10074 伯雍父自乍(作)用器
16.10082 樊夫人龍嬴自乍(作)行盤
16.10089 自乍(作)般(盤)
16.10097 曾仲自乍(作)旅盤
16.10099 自乍(作)盜(浣)盤
16.10104 黃君孟自乍(作)行器
16.10109 郳(謿)季寬(魔)車自乍(作)行盤
16.10121 鄧伯吉射自乍(作)盥般(盤)
16.10130 袒伯墉自乍(作)寶監(鑑)
16.10132 綏君單自乍(作)⿱般廾(盤)
16.10134 自乍(作)寶盤
16.10136 自萬年
16.10137 自乍(作)盬(浣)盤
16.10138 自乍(作)寶般(盤)
16.10139 自乍(作)寶般(盤)
16.10140 自乍(作)旅盤

16.10146 黄韋俞父自乍(作)飤器
16.10150 唯[illegible]右自乍(作)用其吉金寶般(盤)
16.10156 自乍(作)旅盤
16.10160 自乍(作)頮(沬)盤
16.10164 自豕鼎降十又一
16.10165 自乍(作)鑄其般(盤)
16.10167 自乍(作)朕(浣)般(盤)
16.10176 眉(堳)自瀗涉以南/自根木道
16.10186 自乍(作)吳姬賸(媵)也(匜)
16.10196 蔡子[illegible]自乍(作)會[illegible](匜)
16.10207 唯曾子伯尹自乍(作)尊匜
16.10209 樊夫人龍嬴自乍(作)行也(匜)
16.10214 黄仲自乍(作)𠭯也(匜)
16.10219 𦕓(聯)子叔教自乍(作)盥匜
16.10227 埸(陽)飤生(甥)自乍(作)寶也(匜)
16.10228 自乍(作)盥也(匜)
16.10230 黄君孟自乍(作)行器
16.10234 [illegible]([illegible])季寬(𡨦)車自乍(作)行匜
16.10235 綏君單自乍(作)寶也(匜)
16.10246 唯𢓊邑𢦏伯自乍(作)寶匜
16.10256 樊君䙴用自乍(作)浂(浣)也(匜)
16.10258 唯番仲[illegible]自乍(作)寶也(匜)
16.10259 唯番伯酓自乍(作)也(匜)
16.10262 唯[illegible](洧)伯君堇生(甥)自乍(作)也(匜)
16.10265 唯甫季加自乍(作)寶也(匜)
16.10268 唯番昶伯者君自乍(作)寶匜
16.10269 唯番昶伯者尹(君)自乍(作)寶匜
16.10271 乍(作)自寶也(匜)
16.10276 寒(塞)公孫𢿣父自乍(作)盥匜
16.10285 曰:自今余敢𧒒(擾)乃小大史(事)
16.10294 自乍(作)御監(鑑)
16.10295 自乍(作)御監(鑑)
16.10296 自乍(作)御監(鑑)
16.10319 婁君伯[illegible]自乍(作)𩟄(饙)盂
16.10329 自乍(作)寶盆
16.10330 郋(息)子行自乍(作)飤盆
16.10336 自乍(作)旅盆
16.10337 唯[illegible]([illegible])子宿車自乍(作)行盆
16.10340 自乍(作)𩟄(饙)盆
16.10341 自乍(作)𩟄(饙)𥂴/自乍(作)𩟄(饙)𥂴
16.10360 休王自穀事(使)賞畢土方五十里
16.10391 自乍(作)盧(爐)盤
17.11028 自乍(作)用戈
17.11029 攻敔王光自乍(作)
17.11151 攻敔王光自
17.11161 新弨自𢼶(拎)弗戟(戟)
17.11255 大(吳)王光逗自乍(作)用戈
17.11256 大(吳)王光逗自(作)用戈
17.11257 大(吳)王光逗自乍(作)用戈
17.11258 攻敔工(夫)差自乍(作)用戟(戟)
17.11288 自乍(作)其用戈
17.11305 郾(燕)王詈愍(悛、授)行義(議、儀)自[illegible]司馬鉘(戟)
17.11383 郾(燕)侯𨏖(鞏載)自洹徠(來)
17.11400 自乍(作)其元戈
18.11534 吳王夫差自乍(作)甬(用)鍁(鍨)
18.11535 戉(越)王州句自乍(作)用矛
18.11543 郾(燕)王戎人乍(作)自[illegible]率鈦
18.11544 自乍(作)元用矛
18.11610 自用命
18.11611 郙王𠑇自攸(作)承鋥
18.11620 攻敔王光自乍(作)用鐱(劍)
18.11621 郘王𢽾(勾)淺(踐)自乍(作)用鐱(劍)
18.11622 戉(越)王州(朱)句(勾)自乍(作)用僉(劍)
18.11623 戉(越)王州(朱)句(勾)自乍(作)用僉(劍)
18.11624 戉(越)王州(朱)句(勾)自乍(作)用僉(劍)
18.11625 戉(越)王州(朱)句(勾)自乍(作)用僉(劍)
18.11626 戉(越)王州(朱)句(勾)自乍(作)用僉(劍)
18.11627 戉(越)王州(朱)句(勾)自乍(作)用僉(劍)
18.11628 戉(越)王州(朱)句(勾)自乍(作)用僉(劍)
18.11629 戉(越)王州(朱)句(勾)自乍(作)用僉(劍)
18.11630 戉(越)王州(朱)句(勾)自乍(作)用僉(劍)

18.11631 戉(越)王州(朱)句(勾)自乍(作)用僉(劍)
18.11632 戉(越)王州(朱)句(勾)自乍(作)用僉(劍)
18.11636 攻敔王夫差自乍(作)其元用
18.11637 攻敔王夫差自乍(作)其元用
18.11638 攻敔王夫差自乍(作)其元用
18.11639 攻敔王夫差自乍(作)其元用
18.11641 自乍(作)用攻(?)
18.11642 自乍(作)用攻(?)
18.11651 鵙公圃自乍(作)元鐱(劍)
18.11654 攻敔王光自乍(作)用鐱(劍)
18.11655 自戉(越)□
18.11663 虡公自擇楙(厥)吉金
18.11666 攻敔王光自乍(作)用鐱(劍)
18.11668 自乍(作)用僉(劍)
18.11703 自乍(作)元之用之僉(劍)/自乍(作)用旨自
18.11704 飤(台)旨(者旨)不光自乍(作)用攻(?)
18.11718 自乍(作)元用
18.12110 自鄦(鄂)市
18.12111 自鄦(鄂)市
18.12112 自鄦(鄂)市
18.12113 自鄦(鄂)市

1542 臯(縮、莤)

14.9096 㕣𠂤用尊臯(縮)盟

1543 𦤎

3.528 𦤎乍(作)寶尊彝

1544 宧

5.2841 勿雍(壅)逮庶人宧

1545 臭

2.429 其神其臭
10.4849 子臭

1546 目

4.1691 目父癸
9.4612 楚屈子赤目朕(媵)仲嬭(芈)璜飤簠
12.7054 目宗(不)
13.7493 目
13.7494 目
14.8762 目(眉)子𢀛
14.8815 目令民
14.8964 㚔目父癸
14.8965 㚔目父癸
14.8966 㚔目父癸
15.9191 目辛𢼸(掃)
16.9834 目
18.11548 上目

1547 旬(眴)

4.2414 伯旬乍(作)尊鼎
17.11359 西工師旬、丞冡、隸臣□

1548 盰

15.9715 盰(于)我室家

1549 𥄎、𥄎

8.4330 敢𥄎(擘)卲(昭)告朕吾考
10.5430 衣事亡𥄎
11.6005 休亡𥄎

1550 盾、𥄗

8.4216 儕(齎)女(汝)冊五、昜(錫)登盾生皇(凰)、畫內(枘)戈琱㦰、歐(厚)必(柲)、彤沙(蘇)
8.4217 儕(齎)女(汝)冊五、昜(錫)登盾生皇(凰)、畫內(枘)戈琱㦰、歐(厚)必(柲)、彤沙(蘇)
8.4218 儕(齎)女(汝)冊五、昜(錫)登盾生皇(凰)、畫內(枘)戈琱㦰、歐(厚)必(柲)、彤沙(蘇)
8.4322 俘戎兵𥄗(盾)、矛、戈、弓、備(箙)、矢、裨冑

1551 相

1.144 用之勿相(爽)
8.4136 相侯休于厥臣殳
11.6002 令乍(作)冊折兄(貺)聖土于相侯
15.9303 令乍(作)冊折兄(貺)聖土于相侯
15.9733 䖒方綾滕相乘駐(牡)
15.9735 中山王𦍢命相邦賙(貯)擇郾(燕)吉金/以輔相厥身
16.9895 令乍(作)冊折兄(貺)聖土于相侯
17.11285 相公子矰(戠)之告(造)
17.11294 丞相觸(壽燭)造
17.11308 相邦呂不韋造
17.11342 相邦冄(冉)造
17.11359 相邦冄(冉)其造
17.11361 相邦樛斿之造
17.11379 丞相啟、狀造
17.11380 相邦呂不韋造
17.11391 相邦肖(趙)狐、邦左庫工師鄭哲、冶匜□敎(撻)齋(劑)
17.11394 相邦義(張儀)之造
17.11395 相邦呂不韋造
17.11396 相邦呂不韋造
18.11556 相邦春平侯、邦右庫工師肖(趙)瘁、冶韓開敎(撻)齋(劑)
18.11557 相邦春平侯、邦左伐器工師長翟(鳳)、冶私(粕)敎(撻)齋(劑)
18.11558 相邦春平侯、

邦左庫工師長瞿
（鳳）、冶刂（勻）敦
（撻）齋（劑）

18.11619 𥛦邦建信
〔君〕⊠工師⊠

18.11635 𥛦邦建信君、
邦右庫⊠⊠工師吳疭
（瘠）、冶疕敦（撻）齋
（劑）

18.11662 𥛦邦春平侯
⊠伐器工師⊠⊠、冶
⊠

18.11670 守𥛦杢（執、
廉）波（頗）、右庫工師
慶⊠、冶巡敦（撻）齋
（劑）

18.11677 𥛦邦建信君、
邦右庫工師郂叚、冶
𡩋（尹）㐬敦（撻）齋
（劑）

18.11678 𥛦邦建信君、
邦左庫工師郂叚、冶
𡩋（尹）㐬敦（撻）齋
（劑）

18.11679 𥛦邦建信君、
邦左庫工師郂叚、冶
𡩋（尹）肉敦（撻）齋
（劑）

18.11680 𥛦邦建信君、
邦左庫工師郂叚、冶
𡩋（尹）匿敦（撻）齋
（劑）

18.11681 𥛦邦建信君、
邦左庫工師郂叚、冶
𡩋（尹）月（明）敦（撻）
齋（劑）

18.11682 𥛦邦春平侯、
邦左庫工師肖（趙）
瘠、冶事（吏）開敦

（撻）齋（劑）

18.11683 𥛦邦春平侯、
邦左庫工師肖（趙）
瘠、冶事（吏）開敦
（撻）齋（劑）

18.11684 𥛦邦春平侯、
邦右庫工師⊠⊠⊠、
冶馬齋（劑）

18.11685 得工嗇夫杜
𡩋女（如）、左得工工
師韓段、冶𡩋（尹）朝
敦（撻）齋（劑）

18.11687 𥛦邦建信君、
邦左庫工師塚旅、冶
肉敦（撻）齋（劑）

18.11688 𥛦邦春平侯、
邦左庫工師肖（趙）
瘠、冶𡩋（尹）五月敦
（撻）齋（劑）

18.11689 𥛦邦春平侯、
邦左伐器工師長瞿
（鳳）、冶赦敦（撻）齋
（劑）

18.11690 𥛦邦春平侯、
邦左伐器工師長瞿
（鳳）、冶明敦（撻）齋
（劑）

18.11691 𥛦邦春平侯、
邦左伐器工師長瞿
（鳳）、冶句敦（撻）齋
（劑）

18.11694 春平𥛦邦鄩
（晉）得、邦右庫工師
𥈰（醫）觡徒、冶臣成
敦（撻）齋（劑）

18.11695 𥛦邦建信君、
邦右庫韓段、工師卝
疤、冶息敦（撻）齋
（劑）

18.11699 𥛦邦春平侯、
邦左伐器工師⊠⊠⊠
⊠、冶匡敦（撻）齋
（劑）

18.11700 守𥛦杢（執、
廉）波（頗）、邦右庫工
師韓亥、冶巡敦（撻）
齋（劑）

18.11701 守𥛦杢（執、
廉）波（頗）、邦右庫工
師韓亥、冶巡敦（撻）
齋（劑）

18.11702 守𥛦杢（執、
廉）波（頗）、邦左庫工
師采隋、冶句敦（撻）
齋（劑）

18.11706 𥛦邦建信君、
邦左庫工師郂叚、冶
𡩋（尹）㐬敦（撻）齋
（劑）

18.11707 𥛦邦春平侯、
邦左庫工師長身、冶
窑瀧敦（撻）齋（劑）

18.11708 𥛦邦春平侯、
邦右庫工師訬㐬、冶
巡敦（撻）齋（劑）

18.11709 𥛦邦春平侯、
邦右伐器工師羊敓
（播）、冶疢敦（撻）齋
（劑）

18.11710 𥛦邦春平侯、
左伐器廄工師析論、
冶虻敦（撻）齋（劑）

18.11711 守𥛦申毋官、
邦⊠韓秋、冶醇敦
（撻）齋（劑）

18.11712 𥛦邦陽安君、
邦右庫工師史筌胡、
冶事（吏）疴敦（撻）齋

（劑）

18.11713 𥛦邦春平侯、
邦左伐器工師長瞿
（鳳）、冶句敦（撻）齋
（劑）

18.11714 𥛦邦春平侯、
邦左伐器工師長瞿
（鳳）、冶句敦（撻）齋
（劑）

18.11715 𥛦邦春平侯、
邦右伐器工師從訬、
冶巡敦（撻）齋（劑）

18.11716 𥛦邦春平侯、
邦左伐器工師長瞿
（鳳）、冶匡敦（撻）齋
（劑）

18.11717 𥛦邦建信君、
邦右庫工師司馬卻、
冶得㐬敦（撻）齋（劑）

1552 眈

5.2824 毋又（有）眈于
厥身

8.4273 靜學（教）無眈
（尤）

8.4322 無眈（尤）于戎
身

8.4341 亡不成眈天畏
（威）

1553 眂

5.2678 宓伯于成周休
眂小臣金

1554 眠、覞、視

4.2527 虩䚱（令）瘫、眠
（視）事鷗、冶巡鑄

5.2577 叚工師王馬重
（童）、眠（視）事鐙、冶

敬
5.2611 虒命(令)周収、眡(視)事犾、冶期鑄
5.2695 王獸于眡(視)斆(廩)
5.2773 眡(視)事敂、冶瘖/眡(視)事司馬敂、冶王石
16.10478 眡(視)恣(寧)后/丌(其)草桓(棺)中桓(棺)眡(視)恣(寧)后/草桓(棺)中桓(棺)眡(視)恣(寧)后

1555 眔

1.88 虘眔蔡姬永寶
1.89 叡眔蔡姬永寶
1.90-1 叡眔蔡姬〔永寶〕
1.92 叡眔蔡姬永寶
1.103 侯(遲)父眔齊萬年眉壽
1.145 士父其眔□姬萬年
1.146 士父其眔□姬萬年
1.147 士父眔□〔姬〕萬年
1.148 士父其眔□姬萬年
1.272-8 眔乃敵(敵)寮
1.285 眔乃敵(敵)寮
5.2724 我用飲厚眔我友
5.2733 眔多倗友
5.2740 溓(濂)公令寧眔史旟曰:以盱眔厥有嗣、後或(國)或伐腺(貊)
5.2741 溓(濂)公令寧眔史旟曰:以盱眔厥有嗣、後或(國)或伐腺(貊)
5.2767 㝬(胡)叔眔伯(信)姬其壽考(耇)、多宗、永令(命)
5.2803 有嗣眔師氏、小子卿(佮)射/令眔奮先馬走/王曰:令眔奮
5.2817 眔奠(甸)人、善(膳)夫、官、守、友
5.2831 矩迺眔溓(濂)粦令壽商眔意/眔受
5.2832 厥逆(朔)疆眔厲田/厥東疆眔散田/厥南疆眔散田/眔政父田/厥西疆眔厲田/邦君厲眔付裘衛田
5.2838 迺醬又(有)訇(詢)眔𠛬金
5.2839 盂以(與)者(諸)侯眔侯、田(甸)、男□□從盂征
7.4047 眔子鼓𩰫鑄旅段
7.4059 湈(沬)嗣土(徒)𨒅眔啚(鄙)
7.4090 眔朕文母季姬寶段
8.4137 眔仲氏邁(萬)年/用侃喜百生(姓)、倗友眔子婦
8.4162 孟曰:朕文考眔毛公、趞(遣)仲征無需
8.4163 孟曰:朕文考眔毛公、趞(遣)仲征無需
8.4164 孟曰:朕文考眔毛公、趞(遣)仲征無需
8.4194 𠭯眔厥子子孫永寶
8.4195 王命苘眔叔緣父歸(饋)吳姬饔(饔)器
8.4215 眔者(諸)侯、大亞
8.4238 眔賜貝
8.4239 眔賜貝
8.4241 王令燹(榮)眔內史曰:萅(介)井(邢)侯服
8.4244 走其眔厥子子孫孫
8.4267 官嗣豐人眔九𢿘祝
8.4269 我不能不眔縣伯萬年保
8.4273 小子眔服、眔小臣、眔尸(夷)僕學射
8.4294 眔嗣空(位)/眔嗣芻/眔嗣寇/眔嗣工(空)司(事)
8.4295 眔嗣空(位)/眔嗣芻/眔嗣寇/眔嗣工(空)史(事)
8.4324 令(命)女(汝)嗣乃祖舊官小輔眔鼓鐘
8.4340 令(命)女(汝)眔曶粗(纘)疋(胥)對各
9.4459 翏生(甥)眔大娟(妘)
9.4460 翏生(甥)眔大娟(妘)
9.4461 翏生(甥)眔大娟(妘)
9.4466 其邑彶眔句、商、兒/眔讎、戈
9.4626 眔吳(虞)、眔牧
10.5252 買王眔尊彝/買王眔乍(作)尊彝
10.5421 王令士上眔史寅竅(殷)于成周/眔賞卣、鬯、貝
10.5422 王令士上眔史寅竅(殷)于成周/眔賞卣、鬯、貝
11.5999 王令士上眔史寅竅(殷)于成周/眔賞卣、鬯、貝
11.6013 王令(命)盠曰:粗(纘)嗣六師眔八師埶(藝)
11.6016 眔卿事寮、眔者(諸)尹/眔里君、眔百工/眔者(諸)侯:侯、田、男/迺令曰:今我唯令女(汝)二人亢眔矢
12.7275 買王眔尊彝
12.7276 買王眔尊彝
15.9436 用萬年用楚(胥)保眔叔堯(无)
15.9453 眔于王
15.9454 王令士上眔史寅竅(殷)于成周/眔賞卣、鬯、貝
15.9456 伯邑父、燹(榮)伯、定伯、琼伯、單伯迺令參有嗣:嗣

土(徒)微邑、嗣馬單旟、嗣工(空)邑人服眔受(授)田
15.9672 眔以(台)倗友雁
16.9898 王乎史戊册令(命)吳：嗣旃眔菽金
16.9899 王令(命)盠曰：䡅(纘)嗣六師眔八師埶(藝)
16.9900 王令(命)盠曰：䡅(纘)嗣六師眔八師埶(藝)
16.9901 眔卿事寮、眔者(諸)尹/眔里君、眔百工/眔者(諸)侯：侯、田(甸)、男/廼令曰：今我唯令女(汝)二人亢眔矢
16.10106 用萬年用楚(胥)保眔叔堯
16.10322 疆眔師俗父田/厥眔公出厥命：井伯、燮(榮)伯、尹氏、師俗父、遣(遣)仲

1556 睘、昊(瞚、瞬)

1.82 單伯睘生(甥)曰：不(丕)顯皇祖剌(烈)考
1.104 王若曰：睘〔生〕(甥)
1.105 睘生(甥)用乍(作)穆公大鐘(林)鐘
1.181 茲鐘名曰無睘(射)
1.187-8 降余大魯福亡睘(斁)
1.189-90 降余大魯福亡睘(斁)
5.2643 伯氏、始(姒)氏乍(作)鬲(孋)婞睘拜(鍏)貞(鼎)
5.2841 肆(肆)皇天亡睘(斁)
8.4342 肆(肆)皇帝亡睘(斁)
9.4352 睘女(母)乍(作)微姬旅盨
9.4672 單睘生(甥)乍(作)羞豆
13.7637 睘(瞚)
15.9733 睘(睪)其王馴
16.10175 昊韶(照)亡睘(斁)
17.11359 西工師旬、丞睘、隸臣□
18.11868 睘(瞚)

1557 睘(睘)

8.4269 曰：休伯睘(睘)益恤縣伯室

1558 昏

18.11549 邦司寇野茀(茀)、上庫工師司馬瘲、冶昏

1559 晢

17.11321 郚(頓)丘命(令)燮、左工師晢、冶夢

1560 匽(瞖)

18.11694 春平相邦鄗(晉)得、邦右庫工師匽(瞖)輅徒、冶臣成敎(撻)齋(劑)

1561 瞏

4.2480 鑄客爲集腏、伸腏、瞏腋腏爲之
5.2659 睗瞏□煩嬰
6.3677 瞏乍(作)寶毁
7.3763 遽伯瞏乍(作)寶尊彝
8.4326 賜朱芾、悤(葱)黄(衡)、鞞鞢(璲)、玉瞏(環)、玉瑹、車、電軫、桒(賁)縟較(较)、朱𩍐(鞹)𩍐靳、虎冟(冪)熏(纁)裏、遣(錯)衡、右厄(軛)、畫轉、畫輯、金童(踵)、金豙(軝)、金簟弼(茀)、魚葡(箙)、朱旂旜(旜)金芄二鈴
10.5407 王姜令乍(作)册瞏安尸伯/尸伯賓(儐)瞏貝、布
11.5989 君令余乍(作)册瞏安尸伯
16.10406 吳王長瞏(？)
16.10414 從瞏
16.10415 □瞏
16.10416 辛栃(苫)瞏
16.10417 辛栃(苫)瞏
16.10418 辛栃(苫)瞏
16.10419 辛栃(苫)瞏
16.10420 敓(披、皮)氏瞏
16.10421 敓(披、皮)氏瞏
16.10422 方城瞏
16.10423 方城瞏
16.10424 禺復瞏
16.10425 坪(平)险(陰)瞏
16.10426 林單瞏
16.10427 武𠭯瞏
16.10428 茖(萄、陶)险(陰)瞏
16.10429 □□□瞏
16.10430 □□瞏
16.10431 侮少ヨ(掌)瞏
16.10432 □少兩瞏
16.10433 豊王竹瞏
16.10434 北尚城瞏
16.10435 東尚城瞏
16.10436 沓□缶瞏
16.10437 □□城瞏
17.11358 羕(養)陵公伺之瞏(縣)所郜(造)、冶己女
18.11477 鼰瞏
18.11495 敀(拍)陸瞏

1562 賦

18.11671 安平守變疾、左庫工師賦(戜)晢、冶余敎(撻)齋(劑)

1563 罠(瞀)

11.5957 斁(擐)罠(瞀)事

1564 睗

1.144 戉(越)王者旨於睗擇厥吉金
5.2833 睗(惕)共(恭)賸(朕)辟之命
5.2834 睗(惕)〔共〕朕般(辟)乍(之)命
5.2841 敬念王畏(威)

不賜(易)
8.4267 賜(賜)女(汝)赤市、縈黄(衡)、䜌(鑾)旂
8.4294 賜(賜)女(汝)赤⊖(⊖)市、䜌(鑾)旂
8.4295 賜(賜)女(汝)赤⊖(⊖)市、䜌(鑾)旂
9.4631 天賜(賜)之福
9.4632 天賜(賜)之福
10.5416 伯懋父賜(賜)召白馬、妦黄、髮(髮)微
11.6004 伯懋父賜(賜)召白馬、妦黄、髮(髮)微
15.9677 用賜(賜)眉壽
16.10167 賜(賜)三國
16.10173 王賜(賜)乘馬 / 賜(賜)用弓 / 賜(賜)用戉(鉞)
17.11310 戉(越)王者旨於賜
17.11311 戉(越)王者(諸)旨(稽)於賜
18.11511 戉(越)王者(諸)旨(稽)於賜
18.11512 戉(越)王者(諸)旨(稽)於賜
18.11596 戉(越)王者(諸)旨(稽)於賜
18.11597 戉(越)王者(諸)旨(稽)於賜
18.11598 戉(越)王者(諸)旨(稽)於賜
18.11599 戉(越)王者(諸)旨(稽)於賜
18.11600 戉(越)王者(諸)旨(稽)於賜

1565 瞩

14.8357 瞩祖壬

1566 䞃(眣、瞚)

5.2648 子賜小子䞃(㝬)王商(賞)貝在𠂤(兢)帥(次)/ 䞃(㝬)用乍(作)父己寶尊

1567 翰(看)

15.9665 爿(片)器嗇夫亮痀所勒(勒)翰(看)器乍(作)勒(勒)者
15.9666 爿(片)器嗇夫亮痀所勒(勒)翰(看)器乍(作)勒(勒)者
15.9675 左使車嗇夫孫固所勒(勒)翰(看)器乍(作)勒(勒)者
16.10441 牀(藏)麀(鏕)嗇夫郘信勒(勒)翰(看)器
16.10442 牀(藏)麀(鏕)嗇夫郘信勒(勒)翰(看)器
16.10443 牀(藏)麀(鏕)嗇夫郘信勒(勒)翰(看)器

1568 曦

18.11686 邦司寇馬悆、迁(下)庫工師得尚、冶肀(尹)曦半舒教(撻)齋(劑)

1569 隮、霽(睦)

11.5986 隮(睦)從公𠂤(師、次)贶 / 商(賞)霽(睦)貝

1570 逗(眂)

17.11338 逗(眂)命(令)樂疚(痏)

1571 𬀩(垷)

17.10668 𬀩(垷)

1572 省

1.260 王肇遹省文武、堇(覲)疆土
3.949 王令中先省南或(國)貫行 / 中省自方、登(鄧)
5.2595 公違省自東
5.2694 王令宜子迨(會)西方于省
5.2710 王令寢蕽省北田四品
5.2721 師雍父省導(道)至于䍐(胡)
5.2731 省于人身
5.2746 遣(徂)省朔旁(方)
5.2751 王令中先省南或(國)貫行
5.2752 王令中先省南或(國)貫行
5.2775 令小臣夌先省楚应
5.2787 令史頌省穌(蘇)瀏(姻)友、里君、百生(姓)
5.2788 令史頌省穌(蘇)瀏(姻)友、里君、百生(姓)
5.2818 王令省史南以即虢旅
5.2831 矩取省車、軐𠦪(賁)𠭯、虎冟(幎)、蔡(𢊁)𠎑、畫轉、叏(鞭)𢂔(席)𩊘、帛䜌(繐)乘、金麃(鑣)鋞(鋞)
5.2837 雩我其遹省先王受民受疆土
5.2838 唯王四月既省(生)霸 / 曰陪(陪)、曰恒、曰劦、曰𩰫、曰省
5.2840 省其行
7.3948 公違省自東
7.4120 省仲之孫爲噂
8.4229 令史頌省穌(蘇)瀏(姻)友、里君、百生(姓)
8.4230 令史頌省穌(蘇)瀏(姻)友、里君、百生(姓)
8.4231 令史頌省穌(蘇)瀏(姻)友、里君、百生(姓)
8.4232 令史頌省穌(蘇)瀏(姻)友、里君、百生(姓)
8.4233 令史頌省穌(蘇)瀏(姻)友、里君、百生(姓)
8.4234 令史頌省穌(蘇)瀏(姻)友、里君、百生(姓)
8.4235 令史頌省穌(蘇)瀏(姻)友、里君、百生(姓)
8.4236 令史頌省穌(蘇)瀏(姻)友、里君、

百生(姓)
8.4261 不(丕)顯王乍(則)眚
8.4276 唯王二月既眚(生)霸
8.4278 王令眚史南以即虢旅
8.4294 既眚(生)霸庚寅
8.4295 既眚(生)霸庚寅
8.4320 王眚武王、成王伐商圖 / 征(誕)眚東或(國)圖
9.4693 姬寏母乍(作)大公、墉公、□公、魯仲臤、眚伯、孝公、静公豆
10.5394 子商(賞)小子眚貝五朋 / 眚揚君商(賞)
11.5951 眚史趄乍(作)祖丁寶尊彝
11.5990 王眚㸒亯(京)
11.6359 𠈎𢀜眚
12.6514 王大眚公族于庚
12.7234 眚乍(作)父丁
16.10176 夨人有嗣眉(堳)田：鮮、且、微、武父、西宫襄、豆人虞丂、彔、貞、師氏右眚、小門人䌛、原人虞艿、淮嗣工(空)虎孛、閈豐父、䧿(鳿)人有嗣、刑丂

1573 䛐(眮)

10.5004 子辛䛐(覗)

1574 䋂(矇)

5.2563 曾者子䋂(矇)用乍(作)淄(𨥶)鼎

1575 䀠(瞿)

3.899 䀠
4.1816 䀠亞祖癸
4.2177 䀠𢓊乍(作)寶尊彝
4.2178 䀠𢓊乍(作)寶尊彝
4.2257 䀠乍(作)父癸寶尊彝
4.2344 䀠
6.3366 䀠
6.3557 䀠
6.3579 䀠
7.4059 䀠
10.4880 䀠𡉚(封)
10.5142 䀠子弓葥
10.5363 䀠 / 䀠
10.5364 䀠 / 䀠
11.5954 䀠
11.5982 唯東䀠叀(惠)于金
12.6582 䀠(瞿)
12.6933 䀠中
13.8229 䀠湈(沬)
13.8230 䀠湈(沬)
13.8231 䀠湈(沬)
15.9235 𠭥(史)䀠乍(作)彝
15.9424 䀠
15.9827 䀠
16.9972 唯東䀠叀于金
16.10078 䀠
17.11163 玄翏(鏐)夫(鏞)䀠(鋁)之用
18.11673 南行易(唐)倫(令)䀠(瞿)卯、右庫工師司馬卻、冶得敦(撻)齋(劑)
18.11674 南行易(唐)倫(令)䀠(瞿)卯、右庫工師司馬卻、冶得敦(撻)齋(劑)
18.11705 南行易(唐)倫(令)䀠(瞿)卯、右庫工師司馬卻、冶肙(尹)𤖼得敦(撻)齋(劑)(?)

1576 㝵、旻

3.1093 㝵
3.1094 㝵
3.1095 㝵
4.1688 㝵父癸
4.1689 㝵父癸
4.1690 㝵父癸
11.5953 羽㝵
11.6043 㝵
12.6583 㝵
12.6584 㝵
12.7133 㝵父己
13.7496 㝵
13.7497 㝵
13.7498 㝵
13.7499 㝵
14.8940 㝵𢓊(褱)父庚
14.9034 癸㝵乍(作)考戊
14.9069 㝵
15.9123 㝵
15.9459 㝵
15.9460 㝵
16.9877 册㝵乍(作)彝
17.10673 㝵
17.10674 㝵
17.10675 㝵
17.10676 㝵
17.10677 㝵

1577 𡚁、睽

3.715 𡚁士父乍(作)蓼(翏)妃尊鬲
3.716 𡚁士父乍(作)蓼(翏)妃尊鬲
8.4298 賜趞𡚁里 / 王令善(膳)夫豖曰趞𡚁曰：余既賜大乃里 / 𡚁賓(儐)豖章(璋)、帛束 / 𡚁令豖曰天子：余弗敢𪓊(吝)/ 豖以(與)𡚁履大賜里 / 賓(儐)𡚁訊(介)章(璋)、帛束
8.4299 賜趞𡚁里 / 王令善(膳)夫豖曰趞𡚁曰：余既賜大乃里 / 𡚁賓(儐)豖章(璋)、帛束 / 𡚁令豖曰天子：余弗敢𪓊(吝)/ 豖以(與)𡚁履大賜里 / 賓(儐)𡚁訊(介)章(璋)、帛束

1578 𡉉

8.4153 𡉉乍(作)皇祖乙公、文公、武伯、皇考龏伯𩰫彝 / 𡉉其𢀜𢀜(熙熙)

1579 𦤶、𦤷

12.6585 𦤶
15.9185 𦤶乙

1580　面

14.8546 ▨父己
14.8548 ▨父己

1581　而

1.144 嘉▨(尔)賓客
1.183 ▨逐之字(慈)父
1.223-4 ☒慶□▨(尔)光
1.272-8 宦執▨(爾)政事/▨鹹公之女/龢協▨(爾)又(有)事/這▨(爾)倗剌/▨埶(藝)斯字(滋)
1.280 ▨埶(藝)斯字(滋)/▨鹹公之女
1.281 執▨(爾)政事
1.285 宦執▨(爾)政事/▨鹹公之女/龢協▨(爾)又(有)事/這▨(爾)倗剌/▨埶(藝)斯字(滋)
5.2837 王曰:▨(耐)
5.2840 猶粯(迷)惑於子之▨亡(亡)其邦/▨皇(況)才(在)於少君虖(乎)/此易言▨難行旃/▨去之遊/尔毋大▨悇(肆)/毋富▨喬(驕)/毋眾▨囂
8.4213 ▨賜盤(魯)孱(殿)𢼸(敖)金十鈞
15.9734 ▨冢(重)賃(任)之邦
15.9735 ▨謪(專)賃(任)之邦/▨臣宔(主)易立(位)/▨退與者(諸)侯齒踬(長)於迨(會)同/賙(貯)曰:爲人臣▨返(反)臣其宔(主)/明友(跋)之于壺▨時觀焉
16.10374 螿䇡(釜)▨車人制之/▨台(以)發退女(如)關人
16.10579 汩盤(器)不▨峀丌(其)欽
17.11407 下吉勿▨獲𦣻

1582　肉

18.11679 相邦建信君、邦左庫工師邾𠬝、冶肎(尹)▨教(撻)齋(劑)
18.11687 相邦建信君、邦左庫工師塚旅、冶▨教(撻)齋(劑)

1583　肖

5.2608 庫嗇夫▨(趙)不䍃(㝅)、貯氏大竘(令)所爲
5.2609 大梁司寇▨(趙)亡智鑄
5.2610 大梁司寇▨(趙)亡智鑄
16.10465 中富丞▨(趙)□、冶泪
17.11320 庰命(令)▨(趙)𨊠、下庫工師□、冶□
17.11355 ▨(趙)命(令)甘(邯)丹(鄲)𢆶(偉)、右庫工師翌(翊)糿(紹)、冶倉散(造)(?)
17.11387 奠(鄭)倫(令)▨(趙)距、司寇王膚、武庫工師鑄章、冶珥
17.11388 奠(鄭)倫(令)▨(趙)距、司寇彭璋、右庫工師陳坪、冶贛
17.11389 奠(鄭)倫(令)▨(趙)距、司寇彭璋、往庫工師皇佳、冶瘖
17.11390 邦府大夫▨(趙)閔、邦上庫工師韓山、冶问教(撻)齋(劑)
17.11391 相邦▨(趙)狐、邦左庫工師鄖哲、冶匜□教(撻)齋(劑)
17.11398 奠(鄭)倫(令)棺(槨、郭)涵、司寇▨(趙)它、往庫工師皮耴、冶肎(尹)啟
18.11555 奠(鄭)倫(令)棺(槨、郭)涵、司寇▨(趙)它、往庫工師皮耴、冶肎(尹)坡(坡)
18.11556 相邦春平侯、邦右庫工師▨(趙)瘁、冶韓開教(撻)齋(劑)
18.11560 奠(鄭)命(令)棺(槨、郭)涵、司寇▨(趙)它、往庫工師皮耴、冶肎(尹)坡(坡)䜭(造)
18.11561 閔倫(令)▨(趙)狽、下庫工師臤石、冶人參所鑄鈷户者
18.11657 坓(型、邢)▨、下庫工師孫臾(烛)、冶湈教(撻)齋(劑)
18.11669 攸倫(令)▨(趙)世、上庫工師樂星、冶朔(影)教(撻)齋(劑)
18.11676 邦司寇▨(趙)新、邦右庫工師下足、冶巡教(撻)齋(劑)
18.11682 相邦春平侯、邦左庫工師▨(趙)瘠、冶事(吏)開教(撻)齋(劑)
18.11683 相邦春平侯、邦左庫工師▨(趙)瘠、冶事(吏)開教(撻)齋(劑)
18.11688 相邦春平侯、邦左庫工師▨(趙)瘠、冶肎(尹)五月教(撻)齋(劑)
18.11693 奠(鄭)命(令)棺(槨、郭)涵、司寇▨(趙)它、往庫工師皮耴、冶肎(尹)啟䜭(造)
18.11707 大攻(工)肎(尹)▨(趙)閔
18.11710 大攻(工)肎(尹)▨(趙)𤽄

1584　肩(肩)

1.187-8 天子▨(肩)事

梁其
1.189-90 天子肩(肩)事梁其
1.191 天子肩(肩)事梁其
3.948 肩(肩)史(事)遇事(使)于㝬(胡)侯
3.949 肆肩(肩)又(有)羞
5.2830 休伯大(太)師肩(肩)𦕛
16.10200 伯庶父乍(作)肩(肩)

1585 財(鼒)

4.2481 寧冢子得、冶譜爲財(鼒)
5.2693 邛(江)干爲享陵財(鼒)
5.2746 鑄財(鼒)
5.2793 坪安邦斪客財(鼒)/ 坪安邦斪客財(鼒)

1586 胷、胸

4.1808 缶胸(容)四分
16.10458 胷(胸、容)二益(溢)

1587 肙

2.420 鍾肙(尹)
4.2396 肙孝子貞(鼎)
9.4633 右㞤(迲、遲)肙(尹)
11.5697 右府肙(尹)
15.9563 右㞤(迲、遲)肙(尹)
16.9989 右㞤(迲、遲)肙(尹)
16.9990 㞤(迲、遲)肙(尹)/ 右㞤(迲)肙(尹)
16.10459 左相胐(?)大攻(工)肙(尹)月鑄
16.10466 左鍾肙(尹)
17.11243 右攻(工)肙(尹)
17.11244 右攻(工)肙(尹)
17.11350 右攻(工)肙(尹)青
17.11384 莫(鄭)倫(令)韓半、司寇長朱、武庫工師𢀜𢘅、冶肙(尹)敚(披)散(造)
17.11385 莫(鄭)倫(令)韓䔲、司寇長朱、右庫工師皂高、冶肙(尹)𡠉散(造)
17.11386 莫(鄭)倫(令)公先𠷎(幼)、司寇事(吏)㰟、右庫工師皂高、冶肙(尹)□散(造)
17.11397 莫(鄭)倫(令)公先𠷎(學、幼)、司寇向□、左庫工師百慶、冶肙(尹)□散(造)
17.11398 莫(鄭)倫(令)棺(槨、郭)涵、司寇肖(趙)它、往庫工師皮耴、冶肙(尹)啟
18.11552 莫(鄭)倫(令)棺(槨、郭)涵、司寇芋慶、往庫工師皮耴、冶肙(尹)貞散(造)
18.11553 莫(鄭)命(令)韓半、司寇長(張)朱、左庫工師昜(陽)㨨(㢮)、冶肙(尹)弜散(摺、造)
18.11554 莫(鄭)倫(令)公先𠷎(幼)、司寇史陉(隋)、左庫工師倉慶、冶肙(尹)弜(彇)散(造)
18.11555 莫(鄭)倫(令)棺(槨、郭)涵、司寇肖(趙)它、往庫工師皮耴、冶肙(尹)坡(坡)
18.11559 莫(鄭)倫(令)棺(槨、郭)涵、司寇芋慶、左庫工師𨛭訢、冶肙(尹)弜(彇)散(造)
18.11560 莫(鄭)命(令)棺(槨、郭)涵、司寇肖(趙)它、往庫工師皮耴、冶肙(尹)坡(坡)散(造)
18.11563 莫(鄭)倫(令)棺(槨、郭)涵、司寇芋慶、往庫工師皮耴、冶肙(尹)坡(坡)散(造)戟朿(刺)
18.11576 大攻(工)肙(尹)
18.11577 大攻(工)肙(尹)
18.11670 大攻(工)肙(尹)公孫桴
18.11677 相邦建信君、邦右庫工師郙段、冶肙(尹)㐂敎(撻)齋(劑)
18.11678 相邦建信君、邦左庫工師郙段、冶肙(尹)㐂敎(撻)齋(劑)
18.11679 相邦建信君、邦左庫工師郙段、冶肙(尹)肉敎(撻)齋(劑)
18.11680 相邦建信君、邦左庫工師郙段、冶肙(尹)匜敎(撻)齋(劑)
18.11681 相邦建信君、邦左庫工師郙段、冶肙(尹)月(明)敎(撻)齋(劑)
18.11685 得工嗇夫杜相女(如)、左得工工師韓段、冶肙(尹)朝敎(撻)齋(劑)
18.11686 邦司寇馬慼、迋(下)庫工師得尚、冶肙(尹)𥌓半舒敎(撻)齋(劑)
18.11688 相邦春平侯、邦左庫工師肖(趙)痟、冶肙(尹)五月敎(撻)齋(劑)
18.11693 莫(鄭)命(令)棺(槨、郭)涵、司寇肖(趙)它、往庫工師皮耴、冶肙(尹)啟散(造)
18.11700 大攻(工)肙(尹)韓耑
18.11701 大攻(工)肙(尹)公孫桴
18.11702 大攻(工)肙

(尹)公孫桴
18.11705 南行昜(唐)倫(令)

(瞿)卯、右庫工師司馬郃、冶肩(尹)䏓得敎(撻)齋(劑)(?)
18.11706 相邦建信君、邦左庫工師郾叚、冶肩(尹)䏓敎(撻)齋(劑)/ 大攻(工)肩(尹)韓耑
18.11707 大攻(工)肩(尹)肖(趙)閔
18.11708 大攻(工)肩(尹)韓耑
18.11709 大攻(工)肩(尹)韓耑
18.11710 大攻(工)肩(尹)肖(趙)㿝
18.11711 大攻(工)肩(尹)韓耑
18.11712 大攻(工)肩(尹)韓啇
18.11713 大攻(工)肩(尹)韓耑
18.11714 大攻(工)肩(尹)韓耑
18.11715 大攻(工)肩(尹)韓耑
18.11716 大攻(工)肩(尹)韓耑
18.11717 大攻(工)肩(尹)告㤅
18.11826 㞺(迡、遲)肩(尹)
18.11919 右攻(工)肩(尹)
18.11920 右攻(工)肩(尹)
18.11921 右攻(工)肩(尹)
18.11922 右攻(工)肩(尹)
18.11923 左攻(工)肩(尹)
18.11924 左攻(工)肩(尹)
18.11929 右昜攻(工)肩(尹)
18.11930 右昜宮攻(工)肩(尹)
18.11931 右偶(遇)攻(工)肩(尹)五大夫青

1588　肯

4.2479 楚王酓(熊)肯乍(作)鑄匜貞(鼎)
5.2623 楚王酓(熊)肯乍(作)鑄鐈貞(鼎)
9.4549 楚王酓(熊)肯攸(作)鑄金簠
9.4550 楚王酓(熊)肯攸(作)鑄金簠
9.4551 楚王酓(熊)肯攸(作)鑄金簠
16.10100 楚王酓(熊)肯攸(作)爲盥盤

1589　胡

18.11712 相邦陽安君、邦右庫工師史㱣胡、冶事(吏)痀敎(撻)齋(劑)

1590　胎

17.11127 陳胎之右桼鈛(戈)

1591　胃

16.10167 辛□□胃□㝬□㠯
18.11696 胃(謂)之少虡
18.11697 胃(謂)之少虡
18.11698 胃(謂)之少虡

1592　胸

17.11378 漆工胸、□□守丞巨造

1593　胤

1.262-3 盩龢胤士
1.264-6 盩龢胤士
1.267 盩龢胤士
1.268 盩龢胤士
1.269 盩龢胤士
1.270 咸畜百辟、胤士
7.4074 叀(傳)乍(作)朕文考胤伯尊段
7.4075 叀(傳)乍(作)朕文考胤伯尊段
8.4315 咸畜胤士
15.9734 胤嗣好蚉
16.10342 余咸畜胤士

1594　胅

4.2103 眉(沬)胅(廚)
4.2232 右卜(外)胅(廚)
4.2361 公胅(廚)右官貞(鼎)

1595　脊(齊、臍)

9.4649 陳侯因脊(齊)曰：皇考孝武超(桓)公龏(恭)截(戴)/ 其惟因脊(齊)揚皇考
17.11081 陳侯因脊(齊)鋯(造)
17.11129 陳侯因脊(齊)之造

1596　貳(膩)

15.9735 不貳(膩、貳)其心

1597　脩

16.9939 脩(修)武府

1598　脣

5.2835 甲申之脣(辰)

1599　脤(胝)

17.11360 郛䧅(令)夜脤(胝)、上庫工師□□、冶闟(閒)

1600　脰

4.2095 集脰(廚)
4.2096 集脰(廚)
4.2296 鑄客爲集脰(廚)/ 集脰(廚)
4.2297 鑄客爲集脰(廚)爲之
4.2298 鑄客爲集脰(廚)爲之
4.2359 吳王孫無土之脰(廚)貞(鼎)
4.2395 鑄客爲大(太)句(后)脰(廚)官爲之
5.2623 集脰(廚)社鼎 / 集脰(廚)
5.2794 集脰(廚)/ 集脰

（廚）
5.2795 集脰（廚）
16.10291 集脰（廚）
16.10577 鑄客爲集脰（廚）爲之

1601 腰

17.11184 郾（燕）侯腰乍（作）〔帀〕萃鍨鉘（戟）
17.11272 郾（燕）侯腰乍（作）帀（師）萃鍨鉘（戟）

1602 胾（胙）

3.717 鼄（邾）沓（友）父朕（媵）其子胾（胙）嬬寶鬲

1603 膐

4.2102 膐（容）半
4.2104 膐（容）四分
4.2105 膐（容）三分
4.2240 膐（容）齋
4.2308 膐（容）半齋
4.2451 膐（容）參（叁）分／膐（容）參（叁）分
4.2527 膐（容）四分
5.2590 膐（容）料（半）
5.2609 爲量膐（容）四分
5.2610 爲量膐（容）料（半）齋
5.2611 膐（容）料（半）齋
5.2693 膐（容）半齋／膐（容）半齋
5.2764 膐（容）四分齋／膐（容）四分齋
5.2773 膐（容）料（半）／膐（容）料（半）／膐（容）料（半）／膐（容）料（半）
15.9449 膐（容）半齋

1604 腶、腏

4.1807 集腏五
4.2397 書腏厢（餚）
4.2480 鑄客爲集腏、伸腏、睘腋腏爲之

1605 腸

5.2771 用腸（賜）眉壽
5.2772 用腸（賜）眉壽
15.9712 用腸（賜）眉壽

1606 散

4.2029 散姬乍（作）尊鼎
5.2832 厥東疆眔散田／厥南疆眔散田
7.3777 散伯乍（作）矢姬寶段
7.3778 散伯乍（作）矢姬寶段
7.3779 散伯乍（作）矢姬寶段
7.3780 散伯乍（作）矢姬寶段
10.5300 散伯乍（作）屖（侲）父尊彝
10.5301 散伯乍（作）屖（侲）父尊彝
16.10176 用矢戮（撲）散邑／迺即散用田／正眉（堳）矢舍（捨）散田：嗣土（徒）屰啬、嗣馬單𡴬、䣄人嗣工（空）騎君、宰德父／散人小子眉（堳）田：戎、微父、效果（櫂）父、襄之有嗣橐、州豪（就）、倐從鬲（禹）／凡散有嗣十夫／曰：我既（既）付散氏田器／實余有散氏心賊／曰：我既付散氏溼田、牆（畛）田
16.10193 散伯乍（作）矢姬寶也（匜）
17.10963 陳散戈
17.11033 陳貝散盍（戈）
17.11036 陳窒散鈛（戈）
17.11065 嚚（器）渒侯散戈
17.11083 陳御寇散鈛（戈）
17.11210 羊角之亲（新）艁（造）散戈
18.11591 陳窐（窒）散造鐱（劍）
18.12023 陳窒散
18.12024 陳窒散

1607 腋

4.2108 之宅褱閅（門）申腋
4.2480 鑄客爲集腏、伸腏、睘腋腏爲之

1608 脽

17.11402 公孶里脽之大夫敀（披）之卒
18.12110 大攻（工）尹脽台（以）王命
18.12111 大攻（工）尹脽台（以）王命
18.12112 大攻（工）尹脽台（以）王命
18.12113 大攻（工）尹脽台（以）王命

1609 膌

17.11214 肵（析）君墨膌之部（造）鉨（戟）

1610 脁

18.11545 邦司寇富勳、上庫工師戎閔、冶脁

1611 膞

17.11379 郃陽嘉、丞兼、庫膞、工邪

1612 厭（厭）

18.12113 就厭（轂）

1613 膉

10.5361 宜生（甥）商（賞）膉

1614 腨

18.11815 齊城右造車鍼（戟）、冶腨

1615 膓

17.11259 膓右工鈛（戈）

1616 膆（貊）

5.2740 溓（濂）公令雪眔史旟曰：以旿眔厥有嗣、後或（國）戜伐膆（貊）

5.2741 溓(溓)公令䛐眔史旗曰:以㫚眔厥有嗣、後或(國)或伐臄(貊)

1617 膚

1.86 擇其吉金膚(鏞)呂(鋁)
1.149 玄鏐膚(鏞)呂(鋁)
1.150 玄鏐膚(鏞)呂(鋁)
1.151 玄鏐膚(鏞)呂(鋁)
1.152 玄鏐膚(鏞)呂(鋁)
1.156 尸(夷)膚(筥)甚□者元
5.2831 眉敫(敖)者膚卓事見于王
11.5950 引爲魖膚寶尊彝
16.10126 取膚(慮)上子商鑄般(盤)
16.10253 取膚(盧、慮)上子商鑄也(匜)
16.10390 郤(徐)王之堯(无)元柒(背)之少(小)熨(熽)膚(盧、爐)
17.10913 膚(鏞)用

1618 膋

10.5430 賜宗彝一膋(肆)

1619 脺

1.272-8 余賜女(汝)釐(萊)都、脺(密)、劀(膠)
1.281 余賜女(汝)釐(萊)都、脺(密)□
1.285 余賜女(汝)釐(萊)都、脺(密)、劀(膠)

1620 膳

9.4645 齊侯乍(作)朕(媵)寬圓孟姜膳辜(敦)

1621 腊

5.2675 用饗(莱)𠅘(庳、曁)腊

1622 雁、膺

1.107-8 膺(應)侯見工遺(饋)王于周/燮(榮)伯內(入)右(佑)膺(應)侯見工/用乍(作)朕皇祖膺(應)侯大醬(林)鐘
1.262-3 膺受大令(命)
1.267 膺受大令(命)
1.268 膺受大令(命)
1.269 膺受大令(命)
1.272-8 女(汝)膺(應)鬲(歷)公家/膺恤余于盟(明)恤/膺受君公之賜光
1.282 膺受君公之□
1.285 女(汝)膺(應)鬲(歷)公家/膺恤余于盟(明)恤/膺受君公之賜光
2.358 乃膺受大令(命)
3.883 膺(應)監乍(作)寶尊彝
4.1975 膺(應)𠃬乍(作)旅
4.2150 膺(應)公乍(作)寶尊彝
4.2151 膺(應)公乍(作)寶尊彝
4.2172 膺(應)叔乍(作)寶尊齋
5.2553 膺(應)公乍(作)寶尊彝
5.2554 膺(應)公乍(作)寶尊彝
5.2780 王乎宰膺賜盛弓、象弭、矢臸、彤欮
5.2807 王召走(趣)馬膺
5.2808 王召走(趣)馬膺
5.2830 賜女(汝)玄衣黹(黼)屯(純)、赤芾、朱橫(黃衡)、緣(鑾)旂、大(太)師金膺、攸(鋚)勒
5.2841 膺受大命/賜女(汝)秬鬯一卣、祼圭瓚寶、朱芾、悤(蔥)黃(衡)、玉環、玉琮、金車、桒(賁)縟較(較)、朱䩞(鞹)𩎟靳、虎冟(冪)熏裏、右軛、畫轉、畫𨍭、金甬(桶)、逪(錯)衡、金嶂(踵)、金豙(軝)、葝(約)𥂴(盛)、金簟弼(茀)、魚箙、馬四匹、攸(鋚)勒、金𠰵(臺)、金膺、朱旂二鈴(鈴)
6.3442 膺(應)事乍(作)旅毀
6.3477 膺(應)公乍(作)旅彝
6.3478 膺(應)公乍(作)旅彝
7.3775 登(鄧)公乍(作)膺(應)嫚妣(皀)朕(媵)毀
7.3776 登(鄧)公乍(作)膺(應)嫚妣(皀)朕(媵)毀
7.3860 膺(應)侯乍(作)姬遼母尊毀
7.4045 膺(應)侯乍(作)生杙姜尊毀
8.4331 膺受大命
8.4342 膺受天令(命)
9.4467 膺受大令(命)
9.4468 膺受大令(命)
10.5177 膺(應)公乍(作)寶彝
10.5220 膺(應)公乍(作)寶尊彝
11.5841 膺(應)公乍(作)寶尊彝
11.6174 膺(應)公
12.6469 膺(應)事乍(作)父乙寶
14.9048 膺(應)史乍(作)父乙寶

1623 臂

15.9734 子之大臂(闢)不宜(義)
17.11352 秦子乍(作)遣(造)中臂元用

1624 臏

5.2738 蔡大(太)師臏賸(媵)鄦(許)叔姬可

母飤繁

1625 䐝

17.11329 得工冶䐝所教、馬重(童)爲

17.11382 㒞倫(令)艬䐝、司寇莫(鄭)㝂、左庫工師器較(較)、冶□𣪘(造)

1626 臚

9.4605 嘉子伯昜臚用其吉金

1627 𦙶

2.291 贏(贏)𦙶(亂)之商

9.4546 𦙶(薛)子仲安乍(作)旅簠

9.4547 𦙶(薛)子仲安乍(作)旅簠

9.4548 𦙶(薛)子仲安乍(作)旅簠

9.4556 走(趣)馬𦙶(薛)仲赤

11.5928 㞢𦙶乍(作)日癸公寶尊彝

1628 譬

5.2826 譬(辟)我萬民

1629 鵒

18.12110 就鄢(陽)丘、就邡(方)城、就鵒(象)禾、就栖(柳)焚(棼)、就繁昜(陽)、就高丘、就下鄡(蔡)、就居鄵(巢)、就郢

18.12111 就昜(陽)丘、就邡(方)城、就鵒(象)禾、就栖(柳)焚(棼)、就繁昜(陽)、就高丘、就下鄡(蔡)、就居鄵(巢)、就郢

18.12112 就昜(陽)丘、就邡(方)城、就鵒(象)禾、就栖(柳)焚(棼)、就繁昜(陽)、就高丘、就下鄡(蔡)、就居鄵(巢)、就郢

1630 腡

4.1800 長腡會(合)

1631 食

4.2194 㸚父乍(作)寶食彝

4.2279 仲義君自乍(作)食繁

5.2750 多用旨食

6.3651 牧璧乍(作)父丁少(小)食殷

7.4095 唯食生(甥)走馬谷自乍(作)吉金用尊殷

9.4427 食仲走父乍(作)旅盨

9.4627 饎具(俱)旨食

12.6421 亞食父癸

1632 飤

1.183 飲飤訶(歌)遪(舞)

1.184 飲飤訶(歌)遪(舞)

1.186 飲飤訶(歌)遪(舞)

1.261 誨(謀)猷不(丕)飤(飭)

2.429 以飤大夫、倗友

3.945 自乍(作)飤獻(甗)

3.946 自乍(作)飤甗

4.1980 卲之飤貞(鼎)

4.2085 登(鄧)鉃(鎊)之飤貞(鼎)

4.2215 蔡侯驧(申)之飤鼾

4.2216 蔡侯驧(申)之飤鼾

4.2217 蔡侯驧(申)之飤貞(鼎)

4.2218 蔡侯驧(申)之飤貞(鼎)

4.2219 蔡侯驧(申)之飤貞(鼎)

4.2220 蔡侯驧(申)之飤貞(鼎)

4.2221 蔡侯驧(申)之飤貞(鼎)

4.2225 蔡侯驧(申)之飤鼾

4.2231 楚子趌之飤繁

4.2235 鄧子午之飤鐈

4.2238 須丞(嵍)生(甥)之飤貞(鼎)

4.2239 爰子祀之飤繁

4.2283 卑㫚君光之飤貞(鼎)

4.2286 盅子𩨃(諱)自乍(作)飤鐈

4.2289 王子侄自酢(作)飤貞(鼎)

4.2357 楚叔之孫倗之飤鼾

4.2437 𣥐(拔)虎乍(作)飤鼎

4.2468 敶(陳)生(甥)隺乍(作)飤鼎

4.2475 內(芮)公乍(作)鑄飤鼎

4.2520 莫(鄭)戒(勇)句父自乍(作)飤䵼

5.2551 褱自乍(作)飤硼駝

5.2573 鄧公乘自乍(作)飤𩰤

5.2574 命鑄飤鼎鬲

5.2600 吳王姬乍(作)南宮史叔飤鼎

5.2606 曾孫無䫏(掑)自乍(作)飤繁

5.2607 乙自乍(作)飤繁

5.2715 自乍(作)飤繁

5.2716 自乍(作)飤繁

5.2717 自乍(作)飤鼾

5.2722 自乍(作)飤繁

5.2738 蔡大(太)師腴賸(媵)鄦(許)叔姬可母飤繁

5.2782 乍(作)鑄飤器黃鑊

6.3374 霝乍(作)寶飤

6.3646 飤

7.3984 陽飤(食)生(甥)自乍(作)尊殷

7.3985 陽飤(食)生(甥)自乍(作)尊殷

7.4112 命其永以(與)多友殷(䬴)飤

9.4379 敶(陳)姬小公子子彖(豩、豨)叔媯飤盨

9.4487 樊君靡之飤簠

9.4490 蔡侯驧(申)之

飤簠
9.4491 蔡侯〓(申)之飤簠
9.4492 蔡侯〓(申)之飤簠
9.4493 蔡侯〓(申)之飤簠
9.4500 蔡公子義工之飤簠
9.4501 王孫㬎乍(作)蔡姬飤簠
9.4505 大嗣馬孛朮自乍(作)飤簠
9.4517 魯士厚(閔)父乍(作)飤簠
9.4518 魯士厚(閔)父乍(作)飤簠
9.4519 魯士厚(閔)父乍(作)飤簠
9.4520 魯士厚(閔)父乍(作)飤簠
9.4525 用倗旨飤
9.4575 楚子暖鑄其飤簠
9.4576 楚子暖鑄其飤簠
9.4577 楚子暖鑄其飤簠
9.4588 曾子□自乍(作)飤簠
9.4594 自乍(作)飤簠
9.4612 楚屈子赤目朕(媵)仲嬭(芈)璜飤簠
9.4617 自乍(作)飤簠
9.4618 自乍(作)飤簠
9.4627 者(諸)友飪飤具(俱)飽(飼)
9.4637 楚子〓(遊)鄴之飤
9.4638 齊侯乍(作)飤辜(敦)
9.4639 齊侯乍(作)飤辜(敦)
9.4662 訇之飤盍(閘)
10.5336 飤
11.5934 飤
11.6247 父乙飤
15.9348 父乙飤
15.9735 氏(是)以遊夕(閟)飲飤
16.10146 黄韋俞父自乍(作)飤器
16.10227 塲(陽)飤生(甥)自乍(作)寶也(匜)
16.10320 乍(作)鑄飤盂
16.10330 郋(息)子行自乍(作)飤盆
18.12097 一檐(擔)飤之
18.12098 一檐(擔)飤之
18.12099 一檐(擔)飤之
18.12100 一檐(擔)飤之
18.12101 一檐(擔)飤之
18.12102 一檐(擔)飤之
18.12110 毋舍(捨)槂(饌)飤
18.12111 毋舍(捨)槂(饌)飤
18.12112 毋舍(捨)槂(饌)飤
18.12113 毋舍(捨)槂(饌)飤

1633 〓(飤)

7.3762 伯就父乍(作)〓(飤)毁
9.4545 鄾(邊)子乍(作)〓(飤)簠

1634 飪

9.4627 者(諸)友飪飤具(俱)飽(飼)

1635 飫

10.5312 飫乍(作)父戊尊彝

1636 飥

18.11565 襄田倫(令)丞(舉)名、司寇麻維、右庫工師甘(邯)丹(鄲)飥、冶向皾(造)

1637 飯

15.9709 飯者月

1638 酓、㱃、飲

1.83 楚王酓(熊)章乍(作)曾侯乙宗彝
1.85 楚王酓(熊)章乍(作)曾侯乙宗彝
1.171 酓酓孔協
1.183 飲飤訶(歌)遷(舞)
1.184 飲飤訶(歌)遷(舞)
1.186 飲飤訶(歌)遷(舞)
1.203 用盤飲酉(酒)
4.2479 楚王酓(熊)肯乍(作)鑄匜貞(鼎)
5.2623 楚王酓(熊)肯乍(作)鑄鐈貞(鼎)
5.2724 我用飲厚眔我友
5.2739 酓(飲)秦酓(飲)
5.2794 楚王酓(熊)忎(悍)戰獲兵銅 / 楚王酓(熊)忎(悍)戰獲兵銅
5.2795 楚王酓(熊)忎(悍)戰獲兵銅 / 楚王酓(熊)忎(悍)戰獲兵銅
5.2810 咸酓(飲)
5.2825 令女(汝)官嗣㱃(飲)獻人于冕
7.3975 王酓(飲)多亞
9.4549 楚王酓(熊)肯钕(作)鑄金簠
9.4550 楚王酓(熊)肯钕(作)鑄金簠
9.4551 楚王酓(熊)肯钕(作)鑄金簠
12.6454 伯戜乍(作)飲壺
12.6456 伯乍(作)姬飲壺
12.6457 井叔乍(作)飲壺
12.6511 員仲乍(作)倗生(甥)飲壺
15.9715 虞(吾)台(以)匽(宴)飲
15.9735 氏(是)以遊夕(閟)飲飤
16.9961 唯曾伯文自乍(作)厥㱃(飲)鐳

16.10100 楚王酓(熊)肯钕(作)爲盥盤
16.10158 楚王酓(熊)志(悍)戰獲兵銅
16.10259 唯番伯酓自乍(作)也(匜)
16.10316 魯大嗣徒元乍(作)飲盂
16.10332 曾孟孎(芈)諫乍(作)飲鄴盆
17.11381 楚王酓(熊)璋嚴龏(恭)寅乍(作)
轄(幹)戈
18.11659 楚王酓(熊)章爲從□士鑄用〔劍〕

1639 師

15.9432 師(瓷)子于匹乍(作)旅盉

1640 截

8.4316 截(載)先王既令(命)乃取(祖)考事
10.5237 叔截乍(作)寶尊彝

1641 鹹

1.272-8 而鹹公之女
1.280 而鹹公之女
1.285 而鹹公之女

1642 餕(餈)

5.2840 雩(越)人餕(修)教備恁(任)

1643 餱

8.4317 銉(肆)余以餱士、獻民

1644 飫

18.11562 安陽倫(令)韓壬、司刑欣(听)飫、右庫工師芰(肴)固、冶瘂斆(造)戟朿(刺)

1645 禽、禽(饔飴)

5.2703 匽(燕)侯令菓禽(饔)大(太)保于宗周
8.4195 王命苘眔叔緣父歸(饋)吳姬禽(饔)器

1646 饋

4.2098 無(許)臭之饋(餾)貞(鼎)
4.2099 無(許)臭之饋(餾)貞(鼎)
4.2288 卲(昭)王之諻(媓)之饋(餾)貞(鼎)
9.4634 大(太)府之饋(餾)盞

1647 䬼

5.2708 唯王䬼闌(管)大室
5.2740 寍用乍(作)䬼公寶尊鼎
5.2741 寍用乍(作)䬼公寶尊鼎
5.2754 王䬼□大室
10.5421 徣(誕)䬼莽京年
10.5422 徣(誕)䬼莽京年
10.5431 王初䬼旁
11.5999 徣(誕)䬼莽京年
11.6015 迨(會)王䬼莽京
15.9454 徣(誕)䬼莽京年

1648 餳

5.2803 餳(觴)

1649 餅(饔)

8.4258 用餅(饔)乃祖考事
8.4259 用餅(饔)乃祖考事
8.4260 用餅(饔)乃祖考事

1650 餶(饢、饜)

17.10890 餶瓹(撫)

1651 餗

5.2709 王餗

1652 饉

5.2838 昔饉歲

1653 餑、饎(饙)

3.666 戲伯乍(作)餑(饙)齋
3.667 戲伯乍(作)餑(饙)齋
4.2068 姚乍(作)醰餑(饙)鼎
4.2233 宋公緣(欒)之餑(饙)貞(鼎)
4.2284 喬夫人鑄其餑(饙)貞(鼎)
4.2331 穆父乍(作)姜懿母餑(饙)貞(鼎)
4.2332 穆父乍(作)姜懿母餑(饙)貞(鼎)
4.2358 宋君夫人之餑(饙)釪(盂)貞(鼎)
5.2646 叔夜鑄其餑(饙)貞(鼎)
5.2669 叔液自乍(作)餑(饙)貞(鼎)
5.2675 鑄其餑(饙)鼎
5.2690 戈(戴)叔朕自乍(作)餑(饙)鼎
5.2691 戈(戴)叔朕自乍(作)餑(饙)鼎
5.2692 戈(戴)叔朕自乍(作)餑(饙)鼎
6.3439 新叜乍(作)餑(饙)𣪘
6.3440 新叜乍(作)餑(饙)𣪘
6.3590 登(鄧)公牧乍(作)餑(饙)𣪘
6.3591 登(鄧)公牧乍(作)餑(饙)𣪘
6.3608 牢犬乍(作)父丁餑(饙)彝
6.3628 用餑(饙)
6.3633 大(太)師乍(作)孟姜餑(饙)𣪘
6.3710 西替乍(作)其妹蘄餑(饙)鉦鑰
6.3732 用乍(作)餑(饙)𣪘
6.3734 辰乍(作)餑(饙)𣪘
7.3827 用餑(饙)厥孫子
7.3837 伯喜父乍(作)洹餑(饙)𣪘
7.3838 伯喜父乍(作)

洹𩞁(饙)段
7.3839 伯喜父乍(作)洹𩞁(饙)段
7.3882 栿車父乍(作)郥(鄦)姞𩞁(饙)段
7.3883 栿車父乍(作)郥(鄦)姞𩞁(饙)段
7.3884 栿車父乍(作)郥(鄦)姞𩞁(饙)段
7.3885 栿車父乍(作)郥(鄦)姞𩞁(饙)段
7.3886 栿車父乍(作)郥(鄦)姞𩞁(饙)段
7.3919 郘公聞自乍(作)𩞁(饙)段
7.3931 毳乍(作)王母媿氏𩞁(饙)段
7.3932 毳乍(作)王母媿氏𩞁(饙)段
7.3933 毳乍(作)王母媿氏𩞁(饙)段
7.3934 毳乍(作)王母媿氏𩞁(饙)段
7.3939 禾(和)肇乍(作)皇母懿龏孟姬𩞁(饙)彝
7.3956 仲叀父乍(作)𩞁(饙)段
7.3957 仲叀父乍(作)𩞁(饙)段
7.4071 孟姬指(脂)自乍(作)𩞁(饙)段
7.4072 孟姬指(脂)自乍(作)𩞁(饙)段
8.4160 用𩞁(饙)王(皇)父、王(皇)母
8.4161 用𩞁(饙)王(皇)父、王(皇)母
9.4381 京叔乍(作)𩞁(饙)盨
9.4440 肇乍(作)皇考伯走父𩞁(饙)盨段
9.4441 肇乍(作)皇考伯走父𩞁(饙)盨段
9.4502 慶孫之子峠之𩞁(饙)簠
9.4532 胄自乍(作)𩞁(饙)簠
9.4536 伯嚋父乍(作)𩞁(饙)簠
9.4582 番君召乍(作)𩞁(饙)簠
9.4583 番君召乍(作)𩞁(饙)簠
9.4584 番君召乍(作)𩞁(饙)簠
9.4585 番君召乍(作)𩞁(饙)簠
9.4586 番君召乍(作)𩞁(饙)簠
9.4587 番君召乍(作)𩞁(饙)簠
9.4591 曾孫史尸乍(作)𩞁(饙)簠
9.4592 是叔虎父乍(作)杞孟辝(姒)𩞁(饙)簠
9.4595 乍(作)皇考獻叔𩞁(饙)厰(盤)
9.4596 乍(作)皇考獻叔𩞁(饙)厰(盤)
9.4599 乍(作)其元妹叔嬴爲心賸(媵)𩞁(饙)簠
9.4614 自乍(作)𩞁(饙)簠
9.4619 自乍(作)𩞁(饙)簠
9.4623 其眉壽以𩞁
9.4624 其眉壽以𩞁
9.4627 𩞁具(俱)旨食
9.4641 �(郘)公胄(克)鑄其𩞁(饙)鐳(敦)
15.9702 用乍(作)𩞁(𩞁)壺
16.10305 匽(燕)侯乍(作)𩞁(饙)盂
16.10319 婁君伯𢊁自乍(作)𩞁(饙)盂
16.10338 乍(作)其𩞁(饙)盆
16.10340 自乍(作)𩞁(饙)盆
16.10341 自乍(作)𩞁(饙)盨/自乍(作)𩞁(饙)盨

1654 𩜾

5.2577 叚工師王馬重(童)、眂(視)事𩜾、冶敬
18.11546 宅陽命(令)隅𩜾、右庫工師夜疟(瘧)、冶起㪟(造)

1655 饒

17.10986 饒

1656 饗

4.2493 奠(鄭)饗遴父鑄鼎
16.10112 伯碩𡚱乍(作)𥂕姬饗般(盤)

1657 饌

9.4399 仲饌父攸(作)鑄旅盨

1658 饟(𩟧)

9.4666 衛始(姒)乍(作)饟(𩟧)𠕋段
9.4667 衛始(姒)乍(作)饟(𩟧)𠕋段

1659 䬼(望)

11.5985 初䬼(望)

1660 餍(餍、饋)

16.10583 □□□ 餍(餍、饋)

1661 餂(甛)

7.4020 我天君鄉(饗)餂(甛)酉(酒)

1662 旨

1.19 旨賞公𠃊故(咭)之甬(用)鐘
1.144 戉(越)王者旨於睗擇厥吉金
4.2269 匽(燕)侯旨乍(作)父辛尊
4.2309 旨府之右冶疾鑄
5.2628 匽(燕)侯旨初見事于宗周/王賞旨貝廿朋
5.2750 多用旨食
9.4525 用倗旨飤
9.4627 𩞁具(俱)旨食
11.6011 王親旨(詣)盠
15.9713 用盛旨酉(酒)
16.10361 用實旨酉(酒)/卑(俾)旨卑(俾)瀞(清)

16.10391 瘠(瘺、瘔)君之孫郐(徐)敓(令)尹者(諸)旨(稽)弨(耕)
17.11310 戉(越)王者旨於睗
17.11311 戉(越)王者(諸)旨(稽)於睗
18.11511 戉(越)王者(諸)旨(稽)於睗
18.11512 戉(越)王者(諸)旨(稽)於睗
18.11544 於戉(越)㠯(台)王旨郢之大(太)子何(三)壽
18.11596 戉(越)王者(諸)旨(稽)於睗
18.11597 戉(越)王者(諸)旨(稽)於睗
18.11598 戉(越)王者(諸)旨(稽)於睗
18.11599 戉(越)王者(諸)旨(稽)於睗
18.11600 戉(越)王者(諸)旨(稽)於睗
18.11618 唯弜公之居旨卲亥(?)畱丌□僉(劍)
18.11641 戉(越)王訽(台)旨(者旨)不光
18.11642 戉(越)王訽(台)旨(者旨)不光
18.11656 唯弜公之居旨卲亥(?)畱丌(其)□僉(劍)
18.11692 戉(越)王唯弜公之居旨卲亥(?)畱丌□僉
18.11703 自乍(作)用旨自
18.11704 訽(台)旨(者旨)不光自乍(作)用攻(?)

1663 嘗、棠

4.2479 台(以)共(供)歲嘗(嘗)
5.2623 以共(供)歲嘗(嘗)
5.2681 用烝用嘗
5.2794 以共(供)歲嘗(嘗)/以共(供)歲嘗(嘗)
5.2795 以共(供)歲嘗(嘗)/以共(供)歲嘗(嘗)
8.4145 台(以)登(烝)台(以)嘗
8.4293 用乍(作)朕剌(烈)祖召公嘗段
9.4549 以共(供)歲嘗(嘗)
9.4550 以共(供)歲嘗(嘗)
9.4551 以共(供)歲嘗(嘗)
9.4646 台(以)登(烝)台(以)嘗
9.4647 台(以)登(烝)台嘗
9.4648 台(以)登(烝)台(以)嘗
9.4649 台(以)登(烝)台(以)嘗
9.4694 攸立(涖)歲嘗(嘗)
9.4695 攸立(涖)歲嘗(嘗)
10.5433 王雚(觀)于嘗公東宮
11.6009 王雚(觀)于嘗公東宮
11.6010 祇盟嘗啇
16.10100 台(以)共(供)歲嘗(嘗)
16.10158 以共(供)歲嘗(嘗)
16.10171 祇盟嘗啇(謪)
16.10297 攸立(涖)歲嘗(嘗)

1664 鬲

1.272-8 女(汝)膺(應)鬲(歷)公家
1.285 女(汝)膺(應)鬲(歷)公家
3.453 鬲
3.510 仲姬乍(作)鬲
3.511 姬(?)姞旅鬲
3.512 虢姞乍(作)鬲
3.516 微伯乍(作)齋鬲
3.517 微伯乍(作)齋鬲
3.518 微伯乍(作)齋鬲
3.519 微伯乍(作)齋鬲
3.520 微伯乍(作)齋鬲
3.522 同姜乍(作)尊鬲
3.523 仲姜乍(作)尊鬲
3.524 虢叔乍(作)尊鬲
3.525 虢叔乍(作)尊鬲
3.531 季貞乍(作)尊鬲
3.532 旂姬乍(作)寶鬲
3.533 師□乍(作)寶鬲
3.534 孟始(姒)乍(作)寶鬲
3.535 帛女(母)乍(作)齊(齋)鬲
3.536 會始(姒)乍(作)朕(媵)鬲
3.544 仲𢦏父乍(作)齍鬲
3.545 魯侯乍(作)姬番鬲
3.546 姬芀母乍(作)齋鬲
3.547 仲姞乍(作)羞鬲
3.548 仲姞乍(作)羞鬲
3.549 仲姞乍(作)羞鬲
3.550 仲姞乍(作)羞鬲
3.551 仲姞乍(作)羞鬲
3.552 仲姞乍(作)羞鬲
3.553 仲姞乍(作)羞鬲
3.554 仲姞乍(作)羞鬲
3.555 仲姞乍(作)羞鬲
3.556 仲姞乍(作)羞鬲
3.557 仲姞乍(作)羞鬲
3.558 仲姞乍(作)羞鬲
3.559 季右父乍(作)尊鬲
3.560 伯邦父乍(作)齋鬲
3.561 虢仲乍(作)姞尊鬲
3.562 虢仲乍(作)姞尊鬲
3.563 乍(作)予叔嬴朕(媵)鬲
3.571 □戈(?)母乍(作)寶鬲
3.572 弭叔乍(作)犀妊齊(齋)鬲
3.573 弭叔乍(作)犀妊齊(齋)鬲
3.574 弭叔乍(作)犀妊齊(齋)鬲
3.575 無(許)姬乍(作)姜虎旅鬲

3.576 伯鄘父乍(作)姞尊鬲
3.578 周□乍(作)尊鬲
3.579 奠(鄭)叔戲父乍(作)羞鬲
3.580 奠(鄭)井叔戲父乍(作)拜(饙)鬲
3.581 奠(鄭)井叔戲父乍(作)羞鬲
3.587 䚄(召)伯毛乍(作)王母尊鬲
3.588 叔皇父乍(作)仲姜尊鬲
3.589 時(詩)伯乍(作)叔母□羞鬲
3.590 時(詩)伯乍(作)叔母□羞鬲
3.591 時(詩)伯乍(作)叔母□羞鬲
3.592 士孫伯殺(揀)自乍(作)尊鬲
3.593 魯姬乍(作)尊鬲
3.594 衛姒乍(作)鬲
3.595 衛文君夫人叔姜乍(作)其行鬲
3.596 郳始逄母鑄其羞鬲
3.597 奠(鄭)〓伯乍(作)叔嬬薦鬲
3.598 奠(鄭)〓伯乍(作)叔嬬薦鬲
3.599 奠(鄭)〓伯乍(作)叔嬬薦鬲
3.601 宋𩔈父乍(作)豐子賸(媵)鬲
3.602 王乍(作)王母𦣻宮尊鬲
3.603 虢叔乍(作)叔殷㝅尊鬲
3.604 聿造乍(作)尊鬲
3.605 伯姜乍(作)齊(齍)鬲
3.606 王伯姜乍(作)尊鬲
3.607 王伯姜乍(作)尊鬲
3.608 戈(戴)叔慶父乍(作)叔姬尊鬲
3.609 唯黃朩(榦)〓用吉金乍(作)鬲
3.610 唯黃朩(榦)〓用吉金乍(作)鬲
3.612 〔番〕伯〓子(孫)自乍(作)寶鬲
3.615 伯猏父乍(作)井叔、季姜尊鬲
3.616 伯墉父乍(作)叔姬鬲
3.617 伯墉父乍(作)叔姬鬲
3.618 伯墉父乍(作)叔姬鬲
3.619 伯墉父乍(作)叔姬鬲
3.620 伯墉父乍(作)叔姬鬲
3.621 伯墉父乍(作)叔姬鬲
3.622 伯墉父乍(作)叔姬鬲
3.623 伯墉父乍(作)叔姬鬲
3.625 曾子單用吉金自乍(作)寶鬲
3.627 孜父乍(作)尊鬲
3.628 姬趛母乍(作)尊鬲
3.629 姬趛母乍(作)尊鬲
3.630 番伯〓孫自乍(作)寶鬲
3.632 焂(榮)伯鑄鬲
3.634 鄦(郳)姯(祁)乍(作)尊鬲
3.635 吕王乍(作)尊鬲
3.637 庚姬乍(作)叔娊(?)尊鬲
3.638 庚姬乍(作)叔娊(?)尊鬲
3.639 庚姬乍(作)叔娊(?)尊鬲
3.640 庚姬乍(作)叔娊(?)尊鬲
3.641 京姜〓母乍(作)尊鬲
3.642 芊伯碩〔父〕乍(作)叔㛷(妘)寶鬲
3.644 伯上父乍(作)姜氏尊鬲
3.645 王乍(作)番妃齊(齍)鬲
3.646 王乍(作)姬㚸(䝞)母尊鬲
3.647 王伯姜乍(作)尊鬲
3.649 伯先父乍(作)妖尊鬲
3.650 伯先父乍(作)妖尊鬲
3.651 伯先父乍(作)妖尊鬲
3.652 伯先父乍(作)妖尊鬲
3.653 伯先父乍(作)妖尊鬲
3.654 伯先父乍(作)妖尊鬲
3.657 伯先父乍(作)妖鬲
3.658 伯先父乍(作)妖尊鬲
3.659 奠(鄭)羌伯乍(作)季姜尊鬲
3.660 奠(鄭)羌伯乍(作)季姜尊鬲
3.661 虢季子緅(組)乍(作)鬲
3.662 虢季氏子緅(組)乍(作)鬲
3.663 鼇伯、〓母子剌乍(作)寶鬲
3.664 鼇伯、〓母子剌乍(作)寶鬲
3.665 鼇伯、〓母子剌乍(作)寶鬲
3.668 右戲仲夏父乍(作)豐鬲
3.669 鼄(邾)伯乍(作)塍(媵)鬲
3.671 伯汖父乍(作)大姬齍鬲
3.672 召仲乍(作)生妣尊鬲
3.673 召仲乍(作)生妣尊鬲
3.674 叔牙父乍(作)姞氏尊鬲
3.675 自乍(作)行鬲
3.676 自乍(作)行鬲
3.677 泙(江)叔盗乍(作)其尊鬲
3.678 〔自作〕鑄其鬲
3.679 焂(榮)又(有)嗣再乍(作)齍鬲
3.680 成伯孫父乍(作)𡠦嬴尊鬲

3.681 仲父乍(作)尊鬲
3.682 伯家父乍(作)孟姜𡁈(媵)鬲
3.683 虢季氏子㪉乍(作)寶鬲
3.684 奠(鄭)鑄友父乍(作)幾姜旅鬲
3.685 齊趫父乍(作)孟姬寶鬲
3.686 齊趫父乍(作)孟姬寶鬲
3.690 魯伯愈父乍(作)鼄(邾)姬仁朕(媵)羞鬲
3.691 魯伯愈父乍(作)鼄(邾)姬仁朕(媵)羞鬲
3.692 魯伯愈父乍(作)鼄(邾)姬仁朕(媵)羞鬲
3.693 魯伯愈父乍(作)鼄(邾)姬仁朕(媵)羞鬲
3.694 魯伯愈父乍(作)鼄(邾)姬仁朕(媵)羞鬲
3.695 魯伯愈父乍(作)鼄(邾)姬仁朕(媵)羞鬲
3.696 夆(隆)伯乍(作)陴孟姬尊鬲
3.697 弢(發)伯乍(作)叔姬尊鬲
3.698 杜伯乍(作)叔嫞(祁)尊鬲
3.699 自乍(作)寶尊鬲
3.700 善(膳)〔夫〕吉父乍(作)京姬尊鬲
3.701 善(膳)夫吉父乍(作)京姬尊鬲
3.702 善(膳)夫吉父乍(作)京姬尊鬲
3.703 善(膳)夫吉父乍(作)京姬尊鬲
3.704 善(膳)夫吉父乍(作)京姬尊鬲
3.705 陳(?)侯乍(作)畢季媯媵鬲
3.706 陳(?)侯乍(作)畢季媯媵鬲
3.707 魯宰駟父乍(作)姬鵬賸(媵)鬲
3.708 虢仲乍(作)虢妃尊鬲
3.709 虢伯乍(作)姬大母尊鬲
3.710 仲勘大也(它)鑄其寶鬲
3.711 內(芮)公乍(作)鑄京氏婦叔姬朕(媵)鬲
3.712 內(芮)公乍(作)鑄京氏婦叔姬朕(媵)鬲
3.713 䄄仲無龍乍(作)寶鬲
3.714 䄄仲無龍乍(作)寶鬲
3.715 䐂士父乍(作)蓼(翏)妃尊鬲
3.716 䐂士父乍(作)蓼(翏)妃尊鬲
3.717 鼄(邾)沓(友)父朕(媵)其子胙(胙)嫙寶鬲
3.718 𢈞季乍(作)孟姬窗(庿)女(母)逢鬲
3.719 伯夏父乍(作)畢姬尊鬲
3.720 伯夏父乍(作)畢姬尊鬲
3.721 伯夏父乍(作)畢姬尊鬲
3.722 伯夏父乍(作)畢姬尊鬲
3.723 伯夏父乍(作)畢姬尊鬲
3.724 伯夏父乍(作)畢姬尊鬲
3.725 伯夏父乍(作)畢姬尊鬲
3.726 伯夏父乍(作)畢姬尊鬲
3.727 伯夏父乍(作)畢姬尊鬲
3.729 仲生父乍(作)井孟姬寶鬲
3.730 奠(鄭)伯筍父乍(作)叔姬尊鬲
3.731 奠(鄭)師𧰼(邍)父乍(作)薦鬲
3.735 鑄子叔黑臣(頤)肇乍(作)寶鬲
3.736 虢文公子㪉乍(作)叔妃鬲
3.737 單伯邍父乍(作)仲姞尊鬲
3.738 乍(作)孟姞寶尊鬲
3.739 乍(作)孟姞寶尊鬲
3.740 乍(作)孟姞寶尊鬲
3.742 𣪕子子奠伯乍(作)尊鬲
3.743 內(芮)公乍(作)鑄京仲氏婦叔姬賸(媵)鬲
3.746 師湯父有𤔲仲枏父乍(作)寶鬲
3.747 師湯父有𤔲仲枏父乍(作)寶鬲
3.748 師湯父有𤔲仲枏父乍(作)寶鬲
3.749 師湯父有𤔲仲枏父乍(作)寶鬲
3.750 師湯父有𤔲仲枏父乍(作)寶鬲
3.751 師湯父有𤔲仲枏父乍(作)寶鬲
3.752 師湯父有𤔲仲枏父乍(作)寶鬲
3.949 厥人鬲卄夫
4.2391 江小仲母生自乍(作)甬(用)鬲
5.2574 命鑄飤鼎鬲
5.2615 誨(謀)乍(作)寶鬲鼎
5.2746 鬲(歷)年萬不(丕)承
5.2837 人鬲自馭至于庶人/人鬲千又五十夫
8.4300 姜商(賞)令貝十朋、臣十家、鬲百人
8.4301 姜商(賞)令貝十朋、臣十家、鬲百人
9.4405 鬲叔興父乍(作)旅須(盨)
11.5956 鬲賜貝于王
16.10236 鼄(邾)𨥫(斯)寶鬲其□
18.11476 逅鬲

1665 鬲

5.2818 鬲比以攸衛牧

告于王/牧弗能許鬲比/虢旅迺事(使)攸衛牧誓曰：我弗具付鬲匕(比)/鬲攸比其邁(萬)年

8.4278 鬲比以攸衛牧告于王/牧弗能許鬲比/曰：敢弗具(俱)付鬲匕(比)

9.4344 攸鬲乍(作)旅盨(䪼)

9.4466 曰：章(賞)厥瞀夫吒鬲比田/复(復)友(賄)鬲比其田/畀(俾)鬲比复(復)厥小宮吒鬲比田/復(復)限余(予)鬲比田/凡復友(賄)、復付鬲比田十又三邑/鬲比乍(作)朕皇祖丁公、文考𠁁(宄)公盨

11.6015 用鬲侯逆造

16.9893 鬲于麥宮/用鬲井(邢)侯出入遣(揚)令(命)

1666 鬲、嵩(嗝)

15.9451 鬲(嗝、鬲)于麥宮/夙夕鬲(嗝、鬲)御事

16.10176 散人小子眉(堳)田：戎、微父、效果(欋)父、襄之有嗣橐、州𩫖(就)、攸從鬲(鬲)

1667 鬵

17.11405 漆垣工師爽、丞鬵、冶工隸臣猗

1668 鬻(烓)

3.626 樊君乍(作)叔□嬴賸(媵)器寶鬻(烓)

1669 鬻、甗

3.633 𡎦(坍)肇家鑄乍(作)鬻

3.744 琱生(甥)乍(作)文考宄仲尊甗

1670 鬻(菜)

5.2675 用鬻(菜)□(㮣、暨)腊

5.2715 用穌用鬻(菜)

5.2716 用穌用鬻(菜)

1671 鬻(飽、饎)

3.947 用鬻(飽、饎)稻粱(粱)

1672 盨(鬻)

5.2646 用盨(鬻)用鬻(烹)

1673 鬻(烹)

5.2646 用盨(鬻)用鬻(烹)

1674 鬻、鑊

4.1852 馭父丁鑊

4.2318 鑊馭

5.2782 乍(作)鑄飤器黃鑊

15.9298 鑊馭

1675 鬻、爐

3.688 䢦入(納)爐于女(汝)子

4.2246 乍(作)妣戊爐

4.2247 乍(作)父乙寶爐

4.2318 泻(泓)乍(作)文父丁爐

4.2431 乃孫乍(作)祖己宗寶𩰫爐

4.2486 禽乍(作)文考寶爐鼎

5.2702 用乍(作)母己尊爐

5.2703 用乍(作)大子癸寶尊爐

5.2711 用乍(作)父己寶爐

1676 鬻

7.4104 公命事(使)晦賢百晦鬻

7.4105 公命事(使)晦賢百晦鬻

7.4106 公命事(使)晦賢百晦鬻

1677 鬻(窆、腐)

16.10134 攸(掀)仲鬻(窆)履用其吉金

1678 鼎

3.457 □鼎

3.507 彊伯乍(作)鼎

3.514 夨伯乍(作)旅鼎

3.515 夨伯乍(作)旅鼎

3.526 𩒨姑乍(作)寶鼎

3.542 楷叔知(矧)父乍(作)鼎

3.631 𡨦乍(作)寶尊鼎

3.732 唯番君酝伯自乍(作)寶鼎

3.733 唯番君酝伯自乍(作)寶鼎

3.734 唯番君酝伯自乍(作)寶鼎

3.753 用乍(作)齋鼎

3.880 鼎乍(作)父乙尊彝

3.1188 鼎

3.1189 鼎

3.1190 鼎

3.1476 得鼎

3.1481 交鼎

3.1504 乍(作)鼎

4.1720 伯乍(作)鼎

4.1721 伯乍(作)鼎

4.1722 伯乍(作)鼎

4.1723 伯乍(作)鼎

4.1724 伯乍(作)鼎

4.1730 伯旅鼎

4.1751 鼎乍(作)貞

4.1768 獡𡉚鼎

4.1773 乍(作)旅鼎

4.1774 乍(作)旅鼎

4.1775 乍(作)旅鼎

4.1777 乍(作)旅鼎

4.1778 乍(作)旅鼎

4.1779 乍(作)寶鼎

4.1780 乍(作)寶鼎

4.1781 乍(作)寶鼎

4.1782 乍(作)寶鼎

4.1783 乍(作)寶鼎

4.1784 乍(作)寶鼎

4.1785 乍(作)寶鼎

4.1786 乍(作)寶鼎

4.1787 乍(作)寶鼎

4.1912 伯乍(作)寶鼎

4.1914 伯乍(作)寶鼎

4.1915 伯乍(作)旅鼎

4.1921 伯乍(作)旅鼎

4.1922 仲乍(作)旅鼎
4.1924 內(芮)叔乍(作)鼎
4.1927 叔乍(作)尊鼎
4.1928 叔乍(作)旅鼎
4.1929 叔乍(作)旅鼎
4.1932 師公之鼎
4.1934 公乍(作)雩鼎
4.1936 懋史䌛鼎
4.1937 大(太)祝禽鼎
4.1938 大(太)祝禽鼎
4.1940 更乍(作)旅鼎
4.1948 乍(作)寶鼎
4.1950 寅乍(作)寶鼎
4.1951 筆乍(作)寶鼎
4.1952 筆乍(作)寶鼎
4.1953 舟乍(作)寶鼎
4.1954 舟乍(作)寶鼎
4.1955 鼎之伐妊(珽)
4.1956 右乍(作)旅鼎
4.1957 中乍(作)寶鼎
4.1958 員乍(作)用鼎
4.1960 丰乍(作)寶鼎
4.1963 興乍(作)寶鼎
4.1964 寏乍(作)寶鼎
4.1965 [illegible]乍(作)寶鼎
4.1966 埔乍(作)寶鼎
4.1969 樂乍(作)旅鼎
4.1970 樂乍(作)旅鼎
4.1977 [illegible]乍(作)寶鼎
4.1979 𢻫(扶)乍(作)旅鼎
4.2018 子乍(作)鼎盟彝
4.2022 [illegible]父乍(作)寶鼎
4.2023 [illegible]父乍(作)旅鼎
4.2024 考[illegible]乍(作)旅鼎
4.2028 亶(檀)姜乍(作)旅鼎
4.2029 散姬乍(作)尊鼎
4.2031 王季乍(作)鼎彝
4.2032 小臣乍(作)尊鼎
4.2036 史咉乍(作)旅鼎
4.2038 伯員乍(作)旅鼎
4.2040 伯斿乍(作)寶鼎
4.2041 閺伯乍(作)旅鼎
4.2042 閺伯乍(作)旅鼎
4.2047 仲乍(作)寶尊鼎
4.2048 仲乍(作)旅寶鼎
4.2049 叔攸乍(作)旅鼎
4.2050 叔伐父乍(作)鼎
4.2061 腹公乍(作)寶鼎
4.2063 [illegible]乍(作)寶鼎
4.2066 訢肇乍(作)旅鼎
4.2067 盩乍(作)寶齋鼎
4.2068 姚乍(作)[illegible]餴(饙)鼎
4.2076 觀肇乍(作)寶鼎
4.2077 鼻乍(作)旅尊鼎
4.2081 本肇乍(作)寶鼎
4.2086 君子之弄鼎
4.2109 繳伯乍(作)齋鼎
4.2121 歸乍(作)父丁寶鼎
4.2123 [illegible]乍(作)父丁寶鼎
4.2128 具乍(作)父庚寶鼎
4.2148 齊姜乍(作)寶尊鼎
4.2164 史速(徠)乍(作)寶方鼎
4.2165 史速(徠)乍(作)寶方鼎
4.2171 嬴霝德乍(作)小鼎
4.2175 虫留乍(作)寶旅鼎
4.2185 伯[illegible]乍(作)旅尊鼎
4.2187 叔旅乍(作)寶尊鼎
4.2188 考乍(作)[illegible]父尊鼎
4.2189 史昔其乍(作)旅鼎
4.2191 王乍(作)仲姜寶鼎
4.2192 㢸乍(作)井姬用鼎
4.2196 史盄父乍(作)寶鼎
4.2197 伯咸父乍(作)寶鼎
4.2199 井季㲋乍(作)旅鼎
4.2200 繇還乍(作)寶用鼎
4.2201 非(排)敔乍(作)保旅鼎
4.2204 羌乍(作)宄姜齋鼎
4.2205 鶾叟父乍(作)旅鼎
4.2206 𤇾(榮)子乍(作)寶尊鼎
4.2207 仲義父乍(作)尊鼎
4.2208 仲義父乍(作)尊鼎
4.2209 仲義父乍(作)尊鼎
4.2210 仲義父乍(作)尊鼎
4.2211 仲義父乍(作)尊鼎
4.2212 遣叔乍(作)旅鼎用
4.2213 孟淠父乍(作)寶鼎
4.2214 尹小叔乍(作)鑾(鬻)鼎
4.2228 中𢼸[illegible](卣、調)鼎
4.2252 鼎其用乍(作)父己寶
4.2254 蜀乍(作)父辛尊鼎
4.2263 曰:伯叀姑乍(作)尊鼎
4.2272 圳(坸)小子句乍(作)寶鼎
4.2273 王乍(作)垂姬寶尊鼎

4.2277 强伯乍(作)井姬鼎
4.2281 師関乍(作)免伯寶鼎
4.2282 尹叔乍(作)陵姞賸(媵)鼎
4.2315 亞豚乍(作)父乙寶尊鼎
4.2319 串乍(作)父丁寶鼎
4.2330 姑智母乍(作)厥宔(寶)尊鼎
4.2334 祷僕父乍(作)畧姁朕(媵)鼎
4.2343 叔虎父乍(作)叔姬寶鼎
4.2345 解子乍(作)厥宄團宮鼎
4.2349 𠦪乍(作)寶鼎
4.2350 乍(作)寶鼎
4.2352 徣(蹉)乍(作)鼎
4.2353 師寏父乍(作)季姞尊鼎
4.2377 薛侯戚乍(作)父乙鼎彝
4.2378 季念乍(作)旅鼎
4.2379 雠(集)兹乍(作)旅鼎
4.2380 亘乍(作)寶鼎
4.2381 穌(蘇)衛妃乍(作)旅鼎
4.2382 穌(蘇)衛妃乍(作)旅鼎
4.2383 穌(蘇)衛妃乍(作)旅鼎
4.2384 穌(蘇)衛妃乍(作)旅鼎
4.2385 至乍(作)寶鼎
4.2386 絲駒父乍(作)旅鼎
4.2387 內(芮)公乍(作)鑄從鼎
4.2388 內(芮)公乍(作)鑄從鼎
4.2389 內(芮)公乍(作)鑄從鼎
4.2390 余(徐)子汆之鼎
4.2392 叔姬乍(作)陽伯旅鼎
4.2399 言肇用乍(作)尊鼎
4.2407 伯穌乍(作)召伯父辛寶尊鼎
4.2408 禽乍(作)文考父辛寶鼎
4.2409 大(太)師乍(作)叔姜鼎
4.2411 叔師父乍(作)尊鼎
4.2412 叔𢀛父乍(作)尊鼎
4.2413 霍乍(作)己公寶鼎
4.2414 伯旬乍(作)尊鼎
4.2415 奠(鄭)同媿乍(作)旅鼎
4.2416 子邁乍(作)寶鼎
4.2417 廟孱乍(作)鼎
4.2418 己(紀)華父乍(作)寶鼎
4.2419 樂乍(作)寶鼎
4.2420 陽乍(作)寶鼎
4.2421 奠(鄭)子石乍(作)鼎
4.2422 邿造遣(譴)乍(作)寶鼎
4.2426 鼄(邾)訧爲其鼎
4.2428 [杞]子每刃乍(作)寶鼎
4.2429 鬳(辥)仲□乍(作)鼎
4.2430 自乍(作)尊鼎
4.2435 從用乍(作)寶鼎
4.2437 𠦝(拔)虎乍(作)飤鼎
4.2438 伯□乍(作)尊鼎
4.2440 叔□父乍(作)鼎
4.2442 仲宦父乍(作)寶鼎
4.2448 內(芮)大(太)子乍(作)鑄鼎
4.2449 內(芮)大(太)子乍(作)鑄鼎
4.2457 用乍(作)旅鼎
4.2458 用乍(作)祖癸寶鼎
4.2460 梠(椃)伯肆(津)乍(作)鳥寶鼎
4.2461 从乍(作)寶鼎
4.2462 倗仲乍(作)畢媿賸(媵)鼎
4.2463 仲殷父乍(作)鼎
4.2464 仲殷父乍(作)鼎
4.2465 伯頵父乍(作)寶鼎
4.2467 奠(鄭)姜(羌)伯乍(作)寶鼎
4.2468 陳(陳)生(甥)雀乍(作)飤鼎
4.2469 大(太)師人駍乎乍(作)寶鼎
4.2470 焚(榮)又(有)嗣再乍(作)齋鼎
4.2471 圕𡧊乍(作)鼎
4.2472 虢姜乍(作)寶尊鼎
4.2475 內(芮)公乍(作)鑄飤鼎
4.2476 專車季乍(作)寶鼎
4.2477 自乍(作)旅鼎
4.2484 □舟乍(作)寶鼎
4.2486 禽乍(作)文考寶煋鼎
4.2488 右伯乍(作)寶鼎
4.2490 叀乍(作)微伯娟(妘)氏勹(庖)鼎
4.2491 居舭(服)騼乍(作)用寶鼎
4.2492 虢叔大父乍(作)尊鼎
4.2493 奠(鄭)饔遼父鑄鼎
4.2496 內(芮)大(太)子白乍(作)鼎
4.2500 伯嚩父乍(作)比鼎
4.2508 伯考父乍(作)寶鼎
4.2511 叔葬父乍(作)尊鼎
4.2512 吉父乍(作)旅鼎

4.2513 伯筍父乍(作)寶鼎
4.2514 伯筍父乍(作)寶鼎
4.2515 史宜父乍(作)尊鼎
4.2516 粉娟(妘)乍(作)寶鼎
4.2517 內(芮)子仲殿(搬)乍(作)叔媿尊鼎
4.2519 考[illegible](征延)君季自乍(作)其盄鼎
4.2521 雍乍(作)母乙尊鼎
4.2522 武生(甥)毀(捏)乍(作)其羞鼎
4.2523 武生(甥)毀(捏)乍(作)其羞鼎
4.2529 [仲]再父乍(作)寶鼎
5.2533 仲旺(涿)父乍(作)尊鼎
5.2534 犀伯魚父乍(作)旅鼎
5.2535 伯庸父乍(作)羊鼎
5.2536 奠(鄭)登伯彶(及)叔嫞乍(作)寶鼎
5.2538 伯堂肇其乍(作)寶鼎
5.2539 自乍(作)寶鼎
5.2540 自乍(作)寶鼎
5.2541 仲義父乍(作)新宿(客)寶鼎
5.2542 仲義父乍(作)新宿(客)寶鼎
5.2543 仲義父乍(作)新宿(客)寶鼎
5.2544 仲義父乍(作)新宿(客)寶鼎
5.2545 仲義父乍(作)新宿(客)寶鼎
5.2546 輔伯雁父乍(作)豐孟娟(妘)賸(媵)鼎
5.2547 華季嗌乍(作)寶鼎
5.2548 函皇父乍(作)琱娟(妘)尊兔鼎
5.2550 曾伯從寵自乍(作)寶鼎用
5.2557 師昌(帥)其乍(作)寶齋鼎
5.2558 師賸父乍(作)豳(豳)姬寶鼎
5.2559 雍伯原乍(作)寶鼎
5.2560 王伯姜乍(作)季姬福母尊鼎
5.2561 善(膳)夫伯辛父乍(作)尊鼎
5.2562 [illegible]金父乍(作)叔姬寶尊鼎
5.2563 曾者子䍜(䑃)用乍(作)淄(鈚)鼎
5.2564 曾仲子敔用吉金自乍(作)寶鼎
5.2565 黄季乍(作)季嬴寶鼎
5.2569 痃乍(作)其淄(鈚)鼎貞(鼎)
5.2570 掃片昶猤乍(作)寶鼎
5.2571 掃片昶猤乍(作)寶鼎
5.2572 交君子叕肇乍(作)寶鼎
5.2574 命鑄飤鼎鬲
5.2578 敢曰:□□仲自乍(作)未(斡)鼎
5.2580 大(太)師小子伯茋父乍(作)寶鼎
5.2581 休仲賜遡鼎
5.2582 辛中姬皇母乍(作)尊鼎
5.2583 辛中姬皇母乍(作)尊鼎
5.2584 伯夏父乍(作)畢姬尊鼎
5.2585 巤季乍(作)嬴(嬴)氏行鼎
5.2588 自乍(作)會(膾)鼎
5.2591 [illegible]魯宰兩乍(作)其咺嘉寶鼎
5.2596 新宮叔碩父、監姬乍(作)寶鼎
5.2597 晉嗣徒伯郘父乍(作)周姬寶尊鼎
5.2598 朮(叔)史小子𣪘乍(作)寒姒好尊鼎
5.2599 奠(鄭)虢仲念戒(勇)用乍(作)皇祖、文考寶鼎
5.2600 吳王姬乍(作)南宮史叔飤鼎
5.2615 誨(諆)乍(作)寶鬲鼎
5.2616 衛乍(作)文考小仲、姜氏盂鼎
5.2619 善(膳)夫旅伯乍(作)毛仲姬尊鼎
5.2623 集脰(廚)社鼎
5.2625 豊用乍(作)父丁鼎
5.2629 用乍(作)寶鼎
5.2631 南公有嗣𧧼(醬)乍(作)尊鼎
5.2632 乍(作)寶鼎
5.2633 乍(作)寶鼎
5.2634 虢文公子𣪘乍(作)叔妃鼎
5.2635 虢文公子𣪘乍(作)叔妃鼎
5.2636 虢文公子𣪘乍(作)叔妃鼎
5.2637 虢宣公子白乍(作)尊鼎
5.2638 弟[illegible]乍(作)寶鼎
5.2640 鼄(邾)𩁹(翔)伯乍(作)此嬴尊鼎
5.2641 鼄(邾)𩁹(翔)伯乍(作)此嬴尊鼎
5.2644 自乍(作)寶鼎
5.2645 自乍(作)寶鼎
5.2649 伯頵父乍(作)朕皇考屖伯、吳姬寶鼎
5.2650 敶(陳)侯乍(作)鑄嬀冋母賸(媵)鼎
5.2654 用乍(作)尊鼎
5.2655 先(?)獸乍(作)朕老(考)寶尊鼎
5.2656 伯士(吉)父乍(作)毅尊鼎
5.2662 或者乍(作)旅鼎
5.2663 伯鮮乍(作)旅鼎
5.2664 伯鮮乍(作)旅鼎
5.2665 伯鮮乍(作)旅鼎
5.2666 伯鮮乍(作)旅

鼎
5.2667 奠(鄭)伯氏士叔皇父乍(作)旅鼎
5.2671 庢父乍(作)[illegible](摔)寶鼎
5.2672 庢父乍(作)[illegible](摔)寶鼎
5.2675 鑄其餴(饙)鼎
5.2678 用乍(作)寶旅鼎
5.2679 𣄰叔樊乍(作)昜(陽)姚寶鼎
5.2690 弋(戴)叔朕自乍(作)餴(饙)鼎
5.2691 弋(戴)叔朕自乍(作)餴(饙)鼎
5.2692 弋(戴)叔朕自乍(作)餴(饙)鼎
5.2697 �椒伯車父乍(作)邓姞尊鼎
5.2698 枞伯車父乍(作)邓姞尊鼎
5.2699 枞伯車父乍(作)邓姞尊鼎
5.2700 枞伯車父乍(作)邓姞尊鼎
5.2705 爲寶器鼎二、毁二
5.2706 用乍(作)鼎
5.2712 鼎
5.2714 自乍(作)薦鼎
5.2718 用乍(作)父壬寶尊鼎
5.2720 用乍(作)寶尊鼎
5.2721 用乍(作)寶鼎
5.2724 毛公旅鼎亦唯毁
5.2727 師器父乍(作)尊鼎
5.2732 乍(作)其造(竈)鼎十
5.2734 用乍(作)寶鼎
5.2739 用乍(作)尊鼎
5.2740 寧用乍(作)皖公寶尊鼎
5.2741 寧用乍(作)皖公寶尊鼎
5.2742 用乍(作)皇祖文考盂鼎
5.2743 仲師父乍(作)季妓始寶尊鼎
5.2744 仲師父乍(作)季妓始寶尊鼎
5.2745 鼎毁具/自豕鼎降十
5.2747 用乍(作)尊鼎
5.2753 下蓋(鄀)雍公緘乍(作)尊鼎
5.2758 公朿(刺)鑄武王、成王異鼎
5.2759 公朿(刺)鑄武王、成王異鼎
5.2760 公朿(刺)鑄武王、成王異鼎
5.2761 公朿(刺)鑄武王、成王異鼎
5.2762 史顭(頊)乍(作)朕皇考釐仲、王(皇)母泉母尊鼎
5.2767 㝬(胡)叔、佀(信)姬乍(作)寶鼎
5.2768 梁其乍(作)尊鼎
5.2769 梁其乍(作)尊鼎
5.2770 梁其乍(作)尊鼎
5.2777 尊鼎用祈匄百彔(禄)、眉壽、綰綽、永令(命)
5.2778 賜豖鼎一、爵一
5.2779 戎鼎廿/用鑄玆尊鼎
5.2781 用乍(作)寶鼎
5.2782 哀成叔之鼎
5.2783 用乍(作)寶鼎
5.2784 用乍(作)寶鼎
5.2786 用乍(作)朕文考釐伯寶尊鼎
5.2789 用乍(作)寶𪔁尊鼎
5.2790 緣乍(作)朕皇考𪔁彝尊鼎
5.2792 用乍(作)文考日己寶鼎
5.2804 用乍(作)朕文考㴉(漣)伯尊鼎
5.2805 用乍(作)朕刺(烈)考尊鼎
5.2806 用㠯伯盂鼎
5.2807 用乍(作)朕刺(烈)考己伯盂鼎
5.2808 用乍(作)朕刺(烈)考己伯盂鼎
5.2810 用乍(作)尊鼎
5.2811 自乍(作)𪔁彝𨗈(𩰫)鼎
5.2812 用乍(作)朕皇考宄公尊鼎
5.2813 用乍(作)尊鼎
5.2814 用乍(作)尊鼎
5.2815 用乍(作)朕皇考䧊(郘)伯、奠(鄭)姬寶鼎
5.2816 用乍(作)朕文考㴝公宮尊鼎
5.2817 用乍(作)朕文祖辛公尊鼎
5.2818 比乍(作)朕皇祖丁公、皇考叀公尊鼎
5.2819 用乍(作)朕皇考奠(鄭)伯、姬尊鼎
5.2821 用乍(作)朕皇考癸公尊鼎
5.2823 用乍(作)朕皇考癸公尊鼎
5.2825 用乍(作)朕皇考叔碩父尊鼎
5.2826 用乍(作)寶尊鼎
5.2827 用乍(作)朕皇考龏叔、皇母龏始(姒)寶尊鼎
5.2828 用乍(作)朕皇考龏叔、皇母龏始(姒)寶尊鼎
5.2829 用乍(作)朕皇考龏叔、皇母龏始(姒)寶尊鼎
5.2831 衛用乍(作)朕文考寶鼎
5.2832 衛用乍(作)朕文考寶鼎
5.2833 用乍(作)大寶鼎
5.2835 用乍(作)尊鼎
5.2837 用乍(作)祖南公寶鼎
5.2838 曶用玆金乍(作)朕文孝(考)宄伯𪔁牛鼎
5.2841 用乍(作)尊鼎
6.3015 鼎
6.3616 強伯乍(作)旅

用鼎𣪘
6.3617 漁伯乍(作)旅用鼎𣪘
7.3870 叔向父爲備寶𣪘兩、寶鼎二
7.3917 鼎
7.4018 鼎
7.4097 用爲寶器鼎二、𣪘二
8.4131 歲鼎克聞(昏)
8.4141 自豕鼎降十
8.4142 自豕鼎降十
8.4143 自豕鼎降十
8.4159 賜鼎二
9.4414 鼎
9.4454 叔⿰叀刂(剸)父乍(作)奠(鄭)季寶鐘六金、尊盨四、鼎七
9.4455 叔⿰叀刂(剸)父乍(作)奠(鄭)季寶鐘六金、尊盨四、鼎七
9.4456 叔⿰叀刂(剸)父乍(作)奠(鄭)季寶鐘六金、尊盨四、鼎七
9.4457 叔⿰叀刂(剸)父乍(作)奠(鄭)季寶鐘六金、尊盨四、鼎七
10.4745 鼎
10.4746 鼎
11.5496 鼎
11.5648 鼎父己
11.5649 鼎父己
11.5731 妣(戎)鼎父乙
12.6515 其鼎此𠤳祼
12.6724 鼎
14.8419 鼎父乙
14.8420 鼎父乙
14.8439 鼎父丙
14.8566 鼎父己
14.8638 鼎父辛
14.8639 鼎父辛
14.8640 鼎父辛
15.9729 于大無嗣折(誓)、于大嗣命用璧、兩壺、八鼎
15.9730 于大無嗣折(誓)、于大嗣命用璧、兩壺、八鼎
16.9837 鼎
16.10164 鼎𣪘一具/自豕鼎降十又一
16.10167 鼎立
16.10251 唯簞肇其乍(作)頮(沬)鼎也(匜)
17.10879 鼎劦
17.11358 獻鼎之歲
18.11878 鼎

1679 薡

4.2261 王乍(作)康季寶尊薡
5.2578 嫚乍(作)父庚薡

1680 ⿰鼎于、⿰鼎孚

4.2216 蔡侯䌛(申)之飤⿰鼎于
4.2287 猒(胡)侯之孫敶之⿰鼎孚(⿰鼎于)
4.2357 楚叔之孫佣之飤⿰鼎于
5.2717 自乍(作)飤⿰鼎于

1681 ⿰鼎开

4.2215 蔡侯䌛(申)之飤⿰鼎开
4.2225 蔡侯䌛(申)之飤⿰鼎开
5.2811 佣之遹(𦉜)⿰鼎开

1682 ⿰石鼎

5.2551 褱自乍(作)飤⿰石鼎⿰鼎它
5.2622 唯衩伯業自乍(作)寶⿰石鼎盜
5.2624 自乍(作)⿰石鼎沱

1683 ⿰鼎它

5.2551 褱自乍(作)飤⿰石鼎⿰鼎它

1684 ⿰鼎旁(⿰鼎勺)

4.2404 伯旟乍(作)厥宗寶尊彝⿰鼎旁(⿰鼎勺)

1685 ⿱艹⿰鼎鼎

4.2520 奠(鄭)戒(勇)句父自乍(作)飤⿱艹⿰鼎鼎

1686 ⿰鼎鼎

3.584 王乍(作)⿰亦頁王姬𦺈⿰鼎鼎彝
3.585 王乍(作)⿰亦頁王姬𦺈⿰鼎鼎彝
3.611 王乍(作)⿰牙予(序)⿰鼎鼎(蔣)贊母寶⿰鼎鼎彝
3.648 用享⿰鼎鼎厥文考魯公
3.891 奄乍(作)婦姑⿰鼎鼎彝
4.1714 中婦⿰鼎鼎
4.1726 伯乍(作)⿰鼎鼎
4.1967 梠(梖)乍(作)寶⿰鼎鼎
4.2008 乍(作)父乙寶⿰鼎鼎
4.2012 殺乍(作)父戊⿰鼎鼎
4.2060 𩰫乍(作)寶⿰鼎鼎彝
4.2137 乍(作)婦姑⿰鼎鼎彝
4.2138 乍(作)婦姑⿰鼎鼎彝
4.2144 旂父乍(作)寶⿰鼎鼎彝
4.2202 孟𡳾(貴)乍(作)⿰鼎鼎彝
4.2258 敝(𠱒)乍(作)父癸寶尊⿰鼎鼎
4.2275 豊用乍(作)父壬⿰鼎鼎彝
4.2354 魯內小臣𢊾生(甥)乍(作)⿰鼎鼎
4.2367 闌(管)監引乍(作)父己寶⿰鼎鼎彝
4.2423 曾侯仲子斿(遊)父自乍(作)⿰鼎鼎彝
4.2424 曾侯仲子斿(遊)父自乍(作)⿰鼎鼎彝
4.2485 其用盟⿰鼎鼎宄媯日辛
4.2489 伯衛父乍(作)□⿰鼎鼎
4.2501 ☒嗣工☒[作]册微⿰鼎鼎
4.2509 用乍(作)⿰鼎鼎彝
4.2510 用乍(作)⿰鼎鼎彝
4.2528 用乍(作)厥文祖寶⿰鼎鼎尊壼(盦)
5.2553 曰：奄以乃弟用夙夕⿰鼎鼎享
5.2554 曰：奄以乃弟用夙夕⿰鼎鼎享
5.2614 其用夙夕⿰鼎鼎享
5.2620 自乍(作)⿰鼎鼎彝

5.2630 伯陶乍(作)厥文考宮叔寶䵼彝
5.2639 魯仲齊肈乍(作)皇考䵼貞(鼎)
5.2673 用乍(作)文考㝬叔䵼彝
5.2680 諆肈乍(作)其皇考、皇母告比君䵼貞(鼎)
5.2681 姬䵼彝
5.2683 爲宗彝䵼彝
5.2684 爲宗彝䵼彝
5.2685 爲宗彝䵼彝
5.2686 爲宗彝䵼彝
5.2687 爲宗彝䵼彝
5.2688 爲宗彝䵼彝
5.2689 王子剌公爲宗婦鄁(鄁)嬰宗彝䵼彝
5.2695 用乍(作)父甲䵼彝
5.2733 衛肈乍(作)厥文考己仲寶䵼
5.2735 用乍(作)寶䵼彝
5.2736 用乍(作)寶䵼彝
5.2750 自乍(作)䵼彝
5.2776 用乍(作)黄公尊䵼彝
5.2780 乍(作)朕文考毛叔䵼彝
5.2785 䵼父乙尊
5.2787 用乍(作)䵼彝
5.2788 用乍(作)䵼彝
5.2789 用乍(作)寶䵼尊鼎
5.2790 緐乍(作)朕皇考䵼彝尊鼎
5.2796 克其日用䵼
5.2797 克其日用䵼
5.2798 克其日用䵼
5.2799 克其日用䵼
5.2800 克其日用䵼
5.2801 克其日用䵼
5.2802 克其日用䵼
5.2811 自乍(作)䵼彝遹(䵹)鼎
5.2824 用乍(作)文母日庚寶尊䵼彝
5.2836 用乍(作)朕文祖師華父寶䵼彝
5.2838 曶用茲金乍(作)朕文孝(考)宄伯䵼牛鼎
6.3389 王乍(作)䵼彝
6.3460 王乍(作)又䵼彝
6.3580 利乍(作)寶尊䵼彝
6.3682 大(太)師小子師望乍(作)䵼彝
7.3826 耳侯戣乍(作)䵼□□匳辝乙□□癸文考
7.3848 乍(作)魯男、王姬䵼彝
7.4076 爲宗彝䵼彝
7.4077 爲宗彝䵼彝
7.4078 爲宗彝䵼彝
7.4079 爲宗彝䵼彝
7.4080 爲宗彝䵼彝
7.4081 爲宗彝䵼彝
7.4082 爲宗彝䵼彝
7.4083 爲宗彝䵼彝
7.4084 爲宗彝䵼彝
7.4085 爲宗彝䵼彝
7.4086 爲宗彝䵼彝
7.4087 爲宗彝䵼彝
8.4122 用乍(作)文祖辛公寶䵼毁
8.4124 尌仲乍(作)朕皇考趄仲䵼彝尊毁
8.4139 楷侯乍(作)姜氏寶䵼彝
8.4153 㝨乍(作)皇祖乙公、文公、武伯、皇考龏伯䵼彝
8.4166 用乍(作)文考父丙䵼彝
8.4168 䵼(蔣)兑乍(作)朕文祖乙公、皇考季氏尊毁
8.4178 用乍(作)文父丁䵼彝
8.4198 蔡姞乍(作)皇兄尹叔尊䵼彝
8.4229 用乍(作)䵼彝
8.4230 用乍(作)䵼彝
8.4231 用乍(作)䵼彝
8.4232 用乍(作)䵼彝
8.4233 用乍(作)䵼彝
8.4234 用乍(作)䵼彝
8.4235 用乍(作)䵼彝
8.4236 用乍(作)䵼彝
8.4274 用乍(作)皇祖城公䵼毁
8.4275 用乍(作)皇祖城公䵼毁
8.4287 伊用乍(作)朕不(丕)顯皇祖文考徲叔寶䵼彝
8.4311 用乍(作)朕文考乙仲䵼毁
8.4317 㝬(胡)乍(作)䵼彝寶毁 / 㝬(胡)其萬年䵼
8.4318 用乍(作)朕皇考䲨公䵼毁
8.4319 用乍(作)朕皇考䲨公䵼毁
9.4354 大(太)師小子師望乍(作)䵼彝
9.4598 曾侯乍(作)叔姬、邛(江)嫞(芈)媵(媵)器䵼彝
9.4626 用乍(作)旅䵼彝
10.5143 子䵼遽册
10.5251 䵼(蔣)嗌乍(作)寶尊彝
10.5388 顭(頂)賜婦〓(娼)曰: 用䵼于乃姑宓(閟)
10.5389 顭(頂)賜婦〓(娼)曰: 用䵼于乃姑宓(閟)
10.5395 用乍(作)寶䵼
11.5908 䵼乍(作)厥皇考寶尊彝
14.8826 䵼(蔣)子寶
14.8827 䵼(蔣)子寶
14.9091 索諆乍(作)有羔日辛䵼彝
15.9435 伯衛父乍(作)嬴䵼彝
15.9698 爲宗彝䵼彝
15.9699 爲宗彝䵼彝
16.10152 爲宗彝䵼彝
16.10563 伯享父乍(作)䵼彝
16.10576 庚姬乍(作)䵼女(母)寶尊彝

1687 ⿰貝登(⿰鼎升)

4.2065 莿(莿)歑乍(作)寶⿰鼎登(⿰鼎升)

1688 ⿰鼎緐

5.2573 鄧公乘自乍(作)飤⿰鼎緐

1689 ⿰鼎古(餗)

5.2708 用乍(作)父癸寶⿰鼎古(餗)

1690 ⿱齊鼎

3.516 微伯乍(作)⿱齊鼎鬲
3.517 微伯乍(作)⿱齊鼎鬲
3.518 微伯乍(作)⿱齊鼎鬲
3.519 微伯乍(作)⿱齊鼎鬲
3.520 微伯乍(作)⿱齊鼎鬲
3.527 凌姬乍(作)寶⿱齊鼎
3.543 敬乍(作)父丁尊⿱齊鼎
3.546 姬芀母乍(作)⿱齊鼎鬲
3.560 伯邦父乍(作)⿱齊鼎鬲
3.636 呂雔姬乍(作)⿱齊鼎彝
3.666 戲伯乍(作)鑄(饋)⿱齊鼎
3.667 戲伯乍(作)鑄(饋)⿱齊鼎
3.671 伯泬父乍(作)大姬⿱齊鼎鬲
3.679 焚(榮)又(有)嗣再乍(作)⿱齊鼎鬲
3.753 用乍(作)⿱齊鼎鼎
3.754 用乍(作)寶⿱齊鼎
3.755 用乍(作)寶⿱齊鼎
3.1507 半⿱齊鼎
4.1731 仲乍(作)⿱齊鼎
4.1769 尚乍(作)⿱齊鼎
4.1910 子鴅(鵬)君⿱齊鼎
4.1949 中乍(作)寶⿱齊鼎
4.1968 寡長乍(作)⿱齊鼎
4.2030 王伯乍(作)寶⿱齊鼎
4.2046 仲師父乍(作)⿱齊鼎
4.2067 釐乍(作)寶⿱齊鼎鼎
4.2109 緻伯乍(作)⿱齊鼎鼎
4.2172 膺(應)叔乍(作)寶尊⿱齊鼎
4.2204 羌乍(作)宄姜⿱齊鼎鼎
4.2240 脣(容)⿱齊鼎
4.2308 脣(容)半⿱齊鼎
4.2470 焚(榮)又(有)嗣再乍(作)⿱齊鼎鼎
5.2557 師昌(帥)其乍(作)寶⿱齊鼎鼎
5.2610 爲量脣(容)料(半)⿱齊鼎
5.2611 脣(容)料(半)⿱齊鼎
5.2693 脣(容)半⿱齊鼎 / 脣(容)半⿱齊鼎
5.2694 用乍(作)父乙⿱齊鼎
5.2725 用乍(作)父辛寶⿱齊鼎
5.2726 用乍(作)父辛寶⿱齊鼎
5.2730 趞用乍(作)厥文考父辛寶尊⿱齊鼎
5.2754 用乍(作)寶⿱齊鼎
5.2764 脣(容)四分⿱齊鼎 / 脣(容)四分⿱齊鼎
5.2793 四分⿱齊鼎 / 四分⿱齊鼎
15.9449 脣(容)半⿱齊鼎

1691 即

1.262-3 具(俱)即其服
1.264-6 具(俱)即其服
1.267 具(俱)即其服
1.268 具(俱)即其服
1.269 具(俱)即其服
3.864 師中即☐
4.2459 徠即王
5.2581 小臣逋(逋)即事于西
5.2805 即立中廷
5.2815 即立(位)
5.2817 即立(位)
5.2818 王令省史南以即虢旅
5.2819 即立(位)
5.2821 即立(位)
5.2822 即立(位)
5.2823 即立(位)
5.2827 即立(位)
5.2828 即立(位)
5.2829 即立(位)
5.2836 即立(位)
5.2837 余唯即朕小學 / 今我唯即井(型)廩(稟)于文王正德
5.2838 迺或(又)即曶用田二 / 凡用即曶田七田、人五夫
5.2839 即大廷 / 焚(榮)即嘼(酋)邋厥故 / 即立中廷 / 即立(位)/ 賓即立(位)
5.2841 殁(抄)茲卿事寮、大(太)史寮于父即尹
8.4196 師毛父即立(位)
8.4209 內(入)即立(位)
8.4210 內(入)即立(位)
8.4211 內(入)即立(位)
8.4212 內(入)即立(位)
8.4240 即令(命)
8.4243 即立(位)
8.4244 即立(位)
8.4250 定伯入右(佑)即 / 即敢對揚天子不(丕)顯休 / 即其萬年
8.4251 即立(位)
8.4252 即立(位)
8.4253 即立中廷
8.4254 即立中廷
8.4256 即立(位)
8.4257 即立中廷
8.4266 即立(位)/ 內史即命
8.4267 即立(位)
8.4268 即立中廷
8.4272 即立(位)
8.4274 即立(位)
8.4275 即立(位)
8.4277 即立(位)
8.4278 王令省史南以即虢旅
8.4279 即立(位)/ 即立中廷
8.4280 即立(位)/ 即立中廷
8.4281 即立(位)/ 即立中廷
8.4282 即立(位)/ 即立中廷

8.4283 即立(位)
8.4284 即立(位)
8.4286 即立(位)
8.4287 即立(位)
8.4294 即立(位)
8.4295 即立(位)
8.4303 即立(位)
8.4304 即立(位)
8.4305 即立(位)
8.4306 即立(位)
8.4307 即立(位)
8.4308 即立(位)
8.4309 即立(位)
8.4310 即立(位)
8.4313 即貿(賓)厥邦嘼(酋)
8.4314 即貿(賓)厥邦嘼(酋)
8.4316 即立中廷
8.4318 即立(位)
8.4319 即立(位)
8.4324 即立(位)
8.4325 即立(位)
8.4332 即立(位)
8.4333 即立(位)
8.4334 即立(位)
8.4335 即立(位)
8.4336 即立(位)
8.4337 即立(位)
8.4338 即立(位)
8.4339 即立(位)
8.4340 即立(位)/厥又(有)見又(有)即令
8.4343 即立(位)
9.4462 即立(位)
9.4463 即立(位)
9.4469 迺騶(協)倗即女(汝)
10.5425 唯伯屖父以成師即東
15.9453 鄉(佮)即邦君、者(諸)侯、正、有嗣大射
15.9455 即井伯、大(太)祝射/穆穆王蔑長由以逨(徠)即井伯
15.9723 即立(位)
15.9724 即立(位)
15.9731 即立(位)
15.9732 即立(位)
15.9735 其即得民
16.10170 即立(位)
16.10172 即立(位)
16.10174 毋敢不即餗(次)/即市/則即井(刑)屢(撲)伐/毋不即市
16.10176 迺即散用田
16.10322 益公內(入)即命于天子
17.11160 即墨華之造用

1692 [illegible]

16.10165 者尚余卑□於[illegible](即?)擇其吉金

1693 既

1.60-3 三月既生霸庚申
1.210 既悤(聰)于心
1.211 既悤(聰)于心
1.217 既悤(聰)于心
1.218 既悤(聰)于心
1.219 既悤(聰)于心
1.220 既悤(聰)于心
1.221 既悤(聰)于心
1.222 既悤(聰)于心
1.223-4 既孜叡(且)紫(訾)
1.225 既旃(伸)鬯(暢)虡/大鐘既縣(懸)
1.226 既旃(伸)鬯(暢)虡/大鐘既縣(懸)
1.227 既旃(伸)鬯(暢)虡/大鐘既縣(懸)
1.228 既旃(伸)鬯(暢)虡/大鐘既縣(懸)
1.229 既旃(伸)鬯(暢)虡/大鐘既縣(懸)
1.230 既旃(伸)鬯(暢)虡/大鐘既縣(懸)
1.231 既旃(伸)鬯(暢)虡/大鐘既縣(懸)
1.232 既旃(伸)鬯(暢)虡/大鐘既縣(懸)
1.233 既旃(伸)鬯(暢)虡/大鐘既縣(懸)
1.234 既旃(伸)鬯(暢)虡/大鐘既縣(懸)
1.235 既旃(伸)鬯(暢)虡/大鐘既縣(懸)
1.236 既旃(伸)鬯(暢)虡/大鐘既縣(懸)
1.237 既旃(伸)鬯(暢)虡/大鐘既縣(懸)
1.251-6 雩武王既弋殷
1.272-8 余既専乃心
1.285 余既専乃心
3.753 唯十又二月既生霸
3.754 唯六月既生霸乙卯
3.755 唯六月既生霸乙卯
3.948 唯六月既死霸丙寅
5.2550 唯王十月既吉
5.2695 唯征(正)月既望癸酉
5.2714 唯王八月既望
5.2735 唯八月既朢(望)戊辰
5.2736 唯八月既朢(望)戊辰
5.2747 唯五月既望
5.2748 四月既望己酉
5.2749 唯九月既生霸辛酉
5.2750 既龢無測
5.2753 既死霸壬午
5.2754 唯五月既死霸
5.2755 唯王九月既望乙巳
5.2756 唯二月既生霸丁丑
5.2758 唯四月既生霸己丑
5.2759 唯四月既生霸己丑
5.2760 唯四月既生霸己丑
5.2761 唯四月既生霸己丑
5.2781 唯五月既生霸庚午
5.2782 君既安叀(惠)
5.2783 唯七年十月既生霸
5.2784 五月既生霸壬午
5.2789 唯九月既望乙丑
5.2791 唯正月既生霸庚申
5.2806 三月既霸丁亥

5.2807 三月既霸丁亥
5.2808 三月既霸丁亥
5.2813 唯六月既生霸庚寅
5.2814 唯九月既望甲戌
5.2815 四月既望辛卯
5.2819 五月既望庚寅
5.2820 昔先王既令女(汝)左(佐)疋(胥)𧰼侯
5.2821 既生霸乙卯
5.2822 既生霸乙卯
5.2823 既生霸乙卯
5.2827 既死霸甲戌
5.2828 既死霸甲戌
5.2829 既死霸甲戌
5.2831 既死霸庚辰
5.2835 廼曰武公曰：女(汝)既靜(靖)京師
5.2836 昔余既令女(汝)出內(入)朕令(命)
5.2838 六月既望乙亥 / 唯王四月既省(生)霸 / 我既賣(贖)女(汝)五夫
5.2839 唯八月既望 / 既咸
7.3953 唯七月既生霸
7.4024 既生霸庚戌
7.4025 既生霸庚戌
7.4026 既生霸庚戌
7.4032 既死霸乙卯
7.4089 唯三月既朢乙亥
7.4098 唯八月既生霸
8.4134 唯六月既死霸壬申
8.4135 唯六月既死霸壬申
8.4157 既死霸壬戌
8.4158 既死霸壬戌
8.4179 唯五月既死霸辛未
8.4180 唯五月既死霸辛未
8.4181 唯五月既死霸辛未
8.4192 既生霸丁亥
8.4193 既生霸丁亥
8.4194 昝既拜䭫首
8.4195 唯六月既生霸亲(辛)巳
8.4196 唯六月既生霸戊戌
8.4203 唯五月既生霸庚申
8.4204 唯五月既生霸庚申
8.4205 唯九月既朢庚寅
8.4206 唯五月既望甲子
8.4207 唯六月既生霸
8.4214 既生霸辛酉
8.4216 既生霸壬午
8.4217 既生霸壬午
8.4218 既生霸壬午
8.4244 三月既朢庚寅
8.4251 正月既望甲午
8.4252 正月既望甲午
8.4256 三月既生霸戊戌
8.4269 唯十又三月既朢
8.4276 唯王二月既省(生)霸
8.4279 四月既生霸
8.4280 四月既生霸
8.4281 四月既生霸
8.4282 四月既生霸
8.4283 曰：先王既令(命)女(汝)
8.4284 曰：先王既令(命)女(汝)
8.4285 曰：先王既命女(汝)䎽(纘)嗣王宥
8.4286 既生霸甲寅
8.4287 正月既朢丁亥
8.4292 召伯虎曰：余既訊𠩺
8.4293 今余既訊 / 今余既一名典獻
8.4294 既省(生)霸庚寅
8.4295 既省(生)霸庚寅
8.4296 昔先王既命女(汝)乍(作)邑
8.4297 昔先王既命女(汝)乍(作)邑
8.4298 三月既生霸丁亥 / 王令善(膳)夫豕曰趞睽曰：余既賜大乃里
8.4299 三月既生霸丁亥 / 王令善(膳)夫豕曰趞睽曰：余既賜大乃里
8.4300 唯九月既死霸丁丑
8.4301 唯九月既死霸丁丑
8.4303 既生霸乙卯
8.4304 既生霸乙卯
8.4305 既生霸乙卯
8.4306 既生霸乙卯
8.4307 既生霸乙卯
8.4308 既生霸乙卯
8.4309 既生霸乙卯
8.4310 既生霸乙卯
8.4312 既朢丁亥 / 才先王既令(命)女(汝)乍(作)嗣士
8.4313 休既又(有)工(功)
8.4314 休既又(有)工(功)
8.4316 既朢甲戌 / 𢦏(載)先王既令(命)乃取(祖)考事
8.4318 王乎內史尹册令(命)師兌：余既令女(汝)疋(胥)師龢父
8.4319 王乎內史尹册令(命)師兌：余既令(命)女(汝)疋(胥)師龢父
8.4324 既令(命)女(汝)更乃祖考嗣小輔
8.4325 既令女(汝)更乃祖考嗣
8.4327 既生霸丁亥 / 昔乃祖亦既令乃父死(尸)嗣葊人
8.4332 既死霸甲戌
8.4333 既死霸甲戌
8.4334 既死霸甲戌
8.4335 既死霸甲戌
8.4336 既死霸甲戌
8.4337 既死霸甲戌
8.4338 既死霸甲戌
8.4339 既死霸甲戌
8.4340 唯元年既朢丁亥 / 昔先王既令女

(汝)乍(作)宰
8.4342 既朢庚寅
8.4343 既生霸甲寅 / 昔先王既令女(汝)乍(作)嗣士
9.4429 唯王正月既朢
9.4430 唯五月既生霸庚寅
9.4438 八月既死辛卯
9.4439 八月既死辛卯
9.4462 既生霸戊戌
9.4463 既生霸戊戌
9.4466 七月既朢□□
9.4467 昔余既令(命)女(汝)
9.4468 昔余既令(命)女(汝)
9.4626 唯三月既生霸乙卯
9.4631 具既卑(俾)方
9.4632 具既卑(俾)方
10.5403 唯六月既生霸乙卯
10.5406 唯九月既生霸乙亥
10.5412 既𡛃于上下帝
10.5415 在二月既望
10.5421 在五月既朢辛酉
10.5422 在五月既朢辛酉
10.5425 正月既生霸辛丑
10.5426 唯王十月既朢
10.5432 在二月既朢乙亥 / 雩四月既生霸庚午
11.5996 唯六月既生霸乙卯
11.5999 在五月既朢辛酉
11.6003 在二月既望(朢)
11.6005 唯九月既生霸 / 鼂既告于公
11.6008 既生霸丁卯
11.6014 唯武王既克大邑商
11.6016 既咸令 / 咸既
14.9103 唯四月既望丁亥
15.9453 既生霸甲申
15.9454 在五月既望辛酉
15.9456 既生霸壬寅
15.9714 唯八月既死霸戊寅
15.9715 自頌既好
15.9725 七月既生雨(霸)乙未
15.9729 齊侯既遵(躋)洹子孟姜喪
15.9730 齊侯既遵(躋)洹子孟姜喪
15.9731 既死霸甲戌
15.9732 既死霸甲戌
16.9897 唯正月既生霸丁酉
16.9901 既咸令 / 咸既
16.10166 唯五月既朢戊午
16.10167 唯八月既生霸庚申
16.10168 唯正月既生霸乙未
16.10170 唯廿年正月既望甲戌
16.10172 五月既朢庚寅
16.10174 既死霸庚寅
16.10175 雩武王既𢦏殷
16.10176 曰：我既付散氏溼田、牆(畛)田
16.10285 唯三月既死霸甲申 / 今女(汝)亦既又(有)御誓 / 亦既御乃誓 / 女(汝)亦既從辭從誓
16.10298 既字白(迫)期
16.10299 既字白(迫)期
16.10321 君在潦既宮

1694 䭣

8.4342 唯王身厚䭣

1695 壺

5.2745 兩罍、兩壺
5.2810 噩(鄂)侯馭方內(納)壺于王
8.4141 兩罍、兩壺
8.4142 兩罍、兩壺
8.4143 兩罍、兩壺
8.4292 余獻寢氏以壺
11.5695 長隹壺
12.6454 伯戜乍(作)飲壺
12.6456 伯乍(作)姬飲壺
12.6457 井叔乍(作)飲壺
12.6511 㠱仲乍(作)倗生(甥)飲壺
12.7031 宁壺
14.8816 長隹壺
14.8817 長隹壺
15.9494 之壺
15.9513 公鑄壺
15.9518 堯(无)乍(作)壺
15.9519 乍(作)旅壺
15.9528 伯乍(作)寶壺
15.9529 伯乍(作)寶壺
15.9530 事(史)从乍(作)壺
15.9534 員乍(作)旅壺
15.9535 皆乍(作)尊壺
15.9536 爻乍(作)寶壺
15.9538 左孝子之壺
15.9539 左孝子之壺
15.9540 己孝子之壺五
15.9541 己孝子之壺二
15.9552 天姬自乍(作)壺
15.9555 劃(劃、嫚、姪)嫣乍(作)寶壺
15.9556 嫚(姪)妊乍(作)安壺
15.9558 猚(雜)子䢅尊壺
15.9559 子𤎼迺子壺
15.9560 子𤎼迺子壺
15.9564 恒乍(作)祖辛壺
15.9570 伯濼父乍(作)旅壺
15.9571 孟訧父乍(作)鬱壺
15.9572 鄸(唐)仲多乍(作)醴壺
15.9573 蔡侯䌢(申)之溜(𩞁)壺
15.9574 蔡侯䌢(申)之溜(𩞁)壺

15.9575 盛季壺
15.9578 □父乍(作)父壬寶壺
15.9579 魯侯乍(作)尹叔姬壺
15.9580 鑄大[illegible]之笲一壺
15.9584 鬼乍(作)父丙寶壺
15.9586 [illegible](柏)侯乍(作)旅壺
15.9587 [illegible](柏)侯乍(作)旅壺
15.9588 右走(趣)馬嘉自乍(作)行壺
15.9596 內(芮)公乍(作)鑄從壺
15.9597 內(芮)公乍(作)鑄從壺
15.9598 內(芮)公乍(作)鑄從壺
15.9599 伯魚父乍(作)旅壺
15.9600 伯魚父乍(作)旅壺 / 伯魯父乍(作)旅壺
15.9601 賓(官)車父乍(作)寶壺
15.9602 賓(官)車父乍(作)寶壺
15.9603 子叔乍(作)叔姜尊壺 / 子叔乍(作)尊壺
15.9604 子叔乍(作)叔姜尊壺
15.9609 成伯邦父乍(作)叔姜萬人(年)壺
15.9610 吕季姜乍(作)醴壺
15.9611 吕季姜乍(作)醴壺
15.9613 今[illegible]伯多人非壺
15.9614 孟上父乍(作)尊壺
15.9615 宬伯貝生(甥)乍(作)旅壺
15.9618 尚自乍(作)旅壺 / 尚自乍(作)旅壺
15.9619 伯庶父乍(作)醴壺
15.9620 伯濼父乍(作)寶壺
15.9621 成周邦父乍(作)干仲姜寶壺
15.9622 登(鄧)孟乍(作)監嫚尊壺
15.9623 王伯姜乍(作)尊壺
15.9624 王伯姜乍(作)尊壺
15.9625 迻叔尊壺
15.9626 迻叔之尊壺
15.9628 自乍(作)寶尊壺
15.9629 自乍(作)寶尊壺
15.9630 吕王造乍(作)內(芮)姬尊壺
15.9631 奠(鄭)楙叔賓父乍(作)醴壺
15.9632 己(紀)侯乍(作)鑄壺
15.9633 敶(陳)侯乍(作)嬀櫓朕(媵)壺
15.9634 敶(陳)侯乍(作)嬀櫓朕(媵)壺
15.9635 嵋兟乍(作)寶壺
15.9637 自乍(作)行壺
15.9638 華母自乍(作)薦壺
15.9639 邛(江)君婦龢乍(作)其壺
15.9640 爲東周左官酒(糟)壺
15.9641 乍(作)爲衛姬壺
15.9642 仲南父乍(作)尊壺
15.9643 仲南父乍(作)尊壺
15.9644 乍(作)鑄寶壺
15.9645 乍(作)鑄寶壺
15.9646 用乍(作)寶壺
15.9651 矩叔乍(作)仲姜寶尊壺
15.9652 矩叔乍(作)仲姜寶尊壺
15.9653 史僕乍(作)尊壺
15.9654 史僕乍(作)尊壺
15.9655 虢季氏子緻(組)乍(作)寶壺
15.9656 伯公父乍(作)叔姬醴壺
15.9657 侯母乍(作)侯父戎壺
15.9658 郳(郳)季寬(魔)車自乍(作)行壺
15.9659 齊皇乍(作)壺盂
15.9661 大(太)師小子師望乍(作)寶壺
15.9662 交君子叕肇乍(作)寶壺
15.9667 中伯乍(作)亲(辛)姬綠(變)人朕(媵)壺
15.9668 中伯乍(作)亲(辛)姬綠(變)人朕(媵)壺
15.9669 椒(散)氏車父乍(作)醒姜尊壺
15.9670 □□生乍(作)懿伯寶壺
15.9671 兮熬乍(作)尊壺
15.9672 仲自(師)父乍(作)卣壺
15.9676 叚句乍(作)其寶壺
15.9677 ☐寶壺
15.9680 其成公鑄子孟妃朕(媵)盥壺
15.9681 用乍(作)鄉(饗)壺
15.9687 杞伯每刃乍(作)鼄(邾)嫌寶壺
15.9690 周豢乍(作)公己尊壺
15.9691 周豢乍(作)公己尊壺
15.9694 虞嗣寇伯吹乍(作)寶壺
15.9695 虞嗣寇伯吹乍(作)寶壺
15.9696 虞侯政乍(作)寶壺
15.9697 椒(散)車父乍(作)皇母醒姜寶壺
15.9700 宗詞客敬爲陘(禋)壺九
15.9701 蔡公子□乍(作)尊壺

15.9702 用乍(作)𩜧(𩞁)壺
15.9704 曩(紀)公乍(作)爲子叔姜賸盥壺
15.9705 番匊(鞠)生(甥)鑄賸壺
15.9708 冶仲丂父自乍(作)壺
15.9709 公子土斧乍(作)子仲姜𨠯之般(盤)壺
15.9710 甬(用)乍(作)宗彝尊壺
15.9711 甬(用)乍(作)宗彝尊壺
15.9712 用自乍(作)醴壺
15.9713 㠯(弁)季良父乍(作)𡚬始(姒)尊壺
15.9714 用乍(作)父丁寶壺
15.9715 𢽳(吾)台(以)爲弄壺
15.9716 梁其乍(作)尊壺
15.9717 梁其乍(作)尊壺
15.9718 𨌲史㞒(殿)乍(作)寶壺
15.9719 乍(作)鑄尊壺
15.9720 乍(作)鑄尊壺
15.9721 用乍(作)朕剌(烈)考尊壺
15.9722 用乍(作)朕剌(烈)考尊壺
15.9726 用乍(作)皇祖、文考尊壺
15.9727 用乍(作)皇祖、文考尊壺
15.9728 用乍(作)朕文考釐公尊壺
15.9729 于大無𤔲折(誓)、于大𤔲命用璧、兩壺、八鼎
15.9730 于大無𤔲折(誓)、于大𤔲命用璧、兩壺、八鼎
15.9731 用乍(作)朕皇考𢍰叔、皇母𢍰始(姒)寶尊壺
15.9732 用乍(作)朕皇考𢍰叔、皇母𢍰始(姒)寶尊壺
15.9733 台(以)鑄其𣵦(盥)壺
15.9735 鑄爲彝壺/明犮(跋)之于壺而時觀焉
16.10164 𣪘八、兩罍、兩壺

1696 壹

16.10372 爰積十六尊(寸)五分尊(寸)壹爲升

1697 懿

1.82 余小子肇帥井(型)朕皇祖考懿德
1.251-6 上帝降懿德大甹(屏)
4.2051 叔乍(作)懿宗𩰫(𩱐)
4.2331 穆父乍(作)姜懿母𩜧(饙)貞(鼎)
4.2332 穆父乍(作)姜懿母𩜧(饙)貞(鼎)
5.2830 一𤔲皇辟懿德
5.2833 𩼕(肆)武公亦弗叚(遐)朢(忘)賸(朕)聖祖考幽大叔、懿叔
5.2834 穆(𩼕)武公亦(弗)歷(叚)望(忘)〔朕聖〕自(祖)考幽大叔、懿〔叔〕
7.3939 禾(和)肇乍(作)皇母懿𢍰孟姬𩜧(饙)彝
8.4330 懿父廼是子
8.4341 不(丕)杯(丕)丮皇公受京宗懿釐
10.5423 懿王在射盧(廬)
12.6511 匄三壽、懿德、萬年
15.9670 □□生乍(作)懿伯寶壺
16.10175 上帝降懿德大甹(屏)

1698 爵

5.2778 賜豕鼎一、爵一
8.4207 穆穆王寴(親)賜遹爵
8.4261 王降亡助(賀、嘉)爵、退(褪)囊
8.4269 賜女(汝)婦爵、𠨘之先周(琱)玉、黃𠂤
10.4942 爵父丁
10.4988 爵父癸
11.5599 爵祖丙
11.5675 爵父癸
12.7277 亞𨸏(離)辛爵
14.8822 爵寶彝
14.8823 爵寶彝
14.8840 爵耴倗祖丁
14.9096 魯侯乍(作)爵
15.9285 爵丏父癸
15.9362 爵父癸
16.7360 伯公父乍(作)金爵

1699 鷊、鶶

7.3945 鷊(鶶、唐)姬乍(作)旛嫚賸(媵)𣪘
15.9572 鷊(唐)仲多乍(作)醴壺
16.10404 公鷊

1700 罼

16.10495 罼

1701 罟

6.3394 戈罟乍(作)厥
6.3395 戈罟乍(作)厥
6.3396 戈罟乍(作)厥
10.5112 戈罟乍(作)厥
12.6433 戈罟乍(作)厥
12.7257 戈罟乍(作)厥
14.8989 戈罟乍(作)厥
14.8990 戈罟乍(作)厥
15.9381 戈罟乍(作)厥

1702 罥

5.2841 亦唯先正罥辥(嬖)厥辟

1703 罍

8.4328 余命女(汝)御(禦)追于罍
8.4329 余命女(汝)御(禦)追于罍

1704 㬱、罨

5.2836 恖(聰)鬱厥心

8.4238 遣自鬱師(次)

8.4239 遣自鬱師(次)

1705 卣、𠧪

5.2754 王賜呂秬鬯三𠧪、貝卅朋

5.2816 賜女(汝)秬鬯一𠧪、玄衮衣、幽夫(芾)、赤舃、駒車、畫呻(紳)、幬(幬)學(較)、虎幃(幃)、冟袨里幽、攸(鋚)勒、旅(旂)五旅(旂)、彤弓、彤矢、旅(玈)弓、旅(玈)矢、𢦏戈、號(臯)胄

5.2837 賜女(汝)鬯一𠧪、冂(裃)衣、芾、舃、車、馬

5.2838 頡首曰:余無𠧪(由)具寇正(足)〔秭〕

5.2841 賜女(汝)秬鬯一𠧪、祼圭瓚寶、朱芾、悤(葱)黃(衡)、玉環、玉瑹、金車、奉(賁)緐較(較)、朱䩼(鞹)𩏂靳、虎冟(冪)熏裏、右軛、畫轉、畫輯、金甬(桶)、遣(錯)衡、金嶂(踵)、金豙(軝)、䡈(約)𥂴(盛)、金簟弼(茀)、魚箙、馬四匹、攸(鋚)勒、金𠯑(臺)、金膺、朱旂二鈴(鈴)

8.4302 余賜女(汝)秬鬯一𠧪、金車、奉(賁)幬(幬)較(較)、奉(賁)𩏂朱號(鞹)靳、虎冟(冪)䋽(朱)裏、金甬(筩)、畫聞(輯)、金厄(軛)、畫轉、馬四匹、鋚勒

8.4318 賜女(汝)秬鬯一𠧪、金車、奉(賁)較(較)、朱號(鞹)𩏂靳、虎冟(冪)熏(纁)裏、右厄(軛)、畫轉、畫輯、金甬(筩)、馬四匹、攸(鋚)勒

8.4319 賜女(汝)秬鬯一𠧪、金車、奉(賁)較(較)、朱號(鞹)𩏂靳、虎冟(冪)熏(纁)裏、右厄(軛)、畫轉、畫輯、金甬(筩)、馬四匹、攸(鋚)勒

8.4320 賜䢅(𧽊)鬯一𠧪、商瓚一□、彤弓一、彤矢百、旅(玈)弓十、旅(玈)矢千

8.4341 亡𠧪(攸)違

8.4342 賜女(汝)秬鬯一𠧪、圭瓚、尸(夷)允(訊)三百人

8.4343 賜女(汝)秬鬯一𠧪、金車、奉(賁)較(較)、畫輯、朱號(鞹)𩏂靳、虎冟(冪)熏(纁)裏、旂、余(駼)〔馬〕四匹

9.4467 賜女(汝)秬鬯一𠧪、赤芾、五黃(衡)、赤舃、牙僰、駒車、奉(賁)較(較)、朱號(鞹)𩏂靳、虎冟(冪)熏(纁)裏、畫轉(轉)、畫輯、金甬(筩)、朱旂、馬四匹、攸(鋚)勒、素戉(鉞)

9.4468 賜女(汝)秬鬯一𠧪、赤芾、五黃(衡)、赤舃、牙僰、駒車、奉(賁)較(較)、朱號(鞹)𩏂靳、虎冟(冪)熏(纁)裏、畫轉(轉)、畫輯、金甬(筩)、朱旂、馬四匹、攸(鋚)勒、素戉(鉞)

9.4469 賜女(汝)秬鬯一𠧪、乃父芾、赤舃、駒車、奉(賁)較(較)、朱號(鞹)𩏂靳、虎冟(冪)熏(纁)裏、畫轉、畫輯、金甬(筩)、馬四匹、鋚勒

10.5421 眔賞𠧪、鬯、貝

10.5422 眔賞𠧪、鬯、貝

11.5999 眔賞𠧪、鬯、貝

15.9454 眔賞𠧪、鬯、貝

15.9672 仲自(師)父乍(作)𠧪壺

15.9688 杞伯每刃乍(作)鼄(邾)媾寍(寶)𠧪

15.9728 賜女(汝)秬鬯一𠧪、玄衮衣、赤巿、幽黃(衡)、赤舃、攸(鋚)勒、緣(鑾)旂

16.9898 賜秬鬯一𠧪、玄衮衣、赤舃、金車、奉(賁)𩏂朱號(鞹)靳、虎冟(冪)熏(纁)裏、奉(賁)較(較)、畫轉、金甬(筩)、馬四匹、攸(鋚)勒

1706 卣

10.5335 卣(卣)乍(作)文考癸寶尊彝

1707 鬯

1.225 既旃(伸)鬯(暢)虡

1.226 既旃(伸)鬯(暢)虡

1.227 既旃(伸)鬯(暢)虡

1.228 既旃(伸)鬯(暢)虡

1.229 既旃(伸)鬯(暢)虡

1.230 既旃(伸)鬯(暢)虡

1.231 既旃(伸)鬯(暢)虡

1.232 既旃(伸)鬯(暢)虡

1.233 既旃(伸)鬯(暢)虡

1.234 既旃(伸)鬯(暢)虡

1.235 既旃(伸)鬯(暢)虡

1.236 既旃(伸)鬯(暢)虡

1.237 既旃(伸)鬯(暢)虡

5.2754 王賜呂秬鬯三卣、貝卅朋

5.2816 賜女(汝)秬鬯一卣、玄衮衣、幽夫(芾)、赤舃、駒車、畫呻(紳)、幬(幬)學

(較)、虎冟(幃)、冟衼里幽、攸(鋚)勒、旂(旂)五旂(旂)、彤弓、彤矢、旅(旅)弓、旅(旅)矢、𠀠戈、虢(皐)冑
5.2837 賜女(汝)〓一卣、冂(褐)衣、芾、舃、車、馬
5.2841 賜女(汝)秬〓一卣、祼圭瓚寶、朱芾、悤(蔥)黄(衡)、玉環、玉琮、金車、𠦪(賁)縟較(較)、朱䩚(鞹)𩊚靳、虎冟(冪)熏裏、右軛、畫轉、畫𨌲、金甬(桶)、遺(錯)衡、金嚨(踵)、金豙(軛)、約(約)𧸇(盛)、金簟弼(茀)、魚箙、馬四匹、攸(鋚)勒、金𠯑(臺)、金膺、朱旂二鈴(鈴)
8.4132 賞菽(叔)鬱〓、白金、趨(芻)牛
8.4133 賞菽(叔)鬱〓、白金、趨(芻)牛
8.4302 余賜女(汝)秬〓一卣、金車、𠦪(賁)幬(幬)較(較)、𠦪(賁)𩊚朱虢(鞹)靳、虎冟(冪)寀(朱)裏、金甬(箭)、畫聞(𨌲)、金厄(軛)、畫轉、馬四匹、鋚勒
8.4318 賜女(汝)秬〓一卣、金車、𠦪(賁)較(較)、朱虢(鞹)𩊚靳、虎冟(冪)熏(纁)裏、右厄(軛)、畫轉、畫𨌲、金甬(箭)、馬四匹、攸(鋚)勒
8.4319 賜女(汝)秬〓一卣、金車、𠦪(賁)較(較)、朱虢(鞹)𩊚靳、虎冟(冪)熏(纁)裏、右厄(軛)、畫轉、畫𨌲、金甬(箭)、馬四匹、攸(鋚)勒
8.4320 賜𨑳(𤔲)〓一卣、商瓚一□、彤弓一、彤矢百、旅(旅)弓十、旅(旅)矢千
8.4342 賜女(汝)秬〓一卣、圭瓚、尸(夷)允(訊)三百人
8.4343 賜女(汝)秬〓一卣、金車、𠦪(賁)較(較)、畫𨌲、朱虢(鞹)𩊚靳、虎冟(冪)熏(纁)裏、旂、余(騌)〔馬〕四匹
9.4467 賜女(汝)秬〓一卣、赤芾、五黄(衡)、赤舃、牙僰、駒車、𠦪(賁)較(較)、朱虢(鞹)𩊚靳、虎冟(冪)熏(纁)裏、畫轉(轉)、畫𨌲、金甬(箭)、朱旂、馬四匹、攸(鋚)勒、素戉(鉞)
9.4468 賜女(汝)秬〓一卣、赤芾、五黄(衡)、赤舃、牙僰、駒車、𠦪(賁)較(較)、朱虢(鞹)𩊚靳、虎冟(冪)熏(纁)裏、畫轉(轉)、畫𨌲、金甬(箭)、朱旂、馬四匹、攸(鋚)勒、素戉(鉞)
9.4469 賜女(汝)秬〓一卣、乃父芾、赤舃、駒車、𠦪(賁)較(較)、朱虢(鞹)𩊚靳、虎冟(冪)熏(纁)裏、畫轉、畫𨌲、金甬(箭)、馬四匹、鋚勒
10.5399 兮公室(貯)盂〓束、貝十朋
10.5400 公賜乍(作)册翻(𩰫)〓、貝
10.5421 眔賞卣、〓、貝
10.5422 眔賞卣、〓、貝
11.5991 公賜乍(作)册翻(𩰫)〓、貝
11.5999 眔賞卣、〓、貝
11.6001 小子生賜金、鬱〓
11.6016 明公賜亢師〓、金、小牛 / 賜令〓、金、小牛
14.9096 〓𠂤用尊𣪘(縮)盟
15.9454 眔賞卣、〓、貝
15.9728 賜女(汝)秬〓一卣、玄衮衣、赤巿、幽黄(衡)、赤舃、攸(鋚)勒、緣(鑾)旂
16.9898 賜秬〓一卣、玄衮衣、赤舃、金車、𠦪(賁)𩊚朱虢(鞹)靳、虎冟(冪)熏(纁)裏、𠦪(賁)較(較)、畫轉、金甬(箭)、馬四匹、攸(鋚)勒
16.9901 明公賜亢師〓、金、小牛 / 賜令〓、金、小牛

1708 𩰲、秬

5.2754 王賜吕𥞤鬯三卣、貝卅朋
5.2816 賜女(汝)𥞤鬯一卣、玄衮衣、幽夫(芾)、赤舃、駒車、畫呻(紳)、幬(幬)學(較)、虎冟(幃)、冟衼里幽、攸(鋚)勒、旂(旂)五旂(旂)、彤弓、彤矢、旅(旅)弓、旅(旅)矢、𠀠戈、虢(皐)冑
5.2841 賜女(汝)𥞤鬯一卣、祼圭瓚寶、朱芾、悤(蔥)黄(衡)、玉環、玉琮、金車、𠦪(賁)縟較(較)、朱䩚(鞹)𩊚靳、虎冟(冪)熏裏、右軛、畫轉、畫𨌲、金甬(桶)、遺(錯)衡、金嚨(踵)、金豙(軛)、約(約)𧸇(盛)、金簟弼(茀)、魚箙、馬四匹、攸(鋚)勒、金𠯑(臺)、金膺、朱旂二鈴(鈴)
8.4302 余賜女(汝)𥞤鬯一卣、金車、𠦪(賁)幬(幬)較(較)、𠦪(賁)𩊚朱虢(鞹)靳、虎冟(冪)寀(朱)裏、金甬(箭)、畫聞(𨌲)、金厄(軛)、畫轉、馬四匹、鋚勒
8.4318 賜女(汝)𥞤鬯一卣、金車、𠦪(賁)較

(較)、朱號(鞹)圅靳、虎冟(冪)熏(纁)裏、右厄(軛)、畫轉、畫轄、金甬(筩)、馬四匹、攸(鋚)勒

8.4319 賜女(汝)秬鬯一卣、金車、桒(賁)較(較)、朱號(鞹)圅靳、虎冟(冪)熏(纁)裏、右厄(軛)、畫轉、畫轄、金甬(筩)、馬四匹、攸(鋚)勒

8.4342 賜女(汝)秬鬯一卣、圭瓚、尸(夷)允(訊)三百人

8.4343 賜女(汝)秬鬯一卣、金車、桒(賁)較(較)、畫轄、朱號(鞹)圅靳、虎冟(冪)熏(纁)裏、旂、余(騌)〔馬〕四匹

9.4467 賜女(汝)秬鬯一卣、赤巿、五黃(衡)、赤舄、牙僰、駒車、桒(賁)較(較)、朱號(鞹)圅靳、虎冟(冪)熏(纁)裏、畫轉(轉)、畫轄、金甬(筩)、朱旂、馬四匹、攸(鋚)勒、素戉(鉞)

9.4468 賜女(汝)秬鬯一卣、赤巿、五黃(衡)、赤舄、牙僰、駒車、桒(賁)較(較)、朱號(鞹)圅靳、虎冟(冪)熏(纁)裏、畫轉(轉)、畫轄、金甬(筩)、朱旂、馬四匹、攸(鋚)勒、素戉(鉞)

9.4469 賜女(汝)秬鬯一卣、乃父巿、赤舄、駒車、桒(賁)較(較)、朱號(鞹)圅靳、虎冟(冪)熏(纁)裏、畫轉、畫轄、金甬(筩)、馬四匹、鋚勒

15.9728 賜女(汝)秬鬯一卣、玄衮衣、赤巿、幽黃(衡)、赤舄、攸(鋚)勒、䜌(鑾)旂

16.9898 賜秬鬯一卣、玄衮衣、赤舄、金車、桒(賁)圅朱號(鞹)靳、虎冟(冪)熏(纁)裏、桒(賁)較(較)、畫轉、金甬(筩)、馬四匹、攸(鋚)勒

1709 鬱

8.4132 賞菽(叔)鬱鬯、白金、趨(芻)牛

8.4133 賞菽(叔)鬱鬯、白金、趨(芻)牛

10.5428 余覒(覭)爲女(汝)兹小鬱彝

10.5429 余覒(覭)爲女(汝)兹小鬱彝

11.6001 小子生賜金、鬱鬯

15.9571 孟䚄父乍(作)鬱壺

1710 皿、⿰金皿

2.425 皿皮(彼)吉人享

6.3438 皿辟乍(作)尊彝

12.7300 亞䳿皿合乍(作)尊彝

13.7604 皿

13.7605 皿

14.8474 皿父丁

14.8475 皿父丁

14.8625 皿父辛

15.9812 皿乍(作)父己尊彝

16.9883 皿天全(玪)乍(作)父己尊彝

16.9997 寧爲⿰金皿(皿)

1711 𠙵(注)

14.8955 父癸亞𠙵(注)

1712 盂、錳

2.428 其囗盂舍

4.2203 史宋自乍(作)盂貞(鼎)

5.2616 衛乍(作)文考小仲、姜氏盂鼎

5.2742 用乍(作)皇祖文考盂鼎

5.2771 鄀公平侯自乍(作)尊錳(盂)

5.2772 鄀公平侯自乍(作)尊錳(盂)

5.2806 用囗伯盂鼎

5.2807 用乍(作)朕剌(烈)考己伯盂鼎

5.2808 用乍(作)朕剌(烈)考己伯盂鼎

5.2837 令(命)盂/王若曰:盂/今余唯令女(汝)盂召(紹)燮(榮)/令女(汝)盂井(型)乃嗣祖南公/王曰:盂/王曰:盂/盂用對王休

5.2839 盂以多旂佩/告曰:王令盂以□□伐畝(鬼)方/盂或(又)告曰:□□□□/盂拜䭫首/王乎䝨伯令盂以人聝入門/盂以囗入三門/盂告䝨伯/盂以(與)者(諸)侯眔侯、田(甸)、男□□從盂征/王乎䝨盂/王乎□□□令盂以區入/征(誕)王令賞盂

6.3739 穌(蘇)公乍(作)王妃盂𣪘

9.4643 王子申乍(作)嘉嬭(芈)盞盂

10.5399 兮公室(貯)盂鬯束、貝十朋/盂對揚公休

11.5913 𢐗伯乍(作)井姬用盂鏙

14.9104 王令盂寧登(鄧)伯

15.9659 齊皇乍(作)壺盂

16.10283 齊侯乍(作)賸(媵)寬圓孟姜盥盂

16.10302 寢小室盂

16.10303 匽(燕)侯乍(作)旅盂

16.10304 匽(燕)侯乍(作)旅盂

16.10305 匽(燕)侯乍(作)餴(饙)盂

16.10306 虢叔乍(作)旅盂

16.10307 虢叔乍(作)旅盂

16.10310 滋乍(作)盂

段
16.10311 庶乍(作)寶盂
16.10312 伯乍(作)寶尊盂
16.10313 □乍(作)父丁盂
16.10314 伯公父乍(作)旅盂
16.10315 善(膳)夫吉父乍(作)盂
16.10316 魯大嗣徒元乍(作)飲盂
16.10317 伯索史乍(作)季姜寶盂
16.10318 齊侯乍(作)朕(媵)子仲姜寶盂
16.10319 婁君伯𢉅自乍(作)𩜁(饋)盂
16.10320 乍(作)鑄飤盂
16.10321 用乍(作)文祖己公尊盂
16.10322 永用乍(作)朕文考乙伯尊盂
16.10335 唯子㬜(朁)鑄其行盂

1713 盞(鍋)

17.11033 陳貝散盞(戈)

1714 盄

1.109-10 井人人妄曰:覭(景)盄(淑)文祖、皇考
1.111 井人人妄曰:覭(景)盄(淑)文祖、皇考
1.270 乍(作)盄(淑)龢〔鎛〕
2.429 遠盄(淑)聞于王東吳谷
4.2196 史盄父乍(作)寶鼎
5.2830 叀(惟)余小子肇盄(淑)先王德
5.2836 盄(淑)哲厥德
8.4327 不盄(淑)
15.9719 犀犀康盄
15.9720 犀犀康盄

1715 盅

4.2286 盅子𪈜(諄)自乍(作)飤鐈
4.2356 盅之嶝(登)貞(鼎)

1716 盆

16.10329 自乍(作)寶盆
16.10330 鄎(息)子行自乍(作)飤盆
16.10332 曾孟嬶(芈)諫乍(作)飲郡盆
16.10336 自乍(作)旅盆
16.10337 唯鄧(鄀)子宿車自乍(作)行盆
16.10338 乍(作)其𩜁(饋)盆
16.10340 自乍(作)𩜁(饋)盆

1717 皿

17.11012 皿自(次)寢戈

1718 □(盈)

13.8068 癸□(盈)

1719 盆

16.10334 杞伯每刃乍(作)鼄(邾)嫀寶盆(盆)

1720 盉、𥁕

3.840 亞盉父丁
4.2248 亞盉
5.2745 函皇父乍(作)周娟(妘)般(盤)盉尊器
8.4141 函皇父乍(作)琱娟(妘)般(盤)盉尊器毀具
8.4142 函皇父乍(作)琱娟(妘)般(盤)盉尊器毀具
8.4143 函皇父乍(作)琱娟(妘)般(盤)盉尊器毀具
11.5571 亞盉
12.7232 亞盉父丁
15.9367 員乍(作)盉
15.9371 亞盉父乙
15.9386 敄曶(括)般盉
15.9398 伯矩乍(作)旅盉
15.9399 伯春乍(作)寶盉
15.9407 吳乍(作)寶盉
15.9410 仲自(師)父乍(作)旅盉
15.9411 斆王乍(作)姬姊盉
15.9413 伯寧自乍(作)用盉
15.9416 𩛥父乍(作)茲女(母)匋(寶)盉
15.9417 伯𠷎乍(作)母娟旅盉
15.9418 伯𠷎乍(作)母娟旅盉
15.9419 季嬴霝德乍(作)寶盉
15.9423 亞□□乍(作)父戊尊盉
15.9426 楚叔之孫途爲之盉
15.9429 來父乍(作)盉
15.9432 師(척)子于匹乍(作)旅盉
15.9433 乍(作)遣盉
15.9436 堯(无)敢乍(作)姜盉
15.9437 伯墉父乍(作)寶盉
15.9438 王乍(作)豐妊單寶盉
15.9440 伯角父乍(作)寶盉
15.9441 伯玉𢽾(毅)乍(作)寶盉
15.9442 毳乍(作)王(皇)母媿氏𩓞(沬)盉
15.9443 季良父乍(作)𢽾始(姒)寶盉
15.9446 自乍(作)盉
15.9447 王仲皇父乍(作)尾娟(妘)般(盤)盉
15.9449 虒令周叡、視事乍(作)盉
15.9451 乍(作)盉
15.9453 用乍(作)寶尊

盉

16.10161 用乍(作)般(盤)盉

16.10164 匬皇父乍(作)琱娟(妘)般(盤)盉尊器

15.10169 用乍(作)寶般(盤)盉

16.10179 季姬乍(作)盉

16.10182 宗(崇)仲乍(作)尹姑盉

16.10205 穌(蘇)甫(夫)人乍(作)嫚(姪)妃襄賸(媵)盉也(匜)

16.10232 筍侯□乍(作)寶盉

16.10247 毳乍(作)王(皇)母媿氏頮(沬)盉

16.10252 貯(賈)子己父乍(作)寶盉

16.10285 倂用乍(作)旅盉

1721 盦、豆(閘)

9.4662 鈛之飤盦(閘)

16.10374 □□丌(其)豆

1722 盍

4.2519 考ㄓ(征延)君季自乍(作)其盍鼎

5.2794 窒(室)鑄喬(鐈)貞(鼎)之盍(蓋)

5.2795 窒(室)鑄喬(鐈)貞(鼎)之盍(蓋)

9.4694 攸 爭 (載) 散(造)鈇(箭)盍(盒)

9.4695 攸 爭 (載) 散(造)鈇(箭)盍(盒)

15.9452 旻(晏)繡(緇)又(有)盍(蓋)/ 旻(晏)繡(緇)又(有)盍(蓋)

1723 盄

13.7606 盄

18.11870 盄

1724 盓

8.4269 曰：休伯哭(哭)盓恤縣伯室

1725 盛

5.2780 王乎宰膚賜盛弓、象弭、矢臸、彤欮

9.4494 盛君縈之御簠

9.4579 用盛旛(稻)粱(粱)

9.4631 用盛稻粱

9.4632 用盛稻粱

15.9575 盛季壺

15.9713 用盛旨酉(酒)

15.9734 德行盛生(旺)

1726 宝(宇)

5.2836 宝(宇)静于猷

6.3724 叔宝(宇)乍(作)寶段

1727 盌(盂)

5.2771 于厥皇考屖盌(盂)公

5.2772 于厥皇考屖盌(盂)公

1728 盜

1.262-3 盜(羨)百緣(蠻)

1.264-6 盜百緣(蠻)

1.267 盜百緣(蠻)

1.268 盜百緣(蠻)

1.269 盜百緣(蠻)

1729 茲

8.4273 卿(佮)斅(豳)茲師邦君射于大池

1730 盋

15.9648 四寽(鋝)十一冡(重)盋

15.9649 四寽(鋝)七冡(重)盋

1731 亗(甚、替)

13.8067 亗(替)癸

1732 盞

4.2234 鄧尹疾之沰盞

5.2622 唯袓伯業自乍(作)寶礄盞

1733 盡

9.4634 大(太)府之饋(餾)盡

9.4636 盷于敵(廧)之行盡

9.4643 王子申乍(作)嘉孄(芉)盡盂

1734 盝

15.9625 盝叔尊壺

15.9626 盝叔之尊壺

17.11067 盝叔之行戈

1735 盨

5.2782 亦弗其盨獲

1736 盩、㪤

8.4262 立(涖)盩(㪤)成壘(邑)

8.4263 立(涖)盩(㪤)成壘(邑)

8.4264 立(涖)盩(㪤)成壘(邑)

8.4265 立(涖)盩(㪤)成壘(邑)

1737 盪、洪(滌)

16.10099 自乍(作)盪(浣)盤

16.10290 蔡侯龖(申)之尊盪(浣)匜

1738 盫

8.4315 盫

1739 盧(魯)

3.1174 盧(魯)

3.1344 盧(魯)婦

4.1996 盧(魯)祖庚父辛

4.2368 盧(魯)婦尊

10.5265 盧

12.6537 盧(魯)

1740 益

1.16 益公爲楚氏龢鐘

5.2764 五益(鎰)六釿半釿四分釿之冡(重)

5.2773 再(稱)二益(鎰)六釿 / 再(稱)九益(鎰)

5.2793 一益(鎰)十釿半釿四分釿之冡(重) / 六益(鎰)半釿之冡

(重)
7.4061 畢鮮乍(作)皇祖益公尊段
8.4244 王乎乍(作)册尹〔册賜〕走：䵼(纘)疋(胥)益
8.4267 益公內(入)右(佑)申
8.4268 益公入右(佑)王臣
8.4279 用乍(作)朕文祖益仲尊段
8.4280 用乍(作)朕文祖益仲尊段
8.4281 用乍(作)朕文祖益仲尊段
8.4282 用乍(作)朕文祖益仲尊段
8.4321 益公入右(佑)訇
8.4331 王命益公征眉敖 / 益公至告
8.4341 益(謚)曰大政
8.4342 用乍(作)朕剌(烈)祖乙伯、同益姬寶段
8.4343 用乍(作)朕皇文考益伯寶尊段
11.6013 用乍(作)朕文祖益公寶尊彝
15.9452 一斗二益(溢)
15.9616 豖(重)十八益(鎰)
15.9707 大斛斗一益(溢)少半益(溢)
16.9899 用乍(作)朕文祖益公寶尊彝
16.9900 用乍(作)朕文祖益公寶尊彝
16.10170 益公右(佑)走(趣)馬休
16.10322 益公內(入)即命于天子
16.10378 又二匀(鈞)益(鎰)
16.10458 胷(胸、容)二益(溢)

1741　盬(鞞)

7.4016 鄧公伯盬(鞞)用吉金
7.4017 鄧公伯盬(鞞)用吉金

1742　盡

15.9735 賙(貯)渴(竭)志盡忠

1743　盠

5.2831 舍(捨)顏有嗣壽商圝(貉)裘、盠冟 / 舍(捨)盠冒梯、羝皮二、選皮二、業舄通(甬)皮二
11.6011 賜盠駒勇雷騅子 / 王乎師豦召(詔)盠 / 王親旨(詣)盠 / 蛰(柚)皇盠身 / 盠曰：王倗下 / 盠曰：余其敢對揚天子之休 / 盠曰：其邁(萬)年
11.6012 賜盠駒勇雷駱子
11.6013 穆公又(佑)盠 / 賜盠：赤芾、幽亢(衡)、攸(鋚)勒 / 王令(命)盠曰：䵼(纘)嗣六師眔八師埶(藝) / 盠拜䭫首 / 盠曰：不(丕)叚(遐)不(丕)其(基)/ 盠敢拜䭫首曰：剌剌(烈烈)朕身
16.9899 穆公又(佑)盠 / 賜盠：赤芾、幽亢(衡)、攸(鋚)勒 / 王令(命)盠曰：䵼(纘)嗣六師眔八師埶(藝) / 盠拜䭫首 / 盠曰：天子不(丕)叚(遐)不(丕)其(基)/ 盠敢拜䭫首曰：剌剌(烈烈)朕身
16.9900 穆公又(佑)盠 / 賜盠：赤芾、幽黄(衡)、攸(鋚)勒 / 王令(命)盠曰：䵼(纘)嗣六師眔八師埶(藝) / 盠拜䭫首 / 盠曰：天子不(丕)叚(遐)不(丕)其(基)/ 盠敢拜䭫首曰：剌剌(烈烈)朕身

1744　盥(浣)

9.4663 哀成叔之盥(巻)
16.10137 自乍(作)盥(浣)盤

1745　盤、盜、盤、鎜

1.203 用盤飲酉(酒)
3.975 冶盤埜、秦忑爲之
3.976 冶盤埜、秦忑爲之
5.2794 冶師盤埜、差(佐)秦忑爲之
16.10063 𩵦伯乍(作)用盤(盤)
16.10072 蔡侯龖(申)乍(作)尊盤(盤)
16.10082 樊夫人龍嬴自乍(作)行盤
16.10097 曾仲自乍(作)旅盤
16.10099 自乍(作)盥(浣)盤
16.10100 楚王酓(熊)肯攸(作)爲盥盤
16.10108 伯考父乍(作)寶盤
16.10109 郳(㠯)季寬(魔)車自乍(作)行盤
16.10110 德其肇乍(作)盤
16.10113 魯伯愈父乍(作)鼄(邾)姬仁朕(媵)顋(沬)盤
16.10114 魯伯愈父乍(作)鼄(邾)姬仁朕(媵)顋(沬)盤
16.10115 魯伯愈父乍(作)鼄(邾)姬仁朕(媵)顋(沬)盤
16.10127 儕孫殷穀乍(作)顋(沬)盤
16.10129 伯侯父賸(媵)叔媯㝬(聯)母盤(盤)
16.10134 自乍(作)寶盤
16.10137 自乍(作)盥(浣)盤
16.10140 自乍(作)旅盤
16.10143 唯般仲柔乍

(作)其盤
16.10148 楚嬴鑄其寶盤
16.10149 瞿伯塍(媵)嬴尹母釁(沬)盤
16.10151 齊大(太)宰歸父𠭯爲忌釁(沬)盤
16.10154 乍(作)其子孟姬嬰朕(媵)盤
16.10156 自乍(作)旅盤
16.10158 𡨦(室)鑄少(小)盤
16.10160 自乍(作)頮(沬)盤
16.10162 乍(作)仲嬴𠀠賸(媵)盤
16.10171 用詐(作)大孟姬嬇(媵)彝盤(盤)
16.10173 虢季子白乍(作)寶盤
16.10284 賸(媵)孟姬有之婦沬盤
16.10391 自乍(作)盧(爐)盤

1746 盥

3.1479 盥)
3.1480 盥)
6.3100 亞盥
10.4819 亞盥
11.6149 盥女(母)
12.6874 女(母)盥
12.6991 亞盥
13.7607 盥
13.7800 亞盥
13.8191 盥)
13.8192 盥)
14.8685 盥父癸
15.9680 其成公鑄子孟妃朕(媵)盥壺
15.9704 曩(紀)公乍(作)爲子叔姜賸盥壺
16.9992 蔡侯龖(申)之盥缶
16.10004 蔡侯龖(申)乍(作)大孟姬賸(媵)盥缶
16.10121 鄧伯吉射自乍(作)盥般(盤)
16.10125 楚季㖾(苟)乍(作)嬶(羋)尊賸(媵)盥般(盤)
16.10159 齊侯乍(作)賸(媵)寬圓孟姜盥般(盤)
16.10163 夆(逢)叔乍(作)季妃盥般(盤)
16.10189 蔡侯龖(申)之盥匜
16.10212 工𢧀季生乍(作)其盥會匜
16.10219 䏇(聯)子叔敎自乍(作)盥匜
16.10228 自乍(作)盥也(匜)
16.10276 寘(塞)公孫𢍰父自乍(作)盥匜
16.10280 慶叔攸(作)朕(媵)子孟姜盥匜
16.10282 夆(逢)叔乍(作)季妃盥般(盤)
16.10283 齊侯乍(作)賸(媵)寬圓孟姜盥盂

1747 魚(魯)

8.4213 而賜魚(魯)屄(殿)𢼸(敖)金十鈞

1748 盧

5.2784 王射于射盧(廬)/史趞曹賜弓矢、虎盧、九(厹)、冑、毌(干)、殳
8.4320 厥盧□又五十夫
9.4628 唯鐈唯盧(鋁)
10.5067 獄盧父丁
10.5423 懿王在射盧(廬)
16.10386 王子嬰次之废(炒)盧(爐)
16.10391 自乍(作)盧(爐)盤
18.11785 觑嗣土(徒)北征蒿盧

1749 盨、鎮、槙

9.4344 攸𦉢乍(作)旅盨(鎮)
9.4345 伯夸父乍(作)寶盨(鎮)
9.4350 伯筍父乍(作)旅盨
9.4351 叔倉父乍(作)寶盨
9.4352 㒒女(母)乍(作)微姬旅盨
9.4353 夨賸乍(作)寶旅盨
9.4355 中伯乍(作)𡢁(孌)姬旅盨用
9.4356 中伯乍(作)𡢁(孌)姬旅盨用
9.4366 史㒸乍(作)旅盨
9.4367 史㒸乍(作)旅盨
9.4372 仲彤乍(作)旅盨
9.4373 仲彤乍(作)旅盨
9.4374 苗𡜁乍(作)盨
9.4375 叔謙父乍(作)旅盨毁
9.4376 叔謙父乍(作)旅盨毁
9.4377 叔賓父乍(作)寶盨
9.4379 敶(陳)姬小公子子𧴪(豵、稯)叔嬀飤盨
9.4381 京叔乍(作)饙(饙)盨
9.4383 伯車父乍(作)旅盨
9.4384 伯公父乍(作)旅盨
9.4385 弭叔乍(作)旅盨
9.4386 仲義父乍(作)旅盨
9.4387 仲義父乍(作)旅盨
9.4388 叔姞乍(作)旅盨
9.4389 虢叔鑄行盨
9.4392 奠(鄭)義羌父乍(作)旅盨
9.4393 奠(鄭)義羌父乍(作)旅盨
9.4394 伯大(太)師乍(作)旅盨
9.4395 伯大(太)師乍(作)旅盨
9.4396 奠(鄭)登叔乍

(作)旅盨

9.4397 爲其旅盨

9.4398 仲閔父乍(作)旅盨

9.4399 仲鑠父攸(作)鑄旅盨

9.4400 奠(鄭)井叔康乍(作)旅盨(槓)

9.4401 奠(鄭)井叔康乍(作)旅盨(槓)

9.4402 圃自乍(作)旅盨

9.4403 圃自乍(作)旅盨

9.4404 伯大(太)師釐乍(作)旅盨

9.4406 □□爲甫(夫)人行盨

9.4409 叔良父乍(作)旅盨

9.4410 伯庶父乍(作)盨毀

9.4411 項燮(豳)乍(作)旅盨

9.4414 改乍(作)朕文考乙公旅盨

9.4420 走亞戲(觲)孟延乍(作)盨

9.4421 走亞戲(觲)孟延乍(作)盨

9.4422 筍伯大父乍(作)嬴妃鑄匋(寶)盨

9.4423 鑄子叔黑臣肇乍(作)寶盨

9.4424 單子白乍(作)叔姜旅盨

9.4425 睘叔乍(作)仲姬旅盨

9.4426 兮伯吉父乍(作)旅尊盨

9.4427 食仲走父乍(作)旅盨

9.4429 師趛乍(作)楷姬旅盨

9.4431 曼龏父乍(作)寶盨

9.4432 曼龏父乍(作)寶盨

9.4433 曼龏父乍(作)寶盨

9.4434 曼龏父乍(作)寶盨

9.4435 乍(作)旅盨/兹盨友(有)十又二

9.4436 犀(徲)乍(作)姜浀盨

9.4438 伯寬(窺、覓)父乍(作)寶盨

9.4440 肇乍(作)皇考伯走父餴(饋)盨毀

9.4441 肇乍(作)皇考伯走父餴(饋)盨毀

9.4442 乍(作)其延(征)盨

9.4443 乍(作)其延(征)盨

9.4444 乍(作)其延(征)盨

9.4445 乍(作)其延(征)盨

9.4448 杜伯乍(作)寶盨

9.4449 杜伯乍(作)寶盨

9.4450 杜伯乍(作)寶盨

9.4451 杜伯乍(作)寶盨

9.4452 杜伯乍(作)寶盨

9.4453 仲自(師)父乍(作)季龏□寶尊盨

9.4454 叔剌(剸)父乍(作)奠(鄭)季寶鐘六金、尊盨四、鼎七

9.4455 叔剌(剸)父乍(作)奠(鄭)季寶鐘六金、尊盨四、鼎七

9.4456 叔剌(剸)父乍(作)奠(鄭)季寶鐘六金、尊盨四、鼎七

9.4457 叔剌(剸)父乍(作)奠(鄭)季寶鐘六金、尊盨四、鼎七

9.4458 其肇乍(作)其皇孝(考)、皇母旅盨毀

9.4459 用乍(作)旅盨

9.4460 用乍(作)旅盨

9.4461 用乍(作)旅盨

9.4464 乍(作)旅盨

9.4465 用乍(作)旅盨

9.4466 鬲比乍(作)朕皇祖丁公、文考萓(艽)公盨

9.4467 用乍(作)旅盨

9.4468 用乍(作)旅盨

9.4469 用乍(作)寶盨

1750 減(鹹)

1.193 工獻王皮難(然)之子者減

1.194 工獻王皮難(然)之子者減

1.195 工獻王皮難(然)之子者減

1.196 工獻王皮難(然)之子者減

1.197 工獻王皮難(然)之子者減

1.198 工獻王皮難(然)之子者減

1.199 工獻王皮難(然)之子者減

1.200 工獻王皮難(然)之子者減

1.201 工獻王皮難(然)之子者減

1.202 工獻王皮難(然)之子者減

1751 臺(甗)

16.10341 自乍(作)餴(饋)臺/自乍(作)餴(饋)臺

16.10342 㔾賸(塍)臺四酉

1752 盩、錞、鐓、亯

1.247 用追孝、盩(敦)祀、卲各樂大神

1.248 用追孝、盩(敦)祀、卲各樂大神

1.249 用追孝、盩(敦)祀、卲各樂大神

1.250 用追孝、盩(敦)祀、卲各樂大神

8.4145 乍(作)皇妣孝大妃祭器錍鐓(敦)

8.4170 其盩(敦)祀大神

8.4171 其盩(敦)祀大神

8.4172 其盩(敦)祀大神

8.4173 其盩(敦)祀大

神
8.4174 其盩(敦)祀大神
8.4175 其盩(敦)祀大神
8.4176 其盩祀大神
8.4177 其盩(敦)祀大神
9.4635 㬺(滕)侯昊(昃)之御盩(敦)
9.4641 隓(郳)公胄(克)鑄其饙(饋)盩(敦)
9.4646 乍(作)皇妣孝大妃祭器鈛(釴)盩(敦)
9.4647 乍(作)皇妣孝大妃祭器鈛(釴)盩(敦)
9.4649 用乍(作)孝武超(桓)公祭器盩(敦)

1753 𥂖(甒)

3.575 𥂖(許)姬乍(作)姜虎旅鬲
4.2340 季𥂖(甒)乍(作)宮伯寶尊壺(齍)
5.2549 𥂖(許)男乍(作)成姜逗(超)女(母)朕(媵)尊貞(鼎)
9.4617 𥂖(許)公買擇厥吉金
10.5369 𥂖(許)仲趩乍(作)厥文考寶尊彝
11.5963 𥂖(許)仲趩乍(作)厥文考寶尊彝

1754 寍

8.4190 𦅫寍(禽)魂(鬼)神
9.4649 者(諸)侯寍(禽)薦吉金

1755 𥃣、𥃣(醢)

16.10374 𥃣荅(釜)而車人制之

1756 𨗈

14.9046 𨗈乍(作)祖辛旅彝

1757 𥃝(瓮)

10.5308 𥃝(瓮)乍(作)父甲寶尊彝
11.6015 在璧(辟)𥃝(雍)

1758 簠、匿、笑(盬)

9.4471 倗之簠
9.4472 □之簠
9.4473 史利乍(作)簠
9.4474 史利乍(作)簠
9.4475 𢆶之行簠
9.4476 大(太)府之簠
9.4479 射南自乍(作)其簠
9.4480 射南自乍(作)其簠
9.4481 史頌乍(作)簠
9.4482 仲其父乍(作)旅簠
9.4483 仲其父乍(作)旅簠
9.4484 劃伯乍(作)孟姬簠
9.4485 般仲遽肇乍(作)簠/般仲㡯肇乍(作)簠
9.4486 微乘鑄其寶簠
9.4487 樊君靡之飤簠
9.4488 曾子遇之行簠
9.4489 曾子遇之行簠
9.4490 蔡侯𩡨(申)之飤簠
9.4491 蔡侯𩡨(申)之飤簠
9.4492 蔡侯𩡨(申)之飤簠
9.4493 蔡侯𩡨(申)之飤簠
9.4494 盛君縈之御簠
9.4497 函交仲乍(作)旅簠
9.4498 虢叔乍(作)叔殷敦尊簠
9.4499 衛子叔旡父乍(作)旅簠
9.4500 蔡公子義工之飤簠
9.4501 王孫燚乍(作)蔡姬飤簠
9.4502 慶孫之子峠之饙(饋)簠
9.4503 西替乍(作)其妹靳尊簠
9.4504 京叔姬乍(作)寶簠
9.4505 大嗣馬孛术自乍(作)飤簠
9.4514 虢叔乍(作)旅簠
9.4515 虢叔乍(作)旅簠
9.4517 魯士孚(閔)父乍(作)飤簠
9.4518 魯士孚(閔)父乍(作)飤簠
9.4519 魯士孚(閔)父乍(作)飤簠
9.4520 魯士孚(閔)父乍(作)飤簠
9.4521 階侯微逆乍(作)簠
9.4523 史奐乍(作)旅簠
9.4524 寒(塞)自乍(作)[旅]簠
9.4525 伯𤼈父乍(作)旅簠
9.4530 善(膳)夫吉父乍(作)旅簠
9.4531 內(芮)公乍(作)鑄寶簠
9.4532 胄自乍(作)饙(饋)簠
9.4533 伊諉(譒)乍(作)簠
9.4534 姘仲乍(作)甫妣朕(媵)簠
9.4535 伯壽父乍(作)寶簠
9.4536 伯𠳝父乍(作)饙(饋)簠
9.4537 內(芮)大(太)子白乍(作)簠
9.4538 內(芮)大(太)子白乍(作)簠
9.4539 𩵦山奢淲鑄其寶簠
9.4540 𩵦山旅虎鑄其寶簠
9.4541 𩵦山旅虎鑄其寶簠
9.4542 鄀于子瓶(甏)自乍(作)旅簠
9.4543 鄀于子瓶(甏)

又自乍(作)旅簠
9.4545 鄝(邊)子乍(作)𠃍(飤)簠
9.4546 辥(薛)子仲安乍(作)旅簠
9.4547 辥(薛)子仲安乍(作)旅簠
9.4548 辥(薛)子仲安乍(作)旅簠
9.4549 楚王酓(熊)肯攸(作)鑄金簠
9.4550 楚王酓(熊)肯攸(作)鑄金簠
9.4551 楚王酓(熊)肯攸(作)鑄金簠
9.4554 伯戜(勇)父乍(作)簠
9.4556 自乍(作)其簠
9.4557 商丘叔乍(作)其旅簠
9.4558 商丘叔乍(作)其旅簠
9.4559 商丘叔乍(作)其旅簠
9.4560 鑄叔乍(作)嬴氏寶簠
9.4561 𩰫侯乍(作)叔姬寺男塍(媵)簠
9.4562 𩰫侯乍(作)叔姬寺男塍(媵)簠
9.4563 季𡧊父乍(作)宗(崇)娟(妘)𦎫(媵)簠
9.4564 季𡧊父乍(作)宗(崇)娟(妘)𦎫(媵)簠
9.4565 交君子𠬝肇乍(作)寶簠
9.4566 魯伯俞(愈)父乍(作)姬仁簠
9.4567 魯伯俞(愈)父乍(作)姬仁簠
9.4568 魯伯俞(愈)父乍(作)姬仁簠
9.4569 鄀公乍(作)屖仲、仲孎(芈)義男尊簠
9.4570 肇乍(作)寶簠
9.4571 肇乍(作)寶簠
9.4572 季宫父乍(作)仲姊孃姬佚(媵)簠
9.4573 曾子遽彝爲孟姬鄬鑄賸(媵)簠
9.4574 鑄公乍(作)孟妊車母朕(媵)簠
9.4575 楚子暖鑄其飤簠
9.4576 楚子暖鑄其飤簠
9.4577 楚子暖鑄其飤簠
9.4578 用自乍(作)寶簠
9.4580 叔邦父乍(作)簠
9.4582 番君召乍(作)𩟄(饙)簠
9.4583 番君召乍(作)𩟄(饙)簠
9.4584 番君召乍(作)𩟄(饙)簠
9.4585 番君召乍(作)𩟄(饙)簠
9.4586 番君召乍(作)𩟄(饙)簠
9.4587 番君召乍(作)𩟄(饙)簠
9.4588 曾子□自乍(作)飤簠
9.4589 乍(作)其妹句敔夫人季子媵簠
9.4590 乍(作)其妹句敔夫人季子媵簠
9.4591 曾孫史尸乍(作)𩟄(饙)簠
9.4592 是叔虎父乍(作)杞孟辝(姒)𩟄(饙)簠
9.4594 自乍(作)飤簠
9.4595 永保用簠
9.4596 永保用簠
9.4597 自乍(作)匡(筐)簠
9.4599 乍(作)其元妹叔嬴爲心賸(媵)𩟄(饙)簠
9.4600 蛣(鄀)公諴(諴)乍(作)旅簠
9.4601 奠(鄭)伯大嗣工(空)召叔山父乍(作)旅簠
9.4602 奠(鄭)伯大嗣工(空)召叔山父乍(作)旅簠
9.4603 敶(陳)侯乍(作)王仲嬀𡚬(瘖)塍(媵)簠
9.4604 敶(陳)侯乍(作)王仲嬀𡚬(瘖)塍(媵)簠
9.4605 自乍(作)寶簠
9.4606 敶(陳)侯乍(作)孟姜㛭(瘖)塍(媵)簠
9.4607 敶(陳)侯乍(作)孟姜㛭(瘖)塍(媵)簠
9.4608 考叔𢉩父自乍(作)尊簠
9.4609 考叔𢉩父自乍(作)尊簠
9.4610 鬳(申)公彭宇自乍(作)淄(𨰈)簠
9.4611 鬳(申)公彭宇自乍(作)淄(𨰈)簠
9.4612 楚屈子赤目朕(媵)仲嫋(芈)璜飤簠
9.4613 鑄其淄(𨰈)簠
9.4614 自乍(作)𩟄(饙)簠
9.4616 用鑄其簠
9.4617 𠂤乍(作)飤簠
9.4618 自乍(作)飤簠
9.4619 自乍(作)𩟄(饙)簠
9.4620 自乍(作)䵼(薦)簠
9.4621 自乍(作)䵼(薦)簠
9.4622 自乍(作)䵼(薦)簠
9.4623 鼄(邾)大(太)宰欉子𨍋(耕)鑄其簠
9.4624 鼄(邾)大(太)宰欉子𨍋(耕)鑄其簠
9.4625 乍(作)其子孟嫋(芈)之女賸(媵)簠
9.4628 伯大(太)師小子伯公父乍(作)簠
9.4629 鑄茲頁(寶)簠(笑)
9.4630 鑄茲頁(寶)簠(笑)
9.4631 余用自乍(作)旅簠
9.4632 余用自乍(作)

旅䀇

16.10175 䀏（馱、胡）屖（遲）文考乙公遽（競）趫（爽）

1759 盠、盝、齋（粱）

3.544 仲𣏟父乍（作）盠禹

4.1768 㺇盠鼎

4.2051 叔乍（作）懿宗盝（盠）

4.2337 伯六辭乍（作）洀旟寶尊（尊）盝（盠）

4.2340 季鑜（甒）乍（作）宮伯寶尊盝（盠）

4.2528 用乍（作）厥文祖寶㽅尊盝（盠）

1760 糧

5.2806 王在糧侲宮

5.2807 王在糧侲宮

5.2808 王在糧侲宮

8.4298 王在糧侲宮

8.4299 王在糧侲宮

1761 瀘（鹽）

17.10975 亡瀘（鹽）右

17.10976 亡瀘（鹽）右

1762 醙

3.485 亞醙母

6.3101 亞醙

13.7808 亞醙

14.8854 亞醙父乙

1763 盨（器）

16.10579 汈盨（器）不而甾丌（其）欽

17.11065 盨（器）淖侯

散戈

1764 戲

8.4267 官嗣豐人眔九戲祝

1765 瀴（煴）

3.900 伯瀴（煴）父乍（作）旅獻（甂）

1766 鏸（鑄）

15.9709 公子土斧乍（作）子仲姜鏸之般（盤）壺

1767 畫、鐕

16.10100 楚王酓（熊）肯攽（作）爲畫盤

16.10190 王子适之遹（會）畫（浣）

16.10194 厈𣀔丘堂之鐕（會）畫（浣）

1768 [古文字]

6.3003 [古文字]

6.3004 [古文字]

1769 [古文字]

6.3240 乍（作）母[古文字]

1770 [古文字]、浴

3.1230 浴

16.10005 自乍（作）浴缶

1771 [古文字]

13.7381 [古文字]

1772 [古文字]

17.10688 [古文字]

1773 [古文字]、[古文字]（咂）

10.4839 癸[古文字]

10.4840 癸[古文字]

10.5089 句[古文字]父辛

12.6566 [古文字]

12.6567 [古文字]

13.7389 [古文字]

13.8159 [古文字]辛

1774 [古文字]

4.2412 叔[古文字]父乍（作）尊鼎

1775 [古文字]（盛）

5.2532 其萬年用[古文字]祀

1776 [古文字]

2.358 用[古文字]不廷方

1777 [古文字]（嗑）

14.9066 [古文字]（嗑）乍（作）祖己旅寶彝

1778 [古文字]

11.6000 用乍（作）己寶[古文字]

1779 [古文字]

8.4191 唯王初女（如）[古文字]

1780 血

9.4629 懽[古文字]（恤）宗家

9.4630 懽[古文字]（恤）宗家

1781 卹、恤

1.102 用敬[古文字]盟祀

1.245 台（以）[古文字]其祭祀盟祀

1.251-6 今瘷夙夕虔敬[古文字]厥死（尸）事

1.272-8 虔[古文字]厥死（尸）事／女（汝）専余于艱[古文字]／余用虔[古文字]不易／膚[古文字]余于盟（明）[古文字]／女（汝）台（以）[古文字]余朕身

1.282 女（汝）専余于艱[古文字]／虔[古文字]不易

1.285 虔[古文字]乃死（尸）事／女（汝）専余于艱[古文字]／虔[古文字]不易／膚[古文字]余于盟（明）[古文字]／女（汝）台（以）[古文字]余朕身

1.282 女（汝）専余于艱[古文字]／虔[古文字]不易

5.2766 以知[古文字]諆

5.2832 曰：厲曰余執葬（恭）王[古文字]工

8.4219 追虔夙夕[古文字]厥死（尸）事

8.4220 追虔夙夕[古文字]厥死（尸）事

8.4221 追虔夙夕[古文字]厥死（尸）事

8.4222 追虔夙夕[古文字]厥死（尸）事

8.4223 追虔夙夕[古文字]厥死（尸）事

8.4224 追虔夙夕[古文字]厥死（尸）事

8.4269 曰：休伯哭（哭）玊[古文字]縣伯室

8.4313 夙夜[古文字]厥牆（將）事

8.4314 夙夜[古文字]厥牆（將）事

8.4342 鄉（嚮）女（汝）

伋屯(純)□周邦

15.9710 聖趄(桓)之夫人曾姬無□

15.9711 聖趄(桓)之夫人曾姬無□

1782 盥(膿)

5.2575 事(史)□(膿)在井(邢)

1783 盡

5.2835 唯馬敺(毆)□

10.5427 子祉(延)先□死

1784 □(嘪)

3.1224 □(嘪、呢)

1785 □(吞、㖔)

5.2831 舍(捨)顏始(姒)虞□(吞)

1786 □

5.2779 俘戎金□卅

1787 □(㫚)

6.3485 叔□(㫚)乍(作)寶毁

1788 □

9.4694 豚(重)十□四□

1789 □、□、孤

4.2033 亞㠱□竹迺

12.7293 □(孤)竹

15.9793 □竹亞㠱

15.9810 父丁□竹亞微

1790 □(孤)

6.3077 子□(孤)

1791 □

8.4144 弜師賜肄□户矏貝

11.5982 唯東rolled□(惠)于金

16.9972 唯東朋□于金

1792 □

11.5900 □册酏(?)乍(作)父己尊彝

12.6738 □

12.6739 □

12.7036 卜□

13.8279 □

15.9146 □

17.10744 □

1793 □、□、□

11.5808 □亞亢父癸

12.7184 亞□亢

13.8260 □

1794 □

5.2660 □用□(穀)厥剌多友

10.5421 □(穀)百生(姓)豚

10.5422 □(穀)百生(姓)豚

11.5999 □(穀)百生(姓)豚

15.9454 □(穀)百生(姓)豚

1795 □

17.11102 武王之童□

17.11103 武王之童□

17.11104 武王之童□

1797 □

5.2831 迺舍(捨)裘衛林□里/履付裘衛林□里

1798 □(䇗)

17.11407 下吉勿而獲□

1799 □

3.916 □夫乍(作)祖丁寶尊彝

1800 □

5.2836 肄(肆)克□于皇天

1801 □、□

4.2244 □乍(作)祖乙寶尊彝

11.6004 不(丕)□(肆)伯懋父沓(友)召

14.8622 父辛□

15.9827 季㚤(姒)□乍(作)寶罍(罍)

1802 缶、□、□

3.641 其永□(寶)用

5.2653 王賜小臣□湡責(積)五年/□用乍(作)享大(太)子乙家祀尊

6.3601 偁□乍(作)祖癸尊彝

10.5383 用乍(作)朕蒿(高)祖□(寶)尊彝

11.5977 用乍(作)魚(盧)高祖□(寶)尊彝

11.6010 用詐(作)大孟姬賸(媵)彝□(缶)

16.9966 則永祐(祜)□(福)

16.9988 倗之尊□

16.9991 蔡侯朱之□

16.9992 蔡侯□(申)之盥□

16.9993 蔡侯□(申)之尊□

16.9994 蔡侯□(申)之尊□

16.9995 郜子彩(鬢)之赴□

16.9996 曾子遇之行□

16.10004 蔡侯□(申)乍(作)大孟姬賸(媵)盥□

16.10005 自乍(作)浴□

16.10008 以攸(作)鑄□(缶)

16.10436 沓□□睘

17.11393 □笙于□

18.11672 㘡(型、邢)疫命(令)邦乙、下庫工師孫㡀、長□、冶浊齋(劑)

1803 □(釜)

16.10371 命左關師發敕(敕)成左關之□(釜)/節于敷(廩)□(釜)

16.10374 □命誎陳得:左關□(釜)節于敷

(稟)釜(釜)/關人築桿戚釜(釜)/盤釜(釜)而車人制之/丘關之釜(釜)

1804 鈚、鈚、鉼、鈚(瓶、瓶)

15.9729 用鑄爾羞鈚(瓶)
15.9730 用鑄爾羞鈚(瓶)
16.9976 蔡侯龖(申)之鉼(鉼)
16.9980 郜□孟城乍(作)爲行鉼(鉼)
16.9982 喪史寘(寶)自乍(作)鈚(鉼)

1805 鎗

16.10361 攻(工)帀(師)俐鑄西墉寶鎗四秉

1806 罌

17.11341 咎(高)奴曹命(令)壯罌、工師賙疾、冶問

1807 蠱、罍、櫑

5.2745 兩蠱、兩壺
6.3549 櫑仲乍(作)寶尊彝
8.4141 兩蠱、兩壺
8.4142 兩蠱、兩壺
8.4143 兩蠱、兩壺
15.9823 乃孫乍(作)祖甲蠱(罍)
15.9827 季訇(姒)㦰乍(作)寶蠱(罍)

16.10006 不(邳)伯夏子自乍(作)尊鑩
16.10007 不(邳)伯夏子自乍(作)尊鑩
16.10164 段八、兩鑩、兩壺

1808 鑩、鐳

16.9961 唯曾伯文自乍(作)厥飤(飲)鑩
16.9962 善(膳)夫吉父乍(作)旅鑩
16.9964 仲義父乍(作)旅鑩
16.9965 仲義父乍(作)旅鑩
16.9974 自乍(作)鑩

1809 甾

4.2285 子陕□之孫□行甾
5.2625 亞甾
12.6504 甾作(作)父己寶尊彝
12.6645 甾
16.10579 汩盤(器)不而甾丌(其)欽

1810 豆

7.3924 東仲豆父乍(作)淄(鉶)殷
8.4276 井伯入右(佑)豆閉/王乎內史册命豆閉
9.4672 單㝵生(甥)乍(作)羞豆
9.4682 周生(甥)乍(作)尊豆
9.4683 周生(甥)乍(作)尊豆
9.4692 大(太)師虘乍(作)烝尊豆
9.4693 姬㝨母乍(作)大公、墉公、□公、魯仲臤、省伯、孝公、靜公豆
10.5395 王來獸自豆彔(麓)
16.10051 豆册父丁
16.10176 矢人有𤔲眉(堳)田:鮮、且、微、武父、西宮襄、豆人虞丂、彔、貞、師氏右省、小門人䌛、原人虞艿、淮𤔲工(空)虎孛、開豐父、难(鴻)人有𤔲、刑丂/矢王于豆新宮東廷

1811 豊(禮)

4.2275 豊用乍(作)父壬䵼彝
5.2625 王商(賞)宗庚豊貝二朋/豊用乍(作)父丁鼎
5.2711 王商(賞)乍(作)册豊貝
5.2742 王在豊
8.4261 王又(有)大豊(禮)
10.5352 商(賞)小臣豊貝
11.6014 復再武王豊(禮)
11.6015 爲大豊(禮)
15.9455 穆王鄉(饗)豊(醴)
15.9735 不用豊(禮)宜(儀)/旃(故)辞(辭)豊(禮)敬
16.10433 豊王竹睘

1812 眷

4.1803 客眷䏊
4.1804 客眷䏊
4.1805 客眷䏊
4.1806 客眷䏊
6.3241 𡈼(趯)丰眷

1813 豎

17.11350 其攻(工)豎
17.11356 郙险(陰)命(令)萬爲、右庫工師莧(䖒)、冶豎

1814 豐

1.247 其豐豐彔彔
1.248 其豐豐彔彔
1.249 其豐豐彔彔
1.250 其豐豐彔彔
3.601 宋頮父乍(作)豐子賸(媵)鬲
3.668 右戲仲夏父乍(作)豐鬲
4.2152 豐公乍(作)尊彝
5.2546 輔伯𤴓父乍(作)豐孟娟(妘)賸(媵)鼎
5.2739 豐公、専(薄)古(姑)咸𢦏
6.3387 豐乍(作)從彝
6.3737 㝬乍(作)豐媾寶殷
7.3923 豐井叔乍(作)伯姬尊殷
7.4001 豐兮尸乍(作)

朕皇考酉(尊)段 / 豐兮尸乍(作)朕皇考尊段
7.4002 豐兮尸乍(作)朕皇考尊段
7.4003 豐兮尸乍(作)朕皇考酉(尊)段
7.4107 豐伯車父乍(作)尊段
8.4201 同公在豐
8.4267 官嗣豐人眔九盤祝
8.4279 官嗣豐還
8.4280 官嗣豐還
8.4281 官嗣豐還
8.4282 官嗣豐還
10.5191 豐乍(作)從寶彝 / 豐乍(作)寶從彝
10.5346 豐乍(作)父癸寶尊彝
10.5357 憻(愷)季遽父乍(作)豐姬寶尊彝
10.5358 憻(愷)季遽父乍(作)豐姬寶尊彝
10.5403 令豐廏(段)大矩 / 大矩賜豐金、貝
10.5432 公大(太)史在豐
11.5947 憻(愷)季遽父乍(作)豐姬寶尊彝
11.5996 令豐廏(段)大矩 / 大矩賜豐金、貝
14.9080 豐乍(作)父辛寶
14.9081 豐乍(作)父辛寶
14.9082 豐乍(作)父辛寶
15.9438 王乍(作)豐妊單寶盉
15.9456 王再旂于豐
16.9876 伯豐乍(作)旅彝
16.10175 受(授)天子綰(寬)令(命)、厚福、豐年
16.10176 夨人有嗣眉(堳)田：鮮、且、微、武父、西宮褱、豆人虞丂、彔、貞、師氏右省、小門人䌛、原人虞艿、淮嗣工(空)虎孛、開豐父、堆(鳿)人有嗣、刑丂
17.11014 豐伯乍(作)戈
18.11572 豐伯
18.11573 豐伯
18.11774 豐王
18.11845 豐
18.11846 豐
18.11847 豐
18.11848 豐王
18.11849 豐王
18.11850 豐王

1815 蹕(𢑚)

8.4320 賜蹕(𢑚)鬯一卣、商瓚一□、彤弓一、彤矢百、旅(玈)弓十、旅(玈)矢千

1816 瓦

14.9098 王賞㝨瓦在寢

1817 瓶(𤭯)

9.4542 郡于子瓶(𤭯)自乍(作)旅簠
9.4543 郡于子瓶(𤭯)又自乍(作)旅簠

1818 𤭛(甓)

17.11296 高奴工𤭛(甓)

1819 甑

12.7161 舌甑戊

1820 甗

3.818 見乍(作)甗
3.851 又(有)姛寶甗
3.872 潦伯乍(作)甗
3.884 師趛乍(作)旅甗尊
3.895 強伯自爲用甗
3.897 虢伯乍(作)旅甗用
3.908 強伯乍(作)凡姬用甗
3.946 自乍(作)飤甗
6.3123 甗ᔑ
12.7019 甗征
12.7020 甗奞
12.7021 𠄞甗
13.8204 叵(退)甗
13.8283 甗奞
17.10758 甗
17.10872 伐甗
17.10873 伐甗
18.11737 甗
18.11753 伐甗

1821 鼓

1.113 永保鼓之
1.114 永保鼓之
1.115 永保鼓之
1.116 永保鼓之
1.117 永保鼓之
1.118-9 永保鼓之
1.142 永保鼓之
1.144 匍匍台(以)鼓之
1.153 永保鼓之
1.154 永保鼓之
1.182 萬枼(世)鼓之
1.203 子孫永保鼓之
1.210 子孫鼓之
1.211 子孫鼓之
1.216 子孫鼓之
1.217 子孫鼓之
1.218 子孫鼓之
1.219 子孫鼓之
1.220 子孫鼓之
1.221 子孫鼓之
1.222 子孫鼓之
1.225 玉鐺(馨)鼉鼓
1.226 玉鐺(馨)鼉鼓
1.227 玉鐺(馨)鼉鼓
1.228 玉鐺(馨)鼉鼓
1.229 玉鐺(馨)鼉鼓
1.230 玉鐺(馨)鼉鼓
1.231 玉鐺(馨)鼉鼓
1.232 玉鐺(馨)鼉鼓
1.233 玉鐺(馨)鼉鼓
1.234 玉鐺(馨)鼉鼓
1.235 玉鐺(馨)鼉鼓
1.236 玉鐺(馨)鼉鼓
1.237 玉鐺(馨)鼉鼓
1.247 永寶日鼓
1.248 永寶日鼓
1.249 永寶日鼓
1.250 永寶日鼓
1.257 萬年日鼓
1.258 萬年日鼓
1.259 萬年日鼓
1.261 永保鼓之
1.272-8 卑(俾)若鍾

(鐘)鼓
1.284 卑(俾)若鍾(鐘)鼓
1.285 卑(俾)若鍾(鐘)鼓
2.308 鄜(應)音之鼓
2.323 爲剌(厲)音鼓
2.324 爲黄鐘鼓
2.326 大(太)族(簇)之鼓
2.356 其子子孫孫永日鼓樂兹鐘
2.357 其子子孫孫日鼓樂兹鐘
2.429 自乍(作)隹鼓 / 其□鼓芀芀(茯茯)
5.2836 賜女(汝)史、小臣、霝(靈)龠(龢)鼓鐘
7.4047 眔子鼓䍙鑄旅毁
8.4324 令(命)女(汝)嗣乃祖舊官小輔眔鼓鐘
8.4325 令(命)女(汝)嗣乃祖舊官小輔、鼓鐘
9.4407 伯孝鼓鑄旅須(盨)
9.4408 伯孝鼓鑄旅須(盨)
11.5639 鼓父丁
11.6044 鼓
12.6500 鼓辜乍(作)父辛寶尊彝
15.9729 于南宫子用璧二備(珥)、玉二嗣(笥)、鼓鐘〔一肆〕
15.9730 于南宫子用璧二備(珥)、玉二嗣(笥)、鼓鐘一肆(肆)
15.9733 冄(崔)子虢(執)鼓
16.10031 鼓寢
18.11757 於取(郰)子敄鼓鑄鑵元喬

1822 鼖

12.6761 鼖

1823 [illegible](及見鼓)

12.6941 [illegible](及見鼓)

1824 壴(鼓)

2.300 獸鐘之壴(鼓)反
2.301 割(姑)𩰫(洗)之壴(鼓)/ 濁新鐘之壴(鼓)
2.302 穆鐘之壴(鼓)
3.1175 壴(鼓)
4.1656 壴(鼓)父辛
10.5401 乃戒(戚)子壴
14.8972 庚壴(鼓)父癸
16.10517 壴(鼓)父乙
16.10523 壴(鼓)父辛
16.10583 □□焦金壴(鼓)

1825 尌(樹)

3.933 尌仲乍(作)獻(甗)
8.4124 尌仲乍(作)朕皇考趄仲𩰫彝尊毁
16.10056 尌仲乍(作)般(盤)

1826 彭

3.856 彭母彝
4.1907 彭母彝
4.1908 彭母彝
4.2483 彭生(甥)乍(作)[文考]日辛寶尊彝
5.2612 揚見事于彭
5.2613 揚見事于彭
6.3343 彭母彝
7.3890 廣乍(作)叔彭父寶毁
9.4610 𨟻(申)公彭宇自乍(作)湽(𦉢)簠
9.4611 𨟻(申)公彭宇自乍(作)湽(𦉢)簠
10.5110 彭女(母)彝
11.5810 乍(作)彭史从尊
11.6352 彭女(母)冉
15.9369 伯彭乍(作)
16.10340 彭子仲擇其吉金
17.11371 奠(鄭)命(令)幽□恒、司寇彭璋、武庫工師車咺、冶狃
17.11388 奠(鄭)倫(令)肖(趙)距、司寇彭璋、右庫工師陳坪、冶贛
17.11389 奠(鄭)倫(令)肖(趙)距、司寇彭璋、往庫工師皇佳、冶痦
18.12113 就彭射(澤)

1827 [illegible](澧)

10.5103 伯[illegible]父乍(作)

1828 嘉

1.51 用樂嘉賓、父兄、大夫、倗友
1.102 用樂我嘉賓
1.142 用樂嘉賓
1.144 嘉而(尒)賓客
1.153 用樂嘉賓、大夫
1.154 用樂嘉賓、大夫
1.182 以樂嘉賓、倗友、者(諸)臤(賢)
1.203 孔嘉元成 / 以爍(樂)嘉賓
1.261 用爍(樂)嘉賓、父兇(兄)
5.2591 㞢魯宰兩乍(作)其咺嘉寶鼎
5.2750 父母嘉寺(持)
5.2782 嘉曰:余𩙯(𡏻、鄭)邦之産 / 嘉是唯哀成叔
5.2826 嘉遣我
5.2840 嘉其力
6.3679 伯嘉父乍(作)叀姬尊毁
6.3680 伯嘉父乍(作)叀姬尊毁
7.3903 敶(陳)侯乍(作)嘉姬寶毁
9.4605 嘉子伯昜臚用其吉金
9.4643 王子申乍(作)嘉孎(芉)盞盂
15.9588 右走(趣)馬嘉自乍(作)行壺
15.9729 齊侯拜嘉命 / 洹子孟姜用乞嘉命
15.9730 齊侯拜嘉命 / 洹子孟姜用乞嘉命
16.10373 郾(郾、燕)客臧嘉聞(問)王於蔵郢

之歲
17.11197 寺工讋、工嘉
17.11379 郚陽嘉、丞兼、庫脾、工邪

1829 喜

1.52 永用匽(宴)喜(饎)
1.65 用侃(衎)喜(饎)前文人
1.66 用侃喜前文人
1.67 用侃喜前文人
1.68 用侃喜前文人
1.69 用侃喜前文人
1.70 用侃喜
1.71 用侃喜前文人
1.105 用喜泌(侃)前文人
1.109-10 用追考(孝)、侃喜前文人
1.113 用匽(宴)以喜(饎)
1.114 用匽(宴)以喜(饎)
1.115 用匽(宴)以喜(饎)
1.116 用匽(宴)以喜(饎)
1.117 用匽(宴)以喜(饎)
1.118-9 用匽(宴)以喜(饎)
1.140 用喜(饎)于其皇祖
1.141 用喜侃前文人
1.142 用匽(宴)用喜(饎)
1.143 用侃喜上下
1.145 用喜侃皇考
1.146 用喜侃皇考
1.147 用喜侃皇考
1.148 用喜侃皇考
1.149 台(以)喜(饎)者(諸)士
1.150 台(以)喜(饎)者(諸)士
1.151 台(以)喜(饎)者(諸)士
1.152 台(以)喜(饎)者(諸)士
1.153 用匽(宴)以喜(饎)
1.154 用匽(宴)以喜(饎)
1.182 以宴以喜(饎)
1.187-8 用卲各、喜侃前文人
1.189-90 用卲各、喜侃前文人
1.203 歔(余)以匽(宴)以喜(饎)
1.246 用卲各、喜侃樂前文人
1.261 用匽(宴)台(以)喜(饎)
2.301 獸鐘之喜(鼓)
2.303 獸鐘之喜(鼓)
2.306 坪皇之喜(鼓)
2.310 濁獸鐘之喜(鼓)/穆鐘之喜(鼓)反
2.311 獸鐘之喜(鼓)反
2.312 篰(姑)肄(洗)之喜(鼓)/濁文王之喜(鼓)
2.313 穆鐘之喜(鼓)
2.314 獸鐘之喜(鼓)
2.317 坪皇之喜(鼓)
2.320 膺(應)音之喜(鼓)
2.356 用喜(饎)樂文神、人
2.357 用喜(饎)樂文神、人
2.358 用喜(饎)侃(衎)前文人
4.2473 史喜乍(作)朕文考翟祭
5.2586 齊夻(扶)史喜乍(作)寶貞(鼎)
5.2831 厥吳喜皮二
7.3837 伯喜父乍(作)洹饆(饙)毁
7.3838 伯喜父乍(作)洹饆(饙)毁
7.3839 伯喜父乍(作)洹饆(饙)毁
7.3997 伯喜乍(作)朕文考剌公尊毁/喜其萬年
7.3998 伯喜乍(作)朕文考剌公尊毁/喜其萬年
7.3999 伯喜乍(作)朕文考剌公尊毁/喜其萬年
7.4000 伯喜乍(作)朕文考剌公尊毁/喜其萬年
8.4137 用侃喜百生(姓)、倗友眔子婦
8.4261 事喜(饎)上帝
15.9700 陳喜再立(涖)事歲
17.11004 郾(燕)王喜怒(授)☐
17.11005 郾(燕)王喜☐
17.11195 郾(燕)王喜怒(授)攸鋸(戳)
17.11246 郾(燕)王喜怒(授)巨攸鋸(戳)
17.11247 郾(燕)王喜怒(授)巨攸鋸(戳)
17.11248 郾(燕)王喜怒(授)巨攸鋸(戳)
17.11249 郾(燕)王喜怒(授)巨攸鋸(戳)
17.11277 郾(燕)王喜乍(作)雩(澌)攸鋸(戳)
17.11278 郾(燕)王喜怒(授)御司馬鍨(戣)
17.11351 喜倫(令)韓𦪈、左庫工師司馬裕、冶何
18.11482 郾(燕)王喜□□
18.11522 郾(燕)王喜怒(授)□廩□
18.11523 郾(燕)王喜怒(授)檢□
18.11528 郾(燕)王喜怒(授)全鋹(長)利
18.11529 郾(燕)王喜怒(授)全鋹(長)利
18.11583 郾(燕)王喜怒□
18.11584 郾(燕)王喜金□

18.11585 郾(燕)王喜怒□□□
18.11606 郾(燕)王喜怒旅鈥
18.11607 郾(燕)王喜怒旅鈥
18.11612 郾(燕)王喜怒無(槔)旅鈥
18.11613 郾(燕)王喜怒無(槔)旅鈥
18.11614 郾(燕)王喜怒無(槔)旅鈥
18.11615 郾(燕)王喜怒無(槔)旅鈥
18.11616 郾(燕)王喜怒無(槔)旅鈥
18.11617 郾(燕)王喜怒無(槔)旅鈥
18.11705 郾(燕)王喜立(涖)事

1830 䪫

2.358 明䪫文

1831 豈

17.11354 鈖匋命(令)富反、下庫工師王豈、冶禽

1832 斗

3.936 二斗五升少半升
4.2100 半斗/半斗
4.2101 沓里三斗鍞(鼎)
4.2103 一斗半
4.2228 六斗
4.2232 三斗半
5.2576 二斗
5.2608 空(容)二斗
5.2647 魏三斗一升/魏三斗一升
5.2651 容一斗二升
5.2658 一斗半正
8.4315 一斗七升小拳(賸)/一斗七升大半升
15.9452 一斗二益(溢)/長陵一斗一升
15.9498 五斗
15.9605 三斗
15.9648 四斗䍃客
15.9649 四斗䍃客
15.9650 四斗䍃客
15.9673 三斗
15.9682 三斗少半/今三斗二升少半升
15.9707 十三斗一升/大斛斗一益(溢)少半益(溢)
16.9977 容四斗錍(甈)
16.9978 三斗二升
16.10353 一斗八升
16.10357 四斗少半斗

1833 升

2.425 次升稍
3.936 二斗五升少半升
4.2084 連迀之行升(斛)
5.2647 魏三斗一升/魏三斗一升
5.2651 容一斗二升
8.4194 升于厥文取(祖)考
8.4315 一斗七升小拳(賸)/一斗七升大半升
15.9452 長陵一斗一升
15.9682 今三斗二升少半升
15.9707 十三斗一升
16.9978 三斗二升
16.10353 一斗八升
16.10372 爰積十六尊(寸)五分尊(寸)壹爲升

1834 料、半

3.936 二斗五升少半升
3.1507 半齋
4.2100 半斗/半斗
4.2102 脣(容)半
4.2103 一斗半
4.2232 三斗半
4.2308 脣(容)半齋
5.2590 脣(容)料(半)
5.2610 爲量脣(容)料(半)齋
5.2611 脣(容)料(半)齋
5.2658 一斗半正
5.2693 脣(容)半齋/脣(容)半齋
5.2746 少料(半)
5.2764 五益(鎰)六釿半釿四分釿之冢(重)
5.2773 脣(容)料(半)/脣(容)料(半)/脣(容)料(半)/脣(容)料(半)
5.2793 一益(鎰)十釿半釿四分釿之冢(重)/六益(鎰)半釿之冢(重)
8.4315 一斗七升大半升
15.9449 脣(容)半齋
15.9682 三斗少半/今三斗二升少半升
15.9707 大斛斗一益(溢)少半益(溢)
16.10357 四斗少半斗
16.10365 斞(斞)半弅(賸)
16.10374 闢鉀節于數(廩)半/贖台(以)金半鈞
16.10380 公芻半石
17.11384 奠(鄭)倫(令)韓半、司寇長朱、武庫工師𢎨恚、冶看(尹)敓(披)敱(造)
18.11553 奠(鄭)命(令)韓半、司寇長(張)朱、左庫工師昜(陽)㮇(佪)、冶看(尹)弜敱(摺、造)
18.11686 邦司寇馬悊、迀(下)庫工師得尚、冶看(尹)矓半舒敎(撻)齋(劑)

1835 斛

4.2242 庚(容)斛
5.2701 谷(容)一斛
15.9707 大斛斗一益(溢)少半益(溢)

1836 斞(斞)

16.10365 斞(斞)半弅(賸)

1837 勺

3.1193 勺
14.8860 亞勺父乙
17.11333 倣勺白赤

1838 匕

3.972 微伯癲乍(作)匕(朼)
3.973 微伯癲乍(作)匕(朼)
3.979 仲枏父乍(作)匕(朼)
3.980 曰𢓊(誕)有蝕匕(朼)
5.2818 虢旅廼事(使)攸衛牧誓曰:我弗具付㒼匕(比)
8.4278 曰:敢弗具(俱)付㒼匕(比)

1839 比

3.913 比乍(作)寶獻(甗)
4.2374 啈作比(妣)辛尊彝
4.2500 伯嘯父乍(作)比鼎
5.2680 諶肇乍(作)其皇考、皇母告比君𪔂貞(鼎)
5.2818 㒼比以攸衛牧告于王/牧弗能許㒼比/比乍(作)朕皇祖丁公、皇考叀公尊鼎/㒼攸比其邁(萬)年
6.3625 比乍(作)伯婦尊彝
8.4278 㒼比以攸衛牧告于王/牧弗能許㒼比/比乍(作)皇祖丁公、皇考叀公尊段/比其邁(萬)年
8.4341 王令吳(虞)伯曰:以乃師左比毛公/王令吕伯曰:以乃師右比毛父
9.4466 曰:章(賞)厥𥁰夫吒㒼比田/𠤳(復)友(賄)㒼比其田/𢍰(俾)㒼比𠤳(復)厥小宮吒㒼比田/澓(復)限余(予)㒼比田/凡復友(賄)、復付㒼比田十又三邑/㒼比乍(作)朕皇祖丁公、文考𦫵(亢)公盨
15.9446 𡖊(嘉)仲者比用其吉金
16.10551 比乍(作)寶尊彝

1840 卓

5.2831 眉𢾊(敖)者膚卓事見于王
7.4018 卓林父乍(作)寶段
17.11310 卓(王)
17.11311 卓(王)

1841 𣬈(匙)

3.1508 私官𣬈(匙)

1842 化

3.1014 化
16.10137 中子化用保楚王
17.11322 侖(綸)氏命(令)韓化、工師榮𠩥(原)、冶𢘻(謀)

1843 真

3.870 伯真乍(作)旅獻(甗)
5.2751 在𡩁𨻰真山
5.2752 在𡩁𨻰真山
5.2756 王在莽京真□
6.3732 真從王戍荆
8.4208 王真畢烝
16.10091 真乍(作)寶般(盤)

1844 𦣻(真、貨)

16.10355 用𦣻

1845 𦣻

16.10176 正眉(堳)夨舍(捨)散田:𤔲土(徒)屰𦣻、𤔲馬𨖍𦣻、𩰫人𤔲工(空)𩁹君、宰德父

1846 𦣻

4.1872 亞𦣻父己
6.3211 𦣻父癸
11.5676 𦣻父癸
14.8390 𦣻父乙
14.8775 亞父𦣻
15.9162 亞𦣻
15.9312 𦣻
15.9545 亞𦣻乍(作)旅彝

1847 𣅀

3.941 王人𣅀輔歸雚(觀)
16.10156 唯曾子伯𣅀用其吉金

1848 春

15.9399 伯春乍(作)寶盉

1849 𦣻

16.10322 厥逹(率)𦣻(堳):厥疆宋句(洵)

1850 宀

11.5501 宀
12.6417 宀乍(作)父辛

1851 亭

16.10371 於兹安陵亭

1852 宅

1.262–3 商(賞)宅受或(國)
1.264–6 商(賞)宅受或(國)
1.267 商(賞)宅受或(國)
1.268 商(賞)宅受或(國)
1.269 商(賞)宅受或(國)
2.429〔余以〕宅東土
4.1737 冊𦣻宅
4.2108 之宅裦冎(門)申腋
4.2427 宔父癸宅于丨丨(二)
8.4201 令宅事伯懋父/伯賜小臣宅畫毌、戈九、昜(錫)金車、馬兩
8.4315 鼏(冪)宅禹責(跡)
8.4320 厥宅邑卅又五
11.6014 唯王初𩁹宅于成周/曰:余其宅兹中或(國)
16.10278 浮公之孫公

父宅
16.10342 冂(冪)宅京師
18.11546 宅陽命(令)隅𢓭、右庫工師夜痃(瘥)、冶趄𢽾(造)

1853 守

3.529 零(露)人守乍(作)寶
3.1475 守雩
5.2806 大以厥友守
5.2807 大以厥友守
5.2808 大以厥友守
5.2817 唯小臣、善(膳)夫、守、[友]、官、犬 / 眔奠(甸)人、善(膳)夫、官、守、友
6.3698 柬人守父乍(作)厥寶尊彝
6.3719 𠭯伯眞肇乍(作)守
8.4179 王事(使)小臣守事(使)于夷 / 守敢對揚天子休令(命)
8.4180 王事(使)小臣守事(使)于倲(夷)/ 守敢對揚天子休令(命)
8.4181 王事(使)小臣守事(使)于倲(夷)/ 守敢對揚天子休令(命)
8.4243 用大葡(備)于五邑守堣(堰)
10.5170 守宮乍(作)父辛
10.5359 守宮乍(作)父辛尊彝
11.5959 守宮揚王休
12.7181 亞木守
14.9017 守宮乍(作)父辛
14.9018 守宮乍(作)父辛
15.9297 守宮乍(作)父辛尊彝
16.10168 周師光守宮事 / 賜守宮絲束、蘆(苴)醭(幕)五、蘆(苴)萱(冟、冪)二、馬匹、毳爷(布)三、㝃(專、團)𠈇(篷)三、埊(琜)朋 / 守宮對揚周師釐
17.10943 守昜
17.11297 上郡守疾之造
17.11331 臨汾守曋、庫係、工歍造
17.11362 上郡守廟造
17.11363 上郡守〔壽之〕造
17.11367 莫(漢)中守趣(運)造
17.11368 蜀守武造
17.11369 上郡守冰(李冰)造
17.11370 上郡守起之〔造〕
17.11374 上守趞(司馬錯)造
17.11378 漆工朐、□□守丞巨造
17.11399 上郡守冰(李冰)造
17.11404 上郡守壽(向壽)造
17.11405 上郡守壽(向壽)之造
17.11406 上郡守厝(司馬錯)造
18.11670 守相杢(㔿、廉)波(頗)、右庫工師慶□、冶巡敕(撻)齋(劑)
18.11671 安平守變疾、左庫工師賦(戥)貲、冶余敕(撻)齋(劑)
18.11700 守相杢(㔿、廉)波(頗)、邦右庫工師韓亥、冶巡敕(撻)齋(劑)
18.11701 守相杢(㔿、廉)波(頗)、邦右庫工師韓亥、冶巡敕(撻)齋(劑)
18.11702 守相杢(㔿、廉)波(頗)、邦左庫工師采隅、冶句敕(撻)齋(劑)
18.11711 守相申毋官、邦㔾韓𣳾、冶醇敕(撻)齋(劑)

1854 𡧊、𡧊、𡧊

3.813 𡧊父丁
3.1096 𡧊
3.1402 亞𡧊
6.2967 𡧊
6.2968 𡧊
6.3082 𡧊婦
10.4739 𡧊
11.5566 亞𡧊
11.6145 𡧊婦
11.6146 𡧊婦
11.6287 𡧊父己
11.6311 𡧊父辛
12.6589 𡧊
12.6590 𡧊
12.6591 𡧊
12.6592 𡧊
13.7437 𡧊
13.7438 𡧊
13.8012 𡧊乙
13.8085 子𡧊
13.8236 𡧊戈
14.8454 𡧊父丁
14.8935 𡧊册父己
14.8936 𡧊册父己
15.9488 心𡧊
17.10687 𡧊

1855 安

1.120 妥(綏)安乃壽
1.123 妥(綏)安乃壽
1.125-8 妥(綏)安乃壽
1.129-31 妥(綏)安乃壽
3.910 孟姬安自乍(作)寶獻(甗)
4.1995 安氏私官
4.2142 安父乍(作)寶尊彝
4.2302 安效
5.2719 叔氏使貧(布)安㠱伯
5.2764 坪安邦㪔客 / 坪安邦㪔客 / 單父上官嗣憙所受坪安君者也
5.2773 訇(信)安君私官 / 訇(信)安君私官
5.2782 君既安叀(惠)
5.2793 坪安邦㪔客財(鼒)/ 單父上官嗣憙

所受坪安君者也 / 坪安邦斫客財(薦)/ 單父上官嗣憙所受坪安君者也
5.2824 則尚(常)安永宕乃子戜心 / 安永襄戜身
5.2830 乃用引正乃辟安德
6.3561 安父乍(作)寶尊彝
7.3891 井⺮叔安父自乍(作)寶段
9.4546 䢃(薛)子仲安乍(作)旅簠
9.4547 䢃(薛)子仲安乍(作)旅簠
9.4548 䢃(薛)子仲安乍(作)旅簠
10.4881 𠘨安
10.5247 安父乍(作)寶尊彝
10.5407 王姜令乍(作)册睘安尸伯
11.5989 君令余乍(作)册睘安尸伯
15.9556 嫿(娙)妊乍(作)安壺
15.9606 纕(襄)安君其鉼(瓶)
15.9707 安邑下官重(鍾)
15.9710 虘安兹漾陵
15.9711 虘安兹漾陵
16.10001 蔡公子乍(作)姬安尊淄(䥈)□
16.10361 齊邦鼏(謐)静安寧
16.10371 於兹安陵亭
16.10583 安毋聿(肆)㦸(屠)
17.10928 武安
17.11329 宜安
18.11488 安术右
18.11489 安术右
18.11490 安术右
18.11562 安陽倫(令)韓壬、司刑欣(听)䤣、右庫工師艾(肴)固、冶瘂㪉(造)戟束(刺)
18.11566 勇龠生安空 / 勇龠生安空
18.11671 安平守變疾、左庫工師賦(戢)質、冶余敎(撻)齋(劑)
18.11712 相邦陽安君、邦右庫工師史笁胡、冶事(吏)痐敎(撻)齋(劑)
18.12030 嫿(娙)妊乍(作)安車

1856 向

3.1346 向公
3.1349 向孝子
4.2180 向乍(作)厥尊彝
5.2835 迺命向父(禹)佋多友
6.3572 向乍(作)厥尊彝
7.3849 叔向父乍(作)婞(辛)姒尊段
7.3850 叔向父乍(作)婞(辛)姒尊段
7.3851 叔向父乍(作)婞(辛)姒尊段
7.3852 叔向父乍(作)婞(辛)姒尊段
7.3853 叔向父乍(作)婞(辛)姒尊段
7.3854 叔向父乍(作)婞(辛)姒尊段
7.3855 叔向父乍(作)婞(辛)姒尊段
7.3870 叔向父爲備寶段兩、寶鼎二
7.4033 向䜌乍(作)旅段
7.4034 向䜌乍(作)旅段
8.4242 叔向父禹曰:余小子司(嗣)朕皇考
10.5250 向乍(作)厥尊彝
10.5255 似向(餇)米㝨(宫)尊彝
12.7306 亞𠀁羌旐向乍(作)尊彝
14.9010 亞向𠬝(丸)父戊
16.10567 向乍(作)厥尊彝
17.11337 命(令)司寇書、右庫工師㕟向、冶厮
17.11397 奠(鄭)倫(令)公先𧯠(學、幼)、司寇向□、左庫工師百慶、冶肴(尹)□㪉(造)
18.11551 奠(鄭)倫(令)向佃、司寇䨣(露)商、武庫工師鑄章、冶𤝞
18.11565 襄田倫(令)丞(舉)名、司寇麻維、右庫工師甘(邯)丹(鄲)旣、冶向㪉(造)

1857 穷

12.6418 穷𥦗父辛

1858 㝉(宇)

3.451 㝉(宇)
3.452 㝉(宇)
3.1249 㝉(宇)
15.9308 㝉(宇)
16.10020 㝉(宇)

1859 宇

8.4317 害(憲)烝宇、慕遠猷
9.4610 蠶(申)公彭宇自乍(作)滔(䥈)簠 / 宇其眉壽
9.4611 蠶(申)公彭宇自乍(作)滔(䥈)簠 / 宇其眉壽
16.10175 井(型)帥宇(訏)誨(謀)

1860 宷(寀)

6.3608 宷犬乍(作)父丁𩝗(饙)彝
11.5804 宷乍(作)父辛旅

1861 宰(寞、潔)

11.6227 宰(寞、潔)父乙
14.8499 宰(寞、潔)父丁
16.9873 母宰(寞、潔)𣎳(鉣)婦

1862 宂(牀)

3.1477 叉宂(牀)
3.1478 宂(牀)叉
12.6938 叉宂(牀)
12.6939 叉宂(牀)
13.8198 叉宂(牀)
16.10505 叉宂(牀)
16.10506 叉宂(牀)

1863 宋

1.8 宋公戌之誷(歌)鐘
1.9 宋公戌之誷(歌)鐘
1.10 宋公戌之誷(歌)鐘
1.11 宋公戌之誷(歌)鐘
1.12 宋公戌之誷(歌)鐘
1.13 宋公戌之誷(歌)鐘
3.601 宋頪父乍(作)豐子賸(媵)鬲
4.2203 史宋自乍(作)盂貞(鼎)
4.2233 宋公繇(欒)之餗(饙)貞(鼎)
4.2358 宋君夫人之餗(饙)釪(盂)貞(鼎)
5.2588 宋晒(莊)公之孫趨亥
9.4589 有殷天乙唐(湯)孫宋公繇(欒)
9.4590 有殷天乙唐(湯)孫宋公繇(欒)
11.5987 公賜臣衛宋嗣貝四朋
15.9448 右使車嗇夫宋、鄭(齊)痤、工皐(觸)
16.10084 北子宋乍(作)文父乙寶尊彝
16.10322 厥逹(率)蠷(堳):厥疆宋句(洵)
17.11132 宋公得(德、特)之賠(造)戈
17.11133 宋公繇(欒)之賠(造)戈
17.11204 宋公差(佐)之賠(造)戈
17.11281 宋公差(佐)之所賠(造)茆族戈
17.11289 宋公差(佐)之所賠(造)不昜族戈
17.11345 亲(新)城大命(令)韓定、工師宋費、冶褚
17.11366 坓(型、邢)倫(令)吳帝(次)、上庫工師宋艮、冶屖敎(撻)齋(劑)

1864 穷(坊)

18.11908 右穷(坊)造

1865 宙

5.2732 鄦(鄀)宙之孫簹(筥)大(太)史申
16.10122 霝(靈)宙(終)霝(靈)复(後)
16.10254 霝(靈)宙(終)霝(靈)复(後)

1866 宗

1.83 楚王酓(熊)章乍(作)曾侯乙宗彝
1.84 乍(作)曾侯乙宗彝
1.85 楚王酓(熊)章乍(作)曾侯乙宗彝
1.88 用享大宗 / 用卲大宗
1.89 用享大宗 / 用卲大宗
1.90-1 用享大宗
1.109-10 疐處宗室
1.112 處宗室
1.145 用享于宗
1.146 用享于宗
1.147 用享于宗
1.148 用享于宗
1.157 厥辟執(韓)宗徹 / 賞于執(韓)宗
1.158 厥辟執(韓)宗徹 / 賞于執(韓)宗
1.159 厥辟執(韓)宗徹 / 賞于執(韓)宗
1.160 厥辟執(韓)宗徹 / 賞于執(韓)宗
1.161 厥辟執(韓)宗徹 / 賞于執(韓)宗
1.260 王對乍(作)宗周寶鐘
3.754 穆公乍(作)尹姞宗室于繇林 / 各于尹姞宗室繇林
3.755 穆公乍(作)尹姞宗室于繇林 / 各于尹姞宗室繇林
4.2051 叔乍(作)懿宗翥(齏)
4.2372 犕乍(作)宗室寶尊彝
4.2404 伯旛乍(作)厥宗寶尊彝觴(勵)
4.2431 乃孫乍(作)祖己宗寶嵩爐
5.2582 其子子孫孫用享孝于宗老
5.2583 [其子子]孫孫用享孝于宗老
5.2625 王商(賞)宗庚豐貝二朋
5.2626 唯成王大萃(祓)在宗周
5.2627 唯成王大萃(祓)在宗周
5.2628 匽(燕)侯旨初見事于宗周
5.2631 用享于宗廟
5.2676 井姬䢅亦偁祖考麦公宗室
5.2677 井姬䢅亦偁祖考麦公宗室
5.2683 王子剌公之宗婦鄁(部)嬰 / 爲宗彝䵼彝
5.2684 王子剌公之宗婦鄁(部)嬰 / 爲宗彝䵼彝
5.2685 王子剌公之宗婦鄁(部)嬰 / 爲宗彝䵼彝
5.2686 王子剌公之宗婦鄁(部)嬰 / 爲宗彝䵼彝
5.2687 王子剌公之宗婦鄁(部)嬰 / 爲宗彝䵼彝
5.2688 王子剌公之宗婦鄁(部)嬰 / 爲宗彝䵼彝
5.2689 王子剌公爲宗婦鄁(部)嬰宗彝䵼彝
5.2703 匽(燕)侯令堇饔(饗)大(太)保于宗

周
5.2708 在關(管)宗
5.2711 王弌于乍(作)册般新宗
5.2727 用享考(孝)于宗室
5.2729 在宗周
5.2767 䵼(胡)叔眔佁(信)姬其壽考(耇)、多宗、永令(命)
5.2787 王在宗周
5.2788 王在宗周
5.2790 王在宗周
5.2796 王在宗周/克乍(作)朕皇祖釐季寶宗彝
5.2797 王在宗周/克乍(作)朕皇祖釐季寶宗彝
5.2798 王在宗周/克乍(作)朕皇祖釐季寶宗彝
5.2799 王在宗周/克乍(作)朕皇祖釐季寶宗彝
5.2800 王在宗周/克乍(作)朕皇祖釐季寶宗彝
5.2801 王在宗周/克乍(作)朕皇祖釐季寶宗彝
5.2802 王在宗周/克乍(作)朕皇祖釐季寶宗彝
5.2820 王在宗周/用乍(作)宗室寶尊/余其用各我宗子雩(與)百生(姓)
5.2830 于朕考墉(郭)季易父敎(秩)宗
5.2836 王在宗周
5.2837 王在宗周
7.3907 用乍(作)宗室寶尊彝
7.3964 用朝夕享考(孝)宗室
7.3965 用朝夕享考(孝)宗室
7.3966 用朝夕享考(孝)宗室
7.3967 用朝夕享考(孝)宗室
7.3968 用朝夕享考(孝)宗室
7.3969 用朝夕享考(孝)宗室
7.3970 用朝夕享考(孝)宗室
7.3995 用夙夜享于宗室
7.4076 王子剌公之宗婦鄁(部)嬰/爲宗彝䵼彝
7.4077 王子剌公之宗婦鄁(部)嬰/爲宗彝䵼彝
7.4078 王子剌公之宗婦鄁(部)嬰/爲宗彝䵼彝
7.4079 王子剌公之宗婦鄁(部)嬰/爲宗彝䵼彝
7.4080 王子剌公之宗婦鄁(部)嬰/爲宗彝䵼彝
7.4081 王子剌公之宗婦鄁(部)嬰/爲宗彝䵼彝
7.4082 王子剌公之宗婦鄁(部)嬰/爲宗彝䵼彝
7.4083 王子剌公之宗婦鄁(部)嬰/爲宗彝䵼彝
7.4084 王子剌公之宗婦鄁(部)嬰/爲宗彝䵼彝
7.4085 王子剌公之宗婦鄁(部)嬰/爲宗彝䵼彝
7.4086 王子剌公之宗婦鄁(部)嬰/爲宗彝䵼彝
7.4087 王子剌公之宗婦鄁(部)嬰/爲宗彝䵼彝
7.4096 乍(作)爲𡉚(皇)祖大宗段
7.4098 用孝于宗室
7.4102 用享于宗室
7.4103 用享于宗室
8.4132 唯王桒(祓)于宗周
8.4133 唯王桒(祓)于宗周
8.4137 用夙夜享孝于宗室
8.4153 用享于宗室
8.4159 公賜鼂(蜎)宗彝一𨽍(肆)
8.4169 至燎于宗周
8.4229 王在宗周
8.4230 王在宗周
8.4231 王在宗周
8.4232 王在宗周
8.4233 王在宗周
8.4234 王在宗周
8.4235 王在宗周
8.4236 王在宗周
8.4266 王在宗周
8.4270 王在宗周
8.4271 王在宗周
8.4276 萬年永寶用于宗室
8.4283 用享于宗室
8.4284 用享于宗室
8.4293 琱生(甥)奉揚朕宗君其休/用享于宗
8.4300 用尊事于皇宗
8.4301 用尊史(事)于皇宗
8.4315 乍(作)㝬宗彝
8.4317 再盩先王宗室
8.4327 賜女(汝)瓚四、章(璋)瑴(穀)、宗彝一牆(肆)
8.4330 令乃鴅(嫿)沈子乍(作)𦃞于周公宗
8.4331 用好宗朝(廟)/日用享于宗室
8.4341 在宗周/不(丕)杯(丕)丮皇公受京宗懿釐
9.4431 用享孝宗室
9.4432 用享孝宗室
9.4433 用享孝宗室
9.4434 用享孝宗室
9.4563 季㝨父乍(作)宗(崇)娟(妘)𩟄(媵)簠
9.4564 季㝨父乍(作)宗(崇)娟(妘)𩟄(媵)簠
9.4629 懽血(恤)宗家/台(以)享台(以)養

(孝)于大宗、皇椶(褱、祖)、皇妣、皇丂(考)、皇母
9.4630 懽血(恤)宗家/台(以)享台(以)養(孝)于大宗、皇椶(褱、祖)、皇妣、皇丂(考)、皇母
9.4682 用享于宗室
9.4683 用享于宗室
10.5043 乍(作)宗彝
10.5122 乍(作)宗寶彝
10.5320 小夫乍(作)父丁宗尊彝
10.5324 戎帆(抻)玉人父宗彝牆(肆)
10.5343 参乍(作)甲考宗彝
10.5348 廌父乍(作)娸是從宗彝牆(肆)
10.5365 豚乍(作)父庚宗彝
10.5372 異乍(作)厥考伯效父寶宗彝
10.5382 乍(作)其爲厥考宗彝
10.5401 乍(作)父癸旅宗尊彝
10.5406 周乎鑄旅宗彝
10.5408 用乍(作)宗彝
10.5415 用乍(作)文父癸宗寶尊彝
10.5421 唯王大龠(禴、礿)于宗周
10.5422 唯王大龠(禴、礿)于宗周
10.5427 遺祐石(祏)宗不刜
10.5430 賜宗彝一䏌(肆)
10.5432 唯公大(太)史見服于宗周年
11.5864 遹(傳)臾乍(作)從宗彝
11.5916 戎帆(抻)玉人父宗彝牆(肆)
11.5922 周免旁乍(作)父丁宗寶彝
11.5930 廌父乍(作)娸是從宗彝牆(肆)
11.5941 ㄔ乍(作)宗尊
11.5942 参乍(作)甲考宗彝
11.5964 瞉乍(作)父乙宗寶尊彝
11.5969 伯乍(作)蔡姬宗彝
11.5970 乍(作)父己寶宗彝
11.5972 □□乍(作)其爲乙考宗彝
11.5974 用乍(作)宗彝
11.5976 黄肈乍(作)文考宗伯旅尊彝
11.5980 乍(作)文考日己寶尊宗彝
11.5986 唯公遷于宗周
11.5993 其用夙夜享于厥大宗
11.5999 唯王大龠(禴、礿)于宗周
11.6001 王令生辨事于公宗
11.6003 用乍(作)父癸宗寶尊彝
11.6005 用夙夕配宗
11.6011 拜韻首曰: 王弗朢(忘)厥舊宗小子/邁(萬)年保我邁(萬)宗
11.6014 王真(誥)宗小子于京室
11.6015 侯見于宗周
12.7281 秉以父庚宗尊
12.7282 秉以父庚宗尊
14.8803 宗[illegible]妣
14.9056 秉以父庚宗尊
14.9057 秉以父庚宗尊
14.9097 舟鑰(角)煒乍(作)厥祖乙寶宗彝
15.9302 乍(作)文考日己寶尊宗彝
15.9382 冉乍(作)宗彝
15.9428 ㄔ乍(作)宗尊
15.9454 唯王大龠(禴)于宗周
15.9671 永用享考(孝)于大宗
15.9690 其用享于宗
15.9691 其用享于宗
15.9698 王子剌公之宗婦鄁(部)嬰/爲宗彝鬻彝
15.9699 王子剌公之宗婦鄁(部)嬰/爲宗彝鬻彝
15.9700 宗詞客敬爲陻(禋)壺九
15.9710 甬(用)乍(作)宗彝尊壺
15.9711 甬(用)乍(作)宗彝尊壺
15.9718 用禋祀于茲宗室
15.9729 齊侯命大(太)子乘遽來句宗伯
15.9730 齊侯命大(太)子乘遽來句宗伯
16.9882 仲追父乍(作)宗彝
16.9891 乍(作)文考日己寶尊宗彝
16.9894 用宔(鑄)丁宗彝
16.10071 宗(崇)仲乍(作)尹姞般(盤)
16.10152 王子剌公之宗婦鄁(部)嬰/爲宗彝鬻彝
16.10182 宗(崇)仲乍(作)尹姞盉
16.10298 台(以)乍(作)叔姬寺吁宗彏(彝)薦鑑
16.10299 台(以)乍(作)叔姬寺吁宗彏(彝)薦鑑
16.10313 用享宗公
16.10342 宗婦楚邦
16.10478 㾝宗宮方百乇(尺)
16.10581 公仲在宗周
17.11364 宗子攻(工)正明我、左工師[illegible]許、馬重(童)丹所爲

1867 宓

5.2678 宓伯于成周休眦小臣金
10.5375 女(汝)子母庚宓(閟)祀尊彝
10.5388 顯(頂)賜婦[illegible](婧)曰: 用鬻于乃姑宓(閟)
10.5389 顯(頂)賜婦[illegible](婧)曰: 用鬻于乃姑

宓(閟)

1868　宥(府)

2.288 宥(附)於索宮之頵
2.292 宥(附)於索商之頵
2.293 宥(附)於索宮之頵
2.327 宥(附)於索商之頵(䪼)
2.328 宥(附)於索宮之頵(䪼)
5.2589 弗奴父乍(作)孟姒宥(府)賸(媵)貞(鼎)

1869　弦

16.10175 弦(宏)魯邵(昭)王

1870　宋(寀)

3.855 宋乍(作)寶彝
5.2833 肄(肆)師彌宋(怵)匌匡(恇)

1871　定

1.37 王之定
1.210 定均庶邦
1.211 定均庶邦
1.217 定均庶邦
1.218 定均庶邦
1.219 定均庶邦
1.220 定均庶邦
1.221 定均庶邦
1.222 定均庶邦
5.2832 衛以邦君厲告于井伯、伯邑父、定伯、𡧊伯、伯俗父 / 井伯、伯邑父、定伯、𡧊伯、伯俗父迺顜
5.2840 永定保之
8.4250 定伯入右(佑)即
15.9400 伯定乍(作)寶彝
15.9456 裘衛迺彘(矢)告于伯邑父、熒(榮)伯、定伯、𡧊伯、單伯 / 伯邑父、熒(榮)伯、定伯、𡧊伯、單伯迺令參有嗣：嗣土(徒)微邑、嗣馬單旟、嗣工(空)邑人服眔受(授)田
15.9735 述(遂)定君臣之謂(位)
17.11345 亲(新)城大命(令)韓定、工師宋費、冶褚
17.11363 定陽

1872　客

7.3996 叀客乍(作)朕文考日辛寶尊毁 / 客其萬年

1873　宕

5.2824 則尚(常)安永宕乃子刻心
8.4292 公宕其參(叁)/ 女(汝)則宕其貳 / 公宕其貳 / 女(汝)則宕其一
8.4322 休宕厥心
8.4328 女(汝)以我車宕伐厰(玁)允(狁)于高陶
8.4329 女(汝)以我車宕伐㲋(玁)允(狁)于高陶
9.4469 迺繇(繇)宕

1874　宔(主)

1.156 大〔邾〕之宔(主)戉(越)
5.2840 𨱗(長)爲人宔(主)/ 臣宔(主)之宜
15.9734 返臣丌(其)宔(主)
15.9735 而臣宔(主)易立(位)/ 䝙(貯)曰：爲人臣而返(反)臣其宔(主)

1875　宜

1.270 宜
3.944 王宜人(夷)方
4.1992 宜陽右蒼(倉)
4.2451 宜信冢子
4.2515 史宜父乍(作)尊鼎
5.2694 王令宜子迨(會)西方于省
5.2840 臣宔(主)之宜 / 以征不宜(義)之邦 / 智(知)爲人臣之宜旃
6.3398 宜陽右倉
8.4261 大宜
8.4300 乍(作)册夨令尊宜于王姜
8.4301 乍(作)册夨令尊宜于王姜
8.4315 宜
8.4320 王立(涖)于宜 / 王令(命)虞(虎)侯夨曰：鄠(?)侯于宜 / 賜在宜王人十又七生(姓)/ 賜宜庶人六百又□六夫 / 宜侯夨揚王休
10.5361 宜生(甥)商(賞)膉
10.5409 咸宜
10.5413 宜在召大廳
15.9734 子之大臂(闢)不宜(義)
15.9735 不顧大宜(義)/ 不用豊(禮)宜(儀)/ 唯宜(義)可緐(長)
16.9894 戍鈴尊宜于嚣(召)
16.10320 郐(徐)王季糧之孫宜桐
16.10407 宜曲則曲 / 宜植(直)則直
17.10936 宜(宜陽)
17.11052 宜鑄敳(造)用
17.11112 宜無之棗(造)戟(戟)
17.11316 四年命(令)韓誁、宜陽工師敹(播)愷、冶庶
17.11329 宜安
17.11352 宜
17.11353 宜
18.11474 宜章
18.11547 宜

1876　宮、㝐、宮

1.48 宮令宰僕賜粤白金十匀(鈞)
1.84 宮反
1.143 王在成周嗣土(徒)淲宮

1.181 嗣土(徒)南宮乎
1.204-5 王在周康剌宮
1.206-7 王在周康剌宮
1.208 王在周康剌宮
1.209 王在周康剌宮
2.286 宮 / 割(姑)跰(洗)之譮(衍)宮 / 濁文王之宮 / 濁文王之譮(衍)宮
2.287 妥(蕤)賓之宮 / 無鐸(射)之宮曾
2.288 守(附)於索宮之顛
2.289 鄘(應)鐘之誁(變)宮
2.290 嬴(贏)嗣(亂)之宮 / 穆音之宮 / 大(太)族(簇)之宮 / 嬴(贏)嗣(亂)之宮角 / 妥(蕤)賓之宮曾
2.291 宮曾 / 東音之宮 / 割(姑)跰(洗)之宮曾 / 鄘(應)音之宮
2.292 妥(蕤)賓之宮 / 無鐸(射)之宮曾
2.293 宮 / 割(姑)跰(洗)之宮 / 守(附)於索宮之顛
2.296 宮曾 / 文王之宮 / 獸鐘之宮 / 割(姑)跰(洗)之宮曾
2.297 坪皇之宮 / 新鐘之宮曾 / 濁新鐘之宮
2.298 宮反 / 宮反
2.301 宮反
2.304 宮 / 𨨏(姑)肄(洗)之宮 / 濁文王之宮
2.305 濁坪皇之宮
2.306 濁獸鐘之宮 / 濁𨨏(姑)肄(洗)之宮
2.307 宮角 / 宮曾 / 文王之宮 / 𨨏(姑)肄(洗)之宮曾 / 獸鐘之宮
2.308 坪皇之宮 / 新鐘之宮曾 / 濁新鐘之宮 / 濁文王之宮
2.309 宮反
2.312 宮反
2.315 宮 / 割(姑)肄(洗)之宮 / 濁文王之宮
2.316 濁坪皇之宮
2.317 濁獸鐘之宮
2.318 宮角 / 文王之宮 / 𨨏(姑)肄(洗)之宮曾 / 獸鐘之宮
2.319 嬴(贏)嗣(亂)之宮 / 夫(太)族(簇)之宮 / 穆音之宮
2.320 坪皇之宮 / 新鐘之宮曾 / 濁新鐘之宮
2.321 宮 / 割(姑)跰(洗)之少宮 / 亘(宣)鐘之宮
2.322 嬴(贏)嗣(亂)之宮 / 穆音之宮
2.323 宮角 / 東音之宮
2.324 妥(蕤)賓之宮
2.325 宮 / 割(姑)肄(洗)之宮佑
2.326 宮角 / 割(姑)肄(洗)之宮角 / 東音之宮
2.327 妥(蕤)賓之宮
2.328 宮 / 割(姑)肄(洗)之宮 / 守(附)於索宮之顛(䪼)
2.336 宮曾 / 宮
2.339 膺(應)音之宮
2.340 東音之宮
2.341 割(姑)肄(洗)之宮
2.342 黃鐘之宮
2.344 宮徵
2.345 宮角 / 穆音之宮
2.346 宮 / 嬴(贏)嗣(亂)之宮
2.347 宮曾 / 妥(蕤)賓之宮
2.348 宮角 / 大(太)族(簇)之宮
2.349 宮 / 無鐸(射)之宮
3.602 王乍(作)王母畧宮尊鬲
3.699 唯曾伯宮父穆
3.1484 東宮
4.2340 季盨(甗)乍(作)宮伯寶尊盞(齍)
4.2342 叔黿(螭)肇乍(作)南宮寶尊
4.2345 解子乍(作)厥宂團宮鼎
4.2528 □厥□□□宮
4.2530 □宮
5.2531 王令雍伯啚于乩爲宮
5.2576 平宮右般 / 大宮
5.2596 新宮叔碩父、監姬乍(作)寶鼎
5.2600 吳王姬乍(作)南宮史叔飤鼎
5.2629 辛宮賜舍父帛、金 / 揚辛宮休
5.2630 伯陶乍(作)厥文考宮叔寶𩰫彝
5.2651 未侯宮
5.2662 用乍(作)文考宮伯寶尊彝
5.2747 王[各]于師秦宮
5.2748 王客琱宮
5.2751 唯王令南宮伐反(叛)虎方之年
5.2752 唯王令南宮伐反(叛)虎方之年
5.2780 王在周新宮
5.2783 王在周般宮
5.2784 龏(恭)王在周新宮
5.2786 王在康宮
5.2791 王在葊京溼宮
5.2792 王在穌宮 / 王在華宮㝱 / 王在邦宮
5.2803 王至于溓(濂)宮
5.2804 王客于般宮
5.2805 武公有(佑)南宮柳
5.2806 王在𣶃侲宮
5.2807 王在𣶃侲宮
5.2808 王在𣶃侲宮
5.2815 王在周康卲宮
5.2816 用乍(作)朕文考瀕公宮尊鼎
5.2817 王在周師彔宮
5.2818 王在周康宮徲大室
5.2819 王在周康穆宮
5.2820 王各大(太)師宮
5.2821 王在周康宮徲宮

5.2822 王在周康宮徲宮
5.2823 王在周康宮徲宮
5.2825 南宮乎入右(佑)善(膳)夫山
5.2827 王在周康卲宮/貯(廛)用宮御
5.2828 王在周康卲宮/貯(廛)用宮御
5.2829 王在周康卲宮/貯(廛)用宮御
5.2831 王在周駒宮
5.2835 武公在獻宮/迺辿(延)于獻宮
5.2838 以匡季告東宮/東宮迺曰：求乃人/曶或(又)以匡季告東宮/東宮迺曰：賞(償)曶禾十秭
6.3499 伯乍(作)南宮段
6.3675 彧者乍(作)宮伯寶尊彝
7.3743 保侃母賜貝于庚宮
7.3744 保侃母賜貝于庚宮
7.3979 呂伯乍(作)厥宮室寶尊彝段
7.4046 用乍(作)宮仲念器
7.4047 王令東宮追以六師之年
7.4060 王在大宮
7.4073 伯梡乍(作)厥宮室寶段
7.4115 伯戜肈其乍(作)西宮寶
8.4130 [illegible](敖)叔微鼏于西宮
8.4178 王在康宮大室
8.4202 王在華宮
8.4209 王客(各)于康宮
8.4210 王客(各)于康宮
8.4211 王客(各)于康宮
8.4212 王客(各)于康宮
8.4214 客(各)新宮
8.4243 王在師嗣馬宮大室
8.4246 王各于康宮
8.4247 王各于康宮
8.4248 王各于康宮
8.4249 王各于康宮
8.4250 王在康宮/曰：嗣琱宮人虢旛
8.4251 王在周師量宮
8.4252 王在周師量宮
8.4258 王在屖宮
8.4259 王在屖宮
8.4260 王在屖宮
8.4267 王在周康宮
8.4272 王在周康宮新宮
8.4273 王令靜嗣射學宮
8.4277 在周師彔宮
8.4278 王在周康宮徲大室
8.4283 王在周師嗣馬宮
8.4284 王在周師嗣馬宮
8.4285 王在周師彔宮
8.4286 王在周康宮
8.4287 王在周康宮/王乎命尹封册命伊：䟌(纘)官嗣康宮王臣妾、百工
8.4294 王在周康宮
8.4295 王在周康宮
8.4296 王在周卲宮
8.4297 王在周卲宮
8.4298 王在盩侲宮
8.4299 王在盩侲宮
8.4303 王在周康宮徲宮
8.4304 王在周康宮徲宮
8.4305 王在周康宮徲宮
8.4306 王在周康宮徲宮
8.4307 王在周康宮徲宮
8.4308 王在周康宮徲宮
8.4309 王在周康宮徲宮
8.4310 王在周康宮徲宮
8.4312 王在周康宮
8.4321 王在射日宮
8.4327 今余唯令女(汝)死(尸)葊宮、葊人
8.4332 王在周康卲宮/貯(廛)用宮御
8.4333 王在周康卲宮/貯(廛)用宮御
8.4334 王在周康卲宮/貯(廛)用宮御
8.4335 王在周康卲宮/貯(廛)用宮御
8.4336 王在周康卲宮/貯(廛)用宮御
8.4337 王在周康卲宮/貯(廛)用宮御
8.4338 王在周康卲宮/貯(廛)用宮御
8.4339 王在周康卲宮/貯(廛)用宮御
8.4342 用乍(作)州宮寶
8.4343 在師汓父宮
9.4462 王在周師彔宮
9.4463 王在周師彔宮
9.4465 王在周康穆宮
9.4466 王在永師田宮/畀(俾)鬲比㝱(復)厥小宮吒鬲比田
9.4572 季宮父乍(作)仲姊孃姬伕(媵)簠
9.4644 拍乍(作)朕配平姬墉宮祀彝
10.5170 守宮乍(作)父辛
10.5255 似向(餉)米宮(宮)尊彝
10.5340 伯亘乍(作)西宮伯寶尊彝
10.5359 守宮乍(作)父辛尊彝
10.5391 尹洛(各)于宮
10.5416 用乍(作)圃宮旅彝
10.5426 王洛(各)于庚贏(嬴)宮
10.5431 王猒(飲)西宮
10.5433 王雚(觀)于嘗公東宮
11.5779 米宮(宮)尊彝

11.5959 守宮揚王休
11.5971 尹洛(各)于宮
11.6004 用乍(作)團宮旅彝
11.6009 王雚(觀)于嘗公東宮
11.6016 令矢告于周公宮/明公用牲于京宮/用牲于康宮
12.6504 南宮
12.6514 南宮兄(貺)
12.7204 米宮彝
14.9017 守宮乍(作)父辛
14.9018 守宮乍(作)父辛
15.9297 守宮乍(作)父辛尊彝
15.9427 伯屆乍(作)西宮伯寶尊彝
15.9451 鬲(嗝、鬲)于麥宮
15.9543 徣(廚)宮右官
15.9563 西宮
15.9590 徣(廚)宮左官
15.9591 徣(廚)宮左官
15.9647 徣(廚)宮左官
15.9660 徣(廚)宮左官
15.9702 辛公再父宮
15.9714 王在葊京溼宮
15.9721 同仲宄西宮
15.9722 同仲宄西宮
15.9723 王在成周𤔲土(徒)淲宮
15.9724 王在成周𤔲土(徒)淲宮
15.9728 王各于成宮
15.9729 于南宮子用璧二備(琎)、玉二𤔲(笥)、鼓鐘〔一銉〕
15.9730 于南宮子用璧二備(琎)、玉二𤔲(笥)、鼓鐘一銉(肆)
15.9731 王在周康卲(昭)宮/貯(廛)用宮御
15.9732 王在周康卲(昭)宮/貯(廛)用宮御
16.9893 鬲于麥宮
16.9901 令矢告于周公宮/明公用牲于京宮/用牲于康宮
16.10168 周師光守宮事/賜守宮絲束、蘆(苴)䞁(幕)五、蘆(苴)萺(冟、冪)二、馬匹、毳希(布)三、専(專、團)倴(篷)三、埊(琜)朋/守宮對揚周師釐
16.10170 王在周康宮
16.10172 王在周康穆宮
16.10176 矢人有𤔲眉(堳)田：鮮、且、微、武父、西宮襄、豆人虞丂、彔、貞、師氏右省、小門人繇、原人虞艿、淮𤔲工(空)虎孛、開豐父、难(鳿)人有𤔲、刑丂/迺卑(俾)西宮襄、武父誓/西宮襄、武父則誓/矢王于豆新宮東廷
16.10285 王在葊上宮
16.10321 君在潦既宮
16.10357 卲宮和官
16.10360 用乍(作)散宮旅彝
16.10478 從丘欧(坎)以至內宮六步/從丘欧(坎)至內宮廿四步/內宮垣/中宮垣/大㴄(將)宮方百乇(尺)/埶皀(帛)宮方百乇(尺)/正奎宮方百乇(尺)/㾜宗宮方百乇(尺)/從內宮至中宮廿五步/從內宮以至中宮卅步/從內宮至中宮卅六步
17.10982 皇宮左
17.10983 皇宮(？)左
17.10984 皇宮(？)左
17.10985 音宮(？)左
17.11057 郾(燕)侯右宮
17.11118 宮氏伯子元栖(栝)
17.11119 宮氏伯子元栖(栝)
17.11218 郾(燕)侯庫(𩍂)乍(作)左宮鋸(戳)
17.11325 溥宮我其獻
17.11326 溥宮我其獻
17.11346 梁伯乍(作)宮行元用
17.11365 穆侯之子、西宮之孫
18.11455 右宮
18.11836 皇宮右
18.11930 右昜宮攻(工)君(尹)
18.12013 左宮
18.12014 左宮
18.12015 下宮
18.12068 左宮之三
18.12069 左宮之廿
18.12110 王凥(処)於蔵郢之遊宮
18.12111 王凥(処)於蔵郢之遊宮
18.12112 王凥(処)於蔵郢之遊宮
18.12113 王凥(処)於蔵郢之遊宮

1877 室

1.60-3 乃祖考許政于公室/用䩛于公室/僕庸臣妾、小子、室家
1.109-10 叀虡宗室
1.112 虡宗室
3.754 穆公乍(作)尹姞宗室于䌛林/各于尹姞宗室䌛林
3.755 穆公乍(作)尹姞宗室于䌛林/各于尹姞宗室䌛林
4.2097 王后左和室
4.2360 王后左和室/王后左和室
4.2372 徜乍(作)宗室寶尊彝
5.2676 井姬㛢亦偈祖考夌公宗室
5.2677 井姬㛢亦偈祖考夌公宗室
5.2708 唯王餕闌(管)大室
5.2727 用享考(孝)于宗室
5.2754 王餕□大室/呂祉(延)于大室

5.2776 用牲于大室
5.2783 王各大室
5.2813 王各于大室
5.2814 灰(賄)于圖室
5.2815 各于大室
5.2817 王各大室
5.2818 王在周康宮徲大室
5.2819 王各大室
5.2820 用乍(作)宗室寶尊
5.2821 王各大室
5.2822 王各大室
5.2823 王各大室
5.2825 各圖室
5.2827 王各大室
5.2828 王各大室
5.2829 王各大室
5.2832 于卲大室東逆(朔)
7.3907 用乍(作)宗室寶尊彝
7.3964 用朝夕享考(孝)宗室
7.3965 用朝夕享考(孝)宗室
7.3966 用朝夕享考(孝)宗室
7.3967 用朝夕享考(孝)宗室
7.3968 用朝夕享考(孝)宗室
7.3969 用朝夕享考(孝)宗室
7.3970 用朝夕享考(孝)宗室
7.3979 呂伯乍(作)厥宮室寶尊彝𣪘
7.3995 用夙夜享于宗室
7.4073 伯椃乍(作)厥宮室寶𣪘
7.4098 用孝于宗室
7.4102 用享于宗室
7.4103 用享于宗室
8.4137 用夙夜享孝于宗室
8.4153 用享于宗室
8.4166 各于大室
8.4178 王在康宮大室
8.4191 鄉(饗)醴于大室
8.4196 王各于大室
8.4197 王各于大室
8.4243 王在師𤔲馬宮大室
8.4244 各大室
8.4250 各大室
8.4251 王各大室
8.4252 王各大室
8.4253 各于大室
8.4254 各于大室
8.4255 王各于大室
8.4256 各大室
8.4257 王各于大室
8.4261 王祀于天室
8.4267 各大室
8.4268 王各于大室
8.4269 曰：叡乃任縣伯室／曰：休伯哭(哭)𢘾恤縣伯室
8.4272 王各大室
8.4276 王各于師戲大室／萬年永寶用于宗室
8.4277 王各大室
8.4278 王在周康宮徲大室
8.4283 各大室／用享于宗室
8.4284 各大室／用享于宗室
8.4285 王各大室
8.4286 各大室
8.4287 王各穆大室
8.4294 各大室
8.4295 各大室
8.4303 王各大室
8.4304 王各大室
8.4305 王各大室
8.4306 各大室
8.4307 王各大室
8.4308 王各大室
8.4309 王各大室
8.4310 王各大室
8.4312 王各大室
8.4316 徦于大室
8.4317 爯盩先王宗室
8.4324 各于大室
8.4325 各于大室
8.4327 焚(榮)伯乎令(命)卯曰：䣓(載)乃先祖考死(尸)𤔲焚(榮)公室
8.4331 日用享于宗室
8.4332 王各大室
8.4333 王各大室
8.4334 王各大室
8.4335 王各大室
8.4336 王各大室
8.4337 王各大室
8.4338 王各大室
8.4339 王各大室
8.4342 王各于大室
8.4343 各大室
9.4431 用享孝宗室
9.4432 用享孝宗室
9.4433 用享孝宗室
9.4434 用享孝宗室
9.4462 各大室
9.4463 各大室
9.4506 鑄客爲王句(后)六室爲之
9.4507 鑄客爲王句(后)六室爲之
9.4508 鑄客爲王句(后)六室爲之
9.4509 鑄客爲王句(后)六室爲之
9.4510 鑄客爲王句(后)六室爲之
9.4511 鑄客爲王句(后)六室爲之
9.4512 鑄客爲王句(后)六室爲之
9.4513 鑄客爲王句(后)六室爲之
9.4675 鑄客爲王句(后)六室爲之
9.4676 鑄客爲王句(后)六室爲之
9.4677 鑄客爲王句(后)六室爲之
9.4678 鑄客爲王句(后)六室爲之
9.4679 鑄客爲王句(后)六室爲之
9.4680 鑄客爲王句(后)六室爲之
9.4682 用享于宗室
9.4683 用享于宗室
10.5326 伯[illegible](睘)乍(作)厥室寶尊彝
10.5327 伯[illegible](睘)乍(作)厥室寶尊彝
10.5418 王各大室

11.6000 見(獻)在大室
11.6006 王各大室
11.6014 王袒(誥)宗小子于京室
12.6515 用寧室人、𠂤人
12.6516 各大室
15.9710 職在王室
15.9711 職在王室
15.9715 盱(于)我室家
15.9718 用禋祀于兹宗室
15.9723 各大室
15.9724 各大室
15.9731 王各大室
15.9732 王各大室
16.9898 王在周成大室
16.10002 鑄客爲王句(后)六室爲之
16.10003 鑄客爲王句(后)六室爲之
16.10170 王各大室
16.10172 王各大室
16.10293 鑄客爲王句(后)六室爲之
16.10302 寢小室盂
16.10456 稆室門鎓(栚)
16.10578 鑄客爲王句(后)六室爲之

1878 宬

15.9615 宬伯㝊生(甥)乍(作)旅壺

1879 宥

8.4285 曰:先王既命女(汝)𤔲(纘)嗣王宥

1880 㝔

10.5367 王賜㝔貝朋

1881 㝕

4.2487 伯㝕父乍(作)旅貞(鼎)

1882 㝖

14.8716 㝖父癸

1883 宣

2.293 爲宣鐘/宣鐘之在晉也爲六𩫖(墉)
2.295 宣鐘之珈徵
5.2637 虢宣公子白乍(作)尊鼎
5.2737 曾子仲宣□用其吉金/宣喪(尚)用雍(饔)其者(諸)父、者(諸)兄
5.2826 宣𤕌我猷
8.4296 王各于宣射(榭)
8.4297 王各于宣射(榭)
16.10173 王各周廟宣廟

1884 宧(字)

6.3046 宧(字)
6.3047 宧(字)
6.3048 宧(字)

1885 㝘

4.2330 姞𦧞母乍(作)厥㝘(寶)尊鼎
6.3719 乍(作)㝘(寶)尊彝
15.9688 杞伯每刃乍(作)鼄(邾)𡢁㝘(寶)卣
16.10101 用乍(作)仲㝘(寶)器
18.11707 相邦春平侯、邦左庫工師長身、冶㝘瀌敦(撻)齊(劑)

1886 官

3.566 戒乍(作)𦬽官(館)明(盟)尊彝
3.936 王后中官
3.1503 西官
3.1508 私官朼(匙)
4.1802 攸(?)夏官
4.1935 中官
4.1945 徝(廚)公(宮)右官
4.1946 公朱(廚)右官
4.1995 安氏私官
4.2102 中私官
4.2236 王氏官之王人
4.2240 十年弗(戟?)官
4.2242 垣上官
4.2304 䟫(長)信侯私官
4.2307 右𢈔公(宮)莆官和鎖(鼎)
4.2361 公脒(廚)右官貞(鼎)
4.2395 鑄客爲大(太)句(后)脰(廚)官爲之
4.2396 公朱(廚)右官
4.2451 梁上官
5.2590 梁陰命(令)率上官冢子疾、冶勳鑄
5.2610 下官
5.2611 下官
5.2658 私官
5.2673 □令羌死(尸)嗣□官
5.2701 公朱(廚)左官/左官冶大夫杕命冶憙(槽)鑄貞(鼎)
5.2764 上官/單父上官嗣憙所受坪安君者也/上官
5.2773 諺(信)安君私官/下官/諺(信)安君私官/下官
5.2793 單父上官嗣憙所受坪安君者也/單父上官嗣憙所受坪安君者也
5.2813 用嗣乃父官、友
5.2814 曰:官嗣穆王遉(正)側虎臣
5.2817 唯小臣、善(膳)夫、守、[友]、官、犬/眔奠(甸)人、善(膳)夫、官、守、友
5.2825 令女(汝)官嗣歙(飲)獻人于冕
5.2827 令女(汝)官嗣成周貯(廛)廿家
5.2828 令女(汝)官嗣成周貯(廛)廿家
5.2829 令女(汝)官嗣成周貯(廛)廿家
7.4032 官(管)李父乍(作)義友寶毁
8.4206 師田父令余嗣□官
8.4246 嗣㒸啚(鄙)官(館)、內師舟
8.4247 嗣㒸啚(鄙)官

(館)、內師舟
8.4248 𤔲僉啚(鄙)官(館)、內師舟
8.4249 𤔲僉啚(鄙)官(館)、內師舟
8.4255 官𤔲耤(藉)田
8.4258 官𤔲尸(夷)僕、小射、底魚
8.4259 官𤔲尸(夷)僕、小射、底魚
8.4260 官𤔲尸(夷)僕、小射、底魚
8.4266 啻(嫡)官僕、射、士
8.4267 官𤔲豐人眔九盭祝
8.4279 官𤔲豐還
8.4280 官𤔲豐還
8.4281 官𤔲豐還
8.4282 官𤔲豐還
8.4283 令(命)女(汝)官𤔲邑人、師氏
8.4284 令(命)女(汝)官𤔲邑人、師氏
8.4287 王乎命尹封册命伊:䟒(纘)官𤔲康宮王臣妾、百工
8.4288 啻(嫡)官邑人、虎臣、西門尸(夷)、㣎尸(夷)、秦尸(夷)、京尸(夷)、弁身尸(夷)
8.4289 啻(嫡)官邑人、虎臣、西門尸(夷)、㣎尸(夷)、秦尸(夷)、京尸(夷)、弁身尸(夷)
8.4290 啻(嫡)官邑人、虎臣、西門尸(夷)、㣎尸(夷)、秦尸(夷)、京尸(夷)、弁身尸(夷)
8.4291 啻(嫡)官邑人、虎臣、西門尸(夷)、㣎尸(夷)、秦尸(夷)、京尸(夷)、弁身尸(夷)
8.4294 官𤔲量田佃
8.4295 官𤔲量田佃
8.4312 官𤔲汸闇
8.4316 啻(嫡)官𤔲左右戲繁荆/啻(嫡)官𤔲左右戲繁荆
8.4321 今余令(命)女(汝)啻(嫡)官𤔲邑人
8.4324 令(命)女(汝)𤔲乃祖舊官小輔眔鼓鐘
8.4325 令(命)女(汝)𤔲乃祖舊官小輔、鼓鐘
8.4327 余懋再先公官
8.4332 令(命)女(汝)官𤔲成周貯(廛)
8.4333 令女(汝)官𤔲成周貯(廛)
8.4334 令女(汝)官𤔲成周貯(廛)
8.4335 令女(汝)官𤔲成周貯(廛)
8.4336 令女(汝)官𤔲成周貯(廛)
8.4337 令女(汝)官𤔲成周貯(廛)
8.4338 令女(汝)官𤔲成周貯(廛)
8.4339 令女(汝)官𤔲成周貯(廛)
9.4688 富子之上官獲之畫𨥬銅鉃十
9.4694 官(綰)攸(悠)無疆
9.4695 官(綰)攸(悠)無疆
10.5425 伯犀父皇競各于官
11.5986 洛(各)于官
15.9515 㿝下官
15.9543 徝(廚)宫右官
15.9583 見厶(私)官
15.9589 冡客之官/苛𢼸官
15.9590 徝(廚)宫左官
15.9591 徝(廚)宫左官
15.9640 爲東周左官酭(糟)壺
15.9647 徝(廚)宫左官
15.9660 徝(廚)宫左官
15.9707 安邑下官重(鍾)
15.9731 令女(汝)官𤔲成周貯(廛)廿家
15.9732 令女(汝)官𤔲成周貯(廛)廿家
16.9971 唯番伯官畄(曾)自乍(作)寶罍(鑘)
16.10297 官(綰)攸(悠)無疆
16.10357 邵宫和官
16.10478 又(有)事者官圖之
18.11711 守相申毋官、邦𠃊韓狄、冶醇教(撻)齋(劑)

1887 客、㝞

1.144 嘉而(尔)賓客
1.171 台(以)樂賓客/余之客
2.424 以樂賓客
2.426 台(以)宴賓客
2.427 台(以)宴賓客
3.914 鑄器客爲集㸁七府
4.1803 客卷陸
4.1804 客卷陸
4.1805 客卷陸
4.1806 客卷陸
4.2296 鑄客爲集胆(廚)
4.2297 鑄客爲集胆(廚)爲之
4.2298 鑄客爲集胆(廚)爲之
4.2299 鑄客爲集糕(饎)爲之
4.2300 鑄客爲集𦛗爲之
4.2393 鑄客爲王句(后)七府爲之
4.2394 鑄客爲王句(后)七府爲之
4.2395 鑄客爲大(太)句(后)胆(廚)官爲之
4.2480 鑄客爲集朡、伸朡、睘腋朡爲之
5.2541 仲義父乍(作)新㝞(客)寶鼎
5.2542 仲義父乍(作)新㝞(客)寶鼎
5.2543 仲義父乍(作)新㝞(客)寶鼎
5.2544 仲義父乍(作)新㝞(客)寶鼎
5.2545 仲義父乍(作)新㝞(客)寶鼎
5.2675 用雍(饔)賓客
5.2705 祝(兄)人師眉贏王爲周客

5.2732 台(以)御賓客
5.2748 王客琱宮
5.2764 坪安邦斪客/坪安邦斪客
5.2793 坪安邦斪客財(鼒)/坪安邦斪客財(鼒)
5.2804 王客于般宮
5.2834 右(肄)師〔彌〕客(宋)欲(匌)匡
7.4097 嬴(嬴)王爲周客
8.4209 王客(各)于康宮
8.4210 王客(各)于康宮
8.4211 王客(各)于康宮
8.4212 王客(各)于康宮
8.4214 客(各)新宮
9.4506 鑄客爲王句(后)六室爲之
9.4507 鑄客爲王句(后)六室爲之
9.4508 鑄客爲王句(后)六室爲之
9.4509 鑄客爲王句(后)六室爲之
9.4510 鑄客爲王句(后)六室爲之
9.4511 鑄客爲王句(后)六室爲之
9.4512 鑄客爲王句(后)六室爲之
9.4513 鑄客爲王句(后)六室爲之
9.4675 鑄客爲王句(后)六室爲之
9.4676 鑄客爲王句(后)六室爲之
9.4677 鑄客爲王句(后)六室爲之
9.4678 鑄客爲王句(后)六室爲之
9.4679 鑄客爲王句(后)六室爲之
9.4680 鑄客爲王句(后)六室爲之
15.9420 鑄客爲集[illegible]爲之/鑄客爲集[illegible]爲之
15.9589 冢客之官
15.9648 四斗訋客
15.9649 四斗訋客
15.9650 四斗訋客
15.9700 宗詞客敬爲陻(禋)壺九
15.9712 用鄉(饗)賓客
16.10002 鑄客爲王句(后)六室爲之
16.10003 鑄客爲王句(后)六室爲之
16.10131 干氏叔子乍(作)仲姬客母媵(媵)般(盤)
16.10199 鑄客爲御孯(駟)爲之
16.10293 鑄客爲王句(后)六室爲之
16.10373 郾(郾、燕)客臧嘉聞(問)王於蕆郢之歲
16.10388 鑄客爲集[illegible]爲之
16.10389 鑄客爲集□敗(覕)爲之
16.10577 鑄客爲集脰(廚)爲之
16.10578 鑄客爲王句(后)六室爲之

1888 容

5.2651 容一斗二升
16.9977 容四斗錍(甈)
16.10342 整辥(乂)爾容
17.11215 晉上容大夫

1889 家

1.60-3 僕庸臣妾、小子、室家
1.64 用寓光我家
1.181 亞祖公仲必父之家
1.272-8 女(汝)膺(應)鬲(歷)公家/台(以)専戒公家/釐(萊)僕三百又五十家
1.285 女(汝)膺(應)鬲(歷)公家/女(汝)台(以)専戒公家/釐(萊)僕三百又五十家
3.633 塱(坶)肇家鑄乍(作)鬻
3.682 伯家父乍(作)孟姜媵(媵)鬲
5.2653 缶用乍(作)享大(太)子乙家祀尊
5.2660 厥家擁(雍)德
5.2765 妊氏令蛕事保厥家/因付厥且僕二家
5.2786 王令死(尸)嗣王家
5.2803 佘其舍(捨)女(汝)臣十家
5.2827 令女(汝)官嗣成周貯(廛)廿家
5.2828 令女(汝)官嗣成周貯(廛)廿家
5.2829 令女(汝)官嗣成周貯(廛)廿家
5.2836 諫辥(嬖)王家
5.2840 以憂愁(勞)邦家
5.2841 命女(汝)辥(嬖)我邦、我家内外/啇我邦、我家
7.3856 伯家父乍(作)孟姜媵(媵)段
7.3857 伯家父乍(作)孟姜媵(媵)段
7.4036 筥小子逬(跗)家弗受遨
7.4037 筥小子逬(跗)家弗受遨
7.4042 易[illegible]曰:趞叔休于小臣貝三朋、臣三家
7.4043 易[illegible]曰:趞叔休于小臣貝三朋、臣三家
8.4156 唯伯家父部迺用吉金
8.4205 獻身在畢公家
8.4215 賜女(汝)尸(夷)臣十家
8.4242 用醽(申)圝(恪)、奠保我邦、我家
8.4272 王乎史年册命望:死(尸)嗣畢王家
8.4300 姜商(賞)令貝十朋、臣十家、鬲百人
8.4301 姜商(賞)令貝十朋、臣十家、鬲百人
8.4311 乃祖考又(有)

舁(勛)于我家 / 余令女(汝)死(尸)我家
8.4317 用訡(紟令)保我家、朕立(位)、猷(胡)身
8.4327 寽(捋)我家
8.4328 賜女(汝)弓一、矢束、臣五家、田十田
8.4329 賜女(汝)弓一、矢束、臣五家、田十田
8.4340 嗣王家 / 从嗣王家外內
9.4615 叔家父乍(作)仲姬匡(筐)
9.4629 懽血(恤)宗家
9.4630 懽血(恤)宗家
10.5082 家戈父庚
10.5310 析家乍(作)父戊寶尊彝
10.5368 𢆶尹肇家
10.5392 詠帝家
11.6007 賜臣十家
11.6015 侯賜者(赭)𡢁臣二百家
12.7074 家祖乙
13.7529 家
13.8235 家戈
14.9021 家父乍(作)辛
15.9715 盱(于)我室家
15.9719 康樂我家
15.9720 康樂我家
15.9721 賜幾父幵𦍌(韍)六、僕四家、金十鈞
15.9722 賜幾父幵𦍌(韍)六、僕四家、金十鈞
15.9731 令女(汝)官嗣成周貯(廛)卄家
15.9732 令女(汝)官嗣成周貯(廛)卄家
16.10522 家父辛
18.11736 家

1890 宵

16.10544 宵乍(作)旅彝

1891 𡪞

3.899 𡪞訇(姒)乍(作)旅

1892 宔

1.121 宔(往)攼(捍)庶戲(盟)
1.122 宔(往)攼(捍)庶戲(盟)
1.125-8 宔(往)攼(捍)庶戲(盟)
1.129-31 宔(往)攼(捍)庶戲(盟)

1893 寒(塞)

9.4524 寒(塞)自乍(作)[旅]簠
16.10276 寒(塞)公孫𠂤父自乍(作)盥匜

1894 害

5.2841 邦𤕌(將)害(曷)吉
7.3805 害叔乍(作)尊段
7.3806 害叔乍(作)尊段
7.4116 麋(麞)生(甥)曶父師害及仲曶 / 師害乍(作)文考尊段
7.4117 麋(麞)生(甥)曶父師害及仲曶 / 師害乍(作)文考尊段
8.4156 用賜害(匄)眉壽、黃耇、霝(靈)冬(終)、萬年
8.4258 宰犀父右(佑)害立 / 王册命害 / 害䭫首
8.4259 宰犀父右(佑)害立 / 王册命害 / 害䭫首
8.4260 宰犀父右(佑)害立 / 王册命害 / 害䭫首
9.4467 干(捍)害(禦)王身
9.4468 干(捍)害(禦)王身

1895 宝、室

4.2010 宰德宝(鑄)父丁
4.2362 竹宝知光徽
4.2427 宝父癸宅于丨丨(二)
5.2712 宝(貯)絲五十寽(鋝)
5.2758 大揚皇天尹大(太)保宝(貯)
5.2759 大揚皇天尹大(太)保宝(貯)
5.2760 大揚皇天尹大(太)保宝(貯)
5.2761 大揚皇天尹大(太)保宝(貯)
5.2791 天子𣲕宝(貯)伯姜
6.3604 宝(鑄)父丁尊彝
8.4139 堯(无)其日受宝(貯)
8.4162 用宝(鑄)茲彝
8.4163 用宝(鑄)茲彝
8.4164 用宝(鑄)茲彝
8.4300 令敢揚皇王宝(貯)/ 令敢㞋皇王宝(貯)
8.4301 令敢揚皇王宝(貯)/ 令敢㞋皇王宝(貯)
10.5203 亞寢䞭宝(鑄)父乙
10.5271 亞𡨦(猷)宝𡦹(孤)竹丁父
10.5399 兮公宝(貯)盂鬯束、貝十朋
11.6016 乍(作)册令敢揚明公尹厥宝(貯)
12.7293 亞𡨦(猷)宝(鑄)父丁
16.9878 竹宝(鑄)父戊
16.9879 竹宝(鑄)父戊
16.9894 用宝(鑄)丁宗彝
16.9901 乍(作)册令敢揚明公尹厥宝(貯)

1896 宎

16.10561 宎气(乞)乍(作)父辛彝

1897 宣

17.11382 𣪘倫(令)䑣䑣、司寇莫(鄭)宣、左庫工師器軗(較)、冶□敱(造)

1898 宰

1.48 宮令宰僕賜粤白金十匀(鈞)
1.86 奄(郗)大(太)宰檇子敓(掠)
1.271 余爲大攻厄、大事(史)、大逭(徒)、大(太)宰
3.707 魯宰駟父乍(作)姬鵬賸(媵)鬲
3.969 宰秦
4.1712 宰女(母)彝
4.2010 宰德宔(鑄)父丁
5.2591 𢦏魯宰兩乍(作)其咺嘉寶鼎
5.2780 王乎宰膺賜盛弓、象弭、矢臸、彤欮
5.2815 宰訊右(佑)趞
5.2819 宰頵右(佑)袁
5.2827 宰引右(佑)頌
5.2828 宰引右(佑)頌
5.2829 宰引右(佑)頌
7.3896 井(邢)姜大(太)宰虫(巳)
7.3987 魯大(太)宰邍父乍(作)季姬牙賸(媵)段
8.4188 仲禹父大(太)宰南醽(申)厥辭(辭)
8.4189 南醽(申)伯大(太)宰禹父厥辭(辭)
8.4191 兮(乎)宰□賜穆公貝廿朋
8.4251 王乎宰曶賜大(太)師虘虎裘
8.4252 王乎宰曶賜大(太)師虘虎裘
8.4258 宰屖父右(佑)害立
8.4259 宰屖父右(佑)害立
8.4260 宰屖父右(佑)害立
8.4272 宰倗父右(佑)朢
8.4324 宰琱生(甥)內(入)右(佑)師嫠
8.4325 宰琱生(甥)內(入)右(佑)師嫠
8.4332 宰引右(佑)頌
8.4333 宰引右(佑)頌
8.4334 宰引右(佑)頌
8.4335 宰引右(佑)頌
8.4336 宰引右(佑)頌
8.4337 宰引右(佑)頌
8.4338 宰引右(佑)頌
8.4339 宰引右(佑)頌
8.4340 宰曶入右(佑)蔡/昔先王既令女(汝)乍(作)宰
9.4623 奄(郗)大(太)宰檇子㽙(耕)鑄其簠
9.4624 奄(郗)大(太)宰檇子㽙(耕)鑄其簠
10.5395 王光宰甫貝五朋
14.9105 宰桃从
15.9706 邛(江)立(大、太)宰孫叔師父乍(作)行具
15.9731 宰引右(佑)頌
15.9732 宰引右(佑)頌
16.9897 王乎宰利賜師遽瑚圭一、環(篆)章(璋)四
16.9898 宰朏右(佑)乍(作)册吳
16.10151 齊大(太)宰歸父𠚤爲忌釁(沬)盤
16.10172 宰頵右(佑)袁
16.10176 正眉(堳)矢舍(捨)散田:䦵土(徒)弁盉、䦵馬單𩰫、䂭人䦵工(空)騡君、宰德父

1899 卯

11.5778 卯乍(作)旅彝

1900 宴

1.182 以宴以喜(饎)
1.245 台(以)宴士庶子
2.426 台(以)宴賓客
2.427 台(以)宴賓客
5.2810 王宴
7.4118 宴從厚父東/多賜宴/宴用乍(作)朕文考日己寶段
7.4119 宴從厚父東/多賜宴/宴用乍(作)朕文考日己寶段

1901 宿、宿

7.3958 叔角父乍(作)朕皇考宿(宄)公尊段
7.3959 叔角父乍(作)朕皇考宿(宄)公尊段
17.11292 㕣(厶)貫府(府)受(授)御戴宿(右)㕣(厶)

1902 宼(坑)

4.2518 𦣻蔡生(甥)宼(坑)乍(作)其貞(鼎)

1903 密

8.4266 密叔又(佑)趞
17.10972 高密戈
17.11023 高密戠(造)戈

1904 寉

1.210 寉寉豫政
1.211 寉寉豫政
1.217 寉寉豫政
1.218 寉寉豫政
1.219 寉寉豫政
1.220 寉寉豫政
1.221 寉寉豫政
1.222 寉寉豫政
4.2468 敶(陳)生(甥)寉乍(作)飤鼎

1905 寍

9.4442 曩伯子寍父
9.4443 曩伯子寍父
9.4444 曩伯子寍父
9.4445 曩伯子寍父
16.10081 曩伯寍父朕(媵)姜無㞙(沬)般(盤)
16.10211 曩(紀)伯寍父朕(媵)姜無㞙(沬)也(匜)

1906 宦

1.272-8 宦執而(爾)政事
1.285 宦執而(爾)政事
4.2442 仲宦父乍(作)寶鼎
17.11368 東工師宦、丞未、工𢍰

1907 柬(康)

12.6789 柬(康)

1908 宿

16.10337 唯鄭(鄚)子宿車自乍(作)行盆

1909 宄

1.141 師臾肁(肇)乍(作)朕剌(烈)祖虢季、宄公、幽叔、朕皇考德叔大禀(林)鐘
3.744 琱生(甥)乍(作)文考宄仲尊𪉺
4.2204 羌乍(作)宄姜鼒鼎
4.2345 解子乍(作)厥宄團宮鼎
4.2485 其用盟鬻宄嫣日辛
5.2812 大(太)師小子師朢(望)曰：不(丕)顯皇考宄公 / 用乍(作)朕皇考宄公尊鼎
5.2838 曶用茲金乍(作)朕文孝(考)宄伯鬻牛鼎
6.3619 義伯乍(作)宄婦陸姞
8.4288 用乍(作)朕文考乙伯、宄姬尊毁
8.4289 用乍(作)朕文考乙伯、宄姬尊毁
8.4290 用乍(作)朕文考乙伯、宄姬尊毁
8.4291 用乍(作)朕文考乙伯、宄姬尊毁
10.5297 閑乍(作)宄伯寶尊彝
10.5298 閑乍(作)宄伯寶尊彝
15.9721 同仲宄西宮
15.9722 同仲宄西宮
16.10174 毋敢或入緣(蠻)宄貯(賈)

1910 寓

1.64 用寓光我家
5.2718 寓獻佩于王姛 / 賜寓曼絲
5.2756 史(使)䧹(諄)大人賜乍(作)册寓䎽(纘)倬 / 寓拜頴首
7.3771 晉人事(吏)寓乍(作)寶毁
10.5381 寓對揚王休

1911 寓(宇)

1.251-6 武王則令周公舍(捨)寓(宇)以五十頌處
5.2832 廼舍寓(宇)于厥邑
5.2836 賜女(汝)井寓䝉

1912 庯(庯)

4.2524 庯(庯)弃(扶)生(甥)乍(作)成媿賸(媵)貞(鼎)

1913 宧、廳

10.5413 宜在召大廳
17.11226 郾(燕)王職乍(作)廳萃鋸(戳)

1914 寣(祜)

3.687 則永寣(祜)寣(福)
5.2566 則永寣(祜)寣(福)
9.4686 則永寣(祜)寣(福)
9.4687 則永寣(祜)寣(福)
15.9445 則永寣(祜)寣(福)
15.9636 則永寣(祜)寣(福)

1915 寚(堡)

4.2497 子孫則永祜寚(福)

1916 寏

9.4374 苗寏乍(作)盨

1917 富

5.2840 毋富而喬(驕)
9.4688 富子之上官獲之畫鉳銅鈇十
16.10465 中富丞肖(趙)□、冶泪
17.11354 鈖匋命(令)富反、下庫工師王豈、冶禽
18.11545 邦司寇富勳、上庫工師戎閔、冶胱
18.11589 富莫之斱(斲)鐱(劍)

1918 庬、虒

4.2527 虒竝(令)癕、眂(視)事鵰、冶巡鑄
5.2611 虒命(令)周収、眂(視)事豻、冶期鑄
15.9449 虒令周収、視事乍(作)盉

1919 寏(院)

4.2353 師寏父乍(作)季姞尊鼎
6.3705 師寏父乍(作)季姞寶尊毁
6.3706 師寏父乍(作)叔姞寶尊毁
7.3786 史寏乍(作)寶毁
9.4693 姬寏母乍(作)大公、墉公、□公、魯仲臤、省伯、孝公、靜公豆
16.10111 師寏父乍(作)季姬般(盤)
16.10175 唯寏(煥)南行

1920 寡

3.888 寡史䋣乍(作)旅彝
4.1968 寡長乍(作)鼒
5.2673 用乍(作)文考寡叔鬻彝
11.5988 靳寡(揚)仲休
17.10937 寡都

1921 鄘

3.576 伯鄘父乍(作)姞尊鬲

1922 寒

5.2598 尗(叔)史小子𣪘乍(作)寒姒好尊鼎
5.2785 王在寒帥(次)
5.2834 至于歷寒(內)

5.2836 賜女(汝)田于寒山

16.10213 寒戊乍(作)寶也(匜)

1923 寐

11.6319 寐父辛

1925 寎

5.2720 王漁于寎池

1926 窔、宻(密)

9.4522 宻(密)姒乍(作)旅�(筐)

1927 寗

5.2740 溓(濂)公令寗眔史旟曰：以盱眔厥有嗣、後或(國)戜伐腺(貊)/寗俘貝/寗用乍(作)皖公寶尊鼎

5.2741 溓(濂)公令寗眔史旟曰：以盱眔厥有嗣、後或(國)戜伐腺(貊)/寗俘貝/寗用乍(作)皖公寶尊鼎

1928 寰

5.2819 宰頵右(佑)寰/王乎史減冊賜寰：玄衣黹屯(純)、赤芾、朱黄(衡)、䜌(鑾)旅(旂)、攸(鋚)勒、戈琱㦰、歐(厚)必(柲)、彤沙(蘇)/寰拜韻首/寰其邁(萬)年

8.4313 師寰虔不彖(墜)

8.4314 王若曰：師寰/師寰虔不彖(墜)

15.9735 慈孝寰(宣)惠

16.10172 宰頵右(佑)寰/王乎史減冊賜寰：玄衣黹屯(純)、赤芾、朱黄(衡)、䜌(鑾)旂、攸(鋚)勒、戈琱㦰、歐(厚)必(柲)、彤沙(蘇)/寰拜韻首/寰其邁(萬)年

1929 寠

15.9729 其人民都邑堇(謹)寠舞

15.9730 其人民都邑堇(謹)寠舞

1930 寶(寶)

16.9982 喪史寶(寶)自乍(作)鈚(鉼)

1931 寍

10.5403 令豐寍(殷)大矩

10.5421 王令士上眔史寅寍(殷)于成周

10.5422 王令士上眔史寅寍(殷)于成周

11.5996 令豐寍(殷)大矩

11.5999 王令士上眔史寅寍(殷)于成周

15.9454 王令士上眔史寅寍(殷)于成周

1932 寣、寣(祹)

3.687 則永寣(祜)寣(福)

5.2566 則永寣(祜)寣(福)

9.4686 則永寣(祜)寣(福)

9.4687 則永寣(祜)寣(福)

15.9663 則永祜寣(福)

15.9664 則永祜寣(福)

16.9963 則永寣(祜)寣(福)

16.10104 則永寣(祜)寣(福)

16.10230 子孫則永祜寣(福)

1933 寑

3.741 鄧(傴)䙴(袚)□在寑

4.2425 在寑

5.2710 王令寑農省北田四品

6.3238 ♀寑出

7.3941 王在寑/賞寑敄□貝二朋

10.5203 亞寑𨑆宔(鑄)父乙

10.5378 賜在寑

10.5379 賜在寑

11.6015 王以侯內(入)于寑

13.8295 寑出

13.8296 寑玄

14.9098 王賞叀瓦在寑

14.9101 王賜寑魚貝

16.9897 王在周康寑

16.10029 寑㚖(攸)

16.10031 鼓寑

16.10302 寑小室盂

17.11012 皿白(次)寑戈

17.11122 王子反鑄寑戈

17.11167 曾侯乙之寑戈

1934 寘(廄、廐)

8.4343 今余唯或寘改

1935 寋

10.5313 寋乍(作)父辛尊彝

1936 寙

10.5360 亞𣥂(蘡)寙蠱(𧗼)乍(作)父癸寶尊彝

1937 寡

5.2840 寡人聞之/寡人學(幼)踵(童)/以㷧(佐)右(佑)寡人/以譯(誘)道(導)寡人/寡人聞之/氏(是)以寡人匡(委)賃(任)之邦/寡人庸其德/寡人懼其忽然不可得/氏(是)以寡人許之

5.2841 迺敄(侮)鰥寡

10.5392 以寡子乍(作)永寶

10.5427 弋勿刈(剥)嗌鰥寡

15.9715 多寡不訏

15.9735 寡人非之

1938 寏(寏)

7.3746 婳寏㱃用乍(作)訇辛𩰫段

1939 寎、𡨜

16.10581 𡨜

1940 鄓(郳)

3.634 鄓(郳)妝(祁)乍(作)尊鬲

1941 實

8.4317 實朕多禦
15.9434 子子孫孫實用
16.10176 實余有散氏心賊
16.10361 用實旨酉(酒)

1942 察

8.4253 井叔內(入)右(佑)師察/王乎尹氏册命師察：賜女(汝)赤舄、攸(鋚)勒/師察拜䭫首
8.4254 井叔內(入)右(佑)師察/王乎尹氏册命師察：賜女(汝)赤舄、攸(鋚)勒/師察拜䭫首

1943 寖

5.2837 遹寖遷自厥土

1944 寣(鞣)

5.2567 則永祜霝(靈)寣(鞣、蹂)

1945 寏(寘)

6.3720 寏邁(萬)年寶
6.3721 寏萬年寶

1946 寘

1.83 寘之于西䧹
1.84 寘之于西䧹
1.85 寘之于西䧹

1947 寙

4.1964 寙乍(作)寶鼎
5.2721 寙從/其父蔑寙曆

1948 寬

5.2722 蘇公之孫寬兒
9.4645 齊侯乍(作)朕(媵)寬圓孟姜膳䵼(敦)
16.10159 齊侯乍(作)賸(媵)寬圓孟姜盥般(盤)
16.10283 齊侯乍(作)賸(媵)寬圓孟姜盥盂

1949 窒(室)

5.2794 窒(室)鑄喬(鐈)貞(鼎)之盍(蓋)/窒(室)鑄喬(鐈)貞(鼎)
5.2795 窒(室)鑄喬(鐈)貞(鼎)之盍(蓋)/窒(室)鑄喬(鐈)貞(鼎)
16.10158 窒(室)鑄少(小)盤

1950 寮(僚)

1.272-8 爲女(汝)敵(敵)寮/眔乃敵(敵)寮
1.285 爲女(汝)敵(敵)寮/眔乃敵(敵)寮
5.2841 㪅(抄)茲卿事寮、大(太)史寮于父即尹
8.4300 用匓寮(僚)人
8.4301 用匓寮(僚)人
8.4326 王令䣨(纘)𤔲公族、卿事(士)、大(太)史寮
8.4343 令女(汝)辟百寮(僚)
11.6016 受卿事寮/公令㑹(延)同卿事寮/眔卿事寮、眔者(諸)尹/爽(尚)左右于乃寮以乃友事
16.9901 受(授)卿事寮/公令㑹同卿事寮/眔卿事寮、眔者(諸)尹/爽(尚)左(𨑃、左)右于乃寮以乃友事
16.10321 司寮女寮：奚、微、華

1951 寤(藏)

16.10478 丌(其)一寤(藏)府

1952 康

5.2836 賜女(汝)田于康
8.4317 余亡康晝夜
16.10342 永康寶

1953 寱(禋)

16.10175 義(宜)其寱(禋)祀

1954 竅(陘)

16.10175 竅毓(育)子孫

1955 賨(又1956)

7.4065 用賜賨(眉)壽
7.4066 用賜賨(眉)壽
7.4067 用賜賨(眉)壽
8.4188 用賜賨(眉)壽、屯(純)右(祐)、康勵
8.4189 用賜賨(眉)壽、屯(純)右(祐)、康勵

1957 襄

3.1498 襄奸

1958 辟(𤔲、壁)

9.4469 善效(教)乃友內(入)辟(躍)

1959 寴

10.5424 王寴(親)令伯𩠟曰：毋卑(俾)農弋(特)

1960 寏

4.2118 疋彈寏乍(作)父丙

1961 寚(寶)

16.10218 周窐(竈)乍(作)救姜寚(寶)也(匜)/孫孫(子孫)永寚(寶)用

1962 福(福)

1.86 敓(掠)用祈眉壽多福(福)

2.356 用祈𥛚(福)賫、〔多〕壽、每(誨)魯
2.357 用祈𥛚(福)賫、多壽、每(誨)魯
5.2560 王伯姜乍(作)季姬𥛚母尊鼎
10.5411 其子子孫永𥛚(寶)
15.9445 則永祐(祜)𥛚(福)
15.9636 則永祐(祜)𥛚(福)
16.10138 用祈𥛚(福)無疆

1963 𦉤(匋)

16.10008 萬粸(世)是𦉤(寶)

1964 𡪊(親)

5.2840 叟(鄰)邦難𡪊(親)
15.9735 則學(賢)人𡪊(親)

1965 𡨴

15.9715 𡨴(饔)在我車

1966 餠

11.6007 餠侯休于耳

1967 寬(魔)

15.9658 郳(諦)季寬(魔)車自乍(作)行壺
16.10109 郳(諦)季寬(魔)車自乍(作)行盤
16.10234 郳(諦)季寬(魔)車自乍(作)行匜

1968 𤸫

4.1893 何父癸𤸫
4.1894 何父癸𤸫
6.3341 何𤸫父癸
10.5091 何父癸𤸫
11.5756 何父癸𤸫
11.5757 何父癸𤸫
12.6424 何父癸𤸫
12.7250 何父癸𤸫
12.7251 何父癸𤸫
14.8957 何父癸𤸫
14.8958 何父癸𤸫
14.8959 何父癸𤸫
15.9233 何父癸𤸫
15.9800 何父癸𤸫

1969 𡮼(親)

5.2810 王𡮼(親)賜馭方玉五瑴、馬四匹、矢五束
5.2835 公𡮼(親)曰多友曰：余肇事(使)女(汝)
8.4207 穆穆王𡮼(親)賜遹爵
15.9714 𡮼(親)令史懋路(露)筮

1970 𡫰

16.10261 余王𡫰叡孫

1971 竅

8.4322 朕文母競敏竅行

1972 宙(廟)

3.718 𠦪季乍(作)孟姬宙(廟)女(母)逵鬲

1973 寶

1.4 永寶用
1.14 己(紀)侯虓乍(作)寶鐘
1.23 其萬年永寶
1.24 其萬年永寶
1.25 其萬年永寶
1.26 其萬年永寶
1.27 其萬年永寶
1.28 其萬年永寶
1.29 其萬年永寶
1.30 其萬年永寶
1.31 子孫永寶用
1.35 子子孫孫永寶
1.36 郳仲乍(作)朕文考釐公大鐘(林)寶鐘
1.40 眉壽永寶
1.41 眉壽永寶
1.42 孫孫子子其永寶
1.43 楚公豪自乍(作)寶大歔(林)鐘／孫子其永寶
1.44 楚公豪自乍(作)寶大歔(林)鐘／孫孫子子其永寶
1.45 楚公豪自乍(作)寶大歔(林)鐘／孫孫子子其永寶
1.46 其萬年子孫永寶
1.54 走乍(作)朕皇祖、文考寶龢鐘／永寶用享
1.55 乍(作)朕皇祖、文考寶龢〔鐘〕／永寶用享
1.56 走乍(作)朕皇祖、文考寶龢鐘／永寶用享
1.57 走乍(作)朕皇祖、文考寶龢鐘／永寶用享
1.58 走乍(作)朕皇祖、文考寶龢鐘／永寶用享
1.59 永寶用之
1.65 永寶用享
1.66 子孫永寶用享
1.68 子孫永寶用享
1.69 子孫永寶用享
1.71 子孫永寶用享
1.88 虘乍(作)寶鐘／虘眔蔡姬永寶
1.89 叡乍(作)寶鐘／叡眔蔡姬永寶
1.92 叡眔蔡姬永寶
1.103 子子孫孫亡(無)疆寶
1.106 孫子其永寶
1.107-8 子子孫孫永寶用
1.109-10 子子孫永寶用享
1.112 子子孫永寶用享
1.133 其子子孫孫永寶
1.134 其子子孫孫永寶
1.135 其子子孫孫永寶
1.136 其子子孫孫永寶
1.137-9 其子孫孫永寶
1.141 永寶用享
1.143 孫子永寶
1.145 乍(作)朕皇考叔氏寶薔(林)鐘／子子孫永寶
1.146 乍(作)朕皇考叔氏寶薔(林)鐘／子子孫永寶
1.147 乍(作)朕皇考叔

氏寶蕾(林)鐘 / 子子孫永寶
1.148 子子孫永寶
1.171 台孫皆永寶
1.187-8 眉壽永寶
1.189-90 眉壽永寶
1.204-5 用乍(作)朕皇祖考伯寶𨱔(林)鐘 / 子子孫孫永寶
1.206-7 用乍(作)朕皇祖考伯寶𨱔(林)鐘 / 子子孫孫永寶
1.209 用乍(作)朕皇祖考伯寶𨱔(林)鐘 / 子子孫孫永寶
1.225 永以爲寶
1.226 永以爲寶
1.227 永以爲寶
1.228 永以爲寶
1.229 永以爲寶
1.230 永以爲寶
1.231 永以爲寶
1.232 永以爲寶
1.233 永以爲寶
1.234 永以爲寶
1.235 永以爲寶
1.236 永以爲寶
1.237 永以爲寶
1.238 永寶用享
1.239 永寶用享
1.240 永寶用享
1.241 永寶用享
1.246 永余寶
1.247 敢乍(作)文人大寶協龢鐘 / 永寶日鼓
1.248 敢乍(作)文人大寶協龢鐘 / 永寶日鼓
1.249 敢乍(作)文人大寶協龢鐘 / 永寶日鼓
1.250 敢乍(作)文人大寶協龢鐘 / 永寶日鼓
1.251-6 永余寶
1.260 王對乍(作)宗周寶鐘
1.262-3 其康寶
1.267 其康寶
1.268 其康寶
1.269 其康寶
1.270 永寶
1.271 乍(作)子仲姜寶鎛
1.272-8 尸用乍(作)鑄其寶鍾(鐘)
1.285 用乍(作)鑄其寶鎛
2.350 永寶用之
2.351 永寶用之
2.352 永寶用之
2.353 永寶用之
2.354 永寶用之
2.355 永寶用之
2.356 其永寶用
2.357 其永寶用
2.358 乍(作)厥王大寶
2.423 乍(作)無者俞寶鉦鋥(鐸)/ 永寶用之
3.493 乍(作)寶彝
3.509 仲乍(作)寶彝
3.526 䫉姑乍(作)寶鼎
3.527 凌姬乍(作)寶齍
3.528 [illegible]乍(作)寶尊彝
3.529 雺(露)人守乍(作)寶
3.532 旂姬乍(作)寶鬲
3.533 師□乍(作)寶鬲
3.534 孟始(姒)乍(作)寶鬲
3.540 大乍(作)婳寶尊彝
3.541 季執乍(作)寶尊彝
3.565 吾乍(作)賸(滕)公寶尊彝
3.567 䨻乍(作)父癸寶彝
3.569 乍(作)寶彝 / 其永寶
3.570 乍(作)寶彝 / 子其永寶
3.571 □戈(?)母乍(作)寶鬲
3.578 永寶用
3.582 眚子旅乍(作)父戊寶彝
3.583 眚子旅乍(作)父戊寶彝
3.593 永寶用
3.600 永寶用之
3.604 永寶用
3.605 永寶用
3.606 永寶用
3.607 永寶用
3.611 王乍(作)[illegible](序)[illegible](蔣)[illegible]母寶[illegible]彝
3.612 〔番〕伯[illegible]子(孫)自乍(作)寶鬲
3.613 林𡛤乍(作)父辛寶尊彝
3.614 叔鼏乍(作)己(紀)伯父丁寶尊彝
3.616 永寶用
3.617 永寶用
3.618 永寶用
3.619 永寶用
3.620 永寶用
3.621 永寶用
3.622 永寶用
3.623 永寶用
3.625 曾子單用吉金自乍(作)寶鬲
3.626 樊君乍(作)叔[illegible]嬴賸(媵)器寶[illegible](烓)
3.627 子子孫孫永寶用
3.630 番伯[illegible]孫自乍(作)寶鬲
3.631 [illegible]乍(作)寶尊鼎
3.632 其邁(萬)年寶用
3.633 其永子孫寶
3.634 其萬年永寶用
3.635 永寶用享
3.636 其子子孫孫寶用
3.637 其永寶用
3.638 其永寶用
3.639 其永寶用
3.640 其永寶用
3.642 芊伯碩〔父〕乍(作)叔娟(妘)寶鬲
3.643 用乍(作)隣寶彝
3.644 其永寶用
3.645 其萬年永寶用
3.646 子子孫孫永寶用
3.647 其萬年永寶用
3.649 其子子孫孫永寶用
3.650 其子子孫孫永寶用
3.651 其子子孫孫永寶用
3.652 其子子孫孫永寶用
3.653 其子子孫孫永寶用
3.654 其子子孫孫永寶用
3.655 其子子孫孫永寶用

3.656 其子子孫孫永寶用
3.657 其子子孫孫永寶用
3.658 其子子孫孫永寶用
3.659 其永寶用
3.660 其永寶用
3.661 子孫永寶用享
3.662 永寶用享
3.663 鼇伯、盦母子剌乍(作)寶鬲／子孫永寶用
3.664 鼇伯、盦母子剌乍(作)寶鬲／子孫永寶用
3.665 鼇伯、盦母子剌乍(作)寶鬲／子孫永寶用
3.666 子子孫孫永寶用
3.667 子子孫孫永寶用
3.668 子子孫孫永寶用
3.669 子子孫孫永寶用
3.671 子子孫孫永寶用
3.672 其子子孫孫永寶用
3.673 其子子孫孫永寶用
3.674 子子孫孫永寶用
3.677 永寶用之
3.680 子子孫孫永寶用
3.681 其萬年永寶用
3.682 其子孫永寶用
3.683 虢季氏子鈠乍(作)寶鬲／永寶用享
3.684 其子子孫寶用
3.685 齊趫父乍(作)孟姬寶鬲／永寶用享
3.686 齊趫父乍(作)孟姬寶鬲／永寶用享
3.690 其永寶用
3.691 其永寶用
3.692 其永寶用
3.693 其永寶用
3.694 其永寶用
3.695 其永寶用
3.696 子子孫孫永寶
3.697 子子孫孫永寶用
3.698 子子孫孫永寶用
3.699 自乍(作)寶尊鬲
3.700 其子子孫孫永寶用
3.701 其子子孫孫永寶用
3.702 其子子孫孫永寶用
3.703 其子子孫孫永寶用
3.704 其子子孫孫永寶用
3.707 其萬年永寶用
3.708 子子孫孫永寶用
3.709 子子孫孫永寶用
3.710 仲勘大也(它)鑄其寶鬲／子子孫孫永寶用
3.712 永寶用享
3.713 祖仲無龍乍(作)寶鬲／永寶用享
3.714 祖仲無龍乍(作)寶鬲／其子子孫永寶用享
3.715 子子孫孫永寶用
3.716 子子孫孫永寶用
3.717 鼄(邾)𠭰(友)父朕(媵)其子胴(胙)嫊寶鬲／永寶用
3.719 永寶用享
3.720 永寶用享
3.721 永寶用享
3.722 永寶用享
3.723 永寶用享
3.724 永寶用享
3.725 永寶用享
3.726 永寶用享
3.727 永寶用享
3.728 永寶用享
3.729 仲生父乍(作)井孟姬寶鬲／子子孫孫永寶用
3.730 子子孫孫永寶用
3.731 永寶用
3.732 唯番君酲伯自乍(作)寶鼎
3.733 唯番君酲伯自乍(作)寶鼎
3.734 唯番君酲伯自乍(作)寶鼎
3.735 鑄子叔黑𦣞(頤)肇乍(作)寶鬲／永寶用
3.736 子孫永寶用享
3.737 永寶用享
3.738 乍(作)孟姞寶尊鬲／子子孫孫永寶用
3.739 乍(作)孟姞寶尊鬲／子子孫孫寶用
3.740 乍(作)孟姞寶尊鬲／子子孫孫寶用
3.742 子子孫孫永寶用
3.743 其子子孫孫永寶用享
3.744 永寶用享
3.745 子孫永寶用
3.746 師湯父有嗣仲枏父乍(作)寶鬲／其永寶用
3.747 師湯父有嗣仲枏父乍(作)寶鬲／其永寶用
3.748 師湯父有嗣仲枏父乍(作)寶鬲／其永寶用
3.749 師湯父有嗣仲枏父乍(作)寶鬲／其永寶用
3.750 師湯父有嗣仲枏父乍(作)寶鬲／其永寶用
3.751 師湯父有嗣仲枏父乍(作)寶鬲／其永寶用
3.752 師湯父有嗣仲枏父乍(作)寶鬲／其永寶用
3.754 用乍(作)寶齍
3.755 用乍(作)寶齍
3.805 寶獻(甗)
3.832 乍(作)寶
3.833 乍(作)寶彝
3.834 乍(作)寶彝
3.849 㝬乍(作)寶彝
3.851 又(有)姛寶甗
3.852 命乍(作)寶彝
3.854 闟乍(作)寶彝
3.855 宋乍(作)寶彝
3.857 伯乍(作)寶彝
3.869 伯丁乍(作)寶彝
3.875 昝乍(作)寶尊彝
3.876 雷乍(作)寶尊彝
3.883 膺(應)監乍(作)寶尊彝
3.885 何嫊㕡乍(作)寶彝
3.890 田農乍(作)寶尊彝

3.892 伯矩乍(作)寶尊彝
3.893 伯矩乍(作)寶尊彝
3.896 朿(刺)叔乍(作)寶尊彝
3.898 伯産乍(作)寶旅獻(甗)
3.905 乍(作)父癸寶尊獻(甗)
3.909 叔嵛乍(作)寶獻(甗)
3.910 孟姬安自乍(作)寶獻(甗)
3.912 尹伯乍(作)祖辛寶尊彝
3.913 比乍(作)寶獻(甗)
3.915 大(太)史吝乍(作)召公寶尊彝
3.916 [illegible]夫乍(作)祖丁寶尊彝
3.918 永寶用
3.919 子子孫孫永寶用
3.920 歸娸乍(作)父辛寶尊彝
3.921 □□□乍(作)寶獻(甗)/其萬年永寶用
3.923 其永寶〔用〕
3.924 乃子乍(作)父辛寶尊彝/乃子乍(作)父辛寶尊彝
3.925 潩刃筍父乍(作)寶獻(甗)/永寶用
3.926 永寶用
3.927 其邁(萬)年永寶用
3.928 子子孫孫永寶用
3.929 敄父乍(作)寶獻(甗)/子子孫孫永寶用
3.930 㷭(榮)子旅乍(作)祖乙寶彝/子孫永寶
3.932 其子子孫孫永寶用
3.933 子子孫孫永寶用
3.934 自乍(作)寶獻(甗)
3.935 用乍(作)寶尊彝
3.937 奠(鄭)大(太)師小子侯父乍(作)寶獻(甗)/子子孫永寶用
3.938 子子孫孫永寶
3.939 子子孫孫永寶用
3.940 孫子永寶用
3.941 鑄其寶/其永寶用貞(鼎)
3.942 子子孫孫永寶用
3.949 用乍(作)父乙寶彝
3.979 永寶用
3.1505 乍(作)寶
4.1725 伯乍(作)寶
4.1732 叔乍(作)寶
4.1770 羞乍(作)寶
4.1771 𢍜(搟、揮)乍(作)寶
4.1779 乍(作)寶鼎
4.1780 乍(作)寶鼎
4.1781 乍(作)寶鼎
4.1782 乍(作)寶鼎
4.1783 乍(作)寶鼎
4.1784 乍(作)寶鼎
4.1785 乍(作)寶鼎
4.1786 乍(作)寶鼎
4.1787 乍(作)寶鼎
4.1790 乍(作)旅寶
4.1791 乍(作)寶彝
4.1792 乍(作)寶彝
4.1793 乍(作)寶彝
4.1794 乍(作)寶彝
4.1795 乍(作)寶彝
4.1796 乍(作)寶彝
4.1912 伯乍(作)寶鼎
4.1914 伯乍(作)寶鼎
4.1917 伯乍(作)寶彝
4.1918 伯乍(作)寶彝
4.1919 伯乍(作)寶彝
4.1920 伯乍(作)寶彝
4.1923 叔乍(作)寶彝
4.1931 季乍(作)寶彝
4.1948 乍(作)寶鼎
4.1949 中乍(作)寶齋
4.1950 寅乍(作)寶鼎
4.1951 箙乍(作)寶鼎
4.1952 箙乍(作)寶鼎
4.1953 舟乍(作)寶鼎
4.1954 舟乍(作)寶鼎
4.1957 中乍(作)寶鼎
4.1960 丰乍(作)寶鼎
4.1961 嗌乍(作)寶貞(鼎)
4.1962 興乍(作)寶貞(鼎)
4.1963 興乍(作)寶鼎
4.1964 [illegible]乍(作)寶鼎
4.1965 [illegible]乍(作)寶鼎
4.1966 墉乍(作)寶鼎
4.1967 梠(相)乍(作)寶䵼
4.1972 [illegible](淵)乍(作)寶彝
4.1973 [illegible]乍(作)寶彝
4.1974 聾乍(作)寶器
4.1977 [illegible]乍(作)寶鼎
4.1983 乍(作)寶尊彝
4.1984 乍(作)寶尊彝
4.1985 乍(作)寶尊彝
4.1986 乍(作)寶尊彝
4.1987 辛乍(作)寶彝
4.2008 乍(作)父乙寶䵼
4.2022 [illegible]父乍(作)寶鼎
4.2025 己乍(作)寶尊彝
4.2027 贏(嬴)氏乍(作)寶貞(鼎)
4.2030 王伯乍(作)寶齋
4.2039 伯申乍(作)寶彝
4.2040 伯旂乍(作)寶鼎
4.2047 仲乍(作)寶尊鼎
4.2048 仲乍(作)旅寶鼎
4.2052 菽乍(作)寶尊彝
4.2053 叔乍(作)寶尊彝
4.2054 菽乍(作)寶尊彝
4.2057 良(郎)季乍(作)寶貞(鼎)
4.2058 竟乍(作)厥寶彝
4.2060 髗乍(作)寶䵼彝
4.2061 腹公乍(作)寶鼎
4.2062 □乍(作)寶尊彝

4.2063 猒乍(作)寶鼎
4.2064 [illegible]乍(作)□寶彝
4.2065 萊(莿)歎乍(作)寶鐙(斛)
4.2067 釐乍(作)寶齋鼎
4.2069 立乍(作)寶尊彝
4.2070 遏乍(作)寶尊彝
4.2072 刉乍(作)寶彝
4.2076 觀肇乍(作)寶鼎
4.2079 [illegible]乍(作)尊寶彝
4.2081 本肇乍(作)寶鼎
4.2119 乍(作)父丙寶尊彝
4.2121 歸乍(作)父丁寶鼎
4.2123 [illegible]乍(作)父丁寶鼎
4.2126 奉乍(作)父己寶貞(鼎)
4.2128 具乍(作)父庚寶鼎
4.2129 乍(作)父辛寶尊彝
4.2130 乍(作)父辛寶尊彝
4.2131 木乍(作)父辛寶尊
4.2142 安父乍(作)寶尊彝
4.2143 鮮父乍(作)寶尊彝
4.2144 旃父乍(作)寶䵼彝
4.2147 王乍(作)仲姬寶彝
4.2148 齊姜乍(作)寶尊鼎
4.2149 夨王乍(作)寶尊貞(鼎)
4.2150 膺(應)公乍(作)寶尊彝
4.2151 膺(應)公乍(作)寶尊彝
4.2153 康侯丰(封)乍(作)寶尊
4.2154 滕(滕)侯乍(作)寶尊彝
4.2160 陾(隔)伯乍(作)寶尊彝
4.2161 陾(隔)伯乍(作)寶尊彝
4.2164 史逨(徠)乍(作)寶方鼎
4.2165 史逨(徠)乍(作)寶方鼎
4.2167 伯卿乍(作)寶尊彝
4.2168 伯魚乍(作)寶尊彝
4.2169 史戎乍(作)寶尊彝
4.2170 伯矩乍(作)寶尊彝
4.2172 膺(應)叔乍(作)寶尊齋
4.2174 田農乍(作)寶尊彝
4.2175 虫曶乍(作)寶旅鼎
4.2177 𥄕凝乍(作)寶尊彝
4.2178 𥄕凝乍(作)寶尊彝
4.2182 乍(作)□寶尊彝
4.2184 霸姞乍(作)寶尊彝
4.2186 外叔乍(作)寶尊彝
4.2187 叔旅乍(作)寶尊鼎
4.2190 伯趞(趙)乍(作)尊寶彝
4.2191 王乍(作)仲姜寶鼎
4.2193 鸁姛(姒)乍(作)寶尊彝
4.2194 [illegible]父乍(作)寶食彝
4.2196 史盄父乍(作)寶鼎
4.2197 伯咸父乍(作)寶鼎
4.2198 陵叔乍(作)衣寶彝
4.2200 鯀還乍(作)寶用鼎
4.2206 㷠(榮)子乍(作)寶尊鼎
4.2213 孟淠父乍(作)寶鼎
4.2244 䜌乍(作)祖乙寶尊彝
4.2247 乍(作)父乙寶熿
4.2249 或乍(作)父丁寶尊彝
4.2250 吳乍(作)父丁寶尊彝
4.2251 穆乍(作)父丁寶尊彝
4.2252 鼎其用乍(作)父己寶
4.2253 乍(作)父辛寶
4.2255 珽(挺)乍(作)父辛寶尊彝
4.2256 昜乍(作)父辛寶旅彝
4.2257 𥄕乍(作)父癸寶尊彝
4.2258 𣪊(嘙)乍(作)父癸寶尊䵼
4.2259 冊乍(作)父癸寶尊彝
4.2261 王乍(作)𡚸季寶尊䰜
4.2264 師乍(作)隩仲寶尊彝
4.2265 師乍(作)隩仲寶尊彝
4.2266 師乍(作)隩仲寶尊彝
4.2267 師乍(作)隩仲寶尊彝
4.2270 叔乍(作)單公寶尊彝
4.2272 圳(坘)小子句乍(作)寶鼎
4.2273 王乍(作)垂姬寶尊鼎
4.2281 師閔乍(作)免伯寶鼎
4.2310 永寶
4.2312 堇臨乍(作)父乙寶尊彝
4.2313 乍(作)父乙寶尊彝
4.2315 亞豚乍(作)父乙寶尊鼎

4.2317 乍(作)父丁寶尊彝
4.2319 串乍(作)父丁寶鼎
4.2320 謍子旅乍(作)父戊寶彝
4.2322 乍(作)父辛寶尊彝
4.2323 梓(辣)乍(作)父癸寶尊彝
4.2324 玑(挺)乍(作)父癸寶尊彝
4.2325 [illegible]季乍(作)父癸寶尊彝
4.2326 史造(?)乍(作)父癸寶尊彝
4.2329 北子乍(作)母癸寶尊彝
4.2336 伯戜乍(作)厥父寶蕁(尊)彝
4.2337 伯六辪乍(作)湋旟寶蕁(尊)盨(齍)
4.2339 公大(太)史乍(作)姬娄寶尊彝
4.2340 季無(甒)乍(作)宮伯寶尊盨(齍)
4.2341 叔具乍(作)厥考寶尊彝
4.2342 叔䗀(螅)肇乍(作)南宮寶尊
4.2343 叔虎父乍(作)叔姬寶鼎
4.2344 湈(沫)伯遐乍(作)寶尊彝
4.2347 旂乍(作)厥文考寶尊彝
4.2348 乍(作)長寶尊彝
4.2349 [illegible]乍(作)寶鼎
4.2350 乍(作)寶鼎 / 子子孫孫永寶用
4.2351 小臣氏樊尹乍(作)寶用
4.2352 其萬年寶用
4.2365 歸乍(作)祖壬寶尊彝
4.2366 奪乍(作)父丁寶尊彝
4.2367 闌(管)監引乍(作)父己寶鬻彝
4.2370 公大(太)史乍(作)姬娄寶尊彝
4.2371 公大(太)史乍(作)姬娄寶尊彝
4.2372 備乍(作)宗室寶尊彝
4.2373 史斿父乍(作)寶尊彝貞(鼎)
4.2375 逐肇諆(其)乍(作)廟叔寶尊彝
4.2376 子子孫孫永寶
4.2378 其永寶用
4.2379 孫孫子永寶
4.2380 亘乍(作)寶鼎 / 子子孫永寶用
4.2385 至乍(作)寶鼎 / 其萬年永寶用
4.2386 永寶用
4.2387 永寶用
4.2388 永寶用
4.2389 永寶用
4.2399 其永寶用享
4.2404 伯旛乍(作)厥宗寶尊彝鱃(勵)
4.2405 用乍(作)寶尊彝
4.2406 乍(作)父辛寶尊彝
4.2407 伯龢乍(作)召伯父辛寶尊鼎
4.2408 禽乍(作)文考父辛寶鼎
4.2409 其永寶用
4.2411 其永寶用
4.2412 其永寶用
4.2413 霍乍(作)己公寶鼎
4.2414 萬年永寶用
4.2415 其永寶用
4.2416 子邁乍(作)寶鼎 / 子子孫孫永寶用
4.2417 其子子孫孫永寶用
4.2418 己(紀)華父乍(作)寶鼎
4.2419 樂乍(作)寶鼎 / 其萬年永寶用
4.2420 陽乍(作)寶鼎 / 孫子寶
4.2421 子子孫孫永寶用
4.2422 郙造遾(譴)乍(作)寶鼎
4.2426 子子孫孫永寶用
4.2428 [杞]子每刃乍(作)寶鼎 / 其萬年寶
4.2429 子子孫孫永寶用
4.2430 子孫永寶用享
4.2431 乃孫乍(作)祖己宗寶鬻爐
4.2432 用乍(作)文父甲寶尊彝
4.2435 從用乍(作)寶鼎
4.2436 用乍(作)父庚寶尊彝
4.2437 其邁(萬)年永寶用
4.2438 其萬年永寶用
4.2439 羊[illegible]茲乍(作)厥文考叔寶尊彝
4.2440 其萬年永寶用
4.2441 其萬年永寶用
4.2442 仲宦父乍(作)寶鼎 / 子子孫永寶用
4.2443 其永寶用
4.2444 其永寶用
4.2445 其永寶用
4.2446 其永寶用
4.2447 其永寶用
4.2453 用乍(作)厥寶尊彝
4.2454 用乍(作)厥寶尊彝
4.2455 用乍(作)厥寶尊彝
4.2456 伯矩乍(作)寶彝
4.2458 用乍(作)祖癸寶鼎
4.2459 用乍(作)寶彝
4.2460 梠(椃)伯聿(津)乍(作)鳥寶鼎
4.2461 从乍(作)寶鼎 / 子孫永寶用
4.2462 其萬年寶用
4.2463 子子孫孫寶用
4.2464 子子孫孫寶用
4.2465 伯颿父乍(作)寶鼎
4.2466 其永寶用
4.2467 奠(鄭)姜(羌)伯乍(作)寶鼎 / 其永寶用

4.2468 其永寶用

4.2469 大（太）師人駼
乍（作）寶鼎

4.2471 其子子孫其永
寶用

4.2472 虢姜乍（作）寶
尊鼎／其萬年永寶用

4.2474 儥嗣寇獸肇乍
（作）寶貞（鼎）／其永
寶用

4.2475 子孫永寶用享

4.2476 專車季乍（作）
寶鼎／其子子孫孫永
寶用

4.2483 彭生（甥）乍
（作）［文考］日辛寶尊
彝

4.2484 □舟乍（作）寶
鼎／子孫永寶用

4.2485 剌觀（肇）乍
（作）寶尊

4.2486 禽乍（作）文考
寶爐鼎／子子孫孫永
寶

4.2488 右伯乍（作）寶
鼎／子子孫孫永寶用

4.2489 其孫孫子子邁
（萬）年永寶

4.2490 永寶用

4.2491 居舩（服）騪乍
（作）用寶鼎／其萬年
永寶用

4.2492 其萬年永寶用

4.2494 杞伯每刃乍
（作）牧（邾）嬭寶貞
（鼎）／子子孫孫永寶
用／杞伯每刃乍（作）
黿（邾）嬭寶貞（鼎）／
子子孫孫永寶用

4.2495 杞伯每刃乍
（作）黿（邾）嬭寶貞
（鼎）／子子孫孫永寶
用

4.2500 孫子永寶用

4.2502 其邁（萬）年永
寶用

4.2503 燮（榮）子旅乍
（作）父戊寶尊彝／其
孫子永寶

4.2504 用乍（作）寶彝

4.2505 用乍（作）寶尊
彝

4.2507 復用乍（作）父
乙寶尊彝

4.2508 伯考父乍（作）
寶鼎／子子孫永寶用

4.2511 子孫其萬年永
寶用

4.2512 子子孫永寶用
享

4.2513 伯筍父乍（作）
寶鼎／子子孫孫永寶
用

4.2514 伯筍父乍（作）
寶鼎／子子孫孫永寶
用

4.2515 子子孫孫永寶
用

4.2516 粘娟（妘）乍
（作）寶鼎／子子孫永
寶用享

4.2517 子子孫孫永寶
用

4.2518 邁（萬）年永寶
用

4.2519 子孫永寶用之

4.2520 其子子孫孫永
寶用

4.2521 子子孫孫永寶
用

4.2522 永寶用之

4.2523 永寶用之

4.2524 其子子孫孫永
寶用

4.2525 黿（邾）伯御戎
乍（作）媵（媵）姬寶貞
（鼎）／子子孫孫永寶
用

4.2526 子子孫孫永寶
用

4.2528 用乍（作）厥文
祖寶繻尊盉（盥）

4.2529 ［仲］再父乍
（作）寶鼎

5.2531 雍伯乍（作）寶
尊彝

5.2533 永寶用享

5.2534 子子孫孫永寶
用

5.2535 永寶用享

5.2536 奠（鄭）登伯仮
（及）叔嬭乍（作）寶鼎
／其子子孫孫永寶用

5.2537 永寶用

5.2538 伯堂肇其乍
（作）寶鼎／子子孫孫
永寶

5.2539 自乍（作）寶鼎

5.2540 自乍（作）寶鼎

5.2541 仲義父乍（作）
新客（客）寶鼎／其子
子孫孫永寶用

5.2542 仲義父乍（作）
新客（客）寶鼎／其子
子孫孫永寶用

5.2543 仲義父乍（作）
新客（客）寶鼎／其子

子孫孫永寶用

5.2544 仲義父乍（作）
新客（客）寶鼎／其子
子孫孫永寶用

5.2545 仲義父乍（作）
新客（客）寶鼎／其子
子孫孫永寶用

5.2546 子子孫孫永寶
用

5.2547 華季嗌乍（作）
寶鼎／永寶用享

5.2548 其永寶用

5.2549 子子孫孫永寶
用

5.2550 曾伯從寵自乍
（作）寶鼎用

5.2552 子子孫孫永寶
用

5.2553 膺（應）公乍
（作）寶尊彝

5.2554 膺（應）公乍
（作）寶尊彝

5.2555 文考遺寶責
（積）／旂用乍（作）父
戊寶尊彝

5.2556 用乍（作）寶尊
彝

5.2557 師昌（帥）其乍
（作）寶齋鼎／子子
孫永寶用

5.2558 師膡父乍（作）
幽（幽）姬寶鼎／子
孫孫永寶用

5.2559 雍伯原乍（作）
寶鼎

5.2560 季姬其永寶用

5.2561 子子孫永寶用

5.2562 𢀜金父乍（作）
叔姬寶尊鼎／其萬子

孫永寶用
5.2564 曾仲子敔用吉金自乍(作)寶鼎
5.2565 黄季乍(作)季嬴寶鼎/子孫永寶用享
5.2568 鑄叔乍(作)嬴氏寶貞(鼎)/永寶用
5.2569 永寶用之
5.2570 掃片昶豯乍(作)寶鼎/子子孫永寶用享
5.2571 掃片昶豯乍(作)寶鼎/子子孫永寶用享
5.2572 交君子叕肈乍(作)寶鼎/永寶用
5.2575 乍(作)考寶尊彝
5.2580 大(太)師小子伯莀父乍(作)寶鼎/子子孫孫永寶用
5.2581 乍(作)寶
5.2584 永寶用享
5.2586 齊犇(扶)史喜乍(作)寶貞(鼎)/子子孫孫永寶用
5.2587 鑄子叔黑臣肈乍(作)寶貞(鼎)/永寶用
5.2589 永寶用
5.2591 𡵂魯宰兩乍(作)其晅嘉寶鼎/其子子孫孫永寶用之
5.2592 永寶用之
5.2593 永寶用之
5.2595 用乍(作)父乙寶彝
5.2596 新宫叔碩父、監姬乍(作)寶鼎/子子孫孫永寶用
5.2597 晉嗣徒伯鄀父乍(作)周姬寶尊鼎/其萬年永寶用
5.2598 子子孫永寶用
5.2599 奠(鄭)虢仲悆戒(勇)用乍(作)皇祖、文考寶鼎/子子孫永寶用
5.2600 子子孫孫永寶用
5.2601 子子孫孫永寶用
5.2602 子子孫永寶用享
5.2603 子孫永寶
5.2604 子孫永寶
5.2605 永寶用
5.2606 子孫永寶用之
5.2614 乍(作)寶尊彝
5.2615 誨(誒)乍(作)寶鬲鼎
5.2616 子子孫孫永寶用
5.2617 唯番昶伯者尹自乍(作)寶貞(鼎)/子孫永寶用
5.2618 唯番昶伯者尹自乍(作)寶貞(鼎)/子孫永寶用
5.2619 子子孫永寶用享
5.2621 永寶用之
5.2622 唯昶伯業自乍(作)寶𥓰盜/永寶用享
5.2628 用乍(作)又(有)始(姒)寶尊彝
5.2629 用乍(作)寶鼎/子子孫孫其永寶
5.2630 伯陶乍(作)厥文考宫叔寶𪕉彝/子子孫孫其永寶
5.2631 子子孫孫永寶
5.2632 乍(作)寶鼎/子子孫永寶用享
5.2633 乍(作)寶鼎/永寶用享
5.2634 子孫孫永寶用享
5.2635 子孫孫永寶用享
5.2636 子孫孫永寶用享
5.2637 永用爲寶
5.2638 弟弓乍(作)寶鼎/子子孫孫永寶用
5.2639 永寶用享
5.2640 子子孫孫永寶用
5.2641 子子孫孫永寶用
5.2642 杞伯每刃乍(作)鼄(邾)嬚寶貞(鼎)/子子孫永寶用享
5.2643 其永寶用
5.2644 自乍(作)寶鼎/子子孫永寶用之
5.2645 自乍(作)寶鼎/永寶用之
5.2648 𡚲(𡢁)用乍(作)父己寶尊
5.2649 伯頵父乍(作)朕皇考屖伯、吳姬寶鼎/子子孫孫永寶用
5.2652 永寶用之
5.2655 先(?)獸乍(作)朕老(考)寶尊鼎/獸其邁(萬)年永寶用
5.2656 子子孫永寶用
5.2657 子孫孫永寶用享
5.2660 辛乍(作)寶
5.2661 用乍(作)寶尊彝
5.2662 用乍(作)文考宫伯寶尊彝
5.2663 子子孫孫永寶用
5.2664 子子孫孫永寶用
5.2665 子子孫孫永寶用
5.2666 子子孫孫永寶用
5.2667 永寶用享
5.2668 其子子孫孫永寶用之
5.2670 旂用乍(作)文父日乙寶尊彝
5.2671 庈父乍(作)𩰫(捭)寶鼎
5.2672 庈父乍(作)𩰫(捭)寶鼎
5.2673 永余寶
5.2678 用乍(作)寶旅鼎
5.2679 㫃叔樊乍(作)昜(陽)姚寶鼎/子子孫永寶用
5.2680 子孫孫永寶用享
5.2681 子子孫孫永寶用

5.2682 用乍(作)寶彝
5.2683 永寶用
5.2684 永寶用
5.2685 永寶用
5.2686 永寶用
5.2687 永寶用
5.2688 永寶用
5.2689 [永]寶用
5.2690 永寶用之
5.2691 永寶用之
5.2692 永寶用之
5.2696 用爲考寶尊
5.2697 子子孫永寶
5.2698 子子孫孫永寶
5.2699 子子孫孫永寶
5.2700 子子孫孫永寶
5.2703 用乍(作)大子癸寶尊爐
5.2704 子子孫其永寶
5.2705 爲寶器鼎二、段二
5.2708 用乍(作)父癸寶鬻(餗)
5.2711 用乍(作)父己寶爐
5.2712 用乍(作)父辛寶尊彝
5.2713 子孫永寶用
5.2714 永寶用享
5.2718 用乍(作)父壬寶尊鼎
5.2719 用乍(作)寶彝
5.2720 用乍(作)寶尊鼎
5.2721 用乍(作)寶鼎
5.2723 其乍(作)厥文考寶貞(鼎)/孫孫子子寶用
5.2725 用乍(作)父辛寶齋
5.2726 用乍(作)父辛寶齋
5.2727 子子孫孫永寶用
5.2729 用乍(作)己公寶尊彝
5.2730 趞用乍(作)厥文考父辛寶尊齋/其子子孫孫永寶
5.2731 用乍(作)寶尊彝/子子孫孫其永寶
5.2733 衛肇乍(作)厥文考己仲寶鬻/子孫永寶
5.2734 用乍(作)寶鼎/子子孫孫永寶用
5.2735 用乍(作)寶鬻彝
5.2736 用乍(作)寶鬻彝
5.2737 自乍(作)寶貞(鼎)/永寶用享
5.2738 永寶用之
5.2740 寗用乍(作)皖公寶尊鼎
5.2741 寗用乍(作)皖公寶尊鼎
5.2742 瘐萬年永寶用
5.2743 仲師父乍(作)季妓始寶尊鼎/永寶用享
5.2744 仲師父乍(作)季妓始寶尊鼎/永寶用享
5.2745 子子孫孫永寶用
5.2748 用乍(作)寶貞(鼎)
5.2749 用乍(作)召伯父辛寶尊彝/子子孫孫寶
5.2751 埶(藝)于寶彝
5.2752 埶(藝)于寶彝
5.2753 子子孫孫永寶用
5.2754 用乍(作)寶齋
5.2755 其孫孫子子其永寶
5.2758 用乍(作)祖丁寶尊彝
5.2759 用乍(作)祖丁寶尊彝
5.2760 用乍(作)祖丁寶尊彝
5.2761 用乍(作)祖丁寶尊彝
5.2762 永寶用享
5.2763 用乍(作)父己寶尊彝
5.2765 螨拜韻首曰:休朕皇君弗醒(忘)厥寶臣/用乍(作)寶尊
5.2767 獃(胡)叔、伯(信)姬乍(作)寶鼎/子子孫永寶
5.2768 其子子孫孫永寶用
5.2769 其子子孫孫永寶用
5.2770 其子子孫孫永寶用
5.2771 永寶用享
5.2772 永寶用享
5.2775 用乍(作)季娟(妘)寶尊彝
5.2776 其孫孫子子永寶用
5.2777 永寶用享
5.2778 用乍(作)父庚永寶尊彝
5.2779 其永寶用
5.2780 孫孫子子永寶用
5.2781 用乍(作)寶鼎
5.2783 用乍(作)寶鼎
5.2784 用乍(作)寶鼎
5.2786 用乍(作)朕文考釐伯寶尊鼎/其萬年永寶用
5.2787 子子孫孫永寶用
5.2788 子子孫孫永寶用
5.2789 用乍(作)寶鬻尊鼎/其子子孫孫永寶
5.2790 緐子子孫永寶用享
5.2791 用乍(作)寶尊彝
5.2792 用乍(作)文考日己寶鼎/孫孫子子永寶用
5.2796 克乍(作)朕皇祖釐季寶宗彝/克其子子孫孫永寶用
5.2797 克乍(作)朕皇祖釐季寶宗彝/克其子子孫孫永寶用
5.2798 克乍(作)朕皇祖釐季寶宗彝/克其子子孫孫永寶用
5.2799 克乍(作)朕皇祖釐季寶宗彝/克其子子孫孫永寶用
5.2800 克乍(作)朕皇

祖盩季寶宗彝／克其子子孫孫永寶用
5.2801 克乍(作)朕皇祖盩季寶宗彝／克其子子孫孫永寶用
5.2802 克乍(作)朕皇祖盩季寶宗彝／克其子子孫孫永寶用
5.2804 子孫永寶用
5.2805 子子孫孫永寶用
5.2806 大其子[子孫孫邁]年永寶用
5.2807 大其子子孫孫邁(萬)年永寶用
5.2808 大其子子孫孫邁(萬)年永寶用
5.2810 子孫永寶用
5.2812 子子孫孫永寶用
5.2813 子子孫永寶用
5.2814 子孫永寶用
5.2815 用乍(作)朕皇考𨟻(郘)伯、奠(鄭)姬寶鼎／子子孫孫永寶
5.2816 子孫其萬年永寶用
5.2817 其永寶用
5.2818 子子孫孫永寶用
5.2819 子孫永寶用
5.2820 用乍(作)宗室寶尊／其永寶用之
5.2821 子子孫永寶用
5.2822 子子孫孫永寶用
5.2823 子子孫永寶用
5.2824 用乍(作)文母日庚寶尊𩰫彝／其子子孫孫永寶茲剌(烈)
5.2825 子子孫孫永寶用
5.2826 用乍(作)寶尊鼎
5.2827 用乍(作)朕皇考龏叔、皇母龏始(姒)寶尊鼎／子子孫孫寶用
5.2828 用乍(作)朕皇考龏叔、皇母龏始(姒)寶尊鼎／子子孫孫寶用
5.2829 用乍(作)朕皇考龏叔、皇母龏始(姒)寶尊鼎／子子孫孫寶用
5.2831 衛用乍(作)朕文考寶鼎／衛其邁(萬)年永寶用
5.2832 衛用乍(作)朕文考寶鼎／衛其萬年永寶用
5.2833 用乍(作)大寶鼎／子子孫孫寶用
5.2834 用乍(作)大寶〔鼎〕/子子孫孫寶用
5.2835 其子子孫永寶用
5.2836 多賜寶休／用乍(作)朕文祖師華父寶𩰫彝／子子孫孫永寶用
5.2837 用乍(作)祖南公寶鼎
5.2838 子子孫孫其永寶
5.2839 用乍(作)□伯寶尊彝
5.2841 賜女(汝)秬鬯一卣、祼圭瓚寶、朱芾、悤(蔥)黄(衡)、玉環、玉瑹、金車、桒(賁)縟較(較)、朱䩵(鞹)𩏂靳、虎冟(冪)熏裏、右軛、畫䡇、畫𨋎、金甬(桶)、逪(錯)衡、金嶂(踵)、金豙(軝)、㓜(約)𥂴(盛)、金簟弼(茀)、魚箙、馬四匹、攸(鋚)勒、金𠯑(臺)、金膺、朱旂二鈴(鈴)/子子孫孫永寶用
6.3231 緐父寶
6.3251 乍(作)寶段
6.3252 乍(作)寶段
6.3253 乍(作)寶段
6.3254 乍(作)寶段
6.3255 乍(作)寶段
6.3256 乍(作)寶段
6.3257 乍(作)寶段
6.3258 乍(作)寶段
6.3259 乍(作)寶段
6.3260 乍(作)寶段
6.3264 乍(作)寶彝
6.3265 乍(作)寶彝
6.3266 乍(作)寶彝
6.3267 乍(作)寶彝
6.3268 乍(作)寶彝
6.3269 乍(作)寶彝
6.3270 乍(作)寶彝
6.3271 乍(作)寶彝
6.3272 乍(作)寶彝
6.3273 乍(作)寶彝
6.3274 乍(作)寶彝
6.3275 乍(作)寶彝
6.3276 乍(作)寶彝
6.3277 乍(作)寶彝
6.3278 乍(作)寶彝
6.3279 乍(作)寶彝
6.3353 伯乍(作)寶段
6.3354 伯乍(作)寶段
6.3355 伯乍(作)寶段
6.3356 伯乍(作)寶段
6.3357 伯乍(作)寶段
6.3358 伯乍(作)寶彝
6.3359 伯乍(作)寶彝
6.3360 伯乍(作)寶彝
6.3361 伯乍(作)寶彝
6.3362 伯身乍(作)寶
6.3364 仲乍(作)寶段
6.3366 晨乍(作)寶
6.3367 晨乍(作)寶𣪕(𩚬、段)
6.3368 𦏴乍(作)寶段
6.3369 𦏴乍(作)寶段
6.3370 央乍(作)寶段
6.3371 旅乍(作)寶段
6.3372 奪乍(作)寶段
6.3373 舍乍(作)寶段
6.3374 霝乍(作)寶飤
6.3375 舟乍(作)寶段
6.3379 殷乍(作)寶彝
6.3380 𡚱乍(作)寶彝
6.3381 匀乍(作)寶彝
6.3382 卲乍(作)寶彝
6.3390 見乍(作)寶尊
6.3391 尹乍(作)寶尊
6.3399 乍(作)寶尊彝
6.3400 乍(作)寶尊彝
6.3401 乍(作)寶尊彝
6.3402 乍(作)寶尊彝
6.3403 乍(作)寶尊彝
6.3404 乍(作)寶尊彝
6.3405 乍(作)寶尊彝

6.3406 乍(作)寶尊彝
6.3407 乍(作)寶尊彝
6.3408 乍(作)寶尊彝
6.3409 乍(作)寶尊彝
6.3410 乍(作)寶尊彝
6.3411 乍(作)寶尊彝
6.3412 乍(作)寶尊毀
6.3413 乍(作)寶用毀
6.3414 用乍(作)寶彝
6.3443 杝(柂)䋞(䁮)乍(作)寶毀
6.3447 仲州乍(作)寶毀
6.3448 季楚乍(作)寶毀
6.3450 乍(作)姬寶尊彝
6.3451 㛅乍(作)寶尊彝
6.3454 乍(作)車寶彝尊
6.3461 農父乍(作)寶毀
6.3462 矩父乍(作)寶毀
6.3463 事父乍(作)寶彝
6.3465 𨻰乍(作)寶尊彝
6.3466 �(匿、杯)乍(作)寶尊彝
6.3467 䖵乍(作)寶尊彝
6.3468 御乍(作)寶尊彝
6.3469 𧾷乍(作)寶尊彝
6.3471 文乍(作)寶尊彝
6.3472 文乍(作)寶尊彝
6.3473 ☒寶彝
6.3475 陕乍(作)寶毀
6.3476 闔乍(作)寶尊彝
6.3479 公乍(作)寶尊彝
6.3483 尸曰乍(作)寶尊
6.3484 □伯乍(作)寶毀
6.3485 叔𠃌(曶)乍(作)寶毀
6.3487 叔皮(拒)乍(作)寶毀
6.3491 伯尚乍(作)寶毀
6.3492 伯乍(作)寶尊彝
6.3493 伯乍(作)寶尊彝
6.3494 伯乍(作)寶尊彝
6.3495 伯乍(作)寶尊彝
6.3496 伯乍(作)寶尊毀
6.3497 伯乍(作)寶尊毀
6.3498 伯乍(作)寶尊彝
6.3500 乍(作)祖戊寶毀
6.3501 乍(作)祖戊寶毀
6.3509 乍(作)父乙寶毀
6.3510 乍(作)父乙寶毀
6.3511 乍(作)父乙寶毀
6.3516 歖乍(作)父庚寶彝
6.3519 □乍(作)父辛寶彝
6.3524 陻(隔)伯乍(作)寶尊彝
6.3525 陻(隔)伯乍(作)寶尊彝
6.3526 亶(蟺檀)伯乍(作)寶尊彝
6.3527 㺇伯乍(作)寶尊毀
6.3528 㺇伯乍(作)寶尊毀
6.3529 㺇伯乍(作)寶尊毀
6.3530 㐬伯乍(作)姬寶毀
6.3531 㐬伯乍(作)姬寶毀
6.3532 伯矩乍(作)寶尊彝
6.3533 伯矩乍(作)寶尊彝
6.3534 伯魚乍(作)寶尊彝
6.3535 伯魚乍(作)寶尊彝
6.3536 伯艕(艕)乍(作)寶尊彝
6.3537 伯婁俯乍(作)寶毀
6.3538 伯丂𠕀乍(作)寶彝
6.3539 伯丂𠕀乍(作)寶彝
6.3541 伯乍(作)寶用尊毀
6.3542 伯乍(作)寶用尊毀
6.3543 仲獲父乍(作)寶毀
6.3544 仲僘乍(作)寶尊彝
6.3546 仲□父乍(作)寶毀
6.3549 楅仲乍(作)寶尊彝
6.3552 叔虤乍(作)寶尊毀
6.3553 叔虤乍(作)寶尊毀
6.3554 叔虤乍(作)寶尊毀
6.3556 季屖乍(作)寶尊彝
6.3558 嬴季乍(作)寶尊彝
6.3559 𩰫父乍(作)寶尊彝
6.3561 安父乍(作)寶尊彝
6.3562 微父乍(作)寶尊彝
6.3563 姞伋父乍(作)寶毀
6.3564 員父乍(作)寶尊毀
6.3565 霸姞乍(作)寶尊彝
6.3567 𪓛㚸(姒)乍(作)寶尊彝
6.3568 雍㚸(姒)乍(作)寶尊彝
6.3569 戚姬乍(作)寶

尊設
6.3573 師蘋其乍(作)寶設
6.3574 噩(鄂))叔乍(作)寶尊彝
6.3575 農乍(作)寶尊彝
6.3576 田農乍(作)寶尊彝
6.3577 卜孟乍(作)寶尊彝
6.3580 利乍(作)寶尊䵼彝
6.3581 長由乍(作)寶尊設
6.3582 長由乍(作)寶尊設
6.3583 史䍜乍(作)寶尊彝
6.3584 𤇾(縈)子旅乍(作)寶設
6.3588 㞡(役)乍(作)𨒅伯寶設
6.3589 芇侯乍(作)登寶設
6.3600 㞢乍(作)祖丁寶尊彝
6.3602 乍(作)父乙寶彝
6.3605 弔乍(作)父丁寶尊彝
6.3607 古乍(作)父丁寶隩(奠)彝
6.3609 休乍(作)父丁寶設
6.3610 𡉚乍(作)父戊寶尊彝
6.3611 廣乍(作)父己寶尊
6.3612 衛乍(作)父庚寶尊彝
6.3613 哦乍(作)父辛寶尊彝
6.3615 戠(坒)敏(搋)伯具乍(作)寶設
6.3620 嫞(嫚)仲乍(作)乙伯寶設
6.3622 召父乍(作)厥□寶彝
6.3623 𥝢沽乍(作)父卯寶設
6.3626 𢽾乍(作)文祖寶尊彝
6.3627 𢽾乍(作)文祖寶尊彝
6.3628 㫃乍(作)寶尊彝
6.3629 𠬝乍(作)厥考寶尊彝
6.3630 琍乍(作)寶設
6.3644 乍(作)祖辛寶彝
6.3645 敎乍(作)祖癸寶尊彝
6.3646 史逑乍(作)父乙寶設
6.3647 堇臨乍(作)父乙寶尊彝
6.3648 堇臨乍(作)父乙寶尊彝
6.3649 乍(作)父丁寶尊彝
6.3650 乍(作)父丁寶尊彝
6.3652 龠乍(作)父丁寶尊彝
6.3653 子𨸏乍(作)父己寶尊彝
6.3654 𤽄乍(作)父壬寶尊彝
6.3656 𡰪(征)乍(作)父癸寶尊彝
6.3657 𡰪(征)乍(作)父癸寶尊彝
6.3658 𡰪(征)乍(作)父癸寶尊彝
6.3659 子令乍(作)父癸寶尊彝
6.3660 𣪊(𠱍)乍(作)父癸寶尊彝
6.3661 𣪊(𠱍)乍(作)父癸寶尊彝
6.3662 𣪊(𠱍)乍(作)父癸寶尊彝
6.3663 黃乍(作)父癸寶尊彝
6.3664 乍(作)父乙寶尊彝
6.3665 厚乍(作)兄日辛寶彝
6.3667 倗丏乍(作)義妣寶尊彝
6.3669 噩(鄂)季奞父乍(作)寶尊彝
6.3670 朕(滕)侯乍(作)朕公寶尊彝
6.3671 旗𤔲土(徒)梋乍(作)寶尊設
6.3672 北伯邑辛乍(作)寶尊設
6.3673 蛙乍(作)厥母寶尊設
6.3674 伯乍(作)厥諲(諲)子寶尊彝
6.3675 或者乍(作)宮伯寶尊彝
6.3676 㫃乍(作)寶設
6.3677 睘乍(作)寶設/其永寶用
6.3678 伯蔡父乍(作)母嫊寶設
6.3681 毅乍(作)寶設
6.3684 劃函乍(作)祖戊寶尊彝
6.3685 見乍(作)父己寶尊彝
6.3686 幷廷冀乍(作)父癸寶尊彝
6.3688 通𨗈(𨗈)乍(作)父癸寶彝
6.3689 亞疑𡖊㽉乍(作)女(母)辛寶彝
6.3690 伯乍(作)寶設/子子孫孫永寶用
6.3694 叔宿乍(作)日壬寶尊彝
6.3696 𤔲土(徒)𤔲乍(作)厥丂(考)寶尊彝
6.3697 𤔲土(徒)𤔲乍(作)厥丂(考)寶尊彝
6.3698 朿人守父乍(作)厥寶尊彝
6.3699 公大(太)史乍(作)母庚寶尊彝
6.3700 其壽考寶用
6.3701 其壽考寶用
6.3702 彔乍(作)文考乙公寶尊設
6.3704 孟肅父乍(作)寶設
6.3705 師㝨父乍(作)季姞寶尊設
6.3706 師㝨父乍(作)叔姞寶尊設
6.3707 永寶用
6.3708 永寶用

6.3709 永寶用
6.3714 辨乍(作)文父己寶尊彝
6.3715 辨乍(作)文父己寶尊彝
6.3716 辨乍(作)文父己寶尊彝
6.3718 伯乍(作)寶段
6.3720 窥邁(萬)年寶
6.3721 窥萬年寶
6.3722 莓(蔽)伯乍(作)井姬寶段
6.3723 仲乍(作)寶尊彝
6.3724 叔宖(宇)乍(作)寶段 / 其邁(萬)年永寶
6.3726 友父乍(作)寶段 / 子子孫孫永寶用
6.3727 友父乍(作)寶段 / 子子孫孫永寶用
6.3728 其萬年寶用
6.3729 其萬年寶用 / 其萬年寶用
6.3730 唯子孫乍(作)寶
6.3731 圳乍(作)寶段
6.3733 用乍(作)寶尊彝
6.3734 其子子孫孫永寶用
6.3735 旂乍(作)寶段 / 其子子孫孫永寶用
6.3736 旂乍(作)寶段 / 其子子孫孫永寶用
6.3737 畣乍(作)豐孏寶段
6.3738 意乍(作)寶段 / 其邁(萬)年孫子寶
6.3739 永寶用
6.3740 齊史逗乍(作)寶段
6.3741 乍(作)寶段 / 其子孫邁(萬)年永寶
6.3742 乍(作)寶尊段
7.3743 乍(作)寶段
7.3744 乍(作)寶段
7.3747 仲再乍(作)又(厥)寶彝
7.3748 伯者父乍(作)寶段
7.3749 [illegible]乍(作)厥祖寶尊彝
7.3751 秽(穇)乍(作)父柙(甲)寶段 / 邁(萬)年孫子寶
7.3755 中友父乍(作)寶段 / 子子孫永寶用
7.3756 中友父乍(作)寶段 / 子子孫永寶用
7.3757 其萬年永寶用
7.3758 其萬年永寶用
7.3759 其萬年永寶用
7.3760 叔䜣父乍(作)寶段
7.3761 痾乍(作)寶段
7.3762 子子孫孫永寶用
7.3763 遽伯睘乍(作)寶尊彝
7.3764 叔杲父乍(作)寶段
7.3765 其永寶用
7.3766 其永寶用
7.3767 㝬徃(誕)乍(作)寶段 / 其萬年子孫寶用
7.3768 㝬徃(誕)乍(作)寶段 / 其萬年子孫寶用
7.3769 乎乍(作)姑氏寶段 / 其永寶用
7.3770 降(絳)人繁乍(作)寶段
7.3771 晉人事(吏)寓乍(作)寶段 / 其孫子永寶
7.3772 子子孫其永寶用
7.3773 其子子孫孫萬年寶用
7.3774 其子子孫孫萬年寶用
7.3775 其永寶用
7.3776 其永寶用
7.3777 散伯乍(作)夨姬寶段
7.3778 散伯乍(作)夨姬寶段
7.3779 散伯乍(作)夨姬寶段
7.3780 散伯乍(作)夨姬寶段
7.3781 其邁(萬)年永寶
7.3782 其邁(萬)年永寶
7.3783 仲競乍(作)寶段
7.3784 伯俘乍(作)伯戀寶段 / 世子孫孫寶用
7.3785 虘香妊乍(作)寶段 / 子孫孫永寶用享
7.3786 史窦乍(作)寶段 / 子子孫孫永寶
7.3787 保子達乍(作)寶段
7.3788 趪乍(作)寶段 / 子孫永寶用
7.3789 其萬年永寶用
7.3791 孫子永寶
7.3792 伯芀乍(作)寶段 / 子子孫孫永寶用
7.3793 子子孫孫永寶用
7.3794 子子孫孫永寶用
7.3795 子子孫孫永寶用
7.3796 子子孫孫永寶用
7.3797 其永寶用
7.3798 其永寶用
7.3799 其永寶用
7.3800 其永寶用
7.3801 其永寶用
7.3802 其子子孫孫永寶用
7.3803 其子子孫孫永寶用
7.3804 䵼(㝬胡)衍乍(作)寶段 / 子子孫孫永寶用
7.3805 子子孫孫永寶用
7.3806 子子孫孫永寶用
7.3807 叙(搭)年伯自乍(作)其寶段
7.3808 兮仲乍(作)寶段 / 子子孫孫永寶用
7.3809 兮仲乍(作)寶段 / 孫孫(子子)孫孫永寶用 / 兮仲乍(作)

寶𣪘/子子孫孫永寶用
7.3810 兮仲乍(作)寶𣪘/子子孫孫永寶用
7.3811 兮仲乍(作)寶𣪘/子子孫孫永寶用
7.3812 兮仲乍(作)寶𣪘/子子孫孫永寶用
7.3813 兮仲乍(作)寶𣪘/子子孫孫永寶用
7.3814 兮仲乍(作)寶𣪘/子子孫孫永寶用
7.3815 其萬年永寶用
7.3816 齊[illegible](姪)姬乍(作)寶𣪘
7.3817 寺(邿)季故公乍(作)寶𣪘/永寶用享
7.3818 寺(邿)季故公乍(作)寶𣪘/永寶用享
7.3819 叔旦乍(作)寶𣪘/子子孫孫永寶用
7.3820 虢姜乍(作)寶𣪘
7.3821 其子子孫孫永寶用
7.3822 用乍(作)厥寶尊彝
7.3823 用乍(作)又(厥)寶尊彝
7.3824 用乍(作)寶尊彝
7.3825 用乍(作)寶尊彝/伯魚乍(作)寶尊彝
7.3826 〔其〕永寶用
7.3827 敔乍(作)寶𣪘
7.3828 滕(滕)虎敢肇乍(作)厥皇考公命仲寶尊彝
7.3829 滕(滕)虎敢肇乍(作)厥皇考公命仲寶尊彝
7.3830 滕(滕)虎敢肇乍(作)厥皇考公命仲寶尊彝
7.3831 滕(滕)虎敢肇乍(作)厥皇考公命仲寶尊彝
7.3832 滕(滕)虎敢肇乍(作)厥皇考公命仲寶尊彝
7.3833 伯賓父乍(作)寶𣪘/子子孫孫永寶用
7.3834 伯賓父乍(作)寶𣪘/子子孫孫永寶用
7.3835 革乍(作)父寶尊𣪘/其子子孫孫萬年永寶用
7.3836 衛㚸(姒)乍(作)寶尊𣪘/其萬年永寶用
7.3837 洹其萬年永寶用
7.3838 洹其萬年永寶用
7.3839 洹其萬年永寶用
7.3840 其子子孫孫邁(萬)年永寶用
7.3841 其子子孫孫邁(萬)年永寶用
7.3842 子子孫孫永寶用
7.3843 子子孫孫永寶用
7.3844 子子孫孫永寶用
7.3845 妧𤪌(理)母乍(作)南旁寶𣪘/子子孫孫其永寶用
7.3846 訇伯𧽊(達)乍(作)寶𣪘
7.3847 其子子孫永寶用享
7.3849 其子子孫孫永寶用
7.3850 其子子孫孫永寶用
7.3851 其子子孫孫永寶用
7.3852 其子子孫孫永寶用
7.3853 其子子孫孫永寶用
7.3854 其子子孫孫永寶用
7.3855 其子子孫孫永寶用
7.3856 其子子孫孫永寶用
7.3857 其子子孫孫永寶用
7.3859 子子孫孫其寶用
7.3860 其邁(萬)年永寶用
7.3862 用乍(作)父乙寶尊彝
7.3863 彔乍(作)厥文考乙公寶尊𣪘/子子孫其永寶
7.3864 〼其萬年用寶
7.3865 其萬年永寶用
7.3866 子孫永寶用
7.3867 洹秦乍(作)祖乙寶𣪘/子孫寶用
7.3868 亶乍(作)祖辛寶𣪘/孫孫子子永寶用
7.3869 其邁(萬)年永寶用
7.3870 叔向父爲備寶𣪘兩、寶鼎二/亙(百)世孫子寶
7.3871 其邁(萬)年永寶用
7.3872 旅仲乍(作)誶寶𣪘
7.3873 埶(藝)其乍(作)寶𣪘/子子孫永寶用
7.3874 子子孫孫永寶用
7.3875 子子孫孫永寶用
7.3876 子子孫孫永寶用
7.3877 季侚父逰乍(作)寶𣪘/子子孫孫永寶用
7.3878 奠(鄭)牧馬受乍(作)寶𣪘/其子子孫孫邁(萬)年永寶用
7.3879 奠(鄭)牧馬受乍(作)寶𣪘/其子子孫孫邁(萬)年永寶用
7.3880 奠(鄭)牧馬受乍(作)寶𣪘/其子子孫孫邁(萬)年永寶用
7.3881 子子孫孫永寶
7.3882 子子孫孫永寶
7.3883 子子孫孫永寶

7.3884 子子孫孫永寶
7.3885 子子孫孫永寶
7.3886 子子孫孫永寶
7.3887 伯毄父乍(作)婷寶毁/子子孫孫永寶用
7.3888 子子孫孫永寶用
7.3889 子子孫孫永寶用
7.3890 廣乍(作)叔彭父寶毁/子子孫孫永寶用
7.3891 井𠂇叔安父自乍(作)寶毁/其子孫永寶用
7.3892 師㚖父乍(作)寶毁/永寶用享(享)
7.3893 子子孫永寶用享
7.3894 永寶用
7.3895 子子孫孫永寶用
7.3896 鑄其寶毁/永寶用享
7.3897 杞伯每刃乍(作)鼄(邾)爜寶毁/永寶用享
7.3898 杞伯每刃乍(作)鼄(邾)爜寶毁/永寶用享
7.3899 杞伯每刃乍(作)鼄(邾)爜寶毁/永寶用享
7.3900 杞伯每刃乍(作)爜寶毁/永寶用享
7.3901 杞伯每刃乍(作)鼄(邾)爜寶毁/子子孫永寶用享
7.3902 杞伯每刃乍(作)鼄(邾)爜寶毁/永寶用享
7.3903 敶(陳)侯乍(作)嘉姬寶毁/子子孫孫永寶用
7.3906 用乍(作)父戊寶尊彝
7.3907 用乍(作)宗室寶尊彝
7.3908 量侯尌(豺)作(作)寶尊毁/子子孫邁(萬)年永寶
7.3909 臭乍(作)日辛尊寶毁
7.3910 是婁乍(作)文考寶毁/其子孫永寶用
7.3911 是婁乍(作)文考寶毁/其子孫永寶用
7.3912 子子孫孫永寶用
7.3913 子子孫孫永寶用
7.3914 大(太)師事(史)良父乍(作)寶毁/子子孫孫永寶用
7.3915 其孫孫子子永寶用
7.3916 姞氏自牧(作)爲寶尊毁/子子孫孫永寶用
7.3917 子子孫孫永寶用
7.3918 子子孫其永寶用
7.3920 伯百父乍(作)周姜寶毁
7.3921 子孫永寶用
7.3922 子子孫孫永寶用
7.3923 子子孫孫永寶用
7.3924 永寶用享
7.3925 命父諆乍(作)寶毁
7.3926 命父諆乍(作)寶毁
7.3927 伯田父乍(作)井妘寶毁/子子孫孫永寶用
7.3928 子子孫永寶
7.3929 子子孫永寶
7.3930 子子孫永寶
7.3935 𤞞生𩏩乍(作)寶毁
7.3936 子子孫永寶
7.3937 子子孫孫永寶
7.3938 子子孫孫永寶
7.3941 用乍(作)祖癸寶尊
7.3942 用乍(作)寶尊彝
7.3943 祈其萬年寶
7.3944 鑄子叔黑臣肇乍(作)寶毁/永寶用
7.3945 子子孫孫永寶用
7.3946 中伯乍(作)亲(辛)姬繺人寶毁/子子孫孫永寶用
7.3947 中伯乍(作)亲(辛)姬繺人寶毁/子孫寶用
7.3948 用乍(作)父乙寶彝
7.3949 季魯肇乍(作)厥文考井叔寶尊彝/子子孫孫其永寶用
7.3950 諆乍(作)寶毁
7.3951 諆乍(作)寶毁
7.3952 格伯乍(作)晉姬寶毁/其永寶用
7.3953 □□自乍(作)寶毁/其子孫永寶
7.3954 用厥賓(儐)乍(作)丁寶毁
7.3955 子子孫孫永寶用
7.3956 子子孫孫永寶用
7.3957 子子孫孫永寶用
7.3958 其子子孫孫永寶用
7.3959 其子孫永寶用
7.3960 孟弜父乍(作)寶毁/子子孫孫永寶用
7.3961 孟弜父乍(作)寶毁/子子孫孫永寶用
7.3962 子子孫孫永寶用
7.3963 子子孫孫永寶用
7.3964 其子子孫永寶用
7.3965 其子子孫永寶用
7.3966 其子子孫永寶用
7.3967 其子子孫孫永寶用
7.3968 其子子孫永寶

用
7.3969 其子子孫永寶用
7.3970 其子子孫永寶用
7.3971 永寶用享
7.3972 永寶用享
7.3973 永寶用享
7.3974 永寶用
7.3976 用乍(作)父戊寶尊彝
7.3977 己(紀)侯貉子分己(紀)姜寶
7.3978 孫子其萬年永寶
7.3979 吕伯乍(作)厥宮室寶尊彝𣪘
7.3980 子子孫孫永寶用
7.3981 子子孫孫永寶用
7.3982 子子孫孫永寶用
7.3983 其永寶用
7.3984 永寶用享
7.3985 永寶用享
7.3986 永寶用享
7.3987 永寶用
7.3988 永寶用
7.3989 永寶用享
7.3991 乃孫乍(作)寶𣪘/其子子孫其永寶用
7.3992 乃孫乍(作)寶𣪘/其子子孫其永寶用
7.3995 伯偈父乍(作)姬麋寶𣪘/子子孫永寶用
7.3996 叀客乍(作)朕文考日辛寶尊𣪘/子子孫孫永寶用
7.3997 其永寶用
7.3998 其永寶用
7.3999 其永寶用
7.4000 其永寶用
7.4001 子孫永寶/子子孫永寶
7.4002 子子孫孫永寶
7.4003 子子孫孫永寶
7.4004 子子孫孫永寶用
7.4005 子子孫孫永寶用
7.4006 子子孫孫永寶用
7.4007 沃伯寺自乍(作)寶𣪘/永寶用享
7.4008 兮吉父乍(作)仲姜寶尊𣪘/永寶用享
7.4009 毛伯嚃(噬)父乍(作)仲姚寶𣪘/永寶用享
7.4010 子子孫孫永寶
7.4014 永寶用享
7.4015 永寶用享
7.4016 用乍(作)寶𣪘
7.4017 用乍(作)寶𣪘
7.4018 卓林父乍(作)寶𣪘/其子子孫孫永寶用
7.4019 永寶用享
7.4021 世孫子寶
7.4022 世孫子寶
7.4023 用乍(作)厥寶尊𣪘
7.4024 奠(鄭)虢仲乍(作)寶𣪘
7.4025 奠(鄭)虢仲乍(作)寶𣪘
7.4026 奠(鄭)虢仲乍(作)寶𣪘
7.4027 子子孫孫永寶用
7.4028 毛㝬乍(作)寶𣪘/永寶用
7.4032 官(管)夸父乍(作)義友寶𣪘/孫孫子子永寶用
7.4033 孫子子永寶用
7.4034 孫子子永寶用
7.4035 子子孫孫永寶用
7.4036 子子孫孫永寶用
7.4037 子子孫孫永寶用
7.4038 其子子孫孫永寶用之
7.4039 永寶用享
7.4040 邿𨘋(譴)乍(作)寶𣪘/永寶用享
7.4041 禽用乍(作)寶彝
7.4044 用乍(作)父戊寶尊彝
7.4045 子子孫孫永寶用
7.4048 子子孫孫永寶用
7.4049 子子孫孫永寶用
7.4050 子子孫孫永寶用
7.4051 唯曾伯文自乍(作)寶𣪘/永寶用享
7.4052 唯曾伯文自乍(作)寶𣪘/永寶用享
7.4053 唯曾伯文自乍(作)寶𣪘/永寶用享
7.4056 其萬年永寶用
7.4057 其萬年永寶用
7.4058 其萬年永寶用
7.4060 用乍(作)寶
7.4061 子子孫孫永寶用
7.4062 永寶用
7.4063 永寶用
7.4064 永寶用
7.4065 永寶用/內(芮)叔𨽍父乍(作)寶𣪘/子子孫孫永寶用
7.4066 永寶用/內(芮)叔𨽍父乍(作)寶𣪘/子子孫孫永寶用
7.4067 永寶用/內(芮)叔𨽍父乍(作)寶𣪘/子子孫孫永寶用
7.4068 乍(作)微姚寶𣪘/永寶用享
7.4069 乍(作)微姚寶𣪘/永寶用享
7.4070 乍(作)微姚寶𣪘/永寶用享
7.4071 孟姬其子孫永寶
7.4072 孟姬其子孫永寶
7.4073 伯椃乍(作)厥宮室寶𣪘/孫孫子子永寶
7.4074 子子孫孫永寶用
7.4075 子子孫孫永寶用

7.4076 永寶用
7.4077 永寶用
7.4078 永寶用
7.4079 永寶用
7.4080 永寶用
7.4081 永寶用
7.4082 永寶用
7.4083 永寶用
7.4084 永寶用
7.4085 永寶用
7.4086 永寶用
7.4087 永寶用
7.4088 用乍(作)父乙寶彝/其子孫永寶
7.4089 事(史)族乍(作)寶毁/其子子孫孫永寶用
7.4090 罘朕文母季姬寶毁/子子孫孫永寶用
7.4091 子子孫孫永寶
7.4092 子子孫孫永寶
7.4093 子子孫孫永寶
7.4094 子子孫孫永寶
7.4095 子孫永寶用享
7.4097 用爲寶器鼎二、毁二
7.4098 嬰乍(作)文祖考尊寶毁/孫孫子子永寶
7.4100 用乍(作)寶毁
7.4101 用乍(作)寶毁
7.4102 子子孫孫永寶
7.4103 子子孫孫永寶
7.4104 用乍(作)寶彝
7.4105 用乍(作)寶彝
7.4106 用乍(作)寶彝
7.4107 子孫之寶
7.4108 永寶用享
7.4109 內(芮)伯多父乍(作)寶毁/永寶用享
7.4110 永寶用享
7.4111 永寶用享
7.4112 用乍(作)寶彝
7.4113 子子孫孫永寶
7.4114 子孫孫永寶用享
7.4115 伯𢦚肇其乍(作)西宮寶/子子孫孫永寶
7.4116 子子孫孫永寶用
7.4117 子子孫孫永寶用
7.4118 宴用乍(作)朕文考日己寶毁/子子孫孫永寶用
7.4119 宴用乍(作)朕文考日己寶毁/子子孫孫永寶用
8.4121 用乍(作)寶尊彝
8.4122 用乍(作)文祖辛公寶𩰫毁/其子子孫孫永寶
8.4123 用乍(作)妊小寶毁/其子子孫孫永寶用
8.4124 子子孫孫永寶用
8.4125 其子子孫孫邁(萬)年永寶用
8.4126 楙季肇乍(作)朕王母叔姜寶毁/子子孫永寶
8.4127 子子孫孫寶
8.4129 買其子子孫孫永寶用享
8.4130 用乍(作)寶毁/其邁(萬)年永寶用
8.4131 用乍(作)旟公寶尊彝
8.4132 用乍(作)寶尊彝
8.4133 用乍(作)寶尊彝
8.4134 用乍(作)父乙寶尊彝毁
8.4135 用乍(作)父乙寶尊彝毁
8.4137 叔妣乍(作)寶尊毁/子孫永寶
8.4139 楷侯乍(作)姜氏寶𩰫彝/乍(作)寶毁/用乍(作)文母楷妊寶毁
8.4141 子子孫孫永寶用
8.4142 子子孫孫永寶用
8.4143 子子孫孫永寶用
8.4144 用乍(作)父乙寶彝
8.4146 用乍(作)祖戊寶尊彝
8.4147 永寶用享
8.4148 永寶用享
8.4149 永寶用享
8.4150 永寶用享
8.4151 永寶用享
8.4153 其子子孫孫永寶
8.4154 師湯父有嗣仲枏父乍(作)寶毁/孫孫(子子)孫其永寶用
8.4155 師湯父有嗣仲枏父乍(作)寶毁/子子孫其永寶用
8.4156 自乍(作)寶毁/子孫永寶用享
8.4157 黿(蛇)乎乍(作)寶毁
8.4158 黿(蛇)乎乍(作)寶毁
8.4159 其萬年孫子寶
8.4160 伯康乍(作)寶毁/永寶茲毁
8.4161 伯康乍(作)寶毁/永寶茲毁
8.4162 子子孫孫其永寶
8.4163 子子孫孫其永寶
8.4164 子子孫孫其永寶
8.4166 其萬年寶
8.4167 用乍(作)祖考寶尊彝
8.4168 多寶(福)/永寶用享
8.4169 用乍(作)朕文考寶尊毁/其永寶用
8.4170 癲萬年寶
8.4171 癲萬年寶
8.4172 癲萬年寶
8.4173 癲萬年寶
8.4174 癲萬年寶
8.4175 癲萬年寶
8.4176 癲萬年寶
8.4177 癲萬年寶
8.4179 用乍(作)鑄引仲寶毁/子子孫孫永寶用
8.4180 用乍(作)鑄引

仲寶設 / 子子孫孫永寶用
8.4181 用乍(作)鑄引仲寶殷 / 子子孫孫永寶用
8.4182 虢姜乍(作)寶尊殷 / 永寶用享
8.4183 永寶用享
8.4184 永寶茲休
8.4185 永寶茲休
8.4186 永寶茲休
8.4187 永寶茲休
8.4188 永寶用享
8.4189 永寶用享
8.4190 乍(作)茲寶殷
8.4191 用乍(作)寶皇殷
8.4192 用自乍(作)寶器 / 萬年以(與)厥孫子寶用
8.4193 用自乍(作)寶器 / 萬年以(與)厥孫子寶用
8.4194 沓眾厥子子孫永寶
8.4196 用乍(作)寶殷 / 子子孫其永寶用
8.4197 用乍(作)寶殷 / 子子孫孫其永寶
8.4198 永寶用享
8.4199 用乍(作)文考公叔寶殷 / 世子子孫虞寶用
8.4200 用乍(作)文考公叔寶殷 / 世子子孫孫虞寶用
8.4201 子子孫永寶
8.4202 用乍(作)寶殷 / 其永寶用
8.4203 用自乍(作)寶殷 / 永寶用享
8.4204 用自乍(作)寶殷 / 永寶用享
8.4206 用乍(作)朕考日甲寶
8.4207 其孫孫子子永寶
8.4209 用乍(作)朕文祖考寶尊殷 / 子子孫孫永寶用
8.4210 用乍(作)朕文祖考寶尊殷 / 子子孫孫永寶用
8.4211 用乍(作)朕文祖考寶尊殷 / 子子孫孫永寶用
8.4212 用乍(作)朕文祖考寶尊殷 / 子子孫孫永寶用
8.4213 用乍(作)寶殷 / 展(殿)𢼸(敉)其子子孫孫永寶
8.4214 世孫子永寶
8.4215 用乍(作)寶殷 / 其子子孫孫寶用
8.4216 用乍(作)寶殷 / 子子孫孫永寶用
8.4217 用乍(作)寶殷 / 子子孫孫永寶用
8.4218 用乍(作)寶殷 / 子子孫孫永寶用
8.4219 子子孫孫永寶用
8.4220 子子孫孫永寶用
8.4221 子子孫孫永寶用
8.4222 子子孫孫永寶用
8.4223 子子孫孫永寶用
8.4224 子子孫孫永寶用
8.4225 子孫永寶用
8.4226 子孫永寶用
8.4227 子孫永寶用
8.4228 子孫永寶用
8.4229 子子孫孫永寶用
8.4230 子子孫孫永寶用
8.4231 子子孫孫永寶用
8.4232 子子孫孫永寶用
8.4233 子子孫孫永寶用
8.4234 子子孫孫永寶用
8.4235 子子孫孫永寶用
8.4236 子子孫孫永寶用
8.4237 余𥞤(稀)㪟〔作〕朕皇文考寶尊
8.4238 用乍(作)寶尊彝
8.4239 用乍(作)寶尊彝
8.4240 免其萬年永寶用
8.4242 禹其邁(萬)年永寶用
8.4243 用乍(作)寶殷 / 子子孫孫永寶用
8.4244 用自乍(作)寶尊殷 / 萬年永寶用
8.4245 用〔乍〕寶殷
8.4246 永寶用
8.4247 永寶用
8.4248 永寶用
8.4249 永寶用
8.4250 用乍(作)朕文考幽叔寶殷 / 子子孫孫永寶用
8.4251 用乍(作)寶殷 / 虘其萬年永寶用
8.4252 用乍(作)寶殷 / 虘其萬年永寶用
8.4253 用乍(作)朕文祖寶殷 / 子子孫孫永寶用
8.4254 用乍(作)朕文祖寶殷 / 子子孫孫永寶用
8.4255 用乍(作)朕文考寶殷
8.4256 用乍(作)朕文祖考寶殷 / 衛其子子孫孫永寶用
8.4257 子子孫孫永寶用
8.4258 用乍(作)文考寶殷 / 其孫孫子子永寶用
8.4259 用乍(作)文考寶殷 / 其子子孫孫永寶用
8.4260 用乍(作)文考寶殷 / 其子子孫孫永寶用
8.4266 其子子孫孫邁(萬)年寶用
8.4267 子子孫孫其永寶
8.4268 王臣其永寶用

8.4270 用乍(作)朕文丂(考)莧(艽)仲尊寶毁/子子孫孫永寶用
8.4271 用乍(作)朕文丂(考)莧(艽)仲尊寶毁/子子孫孫永寶用
8.4272 用乍(作)朕皇祖伯囧(窗)父寶毁/子子孫孫永寶用
8.4274 子子孫孫永寶用
8.4275 子子孫孫永寶用
8.4276 用乍(作)朕文考釐叔寶毁/萬年永寶用于宗室
8.4277 用乍(作)寶
8.4278 子子孫孫永寶用
8.4279 子子孫孫永寶用
8.4280 子子孫孫永寶用
8.4281 子子孫孫永寶用
8.4282 子子孫孫永寶用
8.4283 孫孫子子其永寶
8.4284 孫孫子子其永寶
8.4285 子子孫孫永寶用
8.4286 用乍(作)寶尊毁/子子孫孫永寶
8.4287 伊用乍(作)朕不(丕)顯皇祖文考徲叔寶𬔊彝/永寶用享
8.4288 子子孫孫永寶用
8.4289 子子孫孫永寶用
8.4290 子子孫孫永寶用
8.4291 子子孫孫永寶用
8.4293 子子孫孫寶
8.4294 余用乍(作)朕剌(烈)考富(憲)伯寶毁/子子孫其萬年永寶用
8.4295 余用乍(作)朕剌(烈)考富(憲)伯寶毁/子子孫其萬年永寶用
8.4296 永寶用享
8.4297 永寶用享
8.4298 其子子孫孫永寶用
8.4299 其子子孫孫永寶用
8.4300 用乍(作)丁公寶毁/婦子後人永寶
8.4301 用乍(作)丁公寶毁/婦子後人永寶
8.4302 用乍(作)朕皇考釐王寶尊毁/余其永邁(萬)年寶用
8.4303 子子孫孫永寶用
8.4304 子子孫孫永寶用
8.4305 子子孫孫永寶用
8.4306 子子孫孫永寶用
8.4307 子子孫孫永寶用
8.4308 子子孫孫永寶用
8.4309 子子孫孫永寶用
8.4310 子子孫孫永寶用
8.4311 永寶用享
8.4312 子子孫孫永寶用
8.4313 永寶用享
8.4314 永寶用享
8.4316 其永寶用
8.4317 㝬(胡)乍(作)𬔊彝寶毁
8.4318 子子孫孫永寶用
8.4319 子子孫孫永寶用
8.4321 子子孫永寶用
8.4322 用乍(作)文母日庚寶尊毁/其子子孫孫永寶
8.4323 子子孫孫永寶用
8.4324 子子孫孫永寶用
8.4325 子子孫孫永寶用
8.4326 永寶
8.4327 寶/用乍(作)寶尊毁/子子孫孫永寶用
8.4328 其永寶用享
8.4329 其永寶用享
8.4332 用乍(作)朕皇考奠叔、皇母奠始(姒)寶尊毁/子子孫孫永寶用
8.4333 用乍(作)朕皇考奠叔、皇母奠始(姒)寶尊毁/子子孫孫永寶用
8.4334 用乍(作)朕皇考奠叔、皇母奠始(姒)寶尊毁/子子孫孫永寶用
8.4335 用乍(作)朕皇考奠叔、皇母奠始(姒)寶尊毁/子孫永寶用
8.4336 用乍(作)朕皇考奠叔、皇母奠始(姒)寶尊毁/子子孫孫永寶用
8.4337 用乍(作)朕皇考奠叔、皇母奠始(姒)寶尊毁/子子孫孫永寶用
8.4338 用乍(作)朕皇考奠叔、皇母奠始(姒)寶尊毁/子子孫孫永寶用
8.4339 用乍(作)朕皇考奠叔、皇母奠始(姒)寶尊毁/子子孫孫永寶用
8.4340 用乍(作)寶尊毁/子子孫孫永寶用
8.4341 子子孫多世其永寶
8.4342 用乍(作)朕剌(烈)祖乙伯、同益姬寶毁/子子孫孫永寶/用乍(作)州宮寶
8.4343 用乍(作)朕皇文考益伯寶尊毁/子子孫孫永寶用
9.4345 伯夸父乍(作)

寶盨(鎮)
9.4351 叔倉父乍(作)寶盨
9.4353 夨賸乍(作)寶旅盨
9.4361 其永寶用
9.4362 其永寶用
9.4363 其永寶用
9.4364 其永寶用
9.4365 子子孫孫永寶用
9.4366 其永寶用
9.4367 其永寶用
9.4368 其永寶用
9.4369 其永寶用
9.4370 其永寶用
9.4371 其永寶用
9.4372 子子孫孫永寶用
9.4373 子子孫孫永寶用
9.4374 其子子孫孫永寶用
9.4377 叔賓父乍(作)寶盨
9.4378 子子孫孫永寶用
9.4380 子子孫孫永寶用
9.4381 永寶用
9.4382 其萬年永寶
9.4383 其萬年永寶用
9.4384 子子孫孫永寶用
9.4385 其萬年永寶用
9.4386 其永寶用
9.4387 其永寶用
9.4388 其萬年永寶用
9.4389 永寶用享
9.4390 其子子孫孫永寶用享
9.4391 其永寶用
9.4392 子子孫孫永寶用
9.4393 子子孫孫永寶用
9.4394 其邁(萬)年永寶用
9.4395 其邁(萬)年永寶用
9.4396 及子子孫孫永寶用
9.4397 永寶用
9.4398 其子子孫孫永寶用
9.4399 其邁(萬)年永寶用
9.4400 其永寶用
9.4401 其永寶用
9.4402 子子孫孫永寶用
9.4403 子子孫孫永寶用
9.4404 其邁(萬)年永寶用
9.4405 其子子孫孫永寶用
9.4407 子子孫孫永寶用
9.4408 子子孫孫永寶用
9.4409 子子孫孫永寶用
9.4410 子子孫孫永寶用
9.4411 永寶用享
9.4412 華季嗌乍(作)寶設 / 子子孫孫永寶用
9.4413 子子孫孫永寶用
9.4414 子子孫孫永寶用
9.4415 萬年永寶用
9.4416 子子孫永寶用
9.4417 子子孫孫永寶用
9.4418 子子孫永寶用
9.4419 其永寶用享
9.4420 延其萬年永寶
9.4421 延其萬年永寶
9.4423 鑄子叔黑臣肈乍(作)寶盨 / 永寶用
9.4424 其子子孫孫萬年永寶用
9.4425 永彶仲姬寶用
9.4426 子子孫孫永寶用
9.4427 永寶用 / 走父以(與)其子子孫孫寶用
9.4428 其子子孫萬年永寶用
9.4429 永寶用
9.4430 其子子孫孫永寶用
9.4431 曼龏父乍(作)寶盨 / 子子孫孫永寶用
9.4432 曼龏父乍(作)寶盨 / 子子孫孫永寶用
9.4433 曼龏父乍(作)寶盨 / 子子孫孫永寶用
9.4434 曼龏父乍(作)寶盨 / 子子孫孫永寶用
9.4436 子子孫永寶用
9.4437 其肈乍(作)其皇考伯明父寶設 / 永寶用〔享〕
9.4438 伯寬(窺、覓)父乍(作)寶盨
9.4439 伯寬(覓、窺)父乍(作)寶須(盨)
9.4440 永寶用享
9.4441 子子孫永寶用享
9.4446 子子孫孫永寶用
9.4447 子子孫孫永寶用
9.4448 杜伯乍(作)寶盨 / 其萬年永寶用
9.4449 杜伯乍(作)寶盨 / 其萬年永寶用
9.4450 杜伯乍(作)寶盨 / 其萬年永寶用
9.4451 杜伯乍(作)寶盨 / 其萬年永寶用
9.4452 杜伯乍(作)寶盨 / 其萬年永寶用
9.4453 仲自(師)父乍(作)季龏□寶尊盨 / 永寶用享
9.4454 叔剸(剸)父乍(作)奠(鄭)季寶鐘六金、尊盨四、鼎七 / 奠(鄭)季其子子孫孫永寶用
9.4455 叔剸(剸)父乍(作)奠(鄭)季寶鐘六金、尊盨四、鼎七 / 奠(鄭)季其子子孫孫永寶用

9.4456 叔剸(剸)父乍(作)奠(鄭)季寶鐘六金、尊盨四、鼎七/奠(鄭)季其子子孫孫永寶用
9.4457 叔剸(剸)父乍(作)奠(鄭)季寶鐘六金、尊盨四、鼎七/奠(鄭)季其子子孫孫永寶用
9.4458 永寶用享
9.4459 永寶用
9.4460 永寶用
9.4461 永寶用
9.4462 用乍(作)文考寶段/子子孫孫其永寶
9.4463 用乍(作)文考寶段/子子孫孫其永寶
9.4465 子子孫孫永寶用
9.4466 其子子孫孫永寶用
9.4467 子子孫孫永寶用
9.4468 子子孫孫永寶用
9.4469 用乍(作)寶盨/子子孫孫永寶用
9.4481 永寶
9.4486 微乘鑄其寶簠
9.4497 寶用
9.4504 京叔姬乍(作)寶簠
9.4514 其萬年永寶
9.4515 其萬年永寶
9.4516 冶𢓊乍(作)寶匿(筐)/子子孫孫永寶用
9.4517 永寶用
9.4518 永寶用
9.4519 永寶用
9.4520 永寶用
9.4522 其子子孫孫永寶用
9.4523 其萬年永寶用
9.4524 其子子孫孫永寶用
9.4530 其萬年永寶
9.4531 內(芮)公乍(作)鑄寶簠/子孫永寶用享
9.4532 其子子孫孫永寶用享
9.4533 永寶用之
9.4534 子子孫孫永寶用
9.4535 伯壽父乍(作)寶簠/其萬年永寶用
9.4536 □其邁(萬)年永寶用
9.4539 魯山奢淲鑄其寶簠/子子孫永寶用
9.4540 魯山旅虎鑄其寶簠/子子孫永寶用
9.4541 魯山旅虎鑄其寶簠/子子孫永寶用
9.4546 其子子孫孫永寶用享
9.4547 其子子孫永寶用享
9.4548 其子子孫孫永寶用享
9.4552 子子孫孫永寶用
9.4553 子子孫孫永寶用
9.4554 子子孫孫永寶用
9.4555 子子孫孫永寶用
9.4557 子子孫孫永寶用
9.4558 子子孫孫永寶用
9.4559 子子孫孫永寶用
9.4560 鑄叔乍(作)贏、氏寶簠/永寶用
9.4561 永寶用享
9.4562 永寶用享
9.4563 子子孫孫永寶用
9.4564 子子孫孫永寶用
9.4565 交君子叕肇乍(作)寶簠/永寶用
9.4566 永寶用
9.4567 永寶用
9.4568 永寶用
9.4569 永寶用之
9.4570 肇乍(作)寶簠/永寶用
9.4571 肇乍(作)寶簠/永寶用
9.4572 子子孫孫永寶用
9.4574 子子孫孫永寶用
9.4578 用自乍(作)寶簠/其子子孫孫永寶用享
9.4579 其子子孫孫永寶用享
9.4581 永寶用之
9.4582 子子孫孫永寶用
9.4583 子子孫孫永寶用
9.4584 子子孫孫永寶用
9.4585 子子孫孫永寶用
9.4586 子子孫孫永寶用
9.4587 永寶用之
9.4591 永寶用之
9.4592 永寶用享
9.4600 子子孫孫永寶用
9.4601 用爲永寶
9.4602 用爲永寶
9.4605 自乍(作)寶簠
9.4608 永寶用之
9.4609 永寶用之
9.4610 永寶用之
9.4611 永寶用之
9.4613 永寶用之
9.4614 永寶用之
9.4617 永寶用之
9.4619 永寶用之
9.4620 永寶用之
9.4621 永寶用之
9.4622 □□敒之寶
9.4623 永寶用之
9.4624 永寶用之
9.4626 免其萬年永寶用
9.4627 弭仲乍(作)寶匶(璉)
9.4628 其子子孫孫永寶用享
9.4631 永寶用之享
9.4632 永寶用之享
9.4642 大寶無碁(期)

9.4673 曾仲斿父自乍(作)寶甫(簠)
9.4674 曾仲斿父自乍(作)寶甫(簠)
9.4681 其萬年永寶
9.4684 永寶用
9.4685 康生(甥)乍(作)玟(文)考癸公寶尊彝
9.4689 子孫永寶用之
9.4690 永寶用之
9.4691 永寶用之
9.4692 虘其永寶用享
9.4693 永寶用
10.5023 伯寶彝
10.5034 乍(作)寶彝
10.5035 乍(作)寶彝
10.5036 乍(作)寶彝
10.5037 乍(作)寶彝
10.5038 乍(作)寶彝
10.5039 乍(作)寶彝
10.5105 伯乍(作)寶彝
10.5106 伯乍(作)寶彝
10.5107 伯乍(作)寶彝
10.5109 叔乍(作)寶彝
10.5116 辛乍(作)寶彝
10.5117 耒乍(作)寶彝
10.5121 乍(作)旅寶彝
10.5122 乍(作)宗寶彝
10.5126 乍(作)寶尊彝
10.5127 乍(作)寶尊彝
10.5128 乍(作)寶尊彝
10.5129 乍(作)寶尊彝
10.5130 乍(作)寶尊彝
10.5131 乍(作)寶尊彝
10.5132 乍(作)寶尊彝
10.5133 乍(作)寶尊彝
10.5134 乍(作)寶尊彝
10.5135 乍(作)寶尊彝
10.5136 乍(作)寶尊彝
10.5137 乍(作)寶尊彝
10.5138 乍(作)寶尊彝
10.5139 乍(作)寶尊彝
10.5140 乍(作)寶尊彝
10.5159 乍(作)父戊寶彝
10.5160 乍(作)父戊寶彝
10.5177 膺(應)公乍(作)寶彝
10.5178 伯乍(作)寶尊彝
10.5179 伯乍(作)寶尊彝
10.5180 伯乍(作)寶尊彝
10.5181 伯乍(作)寶尊彝
10.5182 伯乍(作)寶尊彝
10.5183 伯乍(作)寶尊彝
10.5184 仲乍(作)寶尊彝
10.5185 叔乍(作)寶尊彝
10.5187 叀乍(作)寶尊彝
10.5188 頙乍(作)寶尊彝
10.5189 肈乍(作)寶尊彝
10.5190 曶乍(作)寶尊彝
10.5191 豐乍(作)從寶彝 / 豐乍(作)寶從彝
10.5196 見乍(作)寶尊彝
10.5197 狽乍(作)寶尊彝
10.5198 狛(猘)乍(作)寶尊彝
10.5200 乍(作)祖戊寶彝
10.5204 乍(作)父乙寶彝
10.5207 𠙵乍(作)父乙寶彝
10.5209 叀乍(作)父丁寶彝
10.5210 乍(作)父丁寶旅彝
10.5217 乍(作)父辛寶尊彝
10.5220 膺(應)公乍(作)寶尊彝
10.5221 𤔲(陰)伯乍(作)寶尊彝
10.5222 俞伯乍(作)寶尊彝
10.5223 汪伯乍(作)寶旅彝
10.5224 隁(隔)伯乍(作)寶尊彝
10.5225 隁(隔)伯乍(作)寶尊彝
10.5226 濦(涇)伯乍(作)寶尊彝
10.5227 濦(涇)伯乍(作)寶尊彝
10.5228 伯矩乍(作)寶尊彝
10.5229 伯矩乍(作)寶尊彝
10.5230 伯矩乍(作)寶尊彝
10.5231 伯各乍(作)寶尊彝
10.5232 伯各乍(作)寶尊彝
10.5233 伯貉乍(作)寶尊彝
10.5234 伯魚乍(作)寶尊彝
10.5235 力伯乍(作)寶尊彝
10.5236 仲繳乍(作)寶尊彝
10.5237 叔截乍(作)寶尊彝
10.5238 亞𩱧乍(作)寶尊彝
10.5240 鄘季乍(作)寶尊彝
10.5241 強季乍(作)寶旅彝
10.5242 衛父乍(作)寶尊彝
10.5244 正父乍(作)寶彝 / 正父乍(作)寶尊彝
10.5245 夆(逢)苢(苢)父乍(作)寶彝
10.5247 安父乍(作)寶尊彝
10.5249 貙乍(作)寶尊彝
10.5251 鬳(蔣)嗌乍(作)寶尊彝
10.5253 竟乍(作)厥寶尊彝
10.5254 晢(醬)乍(作)□寶尊彝
10.5257 盟弔(强)乍(作)寶尊彝
10.5260 遣乍(作)祖乙

寶尊彝
10.5261 𨘋乍(作)祖乙寶尊彝
10.5262 吠乍(作)祖乙寶尊彝
10.5263 趄乍(作)祖丁寶尊彝
10.5267 羊乍(作)父乙寶尊彝
10.5268 小臣乍(作)父乙寶彝
10.5269 乍(作)父乙寶尊彝
10.5272 戈車乍(作)父丁寶尊彝
10.5273 田告父丁乍(作)寶彝
10.5276 聑〓乍(作)父丁寶尊彝
10.5277 叀乍(作)父戊寶旅彝
10.5279 〓乍(作)寶尊彝
10.5281 冀父己乍(作)寶尊彝
10.5282 好乍(作)父己寶尊彝
10.5283 賁(臚)乍(作)父辛寶尊彝
10.5284 㪔(散)乍(作)父辛寶尊彝
10.5286 竟乍(作)父辛寶尊彝
10.5289 乍(作)父壬寶尊彝
10.5290 賁(臚)乍(作)父癸寶尊彝
10.5297 閡乍(作)宄伯寶尊彝
10.5298 閡乍(作)宄伯寶尊彝
10.5299 北伯殁乍(作)寶尊彝
10.5302 弔敊(扶)册乍(作)寶彝
10.5303 朿(剌)叔乍(作)厥寶尊彝
10.5304 佷矢乍(作)父辛寶彝
10.5306 乃子子乍(作)父庚寶尊彝
10.5307 髭乍(作)祖癸寶尊彝
10.5308 罋(瓮)乍(作)父甲寶尊彝
10.5310 析家乍(作)父戊寶尊彝
10.5311 覶(覶)乍(作)父戊寶尊彝
10.5315 𣣪(哵)乍(作)父癸寶尊彝
10.5316 伯乍(作)文(大)公寶尊旅彝
10.5317 虒(榹)伯罰乍(作)寶尊彝
10.5321 交乍(作)祖乙寶尊彝
10.5323 衛乍(作)季衛父寶尊彝
10.5326 伯〓(睘)乍(作)厥室寶尊彝
10.5327 伯〓(睘)乍(作)厥室寶尊彝
10.5328 對乍(作)父乙寶尊彝
10.5330 奪乍(作)父丁寶尊彝
10.5331 奪乍(作)父丁寶尊彝
10.5334 居(征)乍(作)父癸寶尊彝
10.5335 〓(卣)乍(作)文考癸寶尊彝
10.5336 述乍(作)兄日乙寶尊彝
10.5337 屯乍(作)兄辛寶尊彝
10.5339 宼乍(作)兄日壬寶尊彝
10.5340 伯亘乍(作)西宮伯寶尊彝
10.5343 其永寶
10.5345 㑒(僉)莽高乍(作)父乙寶尊彝
10.5346 豐乍(作)父癸寶尊彝
10.5356 乍(作)父丙寶尊彝
10.5357 懍(憻)季遽父乍(作)豐姬寶尊彝
10.5358 懍(憻)季遽父乍(作)豐姬寶尊彝
10.5359 其永寶
10.5360 亞橐(櫜)䛡𨟻(禮)乍(作)父癸寶尊彝
10.5362 䲰乍(作)文父日丁寶尊旅彝
10.5363 湈(沫)伯𨘂乍(作)厥考寶旅尊 / 湈(沫)伯𨘂乍(作)厥考寶旅尊彝
10.5364 湈(沫)伯𨘂乍(作)厥考寶旅尊 / 湈(沫)伯𨘂乍(作)厥考寶旅尊彝
10.5365 其子子孫孫永寶
10.5366 倗乍(作)厥考寶尊彝
10.5369 無(許)仲趯乍(作)厥文考寶尊彝
10.5370 莽乍(作)文考父丁寶尊彝
10.5371 其子孫永寶
10.5372 異乍(作)厥考伯效父寶宗彝
10.5374 用乍(作)寶尊彝
10.5376 虢季子組(組)乍(作)寶彝 / 子子孫孫永寶用
10.5381 用乍(作)幽尹寶尊彝 / 其永寶用
10.5382 邁(萬)年永寶
10.5384 用乍(作)父乙寶尊彝
10.5385 用乍(作)父乙寶尊彝
10.5386 用乍(作)父乙寶尊彝
10.5390 用乍(作)寶尊彝
10.5392 以寡子乍(作)永寶
10.5393 乍(作)寶彝 / 乍(作)厥文考父辛寶尊彝
10.5394 用乍(作)父己寶彝
10.5395 用乍(作)寶鬻
10.5398 用乍(作)父戊寶尊彝
10.5399 用乍(作)父丁寶尊彝
10.5400 用乍(作)父乙

寶尊彝
10.5402 用乍(作)姑寶彝
10.5403 用乍(作)父辛寶尊彝
10.5404 商用乍(作)文辟日丁寶尊彝
10.5405 用乍(作)寶彝
10.5406 其永寶用
10.5407 用乍(作)文考癸寶尊器
10.5408 其子子孫孫永寶用
10.5409 用乍(作)寶尊彝
10.5410 乍(作)祖丁寶旅尊彝
10.5411 用乍(作)文考日乙寶尊彝
10.5415 用乍(作)文父癸宗寶尊彝
10.5418 免其萬年永寶用
10.5419 用乍(作)文考乙公寶尊彝
10.5420 用乍(作)文考乙公寶尊彝
10.5421 用乍(作)父癸寶尊彝
10.5422 用乍(作)父癸寶尊彝
10.5423 用乍(作)文考日丁寶彝 / 其子子孫孫永寶用
10.5424 從乍(作)寶彝
10.5425 用乍(作)父乙寶尊彝 / 子子孫永寶
10.5426 用乍(作)厥文姑寶尊彝 / 永寶用
10.5427 曰：子子孫寶
10.5430 用乍(作)文考辛公寶尊彝 / 其邁(萬)年寶
10.5431 高對乍(作)父丙寶尊彝 / 𠭯長疑其子子孫孫寶用
10.5433 用乍(作)寶尊彝 / 亦其子子孫孫永寶
11.5704 乍(作)寶彝
11.5705 乍(作)寶彝
11.5706 乍(作)寶彝
11.5707 乍(作)寶彝
11.5708 乍(作)寶彝
11.5709 乍(作)寶彝
11.5710 乍(作)寶彝
11.5711 乍(作)寶彝
11.5765 伯乍(作)寶彝
11.5774 辛乍(作)寶彝
11.5781 乍(作)寶尊彝
11.5782 乍(作)寶尊彝
11.5783 乍(作)寶尊彝
11.5784 乍(作)寶尊彝
11.5785 乍(作)寶尊彝
11.5786 乍(作)寶尊彝
11.5787 乍(作)寶尊彝
11.5788 乍(作)寶尊彝
11.5789 乍(作)寶尊彝
11.5790 乍(作)寶尊彝
11.5812 見乍(作)寶尊彝
11.5814 舀乍(作)寶尊彝
11.5815 史舀乍(作)寶彝
11.5816 𣪕(𣪕)赤乍(作)寶彝
11.5818 矩乍(作)寶尊彝
11.5819 𠷎乍(作)寶尊彝
11.5820 𠷎乍(作)寶尊彝
11.5822 乍(作)祖乙寶尊彝
11.5824 乍(作)父乙寶彝
11.5826 乍(作)父丁寶彝
11.5829 乍(作)父丁寶彝尊
11.5830 乍(作)父戊寶尊彝
11.5831 乍(作)父己寶彝
11.5832 □乍(作)父庚寶尊彝
11.5837 乍(作)父辛寶尊上彝
11.5841 膺(應)公乍(作)寶尊彝
11.5843 燮(榮)子乍(作)寶尊彝
11.5844 伯各乍(作)寶尊彝
11.5845 伯貉乍(作)寶尊彝
11.5846 伯矩乍(作)寶尊彝
11.5847 陾(隔)伯乍(作)寶尊彝
11.5848 潶(涇)伯乍(作)寶尊彝
11.5849 俞伯乍(作)寶尊彝
11.5850 𢍰伯𢐗(貂)乍(作)寶尊
11.5851 仲𢐗乍(作)寶尊彝
11.5852 登仲乍(作)寶尊彝
11.5853 登仲乍(作)寶尊彝
11.5855 噩(鄂)革𠂢乍(作)寶尊
11.5856 戒叔乍(作)寶尊彝
11.5857 叔𩰫乍(作)寶尊彝
11.5858 𢑚季乍(作)寶旅彝
11.5860 𨛫季乍(作)寶尊彝
11.5861 員父乍(作)寶尊彝
11.5862 竟乍(作)厥寶尊彝
11.5866 乍(作)祖己寶尊彝
11.5867 竟乍(作)祖癸寶尊彝
11.5870 小臣乍(作)父乙寶彝
11.5871 禾伯乍(作)父乙寶尊
11.5873 乍(作)父丁寶尊彝
11.5874 逆乍(作)父丁寶尊彝
11.5875 乍(作)父丁寶尊彝
11.5878 𡚱乍(作)父己寶尊彝
11.5879 羌乍(作)父己寶尊彝
11.5880 魚乍(作)父己

寶尊彝
11.5882 黴(揩)乍(作)父辛寶尊彝
11.5883 責(𧷸)乍(作)父辛寶尊彝
11.5884 鴟矢乍(作)父辛寶彝
11.5886 此乍(作)父辛寶尊彝
11.5889 卿乍(作)厥考寶尊彝
11.5890 北伯殁乍(作)寶尊彝
11.5891 魁乍(作)祖乙寶彝
11.5892 𢿍(醬)乍(作)祖辛寶尊彝
11.5895 㬰乍(作)父乙寶尊彝
11.5896 令 哮 (咤) 乍(作)父乙寶尊彝
11.5897 史伏乍(作)父乙寶旅彝
11.5898 乍(作)父丁寶尊彝
11.5899 叡(摣)乍(作)父戊寶簿(尊)彝
11.5901 佳乍(作)父己寶彝
11.5902 獸乍(作)父庚寶尊彝
11.5903 厥子乍(作)父辛寶尊彝
11.5904 貍乍(作)父癸寶尊彝
11.5905 單 𪭢 (具) 乍(作)父癸寶尊彝
11.5906 𩁹乍(作)父癸旅寶尊彝
11.5907 𣪘(㴻)乍(作)父癸寶尊彝
11.5908 𦣞乍(作)厥皇考寶尊彝
11.5915 衛乍(作)季衛父寶尊彝
11.5918 對乍(作)父乙寶尊彝
11.5919 對乍(作)父乙寶尊彝
11.5921 奪乍(作)父丁寶尊彝
11.5922 周免旁乍(作)父丁宗寶彝
11.5923 乍(作)父丁寶旅彝
11.5924 乍(作)父丁寶旅彝
11.5925 傳乍(作)父戊寶尊彝
11.5927 㞶(征)乍(作)父癸寶尊彝
11.5928 𤕦辟乍(作)日癸公寶尊彝
11.5931 㫚乍(作)文考日庚寶尊器
11.5932 屯乍(作)兄辛寶尊彝
11.5933 𤞷乍(作)兄日壬寶尊彝
11.5934 述乍(作)兄日乙寶尊彝
11.5940 季 㝉 (寧) 乍(作)寶尊彝
11.5941 厥孫子永寶
11.5942 其永寶
11.5943 效乍(作)祖辛亢寶尊彝
11.5944 𡚬(班)乍(作)父乙寶尊彝
11.5945 𢍰(扶)者君乍(作)父乙寶尊彝
11.5946 □乍(作)父癸寶尊彝
11.5947 憻(憻)季遽父乍(作)豐姬寶尊彝
11.5948 公乍(作)寶尊彝
11.5950 引爲魑膚寶尊彝
11.5951 省史趄乍(作)祖丁寶尊彝
11.5953 犀庫(肇)其乍(作)父己寶尊彝
11.5954 渫(沫)伯𨒪乍(作)厥考寶旅尊彝
11.5955 倗乍(作)厥考寶尊彝
11.5956 用乍(作)父甲寶尊彝
11.5958 子子孫孫其永寶
11.5959 其永寶
11.5960 事 (史) 䧊 乍(作)丁公寶彝
11.5961 其子孫永寶
11.5962 用乍(作)寶尊彝
11.5963 無(許)仲趩乍(作)厥文考寶尊彝
11.5964 㲃乍(作)父乙宗寶尊彝 / 子子孫孫其永寶
11.5966 員乍(作)父壬寶尊彝 / 子子孫其永寶
11.5968 乍(作)文考日辛寶尊彝
11.5969 世孫子永寶
11.5970 乍(作)父己寶宗彝 / 孫子永寶
11.5972 邁(萬)年永寶
11.5975 用乍(作)父乙寶尊彝
11.5976 其丙(百)世孫子永寶
11.5978 用乍(作)父乙寶尊彝
11.5979 用乍(作)公日辛寶彝
11.5980 乍(作)文考日己寶尊宗彝 / 永寶用
11.5982 自乍(作)寶彝 / 子孫永寶用享
11.5983 㪔乍(作)祖丁旅寶彝
11.5984 能匋用乍(作)文父日乙寶尊彝
11.5986 用乍(作)父乙寶尊彝
11.5987 用乍(作)父辛寶尊彝
11.5988 永寶
11.5989 用乍(作)朕文考日癸旅寶
11.5991 用乍(作)父乙寶尊彝
11.5992 用乍(作)姑寶彝
11.5993 乍(作)厥穆穆文祖考寶尊彝 / 邁(萬)年子孫寶
11.5994 用乍(作)寶彝
11.5995 用乍(作)厥文考寶彝 / 孫孫子子寶
11.5996 用乍(作)父辛寶尊彝

11.5997 商用乍(作)文辟日丁寶尊彝
11.5999 用乍(作)父癸寶尊彝
11.6000 用乍(作)己寶[illegible]
11.6001 用乍(作)皷寶尊彝 / 其萬年永寶
11.6002 其永寶
11.6003 用乍(作)父癸宗寶尊彝
11.6005 用乍(作)辛公寶尊彝 / 其萬年永寶
11.6006 免其萬年永寶用
11.6007 肆(肇)乍(作)京公寶尊彝 / 京公孫子寶
11.6008 用乍(作)父乙寶旅彝
11.6009 用乍(作)寶尊彝 / 亦其子子孫孫永寶
11.6011 余用乍(作)朕文考大仲寶尊彝 / 世子子孫孫永寶之
11.6013 用乍(作)朕文祖益公寶尊彝 / 逦(更)朕先寶事
11.6014 用乍(作)囦(廼、庚)公寶尊彝
11.6015 用乍(作)寶尊彝
11.6016 用乍(作)父丁寶尊彝
11.6246 父乙寶
12.6436 逨(徠)乍(作)寶彝
12.6437 耒乍(作)寶彝
12.6438 乍(作)寶尊彝
12.6448 乍(作)父辛寶尊
12.6451 姞亘母乍(作)寶
12.6452 矢王乍(作)寶彝
12.6453 麦伯乍(作)寶彝
12.6459 邑乍(作)寶尊彝
12.6468 小臣乍(作)父乙寶彝
12.6469 膺(應)事乍(作)父乙寶
12.6473 □乍(作)父辛寶尊彝
12.6477 伯旟乍(作)寶尊彝
12.6478 伯旟乍(作)寶尊彝
12.6479 者(諸)兒乍(作)寶尊彝
12.6480 遟乍(作)寶尊彝
12.6486 叔僔(塼)乍(作)楷公寶彝
12.6487 征乍(作)筡公寶尊彝
12.6488 冶徣乍(作)厥寶尊彝
12.6489 其(箕)史乍(作)祖己寶尊彝
12.6490 齊史遐乍(作)祖辛寶彝
12.6491 齊史遐乍(作)祖辛寶彝
12.6493 諫乍(作)父丁寶尊彝
12.6494 舌仲乍(作)父丁寶尊彝
12.6495 遽仲乍(作)父丁寶
12.6497 甚乍(作)父戊寶尊
12.6500 鼓辜乍(作)父辛寶尊彝
12.6501 [illegible]乍(作)父癸寶尊彝
12.6503 吕伯乍(作)厥取(祖)寶尊彝
12.6504 甾作(作)父己寶尊彝
12.6507 北子乍(作)寶尊彝 / 孫子子永寶
12.6508 用乍(作)父乙寶尊彝
12.6509 用乍(作)寶尊彝
12.6510 庶用乍(作)寶尊彝
12.6512 用乍(作)寶尊彝
12.6513 子孫寶
12.6514 用乍(作)父乙寶尊彝
12.6515 萬年寶
12.6516 用乍(作)寶尊彝 / 永寶
12.7284 乍(作)父辛寶尊彝
12.7285 亞夫乍(作)寶從彝
12.7286 亞夫乍(作)寶從彝
12.7290 亞乍(作)父乙寶尊彝
12.7291 亞乍(作)父乙寶尊彝
12.7292 卿乍(作)父乙寶尊彝
12.7301 埶(藝)戉乍(作)祖癸句寶彝
12.7304 妏乍(作)乙公寶彝
12.7305 趞乍(作)日癸寶尊彝
12.7307 亞旐(杠)[illegible](負)乍(作)父丁寶尊彝
13.8305 乍(作)寶
14.8822 爵寶彝
14.8823 爵寶彝
14.8826 鬻(蔣)子寶
14.8827 鬻(蔣)子寶
14.8828 則乍(作)寶
14.8985 丮申乍(作)寶
14.8998 臣乍(作)父乙寶
14.8999 臣乍(作)父乙寶
14.9009 戈乍(作)父丁寶
14.9031 立乍(作)寶尊彝
14.9032 聞乍(作)寶尊彝
14.9033 剛乍(作)寶尊彝
14.9035 伯晢乍(作)寶彝
14.9036 伯限乍(作)寶彝
14.9038 耳日獲乍(作)寶旅彝
14.9040 伯尾父乍(作)寶彝

14.9041 史曶乍(作)寶彝
14.9043 剅乍(作)祖乙寶彝
14.9044 剅乍(作)祖乙寶彝
14.9045 嬴乍(作)祖丁寶彝
14.9048 膺(應)史乍(作)父乙寶
14.9052 乍(作)甫(父)丁寶尊彝
14.9053 獸乍(作)父戊寶彝
14.9054 獸乍(作)父戊寶
14.9058 埶(藝)遲父庚寶彝
14.9063 史逵乍(作)寶尊彝
14.9065 效乍(作)祖戊寶尊彝
14.9066 㚔(嗌)乍(作)祖己旅寶彝
14.9067 牆乍(作)父乙寶尊彝
14.9068 牆乍(作)父乙寶尊彝
14.9071 小車乍(作)父丁寶彝
14.9076 攸乍(作)上父寶尊彝
14.9077 □乍(作)厥父寶尊彝
14.9080 豐乍(作)父辛寶
14.9081 豐乍(作)父辛寶
14.9082 豐乍(作)父辛寶
14.9083 葬大乍(作)父辛寶尊彝
14.9089 觪乍(作)召伯父辛寶尊彝
14.9094 用乍(作)父甲寶彝
14.9095 呂仲僕乍(作)毓子寶尊彝
14.9097 舟鑰(角)煒乍(作)厥祖乙寶宗彝
14.9104 用乍(作)父寶尊彝
15.9239 冓乍(作)寶尊彝
15.9244 微乍(作)康公寶尊彝
15.9248 乍(作)父乙寶尊彝
15.9286 殷(插)乍(作)寶彝
15.9289 亶乍(作)父丁寶彝
15.9290 冉父辛寶尊彝
15.9291 乍(作)女(母)戊寶尊彝
15.9292 匽(匽)乍(作)父辛寶尊彝
15.9293 旃乍(作)父乙寶尊彝
15.9296 琊(班)乍(作)父乙寶尊彝
15.9297 其永寶
15.9300 用乍(作)父戊寶尊彝
15.9301 用乍(作)文嫊己寶彝
15.9302 乍(作)文考日己寶尊宗彝/永寶用
15.9303 其永寶
15.9385 此乍(作)寶彝
15.9395 鄦(驨)父乍(作)寶彝
15.9397 公乍(作)寶尊彝
15.9399 伯春乍(作)寶盉
15.9400 伯定乍(作)寶彝
15.9401 師轉乍(作)寶燮(鎣)
15.9407 吳乍(作)寶盉
15.9412 伯矩乍(作)寶尊彝
15.9414 隧(隔)伯乍(作)寶尊彝
15.9419 季嬴霝德乍(作)寶盉
15.9424 遾乍(作)厥考寶尊彝
15.9427 伯亘乍(作)西宮伯寶尊彝
15.9428 厥孫子永寶
15.9429 子子孫其永寶
15.9430 伯富(憲)乍(作)召伯父辛寶尊彝
15.9431 枏乍(作)寶尊彝
15.9432 萬年永寶用
15.9435 邁(萬)年永寶
15.9437 伯墉父乍(作)寶盉/子子孫孫永寶用
15.9438 王乍(作)豐妊單寶盉/其萬年永寶用
15.9439 乍(作)父乙寶尊彝
15.9440 伯角父乍(作)寶盉/其永寶用
15.9441 伯玉𣪕(穀)乍(作)寶盉/其永寶用
15.9443 季良父乍(作)𢼄始(姒)寶盉/子子孫孫永寶用
15.9444 季老或乍(作)文考大伯寶尊彝/其邁(萬)年永寶用
15.9447 子子孫孫永寶用
15.9453 用乍(作)寶尊盉/子子孫其永寶
15.9454 用乍(作)父癸寶尊彝
15.9456 衛用乍(作)朕文考惠孟寶般(盤)/永寶用
15.9512 叔乍(作)寶
15.9528 伯乍(作)寶壺
15.9529 伯乍(作)寶壺
15.9531 蜍乍(作)寶彝
15.9532 刅(創)乍(作)寶彝
15.9536 𡿨乍(作)寶壺
15.9555 劃(劃、嫿、姪)嫣乍(作)寶壺
15.9557 畬姬乍(作)寶彝
15.9567 伯矩乍(作)寶尊彝
15.9568 伯矩乍(作)寶尊彝
15.9569 伯到(致)乍(作)寶尊彝
15.9578 □父乍(作)父壬寶壺
15.9584 鬼乍(作)父丙

寶壺
15.9586 永寶用
15.9587 永寶用
15.9592 奪乍(作)父丁寶尊彝
15.9593 奪乍(作)父丁寶尊彝
15.9595 𡚬𡛷乍(作)父辛寶尊彝
15.9596 永寶用
15.9597 永寶用
15.9598 永寶用
15.9599 永寶用
15.9600 永寶用 / 永寶用
15.9601 賓(㝵)車父乍(作)寶壺
15.9602 賓(㝵)車父乍(作)寶壺
15.9608 厲(萬)年寶用
15.9610 子子孫孫永寶用
15.9611 子子孫孫永寶用
15.9612 大乍(作)父乙寶彝 / 其子子孫孫永寶
15.9614 其永寶用
15.9615 其永寶用
15.9619 彶姜氏永寶用
15.9620 伯濼父乍(作)寶壺 / 其邁(萬)年永寶用
15.9621 成周邦父乍(作)干仲姜寶壺
15.9622 子子孫孫永寶用
15.9623 其萬年永寶用
15.9624 其萬年永寶用
15.9628 自乍(作)寶尊壺
15.9629 自乍(作)寶尊壺
15.9630 其永寶用享
15.9631 子子孫孫永寶用
15.9632 永寶用
15.9633 其萬年永寶用
15.9634 其萬年永寶用
15.9635 嵋𦍒乍(作)寶壺 / 子子孫孫永寶用
15.9639 子孫永寶用之
15.9642 子子孫孫永寶用
15.9643 子子孫孫永寶用
15.9644 乍(作)鑄寶壺
15.9645 乍(作)鑄寶壺
15.9646 用乍(作)寶壺
15.9651 矩叔乍(作)仲姜寶尊壺
15.9652 矩叔乍(作)仲姜寶尊壺
15.9653 永寶用享
15.9654 永寶用享
15.9655 虢季氏子緻(組)乍(作)寶壺 / 子子孫孫永寶
15.9656 萬年子子孫孫永寶用
15.9658 子孫永寶用之
15.9661 大(太)師小子師望乍(作)寶壺 / 子子孫孫永寶用
15.9662 交君子叕肇乍(作)寶壺 / 永寶用
15.9667 子子孫孫永寶用
15.9668 子子孫孫永寶用
15.9669 子子孫孫永寶用
15.9670 □□生乍(作)懿伯寶壺 / 永寶用享
15.9676 殷句乍(作)其寶壺 / 永寶用享
15.9677 ☐寶壺
15.9687 杞伯每刃乍(作)鼄(邾)婕寶壺 / 永寶用享
15.9688 子子孫永寶用享
15.9689 用乍(作)寶尊彝
15.9690 永寶用
15.9691 永寶用
15.9694 虞嗣寇伯吹乍(作)寶壺 / 永寶用之
15.9695 虞嗣寇伯吹乍(作)寶壺 / 永寶用之
15.9696 虞侯政乍(作)寶壺 / 子子孫孫永寶用
15.9697 椒(散)車父乍(作)皇母醒姜寶壺 / 子子孫孫永寶
15.9698 永寶用
15.9699 永寶用
15.9701 萬年永寶用享
15.9705 子子孫孫永寶用
15.9706 子子孫永寶用之
15.9708 子子孫永寶是尚(常)
15.9713 子子孫孫是永寶
15.9714 用乍(作)父丁寶壺
15.9716 永寶用
15.9717 永寶用 / 其子子孫孫永寶用
15.9718 䜌史屖(殿)乍(作)寶壺 / 永寶用享
15.9721 孫孫子子永寶用
15.9722 子子孫孫永寶用
15.9723 㾓其萬年永寶
15.9724 㾓其萬年永寶
15.9725 克克其子子孫孫永寶用享
15.9726 㾓其萬年永寶
15.9727 㾓其萬年永寶
15.9728 其永寶用
15.9731 用乍(作)朕皇考奠叔、皇母奠始(姒)寶尊壺 / 子子孫孫寶用
15.9732 用乍(作)朕皇考奠叔、皇母奠始(姒)寶尊壺 / 子子孫孫寶用
15.9791 〔父〕庚寶
15.9813 伯乍(作)厥寶尊彝
15.9815 乍(作)父乙寶彝尊雷(罍)
15.9816 陵乍(作)父日乙寶雷(罍)
15.9822 其子子孫永寶
15.9824 永寶用享
15.9825 永寶用享
15.9826 對乍(作)文考日癸寶尊雷(罍)/ 其邁(萬)年永寶

15.9827 季𤔲(姒)簪乍(作)寶罍(櫑)/ 子子孫孫寶用
16.9880 焚(榮)子乍(作)寶尊彝
16.9881 焚(榮)子乍(作)寶尊彝
16.9884 匽(匽)乍(作)父辛寶尊彝
16.9885 匽(匽)乍(作)父辛寶尊彝
16.9888 用乍(作)寶尊彝
16.9889 子子孫孫其永寶
16.9890 用乍(作)父癸寶尊
16.9891 乍(作)文考日己寶尊宗彝 / 永寶用
16.9892 用乍(作)高文考父癸寶尊彝 / 孫子寶
16.9893 孫孫子子其永寶
16.9895 其永寶
16.9896 用乍(作)朕文考乙公寶尊彝 / 子子孫孫永寶用
16.9897 用乍(作)文祖它公寶尊彝 / 百世孫子永寶
16.9898 用乍(作)青尹寶尊彝 / 吳其世子孫永寶用
16.9899 用乍(作)朕文祖益公寶尊彝 / 運(更)朕先寶事
16.9900 用乍(作)朕文祖益公寶尊彝 / 運(更)朕先寶事
16.9901 用乍(作)父丁寶尊彝
16.7360 子孫永寶用耇
16.9962 其子子孫孫永寶用
16.9964 子子孫孫永寶用
16.9965 子子孫孫永寶用
16.9967 子子孫孫永寶用
16.9968 子子孫孫永寶用
16.9969 享□父昶戊乍(作)寶𩰫(鑐)/ 子子孫永寶用
16.9970 享□父昶戊乍(作)寶𩰫(鑐)/ 永寶用享
16.9971 唯番伯官曾(曾)自乍(作)寶𩰫(鑐)/ 永寶用享
16.9972 自乍(作)寶𩰫(鑐)/ 子孫永寶用享
16.9973 孫子𢀜永寶 / 孫子𢀜永寶
16.9974 子孫永寶是尚(常)
16.9980 子孫永寶用之
16.9981 子子孫孫永寶用
16.9982 子子孫永寶
16.9987 則永祜寶(福)
16.10006 永寶用之
16.10007 永寶用之
16.10048 季乍(作)寶
16.10055 轉乍(作)寶艋
16.10058 永寶用享
16.10059 曆乍(作)寶尊彝
16.10060 矩乍(作)寶尊彝
16.10061 事(史)從乍(作)寶般(盤)
16.10062 公乍(作)寶尊彝
16.10066 吳乍(作)寶般(盤)
16.10068 䣛(鄱)父乍(作)寶尊彝
16.10069 焚(榮)子乍(作)寶尊彝
16.10070 單子白乍(作)寶般(盤)
16.10073 夫(規)伯矩乍(作)寶尊彝
16.10076 季嬴霝德乍(作)寶般(盤)
16.10078 遯乍(作)厥考寶尊彝
16.10083 京隮(陝)仲僕乍(作)父辛寶尊彝
16.10084 北子宋乍(作)文父乙寶尊彝
16.10085 孫孫子子其寶用
16.10088 虢嫚(妊)〔妃〕乍(作)寶般(盤)/ 子子孫孫永寶用
16.10089 子孫永寶用
16.10090 其子子孫孫永寶用
16.10091 真乍(作)寶般(盤)/ 子子孫孫永寶用
16.10092 晨乍(作)寶〔盤〕/ 子子孫孫永寶用
16.10093 子子孫孫永寶用
16.10094 〔番〕昶〔伯〕□乍(作)寶般(盤)/ 永寶用享
16.10095 子子孫永寶用
16.10096 其永寶用鄉(饗)
16.10097 子子孫永寶用之
16.10098 賸金氏(氏)孫乍(作)寶般(盤)/ 子子孫孫永寶用
16.10102 子子孫孫永寶用
16.10103 子子孫孫永寶用
16.10105 用乍(作)寶尊彝
16.10107 叔五父乍(作)寶般(盤)/ 子子孫孫永寶用
16.10108 伯考父乍(作)寶盤 / 子子孫孫永寶用
16.10109 永寶用之
16.10110 子子孫孫永寶用
16.10111 子子孫孫永寶用
16.10113 其永寶用
16.10114 其永寶用
16.10115 其永寶用
16.10116 永寶用享
16.10117 齊侯乍(作)荃(蓋)姬寶般(盤)

16.10118 子子孫永寶用之
16.10120 其孫孫子子永寶用
16.10121 永寶用享
16.10123 齊侯乍(作)皇氏孟姬寶般(盤)
16.10125 其子子孫孫永寶用享
16.10126 子子孫孫永寶用
16.10130 䢅伯墉自乍(作)寶監(鑑)
16.10131 永寶用之
16.10132 子子孫永寶用享
16.10133 子子孫孫永寶用
16.10134 自乍(作)寶盤
16.10135 鄩仲媵(媵)仲女子寶般(盤)/子子孫孫永寶用
16.10138 自乍(作)寶般(盤)
16.10139 自乍(作)寶般(盤)/子子孫永寶用享
16.10140 子孫永寶用之
16.10141 唯句它□□〔自〕乍(作)寶般(盤)/永寶用享
16.10142 齊叔姬乍(作)孟庚寶般(盤)
16.10143 永寶用之
16.10145 毛叔朕(媵)彪氏孟姬寶般(盤)
16.10147 乍(作)寶般(盤)
16.10148 楚嬴鑄其寶盤
16.10150 唯𠭯右自乍(作)用其吉金寶般(盤)/永寶用享
16.10152 永寶用
16.10153 侃孫奎母乍(作)如寶般(盤)
16.10154 永寶用之
16.10155 永寶用之
16.10156 子孫永寶用享
16.10160 永寶用之
16.10161 其萬年寶用
16.10162 永寶用之
16.10164 子子孫孫永寶用
16.10165 永寶用之
16.10166 子孫其永寶
16.10167 寶用于𢦏(新)邑
16.10168 其西(百)世子子孫孫永寶用
15.10169 用乍(作)寶般(盤)盉/其子子孫孫永寶用
16.10170 子子孫孫永寶
16.10172 用乍(作)朕皇考奠(鄭)伯、奠(鄭)姬寶般(盤)/子子孫孫永寶用
16.10173 虢季子白乍(作)寶盤
16.10174 子子孫孫永寶用
16.10175 用乍(作)寶尊彝/其萬年永寶用
16.10184 永寶用
16.10191 乍(作)父乙寶尊彝
16.10192 虢季乍(作)中姬寶也(匜)
16.10193 散伯乍(作)夨姬寶也(匜)
16.10200 永寶用
16.10202 𠂇姬乍(作)寶
16.10203 叔侯父乍(作)姜□寶也(匜)
16.10204 奠(鄭)義伯乍(作)季姜寶也(匜)用
16.10210 其永寶用
16.10213 寒戊乍(作)寶也(匜)
16.10214 永寶用享
16.10215 其子子孫孫永寶用
16.10216 召樂父乍(作)婦妃寶也(匜)/永寶用
16.10217 備叔黑臣(頤)乍(作)寶也(匜)/其永寶用
16.10220 子子孫孫永寶用
16.10221 子子孫孫永寶用
16.10222 魯伯敢乍(作)寶也(匜)/其邁(萬)年永寶用
16.10223 賸金氏(氏)乍(作)寶也(匜)/子子孫孫永寶用
16.10224 子子孫孫永寶用
16.10225 其子子孫孫永寶用
16.10226 其子子孫孫永寶用
16.10227 埸(陽)飤生(甥)自乍(作)寶也(匜)
16.10229 萬年永寶用
16.10231 子子孫孫永寶用
16.10232 筍侯□乍(作)寶盉/子子孫孫永寶用
16.10233 齊侯子行乍(作)其寶也(匜)/永寶用享
16.10234 子孫永寶用之
16.10235 綏君單自乍(作)寶也(匜)
16.10236 苢(苢)父弃□子賓屓寶用/鼄(邾)𨥫(厮)寶鬲其□
16.10237 祖仲𠬝乍(作)寶匜/永寶用享
16.10238 子子孫孫永寶用
16.10239 子子孫孫永寶用
16.10241 永寶用享
16.10242 齊侯乍(作)𡚬(蓋)姬寶也(匜)
16.10243 子孫永寶用
16.10244 其永寶用
16.10246 唯衛邑𢦏伯自乍(作)寶匜/永寶用之
16.10248 叔㞒父乍(作)師姬寶也(匜)/

子子孫孫永寶用
16.10249 䢅仲無龍乍(作)寶也(匜)/永寶用享
16.10250 唯伯𢆶乍(作)寶匜
16.10252 貯(賈)子己父乍(作)寶盉
16.10253 子子孫孫永寶用
16.10255 杞伯每刃鑄鼄(邾)嫀用寶也(匜)/其子孫永寶用
16.10256 其永寶用享
16.10258 唯番仲𠬝自乍(作)寶也(匜)/子子孫永寶用享
16.10259 子孫永寶用
16.10261 兹乍(作)寶也(匜)/子子孫孫永寶用
16.10262 子子孫永寶用之
16.10263 子子孫孫永寶用
16.10265 唯甫季加自乍(作)寶也(匜)/永寶用享
16.10266 鄩(鄩)仲賸(媵)仲女丁子子寶也(匜)/子子孫孫永寶用
16.10268 唯番䢅伯者君自乍(作)寶匜/子子孫永寶用享
16.10269 唯番䢅伯者尹(君)自乍(作)寶匜/子孫永寶用享
16.10270 其萬年永寶用
16.10271 乍(作)自寶也(匜)/子孫永寶用享
16.10272 齊侯乍(作)虢孟姬良女(母)寶也(匜)/子子孫孫永寶用
16.10274 用爲元寶
16.10275 肇乍(作)皇考伯走父寶也(匜)/永寶用享
16.10276 永寶用之
16.10278 子子孫永寶用之
16.10281 永寶用之
16.10284 永寶用之
16.10308 逨乍(作)寶尊彝
16.10309 微乍(作)康公寶尊彝
16.10310 子子孫孫永寶用
16.10311 庶乍(作)寶盂/子子孫永寶用
16.10312 伯乍(作)寶尊盂/永寶用享
16.10313 其萬年永寶
16.10314 子子孫永寶用
16.10315 子子孫孫永寶用
16.10316 永寶用
16.10317 伯索史乍(作)季姜寶盂
16.10318 齊侯乍(作)朕(媵)子仲姜寶盂
16.10319 〔永〕寶是尚(常)
16.10321 其永寶用
16.10322 永其逹寶用
16.10324 微癲乍(作)寶
16.10325 微癲乍(作)寶
16.10329 自乍(作)寶盆
16.10330 永寶用之
16.10331 子叔嬴内君乍(作)寶器
16.10334 杞伯每刃乍(作)鼄(邾)嫀寶盄(盉)/其子子孫孫永寶用
16.10337 永寶用享
16.10338 永寶用之
16.10339 永寶用之
16.10340 永寶用之
16.10342 永康寶
16.10351 乍(作)父丁寶旅彝
16.10352 子子孫孫永寶用
16.10361 攻(工)帀(師)㑥鑄西墉寶鐈四秉
16.10528 乍(作)寶彝
16.10529 乍(作)寶彝
16.10539 乍(作)狽寶彝
16.10542 弔乍(作)寶彝
16.10543 卲乍(作)寶彝
16.10545 伯魚乍(作)寶彝
16.10546 𦨶伯乍(作)寶彝
16.10547 弔乍(作)寶尊彝
16.10548 叔乍(作)寶尊彝
16.10549 𣏟姬乍(作)寶彝
16.10550 吳(嘩)禾乍(作)寶彝
16.10551 比乍(作)寶尊彝
16.10555 子乍(作)父乙寶彝
16.10557 乍(作)父丁寶旅彝
16.10564 伯丙乍(作)寶尊彝
16.10565 師高乍(作)寶尊毁
16.10566 俞伯乍(作)寶尊彝
16.10569 崞乍(作)父戊寶尊彝
16.10572 亼𠙵乍(作)父丁寶尊彝
16.10573 田乍(作)父己寶尊彝
16.10574 耳乍(作)父癸寶尊彝
16.10575 趨(鄒)子𡨦(㑂)乍(作)父庚寶尊彝
16.10576 庚姬乍(作)䍜女(母)寶尊彝
17.11026 鄀(郘)君凡寶有
17.11027 鄴之寶(?)戈
18.11719 其寶用
18.12029 口乍(作)矢

□

1974 盧(窰)

8.4190 䢅曰：余陳仲𢊁(產)孫、□(盩、萊)叔和子

1975 㡾(𡪈)

5.2558 師賸父乍(作)□(𡪈)姬寶鼎

1976 寵

1.187-8 用天子□蔑梁其曆

1.189-90 用天子□蔑梁其曆

1.191 用天子□蔑梁其曆

5.2550 曾伯從□自乍(作)寶鼎用

1977 □

15.9413 伯□自乍(作)用盉

1978 □

1.39 □𥃋(𥃋)降多福無疆

1979 □、□(貯)

16.10175 弋(式)□(貯)受(授)牆爾(𤔲)𪓐(𪓐)福

1980 □(𡢕)

11.5684 亞□(杠)□(𡢕)

1981 □

3.567 □乍(作)父癸寶彝

6.3571 姜林母乍(作)□(錯)𣪘

9.4419 伯多父乍(作)成姬多母□(錯)𣪘

1982 □

10.5397 王賜□□貝在□

1983 □

16.10176 余有爽□(變)

1984 □

16.10320 以□妹

1985 □、□(寶)

7.3993 子子孫孫永□(寶)

7.3994 子子孫孫□(寶)

15.9718 用追□(福)彔(祿)/用賜百□(福)

1986 寶、福(福)

7.3925 用享考(孝)受□(福)

7.3926 用享考(孝)受□(福)

1987 □(𡨦)

1.157 □敚(奪)楚京

1.158 □敚(奪)楚京

1.159 □敚(奪)楚京

1.160 □敚(奪)楚京

1.161 □敚(奪)楚京

17.11135 陰晉左庫冶□

1988 □

5.2831 衛小子□(?)逆者(諸)

1989 □

7.4065 內(芮)叔□父乍(作)寶𣪘

7.4066 內(芮)叔□父乍(作)寶𣪘

7.4067 內(芮)叔□父乍(作)寶𣪘

1990 宔(祏)

14.8325 □(祏)祖丁

1991 □

8.4329 女(汝)以我車宕伐□(玁)允(狁)于高陶

1992 宀

10.5264 □

1993 宧

5.2792 王在華宮□

1994 宺(庛)

16.10154 魯少(小)𤔲寇垶(封)孫□(庛)

1995 宥(宔、庭)

17.10802 □(宔、庭)

1996 宂

10.4893 □祖戊

1997 宊(宜、宂)

8.4327 賜于□(宜)一田

1998 宊

7.3977 己(紀)姜石(祏)用□

1999 □

4.1617 □父己

2000 宩

5.2755 遣仲令□𤔲(纘)𤔲奠(甸)田/□拜䭫首

16.10124 魯正叔之□

2001 空

5.2608 □(容)二斗

18.11566 勇𢊁生安□/勇𢊁生安□

18.11940 □

2002 窔(竈)

16.10218 周□(竈)乍(作)救姜寳(寶)也(匜)

2003 宩(深、𥦖)

8.4331 我亦弗□(深)享邦

2004 窔(竈、灶)

4.2278 㺇伯乍(作)井姬□(竈)貞(鼎)

2005 宮(宮)

17.11347 □陽命(令)□戲、工師北□(宮)壘、冶黃

2006 寀

8.4302 余賜女(汝)秬鬯一卣、金車、桒(賁)疇(幬)較(較)、桒(賁)𠧟朱虢(鞹)靳、虎冟(冪)寀(朱)裏、金甬(箭)、畫聞(輴)、金厄(軛)、畫轉、馬四匹、鋚勒

2007 窒(窡)

8.4276 𤔲窒(窡)俞邦君𤔲馬、弓、矢

2008 窖(窯)

9.4668 蔓(畫)圔窖(陶)里人告(造)

2009 寬(窺、覓)

9.4438 伯寬(窺、覓)父乍(作)寶盨

9.4439 伯寬(覓、窺)父乍(作)寶須(盨)

2010 寠

8.4327 寠用喪

2011 寮

12.6418 穷寮父辛

2012 寽(寽)

11.5777 寽(寽)乍(作)旅彝

2013 寚

6.3694 叔寚乍(作)日壬寶尊彝

2014 賨(寶)

9.4629 鑄兹賨(寶)簠(笑)

9.4630 鑄兹賨(寶)簠(笑)

2015 窹(竈、灶)

15.9709 公孫窹(灶)立(涖)事歲

17.11082 陳丽子窹(造)銭(戈)

2016 竈、寵

1.225 其竈(筵)四堵

1.226 其竈(筵)四堵

1.227 其竈(筵)四堵

1.228 其竈(筵)四堵

1.229 其竈(筵)四堵

1.230 其竈(筵)四堵

1.231 其竈(筵)四堵

1.232 其竈(筵)四堵

1.233 其竈(筵)四堵

1.234 其竈(筵)四堵

1.235 其竈(筵)四堵

1.236 其竈(筵)四堵

1.237 其竈(筵)四堵

1.270 竈(肇)又(有)下國

8.4315 竈(造)囿(有)四方

17.11319 筥(附)余(魚)命(令)韓譙、工師罕(罕)痫(瘳)、冶竈

17.11406 高奴工師竈、丞申、工鬼薪詘

2017 窒、窒

17.11036 陳窒散銭(戈)

18.11591 陳窒(窒)散造鐱(劍)

18.12023 陳窒散

18.12024 陳窒散

2018 寫

18.11658 寺工敏、工寫

2019 庀(庇)

17.11383 大庀(庇)欽祗

2020 府

18.11914 聽七府

2021 庐(斥)

10.5402 王在庐(斥)

10.5407 王在庐(斥)

11.5989 在庐(斥)

11.5992 王在庐(斥)

11.6001 唯王南征在庐(斥)

11.6002 王在庐(斥)

15.9303 王在庐(斥)

16.9895 王在庐(斥)

2022 庍(疥)

15.9678 爲趙孟庍(介)

15.9679 爲趙孟庍(介)

2023 庡(知)

8.4340 毋敢庡又(有)入告 / 勿事(使)敢又(有)庡止從(縱)獄

9.4469 廼敢庡訊人

2024 底

8.4258 官𤔲尸(夷)僕、小射、底魚

8.4259 官𤔲尸(夷)僕、小射、底魚

8.4260 官𤔲尸(夷)僕、小射、底魚

18.11917 上攻□底者□□

2025 庭(定、膐廂)

17.10969 郘右庭(定、膐、廂)

17.10997 𨚕右庭(定、膐、廂)

17.11070 曹右庭(定、膐、廂)敀(造)戈

17.11085 亳庭(定、膐、廂)八族戈

2026 府、𢊁

3.914 鑄器客爲集粞七府

4.2309 旨府之右冶疾鑄

4.2393 鑄客爲王句(后)七府爲之

4.2394 鑄客爲王句(后)七府爲之

4.2397 壽春府貞(鼎)

4.2530 王子中府

6.3134 中府

9.4476 大(太)府之簠

9.4613 上都府擇其吉金

9.4634 大(太)府之饋(餾)盞

9.4694 郢姬府所告(造)

11.5697 右府君(尹)

15.9452 少府
15.9605 莤(糟)府
15.9616 春成侯中府 / 春成侯中府爲重(鍾)
15.9673 莤(糟)府
15.9707 府嗇夫在、冶事(吏)狄敀(挌)之
16.9939 脩(修)武府
16.10370 郢大府之□笤(筲)
16.10438 大府之器
16.10458 少府
16.10478 丌(其)一廥(藏)府
17.11106 少府
17.11251 侍府(府)之戜(戟)
17.11292 㕣(厶)貫府(府)受(授)御貳宿(右)㕣(厶)
17.11390 邦府大夫肖(趙)閎、邦上庫工師韓山、冶同敎(撻)齋(劑)
18.11454 少府
18.11532 少府
18.11550 少府工僋
18.11906 中府
18.12039 少府
18.12110 爲鄢(鄂)君啟之府賦(僦、就)鑄金節
18.12111 爲鄢(鄂)君啟之府賦(僦、就)鑄金節
18.12112 爲鄢(鄂)君啟之府賦(僦、就)鑄金節
18.12113 爲鄢(鄂)君啟之府賦(僦、就)鑄金節 / 則政(徵)於大府

2027 应、𥨪(位)

3.949 埶(藝)应在曾
5.2615 唯八月在𩑦(頭)应
5.2735 王在上侯应
5.2736 王在上侯应
5.2751 埶(藝)王应
5.2752 埶(藝)王应
5.2775 令小臣夌先省楚应 / 王至于迖应
5.2838 王在𨘢应
8.4279 王在減应
8.4280 王在減应
8.4281 王在減应
8.4282 王在減应
8.4294 罛嗣𥨪(位)
8.4295 罛嗣𥨪(位)
8.4316 王在杜𥨪(应)
8.4340 王在雍应
10.5424 王在㬎应
15.9455 穆王在下減应(位)

2028 庰

17.11320 庰命(令)肖(趙)𠦑、下庫工師□、冶□

2029 廓

5.2644 廓季之伯歸𡚱用其吉金
5.2645 廓季之伯歸𡚱用其吉金

2030 床

4.2104 上𠂤(范)床(廚)
4.2105 上樂床(廚)

2031 厰(陡、居)

10.5409 王牢于厰(陡)

2032 庫

5.2608 庫嗇夫肖(趙)不𢻱(𢻱)、貯氏大竛(令)所爲
16.10385 命戍代、冶與、下庫工師孟、關師四人
17.10919 吳(虞)庫
17.10933 右庫
17.10959 𦅫(欒)左庫
17.10960 𦅫(欒)左庫
17.10974 間右庫
17.10988 羑左庫
17.10990 奠(鄭)武庫
17.10991 奠(鄭)武庫
17.10992 奠(鄭)往庫
17.10993 奠(鄭)往庫
17.10994 鄭左庫
17.10995 鄭右庫
17.11017 平陽左庫
17.11022 鄘左庫戈
17.11039 甘(邯)丹(鄲)上庫
17.11053 武陽右庫
17.11054 上黨武庫
17.11055 䚺(信)险(陰)君庫
17.11068 豫少(小)鉤(鈎)庫造
17.11074 郯(郯、豫)州左庫造
17.11109 郾(燕)王右庫戈
17.11135 陰晉左庫冶嘉
17.11182 朝訶(歌)右庫
17.11264 鄉左庫吳□
17.11266 右庫冶气(乞)之鑄
17.11291 邙(旨)命(令)羑、右庫工師鉌、冶□
17.11300 㝨庫□工師乙□、〔冶〕□明
17.11312 業(鄴)竛(令)𦍻(𢷎)、左庫工師臣、冶山
17.11320 庰命(令)肖(趙)𠦑、下庫工師□、冶□
17.11323 𢆶(茲)氏命(令)吳庶、下庫工師長武
17.11328 奠(鄭)命(令)韓□、右庫工師駱腐
17.11330 大梁左庫工師丑、冶孔(刃)
17.11331 臨汾守曋、庫係、工歍造
17.11335 邗命(令)輅庶、上庫工師郾□、冶氏䏌(䏌)
17.11336 奠(鄭)命(令)韓熙、右庫工師司馬鴡、冶狄
17.11337 命(令)司寇書、右庫工師㕙向、冶厮
17.11343 㫖命(令)司

馬伐、右庫工師高㕄、冶□

17.11344 亡（芒）命(令)□軫、左庫工師叔新(梁)掃、冶小

17.11348 龏（龔）睔(令)思、左庫工師長史鑪、冶數近

17.11349 龏（龔）睔(令)思、左庫工師長史鑪、冶數近

17.11351 喜倫(令)韓䑝、左庫工師司馬裕、冶何

17.11354 鄃匋命(令)富反、下庫工師王豈、冶禽

17.11355 肖（趙）命(令)甘(邯)丹(鄲)𢍰(偞)、右庫工師𨊠(翊)䋥(紹)、冶倉散(造)(?)

17.11356 郕險(陰)命(令)萬爲、右庫工師莧(䙶)、冶豎

17.11357 奠（鄭）命(令)韓熙、右庫工師事(吏)䘚(裼)、冶□

17.11360 郛睔(令)夜酶(脈)、上庫工師□□、冶闕(閒)

17.11366 垟(型、邢)倫(令)吳㳄(次)、上庫工師宋艮、冶㞒敦(撻)齋(劑)

17.11371 奠（鄭）命(令)幽□恒、司寇彭璋、武庫工師車咺、冶狃

17.11372 奠（鄭）倫(令)韓恙(恙)、司寇㪍(扶)裕、右庫工師張阪、冶贛

17.11373 奠（鄭）命(令)䑝□、司寇㪍(扶)裕、左庫工師吉忘、冶䋬

17.11375 馬雍命(令)事(吏)吳、武庫工師奭信、冶禖造

17.11376 冢子韓矰(䰍)、邦庫嗇夫㪍(扶)湯、冶舒數(撍、造)戈

17.11378 上郡武庫

17.11379 郘陽嘉、丞兼、庫脾、工邪

17.11382 𧯠倫(令)䑝𦞎、司寇奠(鄭)宫、左庫工師器較(較)、冶□數(造)

17.11384 奠（鄭）倫(令)韓半、司寇長朱、武庫工師𢂇恙、冶君(尹)敓(披)數(造)

17.11385 奠（鄭）倫(令)韓麦、司寇長朱、右庫工師皀高、冶君(尹)𤵸數(造)

17.11386 奠（鄭）倫(令)公先瞢(幼)、司寇事(吏)陜、右庫工師皀高、冶君(尹)□數(造)

17.11387 奠（鄭）倫(令)肖(趙)距、司寇王䣝、武庫工師鑄章、冶狃

17.11388 奠（鄭）倫(令)肖(趙)距、司寇彭璋、右庫工師陳坪、冶贛

17.11389 奠（鄭）倫(令)肖(趙)距、司寇彭璋、往庫工師皇佳、冶㾊

17.11390 邦府大夫肖(趙)閔、邦上庫工師韓山、冶叵敕(撻)齋(劑)

17.11391 相邦肖(趙)狐、邦左庫工師鄲哲、冶匝□敕(撻)齋(劑)

17.11397 奠（鄭）倫(令)公先瞢(學、幼)、司寇向□、左庫工師百慶、冶君(尹)□數(造)

17.11398 奠（鄭）倫(令)棺(槨、郭)涵、司寇肖(趙)它、往庫工師皮耴、冶君(尹)啟

17.11399 上郡武庫

17.11406 上郡武庫

18.11457 往庫

18.11458 左庫

18.11459 毛庫

18.11485 奠(鄭)右庫

18.11500 上黨武庫/武庫

18.11501 上郡武庫

18.11504 東周左庫

18.11505 東周左庫

18.11506 造庫

18.11507 奠(鄭)往庫旇(戟)朿(刺)

18.11532 武庫受(授)屬邦

18.11533 武庫受(授)屬邦

18.11545 邦司寇富勳、上庫工師戎閔、冶朕

18.11546 宅陽命(令)隅𨫍、右庫工師夜痥(瘥)、冶起數(造)

18.11548 上郡武庫

18.11549 邦司寇野弟(茀)、上庫工師司馬瘧、冶督

18.11550 武庫受(授)屬邦

18.11551 奠（鄭）倫(令)向佃、司寇零(露)商、武庫工師鑄章、冶狃

18.11552 奠（鄭）倫(令)棺(槨、郭)涵、司寇芋慶、往庫工師皮耴、冶君(尹)貞數(造)

18.11553 奠（鄭）命(令)韓半、司寇長(張)朱、左庫工師易(陽)㭎(佢)、冶君(尹)弜數(撍、造)

18.11554 奠（鄭）倫(令)公先瞢(幼)、司寇史陘(隋)、左庫工師倉慶、冶君(尹)弱(彈)數(造)

18.11555 奠（鄭）倫(令)棺(槨、郭)涵、司寇肖(趙)它、往庫工師皮耴、冶君(尹)彼(坡)

18.11556 相邦春平侯、

邦右庫工師肖(趙)瘁、冶韓開敎(撻)齋(劑)

18.11558 相邦春平侯、邦左庫工師長翟(鳳)、冶□(匀)敎(撻)齋(劑)

18.11559 莫(鄭)倫(令)棺(梆、郭)涵、司寇芋慶、左庫工師佋䜣、冶肴(尹)弜(彊)歔(造)

18.11560 莫(鄭)命(令)棺(梆、郭)涵、司寇肖(趙)它、往庫工師皮耴、冶肴(尹)波(坡)歔(造)

18.11561 閔倫(令)肖(趙)狙、下庫工師叚石、冶人參所鑄鈷户者

18.11562 安陽倫(令)韓壬、司刑欣(听)鍁、右庫工師支(肴)固、冶㽫歔(造)戟束(刺)

18.11563 莫(鄭)倫(令)棺(梆、郭)涵、司寇芋慶、往庫工師皮耴、冶肴(尹)波(坡)歔(造)戟束(刺)

18.11564 截(截)雍倫(令)韓匡、司寇判它、左庫工師刑秦、冶釆(裼)散(撎、造)戟束(刺)

18.11565 襄田倫(令)丞(舉)名、司寇麻維、右庫工師甘(邯)丹(鄲)骶、冶向歔(造)

18.11581 高陽左庫

18.11590 莫(鄭)武庫、冶期

18.11609 险(陰)平左庫之皓(造)

18.11633 寧右庫五束(刺)

18.11635 相邦建信君、邦右庫□□工師吳症(瘠)、冶疕敎(撻)齋(劑)

18.11657 坙(型、邢)肖、下庫工師孫夬(烛)、冶湶敎(撻)齋(劑)

18.11660 往□倫(令)王褱、右庫工師坴(埶、廉)生、冶參敎(撻)齋(劑)

18.11661 鄰倫(令)棺(梆、郭)唐、下庫工師孫屯、冶沽敎(撻)齋(劑)

18.11669 彼倫(令)肖(趙)世、上庫工師樂星、冶朔(影)敎(撻)齋(劑)

18.11670 守相坴(埶、廉)波(頗)、右庫工師慶□、冶巡敎(撻)齋(劑)

18.11671 安平守變疾、左庫工師賦(戕)質、冶余敎(撻)齋(劑)

18.11672 坙(型、邢)疫命(令)邦乙、下庫工師孫庍、長缶、冶浊齋(劑)

18.11673 南行昜(唐)倫(令)眲(瞿)卯、右庫工師司馬郃、冶得敎(撻)齋(劑)

18.11674 南行昜(唐)倫(令)眲(瞿)卯、右庫工師司馬郃、冶得敎(撻)齋(劑)

18.11675 武信倫(令)馬師闞(間)、右庫啟工師㝬秦、冶瘀敎(撻)齋(劑)

18.11676 邦司寇肖(趙)新、邦右庫工師下足、冶巡敎(撻)齋(劑)

18.11677 相邦建信君、邦右庫工師郹叚、冶肴(尹)秅敎(撻)齋(劑)

18.11678 相邦建信君、邦左庫工師郹叚、冶肴(尹)秅敎(撻)齋(劑)

18.11679 相邦建信君、邦左庫工師郹叚、冶肴(尹)肉敎(撻)齋(劑)

18.11680 相邦建信君、邦左庫工師郹叚、冶肴(尹)匯敎(撻)齋(劑)

18.11681 相邦建信君、邦左庫工師郹叚、冶肴(尹)月(明)敎(撻)齋(劑)

18.11682 相邦春平侯、邦左庫工師肖(趙)瘠、冶事(吏)開敎(撻)齋(劑)

18.11683 相邦春平侯、邦左庫工師肖(趙)瘠、冶事(吏)開敎(撻)齋(劑)

18.11684 相邦春平侯、邦左庫工師□□□、冶厲齋(劑)

18.11686 邦司寇馬陎、迁(下)庫工師得尚、冶肴(尹)曦半釪敎(撻)齋(劑)

18.11687 相邦建信君、邦左庫工師塚旅、冶肉敎(撻)齋(劑)

18.11688 相邦春平侯、邦左庫工師肖(趙)瘠、冶肴(尹)五月敎(撻)齋(劑)

18.11693 莫(鄭)命(令)棺(梆、郭)涵、司寇肖(趙)它、往庫工師皮耴、冶肴(尹)啟歔(造)

18.11694 春平相邦鄗(晉)得、邦右庫工師瞏(瞖)軳徒、冶臣成敎(撻)齋(劑)

18.11695 相邦建信君、邦右庫韓叚、工師爿瘂、冶息敎(撻)齋(劑)

18.11700 守相坴(埶、廉)波(頗)、邦右庫工師韓亥、冶巡敎(撻)齋(劑)

18.11701 守相坴(埶、廉)波(頗)、邦右庫工師韓亥、冶巡敎(撻)齋(劑)

18.11702 守相杢(執、廉)波(頗)、邦左庫工師采隅、冶句敎(撻)齋(劑)
18.11705 南行昜(唐)倫(令)䀠(瞿)卯、右庫工師司馬郃、冶肻(尹)⿰王云得敎(撻)齋(劑)(？)
18.11706 相邦建信君、邦左庫工師郹段、冶肻(尹)⿰王云敎(撻)齋(劑)
18.11707 相邦春平侯、邦左庫工師長身、冶宦瀧敎(撻)齊(劑)
18.11708 相邦春平侯、邦右庫工師訬⿰王云、冶巡敎(撻)齋(劑)
18.11712 相邦陽安君、邦右庫工師史笶胡、冶事(吏)痌敎(撻)齋(劑)
18.11717 相邦建信君、邦右庫工師司馬郃、冶得⿰王云敎(撻)齋(劑)
18.11837 邦右庫冶事(吏)[illegible]
18.11863 私庫嗇夫貴正、工孟鮮
18.11864 私庫嗇夫貴正、工夏昊(昃)
18.11865 私庫嗇夫貴正、工陲頁
18.11907 郲齖(牙)庫
18.12016 右庫
18.12042 私庫嗇夫貴正、工適
18.12043 私庫嗇夫貴正、工適
18.12044 私庫嗇夫貴正、工適
18.12045 私庫嗇夫貴正、工適
18.12046 私庫嗇夫貴正、工適
18.12047 私庫嗇夫貴正、工適
18.12048 私庫嗇夫貴正、工適
18.12049 私庫嗇夫貴正、工適
18.12050 私庫嗇夫貴正、工適
18.12051 私庫嗇夫貴正、工適
18.12052 私庫嗇夫貴正、工適
18.12053 私庫嗇夫貴正、工適

2033 ⿸广金

5.2671 ⿸广金父乍(作)彝(摔)寶鼎
5.2672 ⿸广金父乍(作)彝(摔)寶鼎

2034 康

1.105 用祈康𩒨、屯(純)魯
1.107-8 王各于康
1.123 [illegible]㩻(逸)康樂
1.125-8 [illegible]㩻(逸)康樂
1.129-31 [illegible]㩻(逸)康樂
1.144 台(以)樂可康
1.145 唯康右(祐)、屯(純)魯
1.146 唯康右(祐)、屯(純)魯
1.147 唯康右(祐)、屯(純)魯
1.187-8 用祈匄康𩒨、屯(純)右(祐)、綽綰、通彔(祿)
1.189-90 用祈匄康𩒨、屯(純)右(祐)、綽綰、通彔(祿)
1.204-5 王在周康剌宮
1.206-7 王在周康剌宮
1.208 王在周康剌宮
1.209 王在周康剌宮
1.262-3 以康奠協朕或(國)/其康寶
1.264-6 以康奠協朕或(國)
1.267 以康奠協朕或(國)/其康寶
1.268 以康奠協朕或(國)/其康寶
1.269 以康奠協朕或(國)/其康寶
1.272-8 女(汝)康能乃又(有)事(吏)
1.285 女(汝)康能乃又(有)事(吏)
3.464 康侯
4.1906 匋女(母)康
4.2153 康侯丰(封)乍(作)寶尊
4.2261 王乍(作)康季寶尊鼒
4.2504 康侯在朽(柯)師(次)
5.2727 用旂(祈)眉壽、黃句(耇)、吉康
5.2782 台(以)事康公
5.2786 王在康宮/㷀(榮)伯內(入)右(佑)康/康拜䭫首
5.2790 用賜康勵、魯休、屯(純)右(佑)、眉壽、永令(命)、霝(靈)冬(終)
5.2796 用匄康勵、屯(純)右(祐)、眉壽、永令(命)、霝(靈)冬(終)
5.2797 用匄康勵、屯(純)右(祐)、眉壽、永令(命)、霝(靈)冬(終)
5.2798 用匄康勵、屯(純)右(祐)、眉壽、永令(命)、霝(靈)冬(終)
5.2799 用匄康勵、屯(純)右(祐)、眉壽、永令(命)、霝(靈)冬(終)
5.2800 用匄康勵、屯(純)右(祐)、眉壽、永令(命)、霝(靈)冬(終)
5.2801 用匄康勵、屯(純)右(祐)、眉壽、永令(命)、霝(靈)冬(終)
5.2802 用匄康勵、屯(純)右(祐)、眉壽、永令(命)、霝(靈)冬(終)
5.2805 王在康廟
5.2813 用匄眉壽、黃耇、吉康
5.2815 王在周康卲宮

5.2818 王在周康宮徲大室
5.2819 王在周康穆宮
5.2821 王在周康宮徲宮
5.2822 王在周康宮徲宮
5.2823 王在周康宮徲宮
5.2826 用康頣(揉)妥(綏)褱(懷)遠埶(邇)君子
5.2827 王在周康卲宮/用追孝祈匄康𩁹、屯(純)右(祐)、通彔(祿)、永令(命)
5.2828 王在周康卲宮/用追孝祈匄康𩁹、屯(純)右(祐)、通彔(祿)、永令(命)
5.2829 王在周康卲宮/用追孝祈匄康𩁹、屯(純)右(祐)、通彔(祿)、永令(命)
5.2841 康能四或(國)
6.3085 康母
6.3720 康伯乍(作)登用毁
6.3721 康伯乍(作)登用毁
7.4059 征(誕)令康侯啚(鄙)于衛
8.4160 伯康乍(作)寶毁/康其萬年眉壽
8.4161 伯康乍(作)寶毁/康其萬年眉壽
8.4178 王在康宮大室
8.4182 祈匄康𩁹、屯(純)右(祐)、通彔(祿)、永令(命)
8.4188 用賜賨(眉)壽、屯(純)右(祐)、康勵
8.4189 用賜賨(眉)壽、屯(純)右(祐)、康勵
8.4197 康公右(佑)卻(郤)㽙(盨)
8.4209 王客(各)于康宮
8.4210 王客(各)于康宮
8.4211 王客(各)于康宮
8.4212 王客(各)于康宮
8.4237 唯用妥(綏)康令于皇辟侯
8.4246 王各于康宮
8.4247 王各于康宮
8.4248 王各于康宮
8.4249 王各于康宮
8.4250 王在康宮
8.4267 王在周康宮
8.4272 王在周康宮新宮
8.4274 各康廟
8.4275 各康廟
8.4278 王在周康宮徲大室
8.4286 王在周康宮
8.4287 王在周康宮/王乎命尹封册命伊:䌛(纘)官嗣康宮王臣妾、百工
8.4294 王在周康宮
8.4295 王在周康宮
8.4303 王在周康宮徲宮
8.4304 王在周康宮徲宮
8.4305 王在周康宮徲宮
8.4306 王在周康宮徲宮
8.4307 王在周康宮徲宮
8.4308 王在周康宮徲宮
8.4309 王在周康宮徲宮
8.4310 王在周康宮徲宮
8.4312 王在周康宮
8.4317 用康惠朕皇文剌(烈)祖考
8.4332 王在周康卲宮/用追孝、祈匄康𩁹、屯(純)右(祐)、通彔(祿)、永令(命)
8.4333 王在周康卲宮/用追孝祈匄康𩁹、屯(純)右(祐)、通彔(祿)、永令(命)
8.4334 王在周康卲宮/用追孝祈匄康𩁹、屯(純)右(祐)、通彔(祿)、永令(命)
8.4335 王在周康卲宮/用追孝祈匄康𩁹、屯(純)右(祐)、通彔(祿)、永令(命)
8.4336 王在周康卲宮/用追孝祈匄康𩁹、屯(純)右(祐)、通彔(祿)、永令(命)
8.4337 王在周康卲宮/用追孝祈匄康𩁹、屯(純)右(祐)、通彔(祿)、永令(命)
8.4338 王在周康卲宮/用追孝祈匄康𩁹、屯(純)右(祐)、通彔(祿)、永令(命)
8.4339 王在周康卲宮/用追孝祈匄康𩁹、屯(純)右(祐)、通彔(祿)、永令(命)
8.4342 雩四方民亡不康靜(靖)
9.4400 奠(鄭)井叔康乍(作)旅盨(𣝕)
9.4401 奠(鄭)井叔康乍(作)旅盨(𣝕)
9.4465 王在周康穆宮
9.4595 齊陳曼不敢逸康
9.4596 齊陳曼不敢逸康
9.4685 康生(甥)乍(作)玟(文)考癸公寶尊彝
11.6010 康諧穆好
11.6016 用牲于康宮
11.6173 康侯
13.8310 康侯
15.9244 微乍(作)康公寶尊彝
15.9719 康樂我家/屖屖康盄
15.9720 康樂我家/屖屖康盄
15.9731 王在周康卲(昭)宮/用追孝祈匄康𩁹、屯(純)右(祐)、通彔(祿)、永令(命)
15.9732 王在周康卲(昭)宮/用追孝祈匄

康𢑃、屯(純)右(祐)、通彔(禄)、永令(命)
16.9894 康虒龢九律
16.9897 王在周康寢
16.9901 用牲于康宮
16.10170 王在周康宮
16.10171 康諧穆好
16.10172 王在周康穆宮
16.10175 淵哲康王
16.10309 微乍(作)康公寶尊彝
16.10537 母康丁
18.11450 康侯
18.11778 康侯
18.11779 康侯
18.11812 康侯
18.12020 康侯

2035 庡、庣(炒)

16.10386 王子嬰次之庡(炒)盧(爐)

2036 庿(廟)

15.9735 外之則酒(將)使𨑡(上)勤於天子之庿

2037 𢈪

16.10319 婁君伯𢈪自乍(作)𩐰(饙)盂

2038 𢋀

5.2707 𢋀里

2039 𢊻

16.10279 乍(作)𢊻孟爲(媯)斆女(母)塍(媵)匜

2040 𢊁

14.8434 𢊁父乙

2041 𢋋(榭)

16.10173 王各周廟宣𢋋

2042 廙

10.5396 王在廙

2043 𢋈

5.2535 伯𢋈父乍(作)羊鼎

2044 𢋄

3.1310 子𢋄
4.1829 𢋄父乙乙
10.5005 子𢋄圖
10.5070 子𢋄父丁
10.5329 子𢋄
11.5544 子𢋄
11.5682 子𢋄圖
11.5891 子𢋄
11.5920 子𢋄
12.6373 子𢋄父乙
16.9859 𢋄辰
16.9870 子𢋄圖

2045 廣

1.64 廣啟朕身
1.145 用廣啟士父身
1.146 用廣啟士父身
1.147 用廣啟士父身
1.148 用廣啟士父身
1.246 廣启𤼈身
1.251-6 廣启𤼈身
5.2833 廣伐南或(國)、東或(國)
5.2834 亦唯噩(鄂)侯馭方率南〔淮〕尸(夷)、東〔尸〕廣〔伐〕南或(國)東或(國)
5.2835 廣伐京師
6.3611 廣乍(作)父己寶尊
7.3890 廣乍(作)叔彭父寶段
8.4242 廣啟禹身
8.4326 廣啟厥孫子于下
8.4328 馭方、厰(玁)允(狁)廣伐西俞
8.4329 馭方、厰(玁)允(狁)廣伐西俞
8.4341 廣成厥工(功)
16.10175 廣能楚荆
16.10342 廣𤔲四方
17.11404 廣衍
18.11509 廣衍
18.11918 丞廣

2046 廬

3.868 伯廬乍(作)尊彝

2047 廟

1.60-3 叔氏在大廟
4.2375 逐肇諆(其)乍(作)廟叔寶尊彝
4.2417 廟孱乍(作)鼎
5.2631 用享于宗廟
5.2739 公歸禩(禋)于周廟
5.2747 王各于享廟
5.2805 王在康廟
5.2814 王各于周廟
5.2831 各廟
5.2836 王各穆廟
5.2839 王各周廟/□□入燎周廟/王各廟/王各廟
8.4240 王各于大廟
8.4270 各于大廟
8.4271 各于大廟
8.4274 各康廟
8.4275 各康廟
8.4279 王各廟
8.4280 王各廟
8.4281 王各廟
8.4282 王各廟
8.4288 各吴(虞)大廟
8.4289 各吴(虞)大廟
8.4290 各吴(虞)大廟
8.4291 各吴(虞)大廟
8.4318 各大廟
8.4319 各大廟
8.4323 王各于成周大廟
8.4340 王各廟
11.6013 王各于周廟
16.9898 王各廟
16.9899 王各于周廟
16.9900 王各于周廟
16.10173 王各周廟宣𢋋
17.11362 上郡守廟造

2048 魔

5.2746 亡智求戟嗇夫庶魔擇吉金

2049 𢋪

5.2803 王馭溓(濂)仲𢋪(僕)

2050 𡒄

14.8946 子𡒄父辛

2051　䧟(厚)

5.2756 史(使)䧟(諄)大人賜乍(作)册寓䵼(纘)倬

2052　𢊁

5.2780 在射𢊁

2054　㡿(㡿)

5.2675 用䰞(菜)㡿(㡿、暨)腊

2055　厂

16.10176 登于厂湶

2056　厈、㡯(厈)

3.885 何㛸厈乍(作)寶彝

8.4262 厥從格伯厈(按)彶佃(甸)：殷谷厥紉(絶)雩谷、杜木、遼谷、旅菜

8.4263 厥從格伯厈(按)彶佃(甸)：殷谷厥紉(絶)雩谷、杜木、遼谷、旅菜

8.4264 厥從格伯厈(按)彶佃(甸)：殷〔谷〕厥〔紉〕雩谷、杜木、遼谷、旅菜

8.4265 厥從格伯厈(按)彶佃(甸)：殷〔谷〕厥紉(絶)雩谷、杜木、遼谷、旅菜

16.10460 㡯(厈)還

2057　厇(宅)

5.2840 考厇(度)唯型

2058　厉(席)

5.2831 矩取省車、軗𠦪(賁)圅、虎冟(幎)、蔡(𦃃)𢉅、畫轉、㪟(鞭)厉(席)𩌏、帛轡(繐)乘、金𧇐(鑣)鋞(鋞)

2059　厊(厥)

4.2354 魯內小臣厊生(甥)乍(作)𩱦

2060　厌

18.11672 𡋡(型、邢)疫命(令)郱乙、下庫工師孫厌、長缶、冶浊齋(劑)

2061　厍

4.2491 厍𦨶(服)騵乍(作)用寶鼎

2062　厎(叟)

17.11399 高工丞沐厎(叟)、工隸臣逑(徒)

2063　厏

17.11337 命(令)司寇書、右庫工師厏向、冶厮

2064　原

5.2559 雍伯原乍(作)寶鼎

5.2836 賜女(汝)田于陣原

16.10176 奉(封)于原道/夨人有𤔲眉(堳)田：鮮、且、微、武父、西宮襄、豆人虞丂、彔、貞、師氏右省、小門人繇、原人虞艿、淮𤔲工(空)虎孛、開豐父、难(鳿)人有𤔲、刑丂

2065　厐

5.2702 嬰厐娸商(賞)

8.4300 令用𢍜(深)厐于皇王/令敢厐皇王宔(貯)

8.4301 令用𢍜(深)厐于皇王/令敢厐皇王宔(貯)

2066　厑、厑

5.2774 厑商(賞)厥文母魯公孫用貞(鼎)

8.4292 召伯虎曰：余既訊厑

8.4293 有𤔲曰：厑令

2067　厒

12.6509 厒賜貝于公仲

17.11406 上郡守厒(司馬錯)造

2068　厓

17.11343 㐰命(令)司馬伐、右庫工師高厓、冶□

2069　厤

5.2833 至于厤內

5.2834 穆(肆)武公亦(弗)厤(叚)望(忘)〔朕聖〕自(祖)考幽大叔、懿〔叔〕/至于厤寒(內)

5.2841 厤自今

2070　厝(厝)

5.2841 王若曰：父厝/王曰：父厝/王曰：父厝/厥非先告父厝/父厝舍(捨)命/王曰：父厝/王曰：父厝/毛公厝對揚天子皇休

2071　厓

17.11366 𡋡(型、邢)倫(令)吳㳄(次)、上庫工師宋艮、冶厓敦(撻)齋(劑)

2072　厮

17.11337 命(令)司寇書、右庫工師厏向、冶厮

2073　厦

7.4118 宴從厦父東

7.4119 宴從厦父東

16.10236 茍(苟)父𢍜□子賓厦寶用

2074　厨

15.9682 厨氏

2075　厚

8.4237 井(邢)侯厚(搏)戎

2076　厫

9.4595 乍(作)皇考獻叔𩜫(饋)厫(盤)

9.4596 乍(作)皇考獻叔饙(饙)廏(盤)

2077 馬

11.6069 馬

18.11684 相邦春平侯、邦左庫工師□□□、冶馬齋(劑)

2078 層、層

6.3668 噩(鄂)侯弟層季自乍(作)段

10.5325 噩(鄂)侯弟層(層)季乍(作)旅彝

11.5912 噩(鄂)侯弟層(層)季乍(作)旅彝

2079 勝

18.11710 相邦春平侯、左伐器勝工師析論、冶埶(撻)齋(劑)

2080 廟(餚)

1.272-8 余賜女(汝)釐(萊)都、膝(密)、廟(膠)

1.285 余賜女(汝)釐(萊)都、膝(密)、廟(膠)

4.2241 東陵廟(餚)

4.2397 書脮廟(餚)

2081 殿

16.10248 叔殿父乍(作)師姬寶也(匜)

2082 殿(厩)

6.3634 卲(昭)王之諻(媓)之廌(薦)殿(段)

6.3635 卲(昭)王之諻(媓)之廌(薦)殿(段)

9.4357 彔乍(作)鑄頮殿(段)

9.4358 彔乍(作)鑄頮殿(段)

9.4359 彔乍(作)鑄頮殿(段)

9.4360 彔乍(作)鑄頮殿(段)

2083 嗣

11.5979 舳嗣

2084 厳

1.223-4 舍(余)厳(嚴)天之命

8.4328 馭方、厳(玁)允(狁)廣伐西俞/女(汝)以我車宕伐厳(玁)允(狁)于高陶

8.4329 馭方、厳(玁)允(狁)廣伐西俞

16.10173 搏伐厳(玁)執(梳、狁)

16.10174 王初各(格)伐厳(玁)執(梳、狁)于畧慮

2085 厭(納)

16.10175 子 (兹) 厭(納)睿明

2086 廥

8.4331 天子休弗望(忘)小廥(裔)邦

2087 僕

16.10174 則即井(刑)僕(撲)伐

2088 厭

10.5431 王厭(飲)西宮

2089 厲

5.2832 衛以邦君厲告于井伯、伯邑父、定伯、琼伯、伯俗父/曰:厲曰余執龏(恭)王恤工/正迺訊厲曰:女(汝)貯田不(否)/厲迺許曰:余審貯田五田/事(使)厲誓/帥履裘衛厲田四田/厥逆(朔)疆眔厲田/厥西疆眔厲田/邦君厲眔付裘衛田/厲叔子夙、厲有嗣醽(申)季、慶癸、燹(豳)麃、荆人敢、井人偈屖

7.3777 其厲(萬)年永用

7.3778 其厲(萬)年永用

7.3779 其厲(萬)年永用

7.3780 其厲(萬)年永用

15.9608 厲(萬)年寶用

2090 廬

7.3847 倗伯廬自乍(作)尊段

2091 廛(陟)

15.9735 廛(陟)怸(愛)深

2092 厲

1.157 厲羌乍(作)戎

1.158 厲羌乍(作)戎

1.159 厲羌乍(作)戎

1.160 厲羌乍(作)戎

1.161 厲羌乍(作)戎

1.162 厲氏之鍾(鐘)

1.163 厲氏之鍾(鐘)

1.164 厲氏之鍾(鐘)

1.165 厲氏之鍾(鐘)

1.166 厲氏之鍾(鐘)

1.167 厲氏之鍾(鐘)

1.168 厲氏之鍾(鐘)

1.169 厲氏之鍾(鐘)

1.170 厲氏之鍾(鐘)

2094 庫、墉

8.4268 乎內史寿(敖、侁)册命王臣:賜女(汝)朱黄(衡)𠦪(賁)親(襯)、玄衣黹屯(純)、緣(鑾)旂五日、戈畫㦸、墉(墉)必(柲)、彤沙(蘇)

2095 厡(原)

17.11322 侖(綸)氏命(令)韓化、工師榮厡(原)、冶㥙(謀)

2096 质(奐)

9.4627 其质(奐)、其玄、其黄

2097 [illegible]

15.9589 苛[illegible]官

2098 [illegible]

4.2518 [illegible]蔡生(甥)琓(坑)乍(作)其貞(鼎)

2099 門

5.2814 內(入)門
5.2815 入門
5.2817 入門
5.2819 入門
5.2821 入門
5.2822 入門
5.2823 入門
5.2825 入門
5.2827 入門
5.2828 入門
5.2829 入門
5.2836 入門
5.2838 曰：于王參門
5.2839 戜(鬼)方子□□入三門/王乎贊伯令盂以人聝入門/盂以▨入三門
6.3136 門祖丁
8.4251 入門
8.4252 入門
8.4256 入門
8.4262 涉東門
8.4263 涉東門
8.4264 涉東門
8.4265 涉東門
8.4272 入門
8.4274 入門
8.4275 入門
8.4277 入門
8.4283 入門
8.4284 入門
8.4285 入門
8.4288 啻(嫡)官邑人、虎臣、西門尸(夷)、㚃尸(夷)、秦尸(夷)、京尸(夷)、弁身尸(夷)
8.4289 啻(嫡)官邑人、虎臣、西門尸(夷)、㚃尸(夷)、秦尸(夷)、京尸(夷)、弁身尸(夷)
8.4290 啻(嫡)官邑人、虎臣、西門尸(夷)、㚃尸(夷)、秦尸(夷)、京尸(夷)、弁身尸(夷)
8.4291 啻(嫡)官邑人、虎臣、西門尸(夷)、㚃尸(夷)、秦尸(夷)、京尸(夷)、弁身尸(夷)
8.4296 毛伯內(入)門
8.4297 毛伯內(入)門
8.4303 入門
8.4304 入門
8.4305 入門
8.4306 〔入〕門
8.4307 入門
8.4308 入門
8.4309 入門
8.4310 入門
8.4318 入門
8.4319 入門
8.4321 先虎臣後庸：西門尸(夷)、秦尸(夷)、京尸(夷)、㚃尸(夷)、師笭、側新(薪)、□華尸(夷)、弁豸尸(夷)、𠭯人、成周走亞、戍、秦人、降人、服尸(夷)
8.4332 入門
8.4333 入門
8.4334 入門
8.4335 入門
8.4336 入門
8.4337 入門
8.4338 入門
8.4339 入門
15.9731 入門
15.9732 入門
15.9733 庚大門之
16.9898 入門
16.10170 入門
16.10172 入門
16.10176 矢人有𤔲眉(堳)田：鮮、且、微、武父、西宮襄、豆人虞丂、彔、貞、師氏右省、小門人繇、原人虞艿、淮𤔲工(空)虎孝、𨚕豐父、难(鳿)人有𤔲、刑丂
16.10456 稍室門鉼(栚)

2100 閂(門)

4.2108 之宅褱閂(門)申腋

2101 閈

5.2840 閈於天下之勿(物)矣
5.2841 亡不閈于文、武耿光

2102 閉

8.4276 井伯入右(佑)豆閉/王乎內史冊命豆閉/王曰：閉/閉拜𩒨首
16.10374 閉料于□外

2103 閑

8.4270 毋女(汝)又(有)閑
8.4271 毋女(汝)又(有)閑

2104 開

18.11556 相邦春平侯、邦右庫工師肖(趙)痓、冶韓開敎(撻)齋(劑)
18.11682 相邦春平侯、邦左庫工師肖(趙)痵、冶事(吏)開敎(撻)齋(劑)
18.11683 相邦春平侯、邦左庫工師肖(趙)痵、冶事(吏)開敎(撻)齋(劑)

2105 閔

18.11561 閔倫(令)肖(趙)狽、下庫工師叚石、冶人參所鑄鉆户者

2106 間

17.10974 間右庫

2107 閟

1.260 㝵孳(子)廼遣閟來逆卲王
16.10478 兩堂閟(間)百乇(尺)/兩堂閟(間)八十乇(尺)
17.11390 邦府大夫肖(趙)閟、邦上庫工師韓山、冶问敎(撻)齋(劑)
18.11545 邦司寇富勳、上庫工師戎閟、冶朕
18.11707 大攻(工)君

(尹)肖(趙)閃

2108 閔

4.2281 師閔乍(作)免伯寶鼎

9.4398 仲閔父乍(作)旅盨

16.10478 閔(門)

2109 閉

15.9710 蒿閉(間)之無駜(匹)

15.9711 蒿閉(間)之無駜(匹)

2110 間

17.11361 櫟陽工上造間

2111 閘

8.4312 官嗣汸閘

2112 閔

16.10478 闊閔(狹)少(小)大之𣄰

2113 閟

4.2041 閟伯乍(作)旅鼎

4.2042 閟伯乍(作)旅鼎

6.3376 閟乍(作)旅段

10.5297 閟乍(作)宄伯寶尊彝

10.5298 閟乍(作)宄伯寶尊彝

2114 闊

16.10478 闊閔(狹)少(小)大之𣄰

2115 閣

6.3476 閣乍(作)寶尊彝

2116 閥

17.10929 閥與

2117 闐

3.854 闐乍(作)寶彝

2118 闕

17.11360 郛埨(令)夜睯(胍)、上庫工師□□、冶闕(間)

18.11675 武信倫(令)馬師闕(間)、右庫敀工師㝵秦、冶瘀敎(撻)齋(劑)

2119 闗、閘

16.10368 左闗之鉚

16.10371 命左闗師發敕(敕)成左闗之銽(釜)

16.10374 □命誋陳得:左闗銽(釜)節于敷(廩)銽(釜)/ 闗鉚節于敷(廩)半 / 闗人築桿戚銽(釜)/ 而台(以)發退女(如)闗人 / 御闗人□□丌(其)事 / 丘闗之銽(釜)

16.10385 命戍代、冶與、下庫工師孟、闗師四人

18.12113 就木闗(關)/ 台(以)出內(入)闗(關)/ 毋政(徵)於闗(關)

2120 闘

10.5322 闘乍(作)生(皇)昜日辛尊彝

2121 閾、𨷻、𨷻

1.261 閾閾(簡簡)龢鐘

4.2367 閾(管)監引乍(作)父己寶𩰫彝

5.2708 在閾(管)宗 / 唯王饒閾(管)大室

5.2810 馭方休閾

5.2811 閾閾(簡簡)獸獸(優優)

7.3861 王賜貝在閾(管)

8.4131 王在閾(管)師(次)

10.5114 閾乍(作)尊彝

14.9105 王在𨷻(閾、管)

2122 闢

5.2840 闢啟封疆

7.3773 伯闢乍(作)尊段

7.3774 伯闢乍(作)尊段

8.4302 右(佑)闢四方

15.9241 劦闢乍(作)父丁彝

15.9735 以𨔾(佐)右(佑)厥闢(辟)/ 以明闢(辟)光

17.11063 兵闢(避)大武

2123 闠

17.11073 闠(間)丘虞鵅造

2124 闥(闥)

3.922 婦闥乍(作)文姑日癸尊彝

4.2403 婦闥乍(作)文姑日癸尊彝

10.5349 婦闥乍(作)文姑日癸尊彝

10.5350 婦闥乍(作)文姑日癸尊彝

14.9092 婦闥乍(作)文姑日癸尊彝

14.9093 婦闥乍(作)文姑日癸尊彝

15.9246 婦闥乍(作)文姑日癸尊彝

15.9247 婦闥乍(作)文姑日癸尊彝

15.9820 婦闥乍(作)文姑日癸尊彝

2125 𨷻(南門)

4.1567 父丙𨷻

2126 户

8.4144 弜師賜肆書户贖貝

12.6838 庚户

18.11561 閔倫(令)肖(趙)狽、下庫工師叚石、冶人參所鑄鈷户者

2127 扁

8.4311 𦗟(纘)嗣我西

扁(偏)、東扁(偏)

2128 庫

1.141 師臾庫(肇)乍(作)朕剌(烈)祖虢季、宄公、幽叔、朕皇考德叔大㯱(林)鐘
11.5953 犀庫(肇)其乍(作)父己寶尊彝

2129 厍

9.4517 魯士厍(閈)父乍(作)飤簠
9.4518 魯士厍(閈)父乍(作)飤簠
9.4519 魯士厍(閈)父乍(作)飤簠
9.4520 魯士厍(閈)父乍(作)飤簠

2130 庴

17.11387 奠(鄭)倫(令)肖(趙)距、司寇王庴、武庫工師鑄章、冶狃

2131 廙

6.3719 㠯伯廙肇乍(作)守

2132 廛(居)

15.9735 可廛(法)可尚(常)

2133 京

1.157 富敓(奪)楚京
1.158 富敓(奪)楚京
1.159 富敓(奪)楚京
1.160 富敓(奪)楚京
1.161 富敓(奪)楚京
1.204-5 適涇東至于京師
1.206-7 適涇東至于京師
1.208 適涇東至于京〔師〕
1.209 適涇東至于京師
3.641 京姜糸母乍(作)尊鬲
3.700 善(膳)〔夫〕吉父乍(作)京姬尊鬲
3.701 善(膳)夫吉父乍(作)京姬尊鬲
3.702 善(膳)夫吉父乍(作)京姬尊鬲
3.703 善(膳)夫吉父乍(作)京姬尊鬲
3.704 善(膳)夫吉父乍(作)京姬尊鬲
3.711 內(芮)公乍(作)鑄京氏婦叔姬朕(媵)鬲
3.712 內(芮)公乍(作)鑄京氏婦叔姬朕(媵)鬲
3.743 內(芮)公乍(作)鑄京仲氏婦叔姬賸(媵)鬲
4.2398 □醽京
5.2720 王在莽京
5.2725 王在莽京
5.2726 王在莽京
5.2756 王在莽京真□
5.2791 王在莽京溼宮
5.2826 魯覃京師
5.2835 廣伐京師 / 羞追于京師 / 羞追于京師 / 復奪京師之孚 / 迺曰武公曰：女(汝)既靜(靖)京師 / 女(汝)靜(靖)京師
6.3486 叔京乍(作)旅彝
7.3975 聽享京
7.4088 在莽京
8.4206 王在莽京
8.4207 穆穆王在莽京
8.4273 王在莽京
8.4288 啻(嫡)官邑人、虎臣、西門尸(夷)、㠱尸(夷)、秦尸(夷)、京尸(夷)、弁身尸(夷)
8.4289 啻(嫡)官邑人、虎臣、西門尸(夷)、㠱尸(夷)、秦尸(夷)、京尸(夷)、弁身尸(夷)
8.4290 啻(嫡)官邑人、虎臣、西門尸(夷)、㠱尸(夷)、秦尸(夷)、京尸(夷)、弁身尸(夷)
8.4291 啻(嫡)官邑人、虎臣、西門尸(夷)、㠱尸(夷)、秦尸(夷)、京尸(夷)、弁身尸(夷)
8.4321 先虎臣後庸：西門尸(夷)、秦尸(夷)、京尸(夷)、㠱尸(夷)、師笭、側新(薪)、□華尸(夷)、弁豸尸(夷)、㕣人、成周走亞、戍、秦人、降人、服尸(夷)
8.4341 不(丕)杯(丕)丮皇公受京宗懿釐
9.4381 京叔乍(作)䵼(饋)盨
9.4504 京叔姬乍(作)寶簠
10.5393 伯𥚻(瘂)享京
10.5408 王在莽京
10.5421 徃(誕)餞莽京年
10.5422 徃(誕)餞莽京年
11.5999 徃(誕)餞莽京年
11.6007 肆(肇)乍(作)京公寶尊彝 / 京公孫子寶
11.6014 王𢍰(誥)宗小子于京室
11.6015 迨(會)王餞莽京
11.6016 明公用牲于京宮
11.6090 京
15.9454 徃(誕)餞莽京年
15.9714 王在莽京溼宮
16.9890 雚(觀)京
16.9901 明公用牲于京宮
16.10083 京隮(陝)仲僕乍(作)父辛寶尊彝
16.10095 京叔乍(作)孟嬴媵(媵)般(盤)
16.10166 王在莽京
16.10226 伯吉父乍(作)京姬也(匜)
16.10342 冂(冪)宅京師
17.10808 京

2134 㐭(京)

11.5990 王省夒㐭(京)

2135 享

1.2 用享
1.18 用享考(孝)
1.47 其子子孫孫永享用之
1.54 永寶用享
1.55 永寶用享
1.56 永寶用享
1.57 永寶用享
1.58 永寶用享
1.65 永寶用享
1.66 子孫永寶用享
1.68 子孫永寶用享
1.69 子孫永寶用享
1.71 子孫永寶用享
1.83 其永時(持)用享
1.84 其永時(持)用享
1.85 其永時(持)用享
1.86 永保用享
1.87 永賲(保)用享
1.88 用享大宗
1.89 用享大宗
1.90-1 用享大宗
1.109-10 子子孫永寶用享
1.112 子子孫永寶用享
1.141 永寶用享
1.142 用享台(以)孝于[illegible](台)皇祖文考
1.145 用享于宗
1.146 用享于宗
1.147 用享于宗
1.148 用享于宗
1.225 我以享孝
1.226 我以享孝
1.227 我以享孝
1.228 我以享孝
1.229 我以享孝
1.230 我以享孝
1.231 我以享孝
1.232 我以享孝
1.233 我以享孝
1.234 我以享孝
1.235 我以享孝
1.236 我以享孝
1.237 我以享孝
1.238 永寶用享
1.239 永寶用享
1.240 永寶用享
1.241 永寶用享
1.245 永保用享
1.261 用享台(以)孝
1.270 以卲零(各)孝享
1.271 用享考(孝)于皇祖聖叔、皇礼(妣)聖姜/子子孫永保用享
1.272-8 用享于其皇祖、皇妣、皇母、皇考/子孫永保用享
1.285 用享于其皇祖、皇妣、皇母、皇考/羕(永)保用享
2.421 台(以)享台(以)考(孝)
2.422 台(以)享台(以)考(孝)
2.423 用享用考(孝)
2.425 皿皮(彼)吉人享
3.473 享祖癸
3.635 永寶用享
3.648 用享𩱛厥文考魯公
3.661 子孫永寶用享
3.662 永寶用享
3.683 永寶用享
3.685 永寶用享
3.686 永寶用享
3.711 子子孫孫永用享
3.712 永寶用享
3.713 永寶用享
3.714 其子子孫永寶用享
3.719 永寶用享
3.720 永寶用享
3.721 永寶用享
3.722 永寶用享
3.723 永寶用享
3.724 永寶用享
3.725 永寶用享
3.726 永寶用享
3.727 永寶用享
3.728 永寶用享
3.736 子孫永寶用享
3.737 永寶用享
3.743 其子子孫孫永寶用享
3.744 永寶用享
3.934 其永用享
3.1454 享毌
4.2113 [illegible]祖辛、祖癸享
4.2398 用乍(作)享□尊彝
4.2399 其永寶用享
4.2422 子子孫孫用享
4.2430 子孫永寶用享
4.2448 子孫永用享
4.2449 子孫永用享
4.2460 其萬年用享
4.2475 子孫永寶用享
4.2512 子子孫永寶用享
4.2516 子子孫永寶用享
4.2529 子子孫永用享孝
5.2533 永寶用享
5.2535 永寶用享
5.2539 其子子孫孫永用享
5.2540 其子子孫孫永用享
5.2547 永寶用享
5.2553 曰：奄以乃弟用夙夕𩱛享
5.2554 曰：奄以乃弟用夙夕𩱛享
5.2559 其萬年永用享
5.2563 用享于祖
5.2564 子孫永用享
5.2565 子孫永寶用享
5.2570 子子孫永寶用享
5.2571 子子孫永寶用享
5.2582 其子子孫孫用享孝于宗老
5.2583 [其子子]孫孫用享孝于宗老
5.2584 永寶用享
5.2585 永用享
5.2602 子子孫永寶用享
5.2614 其用夙夕𩱛享
5.2619 子子孫永寶用享
5.2622 永寶用享
5.2631 用享于宗廟
5.2632 子子孫永寶用享
5.2633 永寶用享
5.2634 子孫孫永寶用享
5.2635 子孫孫永寶用享
5.2636 子孫孫永寶用

享
5.2637 用卲享于皇祖考
5.2639 永寶用享
5.2642 子子孫永寶用享
5.2653 缶用乍(作)享大(太)子乙家祀尊
5.2657 子孫孫永寶用享
5.2663 用享孝于文祖
5.2664 用享孝于文祖
5.2665 用享孝于文祖
5.2666 用享孝于文祖
5.2667 永寶用享
5.2679 用享孝于朕文祖
5.2680 子孫孫永寶用享
5.2681 用孝用享
5.2693 邛(江)干爲享陵財(薦)/稟(槁)朝爲享陵鑄
5.2705 其用享于厥帝(嫡)考
5.2714 永寶用享
5.2727 用享考(孝)于宗室
5.2737 永寶用享
5.2743 其用享用考(孝)/永寶用享
5.2744 其用享用考(孝)/永寶用享
5.2747 王各于享廟
5.2750 用考(孝)用享
5.2753 用追享丂(孝)于皇祖考
5.2757 用考(孝)用享
5.2762 永寶用享
5.2767 其用享于文祖考
5.2768 用享考(孝)于皇祖考
5.2769 用享考(孝)于皇祖考
5.2770 用享考(孝)于皇祖考
5.2771 永寶用享
5.2772 永寶用享
5.2777 永寶用享
5.2789 其用夙夜享孝于厥文祖乙公
5.2790 綠用享孝于朕皇考/綠子子孫永寶用享
5.2791 用夙夜明(盟)享于卲伯日庚
5.2811 用享以孝于我皇祖文考
5.2814 用享于朕剌(烈)考
5.2821 用享孝于文神
5.2822 用享孝于文神
5.2823 用享孝于文神
5.2824 厥復享于天子/尊享孝妥(綏)福
5.2826 用享用德
5.2837 享奔走
6.2986 享
6.2987 享
6.3630 用日享
7.3785 子孫孫永寶用享
7.3817 永寶用享
7.3818 永寶用享
7.3820 其永用享
7.3847 其子子孫永寶用享
7.3872 子子孫孫永用享考(孝)
7.3893 子子孫永寶用享
7.3896 永寶用享
7.3897 永寶用享
7.3898 永寶用享
7.3899 永寶用享
7.3900 永寶用享
7.3901 子子孫永寶用享
7.3902 永寶用享
7.3920 用夙夕享
7.3924 永寶用享
7.3925 用享考(孝)受賓(福)
7.3926 用享考(孝)受賓(福)
7.3935 其萬(萬)年用享
7.3936 用享孝
7.3937 用享孝
7.3938 用享孝
7.3964 用朝夕享考(孝)宗室
7.3965 用朝夕享考(孝)宗室
7.3966 用朝夕享考(孝)宗室
7.3967 用朝夕享考(孝)宗室
7.3968 用朝夕享考(孝)宗室
7.3969 用朝夕享考(孝)宗室
7.3970 用朝夕享考(孝)宗室
7.3971 永寶用享
7.3972 永寶用享
7.3973 永寶用享
7.3975 聽享京
7.3984 永寶用享
7.3985 永寶用享
7.3986 永寶用享
7.3989 永寶用享
7.3991 用箍(世)享孝
7.3992 用箍(世)享孝
7.3995 用夙夜享于宗室
7.4001 用享考(孝)/用享考(孝)
7.4002 用享考(孝)
7.4003 用享考(孝)
7.4007 永寶用享
7.4008 永寶用享
7.4009 永寶用享
7.4010 用享考(孝)
7.4014 永寶用享
7.4015 永寶用享
7.4016 子子孫孫永用享
7.4017 子子孫孫永用享
7.4018 用享用孝
7.4019 永寶用享
7.4039 永寶用享
7.4040 永寶用享
7.4048 用享于皇祖、文考
7.4049 用享于皇祖、文考
7.4050 用享于皇祖、文考
7.4051 永寶用享
7.4052 永寶用享
7.4053 永寶用享
7.4056 其夙夜用享孝于皇君

7.4057 其夙夜用享孝于皇君
7.4058 其夙夜用享孝于皇君
7.4062 用享孝于其姑公
7.4063 用享孝于其姑公
7.4064 用享孝于其姑公
7.4065 用享孝于其姑公 / 用享用考(孝)
7.4066 用享孝于其姑公 / 用享用考(孝)
7.4067 用享孝于其姑公 / 用享用考(孝)
7.4068 永寶用享
7.4069 永寶用享
7.4070 永寶用享
7.4089 其朝夕用享于文考
7.4091 用享用孝
7.4092 用享用孝
7.4093 用享用孝
7.4094 用享用孝
7.4095 子孫永寶用享
7.4097 其用享于厥帝(嫡)考
7.4102 用享于宗室
7.4103 用享于宗室
7.4107 用孝用享
7.4108 永寶用享
7.4109 用享于皇祖、文考 / 永寶用享
7.4110 永寶用享
7.4111 永寶用享
7.4113 日用享考(孝)
7.4114 子孫孫永寶用享
7.4120 羕(永)保用享
8.4124 用享用孝
8.4125 用享于高祖、皇考
8.4127 其妻子用享考(孝)于叔皮父
8.4129 買其子子孫孫永寶用享
8.4137 用夙夜享孝于宗室
8.4147 用追享孝 / 永寶用享
8.4148 用追享孝 / 永寶用享
8.4149 用追享孝 / 永寶用享
8.4150 用追享孝 / 永寶用享
8.4151 用追享孝 / 永寶用享
8.4152 永保用享
8.4153 用享于宗室
8.4156 用享于其皇取(祖)、文考 / 子孫永寶用享
8.4157 用享孝皇祖、文考
8.4158 用享孝皇祖、文考
8.4168 永寶用享
8.4182 永寶用享
8.4183 用享考(孝)于厥皇祖 / 永寶用享
8.4188 用享用孝 / 永寶用享
8.4189 用享用孝 / 永寶用享
8.4198 永寶用享
8.4203 永寶用享
8.4204 永寶用享
8.4208 孫孫子子萬年用享祀
8.4219 用享孝于前文人
8.4220 用享孝于前文人
8.4221 用享孝于前文人
8.4222 用享孝于前文人
8.4223 用享孝于前文人
8.4224 用享孝于前文人
8.4245 永保用享
8.4283 用享于宗室
8.4284 用享于宗室
8.4287 永寶用享
8.4293 用享于宗
8.4296 永寶用享
8.4297 永寶用享
8.4300 用頧(稽)後人享
8.4301 用頧(稽)後人享
8.4303 用享孝于文神
8.4304 用享孝于文神
8.4305 用享孝于文神
8.4306 用享孝于文神
8.4307 用享孝于文神
8.4308 用享孝于文神
8.4309 用享孝于文神
8.4311 永寶用享
8.4313 永寶用享
8.4314 永寶用享
8.4322 用夙夜尊享于厥文母
8.4328 其永寶用享
8.4329 其永寶用享
8.4331 我亦弗宎(深)享邦 / 享夙夕 / 日用享于宗室
9.4389 永寶用享
9.4390 其子子孫孫永寶用享
9.4411 永寶用享
9.4419 其永寶用享
9.4431 用享孝宗室
9.4432 用享孝宗室
9.4433 用享孝宗室
9.4434 用享孝宗室
9.4436 用享考(孝)于姑公
9.4440 永寶用享
9.4441 子子孫永寶用享
9.4446 用享用孝
9.4447 用享用孝
9.4448 其用享孝于皇申(神)、祖考
9.4449 其用享孝于皇申(神)、祖考
9.4450 其用享孝于皇申(神)、祖考
9.4451 其用享孝于皇申(神)、祖考
9.4452 其用享孝于皇申(神)、祖考
9.4453 其用享用孝于皇祖、文考 / 永寶用享
9.4458 永寶用享
9.4465 克其用朝夕享于皇祖考
9.4531 子孫永寶用享
9.4532 其子子孫孫永寶用享

9.4546 其子子孫孫永寶用享
9.4547 其子子孫永寶用享
9.4548 其子子孫孫永寶用享
9.4556 永保用享
9.4561 永寶用享
9.4562 永寶用享
9.4578 其子子孫孫永寶用享
9.4579 其子子孫孫永寶用享
9.4582 用享用萶(孝)
9.4583 用享用萶(孝)
9.4584 用享用萶(孝)
9.4585 用享用萶(孝)
9.4586 用享用萶(孝)
9.4587 用享用萶(孝)
9.4592 永寶用享
9.4601 用享用孝
9.4602 用享用孝
9.4628 其子子孫孫永寶用享
9.4629 台(以)享台(以)萶(孝)于大宗、皇梫(褱、祖)、皇妣、皇丂(考)、皇母
9.4630 台(以)享台(以)萶(孝)于大宗、皇梫(褱、祖)、皇妣、皇丂(考)、皇母
9.4631 用孝用享于我皇祖、文考 / 永寶用之享
9.4632 用孝用享于我皇文考 / 永寶用之享
9.4648 者(諸)侯享(獻)台(以)吉金
9.4672 用享
9.4682 用享于宗室
9.4683 用享于宗室
9.4692 虘其永寶用享
10.4860 函享
10.4861 函享
10.4862 函享
10.5393 伯䂂(痘)享京 / 享□□
10.5406 用享于文考庚仲
11.5689 𠚤册享
11.5738 父丁享[illegible](戉)
11.5968 服肇夙夕明(盟)享
11.5982 子孫永寶用享
11.5993 其用夙夜享于厥大宗
11.6010 禋享是台(以)
11.6014 敬享戋(哉)
11.6015 享旋走令
11.6259 享父丁
11.6358 𠚤册享
12.6513 用享于皇天
12.6515 用享牺尹人
12.7167 𠚤享册
12.7168 𠚤享册
12.7169 𠚤享册
12.7170 𠚤享册
14.8709 享父癸
14.8980 享乍(作)映母
14.9014 攸宁享父戊
15.9262 享[illegible]
15.9408 魯侯乍(作)姜享彝
15.9601 永用享
15.9602 永用享
15.9627 永保用享
15.9630 其永寶用享
15.9644 邁(萬)子孫永用享
15.9645 邁(萬)子孫永用享
15.9653 永寶用享
15.9654 永寶用享
15.9655 其用享
15.9670 永寶用享
15.9671 永用享考(孝)于大宗
15.9676 永寶用享
15.9687 永寶用享
15.9688 子子孫永寶用享
15.9690 其用享于宗
15.9691 其用享于宗
15.9694 用享用孝
15.9695 用享用孝
15.9701 萬年永寶用享
15.9712 用孝用享
15.9713 用享孝于兄弟、閩(婚)顜(媾)、者(諸)老
15.9716 用享考(孝)于皇祖考
15.9717 用享考(孝)于皇祖考
15.9718 享叔用賜眉壽無疆 / 永寶用享
15.9725 克克其子子孫孫永寶用享
15.9751 享
15.9824 永寶用享
15.9825 永寶用享
15.9827 享孝于厥多公
16.7360 用享用孝
16.9956 亞髻享
16.9969 享□父祖戊乍(作)寶罍(鑐)
16.9970 享□父祖戊乍(作)寶罍(鑐)/ 永寶用享
16.9971 永寶用享
16.9972 子孫永寶用享
16.10058 永寶用享
16.10094 永寶用享
16.10116 永寶用享
16.10121 永寶用享
16.10125 其子子孫孫永寶用享
16.10130 子孫永用享
16.10132 子子孫永寶用享
16.10136 子孫永用之享
16.10138 用孝用享
16.10139 子子孫永寶用享
16.10141 永寶用享
16.10147 永保用享
16.10148 子子孫孫永用享
16.10150 永寶用享
16.10156 子孫永寶用享
16.10171 禋享是台(以)
16.10202 其用〔子〕孫享
16.10214 永寶用享
16.10227 用享
16.10233 永寶用享
16.10237 永寶用享
16.10241 永寶用享
16.10249 永寶用享
16.10251 子孫享
16.10256 其永寶用享
16.10258 子子孫永寶

用享

16.10265 永寶用享

16.10268 子子孫永寶用享

16.10269 子孫永寶用享

16.10271 子孫永寶用享

16.10273 子孫永用享

16.10274 用享用考(孝)

16.10275 永寶用享

16.10298 用享用孝

16.10299 用享用孝

16.10312 永寶用享

16.10313 用享宗公

16.10337 永寶用享

16.10373 享月己酉之日

16.10526 册享刞

16.10532 ■享父乙

16.10563 伯享父乍(作)鬻彝

2136 㾗

5.2832 衛以邦君厲告于井伯、伯邑父、定伯、㾗伯、伯俗父/井伯、伯邑父、定伯、㾗伯、伯俗父廼顜

15.9456 裘衛廼彘(矢)告于伯邑父、焚(榮)伯、定伯、㾗伯、單伯/伯邑父、焚(榮)伯、定伯、㾗伯、單伯廼令參有嗣：嗣土(徒)微邑、嗣馬單旟、嗣工(空)邑人服眔受(授)田

2137 𩫏、就

3.1313 子𩫏(就)

3.1314 子𩫏(就)

5.2836 今余唯𤕌(申)𩫏(就)乃令(命)

7.3762 伯就父乍(作)[illegible](飤)毁

8.4296 今余唯𤕌(申)𩫏(就)乃命

8.4297 今余唯𤕌(申)𩫏(就)乃命

8.4318 今余唯𤕌(申)𩫏(就)乃令(命)

8.4319 今余唯𤕌(申)𩫏(就)乃令(命)

8.4324 今余唯𤕌(申)𩫏(就)乃令(命)

8.4325 今余唯𤕌(申)𩫏(就)乃令(命)

8.4340 今余唯𤕌(申)𩫏(就)乃令(命)

8.4342 今余唯𤕌(申)𩫏(就)乃令(命)

8.4343 今余唯𤕌(申)𩫏(就)乃命

9.4467 今余唯𤕌(申)𩫏(就)乃令(命)

9.4468 今余唯𤕌(申)𩫏(就)乃令(命)

14.8767 子𩫏(就)

16.10176 散人小子眉(堳)田：戎、微父、效果(櫂)父、襄之有嗣橐、州𩫏(就)、焂從嵩(鬲)

18.12110 就鄒(陽)丘、就邡(方)城、就畚(象)禾、就栖(柳)焚(棼)、就繁昜(陽)、就高丘、就下鄝(蔡)、就居鄛(巢)、就郢

18.12111 就昜(陽)丘、就邡(方)城、就畚(象)禾、就栖(柳)焚(棼)、就繁昜(陽)、就高丘、就下鄝(蔡)、就居鄛(巢)、就郢

18.12112 就昜(陽)丘、就邡(方)城、就畚(象)禾、就栖(柳)焚(棼)、就繁昜(陽)、就高丘、就下鄝(蔡)、就居鄛(巢)、就郢

18.12113 就膚(穀)/就芸(鄖)昜(陽)/就䢼(襄)/就彭射(澤)/就松(樅)昜(陽)/就爰陵/就牒(牒)/就郷(洮)昜(陽)/就鄗(郴)/就木閘(關)/就郢

2138 𡋟、臺

5.2789 在𡋟自(次)

8.4322 在𡋟師(次)

2139 𦎧(𦏧)

1.260 王𦎧(敦)伐其至

2.293 宣鐘之在晉也爲六𦎧(墉)

2.328 亘(宣)鐘之在晉爲六𦎧(墉)

3.1141 𦎧

3.1289 丁𦎧

3.1449 弓𦎧

4.1859 弓𦎧父丁

4.1876 弓𦎧父己

4.2181 弓𦎧

5.2833 𦎧(敦)伐噩(鄂)

5.2834 𦎧(敦)伐〔噩〕

7.3991 𦎧

7.3992 𦎧

8.4328 女(汝)彶戎大𦎧(敦)戟(搏)

8.4329 女(汝)彶戎大𦎧(敦)戟(搏)

9.4638 齊侯乍(作)飤𦎧(敦)

9.4639 齊侯乍(作)飤𦎧(敦)

9.4640 魯子仲之子歸父爲其善(膳)𦎧(敦)

9.4642 荆公孫鑄其善(膳)𦎧(敦)

9.4645 齊侯乍(作)朕(媵)寬圁孟姜膳𦎧(敦)

9.4648 用乍(作)平壽适器𦎧(敦)

10.4758 𦎧

10.5219 弓𦎧

10.5392 𦎧不叔(淑)

11.5842 弓𦎧

11.6186 弓𦎧

12.6415 弓𦎧父辛

12.6500 鼓𦎧乍(作)父辛寶尊彝

12.6740 𦎧

12.7046 車𦎧

12.7047 𦎧車

13.8216 𦎧

13.8217 𦎧

13.8218 𦎧

14.8821 弓𦎧

14.9005 父丁弓𦎧

14.9019 父辛弓𩫖
16.10511 𩫖
17.11124 𩫖(淳)于公之𩫖皓(造)
17.11125 𩫖(淳)于公之𩫖皓(造)

2140 高

1.246 追孝于高祖辛公、文祖乙公、皇考丁公/弋皇祖考高對爾刺(烈)
1.247 𤼈曰:不(丕)顯高祖、亞祖、文考
1.248 𤼈曰:不(丕)顯高祖、亞祖、文考
1.249 𤼈曰:不(丕)顯高祖、亞祖、文考
1.250 𤼈曰:不(丕)顯高祖、亞祖、文考
1.270 高引又(有)慶
1.272-8 及其高祖
1.285 及其高祖
2.350 𨻰(陳)大喪史仲高乍(作)鈴鐘
2.351 𨻰(陳)大喪史仲高乍(作)鈴鐘
2.352 𨻰(陳)大喪史仲高乍(作)鈴鐘
2.353 𨻰(陳)大喪史仲高乍(作)鈴鐘
2.354 𨻰(陳)大喪史仲高乍(作)鈴鐘
2.355 𨻰(陳)大喪史仲高乍(作)鈴鐘
3.938 奠(鄭)氏伯高父乍(作)旅獻(甗)
6.3621 陸婦乍(作)高姑尊彝
6.3655 亞高亢乍(作)父癸尊彝
8.4125 用享于高祖、皇考
8.4315 高引又(有)慶
8.4328 女(汝)以我車宕伐厰(玁)允(狁)于高陶
8.4329 女(汝)以我車宕伐𠪚(玁)允(狁)于高陶
9.4464 逹(帥)高父見南淮尸(夷)
9.4649 𦒿(招、紹)𦁝(緟)高祖黃啻(帝)
10.4919 高子父乙
10.5319 王賜𠃑高吕(鋁)
10.5345 㑹(僉)萛高乍(作)父乙寶尊彝
10.5396 降令曰:歸祼于我多高
10.5431 高對乍(作)父丙寶尊彝
11.5977 用乍(作)魚(盧)高祖缶(寶)尊彝
12.6441 高乍(作)父乙彝
15.9807 𢻱亞高父丁
16.9892 用乍(作)高文考父癸寶尊彝
16.9989 楚高
16.9990 楚高
16.10175 青幽高祖
16.10239 叔高父乍(作)仲妃也(匜)
16.10384 高奴
16.10565 師高乍(作)寶尊段
17.10961 高子戈
17.10972 高密戈
17.11020 高坪乍(作)鉘(戈)
17.11023 高密戠(造)戈
17.11156 平壂(埸)高馬里鉘(戈)
17.11287 上郡〔守〕高、丞甲、徒𢓊
17.11296 高奴工𥔳(㲋)
17.11302 高都命(令)陳𩿨(𩿨、懽)、工師治𠣩(勝)
17.11303 高都命(令)陳𩿨(𩿨、懽)、工師冶𠣩(勝)
17.11313 高望
17.11343 㐭命(令)司馬伐、右庫工師高厓、冶□
17.11385 奠(鄭)倫(令)韓麦、司寇長朱、右庫工師皂高、冶肙(尹)𤔲𢼸(造)
17.11386 奠(鄭)倫(令)公先𡿬(幼)、司寇事(吏)𨻰、右庫工師皂高、冶肙(尹)□𢼸(造)
17.11399 高工丞沐𡨦(叟)、工隸臣逑(徒)
17.11406 高奴工師竈、丞申、工鬼薪詘
18.11473 高奴
18.11492 高望
18.11493 高望
18.11581 高陽左庫
18.11592 高陽右𠂤徒
18.11652 高都命(令)陳𩿨(𩿨)、工師冶𠣩
18.11653 高都命(令)陳𩿨(𩿨)
18.12022 楚高
18.12110 就𨛭(陽)丘、就㕛(方)城、就𧰼(象)禾、就栖(柳)焚(棼)、就繁昜(陽)、就高丘、就下𨛭(蔡)、就居鄛(巢)、就郢
18.12111 就昜(陽)丘、就㕛(方)城、就𧰼(象)禾、就栖(柳)焚(棼)、就繁昜(陽)、就高丘、就下𨛭(蔡)、就居鄛(巢)、就郢
18.12112 就昜(陽)丘、就㕛(方)城、就𧰼(象)禾、就栖(柳)焚(棼)、就繁昜(陽)、就高丘、就下𨛭(蔡)、就居鄛(巢)、就郢

2141 亮

15.9665 𣲆(片)器嗇夫亮痘所靭(勒)𩔰(看)器乍(作)靭(勒)者
15.9666 𣲆(片)器嗇夫亮痘所靭(勒)𩔰(看)器乍(作)靭(勒)者

2142 亳

4.2316 亳乍(作)父乙尊彝
5.2654 公侯賜亳杞土、麇土、𣐂禾、𪉪禾/亳敢對公仲休

6.3237 戈亳册
6.3428 戈亳册父丁
12.7253 乙亳戈册
12.7262 亳戈册父乙
15.9703 大嬰(将)銭孔、陳璋內(入)伐匽(燕)亳邦之獲
16.9975 齊嬰(将)銭(鍋)孔、陳璋內(入)伐匽(燕)亳邦之獲
17.10876 亳册
17.11085 亳庀(定、庴、庮)八族戈

2143 亮

18.11424 亮

2144 𣆪、𣆪、𣆪(厚)

3.499 𣆪丙父丁
3.966 𣆪
3.1191 𣆪
4.1577 𣆪父丁
4.1578 𣆪父丁
4.1579 𣆪父丁
4.1580 𣆪父丁
4.1680 𣆪父癸
4.2026 𣆪女(母)乍(作)山柔
6.3016 𣆪
6.3017 𣆪
6.3324 北𣆪父己
10.4949 𣆪父丁
11.5491 𣆪
11.5632 𣆪父丁
11.5696 ㅈㅈ(丽)㝵(退)𣆪
11.5749 𣆪馬父辛
11.6294 庚父𣆪
11.6342 𣆪父癸
12.6757 𣆪
12.6758 𣆪
12.6841 癸𣆪
13.7594 𣆪
13.7595 𣆪
13.7596 𣆪
13.7597 𣆪
13.7598 𣆪
13.7599 𣆪
13.7600 𣆪
14.8326 祖丁𣆪
14.8488 𣆪父丁
14.8489 𣆪父丁
14.8728 𣆪父癸
14.8791 册丁𣆪
14.8934 北𣆪父己
14.8962 北𣆪父癸
15.9749 𣆪
15.9790 ㅈㅈ(丽)㝵(退)𣆪
16.9959 亞離𣆪
16.10042 父戊𣆪
16.10496 𣆪
17.10750 𣆪
17.10751 𣆪
17.10752 𣆪
17.10753 𣆪
17.10754 𣆪

2145 𣆪(𣆪)

11.6012 王拘駒𣆪(𣆪)

2146 □(?)

15.9144 □(?)

2147 厚

1.109-10 降余厚多福無疆
1.112 降余厚多福無疆
1.246 螭(融)妥(綏)厚多福
1.247 業妥(綏)厚多福
1.248 業妥(綏)厚多福
1.249 業妥(綏)厚多福
1.250 業妥(綏)厚多福
1.251-6 用螭(融)妥(綏)厚多福
1.272-8 弗敢不對揚朕辟皇君之登屯(純)厚乃命
1.285 余用登屯(純)厚乃命
2.358 墉厚多福
5.2724 我用飲厚眔我友
5.2730 厚趠又(有)償(饋)于溓(濂)公
6.3665 厚乍(作)兄日辛寶彝
8.4342 唯王身厚皓
9.4689 魯大嗣徒厚氏元
9.4690 魯大嗣徒厚氏元
9.4691 魯大嗣徒厚氏元
12.6439 鼀厚祖戊
16.10086 魯伯厚父乍(作)仲姬俞賸(媵)般(盤)
16.10175 受(授)天子綰(寬)令(命)、厚福、豐年

2148 歑(㖃)

5.2814 賜女(汝)玄衣黹屯(純)、戈琱㦰、歑(厚)必(柲)、彤沙(蘇)、攸(鋚)勒、䜌(鑾)旂
5.2819 王乎史減册賜寰:玄衣黹屯(純)、赤芾、朱黃(衡)、䜌(鑾)旂(旂)、攸(鋚)勒、戈琱㦰、歑(厚)必(柲)、彤沙(蘇)
8.4216 儕(齎)女(汝)毌五、昜(錫)登盾生皇(凰)、畫內(枘)戈琱㦰、歑(厚)必(柲)、彤沙(蘇)
8.4217 儕(齎)女(汝)毌五、昜(錫)登盾生皇(凰)、畫內(枘)戈琱㦰、歑(厚)必(柲)、彤沙(蘇)
8.4218 儕(齎)女(汝)毌五、昜(錫)登盾生皇(凰)、畫內(枘)戈琱㦰、歑(厚)必(柲)、彤沙(蘇)
8.4321 賜女(汝)玄衣黹屯(純)、𩰫(緇)芾、冋(䌹)黃(衡)、戈琱㦰、歑(厚)必(柲)、彤沙(蘇)、䜌(鑾)旂、攸(鋚)勒
16.10170 王乎乍(作)册尹册賜休:玄衣黹屯(純)、赤芾、朱黃(衡)、戈琱㦰、彤沙(蘇)、歑(厚)必(柲)、䜌(鑾)㫃
16.10172 王乎史減册賜寰:玄衣黹屯(純)、赤芾、朱黃(衡)、䜌(鑾)旂、攸

(鋈)勒、戈琱胾、歠(厚)必(柲)、彤沙(蘇)

2149 〓(糈)

15.9788 〓(糈)父己

2150 〓(嶀)

13.7601 〓(嶀、嵲)

13.7602 〓(嶀、嵲)

2151 〓、齁

4.1812 齁乍(作)祖丁

6.3416 齁

11.6313 齁父辛

14.8626 齁父辛

2152 覃

4.1998 亞弁覃父甲

5.2826 魯覃京師

6.3419 亞弁覃父乙

10.5053 亞覃父乙

11.5911 亞覃

11.5949 亞覃

14.8577 覃父己

14.8890 亞覃父丁

16.10476 亞辛弁乙覃

2153 疚

17.11338 趄(䞣)命(令)樂疚(痏)

2154 疕

1.46 昆疕王貯(鑄)乍(作)龢鐘

18.11635 相邦建信君、邦右庫□□工師吳疷(瘠)、冶疕敎(撻)齋(劑)

2155 兆(疣)

11.6155 珥兆(疣)

2156 疥

16.9933 右使車工疥

16.9934 右使車工疥

16.10397 右使車工疥

16.10445 左使車嗇夫鄦(齊)痙、工疥

16.10446 右使車嗇夫鄦(齊)痙、工疥

16.10477 右使車嗇夫鄦(齊)痙、工疥

2157 疫

18.11672 坓(型、邢)疫命(令)邦乙、下庫工師孫戸、長缶、冶浊齋(劑)

2158 疢

18.11709 相邦春平侯、邦右伐器工師羊敹(播)、冶疢敎(撻)齋(劑)

2159 疾

1.171 亡(無)疾自下

1.272-8 毋疾毋已

1.285 毋疾毋已

4.2234 鄧尹疾之沰盜

4.2309 旨府之右冶疾鑄

5.2590 梁陰命(令)率上官冢子疾、冶勳鑄

5.2841 敃(旻)天疾畏(威)

8.4342 今日天疾畏(威)降喪

17.11296 上郡疾造

17.11297 上郡守疾之造

17.11341 咎(高)奴曹命(令)壯罌、工師賙疾、冶問

17.11362 漆工疾、丞禃、隸臣宁

18.11671 安平守變疾、左庫工師賦(戥)晢、冶余敎(撻)齋(劑)

2160 痀(佝)

18.11712 相邦陽安君、邦右庫工師史笠胡、冶事(吏)痀敎(撻)齋(劑)

2161 疽

15.9665 㫃(片)器嗇夫亮疽所勒(勒)翰(看)器乍(作)勒(勒)者

15.9666 㫃(片)器嗇夫亮疽所勒(勒)翰(看)器乍(作)勒(勒)者

16.10383 右伯君西里疽

2162 瘤

16.10478 瘤宗宮方百乇(尺)

2163 痤(瘥)

18.11546 宅陽命(令)隅鐙、右庫工師夜痤(瘥)、冶起歔(造)

2164 瘊

7.4068 牧師父弟叔瘊父御于君

7.4069 牧師父弟叔瘊父御于君

7.4070 牧師父弟叔瘊父御于君

2165 瘵

5.2569 瘵乍(作)其淄(䬻)鼎貞(鼎)

2166 疷(瘠)

18.11635 相邦建信君、邦右庫□□工師吳疷(瘠)、冶疕敎(撻)齋(劑)

2167 痏

16.10361 侯氏毋痏毋痏

2168 痙

5.2707 右使車嗇夫鄦(齊)痙、工簡

15.9448 右使車嗇夫宋、鄦(齊)痙、工皐(觸)

15.9684 右使車嗇夫鄦(齊)痙、工角

16.10333 右使車嗇夫鄦(齊)痙、工〓

16.10359 右使車嗇夫鄦(齊)痙、工廣

16.10445 左使車嗇夫鄦(齊)痙、工疥

16.10446 右使車嗇夫鄦(齊)痙、工疥

16.10477 右使車嗇夫鄦(齊)痙、工疥

2169 瘖

16.10361 侯氏毋瘖毋痟

2170 瘖

17.11369 工師瘖、丞□、工城旦王(?)

2171 瘁

18.11556 相邦春平侯、邦右庫工師肖(趙)瘁、冶韓開敎(撻)齋(劑)

2172 瘀

18.11675 武信倫(令)馬師闖(閒)、右庫啟工師粤秦、冶瘀敎(撻)齋(劑)

2173 瘂(悒)

17.11314 皇陽命(令)強棫、工師瘂皺(黝)、冶才

17.11315 皇陽命(令)強棫、工師瘂皺(黝)、冶才

18.11695 相邦建信君、邦右庫韓段、工師爿瘂、冶息敎(撻)齋(劑)

2174 瘊(瘥)

16.10391 瘊(瘑、瘥)君之孫郐(徐)敂(令)尹者(諸)旨(稽)弻(耕)

2175 瘠(瘠)

8.4341 王令毛公以邦冢君、土(徒)馭、或(馘)人伐東或(國)瘠戎

2176 瘣

15.9495 李瘣

2177 瘨

8.4283 覼馬井伯親右(佑)師瘨/王乎內史吳册令(命)師瘨/瘨拜頴首/瘨其萬年

8.4284 覼馬井伯親右(佑)師瘨/王乎內史吳册令(命)師瘨/瘨拜頴首/瘨其萬年

2178 瘨(癲)

5.2658 工師瘨、工疑

2179 瘠

18.11682 相邦春平侯、邦左庫工師肖(趙)瘠、冶事(吏)開敎(撻)齋(劑)

18.11683 相邦春平侯、邦左庫工師肖(趙)瘠、冶事(吏)開敎(撻)齋(劑)

18.11688 相邦春平侯、邦左庫工師肖(趙)瘠、冶君(尹)五月敎(撻)齋(劑)

2180 瘧、瘌(瘳)

17.11317 傕(附)余(魚)命(令)韓譙、工師罡(罕)瘌(瘳)、冶陽(埽)

17.11318 傕(附)余(魚)命(令)韓譙、工師罡(罕)瘌(瘳)、冶陽(埽)

17.11319 傕(附)余(魚)命(令)韓譙、工師罡(罕)瘌(瘳)、冶竈

2181 瘟

17.11402 梭里瘟之攸戈

2182 瘻

17.11044 盩吹克瘻

2183 瘡

5.2773 眂(視)事㰝、冶瘡

2184 瘖

17.11389 奠(鄭)倫(令)肖(趙)距、司寇彭璋、往庫工師皇佳、冶瘖

2185 瘫

4.2527 虒竝(令)瘫、眂(視)事鳾、冶巡鑄

17.11306 啟畐(封)竝(令)瘫、工師彭、冶者

17.11313 戈(畄)丘命(令)瘫、工師朗、冶淂

2186 瘧

18.11549 邦司寇野弟(苐)、上庫工師司馬瘧、冶督

2187 瘝

1.246 瘝趄趄/廣啓瘝身/瘝其萬年/用瑀光瘝身

1.247 瘝曰:不(丕)顯高祖、亞祖、文考/瘝不敢弗帥井(型)祖考/皇王對瘝身楙(懋)/瘝其萬年

1.248 瘝曰:不(丕)顯高祖、亞祖、文考/瘝不敢弗帥井(型)祖考/皇王對瘝身楙(懋)/瘝其萬年

1.249 瘝曰:不(丕)顯高祖、亞祖、文考/瘝不敢弗帥井(型)祖考/皇王對瘝身楙(懋)/瘝其萬年

1.250 瘝曰:不(丕)顯高祖、亞祖、文考/瘝不敢弗帥井(型)祖考/皇王對瘝身楙(懋)/瘝其萬年

1.251-6 今瘝夙夕虔敬恤厥死(尸)事/廣啓瘝身/瘝其萬年羊角/用瑀光瘝身

1.257 瘝乍(作)協鐘

1.258 瘝乍(作)協鐘

1.259 瘝乍(作)協鐘

3.972 微伯瘝乍(作)匕(朼)

3.973 微伯瘝乍(作)匕(朼)

5.2742 王乎虢叔召瘝/瘝萬年永寶用

8.4170 瘝曰:覞(景)

皇祖考嗣威義(儀)/王對癲楙(懋)/癲萬年寶
8.4171 癲曰：覭(景)皇祖考嗣威義(儀)/王對癲楙(懋)/癲萬年寶
8.4172 癲曰：覭(景)皇祖考嗣威義(儀)/王對癲楙(懋)/癲萬年寶
8.4173 癲曰：覭(景)皇祖考嗣威義(儀)/王對癲楙(懋)/癲萬年寶
8.4174 癲曰：覭(景)皇祖考嗣威義(儀)/王對癲楙(懋)/癲萬年寶
8.4175 癲曰：覭(景)皇祖考嗣威義(儀)/王對癲楙(懋)/癲萬年寶
8.4176 癲曰：覭(景)皇祖考嗣威義(儀)/王對癲楙(懋)/癲萬年寶
8.4177 癲曰：覭(景)皇祖考嗣威義(儀)/王對癲楙(懋)/癲萬年寶
9.4462 嗣馬共右(佑)癲/癲其萬年
9.4463 嗣馬共右(佑)癲/癲其萬年
9.4681 微伯癲乍(作)箭
14.8916 癲乍(作)父丁
14.8917 癲乍(作)父丁
14.9070 癲乍(作)父丁
15.9723 偁父右(佑)癲/王乎乍(作)册尹册賜癲：畫靳、牙僰、赤舄/癲拜頴首/癲其萬年永寶
15.9724 偁父右(佑)癲/王乎乍(作)册尹册賜癲：畫靳、牙僰、赤舄/癲拜頴首/癲其萬年永寶
15.9726 王乎虢叔召(詔)癲/乎師壽召(詔)癲/癲其萬年永寶
15.9727 王乎虢叔召(詔)癲/乎師壽召(詔)癲/癲其萬年永寶
16.10324 微癲乍(作)寶
16.10325 微癲乍(作)寶

2188 [illegible]

17.10941 冶[illegible]

2189 爿

18.11695 相邦建信君、邦右庫韓段、工師爿瘪、冶息敎(撻)齋(劑)

2190 妝

9.4616 鄦(許)子妝擇其吉金
13.8309 妝王

2191 狀

17.11379 丞相啟、狀造

2192 ⿰爿方(葬)

16.10478 丌(其)⿰爿方(葬)

2193 斨

1.113 群孫斨子璋
1.114 群孫斨子璋
1.115 群孫斨子璋
1.116 群孫斨子璋
1.117 群孫斨子璋
1.118-9 群孫斨子璋

2194 ⿰爿付(府)

11.5557 侁⿰爿付(府)
11.5721 侁⿰爿付(府)父乙
11.5722 侁⿰爿付(府)父乙
13.7368 ⿰爿付(府)
15.9307 ⿰爿付(府)
16.10504 侁⿰爿付(府)

2195 ⿰爿呈(痙)

10.5393 伯⿰爿呈(痙)享京

2196 ⿰爿酉(醬)

15.9735 外之則⿰爿酉(將)使𨑓(上)勤於天子之廟/⿰爿酉(將)與虞(吾)君並立於𢍰(世)
16.10478 大⿰爿酉(將)宮方百乇(尺)
17.11325 ⿰爿酉(將)軍張二月
17.11326 ⿰爿酉(將)軍張二月

2197 ⿰爿旨(㾄)

9.4608 考叔⿰爿旨父自乍(作)尊簠
9.4609 考叔⿰爿旨父自乍(作)尊簠
16.9979 敶(陳)公孫⿰爿旨父乍(作)旅𣪘(鉼)
16.10276 賽(塞)公孫⿰爿旨父自乍(作)盥匜

2198 ⿰爿函(㾏、癀)

4.2141 犾(獮)父乍(作)⿰爿函(癀)始(姒)貞(鼎)

2199 ⿰爿甾、𣑱

5.2588 宋⿰爿甾(莊)公之孫趨亥
5.2841 唯天⿰爿甾(壯)集厥命/邦⿰爿甾(將)害(曷)吉

2200 ⿰爿匡

5.2546 輔伯⿰爿匡父乍(作)豐孟娟(妘)賸(媵)鼎

2201 ⿰爿需、⿰爿爰、㾌

9.4603 敶(陳)侯乍(作)王仲嬀⿰爿需(㾌)賸(媵)簠
9.4604 敶(陳)侯乍(作)王仲嬀⿰爿需(㾌)賸(媵)簠
9.4606 敶(陳)侯乍(作)孟姜⿰爿爰(㾌)賸(媵)簠
9.4607 敶(陳)侯乍(作)孟姜⿰爿爰(㾌)賸(媵)簠
16.10157 敶(陳)侯乍

(作)王仲媯𦗢(瘬)母
媵般(盤)

2202 冀(㾓)

3.843 亞冀(㾓)父己
4.1868 亞冀(㾓)父己
10.5049 亞冀(㾓)父甲
10.5375 冀(㾓)
12.7219 亞冀(㾓)妣己

2203 𦓤

12.7183 亞𦓤乙

2204 𦢊

1.123 𠂤𦢊(逸)康樂
1.125-8 𠂤𦢊(逸)康樂
1.129-31 𠂤𦢊(逸)康樂
5.2835 賜女(汝)圭瓚一、湯(鍚)鐘一𦢊(肆)、鐈鋚百勻(鈞)
8.4327 賜女(汝)瓚四、章(璋)瑴(瑴)、宗彝一𦢊(肆)
10.5324 戎帆(抑)玉人父宗彝𦢊(肆)
10.5348 廌父乍(作)㚸是從宗彝𦢊(肆)
11.5916 戎帆(抑)玉人父宗彝𦢊(肆)
11.5930 廌父乍(作)㚸是從宗彝𦢊(肆)
17.11352 用𦢊(逸)
17.11353 用𦢊(逸)
18.11547 用𦢊(逸)

2205 𦢺

5.2532 乃𦢺子乍(作)厥文考尊彝

2206 𩩓

4.2068 姚乍(作)𩩓鎛(饙)鼎

2207 䐖

5.2835 用嚴(玁)允(狁)放䐖

2208 𦢳

16.9892 余其萬年𦢳

2209 片

5.2570 掃片祖𣄰乍(作)寶鼎
5.2571 掃片祖𣄰乍(作)寶鼎

2210 宀、宀

15.9665 宀(片)器嗇夫亮疸所靭(勒)翰(看)器乍(作)靭(勒)者
15.9666 宀(片)器嗇夫亮疸所靭(勒)翰(看)器乍(作)靭(勒)者
16.10457 右□宀(片)□

2211 斦(析)

17.11214 斦(析)君墨胥之部(造)鉾(戟)

2212 金

1.48 宮令宰僕賜粤白金十勻(鈞)
1.50 鼄(邾)君求吉金
1.86 擇其吉金膚(鏞)呂(鋁)
1.87 鼄(邾)叔之伯□友擇左(厥)吉金
1.93 擇厥吉金
1.94 擇厥吉金
1.95 擇厥吉金
1.96 擇厥吉金
1.97 擇厥吉金
1.98 擇厥吉金
1.99 擇厥吉金
1.100 擇厥吉金
1.101 擇厥吉金
1.113 子璋擇其吉金
1.114 子璋擇其吉金
1.115 子璋擇其吉金
1.116 子璋擇其吉金
1.117 子璋擇其吉金
1.118-9 璋擇其吉金
1.140 鼄(邾)公孫班擇其吉金
1.142 齊鞁(鮑)氏孫㇇擇其吉金
1.143 王賜鮮吉金
1.144 戉(越)王者旨於賜擇厥吉金
1.149 鼄(邾)公牼擇厥吉金
1.150 鼄(邾)公牼擇厥吉金
1.151 鼄(邾)公牼擇厥吉金
1.152 鼄(邾)公牼擇厥吉金
1.153 鄦(許)子盥(醬)自(師)擇其吉金
1.154 鄦(許)子盥(醬)自(師)擇其吉金
1.171 擇吉金
1.182 郐(徐)王子旃擇其吉金
1.183 得吉金鎛鋁
1.184 得吉金鎛鋁
1.193 擇其吉金
1.194 擇其吉金
1.195 擇其吉金
1.196 擇其吉金
1.197 擇其吉金
1.198 擇其吉金
1.203 擇其吉金
1.223-4 吳王光逗之穆曾(贈)舺(舒)金
1.245 鼄(邾)公華擇厥吉金
1.261 王孫遺者擇其吉金
1.272-8 篙(桓)武靈(靈)公賜尸吉金鈇鎬
1.285 擇吉金
2.421 其次擇其吉金
2.422 其次擇其吉金
2.424 擇厥吉金
2.426 舍(余)擇厥吉金
2.427 舍(余)擇厥吉金
2.428 〔擇厥〕吉金
2.429 聖靡公㯳擇其吉金
3.609 唯黃朩(榦)𣏟用吉金乍(作)鬲
3.610 唯黃朩(榦)𣏟用吉金乍(作)鬲
3.625 曾子單用吉金自乍(作)寶鬲
3.675 用其吉金
3.676 用其吉金
3.699 迺用吉金
3.934 唯𠭯用吉金
3.943 唯曾子仲謱用其吉金
3.945 邕子良人擇其吉金

3.946 王孫壽擇其吉金
3.948 賜遇金
4.2365 段(鍛)金
4.2457 俘厥金胄
4.2477 何訇君党擇其吉金
4.2478 ☐其吉金
5.2539 唯[illegible]用吉金
5.2540 唯[illegible]用吉金
5.2562 [illegible]金父乍(作)叔姬寶尊鼎
5.2564 曾仲子敔用吉金自乍(作)寶鼎
5.2595 臣卿賜金
5.2620 唯曾子仲謱用其吉金
5.2624 樊季氏孫仲鼒[擇]其吉金
5.2629 辛宮賜舍父帛、金
5.2632 [illegible]偖生(甥)[illegible]用吉金
5.2633 [illegible]偖生(甥)[illegible]用吉金
5.2644 廓季之伯歸臺用其吉金
5.2645 廓季之伯歸臺用其吉金
5.2675 郐(徐)王㯻用其良金
5.2678 宓伯于成周休眦小臣金
5.2696 賜金一匀(鈞)、非(緋)余(琜)
5.2706 麥賜赤金
5.2714 鄁公湯用其吉金
5.2717 王子昃(昃)擇其吉金
5.2721 賜金
5.2722 擇其吉金
5.2723 賜師俞金
5.2725 王賜歸俎進金
5.2726 王賜歸俎進金
5.2734 俘金
5.2737 曾子仲宣□用其吉金
5.2746 亡智求戟嗇夫庶魔擇吉金
5.2749 侯賜憲貝、金
5.2750 乃擇吉金
5.2757 曾子𣪘擇其吉金
5.2779 俘戎金[illegible]卅
5.2787 穌(蘇)賓章(璋)、馬四匹、吉金
5.2788 穌(蘇)賓章(璋)、馬四匹、吉金
5.2811 王子午擇其吉金
5.2826 取厥吉金
5.2830 賜女(汝)玄衣黹(黼)屯(純)、赤芾、朱橫(黃衡)、絲(鑾)旂、大(太)師金膺、攸(鋚)勒
5.2831 矩取省車、軷桒(賁)䩉、虎冟(幎)、蔡(𦃇)褘、畫轉、叏(鞭)师(席)䩞、帛轡(纁)乘、金鹿(鑣)鋞(鋞)/朏帛(白)金一反(鈑)
5.2838 井叔賜曶赤金、鬱/曶用茲金乍(作)朕文孝(考)宄伯鬻牛鼎/廼賠又(有)訠(詢)罘劚金
5.2839 弓一、矢百、畫虢(皋)一、貝胄一、金毌(干)一、戠戈二、矢臸八
5.2841 賜女(汝)秬鬯一卣、祼圭瓚寶、朱芾、悤(蔥)黃(衡)、玉環、玉琜、金車、桒(賁)緟較(較)、朱鞹(鞹)䩉靳、虎冟(冪)熏裏、右軛、畫轉、畫輯、金甬(桶)、道(錯)衡、金嶂(踵)、金豙(軛)、䞇(約)晟(盛)、金簟弼(茀)、魚箙、馬四匹、攸(鋚)勒、金[illegible](臺)、金膺、朱旂二鈴(鈴)
6.3586 段(鍛)金歸乍(作)旅段
6.3587 段(鍛)金歸乍(作)旅段
7.3790 大(太)保賜厥臣梱(剖)金
7.3907 俘金
7.3948 臣卿賜金
7.4016 鄁公伯[illegible](韭)用吉金
7.4017 鄁公伯[illegible](韭)用吉金
7.4041 王賜金百寽(鋝)
7.4054 曾大(太)保□用吉金
7.4095 唯食生(甥)走馬谷自乍(作)吉金用尊段
8.4122 賜赤金
8.4128 復公仲若我曰:其擇吉金
8.4131 賜又(右)事(史)利金
8.4132 賞菽(叔)鬱鬯、白金、趨(芻)牛
8.4133 賞菽(叔)鬱鬯、白金、趨(芻)牛
8.4134 賞金
8.4135 賞金
8.4136 賜帛、金
8.4145 陳侯午台(以)群者(諸)侯獻金
8.4152 盦(拾)趣(取)吉金
8.4156 唯伯家父部廼用吉金
8.4179 賓(儐)馬兩、金十鈞
8.4180 賓(儐)馬兩、金十鈞
8.4181 賓(儐)馬兩、金十鈞
8.4184 賜女(汝)馬乘、鐘五金
8.4185 賜女(汝)馬乘、鐘五金
8.4186 賜女(汝)馬乘、鐘五金
8.4187 賜女(汝)馬乘、鐘五金
8.4190 𡣕擇吉金
8.4201 伯賜小臣宅畫毌、戈九、昜(錫)金車、馬兩
8.4203 敀(搥)乃鷊(醻)金
8.4204 敀(搥)乃鷊(醻)金
8.4205 楷伯令厥臣獻金車

8.4213 戎獻金于子牙父百車/而賜𩵦(魯)屄(殿)𢼂(敖)金十鈞

8.4229 穌(蘇)賓(儐)章(璋)、馬四匹、吉金

8.4230 穌(蘇)賓(儐)章(璋)、馬四匹、吉金

8.4231 穌(蘇)賓(儐)章(璋)、馬四匹、吉金

8.4232 穌(蘇)賓(儐)章(璋)、馬四匹、吉金

8.4233 穌(蘇)賓(儐)章(璋)、馬四匹、吉金

8.4234 穌(蘇)賓(儐)章(璋)、馬四匹、吉金

8.4235 穌(蘇)賓(儐)章(璋)、馬四匹、吉金

8.4236 穌(蘇)賓(儐)章(璋)、馬四匹、吉金

8.4245 擇厥吉金

8.4257 賜女(汝)玄衣黹屯(純)、銖(素)芾、金鈧(衡)、赤舄、戈琱㦰、彤沙(蘇)、攸(鋚)勒、䜌(鑾)旂五日

8.4283 賜女(汝)金勒

8.4284 賜女(汝)金勒

8.4302 余賜女(汝)秬鬯一卣、金車、賁(賁)幬(幬)較(較)、賁(賁)𨏥朱虢(鞹)靳、虎冟(冪)桒(朱)裏、金甬(筩)、畫聞(輯)、金厄(軛)、畫轉、馬四匹、鋚勒

8.4311 賜女(汝)戈琱㦰、〔歐〕必(柲)、彤尿(沙、蘇)、毌五、鍚鐘一𣪕(肆)五金

8.4313 俘吉金

8.4314 俘吉金

8.4318 賜女(汝)秬鬯一卣、金車、賁(賁)較(較)、朱虢(鞹)𨏥靳、虎冟(冪)熏(纁)裏、右厄(軛)、畫轉、畫輯、金甬(筩)、馬四匹、攸(鋚)勒

8.4319 賜女(汝)秬鬯一卣、金車、賁(賁)較(較)、朱虢(鞹)𨏥靳、虎冟(冪)熏(纁)裏、右厄(軛)、畫轉、畫輯、金甬(筩)、馬四匹、攸(鋚)勒

8.4324 賜女(汝)菽(素)芾、金黃(衡)、赤舄、攸(鋚)勒

8.4325 賜女(汝)菽(素)芾、金黃(衡)、赤舄、攸(鋚)勒

8.4326 賜朱芾、悤(蔥)黃(衡)、鞞鞢(璲)、玉睘(環)、玉珍、車、電軫、賁(賁)緙較(较)、朱𩊚(鞹)𨏥靳、虎冟(冪)熏(纁)裏、遣(錯)衡、右厄(軛)、畫轉、畫輯、金童(踵)、金家(軝)、金簟弼(茀)、魚葡(箙)、朱旂旜(旜)金芫二鈴

8.4343 賜女(汝)秬鬯一卣、金車、賁(賁)較(較)、畫輯、朱虢(鞹)𨏥靳、虎冟(冪)熏(纁)裏、旂、余(騟)〔馬〕四匹

9.4454 叔剌(䣙)父乍(作)奠(鄭)季寶鐘六金、尊盨四、鼎七

9.4455 叔剌(䣙)父乍(作)奠(鄭)季寶鐘六金、尊盨四、鼎七

9.4456 叔剌(䣙)父乍(作)奠(鄭)季寶鐘六金、尊盨四、鼎七

9.4457 叔剌(䣙)父乍(作)奠(鄭)季寶鐘六金、尊盨四、鼎七

9.4459 俘金

9.4460 俘金

9.4461 俘金

9.4467 賜女(汝)秬鬯一卣、赤芾、五黃(衡)、赤舄、牙僰、駒車、賁(賁)較(較)、朱虢(鞹)𨏥靳、虎冟(冪)熏(纁)裏、畫轉(轉)、畫輯、金甬(筩)、朱旂、馬四匹、攸(鋚)勒、素戉(鉞)

9.4468 賜女(汝)秬鬯一卣、赤芾、五黃(衡)、赤舄、牙僰、駒車、賁(賁)較(較)、朱虢(鞹)𨏥靳、虎冟(冪)熏(纁)裏、畫轉(轉)、畫輯、金甬(筩)、朱旂、馬四匹、攸(鋚)勒、素戉(鉞)

9.4469 賜女(汝)秬鬯一卣、乃父芾、赤舄、駒車、賁(賁)較(較)、朱虢(鞹)𨏥靳、虎冟(冪)熏(纁)裏、畫轉、畫輯、金甬(筩)、馬四匹、鋚勒

9.4549 楚王酓(熊)肯鈘(作)鑄金簠

9.4550 楚王酓(熊)肯鈘(作)鑄金簠

9.4551 楚王酓(熊)肯鈘(作)鑄金簠

9.4578 唯羌仲无擇其吉金

9.4594 子季嬴青擇其吉金

9.4599 𨙵(養)伯受用其吉金

9.4605 嘉子伯昜臚用其吉金

9.4613 上鄀府擇其吉金

9.4614 曾□□擇其吉金

9.4616 鄦(許)子妝擇其吉金

9.4617 無(許)公買擇厥吉金

9.4618 樂子嚷豧擇其吉金

9.4619 孫叔左擇其吉金

9.4620 叔朕擇其吉金

9.4621 叔朕擇其吉金

9.4622 叔朕擇其吉金

9.4625 長子𩣡臣擇其吉金

9.4627 擇之金

9.4628 擇之金/其金孔吉

9.4629 擇厥吉金

9.4630 擇厥吉金

9.4631 金導鍚(錫)行/余擇其吉金黃鏞(铝)

9.4632 金導鍚(錫)行/余擇其吉金黄鏞(铝)
9.4646 陳侯午台(以)群者(諸)侯獻金
9.4647 陳侯午台(以)群者(諸)侯獻金
9.4648 者(諸)侯享(獻)台(以)吉金
9.4649 者(諸)侯寊(賓)薦吉金
10.5387 員俘金
10.5398 矢王賜同金車、弓矢
10.5403 大矩賜豐金、貝
11.5863 段(鍛)金歸乍(作)旅彝
11.5973 伯ᅡ父賜殺金
11.5982 唯東䀠叀(惠)于金
11.5995 賜師俞金
11.5996 大矩賜豐金、貝
11.6001 小子生賜金、鬱鬯
11.6002 賜金、賜臣
11.6008 仲競父賜赤金
11.6015 劑(齎)用王乘車馬、金勒、冂(裑)衣、芾、舄/乍(作)册麥賜金于辟侯
11.6016 明公賜亢師鬯、金、小牛/賜令鬯、金、小牛
12.6513 郐(徐)王義楚擇余吉金
15.9303 賜金、賜臣
15.9446 嘉(嘉)仲者比用其吉金
15.9451 侯賜麥金
15.9617 重金鉀
15.9628 曾仲斿(游)父用吉金
15.9629 曾仲斿(游)父用吉金
15.9637 用其吉金
15.9678 邗王之愓(賜)金
15.9679 邗王之愓(賜)金
15.9681 復公仲擇其吉金
15.9712 唯曾伯陭廼用吉金鐈鋚
15.9715 可(何、荷)是金哲(㸚)
15.9721 賜幾父幵桒(韍)六、僕四家、金十鈞
15.9722 賜幾父幵桒(韍)六、僕四家、金十鈞
15.9733 擇其吉金
15.9735 中山王譻命相邦賙(貯)擇郾(燕)吉金
16.9893 賜金
16.9895 賜金
16.9898 王乎史戊册令(命)吳:嗣旃眔菽金/賜秬鬯一卣、玄衮衣、赤舄、金車、桒(賁)函朱虢(鞹)靳、虎冟(冪)熏(纁)裏、桒(賁)較(較)、畫轉、金甬(筩)、馬四匹、攸(鋚)勒
16.9901 明公賜亢師鬯、金、小牛/賜令鬯、金、小牛
16.7360 伯公父乍(作)金爵
16.9972 唯東䀠叀于金
16.9975 重金絡襄(鑲)
16.10005 孟滕姬擇其吉金
16.10008 擇其吉金
16.10098 賭金氏(氏)孫乍(作)寶般(盤)
16.10099 郐(徐)王義楚擇其吉金
16.10101 仲𢦏臣ᚴ肇合以金
16.10105 陶子或賜匋(陶)姛金一鈞
16.10120 〔吉〕金用〔迮〕邦
16.10134 攸(掀)仲虪(㝩)履用其吉金
16.10136 唯番君伯龤(攏)用其青金
16.10137 用擇其吉金
16.10138 曾師季輔(芾)用其士(吉)金
16.10140 唯番昶伯者君用其吉金
16.10150 唯ᚴᚹ右自乍(作)用其吉金寶般(盤)
16.10156 唯曾子伯𦍧用其吉金
16.10165 者尚余卑□於ᚱᚱ(即?)擇其吉金
16.10167 □攸(鋚)金
16.10223 賭金氏(氏)乍(作)寶也(匜)
16.10228 唯登(鄧)築(柞)生(甥)吉疇(酬)登(鄧)公金
16.10271 唯番君肇用士(吉)金
16.10285 罰金
16.10294 吳王夫差擇厥吉金
16.10295 吳王夫差擇厥吉金
16.10296 吳王夫差擇厥吉金
16.10297 攸𢦏(載)造金監(鑑)
16.10298 吳王光擇其吉金
16.10299 吳王光擇其吉金
16.10329 樊君蕿(芜)用其吉金
16.10336 用其吉金
16.10340 彭子仲擇其吉金
16.10373 鑄廿金劏(桶)
16.10374 贖台(以)金半鈞
16.10391 擇其吉金
16.10582 伊𡛜賞辛事(吏)秦金
16.10583 □□焦金壴(鼓)
17.11250 寺工譻、金角
17.11262 翏(鏐)金良金
17.11268 用厥金乍(作)吉用
17.11286 不降棘余子之貲金
17.11290 子孔擇厥吉

金
17.11295 章子鄬(國)尾其元金
17.11400 用其良金
18.11541 不降棘余子之貲金
18.11580 巳(巽)金□鐘
18.11582 繁㶲(陽)之金
18.11584 郾(燕)王喜金□
18.11610 未𠂤(貽)金
18.11663 虡公自擇𣝕(厥)吉金
18.11668 擇其吉金
18.11788 郘(呂)大叔以新金爲貣(貳)車之斧十
18.12110 爲鄂(鄂)君啟之府賦(僦、就)鑄金節 / 毋載金、革、黽(𥳑、箭)箭 / 見其金節則毋政(徵)/ 不見其金節則政(徵)
18.12111 爲鄂(鄂)君啟之府賦(僦、就)鑄金節 / 毋載金、革、黽(𥳑、箭)箭 / 見其金節則毋政(徵)/ 不見其金節則政(徵)
18.12112 爲鄂(鄂)君啟之府賦(僦、就)鑄金節 / 毋載金、革、黽(𥳑、箭)箭 / 見其金節則毋政(徵)/ 不見其金節則政(徵)
18.12113 爲鄂(鄂)君啟之府賦(僦、就)鑄金節 / 見其金節則毋政(徵)/ 不見其金節則政(徵)

2213 釪

18.11686 邦司寇馬慦、辻(下)庫工師得尚、冶君(尹)曉半釪敕(撻)齋(劑)

2214 釤

17.11306 啟𡉚(封)妗(令)瘫、工師釤、冶者

2215 釪

4.2358 宋君夫人之餴(饙)釪(盂)貞(鼎)

2216 釺

1.102 陸𧊒(融)之孫邾公釺

2217 釱

18.11514 郾(燕)王職乍(作)攼鈦
18.11515 郾(燕)王職乍(作)攼鈦
18.11516 郾(燕)王職乍(作)攼鈦
18.11517 郾(燕)王職乍(作)黃(廣)衣(卒)鈦
18.11518 郾(燕)王職乍(作)黃(廣)衣(卒)鈦
18.11519 郾(燕)王職乍(作)攼鈦
18.11520 郾(燕)王職乍(作)攼鈦
18.11521 郾(燕)王職乍(作)攼鈦
18.11524 郾(燕)王詈(讋)乍(作)攼鈦
18.11526 郾(燕)王職乍(作)巨攼鈦
18.11527 郾(燕)王職乍(作)巨攼鈦
18.11531 郾(燕)王戎人乍(作)攼鈦
18.11536 郾(燕)王戎人乍(作)巨攼鈦
18.11537 郾(燕)王戎人乍(作)巨攼鈦
18.11538 郾(燕)王戎人乍(作)王萃鈦
18.11539 郾(燕)王戎人乍(作)巨攼鈦
18.11543 郾(燕)王戎人乍(作)自𢆶率鈦
18.11606 郾(燕)王喜怒旅鈦
18.11607 郾(燕)王喜怒旅鈦
18.11612 郾(燕)王喜怒無(橅)旅鈦
18.11613 郾(燕)王喜怒無(橅)旅鈦
18.11614 郾(燕)王喜怒無(橅)旅鈦
18.11615 郾(燕)王喜怒無(橅)旅鈦
18.11616 郾(燕)王喜怒無(橅)旅鈦
18.11617 郾(燕)王喜怒無(橅)旅鈦

2218 鈞

8.4179 賓(儐)馬兩、金十鈞
8.4180 賓(儐)馬兩、金十鈞
8.4181 賓(儐)馬兩、金十鈞
8.4213 而賜盠(魯)戻(殿)䜌(敖)金十鈞
15.9721 賜幾父幵棊(鞁)六、僕四家、金十鈞
15.9722 賜幾父幵棊(鞁)六、僕四家、金十鈞
16.10105 陶子或賜匋(陶)婀金一鈞
16.10374 贖台(以)金半鈞

2219 鈗

9.4627 鉮(礦)鈗鏷鏞(鋁)

2220 鈍

2.429 玄鏐鈍呂(鋁)

2221 鈧

8.4257 賜女(汝)玄衣黹屯(純)、鉥(素)芾、金鈧(衡)、赤舄、戈琱胾、彤沙(蘇)、攸(鋚)勒、䜌(鑾)旂五日

2222 鈇

1.272-8 篔(桓)武靈(靈)公賜尸吉金鈇鎬
1.285 鈇鐈鐐鋁
9.4694 攸爭(載)散(造)鈇(箭)盍(盒)
9.4695 攸爭(載)散

(造)鈇(箭)盍(盒)

2223 釿

5.2764 五益(鎰)六釿半釿四分釿之冢(重)
5.2773 再(稱)二益(鎰)六釿
5.2793 一益(鎰)十釿半釿四分釿之冢(重)/六益(鎰)半釿之冢(重)

2224 欽

3.980 曰:欽哉
16.10579 汩鼉(器)不而甾丌(其)欽
17.11270 非欽業邗
17.11383 大庀(庇)欽衹

2225 銭(鍋)

15.9703 大嬰(將)銭孔、陳璋內(入)伐匽(燕)亳邦之獲
16.9975 齊嬰(將)銭(鍋)孔、陳璋內(入)伐匽(燕)亳邦之獲
17.11020 高坪乍(作)銭(戈)
17.11025 武城建銭(戈)
17.11034 陳卯銠(造)銭(戈)
17.11035 陳余造銭(戈)
17.11036 陳窒散銭(戈)
17.11041 平堅(阿)左銭(戈)
17.11082 陳丽子㝅(造)銭(戈)
17.11083 陳御寇散銭(戈)
17.11101 平阿右造(?)銭(戈)
17.11127 陳胎之右棨銭(戈)
17.11128 陳卿聖孟造銭(戈)
17.11131 司馬望之告(造)銭(戈)
17.11154 成陽(暘)辛城里銭(戈)
17.11155 成陽(暘)辛城里銭(戈)
17.11156 平鑒(場)高馬里銭(戈)
17.11183 谷哣戠(造)銭(戈)□
17.11211 工城佐⺊、冶昌茆銭(戈)
17.11259 篙右工銭(戈)

2226 鈖

17.11354 鈖匋命(令)富反、下庫工師王豈、冶禽

2227 鈲

18.11758 中山侯忞(忻)乍(作)茲軍鈲

2228 鋻(鉚)

18.11540 郾(燕)王詈(讙)乍(作)巨攺鋻(矛)

2229 鈷

18.11561 閔倫(令)肖(趙)狙、下庫工師馭石、冶人參所鑄鈷户者

2230 鉦

2.428 〔用自〕乍(作)鉦(征)鋮/鑄此鉦(征)鋮
6.3710 西替乍(作)其妹靳䡞(饋)鉦鎗

2231 鉤(鈎)

2.426 自乍(作)鉤(鈎)鑃
2.427 自乍(作)鉤(鈎)鑃
17.11068 豫少(小)鉤(鈎)庫造

2232 鈴、鑰

1.50 用自乍(作)其龢鐘、龢鈴
1.53 楚王領(頷)自乍(作)鈴鐘
1.153 自乍(作)鈴鐘
1.154 自乍(作)鑰(鈴)鐘
2.350 陳(陳)大喪史仲高乍(作)鈴鐘
2.351 陳(陳)大喪史仲高乍(作)鈴鐘
2.352 陳(陳)大喪史仲高乍(作)鈴鐘
2.353 陳(陳)大喪史仲高乍(作)鈴鐘
2.354 陳(陳)大喪史仲高乍(作)鈴鐘
2.355 陳(陳)大喪史仲高乍(作)鈴鐘
5.2841 賜女(汝)秬鬯一卣、裸圭瓚寶、朱芾、悤(蔥)黄(衡)、玉環、玉琮、金車、桒(賁)縟較(較)、朱鬮(鞹)啇靳、虎冟(冪)熏裏、右軛、畫轉、畫轄、金甬(桶)、道(錯)衡、金嶂(踵)、金豕(軝)、㪅(約)㬿(盛)、金簟弼(茀)、魚箙、馬四匹、攸(鋚)勒、金䡅(臺)、金膺、朱旂二鑰(鈴)
8.4313 曰冄、曰䝿(裝)、曰鈴、曰達
8.4314 曰冄、曰䝿(裝)、曰鈴、曰達
8.4326 賜朱芾、悤(蔥)黄(衡)、鞞鞢(璲)、玉睘(環)、玉琮、車、電軫、桒(賁)縟較(较)、朱鬩(鞹)啇靳、虎冟(冪)熏(纁)裏、道(錯)衡、右厄(軛)、畫轉、畫轄、金童(踵)、金豕(軝)、金簟弼(茀)、魚葡(箙)、朱旂旜(旜)金芫二鈴
8.4341 令賜鈴勒
16.9894 戍鈴尊宜于醫(召)
18.11901 皮氏大鑰(鈴)

2233 鑍、鍌、鋻

16.10366 右里𣪘(敀)鋻(鋻)
16.10367 右里𣪘(敀)鋻(鋻)

2234 鈢(𨬊)

8.4257 賜女(汝)玄衣黹屯(純)、鈢(素)芾、金鈧(衡)、赤舄、戈琱㦸、彤沙(蘇)、攸(鋚)勒、䜌(鑾)旂五日

2235 銑

16.10298 玄銑(礦)白銑(礦)
16.10299 玄銑(礦)白銑(礦)

2236 銘

1.157 用明則之于銘
1.158 用明則之于銘
1.159 用明則之于銘
1.160 用明則之于銘
1.161 用明則之于銘
5.2840 于銘曰:於(烏)虖(乎)

2237 鉺

18.12025 君軭(軖)鉺(耳)

2238 鉞

2.428 〔用自〕乍(作)鉦(征)鉞/鑄此鉦(征)鉞

2239 銅

5.2794 楚王酓(熊)忎(悍)戰獲兵銅/楚王酓(熊)忎(悍)戰獲兵銅
5.2795 楚王酓(熊)忎(悍)戰獲兵銅/楚王酓(熊)忎(悍)戰獲兵銅
9.4688 富子之上官獲之畫𨌲銅鉄十
15.9452 銅婁(鏤)鋸(唇)錄足/銅婁(鏤)鋸(唇)錄足
16.10158 楚王酓(熊)忎(悍)戰獲兵銅

2240 銉(銉)

15.9730 于南宮子用璧二備(琟)、玉二嗣(笥)、鼓鐘一銉(肆)

2241 鋪

5.2779 鋪五十
9.4684 𣄰公乍(作)杜孎(祁)鐉(奠)鋪(笛)
18.11696 玄鏐鋪(鏞)呂(鋁)
18.11697 玄鏐鋪(鏞)呂(鋁)
18.11698 ☒鋪(鏞)呂(鋁)

2242 鉮(戟?)

17.11184 郾(燕)侯脮乍(作)〔市〕萃鍨鉮(戟)
17.11185 郾(燕)侯𩏂(䡾、載)乍(作)□鍨(戣)鉮(戟)六
17.11219 郾(燕)侯𩏂(䡾)乍(作)帀(師)萃鉮(戟)
17.11220 郾(燕)侯𩏂(䡾)乍(作)右軍鉮(戟)
17.11272 郾(燕)侯脮乍(作)帀(師)萃鍨鉮(戟)
17.11305 郾(燕)王詈怒(悛、授)行義(議、儀)自𢆶司馬鉮(戟)

2243 鈔、礦

4.2243 僆屖悤𠙴鈔伍俌

2244 餞(鈛)

8.4145 乍(作)皇妣孝大妃祭器餞錞(敦)
9.4646 乍(作)皇妣孝大妃祭器餞(鈛)錞(敦)
9.4647 乍(作)皇妣孝大妃祭器餞(鈛)錞(敦)

2245 鋚

5.2786 命女(汝)幽黃(衡)、鋚革(勒)
5.2835 賜女(汝)圭瓚一、湯(錫)鐘一㙯(肆)、鐈鋚百勻(鈞)
8.4302 余賜女(汝)秬鬯一卣、金車、𠦪(賁)幬(幬)較(較)、𠦪(賁)𠧟朱虢(鞹)靳、虎冟(冪)窠(朱)裏、金甬(筩)、畫聞(輴)、金厄(軛)、畫轉、馬四匹、鋚勒
9.4469 賜女(汝)秬鬯一卣、乃父芾、赤舄、駒車、𠦪(賁)較(較)、朱虢(鞹)𠧟靳、虎冟(冪)熏(纁)裏、畫轉、畫輴、金甬(筩)、馬四匹、鋚勒
15.9712 唯曾伯陭廼用吉金鐈鋚
15.10169 賜女(汝)赤攸(沛、芾)、幽黃(衡)、鋚勒、旂

2246 鍒

16.10456 秙室門鍒(栚)

2247 鉄

9.4688 富子之上官獲之畫𨌲銅鉄十/台(以)爲大邍(赴)之從鉄

2248 鋞(鋞)

5.2831 矩取省車、軝𠦪(賁)𠧟、虎冟(幎)、蔡(㯱)𢓊、畫轉、㚸(鞭)㡀(席)䡩、帛轡(纁)乘、金鹿(鑣)鋞(鋞)

2249 鋥

18.11611 郙王㦛自牧(作)承鋥

2250 鉌

9.4650 哀成叔之鉌
16.10356 蔡大(太)史𡚸乍(作)其鉌
16.10368 左關之鉌

16.10374 闕鉚節于敹(廩)半

2251 鋿

1.172 玄鏐鋿鏞(鋁)
1.173 玄鏐鋿鏞(鋁)
1.174 玄鏐鋿鏞(鋁)
1.175 玄鏐鋿鏞(鋁)
1.176 玄鏐鋿鏞(鋁)
1.177 玄鏐鋿鏞(鋁)
1.178 玄鏐鋿鏞(鋁)
1.179 玄鏐鋿鏞(鋁)
1.180 玄鏐鋿鏞(鋁)

2252 錬

1.172 鑄其游錬(鐘)
1.173 自乍(作)鑄游錬(鐘)/鑄其游錬(鐘)
1.174 自乍(作)鑄其游錬(鐘)/ 鑄其游錬(鐘)
1.175 自乍(作)鑄游錬(鐘)/鑄其游錬(鐘)
1.176 自乍(作)鑄游錬(鐘)/鑄其游錬(鐘)
1.177 自乍(作)鑄游錬(鐘)/鑄其游錬(鐘)
1.178 自乍(作)鑄游錬(鐘)/鑄其游錬(鐘)
1.179 自乍(作)鑄其游錬(鐘)/ 鑄其游錬(鐘)
1.180 自乍(作)鑄其游錬(鐘)/ 鑄其游錬(鐘)

2253 鍺

1.149 鑄辝(台)龢鍾(鐘)二鍺(堵)
1.150 鑄辝(台)龢鍾(鐘)二鍺(堵)
1.151 鑄辝(台)龢鍾(鐘)二鍺(堵)
1.152 鑄辝(台)龢鍾(鐘)二鍺(堵)
1.187-8 鍺鍺雍雍
1.189-90 鍺鍺雍雍
1.192 鍺鍺雍雍
1.262-3 霝(靈)音鍺鍺雍雍
1.264-6 霝(靈)音鍺鍺雍雍
1.267 霝(靈)音鍺鍺雍雍
1.268 霝(靈)音鍺鍺雍雍
1.269 霝(靈)音鍺鍺雍雍
1.270 其音鍺鍺雍雍孔煌

2254 鍢、鏷

1.36 晲仲乍(作)朕文考釐公大鍢(林)寶鐘
1.65 兮仲乍(作)大鍢(林)鐘
1.66 兮仲乍(作)大鏷(林)鐘
1.67 兮仲乍(作)大鏷(林)鐘
1.68 兮仲乍(作)大鏷(林)鐘
1.70 兮仲乍(作)大鏷(林)鐘
1.71 兮仲乍(作)大鏷(林)鐘
1.133 用乍(作)大鏷(林)鐘
1.134 用乍(作)大鏷(林)鐘
1.135 用乍(作)大鏷(林)鐘
1.136 用乍(作)大鏷(林)鐘
1.251-6 肈乍(作)龢鏷(林)鐘

2255 鐿

1.105 冞生(甥)用乍(作)穆公大鐿(林)鐘

2256 鐠

1.181 乍(作)大鐠(林)協鐘
1.246 龢鐠(林)鐘

2257 鋇

1.270 鋇(鎮)靜(靖)不廷
8.4315 鋇(鎮)靜(靖)不廷

2258 鐃

1.272-8 玄鏐鐃鋁
1.285 鈇鐈鐃鋁

2259 鋁

1.183 得吉金鎛鋁
1.184 得吉金鎛鋁
1.225 玄鏐鏞鋁
1.226 玄鏐鏞鋁
1.227 玄鏐鏞鋁
1.228 玄鏐鏞鋁
1.229 玄鏐鏞鋁
1.230 玄鏐鏞鋁
1.231 玄鏐鏞鋁
1.232 玄鏐鏞鋁
1.233 玄鏐鏞鋁
1.234 玄鏐鏞鋁
1.235 玄鏐鏞鋁
1.236 玄鏐鏞鋁
1.237 玄鏐鏞鋁
1.272-8 玄鏐鐃鋁
1.285 鈇鐈鐃鋁
2.426 鉉(玄)鏐鏞鋁
2.427 鉉(玄)鏐鏞鋁
17.10970 玄翏(鏐)敊(鏞)鋁之用
17.11136 玄翏(鏐)敊(鏞)鋁之用
17.11137 玄翏(鏐)敊(鏞)鋁之用
17.11138 玄翏(鏐)敊(鏞)鋁之用
17.11139 玄翏(鏐)敊(鏞)鋁之用

2260 錫、鍚

7.4100 伯錫(賜)賞
7.4101 伯錫(賜)賞
9.4631 金導鍚(錫)行
9.4632 金導鍚(錫)行

2261 鋸

17.11003 〔郾王〕職乍(作)□□鋸(戳)
17.11110 郾(燕)王職乍(作)〔攷〕萃鋸
17.11186 郾(燕)侯車(輂、載)乍(作)萃鋸(戳)
17.11188 郾(燕)王職乍(作)攷鋸(戳)
17.11189 郾(燕)王職乍(作)攷鋸(戳)
17.11192 郾(燕)王戎

人王萃鋸(戳)

17.11193 郾(燕)王詈乍(作)攷鋸(戳)

17.11194 郾(燕)王詈惄(悛、授)攷鋸(戳)

17.11195 郾(燕)王喜惄(悛、授)攷鋸(戳)

17.11217 郾(燕)侯〔職〕乍(作)攷萃鋸(戳)

17.11218 郾(燕)侯庫(輂)乍(作)左宮鋸(戳)

17.11221 郾(燕)侯職惄(悛、授)帀(師)萃鋸(戳)

17.11222 郾(燕)侯職乍(作)帀(師)萃鋸(戳)

17.11223 郾(燕)侯職乍(作)帀(師)萃鋸(戳)

17.11224 郾(燕)王戠(職)乍(作)雩萃鋸(戳)

17.11225 郾(燕)王職乍(作)帀(師)萃鋸(戳)

17.11226 郾(燕)王職乍(作)廰萃鋸(戳)

17.11227 郾(燕)王職乍(作)雩(澌)萃鋸(戳)

17.11228 郾(燕)王職乍(作)雩(澌)萃鋸(戳)

17.11229 郾(燕)王職乍(作)雩(澌)萃鋸(戳)

17.11230 郾(燕)王職乍(作)巨攷鋸(戳)

17.11231 郾(燕)王職乍(作)巨攷鋸(戳)

17.11232 郾(燕)王職乍(作)巨攷鋸(戳)

17.11233 郾(燕)王職乍(作)巨攷鋸(戳)

17.11234 郾(燕)王職乍(作)巨攷鋸(戳)

17.11235 郾(燕)王職乍(作)巨攷鋸(戳)

17.11237 郾(燕)王戎人乍(作)攷鋸(戳)

17.11238 郾(燕)王戎人乍(作)攷鋸(戳)

17.11239 郾(燕)王戎人乍(作)攷鋸(戳)

17.11240 郾(燕)王詈惄(悛、授)巨攷鋸(戳)

17.11241 郾(燕)王詈惄(悛、授)雩(澌)萃鋸(戳)

17.11242 郾(燕)王詈惄(悛、授)雩(澌)萃鋸(戳)

17.11245 郾(燕)王詈乍(作)巨攷鋸(戳)

17.11246 郾(燕)王喜惄(悛、授)巨攷鋸(戳)

17.11247 郾(燕)王喜惄(悛、授)巨攷鋸(戳)

17.11248 郾(燕)王喜惄(悛、授)巨攷鋸(戳)

17.11249 郾(燕)王喜惄(悛、授)巨攷鋸(戳)

17.11273 郾(燕)王戎人乍(作)雩(澌)萃鋸(戳)

17.11274 郾(燕)王戎人乍(作)雩(澌)萃鋸(戳)

17.11275 郾(燕)王戎人乍(作)雩(澌)萃鋸(戳)

17.11276 郾(燕)王戎人乍(作)巨攷鋸(戳)

17.11277 郾(燕)王喜乍(作)雩(澌)攷鋸(戳)

17.11304 郾(燕)王職乍(作)雩萃鋸(戳)

2262 錐

5.2750 哀哀利錐

2263 鍁(鋘)

18.11534 吳王夫差自乍(作)甬(用)鍁(鋘)

2264 錍(甁)

15.9617 重金錍

16.9977 容四斗錍(甁)

2265 錳

9.4660 卲之御錳

9.4661 卲之御錳

2266 鍾

1.103 遟(遲)父乍(作)姬齊姜龢薔(林)鍾(鐘)

1.149 自乍(作)龢鍾(鐘)/鑄辝(台)龢鍾(鐘)二鍺(堵)

1.150 自乍(作)龢鍾(鐘)/鑄辝(台)龢鍾(鐘)二鍺(堵)

1.151 自乍(作)龢鍾(鐘)/鑄辝(台)龢鍾(鐘)二鍺(堵)

1.152 自乍(作)龢鍾(鐘)/鑄辝(台)龢鍾(鐘)二鍺(堵)

1.162 厲氏之鍾(鐘)

1.163 厲氏之鍾(鐘)

1.164 厲氏之鍾(鐘)

1.165 厲氏之鍾(鐘)

1.166 厲氏之鍾(鐘)

1.167 厲氏之鍾(鐘)

1.168 厲氏之鍾(鐘)

1.169 厲氏之鍾(鐘)

1.170 厲氏之鍾(鐘)

1.172 自乍(作)鑄游鍾(鐘)

1.272-8 尸用乍(作)鑄其寶鍾(鐘)/卑(俾)若鍾(鐘)鼓

1.284 卑(俾)若鍾(鐘)鼓

1.285 卑(俾)若鍾(鐘)鼓

2.420 鍾君(尹)

16.10466 左鍾君(尹)

18.11588 鉚鍾之鍊(造)鐱(劍)

2267 鍚

1.60-3 今余賜女(汝)毌五、鍚戈彤屖(蘇)

8.4311 賜女(汝)戈琱㦴、〔歇〕必(柲)、彤屖

（沙、蘇）、卅五、鍚鐘一𢿌（肆）五金

2268 鍻（鍚）

1.42 楚公豖自鑄鍻（鍚）鐘

2269 鋘、鍥

2.349 無鍥（射）之宮

2270 鋑（戣）

17.11184 郾（燕）侯脮乍（作）〔帀〕萃鋑鉘（戟）

17.11185 郾（燕）侯庫（䡅、載）乍（作）□鋑（戣）鉘（戟）六

17.11196 郾（燕）王詈恕（㥈、授）行議鋑（戣）

17.11243 郾（燕）王詈恕（㥈、授）行議鋑

17.11244 郾（燕）王詈恕（㥈、授）行議鋑

17.11272 郾（燕）侯脮乍（作）帀（師）萃鋑鉘（戟）

17.11278 郾（燕）王喜恕（㥈、授）御司馬鋑（戣）

17.11350 郾（燕）王詈恕（㥈、授）行議鋑（戣）

18.11491 行議（儀）鋑（戣）

2271 鋥（鐸）

2.423 乍（作）無者俞寶鉦鋥（鐸）

2272 鍴

12.6513 自酢（作）祭鍴（觶）

2273 錄

15.9452 銅婁（鏤）鋙（唇）錄足 / 銅婁（鏤）鋙（唇）錄足

2274 鉀（鉀）

9.4627 鉀（礦）鈗鏷鏞（鋁）

2275 鍬

18.11588 鍬鍾之錬（造）鐱（劍）

2276 鋙

15.9452 銅婁（鏤）鋙（唇）錄足 / 銅婁（鏤）鋙（唇）錄足

2277 鎬

1.272-8 篖（桓）武靈（靈）公賜尸吉金鈇鎬

4.2478 ☑鎬

16.10291 大（太）子之鎬

2278 鎛

1.106 楚公逆自乍（作）夜雷鎛

1.140 爲其龢鎛

1.183 得吉金鎛鋁

1.184 得吉金鎛鋁

1.271 乍（作）子仲姜寶鎛

1.285 用乍（作）鑄其寶鎛

2.289 鄭鎛 / 割（姑）𣴎（洗）鄭鎛

2.291 中鎛 / 割（姑）𣴎（洗）之中鎛

17.10917 鏉鎛

2279 鍌、鋑

15.9425 伯百父乍（作）孟姬朕（媵）鍌

16.10085 麥𣎆乍（作）鋑（鍌）般（盤）

2280 鍝（鏗）

10.4782 鍝（鏗）

13.7765 鍝（鏗）

2281 鑵（罐）

11.5913 彔伯乍（作）井姬用盂鑵

2282 鎗

1.187-8 鎗鎗鍯鍯

1.189-90 鎗鎗鍯鍯

1.192 鎗鎗鍯鍯

2283 鍯

1.187-8 鎗鎗鍯鍯

1.189-90 鎗鎗鍯鍯

1.192 鎗鎗鍯鍯

2284 鏐

1.149 玄鏐膚（鏞）呂（鋁）

1.150 玄鏐膚（鏞）呂（鋁）

1.151 玄鏐膚（鏞）呂（鋁）

1.152 玄鏐膚（鏞）呂（鋁）

1.172 玄鏐鋿鏞（鋁）

1.173 玄鏐鋿鏞（鋁）

1.174 玄鏐鋿鏞（鋁）

1.175 玄鏐鋿鏞（鋁）

1.176 玄鏐鋿鏞（鋁）

1.177 玄鏐鋿鏞（鋁）

1.178 玄鏐鋿鏞（鋁）

1.179 玄鏐鋿鏞（鋁）

1.180 玄鏐鋿鏞（鋁）

1.225 玄鏐鏞鋁

1.226 玄鏐鏞鋁

1.227 玄鏐鏞鋁

1.228 玄鏐鏞鋁

1.229 玄鏐鏞鋁

1.230 玄鏐鏞鋁

1.231 玄鏐鏞鋁

1.232 玄鏐鏞鋁

1.233 玄鏐鏞鋁

1.234 玄鏐鏞鋁

1.235 玄鏐鏞鋁

1.236 玄鏐鏞鋁

1.237 玄鏐鏞鋁

1.245 玄鏐赤鏞（鋁）

1.272-8 玄鏐鏞鋁

2.426 鉉（玄）鏐鏞鋁

2.427 鉉（玄）鏐鏞鋁

2.429 玄鏐鈍呂（鋁）

18.11696 玄鏐鋪（鏞）呂（鋁）

18.11697 玄鏐鋪（鏞）呂（鋁）

2285 鐘

1.7 自乍（作）其走（奏）鐘

1.8 宋公戌之訶（歌）鐘

1.9 宋公戌之訶（歌）鐘

1.10 宋公戌之訶（歌）

鐘
1.194 自乍(作)鴼(謠)鐘
1.195 自乍(作)鴼(謠)鐘
1.196 自乍(作)鴼(謠)鐘
1.197 自乍(作)鴼(謠)鐘
1.198 自乍(作)鴼(謠)鐘
1.199 自乍(作)鴼(謠)鐘
1.200 自乍(作)鴼(謠)鐘
1.201 自乍(作)鴼(謠)鐘
1.202 自乍(作)鴼(謠)鐘
1.203 自乍(作)龢鐘
1.204-5 用乍(作)朕皇祖考伯寶醬(林)鐘
1.206-7 用乍(作)朕皇祖考伯寶醬(林)鐘
1.209 用乍(作)朕皇祖考伯寶醬(林)鐘
1.210 自乍(作)訶(歌)鐘
1.211 自乍(作)訶(歌)鐘
1.212 蔡侯龖(申)之行鐘
1.213 蔡侯龖(申)之行鐘
1.214-5 蔡侯龖(申)之行鐘
1.216〔自作〕訶(歌)鐘
1.217 自乍(作)訶(歌)鐘
1.218 自乍(作)訶(歌)鐘
1.219 自乍(作)訶(歌)鐘
1.220 自乍(作)訶(歌)鐘
1.221 自乍(作)訶(歌)鐘
1.222 自乍(作)訶(歌)鐘
1.223-4 台(以)乍(作)寺吁龢鐘/柬柬(簡簡)龢鐘
1.225 乍(作)爲余鐘/大鐘八隶(聿肆)/大鐘既縣(懸)
1.226 乍(作)爲余鐘/大鐘八隶(聿肆)/大鐘既縣(懸)
1.227 乍(作)爲余鐘/大鐘八隶(聿肆)/大鐘既縣(懸)
1.228 乍(作)爲余鐘/大鐘八隶(聿肆)/大鐘既縣(懸)
1.229 乍(作)爲余鐘/大鐘八隶(聿肆)/大鐘既縣(懸)
1.230 乍(作)爲余鐘/大鐘八隶(聿肆)/大鐘既縣(懸)
1.231 乍(作)爲余鐘/大鐘八隶(聿肆)/大鐘既縣(懸)
1.232 乍(作)爲余鐘/大鐘八隶(聿肆)/大鐘既縣(懸)
1.233 乍(作)爲余鐘/大鐘八隶(聿肆)/大鐘既縣(懸)
1.234 乍(作)爲余鐘/大鐘八隶(聿肆)/大鐘既縣(懸)
1.235 乍(作)爲余鐘/大鐘八隶(聿肆)/大鐘既縣(懸)
1.236 乍(作)爲余鐘/大鐘八隶(聿肆)/大鐘既縣(懸)
1.237 乍(作)爲余鐘/大鐘八隶(聿肆)/大鐘既縣(懸)
1.238 用乍(作)皇考叀(惠)叔大醬(林)龢鐘
1.239 用乍(作)皇考叀(惠)叔大醬(林)龢鐘
1.240 用乍(作)朕皇考叀(惠)叔大醬(林)龢鐘
1.241 用乍(作)朕皇考叀(惠)叔大醬(林)龢鐘
1.242-4 用乍(作)朕皇考叀(惠)叔大醬(林)龢鐘
1.245 用鑄厥龢鐘/鑄其龢鐘
1.246 龢鐳(林)鐘
1.247 敢乍(作)文人大寶協龢鐘
1.248 敢乍(作)文人大寶協龢鐘
1.249 敢乍(作)文人大寶協龢鐘
1.250 敢乍(作)文人大寶協龢鐘
1.251-6 肇乍(作)龢鐐(林)鐘
1.257 癲乍(作)協鐘
1.258 癲乍(作)協鐘
1.259 癲乍(作)協鐘
1.260 王對乍(作)宗周寶鐘
1.261 自乍(作)龢鐘/闌闌(簡簡)龢鐘
1.262-3 乍(作)厥龢鐘
1.264-6 乍(作)厥龢鐘
1.267 乍(作)厥龢鐘
1.268 乍(作)厥龢鐘
1.269 乍(作)厥龢鐘
2.286 獸鐘之渻(衍)鍚(歸)/穆鐘之渻(衍)商/濁新鐘之徵/獸鐘之渻(衍)徵/新鐘之渻(衍)習(羽)
2.287 黃鐘之商角/爲槃鐘徵
2.288 爲獸鐘徵頔下角/爲黃鐘徵/新鐘之習(羽)
2.289 鄜(應)鐘之辭(變)宮/爲獸鐘徵曾/爲獸鐘之徵頔下角
2.290 嬴(嬴)嗣(亂)之在楚爲新鐘/穆音之在楚爲穆鐘/在晉爲槃鐘
2.291 鄜(應)音之在楚爲獸鐘
2.292 黃鐘之商角/爲槃鐘徵
2.293 割(姑)辝(洗)之在楚也爲呂鐘/爲宣鐘/宣鐘之在晉也爲六辜(墉)/黃鐘之鍚(歸)/新鐘之習(羽)/爲黃鐘徵

2.294 新鐘之徵曾/爲槃鐘徵曾/爲獸鐘之翆(羽)顛下角
2.295 新鐘之旂(變)商/黄鐘之徵角/宣鐘之珈徵/爲獸鐘徵顛下角/爲黄鐘徵曾
2.296 新鐘之商曾/濁獸鐘之翆(羽)/獸鐘之宫/新鐘之渻(衍)商/新鐘之商
2.297 穆鐘之角/新鐘之宫曾/濁獸鐘之徵/獸鐘之翆(羽)/穆鐘之徵/濁新鐘之宫/新鐘之徵顛
2.300 獸鐘之壴(鼓)反/濁新鐘之巽反/穆鐘之冬(終)反
2.301 濁新鐘之壴(鼓)/獸鐘之喜(鼓)/新鐘之徵顛/新鐘之商顛/濁新鐘之冬(終)
2.302 濁穆鐘之冬(終)/穆鐘之壴(鼓)/濁穆鐘之商/新鐘之翆(羽)顛/濁獸鐘之〔巽〕
2.303 穆鐘之下角/濁獸鐘之冬(終)/獸鐘之喜(鼓)/新鐘之少徵顛/穆鐘之冬(終)/濁新鐘之巽
2.304 獸鐘之下角/穆鐘之商/濁新鐘之冬(終)/新鐘之翆(羽)/獸鐘之徵
2.305 新鐘之徵曾/濁新鐘之下角/新鐘之徵/新鐘之冬(終)
2.306 穆鐘之翆(羽)/新鐘之翆(羽)顛/濁獸鐘之宫/濁獸鐘之下角/新鐘之翆(羽)曾/濁穆鐘之商
2.307 新鐘之商曾/濁獸鐘之翆(羽)/新鐘之商/獸鐘之宫/新鐘之商
2.308 穆鐘之角/新鐘之宫曾/濁獸鐘之徵/獸鐘之翆(羽)/穆鐘之徵/濁新鐘之宫/新鐘之徵顛
2.309 獸鐘之歆(鴃)
2.310 濁獸鐘之喜(鼓)/穆鐘之喜(鼓)反/濁獸鐘之巽/濁新鐘之少商
2.311 獸鐘之喜(鼓)反/濁新鐘之巽反/穆鐘之冬(終)反
2.312 濁新鐘之歆(鴃)/獸鐘之歆(鴃)/穆鐘之少商/新鐘之商顛/濁新鐘之冬(終)
2.313 濁穆鐘之冬(終)/穆鐘之喜(鼓)/濁新鐘之商/新鐘之翆(羽)顛/濁獸鐘之巽
2.314 穆鐘之下角/濁獸鐘之冬(終)/獸鐘之喜(鼓)/新鐘之少徵顛/穆鐘之冬(終)/濁新鐘之巽
2.315 獸鐘之下角/穆鐘之商/濁新鐘之冬(終)/新鐘之翆(羽)/獸鐘之徵
2.316 新鐘之徵曾/濁新鐘之下角/新鐘之徵/新鐘之冬(終)
2.317 穆鐘之翆(羽)/新鐘之翆(羽)顛/濁獸鐘之宫/濁獸鐘之下角/新鐘之翆(羽)曾/濁穆鐘之商
2.318 新鐘之商曾/濁獸鐘之翆(羽)/新鐘之商/獸鐘之宫/新鐘之商
2.319 贏(嬴)嗣(亂)之在楚爲新鐘/在晉爲槃鐘/穆音之在楚爲穆鐘
2.320 穆鐘之角/新鐘之宫曾/濁獸鐘之徵/獸鐘之翆(羽)/穆鐘之徵/濁新鐘之宫/新鐘之徵顛
2.321 獸鐘之翆(羽)角/割(姑)肄(洗)之在楚爲吕鐘/亘(宣)鐘之宫/洹(宣)鐘之在晉也爲六墉(墉)
2.322 贏(嬴)嗣(亂)之在楚也爲新鐘/其在晉也爲槃鐘/穆音之在楚也爲穆鐘
2.323 新鐘之翆(羽)角
2.324 爲黄鐘鼓
2.325 黄鐘之翆(羽)角/割(姑)肄(洗)之在楚也爲吕鐘/爲亘(宣)鐘/新鐘之旂(變)徵
2.326 鄘(應)鐘之徵角/爲槃鐘翆(羽)
2.327 爲槃鐘徵
2.328 割(姑)肄(洗)之在楚也爲吕鐘/爲亘(宣)鐘/亘(宣)鐘之在晉爲六臺(墉)/爲黄鐘徵/新鐘之翆(羽)
2.329 新鐘之徵/新鐘之徵曾/爲獸鐘之翆(羽)顛下角/爲槃鐘徵曾
2.330 新鐘之旂(變)商/獸鐘之徵角/爲獸鐘之徵顛下角/爲黄鐘徵曾
2.342 黄鐘之宫
2.350 敶(陳)大喪史仲高乍(作)鈴鐘
2.351 敶(陳)大喪史仲高乍(作)鈴鐘
2.352 敶(陳)大喪史仲高乍(作)鈴鐘
2.353 敶(陳)大喪史仲高乍(作)鈴鐘
2.354 敶(陳)大喪史仲高乍(作)鈴鐘
2.355 敶(陳)大喪史仲高乍(作)鈴鐘
2.356 井叔叔采乍(作)朕文祖穆公大鐘/其子子孫孫永日鼓樂茲鐘
2.357 井叔叔采乍(作)朕文祖穆公大鐘/其子子孫孫日鼓樂茲鐘
5.2668 大(太)帀(師)鐘伯侵自乍(作)石(碩)沱(盜)

5.2835 賜女(汝)圭瓚一、湯(錫)鐘一牆(肆)、鐈鋚百勻(鈞)
5.2836 賜女(汝)史、小臣、霝(靈)龠(龢)鼓鐘
8.4184 賜女(汝)馬乘、鐘五金
8.4185 賜女(汝)馬乘、鐘五金
8.4186 賜女(汝)馬乘、鐘五金
8.4187 賜女(汝)馬乘、鐘五金
8.4311 賜女(汝)戈琱㦰、〔歇〕必(柲)、彤沙(沙、蘇)、毌五、錫鐘一散(肆)五金
8.4324 令(命)女(汝)嗣乃祖舊官小輔眔鼓鐘
8.4325 令(命)女(汝)嗣乃祖舊官小輔、鼓鐘
9.4454 叔剸(剸)父乍(作)奠(鄭)季寶鐘六金、尊盨四、鼎七
9.4455 叔剸(剸)父乍(作)奠(鄭)季寶鐘六金、尊盨四、鼎七
9.4456 叔剸(剸)父乍(作)奠(鄭)季寶鐘六金、尊盨四、鼎七
9.4457 叔剸(剸)父乍(作)奠(鄭)季寶鐘六金、尊盨四、鼎七
15.9729 于南宮子用璧二備(珁)、玉二嗣(笥)、鼓鐘〔一肆〕
15.9730 于南宮子用璧二備(珁)、玉二嗣(笥)、鼓鐘一肆(肆)
17.11393 楚王之元右(佑)王鐘
18.11580 巳(巽)金□鐘

2286　鐈

1.285 鈇鐈鋅鋁
4.2235 鄧子午之飤鐈
4.2286 蚰子蠶(諄)自乍(作)飤鐈
5.2623 楚王酓(熊)肯乍(作)鑄鐈貞(鼎)
5.2835 賜女(汝)圭瓚一、湯(錫)鐘一牆(肆)、鐈鋚百勻(鈞)
9.4628 唯鐈唯盧(鋁)
15.9712 唯曾伯陭廼用吉金鐈鋚

2287　鏷

9.4627 錍(礦)銧鏷鏞(鋁)

2288　鎗

6.3710 西替乍(作)其妹靳鋅(饋)鉦鎗
8.4190 鎗
16.10194 虘鈛丘堂之鎗(會)鑪(浣)
16.10350 羣氏詹(諺)乍(作)善(膳)鎗

2289　鏮

18.11588 鄦鍾之鏮(造)鐱(劍)

2290　鏞

1.187-8 鍺鍺鏞鏞
1.189-90 鍺鍺鏞鏞
1.192 鍺鍺鏞鏞

2291　鐱(劍)

2.425 儆至鐱(劍)兵
5.2779 鐱(劍)廿
18.11587 蔡侯產之用鐱(劍)
18.11588 鄦鍾之鏮(造)鐱(劍)
18.11589 富奠之斱(斲)鐱(劍)
18.11591 陳窒(窒)散造鐱(劍)
18.11620 攻敔王光自乍(作)用鐱(劍)
18.11621 邲王欨(勾)淺(踐)自乍(作)用鐱(劍)
18.11634 郾(燕)王職惄武無(橅)旅鐱(劍)
18.11640 吳季子之子逞之元用鐱(劍)
18.11643 郾(燕)王職乍(作)武無(橅)鏃(鍺)鐱(劍)
18.11651 鵙公圃自乍(作)元鐱(劍)
18.11654 攻敔王光自乍(作)用鐱(劍)
18.11663 其吕(以)乍(作)爲用元鐱(劍)
18.11665 工盧王乍(作)元巳(祀)用鐱(劍)
18.11666 攻敔王光自乍(作)用鐱(劍)

2292　鐸

2.287 無鐸(射)之宮曾
2.292 無鐸(射)之宮曾
2.325 無鐸(射)之徵曾
2.327 爲無鐸(射)徵角
2.329 無鐸(射)之徵
2.419 郙郢率鐸
2.420 外卒鐸
5.2840 奮桴晨(振)鐸

2293　鑃

2.421 鑄句(勾)鑃
2.422 鑄句(勾)鑃
2.424 自乍(作)商句(勾)鑃
2.426 自乍(作)鉤(鉤)鑃
2.427 自乍(作)鉤(鉤)鑃

2294　鑄、鈢

1.32 內(芮)公乍(作)鑄從鐘之句(鉤)
1.33 內(芮)公乍(作)鑄從鐘之句(鉤)
1.42 楚公豪自鑄鍚(錫)鐘
1.47 鑄侯求乍(作)季姜朕(媵)鐘
1.87 用鑄其龢鐘
1.149 鑄辝(台)龢鍾(鐘)二鍺(堵)
1.150 鑄辝(台)龢鍾(鐘)二鍺(堵)
1.151 鑄辝(台)龢鍾(鐘)二鍺(堵)
1.152 鑄辝(台)龢鍾

(鐘)二鍺(堵)
1.172 自乍(作)鑄游鍾(鐘)/鑄其游鍊(鐘)
1.173 自乍(作)鑄游鍊(鐘)/鑄其游鍊(鐘)
1.174 自乍(作)鑄其游鍊(鐘)/鑄其游鍊(鐘)
1.175 自乍(作)鑄游鍊(鐘)/鑄其游鍊(鐘)
1.176 自乍(作)鑄游鍊(鐘)/鑄其游鍊(鐘)
1.177 自乍(作)鑄游鍊(鐘)/鑄其游鍊(鐘)
1.178 自乍(作)鑄游鍊(鐘)/鑄其游鍊(鐘)
1.179 自乍(作)鑄其游鍊(鐘)/鑄其游鍊(鐘)
1.180 自乍(作)鑄其游鍊(鐘)/鑄其游鍊(鐘)
1.183 台(以)鑄訴(龢)鐘
1.184 台(以)鑄訴(龢)鐘
1.245 用鑄厥龢鐘/鑄其龢鐘
1.272-8 尸用乍(作)鑄其寶鍾(鐘)
1.285 用乍(作)鑄其寶鎛
2.421 鑄句(勾)鑃
2.422 鑄句(勾)鑃
2.428 鑄此鉦(征)鋮
3.596 郳始逯母鑄其羞鬲
3.632 焚(縈)伯鑄鬲
3.633 塱(坍)肇家鑄乍(作)鬵
3.678〔自作〕鑄其鬲
3.684 奠(鄭)鑄友父乍(作)幾姜旅鬲
3.710 仲勘大也(它)鑄其寶鬲
3.711 內(芮)公乍(作)鑄京氏婦叔姬朕(媵)鬲
3.712 內(芮)公乍(作)鑄京氏婦叔姬朕(媵)鬲
3.735 鑄子叔黑臣(頤)肇乍(作)寶鬲
3.743 內(芮)公乍(作)鑄京仲氏婦叔姬賸(媵)鬲
3.914 鑄器客爲集精七府
3.941 鑄其寶
4.1735 大(太)保鑄
4.2284 喬夫人鑄其餴(饋)貞(鼎)
4.2296 鑄客爲集脰(廚)
4.2297 鑄客爲集脰(廚)爲之
4.2298 鑄客爲集脰(廚)爲之
4.2299 鑄客爲集⿰米善(饍)爲之
4.2300 鑄客爲集[illegible]爲之
4.2309 旨府之右冶疾鑄
4.2387 內(芮)公乍(作)鑄從鼎
4.2388 內(芮)公乍(作)鑄從鼎
4.2389 內(芮)公乍(作)鑄從鼎
4.2393 鑄客爲王句(后)七府爲之
4.2394 鑄客爲王句(后)七府爲之
4.2395 鑄客爲大(太)句(后)脰(廚)官爲之
4.2448 內(芮)大(太)子乍(作)鑄鼎
4.2449 內(芮)大(太)子乍(作)鑄鼎
4.2450 曾子伯誩鑄行器
4.2475 內(芮)公乍(作)鑄飤鼎
4.2479 楚王酓(熊)肯乍(作)鑄匜貞(鼎)
4.2480 鑄客爲集脜、伸脜、睘腋脜爲之
4.2493 奠(鄭)饔遠父鑄鼎
4.2527 虒𨘑(令)瘫、眂(視)事鷃、冶巡鑄
5.2568 鑄叔乍(作)嬴氏寶貞(鼎)
5.2574 命鑄飤鼎鬲
5.2587 鑄子叔黑臣肇乍(作)寶貞(鼎)
5.2590 梁陰命(令)率上官冢子疾、冶勅鑄
5.2609 大梁司寇肖(趙)亡智鑄
5.2610 大梁司寇肖(趙)亡智鑄
5.2611 虒命(令)周収、眂(視)事豣、冶期鑄
5.2623 楚王酓(熊)肯乍(作)鑄鐈貞(鼎)
5.2646 叔夜鑄其餴(饋)貞(鼎)
5.2650 敶(陳)侯乍(作)鑄嫣冏母塍(媵)鼎
5.2675 鑄其餴(饋)鼎
5.2693 稟(槁)朝爲享陵鑄
5.2701 左官冶大夫杕命冶悳(憯)鑄貞(鼎)
5.2746 鑄財(薾)
5.2757 用鑄爲彝
5.2758 公朿(刺)鑄武王、成王異鼎
5.2759 公朿(刺)鑄武王、成王異鼎
5.2760 公朿(刺)鑄武王、成王異鼎
5.2761 公朿(刺)鑄武王、成王異鼎
5.2779 用鑄兹尊鼎
5.2782 乍(作)鑄飤器黃鑊
5.2794 寍(室)鑄喬(鐈)貞(鼎)之盍(蓋)/寍(室)鑄喬(鐈)貞(鼎)
5.2795 寍(室)鑄喬(鐈)貞(鼎)之盍(蓋)/寍(室)鑄喬(鐈)貞(鼎)
6.3691 伯好父自鑄乍(作)爲旅毁
6.3707 內(芮)公乍(作)鑄從毁
6.3708 內(芮)公乍(作)鑄從毁
6.3709 內(芮)公乍(作)鑄從毁

7.3896 鑄其寶𣪘
7.3944 鑄子叔黑臣肇乍(作)寶𣪘
7.3964 仲殷父鑄𣪘
7.3965 仲殷父鑄𣪘
7.3966 仲殷父鑄𣪘
7.3967 仲殷父鑄𣪘
7.3968 仲殷父鑄𣪘
7.3969 仲殷父鑄𣪘
7.3970 仲殷父鑄𣪘
7.4047 眔子鼓𩰫鑄旅𣪘
8.4127 乍(作)鑄叔皮父尊𣪘
8.4179 用乍(作)鑄引仲寶𣪘
8.4180 用乍(作)鑄引仲寶𣪘
8.4181 用乍(作)鑄引仲寶𣪘
8.4262 鑄保(寶)𣪘
8.4263 鑄保𣪘
8.4264 鑄保𣪘
8.4265 鑄保𣪘
9.4357 彔乍(作)鑄頪廏(𣪘)
9.4358 彔乍(作)鑄頪廏(𣪘)
9.4359 彔乍(作)鑄頪廏(𣪘)
9.4360 彔乍(作)鑄頪廏(𣪘)
9.4389 虢叔鑄行盨
9.4399 仲鑠父攸(作)鑄旅盨
9.4407 伯孝鼓鑄旅須(盨)
9.4408 伯孝鼓鑄旅須(盨)
9.4422 筍伯大父乍(作)嬴妃鑄匋(寶)盨
9.4423 鑄子叔黑臣肇乍(作)寶盨
9.4470 鑄
9.4486 微乘鑄其寶簠
9.4506 鑄客爲王句(后)六室爲之
9.4507 鑄客爲王句(后)六室爲之
9.4508 鑄客爲王句(后)六室爲之
9.4509 鑄客爲王句(后)六室爲之
9.4510 鑄客爲王句(后)六室爲之
9.4511 鑄客爲王句(后)六室爲之
9.4512 鑄客爲王句(后)六室爲之
9.4513 鑄客爲王句(后)六室爲之
9.4531 內(芮)公乍(作)鑄寶簠
9.4539 盫山奢淲鑄其寶簠
9.4540 盫山旅虎鑄其寶簠
9.4541 盫山旅虎鑄其寶簠
9.4549 楚王酓(熊)肯攸(作)鑄金簠
9.4550 楚王酓(熊)肯攸(作)鑄金簠
9.4551 楚王酓(熊)肯攸(作)鑄金簠
9.4560 鑄叔乍(作)嬴氏寶簠
9.4570 鑄子叔黑臣
9.4571 鑄子叔黑臣
9.4573 曾子遷彝爲孟姬郐鑄賸(媵)簠
9.4574 鑄公乍(作)孟妊車母朕(媵)簠
9.4575 楚子暖鑄其飤簠
9.4576 楚子暖鑄其飤簠
9.4577 楚子暖鑄其飤簠
9.4613 鑄其淄(𦓤)簠
9.4616 用鑄其簠
9.4623 鼄(邾)大(太)宰欉子𤰈(耕)鑄其簠
9.4624 鼄(邾)大(太)宰欉子𤰈(耕)鑄其簠
9.4629 鑄兹𡨦(寶)簠(笑)
9.4630 鑄兹𡨦(寶)簠(笑)
9.4641 隱(郳)公胄(克)鑄其餑(饋)鐳(敦)
9.4642 荆公孫鑄其善(膳)𦎫(敦)
9.4675 鑄客爲王句(后)六室爲之
9.4676 鑄客爲王句(后)六室爲之
9.4677 鑄客爲王句(后)六室爲之
9.4678 鑄客爲王句(后)六室爲之
9.4679 鑄客爲王句(后)六室爲之
9.4680 鑄客爲王句(后)六室爲之
10.5018 大(太)保鑄
10.5406 周平鑄旅宗彝
10.5427 㩅(叩)蜆(睍)鑄彝
11.6015 唯天子休于麥辟侯之年鑄
15.9420 鑄客爲集𩛥爲之/鑄客爲集𩛥爲之
15.9449 犽、冶期鑄
15.9513 公鑄壺
15.9551 王鑄
15.9580 鑄大𠫤之笶一壺
15.9596 內(芮)公乍(作)鑄從壺
15.9597 內(芮)公乍(作)鑄從壺
15.9598 內(芮)公乍(作)鑄從壺
15.9632 己(紀)侯乍(作)鑄壺
15.9644 乍(作)鑄寶壺
15.9645 乍(作)鑄寶壺
15.9680 其成公鑄子孟妃朕(媵)盥壺
15.9705 番匊(鞠)生(甥)鑄賸壺
15.9719 乍(作)鑄尊壺
15.9720 乍(作)鑄尊壺
15.9729 用鑄爾羞鈚(瓶)
15.9730 用鑄爾羞鈚(瓶)
15.9733 台(以)鑄其洮(盥)壺
15.9735 鑄爲彝壺
16.10002 鑄客爲王句(后)六室爲之
16.10003 鑄客爲王句(后)六室爲之

16.10008 以攸(作)鑄銗(缶)
16.10054 大(太)保邽鑄
16.10124 乍(作)鑄其御般(盤)
16.10126 取膚(慮)上子商鑄般(盤)
16.10148 楚嬴鑄其寶盤
16.10155 埜(棠)湯叔伯氏茬鑄其尊
16.10158 窒(室)鑄少(小)盤
16.10165 自乍(作)鑄其般(盤)
16.10199 鑄客爲御逕(駟)爲之
16.10210 鑄子撫乍(作)也(匜)
16.10253 取膚(盧、慮)上子商鑄也(匜)
16.10255 杞伯每刃鑄鼄(邾)孃用寶也(匜)
16.10273 楚嬴(嬴)鑄其匜
16.10278 鑄其行也(匜)
16.10293 鑄客爲王句(后)六室爲之
16.10320 乍(作)鑄飤盂
16.10335 唯子誓(碁)鑄其行盂
16.10339 □子季〔嬴青自〕乍(作)鑄〔鐈盆〕
16.10361 攻(工)帀(師)侗鑄西墉寶鐈四秉
16.10373 鑄廿金劃(桶)
16.10388 鑄客爲集𠭯爲之
16.10389 鑄客爲集□敗(挸)爲之
16.10459 左相胐(?)大攻(工)君(尹)月鑄
16.10577 鑄客爲集脰(廚)爲之
16.10578 鑄客爲王句(后)六室爲之
17.11052 宜鑄散(造)用
17.11091 玄夫(鏞)鑄戈之□
17.11122 王子反鑄寢戈
17.11262 台(以)鑄良兵
17.11266 右庫冶气(乞)之鑄
17.11290 鑄其元用
17.11334 截(戴)大畧(酉)焆臣鑄其截戈
17.11387 奠(鄭)倫(令)肖(趙)距、司寇王屠、武庫工師鑄章、冶犋
18.11551 奠(鄭)倫(令)向佃、司寇零(露)商、武庫工師鑄章、冶犋
18.11561 閔倫(令)肖(趙)狽、下庫工師臤石、冶人參所鑄鉆户者
18.11659 楚王酓(熊)章爲從□士鑄用〔劍〕
18.11757 於取(郰)子敔鼓鑄鑵元喬
18.12110 爲鄂(鄂)君啟之府賦(僦、就)鑄金節
18.12111 爲鄂(鄂)君啟之府賦(僦、就)鑄金節
18.12112 爲鄂(鄂)君啟之府賦(僦、就)鑄金節
18.12113 爲鄂(鄂)君啟之府賦(僦、就)鑄金節

2295 鑑

16.10288 智君子之弄鑑
16.10289 智君子之弄鑑
16.10298 台(以)乍(作)叔姬寺吁宗彝(彝)薦鑑
16.10299 台(以)乍(作)叔姬寺吁宗彝(彝)薦鑑

2296 鏞

1.172 玄鏐鋪鏞(鋁)
1.173 玄鏐鋪鏞(鋁)
1.174 玄鏐鋪鏞(鋁)
1.175 玄鏐鋪鏞(鋁)
1.176 玄鏐鋪鏞(鋁)
1.177 玄鏐鋪鏞(鋁)
1.178 玄鏐鋪鏞(鋁)
1.179 玄鏐鋪鏞(鋁)
1.180 玄鏐鋪鏞(鋁)
1.225 玄鏐鏞鋁
1.226 玄鏐鏞鋁
1.227 玄鏐鏞鋁
1.228 玄鏐鏞鋁
1.229 玄鏐鏞鋁
1.230 玄鏐鏞鋁
1.231 玄鏐鏞鋁
1.232 玄鏐鏞鋁
1.233 玄鏐鏞鋁
1.234 玄鏐鏞鋁
1.235 玄鏐鏞鋁
1.236 玄鏐鏞鋁
1.237 玄鏐鏞鋁
1.245 玄鏐赤鏞(鋁)
2.426 鉉(玄)鏐鏞鋁
2.427 鉉(玄)鏐鏞鋁
9.4627 鉀(礦)銃鏷鏞(鋁)
9.4631 余擇其吉金黄鏞(鋁)
9.4632 余擇其吉金黄鏞(鋁)
17.11334 〔元〕鏞用

2297 鑯

17.10917 鑯鏄

2298 鑵

16.9986 仲乍(作)旅鑵
18.11757 於取(郰)子敔鼓鑄鑵元喬

2299 鐊

2.286 獸鐘之涾(衍)鐊(歸)
2.296 鐊(歸)/割(姑)詳(洗)之鐊(歸)/文王之涾(衍)鐊(歸)

2300 鑾

4.2214 尹小叔乍(作)

鑾(鑾)鼎

2301 鑼(韽)

1.225 玉鑼(韽)鼉鼓
1.226 玉鑼(韽)鼉鼓
1.227 玉鑼(韽)鼉鼓
1.228 玉鑼(韽)鼉鼓
1.229 玉鑼(韽)鼉鼓
1.230 玉鑼(韽)鼉鼓
1.231 玉鑼(韽)鼉鼓
1.232 玉鑼(韽)鼉鼓
1.233 玉鑼(韽)鼉鼓
1.234 玉鑼(韽)鼉鼓
1.235 玉鑼(韽)鼉鼓
1.236 玉鑼(韽)鼉鼓
1.237 玉鑼(韽)鼉鼓

2302 鍾

2.423 乍(作)無者俞寶鍾鋞(鐸)

2303 鎮(鼎)

4.2101 沓里三斗鎮(鼎)
4.2307 右廩公(宮)莆官和鎮(鼎)

2304 鉼

15.9606 纕(襄)安君其鉼(瓶)

2305 鑐(鑐)

16.9973 奠(鄭)義伯乍(作)步□鑐(鑐)/奠(鄭)義伯乍(作)步□鑐(鑐)

2306 鏃

18.11643 郾(燕)王職乍(作)武無(檡)鏃(鍺)鐱(劍)

2307 鉉

2.426 鉉(玄)鏐鏞鋁
2.427 鉉(玄)鏐鏞鋁

2308 鏌

9.4684 ꝏ公乍(作)杜孄(祁)鏌(莫)鋪(笰)

2309 鉣

15.9450 鉣

2310 鉅

9.4552 맜(胡)叔乍(作)吳(虞)姬尊鉅(筐)

2311 鋣

9.4688 富子之上官獲之畫鋣銅鈇十

2312 貝

3.643 㚤休賜厥瀕事(吏)貝
3.689 匽(燕)侯賜伯矩貝
3.741 王光商(賞)䣙(倢)貝
3.935 王賜圉貝
3.944 王商(賞)乍(作)册般貝
3.949 曰貯□貝
4.2327 賜貝
4.2405 王賜德貝廿朋
4.2425 王[賜]貝
4.2433 𠬝㚤商(賞)賜貝于司
4.2434 𠬝㚤商(賞)賜貝于司
4.2435 伯姜賜從貝卅朋
4.2453 休王賜䍃(䍃)父貝
4.2454 休王賜䍃(䍃)父貝
4.2455 休王賜䍃(䍃)父貝
4.2458 侯賜中貝三朋
4.2459 賜貝
4.2499 尹商(賞)𠧧貝三朋
4.2504 賜乍(作)册𡕼貝
4.2505 休朕公君匽(燕)侯賜圉貝
4.2506 王賜𦊺貝
4.2507 侯賞復貝四朋
5.2556 休于小臣𧶠(攕)貝五朋
5.2579 商(賞)𦘫貝二朋
5.2594 賜貝
5.2625 王商(賞)宗庚豊貝二朋
5.2626 商(賞)獻侯䵹貝
5.2627 商(賞)獻侯䵹貝
5.2628 王賞旨貝廿朋
5.2648 子賜小子𡚤(䍐)王商(賞)貝在𠂤(兟)𠂤(次)
5.2661 王賜德貝廿朋
5.2674 天君賞厥征人斤貝
5.2682 王[賞]貝十朋
5.2694 王賞戍𠂤貝二朋
5.2702 𨙶商(賞)又正要(聯)嬰貝在穆朋二百
5.2703 大(太)保賞萁貝
5.2705 賜貝五朋
5.2708 王商(賞)戍嗣(孠)貝廿朋
5.2709 商(賞)貝
5.2710 乍(作)册友史賜𧷾貝
5.2711 王商(賞)乍(作)册豊貝/大(太)子賜東大貝
5.2728 公賜旅貝十朋
5.2735 不栺賜貝十朋
5.2736 不栺賜貝十朋
5.2739 公賞𡉚(坶)貝百朋
5.2740 䍃俘貝
5.2741 䍃俘貝
5.2748 賜祼𤣩(璋)、貝十朋
5.2749 侯賜憲貝、金
5.2754 王賜呂秬鬯三卣、貝卅朋
5.2763 𠂤貝五朋
5.2775 小臣夌賜貝、賜馬丙(兩)
5.2776 王賜剌貝卅朋
5.2791 賜貝百朋
5.2839 弓一、矢百、畫皋(皋)一、貝胄一、金毌(干)一、𢧢戈二、矢𢦏八
6.3733 王賜德貝廿朋
7.3743 保侃母賜貝于

庚宮
7.3744 保侃母賜貝于庚宮
7.3763 用貝十朋又四朋
7.3824 王賜圅貝
7.3825 王賜圅貝
7.3861 王賜貝在闌(管)
7.3904 卿事賜小子鬲貝二百
7.3905 蛭□賜䣎貝卄朋
7.3906 侯賞攸貝三朋
7.3941 賞寢敉□貝二朋
7.3942 王賜叔德臣嬞十人、貝十朋、羊百
7.3975 邐賜貝二朋
7.3990 王光商(賞)鄧(僆)貝
7.4020 商(賞)貝 / 厥征斤貝
7.4030 畢公迺賜史䛼貝十朋
7.4031 畢公迺賜史䛼貝十朋
7.4042 易𣎵曰:趞叔休于小臣貝三朋、臣三家
7.4043 易𣎵曰:趞叔休于小臣貝三朋、臣三家
7.4088 公姛(姒)賜耆貝
7.4097 賜貝五朋
7.4099 賜敷弓、矢束、馬匹、貝五朋
8.4121 王休賜厥臣父瓚(贊)王祼、貝百朋
8.4130 嗌貝十朋
8.4138 䣎商(賞)小子䍃貝十朋 / 䍃賓(儐)貝
8.4144 弜師賜肄䡴户賸貝
8.4146 賓(儐)柀卄、貝十朋
8.4159 賜貝五朋
8.4169 賜墉(郭)伯馭(捱)貝十朋
8.4191 兮(乎)宰□賜穆公貝卄朋
8.4214 王乎師朕賜師遽貝十朋
8.4238 賜師率征自五齵貝 / 眔賜貝
8.4239 賜師率征自五齵貝 / 眔賜貝
8.4293 曰:公厥稟(廩)貝
8.4300 姜商(賞)令貝十朋、臣十家、鬲百人
8.4301 姜商(賞)令貝十朋、臣十家、鬲百人
8.4323 事(使)尹氏受(授)贅(賚)敔:圭(珪)瓚、㲋貝五十朋
10.4882 葡貝
10.5088 葡貝父辛
10.5352 商(賞)小臣豊貝
10.5353 子賜寓貝
10.5367 王賜㝅貝朋
10.5374 王賜圅貝
10.5377 䣎賜孝貝
10.5380 王賜馭𠁁貝一具
10.5383 賜岡刧貝朋
10.5385 息伯賜貝于姜
10.5386 息伯賜貝于姜
10.5394 子商(賞)小子省貝五朋
10.5395 王光宰甫貝五朋
10.5397 王賜嶲㕣貝在寢
10.5399 兮公室(貯)盂鬯束、貝十朋
10.5400 公賜乍(作)册䣄(醽)鬯、貝
10.5402 賜貝五朋
10.5403 大矩賜豐金、貝
10.5404 帝司賞庚姬貝卅朋、𨑢(貸)絲卄寽(鋝)
10.5407 尸伯賓(儐)睘貝、布
10.5411 賜貝卅寽(鋝)
10.5412 賓貝五朋
10.5413 㚸(邲)其賜貝
10.5417 子光商(賞)畜貝二朋 / 子曰:貝唯丁蔑女(汝)曆
10.5419 賜貝十朋
10.5420 賜貝十朋
10.5421 眔賞卣、鬯、貝
10.5422 眔賞卣、鬯、貝
10.5426 賜貝十朋
10.5433 王賜公貝五十朋 / 公賜厥涉(世)子效王休(好)貝卄朋
11.5956 鬲賜貝于王
11.5962 叔䚘(貔)賜貝于王姛(姒)
11.5965 子光商(賞)孚(殼)粪啟貝
11.5967 䣎商(賞)小子夫貝二朋
11.5974 蔡賜貝十朋
11.5975 公賜微貝
11.5977 賜𦣞(㒼)刧貝朋
11.5978 匽(燕)侯賞復冂(複)衣、臣妾、貝
11.5979 攸貝
11.5981 受貝二朋
11.5984 能匋賜貝于厥咎(盌)公
11.5985 王賜嗾士卿貝朋
11.5986 商(賞)鬳(睦)貝
11.5987 公賜臣衛宋䣓貝四朋
11.5989 尸伯賓(儐)用貝、布
11.5990 王賜小臣俞夒貝
11.5991 公賜乍(作)册䣄(醽)鬯、貝
11.5992 賜貝五朋
11.5996 大矩賜豐金、貝
11.5997 帝司(姛)賞庚姬貝卅朋、𨑢(貸)絲卄寽(鋝)
11.5999 眔賞卣、鬯、貝
11.6000 用王商(賞)子黄瓚一、貝百朋 / 子女(母)商(賞)妃、丁貝
11.6009 王賜公貝五十朋 / 公賜厥涉(世)子效王休(好)貝卄朋

11.6014 冞賜貝卅朋
12.6508 𡚬肇貝宁(貯)
12.6509 䬄賜貝于公仲
12.6510 公仲賜庶貝十朋
12.6512 周公賜小臣單貝十朋
12.7310 貝唯賜
12.7311 龏姛賜商(賞)貝于姛
13.8252 貝車
14.9050 貝唯賜
14.9051 貝唯賜
14.9094 公賜塱貝
14.9099 𡛷商(賞)征貝
14.9100 子賜竃𩰫(坒)貝
14.9101 王賜寢魚貝
14.9102 王賜肴亞䖒(唬)奚貝
14.9103 公大(太)保賞御正良貝
14.9104 賓(儐)貝
14.9105 賜貝五朋
15.9249 王賜小臣邑貝十朋
15.9301 子賜□貝
15.9439 匽(燕)侯賜亞貝
15.9453 逨(徠)義賜貝十朋
15.9454 眔賞卣、鬯、貝
15.9646 王姛賜保侃母貝
15.9714 王乎伊伯賜懋貝
15.9823 〔賓〕貝
16.9888 叔皀(貔)賜貝于王姒(姒)
16.9890 王商(賞)遹(趞)貝
16.9894 齡商(賞)貝十朋、丏豚
16.10166 貝廿朋
16.10580 保汝(如)母賜貝于庚姜
16.10581 賜䒤(羿)貝五朋
17.11033 陳貝散盍(戈)

2313 貣(貳)

12.7201 羊貣(貳)車
14.8804 羊貣(貳)車

2314 朋

4.2405 王賜德貝廿朋
4.2435 伯姜賜從貝卅朋
4.2458 侯賜中貝三朋
4.2499 尹商(賞)脔貝三朋
4.2507 侯賞復貝四朋
5.2556 休于小臣𪙠(攕)貝五朋
5.2579 商(賞)孌貝二朋
5.2625 王商(賞)宗庚豊貝二朋
5.2628 王賞旨貝廿朋
5.2661 王賜德貝廿朋
5.2682 王[賞]貝十朋
5.2694 王賞戍甬貝二朋
5.2702 𡛷商(賞)又正要(聯)要貝在穆朋二百
5.2705 賜貝五朋
5.2708 王商(賞)戍嗣(孠)貝廿朋
5.2728 公賜旅貝十朋
5.2735 不栺賜貝十朋
5.2736 不栺賜貝十朋
5.2739 公賞塱(坶)貝百朋
5.2748 賜祼𤥺(璋)、貝十朋
5.2754 王賜呂秬鬯三卣、貝卅朋
5.2763 𠀠貝五朋
5.2776 王賜剌貝卅朋
5.2791 賜貝百朋
6.3733 王賜德貝廿朋
7.3763 用貝十朋又四朋
7.3905 蛯□賜𡛷貝廿朋
7.3906 侯賞攸貝三朋
7.3941 賞寢敄□貝二朋
7.3942 王賜叔德臣嬞十人、貝十朋、羊百
7.3975 遣賜貝二朋
7.4030 畢公廼賜史䛗貝十朋
7.4031 畢公廼賜史䛗貝十朋
7.4042 易𠂔曰：趞叔休于小臣貝三朋、臣三家
7.4043 易𠂔曰：趞叔休于小臣貝三朋、臣三家
7.4097 賜貝五朋
7.4099 賜敷弓、矢束、馬匹、貝五朋
8.4121 王休賜厥臣父瓚(贊)王祼、貝百朋
8.4130 嗌貝十朋
8.4138 𡛷商(賞)小子𡙎貝十朋
8.4146 賓(儐)柀廿、貝十朋
8.4159 賜貝五朋
8.4169 賜墉(郭)伯馭(捱)貝十朋
8.4191 兮(乎)宰□賜穆公貝廿朋
8.4214 王乎師朕賜師遽貝十朋
8.4300 姜商(賞)令貝十朋、臣十家、鬲百人
8.4301 姜商(賞)令貝十朋、臣十家、鬲百人
8.4323 事(使)尹氏受(授)釐(賚)敔：圭(珪)瓚、翌貝五十朋
10.5367 王賜筱貝朋
10.5383 賜岡刧貝朋
10.5394 子商(賞)小子省貝五朋
10.5395 王光宰甫貝五朋
10.5399 兮公室(貯)盂鬯束、貝十朋
10.5402 賜貝五朋
10.5404 帝司賞庚姬貝卅朋、𨑓(貸)絲廿寽(鋝)
10.5412 賓貝五朋
10.5417 子光商(賞)𡥆貝二朋
10.5419 賜貝十朋
10.5420 賜貝十朋
10.5426 賜貝十朋
10.5433 王賜公貝五十

朋/公賜厥涉(世)子效王休(好)貝廿朋
11.5967 㚸商(賞)小子夫貝二朋
11.5974 蔡賜貝十朋
11.5977 賜䣌(犅)刼貝朋
11.5981 受貝二朋
11.5984 𠂤宦(廩)五朋
11.5985 王賜嗇士卿貝朋
11.5987 公賜臣衛宋𦉢貝四朋
11.5992 賜貝五朋
11.5997 帝司(姛)賞庚姬貝卅朋、迖(貸)絲廿孚(鋝)
11.6000 用王商(賞)子黃瓚一、貝百朋
11.6009 王賜公貝五十朋/公賜厥涉(世)子效王休(好)貝廿朋
11.6014 㝨賜貝卅朋
12.6510 公仲賜庶貝十朋
12.6512 周公賜小臣單貝十朋
12.7011 宁朋
14.9105 賜貝五朋
15.9249 王賜小臣邑貝十朋
15.9453 逨(徠)義賜貝十朋
15.9456 才(裁)八十朋/才(裁)廿朋
15.9808 朋五夅(降)父庚
16.9894 𩰫商(賞)貝十朋、丏豚
16.10166 貝廿朋
16.10168 賜守宮絲束、蘆(苴)幎(幕)五、蘆(苴)䔀(冟、冪)二、馬匹、毳希(布)三、專(專、團)俸(篷)三、銮(琜)朋
16.10581 賜䍃(弭)貝五朋

2315 助(賀)

8.4261 王降亡助(賀、嘉)爵、退(褪)囊

2316 貣、貣

1.144 夙暮不貣(忒)
1.210 不僭(愆)不貣(忒)
1.211 不僭(愆)不貣(忒)
1.216 不僭(愆)不貣(忒)
1.217 不僭(愆)不貣(忒)
1.218 不僭(愆)不貣(忒)
1.219 不僭(愆)不貣(忒)
1.220 不僭(愆)不貣(忒)
1.221 不僭(愆)不貣(忒)
1.222 不僭(愆)不貣(忒)
18.11788 郘(吕)大叔以新金爲貣(貳)車之斧十

2317 肪

8.4190 肪曰:余陳仲𢉩(産)孫、𡨦(釐、萊)叔和子

2318 貿(睨、睍)

7.4096 以貿(睨、睍)羕(永)令(命)、𩒨(眉)壽

2319 賨

16.10284 蔡叔季之孫賨

2320 貧(布)

5.2719 叔氏使貧(布)安㠱伯/賓貧(布)馬轡乘
10.5270 貧(布)乍(作)父乙尊彝

2321 責

4.1698 責戈父
5.2555 文考遺寶責(積)
5.2653 王賜小臣缶湡責(積)五年
5.2826 賜鹵(滷)責(漬)千兩
8.4315 鼏(冪)宅禹責(跡)
16.10174 王令甲政𤔲(嗣)成周四方責(積)/毋敢不出其負(帛)、其責(積)、其進人/其責(積)

2322 貴

16.10407 不擇貴戔(賤)
16.10412 左工貴
17.11327 格氏命(令)韓貴、工師亘公、冶㠯
18.12107 貴〔將軍信節〕

2323 賀

15.9735 者(諸)侯皆賀

2324 費

17.11345 亲(新)城大命(令)韓定、工師宋費、冶褚

2325 貿

5.2719 公貿用牧休𧖴

2326 買

3.949 伯買父迺以厥人戍漢、中、州
3.1168 買
4.2452 䣨父之走(趣)馬吳買
8.4129 勇叔買自乍(作)尊𣪘/買其子子孫孫永寶用享
9.4617 𤔲(許)公買擇厥吉金
10.4874 買車
10.5252 買王罘尊彝/買王罘乍(作)尊彝
11.5590 買車
12.7048 買車
12.7275 買王罘尊彝
12.7276 買王罘尊彝
13.8250 車買
13.8251 車買
15.9196 買車
17.11075 右買之用戈

2327　貯、賍

1.46 昆疕王貯(鑄)乍(作)龢鐘
2.375 貯
3.949 厥貯眘言/曰貯□貝
3.1167 貯
5.2608 庫嗇夫肖(趙)不夆(垒)、貯氏大竘(令)所爲
5.2825 用乍(作)憲司貯
5.2827 令女(汝)官嗣成周貯(廛)廿家/貯(廛)用宮御
5.2828 令女(汝)官嗣成周貯(廛)廿家/貯(廛)用宮御
5.2829 令女(汝)官嗣成周貯(廛)廿家/貯(廛)用宮御
5.2832 正廼訊厲曰:女(汝)貯田不(否)/厲廼許曰:余審貯田五田
7.4047 □肇貯
7.4099 伯氏貯(貯)敷(擯)
8.4262 厥貯(賈)卅田
8.4263 厥貯(賈)卅田
8.4264 厥貯(賈)卅田
8.4265 厥貯(賈)卅田
8.4330 沈子肇斁狃貯嗇
8.4332 令(命)女(汝)官嗣成周貯(廛)/貯(廛)用宮御
8.4333 令女(汝)官嗣成周貯(廛)/貯(廛)用宮御
8.4334 令女(汝)官嗣成周貯(廛)/貯(廛)用宮御
8.4335 令女(汝)官嗣成周貯(廛)/貯(廛)用宮御
8.4336 令女(汝)官嗣成周貯(廛)/貯(廛)用宮御
8.4337 令女(汝)官嗣成周貯(廛)/貯(廛)用宮御
8.4338 令女(汝)官嗣成周貯(廛)/貯(廛)用宮御
8.4339 令女(汝)官嗣成周貯(廛)/貯(廛)用宮御
9.4553 尹氏貯(賈)良乍(作)旅匿(筐)
15.9456 厥貯(賈)其舍(捨)田十田
15.9731 令女(汝)官嗣成周貯(廛)廿家/貯(廛)用宮御
15.9732 令女(汝)官嗣成周貯(廛)廿家/貯(廛)用宮御
16.9896 齊生(甥)魯肇貯(賈)
16.10174 厥貯(賈)/毋敢或入緣(蠻)宄貯(賈)
16.10252 貯(賈)子己父乍(作)寶盉
17.10720 貯
18.11885 貯
18.11886 貯

2328　貳

8.4292 女(汝)則宕其貳/公宕其貳
18.11786 呂大叔之貳車之斧
18.11787 呂大叔之貳車之斧

2329　䝭

13.7467 䝭
13.7652 䝭
17.10722 䝭

2330　貲

17.11286 不降棘余子之貲金
18.11541 不降棘余子之貲金

2331　賃

5.2840 使智(知)社稷之賃(任)/氏(是)以寡人匡(委)賃(任)之邦
15.9685 左使車嗇夫孫固、工㠯(師)賃
15.9734 而冢(重)賃(任)之邦
15.9735 而譚(專)賃(任)之邦/受賃(任)傞(佐)邦
18.12094 王命命遽(傳)賃
18.12095 王命命遽(傳)賃
18.12097 王命命遽(傳)賃
18.12098 王命命遽(傳)賃
18.12099 王命命遽(傳)賃
18.12100 王命命遽(傳)賃
18.12101 王命命遽(傳)賃
18.12102 王命命遽(傳)賃

2332　賮、贐

5.2830 女(汝)克贐乃身
6.3209 賮(贐)父辛
6.3335 賮(贐)乍(作)父辛
7.3868 賮(贐)
10.4971 賮(贐)父辛
10.5283 賮(贐)乍(作)父辛寶尊彝
10.5290 賮(贐)乍(作)父癸寶尊彝
11.5883 賮(贐)乍(作)父辛寶尊彝
11.6320 賮(贐)父辛
12.7278 賮(贐)引乍(作)尊彝
14.8528 賮(贐)父戊
14.8609 父辛賮(贐)
14.8610 父辛賮(贐)
14.8611 賮(贐)父辛
14.8612 賮(贐)父辛
15.9288 賮(贐)引乍(作)尊彝
15.9773 賮(贐)甲
16.9915 賮(贐)引

2333　䝨

9.4636 貽于敔(麈)之行盞

2334 質(䝂)

1.109–10 克質(哲)厥德
1.111 克質(哲)厥德
16.10257 冶匀嗇夫殷重、工質
16.10358 左使車嗇夫事斁、工質
18.11671 安平守變疾、左庫工師賦(戢)質、冶余敎(撻)齋(劑)

2335 賓

1.21 用妥(綏)賓
1.22 用妥(綏)賓
1.51 用樂嘉賓、父兄、大夫、倗友
1.88 用濼(樂)好賓
1.89 用濼(樂)好賓
1.90–1 用濼(樂)好賓
1.102 用樂我嘉賓
1.142 用樂嘉賓
1.143 用樂好賓
1.144 嘉而(尔)賓客
1.153 用樂嘉賓、大夫
1.154 用樂嘉賓、大夫
1.171 台(以)樂賓客
1.182 以樂嘉賓、倗友、者(諸)臤(賢)
1.203 以爍(樂)嘉賓
1.261 用爍(樂)嘉賓、父鋧(兄)
2.287 妥(蕤)賓之宮 / 妥(蕤)賓之在楚也爲坪皇 / 爲妥(蕤)賓之徵顧下角
2.289 妥(蕤)賓之珝(羽)
2.290 妥(蕤)賓之宮曾
2.292 妥(蕤)賓之宮 / 妥(蕤)賓之在楚也爲坪皇 / 爲妥(蕤)賓之徵顧下角
2.293 妥(蕤)賓之商曾
2.295 妥(蕤)賓之珝(羽)曾
2.324 妥(蕤)賓之宮 / 妥(蕤)賓之在醽(申)也爲遟(夷)則
2.325 妥(蕤)賓之冬(終)
2.327 妥(蕤)賓之宮 / 妥(蕤)賓之在楚也爲坪皇 / 爲妥(蕤)賓之徵顧下角
2.347 妥(蕤)賓之宮
2.424 以樂賓客
2.426 台(以)宴賓客
2.427 台(以)宴賓客
4.2132 匚(報)賓
4.2431 匚(報)賓
5.2675 用雍(饔)賓客
5.2719 賓貣(布)馬戀乘
5.2732 台(以)御賓客
5.2787 穌(蘇)賓章(璋)、馬四匹、吉金
5.2788 穌(蘇)賓章(璋)、馬四匹、吉金
5.2839 □□□邦賓 / 征(延)邦賓尊其旅服 / 賓即立(位)/ 贊賓 / 以□□□進賓 / 祝征(延)☒邦賓 / 贊邦賓 / 贊王邦賓
6.3695 用鄉(饗)賓
7.3745 其萬年用鄉(饗)賓
7.3833 伯賓父乍(作)寶毁
7.3834 伯賓父乍(作)寶毁
7.3954 用厥賓(儐)乍(作)丁寶毁
8.4138 𦉢賓(儐)貝
8.4146 賓(儐)柀卄、貝十朋
8.4179 賓(儐)馬兩、金十鈞
8.4180 賓(儐)馬兩、金十鈞
8.4181 賓(儐)馬兩、金十鈞
8.4195 師黃賓(儐)蒚章(璋)一、馬兩 / 吳姬賓(儐)帛束
8.4229 穌(蘇)賓(儐)章(璋)、馬四匹、吉金
8.4230 穌(蘇)賓(儐)章(璋)、馬四匹、吉金
8.4231 穌(蘇)賓(儐)章(璋)、馬四匹、吉金
8.4232 穌(蘇)賓(儐)章(璋)、馬四匹、吉金
8.4233 穌(蘇)賓(儐)章(璋)、馬四匹、吉金
8.4234 穌(蘇)賓(儐)章(璋)、馬四匹、吉金
8.4235 穌(蘇)賓(儐)章(璋)、馬四匹、吉金
8.4236 穌(蘇)賓(儐)章(璋)、馬四匹、吉金
8.4298 睽賓(儐)豖章(璋)、帛束 / 大賓(儐)豖訊(介)章(璋)、馬兩 / 賓(儐)睽訊(介)章(璋)、帛束
8.4299 睽賓(儐)豖章(璋)、帛束 / 大賓(儐)豖訊(介)章(璋)、馬兩 / 賓(儐)睽訊(介)章(璋)、帛束
9.4377 叔賓父乍(作)寶盨
9.4627 音(歆)王賓
10.4972 賓婦丁父辛
10.5407 尸伯賓(儐)睘貝、布
10.5412 賓貝五朋
10.5415 賜賓
11.5989 尸伯賓(儐)用貝、布
11.6003 賜賓
12.6872 賓女(母)
12.6873 賓女(母)
13.8277 賓匚(報)
14.9104 賓(儐)貝
15.9299 𠦪用賓父己
15.9431 其萬年用鄉(饗)賓
15.9631 奠(鄭)楙叔賓父乍(作)醴壺
15.9712 用鄉(饗)賓客
16.10236 苢(苢)父夼□子賓屓寶用
16.10583 匩賓允□

2336 賗、覞

1.36 覞仲乍(作)朕文考釐公大鎛(林)寶鐘

2337 賻

4.1933 中賻王貞(鼎)

2338 賏

17.11100 子賏(珇)之用戈

2339 贊

5.2839 王乎贊伯令盂以人聝入門/盂告贊伯/贊伯□□□□于明伯、繼(繼)伯、㥯伯

2340 賜

1.48 宮令宰僕賜粤白金十匀(鈞)
1.60-3 今余賜女(汝)毌五、鍚戈彤尾(蘇)
1.107-8 賜彤弓一、彤矢百、馬四匹/用賜眉壽、永命
1.133 柞賜䝅、朱黄(衡)、䜌(鑾)
1.134 柞賜䝅、朱黄(衡)、䜌(鑾)
1.135 柞賜䝅、朱黄(衡)、䜌(鑾)
1.136 柞賜䝅、朱黄(衡)、䜌(鑾)
1.137-9 柞賜䝅、朱黄(衡)、䜌(鑾)
1.143 王賜鮮吉金
1.204-5 賜克佃車、馬乘
1.206-7 賜克佃車、馬乘
1.209 賜克佃車、馬乘
1.238 迺天子多賜旅休
1.239 迺天子多賜旅休
1.240 迺天子多賜旅休
1.241 迺天子多賜旅休
1.242-4 迺天子多賜旅休
1.247 賜佩
1.248 賜佩
1.249 賜佩
1.250 賜佩
1.271 侯氏賜之邑二百又九十又九邑
1.272-8 余賜女(汝)釐(萊)都、䏍(密)、劘(膠)/賜休命/余賜女(汝)馬、車、戎兵/膺受君公之賜光/簉(桓)武靈(靈)公賜尸吉金鈇鎬
1.281 余賜女(汝)釐(萊)都、䏍(密)□
1.285 余賜女(汝)釐(萊)都、䏍(密)、劘(膠)/弗敢不對揚朕辟皇君之賜休命/余賜女(汝)車、馬、戎兵/膺受君公之賜光
3.643 婦休賜厥瀕事(吏)貝
3.689 匽(燕)侯賜伯矩貝
3.753 事(使)賜公姞魚三百
3.754 賜玉五品、馬四匹
3.755 賜玉五品、馬四匹
3.935 王賜圉貝
3.948 賜遇金
4.2327 賜貝
4.2405 王賜德貝廿朋
4.2433 龏妸商(賞)賜貝于司
4.2434 龏妸商(賞)賜貝于司
4.2435 伯姜賜從貝卅朋
4.2453 休王賜䍙(翳)父貝
4.2454 休王賜䍙(翳)父貝
4.2455 休王賜䍙(翳)父貝
4.2458 侯賜中貝三朋
4.2459 賜貝
4.2504 賜乍(作)册䡎貝
4.2505 休朕公君匽(燕)侯賜圉貝
4.2506 王賜𦎫貝
5.2581 休仲賜遡鼎
5.2594 賜貝
5.2595 臣卿賜金
5.2629 辛宮賜舍父帛、金
5.2638 㠱侯賜弟𠬝𤔲戜(䵹)
5.2648 子賜小子𡚬(㝬)王商(賞)貝在𠂤(兟)餗(次)
5.2653 王賜小臣缶湡責(積)五年
5.2654 公侯賜亳杞土、麇土、栗禾、𪗇禾
5.2659 賜𦉢□頌嬰
5.2661 王賜德貝廿朋
5.2670 公賜旂僕
5.2696 賜金一匀(鈞)、非(緋)余(琭)
5.2704 王姜賜旟田三于待劃
5.2705 賜貝五朋
5.2706 麥賜赤金
5.2710 乍(作)册友史賜𩒨貝
5.2711 大(太)子賜東大貝
5.2718 賜寓曼絲
5.2720 攸賜漁(魚)
5.2721 賜金
5.2723 賜師俞金
5.2725 王賜歸𢦚進金
5.2726 王賜歸𢦚進金
5.2728 公賜旅貝十朋
5.2735 不栺賜貝十朋
5.2736 不栺賜貝十朋
5.2742 賜駒兩
5.2743 用賜眉壽無疆
5.2744 用賜眉壽無疆
5.2747 王□賜□
5.2748 賜祼𩋻(璋)、貝十朋
5.2749 侯賜憲貝、金
5.2754 王賜呂秬鬯三卣、貝卅朋
5.2756 史(使)𤫊(諄)大人賜乍(作)册寓䵼(纘)倬
5.2775 小臣夌賜貝、賜馬丙(兩)
5.2776 王賜剌貝卅朋
5.2778 賜豕鼎一、爵一
5.2780 王乎宰膺賜盛弓、象弭、矢臸、彤欮
5.2781 王賜赤𢆶市、玄衣黹屯(純)、䜌(鑾)旅(旂)
5.2783 賜趞曹䝅(緇)

芾、冋(檾)黃(衡)、䜌(鑾)

5.2784 史趞曹賜弓矢、虎盧、九(厹)、冑、毌(干)、殳

5.2785 賜于武王乍(作)臣

5.2789 王𠛬(訇)姜事(使)內史友員賜𢦏玄衣、朱襮裣

5.2790 用賜康勵、魯休、屯(純)右(佑)、眉壽、永令(命)、霝(靈)冬(終)

5.2791 賜貝百朋

5.2792 大矢始賜友[曰]𡙁 / 賜□、賜章(璋)

5.2804 曰:賜女(汝)赤⊖芾、䜌(鑾)旂

5.2805 賜女(汝)赤芾、幽黃(衡)、攸(鋚)勒

5.2806 令 □□□[卅]二匹賜大

5.2807 令取誰(騂)䮀(犅)卅二匹賜大

5.2808 令取誰(騂)䮀(犅)卅二匹賜大

5.2810 王窺(親)賜馭方玉五瑴、馬四匹、矢五束

5.2812 多蔑曆賜休

5.2813 賜截(緇)芾、冋(檾)黃(衡)、玄衣黹屯(純)、戈琱㦰、旂

5.2814 賜女(汝)玄衣黹屯(純)、戈琱㦰、歐(厚)必(柲)、彤沙(蘇)、攸(鋚)勒、䜌(鑾)旂

5.2815 王乎內史𠕁冊賜趩;玄衣屯(純)黹、赤芾、朱黃(衡)、䜌(鑾)旂、攸(鋚)勒

5.2816 賜女(汝)秬鬯一卣、玄袞衣、幽夫(芾)、赤舄、駒車、畫呻(紳)、𩌏(幬)學(較)、虎幃(幃)、冟衵里幽、攸(鋚)勒、旅(旂)五旅(旂)、彤弓、彤矢、旅(玈)弓、旅(玈)矢、𢦏戈、虢(皋)冑

5.2817 賜赤舄

5.2819 王乎史減冊賜寰:玄衣黹屯(純)、赤芾、朱黃(衡)、䜌(鑾)旅(旂)、攸(鋚)勒、戈琱㦰、歐(厚)必(柲)、彤沙(蘇)

5.2820 賜女(汝)乃祖旂

5.2821 賜女(汝)玄衣黹屯(純)、赤芾、朱黃(衡)、䜌(鑾)旅(旂)

5.2822 賜女(汝)玄衣黹屯(純)、赤芾、朱黃(衡)、䜌(鑾)旂

5.2823 賜女(汝)玄衣黹屯(純)、赤芾、朱黃(衡)、䜌(鑾)旅(旂)

5.2825 賜女(汝)玄衣黹屯(純)、赤芾、朱黃(衡)、䜌(鑾)旂

5.2826 賜鹵(滷)責(積)千兩

5.2827 賜女(汝)玄衣黹屯(純)、赤芾、朱黃(衡)、䜌(鑾)旂、攸(鋚)勒

5.2828 賜女(汝)玄衣黹屯(純)、赤芾、朱黃(衡)、䜌(鑾)旂、攸(鋚)勒

5.2829 賜女(汝)玄衣黹屯(純)、赤芾、朱黃(衡)、䜌(鑾)旂、攸(鋚)勒

5.2830 賜女(汝)玄衣𪓐(黼)屯(純)、赤芾、朱橫(黃衡)、䜌(鑾)旂、大(太)師金膺、攸(鋚)勒

5.2835 賜女(汝)土田 / 賜女(汝)圭瓚一、湯(錫)鐘一𦟪(肆)、鐈鋚百勻(鈞)

5.2836 賜𧶠(賚)無疆 / 多賜寶休 / 賜女(汝)赦(素)芾、參冋(絅)、苹悤(蔥) / 賜女(汝)田于埜 / 賜女(汝)田于渒 / 賜女(汝)井寓𤔲 / 賜女(汝)田于康 / 賜女(汝)田于匽 / 賜女(汝)田于陴原 / 賜女(汝)田于寒山 / 賜女(汝)史、小臣、霝(靈)龠(龢)鼓鐘 / 賜女(汝)井、微、𤔲人 / 䡅(纘)賜女(汝)井人奔于量

5.2837 賜女(汝)鬯一卣、冂(䌹)衣、芾、舄、車、馬 / 賜乃祖南公旂 / 賜女(汝)邦𤔲四伯 / 賜尸(夷)𤔲王臣十又三伯

5.2838 賜女(汝)赤⊖〔芾〕、□/ 井叔賜曶赤金、鬱

5.2840 氏(是)以賜之厥命:隹(雖)又(有)死辠(罪)

5.2841 賜女(汝)秬鬯一卣、祼圭瓚寶、朱芾、悤(蔥)黃(衡)、玉環、玉瑹、金車、𠦪(賁)縟較(較)、朱𩍐(鞹)𩊄靳、虎冟(冪)熏裏、右軛、畫轉、畫輯、金甬(桶)、遣(錯)衡、金嶂(踵)、金豙(軛)、約(約)𩍕(盛)、金簟弼(茀)、魚箙、馬四匹、攸(鋚)勒、金𠓛(臺)、金膺、朱旂二鈴(鈴)/ 賜女(汝)茲关(賸)

6.3712 𣓈賜鳳玉

6.3733 王賜德貝廿朋

7.3743 保侃母賜貝于庚宮

7.3744 保侃母賜貝于庚宮

7.3790 大(太)保賜厥臣𣏾(剖)金

7.3822 休王賜效父呂(鋁)三

7.3823 休王賜效父呂(鋁)三

7.3824 王賜圉貝

7.3825 王賜圉貝

7.3861 王賜貝在闌(管)

7.3904 卿事賜小子斟貝二百
7.3905 蛭□賜娸貝廿朋
7.3940 王賜嵩繳玉十玉(玨)、章(璋)
7.3942 王賜叔德臣嬢十人、貝十朋、羊百
7.3948 臣卿賜金
7.3975 遷賜貝二朋
7.3984 用賜眉壽萬年
7.3985 用賜眉壽萬年
7.4007 用賜眉壽
7.4030 畢公廼賜史賠貝十朋
7.4031 畢公廼賜史賠貝十朋
7.4039 用賜眉壽、黄耇、萬年
7.4040 用賜永壽
7.4041 王賜金百寽(鋝)
7.4048 用賜眉壽
7.4049 用賜眉壽
7.4050 用賜眉壽
7.4051 用賜眉壽、黄耇
7.4052 用賜眉壽、黄耇
7.4053 用賜眉壽、黄耇
7.4060 王姜賜不壽裘
7.4065 用賜賓(眉)壽
7.4066 用賜賓(眉)壽
7.4067 用賜賓(眉)壽
7.4088 公㚸(姒)賜奢貝
7.4095 用賜其眉壽、萬年
7.4097 賜貝五朋
7.4099 賜敷弓、矢束、馬匹、貝五朋
7.4109 用賜眉壽
7.4112 王賜命鹿
7.4118 多賜宴
7.4119 多賜宴
8.4121 王休賜厥臣父瓚(贊)王祼、貝百朋
8.4122 賜赤金
8.4125 用賜眉壽
8.4129 用賜黄耇、眉壽
8.4131 賜又(右)事(史)利金
8.4136 賜帛、金
8.4140 賜休余(集)土
8.4144 弜師賜肄朁户讟貝
8.4156 用賜害(匄)眉壽、黄耇、霝(靈)冬(終)、萬年
8.4159 公賜鼂(蜆)宗彝一斆(肆)/賜鼎二/賜貝五朋
8.4162 毛公賜朕文考臣/對揚朕考賜休
8.4163 毛公賜朕文考臣/對揚朕考賜休
8.4164 毛公賜朕文考臣/對揚朕考賜休
8.4165 賜㱿(惕)羊(騂)犅(犅)
8.4166 賜玄衣、赤社
8.4167 賜厥臣弟豦井五楒/賜衦冑、干戈
8.4169 賜墉(郭)伯馭(搋)貝十朋
8.4170 賜佩
8.4171 賜佩
8.4172 賜佩
8.4173 賜佩
8.4174 賜佩
8.4175 賜佩
8.4176 賜佩
8.4177 賜佩
8.4183 用賜眉壽
8.4184 賜女(汝)馬乘、鐘五金
8.4185 賜女(汝)馬乘、鐘五金
8.4186 賜女(汝)馬乘、鐘五金
8.4187 賜女(汝)馬乘、鐘五金
8.4188 用賜賓(眉)壽、屯(純)右(祐)、康勵
8.4189 用賜賓(眉)壽、屯(純)右(祐)、康勵
8.4191 兮(乎)宰□賜穆公貝廿朋
8.4192 乎賜緣(鑾)旂
8.4193 乎賜緣(鑾)旂
8.4194 賜牛三
8.4196 內史册命:賜赤芾
8.4197 賜戠(織)衣、赤⊖芾
8.4199 賜女(汝)緣(鑾)旂
8.4200 賜女(汝)緣(鑾)旂
8.4201 伯賜小臣宅畫毌、戈九、易(錫)金車、馬兩
8.4202 王賜𢦏赤芾、朱亢(衡)、緣(鑾)旂
8.4203 用賜眉壽、黄耇、霝(靈)冬(終)
8.4204 用賜眉壽、黄耇、霝(靈)冬(終)
8.4207 穆穆王窺(親)賜逋爵
8.4213 而賜魯(魯)戻(殿)䊷(敖)金十鈞/賜不諱
8.4214 王乎師朕賜師遽貝十朋
8.4215 賜女(汝)尸(夷)臣十家
8.4219 天子多賜追休
8.4220 天子多賜追休
8.4221 天子多賜追休
8.4222 天子多賜追休
8.4223 天子多賜追休
8.4224 天子多賜追休
8.4225 王賜無曩馬四匹
8.4226 王賜無曩馬四匹
8.4227 王賜無曩馬四匹
8.4228 王賜無曩馬四匹
8.4238 賜師率征自五齵貝/眔賜貝
8.4239 賜師率征自五齵貝/眔賜貝
8.4240 賜女(汝)赤⊖芾
8.4241 賜臣三品:州人、重人、墉(鄘)人
8.4243 內史尹册賜救:玄衣黹屯(純)、旂四日
8.4244 賜女(汝)赤〔芾、朱黄、緣〕旂
8.4251 王乎宰曶賜大(太)師虘虎裘
8.4252 王乎宰曶賜大(太)師虘虎裘

8.4253 王乎尹氏册命師察：賜女(汝)赤舄、攸(鋚)勒

8.4254 王乎尹氏册命師察：賜女(汝)赤舄、攸(鋚)勒

8.4255 賜女(汝)戠(織)衣、赤㊀芾、緣(鑾)旂、楚走馬

8.4256 賜衛䵂(緇)芾、朱黄(衡)、緣(鑾)

8.4257 賜女(汝)玄衣黹屯(純)、銶(素)芾、金鈧(衡)、赤舄、戈琱㦰、彤沙(蘇)、攸(鋚)勒、緣(鑾)旂五日

8.4258 曰：賜女(汝)𠭯(賁)朱黄(衡)、玄衣黹屯(純)、㠯、攸(鋚)革(勒)/賜戈琱㦰、彤沙(蘇)

8.4259 曰：賜女(汝)𠭯(賁)朱黄(衡)、玄衣黹屯(純)、㠯、攸(鋚)革(勒)/賜戈琱㦰、彤沙(蘇)

8.4260 曰：賜女(汝)𠭯(賁)朱黄(衡)、玄衣黹屯(純)、㠯、攸(鋚)革(勒)/賜戈琱㦰、彤沙(蘇)

8.4266 賜女(汝)赤芾、幽亢(衡)、緣(鑾)旂

8.4268 乎內史𠫑(敖、侁)册命王臣：賜女(汝)朱黄(衡)𠭯(賁)親(襯)、玄衣黹屯(純)、緣(鑾)旂五日、戈畫㦰、厴(墉)必(柲)、彤沙(蘇)

8.4269 賜女(汝)婦爵、𠨘之先周(琱)玉、黄𠁣/賜君我唯賜壽(儔)

8.4272 賜女(汝)赤㊀芾、緣(鑾)

8.4273 王賜靜鞞剢(璲)

8.4274 賜女(汝)乃祖巾、五黄(衡)、赤舄

8.4275 賜女(汝)乃祖巾、五黄(衡)、赤舄

8.4276 賜女(汝)戠(織)衣、㊀芾、緣(鑾)旂/用賜𠷎壽

8.4277 賜赤芾、朱黄(衡)、旂/日賜魯休

8.4279 賜女(汝)赤芾、冋(絅)黄(衡)、麗般(鞶)

8.4280 賜女(汝)赤芾、冋(絅)黄(衡)、麗般(鞶)

8.4281 賜女(汝)赤芾、冋(絅)黄(衡)、麗般(鞶)

8.4282 賜女(汝)赤芾、冋(絅)黄(衡)、麗般(鞶)

8.4283 賜女(汝)金勒

8.4284 賜女(汝)金勒

8.4285 賜女(汝)攸(鋚)勒

8.4286 戈(哉)賜女(汝)䵂(緇)芾、素黄(衡)、緣(鑾)旂/賜女(汝)玄衣黹屯(純)、赤芾、朱黄(衡)、戈彤沙(蘇)琱㦰、旂五日

8.4287 賜女(汝)赤芾、幽黄(衡)、緣(鑾)旂、攸(鋚)勒

8.4288 新賜女(汝)赤芾、朱黄(衡)、中絅(褧)、攸(鋚)勒

8.4289 新賜女(汝)赤芾、朱黄(衡)、中絅(褧)、攸(鋚)勒

8.4290 新賜女(汝)赤芾、朱黄(衡)、中絅(褧)、攸(鋚)勒

8.4291 新賜女(汝)赤芾、朱黄(衡)、中絅(褧)、攸(鋚)勒

8.4296 賜女(汝)赤芾、冋(絅)䙴(縷)黄(衡)、緣(鑾)旂

8.4297 賜女(汝)赤芾、冋(絅)䙴(縷)黄(衡)、緣(鑾)旂

8.4298 賜趞睽里/王令善(膳)夫豖曰趞睽曰：余既賜大乃里/豖以(與)睽履大賜里

8.4299 賜趞睽里/王令善(膳)夫豖曰趞睽曰：余既賜大乃里/豖以(與)睽履大賜里

8.4302 余賜女(汝)秬鬯一卣、金車、𠭯(賁)𠷎(幬)較(較)、𠭯(賁)𠁁朱虢(鞹)靳、虎冟(冪)𥤵(朱)裏、金甬(筩)、畫聞(輴)、金厄(軛)、畫轉、馬四匹、鋚勒

8.4303 賜女(汝)玄衣黹屯(純)、赤芾、朱黄(衡)、緣(鑾)旅(旂)

8.4304 賜女(汝)玄衣黹屯(純)、赤芾、朱黄(衡)、緣(鑾)旅(旂)

8.4305 賜女(汝)玄衣黹屯(純)、赤芾、朱黄(衡)、緣(鑾)旅(旂)

8.4306 賜女(汝)玄衣〔黹〕屯(純)、赤芾、朱黄(衡)、緣(鑾)旅(旂)

8.4307 賜女(汝)玄衣黹屯(純)、赤芾、朱黄(衡)、緣(鑾)旅(旂)

8.4308 賜女(汝)玄衣黹屯(純)、赤芾、朱黄(衡)、緣(鑾)旅(旂)

8.4309 賜女(汝)玄衣黹屯(純)、赤芾、朱黄(衡)、緣(鑾)旅(旂)

8.4310 賜女(汝)玄衣黹屯(純)、赤芾、朱黄(衡)、緣(鑾)旅(旂)

8.4311 賜女(汝)戈琱㦰、〔歐〕必(柲)、彤𣃔(沙、蘇)、毌五、錫鐘一𣪕(肆)五金

8.4312 賜女(汝)赤芾、朱黄(衡)、緣(鑾)旂、攸(鋚)勒

8.4316 賜女(汝)赤舄

8.4318 賜女(汝)秬鬯一卣、金車、𠭯(賁)較(較)、朱虢(鞹)𠁁靳、虎冟(冪)熏(纁)裏、右厄(軛)、畫轉、畫輴、金甬(筩)、馬四

匹、攸(鋚)勒
8.4319 賜女(汝)秬鬯一卣、金車、𠦪(賁)較(較)、朱虢(鞹)䩵靳、虎冟(冪)熏(纁)裏、右厄(軛)、畫轉、畫輯、金甬(箭)、馬四匹、攸(鋚)勒
8.4320 賜䢅(䢅)鬯一卣、商瓚一□、彤弓一、彤矢百、旅(玈)弓十、旅(玈)矢千 / 賜土: 厥川(甽)三百□ / 賜在宜王人十又七生(姓)/ 賜奠(甸)七伯 / 賜宜庶人六百又□六夫
8.4321 賜女(汝)玄衣黹屯(純)、截(緇)芾、冋(檾)黄(衡)、戈琱㦴、㪟(厚)必(柲)、彤沙(蘇)、䜌(鑾)旂、攸(鋚)勒
8.4323 賜田于敆(玪)五十田
8.4324 賜女(汝)𢆶(素)芾、金黄(衡)、赤舄、攸(鋚)勒
8.4325 賜女(汝)𢆶(素)芾、金黄(衡)、赤舄、攸(鋚)勒
8.4326 賜朱芾、悤(蔥)黄(衡)、鞞鞢(璲)、玉睘(環)、玉瑹、車、電軫、𠦪(賁)縟較(较)、朱鬲(鞹)䩵靳、虎冟(冪)熏(纁)裏、遣(錯)衡、右厄(軛)、畫轉、畫輯、金童(踵)、金家(軛)、金簟弼(茀)、魚葡(箙)、朱旂旜(旜)金芜二鈴
8.4327 賜女(汝)瓚四、章(璋)瑴(瑴)、宗彝一牆(肆)/ 賜女(汝)馬十匹、牛十 / 賜于乍一田 / 賜于宒(宜)一田 / 賜于隊一田 / 賜于𢦏一田
8.4328 賜女(汝)弓一、矢束、臣五家、田十田
8.4329 賜女(汝)弓一、矢束、臣五家、田十田
8.4331 賜女(汝)𦀚(䌷)裘
8.4332 賜女(汝)玄衣黹屯(純)、赤芾、朱黄(衡)、䜌(鑾)旂、攸(鋚)勒
8.4333 賜女(汝)玄衣黹屯(純)、赤芾、朱黄(衡)、䜌(鑾)旂、攸(鋚)勒
8.4334 賜女(汝)玄衣黹屯(純)、赤芾、朱黄(衡)、䜌(鑾)旂、攸(鋚)勒
8.4335 賜女(汝)玄衣黹屯(純)、赤芾、朱黄(衡)、䜌(鑾)旂、攸(鋚)勒
8.4336 賜女(汝)玄衣黹屯(純)、赤芾、朱黄(衡)、䜌(鑾)旂、攸(鋚)勒
8.4337 賜女(汝)玄衣黹屯(純)、赤芾、朱黄(衡)、䜌(鑾)旂、攸(鋚)勒
8.4338 賜女(汝)玄衣黹屯(純)、赤芾、朱黄(衡)、䜌(鑾)旂、攸(鋚)勒
8.4339 賜女(汝)玄衣黹屯(純)、赤芾、朱黄(衡)、䜌(鑾)旂、攸(鋚)勒
8.4340 賜女(汝)玄衮衣、赤舄
8.4341 令賜鈴勒
8.4342 賜女(汝)秬鬯一卣、圭瓚、尸(夷)允(訊)三百人
8.4343 賜女(汝)秬鬯一卣、金車、𠦪(賁)較(較)、畫輯、朱虢(鞹)䩵靳、虎冟(冪)熏(纁)裏、旂、余(騅)〔馬〕四匹
9.4462 王乎史寿(敖)册賜般(鞶)靳、虢(鞹)攸(芾)、攸(鋚)勒
9.4463 王乎史寿(敖)册賜般(鞶)靳、虢(鞹)攸(芾)、攸(鋚)勒
9.4465 克其日賜休無疆
9.4467 賜女(汝)秬鬯一卣、赤芾、五黄(衡)、赤舄、牙僰、駒車、𠦪(賁)較(較)、朱虢(鞹)䩵靳、虎冟(冪)熏(纁)裏、畫轉(轉)、畫輯、金甬(箭)、朱旂、馬四匹、攸(鋚)勒、素戉(鉞)
9.4468 賜女(汝)秬鬯一卣、赤芾、五黄(衡)、赤舄、牙僰、駒車、𠦪(賁)較(較)、朱虢(鞹)䩵靳、虎冟(冪)熏(纁)裏、畫轉(轉)、畫輯、金甬(箭)、朱旂、馬四匹、攸(鋚)勒、素戉(鉞)
9.4469 賜女(汝)秬鬯一卣、乃父芾、赤舄、駒車、𠦪(賁)較(較)、朱虢(鞹)䩵靳、虎冟(冪)熏(纁)裏、畫轉、畫輯、金甬(箭)、馬四匹、鋚勒
9.4581 用賜眉壽萬年
9.4600 用賜眉壽萬年
9.4626 賜戠(織)衣、䜌(鑾)
10.5319 王賜𠄌高吕(鋁)
10.5353 子賜寙貝
10.5355 子賜𩌏(坒)
10.5367 王賜𡦹貝朋
10.5373 子賜𠭯𩃬(霝)玗一
10.5374 王賜圛貝
10.5377 𡛷賜孝貝
10.5378 王賜小臣𢆶(系)/ 賜在寢
10.5379 王賜小臣𢆶(系)/ 賜在寢
10.5380 王賜䮕𡭔貝一具
10.5383 賜岡刼貝朋
10.5384 寧史賜耳
10.5385 息伯賜貝于姜

10.5386 息伯賜貝于姜
10.5388 顛(頂)賜婦𡚬(嫱)曰：用黨于乃姑宓(閟)
10.5389 顛(頂)賜婦𡚬(嫱)曰：用黨于乃姑宓(閟)
10.5390 伯富(廩)父曰：休父賜余馬
10.5391 賜呂(鋁)二、聿(筆)二
10.5396 处(咎)山賜㛰(鶱)
10.5397 王賜嵩俞貝在㝯
10.5398 矢王賜同金車、弓矢
10.5400 公賜乍(作)册翻(䲂)鬯、貝
10.5402 賜趞(遣)采曰趑/賜貝五朋
10.5403 大矩賜豐金、貝
10.5405 賜馬/賜裘
10.5408 王賜静弓
10.5411 賜貝卅寽(鋝)
10.5413 𨚔(邲)其賜貝
10.5414 𨚔(邲)其賜乍(作)册𨱹徹一、玗一
10.5415 賜賓
10.5418 令史懋賜免：截(緇)芾、冋(喬)黄(衡)
10.5419 賜貝十朋
10.5420 賜貝十朋
10.5426 賜貝十朋
10.5430 賜宗彝一肆(肆)
10.5431 尹賜臣唯小僰
10.5433 王賜公貝五十朋/公賜厥涉(世)子效王休(好)貝廿朋
11.5956 鬲賜貝于王
11.5960 其永賜
11.5962 叔䏌(貔)賜貝于王姒(姒)
11.5971 賜呂(鋁)二、聿(筆)二
11.5973 伯⺄父賜𣪘金
11.5974 蔡賜貝十朋
11.5975 公賜微貝
11.5977 賜𠛱(犅)刼貝朋
11.5984 能匋賜貝于厥咎(盤)公
11.5985 王賜𠻇士卿貝朋
11.5987 公賜臣衛宋𦊔貝四朋
11.5988 仲賜𢍰瓚
11.5990 王賜小臣俞夓貝
11.5991 公賜乍(作)册翻(䲂)鬯、貝
11.5992 賜趞(遣)采曰趑/賜貝五朋
11.5994 賜馬、賜裘
11.5995 賜師俞金
11.5996 大矩賜豐金、貝
11.6001 小子生賜金、鬱鬯
11.6002 賜金、賜臣
11.6003 賜賓
11.6006 令史懋賜免：截(緇)芾、冋(喬)黄(衡)
11.6007 賜臣十家
11.6008 仲競父賜赤金
11.6009 王賜公貝五十朋/公賜厥涉(世)子效王休(好)貝廿朋
11.6011 賜盠駒勇雷騅子/駒賜兩
11.6012 賜盠駒勇雷駱子
11.6013 賜盠：赤芾、幽亢(衡)、攸(鋚)勒
11.6014 㓨賜貝卅朋
11.6015 侯賜玄周(琱)戈/侯賜者(赭)𠧟臣二百家/乍(作)册麥賜金于辟侯
11.6016 明公賜亢師鬯、金、小牛/賜令鬯、金、小牛
12.6509 㕯賜貝于公仲
12.6510 公仲賜庶貝十朋
12.6512 周公賜小臣單貝十朋
12.6514 王賜中馬
12.6516 賜趩戠(織)衣、截(緇)芾、冋(喬)黄(衡)、旂
12.7310 貝唯賜
12.7311 𢦏㚸賜商(賞)貝于㚸
14.9050 貝唯賜
14.9051 貝唯賜
14.9094 公賜望貝
14.9100 子賜黿𩌦(坒)貝
14.9101 王賜寢魚貝
14.9102 王賜𦬚亞𧇊(唬)奚貝
14.9105 賜貝五朋
15.9249 王賜小臣邑貝十朋
15.9301 子賜□貝
15.9303 賜金、賜臣
15.9439 匽(燕)侯賜亞貝
15.9451 侯賜麥金
15.9453 逨(徠)義賜貝十朋
15.9646 王㚸賜保侃母貝
15.9681 其賜公子孫
15.9702 賜𠦪(棄、弃)伯矢束、素絲束
15.9714 王乎伊伯賜懋貝
15.9718 𦎫叔用賜眉壽無疆/用賜百寵(福)
15.9721 賜幾父𢦚𠦪(韍)六、僕四家、金十鈞
15.9722 賜幾父𢦚𠦪(韍)六、僕四家、金十鈞
15.9723 王乎乍(作)册尹册賜㾓：畫靳、牙僰、赤舄
15.9724 王乎乍(作)册尹册賜㾓：畫靳、牙僰、赤舄
15.9725 伯大(太)師賜伯克僕卅夫
15.9726 賜羔俎/賜㲋俎
15.9727 賜羔俎/賜㲋俎
15.9728 賜女(汝)秬鬯一卣、玄衮衣、赤巿、幽黄(衡)、赤舄、攸

(鋚)勒、緣(鑾)旂
15.9731 賜女(汝)玄衣黹屯(純)、赤芾、朱黄(衡)、緣(鑾)旂、攸(鋚)勒
15.9732 賜女(汝)玄衣黹屯(純)、赤芾、朱黄(衡)、緣(鑾)旂、攸(鋚)勒
15.9733 戒□曰𠬝余台(以)賜女(汝)□
16.9888 叔皅(貔)賜貝于王姛(姒)
16.9893 賜金
16.9895 賜金 / 賜臣
16.9897 王乎宰利賜師遽琿圭一、環(瑑)章(璋)四
16.9898 賜秬鬯一卣、玄衮衣、赤舄、金車、桒(賁)𡇒朱虢(鞹)靳、虎冟(冪)熏(纁)裏、桒(賁)較(較)、畫轉、金甬(筩)、馬四匹、攸(鋚)勒
16.9899 賜盠:赤芾、幽亢(衡)、攸(鋚)勒
16.9900 賜盠:赤芾、幽黄(衡)、攸(鋚)勒
16.9901 明公賜亢師鬯、金、小牛 / 賜令鬯、金、小牛
16.9973 用賜眉壽 / 用賜眉壽
16.10105 陶子或賜匋(陶)娟金一鈞
16.10161 令乍(作)册内史賜免鹵百𨻰
16.10168 賜守宫絲束、蘆(苴)𩕳(幕)五、蘆(苴)萺(冟、冪)二、馬匹、毳爷(布)三、專(專、團)俸(篷)三、埜(琜)朋
15.10169 賜女(汝)赤攸(市、芾)、幽黄(衡)、鋚勒、旂
16.10170 王乎乍(作)册尹册賜休:玄衣黹屯(純)、赤芾、朱黄(衡)、戈琱𢦏、彤沙(蘇)、歐(厚)必(柲)、緣(鑾)㫃
16.10172 王乎史減册賜寰:玄衣黹屯(純)、赤芾、朱黄(衡)、緣(鑾)旂、攸(鋚)勒、戈琱𢦏、歐(厚)必(柲)、彤沙(蘇)
16.10174 王賜兮甲馬四匹、駒車
16.10227 用賜眉壽
16.10322 賜畀(鉼)師永厥田:滄(浛、陰)昜(陽)洛
16.10373 以命攻(工)尹穆丙、攻(工)差(佐)競之、集尹陳夏、少集尹龔賜、少攻(工)差(佐)孝癸
16.10580 保攸(如)母賜貝于庚姜
16.10581 賜𦐊(羿)貝五朋

2341 賞、賫

1.19 旨賞公卫故(咭)之甬(用)鐘
1.157 賞于𢦚(韓)宗
1.158 賞于𢦚(韓)宗
1.159 賞于𢦚(韓)宗
1.160 賞于𢦚(韓)宗
1.161 賞于𢦚(韓)宗
4.2507 侯賞復貝四朋
5.2628 王賞旨貝卄朋
5.2674 天君賞厥征人斤貝
5.2694 王賞戍𠂤貝二朋
5.2703 大(太)保賞蓳貝
5.2729 榃仲賞厥嬞奚逐毛兩、馬匹
5.2739 公賞塱(垍)貝百朋
5.2758 公賞乍(作)册大白馬
5.2759 公賞乍(作)册大白馬
5.2760 公賞乍(作)册大白馬
5.2761 公賞乍(作)册大白馬
5.2778 尹賞史獸祼
5.2838 限許曰:𧷢則卑(俾)我賞(償)馬 / 曶曰:弋唯朕禾是賞(償)/ 東宫廼曰:賞(償)曶禾十秭 /〔若〕來歲弗賞(償)
5.2839 祉(誕)王令賞盂
7.3906 侯賞攸貝三朋
7.3941 賞寢敄□貝二朋
7.4044 懋父賞御正衛馬匹自王
7.4100 伯錫(賜)賞
7.4101 伯錫(賜)賞
8.4132 賞菽(叔)鬱鬯、白金、趨(芻)牛
8.4133 賞菽(叔)鬱鬯、白金、趨(芻)牛
8.4134 賞金
8.4135 賞金
8.4206 伯𠛬(劃)父賞小臣傳□
10.5333 公賞束
10.5404 帝司賞庚姬貝卅朋、㞢(貸)絲卄寽(鋝)
10.5421 眔賞卣、鬯、貝
10.5422 眔賞卣、鬯、貝
10.5425 賞競章(璋)
10.5432 賞乍(作)册虩馬
11.5971 賞執
11.5978 匽(燕)侯賞復冂(䙴)衣、臣妾、貝
11.5997 帝司(姛)賞庚姬貝卅朋、㞢(貸)絲卄寽(鋝)
11.5999 眔賞卣、鬯、貝
11.6016 敢追明公賞于父丁
12.7312 㢛婦□賞于𡚱
14.9098 王賞㝨瓦在寢
14.9103 公大(太)保賞御正良貝
15.9454 眔賞卣、鬯、貝
15.9735 使其老筋(策)賞仲父
16.9901 敢追明公賞于父丁
16.10360 休王自彀事

(使)賞畢土方五十里

16.10582 伊𫶯賞辛事(吏)秦金

2342 賙(貯)

5.2840 又(有)厥忠臣賙(賈)/ 唯虘(吾)老賙(賈)/ 含(今)虘(吾)老賙(賈)親率參軍之眾 / 虘(吾)老賙(賈)奔走不聽命

15.9674 右使〔車〕嗇夫吳惹、工賙

15.9734 或得賢(賢)狔(猹、佐)司馬賙(貯)/ 唯司馬賙(貯)訢詻戰(僤)怒(怒)

15.9735 中山王譽命相邦賙(貯)擇郾(燕)吉金 / 使得孯(賢)在(士)良猹(佐)賙(貯)/ 賙(貯)渴(竭)志盡忠 / 賙(貯)曰：爲人臣而返(反)臣其宔(主)/ 賙(貯)忎(願)從在(士)大夫

16.10478 王命賙(貯)爲逃(兆)乏(窆)

17.11341 咎(高)奴萻命(令)壯罌、工師賙疾、冶問

2343 賦

5.2841 執(藝)小大楚(胥)賦

2344 賣(贖)

5.2838 我既賣(贖)女(汝)五夫 / 用徵徙(誕)賣(贖)茲五夫 / 井叔曰：才(裁)：王人迺賣(贖)用徵

2345 賢、賢、貾(賑)

5.2838 限許曰：賑則卑(俾)我賞(償)馬 / 賢、效父迺許賢 / 智毋卑(俾)式于賑 / 事(使)寽(鋝)以告賑 / 賑則卑(俾)復令(命)曰：若(諾)

2346 賥

16.10214 黃仲自乍(作)賥也(匜)

2347 賧(僦)

18.12110 爲鄂(鄂)君啟之府賧(僦、就)鑄金節

18.12111 爲鄂(鄂)君啟之府賧(僦、就)鑄金節

18.12112 爲鄂(鄂)君啟之府賧(僦、就)鑄金節

18.12113 爲鄂(鄂)君啟之府賧(僦、就)鑄金節

2348 賡

1.223-4 入成(城)不賡

2349 賢、賢

7.4104 賢從 / 公命事(使)晦賢百晦臺

7.4105 賢從 / 公命事(使)晦賢百晦臺

7.4106 賢從 / 公命事(使)晦賢百晦臺

15.9715 歲賢鮮于(虞)

15.9734 或得賢(賢)狔(猹、佐)司馬賙(貯)

2350 賭

16.10098 賭金氏(氏)孫乍(作)寶般(盤)

16.10223 賭金氏(氏)乍(作)寶也(匜)

2351 賯

9.4575 楚子賯鑄其飤簠

9.4576 楚子賯鑄其飤簠

9.4577 楚子賯鑄其飤簠

2352 賲

1.87 永賲(保)用享

2353 𧷒、豚

4.2482 昌國豚工師翟伐、冶更所爲

9.4694 豚(重)十𧷒四𧷒

18.12033 豚工

18.12034 豚工

18.12035 豚工

18.12036 豚工

18.12037 豚工

18.12038 豚工

2354 賹

16.10373 以賹

2355 賷(賚)

5.2660 多友賷(賚)辛

5.2810 敢對揚天子不(丕)顯休賷(賚)

5.2835 賷(賚)女(汝)

5.2836 賜賷(賚)無疆

8.4314 率齊師、㠱(紀)、賷(萊)、僰

8.4323 事(使)尹氏受(授)賷(賚)敔：圭(珪)瓚、㲽貝五十朋

2356 賸

1.72 楚王賸(媵)邛(江)仲嬭(芈)南龢鐘

3.563 乍(作)予叔嬴賸(媵)鬲

3.601 宋頪父乍(作)豐子賸(媵)鬲

3.626 樊君乍(作)叔𡛤賸(媵)器寶𪔵(烓)

3.707 魯宰駟父乍(作)姬鵬賸(媵)鬲

3.743 內(芮)公乍(作)鑄京仲氏婦叔姬賸(媵)鬲

3.877 塱妊賸(媵)獻(甗)

4.2282 尹叔乍(作)陧姞賸(媵)鼎

4.2462 倗仲乍(作)畢媿賸(媵)鼎

4.2524 甭(甭)夰(扶)生(甥)乍(作)成媿賸(媵)貞(鼎)

4.2526 穌(蘇)冶妊乍(作)虢妃魚母賸(媵)

5.2546 輔伯㞷父乍(作)豐孟娟(妘)賸(媵)鼎

5.2558 師賸父乍(作)
𪓬(𪓬)姬寶鼎
5.2589 弗奴父乍(作)
孟姒𡨦(府)賸(媵)貞
(鼎)
5.2738 蔡大(太)師䑇
賸(媵)鄦(許)叔姬可
母飤繁
5.2833 𩛥(肆)武公亦
弗叚(遐)朢(忘)賸
(朕)聖祖考幽大叔、
懿叔/命禹仦(肖)賸
(朕)祖考/賜(惕)共
(恭)賸(朕)辟之命
7.3856 伯家父乍(作)
孟姜賸(媵)𣪘
7.3857 伯家父乍(作)
孟姜賸(媵)𣪘
7.3894 孛(𤞷)父乍
(作)姬獻賸(媵)𣪘
7.3915 周𩁹生(甥)乍
(作)楷娟(妘)媿賸
(媵)𣪘
7.3945 𩇊(𩇊、唐)姬乍
(作)𡟰𡟰賸(媵)𣪘
7.3962 孟𢎘父乍(作)
幻伯妊賸(媵)𣪘八
7.3963 孟𢎘父乍(作)
幻伯妊賸(媵)𣪘八
7.3974 魯伯大父乍
(作)季姬婧賸(媵)𣪘
7.3987 魯大(太)宰𨗈
父乍(作)季姬牙賸
(媵)𣪘
7.3988 魯伯大父乍
(作)孟姜賸(媵)𣪘
7.3989 魯伯大父乍
(作)仲姬俞賸(媵)𣪘
7.4011 乍(作)我姑登
(鄧)孟媿賸(媵)𣪘
7.4012 乍(作)我姑登
(鄧)孟媿賸(媵)𣪘
7.4013 乍(作)我姑登
(鄧)孟媿賸(媵)𣪘
7.4039 黃君乍(作)季
𡠧𥝩賸(媵)𣪘
7.4062 𩇌(胡)叔、𩇌
(胡)姬乍(作)伯媿賸
(媵)𣪘
7.4063 𩇌(胡)叔、𩇌
(胡)姬乍(作)伯媿賸
(媵)𣪘
7.4064 𩇌(胡)叔、𩇌
(胡)姬乍(作)伯媿賸
(媵)𣪘
7.4065 𩇌(胡)叔、𩇌
(胡)姬乍(作)伯媿賸
(媵)𣪘
7.4066 𩇌(胡)叔、𩇌
(胡)姬乍(作)伯媿賸
(媵)𣪘
7.4067 𩇌(胡)叔、𩇌
(胡)姬乍(作)伯媿賸
(媵)𣪘
8.4128 用乍(作)我子
孟嬀寢小尊賸(媵)𣪘
9.4353 矢賸乍(作)寶
旅盨
9.4573 曾子𨗈彝爲孟
姬鄶鑄賸(媵)簠
9.4598 曾侯乍(作)叔
姬、邛(江)嬭(芈)賸
(媵)器𩰫彝
9.4599 乍(作)其元妹
叔嬴爲心賸(媵)𩞁
(饙)簠
9.4616 用賸(媵)孟姜、
秦嬴
9.4625 乍(作)其子孟
嬭(芈)之女賸(媵)簠
11.5939 蔡侯𪔉(申)乍
(作)大孟姬賸(媵)尊
11.6010 用詐(作)大孟
姬賸(媵)彝𥁰(缶)
15.9705 番匊(鞠)生
(甥)鑄賸壺/用賸
(媵)厥元子孟妃乖
16.10004 蔡侯𪔉(申)
乍(作)大孟姬賸(媵)
盥缶
16.10080 穌(蘇)甫
(夫)人乍(作)嫚(姪)
妃襄賸(媵)般(盤)
16.10086 魯伯厚父乍
(作)仲姬俞賸(媵)般
(盤)
16.10096 筍侯乍(作)
叔姬賸(媵)般(盤)
16.10125 楚季𠮷(苟)
乍(作)嬭(芈)尊賸
(媵)盥般(盤)
16.10126 用賸(媵)之
麗𡛎
16.10135 鄦仲賸(媵)
仲女子寶般(盤)
16.10159 齊侯乍(作)
賸(媵)寬圓孟姜盥般
(盤)
16.10162 乍(作)仲嬴
𠩺賸(媵)盤
16.10186 自乍(作)吳
姬賸(媵)也(匜)
16.10205 穌(蘇)甫
(夫)人乍(作)嫚(姪)
妃襄賸(媵)盉也(匜)
16.10253 用賸(媵)之
麗𡛎
16.10266 尋(鄩)仲賸
(媵)仲女丁子子寶也
(匜)
16.10270 叔男父乍
(作)爲霍姬賸(媵)旅
也(匜)
16.10277 〔作〕其庶女
𩰫(厲、賴)孟姬賸
(媵)也(匜)
16.10283 齊侯乍(作)
賸(媵)寬圓孟姜盥盂
16.10284 賸(媵)孟姬
有之婦沬盤
16.10342 ☐賸(媵)𦑫
四西

2357 賔、𠑗

5.2730 厚趠又(有)賔
(饙)于𣸲(濂)公

2358 䝬

1.183 余䝬逨兒
1.184 余䝬逨兒

2359 𧶽

5.2766 郐(徐)𧶽尹䜌
自乍(作)湯貞(鼎)

2360 賛

5.2839 賛賓/王乎賛
盂/賛邦賓/賛王邦
賓

2361 贖

16.10374 贖台(以)金
半鈞/贖台(以)☐犀

2362 贊

3.611 王乍(作)𡩜(序)

䇱(蔣)贊母寶䇱彝

2363 贇

5.2838 贒、效父迺許贇

2364 贗

8.4123 䊷又(有)贗

2365 贑

17.11372 奠(鄭)倫(令)韓恙(恙)、司寇㪟(扶)裕、右庫工師張阪、冶贑

17.11388 奠(鄭)倫(令)肖(趙)距、司寇彭璋、右庫工師陳坪、冶贑

2366 贊

8.4302 贊(對)揚天子不(丕)顯休

2367 𧷴(負)

12.7307 亞㫃(杠)𧷴(負)乍(作)父丁寶尊彝

2368 玉

1.225 玉鑘(醬)鼉鼓

1.226 玉鑘(醬)鼉鼓

1.227 玉鑘(醬)鼉鼓

1.228 玉鑘(醬)鼉鼓

1.229 玉鑘(醬)鼉鼓

1.230 玉鑘(醬)鼉鼓

1.231 玉鑘(醬)鼉鼓

1.232 玉鑘(醬)鼉鼓

1.233 玉鑘(醬)鼉鼓

1.234 玉鑘(醬)鼉鼓

1.235 玉鑘(醬)鼉鼓

1.236 玉鑘(醬)鼉鼓

1.237 玉鑘(醬)鼉鼓

3.754 賜玉五品、馬四匹

3.755 賜玉五品、馬四匹

5.2810 王寴(親)賜馭方玉五瑴、馬四匹、矢五束

5.2841 賜女(汝)秬鬯一卣、祼圭瓚寶、朱芾、悤(蔥)黄(衡)、玉環、玉琮、金車、桒(賁)縟較(較)、朱䪅(鞹)𩊚靳、虎冟(冪)熏裹、右軛、畫轉、畫輯、金甬(桶)、逪(錯)衡、金嶂(踵)、金豙(軛)、約(約)㝬(盛)、金簟弼(茀)、魚箙、馬四匹、攸(鋚)勒、金𠶷(臺)、金膺、朱旂二鈴(鈴)

6.3712 𠭯賜鳳玉

7.3940 王賜㝬㷂玉十玉(玨)、章(璋)

8.4269 賜女(汝)婦爵、㓞之先周(琱)玉、黄𤔲

8.4326 賜朱芾、悤(蔥)黄(衡)、鞞鞢(璲)、玉睘(環)、玉琮、車、電軫、桒(賁)縟較(较)、朱䪅(鞹)𩊚靳、虎冟(冪)熏(纁)裹、逪(錯)衡、右厄(軛)、畫轉、畫輯、金童(踵)、金豙(軛)、金簟弼(茀)、魚葡(箙)、朱旂旜(旜)金芫二鈴

10.5324 戎㠶(抑)玉人父宗彝𦘠(肆)

11.5507 玉

11.5916 戎㠶(抑)玉人父宗彝𦘠(肆)

12.6836 玉己

12.6923 玉𠃨

15.9441 伯玉𣪘(彀)乍(作)寶盉

15.9729 于上天子用璧玉備(珏)/于南宫子用璧二備(珏)、玉二嗣(笥)、鼓鐘〔一肆〕

15.9730 于上天子用璧玉備(珏)、〔玉〕一嗣(笥)/于南宫子用璧二備(珏)、玉二嗣(笥)、鼓鐘一肆(肆)

16.10166 祼玉三品

2369 ⺩、⺩、⺩、玉

3.1284 乙⺩(玉)

11.6283 己父⺩(玉)

12.6820 ⺩(玉)乙

12.7136 ⺩(玉)父己

13.8034 己⺩(玉)

2370 玗

10.5373 子賜𠭯𩂚(霝)玗一

2371 奎

5.2813 嗣馬井伯右(佑)師奎父/王乎內史駒册命師奎父/奎父拜韻首/師奎父其萬年

2372 珈

2.287 大(太)族(簇)之珈䶂(歸)

2.292 大(太)族(簇)之珈䶂(歸)

2.295 宣鐘之珈徵

2373 珍

17.11213 冶珍

2374 玗

10.5414 㓞(必)其賜乍(作)册𦀚徽一、玗一

2375 現

6.3630 現乍(作)寶設

2376 䜃

4.2339 公大(太)史乍(作)姬䜃寶尊彝

4.2370 公大(太)史乍(作)姬䜃寶尊彝

4.2371 公大(太)史乍(作)姬䜃寶尊彝

2377 琅

11.6000 白□一、琅九㞢(又)百

2378 琭

5.2841 賜女(汝)秬鬯一卣、祼圭瓚寶、朱芾、悤(蔥)黄(衡)、玉環、玉琭、金車、桒(賁)縟較(較)、朱䪅(鞹)𩊚靳、虎冟(冪)熏裹、右軛、畫轉、畫輯、金甬(桶)、逪(錯)

衡、金𨱺(踵)、金豙(軛)、㓈(約)𩓸(盛)、金簟弼(茀)、魚箙、馬四匹、攸(鋚)勒、金𠀠(臺)、金膺、朱旂二鈴(鈴)

8.4326 賜朱芾、悤(葱)黃(衡)、鞞鞢(璲)、玉睘(環)、玉⿰王余、車、電軫、桒(賁)縟較(较)、朱𩏂(鞹)圅靳、虎冟(冪)熏(纁)裏、遣(錯)衡、右厄(軛)、畫轉、畫䡈、金童(踵)、金豙(軛)、金簟弼(茀)、魚葡(箙)、朱旂旜(旜)金芫二鈴

2379 瓔(理)

7.3845 㚸瓔(理)母乍(作)南旁寶𣪘

2380 ⿱𠩺玉

10.5431 咸⿱𠩺玉(理、釐)

2381 琱

3.744 琱生(甥)乍(作)文考宄仲尊𩰫 / 琱生(甥)其邁(萬)年

5.2548 圅皇父乍(作)琱娟(妘)尊兔鼎

5.2745 琱娟(妘)其萬年

5.2748 王客琱宮

5.2813 賜截(緇)芾、冋(褧)黃(衡)、玄衣黹屯(純)、戈琱㦸、旂

5.2814 賜女(汝)玄衣黹屯(純)、戈琱㦸、歇(厚)必(柲)、彤沙(蘇)、攸(鋚)勒、緣(鑾)旂

5.2819 王乎史減册賜寰：玄衣黹屯(純)、赤芾、朱黃(衡)、緣(鑾)旅(旂)、攸(鋚)勒、戈琱㦸、歇(厚)必(柲)、彤沙(蘇)

7.4048 琱我父乍(作)交尊𣪘

7.4049 琱我父乍(作)交尊𣪘

7.4050 琱我父乍(作)交尊𣪘

8.4141 圅皇父乍(作)琱娟(妘)般(盤)盉尊器𣪘具 / 琱娟其邁(萬)年

8.4142 圅皇父乍(作)琱娟(妘)般(盤)盉尊器𣪘具 / 琱娟其邁(萬)年

8.4143 圅皇父乍(作)琱娟(妘)般(盤)盉尊器𣪘具 / 琱娟其邁(萬)年

8.4216 儕(齎)女(汝)毌五、昜(錫)登盾生皇(凰)、畫內(枘)戈琱㦸、歇(厚)必(柲)、彤沙(蘇)

8.4217 儕(齎)女(汝)毌五、昜(錫)登盾生皇(凰)、畫內(枘)戈琱㦸、歇(厚)必(柲)、彤沙(蘇)

8.4218 儕(齎)女(汝)毌五、昜(錫)登盾生皇(凰)、畫內(枘)戈琱㦸、歇(厚)必(柲)、彤沙(蘇)

8.4250 曰：𤔲琱宮人虩旟

8.4257 賜女(汝)玄衣黹屯(純)、𨥁(素)芾、金鈧(衡)、赤舄、戈琱㦸、彤沙(蘇)、攸(鋚)勒、緣(鑾)旂五日

8.4258 賜戈琱㦸、彤沙(蘇)

8.4259 賜戈琱㦸、彤沙(蘇)

8.4260 賜戈琱㦸、彤沙(蘇)

8.4286 賜女(汝)玄衣黹屯(純)、赤芾、朱黃(衡)、戈彤沙(蘇)琱㦸、旂五日

8.4292 琱生(甥)又(有)事 / 琱生(甥)則堇(覲)圭

8.4293 琱生(甥)奉揚朕宗君其休

8.4311 賜女(汝)戈琱㦸、〔歇〕必(柲)、彤屎(沙、蘇)、毌五、錫鐘一斆(肆)五金

8.4321 賜女(汝)玄衣黹屯(純)、截(緇)芾、冋(褧)黃(衡)、戈琱㦸、歇(厚)必(柲)、彤沙(蘇)、緣(鑾)旂、攸(鋚)勒

8.4324 宰琱生(甥)內(入)右(佑)師嫠

8.4325 宰琱生(甥)內(入)右(佑)師嫠

16.10164 圅皇父乍(作)琱娟(妘)般(盤)盉尊器 / 琱娟(妘)其萬年

16.10170 王乎乍(作)册尹册賜休：玄衣黹屯(純)、赤芾、朱黃(衡)、戈琱㦸、彤沙(蘇)、歇(厚)必(柲)、緣(鑾)朳

16.10172 王乎史減册賜寰：玄衣黹屯(純)、赤芾、朱黃(衡)、緣(鑾)旂、攸(鋚)勒、戈琱㦸、歇(厚)必(柲)、彤沙(蘇)

2382 ⿱埶玉

16.10168 賜守宮絲束、蘆(苴)幎(幕)五、蘆(苴)䒮(冟、冪)二、馬匹、毳爷(布)三、叀(專、團)俸(篷)三、⿱埶玉(琜)朋

2383 ⿰王面、⿰王面

16.9897 王乎宰利賜師遽⿰王面圭一、⿰王袁(篆)章(璋)四

2384 ⿰王危

5.2836 ⿰王危于上下

2385 頊

9.4411 頊 𩕢(豳)乍(作)旅盨

2386 瑴、壴、㱿

5.2810 王窺(親)賜馭方玉五瑴、馬四匹、矢五束

15.9617 受一瑴(瑴、斛)六尉

16.9975 受一瑴(瑴、斛)五尉

2387 瑑

5.2830 用乃孔德瑑(遜)屯(純)

2388 琭(瑑)

16.9897 王乎宰利賜師遽瑚圭一、琭(瑑)章(璋)四

2389 瑀(瑀)

1.246 用瑀光瘨身

1.251-6 用瑀光瘨身

2390 璜

8.4292 報寢氏帛束、璜

9.4612 楚屈子赤目朕(媵)仲媯(芊)璜飤簠

2391 璋

1.113 群孫斨子璋/子璋擇其吉金

1.114 群孫斨子璋/子璋擇其吉金

1.115 群孫斨子璋/子璋擇其吉金

1.116 群孫斨子璋/子璋擇其吉金

1.117 群孫斨子璋/子璋擇其吉金

1.118-9 群孫斨子璋/璋擇其吉金

15.9703 大嬰(將)銭孔、陳璋內(入)伐匽(燕)亳邦之獲

16.9975 齊嬰(將)銭(鍋)孔、陳璋內(入)伐匽(燕)亳邦之獲

17.11371 奠(鄭)命(令)幽□恒、司寇彭璋、武庫工師車咺、冶𤞷

17.11381 楚王酓(熊)璋嚴龏(恭)寅乍(作)軦(幹)戈

17.11388 奠(鄭)倫(令)肖(趙)距、司寇彭璋、右庫工師陳坪、冶贛

17.11389 奠(鄭)倫(令)肖(趙)距、司寇彭璋、往庫工師皇佳、冶瘠

2392 瑛

1.187-8 用瑛光梁其身

1.189-90 用瑛光梁其身

2393 環

5.2841 賜女(汝)秬鬯一卣、祼圭瓚寶、朱芾、悤(葱)黃(衡)、玉環、玉琮、金車、桒(賁)縟較(較)、朱鞹(鞹)𩊚靳、虎冟(冪)熏裏、右軛、畫轉、畫輯、金甬(桶)、道(錯)衡、金嶂(踵)、金豙(軶)、軜(約)𦎫(盛)、金簟弼(茀)、魚箙、馬四匹、攸(鋚)勒、金𠰥(臺)、金膺、朱旂二鈴(鈴)

16.10379 孯之倌(官)環

2394 𤩴、𤩴、璧

6.3651 牧璧乍(作)父丁少(小)食殷

8.4213 展(殿)𢾊(敖)用𦃇(搎)用璧

8.4293 伯氏則報璧

11.6015 在璧(辟)雍(雍)

15.9729 于上天子用璧玉備(琎)/于大無嗣折(誓)、于大嗣命用璧、兩壺、八鼎/于南宮子用璧二備(琎)、玉二嗣(笥)、鼓鐘〔一肆〕

15.9730 于上天子用璧玉備(琎)、〔玉〕一嗣(笥)/于大無嗣折(誓)、于大嗣命用璧、兩壺、八鼎/于南宮子用璧二備(琎)、玉二嗣(笥)、鼓鐘一肆(肆)

17.11333 厥𤩴(璧)鼬

2395 瓚

4.2406 瓚陶

5.2835 賜女(汝)圭瓚一、湯(鍚)鐘一䊷(肆)、鐈鋚百勻(鈞)

5.2841 賜女(汝)秬鬯一卣、祼圭瓚寶、朱芾、悤(葱)黃(衡)、玉環、玉琮、金車、桒(賁)縟較(較)、朱鞹(鞹)𩊚靳、虎冟(冪)熏裏、右軛、畫轉、畫輯、金甬(桶)、道(錯)衡、金嶂(踵)、金豙(軶)、軜(約)𦎫(盛)、金簟弼(茀)、魚箙、馬四匹、攸(鋚)勒、金𠰥(臺)、金膺、朱旂二鈴(鈴)

8.4121 王休賜厥臣父瓚(贊)王祼、貝百朋

8.4320 賜躢(𩰫)鬯一卣、商瓚一□、彤弓一、彤矢百、旅(旅)弓十、旅(旅)矢千

8.4323 事(使)尹氏受(授)贅(賚)敔:圭(珪)瓚、𢦚貝五十朋

8.4327 賜女(汝)瓚四、章(璋)𣪕(瑴)、宗彝一䊷(肆)

8.4342 賜女(汝)秬鬯一卣、圭瓚、尸(夷)允(訊)三百人

11.5988 仲賜𣂎瓚

11.6000 用王商(賞)子黃瓚一、貝百朋

2396 瓕

5.2838 井叔賜曶赤金、瓕

2397 玤(珛)

12.6461 亘丰(丰)玤(珛)乍(作)彝

2398 琲

16.10354 𠂇𡘋𤤺之九壁沃𣲋紆収

2399 車

1.204-5 賜克佃車、馬乘
1.206-7 賜克佃車、馬乘
1.209 賜克佃車、馬乘
1.272-8 余賜女(汝)馬、車、戎兵
1.285 余賜女(汝)車、馬、戎兵
3.513 左使車尼
3.537 左使車工尼
3.971 左使車工嬪(坿)
3.1149 車
3.1150 車
3.1455 車从
3.1456 車𠛬
4.1622 父己車
4.1702 乙▇車
4.2088 左使車工嬪(坿)
4.2089 左使車工嬪(坿)
4.2090 左使車工嬪(坿)
4.2091 左使車工纍
4.2092 左使車工尼
4.2093 左使車工蔡
4.2094 左使車工蔡
4.2476 専車季乍(作)寶鼎
5.2603 唯緊(紱)子丙車乍(作)行貞(鼎)
5.2604 唯緊(紱)子丙車乍(作)行貞(鼎)
5.2612 車叔商(賞)揚馬
5.2613 車叔商(賞)揚馬
5.2697 㮒伯車父乍(作)邪姞尊鼎
5.2698 㮒伯車父乍(作)邪姞尊鼎
5.2699 㮒伯車父乍(作)邪姞尊鼎
5.2700 㮒伯車父乍(作)邪姞尊鼎
5.2707 右使車嗇夫鄬(齊)痤、工簡
5.2779 俘車馬五乘/大車廿
5.2816 賜女(汝)秬鬯一卣、玄衮衣、幽夫(芾)、赤舄、駒車、畫呻(紳)、幬(幬)學(較)、虎幃(幃)、冟袿里幽、攸(鋚)勒、旂(旂)五旂(旂)、彤弓、彤矢、旅(玈)弓、旅(玈)矢、𢦏戈、皝(皋)胄
5.2831 矩取省車、軹桒(賁)鞃、虎冟(幎)、蔡(㝬)㯄、畫轉、㚇(鞭)𠂤(席)韈、帛轡(縚)乘、金鹿(鑣)鋞(鋞)
5.2833 𦘔(肆)武公廼遣禹率公戎車百乘、斯(廝)馭二百、徒千
5.2834 聞(𦘔)武公廼〔遣〕我(禹)率公朱(戎)車百乘
5.2835 武公命多友率公車/凡以公車折首二百又□又五人/俘戎車百乘一十又七乘/俘車十乘/公車折首百又十又五人/唯俘車不克以
5.2837 賜女(汝)鬯一卣、冂(裑)衣、芾、舄、車、馬
5.2839 俘車卅兩(輛)/俘車百□兩(輛)
5.2841 賜女(汝)秬鬯一卣、祼圭瓚寶、朱芾、悤(蔥)黄(衡)、玉環、玉瑹、金車、桒(賁)綧較(較)、朱𩌏(鞹)𢎗靳、虎冟(冪)熏裏、右軛、畫轉、畫輯、金甬(桶)、逪(錯)衡、金嶂(踵)、金豙(軝)、𦁶(約)𣪘(盛)、金簟弼(茀)、魚箙、馬四匹、攸(鋚)勒、金𠯑(臺)、金膺、朱旂二鈴(鈴)
6.2988 車
6.2989 亦車
6.3126 車徙
6.3194 車父己
6.3454 乍(作)車寶彝尊
6.3464 圸(坭)父乍(作)車登
7.3881 㮒車父乍(作)鄦(鄭)姞桒(餴、饙)毁
7.3882 㮒車父乍(作)鄦(鄭)姞餴(饙)毁
7.3883 㮒車父乍(作)鄦(鄭)姞餴(饙)毁
7.3884 㮒車父乍(作)鄦(鄭)姞餴(饙)毁
7.3885 㮒車父乍(作)鄦(鄭)姞餴(饙)毁
7.3886 㮒車父乍(作)鄦(鄭)姞餴(饙)毁
7.4107 豐伯車父乍(作)尊毁
8.4201 伯賜小臣宅畫毌、戈九、昜(錫)金車、馬兩
8.4205 楷伯令厥臣獻金車
8.4213 戎獻金于子牙父百車
8.4302 余賜女(汝)秬鬯一卣、金車、桒(賁)𩍐(幬)較(較)、桒(賁)𢎗朱虢(鞹)靳、虎冟(冪)寀(朱)裏、金甬(箭)、畫聞(輯)、金厄(軛)、畫轉、馬四匹、鋚勒
8.4318 賜女(汝)秬鬯一卣、金車、桒(賁)較(較)、朱虢(鞹)𢎗靳、虎冟(冪)熏(纁)裏、右厄(軛)、畫轉、畫輯、金甬(箭)、馬四匹、攸(鋚)勒
8.4319 賜女(汝)秬鬯一卣、金車、桒(賁)較(較)、朱虢(鞹)𢎗靳、虎冟(冪)熏(纁)裏、右厄(軛)、畫轉、畫輯、金甬(箭)、馬四匹、攸(鋚)勒
8.4326 賜朱芾、悤(蔥)黄(衡)、鞞鞢(璲)、玉睘(環)、玉瑹、車、電

軫、桒(賁)縟較(较)、朱肏(鞹)𩊚靳、虎冟(冪)熏(纁)裹、逪(錯)衡、右厄(軛)、畫轉、畫輯、金童(踵)、金豙(軝)、金簟弼(茀)、魚葡(箙)、朱旂旜(旜)金芫二鈴
8.4328 女(汝)以我車宕伐厰(玁)允(狁)于高陶 / 女(汝)休弗以我車凾(陷)于艱
8.4329 女(汝)以我車宕伐竅(玁)允(狁)于高陶 / 女(汝)休弗以我車凾(陷)于艱
8.4343 賜女(汝)秬鬯一卣、金車、桒(賁)較(較)、畫輯、朱虢(鞹)𩊚靳、虎冟(冪)熏(纁)裹、旂、余(駼)〔馬〕四匹
9.4382 伯車父乍(作)旅須(盨)
9.4383 伯車父乍(作)旅盨
9.4467 賜女(汝)秬鬯一卣、赤巿、五黄(衡)、赤舄、牙僰、駒車、桒(賁)較(較)、朱虢(鞹)𩊚靳、虎冟(冪)熏(纁)裹、畫轉(轉)、畫輯、金甬(筩)、朱旂、馬四匹、攸(鋚)勒、素戉(鉞)
9.4468 賜女(汝)秬鬯一卣、赤巿、五黄(衡)、赤舄、牙僰、駒車、桒(賁)較(較)、朱虢(鞹)𩊚靳、虎冟(冪)熏(纁)裹、畫轉(轉)、畫輯、金甬(筩)、朱旂、馬四匹、攸(鋚)勒、素戉(鉞)
9.4469 賜女(汝)秬鬯一卣、乃父巿、赤舄、駒車、桒(賁)較(較)、朱虢(鞹)𩊚靳、虎冟(冪)熏(纁)裹、畫轉、畫輯、金甬(筩)、馬四匹、鋚勒
9.4477 左使車工蔡
9.4478 左使車工𡎚(坿)
9.4574 鑄公乍(作)孟妊車母朕(媵)簠
9.4664 左使車工尼
9.4665 左使車工𩠐
10.4874 買車
10.5248 㚇乍(作)車(旅)彝
10.5272 戈車乍(作)父丁寶尊彝
10.5398 矢王賜同金車、弓矢
10.5430 車馬兩
11.5590 買車
11.5750 車木父辛
11.5979 何車
11.6015 劑(齎)用王乘車馬、金勒、冂(裑)衣、巿、舄
11.6190 車馬
12.6493 車
12.6749 車
12.6750 車
12.6751 車
12.6752 車
12.7040 涉車
12.7041 車刜
12.7042 亦車
12.7043 亦車
12.7044 亦車
12.7045 亦車
12.7046 車𩫖
12.7047 𩫖車
12.7048 買車
12.7049 弔車
12.7201 羊則(貳)車
13.7718 亦車
13.7719 亦車
13.8250 車買
13.8251 車買
13.8252 貝車
13.8253 弔車
14.8322 車祖丁
14.8371 車父甲
14.8506 車父丁
14.8804 羊則(貳)車
14.8921 父戊車家
14.8922 父戊車家
14.9071 小車乍(作)父丁寶彝
15.9196 買車
15.9197 車刜
15.9448 右使車嗇夫宋、鄣(齊)痓、工𠂤(觸)
15.9450 右使車嗇夫鄣(齊)虘、工𣏟
15.9561 左使車工尼
15.9562 左使車工𩠐
15.9601 晉(冟)車父乍(作)寶壺
15.9602 晉(冟)車父乍(作)寶壺
15.9658 郳(郳)季寬(魔)車自乍(作)行壺
15.9669 椒(散)氏車父乍(作)醒姜尊壺
15.9675 左使車嗇夫孫固所勸(勒)翰(看)器乍(作)勸(勒)者
15.9684 右使車嗇夫鄣(齊)痓、工角
15.9685 左使車嗇夫孫固、工𠂤(師)賃
15.9686 左使車嗇夫孫固、工𡎚(坿)
15.9692 左使車嗇夫孫固、工上
15.9693 左使車嗇夫孫固、工𡎚(坿)
15.9697 椒(散)車父乍(作)皇母醒姜寶壺伯車父其萬年
15.9715 寘(饔)在我車
15.9733 𤔲(嗣)衣、裘、車、馬 / 商(賞)之台(以)兵𧟍(皋)車馬 / 庚蔵(捷)其兵𧟍(皋)車馬
15.9776 車刜
16.9838 車
16.9898 賜秬鬯一卣、玄衮衣、赤舄、金車、桒(賁)𩊚朱虢(鞹)靳、虎冟(冪)熏(纁)裹、桒(賁)較(較)、畫轉、金甬(筩)、馬四匹、攸(鋚)勒
16.9924 左使車工蔡
16.9925 左使車工蔡
16.9926 左使車工𩠐
16.9933 右使車工疥
16.9934 右使車工疥

16.9944 車
16.9958 亞車丙邑
16.10009 車
16.10109 郛(鄀)季寬(窻)車自乍(作)行盤
16.10174 王賜兮甲馬四匹、駒車
16.10234 郛(鄀)季寬(窻)車自乍(作)行匜
16.10333 右使車嗇夫鄗(齊)痓、工𠬛
16.10337 唯郛(鄀)子宿車自乍(作)行盆
16.10349 左使車工蔡
16.10358 左使車嗇夫事斁、工貲
16.10359 右使車嗇夫鄗(齊)痓、工廣
16.10374 𢧵𣪘(釜)而車人制之
16.10397 右使車工疥
16.10402 左使車嗇夫七敓(敀)、工尼
16.10413 左使車工下士甘□
16.10444 左使車嗇夫孫固、工蔡
16.10445 左使車嗇夫鄗(齊)痓、工疥
16.10446 右使車嗇夫鄗(齊)痓、工疥
16.10447 左使車嗇夫孫固、工㬎
16.10450 右使車工蔡
16.10451 右使車工㬎
16.10472 左使車造
16.10477 右使車嗇夫鄗(齊)痓、工疥
17.10863 亦車
17.10864 亦車
17.10865 亦車
17.10866 車𢼸
17.10956 交車戈
17.10957 子車戈
17.11031 陳□車戈
17.11037 陳豫車戈
17.11061 車大夫長畫
17.11371 奠(鄭)命(令)幽□恒、司寇彭璋、武庫工師車咺、冶狦
18.11447 亦車
18.11448 亦車
18.11786 呂大叔之貳車之斧
18.11787 呂大叔之貳車之斧
18.11788 郘(呂)大叔以新金爲貣(貳)車之斧十
18.11814 左使車工𡏖(坿)
18.11815 齊城右造車鉞(戟)、冶腹
18.11822 左使車四
18.12000 車
18.12001 車
18.12027 晉公之車
18.12028 晉公之車
18.12030 嫚(姪)妊乍(作)安車
18.12054 左使車嗇夫孫固、工𡏖(坿)
18.12055 左使車嗇夫孫固、工𡏖(坿)
18.12056 左使車嗇夫孫固、工𡏖(坿)
18.12057 左使車嗇夫孫固、工𡏖(坿)
18.12058 左使車嗇夫孫固、工𡏖(坿)
18.12059 左使車嗇夫孫固、工𡏖(坿)
18.12060 左使車嗇夫孫固、工𡏖(坿)
18.12061 左使車嗇夫孫固、工𡏖(坿)
18.12062 左使車嗇夫孫固、工𡏖(坿)
18.12063 左使車嗇夫孫固、工𡏖(坿)
18.12110 車五十乘 / 屯十台(以)堂(當)一車 / 屯廿檐(擔)台(以)堂(當)一車
18.12111 車五十乘 / 屯十台(以)堂(當)一車 / 屯廿檐(擔)台(以)堂(當)一車
18.12112 車五十乘 / 屯十台(以)堂(當)一車 / 屯廿檐(擔)台(以)堂(當)一車

2400 軍

1.272-8 余命女(汝)政于朕三軍 / 數(勠)龢三軍徒䢋
1.285 余命女(汝)政于朕三軍 / 數(勠)龢三軍徒䢋
5.2840 含(今)盧(吾)老賙(賈)親率參軍之衆
15.9733 齊三軍圍釐(萊)
17.10931 左軍
17.11220 郾(燕)侯庫(詟)乍(作)右軍鉘(戟)
17.11286 右軍
17.11325 酒(將)軍張二月
17.11326 酒(將)軍張二月
17.11402 左軍之攸僕介巨
18.11456 右軍
18.11484 郾(燕)右軍
18.11513 郾(燕)侯庫(詟)乍(作)左軍
18.11758 中山侯恣(忺)乍(作)茲軍釽

2401 較、𨋕(較)

5.2841 賜女(汝)秬鬯一卣、祼圭瓚寶、朱芾、悤(蔥)黃(衡)、玉環、玉瑹、金車、𠦪(賁)縟較(較)、朱𩊚(鞹)㚔靳、虎冟(冪)熏裏、右軛、畫轉、畫輯、金甬(桶)、遣(錯)衡、金嶂(踵)、金豙(軝)、軐(約)𣪍(盛)、金簟弼(茀)、魚箙、馬四匹、攸(鋚)勒、金𠰣(臺)、金膺、朱旂二鈴(鈴)
8.4302 余賜女(汝)秬鬯一卣、金車、𠦪(賁)幬(幬)較(較)、𠦪(賁)㚔朱號(鞹)靳、虎冟(冪)𥥍(朱)裏、金甬(筩)、畫聞(輯)、金厄(軛)、畫轉、馬四

匹、鋚勒

8.4318 賜女(汝)秬鬯一卣、金車、桒(賁)較(較)、朱虢(鞹)圅靳、虎冟(冪)熏(纁)裏、右厄(軛)、畫轉、畫轄、金甬(筩)、馬四匹、攸(鋚)勒

8.4319 賜女(汝)秬鬯一卣、金車、桒(賁)較(較)、朱虢(鞹)圅靳、虎冟(冪)熏(纁)裏、右厄(軛)、畫轉、畫轄、金甬(筩)、馬四匹、攸(鋚)勒

8.4326 賜朱芾、悤(蔥)黄(衡)、鞞鞢(璲)、玉睘(環)、玉琭、車、電軫、桒(賁)緷較(较)、朱鞃(鞹)圅靳、虎冟(冪)熏(纁)裏、逪(錯)衡、右厄(軛)、畫轉、畫轄、金童(踵)、金豙(軝)、金簟弼(茀)、魚葡(箙)、朱旂旜(旜)金芫二鈴

8.4343 賜女(汝)秬鬯一卣、金車、桒(賁)較(較)、畫轄、朱虢(鞹)圅靳、虎冟(冪)熏(纁)裏、旂、余(騟)〔馬〕四匹

9.4467 賜女(汝)秬鬯一卣、赤芾、五黄(衡)、赤舄、牙僰、駒車、桒(賁)較(較)、朱虢(鞹)圅靳、虎冟(冪)熏(纁)裏、畫轉(轉)、畫轄、金甬(筩)、朱旂、馬四匹、攸(鋚)勒、素戉(鉞)

9.4468 賜女(汝)秬鬯一卣、赤芾、五黄(衡)、赤舄、牙僰、駒車、桒(賁)較(較)、朱虢(鞹)圅靳、虎冟(冪)熏(纁)裏、畫轉(轉)、畫轄、金甬(筩)、朱旂、馬四匹、攸(鋚)勒、素戉(鉞)

9.4469 賜女(汝)秬鬯一卣、乃父芾、赤舄、駒車、桒(賁)較(較)、朱虢(鞹)圅靳、虎冟(冪)熏(纁)裏、畫轉、畫轄、金甬(筩)、馬四匹、鋚勒

16.9898 賜秬鬯一卣、玄衮衣、赤舄、金車、桒(賁)圅朱虢(鞹)靳、虎冟(冪)熏(纁)裏、桒(賁)較(較)、畫轉、金甬(筩)、馬四匹、攸(鋚)勒

17.11382 㝬倫(令)艅腨、司寇奠(鄭)宧、左庫工師器較(較)、冶□斅(造)

2402 軐(軩)

5.2831 矩取省車、軐桒(賁)圅、虎冟(幎)、蔡(衤)襐、畫轉、叏(鞭)帀(席)鞣、帛轡(纏)乘、金麃(鑣)鋞(鋞)

2403 軝(軝)

8.4237 唯戎大出于軝/征(誕)令臣諫□□亞旅處于軝

10.5428 女(汝)其(其)用鄉(饗)乃辟軝侯

10.5429 女(汝)其(其)用鄉(饗)乃辟軝侯

2404 軠(軖、軠)

18.12025 君軠(軠)鉺(耳)

2405 軫

8.4326 賜朱芾、悤(蔥)黄(衡)、鞞鞢(璲)、玉睘(環)、玉琭、車、電軫、桒(賁)緷較(较)、朱鞃(鞹)圅靳、虎冟(冪)熏(纁)裏、逪(錯)衡、右厄(軛)、畫轉、畫轄、金童(踵)、金豙(軝)、金簟弼(茀)、魚葡(箙)、朱旂旜(旜)金芫二鈴

2406 較(較)

18.12019 右較(較)

2407 輅

17.11335 邘命(令)輅庶、上庫工師郾□、冶氏聑(羼)

18.11694 春平相邦鄗(晉)得、邦右庫工師瞏(瞖)輅徒、冶臣成敦(撻)齋(劑)

2408 載

4.2305 墉夜君成之載(鎣)貞(鼎)

15.9735 因載所美/載之笻(簡)箁(策)

17.11334 㦰(戴)大胃(酉)焆臣鑄其載戈

18.12110 毋載金、革、黽(鏑、箭)箭

18.12111 毋載金、革、黽(鏑、箭)箭

18.12112 毋載金、革、黽(鏑、箭)箭

18.12113 女(如)載馬、牛、羊

2409 輔

3.941 王人䀠輔歸雚(觀)

5.2546 輔伯雁父乍(作)豐孟娟(妘)賸(媵)鼎

8.4286 燮(榮)伯入右(佑)輔師嫠/曰:更乃祖考嗣輔

8.4324 既令(命)女(汝)更乃祖考嗣小輔/令(命)女(汝)嗣乃祖舊官小輔眔鼓鐘/用乍(作)朕皇考輔伯尊𣪘

8.4325 令(命)女(汝)嗣乃祖舊官小輔、鼓鐘/用乍(作)朕皇考輔伯尊𣪘

9.4469 則唯輔天降喪

15.9735 以輔相厥身

2410 輦

10.5189 輦乍(作)寶尊彝

10.5266 輦乍(作)妣癸

尊彝

11.5893 ⿱𢼄車乍(作)妣癸尊彝

2411 ⿰車沓

17.11344 亡(芒)命(令)□⿰車沓、左庫工師叔新(梁)掃、冶小

2412 ⿰車昏(⿰車爯)

5.2841 賜女(汝)秬鬯一卣、祼圭瓚寶、朱芾、悤(蔥)黃(衡)、玉環、玉琮、金車、桒(賁)縟較(較)、朱䩴(鞹)靣靳、虎冟(冪)熏裏、右軛、畫轉、畫⿰車昏、金甬(桶)、道(錯)衡、金𧢲(踵)、金家(軶)、朐(約)𥁕(盛)、金簟弼(茀)、魚箙、馬四匹、攸(鋚)勒、金𠯑(臺)、金膺、朱旂二鈴(鈴)

8.4318 賜女(汝)秬鬯一卣、金車、桒(賁)較(較)、朱號(鞹)靣靳、虎冟(冪)熏(纁)裏、右厄(軛)、畫轉、畫⿰車昏、金甬(筩)、馬四匹、攸(鋚)勒

8.4319 賜女(汝)秬鬯一卣、金車、桒(賁)較(較)、朱號(鞹)靣靳、虎冟(冪)熏(纁)裏、右厄(軛)、畫轉、畫⿰車昏、金甬(筩)、馬四匹、攸(鋚)勒

8.4326 賜朱芾、悤(蔥)黃(衡)、鞞鞍(璲)、玉睘(環)、玉琮、車、電軫、桒(賁)縟較(較)、朱䩴(鞹)靣靳、虎冟(冪)熏(纁)裏、道(錯)衡、右厄(軛)、畫轉、畫⿰車昏、金童(踵)、金家(軶)、金簟弼(茀)、魚葡(箙)、朱旂旜(旜)金芫二鈴

8.4343 賜女(汝)秬鬯一卣、金車、桒(賁)較(較)、畫⿰車昏、朱號(鞹)靣靳、虎冟(冪)熏(纁)裏、旂、余(騌)〔馬〕四匹

9.4467 賜女(汝)秬鬯一卣、赤芾、五黃(衡)、赤舄、牙僰、駒車、桒(賁)較(較)、朱號(鞹)靣靳、虎冟(冪)熏(纁)裏、畫轉(轉)、畫⿰車昏、金甬(筩)、朱旂、馬四匹、攸(鋚)勒、素戉(鉞)

9.4468 賜女(汝)秬鬯一卣、赤芾、五黃(衡)、赤舄、牙僰、駒車、桒(賁)較(較)、朱號(鞹)靣靳、虎冟(冪)熏(纁)裏、畫轉(轉)、畫⿰車昏、金甬(筩)、朱旂、馬四匹、攸(鋚)勒、素戉(鉞)

9.4469 賜女(汝)秬鬯一卣、乃父芾、赤舄、駒車、桒(賁)較(較)、朱號(鞹)靣靳、虎冟(冪)熏(纁)裏、畫轉、畫⿰車昏、金甬(筩)、馬四匹、攸(鋚)勒

2413 輿

17.10909 周輿

2414 轉

9.4467 賜女(汝)秬鬯一卣、赤芾、五黃(衡)、赤舄、牙僰、駒車、桒(賁)較(較)、朱號(鞹)靣靳、虎冟(冪)熏(纁)裏、畫轉(轉)、畫⿰車昏、金甬(筩)、朱旂、馬四匹、攸(鋚)勒、素戉(鉞)

9.4468 賜女(汝)秬鬯一卣、赤芾、五黃(衡)、赤舄、牙僰、駒車、桒(賁)較(較)、朱號(鞹)靣靳、虎冟(冪)熏(纁)裏、畫轉(轉)、畫⿰車昏、金甬(筩)、朱旂、馬四匹、攸(鋚)勒、素戉(鉞)

15.9401 師轉乍(作)寶熒(鎣)

16.10055 轉乍(作)寶⿰舟益

2415 ⿰車差、⿸厂車(⿱差車)

1.210 ⿰車差(佐)右(佑)楚王

1.211 ⿰車差(佐)右(佑)楚王

1.217 ⿰車差(佐)右(佑)楚王

1.218 ⿰車差(佐)右(佑)楚王

1.219 ⿰車差(佐)右(佑)楚王

1.220 ⿰車差(佐)右(佑)楚王

1.221 ⿰車差(佐)右(佑)楚王

1.222 ⿰車差(佐)右(佑)楚王

11.6010 肇⿰車差(佐)天子

16.10171 肇⿰車差(佐)天子

16.10583 郾(燕)侯⿸厂車(⿱差車載)思(夙)夜恳(淑)人

17.11185 郾(燕)侯⿸厂車(⿱差車、載)乍(作)□鍨(戣)鍨(戟)六

17.11186 郾(燕)侯⿸厂車(⿱差車、載)乍(作)萃鋸(戳)

17.11218 郾(燕)侯⿸厂車(⿱差車)乍(作)左宮鋸(戳)

17.11219 郾(燕)侯⿸厂車(⿱差車)乍(作)帀(師)萃鍨(戟)

17.11220 郾(燕)侯⿸厂車(⿱差車)乍(作)右軍鍨(戟)

17.11383 郾(燕)侯⿸厂車(⿱差車載)自洹徠(來)

18.11513 郾(燕)侯⿸厂車(⿱差車)乍(作)左軍

2416 軳(⿰車卒)

17.11381 楚王酓(熊)璋嚴龔(恭)寅乍(作)軳(⿰車卒)戈

2417 𨐨(捙)

5.2671 㾊父乍(作)𨐨(捙)寶鼎
5.2672 㾊父乍(作)𨐨(捙)寶鼎

2418 𩏂

15.9735 亡叉(有)𩏂(常)息

2419 ⊛、⊛(輻)

3.1151 ⊛(輻)
3.1152 ⊛(輻)
12.6753 ⊛(輻)
12.6754 ⊛(輻)
13.7717 ⊛(輻)
15.9148 ⊛(輻)
16.10010 ⊛(輻)
17.10746 ⊛(輻)

2420 舟

3.853 舟乍(作)尊彝
3.1148 舟
3.1298 舟辛
3.1406 亞舟
3.1407 亞舟
3.1457 舟尹
3.1458 尹舟
3.1459 倗舟
4.1713 舟册婦
4.1838 丁父倗舟
4.1857 尹舟父丁
4.1953 舟乍(作)寶鼎
4.1954 舟乍(作)寶鼎
4.2484 ☐舟乍(作)寶鼎
6.3106 尹舟
6.3107 尹舟
6.3325 尹舟父己
6.3375 舟乍(作)寶𣪘
6.3445 舟虡乍(作)旅𣪘
6.3446 舟虡乍(作)旅𣪘
7.3867 舟
7.3940 亞舟
8.4246 嗣食啚(鄙)官(館)、內師舟
8.4247 嗣食啚(鄙)官(館)、內師舟
8.4248 嗣食啚(鄙)官(館)、內師舟
8.4249 嗣食啚(鄙)官(館)、內師舟
10.4842 倗舟
10.4907 舟父甲
10.5073 舟丏父丁
10.5296 尹舟乍(作)兄癸尊彝
10.5400 𢀛册舟
11.5663 舟父壬
11.5741 尹舟父己
11.5752 尹舟父癸
11.6015 王乘于舟/侯乘于赤旂舟
11.6189 倗舟
11.6206 舟祖丁
12.6388 尹舟父丙
12.6422 尹舟父癸
12.6474 舟
12.6999 尹舟
12.7037 倗舟
12.7038 倗舟
12.7039 倗舟
12.7236 尹舟父丁
13.7385 倗舟
13.7744 舟
13.7822 亞舟
13.7823 亞舟
13.8165 倗舟亼
13.8254 壬舟
14.8430 舟父乙
14.8562 舟父己
14.8780 亞册舟
14.8782 亞龜舟
14.8902 尹舟父丁
14.8933 尹舟父己
14.8967 父癸舟尹
14.9012 舟
14.9013 舟
14.9097 舟鑰(角)熚乍(作)厥祖乙寶宗彝
15.9733 庚率二百乘舟入鄘(筥)從㴎(河)/☐昀ꝗ(矢)舟䋣(𦃃)䲨丘
16.9846 亞舟
16.9911 亞舟
16.10017 舟
16.10508 尹舟
17.10747 舟
17.10748 舟
18.11449 倗舟
18.11890 舟
18.12104 舟三千不句酉
18.12105 傳舟得三千不句酉
18.12106 傳舟得三千不句酉
18.12113 屯三舟爲一舿(舸)

2421 䑲

10.5205 䑲采乍(作)父乙彝

2422 般

3.944 王商(賞)乍(作)册般貝
4.2114 般乍(作)父乙
5.2576 平宮右般
5.2711 王迖于乍(作)册般新宗
5.2745 圅皇父乍(作)周娟(妘)般(盤)盉尊器
5.2750 上曾大(太)子般殷
5.2783 王在周般宮
5.2804 王客于般宮
5.2834 賜(惕)[共]朕般(辟)乍(之)命
8.4141 圅皇父乍(作)琱娟(妘)般(盤)盉尊器𣪘具
8.4142 圅皇父乍(作)琱娟(妘)般(盤)盉尊器𣪘具
8.4143 圅皇父乍(作)琱娟(妘)般(盤)盉尊器𣪘具
8.4279 賜女(汝)赤芾、冋(褧)黃(衡)、麗般(鞶)
8.4280 賜女(汝)赤芾、冋(褧)黃(衡)、麗般(鞶)
8.4281 賜女(汝)赤芾、冋(褧)黃(衡)、麗般(鞶)
8.4282 賜女(汝)赤芾、冋(褧)黃(衡)、麗般(鞶)
9.4462 王乎史寿(敖)

冊賜般(肇)靳、虢(鞹)攸(芾)、攸(鋚)勒
9.4463 王乎史㝅(敖)冊賜般(肇)靳、虢(鞹)攸(芾)、攸(鋚)勒
9.4485 般仲遽肇乍(作)簠/般仲㡾肇乍(作)簠
15.9299 王令般兄(貺)米于銿(搤)
15.9386 敄㽙(括)般盉
15.9409 強伯自乍(作)般(盤)𤇯(鎣)
15.9447 王仲皇父乍(作)尾媍(妘)般(盤)盉
15.9456 衛用乍(作)朕文考惠孟寶般(盤)
15.9709 公子土斧乍(作)子仲姜鑮之般(盤)壺
16.10056 尌仲乍(作)般(盤)
16.10061 事(史)從乍(作)寶般(盤)
16.10064 強伯乍(作)般(盤)𤇯(鎣)
16.10066 吳乍(作)寶般(盤)
16.10070 單子白乍(作)寶般(盤)
16.10071 宗(崇)仲乍(作)尹姞般(盤)
16.10075 𩛥父乍(作)兹女(母)匋(寶)般(盤)
16.10076 季嬴霝德乍(作)寶般(盤)
16.10079 伯百父乍(作)孟姬朕(媵)般(盤)
16.10080 穌(蘇)甫(夫)人乍(作)嫚(姪)妃襄賸(媵)般(盤)
16.10081 昪伯寏父朕(媵)姜無㞙(沫)般(盤)
16.10085 麥𠬝乍(作)鋑(鎣)般(盤)
16.10086 魯伯厚父乍(作)仲姬俞賸(媵)般(盤)
16.10087 魯伯者父乍(作)孟姬嫜(媾)朕(媵)般(盤)
16.10088 虢嫚(姪)〔妃〕乍(作)寶般(盤)
16.10089 自乍(作)般(盤)
16.10090 奠(鄭)伯乍(作)般(盤)匜
16.10091 真乍(作)寶般(盤)
16.10093 史頌乍(作)般(盤)
16.10094 〔番〕昶〔伯〕□乍(作)寶般(盤)
16.10095 京叔乍(作)孟嬴媵(媵)般(盤)
16.10096 筍侯乍(作)叔姬賸(媵)般(盤)
16.10098 賸金氏(氏)孫乍(作)寶般(盤)
16.10102 中友父乍(作)般(盤)
16.10103 伯駟父乍(作)姬淪朕(媵)般(盤)
16.10106 堯(无)敢乍(作)姜般(盤)
16.10107 叔五父乍(作)寶般(盤)
16.10111 師寏父乍(作)季姬般(盤)
16.10112 伯碩𡙇乍(作)𩝹姬𧞤般(盤)
16.10116 魯嗣仕(徒)仲齊肇乍(作)般(盤)
16.10117 齊侯乍(作)䔲(蓋)姬寶般(盤)
16.10118 穌(蘇)冶妊乍(作)虢妃魚母般(盤)
16.10119 𩁹乍(作)王(皇)母媿氏𩕳(沬)般(盤)
16.10120 周㮚(趛)生(甥)乍(作)楷媍(妘)朕(媵)般(盤)
16.10121 鄧伯吉射自乍(作)盥般(盤)
16.10123 齊侯乍(作)皇氏孟姬寶般(盤)
16.10124 乍(作)鑄其御般(盤)
16.10125 楚季𦍋(苟)乍(作)嬶(羋)尊賸(媵)盥般(盤)
16.10126 取膚(盧)上子商鑄般(盤)
16.10131 干氏叔子乍(作)仲姬客母媵(媵)般(盤)
16.10133 薛侯乍(作)叔妊襄朕(媵)般(盤)
16.10135 鄠仲賸(媵)仲女子寶般(盤)
16.10138 自乍(作)寶般(盤)
16.10139 自乍(作)寶般(盤)
16.10141 唯句它□□〔自〕乍(作)寶般(盤)
16.10142 齊叔姬乍(作)孟庚寶般(盤)
16.10143 唯般仲柔乍(作)其盤
16.10144 曹公媵(媵)孟姬悆母般(盤)
16.10145 毛叔朕(媵)彪氏孟姬寶般(盤)
16.10147 乍(作)寶般(盤)
16.10150 唯𠦪右自乍(作)用其吉金寶般(盤)
16.10153 侃孫奎母乍(作)姒寶般(盤)
16.10157 敶(陳)侯乍(作)王仲嬀㛓(瘢)母媵般(盤)
16.10159 齊侯乍(作)賸(媵)寬圓孟姜盥般(盤)
16.10161 用乍(作)般(盤)盉
16.10163 夆(逢)叔乍(作)季妃盥般(盤)
16.10164 𠚤皇父乍(作)琱媍(妘)般(盤)盉尊器
16.10165 自乍(作)鑄其般(盤)
16.10167 自乍(作)朕

(浣)般(盤)
15.10169 用乍(作)寶般(盤)盉
16.10170 用乍(作)朕文考日丁尊般(盤)
16.10172 用乍(作)朕皇考奠(鄭)伯、奠(鄭)姬寶般(盤)
16.10174 兮伯吉父乍(作)般(盤)
16.10229 匽(燕)公乍(作)爲姜乘般(盤)匜
16.10274 乍(作)般(盤)匜
16.10282 夆(逢)叔乍(作)季妃盥般(盤)

2423 ⿰舟欠

8.4237 余豨(稀)⿰舟欠〔作〕朕皇文考寶尊
9.4622 □□⿰舟欠之寶
12.6416 逆⿰舟欠父辛

2424 服

1.262-3 具(俱)即其服
1.264-6 具(俱)即其服
1.267 具(俱)即其服
1.268 具(俱)即其服
1.269 具(俱)即其服
5.2836 勵克王服
5.2837 女(汝)妹(昧)辰又(有)大服
5.2839 三左三右多君入服酉(酒)/ 祉(延)邦賓尊其旅服/三周入服酉(酒)/□三事□□入服酉(酒)
5.2841 女(汝)毋敢彖(墜)在乃服
8.4241 王令焚(榮)眔內史曰：菁(介)井(邢)侯服
8.4273 小子眔服、眔小臣、眔尸(夷)僕學射
8.4321 先虎臣後庸：西門尸(夷)、秦尸(夷)、京尸(夷)、彙尸(夷)、師笭、側新(薪)、□華尸(夷)、弁豸尸(夷)、剛人、成周走亞、戍、秦人、降人、服尸(夷)
8.4326 勵于大服
8.4341 王令毛伯更虢城公服/隥于大服
9.4464 厥取厥服/厥獻厥服
10.5431 亡競在服
10.5432 唯公大(太)史見服于宗周年/公大(太)史咸見服于辟王
11.5968 服肇夙夕明(盟)享
12.6516 王乎內史册令(命)趩：更厥祖考服
15.9456 伯邑父、焚(榮)伯、定伯、琼伯、單伯迺令參有嗣：嗣土(徒)微邑、嗣馬單旟、嗣工(空)邑人服眔受(授)田
15.10169 備仲內(入)右(佑)吕服余/王曰：服余/疋(胥)備仲嗣六師服/吕服余敢對揚天〔子〕不(丕)顯休令(命)

2425 俞

1.271 勿或俞(渝)改
2.423 乍(作)無者俞寶鉦鋥(鐸)
3.613 亞俞
3.688 亞俞
4.2245 亞俞
4.2363 亞俞
4.2364 亞俞
5.2723 師俞從/賜師俞金/俞則對揚厥德
6.3683 亞俞
7.3989 魯伯大父乍(作)仲姬俞賸(媵)毀
8.4276 嗣窓(寇)俞邦君嗣馬、弓、矢
8.4277 嗣馬共右(佑)師俞/王乎乍(作)册內史册命師俞：飘(纘)嗣徝人/俞拜䭫首/俞其蔑曆/俞敢對揚天子不(丕)顯休
8.4328 馭方、厰(玁)允(狁)廣伐西俞
8.4329 馭方、厰(玁)允(狁)廣伐西俞
9.4566 魯伯俞(愈)父乍(作)姬仁簠
9.4567 魯伯俞(愈)父乍(作)姬仁簠
9.4568 魯伯俞(愈)父乍(作)姬仁簠
10.5013 林亞俞
10.5054 亞俞父乙
10.5222 俞伯乍(作)寶尊彝
10.5313 俞亞
11.5849 俞伯乍(作)寶尊彝
11.5990 王賜小臣俞夒貝
11.5995 師俞从/賜師俞金/俞則對揚厥德
12.6379 亞俞父乙
12.6411 父辛亞俞
16.10035 俞舌
16.10086 魯伯厚父乍(作)仲姬俞賸(媵)般(盤)
16.10146 黃韋俞父自乍(作)飤器
16.10566 俞伯乍(作)寶尊彝

2426 ⿰舟付(艀)

5.2676 ⿰舟付(艀)保強伯
5.2677 ⿰舟付(艀)保強伯

2427 船

2.428 以□船

2428 朕

1.36 䢅仲乍(作)朕文考釐公大鎛(林)寶鐘
1.39 朕皇考叔旅魚父
1.40 龠事朕辟皇王
1.41 龠事朕辟皇王
1.47 鑄侯求乍(作)季姜朕(媵)鐘
1.54 走乍(作)朕皇祖、文考寶龢鐘
1.55 乍(作)朕皇祖、文考寶龢〔鐘〕
1.56 走乍(作)朕皇祖、文考寶龢鐘
1.57 走乍(作)朕皇祖、文考寶龢鐘

1.58 走乍(作)朕皇祖、文考寶龢鐘
1.60-3 用粤(屏)朕身 / 勿灋(廢)朕命
1.64 廣啟朕身
1.82 余小子肇帥井(型)朕皇祖考懿德
1.92 用乍(作)朕文考釐伯龢薔(林)鐘
1.107-8 用乍(作)朕皇祖膺(應)侯大薔(林)鐘
1.121 以克總光朕邲(越)/ 台(以)祇光朕立(位)
1.122 以克總光朕邲(越)/ 台(以)祇光朕立(位)
1.125-8 台(以)克總光朕邲(越)/ 台(以)祇光朕立(位)
1.129-31 台(以)祇光朕立(位)
1.132 台(以)克總光朕邲(越)
1.141 師臾肁(肇)乍(作)朕剌(烈)祖虢季、宄公、幽叔、朕皇考德叔大稟(林)鐘
1.143 用乍(作)朕皇考薔(林)鐘
1.145 乍(作)朕皇考叔氏寶薔(林)鐘
1.146 乍(作)朕皇考叔氏寶薔(林)鐘
1.147 乍(作)朕皇考叔氏寶薔(林)鐘
1.148 乍(作)朕皇考叔氏薔(林)鐘
1.181 用乍(作)朕皇祖南公、亞祖公仲
1.187-8 用乍(作)朕皇祖考龢鐘
1.189-90 用乍(作)朕皇祖考龢鐘
1.191 用乍(作)朕皇祖考龢鐘
1.204-5 用乍(作)朕皇祖考伯寶劃(林)鐘
1.206-7 用乍(作)朕皇祖考伯寶劃(林)鐘
1.209 用乍(作)朕皇祖考伯寶劃(林)鐘
1.240 用乍(作)朕皇考叀(惠)叔大薔(林)龢鐘
1.241 用乍(作)朕皇考叀(惠)叔大薔(林)龢鐘
1.242-4 用乍(作)朕皇考叀(惠)叔大薔(林)龢鐘
1.260 朕猷又(有)成亡競
1.262-3 余夙夕虔敬朕祀 / 以康奠協朕或(國)
1.264-6 余夙夕虔敬朕祀 / 以康奠協朕或(國)
1.267 余夙夕虔敬朕祀 / 以康奠協朕或(國)
1.268 余夙夕虔敬朕祀 / 以康奠協朕或(國)
1.269 余夙夕虔敬朕祀 / 以康奠協朕或(國)
1.270 秦公曰：不(丕)顯朕皇祖受天命 / 虔敬朕祀
1.272-8 余命女(汝)政于朕三軍 / 肅成朕師旟之政德 / 諫罰朕庶民 / 女(汝)巩(鞏)裳(勞)朕行師 / 弗敢不對揚朕辟皇君之登屯(純)厚乃命 / 女(汝)台(以)恤余朕身
1.279 諫罰朕庶民
1.285 余命女(汝)政于朕三軍 / 肅成朕師旟之政德 / 諫罰朕庶民 / 女(汝)巩(鞏)裳(勞)朕行師 / 弗敢不對揚朕辟皇君之賜休命 / 女(汝)台(以)恤余朕身
2.356 井叔叔采乍(作)朕文祖穆公大鐘
2.357 井叔叔采乍(作)朕文祖穆公大鐘
2.423 喬君淲虘與朕以贏
3.536 會始(姒)乍(作)朕(媵)鬲
3.679 用朕(媵)嬴女孋母
3.690 魯伯愈父乍(作)鼄(邾)姬仁朕(媵)羞鬲
3.691 魯伯愈父乍(作)鼄(邾)姬仁朕(媵)羞鬲
3.692 魯伯愈父乍(作)鼄(邾)姬仁朕(媵)羞鬲
3.693 魯伯愈父乍(作)鼄(邾)姬仁朕(媵)羞鬲
3.694 魯伯愈父乍(作)鼄(邾)姬仁朕(媵)羞鬲
3.695 魯伯愈父乍(作)鼄(邾)姬仁朕(媵)羞鬲
3.711 內(芮)公乍(作)鑄京氏婦叔姬朕(媵)鬲
3.712 內(芮)公乍(作)鑄京氏婦叔姬朕(媵)鬲
3.717 鼄(邾)畣(友)父朕(媵)其子胙(胙)�椃寶鬲
4.2334 褚僕父乍(作)習姛朕(媵)鼎
4.2470 用朕(媵)嬴女孋女(母)
4.2473 史喜乍(作)朕文考翟祭
4.2505 休朕公君匽(燕)侯賜圉貝
5.2549 無(許)男乍(作)成姜逗(趄)女(母)朕(媵)尊貞(鼎)
5.2605 無(許)大邑魯生(甥)乍(作)壽母朕(媵)貞(鼎)
5.2649 伯頵父乍(作)朕皇考屖伯、吳姬寶鼎
5.2655 先(?)獸乍(作)朕老(考)寶尊鼎
5.2679 用享孝于朕文祖
5.2696 曰：內史龏朕天君

5.2755 用乍(作)朕文考𥂴叔尊貞(鼎)
5.2762 史顭(頙)乍(作)朕皇考𥂴仲、王(皇)母泉母尊鼎
5.2765 蝺拜䭫首曰：休朕皇君弗醒(忘)厥寶臣
5.2777 史伯碩父追考(孝)于朕皇考𥂴仲、王(皇)母泉母
5.2780 乍(作)朕文考毛叔䵼彝
5.2786 用乍(作)朕文考𥂴伯寶尊鼎
5.2790 䜌乍(作)朕皇考䵼彝尊鼎 / 䜌用享孝于朕皇考
5.2796 克乍(作)朕皇祖𥂴季寶宗彝 / 朕辟魯休
5.2797 克乍(作)朕皇祖𥂴季寶宗彝 / 朕辟魯休
5.2798 克乍(作)朕皇祖𥂴季寶宗彝 / 朕辟魯休
5.2799 克乍(作)朕皇祖𥂴季寶宗彝 / 朕辟魯休
5.2800 克乍(作)朕皇祖𥂴季寶宗彝 / 朕辟魯休
5.2801 克乍(作)朕皇祖𥂴季寶宗彝 / 朕辟魯休
5.2802 克乍(作)朕皇祖𥂴季寶宗彝 / 朕辟魯休
5.2804 用乍(作)朕文考㴱(涟)伯尊鼎
5.2805 用乍(作)朕剌(烈)考尊鼎
5.2807 用乍(作)朕剌(烈)考己伯盂鼎
5.2808 用乍(作)朕剌(烈)考己伯盂鼎
5.2812 用乍(作)朕皇考宄公尊鼎
5.2814 用享于朕剌(烈)考
5.2815 用乍(作)朕皇考𩁹(郘)伯、奠(鄭)姬寶鼎
5.2816 勿瀍(廢)朕令 / 用乍(作)朕文考瀕公宮尊鼎
5.2817 用乍(作)朕文祖辛公尊鼎
5.2818 比乍(作)朕皇祖丁公、皇考叀公尊鼎
5.2819 用乍(作)朕皇考奠(鄭)伯、姬尊鼎
5.2821 用乍(作)朕皇考癸公尊鼎
5.2822 用乍(作)朕皇考癸公尊貞(鼎)
5.2823 用乍(作)朕皇考癸公尊鼎
5.2824 朕文考甲公、文母日庚弋休
5.2825 用乍(作)朕皇考叔碩父尊鼎
5.2826 晉姜曰：余唯司(嗣)朕先姑君晉邦
5.2827 用乍(作)朕皇考龏叔、皇母龏始(姒)寶尊鼎
5.2828 用乍(作)朕皇考龏叔、皇母龏始(姒)寶尊鼎
5.2829 用乍(作)朕皇考龏叔、皇母龏始(姒)寶尊鼎
5.2830 臣朕皇考穆穆王 / 于朕考墉(郭)季易父敎(秩)宗
5.2831 衛用乍(作)朕文考寶鼎
5.2832 衛用乍(作)朕文考寶鼎
5.2833 曰：于匡朕肅慕
5.2834 睗(惕)〔共〕朕般(辟)乍(之)命 / 乍(曰)王(于)〔匡〕朕〔肅慕〕
5.2836 克曰：穆穆朕文祖師華父 / 昔余既令女(汝)出內(入)朕令(命)/ 勿瀍(廢)朕令(命)/ 用乍(作)朕文祖師華父寶䵼彝
5.2837 余唯即朕小學 / 勿瀍(廢)朕令(命)
5.2838 曶用茲金乍(作)朕文孝(考)宄伯䵼牛鼎 / 曶曰：弋唯朕禾是賞(償)
5.2840 天降休命于朕邦
5.2841 㖊(屏)朕立(位)/ 雩(與)朕褻事
6.3670 滕(滕)侯乍(作)朕公寶尊彝
7.3775 登(鄧)公乍(作)膺(應)嫚毗(㚸)朕(媵)段
7.3776 登(鄧)公乍(作)膺(應)嫚毗(㚸)朕(媵)段
7.3917 是騺乍(作)朕文考乙公尊段
7.3921 叔𠭯父乍(作)朕文母、剌(烈)考尊段
7.3922 叔𠭯父乍(作)朕文母、剌(烈)考尊段
7.3955 兑乍(作)朕皇考叔氏尊段
7.3958 叔角父乍(作)朕皇考宕(宄)公尊段
7.3959 叔角父乍(作)朕皇考宕(宄)公尊段
7.3986 德克乍(作)朕文祖考尊段
7.3996 吷客乍(作)朕文考日辛寶尊段
7.3997 伯喜乍(作)朕文考剌公尊段
7.3998 伯喜乍(作)朕文考剌公尊段
7.3999 伯喜乍(作)朕文考剌公尊段
7.4000 伯喜乍(作)朕文考剌公尊段
7.4001 豐兮尸乍(作)朕皇考酉(尊)段 / 豐兮尸乍(作)朕皇考尊段
7.4002 豐兮尸乍(作)朕皇考尊段
7.4003 豐兮尸乍(作)朕皇考酉(尊)段

7.4027 伯䝁父乍(作)朕皇考徲伯、吳(虞)姬尊毁
7.4038 其用追孝于朕敵(嫡)考
7.4074 𨓚(傳)乍(作)朕文考胤伯尊毁
7.4075 𨓚(傳)乍(作)朕文考胤伯尊毁
7.4090 叔皮父乍(作)朕文考茀公/眔朕文母季姬寶毁
7.4102 仲𠭯父乍(作)朕皇考遲伯、王(皇)母遲姬尊毁
7.4103 仲𠭯父乍(作)朕皇考遲伯、王(皇)母遲姬尊毁
7.4110 魯士商𠭯肇乍(作)朕皇考叔猷父尊毁
7.4111 魯士商𠭯肇乍(作)朕皇考叔猷父尊毁
7.4114 仲辛父乍(作)朕皇祖日丁、皇考日癸尊毁
7.4118 宴用乍(作)朕文考日己寶毁
7.4119 宴用乍(作)朕文考日己寶毁
8.4124 封仲乍(作)朕皇考趄仲䵼彝尊毁
8.4126 枚季肇乍(作)朕王母叔姜寶毁
8.4129 其用追孝于朕皇祖、啻(嫡)考
8.4147 善(膳)夫梁其乍(作)朕皇考惠仲、皇母惠妣尊毁
8.4148 善(膳)夫梁其乍(作)朕皇考惠仲、皇母惠妣尊毁
8.4149 善(膳)夫梁其乍(作)朕皇考惠仲、皇母惠妣尊毁
8.4150 善(膳)夫梁其乍(作)朕皇考惠仲、皇母惠妣尊毁
8.4151 善(膳)夫梁其乍(作)朕皇考惠仲、皇母惠妣尊毁
8.4162 孟曰：朕文考眔毛公、趞(遣)仲征無需/毛公賜朕文考臣/對揚朕考賜休
8.4163 孟曰：朕文考眔毛公、趞(遣)仲征無需/毛公賜朕文考臣/對揚朕考賜休
8.4164 孟曰：朕文考眔毛公、趞(遣)仲征無需/毛公賜朕文考臣/對揚朕考賜休
8.4165 用乍(作)朕皇考大仲尊毁
8.4167 休朕匋(寶)君公伯
8.4168 䵼(蔣)兑乍(作)朕文祖乙公、皇考季氏尊毁
8.4169 用乍(作)朕文考寶尊毁
8.4184 虢仲令公臣嗣朕百工
8.4185 虢仲令公臣嗣朕百工
8.4186 虢仲令公臣嗣朕百工
8.4187 虢仲令公臣嗣朕百工
8.4199 夙夕勿灋(廢)朕令
8.4200 夙夕勿灋(廢)朕令
8.4205 朕辟天子/對朕辟休/乍(作)朕文考光父乙
8.4206 傳□朕考𠤳/用乍(作)朕考日甲寶
8.4209 用乍(作)朕文祖考寶尊毁
8.4210 用乍(作)朕文祖考寶尊毁
8.4211 用乍(作)朕文祖考寶尊毁
8.4212 用乍(作)朕文祖考寶尊毁
8.4214 王乎師朕賜師遽貝十朋
8.4219 用乍(作)朕皇祖考尊毁
8.4220 用乍(作)朕皇祖考尊毁
8.4221 用乍(作)朕皇祖考尊毁
8.4222 用乍(作)朕皇祖考尊毁
8.4223 用乍(作)朕皇祖考尊毁
8.4224 用乍(作)朕皇祖考尊毁
8.4225 無㠱用乍(作)朕皇祖釐季尊毁
8.4226 無㠱用乍(作)朕皇祖釐季尊毁
8.4227 無㠱用乍(作)朕皇祖釐季尊毁
8.4228 無㠱用乍(作)朕皇祖釐季尊毁
8.4237 余絺(稀)敓〔作〕朕皇文考寶尊
8.4241 卲(昭)朕福盟/朕臣天子
8.4242 叔向父禹曰：余小子司(嗣)朕皇考/乍(作)朕皇祖幽大叔尊毁
8.4250 用乍(作)朕文考幽叔寶毁
8.4253 用乍(作)朕文祖寶毁
8.4254 用乍(作)朕文祖寶毁
8.4255 用乍(作)朕文考寶毁
8.4256 用乍(作)朕文祖考寶毁
8.4261 唯朕又(有)蔑
8.4267 用乍(作)朕皇考孝孟尊毁
8.4268 用乍(作)朕文考易仲尊毁
8.4270 用乍(作)朕文丂(考)苣(芄)仲尊寶毁
8.4271 用乍(作)朕文丂(考)苣(芄)仲尊寶毁
8.4272 用乍(作)朕皇祖伯囪(窗)父寶毁
8.4276 用乍(作)朕文考釐叔寶毁
8.4279 用乍(作)朕文祖益仲尊毁
8.4280 用乍(作)朕文

祖益仲尊殷
8.4281 用乍(作)朕文祖益仲尊殷
8.4282 用乍(作)朕文祖益仲尊殷
8.4283 用乍(作)朕文考外季尊殷
8.4284 用乍(作)朕文考外季尊殷
8.4285 用乍(作)朕文考叀伯尊殷
8.4287 伊用乍(作)朕不(丕)顯皇祖文考徲叔寶𩰫彝
8.4288 敬夙夜勿灋(廢)朕令(命)/用乍(作)朕文考乙伯、宄姬尊殷
8.4289 敬夙夜勿灋(廢)朕令(命)/用乍(作)朕文考乙伯、宄姬尊殷
8.4290 敬夙夜勿灋(廢)朕令(命)/用乍(作)朕文考乙伯、宄姬尊殷
8.4291 敬夙夜勿灋(廢)朕令(命)/用乍(作)朕文考乙伯、宄姬尊殷
8.4293 琱生(甥)奉揚朕宗君其休/用乍(作)朕剌(烈)祖召公嘗殷
8.4294 余用乍(作)朕剌(烈)考寔(憲)伯寶殷
8.4295 余用乍(作)朕剌(烈)考寔(憲)伯寶殷
8.4296 鄦用乍(作)朕皇考龔伯尊殷
8.4297 鄦用乍(作)朕皇考龔伯尊殷
8.4298 用乍(作)朕皇考剌伯尊殷
8.4299 用乍(作)朕皇考剌伯尊殷
8.4302 用乍(作)朕皇考釐王寶尊殷
8.4303 用乍(作)朕皇考癸公尊殷
8.4304 用乍(作)朕皇考癸公尊殷
8.4305 用乍(作)朕皇考癸公尊殷
8.4307 用乍(作)朕皇考考癸尊殷
8.4308 用乍(作)朕皇考癸公尊殷
8.4309 用乍(作)朕皇考癸公尊殷
8.4310 用乍(作)朕皇考癸公尊殷
8.4311 用乍(作)朕文考乙仲𩰫殷
8.4312 用乍(作)朕文考尹伯尊殷
8.4313 余用乍(作)朕後男𩐤尊殷
8.4314 余用乍(作)朕後男𩐤尊殷
8.4315 秦公曰:不(丕)顯朕皇祖/虔敬朕祀
8.4316 敬夙夜勿灋(廢)朕令(命)/用乍(作)朕剌(烈)考日庚尊殷
8.4317 簧㡭朕心/用康惠朕皇文剌(烈)祖考/用𩖁(紟令)保我家、朕立(位)、㝬(胡)身/實朕多禦
8.4318 用乍(作)朕皇考釐公𩰫殷
8.4319 用乍(作)朕皇考釐公𩰫殷
8.4322 朕文母競敏𤔲行
8.4324 敬夙夜勿灋(廢)朕令(命)/用乍(作)朕皇考輔伯尊殷
8.4325 敬夙夜勿灋(廢)朕令(命)/用乍(作)朕皇考輔伯尊殷
8.4328 用乍(作)朕皇祖公伯、孟姬尊殷
8.4329 用乍(作)朕皇祖公伯、孟姬尊殷
8.4330 敢𣪕(擥)卲(昭)告朕吾考
8.4331 朕不(丕)顯祖文、武/用乍(作)朕皇考武𤕌幾王尊殷
8.4332 用乍(作)朕皇考龔叔、皇母龔始(姒)寶尊殷
8.4333 用乍(作)朕皇考龔叔、皇母龔始(姒)寶尊殷
8.4334 用乍(作)朕皇考龔叔、皇母龔始(姒)寶尊殷
8.4335 用乍(作)朕皇考龔叔、皇母龔始(姒)寶尊殷
8.4336 用乍(作)朕皇考龔叔、皇母龔始(姒)寶尊殷
8.4337 用乍(作)朕皇考龔叔、皇母龔始(姒)寶尊殷
8.4338 用乍(作)朕皇考龔叔、皇母龔始(姒)寶尊殷
8.4339 用乍(作)朕皇考龔叔、皇母龔始(姒)寶尊殷
8.4340 敬夙夕勿灋(廢)朕令(命)
8.4342 用乍(作)朕剌(烈)祖乙伯、同益姬寶殷
8.4343 敬夙夕勿灋(廢)朕令(命)/用乍(作)朕皇文考益伯寶尊殷
9.4414 改乍(作)朕文考乙公旅盨
9.4466 鬲比乍(作)朕皇祖丁公、文考𦬸(亢)公盨
9.4467 敬夙夕勿灋(廢)朕令(命)
9.4468 敬夙夕勿灋(廢)朕令(命)
9.4469 敬夙夕勿灋(廢)朕命
9.4534 㚸仲乍(作)甫妣朕(媵)簠
9.4574 鑄公乍(作)孟妊車母朕(媵)簠
9.4612 楚屈子赤目朕(媵)仲嬭(芈)璜飤簠
9.4644 拍乍(作)朕配

平姬墉宮祀彝
9.4645 齊侯乍(作)朕(媵)寬圜孟姜膳辜(敦)
9.4692 用卲洛(各)朕文祖考
10.5383 用乍(作)朕蒿(高)祖缶(寶)尊彝
11.5914 虢叔乍(作)叔殷穀尊朕
11.5989 用乍(作)朕文考日癸旅寶
11.6011 余用乍(作)朕文考大仲寶尊彝
11.6013 用乍(作)朕文祖益公寶尊彝 / 盠敢拜頴首曰：剌剌(烈烈)朕身 / 逥(更)朕先寶事
12.6475 朕乍(作)父癸尊彝
12.6879 朕母
15.9425 伯百父乍(作)孟姬朕(媵)鎣
15.9456 衛用乍(作)朕文考惠孟寶般(盤)
15.9627 蔡侯□〔作〕□母朕(媵)〔壺〕
15.9633 敶(陳)侯乍(作)嬀穡朕(媵)壺
15.9634 敶(陳)侯乍(作)嬀穡朕(媵)壺
15.9667 中伯乍(作)亲(辛)姬䜌(孌)人朕(媵)壺
15.9668 中伯乍(作)亲(辛)姬䜌(孌)人朕(媵)壺
15.9680 其成公鑄子孟妃朕(媵)盥壺
15.9721 對揚朕皇君休 / 用乍(作)朕剌(烈)考尊壺
15.9722 對揚朕皇君休 / 用乍(作)朕剌(烈)考尊壺
15.9725 用乍(作)朕穆考後仲尊墉(甂)
15.9728 用乍(作)朕文考釐公尊壺
15.9731 用乍(作)朕皇考龏叔、皇母龏始(姒)寶尊壺
15.9732 用乍(作)朕皇考龏叔、皇母龏始(姒)寶尊壺
15.9735 唯朕皇祖文、武 / 用唯朕所放(倣)
16.9896 唯朕文考乙公永啟余魯 / 用乍(作)朕文考乙公寶尊彝
16.9899 用乍(作)朕文祖益公寶尊彝 / 盠敢拜頴首曰：剌剌(烈烈)朕身 / 逥(更)朕先寶事
16.9900 用乍(作)朕文祖益公寶尊彝 / 盠敢拜頴首曰：剌剌(烈烈)朕身 / 逥(更)朕先寶事
16.7360 于朕皇考
16.10079 伯百父乍(作)孟姬朕(媵)般(盤)
16.10081 㠱伯庭父朕(媵)姜無𣳚(沬)般(盤)
16.10087 魯伯者父乍(作)孟姬嫜(墉)朕(媵)般(盤)
16.10103 伯駟父乍(作)姬淪朕(媵)般(盤)
16.10113 魯伯愈父乍(作)鼄(邾)姬仁朕(媵)顋(沬)盤
16.10114 魯伯愈父乍(作)鼄(邾)姬仁朕(媵)顋(沬)盤
16.10115 魯伯愈父乍(作)鼄(邾)姬仁朕(媵)顋(沬)盤
16.10120 周㙒(逕)生(甥)乍(作)楷娟(妘)朕(媵)般(盤)
16.10133 薛侯乍(作)叔妊襄朕(媵)般(盤)
16.10145 毛叔朕(媵)彪氏孟姬寶般(盤)
16.10154 乍(作)其子孟姬嬰朕(媵)盤
16.10170 用乍(作)朕文考日丁尊般(盤)
16.10172 用乍(作)朕皇考奠(鄭)伯、奠(鄭)姬寶般(盤)
16.10211 㠱(紀)伯庭父朕(媵)姜無𣳚(沬)也(匜)
16.10221 尋(鄩)伯乍(作)邾子□□朕(媵)匜
16.10241 嗣馬南叔乍(作)𠬪姬朕(媵)也(匜)
16.10244 魯伯愈父乍(作)鼄(邾)姬仁朕(媵)盨(沬)也(匜)
16.10263 薛侯乍(作)叔妊襄朕(媵)也(匜)
16.10280 慶叔攸(作)朕(媵)子孟姜盥匜
16.10281 乍(作)叔娟(妘)朕(媵)匜
16.10318 齊侯乍(作)朕(媵)子仲姜寶盂
16.10322 永用乍(作)朕文考乙伯尊盂
18.11696 朕余名之
18.11697 朕余名之
18.11698 朕余名之

2429 朕

5.2690 𢦏(戴)叔朕自乍(作)餴(饙)鼎
5.2691 𢦏(戴)叔朕自乍(作)餴(饙)鼎
5.2692 𢦏(戴)叔朕自乍(作)餴(饙)鼎
9.4620 叔朕擇其吉金 / 叔朕眉壽
9.4621 叔朕擇其吉金 / 叔朕眉壽
9.4622 叔朕擇其吉金 / 叔朕眉壽
16.10167 自乍(作)朕(浣)般(盤)

2430 𦨵(舒)

1.223-4 吳王光逪之穆曾(贈)𦨵(舒)金

2431 𦩁

18.12113 屯三舟爲一𦩁(舸)/ 五十𦩁(舸)

2432 艖

16.10546 艖伯乍(作)寶彝

2433 艗

16.10055 轉乍(作)寶艗

2434 艕、𦪇(艕)

6.3536 伯𦪇(艕)乍(作)寶尊彝

2435 履

5.2831 履付裘衛林逆里

5.2832 帥履裘衛厲田四田

8.4298 豕以(與)睽履大賜里

8.4299 豕以(與)睽履大賜里

16.10134 攸(掀)仲爨(寏)履用其吉金

2436 舠

4.2176 鳥壬舠乍(作)尊彝

4.2491 居舠(服)騂乍(作)用寶鼎

2437 肆(津)

4.2460 枏(楝)伯肆(津)乍(作)鳥寶鼎

2438 蕂

17.10898 蕂(滕)子

2439 革

5.2786 命女(汝)幽黃(衡)、鋚革(勒)

8.4258 曰：賜女(汝)𠦪(賁)朱黃(衡)、玄衣黹屯(純)、㫃、攸(鋚)革(勒)

8.4259 曰：賜女(汝)𠦪(賁)朱黃(衡)、玄衣黹屯(純)、㫃、攸(鋚)革(勒)

8.4260 曰：賜女(汝)𠦪(賁)朱黃(衡)、玄衣黹屯(純)、㫃、攸(鋚)革(勒)

11.5855 噩(鄂)革㑄乍(作)寶尊

18.12110 毋載金、革、黽(鏑、簡)箭

18.12111 毋載金、革、黽(鏑、簡)箭

18.12112 毋載金、革、黽(鏑、簡)箭

2440 勒

5.2805 賜女(汝)赤巿、幽黃(衡)、攸(鋚)勒

5.2814 賜女(汝)玄衣黹屯(純)、戈琱戟、歇(厚)必(柲)、彤沙(蘇)、攸(鋚)勒、䜌(鑾)旂

5.2815 王乎內史𠬝册賜趞；玄衣屯(純)黹、赤巿、朱黃(衡)、䜌(鑾)旂、攸(鋚)勒

5.2816 賜女(汝)秬鬯一卣、玄衮衣、幽夫(巿)、赤舄、駒車、畫呻(紳)、幬(幬)學(較)、虎冟(幃)、冟裡里幽、攸(鋚)勒、旅(旂)五旅(旂)、彤弓、彤矢、旅(玈)弓、旅(玈)矢、𢦚戈、䝨(皋)胄

5.2819 王乎史減册賜寰：玄衣黹屯(純)、赤巿、朱黃(衡)、䜌(鑾)旅(旂)、攸(鋚)勒、戈琱戟、歇(厚)必(柲)、彤沙(蘇)

5.2827 賜女(汝)玄衣黹屯(純)、赤巿、朱黃(衡)、䜌(鑾)旂、攸(鋚)勒

5.2828 賜女(汝)玄衣黹屯(純)、赤巿、朱黃(衡)、䜌(鑾)旂、攸(鋚)勒

5.2829 賜女(汝)玄衣黹屯(純)、赤巿、朱黃(衡)、䜌(鑾)旂、攸(鋚)勒

5.2830 賜女(汝)玄衣黼(黼)屯(純)、赤巿、朱橫(黃衡)、䜌(鑾)旂、大(太)師金膺、攸(鋚)勒

5.2841 賜女(汝)秬鬯一卣、裸圭瓚寶、朱巿、悤(蔥)黃(衡)、玉環、玉瑹、金車、𠦪(賁)縪較(較)、朱䰍(鞹)𩏂靳、虎冟(冪)熏裏、右軛、畫轉、畫輴、金甬(桶)、遣(錯)衡、金嶂(踵)、金豙(軛)、約(約)𩊄(盛)、金簟弼(茀)、魚箙、馬四匹、攸(鋚)勒、金𠥩(臺)、金膺、朱旂二鈴(鈴)

8.4209 屖(殿)赤巿、攸(鋚)勒

8.4210 屖(殿)赤巿、攸(鋚)勒

8.4211 屖(殿)赤巿、攸(鋚)勒

8.4212 屖(殿)赤巿、攸(鋚)勒

8.4253 王乎尹氏册命師察：賜女(汝)赤舄、攸(鋚)勒

8.4254 王乎尹氏册命師察：賜女(汝)赤舄、攸(鋚)勒

8.4257 賜女(汝)玄衣黹屯(純)、鉥(素)巿、金鈧(衡)、赤舄、戈琱戟、彤沙(蘇)、攸(鋚)勒、䜌(鑾)旂五日

8.4283 賜女(汝)金勒

8.4284 賜女(汝)金勒

8.4285 賜女(汝)攸(鋚)勒

8.4287 賜女(汝)赤巿、幽黃(衡)、䜌(鑾)旂、攸(鋚)勒

8.4288 新賜女(汝)赤巿、朱黃(衡)、中絅(褧)、攸(鋚)勒

8.4289 新賜女(汝)赤巿、朱黃(衡)、中絅(褧)、攸(鋚)勒

8.4290 新賜女(汝)赤巿、朱黃(衡)、中絅(褧)、攸(鋚)勒

8.4291 新賜女(汝)赤芾、朱黄(衡)、中絅(褧)、攸(鋚)勒

8.4302 余賜女(汝)秬鬯一卣、金車、𠦪(賁)幬(𢃄)較(較)、𠦪(賁)𠧟朱虢(鞹)靳、虎冟(冪)寀(朱)裏、金甬(筩)、畫聞(輯)、金厄(軛)、畫轉、馬四匹、鋚勒

8.4312 賜女(汝)赤芾、朱黄(衡)、緣(鑾)旂、攸(鋚)勒

8.4318 賜女(汝)秬鬯一卣、金車、𠦪(賁)較(較)、朱虢(鞹)𠧟靳、虎冟(冪)熏(纁)裏、右厄(軛)、畫轉、畫輯、金甬(筩)、馬四匹、攸(鋚)勒

8.4319 賜女(汝)秬鬯一卣、金車、𠦪(賁)較(較)、朱虢(鞹)𠧟靳、虎冟(冪)熏(纁)裏、右厄(軛)、畫轉、畫輯、金甬(筩)、馬四匹、攸(鋚)勒

8.4321 賜女(汝)玄衣黹屯(純)、載(緇)芾、冋(絅)黄(衡)、戈琱㦸、歇(厚)必(柲)、彤沙(蘇)、緣(鑾)旂、攸(鋚)勒

8.4324 賜女(汝)菽(素)芾、金黄(衡)、赤舄、攸(鋚)勒

8.4325 賜女(汝)菽(素)芾、金黄(衡)、赤舄、攸(鋚)勒

8.4332 賜女(汝)玄衣黹屯(純)、赤芾、朱黄(衡)、緣(鑾)旂、攸(鋚)勒

8.4333 賜女(汝)玄衣黹屯(純)、赤芾、朱黄(衡)、緣(鑾)旂、攸(鋚)勒

8.4334 賜女(汝)玄衣黹屯(純)、赤芾、朱黄(衡)、緣(鑾)旂、攸(鋚)勒

8.4335 賜女(汝)玄衣黹屯(純)、赤芾、朱黄(衡)、緣(鑾)旂、攸(鋚)勒

8.4336 賜女(汝)玄衣黹屯(純)、赤芾、朱黄(衡)、緣(鑾)旂、攸(鋚)勒

8.4337 賜女(汝)玄衣黹屯(純)、赤芾、朱黄(衡)、緣(鑾)旂、攸(鋚)勒

8.4338 賜女(汝)玄衣黹屯(純)、赤芾、朱黄(衡)、緣(鑾)旂、攸(鋚)勒

8.4339 賜女(汝)玄衣黹屯(純)、赤芾、朱黄(衡)、緣(鑾)旂、攸(鋚)勒

8.4341 令賜鈴勒

9.4462 王乎史寿(敖)册賜般(鞶)靳、虢(鞹)攸(芾)、攸(鋚)勒

9.4463 王乎史寿(敖)册賜般(鞶)靳、虢(鞹)攸(芾)、攸(鋚)勒

9.4467 賜女(汝)秬鬯一卣、赤芾、五黄(衡)、赤舄、牙僰、駒車、𠦪(賁)較(較)、朱虢(鞹)𠧟靳、虎冟(冪)熏(纁)裏、畫轉(轉)、畫輯、金甬(筩)、朱旂、馬四匹、攸(鋚)勒、素戉(鉞)

9.4468 賜女(汝)秬鬯一卣、赤芾、五黄(衡)、赤舄、牙僰、駒車、𠦪(賁)較(較)、朱虢(鞹)𠧟靳、虎冟(冪)熏(纁)裏、畫轉(轉)、畫輯、金甬(筩)、朱旂、馬四匹、攸(鋚)勒、素戉(鉞)

9.4469 賜女(汝)秬鬯一卣、乃父芾、赤舄、駒車、𠦪(賁)較(較)、朱虢(鞹)𠧟靳、虎冟(冪)熏(纁)裏、畫轉、畫輯、金甬(筩)、馬四匹、鋚勒

11.6013 賜盠:赤芾、幽亢(衡)、攸(鋚)勒

11.6015 劑(齎)用王乘車馬、金勒、冂(裑)衣、芾、舄

15.9728 賜女(汝)秬鬯一卣、玄衮衣、赤巿、幽黄(衡)、赤舄、攸(鋚)勒、緣(鑾)旂

15.9731 賜女(汝)玄衣黹屯(純)、赤芾、朱黄(衡)、緣(鑾)旂、攸(鋚)勒

15.9732 賜女(汝)玄衣黹屯(純)、赤芾、朱黄(衡)、緣(鑾)旂、攸(鋚)勒

16.9898 賜秬鬯一卣、玄衮衣、赤舄、金車、𠦪(賁)𠧟朱虢(鞹)靳、虎冟(冪)熏(纁)裏、𠦪(賁)較(較)、畫轉、金甬(筩)、馬四匹、攸(鋚)勒

16.9899 賜盠:赤芾、幽亢(衡)、攸(鋚)勒

16.9900 賜盠:赤芾、幽黄(衡)、攸(鋚)勒

15.10169 賜女(汝)赤攸(㧉、芾)、幽黄(衡)、鋚勒、旂

16.10172 王乎史減册賜寰:玄衣黹屯(純)、赤芾、朱黄(衡)、緣(鑾)旂、攸(鋚)勒、戈琱㦸、歇(厚)必(柲)、彤沙(蘇)

2441 靭

15.9665 爿(片)器嗇夫亮疸所靭(勒)翰(看)器乍(作)靭(勒)者

15.9666 爿(片)器嗇夫亮疸所靭(勒)翰(看)器乍(作)靭(勒)者

15.9675 左使車嗇夫孫固所靭(勒)翰(看)器乍(作)靭(勒)者

16.10441 牀(藏)廛

(鑢)嗇夫郜信𩋵(勒)翰(看)器

16.10442 𣲆(藏)廌(鑢)嗇夫郜信𩋵(勒)翰(看)器

16.10443 𣲆(藏)廌(鑢)嗇夫郜信𩋵(勒)翰(看)器

16.10473 𣲆(藏)廌(鑢)嗇夫郐(粭)試𩋵(勒)之

16.10474 𣲆(藏)廌(鑢)嗇夫郐(粭)試𩋵(勒)之

16.10475 𣲆(藏)廌(鑢)嗇夫郐(粭)試𩋵(勒)之

2442 靳

5.2841 賜女(汝)秬鬯一卣、祼圭瓚寶、朱芾、悤(蔥)黄(衡)、玉環、玉琭、金車、𠦪(賁)緷較(較)、朱𩍐(鞹)𩏂靳、虎冟(冪)熏裏、右軛、畫轉、畫輯、金甬(桶)、遣(錯)衡、金踵(踵)、金豙(軝)、約(約)𩊋(盛)、金簟弼(茀)、魚箙、馬四匹、攸(鋚)勒、金𠯑(臺)、金膺、朱旂二鈴(鈴)

8.4302 余賜女(汝)秬鬯一卣、金車、𠦪(賁)幬(幬)較(較)、𠦪(賁)𩏂朱虢(鞹)靳、虎冟(冪)窔(朱)裏、金甬(箾)、畫聞(輯)、金厄(軛)、畫轉、馬四匹、鋚勒

8.4318 賜女(汝)秬鬯一卣、金車、𠦪(賁)較(較)、朱虢(鞹)𩏂靳、虎冟(冪)熏(纁)裏、右厄(軛)、畫轉、畫輯、金甬(箾)、馬四匹、攸(鋚)勒

8.4319 賜女(汝)秬鬯一卣、金車、𠦪(賁)較(較)、朱虢(鞹)𩏂靳、虎冟(冪)熏(纁)裏、右厄(軛)、畫轉、畫輯、金甬(箾)、馬四匹、攸(鋚)勒

8.4326 賜朱芾、悤(蔥)黄(衡)、鞞𩍿(璲)、玉睘(環)、玉琭、車、電軫、𠦪(賁)緷較(较)、朱𩍐(鞹)𩏂靳、虎冟(冪)熏(纁)裏、遣(錯)衡、右厄(軛)、畫轉、畫輯、金童(踵)、金豙(軝)、金簟弼(茀)、魚葡(箙)、朱旂旜(旜)金芫二鈴

8.4343 賜女(汝)秬鬯一卣、金車、𠦪(賁)較(較)、畫輯、朱虢(鞹)𩏂靳、虎冟(冪)熏(纁)裏、旂、余(騟)〔馬〕四匹

9.4462 王乎史寿(敖)册賜般(鞶)靳、虢(鞹)枚(芾)、攸(鋚)勒

9.4463 王乎史寿(敖)册賜般(鞶)靳、虢(鞹)枚(芾)、攸(鋚)勒

9.4467 賜女(汝)秬鬯一卣、赤芾、五黄(衡)、赤舄、牙僰、駒車、𠦪(賁)較(較)、朱虢(鞹)𩏂靳、虎冟(冪)熏(纁)裏、畫轉(轉)、畫輯、金甬(箾)、朱旂、馬四匹、攸(鋚)勒、素戉(鉞)

9.4468 賜女(汝)秬鬯一卣、赤芾、五黄(衡)、赤舄、牙僰、駒車、𠦪(賁)較(較)、朱虢(鞹)𩏂靳、虎冟(冪)熏(纁)裏、畫轉(轉)、畫輯、金甬(箾)、朱旂、馬四匹、攸(鋚)勒、素戉(鉞)

9.4469 賜女(汝)秬鬯一卣、乃父芾、赤舄、駒車、𠦪(賁)較(較)、朱虢(鞹)𩏂靳、虎冟(冪)熏(纁)裏、畫轉、畫輯、金甬(箾)、馬四匹、鋚勒

15.9723 王乎乍(作)册尹册賜𤸫：畫靳、牙僰、赤舄

15.9724 王乎乍(作)册尹册賜𤸫：畫靳、牙僰、赤舄

16.9898 賜秬鬯一卣、玄衮衣、赤舄、金車、𠦪(賁)𩏂朱虢(鞹)靳、虎冟(冪)熏(纁)裏、𠦪(賁)較(較)、畫轉、金甬(箾)、馬四匹、攸(鋚)勒

2443 鞅

16.10372 大良造鞅

17.11279 大良造鞅之造戟

18.11911 大良造庶長鞅之造

2444 𩏂(鞃、鞎)

1.261 余𩏂龏䚃屖

5.2757 𩏂屖下保

5.2766 𩏂良聖每(敏)

5.2811 𩏂龏䚃屖

5.2831 矩取省車、軜𠦪(賁)𩏂、虎冟(幎)、蔡(𢇍)𠊾、畫轉、𢻱(鞭)𢁾(席)𩍿、帛𢇍(纁)乘、金麃(鑣)鋞(經)/舍(捨)濂𢊁冟(幎)𤖝(?)𠦪(幩)、䩍𩏂

5.2841 𩏂我邦、我家/賜女(汝)秬鬯一卣、祼圭瓚寶、朱芾、悤(蔥)黄(衡)、玉環、玉琭、金車、𠦪(賁)緷較(較)、朱𩍐(鞹)𩏂靳、虎冟(冪)熏裏、右軛、畫轉、畫輯、金甬(桶)、遣(錯)衡、金踵(踵)、金豙(軝)、約(約)𩊋(盛)、金簟弼(茀)、魚箙、馬四匹、攸(鋚)勒、金𠯑(臺)、金膺、朱旂二鈴(鈴)

8.4302 叀(惠)𩏂天令(命)/余賜女(汝)秬鬯一卣、金車、𠦪(賁)幬(幬)較(較)、𠦪

(賁)𠧪朱虢(鞹)靳、虎冟(冪)䋎(朱)裹、金甬(筩)、畫聞(輯)、金厄(軛)、畫轉、馬四匹、鋚勒

8.4318 賜女(汝)秬鬯一卣、金車、桒(賁)較(較)、朱虢(鞹)𠧪靳、虎冟(冪)熏(纁)裹、右厄(軛)、畫轉、畫輯、金甬(筩)、馬四匹、攸(鋚)勒

8.4319 賜女(汝)秬鬯一卣、金車、桒(賁)較(較)、朱虢(鞹)𠧪靳、虎冟(冪)熏(纁)裹、右厄(軛)、畫轉、畫輯、金甬(筩)、馬四匹、攸(鋚)勒

8.4326 賜朱芾、悤(蔥)黃(衡)、鞞𩌨(璲)、玉睘(環)、玉瑹、車、電軫、桒(賁)縟較(较)、朱𩏂(鞹)𠧪靳、虎冟(冪)熏(纁)裹、遣(錯)衡、右厄(軛)、畫轉、畫輯、金童(踵)、金豙(軝)、金簟弼(茀)、魚葡(箙)、朱旂旜(旜)金芫二鈴

8.4343 賜女(汝)秬鬯一卣、金車、桒(賁)較(較)、畫輯、朱虢(鞹)𠧪靳、虎冟(冪)熏(纁)裹、旂、余(騟)〔馬〕四匹

9.4467 賜女(汝)秬鬯一卣、赤芾、五黃(衡)、赤舄、牙僰、駒車、桒(賁)較(較)、朱虢(鞹)𠧪靳、虎冟(冪)熏(纁)裹、畫轉(轉)、畫輯、金甬(筩)、朱旂、馬四匹、攸(鋚)勒、素戉(鉞)

9.4468 賜女(汝)秬鬯一卣、赤芾、五黃(衡)、赤舄、牙僰、駒車、桒(賁)較(較)、朱虢(鞹)𠧪靳、虎冟(冪)熏(纁)裹、畫轉(轉)、畫輯、金甬(筩)、朱旂、馬四匹、攸(鋚)勒、素戉(鉞)

9.4469 賜女(汝)秬鬯一卣、乃父芾、赤舄、駒車、桒(賁)較(較)、朱虢(鞹)𠧪靳、虎冟(冪)熏(纁)裹、畫轉、畫輯、金甬(筩)、馬四匹、鋚勒

16.9898 賜秬鬯一卣、玄衮衣、赤舄、金車、桒(賁)𠧪朱虢(鞹)靳、虎冟(冪)熏(纁)裹、桒(賁)較(較)、畫轉、金甬(筩)、馬四匹、攸(鋚)勒

16.10322 公廼命酉嗣𢓊(徒)𠧪父、周人嗣工(空)㞷、𣪊史、師氏、邑人奎父、畢人師同

2445　鞞

8.4273 王賜靜鞞剢(璲)

8.4326 賜朱芾、悤(蔥)黃(衡)、鞞𩌨(璲)、玉睘(環)、玉瑹、車、電軫、桒(賁)縟較(较)、朱𩏂(鞹)𠧪靳、虎冟(冪)熏(纁)裹、遣(錯)衡、右厄(軛)、畫轉、畫輯、金童(踵)、金豙(軝)、金簟弼(茀)、魚葡(箙)、朱旂旜(旜)金芫二鈴

2446　𩌨(𩊚)

8.4326 賜朱芾、悤(蔥)黃(衡)、鞞𩌨(璲)、玉睘(環)、玉瑹、車、電軫、桒(賁)縟較(较)、朱𩏂(鞹)𠧪靳、虎冟(冪)熏(纁)裹、遣(錯)衡、右厄(軛)、畫轉、畫輯、金童(踵)、金豙(軝)、金簟弼(茀)、魚葡(箙)、朱旂旜(旜)金芫二鈴

2447　叏(鞭)

5.2831 矩取省車、軝桒(賁)𠧪、虎冟(幎)、蔡(㡛)偯、畫轉、叏(鞭)帀(席)𩎟、帛繼(繐)乘、金麃(鑣)鋞(鋞)

18.11994 叏(鞭)右頙

2448　𩎟

5.2831 矩取省車、軝桒(賁)𠧪、虎冟(幎)、蔡(㡛)偯、畫轉、叏(鞭)帀(席)𩎟、帛繼(繐)乘、金麃(鑣)鋞(鋞)

2449　轉

5.2831 矩取省車、軝桒(賁)𠧪、虎冟(幎)、蔡(㡛)偯、畫轉、叏(鞭)帀(席)𩎟、帛繼(繐)乘、金麃(鑣)鋞(鋞)

5.2841 賜女(汝)秬鬯一卣、祼圭瓚寶、朱芾、悤(蔥)黃(衡)、玉環、玉瑹、金車、桒(賁)縟較(較)、朱𩏂(鞹)𠧪靳、虎冟(冪)熏裹、右軛、畫轉、畫輯、金甬(桶)、遣(錯)衡、金㼦(踵)、金豙(軝)、約(約)𣪘(盛)、金簟弼(茀)、魚箙、馬四匹、攸(鋚)勒、金𠯑(臺)、金膺、朱旂二鈴(鈴)

8.4302 余賜女(汝)秬鬯一卣、金車、桒(賁)幬(幬)較(較)、桒(賁)𠧪朱虢(鞹)靳、虎冟(冪)䋎(朱)裹、金甬(筩)、畫聞(輯)、金厄(軛)、畫轉、馬四匹、鋚勒

8.4318 賜女(汝)秬鬯一卣、金車、桒(賁)較(較)、朱虢(鞹)𠧪靳、虎冟(冪)熏(纁)裹、右厄(軛)、畫轉、畫輯、金甬(筩)、馬四匹、攸(鋚)勒

8.4319 賜女(汝)秬鬯一卣、金車、桒(賁)較(較)、朱虢(鞹)𠧪靳、

虎冟(冪)熏(纁)裏、右厄(軛)、畫轉、畫䡅、金甬(筩)、馬四匹、攸(鋚)勒

8.4326 賜朱市、悤(蔥)黃(衡)、鞞鞍(璲)、玉睘(環)、玉琮、車、電軫、桒(賁)縟較(较)、朱𩏂(鞹)𩊚靳、虎冟(冪)熏(纁)裏、遣(錯)衡、右厄(軛)、畫轉、畫䡅、金童(踵)、金家(軝)、金簟弼(茀)、魚葡(箙)、朱旂旜(旜)金芫二鈴

9.4469 賜女(汝)秬鬯一卣、乃父市、赤舄、駒車、桒(賁)較(較)、朱虢(鞹)𩊚靳、虎冟(冪)熏(纁)裏、畫轉、畫䡅、金甬(筩)、馬四匹、鋚勒

16.9898 賜秬鬯一卣、玄衮衣、赤舄、金車、桒(賁)𩊚朱虢(鞹)靳、虎冟(冪)熏(纁)裏、桒(賁)較(較)、畫轉、金甬(筩)、馬四匹、攸(鋚)勒

2450 鞶(鞄)

1.142 齊鞶(鮑)氏孫ㄋ擇其吉金

1.271 齊辟鞶(鮑)叔之孫、遵(躋)仲之子𩋾(綸)/鞶(鮑)叔又(有)成裝(勞)于齊邦/鞶(鮑)子𩋾(綸)曰:余彌心畏誋(忌)

2451 韋

4.2120 韋乍(作)父丁彝

16.10146 黃韋俞父自乍(作)飤器

17.11308 相邦呂不韋造

17.11380 相邦呂不韋造

17.11395 相邦呂不韋造

17.11396 相邦呂不韋造

2452 𠇮(韋)

14.8788 告亞𠇮(韋)

2453 韍

7.3848 趞(遣)小子韍以(與)其友

2454 韎(韍)

16.10138 曾師季韎(市)用其士(吉)金

2455 韐(帢)

15.9456 矩或取赤虎(琥)兩、麀桒(韍)兩、桒(賁)韐(帢、帢)一

2456 韨

1.133 柞賜韨、朱黃(衡)、䜌(鑾)

1.134 柞賜韨、朱黃(衡)、䜌(鑾)

1.135 柞賜韨、朱黃(衡)、䜌(鑾)

1.136 柞賜韨、朱黃(衡)、䜌(鑾)

1.137-9 柞賜韨、朱黃(衡)、䜌(鑾)

5.2783 賜趞曹韨(緇)市、冋(絅)黃(衡)、䜌(鑾)

5.2813 賜韨(緇)市、冋(絅)黃(衡)、玄衣黹屯(純)、戈琱㦸、旂

8.4256 賜衛韨(緇)市、朱黃(衡)、䜌(鑾)

8.4286 䄁(哉)賜女(汝)韨(緇)市、素黃(衡)、䜌(鑾)旜

8.4321 賜女(汝)玄衣黹屯(純)、韨(緇)市、冋(絅)黃(衡)、戈琱㦸、敂(厚)必(柲)、彤沙(緌)、䜌(鑾)旂、攸(鋚)勒

10.5418 令史懋賜免:韨(緇)市、冋(絅)黃(衡)

11.6006 令史懋賜免:韨(緇)市、冋(絅)黃(衡)

12.6516 賜趩戠(織)衣、韨(緇)市、冋(絅)黃(衡)、旂

2457 韓

15.9583 韓氏⊡

17.11316 四年命(令)韓誁、宜陽工師𢿏(播)愷、冶庶

17.11317 笸(附)余(魚)命(令)韓譙、工師罕(罕)瘠(瘳)、冶帰(埽)

17.11318 笸(附)余(魚)命(令)韓譙、工師罕(罕)瘠(瘳)、冶帰(埽)

17.11319 笸(附)余(魚)命(令)韓譙、工師罕(罕)瘠(瘳)、冶竈

17.11322 侖(綸)氏命(令)韓化、工師榮⊡(原)、冶憵(謀)

17.11327 格氏命(令)韓貴、工師亘公、冶8

17.11328 奠(鄭)命(令)韓□、右庫工師駱膓

17.11336 奠(鄭)命(令)韓熙、右庫工師司馬鴡、冶狄

17.11345 亲(新)城大命(令)韓定、工師宋費、冶褚

17.11351 喜倫(令)韓䑀、左庫工師司馬裕、冶何

17.11357 奠(鄭)命(令)韓熙、右庫工師事(吏)𡏳(𥚩)、冶□

17.11372 奠(鄭)倫(令)韓恙(恙)、司寇𢻱(扶)裕、右庫工師張阪、冶贛

17.11376 冡子韓䞓(𢦔)、邦庫嗇夫𢻱(扶)湯、冶舒數(𢾦、造)戈

17.11384 奠(鄭)倫(令)韓半、司寇長朱、武庫工師⊡恙、冶肎

(尹)敀(披)𢿌(造)
17.11385 奠(鄭)倫(令)韓夌、司寇長朱、右庫工師皂高、冶肴(尹)端𢿌(造)
17.11390 邦府大夫肖(趙)閔、邦上庫工師韓山、冶问敎(撻)齋(劑)
18.11553 奠(鄭)命(令)韓半、司寇長(張)朱、左庫工師昜(陽)㮴(傴)、冶肴(尹)弘𢿌(槽、造)
18.11556 相邦春平侯、邦右庫工師肖(趙)瘁、冶韓開敎(撻)齋(劑)
18.11562 安陽倫(令)韓壬、司刑欣(听)鉩、右庫工師艾(荇)固、冶䍐𢿌(造)戟朿(刺)
18.11564 截(截)雍倫(令)韓匡、司寇判它、左庫工師刑秦、冶汖(裼)𢿌(槽、造)戟朿(刺)
18.11685 得工嗇夫杜相女(如)、左得工工師韓段、冶肴(尹)朝敎(撻)齋(劑)
18.11695 相邦建信君、邦右庫韓段、工師爿瘖、冶息敎(撻)齋(劑)
18.11700 守相杢(執、廉)波(頗)、邦右庫工師韓亥、冶巡敎(撻)齋(劑)/ 大攻(工)肴(尹)韓耑
18.11701 守相杢(執、廉)波(頗)、邦右庫工師韓亥、冶巡敎(撻)齋(劑)
18.11706 大攻(工)肴(尹)韓耑
18.11708 大攻(工)肴(尹)韓耑
18.11709 大攻(工)肴(尹)韓耑
18.11711 守相申毋官、邦〼韓㰱、冶醇敎(撻)齋(劑)/ 大攻(工)肴(尹)韓耑
18.11712 大攻(工)肴(尹)韓啻
18.11713 大攻(工)肴(尹)韓耑
18.11714 大攻(工)肴(尹)韓耑
18.11715 大攻(工)肴(尹)韓耑
18.11716 大攻(工)肴(尹)韓耑

2458 𩏂(𩌏)

5.2816 賜女(汝)秬鬯一卣、玄衮衣、幽夫(芾)、赤舄、駒車、畫呻(紳)、𩏂(𩌏)學(較)、虎冟(幃)、冟袛里幽、攸(鋚)勒、旅(旂)五旅(旂)、彤弓、彤矢、旅(玈)弓、旅(玈)矢、𢦏戈、䖒(皋)胄

2459 韄

5.2831 舍(捨)溓豦冟(幎)㹄(?)㚔(幘)、韄鬲

2460 皮

1.193 工𠭯王皮𦤎(然)之子者𣶃
1.194 工𠭯王皮𦤎(然)之子者𣶃
1.195 工𠭯王皮𦤎(然)之子者𣶃
1.196 工𠭯王皮𦤎(然)之子者𣶃
1.197 工𠭯王皮𦤎(然)之子者𣶃
1.198 工𠭯王皮𦤎(然)之子者𣶃
1.199 工𠭯王皮𦤎(然)之子者𣶃
1.200 工𠭯王皮𦤎(然)之子者𣶃
1.201 工𠭯王皮𦤎(然)之子者𣶃
1.202 工𠭯王皮𦤎(然)之子者𣶃
2.425 皿皮(彼)吉人享
5.2831 舍(捨)盠冒梯、羝皮二、選皮二、業舄通(箭)皮二 / 厥吳喜皮二 / 顏下皮二
5.2840 皮(克)思(順)皮(克)卑 / 是皮(克)行之 / 皮(克)僃(敵)大邦 / 皮(克)又(有)工(功)/ 皮(克)并(併)之
7.4090 叔皮父乍(作)朕文考茀公
8.4127 乍(作)鑄叔皮父尊毁 / 其妻子用享考(孝)于叔皮父
8.4213 展(殿)𢼸(敖)堇(謹)用豹皮于事(史)孟
15.9734 于皮(彼)新土(杢)
16.9973 我用以皮沓⺁ / 我用以皮沓⺁
17.11126 陳子皮之告(造)戈
17.11398 奠(鄭)倫(令)槍(楖、郭)涵、司寇肖(趙)它、往庫工師皮耴、冶肴(尹)啟
18.11552 奠(鄭)倫(令)槍(楖、郭)涵、司寇芋慶、往庫工師皮耴、冶肴(尹)貞𢿌(造)
18.11555 奠(鄭)倫(令)槍(楖、郭)涵、司寇肖(趙)它、往庫工師皮耴、冶肴(尹)坡(坡)
18.11560 奠(鄭)命(令)槍(楖、郭)涵、司寇肖(趙)它、往庫工師皮耴、冶肴(尹)坡(坡)𢿌(造)
18.11563 奠(鄭)倫(令)槍(楖、郭)涵、司寇芋慶、往庫工師皮耴、冶肴(尹)坡(坡)𢿌(造)戟朿(刺)
18.11693 奠(鄭)命(令)槍(楖、郭)涵、司寇肖(趙)它、往庫工師皮耴、冶肴(尹)啟

簋(造)

18.11901 皮氏大鈴(鈴)

2461 裗、被(脈)

12.6779 被(脈)

12.6937 被(脉、脈)

2462 求

1.47 鑄侯求乍(作)季姜朕(媵)鐘

1.50 鼄(邾)君求吉金

1.271 用求丂(考)命、彌生

5.2746 亡智求戟嗇夫庶魔擇吉金

5.2838 東宮迺曰:求乃人

8.4178 王命君夫曰:價求乃友

8.4326 專(溥)求不朁(潛)德

15.9657 用求福無疆

2463 裘

5.2831 迺舍(捨)裘衛林晉里/舍(捨)顔有嗣壽商豳(貉)裘、盠冟/履付裘衛林晉里/東臣羔裘

5.2832 帥履裘衛厲田四田/邦君厲眔付裘衛田

7.4060 王姜賜不壽裘

8.4251 王乎宰曶賜大(太)師虘虎裘

8.4252 王乎宰曶賜大(太)師虘虎裘

8.4256 南伯入右(佑)裘衛

8.4331 王命仲到(致)歸(饋)}伯𤔲(貔)裘/賜女(汝)𤔲(貔)裘

10.5405 賜裘

11.5994 賜馬、賜裘

15.9456 矩伯庶人取堇(瑾)章(璋)于裘衛/裘衛迺彘(矢)告于伯邑父、焚(榮)伯、定伯、琼伯、單伯

15.9733 嗣(嗣)衣、裘、車、馬

2464 衣

1.155 衣(依)余〔於〕邚(越)〔連〕者

4.2198 陵叔乍(作)衣寶彝

5.2748 衣事

5.2776 王在衣(殷)

5.2781 王賜赤⊖市、玄衣黹屯(純)、䜌(鑾)旅(旂)

5.2789 王𠛱(訊)姜事(使)內史友員賜戜玄衣、朱襮裣

5.2813 賜戠(緇)市、冋(絅)黃(衡)、玄衣黹屯(純)、戈琱戟、旂

5.2814 賜女(汝)玄衣黹屯(純)、戈琱戟、歇(厚)必(柲)、彤沙(蘇)、攸(鋚)勒、䜌(鑾)旂

5.2815 王乎內史㕣册賜趩;玄衣屯(純)黹、赤市、朱黃(衡)、䜌(鑾)旂、攸(鋚)勒

5.2816 賜女(汝)秬鬯一卣、玄衮衣、幽夫(市)、赤舄、駒車、畫呻(紳)、轉(幬)學(較)、虎幃(幃)、冟䄄里幽、攸(鋚)勒、旅(旂)五旅(旂)、彤弓、彤矢、旅(玈)弓、旅(玈)矢、𢦚戈、䝞(皋)胄

5.2819 王乎史減册賜寰:玄衣黹屯(純)、赤市、朱黃(衡)、䜌(鑾)旂(旂)、攸(鋚)勒、戈琱戟、歇(厚)必(柲)、彤沙(蘇)

5.2821 賜女(汝)玄衣黹屯(純)、赤市、朱黃(衡)、䜌(鑾)旅(旂)

5.2822 賜女(汝)玄衣黹屯(純)、赤市、朱黃(衡)、䜌(鑾)旂

5.2823 賜女(汝)玄衣黹屯(純)、赤市、朱黃(衡)、䜌(鑾)旅(旂)

5.2825 賜女(汝)玄衣黹屯(純)、赤市、朱黃(衡)、䜌(鑾)旂

5.2827 賜女(汝)玄衣黹屯(純)、赤市、朱黃(衡)、䜌(鑾)旂、攸(鋚)勒

5.2828 賜女(汝)玄衣黹屯(純)、赤市、朱黃(衡)、䜌(鑾)旂、攸(鋚)勒

5.2829 賜女(汝)玄衣黹屯(純)、赤市、朱黃(衡)、䜌(鑾)旂、攸(鋚)勒

5.2830 賜女(汝)玄衣𩰫(黼)屯(純)、赤市、朱橫(黃衡)、䜌(鑾)旂、大(太)師金膺、攸(鋚)勒

5.2835 衣孚/衣(卒)復筍(郇)人孚/衣(卒)焚

5.2837 賜女(汝)鬯一卣、冂(冪)衣、市、舄、車、馬

8.4166 賜玄衣、赤祍

8.4197 賜戠(織)衣、赤⊖市

8.4243 內史尹册賜救:玄衣黹屯(純)、旂四日

8.4250 王乎命女(汝):赤市、朱黃(衡)、玄衣黹屯(純)、䜌(鑾)旂

8.4255 賜女(汝)戠(織)衣、赤⊖市、䜌(鑾)旂、楚走馬

8.4257 賜女(汝)玄衣黹屯(純)、𩛥(素)市、金銑(衡)、赤舄、戈琱戟、彤沙(蘇)、攸(鋚)勒、䜌(鑾)旂五日

8.4258 曰:賜女(汝)㚔(賁)朱黃(衡)、玄衣黹屯(純)、㫃、攸(鋚)革(勒)

8.4259 曰:賜女(汝)㚔(賁)朱黃(衡)、玄衣黹屯(純)、㫃、攸(鋚)革(勒)

8.4260 曰:賜女(汝)

桒(賁)朱黄(衡)、玄衣黹屯(純)、㫃、攸(鋚)革(勒)

8.4261 衣祀于王不(丕)顯考文王/不(丕)克乞(訖)衣(殷)王祀

8.4268 乎內史靑(敖、侁)册命王臣：賜女(汝)朱黄(衡)桒(賁)親(襯)、玄衣黹屯(純)、䜌(鑾)旂五日、戈畫㦸、𢋈(墉)必(柲)、彤沙(蘇)

8.4276 賜女(汝)戠(織)衣、㊀芾、䜌(鑾)旂

8.4286 賜女(汝)玄衣黹屯(純)、赤芾、朱黄(衡)、戈彤沙(蘇)琱㦸、旂五日

8.4303 賜女(汝)玄衣黹屯(純)、赤芾、朱黄(衡)、䜌(鑾)旅(旂)

8.4304 賜女(汝)玄衣黹屯(純)、赤芾、朱黄(衡)、䜌(鑾)旅(旂)

8.4305 賜女(汝)玄衣黹屯(純)、赤芾、朱黄(衡)、䜌(鑾)旅(旂)

8.4306 賜女(汝)玄衣〔黹〕屯(純)、赤芾、朱黄(衡)、䜌(鑾)旅(旂)

8.4307 賜女(汝)玄衣黹屯(純)、赤芾、朱黄(衡)、䜌(鑾)旅(旂)

8.4308 賜女(汝)玄衣黹屯(純)、赤芾、朱黄(衡)、䜌(鑾)旅(旂)

8.4309 賜女(汝)玄衣黹屯(純)、赤芾、朱黄(衡)、䜌(鑾)旅(旂)

8.4310 賜女(汝)玄衣黹屯(純)、赤芾、朱黄(衡)、䜌(鑾)旅(旂)

8.4321 賜女(汝)玄衣黹屯(純)、載(緇)芾、冋(褧)黄(衡)、戈琱㦸、歇(厚)必(柲)、彤沙(蘇)、䜌(鑾)旂、攸(鋚)勒

8.4322 衣(卒)博(搏)

8.4323 于熜(烄)衣諱

8.4330 迺妹(昧)克衣告剌(烈)成工(功)

8.4332 賜女(汝)玄衣黹屯(純)、赤芾、朱黄(衡)、䜌(鑾)旂、攸(鋚)勒

8.4333 賜女(汝)玄衣黹屯(純)、赤芾、朱黄(衡)、䜌(鑾)旂、攸(鋚)勒

8.4334 賜女(汝)玄衣黹屯(純)、赤芾、朱黄(衡)、䜌(鑾)旂、攸(鋚)勒

8.4335 賜女(汝)玄衣黹屯(純)、赤芾、朱黄(衡)、䜌(鑾)旂、攸(鋚)勒

8.4336 賜女(汝)玄衣黹屯(純)、赤芾、朱黄(衡)、䜌(鑾)旂、攸(鋚)勒

8.4337 賜女(汝)玄衣黹屯(純)、赤芾、朱黄(衡)、䜌(鑾)旂、攸(鋚)勒

8.4338 賜女(汝)玄衣黹屯(純)、赤芾、朱黄(衡)、䜌(鑾)旂、攸(鋚)勒

8.4339 賜女(汝)玄衣黹屯(純)、赤芾、朱黄(衡)、䜌(鑾)旂、攸(鋚)勒

8.4340 賜女(汝)玄衮衣、赤舃

9.4626 賜戠(織)衣、䜌(鑾)

10.5430 衣事亡𣪕

11.5978 匽(燕)侯賞復冂(褸)衣、臣妾、貝

11.6015 劑(齎)用王乘車馬、金勒、冂(褸)衣、芾、舃

12.6516 賜趩戠(織)衣、載(緇)芾、冋(褧)黄(衡)、旂

15.9728 賜女(汝)秬鬯一卣、玄衮衣、赤巿、幽黄(衡)、赤舃、攸(鋚)勒、䜌(鑾)旂

15.9731 賜女(汝)玄衣黹屯(純)、赤芾、朱黄(衡)、䜌(鑾)旂、攸(鋚)勒

15.9732 賜女(汝)玄衣黹屯(純)、赤芾、朱黄(衡)、䜌(鑾)旂、攸(鋚)勒

15.9733 𤔲(嗣)衣、裘、車、馬

16.9898 賜秬鬯一卣、玄衮衣、赤舃、金車、桒(賁)圅朱虢(鞹)靳、虎冟(冪)熏(纁)裏、桒(賁)較(較)、畫轉、金甬(筩)、馬四匹、攸(鋚)勒

16.9974 唯正月衣(初)吉丁亥

16.10170 王乎乍(作)册尹册賜休：玄衣黹屯(純)、赤芾、朱黄(衡)、戈琱㦸、彤沙(蘇)、歇(厚)必(柲)、䜌(鑾)㫃

16.10172 王乎史減册賜寰：玄衣黹屯(純)、赤芾、朱黄(衡)、䜌(鑾)旂、攸(鋚)勒、戈琱㦸、歇(厚)必(柲)、彤沙(蘇)

18.11517 郾(燕)王職乍(作)黄(廣)衣(卒)鈢

18.11518 郾(燕)王職乍(作)黄(廣)衣(卒)鈢

18.11711 右☐衣

2465 𧘇(衲)

12.7164 甲母𧘇(衲)

12.7165 甲母𧘇(衲)

2466 卒

2.420 外卒鐸

17.11402 公孳里䏿之大夫敓(披)之卒

18.11494 卒人

2467 社

8.4166 賜玄衣、赤䘳

2468 祥(褉)

4.2274 祥(褉)

2469 衮

5.2816 賜女(汝)秬鬯一卣、玄衮衣、幽夫(芾)、赤舄、駒車、畫呻(紳)、幬(幬)學(較)、虎幃(幃)、冟柆里幽、攸(鋚)勒、旅(旂)五旅(旂)、彤弓、彤矢、旅(玈)弓、旅(玈)矢、𢦏戈、䝞(臯)冑

8.4340 賜女(汝)玄衮衣、赤舄

15.9728 賜女(汝)秬鬯一卣、玄衮衣、赤巿、幽黄(衡)、赤舄、攸(鋚)勒、䜌(鑾)旂

16.9898 賜秬鬯一卣、玄衮衣、赤舄、金車、桒(賁)圅朱虢(鞹)靳、虎冟(冪)熏(纁)裏、桒(賁)較(較)、畫轉、金甬(筩)、馬四匹、攸(鋚)勒

2470 袁、柆

5.2816 賜女(汝)秬鬯一卣、玄衮衣、幽夫(芾)、赤舄、駒車、畫呻(紳)、幬(幬)學(較)、虎幃(幃)、冟柆里幽、攸(鋚)勒、旅(旂)五旅(旂)、彤弓、彤矢、旅(玈)弓、旅(玈)矢、𢦏戈、䝞(臯)冑

2471 被

18.12108 凡興士被(披)甲

18.12109 凡興士被(披)甲

2472 衦

8.4167 賜衦冑、干戈

2473 褎、裖

4.2334 褎僕父乍(作)䴡姁朕(媵)鼎

2474 袠

17.11340 敿(播)袠、萬亓(其)所爲

2475 裁(裁)

8.4311 東(董)裁(裁)内外

2476 裔

7.4096 陳屯(純)裔孫逆

9.4629 少子陳逆曰:余陳(田)趄(桓)子之裔孫

9.4630 少子陳逆曰:余陳(田)趄(桓)子之裔孫

2477 裹

5.2841 賜女(汝)秬鬯一卣、祼圭瓚寶、朱芾、悤(蔥)黄(衡)、玉環、玉瑹、金車、桒(賁)緟較(較)、朱䩕(鞹)圅靳、虎冟(冪)熏裹、右軛、畫轉、畫輯、金甬(桶)、逪(錯)衡、金嶂(踵)、金豙(軝)、𥿍(約)𥁊(盛)、金簟弼(茀)、魚箙、馬四匹、攸(鋚)勒、金𠯑(臺)、金膺、朱旂二鈴(鈴)

8.4302 余賜女(汝)秬鬯一卣、金車、桒(賁)幬(幬)較(較)、桒(賁)圅朱虢(鞹)靳、虎冟(冪)宲(朱)裹、金甬(筩)、畫聞(輯)、金厄(軛)、畫轉、馬四匹、鋚勒

8.4318 賜女(汝)秬鬯一卣、金車、桒(賁)較(較)、朱虢(鞹)圅靳、虎冟(冪)熏(纁)裹、右厄(軛)、畫轉、畫輯、金甬(筩)、馬四匹、攸(鋚)勒

8.4319 賜女(汝)秬鬯一卣、金車、桒(賁)較(較)、朱虢(鞹)圅靳、虎冟(冪)熏(纁)裹、右厄(軛)、畫轉、畫輯、金甬(筩)、馬四匹、攸(鋚)勒

8.4326 賜朱芾、悤(蔥)黄(衡)、鞞鞢(璲)、玉睘(環)、玉瑹、車、電軫、桒(賁)緟較(较)、朱䩕(鞹)圅靳、虎冟(冪)熏(纁)裹、逪(錯)衡、右厄(軛)、畫轉、畫輯、金童(踵)、金豙(軝)、金簟弼(茀)、魚葡(箙)、朱旂旜(旜)金芫二鈴

8.4343 賜女(汝)秬鬯一卣、金車、桒(賁)較(較)、畫輯、朱虢(鞹)圅靳、虎冟(冪)熏(纁)裹、旂、余(騟)〔馬〕四匹

9.4467 賜女(汝)秬鬯一卣、赤芾、五黄(衡)、赤舄、牙僰、駒車、桒(賁)較(較)、朱虢(鞹)圅靳、虎冟(冪)熏(纁)裹、畫轉(轉)、畫輯、金甬(筩)、朱旂、馬四匹、攸(鋚)勒、素戉(鉞)

9.4468 賜女(汝)秬鬯一卣、赤芾、五黄(衡)、赤舄、牙僰、駒車、桒(賁)較(較)、朱虢(鞹)圅靳、虎冟(冪)熏(纁)裹、畫轉(轉)、畫輯、金甬(筩)、朱旂、馬四匹、攸(鋚)勒、素戉(鉞)

9.4469 賜女(汝)秬鬯一卣、乃父芾、赤舄、駒車、桒(賁)較(較)、朱虢(鞹)圅靳、虎冟(冪)熏(纁)裹、畫轉、畫輯、金甬(筩)、馬四匹、鋚勒

16.9898 賜秬鬯一卣、玄衮衣、赤舄、金車、桒(賁)圅朱虢(鞹)靳、虎冟(冪)熏(纁)

襲、㚔(賁)較(較)、畫轉、金甬(箭)、馬四匹、攸(鋚)勒

2478 裦、裙

15.9514 公子裙(裠)獲

2479 衰、袢

17.11375 馬雍命(令)事(吏)吳、武庫工師奭信、治袢造

2480 裕

8.4323 內伐湄、昴、參泉、裕敏、陰(陰)陽洛

17.11351 喜倫(令)韓船、左庫工師司馬裕、冶何

17.11372 莫(鄭)倫(令)韓恙(恙)、司寇妫(扶)裕、右庫工師張阪、冶贛

17.11373 莫(鄭)命(令)躿□、司寇妫(扶)裕、左庫工師吉忘、冶緄

2481 裣(衿、襟)

5.2789 王𠛬(訊)姜事(使)內史友員賜䝅玄衣、朱襮裣

2482 祺

4.1563 祺父乙

2483 褚

17.11345 亲(新)城大命(令)韓定、工師宋費、冶褚

2484 禅

8.4322 俘戎兵𤔲(盾)、矛、戈、弓、備(箙)、矢、禅冑

2485 褰(褦)

15.9476 褰

2486 鞸、褘

5.2830 褘鞸伯大(太)師武

2487 福(襤)

5.2785 王令大(太)史兄(貺)福土 / 茲福人入史(事)/ 今兄(貺)畀女(汝)福土

2488 褢(懷)

1.246 褢受(授)余爾䵼福

1.251-6 褢受(授)余爾䵼福

4.2108 之宅褢閂(門)申腋

5.2551 褢自乍(作)飤䃾鼎

5.2826 用康䪈(揉)妥(綏)褢(懷)遠埶(邇)君子

5.2841 衛褢(懷)不廷方

7.4115 唯用妥(綏)神褢(鬼)

8.4330 乃沈子其顧褢(懷)多公能福 / 也用褢(懷)遀我多弟子

8.4341 文王孫亡弗褢(懷)井(型)

16.10175 褢(懷)𤔲(福)彔(祿)、黃耇、彌生

17.11300 褢庫□工師乙□、〔冶〕□明

18.11660 往□倫(令)王褢、右庫工師杢(埶、廉)生、冶參敎(撻)齋(劑)

2489 褺、褻

5.2841 雩(與)朕褻事

2490 褱(褱、表)

5.2832 厲叔子夙、厲有𤔲䖊(申)季、慶癸、燹(豳)褱、荆人敢、井人偈屖

2491 禣

5.2830 禣褘伯大(太)師武

2492 褜

16.10176 矢人有𤔲眉(堳)田:鮮、且、微、武父、西宮褜、豆人虞丂、彔、貞、師氏右省、小門人䌛、原人虞艿、淮𤔲工(空)虎孛、𦉢豐父、㕯(鳿)人有𤔲、刑丂 / 廼卑(俾)西宮褜、武父誓 / 西宮褜、武父則誓

2493 襮

5.2789 王𠛬(訊)姜事(使)內史友員賜䝅玄衣、朱襮裣

2494 襲

5.2824 安永襲䝅身

8.4322 永襲厥身

2495 黹

3.909 叔黹乍(作)寶獻(甗)

4.2431 乃孫乍(作)祖己宗寶黹熗

5.2781 王賜赤㠯市、玄衣黹屯(純)、緣(鑾)旂(旂)

5.2813 賜載(緇)市、冋(䌹)黃(衡)、玄衣黹屯(純)、戈琱㦰、旂

5.2814 賜女(汝)玄衣黹屯(純)、戈琱㦰、歑(厚)必(柲)、彤沙(蘇)、攸(鋚)勒、緣(鑾)旂

5.2815 王乎內史𠕋册賜趩;玄衣屯(純)黹、赤市、朱黃(衡)、緣(鑾)旂、攸(鋚)勒

5.2819 史黹受(授)王命書 / 王乎史淢册賜寰:玄衣黹屯(純)、赤市、朱黃(衡)、緣(鑾)旂(旂)、攸(鋚)勒、戈琱㦰、歑(厚)必(柲)、彤沙(蘇)

5.2821 賜女(汝)玄衣黹屯(純)、赤市、朱黃(衡)、緣(鑾)旂(旂)

5.2822 賜女(汝)玄衣黹屯(純)、赤市、朱黃(衡)、緣(鑾)旂

5.2823 賜女(汝)玄衣黹屯(純)、赤芾、朱黃(衡)、䜌(鑾)旅(旂)

5.2825 賜女(汝)玄衣黹屯(純)、赤芾、朱黃(衡)、䜌(鑾)旂

5.2827 賜女(汝)玄衣黹屯(純)、赤芾、朱黃(衡)、䜌(鑾)旂、攸(鋚)勒

5.2828 賜女(汝)玄衣黹屯(純)、赤芾、朱黃(衡)、䜌(鑾)旂、攸(鋚)勒

5.2829 賜女(汝)玄衣黹屯(純)、赤芾、朱黃(衡)、䜌(鑾)旂、攸(鋚)勒

5.2831 王大黹

8.4243 內史尹冊賜救:玄衣黹屯(純)、旂四日

8.4250 王乎命女(汝):赤芾、朱黃(衡)、玄衣黹屯(純)、䜌(鑾)旂

8.4257 賜女(汝)玄衣黹屯(純)、緖(素)芾、金鈧(衡)、赤舄、戈琱㦸、彤沙(緌)、攸(鋚)勒、䜌(鑾)旂五日

8.4258 曰:賜女(汝)𠦪(賁)朱黃(衡)、玄衣黹屯(純)、㫃、攸(鋚)革(勒)

8.4259 曰:賜女(汝)𠦪(賁)朱黃(衡)、玄衣黹屯(純)、㫃、攸(鋚)革(勒)

8.4260 曰:賜女(汝)𠦪(賁)朱黃(衡)、玄衣黹屯(純)、㫃、攸(鋚)革(勒)

8.4268 乎內史寿(敖、侁)冊命王臣:賜女(汝)朱黃(衡)𠦪(賁)親(襯)、玄衣黹屯(純)、䜌(鑾)旂五日、戈畫㦸、𠡣(墉)必(柲)、彤沙(緌)

8.4286 賜女(汝)玄衣黹屯(純)、赤芾、朱黃(衡)、戈彤沙(緌)琱㦸、旂五日

8.4303 賜女(汝)玄衣黹屯(純)、赤芾、朱黃(衡)、䜌(鑾)旅(旂)

8.4304 賜女(汝)玄衣黹屯(純)、赤芾、朱黃(衡)、䜌(鑾)旅(旂)

8.4305 賜女(汝)玄衣黹屯(純)、赤芾、朱黃(衡)、䜌(鑾)旅(旂)

8.4307 賜女(汝)玄衣黹屯(純)、赤芾、朱黃(衡)、䜌(鑾)旅(旂)

8.4308 賜女(汝)玄衣黹屯(純)、赤芾、朱黃(衡)、䜌(鑾)旅(旂)

8.4309 賜女(汝)玄衣黹屯(純)、赤芾、朱黃(衡)、䜌(鑾)旅(旂)

8.4310 賜女(汝)玄衣黹屯(純)、赤芾、朱黃(衡)、䜌(鑾)旅(旂)

8.4317 簧黹朕心

8.4321 賜女(汝)玄衣黹屯(純)、截(緇)芾、冋(檾)黃(衡)、戈琱㦸、歐(厚)必(柲)、彤沙(緌)、䜌(鑾)旂、攸(鋚)勒

8.4332 賜女(汝)玄衣黹屯(純)、赤芾、朱黃(衡)、䜌(鑾)旂、攸(鋚)勒

8.4333 賜女(汝)玄衣黹屯(純)、赤芾、朱黃(衡)、䜌(鑾)旂、攸(鋚)勒

8.4334 賜女(汝)玄衣黹屯(純)、赤芾、朱黃(衡)、䜌(鑾)旂、攸(鋚)勒

8.4335 賜女(汝)玄衣黹屯(純)、赤芾、朱黃(衡)、䜌(鑾)旂、攸(鋚)勒

8.4336 賜女(汝)玄衣黹屯(純)、赤芾、朱黃(衡)、䜌(鑾)旂、攸(鋚)勒

8.4337 賜女(汝)玄衣黹屯(純)、赤芾、朱黃(衡)、䜌(鑾)旂、攸(鋚)勒

8.4338 賜女(汝)玄衣黹屯(純)、赤芾、朱黃(衡)、䜌(鑾)旂、攸(鋚)勒

8.4339 賜女(汝)玄衣黹屯(純)、赤芾、朱黃(衡)、䜌(鑾)旂、攸(鋚)勒

9.4631 元武孔黹

9.4632 元武孔黹

13.7759 黹

15.9731 賜女(汝)玄衣黹屯(純)、赤芾、朱黃(衡)、䜌(鑾)旂、攸(鋚)勒

15.9732 賜女(汝)玄衣黹屯(純)、赤芾、朱黃(衡)、䜌(鑾)旂、攸(鋚)勒

16.10170 王乎乍(作)冊尹冊賜休:玄衣黹屯(純)、赤芾、朱黃(衡)、戈琱㦸、彤沙(緌)、歐(厚)必(柲)、䜌(鑾)㫃

16.10172 史黹受(授)王令(命)書/王乎史減册賜寰:玄衣黹屯(純)、赤芾、朱黃(衡)、䜌(鑾)旂、攸(鋚)勒、戈琱㦸、歐(厚)必(柲)、彤沙(緌)

16.10342 ⿰古丰(固)親百黹

17.10954 大(太)保黹

2496 ⿱黹令、⿰黹令

16.9894 康虎⿰黹令九律/⿰黹令商(賞)貝十朋、丏豚

2497 ⿰黹盧、⿰黹且

5.2830 賜女(汝)玄衣⿰黹且(⿰黹盧)屯(純)、赤芾、朱橫(黃衡)、䜌(鑾)旂、大(太)師金膺、攸(鋚)勒

11.5929 ⿰黹盧乍(作)母甲尊彝

2498 龤

1.246 褱受(授)余爾龤福

1.251-6 褱受(授)余爾龤福

8.4215 王曰：龤/龤拜頴首

16.10175 弋(式)竈(貯)受(授)牆爾(蕭)龤(龤)福

2499 巾

4.2425 叚[賜]巾

8.4274 賜女(汝)乃祖巾、五黃(衡)、赤舄

8.4275 賜女(汝)乃祖巾、五黃(衡)、赤舄

15.9728 賜女(汝)秬鬯一卣、玄袞衣、赤巾、幽黃(衡)、赤舄、攸(鋚)勒、䜌(鑾)旂

18.11772 巾

2500 市、芾

3.992 芾

5.2781 王賜赤𡿺芾、玄衣黹屯(純)、䜌(鑾)旂(旂)

5.2783 賜趞曹載(緇)芾、冋(絅)黃(衡)、䜌(鑾)

5.2804 曰：賜女(汝)赤𡿺芾、䜌(鑾)旂

5.2805 賜女(汝)赤芾、幽黃(衡)、攸(鋚)勒

5.2813 賜載(緇)芾、冋(絅)黃(衡)、玄衣黹屯(純)、戈琱㦸、旂

5.2815 王乎內史⿱册賜趩；玄衣屯(純)黹、赤芾、朱黃(衡)、䜌(鑾)旂、攸(鋚)勒

5.2819 王乎史減册賜寰：玄衣黹屯(純)、赤芾、朱黃(衡)、䜌(鑾)旅(旂)、攸(鋚)勒、戈琱㦸、歐(厚)必(柲)、彤沙(緌)

5.2821 賜女(汝)玄衣黹屯(純)、赤芾、朱黃(衡)、䜌(鑾)旅(旂)

5.2822 賜女(汝)玄衣黹屯(純)、赤芾、朱黃(衡)、䜌(鑾)旂

5.2823 賜女(汝)玄衣黹屯(純)、赤芾、朱黃(衡)、䜌(鑾)旅(旂)

5.2825 賜女(汝)玄衣黹屯(純)、赤芾、朱黃(衡)、䜌(鑾)旂

5.2827 賜女(汝)玄衣黹屯(純)、赤芾、朱黃(衡)、䜌(鑾)旂、攸(鋚)勒

5.2828 賜女(汝)玄衣黹屯(純)、赤芾、朱黃(衡)、䜌(鑾)旂、攸(鋚)勒

5.2829 賜女(汝)玄衣黹屯(純)、赤芾、朱黃(衡)、䜌(鑾)旂、攸(鋚)勒

5.2830 賜女(汝)玄衣䵼(黼)屯(純)、赤芾、朱橫(黃衡)、䜌(鑾)旂、大(太)師金膺、攸(鋚)勒

5.2836 賜女(汝)菽(素)芾、參冋(絅)、苹悤(蔥)

5.2837 賜女(汝)鬯一卣、冂(裑)衣、芾、舄、車、馬

5.2841 賜女(汝)秬鬯一卣、祼圭瓚寶、朱芾、悤(蔥)黃(衡)、玉環、玉瑹、金車、桒(賁)縟較(較)、朱䩵(鞹)䩛靳、虎冟(冪)熏裏、右軛、畫轉、畫輯、金甬(桶)、逪(錯)衡、金踵(踵)、金豙(軝)、朐(約)盛(盛)、金簟弼(茀)、魚箙、馬四匹、攸(鋚)勒、金嚨(臺)、金膺、朱旂二鈴(鈴)

7.4046 王令燮在(緇)芾、旅(旂)

8.4196 內史册命：賜赤芾

8.4197 賜戠(織)衣、赤𡿺芾

8.4202 王賜㝨赤芾、朱亢(衡)、䜌(鑾)旂

8.4209 屎(殿)赤芾、攸(鋚)勒

8.4210 屎(殿)赤芾、攸(鋚)勒

8.4211 屎(殿)赤芾、攸(鋚)勒

8.4212 屎(殿)赤芾、攸(鋚)勒

8.4240 賜女(汝)赤𡿺芾

8.4246 內史尹氏册命楚：赤𡿺芾、䜌(鑾)旂

8.4247 內史尹氏册命楚：赤𡿺芾、䜌(鑾)旂

8.4248 內史尹氏册命楚：赤𡿺芾、䜌(鑾)旂

8.4249 內史尹氏册命楚：赤𡿺芾、䜌(鑾)旂

8.4250 王乎命女(汝)：赤芾、朱黃(衡)、玄衣黹屯(純)、䜌(鑾)旂

8.4255 賜女(汝)戠(織)衣、赤𡿺芾、䜌(鑾)旂、楚走馬

8.4256 賜衛載(緇)芾、朱黃(衡)、䜌(鑾)

8.4257 賜女(汝)玄衣黹屯(純)、銶(素)芾、金鈧(衡)、赤舄、戈琱㦸、彤沙(緌)、攸(鋚)勒、䜌(鑾)旂五日

8.4266 賜女(汝)赤芾、幽亢(衡)、䜌(鑾)旂

8.4267 賜(賜)女(汝)赤芾、縈黃(衡)、䜌(鑾)旂

8.4272 賜女(汝)赤𡿺芾、䜌(鑾)

8.4276 賜女(汝)戠(織)衣、𡿺芾、䜌(鑾)旂

8.4277 賜赤芾、朱黃(衡)、旂

8.4279 賜女(汝)赤芾、冋(絅)黃(衡)、麗般

(鞶)
8.4280 賜女(汝)赤巿、冋(褧)黃(衡)、麗般(鞶)
8.4281 賜女(汝)赤巿、冋(褧)黃(衡)、麗般(鞶)
8.4282 賜女(汝)赤巿、冋(褧)黃(衡)、麗般(鞶)
8.4286 我(哉)賜女(汝)載(緇)巿、素黃(衡)、䜌(鑾)旜 / 賜女(汝)玄衣黹屯(純)、赤巿、朱黃(衡)、戈彤沙(蘇)琱㦸、旂五日
8.4287 賜女(汝)赤巿、幽黃(衡)、䜌(鑾)旂、攸(鋚)勒
8.4288 新賜女(汝)赤巿、朱黃(衡)、中絅(褧)、攸(鋚)勒
8.4289 新賜女(汝)赤巿、朱黃(衡)、中絅(褧)、攸(鋚)勒
8.4290 新賜女(汝)赤巿、朱黃(衡)、中絅(褧)、攸(鋚)勒
8.4291 新賜女(汝)赤巿、朱黃(衡)、中絅(褧)、攸(鋚)勒
8.4294 睗(賜)女(汝)赤𢂤(㠯)巿、䜌(鑾)旂
8.4295 睗(賜)女(汝)赤𢂤(㠯)巿、䜌(鑾)旂
8.4296 賜女(汝)赤巿、冋(褧)𦌂(縷)黃(衡)、䜌(鑾)旂
8.4297 賜女(汝)赤巿、冋(褧)𦌂(縷)黃(衡)、䜌(鑾)旂
8.4303 賜女(汝)玄衣黹屯(純)、赤巿、朱黃(衡)、䜌(鑾)旅(旂)
8.4304 賜女(汝)玄衣黹屯(純)、赤巿、朱黃(衡)、䜌(鑾)旅(旂)
8.4305 賜女(汝)玄衣黹屯(純)、赤巿、朱黃(衡)、䜌(鑾)旅(旂)
8.4306 賜女(汝)玄衣〔黹〕屯(純)、赤巿、朱黃(衡)、䜌(鑾)旅(旂)
8.4307 賜女(汝)玄衣黹屯(純)、赤巿、朱黃(衡)、䜌(鑾)旅(旂)
8.4308 賜女(汝)玄衣黹屯(純)、赤巿、朱黃(衡)、䜌(鑾)旅(旂)
8.4309 賜女(汝)玄衣黹屯(純)、赤巿、朱黃(衡)、䜌(鑾)旅(旂)
8.4310 賜女(汝)玄衣黹屯(純)、赤巿、朱黃(衡)、䜌(鑾)旅(旂)
8.4312 賜女(汝)赤巿、朱黃(衡)、䜌(鑾)旂、攸(鋚)勒
8.4321 賜女(汝)玄衣黹屯(純)、載(緇)巿、冋(褧)黃(衡)、戈琱㦸、歇(厚)必(柲)、彤沙(蘇)、䜌(鑾)旂、攸(鋚)勒
8.4324 賜女(汝)菽(素)巿、金黃(衡)、赤舄、攸(鋚)勒 / 師龢父伇(胙)𤼈菽(素)巿
8.4325 賜女(汝)菽(素)巿、金黃(衡)、赤舄、攸(鋚)勒 / 師龢父伇(胙)𤼈菽(素)巿
8.4326 賜朱巿、悤(蔥)黃(衡)、鞞鞣(璲)、玉睘(環)、玉瑹、車、電軫、桒(賁)緯較(較)、朱虢(鞹)圅靳、虎冟(冪)熏(纁)裏、道(錯)衡、右厄(軛)、畫轉、畫䡇、金童(踵)、金豙(軝)、金簟弼(茀)、魚葡(箙)、朱旂旜(旝)金荱二鈴
8.4332 賜女(汝)玄衣黹屯(純)、赤巿、朱黃(衡)、䜌(鑾)旂、攸(鋚)勒
8.4333 賜女(汝)玄衣黹屯(純)、赤巿、朱黃(衡)、䜌(鑾)旂、攸(鋚)勒
8.4334 賜女(汝)玄衣黹屯(純)、赤巿、朱黃(衡)、䜌(鑾)旂、攸(鋚)勒
8.4335 賜女(汝)玄衣黹屯(純)、赤巿、朱黃(衡)、䜌(鑾)旂、攸(鋚)勒
8.4336 賜女(汝)玄衣黹屯(純)、赤巿、朱黃(衡)、䜌(鑾)旂、攸(鋚)勒
8.4337 賜女(汝)玄衣黹屯(純)、赤巿、朱黃(衡)、䜌(鑾)旂、攸(鋚)勒
8.4338 賜女(汝)玄衣黹屯(純)、赤巿、朱黃(衡)、䜌(鑾)旂、攸(鋚)勒
8.4339 賜女(汝)玄衣黹屯(純)、赤巿、朱黃(衡)、䜌(鑾)旂、攸(鋚)勒
9.4467 賜女(汝)秬鬯一卣、赤巿、五黃(衡)、赤舄、牙僰、駒車、桒(賁)較(較)、朱虢(鞹)圅靳、虎冟(冪)熏(纁)裏、畫轉(轉)、畫䡇、金甬(筩)、朱旂、馬四匹、攸(鋚)勒、素戉(鉞)
9.4468 賜女(汝)秬鬯一卣、赤巿、五黃(衡)、赤舄、牙僰、駒車、桒(賁)較(較)、朱虢(鞹)圅靳、虎冟(冪)熏(纁)裏、畫轉(轉)、畫䡇、金甬(筩)、朱旂、馬四匹、攸(鋚)勒、素戉(鉞)
9.4469 賜女(汝)秬鬯一卣、乃父巿、赤舄、駒車、桒(賁)較(較)、朱虢(鞹)圅靳、虎冟(冪)熏(纁)裏、畫轉、畫䡇、金甬(筩)、馬四匹、鋚勒
10.5418 令史懋賜免:載(緇)巿、冋(褧)黃

(衡)

11.6006 令史懋賜免：載(緇)市、冋(褧)黄(衡)

11.6013 賜盠：赤市、幽亢(衡)、攸(鋚)勒

11.6015 劑(齎)用王乘車馬、金勒、冂(褧)衣、市、舄

12.6516 賜趩戠(織)衣、載(緇)市、冋(褧)黄(衡)、旂

14.8777 亞㝬市

15.9731 賜女(汝)玄衣黹屯(純)、赤市、朱黄(衡)、䜌(鑾)旂、攸(鋚)勒

15.9732 賜女(汝)玄衣黹屯(純)、赤市、朱黄(衡)、䜌(鑾)旂、攸(鋚)勒

16.9899 賜盠：赤市、幽亢(衡)、攸(鋚)勒

16.9900 賜盠：赤市、幽黄(衡)、攸(鋚)勒

16.10170 王乎乍(作)册尹册賜休：玄衣黹屯(純)、赤市、朱黄(衡)、戈琱㦸、彤沙(蘇)、歇(厚)必(柲)、䜌(鑾)𣃔

16.10172 王乎史減册賜寰：玄衣黹屯(純)、赤市、朱黄(衡)、䜌(鑾)旂、攸(鋚)勒、戈琱㦸、歇(厚)必(柲)、彤沙(蘇)

17.11352 左右市鮏

17.11353 左右市鮏

18.11547 左右市鮏

2501 布、㕛

10.5407 尸伯賓(儐)睘貝、布

11.5989 尸伯賓(儐)用貝、布

16.10168 賜守宫絲束、蘆(苴)䄊(幕)五、蘆(苴)䒱(冟、幂)二、馬匹、毳布(布)三、専(專、團)俸(篷)三、㙵(琜)朋

2502 㕛(帑)

10.5424 廼嗇(廪)厥帑(帑)

2503 帥

1.82 余小子肇帥井(型)朕皇祖考懿德

1.109-10 妟不敢弗帥用文祖、皇考

1.111 妟不敢弗帥用文祖、皇考

1.187-8 梁其肇帥井(型)皇祖考

1.189-90 梁其肇帥井(型)皇祖考

1.192 梁其肇帥井(型)皇祖考

1.238 旅敢肇帥井(型)皇考威義(儀)

1.239 旅敢肇帥井(型)皇考威義(儀)

1.240 旅敢肇帥井(型)皇考威義(儀)

1.241 旅敢肇帥井(型)皇考威義(儀)

1.242-4 旅敢肇帥井(型)皇考威義(儀)

1.247 㾓不敢弗帥井(型)祖考

1.248 㾓不敢弗帥井(型)祖考

1.249 㾓不敢弗帥井(型)祖考

1.250 㾓不敢弗帥井(型)祖考

1.270 穆穆帥秉明德

5.2774 帥隹懋兄(貺)/乃頔子帥隹

5.2787 帥堣(偶)盩于成周

5.2788 帥堣(偶)盩于成周

5.2812 朢(望)肇帥井(型)皇考

5.2832 帥履裘衛厲田四田

5.2841 女(汝)毋弗帥用先王乍(作)明井(型)

8.4170 不敢弗帥用夙夕

8.4171 不敢弗帥用夙夕

8.4172 不敢弗帥用夙夕

8.4173 不敢弗帥用夙夕

8.4174 不敢弗帥用夙夕

8.4175 不敢弗帥用夙夕

8.4176 不敢弗帥用夙夕

8.4177 不敢弗帥用夙夕

8.4229 帥堣(偶)盩于成周

8.4230 帥堣(偶)盩于成周

8.4231 帥堣(偶)盩于成周

8.4232 帥堣(偶)盩于成周

8.4233 帥堣(偶)盩于成周

8.4234 帥堣(偶)盩于成周

8.4235 帥堣(偶)盩于成周

8.4236 帥堣(偶)盩于成周

8.4242 肇帥井(型)先文祖

8.4302 其帥井(型)受茲休

8.4315 穆穆帥秉明德

8.4316 今余唯帥井(型)先王令(命)

8.4326 番生(甥)不敢弗帥井(型)皇祖考不(丕)杯(丕)元德

8.4343 女(汝)毋敢弗帥先王乍(作)明井(型)用

16.10175 井(型)帥宇(訏)誨(謀)

16.10342 敢帥井(型)先王

2504 𠂤

5.2557 師𠂤(帥)其乍(作)寶齋鼎

2505 韍(韠)

5.2816 賜女(汝)秬鬯一卣、玄衮衣、幽夫(芾)、赤舄、駒車、畫呻(紳)、幬(幬)學(較)、虎韍(韠)、冟袨里幽、攸(鋚)勒、旅(旂)五旅(旂)、彤弓、彤矢、旅(㫃)弓、旅(㫃)矢、𢦏戈、虢(皋)胄

2506 帛

1.193 不帛(白)不羊(騂)

1.194 不帛(白)不羊(騂)

1.195 不帛(白)不羊(騂)

1.196 不帛(白)不羊(騂)

1.197 不帛(白)不羊(騂)

1.198 不帛(白)不羊(騂)

3.535 帛女(母)乍(作)齊(鬻)鬲

3.980 參蚌(蚩)蚘(尤)命帛命入

5.2629 辛宮賜舍父帛、金

5.2831 矩取省車、軋桒(賁)圅、虎冟(幎)、蔡(帬)偉、畫轉、叏(鞭)師(席)鞣、帛繼(縺)乘、金麃(鑣)鋞(鋞)/舍(捨)矩姜帛三兩/朏帛(白)金一反(鈑)

8.4136 賜帛、金

8.4195 吳姬賓(儐)帛束

8.4292 報寢氏帛束、璜

8.4298 睽賓(儐)豕章(璋)、帛束/賓(儐)睽䎽(介)章(璋)、帛束

8.4299 睽賓(儐)豕章(璋)、帛束/賓(儐)睽䎽(介)章(璋)、帛束

2507 貟、貟(帛)

8.4313 䌛我貟(帛)晦臣

8.4314 䌛我貟(帛)晦臣

8.4331 獻貟(帛)

16.10174 淮尸(夷)舊我貟(帛)晦人/毋敢不出其貟(帛)、其責(積)、其進人

2508 糸(絲)

3.501 𠂤糸父丁

4.2136 子▮刀糸父癸

12.6996 糸保

12.7255 糸子𠀇刀

13.8105 子糸

13.8106 子糸

13.8107 子糸

14.8497 糸父丁

14.8665 父壬糸

14.9055 糸子口刀父己

2509 絲

4.2386 絲駒父乍(作)旅鼎

5.2712 宔(貯)絲五十寽(鋝)

5.2718 賜寓曼絲

5.2838 效父用匹馬、束絲/效父則卑(俾)復厥絲束/迺卑(俾)〔饗〕以曶酉(酒)彶(及)羊、絲三寽(鋝)

10.5404 帝司賞庚姬貝卅朋、迖(貸)絲廿寽(鋝)

11.5997 帝司(姛)賞庚姬貝卅朋、迖(貸)絲廿寽(鋝)

15.9702 賜𡘋(蕖、龠)伯矢束、素絲束

16.10168 賜守宮絲束、蘆(苴)幦(幕)五、蘆(苴)萺(冟、冪)二、馬匹、毳爷(布)三、叀(專、團)侌(篷)三、𡈙(琜)朋

2510 絕、絶

8.4262 厥從格伯反(按)彶佃(甸):殷谷厥絕(絶)雩谷、杜木、邍谷、旅菜

8.4263 厥從格伯反(按)彶佃(甸):殷谷厥絕(絶)雩谷、杜木、邍谷、旅菜

8.4265 厥從格伯反(按)彶佃(甸):殷〔谷〕厥絕(絶)雩谷、杜木、邍谷、旅菜

13.7613 絕(絶)

13.7614 絕(絶)

15.9735 以內繼邵(召)公之業

2511 紆

16.10354 𠂇𦀚𤥨之九壁沃𠂢紆叹

2512 約(約)

5.2841 賜女(汝)秬鬯一卣、祼圭瓚寶、朱芾、悤(蔥)黄(衡)、玉環、玉琮、金車、桒(賁)緟較(較)、朱鬸(鞹)圅靳、虎冟(幂)熏裏、右軛、畫轉、畫輯、金甬(桶)、道(錯)衡、金嶂(踵)、金豙(軛)、約(約)彘(盛)、金簟弼(茀)、魚箙、馬四匹、攸(鋚)勒、金𠹌(臺)、金膺、朱旂二鈴(鈴)

2513 純、純

15.9735 是又(有)純(純)德遺巡(訓)

16.10371 敦(屯)者曰陳純

2514 繡、紙

18.12107 堳(填)丘牙(與)塿紙

2515 終

2.321 坪韹(皇)之終

2516 絣

1.223-4 維絣紗□/維絣□隹緂

2517 緆(綩)

8.4330 令乃鴅(嫗)沈子乍(作)緆于周公宗/不敢不緆休同

2518 紿

18.11862 師紿

2519 紟

4.1538 紟父乙
5.2830 隣明紟(令)辟前王
12.6942 正紟
13.7369 紟

2520 緅、組

3.661 虢季子緅(組)乍(作)鬲
3.662 虢季氏子緅(組)乍(作)鬲
7.3971 虢季氏子緅(組)乍(作)段
7.3972 虢季氏子緅(組)乍(作)段
7.3973 虢季氏子緅(組)乍(作)段
8.4313 今余弗叚(遐)組(徂)
8.4314 今余弗叚(遐)組(徂)
10.5376 虢季子緅(組)乍(作)寶彝
15.9655 虢季氏子緅(組)乍(作)寶壺

2521 絡

16.9975 重金絡襄(鑲)

2522 紽(紽)

5.2603 唯紽(紽)子丙車乍(作)行貞(鼎)
5.2604 唯紽(紽)子丙車乍(作)行貞(鼎)

2523 紫

1.223-4 既孜叡(且)紫(訾)/青黄□紫

2524 絴

3.866 子商亞絴乙
3.1405 亞絴

2525 聮(聯)

3.470 乍(作)聮医
6.3346 考母乍(作)聮(聯)医
7.4120 乍(作)召(?)伯聮(聯)保段
12.6446 聮(聯)子乍(作)父丁
15.9527 考女(母)乍(作)聮(聯)医/考母乍(作)聮(聯)医
15.9801 考母乍(作)聮(聯)医

2526 絈(絔)

8.4343 公族絈(絔)入右(佑)牧

2527 欵(局)

6.3516 欵乍(作)父庚寶彝

2528 裁、織

1.272-8 余命女(汝)織(職)差正卿
1.285 余命女(汝)織(職)差正卿
16.10452 右佐裁(織)
18.12110 命集尹恕(怊)䊷(褚)、裁(織)尹逆、裁(織)殺(令)阢
18.12111 命集尹恕(怊)䊷(褚)、裁(織)尹逆、裁(織)殺(令)阢
18.12112 命集尹恕(怊)䊷(褚)、裁(織)尹逆、裁(織)殺(令)阢
18.12113 命集尹恕(怊)䊷(褚)、裁(織)尹逆、裁(織)殺(令)阢

2529 經

1.272-8 余經乃先祖
1.285 余經乃先祖
9.4595 肇堇(謹)經德
9.4596 肇堇(謹)經德
16.10173 經緞(維)四方

2530 紗

1:223-4 維綷紗□

2531 緐、䋣、繁

1.193 用祈眉壽繁釐
1.194 用祈眉壽繁釐
1.195 用祈眉壽繁釐
1.196 用祈眉壽繁釐
1.197 用祈眉壽繁釐
1.198 用祈眉壽繁釐
4.2231 楚子趌之飤繁
4.2239 爰子祀之飤繁
4.2279 仲義君自乍(作)食繁
5.2606 曾孫無䫉(期)自乍(作)飤繁
5.2607 乙自乍(作)飤繁
5.2715 自乍(作)飤繁
5.2716 自乍(作)飤繁
5.2722 自乍(作)飤繁
5.2738 蔡大(太)師䐛賸(媵)鄦(許)叔姬可母飤繁
5.2826 征繁湯(陽)䧢
7.3770 降(絳)人繁乍(作)寶段
8.4146 公令繁伐(閥)于㠱伯/㠱伯穖(蔑)繁曆/繁對揚公休
8.4242 降余多福、繁孷(釐)
8.4316 啻(嫡)官嗣左右戲繁荆/啻(嫡)官嗣左右戲繁荆
8.4341 秉繁、蜀、巢
9.4527 吳王御士尹氏叔繁乍(作)旅匡(筐)
10.5430 公穖(蔑)繁曆/繁拜手韻首
18.11582 繁㵩(陽)之金
18.12110 就鄝(陽)丘、就邡(方)城、就鲁(象)禾、就栖(柳)焚(棼)、就繁昜(陽)、就高丘、就下鄰(蔡)、就居鄛(巢)、就郢
18.12111 就昜(陽)丘、

就邡(方)城、就鵒(象)禾、就栖(柳)焚(棼)、就繁昜(陽)、就高丘、就下鄰(蔡)、就居鄛(巢)、就郢

18.12112 就昜(陽)丘、就邡(方)城、就鵒(象)禾、就栖(柳)焚(棼)、就繁昜(陽)、就高丘、就下鄰(蔡)、就居鄛(巢)、就郢

2532 綤、紹

3.977 冶綤(紹)夌、陳共爲之

3.978 冶綤(紹)夌、陳共爲之

5.2795 冶師綤(紹)夌、差(佐)陳共爲之/冶師綤(紹)夌、差(佐)陳共爲之

16.10158 冶師綤(紹)夌、差(佐)陳共爲之

17.11355 肖(趙)命(令)甘(邯)丹(鄲)□(僤)、右庫工師蛪(蚼)綤(紹)、冶倉散(造)(?)

18.12040 冶綤(紹)夌、陳共爲之

2533 綏(綒)

5.2657 唯黃孫子綏(綒)君叔單自乍(作)貞(鼎)

16.10132 綏君單自乍(作)□(盤)

16.10235 綏君單自乍(作)寶也(匜)

2534 綪

15.9452 䜌(聯)綪(絞)/䜌綪

2535 綎

17.11373 奠(鄭)命(令)鯱□、司寇敖(扶)裕、左庫工師吉忘、冶綎

2536 練

9.4649 㲋(招、紹)練(緟)高祖黃啻(帝)

2537 維

1.223-4 維紟紗□/維紟☒唯綊

17.11324 陽春嗇夫維、工師敦(操)、冶朝

18.11565 襄田倫(令)丞(舉)名、司寇廊維、右庫工師甘(邯)丹(鄲)飪、冶向散(造)

2538 綰

1.187-8 用祈匄康𦣞、屯(純)右(祐)、綽綰、通彔(祿)

1.189-90 用祈匄康𦣞、屯(純)右(祐)、綽綰、通彔(祿)

1.246 綽綰、婧(福)彔(祿)、屯(純)魯

5.2777 尊鼎用祈匄百彔(祿)、眉壽、綰綽、永令(命)

5.2825 用祈匄眉壽、綽綰、永令(命)、霝(靈)冬(終)

5.2826 晉姜用祈綽綰、眉壽

7.4108 綰綽、眉壽、永令(命)

8.4198 用匄眉壽、綽綰、永令(命)

16.10175 受(授)天子綰(寬)令(命)、厚福、豐年

2539 繒(緇)

15.9452 旻(晏)繒(緇)又(有)盍(蓋)/旻(晏)繒(緇)又(有)盍(蓋)

2540 緅

15.9735 唯宜(義)可緅(長)

2541 綾

15.9733 䖒方綾縢相乘駐(牡)

2542 綨、綦

7.3906 肇乍(作)綦

2543 緎

5.2753 下蠚(鄀)雍公緎乍(作)尊鼎

5.2841 毋折緎

2544 縢

15.9733 䖒方綾縢相乘駐(牡)

16.10005 孟縢姬擇其吉金

2545 緷

5.2841 賜女(汝)秬鬯一卣、祼圭瓚寶、朱芾、悤(蔥)黃(衡)、玉環、玉瑹、金車、桒(賁)緷較(較)、朱䩛(鞹)䩚靳、虎冟(冪)熏裏、右軛、畫轉、畫輯、金甬(桶)、逪(錯)衡、金嶂(踵)、金豙(軝)、約(約)𤔲(盛)、金簟弼(茀)、魚箙、馬四匹、攸(鋚)勒、金□(臺)、金膺、朱旂二鈴(鈴)

8.4326 賜朱芾、悤(蔥)黃(衡)、鞞鞢(璲)、玉睘(環)、玉瑹、車、電軫、桒(賁)緷較(較)、朱鬲(鞹)䩚靳、虎冟(冪)熏(纁)裏、逪(錯)衡、右厄(軛)、畫轉、畫輯、金童(踵)、金豙(軝)、金簟弼(茀)、魚葡(箙)、朱旂旜(旜)金芫二鈴

2546 綮、□

6.3294 □(綮)乍(作)彝

6.3481 綮伯乍(作)旅段

7.3772 己(紀)侯乍(作)姜綮段

8.4267 賜(賜)女(汝)赤芾、綮黃(衡)、䜌(鑾)旂

9.4494 盛君綮之御簠

10.5382 縈叔乍(作)
16.10147 齊縈姬之嬗(姪)

2547 縷

16.10176 厥左執縷史正仲農

2548 縱、縱

18.12092 亡縱一乘

2549 彝

1.83 楚王酓(熊)章乍(作)曾侯乙宗彝
1.84 乍(作)曾侯乙宗彝
1.85 楚王酓(熊)章乍(作)曾侯乙宗彝
3.471 乍(作)彝
3.488 弔乍(作)彝
3.489 叔乍(作)彝
3.490 麥乍(作)彝
3.491 乍(作)尊彝
3.492 乍(作)尊彝
3.493 乍(作)寶彝
3.494 伯乍(作)彝
3.506 北伯乍(作)彝
3.508 幵(笄)箸乍(作)彝
3.509 仲乍(作)寶彝
3.528 矗乍(作)寶尊彝
3.530 伯𥝩乍(作)尊彝
3.540 大乍(作)嫡寶尊彝
3.541 季執乍(作)寶尊彝
3.564 通乍(作)父癸彝
3.565 吾乍(作)賸(媵)公寶尊彝
3.566 戒乍(作)葊官(館)明(盟)尊彝
3.567 𩁹乍(作)父癸寶彝
3.568 珥乍(作)父乙彝
3.569 乍(作)寶彝
3.570 乍(作)寶彝
3.582 營子旅乍(作)父戊寶彝
3.583 營子旅乍(作)父戊寶彝
3.584 王乍(作)親王姬[illegible]鬻彝
3.585 王乍(作)親王姬[illegible]鬻彝
3.586 倗義妣尊彝
3.611 王乍(作)孖(序)鬻(蔣)贊母寶鬻彝
3.613 林𡚱乍(作)父辛寶尊彝
3.614 叔鼒乍(作)己(紀)伯父丁寶尊彝
3.636 呂雔姬乍(作)齋彝
3.643 用乍(作)隣寶彝
3.648 魯侯獄(熙)乍(作)彝
3.688 用乍(作)又母辛尊彝
3.689 用乍(作)父戊尊彝
3.741 用乍(作)父丁彝
3.829 伯乍(作)彝
3.830 伯乍(作)彝
3.831 䢅乍(作)彝
3.833 乍(作)寶彝
3.834 乍(作)寶彝
3.835 乍(作)從彝
3.836 乍(作)旅彝
3.849 猷乍(作)寶彝
3.850 乍(作)戲尊彝
3.852 命乍(作)寶彝
3.853 舟乍(作)尊彝
3.854 鬬乍(作)寶彝
3.855 宋乍(作)寶彝
3.856 彭母彝
3.857 伯乍(作)寶彝
3.859 仲乍(作)旅彝
3.861 龍乍(作)旅彝
3.863 光乍(作)從彝
3.865 頖乍(作)旅彝
3.867 商婦乍(作)彝
3.868 伯廬乍(作)尊彝
3.869 伯丁乍(作)寶彝
3.875 畣乍(作)寶尊彝
3.876 雷乍(作)寶尊彝
3.878 乍(作)祖己尊彝
3.879 乍(作)祖己尊彝
3.880 鼎乍(作)父乙尊彝
3.881 乍(作)父庚尊彝
3.882 叕(揆)乍(作)父庚旅彝
3.883 膺(應)監乍(作)寶尊彝
3.885 何嫊医乍(作)寶彝
3.886 亞醜乍(作)季尊彝
3.888 寡史𡚱乍(作)旅彝
3.889 田告乍(作)仲子彝
3.890 田農乍(作)寶尊彝
3.891 奄乍(作)婦姑鬻彝
3.892 伯矩乍(作)寶尊彝
3.893 伯矩乍(作)寶尊彝
3.894 夆(逢)伯命乍(作)旅彝
3.896 朿(刺)叔乍(作)寶尊彝
3.901 朿(刺)弢乍(作)父乙尊彝
3.903 亞又乍(作)父乙尊彝
3.904 亞無(許)𠷎(疇)乍(作)父己彝
3.906 亞旟乍(作)父己彝尊
3.907 雔卯𠨍乍(作)母戊彝
3.912 尹伯乍(作)祖辛寶尊彝
3.915 大(太)史沓乍(作)召公寶尊彝
3.916 𢀛夫乍(作)祖丁寶尊彝
3.917 者(諸)女以大子尊彝
3.920 歸𡚱乍(作)父辛寶尊彝
3.922 婦闔乍(作)文姑日癸尊彝
3.924 乃子乍(作)父辛寶尊彝 / 乃子乍(作)父辛寶尊彝
3.930 焚(榮)子旅乍(作)祖乙寶彝
3.935 用乍(作)寶尊彝
3.949 用乍(作)父乙寶彝
4.1712 辛女(母)彝
4.1727 伯乍(作)彝

4.1728 伯乍(作)彝
4.1729 伯乍(作)彝
4.1753 [illegible](墭)乍(作)彝
4.1754 [illegible](墭)乍(作)彝
4.1755 [illegible](墭)乍(作)彝
4.1788 乍(作)旅彝
4.1789 乍(作)旅彝
4.1791 乍(作)寶彝
4.1792 乍(作)寶彝
4.1793 乍(作)寶彝
4.1794 乍(作)寶彝
4.1795 乍(作)寶彝
4.1796 乍(作)寶彝
4.1797 乍(作)從彝
4.1810 ☒文☒彝
4.1903 乍(作)母旅彝
4.1907 彭母彝
4.1908 彭母彝
4.1913 彧伯乍(作)彝
4.1916 伯乍(作)旅彝
4.1917 伯乍(作)寶彝
4.1918 伯乍(作)寶彝
4.1919 伯乍(作)寶彝
4.1920 伯乍(作)寶彝
4.1923 叔乍(作)寶彝
4.1931 季乍(作)寶彝
4.1972 [illegible](淵)乍(作)寶彝
4.1973 [illegible]乍(作)寶彝
4.1981 乍(作)丮(封)从彝
4.1982 乍(作)丮(封)从彝
4.1983 乍(作)寶尊彝
4.1984 乍(作)寶尊彝
4.1985 乍(作)寶尊彝
4.1986 乍(作)寶尊彝
4.1987 辛乍(作)寶彝
4.1989 眉壽乍(作)彝
4.1999 乍(作)父甲尊彝
4.2007 乍(作)父乙尊彝
4.2013 黿乍(作)父戊彝
4.2018 子乍(作)鼎盟彝
4.2025 己乍(作)寶尊彝
4.2031 王季乍(作)鼎彝
4.2035 亞㠱疑乍(作)彝
4.2037 䣍乍(作)父庚彝
4.2039 伯申乍(作)寶彝
4.2045 楷仲乍(作)旅彝
4.2052 菽乍(作)寶尊彝
4.2053 叔乍(作)寶尊彝
4.2054 菽乍(作)寶尊彝
4.2055 單光乍(作)從彝
4.2056 單光乍(作)從彝
4.2058 竟乍(作)厥寶彝
4.2059 亐獲乍(作)尊彝
4.2060 䣎乍(作)寶𪔂彝
4.2062 □乍(作)寶尊彝
4.2064 [illegible]乍(作)□寶彝
4.2069 立乍(作)寶尊彝
4.2070 遏乍(作)寶尊彝
4.2072 訚乍(作)寶彝
4.2075 弔乍(作)母從彝
4.2078 事乍(作)小旅彝
4.2079 [illegible]乍(作)尊寶彝
4.2080 嬰乍(作)厥尊彝
4.2119 乍(作)父丙寶尊彝
4.2120 韋乍(作)父丁彝
4.2122 袑乍(作)父丁尊彝
4.2124 [illegible]日戊乍(作)彝
4.2125 乍(作)父己彝
4.2127 剌乍(作)父庚尊彝
4.2129 乍(作)父辛寶尊彝
4.2130 乍(作)父辛寶尊彝
4.2132 乍(作)父癸彝
4.2133 乍(作)父癸尊彝
4.2134 乍(作)父癸尊彝
4.2137 乍(作)婦姑𪔂彝
4.2138 乍(作)婦姑𪔂彝
4.2139 爻癸婦戟乍(作)彝
4.2140 乍(作)歲婦尊彝
4.2142 安父乍(作)寶尊彝
4.2143 鮮父乍(作)寶尊彝
4.2144 旂父乍(作)寶𪔂彝
4.2146 㠱女(母)尊彝
4.2147 王乍(作)仲姬寶彝
4.2150 膺(應)公乍(作)寶尊彝
4.2151 膺(應)公乍(作)寶尊彝
4.2152 豐公[illegible]乍(作)尊彝
4.2154 滕(滕)侯乍(作)寶尊彝
4.2155 堇伯乍(作)旅尊彝
4.2156 堇伯乍(作)尊彝
4.2157 徫乍(作)尊彝
4.2158 徫乍(作)尊彝
4.2159 徫乍(作)尊彝
4.2160 陾(隔)伯乍(作)寶尊彝
4.2161 陾(隔)伯乍(作)寶尊彝
4.2166 散(揩)史乍(作)考尊彝
4.2167 伯卿乍(作)寶尊彝
4.2168 伯魚乍(作)寶

尊彝
4.2169 史戎乍(作)寶尊彝
4.2170 伯矩乍(作)寶尊彝
4.2173 北單乍(作)從旅彝
4.2174 田農乍(作)寶尊彝
4.2176 鳥壬舣乍(作)尊彝
4.2177 䀠䢅乍(作)寶尊彝
4.2178 䀠䢅乍(作)寶尊彝
4.2179 吹乍(作)楷妊尊彝
4.2180 向乍(作)厥尊彝
4.2181 乍(作)公尊彝
4.2182 乍(作)□寶尊彝
4.2183 才儩父乍(作)尊彝
4.2184 霸姞乍(作)寶尊彝
4.2186 外叔乍(作)寶尊彝
4.2190 伯趞(趛)乍(作)尊寶彝
4.2193 鬳姛(姒)乍(作)寶尊彝
4.2194 㹜父乍(作)寶食彝
4.2198 陵叔乍(作)衣寶彝
4.2202 孟曳(貴)乍(作)䵼彝
4.2244 䣄乍(作)祖乙寶尊彝
4.2245 曆乍(作)祖己彝
4.2248 乍(作)父乙尊彝
4.2249 或乍(作)父丁寶尊彝
4.2250 吴乍(作)父丁寶尊彝
4.2251 穆乍(作)父丁寶尊彝
4.2255 珽(挺)乍(作)父辛寶尊彝
4.2256 昜乍(作)父辛寶旅彝
4.2257 䀠乍(作)父癸寶尊彝
4.2259 冊乍(作)父癸寶尊彝
4.2260 乍(作)母丙尊彝
4.2264 師乍(作)陾仲寶尊彝
4.2265 師乍(作)陾仲寶尊彝
4.2266 師乍(作)陾仲寶尊彝
4.2267 師乍(作)陾仲寶尊彝
4.2268 周公乍(作)文王尊彝
4.2270 叔乍(作)單公寶尊彝
4.2271 子戊乍(作)母丁尊彝
4.2274 侯乍(作)父丁尊彝
4.2275 豊用乍(作)父壬䵼彝
4.2310 䢊(徵)乍(作)祖丁尊彝
4.2311 咸媒(妚)子乍(作)祖丁尊彝
4.2312 堇臨乍(作)父乙寶尊彝
4.2313 乍(作)父乙寶尊彝
4.2314 士乍(作)父乙尊彝
4.2316 亳乍(作)父乙尊彝
4.2317 乍(作)父丁寶尊彝
4.2320 誉子旅乍(作)父戊寶彝
4.2321 彈乍(作)父辛尊彝
4.2322 乍(作)父辛寶尊彝
4.2323 梓(辣)乍(作)父癸寶尊彝
4.2324 珽(挺)乍(作)父癸寶尊彝
4.2325 㽙季乍(作)父癸寶尊彝
4.2326 史造(?)乍(作)父癸寶尊彝
4.2327 用乍(作)女(母)辛彝
4.2328 乍(作)母辛尊彝
4.2329 北子乍(作)母癸寶尊彝
4.2333 姬乍(作)厥姑日辛尊彝
4.2335 季乍(作)兄己尊彝
4.2336 伯菽乍(作)厥父寶尊(尊)彝
4.2338 義仲乍(作)厥父周季尊彝
4.2339 公大(太)史乍(作)姬鉴寶尊彝
4.2341 叔具乍(作)厥考寶尊彝
4.2344 渫(沫)伯𨒅乍(作)寶尊彝
4.2346 勅𣪘乍(作)丁侯尊彝
4.2347 旂乍(作)厥文考寶尊彝
4.2348 乍(作)長寶尊彝
4.2365 歸乍(作)祖壬寶尊彝
4.2366 奪乍(作)父丁寶尊彝
4.2367 闌(管)監引乍(作)父己寶䵼彝
4.2369 長子狗乍(作)文父乙尊彝
4.2370 公大(太)史乍(作)姬鉴寶尊彝
4.2371 公大(太)史乍(作)姬鉴寶尊彝
4.2372 備乍(作)宗室寶尊彝
4.2373 史斿父乍(作)寶尊彝貞(鼎)
4.2374 啐作比(妣)辛尊彝
4.2375 逐肇諆(其)乍(作)廟叔寶尊彝
4.2377 薛侯戚乍(作)父乙鼎彝
4.2398 用乍(作)享□尊彝

4.2403 婦闟乍(作)文姑日癸尊彝
4.2404 伯𢊁乍(作)厥宗寶尊彝𩍜(𩍜)
4.2405 用乍(作)寶尊彝
4.2406 乍(作)父辛寶尊彝
4.2410 甚諆(其)肇乍(作)父丁尊彝
4.2423 曾侯仲子斿(遊)父自乍(作)𩰫彝
4.2424 曾侯仲子斿(遊)父自乍(作)𩰫彝
4.2425 用乍(作)[寶]彝
4.2432 用乍(作)文父甲寶尊彝
4.2433 乍(作)父乙彝
4.2434 乍(作)父乙彝
4.2436 用乍(作)父庚寶尊彝
4.2439 羊𠂤茲乍(作)厥文考叔寶尊彝
4.2453 用乍(作)厥寶尊彝
4.2454 用乍(作)厥寶尊彝
4.2455 用乍(作)厥寶尊彝
4.2456 伯矩乍(作)寶彝
4.2459 用乍(作)寶彝
4.2483 彭生(甥)乍(作)[文考]日辛寶尊彝
4.2499 用乍(作)父丁尊彝
4.2501 ☒女楚☒女玄☒旅☒天☒彝
4.2503 㶣(縈)子旅乍(作)父戊寶尊彝
4.2504 用乍(作)寶彝
4.2505 用乍(作)寶尊彝
4.2507 復用乍(作)父乙寶尊彝
4.2509 用乍(作)𩰫彝
4.2510 用乍(作)𩰫彝
5.2531 雍伯乍(作)寶尊彝
5.2532 乃𦣻子乍(作)厥文考尊彝
5.2553 膺(應)公乍(作)寶尊彝
5.2554 膺(應)公乍(作)寶尊彝
5.2555 旂用乍(作)父戊寶尊彝
5.2556 用乍(作)寶尊彝
5.2575 乍(作)考寶尊彝
5.2579 用乍(作)𩙨尊彝
5.2594 用乍(作)父丁尊彝
5.2595 用乍(作)父乙寶彝
5.2612 用乍(作)父庚尊彝
5.2613 用乍(作)父庚彝
5.2614 乍(作)寶尊彝
5.2620 自乍(作)𩰫彝
5.2626 用乍(作)丁侯尊彝
5.2627 用乍(作)丁侯尊彝
5.2628 用乍(作)又(有)始(姒)寶尊彝
5.2630 伯陶乍(作)厥文考宮叔寶𩰫彝
5.2659 用乍(作)父辛尊彝
5.2661 用乍(作)寶尊彝
5.2662 用乍(作)文考宮伯寶尊彝
5.2670 旂用乍(作)文父日乙寶尊彝
5.2673 羌對揚君令于彝/用乍(作)文考𡨦叔𩰫彝
5.2674 用乍(作)父丁尊彝
5.2681 姬𩰫彝
5.2682 用乍(作)寶彝
5.2683 爲宗彝𩰫彝
5.2684 爲宗彝𩰫彝
5.2685 爲宗彝𩰫彝
5.2686 爲宗彝𩰫彝
5.2687 爲宗彝𩰫彝
5.2688 爲宗彝𩰫彝
5.2689 王子剌公爲宗婦鄁(部)嬰宗彝𩰫彝
5.2695 用乍(作)父甲𩰫彝
5.2709 用乍(作)父丁彝
5.2712 用乍(作)父辛寶尊彝
5.2719 用乍(作)寶彝
5.2728 旅用乍(作)父丁尊彝
5.2729 用乍(作)己公寶尊彝
5.2731 用乍(作)寶尊彝
5.2735 用乍(作)寶𩰫彝
5.2736 用乍(作)寶𩰫彝
5.2749 用乍(作)召伯父辛寶尊彝
5.2750 自乍(作)𩰫彝
5.2751 埶(藝)于寶彝
5.2752 埶(藝)于寶彝
5.2756 用乍(作)尊彝
5.2757 用鑄𩰫彝
5.2758 用乍(作)祖丁寶尊彝
5.2759 用乍(作)祖丁寶尊彝
5.2760 用乍(作)祖丁寶尊彝
5.2761 用乍(作)祖丁寶尊彝
5.2763 用乍(作)父己寶尊彝
5.2775 用乍(作)季娟(妘)寶尊彝
5.2776 用乍(作)黃公尊𩰫彝
5.2778 用乍(作)父庚永寶尊彝
5.2780 乍(作)朕文考毛叔𩰫彝
5.2787 用乍(作)𩰫彝
5.2788 用乍(作)𩰫彝
5.2790 䜌乍(作)朕皇考𩰫彝尊鼎
5.2791 用乍(作)寶尊彝
5.2796 克乍(作)朕皇祖釐季寶宗彝

5.2797 克乍(作)朕皇祖釐季寶宗彝
5.2798 克乍(作)朕皇祖釐季寶宗彝
5.2799 克乍(作)朕皇祖釐季寶宗彝
5.2800 克乍(作)朕皇祖釐季寶宗彝
5.2801 克乍(作)朕皇祖釐季寶宗彝
5.2802 克乍(作)朕皇祖釐季寶宗彝
5.2809 旂對厥賓(劾)于尊彝
5.2811 自乍(作)䵼彝遡(𩚵)鼎
5.2824 用乍(作)文母日庚寶尊䵼彝
5.2836 用乍(作)朕文祖師華父寶䵼彝
5.2839 用乍(作)□伯寶尊彝
6.3130 夆彝
6.3131 夆彝
6.3133 乍(作)彝
6.3261 乍(作)旅彝
6.3262 乍(作)旅彝
6.3263 乍(作)旅彝
6.3264 乍(作)寶彝
6.3265 乍(作)寶彝
6.3266 乍(作)寶彝
6.3267 乍(作)寶彝
6.3268 乍(作)寶彝
6.3269 乍(作)寶彝
6.3270 乍(作)寶彝
6.3271 乍(作)寶彝
6.3272 乍(作)寶彝
6.3273 乍(作)寶彝
6.3274 乍(作)寶彝
6.3275 乍(作)寶彝
6.3276 乍(作)寶彝
6.3277 乍(作)寶彝
6.3278 乍(作)寶彝
6.3279 乍(作)寶彝
6.3280 乍(作)從彝
6.3281 乍(作)從彝
6.3282 乍(作)尊彝
6.3283 乍(作)尊彝
6.3284 乍(作)尊彝
6.3285 伯乍(作)彝
6.3286 伯乍(作)彝
6.3287 伯乍(作)彝
6.3288 伯乍(作)彝
6.3289 伯乍(作)彝
6.3290 伯乍(作)彝
6.3291 伯乍(作)彝
6.3292 伯乍(作)彝
6.3294 [illegible](縈)乍(作)彝
6.3336 乍(作)父辛彝
6.3343 彭母彝
6.3349 乍(作)母尊彝
6.3358 伯乍(作)寶彝
6.3359 伯乍(作)寶彝
6.3360 伯乍(作)寶彝
6.3361 伯乍(作)寶彝
6.3379 殷乍(作)寶彝
6.3380 㣇乍(作)寶彝
6.3381 匀乍(作)寶彝
6.3382 卲乍(作)寶彝
6.3383 戈乍(作)旅彝
6.3384 戈乍(作)旅彝
6.3385 沓乍(作)旅彝
6.3386 屮(草)乍(作)從彝
6.3387 豐乍(作)從彝
6.3388 德乍(作)尊彝
6.3389 王乍(作)䵼彝
6.3399 乍(作)寶尊彝
6.3400 乍(作)寶尊彝
6.3401 乍(作)寶尊彝
6.3402 乍(作)寶尊彝
6.3403 乍(作)寶尊彝
6.3404 乍(作)寶尊彝
6.3405 乍(作)寶尊彝
6.3406 乍(作)寶尊彝
6.3407 乍(作)寶尊彝
6.3408 乍(作)寶尊彝
6.3409 乍(作)寶尊彝
6.3410 乍(作)寶尊彝
6.3411 乍(作)寶尊彝
6.3414 用乍(作)寶彝
6.3430 [illegible]乍(作)父丁彝
6.3434 乍(作)父辛彝
6.3435 囝乍(作)父辛彝
6.3436 緟(縺)乍(作)父癸彝
6.3437 朿(刺)淩乍(作)尊彝
6.3438 皿辟乍(作)尊彝
6.3441 單光乍(作)從彝
6.3450 乍(作)姬寶尊彝
6.3451 [illegible]乍(作)寶尊彝
6.3452 姜䧹乍(作)尊彝
6.3453 乍(作)帚商彝殷
6.3454 乍(作)車寶彝尊
6.3457 大丏乍(作)母彝
6.3460 王乍(作)又䵼彝
6.3463 事父乍(作)寶彝
6.3465 𨸏乍(作)寶尊彝
6.3466 匜(匼、杯)乍(作)寶尊彝
6.3467 𩰫乍(作)寶尊彝
6.3468 御乍(作)寶尊彝
6.3469 [illegible]乍(作)寶尊彝
6.3471 文乍(作)寶尊彝
6.3472 文乍(作)寶尊彝
6.3473 □寶彝
6.3476 闇乍(作)寶尊彝
6.3477 膺(應)公乍(作)旅彝
6.3478 膺(應)公乍(作)旅彝
6.3479 公乍(作)寶尊彝
6.3486 叔京乍(作)旅彝
6.3492 伯乍(作)寶尊彝
6.3493 伯乍(作)寶尊彝
6.3494 伯乍(作)寶尊彝
6.3495 伯乍(作)寶尊彝
6.3498 伯乍(作)寶尊彝

6.3503 戈乍(作)父乙尊彝
6.3507 用乍(作)父乙尊彝
6.3508 令乍(作)父乙尊彝
6.3512 柠(楮)乍(作)父丁尊彝
6.3514 乍(作)父戊旅彝
6.3515 丫A乍(作)父己尊彝
6.3516 歙乍(作)父庚寶彝
6.3517 殽乍(作)父庚旅彝
6.3518 耓乍(作)父辛尊彝
6.3519 □乍(作)父辛寶彝
6.3520 虘乍(作)父辛尊彝
6.3521 𠀠 敗(捭)乍(作)父癸尊彝
6.3524 隁(隔)伯乍(作)寶尊彝
6.3525 隁(隔)伯乍(作)寶尊彝
6.3526 亶(蟺檀)伯乍(作)寶尊彝
6.3532 伯矩乍(作)寶尊彝
6.3533 伯矩乍(作)寶尊彝
6.3534 伯魚乍(作)寶尊彝
6.3535 伯魚乍(作)寶尊彝
6.3536 伯觪(觪)乍(作)寶尊彝
6.3538 伯丂䍃乍(作)寶彝
6.3539 伯丂䍃乍(作)寶彝
6.3544 仲僘乍(作)寶尊彝
6.3549 榍仲乍(作)寶尊彝
6.3556 季屖乍(作)寶尊彝
6.3558 嬴季乍(作)寶尊彝
6.3559 䎗父乍(作)寶尊彝
6.3561 安父乍(作)寶尊彝
6.3562 微父乍(作)寶尊彝
6.3565 霸姞乍(作)寶尊彝
6.3566 㚔始乍(作)乙尊彝
6.3567 𧊒㚸(姒)乍(作)寶尊彝
6.3568 雍㚸(姒)乍(作)寶尊彝
6.3572 向乍(作)厥尊彝
6.3574 噩(鄂))叔乍(作)寶尊彝
6.3575 農乍(作)寶尊彝
6.3576 田農乍(作)寶尊彝
6.3577 卜孟乍(作)寶尊彝
6.3580 利乍(作)寶尊鬻彝
6.3583 史綅乍(作)寶尊彝
6.3600 㔾乍(作)祖丁寶尊彝
6.3601 偁缶乍(作)祖癸尊彝
6.3602 乍(作)父乙寶彝
6.3603 大禾乍(作)父乙尊彝
6.3604 宝(鑄)父丁尊彝
6.3605 弔乍(作)父丁寶尊彝
6.3607 古乍(作)父丁寶隮(奠)彝
6.3608 宰犬乍(作)父丁餴(饙)彝
6.3610 圣乍(作)父戊寶尊彝
6.3612 衛乍(作)父庚寶尊彝
6.3613 哦乍(作)父辛寶尊彝
6.3614 匽(燕)侯乍(作)姬丞尊彝
6.3621 陸婦乍(作)高姑尊彝
6.3622 召父乍(作)厥□寶彝
6.3624 叔單乍(作)義公尊彝
6.3625 比乍(作)伯婦尊彝
6.3626 𢿢乍(作)文祖寶尊彝
6.3627 𢿢乍(作)文祖寶尊彝
6.3628 旇乍(作)寶尊彝
6.3629 叉乍(作)厥考寶尊彝
6.3631 伊生(甥)乍(作)公母尊彝
6.3644 乍(作)祖辛寶彝
6.3645 敎乍(作)祖癸寶尊彝
6.3647 堇臨乍(作)父乙寶尊彝
6.3648 堇臨乍(作)父乙寶尊彝
6.3649 乍(作)父丁寶尊彝
6.3650 乍(作)父丁寶尊彝
6.3652 侖乍(作)父丁寶尊彝
6.3653 子阩乍(作)父己寶尊彝
6.3654 䢵乍(作)父壬寶尊彝
6.3655 亞高亢乍(作)父癸尊彝
6.3656 㞷(征)乍(作)父癸寶尊彝
6.3657 㞷(征)乍(作)父癸寶尊彝
6.3658 㞷(征)乍(作)父癸寶尊彝
6.3659 子令乍(作)父癸寶尊彝
6.3660 㪯(姍)乍(作)父癸寶尊彝
6.3661 㪯(姍)乍(作)父癸寶尊彝
6.3662 㪯(姍)乍(作)父癸寶尊彝

6.3663 黃乍(作)父癸寶尊彝
6.3664 乍(作)父乙寶尊彝
6.3665 厚乍(作)兄日辛寶彝
6.3666 乍(作)母日甲尊彝
6.3667 倗丏乍(作)義妣寶尊彝
6.3669 噩(鄂)季奞父乍(作)寶尊彝
6.3670 滕(滕)侯乍(作)朕公寶尊彝
6.3674 伯乍(作)厥諲(諲)子寶尊彝
6.3675 或者乍(作)宮伯寶尊彝
6.3682 大(太)師小子師朢乍(作)𩰫彝
6.3684 劃圅乍(作)祖戊寶尊彝
6.3685 見乍(作)父己寶尊彝
6.3686 䎙廷冀乍(作)父癸寶尊彝
6.3687 □婦乍(作)日癸尊彝
6.3688 通遾(遾)乍(作)父癸寶彝
6.3689 亞疑㠱乍(作)母辛彝/亞疑㠱𢉌乍(作)女(母)辛寶彝
6.3694 叔宿乍(作)日壬寶尊彝
6.3695 義叔聞𤎩(肇)乍(作)彝
6.3696 嗣土(徒)嗣乍(作)厥丂(考)寶尊彝
6.3697 嗣土(徒)嗣乍(作)厥丂(考)寶尊彝
6.3698 東人守父乍(作)厥寶尊彝
6.3699 公大(太)史乍(作)母庚寶尊彝
6.3711 乍(作)祖乙𪔶侯叔尊彝
6.3712 用乍(作)祖癸彝
6.3714 辨乍(作)文父己寶尊彝
6.3715 辨乍(作)文父己寶尊彝
6.3716 辨乍(作)文父己寶尊彝
6.3717 □乍(作)父辛尊彝
6.3719 乍(作)宧(寶)尊彝
6.3723 仲乍(作)寶尊彝
6.3733 用乍(作)寶尊彝
7.3747 仲再乍(作)又(厥)寶彝
7.3749 □乍(作)厥祖寶尊彝
7.3750 用乍(作)父乙尊彝
7.3763 遽伯睘乍(作)寶尊彝
7.3790 用乍(作)父丁尊彝
7.3822 用乍(作)厥寶尊彝
7.3823 用乍(作)又(厥)寶尊彝
7.3824 用乍(作)寶尊彝
7.3825 用乍(作)寶尊彝/伯魚乍(作)寶尊彝
7.3828 滕(滕)虎敢肇乍(作)厥皇考公命仲寶尊彝
7.3829 滕(滕)虎敢肇乍(作)厥皇考公命仲寶尊彝
7.3830 滕(滕)虎敢肇乍(作)厥皇考公命仲寶尊彝
7.3831 滕(滕)虎敢肇乍(作)厥皇考公命仲寶尊彝
7.3832 滕(滕)虎敢肇乍(作)厥皇考公命仲寶尊彝
7.3848 乍(作)鰟男、王姬𩰫彝
7.3861 用乍(作)父己尊彝
7.3862 用乍(作)父乙寶尊彝
7.3864 伯乍(作)尊彝
7.3905 □用乍(作)父丁尊彝
7.3906 用乍(作)父戊寶尊彝
7.3907 用乍(作)宗室寶尊彝
7.3939 禾(和)肇乍(作)皇母懿龏孟姬餴(饙)彝
7.3940 用乍(作)祖丁彝
7.3942 用乍(作)寶尊彝
7.3948 用乍(作)父乙寶彝
7.3949 季𩵦肇乍(作)厥文考井叔寶尊彝
7.3976 用乍(作)父戊寶尊彝
7.3979 呂伯乍(作)厥宮室寶尊彝𣪕
7.3990 用乍(作)父乙彝
7.4020 用乍(作)父丁尊彝
7.4029 用乍(作)旅彝
7.4030 □由于彝
7.4031 □由于彝
7.4041 禽用乍(作)寶彝
7.4042 用乍(作)父丁尊彝
7.4043 用乍(作)父丁尊彝
7.4044 用乍(作)父戊寶尊彝
7.4059 乍(作)厥考尊彝
7.4076 爲宗彝𩰫彝
7.4077 爲宗彝𩰫彝
7.4078 爲宗彝𩰫彝
7.4079 爲宗彝𩰫彝
7.4080 爲宗彝𩰫彝
7.4081 爲宗彝𩰫彝
7.4082 爲宗彝𩰫彝
7.4083 爲宗彝𩰫彝
7.4084 爲宗彝𩰫彝
7.4085 爲宗彝𩰫彝
7.4086 爲宗彝𩰫彝
7.4087 爲宗彝𩰫彝
7.4088 用乍(作)父乙寶彝

7.4104 用乍(作)寶彝
7.4105 用乍(作)寶彝
7.4106 用乍(作)寶彝
7.4112 用乍(作)寶彝
8.4121 用乍(作)寶尊彝
8.4124 封仲乍(作)朕皇考趄仲𬱚彝尊毁
8.4131 用乍(作)旜公寶尊彝
8.4132 用乍(作)寶尊彝
8.4133 用乍(作)寶尊彝
8.4134 用乍(作)父乙寶尊彝毁
8.4135 用乍(作)父乙寶尊彝毁
8.4138 用乍(作)文父丁尊彝
8.4139 楷侯乍(作)姜氏寶𬱚彝
8.4140 用茲彝對令
8.4144 用乍(作)父乙寶彝
8.4146 用乍(作)祖戊寶尊彝
8.4153 㝬乍(作)皇祖乙公、文公、武伯、皇考龏伯𬱚彝
8.4159 公賜鼂(蜆)宗彝一𨺅(肆)
8.4162 用宔(鑄)茲彝
8.4163 用宔(鑄)茲彝
8.4164 用宔(鑄)茲彝
8.4166 用乍(作)文考父丙𬱚彝
8.4167 用乍(作)祖考寶尊彝
8.4178 用乍(作)文父丁𬱚彝
8.4198 蔡姞乍(作)皇兄尹叔尊𬱚彝
8.4201 用乍(作)乙公尊彝
8.4207 用乍(作)文考父乙尊彝
8.4229 用乍(作)𬱚彝
8.4230 用乍(作)𬱚彝
8.4231 用乍(作)𬱚彝
8.4232 用乍(作)𬱚彝
8.4233 用乍(作)𬱚彝
8.4234 用乍(作)𬱚彝
8.4235 用乍(作)𬱚彝
8.4236 用乍(作)𬱚彝
8.4238 用乍(作)寶尊彝
8.4239 用乍(作)寶尊彝
8.4241 乍(作)周公彝
8.4266 用乍(作)季姜尊彝
8.4269 緯(肆)敢𨺅(肆)于彝
8.4287 伊用乍(作)朕不(丕)顯皇祖文考徲叔寶𬱚彝
8.4315 乍(作)㖃宗彝
8.4317 㝬(胡)乍(作)𬱚彝寶毁
8.4320 乍(作)虞(虎)公父丁尊彝
8.4327 賜女(汝)瓚四、章(璋)彀(瑴)、宗彝一𨺅(肆)
8.4341 彝杰(昧)天令(命)
9.4354 大(太)師小子師朢乍(作)𬱚彝
9.4573 曾子遷彝爲孟姬鄬鑄賸(媵)簠
9.4598 曾侯乍(作)叔姬、邛(江)嫞(芈)賸(媵)器𬱚彝
9.4626 用乍(作)旅𬱚彝
9.4644 拍乍(作)朕配平姬墉宮祀彝
9.4685 康生(甥)乍(作)玟(文)考癸公寶尊彝
10.4886 乍(作)彝
10.4888 旅彝
10.5021 公乍(作)彝
10.5022 伯乍(作)彝
10.5023 伯寶彝
10.5025 㒸乍(作)彝
10.5026 從乍(作)彝
10.5027 乍(作)從彝
10.5028 乍(作)從彝
10.5029 乍(作)旅彝
10.5030 乍(作)旅彝
10.5031 乍(作)旅彝
10.5032 乍(作)旅彝
10.5034 乍(作)寶彝
10.5035 乍(作)寶彝
10.5036 乍(作)寶彝
10.5037 乍(作)寶彝
10.5038 乍(作)寶彝
10.5039 乍(作)寶彝
10.5040 乍(作)尊彝
10.5041 乍(作)尊彝
10.5043 乍(作)宗彝
10.5104 伯乍(作)尊彝
10.5105 伯乍(作)寶彝
10.5106 伯乍(作)寶彝
10.5107 伯乍(作)寶彝
10.5108 叔乍(作)旅彝
10.5109 叔乍(作)寶彝
10.5110 彭女(母)彝
10.5111 丰召(𥅻)母彝
10.5113 髩乍(作)尊彝
10.5114 闌乍(作)尊彝
10.5115 登乍(作)尊彝
10.5116 辛乍(作)寶彝
10.5117 耒乍(作)寶彝
10.5118 駛乍(作)旅彝
10.5119 獵乍(作)旅彝
10.5120 乍(作)旅彝
10.5121 乍(作)旅寶彝
10.5122 乍(作)宗寶彝
10.5123 乍(作)從彝
10.5124 戎乍(作)從彝
10.5125 𠀤(會)⌣從彝
10.5126 乍(作)寶尊彝
10.5127 乍(作)寶尊彝
10.5128 乍(作)寶尊彝
10.5129 乍(作)寶尊彝
10.5130 乍(作)寶尊彝
10.5131 乍(作)寶尊彝
10.5132 乍(作)寶尊彝
10.5133 乍(作)寶尊彝
10.5134 乍(作)寶尊彝
10.5135 乍(作)寶尊彝
10.5136 乍(作)寶尊彝
10.5137 乍(作)寶尊彝
10.5138 乍(作)寶尊彝
10.5139 乍(作)寶尊彝
10.5140 乍(作)寶尊彝
10.5141 戈乍(作)旅彝
10.5144 乍(作)戲尊彝
10.5148 黹乍(作)父乙彝
10.5159 乍(作)父戊寶彝
10.5160 乍(作)父戊寶

彝
10.5164 𠭯乍(作)父己彝
10.5167 冀敖(扶)父辛彝
10.5171 冀乍(作)父辛彝
10.5177 膺(應)公乍(作)寶彝
10.5178 伯乍(作)寶尊彝
10.5179 伯乍(作)寶尊彝
10.5180 伯乍(作)寶尊彝
10.5181 伯乍(作)寶尊彝
10.5182 伯乍(作)寶尊彝
10.5183 伯乍(作)寶尊彝
10.5184 仲乍(作)寶尊彝
10.5185 叔乍(作)寶尊彝
10.5186 允册乍(作)尊彝
10.5187 疐乍(作)寶尊彝
10.5188 頍乍(作)寶尊彝
10.5189 犛乍(作)寶尊彝
10.5190 曶乍(作)寶尊彝
10.5191 豐乍(作)從寶彝/豐乍(作)寶從彝
10.5192 皇□乍(作)尊彝
10.5193 □娸乍(作)從彝
10.5194 師獲乍(作)尊彝
10.5196 見乍(作)寶尊彝
10.5197 狽乍(作)寶尊彝
10.5198 狛(狮)乍(作)寶尊彝
10.5200 乍(作)祖戊寶彝
10.5202 齊乍(作)父乙尊彝
10.5204 乍(作)父乙寶彝
10.5205 𣪊采乍(作)父乙彝
10.5207 □乍(作)父乙寶彝
10.5209 疐乍(作)父丁寶彝
10.5210 乍(作)父丁寶旅彝
10.5211 乍(作)丁揚尊彝
10.5213 耶義乍(作)父庚尊彝
10.5214 猷乍(作)父戊旅彝
10.5215 乍(作)父己彝
10.5216 考乍(作)父辛尊彝
10.5217 乍(作)父辛寶尊彝
10.5218 乍(作)父癸尊彝
10.5219 乍(作)公尊彝
10.5220 膺(應)公乍(作)寶尊彝
10.5221 綸(隃)伯乍(作)寶尊彝
10.5222 俞伯乍(作)寶尊彝
10.5223 汪伯乍(作)寶旅彝
10.5224 陾(隔)伯乍(作)寶尊彝
10.5225 陾(隔)伯乍(作)寶尊彝
10.5226 㶁(涇)伯乍(作)寶尊彝
10.5227 㶁(涇)伯乍(作)寶尊彝
10.5228 伯矩乍(作)寶尊彝
10.5229 伯矩乍(作)寶尊彝
10.5230 伯矩乍(作)寶尊彝
10.5231 伯各乍(作)寶尊彝
10.5232 伯各乍(作)寶尊彝
10.5233 伯貉乍(作)寶尊彝
10.5234 伯魚乍(作)寶尊彝
10.5235 力伯乍(作)寶尊彝
10.5236 仲𢿐乍(作)寶尊彝
10.5237 叔截乍(作)寶尊彝
10.5238 亞𩰬乍(作)寶尊彝
10.5239 井季𩵦乍(作)旅彝
10.5240 鄺季乍(作)寶尊彝
10.5241 強季乍(作)寶旅彝
10.5242 衛父乍(作)寶尊彝
10.5243 鬿(魖)父乍(作)旅彝
10.5244 正父乍(作)寶彝/正父乍(作)寶尊彝
10.5245 夆(逢)苜(苢)父乍(作)寶彝
10.5246 仲𠂤(師)父乍(作)旅彝
10.5247 安父乍(作)寶尊彝
10.5248 鼻乍(作)車(旅)彝
10.5249 貙乍(作)寶尊彝
10.5250 向乍(作)厥尊彝
10.5251 𦳃(蔣)嗌乍(作)寶尊彝
10.5252 買王眔尊彝/買王眔乍(作)尊彝
10.5253 竟乍(作)厥寶尊彝
10.5254 瞀(醬)乍(作)□寶尊彝
10.5255 似向(餉)米㝊(宮)尊彝
10.5256 焚(榮)子旅乍(作)旅彝
10.5257 盟弜(强)乍(作)寶尊彝
10.5258 卿乍(作)厥考尊彝

10.5259 卿乍(作)厥考尊彝
10.5260 遣乍(作)祖乙寶尊彝
10.5261 迴乍(作)祖乙寶尊彝
10.5262 吠乍(作)祖乙寶尊彝
10.5263 趠乍(作)祖丁寶尊彝
10.5264 □(朼、枇)乍(作)祖辛尊彝
10.5266 肈乍(作)妣癸尊彝
10.5267 羊乍(作)父乙寶尊彝
10.5268 小臣乍(作)父乙寶彝
10.5269 乍(作)父乙寶尊彝
10.5270 貣(布)乍(作)父乙尊彝
10.5272 戈車乍(作)父丁寶尊彝
10.5273 田告父丁乍(作)寶彝
10.5274 子殷用乍(作)父丁彝
10.5275 弦乍(作)父丁尊彝
10.5276 聑日乍(作)父丁寶尊彝
10.5277 叀乍(作)父戊寶旅彝
10.5278 狽元乍(作)父戊尊彝
10.5279 □乍(作)寶尊彝
10.5280 □(娶)尸乍(作)父己尊彝
10.5281 冀父己乍(作)寶尊彝
10.5282 孖乍(作)父己寶尊彝
10.5283 責(賸)乍(作)父辛寶尊彝
10.5284 黴(𢿍)乍(作)父辛寶尊彝
10.5285 □□(舌)乍(作)父辛尊彝
10.5286 竟乍(作)父辛寶尊彝
10.5287 敀(描)乍(作)父辛旅彝
10.5288 史戍乍(作)父壬尊彝
10.5289 乍(作)父壬寶尊彝
10.5290 責(賸)乍(作)父癸寶尊彝
10.5291 矢伯獲乍(作)父癸彝
10.5292 亞其(㠱)疑乍(作)母辛彝
10.5293 亞其(㠱)疑乍(作)母辛彝
10.5294 亞其(㠱)疑乍(作)母辛彝
10.5296 尹舟乍(作)兄癸尊彝
10.5297 閔乍(作)宄伯寶尊彝
10.5298 閔乍(作)宄伯寶尊彝
10.5299 北伯殁乍(作)寶尊彝
10.5300 散伯乍(作)屖(侹)父尊彝
10.5301 散伯乍(作)屖(侹)父尊彝
10.5302 弔𢻱(扶)册乍(作)寶彝
10.5303 朿(刺)叔乍(作)厥寶尊彝
10.5304 佷矢乍(作)父辛寶彝
10.5305 史見乍(作)父甲尊彝
10.5306 乃子子乍(作)父庚寶尊彝
10.5307 髭乍(作)祖癸寶尊彝
10.5308 𤮊(瓮)乍(作)父甲寶尊彝
10.5309 無(許)憂乍(作)父丁彝
10.5310 析家乍(作)父戊寶尊彝
10.5311 覵(䚋)乍(作)父戊寶尊彝
10.5312 鈇乍(作)父戊尊彝
10.5313 寗乍(作)父辛尊彝
10.5314 夾乍(作)父辛尊彝
10.5315 𣣬(姍)乍(作)父癸寶尊彝
10.5316 伯乍(作)文(大)公寶尊旅彝
10.5317 𧘘(被)伯罰乍(作)寶尊彝
10.5318 𠂤(師)丞乍(作)文父丁尊彝
10.5319 用乍(作)彝
10.5320 小夫乍(作)父丁宗尊彝
10.5321 交乍(作)祖乙寶尊彝
10.5322 闌乍(作)𡉚(皇)昜日辛尊彝
10.5323 衛乍(作)季衛父寶尊彝
10.5324 戎帆(抻)玉人父宗彝牆(肆)
10.5325 噩(鄂)侯弟厝(曆)季乍(作)旅彝
10.5326 伯□(睘)乍(作)厥室寶尊彝
10.5327 伯□(睘)乍(作)厥室寶尊彝
10.5328 對乍(作)父乙寶尊彝
10.5329 䀠乍(作)父乙旅尊彝
10.5330 奪乍(作)父丁寶尊彝
10.5331 奪乍(作)父丁寶尊彝
10.5332 □(乎)乍(作)父丁尊彝
10.5333 用乍(作)父辛于(鬱)彝
10.5334 㕚(征)乍(作)父癸寶尊彝
10.5335 □(卣)乍(作)文考癸寶尊彝
10.5336 述乍(作)兄日乙寶尊彝
10.5337 屯乍(作)兄辛寶尊彝
10.5338 剌乍(作)兄丁、辛尊彝
10.5339 𤔲乍(作)兄日壬寶尊彝
10.5340 伯亙乍(作)西

宮伯寶尊彝
10.5341 仲乍(作)好旅彝
10.5342 仲乍(作)好旅彝
10.5343 今乍(作)甲考宗彝
10.5344 盩嗣土(徒)幽乍(作)祖辛旅彝
10.5345 㑹(僉)萛高乍(作)父乙寶尊彝
10.5346 豐乍(作)父癸寶尊彝
10.5348 麃父乍(作)㚸是從宗彝㸔(肆)
10.5349 婦闟乍(作)文姑日癸尊彝
10.5350 婦闟乍(作)文姑日癸尊彝
10.5351 女(汝)子小臣兒乍(作)己尊彝
10.5352 用乍(作)父乙彝
10.5353 用乍(作)凡彝
10.5354 敫乍(作)旅彝
10.5355 用乍(作)父癸尊彝
10.5356 乍(作)父丙寶尊彝
10.5357 㦟(憻)季遽父乍(作)豐姬寶尊彝
10.5358 㦟(憻)季遽父乍(作)豐姬寶尊彝
10.5359 守宮乍(作)父辛尊彝
10.5360 亞稾(檕)窺豊(禮)乍(作)父癸寶尊彝
10.5361 用乍(作)父辛尊彝
10.5362 䚢乍(作)文父日丁寶尊旅彝
10.5363 湈(沬)伯遐乍(作)厥考寶旅尊彝
10.5364 湈(沬)伯遐乍(作)厥考寶旅尊彝
10.5365 豚乍(作)父庚宗彝
10.5366 倗乍(作)厥考寶尊彝
10.5367 用乍(作)母乙彝
10.5368 乎溈用乍(作)父己尊彝
10.5369 鄦(許)仲趞乍(作)厥文考寶尊彝
10.5370 萛乍(作)文考父丁寶尊彝
10.5371 伯乍(作)厥文考尊彝
10.5372 異乍(作)厥考伯效父寶宗彝
10.5373 㲋朩(鬲)用乍(作)丁師彝
10.5374 用乍(作)寶尊彝
10.5375 子乍(作)婦媯彝/女(汝)子母庚宓(閟)祀尊彝
10.5376 虢季子緻(組)乍(作)寶彝
10.5377 用乍(作)祖丁彝
10.5380 用乍(作)父己尊彝
10.5381 用乍(作)幽尹寶尊彝
10.5382 乍(作)其爲厥考宗彝
10.5383 用乍(作)朕蒿(高)祖缶(寶)尊彝
10.5384 用乍(作)父乙寶尊彝
10.5385 用乍(作)父乙寶尊彝
10.5386 用乍(作)父乙寶尊彝
10.5387 用乍(作)旅彝
10.5388 顱(頂)乍(作)母辛尊彝
10.5389 顱(頂)乍(作)母辛尊彝
10.5390 用乍(作)寶尊彝
10.5391 執用乍(作)父丁尊彝
10.5393 乍(作)寶彝/乍(作)厥文考父辛寶尊彝
10.5394 用乍(作)父己寶彝
10.5397 用乍(作)兄癸彝
10.5398 用乍(作)父戊寶尊彝
10.5399 用乍(作)父丁寶尊彝
10.5400 用乍(作)父乙寶尊彝
10.5401 乍(作)父癸旅宗尊彝
10.5402 用乍(作)姑寶彝
10.5403 用乍(作)父辛寶尊彝
10.5404 商用乍(作)文辟日丁寶尊彝
10.5405 用乍(作)寶彝
10.5406 周乎鑄旅宗彝
10.5408 用乍(作)宗彝
10.5409 用乍(作)寶尊彝
10.5410 乍(作)祖丁寶旅尊彝
10.5411 用乍(作)文考日乙寶尊彝
10.5414 用乍(作)祖癸尊彝
10.5415 用乍(作)文父癸宗寶尊彝
10.5416 用乍(作)圛宮旅彝
10.5417 畣用乍(作)母辛彝
10.5418 用乍(作)尊彝
10.5419 用乍(作)文考乙公寶尊彝
10.5420 用乍(作)文考乙公寶尊彝
10.5421 用乍(作)父癸寶尊彝
10.5422 用乍(作)父癸寶尊彝
10.5423 用乍(作)文考日丁寶彝
10.5424 從乍(作)寶彝
10.5425 用乍(作)父乙寶尊彝
10.5426 用乍(作)厥文姑寶尊彝
10.5427 夔(叨)㲃(䚄)鑄彝
10.5428 余㲃(䚄)爲女(汝)茲小鬱彝/茲小彝妹吹見
10.5429 余㲃(䚄)爲女

(汝)兹小鬱彝/兹小彝妹吹見
10.5430 賜宗彝一肯(肆)/用乍(作)文考辛公寶尊彝
10.5431 高對乍(作)父丙寶尊彝
10.5432 用乍(作)日己旅尊彝
10.5433 用乍(作)寶尊彝
11.5594 乍(作)彝
11.5690 伯乍(作)彝
11.5691 仲乍(作)彝
11.5698 乍(作)旅彝
11.5699 乍(作)旅彝
11.5700 乍(作)旅彝
11.5702 乍(作)從彝
11.5703 乍(作)從彝
11.5704 乍(作)寶彝
11.5705 乍(作)寶彝
11.5706 乍(作)寶彝
11.5707 乍(作)寶彝
11.5708 乍(作)寶彝
11.5709 乍(作)寶彝
11.5710 乍(作)寶彝
11.5711 乍(作)寶彝
11.5712 乍(作)尊彝
11.5713 乍(作)尊彝
11.5759 乍(作)母旅彝
11.5762 北子乍(作)彝
11.5763 伯乍(作)旅彝
11.5764 伯乍(作)旅彝
11.5765 伯乍(作)寶彝
11.5766 黿乍(作)從彝
11.5767 刅(創)乍(作)旅彝
11.5768 登乍(作)尊彝
11.5770 幷(并)乍(作)旅彝
11.5771 乍(作)從彝
11.5772 戈乍(作)尊彝
11.5773 戈乍(作)旅彝
11.5774 辛乍(作)寶彝
11.5775 獵乍(作)旅彝
11.5776 莫乍(作)旅彝
11.5777 穽(穽)乍(作)旅彝
11.5778 卯乍(作)旅彝
11.5779 米宫(宮)尊彝
11.5780 乍(作)旅彝
11.5781 乍(作)寶尊彝
11.5782 乍(作)寶尊彝
11.5783 乍(作)寶尊彝
11.5784 乍(作)寶尊彝
11.5785 乍(作)寶尊彝
11.5786 乍(作)寶尊彝
11.5787 乍(作)寶尊彝
11.5788 乍(作)寶尊彝
11.5789 乍(作)寶尊彝
11.5790 乍(作)寶尊彝
11.5791 乍(作)從尊彝
11.5792 乍(作)從彝
11.5793 乍(作)祖丁尊彝
11.5794 乍(作)祖戊尊彝
11.5798 戈乍(作)父丙彝
11.5801 魚乍(作)父庚彝
11.5809 乍(作)龍母彝
11.5811 羕史乍(作)旅彝
11.5812 見乍(作)寶尊彝
11.5813 事伯乍(作)旅彝
11.5814 曶乍(作)寶尊彝
11.5815 史曶乍(作)寶彝
11.5816 [illegible](嗀)赤乍(作)寶彝
11.5817 事乍(作)小旅彝
11.5818 矩乍(作)寶尊彝
11.5819 叀乍(作)寶尊彝
11.5820 叀乍(作)寶尊彝
11.5821 虘乍(作)從彝
11.5822 乍(作)祖乙寶尊彝
11.5823 陵乍(作)父乙旅彝
11.5824 乍(作)父乙寶彝
11.5825 衍耳乍(作)父乙彝
11.5826 乍(作)父丁寶彝
11.5827 柚乍(作)父丁旅彝
11.5829 乍(作)父丁寶彝尊
11.5830 乍(作)父戊寶尊彝
11.5831 乍(作)父己寶彝
11.5832 □乍(作)父庚寶尊彝
11.5833 魚乍(作)父庚彝
11.5834 [illegible]乍(作)父辛尊彝
11.5837 乍(作)父辛寶尊上彝
11.5839 狽乍(作)旅彝
11.5840 亞醜乍(作)季尊彝
11.5841 膺(應)公乍(作)寶尊彝
11.5842 乍(作)公尊彝
11.5843 熒(榮)子乍(作)寶尊彝
11.5844 伯各乍(作)寶尊彝
11.5845 伯貉乍(作)寶尊彝
11.5846 伯矩乍(作)寶尊彝
11.5847 隡(隔)伯乍(作)寶尊彝
11.5848 濕(涇)伯乍(作)寶尊彝
11.5849 俞伯乍(作)寶尊彝
11.5851 仲黴乍(作)寶尊彝
11.5852 登仲乍(作)寶尊彝
11.5853 登仲乍(作)寶尊彝
11.5854 仲夷乍(作)旅尊彝
11.5856 戒叔乍(作)寶尊彝
11.5857 叔䰩乍(作)寶尊彝
11.5858 彊季乍(作)寶旅彝
11.5859 井季夐(狊)乍(作)旅彝
11.5860 鄜季乍(作)寶

尊彝
11.5861 員父乍(作)寶尊彝
11.5862 竟乍(作)厥寶尊彝
11.5863 段(鍛)金䢅乍(作)旅彝
11.5864 進(傳)臾乍(作)從宗彝
11.5865 亞耳乍(作)祖丁尊彝
11.5866 乍(作)祖己寶尊彝
11.5867 竟乍(作)祖癸寶尊彝
11.5868 史見乍(作)父甲尊彝
11.5869 辟東乍(作)父乙尊彝
11.5870 小臣乍(作)父乙寶彝
11.5872 子殷用乍(作)父丁彝
11.5873 乍(作)父丁寶尊彝
11.5874 逆乍(作)父丁寶尊彝
11.5875 乍(作)父丁寶尊彝
11.5876 枼乍(作)父丁尊彝
11.5878 伃乍(作)父己寶尊彝
11.5879 羌乍(作)父己寶尊彝
11.5880 魚乍(作)父己寶尊彝
11.5881 冶仲乍(作)父己彝
11.5882 徽(揹)乍(作)父辛寶尊彝
11.5883 責(聽)乍(作)父辛寶尊彝
11.5884 鴡矢乍(作)父辛寶彝
11.5885 耈史乍(作)父辛旅彝
11.5886 此乍(作)父辛寶尊彝
11.5887 咏乍(作)䣄(摡)尊彝
11.5889 卿乍(作)厥考寶尊彝
11.5890 北伯殁乍(作)寶尊彝
11.5891 魌乍(作)祖乙寶彝
11.5892 㬜(醬)乍(作)祖辛寶尊彝
11.5893 犟乍(作)妣癸尊彝
11.5894 乍(作)父乙尊彝
11.5895 𪗋乍(作)父乙寶尊彝
11.5896 令哮(咾)乍(作)父乙寶尊彝
11.5897 史伏乍(作)父乙寶旅彝
11.5898 乍(作)父丁寶尊彝
11.5899 叡(攎)乍(作)父戊寶簹(尊)彝
11.5900 亯册𨟭(?)乍(作)父己尊彝
11.5901 隹乍(作)父己寶彝
11.5902 獸乍(作)父庚寶尊彝
11.5903 厥子乍(作)父辛寶尊彝
11.5904 貍乍(作)父癸寶尊彝
11.5905 單㫺(具)乍(作)父癸寶尊彝
11.5906 䧹乍(作)父癸旅寶尊彝
11.5907 𣪘(𦓴)乍(作)父癸寶尊彝
11.5908 䍜乍(作)厥皇考寶尊彝
11.5909 仲子乍(作)日乙尊彝
11.5910 子麦乍(作)母辛尊彝
11.5912 噩(鄂)侯弟厝(厝)季乍(作)旅彝
11.5915 衛乍(作)季衛父寶尊彝
11.5916 戎帆(抻)玉人父宗彝𦚏(肆)
11.5917 盩嗣土(徒)幽乍(作)祖辛旅彝
11.5918 對乍(作)父乙寶尊彝
11.5919 對乍(作)父乙寶尊彝
11.5920 單乍(作)父乙旅尊彝
11.5921 奪乍(作)父丁寶尊彝
11.5922 周免旁乍(作)父丁宗寶彝
11.5923 乍(作)父丁寶旅彝
11.5924 乍(作)父丁寶旅彝
11.5925 傳乍(作)父戊寶尊彝
11.5926 亞𣄰(杠)旅萛乍(作)父辛彝尊
11.5927 㕓(征)乍(作)父癸寶尊彝
11.5928 𠀤辟乍(作)日癸公寶尊彝
11.5929 䰞乍(作)母甲尊彝
11.5930 麃父乍(作)𡛷是從宗彝𦚏(肆)
11.5932 屯乍(作)兄辛寶尊彝
11.5933 𤝞乍(作)兄日壬寶尊彝
11.5934 述乍(作)兄日乙寶尊彝
11.5935 者(諸)姛以大子尊彝
11.5936 者(諸)姛以大子尊彝
11.5940 季盄(寧)乍(作)寶尊彝
11.5942 参乍(作)甲考宗彝
11.5943 效乍(作)祖辛亢寶尊彝
11.5944 𤥕(班)乍(作)父乙寶尊彝
11.5945 弃(扶)者君乍(作)父乙寶尊彝
11.5946 □乍(作)父癸寶尊彝
11.5947 憻(憻)季遽父乍(作)豐姬寶尊彝
11.5948 公乍(作)寶尊彝
11.5950 引爲魖膚寶尊

彝
11.5951 省史趄乍(作)祖丁寶尊彝
11.5953 犀犀(肇)其乍(作)父己寶尊彝
11.5954 湈(沬)伯趘乍(作)厥考寶旅尊彝
11.5955 倗乍(作)厥考寶尊彝
11.5956 用乍(作)父甲寶尊彝
11.5957 用乍(作)父乙旅尊彝
11.5958 弴攺乍(作)父庚尊彝
11.5960 事(史)䵼乍(作)丁公寶彝
11.5961 伯乍(作)厥文考尊彝
11.5962 用乍(作)寶尊彝
11.5963 無(許)仲趞乍(作)厥文考寶尊彝
11.5964 穀乍(作)父乙宗寶尊彝
11.5965 用乍(作)文父辛尊彝
11.5966 員乍(作)父壬寶尊彝
11.5967 用乍(作)父己尊彝
11.5968 乍(作)文考日辛寶尊彝
11.5969 伯乍(作)蔡姬宗彝
11.5970 乍(作)父己寶宗彝
11.5971 執用乍(作)父丁尊彝
11.5972 □□乍(作)其爲乙考宗彝
11.5973 用乍(作)父乙尊彝
11.5974 用乍(作)宗彝
11.5975 用乍(作)父乙寶尊彝
11.5976 黄肇乍(作)文考宗伯旅尊彝
11.5977 用乍(作)魚(盧)高祖缶(寶)尊彝
11.5978 用乍(作)父乙寶尊彝
11.5979 用乍(作)公日辛寶彝
11.5980 乍(作)文考日己寶尊宗彝
11.5981 用乍(作)考付父尊彝
11.5982 自乍(作)寶彝
11.5983 啟乍(作)祖丁旅寶彝
11.5984 能匋用乍(作)文父日乙寶尊彝
11.5985 用乍(作)父戊尊彝
11.5986 用乍(作)父乙寶尊彝
11.5987 用乍(作)父辛寶尊彝
11.5988 用乍(作)文考尊彝
11.5991 用乍(作)父乙寶尊彝
11.5992 用乍(作)姑寶彝
11.5993 乍(作)厥穆穆文祖考寶尊彝
11.5994 用乍(作)寶彝
11.5995 用乍(作)厥文考寶彝
11.5996 用乍(作)父辛寶尊彝
11.5997 商用乍(作)文辟日丁寶尊彝
11.5998 由伯曰:𠂆御乍(作)尊彝/曰由伯子曰:𠂆爲厥父彝
11.5999 用乍(作)父癸寶尊彝
11.6001 用乍(作)攸寶尊彝
11.6003 用乍(作)父癸宗寶尊彝
11.6004 用乍(作)團宮旅彝
11.6005 用乍(作)辛公寶尊彝
11.6006 用乍(作)尊彝
11.6007 肆(肇)乍(作)京公寶尊彝
11.6008 用乍(作)父乙寶旅彝
11.6009 用乍(作)寶尊彝
11.6010 用詐(作)大孟姬賸(媵)彝鐳(缶)
11.6011 余用乍(作)朕文考大仲寶尊彝
11.6013 用乍(作)朕文祖益公寶尊彝
11.6014 用乍(作)囡(匽、庾)公寶尊彝
11.6015 用乍(作)寶尊彝
11.6016 用乍(作)父丁寶尊彝
11.6350 乍(作)姑彝
11.6361 伯乍(作)彝
11.6362 伯乍(作)彝
11.6363 伯乍(作)彝
11.6365 戚乍(作)彝
11.6366 戚乍(作)彝
12.6431 員乍(作)旅彝
12.6432 員乍(作)旅彝
12.6434 季乍(作)旅彝
12.6435 乍(作)秝(封)從彝
12.6436 逨(徠)乍(作)寶彝
12.6437 耒乍(作)寶彝
12.6438 乍(作)寶尊彝
12.6441 高乍(作)父乙彝
12.6452 夨王乍(作)寶彝
12.6453 麦伯乍(作)寶彝
12.6455 伯戋乍(作)旅彝
12.6459 邑乍(作)寶尊彝
12.6460 事乍(作)小旅彝
12.6461 亘丰(丰)㧊(琕)乍(作)彝
12.6466 尚乍(作)父乙彝
12.6467 丰(丰)乍(作)父乙尊彝
12.6468 小臣乍(作)父乙寶彝
12.6470 ❫乍(作)父丙尊彝
12.6471 句乍(作)父丁尊彝
12.6473 □乍(作)父辛

寶尊彝
12.6474 敉乍(作)父癸彝
12.6475 朕乍(作)父癸尊彝
12.6476 北子華乍(作)旅彝
12.6477 伯旟乍(作)寶尊彝
12.6478 伯旟乍(作)寶尊彝
12.6479 者(諸)兒乍(作)寶尊彝
12.6480 遟乍(作)寶尊彝
12.6481 㷭纚(鋞)玃乍(作)祖辛彝
12.6482 中乍(作)妣己彝
12.6483 乍(作)父戊彝
12.6484 乍(作)父己尊彝
12.6485 子达乍(作)兄日辛彝
12.6486 叔傳(塼)乍(作)楷公寶彝
12.6487 征乍(作)笭公寶尊彝
12.6488 冶徣乍(作)厥寶尊彝
12.6489 其(箕)史乍(作)祖己寶尊彝
12.6490 齊史遟乍(作)祖辛寶彝
12.6491 齊史遟乍(作)祖辛寶彝
12.6492 凡乍(作)父乙尊彝
12.6493 誄乍(作)父丁寶尊彝
12.6494 舌仲乍(作)父丁寶尊彝
12.6496 子乍(作)父戊彝
12.6499 誄乍(作)父己尊彝
12.6500 鼓𦎫乍(作)父辛寶尊彝
12.6501 ⺈乍(作)父癸寶尊彝
12.6502 乍(作)母甲尊彝
12.6503 吕伯乍(作)厥取(祖)寶尊彝
12.6504 㽙作(作)父己寶尊彝
12.6505 何乍(作)杫(藝、禰)日辛尊彝
12.6507 北子乍(作)寶尊彝
12.6508 用乍(作)父乙寶尊彝
12.6509 用乍(作)寶尊彝
12.6510 庶用乍(作)寶尊彝
12.6512 用乍(作)寶尊彝
12.6514 用乍(作)父乙寶尊彝
12.6516 用乍(作)寶尊彝
12.7204 米宮彝
12.7205 夭(走)乍(作)彝
12.7206 夭(走)乍(作)彝
12.7207 乍(作)從彝
12.7208 乍(作)從彝
12.7209 乍(作)從彝
12.7258 登乍(作)尊彝
12.7259 ⺈乍(作)從彝
12.7260 乍(作)𤔲(封)從彝
12.7261 𢍏祖乙乍(作)彝
12.7272 叔乍(作)母□彝
12.7273 單光乍(作)從彝
12.7274 㪅(敉)册乍(作)从彝
12.7275 買王罘尊彝
12.7276 買王罘尊彝
12.7278 𦘔(𦗼)引乍(作)尊彝
12.7279 史見乍(作)父甲彝
12.7280 句乍(作)父丁尊彝
12.7284 乍(作)父辛寶尊彝
12.7285 亞夫乍(作)寶從彝
12.7286 亞夫乍(作)寶從彝
12.7287 婦鴾(鴅)乍(作)彝
12.7288 亞𣄰(杠)妏父辛尊彝
12.7289 吙乍(作)祖己尊彝
12.7290 亞乍(作)父乙寶尊彝
12.7291 亞乍(作)父乙寶尊彝
12.7292 卿乍(作)父乙寶尊彝
12.7294 叡乍(作)父戊尊彝
12.7295 叡乍(作)父戊尊彝
12.7296 天(大、太)子聽乍(作)父丁彝
12.7297 𩫖乍(作)母癸彝
12.7298 𩫖乍(作)母癸彝
12.7299 𡱝(𧫷)丏䰜父辛彝
12.7300 亞鴽皿合乍(作)尊彝
12.7301 埶(藝)戉乍(作)祖癸句寶彝
12.7302 亞或其䚺乍(作)父己彝
12.7304 妏乍(作)乙公寶彝
12.7305 趞乍(作)日癸寶尊彝
12.7306 亞⺈羌旐向乍(作)尊彝
12.7307 亞𣄰(杠)⺈(負)乍(作)父丁寶尊彝
12.7310 用乍(作)父乙尊彝
12.7311 用乍(作)父乙彝
12.7312 用〔作〕辟日乙尊彝
13.8303 乍(作)彝
14.8509 父丁彝
14.8822 爵寶彝
14.8823 爵寶彝
14.8829 右乍(作)彝

14.8830 訠(詔、叨)乍(作)彝
14.8831 侁乍(作)彝
14.8833 乍(作)從彝
14.8881 乍(作)父乙彝
14.8986 走(趣)馬乍(作)彝
14.8991 過伯乍(作)彝
14.8992 㠯(㠯、良)乍(作)祖乙彝
14.9004 乍(作)父乙尊彝
14.9020 歸乍(作)父辛彝
14.9025 亞丁父癸尊彝
14.9026 𤞷(狃)父癸尊彝
14.9027 妊乍(作)殺(郱)嬴(嬴)彝
14.9028 妊乍(作)殺(郱)嬴(嬴)彝
14.9029 麇婦辟彝
14.9030 麇婦辟彝
14.9031 立乍(作)寶尊彝
14.9032 聞乍(作)寶尊彝
14.9033 剛乍(作)寶尊彝
14.9035 伯䀦乍(作)寶彝
14.9036 伯限乍(作)寶彝
14.9037 叔牙乍(作)尊彝
14.9038 耳日獲乍(作)寶旅彝
14.9039 尹公乍(作)旅彝
14.9040 伯尾父乍(作)寶彝
14.9041 史曶乍(作)寶彝
14.9042 乍(作)孔尊彝
14.9043 剅乍(作)祖乙寶彝
14.9044 剅乍(作)祖乙寶彝
14.9045 贏乍(作)祖丁寶彝
14.9046 逹乍(作)祖辛旅彝
14.9047 襄庚乍(作)祖辛彝
14.9052 乍(作)甫(父)丁寶尊彝
14.9053 獸乍(作)父戊寶彝
14.9058 埶(藝)遥父庚寶彝
14.9059 𩵦(狚)乍(作)父庚尊彝
14.9062 嬀乍(作)父癸尊彝
14.9063 史遽乍(作)寶尊彝
14.9065 效乍(作)祖戊寶尊彝
14.9066 㿝(嗑)乍(作)[illegible]祖己旅寶彝
14.9067 牆乍(作)父乙寶尊彝
14.9068 牆乍(作)父乙寶尊彝
14.9069 乍(作)父乙旅尊彝
14.9070 乍(作)尊彝
14.9071 小車乍(作)父丁寶彝
14.9072 乍(作)父丁尊彝
14.9073 𠬝(畊)乍(作)父己尊彝
14.9076 攸乍(作)上父寶尊彝
14.9077 □乍(作)厥父寶尊彝
14.9078 𨚕(召)乍(作)父丁尊彝
14.9079 達乍(作)父己尊彝
14.9083 萛大乍(作)父辛寶尊彝
14.9086 美乍(作)厥祖可公尊彝
14.9087 美乍(作)厥祖可公尊彝
14.9088 乍(作)文父乙彝
14.9089 觲乍(作)召伯父辛寶尊彝
14.9090 者(諸)姛以大子尊彝
14.9091 索諆乍(作)有羔日辛䵼彝
14.9092 婦闌乍(作)文姑日癸尊彝
14.9093 婦闌乍(作)文姑日癸尊彝
14.9094 用乍(作)父甲寶彝
14.9095 呂仲僕乍(作)毓子寶尊彝
14.9097 舟龠(角)煒乍(作)厥祖乙寶宗彝
14.9098 用乍(作)尊彝
14.9099 用乍(作)父辛彝
14.9100 用乍(作)父癸尊彝
14.9101 用乍(作)父丁彝
14.9102 用乍(作)父癸彝
14.9103 用乍(作)父辛尊彝
14.9104 用乍(作)父寶尊彝
14.9105 用乍(作)父丁尊彝
15.9235 𠭯(史)眀乍(作)彝
15.9236 登乍(作)尊彝
15.9237 光乍(作)從彝
15.9239 茾乍(作)寶尊彝
15.9240 戈卬(𠛬、併)乍(作)父丁彝
15.9241 劦闢乍(作)父丁彝
15.9242 宁狽乍(作)父丁彝
15.9243 乍(作)婦姑尊彝
15.9244 微乍(作)康公寶尊彝
15.9246 婦闌乍(作)文姑日癸尊彝
15.9247 婦闌乍(作)文姑日癸尊彝
15.9248 乍(作)父乙寶尊彝
15.9249 用乍(作)母癸尊彝
15.9286 㲃(揗)乍(作)寶彝

15.9288 賷(賸)引乍(作)尊彝
15.9289 疐乍(作)父丁寶彝
15.9290 冉父辛寶尊彝
15.9291 乍(作)女(母)戊寶尊彝
15.9292 匽(匵)乍(作)父辛寶尊彝
15.9293 旛乍(作)父乙寶尊彝
15.9294 者(諸)女(母)以大子尊彝
15.9295 者(諸)女(母)以大子尊彝/者(諸)姛以大子尊彝
15.9296 玭(班)乍(作)父乙寶尊彝
15.9297 守宮乍(作)父辛尊彝
15.9298 仲子員汯(泓)乍(作)文父丁尊彝
15.9300 用乍(作)父戊寶尊彝
15.9301 用乍(作)文嫊己寶彝
15.9302 乍(作)文考日己寶尊宗彝
15.9368 元乍(作)彝
15.9382 冉乍(作)宗彝
15.9383 丫(屮)乍(作)從彝
15.9384 乍(作)𦓤(封)從彝
15.9385 此乍(作)寶彝
15.9394 乍(作)從彝
15.9395 鄦(蘁)父乍(作)寶彝
15.9396 單光乍(作)從彝用/單光從彝
15.9397 公乍(作)寶尊彝
15.9400 伯定乍(作)寶彝
15.9402 卿乍(作)父乙尊彝
15.9404 戈卬(邢)乍(作)父丁彝
15.9405 中乍(作)父丁彝
15.9408 魯侯乍(作)姜享彝
15.9412 伯矩乍(作)寶尊彝
15.9414 陖(隔)伯乍(作)寶尊彝
15.9415 乍(作)仲子辛彝
15.9421 汱乍(作)父乙尊彝
15.9422 汱乍(作)父乙尊彝
15.9424 遟乍(作)厥考寶尊彝
15.9427 伯亘乍(作)西宮伯寶尊彝
15.9430 伯害(憲)乍(作)召伯父辛寶尊彝
15.9431 柙乍(作)寶尊彝
15.9435 伯衛父乍(作)嬴𩰫彝
15.9439 乍(作)父乙寶尊彝
15.9444 季老或乍(作)文考大伯寶尊彝
15.9454 用乍(作)父癸寶尊彝
15.9455 用肇乍(作)尊彝
15.9520 乍(作)旅彝
15.9521 乍(作)從彝
15.9531 蜍乍(作)寶彝
15.9532 刅(創)乍(作)寶彝
15.9533 夾乍(作)彝
15.9544 亞羌乍(作)钛(獮、禰)彝
15.9545 亞舀乍(作)旅彝
15.9548 乍(作)父己尊彝
15.9550 䰜乍(作)尊彝
15.9553 楷侯乍(作)旅彝
15.9554 丕伯乍(作)尊彝
15.9557 畬姬乍(作)寶彝
15.9566 汱乍(作)父乙尊彝
15.9567 伯矩乍(作)寶尊彝
15.9568 伯矩乍(作)寶尊彝
15.9569 伯到(致)乍(作)寶尊彝
15.9576 𦥑(喪)尸乍(作)父己尊彝
15.9577 叡乍(作)父辛彝
15.9585 內(芮)伯肇乍(作)盩公尊彝
15.9592 奪乍(作)父丁寶尊彝
15.9593 奪乍(作)父丁寶尊彝
15.9595 歸妞乍(作)父辛寶尊彝
15.9612 大乍(作)父乙寶彝
15.9689 用乍(作)寶尊彝
15.9698 爲宗彝𩰫彝
15.9699 爲宗彝𩰫彝
15.9710 甬(用)乍(作)宗彝尊壺
15.9711 甬(用)乍(作)宗彝尊壺
15.9735 鑄爲彝壺
15.9802 竟乍(作)厥彝
15.9803 乍(作)員從彝
15.9804 乍(作)員從彝
15.9805 乍(作)祖戊尊彝
15.9809 大(太)史乍(作)尊彝
15.9812 皿乍(作)父己尊彝
15.9813 伯乍(作)厥寶尊彝
15.9814 再乍(作)日父丁尊彝
15.9815 乍(作)父乙寶彝尊雷(罍)
15.9817 趞乍(作)文父戊尊彝
15.9818 者(諸)姛以大子尊彝/者(諸)姛以尊彝大子
15.9819 者(諸)姛以大子尊彝
15.9820 婦闖乍(作)文姑日癸尊彝
15.9822 蘩乍(作)祖己尊彝

15.9823 其乍(作)彝
16.9875 井叔乍(作)旅彝
16.9876 伯豐乍(作)旅彝
16.9877 册旻乍(作)彝
16.9880 熒(榮)子乍(作)寶尊彝
16.9881 熒(榮)子乍(作)寶尊彝
16.9882 仲追父乍(作)宗彝
16.9883 皿天全(玲)乍(作)父己尊彝
16.9884 匽(匽)乍(作)父辛寶尊彝
16.9885 匽(匽)乍(作)父辛寶尊彝
16.9888 用乍(作)寶尊彝
16.9889 彈攸(肇)乍(作)父庚尊彝
16.9891 乍(作)文考日己寶尊宗彝
16.9892 用乍(作)高文考父癸寶尊彝
16.9893 用乍(作)尊彝
16.9894 用宔(鑄)丁宗彝
16.9896 用乍(作)朕文考乙公寶尊彝
16.9897 用乍(作)文祖它公寶尊彝
16.9898 用乍(作)青尹寶尊彝
16.9899 用乍(作)朕文祖益公寶尊彝
16.9900 用乍(作)朕文祖益公寶尊彝
16.9901 用乍(作)父丁寶尊彝
16.10049 乍(作)從彝
16.10050 乍(作)從彝
16.10057 乍(作)𡉚(封)從彝
16.10059 曆乍(作)寶尊彝
16.10060 矩乍(作)寶尊彝
16.10062 公乍(作)寶尊彝
16.10067 征(延)乍(作)周公尊彝
16.10068 𨛫(鬺)父乍(作)寶尊彝
16.10069 熒(榮)子乍(作)寶尊彝
16.10073 𢀜(規)伯矩乍(作)寶尊彝
16.10078 𢓊乍(作)厥考寶尊彝
16.10083 京隮(陳)仲僕乍(作)父辛寶尊彝
16.10084 北子宋乍(作)文父乙寶尊彝
16.10105 用乍(作)寶尊彝
16.10152 爲宗彝𩰫彝
16.10171 用詐(作)大孟姬媵(媵)彝盤(盤)
16.10175 用乍(作)寶尊彝
16.10191 乍(作)父乙寶尊彝
16.10245 𧡛子乍(作)行彝
16.10260 乍(作)嗣𢆶彝
16.10308 逑乍(作)寶尊彝
16.10309 微乍(作)康公寶尊彝
16.10351 乍(作)父丁寶旅彝
16.10360 用乍(作)散宮旅彝
16.10527 乍(作)尊彝
16.10528 乍(作)寶彝
16.10529 乍(作)寶彝
16.10530 乍(作)旅彝
16.10531 乍(作)旅彝
16.10538 光乍(作)從彝
16.10539 乍(作)𤞷寶彝
16.10540 伯乍(作)旅彝
16.10541 伯乍(作)旅彝
16.10542 弔乍(作)寶彝
16.10543 卲乍(作)寶彝
16.10544 宵乍(作)旅彝
16.10545 伯魚乍(作)寶彝
16.10546 𦨶伯乍(作)寶彝
16.10547 弔乍(作)寶尊彝
16.10548 叔乍(作)寶尊彝
16.10549 [illegible]姬乍(作)寶彝
16.10550 吳(嘩)禾乍(作)寶彝
16.10551 比乍(作)寶尊彝
16.10552 凡乍(作)旅彝
16.10553 疑乍(作)伯旅彝
16.10554 衍耳乍(作)父乙彝
16.10555 子乍(作)父乙寶彝
16.10556 柚乍(作)父丁旅彝
16.10557 乍(作)父丁寶旅彝
16.10558 壽乍(作)父戊尊彝
16.10560 𡉚(封)乍(作)父辛尊彝
16.10561 泬气(乞)乍(作)父辛彝
16.10562 女(汝)母乍(作)婦己彝
16.10563 伯享父乍(作)𩰫彝
16.10564 伯丙乍(作)寶尊彝
16.10566 俞伯乍(作)寶尊彝
16.10567 向乍(作)厥尊彝
16.10568 山乍(作)父乙尊彝
16.10569 岬乍(作)父戊寶尊彝
16.10570 乍(作)父戊彝
16.10571 堇伯乍(作)旅尊彝
16.10572 [illegible]乍(作)

父丁寶尊彝

16.10573 田乍(作)父己寶尊彝

16.10574 耳乍(作)父癸寶尊彝

16.10575 趨(鄒)子𡨦(偯)乍(作)父庚寶尊彝

16.10576 庚姬乍(作)𦉢女(母)寶尊彝

16.10580 用乍(作)旅彝

16.10581 用乍(作)父辛尊彝

16.10582 用乍(作)父□尊彝

2550　緞

16.10173 經緞(維)四方

2551　藺

3.804 𠦪藺

2552　總

1.121 以克總光朕郕(越)

1.122 以克總光朕郕(越)

1.125-8 台(以)克總光朕郕(越)

1.132 台(以)克總光朕郕(越)

2553　纕

15.9606 纕(襄)安君其鉼(瓶)

2554　茲(縺)

1.144 自祝(鑄)禾(龢)茲(聯)翟(鑃)

2555　䜌(繼)

5.2839 𧷤伯□□□□于明伯、䜌(繼)伯、𠂤伯

2556　絟(繼)

9.4644 絟(繼)毋星(埕)用祀

2557　蠱(纚)

10.5360 亞棗(㯥)窥蠱(纚)乍(作)父癸寶尊彝

2558　䜌、䜌

15.9448 右䜌者

15.9450 左䜌者

15.9452 䜌(聯)綃(絞)/䜌綃

15.9683 左䜌者

15.9685 左䜌者

15.9692 左䜌者

16.10257 右䜌者

16.10358 左䜌者

16.10359 左䜌者

16.10396 左䜌者

16.10402 右䜌者

2559　䜌

5.2719 賓貣(布)馬䜌乘

2560　纍、絅

8.4288 新賜女(汝)赤巿、朱黃(衡)、中絅(褧)、攸(鋚)勒

8.4289 新賜女(汝)赤巿、朱黃(衡)、中絅(褧)、攸(鋚)勒

8.4290 新賜女(汝)赤巿、朱黃(衡)、中絅(褧)、攸(鋚)勒

8.4291 新賜女(汝)赤巿、朱黃(衡)、中絅(褧)、攸(鋚)勒

2561　綊

1.223-4 維緐□唯綊

2562　䟗(捷)

4.1944 亞𡨦[illegible]臣䟗(捷)

2563　[illegible]

10.5192 皇[illegible]乍(作)尊彝

2564　盩、盩、系

10.5378 王賜小臣盩(系)

10.5379 王賜小臣盩(系)

14.8809 戈涉盩(系)

17.10686 系

17.11301 下丘嗇夫□、工師𠂤、冶系

2565　孫

1.31 子孫永寶用

1.35 子子孫孫永寶

1.42 孫孫子子其永寶

1.43 孫子其永寶

1.44 孫孫子子其永寶

1.45 孫孫子子其永寶

1.46 其萬年子孫永寶

1.47 其子子孫孫永享用之

1.54 子子孫孫

1.55 子子孫孫

1.56 子子孫孫

1.57 子子孫孫

1.58 子子孫孫

1.59 子子孫孫

1.65 子子孫孫

1.66 子孫永寶用享

1.68 子孫永寶用享

1.69 子孫永寶用享

1.71 子孫永寶用享

1.72 子孫永保用之

1.86 子子孫孫

1.87 子子孫孫

1.93 攻敔仲冬䞣之外孫、坪之子臧孫/子子孫孫

1.94 攻敔仲冬䞣之外孫、坪之子臧孫/子子孫孫

1.95 攻敔仲冬䞣之外孫、坪之子臧孫/子子孫孫

1.96 攻敔仲冬䞣之外孫、坪之子臧孫/子子孫孫

1.97 攻敔仲䞣之外孫、坪之子臧孫/子子孫孫

1.98 攻敔仲䞣之外孫、坪之子臧孫/子子孫孫

1.99 攻敔仲䞣之外孫、坪之子臧孫/子子孫孫

1.100 攻敔仲冬䞣之外孫、坪之子臧孫/子

子孫孫
1.101 攻敔仲冬戠之外孫、坪之子臧孫/子子孫孫
1.102 陸螮(融)之孫邾公鈓
1.103 子子孫孫亡(無)疆寶
1.106 孫子其永寶
1.107-8 子子孫孫永寶用
1.109-10 子子孫永寶用享
1.112 子子孫永寶用享
1.113 群孫斯子璋/子子孫孫
1.114 群孫斯子璋/子子孫孫
1.115 群孫斯子璋/子子孫孫
1.116 群孫斯子璋/子子孫孫
1.117 群孫斯子璋/子子孫孫
1.118-9 群孫斯子璋/子子孫孫
1.124 子孫永保
1.125-8 子孫永保
1.129-31 子孫永保
1.133 其子子孫孫永寶
1.134 其子子孫孫永寶
1.135 其子子孫孫永寶
1.136 其子子孫孫永寶
1.137-9 其子孫孫永寶
1.140 鼄(邾)公孫班擇其吉金/子子孫孫
1.142 齊鞷(鮑)氏孫乚擇其吉金/子子孫孫
1.143 孫子永寶
1.144 順余子孫
1.145 子子孫永寶
1.146 子子孫永寶
1.147 子子孫永寶
1.148 子子孫永寶
1.153 子子孫孫
1.154 子子孫孫
1.171 □朱句(勾)之孫(?)□亘□喪/台孫皆永寶
1.172 子子孫孫
1.173 子子孫孫
1.174 孫永保用之
1.175 子子孫孫
1.176 子子孫孫
1.177 子子孫孫
1.178 子子孫孫
1.179 子子孫孫
1.180 子子孫孫
1.182 子子孫孫
1.183 曾孫僕兒、余迖斯于之子(孫)、余茲佫之元子/子孫用之
1.184 子孫用之
1.185 曾孫僕兒、余迖斯于之孫
1.186 子孫用之
1.193 子子孫孫
1.194 子子孫孫
1.195 子子孫孫
1.196 子子孫孫
1.197 子子孫孫
1.198 子子孫孫
1.199 子子孫孫
1.200 子子孫孫
1.201 子子孫孫
1.202 子子孫孫
1.203 子孫永保鼓之
1.204-5 子子孫孫永寶
1.206-7 子子孫孫永寶
1.209 子子孫孫永寶
1.210 子孫鼓之
1.211 子孫鼓之
1.216 子孫鼓之
1.217 子孫鼓之
1.218 子孫鼓之
1.219 子孫鼓之
1.220 子孫鼓之
1.221 子孫鼓之
1.222 子孫鼓之
1.225 郘(呂)黛(縹)曰:余畢公之孫、郘(呂)伯之子/世世子孫
1.226 郘(呂)黛(縹)曰:余畢公之孫、郘(呂)伯之子/世世子孫
1.227 郘(呂)黛(縹)曰:余畢公之孫、郘(呂)伯之子/世世子孫
1.228 郘(呂)黛(縹)曰:余畢公之孫、郘(呂)伯之子/世世子孫
1.229 郘(呂)黛(縹)曰:余畢公之孫、郘(呂)伯之子/世世子孫
1.230 郘(呂)黛(縹)曰:余畢公之孫、郘(呂)伯之子/世世子孫
1.231 郘(呂)黛(縹)曰:余畢公之孫、郘(呂)伯之子/世世子孫
1.232 郘(呂)黛(縹)曰:余畢公之孫、郘(呂)伯之子/世世子孫
1.233 郘(呂)黛(縹)曰:余畢公之孫、郘(呂)伯之子/世世子孫
1.234 郘(呂)黛(縹)曰:余畢公之孫、郘(呂)伯之子/世世子孫
1.235 郘(呂)黛(縹)曰:余畢公之孫、郘(呂)伯之子/世世子孫
1.236 郘(呂)黛(縹)曰:余畢公之孫、郘(呂)伯之子/世世子孫
1.237 郘(呂)黛(縹)曰:余畢公之孫、郘(呂)伯之子/世世子孫
1.238 子子孫孫
1.239 子子孫孫
1.240 子子孫孫
1.241 子子孫孫
1.245 子子孫孫
1.260 福余順孫
1.261 王孫遺者擇其吉金/枼(世)萬孫子
1.271 齊辟鞷(鮑)叔之孫、遵(躋)仲之子䡣(紟)/侯氏從造(告)之曰:枼(世)萬至於辝(台)孫子/子子孫永保用享
1.272-8 不(丕)顯穆公

之孫 / 其乍(祚)福元孫 / 子孫永保用享
1.280 毋☐公之孫
1.285 不(丕)顯穆公之孫、其配襄公之妣 / 其乍(祚)福元孫 / 子子孫孫
2.350 子子孫孫
2.351 子子孫孫
2.352 子子孫孫
2.353 子子孫孫
2.354 子子孫孫
2.355 子子孫孫
2.356 其子子孫孫永日鼓樂茲鐘
2.357 其子子孫孫日鼓樂茲鐘
2.421 子子孫孫
2.422 子子孫孫
2.423 子子孫孫
2.424 子子孫孫
2.425 枼(世)萬子孫
2.426 子孫用之
2.427 子孫用之
2.428 羕子孫余冉 / 子子孫孫
2.429 余受此于之玄孫 / 世(?)萬子孫永保
3.592 士孫伯敎(揀)自乍(作)尊鬲
3.600 子子孫孫
3.627 子子孫孫永寶用
3.630 番伯𠂤孫自乍(作)寶鬲
3.633 其永子孫寶
3.635 子子孫孫
3.636 其子子孫孫寶用
3.646 子子孫孫永寶用
3.649 其子子孫孫永寶用
3.650 其子子孫孫永寶用
3.651 其子子孫孫永寶用
3.652 其子子孫孫永寶用
3.653 其子子孫孫永寶用
3.654 其子子孫孫永寶用
3.655 其子子孫孫永寶用
3.656 其子子孫孫永寶用
3.657 其子子孫孫永寶用
3.658 其子子孫孫永寶用
3.661 子孫永寶用享
3.662 子子孫孫
3.663 子孫永寶用
3.664 子孫永寶用
3.665 子孫永寶用
3.666 子子孫孫永寶用
3.667 子子孫孫永寶用
3.668 子子孫孫永寶用
3.669 子子孫孫永寶用
3.671 子子孫孫永寶用
3.672 其子子孫孫永寶用
3.673 其子子孫孫永寶用
3.674 子子孫孫永寶用
3.677 子子孫孫
3.678 子子孫孫
3.680 成伯孫父乍(作)浸嬴尊鬲 / 子子孫孫永寶用
3.681 子子孫孫
3.682 其子孫永寶用
3.683 子子孫孫
3.684 其子子孫寶用
3.685 子子孫孫
3.686 子子孫孫
3.696 子子孫孫永寶
3.697 子子孫孫永寶用
3.698 子子孫孫永寶用
3.700 其子子孫孫永寶用
3.701 其子子孫孫永寶用
3.702 其子子孫孫永寶用
3.703 其子子孫孫永寶用
3.704 其子子孫孫永寶用
3.705 子子孫孫永用
3.706 子子孫孫永用
3.708 子子孫孫永寶用
3.709 子子孫孫永寶用
3.710 子子孫孫永寶用
3.711 子子孫孫永用享
3.712 子子孫孫
3.713 子子孫孫
3.714 其子子孫永寶用享
3.715 子子孫孫永寶用
3.716 子子孫孫永寶用
3.718 其萬年子孫用之
3.719 子子孫孫
3.720 子子孫孫
3.721 子子孫孫
3.722 子子孫孫
3.723 子子孫孫
3.724 子子孫孫
3.725 子子孫孫
3.726 子子孫孫
3.727 子子孫孫
3.728 子子孫孫
3.729 子子孫孫永寶用
3.730 子子孫孫永寶用
3.732 子子孫永用
3.733 子子孫永用
3.734 子孫永用
3.736 子孫永寶用享
3.737 子子孫孫
3.738 子子孫孫永寶用
3.739 子子孫孫寶用
3.740 子子孫孫寶用
3.742 子子孫孫永寶用
3.743 其子子孫孫永寶用享
3.744 子子孫孫
3.745 子孫永寶用
3.746 子子孫孫
3.747 子子孫孫
3.748 子子孫孫
3.749 子子孫孫
3.750 子子孫孫
3.751 子子孫孫
3.752 子子孫孫
3.919 子子孫孫永寶用
3.928 子子孫孫永寶用
3.929 子子孫孫永寶用
3.930 子孫永寶
3.932 其子子孫孫永寶用
3.933 子子孫孫永寶用
3.934 至子子孫孫
3.937 子子孫永寶用
3.938 子子孫孫永寶
3.939 子子孫孫永寶用
3.940 孫子永寶用
3.941 子子孫孫
3.942 子子孫孫永寶用

3.943 子子孫孫
3.945 其子子孫孫永〔壽用之〕
3.946 王孫壽擇其吉金/子子孫孫
3.947 子孫是尚(常)
4.2285 子陝□之孫☒行甾
4.2287 㝬(胡)侯之孫敶之䵼(鼾)
4.2349 子孫永用
4.2350 子子孫孫永寶用
4.2357 楚叔之孫倗之飤鼾
4.2359 吳王孫無土之脰(廚)貞(鼎)
4.2376 子子孫孫永寶
4.2379 孫孫子永寶
4.2380 子子孫永寶用
4.2416 子子孫孫永寶用
4.2417 其子子孫孫永寶用
4.2418 子子孫永用
4.2420 孫子寶
4.2421 子子孫孫永寶用
4.2422 子子孫孫用享
4.2426 子子孫孫永寶用
4.2429 子子孫孫永寶用
4.2430 子孫永寶用享
4.2431 乃孫乍(作)祖己宗寶黹爐
4.2442 子子孫永寶用
4.2448 子孫永用享
4.2449 子孫永用享
4.2461 子孫永寶用
4.2463 子子孫孫寶用
4.2464 子子孫孫寶用
4.2465 其子子孫孫永用
4.2466 子子孫孫
4.2467 子子孫孫
4.2468 子子孫孫
4.2469 其子子孫孫用
4.2471 其子子孫其永寶用
4.2475 子孫永寶用享
4.2476 其子子孫孫永寶用
4.2484 子孫永寶用
4.2486 子子孫孫永寶
4.2488 子子孫孫永寶用
4.2489 其孫孫子子邁(萬)年永寶
4.2493 其邁(萬)年子孫永用
4.2494 子子孫孫永寶用/子子孫孫永寶用
4.2495 子子孫孫永寶用
4.2496 子孫永用
4.2497 子孫則永祜瘖(福)
4.2500 孫子永寶用
4.2503 其孫子永寶
4.2508 子子孫永寶用
4.2511 子孫其萬年永寶用
4.2512 子子孫永寶用享
4.2513 子子孫孫永寶用
4.2514 子子孫孫永寶用
4.2515 子子孫孫永寶用
4.2516 子子孫永寶用享
4.2517 子子孫孫永寶用
4.2518 子子孫孫
4.2519 子孫永寶用之
4.2520 其子子孫孫永寶用
4.2521 子子孫孫永寶用
4.2522 子子孫孫
4.2523 子子孫孫
4.2524 其子子孫孫永寶用
4.2525 子子孫孫永寶用
4.2526 子子孫孫永寶用
4.2529 子子孫永用享孝
5.2533 子子孫孫
5.2534 子子孫孫永寶用
5.2535 其子子孫孫萬年
5.2536 其子子孫孫永寶用
5.2538 子子孫孫永寶
5.2539 其子子孫孫永用享
5.2540 其子子孫孫永用享
5.2541 其子子孫孫永寶用
5.2542 其子子孫孫永寶用
5.2543 其子子孫孫永寶用
5.2544 其子子孫孫永寶用
5.2545 其子子孫孫永寶用
5.2546 子子孫孫永寶用
5.2547 子子孫孫
5.2548 子子孫孫
5.2549 子子孫孫永寶用
5.2552 子子孫孫永寶用
5.2557 子子孫孫永寶用
5.2558 子子孫孫永寶用
5.2559 子子孫孫
5.2561 子子孫永寶用
5.2562 其萬子孫永寶用
5.2563 子子孫孫永壽
5.2564 子孫永用享
5.2565 子孫永寶用享
5.2569 子子孫孫
5.2570 子子孫永寶用享
5.2571 子子孫永寶用享
5.2580 子子孫孫永寶用
5.2582 其子子孫孫用享孝于宗老
5.2583 [其子子]孫孫用享孝于宗老
5.2584 子子孫孫
5.2585 子子孫其眉壽萬年

5.2586 子子孫孫永寶用
5.2588 宋牆(莊)公之孫趨亥/子子孫孫
5.2591 其子子孫孫永寶用之
5.2596 子子孫孫永寶用
5.2598 子子孫永寶用
5.2599 子子孫永寶用
5.2600 子子孫孫永寶用
5.2601 子子孫孫永寶用
5.2602 子子孫永寶用享
5.2603 子孫永寶
5.2604 子孫永寶
5.2606 曾孫無䫏(期)自乍(作)飤繁/子孫永寶用之
5.2616 子子孫孫永寶用
5.2617 子孫永寶用
5.2618 子孫永寶用
5.2619 子子孫永寶用享
5.2620 子子孫孫
5.2621 子子孫孫
5.2622 子子孫孫
5.2624 樊季氏孫仲𪒠[擇]其吉金
5.2629 子子孫孫其永寶
5.2630 子子孫孫其永寶
5.2631 子子孫孫永寶
5.2632 子子孫永寶用享
5.2633 子子孫孫
5.2634 子孫孫永寶用享
5.2635 子孫孫永寶用享
5.2636 子孫孫永寶用享
5.2637 子子孫孫
5.2638 子子孫孫永寶用
5.2639 子子孫孫
5.2640 子子孫孫永寶用
5.2641 子子孫孫永寶用
5.2642 子子孫永寶用享
5.2644 子子孫永寶用之
5.2645 子子孫孫
5.2649 子子孫孫永寶用
5.2656 子子孫永寶用
5.2657 唯黃孫子緌(綄)君叔單自乍(作)貞(鼎)/子孫孫永寶用享
5.2663 子子孫孫永寶用
5.2664 子子孫孫永寶用
5.2665 子子孫孫永寶用
5.2666 子子孫孫永寶用
5.2667 子子孫孫
5.2668 其子子孫孫永寶用之
5.2675 子子孫孫
5.2679 子子孫永寶用
5.2680 子孫孫永寶用享
5.2681 子子孫孫永寶用
5.2690 子子孫孫
5.2691 子子孫孫
5.2692 子子孫孫
5.2697 子子孫永寶
5.2698 子子孫孫永寶
5.2699 子子孫孫永寶
5.2700 子子孫孫永寶
5.2704 子子孫其永寶
5.2713 子孫永寶用
5.2714 子子孫孫
5.2717 子子孫孫
5.2722 蘇公之孫寬兒
5.2723 孫孫子子寶用
5.2727 子子孫孫永寶用
5.2730 其子子孫孫永寶
5.2731 子子孫孫其永寶
5.2732 鄬(鄀)宰之孫簷(筥)大(太)史申/子孫是若
5.2733 子孫永寶
5.2734 子子孫孫永寶用
5.2737 子子孫孫
5.2738 子子孫孫
5.2743 其子子孫萬年
5.2744 其子子孫萬年
5.2745 子子孫孫永寶用
5.2749 子子孫孫寶
5.2753 子子孫孫永寶用
5.2754 子子孫孫永用
5.2755 其孫孫子子其永寶
5.2762 子子孫孫
5.2767 子子孫永寶
5.2768 其百子千孫/其子子孫孫永寶用
5.2769 其百子千孫/其子子孫孫永寶用
5.2770 其百子千孫/其子子孫孫永寶用
5.2771 子子孫孫
5.2772 子子孫孫
5.2774 㕓商(賞)厥文母魯公孫用貞(鼎)/王母唯用自念于周公孫子
5.2776 其孫孫子子永寶用
5.2777 子子孫孫
5.2779 子子孫孫
5.2780 孫孫子子永寶用
5.2781 子子孫孫永用
5.2786 子子孫孫
5.2787 子子孫孫永寶用
5.2788 子子孫孫永寶用
5.2789 其子子孫孫永寶
5.2790 䜌子子孫永寶用享
5.2791 西(百)世孫孫子子受厥屯(純)魯
5.2792 孫孫子子永寶用
5.2796 克其子子孫孫永寶用

5.2797 克其子子孫孫永寶用
5.2798 克其子子孫孫永寶用
5.2799 克其子子孫孫永寶用
5.2800 克其子子孫孫永寶用
5.2801 克其子子孫孫永寶用
5.2802 克其子子孫孫永寶用
5.2804 子孫永寶用
5.2805 子子孫孫永寶用
5.2807 大其子子孫孫邁(萬)年永寶用
5.2808 大其子子孫孫邁(萬)年永寶用
5.2810 子孫永寶用
5.2811 子孫是制
5.2812 子子孫孫永寶用
5.2813 子子孫永寶用
5.2814 子孫永寶用
5.2815 子子孫孫永寶
5.2816 子孫其萬年永寶用
5.2817 晨其[百]世子子孫孫
5.2818 子子孫孫永寶用
5.2819 子孫永寶用
5.2821 子子孫永寶用
5.2822 子子孫孫永寶用
5.2823 子子孫永寶用
5.2824 其子子孫孫永寶茲剌(烈)
5.2825 子子孫孫永寶用
5.2826 畯保其孫子
5.2827 子子孫孫寶用
5.2828 子子孫孫寶用
5.2829 子子孫孫寶用
5.2830 伯亦克豩(款)由先祖蠱孫子
5.2833 子子孫孫寶用
5.2834 子子孫孫寶用
5.2835 其子子孫永寶用
5.2836 永念于厥孫辟天子/子子孫孫永寶用
5.2838 子子孫孫其永寶
5.2840 子子孫孫
5.2841 子子孫孫永寶用
6.3681 子子孫孫永用
6.3690 子子孫孫永寶用
6.3718 子子孫孫用
6.3722 子子孫孫用
6.3726 子子孫孫永寶用
6.3727 子子孫孫永寶用
6.3730 唯子孫乍(作)寶
6.3734 其子子孫孫永寶用
6.3735 其子子孫孫永寶用
6.3736 其子子孫孫永寶用
6.3737 子子孫孫永用
6.3738 其邁(萬)年孫子寶
6.3741 其子孫邁(萬)年永寶
6.3742 孫孫子子其萬年用
7.3751 邁(萬)年孫子寶
7.3755 子子孫永寶用
7.3756 子子孫永寶用
7.3760 其子子孫孫永用
7.3761 子子孫孫永用
7.3762 子子孫孫永寶用
7.3764 子子孫孫其萬年用
7.3765 子子孫孫
7.3766 子子孫孫
7.3767 其萬年子孫寶用
7.3768 其萬年子孫寶用
7.3769 子子孫孫
7.3770 其子子孫孫邁(萬)年用
7.3771 其孫子永寶
7.3772 子子孫其永寶用
7.3773 其子子孫孫萬年寶用
7.3774 其子子孫孫萬年寶用
7.3783 子子孫永用
7.3784 世子孫孫寶用
7.3785 子孫孫永寶用享
7.3786 子子孫孫永寶
7.3787 其子子孫孫永用
7.3788 子孫永寶用
7.3791 孫子永寶
7.3792 子子孫孫永寶用
7.3793 子子孫孫永寶用
7.3794 子子孫孫永寶用
7.3795 子子孫孫永寶用
7.3796 子子孫孫永寶用
7.3802 其子子孫孫永寶用
7.3803 其子子孫孫永寶用
7.3804 子子孫孫永寶用
7.3805 子子孫孫永寶用
7.3806 子子孫孫永寶用
7.3808 子子孫孫永寶用
7.3809 孫孫(子子)孫孫永寶用/子子孫孫永寶用
7.3810 子子孫孫永寶用
7.3811 子子孫孫永寶用
7.3812 子子孫孫永寶用
7.3813 子子孫孫永寶用
7.3814 子子孫孫永寶用
7.3816 子子孫孫永用
7.3817 子子孫孫

7.3818 子子孫孫
7.3819 子子孫孫永寶用
7.3821 其子子孫孫永寶用
7.3827 用鑄(饋)厥孫子
7.3833 子子孫孫永寶用
7.3834 子子孫孫永寶用
7.3835 其子子孫孫萬年永寶用
7.3836 子子孫孫
7.3840 其子子孫孫邁(萬)年永寶用
7.3841 其子子孫孫邁(萬)年永寶用
7.3842 子子孫孫永寶用
7.3843 子子孫孫永寶用
7.3844 子子孫孫永寶用
7.3845 子子孫孫其永寶用
7.3846 孫孫子子其永用
7.3847 其子子孫永寶用享
7.3849 其子子孫孫永寶用
7.3850 其子子孫孫永寶用
7.3851 其子子孫孫永寶用
7.3852 其子子孫孫永寶用
7.3853 其子子孫孫永寶用
7.3854 其子子孫孫永寶用
7.3855 其子子孫孫永寶用
7.3856 其子子孫孫永寶用
7.3857 其子子孫孫永寶用
7.3859 子子孫孫其寶用
7.3863 子子孫其永寶
7.3865 子子孫孫
7.3866 子孫永寶用
7.3867 子孫寶用
7.3868 孫孫子子永寶用
7.3869 子子孫孫
7.3870 囱(百)世孫子寶
7.3871 子子孫孫
7.3872 子子孫孫永用享考(孝)
7.3873 子子孫孫永寶用
7.3874 子子孫孫永寶用
7.3875 子子孫孫永寶用
7.3876 子子孫孫永寶用
7.3877 子子孫孫永寶用
7.3878 其子子孫孫邁(萬)年永寶用
7.3879 其子子孫孫邁(萬)年永寶用
7.3880 其子子孫孫邁(萬)年永寶用
7.3881 子子孫孫永寶用
7.3882 子子孫孫永寶
7.3883 子子孫孫永寶
7.3884 子子孫孫永寶
7.3885 子子孫孫永寶
7.3886 子子孫孫永寶
7.3887 子子孫孫永寶用
7.3888 子子孫孫永寶用
7.3889 子子孫孫永寶用
7.3890 子子孫孫永寶用
7.3891 其子孫永寶用
7.3892 子子孫其萬年
7.3893 子子孫永寶用享
7.3895 子子孫孫永寶用
7.3896 子子孫孫
7.3897 子子孫孫
7.3898 子子孫孫
7.3899 子子孫孫
7.3901 子子孫永寶用享
7.3902 子子孫孫
7.3903 子子孫孫永寶用
7.3908 子子孫邁(萬)年永寶
7.3909 子子孫永用
7.3910 其子孫永寶用
7.3911 其子孫永寶用
7.3912 子子孫孫永寶用
7.3913 子子孫孫永寶用
7.3914 子子孫孫永寶用
7.3915 其孫孫子子永寶用
7.3916 子子孫孫永寶用
7.3917 子子孫孫永寶用
7.3918 子子孫其永寶用
7.3919 子子孫孫
7.3921 子孫永寶用
7.3922 子子孫孫永寶用
7.3923 子子孫孫永寶用
7.3924 子子孫孫
7.3925 子子孫孫
7.3926 子子孫孫
7.3927 子子孫孫永寶用
7.3928 子子孫永寶
7.3929 子子孫永寶
7.3930 子子孫永寶
7.3935 子子孫孫
7.3936 子子孫永寶
7.3937 子子孫孫永寶
7.3938 子子孫孫永寶
7.3945 子子孫孫永寶用
7.3946 子子孫孫永寶用
7.3947 子孫寶用
7.3949 子子孫孫其永寶用
7.3952 子子孫孫
7.3953 其子孫永寶
7.3955 子子孫孫永寶用
7.3956 子子孫孫永寶

用

7.3957 子子孫孫永寶用

7.3958 其子子孫孫永寶用

7.3959 其子孫永寶用

7.3960 子子孫孫永寶用

7.3961 子子孫孫永寶用

7.3962 子子孫孫永寶用

7.3963 子子孫孫永寶用

7.3964 其子子孫永寶用

7.3965 其子子孫永寶用

7.3966 其子子孫永寶用

7.3967 其子子孫孫永寶用

7.3968 其子子孫永寶用

7.3969 其子子孫永寶用

7.3970 其子子孫永寶用

7.3971 子子孫孫

7.3972 子子孫孫

7.3973 子子孫孫

7.3978 孫子其萬年永寶

7.3980 子子孫孫永寶用

7.3981 子子孫孫永寶用

7.3982 子子孫孫永寶用

7.3984 子子孫孫

7.3985 子子孫孫

7.3986 子子孫孫

7.3991 乃孫乍(作)寶毁/其子子孫其永寶用

7.3992 乃孫乍(作)寶毁/其子子孫其永寶用

7.3993 子子孫孫永寶(寶)

7.3994 子子孫孫寶(寶)

7.3995 子子孫永寶用

7.3996 子子孫孫永寶用

7.3997 子子孫孫

7.3998 子子孫孫

7.3999 子子孫孫

7.4000 子子孫孫

7.4001 子孫永寶/子子孫孫永寶

7.4002 子子孫孫永寶

7.4003 子子孫孫永寶

7.4004 師趛父孫孫叔多父/子子孫孫永寶用

7.4005 師趛父孫孫叔多父/子子孫孫永寶用

7.4006 師趛父孫孫叔多父/子子孫孫永寶用

7.4007 子子孫孫

7.4008 子子孫孫

7.4009 子子孫孫

7.4010 子子孫孫永寶

7.4014 子子孫孫

7.4015 子子孫孫

7.4016 子子孫孫永用享

7.4017 子子孫孫永用享

7.4018 其子子孫孫永寶用

7.4019 子子孫孫

7.4021 世孫子寶

7.4022 世孫子寶

7.4024 子子孫孫彶永用

7.4025 子子孫孫彶永用

7.4026 子子孫孫彶永用

7.4027 子子孫孫永寶用

7.4028 其子子孫孫邁(萬)年

7.4032 孫孫子子永寶用

7.4033 孫子子永寶用

7.4034 孫子子永寶用

7.4035 子子孫孫永寶用

7.4036 子子孫孫永寶用

7.4037 子子孫孫永寶用

7.4038 其子子孫孫永寶用之

7.4039 子子孫孫

7.4040 子子孫孫

7.4045 子子孫孫永寶用

7.4048 子子孫孫永寶用

7.4049 子子孫孫永寶用

7.4050 子子孫孫永寶用

7.4051 子子孫孫

7.4052 子子孫孫

7.4053 子子孫孫

7.4054 子子孫孫永用之

7.4061 子子孫孫永寶用

7.4062 子子孫孫其萬年

7.4063 子子孫其邁(萬)年

7.4064 子子孫其邁(萬)年

7.4065 子子孫其萬年/子子孫孫永寶用

7.4066 子子孫孫其萬年/子子孫孫永寶用

7.4067 子子孫其萬年/子子孫孫永寶用

7.4068 子子孫孫

7.4069 子子孫孫

7.4070 子子孫孫

7.4071 孟姬其子孫永寶

7.4072 孟姬其子孫永寶

7.4073 孫孫子子永寶

7.4074 子子孫孫永寶用

7.4075 子子孫孫永寶用

7.4088 其子孫永寶

7.4089 其子子孫孫永寶用

7.4090 子子孫孫永寶用

7.4091 子子孫孫永寶

7.4092 子子孫孫永寶
7.4093 子子孫孫永寶
7.4094 子子孫孫永寶
7.4095 子孫永寶用享
7.4096 陳屯(純)裔孫逆 / 子孫是保
7.4098 孫孫子子永寶
7.4102 子子孫孫永寶
7.4103 子子孫孫永寶
7.4107 子孫是尚(常)/ 子孫之寶
7.4108 子子孫孫
7.4109 子子孫孫
7.4110 子子孫孫
7.4111 子子孫孫
7.4113 子子孫孫永寶
7.4114 子孫孫永寶用享
7.4115 子子孫孫永寶
7.4116 子子孫孫永寶用
7.4117 子子孫孫永寶用
7.4118 子子孫孫永寶用
7.4119 子子孫孫永寶用
7.4120 省仲之孫爲嗕 / 子子孫孫
8.4122 其子子孫孫永寶
8.4123 其子子孫孫永寶用
8.4124 子子孫孫永寶用
8.4125 其子子孫孫邁(萬)年永寶用
8.4126 子子孫孫永寶
8.4127 子子孫孫寶
8.4129 買其子子孫孫永寶用享
8.4130 子子孫孫
8.4137 子孫永寶
8.4141 子子孫孫永寶用
8.4142 子子孫孫永寶用
8.4143 子子孫孫永寶用
8.4147 百字(子)千孫 / 孫子子孫孫
8.4148 百字(子)千孫 / 孫子子孫孫
8.4149 百字(子)千孫 / 孫子子孫孫
8.4150 百字(子)千孫 / 孫子子孫孫
8.4151 百字(子)千孫 / 孫子子孫孫
8.4152 鄦(筥)侯少(小)子析(析)、乃孝孫不巨
8.4153 其子子孫孫永寶
8.4154 孫孫(子子)孫其永寶用
8.4155 子子孫其永寶用
8.4156 子孫永寶用享
8.4159 其萬年孫子寶
8.4162 子子孫孫其永寶
8.4163 子子孫孫其永寶
8.4164 子子孫孫其永寶
8.4168 子子孫孫
8.4169 子子孫孫
8.4178 子子孫孫
8.4179 子子孫孫永寶用
8.4180 子子孫孫永寶用
8.4181 子子孫孫永寶用
8.4182 子子孫孫
8.4183 子子孫孫
8.4188 子子孫孫
8.4189 子子孫孫
8.4190 眆曰:余陳仲蔏(產)孫、盧(盤、萊)叔和子
8.4192 萬年以(與)厥孫子寶用
8.4193 萬年以(與)厥孫子寶用
8.4194 沓眔厥子子孫永寶
8.4196 子子孫其永寶用
8.4197 子子孫孫其永寶
8.4198 子子孫孫
8.4199 世子子孫虞寶用
8.4200 世子子孫孫虞寶用
8.4201 子子孫永寶
8.4202 子子孫孫
8.4204 子子孫孫
8.4207 其孫孫子子永寶
8.4208 念畢仲孫子 / 孫孫子子萬年用享祀 / 孫子取引
8.4209 子子孫孫永寶用
8.4210 子子孫孫永寶用
8.4211 子子孫孫永寶用
8.4212 子子孫孫永寶用
8.4213 展(殿)𢦚(敖)其子子孫孫永寶
8.4214 世孫子永寶
8.4215 其子子孫孫寶用
8.4216 子子孫孫永寶用
8.4217 子子孫孫永寶用
8.4218 子子孫孫永寶用
8.4219 子子孫孫永寶用
8.4220 子子孫孫永寶用
8.4221 子子孫孫永寶用
8.4222 子子孫孫永寶用
8.4223 子子孫孫永寶用
8.4224 子子孫孫永寶用
8.4225 子孫永寶用
8.4226 子孫永寶用
8.4227 子孫永寶用
8.4228 子孫永寶用
8.4229 子子孫孫永寶用
8.4230 子子孫孫永寶用
8.4231 子子孫孫永寶用

8.4232 子子孫孫永寶用
8.4233 子子孫孫永寶用
8.4234 子子孫孫永寶用
8.4235 子子孫孫永寶用
8.4236 子子孫孫永寶用
8.4243 子子孫孫永寶用
8.4244 走其眔厥子子孫孫
8.4245 [illegible](曾)孫三兒曰：余吕以□之孫／子子孫孫
8.4246 其子子孫孫邁(萬)年
8.4247 其子子孫孫邁(萬)年
8.4248 其子子孫孫邁(萬)年
8.4249 其子子孫孫邁(萬)年
8.4250 子子孫孫永寶用
8.4253 子子孫孫永寶用
8.4254 子子孫孫永寶用
8.4255 其子子孫孫永用
8.4256 衛其子子孫孫永寶用
8.4257 子子孫孫永寶用
8.4258 其孫孫子子永寶用
8.4259 其子子孫孫永寶用
8.4260 其子子孫孫永寶用
8.4262 子子孫孫永保用
8.4263 子子孫孫永保用
8.4264 子子孫孫永保用
8.4265 子子孫孫永保用
8.4266 其子子孫孫邁(萬)年寶用
8.4267 子子孫孫其永寶
8.4269 孫孫子子毋敢朢(忘)伯休
8.4270 世孫孫子子差(佐)右(佑)吳(虞)大父／子子孫孫永寶用
8.4271 世孫孫子子差(佐)右(佑)吳(虞)大父／子子孫孫永寶用
8.4272 子子孫孫永寶用
8.4273 子子孫孫
8.4274 子子孫孫永寶用
8.4275 子子孫孫永寶用
8.4278 子子孫孫永寶用
8.4279 子子孫孫永寶用
8.4280 子子孫孫永寶用
8.4281 子子孫孫永寶用
8.4282 子子孫孫永寶用
8.4283 孫孫子子其永寶
8.4284 孫孫子子其永寶
8.4285 子子孫孫永寶用
8.4286 子子孫孫永寶
8.4287 子子孫孫
8.4288 子子孫孫永寶用
8.4289 子子孫孫永寶用
8.4290 子子孫孫永寶用
8.4291 子子孫孫永寶用
8.4293 子子孫孫寶
8.4294 子子孫其萬年永寶用
8.4295 子子孫其萬年永寶用
8.4296 子子孫孫
8.4297 子子孫孫
8.4298 其子子孫孫永寶用
8.4299 其子子孫孫永寶用
8.4302 子子孫孫
8.4303 子子孫孫永寶用
8.4304 子子孫孫永寶用
8.4305 子子孫孫永寶用
8.4306 子子孫孫永寶用
8.4307 子子孫孫永寶用
8.4308 子子孫孫永寶用
8.4309 子子孫孫永寶用
8.4310 子子孫孫永寶用
8.4311 子子孫孫
8.4312 子子孫孫永寶用
8.4313 孫孫子子
8.4314 子子孫孫
8.4316 子子孫孫
8.4318 子子孫孫永寶用
8.4319 子子孫孫永寶用
8.4321 子子孫永寶用
8.4322 其子子孫孫永寶
8.4323 子子孫孫永寶用
8.4324 子子孫孫永寶用
8.4325 子子孫孫永寶用
8.4326 廣啟厥孫子于下
8.4327 子子孫孫永寶用
8.4328 子子孫孫
8.4329 子子孫孫
8.4330 我孫克又(有)井(型)斅(效)
8.4331 魯壽子孫
8.4332 子子孫孫永寶用
8.4333 子子孫孫永寶用

8.4334 子子孫孫永寶用
8.4335 子孫永寶用
8.4336 子子孫孫永寶用
8.4337 子子孫孫永寶用
8.4338 子子孫孫永寶用
8.4339 子子孫孫永寶用
8.4340 子子孫孫永寶用
8.4341 毓(后)文王、王叟(姒)聖孫/文王孫亡弗褱(懷)井(型)/子子孫多世其永寶
8.4342 子子孫孫永寶
8.4343 子子孫孫永寶用
9.4365 子子孫孫永寶用
9.4372 子子孫孫永寶用
9.4373 子子孫孫永寶用
9.4374 其子子孫孫永寶用
9.4377 子子孫孫永用
9.4378 子子孫孫永寶用
9.4380 子子孫孫永寶用
9.4384 子子孫孫永寶用
9.4389 子子孫孫
9.4390 其子子孫孫永寶用享
9.4391 子子孫孫
9.4392 子子孫孫永寶用
9.4393 子子孫孫永寶用
9.4396 及子子孫孫永寶用
9.4398 其子子孫孫永寶用
9.4400 子子孫孫
9.4401 子子孫孫
9.4402 子子孫孫永寶用
9.4403 子子孫孫永寶用
9.4405 其子子孫孫永寶用
9.4407 子子孫孫永寶用
9.4408 子子孫孫永寶用
9.4409 子子孫孫永寶用
9.4410 子子孫孫永寶用
9.4411 子子孫孫
9.4412 子子孫孫永寶用
9.4413 子子孫孫永寶用
9.4414 子子孫孫永寶用
9.4416 子子孫永寶用
9.4417 子子孫孫永寶用
9.4418 子子孫永寶用
9.4420 子子孫孫用
9.4421 子子孫孫用
9.4422 其子子孫孫永匋(寶)用
9.4424 其子子孫孫萬年永寶用
9.4426 子子孫孫永寶用
9.4427 走父以(與)其子子孫孫寶用
9.4428 其子子孫萬年永寶用
9.4429 子子孫其萬年
9.4430 其子子孫孫永寶用
9.4431 子子孫孫永寶用
9.4432 子子孫孫永寶用
9.4433 子子孫孫永寶用
9.4434 子子孫孫永寶用
9.4436 子子孫永寶用
9.4438 子子孫孫永用
9.4439 子子孫孫永用
9.4440 子子孫孫
9.4441 子子孫永寶用享
9.4446 子子孫孫永寶用
9.4447 子子孫孫永寶用
9.4453 其子子孫萬年
9.4454 奠(鄭)季其子子孫孫永寶用
9.4455 奠(鄭)季其子子孫孫永寶用
9.4456 奠(鄭)季其子子孫孫永寶用
9.4457 奠(鄭)季其子子孫孫永寶用
9.4459 其百男、百女、千孫
9.4460 其百男、百女、千孫
9.4461 其百男、百女、千孫
9.4462 子子孫孫其永寶
9.4463 子子孫孫其永寶
9.4465 子子孫孫永寶用
9.4466 其子子孫孫永寶用
9.4467 子子孫孫永寶用
9.4468 子子孫孫永寶用
9.4469 子子孫孫永寶用
9.4501 王孫𠩺乍(作)蔡姬飤簠
9.4502 慶孫之子峠之餴(饙)簠
9.4516 子子孫孫永寶用
9.4522 其子子孫孫永寶用
9.4524 其子子孫孫永寶用
9.4531 子孫永寶用享
9.4532 其子子孫孫永寶用享
9.4534 子子孫孫永寶用
9.4537 子子孫永用
9.4538 子子孫永用
9.4539 子子孫永寶用
9.4540 子子孫永寶用
9.4541 子子孫永寶用

9.4543 子子孫孫永用
9.4546 其子子孫孫永寶用享
9.4547 其子子孫永寶用享
9.4548 其子子孫孫永寶用享
9.4552 子子孫孫永寶用
9.4553 子子孫孫永寶用
9.4554 子子孫孫永寶用
9.4555 子子孫孫永寶用
9.4556 子子孫孫
9.4557 子子孫孫永寶用
9.4558 子子孫孫永寶用
9.4559 子子孫孫永寶用
9.4561 子子孫孫
9.4562 子子孫孫
9.4563 子子孫孫永寶用
9.4564 子子孫孫永寶用
9.4569 子子孫孫
9.4572 子子孫孫永寶用
9.4574 子子孫孫永寶用
9.4575 子孫永保之
9.4576 子孫永保之
9.4577 子孫永保之
9.4578 其子子孫孫永寶用享
9.4579 其子子孫孫永寶用享
9.4580 子子孫孫
9.4581 子子孫孫
9.4582 子子孫孫永寶用
9.4583 子子孫孫永寶用
9.4584 子子孫孫永寶用
9.4585 子子孫孫永寶用
9.4586 子子孫孫永寶用
9.4587 子子孫孫
9.4588 子子孫孫
9.4589 有殷天乙唐(湯)孫宋公欒(欒)
9.4590 有殷天乙唐(湯)孫宋公欒(欒)
9.4591 曾孫史尸乍(作)鍊(饋)簠
9.4592 子子孫孫
9.4593 子子孫孫
9.4594 子子孫孫
9.4597 子子孫孫
9.4598 其子子孫孫其永用之
9.4599 子子孫孫
9.4600 子子孫孫永寶用
9.4601 子子孫孫
9.4602 子子孫孫
9.4605 子子孫孫
9.4608 子子孫孫
9.4609 子子孫孫
9.4610 子子孫孫
9.4611 子子孫孫
9.4612 子子孫孫
9.4613 子子孫孫
9.4614 子子孫孫
9.4615 孫子之甦(昵)
9.4616 其子子孫孫羕(永)保用之
9.4617 子子孫孫
9.4618 子子孫孫
9.4619 孫叔左擇其吉金 / 子子孫孫
9.4620 子子孫孫
9.4621 子子孫孫
9.4623 子子孫孫
9.4624 子子孫孫
9.4625 子子孫孫
9.4628 其子子孫孫永寶用享
9.4629 少子陳逆曰:余陳(田)趠(桓)子之裔孫 / 子子孫孫羕(永)保用
9.4630 少子陳逆曰:余陳(田)趠(桓)子之裔孫 / 子子孫孫羕(永)保用
9.4631 子子孫孫
9.4632 子子孫孫
9.4642 荆公孫鑄其善(膳)臺(敦)
9.4645 子子孫永保用之
9.4649 枼(世)萬子孫
9.4686 子子孫孫
9.4689 子孫永寶用之
9.4690 子子孫孫
9.4691 子子孫孫
10.5354 孫子用言(歆)出入
10.5365 其子子孫孫永寶
10.5371 其子孫永寶
10.5376 子子孫孫永寶用
10.5406 孫孫子子
10.5408 其子子孫孫永寶用
10.5411 其子子孫永福(寶)
10.5423 其子子孫孫永寶用
10.5425 子子孫永寶
10.5426 其子子孫孫萬年
10.5427 曰:子子孫寶 / 子引有孫
10.5431 曩長疑其子子孫孫寶用
10.5433 亦其子子孫孫永寶
11.5941 厥孫子永寶
11.5946 其孫孫子子永用
11.5948 其孫子永用
11.5958 子子孫孫其永寶
11.5961 其子孫永寶
11.5964 子子孫孫其永寶
11.5966 子子孫其永寶
11.5969 世孫子永寶
11.5970 孫子永寶
11.5976 其西(百)世孫子永寶
11.5980 其子子孫孫邁(萬)年
11.5982 子孫永寶用享
11.5993 邁(萬)年子孫寶
11.5995 孫孫子子寶
11.6005 子子孫孫

11.6007 京公孫子寶
11.6008 其子子孫孫永用
11.6009 亦其子子孫孫永寶
11.6010 子孫蕃昌
11.6011 世子子孫孫永寶之
11.6015 孫孫子子其永亡冬(終)
12.6507 孫子子永寶
12.6513 子孫寶
12.6516 柰(百)世孫子毋敢豙(墜)
15.9302 其子子孫孫邁(萬)年
15.9426 楚叔之孫途爲之盉
15.9428 厥孫子永寶
15.9429 子子孫其永寶
15.9434 子子孫孫實用
15.9435 孫孫子子
15.9437 子子孫孫永寶用
15.9440 子子孫孫
15.9441 子子孫孫
15.9443 子子孫孫永寶用
15.9444 子子孫孫
15.9446 子子孫孫
15.9447 子子孫孫永寶用
15.9453 子子孫其永寶
15.9610 子子孫孫永寶用
15.9611 子子孫孫永寶用
15.9612 其子子孫孫永寶
15.9613 子孫永用
15.9618 子子孫孫永用 / 子子孫孫永用
15.9622 子子孫孫永寶用
15.9627 子子孫孫
15.9631 子子孫孫永寶用
15.9635 子子孫孫永寶用
15.9636 子子孫孫
15.9639 子孫永寶用之
15.9641 子子孫永保用
15.9642 子子孫孫永寶用
15.9643 子子孫孫永寶用
15.9644 邁(萬)子孫永用享
15.9645 邁(萬)子孫永用享
15.9651 子子孫孫永用
15.9652 子子孫孫永用
15.9653 子子孫孫
15.9654 子子孫孫
15.9655 子子孫孫永寶
15.9656 萬年子子孫孫永寶用
15.9658 子孫永寶用之
15.9659 子孫永保用
15.9661 子子孫孫永寶用
15.9667 子子孫孫永寶用
15.9668 子子孫孫永寶用
15.9669 子子孫孫永寶用
15.9670 子子孫孫
15.9671 子子孫孫
15.9675 左使車嗇夫孫固所勒(勒)鞥(看)器乍(作)勒(勒)者
15.9676 子子孫孫
15.9677 子子孫孫
15.9681 其賜公子孫
15.9685 左使車嗇夫孫固、工自(師)賃
15.9686 左使車嗇夫孫固、工嫃(坿)
15.9687 子子孫孫
15.9688 子子孫永寶用享
15.9690 其子子孫孫邁(萬)年
15.9691 其子子孫孫邁(萬)年
15.9692 左使車嗇夫孫固、工上
15.9693 左使車嗇夫孫固、工嫃(坿)
15.9694 子子孫孫
15.9695 子子孫孫
15.9696 子子孫孫永寶用
15.9697 子子孫孫永寶
15.9701 子子孫孫
15.9704 子孫永保用之
15.9705 子子孫孫永寶用
15.9706 邛(江)立(大、太)宰孫叔師父乍(作)行具 / 子子孫永寶用之
15.9708 子子孫永寶是尚(常)
15.9709 公孫竈(灶)立(涖)事歲 / 子子孫孫
15.9712 子子孫孫
15.9713 子子孫孫是永寶
15.9716 其百子千孫
15.9717 其百子千孫 / 其子子孫孫永寶用
15.9718 子子孫孫
15.9719 孫之孫
15.9720 孫之孫
15.9721 孫孫子子永寶用
15.9722 子子孫孫永寶用
15.9725 克克其子子孫孫永寶用享
15.9728 子子孫孫
15.9731 子子孫孫寶用
15.9732 子子孫孫寶用
15.9733 殷王之孫、右師之子武叔曰庚
15.9734 子子孫孫
15.9735 以阤(陁、施)及子孫 / 孫之孫
15.9822 其子子孫永寶
15.9823 乃孫𢦏乍(作)祖甲罍(罍)
15.9824 子子孫孫
15.9825 子子孫孫
15.9826 子子孫孫
15.9827 子子孫孫寶用
16.9889 子子孫孫其永寶
16.9891 其子子孫孫邁(萬)年
16.9892 孫子寶
16.9893 孫孫子子其永寶
16.9896 子子孫孫永寶用

16.9897 百世孫子永寶
16.9898 吳其世子孫永寶用
16.7360 子孫永寶用耇
16.9962 其子子孫孫永寶用
16.9963 子子孫孫
16.9964 子子孫孫永寶用
16.9965 子子孫孫永寶用
16.9967 子子孫孫永寶用
16.9968 子子孫孫永寶用
16.9969 子子孫永寶用
16.9970 子子孫孫
16.9971 子子孫孫
16.9972 子孫永寶用享
16.9973 孫子彡永寶/孫子彡永寶
16.9974 黃孫須頸子伯亞臣/子孫永寶是尚(常)
16.9979 敶(陳)公孫𬣽父乍(作)旅甗(鉼)
16.9980 子孫永寶用之
16.9981 子子孫孫永寶用
16.9982 子子孫永寶
16.10006 子子孫孫
16.10007 子子孫孫
16.10008 余畜孫書也/緐(欒)書之子孫
16.10085 孫孫子子其寶用
16.10088 子子孫孫永寶用
16.10089 子孫永寶用
16.10090 其子子孫孫永寶用
16.10091 子子孫孫永寶用
16.10092 子子孫孫永寶用
16.10093 子子孫孫永寶用
16.10094 子子孫孫
16.10095 子子孫永寶用
16.10097 子子孫永寶用之
16.10098 賭金氏(氏)孫乍(作)寶般(盤)/子子孫孫永寶用
16.10102 子子孫孫永寶用
16.10103 子子孫孫永寶用
16.10104 子子孫孫
16.10107 子子孫孫永寶用
16.10108 子子孫孫永寶用
16.10109 子子孫孫
16.10110 子子孫孫永寶用
16.10111 子子孫孫永寶用
16.10112 子子孫孫永用
16.10117 子子孫孫永保用
16.10118 子子孫永寶用之
16.10120 其孫孫子子永寶用
16.10121 子子孫萬年
16.10124 子子孫孫
16.10125 其子子孫孫永寶用享
16.10126 子子孫孫永寶用
16.10127 儕孫殷㲉乍(作)頮(沬)盤/子子孫孫
16.10128 儕孫殷㲉乍(作)頮(沬)/子子孫孫
16.10130 子孫永用享
16.10131 子子孫孫
16.10132 子子孫永寶用享
16.10133 子子孫孫永寶用
16.10134 子子孫孫
16.10135 子子孫孫永寶用
16.10136 子孫永用之享
16.10139 子子孫永寶用享
16.10140 子孫永寶用之
16.10141 子子孫孫
16.10142 子子孫孫
16.10143 子子孫孫
16.10144 子子孫孫
16.10145 子子孫孫永保用
16.10146 子子孫孫
16.10147 子子孫孫
16.10148 子子孫孫永用享
16.10149 子子孫永用之
16.10150 子子孫孫
16.10153 侃孫奎母乍(作)媿寶般(盤)/其子孫永保用之
16.10154 魯少(小)𤔲寇垟(封)孫宅(庀)
16.10155 子子孫孫
16.10156 子孫永寶用享
16.10159 子子孫孫
16.10160 邛(江)仲之孫伯戔/子子孫孫
16.10162 子子孫孫
16.10164 子子孫孫永寶用
16.10165 子子孫孫
16.10166 子孫其永寶
16.10167 子子孫孫
16.10168 其西(百)世子子孫孫永寶用
15.10169 其子子孫孫永寶用
16.10170 子子孫孫永寶
16.10171 子孫蕃昌
16.10172 子子孫孫永寶用
16.10173 子子孫孫
16.10174 子子孫孫永寶用
16.10175 𢾊毓(育)子孫
16.10202 其用〔子〕孫享
16.10213 其子子孫孫永用
16.10215 其子子孫孫永寶用
16.10218 孫孫(子孫)永寚(寶)用

16.10220 子子孫孫永寶用
16.10221 子子孫孫永寶用
16.10223 子子孫孫永寶用
16.10224 子子孫孫永寶用
16.10225 其子子孫孫永寶用
16.10226 其子子孫孫永寶用
16.10230 子孫則永祜褔(福)
16.10231 子子孫孫永寶用
16.10232 子子孫孫永寶用
16.10233 子子孫孫
16.10234 子孫永寶用之
16.10235 其萬年子子孫孫用之
16.10237 子子孫孫
16.10238 子子孫孫永寶用
16.10239 子子孫孫永寶用
16.10241 子子孫孫
16.10242 子子孫永保用
16.10243 子孫永寶用
16.10245 子孫永保用
16.10246 子子孫孫
16.10248 子子孫孫永寶用
16.10249 子子孫孫
16.10250 子子孫孫永用之
16.10251 子孫享
16.10252 其子子孫孫永用
16.10253 子子孫孫永寶用
16.10255 其子孫永寶用
16.10256 子子孫孫
16.10258 子子孫永寶用享
16.10259 子孫永寶用
16.10261 余王寳叡孫/子子孫孫永寶用
16.10262 子子孫永寶用之
16.10263 子子孫孫永寶用
16.10264 子子孫孫
16.10265 子子孫孫
16.10266 子子孫孫永寶用
16.10268 子子孫永寶用享
16.10269 子孫永寶用享
16.10270 其子子孫孫
16.10271 子孫永寶用享
16.10272 子子孫孫永寶用
16.10273 子孫永用享
16.10274 子子孫孫
16.10275 子子孫孫
16.10276 寘(塞)公孫脂父自乍(作)盥匜/子子孫孫
16.10277 子子孫孫
16.10278 浮公之孫公父宅/子子孫永寶用之
16.10280 子子孫孫
16.10281 子子孫孫
16.10283 子子孫孫
16.10284 蔡叔季之孫䝱/子子孫孫
16.10298 子孫勿忘
16.10299 子孫勿忘
16.10310 子子孫孫永寶用
16.10311 子子孫永寶用
16.10312 孫孫子子
16.10314 子子孫永寶用
16.10315 子子孫孫永寶用
16.10317 子子孫孫永用
16.10318 子子孫孫
16.10319 子子孫孫
16.10320 郐(徐)王季糧之孫宜桐/孫子永壽用之
16.10322 孫孫子子
16.10328 冶匀嗇夫孫惢(芄)、工福
16.10331 子孫永用
16.10334 其子子孫孫永寶用
16.10335 子子孫永壽用之
16.10336 子子孫孫永用之
16.10337 子子孫孫
16.10338 子子孫孫
16.10339 子子孫孫
16.10340 子子孫孫
16.10341 邛(江)仲之孫伯戔/子子孫孫/邛(江)仲之孫伯戔
16.10352 子子孫孫永寶用
16.10361 子子孫孫
16.10391 痰(瘣、痆)君之孫郐(徐)敂(令)尹者(諸)旨(稽)䎬(耕)
16.10444 左使車嗇夫孫固、工蔡
16.10447 左使車嗇夫孫固、工㬎
16.10478 恣(殃)巡(連)子孫
17.11040 叔孫殺(誅)戈
17.11069 事孫□丘戈
17.11152 楚王孫漁(子魚)之用
17.11153 楚王孫漁(子魚)之用
17.11200 衛公孫呂之告(造)戈
17.11252 邛(江)季之孫□方或之元
17.11254 曾仲之孫𣎵叡用戈
17.11309 周王孫季𢗁(怡)
17.11365 穆侯之子、西宮之孫
17.11393 楚屈叔佗屈□之孫
17.11400 王之孫
18.11657 坓(型、邢)肖、下庫工師孫臾(烛)、冶湈敎(撻)齋(劑)
18.11661 隱倫(令)梋

(柳、郭)唐、下庫工師孫屯、冶沽敎(撻)齋(劑)
18.11670 大攻(工)君(尹)公孫桴
18.11672 坓(型、邢)疫命(令)邦乙、下庫工師孫厈、長缶、冶浊齋(劑)
18.11701 大攻(工)君(尹)公孫桴
18.11702 大攻(工)君(尹)公孫桴
18.12054 左使車嗇夫孫固、工塤(坿)
18.12055 左使車嗇夫孫固、工塤(坿)
18.12056 左使車嗇夫孫固、工塤(坿)
18.12057 左使車嗇夫孫固、工塤(坿)
18.12058 左使車嗇夫孫固、工塤(坿)
18.12059 左使車嗇夫孫固、工塤(坿)
18.12060 左使車嗇夫孫固、工塤(坿)
18.12061 左使車嗇夫孫固、工塤(坿)
18.12062 左使車嗇夫孫固、工塤(坿)
18.12063 左使車嗇夫孫固、工塤(坿)

2566 𢡸

7.4108 叔𢡸父乍(作)孟姜尊𣪘

2567 𦅫

4.1936 𢡸史𦅫鼎
8.4302 𦅫自乃祖考
8.4313 𦅫我貟(帛)畮臣
8.4314 𦅫我貟(帛)畮臣
9.4467 則𦅫唯乃先祖考又(有)𣪘(勛)于周邦
9.4469 廼𦅫(繇)宕
16.10176 矢人有𤔲眉(堳)田：鮮、且、微、武父、西宮襄、豆人虞丂、彔、貞、師氏右省、小門人𦅫、原人虞艿、淮𤔲工(空)虎孛、𣪘豐父、雉(鳿)人有𤔲、刑丂

2568 繇

3.754 穆公乍(作)尹姑宗室于繇林 / 各于尹姑宗室繇林
3.755 穆公乍(作)尹姑宗室于繇林 / 各于尹姑宗室繇林

2569 𠭥

8.4292 余弗敢𠭥(亂)
8.4326 賜朱芾、悤(葱)黄(衡)、鞞鞢(璲)、玉睘(環)、玉琭、車、電軫、𠦪(賁)緷較(较)、朱𠭥(鞹)䪝靳、虎冟(冪)熏(纁)裏、逪(錯)衡、右戹(軛)、畫轉、畫轁、金童(踵)、金豙(軶)、金簟弼(茀)、魚葡(箙)、朱旂旜(旜)金芫二鈴
8.4343 有冋(炯)事包廼多𠭥(亂)
12.6984 亞𠭥

2570 𧝓、𧝓

6.3559 𧝓父乍(作)寶尊彝
10.5400 公賜乍(作)册𧝓(𫋲)㘴、貝 / 𧝓揚公休
11.5991 公賜乍(作)册𧝓(𫋲)㘴、貝 / 𧝓揚公休
15.9395 𧝓(𫋲)父乍(作)寶彝
15.9417 伯𧝓乍(作)母娟旅盉
15.9418 伯𧝓乍(作)母娟旅盉
16.9892 用𧝓(𫋲、申)文考剌(烈)
16.10068 𧝓(𫋲)父乍(作)寶尊彝

2571 𫋲

2.358 用𫋲㘻先王
5.2820 今余唯肇𫋲(申)先王令
5.2832 厲叔子夙、厲有𤔲𫋲(申)季、慶癸、𤔲(豳)𢉩、荆人敢、井人偈屖
5.2836 𫋲(申)季右(佑)善(膳)夫克 / 今余唯𫋲(申)㝬(就)乃令(命)
5.2841 𫋲(申)㘻(恪)大命 / 今余唯𫋲(申)先王命
8.4188 仲爯父大(太)宰南𫋲(申)厥𤔲(辭)
8.4189 南𫋲(申)伯大(太)宰爯父厥𤔲(辭)
8.4242 用𫋲(申)㘻(恪)、奠保我邦、我家
8.4283 今余唯𫋲(申)先王令(命)
8.4284 今余唯𫋲(申)先王令(命)
8.4287 𫋲(申)季内(入)右(佑)伊
8.4296 今余唯𫋲(申)㝬(就)乃命
8.4297 今余唯𫋲(申)㝬(就)乃命
8.4312 今余唯肇𫋲(申)乃令(命)
8.4317 𫋲(申)㘻(恪)皇帝大魯令(命)
8.4318 今余唯𫋲(申)㝬(就)乃令(命)
8.4319 今余唯𫋲(申)㝬(就)乃令(命)
8.4324 今余唯𫋲(申)㝬(就)乃令(命)
8.4325 今余唯𫋲(申)㝬(就)乃令(命)
8.4326 用𫋲(申)㘻(恪)大令(命)
8.4340 今余唯𫋲(申)㝬(就)乃令(命)
8.4342 今余唯𫋲(申)㝬(就)乃令(命)
8.4343 今余唯𫋲(申)㝬(就)乃命
9.4467 今余唯𫋲(申)㝬(就)乃令(命)

9.4468 今余唯⿰𤔔叀(申)豪(就)乃令(命)
9.4610 ⿰𤔔叀(申)公彭宇自乍(作)淄(䤸)簠
9.4611 ⿰𤔔叀(申)公彭宇自乍(作)淄(䤸)簠
16.10175 ⿰𤔔叀(申)寧天子

2572 ⿰𤔔冊

5.2841 ⿰𤔔冊⿰𤔔冊四方

2573 𤔲

1.133 𤔲五邑佃人事
1.134 𤔲五邑佃人事
1.135 𤔲五邑佃人事
1.136 𤔲五邑佃人事
1.137-9 𤔲五邑佃人事
1.143 王在成周𤔲土(徒)淲宮
1.181 𤔲土(徒)南宮乎
1.272-8 余命女(汝)𤔲辪(台)釐(萊)
1.285 余命女(汝)𤔲辪(台)釐(萊)邑
3.678 鄺(慶)大𤔲攻(空)𤔲攻(空)單
3.679 焚(榮)又(有)𤔲爯乍(作)齍鬲
3.746 師湯父有𤔲仲枏父乍(作)寶鬲
3.747 師湯父有𤔲仲枏父乍(作)寶鬲
3.748 師湯父有𤔲仲枏父乍(作)寶鬲
3.749 師湯父有𤔲仲枏父乍(作)寶鬲
3.750 師湯父有𤔲仲枏父乍(作)寶鬲
3.751 師湯父有𤔲仲枏父乍(作)寶鬲
3.752 師湯父有𤔲仲枏父乍(作)寶鬲
4.2470 焚(榮)又(有)𤔲爯乍(作)齍鼎
4.2474 僕𤔲寇獸肇乍(作)寶貞(鼎)
4.2501 ▨𤔲工▨[作]冊微纙
5.2592 [魯]大左𤔲徒元乍(作)善(膳)貞(鼎)
5.2593 魯大左𤔲徒元乍(作)善(膳)貞(鼎)
5.2597 晉𤔲徒伯郜父乍(作)周姬寶尊鼎
5.2631 南公有𤔲誓(鬵)乍(作)尊鼎
5.2638 曩侯賜弟𠬝𤔲㦰(琡)
5.2659 滦(濂)公蔑𤔲曆/𤔲揚公休
5.2673 □令羌死(尸)𤔲□官
5.2740 滦(濂)公令䆟眔史旟曰：以師眔厥有𤔲、後或(國)䵎伐腺(貊)
5.2741 滦(濂)公令䆟眔史旟曰：以師眔厥有𤔲、後或(國)䵎伐腺(貊)
5.2755 遣仲令穸䇂(纘)𤔲奠(甸)田
5.2781 曰：用又(佐)右(佑)俗父𤔲寇
5.2786 王令死(尸)𤔲王家
5.2790 王令微䜌䇂(纘)𤔲九陂
5.2803 有𤔲眔師氏、小子卿(佮)射
5.2805 王乎乍(作)冊尹冊命柳：𤔲六師牧、陽(場)大𠭰(友)/𤔲羲夷陽(場)佃史(事)
5.2813 𤔲馬井伯右(佑)師奎父/用𤔲乃父官、友
5.2814 𤔲徒南仲右(佑)無(許)叀/曰：官𤔲穆王遉(正)側虎臣
5.2817 𤔲馬共右(佑)師晨/王乎乍(作)冊尹冊命師晨：疋(胥)師俗𤔲邑人
5.2821 𤔲土(徒)毛叔右(佑)此
5.2822 𤔲土(徒)毛叔右(佑)此
5.2823 𤔲土(徒)毛叔又(佑)此
5.2825 令女(汝)官𤔲歓(飲)獻人于冕
5.2827 令女(汝)官𤔲成周貯(廛)廿家/監𤔲新造
5.2828 令女(汝)官𤔲成周貯(廛)廿家/監𤔲新造
5.2829 令女(汝)官𤔲成周貯(廛)廿家/監𤔲新造
5.2831 舍(捨)顏有𤔲壽商圝(貉)裘、盠冟
5.2832 廼令參有𤔲/𤔲土(徒)邑人趙、𤔲馬頴人邦、𤔲工陶矩/厲叔子夙、厲有𤔲⿰𤔔叀(申)季、慶癸、燹(豳)褱、荆人敢、井人偈屖
5.2837 廼召(紹)夾死(尸)𤔲戎/賜女(汝)邦𤔲四伯/賜尸(夷)𤔲王臣十又三伯
5.2838 令(命)女(汝)更乃祖考𤔲卜事
5.2841 命女(汝)䇂(纘)𤔲公族/雩(與)參有𤔲、小子、師氏、虎臣
6.3671 旟𤔲土(徒)梲乍(作)寶尊毀
6.3696 𤔲土(徒)𤔲乍(作)厥丂(考)寶尊彝
6.3697 𤔲土(徒)𤔲乍(作)厥丂(考)寶尊彝
7.4059 湈(沬)𤔲土(徒)𨒪眔啚(鄙)
8.4154 師湯父有𤔲仲枏父乍(作)寶毀
8.4155 師湯父有𤔲仲枏父乍(作)寶毀
8.4170 癲曰：覭(景)皇祖考𤔲威義(儀)
8.4171 癲曰：覭(景)皇祖考𤔲威義(儀)
8.4172 癲曰：覭(景)皇祖考𤔲威義(儀)
8.4173 癲曰：覭(景)皇祖考𤔲威義(儀)
8.4174 癲曰：覭(景)皇祖考𤔲威義(儀)

8.4175 癲曰：䫄（景）皇祖考𤔲威義（儀）
8.4176 癲曰：䫄（景）皇祖考𤔲威義（儀）
8.4177 癲曰：䫄（景）皇祖考𤔲威義（儀）
8.4184 虢仲令公臣𤔲朕百工
8.4185 虢仲令公臣𤔲朕百工
8.4186 虢仲令公臣𤔲朕百工
8.4187 虢仲令公臣𤔲朕百工
8.4197 乍（作）𤔲土（徒）
8.4199 令女（汝）更喬克𤔲直啚（鄙）
8.4200 令女（汝）更喬克𤔲直啚（鄙）
8.4206 師田父令余𤔲□官
8.4215 命女（汝）𤔲成周里人
8.4240 曰：令女（汝）疋（胥）周師𤔲歔（廩）
8.4243 王在師𤔲馬宮大室
8.4244 𤔲馬井伯〔入〕右（佑）走
8.4246 𤔲㑹啚（鄙）官（館）、內師舟
8.4247 𤔲㑹啚（鄙）官（館）、內師舟
8.4248 𤔲㑹啚（鄙）官（館）、內師舟
8.4249 𤔲㑹啚（鄙）官（館）、內師舟
8.4250 曰：𤔲琱宮人虤𢊁
8.4255 令女（汝）乍（作）𤔲土（徒）/ 官𤔲耤（藉）田
8.4258 官𤔲尸（夷）僕、小射、底魚
8.4259 官𤔲尸（夷）僕、小射、底魚
8.4260 官𤔲尸（夷）僕、小射、底魚
8.4266 命女（汝）乍（作）𤔲（豳）師家𤔲馬
8.4267 官𤔲豐人眔九𧇼祝
8.4270 𤔲昜（場）、林、吳（虞）、牧
8.4271 𤔲昜（場）、林、吳（虞）、牧
8.4272 王乎史年册命望：死（尸）𤔲畢王家
8.4273 王令靜𤔲射學宮
8.4274 𤔲左右走（趣）馬、五邑走（趣）馬
8.4275 𤔲左右走（趣）馬、五邑走（趣）馬
8.4276 𤔲窒（簸）俞邦君𤔲馬、弓、矢
8.4277 𤔲馬共右（佑）師俞 / 王乎乍（作）册內史册命師俞：䡅（纘）𤔲𠂤人
8.4279 官𤔲豐還
8.4280 官𤔲豐還
8.4281 官𤔲豐還
8.4282 官𤔲豐還
8.4283 王在周師𤔲馬宮 / 𤔲馬井伯親右（佑）師𤻲 / 令（命）女（汝）官𤔲邑人、師氏
8.4284 王在周師𤔲馬宮 / 𤔲馬井伯親右（佑）師𤻲 / 令（命）女（汝）官𤔲邑人、師氏
8.4285 𤔲馬共右（佑）諫 / 曰：先王既命女（汝）䡅（纘）𤔲王宥 / 今余唯或𤔲（嗣）命女（汝）
8.4286 曰：更乃祖考𤔲輔
8.4287 王乎命尹封册命伊：䡅（纘）官𤔲康宮王臣妾、百工
8.4288 王乎史牆册命師酉：𤔲（嗣）乃祖
8.4289 王乎史牆册命師酉：𤔲（嗣）乃祖
8.4290 王乎史牆册命師酉：𤔲（嗣）乃祖
8.4291 王乎史牆册命師酉：𤔲（嗣）乃祖
8.4293 余以邑訊有𤔲 / 有𤔲曰：㕓令
8.4294 𤔲徒單伯內（入）右（佑）揚 / 乍（作）𤔲工（空）/ 官𤔲量田佃 / 眔𤔲笠（位）/ 眔𤔲芻 / 眔𤔲寇 / 眔𤔲工（空）司（事）
8.4295 𤔲徒單伯內（入）右（佑）揚 / 乍（作）𤔲工（空）/ 官𤔲量田佃 / 眔𤔲笠（位）/ 眔𤔲芻 / 眔𤔲寇 / 眔𤔲工（空）史（事）
8.4300 戍冀𤔲乞（訖）
8.4301 戍冀𤔲乞（訖）
8.4303 𤔲土（徒）毛叔右（佑）此
8.4304 𤔲土（徒）毛叔右（佑）此
8.4305 𤔲土（徒）毛叔右（佑）此
8.4306 𤔲土（徒）毛叔右（佑）此
8.4307 𤔲土（徒）毛叔右（佑）此
8.4308 𤔲土（徒）毛叔右（佑）此
8.4309 𤔲土（徒）毛叔右（佑）此
8.4310 𤔲土（徒）毛叔右（佑）此
8.4311 䡅（纘）𤔲我西扁（偏）、東扁（偏）
8.4312 𤔲工（空）液伯入右（佑）師𩓚 / 才先王既令（命）女（汝）乍（作）𤔲士 / 官𤔲汸闇
8.4316 啻（嫡）官𤔲左右戲繁荆 / 啻（嫡）官𤔲左右戲繁荆
8.4318 𤔲左右走（趣）馬 / 令（命）女（汝）䡅（纘）𤔲走（趣）馬
8.4319 𤔲左右走（趣）馬 / 令（命）女（汝）䡅（纘）𤔲走（趣）馬
8.4321 今余令（命）女（汝）啻（嫡）官𤔲邑人
8.4322 或率有𤔲、師氏奔追𨙶（攔）戎于𩫖（域）林
8.4324 既令（命）女（汝）更乃祖考𤔲小輔 / 令（命）女（汝）𤔲乃

祖舊官小輔眔鼓鐘
8.4325 既令女(汝)更乃祖考𤔲/令(命)女(汝)𤔲乃祖舊官小輔、鼓鐘
8.4326 王令韐(纘)𤔲公族、卿事(士)、大(太)史寮
8.4327 燮(榮)伯乎令(命)卯曰：𢦏(載)乃先祖考死(尸)𤔲燮(榮)公室/昔乃祖亦既令乃父死(尸)𤔲葊人
8.4332 令(命)女(汝)官𤔲成周貯(廛)/監𤔲新造
8.4333 令女(汝)官𤔲成周貯(廛)/監𤔲新造
8.4334 令女(汝)官𤔲成周貯(廛)/監𤔲新造
8.4335 令女(汝)官𤔲成周貯(廛)/監𤔲新造
8.4336 令女(汝)官𤔲成周貯(廛)/監𤔲新造
8.4337 令女(汝)官𤔲成周貯(廛)/監𤔲新造
8.4338 令女(汝)官𤔲成周貯(廛)/監𤔲新造
8.4339 令女(汝)官𤔲成周貯(廛)/監𤔲新造
8.4340 𤔲王家/从𤔲王家外內/𤔲百工
8.4343 昔先王既令女(汝)乍(作)𤔲士
9.4415 魯𤔲徒伯吳
9.4440 魯𤔲𢓊(辻、徒)仲齊
9.4441 魯𤔲𢓊(徒)仲齊
9.4462 𤔲馬共右(佑)瘨
9.4463 𤔲馬共右(佑)瘨
9.4467 韐(纘)𤔲左右虎臣
9.4468 韐(纘)𤔲左右虎臣
9.4505 大𤔲馬孛术自乍(作)飤簠
9.4601 奠(鄭)伯大𤔲工(空)召叔山父乍(作)旅簠
9.4602 奠(鄭)伯大𤔲工(空)召叔山父乍(作)旅簠
9.4626 令(命)免乍(作)𤔲土(徒)/𤔲奠(鄭)還歔(廩)
9.4689 魯大𤔲徒厚氏元
9.4690 魯大𤔲徒厚氏元
9.4691 魯大𤔲徒厚氏元
10.5344 盠𤔲土(徒)幽乍(作)祖辛旅彝
10.5405 公姞令次𤔲田人
10.5418 乍(作)𤔲工(空)
11.5917 盠𤔲土(徒)幽乍(作)祖辛旅彝
11.5994 公姞令次𤔲田人
11.6006 乍(作)𤔲工(空)
11.6013 曰：用𤔲六師、王行、參(叁)有𤔲：𤔲土(徒)、𤔲馬、𤔲工(空)/王令(命)盠曰：韐(纘)𤔲六師眔八師埶(藝)
15.9453 卿(佮)即邦君、者(諸)侯、正、有𤔲大射
15.9456 伯邑父、燮(榮)伯、定伯、琼伯、單伯廼令參有𤔲：𤔲土(徒)微邑、𤔲馬單旟、𤔲工(空)邑人服眔受(授)田
15.9641 𤔲寇良父
15.9694 虞𤔲寇伯吹乍(作)寶壺
15.9695 虞𤔲寇伯吹乍(作)寶壺
15.9723 王在成周𤔲土(徒)淲宮
15.9724 王在成周𤔲土(徒)淲宮
15.9728 乍(作)冢𤔲土(徒)于成周八師
15.9729 于大無𤔲折(誓)、于大𤔲命用璧、兩壺、八鼎/于南宮子用璧二備(珥)、玉二𤔲(笥)、鼓鐘〔一肆〕
15.9730 于上天子用璧玉備(珥)、〔玉〕一𤔲(笥)/于大無𤔲折(誓)、于大𤔲命用璧、兩壺、八鼎/于南宮子用璧二備(珥)、玉二𤔲(笥)、鼓鐘一肆(肆)
15.9731 令女(汝)官𤔲成周貯(廛)廿家/監𤔲新造
15.9732 令女(汝)官𤔲成周貯(廛)廿家/監𤔲新造
15.9733 𤔲(嗣)衣、裘、車、馬
16.9898 王乎史戊册令(命)吳：𤔲旃眔叔金
16.9899 曰：用𤔲六師王行、參有𤔲：𤔲土(徒)、𤔲馬、𤔲工(空)/王令(命)盠曰：韐(纘)𤔲六師眔八師埶(藝)
16.9900 曰：用𤔲六師王行、參有𤔲：𤔲土(徒)、𤔲馬、𤔲工(空)/王令(命)盠曰：韐(纘)𤔲六師眔八師埶(藝)
16.9981 樂大𤔲徒子□之子引
16.10116 魯𤔲𢓊(徒)仲齊肇乍(作)般(盤)
16.10154 魯少(小)𤔲寇坓(封)孫宅(庀)
15.10169 疋(胥)備仲𤔲六師服
16.10176 矢人有𤔲眉(堳)田：鮮、且、微、

武父、西宮襄、豆人虞丂、彔、貞、師氏右省、小門人繇、原人虞艿、淮𤔲工(空)虎孛、冊豐父、难(鳿)人有𤔲、刑丂/正眉(堳)矢舍(捨)散田:𤔲土(徒)屰啬、𤔲馬嘼𢍰、䡍人𤔲工(空)騛君、宰德父/散人小子眉(堳)田:戎、微父、效㮚(櫂)父、襄之有𤔲橐、州䜏(就)、倐從嵩(鬲)/凡散有𤔲十夫

16.10241 𤔲馬南叔乍(作)𪅏姬朕(媵)也(匜)

16.10260 乍(作)𤔲𢍰彝

16.10275 魯𤔲𢓊(徒)仲齊

16.10277 魯大𤔲徒子仲白

16.10316 魯大𤔲徒元乍(作)飲盂

16.10322 公廼命西𤔲𢓊(徒)畐父、周人𤔲工(空)屖、敝史、師氏、邑人奎父、畢人師同

16.10326 𤔲料朿所〔持〕

16.10327 𤔲料朿所寺(持)

16.10342 廣𤔲四方

17.11016 □□𤔲馬

17.11206 郳大𤔲馬之艁(造)戈

18.11785 叡𤔲土(徒)北征蒿廬

18.11910 梎(舥)湩都大𤔲馬

2574 ⿰而叏(捅)

10.5395 在⿰而叏(捅)師(次)

2575 ⿰㚇寒

16.10175 ⿰㚇寒(褰)卬(掤、併)上下

2576 ⿰𤔔申

1.212 蔡侯⿰𤔔申(申)之行鐘

1.213 蔡侯⿰𤔔申(申)之行鐘

1.214-5 蔡侯⿰𤔔申(申)之行鐘

2.287 其在⿰𤔔申(申)也爲遅(夷)則

2.292 其在⿰𤔔申(申)也爲遅(夷)則

2.324 妥(蕤)賓之在⿰𤔔申(申)也爲遅(夷)則

2.327 其在⿰𤔔申(申)也爲遅(夷)則

4.2215 蔡侯⿰𤔔申(申)之飤鼾

4.2216 蔡侯⿰𤔔申(申)之飤鼾

4.2217 蔡侯⿰𤔔申(申)之飤貞(鼎)

4.2218 蔡侯⿰𤔔申(申)之飤貞(鼎)

4.2219 蔡侯⿰𤔔申(申)之飤貞(鼎)

4.2220 蔡侯⿰𤔔申(申)之飤貞(鼎)

4.2221 蔡侯⿰𤔔申(申)之飤貞(鼎)

4.2222 蔡侯⿰𤔔申(申)之頭貞(鼎)

4.2223 蔡侯⿰𤔔申(申)之頭貞(鼎)

4.2224 蔡侯⿰𤔔申(申)之□貞(鼎)

4.2225 蔡侯⿰𤔔申(申)之飤鼾

4.2226 蔡侯⿰𤔔申(申)之□□

6.3592 蔡侯⿰𤔔申(申)乍(作)淄(𨥅)毁

6.3593 蔡侯⿰𤔔申(申)乍(作)淄(𨥅)毁

6.3594 蔡侯⿰𤔔申(申)乍(作)淄(𨥅)毁

6.3595 蔡侯⿰𤔔申(申)乍(作)淄(𨥅)毁

6.3596 蔡侯⿰𤔔申(申)乍(作)淄(𨥅)毁

6.3597 蔡侯⿰𤔔申(申)乍(作)淄(𨥅)毁

6.3598 蔡侯⿰𤔔申(申)乍(作)淄(𨥅)毁

6.3599 蔡侯⿰𤔔申(申)乍(作)淄(𨥅)毁

9.4490 蔡侯⿰𤔔申(申)之飤簠

9.4491 蔡侯⿰𤔔申(申)之飤簠

9.4492 蔡侯⿰𤔔申(申)之飤簠

9.4493 蔡侯⿰𤔔申(申)之飤簠

11.5939 蔡侯⿰𤔔申(申)乍(作)大孟姬賸(媵)尊

11.6010 蔡侯⿰𤔔申(申)虔共(恭)大命

15.9573 蔡侯⿰𤔔申(申)之淄(𨥅)壺

15.9574 蔡侯⿰𤔔申(申)之淄(𨥅)壺

16.9976 蔡侯⿰𤔔申(申)之鉼(鉼)

16.9992 蔡侯⿰𤔔申(申)之盥缶

16.9993 蔡侯⿰𤔔申(申)之尊缶

16.9994 蔡侯⿰𤔔申(申)之尊缶

16.10004 蔡侯⿰𤔔申(申)乍(作)大孟姬賸(媵)盥缶

16.10072 蔡侯⿰𤔔申(申)乍(作)尊醓(盤)

16.10171 蔡侯⿰𤔔申(申)虔共(恭)大命

16.10189 蔡侯⿰𤔔申(申)之盥匜

16.10290 蔡侯⿰𤔔申(申)之尊𣳫(浣)匜

17.11140 蔡侯⿰𤔔申(申)之行戈

17.11141 蔡侯⿰𤔔申(申)之用戈

17.11142 蔡侯⿰𤔔申(申)之用戈

2577 繼(縺)

5.2831 矩取省車、軷𡨦(賁)畐、虎冟(幎)、蔡(𢂶)褘、畫轉、㚔(鞭)𢂇(席)𩌏、帛繼(縺)乘、金麃(鑣)鋞(鋞)

6.3436 繼(縺)乍(作)父癸彝

2578 素

8.4286 𢦏(哉)賜女(汝)載(緇)市、素黃(衡)、䜌(鑾)旂

9.4467 賜女(汝)秬鬯一卣、赤市、五黃(衡)、赤舄、牙僰、駒車、桒(賁)較(較)、朱虢(鞹)𩏂靳、虎冟(冪)熏(纁)裏、畫轉(轉)、畫𨐨、金甬(筩)、朱旂、馬四匹、攸(鋚)勒、素戉(鉞)

9.4468 賜女(汝)秬鬯一卣、赤市、五黃(衡)、赤舄、牙僰、駒車、桒(賁)較(較)、朱虢(鞹)𩏂靳、虎冟(冪)熏(纁)裏、畫轉(轉)、畫𨐨、金甬(筩)、朱旂、馬四匹、攸(鋚)勒、素戉(鉞)

15.9702 賜朿(櫜、橐)伯矢束、素絲束

2579 緰、紷、紟(紟)

1.262-3 秦公其畯紟(令)在立(位)

1.267 秦公其畯紟(紟令)在立(位)

1.268 秦公畯紟(令)在立(位)

1.269 秦公其畯紟(令)在立(位)

1.271 齊辟鞷(鮑)叔之孫、遵(躋)仲之子緰(紟)/萬年緰(令)保其身/鞷(鮑)子緰(紟)曰:余彌心畏誋(忌)

8.4317 用紟(紟令)保我家、朕立(位)、㝬(胡)身

9.4467 克紟(令)臣先王

9.4468 克紟(令)臣先王

2580 䋽(綏)

16.10175 左右䋽(綏)·鋖剛鯀

2581 繛、綽

1.187-8 用祈匄康𩁹、屯(純)右(祐)、繛綰、通彔(祿)

1.189-90 用祈匄康𩁹、屯(純)右(祐)、繛綰、通彔(祿)

1.246 繛綰、娋(福)彔(祿)、屯(純)魯

5.2777 尊鼎用祈匄百彔(祿)、眉壽、綰繛、永令(命)

5.2825 用祈匄眉壽、繛綰、永令(命)、霝(靈)冬(終)

5.2826 晉姜用祈繛綰、眉壽

7.4108 綰繛、眉壽、永令(命)

8.4198 用匄眉壽、繛綰、永令(命)

2582 玄

1.149 玄鏐膚(鑪)呂(鋁)

1.150 玄鏐膚(鑪)呂(鋁)

1.151 玄鏐膚(鑪)呂(鋁)

1.152 玄鏐膚(鑪)呂(鋁)

1.172 玄鏐銷鏞(鋁)

1.173 玄鏐銷鏞(鋁)

1.174 玄鏐銷鏞(鋁)

1.175 玄鏐銷鏞(鋁)

1.176 玄鏐銷鏞(鋁)

1.177 玄鏐銷鏞(鋁)

1.178 玄鏐銷鏞(鋁)

1.179 玄鏐銷鏞(鋁)

1.180 玄鏐銷鏞(鋁)

1.225 玄鏐鏞鋁

1.226 玄鏐鏞鋁

1.227 玄鏐鏞鋁

1.228 玄鏐鏞鋁

1.229 玄鏐鏞鋁

1.230 玄鏐鏞鋁

1.231 玄鏐鏞鋁

1.232 玄鏐鏞鋁

1.233 玄鏐鏞鋁

1.234 玄鏐鏞鋁

1.235 玄鏐鏞鋁

1.236 玄鏐鏞鋁

1.237 玄鏐鏞鋁

1.245 玄鏐赤鏞(鋁)

1.272-8 玄鏐鏻鋁

2.429 余受此于之玄孫/玄鏐鈍呂(鋁)

4.2501 □女楚□女玄□旅□天□彝

5.2781 王賜赤⊖市、玄衣黹屯(純)、䜌(鑾)旅(旂)

5.2789 王姛(訇)姜事(使)內史友員賜𢦔玄衣、朱襮裣

5.2813 賜載(緇)市、冋(㶣)黃(衡)、玄衣黹屯(純)、戈琱胾、旂

5.2814 賜女(汝)玄衣黹屯(純)、戈琱胾、㫃(厚)必(柲)、彤沙(緌)、攸(鋚)勒、䜌(鑾)旂

5.2815 王乎內史𠬝册賜趩:玄衣屯(純)黹、赤市、朱黃(衡)、䜌(鑾)旂、攸(鋚)勒

5.2816 賜女(汝)秬鬯一卣、玄衮衣、幽夫(市)、赤舄、駒車、畫呻(紳)、轉(幬)學(較)、虎幎(幃)、冟袿里幽、攸(鋚)勒、旅(旂)五旅(旂)、彤弓、彤矢、旅(玈)弓、旅(玈)矢、𢦔戈、䩌(皋)胄

5.2819 王乎史減册賜寰:玄衣黹屯(純)、赤市、朱黃(衡)、䜌(鑾)旅(旂)、攸(鋚)勒、戈琱胾、㫃(厚)必(柲)、彤沙(緌)

5.2821 賜女(汝)玄衣黹屯(純)、赤市、朱黃(衡)、䜌(鑾)旅(旂)

5.2822 賜女(汝)玄衣黹屯(純)、赤市、朱黃(衡)、䜌(鑾)旂

5.2823 賜女(汝)玄衣黹屯(純)、赤市、朱黃(衡)、䜌(鑾)旅(旂)

5.2825 賜女(汝)玄衣

黹屯(純)、赤芾、朱黄(衡)、䜌(鑾)旂

5.2827 賜女(汝)玄衣黹屯(純)、赤芾、朱黄(衡)、䜌(鑾)旂、攸(鋚)勒

5.2828 賜女(汝)玄衣黹屯(純)、赤芾、朱黄(衡)、䜌(鑾)旂、攸(鋚)勒

5.2829 賜女(汝)玄衣黹屯(純)、赤芾、朱黄(衡)、䜌(鑾)旂、攸(鋚)勒

5.2830 賜女(汝)玄衣黹且(黹虘)屯(純)、赤芾、朱橫(黄衡)、䜌(鑾)旃、大(太)師金膺、攸(鋚)勒

8.4166 賜玄衣、赤社

8.4243 內史尹册賜救：玄衣黹屯(純)、旂四日

8.4250 王乎命女(汝)：赤芾、朱黄(衡)、玄衣黹屯(純)、䜌(鑾)旂

8.4257 賜女(汝)玄衣黹屯(純)、鋉(素)芾、金鈧(衡)、赤舄、戈琱戠、彤沙(蘇)、攸(鋚)勒、䜌(鑾)旂五日

8.4258 曰：賜女(汝)桒(賁)朱黄(衡)、玄衣黹屯(純)、㫃、攸(鋚)革(勒)

8.4259 曰：賜女(汝)桒(賁)朱黄(衡)、玄衣黹屯(純)、㫃、攸(鋚)革(勒)

8.4260 曰：賜女(汝)桒(賁)朱黄(衡)、玄衣黹屯(純)、㫃、攸(鋚)革(勒)

8.4268 乎內史夀(敖、侁)册命王臣：賜女(汝)朱黄(衡)桒(賁)親(襯)、玄衣黹屯(純)、䜌(鑾)旂五日、戈畫戠、㢘(墉)必(柲)、彤沙(蘇)

8.4270 厥逆(朔)至于玄水

8.4271 厥逆(朔)至于玄水

8.4286 賜女(汝)玄衣黹屯(純)、赤芾、朱黄(衡)、戈彤沙(蘇)琱戠、旂五日

8.4303 賜女(汝)玄衣黹屯(純)、赤芾、朱黄(衡)、䜌(鑾)旅(旂)

8.4304 賜女(汝)玄衣黹屯(純)、赤芾、朱黄(衡)、䜌(鑾)旅(旂)

8.4305 賜女(汝)玄衣黹屯(純)、赤芾、朱黄(衡)、䜌(鑾)旅(旂)

8.4306 賜女(汝)玄衣〔黹〕屯(純)、赤芾、朱黄(衡)、䜌(鑾)旅(旂)

8.4307 賜女(汝)玄衣黹屯(純)、赤芾、朱黄(衡)、䜌(鑾)旅(旂)

8.4308 賜女(汝)玄衣黹屯(純)、赤芾、朱黄(衡)、䜌(鑾)旅(旂)

8.4309 賜女(汝)玄衣黹屯(純)、赤芾、朱黄(衡)、䜌(鑾)旅(旂)

8.4310 賜女(汝)玄衣黹屯(純)、赤芾、朱黄(衡)、䜌(鑾)旅(旂)

8.4321 賜女(汝)玄衣黹屯(純)、截(緇)芾、冋(䌹)黄(衡)、戈琱戠、歇(厚)必(柲)、彤沙(蘇)、䜌(鑾)旂、攸(鋚)勒

8.4332 賜女(汝)玄衣黹屯(純)、赤芾、朱黄(衡)、䜌(鑾)旂、攸(鋚)勒

8.4333 賜女(汝)玄衣黹屯(純)、赤芾、朱黄(衡)、䜌(鑾)旂、攸(鋚)勒

8.4334 賜女(汝)玄衣黹屯(純)、赤芾、朱黄(衡)、䜌(鑾)旂、攸(鋚)勒

8.4335 賜女(汝)玄衣黹屯(純)、赤芾、朱黄(衡)、䜌(鑾)旂、攸(鋚)勒

8.4336 賜女(汝)玄衣黹屯(純)、赤芾、朱黄(衡)、䜌(鑾)旂、攸(鋚)勒

8.4337 賜女(汝)玄衣黹屯(純)、赤芾、朱黄(衡)、䜌(鑾)旂、攸(鋚)勒

8.4338 賜女(汝)玄衣黹屯(純)、赤芾、朱黄(衡)、䜌(鑾)旂、攸(鋚)勒

8.4339 賜女(汝)玄衣黹屯(純)、赤芾、朱黄(衡)、䜌(鑾)旂、攸(鋚)勒

8.4340 賜女(汝)玄衮衣、赤舄

9.4627 其󠄀凤(𠬝)、其玄、其黄

9.4628 亦玄亦黄

11.6015 侯賜玄周(琱)戈

13.8296 寢玄

14.8719 玄父癸

15.9728 賜女(汝)秬鬯一卣、玄衮衣、赤巿、幽黄(衡)、赤舄、攸(鋚)勒、䜌(鑾)旂

15.9731 賜女(汝)玄衣黹屯(純)、赤芾、朱黄(衡)、䜌(鑾)旂、攸(鋚)勒

15.9732 賜女(汝)玄衣黹屯(純)、赤芾、朱黄(衡)、䜌(鑾)旂、攸(鋚)勒

16.9898 賜秬鬯一卣、玄衮衣、赤舄、金車、桒(賁)鞃朱虢(鞹)靳、虎冟(冪)熏(纁)裏、桒(賁)較(較)、畫轉、金甬(筩)、馬四匹、攸(鋚)勒

16.10170 王乎乍(作)册尹册賜休：玄衣黹屯(純)、赤芾、朱黄(衡)、戈琱戠、彤沙(蘇)、歇(厚)必(柲)、䜌(鑾)㫃

16.10172 王乎史減册賜袁：玄衣黹屯(純)、赤巿、朱黄(衡)、䜌(鑾)旂、攸(鋚)勒、戈琱㦰、歐(厚)必(柲)、彤沙(蘇)
16.10298 玄銑(鑛)白銑(鑛)
16.10299 玄銑(鑛)白銑(鑛)
17.10910 玄翏(鏐)
17.10911 玄翏(鏐)
17.10970 玄翏(鏐)敚(鏞)鋁之用
17.11091 玄夫(鏞)鑄戈之□
17.11136 玄翏(鏐)敚(鏞)鋁之用
17.11137 玄翏(鏐)敚(鏞)鋁之用
17.11138 玄翏(鏐)敚(鏞)鋁之用
17.11139 玄翏(鏐)敚(鏞)鋁之用
17.11163 玄翏(鏐)夫(鏞)睊(鋁)之用
18.11696 玄鏐鋪(鏞)吕(鋁)
18.11697 玄鏐鋪(鏞)吕(鋁)

2583 幼

5.2833 勿遺壽幼/勿遺壽幼
5.2834 勿〔遺〕壽幼

2584 丂

8.4194 用乍(作)厥文丂(考)尊毁

2585 幽

1.141 師臾肁(肇)乍(作)朕剌(烈)祖虢季、宄公、幽叔、朕皇考德叔大禀(林)鐘
5.2786 命女(汝)幽黄(衡)、鋚革(勒)
5.2805 賜女(汝)赤巿、幽黄(衡)、攸(鋚)勒
5.2816 賜女(汝)秬鬯一卣、玄衮衣、幽夫(巿)、赤舄、駒車、畫呻(紳)、幬(幬)學(較)、虎幃(幃)、㝬裣里幽、攸(鋚)勒、旅(旂)五旅(旂)、彤弓、彤矢、旅(玈)弓、旅(玈)矢、𢦏戈、䌛(皋)冑
5.2833 𦘒(肆)武公亦弗叚(遐)朢(忘)賸(朕)聖祖考幽大叔、懿叔
5.2834 穆(𦘒)武公亦(弗)歷(叚)望(忘)〔朕聖〕自(祖)考幽大叔、懿〔叔〕
7.3943 伯祈乍(作)文考幽仲尊毁
8.4242 乍(作)朕皇祖幽大叔尊毁
8.4250 用乍(作)朕文考幽叔寶毁
8.4266 賜女(汝)赤巿、幽亢(衡)、䜌(鑾)旂
8.4287 賜女(汝)赤巿、幽黄(衡)、䜌(鑾)旂、攸(鋚)勒
8.4293 亦我考幽伯、幽姜令
10.5344 盠嗣土(徒)幽乍(作)祖辛旅彝
10.5381 用乍(作)幽尹寶尊彝
11.5917 盠嗣土(徒)幽乍(作)祖辛旅彝
11.6013 賜盠：赤巿、幽亢(衡)、攸(鋚)勒
15.9728 賜女(汝)秬鬯一卣、玄衮衣、赤巿、幽黄(衡)、赤舄、攸(鋚)勒、䜌(鑾)旂
16.9899 賜盠：赤巿、幽亢(衡)、攸(鋚)勒
16.9900 賜盠：赤巿、幽黄(衡)、攸(鋚)勒
15.10169 賜女(汝)赤攸(巿、巿)、幽黄(衡)、鋚勒、旂
16.10175 青幽高祖
17.11371 奠(鄭)命(令)幽□恒、司寇彭璋、武庫工師車啞、冶狃

2586 學(幼)

5.2840 寡人學(幼)踵(童)

2587 㽙(幼)

17.11386 奠(鄭)倫(令)公先㽙(幼)、司寇事(吏)陜、右庫工師皂高、冶肴(尹)□敱(造)
17.11397 奠(鄭)倫(令)公先㽙(學、幼)、司寇向□、左庫工師百慶、冶肴(尹)□敱(造)
18.11554 奠(鄭)倫(令)公先㽙(幼)、司寇史陘(隋)、左庫工師倉慶、冶肴(尹)弱(彄)敱(造)

2588 𢆶、𢆶、𢆶(紂)

5.2608 庫嗇夫肖(趙)不𢆶(𢆶)、貯氏大竝(令)所爲
5.2840 語不𤓰(廢)𢆶(哉)/於(烏)虖(乎)折(哲)𢆶(哉)/攸(悠)𢆶(哉)/天其又(有)䢵(型)于𢆶(在)厥邦/ 急(念)之𢆶(哉)/急(念)之𢆶(哉)
9.4694 攸𢆶(載)㪿(造)鈇(簠)盍(盒)
9.4695 攸𢆶(載)㪿(造)鈇(簠)盍(盒)
15.9734 𢆶(慈)炁(炁、愛)百每(民)
15.9735 允𢆶(哉)若言
16.10297 攸𢆶(載)造金監(鑑)
17.11323 𢆶(茲)氏命(令)吳庶、下庫工師長武

2589 茲、茲

1.120 女(汝)其用茲
1.123 女(汝)其用茲
1.125-8 女(汝)其用茲

1.129-31 女(汝)其用茲
1.181 茲鐘名曰無睪(射)
1.183 曾孫僕兒、余迭斯于之子(孫)、余茲佫之元子
1.185 余茲佫之元子
2.356 其子子孫孫永日鼓樂茲鐘
2.357 其子子孫孫日鼓樂茲鐘
4.2379 雔(集)茲乍(作)旅鼎
4.2439 羊𠄌茲乍(作)厥文考叔寶尊彝
5.2746 信于茲巽
5.2779 用鑄茲尊鼎
5.2785 茲福人入史(事)
5.2824 其子子孫孫永寶茲剌(烈)
5.2838 曶用茲金乍(作)朕文孝(考)宄伯𤔲牛鼎 / 用徵祉(誕)賣(贖)茲五夫 / 受茲五夫 / 用致(致)茲人 / 曰用茲四夫
5.2841 毋(抄)茲卿事寮、大(太)史寮于父即尹 / 賜女(汝)茲弁(賸)
8.4140 用茲彝對令
8.4160 它它(施施)受茲永命 / 永寶茲段
8.4161 它它(施施)受茲永命 / 永寶茲段
8.4162 用宔(鑄)茲彝
8.4163 用宔(鑄)茲彝
8.4164 用宔(鑄)茲彝
8.4184 永寶茲休
8.4185 永寶茲休
8.4186 永寶茲休
8.4187 永寶茲休
8.4190 乍(作)茲寶段
8.4302 其帥井(型)受茲休
8.4330 乍(作)茲段
9.4435 茲𤔲友(有)十又二
9.4629 鑄茲貿(賓)簠(笑)
9.4630 鑄茲貿(賓)簠(笑)
10.5428 余𡚱(睨)爲女(汝)茲小鬱彝 / 茲小彝妹吹見
10.5429 余𡚱(睨)爲女(汝)茲小鬱彝 / 茲小彝妹吹見
11.6014 肄(肆)文王受茲大命 / 曰: 余其宅茲中或(國)
12.6515 萬諆乍(作)茲晨(觶)
15.9416 𩰫父乍(作)茲女(母)匋(寶)盉
15.9680 匹(甃)君茲旅者
15.9710 虘安茲漾陵
15.9711 虘安茲漾陵
15.9718 用禋祀于茲宗室 / 于茲先申(神)、皇祖
16.10075 𩰫父乍(作)茲女(母)匋(寶)般(盤)
16.10261 茲乍(作)寶也(匜)
16.10285 造亦茲五夫
16.10371 於茲安陵亭
17.11333 㠯茲戈
18.11758 中山侯恣(忺)乍(作)茲軍釽

2590 幾

3.684 奠(鄭)鑄友父乍(作)幾姜旅鬲
7.3765 伯幾父乍(作)𡩜(餴、饙)段
7.3766 伯幾父乍(作)𡩜(餴、饙)段
7.3954 仲幾父事(使)幾事(使)于者(諸)侯、者(諸)監
8.4331 用乍(作)朕皇考武𣄨幾王尊段
15.9721 賜幾父𢆶𡩜(皸)六、僕四家、金十鈞 / 幾父拜頧首 / 幾父用追孝
15.9722 賜幾父𢆶𡩜(皸)六、僕四家、金十鈞 / 幾父拜頧首 / 幾父用追孝

2591 ㄐ(糾)

4.2011 冊ㄐ(糾)乍(作)父戊
5.2703 ㄐ冊
5.2766 ㄐ(糾)津涂俗
6.3185 ㄐ冊父戊
10.5059 ㄐ冊父乙
10.5060 ㄐ冊父乙
10.5076 ㄐ冊父戊
10.5161 ㄐ冊
10.5206 亞夨望ㄐ父乙(15.9565)
11.5583 ㄐ冊
11.5739 ㄐ冊父戊
12.6449 ㄐ
12.7030 ㄐ冊
12.7226 ㄐ冊父乙
12.7265 ㄐ冊乍(作)父乙
14.8423 ㄐ冊父乙
14.8531 ㄐ冊父戊
14.8845 ⺀(冰支)ㄐ冊祖辛
14.8923 ㄐ冊乍(作)父戊
15.9231 ㄐ冊乍(作)父戊
15.9346 ㄐ冊父乙
15.9565 亞夨望ㄐ父乙(10.5206)
16.9957 ㄐ冊父戊
16.10014 ㄐ(糾)
16.10583 哉教ㄐ(糾)〔俗〕
18.12075 ㄐ

2592 句

1.32 內(芮)公乍(作)鑄從鐘之句(鉤)
1.33 內(芮)公乍(作)鑄從鐘之句(鉤)
1.171 □朱句(勾)之孫(?)□亘□喪
2.421 鑄句(勾)鑃
2.422 鑄句(勾)鑃
2.424 自乍(作)商句(勾)鑃
3.1291 句戊
4.1597 句父丁
4.1658 句父辛

4.2272 圳(坶)小子句乍(作)寶鼎
4.2393 鑄客爲王句(后)七府爲之
4.2394 鑄客爲王句(后)七府爲之
4.2395 鑄客爲大(太)句(后)脰(廚)官爲之
4.2520 奠(鄭)戒(勇)句父自乍(作)飤薦
5.2727 用旂(祈)眉壽、黃句(耇)、吉康
6.3034 句須
9.4466 其邑彶眔句、商、兒
9.4506 鑄客爲王句(后)六室爲之
9.4507 鑄客爲王句(后)六室爲之
9.4508 鑄客爲王句(后)六室爲之
9.4509 鑄客爲王句(后)六室爲之
9.4510 鑄客爲王句(后)六室爲之
9.4511 鑄客爲王句(后)六室爲之
9.4512 鑄客爲王句(后)六室爲之
9.4513 鑄客爲王句(后)六室爲之
9.4589 乍(作)其妹句敔夫人季子媵簠
9.4590 乍(作)其妹句敔夫人季子媵簠
9.4675 鑄客爲王句(后)六室爲之
9.4676 鑄客爲王句(后)六室爲之
9.4677 鑄客爲王句(后)六室爲之
9.4678 鑄客爲王句(后)六室爲之
9.4679 鑄客爲王句(后)六室爲之
9.4680 鑄客爲王句(后)六室爲之
10.5089 句□父辛
10.5312 句
11.5453 句
12.6471 句乍(作)父丁尊彝
12.7280 句乍(作)父丁尊彝
12.7301 埶(藝)戊乍(作)祖癸句寶彝
14.8348 句祖辛
15.9277 句父庚
15.9364 句父癸
15.9676 叚句乍(作)其寶壺
15.9726 王在句陵
15.9727 王在句陵
15.9729 齊侯命大(太)子乘遽來句宗伯
15.9730 齊侯命大(太)子乘遽來句宗伯
16.10002 鑄客爲王句(后)六室爲之
16.10003 鑄客爲王句(后)六室爲之
16.10141 唯句它□□〔自〕乍(作)寶般(盤)
16.10293 鑄客爲王句(后)六室爲之
16.10322 厥逹(率)䧢(堳)：厥疆宋句(洵)
16.10578 鑄客爲王句(后)六室爲之
18.11535 戉(越)王州句自乍(作)用矛
18.11579 戉(越)王州句(勾)之〔元用劍〕
18.11622 戉(越)王州(朱)句(勾)自乍(作)用僉(劍)
18.11623 戉(越)王州(朱)句(勾)自乍(作)用僉(劍)
18.11624 戉(越)王州(朱)句(勾)自乍(作)用僉(劍)
18.11625 戉(越)王州(朱)句(勾)自乍(作)用僉(劍)
18.11626 戉(越)王州(朱)句(勾)自乍(作)用僉(劍)
18.11627 戉(越)王州(朱)句(勾)自乍(作)用僉(劍)
18.11628 戉(越)王州(朱)句(勾)自乍(作)用僉(劍)
18.11629 戉(越)王州(朱)句(勾)自乍(作)用僉(劍)
18.11630 戉(越)王州(朱)句(勾)自乍(作)用僉(劍)
18.11631 戉(越)王州(朱)句(勾)自乍(作)用僉(劍)
18.11632 戉(越)王州(朱)句(勾)自乍(作)用僉(劍)
18.11691 相邦春平侯、邦左伐器工師長雚(鳳)、冶句敎(撻)齋(劑)
18.11702 守相杢(執、廉)波(頗)、邦左庫工師采隅、冶句敎(撻)齋(劑)
18.11713 相邦春平侯、邦左伐器工師長雚(鳳)、冶句敎(撻)齋(劑)
18.11714 相邦春平侯、邦左伐器工師長雚(鳳)、冶句敎(撻)齋(劑)
18.12104 舟三千不句酉
18.12105 傳舟得三千不句酉
18.12106 傳舟得三千不句酉

2593　叀

1.238 虢叔旅曰：不(丕)顯皇考叀(惠)叔/用乍(作)皇考叀(惠)叔大薔(林)龢鐘
1.239 虢叔旅曰：不(丕)顯皇考叀(惠)叔/用乍(作)皇考叀(惠)叔大薔(林)龢鐘
1.240 虢叔旅曰：不(丕)顯皇考叀(惠)叔/用乍(作)朕皇考叀(惠)叔大薔(林)龢鐘
1.241 虢叔旅曰：不(丕)顯皇考叀(惠)叔/用乍(作)朕皇考叀(惠)叔大薔(林)龢鐘

1.242-4 虢叔旅曰：不(丕)顯皇考叀(惠)叔/用乍(作)朕皇考叀(惠)叔大薔(林)龢鐘
3.1360 叀册
4.2260 亞叀
4.2263 曰：伯叀姑乍(作)尊鼎
4.2321 亞叀
4.2490 叀乍(作)微伯娟(妘)氏勹(庖)鼎
5.2782 君既安叀(惠)
5.2814 嗣徒南仲右(佑)無(許)叀/王乎史翏册令(命)無叀/無(許)叀敢對揚天子不(丕)顯魯休
5.2818 比乍(作)朕皇祖丁公、皇考叀公尊鼎
5.2830 叀(惟)余小子肈盄(淑)先王德
5.2831 顏小子具(俱)叀(惟)夆(封)
5.2833 叀(惟)西六師、殷八師伐噩(鄂)侯馭方
5.2834 叀(惟)揚(西)六師、殷八師〔伐噩〕侯馭方
5.2836 叀(惠)于萬民
5.2841 虔夙夕叀(惠)我一人
6.3555 叔攸父乍(作)叀段
6.3679 伯嘉父乍(作)叀姬尊段
6.3680 伯嘉父乍(作)叀姬尊段
7.3956 仲叀父乍(作)餴(饙)段
7.3957 仲叀父乍(作)餴(饙)段
8.4182 用禋(祈)追孝于皇考叀仲
8.4198 尹叔用妥(綏)多福于皇考德尹、叀姬
8.4278 比乍(作)皇祖丁公、皇考叀公尊段
8.4285 用乍(作)朕文考叀伯尊段
8.4302 叀(惠)圅天令(命)
8.4342 令(命)女(汝)叀(惠)擁(雍)我邦小大猷
10.4785 叀
10.5277 叀乍(作)父戊寶旅彝
11.5952 叀肈諆(其)爲禦
11.6014 叀(唯)王龏德谷(裕)天
13.7699 叀
13.8232 戈叀
14.8915 叀庚父丁
16.10175 叀(惟)乙祖逨(弼)匹厥辟
17.10749 叀

2594 惠

1.203 惠于明(盟)祀
1.261 惠于政德
1.271 于皇祖又成惠叔、皇礼(妣)又成惠姜
5.2757 惠于剌曲
5.2811 惠于政德
8.4147 善(膳)夫梁其乍(作)朕皇考惠仲、皇母惠㛄尊段
8.4148 善(膳)夫梁其乍(作)朕皇考惠仲、皇母惠㛄尊段
8.4149 善(膳)夫梁其乍(作)朕皇考惠仲、皇母惠㛄尊段
8.4150 善(膳)夫梁其乍(作)朕皇考惠仲、皇母惠㛄尊段
8.4151 善(膳)夫梁其乍(作)朕皇考惠仲、皇母惠㛄尊段
8.4317 用康惠朕皇文剌(烈)祖考
9.4623 曰：余諾龏(恭)孔惠
9.4624 曰：余諾龏(恭)孔惠
15.9456 衛用乍(作)朕文考惠孟寶般(盤)
15.9735 慈孝寰(宣)惠

2595 𡨦

1.109-10 𡨦處宗室
1.111 𡨦處〔宗室〕
1.270 畯𡨦在立(位)
2.358 乍(作)𡨦在下
3.455 亞𡨦
3.631 𡨦乍(作)寶尊鼎
3.862 𡨦乍(作)旅獻(甗)
4.2504 賜乍(作)册𡨦貝
5.2731 𡨦肈從趞征
5.2826 乍(作)𡨦爲亟(極)
5.2838 用臣曰𡨦、曰朏、曰奠
7.3868 𡨦乍(作)祖辛寶段
8.4246 𡨦揚天子不(丕)顯休
8.4247 𡨦揚天子不(丕)顯休
8.4248 𡨦揚天子不(丕)顯休
8.4249 𡨦揚天子不(丕)顯休
8.4315 畯𡨦在天
8.4317 乍(作)𡨦在下
10.5187 𡨦乍(作)寶尊彝
10.5209 𡨦乍(作)父丁寶彝
11.5567 亞𡨦
11.5819 𡨦乍(作)寶尊彝
11.5820 𡨦乍(作)寶尊彝
11.6164 亞𡨦
14.9088 子煶在𡨦
15.9289 𡨦乍(作)父丁寶彝

2596 几

4.1766 月魚几

2597 凥(処)

18.12110 王凥(処)於蔵郢之遊宮
18.12111 王凥(処)於蔵郢之遊宮
18.12112 王凥(処)於蔵郢之遊宮

18.12113 王尻(処)於葴郢之遊宮

2598 處

1.50 用處大政
1.109-10 龠處宗室
1.111 龠處〔宗室〕
1.112 處宗室
1.251-6 武王則令周公舍(捨)寓(宇)以五十頌處
1.260 南或(國)艮孳(子)敢臽(陷)處我土
1.272-8 處堣(禹)之堵
1.283 處堣(禹)之堵
1.285 處堣(禹)之堵
2.428 余處此南疆
3.980 毋處其所
5.2838 曰:弋尚(當)卑(俾)處又(厥)邑
8.4237 征(誕)令臣諫□□亞旅處于軧
15.9734 不能寧處/不敢寧處
16.10175 在微霝(靈)處/卑(俾)處甬
18.11718 余處江之陽

2599 丌、亓(基)

1.156 丌(其)者□□□於子子
15.9583 丌(其)
15.9734 返臣丌(其)宔(主)
16.10374 御關人□□丌(其)事/□□丌(其)盄/于丌(其)事區夫
16.10478 丌(其)坡五十乇(尺)/丌(其)肹(葬)/丌(其)坡五十乇(尺)/丌(其)坡五十乇(尺)/丌(其)葟桓(棺)中桓(棺)眂(視)忞(寧)后/丌(其)棍(題)起(湊)堭(長)三乇(尺)/丌(其)坡卌(四十)乇(尺)/丌(其)棍(題)起(湊)堭(長)三乇(尺)/丌(其)坡卌(四十)乇(尺)/丌(其)一從/丌(其)一瘤(藏)府
16.10579 汩盤(器)不而畄丌(其)欽
17.10806 丌(其、箕)
17.10807 丌(其、箕)
17.11340 敽(播)衮、萬丌(其)所爲
17.11407 ☐毋乍(作)丌(其)枣(速、迹)
18.11618 唯弨公之居旨卲亥(?)畄丌□僉(劍)
18.11650 戉(越)王不光厥□丌□□卯□
18.11656 唯弨公之居旨卲亥(?)畄丌(其)□僉(劍)
18.11692 戉(越)王唯弨公之居旨卲亥(?)畄丌□僉
18.11703 唯戉(越)王丌(其)北古/戉(越)王丌(其)北古
18.11769 丌(其)
18.11916 丌(其)我彇攻(工)書
18.11931 丌(其)攻(工)涅

2600 亣(丌)

17.10786 亣(丌)

2601 典

1.272-8 尸典其先舊
1.285 尸典其先舊
3.1358 衞(衛)典(册)
8.4241 用典王令(命)
8.4262 用典格伯田
8.4263 用典格伯田
8.4264 用典格伯田
8.4265 用典格伯田
8.4293 余典勿敢封/今余既一名典獻
9.4465 典善(膳)夫克田人
9.4649 永爲典尚(常)
10.4873 衞(衛)典
10.5010 癸衞(衛)典
10.5051 父乙衞(衛)典
12.6393 典弜父丁
16.10046 衞(衛)典斦

2602 畀

3.1019 畀
3.1299 畀壬
5.2779 犅(犅)畀其井
5.2785 今兄(貺)畀女(汝)福土
10.5096 畀S2(己)父癸
13.7468 畀
14.8436 畀父丙
14.8642 父辛畀
14.8776 畀亞父
15.9220 畀父癸
15.9344 乙父畀

2603 畁

9.4627 弭仲畁壽

2604 畀

8.4341 否畀屯(純)陟
9.4466 畀(俾)鬲比复(復)厥小宮吒鬲比田
16.10322 賜畀(鋍)師永厥田:滄(洽、陰)昜(陽)洛

2605 奠、隩

1.21 奠(鄭)井叔乍(作)霝(靈)龠(龢)鐘
1.22 奠(鄭)井叔乍(作)霝(靈)龠(龢)鐘
1.82 用保奠
1.204-5 專(溥)奠王令(命)
1.206-7 專奠王令(命)
1.209 專奠王令(命)
1.262-3 以康奠協朕或(國)
1.264-6 以康奠協朕或(國)
1.267 以康奠協朕或(國)
1.268 以康奠協朕或(國)
1.269 以康奠協朕或(國)
3.579 奠(鄭)叔猷父乍(作)羞鬲
3.580 奠(鄭)井叔猷父乍(作)拜(饙)鬲
3.581 奠(鄭)井叔猷父乍(作)羞鬲

3.597 奠(鄭)[illegible]伯乍(作)叔孎鬳鬲
3.598 奠(鄭)[illegible]伯乍(作)叔孎鬳鬲
3.599 奠(鄭)[illegible]伯乍(作)叔孎鬳鬲
3.659 奠(鄭)羌伯乍(作)季姜尊鬲
3.660 奠(鄭)羌伯乍(作)季姜尊鬲
3.684 奠(鄭)鑄友父乍(作)幾姜旅鬲
3.730 奠(鄭)伯筍父乍(作)叔姬尊鬲
3.731 奠(鄭)師𡩜(邍)父乍(作)鬳鬲
3.742 㬜子子奠伯乍(作)尊鬲
3.926 奠(鄭)井叔乍(作)季姞甗(甗)
3.937 奠(鄭)大(太)師小子侯父乍(作)寶甗(甗)
3.938 奠(鄭)氏伯高父乍(作)旅甗(甗)
4.2415 奠(鄭)同媿乍(作)旅鼎
4.2421 奠(鄭)子石乍(作)鼎
4.2467 奠(鄭)姜(羌)伯乍(作)寶鼎
4.2493 奠(鄭)饔邍父鑄鼎
4.2520 奠(鄭)戒(勇)句父自乍(作)飤鼒
5.2536 奠(鄭)登伯伋(及)叔孎乍(作)寶鼎
5.2599 奠(鄭)虢仲悆戒(勇)用乍(作)皇祖、文考寶鼎
5.2667 奠(鄭)伯氏士叔皇父乍(作)旅鼎
5.2682 王來奠新邑
5.2707 奠[illegible][illegible]
5.2755 遣仲令守耤(纘)嗣奠(甸)田
5.2757 百民是奠
5.2786 奠(鄭)井
5.2815 用乍(作)朕皇考𩁹(郤)伯、奠(鄭)姬寶鼎
5.2817 眔奠(甸)人、善(膳)夫、官、守、友
5.2819 用乍(作)朕皇考奠(鄭)伯、姬尊鼎
5.2833 克夾召(紹)先王奠四方
5.2838 用臣曰疐、曰朏、曰奠
6.3607 古乍(作)父丁寶𩰫(奠)彝
7.3842 孟奠父乍(作)尊毁
7.3843 孟奠父乍(作)尊毁
7.3844 孟奠父乍(作)尊毁
7.3871 夨王乍(作)奠(鄭)姜尊毁
7.3878 奠(鄭)牧馬受乍(作)寶毁
7.3879 奠(鄭)牧馬受乍(作)寶毁
7.3880 奠(鄭)牧馬受乍(作)寶毁
7.3895 䬳仲奠父乍(作)尊毁
7.4024 奠(鄭)虢仲乍(作)寶毁
7.4025 奠(鄭)虢仲乍(作)寶毁
7.4026 奠(鄭)虢仲乍(作)寶毁
7.4036 用乍(作)厥文考𩰫(奠)毁
7.4037 用乍(作)厥文考𩰫(奠)毁
8.4165 王在奠(鄭)
8.4242 用䌛(申)圝(恪)、奠保我邦、我家
8.4320 賜奠(甸)七伯
8.4321 則乃祖奠周邦
8.4342 奠大令(命)
9.4391 奠(鄭)義伯乍(作)旅須(盨)
9.4392 奠(鄭)義羌父乍(作)旅盨
9.4393 奠(鄭)義羌父乍(作)旅盨
9.4396 奠(鄭)登叔乍(作)旅盨
9.4400 奠(鄭)井叔康乍(作)旅盨(頹)
9.4401 奠(鄭)井叔康乍(作)旅盨(頹)
9.4454 叔䚄(剸)父乍(作)奠(鄭)季寶鐘六金、尊盨四、鼎七/奠(鄭)季其子子孫孫永寶用
9.4455 叔䚄(剸)父乍(作)奠(鄭)季寶鐘六金、尊盨四、鼎七/奠(鄭)季其子子孫孫永寶用
9.4456 叔䚄(剸)父乍(作)奠(鄭)季寶鐘六金、尊盨四、鼎七/奠(鄭)季其子子孫孫永寶用
9.4457 叔䚄(剸)父乍(作)奠(鄭)季寶鐘六金、尊盨四、鼎七/奠(鄭)季其子子孫孫永寶用
9.4601 奠(鄭)伯大嗣工(空)召叔山父乍(作)旅簠
9.4602 奠(鄭)伯大嗣工(空)召叔山父乍(作)旅簠
9.4626 嗣奠(鄭)還散(廩)
10.5418 王在奠(鄭)
11.6006 王在奠(鄭)
13.8268 耳奠
15.9575 奠(鄭)右㐭(廩)
15.9631 奠(鄭)楙叔賓父乍(作)醴壺
15.9677 □叔▨奠▨
15.9703 奠(鄭)昜、陳得再立(涖)事歲
15.9726 王在奠(鄭)
15.9727 王在奠(鄭)
16.9973 奠(鄭)義伯乍(作)步□鐳(鑐)/以孌我奠(鄭)/奠(鄭)義伯乍(作)步□鐳(鑐)/我奠(鄭)逆造
16.9975 奠(鄭)昜、陳得再立(涖)事歲
16.10090 奠(鄭)伯乍(作)般(盤)匜
16.10172 用乍(作)朕皇考奠(鄭)伯、奠

(鄭)姬寶般(盤)
16.10204 奠(鄭)義伯乍(作)季姜寶也(匜)用
16.10281 奠(鄭)大內史叔上
17.10869 琱奠
17.10990 奠(鄭)武庫
17.10991 奠(鄭)武庫
17.10992 奠(鄭)往庫
17.10993 奠(鄭)往庫
17.11328 奠(鄭)命(令)韓□、右庫工師駱腐
17.11336 奠(鄭)命(令)韓熙、右庫工師司馬鴟、冶狄
17.11338 工師奠(鄭)恙、冶敚(微)
17.11357 奠(鄭)命(令)韓熙、右庫工師事(吏)豕(褐)、冶□
17.11371 奠(鄭)命(令)幽□恒、司寇彭璋、武庫工師車咺、冶狃
17.11372 奠(鄭)倫(令)韓恙(恙)、司寇枝(扶)裕、右庫工師張阪、冶贛
17.11373 奠(鄭)命(令)艇□、司寇枝(扶)裕、左庫工師吉忘、冶緦
17.11382 毚倫(令)艇腨、司寇奠(鄭)言、左庫工師器軗(較)、冶□散(造)
17.11384 奠(鄭)倫(令)韓半、司寇長朱、武庫工師𠂤恙、冶君(尹)敀(披)散(造)
17.11385 奠(鄭)倫(令)韓麦、司寇長朱、右庫工師皂高、冶君(尹)端散(造)
17.11386 奠(鄭)倫(令)公先豊(幼)、司寇事(吏)陕、右庫工師皂高、冶君(尹)□散(造)
17.11387 奠(鄭)倫(令)肖(趙)距、司寇王屠、武庫工師鑄章、冶狃
17.11388 奠(鄭)倫(令)肖(趙)距、司寇彭璋、右庫工師陳坪、冶贛
17.11389 奠(鄭)倫(令)肖(趙)距、司寇彭璋、往庫工師皇隹、冶瘖
17.11397 奠(鄭)倫(令)公先豊(學、幼)、司寇向□、左庫工師百慶、冶君(尹)□散(造)
17.11398 奠(鄭)倫(令)棺(槨、郭)涵、司寇肖(趙)它、往庫工師皮耴、冶君(尹)啟
18.11485 奠(鄭)右庫
18.11507 奠(鄭)往庫旌(戟)束(刺)
18.11551 奠(鄭)倫(令)向佃、司寇雾(露)商、武庫工師鑄章、冶狃
18.11552 奠(鄭)倫(令)棺(槨、郭)涵、司寇芋慶、往庫工師皮耴、冶君(尹)貞散(造)
18.11553 奠(鄭)命(令)韓半、司寇長(張)朱、左庫工師昜(陽)墉(偪)、冶君(尹)弔散(摺、造)
18.11554 奠(鄭)倫(令)公先豊(幼)、司寇史陘(隋)、左庫工師倉慶、冶君(尹)弱(彊)散(造)
18.11555 奠(鄭)倫(令)棺(槨、郭)涵、司寇肖(趙)它、往庫工師皮耴、冶君(尹)皷(坡)
18.11559 奠(鄭)倫(令)棺(槨、郭)涵、司寇芋慶、左庫工師邙䜣、冶君(尹)弱(彊)散(造)
18.11560 奠(鄭)命(令)棺(槨、郭)涵、司寇肖(趙)它、往庫工師皮耴、冶君(尹)皷(坡)散(造)
18.11563 奠(鄭)倫(令)棺(槨、郭)涵、司寇芋慶、往庫工師皮耴、冶君(尹)皷(坡)散(造)戟束(刺)
18.11589 富奠之斳(斳)鍂(劍)
18.11590 奠(鄭)武庫、冶期
18.11693 奠(鄭)命(令)棺(槨、郭)涵、司寇肖(趙)它、往庫工師皮耴、冶君(尹)啟散(造)

2606 巽、卂

2.300 坪皇之巽反 / 濁新鐘之巽反
2.301 割(姑)𦘧(洗)之巽
2.303 坪皇之巽 / 濁新鐘之巽
2.304 濁文王之巽
2.305 濁坪皇之巽
2.309 割(姑)𦘧(洗)之巽
2.310 濁獸鐘之巽
2.311 坪皇之巽反 / 濁新鐘之巽反
2.312 割(姑)𦘧(洗)之巽
2.313 濁獸鐘之巽
2.314 坪皇之巽 / 濁新鐘之巽
2.315 濁文王之巽
2.316 濁坪皇之巽
5.2746 信于兹巽
15.9700 台(以)寺(持)民卂(選)
18.11580 卂(巽)金□鐘

2607 俎

15.9726 賜羔俎 / 賜毚俎
15.9727 賜羔俎 / 賜毚俎

2608 𠛱(俎)

5.2789 王𠛱(俎)姜事(使)內史友員賜戜玄衣、朱襮裣 / 對揚王𠛱(俎)姜休

8.4206 伯𠛱(俎)父賞小臣傳□

2609 且

5.2765 因付厥且僕二家

5.2818 其且(沮)射(厭)分田邑

8.4278 其且(沮)射(厭)分田邑

10.5384 耳休弗敢且(沮)

16.10176 矢人有𤔲眉(堳)田：鮮、且、微、武父、西宮襄、豆人虞丂、彔、貞、師氏右省、小門人繇、原人虞艿、淮𤔲工(空)虎孛、𨻰豐父、𨾴(鴻)人有𤔲、刑丂 / 矢卑(俾)鮮、且、𩰫、旅誓 / 鮮、且、𩰫、旅則誓

2610 用

1.2 用享

1.4 永寶用

1.17 𪊨(虘)侯自乍(作)龢鐘用

1.18 用享考(孝)

1.21 用妥(綏)賓

1.22 用妥(綏)賓

1.31 子孫永寶用

1.47 其子子孫孫永享用之

1.50 用自乍(作)其龢鐘、龢鈴 / 用處大政

1.51 用樂嘉賓、父兄、大夫、倗友

1.52 永用匽(宴)喜(饎)

1.54 永寶用享

1.55 永寶用享

1.56 永寶用享

1.57 永寶用享

1.58 永寶用享

1.59 用追孝于厥皇祖哀公、皇考晨公 / 用祈眉壽 / 永寶用之

1.60-3 用𩚅于公室 / 用甹(屏)朕身

1.64 用寓光我家

1.65 其用追孝于皇考己(紀)伯 / 用侃(衎)喜(饎)前文人 / 永寶用享

1.66 用追孝于皇考己(紀)伯 / 用侃喜前文人 / 子孫永寶用享

1.67 其用追孝于皇考己(紀)伯 / 用侃喜前文人

1.68 其用追孝于皇考己(紀)伯 / 用侃喜前文人 / 子孫永寶用享

1.69 其用追孝于皇考己(紀)伯 / 用侃喜前文人 / 子孫永寶用享

1.70 其用追孝于皇考己(紀)伯 / 用侃喜

1.71 其用追孝于皇考己(紀)伯 / 用侃喜前文人 / 子孫永寶用享

1.72 子孫永保用之

1.82 用保奠

1.83 其永時(持)用享

1.84 其永時(持)用享

1.85 其永時(持)用享

1.86 敓(掠)用祈眉壽多富(福)/ 永保用享

1.87 用鑄其龢鐘 / 用旂(祈)眉壽無疆 / 永賲(保)用享

1.88 用追孝于己伯 / 用享大宗 / 用濼(樂)好賓 / 用卲大宗

1.89 用追孝于己伯 / 用享大宗 / 用濼(樂)好賓 / 用卲大宗

1.90-1 用追孝于己伯 / 用享大宗 / 用濼(樂)好賓

1.92 用乍(作)朕文考釐伯龢薔(林)鐘

1.102 用敬恤盟祀 / 用樂我嘉賓

1.103 用卲乃穆穆不(丕)顯龍(寵)光 / 乃用祈匄多福

1.105 㝨生(甥)用乍(作)穆公大鐳(林)鐘 / 用降多福 / 用喜侃(侃)前文人 / 用祈康𧽊、屯(純)魯 / 用受☐

1.107-8 用乍(作)朕皇祖膺(應)侯大薔(林)鐘 / 用賜眉壽、永命 / 子子孫孫永寶用

1.109-10 得屯(純)用魯 / 妟不敢弗帥用文祖、皇考 / 用追考(孝)、侃喜前文人 / 子子孫永寶用享

1.111 得屯(純)用魯 / 妟不敢弗帥用文祖、皇考

1.112 用追考(孝)考(孝)侃前文人 / 子子孫永寶用享

1.113 用匽(宴)以喜(饎)/ 用爍(樂)父𧠟(兄)、者(諸)士

1.114 用匽(宴)以喜(饎)/ 用樂父𧠟(兄)、者(諸)士

1.115 用匽(宴)以喜(饎)/ 用樂父𧠟(兄)、者(諸)士

1.116 用匽(宴)以喜(饎)/ 用樂父𧠟(兄)、者(諸)士

1.117 用匽(宴)以喜(饎)/ 用樂父𧠟(兄)、者(諸)士

1.118-9 用匽(宴)以喜(饎)/ 用樂天(父)兄、〔諸〕之(士)

1.120 女(汝)其用茲

1.123 剌(烈)壯(壯)用再 / 女(汝)其用茲

1.125-8 用再剌(烈)壯(壯)/ 女(汝)其用茲

1.129-31 用再剌(烈)壯(壯)/ 女(汝)其用茲

1.133 用乍(作)大鐳(林)鐘

1.134 用乍(作)大鐳(林)鐘

1.135 用乍(作)大鐳

(林)鐘
1.136 用乍(作)大鏷(林)鐘
1.140 用喜(饎)于其皇祖/羕(永)保用之
1.141 用喜侃前文人/用祈屯(純)魚(魯)、永令(命)/用匄眉壽無疆/永寶用享
1.142 用享台(以)孝于䛏(台)皇祖文考/用匽(宴)用喜(饎)/用樂嘉賓
1.143 用乍(作)朕皇考薔(林)鐘/用侃喜上下/用樂好賓/用祈多福
1.144 用之勿相(爽)
1.145 用喜侃皇考/用廣啟士父身/用享于宗
1.146 用喜侃皇考/用廣啟士父身/用享于宗
1.147 用喜侃皇考/用廣啟士父身/用享于宗
1.148 用喜侃皇考/用廣啟士父身/用享于宗
1.153 用匽(宴)以喜(饎)/用樂嘉賓、大夫
1.154 用匽(宴)以喜(饎)/用樂嘉賓、大夫
1.157 用明則之于銘
1.158 用明則之于銘
1.159 用明則之于銘
1.160 用明則之于銘
1.161 用明則之于銘
1.172 永保用之
1.173 永保用之
1.174 孫永保用之
1.175 永保用之
1.176 永保用之
1.177 永保用之
1.178 永保用之
1.179 永保用之
1.180 永保用之
1.181 用乍(作)朕皇祖南公、亞祖公仲
1.183 子孫用之
1.184 子孫用之
1.186 子孫用之
1.187-8 用天子寵蔑梁其曆/用乍(作)朕皇祖考龢鐘/用卲各、喜侃前文人/用祈匄康𩜁、屯(純)右(祐)、綽綰、通彔(祿)/用璌光梁其身
1.189-90 用天子寵蔑梁其曆/用乍(作)朕皇祖考龢鐘/用卲各、喜侃前文人/用祈匄康𩜁、屯(純)右(祐)、綽綰、通彔(祿)/用璌光梁其身
1.191 用天子寵蔑梁其曆/用乍(作)朕皇祖考龢鐘
1.192 用卲
1.193 用祈眉壽繁釐
1.194 用祈眉壽繁釐
1.195 用祈眉壽繁釐
1.196 用祈眉壽繁釐
1.197 用祈眉壽繁釐
1.198 用祈眉壽繁釐
1.199 永保用之
1.200 永保用之
1.201 永保用之
1.202 永保用之
1.203 用盤飲酉(酒)
1.204-5 用乍(作)朕皇祖考伯寶劃(林)鐘/用匄屯(純)叚(嘏)、永令(命)
1.206-7 用乍(作)朕皇祖考伯寶劃(林)鐘/用匄屯(純)叚(嘏)、永令(命)
1.209 用乍(作)朕皇祖考伯寶劃(林)鐘/用匄屯(純)叚(嘏)、永令(命)
1.238 用乍(作)皇考叀(惠)叔大薔(林)龢鐘/永寶用享
1.239 用乍(作)皇考叀(惠)叔大薔(林)龢鐘/永寶用享
1.240 用乍(作)朕皇考叀(惠)叔大薔(林)龢鐘/永寶用享
1.241 用乍(作)朕皇考叀(惠)叔大薔(林)龢鐘/永寶用享
1.242-4 用乍(作)朕皇考叀(惠)叔大薔(林)龢鐘
1.245 用鑄厥龢鐘/永保用享
1.246 用卲各、喜侃樂前文人/用[礻奉](祓)壽、匄永令(命)/用璃光癲身
1.247 用辟先王/用追孝、盩(敦)祀、卲各樂大神
1.248 用辟先王/用追孝、盩(敦)祀、卲各樂大神
1.249 用辟先王/用追孝、盩(敦)祀、卲各樂大神
1.250 用辟先王/用追孝、盩(敦)祀、卲各樂大神
1.251-6 用[虫庸](融)妥(綏)厚多福/用璃光癲身
1.260 用卲各不(丕)顯祖考先王
1.261 用享台(以)孝/用祈眉壽/用匽(宴)台(以)喜(饎)/用爍(樂)嘉賓、父覭(兄)
1.271 用祈侯氏永命/用享考(孝)于皇祖聖叔、皇礼(妣)聖姜/用祈壽老毋死/用求丂(考)命、彌生/子子孫永保用享
1.272-8 尸敢用拜𩒨首/余用虔恤不易/尸用或敢再拜𩒨首/尸用乍(作)鑄其寶鍾(鐘)/用享于其皇祖、皇妣、皇母、皇考/用旂(祈)眉壽/子孫永保用享
1.285 乃敢用拜𩒨首/余用登屯(純)厚乃命/尸用或敢再拜𩒨首/用乍(作)鑄其寶鎛

/用享于其皇祖、皇妣、皇母、皇考/用旂(祈)眉壽/羕(永)保用享
2.350 用祈眉壽無疆/永寶用之
2.351 用祈眉壽無疆/永寶用之
2.352 用祈眉壽無疆/永寶用之
2.353 用祈眉壽無疆/永寶用之
2.354 用祈眉壽無疆/永寶用之
2.355 用祈眉壽無疆/永寶用之
2.356 用喜(饎)樂文神、人/用祈富(福)賁、〔多〕壽、每(誨)魯/其永寶用
2.357 用喜(饎)樂文神、人/用祈富(福)賁、多壽、每(誨)魯/其永寶用
2.358 用喜(饎)侃(衎)前文人/用䵼圝先王/用[illegible]不廷方
2.421 用祈萬壽/永保用之
2.422 用祈萬壽/永保用之
2.423 用享用考(孝)/用旂(祈)眉壽/永寶用之
2.424 永保用之
2.426 子孫用之
2.427 子孫用之
3.578 永寶用
3.593 永寶用
3.595 用從鴹(遥)征
3.600 永寶用之
3.604 永寶用
3.605 永寶用
3.606 永寶用
3.607 永寶用
3.609 唯黃朩(幹)析用吉金乍(作)鬲
3.610 唯黃朩(幹)析用吉金乍(作)鬲
3.616 永寶用
3.617 永寶用
3.618 永寶用
3.619 永寶用
3.620 永寶用
3.621 永寶用
3.622 永寶用
3.623 永寶用
3.625 曾子單用吉金自乍(作)寶鬲
3.627 子子孫孫永寶用
3.628 其永用
3.629 其永用
3.631 其萬年用鄉(饗)各
3.632 其邁(萬)年寶用
3.634 其萬年永寶用
3.635 永寶用享
3.636 其子子孫孫寶用
3.637 其永寶用
3.638 其永寶用
3.639 其永寶用
3.640 其永寶用
3.641 其永缶(寶)用
3.643 用乍(作)隣寶彝
3.644 其永寶用
3.645 其萬年永寶用
3.646 子子孫孫永寶用
3.647 其萬年永寶用
3.648 用享鬻厥文考魯公
3.649 其子子孫孫永寶用
3.650 其子子孫孫永寶用
3.651 其子子孫孫永寶用
3.652 其子子孫孫永寶用
3.653 其子子孫孫永寶用
3.654 其子子孫孫永寶用
3.655 其子子孫孫永寶用
3.656 其子子孫孫永寶用
3.657 其子子孫孫永寶用
3.658 其子子孫孫永寶用
3.659 其永寶用
3.660 其永寶用
3.661 子孫永寶用享
3.662 永寶用享
3.663 子孫永寶用
3.664 子孫永寶用
3.665 子孫永寶用
3.666 子子孫孫永寶用
3.667 子子孫孫永寶用
3.668 子子孫孫永寶用
3.669 子子孫孫永寶用
3.670 無疆用
3.671 子子孫孫永寶用
3.672 其子子孫孫永寶用
3.673 其子子孫孫永寶用
3.674 子子孫孫永寶用
3.675 用其吉金
3.676 用其吉金
3.677 永寶用之
3.678 永保用之
3.679 用朕(媵)嬴女襱母
3.680 子子孫孫永寶用
3.681 其萬年永寶用
3.682 其子孫永寶用
3.683 永寶用享
3.684 其子子孫寶用
3.685 永寶用享
3.686 永寶用享
3.688 用乍(作)又母辛尊彝
3.689 用乍(作)父戊尊彝
3.690 其永寶用
3.691 其永寶用
3.692 其永寶用
3.693 其永寶用
3.694 其永寶用
3.695 其永寶用
3.697 子子孫孫永寶用
3.698 子子孫孫永寶用
3.699 迺用吉金
3.700 其子子孫孫永寶用
3.701 其子子孫孫永寶用
3.702 其子子孫孫永寶用
3.703 其子子孫孫永寶用
3.704 其子子孫孫永寶用
3.705 子子孫孫永用
3.706 子子孫孫永用

3.707 其萬年永寶用
3.708 子子孫孫永寶用
3.709 子子孫孫永寶用
3.710 子子孫孫永寶用
3.711 子子孫孫永用享
3.712 永寶用享
3.713 永寶用享
3.714 其子子孫永寶用享
3.715 子子孫孫永寶用
3.716 子子孫孫永寶用
3.717 永寶用
3.718 其萬年子孫用之
3.719 永寶用享
3.720 永寶用享
3.721 永寶用享
3.722 永寶用享
3.723 永寶用享
3.724 永寶用享
3.725 永寶用享
3.726 永寶用享
3.727 永寶用享
3.728 永寶用享
3.729 子子孫孫永寶用
3.730 子子孫孫永寶用
3.731 永寶用
3.732 子子孫永用
3.733 子子孫永用
3.734 子孫永用
3.735 永寶用
3.736 子孫永寶用享
3.737 永寶用享
3.738 子子孫孫永寶用
3.739 子子孫孫寶用
3.740 子子孫孫寶用
3.741 用乍(作)父丁彝
3.742 子子孫孫永寶用
3.743 其子子孫孫永寶用享
3.744 永寶用享
3.745 子孫永寶用
3.746 用敢鄉(饗)考(孝)于皇祖丂(考)/用旟(祈)眉壽/其永寶用
3.747 用敢鄉(饗)考(孝)于皇祖丂(考)/用旟(祈)眉壽/其永寶用
3.748 用敢鄉(饗)考(孝)于皇祖丂(考)/用旟(祈)眉壽/其永寶用
3.749 用敢鄉(饗)考(孝)于皇祖丂(考)/用旟(祈)眉壽/其永寶用
3.750 用敢鄉(饗)考(孝)于皇祖丂(考)/用旟(祈)眉壽/其永寶用
3.751 用敢鄉(饗)考(孝)于皇祖丂(考)/用旟(祈)眉壽/其永寶用
3.752 用敢鄉(饗)考(孝)于皇祖丂(考)/用旟(祈)眉壽/其永寶用
3.753 用乍(作)齋鼎
3.754 用乍(作)寶齋
3.755 用乍(作)寶齋
3.895 強伯自爲用甗
3.897 虢伯乍(作)旅甗用
3.908 強伯乍(作)凡姬用甗
3.909 永用
3.913 其萬年用
3.918 永寶用
3.919 子子孫孫永寶用
3.921 其萬年永寶用
3.925 永寶用
3.926 永寶用
3.927 其邁(萬)年永寶用
3.928 子子孫孫永寶用
3.929 子子孫孫永寶用
3.931 其永用
3.932 其子子孫孫永寶用
3.933 用征用行/子子孫孫永寶用
3.934 唯[illegible]用吉金/其永用享
3.935 用乍(作)寶尊彝
3.937 子子孫永寶用
3.939 子子孫孫永寶用
3.940 孫子永寶用
3.941 其永寶用貞(鼎)
3.942 子子孫孫永寶用
3.943 唯曾子仲謱用其吉金/其永用之
3.944 用乍(作)父己尊
3.946 永保用之
3.947 用征用行/用鬻(飷、饎)稻粱(粱)/用祈眉壽
3.948 用乍(作)旅獻(甗)
3.949 用乍(作)父乙寶彝
3.979 永寶用
3.1506 乍(作)用
4.1930 叔職乍(作)用
4.1958 員乍(作)用鼎
4.2192 強乍(作)井姬用鼎
4.2200 穌還乍(作)寶用鼎
4.2212 遣叔乍(作)旅鼎用
4.2252 鼎其用乍(作)父己寶
4.2275 豊用乍(作)父壬黨彝
4.2280 用匄永福
4.2327 用乍(作)女(母)辛彝
4.2349 子孫永用
4.2350 子子孫孫永寶用
4.2351 小臣氏樊尹乍(作)寶用
4.2352 其萬年寶用
4.2355 永用之
4.2356 其永用之
4.2378 其永寶用
4.2380 子子孫永寶用
4.2381 其永用
4.2382 其永用
4.2383 其永用
4.2384 其永用
4.2385 其萬年永寶用
4.2386 永寶用
4.2387 永寶用
4.2388 永寶用
4.2389 永寶用
4.2390 百歲用之
4.2392 永用
4.2398 用乍(作)享□尊彝
4.2399 言肇用乍(作)尊鼎/其永寶用享
4.2405 用乍(作)寶尊彝

4.2409 其永寶用
4.2411 其永寶用
4.2412 其永寶用
4.2413 其萬年用
4.2414 萬年永寶用
4.2415 其永寶用
4.2416 子子孫孫永寶用
4.2417 其子子孫孫永寶用
4.2418 子子孫永用
4.2419 其萬年永寶用
4.2421 子子孫孫永寶用
4.2422 子子孫孫用享
4.2425 用乍(作)[寶]彝
4.2426 子子孫孫永寶用
4.2429 子子孫孫永寶用
4.2430 子孫永寶用享
4.2432 用乍(作)文父甲寶尊彝
4.2435 從用乍(作)寶鼎
4.2436 用乍(作)父庚寶尊彝
4.2437 其邁(萬)年永寶用
4.2438 其萬年永寶用
4.2440 其萬年永寶用
4.2441 其萬年永寶用
4.2442 子子孫永寶用
4.2443 其永寶用
4.2444 其永寶用
4.2445 其永寶用
4.2446 其永寶用
4.2447 其永寶用
4.2448 子孫永用享
4.2449 子孫永用享
4.2452 乍(作)鶾(鶨)貞(鼎)用
4.2453 用乍(作)厥寶尊彝
4.2454 用乍(作)厥寶尊彝
4.2455 用乍(作)厥寶尊彝
4.2456 用言(歆)王出內(入)事(使)人
4.2457 用乍(作)旅鼎
4.2458 用乍(作)祖癸寶鼎
4.2459 用乍(作)寶彝
4.2460 其萬年用享
4.2461 子孫永寶用
4.2462 其萬年寶用
4.2463 子子孫孫寶用
4.2464 子子孫孫寶用
4.2465 其子子孫孫永用
4.2466 其永寶用
4.2467 其永寶用
4.2468 其永寶用
4.2469 其子子孫孫用
4.2470 用朕(媵)嬴女龖女(母)
4.2471 其子子孫其永寶用
4.2472 其萬年永寶用
4.2474 其永寶用
4.2475 子孫永寶用享
4.2476 其子子孫孫永寶用
4.2478 [永]保用之
4.2484 子孫永寶用
4.2485 其用盟鬻宄嬀日辛
4.2487 用鄉(饗)王逆造事(使)人
4.2488 子子孫孫永寶用
4.2490 永寶用
4.2491 厝舣(服)騵乍(作)用寶鼎 / 其萬年永寶用
4.2492 其萬年永寶用
4.2493 其邁(萬)年子孫永用
4.2494 子子孫孫永寶用 / 子子孫孫永寶用
4.2495 子子孫孫永寶用
4.2496 子孫永用
4.2498 其永壽用之
4.2499 用乍(作)父丁尊彝
4.2500 孫子永寶用
4.2502 其邁(萬)年永寶用
4.2504 用乍(作)寶彝
4.2505 用乍(作)寶尊彝
4.2506 用乍(作)祖乙尊
4.2507 復用乍(作)父乙寶尊彝
4.2508 子子孫永寶用
4.2509 用乍(作)鬻彝
4.2510 用乍(作)鬻彝
4.2511 子孫其萬年永寶用
4.2512 子子孫永寶用享
4.2513 子子孫孫永寶用
4.2514 子子孫孫永寶用
4.2515 子子孫孫永寶用
4.2516 子子孫永寶用享
4.2517 子子孫孫永寶用
4.2518 邁(萬)年永寶用
4.2519 子孫永寶用之
4.2520 其子子孫孫永寶用
4.2521 子子孫孫永寶用
4.2522 永寶用之
4.2523 永寶用之
4.2524 其子子孫孫永寶用
4.2525 子子孫孫永寶用
4.2526 子子孫孫永寶用
4.2528 用乍(作)厥文祖寶鬻尊盨(盨)
4.2529 子子孫永用享孝
5.2532 其萬年用□祀
5.2533 永寶用享
5.2534 子子孫孫永寶用
5.2535 永寶用享
5.2536 其子子孫孫永寶用
5.2537 永寶用
5.2539 唯□用吉金 / 其子子孫孫永用享
5.2540 唯□用吉金 / 其子子孫孫永用享

5.2541 其子子孫孫永寶用
5.2542 其子子孫孫永寶用
5.2543 其子子孫孫永寶用
5.2544 其子子孫孫永寶用
5.2545 其子子孫孫永寶用
5.2546 子子孫孫永寶用
5.2547 永寶用享
5.2548 其永寶用
5.2549 子子孫孫永寶用
5.2550 曾伯從寵自乍(作)寶鼎用
5.2551 永保用之
5.2552 子子孫孫永寶用
5.2553 曰：奄以乃弟用夙夕鬻享
5.2554 曰：奄以乃弟用夙夕鬻享
5.2555 旂用乍(作)父戊寶尊彝
5.2556 用乍(作)寶尊彝
5.2557 子子孫孫永寶用
5.2558 子子孫孫永寶用
5.2559 其萬年永用享
5.2560 季姬其永寶用
5.2561 子子孫永寶用
5.2562 其萬子孫永寶用
5.2563 曾者子鑃(鑵)用乍(作)淄(鈚)鼎 / 用享于祖
5.2564 曾仲子敔用吉金自乍(作)寶鼎 / 子孫永用享
5.2565 子孫永寶用享
5.2568 永寶用
5.2569 永寶用之
5.2570 子子孫永寶用享
5.2571 子子孫永寶用享
5.2572 永寶用
5.2573 羕(永)保用之
5.2579 用乍(作)㸚尊彝
5.2580 子子孫孫永寶用
5.2582 其子子孫孫用享孝于宗老
5.2583 [其子子]孫孫用享孝于宗老
5.2584 永寶用享
5.2585 永用享
5.2586 子子孫孫永寶用
5.2587 永寶用
5.2588 永壽用之
5.2589 永寶用
5.2591 其子子孫孫永寶用之
5.2592 永寶用之
5.2593 永寶用之
5.2594 用乍(作)父丁尊彝
5.2595 用乍(作)父乙寶彝
5.2596 子子孫孫永寶用
5.2597 其萬年永寶用
5.2598 子子孫永寶用
5.2599 奠(鄭)虢仲悆戜(勇)用乍(作)皇祖、文考寶鼎 / 子子孫永寶用
5.2600 子子孫孫永寶用
5.2601 子子孫孫永寶用
5.2602 子子孫永寶用享
5.2603 自用
5.2604 自用
5.2605 永寶用
5.2606 子孫永寶用之
5.2607 永保用之
5.2612 用乍(作)父庚尊彝
5.2613 用乍(作)父庚彝
5.2614 其用夙夕鬻享
5.2616 子子孫孫永寶用
5.2617 子孫永寶用
5.2618 子孫永寶用
5.2619 子子孫永寶用享
5.2620 唯曾子仲謱用其吉金 / 其永用之
5.2621 永寶用之
5.2622 永寶用享
5.2625 豊用乍(作)父丁鼎
5.2626 用乍(作)丁侯尊彝
5.2627 用乍(作)丁侯尊彝
5.2628 用乍(作)又(有)始(姒)寶尊彝
5.2629 用乍(作)寶鼎
5.2630 用匄永福
5.2631 用享于宗廟
5.2632 [illegible]偖生(甥)[illegible][illegible]用吉金 / 子子孫永寶用享
5.2633 [illegible]偖生(甥)[illegible][illegible]用吉金 / 永寶用享
5.2634 子孫孫永寶用享
5.2635 子孫孫永寶用享
5.2636 子孫孫永寶用享
5.2637 用卲享于皇祖考 / 用[祈眉壽]/ 永用爲寶
5.2638 子子孫孫永寶用
5.2639 永寶用享
5.2640 子子孫孫永寶用
5.2641 子子孫孫永寶用
5.2642 子子孫永寶用享
5.2643 其永寶用
5.2644 郝季之伯歸臺用其吉金 / 子子孫永寶用之
5.2645 郝季之伯歸臺用其吉金 / 永寶用之
5.2646 用盥(鬻)用鬻(烹)/ 用祈眉壽無疆
5.2648 鼒(睘)用乍(作)父己寶尊
5.2649 子子孫孫永寶用

5.2650 其永壽用之
5.2652 永寶用之
5.2653 缶用乍(作)享大(太)子乙家祀尊
5.2654 用乍(作)尊鼎
5.2655 猒其邁(萬)年永寶用
5.2656 子子孫永寶用
5.2657 子孫孫永寶用享
5.2659 用乍(作)父辛尊彝
5.2660 彘用昔(榖)厥剕多友
5.2661 用乍(作)寶尊彝
5.2662 用匄偁魯福/用妥(綏)娋(福)彔(禄)/用乍(作)文考宮伯寶尊彝
5.2663 用享孝于文祖/子子孫孫永寶用
5.2664 用享孝于文祖/子子孫永寶用
5.2665 用享孝于文祖/子子孫永寶用
5.2666 用享孝于文祖/子子孫孫永寶用
5.2667 永寶用享
5.2668 其子子孫孫永寶用之
5.2669 用祈眉壽/永壽用之
5.2670 旂用乍(作)文父日乙寶尊彝
5.2673 用乍(作)文考寡叔䵼彝
5.2674 用乍(作)父丁尊彝
5.2675 郐(徐)王[illegible]用其良金/用鬻(菜)[illegible](庶、暨)腊/用雍(饔)賓客
5.2676 乍(作)井姬用貞(鼎)毁
5.2677 乍(作)井姬用貞(鼎)毁
5.2678 用乍(作)寶旅鼎
5.2679 用享孝于朕文祖/子子孫永寶用
5.2680 子孫孫永寶用享
5.2681 用烝用嘗/用孝用享/用匄眉壽無疆/子子孫孫永寶用
5.2682 用乍(作)寶彝
5.2683 永寶用
5.2684 永寶用
5.2685 永寶用
5.2686 永寶用
5.2687 永寶用
5.2688 永寶用
5.2689 [永]寶用
5.2690 永寶用之
5.2691 永寶用之
5.2692 永寶用之
5.2694 用乍(作)父乙齍
5.2695 用乍(作)父甲䵼彝
5.2696 用爲考寶尊
5.2702 用乍(作)母己尊[illegible]
5.2703 用乍(作)大子癸寶尊[illegible]
5.2704 用對王休
5.2705 其用享于厥帝(嫡)考
5.2706 用乍(作)鼎/用從井(邢)侯征事/用鄉(饗)多[illegible](寮)友
5.2708 用乍(作)父癸寶䵼(餗)
5.2709 用乍(作)父丁彝
5.2710 用乍(作)父乙尊
5.2711 用乍(作)父己寶[illegible]
5.2712 用乍(作)父辛寶尊彝
5.2713 子孫永寶用
5.2714 鄁公湯用其吉金/永寶用享
5.2715 用征用行/用龢用鬻(菜)
5.2716 用征用行/用龢用鬻(菜)
5.2717 永保用之
5.2718 用乍(作)父壬寶尊鼎
5.2719 公貿用牧休鱻/用乍(作)寶彝
5.2720 用乍(作)寶尊鼎
5.2721 用乍(作)寶鼎
5.2722 永保用之
5.2723 孫孫子子寶用
5.2724 我用飲厚眔我友/[illegible](餇、飽)用友(侑)/是用壽考
5.2725 用乍(作)父辛寶齍
5.2726 用乍(作)父辛寶齍
5.2727 用享考(孝)于宗室/用旂(祈)眉壽、黃句(耇)、吉康/子子孫孫永寶用
5.2728 旅用乍(作)父丁尊彝
5.2729 用乍(作)己公寶尊彝
5.2730 趞用乍(作)厥文考父辛寶尊齍
5.2731 用乍(作)寶尊彝
5.2732 用征台(以)迮
5.2733 用桒(祓)壽、匄永福/乃用鄉(饗)王出入事(使)人
5.2734 用乍(作)寶鼎/子子孫孫永寶用
5.2735 用乍(作)寶䵼彝
5.2736 用乍(作)寶䵼彝
5.2737 曾子仲宣□用其吉金/宣喪(尚)用雍(饔)其者(諸)父、者(諸)兄/永寶用享
5.2738 用祈眉壽/永寶用之
5.2739 用乍(作)尊鼎
5.2740 [illegible]用乍(作)[illegible]公寶尊鼎
5.2741 [illegible]用乍(作)[illegible]公寶尊鼎
5.2742 用乍(作)皇祖文考盂鼎/[illegible]萬年永寶用
5.2743 其用享用考(孝)/用賜眉壽無疆/永寶用享
5.2744 其用享用考

(孝)/用賜眉壽無疆/永寶用享
5.2745 子子孫孫永寶用
5.2747 用乍(作)尊鼎
5.2748 用乍(作)寶貞(鼎)
5.2749 用乍(作)召伯父辛寶尊彝/光用大(太)保
5.2750 用考(孝)用享/多用旨食
5.2753 用追享丂(孝)于皇祖考/用乞眉壽/子子孫孫永寶用
5.2754 用乍(作)寶齋/子子孫孫永用
5.2755 用乍(作)朕文考釐叔尊貞(鼎)
5.2756 用乍(作)尊彝
5.2757 用鑄鴋彝/用考(孝)用享
5.2758 用乍(作)祖丁寶尊彝
5.2759 用乍(作)祖丁寶尊彝
5.2760 用乍(作)祖丁寶尊彝
5.2761 用乍(作)祖丁寶尊彝
5.2762 用追公孝/用祈匄眉壽、永令(命)、顬(靈)冬(終)/永寶用享
5.2763 用乍(作)父己寶尊彝
5.2765 用乍(作)寶尊
5.2766 永保用之
5.2767 其用享于文祖考
5.2768 用享考(孝)于皇祖考/用祈多福/其子子孫孫永寶用
5.2769 用享考(孝)于皇祖考/用祈多福/其子子孫孫永寶用
5.2770 用享考(孝)于皇祖考/用祈多福/其子子孫孫永寶用
5.2771 用追孝于厥皇祖晨公/用賜(賜)眉壽/永寶用享
5.2772 用追孝于厥皇祖晨公/用賜(賜)眉壽/永寶用享
5.2774 㕟商(賞)厥文母魯公孫用貞(鼎)/王母唯用自念于周公孫子
5.2775 用乍(作)季娟(妘)寶尊彝
5.2776 用牡于大室/用乍(作)黄公尊鼐彝/其孫孫子子永寶用
5.2777 尊鼎用祈匄百彔(禄)、眉壽、綰綽、永令(命)/永寶用享
5.2778 用乍(作)父庚永寶尊彝
5.2779 用造王/用鑄茲尊鼎/其永寶用
5.2780 孫孫子子永寶用
5.2781 曰:用又(佐)右(佑)俗父嗣寇/用乍(作)寶鼎/子子孫孫永用
5.2782 永用㮒(煙、禋)祀
5.2783 用乍(作)寶鼎/用鄉(饗)倗沓(友)
5.2784 用乍(作)寶鼎/用鄉(饗)倗沓(友)
5.2786 用乍(作)朕文考釐伯寶尊鼎/其萬年永寶用
5.2787 用乍(作)鼐彝/子子孫孫永寶用
5.2788 用乍(作)鼐彝/子子孫孫永寶用
5.2789 用乍(作)寶鼐尊鼎/其用夙夜享孝于厥文祖乙公
5.2790 緐用享孝于朕皇考/用賜康勵、魯休、屯(純)右(佑)、眉壽、永令(命)、霝(靈)冬(終)/緐子子孫永寶用享
5.2791 用乍(作)寶尊彝/用夙夜明(盟)享于邵伯日庚
5.2792 用乍(作)文考日己寶鼎/孫孫子子永寶用
5.2796 克其日用鼐/用匄康勵、屯(純)右(祐)、眉壽、永令(命)、霝(靈)冬(終)/克其子子孫孫永寶用
5.2797 克其日用鼐/用匄康勵、屯(純)右(祐)、眉壽、永令(命)、霝(靈)冬(終)/克其子子孫孫永寶用
5.2798 克其日用鼐/用匄康勵、屯(純)右(祐)、眉壽、永令(命)、霝(靈)冬(終)/克其子子孫孫永寶用
5.2799 克其日用鼐/用匄康勵、屯(純)右(祐)、眉壽、永令(命)、霝(靈)冬(終)/克其子子孫孫永寶用
5.2800 克其日用鼐/用匄康勵、屯(純)右(祐)、眉壽、永令(命)、霝(靈)冬(終)/克其子子孫孫永寶用
5.2801 克其日用鼐/用匄康勵、屯(純)右(祐)、眉壽、永令(命)、霝(靈)冬(終)/克其子子孫孫永寶用
5.2802 克其日用鼐/用匄康勵、屯(純)右(祐)、眉壽、永令(命)、霝(靈)冬(終)/克其子子孫孫永寶用
5.2804 用事/用乍(作)朕文考泖(漣)伯尊鼎/子孫永寶用
5.2805 用乍(作)朕剌(烈)考尊鼎/子子孫孫永寶用
5.2806 用囗伯盂鼎/大其子[子孫孫邁]年永寶用
5.2807 用乍(作)朕剌(烈)考己伯盂鼎/大其子子孫孫邁(萬)年永寶用
5.2808 用乍(作)朕剌(烈)考己伯盂鼎/大其子子孫孫邁(萬)年

永寶用
5.2810 用乍(作)尊鼎 / 子孫永寶用
5.2811 用享以孝于我皇祖文考 / 用祈眉壽
5.2812 用辟于先王 / 王用弗謹(忘)聖人之後 / 用乍(作)朕皇考宄公尊鼎 / 子子孫孫永寶用
5.2813 用嗣乃父官、友 / 用追考(孝)于剌仲 / 用乍(作)尊鼎 / 用匃眉壽、黃耇、吉康 / 子子孫永寶用
5.2814 用乍(作)尊鼎 / 用享于朕剌(烈)考 / 用割(匃)頮(眉)壽萬年 / 子孫永寶用
5.2815 用事 / 用乍(作)朕皇考牘(郚)伯、奠(鄭)姬寶鼎
5.2816 用夙夜事 / 用乍(作)朕文考瀕公宮尊鼎 / 子孫其萬年永寶用
5.2817 用乍(作)朕文祖辛公尊鼎 / 其永寶用
5.2818 子子孫孫永寶用
5.2819 用乍(作)朕皇考奠(鄭)伯、姬尊鼎 / 子孫永寶用
5.2820 用事 / 用乍(作)宗室寶尊 / 唯用妥(綏)福 / 余其用各我宗子雩(與)百生(姓)/ 余用匃屯(純)魯雩(于)邁(萬)年 / 其永寶用之
5.2821 用乍(作)朕皇考癸公尊鼎 / 用享孝于文神 / 用匃眉壽 / 子子孫永寶用
5.2822 用乍(作)朕皇考癸公尊貞(鼎)/ 用享孝于文神 / 用匃眉壽 / 子子孫孫永寶用
5.2823 用乍(作)朕皇考癸公尊鼎 / 用享孝于文神 / 用匃眉壽 / 子子孫永寶用
5.2824 王用肇事(使)乃子㦰 / 用乍(作)文母日庚寶尊𪔅彝 / 用穆穆夙夜
5.2825 用乍(作)憲司貯 / 用乍(作)朕皇考叔碩父尊鼎 / 用祈匃眉壽、綽綰、永令(命)、霝(靈)冬(終)/ 子子孫孫永寶用
5.2826 用召(紹)匹辪(台)辟 / 用乍(作)寶尊鼎 / 用康頤(揉)妥(綏)褱(懷)遠𢦚(邇)君子 / 晉姜用祈綽綰、眉壽 / 用享用德
5.2827 貯(廛)用宮御 / 用事 / 用乍(作)朕皇考龏叔、皇母龏始(姒)寶尊鼎 / 用追孝祈匃康𧾷、屯(純)右(祐)、通彔(祿)、永令(命)/ 子子孫孫寶用
5.2828 貯(廛)用宮御 / 用事 / 用乍(作)朕皇考龏叔、皇母龏始(姒)寶尊鼎 / 用追孝祈匃康𧾷、屯(純)右(祐)、通彔(祿)、永令(命)/ 子子孫孫寶用
5.2829 貯(廛)用宮御 / 用事 / 用乍(作)朕皇考龏叔、皇母龏始(姒)寶尊鼎 / 用追孝祈匃康𧾷、屯(純)右(祐)、通彔(祿)、永令(命)/ 子子孫孫寶用
5.2830 用乃孔德琢(遜)屯(純)/ 乃用引正乃辟安德 / 用井(型)乃聖祖考 / 用臣皇辟 / 用保王身 / 用厥剌(烈)祖介德 / 用妥(綏)乍(作)公上父尊
5.2831 衛用乍(作)朕文考寶鼎 / 衛其邁(萬)年永寶用
5.2832 衛用乍(作)朕文考寶鼎 / 衛其萬年永寶用
5.2833 用天降大喪于下或(國)/ 用乍(作)大寶鼎 / 子子孫孫寶用
5.2834 用天降亦(大)喪于下或(國)/ 用乍(作)大寶〔鼎〕/ 子子孫孫寶用
5.2835 用嚴(玁)允(狁)放𫖯 / 用乍(作)尊鼎 / 用倗用各(友)/ 其子子孫永寶用
5.2836 敬夙夜用事 / 用乍(作)朕文祖師華父寶𪔅彝 / 子子孫孫永寶用
5.2837 用還(狩)/ 盂用對王休 / 用乍(作)祖南公寶鼎
5.2838 用事 / 曶用茲金乍(作)朕文孝(考)宄伯𪔅牛鼎 / 曶其萬年用祀 / 效父用匹馬、束絲 / 用徵征(誕)賣(贖)茲五夫 / 用百寽(鋝)/ 井叔曰: 才(裁): 王人迺賣(贖)用徵 / 用致(致)茲人 / 于曶用五田 / 用眔一夫 / 用臣曰疐、曰朏、曰奠 / 曰用茲四夫 / 迺或(又)即曶用田二 / 凡用即曶田七田、人五夫
5.2839 □□用牲啻(禘)周王、武王、成王 / 用乍(作)□伯寶尊彝
5.2841 用卬(仰)卲(昭)皇天 / 女(汝)毋弗帥用先王乍(作)明井(型)/ 用歲用政(征)/ 用乍(作)尊鼎 / 子子孫孫永寶用
6.3295 乍(作)用段
6.3413 乍(作)寶用段
6.3414 用乍(作)寶彝
6.3507 用乍(作)父乙尊彝
6.3541 伯乍(作)寶用尊段
6.3542 伯乍(作)寶用

尊𣪘
6.3557 季㚸(姒)乍(作)用𣪘
6.3579 年姒乍(作)用𣪘
6.3616 𢐗伯乍(作)旅用鼎𣪘
6.3617 𢐗伯乍(作)旅用鼎𣪘
6.3628 用鐈(饙)
6.3630 用日享
6.3676 其萬年用
6.3677 其永寶用
6.3681 子子孫孫永用
6.3690 子子孫孫永寶用
6.3692 用追考(孝)
6.3693 用追考(孝)
6.3695 用鄉(饗)賓
6.3700 其壽考寶用
6.3701 其壽考寶用
6.3703 其萬年用
6.3704 其永用
6.3707 永寶用
6.3708 永寶用
6.3709 永寶用
6.3712 用乍(作)祖癸彝
6.3718 子子孫孫用
6.3720 康伯乍(作)登用𣪘
6.3721 康伯乍(作)登用𣪘
6.3722 子子孫孫用
6.3723 其萬年永用
6.3725 其邁(萬)年用
6.3726 子子孫孫永寶用
6.3727 子子孫孫永寶用
6.3728 其萬年寶用
6.3729 其萬年寶用/其萬年寶用
6.3731 用鄉(饗)王逆造事
6.3732 用乍(作)鐈(饙)𣪘
6.3733 用乍(作)寶尊彝
6.3734 其子子孫孫永寶用
6.3735 其子子孫孫永寶用
6.3736 其子子孫孫永寶用
6.3737 子子孫孫永用
6.3739 永寶用
6.3740 其萬年用
6.3742 孫孫子子其萬年用
7.3745 其萬年用鄉(饗)賓
7.3746 𡢃豖欶用乍(作)旬辛𢦏𣪘
7.3747 用鄉(饗)王逆造
7.3748 用鄉(饗)王逆造
7.3750 用乍(作)父乙尊彝
7.3752 其邁(萬)年用
7.3753 其用萬年
7.3754 其用萬年
7.3755 子子孫永寶用
7.3756 子子孫永寶用
7.3757 其萬年永寶用
7.3758 其萬年永寶用
7.3759 其萬年永寶用
7.3760 其子子孫孫永用
7.3761 子子孫孫永用
7.3762 子子孫孫永寶用
7.3763 用貝十朋又四朋
7.3764 子子孫孫其萬年用
7.3765 其永寶用
7.3766 其永寶用
7.3767 其萬年子孫寶用
7.3768 其萬年子孫寶用
7.3769 其永寶用
7.3770 其子子孫孫邁(萬)年用
7.3772 子子孫其永寶用
7.3773 其子子孫孫萬年寶用
7.3774 其子子孫孫萬年寶用
7.3775 其永寶用
7.3776 其永寶用
7.3777 其厲(萬)年永用
7.3778 其厲(萬)年永用
7.3779 其厲(萬)年永用
7.3780 其厲(萬)年永用
7.3783 子子孫永用
7.3784 世子孫孫寶用
7.3785 子孫孫永寶用享
7.3787 其子子孫孫永用
7.3788 子孫永寶用
7.3789 其萬年永寶用
7.3790 用乍(作)父丁尊彝
7.3792 子子孫孫永寶用
7.3793 子子孫孫永寶用
7.3794 子子孫孫永寶用
7.3795 子子孫孫永寶用
7.3796 子子孫孫永寶用
7.3797 其永寶用
7.3798 其永寶用
7.3799 其永寶用
7.3800 其永寶用
7.3801 其永寶用
7.3802 其子子孫孫永寶用
7.3803 其子子孫孫永寶用
7.3804 子子孫孫永寶用
7.3805 子子孫孫永寶用
7.3806 子子孫孫永寶用
7.3808 子子孫孫永寶用
7.3809 孫孫(子子)孫孫永寶用/子子孫孫永寶用
7.3810 子子孫孫永寶用
7.3811 子子孫孫永寶用

7.3812 子子孫孫永寶用
7.3813 子子孫孫永寶用
7.3814 子子孫孫永寶用
7.3815 其萬年永寶用
7.3816 子子孫孫永用
7.3817 永寶用享
7.3818 永寶用享
7.3819 子子孫孫永寶用
7.3820 其永用享
7.3821 其子子孫孫永寶用
7.3822 用乍(作)厥寶尊彝
7.3823 用乍(作)又(厥)寶尊彝
7.3824 用乍(作)寶尊彝
7.3825 用乍(作)寶尊彝
7.3826 〔其〕永寶用
7.3827 用餴(饙)厥孫子
7.3833 子子孫孫永寶用
7.3834 子子孫孫永寶用
7.3835 其子子孫孫萬年永寶用
7.3836 其萬年永寶用
7.3837 洹其萬年永寶用
7.3838 洹其萬年永寶用
7.3839 洹其萬年永寶用
7.3840 其子子孫孫邁(萬)年永寶用
7.3841 其子子孫孫邁(萬)年永寶用
7.3842 子子孫孫永寶用
7.3843 子子孫孫永寶用
7.3844 子子孫孫永寶用
7.3845 子子孫孫其永寶用
7.3846 孫孫子子其永用
7.3847 其子子孫永寶用享
7.3849 其子子孫孫永寶用
7.3850 其子子孫孫永寶用
7.3851 其子子孫孫永寶用
7.3852 其子子孫孫永寶用
7.3853 其子子孫孫永寶用
7.3854 其子子孫孫永寶用
7.3855 其子子孫孫永寶用
7.3856 其子子孫孫永寶用
7.3857 其子子孫孫永寶用
7.3859 子子孫孫其寶用
7.3860 其邁(萬)年永寶用
7.3861 用乍(作)父己尊彝
7.3862 用乍(作)父乙寶尊彝
7.3864 用對揚公休令(命)/☒其萬年用寶
7.3865 其萬年永寶用
7.3866 子孫永寶用
7.3867 子孫寶用
7.3868 孫孫子子永寶用
7.3869 其邁(萬)年永寶用
7.3871 其邁(萬)年永寶用
7.3872 子子孫孫永用享考(孝)
7.3873 子子孫孫永寶用
7.3874 子子孫孫永寶用
7.3875 子子孫孫永寶用
7.3876 子子孫孫永寶用
7.3877 子子孫孫永寶用
7.3878 其子子孫孫邁(萬)年永寶用
7.3879 其子子孫孫邁(萬)年永寶用
7.3880 其子子孫孫邁(萬)年永寶用
7.3887 子子孫孫永寶用
7.3888 子子孫孫永寶用
7.3889 子子孫孫永寶用
7.3890 子子孫孫永寶用
7.3891 其子孫永寶用
7.3892 永寶用享(享)
7.3893 子子孫永寶用享
7.3894 永寶用
7.3895 子子孫孫永寶用
7.3896 永寶用享
7.3897 永寶用享
7.3898 永寶用享
7.3899 永寶用享
7.3900 永寶用享
7.3901 子子孫永寶用享
7.3902 永寶用享
7.3903 子子孫孫永寶用
7.3904 用乍(作)父丁尊毁
7.3905 娸用乍(作)父丁尊彝
7.3906 用乍(作)父戊寶尊彝
7.3907 用乍(作)宗室寶尊彝
7.3909 子子孫永用
7.3910 其子孫永寶用
7.3911 其子孫永寶用
7.3912 用乍(作)季日乙/子子孫孫永寶用
7.3913 用乍(作)季日乙/子子孫孫永寶用
7.3914 子子孫孫永寶用
7.3915 其孫孫子子永寶用
7.3916 子子孫孫永寶用

7.3917 子子孫孫永寶用
7.3918 子子孫其永寶用
7.3919 永壽用之
7.3920 用夙夕享/用祈邁(萬)壽
7.3921 子孫永寶用
7.3922 子子孫孫永寶用
7.3923 子子孫孫永寶用
7.3924 永寶用享
7.3925 用享考(孝)受賨(福)
7.3926 用享考(孝)受賨(福)
7.3927 子子孫孫永寶用
7.3931 萬(邁)年用
7.3932 邁(萬)年用
7.3933 萬年用
7.3934 邁(萬)年用
7.3935 其蠆(萬)年用享
7.3936 用享孝
7.3937 用享孝
7.3938 用享孝
7.3940 用乍(作)祖丁彝
7.3941 用乍(作)祖癸寶尊
7.3942 用乍(作)寶尊彝
7.3943 用鄉(饗、享)孝
7.3944 永寶用
7.3945 子子孫孫永寶用
7.3946 子子孫孫永寶用
7.3947 子孫寶用
7.3948 用乍(作)父乙寶彝
7.3949 子子孫孫其永寶用
7.3952 其永寶用
7.3954 用厥賓(儐)乍(作)丁寶毁
7.3955 子子孫孫永寶用
7.3956 子子孫孫永寶用
7.3957 子子孫孫永寶用
7.3958 其子子孫孫永寶用
7.3959 其子孫永寶用
7.3960 子子孫孫永寶用
7.3961 子子孫孫永寶用
7.3962 子子孫孫永寶用
7.3963 子子孫孫永寶用
7.3964 用朝夕享考(孝)宗室/其子子孫永寶用
7.3965 用朝夕享考(孝)宗室/其子子孫永寶用
7.3966 用朝夕享考(孝)宗室/其子子孫永寶用
7.3967 用朝夕享考(孝)宗室/其子子孫孫永寶用
7.3968 用朝夕享考(孝)宗室/其子子孫永寶用
7.3969 用朝夕享考(孝)宗室/其子子孫永寶用
7.3970 用朝夕享考(孝)宗室/其子子孫永寶用
7.3971 永寶用享
7.3972 永寶用享
7.3973 永寶用享
7.3974 永寶用
7.3975 用乍(作)大子丁
7.3976 用乍(作)父戊寶尊彝
7.3977 己(紀)姜石(祏)用[illegible]/用匄萬年
7.3978 用乍(作)乃後御
7.3980 子子孫孫永寶用
7.3981 子子孫孫永寶用
7.3982 子子孫孫永寶用
7.3983 其永寶用
7.3984 用賜眉壽萬年/永寶用享
7.3985 用賜眉壽萬年/永寶用享
7.3986 永寶用享
7.3987 永寶用
7.3988 永寶用
7.3989 永寶用享
7.3990 用乍(作)父乙彝
7.3991 用笹(世)享孝/其子子孫其永寶用
7.3992 用笹(世)享孝/其子子孫其永寶用
7.3993 用興厥祖父日乙
7.3994 用興厥祖父日乙
7.3995 用夙夜享于宗室/子子孫永寶用
7.3996 子子孫孫永寶用
7.3997 其永寶用
7.3998 其永寶用
7.3999 其永寶用
7.4000 其永寶用
7.4001 用享考(孝)/用享考(孝)
7.4002 用享考(孝)
7.4003 用享考(孝)
7.4004 子子孫孫永寶用
7.4005 子子孫孫永寶用
7.4006 子子孫孫永寶用
7.4007 用賜眉壽/永寶用享
7.4008 永寶用享
7.4009 永寶用享
7.4010 用享考(孝)
7.4011 永壽用之
7.4012 永壽用之
7.4013 永壽用之
7.4014 永寶用享
7.4015 永寶用享
7.4016 [illegible]公伯盬(韭)用吉金/用乍(作)寶毁/子子孫孫永用享
7.4017 [illegible]公伯盬(韭)用吉金/用乍(作)寶

段/子子孫孫永用享

7.4018 用享用孝/其子子孫孫永寶用

7.4019 永寶用享

7.4020 用乍(作)父丁尊彝

7.4021 其用各百神/用妥(綏)多福

7.4022 其用各百神/用妥(綏)多福

7.4023 用乍(作)厥寶尊段

7.4024 子子孫孫彶永用

7.4025 子子孫孫彶永用

7.4026 子子孫孫彶永用

7.4027 子子孫孫永寶用

7.4028 永寶用

7.4029 用乍(作)旅彝

7.4032 孫孫子子永寶用

7.4033 孫子子永寶用

7.4034 孫子子永寶用

7.4035 子子孫孫永寶用

7.4036 用乍(作)厥文考隣(奠)段/子子孫孫永寶用

7.4037 用乍(作)厥文考隣(奠)段/子子孫孫永寶用

7.4038 其用追孝于朕啻(嫡)考/其子子孫孫永寶用之

7.4039 用賜眉壽、黄耇、萬年/永寶用享

7.4040 用追孝于其父母/用賜永壽/永寶用享

7.4041 禽用乍(作)寶彝

7.4042 用乍(作)父丁尊彝

7.4043 用乍(作)父丁尊彝

7.4044 用乍(作)父戊寶尊彝

7.4045 子子孫孫永寶用

7.4046 用乍(作)宮仲念器

7.4048 用享于皇祖、文考/用賜眉壽/子子孫孫永寶用

7.4049 用享于皇祖、文考/用賜眉壽/子子孫孫永寶用

7.4050 用享于皇祖、文考/用賜眉壽/子子孫孫永寶用

7.4051 用賜眉壽、黄耇/永寶用享

7.4052 用賜眉壽、黄耇/永寶用享

7.4053 用賜眉壽、黄耇/永寶用享

7.4054 曾大(太)保□用吉金/用□□□/子子孫孫永用之

7.4055 用爲女夫人尊誟敎

7.4056 其夙夜用享孝于皇君/其萬年永寶用

7.4057 其夙夜用享孝于皇君/其萬年永寶用

7.4058 其夙夜用享孝于皇君/其萬年永寶用

7.4060 用乍(作)寶

7.4061 用祈眉壽、魯休/子子孫孫永寶用

7.4062 用享孝于其姑公/永寶用

7.4063 用享孝于其姑公/永寶用

7.4064 用享孝于其姑公/永寶用

7.4065 用享孝于其姑公/永寶用/用享用考(孝)/用賜賓(眉)壽/子子孫孫永寶用

7.4066 用享孝于其姑公/永寶用/用享用考(孝)/用賜賓(眉)壽/子子孫孫永寶用

7.4067 用享孝于其姑公/永寶用/用享用考(孝)/用賜賓(眉)壽/子子孫孫永寶用

7.4068 永寶用享

7.4069 永寶用享

7.4070 永寶用享

7.4071 其用追考(孝)于其辟君武公

7.4072 其用追考(孝)于其辟君武公

7.4073 用追考(孝)于厥皇考/唯用祈桒(祓)邁(萬)年

7.4074 子子孫孫永寶用

7.4075 子子孫孫永寶用

7.4076 永寶用

7.4077 永寶用

7.4078 永寶用

7.4079 永寶用

7.4080 永寶用

7.4081 永寶用

7.4082 永寶用

7.4083 永寶用

7.4084 永寶用

7.4085 永寶用

7.4086 永寶用

7.4087 永寶用

7.4088 用乍(作)父乙寶彝

7.4089 其朝夕用享于文考/其子子孫孫永寶用

7.4090 子子孫孫永寶用

7.4091 用享用孝

7.4092 用享用孝

7.4093 用享用孝

7.4094 用享用孝

7.4095 唯食生(甥)走馬谷自乍(作)吉金用尊段/用賜其眉壽、萬年/子孫永寶用享

7.4097 用爲寶器鼎二、段二/其用享于厥帝(嫡)考

7.4098 用孝于宗室

7.4099 敫用從

7.4100 用乍(作)寶段/用事厥叡(祖)日丁/用事厥考日戊

7.4101 用乍(作)寶段/用事厥叡(祖)日丁/用事厥考日戊

7.4102 用享于宗室
7.4103 用享于宗室
7.4104 用乍(作)寶彝
7.4105 用乍(作)寶彝
7.4106 用乍(作)寶彝
7.4107 用祈眉壽/用孝用享
7.4108 永寶用享
7.4109 用享于皇祖、文考/用賜眉壽/永寶用享
7.4110 永寶用享
7.4111 永寶用享
7.4112 用乍(作)寶彝
7.4113 日用享考(孝)
7.4114 子孫孫永寶用享
7.4115 唯用妥(綏)神褱(鬼)
7.4116 子子孫孫永寶用
7.4117 子子孫孫永寶用
7.4118 宴用乍(作)朕文考日己寶𣪘/子子孫孫永寶用
7.4119 宴用乍(作)朕文考日己寶𣪘/子子孫孫永寶用
7.4120 羕(永)保用享
8.4121 用乍(作)寶尊彝
8.4122 用乍(作)文祖辛公寶䵼𣪘
8.4123 用乍(作)妊小寶𣪘/其子子孫孫永寶用
8.4124 用享用孝/子子孫孫永寶用
8.4125 用享于高祖、皇考/用賜眉壽/其子子孫孫邁(萬)年永寶用
8.4127 其妻子用享考(孝)于叔皮父/皇萬年永用
8.4128 用乍(作)我子孟媿寢小尊賸(媵)𣪘/用狃萬邦
8.4129 其用追孝于朕皇祖、啻(嫡)考/用賜黃耇、眉壽/買其子子孫孫永寶用享
8.4130 用乍(作)寶𣪘/其邁(萬)年永寶用
8.4131 用乍(作)旛公寶尊彝
8.4132 用乍(作)寶尊彝
8.4133 用乍(作)寶尊彝
8.4134 用乍(作)父乙寶尊彝𣪘
8.4135 用乍(作)父乙寶尊彝𣪘
8.4136 用乍(作)尊𣪘
8.4137 用侃喜百生(姓)、倗友眔子婦/用夙夜享孝于宗室
8.4138 用乍(作)文父丁尊彝
8.4139 用永皇堯(无)身/用乍(作)文母楷妊寶𣪘
8.4140 用茲彝對令
8.4141 子子孫孫永寶用
8.4142 子子孫孫永寶用
8.4143 子子孫孫永寶用
8.4144 用乍(作)父乙寶彝
8.4146 用乍(作)祖戊寶尊彝
8.4147 用追享孝/用匄眉壽/永寶用享
8.4148 用追享孝/用匄眉壽/永寶用享
8.4149 用追享孝/用匄眉壽/永寶用享
8.4150 用追享孝/用匄眉壽/永寶用享
8.4151 用追享孝/用匄眉壽/永寶用享
8.4152 永保用享
8.4153 用享于宗室
8.4154 用敢鄉(饗、享)考(孝)于皇祖丂(考)/用祈眉壽/孫孫(子子)孫其永寶用
8.4155 用敢鄉(饗、享)考(孝)于皇祖丂(考)/用祈眉壽/子子孫其永寶用
8.4156 唯伯家父部廼用吉金/用享于其皇取(祖)、文考/用賜害(匄)眉壽、黃耇、霝(靈)冬(終)、萬年/子孫永寶用享
8.4157 用聽夙夜/用享孝皇祖、文考/用匄眉壽、永令(命)/乎其萬人(年)永用
8.4158 用聽夙夜/用享孝皇祖、文考/用匄眉壽、永令(命)/乎其萬人(年)永用
8.4159 用乍(作)辛公𣪘
8.4160 用鄉(饗)倗友/用饆(饋)王(皇)父、王(皇)母/用夙夜無訇(已)
8.4161 用鄉(饗)倗友/用饆(饋)王(皇)父、王(皇)母/用夙夜無訇(已)
8.4162 用宝(鑄)茲彝
8.4163 用宝(鑄)茲彝
8.4164 用宝(鑄)茲彝
8.4165 曰:用啻(禘)于乃考/用乍(作)朕皇考大仲尊𣪘
8.4166 用乍(作)文考父丙䵼彝
8.4167 用乍(作)祖考寶尊彝
8.4168 用祈眉壽/永寶用享
8.4169 用乍(作)朕文考寶尊𣪘/其永寶用
8.4170 用辟先王/不敢弗帥用夙夕
8.4171 用辟先王/不敢弗帥用夙夕
8.4172 用辟先王/不敢弗帥用夙夕
8.4173 用辟先王/不敢弗帥用夙夕
8.4174 用辟先王/不敢弗帥用夙夕
8.4175 用辟先王/不敢弗帥用夙夕
8.4176 用辟先王/不

敢弗帥用夙夕

8.4177 用辟先王 / 不敢弗帥用夙夕

8.4178 用乍(作)文父丁鬻彝 / 其永用之

8.4179 用乍(作)鑄引仲寶段 / 子子孫孫永寶用

8.4180 用乍(作)鑄引仲寶段 / 子子孫孫永寶用

8.4181 用乍(作)鑄引仲寶段 / 子子孫孫永寶用

8.4182 用禪(祈)追孝于皇考叀仲 / 永寶用享

8.4183 用享考(孝)于厥皇祖 / 用賜眉壽 / 永寶用享

8.4184 用事 / 用乍(作)尊段

8.4185 用事 / 用乍(作)尊段

8.4186 用事 / 用乍(作)尊段

8.4187 用事 / 用乍(作)尊段

8.4188 用享用孝 / 用賜賓(眉)壽、屯(純)右(祐)、康勵 / 永寶用享

8.4189 用享用孝 / 用賜賓(眉)壽、屯(純)右(祐)、康勵 / 永寶用享

8.4190 用追孝於(于)我皇段(舅)

8.4191 用乍(作)寶皇段

8.4192 用保厥邦 / 用自乍(作)寶器 / 萬年以(與)厥孫子寶用

8.4193 用保厥邦 / 用自乍(作)寶器 / 萬年以(與)厥孫子寶用

8.4194 用乍(作)厥文姥(考)尊段

8.4195 用乍(作)尊段

8.4196 用乍(作)寶段 / 子子孫其永寶用

8.4197 曰: 用㕜(嗣)乃祖考事 / 用乍(作)寶段

8.4198 尹叔用妥(綏)多福于皇考德尹、叀姬 / 用匄眉壽、綽綰、永令(命)/ 永寶用享

8.4199 用事 / 用乍(作)文考公叔寶段 / 世子子孫虞寶用

8.4200 用事 / 用乍(作)文考公叔寶段 / 世子子孫孫虞寶用

8.4201 用乍(作)乙公尊彝 / 其萬年用鄉(饗)王出入

8.4202 用乍(作)寶段 / 其永寶用

8.4203 曾仲大父螽(蛕)廼用吉攸(鋚)/ 用自乍(作)寶段 / 螽其用追孝于其皇考 / 用賜眉壽、黃耇、霝(靈)冬(終)/ 永寶用享

8.4204 曾仲大父螽(蛕)廼用吉攸(鋚)/ 用自乍(作)寶段 / 螽其用追孝于其皇考 / 用賜眉壽、黃耇、霝(靈)冬(終)/ 永寶用享

8.4206 用乍(作)朕考日甲寶

8.4207 用乍(作)文考父乙尊彝

8.4208 用乍(作)段 / 孫孫子子萬年用享祀

8.4209 用乍(作)朕文祖考寶尊段 / 子子孫孫永寶用

8.4210 用乍(作)朕文祖考寶尊段 / 子子孫孫永寶用

8.4211 用乍(作)朕文祖考寶尊段 / 子子孫孫永寶用

8.4212 用乍(作)朕文祖考寶尊段 / 子子孫孫永寶用

8.4213 㞟(殿)[illegible](敖)用𦐇(擦)用璧 / 用䭫(韻)首 / 㞟(殿)[illegible](敖)堇(謹)用豹皮于事(史)孟 / 用乍(作)寶段

8.4214 用乍(作)文考旄叔尊段

8.4215 用事 / 用乍(作)寶段 / 其子子孫孫寶用

8.4216 用乍(作)寶段 / 子子孫孫永寶用

8.4217 用乍(作)寶段 / 子子孫孫永寶用

8.4218 用乍(作)寶段 / 子子孫孫永寶用

8.4219 用乍(作)朕皇祖考尊段 / 用享孝于前文人 / 用祈匄眉壽、永令(命)/ 子子孫孫永寶用

8.4220 用乍(作)朕皇祖考尊段 / 用享孝于前文人 / 用祈匄眉壽、永令(命)/ 子子孫孫永寶用

8.4221 用乍(作)朕皇祖考尊段 / 用享孝于前文人 / 用祈匄眉壽、永令(命)/ 子子孫孫永寶用

8.4222 用乍(作)朕皇祖考尊段 / 用享孝于前文人 / 用祈匄眉壽、永令(命)/ 子子孫孫永寶用

8.4223 用乍(作)朕皇祖考尊段 / 用享孝于前文人 / 用祈匄眉壽、永令(命)/ 子子孫孫永寶用

8.4224 用乍(作)朕皇祖考尊段 / 用享孝于前文人 / 用祈匄眉壽、永令(命)/ 子子孫孫永寶用

8.4225 無員用乍(作)朕皇祖𪓐季尊段 / 子孫永寶用

8.4226 無員用乍(作)朕皇祖𪓐季尊段 / 子孫永寶用

8.4227 無員用乍(作)朕皇祖𪓐季尊段 / 子

孫永寶用
8.4228 無曩用乍(作)朕皇祖釐季尊段/子孫永寶用
8.4229 用乍(作)𩰫彝/子子孫孫永寶用
8.4230 用乍(作)𩰫彝/子子孫孫永寶用
8.4231 用乍(作)𩰫彝/子子孫孫永寶用
8.4232 用乍(作)𩰫彝/子子孫孫永寶用
8.4233 用乍(作)𩰫彝/子子孫孫永寶用
8.4234 用乍(作)𩰫彝/子子孫孫永寶用
8.4235 用乍(作)𩰫彝/子子孫孫永寶用
8.4236 用乍(作)𩰫彝/子子孫孫永寶用
8.4237 唯用妥(綏)康令于皇辟侯
8.4238 用乍(作)寶尊彝
8.4239 用乍(作)寶尊彝
8.4240 用事/用乍(作)尊段/免其萬年永寶用
8.4241 用典王令(命)
8.4242 用龤(申)圂(恪)、奠保我邦、我家/禹其邁(萬)年永寶用
8.4243 用大葡(備)于五邑守堰(堰)/用乍(作)寶段/子子孫孫永寶用
8.4244 用考(事)/用自乍(作)寶尊段/萬年永寶用
8.4245 用〔乍〕寶段/用〔享〕考(孝)于□/用祈萬年眉壽/永保用享
8.4246 用乍(作)尊段/永寶用
8.4247 用乍(作)尊段/永寶用
8.4248 用乍(作)尊段/永寶用
8.4249 用乍(作)尊段/永寶用
8.4250 用事/用乍(作)朕文考幽叔寶段/子子孫孫永寶用
8.4251 用乍(作)寶段/虘其萬年永寶用
8.4252 用乍(作)寶段/虘其萬年永寶用
8.4253 用楚(胥)弭伯/用乍(作)朕文祖寶段/子子孫孫永寶用
8.4254 用楚(胥)弭伯/用乍(作)朕文祖寶段/子子孫孫永寶用
8.4255 用事/用乍(作)朕文考寶段/其子子孫孫永用
8.4256 用乍(作)朕文祖考寶段/衛其子子孫孫永寶用
8.4257 用事/弭伯用乍(作)尊段/子子孫孫永寶用
8.4258 用饎(饗)乃祖考事/用乍(作)文考寶段/其孫孫子子永寶用
8.4259 用饎(饗)乃祖考事/用乍(作)文考寶段/其子子孫孫永寶用
8.4260 用饎(饗)乃祖考事/用乍(作)文考寶段/其子子孫孫永寶用
8.4262 用典格伯田/子子孫孫永保用
8.4263 用典格伯田/子子孫孫永保用
8.4264 用典格伯田/子子孫孫永保用
8.4265 用典格伯田/子子孫孫永保用
8.4266 用事/用乍(作)季姜尊彝/其子子孫孫邁(萬)年寶用
8.4267 用事/用乍(作)朕皇考孝孟尊段/申其邁(萬)年用
8.4268 用事/用乍(作)朕文考易仲尊段/王臣其永寶用
8.4270 用乍(作)朕文丂(考)莒(宄)仲尊寶段/子子孫孫永寶用
8.4271 用乍(作)朕文丂(考)莒(宄)仲尊寶段/子子孫孫永寶用
8.4272 用事/用乍(作)朕皇祖伯囪(窗)父寶段/子子孫孫永寶用
8.4273 用乍(作)文母外姑尊段/其萬年用
8.4274 用乍(作)皇祖城公𩰫段/子子孫孫永寶用
8.4275 用乍(作)皇祖城公𩰫段/子子孫孫永寶用
8.4276 用㑌(抄)乃祖考事/用乍(作)朕文考釐叔寶段/用賜疇壽/萬年永寶用于宗室
8.4277 用乍(作)寶
8.4278 子子孫孫永寶用
8.4279 敬夙夕用事/用乍(作)朕文祖益仲尊段/子子孫孫永寶用
8.4280 敬夙夕用事/用乍(作)朕文祖益仲尊段/子子孫孫永寶用
8.4281 敬夙夕用事/用乍(作)朕文祖益仲尊段/子子孫孫永寶用
8.4282 敬夙夕用事/用乍(作)朕文祖益仲尊段/子子孫孫永寶用
8.4283 用乍(作)朕文考外季尊段/用享于宗室
8.4284 用乍(作)朕文考外季尊段/用享于宗室
8.4285 用乍(作)朕文考叀伯尊段/子子孫孫永寶用
8.4286 用事/用乍

(作)寶尊毁 / 用事

8.4287 用事 / 伊用乍(作)朕不(丕)顯皇祖文考𠊾叔寶𩰫彝 / 永寶用享

8.4288 用乍(作)朕文考乙伯、宄姬尊毁 / 子子孫孫永寶用

8.4289 用乍(作)朕文考乙伯、宄姬尊毁 / 子子孫孫永寶用

8.4290 用乍(作)朕文考乙伯、宄姬尊毁 / 子子孫孫永寶用

8.4291 用乍(作)朕文考乙伯、宄姬尊毁 / 子子孫孫永寶用

8.4293 用獄誎爲伯 / 用乍(作)朕剌(烈)祖召公嘗毁 / 用享于宗

8.4294 余用乍(作)朕剌(烈)考富(憲)伯寶毁 / 子子孫其萬年永寶用

8.4295 余用乍(作)朕剌(烈)考富(憲)伯寶毁 / 子子孫其萬年永寶用

8.4296 用事 / 鄠用乍(作)朕皇考龏伯尊毁 / 永寶用享

8.4297 用事 / 鄠用乍(作)朕皇考龏伯尊毁 / 永寶用享

8.4298 用乍(作)朕皇考剌伯尊毁 / 其子子孫孫永寶用

8.4299 用乍(作)朕皇考剌伯尊毁 / 其子子孫孫永寶用

8.4300 用䪼(稽)後人享 / 令用䆛(深)㞋于皇王 / 用乍(作)丁公寶毁 / 用尊事于皇宗 / 用鄉(饗)王逆造 / 用匓寮(僚)人

8.4301 用䪼(稽)後人享 / 令用䆛(深)㞋于皇王 / 用乍(作)丁公寶毁 / 用尊史(事)于皇宗 / 用鄉(饗)王逆造 / 用匓寮(僚)人

8.4302 用乍(作)朕皇考䖵王寶尊毁 / 余其永邁(萬)年寶用

8.4303 用乍(作)朕皇考癸公尊毁 / 用享孝于文神 / 用匃眉壽 / 子子孫孫永寶用

8.4304 用乍(作)朕皇考癸公尊毁 / 用享孝于文神 / 用匃眉壽 / 子子孫孫永寶用

8.4305 用乍(作)朕皇考癸公尊毁 / 用享孝于文神 / 用匃眉壽 / 子子孫孫永寶用

8.4306 用乍(作)皇考考癸尊毁 / 用享孝于文神 / 用匃眉壽 / 子子孫孫永寶用

8.4307 用乍(作)朕皇考考癸尊毁 / 用享孝于文神 / 用匃眉壽 / 子子孫孫永寶用

8.4308 用乍(作)朕皇考癸公尊毁 / 用享孝于文神 / 用匃眉壽 / 子子孫孫永寶用

8.4309 用乍(作)朕皇考癸公尊毁 / 用享孝于文神 / 用匃眉壽 / 子子孫孫永寶用

8.4310 用乍(作)朕皇考癸公尊毁 / 用孝于文神 / 子子孫孫永寶用

8.4311 用事 / 用乍(作)朕文考乙仲𩰫毁 / 永寶用享

8.4312 用事 / 用乍(作)朕文考尹伯尊毁 / 子子孫孫永寶用

8.4313 余用乍(作)朕後男𩐁尊毁 / 永寶用享

8.4314 余用乍(作)朕後男𩐁尊毁 / 永寶用享

8.4316 用事 / 用乍(作)朕剌(烈)考日庚尊毁 / 其永寶用

8.4317 用配皇天 / 用康惠朕皇文剌(烈)祖考 / 用黔(紟令)保我家、朕立(位)、㝬(胡)身 / 用㚔(祓)壽、匃永令(命)

8.4318 用乍(作)朕皇考䖵公𩰫毁 / 子子孫孫永寶用

8.4319 用乍(作)朕皇考䖵公𩰫毁 / 子子孫孫永寶用

8.4321 用事 / 用乍(作)文祖乙伯、同姬尊毁 / 子子孫永寶用

8.4322 用乍(作)文母日庚寶尊毁 / 用夙夜尊享于厥文母

8.4323 用乍(作)尊毁 / 子子孫孫永寶用

8.4324 用事 / 用乍(作)朕皇考輔伯尊毁 / 子子孫孫永寶用

8.4325 用事 / 用乍(作)朕皇考輔伯尊毁 / 子子孫孫永寶用

8.4326 用𤔲(申)𢿨(恪)大令(命)/ 用諫四方 / 用乍(作)毁

8.4327 寏用喪 / 用乍(作)寶尊毁 / 子子孫孫永寶用

8.4328 用從(永)乃事 / 用乍(作)朕皇祖公伯、孟姬尊毁 / 用匃多福 / 其永寶用享

8.4329 用永乃事 / 用乍(作)朕皇祖公伯、孟姬尊毁 / 用匃多福 / 其永寶用享

8.4330 用䵼鄉(饗)己公 / 用咯多公 / 用水(賜)需(靈)令(命)/ 用妥(綏)公唯壽 / 也用褱(懷)逵我多弟子

8.4331 用乍(作)朕皇考武𤔲幾王尊毁 / 用好宗朝(廟)/ 用祈屯(純)彔(祿)、永命 / 日用享于宗室

8.4332 貯(廛)用宮御 / 用事 / 用乍(作)朕皇考龏叔、皇母龏始(姒)寶尊毁 / 用追

孝、祈匄康虆、屯(純)右(祐)、通彔(祿)、永令(命)/ 子子孫孫永寶用

8.4333 貯(廛)用宮御/用事/用乍(作)朕皇考龏叔、皇母龏始(姒)寶尊𣪘/用追孝祈匄康虆、屯(純)右(祐)、通彔(祿)、永令(命)/ 子子孫孫永寶用

8.4334 貯(廛)用宮御/用事/用乍(作)朕皇考龏叔、皇母龏始(姒)寶尊𣪘/用追孝祈匄康虆、屯(純)右(祐)、通彔(祿)、永令(命)/ 子子孫孫永寶用

8.4335 貯(廛)用宮御/用事/用乍(作)朕皇考龏叔、皇母龏始(姒)寶尊𣪘/用追孝祈匄康虆、屯(純)右(祐)、通彔(祿)、永令(命)/ 子孫永寶用

8.4336 貯(廛)用宮御/用事/用乍(作)朕皇考龏叔、皇母龏始(姒)寶尊𣪘/用追孝祈匄康虆、屯(純)右(祐)、通彔(祿)、永令(命)/ 子子孫孫永寶用

8.4337 貯(廛)用宮御/用事/用乍(作)朕皇考龏叔、皇母龏始(姒)寶尊𣪘/用追孝祈匄康虆、屯(純)右(祐)、通彔(祿)、永令(命)/ 子子孫孫永寶用

8.4338 貯(廛)用宮御/用事/用乍(作)朕皇考龏叔、皇母龏始(姒)寶尊𣪘/用追孝祈匄康虆、屯(純)右(祐)、通彔(祿)、永令(命)/ 子子孫孫永寶用

8.4339 貯(廛)用宮御/用事/用乍(作)朕皇考龏叔、皇母龏始(姒)寶尊𣪘/用追孝祈匄康虆、屯(純)右(祐)、通彔(祿)、永令(命)/ 子子孫孫永寶用

8.4340 用乍(作)寶尊𣪘/子子孫孫永寶用

8.4342 用夾召(紹)厥辟/用乍(作)朕剌(烈)祖乙伯、同益姬寶𣪘/用乍(作)州宮寶

8.4343 不用先王乍(作)井(型)/女(汝)毋敢弗帥先王乍(作)明井(型)用/用乍(作)朕皇文考益伯寶尊𣪘/子子孫孫永寶用

9.4347 [illegible]伯乍(作)姸[illegible]用

9.4353 永用

9.4355 中伯乍(作)[illegible](孌)姬旅盨用

9.4356 中伯乍(作)[illegible](孌)姬旅盨用

9.4357 其永保用

9.4358 其永保用

9.4359 其永保用

9.4360 其永保用

9.4361 其永寶用

9.4362 其永寶用

9.4363 其永寶用

9.4364 其永寶用

9.4365 子子孫孫永寶用

9.4366 其永寶用

9.4367 其永寶用

9.4368 其永寶用

9.4369 其永寶用

9.4370 其永寶用

9.4371 其永寶用

9.4372 子子孫孫永寶用

9.4373 子子孫孫永寶用

9.4374 其子子孫孫永寶用

9.4375 其永用

9.4376 其永用

9.4377 子子孫孫永用

9.4378 子子孫孫永寶用

9.4380 子子孫孫永寶用

9.4381 永寶用

9.4383 其萬年永寶用

9.4384 子子孫孫永寶用

9.4385 其萬年永寶用

9.4386 其永寶用

9.4387 其永寶用

9.4388 其萬年永寶用

9.4389 永寶用享

9.4390 其子子孫孫永寶用享

9.4391 其永寶用

9.4392 子子孫孫永寶用

9.4393 子子孫孫永寶用

9.4394 其邁(萬)年永寶用

9.4395 其邁(萬)年永寶用

9.4396 及子子孫孫永寶用

9.4397 永寶用

9.4398 其子子孫孫永寶用

9.4399 其邁(萬)年永寶用

9.4400 其永寶用

9.4401 其永寶用

9.4402 子子孫孫永寶用

9.4403 子子孫孫永寶用

9.4404 其邁(萬)年永寶用

9.4405 其子子孫孫永寶用

9.4406 用征用行/邁(萬)歲用尚(常)

9.4407 子子孫孫永寶用

9.4408 子子孫孫永寶用

9.4409 子子孫孫永寶用

9.4410 子子孫孫永寶用

9.4411 永寶用享
9.4412 子子孫孫永寶用
9.4413 子子孫孫永寶用
9.4414 子子孫孫永寶用
9.4415 萬年永寶用
9.4416 子子孫永寶用
9.4417 子子孫孫永寶用
9.4418 子子孫永寶用
9.4419 其永寶用享
9.4420 子子孫孫用
9.4421 子子孫孫用
9.4422 其子子孫孫永匋(寶)用
9.4423 永寶用
9.4424 其子子孫孫萬年永寶用
9.4425 永彶仲姬寶用
9.4426 子子孫孫永寶用
9.4427 永寶用 / 走父以(與)其子子孫孫寶用
9.4428 其子子孫萬年永寶用
9.4429 永寶用
9.4430 其子子孫孫永寶用
9.4431 用享孝宗室 / 子子孫孫永寶用
9.4432 用享孝宗室 / 用匄眉壽 / 子子孫孫永寶用
9.4433 用享孝宗室 / 用匄眉壽 / 子子孫孫永寶用
9.4434 用享孝宗室 / 子子孫孫永寶用
9.4436 用享考(孝)于姑公 / 用祈眉壽屯(純)魯 / 子子孫永寶用
9.4437 永寶用〔享〕
9.4438 子子孫孫永用
9.4439 子子孫孫永用
9.4440 永寶用享
9.4441 子子孫永寶用享
9.4446 用享用孝 / 用匄眉壽、多福 / 子子孫孫永寶用
9.4447 用享用孝 / 用匄眉壽、多福 / 子子孫孫永寶用
9.4448 其用享孝于皇申(神)、祖考 / 用桒(祓)壽、匄永令(命)/ 其萬年永寶用
9.4449 其用享孝于皇申(神)、祖考 / 用桒(祓)壽、匄永令(命)/ 其萬年永寶用
9.4450 其用享孝于皇申(神)、祖考 / 用桒(祓)壽、匄永令(命)/ 其萬年永寶用
9.4451 其用享孝于皇申(神)、祖考 / 用桒(祓)壽、匄永令(命)/ 其萬年永寶用
9.4452 其用享孝于皇申(神)、祖考 / 用桒(祓)壽、匄永令(命)/ 其萬年永寶用
9.4453 其用享用孝于皇祖、文考 / 永寶用享
9.4454 奠(鄭)季其子子孫孫永寶用
9.4455 奠(鄭)季其子子孫孫永寶用
9.4456 奠(鄭)季其子子孫孫永寶用
9.4457 奠(鄭)季其子子孫孫永寶用
9.4458 魯伯悆用公龏(恭)/ 悆夙屬(興)用追孝 / 用旟(祈)多福 / 永寶用享
9.4459 用乍(作)旅盨 / 用對剌(烈)/ 永寶用
9.4460 用乍(作)旅盨 / 用對剌(烈)/ 永寶用
9.4461 用乍(作)旅盨 / 用對剌(烈)/ 永寶用
9.4462 用乍(作)文考寶段
9.4463 用乍(作)文考寶段
9.4464 永用多休
9.4465 用乍(作)旅盨 / 唯用獻于師尹、倗友、聞(婚)遘(媾)/ 克其用朝夕享于皇祖考 / 子子孫孫永寶用
9.4466 其子子孫孫永寶用
9.4467 用乍(作)旅盨 / 子子孫孫永寶用
9.4468 用乍(作)旅盨 / 子子孫孫永寶用
9.4469 用辟我一人 / 用乍(作)寶盨 / 子子孫孫永寶用
9.4497 寶用
9.4504 其永用
9.4516 子子孫孫永寶用
9.4517 永寶用
9.4518 永寶用
9.4519 永寶用
9.4520 永寶用
9.4521 永壽用之
9.4522 其子子孫孫永寶用
9.4523 其萬年永寶用
9.4524 其子子孫孫永寶用
9.4525 用倗旨飤
9.4531 子孫永寶用享
9.4532 其子子孫孫永寶用享
9.4533 用事于丂(考)/ 永寶用之
9.4534 子子孫孫永寶用
9.4535 其萬年永寶用
9.4536 □其邁(萬)年永寶用
9.4537 子子孫永用
9.4538 子子孫永用
9.4539 子子孫永寶用
9.4540 子子孫永寶用
9.4541 子子孫永寶用
9.4543 子子孫孫永用
9.4545 永壽用
9.4546 其子子孫孫永寶用享
9.4547 其子子孫永寶用享
9.4548 其子子孫孫永寶用享
9.4552 子子孫孫永寶

用
9.4553 子子孫孫永寶用
9.4554 子子孫孫永寶用
9.4555 子子孫孫永寶用
9.4556 永保用享
9.4557 子子孫孫永寶用
9.4558 子子孫孫永寶用
9.4559 子子孫孫永寶用
9.4560 永寶用
9.4561 永寶用享
9.4562 永寶用享
9.4563 子子孫孫永寶用
9.4564 子子孫孫永寶用
9.4565 永寶用
9.4566 永寶用
9.4567 永寶用
9.4568 永寶用
9.4569 永寶用之
9.4570 永寶用
9.4571 永寶用
9.4572 子子孫孫永寶用
9.4574 子子孫孫永寶用
9.4578 用自乍(作)寶簠/其子子孫孫永寶用享
9.4579 用盛旛(稻)梁(粱)/其子子孫孫永寶用享
9.4580 用征用行/用從君王
9.4581 用賜眉壽萬年/永寶用之
9.4582 用享用耆(孝)/用晢(祈)眉壽/子子孫孫永寶用
9.4583 用享用耆(孝)/用晢(祈)眉壽/子子孫孫永寶用
9.4584 用享用耆(孝)/用晢(祈)眉壽/子子孫孫永寶用
9.4585 用享用耆(孝)/用晢(祈)眉壽/子子孫孫永寶用
9.4586 用享用耆(孝)/用晢(祈)眉壽/子子孫孫永寶用
9.4587 用享用耆(孝)/用晢(祈)眉壽/永寶用之
9.4588 永保用之
9.4591 永寶用之
9.4592 永寶用享
9.4593 用祈眉壽無疆/永壽用之
9.4594 羕(永)保用之
9.4595 永保用簠
9.4596 永保用簠
9.4597 用祈眉壽/永壽用之
9.4598 其子子孫孫其永用之
9.4599 鄀(養)伯受用其吉金/其永用之
9.4600 用追孝于皇祖、皇考/用賜眉壽萬年/子子孫孫永寶用
9.4601 用享用孝/用匄眉壽/用爲永寶
9.4602 用享用孝/用匄眉壽/用爲永寶
9.4603 用祈眉壽無疆/永壽用之
9.4604 用祈眉壽無疆/永壽用之
9.4605 嘉子伯昜臚用其吉金/永壽用之
9.4606 用祈眉壽/永壽用之
9.4607 用祈眉壽/永壽用之
9.4608 永寶用之
9.4609 永寶用之
9.4610 永寶用之
9.4611 永寶用之
9.4612 永保用之
9.4613 永寶用之
9.4614 永寶用之
9.4615 用成(盛)旛(稻)梁(粱)/用速(速)先後者(諸)蜺(兄)/用祈眉考(老)無疆
9.4616 用鑄其簠/用賸(媵)孟姜、秦嬴/其子子孫孫羕(永)保用之
9.4617 永寶用之
9.4618 永保用之
9.4619 永寶用之
9.4620 永寶用之
9.4621 永寶用之
9.4623 永寶用之
9.4624 永寶用之
9.4625 永保用之
9.4626 用乍(作)旅䵼彝/免其萬年永寶用
9.4627 用成(盛)朮(秫)旛(稻)糕粱/用鄉(饗)大正
9.4628 用成(盛)稚(穛)旛(稻)需(穤)粱/我用召(紹)鄉(卿)事(士)、辟王/用召(紹)者(諸)考(老)者(諸)兄/用旛(祈)眉壽/其子子孫孫永寶用享
9.4629 子子孫孫羕(永)保用
9.4630 子子孫孫羕(永)保用
9.4631 余用自乍(作)旅簠/用盛稻粱/用孝用享于我皇祖、文考/永寶用之享
9.4632 余用自乍(作)旅簠/用盛稻粱/用孝用享于我皇文考/永寶用之享
9.4638 其邁(萬)年永保用
9.4639 其邁(萬)年永保用
9.4641 永保用之
9.4642 萬壽用之
9.4643 永保用之
9.4644 絟(繼)毋呈(埕)用祀
9.4645 用旂(祈)眉壽/子子孫永保用之
9.4648 用乍(作)平壽适器辜(敦)
9.4649 用乍(作)孝武趄(桓)公祭器錞(敦)
9.4659 穌(蘇)貉乍

(作)小用
9.4672 用享
9.4682 用享于宗室
9.4683 用享于宗室
9.4684 永寶用
9.4689 子孫永寶用之
9.4690 永寶用之
9.4691 永寶用之
9.4692 用卲洛(各)朕文祖考/用旂(祈)多福/用匄永令(命)/盧其永寶用享
9.4693 用祈眉壽/永寶用
10.4884 用征
10.5274 子般用乍(作)父丁彝
10.5319 用乍(作)彝
10.5333 用乍(作)父辛于(鬱)彝
10.5334 用旅
10.5341 其用萬年
10.5342 其用萬年
10.5352 用乍(作)父乙彝
10.5353 用乍(作)凡彝
10.5354 孫子用言(歆)出入
10.5355 用乍(作)父癸尊彝
10.5361 用乍(作)父辛尊彝
10.5366 用萬年事
10.5367 用乍(作)母乙彝
10.5368 乎淍用乍(作)父己尊彝
10.5372 用旅
10.5373 叡[illegible](霝)用乍(作)丁師彝
10.5374 用乍(作)寶尊彝
10.5376 子子孫孫永寶用
10.5377 用乍(作)祖丁彝
10.5378 用乍(作)祖乙尊
10.5379 用乍(作)祖乙尊
10.5380 用乍(作)父己尊彝
10.5381 用乍(作)幽尹寶尊彝/其永寶用
10.5382 用匄壽
10.5383 用乍(作)朕蒿(高)祖缶(寶)尊彝
10.5384 用乍(作)父乙寶尊彝
10.5385 用乍(作)父乙寶尊彝
10.5386 用乍(作)父乙寶尊彝
10.5387 用乍(作)旅彝
10.5388 顯(頂)賜婦[illegible](婚)曰：用䵼于乃姑宓(閟)
10.5389 顯(頂)賜婦[illegible](婚)曰：用䵼于乃姑宓(閟)
10.5390 用乍(作)寶尊彝
10.5391 執用乍(作)父丁尊彝
10.5394 用乍(作)父己寶彝
10.5395 用乍(作)寶䵼
10.5396 用乍(作)毓(后)祖丁尊
10.5397 用乍(作)兄癸彝
10.5398 用乍(作)父戊寶尊彝
10.5399 用乍(作)父丁寶尊彝
10.5400 用乍(作)父乙寶尊彝
10.5402 用乍(作)姑寶彝
10.5403 用乍(作)父辛寶尊彝
10.5404 商用乍(作)文辟日丁寶尊彝
10.5405 用乍(作)寶彝
10.5406 用享于文考庚仲/用匄永福/其永寶用
10.5407 用乍(作)文考癸寶尊器
10.5408 用乍(作)宗彝/其子子孫孫永寶用
10.5409 用乍(作)寶尊彝
10.5410 用匄魯福/用夙夜事
10.5411 用乍(作)文考日乙寶尊彝
10.5414 用乍(作)祖癸尊彝
10.5415 用乍(作)文父癸宗寶尊彝
10.5416 用[illegible]不(丕)杯(丕)召多/用追于炎/用乍(作)團宮旅彝
10.5417 畬用乍(作)母辛彝
10.5418 用乍(作)尊彝/免其萬年永寶用
10.5419 用乍(作)文考乙公寶尊彝
10.5420 用乍(作)文考乙公寶尊彝
10.5421 用乍(作)父癸寶尊彝
10.5422 用乍(作)父癸寶尊彝
10.5423 用乍(作)文考日丁寶彝/其子子孫孫永寶用
10.5425 用乍(作)父乙寶尊彝
10.5426 用乍(作)厥文姑寶尊彝/永寶用
10.5427 用乍(作)大禦于厥祖妣、父母、多申(神)
10.5428 女(汝)𠙶(其)用鄉(饗)乃辟軝侯/余唯用諆(其)醻女(汝)
10.5429 女(汝)𠙶(其)用鄉(饗)乃辟軝侯/余唯用諆(其)醻女(汝)
10.5430 用乍(作)文考辛公寶尊彝
10.5431 員長疑其子子孫孫寶用
10.5432 用乍(作)日己旅尊彝
10.5433 用乍(作)寶尊彝
11.5591 用征
11.5872 子般用乍(作)父丁彝
11.5913 弡伯乍(作)井

姬用盂鑵
11.5927 用旅
11.5940 用桒(祓)畐(福)
11.5946 其孫孫子子永用
11.5948 其孫子永用
11.5950 用永孝
11.5955 用萬年事
11.5956 用乍(作)父甲寶尊彝
11.5957 用乍(作)父乙旅尊彝
11.5962 用乍(作)寶尊彝
11.5965 用乍(作)文父辛尊彝
11.5967 用乍(作)父己尊彝
11.5971 執用乍(作)父丁尊彝
11.5972 用匄壽
11.5973 用乍(作)父乙尊彝
11.5974 用乍(作)宗彝
11.5975 用乍(作)父乙寶尊彝
11.5977 用乍(作)魚(盧)高祖缶(寶)尊彝
11.5978 用乍(作)父乙寶尊彝
11.5979 用乍(作)公日辛寶彝
11.5980 永寶用
11.5981 用乍(作)考付父尊彝
11.5982 子孫永寶用享
11.5984 能匋用乍(作)文父日乙寶尊彝
11.5985 用乍(作)父戊尊彝
11.5986 用乍(作)父乙寶尊彝
11.5987 用乍(作)父辛寶尊彝
11.5988 用乍(作)文考尊彝
11.5989 尸伯賓(儐)用貝、布/用乍(作)朕文考日癸旅寶
11.5991 用乍(作)父乙寶尊彝
11.5992 用乍(作)姞寶彝
11.5993 其用夙夜享于厥大宗/其用匄永福
11.5994 用乍(作)寶彝
11.5995 用乍(作)厥文考寶彝
11.5996 用乍(作)父辛寶尊彝
11.5997 商用乍(作)文辟日丁寶尊彝
11.5999 用乍(作)父癸寶尊彝
11.6000 用王商(賞)子黃瓚一、貝百朋/用乍(作)己寶[illegible]
11.6001 用乍(作)皷寶尊彝/用對揚王休/用鄉(饗)出內(入)事(使)人
11.6002 用乍(作)父乙尊
11.6003 用乍(作)父癸宗寶尊彝
11.6004 用[illegible]不(丕)秠(丕)召多/用追于炎/用乍(作)團宮旅彝
11.6005 用乍(作)辛公寶尊彝/用夙夕配宗
11.6006 用乍(作)尊彝/免其萬年永寶用
11.6008 用乍(作)父乙寶旅彝/其子子孫孫永用
11.6009 用乍(作)寶尊彝
11.6010 用詐(作)大孟姬賸(媵)彝鑪(缶)/永保用之
11.6011 余用乍(作)朕文考大仲寶尊彝
11.6013 曰:用嗣六師、王行、參(叁)有嗣:嗣土(徒)、嗣馬、嗣工(空)/用乍(作)朕文祖益公寶尊彝
11.6014 用乍(作)囦(匽、庚)公寶尊彝
11.6015 劑(齎)用王乘車馬、金勒、冂(裑)衣、芾、舄/用龏(恭)義(儀)寧侯/用乍(作)寶尊彝/用雨侯逆造/冬(終)用造德
11.6016 明公用牲于京宮/用牲于康宮/用牲于明公/曰:用禘(祓)/曰:用禘(祓)/用乍(作)父丁寶尊彝/用光父丁
12.6501 用
12.6508 用乍(作)父乙寶尊彝
12.6509 用乍(作)寶尊彝
12.6510 庶用乍(作)寶尊彝
12.6512 用乍(作)寶尊彝
12.6513 用享于皇天
12.6514 王曰:用先/用乍(作)父乙寶尊彝
12.6515 用享揗尹人/配用[illegible]/用寧室人、[illegible]人/用乍(作)念于多友
12.6516 用乍(作)寶尊彝
12.7310 用乍(作)父乙尊彝
12.7311 用乍(作)父乙彝
12.7312 用〔作〕辟日乙尊彝
14.9094 用乍(作)父甲寶彝
14.9096 [illegible][illegible]用尊㬐(縮)盟
14.9098 用乍(作)尊彝
14.9099 用乍(作)父辛彝
14.9100 用乍(作)父癸尊彝
14.9101 用乍(作)父丁彝
14.9102 用乍(作)父癸彝
14.9103 用乍(作)父辛尊彝
14.9104 用乍(作)父寶尊彝
14.9105 用乍(作)父丁尊彝
15.9249 用乍(作)母癸

尊彝
15.9299 ▲用賓父己
15.9300 用乍(作)父戊寶尊彝
15.9301 用乍(作)文嫊己寶彝
15.9302 永寶用
15.9303 用乍(作)父乙尊
15.9396 單光乍(作)從彝用
15.9413 伯𩰫自乍(作)用盉
15.9431 其萬年用鄉(饗)賓
15.9432 萬年永寶用
15.9433 用追考(孝)
15.9434 子子孫孫實用
15.9436 用萬年用楚(胥)保眔叔堯(无)
15.9437 子子孫孫永寶用
15.9438 其萬年永寶用
15.9440 其永寶用
15.9441 其永寶用
15.9442 邁(萬)年用
15.9443 子子孫孫永寶用
15.9444 其邁(萬)年永寶用
15.9446 嘉(嘉)仲者比用其吉金/其永用之
15.9447 子子孫孫永寶用
15.9451 用從井(邢)侯征事/用旋走
15.9453 用乍(作)寶尊盉
15.9454 用乍(作)父癸寶尊彝
15.9455 用肇乍(作)尊彝
15.9456 衛用乍(作)朕文考惠孟寶般(盤)/永寶用
15.9581 曾侯乙乍(作)峕(持)用冬(終)
15.9586 永寶用
15.9587 永寶用
15.9596 永寶用
15.9597 永寶用
15.9598 永寶用
15.9599 永寶用
15.9600 永寶用/永寶用
15.9601 永用享
15.9602 永用享
15.9603 永用
15.9604 永用
15.9607 永用
15.9608 厲(萬)年寶用
15.9610 子子孫孫永寶用
15.9611 子子孫孫永寶用
15.9613 子孫永用
15.9614 其永寶用
15.9615 其永寶用
15.9618 子子孫孫永用/子子孫孫永用
15.9619 伋姜氏永寶用
15.9620 其邁(萬)年永寶用
15.9621 永用
15.9622 子子孫孫永寶用
15.9623 其萬年永寶用
15.9624 其萬年永寶用
15.9625 永用之
15.9626 永用之
15.9627 永保用享
15.9628 曾仲斿(游)父用吉金
15.9629 曾仲斿(游)父用吉金
15.9630 其永寶用享
15.9631 子子孫孫永寶用
15.9632 永寶用
15.9633 其萬年永寶用
15.9634 其萬年永寶用
15.9635 子子孫孫永寶用
15.9637 用其吉金
15.9639 子孫永寶用之
15.9641 子子孫永保用
15.9642 子子孫孫永寶用
15.9643 子子孫孫永寶用
15.9644 邁(萬)子孫永用享
15.9645 邁(萬)子孫永用享
15.9646 用乍(作)寶壺
15.9651 子子孫孫永用
15.9652 子子孫孫永用
15.9653 永寶用享
15.9654 永寶用享
15.9655 其用享
15.9656 萬年子子孫孫永寶用
15.9657 用征行/用求福無疆
15.9658 子孫永寶用之
15.9659 子孫永保用
15.9661 子子孫孫永寶用
15.9662 永寶用
15.9667 子子孫孫永寶用
15.9668 子子孫孫永寶用
15.9669 子子孫孫永寶用
15.9670 永寶用享
15.9671 永用享考(孝)于大宗
15.9672 仲自(師)父其用各(侑)
15.9676 用興甫(夫)人/永寶用享
15.9677 用晹(賜)眉壽/其永用之
15.9680 羕(永)保用之
15.9681 用乍(作)鄉(饗)壺/邁(萬)壽用之
15.9687 永寶用享
15.9688 子子孫永寶用享
15.9689 用乍(作)寶尊彝
15.9690 其用享于宗/永寶用
15.9691 其用享于宗/永寶用
15.9694 用享用孝/用祈眉壽/永寶用之
15.9695 用享用孝/用祈眉壽/永寶用之
15.9696 子子孫孫永寶用
15.9697 用逆姞氏
15.9698 永寶用
15.9699 永寶用

15.9701 萬年永寶用享
15.9702 用乍(作)𦉢(鋒)壺
15.9704 子孫永保用之
15.9705 用賸(媵)厥元子孟妃乖/子子孫孫永寶用
15.9706 子子孫永寶用之
15.9708 用祀用鄉(饗)/用祈眉壽
15.9709 用旂(祈)眉壽、萬年/羕(永)保用之
15.9712 唯曾伯陭廼用吉金鐈鋚/用自乍(作)醴壺/用鄉(饗)賓客/用孝用享/用賜(賜)眉壽/用受大福無疆
15.9713 用盛旨酉(酒)/用享孝于兄弟、聞(婚)顜(媾)、者(諸)老/用祈匄眉壽
15.9714 用乍(作)父丁寶壺
15.9716 用享考(孝)于皇祖考/用祈多福、眉壽/永寶用
15.9717 用享考(孝)于皇祖考/用祈多福、眉壽/永寶用/其子子孫孫永寶用
15.9718 用禋祀于茲宗室/用追畐(福)彔(禄)/享叔用賜眉壽無疆/用賜百畐(福)/永寶用享
15.9719 其永用之
15.9720 其永用之
15.9721 用乍(作)朕剌(烈)考尊壺/幾父用追孝/孫孫子子永寶用
15.9722 用乍(作)朕剌(烈)考尊壺/幾父用追孝/子子孫孫永寶用
15.9725 用乍(作)朕穆考後仲尊墉(甂)/克用匄眉老無疆/克克其子子孫孫永寶用享
15.9726 用乍(作)皇祖、文考尊壺
15.9727 用乍(作)皇祖、文考尊壺
15.9728 用事/用乍(作)朕文考釐公尊壺/曶用匄萬年眉壽/其永寶用
15.9729 于上天子用璧玉備(琥)/于大無嗣折(誓)、于大嗣命用璧、兩壺、八鼎/于南宮子用璧二備(琥)、玉二嗣(笥)、鼓鐘〔一銉〕/用從(縱)爾大樂/用鑄爾羞鉳(瓶)/用御天子之事/洹子孟姜用乞嘉命/用旂(祈)眉壽/用御爾事
15.9730 于上天子用璧玉備(琥)、〔玉〕一嗣(笥)/于大無嗣折(誓)、于大嗣命用璧、兩壺、八鼎/于南宮子用璧二備(琥)、玉二嗣(笥)、鼓鐘一銉(肆)/用從(縱)爾大樂/用鑄爾羞鉳(瓶)/用御天子之事/洹子孟姜用乞嘉命/用旂(祈)眉壽/用御爾事
15.9731 貯(廛)用宮御/用事/用乍(作)朕皇考龏叔、皇母龏始(姒)寶尊壺/用追孝祈匄康𩡶、屯(純)右(祐)、通彔(禄)、永令(命)/子子孫孫寶用
15.9732 貯(廛)用宮御/用事/用乍(作)朕皇考龏叔、皇母龏始(姒)寶尊壺/用追孝祈匄康𩡶、屯(純)右(祐)、通彔(禄)、永令(命)/子子孫孫寶用
15.9735 用唯朕所放(倣)/不用豊(禮)宜(儀)/其永保用亡疆
15.9824 永寶用享
15.9825 永寶用享
15.9826 用匄眉壽
15.9827 其用萬人(年)/子子孫孫寶用
16.9888 用乍(作)寶尊彝
16.9890 用乍(作)父癸寶尊
16.9891 永寶用
16.9892 用乍(作)高文考父癸寶尊彝/用𨚕(𨚕、申)文考剌(烈)
16.9893 用乍(作)尊彝/用鬲井(邢)侯出入遅(揚)令(命)
16.9894 用宔(鑄)丁宗彝
16.9895 用乍(作)父乙尊
16.9896 用乍(作)朕文考乙公寶尊彝/子子孫孫永寶用
16.9897 用乍(作)文祖它公寶尊彝/用匄萬年無疆
16.9898 用乍(作)青尹寶尊彝/吳其世子孫永寶用
16.9899 曰:用𤔲六師王行、參有𤔲:𤔲土(徒)、𤔲馬、𤔲工(空)/用乍(作)朕文祖益公寶尊彝
16.9900 曰:用𤔲六師王行、參有𤔲:𤔲土(徒)、𤔲馬、𤔲工(空)/用乍(作)朕文祖益公寶尊彝
16.9901 明公用牲于京宮/用牲于康宮/用牲于王/曰:用禘(祓)/曰:用禘(祓)/用乍(作)父丁寶尊彝/用光父丁
16.7360 用獻用酌/用享用孝/用祈眉壽/子孫永寶用耇
16.9961 用征行
16.9962 其子子孫孫永寶用
16.9964 子子孫孫永寶用
16.9965 子子孫孫永寶

用
16.9967 子子孫孫永寶用
16.9968 子子孫孫永寶用
16.9969 子子孫永寶用
16.9970 永寶用享
16.9971 永寶用享
16.9972 子孫永寶用享
16.9973 我用以皮沓□/用賜眉壽/我用以皮沓□/用賜眉壽
16.9974 用征/用祈眉壽
16.9979 用祈眉壽/永壽用之
16.9980 子孫永寶用之
16.9981 子子孫孫永寶用
16.9982 用征用行/用祈眉壽
16.10005 永保用之
16.10006 用祈眉壽無疆/永寶用之
16.10007 用祈眉壽無疆/永寶用之
16.10058 永寶用享
16.10063 弤伯乍(作)用盜(盤)
16.10074 伯雍父自乍(作)用器
16.10077 曾侯乙詐(作)時(持)用冬(終)
16.10085 孫孫子子其寶用
16.10088 子子孫孫永寶用
16.10089 子孫永寶用
16.10090 其子子孫孫永寶用
16.10091 子子孫孫永寶用
16.10092 子子孫孫永寶用
16.10093 子子孫孫永寶用
16.10094 永寶用享
16.10095 子子孫永寶用
16.10096 其永寶用鄉(饗)
16.10097 子子孫永寶用之
16.10098 子子孫孫永寶用
16.10101 用乍(作)仲宕(寶)器
16.10102 子子孫孫永寶用
16.10103 子子孫孫永寶用
16.10105 用乍(作)寶尊彝
16.10106 用萬年用楚(胥)保眔叔堯
16.10107 子子孫孫永寶用
16.10108 子子孫孫永寶用
16.10109 永寶用之
16.10110 子子孫孫永寶用
16.10111 子子孫孫永寶用
16.10112 子子孫孫永用
16.10113 其永寶用
16.10114 其永寶用
16.10115 其永寶用
16.10116 永寶用享
16.10117 子子孫孫永保用
16.10118 子子孫永寶用之
16.10119 邁(萬)年用
16.10120 〔吉〕金用〔迮〕邦/其孫孫子子永寶用
16.10121 永寶用享
16.10124 永壽用之
16.10125 其子子孫孫永寶用享
16.10126 用賸(媵)之麗奴/子子孫孫永寶用
16.10127 永壽用之
16.10128 永壽用之
16.10129 用祈眉壽/萬年用之
16.10130 子孫永用享
16.10131 永寶用之
16.10132 子子孫永寶用享
16.10133 子子孫孫永寶用
16.10134 欣(掀)仲鬻(窦)履用其吉金/其永用之
16.10135 子子孫孫永寶用
16.10136 唯番君伯歔(攏)用其青金/子孫永用之享
16.10137 中子化用保楚王/用征相(莒)/用擇其吉金
16.10138 曾師季軸(芾)用其士(吉)金/用孝用享/用祈富(福)無疆
16.10139 子子孫永寶用享
16.10140 唯番昶伯者君用其吉金/子孫永寶用之
16.10141 永寶用享
16.10142 永受大福用
16.10143 永寶用之
16.10144 用祈眉壽無疆/永壽用之
16.10145 子子孫孫永保用
16.10146 其永用之
16.10147 永保用享
16.10148 子子孫孫永用享
16.10149 子子孫永用之
16.10150 唯□右自乍(作)用其吉金寶般(盤)/迺用萬年/永寶用享/〔永〕用之
16.10152 永寶用
16.10153 用祈眉壽/其子孫永保用之
16.10154 永寶用之
16.10155 永寶用之
16.10156 唯曾子伯皖用其吉金/子孫永寶用享
16.10157 用祈眉壽/永壽用之
16.10159 用祈眉壽/永保用之
16.10160 用祈眉壽/永寶用之

16.10161 用乍(作)般(盤)盉/其萬年寶用
16.10162 用祈眉壽/永寶用之
16.10163 永保用之
16.10164 子子孫孫永寶用
16.10165 用祈眉壽/永寶用之
16.10166 用乍(作)
16.10167 寶用于亲(新)邑
16.10168 用乍(作)祖乙尊/其丙(百)世子子孫孫永寶用
15.10169 用乍(作)寶般(盤)盉/其子子孫孫永寶用
16.10170 用乍(作)朕文考日丁尊般(盤)
16.10171 用詐(作)大孟姬嬇(媵)彝盤(盤)/永保用之
16.10172 用乍(作)朕皇考奠(鄭)伯、奠(鄭)姬寶般(盤)/子子孫孫永寶用
16.10173 是用左(佐)王/睗(賜)用弓/睗(賜)用戉(鉞)/用政(征)䜌(蠻)方
16.10174 敢不用令(命)/子子孫孫永寶用
16.10175 用肈(肇)𢿢(徹)周邦/用乍(作)寶尊彝/其萬年永寶用
16.10176 用矢戮(撲)散邑/廼即散用田
16.10184 永寶用
16.10200 永寶用
16.10201 永用
16.10202 其用〔子〕孫享
16.10204 奠(鄭)義伯乍(作)季姜寶也(匜)用
16.10206 其萬人(年)用
16.10208 永用之
16.10210 其永寶用
16.10213 其子子孫孫永用
16.10214 永寶用享
16.10215 其子子孫孫永寶用
16.10216 永寶用
16.10217 其永寶用
16.10218 孫孫(子孫)永寳(寶)用
16.10219 萬年用之
16.10220 子子孫孫永寶用
16.10221 子子孫孫永寶用
16.10222 其邁(萬)年永寶用
16.10223 子子孫孫永寶用
16.10224 子子孫孫永寶用
16.10225 其子子孫孫永寶用
16.10226 其子子孫孫永寶用
16.10227 用賜眉壽/用享
16.10229 萬年永寶用
16.10231 子子孫孫永寶用
16.10232 子子孫孫永寶用
16.10233 永寶用享
16.10234 子孫永寶用之
16.10235 其萬年子子孫孫用之
16.10236 苜(苢)父弄□子賓屓寶用
16.10237 永寶用享
16.10238 子子孫孫永寶用
16.10239 子子孫孫永寶用
16.10240 其邁(萬)年眉壽用之
16.10241 永寶用享
16.10242 子子孫永保用
16.10243 子孫永寶用
16.10244 其永寶用
16.10245 子孫永保用
16.10246 永寶用之
16.10247 邁(萬)年用
16.10248 子子孫孫永寶用
16.10249 永寶用享
16.10250 子子孫孫永用之
16.10252 其子子孫孫永用
16.10253 用賸(媵)之麗㚰/子子孫孫永寶用
16.10255 杞伯每刃鑄鼄(邾)媡用寶也(匜)/其子孫永寶用
16.10256 樊君夒用自乍(作)浂(浣)也(匜)/其永寶用享
16.10258 子子孫永寶用享
16.10259 子孫永寶用
16.10260 用率用〔征〕
16.10261 子子孫孫永寶用
16.10262 子子孫永寶用之
16.10263 子子孫孫永寶用
16.10264 永保用也(匜)
16.10265 永寶用享
16.10266 子子孫孫永寶用
16.10267 永壽用之
16.10268 子子孫永寶用享
16.10269 子孫永寶用享
16.10270 其萬年永寶用
16.10271 唯番君肈用士(吉)金/子孫永寶用享
16.10272 子子孫孫永寶用
16.10273 子孫永用享
16.10274 用享用考(孝)/用祈眉壽/用爲元寶
16.10275 永寶用享
16.10276 永寶用之
16.10277 永保用之
16.10278 子子孫永寶

用之
16.10279 用祈眉壽 / 永壽用之
16.10280 羕(永)保用之
16.10281 永寶用之
16.10282 永保用之
16.10283 用祈眉壽 / 永保用之
16.10284 用祈眉壽 / 永寶用之
16.10285 㑋用乍(作)旅盉
16.10298 用享用孝
16.10299 用享用孝
16.10310 子子孫孫永寶用
16.10311 子子孫永寶用
16.10312 永寶用享
16.10313 用享宗公
16.10314 子子孫永寶用
16.10315 子子孫孫永寶用
16.10316 永寶用
16.10317 子子孫孫永用
16.10318 永保用之
16.10319 用祈眉壽無疆
16.10320 孫子永壽用之
16.10321 用乍(作)文祖己公尊盂 / 其永寶用
16.10322 永用乍(作)朕文考乙伯尊盂 / 永其遂寶用
16.10329 樊君蒦(芫)用其吉金
16.10330 永寶用之
16.10331 子孫永用
16.10332 其眉壽用之
16.10334 其子子孫孫永寶用
16.10335 子子孫永壽用之
16.10336 用其吉金 / 子子孫孫永用之
16.10337 永寶用享
16.10338 永寶用之
16.10339 永寶用之
16.10340 永寶用之
16.10341 永保用之 / 永保用之
16.10352 子子孫孫永寶用
16.10355 用𦣞
16.10356 永保用
16.10360 用乍(作)散宮旅彝
16.10361 用實旨酉(酒)/ 永保用之
16.10374 不用命則寅之
16.10580 用乍(作)旅彝
16.10581 用乍(作)父辛尊彝
16.10582 用乍(作)父□尊彝
17.10819 用
17.10891 元用
17.10913 膚(鑪)用
17.10970 玄翏(鏐)敖(鏞)鋁之用
17.11013 元用戈
17.11028 自乍(作)用戈
17.11030 □□□□之用戈
17.11052 宜鑄散(造)用
17.11071 ⺊用十⻊戈
17.11072 子可䀝(掑)之用
17.11075 右買之用戈
17.11100 子𥈁(䀫)之用戈
17.11107 乍(作)用于昌弗(?)
17.11134 無(許)伯彪之用戈
17.11136 玄翏(鏐)敖(鏞)鋁之用
17.11137 玄翏(鏐)敖(鏞)鋁之用
17.11138 玄翏(鏐)敖(鏞)鋁之用
17.11139 玄翏(鏐)敖(鏞)鋁之用
17.11141 蔡侯𪗋(申)之用戈
17.11142 蔡侯𪗋(申)之用戈
17.11143 蔡侯產之用戈
17.11144 蔡侯產之用戈
17.11145 蔡公子果之用
17.11146 蔡公子果之用
17.11147 蔡公子果之用
17.11148 蔡公子加之用
17.11149 蔡加子之用戈
17.11150 蔡侯𣬉之用戟
17.11152 楚王孫漁(子魚)之用
17.11153 楚王孫漁(子魚)之用
17.11157 □君□受用戈
17.11160 即墨華之造用
17.11163 玄翏(鏐)夫(鏞)䀫(鋁)之用
17.11169 曾侯乙之用戈
17.11170 曾侯乙之用戈
17.11172 曾侯乙之用戟(戟)
17.11173 曾侯乙之用戟(戟)
17.11174 曾侯邚(越)之用戈
17.11178 曾侯𤑔之用戟(戟)
17.11179 曾侯𤑔之用戟(戟)
17.11198 楚屈叔佗之元用
17.11207 王子玫之用戈
17.11208 王子玫之用戈
17.11212 周王叚之元用戈
17.11254 曾仲之孫𠀚䱷用戈

17.11255 大(吳)王光逭自乍(作)用戈
17.11256 大(吳)王光逭自(作)用戈
17.11257 大(吳)王光逭自乍(作)用戈
17.11258 攻敔工(夫)差自乍(作)用戜(戟)
17.11263 乍(作)爲元用
17.11265 虎𣁋丘君豫之元用
17.11267 單𤔲託乍(作)用戈三万(萬)
17.11268 用厥金乍(作)吉用
17.11280 壽之用交(效)
17.11282 郤(徐)王之子羽(叚)之元用戈
17.11288 自乍(作)其用戈
17.11290 鑄其元用
17.11309 元用戈
17.11334 〔元〕鏞用
17.11346 梁伯乍(作)宮行元用
17.11352 秦子乍(作)遳(造)中臂元用 / 用𩨃(逸)
17.11353 秦子乍(作)遳(造)公族元用 / 用𩨃(逸)
17.11365 曾大攻(工)尹季𢿂(怡)之用
17.11381 台(以)卲(昭)旟(揚)文武之戊(茂)用(庸)
17.11400 用其良金
18.11535 戉(越)王州句自乍(作)用矛
18.11544 自乍(作)元用矛
18.11547 秦子乍(作)造公族元用 / 用𩨃(逸)
18.11567 曾侯郕(越)之用殳
18.11578 䣄(搖、郄、卻)子之用
18.11586 吉爲乍(作)元用
18.11587 蔡侯產之用鐱(劍)
18.11593 先𡸔余之用
18.11601 蔡侯𠦪叔之用
18.11604 蔡侯產之用僉(劍)
18.11605 蔡公子從之用
18.11610 自用命
18.11620 攻敔王光自乍(作)用鐱(劍)
18.11621 郕王䱷(勾)淺(踐)自乍(作)用鐱(劍)
18.11622 戉(越)王州(朱)句(勾)自乍(作)用僉(劍)
18.11623 戉(越)王州(朱)句(勾)自乍(作)用僉(劍)
18.11624 戉(越)王州(朱)句(勾)自乍(作)用僉(劍)
18.11625 戉(越)王州(朱)句(勾)自乍(作)用僉(劍)
18.11626 戉(越)王州(朱)句(勾)自乍(作)用僉(劍)
18.11627 戉(越)王州(朱)句(勾)自乍(作)用僉(劍)
18.11628 戉(越)王州(朱)句(勾)自乍(作)用僉(劍)
18.11629 戉(越)王州(朱)句(勾)自乍(作)用僉(劍)
18.11630 戉(越)王州(朱)句(勾)自乍(作)用僉(劍)
18.11631 戉(越)王州(朱)句(勾)自乍(作)用僉(劍)
18.11632 戉(越)王州(朱)句(勾)自乍(作)用僉(劍)
18.11636 攻敔王夫差自乍(作)其元用
18.11637 攻敔王夫差自乍(作)其元用
18.11638 攻敔王夫差自乍(作)其元用
18.11639 攻敔王夫差自乍(作)其元用
18.11640 吳季子之子逞之元用鐱(劍)
18.11641 自乍(作)用攻(?)
18.11642 自乍(作)用攻(?)
18.11651 征(延、誕)匋(寶)用之
18.11654 攻敔王光自乍(作)用鐱(劍)
18.11659 楚王酓(熊)章爲從□士鑄用〔劍〕/ 用征□
18.11663 其㠯(以)乍(作)爲用元鐱(劍)
18.11665 工𠪚王乍(作)元巳(祀)用鐱(劍)
18.11666 攻敔王光自乍(作)用鐱(劍)
18.11668 自乍(作)用僉(劍)
18.11696 乍(作)爲元用
18.11697 乍(作)爲元用
18.11703 自乍(作)元之用之僉(劍)/ 自乍(作)用旨自
18.11704 𣁋(台)旨(者旨)不光自乍(作)用攻(?)/ 乍(作)於元用僉(劍)
18.11718 自乍(作)元用 / 云用云獲
18.11719 其寶用
18.11816 唯𠊻(佗)仲𡚱子用
18.11915 用差(佐)商國
18.12108 用兵五十人以上——會王符
18.12109 用兵五十人以上

2611 甫

3.624 黃子乍(作)黃甫(夫)人孟母器

3.687 黄子乍(作)黄甫(夫)人行器
4.1704 甫母丁
5.2566 黄子乍(作)黄甫(夫)人行器
5.2567 黄子乍(作)黄甫(夫)人孟姬器
9.4406 □□爲甫(夫)人行盨
9.4534 姘仲乍(作)甫妣朕(媵)簠
9.4669 陞叔乍(作)德人旅甫(箭)
9.4673 曾仲斿父自乍(作)寶甫(箭)
9.4674 曾仲斿父自乍(作)寶甫(箭)
9.4687 黄子乍(作)黄甫(夫)人行器
10.5395 王光宰甫貝五朋
10.5399 甫
10.5423 匠甫象綒二
11.5576 丏甫
11.5619 甫父乙
11.5797 季甫(父)父乙[?](牲)
14.9052 乍(作)甫(父)丁寶尊彝
15.9252 丏甫
15.9309 丏甫
15.9445 黄子乍(作)黄甫(夫)人行器
15.9676 用興甫(夫)人
16.9844 丏甫
16.9966 黄子乍(作)黄甫(夫)人孟乙行器
16.10080 穌(蘇)甫(夫)人乍(作)孅(姪)妃襄賸(媵)般(盤)
16.10205 穌(蘇)甫(夫)人乍(作)孅(姪)妃襄賸(媵)盉也(匜)
16.10206 甫人父乍(作)旅匜
16.10261 員甫(夫)人余
16.10265 唯甫季加自乍(作)寶也(匜)
16.10355 黄子乍(作)黄甫(夫)人孟姬器
18.12104 傳虘(遽)甫戊燕
18.12105 傳虘(遽)甫戊燕
18.12106 傳虘(遽)甫戊燕

2612 葡、箙

3.846 葡(箙)戉父癸
3.1215 葡(箙)
3.1216 葡(箙)
3.1217 葡(箙)
4.1539 葡(箙)父乙
4.1625 葡(箙)父庚
4.2319 [?](戉)葡(箙)
5.2841 賜女(汝)秬鬯一卣、祼圭瓚寶、朱芾、悤(蔥)黄(衡)、玉環、玉琮、金車、桒(賁)緟較(較)、朱鞹(鞹)靣靳、虎冟(冪)熏裏、右軛、畫轉、畫輯、金甬(桶)、遣(錯)衡、金嶂(踵)、金豙(軛)、軥(約)㲼(盛)、金簟弼(茀)、魚葡、馬四匹、攸(鋚)勒、金[?](臺)、金膺、朱旂二鈴(鈴)
6.3157 葡(箙)父乙
6.3302 亽哱葡父乙
8.4243 用大葡(備)于五邑守堨(堰)
8.4326 賜朱芾、悤(蔥)黄(衡)、鞞鞢(璲)、玉睘(環)、玉琮、車、電軫、桒(賁)緟較(较)、朱鞹(鞹)靣靳、虎冟(冪)熏(纁)裏、遣(錯)衡、右厄(軛)、畫轉、畫輯、金童(踵)、金豙(軛)、金簟弼(茀)、魚葡(箙)、朱旂旜(旜)金芄二鈴
10.4780 葡
10.4781 葡
10.4882 葡貝
10.5047 [?](戉)葡祖乙
10.5088 葡貝父辛
10.5101 戉葡吴(嘩)辰
10.5142 朋子弓葡
10.5169 父辛葡册戉
10.5410 [?](戉)葡
11.5464 葡
11.5748 𧖴(衛)葡父辛
11.5901 [?](戉)葡
11.5983 [?](戉)葡
11.6052 葡
11.6166 [?](戉)葡
12.6386 葡戉父乙
12.7188 亽葡哱(鞴)
12.7249 父癸幸葡
13.7635 葡
13.7636 葡
13.8140 葡[?]
13.8240 五葡
13.8241 葡侁
13.8242 幸葡
14.8814 亽哱葡
14.8929 卯(殁)父己葡
14.9102 王賜葡亞嚣(唬)奚貝
15.9142 葡
15.9370 葡参父乙
16.10012 葡
17.10728 葡

2613 庸

1.60-3 僕庸臣妾、小子、室家
5.2840 寡人庸其德/庸其工(功)/後人其庸庸之
8.4321 先虎臣後庸:西門尸(夷)、秦尸(夷)、京尸(夷)、㝬尸(夷)、師笭、側新(薪)、□華尸(夷)、弁豸尸(夷)、𠫑人、成周走亞、戍、秦人、降人、服尸(夷)
15.9734 以追庸(誦)先王之工(功)剌(烈)

2614 毌(周)

15.9759 毌(周)

2615 丹

10.5426 又丹一栫(柝、管)
17.10996 甘(邯)丹(鄲)上
17.11039 甘(邯)丹(鄲)上庫
17.11355 肖(趙)命

(令)甘(邯)丹(鄲)𠂇
(偉)、右庫工師蛩
(蛁)綤(紹)、冶倉散
(造)(?)
17.11364 宗子攻(工)
正明我、左工師𠂇許、
馬重(童)丹所爲
18.11565 襄田倫(令)
夆(舉)名、司寇麻維、
右庫工師甘(邯)丹
(鄲)伍、冶向敳(造)

2616 彤

1.60-3 今余賜女(汝)
毌五、錫戈彤屡(蘇)
1.107-8 賜彤弓一、彤
矢百、馬四匹
5.2780 王乎宰膺賜盛
弓、象弭、矢臸、彤欮
5.2814 賜女(汝)玄衣
黹屯(純)、戈琱㦰、歇
(厚)必(柲)、彤沙
(蘇)、攸(鋚)勒、緣
(鑾)旂
5.2816 賜女(汝)秬鬯
一卣、玄衮衣、幽夫
(芾)、赤舄、駒車、畫
呻(紳)、幬(幬)學
(較)、虎幎(幃)、冟裑
里幽、攸(鋚)勒、旅
(旂)五旅(旂)、彤弓、
彤矢、旅(玈)弓、旅
(玈)矢、𠂇戈、虢(臯)
胄
5.2819 王乎史減册賜
寰:玄衣黹屯(純)、
赤芾、朱黄(衡)、緣
(鑾)旅(旂)、攸(鋚)
勒、戈琱㦰、歇(厚)必
(柲)、彤沙(蘇)
8.4216 儕(齎)女(汝)
毌五、昜(錫)登盾生
皇(凰)、畫內(枘)戈
琱㦰、歇(厚)必(柲)、
彤沙(蘇)
8.4217 儕(齎)女(汝)
毌五、昜(錫)登盾生
皇(凰)、畫內(枘)戈
琱㦰、歇(厚)必(柲)、
彤沙(蘇)
8.4218 儕(齎)女(汝)
毌五、昜(錫)登盾生
皇(凰)、畫內(枘)戈
琱㦰、歇(厚)必(柲)、
彤沙(蘇)
8.4257 賜女(汝)玄衣
黹屯(純)、鋉(素)芾、
金鈧(衡)、赤舄、戈琱
㦰、彤沙(蘇)、攸(鋚)
勒、緣(鑾)旂五日
8.4258 賜戈琱㦰、彤沙
(蘇)
8.4259 賜戈琱㦰、彤沙
(蘇)
8.4260 賜戈琱㦰、彤沙
(蘇)
8.4268 乎內史夀(敖、
佚)册命王臣:賜女
(汝)朱黄(衡)桒(賁)
親(襯)、玄衣黹屯
(純)、緣(鑾)旂五日、
戈畫㦰、厤(墉)必
(柲)、彤沙(蘇)
8.4286 賜女(汝)玄衣
黹屯(純)、赤芾、朱黄
(衡)、戈彤沙(蘇)琱
㦰、旂五日
8.4311 賜女(汝)戈琱
㦰、〔歇〕必(柲)、彤屎
(沙、蘇)、毌五、錫鐘
一斁(肆)五金
8.4320 賜䣄(豆)鬯一
卣、商瓚一□、彤弓
一、彤矢百、旅(玈)弓
十、旅(玈)矢千
8.4321 賜女(汝)玄衣
黹屯(純)、㦸(緇)芾、
冋(褧)黄(衡)、戈琱
㦰、歇(厚)必(柲)、彤
沙(蘇)、緣(鑾)旂、攸
(鋚)勒
16.10170 王乎乍(作)
册尹册賜休:玄衣黹
屯(純)、赤芾、朱黄
(衡)、戈琱㦰、彤沙
(蘇)、歇(厚)必(柲)、
緣(鑾)㫃
16.10172 王乎史減册
賜寰:玄衣黹屯
(純)、赤芾、朱黄
(衡)、緣(鑾)旂、攸
(鋚)勒、戈琱㦰、歇
(厚)必(柲)、彤沙
(蘇)
16.10173 彤矢其央

2617 赤

1.245 玄鏐赤鏞(鋁)
5.2706 麥賜赤金
5.2781 王賜赤Ꮻ芾、玄
衣黹屯(純)、緣(鑾)
旅(旂)
5.2804 曰:賜女(汝)
赤Ꮻ芾、緣(鑾)旂
5.2805 賜女(汝)赤芾、
幽黄(衡)、攸(鋚)勒
5.2815 王乎內史𠂤册
賜趩;玄衣屯(純)黹、
赤芾、朱黄(衡)、緣
(鑾)旂、攸(鋚)勒
5.2816 賜女(汝)秬鬯
一卣、玄衮衣、幽夫
(芾)、赤舄、駒車、畫
呻(紳)、幬(幬)學
(較)、虎幎(幃)、冟裑
里幽、攸(鋚)勒、旅
(旂)五旅(旂)、彤弓、
彤矢、旅(玈)弓、旅
(玈)矢、𠂇戈、虢(臯)
胄
5.2817 賜赤舄
5.2819 王乎史減册賜
寰:玄衣黹屯(純)、
赤芾、朱黄(衡)、緣
(鑾)旅(旂)、攸(鋚)
勒、戈琱㦰、歇(厚)必
(柲)、彤沙(蘇)
5.2821 賜女(汝)玄衣
黹屯(純)、赤芾、朱黄
(衡)、緣(鑾)旅(旂)
5.2822 賜女(汝)玄衣
黹屯(純)、赤芾、朱黄
(衡)、緣(鑾)旂
5.2823 賜女(汝)玄衣
黹屯(純)、赤芾、朱黄
(衡)、緣(鑾)旅(旂)
5.2825 賜女(汝)玄衣
黹屯(純)、赤芾、朱黄
(衡)、緣(鑾)旂
5.2827 賜女(汝)玄衣
黹屯(純)、赤芾、朱黄
(衡)、緣(鑾)旂、攸
(鋚)勒
5.2828 賜女(汝)玄衣
黹屯(純)、赤芾、朱黄
(衡)、緣(鑾)旂、攸

(鋚)勒
5.2829 賜女(汝)玄衣黹屯(純)、赤芾、朱黄(衡)、䜌(鑾)旂、攸(鋚)勒
5.2830 賜女(汝)玄衣黼(黼)屯(純)、赤芾、朱橫(黄衡)、䜌(鑾)旂、大(太)師金膺、攸(鋚)勒
5.2838 賜女(汝)赤⊖〔芾〕、□/ 井叔賜曶赤金、鬱
8.4122 賜赤金
8.4166 賜玄衣、赤社
8.4196 內史册命:賜赤芾
8.4197 賜戠(織)衣、赤⊖芾
8.4202 王賜狗赤芾、朱亢(衡)、䜌(鑾)旂
8.4209 㞒(殿)赤芾、攸(鋚)勒
8.4210 㞒(殿)赤芾、攸(鋚)勒
8.4211 㞒(殿)赤芾、攸(鋚)勒
8.4212 㞒(殿)赤芾、攸(鋚)勒
8.4240 賜女(汝)赤⊖芾
8.4244 賜女(汝)赤〔芾、朱黄、䜌〕旂
8.4246 內史尹氏册命楚:赤⊖芾、䜌(鑾)旂
8.4247 內史尹氏册命楚:赤⊖芾、䜌(鑾)旂
8.4248 內史尹氏册命楚:赤⊖芾、䜌(鑾)旂
8.4249 內史尹氏册命楚:赤⊖芾、䜌(鑾)旂
8.4250 王乎命女(汝):赤芾、朱黄(衡)、玄衣黹屯(純)、䜌(鑾)旂
8.4253 王乎尹氏册命師察:賜女(汝)赤舄、攸(鋚)勒
8.4254 王乎尹氏册命師察:賜女(汝)赤舄、攸(鋚)勒
8.4255 賜女(汝)戠(織)衣、赤⊖芾、䜌(鑾)旂、楚走馬
8.4257 賜女(汝)玄衣黹屯(純)、𩊒(素)芾、金鈧(衡)、赤舄、戈琱㦸、彤沙(緌)、攸(鋚)勒、䜌(鑾)旂五日
8.4266 賜女(汝)赤芾、幽亢(衡)、䜌(鑾)旂
8.4267 賜(賜)女(汝)赤芾、縈黄(衡)、䜌(鑾)旂
8.4272 賜女(汝)赤⊖芾、䜌(鑾)
8.4274 賜女(汝)乃祖巿、五黄(衡)、赤舄
8.4275 賜女(汝)乃祖巿、五黄(衡)、赤舄
8.4277 賜赤芾、朱黄(衡)、旂
8.4279 賜女(汝)赤芾、冋(絅)黄(衡)、麗般(鞶)
8.4280 賜女(汝)赤芾、冋(絅)黄(衡)、麗般(鞶)
8.4281 賜女(汝)赤芾、冋(絅)黄(衡)、麗般(鞶)
8.4282 賜女(汝)赤芾、冋(絅)黄(衡)、麗般(鞶)
8.4286 賜女(汝)玄衣黹屯(純)、赤芾、朱黄(衡)、戈彤沙(緌)琱㦸、旂五日
8.4287 賜女(汝)赤芾、幽黄(衡)、䜌(鑾)旂、攸(鋚)勒
8.4288 新賜女(汝)赤芾、朱黄(衡)、中絅(褧)、攸(鋚)勒
8.4289 新賜女(汝)赤芾、朱黄(衡)、中絅(褧)、攸(鋚)勒
8.4290 新賜女(汝)赤芾、朱黄(衡)、中絅(褧)、攸(鋚)勒
8.4291 新賜女(汝)赤芾、朱黄(衡)、中絅(褧)、攸(鋚)勒
8.4294 賜(賜)女(汝)赤⊖(⊖)芾、䜌(鑾)旂
8.4295 賜(賜)女(汝)赤⊖(⊖)芾、䜌(鑾)旂
8.4296 賜女(汝)赤芾、冋(絅)䙴(䙴)黄(衡)、䜌(鑾)旂
8.4297 賜女(汝)赤芾、冋(絅)䙴(䙴)黄(衡)、䜌(鑾)旂
8.4303 賜女(汝)玄衣黹屯(純)、赤芾、朱黄(衡)、䜌(鑾)旅(旂)
8.4304 賜女(汝)玄衣黹屯(純)、赤芾、朱黄(衡)、䜌(鑾)旅(旂)
8.4305 賜女(汝)玄衣黹屯(純)、赤芾、朱黄(衡)、䜌(鑾)旅(旂)
8.4306 賜女(汝)玄衣〔黹〕屯(純)、赤芾、朱黄(衡)、䜌(鑾)旅(旂)
8.4307 賜女(汝)玄衣黹屯(純)、赤芾、朱黄(衡)、䜌(鑾)旅(旂)
8.4308 賜女(汝)玄衣黹屯(純)、赤芾、朱黄(衡)、䜌(鑾)旅(旂)
8.4309 賜女(汝)玄衣黹屯(純)、赤芾、朱黄(衡)、䜌(鑾)旅(旂)
8.4310 賜女(汝)玄衣黹屯(純)、赤芾、朱黄(衡)、䜌(鑾)旅(旂)
8.4312 賜女(汝)赤芾、朱黄(衡)、䜌(鑾)旂、攸(鋚)勒
8.4316 賜女(汝)赤舄
8.4324 賜女(汝)菽(素)芾、金黄(衡)、赤舄、攸(鋚)勒
8.4325 賜女(汝)菽(素)芾、金黄(衡)、赤舄、攸(鋚)勒
8.4332 賜女(汝)玄衣黹屯(純)、赤芾、朱黄

(衡)、䜌(鑾)旂、攸(鋚)勒
8.4333 賜女(汝)玄衣黹屯(純)、赤芾、朱黄(衡)、䜌(鑾)旂、攸(鋚)勒
8.4334 賜女(汝)玄衣黹屯(純)、赤芾、朱黄(衡)、䜌(鑾)旂、攸(鋚)勒
8.4335 賜女(汝)玄衣黹屯(純)、赤芾、朱黄(衡)、䜌(鑾)旂、攸(鋚)勒
8.4336 賜女(汝)玄衣黹屯(純)、赤芾、朱黄(衡)、䜌(鑾)旂、攸(鋚)勒
8.4337 賜女(汝)玄衣黹屯(純)、赤芾、朱黄(衡)、䜌(鑾)旂、攸(鋚)勒
8.4338 賜女(汝)玄衣黹屯(純)、赤芾、朱黄(衡)、䜌(鑾)旂、攸(鋚)勒
8.4339 賜女(汝)玄衣黹屯(純)、赤芾、朱黄(衡)、䜌(鑾)旂、攸(鋚)勒
8.4340 賜女(汝)玄衮衣、赤舄
9.4467 賜女(汝)秬鬯一卣、赤芾、五黄(衡)、赤舄、牙僰、駒車、桒(賁)較(較)、朱虢(鞹)䩛靳、虎冟(冪)熏(纁)裏、畫轉(䡈)、畫輯、金甬(筩)、朱旂、馬四匹、攸(鋚)勒、素戉(鉞)
9.4468 賜女(汝)秬鬯一卣、赤芾、五黄(衡)、赤舄、牙僰、駒車、桒(賁)較(較)、朱虢(鞹)䩛靳、虎冟(冪)熏(纁)裏、畫轉(䡈)、畫輯、金甬(筩)、朱旂、馬四匹、攸(鋚)勒、素戉(鉞)
9.4469 賜女(汝)秬鬯一卣、乃父芾、赤舄、駒車、桒(賁)較(較)、朱虢(鞹)䩛靳、虎冟(冪)熏(纁)裏、畫轉、畫輯、金甬(筩)、馬四匹、鋚勒
9.4556 走(趣)馬辪(薛)仲赤
9.4612 楚屈子赤目朕(媵)仲嬭(芈)璜飤簠
11.5816 □(嗀)赤乍(作)寶彝
11.6008 仲競父賜赤金
11.6013 賜盠:赤芾、幽亢(衡)、攸(鋚)勒
11.6015 侯乘于赤旂舟
15.9456 矩或取赤虎(琥)兩、麀桒(韍)兩、桒(賁)韐(韐、帢)一
15.9723 王乎乍(作)册尹册賜㾓:畫靳、牙僰、赤舄
15.9724 王乎乍(作)册尹册賜㾓:畫靳、牙僰、赤舄
15.9728 賜女(汝)秬鬯一卣、玄衮衣、赤巿、幽黄(衡)、赤舄、攸(鋚)勒、䜌(鑾)旂
15.9731 賜女(汝)玄衣黹屯(純)、赤芾、朱黄(衡)、䜌(鑾)旂、攸(鋚)勒
15.9732 賜女(汝)玄衣黹屯(純)、赤芾、朱黄(衡)、䜌(鑾)旂、攸(鋚)勒
16.9898 賜秬鬯一卣、玄衮衣、赤舄、金車、桒(賁)䩛朱虢(鞹)靳、虎冟(冪)熏(纁)裏、桒(賁)較(較)、畫轉、金甬(筩)、馬四匹、攸(鋚)勒
16.9899 賜盠:赤芾、幽亢(衡)、攸(鋚)勒
16.9900 賜盠:赤芾、幽黄(衡)、攸(鋚)勒
15.10169 賜女(汝)赤敊(㧘、芾)、幽黄(衡)、鋚勒、旂
16.10170 王乎乍(作)册尹册賜休:玄衣黹屯(純)、赤芾、朱黄(衡)、戈琱胾、彤沙(蘇)、歐(厚)必(柲)、䜌(鑾)㫃
16.10172 王乎史減册賜寰:玄衣黹屯(純)、赤芾、朱黄(衡)、䜌(鑾)旂、攸(鋚)勒、戈琱胾、歐(厚)必(柲)、彤沙(蘇)
17.11333 𠈇勹白赤

2618 黄

1.133 柞賜載、朱黄(衡)、䜌(鑾)
1.134 柞賜載、朱黄(衡)、䜌(鑾)
1.135 柞賜載、朱黄(衡)、䜌(鑾)
1.136 柞賜載、朱黄(衡)、䜌(鑾)
1.137-9 柞賜載、朱黄(衡)、䜌(鑾)
1.223-4 青黄□紫
2.287 黄鐘之商角
2.288 爲黄鐘徵
2.292 黄鐘之商角
2.293 黄鐘之諞(歸)/爲黄鐘徵
2.295 黄鐘之徵角/爲黄鐘徵曾
2.324 爲黄鐘鼓
2.325 黄鐘之翆(羽)角
2.328 爲黄鐘徵
2.330 爲黄鐘徵曾
2.342 黄鐘之宫
2.358 余黄□(烝)
3.609 唯黄朩(幹)□用吉金乍(作)鬲
3.610 唯黄朩(幹)□用吉金乍(作)鬲
3.624 黄子乍(作)黄甫(夫)人孟母器
3.687 黄子乍(作)黄甫(夫)人行器
4.2308 內黄/黄
4.2497 黄君孟自乍(作)行器□
5.2565 黄季乍(作)季嬴寶鼎

5.2566 黃子乍(作)黃甫(夫)人行器

5.2567 黃子乍(作)黃甫(夫)人孟姬器

5.2657 唯黃孫子絴(紷)君叔單自乍(作)貞(鼎)

5.2727 用旂(祈)眉壽、黃句(耇)、吉康

5.2776 用乍(作)黃公尊䵼彝

5.2782 乍(作)鑄飤器黃鑊

5.2783 賜趞曹載(緇)市、冋(絅)黃(衡)、䜌(鑾)

5.2786 命女(汝)幽黃(衡)、鋚革(勒)

5.2805 賜女(汝)赤市、幽黃(衡)、攸(鋚)勒

5.2813 賜載(緇)市、冋(絅)黃(衡)、玄衣黹屯(純)、戈琱胾、旂/用匄眉壽、黃耇、吉康

5.2815 王乎內史□冊賜趩;玄衣屯(純)黹、赤市、朱黃(衡)、䜌(鑾)旂、攸(鋚)勒

5.2819 王乎史減冊賜寰:玄衣黹屯(純)、赤市、朱黃(衡)、䜌(鑾)旅(旂)、攸(鋚)勒、戈琱胾、㕡(厚)必(柲)、彤沙(蘇)

5.2821 賜女(汝)玄衣黹屯(純)、赤市、朱黃(衡)、䜌(鑾)旅(旂)

5.2822 賜女(汝)玄衣黹屯(純)、赤市、朱黃(衡)、䜌(鑾)旂

5.2823 賜女(汝)玄衣黹屯(純)、赤市、朱黃(衡)、䜌(鑾)旅(旂)

5.2825 賜女(汝)玄衣黹屯(純)、赤市、朱黃(衡)、䜌(鑾)旂

5.2827 賜女(汝)玄衣黹屯(純)、赤市、朱黃(衡)、䜌(鑾)旂、攸(鋚)勒

5.2828 賜女(汝)玄衣黹屯(純)、赤市、朱黃(衡)、䜌(鑾)旂、攸(鋚)勒

5.2829 賜女(汝)玄衣黹屯(純)、赤市、朱黃(衡)、䜌(鑾)旂、攸(鋚)勒

5.2841 賜女(汝)秬鬯一卣、祼圭瓚寶、朱市、悤(蔥)黃(衡)、玉環、玉瑹、金車、𠦪(賁)緟較(較)、朱䩛(鞹)𩏂靳、虎冟(冪)熏裏、右軛、畫䡇、畫䡅、金甬(桶)、遣(錯)衡、金疃(踵)、金豙(軝)、軥(約)㲈(盛)、金簟弼(茀)、魚箙、馬四匹、攸(鋚)勒、金□(臺)、金膺、朱旂二鈴(鈴)

6.3663 黃乍(作)父癸寶尊彝

7.4039 黃君乍(作)季㛸秘賸(媵)段/用賜眉壽、黃耇、萬年

7.4051 用賜眉壽、黃耇

7.4052 用賜眉壽、黃耇

7.4053 用賜眉壽、黃耇

8.4129 用賜黃耇、眉壽

8.4156 用賜害(匄)眉壽、黃耇、霝(靈)冬(終)、萬年

8.4195 師黃賓(儐)萬章(璋)一、馬兩

8.4203 用賜眉壽、黃耇、霝(靈)冬(終)

8.4204 用賜眉壽、黃耇、霝(靈)冬(終)

8.4250 王乎命女(汝):赤市、朱黃(衡)、玄衣黹屯(純)、䜌(鑾)旂

8.4256 賜衛載(緇)市、朱黃(衡)、䜌(鑾)

8.4258 曰:賜女(汝)𠦪(賁)朱黃(衡)、玄衣黹屯(純)、㫃、攸(鋚)革(勒)

8.4259 曰:賜女(汝)𠦪(賁)朱黃(衡)、玄衣黹屯(純)、㫃、攸(鋚)革(勒)

8.4260 曰:賜女(汝)𠦪(賁)朱黃(衡)、玄衣黹屯(純)、㫃、攸(鋚)革(勒)

8.4267 睗(賜)女(汝)赤市、縈黃(衡)、䜌(鑾)旂

8.4268 乎內史屰(敖、佚)冊命王臣:賜女(汝)朱黃(衡)𠦪(賁)親(䙚)、玄衣黹屯(純)、䜌(鑾)旂五日、戈畫胾、𢊁(墉)必(柲)、彤沙(蘇)

8.4269 賜女(汝)婦爵、𢦏之先周(琱)玉、黃𤔲

8.4274 賜女(汝)乃祖巿、五黃(衡)、赤舄

8.4275 賜女(汝)乃祖巿、五黃(衡)、赤舄

8.4277 賜赤市、朱黃(衡)、旂/眉壽、黃耇

8.4279 賜女(汝)赤市、冋(絅)黃(衡)、麗般(鞶)

8.4280 賜女(汝)赤市、冋(絅)黃(衡)、麗般(鞶)

8.4281 賜女(汝)赤市、冋(絅)黃(衡)、麗般(鞶)

8.4282 賜女(汝)赤市、冋(絅)黃(衡)、麗般(鞶)

8.4286 𢦏(哉)賜女(汝)載(緇)市、素黃(衡)、䜌(鑾)旜/賜女(汝)玄衣黹屯(純)、赤市、朱黃(衡)、戈彤沙(蘇)琱胾、旂五日

8.4287 賜女(汝)赤市、幽黃(衡)、䜌(鑾)旂、攸(鋚)勒

8.4288 新賜女(汝)赤市、朱黃(衡)、中絅(褧)、攸(鋚)勒

8.4289 新賜女(汝)赤市、朱黃(衡)、中絅(褧)、攸(鋚)勒

8.4290 新賜女(汝)赤

芾、朱黄(衡)、中絅(褧)、攸(鋚)勒
8.4291 新賜女(汝)赤芾、朱黄(衡)、中絅(褧)、攸(鋚)勒
8.4296 賜女(汝)赤芾、冋(禂)䘗(緀)黄(衡)、䜌(鑾)旂
8.4297 賜女(汝)赤芾、冋(禂)䘗(緀)黄(衡)、䜌(鑾)旂
8.4303 賜女(汝)玄衣黹屯(純)、赤芾、朱黄(衡)、䜌(鑾)旅(旂)
8.4304 賜女(汝)玄衣黹屯(純)、赤芾、朱黄(衡)、䜌(鑾)旅(旂)
8.4305 賜女(汝)玄衣黹屯(純)、赤芾、朱黄(衡)、䜌(鑾)旅(旂)
8.4306 賜女(汝)玄衣〔黹〕屯(純)、赤芾、朱黄(衡)、䜌(鑾)旅(旂)
8.4307 賜女(汝)玄衣黹屯(純)、赤芾、朱黄(衡)、䜌(鑾)旅(旂)
8.4308 賜女(汝)玄衣黹屯(純)、赤芾、朱黄(衡)、䜌(鑾)旅(旂)
8.4309 賜女(汝)玄衣黹屯(純)、赤芾、朱黄(衡)、䜌(鑾)旅(旂)
8.4310 賜女(汝)玄衣黹屯(純)、赤芾、朱黄(衡)、䜌(鑾)旅(旂)
8.4312 賜女(汝)赤芾、朱黄(衡)、䜌(鑾)旂、攸(鋚)勒
8.4321 賜女(汝)玄衣黹屯(純)、載(緇)芾、冋(禂)黄(衡)、戈琱戟、歐(厚)必(柲)、彤沙(蘇)、䜌(鑾)旂、攸(鋚)勒
8.4324 賜女(汝)菽(素)芾、金黄(衡)、赤舄、攸(鋚)勒
8.4325 賜女(汝)菽(素)芾、金黄(衡)、赤舄、攸(鋚)勒
8.4326 賜朱芾、悤(蔥)黄(衡)、鞞鞛(璲)、玉睘(環)、玉琭、車、電軫、桒(賁)縟較(较)、朱䩻(鞹)靣靳、虎冟(冪)熏(纁)裏、逪(錯)衡、右厄(軛)、畫轉、畫輯、金童(踵)、金豙(軛)、金簟弼(茀)、魚葡(箙)、朱旂旜(旜)金芫二鈴
8.4332 賜女(汝)玄衣黹屯(純)、赤芾、朱黄(衡)、䜌(鑾)旂、攸(鋚)勒
8.4333 賜女(汝)玄衣黹屯(純)、赤芾、朱黄(衡)、䜌(鑾)旂、攸(鋚)勒
8.4334 賜女(汝)玄衣黹屯(純)、赤芾、朱黄(衡)、䜌(鑾)旂、攸(鋚)勒
8.4335 賜女(汝)玄衣黹屯(純)、赤芾、朱黄(衡)、䜌(鑾)旂、攸(鋚)勒
8.4336 賜女(汝)玄衣黹屯(純)、赤芾、朱黄(衡)、䜌(鑾)旂、攸(鋚)勒
8.4337 賜女(汝)玄衣黹屯(純)、赤芾、朱黄(衡)、䜌(鑾)旂、攸(鋚)勒
8.4338 賜女(汝)玄衣黹屯(純)、赤芾、朱黄(衡)、䜌(鑾)旂、攸(鋚)勒
8.4339 賜女(汝)玄衣黹屯(純)、赤芾、朱黄(衡)、䜌(鑾)旂、攸(鋚)勒
9.4467 賜女(汝)秬鬯一卣、赤芾、五黄(衡)、赤舄、牙僰、駒車、桒(賁)較(較)、朱虢(鞹)靣靳、虎冟(冪)熏(纁)裏、畫轉(轉)、畫輯、金甬(筩)、朱旂、馬四匹、攸(鋚)勒、素戉(鉞)
9.4468 賜女(汝)秬鬯一卣、赤芾、五黄(衡)、赤舄、牙僰、駒車、桒(賁)較(較)、朱虢(鞹)靣靳、虎冟(冪)熏(纁)裏、畫轉(轉)、畫輯、金甬(筩)、朱旂、馬四匹、攸(鋚)勒、素戉(鉞)
9.4598 叔姬霝乍(迮)黄邦
9.4627 其頋(㒼)、其玄、其黄
9.4628 亦玄亦黄
9.4631 余擇其吉金黄鏞(铝)/曾伯霥(漆)叚(遐)不黄耇、邁(萬)年
9.4632 余擇其吉金黄鏞(铝)/曾霥(漆)叚(遐)不黄耇、邁(萬)年
9.4649 娶(招、紹)練(緟)高祖黄啻(帝)
9.4686 黄君孟自乍(作)行器
9.4687 黄子乍(作)黄甫(夫)人行器
10.5416 伯懋父睗(賜)召白馬、妦黄、䯂(髮)微
10.5418 令史懋賜免:載(緇)芾、冋(禂)黄(衡)
11.5970 黄子魯天
11.5976 黄肇乍(作)文考宗伯旅尊彝
11.6000 用王商(賞)子黄瓚一、貝百朋
11.6004 伯懋父睗(賜)召白馬、妦黄、䯂(髮)微
11.6006 令史懋賜免:載(緇)芾、冋(禂)黄(衡)
11.6007 侯萬年壽考、黄耇
12.6516 賜趩戠(織)衣、載(緇)芾、冋(禂)黄(衡)、旂
15.9445 黄子乍(作)黄甫(夫)人行器
15.9636 黄君孟自乍

(作)行器
15.9663 黃子乍(作)黃父(夫)人行器
15.9664 黃子乍(作)黃父(夫)人行器
15.9678 禺(遇)邗王于黃池
15.9679 禺(遇)邗王于黃池
15.9728 賜女(汝)秬鬯一卣、玄袞衣、赤巿、幽黃(衡)、赤舄、攸(鋚)勒、䜌(鑾)旂
15.9731 賜女(汝)玄衣黹屯(純)、赤芾、朱黃(衡)、䜌(鑾)旂、攸(鋚)勒
15.9732 賜女(汝)玄衣黹屯(純)、赤芾、朱黃(衡)、䜌(鑾)旂、攸(鋚)勒
16.9900 賜盠：赤芾、幽黃(衡)、攸(鋚)勒
16.9963 黃君孟自乍(作)行器
16.9966 黃子乍(作)黃甫(夫)人孟乙行器
16.9974 黃孫須頸子伯亞臣
16.9987 黃子乍(作)黃孟姬行器
16.10104 黃君孟自乍(作)行器
16.10122 黃子乍(作)黃孟臣(姬)行器
16.10146 黃韋俞父自乍(作)飤器
16.10156 其黃耇霝(靈)冬(終)
16.10162 黃大(太)子伯克
16.10167 其萬年眉壽、黃耇
15.10169 賜女(汝)赤敄(抪、芾)、幽黃(衡)、鋚勒、旂
16.10170 王乎乍(作)冊尹冊賜休：玄衣黹屯(純)、赤芾、朱黃(衡)、戈琱戟、彤沙(蘇)、歐(厚)必(柲)、䜌(鑾)㫃
16.10172 王乎史減冊賜寰：玄衣黹屯(純)、赤芾、朱黃(衡)、䜌(鑾)旂、攸(鋚)勒、戈琱戟、歐(厚)必(柲)、彤沙(蘇)
16.10175 褱(懷)媍(福)彔(祿)、黃耇、彌生
16.10214 黃仲自乍(作)賸也(匜)
16.10230 黃君孟自乍(作)行器
16.10254 黃子乍(作)黃孟臣(姬)行器
16.10338 黃大(太)子伯克
16.10355 黃子乍(作)黃甫(夫)人孟姬器
17.10901 黃戎(?)
17.11199 黃君孟乍(作)元□戈
17.11347 □陽命(令)㝬戲、工師北宮(宮)壘、冶黃
18.11517 郾(燕)王職乍(作)黃(廣)衣(卒)鈦
18.11518 郾(燕)王職乍(作)黃(廣)衣(卒)鈦

2619 橫

5.2830 賜女(汝)玄衣㸑(黼)屯(純)、赤芾、朱橫(黃衡)、䜌(鑾)旂、大(太)師金膺、攸(鋚)勒

2620 䵂

9.4615 孫子之䵂(睨)

2621 鞼(䩾)

18.11842 鞼(䩾)

2622 白

1.48 宮令宰僕賜粤白金十勻(鈞)
2.429 曰夜白
4.2496 內(芮)大(太)子白乍(作)鼎
5.2637 虢宣公子白乍(作)尊鼎
5.2758 公賞乍(作)冊大白馬
5.2759 公賞乍(作)冊大白馬
5.2760 公賞乍(作)冊大白馬
5.2761 公賞乍(作)冊大白馬
8.4132 賞菽(叔)鬱鬯、白金、趨(芻)牛
8.4133 賞菽(叔)鬱鬯、白金、趨(芻)牛
9.4424 單子白乍(作)叔姜旅盨
9.4537 內(芮)大(太)子白乍(作)簠
9.4538 內(芮)大(太)子白乍(作)簠
10.5416 伯懋父賜(賜)召白馬、妦黃、媘(髮)微
11.6000 白□一、琅九屮(又)百
11.6004 伯懋父賜(賜)召白馬、妦黃、媘(髮)微
15.9517 上白羽
15.9644 內(芮)大(太)子白
15.9645 內(芮)大(太)子白
16.10070 單子白乍(作)寶般(盤)
16.10173 虢季子白乍(作)寶盤 / 不(丕)顯子白 / 趄趄(桓桓)子白 / 王孔加(嘉)子白義
16.10277 魯大嗣徒子仲白
16.10298 既字白(迫)期 / 玄銧(礦)白銧(礦)
16.10299 既字白(迫)期 / 玄銧(礦)白銧(礦)
17.11333 倣勺白赤

2623 𤽄

16.10478 執𤽄(帛)宮

方百乇(尺)

2624 百

1.73-4 百歲之外
1.76-7 百歲之外
1.78-9 百歲之外
1.80-1 百歲之外
1.107-8 賜彤弓一、彤矢百、馬四匹
1.203 龢遣百生(姓)
1.260 唯皇上帝、百神保余小子
1.262-3 盜(羨)百緣(蠻)
1.264-6 盜百緣(蠻)
1.267 盜百緣(蠻)
1.268 盜百緣(蠻)
1.269 盜百緣(蠻)
1.270 咸畜百辟、胤士/頣(揉)燮百邦
1.271 侯氏賜之邑二百又九十又九邑
1.272-8 其縣三百/釐(萊)僕三百又五十家/卑(俾)百斯男
1.285 其縣三百/釐(萊)僕三百又五十家/卑(俾)百斯男
3.753 事(使)賜公姞魚三百
4.2390 百歲用之
5.2702 㚸商(賞)又正要(聯)嬰貝在穆朋二百
5.2707 匀(鈞)二百六十二刀之匀(鈞)
5.2739 公賞塱(坍)貝百朋
5.2757 百民是奠
5.2768 其百子千孫
5.2769 其百子千孫
5.2770 其百子千孫
5.2777 尊鼎用祈匄百彔(祿)、眉壽、綰綽、永令(命)
5.2779 羊百㓞(挈)
5.2787 令史頌省穌(蘇)瀾(姻)友、里君、百生(姓)
5.2788 令史頌省穌(蘇)瀾(姻)友、里君、百生(姓)
5.2791 賜貝百朋
5.2809 伯懋父廼罰得夏古三百寽(鋝)
5.2820 余其用各我宗子雩(與)百生(姓)
5.2833 𦘔(肆)武公廼遣禹率公戎車百乘、斯(厮)馭二百、徒千
5.2834 𦘔(肆)武公廼〔遣〕我(禹)率公朱(戎)車百乘/斯(厮)馭二百、徒〔千〕
5.2835 凡以公車折首二百又□又五人/孚戎車百乘一十又七乘/公車折首百又十又五人/賜女(汝)圭瓚一、湯(鍚)鐘一𦉢(肆)、鐈鍪百匀(鈞)
5.2837 唯殷邊侯、田(甸)雩(與)殷正百辟/六百又五十又九夫
5.2838 用百寽(鋝)
5.2839 獲聝四千八百又二聝/孚牛三百五十五牛/獲聝二百卅七聝/孚馬百四匹/孚車百□兩(輛)/弓一、矢百、畫虢(皋)一、貝胄一、金毌(干)一、戱戈二、矢臸八
5.2840 方譬(數)百里
7.3904 卿事賜小子𨛸貝二百
7.3920 伯百父乍(作)周姜寶𣪘
7.3942 王賜叔德臣嫊十人、貝十朋、羊百
7.4021 其用各百神
7.4022 其用各百神
7.4041 王賜金百寽(鋝)
7.4104 公命事(使)晦賢百晦鬯
7.4105 公命事(使)晦賢百晦鬯
7.4106 公命事(使)晦賢百晦鬯
8.4121 王休賜厥臣父瓚(贊)王祼、貝百朋
8.4137 用侃喜百生(姓)、倗友眾子婦
8.4147 百字(子)千孫
8.4148 百字(子)千孫
8.4149 百字(子)千孫
8.4150 百字(子)千孫
8.4151 百字(子)千孫
8.4184 虢仲令公臣嗣朕百工
8.4185 虢仲令公臣嗣朕百工
8.4186 虢仲令公臣嗣朕百工
8.4187 虢仲令公臣嗣朕百工
8.4213 戎獻金于子牙父百車
8.4229 令史頌省穌(蘇)瀾(姻)友、里君、百生(姓)
8.4230 令史頌省穌(蘇)瀾(姻)友、里君、百生(姓)
8.4231 令史頌省穌(蘇)瀾(姻)友、里君、百生(姓)
8.4232 令史頌省穌(蘇)瀾(姻)友、里君、百生(姓)
8.4233 令史頌省穌(蘇)瀾(姻)友、里君、百生(姓)
8.4234 令史頌省穌(蘇)瀾(姻)友、里君、百生(姓)
8.4235 令史頌省穌(蘇)瀾(姻)友、里君、百生(姓)
8.4236 令史頌省穌(蘇)瀾(姻)友、里君、百生(姓)
8.4287 王乎命尹封册命伊：𦆫(纘)官嗣康宮王臣妾、百工
8.4300 姜商(賞)令貝十朋、臣十家、鬲百人
8.4301 姜商(賞)令貝十朋、臣十家、鬲百人
8.4311 僕馭百工、牧臣妾
8.4320 賜䵼(𩰫)鬯一卣、商瓚一□、彤弓一、彤矢百、旅(㫃)弓十、旅(㫃)矢千/賜

土：厥川(甽)三百□/厥□百又廿/厥□百又卌(四十)/賜宜庶人六百又□六夫
8.4322 獲馘(聝)百、執訊二夫/凡百又卅又五叙(款)/寽(捋)俘人百又十又四人
8.4323 長榜(榜)截(載)首百/奪俘人四百/告禽(擒)聝百、訊卌(四十)
8.4331 好倗友雩百者(諸)婚遘(媾)
8.4340 嗣百工
8.4342 賜女(汝)秬鬯一卣、圭瓚、尸(夷)允(訊)三百人
8.4343 令女(汝)辟百寮(僚)
9.4459 其百男、百女、千孫
9.4460 其百男、百女、千孫
9.4461 其百男、百女、千孫
10.5401 其以父癸夙夕卿(佮)爾百聞(婚)遘(媾)
10.5421 替(榖)百生(姓)豚
10.5422 替(榖)百生(姓)豚
11.5999 替(榖)百生(姓)豚
11.6000 白□一、琅九屮(又)百/用王商(賞)子黃瓚一、貝百朋
11.6015 侯賜者(赭)爼臣二百家
11.6016 罘里君、罘百工
15.9425 伯百父乍(作)孟姬朕(媵)鍪
15.9448 冢(重)三百八刀
15.9450 冢(重)三百卌(四十)五刀
15.9454 替(榖)百生(姓)豚
15.9617 百卌(四十)八
15.9674 冢(重)一石百卌(四十)二刀之冢(重)
15.9683 冢(重)四百六刀冢(重)
15.9685 冢(重)五百六十九刀
15.9686 冢(重)一石三百刀之冢(重)
15.9692 冢(重)四百七十四刀之冢(重)
15.9693 冢(重)一石三百卅九刀之冢(重)
15.9716 其百子千孫
15.9717 其百子千孫
15.9718 用賜百䈕(福)
15.9733 庚率二百乘舟入鄘(筥)從洌(河)
15.9734 𢆶(慈)恣(悉、愛)百每(民)/枋(方)譽(數)百里
16.9892 頂肇卿(佮)宁(貯)百生(姓)
16.9897 百世孫子永寶
16.9901 罘里君、罘百工
16.10079 伯百父乍(作)孟姬朕(媵)般(盤)
16.10161 令乍(作)册內史賜免鹵百𨻰
16.10167 □邑百
16.10173 折首五百
16.10174 其唯我者(諸)侯、百生(姓)
16.10260 唯之百〔姓〕
16.10285 㑴(鞭)女(汝)五百/罰女(汝)三百寽(鋝)
16.10342 龢〔燮〕百緣(蠻)/咁(固)親百𦍌
16.10358 冢(重)百十一刀之冢(重)
16.10359 冢(重)百廿八刀之冢(重)
16.10402 冢(重)一石三百五十五刀之冢(重)
16.10478 王堂方二百乇(尺)/王后堂方二百乇(尺)/恣(寧)后堂方二百乇(尺)/□堂方百五十乇(尺)/夫人堂方百五十乇(尺)/兩堂閔(間)百乇(尺)/大湎(將)宮方百乇(尺)/執白(帛)宮方百乇(尺)/正奎宮方百乇(尺)/痁宗宮方百乇(尺)
17.11108 㘝御戈五百
17.11164 蝜㫒乍(作)莲(造)戈三百
17.11202 郘(程)侯之𢊁(造)戈五百
17.11209 𨚕公鉌曹(造)戈三百
17.11397 奠(鄭)倫(令)公先豊(學、幼)、司寇向□、左庫工師百慶、冶肴(尹)□㪟(造)

2625 皂

17.11385 奠(鄭)倫(令)韓麦、司寇長朱、右庫工師皂高、冶肴(尹)端㪟(造)
17.11386 奠(鄭)倫(令)公先豊(幼)、司寇事(吏)陎、右庫工師皂高、冶肴(尹)□㪟(造)

2626 皆

1.171 台孫皆永寶
5.2840 𢙨(謀)𢖩(慮)皆從
15.9535 皆乍(作)尊壺
15.9735 者(諸)侯皆賀

2627 者

1.113 用爍(樂)父蚗(兄)、者(諸)士
1.114 用樂父蚗(兄)、者(諸)士
1.115 用樂父蚗(兄)、者(諸)士
1.116 用樂父蚗(兄)、者(諸)士
1.117 用樂父蚗(兄)、者(諸)士
1.120 王曰：者沪
1.121 王曰：者沪

1.122 王曰：者汈
1.125-8 王曰：者汈
1.132 王曰：者汈
1.144 戉(越)王者旨於賜擇厥吉金
1.149 台(以)喜(饎)者(諸)士
1.150 台(以)喜(饎)者(諸)士
1.151 台(以)喜(饎)者(諸)士
1.152 台(以)喜(饎)者(諸)士
1.155 □連小☐利之於大〔郘〕者／小者乍(作)心□／衣(依)余〔於〕邸(越)〔連〕者／大〔郘者〕連者(諸)尸(夷)
1.156 尸(夷)膚(筥)甚□者元／丌(其)者□□□於子子
1.171 志(誌)勞専(賻)者(諸)侯
1.182 以樂嘉賓、倗友、者(諸)臤(賢)
1.193 工𢿢王皮難(然)之子者減
1.194 工𢿢王皮難(然)之子者減
1.195 工𢿢王皮難(然)之子者減
1.196 工𢿢王皮難(然)之子者減
1.197 工𢿢王皮難(然)之子者減
1.198 工𢿢王皮難(然)之子者減
1.199 工𢿢王皮難(然)之子者減
1.200 工𢿢王皮難(然)之子者減
1.201 工𢿢王皮難(然)之子者減
1.202 工𢿢王皮難(然)之子者減
1.261 王孫遺者擇其吉金
2.423 乍(作)無者俞寶鉦鍟(鐸)
2.425 郐(徐)諧(謟)尹者故䖮
2.426 台(以)樂我者(諸)父
2.427 台(以)樂我者(諸)父
3.917 者(諸)女以大子尊彝
4.1757 者仒(齊)
4.2397 者□
5.2563 曾者子鏐(鑄)用乍(作)淄(鼒)鼎
5.2617 唯番昶伯者尹自乍(作)寶貞(鼎)
5.2618 唯番昶伯者尹自乍(作)寶貞(鼎)
5.2662 或者乍(作)旅鼎
5.2737 宣喪(尚)用雍(饔)其者(諸)父、者(諸)兄
5.2764 單父上官嗣憙所受坪安君者也
5.2793 單父上官嗣憙所受坪安君者也／單父上官嗣憙所受坪安君者也
5.2831 眉𢿢(敖)者膚卓事見于王／衛小子𩐞(?)逆者(諸)
5.2839 盂以(與)者(諸)侯眔侯、田(甸)、男□□從盂征
5.2840 昔者／昔者／昔者／昔者
6.3675 或者乍(作)宮伯寶尊彝
7.3748 伯者父乍(作)寶毁
7.3954 仲幾父事(使)幾事(使)于者(諸)侯、者(諸)監
8.4145 陳侯午台(以)群者(諸)侯獻金
8.4215 眔者(諸)侯、大亞
8.4240 王受(授)乍(作)册尹者(書)
8.4331 好倗友雩百者(諸)婚遘(媾)
9.4464 南仲邦父命駒父毁(即)南者(諸)侯
9.4615 用速(速)先後者(諸)蜺(兄)
9.4627 者(諸)友飪飤具(俱)匓(飽)
9.4628 用召(紹)者(諸)考(老)者(諸)兄
9.4646 陳侯午台(以)群者(諸)侯獻金
9.4647 陳侯午台(以)群者(諸)侯獻金
9.4648 陳侯午淖(朝)群邦者(諸)侯于齊／者(諸)侯享(獻)台(以)吉金
9.4649 淖(朝)聞(問)者(諸)侯／者(諸)侯寡(賓)薦吉金
11.5935 者(諸)姛以大子尊彝
11.5936 者(諸)姛以大子尊彝
11.5945 弁(抶)者君乍(作)父乙寶尊彝
11.6015 侯賜者(赭)䢅臣二百家
11.6016 眔卿事寮、眔者(諸)尹／眔者(諸)侯：侯、田、男
12.6479 者(諸)兒乍(作)寶尊彝
14.9090 者(諸)姛以大子尊彝
15.9294 者(諸)女(母)以大子尊彝
15.9295 者(諸)女(母)以大子尊彝／者(諸)姛以大子尊彝
15.9446 嘉(嘉)仲者比用其吉金
15.9448 右𨌲者
15.9450 左𨌲者
15.9453 卿(佮)即邦君、者(諸)侯、正、有嗣大射
15.9456 𤕌(豳)趞、衛小子𩐞逆者(諸)其鄉(饗)
15.9665 𠁽(片)器嗇夫亮疸所勒(勒)翰(看)器乍(作)勒(勒)者
15.9666 𠁽(片)器嗇夫亮疸所勒(勒)翰(看)器乍(作)勒(勒)者
15.9675 左使車嗇夫孫

固所靭(勒)翰(看)器乍(作)靭(勒)者
15.9680 區(甆)君兹旂者
15.9683 左𩇯者
15.9685 左𩇯者
15.9692 左𩇯者
15.9709 飯者月
15.9713 用享孝于兄弟、聞(婚)顜(媾)、者(諸)老
15.9733 䖒者獻于靈(靈)公之所/殺其□□□□斁(鬬)者
15.9734 敢明易(揚)告：昔者先王。
15.9735 不巨(舊)者(諸)侯/而退與者(諸)侯齒㫚(長)於逾(會)同/者(諸)侯皆賀
15.9818 者(諸)姛以大子尊彝/者(諸)姛以尊彝大子
15.9819 者(諸)姛以大子尊彝
16.9901 眔卿事寮、眔者(諸)尹/眔者(諸)侯：侯、田(甸)、男
16.10087 魯伯者父乍(作)孟姬嫜(嫞)朕(賸)般(盤)
16.10139 唯番昶伯者君
16.10140 唯番昶伯者君用其吉金
16.10165 者尚余卑□於䢘(即?)擇其吉金
16.10174 其唯我者(諸)侯、百生(姓)
16.10257 右𩇯者
16.10268 唯番昶伯者君自乍(作)寶匜
16.10269 唯番昶伯者尹(君)自乍(作)寶匜
16.10342 □攻虢者
16.10358 左𩇯者
16.10359 左𩇯者
16.10371 敼(屯)者曰陳純
16.10374 子禾(和)子□□內者御相(莒)市/□命者
16.10391 瘈(瘧、疰)君之孫郐(徐)畝(令)尹者(諸)旨(稽)㽙(耕)
16.10396 左𩇯者
16.10402 右𩇯者
16.10478 丘平者五十乇(尺)/丘平者五十乇(尺)/丘平者五十乇(尺)/丘平者卌(四十)乇(尺)/丘平者卌(四十)乇(尺)/又(有)事者官慁之/逮(進)退逃(兆)乏(窆)者/不行王命者
17.11306 啟𡉚(封)竘(令)癰、工師鉊、冶者
17.11310 戉(越)王者旨於睗
17.11311 戉(越)王者(諸)旨(稽)於睗
18.11511 戉(越)王者(諸)旨(稽)於睗
18.11512 戉(越)王者(諸)旨(稽)於睗
18.11561 閔倫(令)肖(趙)狽、下庫工師叚石、冶人參所鑄鉣户者
18.11596 戉(越)王者(諸)旨(稽)於睗
18.11597 戉(越)王者(諸)旨(稽)於睗
18.11598 戉(越)王者(諸)旨(稽)於睗
18.11599 戉(越)王者(諸)旨(稽)於睗
18.11600 戉(越)王者(諸)旨(稽)於睗
18.11917 上攻□底者□□
18.12093 采者旃節

2628 智

1.60-3 毋又(有)不聞𥏼(知)
1.172 聖𥏼龏哴
1.173 聖𥏼龏哴
1.174 聖𥏼龏哴
1.175 聖𥏼龏哴
1.176 聖𥏼龏哴
1.177 聖𥏼龏哴
1.178 聖𥏼龏哴
1.179 聖𥏼龏哴
1.180 聖𥏼龏哴
3.980 下民無𥏼
5.2609 大梁司寇肖(趙)亡𥏼鑄
5.2610 大梁司寇肖(趙)亡𥏼鑄
5.2746 亡𥏼求戟嗇夫庶魔擇吉金
5.2840 未甬(通)𥏼/使𥏼(知)社稷之賃(任)/𥏼(知)天若否/事愚女(如)𥏼/𥏼旃/𥏼(知)爲人臣之宜旃
5.2841 引唯乃𥏼/引其唯王𥏼
15.9735 余𥏼(知)其忠䚹(信)旃
16.10288 𥏼君子之弄鑑
16.10289 𥏼君子之弄鑑

2629 魯

1.18 魯邍乍(作)龢鐘
1.105 用祈康𩁹、屯(純)魯
1.109-10 得屯(純)用魯
1.111 得屯(純)用魯
1.145 降余魯多福亡疆/唯康右(祐)、屯(純)魯
1.146 降余魯多福亡疆/唯康右(祐)、屯(純)魯
1.147 降余魯多福亡疆/唯康右(祐)、屯(純)魯
1.148 降余魯多福亡疆/唯〔康〕右(祐)、屯(純)魯
1.181 敢對揚天子不(丕)顯魯休
1.187-8 降余大魯福亡哭(斁)
1.189-90 降余大魯福亡哭(斁)
1.238 旅對天子魯休揚
1.239 旅對天子魯休揚

1.240 旅對天子魯休揚
1.241 旅敢對天子魯休揚
1.242-4 旅對天子魯休揚
1.246 綽綰、娋(福)彔(祿)、屯(純)魯
1.247 受(授)余屯(純)魯、通彔(祿)、永令(命)、眉壽、霝(靈)冬(終)
1.248 受(授)余屯(純)魯、通彔(祿)、永令(命)、眉壽、霝(靈)冬(終)
1.249 受(授)余屯(純)魯、通彔(祿)、永令(命)、眉壽、霝(靈)冬(終)
1.250 受(授)余屯(純)魯、通彔(祿)、永令(命)、眉壽、霝(靈)冬(終)
1.262-3 屯(純)魯多釐
1.264-6 屯(純)魯多釐
1.267 屯(純)魯多釐
1.268 屯(純)魯多釐
1.269 屯(純)魯多釐
1.270 以受屯(純)魯多釐
1.272-8 其邁(萬)福屯(純)魯
1.285 其邁(萬)福屯(純)魯
2.356 用祈𥜥(福)貫、〔多〕壽、每(誨)魯
2.357 用祈𥜥(福)貫、多壽、每(誨)魯
2.358 受皇天大魯令(命)/ 受(授)余屯(純)魯
3.545 魯侯乍(作)姬番鬲
3.593 魯姬乍(作)尊鬲
3.648 魯侯獄(熙)乍(作)彝/用享𩰫厥文考魯公
3.690 魯伯愈父乍(作)鼄(邾)姬仁朕(媵)羞鬲
3.691 魯伯愈父乍(作)鼄(邾)姬仁朕(媵)羞鬲
3.692 魯伯愈父乍(作)鼄(邾)姬仁朕(媵)羞鬲
3.693 魯伯愈父乍(作)鼄(邾)姬仁朕(媵)羞鬲
3.694 魯伯愈父乍(作)鼄(邾)姬仁朕(媵)羞鬲
3.695 魯伯愈父乍(作)鼄(邾)姬仁朕(媵)羞鬲
3.707 魯宰駟父乍(作)姬鵬賸(媵)鬲
3.939 魯仲齊乍(作)旅獻(甗)
4.2354 魯內小臣床生(甥)乍(作)𩰫
5.2591 [illegible] 魯宰兩乍(作)其晅嘉寶鼎
5.2593 魯大左𤔲徒元乍(作)善(膳)貞(鼎)
5.2605 鄦(許)大邑魯生(甥)乍(作)壽母朕(媵)貞(鼎)
5.2639 魯仲齊肇乍(作)皇考𩰫貞(鼎)
5.2662 用匄偁魯福
5.2746 穆穆魯辟
5.2774 戾商(賞)厥文母魯公孫用貞(鼎)
5.2790 用賜康勵、魯休、屯(純)右(佑)、眉壽、永令(命)、霝(靈)冬(終)
5.2791 丙(百)世孫孫子子受厥屯(純)魯/伯姜日受天子魯休
5.2796 朕辟魯休
5.2797 朕辟魯休
5.2798 朕辟魯休
5.2799 朕辟魯休
5.2800 朕辟魯休
5.2801 朕辟魯休
5.2802 朕辟魯休
5.2812 朢(望)敢對揚天子不(丕)顯魯休
5.2813 對揚天子不(丕)杯(丕)魯休
5.2814 無(許)叀敢對揚天子不(丕)顯魯休
5.2815 敢對揚天子不(丕)顯魯休
5.2820 余用匄屯(純)魯雩(于)邁(萬)年
5.2826 魯覃京師
5.2827 頌敢對揚天子不(丕)顯魯休
5.2828 頌敢對揚天子不(丕)顯魯休
5.2829 頌敢對揚天子不(丕)顯魯休
5.2836 敢對揚天子不(丕)顯魯休
7.3974 魯伯大父乍(作)季姬婧賸(媵)段
7.3987 魯大(太)宰邍父乍(作)季姬牙賸(媵)段
7.3988 魯伯大父乍(作)孟姜賸(媵)段
7.3989 魯伯大父乍(作)仲姬俞賸(媵)段
7.4029 魯侯又(有)囚(繇)工(功)
7.4061 用祈眉壽、魯休
7.4110 魯士商𠭯肇乍(作)朕皇考叔猒父尊段
7.4111 魯士商𠭯肇乍(作)朕皇考叔猒父尊段
8.4202 對揚天子魯命
8.4225 曰：敢對揚天子魯休令(命)
8.4226 曰：敢對揚天子魯休令(命)
8.4227 曰：敢對揚天子魯休令(命)
8.4228 曰：敢對揚天子魯休令(命)
8.4241 魯天子造厥瀕(頻)福
8.4275 敢對揚天子不(丕)顯魯休
8.4277 日賜魯休
8.4279 敢對昜(揚)天子不(丕)顯魯休命
8.4280 敢對揚天子不(丕)顯魯休令(命)
8.4281 敢對揚天子不(丕)顯魯休(命)
8.4282 敢對揚天子不

(丕)顯魯休令(命)
8.4315 以受屯(純)魯多釐
8.4316 對揚天子不(丕)杯(丕)魯休
8.4317 醽(申)圂(恪)皇帝大魯令(命)
8.4318 敢對揚天子不(丕)顯魯休
8.4319 敢對揚天子不(丕)顯魯休
8.4331 歸芻敢對揚天子不(丕)杯(丕)魯休/魯壽子孫
8.4332 頌敢對揚天子不(丕)顯魯休
8.4333 頌敢對揚天子不(丕)顯魯休
8.4334 頌敢對揚天子不(丕)顯魯休
8.4335 頌敢對揚天子不(丕)顯魯休
8.4336 頌敢對揚天子不(丕)顯魯休
8.4337 頌敢對揚天子不(丕)顯魯休
8.4338 頌敢對揚天子不(丕)顯魯休
8.4339 頌敢對揚天子不(丕)顯魯休
8.4340 敢對揚天子不(丕)顯魯休
9.4415 魯嗣徒伯吳
9.4436 用祈眉壽屯(純)魯
9.4440 魯嗣社(辻、徒)仲齊
9.4441 魯嗣社(徒)仲齊
9.4458 魯伯悆用公龏(恭)
9.4465 敢對天子不(丕)顯魯休揚
9.4467 克敢對揚天子不(丕)顯魯休
9.4468 克敢對揚天子不(丕)顯魯休
9.4469 對揚天子不(丕)顯魯休
9.4517 魯士庰(閈)父乍(作)飤簠
9.4518 魯士庰(閈)父乍(作)飤簠
9.4519 魯士庰(閈)父乍(作)飤簠
9.4520 魯士庰(閈)父乍(作)飤簠
9.4566 魯伯俞(愈)父乍(作)姬仁簠
9.4567 魯伯俞(愈)父乍(作)姬仁簠
9.4568 魯伯俞(愈)父乍(作)姬仁簠
9.4640 魯子仲之子歸父爲其善(膳)辜(敦)
9.4689 魯大嗣徒厚氏元
9.4690 魯大嗣徒厚氏元
9.4691 魯大嗣徒厚氏元
9.4693 姬寏母乍(作)大公、墉公、□公、魯仲臤、省伯、孝公、靜公豆
10.5410 用匄魯福
10.5431 尹其亘萬年受厥永魯
11.5970 黃子魯天
11.5974 王在魯
14.9096 魯侯乍(作)爵
15.9408 魯侯乍(作)姜享彝
15.9453 王在魯
15.9579 魯侯乍(作)尹叔姬壺
15.9600 伯魯父乍(作)旅壺
15.9728 敢對揚天子不(丕)顯魯休令(命)
15.9731 頌敢對揚天子不(丕)顯魯休
15.9732 頌敢對揚天子不(丕)顯魯休
16.9896 齊生(甥)魯肇貯(賈)/唯朕文考乙公永啟余魯/魯其萬年
16.10086 魯伯厚父乍(作)仲姬俞賸(媵)般(盤)
16.10087 魯伯者父乍(作)孟姬嫜(墉)朕(媵)般(盤)
16.10113 魯伯愈父乍(作)鼄(邾)姬仁朕(媵)頮(沬)盤
16.10114 魯伯愈父乍(作)鼄(邾)姬仁朕(媵)頮(沬)盤
16.10115 魯伯愈父乍(作)鼄(邾)姬仁朕(媵)頮(沬)盤
16.10116 魯嗣社(徒)仲齊肇乍(作)般(盤)
16.10124 魯正叔之窅
16.10154 魯少(小)嗣寇垟(封)孫宅(庀)
16.10175 弦(宏)魯卲(昭)王
16.10187 魯士商叡乍(作)也(匜)
16.10222 魯伯敢乍(作)寶也(匜)
16.10244 魯伯愈父乍(作)鼄(邾)姬仁朕(媵)盨(沬)也(匜)
16.10275 魯嗣社(徒)仲齊
16.10277 魯大嗣徒子仲白
16.10316 魯大嗣徒元乍(作)飲盂

2630 臭、臭(澤)

4.2098 無(許)臭之饋(饂)貞(鼎)
4.2099 無(許)臭之饋(饂)貞(鼎)
7.3909 臭乍(作)日辛尊寶毁
15.9735 天不臭(斁)其又(有)忎(願)

2631 爽

17.11375 馬雍命(令)事(吏)吳、武庫工師爽信、冶袢造
17.11395 詔事(使)圖、丞戠、工爽

2632 黑

3.735 鑄子叔黑臣(頤)肇乍(作)寶鬲
5.2587 鑄子叔黑臣肇乍(作)寶貞(鼎)

7.3944 鑄子叔黑臣肇乍(作)寶段
8.4169 徣(誕)伐淖黑
9.4423 鑄子叔黑臣肇乍(作)寶盨
9.4570 鑄子叔黑臣
9.4571 鑄子叔黑臣
16.10217 備叔黑臣(頤)乍(作)寶也(匜)

2633 黛(緐)

1.225 郘(呂)黛(緐)曰：余畢公之孫、郘(呂)伯之子
1.226 郘(呂)黛(緐)曰：余畢公之孫、郘(呂)伯之子
1.227 郘(呂)黛(緐)曰：余畢公之孫、郘(呂)伯之子
1.228 郘(呂)黛(緐)曰：余畢公之孫、郘(呂)伯之子
1.229 郘(呂)黛(緐)曰：余畢公之孫、郘(呂)伯之子
1.230 郘(呂)黛(緐)曰：余畢公之孫、郘(呂)伯之子
1.231 郘(呂)黛(緐)曰：余畢公之孫、郘(呂)伯之子
1.232 郘(呂)黛(緐)曰：余畢公之孫、郘(呂)伯之子
1.233 郘(呂)黛(緐)曰：余畢公之孫、郘(呂)伯之子
1.234 郘(呂)黛(緐)曰：余畢公之孫、郘(呂)伯之子
1.235 郘(呂)黛(緐)曰：余畢公之孫、郘(呂)伯之子
1.236 郘(呂)黛(緐)曰：余畢公之孫、郘(呂)伯之子
1.237 郘(呂)黛(緐)曰：余畢公之孫、郘(呂)伯之子

2634 黨

17.11054 上黨武庫
18.11500 上黨武庫

2635 騴、殸(劆)

16.10285 黷騴(劆)女(汝)/ 黜(黜)騴(劆)女(汝)/ 乃佼(鞭)千、黷騴(劆)

2636 黜

16.10285 黜(黜)騴(劆)女(汝)

2637 黷、歜

16.10285 黷騴(劆)女(汝)/ 乃佼(鞭)千、黷騴(劆)

2638 𢆶(䜌)

3.632 永𢆶

2639 青

1.223-4 青呂(鋁)専皇/ 青黄□紫
3.1297 墉青
6.3072 子青
9.4594 子季嬴青擇其吉金
16.9898 用乍(作)青尹寶尊彝
16.10136 唯番君伯歠(攏)用其青金
16.10175 青幽高祖
17.11350 右攻(工)看(尹)青
18.11931 右偶(遇)攻(工)看(尹)五大夫青

2640 靜

1.262-3 剌剌(烈烈)卲文公、靜公、憲公
1.264-6 剌剌(烈烈)卲文公、靜公、憲公
1.267 剌剌(烈烈)卲文公、靜公、憲公
1.268 剌剌(烈烈)卲文公、靜公、憲公
1.269 剌剌(烈烈)卲文公、靜公、憲公
1.270 鋧(鎮)靜(靖)不廷
5.2537 靜叔乍(作)饔嫌旅貞(鼎)
5.2835 廼曰武公曰：女(汝)既靜(靖)京師/ 女(汝)靜(靖)京師
5.2836 宝(宇)靜于猷
5.2841 大從(縱)不靜(靖)
8.4273 王令靜嗣射學宮/ 靜學(教)無眈(尤)/ 王賜靜鞞剢(璲)/ 靜敢拜韻首
8.4315 鋧(鎮)靜(靖)不廷
8.4341 三年靜(靖)東或(國)
8.4342 雩四方民亡不康靜(靖)
9.4693 姬寏母乍(作)大公、墉公、□公、魯仲馭、省伯、孝公、靜公豆
10.5408 王賜靜弓/ 靜拜韻首
16.10161 免穖(蔑)靜女王休
16.10361 齊邦鼐(謐)靜安寧

2641 戈

1.60-3 今余賜女(汝)冊五、錫戈彤屡(蘇)
3.571 □戈(？)母乍(作)寶鬲
3.765 戈
3.766 戈
3.767 戈
3.768 戈
3.797 戈⋈
3.807 戈父甲
3.814 父戊戈
3.839 宁戈乙父
3.1195 戈
3.1196 戈
3.1197 戈
3.1198 戈
3.1199 戈
3.1200 戈
3.1201 戈
3.1202 戈
3.1203 戈
3.1204 戈
3.1205 戈

3.1206 戈
3.1207 戈
3.1293 戈己
3.1447 亞戈
3.1448 戈宁
4.1511 戈祖辛
4.1513 戈祖癸
4.1514 戈祖癸
4.1515 戈妣辛
4.1517 戈父甲
4.1518 戈父甲
4.1519 戈父甲
4.1599 戈父丁
4.1606 戈父己
4.1638 戈父辛
4.1639 戈父辛
4.1676 戈父癸
4.1698 責戈父
4.1747 北單戈
4.1748 北單戈
4.1749 北單戈
4.1750 北單戈
4.1761 册宁戈
4.1869 亞戈父己
4.1948 戈
4.2406 戈冋
5.2731 俘戈
5.2813 賜載(緇)芾、冋(絅)黄(衡)、玄衣黹屯(純)、戈琱㦸、旂
5.2814 賜女(汝)玄衣黹屯(純)、戈琱㦸、𠪚(厚)必(柲)、彤沙(蘇)、攸(鋚)勒、䜌(鑾)旂
5.2816 賜女(汝)秬鬯一卣、玄衮衣、幽夫(芾)、赤舄、駒車、畫呻(紳)、幬(幬)學(較)、虎鞹(幃)、冟衽里幽、攸(鋚)勒、旅(旂)五旅(旂)、彤弓、彤矢、旅(玈)弓、旅(玈)矢、𠆢戈、虢(皐)胄
5.2819 王乎史減册賜寰：玄衣黹屯(純)、赤芾、朱黄(衡)、䜌(鑾)旅(旂)、攸(鋚)勒、戈琱㦸、𠪚(厚)必(柲)、彤沙(蘇)
5.2839 弓一、矢百、畫虢(皐)一、貝胄一、金毌(干)一、㦸戈二、矢𦤎八
6.3018 戈
6.3019 戈
6.3020 戈
6.3021 戈
6.3022 戈
6.3023 戈
6.3024 戈
6.3062 乙戈
6.3066 戈己
6.3139 戈祖己
6.3143 戈父甲
6.3156 戈父乙
6.3171 戈父丁
6.3172 戈父丁
6.3173 戈父丁
6.3221 戈母丁
6.3237 戈亳册
6.3317 宁戈父丁
6.3327 亞戈父己
6.3383 戈乍(作)旅彝
6.3384 戈乍(作)旅彝
6.3394 戈罟乍(作)厥
6.3395 戈罟乍(作)厥
6.3396 戈罟乍(作)厥
6.3428 戈亳册父丁
6.3503 戈乍(作)父乙尊彝
6.3665 戈
8.4167 賜衻冑、干戈
8.4201 伯賜小臣宅畫毌、戈九、易(錫)金車、馬兩
8.4216 儕(齎)女(汝)毌五、易(錫)登盾生皇(凰)、畫內(枘)戈琱㦸、𠪚(厚)必(柲)、彤沙(蘇)
8.4217 儕(齎)女(汝)毌五、易(錫)登盾生皇(凰)、畫內(枘)戈琱㦸、𠪚(厚)必(柲)、彤沙(蘇)
8.4218 儕(齎)女(汝)毌五、易(錫)登盾生皇(凰)、畫內(枘)戈琱㦸、𠪚(厚)必(柲)、彤沙(蘇)
8.4257 賜女(汝)玄衣黹屯(純)、鋚(素)芾、金鈧(衡)、赤舄、戈琱㦸、彤沙(蘇)、攸(鋚)勒、䜌(鑾)旂五日
8.4258 賜戈琱㦸、彤沙(蘇)
8.4259 賜戈琱㦸、彤沙(蘇)
8.4260 賜戈琱㦸、彤沙(蘇)
8.4268 乎內史夀(敖、佬)册命王臣：賜女(汝)朱黄(衡)𠦪(賁)親(襯)、玄衣黹屯(純)、䜌(鑾)旂五日、戈畫㦸、𠂤(墉)必(柲)、彤沙(蘇)
8.4286 賜女(汝)玄衣黹屯(純)、赤芾、朱黄(衡)、戈彤沙(蘇)琱㦸、旂五日
8.4311 賜女(汝)戈琱㦸、[𠪚]必(柲)、彤杲(沙、蘇)、毌五、錫鐘一斆(肆)五金
8.4321 賜女(汝)玄衣黹屯(純)、載(緇)芾、冋(絅)黄(衡)、戈琱㦸、𠪚(厚)必(柲)、彤沙(蘇)、䜌(鑾)旂、攸(鋚)勒
8.4322 俘戎兵𢦒(盾)、矛、戈、弓、備(箙)、矢、裨胄
10.4701 戈
10.4702 戈
10.4703 戈
10.4704 戈
10.4705 戈
10.4706 戈
10.4707 戈
10.4708 戈
10.4709 戈
10.4710 戈
10.4854 戈⋈(五)
10.4869 皇戈
10.4954 戈父己
10.4955 戈父己
10.5082 家戈父庚
10.5112 戈罟乍(作)厥
10.5141 戈乍(作)旅彝
10.5168 亞其戈父辛
10.5272 戈車乍(作)父

丁寶尊彝
10.5312 戈
11.5468 戈
11.5469 戈
11.5470 戈
11.5471 戈
11.5472 戈
11.5473 戈
11.5474 戈
11.5475 戈
11.5476 戈
11.5582 皇戈
11.5603 戈祖己
11.5624 戈父乙
11.5669 戈父癸
11.5771 戈
11.5772 戈乍(作)尊彝
11.5773 戈乍(作)旅彝
11.5798 戈乍(作)父丙彝
11.5881 戈
11.5944 戈宁册
11.6015 侯賜玄周(琱)戈
11.6053 戈
11.6054 戈
11.6055 戈
11.6056 戈
11.6057 戈
11.6058 戈
11.6059 戈
11.6060 戈
11.6061 戈
11.6062 戈
11.6063 戈
11.6064 戈
11.6065 戈
11.6066 戈
11.6151 戈母
11.6154 戈辛
11.6209 戈祖己
11.6211 戈祖辛
11.6251 戈父丙
11.6252 戈父丙
11.6303 父辛戈
11.6304 戈父辛
11.6336 戈父癸
11.6348 母朱戈
12.6433 戈器乍(作)厥
12.6687 戈
12.6688 戈
12.6689 戈
12.6690 戈
12.6691 戈
12.6692 戈
12.6693 戈
12.6694 戈
12.6695 戈
12.6696 戈
12.6697 戈
12.6818 甲戈
12.6825 戈乙
12.6826 乙戈
12.6839 辛戈
12.7009 宁戈
12.7033 [illegible]戈
12.7034 戈[illegible]
12.7078 戈祖丁
12.7083 戈祖辛
12.7135 戈父己
12.7155 戈父癸
12.7195 戈北單
12.7253 乙亳戈册
12.7257 戈器乍(作)厥
12.7262 亳戈册父乙
13.7615 戈
13.7616 戈
13.7617 戈
13.7618 戈
13.7619 戈
13.7620 戈
13.7621 戈
13.7622 戈
13.7623 戈
13.7624 戈
13.7625 戈
13.7626 戈
13.7627 戈
13.7628 戈
13.7629 戈
13.7630 戈
13.7631 戈
13.7827 亞戈
13.8014 戈乙
13.8026 丁戈
13.8033 戈己
13.8052 辛戈
13.8053 辛戈
13.8054 戈辛
13.8142 戈天
13.8232 戈叀
13.8233 冋戈
13.8234 冋戈
13.8235 家戈
13.8236 [illegible]戈
13.8237 父戈
14.8329 戈祖戊
14.8335 戈祖己
14.8349 戈祖辛
14.8407 戈父乙
14.8408 父乙戈
14.8409 戈父乙
14.8410 戈父乙
14.8411 戈父乙
14.8467 戈父丁
14.8468 戈父丁
14.8469 戈父丁
14.8470 戈父丁
14.8555 戈父己
14.8556 戈父己
14.8557 戈父己
14.8558 戈父己
14.8559 戈父己
14.8560 戈父己
14.8656 戈父辛
14.8657 戈父辛
14.8699 戈父癸
14.8700 戈父癸
14.8734 戈母乙
14.8787 戈丮甲宁
14.8806 北單戈
14.8809 戈涉嵍(系)
14.8859 亞戈父乙
14.8901 埶(藝)戈父丁
14.8914 父丁宁戈
14.8989 戈器乍(作)厥
14.8990 戈器乍(作)厥
15.9140 戈
15.9187 庚戈
15.9240 戈卬(弜、倂)乍(作)父丁彝
15.9296 戈宁册
15.9355 戈父戊
15.9376 戈宁父丁
15.9381 戈器乍(作)厥
15.9389 戈北單父丁
15.9404 戈卬(倂)乍(作)父丁彝
15.9472 戈
15.9508 北單戈
15.9522 宁戈父乙
15.9523 宁戈父乙
15.9752 戈
15.9753 戈
15.9754 戈
15.9755 戈

15.9822 戈
16.9840 戈
16.9841 戈
16.9868 戈北單
16.9946 戈
16.9950 戈[illegible](負)
16.10047 北單戈
16.10170 王乎乍(作)册尹册賜休：玄衣黹屯(純)、赤芾、朱黄(衡)、戈琱胾、彤沙(蘇)、歇(厚)必(柲)、緣(鑾)旂
16.10172 王乎史減册賜袁：玄衣黹屯(純)、赤芾、朱黄(衡)、緣(鑾)旂、攸(鋚)勒、戈琱胾、歇(厚)必(柲)、彤沙(蘇)
16.10489 戈
16.10509 乙戈
16.10552 戈
17.10729 戈
17.10730 戈
17.10731 戈
17.10732 戈
17.10733 戈
17.10734 戈
17.10856 己戈
17.10857 馬戈
17.10858 馬戈
17.10859 告戈
17.10893 監戈
17.10894 監戈
17.10896 鄘戈
17.10897 鄘戈
17.10902 邦戈
17.10907 郳(郳)戈
17.10955 吕師(次)戈
17.10956 交車戈
17.10957 子車戈
17.10961 高子戈
17.10962 蔵戠(造)戈
17.10963 陳散戈
17.10966 武城戈
17.10971 左徒戈
17.10972 高密戈
17.10973 入(內、芮)公戈
17.10977 龏(龍)公戈
17.10978 右濯戈
17.10979 㑂(匋)晉戈
17.10999 大公戈
17.11011 匽(燕)侯舞戈
17.11012 皿𠂤(次)寢戈
17.11013 元用戈
17.11014 豐伯乍(作)戈
17.11015 王羕之戈
17.11019 雍之田戈
17.11021 子備璋(嶂)戈
17.11022 鄘左庫戈
17.11023 高密戠(造)戈
17.11024 武城徒戈
17.11027 鄴之寶(？)戈
17.11028 自乍(作)用戈
17.11030 □□□□之用戈
17.11031 陳□車戈
17.11037 陳豫車戈
17.11040 叔孫殺(誅)戈
17.11043 周旟之戈
17.11045 酅之股(造)戈
17.11047 旟乍(作)[illegible]戈
17.11049 仕斤徒戈
17.11050 仕斤徒戈
17.11058 郾(燕)王詈戈(？)
17.11060 邵之散(造)戈
17.11064 楚公冢秉戈
17.11065 嚣(器)渒侯散戈
17.11066 𨸏乍(作)之元戈
17.11067 盜叔之行戈
17.11069 事孫□丘戈
17.11070 曹右庭(庭、府、廂)散(造)戈
17.11071 [illegible]用十[illegible]戈
17.11075 右買之用戈
17.11076 [illegible](徹)子之鋯(造)戈
17.11080 [illegible]子之鋯(造)戈
17.11085 亳庭(庭、府、廂)八族戈
17.11086 陳子翼徒戈
17.11087 陳子翼造戈
17.11089 羊子之鋯(造)戈
17.11090 羊子之鋯(造)戈
17.11091 玄夫(鏞)鑄戈之□
17.11099 □公之造戈
17.11100 子朋(朋)之用戈
17.11108 ☐御戈五百
17.11109 郾(燕)王右庫戈
17.11111 左行議逹戈
17.11116 虢大(太)子元徒戈
17.11117 虢大(太)子元徒戈
17.11120 曹公子沱之鋯(造)戈
17.11121 曾侯𠩺伯秉戈
17.11122 王子反鑄寢戈
17.11126 陳子皮之告(造)戈
17.11132 宋公得(德、特)之賠(造)戈
17.11133 宋公緣(欒)之賠(造)戈
17.11134 無(許)伯彪之用戈
17.11140 蔡侯𪓐(申)之行戈
17.11141 蔡侯𪓐(申)之用戈
17.11142 蔡侯𪓐(申)之用戈
17.11143 蔡侯產之用戈
17.11144 蔡侯產之用戈
17.11149 蔡加子之用戈
17.11157 □君□受用戈
17.11162 王子□之戕(拱)戈

17.11164 螟𣅀乍(作)造(造)戈三百
17.11165 田(甸)人邑再戈
17.11166 田(甸)人邑再戈
17.11167 曾侯乙之寢戈
17.11168 曾侯乙之走戈
17.11169 曾侯乙之用戈
17.11170 曾侯乙之用戈
17.11171 曾侯乙之走戈
17.11174 曾侯郕(越)之用戈
17.11199 黄君孟乍(作)元□戈
17.11200 衛公孫吕之告(造)戈
17.11202 郿(程)侯之廗(造)戈五百
17.11204 宋公差(佐)之賠(造)戈
17.11205 滕(滕)司徒□之戈
17.11206 郗大嗣馬之艁(造)戈
17.11207 王子孜之用戈
17.11208 王子孜之用戈
17.11209 陸公鮇曹(造)戈三百
17.11210 羊角之亲(新)艁(造)散戈
17.11212 周王叚之元用戈
17.11213 涑鄙(縣)發弩戈
17.11253 郙(柏)子誰臣之元允(用)戈
17.11254 曾仲之孫𠀠𢾅用戈
17.11255 大(吳)王光逗自乍(作)用戈
17.11256 大(吳)王光逗自(作)用戈
17.11257 大(吳)王光逗自乍(作)用戈
17.11261 番中(仲)攸(作)伯皇之散(造)戈
17.11267 單靖託乍(作)用戈三万(萬)
17.11280 悳公之元戈
17.11281 宋公差(佐)之所賠(造)茆族戈
17.11282 郐(徐)王之子羽(叚)之元用戈
17.11288 自乍(作)其用戈
17.11289 宋公差(佐)之所賠(造)不昜族戈
17.11295 爲其戎戈
17.11309 元用戈
17.11333 舄兹戈
17.11334 戢(戴)大罾(酋)焆臣鑄其載戈
17.11376 冢子韓熷(猷)、邦庫嗇夫赦(扶)湯、冶舒散(擅、造)戈
17.11381 楚王酓(熊)璋嚴龏(恭)寅乍(作)軘(幹)戈
17.11400 自乍(作)其元戈
17.11402 枝里瘟之鈙戈
18.11729 戈
18.11798 戈

2642　戋(戓)

17.11271 得工戋(戓)、冶左勿

2643　戒(扐)

1.157 𠫑羌乍(作)戒
1.158 𠫑羌乍(作)戒
1.159 𠫑羌乍(作)戒
1.160 𠫑羌乍(作)戒
1.161 𠫑羌乍(作)戒

2644　戍

3.948 師雍父戍在古師(次)
3.949 伯買父廼以厥人戍漢、中、州
5.2694 王賞戍𠭯貝二朋
5.2708 王商(賞)戍嗣(㝨)貝廿朋
5.2820 監㲋(豳)師戍
6.3732 真從王戍荆
8.4300 公尹伯丁父兄(貺)于戍/戍冀嗣乞(訖)
8.4301 公尹伯丁父兄(貺)于戍/戍冀嗣乞(訖)
8.4321 先虎臣後庸:西門尸(夷)、秦尸(夷)、京尸(夷)、㠯尸(夷)、師笭、側新(薪)、□華尸(夷)、弁豸尸(夷)、㲃人、成周走亞、戍、秦人、降人、服尸(夷)
10.5288 史戍乍(作)父壬尊彝
10.5411 穚從師雍父戍于古師(次)
10.5419 女(汝)其以成周師氏戍于𨸏(固)師(次)
10.5420 女(汝)其以成周師氏戍于𨸏(固)師(次)
11.6008 爰從師雍父戍于𨸏(固)𠂤(次)之年
15.9278 戍父辛
15.9733 庚戍陸
16.9894 戍鈴尊宜于嚻(召)
16.10385 命戍代、冶與、下庫工師孟、關師四人

2645　〓、弢、戓

14.8807 〓(弢、戓)北單

2646　妕、戎

1.34 戎趄搏武
1.37 救秦戎
1.38 晉人救戎於楚競(境)
1.51 余武于戎攻(功)
1.272-8 女(汝)肈勄(敏)于戎攻(功)/余賜女(汝)馬、車、戎兵/女(汝)台(以)戒戎攸(迮)
1.281 余□勄(敏)于戎

攻(功)
1.285 女(汝)肈𠢐(敏)于戎攻(功)/余賜女(汝)車、馬、戎兵/女(汝)台(以)戒戎攸(迮)
2.426 曰:余孰臧于戎攻(功)叡(且)武
2.427 曰:余孰臧于戎攻(功)叡(且)武
3.784 戎
3.1287 乙戎
4.1533 𡛛(戎)父乙
4.2169 史戎乍(作)寶尊彝
4.2525 鼄(邾)伯御戎乍(作)媵(媵)姬寶貞(鼎)
5.2779 俘戎金□卅/戎鼎廿
5.2824 率虎臣御(禦)淮戎
5.2833 肄(肆)武公廼遣禹率公戎車百乘、斯(厮)馭二百、徒千
5.2835 戎伐筍(郇)/俘戎車百乘一十又七乘
5.2837 廼召(紹)夾死(尸)𤔲戎
6.2921 𡛛(戎)
6.3222 𡛛母己
6.3625 𡛛(戎)
6.3684 𡛛(戎)
8.4213 戎獻金于子牙父百車
8.4237 唯戎大出于軝/井(邢)侯搏(搏)戎
8.4322 戎伐𣪘/㦰率有𤔲、師氏奔追𨝃(攔)戎于𩂣(域)林/博(搏)戎𠭯(胡)/俘戎兵𤖼(盾)、矛、戈、弓、備(箙)、矢、裨胄
8.4328 戎大同/女(汝)彶戎大𦎫(敦)𢧁(搏)/女(汝)肈誨(敏)于戎工(功)
8.4329 戎大同/女(汝)彶戎大𦎫(敦)𢧁(搏)/女(汝)肈誨(敏)于戎工(功)
8.4341 王令毛公以邦冢君、土(徒)馭、或(𢦔)人伐東或(國)𤸫戎
9.4459 俘戎器
9.4460 俘戎器
9.4461 俘戎器
10.5124 戎乍(作)從彝
10.5145 □父己𡛛(戎)
10.5324 戎帆(抑)玉人父宗彝𦙶(肆)
11.5601 𡛛(戎)祖丁
11.5731 𡛛(戎)鼎父乙
11.5916 戎帆(抑)玉人父宗彝𦙶(肆)
11.6221 𡛛(戎)父乙
12.6401 父己矢𡛛(戎)
12.6706 𡛛(戎)
12.6707 𡛛(戎)
12.6708 𡛛(戎)
12.7076 𡛛(戎)祖丙
12.7223 父乙𡛛(戎)虎
12.7305 𡛛(戎)
13.7388 𡛛(戎)
13.8239 戎翌
14.8344 𡛛(戎)祖辛
14.8377 𡛛(戎)父乙
14.8601 父辛𡛛(戎)
14.8602 𡛛(戎)父辛
15.9657 侯母乍(作)侯父戎壺
16.10173 壯武于戎工(功)
16.10176 散人小子眉(堳)田:戎、微父、效果(櫂)父、襄之有𤔲橐、州𩫖(就)、𢓊從鬲(鬲)
16.10510 戎
17.11192 郾(燕)王戎人王萃鋸(戳)
17.11237 郾(燕)王戎人乍(作)𢼄鋸(戳)
17.11238 郾(燕)王戎人乍(作)𢼄鋸(戳)
17.11239 郾(燕)王戎人乍(作)𢼄鋸(戳)
17.11273 郾(燕)王戎人乍(作)雩(瀕)萃鋸(戳)
17.11274 郾(燕)王戎人乍(作)雩(瀕)萃鋸(戳)
17.11275 郾(燕)王戎人乍(作)雩(瀕)萃鋸(戳)
17.11276 郾(燕)王戎人乍(作)巨𢼄鋸(戳)
17.11383 蝨(蚔)生不(丕)乍(作)戎戒(械)
18.11479 郾(燕)王戎〔人〕☐
18.11498 郾(燕)王戎人
18.11525 郾(燕)王戎人□□
18.11531 郾(燕)王戎人乍(作)𢼄鈦
18.11536 郾(燕)王戎人乍(作)巨𢼄鈦
18.11537 郾(燕)王戎人乍(作)巨𢼄鈦
18.11538 郾(燕)王戎人乍(作)王萃鈦
18.11539 郾(燕)王戎人乍(作)巨𢼄鈦
18.11543 郾(燕)王戎人乍(作)自□率鈦
18.11545 邦司寇富勳、上庫工師戎閔、冶脁

2647 㚤、戋、𡩜、𢦔

1.272-8 尸不敢弗憼戒/台(以)専戒公家/女(汝)台(以)戒戎攸(迮)
1.285 尸不敢弗憼戒/女(汝)台(以)専戒公家/女(汝)台(以)戒戎攸(迮)
3.566 戒乍(作)蓋官(館)明(盟)尊彝
3.821 㚤(戒)父辛
3.1008 㚤(戒)
3.1009 㚤(戒)
4.1677 𡩜(戒)父癸
6.3207 㚤(戒)父辛
10.4991 戋(戒)父癸
11.5856 戒叔乍(作)寶尊彝
11.6293 㚤(戒)父庚
11.6329 㚤(戒)父癸
11.6330 㚤(戒)父癸
12.6698 戋(戒)
12.6699 戋(戒)

12.6700 㚴(戒)
12.6701 㚴(戒)
12.6702 㚴(戒)
12.6703 㚴(戒)
12.6704 㚴(戒)
12.7035 㚴(戒)虎
14.8603 㚴(戒)父辛
14.8678 㚴(戒)父癸
15.9360 㚴(戒)父癸
15.9733 㚴□曰余台(以)賜女(汝)□
15.9735 以㚴(誡)嗣王
17.10789 㚴(戒)
17.11383 蝨(蚔)生不(丕)乍(作)戎㚴(械)
18.11783 㚴(戒)虎

2648 𢦏(戕又 0193)

11.6328 𢦏父癸

2649 戔

12.7237 𠘧戔父丁
14.8465 戔父丁
16.10160 邛(江)仲之孫伯戔
16.10341 邛(江)仲之孫伯戔 / 邛(江)仲之孫伯戔
16.10407 不擇貴戔(賤)
18.11594 戉(越)王旀(勾)戔(踐)之子
18.11595 戉(越)王旀(勾)戔(踐)之子

2650 或

1.260 南或(國)𠬝孳(子)敢臽(陷)處我土 / 畯保四或(國)
1.262-3 商(賞)宅受或(國)/ 以康奠協朕或(國)
1.264-6 商(賞)宅受或(國)/ 以康奠協朕或(國)
1.267 商(賞)宅受或(國)/ 以康奠協朕或(國)
1.268 商(賞)宅受或(國)/ 以康奠協朕或(國)
1.269 商(賞)宅受或(國)/ 以康奠協朕或(國)
1.271 勿或俞(渝)改
1.272-8 尸用或敢再拜䭫首 / 毋或丞(脊)頪
1.285 尸用或敢再拜䭫首 / 毋或丞(脊)頪
3.949 王令中先省南或(國)貫行
4.2133 或
4.2134 或
4.2249 或乍(作)父丁寶尊彝
5.2740 溓(濂)公令雪眔史旟曰: 以酐眔厥有嗣、後或(國)䎽伐腺(貊)
5.2741 溓(濂)公令雪眔史旟曰: 以酐眔厥有嗣、後或(國)䎽伐腺(貊)
5.2751 王令中先省南或(國)貫行
5.2752 王令中先省南或(國)貫行
5.2782 勿或能钧(已)
5.2833 用天降大喪于下或(國)/ 廣伐南或(國)、東或(國)
5.2834 用天降亦(大)喪于下或(國)/ 亦唯噩(鄂)侯馭方率南〔淮〕尸(夷)、東〔尸〕廣〔伐〕南或(國)東或(國)
5.2835 或(又)搏于龏(共)/ 多友或(又)右(有)折首執訊
5.2838 曶或(又)以匡季告東宮 / 廼或(又)即曶用田二
5.2839 盂或(又)告曰: □□□□
5.2841 康能四或(國)/ 廼唯是喪我或(國)
7.4029 遣三族伐東或(國)
8.4285 今余唯或𤔲(嗣)命女(汝)
8.4292 余或至(致)我考我母令
8.4320 征(誕)省東或(國)圖
8.4341 王令毛公以邦冢君、土(徒)馭、䎽(𢦚)人伐東或(國)瘠戎 / 三年靜(靖)東或(國)
8.4343 今余唯或𢼊改
10.5415 王令保及殷東或(國)五侯
10.5430 或
11.6003 王令保及殷東或(國)五侯
11.6014 曰: 余其宅兹中或(國)
12.7302 亞或其訊乍(作)父己彝
14.9095 或
15.9444 季老或乍(作)文考大伯寶尊彝
15.9456 矩或取赤虎(琥)兩、麀桒(韍)兩、桒(賁)韐(韐、帢)一
15.9734 或得賢(賢)犹(猹、佐)司馬賙(貯)
16.10105 陶子或賜匋(陶)婀金一鈞
16.10174 毋敢或入緣(蠻)宄貯(賈)
16.10285 伯揚父廼或事(使)牧牛誓 / 乃師或以女(汝)告
17.11252 邛(江)季之孫□方或之元
17.11407 □□或☐子

2651 戒(戚)

10.5401 乃戒(戚)子壴

2653 武、珷

1.34 戎趄搏武
1.51 余武于戎攻(功)
1.157 武侄寺(持)力 / 武文咸剌(烈)
1.158 武侄寺(持)力 / 武文咸剌(烈)
1.159 武侄寺(持)力 / 武文咸剌(烈)
1.160 武侄寺(持)力 / 武文咸剌(烈)
1.161 武侄寺(持)力 / 武文咸剌(烈)
1.225 余嘼(狩)丮武

1.226 余畀(狩)卂武
1.227 余畀(狩)卂武
1.228 余畀(狩)卂武
1.229 余畀(狩)卂武
1.230 余畀(狩)卂武
1.231 余畀(狩)卂武
1.232 余畀(狩)卂武
1.233 余畀(狩)卂武
1.234 余畀(狩)卂武
1.235 余畀(狩)卂武
1.236 余畀(狩)卂武
1.237 余畀(狩)卂武
1.251-6 雩武王既𢦏殷/微史剌(烈)祖來見武王/武王則令周公舍(捨)寓(宇)以五十頌處
1.260 王肇遹省文武、堇(覲)疆土
1.261 肅哲聖武
1.270 趩趩(藹藹)文武
1.272-8 又(有)共(恭)于箟(桓)武靈(靈)公之所/箟(桓)武靈(靈)公賜尸吉金鈇鎬/至于枼(世)曰: 武靈(靈)成
1.285 至于枼(世)曰: 武靈(靈)成
2.426 曰: 余孰臧于戎攻(功)叡(且)武
2.427 曰: 余孰臧于戎攻(功)叡(且)武
4.1947 □武
4.2522 武生(甥)毀(揑)乍(作)其羞鼎
4.2523 武生(甥)毀(揑)乍(作)其羞鼎
5.2661 征(延、誕)武福自蒿(鎬)
5.2758 公朿(刺)鑄武王、成王異鼎
5.2759 公朿(刺)鑄武王、成王異鼎
5.2760 公朿(刺)鑄武王、成王異鼎
5.2761 公朿(刺)鑄武王、成王異鼎
5.2785 賜于武王乍(作)臣
5.2805 武公有(佑)南宮柳
5.2830 褬禕伯大(太)師武
5.2833 肄(肆)武公亦弗叚(遐)朢(忘)賸(朕)聖祖考幽大叔、懿叔/肄(肆)武公迺遣禹率公戎車百乘、斯(廝)馭二百、徒千/雩禹以武公徒馭至于噩(鄂)/敢對揚武公不(丕)顯耿光
5.2834 穆(肄)武公亦(弗)歷(叚)望(忘)〔朕聖〕自(祖)考幽大叔、懿〔叔〕/聞(肄)武公迺〔遣〕我(禹)率公朱(戎)車百乘
5.2835 命武公遣乃元士/武公命多友率公車/武公迺獻于王/迺曰武公曰: 女(汝)既靜(靖)京師/武公在獻宮
5.2837 在武王嗣文乍(作)邦
5.2839 □□用牲啻(禘)周王、武王、成王
5.2841 不(丕)顯文、武/亡不閈于文、武耿光
7.4071 其用追考(孝)于其辟君武公
7.4072 其用追考(孝)于其辟君武公
8.4131 武征商
8.4144 遘于妣戊武乙爽
8.4153 麌乍(作)皇祖乙公、文公、武伯、皇考龏伯𩰫彝
8.4262 厥書史戠武
8.4263 厥書史戠武
8.4264 厥書史戠武
8.4265 厥書史戠武
8.4315 趩趩(藹藹)文武
8.4320 王省武王、成王伐商圖
8.4321 不(丕)顯文、武受令(命)
8.4323 武公入右(佑)敔
8.4331 朕不(丕)顯祖文、武/用乍(作)朕皇考武𣃔幾王尊𣪘
8.4342 不(丕)顯文、武
9.4467 不(丕)顯文、武
9.4468 不(丕)顯文、武
9.4631 曾伯霥(漆)哲聖元武/元武孔黹
9.4632 曾伯霥(漆)哲聖元武/元武孔黹
9.4649 陳侯因資(齊)曰: 皇考孝武趄(桓)公龏(恭)哉(戴)/用乍(作)孝武趄(桓)公祭器錞(敦)
10.5413 王曰: 尊文武帝乙
11.6014 復爯武王豊(禮)/唯武王既克大邑商
15.9733 殷王之孫、右師之子武叔曰庚
15.9735 唯朕皇祖文、武
16.9939 脩(修)武府
16.10173 壯武于戎工(功)
16.10175 䜌圉武王/天子圝(恪)履(纘)文武長剌(烈)/雩武王既𢦏殷/微史剌(烈)祖迺來見武王/武王則令周公舍(捨)圓(宇)于周
16.10176 夨人有嗣眉(堳)田: 鮮、且、微、武父、西宮襄、豆人虞丂、彔、貞、師氏右省、小門人䌛、原人虞艿、淮嗣工(空)虎孛、開豐父、堆(鳿)人有嗣、刑丂/迺卑(俾)西宮襄、武父誓/西宮襄、武父則誓
16.10342 左(佐)右(佑)武王
16.10427 武[illegible]睘
17.10814 武
17.10815 武
17.10900 武城
17.10908 武陽
17.10923 阿武

17.10928 武安
17.10966 武城戈
17.10967 武城戟
17.10990 奠(鄭)武庫
17.10991 奠(鄭)武庫
17.11024 武城徒戈
17.11025 武城建鈛(戈)
17.11053 武陽右庫
17.11054 上黨武庫
17.11063 兵闢(避)大武
17.11102 武王之童督
17.11103 武王之童督
17.11104 武王之童督
17.11294 咸陽工師葉、工武
17.11309 孔臧元武
17.11323 𢆶(兹)氏命(令)吳庶、下庫工師長武
17.11368 蜀守武造/武
17.11371 奠(鄭)命(令)幽□恒、司寇彭璋、武庫工師車啞、冶狃
17.11375 馬雍命(令)事(吏)吳、武庫工師奭信、冶祥造
17.11377 武城命(令)□□、苢早、〔庫〕嗇夫事(吏)歟、冶章教(撻)齋(劑)
17.11378 上郡武庫
17.11381 台(以)卲(昭)旟(揚)文武之戊(茂)用(庸)
17.11384 奠(鄭)倫(令)韓半、司寇長朱、武庫工師𢀜恙、冶肴(尹)敓(披)㪍(造)
17.11387 奠(鄭)倫(令)肖(趙)距、司寇王屠、武庫工師鑄章、冶狃
17.11399 上郡武庫
17.11406 上郡武庫
18.11429 武
18.11468 武
18.11469 武敢
18.11500 上黨武庫/武庫
18.11501 上郡武庫
18.11502 武
18.11506 武都
18.11509 上武(上郡武庫)
18.11532 武庫受(授)屬邦
18.11533 武庫受(授)屬邦
18.11548 𡳿郡武庫
18.11550 武庫受(授)屬邦
18.11551 奠(鄭)倫(令)向佃、司寇簬(露)商、武庫工師鑄章、冶狃
18.11590 奠(鄭)武庫、冶期
18.11634 郾(燕)王職怒武無(桿)旅鐱(劍)
18.11643 郾(燕)王職乍(作)武無(桿)鍦(鍺)鐱(劍)
18.11675 武信倫(令)馬師闒(間)、右庫啟工師㕣秦、冶瘀教(撻)齋(劑)
18.11686 武垣

2654 戒(勇)

4.2520 奠(鄭)戒(勇)句父自乍(作)飤䵼
5.2599 奠(鄭)虢仲悆戒(勇)用乍(作)皇祖、文考寶鼎
9.4554 伯戒(勇)父乍(作)簠
18.11654 台(以)戠(擋)戒人

2655 𢦚(疼)

3.837 𢦚乍(作)旅
4.2074 𢦚乍(作)厥尊貞(鼎)
5.2789 王𠚬(剖)姜事(使)內史友員賜𢦚玄衣、朱襮裣/𢦚拜韻首
5.2824 𢦚曰:烏虖(乎)/王唯念𢦚辟剌(烈)考甲公/王用肇事(使)乃子𢦚/𢦚曰:烏虖(乎)/則尚(常)安永宕乃子𢦚心/安永襲𢦚身/唯厥事(使)乃子𢦚萬年辟事天子/𢦚拜韻首
6.3378 𢦚乍(作)旅設
6.3489 伯𢦚乍(作)旅設
7.3865 𢦚乍(作)祖庚尊設
7.4115 伯𢦚肇其乍(作)西宮寶
8.4302 王若曰:彔伯𢦚/彔伯𢦚敢拜手韻首
8.4322 𢦚率有𤔲、師氏奔追鄧(攔)戎于𢦒(域)林/無眈(尤)于𢦚身/乃子𢦚拜韻首/卑(俾)乃子𢦚萬年
10.5419 王令𢦚曰:𠭯淮尸(夷)敢伐內國
10.5420 王令𢦚曰:𠭯淮尸(夷)敢伐內國
12.6454 伯𢦚乍(作)飲壺
12.6455 伯𢦚乍(作)旅彝

2656 戓(戠)

4.2336 伯戓乍(作)厥父寶尊(尊)彝

2657 戚、戚

1.93 攻敔仲冬戚之外孫、坪之子臧孫
1.94 攻敔仲冬戚之外孫、坪之子臧孫
1.95 攻敔仲冬戚之外孫、坪之子臧孫
1.96 攻敔仲冬戚之外孫、坪之子臧孫
1.97 攻敔仲戚之外孫、坪之子臧孫
1.98 攻敔仲戚之外孫、坪之子臧孫
1.99 攻敔仲戚之外孫、坪之子臧孫
1.100 攻敔仲冬戚之外孫、坪之子臧孫
1.101 攻敔仲冬戚之外

孫、坪之子臧孫

5.2813 賜截(緇)芾、冋(絅)黄(衡)、玄衣黹屯(純)、戈琱㦴、旂

5.2814 賜女(汝)玄衣黹屯(純)、戈琱㦴、歐(厚)必(柲)、彤沙(蘇)、攸(鋚)勒、䜌(鑾)旂

5.2819 王乎史減册賜寰:玄衣黹屯(純)、赤芾、朱黄(衡)、䜌(鑾)旅(旂)、攸(鋚)勒、戈琱㦴、歐(厚)必(柲)、彤沙(蘇)

5.2839 弓一、矢百、畫虢(皋)一、貝胄一、金毌(干)一、㦴戈二、矢珄八

8.4216 儕(齎)女(汝)毌五、昜(錫)登盾生皇(凰)、畫內(枘)戈琱㦴、歐(厚)必(柲)、彤沙(蘇)

8.4217 儕(齎)女(汝)毌五、昜(錫)登盾生皇(凰)、畫內(枘)戈琱㦴、歐(厚)必(柲)、彤沙(蘇)

8.4218 儕(齎)女(汝)毌五、昜(錫)登盾生皇(凰)、畫內(枘)戈琱㦴、歐(厚)必(柲)、彤沙(蘇)

8.4257 賜女(汝)玄衣黹屯(純)、銇(素)芾、金鈧(衡)、赤舄、戈琱㦴、彤沙(蘇)、攸(鋚)勒、䜌(鑾)旂五日

8.4258 賜戈琱㦴、彤沙(蘇)

8.4259 賜戈琱㦴、彤沙(蘇)

8.4260 賜戈琱㦴、彤沙(蘇)

8.4268 乎內史夀(敖、佐)册命王臣:賜女(汝)朱黄(衡)桒(賁)親(襯)、玄衣黹屯(純)、䜌(鑾)旂五日、戈畫㦴、厤(墉)必(柲)、彤沙(蘇)

8.4286 賜女(汝)玄衣黹屯(純)、赤芾、朱黄(衡)、戈彤沙(蘇)琱㦴、旂五日

8.4311 賜女(汝)戈琱㦴、〔歐〕必(柲)、彤屎(沙、蘇)、毌五、錫鐘一斆(肆)五金

8.4321 賜女(汝)玄衣黹屯(純)、截(緇)芾、冋(絅)黄(衡)、戈琱㦴、歐(厚)必(柲)、彤沙(蘇)、䜌(鑾)旂、攸(鋚)勒

16.10170 王乎乍(作)册尹册賜休:玄衣黹屯(純)、赤芾、朱黄(衡)、戈琱㦴、彤沙(蘇)、歐(厚)必(柲)、䜌(鑾)朸

16.10172 王乎史減册賜寰:玄衣黹屯(純)、赤芾、朱黄(衡)、䜌(鑾)旂、攸(鋚)勒、戈琱㦴、歐(厚)必(柲)、彤沙(蘇)

2658 戕

17.11162 王子□之戕(拱)戈

2659 𢦚

17.11123 滕(滕)侯昊(昃)之艁(酷、造)𢦚

17.11150 蔡侯𤔲之用𢦚

2660 䤀

5.2839 䤀(鬼)方子□□入三門 / 告曰:王令盂以□□伐䤀(鬼)方 /□越伯□□䤀(鬼)旟(獽)/ 䤀(鬼)旟(獽)虘以新□從

2661 或

1.272-8 逾(造)或(越)徒四千

1.285 逾(造)或(越)徒四千

4.1913 或伯乍(作)彝

5.2662 或者乍(作)旅鼎

6.3675 或者乍(作)宮伯寶尊彝

8.4341 王令毛公以邦冢君、土(徒)馭、或(越)人伐東或(國)㾓戎

2662 戎

17.11295 爲其戎戈

2663 𢦏

17.11310 𢦏(癸)亥

17.11311 𢦏(癸)亥

2664 𢧒

5.2840 𢧒(仇)人才(在)彷(旁)

2665 戠

18.11654 台(以)戠(擋)戚人

2666 戟、𢦶、鉾、鍼、戳、旇、乾

4.2139 㸚癸婦戟乍(作)彝

5.2746 亡智求戟嗇夫庶魔擇吉金

17.10901 黄戟(?)

17.10953 匽(燕)侯天戟(戟)

17.10967 武城戟

17.11002 虞之戟

17.11046 敔之造戟(?)

17.11051 大亜公戟(戟)

17.11056 平陸左戟(戟)

17.11062 陵右鋯(造)鍼(戟)

17.11084 陳子山造戟(戟)

17.11088 君子翖造戟(戟)

17.11092 敚乍(作)楚王戟(戟)

17.11098 曾侯郕(越)之戟(戟)

17.11105 子𡵝𦤰之戟

(戟)
17.11112 宜無之棗(造)㦸(戟)
17.11113 犢共皁氏㦸(戟)
17.11130 子禾(和)子左造㦸(戟)
17.11158 平阿左造徒㦸(戟)
17.11161 新弨自𢑒(拎)弗㦸(戟)
17.11172 曾侯乙之用㦸(戟)
17.11173 曾侯乙之用㦸(戟)
17.11175 曾侯邚(越)之行㦸(戟)
17.11176 曾侯邚(越)之行㦸(戟)
17.11177 曾侯邚(越)之行㦸(戟)
17.11178 曾侯㬎之用㦸(戟)
17.11179 曾侯㬎之用㦸(戟)
17.11180 曾侯遡之行㦸(戟)
17.11181 曾侯遡之行㦸(戟)
17.11214 㪿(析)君墨胥之郜(造)㦸(戟)
17.11251 侍㢊(府)之㦸(戟)
17.11258 攻敔工(夫)差自乍(作)用㦸(戟)
17.11279 大良造鞅之造㦸
18.11507 奠(鄭)往庫㦸(戟)朿(刺)
18.11562 安陽倫(令)韓壬、司刑欣(听)鍬、右庫工師㞢(肴)固、冶瓯敳(造)㦸朿(刺)
18.11563 奠(鄭)倫(令)棺(槨、郭)涌、司寇芋慶、往庫工師皮耴、冶肙(尹)坡(坡)敳(造)㦸朿(刺)
18.11564 截(截)雍倫(令)韓匡、司寇判它、左庫工師刑秦、冶采(裼)散(撍、造)㦸朿(刺)
18.11815 齊城右造車㦸(戟)、冶腴

2667　戲、暴

9.4469 勿事(使)暴虐從(縱)獄

2668　戣(毁敓)

17.11182 工師戣(毁敓)

2669　截、截

18.11564 截(截)雍倫(令)韓匡、司寇判它、左庫工師刑秦、冶采(裼)散(撍、造)戟朿(刺)

2670　戫(輜)

15.9733 獻之于戫(輜、莊)公之所

2671　𢧐(屠)

1.172 𢧐𢧐(嘟嘟)雍雍(喻喻)
1.173 𢧐𢧐雍雍
1.174 𢧐𢧐雍雍
1.175 𢧐𢧐雍雍
1.176 𢧐𢧐雍雍
1.177 𢧐𢧐雍雍
1.178 𢧐𢧐雍雍
1.179 𢧐𢧐雍雍
1.180 𢧐𢧐雍雍
1.272-8 𢧐𢧐嚳嚳(譽譽)
1.285 𢧐𢧐嚳嚳(譽譽)
16.10583 安毋聿(肆)𢧐(屠)

2672　戭

17.11283 𠂤工師□□、〔冶〕戭(戲)

2673　戠

6.3239 北單戠
6.3717 戠册北單
8.4197 賜戠(織)衣、赤𝛉市
8.4255 賜女(汝)戠(織)衣、赤𝛉市、䜌(鑾)旂、楚走馬
8.4262 厥書史戠武
8.4263 厥書史戠武
8.4264 厥書史戠武
8.4265 厥書史戠武
8.4276 賜女(汝)戠(織)衣、𝛉市、䜌(鑾)旂
9.4626 賜戠(織)衣、䜌(鑾)
10.4711 戠
11.6014 爾有唯(雖)小子亡戠(識)
12.6516 賜趩戠(織)衣、載(緇)市、冋(檾)黄(衡)、旂
17.11224 郾(燕)王戠(職)乍(作)雩萃鋸(戳)

2674　賊

16.10176 實余有散氏心賊

2675　戣

7.3826 耳侯戣乍(作)𪓐□□匜辝乙□□癸文考

2676　肇、戌、肇、肈、肆

1.82 余小子肇帥井(型)朕皇祖考懿德
1.187-8 梁其肇帥井(型)皇祖考
1.189-90 梁其肇帥井(型)皇祖考
1.192 梁其肇帥井(型)皇祖考
1.238 旅敢肇帥井(型)皇考威義(儀)
1.239 旅敢肇帥井(型)皇考威義(儀)
1.240 旅敢肇帥井(型)皇考威義(儀)
1.241 旅敢肇帥井(型)皇考威義(儀)
1.242-4 旅敢肇帥井(型)皇考威義(儀)
1.251-6 肇乍(作)龢鏷(林)鐘
1.260 王肇遹省文武、堇(覲)疆土

1.272-8 女(汝)肇勄(敏)于戎攻(功)
1.285 女(汝)肇勄(敏)于戎攻(功)
2.358 余小子肇嗣先王
3.633 塱(坍)肇家鑄乍(作)鬻
3.735 鑄子叔黑叵(頤)肇乍(作)寶鬲
3.902 仲酉父肇乍(作)獻(甗)
4.2066 訢肇乍(作)旅鼎
4.2071 旁肇乍(作)尊諆
4.2076 觀肇乍(作)寶鼎
4.2081 本肇乍(作)寶鼎
4.2342 叔鼄(螗)肇乍(作)南宮寶尊
4.2375 逐肇諆(其)乍(作)廟叔寶尊彝
4.2399 言肇用乍(作)尊鼎
4.2410 甚諆(其)肇乍(作)父丁尊彝
4.2436 剌肇宁(貯)
4.2474 傸嗣寇獸肇乍(作)寶貞(鼎)
5.2538 伯堂肇其乍(作)寶鼎
5.2572 交君子叕肇乍(作)寶鼎
5.2587 鑄子叔黑叵肇乍(作)寶貞(鼎)
5.2601 郜伯肇乍(作)孟妊善(膳)貞(鼎)
5.2614 曆肇對元德
5.2639 魯仲齊肇乍(作)皇考鬻貞(鼎)
5.2680 諶肇乍(作)其皇考、皇母告比君鬻貞(鼎)
5.2731 䡃肇從趙征
5.2733 衛肇乍(作)厥文考己仲寶鬻
5.2812 朢(望)肇帥井(型)皇考
5.2820 今余唯肇醽(申)先王令
5.2824 王用肇事(使)乃子戜
5.2830 叀(惟)余小子肇盄(淑)先王德
5.2835 公窺(親)曰多友曰:余肇事(使)女(汝)
5.2841 今余唯肇巠(經)先王命
6.3719 䚄伯眞肇乍(作)守
7.3828 媵(滕)虎敢肇乍(作)厥皇考公命仲寶尊彝
7.3829 媵(滕)虎敢肇乍(作)厥皇考公命仲寶尊彝
7.3830 媵(滕)虎敢肇乍(作)厥皇考公命仲寶尊彝
7.3831 媵(滕)虎敢肇乍(作)厥皇考公命仲寶尊彝
7.3832 媵(滕)虎敢肇乍(作)厥皇考公命仲寶尊彝
7.3888 叡(揗)其肇乍(作)𣪘
7.3889 叡(揗)其肇乍(作)𣪘
7.3906 肇乍(作)綦
7.3939 禾(和)肇乍(作)皇母懿龏孟姬餴(饙)彝
7.3944 鑄子叔黑叵肇乍(作)寶𣪘
7.3949 季魯肇乍(作)厥文考井叔寶尊彝
7.4021 寧肇諆(其)乍(作)乙考尊𣪘
7.4022 寧肇諆(其)乍(作)乙考尊𣪘
7.4047 □肇貯
7.4091 伯椃虘肇乍(作)皇考剌公尊𣪘
7.4092 伯椃虘肇乍(作)皇考剌公尊𣪘
7.4093 伯椃虘肇乍(作)皇考剌公尊𣪘
7.4094 伯椃虘肇乍(作)皇考剌公尊𣪘
7.4110 魯士商叡肇乍(作)朕皇考叔猒父尊𣪘
7.4111 魯士商叡肇乍(作)朕皇考叔猒父尊𣪘
7.4115 伯戜肇其乍(作)西宮寶
8.4126 椒季肇乍(作)朕王母叔姜寶𣪘
8.4242 肇帥井(型)先文祖
8.4302 女(汝)肇不彖(墜)
8.4312 今余唯肇醽(申)乃令(命)
8.4313 今余肇令女(汝)
8.4314 今余肇令女(汝)
8.4328 女(汝)肇誨(敏)于戎工(功)
8.4329 女(汝)肇誨(敏)于戎工(功)
8.4330 沈子肇斁狃貯嗇
9.4415 敢肇乍(作)旅𣪘
9.4423 鑄子叔黑叵肇乍(作)寶盨
9.4437 其肇乍(作)其皇考伯明父寶𣪘
9.4440 肇乍(作)皇考伯走父餴(饙)盨𣪘
9.4441 肇乍(作)皇考伯走父餴(饙)盨𣪘
9.4458 其肇乍(作)其皇孝(考)、皇母旅盨𣪘
9.4485 般仲遽肇乍(作)簠/般仲𢊁肇乍(作)簠
9.4565 交君子叕肇乍(作)寶簠
9.4570 肇乍(作)寶簠
9.4571 肇乍(作)寶簠
9.4595 肇堇(謹)經德
9.4596 肇堇(謹)經德
10.5368 𢆉尹肇家
11.5952 叀肇諆(其)爲禦
11.5968 服肇夙夕明(盟)享
11.5976 黄肇乍(作)文

考宗伯旅尊彝
11.6007 肇(肇)乍(作)京公寶尊彝
11.6010 肇䡺(佐)天子
12.6508 肇貝宁(貯)
15.9455 用肇乍(作)尊彝
15.9585 內(芮)伯肇乍(作)釐公尊彝
15.9662 交君子叕肇乍(作)寶壺
16.9892 頙肇䣈(佮)宁(貯)百生(姓)
16.9896 齊生(甥)魯肇貯(賈)
16.10101 仲𠬝臣肇合以金
16.10110 德其肇乍(作)盤
16.10116 魯𤔲彺(徒)仲齊肇乍(作)般(盤)
16.10171 肇䡺(佐)天子
16.10175 用肇(肇)𢽾(徹)周邦
16.10251 唯筭肇其乍(作)頮(沬)鼎也(匜)
16.10271 唯番君肇用士(吉)金
16.10275 肇乍(作)皇考伯走父寶也(匜)
16.10360 𠻠(召)肇進事

2677 戢

1.121 宔(往)攼(捍)庶戢(盟)
1.122 宔(往)攼(捍)庶戢(盟)
1.125-8 宔(往)攼(捍)庶戢(盟)
1.129-31 宔(往)攼(捍)庶戢(盟)

2678 戰

5.2794 楚王酓(熊)忎(悍)戰獲兵銅/楚王酓(熊)忎(悍)戰獲兵銅
5.2795 楚王酓(熊)忎(悍)戰獲兵銅/楚王酓(熊)忎(悍)戰獲兵銅
15.9734 唯司馬賙(貯)訢詻戰(僤)忞(怒)
16.10158 楚王酓(熊)忎(悍)戰獲兵銅

2679 戣、揆

1.260 揆伐厥都
16.10176 用矢戣(揆)散邑

2680 戠

17.11332 屬邦工師戠、丞□、工□
17.11380 詔事(使)圖、丞戠、工寅
17.11395 詔事(使)圖、丞戠、工奭
17.11396 詔事(使)圖、丞戠、工寅

2681 戮

18.11666 克戮多攻

2682 戫

17.11292 𠭙(厶)貫府受(授)御戫宿(右)𠭙(厶)

2683 戲

3.666 戲伯乍(作)饙(饋)鬲
3.667 戲伯乍(作)饙(饋)鬲
3.668 右戲仲夏父乍(作)豐鬲
3.850 乍(作)戲尊彝
4.2043 戲伯□□□
8.4276 王各于師戲大室
8.4316 啻(嫡)官𤔲左右戲繁荆/啻(嫡)官𤔲左右戲繁荆
10.5144 乍(作)戲尊彝
16.10362 戲
17.11347 □陽命(令)𩵦戲、工師北宮(宮)壘、冶黃

2684 戳

18.11468 戳

2685 戴

3.1294 戴己
3.1295 戴己
4.1537 戴父乙
4.1695 戴父癸
10.4829 己戴
10.4830 己戴
10.4831 己戴
12.6710 戴
14.8704 戴父癸
14.8988 戴乍(作)𠂤子

2686 𢦏

8.4327 賜于𢦏一田

2687 戔

16.10453 鍌昌我左攻(工)戔(18.11902)
18.11902 鍌昌我左攻(工)戔(16.10453)

2688 𢦒

4.2349 𢦒乍(作)寶鼎

2689 栽(誅)

15.9735 以栽(誅)不𢘋(順)

2690 殘、𧨻、諱

4.1662 父辛殘(諱)
4.2286 盅子𧨻(諱)自乍(作)飤鐈
7.3872 旅仲乍(作)諱寶𣪕

2691 矛

8.4322 俘戎兵𤔲(盾)、矛、戈、弓、備(箙)、矢、裨胄
18.11535 戉(越)王州句自乍(作)用矛
18.11544 自乍(作)元用矛

2692 𣏌(矛)

2.391 𥾝𣏌(矛)

2693 稍

2.425 次𠃧升稍

2694 秎

16.10381 郳秎之器

(？)

2695 戉(鉞)

1.120 唯戉(越)十有(又)九年
1.121 唯戉(越)十有(又)九年
1.122 唯戉(越)十有(又)九年
1.125-8 唯戉(越)十有(又)九年
1.132 唯戉(越)十有(又)九年
1.144 戉(越)王者旨於睗擇厥吉金
1.156 大〔郲〕之宔(主)戉(越)
3.846 葡(箙)戉父癸
3.1213 戉(鉞)
9.4467 賜女(汝)秬鬯一卣、赤芾、五黄(衡)、赤舄、牙僰、駒車、𠦪(賁)較(較)、朱虢(鞹)𠧪靳、虎冟(冪)熏(纁)裏、畫轉(轉)、畫𨏈、金甬(筩)、朱旂、馬四匹、攸(鋚)勒、素戉(鉞)
9.4468 賜女(汝)秬鬯一卣、赤芾、五黄(衡)、赤舄、牙僰、駒車、𠦪(賁)較(較)、朱虢(鞹)𠧪靳、虎冟(冪)熏(纁)裏、畫轉(轉)、畫𨏈、金甬(筩)、朱旂、馬四匹、攸(鋚)勒、素戉(鉞)
10.5101 戉葡吳(嘩)辰
10.5169 父辛葡册戉
10.5411 戉
11.5466 戉(鉞)
11.6224 戉父乙
12.6386 葡戉父乙
12.6392 母父丁戉
12.7216 祖辛戉刲
12.7244 戉未父己
12.7301 埶(藝)戉乍(作)祖癸句寶彝
13.7642 戉(鉞)
13.8209 戉木
13.8248 戉弁鳥
16.10173 睗(賜)用戉(鉞)
16.10175 農嗇(穡)戉(越)𣅈(曆)
17.11310 戉(越)王者旨於睗
17.11311 戉(越)王者(諸)旨(稽)於睗
18.11451 戉(越)王
18.11511 戉(越)王者(諸)旨(稽)於睗
18.11512 戉(越)王者(諸)旨(稽)於睗
18.11535 戉(越)王州句自乍(作)用矛
18.11544 於戉(越)㠯(台)王旨郘之大(太)子何(三)壽
18.11570 戉(越)王
18.11571 戉(越)王
18.11579 戉(越)王州句(勾)之〔元用劍〕
18.11594 戉(越)王欨(勾)戔(踐)之子
18.11595 戉(越)王欨(勾)戔(踐)之子
18.11596 戉(越)王者(諸)旨(稽)於睗
18.11597 戉(越)王者(諸)旨(稽)於睗
18.11598 戉(越)王者(諸)旨(稽)於睗
18.11599 戉(越)王者(諸)旨(稽)於睗
18.11600 戉(越)王者(諸)旨(稽)於睗
18.11622 戉(越)王州(朱)句(勾)自乍(作)用僉(劍)
18.11623 戉(越)王州(朱)句(勾)自乍(作)用僉(劍)
18.11624 戉(越)王州(朱)句(勾)自乍(作)用僉(劍)
18.11625 戉(越)王州(朱)句(勾)自乍(作)用僉(劍)
18.11626 戉(越)王州(朱)句(勾)自乍(作)用僉(劍)
18.11627 戉(越)王州(朱)句(勾)自乍(作)用僉(劍)
18.11628 戉(越)王州(朱)句(勾)自乍(作)用僉(劍)
18.11629 戉(越)王州(朱)句(勾)自乍(作)用僉(劍)
18.11630 戉(越)王州(朱)句(勾)自乍(作)用僉(劍)
18.11631 戉(越)王州(朱)句(勾)自乍(作)用僉(劍)
18.11632 戉(越)王州(朱)句(勾)自乍(作)用僉(劍)
18.11641 戉(越)王刣(台)旨(者旨)不光
18.11642 戉(越)王刣(台)旨(者旨)不光
18.11644 戉(越)王不光厥□□□□卯□
18.11645 戉(越)王不光厥□□□□卯□
18.11646 戉(越)王不光厥□□□□卯□
18.11647 戉(越)王不光厥□□□□卯□
18.11648 戉(越)王不光厥□□□□卯□
18.11649 戉(越)王不光厥□□□□卯□
18.11650 戉(越)王不光厥□丌□□卯□
18.11655 自戉(越)□
18.11664 戉(越)王不光厥□□□□卯□
18.11667 戉(越)王不光厥□□□□卯□
18.11692 戉(越)王唯弜公之居旨卲亥(？)畱丌□僉
18.11703 唯戉(越)王丌(其)北古/戉(越)王丌(其)北古
18.11704 戉(越)王/台戉(越)不光唯曰:可

2696 戚

4.2377 薛侯戚乍(作)父乙鼎彝

6.3569 戚姬乍(作)寶尊毁
11.6365 戚乍(作)彝
11.6366 戚乍(作)彝
16.10374 關人築桿戚釜(釜)

2697 我

1.64 用寓光我家
1.102 用樂我嘉賓 / 及我正卿
1.142 及我倗友
1.153 及我倗友
1.154 及我倗友
1.183 樂我父兄
1.184 樂我父兄
1.186 樂我父兄
1.193 協于我霝(靈)龠(籥)
1.194 協于我霝(靈)龠(籥)
1.195 協于我霝(靈)龠(籥)
1.196 協于我霝(靈)龠(籥)
1.197 協于我霝(靈)龠(籥)
1.198 協于我霝(靈)龠(籥)
1.203 及我父蜺(兄)、庶士
1.210 建我邦國
1.211 建我邦國
1.217 建我邦國
1.218 建我邦國
1.219 建我邦國
1.220 建我邦國
1.221 建我邦國
1.222 建我邦國
1.225 我以享孝 / 樂我先祖
1.226 我以享孝 / 樂我先祖
1.227 我以享孝 / 樂我先祖
1.228 我以享孝 / 樂我先祖
1.229 我以享孝 / 樂我先祖
1.230 我以享孝 / 樂我先祖
1.231 我以享孝 / 樂我先祖
1.232 我以享孝 / 樂我先祖
1.233 我以享孝 / 樂我先祖
1.234 我以享孝 / 樂我先祖
1.235 我以享孝 / 樂我先祖
1.236 我以享孝 / 樂我先祖
1.237 我以享孝 / 樂我先祖
1.260 南或(國)𠬝孳(子)敢臽(陷)處我土 / 我唯司(嗣)配皇天
1.261 于我皇祖文考 / 及我倗友
1.262-3 秦公曰: 我先祖受天令(命)
1.264-6 秦公曰: 我先祖受天命
1.267 秦公曰: 我先祖受天令(命)
1.268 秦公曰: 我先祖受天令(命)
1.269 秦公曰: 我先祖受天令(命)
2.424 及我父蜺(兄)
2.426 台(以)樂我者(諸)父
2.427 台(以)樂我者(諸)父
4.1988 明我乍(作)貞(鼎)
5.2671 唯女(汝)率我多友以事
5.2672 唯女(汝)率我多友以事
5.2724 我用飲厚眔我友
5.2763 我乍(作)禦祉(恤)祖乙、妣乙、祖己、妣癸
5.2811 用享以孝于我皇祖文考
5.2818 曰: 女(汝)覓我田 / 虢旅廼事(使)攸衛牧誓曰: 我弗具付鬲匕(比)
5.2820 余其用各我宗子雩(與)百生(姓)
5.2826 宣𡚸我猷 / 辥(嬖)我萬民 / 嘉遣我
5.2831 我舍(捨)顏陳大馬兩
5.2834 每(弗)克我(伐)〔噩〕/ 聞(肆)武公廼〔遣〕我(禹)率公朱(戎)車百乘
5.2837 我聞殷述(墜)令(命)/ 今我唯即井(型)亶(禀)于文王正德 / 夙夕召(紹)我一人烝四方 / 雩我其遹省先王受民受疆土
5.2838 我既賣(贖)女(汝)五夫 / 限許曰: 衹則卑(俾)我賞(償)馬
5.2839 乎蔑我征
5.2841 配我有周 / 臨保我有周 / 命女(汝)辥(嬖)我邦、我家內外 / 虔夙夕叀(惠)我一人 / 擁(雍)我邦小大猷 / 俗(欲)我弗乍(作)先王憂 / 廼唯是喪我或(國)/ 亩我邦、我家
7.4011 乍(作)我姑登(鄧)孟媿賸(媵)毁
7.4012 乍(作)我姑登(鄧)孟媿賸(媵)毁
7.4013 乍(作)我姑登(鄧)孟媿賸(媵)毁
7.4020 我天君鄉(饗)餂(甛)酉(酒)
7.4048 琱我父乍(作)交尊毁
7.4049 琱我父乍(作)交尊毁
7.4050 琱我父乍(作)交尊毁
8.4128 復公仲若我曰: 其擇吉金 / 用乍(作)我子孟媯寢小尊賸(媵)毁
8.4190 用追孝於(于)我皇毁(舅)
8.4242 用讎(申)圈(恪)、奠保我邦、我家
8.4269 賜君我唯賜壽(儔)/ 我不能不眔縣

伯萬年保
8.4278 曰：女(汝)爰(覓)我田
8.4292 我考我母令/余或至(致)我考我母令
8.4293 亦我考幽伯、幽姜令
8.4311 乃祖考又(有)𢅄(勛)于我家/余令女(汝)死(尸)我家/𩎉(纘)𤔲我西扁(偏)、東扁(偏)
8.4313 𦫵我貝(帛)晦臣/弗速(蹟)我東𨛭(國)
8.4314 𦫵我貝(帛)晦臣/弗速(蹟)我東𨛭(國)
8.4317 用黔(紷令)保我家、朕立(位)、㝬(胡)身
8.4327 寽(捋)我家
8.4328 王令我羞追于西/女(汝)以我車宕伐厰(玁)允(狁)于高陶/女(汝)休弗以我車圅(陷)于艱
8.4329 王令我羞追于西/女(汝)以我車宕伐𡨦(玁)允(狁)于高陶/女(汝)休弗以我車圅(陷)于艱
8.4330 也用褱(懷)逵我多弟子/我孫克又(有)井(型)斆(效)
8.4331 我亦弗宑(深)享邦
8.4342 臨保我又(有)周/令(命)女(汝)叀(惠)擁(雍)我邦小大猷
9.4464 逆見我/我乃至于淮小大邦
9.4469 用辟我一人
9.4628 我用召(紹)鄉(卿)事(士)、辟王
9.4631 用孝用享于我皇祖、文考
9.4632 用孝用享于我皇文考
10.5396 降令曰：歸祼于我多高
11.5467 我
11.6011 邁(萬)年保我邁(萬)宗
11.6013 萬年保我萬邦
11.6014 順我不每(敏)
11.6016 廼令曰：今我唯令女(汝)二人亢眔矢
11.6205 我祖丁
11.6223 我父乙
12.6513 及我文攷(攷、考)
15.9715 盱(于)我室家/寠(窶)在我車
15.9719 康樂我家
15.9720 康樂我家
16.9899 萬年保我萬邦
16.9900 萬年保我萬邦
16.9901 廼令曰：今我唯令女(汝)二人亢眔矢
16.9973 以變我莫(鄭)/我用以皮沓□/我以蓄獸/我莫(鄭)逆造/我用以皮沓□/我以蓄獸
16.10008 以祭我皇祖
16.10174 淮尸(夷)舊我員(帛)晦人/其唯我者(諸)侯、百生(姓)
16.10176 曰：我既付散氏田器/曰：我既付散氏溼田、牆(畛)田
16.10285 我義(宜)㑊(鞭)女(汝)千/今我赦女(汝)
16.10342 晉公曰：我皇祖𨛫(唐)公/我刺(烈)考□疆
16.10453 鎣昌我左攻(工)戔(18.11902)
17.10735 我
17.10736 我
17.10737 我
17.11325 溥宮我其獻
17.11326 溥宮我其獻
17.11364 宗子攻(工)正明我、左工師□許、馬重(童)丹所爲
18.11902 鎣昌我左攻(工)戔(16.10453)
18.11916 丌(其)我𢏚攻(工)書
18.12096 王命傳我

2698 □(我)

17.10768 □(我)齒

2699 義

1.23 中義乍(作)龢鐘
1.24 中義乍(作)龢鐘
1.25 中義乍(作)龢鐘
1.26 中義乍(作)龢鐘
1.27 中義乍(作)龢鐘
1.28 中義乍(作)龢鐘
1.29 中義乍(作)龢鐘
1.30 中義乍(作)龢鐘
1.123 勿有不義
1.124 勿有不義
1.125-8 勿有不義
1.129-31 勿有不義
1.183 余義楚之良臣
1.203 思(淑)于畏(威)義(儀)
1.238 旅敢肈帥井(型)皇考威義(儀)
1.239 旅敢肈帥井(型)皇考威義(儀)
1.240 旅敢肈帥井(型)皇考威義(儀)
1.241 旅敢肈帥井(型)皇考威義(儀)
1.242-4 旅敢肈帥井(型)皇考威義(儀)
1.246 義(宜)文神
1.247 疋(胥)尹叙厥威義(儀)
1.248 疋(胥)尹叙厥威義(儀)
1.249 疋(胥)尹叙厥威義(儀)
1.250 疋(胥)尹叙厥威義(儀)
1.251-6 義(宜)文神
1.261 思(淑)于威義(儀)
1.262-3 𧃍𧃍(藹藹)允義
1.264-6 𧃍𧃍(藹藹)允義
1.267 𧃍𧃍(藹藹)允義

1.268 趚趚(藹藹)允義
1.269 趚趚(藹藹)允義
1.271 篇篇(肅肅)義政
1.272-8 肅肅義政
1.280 肅肅義政
1.285 肅肅義政
4.2207 仲義父乍(作)尊鼎
4.2208 仲義父乍(作)尊鼎
4.2209 仲義父乍(作)尊鼎
4.2210 仲義父乍(作)尊鼎
4.2211 仲義父乍(作)尊鼎
4.2279 仲義君自乍(作)食繁
4.2338 義仲乍(作)厥父周季尊彝
5.2541 仲義父乍(作)新宿(客)寶鼎
5.2542 仲義父乍(作)新宿(客)寶鼎
5.2543 仲義父乍(作)新宿(客)寶鼎
5.2544 仲義父乍(作)新宿(客)寶鼎
5.2545 仲義父乍(作)新宿(客)寶鼎
5.2809 懋父令曰：義(宜)敉(播)
5.2811 恳(淑)于威義(儀)
6.3619 義伯乍(作)宄婦陸姞
6.3624 叔單乍(作)義公尊彝
6.3667 倗丏乍(作)義妣寶尊彝
6.3695 義叔聞燵(肇)乍(作)彝
7.4032 官(管)夲父乍(作)義友寶毁
8.4170 瘐曰：覭(景)皇祖考嗣威義(儀)
8.4171 瘐曰：覭(景)皇祖考嗣威義(儀)
8.4172 瘐曰：覭(景)皇祖考嗣威義(儀)
8.4173 瘐曰：覭(景)皇祖考嗣威義(儀)
8.4174 瘐曰：覭(景)皇祖考嗣威義(儀)
8.4175 瘐曰：覭(景)皇祖考嗣威義(儀)
8.4176 瘐曰：覭(景)皇祖考嗣威義(儀)
8.4177 瘐曰：覭(景)皇祖考嗣威義(儀)
8.4242 秉威義(儀)
9.4386 仲義父乍(作)旅盨
9.4387 仲義父乍(作)旅盨
9.4391 奠(鄭)義伯乍(作)旅須(盨)
9.4392 奠(鄭)義羌父乍(作)旅盨
9.4393 奠(鄭)義羌父乍(作)旅盨
9.4500 蔡公子義工之飤簠
9.4569 鄀公乍(作)犀仲、仲孎(芉)義男尊簠
10.5213 耶義乍(作)父庚尊彝
10.5427 厥名義(宜)
11.6010 威義(儀)遊遊(優優)
11.6015 用龏(恭)義(儀)寧侯
12.6462 義楚之祭耑(觶)
12.6513 郐(徐)王義楚擇余吉金
15.9453 義蔑曆/逨(徠)義賜貝十朋
16.9964 仲義父乍(作)旅鑐
16.9965 仲義父乍(作)旅鑐
16.9973 奠(鄭)義伯乍(作)步□鑐(鑐)/奠(鄭)義伯乍(作)步□鑐(鑐)
16.10099 郐(徐)王義楚擇其吉金
16.10171 威義(儀)遊遊(優優)
16.10173 王孔加(嘉)子白義
16.10175 義(宜)其禋(禋)祀
16.10204 奠(鄭)義伯乍(作)季姜寶也(匜)用
16.10238 仲姞義母乍(作)旅也(匜)
16.10285 我義(宜)佼(鞭)女(汝)千/義(宜)佼(鞭)女(汝)千
17.11305 郾(燕)王詈怒(悛、授)行義(議、儀)自糸司馬鉘(戟)
17.11308 寺工讋、丞義、工可
17.11394 相邦義(張儀)之造
18.11668 郐(徐)王義楚之元子羽

2700 弓

1.107-8 賜彤弓一、彤矢百、馬四匹
3.1214 弓
3.1449 弓辜
4.1678 弓父癸
4.1859 弓辜父丁
4.1876 弓辜父己
4.2181 弓辜
5.2780 王乎宰膺賜盛弓、象弭、矢臸、彤欮
5.2784 史趞曹賜弓矢、虎盧、九(厹)、冑、毌(干)、殳
5.2816 賜女(汝)秬鬯一卣、玄衮衣、幽夫(芾)、赤舄、駒車、畫呻(紳)、轎(幨)學(較)、虎幃(幃)、冟袛里幽、攸(鋚)勒、旅(旂)五旅(旂)、彤弓、彤矢、旅(玈)弓、旅(玈)矢、尒戈、虢(皋)冑
5.2839 弓一、矢百、畫虢(皋)一、貝冑一、金毌(干)一、㦸戈二、矢臸八
7.4090 弓
7.4099 賜敷弓、矢束、馬匹、貝五朋
8.4276 嗣窑(寇)俞邦君嗣馬、弓、矢

8.4320 賜䢅(䟊)鬯一卣、商瓚一□、彤弓一、彤矢百、旅(玈)弓十、旅(玈)矢千
8.4322 俘戎兵盾(盾)、矛、戈、弓、備(箙)、矢、裨冑
8.4328 賜女(汝)弓一、矢束、臣五家、田十田
8.4329 賜女(汝)弓一、矢束、臣五家、田十田
10.4968 弓父庚
10.5033 弓
10.5142 眀子弓葡
10.5208 弓天(?)兼未父丙
10.5219 弓辜
10.5398 矢王賜同金車、弓矢
10.5408 王賜静弓
11.5758 弓辛父癸
11.5842 弓辜
11.5902 弓
11.6140 子弓
11.6186 弓辜
11.6332 弓父癸
12.6415 弓辜父辛
12.7068 弓衛(衛)
12.7189 弓丁⿵冂丁
12.7190 弓丁⿵冂丁
14.8703 弓父癸
14.8821 弓辜
14.8843 弓衛(衛)祖己
14.8939 父庚弓衛(衛)
14.9005 父丁弓辜
14.9019 父辛弓辜
15.9473 弓
16.10173 睗(賜)用弓
17.10878 俞弓

2701 引、弞

1.270 高引又(有)慶
1.272-8 余引猒(厭)乃心
1.281 余引猒(厭)乃心
1.285 余引猒(厭)乃心
4.2367 闌(管)監引乍(作)父己寶𩰫彝
5.2724 亦引唯考(孝)
5.2809 使厥友引以告于伯懋父/引以告中史書
5.2827 宰引右(佑)頌
5.2828 宰引右(佑)頌
5.2829 宰引右(佑)頌
5.2830 乃用引正乃辟安德
5.2841 皇天引猒(厭)厥德/引唯乃智/引其唯王智
8.4179 用乍(作)鑄引仲寶𣪘
8.4180 用乍(作)鑄引仲寶𣪘
8.4181 用乍(作)鑄引仲寶𣪘
8.4208 孫子取引
8.4237 母弟引墉(庸)又(有)望(忘)
8.4315 高引又(有)慶
8.4332 宰引右(佑)頌
8.4333 宰引右(佑)頌
8.4334 宰引右(佑)頌
8.4335 宰引右(佑)頌
8.4336 宰引右(佑)頌
8.4337 宰引右(佑)頌
8.4338 宰引右(佑)頌
8.4339 宰引右(佑)頌
10.5427 子引有孫
11.5950 引爲魑膚寶尊彝
12.6931 弞(引)耳
12.7278 賷(賸)引乍(作)尊彝
13.7387 弞(引)
15.9288 賷(賸)引乍(作)尊彝
15.9731 宰引右(佑)頌
15.9732 宰引右(佑)頌
16.9915 賷(賸)引
16.9981 樂大嗣徒子⿱亼巾之子引
16.10574 弞(引)

2702 ⿰弓吳

6.2916 ⿰弓吳
6.2917 ⿰弓吳
11.6331 ⿰弓吳父癸

2703 ⿰弓卩(剛、强)

3.488 ⿰弓卩乍(作)彝
4.2316 亞⿰弓卩
10.5257 盟⿰弓卩(强)乍(作)寶尊彝
18.11553 奠(鄭)命(令)韓半、司寇長(張)朱、左庫工師易(陽)𤕨(倆)、冶君(尹)⿰弓卩散(摶、造)

2704 ⿰弓斤

16.10046 衛(衛)典⿰弓斤
16.10395 衛(衛)册⿰弓斤

2705 ⿰弓支(發)

1.172 仲平善⿰弓支(發)叡考
1.173 仲平善⿰弓支(發)叡考
1.174 仲平善⿰弓支(發)叡考
1.175 仲平善⿰弓支(發)叡考
1.176 仲平善⿰弓支(發)叡考
1.177 仲平善⿰弓支(發)叡考
1.178 仲平善⿰弓支(發)叡考
1.179 仲平善⿰弓支(發)叡考
1.180 仲平善⿰弓支(發)叡考
3.697 ⿰弓支(發)伯乍(作)叔姬尊鬲
11.6067 ⿰弓支(發)

2706 ⿰亻屮、弩

17.11213 涑鄹(縣)發弩戈

2707 ⿰弓占

9.4688 莫(暮)其⿰弓占

2708 弨

17.11161 新弨自𠦜(捦)弗戓(戟)

2709 ⿰弓石

8.4342 邦⿰弓石潰辟(辟)

2710 ⿱弓弓(羿)

16.10581 賜⿱弓弓(羿)貝五朋

2711 ⿱弜廾、⿱彐廾

5.2763 咸𢐗(羿)遣福二

2712 𢐀

6.3452 姜𢐀乍(作)尊彝

2713 𢏚(𢐈)

18.11554 奠(鄭)倫(令)公先豊(幼)、司寇史陉(隋)、左庫工師倉慶、冶君(尹)𢏚(𢐈)敳(造)

18.11559 奠(鄭)倫(令)棺(椁、郭)湉、司寇芋慶、左庫工師佀䜣、冶君(尹)𢏚(𢐈)敳(造)

2714 𢏉

3.901 束(剌)𢏉乍(作)父乙尊彝

6.3236 𢏉乍(作)旅

2715 𢏉

4.1772 𢏉乍(作)旅

2716 𢏇

16.10342 剌票(暴)霖(胡)𢏇(迮)

2717 弭

3.572 弭叔乍(作)犀妊齊(齋)鬲

3.573 弭叔乍(作)犀妊齊(齋)鬲

3.574 弭叔乍(作)犀妊齊(齋)鬲

5.2780 王乎宰膺賜盛弓、象弭、矢臸、彤欮

8.4253 用楚(胥)弭伯/弭叔其邁(萬)年

8.4254 用楚(胥)弭伯/弭叔其邁(萬)年

8.4257 弭伯用乍(作)尊毁

9.4385 弭叔乍(作)旅盨

9.4430 弭叔乍(作)叔班旅須(盨)

9.4627 弭仲乍(作)寶匩(瑚)/弭仲受無疆福/弭仲畀壽

16.10215 弭伯乍(作)旅也(匜)

2718 張

17.11325 𨟭(將)軍張二月

17.11326 𨟭(將)軍張二月

17.11372 奠(鄭)倫(令)韓恙(恙)、司寇𢼸(扶)裕、右庫工師張阪、冶贛

18.11916 尚上張乘

2719 發

16.10371 命左關師發敕(敕)成左關之斧(釜)

16.10374 而台(以)發退女(如)關人

17.11213 涑鄒(縣)發弩戈

18.11718 工𠭯大(太)子姑發𦒌(䚿)反

2720 𢏳

11.5958 𢏳攸乍(作)父庚尊彝

16.9889 𢏳攸(肇)乍(作)父庚尊彝

2721 𢐃

16.10298 台(以)乍(作)叔姬寺吁宗𢐃(彝)薦鑑

16.10299 台(以)乍(作)叔姬寺吁宗𢐃(彝)薦鑑

2722 弓、彈

4.2118 疋彈寏乍(作)父丙

4.2321 彈乍(作)父辛尊彝

2723 彌、彌

1.271 用求丂(考)命、彌生/鞷(鮑)子鎛(紷)曰:余彌心畏誋(忌)

5.2833 𦘔(肆)師彌宋(怵)匌匡(恇)

7.4108 彌厥生

8.4198 彌(彌)厥生

16.10175 褱(懷)媾(福)彔(禄)、黄耇、彌生

2724 𢐑

15.9455 井伯氏(是)𢐑(夤)不姦

2725 𢐐

18.11916 丌(其)我𢐐攻(工)書

2726 𢐢、𢐢、𢐢

3.507 𢐢伯乍(作)鼎

3.895 𢐢伯自爲用甗

3.908 𢐢伯乍(作)凡姬用甗

4.2192 𢐢乍(作)井姬用鼎

4.2276 𢐢伯乍(作)自爲貞(鼎)毁

4.2277 𢐢伯乍(作)井姬鼎

4.2278 𢐢伯乍(作)井姬窔(竈)貞(鼎)

5.2676 胕(胕)保𢐢伯

5.2677 胕(胕)保𢐢伯

6.3527 𢐢伯乍(作)寶尊毁

6.3528 𢐢伯乍(作)寶尊毁

6.3529 𢐢伯乍(作)寶尊毁

6.3616 𢐢伯乍(作)旅用鼎毁

6.3617 𢐢伯乍(作)旅用鼎毁

6.3618 𢐢伯乍(作)自爲貞(鼎)毁

10.5241 𢐢季乍(作)寶旅彝

11.5858 𢐢季乍(作)寶旅彝

11.5913 𢐢伯乍(作)井姬用盂鏙

15.9409 𢐢伯自乍(作)般(盤)𨭒(鎣)

16.10063 𢐢伯乍(作)

用盤(盤)

16.10064 𢐗伯乍(作)般(盤)㸚(鋚)

2727 彋

9.4347 𦯞伯乍(作)妍彋用

2728 弫(發)

18.11618 唯弫公之居旨卲亥(?)畱丌□僉(劍)

18.11656 唯弫公之居旨卲亥(?)畱丌(其)□僉(劍)

18.11692 戉(越)王唯弫公之居旨卲亥(?)畱丌□僉

2729 弜

2.383 亞弜

2.384 亞弜

3.1393 亞弜

3.1394 亞弜

3.1395 亞弜

3.1396 亞弜

3.1397 亞弜

3.1398 亞弜

3.1399 亞弜

3.1400 亞弜

6.3338 亞弜父癸

8.4144 弜師賜𦘳𠭯户𧷎貝

11.6346 婦亞弜

12.6393 典弜父丁

12.6956 亞弜

12.6957 亞弜

12.6958 亞弜

13.7735 弜

13.7819 亞弜

13.7820 亞弜

13.7821 亞弜

14.8416 弜父乙

14.8891 亞弜父丁

14.8892 亞弜父丁

14.9064 弜册

15.9228 亞弜父丁

15.9479 亞弜

16.10498 亞弜

18.11810 亞弜

18.11811 亞弜

2730 }{、弜

10.4925 }{(弜)父乙

2731 弗

1.109-10 妄不敢弗帥用文祖、皇考

1.111 妄不敢弗帥用文祖、皇考

1.247 癲不敢弗帥井(型)祖考

1.248 癲不敢弗帥井(型)祖考

1.249 癲不敢弗帥井(型)祖考

1.250 癲不敢弗帥井(型)祖考

1.272-8 尸不敢弗憼戒/弗敢不對揚朕辟皇君之登屯(純)厚乃命/余弗敢灋(廢)乃命

1.285 尸不敢弗憼戒/弗敢不對揚朕辟皇君之賜休命/余弗敢灋(廢)乃命

3.754 休天君弗望(忘)穆公聖粦明𢀛事先王

3.755 休天君弗望(忘)穆公聖粦明𢀛事先王

3.887 圅弗生(甥)乍(作)旅獻(甗)

4.2240 十年弗(戟?)官

5.2555 弗敢喪

5.2589 弗奴父乍(作)孟姒守(府)賸(媵)貞(鼎)

5.2678 弗敢喪

5.2724 𦘳(肆)毋又(有)弗競(竸)

5.2765 𧊒拜𩒨首曰:休朕皇君弗醒(忘)厥寶臣

5.2782 亦弗其逐獲

5.2809 今弗克厥罰

5.2812 王用弗謹(忘)聖人之後

5.2818 牧弗能許鬲比/虢旅迺事(使)攸衛牧誓曰:我弗具付鬲匕(比)

5.2830 亦弗謹(忘)公上父𡁞(胡)德

5.2833 𦘳(肆)武公亦弗叚(遐)望(忘)賸(朕)聖祖考幽大叔、懿叔/𦘳(肆)禹亦弗敢惷(惷)/弗克伐噩(鄂)

5.2838 乃弗得/〔若〕來歲弗賞(償)

5.2841 司余小子弗彶(及)/俗(欲)我弗乍(作)先王憂/女(汝)毋弗帥用先王乍(作)明井(型)/俗(欲)女(汝)弗以乃辟圅(陷)于艱

7.4036 筥小子𨑕(附)家弗受𢜹

7.4037 筥小子𨑕(附)家弗受𢜹

8.4167 康弗敢望(忘)公伯休

8.4170 不敢弗帥用夙夕

8.4171 不敢弗帥用夙夕

8.4172 不敢弗帥用夙夕

8.4173 不敢弗帥用夙夕

8.4174 不敢弗帥用夙夕

8.4175 不敢弗帥用夙夕

8.4176 不敢弗帥用夙夕

8.4177 不敢弗帥用夙夕

8.4278 牧弗能許鬲比/曰:敢弗具(俱)付鬲匕(比)

8.4292 余弗敢𤔔(亂)

8.4298 睽令豕曰天子:余弗敢𢽾(吝)

8.4299 睽令豕曰天子:余弗敢𢽾(吝)

8.4313 弗速(蹟)我東𫑘(國)/今余弗叚(遐)組(徂)

8.4314 弗速(蹟)我東𫑘(國)/今余弗叚(遐)組(徂)

8.4326 番生(甥)不敢

弗帥井(型)皇祖考不(丕)环(丕)元德
8.4328 女(汝)休弗以我車函(陷)于艱
8.4329 女(汝)休弗以我車函(陷)于艱
8.4331 我亦弗宎(深)享邦/天子休弗望(忘)小𢇍(裔)邦
8.4340 女(汝)毋弗善效姜氏人
8.4341 文王孫亡弗褱(懷)井(型)
8.4342 谷(欲)女(汝)弗以乃辟函(陷)于艱
8.4343 女(汝)毋敢弗帥先王乍(作)明井(型)用
10.5384 耳休弗敢且(沮)
11.6011 拜䭫首曰:王弗朢(忘)厥舊宗小子
15.9300 弗左
15.9734 弗可復得
15.9823 其逢㫃弗述(墜)
16.10175 牆弗敢取(抯、沮)
16.10360 䚄(召)弗敢諻(忘)王休異(翼)
17.11107 乍(作)用于昌弗(?)
17.11161 新弨自𣪘(拎)弗戜(戟)

2732 弼

1.121 弼王侘(侂)
1.122 弼王侘(侂)
1.125-8 弼王侘(侂)
1.129-31 弼王侘(侂)
5.2841 賜女(汝)秬鬯一卣、祼圭瓚寶、朱芾、悤(蔥)黄(衡)、玉環、玉瑹、金車、𠦪(賁)縟較(較)、朱鬮(鞹)𩏂靳、虎冟(冪)熏裏、右軛、畫轉、畫䡈、金甬(桶)、造(錯)衡、金嶂(踵)、金豙(軝)、㪿(約)𥁕(盛)、金簟弼(茀)、魚箙、馬四匹、攸(鋚)勒、金𠂤(臺)、金膺、朱旂二鈴(鈴)
8.4326 賜朱芾、悤(蔥)黄(衡)、鞞鞢(璲)、玉睘(環)、玉瑹、車、電軫、𠦪(賁)縟較(较)、朱𩏂(鞹)𩏂靳、虎冟(冪)熏(纁)裏、造(錯)衡、右厄(軛)、畫轉、畫䡈、金童(踵)、金豙(軝)、金簟弼(茀)、魚葡(箙)、朱旂旜(旜)金芫二鈴

2733 弜(弦)

7.3960 孟弜父乍(作)寶𣪘
7.3961 孟弜父乍(作)寶𣪘
7.3962 孟弜父乍(作)幻伯妊賸(媵)𣪘八
7.3963 孟弜父乍(作)幻伯妊賸(媵)𣪘八

2734 矢

1.107-8 賜彤弓一、彤矢百、馬四匹
5.2780 王乎宰曆賜盛弓、象弭、矢𦤎、彤欮
5.2784 史趞曹賜弓矢、虎盧、九(厹)、冑、毌(干)、殳
5.2792 大矢始賜友[曰]𢾊/大矢始敢對揚天子休
5.2810 王寴(親)賜馭方玉五瑴、馬四匹、矢五束
5.2816 賜女(汝)秬鬯一卣、玄衮衣、幽夫(芾)、赤舄、駒車、畫呻(紳)、幬(幬)學(較)、虎幃(幃)、冟衼里幽、攸(鋚)勒、旅(旂)五旅(旂)、彤弓、彤矢、旅(㫃)弓、旅(㫃)矢、𢦏戈、虢(皋)冑
5.2838 曶廼每(誨)于𪭡曰:女(汝)其舍(捨)𪺇(究)矢五秉
5.2839 弓一、矢百、畫虢(皋)一、貝冑一、金毌(干)一、𢦏戈二、矢𦤎八
6.3298 父乙亞矢
7.4099 賜𢿌弓、矢束、馬匹、貝五朋
8.4276 𤔲窑(竅)俞邦君𤔲馬、弓、矢
8.4320 賜𩰫(䂂)鬯一卣、商瓚一□、彤弓一、彤矢百、旅(㫃)弓十、旅(㫃)矢千
8.4322 俘戎兵𢦔(盾)、矛、戈、弓、備(箙)、矢、裨冑
8.4328 賜女(汝)弓一、矢束、臣五家、田十田
8.4329 賜女(汝)弓一、矢束、臣五家、田十田
10.5291 矢伯獲乍(作)父癸彝
10.5398 𠂤王賜同金車、弓矢
11.6333 矢父癸
12.6401 父己矢𡚸(戎)
13.7632 矢
13.7633 矢
13.8245 㕣矢
14.8701 矢父癸
14.8702 矢父癸
14.8810 矢祖𠂤
14.8811 矢祖𠂤
14.8812 矢祖𠂤
15.9313 矢
15.9702 賜𡗜(棄、奞)伯矢束、素絲束
16.10173 彤矢其央
17.10773 矢
18.11995 𠬝(哾)公之矢
18.11997 郘(𨛳)公𩰫𠂤之矢

2736 矣

5.2840 閈於天下之勿(物)矣

2737 知

4.2362 竹宦知光𪉩
5.2766 以知恤譕

2738 侯

1.14 己(紀)侯虓乍(作)寶鐘
1.17 麇(麌)侯自乍(作)龢鐘用
1.47 鑄侯求乍(作)季姜朕(賸)鐘
1.83 楚王酓(熊)章乍(作)曾侯乙宗彝
1.84 乍(作)曾侯乙宗彝
1.85 楚王酓(熊)章乍(作)曾侯乙宗彝
1.103 侯(遅)父眔齊萬年眉壽
1.107-8 膺(應)侯見工遺(饋)王于周 / 燮(榮)伯內(入)右(佑)膺(應)侯見工 / 用乍(作)朕皇祖膺(應)侯大薔(林)鐘
1.171 志(誌)勞専(賻)者(諸)侯
1.210 蔡侯〔龖〕曰: 余唯(雖)末少子
1.211 蔡侯〔龖〕曰: 余唯(雖)末少子
1.212 蔡侯龖(申)之行鐘
1.213 蔡侯龖(申)之行鐘
1.214-5 蔡侯龖(申)之行鐘
1.217 蔡侯〔龖〕曰: 余唯(雖)末少子
1.218 蔡侯〔龖〕曰: 余唯(雖)末少子
1.219 蔡侯〔龖〕曰: 余唯(雖)末少子
1.220 蔡侯〔龖〕曰: 余唯(雖)末少子
1.221 蔡侯〔龖〕曰: 余唯(雖)末少子
1.222 蔡侯〔龖〕曰: 余唯(雖)末少子
1.271 用祈侯氏永命 / 侯氏賜之邑二百又九十又九邑 / 侯氏從造(告)之曰: 枼(世)萬至於辝(台)孫子
1.272-8 是辟于齊侯之所 / 齊侯左右
1.280 齊侯左右
1.285 是辟于齊侯之所 / 齊侯左右
2.286 曾侯乙乍(作)時(持)
2.287 曾侯乙乍(作)時(持)
2.288 曾侯乙乍(作)時(持)
2.289 曾侯乙乍(作)時(持)
2.290 曾侯乙乍(作)時(持)
2.291 曾侯乙乍(作)時(持)
2.292 曾侯乙乍(作)時(持)
2.293 曾侯乙乍(作)時(持)
2.294 曾侯乙乍(作)時(持)
2.295 曾侯乙乍(作)時(持)
2.296 曾侯乙乍(作)時(持)
2.297 曾侯乙乍(作)時(持)
2.298 曾侯乙乍(作)寺(持)
2.299 曾侯乙乍(作)寺(持)
2.300 曾侯乙乍(作)寺(持)
2.301 曾侯乙乍(作)時(持)
2.302 曾侯乙乍(作)寺(持)
2.303 曾侯乙乍(作)寺(持)
2.304 曾侯乙乍(作)寺(持)
2.305 曾侯乙乍(作)時(持)
2.306 曾侯乙乍(作)時(持)
2.307 曾侯乙乍(作)時(持)
2.308 曾侯乙乍(作)時(持)
2.309 曾侯乙乍(作)寺(持)
2.310 曾侯乙乍(作)時(持)
2.311 曾侯乙乍(作)時(持)
2.312 曾侯乙乍(作)時(持)
2.313 曾侯乙乍(作)時(持)
2.314 曾侯乙乍(作)寺(持)
2.315 曾侯乙乍(作)寺(持)
2.316 曾侯乙乍(作)時(持)
2.317 曾侯乙乍(作)時(持)
2.318 曾侯乙乍(作)時(持)
2.319 曾侯乙乍(作)寺(持)
2.320 曾侯乙乍(作)寺(持)
2.321 曾侯乙乍(作)時(持)
2.322 曾侯乙乍(作)時(持)
2.323 曾侯乙乍(作)時(持)
2.324 曾侯乙乍(作)時(持)
2.325 曾侯乙乍(作)時(持)
2.326 曾侯乙乍(作)時(持)
2.327 曾侯乙乍(作)時(持)
2.328 曾侯乙乍(作)時(持)
2.329 曾侯乙乍(作)寺(持)
2.330 曾侯乙乍(作)時(持)
3.464 康侯
3.545 魯侯乍(作)姬番鬲
3.577 曾侯乙詐(作)時(持)甬(用)冬(終)
3.600 己(紀)侯乍(作)□姜□〔鬲〕
3.648 魯侯獄(熙)乍(作)彝
3.689 匽(燕)侯賜伯矩貝
3.705 陳(?)侯乍(作)

畢季媯媵鬲
3.706 陳(？)侯乍(作)畢季媯媵鬲
3.937 奠(鄭)大(太)師小子侯父乍(作)寶獻(甗)
3.948 肙(肩)史(事)遇事(使)于㝬(胡)侯/侯蔑遇曆
3.974 曾侯乙詐(作)時(持)甬(用)冬(終)
4.2153 康侯丰(封)乍(作)寶尊
4.2154 滕(滕)侯乍(作)寶尊彝
4.2215 蔡侯龖(申)之飤䵼
4.2216 蔡侯龖(申)之飤䵻
4.2217 蔡侯龖(申)之飤貞(鼎)
4.2218 蔡侯龖(申)之飤貞(鼎)
4.2219 蔡侯龖(申)之飤貞(鼎)
4.2220 蔡侯龖(申)之飤貞(鼎)
4.2221 蔡侯龖(申)之飤貞(鼎)
4.2222 蔡侯龖(申)之頭貞(鼎)
4.2223 蔡侯龖(申)之頭貞(鼎)
4.2224 蔡侯龖(申)之□貞(鼎)
4.2225 蔡侯龖(申)之飤䵼
4.2226 蔡侯龖(申)之□□
4.2269 匽(燕)侯旨乍(作)父辛尊
4.2274 侯乍(作)父丁尊彝
4.2287 㝬(胡)侯之孫陳之䵼(鼾)
4.2290 曾侯乙詐(作)時(持)甬(用)冬(終)
4.2291 曾侯乙詐(作)時(持)甬(用)冬(終)
4.2292 曾侯乙乍(作)時(持)甬(用)冬(終)
4.2293 曾侯乙詐(作)時(持)甬(用)冬(終)
4.2294 曾侯乙詐(作)時(持)甬(用)冬(終)
4.2295 曾侯乙詐(作)時(持)甬(用)冬(終)
4.2304 䟫(長)信侯私官
4.2346 勅陳乍(作)丁侯尊彝
4.2377 薛侯戚乍(作)父乙鼎彝
4.2423 曾侯仲子斿(遊)父自乍(作)䵼彝
4.2424 曾侯仲子斿(遊)父自乍(作)䵼彝
4.2441 蔡侯乍(作)旅貞(鼎)
4.2457 䜌(鼬)侯獲巢
4.2458 侯賜中貝三朋
4.2504 康侯在朽(柯)師(次)
4.2505 休朕公君匽(燕)侯賜圉貝
4.2507 侯賞復貝四朋
5.2626 商(賞)獻侯顥貝/用乍(作)丁侯尊彝
5.2627 商(賞)獻侯顥貝/用乍(作)丁侯尊彝
5.2628 匽(燕)侯旨初見事于宗周
5.2638 㠱侯賜弟𠬝嗣䛐(㦰)
5.2650 陳(陳)侯乍(作)鑄媯冋母塍(媵)鼎
5.2651 未侯宮
5.2654 公侯賜亳杞土、麋土、㮚禾、䅷禾
5.2702 亞㠱侯疑
5.2703 匽(燕)侯令𡴁䰯(饔)大(太)保于宗周
5.2706 井(邢)侯征(延)嚆(讚)于麥/用從井(邢)侯征事
5.2723 王女(如)上侯
5.2735 王在上侯应
5.2736 王在上侯应
5.2749 侯賜憲貝、金/揚侯休
5.2771 郜公平侯自乍(作)尊錳(盂)
5.2772 郜公平侯自乍(作)尊錳(盂)
5.2810 噩(鄂)侯馭方內(納)壺于王
5.2816 王命𩏂(垣)侯伯晨曰：𤔲(嗣)乃祖考侯于𩏂(垣)
5.2820 昔先王既令女(汝)左(佐)疋(胥)㠭侯/令女(汝)左(佐)疋(胥)㠭侯
5.2826 勿灋(廢)文侯覭(景)令(命)
5.2833 亦唯噩(鄂)侯馭方率南淮尸(夷)、東尸(夷)/王迺命西六師、殷八師曰：𢦚(撲)伐噩(鄂)侯馭方/叀(惟)西六師、殷八師伐噩(鄂)侯馭方
5.2834 亦唯噩(鄂)侯馭方率南〔淮〕尸(夷)、東〔尸〕廣〔伐〕南或(國)東或(國)/王〔迺〕命迺(西)六師、殷八師曰：𢦚(撲)伐噩(鄂)侯馭方/叀(惟)揚(西)六師、殷八師〔伐噩〕侯馭方
5.2837 唯殷邊侯、田(甸)雩(與)殷正百辟
5.2839 盂以(與)者(諸)侯罘侯、田(甸)、男□□從盂征
6.3127 正侯
6.3504 亞疑㠱侯父乙
6.3513 亞疑㠱侯父戊
6.3589 芇侯乍(作)登寶𣪘
6.3592 蔡侯龖(申)乍(作)淄(𩚁)𣪘
6.3593 蔡侯龖(申)乍(作)淄(𩚁)𣪘
6.3594 蔡侯龖(申)乍(作)淄(𩚁)𣪘
6.3595 蔡侯龖(申)乍(作)淄(𩚁)𣪘
6.3596 蔡侯龖(申)乍(作)淄(𩚁)𣪘

6.3597 蔡侯龖(申)乍(作)淄(缶)殷
6.3598 蔡侯龖(申)乍(作)淄(缶)殷
6.3599 蔡侯龖(申)乍(作)淄(缶)殷
6.3614 匽(燕)侯乍(作)姬丞尊彝
6.3636 曾侯乙詐(作)時(持)甬(用)冬(終)
6.3637 曾侯乙詐(作)時(持)甬(用)冬(終)
6.3638 曾侯乙詐(作)時(持)甬(用)冬(終)
6.3639 曾侯乙詐(作)時(持)甬(用)冬(終)
6.3640 曾侯乙詐(作)時(持)甬(用)冬(終)
6.3641 曾侯乙詐(作)時(持)甬(用)冬(終)
6.3642 曾侯乙詐(作)時(持)甬(用)冬(終)
6.3643 曾侯乙詐(作)時(持)甬(用)冬(終)
6.3668 噩(鄂)侯弟曆季自乍(作)殷
6.3670 滕(滕)侯乍(作)朕公寶尊彝
6.3711 乍(作)祖乙鏲侯叔尊彝
7.3752 牀侯曰:爲季姬殷
7.3772 己(紀)侯乍(作)姜縈殷
7.3781 侯氏乍(作)孟姬尊殷
7.3782 侯氏乍(作)孟姬尊殷
7.3802 叔侯父乍(作)尊殷
7.3803 叔侯父乍(作)尊殷
7.3815 敶(陳)侯乍(作)王嬀媵殷
7.3826 耳侯戥乍(作)黨□□匿辟乙□□癸文考
7.3858 王在侯示
7.3860 膺(應)侯乍(作)姬邍母尊殷
7.3903 敶(陳)侯乍(作)嘉姬寶殷
7.3906 侯賞攸貝三朋
7.3908 量侯尌(豺)柞(作)寶尊殷
7.3928 噩(鄂)侯乍(作)王姞㛸(媵)殷
7.3929 噩(鄂)侯乍(作)王姞㛸(媵)殷
7.3930 噩(鄂)侯乍(作)王姞㛸(媵)殷
7.3954 仲幾父事(使)幾事(使)于者(諸)侯、者(諸)監
7.3977 己(紀)侯貉子分己(紀)姜寶
7.4029 魯侯又(有)囚(繇)工(功)
7.4041 王伐棼(蓋)侯
7.4045 膺(應)侯乍(作)生杙姜尊殷
7.4059 征(誕)令康侯啚(鄙)于衛
8.4136 相侯休于厥臣殳/殳揚侯休/其萬年□待□□侯
8.4139 楷侯乍(作)姜氏寶黨彝
8.4145 陳侯午台(以)群者(諸)侯獻金
8.4152 鄦(筥)侯少(小)子析(析)、乃孝孫不巨
8.4215 眔者(諸)侯、大亞
8.4237 井(邢)侯厚(搏)戎/子□余弅(朕)皇辟侯/唯用妥(綏)康令于皇辟侯
8.4241 王令㷜(榮)眔內史曰:䇂(介)井(邢)侯服
8.4320 王令(命)虞(虎)侯夨曰:鄀(?)侯于宜/宜侯夨揚王休
8.4343 廼侯之耤(籍)
9.4428 滕(滕)侯穌乍(作)厥文考滕(滕)仲旅殷
9.4464 南仲邦父命駒父殷(即)南者(諸)侯
9.4490 蔡侯龖(申)之飤簠
9.4491 蔡侯龖(申)之飤簠
9.4492 蔡侯龖(申)之飤簠
9.4493 蔡侯龖(申)之飤簠
9.4495 曾侯乙詐(作)時(持)甬(用)冬(終)
9.4496 曾侯乙詐(作)時(持)甬(用)冬(終)
9.4521 階侯微逆乍(作)簠
9.4561 鄦侯乍(作)叔姬寺男媵(媵)簠
9.4562 鄦侯乍(作)叔姬寺男媵(媵)簠
9.4598 曾侯乍(作)叔姬、邛(江)嬶(芈)賸(媵)器黨彝
9.4603 敶(陳)侯乍(作)王仲嬀𡣽(㾓)媵(媵)簠
9.4604 敶(陳)侯乍(作)王仲嬀𡣽(㾓)媵(媵)簠
9.4606 敶(陳)侯乍(作)孟姜𡟞(㾓)媵(媵)簠
9.4607 敶(陳)侯乍(作)孟姜𡟞(㾓)媵(媵)簠
9.4629 余寅(夤)事齊侯
9.4630 余寅(夤)事齊侯
9.4635 滕(滕)侯昊(昃)之御䵼(敦)
9.4638 齊侯乍(作)飤臺(敦)
9.4639 齊侯乍(作)飤臺(敦)
9.4645 齊侯乍(作)朕(媵)寬圓孟姜膳臺(敦)
9.4646 陳侯午台(以)群者(諸)侯獻金
9.4647 陳侯午台(以)群者(諸)侯獻金
9.4648 陳侯午淖(朝)群邦者(諸)侯于齊/者(諸)侯享(獻)台(以)吉金

9.4649 陳侯因資(齊)曰：皇考孝武超(桓)公龏(恭)截(戴)/ 淖(朝)聞(問)者(諸)侯/者(諸)侯寍(夤)薦吉金
9.4670 曾侯乙詐(作)右(持)甬(用)冬(終)
9.4671 曾侯乙詐(作)峙(持)甬(用)冬(終)
10.4847 子侯
10.5325 噩(鄂)侯弟厤(曆)季乍(作)旅彝
10.5377 曩侯亞疑
10.5410 至于上侯滰(滰)川上
10.5415 王令保及殷東或(國)五侯
10.5428 女(汝)㠱(其)用鄉(饗)乃辟軝侯
10.5429 女(汝)㠱(其)用鄉(饗)乃辟軝侯
11.5912 噩(鄂)侯弟厤(曆)季乍(作)旅彝
11.5923 亞曩侯
11.5924 亞曩侯
11.5939 蔡侯龖(申)乍(作)大孟姬賸(媵)尊
11.5978 匽(燕)侯賞復冂(褐)衣、臣妾、貝
11.5995 王女(如)上侯
11.6002 令乍(作)册折兄(貺)聖土于相侯
11.6003 王令保及殷東或(國)五侯
11.6007 侯各于耳/辥侯休于耳/[illegible]師耳對禓(揚)侯休/侯萬年壽考、黃耇
11.6010 蔡侯龖(申)虔共(恭)大命
11.6015 王令辟井(邢)侯出坏(坯)/侯于井(邢)/侯見于宗周/侯乘于赤旂舟/王以侯內(入)于寢/侯賜玄周(琱)戈/侯賜者(赭)娂臣二百家/用龏(恭)義(儀)寧侯/覭(景)孝于井(邢)侯/乍(作)册麥賜金于辟侯/用爯侯逆造/唯天子休于麥辟侯之年鑄
11.6016 眔者(諸)侯：侯、田、男
11.6173 康侯
11.6196 乍(作)侯
12.6464 曩侯亞疑妣辛
12.6514 自隮侯四駉
13.8301 侯乍(作)
13.8310 康侯
14.9096 魯侯乍(作)爵
15.9303 令乍(作)册折兄(貺)聖土于相侯
15.9408 魯侯乍(作)姜享彝
15.9439 曩侯亞疑/匽(燕)侯賜亞貝
15.9451 井(邢)侯光厥事(吏)麥/侯賜麥金/用從井(邢)侯征事
15.9453 卿(佮)即邦君、者(諸)侯、正、有嗣大射
15.9553 楷侯乍(作)旅彝
15.9573 蔡侯龖(申)之淄(鈚)壺
15.9574 蔡侯龖(申)之淄(鈚)壺
15.9579 魯侯乍(作)尹叔姬壺
15.9581 曾侯乙乍(作)峙(持)用冬(終)
15.9582 曾侯乙詐(作)峙(持)甬(用)冬(終)
15.9586 [illegible](柏)侯乍(作)旅壺
15.9587 [illegible](柏)侯乍(作)旅壺
15.9616 春成侯中府/春成侯中府爲重(鍾)
15.9627 蔡侯□〔作〕□母朕(媵)〔壺〕
15.9632 己(紀)侯乍(作)鑄壺
15.9633 敶(陳)侯乍(作)媯櫓朕(媵)壺
15.9634 敶(陳)侯乍(作)媯櫓朕(媵)壺
15.9657 侯母乍(作)侯父戎壺
15.9696 虞侯政乍(作)寶壺
15.9729 齊侯女雷肴(聿)喪其毀(舅)/齊侯命大(太)子乘遽來句宗伯/齊侯拜嘉命/齊侯既遭(躋)洹子孟姜喪
15.9730 齊侯女雷肴(聿)喪其毀(舅)/齊侯命大(太)子乘遽來句宗伯/齊侯拜嘉命/齊侯既遭(躋)洹子孟姜喪
15.9735 不瞿(舊)者(諸)侯/而退與者(諸)侯齒張(長)於遼(會)同/者(諸)侯皆賀
16.9893 辟井(邢)侯光厥正事(吏)/用爯井(邢)侯出入運(揚)令(命)
16.9895 令乍(作)册折兄(貺)聖土于相侯
16.9901 眔者(諸)侯：侯、田(甸)、男
16.9927 曾侯乙詐(作)峙(持)甬(用)冬(終)
16.9928 曾侯乙詐(作)峙(持)甬(用)冬(終)
16.9929 曾侯乙詐(作)峙(持)甬(用)冬(終)
16.9930 曾侯乙詐(作)峙(持)甬(用)冬(終)
16.9943 侯
16.9976 蔡侯龖(申)之缾(鉼)
16.9991 蔡侯朱之缶
16.9992 蔡侯龖(申)之盥缶
16.9993 蔡侯龖(申)之尊缶
16.9994 蔡侯龖(申)之尊缶
16.9998 曾侯乙詐(作)峙(持)甬(用)冬(終)
16.9999 曾侯乙詐(作)峙(持)甬(用)冬(終)
16.10000 曾侯乙詐(作)峙(持)甬(用)冬(終)
16.10004 蔡侯龖(申)

乍(作)大孟姬賸(媵)盥缶
16.10072 蔡侯䨻(申)乍(作)尊盤(盤)
16.10077 曾侯乙詐(作)時(持)用冬(終)
16.10096 筍侯乍(作)叔姬賸(媵)般(盤)
16.10117 齊侯乍(作)𦬁(蓋)姬寶般(盤)
16.10123 齊侯乍(作)皇氏孟姬寶般(盤)
16.10129 伯侯父賸(媵)叔嬀㽙(聯)母鎜(盤)
16.10133 薛侯乍(作)叔妊襄朕(媵)般(盤)
16.10157 陳(陳)侯乍(作)王仲嬀𡛟(㾓)母媵般(盤)
16.10159 齊侯乍(作)賸(媵)寬𡇈孟姜盥般(盤)
16.10171 蔡侯䨻(申)虔共(恭)大命
16.10174 其唯我者(諸)侯、百生(姓)
16.10189 蔡侯䨻(申)之盥匜
16.10195 蔡侯乍(作)姬單媵(媵)也(匜)
16.10197 曾侯乙詐(作)時(持)甬(用)冬(終)
16.10198 曾侯乙乍(作)時(持)甬(用)冬(終)
16.10203 叔侯父乍(作)姜□寶也(匜)
16.10232 筍侯□乍(作)寶盨
16.10233 齊侯子行乍(作)其寶也(匜)
16.10242 齊侯乍(作)𦬁(蓋)姬寶也(匜)
16.10263 薛侯乍(作)叔妊襄朕(媵)也(匜)
16.10272 齊侯乍(作)虢孟姬良女(母)寶也(匜)
16.10283 齊侯乍(作)賸(媵)寬𡇈孟姜盥盂
16.10290 蔡侯䨻(申)之尊盜(浣)匜
16.10292 曾侯乙詐(作)時(持)甬(用)冬(終)
16.10303 匽(燕)侯乍(作)旅盂
16.10304 匽(燕)侯乍(作)旅盂
16.10305 匽(燕)侯乍(作)饆(饋)盂
16.10318 齊侯乍(作)朕(媵)子仲姜寶盂
16.10348 曾侯乙乍(作)時(持)
16.10351 㠱侯亞
16.10361 侯氏受福眉壽/侯氏毋㾓毋痏
16.10382 侯興□𦀚(固)三
16.10387 曾侯乙詐(作)時(持)甬(用)冬(終)
16.10398 曾侯乙詐(作)時(持)甬(用)冬(終)
16.10399 曾侯乙詐(作)時(持)甬(用)冬(終)
16.10439 曾侯乙詐(作)時(持)甬(用)冬(終)
16.10455 曾侯乙詐(作)時(持)甬(用)冬(終)
16.10559 其(㠱)侯亞疑
16.10583 郾(燕)侯庫(䡅載)思(夙)夜思(淑)人
17.10770 斸侯
17.10793 侯
17.10794 侯
17.10795 侯
17.10796 侯
17.10797 侯
17.10798 侯
17.10799 侯
17.10800 侯
17.10801 侯
17.10887 匽(燕)侯
17.10953 匽(燕)侯天戜(戟)
17.10981 曾侯郕(越)
17.11011 匽(燕)侯舞戈
17.11018 滕(滕)侯昊(昃)之〔戈〕
17.11057 郾(燕)侯右宮
17.11065 嚚(器)渒侯散戈
17.11077 滕(滕)侯耆(耆、耆)之鋯(造)
17.11078 滕(滕)侯耆(耆、耆)之艁(造)
17.11079 滕(滕)侯昊(昃)之艁(造)
17.11081 陳侯因脊(齊)錯(造)
17.11094 曾侯郕(越)乍(作)時(持)
17.11095 曾侯郕(越)乍(作)時(持)
17.11096 曾侯郕(越)乍(作)時(持)
17.11097 曾侯郕(越)乍(作)時(持)
17.11098 曾侯郕(越)之戜(戟)
17.11121 曾侯䴏伯秉戈
17.11123 滕(滕)侯昊(昃)之譖(酷、造)戜
17.11129 陳侯因脊(齊)之造
17.11140 蔡侯䨻(申)之行戈
17.11141 蔡侯䨻(申)之用戈
17.11142 蔡侯䨻(申)之用戈
17.11143 蔡侯產之用戈
17.11144 蔡侯產之用戈
17.11150 蔡侯𪉲之用戜
17.11167 曾侯乙之寢戈
17.11168 曾侯乙之走戈
17.11169 曾侯乙之用戈

17.11170 曾侯乙之用戈
17.11171 曾侯乙之走戈
17.11172 曾侯乙之用戜(戟)
17.11173 曾侯乙之用戜(戟)
17.11174 曾侯邚(越)之用戈
17.11175 曾侯邚(越)之行戜(戟)
17.11176 曾侯邚(越)之行戜(戟)
17.11177 曾侯邚(越)之行戜(戟)
17.11178 曾侯𢈷之用戜(戟)
17.11179 曾侯𢈷之用戜(戟)
17.11180 曾侯遻之行戜(戟)
17.11181 曾侯遻之行戜(戟)
17.11184 郾(燕)侯脮乍(作)〔帀〕萃鍨鉘(戟)
17.11185 郾(燕)侯庫(䡅、載)乍(作)□鍨(戣)鉘(戟)六
17.11186 郾(燕)侯庫(䡅、載)乍(作)萃鋸(戵)
17.11202 郈(程)侯之廍(造)戈五百
17.11217 郾(燕)侯〔職〕乍(作)𢼸萃鋸(戵)
17.11218 郾(燕)侯庫(䡅)乍(作)左宮鋸(戵)
17.11219 郾(燕)侯庫(䡅)乍(作)帀(師)萃鉘(戟)
17.11220 郾(燕)侯庫(䡅)乍(作)右軍鉘(戟)
17.11221 郾(燕)侯職𢘅(𢘅、授)帀(師)萃鋸(戵)
17.11222 郾(燕)侯職乍(作)帀(師)萃鋸(戵)
17.11223 郾(燕)侯職乍(作)帀(師)萃鋸(戵)
17.11260 陳侯因咨(齊)造
17.11272 郾(燕)侯脮乍(作)帀(師)萃鍨鉘(戟)
17.11365 穆侯之子、西宮之孫
17.11383 郾(燕)侯庫(䡅載)自洹徠(來)
17.11407 ☐侯□已𦐇(䎘)☐
18.11450 康侯
18.11513 郾(燕)侯庫(䡅)乍(作)左軍
18.11556 相邦春平侯、邦右庫工師肖(趙)瘁、冶韓開敎(撻)齋(劑)
18.11557 相邦春平侯、邦左伐器工師長瞿(鳳)、冶私(粭)敎(撻)齋(劑)
18.11558 相邦春平侯、邦左庫工師長瞿(鳳)、冶𠣎(勻)敎(撻)齋(劑)
18.11567 曾侯邚(越)之用殳
18.11587 蔡侯產之用鐱(劍)
18.11601 蔡侯𠂇叔之用
18.11602 蔡侯產乍(作)畏(威)效(效)
18.11603 蔡侯產乍(作)畏(威)效(效)
18.11604 蔡侯產之用僉(劍)
18.11662 相邦春平侯☐伐器工師□□、冶☐
18.11682 相邦春平侯、邦左庫工師肖(趙)瘠、冶事(吏)開敎(撻)齋(劑)
18.11683 相邦春平侯、邦左庫工師肖(趙)瘠、冶事(吏)開敎(撻)齋(劑)
18.11684 相邦春平侯、邦左庫工師□□□、冶馬齋(劑)
18.11688 相邦春平侯、邦左庫工師肖(趙)瘠、冶君(尹)五月敎(撻)齋(劑)
18.11689 相邦春平侯、邦左伐器工師長瞿(鳳)、冶赦敎(撻)齋(劑)
18.11690 相邦春平侯、邦左伐器工師長瞿(鳳)、冶明敎(撻)齋(劑)
18.11691 相邦春平侯、邦左伐器工師長瞿(鳳)、冶句敎(撻)齋(劑)
18.11699 相邦春平侯、邦左伐器工師□□□□、冶亘敎(撻)齋(劑)
18.11707 相邦春平侯、邦左庫工師長身、冶宼瀻敎(撻)齊(劑)
18.11708 相邦春平侯、邦右庫工師訬㐼、冶巡敎(撻)齋(劑)
18.11709 相邦春平侯、邦右伐器工師羊敹(播)、冶疢敎(撻)齋(劑)
18.11710 相邦春平侯、左伐器𢊁工師析論、冶𤴓敎(撻)齋(劑)
18.11713 相邦春平侯、邦左伐器工師長瞿(鳳)、冶句敎(撻)齋(劑)
18.11714 相邦春平侯、邦左伐器工師長瞿(鳳)、冶句敎(撻)齋(劑)
18.11715 相邦春平侯、邦右伐器工師從訬、冶巡敎(撻)齋(劑)
18.11716 相邦春平侯、邦左伐器工師長瞿(鳳)、冶�敎(撻)齋(劑)

18.11758 中山侯恣(忮)乍(作)茲軍釽
18.11778 康侯
18.11779 康侯
18.11812 康侯
18.11835 侯
18.11854 匽(燕)侯
18.11860 匽(燕)侯無(舞)昜(錫)
18.11861 匽(燕)侯無(舞)昜(錫)
18.12007 侯
18.12008 侯
18.12020 康侯

2739 ⿰矢旨

4.2185 伯⿰矢旨乍(作)旅尊鼎
10.5424 王寴(親)令伯⿰矢旨曰：毋卑(俾)農弋(特)

2740 射

3.848 襄射乍(作)尊
3.1377 射母[illegible]
3.1378 射母[illegible]
3.1379 射母[illegible]
4.1895 射獸(？)父癸
5.2559 射[illegible]
5.2780 在射廬
5.2784 王射于射盧(廬)
5.2803 王射／有嗣眔師氏、小子卿(佮)射
5.2810 乃射／馭方卿(佮)王射
5.2818 其且(沮)射(厭)分田邑
6.3654 射
8.4258 官嗣尸(夷)僕、小射、底魚
8.4259 官嗣尸(夷)僕、小射、底魚
8.4260 官嗣尸(夷)僕、小射、底魚
8.4266 啻(嫡)官僕、射、士
8.4273 王令靜嗣射學宮／小子眔服、眔小臣、眔尸(夷)僕學射／卿(佮)䜌(豳)茲師邦君射于大池
8.4278 其且(沮)射(厭)分田邑
8.4296 王各于宣射(榭)
8.4297 王各于宣射(榭)
8.4321 王在射日宮
9.4479 射南自乍(作)其簠
9.4480 射南自乍(作)其簠
10.5423 懿王在射盧(廬)
11.5574 襄射
11.6015 王射大龏(鴻)禽
12.6878 射母[illegible]
13.7634 射
13.8246 襄射
15.9453 卿(佮)即邦君、者(諸)侯、正、有嗣大射
15.9455 即井伯、大(太)祝射
16.10121 鄧伯吉射自乍(作)盥般(盤)
16.10286 射母[illegible]
17.10791 射
17.10792 射
18.12113 就彭射(澤)

2741 ⿰矢弟(雉)

10.5427 不敢⿰矢弟(雉)

2742 ⿰矢射(躾、射)

18.11816 唯侯(佗)仲⿰矢射子用

2743 矰

17.11285 相公子矰(骭)之告(造)
17.11376 冢子韓矰(骭)、邦庫嗇夫㪟(扶)湯、冶舒散(措、造)戈

2744 [illegible]

15.9733 □昀[illegible](矢)舟𦐑(𦐑)緐丘

2745 ⿰耳矢

17.10803 ⿰耳矢

2746 ⿰矢逢

6.3695 義叔聞⿰矢逢(肇)乍(作)彝

2747 [illegible]

17.11038 陳子[illegible][illegible]

2748 刀

3.1501 弗刀
4.1826 子刀父乙
4.1879 子刀父己
4.1881 子刀父辛
4.1882 子刀父辛
4.2136 子[illegible]刀糸父癸
5.2707 勻(鈞)二百六十二刀之勻(鈞)
6.3079 子刀
10.4865 弗刀
10.5048 圳(坶)刀祖己
10.5384 刀
11.5584 弗刀
11.6139 子刀
11.6212 刀祖癸
12.7032 弗刀
12.7069 刀[illegible]
12.7217 祖壬丰刀
12.7229 子刀父丁
12.7255 糸子[illegible]刀
13.7609 刀
13.7610 刀
13.8116 子刀
13.8238 丘刀
13.8247 刀□
14.9055 糸子[illegible]刀父己
15.9448 冢(重)三百八刀
15.9450 冢(重)三百卌(四十)五刀
15.9674 冢(重)一石百卌(四十)二刀之冢(重)
15.9683 冢(重)四百六刀冢(重)
15.9684 冢(重)一石八十二刀之冢(重)
15.9685 冢(重)五百六十九刀
15.9686 冢(重)一石三百刀之冢(重)
15.9692 冢(重)四百七十四刀之冢(重)

15.9693 冢(重)一石三百卅九刀之冢(重)
16.10027 子刀
16.10257 冢(重)七十刀之冢(重)
16.10287 大右刀(?)
16.10358 冢(重)百十一刀之冢(重)
16.10359 冢(重)百廿八刀之冢(重)
16.10402 冢(重)一石三百五十五刀之冢(重)
18.11568 刀

2749 叹

11.5656 叹(刀)父辛
12.6496 犬山叹
17.10681 叹
18.11879 叹

2751 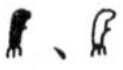

12.6719 

2752 卜刂(剥)

10.5427 弋勿卜刂(剥)嗌鰥寡

2753 犼

10.5282 犼乍(作)父己寶尊彝
11.5878 犼乍(作)父己寶尊彝

2754 韧(契)

5.2779 羊百韧(挈)

2755 刑

16.10176 夨人有嗣眉(堳)田：鮮、且、微、武父、西宮襄、豆人虞丂、彔、貞、師氏右省、小門人繇、原人虞艿、淮嗣工(空)虎孛、開豐父、唯(鳿)人有嗣、刑丂
16.10374 中刑斤逘(殺)
18.11562 安陽倫(令)韓壬、司刑欣(听)皼、右庫工師芰(荈)固、冶瓪敳(造)戟朿(刺)
18.11564 截(截)雍倫(令)韓臣、司寇判它、左庫工師刑秦、冶豕(禓)敳(槽、造)戟朿(刺)

2756 初

1.52 八月初吉
1.53 初吉丁亥
1.72 唯正月初吉丁亥
1.73-4 初吉庚申
1.75 初吉庚申
1.76-7 初吉庚申
1.78-9 初吉庚申
1.80-1 初吉庚申
1.87 初吉壬午
1.88 唯正月初吉丁亥
1.89 唯正月初吉丁亥
1.93 初吉丁亥
1.94 初吉丁亥
1.95 初吉丁亥
1.96 初吉丁亥
1.97 初吉丁亥
1.98 初吉丁亥
1.99 初吉丁亥
1.100 初吉丁亥
1.101 初吉丁亥
1.107-8 唯正二月初吉
1.113 初吉丁亥
1.114 初吉丁亥
1.115 初吉丁亥
1.116 初吉丁亥
1.117 初吉丁亥
1.118-9 初吉丁亥
1.133 四月初吉甲寅
1.134 四月初吉甲寅
1.135 四月初吉甲寅
1.136 四月初吉甲寅
1.137-9 四月初吉甲寅
1.142 唯正月初吉丁亥
1.143 唯□月初吉□寅
1.149 唯王正月初吉
1.150 唯王正月初吉
1.151 唯王正月初吉
1.152 唯王正月初吉
1.153 唯正月初吉丁亥
1.154 唯正月初吉丁亥
1.171 初吉乙巳
1.172 唯正月初吉庚午
1.173 唯正月初吉庚午
1.174 唯正月初吉庚午
1.175 唯正月初吉庚午
1.176 唯正月初吉庚午
1.177 唯正月初吉庚午
1.178 唯正月初吉庚午
1.179 唯正月初吉庚午
1.180 唯正月初吉庚午
1.182 唯正月初吉
1.183 初吉丁亥
1.185 初吉丁亥
1.193 唯正月初吉丁亥
1.194 唯正月初吉丁亥
1.195 唯正月初吉丁亥
1.196 唯正月初吉丁亥
1.197 唯正月初吉丁亥
1.198 唯正月初吉丁亥
1.199 唯正月初吉丁亥
1.200 唯正月初吉丁亥
1.201 唯正月初吉丁亥
1.202 唯正月初吉丁亥
1.203 唯正月初吉丁亥
1.204-5 九月初吉庚寅
1.206-7 九月初吉庚寅
1.208 九月初吉庚寅
1.209 九月初吉庚寅
1.210 初吉孟庚
1.211 初吉孟庚
1.217 唯正月初吉孟庚
1.218 唯正月初吉孟庚
1.219 唯正月初吉孟庚
1.220 唯正月初吉孟庚
1.221 唯正月初吉孟庚
1.222 唯正月初吉孟庚
1.223-4 吉日初庚
1.225 初吉丁亥
1.226 初吉丁亥
1.227 初吉丁亥
1.228 初吉丁亥
1.229 初吉丁亥
1.230 初吉丁亥
1.231 初吉丁亥
1.232 初吉丁亥
1.233 初吉丁亥
1.234 初吉丁亥
1.235 初吉丁亥
1.236 初吉丁亥
1.237 初吉丁亥
1.245 初吉乙亥
1.251-6 初盤龢于政
1.261 唯正月初吉丁亥
1.271 初吉丁亥
2.421 唯正初吉丁亥
2.422 唯正初吉丁亥
2.424 初吉丁亥

2.425 正月初吉
2.426〔唯〕□〔月〕初吉庚午
2.427〔唯〕□〔月〕初吉庚午
2.429 唯正月初吉庚午
3.731 唯五月初吉丁酉
3.745 唯九月初吉庚寅
3.746 唯六月初吉
3.747 唯六月初吉
3.748 唯六月初吉
3.749 唯六月初吉
3.750 唯六月初吉
3.751 唯六月初吉
3.752 唯六月初吉
3.940 唯正月初吉庚午
3.942 唯六月初吉
3.946 唯正月初吉丁亥
3.947 唯九月初吉丁亥
5.2569 唯正月初[吉]
5.2624 唯正月初吉乙亥
5.2628 匽(燕)侯旨初見事于宗周
5.2643 唯登(鄧)八月初吉
5.2650 唯正月初吉丁亥
5.2652 唯五月初吉丁亥
5.2656 唯十又二月初士(吉)
5.2659 王初[illegible](量)于成周
5.2663 唯正月初吉庚午
5.2664 唯正月初吉庚午
5.2665 唯正月初吉庚午
5.2666 唯正月初吉庚午
5.2668 唯正月初吉己亥
5.2670 唯八月初吉
5.2690 唯八月初吉庚申
5.2691 唯八月初吉庚申
5.2692 唯八月初吉庚申
5.2697 八月初吉丁亥
5.2698 八月初吉丁亥
5.2699 八月初吉丁亥
5.2700 八月初吉丁亥
5.2704 唯八月初吉
5.2713 唯九月初吉庚寅
5.2715 唯正月初吉丁亥
5.2716 唯正月初吉丁亥
5.2717 唯正月初吉丁亥
5.2719 初吉壬午
5.2722 初吉壬申
5.2729 唯二月初吉庚寅
5.2732 唯正月初吉辛亥
5.2734 初吉丁亥
5.2738 唯正月初吉丁亥
5.2765 唯三月初吉
5.2766 唯正月吉日初庚
5.2767 初吉乙丑
5.2768 唯五月初吉壬申
5.2769 唯五月初吉壬申
5.2770 唯五月初吉壬申
5.2771 初吉癸未
5.2772 初吉癸未
5.2777 初吉己巳
5.2780 初吉丙午
5.2786 唯三月初吉甲戌
5.2792 唯三月初吉庚寅
5.2805 初吉甲寅
5.2811 唯正月初吉丁亥
5.2817 初吉甲戌
5.2818 三月初吉壬辰
5.2820 唯十又二月初吉
5.2825 正月初吉庚戌
5.2832 唯正月初吉庚戌
7.3807 唯九月初吉
7.3952 唯三月初吉
7.4028 唯六月初吉丙申
7.4035 唯十又二月初吉
7.4044 五月初吉甲申
7.4045 唯正月初吉丁亥
7.4046 唯八月初吉庚午
7.4055 唯登(鄧)九月初吉
7.4060 唯九月初吉戊戌
7.4074 唯七月初吉甲戌
7.4075 唯七月初吉甲戌
7.4088 唯十月初吉辛巳
7.4099 唯八月初吉丁亥
7.4104 唯九月初吉庚午/公叔初見于衛
7.4105 唯九月初吉庚午/公叔初見于衛
7.4106 唯九月初吉庚午/公叔初見于衛
7.4112 初吉甲申
7.4113 唯八月初吉壬午
7.4118 唯正月初吉庚寅
7.4119 唯正月初吉庚寅
8.4126 八月初吉丁亥
8.4127 唯二月初吉
8.4130 初吉癸卯
8.4146 初吉辛亥
8.4154 唯六月初吉
8.4155 唯六月初吉
8.4159 唯正月初吉丁卯
8.4165 唯六月初吉丁巳
8.4166 唯四月初吉丁亥
8.4168 唯正月初吉壬午
8.4178 唯正月初吉乙亥
8.4183 初吉乙丑
8.4191 唯王初女(如)[illegible]

8.4194 唯四月初吉丁卯
8.4202 唯三月初吉庚午
8.4209 唯八月初吉丁亥
8.4210 唯八月初吉丁亥
8.4211 唯八月初吉丁亥
8.4212 唯八月初吉丁亥
8.4225 正月初吉壬寅
8.4226 正月初吉壬寅
8.4227 正月初吉壬寅
8.4228 正月初吉壬寅
8.4240 唯十又二月初吉
8.4243 唯二月初吉
8.4245 初吉丁巳
8.4246 唯正月初吉丁亥
8.4247 唯正月初吉丁亥
8.4248 唯正月初吉丁亥
8.4249 唯正月初吉丁亥
8.4250 初吉庚申
8.4253 唯五月初吉枏(甲)戌
8.4254 唯五月初吉枏(甲)戌
8.4257 唯八月初吉戊寅
8.4258 唯四月初吉
8.4259 唯四月初吉
8.4260 唯四月初吉
8.4262 唯正月初吉癸巳
8.4263 唯正月初吉癸巳
8.4264 唯正月初吉癸巳
8.4265 唯正月初吉癸巳
8.4267 唯正月初吉丁卯
8.4268 初吉庚寅
8.4270 初吉丁丑
8.4271 初吉丁丑
8.4272 六月初吉戊戌
8.4273 唯六月初吉／雩八月初吉庚寅
8.4274 初吉甲寅
8.4275 初吉甲寅
8.4277 初吉甲戌
8.4278 三月初吉壬辰
8.4283 唯二月初吉戊寅
8.4284 唯二月初吉戊寅
8.4285 初吉庚寅
8.4296 唯二年正月初吉
8.4297 唯二年正月初吉
8.4311 初吉丁亥
8.4318 初吉丁亥
8.4319 初吉丁亥
8.4322 唯六月初吉乙酉
8.4324 九月初吉丁亥
8.4325 九月初吉丁亥
8.4328 唯九月初吉戊申
8.4329 唯九月初吉戊申
8.4341 唯八月初吉
9.4454 六月初吉丁亥
9.4455 六月初吉丁亥
9.4456 六月初吉丁亥
9.4457 六月初吉丁亥
9.4465 初吉庚寅
9.4573 唯九月初吉庚申
9.4575 唯八月初吉庚申
9.4576 唯八月初吉庚申
9.4577 唯八月初吉庚申
9.4588 唯正月初吉丁亥
9.4603 唯正月初吉丁亥
9.4604 唯正月初吉丁亥
9.4605 唯九月初吉壬申
9.4606 唯正月初吉丁亥
9.4607 唯正月初吉丁亥
9.4608 唯正月初吉丁亥
9.4609 唯正月初吉丁亥
9.4612 唯正月初吉丁亥
9.4613 初吉丁亥
9.4614 唯正□月初吉乙亥
9.4616 唯正月初吉丁亥
9.4617 初吉丁亥
9.4618 唯正月初吉丁亥
9.4619 唯正月初吉丁亥
9.4620 唯十月初吉庚午
9.4621 唯十月初吉庚午
9.4622 唯十月初吉庚午
9.4623 唯正月初吉
9.4624 唯正月初吉
9.4625 唯正月初吉丁亥
9.4629 初吉丁亥
9.4630 初吉丁亥
9.4631 初吉庚午
9.4632 初吉庚午
10.5405 唯二月初吉丁卯
10.5408 唯四月初吉丙寅
10.5418 唯六月初吉
10.5423 唯四月初吉甲午
10.5430 唯九月初吉癸丑
10.5431 王初餗旁
10.5433 唯四月初吉甲午
11.5985 初饉(望)
11.5994 唯二月初吉丁卯
11.6006 唯六月初吉
11.6007 唯六月初吉
11.6009 唯四月初吉甲午
11.6010 初吉辛亥
11.6011 王初執駒于㡯(斥)

11.6013 唯八月初吉
11.6014 唯王初𩰫宅于成周
12.6516 唯三月初吉乙卯
14.9104 唯王初𡘯(祓)于成周
15.9455 唯三月初吉丁亥
15.9638 唯正月初吉庚午
15.9673 寺工師初、丞拑、稟(廩)人莽
15.9696 初吉壬戌
15.9701 唯正月初吉庚午
15.9702 初吉庚寅
15.9705 十月初吉己卯
15.9706 初吉甲戌
15.9708 唯六月初吉丁亥
15.9716 唯五月初吉壬申
15.9717 唯五月初吉壬申
15.9721 唯五月初吉庚午
15.9722 唯五月初吉庚午
15.9723 九月初吉戊寅
15.9724 九月初吉戊寅
15.9728 唯正月初吉丁亥
15.9733 初吉丁亥
16.9896 初吉丁亥
16.9898 唯二月初吉丁亥
16.9899 唯八月初吉
16.9900 唯八月初吉
16.10005 唯正月初吉丁亥
16.10006 唯正月初吉丁亥
16.10007 唯正月初吉丁亥
16.10127 唯正月初吉
16.10128 唯正月初吉
16.10146 唯正月初吉庚申
16.10148 初吉庚午
16.10149 唯正月初吉庚午
16.10155 唯正月初吉壬午
16.10157 唯正月初吉丁亥
16.10160 唯正月初吉丁亥
16.10161 唯五月初吉
16.10162 初吉丁亥
16.10163 初吉丁亥
16.10165 初吉丁亥
15.10169 初吉甲寅
16.10171 初吉辛亥
16.10173 正月初吉丁亥
16.10174 王初各(格)伐厥(玁)䡅(梳、狁)于嚣盧
16.10175 初敹(盭)龢于政
16.10273 初吉庚午
16.10276 唯正月初吉庚午
16.10278 初吉庚午
16.10279 唯正月初吉丁亥
16.10281 初吉乙巳
16.10282 初吉丁亥
16.10284 唯正月初吉丁亥
16.10298 吉日初庚
16.10299 吉日初庚
16.10319 唯正月初吉
16.10320 唯正月初吉己酉
16.10321 唯正月初吉
16.10322 初吉丁卯
16.10338 唯正月初吉丁亥
16.10339 初吉庚午
16.10340 唯八月初吉丁亥
16.10341 唯八月初吉庚午
16.10342 初吉丁亥
16.10356 初吉壬午
16.10360 初吉丁卯
16.10582 六月初吉癸卯

2757 𠚥、𠚣、㓝

3.1456 車㓝
11.5689 㓝册享
11.6358 㓝册享
12.7041 車㓝
12.7067 㓝𡗞
12.7167 㓝享册
12.7168 㓝享册
12.7169 㓝享册
12.7170 㓝享册
12.7216 祖辛戉㓝
13.8154 㓝𡗞
13.8179 㓝旅
13.8280 㓝册
15.9197 車㓝
15.9776 車㓝
16.10526 册享㓝

2758 利

1.155 □連小▨利之於大〔郙〕者 /□於□曰利 / 利
1.156 □再㤅(勞)曰利 / 乍(作)利□小
1.171 同女(汝)之利
1.260 參(叁)壽唯利
5.2750 哀哀利錐
5.2804 井伯內(入)右(佑)利 / 王乎乍(作)命內史册命利 / 利拜䭫首 / 利其萬年
5.2826 三壽是利
6.3580 利乍(作)寶尊䵼彝
8.4131 賜又(右)事(史)利金
9.4473 史利乍(作)簠
9.4474 史利乍(作)簠
16.9897 王乎宰利賜師遽瑚圭一、瓌(篆)章(璋)四
16.10407 不汲於利
17.10812 利
18.11528 郾(燕)王喜恖(悛、授)全張(長)利
18.11529 郾(燕)王喜恖(悛、授)全張(長)利
18.11579 余王利攼(捍)

2759 刑

18.11564 𢦏(截)雍倫(令)韓匡、司寇刑它、

左庫工師刑秦、冶悉(裼)散(揩、造)戟束(刺)

2760 剬

10.5427 遺祐石(祏)宗不剬
16.10342 剬票(暴)霰(胡)蕿(迮)

2761 刧(劫)

10.5383 賜罔刧貝朋
11.5977 賜𦋬(惘)刧貝朋

2762 刿(刿)

4.1644 刿(刿)父辛
6.2970 刿(刿)
12.6650 刿(刿)
13.7527 刿(刿)
13.7528 刿(刿)
14.8464 刿(刿)父丁
14.8563 刿(刿)父己

2763 則

1.156 行則曰:自余
1.157 用明則之于銘
1.158 用明則之于銘
1.159 用明則之于銘
1.160 用明則之于銘
1.161 用明則之于銘
1.251-6 武王則令周公舍(捨)寓(宇)以五十頌處
2.287 其在䵣(申)也爲遅(夷)則/徲(夷)則之徵曾
2.288 爲徲(夷)則珝(羽)角
2.289 徲(夷)則之珝(羽)曾
2.291 遅(夷)則之商
2.292 其在䵣(申)也爲遅(夷)則/徲(夷)則之徵曾
2.293 爲徲(夷)則珝(羽)角
2.294 遅(夷)則之徵
2.323 徲(夷)則之珝(羽)曾
2.324 妥(蕤)賓之在䵣(申)也爲遅(夷)則/爲遅則徵曾
2.327 其在䵣(申)也爲遅(夷)則/遅(夷)則之徵曾
2.328 爲遅(夷)則珝(羽)角
2.329 遅(夷)則之徵
2.330 遅(夷)則之珝(羽)曾
3.624 則☐
3.687 則永寶(祜)寶(福)
4.2497 子孫則永祜瑤(福)
5.2566 則永寳(祜)寳(福)
5.2567 則永祜霝(靈)毳(柔、蹂)
5.2723 俞則對揚厥德
5.2818 則殺/攸衛牧則誓
5.2824 則尚(常)安永宕乃子戜心
5.2831 則乃成夆(封)四夆(封)
5.2838 限許曰:眂則卑(俾)我賞(償)馬/效父則卑(俾)復厥絲束/則☐訋(詢)/曶則拜䭫首/眂則卑(俾)復令(命)曰:若(諾)/則付卌(四十)秭
8.4208 令𢍰娸追(饋)大則于段
8.4262 則析
8.4263 則析
8.4264 則析
8.4265 則析
8.4278 則殺/攸衛牧則誓
8.4292 女(汝)則宕其貳/女(汝)則宕其一/琱生(甥)則堇(覲)圭
8.4293 伯氏則報璧
8.4321 則乃祖奠周邦
8.4342 亦則於女(汝)乃聖祖考克専(輔)右(佑)先王
9.4467 則繇唯乃先祖考又(有)爵(勛)于周邦
9.4468 則唯乃先祖考又(有)爵(勛)于周邦
9.4469 則唯輔天降喪
9.4528 則永祜福
9.4529 則永祜福
9.4686 則永寳(祜)寳(福)
9.4687 則永寳(祜)寳(福)
11.5995 俞則對揚厥德
11.6011 不(丕)其則
11.6014 則廷告于天
14.8828 則乍(作)寶
15.9445 則永寳(祜)寳(福)
15.9636 則永寳(祜)寳(福)
15.9663 則永祜寳(福)
15.9664 則永祜寳(福)
15.9729 曰:期則爾期
15.9730 曰:期則爾期
15.9735 外之則牆(將)使𨑒(上)勤於天子之廟/則𨑒(上)逆於天/則臣不忍見旃/則堅(賢)人至/則堅(賢)人新(親)/則庶民筶(附)
16.9963 則永寳(祜)寳(福)
16.9966 則永𥙊(祜)缶(福)
16.9987 則永祜寶(福)
16.10104 則永寳(祜)寳(福)
16.10122 則永祜𥙊(福)
16.10174 則即井(刑)𢷎(撲)伐/則亦井(刑)
16.10175 武王則令周公舍(捨)圓(宇)于周
16.10176 則𢦏(隱)千罰千/鮮、且、𦋬、旅則誓/西宮㝨、武父則誓
16.10230 子孫則永祜寳(福)
16.10254 則永祜𥙊(福)
16.10285 則致(致)/牧

牛則誓

16.10374 不用命則寅之

16.10407 宜曲則曲 / 宜植(直)則直

18.12110 見其金節則毋政(徵)/ 不見其金節則政(徵)

18.12111 見其金節則毋政(徵)/ 不見其金節則政(徵)

18.12112 見其金節則毋政(徵)/ 不見其金節則政(徵)

18.12113 見其金節則毋政(徵)/ 不見其金節則政(徵)/ 則政(徵)於大府

2764 制

5.2811 子孫是制

16.10374 盥釜(釜)而車人制之

2765 剠

1.272-8 剠伐夏司

1.285 剠伐夏司

2766 釗

15.9733 釗不□其王乘駐(牡)

2767 剳

16.10176 奉(封)剳析、隮陵、剛析

2768 剛

14.9033 剛乍(作)寶尊彝

16.10175 左右縠(綏)鋝剛縧

16.10176 奉(封)剳析、隮陵、剛析 / 陟剛(崗)三奉(封)/ 陟州剛(崗)

2769 班

1.140 鼄(邾)公孫班擇其吉金

8.4323 至于伊、班

8.4341 班顗首曰: 烏虖(乎)/ 班非敢覓

9.4430 弭叔乍(作)叔班旅須(盨)

2770 削、龍刂

16.10373 鑄廿金龍刂(桶)

2771 刯

4.2072 刯乍(作)寶彝

2772 剖

1.193 卑(俾)女(汝)鰪鰪剖剖

1.194 卑(俾)女(汝)鰪鰪剖剖

1.196 卑(俾)女(汝)鰪鰪剖剖

1.197 卑(俾)女(汝)鰪鰪剖剖

1.198 卑(俾)女(汝)鰪鰪剖剖

2773 剅

14.9043 剅乍(作)祖乙寶彝

14.9044 剅乍(作)祖乙寶彝

2774 剢

8.4273 王賜靜鞞剢(璲)

2775 剝

1.272-8 這而(爾)倗剝

1.285 這而(爾)倗剝

4.2107 寧母又母剝

5.2660 毳用吿(穀)厥剝多友

2776 剴

1.272-8 外內剴(闓)辟(闢)

1.285 外內剴(闓)辟(闢)

2777 瑚

11.5944 瑚(班)乍(作)父乙寶尊彝

15.9296 瑚(班)乍(作)父乙寶尊彝

2778 割

2.286 割(姑)辪(洗)之濬(衍)宮 / 濁割(姑)辪(洗)之下角

2.287 割(姑)辪(洗)之翆(羽)曾

2.288 割(姑)辪(洗)之徵角 / 割(姑)辪(洗)之徵曾

2.289 割(姑)辪(洗)鄖鎛 / 割(姑)辪(洗)之徵角

2.290 割(姑)辪(洗)之商角 / 割(姑)辪(洗)之商曾

2.291 割(姑)辪(洗)之中鎛 / 割(姑)辪(洗)之宮曾

2.292 割(姑)辪(洗)之翆(羽)曾

2.293 割(姑)辪(洗)之宮 / 割(姑)辪(洗)之在楚也爲呂鐘 / 割(姑)辪(洗)之徵曾

2.294 割(姑)辪(洗)之翆(羽)/ 割(姑)辪(洗)之翆(羽)角

2.295 割(姑)辪(洗)之徵 / 割(姑)辪(洗)之徵角

2.296 割(姑)辪(洗)之鍚(歸)/ 濁割(姑)辪(洗)之翆(羽)/ 割(姑)辪(洗)之宮曾

2.297 割(姑)辪(洗)之濬(衍)商 / 割(姑)辪(洗)之翆(羽)曾

2.300 割(姑)肄(洗)之少商

2.301 割(姑)肄(洗)之壴(鼓)/ 割(姑)肄(洗)之巽

2.302 割(姑)肄(洗)之下角 / 割(姑)肄(洗)之冬(終)

2.303 割(姑)肄(洗)之商

2.306 割(姑)肄(洗)之徵角

2.309 割(姑)肄(洗)之巽

2.310 割(姑)肄(洗)之歆(缺)/ 割(姑)肄

(洗)之冬(終)反
2.311 割(姑)肄(洗)之少商
2.312 割(姑)肄(洗)之巽
2.314 割(姑)肄(洗)之商
2.315 割(姑)肄(洗)之宮
2.320 割(姑)肄(洗)之獸(衍)商 / 割(姑)肄(洗)之翆(羽)曾
2.321 割(姑)肄(洗)之少翆(羽)/ 割(姑)辥(洗)之少宮 / 割(姑)肄(洗)之在楚爲呂鐘
2.323 割(姑)肄(洗)之角 / 割(姑)肄(洗)之徵反
2.324 割(姑)肄(洗)之少商 / 割(姑)肄(洗)之諭(龢)
2.325 割(姑)肄(洗)之翆(羽)/ 割(姑)肄(洗)之宮佑 / 割(姑)肄(洗)之在楚也爲呂鐘
2.326 割(姑)肄(洗)之宮角 / 割(姑)肄(洗)之冬(終)
2.327 割(姑)肄(洗)之商 / 割(姑)肄(洗)之翆(羽)曾
2.328 割(姑)肄(洗)之宮 / 割(姑)肄(洗)之在楚也爲呂鐘 / 割(姑)肄(洗)之徵曾
2.329 割(姑)肄(洗)之翆(羽)/ 割(姑)肄(洗)之翆(羽)角
2.330 割(姑)肄(洗)之徵 / 割(姑)肄(洗)之徵角
2.341 割(姑)肄(洗)之宮
5.2814 用割(匄)頮(眉)壽萬年
9.4442 割(匄)眉壽無疆
9.4443 割(匄)眉壽無疆
9.4444 割(匄)眉壽無疆
9.4445 割(匄)眉壽無疆

2779 剢

14.8735 剢妣乙

2780 衞

18.11487 右衞急(逸)

2781 剸、剸

9.4454 叔剸(剸)父乍(作)奠(鄭)季寶鐘六金、尊盨四、鼎七
9.4455 叔剸(剸)父乍(作)奠(鄭)季寶鐘六金、尊盨四、鼎七
9.4456 叔剸(剸)父乍(作)奠(鄭)季寶鐘六金、尊盨四、鼎七
9.4457 叔剸(剸)父乍(作)奠(鄭)季寶鐘六金、尊盨四、鼎七
17.11324 陽春嗇夫維、工師斅(操)、冶剸

2782 㮽(剖)

7.3790 大(太)保賜厥臣㮽(剖)金

2783 罰

1.272-8 諫罰朕庶民 / 慎中厥罰
1.279 諫罰朕庶民
1.285 諫罰朕庶民 / 慎中厥罰
5.2809 伯懋父廼罰得夏古三百寽(鋝)/ 今弗克厥罰
5.2837 敏諫罰訟
5.2838 女(汝)匡罰大
8.4215 訊訟罰
10.5317 虘(彼)伯罰乍(作)寶尊彝
15.9734 大坴(去)型(刑)罰
16.10176 則誓(隱)千罰千 / 誓(隱)千罰千
16.10285 罰女(汝)三百寽(鋝)/ 罰金

2784 剹

5.2833 王廼命西六師、殷八師曰:剹(撲)伐噩(鄂)侯馭方
5.2834 王〔廼〕命廼(西)六師、殷八師曰:剹(撲)伐噩(鄂)侯馭方

2785 劏、劏

6.3684 劏亞乍(作)祖戊寶尊彝
9.4378 劏叔乍(作)旅須(盨)
9.4484 劏伯乍(作)孟姬簠

2786 辨

6.3714 辨乍(作)文父己寶尊彝
6.3715 辨乍(作)文父己寶尊彝
6.3716 辨乍(作)文父己寶尊彝
10.5432 辨(遍)于多正
11.6001 王令生辨事于公宗

2787 劑

11.6015 劑(齎)用王乘車馬、金勒、冂(裑)衣、芾、舃

2788 劖

1.204-5 用乍(作)朕皇祖考伯寶劖(林)鐘
1.206-7 用乍(作)朕皇祖考伯寶劖(林)鐘
1.209 用乍(作)朕皇祖考伯寶劖(林)鐘

2789 劄

7.4033 向劄乍(作)旅段 / 劄其壽考萬年
7.4034 向劄乍(作)旅段 / 劄其壽考萬年

2790 劙

5.2838 廼嚭又(有)訋(詢)罘劙金

2791 劊

5.2704 王姜賜旟田三于待劃

2792 𠛬

18.11803 𠛬

2793 𠛠

16.10243 吕仲生𠛠乍(作)旅也(匜)

2794 𠛲

10.5314 亞𠛲

2795 剤

17.10685 剤

2796 刃

3.925 濆刃笱父乍(作)寶獻(甗)
3.1450 冬刃
3.1451 冬刃
3.1452 冬刃
4.1801 右𡈼刃(刀)
4.2428 [杞]子每刃乍(作)寶鼎
4.2494 杞伯每刃乍(作)𡟞(邾)嬚寶貞(鼎)/杞伯每刃乍(作)鼄(邾)嬚寶貞(鼎)
4.2495 杞伯每刃乍(作)鼄(邾)嬚寶貞(鼎)
5.2642 杞伯每刃乍(作)鼄(邾)嬚寶貞(鼎)
7.3897 杞伯每刃乍(作)鼄(邾)嬚寶𣪘
7.3898 杞伯每刃乍(作)鼄(邾)嬚寶𣪘
7.3899 杞伯每刃乍(作)鼄(邾)嬚寶𣪘
7.3900 杞伯每刃乍(作)嬚寶𣪘
7.3901 杞伯每刃乍(作)鼄(邾)嬚寶𣪘
7.3902 杞伯每刃乍(作)鼄(邾)嬚寶𣪘
12.7023 冬刃
12.7024 冬刃
13.7611 冬刃
13.7612 冬刃
15.9687 杞伯每刃乍(作)鼄(邾)嬚寶壺
15.9688 杞伯每刃乍(作)鼄(邾)嬚𡧊(寶)卣
16.10255′ 杞伯每刃鑄鼄(邾)嬚用寶也(匜)
16.10334 杞伯每刃乍(作)鼄(邾)嬚寶盁(盂)
17.10881 冬刃

2798 刅(創)

11.5767 刅(創)乍(作)旅彝
15.9532 刅(創)乍(作)寶彝

2799 𠞋(創)

15.9735 𠞋(創)辟封疆

2800 𠛨

3.544 仲𠛨父乍(作)𩰫鬲

2801 斤

4.2530 四斤十二兩
5.2576 十三兩十七斤
5.2647 三斤十一兩/廿三斤
5.2651 十一斤十四兩
5.2658 十三斤八兩十四朱(銖)
5.2674 在斤/天君賞厥征人斤貝
7.4020 厥征斤貝
15.9682 十六斤
16.10357 廿三斤十兩
16.10374 中刑斤逐(殺)
17.11049 仕斤徒戈
17.11050 仕斤徒戈

2802 斧

15.9709 公子土斧乍(作)子仲姜𨯽之般(盤)壺
18.11786 吕大叔之貣車之斧
18.11787 吕大叔之貣車之斧
18.11788 郘(吕)大叔以新金爲貣(貣)車之斧十

2803 所

1.272-8 又(有)敢(嚴)在帝所/是辟于齊侯之所/又(有)共(恭)于𥫗(桓)武𩆜(靈)公之所
1.285 又(有)敢(嚴)在帝所/是辟于齊侯之所/又(有)共(恭)于公所
3.980 毋處其所
4.2302 膉所佶(造)貞貞(鼎)
4.2482 昌國𡑞工師翟伐、冶更所爲
5.2577 在平陰勹(庖)之所
5.2608 庫嗇夫肖(趙)不㚖(𢓊)、貯氏大𢿐(令)所爲
5.2764 單父上官嗣憙所受坪安君者也
5.2793 單父上官嗣憙所受坪安君者也/單父上官嗣憙所受坪安君者也
5.2811 毆民之所亟(極)
8.4323 啚于𤎧(榮)伯之所
9.4694 郢姬府所告(造)
15.9665 𣪊(片)器嗇夫亮疸所靭(勒)翰(看)器乍(作)靭(勒)者
15.9666 𣪊(片)器嗇夫亮疸所靭(勒)翰(看)器乍(作)靭(勒)者
15.9675 左使車嗇夫孫固所靭(勒)翰(看)器乍(作)靭(勒)者
15.9733 䖒者獻于霝(靈)公之所/歸獻于霝(靈)公之所/獻之于𨤏(輜、莊)公之所
15.9735 因載所美/用唯朕所放(倣)
16.10326 𠟭料朿所〔持〕

16.10327 嗣料秉所寺(持)
17.11093 雍王其所馬
17.11281 宋公差(佐)之所賹(造)茆族戈
17.11289 宋公差(佐)之所賹(造)不昜族戈
17.11329 得工冶腨所教、馬重(童)爲
17.11340 畝(播)衺、萬丌(其)所爲
17.11358 羕(養)陵公伺之睘(縣)所部(造)、冶己女
17.11364 宗子攻(工)正明我、左工師𠃌許、馬重(童)丹所爲
18.11561 閔倫(令)肖(趙)狽、下庫工師㲃石、冶人參所鑄鈷户者

2804 䣖

5.2764 坪安邦䣖客

2805 斨

5.2764 坪安邦斨客
5.2793 坪安邦斨客財(薦)/ 坪安邦斨客財(薦)

2806 斯

1.183 曾孫僕兒、余迭斯于之子(孫)、余兹佫之元子
1.185 曾孫僕兒、余迭斯于之孫
1.272-8 卑(俾)百斯男 / 而埶(藝)斯字(滋)
1.280 斯男 / 而埶(藝)斯字(滋)
1.285 卑(俾)百斯男 / 而埶(藝)斯字(滋)
5.2833 肄(肆)武公廼遣禹率公戎車百乘、斯(厮)馭二百、徒千
5.2834 斯(厮)馭二百、徒〔千〕

2807 斳

11.5988 斳(靳)各(格)仲 / 仲賜斳瓚 / 斳𡧊(揚)仲休

2808 䤚(厮)

16.10236 奄(邾)䤚(厮)寶鬲其□

2809 新

17.11344 㐭(芒)命(令)□輅、左庫工師叔新(梁)掃、冶小

2810 新

2.286 濁新鐘之徵 / 新鐘之濬(衍)珝(羽)
2.288 新鐘之珝(羽)
2.290 贏(贏)嗣(亂)之在楚爲新鐘
2.293 新鐘之珝(羽)
2.294 新鐘之徵曾
2.295 新鐘之𨐲(變)商
2.296 新鐘之商曾 / 新鐘之濬(衍)商 / 新鐘之商
2.297 新鐘之宮曾 / 濁新鐘之宮 / 新鐘之徵顀
2.300 濁新鐘之巽反
2.301 濁新鐘之壴(鼓)/ 新鐘之徵顀 / 新鐘之商顀 / 濁新鐘之冬(終)
2.302 新鐘之珝(羽)顀
2.303 新鐘之少徵顀 / 濁新鐘之巽
2.304 濁新鐘之冬(終)/ 新鐘之珝(羽)
2.305 新鐘之徵曾 / 濁新鐘之下角 / 新鐘之徵 / 新鐘之冬(終)
2.306 新鐘之珝(羽)顀 / 新鐘之珝(羽)曾
2.307 新鐘之商曾 / 新鐘之商 / 新鐘之商
2.308 新鐘之宮曾 / 濁新鐘之宮 / 新鐘之徵顀
2.310 濁新鐘之少商
2.311 濁新鐘之巽反
2.312 濁新鐘之㰤(鴃)/ 新鐘之商顀 / 濁新鐘之冬(終)
2.313 濁新鐘之商 / 新鐘之珝(羽)顀
2.314 新鐘之少徵顀 / 濁新鐘之巽
2.315 濁新鐘之冬(終)/ 新鐘之珝(羽)
2.316 新鐘之徵曾 / 濁新鐘之下角 / 新鐘之徵 / 新鐘之冬(終)
2.317 新鐘之珝(羽)顀 / 新鐘之珝(羽)曾
2.318 新鐘之商曾 / 新鐘之商 / 新鐘之商
2.319 贏(贏)嗣(亂)之在楚爲新鐘
2.320 新鐘之宮曾 / 濁新鐘之宮 / 新鐘之徵顀
2.322 贏(贏)嗣(亂)之在楚也爲新鐘
2.323 新鐘之珝(羽)角
2.325 新鐘之𨐲(變)徵
2.328 新鐘之珝(羽)
2.329 新鐘之徵 / 新鐘之徵曾
2.330 新鐘之𨐲(變)商
5.2541 仲義父乍(作)新㝼(客)寶鼎
5.2542 仲義父乍(作)新㝼(客)寶鼎
5.2543 仲義父乍(作)新㝼(客)寶鼎
5.2544 仲義父乍(作)新㝼(客)寶鼎
5.2545 仲義父乍(作)新㝼(客)寶鼎
5.2595 在新邑
5.2596 新宮叔碩父、監姬乍(作)寶鼎
5.2682 王來奠新邑 / [往]自新邑于柬
5.2711 王𨑓于乍(作)册般新宗
5.2780 王在周新宮
5.2784 龏(恭)王在周新宮
5.2827 監嗣新造
5.2828 監嗣新造
5.2829 監嗣新造
5.2839 戓(鬼)旟(獯)虘以新□從
6.3439 新㚸乍(作)餴(饙)毁

6.3440 新叀乍(作)𩞁(饋)段
7.3948 在新邑
7.4011 復公子伯舍曰:敀新
7.4012 復公子伯舍曰:敀新
7.4013 復公子伯舍曰:敀新
8.4214 客(各)新宮
8.4272 王在周康宮新宮
8.4288 新賜女(汝)赤巿、朱黄(衡)、中絅(褧)、攸(鋚)勒
8.4289 新賜女(汝)赤巿、朱黄(衡)、中絅(褧)、攸(鋚)勒
8.4290 新賜女(汝)赤巿、朱黄(衡)、中絅(褧)、攸(鋚)勒
8.4291 新賜女(汝)赤巿、朱黄(衡)、中絅(褧)、攸(鋚)勒
8.4321 先虎臣後庸:西門尸(夷)、秦尸(夷)、京尸(夷)、𠃬尸(夷)、師笭、側新(薪)、□華尸(夷)、弁𧰼尸(夷)、𠭯人、成周走亞、戍、秦人、降人、服尸(夷)
8.4332 監嗣新造
8.4333 監嗣新造
8.4334 監嗣新造
8.4335 監嗣新造
8.4336 監嗣新造
8.4337 監嗣新造
8.4338 監嗣新造
8.4339 監嗣新造
11.5985 王在新邑
11.5987 在新喬
15.9731 監嗣新造
15.9732 監嗣新造
15.9734 于皮(彼)新土(坴)/敬明新墜(地)
15.9735 新君子之
16.10176 夨王于豆新宮東廷
17.10885 新邑
17.11042 郙之新部(造)
17.11161 新弨自𣪘(拎)弗戒(戟)
18.11676 邦司寇肖(趙)新、邦右庫工師下足、冶巡敎(撻)𪗉(劑)
18.11788 郘(吕)大叔以新金爲貣(貳)車之斧十
18.12108 左在新鄛

2811 斳(𣂐)

18.11589 富奠之斳(𣂐)鐱(劍)

2812 斱

17.10770 斱侯

2813 新

6.3710 西替乍(作)其妹新𩞁(饋)鉦鍴
9.4503 西替乍(作)其妹新尊簠

2814 韶(斷)

7.3908 韶(斷)勿喪

2815 𣃔

4.2325 𣃔季乍(作)父癸寶尊彝

2816 毌

1.60-3 今余賜女(汝)毌五、錫戈彤尾(蘇)
3.1454 亯毌
4.1763 䎽秉毌
4.1764 秉毌戊
4.2011 毌丩(糾)乍(作)父戊
5.2703 丩毌
5.2784 史趞曹賜弓矢、虎盧、九(厹)、冑、毌(干)、殳
5.2839 弓一、矢百、畫虢(皋)一、貝冑一、金毌(干)一、㦸戈二、矢臸八
6.3121 秉毌
6.3185 丩毌父戊
6.3421 秉毌册父乙
8.4201 伯賜小臣宅畫毌、戈九、昜(錫)金車、馬兩
8.4216 儕(齎)女(汝)毌五、昜(錫)登盾生皇(凰)、畫內(枘)戈琱㦸、㪨(厚)必(柲)、彤沙(蘇)
8.4217 儕(齎)女(汝)毌五、昜(錫)登盾生皇(凰)、畫內(枘)戈琱㦸、㪨(厚)必(柲)、彤沙(蘇)
8.4218 儕(齎)女(汝)毌五、昜(錫)登盾生皇(凰)、畫內(枘)戈琱㦸、㪨(厚)必(柲)、彤沙(蘇)
8.4311 賜女(汝)戈琱㦸、〔㪨〕必(柲)、彤尾(沙、蘇)、毌五、錫鐘一𣪕(肆)五金
8.4343 乃毌(貫)政事
10.5008 秉毌丁
10.5059 丩毌父乙
10.5060 丩毌父乙
10.5076 丩毌父戊
10.5156 西單毌父丁
10.5161 丩毌
11.5583 丩毌
11.5657 毌父辛
11.5739 丩毌父戊
11.5744 𢀖毌父庚
11.6357 秉毌戊
12.7025 毌得
12.7026 毌得
12.7027 秝毌
12.7028 秝毌
12.7029 秉毌
12.7030 丩毌
12.7226 丩毌父乙
12.7265 丩毌乍(作)父乙
13.7643 毌
13.7644 毌
13.8186 毌得
13.8187 毌得
13.8202 毌𢆶(兴)
13.8249 秉毌
14.8423 丩毌父乙
14.8531 丩毌父戊
14.8798 辛秉毌
14.8842 祖己毌㑴(偁)
14.8845 𠬝(冰支)丩毌

祖辛
14.8849 冊侜(倗)父甲
14.8871 秉冊父乙
14.8872 冊侜(倗)父乙
14.8923 丩冊乍(作)父戊
14.8937 單冊父己
14.8938 父己冊侜(倗)
14.8973 冊侜(倗)父癸
15.9231 丩冊乍(作)父戊
15.9346 丩冊父乙
15.9775 冊得
15.9795 冊侜(倗)父乙
16.9957 丩冊父戊
17.10868 秝冊
17.10870 秉冊
17.10871 睸冊
18.11767 冊

2817　弇(遣)

6.3219 弇父癸

2818　貫

3.949 王令中先省南或(國)貫行
5.2751 王令中先省南或(國)貫行
5.2752 王令中先省南或(國)貫行
5.2826 卑(俾)貫通□
17.11292 厶(厷)貫㢊(府)受(授)御戜宕(右)厶(厷)

2819　戩

17.11339 斜左乘馬大夫子駛戩

2820　干

4.1718 弁子干
5.2693 邛(江)干爲享陵財(蕭)
5.2841 以乃族干(捍)吾(敔)王身
8.4167 賜祈冑、干戈
8.4342 率以乃友干(捍)㝬(禦)王身
9.4467 干(捍)害(禦)王身
9.4468 干(捍)害(禦)王身
10.5195 干子▆父戊
11.5800 干子▆父戊
12.6720 干
13.8178 北干(單)
13.8261 干冉
14.8785 亞干示
15.9227 妣田干
15.9621 成周邦父乍(作)干仲姜寶壺
16.10131 干氏叔子乍(作)仲姬客母媵(媵)般(盤)
17.10787 干
18.11843 干

2821　罕(罕)

17.11317 笸(附)余(魚)命(令)韓譙、工師罕(罕)痢(瘳)、冶帚(埽)
17.11318 笸(附)余(魚)命(令)韓譙、工師罕(罕)痢(瘳)、冶帚(埽)
17.11319 笸(附)余(魚)命(令)韓譙、工師罕(罕)痢(瘳)、冶黿

2822　罜(罢)

15.9715 罜(罢)獵毋後

2823　䍣、䍣

4.2080 䍣乍(作)厥尊彝
8.4296 賜女(汝)赤芾、冋(褧)䍣(緀)黄(衡)、絲(鑾)旂
8.4297 賜女(汝)赤芾、冋(褧)䍣(緀)黄(衡)、絲(鑾)旂

2824　䍧

7.4047 罘子鼓䍧鑄旅𣪘
8.4138 娸商(賞)小子䍧貝十朋 / 䍧賓(儐)貝
10.5417 唯子曰令望人(夷)方䍧

2825　罵

16.10176 矢卑(俾)鮮、且、罵、旅誓 / 鮮、且、罵、旅則誓

2826　罭(罝)

9.4466 其邑㫃、丝(鄰)、罭(罝)

2827　罯

16.10174 王初各(格)伐厥(玁)執(梡、狁)于罯虘

2828　罾

9.4466 曰：章(賞)厥罾夫吒鬲比田

2829　罺

15.9589 罺客之官

2830　羅

16.10373 羅莫囂(敖)臧帀(師)、連囂(敖)屈走(𨑓)

2831　䍥

4.2361 䍥簧爲

2832　芈

12.6476 北子芈乍(作)旅彝

2833　畢

1.149 曰：余畢龏威(畏)忌
1.150 曰：余畢龏威(畏)忌
1.151 曰：余畢龏威(畏)忌
1.152 曰：余畢龏威(畏)忌
1.225 邵(呂)黛(繇)曰：余畢公之孫、邵(呂)伯之子
1.226 邵(呂)黛(繇)曰：余畢公之孫、邵(呂)伯之子
1.227 邵(呂)黛(繇)曰：余畢公之孫、邵(呂)伯之子
1.228 邵(呂)黛(繇)

曰：余畢公之孫、郘(呂)伯之子
1.229 郘(呂)黛(𦄂)曰：余畢公之孫、郘(呂)伯之子
1.230 郘(呂)黛(𦄂)曰：余畢公之孫、郘(呂)伯之子
1.231 郘(呂)黛(𦄂)曰：余畢公之孫、郘(呂)伯之子
1.232 郘(呂)黛(𦄂)曰：余畢公之孫、郘(呂)伯之子
1.233 郘(呂)黛(𦄂)曰：余畢公之孫、郘(呂)伯之子
1.234 郘(呂)黛(𦄂)曰：余畢公之孫、郘(呂)伯之子
1.235 郘(呂)黛(𦄂)曰：余畢公之孫、郘(呂)伯之子
1.236 郘(呂)黛(𦄂)曰：余畢公之孫、郘(呂)伯之子
1.237 郘(呂)黛(𦄂)曰：余畢公之孫、郘(呂)伯之子
1.245 曰：余畢龏威(畏)忌
3.705 陳(？)侯乍(作)畢季嬀媵鬲
3.706 陳(？)侯乍(作)畢季嬀媵鬲
3.719 伯夏父乍(作)畢姬尊鬲
3.720 伯夏父乍(作)畢姬尊鬲
3.721 伯夏父乍(作)畢姬尊鬲
3.722 伯夏父乍(作)畢姬尊鬲
3.723 伯夏父乍(作)畢姬尊鬲
3.724 伯夏父乍(作)畢姬尊鬲
3.725 伯夏父乍(作)畢姬尊鬲
3.726 伯夏父乍(作)畢姬尊鬲
3.727 伯夏父乍(作)畢姬尊鬲
3.728 伯夏父乍(作)畢姬
4.2462 倗仲乍(作)畢媿賸(媵)鼎
5.2584 伯夏父乍(作)畢姬尊鼎
6.3470 畢□□□父戊旅段
7.4030 畢公迺賜史䛗貝十朋
7.4031 畢公迺賜史䛗貝十朋
7.4061 畢鮮乍(作)皇祖益公尊段
8.4205 獻身在畢公家
8.4208 王真畢烝／念畢仲孫子
8.4272 王乎史年册命望：死(尸)𤔲畢王家
16.9967 伯夏父乍(作)畢姬尊霝(𦉜)
16.9968 伯夏父乍(作)畢姬尊霝(𦉜)
16.10322 公迺命酉𤔲社(徒)圅父、周人𤔲工(空)屖、敝史、師氏、邑人奎父、畢人師同
16.10360 休王自穀事(使)賞畢土方五十里

2834 棄

5.2840 𪓊(吾)先考成王早棄群臣
16.10176 傳棄之

2835 率

1.157 率征秦迮齊
1.158 率征秦迮齊
1.159 率征秦迮齊
1.160 率征秦迮齊
1.161 率征秦迮齊
2.419 郲郢率鐸
5.2590 梁陰命(令)率上官冢子疾、冶勳鑄
5.2671 唯女(汝)率我多友以事
5.2672 唯女(汝)率我多友以事
5.2824 率虎臣御(禦)淮戎
5.2833 亦唯噩(鄂)侯馭方率南淮尸(夷)、東尸(夷)／肄(肆)武公迺遣禹率公戎車百乘、斯(廝)馭二百、徒千
5.2834 亦唯噩(鄂)侯馭方率南〔淮〕尸(夷)、東〔尸〕廣〔伐〕南或(國)東或(國)／聞(肄)武公迺〔遣〕我(禹)率公朱(戎)車百乘
5.2835 武公命多友率公車
5.2837 率肄于酉(酒)
5.2840 亡不率𡰥(仁)／含(今)𪓊(吾)老賙(賈)親率參軍之眾
7.4120 率樂𢆶子員父
8.4238 賜師率征自五齵貝
8.4239 賜師率征自五齵貝
8.4313 率齊師員(紀)、𢉑(釐、萊)、僰
8.4314 率齊師、員(紀)、釐(萊)、僰
8.4322 戜率有𤔲、師氏奔追鄧(攔)戎于𢦏(域)林
8.4342 率以乃友干(捍)吾(禦)王身
15.9733 庚率二百乘舟入鄘(筥)從涵(河)
15.9734 率師征郾(燕)
16.10260 用率用〔征〕
18.11543 郾(燕)王戎人乍(作)自𢆶率鈦

2836 冉

3.467 冉癸
3.483 冉父癸
3.500 冉蛙父丁
3.568 蛙冉
3.774 冉
3.775 冉
3.802 冉辛
3.810 冉父乙
3.811 冉父乙
3.847 㒷(兴)北子冉
3.856 冉

3.1176 冉
3.1177 冉
3.1178 冉
3.1179 冉
3.1180 冉
3.1181 冉
3.1182 冉
3.1183 冉
3.1184 冉
3.1185 冉
3.1186 冉
3.1187 冉
3.1381 冉蛙
3.1382 冉蛙
3.1383 冉蛙
3.1384 冉蛙
3.1385 乙冉
3.1386 丁冉
3.1387 己冉
3.1388 己冉
3.1389 冉辛
3.1390 冉辛
3.1391 癸冉
3.1392 癸冉
4.1544 冉父乙
4.1545 父乙冉
4.1566 冉父丙
4.1574 冉父丁
4.1575 冉父丁
4.1650 冉父辛
4.1651 冉父辛
4.1652 冉父辛
4.1653 冉父辛
4.1674 冉父癸
4.1675 冉父癸
4.1709 冉婦姃
4.1719 北子冉
4.1765 丁冉侁
4.1830 冉蛙父乙
4.1831 冉鼻(鴩)父乙
4.1878 乍(作)父己冉
4.1907 冉
4.1908 冉
4.2247 蛙冉
6.3008 冉
6.3009 冉
6.3010 冉
6.3011 冉
6.3012 冉
6.3013 冉
6.3014 冉
6.3086 乙冉
6.3087 冉丁
6.3088 己冉
6.3089 癸冉
6.3154 父乙冉
6.3191 冉父己
6.3192 冉父己
6.3218 冉父癸
6.3315 冉鷩(?)父丁
6.3316 冉蛙父丁
6.3343 冉
6.3475 冉
6.3602 冉蛙
6.3694 冉
7.3862 冉蛙生
10.4727 冉
10.4728 冉
10.4729 冉
10.4730 冉
10.4731 冉
10.4823 冉乙
10.4824 冉丙
10.4827 丁冉
10.4833 冉己
10.4834 辛冉
10.4838 癸冉
10.4855 冉蠿(敏)
10.4856 冉蛙
10.4857 冉蛙
10.4963 冉父己
10.4986 冉父辛
10.5009 丁冉蛙
10.5071 冉蛙父丁
10.5072 冉蛙父丁
10.5110 冉
10.5120 冉
10.5165 北子冉父辛
11.5488 冉
11.5489 冉
11.5490 冉
11.5546 乙冉
11.5547 丁冉
11.5548 丁冉
11.5549 冉丁
11.5551 冉己
11.5552 冉己
11.5553 己冉
11.5587 冉蠿(敏)
11.5600 冉祖丁
11.5607 冉祖辛
11.5620 冉父乙
11.5659 冉父辛
11.5671 冉父癸
11.5866 冉
11.5909 冉
11.5966 冉
11.5975 冉蛙
11.6077 冉
11.6078 冉
11.6079 冉
11.6080 冉
11.6081 冉
11.6176 冉丁
11.6177 冉戊
11.6178 冉辛
11.6179 冉蛙
11.6181 冉蠿(敏)
11.6204 冉祖丁
11.6214 冉父甲
11.6267 冉父丁
11.6268 冉父丁
11.6275 冉父己
11.6276 冉父己
11.6277 冉父己
11.6312 冉父辛
11.6340 冉父癸
11.6341 冉父癸
11.6352 彭女(母)冉
11.6356 亞龟冉
12.6369 祖戊再冉
12.6383 蛙冉父乙
12.6389 冉蛙父丙
12.6394 冉蛙父丁
12.6407 冉乍(作)父己
12.6430 亞若癸冉
12.6768 冉
12.6769 冉
12.6770 冉
12.6771 冉
12.6772 冉
12.6827 乙冉
12.6828 冉乙
12.6830 丁冉
12.6831 丁冉
12.6843 癸冉
12.7062 冉蠿(敏)
12.7063 冉蠿(敏)
12.7064 冉蛙
12.7065 冉丨
12.7084 祖癸冉
12.7100 冉父乙
12.7111 冉父丁
12.7112 冉父丁
12.7113 冉父丁
12.7130 冉父己

12.7148 冉父辛
12.7149 冉父辛
12.7196 媒冉串
12.7197 媒冉串
12.7198 丁冉侁
12.7199 丁冉侁
12.7200 丁冉侁
13.7674 冉
13.7675 冉
13.7676 冉
13.7677 冉
13.7678 冉
13.7679 冉
13.7680 冉
13.7681 冉
13.7682 冉
13.7683 冉
13.7684 冉
13.7685 冉
13.7686 冉
13.7687 冉
13.8007 乙冉
13.8008 乙冉
13.8009 冉乙
13.8010 冉乙
13.8015 冉丙
13.8019 丁冉
13.8020 丁冉
13.8021 冉丁
13.8022 冉丁
13.8023 冉丁
13.8024 冉丁
13.8040 冉己
13.8056 辛冉
13.8057 冉辛
13.8061 癸冉
13.8062 冉癸
13.8261 干冉
13.8262 戊冉
14.8313 冉祖乙
14.8314 冉祖乙
14.8321 冉祖丙
14.8342 冉祖庚
14.8425 冉父乙
14.8426 冉父乙
14.8427 冉父乙
14.8428 冉父乙
14.8480 父丁冉
14.8481 冉父丁
14.8482 冉父丁
14.8483 冉父丁
14.8484 冉父丁
14.8485 冉父丁
14.8486 冉父丁
14.8487 冉父丁
14.8532 冉父戊
14.8533 冉父戊
14.8568 冉父己
14.8569 冉父己
14.8570 冉父己
14.8571 冉父己
14.8644 冉父辛
14.8645 冉父辛
14.8646 冉父辛
14.8647 冉父辛
14.8648 冉父辛
14.8664 冉父壬
14.8723 冉父癸
14.8724 父癸冉
14.8725 冉父癸
14.8726 冉父癸
14.8727 冉父癸
14.8793 丁冉侁
14.8794 丁冉侁
14.8813 冉夫麇
14.8873 冉吹(扣)父乙
14.9003 執乍(作)父乙冉
15.9155 冉
15.9188 辛冉
15.9194 丁冉侁
15.9207 冉父乙
15.9208 冉父乙
15.9215 冉父己
15.9216 冉父辛
15.9217 冉父辛
15.9255 冉蛙
15.9283 劦册冉
15.9290 冉父辛寶尊彝
15.9319 冉
15.9320 冉
15.9329 乙冉
15.9330 冉鱻(敏)
15.9352 冉父丁
15.9365 冉父癸
15.9382 冉乍(作)宗彝
15.9484 丁冉
15.9756 冉
15.9789 冉父己
15.9811 冉乍(作)父丁妻盟
15.9826 冉
16.9855 冉蛙
16.9874 冉癸 / 乙冉
16.9945 冉
16.9954 癸冉
16.10026 丁冉
16.10191 冉
16.10525 冉父癸
17.10714 冉
17.10715 冉

2837 再

1.157 唯廿又再祀
1.158 唯廿又再祀
1.159 唯廿又再祀
1.160 唯廿又再祀
1.161 唯廿又再祀
1.272-8 尸用或敢再拜韻首
1.282 〼敢再拜韻首
1.285 尸用或敢再拜韻首
15.9700 陳喜再立(涖)事歲
15.9703 奠(鄭)昜、陳得再立(涖)事歲
16.9975 奠(鄭)昜、陳得再立(涖)事歲

2838 侢(偁)

14.8842 祖己冊侢(偁)
14.8849 冊侢(偁)父甲
14.8872 冊侢(偁)父乙
14.8938 父己冊侢(偁)
14.8973 冊侢(偁)父癸
15.9795 冊侢(偁)父乙

2839 爯

1.120 〔用〕爯刺(烈)壯(壯)
1.123 刺(烈)壯(壯)用爯
1.125-8 用爯刺(烈)壯(壯)
1.129-31 用爯刺(烈)壯(壯)
1.156 □爯悠(勞)曰利
3.679 焚(縈)又(有)嗣爯乍(作)齋鬲
4.2470 焚(縈)又(有)嗣爯乍(作)齋鼎
4.2529 [仲]爯父乍(作)寶鼎
5.2773 爯(稱)二益(鎰)六釿 / 爯(稱)九

益(鎰)
7.3747 仲爯乍(作)又(厥)寶彝
7.3912 㝬生(甥)穖(蔑)爯曆
7.3913 㝬生(甥)穖(蔑)爯曆
8.4188 仲爯父大(太)宰南讎(申)厥辭(辭)
8.4189 南讎(申)伯大(太)宰爯父厥辭(辭)
8.4317 爯盩先王宗室
8.4327 余懋爯先公官
11.6014 復爯武王豐(禮)
12.6369 祖戊爯冉
15.9456 王爯旂于豐
15.9647 卅五爯五寽(鋝)五冢(重)
15.9660 十九爯四寽(鋝)卄九冢(重)□
15.9702 辛公爯父宮
15.9814 爯乍(作)日父丁尊彝
17.11165 田(甸)人邑爯戈
17.11166 田(甸)人邑爯戈
18.11719 叔趙父乍(作)旅爯

2840 ⿱艹冓

12.7191 南單⿱艹冓
15.9239 ⿱艹冓乍(作)寶尊彝

2841 冄

2.428 羕子孫余冄
8.4313 曰冄、曰𢍜(娄)、曰鈴、曰達
8.4314 曰冄、曰𢍜(娄)、曰鈴、曰達
15.9733 冄(崔)子鯱(執)鼓
17.11342 相邦冄(冉)造
17.11359 相邦冄(冉)其造

2842 ⿱宀林

16.10575 趣(鄒)子⿱宀林(侯)乍(作)父庚寶尊彝

2843 鹵

5.2826 賜鹵(滷)責(漬)千兩
16.10161 令乍(作)册内史賜免鹵百陵

2844 ⿰木鹵、⿰木卤

3.1163 ⿰木鹵
3.1164 ⿰木鹵
3.1165 ⿰木鹵
6.3001 ⿰木鹵
6.3002 ⿰木鹵
9.4651 ⿰木鹵
10.4799 ⿰木鹵
10.4800 ⿰木鹵
10.4801 ⿰木鹵
11.5495 ⿰木鹵
11.6050 ⿰木鹵
11.6051 ⿰木鹵
12.6725 ⿰木鹵
12.6726 ⿰木鹵
13.7756 ⿰木鹵
13.7757 ⿰木鹵
13.7758 ⿰木鹵
14.8867 ⿰木鹵犬父乙
14.8970 父癸幸⿰木鹵
15.9139 ⿰木鹵
15.9250 ⿰木鹵
15.9314 ⿰木鹵
15.9748 ⿰木鹵
16.9843 ⿰木鹵
16.9941 ⿰木鹵
17.10717 ⿰木鹵
17.10718 ⿰木鹵

2845 齵

8.4238 賜師率征自五齵貝
8.4239 賜師率征自五齵貝

2846 ⿰齒比

16.9979 敶(陳)公孫𦙶父乍(作)旅⿰齒比(鉼)
16.9981 乍(作)旅⿰齒比(鉼)

2847 𢦏

1.251-6 雩武王既𢦏殷
3.608 𢦏(戴)叔慶父乍(作)叔姬尊鬲
5.2690 𢦏(戴)叔朕自乍(作)𩜁(饙)鼎
5.2691 𢦏(戴)叔朕自乍(作)𩜁(饙)鼎
5.2692 𢦏(戴)叔朕自乍(作)𩜁(饙)鼎
5.2739 豐公、尃(薄)古(姑)咸𢦏
9.4466 眔雝、𢦏
10.5427 毋念𢦏(哉)
10.5428 敬𢦏(哉)
10.5429 敬𢦏(哉)
11.6014 敬享𢦏(哉)
14.9009 𢦏乍(作)父丁寶
14.9064 亞𢦏
16.10175 雩武王既𢦏殷
16.10246 唯衛邑𢦏伯自乍(作)寶匜
17.11313 𢦏(甾)丘命(令)癕、工師朤、冶淂

2848 載、戜

5.2740 溓(濂)公令雪眔史旟曰：以眔厥有嗣、後或(國)戜伐腺(貊)
5.2741 溓(濂)公令雪眔史旟曰：以眔厥有嗣、後或(國)戜伐腺(貊)

2849 裁

8.4286 裁(哉)賜女(汝)載(緇)芾、素黄(衡)、緣(鑾)旂

2850 㫃

6.3232 㫃乙
8.4258 曰：賜女(汝)𠦪(賁)朱黄(衡)、玄衣黹屯(純)、㫃、攸(鋚)革(勒)
8.4259 曰：賜女(汝)𠦪(賁)朱黄(衡)、玄衣黹屯(純)、㫃、攸(鋚)革(勒)
8.4260 曰：賜女(汝)𠦪(賁)朱黄(衡)、玄衣黹屯(純)、㫃、攸

(鋚)革(勒)
15.9823 其遼㫃弗述(墜)
16.10170 王乎乍(作)册尹册賜休:玄衣黹屯(純)、赤芾、朱黄(衡)、戈琱胾、彤沙(蘇)、歐(厚)必(柲)、緣(鑾)㫃

2851 𠂉

10.5285 𠂉㇉(舌)乍(作)父辛尊彝

2852 㫃

15.9490 史㫃

2853 旃

5.2830 賜女(汝)玄衣黼(黼)屯(純)、赤芾、朱檟(黄衡)、緣(鑾)旃、大(太)師金膺、攸(鋚)勒

2854 施

13.7645 施

2855 斿

4.2373 史斿父乍(作)寶尊彝貞(鼎)
9.4673 曾仲斿父自乍(作)寶甫(簠)
9.4674 曾仲斿父自乍(作)寶甫(簠)
15.9628 曾仲斿(斿)父用吉金
15.9629 曾仲斿(斿)父用吉金
16.10167 □□□亟斿西□
17.11361 相邦樛斿之造

2856 旂

4.2347 旂乍(作)厥文考寶尊彝

2857 㫃、㫃

10.4890 㫃祖乙
11.5715 㫃乍(作)祖丁

2858 族

17.10628 族

2859 旅

6.3227 旅母鳶

2860 旃

1.182 郤(徐)王子旃擇其吉金
5.2840 蔓(與)其汮(溺)於人旃/此易言而難行旃/智旃/智(知)爲人臣之宜旃
15.9735 余智(知)其忠誩(信)旃/下不怨(順)於人旃/則臣不忍見旃

2861 旅

1.39 朕皇考叔旅魚父
1.238 虢叔旅曰:不(丕)顯皇考叀(惠)叔/旅敢肇帥井(型)皇考威義(儀)/迺天子多賜旅休/旅對天子魯休揚/降旅多福/旅其萬年
1.239 虢叔旅曰:不(丕)顯皇考叀(惠)叔/旅敢肇帥井(型)皇考威義(儀)/迺天子多賜旅休/旅對天子魯休揚/降旅多福/旅其萬年
1.240 虢叔旅曰:不(丕)顯皇考叀(惠)叔/旅敢肇帥井(型)皇考威義(儀)/迺天子多賜旅休/旅對天子魯休揚/降旅多福/旅其萬年
1.241 虢叔旅曰:不(丕)顯皇考叀(惠)叔/旅敢肇帥井(型)皇考威義(儀)/迺天子多賜旅休/旅敢對天子魯休揚/降旅多福/旅其萬年
1.242-4 虢叔旅曰:不(丕)顯皇考叀(惠)叔/旅敢肇帥井(型)皇考威義(儀)/迺天子多賜旅休/旅對天子魯休揚
3.469 乍(作)旅
3.511 姬(?)姞旅鬲
3.514 夨伯乍(作)旅鼎
3.515 夨伯乍(作)旅鼎
3.521 微仲乍(作)旅尊
3.575 無(許)姬乍(作)姜虎旅鬲
3.582 訾子旅乍(作)父戊寶彝
3.583 訾子旅乍(作)父戊寶彝
3.684 奠(鄭)鑄友父乍(作)幾姜旅鬲
3.806 祖丁幸旅
3.836 乍(作)旅彝
3.837 或乍(作)旅
3.858 伯乍(作)旅獻(甗)
3.859 仲乍(作)旅彝
3.860 仲乍(作)旅獻(甗)
3.861 龍乍(作)旅彝
3.862 壴乍(作)旅獻(甗)
3.865 頪乍(作)旅彝
3.870 伯真乍(作)旅獻(甗)
3.871 夨伯乍(作)旅
3.873 井伯乍(作)旅獻(甗)
3.874 解子乍(作)旅獻(甗)
3.882 毁(揆)乍(作)父庚旅彝
3.884 師趑乍(作)旅甗尊
3.887 亟弗生(甥)乍(作)旅獻(甗)
3.888 寡史䢅乍(作)旅彝
3.894 夆(逢)伯命乍(作)旅彝
3.897 虢伯乍(作)旅甗用
3.898 伯產乍(作)寶旅獻(甗)
3.899 寶𣪕(姒)乍(作)旅
3.900 伯䢅(媚)父乍(作)旅獻(甗)
3.911 㽙仲雩父乍(作)

旅獻(甗)
3.918 孚父狇([illegible])乍(作)旅獻(甗)
3.927 伯姜乍(作)旅獻(甗)
3.928 叔碩父乍(作)旅獻(甗)
3.930 𤇾(榮)子旅乍(作)祖乙寶彝
3.931 仲伐父乍(作)姬尚母旅獻(甗)
3.932 子邦父乍(作)旅獻(甗)
3.938 奠(鄭)氏伯高父乍(作)旅獻(甗)
3.939 魯仲齊乍(作)旅獻(甗)
3.940 伯鮮乍(作)旅獻(甗)
3.942 仲枏父乍(作)旅獻(甗)
3.943 自乍(作)旅獻(甗)
3.947 㽙([illegible])公子子叔邍父乍(作)旅獻(甗)
3.948 用乍(作)旅獻(甗)
3.1369 幸旅
3.1370 幸旅
3.1371 幸旅
4.1632 旅父辛
4.1730 伯旅鼎
4.1772 弜乍(作)旅
4.1773 乍(作)旅鼎
4.1774 乍(作)旅鼎
4.1775 乍(作)旅鼎
4.1776 伯乍(作)旅
4.1777 乍(作)旅鼎
4.1778 乍(作)旅鼎
4.1788 乍(作)旅彝
4.1789 乍(作)旅彝
4.1790 乍(作)旅寶
4.1903 乍(作)母旅彝
4.1915 伯乍(作)旅鼎
4.1916 伯乍(作)旅彝
4.1921 伯乍(作)旅鼎
4.1922 仲乍(作)旅鼎
4.1925 叔尹乍(作)旅
4.1928 叔乍(作)旅鼎
4.1929 叔乍(作)旅鼎
4.1940 更乍(作)旅鼎
4.1956 右乍(作)旅鼎
4.1969 樂乍(作)旅鼎
4.1970 樂乍(作)旅鼎
4.1971 攸乍(作)旅貞(鼎)
4.1975 膺(應)[illegible]乍(作)旅
4.1976 䚫禾乍(作)旅
4.1978 由(古?)乍(作)旅貞(鼎)
4.1979 敊(扶)乍(作)旅鼎
4.2021 孔乍(作)父癸旅
4.2023 䣄父乍(作)旅鼎
4.2024 考𠤎乍(作)旅鼎
4.2028 亶(檀)姜乍(作)旅鼎
4.2036 史㕚乍(作)旅鼎
4.2038 伯員乍(作)旅鼎
4.2041 鬩伯乍(作)旅鼎
4.2042 鬩伯乍(作)旅鼎
4.2044 敔(奏)伯乍(作)旅貞(鼎)
4.2045 楷仲乍(作)旅彝
4.2048 仲乍(作)旅寶鼎
4.2049 叔攸乍(作)旅鼎
4.2066 訴肇乍(作)旅鼎
4.2077 龏乍(作)旅尊鼎
4.2078 事乍(作)小旅彝
4.2155 堇伯乍(作)旅尊彝
4.2173 北單乍(作)從旅彝
4.2175 虫𦥑乍(作)寶旅鼎
4.2185 伯䚄乍(作)旅尊鼎
4.2187 叔旅乍(作)寶尊鼎
4.2189 史昔其乍(作)旅鼎
4.2199 井季㚔乍(作)旅鼎
4.2201 非(排)啟乍(作)保旅鼎
4.2205 鶾叟父乍(作)旅鼎
4.2212 遣叔乍(作)旅鼎用
4.2256 昜乍(作)父辛寶旅彝
4.2320 嘗子旅乍(作)父戊寶彝
4.2348 旅
4.2378 季念乍(作)旅鼎
4.2379 雔(集)茲乍(作)旅鼎
4.2381 穌(蘇)衛妃乍(作)旅鼎
4.2382 穌(蘇)衛妃乍(作)旅鼎
4.2383 穌(蘇)衛妃乍(作)旅鼎
4.2384 穌(蘇)衛妃乍(作)旅鼎
4.2386 絲駒父乍(作)旅鼎
4.2392 叔姬乍(作)陽伯旅鼎
4.2400 亞若癸受丁旅乙㳄自(師)
4.2401 亞若癸受丁旅乙父甲
4.2402 亞若癸受丁旅乙㳄自(師)
4.2415 奠(鄭)同媿乍(作)旅鼎
4.2441 蔡侯乍(作)旅貞(鼎)
4.2457 用乍(作)旅鼎
4.2466 溓(濂)俗父乍(作)旅貞(鼎)
4.2477 自乍(作)旅鼎
4.2487 伯𡨦父乍(作)旅貞(鼎)
4.2501 ☐女楚☐女玄☐旅☐天☐彝
4.2502 圓(昆)君婦媿霝[作]旅尊貞(鼎)
4.2503 𤇾(榮)子旅乍(作)父戊寶尊彝

4.2512 吉父乍(作)旅鼎
5.2534 犀伯魚父乍(作)旅鼎
5.2537 静叔乍(作)鬻嬶旅貞(鼎)
5.2552 師麻孝叔乍(作)旅貞(鼎)
5.2619 善(膳)夫旅伯乍(作)毛仲姬尊鼎
5.2662 或者乍(作)旅鼎
5.2663 伯鮮乍(作)旅鼎
5.2664 伯鮮乍(作)旅鼎
5.2665 伯鮮乍(作)旅鼎
5.2666 伯鮮乍(作)旅鼎
5.2667 奠(鄭)伯氏士叔皇父乍(作)旅鼎
5.2678 用乍(作)寶旅鼎
5.2724 毛公旅鼎亦唯段
5.2728 公賜旅貝十朋/旅用乍(作)父丁尊彝
5.2781 王賜赤θ芾、玄衣黹屯(純)、緣(鑾)旅(旂)
5.2816 賜女(汝)秬鬯一卣、玄衮衣、幽夫(芾)、赤舄、駒車、畫呻(紳)、幬(幬)學(較)、虎幃(幃)、冟裡里幽、攸(鋚)勒、旅(旂)五旅(旂)、彤弓、彤矢、旅(旅)弓、旅(旅)矢、𢀖戈、虢(皋)冑
5.2818 王令省史南以即虢旅/虢旅迺事(使)攸衛牧誓曰:我弗具付㒳匕(比)
5.2819 王乎史減册賜寰:玄衣黹屯(純)、赤芾、朱黄(衡)、緣(鑾)旅(旂)、攸(鋚)勒、戈琱胾、歐(厚)必(柲)、彤沙(蘇)
5.2821 曰:旅邑人、善(膳)夫/賜女(汝)玄衣黹屯(純)、赤芾、朱黄(衡)、緣(鑾)旅(旂)
5.2822 曰:旅邑人、善(膳)夫
5.2823 曰:旅邑人、善(膳)夫/賜女(汝)玄衣黹屯(純)、赤芾、朱黄(衡)、緣(鑾)旅(旂)
5.2839 征(延)邦賓尊其旅服/獻西旅
6.3236 弜乍(作)旅
6.3247 乍(作)旅段
6.3248 乍(作)旅段
6.3249 乍(作)旅段
6.3250 乍(作)旅段
6.3261 乍(作)旅彝
6.3262 乍(作)旅彝
6.3263 乍(作)旅彝
6.3351 伯乍(作)旅段
6.3352 伯乍(作)旅段
6.3363 楷仲乍(作)旅
6.3376 闕乍(作)旅段
6.3377 中乍(作)旅段
6.3378 戜乍(作)旅段
6.3383 戈乍(作)旅彝
6.3384 戈乍(作)旅彝
6.3385 沓乍(作)旅彝
6.3415 乍(作)旅段
6.3416 乍(作)旅段
6.3442 膺(應)事乍(作)旅段
6.3444 季夐乍(作)旅段
6.3445 舟虔乍(作)旅段
6.3446 舟虔乍(作)旅段
6.3470 畢□□□父戊旅段
6.3474 果乍(作)放(昉)旅段
6.3477 膺(應)公乍(作)旅彝
6.3478 膺(應)公乍(作)旅彝
6.3480 𣪘(豖)伯乍(作)旅段
6.3481 紫伯乍(作)旅段
6.3482 丮伯乍(作)旅段
6.3486 叔京乍(作)旅彝
6.3488 伯郢(倢)乍(作)旅段
6.3489 伯戜乍(作)旅段
6.3514 乍(作)父戊旅彝
6.3517 豰乍(作)父庚旅彝
6.3545 仲師父乍(作)旅段
6.3547 仲酉父乍(作)旅段
6.3548 仲言(?)父乍(作)旅段
6.3550 敔仲乍(作)其旅段
6.3551 城虢仲乍(作)旅段
6.3578 陽尹乍(作)厥旅段
6.3584 焚(榮)子旅乍(作)寶段
6.3586 段(鍛)金歸乍(作)旅段
6.3587 段(鍛)金歸乍(作)旅段
6.3611 幸旅
6.3616 強伯乍(作)旅用鼎段
6.3617 強伯乍(作)旅用鼎段
6.3660 旅
6.3661 旅
6.3662 旅
6.3691 伯好父自鑄乍(作)爲旅段
6.3692 伯熾乍(作)媿氏旅
6.3693 伯熾乍(作)媿氏旅
6.3703 同師乍(作)旅段
6.3713 亞若癸受丁旅乙沚自(師)
6.3730 季㱿乍(作)旅段
7.3753 仲師父乍(作)好旅段

7.3754 仲師父乍(作)好旅段
7.3858 登(鄧)公乍(作)旅段
7.3866 城虢遣生(甥)乍(作)旅段
7.3872 旅仲乍(作)詩寶段
7.3909 幸旅
7.4029 用乍(作)旅彝
7.4033 向䚄乍(作)旅段
7.4034 向䚄乍(作)旅段
7.4046 王令燮在(緇)芾、旅(旂)
7.4047 眔子鼓䍙鑄旅段
7.4056 叔噩父乍(作)鸞姬旅段
7.4057 叔噩父乍(作)鸞姬旅段
7.4058 叔噩父乍(作)鸞姬旅段
8.4144 幸旅
8.4237 征(誕)令臣諫□□亞旅處于軧
8.4278 王令省史南以即虢旅/虢旅迺事(使)攸衛牧誓
8.4303 曰：旅邑人、善(膳)夫/賜女(汝)玄衣黹屯(純)、赤芾、朱黄(衡)、䜌(鑾)旅(旂)
8.4304 曰：旅邑人、善(膳)夫/賜女(汝)玄衣黹屯(純)、赤芾、朱黄(衡)、䜌(鑾)旅(旂)
8.4305 曰：旅邑人、善(膳)夫/賜女(汝)玄衣黹屯(純)、赤芾、朱黄(衡)、䜌(鑾)旅(旂)
8.4306 王乎史翏冊令(命)〔此〕曰：旅邑人、善(膳)夫/賜女(汝)玄衣〔黹〕屯(純)、赤芾、朱黄(衡)、䜌(鑾)旅(旂)
8.4307 曰：旅邑人、善(膳)夫/賜女(汝)玄衣黹屯(純)、赤芾、朱黄(衡)、䜌(鑾)旅(旂)
8.4308 曰：旅邑人、善(膳)夫/賜女(汝)玄衣黹屯(純)、赤芾、朱黄(衡)、䜌(鑾)旅(旂)
8.4309 曰：旅邑人、善(膳)夫/賜女(汝)玄衣黹屯(純)、赤芾、朱黄(衡)、䜌(鑾)旅(旂)
8.4310 曰：旅邑人、善(膳)夫/賜女(汝)玄衣黹屯(純)、赤芾、朱黄(衡)、䜌(鑾)旅(旂)
8.4320 賜𨘲(䞳)鬯一卣、商瓚一□、彤弓一、彤矢百、旅(旅)弓十、旅(旅)矢千
9.4344 攸鬲乍(作)旅盨(鎮)
9.4348 師奐父乍(作)旅須(盨)
9.4349 師奐父乍(作)旅須(盨)
9.4350 伯筍父乍(作)旅盨
9.4352 罢女(母)乍(作)微姬旅盨
9.4353 夨賸乍(作)寶旅盨
9.4355 中伯乍(作)嬺(孌)姬旅盨用
9.4356 中伯乍(作)嬺(孌)姬旅盨用
9.4361 伯鮮乍(作)旅段
9.4362 伯鮮乍(作)旅段
9.4363 伯鮮乍(作)旅段
9.4364 伯鮮乍(作)旅段
9.4365 立象(爲)旅須(盨)
9.4366 史㲋乍(作)旅盨
9.4367 史㲋乍(作)旅盨
9.4368 伯多父乍(作)旅須(盨)
9.4369 伯多父乍(作)旅須(盨)
9.4370 伯多父乍(作)旅須(盨)
9.4371 伯多父乍(作)旅須(盨)
9.4372 仲彤乍(作)旅盨
9.4373 仲彤乍(作)旅盨
9.4375 叔譔父乍(作)旅盨段
9.4376 叔譔父乍(作)旅盨段
9.4378 劃叔乍(作)旅須(盨)
9.4380 周駱乍(作)旅須(盨)
9.4382 伯車父乍(作)旅須(盨)
9.4383 伯車父乍(作)旅盨
9.4384 伯公父乍(作)旅盨
9.4385 弭叔乍(作)旅盨
9.4386 仲義父乍(作)旅盨
9.4387 仲義父乍(作)旅盨
9.4388 叔姞乍(作)旅盨
9.4390 昜(陽)叔乍(作)旅須(盨)
9.4391 奠(鄭)義伯乍(作)旅須(盨)
9.4392 奠(鄭)義羌父乍(作)旅盨
9.4393 奠(鄭)義羌父乍(作)旅盨
9.4394 伯大(太)師乍(作)旅盨
9.4395 伯大(太)師乍(作)旅盨
9.4396 奠(鄭)登叔乍(作)旅盨
9.4397 爲其旅盨
9.4398 仲閔父乍(作)旅盨

9.4399 仲鑠父攸(作)鑄旅盨
9.4400 奠(鄭)井叔康乍(作)旅盨(槓)
9.4401 奠(鄭)井叔康乍(作)旅盨(槓)
9.4402 圃自乍(作)旅盨
9.4403 圃自乍(作)旅盨
9.4404 伯大(太)師釐乍(作)旅盨
9.4405 鬲叔興父乍(作)旅須(盨)
9.4407 伯孝鼓鑄旅須(盨)
9.4408 伯孝鼓鑄旅須(盨)
9.4409 叔良父乍(作)旅盨
9.4411 項 燹(豳)乍(作)旅盨
9.4413 諫季獻乍(作)旅須(盨)
9.4414 改乍(作)朕文考乙公旅盨
9.4415 敢肇乍(作)旅段
9.4416 遣叔吉父乍(作)虢王姞旅須(盨)
9.4417 遣叔吉父乍(作)虢王姞旅須(盨)
9.4418 遣叔吉父乍(作)虢王姞旅須(盨)
9.4424 單子白乍(作)叔姜旅盨
9.4425 䍙叔乍(作)仲姬旅盨
9.4426 兮伯吉父乍(作)旅尊盨
9.4427 食仲走父乍(作)旅盨
9.4428 滕(滕)侯穌乍(作)厥文考滕(滕)仲旅段
9.4429 師趛乍(作)楷姬旅盨
9.4430 弭叔乍(作)叔班旅須(盨)
9.4435 乍(作)旅盨
9.4446 伯梁其乍(作)旅須(盨)
9.4447 伯梁其乍(作)旅須(盨)
9.4458 其肇乍(作)其皇孝(考)、皇母旅盨段
9.4459 用乍(作)旅盨
9.4460 用乍(作)旅盨
9.4461 用乍(作)旅盨
9.4464 乍(作)旅盨
9.4465 用乍(作)旅盨
9.4466 令小臣成友逆旅□、內史無𢼸、大(太)史旟
9.4467 用乍(作)旅盨
9.4468 用乍(作)旅盨
9.4482 仲其父乍(作)旅簠
9.4483 仲其父乍(作)旅簠
9.4497 亟交仲乍(作)旅簠
9.4499 衛子叔旡父乍(作)旅簠
9.4514 虢叔乍(作)旅簠
9.4515 虢叔乍(作)旅簠
9.4522 寎(密)姒乍(作)旅匡(筐)
9.4523 史䲨乍(作)旅簠
9.4525 伯𦤎父乍(作)旅簠
9.4527 吳王御士尹氏叔緐乍(作)旅匡(筐)
9.4530 善(膳)夫吉父乍(作)旅簠
9.4540 魯山旅虎鑄其寶簠
9.4541 魯山旅虎鑄其寶簠
9.4542 都于子瓶(斯)自乍(作)旅簠
9.4543 都于子瓶(斯)又自乍(作)旅簠
9.4546 辥(薛)子仲安乍(作)旅簠
9.4547 辥(薛)子仲安乍(作)旅簠
9.4548 辥(薛)子仲安乍(作)旅簠
9.4553 尹氏貯(賈)良乍(作)旅匡(筐)
9.4555 師麻孝叔乍(作)旅匡(筐)
9.4557 商丘叔乍(作)其旅簠
9.4558 商丘叔乍(作)其旅簠
9.4559 商丘叔乍(作)其旅簠
9.4579 史免乍(作)旅匡(筐)
9.4581 唯伯其(麒)父慶(譽)乍(作)旅祜(簠)
9.4600 蛘(都)公謀(誠)乍(作)旅簠
9.4601 奠(鄭)伯大嗣工(空)召叔山父乍(作)旅簠
9.4602 奠(鄭)伯大嗣工(空)召叔山父乍(作)旅簠
9.4626 用乍(作)旅𩰫彝
9.4631 余用自乍(作)旅簠
9.4632 余用自乍(作)旅簠
9.4669 𨒌叔乍(作)德人旅甫(笛)
10.4852 竹旅
10.4887 乍(作)旅
10.4888 旅彝
10.5029 乍(作)旅彝
10.5030 乍(作)旅彝
10.5031 乍(作)旅彝
10.5032 乍(作)旅彝
10.5033 乍(作)旅
10.5042 酉乍(作)旅
10.5061 幸旅父乙
10.5090 幸旅父辛
10.5108 叔乍(作)旅彝
10.5118 騕乍(作)旅彝
10.5119 獵乍(作)旅彝
10.5120 乍(作)旅彝
10.5121 乍(作)旅寶彝
10.5141 戈乍(作)旅彝
10.5154 競乍(作)父乙旅
10.5157 咏乍(作)旅父丁
10.5210 乍(作)父丁寶

旅彝
10.5214 戩乍(作)父戊旅彝
10.5223 汪伯乍(作)寶旅彝
10.5239 井季㚔乍(作)旅彝
10.5241 強季乍(作)寶旅彝
10.5243 鬾(魑)父乍(作)旅彝
10.5246 仲自(師)父乍(作)旅彝
10.5256 㷉(榮)子旅乍(作)旅彝
10.5277 叀乍(作)父戊寶旅彝
10.5287 敀(描)乍(作)父辛旅彝
10.5315 旅
10.5316 伯乍(作)文(大)公寶尊旅彝
10.5325 噩(鄂)侯弟厝(厝)季乍(作)旅彝
10.5329 睘乍(作)父乙旅尊彝
10.5334 用旅
10.5341 仲乍(作)好旅彝
10.5342 仲乍(作)好旅彝
10.5344 盠嗣土(徒)幽乍(作)祖辛旅彝
10.5354 敎乍(作)旅彝
10.5362 觶乍(作)文父日丁寶尊旅彝
10.5363 渫(沬)伯遝乍(作)厥考寶旅尊 / 渫(沬)伯遝乍(作)厥考寶旅尊彝
10.5364 渫(沬)伯遝乍(作)厥考寶旅尊 / 渫(沬)伯遝乍(作)厥考寶旅尊彝
10.5372 用旅
10.5387 用乍(作)旅彝
10.5399 乍(作)旅
10.5401 乍(作)父癸旅宗尊彝
10.5406 周乎鑄旅宗彝
10.5410 乍(作)祖丁寶旅尊彝
10.5416 用乍(作)團宮旅彝
10.5432 用乍(作)日己旅尊彝
11.5448 旅
11.5578 幸旅
11.5579 幸旅
11.5592 乍(作)旅
11.5692 員乍(作)旅
11.5693 明乍(作)旅
11.5698 乍(作)旅彝
11.5699 乍(作)旅彝
11.5700 乍(作)旅彝
11.5720 幸旅父甲
11.5732 乍(作)父乙旅
11.5759 乍(作)母旅彝
11.5763 伯乍(作)旅彝
11.5764 伯乍(作)旅彝
11.5767 刅(創)乍(作)旅彝
11.5769 斅(揆)由乍(作)旅
11.5770 㭊(并)乍(作)旅彝
11.5773 戈乍(作)旅彝
11.5775 獵乍(作)旅彝
11.5776 莫乍(作)旅彝
11.5777 穽(穽)乍(作)旅彝
11.5778 卯乍(作)旅彝
11.5780 乍(作)旅彝
11.5796 競乍(作)父乙旅
11.5799 咏乍(作)旅父丁
11.5804 宰乍(作)父辛旅
11.5811 兼史乍(作)旅彝
11.5813 事伯乍(作)旅彝
11.5817 事乍(作)小旅彝
11.5823 陵乍(作)父乙旅彝
11.5827 柚乍(作)父丁旅彝
11.5839 狽乍(作)旅彝
11.5854 仲夷乍(作)旅尊彝
11.5858 弫季乍(作)寶旅彝
11.5859 井季㚔(䟒)乍(作)旅彝
11.5863 段(鍛)金歸乍(作)旅彝
11.5885 耇史乍(作)父辛旅彝
11.5897 史伏乍(作)父乙寶旅彝
11.5906 虢乍(作)父癸旅寶尊彝
11.5907 旅
11.5912 噩(鄂)侯弟厝(厝)季乍(作)旅彝
11.5917 盠嗣土(徒)幽乍(作)祖辛旅彝
11.5920 單乍(作)父乙旅尊彝
11.5923 乍(作)父丁寶旅彝
11.5924 乍(作)父丁寶旅彝
11.5926 亞䍃(杠)旅葬乍(作)父辛彝尊
11.5927 用旅
11.5937 亞旅止乙受若癸自(師)
11.5938 亞受旅乙沚若癸自(師)乙
11.5952 乍(作)父甲旅尊
11.5954 渫(沬)伯遝乍(作)厥考寶旅尊彝
11.5957 用乍(作)父乙旅尊彝
11.5976 黄肇乍(作)文考宗伯旅尊彝
11.5983 啟乍(作)祖丁旅寶彝
11.5989 用乍(作)朕文考日癸旅寶
11.6004 用乍(作)團宮旅彝
11.6008 用乍(作)父乙寶旅彝
11.6167 幸旅
11.6198 乍(作)旅
12.6431 員乍(作)旅彝
12.6432 員乍(作)旅彝
12.6434 季乍(作)旅彝
12.6455 伯䢅乍(作)旅彝
12.6460 事乍(作)小旅

彝
12.6476 北子芈乍(作)旅彝
12.6514 屖(振)旅
12.6532 旅
12.6533 旅
12.6534 旅
12.6535 旅
12.6536 旅
12.7000 幸旅
12.7001 幸旅
12.7002 幸旅
12.7022 旅工
12.7225 幸旅父乙
12.7243 亞旅父己
12.7245 幸旅父辛
12.7246 幸旅父辛
12.7308 亞若癸乙自(師)受丁沚旅
12.7309 亞若癸乙自(師)受丁沚旅
13.7422 旅
13.7423 旅
13.7424 幸旅
13.7425 旅
13.7426 旅
13.7427 旅
13.8179 刔旅
14.8450 父丁幸旅
14.8682 旅父癸
14.8683 旅父癸
14.8818 員乍(作)旅
14.8819 員乍(作)旅
14.8820 孟乍(作)旅
14.8832 蔡乍(作)旅
14.8839 祖丁幸旅
14.8897 父丁幸旅
14.8931 幸旅父己
14.8932 幸旅父己
14.8969 父癸幸旅
14.9038 聑日獲乍(作)寶旅彝
14.9039 尹公乍(作)旅彝
14.9046 達乍(作)祖辛旅彝
14.9066 □(嗌)乍(作)祖己旅寶彝
14.9069 乍(作)父乙旅尊彝
15.9259 幸旅
15.9398 伯矩乍(作)旅盉
15.9410 仲自(師)父乍(作)旅盉
15.9417 伯□乍(作)母娟旅盉
15.9418 伯□乍(作)母娟旅盉
15.9432 餈(瓷)子于匹乍(作)旅盉
15.9480 ♦(皀、毁)旅
15.9519 乍(作)旅壺
15.9520 乍(作)旅彝
15.9534 員乍(作)旅壺
15.9545 亞吕乍(作)旅彝
15.9553 楷侯乍(作)旅彝
15.9570 伯濼父乍(作)旅壺
15.9586 □(柏)侯乍(作)旅壺
15.9587 □(柏)侯乍(作)旅壺
15.9599 伯魚父乍(作)旅壺
15.9600 伯魚父乍(作)旅壺/伯魯父乍(作)旅壺
15.9615 㝛伯㠱生(甥)乍(作)旅壺
15.9618 尚自乍(作)旅壺/尚自乍(作)旅壺
16.9875 井叔乍(作)旅彝
16.9876 伯豐乍(作)旅彝
16.9886 亞若癸乙自(師)受丁旅沚
16.9887 亞若癸乙自(師)受丁旅沚
16.9962 善(膳)夫吉父乍(作)旅鑐
16.9964 仲義父乍(作)旅鑐
16.9965 仲義父乍(作)旅鑐
16.9979 敶(陳)公孫□父乍(作)旅鈚(鉼)
16.9981 乍(作)旅鈚(鉼)
16.9986 仲乍(作)旅鑵
16.10033 幸旅
16.10097 曾仲自乍(作)旅盤
16.10140 自乍(作)旅盤
16.10156 自乍(作)旅盤
16.10176 矢卑(俾)鮮、且、𦉜、旅誓/鮮、且、𦉜、旅則誓
16.10180 叔乍(作)旅匜
16.10181 □叔乍(作)旅也(匜)
16.10183 姞□母乍(作)旅匜
16.10185 孟皇父乍(作)旅也(匜)
16.10206 甫人父乍(作)旅匜
16.10215 弭伯乍(作)旅也(匜)
16.10231 伯正父乍(作)旅也(匜)
16.10238 仲姞義母乍(作)旅也(匜)
16.10240 王婦㠱孟姜乍(作)旅也(匜)
16.10243 吕仲生□乍(作)旅也(匜)
16.10270 叔男父乍(作)爲霍姬賸(媵)旅也(匜)
16.10285 □用乍(作)旅盉
16.10303 匽(燕)侯乍(作)旅盂
16.10304 匽(燕)侯乍(作)旅盂
16.10306 虢叔乍(作)旅盂
16.10307 虢叔乍(作)旅盂
16.10314 伯公父乍(作)旅盂
16.10336 自乍(作)旅盆
16.10343 幸旅
16.10351 乍(作)父丁寶旅彝
16.10360 用乍(作)散宫旅彝
16.10487 旅

16.10530 乍(作)旅彝
16.10531 乍(作)旅彝
16.10540 伯乍(作)旅彝
16.10541 伯乍(作)旅彝
16.10544 宵乍(作)旅彝
16.10552 凡乍(作)旅彝
16.10553 疑乍(作)伯旅彝
16.10556 柚乍(作)父丁旅彝
16.10557 乍(作)父丁寶旅彝
16.10571 堇伯乍(作)旅尊彝
16.10580 用乍(作)旅彝
17.10653 旅
17.11114 亞旅乙止(沚)
18.11606 郾(燕)王喜怒旅鈢
18.11607 郾(燕)王喜怒旅鈢
18.11612 郾(燕)王喜怒無(樺)旅鈢
18.11613 郾(燕)王喜怒無(樺)旅鈢
18.11614 郾(燕)王喜怒無(樺)旅鈢
18.11615 郾(燕)王喜怒無(樺)旅鈢
18.11616 郾(燕)王喜怒無(樺)旅鈢
18.11617 郾(燕)王喜怒無(樺)旅鈢
18.11634 郾(燕)王職怒武無(樺)旅鐱(劍)
18.11687 相邦建信君、邦左庫工師塚旅、冶肉敎(撻)齋(劑)
18.11719 叔趙父乍(作)旅再
18.12011 旅

2862 旂

1.87 用旂(祈)眉壽無疆
1.102 旂(祈)年眉壽
1.272-8 用旂(祈)眉壽
1.285 用旂(祈)眉壽
2.423 用旂(祈)眉壽
3.532 旂姬乍(作)寶鬲
4.2040 伯旂乍(作)寶鼎
4.2144 旂父乍(作)寶鬻彝
5.2555 旂用乍(作)父戊寶尊彝
5.2670 公賜旂僕 / 旂用乍(作)文父日乙寶尊彝
5.2727 用旂(祈)眉壽、黃句(耇)、吉康
5.2804 曰: 賜女(汝)赤⊖芾、緣(鑾)旂
5.2809 師旂眾僕不從王征于方雷 / 其又(有)內(納)于師旂 / 旂對厥賢(劾)于尊彝
5.2813 賜截(緇)芾、冋(裔)黃(衡)、玄衣黹屯(純)、戈琱蔵、旂
5.2814 賜女(汝)玄衣黹屯(純)、戈琱蔵、敐(厚)必(柲)、彤沙(蘇)、攸(鋚)勒、緣(鑾)旂
5.2815 王乎內史⿱冊賜趞;玄衣屯(純)黹、赤芾、朱黃(衡)、緣(鑾)旂、攸(鋚)勒
5.2820 賜女(汝)乃祖旂
5.2822 賜女(汝)玄衣黹屯(純)、赤芾、朱黃(衡)、緣(鑾)旂
5.2825 賜女(汝)玄衣黹屯(純)、赤芾、朱黃(衡)、緣(鑾)旂
5.2827 賜女(汝)玄衣黹屯(純)、赤芾、朱黃(衡)、緣(鑾)旂、攸(鋚)勒
5.2828 賜女(汝)玄衣黹屯(純)、赤芾、朱黃(衡)、緣(鑾)旂、攸(鋚)勒
5.2829 賜女(汝)玄衣黹屯(純)、赤芾、朱黃(衡)、緣(鑾)旂、攸(鋚)勒
5.2837 賜乃祖南公旂
5.2839 盂以多旂佩
5.2841 賜女(汝)秬鬯一卣、祼圭瓚寶、朱芾、悤(蔥)黃(衡)、玉環、玉琭、金車、桒(賁)縟較(較)、朱鞹(鞹)畫靳、虎冟(冪)熏裏、右軛、畫轉、畫輯、金甬(桶)、逪(錯)衡、金嶂(踵)、金豙(軛)、朸(約)𣪘(盛)、金簟弼(茀)、魚箙、馬四匹、攸(鋚)勒、金⿰(臺)、金膺、朱旂二鈴(鈴)
6.3371 旂乍(作)寶段
6.3735 旂乍(作)寶段
6.3736 旂乍(作)寶段
8.4192 乎賜緣(鑾)旂
8.4193 乎賜緣(鑾)旂
8.4199 賜女(汝)緣(鑾)旂
8.4200 賜女(汝)緣(鑾)旂
8.4202 王賜𧗿赤芾、朱亢(衡)、緣(鑾)旂
8.4243 內史尹冊賜救: 玄衣黹屯(純)、旂四日
8.4244 賜女(汝)赤〔芾、朱黃、緣〕旂
8.4246 內史尹氏冊命楚: 赤⊖芾、緣(鑾)旂
8.4247 內史尹氏冊命楚: 赤⊖芾、緣(鑾)旂
8.4248 內史尹氏冊命楚: 赤⊖芾、緣(鑾)旂
8.4249 內史尹氏冊命楚: 赤⊖芾、緣(鑾)旂
8.4250 王乎命女(汝): 赤芾、朱黃(衡)、玄衣黹屯(純)、緣(鑾)旂
8.4255 賜女(汝)戠(織)衣、赤⊖芾、緣(鑾)旂、楚走馬

8.4257 賜女(汝)玄衣黹屯(純)、鉢(素)芾、金鈧(衡)、赤舄、戈琱㦰、彤沙(蘇)、攸(鋚)勒、䜌(鑾)旂五日
8.4266 賜女(汝)赤芾、幽亢(衡)、䜌(鑾)旂
8.4267 賜(賜)女(汝)赤芾、緐黄(衡)、䜌(鑾)旂
8.4268 乎內史夀(敖、侁)册命王臣:賜女(汝)朱黄(衡)䍙(賁)親(襯)、玄衣黹屯(純)、䜌(鑾)旂五日、戈畫㦰、𠫑(墉)必(柲)、彤沙(蘇)
8.4276 賜女(汝)戠(織)衣、𠬝芾、䜌(鑾)旂
8.4277 賜赤芾、朱黄(衡)、旂
8.4286 賜女(汝)玄衣黹屯(純)、赤芾、朱黄(衡)、戈彤沙(蘇)琱㦰、旂五日
8.4287 賜女(汝)赤芾、幽黄(衡)、䜌(鑾)旂、攸(鋚)勒
8.4294 賜(賜)女(汝)赤𩵦(𠬝)芾、䜌(鑾)旂
8.4295 賜(賜)女(汝)赤𩵦(𠬝)芾、䜌(鑾)旂
8.4296 賜女(汝)赤芾、冋(褧)𦅫(縷)黄(衡)、䜌(鑾)旂
8.4297 賜女(汝)赤芾、冋(褧)𦅫(縷)黄(衡)、䜌(鑾)旂
8.4312 賜女(汝)赤芾、朱黄(衡)、䜌(鑾)旂、攸(鋚)勒
8.4321 賜女(汝)玄衣黹屯(純)、載(緇)芾、冋(褧)黄(衡)、戈琱㦰、歇(厚)必(柲)、彤沙(蘇)、䜌(鑾)旂、攸(鋚)勒
8.4326 賜朱芾、悤(蔥)黄(衡)、鞞𩍧(璲)、玉睘(環)、玉琜、車、電軫、䍙(賁)䋣較(较)、朱𩍂(鞹)𩏂靳、虎冟(冪)熏(纁)裏、遣(錯)衡、右厄(軛)、畫轉、畫輯、金童(踵)、金豙(軶)、金簟弼(茀)、魚葡(箙)、朱旂旜(旝)金芫二鈴
8.4332 賜女(汝)玄衣黹屯(純)、赤芾、朱黄(衡)、䜌(鑾)旂、攸(鋚)勒
8.4333 賜女(汝)玄衣黹屯(純)、赤芾、朱黄(衡)、䜌(鑾)旂、攸(鋚)勒
8.4334 賜女(汝)玄衣黹屯(純)、赤芾、朱黄(衡)、䜌(鑾)旂、攸(鋚)勒
8.4335 賜女(汝)玄衣黹屯(純)、赤芾、朱黄(衡)、䜌(鑾)旂、攸(鋚)勒
8.4336 賜女(汝)玄衣黹屯(純)、赤芾、朱黄(衡)、䜌(鑾)旂、攸(鋚)勒
8.4337 賜女(汝)玄衣黹屯(純)、赤芾、朱黄(衡)、䜌(鑾)旂、攸(鋚)勒
8.4338 賜女(汝)玄衣黹屯(純)、赤芾、朱黄(衡)、䜌(鑾)旂、攸(鋚)勒
8.4339 賜女(汝)玄衣黹屯(純)、赤芾、朱黄(衡)、䜌(鑾)旂、攸(鋚)勒
8.4343 賜女(汝)秬鬯一卣、金車、䍙(賁)較(較)、畫輯、朱虢(鞹)𩏂靳、虎冟(冪)熏(纁)裏、旂、余(駼)〔馬〕四匹
9.4467 賜女(汝)秬鬯一卣、赤芾、五黄(衡)、赤舄、牙僰、駒車、䍙(賁)較(較)、朱虢(鞹)𩏂靳、虎冟(冪)熏(纁)裏、畫轉(轉)、畫輯、金甬(筩)、朱旂、馬四匹、攸(鋚)勒、素戉(鉞)
9.4468 賜女(汝)秬鬯一卣、赤芾、五黄(衡)、赤舄、牙僰、駒車、䍙(賁)較(較)、朱虢(鞹)𩏂靳、虎冟(冪)熏(纁)裏、畫轉(轉)、畫輯、金甬(筩)、朱旂、馬四匹、攸(鋚)勒、素戉(鉞)
9.4645 用旂(祈)眉壽
11.6015 侯乘于赤旂舟
12.6516 賜趩戠(織)衣、載(緇)芾、冋(褧)黄(衡)、旂
15.9456 王再旂于豐
15.9680 匹(瓮)君玆旂者
15.9709 用旂(祈)眉壽、萬年
15.9719 旂(祈)無疆
15.9720 旂(祈)無疆
15.9728 賜女(汝)秬鬯一卣、玄衮衣、赤巿、幽黄(衡)、赤舄、攸(鋚)勒、䜌(鑾)旂
15.9729 用旂(祈)眉壽
15.9730 用旂(祈)眉壽
15.9731 賜女(汝)玄衣黹屯(純)、赤芾、朱黄(衡)、䜌(鑾)旂、攸(鋚)勒
15.9732 賜女(汝)玄衣黹屯(純)、赤芾、朱黄(衡)、䜌(鑾)旂、攸(鋚)勒
16.10008 虞(吾)以旂(祈)眉壽
15.10169 賜女(汝)赤攴(市、芾)、幽黄(衡)、鋚勒、旂
16.10172 王乎史減册賜寰:玄衣黹屯(純)、赤芾、朱黄(衡)、䜌(鑾)旂、攸(鋚)勒、戈琱㦰、歇(厚)必(柲)、彤沙(蘇)

2863 旎

8.4214 用乍(作)文考旎叔尊𣪘

2864 旅

8.4262 厥從格伯反(按)彶佃(甸):殷谷厥紉(絶)雩谷、杜木、邍谷、旅菜
8.4263 厥從格伯反(按)彶佃(甸):殷谷厥紉(絶)雩谷、杜木、邍谷、旅菜
8.4264 厥從格伯反(按)彶佃(甸):殷〔谷〕厥〔紉〕雩谷、杜木、邍谷、旅菜
8.4265 厥從格伯反(按)彶佃(甸):殷〔谷〕厥紉(絶)雩谷、杜木、邍谷、旅菜

2865 族

2.287 大(太)族(簇)之珈歸(歸)
2.290 大(太)族(簇)之宮
2.292 大(太)族(簇)之珈歸(歸)
2.293 大(太)族(簇)之商
2.294 爲大(太)族(簇)之徵顀下角
2.295 大(太)族(簇)之翆(羽)/爲大(太)族(簇)翆(羽)角
2.319 夫(太)族(簇)之宮
2.322 大(太)族(簇)之在周也爲刺(厲)音
2.326 大(太)族(簇)之鼓
2.329 爲夫(太)族(簇)之徵顀下角
2.330 夫(太)族(簇)之翆(羽)/爲夫(太)族(簇)翆(羽)角
2.348 大(太)族(簇)之宮
5.2841 命女(汝)𨘙(纘)嗣公族/以乃族干(捍)吾(敔)王身
7.4029 遣三族伐東或(國)
7.4089 事(史)族乍(作)寶𣪘
8.4288 公族㠯盩入右(佑)師酉
8.4289 公族㠯盩入右(佑)師酉
8.4290 公族㠯盩入右(佑)師酉
8.4291 公族㠯盩入右(佑)師酉
8.4326 王令𨘙(纘)嗣公族、卿事(士)、大(太)史寮
8.4341 趞(遣)令曰:以乃族從父征
8.4343 公族絽(紹)入右(佑)牧
12.6514 王大省公族于庚
15.9700 爲左(佐)大族
17.11085 亳庭(庭、膺、廂)八族戈
17.11281 宋公差(佐)之所賠(造)茆族戈
17.11289 宋公差(佐)之所賠(造)不昜族戈
17.11353 秦子乍(作)遣(造)公族元用
18.11547 秦子乍(作)造公族元用

2866 旋

3.1051 旋
3.1340 婦旋
6.3228 婦旋
11.6015 享旋走令
15.9451 用旋走
16.10360 旋走事皇辟君
18.11889 旋

2867 旛

9.4466 其邑旛、𢆶(鄰)、㘰(置)

2868 旃

1.225 既旃(伸)㫚(暢)虡
1.226 既旃(伸)㫚(暢)虡
1.227 既旃(伸)㫚(暢)虡
1.228 既旃(伸)㫚(暢)虡
1.229 既旃(伸)㫚(暢)虡
1.230 既旃(伸)㫚(暢)虡
1.231 既旃(伸)㫚(暢)虡
1.232 既旃(伸)㫚(暢)虡
1.233 既旃(伸)㫚(暢)虡
1.234 既旃(伸)㫚(暢)虡
1.235 既旃(伸)㫚(暢)虡
1.236 既旃(伸)㫚(暢)虡
1.237 既旃(伸)㫚(暢)虡

2869 旂

15.9735 郾(燕)旂(故)君子徻(噲)/旂(故)邦亡身死/旂(故)詳(辭)豊(禮)敬

2870 旆

16.9898 王乎史戊册令(命)吳:嗣旆眔菽金

2871 㫃

4.1740 亞受㫃

2872 旟(旍)

17.10646 旟(旍)

2873 旝(祈)

9.4628 用旝(祈)眉壽
9.4692 用旝(祈)多福

2874 旗

18.12093 采者旗節

2875 旞

6.3671 旞嗣土(徒)梚乍(作)寶尊𣪘

2876 旒

2.429 余以共旒示□帝(嫡)庶子

2877 旐

3.949 曰叚、曰旐

2878 旚

8.4286 𢦏(哉)賜女(汝)載(緇)芾、素黄(衡)、䜌(鑾)旚

2879 旑

6.3628 旑乍(作)寶尊彝

2880 旓

1.83 返自西旓/寞之于西旓

1.84 寞之于西旓

1.85 返自西旓/寞之于西旓

1.153 中(終)翰叡(且)旓(颺)

1.154 中翰叡旓

1.261 中翰叡(且)旓(颺)

11.6010 恖(聰)憲訢旓(揚)

16.10171 恖(聰)憲訢旓(揚)

17.11043 周旓之戈

17.11047 旓乍(作)𦬸戈

17.11381 台(以)卲(昭)旓(揚)文武之戊(茂)用(庸)

2881 旖

6.3676 旖乍(作)寶𣪘

2882 旙

6.3689 亞疑㠱旙乍(作)女(母)辛寶彝

2883 旔

12.7306 亞㐅羌旔向乍(作)尊彝

2884 旛

5.2679 旛叔樊乍(作)昜(陽)姚寶鼎

2885 旜

12.6477 伯旜乍(作)寶尊彝

12.6478 伯旜乍(作)寶尊彝

2886 旝

15.9293 旝乍(作)父乙寶尊彝

2887 旞、旞(杠)

3.906 亞旞乍(作)父己彝尊

4.1846 亞旞父丁

4.1871 亞旞父己

10.5338 亞旞(杠)

11.5684 亞旞(杠)䤅(婍)

11.5926 亞旞(杠)旅葬乍(作)父辛彝尊

12.7288 亞旞(杠)妏父辛尊彝

12.7307 亞旞(杠)𢀛(負)乍(作)父丁寶尊彝

14.8893 父丁亞旞(杠)

2888 旘、旘

7.3874 旘嫼乍(作)尊𣪘/旘嫼其邁(萬)年

7.3875 旘嫼乍(作)尊𣪘/旘嫼其邁(萬)年

7.3876 旘嫼乍(作)尊𣪘/旘嫼其邁(萬)年

7.3945 鴋(觴、唐)姬乍(作)旘嫼賸(媵)𣪘/旘嫼其邁(萬)年

9.4579 用盛旘(稻)粱(粱)

9.4615 用成(盛)旘(稻)粱(粱)

9.4627 用成(盛)朮(秫)旘(稻)糕粱

9.4628 用成(盛)稚(糕)旘(稻)需(糯)粱

2889 旃、旃

8.4131 用乍(作)旃公寶尊彝

8.4326 賜朱芾、悤(蔥)黄(衡)、鞞鞢(璲)、玉睘(環)、玉珓、車、電軫、桒(賁)縟較(较)、朱䩛(鞹)𩋿靳、虎冟(幂)熏(纁)裹、逪(錯)衡、右戹(軛)、畫轉、畫輯、金童(踵)、金豙(軝)、金簟弼(茀)、魚葡(箙)、朱旂旃(旜)金芫二鈴

2890 旜、旜

3.746 用旜(祈)眉壽

3.747 用旜(祈)眉壽

3.748 用旜(祈)眉壽

3.749 用旜(祈)眉壽

3.750 用旜(祈)眉壽

3.751 用旜(祈)眉壽

3.752 用旜(祈)眉壽

4.2337 伯六辞乍(作)洀旜寶蕁(尊)齍(齍)

9.4458 用旜(祈)多福

13.7421 旜(旜)

13.7646 旜

13.7647 旜

2891 旟

1.272-8 肅成朕師旟之政德

1.285 肅成朕師旟之政德

14.8876 旟乍(作)父乙

2892 旟

5.2704 王姜賜旟田三于待劃

5.2740 溓(濂)公令䨓眔史旟曰:以旪眔厥有嗣、後或(國)䜴伐腺(貊)

5.2741 溓(濂)公令䨓眔史旟曰:以旪眔厥有嗣、後或(國)䜴伐腺(貊)

10.5387 員從史旟伐會(鄶)

15.9456 伯邑父、焚(榮)伯、定伯、琼伯、單伯迺令參有嗣:嗣土(徒)微邑、嗣馬單旟、嗣工(空)邑人服眔受(授)田

2893 旟

4.2404 伯旟乍(作)厥宗寶尊彝䨉(鼏)

2894 旜

5.2839 □趡伯□□戜(鬼)旜(獯)/戜(鬼)旜(獯)虘以新□從

2895 旞

9.4466 令小臣成友逆旅□、內史無䚄、大(太)史旞

2896 旟

8.4250 曰:𤔲琱宮人虢旟

2897 旡

9.4525 伯旡父乍(作)旅簠

2898 旋

8.4216 王曰:師旋/旋敢易(揚)王休

8.4217 王曰:師旋/旋敢易(揚)王休

8.4218 王曰:師旋/旋敢易(揚)王休

8.4279 遟公入右(佑)師旋/王乎乍(作)册尹克册命師旋/旋拜頴首

8.4280 遟公入右(佑)師旋/王乎乍(作)册尹克册命師旋/旋拜頴首

8.4281 遟公入右(佑)師旋/王乎乍(作)册尹克册命師旋/旋拜頴首

8.4282 遟公入右(佑)師旋/王乎乍(作)册尹克册命師旋/旋拜頴首

2899 𣄰

14.8541 𣄰父己

2900 𣂚

1.157 厥辟𣂚(韓)宗徹/賞于𣂚(韓)宗

1.158 厥辟𣂚(韓)宗徹/賞于𣂚(韓)宗

1.159 厥辟𣂚(韓)宗徹/賞于𣂚(韓)宗

1.160 厥辟𣂚(韓)宗徹/賞于𣂚(韓)宗

1.161 厥辟𣂚(韓)宗徹/賞于𣂚(韓)宗

5.2757 曾子𣂚擇其吉金

17.11320 庰命(令)肖(趙)𣂚、下庫工師□、冶□

2901 𩏨、朝

5.2655 𩏨夕鄉(饗)厥多倗友

5.2693 稾(槁)𩏨爲享陵鑄

5.2837 敏𩏨夕入讕(諫)

7.3964 用𩏨夕享考(孝)宗室

7.3965 用𩏨夕享考(孝)宗室

7.3966 用𩏨夕享考(孝)宗室

7.3967 用𩏨夕享考(孝)宗室

7.3968 用𩏨夕享考(孝)宗室

7.3969 用𩏨夕享考(孝)宗室

7.3970 用𩏨夕享考(孝)宗室

7.4030 其于之𩏨夕監

7.4031 其于之𩏨夕監

7.4089 其𩏨夕用享于文考

8.4131 唯甲子𩏨

8.4266 王各于大𩏨(廟)

8.4331 用好宗𩏨(廟)

9.4465 克其用𩏨夕享于皇祖考

11.6016 明公𩏨至于成周

16.9901 明公𩏨至于成周

17.11182 𩏨訶(歌)右庫

18.11685 得工嗇夫杜相女(如)、左得工工師韓段、冶君(尹)𩏨敎(撻)齋(劑)

2902 𤰈、幸(梏)

3.806 祖丁𤰈旅

3.1369 𤰈旅

3.1370 𤰈旅

3.1371 𤰈旅

4.1540 𤰈父乙

4.1626 父庚𤰈

4.1742 亞𤰈㚔

4.2471 𤰈

6.3611 𤰈旅

7.3909 𤰈旅

8.4144 𤰈旅

10.5061 𤰈旅父乙

10.5084 獸𤰈父辛

10.5090 𤰈旅父辛

11.5550 𤰈丁

11.5578 𤰈旅

11.5579 𤰈旅

11.5625 𤰈乙父

11.5720 𤰈旅父甲

11.5758 弓𤰈父癸

11.6167 𤰈旅

11.6225 𤰈父乙

11.6262 𤰈父丁

12.6626 𤰈(梏)

12.6627 𤰈(梏)

12.7000 𤰈旅

12.7001 𤰈旅

12.7002 𤰈旅

12.7225 𤰈旅父乙

12.7245 𤰈旅父辛

12.7246 𤰈旅父辛

12.7249 父癸𤰈葡

13.7424 𤰈旅

13.7707 𤰈

13.7708 𤰈

13.8151 何𤰈

13.8152 𤰈何

13.8242 𤰈葡

13.8263 𣄰𤰈

14.8450 父丁𤰈旅

14.8581 𤰈父己

14.8582 𤰈父己

14.8705 𤰈父癸

14.8706 𤰈父癸

14.8839 祖丁𤰈旅

14.8897 父丁𤰈旅

14.8931 𤰈旅父己

14.8932 𤰈旅父己

14.8969 父癸幸旅
14.8970 父癸幸櫑
15.9259 幸/幸旅
15.9292 幸
15.9735 氏(是)以身蒙幸(皋)胄
16.9884 幸
16.9885 幸
16.10033 幸旅
16.10343 幸旅
17.11284 嗇夫冰、冶幸
18.11733 幸
18.11912 幸

2903 𢆉

10.5266 𢆉
11.5893 𢆉
12.6397 𢆉父戊
14.8526 𢆉父戊

2904 㚔(二幸)

6.3175 父丁㚔(二幸)
12.7238 㚔(二幸)父戊
13.8029 㚔(二幸)戊

2905 睪、嶧(籥)

4.2374 嶧作比(妣)辛尊彝
6.3302 亼嶧葡父乙
12.7188 亼葡嶧(籥)
13.7709 嶧
14.8814 亼嶧葡
15.9415 亞嶧

2906 執

1.270 于秦執事
1.272-8 宦執而(爾)政事
1.281 執而(爾)政事
1.285 宦執而(爾)政事
3.541 季執乍(作)寶尊彝
5.2695 王令員執犬
5.2779 折首執訊
5.2832 曰：厲曰余執龏(恭)王恤工
5.2835 多友右(有)折首執訊/執訊廿又三人/執訊二人/多友或(又)右(有)折首執訊/執訊三人
5.2839 執嘼(酋)三人/執嘼(酋)一人
8.4313 折首執訊
8.4314 折首執訊
8.4322 獲馘(聝)百、執訊二夫
8.4323 執訊卌(四十)
8.4328 女(汝)多折首執訊/折首執訊
8.4329 女(汝)多折首執訊/折首執訊
9.4459 執訊折首
9.4460 執訊折首
9.4461 執訊折首
10.5391 商(賞)執/執用乍(作)父丁尊彝
11.5971 賞執/執用乍(作)父丁尊彝
11.6011 王初執駒于庍(斥)
14.9003 執乍(作)父乙冉
16.10173 執訊五十
16.10174 折首執訊
16.10176 厥左執縷史正仲農
16.10478 執白(帛)宮方百乇(尺)
17.11201 □□伯之元執

2907 圉

3.935 王賜圉貝
4.2505 休朕公君匽(燕)侯賜圉貝
7.3824 王賜圉貝
7.3825 王賜圉貝
10.5374 王賜圉貝
12.6631 圉
16.10175 紹圉武王

2908 𢼄、𢽾、拲

3.1092 拲
6.2964 拲
6.2965 拲
6.2966 拲
10.4735 拲
11.6042 拲
12.6404 亞拲父己
12.6413 亞拲父辛
12.6628 拲
12.6629 拲
12.6630 拲
13.7465 拲
13.8002 甲拲
15.9264 庚拲
18.11805 拲

2909 教(撻)

3.1032 教(撻)氏
5.2830 于朕考墉(郭)季易父教(秩)宗
6.3645 教乍(作)祖癸寶尊彝
7.4055 用爲女夫人尊詩教
13.7436 教
13.8141 教天
13.8190 工教
15.9774 教工
17.10756 教
17.10866 車教
17.11366 坓(型、邢)倫(令)吳㳄(次)、上庫工師宋艮、冶屖教(撻)齋(劑)
17.11377 武城命(令)□□、苫早、〔庫〕嗇夫事(吏)歍、冶章教(撻)齋(劑)
17.11390 邦府大夫肖(趙)閔、邦上庫工師韓山、冶冋教(撻)齋(劑)
17.11391 相邦肖(趙)狐、邦左庫工師鄭哲、冶匜□教(撻)齋(劑)
18.11556 相邦春平侯、邦右庫工師肖(趙)瘁、冶韓開教(撻)齋(劑)
18.11557 相邦春平侯、邦左伐器工師長翟(鳳)、冶私(粕)教(撻)齋(劑)
18.11558 相邦春平侯、邦左庫工師長翟(鳳)、冶勹(勻)教(撻)齋(劑)
18.11635 相邦建信君、邦右庫□□工師吳症(瘖)、冶疕教(撻)齋(劑)
18.11657 坓(型、邢)肖、下庫工師孫叏

(烛)、冶湶𢽳(撻)齋(劑)

18.11660 往□倫(令)王褱、右庫工師坴(埶、廉)生、冶参𢽳(撻)齋(劑)

18.11661 隰倫(令)棈(梆、郭)唐、下庫工師孫屯、冶沽𢽳(撻)齋(劑)

18.11669 攸倫(令)肖(趙)世、上庫工師樂星、冶朔(影)𢽳(撻)齋(劑)

18.11670 守相坴(埶、廉)波(頗)、右庫工師慶□、冶巡𢽳(撻)齋(劑)

18.11671 安平守變疾、左庫工師賦(戥)貨、冶余𢽳(撻)齋(劑)

18.11673 南行昜(唐)倫(令)瞚(瞿)卯、右庫工師司馬卻、冶得𢽳(撻)齋(劑)

18.11674 南行昜(唐)倫(令)瞚(瞿)卯、右庫工師司馬卻、冶得𢽳(撻)齋(劑)

18.11675 武信倫(令)馬師闕(閭)、右庫啟工師粤秦、冶瘀𢽳(撻)齋(劑)

18.11676 邦司寇肖(趙)新、邦右庫工師下足、冶巡𢽳(撻)齋(劑)

18.11677 相邦建信君、邦右庫工師郹段、冶君(尹)乇𢽳(撻)齋(劑)

18.11678 相邦建信君、邦左庫工師郹段、冶君(尹)乇𢽳(撻)齋(劑)

18.11679 相邦建信君、邦左庫工師郹段、冶君(尹)肉𢽳(撻)齋(劑)

18.11680 相邦建信君、邦左庫工師郹段、冶君(尹)匜𢽳(撻)齋(劑)

18.11681 相邦建信君、邦左庫工師郹段、冶君(尹)月(明)𢽳(撻)齋(劑)

18.11682 相邦春平侯、邦左庫工師肖(趙)瘠、冶事(吏)開𢽳(撻)齋(劑)

18.11683 相邦春平侯、邦左庫工師肖(趙)瘠、冶事(吏)開𢽳(撻)齋(劑)

18.11685 得工嗇夫杜相女(如)、左得工工師韓段、冶君(尹)朝𢽳(撻)齋(劑)

18.11686 邦司寇馬慦、迋(下)庫工師得尚、冶君(尹)曠半舒𢽳(撻)齋(劑)

18.11687 相邦建信君、邦左庫工師塚旅、冶肉𢽳(撻)齋(劑)

18.11688 相邦春平侯、邦左庫工師肖(趙)瘠、冶君(尹)五月𢽳(撻)齋(劑)

18.11689 相邦春平侯、邦左伐器工師長翟(鳳)、冶赦𢽳(撻)齋(劑)

18.11690 相邦春平侯、邦左伐器工師長翟(鳳)、冶明𢽳(撻)齋(劑)

18.11691 相邦春平侯、邦左伐器工師長翟(鳳)、冶句𢽳(撻)齋(劑)

18.11694 春平相邦鄗(晉)得、邦右庫工師睘(瞖)輅徒、冶臣成𢽳(撻)齋(劑)

18.11695 相邦建信君、邦右庫韓段、工師爿瘟、冶息𢽳(撻)齋(劑)

18.11699 相邦春平侯、邦左伐器工師□□□□、冶亘𢽳(撻)齋(劑)

18.11700 守相坴(埶、廉)波(頗)、邦右庫工師韓亥、冶巡𢽳(撻)齋(劑)

18.11701 守相坴(埶、廉)波(頗)、邦右庫工師韓亥、冶巡𢽳(撻)齋(劑)

18.11702 守相坴(埶、廉)波(頗)、邦左庫工師采隅、冶句𢽳(撻)齋(劑)

18.11705 南行昜(唐)倫(令)瞚(瞿)卯、右庫工師司馬卻、冶君(尹)乇得𢽳(撻)齋(劑)(?)

18.11706 相邦建信君、邦左庫工師郹段、冶君(尹)乇𢽳(撻)齋(劑)

18.11707 相邦春平侯、邦左庫工師長身、冶宦瀌𢽳(撻)齊(劑)

18.11708 相邦春平侯、邦右庫工師訬乇、冶巡𢽳(撻)齋(劑)

18.11709 相邦春平侯、邦右伐器工師羊敹(播)、冶疢𢽳(撻)齋(劑)

18.11710 相邦春平侯、左伐器𦤎工師析論、冶𤽄𢽳(撻)齋(劑)

18.11711 守相申毋官、邦㔿韓㰴、冶醇𢽳(撻)齋(劑)

18.11712 相邦陽安君、邦右庫工師史笶胡、冶事(吏)痌𢽳(撻)齋(劑)

18.11713 相邦春平侯、邦左伐器工師長翟(鳳)、冶句𢽳(撻)齋(劑)

18.11714 相邦春平侯、邦左伐器工師長翟(鳳)、冶句𢽳(撻)齋(劑)

18.11715 相邦春平侯、邦右伐器工師從訬、冶巡𢽳(撻)齋(劑)

18.11716 相邦春平侯、邦左伐器工師長翟(鳳)、冶匡敎(撻)齋(劑)

18.11717 相邦建信君、邦右庫工師司馬卲、冶得秬敎(撻)齋(劑)

2910　斆(二教)

10.4736 斆(二教)

12.6943 斆(二教)

16.10013 斆(二教)

17.10755 斆(二教)

17.10757 斆(二教)

2911　報

8.4292 報寢氏帛束、璜

8.4293 伯氏則報璧

8.4300 丁公文報／唯丁公報

8.4301 丁公文報／唯丁公報

2912　□

11.6347 亞□婦

2913　睪

2.287 爲無睪(射)徵顧

2.289 爲無睪(射)之翆(羽)顧下角

2.292 爲無睪(射)徵角

2.294 無睪(射)之徵

2914　盩、盩

1.251-6 初盩龢于政

1.262-3 盩龢胤士

1.264-6 盩龢胤士

1.267 盩龢胤士

1.268 盩龢胤士

1.269 盩龢胤士

5.2728 公在盩師(次)

5.2787 帥堣(偶)盩于成周

5.2788 帥堣(偶)盩于成周

8.4229 帥堣(偶)盩于成周

8.4230 帥堣(偶)盩于成周

8.4231 帥堣(偶)盩于成周

8.4232 帥堣(偶)盩于成周

8.4233 帥堣(偶)盩于成周

8.4234 帥堣(偶)盩于成周

8.4235 帥堣(偶)盩于成周

8.4236 帥堣(偶)盩于成周

8.4317 再盩先王宗室

8.4342 盩巤(龢)雩(于)政

10.5344 盩嗣土(徒)幽乍(作)祖辛旅彝

11.5917 盩嗣土(徒)幽乍(作)祖辛旅彝

2915　敹

16.10175 初敹(盩)龢于政

2916　□、□

12.6425 □父癸

2917　□、□

13.7400 □

16.10043 □父己

2918　王

1.37 秦王卑(俾)命競墉／王之定

1.40 龕事朕辟皇王

1.41 龕事朕辟皇王

1.46 昆疕王貯(鑄)乍(作)龢鐘

1.49 侃先王／先王其嚴(儼)在帝左右

1.52 王子嬰次自乍(作)□鐘

1.53 唯王正月／楚王領(頟)自乍(作)鈴鐘

1.60-3 唯王元年

1.72 楚王媵(媵)邛(江)仲嬭(芈)南龢鐘

1.73-4 唯王正月／敬事天王

1.75 唯王正月

1.76-7 唯王正月／敬事天王

1.78-9 唯王正月／敬事天王

1.80-1 唯王正月／敬事天王

1.82 徠匹之王

1.83 唯王五十又六祀／楚王酓(熊)章乍(作)曾侯乙宗彝

1.85 唯王五十又六祀／楚王酓(熊)章乍(作)曾侯乙宗彝

1.87 唯王六〔月〕

1.93 唯王正月

1.94 唯王正月

1.95 唯王正月

1.96 唯王正月

1.97 唯王正月

1.98 唯王正月

1.99 唯王正月

1.100 唯王正月

1.101 唯王正月

1.104 王命〼周／王若曰：哭〔生〕(甥)

1.105 敢對揚王休

1.107-8 王歸自成周／膺(應)侯見工遺(饋)王于周／王各于康

1.120 王曰：者㲋

1.121 王曰：者㲋／弼王侘(侂)

1.122 王曰：者㲋／弼王侘(侂)

1.124 唯王命

1.125-8 王曰：者㲋／弼王侘(侂)／唯王命

1.129-31 弼王侘(侂)／唯王命

1.132 王曰：者㲋

1.133 唯王三年

1.134 (唯)王三年

1.135 唯王三年

1.136 唯王三年

1.137-9 唯王三年

1.140 唯王正月

1.143 王在成周嗣土(徒)淲宮／王賜鮮吉金

1.144 戉(越)王者旨於睗擇厥吉金

1.149 唯王正月初吉

1.150 唯王正月初吉

1.151 唯王正月初吉

1.152 唯王正月初吉

1.171 唯王正月／王欲復師

1.182 郐(徐)王子旃擇其吉金
1.187-8 農臣先王/龠臣皇王
1.189-90 農臣先王/龠臣皇王
1.192 農臣先王
1.193 工獻王皮難(然)之子者減
1.194 工獻王皮難(然)之子者減
1.195 工獻王皮難(然)之子者減
1.196 工獻王皮難(然)之子者減
1.197 工獻王皮難(然)之子者減
1.198 工獻王皮難(然)之子者減
1.199 工獻王皮難(然)之子者減
1.200 工獻王皮難(然)之子者減
1.201 工獻王皮難(然)之子者減
1.202 工獻王皮難(然)之子者減
1.203 郐(徐)王庚之思(淑)子沇兒
1.204-5 王在周康剌宮/王乎士曶召克/王親令克/尃(溥)奠王令(命)
1.206-7 王在周康剌宮/王乎士曶召克/王親令克/尃奠王令(命)
1.208 王在周康剌宮/王乎士曶召克/王親令克
1.209 王在周康剌宮/王乎士曶召克/王親令克/尃奠王令(命)
1.210 𨌲(佐)右(佑)楚王
1.211 𨌲(佐)右(佑)楚王
1.217 𨌲(佐)右(佑)楚王
1.218 𨌲(佐)右(佑)楚王
1.219 𨌲(佐)右(佑)楚王
1.220 𨌲(佐)右(佑)楚王
1.221 𨌲(佐)右(佑)楚王
1.222 𨌲(佐)右(佑)楚王
1.223-4 吳王光逗之穆曾(贈)舒(舒)金
1.225 唯王正月
1.226 唯王正月
1.227 唯王正月
1.228 唯王正月
1.229 唯王正月
1.230 唯王正月
1.231 唯王正月
1.232 唯王正月
1.233 唯王正月
1.234 唯王正月
1.235 唯王正月
1.236 唯王正月
1.237 唯王正月
1.245 唯王正月
1.247 用辟先王/皇王對瘨身楙(懋)
1.248 用辟先王/皇王對瘨身楙(懋)
1.249 用辟先王/皇王對瘨身楙(懋)
1.250 用辟先王/皇王對瘨身楙(懋)
1.251-6 曰古文王/雩武王既𢦏殷/微史剌(烈)祖來見武王/武王則令周公舍(捨)寓(宇)以五十頌處
1.260 王肇遹省文武、堇(覲)疆土/王辜(敦)伐其至/𠬝孳(子)迺遣閒來逆卲王/王對乍(作)宗周寶鐘/用卲各不(丕)顯祖考先王/先王其嚴在上
1.261 王孫遺者擇其吉金
1.262-3 公及王姬曰:余小子
1.264-6 公及王姬曰:余小子
1.267 公及王姬曰:余小子
1.268 公及王姬曰:余小子
1.269 公及王姬曰:余小子
1.271 唯王五月
1.272-8 唯王五月
1.285 唯王五月
2.286 濁文王之宮/濁文王之湆(衍)宮
2.287 文王之辯(變)商
2.291 東音之在楚也爲文王
2.292 文王之辯(變)商
2.294 爲文王𦏸(羽)
2.295 文王之徵
2.296 文王之宮/文王之湆(衍)𨭽(歸)
2.297 濁文王之商
2.302 濁文王之𣤶(駃)
2.303 濁文王之少商
2.304 濁文王之宮/濁文王之巽
2.305 文王之𦏸(羽)
2.306 文王之冬(終)
2.307 文王之宮/文王之下角
2.308 濁文王之宮
2.312 濁文王之喜(鼓)
2.313 濁文王之𣤶(駃)
2.314 濁文王之少商
2.315 濁文王之宮/濁文王之巽
2.316 文王之𦏸(羽)
2.317 文王之冬(終)
2.318 文王之宮/文王下角
2.320 濁文王之商
2.323 其在楚也爲文王
2.326 東音之在楚也爲文王
2.327 文王之辯(變)商
2.329 爲文王𦏸(羽)
2.330 文王徵
2.358 余小子肇嗣先王/乍(作)厥王大寶/用鬻圝先王/唯王五祀
2.416 成周王令(鈴)
2.417 成周王令(鈴)
2.418 王
2.424 唯王正月
2.426 吳王□□□□犬

子配兒
2.427 吳王□□□□犬子配兒
2.429 遠盄(淑)聞于王東吳谷
3.584 王乍(作)顙王姬[illegible]鬻彝
3.585 王乍(作)顙王姬[illegible]鬻彝
3.587 䝨(召)伯毛乍(作)王母尊鬲
3.602 王乍(作)王母䵼宮尊鬲
3.606 王伯姜乍(作)尊鬲
3.607 王伯姜乍(作)尊鬲
3.611 王乍(作)㐲(序)鬻(蔣)贇母寶鬻彝
3.635 呂王乍(作)尊鬲
3.645 王乍(作)番妃齊(齋)鬲
3.646 王乍(作)姬𡚬(䶂)母尊鬲
3.647 王伯姜乍(作)尊鬲
3.741 王光商(賞)𨙶(倢)貝
3.754 休天君弗望(忘)穆公聖粦明𢟭事先王
3.755 休天君弗望(忘)穆公聖粦明𢟭事先王
3.935 王𠦪(祓)于成周/王賜圉貝
3.936 王后中官
3.941 王人旣輔歸雚(觀)
3.944 王宜人(夷)方/王商(賞)乍(作)册般貝
3.946 王孫壽擇其吉金
3.949 王令中先省南或(國)貫行/以王令(命)曰:余令女(汝)史(使)小大邦/日傳□王〔皇〕休
3.980 述(墜)王魚顛(鼎)
4.1734 成王尊
4.1811 犬王祖甲
4.1933 中賙王貞(鼎)
4.2030 王伯乍(作)寶齋
4.2031 王季乍(作)鼎彝
4.2097 王后左和室
4.2147 王乍(作)仲姬寶彝
4.2149 夨王乍(作)寶尊貞(鼎)
4.2191 王乍(作)仲姜寶鼎
4.2236 王氏官之王人
4.2237 王蔑/𢍉(搚)荏王蔑
4.2261 王乍(作)康季寶尊鼒
4.2268 周公乍(作)文王尊彝
4.2273 王乍(作)垂姬寶尊鼎
4.2288 卲(昭)王之諻(媓)之饋(鐳)貞(鼎)
4.2289 王子侄自酢(作)飤貞(鼎)
4.2301 巨荁王
4.2359 吳王孫無土之脰(廚)貞(鼎)
4.2360 王后左和室/王后左和室
4.2393 鑄客爲王句(后)七府爲之
4.2394 鑄客爲王句(后)七府爲之
4.2405 王賜德貝廿朋
4.2425 王[賜]貝
4.2453 休王賜𩰫(䝅)父貝
4.2454 休王賜𩰫(䝅)父貝
4.2455 休王賜𩰫(䝅)父貝
4.2456 用言(歆)王出內(入)事(使)人
4.2459 徠即王
4.2479 楚王酓(熊)肯乍(作)鑄匜貞(鼎)
4.2487 用鄉(饗)王逆造事(使)人
4.2506 王賜嬴貝
4.2530 王子中府
5.2531 王令雍伯啚于㞢爲宮
5.2550 唯王十月既吉
5.2560 王伯姜乍(作)季姬福母尊鼎
5.2574 王四月
5.2577 叚工師王馬重(童)、眂(視)事鐙、冶敬
5.2579 䨗堇(覲)于王
5.2594 王曰:𪏽𩲃馬
5.2600 吳王姬乍(作)南宮史叔飤鼎
5.2615 鴋叔從王南征
5.2623 楚王酓(熊)肯乍(作)鑄鐈貞(鼎)
5.2625 王商(賞)宗庚豐貝二朋
5.2626 唯成王大𠦪(祓)在宗周
5.2627 唯成王大𠦪(祓)在宗周
5.2628 王賞旨貝廿朋
5.2648 子賜小子䍙(䍙)王商(賞)貝在[illegible](兢)餗(次)
5.2653 王賜小臣缶湡責(積)五年
5.2659 王初[illegible](量)于成周
5.2661 王在成周/王賜德貝廿朋
5.2675 郐(徐)王𦝼用其良金
5.2682 王來奠新邑/王[賞]貝十朋
5.2683 王子剌公之宗婦鄁(鄁)嬰
5.2684 王子剌公之宗婦鄁(鄁)嬰
5.2685 王子剌公之宗婦鄁(鄁)嬰
5.2686 王子剌公之宗婦鄁(鄁)嬰
5.2687 王子剌公之宗婦鄁(鄁)嬰
5.2688 王子剌公之宗婦鄁(鄁)嬰
5.2689 王子剌公爲宗婦鄁(鄁)嬰宗彝鬻彝
5.2694 王令宜子迨(會)西方于省/王賞戍甬貝二朋
5.2695 王獸于眂(視)𢿌(廪)/王令員執犬

5.2697 唯王四年
5.2698 唯王四年
5.2699 唯王四年
5.2700 唯王四年
5.2704 王姜賜旟田三于待劃／用對王休
5.2705 祝(兄)人師眉羸王爲周客
5.2708 王商(賞)戍嗣(孠)貝廿朋／唯王餘闌(管)大室
5.2709 王餗／王鄉(饗)酉(酒)／唯王正(征)井方
5.2710 王令寢蒦省北田四品
5.2711 王迖于乍(作)册般新宗／王商(賞)乍(作)册豊貝
5.2714 唯王八月既望
5.2715 郐(徐)王之子庚兒
5.2716 郐(徐)王之子庚兒
5.2717 王子旲(昃)擇其吉金
5.2718 寓獻佩于王婦／對易(揚)玥(挂)王婦休
5.2720 王在葊京／王漁于㝛池／對揚王休
5.2723 王女(如)上侯／王夜(掖)功
5.2725 王在葊京／王賜歸娀進金／肄(肆)𣥂對揚王休
5.2726 王在葊京／王賜歸娀進金／肄(肆)𣥂對揚王休
5.2730 唯王來各于成周年
5.2731 王令趞戠(捷)東反(叛)尸(夷)
5.2733 乃用鄉(饗)王出入事(使)人
5.2735 王在上侯应／敢揚王休
5.2736 王在上侯应／敢揚王休
5.2740 唯王伐東尸(夷)
5.2741 唯王伐東尸(夷)
5.2742 王在豊／王乎虢叔召癲
5.2747 王[各]于師秦宮／王各于享廟／王□賜〼
5.2748 王客琱宮／王蔑庚羸曆／對王休
5.2751 唯王令南宮伐反(叛)虎方之年／王令中先省南或(國)貫行／埶(藝)王应／中乎歸(饋)生鳳于王
5.2752 唯王令南宮伐反(叛)虎方之年／王令中先省南或(國)貫行／埶(藝)王应／中乎歸(饋)生鳳于王
5.2754 王餘□大室／王賜吕秬鬯三卣、貝卅朋／對揚王休
5.2755 唯王九月既望乙巳
5.2756 王在葊京真□／王蔑曆／對王休
5.2758 公朿(刺)鑄武王、成王異鼎
5.2759 公朿(刺)鑄武王、成王異鼎
5.2760 公朿(刺)鑄武王、成王異鼎
5.2761 公朿(刺)鑄武王、成王異鼎
5.2762 史顛(䪾)乍(作)朕皇考釐仲、王(皇)母泉母尊鼎
5.2767 唯王正月
5.2773 眂(視)事司馬欯、冶王石
5.2774 念王母堇(勤)匋(陶)／自乍(作)後王母／王母唯用自念于周公孫子
5.2775 王在成周／王迖于楚麓／王至于迖应／對揚王休
5.2776 王在衣(殷)／王啻(禘)／啻(禘)卲(昭)王／王賜剌貝卅朋／剌對揚王休
5.2777 史伯碩父追考(孝)于朕皇考釐仲、王(皇)母泉母
5.2779 用造王
5.2780 王在周新宮／王乎宰膺賜盛弓、象弭、矢臸、彤欮
5.2781 王賜赤㕚芾、玄衣黹屯(純)、緣(鑾)旂(旂)／對揚王休
5.2783 王在周般宮／王各大室
5.2784 龏(恭)王在周新宮／王射于射盧(廬)
5.2785 王在寒餗(次)／王令大(太)史兄(貺)福土／王曰：中／賜于武王乍(作)臣／中對王休令(命)
5.2786 王在康宮／王令死(尸)嗣王家
5.2787 王在宗周
5.2788 王在宗周
5.2789 王𠛬(訇)姜事(使)內史友員賜戜玄衣、朱襮裣／對揚王𠛬(訇)姜休
5.2790 唯王廿又三年九月／王在宗周／王令微緣絥(纘)嗣九陂
5.2791 王在葊京溼宮
5.2792 王在龢宮／王在華宮㒼／王在邦宮／王在邦
5.2794 楚王酓(熊)忎(悍)戰獲兵銅／楚王酓(熊)忎(悍)戰獲兵銅
5.2795 楚王酓(熊)忎(悍)戰獲兵銅／楚王酓(熊)忎(悍)戰獲兵銅
5.2796 唯王廿又三年九月／王在宗周／王命善(膳)夫克舍(捨)令于成周
5.2797 唯王廿又三年九月／王在宗周／王令善(膳)夫克舍(捨)[令]于成周
5.2798 唯王廿又三年九月／王在宗周／王命善(膳)夫克舍(捨)

令于成周

5.2799 唯王廿又三年九月／王在宗周／王命善(膳)夫克舍(捨)令于成周

5.2800 唯王廿又三年九月／王在宗周／王命善(膳)夫克舍(捨)令(命)于成周

5.2801 唯王廿又三年九月／王在宗周／王命善(膳)夫克舍(捨)令于成周

5.2802 唯王廿又三年九月／王在宗周／王命善(膳)夫克舍令(命)于成周

5.2803 王大耤(藉)農于諆田／王射／王歸自諆田／王馭溓(濂)仲廙(僕)／王曰：令眔奮／王至于溓(濂)宮／令對揚王休

5.2804 唯王九月丁亥／王客于般宮／王乎乍(作)命內史册命利

5.2805 唯王五月／王在康廟／王乎乍(作)册尹册命柳：嗣六師牧、陽(場)大𠭯(友)

5.2806 王在𧽊侲宮／王乎善(膳)大(夫)〼／王召〼

5.2807 王在𧽊侲宮／王鄉(饗)醴／王乎善(膳)大(夫)騡召大／王召走(趣)馬雁

5.2808 王在𧽊侲宮／王鄉(饗)醴／王乎善(膳)大(夫)騡召大／王召走(趣)馬雁

5.2809 師旂眔僕不從王征于方雷

5.2810 王南征／噩(鄂)侯馭方內(納)壺于王／馭方𢦚(侑)王／王休偃(偃)／馭方卿(佮)王射／王宴／王寴(親)賜馭方玉五瑴、馬四匹、矢五束

5.2811 王子午擇其吉金

5.2812 用辟于先王／出內(入)王命／王用弗諲(忘)聖人之後

5.2813 王各于大室／王乎內史駒册命師奎父

5.2814 王各于周廟／王乎史翏册令(命)無𠂤／曰：官嗣穆王遉(正)側虎臣

5.2815 王在周康卲宮／史留(籀)受(授)王令(命)書／王乎內史㝬册賜趩：玄衣屯(純)黹、赤芾、朱黃(衡)、䜌(鑾)旂、攸(鋚)勒

5.2816 唯王八月／王命𩛥(垣)侯伯晨曰：㚸(嗣)乃祖考侯于𩛥(垣)／敢對揚王休

5.2817 王在周師彔宮／王各大室／王乎乍(作)册尹册命師晨：疋(胥)師俗嗣邑人

5.2818 王在周康宮徲大室／鬲比以攸衛牧告于王／王令省史南以即虢旅

5.2819 王在周康穆宮／王各大室／史㝬受(授)王命書／王乎史減册賜寰：玄衣黹屯(純)、赤芾、朱黃(衡)、䜌(鑾)旂(旂)、攸(鋚)勒、戈琱䩛、𠂤(厚)必(柲)、彤沙(蘇)

5.2820 王在宗周／王各大(太)師宮／王曰：善／昔先王既令女(汝)左(佐)疋(胥)𤔲侯／今余唯肇𤕌(申)先王令

5.2821 王在周康宮徲宮／王各大室／王乎史翏册令(命)此

5.2822 王在周康宮徲宮／王各大室／王乎史翏册令(命)此

5.2823 王在周康宮徲宮／王各大室／王乎史翏册令(命)此

5.2824 王唯念𢦚辟剌(烈)考甲公／王用肇事(使)乃子𢦚／對揚王令(命)

5.2825 王在周／王乎史𢦚册令(命)山／王曰：山

5.2826 唯王九月乙亥

5.2827 王在周康卲宮／王各大室／尹氏受(授)王令(命)書／王乎史虢生(甥)册令(命)頌／王曰：頌

5.2828 王在周康卲宮／王各大室／尹氏受(授)王令(命)書／王乎史虢生(甥)册令(命)頌／王曰：頌

5.2829 王在周康卲宮／王各大室／尹氏受(授)王令(命)書／王乎史虢生(甥)册令(命)頌／王曰：頌

5.2830 唯王八祀正月／王曰：師訇／臣朕皇考穆穆王／叀(惟)余小子肇盄(淑)先王德／𤕌明紷(令)辟前王／用保王身／訇敢𢦚(釐)王／訇敢對王休

5.2831 王在周駒宮／眉敫(敖)者膚卓事見于王／王大黹

5.2832 曰：厲曰余執龏(恭)王恤工／唯王五祀

5.2833 克夾召(紹)先王奠四方／王廼命西六師、殷八師曰：𢧵(撲)伐噩(鄂)侯馭方

5.2834 克夾召(紹)先王曰(奠)左(四)方／王〔廼〕命廼(西)六師、殷八師曰：𢧵(撲)伐噩(鄂)侯馭方／乍(曰)王(于)〔匡〕朕〔肅慕〕

5.2835 告追于王／武公廼獻于王

5.2836 肄(肆)克龏(恭)保厥辟龏(恭)王／諫辪(嬖)王家／

克王服/出內(入)王令(命)/王在宗周/王各穆廟/王乎尹氏冊令(命)善(膳)夫克/王若曰：克

5.2837 王在宗周/王若曰：盂/不(丕)顯文王/在武王嗣文乍(作)邦/灋(法)保先王/今我唯即井(型)廩(稟)于文王正德/若文王令二三正/王曰：而(耐)/王曰：盂/雩我其遹省先王受民受疆土/賜尸(夷)嗣王臣十又三伯/王曰：盂/盂用對王休/唯王廿又三祀

5.2838 唯王元年/王在周穆王大〔室〕/王在邇应/曶受休〔命于〕王/唯王四月既省(生)霸/曰：于王參門/井叔曰：才(裁)：王人廼賣(贖)用徵

5.2839 王各周廟/告曰：王令盂以□□伐戭(鬼)方/王若曰：□/王令焚(榮)遂嘼(酋)/王乎贊伯令盂以人馘入門/王乎贊盂/王各廟/□□用牲啻(禘)周王、武王、成王/王祼/王乎□□□令盂以區入/王各廟/贊王邦賓/征(誕)王令賞盂/唯王廿又五祀

5.2840 中山王譻詐(作)貞(鼎)/盧(吾)先考成王早棄群臣/盧(吾)先祖趄王、邵(昭)考成王

5.2841 王若曰：父厝/不(丕)巩(鞏)先王配命/永巩(鞏)先王/王曰：父厝/今余唯肇巠(經)先王命/告余先王若德/俗(欲)我弗乍(作)先王憂/王曰：父厝/引其唯王智/王曰：父厝/今余唯醽(申)先王命/敬念王畏(威)不賜(易)/女(汝)毋弗帥用先王乍(作)明井(型)/王曰：父厝/以乃族干(捍)吾(敔)王身

6.3344 王妊乍(作)段

6.3389 王乍(作)𩰫彝

6.3460 王乍(作)又𩰫彝

6.3570 王乍(作)姜氏尊段

6.3634 邵(昭)王之諻(媓)之廌(薦)廄(段)

6.3635 邵(昭)王之諻(媓)之廌(薦)廄(段)

6.3731 用鄉(饗)王逆造事

6.3732 真從王戍荆

6.3733 王賜德貝廿朋

6.3739 穌(蘇)公乍(作)王妃盂段

7.3747 用鄉(饗)王逆造

7.3748 用鄉(饗)王逆造

7.3791 甚孿君休于王

7.3815 𨻰(陳)侯乍(作)王嬀媵段

7.3820 唯王四年

7.3822 休王賜效父呂(鋁)三

7.3823 休王賜效父呂(鋁)三

7.3824 王𡘆(祓)于成周/王賜圉貝

7.3825 王𡘆(祓)于成周/王賜圉貝

7.3848 乍(作)䰜男、王姬𩰫彝

7.3858 王在侯[illegible]

7.3861 王賜貝在闌(管)

7.3871 矢王乍(作)奠(鄭)姜尊段

7.3907 過伯從王伐反(叛)荆

7.3928 噩(鄂)侯乍(作)王姑㬎(媵)段/王姑其萬年

7.3929 噩(鄂)侯乍(作)王姑㬎(媵)段/王姑其萬年

7.3930 噩(鄂)侯乍(作)王姑㬎(媵)段/王姑其萬年

7.3931 毳乍(作)王母媿氏䵼(饙)段

7.3932 毳乍(作)王母媿氏䵼(饙)段

7.3933 毳乍(作)王母媿氏䵼(饙)段

7.3934 毳乍(作)王母媿氏䵼(饙)段

7.3940 王賜嶲𪋆玉十玉(玨)、章(璋)

7.3941 王在寢

7.3942 王賜叔德臣嬗十人、貝十朋、羊百

7.3950 鳿(唯)叔從王、員征楚荆

7.3951 鳿(唯)叔從王、員征楚荆

7.3956 唯王正月

7.3957 唯王正月

7.3975 王禽(飲)多亞

7.3976 犾(獮)馭從王南征

7.3983 伯庶父乍(作)王姑凡姜尊段

7.3990 王光商(賞)𨛭(僆)貝

7.4029 唯王令明公

7.4030 王弃(誥)

7.4031 王弃(誥)

7.4032 唯王正月

7.4033 唯王五月甲寅

7.4034 唯王五月甲寅

7.4041 王伐婪(蓋)侯/王賜金百寽(鋝)

7.4044 懋父賞御正衛馬匹自王

7.4046 王令燮在(緇)芾、旅(旂)/對揚王休

7.4047 王令東宮追以六師之年

7.4059 王朿(來)伐商邑

7.4060 王在大宮/王姜賜不壽裘/對揚王休

7.4076 王子剌公之宗婦鄁(部)嫛
7.4077 王子剌公之宗婦鄁(部)嫛
7.4078 王子剌公之宗婦鄁(部)嫛
7.4079 王子剌公之宗婦鄁(部)嫛
7.4080 王子剌公之宗婦鄁(部)嫛
7.4081 王子剌公之宗婦鄁(部)嫛
7.4082 王子剌公之宗婦鄁(部)嫛
7.4083 王子剌公之宗婦鄁(部)嫛
7.4084 王子剌公之宗婦鄁(部)嫛
7.4085 王子剌公之宗婦鄁(部)嫛
7.4086 王子剌公之宗婦鄁(部)嫛
7.4087 王子剌公之宗婦鄁(部)嫛
7.4097 贏(贏)王爲周客
7.4102 仲𫊣父乍(作)朕皇考遟伯、王(皇)母遟姬尊段
7.4103 仲𫊣父乍(作)朕皇考遟伯、王(皇)母遟姬尊段
7.4112 王在華 / 王賜命鹿
8.4121 王休賜厥臣父瓚(贊)王祼、貝百朋
8.4126 唯王四年 / 敝季肇乍(作)朕王母叔姜寶段
8.4130 唯王三月
8.4131 王在闌(管)師(次)
8.4132 唯王𡍮(祓)于宗周 / 王姜史(使)菽(叔)事(使)于大(太)保
8.4133 唯王𡍮(祓)于宗周 / 王姜史(使)菽(叔)事(使)于大(太)保
8.4140 王伐彔(祿)子聽 / 王降征令于大(太)保 / 王辰(永)大(太)保
8.4144 唯王卄祀
8.4160 用饙(饋)王(皇)父、王(皇)母
8.4161 用饙(饋)王(皇)父、王(皇)母
8.4165 王在奠(鄭)/ 對揚王休
8.4166 王在周 / 王穖(蔑)敔曆 / 敔對昜(揚)王休
8.4169 唯王伐逨(徠)魚 / 敢對揚王休
8.4170 用辟先王 / 王對瘨梀(懋)
8.4171 用辟先王 / 王對瘨梀(懋)
8.4172 用辟先王 / 王對瘨梀(懋)
8.4173 用辟先王 / 王對瘨梀(懋)
8.4174 用辟先王 / 王對瘨梀(懋)
8.4175 用辟先王 / 王對瘨梀(懋)
8.4176 用辟先王 / 王對瘨梀(懋)
8.4177 用辟先王 / 王對瘨梀(懋)
8.4178 王在康宮大室 / 王命君夫曰：儥求乃友 / 君夫敢妦(奉)揚王休
8.4179 王事(使)小臣守事(使)于夷
8.4180 王事(使)小臣守事(使)于倲(夷)
8.4181 王事(使)小臣守事(使)于倲(夷)
8.4188 乍(作)其皇祖考遟王、監伯尊段
8.4189 乍(作)其皇祖考遟王、監伯尊段
8.4190 唯王五月
8.4191 唯王初女(如)𩰫 / 穆公吝(侑)卬王 / 穆公對王休
8.4192 王事(使)焚(榮)穖(蔑)曆(曆)/ 𦂲(豨)對揚王休
8.4193 王事(使)焚(榮)穖(蔑)曆(曆)/ 𦂲(豨)對揚王休
8.4194 王穖(蔑)𠭯曆(曆)/ 𠭯對揚王休
8.4195 王命𦬁罘叔𦃞父歸(饋)吳姬𩰫(饔)器
8.4196 王各于大室 / 對揚王休
8.4197 王各于大室 / 㫚敢對揚王休
8.4199 王曰：恒
8.4200 王曰：恒
8.4201 其萬年用鄉(饗)王出入
8.4202 王在華宮 / 王乎虢仲入右(佑)𥦔 / 王賜𥦔赤芾、朱亢(衡)、䜌(鑾)旂
8.4205 楷伯于遘王休
8.4206 王在𦬞京
8.4207 穆穆王在𦬞京 / 王鄉(饗)酉(酒)/ 穆穆王寴(親)賜遹爵 / 敢對揚穆穆王休
8.4208 唯王十又四祀 / 王真畢烝 / 王穖(蔑)段曆 / 敢對揚王休
8.4209 王客(各)于康宮 / 王曾(增)令衛
8.4210 王客(各)于康宮 / 王曾(增)令衛
8.4211 王客(各)于康宮 / 王曾(增)令衛
8.4212 王客(各)于康宮 / 王曾(增)令衛
8.4214 唯王三祀四月 / 王在周 / 王征(誕)正師氏 / 王乎師朕賜師遽貝十朋
8.4215 唯王正月 / 王曰：𪚴 / 對揚王休命
8.4216 唯王五年九月 / 王曰：師旋 / 旋敢昜(揚)王休
8.4217 唯王五年九月 / 王曰：師旋 / 旋敢昜(揚)王休
8.4218 唯王五年九月 / 王曰：師旋 / 旋敢昜(揚)王休
8.4225 王征南尸(夷)/

王賜無員馬四匹
8.4226 王征南尸(夷)/王賜無員馬四匹
8.4227 王征南尸(夷)/王賜無員馬四匹
8.4228 王征南尸(夷)/王賜無員馬四匹
8.4229 王在宗周
8.4230 王在宗周
8.4231 王在宗周
8.4232 王在宗周
8.4233 王在宗周
8.4234 王在宗周
8.4235 王在宗周
8.4236 王在宗周
8.4237 彳川王□□
8.4238 伯懋父承王令(命)
8.4239 伯懋父承王令(命)
8.4240 王在周/王各于大廟/王受(授)乍(作)册尹者(書)/免對揚王休
8.4241 王令燮(榮)眔內史曰：䒦(介)井(邢)侯服/用典王令(命)
8.4243 王在師𤔲馬宮大室
8.4244 唯王十又二年/王在周/王乎乍(作)册尹〔册賜〕走：䵼(纘)疋(胥)益/對揚王休
8.4245 唯王四月
8.4246 王各于康宮
8.4247 王各于康宮
8.4248 王各于康宮
8.4249 王各于康宮
8.4250 唯王三月/王在康宮/王乎命女(汝)：赤巿、朱黄(衡)、玄衣黹屯(純)、䜌(鑾)旂
8.4251 王在周師量宮/王各大室/王乎師晨召(詔)大(太)師虘/王乎宰曶賜大(太)師虘虎裘
8.4252 王在周師量宮/王各大室/王乎師晨召(詔)大(太)師虘/王乎宰曶賜大(太)師虘虎裘
8.4253 王在莽/王乎尹氏册命師察：賜女(汝)赤舄、攸(鋚)勒
8.4254 王在莽/王乎尹氏册命師察：賜女(汝)赤舄、攸(鋚)勒
8.4255 王各于大室/王曰：訊/對揚王休
8.4256 王在周/王乎內史
8.4257 王各于大室/王乎內史尹氏册命師耤(藉)
8.4258 王在屖宮/王册命害/對揚王休命
8.4259 王在屖宮/王册命害/對揚王休命
8.4260 王在屖宮/王册命害/對揚王休命
8.4261 王又(有)大豊(禮)/王凡三方/王祀于天室/天亡又(宥)王/衣祀于王不(丕)顯考文王/文王監在上/不(丕)顯王乍(則)省/不(丕)䌛(肆)王乍(則)庚(庸)/不(丕)克乞(訖)衣(殷)王祀/王鄉(饗)/王降亡助(賀、嘉)爵、退(褪)囊/每(敏)啟王休于尊皀(毁)
8.4262 王在成周
8.4263 王在成周
8.4264 王在成周
8.4265 王在成周
8.4266 王在宗周/王各于大朝(廟)/王若曰：趞/對揚王休
8.4267 王在周康宮/王命尹册命申：更乃祖考疋(胥)大(太)祝
8.4268 王各于大室/益公入右(佑)王臣/乎內史夛(敖、佚)册命王臣：賜女(汝)朱黄(衡)窣(賁)親(襯)、玄衣黹屯(純)、䜌(鑾)旂五日、戈畫㦸、膺(墉)必(柲)、彤沙(蘇)/王臣手(拜)䭫首/王臣其永寶用
8.4270 王在宗周/王命同：差(佐)右(佑)吴(虞)大父
8.4271 王在宗周/王命同：差(佐)右(佑)吴(虞)大父
8.4272 唯王十又三年/王在周康宮新宮/王各大室/王乎史年册命望：死(尸)𤔲畢王家
8.4273 王在莽京/王令靜𤔲射學宮/王以(與)吳朿、呂犅(犅)/王賜靜鞞剢(璲)
8.4274 王在周/王乎內史尹册令(命)師兑：疋(胥)師龢父
8.4275 王在周/王乎內史尹册令(命)師兑：疋(胥)師龢父
8.4276 唯王二月既省(生)霸/王各于師戲大室/王乎內史册命豆閉/王曰：閉
8.4277 王各大室/王乎乍(作)册內史册命師俞：䵼(纘)𤔲𠂤人
8.4278 王在周康宮徲大室/鬲比以攸衛牧告于王/王令省史南以即虢旅
8.4279 唯王元年/王在淢应/王各廟/王乎乍(作)册尹克册命師旋
8.4280 唯王元年/王在淢应/王各廟/王乎乍(作)册尹克册命師旋
8.4281 唯王元年/王在淢应/王各廟/王乎乍(作)册尹克册命師旋
8.4282 唯王元年/王在淢应/王各廟/王乎乍(作)册尹克册命師旋

8.4283 王在周師嗣馬宮/王乎內史吳册令(命)師瘨/曰：先王既令(命)女(汝)/今余唯𤔲(申)先王令(命)
8.4284 王在周師嗣馬宮/王乎內史吳册令(命)師瘨/曰：先王既令(命)女(汝)/今余唯𤔲(申)先王令(命)
8.4285 王在周師彔宮/王各大室/王乎內史㝱(敖、佚)册命諫/曰：先王既命女(汝)䵼(纘)嗣王宥
8.4286 唯王九月/王在周康宮/王乎乍(作)册尹册令(命)嫠/敢對揚王休令(命)
8.4287 唯王廿又七年/王在周康宮/王各穆大室/王乎命尹封册命伊：䵼(纘)官嗣康宮王臣妾、百工
8.4288 唯王元年正月/王在吳(虞)/王乎史牆册命師酉：嗣(嗣)乃祖
8.4289 唯王元年正月/王在吳(虞)/王乎史牆册命師酉：嗣(嗣)乃祖
8.4290 唯王元年正月/王在吳(虞)/王乎史牆册命師酉：嗣(嗣)乃祖
8.4291 唯王元年正月/王在吳(虞)/王乎史牆册命師酉：嗣(嗣)乃祖
8.4293 王在葊
8.4294 唯王九月/王在周康宮/王乎內史㝱(敖、佚)册令(命)揚/王若曰：揚
8.4295 唯王九月/王在周康宮/王乎內史㝱(敖、佚)册令(命)揚/王若曰：揚
8.4296 王在周邵宮/王各于宣射(榭)/王乎內史册命䣙/王曰：䣙/昔先王既命女(汝)乍(作)邑
8.4297 王在周邵宮/王各于宣射(榭)/王乎內史册命䣙/王曰：䣙/昔先王既命女(汝)乍(作)邑
8.4298 王在𥁰侲宮/王乎吳(虞)師召(詔)大/王令善(膳)夫豖曰趞睽曰：余既賜大乃里
8.4299 王在𥁰侲宮/王乎吳(虞)師召(詔)大/王令善(膳)夫豖曰趞睽曰：余既賜大乃里
8.4300 唯王于伐楚/乍(作)册夨令尊宜于王姜/令敢揚皇王宦(貯)/令用弃(深)展于皇王/令敢展皇王宦(貯)/用鄉(饗)王逆造
8.4301 唯王于伐楚/乍(作)册夨令尊宜于王姜/令敢揚皇王宦(貯)/令用弃(深)展于皇王/令敢展皇王宦(貯)/用鄉(饗)王逆造
8.4302 唯王正月/王若曰：彔伯𢦏/用乍(作)朕皇考釐王寶尊毁
8.4303 王在周康宮徲宮/王各大室/王乎史翏册令(命)此
8.4304 王在周康宮徲宮/王各大室/王乎史翏册令(命)此
8.4305 王在周康宮徲宮/王各大室/王乎史翏册令(命)此
8.4306 王在周康宮徲宮/王乎史翏册令(命)〔此〕曰：旅邑人、善(膳)夫
8.4307 王在周康宮徲宮/王各大室/王乎史翏册令(命)此
8.4308 王在周康宮徲宮/王各大室/王乎史翏册令(命)此
8.4309 王在周康宮徲宮/王各大室/王乎史翏册令(命)此
8.4310 王在周康宮徲宮/王各大室/王乎史翏册令(命)此
8.4311 唯王元年正月
8.4312 唯王元年九月/王在周康宮/王各大室/王乎內史遣册令(命)師穎/王若曰：師穎/才先王既令(命)女(汝)乍(作)嗣土
8.4313 王若曰：彶(𢦔)淮尸(夷)
8.4314 王若曰：師寰
8.4316 王在杜㝉(应)/王乎內史吳曰：册令(命)虎/王若曰：虎/𢦏(載)先王既令(命)乃取(祖)考事/今余唯帥井(型)先王令(命)
8.4317 王曰：有余隹(雖)小子/巠(經)擁(雍)先王/再盩先王宗室/唯王十又二祀
8.4318 王在周/王乎內史尹册令(命)師兌：余既令女(汝)疋(胥)師龢父
8.4319 王在周/王乎內史尹册令(命)師兌：余既令(命)女(汝)疋(胥)師龢父
8.4320 王省武王、成王伐商圖/王立(涖)于宜/王令(命)虞(虎)侯夨曰：䣙(?)侯于宜/賜在宜王人十又七生(姓)/宜侯夨揚王休
8.4321 王若曰：訇/唯王十又七祀/王在射日宮/王各
8.4323 唯王十月/王在成周/王令敔追郄

(攔)于上洛、焬(烬)谷/唯王十又一月/王各于成周大廟/王蔑敔曆
8.4324 王在周/王乎尹氏册令(命)師𤔲/王曰:師𤔲/在昔先王小學/巩(恐)告于王
8.4325 王在周/王乎尹氏册令(命)師𤔲/王曰:師𤔲/在昔先王小學/巩(恐)告于王
8.4326 粤(屏)王立(位)/王令䡅(纘)嗣公族、卿事(士)、大(太)史寮
8.4327 唯王十又一月
8.4328 王令我羞追于西
8.4329 王令我羞追于西
8.4330 唯考取又念自先王、先公
8.4331 唯王九年九月甲寅/王命益公征眉敖/王命仲𦤹(致)歸(饋)𢎝伯𧴉(貔)裘/王若曰:𢎝伯/乃祖克𠦪(弼)先王/用乍(作)朕皇考武𢎝幾王尊設
8.4332 王在周康卲宫/王各大室/尹氏受(授)王令(命)書/王乎史虢生(甥)册令(命)頌/王曰:頌
8.4333 王在周康卲宫/王各大室/尹氏受(授)王令(命)書/王乎史虢生(甥)册令(命)頌/王曰:頌
8.4334 王在周康卲宫/王各大室/尹氏受(授)王令(命)書/王乎史虢生(甥)册令(命)頌/王曰:頌
8.4335 王在周康卲宫/王各大室/尹氏受(授)王令(命)書/王乎史虢生(甥)册令(命)頌/王曰:頌
8.4336 王在周康卲宫/王各大室/尹氏受(授)王令(命)書/王乎史虢生(甥)册令(命)頌/王曰:頌
8.4337 王在周康卲宫/王各大室/尹氏受(授)王令(命)書/王乎史虢生(甥)册令(命)頌/王曰:頌
8.4338 王在周康卲宫/王各大室/尹氏受(授)王令(命)書/王乎史虢生(甥)册令(命)頌/王曰:頌
8.4339 王在周康卲宫/王各大室/尹氏受(授)王令(命)書/王乎史虢生(甥)册令(命)頌/王曰:頌
8.4340 王在雍应/王各廟/王乎史夀(敖、佚)册令(命)蔡/王若曰:蔡/昔先王既令女(汝)乍(作)宰/嗣王家/从嗣王家外內
8.4341 王令毛伯更虢城公服/粤(屏)王立(位)/王令毛公以邦冢君、土(徒)馭、或(𢦏)人伐東或(國)痡戎/王令吳(虞)伯曰:以乃師左比毛公/王令吕伯曰:以乃師右比毛父/毓(后)文王、王㚸(姒)聖孫/文王孫亡弗褱(懷)井(型)
8.4342 王若曰:師訇/亦則於女(汝)乃聖祖考克尃(輔)右(佑)先王/王曰:師訇/古(故)亡承于先王/唯王身厚𩐲/率以乃友干(捍)菩(禦)王身/王各于大室
8.4343 唯王七年/王在周/王乎內史吳册令(命)牧/王若曰:牧/昔先王既令女(汝)乍(作)嗣士/不用先王乍(作)井(型)/王曰:牧/女(汝)毋敢弗帥先王乍(作)明井(型)用/敢對揚王不(丕)顯休
9.4416 遣叔吉父乍(作)虢王姑旅須(盨)
9.4417 遣叔吉父乍(作)虢王姑旅須(盨)
9.4418 遣叔吉父乍(作)虢王姑旅須(盨)
9.4429 唯王正月既望
9.4435 虢仲以王南征
9.4438 王在成周
9.4439 王在成周
9.4454 唯王元年/王在成周
9.4455 唯王元年/王在成周
9.4456 唯王元年/王在成周
9.4457 唯王元年/王在成周
9.4459 王征南淮尸(夷)
9.4460 王征南淮尸(夷)
9.4461 王征南淮尸(夷)
9.4462 王在周師彔宫/王乎史夀(敖)册賜般(鞶)靳、虢(鞹)攸(芾)、攸(鋚)勒
9.4463 王在周師彔宫/王乎史夀(敖)册賜般(鞶)靳、虢(鞹)攸(芾)、攸(鋚)勒
9.4464 唯王十又八年正月/豕(遂)不敢不敬畏王命/亡敢不攸(敉)具(俱)逆王命
9.4465 王在周康穆宫/王令尹氏友史趛
9.4466 唯王廿又五年/王在永師田宫
9.4467 王若曰:師克/干(捍)害(禦)王身/王曰:克/克黔(令)臣先王
9.4468 王若曰:師克/干(捍)害(禦)王身/

王曰：克／克黔(令)臣先王
9.4469 王曰：堂(坤、坶)
9.4501 王孫𣬛乍(作)蔡姬飤簠
9.4506 鑄客爲王句(后)六室爲之
9.4507 鑄客爲王句(后)六室爲之
9.4508 鑄客爲王句(后)六室爲之
9.4509 鑄客爲王句(后)六室爲之
9.4510 鑄客爲王句(后)六室爲之
9.4511 鑄客爲王句(后)六室爲之
9.4512 鑄客爲王句(后)六室爲之
9.4513 鑄客爲王句(后)六室爲之
9.4527 吳王御士尹氏叔緐乍(作)旅匡(筐)
9.4549 楚王酓(熊)肯钕(作)鑄金簠
9.4550 楚王酓(熊)肯钕(作)鑄金簠
9.4551 楚王酓(熊)肯钕(作)鑄金簠
9.4579 從王征行
9.4580 用從君王
9.4603 敶(陳)侯乍(作)王仲嬀𡢁(㾵)塍(媵)簠
9.4604 敶(陳)侯乍(作)王仲嬀𡢁(㾵)塍(媵)簠
9.4617 唯王正月
9.4626 王在周／對揚王休
9.4627 音(歆)王賓
9.4628 我用召(紹)鄉(卿)事(士)、辟王
9.4629 唯王正月
9.4630 唯王正月
9.4631 唯王九月
9.4632 唯王九月
9.4643 王子申乍(作)嘉孀(芊)盞盂
9.4675 鑄客爲王句(后)六室爲之
9.4676 鑄客爲王句(后)六室爲之
9.4677 鑄客爲王句(后)六室爲之
9.4678 鑄客爲王句(后)六室爲之
9.4679 鑄客爲王句(后)六室爲之
9.4680 鑄客爲王句(后)六室爲之
9.4694 鄅陵君王子申
9.4695 鄅陵君王子申
10.5102 王乍(作)姛弄
10.5252 買王罘尊彝／買王罘乍(作)尊彝
10.5319 王賜亇高呂(鋁)
10.5367 王賜㝗貝朋
10.5374 王𡉚(祓)于成周／王賜圂貝
10.5378 王賜小臣系(系)
10.5379 王賜小臣系(系)
10.5380 王賜馭乂貝一具
10.5381 寓對揚王休
10.5383 王征䓣(蓋)
10.5385 唯王八月
10.5386 唯王八月
10.5395 王來獸自豆彔(麓)／王鄉(饗)酉(酒)／王光宰甫貝五朋
10.5396 王在廙
10.5397 王賜嶲俞貝在竂／唯王九祀
10.5398 夨王賜同金車、弓矢／同對揚王休
10.5402 王在庠(斥)／趞對王休
10.5403 王在成周
10.5407 王在庠(斥)／王姜令乍(作)册睘安尸伯／揚王姜休
10.5408 王在葊京／王賜静弓／敢對揚王休
10.5409 王各于呂𩁹／王牢于㡿(陸)／王令士道歸(饋)貉子鹿三／貉子對昜(揚)王休
10.5410 王出獸南山
10.5412 王令𠨘(邲)其兄(貺)𩰫于夆田渴／唯王二祀
10.5413 王曰：尊文武帝乙／王在梌／唯王四祀
10.5414 唯王六祀
10.5415 王令保及殷東或(國)五侯／迨(會)王大祀
10.5418 王在奠(鄭)／王各大室／王蔑免曆／對揚王休
10.5419 王令戜曰：叡淮尸(夷)敢伐內國
10.5420 王令戜曰：叡淮尸(夷)敢伐內國
10.5421 唯王大龠(禴、礿)于宗周／王令士上罘史寅㱿(殷)于成周
10.5422 唯王大龠(禴、礿)于宗周／王令士上罘史寅㱿(殷)于成周
10.5423 懿王在射盧(廬)／王曰：休
10.5424 王在𨻰应／王寴(親)令伯𩛥曰：毋卑(俾)農弋(特)／敢對揚王休
10.5426 唯王十月既望／王逧(各)于庚贏(嬴)宮／王穖(秣、蔑)庚贏(嬴)曆／庚贏(嬴)對揚王休
10.5431 王初餴旁／王㱃(飲)西宮
10.5432 公大(太)史咸見服于辟王／王遣公大(太)史
10.5433 王雚(觀)于嘗公東宮／內(納)鄉(饗)于王／王賜公貝五十朋／公賜厥涉(世)子效王休(好)貝廿朋
11.5807 王乍(作)母癸尊
11.5956 鬲賜貝于王
11.5959 守宮揚王休

11.5962 叔皅(貔)賜貝于王㚸(姒)
11.5974 王在魯／對揚王休
11.5977 王征㚇(蓋)
11.5979 𦥑從王女(如)南
11.5983 㪿從王南征
11.5985 王在新邑／王賜𡞸士卿貝朋
11.5988 王工(貢)
11.5990 王省夒𠂤(京)／王賜小臣俞夒貝／唯王來征人(夷)方／唯王十祀又五
11.5992 王在庍(斥)／趞對王休
11.5995 王女(如)上侯／王夜(掖)功
11.5996 王在成周
11.5999 唯王大龠(禴、礿)于宗周／王令士上眔史寅𣪘(殷)于成周
11.6000 用王商(賞)子黃瓚一、貝百朋
11.6001 唯王南征在庍(斥)／王令生辨事于公宗／用對揚王休
11.6002 王在庍(斥)／揚王休／唯王十又九祀
11.6003 王令保及殷東或(國)五侯／浛(會)王大祀
11.6006 王在奠(鄭)／王各大室／王蔑免曆／對揚王休
11.6009 王雚(觀)于嘗公東宮／內(納)鄉(饗)于王／王賜公貝五十朋／公賜厥涉(世)子效王休(好)貝廿朋
11.6010 𥫩文王母／敬配吳王
11.6011 王拘駒㡿(拆、斥)／唯王十又二月／王初執駒于㡿(斥)／王乎師豦召(詔)盠／王親旨(詣)盠／拜䭫首曰：王弗朢(忘)厥舊宗小子／盠曰：王倗下
11.6012 王拘駒㠯(𠂤)
11.6013 王各于周廟／王册令(命)尹／曰：用𤔲六師、王行、參(叁)有𤔲：𤔲土(徒)、𤔲馬、𤔲工(空)／王令(命)盠曰：𤔲(纘)𤔲六師眔八師埶(藝)／敢對揚王休
11.6014 唯王初䙴宅于成周／復再武王豊(禮)／王𡩜(誥)宗小子于京室／克逨(弼)文王／肄(肆)文王受茲大命／唯武王既克大邑商／叀(唯)王龏德谷(裕)天／王咸𡩜(誥)／唯王五祀
11.6015 王令辟井(邢)侯出坏(坯)／浛(會)王餴葊京／王乘于舟／王射大龏(鴻)禽／王以侯內(入)于寢／雩王在㡿(斥)／𪏽(齎)用王乘車馬、金勒、冂(裑)衣、芾、舄
11.6016 王令周公子明保／歸自王
12.6452 矢王乍(作)寶彝
12.6506 郐(徐)王𢍰又之耑(觶)
12.6512 王後𠬝(坂、返)克商
12.6513 郐(徐)王義楚擇余吉金
12.6514 王大省公族于庚／王賜中馬／王曰：用先／中埶(藝)王休
12.6516 王在周／王乎內史册令(命)趩：更厥祖考服／揚王休／唯王二祀
12.7275 買王眔尊彝
12.7276 買王眔尊彝
13.8309 妝王
14.9098 王賞㚸瓦在寢
14.9101 王賜寢魚貝
14.9102 王賜𦳝亞𠭯(唬)奚貝
14.9104 唯王初𣎵(祓)于成周／王令盂寧登(鄧)伯
14.9105 王在𠳰(闌、管)／王各／唯王廿祀
15.9249 王賜小臣邑貝十朋／唯王六祀
15.9282 王子聽
15.9287 王虫(祐)母
15.9299 王令般兄(貺)米于䤼(搵)
15.9303 王在庍(斥)／揚王休／唯王十又九祀
15.9411 𩰫王乍(作)姬姊盉
15.9438 王乍(作)豐妊單寶盉
15.9442 𩁹乍(作)王(皇)母媿氏顒(沫)盉
15.9447 王仲皇父乍(作)尾娟(妘)般(盤)盉
15.9453 王在魯／眔于王／對揚王休
15.9454 唯王大龠(禴)于宗周／王令士上眔史寅𣪘(殷)于成周
15.9455 穆王在下減应(位)／穆王鄉(饗)豊(醴)／穆穆王蔑長甶以逨(徠)即井伯
15.9456 王再旂于豐
15.9551 王七祀／王鑄
15.9623 王伯姜乍(作)尊壺
15.9624 王伯姜乍(作)尊壺
15.9630 吕王造乍(作)內(芮)姬尊壺
15.9646 王姛賜保侃母貝
15.9678 禺(遇)邗王于黃池／邗王之愓(賜)金
15.9679 禺(遇)邗王于黃池／邗王之愓(賜)金
15.9696 唯王二月
15.9698 王子剌公之宗婦鄁(部)嬰

15.9699 王子剌公之宗婦鄘(鄀)嫛

15.9702 唯王正月/對揚王休

15.9703 唯王五年

15.9706 唯王正月

15.9710 唯王廿又六年/職在王室

15.9711 唯王廿又六年/職在王室

15.9714 王在莾京溼宮/王乎伊伯賜懋貝/對王休

15.9723 王在成周嗣土(徒)淲宮/王乎乍(作)冊尹冊賜瘐:畫靳、牙僰、赤舃/對揚王休

15.9724 王在成周嗣土(徒)淲宮/王乎乍(作)冊尹冊賜瘐:畫靳、牙僰、赤舃/對揚王休

15.9725 伯克對揚天右(佑)王伯友(賄)

15.9726 王在奠(鄭)/王乎虢叔召(詔)瘐/王在句陵

15.9727 王在奠(鄭)/王乎虢叔召(詔)瘐/王在句陵

15.9728 王各于成宮/王乎尹氏冊令(命)智

15.9731 王在周康邵(昭)宮/王各大室/尹氏受(授)王令(命)書/王乎史虢生(甥)冊令(命)頌/王曰:頌

15.9732 王在周康邵(昭)宮/王各大室/尹氏受(授)王令(命)書/王乎史虢生(甥)冊令(命)頌/王曰:頌

15.9733 唯王正月/殷王之孫、右師之子武叔曰庚/畀(罕)其駟/釙不口其王乘駐(牡)

15.9734 敢明易(揚)告:昔者先王/唯送(朕)先王/鄉(饗)祀先王/隱偯(逸)先王/先王之德/雨(雽)祠先王/以追庸(誦)先王之工(功)剌(烈)

15.9735 中山王嚳命相邦賙(貯)擇郾(燕)吉金/以祀先王/以慜(愍)嗣王/乏其先王之祭祀/夫古之聖/以戒(誡)嗣王

15.9821 王由攸田劦

16.9888 叔龅(魏)賜貝于王妇(姒)

16.9890 王在圃/商(賞)遍(趞)貝

16.9894 唯王十祀

16.9895 王在庠(斥)/揚王休/唯王十又九祀

16.9897 王在周康寢/各(侑)王/王乎宰利賜師遽珥圭一、瑗(篆)章(璋)四

16.9898 王在周成大室/王各廟/王乎史戉冊令(命)吳:嗣旆眔菽金/敢對揚王休/唯王二祀

16.9899 王各于周廟/王冊令(命)尹/曰:用嗣六師王行、參有嗣:嗣土(徒)、嗣馬、嗣工(空)/王令(命)盠曰:耕(纘)嗣六師眔八師埶(藝)/敢對揚王休

16.9900 王各于周廟/王冊令(命)尹/曰:用嗣六師王行、參有嗣:嗣土(徒)、嗣馬、嗣工(空)/王令(命)盠曰:耕(纘)嗣六師眔八師埶(藝)/敢對揚王休

16.9901 王令(命)周公子明保/用牲于王/明公歸自王

16.9975 唯王五年

16.10002 鑄客爲王句(后)六室爲之

16.10003 鑄客爲王句(后)六室爲之

16.10099 郤(徐)王義楚擇其吉金

16.10100 楚王酓(熊)肯忻(作)爲盠盤

16.10119 黿乍(作)王(皇)母媿氏顥(沫)般(盤)

16.10137 中子化用保楚王

16.10148 唯王二月

16.10151 唯王八月丁亥

16.10152 王子剌公之宗婦鄘(鄀)嫛

16.10157 隒(陳)侯乍(作)王仲媯瘯(瘇)母媵般(盤)

16.10158 楚王酓(熊)忎(悍)戰獲兵銅

16.10161 王在周/免穯(蔑)靜女王休

16.10162 唯王正月

16.10163 唯王正月

16.10165 唯王正月

16.10166 唯王卅又四祀/王在莾京/啻(禘)于玡(昭)王/祼王輟/對王休

16.10168 王在周

15.10169 王曰:服余

16.10170 王在周康宮/王各大室/王乎乍(作)冊尹冊賜休:玄衣朱屯(純)、赤芾、朱黃(衡)、戈琱戟、彤沙(蘇)、歔(厚)必(秘)、絲(鑾)旅

16.10171 籍(類)文王母/敬配吳王

16.10172 王在周康穆宮/王各大室/史嗇受(授)王令(命)書/王乎史減冊賜袁:玄衣朱屯(純)、赤芾、朱黃(衡)、絲(鑾)旅、攸(鋚)勒、戈琱戟、歔(厚)必(秘)、彤沙(蘇)

16.10173 獻職于王/王孔加(嘉)子白義/王各周廟宣廟/王曰

伯父/王賜(賜)乘馬/是用左(佐)王
16.10174 王初各(格)伐厥(玁)執(梡、狁)于嚣慮/兮甲從王/王賜兮甲馬四匹、駒車/王令甲政嗣(嗣)成周四方責(積)
16.10175 曰古文王/盩圉武王/憲聖成王/淵哲康王/弦(宏)魯卲(昭)王/祇覭(景)穆王/雩武王既弋殷/微史剌(烈)祖迺來見武王/武王則令周公舍(捨)圓(宇)于周
16.10176 唯王九月/矢王于豆新宮東廷
16.10190 王子适之遣(會)盧(浣)
16.10240 王婦曩孟姜乍(作)旅也(匜)
16.10247 蠢乍(作)王(皇)母媿氏顋(沬)盉
16.10252 唯王二月
16.10261 余王寳叡孫
16.10273 唯王正月
16.10278 唯王正月
16.10282 唯王正月
16.10285 王在葊上宮
16.10293 鑄客爲王句(后)六室爲之
16.10294 吳王夫差擇厥吉金
16.10295 吳王夫差擇厥吉金
16.10296 吳王夫差擇厥吉金
16.10297 鄦陵君王子申/王郢姬之濫(鑑)
16.10298 唯王五月/吳王光擇其吉金
16.10299 唯王五月/吳王光擇其吉金
16.10320 郐(徐)王季糧之孫宜桐
16.10342 唯王正月/左(佐)右(佑)武王/敢帥井(型)先王/保辥(嬖)王國
16.10347 王乍(作)娍弄
16.10356 唯王正月
16.10360 休王自穀事(使)賞畢土方五十里/鬙(召)弗敢諲(忘)王休異(翼)
16.10364 王□□
16.10373 郾(郾、燕)客臧嘉聞(問)王於葳郢之歲
16.10375 王
16.10376 王
16.10386 王子嬰次之庈(炒)盧(爐)
16.10390 郐(徐)王之堯(无)元柒(背)之少(小)熨(熶)膚(盧、爐)
16.10400 楚王
16.10403 王
16.10406 吳王長睘(?)
16.10408 王
16.10433 豊王竹睘
16.10470 王上、上、上、上
16.10471 君王上、上/王、上、上
16.10478 王堂方二百乇(尺)/王后堂方二百乇(尺)/王命賙(貯)爲逃(兆)乏(窆)/不行王命者
16.10578 鑄客爲王句(后)六室爲之
17.10942 郾(燕)王
17.11004 郾(燕)王喜怒(悛、授)〼
17.11005 郾(燕)王喜〼
17.11015 王羙之戈
17.11029 攻敔王光自乍(作)
17.11058 郾(燕)王詈戈(?)
17.11092 敓乍(作)楚王戒(戟)
17.11093 雍王其所馬
17.11102 武王之童督
17.11103 武王之童督
17.11104 武王之童督
17.11109 郾(燕)王右庫戈
17.11110 郾(燕)王職乍(作)〔敀〕萃鋸
17.11122 王子反鑄寢戈
17.11151 攻敔王光自
17.11152 楚王孫漁(子魚)之用
17.11153 楚王孫漁(子魚)之用
17.11162 王子□之戕(拱)戈
17.11187 郾(燕)王職乍(作)王萃
17.11188 郾(燕)王職乍(作)敀鋸(戳)
17.11189 郾(燕)王職乍(作)敀鋸(戳)
17.11190 郾(燕)王職乍(作)王萃
17.11191 郾(燕)王職乍(作)王萃
17.11192 郾(燕)王戎人王萃鋸(戳)
17.11193 郾(燕)王詈乍(作)敀鋸(戳)
17.11194 郾(燕)王詈怒(悛、授)敀鋸(戳)
17.11195 郾(燕)王喜怒(悛、授)敀鋸(戳)
17.11196 郾(燕)王詈怒(悛、授)行議鍨(戣)
17.11207 王子狄之用戈
17.11208 王子狄之用戈
17.11212 周王叚之元用戈
17.11224 郾(燕)王戠(職)乍(作)雩萃鋸(戳)
17.11225 郾(燕)王職乍(作)帀(師)萃鋸(戳)
17.11226 郾(燕)王職乍(作)廳萃鋸(戳)
17.11227 郾(燕)王職乍(作)雩(滿)萃鋸(戳)
17.11228 郾(燕)王職乍(作)雩(滿)萃鋸

(戳)
17.11229 郾(燕)王職乍(作)雩(漸)萃鋸(戳)
17.11230 郾(燕)王職乍(作)巨攼鋸(戳)
17.11231 郾(燕)王職乍(作)巨攼鋸(戳)
17.11232 郾(燕)王職乍(作)巨攼鋸(戳)
17.11233 郾(燕)王職乍(作)巨攼鋸(戳)
17.11234 郾(燕)王職乍(作)巨攼鋸(戳)
17.11235 郾(燕)王職乍(作)巨攼鋸(戳)
17.11236 郾(燕)王職乍(作)御司馬
17.11237 郾(燕)王戎人乍(作)攼鋸(戳)
17.11238 郾(燕)王戎人乍(作)攼鋸(戳)
17.11239 郾(燕)王戎人乍(作)攼鋸(戳)
17.11240 郾(燕)王詈慳(悛、授)巨攼鋸(戳)
17.11241 郾(燕)王詈慳(悛、授)雩(漸)萃鋸(戳)
17.11242 郾(燕)王詈慳(悛、授)雩(漸)萃鋸(戳)
17.11243 郾(燕)王詈慳(悛、授)行議鍨
17.11244 郾(燕)王詈慳(悛、授)行議鍨
17.11245 郾(燕)王詈乍(作)巨攼鋸(戳)
17.11246 郾(燕)王喜慳(悛、授)巨攼鋸(戳)
17.11247 郾(燕)王喜慳(悛、授)巨攼鋸(戳)
17.11248 郾(燕)王喜慳(悛、授)巨攼鋸(戳)
17.11249 郾(燕)王喜慳(悛、授)巨攼鋸(戳)
17.11255 大(吳)王光逗自乍(作)用戈
17.11256 大(吳)王光逗自(作)用戈
17.11257 大(吳)王光逗自乍(作)用戈
17.11263 邗王是埜(野)
17.11273 郾(燕)王戎人乍(作)雩(漸)萃鋸(戳)
17.11274 郾(燕)王戎人乍(作)雩(漸)萃鋸(戳)
17.11275 郾(燕)王戎人乍(作)雩(漸)萃鋸(戳)
17.11276 郾(燕)王戎人乍(作)巨攼鋸(戳)
17.11277 郾(燕)王喜乍(作)雩(漸)攼鋸(戳)
17.11278 郾(燕)王喜慳(悛、授)御司馬鍨(戣)
17.11282 郐(徐)王之子羽(叚)之元用戈
17.11288 攻敔王夫差
17.11296 王五年
17.11297 王六年
17.11304 郾(燕)王職乍(作)雩萃鋸(戳)
17.11305 郾(燕)王詈慳(悛、授)行義(議、儀)自[illegible]司馬鉘(戟)
17.11309 周王孫季怠(怡)
17.11310 戉(越)王者旨於睗
17.11311 戉(越)王者(諸)旨(稽)於睗
17.11328 王二年
17.11329 王何立(涖)事
17.11350 郾(燕)王詈慳(悛、授)行議鍨(戣)
17.11354 鈖匋命(令)富反、下庫工師王豈、冶禽
17.11357 王三年
17.11369 工師痻、丞□、工城旦王(？)
17.11375 王三年
17.11381 楚王酓(熊)璋嚴龏(恭)寅乍(作)䡈(幹)戈
17.11387 莫(鄭)倫(令)肖(趙)距、司寇王屠、武庫工師鑄章、冶狙
17.11393 楚王之元右(佑)王鐘
17.11400 王埜(森)人/王之孫
18.11451 戉(越)王
18.11479 郾(燕)王戎〔人〕⧄
18.11480 郾(燕)王職□□
18.11481 郾(燕)王右□□
18.11482 郾(燕)王喜□□
18.11483 郾(燕)王職□□
18.11497 郾(燕)王詈(讙)慳
18.11498 郾(燕)王戎人
18.11511 戉(越)王者(諸)旨(稽)於睗
18.11512 戉(越)王者(諸)旨(稽)於睗
18.11514 郾(燕)王職乍(作)攼鈦
18.11515 郾(燕)王職乍(作)攼鈦
18.11516 郾(燕)王職乍(作)攼鈦
18.11517 郾(燕)王職乍(作)黃(廣)衣(卒)鈦
18.11518 郾(燕)王職乍(作)黃(廣)衣(卒)鈦
18.11519 郾(燕)王職乍(作)攼鈦
18.11520 郾(燕)王職乍(作)攼鈦
18.11521 郾(燕)王職乍(作)攼鈦
18.11522 郾(燕)王喜慳(悛、授)□廩□
18.11523 郾(燕)王喜

愳(悭、授)檢□
18.11524 郾(燕)王詈(讙)乍(作)敀鈦
18.11525 郾(燕)王戎人□□
18.11526 郾(燕)王職乍(作)巨敀鈦
18.11527 郾(燕)王職乍(作)巨敀鈦
18.11528 郾(燕)王喜愳(悭、授)全鋹(長)利
18.11529 郾(燕)王喜愳(悭、授)全鋹(長)利
18.11530 郾(燕)王詈(讙)愳(悭、授)夷萃敀
18.11531 郾(燕)王戎人乍(作)敀鈦
18.11534 吳王夫差自乍(作)甬(用)鍬(鍨)
18.11535 戉(越)王州句自乍(作)用矛
18.11536 郾(燕)王戎人乍(作)巨敀鈦
18.11537 郾(燕)王戎人乍(作)巨敀鈦
18.11538 郾(燕)王戎人乍(作)王萃鈦
18.11539 郾(燕)王戎人乍(作)巨敀鈦
18.11540 郾(燕)王詈(讙)乍(作)巨敀鍪(矛)
18.11543 郾(燕)王戎人乍(作)自糹率鈦
18.11544 於戉(越)㠯(台)王旨郘之大(太)子㓵(三)壽
18.11570 戉(越)王
18.11571 戉(越)王
18.11579 戉(越)王州句(勾)之〔元用劍〕/余王利攼(捍)
18.11583 郾(燕)王喜愳□
18.11584 郾(燕)王喜金□
18.11585 郾(燕)王喜愳□□□
18.11594 戉(越)王欨(勾)戔(踐)之子
18.11595 戉(越)王欨(勾)戔(踐)之子
18.11596 戉(越)王者(諸)旨(稽)於睗
18.11597 戉(越)王者(諸)旨(稽)於睗
18.11598 戉(越)王者(諸)旨(稽)於睗
18.11599 戉(越)王者(諸)旨(稽)於睗
18.11600 戉(越)王者(諸)旨(稽)於睗
18.11606 郾(燕)王喜愳旅鈦
18.11607 郾(燕)王喜愳旅鈦
18.11611 郙王𦵯自攸(作)承鋥
18.11612 郾(燕)王喜愳無(樺)旅鈦
18.11613 郾(燕)王喜愳無(樺)旅鈦
18.11614 郾(燕)王喜愳無(樺)旅鈦
18.11615 郾(燕)王喜愳無(樺)旅鈦
18.11616 郾(燕)王喜愳無(樺)旅鈦
18.11617 郾(燕)王喜愳無(樺)旅鈦
18.11620 攻敔王光自乍(作)用鐱(劍)
18.11621 邶王欱(勾)淺(踐)自乍(作)用鐱(劍)
18.11622 戉(越)王州(朱)句(勾)自乍(作)用僉(劍)
18.11623 戉(越)王州(朱)句(勾)自乍(作)用僉(劍)
18.11624 戉(越)王州(朱)句(勾)自乍(作)用僉(劍)
18.11625 戉(越)王州(朱)句(勾)自乍(作)用僉(劍)
18.11626 戉(越)王州(朱)句(勾)自乍(作)用僉(劍)
18.11627 戉(越)王州(朱)句(勾)自乍(作)用僉(劍)
18.11628 戉(越)王州(朱)句(勾)自乍(作)用僉(劍)
18.11629 戉(越)王州(朱)句(勾)自乍(作)用僉(劍)
18.11630 戉(越)王州(朱)句(勾)自乍(作)用僉(劍)
18.11631 戉(越)王州(朱)句(勾)自乍(作)用僉(劍)
18.11632 戉(越)王州(朱)句(勾)自乍(作)用僉(劍)
18.11634 郾(燕)王職愳武無(樺)旅鐱(劍)
18.11636 攻敔王夫差自乍(作)其元用
18.11637 攻敔王夫差自乍(作)其元用
18.11638 攻敔王夫差自乍(作)其元用
18.11639 攻敔王夫差自乍(作)其元用
18.11641 戉(越)王𠩺(台)旨(者旨)不光
18.11642 戉(越)王𠩺(台)旨(者旨)不光
18.11643 郾(燕)王職乍(作)武無(樺)鏕(鍺)鐱(劍)
18.11644 戉(越)王不光厥□□□□卯□
18.11645 戉(越)王不光厥□□□□卯□
18.11646 戉(越)王不光厥□□□□卯□
18.11647 戉(越)王不光厥□□□□卯□
18.11648 戉(越)王不光厥□□□□卯□
18.11649 戉(越)王不光厥□□□□卯□
18.11650 戉(越)王不光厥□丌□□卯□
18.11654 攻敔王光自乍(作)用鐱(劍)
18.11659 楚王酓(熊)章爲從□士鑄用〔劍〕

18.11660 往□倫(令)王褭、右庫工師杢(埶、廉)生、冶參敎(撻)齋(劑)
18.11664 戉(越)王不光厥□□□□卯□
18.11665 工盧王乍(作)元巳(祀)用鐱(劍)
18.11666 攻敔王光自乍(作)用鐱(劍)
18.11667 戉(越)王不光厥□□□□卯□
18.11668 郐(徐)王義楚之元子羽
18.11669 王立(涖)事
18.11673 王立(涖)事
18.11674 王立(涖)事
18.11688 王立(涖)事
18.11692 戉(越)王唯弫公之居旨卲亥(?)畱丌□僉
18.11703 唯戉(越)王丌(其)北古/戉(越)王丌(其)北古
18.11704 戉(越)王
18.11705 郾(燕)王喜立(涖)事
18.11760 王
18.11774 豐王
18.11817 王
18.11818 王
18.11819 王
18.11848 豐王
18.11849 豐王
18.11850 豐王
18.12094 王命命遽(傳)賃
18.12095 王命命遽(傳)賃
18.12096 王命傳我
18.12097 王命命遽(傳)賃
18.12098 王命命遽(傳)賃
18.12099 王命命遽(傳)賃
18.12100 王命命遽(傳)賃
18.12101 王命命遽(傳)賃
18.12102 王命命遽(傳)賃
18.12108 右在王/用兵五十人以上——會王符
18.12110 王尻(処)於蔵郢之遊宮/大攻(工)尹脽台(以)王命
18.12111 王尻(処)於蔵郢之遊宮/大攻(工)尹脽台(以)王命
18.12112 王尻(処)於蔵郢之遊宮/大攻(工)尹脽台(以)王命
18.12113 王尻(処)於蔵郢之遊宮/大攻(工)尹脽台(以)王命

2919 皇、□、□

1.39 朕皇考叔旅魚父
1.40 龠事朕辟皇王
1.41 龠事朕辟皇王
1.54 走乍(作)朕皇祖、文考寶龢鐘
1.55 乍(作)朕皇祖、文考寶龢〔鐘〕
1.56 走乍(作)朕皇祖、文考寶龢鐘
1.57 走乍(作)朕皇祖、文考寶龢鐘
1.58 走乍(作)朕皇祖、文考寶龢鐘
1.59 用追孝于厥皇祖哀公、皇考晨公
1.65 其用追孝于皇考己(紀)伯
1.66 用追孝于皇考己(紀)伯
1.67 其用追孝于皇考己(紀)伯
1.68 其用追孝于皇考己(紀)伯
1.69 其用追孝于皇考己(紀)伯
1.70 其用追孝于皇考己(紀)伯
1.71 其用追孝于皇考己(紀)伯
1.82 單伯旲生(甥)曰:不(丕)顯皇祖剌(烈)考/余小子肇帥井(型)朕皇祖考懿德
1.87 以乍(祚)其皇祖、皇考
1.107-8 用乍(作)朕皇祖膺(應)侯大薔(林)鐘
1.109-10 井人人妄曰:覭(景)盄(淑)文祖、皇考/妄不敢弗帥用文祖、皇考
1.111 井人人妄曰:覭(景)盄(淑)文祖、皇考/妄不敢弗帥用文祖、皇考
1.140 用喜(饎)于其皇祖
1.141 師臾肁(肇)乍(作)朕剌(烈)祖虢季、宄公、幽叔、朕皇考德叔大禀(林)鐘
1.142 用享台(以)孝于訇(台)皇祖文考
1.143 用乍(作)朕皇考薔(林)鐘
1.145 乍(作)朕皇考叔氏寶薔(林)鐘/用喜侃皇考/皇考其嚴在上
1.146 乍(作)朕皇考叔氏寶薔(林)鐘/用喜侃皇考/皇考其嚴在上
1.147 乍(作)朕皇考叔氏寶薔(林)鐘/用喜侃皇考
1.148 乍(作)朕皇考叔氏薔(林)鐘/用喜侃皇考/皇考其嚴在〔上〕
1.181 配皇天/用乍(作)朕皇祖南公、亞祖公仲
1.182 元鳴孔皇(煌)
1.187-8 梁其曰:不(丕)顯皇祖考/梁其肇帥井(型)皇祖考/用乍(作)朕皇祖考龢鐘/皇祖考其嚴在上/龠臣皇王
1.189-90 梁其曰:不(丕)顯皇祖考/梁其肇帥井(型)皇祖考/用乍(作)朕皇祖考龢鐘/皇祖考其嚴在下

(上)/ 龠臣皇王
1.191 用乍(作)朕皇祖考龢鐘
1.192 曰：不(丕)顯皇祖考 / 梁其肇帥井(型)皇祖考
1.193 于其皇祖皇考
1.194 于其皇祖皇考
1.195 于其皇祖皇考
1.196 于其皇祖皇考
1.197 于其皇祖皇考
1.198 于其皇祖皇考
1.203 元鳴孔皇(煌)/ 皇皇趣趣(熙熙)
1.204-5 用乍(作)朕皇祖考伯寶劃(林)鐘
1.206-7 用乍(作)朕皇祖考伯寶劃(林)鐘
1.209 用乍(作)朕皇祖考伯寶劃(林)鐘
1.223-4 青呂(鋁)專皇
1.238 虢叔旅曰：不(丕)顯皇考叀(惠)叔 / 旅敢肇帥井(型)皇考威義(儀)/ 用乍(作)皇考叀(惠)叔大薔(林)龢鐘 / 皇考嚴在上
1.239 虢叔旅曰：不(丕)顯皇考叀(惠)叔 / 旅敢肇帥井(型)皇考威義(儀)/ 用乍(作)皇考叀(惠)叔大薔(林)龢鐘 / 皇考嚴在上
1.240 虢叔旅曰：不(丕)顯皇考叀(惠)叔 / 旅敢肇帥井(型)皇考威義(儀)/ 用乍(作)朕皇考叀(惠)叔大薔(林)龢鐘 / 皇考其嚴在上
1.241 虢叔旅曰：不(丕)顯皇考叀(惠)叔 / 旅敢肇帥井(型)皇考威義(儀)/ 用乍(作)朕皇考叀(惠)叔大薔(林)龢鐘 / 皇考其嚴在上
1.242-4 虢叔旅曰：不(丕)顯皇考叀(惠)叔 / 旅敢肇帥井(型)皇考威義(儀)/ 用乍(作)朕皇考叀(惠)叔大薔(林)龢鐘 / 皇考嚴在上
1.245 台(以)乍(祚)其皇祖皇考
1.246 追孝于高祖辛公、文祖乙公、皇考丁公 / 弋皇祖考高對爾剌(烈)
1.247 皇王對癲身楙(懋)
1.248 皇王對癲身楙(懋)
1.249 皇王對癲身楙(懋)
1.250 皇王對癲身楙(懋)
1.260 唯皇上帝、百神保余小子 / 我唯司(嗣)配皇天
1.261 于我皇祖文考
1.262-3 邵合(答)皇天 / 以匽(宴)皇公
1.264-6 邵合(答)皇天 / 以匽(宴)皇公
1.267 邵合(答)皇天 / 以匽(宴)皇公
1.268 邵合(答)皇天 / 以匽(宴)皇公
1.269 邵合(答)皇天 / 以匽(宴)皇公
1.270 秦公曰：不(丕)顯朕皇祖受天命
1.271 用享考(孝)于皇祖聖叔、皇祉(妣)聖姜 / 于皇祖又成惠叔、皇祉(妣)又成惠姜 / 皇考遵(蹐)仲、皇母
1.272-8 弗敢不對揚朕辟皇君之登屯(純)厚乃命 / 用享于其皇祖、皇妣、皇母、皇考 / 不(丕)顯皇祖
1.284 外內〼其皇祖、皇妣、皇母、皇〼
1.285 弗敢不對揚朕辟皇君之賜休命 / 用享于其皇祖、皇妣、皇母、皇考 / 不(丕)顯皇祖
2.286 濁坪皇之商 / 濁坪皇之渻(衍)商
2.287 妥(蕤)賓之在楚也爲坪皇
2.288 坪皇之翆(羽)/ 爲坪皇詝(變)商
2.289 坪皇之翆(羽)
2.291 坪皇之詝(變)徵
2.292 妥(蕤)賓之在楚也爲坪皇
2.293 爲坪皇詝(變)商
2.294 爲坪皇徵角
2.295 坪皇之翆(羽)
2.296 坪皇之商 / 濁坪皇之徵
2.297 坪皇之宮 / 濁坪皇之下角
2.300 坪皇之巽反 / 濁坪皇之歖(鼓)
2.301 坪皇之冬(終)反 / 濁坪皇之歖(鼓)
2.302 坪皇之少商
2.303 坪皇之巽 / 濁坪皇之歖(鼓)
2.304 濁坪皇之商 / 濁坪皇之少商
2.305 坪皇之冬(終)/ 濁坪皇之宮 / 濁坪皇之巽
2.306 坪皇之喜(鼓)
2.307 坪皇之商 / 濁坪皇之冬(終)
2.308 坪皇之宮 / 濁坪皇之下角
2.311 坪皇之巽反 / 濁坪皇之歖(鼓)
2.312 坪皇之冬(終)反
2.313 坪皇之少商
2.314 坪皇之巽 / 濁坪皇之歖(鼓)
2.315 濁坪皇之商 / 濁坪皇之少商
2.316 坪皇之冬(終)/ 濁坪皇之宮 / 濁坪皇之巽
2.317 坪皇之喜(鼓)
2.318 坪皇之商 / 濁坪皇之冬(終)
2.320 坪皇之宮 / 濁坪皇之下角
2.324 坪皇之徵曾
2.326 爲坪皇之翆(羽)

顀下角
2.327 妥(蕤)賓之在楚也爲坪皇
2.328 爲坪皇誶(變)商
2.329 爲坪皇徵角
2.330 坪皇之㘝(羽)
2.358 受皇天大魯令(命)
3.443 皇
3.588 叔皇父乍(作)仲姜尊鬲
3.746 用敢鄉(饗)考(孝)于皇祖丂(考)
3.747 用敢鄉(饗)考(孝)于皇祖丂(考)
3.748 用敢鄉(饗)考(孝)于皇祖丂(考)
3.749 用敢鄉(饗)考(孝)于皇祖丂(考)
3.750 用敢鄉(饗)考(孝)于皇祖丂(考)
3.751 用敢鄉(饗)考(孝)于皇祖丂(考)
3.752 用敢鄉(饗)考(孝)于皇祖丂(考)
4.2063 皇
5.2548 函皇父乍(作)琱娟(妘)尊兔鼎
5.2581 揚仲皇
5.2582 辛中姬皇母乍(作)尊鼎
5.2583 辛中姬皇母乍(作)尊鼎
5.2599 奠(鄭)虢仲悆戒(勇)用乍(作)皇祖、文考寶鼎
5.2637 用卲享于皇祖考
5.2639 魯仲齊肇乍(作)皇考𪔂貞(鼎)
5.2649 伯頵父乍(作)朕皇考屖伯、吳姬寶鼎
5.2667 奠(鄭)伯氏士叔皇父乍(作)旅鼎
5.2680 諆肇乍(作)其皇考、皇母告比君𪔂貞(鼎)
5.2742 用乍(作)皇祖文考盂鼎
5.2743 于皇祖帝考
5.2744 于皇祖帝考
5.2745 函皇父乍(作)周娟(妘)般(盤)盉尊器
5.2753 用追享丂(孝)于皇祖考
5.2758 大揚皇天尹大(太)保宮(貯)
5.2759 大揚皇天尹大(太)保宮(貯)
5.2760 大揚皇天尹大(太)保宮(貯)
5.2761 大揚皇天尹大(太)保宮(貯)
5.2762 史頵(頊)乍(作)朕皇考釐仲、王(皇)母泉母尊鼎
5.2765 𧊒拜韻首曰:休朕皇君弗醒(忘)厥寶臣
5.2768 用享考(孝)于皇祖考
5.2769 用享考(孝)于皇祖考
5.2770 用享考(孝)于皇祖考
5.2771 用追孝于厥皇祖晨公/于厥皇考屖訟(孟)公
5.2772 用追孝于厥皇祖晨公/于厥皇考屖訟(孟)公
5.2777 史伯碩父追考(孝)于朕皇考釐仲、王(皇)母泉母
5.2778 對揚皇尹不(丕)顯休
5.2790 𢇍乍(作)朕皇考𪔂彝尊鼎/𢇍用享孝于朕皇考
5.2796 克乍(作)朕皇祖釐季寶宗彝
5.2797 克乍(作)朕皇祖釐季寶宗彝
5.2798 克乍(作)朕皇祖釐季寶宗彝
5.2799 克乍(作)朕皇祖釐季寶宗彝
5.2800 克乍(作)朕皇祖釐季寶宗彝
5.2801 克乍(作)朕皇祖釐季寶宗彝
5.2802 克乍(作)朕皇祖釐季寶宗彝
5.2804 對揚天子不(丕)顯皇休
5.2811 用享以孝于我皇祖文考
5.2812 大(太)師小子師朢(望)曰:不(丕)顯皇考宄公/朢(望)肇帥井(型)皇考/用乍(作)朕皇考宄公尊鼎
5.2815 用乍(作)朕皇考𦳎(郘)伯、奠(鄭)姬寶鼎
5.2818 比乍(作)朕皇祖丁公、皇考叀公尊鼎
5.2819 用乍(作)朕皇考奠(鄭)伯、姬尊鼎
5.2820 對揚皇天子不(丕)杯(丕)休
5.2821 用乍(作)朕皇考癸公尊鼎
5.2822 用乍(作)朕皇考癸公尊貞(鼎)
5.2823 用乍(作)朕皇考癸公尊鼎
5.2825 用乍(作)朕皇考叔碩父尊鼎
5.2827 用乍(作)朕皇考龏叔、皇母龏始(姒)寶尊鼎
5.2828 用乍(作)朕皇考龏叔、皇母龏始(姒)寶尊鼎
5.2829 用乍(作)朕皇考龏叔、皇母龏始(姒)寶尊鼎
5.2830 臣朕皇考穆穆王/𨽍臣皇辟天子/用臣皇辟/一𣪕皇辟懿德
5.2833 禹曰:不(丕)顯趠趠皇祖穆公
5.2834 禹曰:不(丕)顯走(趠趠)皇祖穆公
5.2836 肄(肆)克𢦏于皇天
5.2840 而皇(況)才(在)於少君虖(乎)
5.2841 皇天引猒(厭)厥德/肄(肆)皇天亡

奚(斁)/用印(仰)卲(昭)皇天/毛公厝對揚天子皇休
6.3575 皇
7.3828 媵(滕)虎敢肇乍(作)厥皇考公命仲寶尊彝
7.3829 媵(滕)虎敢肇乍(作)厥皇考公命仲寶尊彝
7.3830 媵(滕)虎敢肇乍(作)厥皇考公命仲寶尊彝
7.3831 媵(滕)虎敢肇乍(作)厥皇考公命仲寶尊彝
7.3832 媵(滕)虎敢肇乍(作)厥皇考公命仲寶尊彝
7.3840 詁乍(作)皇母尊毁
7.3841 詁乍(作)皇母尊毁
7.3859 辛叔皇父乍(作)中姬尊毁
7.3939 禾(和)肇乍(作)皇母懿龏孟姬餴(饋)彝
7.3955 兑乍(作)朕皇考叔氏尊毁
7.3958 叔角父乍(作)朕皇考宕(宄)公尊毁
7.3959 叔角父乍(作)朕皇考宕(宄)公尊毁
7.3980 吳彩父乍(作)皇祖考庚孟尊毁
7.3981 吳彩父乍(作)皇祖考庚孟尊毁
7.3982 吳彩父乍(作)皇祖考庚孟尊毁
7.4001 豐兮尸乍(作)朕皇考酋(尊)毁/豐兮尸乍(作)朕皇考尊毁
7.4002 豐兮尸乍(作)朕皇考尊毁
7.4003 豐兮尸乍(作)朕皇考酋(尊)毁
7.4027 伯𤞷父乍(作)朕皇考㝬伯、吳(虞)姬尊毁
7.4048 用享于皇祖、文考
7.4049 用享于皇祖、文考
7.4050 用享于皇祖、文考
7.4056 其夙夜用享孝于皇君
7.4057 其夙夜用享孝于皇君
7.4058 其夙夜用享孝于皇君
7.4061 畢鮮乍(作)皇祖益公尊毁
7.4073 用追考(孝)于厥皇考
7.4091 伯椃虘肇乍(作)皇考剌公尊毁
7.4092 伯椃虘肇乍(作)皇考剌公尊毁
7.4093 伯椃虘肇乍(作)皇考剌公尊毁
7.4094 伯椃虘肇乍(作)皇考剌公尊毁
7.4102 仲叡父乍(作)朕皇考遟伯、王(皇)母遟姬尊毁
7.4103 仲叡父乍(作)朕皇考遟伯、王(皇)母遟姬尊毁
7.4109 用享于皇祖、文考
7.4110 魯士商叡肇乍(作)朕皇考叔猷父尊毁
7.4111 魯士商叡肇乍(作)朕皇考叔猷父尊毁
7.4114 仲辛父乍(作)朕皇祖日丁、皇考日癸尊毁
8.4124 峊仲乍(作)朕皇考趄仲𩰫彝尊毁
8.4125 用享于高祖、皇考
8.4127 皇萬年永用
8.4129 其用追孝于朕皇祖、啻(嫡)考
8.4139 用永皇尭(无)身
8.4141 函皇父乍(作)琱娟(妘)般(盤)盉尊器毁具
8.4142 函皇父乍(作)琱娟(妘)般(盤)盉尊器毁具
8.4143 函皇父乍(作)琱娟(妘)般(盤)盉尊器毁具
8.4145 乍(作)皇妣孝大妃祭器鈛錞(敦)
8.4147 善(膳)夫梁其乍(作)朕皇考惠仲、皇母惠㜲尊毁
8.4148 善(膳)夫梁其乍(作)朕皇考惠仲、皇母惠㜲尊毁
8.4149 善(膳)夫梁其乍(作)朕皇考惠仲、皇母惠㜲尊毁
8.4150 善(膳)夫梁其乍(作)朕皇考惠仲、皇母惠㜲尊毁
8.4151 善(膳)夫梁其乍(作)朕皇考惠仲、皇母惠㜲尊毁
8.4152 㛙乍(作)皇妣𠭰(玪)君中妃祭器八毁
8.4153 㢤乍(作)皇祖乙公、文公、武伯、皇考龏伯𩰫彝
8.4154 用敢鄉(饗、享)考(孝)于皇祖丂(考)
8.4155 用敢鄉(饗、享)考(孝)于皇祖丂(考)
8.4156 用享于其皇叡(祖)、文考
8.4157 用享孝皇祖、文考
8.4158 用享孝皇祖、文考
8.4165 用乍(作)朕皇考大仲尊毁
8.4168 𩰫(蔣)兑乍(作)朕文祖乙公、皇考季氏尊毁
8.4170 㾓曰:覭(景)皇祖考嗣威義(儀)
8.4171 㾓曰:覭(景)皇祖考嗣威義(儀)
8.4172 㾓曰:覭(景)皇祖考嗣威義(儀)
8.4173 㾓曰:覭(景)皇祖考嗣威義(儀)

8.4174 瘨曰：䫑(景)皇祖考嗣威義(儀)
8.4175 瘨曰：䫑(景)皇祖考嗣威義(儀)
8.4176 瘨曰：䫑(景)皇祖考嗣威義(儀)
8.4177 瘨曰：䫑(景)皇祖考嗣威義(儀)
8.4182 用禪(祈)追孝于皇考叀仲
8.4183 用享考(孝)于厥皇祖／于厥皇丂(考)
8.4188 乍(作)其皇祖考遟王、監伯尊𣪘
8.4189 乍(作)其皇祖考遟王、監伯尊𣪘
8.4190 用追孝於(于)我皇𣪘(舅)
8.4191 用乍(作)寶皇𣪘
8.4198 蔡姞乍(作)皇兄尹叔尊𪔛彝／尹叔用妥(綏)多福于皇考德尹、叀姬
8.4203 𧊒其用追孝于其皇考
8.4204 𧊒其用追孝于其皇考
8.4216 儕(齎)女(汝)毌五、昜(錫)登盾生皇(凰)、畫內(枘)戈琱㦰、歐(厚)必(柲)、彤沙(蘇)
8.4217 儕(齎)女(汝)毌五、昜(錫)登盾生皇(凰)、畫內(枘)戈琱㦰、歐(厚)必(柲)、彤沙(蘇)
8.4218 儕(齎)女(汝)毌五、昜(錫)登盾生皇(凰)、畫內(枘)戈琱㦰、歐(厚)必(柲)、彤沙(蘇)
8.4219 用乍(作)朕皇祖考尊𣪘
8.4220 用乍(作)朕皇祖考尊𣪘
8.4221 用乍(作)朕皇祖考尊𣪘
8.4222 用乍(作)朕皇祖考尊𣪘
8.4223 用乍(作)朕皇祖考尊𣪘
8.4224 用乍(作)朕皇祖考尊𣪘
8.4225 無㠱用乍(作)朕皇祖釐季尊𣪘
8.4226 無㠱用乍(作)朕皇祖釐季尊𣪘
8.4227 無㠱用乍(作)朕皇祖釐季尊𣪘
8.4228 無㠱用乍(作)朕皇祖釐季尊𣪘
8.4237 子□余弁(朕)皇辟侯／余絺(豨)⿰舟欠〔作〕朕皇文考寶尊／唯用妥(綏)康令于皇辟侯
8.4242 叔向父禹曰：余小子司(嗣)朕皇考／乍(作)朕皇祖幽大叔尊𣪘
8.4245 余□□[illegible]□□[illegible]□□塱〔仲〕皇母
8.4267 用乍(作)朕皇考孝孟尊𣪘
8.4272 用乍(作)朕皇祖伯囱(窗)父寶𣪘
8.4274 用乍(作)皇祖城公𪔛𣪘
8.4275 用乍(作)皇祖城公𪔛𣪘
8.4278 比乍(作)皇祖丁公、皇考叀公尊𣪘
8.4287 伊用乍(作)朕不(丕)顯皇祖文考徲叔寶𪔛彝
8.4296 𨜍用乍(作)朕皇考龏伯尊𣪘
8.4297 𨜍用乍(作)朕皇考龏伯尊𣪘
8.4298 用乍(作)朕皇考剌伯尊𣪘
8.4299 用乍(作)朕皇考剌伯尊𣪘
8.4300 令敢揚皇王宔(貯)／令用弆(深)㞋于皇王／令敢㞋皇王宔(貯)／用尊事于皇宗
8.4301 令敢揚皇王宔(貯)／令用弆(深)㞋于皇王／令敢㞋皇王宔(貯)／用尊史(事)于皇宗
8.4302 用乍(作)朕皇考釐王寶尊𣪘
8.4303 用乍(作)朕皇考癸公尊𣪘
8.4304 用乍(作)朕皇考癸公尊𣪘
8.4305 用乍(作)朕皇考癸公尊𣪘
8.4306 用乍(作)皇考考癸尊𣪘
8.4307 用乍(作)朕皇考考癸尊𣪘
8.4308 用乍(作)朕皇考癸公尊𣪘
8.4309 用乍(作)朕皇考癸公尊𣪘
8.4310 用乍(作)朕皇考癸公尊𣪘
8.4311 敢對揚皇君休
8.4315 秦公曰：不(丕)顯朕皇祖／以卲(昭)皇祖
8.4317 用配皇天／用康惠朕皇文剌(烈)祖考／䌛(申)圝(恪)皇帝大魯令(命)
8.4318 用乍(作)朕皇考釐公𪔛𣪘
8.4319 用乍(作)朕皇考釐公𪔛𣪘
8.4324 用乍(作)朕皇考輔伯尊𣪘
8.4325 用乍(作)朕皇考輔伯尊𣪘
8.4326 不(丕)顯皇祖考／番生(甥)不敢弗帥井(型)皇祖考不(丕)杯(丕)元德
8.4328 用乍(作)朕皇祖公伯、孟姬尊𣪘
8.4329 用乍(作)朕皇祖公伯、孟姬尊𣪘
8.4331 用乍(作)朕皇考武𠇗幾王尊𣪘
8.4332 用乍(作)朕皇考龏叔、皇母龏始(姒)寶尊𣪘
8.4333 用乍(作)朕皇考龏叔、皇母龏始(姒)寶尊𣪘

8.4334 用乍(作)朕皇考龏叔、皇母龏始(姒)寶尊毁
8.4335 用乍(作)朕皇考龏叔、皇母龏始(姒)寶尊毁
8.4336 用乍(作)朕皇考龏叔、皇母龏始(姒)寶尊毁
8.4337 用乍(作)朕皇考龏叔、皇母龏始(姒)寶尊毁
8.4338 用乍(作)朕皇考龏叔、皇母龏始(姒)寶尊毁
8.4339 用乍(作)朕皇考龏叔、皇母龏始(姒)寶尊毁
8.4341 不(丕)杯(丕)丮皇公受京宗懿釐
8.4342 緈(肆)皇帝亡旲(斁)
8.4343 用乍(作)朕皇文考益伯寶尊毁
9.4437 其肇乍(作)其皇考伯明父寶毁
9.4440 肇乍(作)皇考伯走父𨪔(饙)盨毁
9.4441 肇乍(作)皇考伯走父𨪔(饙)盨毁
9.4448 其用享孝于皇申(神)、祖考
9.4449 其用享孝于皇申(神)、祖考
9.4450 其用享孝于皇申(神)、祖考
9.4451 其用享孝于皇申(神)、祖考
9.4452 其用享孝于皇申(神)、祖考
9.4453 其用享用孝于皇祖、文考
9.4458 其肇乍(作)其皇孝(考)、皇母旅盨毁
9.4465 克其用朝夕享于皇祖考/皇祖考其數數彙彙
9.4466 鬲比乍(作)朕皇祖丁公、文考萓(宄)公盨
9.4526 伯彊爲皇氏伯行器
9.4595 乍(作)皇考獻叔𨪔(饙)厰(盤)
9.4596 乍(作)皇考獻叔𨪔(饙)厰(盤)
9.4600 用追孝于皇祖、皇考
9.4629 台(以)享台(以)眚(孝)于大宗、皇棂(琞、祖)、皇妣、皇丂(考)、皇母
9.4630 台(以)享台(以)眚(孝)于大宗、皇棂(琞、祖)、皇妣、皇丂(考)、皇母
9.4631 用孝用享于我皇祖、文考
9.4632 用孝用享于我皇文考
9.4646 乍(作)皇妣孝大妃祭器錟(鈛)𨱏(敦)
9.4647 乍(作)皇妣孝大妃祭器錟(鈛)𨱏(敦)
9.4649 陳侯因資(齊)曰:皇考孝武趄(桓)公龏(恭)戠(戴)/其惟因資(齊)揚皇考
9.4694 以祀皇祖
9.4695 以祀皇祖
10.4869 皇戈
10.5100 亞㝬皇祈
10.5192 皇[illegible]乍(作)尊彝
10.5425 伯屖父皇競各于官
11.5582 皇戈
11.5908 [illegible]乍(作)厥皇考寶尊彝
11.6011 苖(柚)皇盠身
12.6513 用享于皇天
15.9447 王仲皇父乍(作)尾娟(妘)般(盤)盉
15.9659 齊皇乍(作)壺盂
15.9697 椒(散)車父乍(作)皇母醒姜寶壺
15.9716 用享考(孝)于皇祖考
15.9717 用享考(孝)于皇祖考
15.9718 于兹先申(神)、皇祖
15.9721 對揚朕皇君休
15.9722 對揚朕皇君休
15.9726 用乍(作)皇祖、文考尊壺
15.9727 用乍(作)皇祖、文考尊壺
15.9731 用乍(作)朕皇考龏叔、皇母龏始(姒)寶尊壺
15.9732 用乍(作)朕皇考龏叔、皇母龏始(姒)寶尊壺
15.9735 卲友(跋)皇工(功)/唯朕皇祖文、武
16.7360 于朕皇考
16.10008 以祭我皇祖
16.10123 齊侯乍(作)皇氏孟姬寶般(盤)
16.10164 函皇父乍(作)琱娟(妘)般(盤)盉尊器
16.10172 用乍(作)朕皇考奠(鄭)伯、奠(鄭)姬寶般(盤)
16.10185 孟皇父乍(作)旅也(匜)
16.10225 函皇父乍(作)周(琱)娟(妘)也(匜)
16.10275 肇乍(作)皇考伯走父寶也(匜)
16.10297 以祀皇祖
16.10342 晉公曰:我皇祖䣄(唐)公/以倉(答)〔揚〕皇卿
16.10360 旋走事皇辟君
16.10583 休台馬醻皇母
17.10670 皇
17.10982 皇宮左
17.10983 皇宮(?)左
17.10984 皇宮(?)左
17.11261 番中(仲)攸(作)伯皇之散(造)戈
17.11314 皇陽命(令)强𢦔、工師𤸶𠭁(𪎪)、冶才

17.11315 皇陽命(令)強㦰、工師㾀鐵(黝)、冶才

17.11389 奠(鄭)倫(令)肖(趙)距、司寇彭璋、往庫工師皇佳、冶瘏

18.11724 皇

18.11836 皇宮右

2920 士

1.113 用爍(樂)父覝(兄)、者(諸)士

1.114 用樂父覝(兄)、者(諸)士

1.115 用樂父覝(兄)、者(諸)士

1.116 用樂父覝(兄)、者(諸)士

1.117 用樂父覝(兄)、者(諸)士

1.145 用廣啟士父身/士父其眔□姬萬年

1.146 用廣啟士父身/士父其眔□姬萬年

1.147 用廣啟士父身/士父眔□〔姬〕萬年

1.148 用廣啟士父身/士父其眔□姬萬年

1.149 台(以)喜(饎)者(諸)士

1.150 台(以)喜(饎)者(諸)士

1.151 台(以)喜(饎)者(諸)士

1.152 台(以)喜(饎)者(諸)士

1.182 兼以父覝(兄)、庶士

1.203 及我父覝(兄)、庶士

1.204-5 王乎士曶召克

1.206-7 王乎士曶召克

1.208 王乎士曶召克

1.209 王乎士曶召克

1.245 台(以)宴士庶子

1.262-3 盩龢胤士

1.264-6 盩龢胤士

1.267 盩龢胤士

1.268 盩龢胤士

1.269 盩龢胤士

1.270 咸畜百辟、胤士

2.425 士余是尚(常)

3.592 士孫伯殺(捒)自乍(作)尊鬲

3.715 睽士父乍(作)蓼(翏)妃尊鬲

3.716 睽士父乍(作)蓼(翏)妃尊鬲

4.2314 士乍(作)父乙尊彝

5.2656 唯十又二月初士(吉)/伯士(吉)父乍(作)毅尊鼎

5.2667 奠(鄭)伯氏士叔皇父乍(作)旅鼎

5.2835 命武公遣乃元士

7.4110 魯士商䣄肇乍(作)朕皇考叔猷父尊段

7.4111 魯士商䣄肇乍(作)朕皇考叔猷父尊段

8.4266 啻(嫡)官僕、射、士

8.4312 才先王既令(命)女(汝)乍(作)嗣士

8.4313 敺(毆)俘士女、牛羊

8.4314 敺(毆)俘士女、羊牛

8.4315 咸畜胤士

8.4317 肄(肆)余以餱士、獻民

8.4343 昔先王既令女(汝)乍(作)嗣士

9.4437 乘父士杉

9.4517 魯士孠(閑)父乍(作)飤簠

9.4518 魯士孠(閑)父乍(作)飤簠

9.4519 魯士孠(閑)父乍(作)飤簠

9.4520 魯士孠(閑)父乍(作)飤簠

9.4527 吳王御士尹氏叔繁乍(作)旅匡(筐)

10.5409 王令士道歸(饋)貉子鹿三

10.5421 王令士上眔史寅㱿(殷)于成周

10.5422 王令士上眔史寅㱿(殷)于成周

11.5985 王賜嗽士卿貝朋

11.5999 王令士上眔史寅㱿(殷)于成周

15.9454 王令士上眔史寅㱿(殷)于成周

15.9733 □其士女

16.10138 曾師季𩋟(芾)用其士(吉)金

16.10187 魯士商䣄乍(作)也(匜)

16.10271 唯番君肇用士(吉)金

16.10342 余咸畜胤士

16.10413 左使車工下士甘□

18.11659 楚王酓(熊)章爲從□士鑄用〔劍〕

18.12108 凡興士被(披)甲

18.12109 凡興士被(披)甲

2921 壯、𤖨

1.120 〔用〕再剌(烈)𤖨(壯)

1.123 剌(烈)𤖨(壯)用再

1.125-8 用再剌(烈)𤖨(壯)

1.129-31 用再剌(烈)𤖨(壯)

5.2840 含(今)舍(余)方壯

16.10173 壯武于戎工(功)

17.11341 咎(高)奴曹命(令)壯罂、工師賙疾、冶問

2922 工

1.107-8 膺(應)侯見工遺(饋)王于周/㷉(榮)伯內(入)右(佑)膺(應)侯見工/見工敢對揚天子休

1.193 工𫑡王皮𤋮(然)之子者減

1.194 工𫑡王皮𤋮(然)之子者減

1.195 工𫑡王皮𤋮(然)

之子者減
1.196 工獻王皮難(然)之子者減
1.197 工獻王皮難(然)之子者減
1.198 工獻王皮難(然)之子者減
1.199 工獻王皮難(然)之子者減
1.200 工獻王皮難(然)之子者減
1.201 工獻王皮難(然)之子者減
1.202 工獻王皮難(然)之子者減
3.537 左使車工尼
3.971 左使車工瑣(坩)
4.2088 左使車工瑣(坩)
4.2089 左使車工瑣(坩)
4.2090 左使車工瑣(坩)
4.2091 左使車工纍
4.2092 左使車工尼
4.2093 左使車工蔡
4.2094 左使車工蔡
4.2246 木工册
4.2328 木工册
4.2482 昌國𩓑工師翟伐、冶更所爲
4.2501 ▱𤔲工▱[作]册微𢑱
5.2577 叚工師王馬重(童)、眂(視)事鐙、冶敬
5.2658 工師瘨、工疑
5.2707 右使車嗇夫鄗(齊)痤、工簡
5.2778 尹令史獸立(涖)工于成周/史獸獻工(功)于尹/咸獻工(功)
5.2792 始獻工(功)
5.2832 曰:厲曰余執龏(恭)王恤工/𤔲土(徒)邑人趙、𤔲馬頣人邦、𤔲工陶矩
5.2834 臣(烏)工(虖)哀哉
5.2840 庸其工(功)/皮(克)又(有)工(功)
6.3433 天工册父己
6.3666 木工册
7.4029 魯侯又(有)囚(繇)工(功)
8.4162 自厥工(功)
8.4163 自厥工(功)
8.4164 自厥工(功)
8.4184 虢仲令公臣𤔲朕百工
8.4185 虢仲令公臣𤔲朕百工
8.4186 虢仲令公臣𤔲朕百工
8.4187 虢仲令公臣𤔲朕百工
8.4287 王乎命尹封册命伊:𩠩(纘)官𤔲康宮王臣妾、百工
8.4294 乍(作)𤔲工(空)/眔𤔲工(空)司(事)
8.4295 乍(作)𤔲工(空)/眔𤔲工(空)史(事)
8.4311 僕馭百工、牧臣妾
8.4312 𤔲工(空)液伯入右(佑)師穎
8.4313 反(返)厥工事(吏)/休既又(有)工(功)
8.4314 反(返)工事(吏)/休既又(有)工(功)
8.4328 女(汝)肈誨(敏)于戎工(功)
8.4329 女(汝)肈誨(敏)于戎工(功)
8.4330 迺妹(昧)克衣告剌(烈)成工(功)
8.4340 𤔲百工
8.4341 廣成厥工(功)
9.4477 左使車工蔡
9.4478 左使車工瑣(坩)
9.4500 蔡公子義工之飤簠
9.4601 奠(鄭)伯大𤔲工(空)召叔山父乍(作)旅簠
9.4602 奠(鄭)伯大𤔲工(空)召叔山父乍(作)旅簠
9.4664 左使車工尼
9.4665 左使車工纍
10.5418 乍(作)𤔲工(空)
11.5929 木工册
11.5988 王工(貢)
11.6006 乍(作)𤔲工(空)
11.6013 曰:用𤔲六師、王行、參(叁)有𤔲:𤔲土(徒)、𤔲馬、𤔲工(空)
11.6016 眔里君、眔百工
12.6502 木工册
12.6993 工册
13.8203 工𧗠(衛)
14.8792 𤔲(𤔲)工(空)丁
15.9448 右使車嗇夫宋、鄗(齊)痤、工㑹(觸)
15.9450 右使車嗇夫鄗(齊)虘、工㐬
15.9456 伯邑父、焚(榮)伯、定伯、琼伯、單伯迺令參有𤔲:𤔲土(徒)微邑、𤔲馬單旟、𤔲工(空)邑人服眔受(授)田
15.9547 工册天父己
15.9561 左使車工尼
15.9562 左使車工纍
15.9605 雍工敃
15.9673 寺工師初、丞拑、稟(廩)人莽
15.9674 右使〔車〕嗇夫吳㦥、工賙
15.9683 冶匀嗇夫攺重、工尼
15.9684 右使車嗇夫鄗(齊)痤、工角
15.9685 左使車嗇夫孫固、工自(師)賃
15.9686 左使車嗇夫孫固、工瑣(坩)
15.9692 左使車嗇夫孫固、工上
15.9693 左使車嗇夫孫固、工瑣(坩)
15.9734 以追庸(誦)先

王之工(功)剌(烈)
15.9735 卲犮(䟦)皇工(功)/休又(有)成工(功)
16.9899 曰：用嗣六師王行、參有嗣：嗣土(徒)、嗣馬、嗣工(空)
16.9900 曰：用嗣六師王行、參有嗣：嗣土(徒)、嗣馬、嗣工(空)
16.9901 眔里君、眔百工
16.9924 左使車工蔡
16.9925 左使車工蔡
16.9926 左使車工㬎
16.9933 右使車工疥
16.9934 右使車工疥
16.10173 壯武于戎工(功)
16.10176 矢人有嗣眉(堳)田：鮮、且、微、武父、西宮褱、豆人虞丂、彔、貞、師氏右省、小門人繇、原人虞艿、淮嗣工(空)虎孛、開豐父、唯(鳿)人有嗣、刑丂/正眉(堳)矢舍(捨)散田：嗣土(徒)屰𠂤、嗣馬單[illegible]、䢔人嗣工(空)騂君、宰德父
16.10212 工盧季生乍(作)其盥會匜
16.10257 冶匀嗇夫殷重、工貣
16.10322 公廼命酉嗣徃(徒)函父、周人嗣工(空)㞷、𢿨史、師氏、邑人奎父、畢人師同
16.10328 冶匀嗇夫孫㤅(冘)、工福
16.10333 右使車嗇夫鄭(齊)痤、工[illegible]
16.10349 左使車工蔡
16.10357 和工工感
16.10358 左使車嗇夫事斁、工貣
16.10359 右使車嗇夫鄭(齊)痤、工廣
16.10363 𤔲(嗣)工(空)
16.10384 漆工配、丞詘造/工隸臣牟
16.10385 命戍代、冶與、下庫工師孟、關師四人
16.10397 右使車工疥
16.10402 左使車嗇夫七敚(敓)、工尼
16.10410 左工𡏳(坿)
16.10411 左工蔡
16.10412 左工貴
16.10413 左使車工下士甘□
16.10444 左使車嗇夫孫固、工蔡
16.10445 左使車嗇夫鄭(齊)痤、工疥
16.10446 右使車嗇夫鄭(齊)痤、工疥
16.10447 左使車嗇夫孫固、工㬎
16.10450 右使車工蔡
16.10451 右使車工㬎
16.10477 右使車嗇夫鄭(齊)痤、工疥
17.11008 蜀西工
17.11009 蜀西工
17.11182 工師戝(毀敗)
17.11197 寺工讋、工嘉/寺工
17.11211 工城佐[illegible]、冶昌茆鈛(戈)
17.11250 寺工讋、金角/寺工
17.11258 攻敔工(夫)差自乍(作)用戓(戟)
17.11259 詹右工鈛(戈)
17.11269 州工師明、冶眥
17.11271 得工戋(或)、冶左勿
17.11283 [illegible]工師□□、〔冶〕戠(戭)
17.11291 邙(言)命(令)羙、右庫工師𫊸、冶□
17.11293 莆(蒲)子□□睹、工師瞿、冶□
17.11294 咸陽工師葉、工武
17.11296 高奴工𨚗(𨚗)
17.11297 工師積
17.11298 州□□□忿(价)、工師犢𣓁(漆)、丞造
17.11299 郚(梧)命(令)垠、右工師齒、冶良
17.11300 褱庫□工師乙□、〔冶〕□明
17.11301 下丘嗇夫□、工師𢘖、冶系
17.11302 高都命(令)陳鶬(鶬、懽)、工師冶勳(勝)
17.11303 高都命(令)陳鶬(鶬、懽)、工師冶勳(勝)
17.11306 啟[illegible](封)玪(令)瘫、工師鈘、冶者
17.11308 寺工讋、丞義、工可
17.11312 業(鄴)𤋦(令)𧙃(裼)、左庫工師臣、冶山
17.11313 𢦔(甾)丘命(令)瘫、工師𦚢、冶𢔶
17.11314 皇陽命(令)强𤞞、工師𤵸𪅊(黝)、冶才
17.11315 皇陽命(令)强𤞞、工師𤵸𪅊(黝)、冶才
17.11316 四年命(令)韓詁、宜陽工師𥡦(播)憘、冶庶
17.11317 𦫵(附)余(魚)命(令)韓譙、工師罕(罕)痈(瘳)、冶𨸏(埽)
17.11318 𦫵(附)余(魚)命(令)韓譙、工師罕(罕)痈(瘳)、冶𨸏(埽)
17.11319 𦫵(附)余(魚)命(令)韓譙、工師罕(罕)痈(瘳)、冶竈
17.11320 屏命(令)肖(趙)𣢟、下庫工師□、冶□

17.11321 郙(頓)丘命(令)燮、左工師哲、冶夢

17.11322 侖(綸)氏命(令)韓化、工師榮□(原)、冶悬(謀)

17.11323 □(玆)氏命(令)吳庶、下庫工師長武

17.11324 陽春嗇夫維、工師斁(操)、冶朝

17.11327 格氏命(令)韓貴、工師亘公、冶□

17.11328 莫(鄭)命(令)韓□、右庫工師駱鷹

17.11329 得工冶腨所教、馬重(童)爲

17.11330 大梁左庫工師丑、冶刌(刃)

17.11331 臨汾守曋、庫係、工歃造

17.11332 屬邦工師戠、丞□、工□

17.11335 邘命(令)輅庶、上庫工師郻□、冶氏聑(髯)

17.11336 莫(鄭)命(令)韓熙、右庫工師司馬鴡、冶狄

17.11337 命(令)司寇書、右庫工師㝘向、冶厮

17.11338 工師莫(鄭)恙、冶敳(微)

17.11341 咎(高)奴曹命(令)壯罌、工師賙疾、冶問

17.11342 雍工師葉

17.11343 盲命(令)司馬伐、右庫工師高痽、冶□

17.11344 盲(芒)命(令)□輅、左庫工師叔新(梁)掃、冶小

17.11345 亲(新)城大命(令)韓定、工師宋費、冶褚

17.11347 □陽命(令)悬戲、工師北宮(宮)壘、冶黄

17.11348 龏(龔)竛(令)思、左庫工師長史廔、冶數近

17.11349 龏(龔)竛(令)思、左庫工師長史廔、冶數近

17.11351 喜倫(令)韓騇、左庫工師司馬裕、冶何

17.11354 鈖匋命(令)富反、下庫工師王豈、冶禽

17.11355 肖(趙)命(令)甘(邯)丹(鄲)□(僕)、右庫工師翠(翊)綤(紹)、冶倉散(造)(？)

17.11356 郙险(陰)命(令)萬爲、右庫工師莧(䨽)、冶豎

17.11357 莫(鄭)命(令)韓熙、右庫工師事(吏)采(禓)、冶□

17.11359 西工師旬、丞㝬、隸臣□

17.11360 邪竛(令)夜㑌(胍)、上庫工師□□、冶闖(閒)

17.11361 櫟陽工上造間

17.11362 漆工疾、丞䄰、隸臣宁

17.11363 漆垣工師爽、工更長猗

17.11364 宗子攻(工)正明我、左工師□許、馬重(童)丹所爲

17.11366 坓(型、邢)倫(令)吳㳄(次)、上庫工師宋艮、冶㢌敎(撻)齋(劑)

17.11367 左工師齊、丞㔨、工牲

17.11368 東工師宦、丞耒、工□

17.11369 工師痯、丞□、工城旦王(？)

17.11370 啚(圖)工師耤(藉)、丞秦、〔工〕隸臣庚

17.11371 莫(鄭)命(令)幽□恒、司寇彭璋、武庫工師車哐、冶狃

17.11372 莫(鄭)倫(令)韓恙(恙)、司寇敊(扶)裕、右庫工師張阪、冶贛

17.11373 莫(鄭)命(令)艇□、司寇敊(扶)裕、左庫工師吉忘、冶緄

17.11374 漆工師豬、丞㧊、工隸臣積

17.11375 馬雍命(令)事(吏)吳、武庫工師奭信、冶祥造

17.11378 漆工朐、□□守丞巨造 / 工正

17.11379 郚陽嘉、丞兼、庫脾、工邪

17.11380 詔事(使)圖、丞戠、工寅

17.11382 彘倫(令)艇腨、司寇莫(鄭)旨、左庫工師器較(較)、冶□敳(造)

17.11384 莫(鄭)倫(令)韓半、司寇長朱、武庫工師□恙、冶肴(尹)敂(披)敳(造)

17.11385 莫(鄭)倫(令)韓㚊、司寇長朱、右庫工師皂高、冶肴(尹)端敳(造)

17.11386 莫(鄭)倫(令)公先豊(幼)、司寇事(吏)陜、右庫工師皂高、冶肴(尹)□敳(造)

17.11387 莫(鄭)倫(令)肖(趙)距、司寇王屠、武庫工師鑄章、冶狃

17.11388 莫(鄭)倫(令)肖(趙)距、司寇彭璋、右庫工師陳坪、冶贛

17.11389 莫(鄭)倫(令)肖(趙)距、司寇彭璋、往庫工師皇佳、冶瘏

17.11390 邦府大夫肖(趙)閔、邦上庫工師韓山、冶冋敎(撻)齋

（劑）

17.11391 相邦肖（趙）狐、邦左庫工師鄻哲、冶匜□敄（撻）齋（劑）

17.11394 咸陽工師田、工大人耆、工積

17.11395 詔事（使）圖、丞戠、工爽

17.11396 詔事（使）圖、丞戠、工寅

17.11397 奠（鄭）倫（令）公先豊（學、幼）、司寇向□、左庫工師百慶、冶君（尹）□敄（造）

17.11398 奠（鄭）倫（令）棺（梆、郭）涽、司寇肖（趙）它、往庫工師皮耴、冶君（尹）啟

17.11399 高工丞沐庋（叟）、工隸臣述（徒）

17.11404 漆垣工師爽、工更長猗

17.11405 漆垣工師爽、丞褐、冶工隸臣猗

17.11406 高奴工師寵、丞申、工鬼薪詘

18.11452 寺工

18.11453 寺工

18.11533 寺工

18.11545 邦司寇富勲、上庫工師戎閔、冶脁

18.11546 宅陽命（令）隄鐙、右庫工師夜疤（瘥）、冶赳敄（造）

18.11548 寺工耒（幹）、攻（工）丞敄造

18.11549 邦司寇野弟（弗）、上庫工師司馬瘝、冶睯

18.11550 少府工儋

18.11551 奠（鄭）倫（令）向佃、司寇䈁（露）商、武庫工師鑄章、冶狃

18.11552 奠（鄭）倫（令）棺（梆、郭）涽、司寇芋慶、往庫工師皮耴、冶君（尹）貞敄（造）

18.11553 奠（鄭）命（令）韓半、司寇長（張）朱、左庫工師易（陽）㯶（偏）、冶君（尹）弼敄（槽、造）

18.11554 奠（鄭）倫（令）公先豊（幼）、司寇史陉（隋）、左庫工師倉慶、冶君（尹）弼（㯶）敄（造）

18.11555 奠（鄭）倫（令）棺（梆、郭）涽、司寇肖（趙）它、往庫工師皮耴、冶君（尹）㱿（坡）

18.11556 相邦春平侯、邦右庫工師肖（趙）瘁、冶韓開敄（撻）齋（劑）

18.11557 相邦春平侯、邦左伐器工師長瞿（鳳）、冶私（秥）敄（撻）齋（劑）

18.11558 相邦春平侯、邦左庫工師長瞿（鳳）、冶勺（勹）敄（撻）齋（劑）

18.11559 奠（鄭）倫（令）棺（梆、郭）涽、司寇芋慶、左庫工師伬斦、冶君（尹）弼（㯶）敄（造）

18.11560 奠（鄭）命（令）棺（梆、郭）涽、司寇肖（趙）它、往庫工師皮耴、冶君（尹）㱿（坡）敄（造）

18.11561 閔倫（令）肖（趙）狙、下庫工師瓱石、冶人參所鑄鈷户者

18.11562 安陽倫（令）韓壬、司刑欣（听）齂、右庫工師艾（芋）固、冶瓸敄（造）戠束（刺）

18.11563 奠（鄭）倫（令）棺（梆、郭）涽、司寇芋慶、往庫工師皮耴、冶君（尹）㱿（坡）敄（造）戠束（刺）

18.11564 䣓（截）雍倫（令）韓匡、司寇剕它、左庫工師刑秦、冶裛（裼）敄（槽、造）戠束（刺）

18.11565 襄田倫（令）㸚（舉）名、司寇麻維、右庫工師甘（邯）丹（鄲）飪、冶向敄（造）

18.11575 □工

18.11619 相邦建信〔君〕▨工師▨

18.11635 相邦建信君、邦右庫□□工師吳疢（瘠）、冶疕敄（撻）齋（劑）

18.11652 高都命（令）陳鷸（鷸）、工師冶勑

18.11657 坙（型、邢）肖、下庫工師孫㫃（烛）、冶淇敄（撻）齋（劑）

18.11658 寺工敏、工寫/寺工

18.11660 往□倫（令）王裹、右庫工師杢（執、廉）生、冶參敄（撻）齋（劑）

18.11661 隲倫（令）棺（梆、郭）唐、下庫工師孫屯、冶沾敄（撻）齋（劑）

18.11662 相邦春平侯▨伐器工師□□、冶▨

18.11665 工虗王乍（作）元巳（祀）用鎯（劍）

18.11669 伋倫（令）肖（趙）世、上庫工師樂星、冶朔（影）敄（撻）齋（劑）

18.11670 守相杢（執、廉）波（頗）、右庫工師慶□、冶巡敄（撻）齋（劑）

18.11671 安平守變疾、左庫工師賦（戙）質、冶余敄（撻）齋（劑）

18.11672 坙（型、邢）疫命（令）邦乙、下庫工師孫屏、長缶、冶浊齋（劑）

18.11673 南行易（唐）倫（令）眲（瞿）卯、右庫工師司馬卲、冶得

敎(撻)齋(劑)

18.11674 南行昜(唐)倫(令)眲(瞿)卯、右庫工師司馬郃、冶得敎(撻)齋(劑)

18.11675 武信倫(令)馬師闞(閒)、右庫啟工師粤秦、冶瘀敎(撻)齋(劑)

18.11676 邦司寇肖(趙)新、邦右庫工師下足、冶巡敎(撻)齋(劑)

18.11677 相邦建信君、邦右庫工師郟段、冶君(尹)䢼敎(撻)齋(劑)

18.11678 相邦建信君、邦左庫工師郟段、冶君(尹)䢼敎(撻)齋(劑)

18.11679 相邦建信君、邦左庫工師郟段、冶君(尹)肉敎(撻)齋(劑)

18.11680 相邦建信君、邦左庫工師郟段、冶君(尹)匯敎(撻)齋(劑)

18.11681 相邦建信君、邦左庫工師郟段、冶君(尹)月(明)敎(撻)齋(劑)

18.11682 相邦春平侯、邦左庫工師肖(趙)瘠、冶事(吏)開敎(撻)齋(劑)

18.11683 相邦春平侯、邦左庫工師肖(趙)瘠、冶事(吏)開敎(撻)齋(劑)

18.11684 相邦春平侯、邦左庫工師□□□、冶馬齋(劑)

18.11685 得工嗇夫杜相女(如)、左得工工師韓段、冶君(尹)朝敎(撻)齋(劑)

18.11686 邦司寇馬隥、迀(下)庫工師得尚、冶君(尹)曦半釪敎(撻)齋(劑)

18.11687 相邦建信君、邦左庫工師塚旅、冶肉敎(撻)齋(劑)

18.11688 相邦春平侯、邦左庫工師肖(趙)瘠、冶君(尹)五月敎(撻)齋(劑)

18.11689 相邦春平侯、邦左伐器工師長翟(鳳)、冶赦敎(撻)齋(劑)

18.11690 相邦春平侯、邦左伐器工師長翟(鳳)、冶明敎(撻)齋(劑)

18.11691 相邦春平侯、邦左伐器工師長翟(鳳)、冶句敎(撻)齋(劑)

18.11693 奠(鄭)命(令)棺(榔、郭)涹、司寇肖(趙)它、往庫工師皮耴、冶君(尹)啟歏(造)

18.11694 春平相邦鄁(晉)得、邦右庫工師叚(瞖)輅徒、冶臣成敎(撻)齋(劑)

18.11695 相邦建信君、邦右庫韓段、工師爿瘂、冶息敎(撻)齋(劑)

18.11699 相邦春平侯、邦左伐器工師□□□□、冶亘敎(撻)齋(劑)

18.11700 守相杢(執、廉)波(頗)、邦右庫工師韓亥、冶巡敎(撻)齋(劑)

18.11701 守相杢(執、廉)波(頗)、邦右庫工師韓亥、冶巡敎(撻)齋(劑)

18.11702 守相杢(執、廉)波(頗)、邦左庫工師采隅、冶句敎(撻)齋(劑)

18.11705 南行昜(唐)倫(令)眲(瞿)卯、右庫工師司馬郃、冶君(尹)䢼得敎(撻)齋(劑)(?)

18.11706 相邦建信君、邦左庫工師郟段、冶君(尹)䢼敎(撻)齋(劑)

18.11707 相邦春平侯、邦左庫工師長身、冶宦瀶敎(撻)齊(劑)

18.11708 相邦春平侯、邦右庫工師訬䢼、冶巡敎(撻)齋(劑)

18.11709 相邦春平侯、邦右伐器工師羊敹(播)、冶疢敎(撻)齋(劑)

18.11710 相邦春平侯、左伐器厤工師析論、冶𨑓敎(撻)齋(劑)

18.11712 相邦陽安君、邦右庫工師史筳胡、冶事(吏)疴敎(撻)齋(劑)

18.11713 相邦春平侯、邦左伐器工師長翟(鳳)、冶句敎(撻)齋(劑)

18.11714 相邦春平侯、邦左伐器工師長翟(鳳)、冶句敎(撻)齋(劑)

18.11715 相邦春平侯、邦右伐器工師從訬、冶巡敎(撻)齋(劑)

18.11716 相邦春平侯、邦左伐器工師長翟(鳳)、冶匡敎(撻)齋(劑)

18.11717 相邦建信君、邦右庫工師司馬郃、冶得䢼敎(撻)齋(劑)

18.11718 工𪫎大(太)子姑發習(蝈)反

18.11814 左使車工嗩(坿)

18.11863 私庫嗇夫貴正、工孟鮮

18.11864 私庫嗇夫貴正、工夏昊(昃)

18.11865 私庫嗇夫貴正、工陲亘

18.11943 右得工

18.11944 右得工

18.11945 右得工
18.11946 右得工
18.11947 右得工
18.11948 右得工
18.11949 右得工
18.11950 右得工
18.11951 右得工
18.11952 右得工
18.11953 右得工
18.11954 右得工
18.11955 右得工
18.11956 右得工
18.11957 右得工
18.11958 右得工
18.11959 右得工
18.11960 右得工
18.11961 右得工
18.11962 右得工
18.11963 右得工
18.11964 右得工
18.11965 右得工
18.11966 右得工
18.11967 右得工
18.11968 右得工
18.11969 右得工
18.11970 右得工
18.11971 右得工
18.11972 右得工
18.11973 右得工
18.11974 左得工
18.11975 左得工
18.11976 左得工
18.11977 左得工
18.11978 左得工
18.11979 左得工
18.11980 左得工
18.11981 左得工
18.11982 左得工
18.11983 左得工
18.11984 左得工
18.11985 左得工
18.11996 得工佽(赵)
18.12033 䝐工
18.12034 䝐工
18.12035 䝐工
18.12036 䝐工
18.12037 䝐工
18.12038 䝐工
18.12041 寺工獻、工上造但
18.12042 私庫嗇夫貣正、工適
18.12043 私庫嗇夫貣正、工適
18.12044 私庫嗇夫貣正、工適
18.12045 私庫嗇夫貣正、工適
18.12046 私庫嗇夫貣正、工適
18.12047 私庫嗇夫貣正、工適
18.12048 私庫嗇夫貣正、工適
18.12049 私庫嗇夫貣正、工適
18.12050 私庫嗇夫貣正、工適
18.12051 私庫嗇夫貣正、工適
18.12052 私庫嗇夫貣正、工適
18.12053 私庫嗇夫貣正、工適
18.12054 左使車嗇夫孫固、工𥪰(坿)
18.12055 左使車嗇夫孫固、工𥪰(坿)
18.12056 左使車嗇夫孫固、工𥪰(坿)
18.12057 左使車嗇夫孫固、工𥪰(坿)
18.12058 左使車嗇夫孫固、工𥪰(坿)
18.12059 左使車嗇夫孫固、工𥪰(坿)
18.12060 左使車嗇夫孫固、工𥪰(坿)
18.12061 左使車嗇夫孫固、工𥪰(坿)
18.12062 左使車嗇夫孫固、工𥪰(坿)
18.12063 左使車嗇夫孫固、工𥪰(坿)

2923 巨

4.1994 巨荁十九
4.2301 巨荁王 / 巨荁十二
8.4152 簷（筥）侯少（小）子析（析）、乃孝孫不巨
17.11230 郾（燕）王職乍（作）巨攸鋸（戳）
17.11231 郾（燕）王職乍（作）巨攸鋸（戳）
17.11232 郾（燕）王職乍（作）巨攸鋸（戳）
17.11233 郾（燕）王職乍（作）巨攸鋸（戳）
17.11234 郾（燕）王職乍（作）巨攸鋸（戳）
17.11235 郾（燕）王職乍（作）巨攸鋸（戳）
17.11240 郾（燕）王詈愳（悛、授）巨攸鋸（戳）
17.11245 郾（燕）王詈乍（作）巨攸鋸（戳）
17.11246 郾（燕）王喜愳（悛、授）巨攸鋸（戳）
17.11247 郾（燕）王喜愳（悛、授）巨攸鋸（戳）
17.11248 郾（燕）王喜愳（悛、授）巨攸鋸（戳）
17.11249 郾（燕）王喜愳（悛、授）巨攸鋸（戳）
17.11276 郾（燕）王戎人乍（作）巨攸鋸（戳）
17.11378 漆工朐、□□守丞巨造
17.11402 左軍之攸僕介巨
18.11526 郾（燕）王職乍（作）巨攸鈦
18.11527 郾（燕）王職乍（作）巨攸鈦
18.11536 郾（燕）王戎人乍（作）巨攸鈦
18.11537 郾（燕）王戎人乍（作）巨攸鈦
18.11539 郾（燕）王戎人乍（作）巨攸鈦
18.11540 郾（燕）王詈（讙）乍（作）巨攸鋫（矛）
18.11809 丫（屮）巨

2924 矩、䛬

3.689 匽（燕）侯賜伯矩貝
3.892 伯矩乍（作）寶尊

彝
3.893 伯矩乍(作)寶尊彝
4.2170 伯矩乍(作)寶尊彝
4.2456 伯矩乍(作)寶彝
5.2831 矩取省車、軧奉(賁)圅、虎冟(幎)、蔡(絫)僪、畫轉、叜(鞭)帀(席)鞣、帛轡(總)乘、金應(鑣)鋞(鋞)/舍(捨)矩姜帛三兩/矩迺眔溓(濂)粦令壽商眔意
5.2832 嗣土(徒)邑人趙、嗣馬頦人邦、嗣工陶矩
6.3392 乍(作)矩父毁
6.3462 矩父乍(作)寶毁
6.3532 伯矩乍(作)寶尊彝
6.3533 伯矩乍(作)寶尊彝
10.5228 伯矩乍(作)寶尊彝
10.5229 伯矩乍(作)寶尊彝
10.5230 伯矩乍(作)寶尊彝
10.5403 令豐寂(殷)大矩/大矩賜豐金、貝
11.5818 矩乍(作)寶尊彝
11.5846 伯矩乍(作)寶尊彝
11.5996 令豐寂(殷)大矩/大矩賜豐金、貝
15.9398 伯矩乍(作)旅盉
15.9412 伯矩乍(作)寶尊彝
15.9456 矩伯庶人取堇(瑾)章(璋)于裘衛/矩或取赤虎(琥)兩、麀奉(韍)兩、奉(賁)韐(韐、帢)一
15.9567 伯矩乍(作)寶尊彝
15.9568 伯矩乍(作)寶尊彝
15.9651 矩叔乍(作)仲姜寶尊壺
15.9652 矩叔乍(作)仲姜寶尊壺
16.10060 矩乍(作)寶尊彝
16.10073 ㄨ(規)伯矩乍(作)寶尊彝

2925 巫

4.1813 祖丁巫𠂆
6.3071 子巫
7.3893 齊巫姜乍(作)尊毁
11.5586 巫鳥
11.6086 巫

2926 龗、靈、龗、靈

1.272-8 數厥龗(靈)師/龗(靈)力若虎/又(有)共(恭)于簹(桓)武龗(靈)公之所/簹(桓)武龗(靈)公賜戸吉金鈇鎬/至于枼(世)曰:武龗(靈)成
1.285 數厥龗(靈)師/龗(靈)力若虎/至于枼(世)曰:武龗(靈)成
15.9733 綂者獻于龗(靈)公之所/於龗(靈)公之壬(廷)/歸獻于龗(靈)公之所

2927 臣

1.20 𢀛其萬年臣天〔子〕
1.60-3 僕庸臣妾、小子、室家
1.183 余義楚之良臣
1.187-8 農臣先王/龕臣皇王
1.189-90 農臣先王/龕臣皇王
1.192 農臣先王
1.272-8 伊少(小)臣唯補(輔)
1.285 伊少(小)臣唯補(輔)
4.1942 臣辰佚册
4.1943 臣辰佚册
4.2003 父乙臣辰佚
4.2004 父乙臣辰佚
4.2005 臣辰佚父乙
4.2006 父乙臣辰佚
4.2032 小臣乍(作)尊鼎
4.2115 臣辰佚册父乙
4.2116 臣辰佚册父乙
4.2135 臣辰佚册父癸
4.2351 小臣氏樊尹乍(作)寶用
4.2354 魯内小臣床生(甥)乍(作)𩰫
5.2556 休于小臣𢊁(𢦏)貝五朋
5.2581 小臣𨕖(逋)即事于西
5.2595 臣卿賜金
5.2653 王賜小臣缶湡責(積)五年
5.2678 宓伯于成周休眺小臣金
5.2765 𧊒拜韻首曰:休朕皇君弗瞖(忘)厥寶臣
5.2768 畯臣天[子]
5.2769 畯臣天[子]
5.2770 畯臣天[子]
5.2775 令小臣夌先省楚应/小臣夌賜貝、賜馬丙(兩)
5.2785 賜于武王乍(作)臣/唯臣尚(常)中臣
5.2803 余其舍(捨)女(汝)臣十家
5.2814 曰:官嗣穆王遉(正)側虎臣
5.2817 唯小臣、善(膳)夫、守、[友]、官、犬
5.2821 畯臣天子
5.2822 畯臣天子
5.2823 畯臣天子
5.2824 率虎臣御(禦)淮戎
5.2827 畯臣天子
5.2828 畯臣天子
5.2829 畯臣天子
5.2830 臣朕皇考穆穆王/𨙸臣皇辟天子/用臣皇辟/臣保天子
5.2831 東臣羔裘/其貃(賸)衛臣虓朏

5.2834 臣(烏)工(虖)哀哉
5.2836 以(與)厥臣妾/賜女(汝)史、小臣、霝(靈)龠(龢)鼓鐘
5.2837 賜尸(夷)嗣王臣十又三伯
5.2838 匡眔厥臣廿夫/用臣曰疐、曰朏、曰奠/又臣一夫
5.2840 㵮(吾)先考成王早棄群臣/又(有)厥忠臣賙(賈)/臣宔(主)之宜/智(知)爲人臣之宜旃
5.2841 雩(與)參有嗣、小子、師氏、虎臣
6.3397 臣辰侁册
6.3422 臣辰侁父乙
6.3423 父乙臣辰侁
6.3424 父乙臣辰侁
6.3506 臣辰侁册父乙
6.3522 臣辰侁册父癸
6.3523 臣辰侁册父癸
7.3790 大(太)保賜厥臣榹(剖)金
7.3942 王賜叔德臣嬚十人、貝十朋、羊百
7.3948 臣卿賜金
7.4042 易⺘曰:趞叔休于小臣貝三朋、臣三家
7.4043 易⺘曰:趞叔休于小臣貝三朋、臣三家
8.4121 王休賜厥臣父瓚(贊)王祼、貝百朋
8.4136 相侯休于厥臣殳
8.4162 毛公賜朕文考臣
8.4163 毛公賜朕文考臣
8.4164 毛公賜朕文考臣
8.4167 賜厥臣弟豦井五棍
8.4179 王事(使)小臣守事(使)于夷
8.4180 王事(使)小臣守事(使)于僙(夷)
8.4181 王事(使)小臣守事(使)于僙(夷)
8.4184 虢仲令公臣嗣朕百工/公臣拜韻首/公臣其萬年
8.4185 虢仲令公臣嗣朕百工/公臣拜韻首/公臣其萬年
8.4186 虢仲令公臣嗣朕百工/公臣拜韻首/公臣其萬年
8.4187 虢仲令公臣嗣朕百工/公臣拜韻首/公臣其萬年
8.4201 伯賜小臣宅畫毌、戈九、昜(錫)金車、馬兩
8.4205 楷伯令厥臣獻金車
8.4206 師田父令小臣傳非(緋)余(琜)/伯䣄(飢)父賞小臣傳□
8.4215 賜女(汝)尸(夷)臣十家
8.4219 畯臣天子
8.4220 畯臣天子
8.4221 畯臣天子
8.4222 畯臣天子
8.4223 畯臣天子
8.4224 畯臣天子
8.4237 祉(誕)令臣諫□□亞旅處于軧/臣諫□亡
8.4238 小臣謎(諫)蔑曆
8.4239 小臣謎(諫)蔑曆
8.4241 賜臣三品:州人、重人、墉(鄘)人/朕臣天子
8.4268 益公入右(佑)王臣/乎內史夯(敖、佚)册命王臣:賜女(汝)朱黄(衡)𦅫(賁)親(襯)、玄衣𢿂屯(純)、䜌(鑾)旂五日、戈畫㦴、牖(墉)必(柲)、彤沙(蘇)/王臣手(拜)韻首/王臣其永寶用
8.4273 小子眔服、眔小臣、眔尸(夷)僕學射
8.4277 臣天子
8.4287 王乎命尹封册命伊:䩊(纘)官嗣康宮王臣妾、百工
8.4288 啻(嫡)官邑人、虎臣、西門尸(夷)、㚤尸(夷)、秦尸(夷)、京尸(夷)、弁身尸(夷)
8.4289 啻(嫡)官邑人、虎臣、西門尸(夷)、㚤尸(夷)、秦尸(夷)、京尸(夷)、弁身尸(夷)
8.4290 啻(嫡)官邑人、虎臣、西門尸(夷)、㚤尸(夷)、秦尸(夷)、京尸(夷)、弁身尸(夷)
8.4291 啻(嫡)官邑人、虎臣、西門尸(夷)、㚤尸(夷)、秦尸(夷)、京尸(夷)、弁身尸(夷)
8.4300 姜商(賞)令貝十朋、臣十家、鬲百人
8.4301 姜商(賞)令貝十朋、臣十家、鬲百人
8.4303 畯臣天子
8.4304 畯臣天子
8.4305 畯臣天子
8.4306 畯臣天子
8.4307 畯臣天子
8.4308 畯臣天子
8.4309 畯臣天子
8.4310 畯臣天子
8.4311 僕馭百工、牧臣妾
8.4313 䌛我員(帛)晦臣/屍(殿)左右虎臣
8.4314 䌛我員(帛)晦臣/屍(殿)左右虎臣
8.4321 先虎臣後庸:西門尸(夷)、秦尸(夷)、京尸(夷)、㚤尸(夷)、師笭、側新(薪)、□華尸(夷)、弁豸尸(夷)、䣄人、成周走亞、戍、秦人、降人、服尸(夷)
8.4328 賜女(汝)弓一、矢束、臣五家、田十田
8.4329 賜女(汝)弓一、矢束、臣五家、田十田
8.4332 畯臣天子
8.4333 畯臣天子
8.4334 畯臣天子

8.4335 畯臣天子
8.4336 畯臣天子
8.4337 畯臣天子
8.4338 畯臣天子
8.4339 畯臣天子
9.4446 畯臣天子
9.4447 畯臣天子
9.4465 畯臣天子
9.4466 令小臣成友逆旅□、內史無䳤、大(太)史旟
9.4467 克黔(令)臣先王/䊄(纘)嗣左右虎臣
9.4468 克黔(令)臣先王/䊄(纘)嗣左右虎臣
9.4625 長子驤臣擇其吉金
10.5149 臣辰先父乙
10.5150 臣辰先父乙
10.5151 臣辰先父乙
10.5152 臣辰先父乙
10.5153 臣辰先父乙
10.5268 小臣乍(作)父乙寶彝
10.5351 女(汝)子小臣兒乍(作)己尊彝
10.5352 商(賞)小臣豊貝
10.5378 王賜小臣𢇍(系)
10.5379 王賜小臣𢇍(系)
10.5421 臣辰册先
10.5422 臣辰册先
10.5431 尹賜臣唯小僰
11.5795 臣辰先父乙
11.5835 小臣先辰父辛
11.5838 臣辰先册父癸
11.5870 小臣乍(作)父乙寶彝
11.5978 匽(燕)侯賞復冂(複)衣、臣妾、貝
11.5987 公賜臣衛宋鼎貝四朋
11.5990 王賜小臣俞嬰貝
11.5999 臣辰先册
11.6002 賜金、賜臣
11.6007 賜臣十家
11.6015 侯賜者(赭)丮臣二百家
12.6468 小臣乍(作)父乙寶彝
12.6512 周公賜小臣單貝十朋
12.7203 冬臣單
12.7267 臣辰先父乙
12.7268 臣辰先父乙
14.8994 父乙臣辰先
14.8995 父乙臣辰先
14.8996 父乙臣辰先
14.8997 父乙臣辰先
14.8998 臣乍(作)父乙寶
14.8999 臣乍(作)父乙寶
15.9122 臣
15.9249 王賜小臣邑貝十朋
15.9303 賜金、賜臣
15.9380 臣辰先册
15.9392 父癸臣辰先
15.9454 臣辰册先
15.9526 臣辰先册
15.9632 事(使)小臣以汲
15.9731 畯臣天子
15.9732 畯臣天子
15.9734 返臣丌(其)宔(主)
15.9735 而臣宔(主)易立(位)/ 賙(貯)曰:爲人臣而返(反)臣其宔(主)/ 則臣不忍見旃 / 述(遂)定君臣之竴(位)
16.9895 賜臣
16.9974 黃孫須頸子伯亞臣
16.10053 臣辰先册
16.10101 仲丮臣亻肇合以金
16.10384 工隸臣牟
17.10665 臣
17.10666 臣
17.10667 臣
17.11253 郙(柏)子誰臣之元允(用)戈
17.11312 業(鄴)竝(令)䍃(裼)、左庫工師臣、冶山
17.11334 戠(戴)大𣅀(酋)焨臣鑄其載戈
17.11359 西工師旬、丞冞、隸臣□
17.11362 漆工疾、丞衏、隸臣宁
17.11370 啚(圖)工師𥝩(藉)、丞秦、〔工〕隸臣庚
17.11374 漆工師豬、丞㧝、工隸臣積
17.11399 高工丞沐叜(叟)、工隸臣逑(徒)
17.11405 漆垣工師爽、丞䊢、冶工隸臣猗
18.11694 春平相邦鄗(晉)得、邦右庫工師畟(𣆶)輅徒、冶臣成敎(撻)齋(劑)

2928 臤(賢)

1.182 以樂嘉賓、倗友、者(諸)臤(賢)
4.1852 臤父丁鑊
4.2318 鑊臤
6.3213 臤父癸
6.3712 臤
9.4693 姬窦母乍(作)大公、墉公、□公、魯仲臤、省伯、孝公、靜公豆
10.4792 臤
11.6338 臤父癸
12.6595 臤
12.6596 臤
12.7312 〔鑊〕臤
14.8328 臤祖丁
14.8394 臤父乙
14.8613 臤父辛
15.9298 鑊臤
18.11561 閔倫(令)肖(趙)狽、下庫工師臤石、冶人參所鑄鈷户者

2929 𨸏(附)

15.9735 則庶民𨸏(附)/ 唯德𨸏(附)民
17.11317 𨸏(附)余(魚)命(令)韓譙、工師罕(罕)瘳(瘳)、冶陽(埸)
17.11318 𨸏(附)余

(魚)命(令)韓譙、工師罡(罕)瘬(瘳)、冶陽(埽)
17.11319 䇭(附)余(魚)命(令)韓譙、工師罡(罕)瘬(瘳)、冶竈

2930 諳

7.4030 畢公迺賜史諳貝十朋/諳由于彝
7.4031 畢公迺賜史諳貝十朋/諳由于彝
10.5012 諳其雞
15.9226 諳其雞

2931 話(諳)

4.1959 話(諳)其雞

2932 臧、臧(又2652)

1.93 攻敔仲冬䖒之外孫、坪之子臧孫
1.94 攻敔仲冬䖒之外孫、坪之子臧孫
1.95 攻敔仲冬䖒之外孫、坪之子臧孫
1.96 攻敔仲冬䖒之外孫、坪之子臧孫
1.97 攻敔仲䖒之外孫、坪之子臧孫
1.98 攻敔仲䖒之外孫、坪之子臧孫
1.99 攻敔仲䖒之外孫、坪之子臧孫
1.100 攻敔仲冬䖒之外孫、坪之子臧孫
1.101 攻敔仲冬䖒之外孫、坪之子臧孫
2.426 曰：余孰臧于戎攻(功)䖒(且)武
2.427 曰：余孰臧于戎攻(功)䖒(且)武
5.2757 臧敔集[功]
5.2839 □□卜有臧
9.4442 慶其以臧
9.4443 慶其以臧
9.4444 慶其以臧
9.4445 慶其以臧
16.10373 郾(郾、燕)客臧嘉聞(問)王於蕆郢之歲/羅莫嚣(敖)臧帀(師)、連嚣(敖)屈走(让)
17.11309 孔臧元武

2933 畺

6.3417 角單畺祖己
11.6364 西單畺
13.7495 畺
14.8808 西單畺

2934 䝻

7.3904 卿事賜小子䝻貝二百

2935 䤈

4.2060 䤈乍(作)寶𩰫彝
14.8885 䤈乍(作)父丙
14.8886 䤈乍(作)父丙

2936 亞

1.181 亞祖公仲必父之家/用乍(作)朕皇祖南公、亞祖公仲
1.247 癲曰：不(丕)顯高祖、亞祖、文考
1.248 癲曰：不(丕)顯高祖、亞祖、文考
1.249 癲曰：不(丕)顯高祖、亞祖、文考
1.250 癲曰：不(丕)顯高祖、亞祖、文考
2.380 亞疑
2.381 亞疑
2.382 亞疑
2.383 亞弜
2.384 亞弜
2.385 亞夫
2.386 亞㝱
2.387 亞䟣
2.398 亞[illegible](幾口□)
2.399 亞䣄嫡
2.403 亞虹左
2.405 亞倗姍
2.406 亞倗姍
2.407 亞倗姍
2.411 亞萬父己
2.413 亞疑
2.414 亞疑
2.415 亞疑
3.455 亞㐭
3.456 亞攸
3.472 亞□其
3.485 亞盤母
3.502 亞牧父戊
3.503 亞䫉父己
3.505 亞[illegible]母乙
3.539 亞从父丁鴋
3.613 亞俞
3.688 亞俞
3.741 亞沚
3.789 亞疑
3.827 亞㞢(趄)衍(延)
3.828 亞疑侁
3.840 亞盉父丁
3.841 丏亞父丁
3.842 亞龠(龢)父丁
3.843 亞㠱(㾜)父己
3.844 父己得亞
3.866 子商亞䍧乙
3.886 亞䣄乍(作)季尊彝
3.903 亞又乍(作)父乙尊彝
3.904 亞無(許)䍐(疇)乍(作)父己彝
3.906 亞㾮乍(作)父己彝尊
3.917 亞䣄
3.920 亞
3.968 亞䀠(帽)
3.1144 亞
3.1145 亞
3.1146 亞
3.1147 亞
3.1393 亞弜
3.1394 亞弜
3.1395 亞弜
3.1396 亞弜
3.1397 亞弜
3.1398 亞弜
3.1399 亞弜
3.1400 亞弜
3.1401 亞豕
3.1402 亞[illegible]
3.1403 亞父
3.1404 [illegible](攀)亞
3.1405 亞䍧
3.1406 亞舟
3.1407 亞舟
3.1408 亞天
3.1409 亞厷(肱)
3.1410 亞告
3.1411 亞告
3.1412 亞梟(梟)

3.1413 亞卯
3.1414 亞明
3.1415 亞獿
3.1416 亞畣(雨)
3.1417 亞畣(雨)
3.1418 亞廒(摭)
3.1419 亞趩
3.1420 亞趩
3.1421 亞𨺗
3.1422 亞𨺗
3.1423 亞㝱
3.1424 亞㝱址
3.1425 亞衡
3.1426 亞疑
3.1427 亞疑
3.1428 亞疑
3.1429 亞疑
3.1430 亞疑
3.1431 亞疑
3.1432 亞疑
3.1433 亞醜
3.1434 亞醜
3.1435 亞醜
3.1436 亞醜
3.1437 亞醜
3.1438 亞醜
3.1439 亞醜
3.1440 亞醜
3.1441 亞醜
3.1442 亞醜
3.1443 亞醜
3.1444 亞醜
3.1445 亞醜
3.1446 亞㚘(抶)
3.1447 亞戈
4.1631 亞父庚
4.1703 亞丁乙
4.1740 亞受[illegible]
4.1741 亞鳥魚
4.1742 亞幸獿
4.1743 亞 䟦(趄) 衔(延)
4.1744 亞 䟦(趄) 衔(延)
4.1745 亞㠱(箕)疑
4.1746 亞疑辛
4.1758 亞㐬丁
4.1759 址亞蠷
4.1816 𥄉亞祖癸
4.1817 亞鳥父甲
4.1818 亞攴父乙
4.1819 亞醜父乙
4.1820 亞敺父乙
4.1837 亞醜父丙
4.1839 亞醜父丁
4.1840 亞醜父丁
4.1841 亞㹜父丁
4.1842 亞㹜父丁
4.1843 亞㹜父丁
4.1844 亞㹜父丁
4.1845 亞 犬(㹜?)父丁
4.1846 亞旇父丁
4.1847 亞酉父丁
4.1848 亞䟦(趄)父丁
4.1863 亞𢓊(踐)父戊
4.1865 亞𣪊父己
4.1866 亞𣪊父己
4.1867 父己亞醜
4.1868 亞䢅(瘨)父己
4.1869 亞戈父己
4.1870 亞獸父己
4.1871 亞旇父己
4.1872 亞舀父己
4.1880 亞得父庚
4.1883 亞𠧟(嚳)父辛
4.1884 亞醜父辛
4.1892 亞弁父癸
4.1909 亞 [illegible] (敢) 女(汝)子
4.1944 亞 㝱 [illegible] [illegible] 𨈖(搪)
4.1998 亞弁覃父甲
4.2014 父己亞㖈史
4.2033 亞㝱孤竹迺
4.2034 亞 伯 禾 獿 乍(作)
4.2035 亞 㠱 疑 乍(作)彝
4.2111 亞頮(預)
4.2112 亞頮(預)
4.2146 亞疑
4.2245 亞俞
4.2248 亞盉
4.2260 亞叀
4.2262 亞㠱疑
4.2313 亞牧
4.2315 亞 豚 乍(作)父乙寶尊鼎
4.2316 亞弜
4.2317 亞㕣(豈)
4.2321 亞叀
4.2322 亞牧
4.2335 亞醜
4.2362 亞㝱
4.2363 亞俞
4.2364 亞俞
4.2374 亞疑
4.2400 亞若癸受丁旅乙沚自(師)
4.2401 亞若癸受丁旅乙父甲
4.2402 亞若癸受丁旅乙沚自(師)
4.2408 亞朿(刺)
4.2427 亞㝱
4.2486 亞朿(刺)
4.2506 田告亞
5.2594 亞受
5.2625 亞㽙
5.2694 亞卬(印)
5.2702 亞㠱侯疑
5.2725 亞朿(刺)
5.2726 亞朿(刺)
5.2763 亞若
6.3090 亞疑
6.3091 亞疑
6.3092 亞疑
6.3093 亞奚
6.3094 亞告
6.3095 亞醜
6.3096 亞醜
6.3097 亞醜
6.3098 亞醜
6.3099 亞醜
6.3100 亞盥
6.3101 亞盤
6.3102 亞㹜
6.3103 亞夫
6.3104 亞光
6.3105 亞登
6.3182 亞父丁
6.3235 亞保酉
6.3245 亞□□
6.3246 亞 䟦(趄) 衔(延)
6.3297 亞攴父乙
6.3298 父乙亞矢
6.3299 獸亞父乙
6.3300 亞雋父乙
6.3301 亞殺父乙
6.3308 亞橐父丁
6.3309 亞䟦(趄)父丁
6.3310 亞醜父丁
6.3326 亞竝父己
6.3327 亞戈父己

6.3330 亞𢍰父辛
6.3331 亞䣄父辛
6.3332 亞䣄父辛
6.3333 亞䣄父辛
6.3334 亞學父辛
6.3338 亞弜父癸
6.3339 亞弁父癸
6.3393 亞疋竈□
6.3419 亞弁覃父乙
6.3504 亞疑曩侯父乙
6.3505 亞疑曩乍(作)父乙
6.3509 亞
6.3513 亞疑曩侯父戊
6.3655 亞高亢乍(作)父癸尊彝
6.3683 亞俞
6.3685 亞其
6.3689 亞疑曩乍(作)母辛彝/亞疑曩旐乍(作)女(母)辛寶彝
6.3713 亞若癸受丁旅乙沚𠂤(師)
7.3749 亞屰
7.3861 亞古
7.3905 亞
7.3940 亞舟
7.3975 王酓(飲)多亞
7.3990 亞沚
8.4215 眔者(諸)侯、大亞
8.4237 征(誕)令臣諫□□亞旅處于軧
8.4321 先虎臣後庸:西門尸(夷)、秦尸(夷)、京尸(夷)、㝬尸(夷)、師笭、側新(薪)、□華尸(夷)、弁豸尸(夷)、厮人、成周走亞、戍、秦人、降人、服尸(夷)
9.4420 走亞䢅(辥)孟延乍(作)盨
9.4421 走亞䢅(辥)孟延乍(作)盨
9.4653 亞疑
10.4805 亞伐
10.4806 亞䣄
10.4807 亞䣄
10.4808 亞䣄
10.4809 亞䣄
10.4810 亞䣄
10.4811 亞𢿌
10.4812 亞奚
10.4813 亞疑
10.4814 亞丏
10.4815 亞屰
10.4816 亞屰
10.4817 亞其
10.4818 亞母
10.4819 亞盥
10.4820 告亞
10.4933 亞父乙
10.5013 林亞俞
10.5014 亞豈(趄)衎(延)
10.5015 亞疑其(曩)
10.5049 亞𦣻(㾓)父甲
10.5053 亞覃父乙
10.5054 亞俞父乙
10.5055 亞厷(肱)父乙
10.5078 亞曩父己
10.5079 亞址父己
10.5085 亞䣄父辛
10.5086 亞𤞞父辛
10.5094 亞得父癸
10.5097 亞䣄杞婦
10.5100 亞㝬皇祈
10.5147 亞蔖桓父乙
10.5162 亞雀父己魚
10.5168 亞其戈父辛
10.5199 亞弁祖乙、父己
10.5201 𦣻祖辛禹亞頪(預)
10.5203 亞寢趩宔(鑄)父乙
10.5206 亞矢望丩父乙(15.9565)
10.5215 亞古
10.5238 亞䣄乍(作)寶尊彝
10.5248 亞疑
10.5271 亞㝬(䜭)宔孴(孤)竹丁父
10.5287 亞
10.5292 亞其(曩)疑乍(作)母辛彝
10.5293 亞其(曩)疑乍(作)母辛彝
10.5294 亞其(曩)疑乍(作)母辛彝
10.5295 亞疑曩臺乍(作)母癸
10.5309 亞𦣻(珽)
10.5313 俞亞
10.5314 亞𠛱
10.5328 亞朩(求)
10.5332 亞此
10.5338 亞旐(杠)
10.5347 亞啟父乙
10.5360 亞𠦝(𦣻)寇豊(禮)乍(作)父癸寶尊彝
10.5368 亞𠙵
10.5370 亞集
10.5377 曩侯亞疑
10.5383 亞
10.5412 亞𤞞父丁
10.5413 亞𤞞父丁
10.5414 亞𤞞
10.5431 亞
11.5559 亞䣄
11.5560 亞䣄
11.5561 亞䣄
11.5562 亞䣄
11.5563 亞䣄
11.5564 𠬝亞
11.5565 亞𠂤
11.5566 亞𠬪
11.5567 亞𠪚
11.5568 亞趩
11.5569 亞此
11.5570 亞疑
11.5571 亞㝬
11.5572 亞奚
11.5612 亞妣辛
11.5684 亞旐(杠)𡚱(𡢁)
11.5685 亞豈(趄)衎(延)
11.5727 亞離父乙
11.5728 亞䣄父乙
11.5730 亞攴(敀)父乙
11.5735 亞䣄父丁
11.5736 亞𤞞父丁
11.5742 亞曩父己
11.5745 亞父辛𠙵
11.5746 亞𦣻父辛
11.5747 亞𢍰父辛
11.5751 亞天父癸
11.5808 𠙵亞亢父癸
11.5836 亞羊子征(延)父辛
11.5840 亞䣄乍(作)季尊彝

11.5865 亞耳乍(作)祖丁尊彝
11.5888 亞㠱疑
11.5894 亞醜
11.5911 亞覃
11.5918 亞[illegible](求)
11.5919 亞[illegible](求)
11.5923 亞㠱侯
11.5924 亞㠱侯
11.5925 亞牧
11.5926 亞旐(杠)旅萛乍(作)父辛彝尊
11.5935 亞醜
11.5936 亞醜
11.5937 亞旅止乙受若癸自(師)
11.5938 亞受旅乙沚若癸自(師)乙
11.5943 亞鳥
11.5949 亞覃
11.6156 亞疑
11.6157 亞㞢
11.6158 亞徲
11.6159 亞醜
11.6160 亞醜
11.6161 亞橐
11.6162 亞重
11.6163 亞井
11.6164 亞䡴
11.6165 亞獲
11.6232 亞父乙
11.6346 婦亞弜
11.6347 亞[illegible]婦
11.6356 亞龟冉
12.6371 亞祖辛[illegible](卯)
12.6375 亞大父乙
12.6376 亞大父乙
12.6377 亞疑父乙
12.6378 亞䖵(虹)父乙
12.6379 亞俞父乙
12.6395 亞丏父丁
12.6402 亞㠱父己
12.6403 亞脊父己
12.6404 亞拲父己
12.6409 亞若父己
12.6411 父辛亞俞
12.6412 亞㚔(㚔)父辛
12.6413 亞拲父辛
12.6414 亞學父辛
12.6421 亞食父癸
12.6430 亞若癸冉
12.6440 亞疑𠬝(捊)父乙
12.6464 㠱侯亞疑妣辛
12.6465 亞聿萬豕父乙
12.6482 亞沚
12.6483 亞正册
12.6484 亞幵(筓)
12.6499 亞及
12.6505 亞得
12.6945 亞獣
12.6946 亞其
12.6947 亞其
12.6948 亞其
12.6949 亞其
12.6950 亞其
12.6951 亞其
12.6952 亞其
12.6953 亞其
12.6954 亞其
12.6955 亞其
12.6956 亞弜
12.6957 亞弜
12.6958 亞弜
12.6959 亞疑
12.6960 亞疑
12.6961 亞疑
12.6962 亞疑
12.6963 亞疑
12.6964 亞疑
12.6965 亞疑
12.6966 亞疑
12.6967 亞醜
12.6968 亞醜
12.6969 亞醜
12.6970 亞醜
12.6971 亞竟
12.6972 亞告
12.6973 亞敄
12.6974 亞㚔(㚔)
12.6975 亞朩
12.6976 [illegible](史)亞
12.6977 [illegible](攀)亞
12.6978 [illegible](攀)亞
12.6979 [illegible](攀)亞
12.6980 雔亞
12.6981 亞獲
12.6982 亞獲
12.6983 亞豖(豚)
12.6984 亞屬
12.6985 夂亞
12.6986 亞𡨦(𢦏)
12.6987 耳亞
12.6988 亞弔
12.6989 亞西
12.6990 亞西
12.6991 亞盥
12.6992 亞□
12.7097 亞(?)父乙
12.7105 亞父丁
12.7125 亞父己
12.7126 亞父己
12.7178 亞[illegible]爾
12.7179 亞卩犬(?)
12.7180 㫚亞次
12.7181 亞木守
12.7182 亞丁丮
12.7183 亞[illegible]乙
12.7184 亞[illegible]亢
12.7185 亞 豈(趄)衎(征)
12.7186 亞 豈(趄)衎(征)
12.7219 亞𧡍(瘨)妣己
12.7228 亞廌父丁
12.7230 亞醜父丁
12.7231 亞貘父丁
12.7232 亞盉父丁
12.7239 亞古父己
12.7241 亞疑父己
12.7243 亞旅父己
12.7248 亞宁父癸
12.7252 母辛亞□
12.7264 亞父乙微莫
12.7271 亞登兄日庚
12.7277 亞[illegible](離)辛爵
12.7283 亞疑
12.7285 亞夫乍(作)寶從彝
12.7286 亞夫乍(作)寶從彝
12.7287 亞醜
12.7288 亞旐(杠)妏父辛尊彝
12.7290 亞乍(作)父乙寶尊彝
12.7291 亞乍(作)父乙寶尊彝
12.7293 亞 𡨦(𢦏)宔(鑄)父丁
12.7297 亞疑㠱
12.7298 亞疑㠱
12.7300 亞 鴅 皿 合 乍(作)尊彝
12.7302 亞 或 其 說 乍(作)父己彝

12.7306 亞□羌旛向乍(作)尊彝
12.7307 亞𣄰(杠)□(負)乍(作)父丁寶尊彝
12.7308 亞若癸乙自(師)受丁沚旅
12.7309 亞若癸乙自(師)受丁沚旅
13.7772 亞疑
13.7773 亞疑
13.7774 亞疑
13.7775 亞疑
13.7776 亞疑
13.7777 亞疑
13.7778 亞疑
13.7779 亞疑
13.7780 亞疑
13.7781 亞疑
13.7782 亞疑
13.7783 亞醜
13.7784 亞醜
13.7785 亞醜
13.7786 亞醜
13.7787 亞醜
13.7788 亞子
13.7789 亞倗
13.7790 亞徙
13.7791 亞徙
13.7792 亞徙
13.7793 亞㚔
13.7794 亞㚔
13.7795 亞弜
13.7796 亞弜
13.7797 亞□
13.7798 亞𣪘(揀)
13.7799 亞𣪘(揀)
13.7800 亞盥
13.7801 亞敄
13.7802 亞獸
13.7803 亞犬
13.7804 亞犬
13.7805 亞獸
13.7806 亞馬
13.7807 亞獸
13.7808 亞盤
13.7809 亞鳥
13.7810 亞雔
13.7811 亞獲
13.7812 亞獲
13.7813 亞獲
13.7814 亞龜
13.7815 亞過
13.7816 亞□(攀)
13.7817 亞沚
13.7818 亞沚
13.7819 亞弜
13.7820 亞弜
13.7821 亞弜
13.7822 亞舟
13.7823 亞舟
13.7824 亞𪂇(鴭)
13.7825 亞丙
13.7826 亞□
13.7827 亞戈
13.7828 告亞
13.7829 □亞
13.7830 亞□(娀)
13.7831 亞其
13.7832 亞其
13.7833 亞其
13.7834 亞其
13.7835 亞其
13.7836 亞其
13.7837 亞其
13.7838 亞其
13.7839 亞其
13.7840 亞其
13.7841 亞其
13.7842 亞其
13.7843 亞其
13.7844 亞辛
14.8323 亞祖丁
14.8404 亞父乙
14.8405 亞父乙
14.8406 亞父乙
14.8631 亞父辛
14.8632 亞父辛
14.8771 㠱亞稅(秡)
14.8772 㠱亞稅(秡)
14.8773 㠱亞稅(秡)
14.8774 㠱亞稅(秡)
14.8775 亞父舀
14.8776 畀亞父
14.8777 亞㚔芾
14.8778 亞母方
14.8779 亞乙羌
14.8780 亞册舟
14.8781 亞夭(走)𨑓(𨑓)
14.8782 亞龜舟
14.8783 亞𣐺(逗、趄)𧗳(延)
14.8784 亞𣐺(逗、趄)𧗳(延)
14.8785 亞干示
14.8786 亞□(𨑓)□
14.8788 告亞□(韋)
14.8844 亞𠬝(㚅)祖己
14.8850 亞豕父甲
14.8852 亞僕父乙
14.8853 亞脫(屖)父乙
14.8854 亞盤父乙
14.8855 □(敢)亞父乙
14.8856 □(敢)亞父乙
14.8858 亞聿父乙
14.8859 亞戈父乙
14.8860 亞勺父乙
14.8882 亞醜父丙
14.8887 父丁亞弜
14.8888 亞魚父丁
14.8889 亞魚父丁
14.8890 亞覃父丁
14.8891 亞弜父丁
14.8892 亞弜父丁
14.8893 父丁亞𣄰(杠)
14.8894 亞𤝞父丁
14.8895 亞𤝞父丁
14.8926 亞址父己
14.8927 亞古父己
14.8928 父己亞若
14.8941 亞伐父辛
14.8942 亞伐父辛
14.8943 亞皋父辛
14.8953 父壬亞鹿
14.8955 父癸亞□(注)
14.8981 亞魚兄丁
14.9000 疑亞乍(作)父乙
14.9001 疑亞乍(作)父乙
14.9002 大亞乍(作)父乙
14.9007 □(尹)木亞父丁
14.9008 亞弁叙(掾)父丁
14.9010 亞向□(丸)父戊
14.9011 亞商乍(作)父戊
14.9015 亞帝己父□
14.9016 父辛亞天
14.9025 亞丁父癸尊彝
14.9064 亞𢦏
14.9075 㠱亞疑

14.9078 亞頤
14.9090 亞醜
14.9099 亞疑
14.9101 亞魚
14.9102 王賜葡亞嚚(唬)奚貝
15.9143 亞
15.9156 亞疑
15.9157 亞疑
15.9158 亞疑
15.9159 亞醜(召)
15.9160 亞酉
15.9161 亞敽
15.9162 亞舀
15.9163 亞其(箕)
15.9164 亞貘
15.9177 女(母)亞
15.9225 亞豈(逗、趄)衙(延)
15.9228 亞弜父丁
15.9234 亞次馬豕(豧)
15.9238 辛亞離犴
15.9245 㠱亞疑
15.9249 亞疑
15.9253 亞若
15.9293 亞
15.9294 亞醜
15.9295 亞醜 / 亞醜
15.9323 亞醜
15.9324 亞醜
15.9325 亞獸
15.9326 亞豈(逗、趄)
15.9366 亞醜母
15.9371 亞盉父乙
15.9373 亞醜父丁
15.9374 亞貘父丁
15.9375 亞得父丁
15.9378 亞古父丁
15.9379 亞學(孳)父辛
15.9394 亞夫
15.9403 亞鴻㐺父丁
15.9407 亞御
15.9415 亞啈
15.9423 亞□□乍(作)父戊尊盉
15.9439 㠱侯亞疑 / 匽(燕)侯賜亞貝
15.9478 亞倗
15.9479 亞弜
15.9544 亞羌乍(作)犾(獮、禰)彝
15.9545 亞舀乍(作)旅彝
15.9565 亞矢望ㄐ父乙(10.5206)
15.9594 亞朿(刺)
15.9595 亞朿(刺)
15.9761 亞疑
15.9762 亞疑
15.9763 亞醜
15.9764 亞醜
15.9765 亞醜
15.9766 亞醜
15.9767 亞醜
15.9768 亞旁
15.9769 亞止(趾)
15.9793 孤竹亞寠
15.9794 亞疑
15.9807 敄亞高父丁
15.9810 父丁孤竹亞微
15.9818 亞醜 / 亞醜
15.9819 亞醜
16.9845 亞疑
16.9846 亞舟
16.9847 亞攸
16.9848 亞醜
16.9849 亞醜
16.9850 亞醜
16.9851 亞㲋
16.9852 亞羲
16.9853 亞又
16.9854 亞弁
16.9886 亞若癸乙自(師)受丁旅沚
16.9887 亞若癸乙自(師)受丁旅沚
16.9910 亞弁
16.9911 亞舟
16.9912 亞其
16.9948 亞疑
16.9956 亞髻亯
16.9958 亞車丙邑
16.9959 亞離𠂤
16.9974 黃孫須頸子伯亞臣
16.9984 亞疑
16.10021 亞疑
16.10022 亞疑
16.10023 亞疑
16.10045 亞疑妃
16.10066 亞御
16.10175 亞祖祖辛
16.10344 亞疑
16.10351 㠱侯亞
16.10393 亞疑
16.10476 亞辛弁乙覃
16.10497 亞醜
16.10498 亞弜
16.10521 亞父辛
16.10535 亞離父丁
16.10559 其(㠱)侯亞疑
16.10570 亞正冊
17.10830 亞疑
17.10831 亞疑
17.10832 亞疑
17.10833 亞疑
17.10834 亞疑
17.10835 亞疑
17.10836 亞疑
17.10837 亞杂(梟)
17.10838 亞倗
17.10839 亞醜
17.10840 亞犬(?)
17.10841 亞獸
17.10842 [illegible](攀)亞
17.10843 亞受
17.10844 亞[illegible]
17.10845 亞攸
17.10946 亞又(右)敄
17.10947 亞又(右)敄
17.10948 亞又(右)敄
17.10949 亞又(右)敄
17.10950 亞又(右)敄
17.10951 亞又(右)敄
17.11010 亞 攸 左(父?)
17.11114 亞若癸 / 亞旅乙止(沚)
18.11433 亞疑
18.11434 亞疑
18.11435 亞疑
18.11436 亞疑
18.11437 亞疑
18.11438 亞醜
18.11439 亞醜
18.11440 亞醜
18.11441 亞醜
18.11442 亞醜
18.11443 亞醜
18.11444 亞寠(鼓)
18.11742 亞攸
18.11743 亞醜
18.11744 亞疑
18.11745 亞疑
18.11746 亞疑

18.11747 亞父
18.11748 亞父
18.11749 亞父
18.11775 亞疑
18.11776 亞疑
18.11777 亞醜
18.11794 亞疑
18.11795 亞疑
18.11796 亞醜
18.11797 亞醜
18.11801 亞疑
18.11810 亞弜
18.11811 亞弜
18.11813 亞疑
18.11831 亞疑
18.11852 亞疑
18.11853 亞疑
18.11872 𠬜(攀)亞
18.11873 𠬜(攀)亞

2937 册

2.392 夫册
2.400 木見齒册
2.401 木見齒册
2.402 木見齒册
3.924 侁册 / 侁册
3.944 王商(賞)乍(作)册般貝 / 秝(莱)册
3.1355 庚(庚)册
3.1356 册蛙
3.1357 炽册
3.1359 陸册
3.1360 叀册
4.1713 舟册婦
4.1737 册[illegible]宅
4.1761 册宁戈
4.1762 木見齒册
4.1821 敖(扶)册父乙
4.1822 天册父乙
4.1856 瞿(玃)父丁册
4.1858 [illegible]父丁册
4.1887 父辛侁册
4.1897 册庚(庚)癸父
4.1898 册㠯(己)父癸
4.1899 允册父癸
4.1900 父癸疋册
4.1941 劦册[illegible]辛
4.1942 臣辰侁册
4.1943 臣辰侁册
4.2017 子克册父辛
4.2114 冨册
4.2115 臣辰侁册父乙
4.2116 臣辰侁册父乙
4.2125 朿(刺)册
4.2135 臣辰侁册父癸
4.2246 木工册
4.2253 役戉册
4.2259 册乍(作)父癸寶尊彝
4.2314 虩册
4.2328 木工册
4.2366 允册
4.2427 册[illegible]
4.2483 侁册
4.2490 羊册
4.2501 ☐嗣工☐[作]册微䵼
4.2504 賜乍(作)册䡅貝
5.2578 庚册
5.2710 乍(作)册友史賜贖貝 / 羊册
5.2711 王达于乍(作)册般新宗 / 王商(賞)乍(作)册豊貝
5.2756 史(使)廙(諄)大人賜乍(作)册寓䢅(纘)倬
5.2758 公賞乍(作)册大白馬 / 雋册
5.2759 公賞乍(作)册大白馬 / 雋册
5.2760 公賞乍(作)册大白馬 / 雋册
5.2761 公賞乍(作)册大白馬 / 雋册
5.2804 王乎乍(作)命內史册命利
5.2805 王乎乍(作)册尹册命柳：嗣六師牧、陽(場)大㕛(友)
5.2813 王乎內史駒册命師奎父
5.2814 王乎史翏册令(命)無叀
5.2815 王乎內史[illegible]册賜趩;玄衣屯(純)黹、赤芾、朱黄(衡)、緣(鑾)旂、攸(鋚)勒
5.2817 王乎乍(作)册尹册命師晨：疋(胥)師俗嗣邑人
5.2819 王乎史減册賜寰：玄衣黹屯(純)、赤芾、朱黄(衡)、緣(鑾)旅(旂)、攸(鋚)勒、戈琱䡅、歐(厚)必(柲)、彤沙(蘇)
5.2821 王乎史翏册令(命)此
5.2822 王乎史翏册令(命)此
5.2823 王乎史翏册令(命)此
5.2825 王乎史㚔册令(命)山 / 受册佩以出
5.2827 王乎史號生(甥)册令(命)頌 / 受令(命)册佩以出
5.2828 王乎史號生(甥)册令(命)頌 / 受令(命)册佩以出
5.2829 王乎史號生(甥)册令(命)頌 / 受令(命)册佩以出
5.2836 王乎尹氏册令(命)善(膳)夫克
6.3108 瞿(玃)册
6.3109 光册
6.3110 允册
6.3237 戈亳册
6.3303 [illegible](齎)册父乙
6.3304 允册父乙
6.3319 劦册父丁
6.3320 瞿(玃)册父丁
6.3323 允册父戊
6.3397 臣辰侁册
6.3421 秉毌册父乙
6.3428 戈亳册父丁
6.3431 劦册竹父丁
6.3432 劦册竹父丁
6.3433 天工册父己
6.3506 臣辰侁册父乙
6.3522 臣辰侁册父癸
6.3523 臣辰侁册父癸
6.3604 瞿(玃)册
6.3666 木工册
6.3687 虩册
6.3688 允册
6.3717 戠册北單
7.3746 庚册
8.4196 內史册命：賜赤芾
8.4240 王受(授)乍(作)册尹者(書)/ 卑(俾)册令(命)免

8.4243 內史尹冊賜救：玄衣黹屯(純)、旂四日
8.4244 王乎乍(作)冊尹〔册賜〕走：䡈(纘)疋(胥)益
8.4246 內史尹氏冊命楚：赤ᗺ市、緣(鑾)旂
8.4247 內史尹氏冊命楚：赤ᗺ市、緣(鑾)旂
8.4248 內史尹氏冊命楚：赤ᗺ市、緣(鑾)旂
8.4249 內史尹氏冊命楚：赤ᗺ市、緣(鑾)旂
8.4253 王乎尹氏冊命師察：賜女(汝)赤舄、攸(鋚)勒
8.4254 王乎尹氏冊命師察：賜女(汝)赤舄、攸(鋚)勒
8.4257 王乎內史尹氏冊命師耤(藉)
8.4258 王冊命害
8.4259 王冊命害
8.4260 王冊命害
8.4267 王命尹冊命申：更乃祖考疋(胥)大(太)祝
8.4268 乎內史寿(敖、佚)冊命王臣：賜女(汝)朱黄(衡)𠦪(賁)親(襯)、玄衣黹屯(純)、緣(鑾)旂五日、戈畫㦸、厲(墉)必(柲)、彤沙(蘇)
8.4272 王乎史年冊命望：死(尸)嗣畢王家
8.4274 王乎內史尹冊令(命)師兑：疋(胥)師龢父
8.4275 王乎內史尹冊令(命)師兑：疋(胥)師龢父
8.4276 王乎內史冊命豆閉
8.4277 王乎乍(作)冊內史冊命師俞：䡈(纘)嗣𠂤人
8.4279 王乎乍(作)冊尹克冊命師旋
8.4280 王乎乍(作)冊尹克冊命師旋
8.4281 王乎乍(作)冊尹克冊命師旋
8.4282 王乎乍(作)冊尹克冊命師旋
8.4283 王乎內史吳冊令(命)師瘨
8.4284 王乎內史吳冊令(命)師瘨
8.4285 王乎內史寿(敖、佚)冊命諫
8.4286 王乎乍(作)冊尹冊令(命)𧻚
8.4287 王乎命尹封冊命伊：䡈(纘)官嗣康宮王臣妾、百工
8.4288 王乎史牆冊命師酉：嗣(嗣)乃祖
8.4289 王乎史牆冊命師酉：嗣(嗣)乃祖
8.4290 王乎史牆冊命師酉：嗣(嗣)乃祖
8.4291 王乎史牆冊命師酉：嗣(嗣)乃祖
8.4294 王乎內史史寿(敖、佚)冊令(命)揚
8.4295 王乎內史史寿(敖、佚)冊令(命)揚
8.4296 王乎內史冊命鄆
8.4297 王乎內史冊命鄆
8.4300 乍(作)冊夨令尊宜于王姜 / 雋冊
8.4301 乍(作)冊夨令尊宜于王姜 / 雋冊
8.4303 王乎史翏冊令(命)此
8.4304 王乎史翏冊令(命)此
8.4305 王乎史翏冊令(命)此
8.4306 王乎史翏冊令(命)〔此〕曰：旅邑人、善(膳)夫
8.4307 王乎史翏冊令(命)此
8.4308 王乎史翏冊令(命)此
8.4309 王乎史翏冊令(命)此
8.4310 王乎史翏冊令(命)此
8.4312 王乎內史遣冊令(命)師頯
8.4316 王乎內史吳曰：冊令(命)虎
8.4318 王乎內史尹冊令(命)師兑：余既令女(汝)疋(胥)師龢父
8.4319 王乎內史尹冊令(命)師兑：余既令(命)女(汝)疋(胥)師龢父
8.4324 王乎尹氏冊令(命)師𧻚
8.4325 王乎尹氏冊令(命)師𧻚
8.4332 王乎史虢生(甥)冊令(命)頌 / 受令(命)冊佩以出
8.4333 王乎史虢生(甥)冊令(命)頌 / 受令(命)冊佩以出
8.4334 王乎史虢生(甥)冊令(命)頌 / 受令(命)冊佩以出
8.4335 王乎史虢生(甥)冊令(命)頌 / 受令(命)冊佩以出
8.4336 王乎史虢生(甥)冊令(命)頌 / 受令(命)冊佩以出
8.4337 王乎史虢生(甥)冊令(命)頌 / 受令(命)冊佩以出
8.4338 王乎史虢生(甥)冊令(命)頌 / 受令(命)冊佩以出
8.4339 王乎史虢生(甥)冊令(命)頌 / 受令(命)冊佩以出
8.4340 王乎史寿(敖、佚)冊令(命)蔡
8.4343 王乎內史吳冊令(命)牧
9.4462 王乎史寿(敖)冊賜般(鞶)靳、虢(鞹)市(芾)、攸(鋚)勒 / 木羊冊
9.4463 王乎史寿(敖)

冊賜般(肈)靳、虢(鞹)攸(芾)、攸(鋚)勒/木羊冊
10.4803 冊
10.4870 冊徙(傷)
10.4871 瞿(矍)冊
10.4872 冊告
10.4913 冊父乙
10.5006 劦冊竹
10.5045 瞿(矍)冊祖丁
10.5046 瞿(矍)冊祖丁
10.5050 陸冊父甲
10.5052 陸冊父乙
10.5081 陸冊父庚
10.5095 韋(衛)冊父癸
10.5143 子黹遽冊
10.5158 劦冊竹父丁
10.5166 𠕁木父辛冊
10.5169 父辛葡冊戉
10.5173 天萅冊父癸
10.5186 允冊乍(作)尊彝
10.5302 弔敊(扶)冊乍(作)寶彝
10.5330 允冊
10.5331 允冊
10.5400 公賜乍(作)冊翻(鼺)卣、貝/肖冊舟
10.5403 木羊冊
10.5407 王姜令乍(作)冊睘安尸伯
10.5414 㳄(泌)其賜乍(作)冊掔徵一、玗一
10.5421 臣辰冊侁
10.5422 臣辰冊侁
10.5427 乍(作)冊嗌乍(作)父辛尊
10.5432 賞乍(作)冊魆馬
11.5463 冊
11.5573 瞿(矍)冊
11.5689 𠛬冊享
11.5694 木見鹵冊
11.5718 侁冊
11.5724 𠆢冊父乙
11.5753 劦冊父癸
11.5754 劦冊父癸
11.5805 鳥冊宁父辛
11.5838 臣辰侁冊父癸
11.5900 亶冊毗(?)乍(作)父己尊彝
11.5921 允冊
11.5929 木工冊
11.5944 戈宁冊
11.5951 𢆶(薺)冊
11.5957 敊(扶)冊
11.5989 君令余乍(作)冊睘安尸伯
11.5991 公賜乍(作)冊翻(鼺)卣、貝/肖冊
11.5996 木羊冊
11.5999 臣辰侁冊
11.6002 令乍(作)冊折兄(睨)聖土于相侯/木羊冊
11.6013 王冊令(命)尹
11.6015 乍(作)冊麥賜金于辟侯
11.6016 乍(作)冊令敢揚明公尹厥宝(貯)/雋冊
11.6171 羊冊
11.6172 夕冊
11.6358 𠛬冊享
12.6380 庚(庚)冊父乙
12.6390 瞿(矍)冊父丁
12.6428 婦嫊庚冊
12.6444 劦冊竹父丁
12.6445 庚宁冊父丁
12.6483 亞正冊
12.6502 木工冊
12.6508 雋冊
12.6516 王乎內史冊令(命)趩:更厥祖考服
12.6624 冊
12.6993 工冊
12.6994 庚(庚)冊
12.6995 玔冊
12.7167 𠛬享冊
12.7168 𠛬享冊
12.7169 𠛬享冊
12.7170 𠛬享冊
12.7176 允冊丁
12.7177 𢦏庚冊
12.7222 冊鉛父甲
12.7224 冊𡚬(退)父乙
12.7227 庚(庚)冊父乙
12.7233 力冊父丁
12.7240 大冊父己
12.7247 父辛冊叟
12.7253 乙亳戈冊
12.7256 子工冊木
12.7262 亳戈冊父乙
12.7266 庚冊父庚𡚬(退)
12.7269 劦(耒?)冊父辛叟
12.7274 敊(敊)冊乍(作)从彝
12.7304 允冊
13.7575 冊
13.7576 冊
13.7577 冊
13.7578 冊
13.8160 侁冊
13.8211 㲋冊
13.8212 㲋冊
13.8255 庚冊
13.8256 庚冊
13.8280 𠛬冊
13.8282 劦冊
14.8327 冊祖丁
14.8583 父己冊
14.8641 冊父辛
14.8780 亞冊舟
14.8791 冊丁𠂤
14.8848 劦冊竹祖癸
14.8851 父甲卩冊
14.8874 父乙陸冊
14.8875 庚冊父乙
14.8883 父丙庚冊
14.8907 庚冊父丁
14.8908 朿冊父丁
14.8909 父丁困冊
14.8910 壬冊父丁
14.8911 壬冊父丁
14.8912 劦冊父丁
14.8913 □冊父丁
14.8935 𠃬冊父己
14.8936 𠃬冊父己
14.8947 父辛侁冊
14.8948 父辛侁冊
14.8974 四冊父癸
14.8975 四冊父癸
14.9049 子冊翌夰父乙
14.9060 木羊冊
14.9064 弜冊
14.9072 韋(衛)冊
14.9079 牛冊
14.9080 木羊冊
14.9081 木羊冊
14.9082 木羊冊
14.9105 庚(庚)冊
15.9147 冊
15.9198 庚(庚)冊

15.9199 瞿(玃)𠕋
15.9248 木羊𠕋
15.9283 劦𠕋冉
15.9296 戈宁𠕋
15.9303 令乍(作)𠕋折兄(貺)聖土于相侯 / 木羊𠕋
15.9377 瞿(玃)𠕋父丁
15.9380 臣辰侁𠕋
15.9388 宁未父乙𠕋
15.9421 號𠕋
15.9422 號𠕋
15.9454 臣辰𠕋侁
15.9526 臣辰侁𠕋
15.9546 劦𠕋竹父丁
15.9547 工𠕋天父己
15.9549 父庚𣥐(退)𢊁𠕋
15.9566 號𠕋
15.9577 𢊁𠕋
15.9592 允𠕋
15.9593 允𠕋
15.9723 王乎乍(作)𠕋尹𠕋賜㾓：畫靳、牙僰、赤舄
15.9724 王乎乍(作)𠕋尹𠕋賜㾓：畫靳、牙僰、赤舄
15.9728 王乎尹氏𠕋令(命)曶
15.9731 王乎史號生(甥)𠕋令(命)頌 / 受令(命)𠕋佩以出
15.9732 王乎史號生(甥)𠕋令(命)頌 / 受令(命)𠕋佩以出
15.9792 木見㐭𠕋
15.9817 雔𠕋
16.9877 𠕋旻乍(作)彝
16.9895 令乍(作)𠕋折兄(貺)聖土于相侯 / 木羊𠕋
16.9898 宰胐右(佑)乍(作)𠕋吳 / 王乎史戊𠕋令(命)吳：𤔲旃罘菽金
16.9899 王𠕋令(命)尹
16.9900 王𠕋令(命)尹
16.9901 乍(作)𠕋令敢揚明公尹厥宦(貯)/ 雋𠕋
16.9909 囗(圍)𠕋
16.10030 瞿(玃)𠕋
16.10051 豆𠕋父丁
16.10053 臣辰侁𠕋
16.10065 雋𠕋
16.10161 令乍(作)𠕋內史賜免鹵百隧
16.10170 王乎乍(作)𠕋尹𠕋賜休：玄衣黹屯(純)、赤芾、朱黃(衡)、戈琱㦸、彤沙(蘇)、歍(厚)必(柲)、緣(鑾)旂
16.10172 王乎史減𠕋賜寰：玄衣黹屯(純)、赤芾、朱黃(衡)、緣(鑾)旂、攸(鋚)勒、戈琱㦸、歍(厚)必(柲)、彤沙(蘇)
16.10178 𠕋宁竹
16.10395 𠧟(衛)𠕋斦
16.10407 𠕋復毋反
16.10526 𠕋享𠟭
16.10570 亞正𠕋
17.10765 𠕋
17.10766 𠕋
17.10875 史𠕋
17.10876 亳𠕋
17.10952 木見㐭𠕋
18.11734 𠕋
18.12017 𠕋㕣

2938 嗣、𨧫、𡋓、异、孠

2.288 贏(嬴)嗣之𦏲(羽)曾
2.289 贏(嬴)嗣(亂)之𦏲(羽)角
2.290 贏(嬴)嗣(亂)之宮 / 贏(嬴)嗣(亂)之在楚爲新鐘 / 贏(嬴)嗣(亂)之宮角
2.295 贏(嬴)嗣(亂)之𦏲(羽)曾
2.319 贏(嬴)嗣(亂)之宮 / 贏(嬴)嗣(亂)之在楚爲新鐘
2.322 贏(嬴)嗣(亂)之宮 / 贏(嬴)嗣(亂)之在楚也爲新鐘
2.326 贏(嬴)嗣(亂)之辭(變)商
2.330 贏(嬴)嗣(亂)之𦏲(羽)曾
2.346 贏(嬴)嗣(亂)之宮
2.358 余小子肇嗣先王
5.2708 王商(賞)戍嗣(孠)貝廿朋
5.2764 單父上官嗣憙所受坪安君者也
5.2793 單父上官嗣憙所受坪安君者也 / 單父上官嗣憙所受坪安君者也
5.2837 在武王嗣文乍(作)邦 / 令女(汝)盂井(型)乃嗣祖南公
9.4649 侎𡋓(嗣)趄文
15.9710 後嗣甬(用)之
15.9711 後嗣甬(用)之
15.9719 命(令)瓜(狐)君嗣子
15.9720 命(令)瓜(狐)君嗣子
15.9734 胤嗣好䜌
15.9735 以憼(儆)嗣王 / 祗祗翼卲告後嗣 / 以戒(誡)嗣王

2939 史

1.60-3 叔氏令史𧈧召逆
1.251-6 微史剌(烈)祖來見武王
2.350 敶(陳)大喪史仲高乍(作)鈴鐘
2.351 敶(陳)大喪史仲高乍(作)鈴鐘
2.352 敶(陳)大喪史仲高乍(作)鈴鐘
2.353 敶(陳)大喪史仲高乍(作)鈴鐘
2.354 敶(陳)大喪史仲高乍(作)鈴鐘
2.355 敶(陳)大喪史仲高乍(作)鈴鐘
2.372 史
2.373 史
3.448 史
3.468 史秦
3.888 寡史𡛜乍(作)旅彝
3.915 大(太)史沓乍

(作)召公寶尊彝
3.948 肩(肩)史(事)遹事(使)于𩺰(胡)侯
3.949 史兒至 / 以王令(命)曰：余令女(汝)史(使)小大邦
3.976 史秦
3.1073 史
3.1074 史
3.1075 史
3.1076 史
3.1077 史
3.1078 史
3.1079 史
3.1080 史
3.1081 史
3.1082 史
3.1083 史
3.1084 史
3.1085 史
3.1086 史
3.1087 史
3.1088 史
3.1353 史番
3.1354 史次
4.1623 史父庚
4.1624 史父庚
4.1736 史己
4.1936 楙史𧩙鼎
4.2014 父己亞吂史
4.2036 史𠯑乍(作)旅鼎
4.2164 史速(徠)乍(作)寶方鼎
4.2165 史速(徠)乍(作)寶方鼎
4.2166 散(揩)史乍(作)考尊彝
4.2169 史戎乍(作)寶尊彝
4.2189 史昔其乍(作)旅鼎
4.2196 史盄父乍(作)寶鼎
4.2203 史宋自乍(作)盂貞(鼎)
4.2326 史造(?)乍(作)父癸寶尊彝
4.2339 公大(太)史乍(作)姬𡠀寶尊彝
4.2370 公大(太)史乍(作)姬𡠀寶尊彝
4.2371 公大(太)史乍(作)姬𡠀寶尊彝
4.2373 史斿父乍(作)寶尊彝貞(鼎)
4.2377 史
4.2473 史喜乍(作)朕文考翟祭
4.2515 史宜父乍(作)尊鼎
5.2586 齊弃(抶)史喜乍(作)寶貞(鼎)
5.2598 赤(叔)史小子𣪘乍(作)寒姒好尊鼎
5.2600 吳王姬乍(作)南宮史叔飤鼎
5.2696 內史令幷(并)事 / 曰：內史龏朕天君
5.2710 乍(作)册友史賜𧶠貝
5.2732 鄘(鄀)宇之孫簷(筥)大(太)史申
5.2740 溓(濂)公令䛒眔史旗曰：以師眔厥有嗣、後或(國)𢦏伐腺(貊)
5.2741 溓(濂)公令䛒眔史旗曰：以師眔厥有嗣、後或(國)𢦏伐腺(貊)
5.2756 史(使)䨻(諄)大人賜乍(作)册寓𩏂(纘)倬
5.2762 史顆(頙)乍(作)朕皇考𪉷仲、王(皇)母泉母尊鼎
5.2777 史伯碩父追考(孝)于朕皇考𪉷仲、王(皇)母泉母
5.2778 尹令史獸立(涖)工于成周 / 史獸獻工(功)于尹 / 尹賞史獸祼
5.2784 史趞曹賜弓矢、虎盧、九(厹)、胄、毌(干)、殳
5.2785 王令大(太)史兄(貺)福土 / 茲福人入史(事)
5.2787 令史頌省穌(蘇)瀰(姻)友、里君、百生(姓)
5.2788 令史頌省穌(蘇)瀰(姻)友、里君、百生(姓)
5.2789 王𠛱(訇)姜事(使)內史友員賜𢦏玄衣、朱襮裣
5.2794 冶師史秦、差(佐)苛膃爲之
5.2804 王乎乍(作)命內史册命利
5.2805 嗣義夷陽(埸)佃史(事)
5.2809 引以告中史書
5.2813 王乎內史駒册命師奎父
5.2814 王乎史翏册令(命)無叀
5.2815 史留(籒)受(授)王令(命)書 / 王乎內史⿱册賜趞；玄衣屯(純)黹、赤芾、朱黃(衡)、鑾(鑾)旂、攸(鋚)勒
5.2818 王令省史南以即虢旅
5.2819 史黹受(授)王命書 / 王乎史減册賜袁：玄衣黹屯(純)、赤芾、朱黃(衡)、鑾(鑾)旅(旂)、攸(鋚)勒、戈琱㦸、㫗(厚)必(柲)、彤沙(蘇)
5.2821 王乎史翏册令(命)此
5.2822 王乎史翏册令(命)此
5.2823 王乎史翏册令(命)此
5.2825 王乎史𡚬册令(命)山
5.2827 王乎史虢生(甥)册令(命)頌
5.2828 王乎史虢生(甥)册令(命)頌
5.2829 王乎史虢生(甥)册令(命)頌
5.2832 內史友寺芻
5.2836 賜女(汝)史、小臣、霝(靈)龠(龢)鼓鐘
5.2841 𢼸(抄)茲卿事寮、大(太)史寮于父

即尹
6.2957 史
6.2958 史
6.2959 史
6.2960 史
6.2961 史
6.2962 史
6.2963 史
6.3225 史母癸
6.3583 史𦂤乍(作)寶尊彝
6.3644 史楳䚄(䚄)
6.3646 史述乍(作)父乙寶𣪘
6.3699 公大(太)史乍(作)母庚寶尊彝
6.3740 齊史逗乍(作)寶𣪘
7.3786 史窦乍(作)寶𣪘
7.3789 史䢅(場)父乍(作)尊𣪘
7.3862 公史(使)微
7.4030 畢公廼賜史䛓貝十朋
7.4031 畢公廼賜史䛓貝十朋
7.4100 𠂤伯令生史事(使)于楚
7.4101 𠂤伯令生史事(使)于楚
8.4132 王姜史(使)蔇(叔)事(使)于大(太)保
8.4133 王姜史(使)蔇(叔)事(使)于大(太)保
8.4134 伯屖父蔑御史競曆
8.4135 伯屖父蔑御史競曆
8.4196 內史册命:賜赤巿
8.4229 令史頌省穌(蘇)㴭(姻)友、里君、百生(姓)
8.4230 令史頌省穌(蘇)㴭(姻)友、里君、百生(姓)
8.4231 令史頌省穌(蘇)㴭(姻)友、里君、百生(姓)
8.4232 令史頌省穌(蘇)㴭(姻)友、里君、百生(姓)
8.4233 令史頌省穌(蘇)㴭(姻)友、里君、百生(姓)
8.4234 令史頌省穌(蘇)㴭(姻)友、里君、百生(姓)
8.4235 令史頌省穌(蘇)㴭(姻)友、里君、百生(姓)
8.4236 令史頌省穌(蘇)㴭(姻)友、里君、百生(姓)
8.4241 王令燓(榮)眔內史曰:䔻(介)井(邢)侯服
8.4243 內史尹册賜敔:玄衣黹屯(純)、旂四日
8.4246 內史尹氏册命楚:赤Θ巿、䜌(鑾)旂
8.4247 內史尹氏册命楚:赤Θ巿、䜌(鑾)旂
8.4248 內史尹氏册命楚:赤Θ巿、䜌(鑾)旂
8.4249 內史尹氏册命楚:赤Θ巿、䜌(鑾)旂
8.4256 王乎內史
8.4257 王乎內史尹氏册命師耤(藉)
8.4262 厥書史戠武
8.4263 厥書史戠武
8.4264 厥書史戠武
8.4265 厥書史戠武
8.4266 內史即命
8.4268 乎內史寿(敖、侁)册命王臣:賜女(汝)朱黄(衡)𣉻(賁)親(襯)、玄衣黹屯(純)、䜌(鑾)旂五日、戈畫㦸、厤(㦸)必(柲)、彤沙(蘇)
8.4272 王乎史年册命望:死(尸)𤔲畢王家
8.4274 王乎內史尹册令(命)師兑:疋(胥)師龢父
8.4275 王乎內史尹册令(命)師兑:疋(胥)師龢父
8.4276 王乎內史册命豆閉
8.4277 王乎乍(作)册內史册命師俞:䵼(纘)𤔲𢓊人
8.4278 王令省史南以即虢旅
8.4283 王乎內史吳册令(命)師瘨
8.4284 王乎內史吳册令(命)師瘨
8.4285 王乎內史寿(敖、侁)册命諫
8.4288 王乎史牆册命師酉:𤔲(嗣)乃祖
8.4289 王乎史牆册命師酉:𤔲(嗣)乃祖
8.4290 王乎史牆册命師酉:𤔲(嗣)乃祖
8.4291 王乎史牆册命師酉:𤔲(嗣)乃祖
8.4294 王乎內史史寿(敖、侁)册令(命)揚
8.4295 王乎內史史寿(敖、侁)册令(命)揚/眔𤔲工(空)史(事)
8.4296 王乎內史册命鄀
8.4297 王乎內史册命鄀
8.4301 用尊史(事)于皇宗
8.4303 王乎史翏册令(命)此
8.4304 王乎史翏册令(命)此
8.4305 王乎史翏册令(命)此
8.4306 王乎史翏册令(命)〔此〕曰:旅邑人、善(膳)夫
8.4307 王乎史翏册令(命)此
8.4308 王乎史翏册令(命)此
8.4309 王乎史翏册令(命)此
8.4310 王乎史翏册令

(命)此
8.4312 王乎內史遺冊令(命)師頯
8.4316 王乎內史吳曰:冊令(命)虎
8.4318 王乎內史尹冊令(命)師兑:余既令女(汝)疋(胥)師龢父
8.4319 王乎內史尹冊令(命)師兑:余既令(命)女(汝)疋(胥)師龢父
8.4326 王令靻(纘)嗣公族、卿事(士)、大(太)史寮
8.4332 王乎史虢生(甥)冊令(命)頌
8.4333 王乎史虢生(甥)冊令(命)頌
8.4334 王乎史虢生(甥)冊令(命)頌
8.4335 王乎史虢生(甥)冊令(命)頌
8.4336 王乎史虢生(甥)冊令(命)頌
8.4337 王乎史虢生(甥)冊令(命)頌
8.4338 王乎史虢生(甥)冊令(命)頌
8.4339 王乎史虢生(甥)冊令(命)頌
8.4340 王乎史考(敖、佚)冊令(命)蔡
8.4343 王乎內史吳冊令(命)牧
9.4366 史鼻乍(作)旅盨
9.4367 史鼻乍(作)旅盨
9.4462 王乎史考(敖)冊賜般(鞶)靳、虢(鞹)敕(芾)、攸(鋚)勒
9.4463 王乎史考(敖)冊賜般(鞶)靳、虢(鞹)敕(芾)、攸(鋚)勒
9.4465 王令尹氏友史趛
9.4466 令小臣成友逆旅□、內史無嫢、大(太)史旟
9.4473 史利乍(作)簠
9.4474 史利乍(作)簠
9.4481 史頌乍(作)簠
9.4523 史鼻乍(作)旅簠
9.4579 史免乍(作)旅匡(筐)
9.4591 曾孫史尸乍(作)鋳(饋)簠
10.4721 史
10.4722 史
10.4723 史
10.4724 史
10.4725 史
10.4726 史
10.4895 祖庚史
10.4929 史父乙
10.4941 史父丁
10.4990 史父癸
10.5288 史戊乍(作)父壬尊彝
10.5305 史見乍(作)父甲尊彝
10.5321 史
10.5384 寧史賜耳
10.5387 員從史旟伐會(鄶)
10.5418 令史懋賜免:載(緇)芾、冋(褧)黄(衡)
10.5421 王令士上眔史寅廄(殷)于成周
10.5422 王令士上眔史寅廄(殷)于成周
10.5432 唯公大(太)史見服于宗周年 / 公大(太)史咸見服于辟王 / 王遣公大(太)史 / 公大(太)史在豐
11.5455 史
11.5456 史
11.5457 史
11.5458 史
11.5459 史
11.5460 史
11.5461 史
11.5462 史
11.5662 史父壬
11.5666 史父癸
11.5667 史父癸
11.5810 乍(作)彭史从尊
11.5811 兼史乍(作)旅彝
11.5815 史留乍(作)寶彝
11.5868 史見乍(作)父甲尊彝
11.5885 者史乍(作)父辛旅彝
11.5897 史伏乍(作)父乙寶旅彝
11.5951 省史趠乍(作)祖丁寶尊彝
11.5999 王令士上眔史寅廄(殷)于成周
11.6006 令史懋賜免:載(緇)芾、冋(褧)黄(衡)
11.6045 史
11.6046 史
11.6047 史
11.6048 史
11.6049 史
11.6168 史犬
11.6169 史農
11.6200 史祖乙
11.6272 史父己
11.6337 史父癸
12.6489 其(箕)史乍(作)祖己寶尊彝
12.6490 齊史𨑓乍(作)祖辛寶彝
12.6491 齊史𨑓乍(作)祖辛寶彝
12.6516 王乎內史冊令(命)趩:更厥祖考服
12.6607 史
12.6608 史
12.6609 史
12.6610 史
12.6611 史
12.6612 史
12.6613 史
12.6614 史
12.6615 史
12.6616 史
12.6617 史
12.6618 史
12.6619 史
12.6620 史
12.6621 史
12.6622 史
12.6623 史

12.7102 史父丙
12.7106 父丁史
12.7279 史見乍(作)父甲彝
13.7445 史
13.7446 史
13.7447 史
13.7448 史
13.7449 史
13.7450 史
13.8065 史癸
13.8188 史犬
14.8453 史父丁
14.8615 史父辛
14.9041 史留乍(作)寶彝
14.9048 膺(應)史乍(作)父乙寶
14.9063 史遽乍(作)寶尊彝
15.9125 史
15.9300 㺲(獮)馭弟史遡(饋)馬
15.9361 史父癸
15.9454 王令士上眔史寅竅(殷)于成周
15.9490 史旅
15.9502 史父丁
15.9653 史僕乍(作)尊壺
15.9654 史僕乍(作)尊壺
15.9714 竊(親)令史懋路(露)筮
15.9718 鮭史展(殿)乍(作)寶壺
15.9731 王乎史虢生(甥)册令(命)頌
15.9732 王乎史虢生(甥)册令(命)頌
15.9740 史
15.9809 大(太)史乍(作)尊彝
16.9833 史
16.9898 王乎史戊册令(命)吳：𤔲旃眔菽金
16.9982 喪史貢(賓)自乍(作)鈚(鉼)
16.10093 史頌乍(作)般(盤)
16.10161 令乍(作)册内史賜免鹵百隩
16.10172 史㪤受(授)王令(命)書 / 王乎史減册賜寰：玄衣㪤屯(純)、赤芾、朱黄(衡)、綠(鑾)旂、攸(鋚)勒、戈琱戟、歇(厚)必(柲)、彤沙(蘇)
16.10175 微史剌(烈)祖廼來見武王 / 史牆夙夜不家(墜)
16.10176 厥左執纓史正仲農
16.10220 史頌乍(作)匜
16.10281 莫(鄭)大内史叔上
16.10285 曰：自今余敢蠼(擾)乃小大史(事)
16.10317 伯索史乍(作)季姜寶盂
16.10322 公廼命酉𤔲徃(徒)圅父、周人𤔲工(空)展、敞史、師氏、邑人奎父、畢人師同
16.10352 史孔乍(作)和
16.10356 蔡大(太)史奯乍(作)其鉚
16.10392 史
16.10463 史乍(作)𠂤
17.10780 史
17.10875 史册
17.11348 龏(龔)竝(令)思、左庫工師長史鏖、冶數近
17.11349 龏(龔)竝(令)思、左庫工師長史鏖、冶數近
18.11554 莫(鄭)倫(令)公先豊(幼)、司寇史陘(隋)、左庫工師倉慶、冶肴(尹)弼(彊)散(造)
18.11712 相邦陽安君、邦右庫工師史筵胡、冶事(吏)疴教(撻)齋(劑)
18.12012 倗史

2940 𠭯、𡛜(史)

13.8193 𡛜(史)
15.9235 𠭯(史)明乍(作)彝

2941 事

1.40 龠事朕辟皇王
1.41 龠事朕辟皇王
1.73-4 敬事天王
1.75 敬事
1.76-7 敬事天王
1.78-9 敬事天王
1.80-1 敬事天王
1.133 𤔲五邑佃人事
1.134 𤔲五邑佃人事
1.135 𤔲五邑佃人事
1.136 𤔲五邑佃人事
1.137-9 𤔲五邑佃人事
1.187-8 天子肩(肩)事梁其
1.189-90 天子肩(肩)事梁其
1.191 天子肩(肩)事梁其
1.225 余頡岡(頏)事君
1.226 余頡岡(頏)事君
1.227 余頡岡(頏)事君
1.228 余頡岡(頏)事君
1.229 余頡岡(頏)事君
1.230 余頡岡(頏)事君
1.231 余頡岡(頏)事君
1.232 余頡岡(頏)事君
1.233 余頡岡(頏)事君
1.234 余頡岡(頏)事君
1.235 余頡岡(頏)事君
1.236 余頡岡(頏)事君
1.237 余頡岡(頏)事君
1.251-6 今瘐夙夕虔敬恤厥死(尸)事
1.262-3 以虢事綠(蠻)方
1.264-6 以虢事綠(蠻)方
1.267 以虢事綠(蠻)方
1.268 以虢事綠(蠻)方
1.269 以虢事綠(蠻)方
1.270 虢事綠(蠻)夏 / 于秦執事
1.271 余四事是台(以) / 余爲大攻厄、大事(史)、大逹(徒)、大(太)宰 / 是辞(台)可

事(使)
1.272-8 宦執而(爾)政事 / 虔恤厥死(尸)事 / 女(汝)康能乃又(有)事(吏)/ 䎽命于外內之事 / 堇(勤)裳(勞)其政事 / 龢協而(爾)又(有)事
1.281 執而(爾)政事
1.283 堇(勤)裳(勞)其政事
1.285 宦執而(爾)政事 / 虔恤乃死(尸)事 / 女(汝)康能乃又(有)事(吏)/ 爲大事(吏)/ 䎽命于外內之事 / 堇(勤)裳(勞)其政事 / 龢協而(爾)又(有)事
3.643 㚸休賜厥瀕事(吏)貝
3.753 事(使)賜公姞魚三百
3.754 休天君弗望(忘)穆公聖粦明飤事先王
3.755 休天君弗望(忘)穆公聖粦明飤事先王
3.948 肩(肩)史(事)遇事(使)于𩁹(胡)侯
4.2078 事乍(作)小旅彝
4.2456 用言(歆)王出內(入)事(使)人
4.2487 用鄉(饗)王逆造事(使)人
4.2527 虎諭(令)瘫、眂(視)事鴅、冶巡鑄
5.2575 事(史)盥(朧)在井(邢)
5.2577 叚工師王馬重(童)、眂(視)事鐙、冶敬
5.2581 小臣逋(逋)即事于西
5.2611 虎命(令)周収、眂(視)事犽、冶期鑄
5.2612 揚見事于彭
5.2613 揚見事于彭
5.2628 匽(燕)侯旨初見事于宗周
5.2651 詔事(使)
5.2671 唯女(汝)率我多友以事
5.2672 唯女(汝)率我多友以事
5.2696 內史令𦥑(并)事
5.2706 用從井(邢)侯征事
5.2733 乃用鄉(饗)王出入事(使)人
5.2748 衣事
5.2757 事四國
5.2765 妊氏令蛕事保厥家
5.2773 眂(視)事欳、冶瘖 / 眂(視)事司馬欳、冶王石
5.2782 台(以)事康公
5.2787 休又(有)成事
5.2788 休又(有)成事
5.2789 王𠟭(訇)姜事(使)內史友員賜戜玄衣、朱褻裣
5.2804 用事
5.2815 用事
5.2816 用夙夜事
5.2818 虢旅廼事(使)攸衛牧誓曰: 我弗具付𠫑乜(比)
5.2820 用事
5.2824 王用肇事(使)乃子戜 / 唯厥事(使)乃子戜萬年辟事天子
5.2827 用事
5.2828 用事
5.2829 用事
5.2830 事余一人
5.2831 眉𢿨(敖)者膚卓事見于王
5.2832 事(使)厲誓
5.2835 公窺(親)曰多友曰: 余肇事(使)女(汝)/ 又(有)成事
5.2836 敬夙夜用事
5.2837 在雩(于)御事
5.2838 令(命)女(汝)更乃祖考嗣卜事 / 用事 / 事(使)厥小子𩁹(究)以限訟于井叔 / 事(使)寽(鋝)以告阺
5.2839 □三事□□入服酉(酒)
5.2840 事少女(如)張(長)/ 事愚女(如)智
5.2841 雩之庶出入事于外 / 𢽎(抄)茲卿事寮、大(太)史寮于父即尹 / 雩(與)朕褻事
6.3442 膺(應)事乍(作)旅𣪕
6.3463 事父乍(作)寶彝
6.3731 用鄉(饗)王逆造事
7.3771 晉人事(吏)寓乍(作)寶𣪕
7.3862 事又(有)息
7.3904 卿事賜小子𠭯貝二百
7.3914 大(太)師事(史)良父乍(作)寶𣪕
7.3954 仲幾父事(使)幾事(使)于者(諸)侯、者(諸)監
7.4023 伯中父夙夜事走(朕)考
7.4089 事(史)族乍(作)寶𣪕
7.4100 𢆶伯令生史事(使)于楚 / 用事厥𠭯(祖)日丁 / 用事厥考日戊
7.4101 𢆶伯令生史事(使)于楚 / 用事厥𠭯(祖)日丁 / 用事厥考日戊
7.4104 公命事(使)晦賢百晦𩰫
7.4105 公命事(使)晦賢百晦𩰫
7.4106 公命事(使)晦賢百晦𩰫
7.4116 休厥成事
7.4117 休厥成事
8.4123 伯艿父事(使)䎽犢(覿)尹人于齊師
8.4131 賜又(右)事(史)利金
8.4132 王姜史(使)菽(叔)事(使)于大(太)保
8.4133 王姜史(使)菽(叔)事(使)于大(太)保
8.4139 堯(无)事姜氏
8.4179 王事(使)小臣

守事(使)于夷
8.4180 王事(使)小臣守事(使)于倈(夷)
8.4181 王事(使)小臣守事(使)于倈(夷)
8.4184 用事
8.4185 用事
8.4186 用事
8.4187 用事
8.4192 王事(使)焚(榮)穠(蔑)曆(曆)
8.4193 王事(使)焚(榮)穠(蔑)曆(曆)
8.4197 曰：用刮(嗣)乃祖考事
8.4199 用事
8.4200 用事
8.4201 令宅事伯懋父
8.4213 其右(佑)子歆(嘟)、事(史)孟/戻(殿)敄(敖)堇(謹)用豹皮于事(史)孟
8.4215 用事
8.4219 追虔夙夕恤厥死(尸)事
8.4220 追虔夙夕恤厥死(尸)事
8.4221 追虔夙夕恤厥死(尸)事
8.4222 追虔夙夕恤厥死(尸)事
8.4223 追虔夙夕恤厥死(尸)事
8.4224 追虔夙夕恤厥死(尸)事
8.4229 休又(有)成事
8.4230 休又(有)成事
8.4231 休又(有)成事
8.4232 休又(有)成事
8.4233 休又(有)成事
8.4234 休又(有)成事
8.4235 休又(有)成事
8.4236 休又(有)成事
8.4240 用事
8.4250 用事
8.4255 用事
8.4257 用事
8.4258 用餴(饙)乃祖考事
8.4259 用餴(饙)乃祖考事
8.4260 用餴(饙)乃祖考事
8.4261 事喜(饎)上帝
8.4266 用事
8.4267 用事
8.4268 用事
8.4272 用事
8.4276 用侪(抄)乃祖考事
8.4278 虢旅廼事(使)攸衛牧誓
8.4279 敬夙夕用事
8.4280 敬夙夕用事
8.4281 敬夙夕用事
8.4282 敬夙夕用事
8.4286 用事/用事
8.4287 用事
8.4292 琱生(甥)又(有)事/召來合事
8.4296 用事
8.4297 用事
8.4300 用尊事于皇宗
8.4311 用事
8.4312 用事
8.4313 反(返)厥工事(吏)/夙夜恤厥牆(將)事
8.4314 反(返)工事(吏)/夙夜恤厥牆(將)事
8.4315 虩(赫)事緣(蠻)夏
8.4316 截(載)先王既令(命)乃取(祖)考事/用事
8.4321 用事
8.4323 事(使)尹氏受(授)贅(賚)敔：圭(珪)瓚、㸚貝五十朋
8.4324 女(汝)敏可事(使)/用事
8.4325 女(汝)敏可事(使)/用事
8.4326 王令䡅(纘)嗣公族、卿事(士)、大(太)史寮
8.4328 用從(永)乃事
8.4329 用永乃事
8.4332 用事
8.4333 用事
8.4334 用事
8.4335 用事
8.4336 用事
8.4337 用事
8.4338 用事
8.4339 用事
8.4340 勿事(使)敢又(有)疾止從(縱)獄
8.4341 公告厥事于上
8.4342 䎽(載)乃事
8.4343 有同(炯)事包廼多亂(亂)/乃毌(貫)政事
9.4469 勿事(使)暴虐從(縱)獄
9.4533 用事于丂(考)
9.4628 我用召(紹)鄉(卿)事(士)、辟王
9.4629 余寅(夤)事齊侯
9.4630 余寅(夤)事齊侯
10.5366 用萬年事
10.5410 用夙夜事
10.5424 事(使)厥各(友)妻農/小大事毋又田
10.5428 叔䞣父曰：余考(老)不克御事/逆造出內(入)事(使)人
10.5429 叔䞣父曰：余考(老)不克御事/逆造出內(入)事(使)人
10.5430 衣事亡䁽
11.5813 事伯乍(作)旅彝
11.5817 事乍(作)小旅彝
11.5955 用萬年事
11.5957 斁(擐)䍐(管)事
11.5960 事(史)䀉乍(作)丁公寶彝
11.6001 王令生辨事于公宗/用鄉(饗)出內(入)事(使)人
11.6013 逦(更)朕先寶事
11.6016 尹三事四方/受卿事寮/公令徃(延)同卿事寮/徃(誕)令舍(捨)三事令/眔卿事寮、眔者(諸)尹/爽(尚)左右于乃寮以乃友事

12.6460 事乍(作)小旅彝
12.6469 膺(應)事乍(作)父乙寶
15.9449 虒令周収、視事乍(作)盉
15.9451 井(邢)侯光厥事(吏)麥/用從井(邢)侯征事/夙夕鬲(嗝、鬲)御事
15.9530 事(史)从乍(作)壺
15.9632 事(使)小臣以汲
15.9700 陳喜再立(涖)事歲
15.9703 奠(鄭)昜、陳得再立(涖)事歲
15.9707 府嗇夫在、冶事(吏)狄敆(挌)之
15.9709 公孫窹(灶)立(涖)事歲
15.9728 用事
15.9729 余不其事(使)女(汝)受朿(刺)/用御天子之事/用御爾事
15.9730 余不其事(使)女(汝)受朿(刺)/用御天子之事/用御爾事
15.9731 用事
15.9732 用事
15.9824 洍御事(史)乍(作)尊雷(罍)
15.9825 洍御事(史)乍(作)尊雷(罍)
15.9827 事萬人(年)
16.9893 辟井(邢)侯光厥正事(吏)
16.9899 逦(更)朕先寶事
16.9900 逦(更)朕先寶事
16.9901 尹三事四方/受(授)卿事寮/公令徃同卿事寮/徃令舍(捨)三事令/眔卿事寮、眔者(諸)尹/爽(尚)㝐(䢦、左)右于乃寮以乃友事
16.9931 冶事(吏)秦、苛膅爲之
16.9932 冶事(吏)秦、苛膅爲之
16.9975 奠(鄭)昜、陳得再立(涖)事歲
16.10061 事(史)從乍(作)寶般(盤)
16.10168 周師光守宮事
15.10169 令(命)女(汝)敟(㨂、更)乃祖考事
16.10175 龕(堪)事厥辟
16.10285 伯揚父廼或事(使)牧牛誓/乃以告事(吏)䚄、事(吏)曶于會
16.10321 命𨗴(逋)事(使)于述(遂)土/天君事(使)𨗴事(使)㫉(沬)
16.10358 左使車嗇夫事斁、工貲
16.10360 㽙(召)肇進事/旋走事皇辟君/休王自穀事(使)賞畢土方五十里
16.10361 國差(佐)立(涖)事歲
16.10371 陳猷立(涖)事歲
16.10374 □□立(涖)事歲/御關人□□亓(其)事/于亓(其)事區夫
16.10385 司馬成公朗(影)𦨶(䡞)事
16.10478 又(有)事者官慁之
16.10582 伊𤰈征(延)于辛事(吏)/伊𤰈賞辛事(吏)秦金
17.11069 事孫□丘戈
17.11259 昰(是)立(涖)事歲
17.11329 王何立(涖)事
17.11357 奠(鄭)命(令)韓熙、右庫工師事(吏)㝅(裼)、冶□
17.11375 馬雍命(令)事(吏)吳、武庫工師奭信、冶祥造
17.11377 武城命(令)□□、莒早、〔庫〕嗇夫事(吏)㪫、冶章敎(撻)齋(劑)
17.11380 詔事(使)圖、丞戱、工寅/詔事(使)
17.11386 奠(鄭)倫(令)公先豈(幼)、司寇事(吏)䧍、右庫工師皂高、冶君(尹)□敱(造)
17.11395 詔事(使)圖、丞戱、工奭/詔事(使)
17.11396 詔事(使)圖、丞戱、工寅/詔事(使)
18.11669 王立(涖)事
18.11673 王立(涖)事
18.11674 王立(涖)事
18.11682 相邦春平侯、邦左庫工師肖(趙)瘠、冶事(吏)開敎(撻)齋(劑)
18.11683 相邦春平侯、邦左庫工師肖(趙)瘠、冶事(吏)開敎(撻)齋(劑)
18.11688 王立(涖)事
18.11695 事
18.11705 郾(燕)王喜立(涖)事
18.11712 相邦陽安君、邦右庫工師史笶胡、冶事(吏)疴敎(撻)齋(劑)
18.11837 邦右庫冶事(吏)𠭯
18.12108 燔隊(燧)事
18.12109 燔燧之事

2942 師、𠂤、帀

1.106 □師□身
1.133 仲大(太)師右(佑)柞/柞拜手對揚仲大(太)師休
1.134 仲大(太)師右(佑)柞/柞拜手對揚仲大(太)師休

1.135 仲大(太)師右(佑)柞／柞拜手對揚仲大(太)師休
1.136 仲大(太)師右(佑)柞／柞拜手對揚仲大(太)師休
1.137-9 仲大(太)師右(佑)柞／柞拜手對揚仲大(太)師休
1.141 師臾肁(肇)乍(作)朕剌(烈)祖虢季、宄公、幽叔、朕皇考德叔大禀(林)鐘／師臾其萬年
1.153 鄦(許)子𥂴(醬)𠂤(師)擇其吉金
1.154 鄦(許)子𥂴(醬)𠂤(師)擇其吉金
1.171 王欲復師
1.204-5 適涇東至于京師
1.206-7 適涇東至于京師
1.209 適涇東至于京師
1.272-8 師(次)于淄浬／肅成朕師旟之政德／雩(與)厥行師／女(汝)巩(鞏)袋(勞)朕行師／數厥靈(靈)師
1.285 師(次)于淄浬／肅成朕師旟之政德／雩厥行師／女(汝)巩(鞏)袋(勞)朕行師／數厥靈(靈)師
2.428 〼師
3.533 師□乍(作)寶鬲
3.731 奠(鄭)師豪(邍)父乍(作)鬳鬲
3.745 師趛乍(作)文考聖公、文母聖姬尊彝
3.746 師湯父有嗣仲枏父乍(作)寶鬲
3.747 師湯父有嗣仲枏父乍(作)寶鬲
3.748 師湯父有嗣仲枏父乍(作)寶鬲
3.749 師湯父有嗣仲枏父乍(作)寶鬲
3.750 師湯父有嗣仲枏父乍(作)寶鬲
3.751 師湯父有嗣仲枏父乍(作)寶鬲
3.752 師湯父有嗣仲枏父乍(作)寶鬲
3.864 師中即〼
3.884 師趣乍(作)旅甗尊
3.937 奠(鄭)大(太)師小子侯父乍(作)寶獻(甗)
3.948 師雍父戍在古師(次)／遇(踽)從師雍父
3.949 在噩(鄂)師帥(次)
4.1932 師公之鼎
4.2046 仲師父乍(作)齍
4.2264 師乍(作)陾仲寶尊彝
4.2265 師乍(作)陾仲寶尊彝
4.2266 師乍(作)陾仲寶尊彝
4.2267 師乍(作)陾仲寶尊彝
4.2281 師閔乍(作)免伯寶鼎
4.2353 師窦父乍(作)季姞尊鼎
4.2400 亞若癸受丁旅乙沚𠂤(師)
4.2402 亞若癸受丁旅乙沚𠂤(師)
4.2409 大(太)師乍(作)叔姜鼎
4.2411 叔師父乍(作)尊鼎
4.2469 大(太)師人駢乎乍(作)寶鼎
4.2482 昌國𣂚工師翟伐、冶更所爲
4.2504 康侯在朽(柯)師(次)
5.2552 師麻孝叔乍(作)旅貞(鼎)
5.2557 師昌(帥)其乍(作)寶齋鼎
5.2558 師賸父乍(作)䳗(幽)姬寶鼎
5.2575 唯伯殷父北師(次)叟年
5.2577 叚工師王馬重(童)、眂(視)事餌、冶敬
5.2580 大(太)師小子伯莀父乍(作)寶鼎
5.2658 工師瘨、工疑
5.2668 大(太)帀(師)鐘伯侵自乍(作)石(礪)沱(盜)
5.2704 師櫨酤(舔)兄(睨)
5.2705 祝(兄)人師眉嬴王爲周客
5.2713 師趛乍(作)文考聖公、文母聖姬尊晨
5.2721 師雍父省導(道)至于㝬(胡)
5.2723 師俞從／賜師俞金
5.2727 師器父乍(作)尊鼎／師器父其萬年
5.2728 公在盩師(次)
5.2738 蔡大(太)師腆賸(媵)鄦(許)叔姬可母飤緐
5.2743 仲師父乍(作)季妓始寶尊鼎
5.2744 仲師父乍(作)季妓始寶尊鼎
5.2747 王[各]于師秦宮
5.2779 師同從
5.2780 師湯父拜䭬首
5.2789 在甗𠂤(次)
5.2794 冶師史秦、差(佐)苛膾爲之／冶師盤埜、差(佐)秦忑爲之
5.2795 冶師紹(紹)圣、差(佐)陳共爲之／冶師紹(紹)圣、差(佐)陳共爲之
5.2796 適正八師之年
5.2797 適正八師之年
5.2798 適正八師之年
5.2799 適正八師之年
5.2800 適正八師之年
5.2801 適正八師之年
5.2802 適正八師之年
5.2803 有嗣眔師氏、小子卿(佮)射
5.2805 王乎乍(作)册尹册命柳：嗣六師

牧、陽(埸)大奢(友)
5.2809 師旂眾僕不從王征于方雷 / 其又(有)內(納)于師旂
5.2812 大(太)師小子師朢(望)曰: 不(丕)顯皇考宄公 / 師朢(望)其萬年
5.2813 嗣馬井伯右(佑)師奎父 / 王乎內史駒册命師奎父 / 師奎父其萬年
5.2817 王在周師彔宮 / 嗣馬共右(佑)師晨 / 王乎乍(作)册尹册命師晨: 疋(胥)師俗嗣邑人
5.2820 王各大(太)師宮 / 監㸚(豳)師戍
5.2826 魯覃京師
5.2830 王曰: 師訊 / 賜女(汝)玄衣黼(黼)屯(純)、赤芾、朱橫(黃衡)、䜌(鑾)旂、大(太)師金膺、攸(鋚)勒 / 休伯大(太)師肩(肩)𦔻 / 訊𥜽(蔑)曆伯大(太)師 / 䄇禕伯大(太)師武
5.2833 王迺命西六師、殷八師曰: 㲋(撲)伐噩(鄂)侯馭方 / 肄(肆)師彌宋(怵)匌匡(恇)/ 叀(惟)西六師、殷八師伐噩(鄂)侯馭方
5.2834 王〔迺〕命迺(西)六師、殷八師曰: 㲋(撲)伐噩(鄂)侯馭方 / 右(肄)師〔彌〕客(宋)叙(匌)匡 / 叀(惟)揚(西)六師、殷八師〔伐噩〕侯馭方
5.2835 廣伐京師 / 羞追于京師 / 羞追于京師 / 復奪京師之俘 / 迺曰武公曰: 女(汝)既靜(靖)京師 / 女(汝)靜(靖)京師
5.2836 克曰: 穆穆朕文祖師華父 / 巠(經)念厥聖保祖師華父 / 用乍(作)朕文祖師華父寶鬻彝
5.2837 古(故)喪師已(矣)
5.2841 雩(與)參有嗣、小子、師氏、虎臣
6.3545 仲師父乍(作)旅段
6.3573 師𩓣其乍(作)寶段
6.3633 大(太)師乍(作)孟姜䭫(饙)段
6.3682 大(太)師小子師朢乍(作)鬻彝
6.3703 同師乍(作)旅段
6.3705 師寏父乍(作)季姞寶尊段
6.3706 師寏父乍(作)叔姞寶尊段
6.3713 亞若癸受丁旅乙沚𠂤(師)
7.3753 仲師父乍(作)好旅段
7.3754 仲師父乍(作)好旅段
7.3892 師昊父乍(作)寶段
7.3914 大(太)師事(史)良父乍(作)寶段
7.4004 師趛父孫孫叔多父
7.4005 師趛父孫孫叔多父
7.4006 師趛父孫孫叔多父
7.4047 王令東宮追以六師之年
7.4068 牧師父弟叔㾓父御于君
7.4069 牧師父弟叔㾓父御于君
7.4070 牧師父弟叔㾓父御于君
7.4097 祝(兄)人師眉
7.4116 㝬(㝬)生(甥)智父師害及仲智 / 師害乍(作)文考尊段
7.4117 㝬(㝬)生(甥)智父師害及仲智 / 師害乍(作)文考尊段
8.4123 伯艿父事(使)𩁹犢(覿)尹人于齊師
8.4131 王在闌(管)師(次)
8.4144 弜師賜肄𡬠户𥉓貝
8.4154 師湯父有嗣仲枏父乍(作)寶段
8.4155 師湯父有嗣仲枏父乍(作)寶段
8.4191 迺自商師(次)復還至于周
8.4195 師黃賓(儐)蔴章(璋)一、馬兩
8.4196 師毛父即立(位)
8.4206 令師田父殷成周年 / 師田父令小臣傳非(緋)余(琜)/ 師田父令余嗣□官
8.4214 王征(誕)正師氏 / 王乎師朕賜師遽貝十朋
8.4216 王曰: 師旋
8.4217 王曰: 師旋
8.4218 王曰: 師旋
8.4238 伯懋父以殷八師征東尸(夷)/ 遣自𩁹師(次)/ 雩厥復歸在牧師(次)/ 賜師率征自五齵貝
8.4239 伯懋父以殷八師征東尸(夷)/ 遣自𩁹師(次)/ 雩厥復歸在牧師(次)/ 賜師率征自五齵貝
8.4240 曰: 令女(汝)疋(胥)周師嗣𢼸(廩)
8.4243 王在師嗣馬宮大室
8.4246 嗣僉啚(鄙)官(館)、內師舟
8.4247 嗣僉啚(鄙)官(館)、內師舟
8.4248 嗣僉啚(鄙)官(館)、內師舟
8.4249 嗣僉啚(鄙)官(館)、內師舟
8.4251 王在周師量宮 / 王乎師晨召(詔)大(太)師虘 / 王乎宰智賜大(太)師虘虎裘
8.4252 王在周師量宮 /

王乎師晨召(詔)大(太)師虘/王乎宰曶賜大(太)師虘虎裘
8.4253 井叔內(入)右(佑)師察/王乎尹氏册命師察：賜女(汝)赤舄、攸(鋚)勒/師察拜韻首
8.4254 井叔內(入)右(佑)師察/王乎尹氏册命師察：賜女(汝)赤舄、攸(鋚)勒/師察拜韻首
8.4257 燮(榮)伯內(入)右(佑)師耤(藉)/王乎內史尹氏册命師耤(藉)
8.4266 命女(汝)乍(作)斅(豳)師冢嗣馬
8.4273 卿(佮)斅(豳)茲師邦君射于大池
8.4274 同仲右(佑)師兑/王乎內史尹册令(命)師兑：疋(胥)師龢父/師兑其萬年
8.4275 同仲右(佑)師兑/王乎內史尹册令(命)師兑：疋(胥)師龢父/師兑其萬年
8.4276 王各于師戲大室
8.4277 在周師彔宮/嗣馬共右(佑)師俞/王乎乍(作)册內史册命師俞：䜌(纘)嗣𠈇人
8.4279 遅公入右(佑)師旋/王乎乍(作)册尹克册命師旋/左(佐)右(佑)師氏
8.4280 遅公入右(佑)師旋/王乎乍(作)册尹克册命師旋/左(佐)右(佑)師氏
8.4281 遅公入右(佑)師旋/王乎乍(作)册尹克册命師旋/左(佐)右(佑)師氏
8.4282 遅公入右(佑)師旋/王乎乍(作)册尹克册命師旋/左(佐)右(佑)師氏
8.4283 王在周師嗣馬宮/嗣馬井伯親右(佑)師瘨/王乎內史吳册令(命)師瘨/令(命)女(汝)官嗣邑人、師氏
8.4284 王在周師嗣馬宮/嗣馬井伯親右(佑)師瘨/王乎內史吳册令(命)師瘨/令(命)女(汝)官嗣邑人、師氏
8.4285 王在周師彔宮
8.4286 燮(榮)伯入右(佑)輔師嫠
8.4288 公族𤔲釐入右(佑)師酉/王乎史牆册命師酉：嗣(嗣)乃祖/師酉拜韻首
8.4289 公族𤔲釐入右(佑)師酉/王乎史牆册命師酉：嗣(嗣)乃祖/師酉拜韻首
8.4290 公族𤔲釐入右(佑)師酉/王乎史牆册命師酉：嗣(嗣)乃祖/師酉拜韻首
8.4291 公族𤔲釐入右(佑)師酉/王乎史牆册命師酉：嗣(嗣)乃祖/師酉拜韻首
8.4298 王乎吳(虞)師召(詔)大
8.4299 王乎吳(虞)師召(詔)大
8.4311 伯龢父若曰：師𣪕
8.4312 嗣工(空)液伯入右(佑)師顈/王乎內史遺册令(命)師顈/王若曰：師顈/師顈其萬年
8.4313 率齊師𠳋(紀)、𠧪(釐、萊)、僰/師寰虔不豕(墜)
8.4314 王若曰：師寰/率齊師、𠳋(紀)、釐(萊)、僰/師寰虔不豕(墜)
8.4316 井伯內(入)右(佑)師虎
8.4318 𩂣伯右(佑)師兑/王乎內史尹册令(命)師兑：余既令女(汝)疋(胥)師龢父/師兑拜韻首/師兑其萬年
8.4319 𩂣伯右(佑)師兑/王乎內史尹册令(命)師兑：余既令(命)女(汝)疋(胥)師龢父/師兑拜韻首/師兑其萬年
8.4321 先虎臣後庸：西門尸(夷)、秦尸(夷)、京尸(夷)、𠑹尸(夷)、師笭、側新(薪)、□華尸(夷)、弁豸尸(夷)、𠭯人、成周走亞、戍、秦人、降人、服尸(夷)
8.4322 在𩫖師(次)/或率有嗣、師氏奔追𨜒(攔)戎于𩿌(域)林
8.4324 宰琱生(甥)內(入)右(佑)師嫠/王乎尹氏册令(命)師嫠/王曰：師嫠/師嫠拜手韻首/師龢父𢦚(胙)嫠菽(素)芾
8.4325 宰琱生(甥)內(入)右(佑)師嫠/王乎尹氏册令(命)師嫠/王曰：師嫠/師嫠拜手韻首/師龢父𢦚(胙)嫠菽(素)芾
8.4341 王令吳(虞)伯曰：以乃師左比毛公/王令呂伯曰：以乃師右比毛父
8.4342 王若曰：師訇/王曰：師訇
8.4343 在師汓父宮
9.4348 師奐父乍(作)旅須(盨)
9.4349 師奐父乍(作)旅須(盨)
9.4354 大(太)師小子師望乍(作)𩰫彝
9.4394 伯大(太)師乍(作)旅盨
9.4395 伯大(太)師乍(作)旅盨
9.4397 仲大(太)師小

子休
9.4404 伯大(太)師釐乍(作)旅盨
9.4429 師趛乍(作)楷姬旅盨
9.4453 仲𠂤(師)父乍(作)季𡚒□寶尊盨
9.4462 王在周師彔宮
9.4463 王在周師彔宮
9.4465 唯用獻于師尹、倗友、聞(婚)遘(媾)
9.4466 王在永師田宮
9.4467 王若曰：師克
9.4468 王若曰：師克
9.4469 雩邦人、正人、師氏人/卑(俾)復虐逐厥君、厥師
9.4555 師麻孝叔乍(作)旅匡(筐)
9.4628 伯大(太)師小子伯公父乍(作)簠
9.4692 大(太)師虘乍(作)烝尊豆
10.5194 師獲乍(作)尊彝
10.5246 仲𠂤(師)父乍(作)旅彝
10.5373 叡□(霝)用乍(作)丁師彝
10.5411 稱從師雍父戍于古師(次)/對揚師雍父休
10.5416 在炎師(次)
10.5419 女(汝)其以成周師氏戍于咕(固)師(次)
10.5420 女(汝)其以成周師氏戍于咕(固)師(次)
10.5425 唯伯屖父以成師即東
11.5937 亞旅止乙受若癸𠂤(師)
11.5938 亞受旅乙祉若癸𠂤(師)乙
11.5995 師俞从/賜師俞金
11.6004 在炎師(次)
11.6007 □師耳對揚(揚)侯休
11.6008 爰從師雍父戍于咕(固)𠂤(次)之年
11.6011 王乎師豦召(詔)盠
11.6013 曰：用嗣六師、王行、參(叁)有嗣：嗣土(徒)、嗣馬、嗣工(空)/王令(命)盠曰：䫉(纘)嗣六師眔八師埶(藝)
11.6016 明公賜亢師鬯、金、小牛
12.6512 在成師
12.7187 𧗿(遣)𠂤(次)
12.7308 亞若癸乙𠂤(師)受丁祉旅
12.7309 亞若癸乙𠂤(師)受丁祉旅
14.8498 𠂤(師)父丁
15.9353 𠂤(次)父丁
15.9401 師轉乍(作)寶熒(鎣)
15.9410 仲𠂤(師)父乍(作)旅盉
15.9661 大(太)師小子師望乍(作)寶壺
15.9672 仲𠂤(師)父乍(作)卣壺/仲𠂤(師)父其用各(侑)
15.9673 寺工師初、丞拑、稟(廩)人莽
15.9685 左使車嗇夫孫固、工𠂤(師)賃
15.9706 邛(江)立(大、太)宰孫叔師父乍(作)行具
15.9725 伯大(太)師賜伯克僕卅夫
15.9726 乎師壽召(詔)癲
15.9727 乎師壽召(詔)癲
15.9728 乍(作)冢嗣土(徒)于成周八師
15.9733 殷王之孫、右師之子武叔曰庚/與台□覣師
15.9734 率師征郾(燕)
16.9886 亞若癸乙𠂤(師)受丁旅祉
16.9887 亞若癸乙𠂤(師)受丁旅祉
16.9897 師遽蔑曆/王乎宰利賜師遽瑚圭一、環(瑑)章(璋)四/師遽拜䭫首
16.9899 曰：用嗣六師王行、參有嗣：嗣土(徒)、嗣馬、嗣工(空)/王令(命)盠曰：䫉(纘)嗣六師眔八師埶(藝)
16.9900 曰：用嗣六師王行、參有嗣：嗣土(徒)、嗣馬、嗣工(空)/王令(命)盠曰：䫉(纘)嗣六師眔八師埶(藝)
16.9901 明公賜亢師鬯、金、小牛
16.10111 師寏父乍(作)季姬般(盤)
16.10138 曾師季𩊠(芾)用其士(吉)金
16.10158 冶師絅(紹)圣、差(佐)陳共爲之
16.10168 周師光守宮事/祼周師不(丕)䪢(丕)/守宮對揚周師釐
15.10169 疋(胥)備仲嗣六師服
16.10176 矢人有嗣眉(堳)田：鮮、且、微、武父、西宮襄、豆人虞丂、彔、貞、師氏右省、小門人繇、原人虞艿、淮嗣工(空)虎孛、開豐父、隹(鳿)人有嗣、刑丂
16.10248 叔㽙父乍(作)師姬寶也(匜)
16.10274 大(太)師子大孟姜
16.10285 女(汝)敢以乃師訟/乃師或以女(汝)告
16.10322 賜畀(鉃)師永厥田：滄(洽、陰)昜(陽)洛/疆眔師俗父田/厥眔公出厥命：井伯、焚(榮)伯、尹氏、師俗父、遣(遣)仲/公廼命酉嗣徒(徒)圅父、周人嗣工(空)屑、敝史、師氏、

邑人奎父、畢人師同
16.10342 冂(冪)宅京師
16.10361 攻(工)帀(師)俩鑄西墉寶鐳四秉
16.10369 衛𠂤(師)辛(？)巽嬰
16.10371 命左關師發敕(敕)成左關之䤭(釜)
16.10373 羅莫囂(敖)臧帀(師)、連囂(敖)屈走(让)
16.10385 命戍代、冶與、下庫工師孟、關師四人
16.10565 師高乍(作)寶尊段
17.10955 吕師(次)戈
17.10965 攻(工)師迦
17.11012 皿𠂤(次)寢戈
17.11182 工師戝(毀敗)
17.11219 郾(燕)侯庫(肇)乍(作)帀(師)萃鍨(戟)
17.11221 郾(燕)侯職㥢(悛、授)帀(師)萃鋸(戵)
17.11222 郾(燕)侯職乍(作)帀(師)萃鋸(戵)
17.11223 郾(燕)侯職乍(作)帀(師)萃鋸(戵)
17.11225 郾(燕)王職乍(作)帀(師)萃鋸(戵)
17.11269 州工師明、冶眥
17.11272 郾(燕)侯脮乍(作)帀(師)萃鍨鍨(戟)
17.11283 [illegible]工師□□、〔冶〕戠(截)
17.11291 邙(盲)命(令)羑、右庫工師鉢、冶□
17.11293 莆(蒲)子□□硞、工師畕、冶□
17.11294 咸陽工師葉、工武
17.11297 工師積
17.11298 州□□□忿(忺)、工師橨桼(漆)、丞造
17.11299 郚(梧)命(令)垠、右工師齒、冶良
17.11300 褱庫□工師乙□、〔冶〕□明
17.11301 下丘嗇夫□、工師[illegible]、冶系
17.11302 高都命(令)陳鶬(鴿、㩲)、工師冶勳(勝)
17.11303 高都命(令)陳鶬(鴿、㩲)、工師冶勳(勝)
17.11306 啟[illegible](封)妗(令)癕、工師鈐、冶者
17.11312 業(鄴)𨛭(令)采(裼)、左庫工師臣、冶山
17.11313 [illegible](甾)丘命(令)癕、工師舶、冶淂
17.11314 皇陽命(令)强𢧐、工師痯𦳣(黜)、冶才
17.11315 皇陽命(令)强𢧐、工師痯𦳣(黜)、冶才
17.11316 四年命(令)韓誁、宜陽工師敊(播)悎、冶庶
17.11317 𡍼(附)余(魚)命(令)韓譙、工師罕(罕)瘠(瘳)、冶陽(埽)
17.11318 𡍼(附)余(魚)命(令)韓譙、工師罕(罕)瘠(瘳)、冶陽(埽)
17.11319 𡍼(附)余(魚)命(令)韓譙、工師罕(罕)瘠(瘳)、冶竈
17.11320 屏命(令)肖(趙)𨌲、下庫工師□、冶□
17.11321 邨(頓)丘命(令)燮、左工師晢、冶夢
17.11322 侖(綸)氏命(令)韓化、工師榮[illegible](原)、冶㥯(謀)
17.11323 [illegible](兹)氏命(令)吳庶、下庫工師長武
17.11324 陽春嗇夫維、工師敫(操)、冶䚡
17.11327 格氏命(令)韓貴、工師亘公、冶[illegible]
17.11328 奠(鄭)命(令)韓□、右庫工師駱雁
17.11330 大梁左庫工師丑、冶刃(刃)
17.11332 屬邦工師㦸、丞□、工□
17.11335 邘命(令)𨌲庶、上庫工師郾□、冶氏𦘺(髾)
17.11336 奠(鄭)命(令)韓熙、右庫工師司馬鴟、冶狄
17.11337 命(令)司寇書、右庫工師啓向、冶厮
17.11338 工師奠(鄭)恙、冶敚(微)
17.11341 咎(高)奴曹命(令)壯罌、工師賙疾、冶問
17.11342 雍工師葉
17.11343 盲命(令)司馬伐、右庫工師高厘、冶□
17.11344 盲(芒)命(令)□輅、左庫工師叔新(梁)掃、冶小
17.11345 亲(新)城大命(令)韓定、工師宋費、冶褚
17.11347 □陽命(令)𢦏戲、工師北宮(宮)壘、冶黄
17.11348 𦒷(龔)𨛭(令)思、左庫工師長史𤖒、冶數近
17.11349 𦒷(龔)𨛭(令)思、左庫工師長史𤖒、冶數近
17.11351 喜倫(令)韓

䑳、左庫工𠂤司馬裕、冶何
17.11354 鈖匋命(令)富反、下庫工𠂤王豈、冶禽
17.11355 肖(趙)命(令)甘(邯)丹(鄲)𢓊(偉)、右庫工𠂤翌(翊)綤(紹)、冶倉敀(造)(?)
17.11356 郙险(陰)命(令)萬爲、右庫工𠂤莧(䚷)、冶豎
17.11357 奠(鄭)命(令)韓熙、右庫工𠂤事(吏)喿(裼)、冶□
17.11359 西工𠂤旬、丞冡、隸臣□
17.11360 郚埨(令)夜㑅(胍)、上庫工𠂤□□、冶闒(閭)
17.11363 漆垣工𠂤爽、工更長猗
17.11364 宗子攻(工)正明我、左工𠂤𠃌許、馬重(童)丹所爲
17.11366 垏(型、邢)倫(令)吳㳄(次)、上庫工𠂤宋艮、冶屖敎(撻)齋(劑)
17.11367 左工𠂤齊、丞䀟、工牲
17.11368 東工𠂤宦、丞耒、工𢀖
17.11369 工𠂤痻、丞□、工城旦王(?)
17.11370 啚(圖)工𠂤稓(藉)、丞秦、〔工〕隸臣庚
17.11371 奠(鄭)命(令)幽□恒、司寇彭璋、武庫工𠂤車啞、冶狃
17.11372 奠(鄭)倫(令)韓恙(恙)、司寇敊(扶)裕、右庫工𠂤張阪、冶贛
17.11373 奠(鄭)命(令)䑢□、司寇敊(扶)裕、左庫工𠂤吉忘、冶緄
17.11374 漆工𠂤豬、丞㧊、工隸臣積
17.11375 馬雍命(令)事(吏)吳、武庫工𠂤奭信、冶祥造
17.11382 𡑷倫(令)䑢腾、司寇奠(鄭)㝔、左庫工𠂤器輆(較)、冶□敳(造)
17.11384 奠(鄭)倫(令)韓半、司寇長朱、武庫工𠂤𢎘恙、冶肙(尹)敀(拔)敳(造)
17.11385 奠(鄭)倫(令)韓夌、司寇長朱、右庫工𠂤皂高、冶肙(尹)𢒷敳(造)
17.11386 奠(鄭)倫(令)公先豈(幼)、司寇事(吏)陜、右庫工𠂤皂高、冶肙(尹)□敳(造)
17.11387 奠(鄭)倫(令)肖(趙)距、司寇王唐、武庫工𠂤鑄章、冶狃
17.11388 奠(鄭)倫(令)肖(趙)距、司寇彭璋、右庫工𠂤陳坪、冶贛
17.11389 奠(鄭)倫(令)肖(趙)距、司寇彭璋、往庫工𠂤皇隹、冶痻
17.11390 邦府大夫肖(趙)閔、邦上庫工𠂤韓山、冶㓁敎(撻)齋(劑)
17.11391 相邦肖(趙)狐、邦左庫工𠂤鄭哲、冶匜□敎(撻)齋(劑)
17.11394 咸陽工𠂤田、工大人耆、工積
17.11397 奠(鄭)倫(令)公先豈(學、幼)、司寇向□、左庫工𠂤百慶、冶肙(尹)□敳(造)
17.11398 奠(鄭)倫(令)棺(槨、郭)涵、司寇肖(趙)它、往庫工𠂤皮耴、冶肙(尹)啟
17.11404 漆垣工𠂤爽、工更長猗
17.11405 漆垣工𠂤爽、丞𦑺、冶工隸臣猗
17.11406 高奴工𠂤竈、丞申、工鬼薪詘
18.11545 邦司寇富勳、上庫工𠂤戎閔、冶朓
18.11546 宅陽命(令)隅鐙、右庫工𠂤夜痃(痓)、冶趄敳(造)
18.11549 邦司寇野茀(茀)、上庫工𠂤司馬癳、冶督
18.11551 奠(鄭)倫(令)向佃、司寇䨞(露)商、武庫工𠂤鑄章、冶狃
18.11552 奠(鄭)倫(令)棺(槨、郭)涵、司寇芋慶、往庫工𠂤皮耴、冶肙(尹)貞敳(造)
18.11553 奠(鄭)命(令)韓半、司寇長(張)朱、左庫工𠂤昜(陽)𤗼(㑣)、冶肙(尹)弜敳(摺、造)
18.11554 奠(鄭)倫(令)公先豈(幼)、司寇史陉(隋)、左庫工𠂤倉慶、冶肙(尹)弜(彊)敳(造)
18.11555 奠(鄭)倫(令)棺(槨、郭)涵、司寇肖(趙)它、往庫工𠂤皮耴、冶肙(尹)波(坡)
18.11556 相邦春平侯、邦右庫工𠂤肖(趙)痓、冶韓開敎(撻)齋(劑)
18.11557 相邦春平侯、邦左伐器工𠂤長瞿(鳳)、冶粎(粉)敎(撻)齋(劑)
18.11558 相邦春平侯、邦左庫工𠂤長瞿(鳳)、冶𠣘(匀)敎(撻)齋(劑)
18.11559 奠(鄭)倫(令)棺(槨、郭)涵、司寇芋慶、左庫工𠂤邙

斪、冶肴(尹)弜(彊)散(造)
18.11560 奠(鄭)命(令)棺(槨、郭)涿、司寇肖(趙)它、往庫工師皮耴、冶肴(尹)波(坡)散(造)
18.11561 閔倫(令)肖(趙)狽、下庫工師馭石、冶人參所鑄鈷户者
18.11562 安陽倫(令)韓壬、司刑欣(哷)鮲、右庫工師芰(脊)固、冶躯散(造)戟束(刺)
18.11563 奠(鄭)倫(令)棺(槨、郭)涿、司寇芋慶、往庫工師皮耴、冶肴(尹)波(坡)散(造)戟束(刺)
18.11564 截(截)雍倫(令)韓匡、司寇判它、左庫工師刑秦、冶汞(湯)散(撍、造)戟束(刺)
18.11565 襄田倫(令)夆(舉)名、司寇麻維、右庫工師甘(邯)丹(鄲)飥、冶向散(造)
18.11619 相邦建信〔君〕☐工師☐
18.11635 相邦建信君、邦右庫☐☐工師吳瘂(瘠)、冶疕教(撻)齋(劑)
18.11652 高都命(令)陳鷏(鴿)、工師冶勳
18.11657 垩(型、邢)肖、下庫工師孫臾(烛)、冶湈教(撻)齋(劑)
18.11660 往☐倫(令)王㝯、右庫工師杢(埶、廉)生、冶参教(撻)齋(劑)
18.11661 隰倫(令)棺(槨、郭)唐、下庫工師孫屯、冶沽教(撻)齋(劑)
18.11662 相邦春平侯☐伐器工師☐☐、冶☐
18.11669 攸倫(令)肖(趙)世、上庫工師樂星、冶朗(影)教(撻)齋(劑)
18.11670 守相杢(埶、廉)波(頗)、右庫工師慶☐、冶巡教(撻)齋(劑)
18.11671 安平守變疾、左庫工師賦(戥)皙、冶余教(撻)齋(劑)
18.11672 垩(型、邢)疫命(令)邦乙、下庫工師孫屏、長缶、冶浊齋(劑)
18.11673 南行昜(唐)倫(令)眲(瞿)卯、右庫工師司馬郃、冶得教(撻)齋(劑)
18.11674 南行昜(唐)倫(令)眲(瞿)卯、右庫工師司馬郃、冶得教(撻)齋(劑)
18.11675 武信倫(令)馬師闐(間)、右庫啟工師粤秦、冶瘀教(撻)齋(劑)
18.11676 邦司寇肖(趙)新、邦右庫工師下足、冶巡教(撻)齋(劑)
18.11677 相邦建信君、邦右庫工師郪叚、冶肴(尹)秖教(撻)齋(劑)
18.11678 相邦建信君、邦左庫工師郪叚、冶肴(尹)秖教(撻)齋(劑)
18.11679 相邦建信君、邦左庫工師郪叚、冶肴(尹)肉教(撻)齋(劑)
18.11680 相邦建信君、邦左庫工師郪叚、冶肴(尹)匩教(撻)齋(劑)
18.11681 相邦建信君、邦左庫工師郪叚、冶肴(尹)月(明)教(撻)齋(劑)
18.11682 相邦春平侯、邦左庫工師肖(趙)痻、冶事(吏)開教(撻)齋(劑)
18.11683 相邦春平侯、邦左庫工師肖(趙)痻、冶事(吏)開教(撻)齋(劑)
18.11684 相邦春平侯、邦左庫工師☐☐☐、冶馬齋(劑)
18.11685 得工嗇夫杜相女(如)、左得工工師韓段、冶肴(尹)朝教(撻)齋(劑)
18.11686 邦司寇馬悆、迀(下)庫工師得尚、冶肴(尹)曨半舒教(撻)齋(劑)
18.11687 相邦建信君、邦左庫工師塚旅、冶肉教(撻)齋(劑)
18.11688 相邦春平侯、邦左庫工師肖(趙)痻、冶肴(尹)五月教(撻)齋(劑)
18.11689 相邦春平侯、邦左伐器工師長翟(鳳)、冶赦教(撻)齋(劑)
18.11690 相邦春平侯、邦左伐器工師長翟(鳳)、冶明教(撻)齋(劑)
18.11691 相邦春平侯、邦左伐器工師長翟(鳳)、冶句教(撻)齋(劑)
18.11693 奠(鄭)命(令)棺(槨、郭)涿、司寇肖(趙)它、往庫工師皮耴、冶肴(尹)啟散(造)
18.11694 春平相邦鄗(晉)得、邦右庫工師䍐(瞖)輅徒、冶臣成教(撻)齋(劑)
18.11695 相邦建信君、邦右庫韓叚、工師爿瘂、冶息教(撻)齋(劑)
18.11699 相邦春平侯、邦左伐器工師☐☐☐

□、冶叵敎(撻)齋(劑)

18.11700 守相杢(𣃷、廉)波(頗)、邦右庫工師韓亥、冶巡敎(撻)齋(劑)

18.11701 守相杢(𣃷、廉)波(頗)、邦右庫工師韓亥、冶巡敎(撻)齋(劑)

18.11702 守相杢(𣃷、廉)波(頗)、邦左庫工師采隅、冶句敎(撻)齋(劑)

18.11705 南行昜(唐)倫(令)瞿(瞿)卯、右庫工師司馬郃、冶君(尹)㐌得敎(撻)齋(劑)(?)

18.11706 相邦建信君、邦左庫工師郾叚、冶君(尹)㐌敎(撻)齋(劑)

18.11707 相邦春平侯、邦左庫工師長身、冶䆗瀌敎(撻)齊(劑)

18.11708 相邦春平侯、邦右庫工師�㐌、冶巡敎(撻)齋(劑)

18.11709 相邦春平侯、邦右伐器工師羊敹(播)、冶疢敎(撻)齋(劑)

18.11710 相邦春平侯、左伐器𢍭工師析論、冶㢴敎(撻)齋(劑)

18.11712 相邦陽安君、邦右庫工師史笶胡、冶事(吏)痀敎(撻)齋(劑)

18.11713 相邦春平侯、邦左伐器工師長瞿(鳳)、冶句敎(撻)齋(劑)

18.11714 相邦春平侯、邦左伐器工師長瞿(鳳)、冶句敎(撻)齋(劑)

18.11715 相邦春平侯、邦右伐器工師從訬、冶巡敎(撻)齋(劑)

18.11716 相邦春平侯、邦左伐器工師長瞿(鳳)、冶匡敎(撻)齋(劑)

18.11717 相邦建信君、邦右庫工師司馬郃、冶得㐌敎(撻)齋(劑)

18.11838 衛師昜(鍚)

18.11839 衛師昜(鍚)

18.11858 非師昜(鍚)

18.11859 衛師昜(鍚)

18.11862 師紿

18.12110 大司馬卲(昭)𨛭(陽)敗晉師於襄陵之歲

18.12111 大司馬卲(昭)𨛭(陽)敗晉師於襄陵之歲

18.12112 大司馬卲(昭)𨛭(陽)敗晉師於襄陵之歲

18.12113 大司馬卲(昭)𨛭(陽)敗晉師於襄陵之歲

2943 帀(師)

11.5986 隮(睦)從公帀(師、次)䀈

2944 皀、師(次)

3.949 在噩(鄂)師師(次)

3.1244 皀(師)

5.2648 子賜小子䍙(睘)王商(賞)貝在𠂤(兟)師(次)

5.2709 在𤉡師(次)

5.2785 王在寒師(次)

10.5318 皀(師)丞乍(作)文父丁尊彝

10.5395 在𩐋(掭)師(次)

11.6264 皀(師、次)父丁

15.9353 皀(次)父丁

15.9533 皀(次)

16.10174 毋敢不即師(次)

2945 司

1.260 我唯司(嗣)配皇天

1.272-8 𠜱伐夏司

1.285 𠜱伐夏司

3.825 司娉

4.1706 司母戊

4.1707 司母辛

4.1708 司母辛

4.2433 龏姛商(賞)賜貝于司

4.2434 龏姛商(賞)賜貝于司

5.2609 大梁司寇肖(趙)亡智鑄

5.2610 大梁司寇肖(趙)亡智鑄

5.2773 眂(視)事司馬㰟、冶王石

5.2825 用乍(作)寴司貯

5.2826 晉姜曰:余唯司(嗣)朕先姑君晉邦

5.2841 司余小子弗彶(及)

8.4242 叔向父禹曰:余小子司(嗣)朕皇考

8.4294 罘𤔲工(空)司(事)

8.4343 以今䚷(簎)司匐(服)厥辠(罪)㕓(厥)故(辜)

10.5404 帝司賞庚姬貝卅朋、𨑨(貸)絲廿寽(鋝)

11.5538 司娉

11.5539 司娉

11.5680 司娉癸

11.5681 司娉癸

11.5997 帝司(姛)賞庚姬貝卅朋、𨑨(貸)絲廿寽(鋝)

12.6880 司娉

12.6881 司娉

12.6882 司娉

12.6883 司娉

12.6884 司娉

12.6885 司娉

12.6886 司娉

12.6887 司娉

12.6888 司娉

12.6889 司娉

12.6890 司𢒋(𠂔、𢷎)

13.8271 竹司

14.8743 司娉

14.8744 司娉

14.8745 司娉
14.8746 司娉
14.8747 司娉
14.8748 司娉
14.8749 司娉
14.8750 司娉
14.8751 司娉
15.9222 司娉
15.9223 司娉
15.9280 司母辛
15.9281 司母辛
15.9510 司娉
15.9511 司娉
15.9734 或得貿(賢)犺(獇、佐)司馬賙(貯)/唯司馬賙(貯)訢諮戰(僤)忞(怒)
16.10175 上帝司蝘(擾)尢保
16.10321 司寮女寮:奚、微、華
16.10345 司母辛
16.10346 司娉
16.10385 司馬成公朙(影)𢻱(𩜰)事
16.10583 永台(以)馬母□□司乘
17.11059 乍(作)御司馬
17.11131 司馬朢之告(造)鈛(戈)
17.11205 朕(滕)司徒□之戈
17.11236 郾(燕)王職乍(作)御司馬
17.11278 郾(燕)王喜慭(悛、授)御司馬鍨(戣)
17.11305 郾(燕)王詈慭(悛、授)行義(議、儀)自𢆶司馬鉘(戟)
17.11336 奠(鄭)命(令)韓熙、右庫工師司馬鴡、冶狄
17.11337 命(令)司寇書、右庫工師厝向、冶厮
17.11343 亩命(令)司馬伐、右庫工師高厓、冶□
17.11351 喜倫(令)韓䑃、左庫工師司馬裕、冶何
17.11371 奠(鄭)命(令)幽□恒、司寇彭璋、武庫工師車啞、冶狃
17.11372 奠(鄭)倫(令)韓恙(恙)、司寇敊(扶)裕、右庫工師張阪、冶贛
17.11373 奠(鄭)命(令)艈□、司寇敊(扶)裕、左庫工師吉忘、冶緦
17.11382 㝬倫(令)艈膌、司寇奠(鄭)䜭、左庫工師器較(較)、冶□敳(造)
17.11384 奠(鄭)倫(令)韓半、司寇長朱、武庫工師巛恙、冶君(尹)敚(披)敳(造)
17.11385 奠(鄭)倫(令)韓麦、司寇長朱、右庫工師皂高、冶君(尹)竭敳(造)
17.11386 奠(鄭)倫(令)公先豐(幼)、司寇事(吏)䧁、右庫工師皂高、冶君(尹)□敳(造)
17.11387 奠(鄭)倫(令)肖(趙)距、司寇王䐅、武庫工師鑄章、冶狃
17.11388 奠(鄭)倫(令)肖(趙)距、司寇彭璋、右庫工師陳坪、冶贛
17.11389 奠(鄭)倫(令)肖(趙)距、司寇彭璋、往庫工師皇佳、冶瘖
17.11397 奠(鄭)倫(令)公先豐(學、幼)、司寇向□、左庫工師百慶、冶君(尹)□敳(造)
17.11398 奠(鄭)倫(令)棺(槨、郭)涾、司寇肖(趙)它、往庫工師皮耴、冶君(尹)啟
18.11545 邦司寇富勅、上庫工師戎閔、冶脁
18.11549 邦司寇野弟(茀)、上庫工師司馬瘲、冶督
18.11551 奠(鄭)倫(令)向佃、司寇雩(露)商、武庫工師鑄章、冶狃
18.11552 奠(鄭)倫(令)棺(槨、郭)涾、司寇芋慶、往庫工師皮耴、冶君(尹)貞敳(造)
18.11553 奠(鄭)命(令)韓半、司寇長(張)朱、左庫工師易(陽)槗(俩)、冶君(尹)弜敳(揰、造)
18.11554 奠(鄭)倫(令)公先豐(幼)、司寇史陉(隋)、左庫工師倉慶、冶君(尹)弜(彯)敳(造)
18.11555 奠(鄭)倫(令)棺(槨、郭)涾、司寇肖(趙)它、往庫工師皮耴、冶君(尹)皷(坡)
18.11559 奠(鄭)倫(令)棺(槨、郭)涾、司寇芋慶、左庫工師𨸏近、冶君(尹)弜(彯)敳(造)
18.11560 奠(鄭)命(令)棺(槨、郭)涾、司寇肖(趙)它、往庫工師皮耴、冶君(尹)皷(坡)敳(造)
18.11562 安陽倫(令)韓壬、司刑欣(听)鉩、右庫工師艾(䒨)固、冶㼈敳(造)戟朿(刺)
18.11563 奠(鄭)倫(令)棺(槨、郭)涾、司寇芋慶、往庫工師皮耴、冶君(尹)皷(坡)敳(造)戟朿(刺)
18.11564 戠(截)雍倫(令)韓匡、司寇判它、左庫工師刑秦、冶𢒚(裼)敳(揰、造)戟朿(刺)

18.11565 襄田倫(令)夆(舉)名、司寇麻維、右庫工師甘(邯)丹(鄲)飪、冶向敳(造)
18.11673 南行昜(唐)倫(令)朋(瞿)卯、右庫工師司馬卻、冶得敎(撻)齋(劑)
18.11674 南行昜(唐)倫(令)朋(瞿)卯、右庫工師司馬卻、冶得敎(撻)齋(劑)
18.11676 邦司寇肖(趙)新、邦右庫工師下足、冶巡敎(撻)齋(劑)
18.11686 邦司寇馬隥、迀(下)庫工師得尚、冶君(尹)曠半舒敎(撻)齋(劑)
18.11693 奠(鄭)命(令)棺(槨、郭)涵、司寇肖(趙)它、往庫工師皮耴、冶君(尹)啟敳(造)
18.11705 南行昜(唐)倫(令)朋(瞿)卯、右庫工師司馬卻、冶君(尹)砝得敎(撻)齋(劑)(?)
18.11717 相邦建信君、邦右庫工師司馬卻、冶得砝敎(撻)齋(劑)
18.11741 司嫂
18.11909 庚(唐)都司馬
18.12031 齊司馬郤右
18.12110 大司馬卲(昭)鄒(陽)敗晉師於襄陵之歲
18.12111 大司馬卲(昭)鄒(陽)敗晉師於襄陵之歲
18.12112 大司馬卲(昭)鄒(陽)敗晉師於襄陵之歲
18.12113 大司馬卲(昭)鄒(陽)敗晉師於襄陵之歲

2946 詞

15.9700 宗詞客敬爲陘(禋)壺九

2947 后

3.936 王后中官
4.2097 王后左和室
4.2360 王后左和室 / 王后左和室
16.10298 虔敬乃后
16.10299 虔敬乃后
16.10478 王后堂方二百乇(尺)/ 眂(視)忞(寧)后 / 忞(寧)后堂方二百乇(尺)/ 丌(其)葬桓(棺)中桓(棺)眂(視)忞(寧)后 / 葬桓(棺)中桓(棺)眂(視)忞(寧)后
18.12026 大(太)后公(宮)

2948 听、启

17.11183 谷听戠(造)銭(戈)□

2949 示、▼、▼

2.429 余以共旒示□帝(嫡)庶子
4.2368 示己、祖丁、父癸
10.4797 ▼(示)
10.5265 祖丁、示己、父癸
13.7999 示甲
14.8785 亞干示

2950 礼

2.429 余以倉(會)同生(姓)九礼

2951 祀(祉)

1.271 用享考(孝)于皇祖聖叔、皇祀(妣)聖姜 / 于皇祖又成惠叔、皇祀(妣)又成惠姜

2952 祀

1.83 唯王五十又六祀
1.85 唯王五十又六祀
1.102 用敬恤盟祀
1.157 唯廿又再祀
1.158 唯廿又再祀
1.159 唯廿又再祀
1.160 唯廿又再祀
1.161 唯廿又再祀
1.182 以敬盟祀
1.203 惠于明(盟)祀
1.245 台(以)恤其祭祀盟祀
1.247 用追孝、盩(敦)祀、卲各樂大神
1.248 用追孝、盩(敦)祀、卲各樂大神
1.249 用追孝、盩(敦)祀、卲各樂大神
1.250 用追孝、盩(敦)祀、卲各樂大神
1.262-3 余夙夕虔敬朕祀
1.264-6 余夙夕虔敬朕祀
1.267 余夙夕虔敬朕祀
1.268 余夙夕虔敬朕祀
1.269 余夙夕虔敬朕祀
1.270 虔敬朕祀
2.358 唯王五祀
2.429 永祀是捐
5.2532 其萬年用㝬祀
5.2602 郜伯祀乍(作)善(膳)貞(鼎)
5.2653 缶用乍(作)享大(太)子乙家祀尊
5.2766 余敢敬明(盟)祀
5.2782 永用瘗(煙、禋)祀
5.2811 敬厥盟祀
5.2830 唯王八祀正月
5.2832 唯王五祀
5.2837 有髭(祡)烝祀無敢醴 / 唯王廿又三祀
5.2838 曶其萬年用祀
5.2839 唯王廿又五祀
7.3979 大牢其萬年祀厥取(祖)考
8.4144 唯王廿祀
8.4170 其盩(敦)祀大神
8.4171 其盩(敦)祀大神
8.4172 其盩(敦)祀大神
8.4173 其盩(敦)祀大

神
8.4174 其盭(敦)祀大神
8.4175 其盭(敦)祀大神
8.4176 其盭祀大神
8.4177 其盭(敦)祀大神
8.4208 唯王十又四祀/孫孫子子萬年用享祀
8.4214 唯王三祀四月
8.4261 王祀于天室/衣祀于王不(丕)顯考文王/不(丕)克乞(訖)衣(殷)王祀
8.4315 虔敬朕祀
8.4317 唯王十又二祀
8.4321 唯王十又七祀
9.4644 拍乍(作)朕配平姬墉宮祀彝/絟(繼)毋呈(埕)用祀
9.4694 以祀皇祖
9.4695 以祀皇祖
10.5375 女(汝)子母庚宓(閟)祀尊彝
10.5397 唯王九祀
10.5412 唯王二祀
10.5413 唯王四祀
10.5414 唯王六祀
10.5415 迨(會)王大祀
10.5430 公彭祀/公啻(禘)彭辛公祀
11.5990 唯王十祀又五
11.6002 唯王十又九祀
11.6003 迨(會)王大祀
11.6014 唯王五祀
11.6015 彭祀
12.6516 唯王二祀
14.9105 唯王廿祀
15.9249 唯王六祀
15.9303 唯王十又九祀
15.9551 王七祀
15.9708 用祀用鄉(饗)
15.9718 用禋祀于茲宗室
15.9734 鄉(饗)祀先王/憙祇丞(烝)祀
15.9735 以祀先王/乏其先王之祭祀
16.9894 唯王十祀
16.9895 唯王十又九祀
16.9898 唯王二祀
16.10166 唯王卅又四祀
16.10175 義(宜)其禋(禋)祀
16.10297 以祀皇祖
16.10583 祇敬禞祀

2953 𥘵

5.2623 集脰(廚)𥘵鼎

2954 社、袿

5.2840 使智(知)社禝之賃(任)/社禝其庶虖(乎)/身勤社禝行四方/忎(恐)隕社禝之光

2955 礿(禴)

5.2763 征(延)礿絜(縮)二母

2956 祈、旂、誓、旂

1.59 用祈眉壽
1.86 敓(掠)用祈眉壽多福(福)
1.103 乃用祈匃多福
1.105 用祈康𦤎、屯(純)魯
1.141 用祈屯(純)魚(魯)、永令(命)
1.143 用祈多福
1.156 乍(作)□曰:自祈□曰
1.187-8 用祈匃康𦤎、屯(純)右(祐)、綽綰、通彔(祿)
1.189-90 用祈匃康𦤎、屯(純)右(祐)、綽綰、通彔(祿)
1.193 用祈眉壽繁釐
1.194 用祈眉壽繁釐
1.195 用祈眉壽繁釐
1.196 用祈眉壽繁釐
1.197 用祈眉壽繁釐
1.198 用祈眉壽繁釐
1.225 以祈眉壽
1.226 以祈眉壽
1.227 以祈眉壽
1.228 以祈眉壽
1.229 以祈眉壽
1.230 以祈眉壽
1.231 以祈眉壽
1.232 以祈眉壽
1.233 以祈眉壽
1.234 以祈眉壽
1.235 以祈眉壽
1.236 以祈眉壽
1.237 以祈眉壽
1.261 用祈眉壽
1.271 用祈侯氏永命/用祈壽老毋死
2.350 用祈眉壽無疆
2.351 用祈眉壽無疆
2.352 用祈眉壽無疆
2.353 用祈眉壽無疆
2.354 用祈眉壽無疆
2.355 用祈眉壽無疆
2.356 用祈福(福)貫、〔多〕壽、每(誨)魯
2.357 用祈福(福)貫、多壽、每(誨)魯
2.421 用祈萬壽
2.422 用祈萬壽
3.947 用祈眉壽
5.2646 用祈眉壽無疆
5.2669 用祈眉壽
5.2738 用祈眉壽
5.2762 用祈匃眉壽、永令(命)、靁(靈)冬(終)
5.2768 用祈多福
5.2769 用祈多福
5.2770 用祈多福
5.2777 尊鼎用祈匃百彔(祿)、眉壽、綰綽、永令(命)
5.2811 用祈眉壽
5.2825 用祈匃眉壽、綽綰、永令(命)、霝(靈)冬(終)
5.2826 晉姜用祈綽綰、眉壽
5.2827 用追孝祈匃康𦤎、屯(純)右(祐)、通彔(祿)、永令(命)
5.2828 用追孝祈匃康𦤎、屯(純)右(祐)、通彔(祿)、永令(命)
5.2829 用追孝祈匃康𦤎、屯(純)右(祐)、通彔(祿)、永令(命)
7.3920 用祈邁(萬)壽
7.3943 伯祈乍(作)文考幽仲尊毁/祈其萬

年寶
7.4018 旂眉壽
7.4061 用旂眉壽、魯休
7.4073 唯用旂棄(祓)邁(萬)年
7.4107 用旂眉壽
8.4124 旂匄眉壽
8.4154 用旂眉壽
8.4155 用旂眉壽
8.4168 用旂眉壽
8.4182 旂匄康𩁹、屯(純)右(祐)、通彔(祿)、永令(命)
8.4219 用旂匄眉壽、永令(命)
8.4220 用旂匄眉壽、永令(命)
8.4221 用旂匄眉壽、永令(命)
8.4222 用旂匄眉壽、永令(命)
8.4223 用旂匄眉壽、永令(命)
8.4224 用旂匄眉壽、永令(命)
8.4245 用旂萬年眉壽
8.4331 用旂屯(純)彔(祿)、永命
8.4332 用追孝、旂匄康𩁹、屯(純)右(祐)、通彔(祿)、永令(命)
8.4333 用追孝旂匄康𩁹、屯(純)右(祐)、通彔(祿)、永令(命)
8.4334 用追孝旂匄康𩁹、屯(純)右(祐)、通彔(祿)、永令(命)
8.4335 用追孝旂匄康𩁹、屯(純)右(祐)、通彔(祿)、永令(命)
8.4336 用追孝旂匄康𩁹、屯(純)右(祐)、通彔(祿)、永令(命)
8.4337 用追孝旂匄康𩁹、屯(純)右(祐)、通彔(祿)、永令(命)
8.4338 用追孝旂匄康𩁹、屯(純)右(祐)、通彔(祿)、永令(命)
8.4339 用追孝旂匄康𩁹、屯(純)右(祐)、通彔(祿)、永令(命)
9.4436 用旂眉壽屯(純)魯
9.4593 用旂眉壽無疆
9.4597 用旂眉壽
9.4603 用旂眉壽無疆
9.4604 用旂眉壽無疆
9.4606 用旂眉壽
9.4607 用旂眉壽
9.4615 用旂眉考(老)無疆
9.4617 以旂眉壽
9.4693 用旂眉壽
10.5100 亞㝬皇旂
15.9694 用旂眉壽
15.9695 用旂眉壽
15.9708 用旂眉壽
15.9713 用旂匄眉壽
15.9716 用旂多福、眉壽
15.9717 用旂多福、眉壽
15.9731 用追孝旂匄康𩁹、屯(純)右(祐)、通彔(禄)、永令(命)
15.9732 用追孝旂匄康𩁹、屯(純)右(祐)、通彔(禄)、永令(命)
16.7360 用旂眉壽
16.9974 用旂眉壽
16.9979 用旂眉壽
16.9982 用旂眉壽
16.10006 用旂眉壽無疆
16.10007 用旂眉壽無疆
16.10129 用旂眉壽
16.10138 用旂福(福)無疆
16.10144 用旂眉壽無疆
16.10151 台(以)旂眉壽
16.10153 用旂眉壽
16.10157 用旂眉壽
16.10159 用旂眉壽
16.10160 用旂眉壽
16.10162 用旂眉壽
16.10165 用旂眉壽
16.10274 用旂眉壽
16.10279 用旂眉壽
16.10283 用旂眉壽
16.10284 用旂眉壽
16.10319 用旂眉壽無疆

2957 袚(祐)

10.5415 袚(宥)于周
11.6003 袚(宥)于周

2958 祺

7.4041 禽祺/禽又(有)敐(振)祺

2959 祝

1.125-8 齊(齋)休祝成
1.129-31 齊(齋)休祝成
1.144 自祝(鑄)禾(龢)玆(聯)翟(鑃)
4.1937 大(太)祝禽鼎
4.1938 大(太)祝禽鼎
5.2705 祝(兄)人師眉𦣞王爲周客
5.2839 祝征(延)☐邦賓
7.4097 祝(兄)人師眉
8.4267 王命尹册命申:更乃祖考疋(胥)大(太)祝/官嗣豐人眔九盩祝
8.4296 右(佑)祝鄭/賏(纘)五邑祝
8.4297 右(佑)祝鄭/賏(纘)五邑祝
11.6273 祝父己
15.9455 即井伯、大(太)祝射

2960 神

1.246 義(宜)文神
1.247 用追孝、𢽺(敦)祀、卲各樂大神/大神其陟降嚴祜
1.248 用追孝、𢽺(敦)祀、卲各樂大神/大神其陟降嚴祜
1.249 用追孝、𢽺(敦)祀、卲各樂大神/大神其陟降嚴祜
1.250 用追孝、𢽺(敦)祀、卲各樂大神/大神其陟降嚴祜
1.251-6 義(宜)文神
1.260 唯皇上帝、百神

保余小子
2.356 用喜(饎)樂文神、人
2.357 用喜(饎)樂文神、人
2.429 其神其臭
5.2821 用享孝于文神
5.2822 用享孝于文神
5.2823 用享孝于文神
5.2836 顯(景)孝于神
7.4021 其用各百神
7.4022 其用各百神
7.4115 唯用妥(綏)神褱(鬼)
8.4170 其盩(敦)祀大神/大神妥(綏)多福
8.4171 其盩(敦)祀大神/大神妥(綏)多福
8.4172 其盩(敦)祀大神/大神妥(綏)多福
8.4173 其盩(敦)祀大神/大神妥(綏)多福
8.4174 其盩(敦)祀大神/大神妥(綏)多福
8.4175 其盩(敦)祀大神/大神妥(綏)多福
8.4176 其盩祀大神/大神妥(綏)多福
8.4177 其盩(敦)祀大神/大神妥(綏)多福
8.4190 龏寍(賁)䰠(鬼)神
8.4303 用享孝于文神
8.4304 用享孝于文神
8.4305 用享孝于文神
8.4306 用享孝于文神
8.4307 用享孝于文神
8.4308 用享孝于文神
8.4309 用享孝于文神
8.4310 用孝于文神

2961 祇、祇

1.121 台(以)祇光朕立(位)
1.122 台(以)祇光朕立(位)
1.125-8 台(以)祇光朕立(位)
1.129-31 台(以)祇光朕立(位)
1.210 豫令祇祇
1.211 豫令祇祇
1.216 豫令祇祇
1.217 豫(捨)令祇祇
1.218 豫(捨)令祇祇
1.219 豫(捨)令祇祇
1.220 豫(捨)令祇祇
1.221 豫(捨)令祇祇
1.222 豫(捨)令祇祇
5.2840 厥業才(在)祇
8.4293 又(有)祇又(有)成
11.6010 祇盟嘗啇
15.9734 寔祇丞(烝)祀
15.9735 祇祇翼卲告後嗣
16.10171 祇盟嘗啇(禘)
16.10175 祇䫝(景)穆王
16.10583 祇敬禴祀
17.11383 大庀(庇)欽祇

2962 祖

1.54 走乍(作)朕皇祖、文考寶龢鐘
1.55 乍(作)朕皇祖、文考寶龢〔鐘〕
1.56 走乍(作)朕皇祖、文考寶龢鐘
1.57 走乍(作)朕皇祖、文考寶龢鐘
1.58 走乍(作)朕皇祖、文考寶龢鐘
1.59 用追孝于厥皇祖哀公、皇考晨公
1.60-3 乃祖考許政于公室
1.82 單伯昊生(甥)曰:不(丕)顯皇祖剌(烈)考/余小子肇帥井(型)朕皇祖考懿德
1.87 以乍(祚)其皇祖、皇考
1.107-8 用乍(作)朕皇祖膺(應)侯大醬(林)鐘
1.109-10 井人人妄曰:䫝(景)盄(淑)文祖、皇考/妄不敢弗帥用文祖、皇考
1.111 井人人妄曰:䫝(景)盄(淑)文祖、皇考/妄不敢弗帥用文祖、皇考
1.140 用喜(饎)于其皇祖
1.141 師臾肁(肇)乍(作)朕剌(烈)祖虢季、宄公、幽叔、朕皇考德叔大禀(林)鐘
1.142 用享台(以)孝于䂀(台)皇祖文考
1.181 先祖南公/亞祖公仲必父之家/用乍(作)朕皇祖南公、亞祖公仲
1.183 台(以)追考(孝)侁(先)祖
1.184 台(以)追考(孝)侁(先)祖
1.186 追考(孝)于侁(先)祖
1.187-8 梁其曰:不(丕)顯皇祖考/梁其肇帥井(型)皇祖考/用乍(作)朕皇祖考龢鐘/皇祖考其嚴在上
1.189-90 梁其曰:不(丕)顯皇祖考/梁其肇帥井(型)皇祖考/用乍(作)朕皇祖考龢鐘/皇祖考其嚴在下(上)
1.191 用乍(作)朕皇祖考龢鐘
1.192 曰:不(丕)顯皇祖考/梁其肇帥井(型)皇祖考
1.193 于其皇祖皇考
1.194 于其皇祖皇考
1.195 于其皇祖皇考
1.196 于其皇祖皇考
1.197 于其皇祖皇考
1.198 于其皇祖皇考
1.204-5 用乍(作)朕皇祖考伯寶劃(林)鐘
1.206-7 用乍(作)朕皇祖考伯寶劃(林)鐘
1.209 用乍(作)朕皇祖考伯寶劃(林)鐘
1.225 樂我先祖
1.226 樂我先祖
1.227 樂我先祖
1.228 樂我先祖

1.229 樂我先祖
1.230 樂我先祖
1.231 樂我先祖
1.232 樂我先祖
1.233 樂我先祖
1.234 樂我先祖
1.235 樂我先祖
1.236 樂我先祖
1.237 樂我先祖
1.245 台(以)乍(祚)其皇祖皇考
1.246 追孝于高祖辛公、文祖乙公、皇考丁公/弋皇祖考高對爾剌(烈)
1.247 㾓曰：不(丕)顯高祖、亞祖、文考/㾓不敢弗帥井(型)祖考
1.248 㾓曰：不(丕)顯高祖、亞祖、文考/㾓不敢弗帥井(型)祖考
1.249 㾓曰：不(丕)顯高祖、亞祖、文考/㾓不敢弗帥井(型)祖考
1.250 㾓曰：不(丕)顯高祖、亞祖、文考/㾓不敢弗帥井(型)祖考
1.251-6 微史剌(烈)祖來見武王
1.260 用卲各不(丕)顯祖考先王
1.261 于我皇祖文考
1.262-3 秦公曰：我先祖受天令(命)
1.264-6 秦公曰：我先祖受天命
1.267 秦公曰：我先祖受天令(命)
1.268 秦公曰：我先祖受天令(命)
1.269 秦公曰：我先祖受天令(命)
1.270 秦公曰：不(丕)顯朕皇祖受天命
1.271 用享考(孝)于皇祖聖叔、皇礼(妣)聖姜/于皇祖又成惠叔、皇礼(妣)又成惠姜
1.272-8 余經乃先祖/及其高祖/用享于其皇祖、皇妣、皇母、皇考/不(丕)顯皇祖
1.284 外內〼其皇祖、皇妣、皇母、皇〼
1.285 余經乃先祖/及其高祖/用享于其皇祖、皇妣、皇母、皇考/不(丕)顯皇祖
2.356 井叔叔釆乍(作)朕文祖穆公大鐘
2.357 井叔叔釆乍(作)朕文祖穆公大鐘
3.473 享祖癸
3.496 鴝祖癸
3.538 祖辛、父甲
3.746 用敢鄉(饗)考(孝)于皇祖丂(考)
3.747 用敢鄉(饗)考(孝)于皇祖丂(考)
3.748 用敢鄉(饗)考(孝)于皇祖丂(考)
3.749 用敢鄉(饗)考(孝)于皇祖丂(考)
3.750 用敢鄉(饗)考(孝)于皇祖丂(考)
3.751 用敢鄉(饗)考(孝)于皇祖丂(考)
3.752 用敢鄉(饗)考(孝)于皇祖丂(考)
3.798 祖丁
3.806 祖丁幸旅
3.878 乍(作)祖己尊彝
3.879 乍(作)祖己尊彝
3.912 尹伯乍(作)祖辛寶尊彝
3.916 [illegible]夫乍(作)祖丁寶尊彝
3.930 焚(榮)子旅乍(作)祖乙寶彝
3.984 祖
3.1251 祖乙
3.1252 祖乙
3.1253 祖戊
3.1254 祖辛
4.1510 倗祖丁
4.1511 戈祖辛
4.1512 象祖辛
4.1513 戈祖癸
4.1514 戈祖癸
4.1811 犬王祖甲
4.1812 䣓乍(作)祖丁
4.1813 祖丁巫[illegible]
4.1814 吳乍(作)祖戊
4.1815 祖己父癸
4.1816 朋亞祖癸
4.1996 盧(魯)祖庚父辛
4.1997 木祖辛父丙
4.2110 獤(狸)乍(作)祖丁盟獲(鑊)
4.2111 龔祖辛禹
4.2112 龔祖辛禹
4.2113 [illegible]祖辛、祖癸享
4.2244 䳭乍(作)祖乙寶尊彝
4.2245 曆乍(作)祖己彝
4.2310 邍(徵)乍(作)祖丁尊彝
4.2311 咸娸(姺)子乍(作)祖丁尊彝
4.2363 父庚保𨽍祖辛
4.2364 父庚保𨽍祖辛
4.2365 歸乍(作)祖壬寶尊彝
4.2368 示己、祖丁、父癸
4.2431 乃孫乍(作)祖己宗寶薾爐
4.2458 用乍(作)祖癸寶鼎
4.2506 用乍(作)祖乙尊
4.2528 用乍(作)厥文祖寶䵼尊壺(齍)
5.2563 用享于祖
5.2599 奠(鄭)虢仲悆戒(勇)用乍(作)皇祖、文考寶鼎
5.2637 用卲享于皇祖考
5.2663 用享孝于文祖
5.2664 用享孝于文祖
5.2665 用享孝于文祖
5.2666 用享孝于文祖
5.2676 井姬婦亦偁祖考夌公宗室
5.2677 井姬婦亦偁祖考夌公宗室
5.2679 用享孝于朕文祖
5.2742 用乍(作)皇祖文考盂鼎
5.2743 于皇祖帝考
5.2744 于皇祖帝考

5.2753 用追享丂(孝)于皇祖考
5.2758 用乍(作)祖丁寶尊彝
5.2759 用乍(作)祖丁寶尊彝
5.2760 用乍(作)祖丁寶尊彝
5.2761 用乍(作)祖丁寶尊彝
5.2763 我乍(作)禦[illegible](恤)祖乙、妣乙、祖己、妣癸
5.2767 其用享于文祖考
5.2768 用享考(孝)于皇祖考
5.2769 用享考(孝)于皇祖考
5.2770 用享考(孝)于皇祖考
5.2771 用追孝于厥皇祖晨公
5.2772 用追孝于厥皇祖晨公
5.2789 其用夙夜享孝于厥文祖乙公
5.2796 克乍(作)朕皇祖釐季寶宗彝
5.2797 克乍(作)朕皇祖釐季寶宗彝
5.2798 克乍(作)朕皇祖釐季寶宗彝
5.2799 克乍(作)朕皇祖釐季寶宗彝
5.2800 克乍(作)朕皇祖釐季寶宗彝
5.2801 克乍(作)朕皇祖釐季寶宗彝
5.2802 克乍(作)朕皇祖釐季寶宗彝
5.2811 用享以孝于我皇祖文考
5.2816 王命䢅(垣)侯伯晨曰：𤔲(嗣)乃祖考侯于䢅(垣)
5.2817 用乍(作)朕文祖辛公尊鼎
5.2818 比乍(作)朕皇祖丁公、皇考叀公尊鼎
5.2820 賜女(汝)乃祖旂
5.2830 用井(型)乃聖祖考／夙夜專由先祖刺(烈)德／伯亦克𣪕(款)由先祖蠱孫子／用厥刺(烈)祖介德
5.2833 禹曰：不(丕)顯趄趄皇祖穆公／肆(肆)武公亦弗叚(遐)望(忘)賸(朕)聖祖考幽大叔、懿叔／命禹仦(肖)賸(朕)祖考
5.2834 禹曰：不(丕)顯走(趄趄)皇祖穆公／命禹允(仦)〔朕〕祖考
5.2836 克曰：穆穆朕文祖師華父／巠(經)念厥聖保祖師華父／用乍(作)朕文祖師華父寶䵼彝
5.2837 令女(汝)盂井(型)乃嗣祖南公／賜乃祖南公旂／用乍(作)祖南公寶鼎
5.2838 令(命)女(汝)更乃祖考䚄卜事
5.2840 𩫖(吾)先祖趄王、邵(昭)考成王
6.3049 祖乙
6.3050 祖戊
6.3051 祖辛
6.3135 [illegible]祖丁
6.3136 門祖丁
6.3137 竹祖丁
6.3138 倗祖丁
6.3139 戈祖己
6.3140 倗祖己
6.3141 祖辛[illegible]
6.3296 祖癸父丁
6.3417 角單匿祖己
6.3500 乍(作)祖戊寶毀
6.3501 乍(作)祖戊寶毀
6.3600 [illegible]乍(作)祖丁寶尊彝
6.3601 偁缶乍(作)祖癸尊彝
6.3626 𢽾乍(作)文祖寶尊彝
6.3627 𢽾乍(作)文祖寶尊彝
6.3644 乍(作)祖辛寶彝
6.3645 敎乍(作)祖癸寶尊彝
6.3683 父父庚保𨺅祖辛
6.3684 劃圅乍(作)祖戊寶尊彝
6.3711 乍(作)祖乙𩁹侯叔尊彝
6.3712 用乍(作)祖癸彝
7.3749 [illegible]乍(作)厥祖寶尊彝
7.3865 㦰乍(作)祖庚尊毀
7.3867 洹秦乍(作)祖乙寶毀
7.3868 𡧊乍(作)祖辛寶毀
7.3940 用乍(作)祖丁彝
7.3941 用乍(作)祖癸寶尊
7.3980 吳彩父乍(作)皇祖考庚孟尊毀
7.3981 吳彩父乍(作)皇祖考庚孟尊毀
7.3982 吳彩父乍(作)皇祖考庚孟尊毀
7.3986 德克乍(作)朕文祖考尊毀
7.3991 祖日庚
7.3992 祖日庚
7.3993 用興厥祖父日乙
7.3994 用興厥祖父日乙
7.4048 用享于皇祖、文考
7.4049 用享于皇祖、文考
7.4050 用享于皇祖、文考
7.4061 畢鮮乍(作)皇祖益公尊毀
7.4096 乍(作)爲生(皇)祖大宗毀
7.4098 䣄乍(作)文祖考尊寶毀
7.4109 用享于皇祖、文

考
7.4114 仲辛父乍(作)朕皇祖日丁、皇考日癸尊毁
8.4122 用乍(作)文祖辛公寶𩰫毁
8.4125 用享于高祖、皇考
8.4129 其用追孝于朕皇祖、啻(嫡)考
8.4146 用乍(作)祖戊寶尊彝
8.4153 𡨦乍(作)皇祖乙公、文公、武伯、皇考龏伯𩰫彝
8.4154 用敢鄉(饗、享)考(孝)于皇祖丂(考)
8.4155 用敢鄉(饗、享)考(孝)于皇祖丂(考)
8.4157 用享孝皇祖、文考
8.4158 用享孝皇祖、文考
8.4167 用乍(作)祖考寶尊彝
8.4168 𩰫(蔣)兑乍(作)朕文祖乙公、皇考季氏尊毁
8.4170 𤼈曰:䫤(景)皇祖考𤔲威義(儀)/乍(作)祖考毁
8.4171 𤼈曰:䫤(景)皇祖考𤔲威義(儀)/乍(作)祖考毁
8.4172 𤼈曰:䫤(景)皇祖考𤔲威義(儀)/乍(作)祖考毁
8.4173 𤼈曰:䫤(景)皇祖考𤔲威義(儀)/乍(作)祖考毁
8.4174 𤼈曰:䫤(景)皇祖考𤔲威義(儀)/乍(作)祖考毁
8.4175 𤼈曰:䫤(景)皇祖考𤔲威義(儀)/乍(作)祖考毁
8.4176 𤼈曰:䫤(景)皇祖考𤔲威義(儀)/乍(作)祖考毁
8.4177 𤼈曰:䫤(景)皇祖考𤔲威義(儀)/乍(作)祖考毁
8.4183 用享考(孝)于厥皇祖
8.4188 乍(作)其皇祖考遟王、監伯尊毁
8.4189 乍(作)其皇祖考遟王、監伯尊毁
8.4197 曰:用𤔲(嗣)乃祖考事
8.4209 用乍(作)朕文祖考寶尊毁
8.4210 用乍(作)朕文祖考寶尊毁
8.4211 用乍(作)朕文祖考寶尊毁
8.4212 用乍(作)朕文祖考寶尊毁
8.4219 用乍(作)朕皇祖考尊毁
8.4220 用乍(作)朕皇祖考尊毁
8.4221 用乍(作)朕皇祖考尊毁
8.4222 用乍(作)朕皇祖考尊毁
8.4223 用乍(作)朕皇祖考尊毁
8.4224 用乍(作)朕皇祖考尊毁
8.4225 無㠱用乍(作)朕皇祖釐季尊毁
8.4226 無㠱用乍(作)朕皇祖釐季尊毁
8.4227 無㠱用乍(作)朕皇祖釐季尊毁
8.4228 無㠱用乍(作)朕皇祖釐季尊毁
8.4242 肇帥井(型)先文祖/乍(作)朕皇祖幽大叔尊毁
8.4253 用乍(作)朕文祖寶毁
8.4254 用乍(作)朕文祖寶毁
8.4256 用乍(作)朕文祖考寶毁
8.4258 用餴(饙)乃祖考事
8.4259 用餴(饙)乃祖考事
8.4260 用餴(饙)乃祖考事
8.4267 王命尹册命申:更乃祖考疋(胥)大(太)祝
8.4272 用乍(作)朕皇祖伯囪(窗)父寶毁
8.4274 賜女(汝)乃祖巿、五黄(衡)、赤舄/用乍(作)皇祖城公𩰫毁
8.4275 賜女(汝)乃祖巿、五黄(衡)、赤舄/用乍(作)皇祖城公𩰫毁
8.4276 用㑅(抄)乃祖考事
8.4278 比乍(作)皇祖丁公、皇考叀公尊毁
8.4279 用乍(作)朕文祖益仲尊毁
8.4280 用乍(作)朕文祖益仲尊毁
8.4281 用乍(作)朕文祖益仲尊毁
8.4282 用乍(作)朕文祖益仲尊毁
8.4286 曰:更乃祖考𤔲輔
8.4287 伊用乍(作)朕不(丕)顯皇祖文考徲叔寶𩰫彝
8.4288 王乎史牆册命師酉:𤔲(嗣)乃祖
8.4289 王乎史牆册命師酉:𤔲(嗣)乃祖
8.4290 王乎史牆册命師酉:𤔲(嗣)乃祖
8.4291 王乎史牆册命師酉:𤔲(嗣)乃祖
8.4293 用乍(作)朕剌(烈)祖召公嘗毁
8.4302 繇自乃祖考
8.4311 乃祖考又(有)𤕌(勛)于我家
8.4315 秦公曰:不(丕)顯朕皇祖/以卲(昭)皇祖
8.4317 用康惠朕皇文剌(烈)祖考
8.4321 則乃祖奠周邦/用乍(作)文祖乙伯、同姬尊毁
8.4324 既令(命)女(汝)更乃祖考𤔲小輔

/令(命)女(汝)嗣乃祖舊官小輔眔鼓鐘
8.4325 既令女(汝)更乃祖考嗣/令(命)女(汝)嗣乃祖舊官小輔、鼓鐘
8.4326 不(丕)顯皇祖考/番生(甥)不敢弗帥井(型)皇祖考不(丕)杯(丕)元德
8.4327 焚(榮)伯乎令(命)卯曰:𢦏(載)乃先祖考死(尸)嗣焚(榮)公室/昔乃祖亦既令乃父死(尸)嗣葊人
8.4328 用乍(作)朕皇祖公伯、孟姬尊毁
8.4329 用乍(作)朕皇祖公伯、孟姬尊毁
8.4331 朕不(丕)顯祖文、武/乃祖克奉(弼)先王
8.4342 亦則於女(汝)乃聖祖考克専(輔)右(佑)先王/用乍(作)朕剌(烈)祖乙伯、同益姬寶毁
9.4448 其用享孝于皇申(神)、祖考
9.4449 其用享孝于皇申(神)、祖考
9.4450 其用享孝于皇申(神)、祖考
9.4451 其用享孝于皇申(神)、祖考
9.4452 其用享孝于皇申(神)、祖考
9.4453 其用享用孝于皇祖、文考
9.4465 克其用朝夕享于皇祖考/皇祖考其數數㑹㑹
9.4466 鬲比乍(作)朕皇祖丁公、文考苣(宄)公盨
9.4467 則繇唯乃先祖考又(有)爵(勛)于周邦/余唯巠(經)乃先祖考/令(命)女(汝)更乃祖考
9.4468 則唯乃先祖考又(有)爵(勛)于周邦/余唯巠(經)乃先祖考/令(命)女(汝)更乃祖考
9.4600 用追孝于皇祖、皇考
9.4631 用孝用享于我皇祖、文考
9.4649 𥚸(招、紹)緟(緟)高祖黄啻(帝)
9.4692 用卲洛(各)朕文祖考
9.4694 以祀皇祖
9.4695 以祀皇祖
10.4821 祖辛
10.4889 鳥祖甲
10.4890 炏祖乙
10.4891 子祖丁
10.4892 犲祖戊
10.4893 㝁祖戊
10.4894 子祖己
10.4895 祖庚史
10.4896 竟祖辛
10.4897 鳶祖辛
10.4898 子祖壬
10.4899 祖癸㓁
10.4900 𢍰祖癸
10.4901 子祖癸
10.5044 祖丁父己
10.5045 㬻(玃)册祖丁
10.5046 㬻(玃)册祖丁
10.5047 戉(戊)葡祖乙
10.5048 卬(邛)刀祖己
10.5146 ⚘祖己、父辛
10.5199 亞弁祖乙、父己
10.5200 乍(作)祖戊寶彝
10.5201 𢍰祖辛禹亞頪(預)
10.5260 遣乍(作)祖乙寶尊彝
10.5261 𨔊乍(作)祖乙寶尊彝
10.5262 㕚乍(作)祖乙寶尊彝
10.5263 趄乍(作)祖丁寶尊彝
10.5264 𣏟(朼、枇)乍(作)祖辛尊彝
10.5265 祖丁、示己、父癸
10.5307 髭乍(作)祖癸寶尊彝
10.5321 交乍(作)祖乙寶尊彝
10.5344 盩嗣土(徒)幽乍(作)祖辛旅彝
10.5377 用乍(作)祖丁彝
10.5378 用乍(作)祖乙尊
10.5379 用乍(作)祖乙尊
10.5383 用乍(作)朕蒿(高)祖缶(寶)尊彝
10.5396 用乍(作)毓(后)祖丁尊
10.5410 乍(作)祖丁寶旅尊彝
10.5414 用乍(作)祖癸尊彝
10.5427 用乍(作)大禦于厥祖妣、父母、多申(神)
11.5510 祖戊
11.5511 祖辛
11.5512 祖壬
11.5513 祖癸
11.5514 鳥祖
11.5596 己祖乙
11.5597 己祖乙
11.5598 奄祖乙
11.5599 爵祖丙
11.5600 冉祖丁
11.5601 𡚬(戎)祖丁
11.5602 ⅰ祖丁
11.5603 戈祖己
11.5604 ⺨祖己
11.5605 乍(作)祖庚
11.5606 乍(作)祖庚
11.5607 冉祖辛
11.5608 祖辛㐬
11.5609 象祖辛
11.5610 𢍰祖癸
11.5611 㓁祖癸
11.5714 齒受祖丁
11.5715 𤇾乍(作)祖丁
11.5716 子祖辛步
11.5717 祖辛、父丁
11.5718 祖辛
11.5719 伯祖癸
11.5793 乍(作)祖丁尊彝

11.5794 乍(作)祖戊尊彝
11.5822 乍(作)祖乙寶尊彝
11.5865 亞耳乍(作)祖丁尊彝
11.5866 乍(作)祖己寶尊彝
11.5867 竟乍(作)祖癸寶尊彝
11.5891 魌乍(作)祖乙寶彝
11.5892 晳(醬)乍(作)祖辛寶尊彝
11.5917 盠嗣土(徒)幽乍(作)祖辛旅彝
11.5943 效乍(作)祖辛亢寶尊彝
11.5951 省史趄乍(作)祖丁寶尊彝
11.5977 用乍(作)魚(盧)高祖缶(寶)尊彝
11.5983 啟乍(作)祖丁旅寶彝
11.5993 乍(作)厥穆穆文祖考寶尊彝
11.6013 用乍(作)朕文祖益公寶尊彝
11.6091 祖甲
11.6092 祖丙
11.6093 祖丁
11.6094 祖丁
11.6095 祖辛
11.6096 祖辛
11.6200 史祖乙
11.6201 祖乙丯(封)
11.6202 凡祖丙
11.6203 文祖丙
11.6204 冉祖丁
11.6205 我祖丁
11.6206 舟祖丁
11.6207 監祖丁
11.6208 襄祖戊
11.6209 戈祖己
11.6210 子祖乙
11.6211 戈祖辛
11.6212 刀祖癸
11.6213 征中祖
12.6367 唐子祖乙
12.6368 徙乍(作)祖丁𠚕(齒)
12.6369 祖戊再冉
12.6370 口斧祖己
12.6371 亞祖辛𠨍(卯)
12.6439 𠂤厚祖戊
12.6463 邑祖辛、父辛
12.6481 㠱蠽(䵷)獿乍(作)祖辛彝
12.6489 其(箕)史乍(作)祖己寶尊彝
12.6490 齊史䢒乍(作)祖辛寶彝
12.6491 齊史䢒乍(作)祖辛寶彝
12.6516 王乎內史册令(命)趩：更厥祖考服
12.6520 祖
12.6806 祖辛
12.6807 祖辛
12.6808 祖辛
12.6809 祖壬
12.7072 羊祖甲
12.7073 䀠祖乙
12.7074 家祖乙
12.7075 乙祖匠
12.7076 妕(戎)祖丙
12.7077 𠨍(卯、嚮)祖丁
12.7078 戈祖丁
12.7079 鴅(鵬)己祖
12.7080 襄祖己
12.7081 山祖庚
12.7082 子祖辛
12.7083 戈祖辛
12.7084 祖癸冉
12.7085 子祖癸
12.7211 祖丁、父乙
12.7212 祖丁、父乙
12.7213 黿獻祖丁
12.7214 木戊祖戊
12.7215 大中祖己
12.7216 祖辛戉圳
12.7217 祖壬丰刀
12.7218 弔龜祖癸
12.7261 㞢祖乙乍(作)彝
12.7289 叶乍(作)祖己尊彝
12.7301 埶(藝)戊乍(作)祖癸句寶彝
13.7845 祖甲
13.7846 祖甲
13.7847 祖乙
13.7848 祖乙
13.7849 祖乙
13.7850 祖乙
13.7851 祖乙
13.7852 祖丁
13.7853 祖丁
13.7854 祖戊
13.7855 祖戊
13.7856 祖戊
13.7857 祖己
13.7858 祖己
13.7859 祖庚
13.7860 祖庚
13.7861 祖庚
13.7862 辛祖
13.7863 祖辛
13.7864 祖辛
13.7865 祖辛
13.7866 祖辛
13.7867 祖辛
13.7868 祖壬
13.7869 祖癸
13.7870 祖癸
13.7871 祖癸
13.7872 祖癸
13.8293 个(个、箇)祖
13.8294 祖甲
14.8311 卷祖乙
14.8312 尧(䜀)祖乙
14.8313 冉祖乙
14.8314 冉祖乙
14.8315 豖祖乙
14.8316 凡祖乙
14.8317 凡祖乙
14.8318 丷祖乙
14.8319 冋祖丙
14.8320 凡祖丙
14.8321 冉祖丙
14.8322 車祖丁
14.8323 亞祖丁
14.8324 山祖丁
14.8325 宔(祏)祖丁
14.8326 祖丁卓
14.8327 册祖丁
14.8328 臤祖丁
14.8329 戈祖戊
14.8330 叔(矧)祖戊
14.8333 襄祖己
14.8334 襄祖己
14.8335 戈祖己
14.8336 叔(矧)祖己
14.8337 㠱祖己
14.8338 凡祖己

14.8339 [illegible]祖己
14.8340 [illegible]祖己
14.8341 𠙵祖庚
14.8342 冉祖庚
14.8343 子祖辛
14.8344 㚤(戎)祖辛
14.8345 齊祖辛
14.8346 祖辛𢇲
14.8347 祖辛𢇲
14.8348 句祖辛
14.8349 戈祖辛
14.8350 木祖辛
14.8351 𠂤(𣪘)祖辛
14.8352 𠬝祖辛
14.8353 𠔿祖辛
14.8354 日祖壬
14.8355 𣪊(𣪊)祖壬
14.8356 山祖壬
14.8357 瞞祖壬
14.8358 𢦏(䜌)祖癸
14.8359 𢦏(䜌)祖癸
14.8360 𢦏(伎)祖癸
14.8361 𧼧(趞)祖癸
14.8362 𧼧(趞)祖癸
14.8363 鳥祖癸
14.8364 𠫯祖癸
14.8365 𠘧祖癸
14.8366 𠔿祖癸
14.8367 羊祖癸
14.8810 矢祖[illegible]
14.8811 矢祖[illegible]
14.8812 矢祖[illegible]
14.8834 唐子祖乙
14.8835 唐子祖乙
14.8836 唐子祖乙
14.8837 [illegible]丁祖乙
14.8838 𠔿乍(作)祖丁
14.8839 祖丁幸旅
14.8840 爵𦔻倗祖丁
14.8841 祖戊今采
14.8842 祖己冊𠈇(㑥)
14.8843 弓𧗳(衛)祖己
14.8844 亞㚇(𣪘)祖己
14.8845 (冰支)𠃊冊祖辛
14.8846 (害)乍(作)祖辛
14.8847 父己、祖辛
14.8848 劦冊竹祖癸
14.8992 𠀠(㠯、良)乍(作)祖乙彝
14.8993 𠔿祖丁、父乙
14.9043 𠜱乍(作)祖乙寶彝
14.9044 𠜱乍(作)祖乙寶彝
14.9045 𣎆乍(作)祖丁寶彝
14.9046 𨖹乍(作)祖辛旅彝
14.9047 襄庚乍(作)祖辛彝
14.9064 乍(作)祖乙
14.9065 效乍(作)祖戊寶尊彝
14.9066 (嚂)乍(作)祖己旅寶彝
14.9086 美乍(作)厥祖可公尊彝
14.9087 美乍(作)厥祖可公尊彝
14.9097 舟鑰(角)烓乍(作)厥祖乙寶宗彝
15.9165 祖戊
15.9166 祖己
15.9201 㸚祖丁
15.9202 䰲祖丁
15.9203 襄祖己
15.9336 乍(作)祖辛
15.9337 子祖辛
15.9564 恒乍(作)祖辛壺
15.9716 用享考(孝)于皇祖考
15.9717 用享考(孝)于皇祖考
15.9718 于茲先申(神)、皇祖
15.9726 用乍(作)皇祖、文考尊壺
15.9727 用乍(作)皇祖、文考尊壺
15.9728 曰：更乃祖考
15.9735 唯朕皇祖文、武/超(桓)祖、成考
15.9805 乍(作)祖戊尊彝
15.9806 祖辛禹稅(祓)𢍰
15.9822 𣪘乍(作)祖己尊彝
15.9823 乃孫𠬝乍(作)祖甲𦉜(罍)
16.9877 祖癸
16.9897 用乍(作)文祖它公寶尊彝
16.9899 用乍(作)朕文祖益公寶尊彝
16.9900 用乍(作)朕文祖益公寶尊彝
16.10008 以祭我皇祖
16.10168 用乍(作)祖乙尊
15.10169 令(命)女(汝)敗(捜、更)乃祖考事
16.10175 青幽高祖/微史剌(烈)祖廼來見武王/叀(惟)乙祖逨(弼)匹厥辟/亞祖祖辛/剌(烈)祖文考
16.10297 以祀皇祖
16.10321 用乍(作)文祖己公尊盂
16.10342 晉公曰：我皇祖𨛫(唐)公
17.11115 祖乙、祖己、祖丁
17.11401 大祖日己、祖日丁、祖日乙、祖日庚、祖日丁、祖日己、祖日己
17.11403 祖日乙、大父日癸、大父日癸、仲父日癸、父日癸、父日辛、父日己

2963 祠

15.9678 台(以)爲祠器
15.9679 台(以)爲祠器
15.9734 雨(雩)祠先王

2964 祜、㝠

1.247 大神其陟降嚴祜
1.248 大神其陟降嚴祜
1.249 大神其陟降嚴祜
1.250 大神其陟降嚴祜
4.2450 爾永祜福
4.2497 子孫則永祜𡨄(福)
5.2567 則永祜霝(靈)𡪢(粺、𨈷)
9.4526 永祜福
9.4528 則永祜福
9.4529 則永祜福
9.4581 唯伯其(麒)父

慶(謦)乍(作)旅祜(簠)
10.5427 遣祜石(祏)宗不剘
15.9663 則永祜福(福)
15.9664 則永祜福(福)
16.9987 則永祜寶(福)
16.10122 則永祜福(福)
16.10230 子孫則永祜福(福)
16.10254 則永祜福(福)
16.10260 永乍(作)祜〔福〕

2965 祐

11.6010 祐受無已
16.10171 祐受毋已

2966 䘏(恤)

5.2763 我乍(作)禦䘏(恤)祖乙、妣乙、祖己、妣癸

2967 祥

9.4629 台(以)乍(作)厥元配季姜之祥器
9.4630 台(以)乍(作)厥元配季姜之祥器
9.4694 祥(永)甬(用)之
9.4695 祥(永)甬(用)之
15.9735 不祥莫大焉

2968 祫(裪)

16.9966 則永祫(祜)缶(福)
16.10122 則永祜祫(福)
16.10254 則永祜祫(福)

2969 柰

1.38 唯畱(荆)篙(曆)屈柰(夕)

2970 祭

1.245 台(以)恤其祭祀盟祀
4.2473 史喜乍(作)朕文考翟祭
8.4145 乍(作)皇妣孝大妃祭器鈛鐘(敦)
8.4152 妳乍(作)皇妣𠛬(玲)君中妃祭器八段
9.4646 乍(作)皇妣孝大妃祭器鈛(釴)鐘(敦)
9.4647 乍(作)皇妣孝大妃祭器鈛(釴)鐘(敦)
9.4649 用乍(作)孝武趄(桓)公祭器鐘(敦)
12.6462 義楚之祭耑(觶)
12.6513 自酢(作)祭鍴(觶)
15.9735 乏其先王之祭祀
16.10008 以祭我皇祖

2971 祏

11.6010 上下陟祏
16.10171 上下陟祏(否)

2972 福

1.35 福無疆
1.39 亶㲋(𩵋)降多福無疆
1.103 乃用祈匄多福
1.105 用降多福
1.109-10 降余厚多福無疆
1.112 降余厚多福無疆
1.143 用祈多福
1.145 降余魯多福亡疆
1.146 降余魯多福亡疆
1.147 降余魯多福亡疆
1.148 降余魯多福亡疆
1.187-8 降余大魯福亡斁(斁)
1.189-90 降余大魯福亡斁(斁)
1.238 降旅多福
1.239 降旅多福
1.240 降旅多福
1.241 降旅多福
1.246 𤔲(融)妥(綏)厚多福 / 襃受(授)余爾𪓰福 / 無疆覭(景)福
1.247 業妥(綏)厚多福
1.248 業妥(綏)厚多福
1.249 業妥(綏)厚多福
1.250 業妥(綏)厚多福
1.251-6 用𤔲(融)妥(綏)厚多福 / 襃受(授)余爾𪓰福 / 無疆覭(景)福
1.260 降余多福 / 福余順孫
1.262-3 以受多福 / 以受大福
1.264-6 以受多福 / 以受大福
1.267 以受多福 / 以受大福
1.268 以受多福 / 以受大福
1.269 以受多福 / 以受大福
1.270 以受多福
1.272-8 其乍(祚)福元孫 / 其邁(萬)福屯(純)魯
1.285 其乍(祚)福元孫 / 其邁(萬)福屯(純)魯
2.358 墉厚多福 / 御大福
4.2280 用匄永福
4.2450 爾永祜福
5.2630 用匄永福
5.2661 征(延、誕)武福自蒿(鎬)
5.2662 用匄偁魯福
5.2683 以降大福
5.2684 以降大福
5.2685 以降大福
5.2686 以降大福
5.2687 以降大福
5.2688 以降大福
5.2689 以降大福
5.2733 用桒(祓)壽、匄永福
5.2762 多福無疆
5.2763 咸异(羿)遣福二
5.2768 用祈多福
5.2769 用祈多福
5.2770 用祈多福
5.2811 永受其福
5.2820 唯用妥(綏)福

5.2824 尊享孝妥(綏)福
7.4021 用妥(綏)多福
7.4022 用妥(綏)多福
7.4076 以降大福
7.4077 以降大福
7.4078 以降大福
7.4079 以降大福
7.4080 以降大福
7.4081 以降大福
7.4082 以降大福
7.4083 以降大福
7.4084 以降大福
7.4085 以降大福
7.4086 以降大福
7.4087 以降大福
8.4170 大神妥(綏)多福
8.4171 大神妥(綏)多福
8.4172 大神妥(綏)多福
8.4173 大神妥(綏)多福
8.4174 大神妥(綏)多福
8.4175 大神妥(綏)多福
8.4176 大神妥(綏)多福
8.4177 大神妥(綏)多福
8.4182 受福無疆
8.4198 尹叔用妥(綏)多福于皇考德尹、叀姬
8.4241 魯天子造厥瀕(頻)福/卲(昭)朕福盟
8.4242 降余多福、繁孷(釐)
8.4317 陀陀降余多福
8.4322 對揚文母福剌(烈)
8.4328 用匃多福
8.4329 用匃多福
8.4330 乃沈子其顧褱(懷)多公能福/其丮哀(愛)乃沈子也唯福
9.4446 用匃眉壽、多福
9.4447 用匃眉壽、多福
9.4458 用旂(祈)多福
9.4465 降克多福、眉壽、永令(命)
9.4526 永祜福
9.4528 則永祜福
9.4529 則永祜福
9.4627 弭仲受無疆福
9.4628 多福無疆
9.4631 天睗(賜)之福
9.4632 天睗(賜)之福
9.4692 用旂(祈)多福
9.4693 永命多福
10.5406 用匃永福
10.5410 用匃魯福
11.5993 其用匃永福
15.9657 用求福無疆
15.9698 以降大福
15.9699 以降大福
15.9704 受福無期
15.9708 多福滂滂
15.9712 用受大福無疆
15.9715 杕氏福及
15.9716 用祈多福、眉壽
15.9717 用祈多福、眉壽
15.9728 永令(命)多福
15.9735 唯巛(順)生福
16.10142 永受大福用
16.10152 以降大福
16.10175 受(授)天子綰(寬)令(命)、厚福、豐年/弋(式)寍(貯)受(授)牆爾(薾)龖(髗)福
16.10328 冶匀嗇夫孫苾(芃)、工福
16.10361 侯氏受福眉壽

2973 祼

5.2735 𠦪(祓)祼
5.2736 𠦪(祓)祼
5.2748 賜祼䩬(璋)、貝十朋
5.2778 尹賞史獸祼
5.2810 乃祼之
5.2839 不(丕)祼/王祼/祼述
5.2841 賜女(汝)秬鬯一卣、祼圭瓚寶、朱巿、悤(蔥)黃(衡)、玉環、玉琭、金車、𠦪(賁)緟較(較)、朱䩵(鞹)𩏂靳、虎冟(冪)熏裏、右軛、畫轉、畫轄、金甬(桶)、逪(錯)衡、金嚏(踵)、金豙(軝)、約(約)𣪘(盛)、金簟弼(茀)、魚箙、馬四匹、攸(鋚)勒、金□(臺)、金膺、朱旂二鈴(鈴)
8.4121 王休賜厥臣父瓚(贊)王祼、貝百朋
10.5396 降令曰：歸祼于我多高
11.6014 祼自天
12.6515 其鼎此㡭祼
16.10166 祼王䩬/祼玉三品
16.10168 祼周師不(丕)䶹(丕)

2974 綮

5.2763 征(延)礿綮(縮)二母

2975 禋

11.6010 禋享是台(以)
15.9718 用禋祀于茲宗室
16.10171 禋享是台(以)

2976 畐(畗)

9.4544 永古(祜)畐(福)
11.5940 用𠦪(祓)畐(福)
14.8627 畐父辛
14.8628 畐父辛

2977 禍

15.9735 唯逆生禍

2978 禓(禓)

11.6007 □師耳對禓(揚)侯休

2979 禝

5.2840 使智(知)社禝之賃(任)/社禝其庶虖(乎)/身勤社禝行四方/忎(恐)隕社禝

之光
16.10374 褸月丙午

2980 褸、襪

5.2739 公歸褸(襪)于周廟

2981 臱

8.4130 㪤(敖)叔微臱于西宫

2982 複

5.2674 天君鄉(饗)複酉(酒)

2983 禦

1.155 邚(越)禦曰:唯余〔者〕(諸)尸(夷)連
5.2763 我乍(作)禦䘏(恤)祖乙、妣乙、祖己、妣癸
8.4317 實朕多禦
10.5427 用乍(作)大禦于厥祖妣、父母、多申(神)
11.5952 亩肇諆(其)爲禦
12.6472 耳㞢乍(作)禦父辛

2984 襸、齋

11.6010 襸(齋)䛐(嘏)整講(肅)
16.10171 襸(齋)䛐(嘏)整講(肅)
17.11366 坓(型、邢)倫(令)吳㳄(次)、上庫工師宋艮、冶屖敎(撻)齎(劑)
17.11377 武城命(令)□□、莕早、〔庫〕嗇夫事(吏)歜、冶章敎(撻)齎(劑)
17.11390 邦府大夫肖(趙)閔、邦上庫工師韓山、冶问敎(撻)齎(劑)
17.11391 相邦肖(趙)狐、邦左庫工師鄗哲、冶匜□敎(撻)齎(劑)
18.11556 相邦春平侯、邦右庫工師肖(趙)痤、冶韓開敎(撻)齎(劑)
18.11557 相邦春平侯、邦左伐器工師長瞿(鳳)、冶私(粕)敎(撻)齎(劑)
18.11558 相邦春平侯、邦左庫工師長瞿(鳳)、冶㔾(勻)敎(撻)齎(劑)
18.11635 相邦建信君、邦右庫□□工師吳疷(瘠)、冶疟敎(撻)齎(劑)
18.11657 坓(型、邢)肖、下庫工師孫臾(烛)、冶湈敎(撻)齎(劑)
18.11660 往□倫(令)王褱、右庫工師杢(執、廉)生、冶參敎(撻)齎(劑)
18.11661 隰倫(令)梏(槨、郭)唐、下庫工師孫屯、冶沽敎(撻)齎(劑)
18.11669 彼倫(令)肖(趙)世、上庫工師樂星、冶朐(影)敎(撻)齎(劑)
18.11670 守相杢(執、廉)波(頗)、右庫工師慶□、冶巡敎(撻)齎(劑)
18.11671 安平守變疾、左庫工師賦(戭)貲、冶余敎(撻)齎(劑)
18.11672 坓(型、邢)疫命(令)邦乙、下庫工師孫厈、長缶、冶浊齎(劑)
18.11673 南行昜(唐)倫(令)睭(瞿)卯、右庫工師司馬郃、冶得敎(撻)齎(劑)
18.11674 南行昜(唐)倫(令)睭(瞿)卯、右庫工師司馬郃、冶得敎(撻)齎(劑)
18.11675 武信倫(令)馬師闕(間)、右庫啟工師粤秦、冶瘀敎(撻)齎(劑)
18.11676 邦司寇肖(趙)新、邦右庫工師下足、冶巡敎(撻)齎(劑)
18.11677 相邦建信君、邦右庫工師郥段、冶君(尹)氐敎(撻)齎(劑)
18.11678 相邦建信君、邦左庫工師郥段、冶君(尹)氐敎(撻)齎(劑)
18.11679 相邦建信君、邦左庫工師郥段、冶君(尹)肉敎(撻)齎(劑)
18.11680 相邦建信君、邦左庫工師郥段、冶君(尹)匜敎(撻)齎(劑)
18.11681 相邦建信君、邦左庫工師郥段、冶君(尹)月(明)敎(撻)齎(劑)
18.11682 相邦春平侯、邦左庫工師肖(趙)瘠、冶事(吏)開敎(撻)齎(劑)
18.11683 相邦春平侯、邦左庫工師肖(趙)瘠、冶事(吏)開敎(撻)齎(劑)
18.11684 相邦春平侯、邦左庫工師□□□、冶馬齎(劑)
18.11685 得工嗇夫杜相女(如)、左得工工師韓段、冶君(尹)朝敎(撻)齎(劑)
18.11686 邦司寇馬悆、迋(下)庫工師得尚、冶君(尹)曦半舒敎(撻)齎(劑)
18.11687 相邦建信君、邦左庫工師塚旅、冶肉敎(撻)齎(劑)
18.11688 相邦春平侯、邦左庫工師肖(趙)瘠、冶君(尹)五月敎(撻)齎(劑)
18.11689 相邦春平侯、

邦左伐器工師長瞿(鳳)、冶赦敎(撻)齋(劑)

18.11690 相邦春平侯、邦左伐器工師長瞿(鳳)、冶明敎(撻)齋(劑)

18.11691 相邦春平侯、邦左伐器工師長瞿(鳳)、冶句敎(撻)齋(劑)

18.11694 春平相邦鄗(晋)得、邦右庫工師闓(瞖)輅徒、冶臣成敎(撻)齋(劑)

18.11695 相邦建信君、邦右庫韓㲋、工師爿瘂、冶息敎(撻)齋(劑)

18.11699 相邦春平侯、邦左伐器工師□□□□、冶亘敎(撻)齋(劑)

18.11700 守相杢(執、廉)波(頗)、邦右庫工師韓亥、冶巡敎(撻)齋(劑)

18.11701 守相杢(執、廉)波(頗)、邦右庫工師韓亥、冶巡敎(撻)齋(劑)

18.11702 守相杢(執、廉)波(頗)、邦左庫工師采隅、冶句敎(撻)齋(劑)

18.11705 南行昜(唐)倫(令)眲(瞿)卯、右庫工師司馬郤、冶君(尹)䢵得敎(撻)齋(劑)(?)

18.11706 相邦建信君、邦左庫工師郥㲋、冶君(尹)䢵敎(撻)齋(劑)

18.11708 相邦春平侯、邦右庫工師訬䢵、冶巡敎(撻)齋(劑)

18.11709 相邦春平侯、邦右伐器工師羊敹(播)、冶疾敎(撻)齋(劑)

18.11710 相邦春平侯、左伐器厮工師析論、冶㺸敎(撻)齋(劑)

18.11711 守相申毋官、邦□韓伙、冶醇敎(撻)齋(劑)

18.11712 相邦陽安君、邦右庫工師史笅胡、冶事(吏)疴敎(撻)齋(劑)

18.11713 相邦春平侯、邦左伐器工師長瞿(鳳)、冶句敎(撻)齋(劑)

18.11714 相邦春平侯、邦左伐器工師長瞿(鳳)、冶句敎(撻)齋(劑)

18.11715 相邦春平侯、邦右伐器工師從訬、冶巡敎(撻)齋(劑)

18.11716 相邦春平侯、邦左伐器工師長瞿(鳳)、冶匡敎(撻)齋(劑)

18.11717 相邦建信君、邦右庫工師司馬郤、冶得䢵敎(撻)齋(劑)

2985 禬

16.10583 祇敬禬祀

2986 襘

8.4182 用襘(祈)追孝于皇考叀仲

2987 禪

17.11362 㯃工疾、丞禪、隸臣宁

2988 袧

16.10008 萬䵍(世)是寳(寶)

2989 卜

4.2232 右卜(外)胅(廚)

5.2838 令(命)女(汝)更乃祖考嗣卜事

5.2839 □□卜有臧

6.3577 卜孟乍(作)寶尊彝

12.7036 卜亯

18.11891 卜

2990 囙(叶)

7.4029 魯侯又(有)囙(繇)工(功)

2991 貞

3.531 季貞乍(作)尊鬲

3.670 奄(郝)來隹乍(作)貞(鼎)

3.941 其永寶用貞(鼎)

3.1502 洀貞(鼎)

4.1751 鼎乍(作)貞

4.1933 中賄王貞(鼎)

4.1961 嗌乍(作)寶貞(鼎)

4.1962 興乍(作)寶貞(鼎)

4.1971 攸乍(作)旅貞(鼎)

4.1978 由(古?)乍(作)旅貞(鼎)

4.1980 卲之飤貞(鼎)

4.1988 明我乍(作)貞(鼎)

4.1990 敵(麾)之行貞(鼎)

4.2027 贏(嬴)氏乍(作)寶貞(鼎)

4.2044 敄(奏)伯乍(作)旅貞(鼎)

4.2057 良(郎)季乍(作)寶貞(鼎)

4.2074 㦰乍(作)厥尊貞(鼎)

4.2085 登(鄧)鮇(鰟)之飤貞(鼎)

4.2087 憭惀(蔡)子林之貞(鼎)

4.2095 大(太)子貞(鼎)

4.2096 大(太)子貞(鼎)

4.2098 無(許)臭之饙(饋)貞(鼎)

4.2099 無(許)臭之饙(饋)貞(鼎)

4.2106 君夫人之貞(鼎)

4.2126 奉乍(作)父己寶貞(鼎)

4.2141 犾(獮)父乍

(作)㴱(嬪)始(姒)貞(鼎)
4.2149 夨王乍(作)寶尊貞(鼎)
4.2195 伯遅父乍(作)鶨(鶉)貞(鼎)
4.2203 史宋自乍(作)盂貞(鼎)
4.2217 蔡侯龖(申)之飤貞(鼎)
4.2218 蔡侯龖(申)之飤貞(鼎)
4.2219 蔡侯龖(申)之飤貞(鼎)
4.2220 蔡侯龖(申)之飤貞(鼎)
4.2221 蔡侯龖(申)之飤貞(鼎)
4.2222 蔡侯龖(申)之頭貞(鼎)
4.2223 蔡侯龖(申)之頭貞(鼎)
4.2224 蔡侯龖(申)之□貞(鼎)
4.2227 取(郰)它人之善(膳)貞(鼎)
4.2229 沖子翺之行貞(鼎)
4.2230 [楚]子哀□乍(作)□貞(鼎)
4.2233 宋公緣(欒)之餴(饙)貞(鼎)
4.2238 須孟(嵍)生(甥)之飤貞(鼎)
4.2276 𤔲伯乍(作)自爲貞(鼎)𣪘
4.2278 𤔲伯乍(作)井姬寏(竈)貞(鼎)
4.2283 卑𪁧君光之飤貞(鼎)
4.2284 喬夫人鑄其餴(饙)貞(鼎)
4.2288 卲(昭)王之諻(媓)之饋(饎)貞(鼎)
4.2289 王子侸自酢(作)飤貞(鼎)
4.2302 瞻所佮(造)貞貞(鼎)
4.2305 墉夜君成之載(𩰫)貞(鼎)
4.2331 穆父乍(作)姜懿母餴(饙)貞(鼎)
4.2332 穆父乍(作)姜懿母餴(饙)貞(鼎)
4.2355 洛叔之行貞(鼎)
4.2356 虫之噔(登)貞(鼎)
4.2358 宋君夫人之餴(饙)釪(盂)貞(鼎)
4.2359 吳王孫無土之脰(廚)貞(鼎)
4.2361 公脒(廚)右官貞(鼎)
4.2373 史斿父乍(作)寶尊彝貞(鼎)
4.2376 乙公乍(作)尊貞(鼎)
4.2396 君孝子貞(鼎)
4.2397 壽春府貞(鼎)
4.2441 蔡侯乍(作)旅貞(鼎)
4.2443 伯氏乍(作)嬺氏羞貞(鼎)
4.2444 伯氏乍(作)嬺氏羞貞(鼎)
4.2445 伯氏乍(作)嬺氏羞貞(鼎)
4.2446 伯氏乍(作)嬺氏羞貞(鼎)
4.2447 伯氏乍(作)嬺氏羞貞(鼎)
4.2452 乍(作)鶨(鶉)貞(鼎)用
4.2466 溓(濂)俗父乍(作)旅貞(鼎)
4.2474 儫嗣寇獸肇乍(作)寶貞(鼎)
4.2479 楚王酓(熊)肯乍(作)鑄匜貞(鼎)
4.2487 伯宬父乍(作)旅貞(鼎)
4.2494 杞伯每刃乍(作)敉(邾)嬺寶貞(鼎)/ 杞伯每刃乍(作)鼄(邾)嬺寶貞(鼎)
4.2495 杞伯每刃乍(作)鼄(邾)嬺寶貞(鼎)
4.2502 圚(昆)君婦媿霝[作]旅尊貞(鼎)
4.2518 𦣞蔡生(甥)㝅(坈)乍(作)其貞(鼎)
4.2524 廂(𢊁)夯(扶)生(甥)乍(作)成媿賸(媵)貞(鼎)
4.2525 鼄(邾)伯御戎乍(作)媵(滕)姬寶貞(鼎)
5.2537 靜叔乍(作)䜌嬶旅貞(鼎)
5.2549 鄦(許)男乍(作)成姜逗(趄)女(母)朕(媵)尊貞(鼎)
5.2552 師麻孝叔乍(作)旅貞(鼎)
5.2568 鑄叔乍(作)嬴氏寶貞(鼎)
5.2569 㾌乍(作)其淄(𩰫)鼎貞(鼎)
5.2586 齊夯(扶)史喜乍(作)寶貞(鼎)
5.2587 鑄子叔黑臣肇乍(作)寶貞(鼎)
5.2589 弗奴父乍(作)孟姒守(府)賸(媵)貞(鼎)
5.2592 [魯]大左嗣徒元乍(作)善(膳)貞(鼎)
5.2593 魯大左嗣徒元乍(作)善(膳)貞(鼎)
5.2601 郜伯肇乍(作)孟妊善(膳)貞(鼎)
5.2602 郜伯祀乍(作)善(膳)貞(鼎)
5.2603 唯緊(紽)子丙車乍(作)行貞(鼎)
5.2604 唯緊(紽)子丙車乍(作)行貞(鼎)
5.2605 鄦(許)大邑魯生(甥)乍(作)壽母朕(媵)貞(鼎)
5.2617 唯番昶伯者尹自乍(作)寶貞(鼎)
5.2618 唯番昶伯者尹自乍(作)寶貞(鼎)
5.2621 唯㴱伯𢀛(掐)𣲎林乍(作)貞(鼎)
5.2623 楚王酓(熊)肯乍(作)鑄鐈貞(鼎)
5.2639 魯仲齊肇乍(作)皇考𩰫貞(鼎)
5.2642 杞伯每刃乍(作)鼄(邾)嬺寶貞

(鼎)

5.2643 伯氏、始(姒)氏乍(作)𦉢(嫺)婞㚖拜(餴)貞(鼎)

5.2646 叔夜鑄其餴(饙)貞(鼎)

5.2657 唯黄孫子緐(統)君叔單自乍(作)貞(鼎)

5.2669 叔液自乍(作)餴(饙)貞(鼎)

5.2676 乍(作)井姬用貞(鼎)𣪕

5.2677 乍(作)井姬用貞(鼎)𣪕

5.2680 諶肇乍(作)其皇考、皇母告比君𩱲貞(鼎)

5.2701 左官冶大夫杕命冶𢝊(憪)鑄貞(鼎)

5.2723 其乍(作)厥文考寶貞(鼎)

5.2737 自乍(作)寶貞(鼎)

5.2748 用乍(作)寶貞(鼎)

5.2755 用乍(作)朕文考𣪘叔尊貞(鼎)

5.2766 郐(徐)𨚕尹㬪自乍(作)湯貞(鼎)

5.2774 㕣商(賞)厥文母魯公孫用貞(鼎)

5.2794 窒(室)鑄喬(鐈)貞(鼎)之盍(蓋)/窒(室)鑄喬(鐈)貞(鼎)

5.2795 窒(室)鑄喬(鐈)貞(鼎)之盍(蓋)/窒(室)鑄喬(鐈)貞

(鼎)

5.2822 用乍(作)朕皇考癸公尊貞(鼎)

5.2840 中山王嚳詐(作)貞(鼎)

6.3618 𧇍伯乍(作)自爲貞(鼎)𣪕

16.10176 矢人有𤔲眉(堳)田:鮮、且、微、武父、西宫襄、豆人虞丂、彔、貞、師氏右省、小門人繇、原人虞艿、淮𤔲工(空)虎孛、㽙豐父、唯(鳿)人有𤔲、刑丂

18.11552 奠(鄭)倫(令)棺(梆、郭)涹、司寇芋慶、往庫工師皮耴、冶君(尹)貞𢼸(造)

18.11565 貞寺(持)

2992 鬼、䰠

8.4190 𢐗𡨦(畬)䰠(鬼)神

15.9584 鬼乍(作)父丙寶壺

17.11406 高奴工師竈、丞申、工鬼薪詘

2993 魖、㚖

10.5243 㚖(魖)父乍(作)旅彝

11.5950 引爲魖膚寶尊彝

2994 魃

11.5891 魃乍(作)祖乙寶彝

2995 魖

10.5432 賞乍(作)册魖馬

2996 魏

5.2647 魏廿六/魏三斗一升/魏三斗一升

16.9978 魏公𠤳(鉼)

2997 甶

6.3581 長甶乍(作)寶尊𣪕

6.3582 長甶乍(作)寶尊𣪕

15.9455 穆穆王蔑長甶以逨(徠)即井伯/長甶蔑曆

2998 䰪

11.5979 䰪𦣞

2999 畏

1.203 忠(淑)于畏(威)義(儀)

1.261 畏其(忌)趩趩

1.271 𩰫(鮑)子𩰫(綸)曰:余彌心畏認(忌)

1.272-8 女(汝)少(小)心畏忌

1.285 女(汝)少(小)心畏忌

5.2811 畏𣄰(忌)趩趩/余不畏不差

5.2837 畏天畏(威)

5.2841 敃(旻)天疾畏(威)/敬念王畏(威)不睗(易)

8.4190 𢼊(畢)𢐗(恭)畏忌

8.4341 亡不成眈天畏(威)

8.4342 今日天疾畏(威)降喪

9.4464 豖(遂)不敢不敬畏王命

18.11602 蔡侯產乍(作)畏(威)效(效)

18.11603 蔡侯產乍(作)畏(威)效(效)

3000 囟

8.4342 𠣞其萬囟(斯)年

3001 巤、𡿺、𡿺、𡿺

5.2585 巤季乍(作)羸(嬴)氏行鼎

8.4313 余用乍(作)朕後男巤尊𣪕

8.4314 余用乍(作)朕後男巤尊𣪕

16.9972 自乍(作)寶巤(鑷)

16.10513 子𡿺(巤)

3002 毗(皀)

7.3775 登(鄧)公乍(作)膺(應)嫚毗(皀)朕(媵)𣪕

7.3776 登(鄧)公乍(作)膺(應)嫚毗(皀)朕(媵)𣪕

16.9978 魏公毗(鉼)

3003 𠤳

1.123 𠤳㸒(逸)康樂

1.125-8 𠤳㸒(逸)康樂

1.129-31 𩂣(逸)康樂

3004 雨

4.1717 子雨己
12.6913 子雨
13.8113 子雨
13.8114 子雨
15.9254 雨
15.9725 七月既生雨(霸)乙未
15.9734 雨(雩)祠先王

3005 雩(漸)

8.4262 厥從格伯反(按)彶佃(甸):殷谷厥紉(絶)雩谷、杜木、邍谷、旅菜
8.4263 厥從格伯反(按)彶佃(甸):殷谷厥紉(絶)雩谷、杜木、邍谷、旅菜
8.4264 厥從格伯反(按)彶佃(甸):殷〔谷〕厥〔紉〕雩谷、杜木、邍谷、旅菜
8.4265 厥從格伯反(按)彶佃(甸):殷〔谷〕厥紉(絶)雩谷、杜木、邍谷、旅菜
17.11224 郾(燕)王戠(職)乍(作)雩萃鋸(戳)
17.11227 郾(燕)王職乍(作)雩(漸)萃鋸(戳)
17.11228 郾(燕)王職乍(作)雩(漸)萃鋸(戳)
17.11229 郾(燕)王職乍(作)雩(漸)萃鋸(戳)
17.11241 郾(燕)王詈恕(愋、授)雩(漸)萃鋸(戳)
17.11242 郾(燕)王詈恕(愋、授)雩(漸)萃鋸(戳)
17.11273 郾(燕)王戎人乍(作)雩(漸)萃鋸(戳)
17.11274 郾(燕)王戎人乍(作)雩(漸)萃鋸(戳)
17.11275 郾(燕)王戎人乍(作)雩(漸)萃鋸(戳)
17.11277 郾(燕)王喜乍(作)雩(漸)攷鋸(戳)
17.11304 郾(燕)王職乍(作)雩萃鋸(戳)

3006 𩂣(雨)

3.1416 亞𩂣(雨)
3.1417 亞𩂣(雨)

3007 雫、雩

1.251-6 雩武王既𢦏殷
1.272-8 雩(與)厥行師/雩(粵)生叔尸
1.285 雩厥行師/雩(粵)生叔尸
2.429 乃于之雩
3.911 皁仲雩父乍(作)旅甗(甗)
3.1475 守雩
4.1934 公乍(作)雩鼎
5.2820 余其用各我宗子雩(與)百生(姓)/余用匄屯(純)魯雩(于)邁(萬)年
5.2833 雩禹以武公徒馭至于噩(鄂)
5.2834 雩〔禹〕以〔武公徒馭〕至于噩(鄂)
5.2837 在雩(于)御事/唯殷邊侯、田(甸)雩(與)殷正百辟/雩我其遹省先王受民受疆土
5.2839 雩若翌日乙酉
5.2840 吳人并(併)雩(越)/雩(越)人㪉(修)教備恁(任)
5.2841 虩許上下若否雩(于)四方/雩之庶出入事于外/雩(與)參有嗣、小子、師氏、虎臣/雩(與)朕褻事
8.4238 雩厥復歸在牧師(次)
8.4239 雩厥復歸在牧師(次)
8.4273 雩八月初吉庚寅
8.4331 好倗友雩百者(諸)婚遘(媾)
8.4342 盩屚(龢)雩(于)政/雩四方民亡不康靜(靖)
8.4343 雩乃訊庶右𧬈(鄰)
9.4469 雩邦人、正人、師氏人
10.5430 雩(越)旬又一日辛亥
10.5432 雩四月既生霸庚午
11.6015 雩若二月/雩若竭(昱、翌)日/雩王在㡿(斥)
12.6783 雩
13.7746 雩
16.10175 雩武王既𢦏殷
16.10176 復涉瀗、陟雩
16.10260 雩之四方

3008 䨓、𩃬

10.5373 子賜𠭯䨓(𩃬)玗一/𠭯䨓(𩃬)用乍(作)丁師彝

3009 雷

1.106 楚公逆自乍(作)夜雷鎛
3.876 雷乍(作)寶尊彝
5.2809 師旂眔僕不從王征于方雷
11.6011 賜盠駒勇雷騅子
11.6012 賜盠駒勇雷駱子
15.9729 齊侯女雷𦰡(聿)喪其毀(舅)
15.9730 齊侯女雷𦰡(聿)喪其毀(舅)
15.9815 乍(作)父乙寶彝尊雷(罍)
15.9816 陵乍(作)父日乙寶雷(罍)
15.9824 㳄御事(史)乍(作)尊雷(罍)
15.9825 㳄御事(史)乍(作)尊雷(罍)

15.9826 對乍(作)文考日癸寶尊靁(罍)

3010 電

8.4326 賜朱芾、悤(蔥)黄(衡)、鞞鞢(璲)、玉睘(環)、玉瑹、車、電軫、桒(賁)緐較(较)、朱鬣(鞹)㔶靳、虎冟(冪)熏(纁)裏、道(錯)衡、右厄(軛)、畫轉、畫輯、金童(踵)、金豙(軶)、金簟弼(茀)、魚葡(箙)、朱旂旜(旜)金芄二鈴

3011 需、雯

4.1635 父辛需
4.1636 父辛需
8.4162 孟曰: 朕文考眔毛公、趞(遣)仲征無需
8.4163 孟曰: 朕文考眔毛公、趞(遣)仲征無需
8.4164 孟曰: 朕文考眔毛公、趞(遣)仲征無需
9.4628 用成(盛)秥(糕)稻(稻)需(糯)粱
17.10636 需
17.10847 需索

3012 𩂣

1.270 以卲𩂣(各)孝享
3.529 𩂣(露)人守乍(作)寶
18.11551 莫(鄭)倫(令)向佃、司寇𩂣(露)商、武庫工師鑄章、冶猈
18.11900 𩂣(露)十命

3013 霖(霰、潸)

15.9734 霖霖(潸潸)流霧(涕)

3014 霝

1.21 莫(鄭)井叔乍(作)霝(靈)龠(龢)鐘
1.22 莫(鄭)井叔乍(作)霝(靈)龠(龢)鐘
1.51 霝(靈)聞
1.102 揚君霝(靈)
1.140 霝(靈)命無其(期)
1.193 協于我霝(靈)龠(籥)
1.194 協于我霝(靈)龠(籥)
1.195 協于我霝(靈)龠(籥)
1.196 協于我霝(靈)龠(籥)
1.197 協于我霝(靈)龠(籥)
1.198 協于我霝(靈)龠(籥)
1.247 受(授)余屯(純)魯、通彔(祿)、永令(命)、眉壽、霝(靈)冬(終)
1.248 受(授)余屯(純)魯、通彔(祿)、永令(命)、眉壽、霝(靈)冬(終)
1.249 受(授)余屯(純)魯、通彔(祿)、永令(命)、眉壽、霝(靈)冬(終)
1.250 受(授)余屯(純)魯、通彔(祿)、永令(命)、眉壽、霝(靈)冬(終)
1.251-6 霝(靈)冬(終)
1.272-8 霝(靈)命難老
1.285 霝(靈)命難老
3.687 霝(靈)冬(終)霝(靈)後
3.1228 霝
3.1229 霝
4.2171 贏霝德乍(作)小鼎
4.2502 圓(昆)君婦媿霝[作]旅尊貞(鼎)
5.2566 霝(靈)冬(終)霝(靈)後
5.2567 則永祜霝(靈)霸(輮、蹂)
5.2790 用賜康勵、魯休、屯(純)右(佑)、眉壽、永令(命)、霝(靈)冬(終)
5.2796 用匄康勵、屯(純)右(祐)、眉壽、永令(命)、霝(靈)冬(終)
5.2797 用匄康勵、屯(純)右(祐)、眉壽、永令(命)、霝(靈)冬(終)
5.2798 用匄康勵、屯(純)右(祐)、眉壽、永令(命)、霝(靈)冬(終)
5.2799 用匄康勵、屯(純)右(祐)、眉壽、永令(命)、霝(靈)冬(終)
5.2800 用匄康勵、屯(純)右(祐)、眉壽、永令(命)、霝(靈)冬(終)
5.2801 用匄康勵、屯(純)右(祐)、眉壽、永令(命)、霝(靈)冬(終)
5.2802 用匄康勵、屯(純)右(祐)、眉壽、永令(命)、霝(靈)冬(終)
5.2821 霝(靈)冬(終)
5.2822 霝(靈)冬(終)
5.2823 霝(靈)冬(終)
5.2825 用祈匄眉壽、綽綰、永令(命)、霝(靈)冬(終)
5.2827 霝(靈)冬(終)
5.2828 霝(靈)冬(終)
5.2829 霝(靈)冬(終)
5.2836 賜女(汝)史、小臣、霝(靈)龠(龢)鼓鐘
6.3374 霝乍(作)寶飤
6.3585 贏霝德乍(作)𨟭段
8.4153 霝(靈)冬(終)、霝(靈)令(命)
8.4156 用賜害(匄)眉壽、黄耇、霝(靈)冬(終)、萬年
8.4198 霝(靈)冬(終)
8.4203 用賜眉壽、黄耇、霝(靈)冬(終)
8.4204 用賜眉壽、黄耇、霝(靈)冬(終)

8.4219 霝(靈)冬(終)
8.4220 霝(靈)冬(終)
8.4221 霝(靈)冬(終)
8.4222 霝(靈)冬(終)
8.4223 霝(靈)冬(終)
8.4224 霝(靈)冬(終)
8.4303 霝(靈)冬(終)
8.4304 霝(靈)冬(終)
8.4305 霝(靈)冬(終)
8.4306 霝(靈)冬(終)
8.4307 霝(靈)冬(終)
8.4308 霝(靈)冬(終)
8.4309 霝(靈)冬(終)
8.4310 霝(靈)冬(終)
8.4328 川(永)屯(純)、霝(靈)冬(終)
8.4329 永屯(純)、霝(靈)冬(終)
8.4330 用水(賜)霝(靈)令(命)
8.4332 霝(靈)冬(終)
8.4333 霝(靈)冬(終)
8.4334 霝(靈)冬(終)
8.4335 霝(靈)冬(終)
8.4336 霝(靈)冬(終)
8.4337 霝(靈)冬(終)
8.4338 霝(靈)冬(終)
8.4339 霝(靈)冬(終)
9.4598 叔姬霝乍(迮)黄邦
9.4687 霝(靈)冬(終)、霝(靈)後
10.4798 霝
11.6010 霝(靈)頌託商
14.8661 霝父辛
15.9419 季嬴霝德乍(作)寶盉
15.9434 圓(昆)君婦媿霝乍(作)얘(鎣)
15.9445 霝(靈)冬(終)霝(靈)後
15.9663 霝(靈)冬(終)霝(靈)復(後)
15.9664 霝(靈)冬(終)霝(靈)復(後)
15.9713 霝(靈)冬(終)難老
15.9731 霝(靈)冬(終)
15.9732 霝(靈)冬(終)
16.9966 霝(鑐)
16.9967 伯夏父乍(作)畢姬尊霝(鑐)
16.9968 伯夏父乍(作)畢姬尊霝(鑐)
16.9987 霝(靈)冬(終)霝(靈)復(後)
16.10076 季嬴霝德乍(作)寶般(盤)
16.10122 霝(靈)宑(終)霝(靈)复(後)
16.10151 霝(靈)命難老
16.10156 其黄耇霝(靈)冬(終)
16.10171 霝(靈)頌託商
16.10175 在微霝(靈)處
16.10254 霝(靈)宑(終)霝(靈)复(後)
16.10493 霝

3015 賈(霓)

2.356 用祈𥜽(福)賈、〔多〕壽、每(誨)魯
2.357 用祈𥜽(福)賈、多壽、每(誨)魯

3016 霖(涕)

15.9734 霖霖(潸潸)流霖(涕)

3017 霖

16.10342 制票(暴)霖(胡)𢾊(迮)

3018 云(雲)

12.6463 云
18.11718 云用云獲

3019 气

16.10561 洨气(乞)乍(作)父辛彝
17.11266 右庫冶气(乞)之鑄

3020 乞

5.2753 用乞眉壽
8.4245 毋乞余𢦏
8.4261 不(丕)克乞(訖)衣(殷)王祀
8.4300 戌冀嗣乞(訖)
8.4301 戌冀嗣乞(訖)
15.9729 洹子孟姜用乞嘉命
15.9730 洹子孟姜用乞嘉命

3021 永

1.4 永寶用
1.23 其萬年永寶
1.24 其萬年永寶
1.25 其萬年永寶
1.26 其萬年永寶
1.27 其萬年永寶
1.28 其萬年永寶
1.29 其萬年永寶
1.30 其萬年永寶
1.31 子孫永寶用
1.35 子子孫孫永寶
1.40 眉壽永寶
1.41 眉壽永寶
1.42 孫孫子子其永寶
1.43 孫子其永寶
1.44 孫孫子子其永寶
1.45 孫孫子子其永寶
1.46 其萬年子孫永寶
1.47 其子子孫孫永享用之
1.52 永用匽(宴)喜(饎)
1.54 永寶用享
1.55 永寶用享
1.56 永寶用享
1.57 永寶用享
1.58 永寶用享
1.59 永寶用之
1.64 𠡍(擢)于永令(命)
1.65 永寶用享
1.66 子孫永寶用享
1.68 子孫永寶用享
1.69 子孫永寶用享
1.71 子孫永寶用享
1.72 子孫永保用之
1.73-4 自乍(作)永(咏)命(鈴)
1.75 自乍(作)永(咏)命(鈴)
1.76-7 自乍(作)永(咏)命(鈴)
1.78-9 自乍(作)永(咏)命(鈴)
1.80-1 自乍(作)永(咏)命(鈴)

1.83 其永時(持)用享
1.84 其永時(持)用享
1.85 其永時(持)用享
1.86 永保用享
1.87 永賲(保)用享
1.88 虘眔蔡姬永寶
1.89 䖒眔蔡姬永寶
1.92 䖒眔蔡姬永寶
1.93 永保是從
1.94 永保是從
1.95 永保是從
1.96 永保是從
1.97 永保是從
1.98 永保是從
1.99 永保是從
1.100 永保是從
1.101 永保是從
1.106 孫子其永寶
1.107-8 用賜眉壽、永命/子子孫孫永寶用
1.109-10 永冬(終)于吉/子子孫永寶用享
1.111 永冬(終)于吉
1.112 子子孫永寶用享
1.113 永保鼓之
1.114 永保鼓之
1.115 永保鼓之
1.116 永保鼓之
1.117 永保鼓之
1.118-9 永保鼓之
1.124 子孫永保
1.125-8 子孫永保
1.129-31 子孫永保
1.133 其子子孫孫永寶
1.134 其子子孫孫永寶
1.135 其子子孫孫永寶
1.136 其子子孫孫永寶
1.137-9 其子孫孫永寶
1.141 用祈屯(純)魚(魯)、永令(命)/永寶用享
1.142 永保鼓之
1.143 孫子永寶
1.145 勵(擢)于永命/子子孫永寶
1.146 勵(擢)于永命/子子孫永寶
1.147 勵(擢)于永命/子子孫永寶
1.148 勵(擢)于永令(命)/子子孫永寶
1.153 永保鼓之
1.154 永保鼓之
1.157 永枼(世)毋忘
1.158 永枼(世)毋忘
1.159 永枼(世)毋忘
1.160 永枼(世)毋忘
1.161 永枼(世)毋忘
1.171 台孫皆永寶
1.172 永保用之
1.173 永保用之
1.174 孫永保用之
1.175 永保用之
1.176 永保用之
1.177 永保用之
1.178 永保用之
1.179 永保用之
1.180 永保用之
1.181 畯永保四方
1.187-8 勵(擢)于永令(命)/眉壽永寶
1.189-90 勵(擢)于永令(命)/眉壽永寶
1.193 永保是尚(常)
1.194 永保是尚(常)
1.195 永保是尚(常)
1.196 永保是尚(常)
1.197 永保是尚(常)
1.198 永保是尚(常)
1.199 永保用之
1.200 永保用之
1.201 永保用之
1.202 永保用之
1.203 子孫永保鼓之
1.204-5 用匄屯(純)叚(嘏)、永令(命)/子子孫孫永寶
1.206-7 用匄屯(純)叚(嘏)、永令(命)/子子孫孫永寶
1.209 用匄屯(純)叚(嘏)、永令(命)/子子孫孫永寶
1.225 永以爲寶
1.226 永以爲寶
1.227 永以爲寶
1.228 永以爲寶
1.229 永以爲寶
1.230 永以爲寶
1.231 永以爲寶
1.232 永以爲寶
1.233 永以爲寶
1.234 永以爲寶
1.235 永以爲寶
1.236 永以爲寶
1.237 永以爲寶
1.238 永寶用享
1.239 永寶用享
1.240 永寶用享
1.241 永寶用享
1.245 永保用享
1.246 用禓(祓)壽、匄永令(命)/勵(擢)于永令(命)/永余寶
1.247 受(授)余屯(純)魯、通彔(祿)、永令(命)、眉壽、霝(靈)冬(終)/永寶日鼓
1.248 受(授)余屯(純)魯、通彔(祿)、永令(命)、眉壽、霝(靈)冬(終)/永寶日鼓
1.249 受(授)余屯(純)魯、通彔(祿)、永令(命)、眉壽、霝(靈)冬(終)/永寶日鼓
1.250 受(授)余屯(純)魯、通彔(祿)、永令(命)、眉壽、霝(靈)冬(終)/永寶日鼓
1.251-6 勵(擢)于永令(命)/永余寶
1.261 永保鼓之
1.270 永寶
1.271 用祈侯氏永命/子子孫永保用享
1.272-8 永保其身/子孫永保用享
2.350 永寶用之
2.351 永寶用之
2.352 永寶用之
2.353 永寶用之
2.354 永寶用之
2.355 永寶用之
2.356 其子子孫孫永日鼓樂茲鐘/其永寶用
2.357 其永寶用
2.358 永畯尹四方
2.421 永保用之
2.422 永保用之
2.423 永寶用之
2.424 永保用之
2.428 永堋乍(作)以□□
2.429 永祀是抈/世(?)萬子孫永保

3.569 其永寶
3.570 子其永寶
3.578 永寶用
3.593 永寶用
3.594 以從永征
3.600 永寶用之
3.604 永寶用
3.605 永寶用
3.606 永寶用
3.607 永寶用
3.616 永寶用
3.617 永寶用
3.618 永寶用
3.619 永寶用
3.620 永寶用
3.621 永寶用
3.622 永寶用
3.623 永寶用
3.627 子子孫孫永寶用
3.628 其永用
3.629 其永用
3.632 永𣿖
3.633 其永子孫寶
3.634 其萬年永寶用
3.635 永寶用享
3.637 其永寶用
3.638 其永寶用
3.639 其永寶用
3.640 其永寶用
3.641 其永缶(寶)用
3.644 其永寶用
3.645 其萬年永寶用
3.646 子子孫孫永寶用
3.647 其萬年永寶用
3.649 其子子孫孫永寶用
3.650 其子子孫孫永寶用
3.651 其子子孫孫永寶用
3.652 其子子孫孫永寶用
3.653 其子子孫孫永寶用
3.654 其子子孫孫永寶用
3.655 其子子孫孫永寶用
3.656 其子子孫孫永寶用
3.657 其子子孫孫永寶用
3.658 其子子孫孫永寶用
3.659 其永寶用
3.660 其永寶用
3.661 子孫永寶用享
3.662 永寶用享
3.663 子孫永寶用
3.664 子孫永寶用
3.665 子孫永寶用
3.666 子子孫孫永寶用
3.667 子子孫孫永寶用
3.668 子子孫孫永寶用
3.669 子子孫孫永寶用
3.671 子子孫孫永寶用
3.672 其子子孫孫永寶用
3.673 其子子孫孫永寶用
3.674 子子孫孫永寶用
3.677 永寶用之
3.678 永保用之
3.680 子子孫孫永寶用
3.681 其萬年永寶用
3.682 其子孫永寶用
3.683 永寶用享
3.685 永寶用享
3.686 永寶用享
3.687 則永寚(祐)寚(福)
3.690 其永寶用
3.691 其永寶用
3.692 其永寶用
3.693 其永寶用
3.694 其永寶用
3.695 其永寶用
3.696 子子孫孫永寶
3.697 子子孫孫永寶用
3.698 子子孫孫永寶用
3.700 其子子孫孫永寶用
3.701 其子子孫孫永寶用
3.702 其子子孫孫永寶用
3.703 其子子孫孫永寶用
3.704 其子子孫孫永寶用
3.705 子子孫孫永用
3.706 子子孫孫永用
3.707 其萬年永寶用
3.708 子子孫孫永寶用
3.709 子子孫孫永寶用
3.710 子子孫孫永寶用
3.711 子子孫孫永用享
3.712 永寶用享
3.713 永寶用享
3.714 其子子孫永寶用享
3.715 子子孫孫永寶用
3.716 子子孫孫永寶用
3.717 永寶用
3.719 永寶用享
3.720 永寶用享
3.721 永寶用享
3.722 永寶用享
3.723 永寶用享
3.724 永寶用享
3.725 永寶用享
3.726 永寶用享
3.727 永寶用享
3.728 永寶用享
3.729 子子孫孫永寶用
3.730 子子孫孫永寶用
3.731 永寶用
3.732 子子孫永用
3.733 子子孫永用
3.734 子孫永用
3.735 永寶用
3.736 子孫永寶用享
3.737 永寶用享
3.738 子子孫孫永寶用
3.742 子子孫孫永寶用
3.743 其子子孫孫永寶用享
3.744 永寶用享
3.745 子孫永寶用
3.746 其永寶用
3.747 其永寶用
3.748 其永寶用
3.749 其永寶用
3.750 其永寶用
3.751 其永寶用
3.752 其永寶用
3.909 永用
3.918 永寶用
3.919 子子孫孫永寶用
3.921 其萬年永寶用
3.923 其永寶〔用〕
3.925 永寶用
3.926 永寶用
3.927 其邁(萬)年永寶用
3.928 子子孫孫永寶用

3.929 子子孫孫永寶用
3.930 子孫永寶
3.931 其永用
3.932 其子子孫孫永寶用
3.933 子子孫孫永寶用
3.934 其永用享
3.937 子子孫永寶用
3.938 子子孫孫永寶
3.939 子子孫孫永寶用
3.940 孫子永寶用
3.941 其永寶用貞(鼎)
3.942 子子孫孫永寶用
3.943 其永用之
3.945 其子子孫孫永〔壽用之〕
3.946 永保用之
3.979 永寶用
4.1993 今永里倉
4.2280 用匄永福
4.2310 永寶
4.2349 子孫永用
4.2350 子子孫孫永寶用
4.2355 永用之
4.2356 其永用之
4.2376 子子孫孫永寶
4.2378 其永寶用
4.2379 孫孫子永寶
4.2380 子子孫永寶用
4.2381 其永用
4.2382 其永用
4.2383 其永用
4.2384 其永用
4.2385 其萬年永寶用
4.2386 永寶用
4.2387 永寶用
4.2388 永寶用
4.2389 永寶用
4.2392 永用
4.2399 其永寶用享
4.2409 其永寶用
4.2411 其永寶用
4.2412 其永寶用
4.2414 萬年永寶用
4.2415 其永寶用
4.2416 子子孫孫永寶用
4.2417 其子子孫孫永寶用
4.2418 子子孫永用
4.2419 其萬年永寶用
4.2421 子子孫孫永寶用
4.2426 子子孫孫永寶用
4.2429 子子孫孫永寶用
4.2430 子孫永寶用享
4.2437 其邁(萬)年永寶用
4.2438 其萬年永寶用
4.2440 其萬年永寶用
4.2441 其萬年永寶用
4.2442 子子孫永寶用
4.2443 其永寶用
4.2444 其永寶用
4.2445 其永寶用
4.2446 其永寶用
4.2447 其永寶用
4.2448 子孫永用享
4.2449 子孫永用享
4.2450 爾永祜福
4.2461 子孫永寶用
4.2465 其子子孫孫永用
4.2466 其永寶用
4.2467 其永寶用
4.2468 其永寶用
4.2471 其子子孫其永寶用
4.2472 其萬年永寶用
4.2474 其永寶用
4.2475 子孫永寶用享
4.2476 其子子孫孫永寶用
4.2484 子孫永寶用
4.2486 子子孫孫永寶
4.2488 子子孫孫永寶用
4.2489 其孫孫子子邁(萬)年永寶
4.2490 永寶用
4.2491 其萬年永寶用
4.2492 其萬年永寶用
4.2493 其邁(萬)年子孫永用
4.2494 子子孫孫永寶用 / 子子孫孫永寶用
4.2495 子子孫孫永寶用
4.2496 子孫永用
4.2497 子孫則永祜瘤(福)
4.2498 其永壽用之
4.2500 孫子永寶用
4.2502 其邁(萬)年永寶用
4.2503 其孫子永寶
4.2508 子子孫永寶用
4.2511 子孫其萬年永寶用
4.2512 子子孫永寶用享
4.2513 子子孫孫永寶用
4.2514 子子孫孫永寶用
4.2515 子子孫孫永寶用
4.2516 子子孫永寶用享
4.2517 子子孫孫永寶用
4.2518 邁(萬)年永寶用
4.2519 子孫永寶用之
4.2520 其子子孫孫永寶用
4.2521 子子孫孫永寶用
4.2522 永寶用之
4.2523 永寶用之
4.2524 其子子孫孫永寶用
4.2525 子子孫孫永寶用
4.2526 子子孫孫永寶用
4.2529 子子孫永用享孝
5.2533 永寶用享
5.2534 子子孫孫永寶用
5.2535 永寶用享
5.2536 其子子孫孫永寶用
5.2537 永寶用
5.2538 子子孫孫永寶
5.2539 其子子孫孫永用享
5.2540 其子子孫孫永用享
5.2541 其子子孫孫永寶用
5.2542 其子子孫孫永

寶用
5.2543 其子子孫孫永寶用
5.2544 其子子孫孫永寶用
5.2545 其子子孫孫永寶用
5.2546 子子孫孫永寶用
5.2547 永寶用享
5.2548 其永寶用
5.2549 子子孫孫永寶用
5.2551 永保用之
5.2552 子子孫孫永寶用
5.2557 子子孫孫永寶用
5.2558 子子孫孫永寶用
5.2559 其萬年永用享
5.2560 季姬其永寶用
5.2561 子子孫永寶用
5.2562 其萬子孫永寶用
5.2563 子子孫孫永壽
5.2564 子孫永用享
5.2565 子孫永寶用享
5.2566 則永宿(祜)寤(福)
5.2567 則永祜霝(靈)䆊(粺、䟺)
5.2568 永寶用
5.2569 永寶用之
5.2570 子子孫永寶用享
5.2571 子子孫永寶用享
5.2572 永寶用
5.2580 子子孫孫永寶用
5.2584 永寶用享
5.2585 永用享
5.2586 子子孫孫永寶用
5.2587 永寶用
5.2588 永壽用之
5.2589 永寶用
5.2591 其子子孫孫永寶用之
5.2592 永寶用之
5.2593 永寶用之
5.2596 子子孫孫永寶用
5.2597 其萬年永寶用
5.2598 子子孫永寶用
5.2599 子子孫永寶用
5.2600 子子孫孫永寶用
5.2601 子子孫孫永寶用
5.2602 子子孫永寶用享
5.2603 子孫永寶
5.2604 子孫永寶
5.2605 永寶用
5.2606 子孫永寶用之
5.2607 永保用之
5.2616 子子孫孫永寶用
5.2617 子孫永寶用
5.2618 子孫永寶用
5.2619 子子孫永寶用享
5.2620 其永用之
5.2621 永寶用之
5.2622 永寶用享
5.2629 子子孫孫其永寶
5.2630 用匄永福 / 子子孫孫其永寶
5.2631 子子孫孫永寶
5.2632 子子孫永寶用享
5.2633 永寶用享
5.2634 子孫孫永寶用享
5.2635 子孫孫永寶用享
5.2636 子孫孫永寶用享
5.2637 永用爲寶
5.2638 子子孫孫永寶用
5.2639 永寶用享
5.2640 子子孫孫永寶用
5.2641 子子孫孫永寶用
5.2642 子子孫永寶用享
5.2643 其永寶用
5.2644 子子孫永寶用之
5.2645 永寶用之
5.2649 子子孫孫永寶用
5.2650 其永壽用之
5.2652 永寶用之
5.2655 猒其邁(萬)年永寶用
5.2656 子子孫永寶用
5.2657 子孫孫永寶用享
5.2663 子子孫孫永寶用
5.2664 子子孫孫永寶用
5.2665 子子孫孫永寶用
5.2666 子子孫孫永寶用
5.2667 永寶用享
5.2668 其子子孫孫永寶用之
5.2669 永壽用之
5.2673 永余寶
5.2679 子子孫永寶用
5.2680 子孫孫永寶用享
5.2681 子子孫孫永寶用
5.2683 永寶用
5.2684 永寶用
5.2685 永寶用
5.2686 永寶用
5.2687 永寶用
5.2688 永寶用
5.2690 永寶用之
5.2691 永寶用之
5.2692 永寶用之
5.2697 子子孫永寶
5.2698 子子孫孫永寶
5.2699 子子孫孫永寶
5.2700 子子孫孫永寶
5.2704 子子孫其永寶
5.2712 辛伯其竝(普)受厥永魯(福)
5.2713 子孫永寶用
5.2714 永寶用享
5.2717 永保用之
5.2722 永保用之
5.2727 子子孫孫永寶用
5.2730 其子子孫孫永寶

5.2731 子子孫孫其永寶
5.2733 用桒(祓)壽、匄永福 / 子孫永寶
5.2734 子子孫孫永寶用
5.2737 永寶用享
5.2738 永寶用之
5.2742 瘨萬年永寶用
5.2743 永寶用享
5.2744 永寶用享
5.2745 子子孫孫永寶用
5.2753 子子孫孫永寶用
5.2754 子子孫孫永用
5.2755 其孫孫子子其永寶
5.2762 用祈匄眉壽、永令(命)、灝(靈)冬(終)/ 永寶用享
5.2766 永保用之
5.2767 㝬(胡)叔眔伷(信)姬其壽考(耇)、多宗、永令(命)/ 子子孫永寶
5.2768 其子子孫孫永寶用
5.2769 其子子孫孫永寶用
5.2770 其子子孫孫永寶用
5.2771 永寶用享
5.2772 永寶用享
5.2776 其孫孫子子永寶用
5.2777 尊鼎用祈匄百彔(禄)、眉壽、綰綽、永令(命)/ 永寶用享
5.2778 用乍(作)父庚永寶尊彝
5.2779 其永寶用
5.2780 孫孫子子永寶用
5.2781 子子孫孫永用
5.2782 永用禋(煙、禋)祀
5.2786 其萬年永寶用
5.2787 子子孫孫永寶用
5.2788 子子孫孫永寶用
5.2789 其子子孫孫永寶
5.2790 用賜康勵、魯休、屯(純)右(佑)、眉壽、永令(命)、霝(靈)冬(終)/ 繇子子孫永寶用享
5.2792 孫孫子子永寶用
5.2796 用匄康勵、屯(純)右(祐)、眉壽、永令(命)、霝(靈)冬(終)/ 克其子子孫孫永寶用
5.2797 用匄康勵、屯(純)右(祐)、眉壽、永令(命)、霝(靈)冬(終)/ 克其子子孫孫永寶用
5.2798 用匄康勵、屯(純)右(祐)、眉壽、永令(命)、霝(靈)冬(終)/ 克其子子孫孫永寶用
5.2799 用匄康勵、屯(純)右(祐)、眉壽、永令(命)、霝(靈)冬(終)/ 克其子子孫孫永寶用
5.2800 用匄康勵、屯(純)右(祐)、眉壽、永令(命)、霝(靈)冬(終)/ 克其子子孫孫永寶用
5.2801 用匄康勵、屯(純)右(祐)、眉壽、永令(命)、霝(靈)冬(終)/ 克其子子孫孫永寶用
5.2802 用匄康勵、屯(純)右(祐)、眉壽、永令(命)、霝(靈)冬(終)/ 克其子子孫孫永寶用
5.2804 子孫永寶用
5.2805 子子孫孫永寶用
5.2806 大其子[子孫孫邁]年永寶用
5.2807 大其子子孫孫邁(萬)年永寶用
5.2808 大其子子孫孫邁(萬)年永寶用
5.2810 子孫永寶用
5.2811 永受其福
5.2812 子子孫孫永寶用
5.2813 子子孫永寶用
5.2814 子孫永寶用
5.2815 子子孫孫永寶
5.2816 子孫其萬年永寶用
5.2817 其永寶用
5.2818 子子孫孫永寶用
5.2819 子孫永寶用
5.2820 其永寶用之
5.2821 子子孫永寶用
5.2822 子子孫孫永寶用
5.2823 子子孫永寶用
5.2824 則尚(常)安永宕乃子𢦚心 / 安永襲𢦚身 / 其子子孫孫永寶茲剌(烈)
5.2825 用祈匄眉壽、綽綰、永令(命)、霝(靈)冬(終)/ 子子孫孫永寶用
5.2827 用追孝祈匄康𩞁、屯(純)右(祐)、通彔(禄)、永令(命)
5.2828 用追孝祈匄康𩞁、屯(純)右(祐)、通彔(禄)、永令(命)
5.2829 用追孝祈匄康𩞁、屯(純)右(祐)、通彔(禄)、永令(命)
5.2831 衛其邁(萬)年永寶用
5.2832 衛其萬年永寶用
5.2835 其子子孫永寶用
5.2836 永念于厥孫辟天子 / 子子孫孫永寶用
5.2838 子子孫孫其永寶
5.2840 永定保之
5.2841 永巩(鞏)先王 / 子子孫孫永寶用
6.3677 其永寶用
6.3681 子子孫孫永用

6.3690 子子孫孫永寶用
6.3704 其永用
6.3707 永寶用
6.3708 永寶用
6.3709 永寶用
6.3723 其萬年永用
6.3724 其邁(萬)年永寶
6.3726 子子孫孫永寶用
6.3727 子子孫孫永寶用
6.3734 其子子孫孫永寶用
6.3735 其子子孫孫永寶用
6.3736 其子子孫孫永寶用
6.3737 子子孫孫永用
6.3739 永寶用
6.3741 其子孫邁(萬)年永寶
7.3755 子子孫永寶用
7.3756 子子孫永寶用
7.3757 其萬年永寶用
7.3758 其萬年永寶用
7.3759 其萬年永寶用
7.3760 其子子孫孫永用
7.3761 子子孫孫永用
7.3762 子子孫孫永寶用
7.3765 其永寶用
7.3766 其永寶用
7.3769 其永寶用
7.3771 其孫子永寶
7.3772 子子孫其永寶用
7.3775 其永寶用
7.3776 其永寶用
7.3777 其厲(萬)年永用
7.3778 其厲(萬)年永用
7.3779 其厲(萬)年永用
7.3780 其厲(萬)年永用
7.3781 其邁(萬)年永寶
7.3782 其邁(萬)年永寶
7.3783 子子孫永用
7.3785 子孫孫永寶用享
7.3786 子子孫孫永寶
7.3787 其子子孫孫永用
7.3788 子孫永寶用
7.3789 其萬年永寶用
7.3791 孫子永寶
7.3792 子子孫孫永寶用
7.3793 子子孫孫永寶用
7.3794 子子孫孫永寶用
7.3795 子子孫孫永寶用
7.3796 子子孫孫永寶用
7.3797 其永寶用
7.3798 其永寶用
7.3799 其永寶用
7.3800 其永寶用
7.3801 其永寶用
7.3802 其子子孫孫永寶用
7.3803 其子子孫孫永寶用
7.3804 子子孫孫永寶用
7.3805 子子孫孫永寶用
7.3806 子子孫孫永寶用
7.3808 子子孫孫永寶用
7.3809 孫孫(子子)孫孫永寶用 / 子子孫孫永寶用
7.3810 子子孫孫永寶用
7.3811 子子孫孫永寶用
7.3812 子子孫孫永寶用
7.3813 子子孫孫永寶用
7.3814 子子孫孫永寶用
7.3815 其萬年永寶用
7.3816 子子孫孫永用
7.3817 永寶用享
7.3818 永寶用享
7.3819 子子孫孫永寶用
7.3820 其永用享
7.3821 其子子孫孫永寶用
7.3826 〔其〕永寶用
7.3833 子子孫孫永寶用
7.3834 子子孫孫永寶用
7.3835 其子子孫孫萬年永寶用
7.3836 其萬年永寶用
7.3837 洹其萬年永寶用
7.3838 洹其萬年永寶用
7.3839 洹其萬年永寶用
7.3840 其子子孫孫邁(萬)年永寶用
7.3841 其子子孫孫邁(萬)年永寶用
7.3842 子子孫孫永寶用
7.3843 子子孫孫永寶用
7.3844 子子孫孫永寶用
7.3845 子子孫孫其永寶用
7.3846 孫孫子子其永用
7.3847 其子子孫永寶用享
7.3849 其子子孫孫永寶用
7.3850 其子子孫孫永寶用
7.3851 其子子孫孫永寶用
7.3852 其子子孫孫永寶用
7.3853 其子子孫孫永寶用
7.3854 其子子孫孫永寶用
7.3855 其子子孫孫永寶用
7.3856 其子子孫孫永

寶用
7.3857 其子子孫孫永寶用
7.3860 其邁(萬)年永寶用
7.3863 子子孫其永寶
7.3865 其萬年永寶用
7.3866 子孫永寶用
7.3868 孫孫子子永寶用
7.3869 其邁(萬)年永寶用
7.3871 其邁(萬)年永寶用
7.3872 子子孫孫永用享考(孝)
7.3873 子子孫孫永寶用
7.3874 子子孫孫永寶用
7.3875 子子孫孫永寶用
7.3876 子子孫孫永寶用
7.3877 子子孫孫永寶用
7.3878 其子子孫孫邁(萬)年永寶用
7.3879 其子子孫孫邁(萬)年永寶用
7.3880 其子子孫孫邁(萬)年永寶用
7.3881 子子孫孫永寶
7.3882 子子孫孫永寶
7.3883 子子孫孫永寶
7.3884 子子孫孫永寶
7.3885 子子孫孫永寶
7.3886 子子孫孫永寶
7.3887 子子孫孫永寶用
7.3888 子子孫孫永寶用
7.3889 子子孫孫永寶用
7.3890 子子孫孫永寶用
7.3891 其子孫永寶用
7.3892 永寶用享(享)
7.3893 子子孫永寶用享
7.3894 永寶用
7.3895 子子孫孫永寶用
7.3896 永寶用享
7.3897 永寶用享
7.3898 永寶用享
7.3899 永寶用享
7.3900 永寶用享
7.3901 子子孫永寶用享
7.3902 永寶用享
7.3903 子子孫孫永寶用
7.3908 子子孫邁(萬)年永寶
7.3909 子子孫永用
7.3910 其子孫永寶用
7.3911 其子孫永寶用
7.3912 子子孫孫永寶用
7.3913 子子孫孫永寶用
7.3914 子子孫孫永寶用
7.3915 其孫孫子子永寶用
7.3916 子子孫孫永寶用
7.3917 子子孫孫永寶用
7.3918 子子孫其永寶用
7.3919 永壽用之
7.3921 子孫永寶用
7.3922 子子孫孫永寶用
7.3923 子子孫孫永寶用
7.3924 永寶用享
7.3927 子子孫孫永寶用
7.3928 子子孫永寶
7.3929 子子孫永寶
7.3930 子子孫永寶
7.3936 子子孫永寶
7.3937 子子孫孫永寶
7.3938 子子孫孫永寶
7.3944 永寶用
7.3945 子子孫孫永寶用
7.3946 子子孫孫永寶用
7.3949 子子孫孫其永寶用
7.3952 其永寶用
7.3953 其子孫永寶
7.3955 子子孫孫永寶用
7.3956 子子孫孫永寶用
7.3957 子子孫孫永寶用
7.3958 其子子孫孫永寶用
7.3959 其子孫永寶用
7.3960 子子孫孫永寶用
7.3961 子子孫孫永寶用
7.3962 子子孫孫永寶用
7.3963 子子孫孫永寶用
7.3964 其子子孫永寶用
7.3965 其子子孫永寶用
7.3966 其子子孫永寶用
7.3967 其子子孫孫永寶用
7.3968 其子子孫永寶用
7.3969 其子子孫永寶用
7.3970 其子子孫永寶用
7.3971 永寶用享
7.3972 永寶用享
7.3973 永寶用享
7.3974 永寶用
7.3978 孫子其萬年永寶
7.3980 子子孫孫永寶用
7.3981 子子孫孫永寶用
7.3982 子子孫孫永寶用
7.3983 其永寶用
7.3984 永寶用享
7.3985 永寶用享
7.3986 永寶用享
7.3987 永寶用
7.3988 永寶用
7.3989 永寶用享

7.3991 其子子孫其永寶用
7.3992 其子子孫其永寶用
7.3993 子子孫孫永讀(寶)
7.3995 子子孫永寶用
7.3996 子子孫孫永寶用
7.3997 其永寶用
7.3998 其永寶用
7.3999 其永寶用
7.4000 其永寶用
7.4001 子孫永寶/子子孫孫永寶
7.4002 子子孫孫永寶
7.4003 子子孫孫永寶
7.4004 子子孫孫永寶用
7.4005 子子孫孫永寶用
7.4006 子子孫孫永寶用
7.4007 永寶用享
7.4008 永寶用享
7.4009 永寶用享
7.4010 子子孫孫永寶
7.4011 永壽用之
7.4012 永壽用之
7.4013 永壽用之
7.4014 永寶用享
7.4015 永寶用享
7.4016 子子孫孫永用享
7.4017 子子孫孫永用享
7.4018 其子子孫孫永寶用
7.4019 永寶用享
7.4024 子子孫孫彶永用
7.4025 子子孫孫彶永用
7.4026 子子孫孫彶永用
7.4027 子子孫孫永寶用
7.4028 永寶用
7.4032 孫孫子子永寶用
7.4033 孫子子永寶用
7.4034 孫子子永寶用
7.4035 子子孫孫永寶用
7.4036 子子孫孫永寶用
7.4037 子子孫孫永寶用
7.4038 其子子孫孫永寶用之
7.4039 永寶用享
7.4040 用賜永壽/永寶用享
7.4045 子子孫孫永寶用
7.4048 子子孫孫永寶用
7.4049 子子孫孫永寶用
7.4050 子子孫孫永寶用
7.4051 永寶用享
7.4052 永寶用享
7.4053 永寶用享
7.4054 子子孫孫永用之
7.4056 其萬年永寶用
7.4057 其萬年永寶用
7.4058 其萬年永寶用
7.4061 子子孫孫永寶用
7.4062 永寶用
7.4063 永寶用
7.4064 永寶用
7.4065 永寶用/子子孫孫永寶用
7.4066 永寶用/子子孫孫永寶用
7.4067 永寶用/子子孫孫永寶用
7.4068 永寶用享
7.4069 永寶用享
7.4070 永寶用享
7.4071 孟姬其子孫永寶
7.4072 孟姬其子孫永寶
7.4073 孫孫子子永寶
7.4074 子子孫孫永寶用
7.4075 子子孫孫永寶用
7.4076 永寶用
7.4077 永寶用
7.4078 永寶用
7.4079 永寶用
7.4080 永寶用
7.4081 永寶用
7.4082 永寶用
7.4083 永寶用
7.4084 永寶用
7.4085 永寶用
7.4086 永寶用
7.4087 永寶用
7.4088 其子孫永寶
7.4089 其子子孫孫永寶用
7.4090 子子孫孫永寶用
7.4091 子子孫孫永寶
7.4092 子子孫孫永寶
7.4093 子子孫孫永寶
7.4094 子子孫孫永寶
7.4095 子孫永寶用享
7.4098 孫孫子子永寶
7.4099 永揚公休
7.4102 子子孫孫永寶
7.4103 子子孫孫永寶
7.4108 綰綽、眉壽、永令(命)/永寶用享
7.4109 永寶用享
7.4110 永寶用享
7.4111 永寶用享
7.4112 命其永以(與)多友殷(餇)飤
7.4113 子子孫孫永寶
7.4114 子孫孫永寶用享
7.4115 子子孫孫永寶
7.4116 子子孫孫永寶用
7.4117 子子孫孫永寶用
7.4118 子子孫孫永寶用
7.4119 子子孫孫永寶用
8.4122 其子子孫孫永寶
8.4123 其子子孫孫永寶用
8.4124 子子孫孫永寶用
8.4125 其子子孫孫邁(萬)年永寶用
8.4126 子子孫孫永寶

8.4127 皇萬年永用
8.4128 其萬年永壽
8.4129 買其子子孫孫永寶用享
8.4130 其邁(萬)年永寶用
8.4137 子孫永寶
8.4139 用永皇堯(无)身
8.4141 子子孫孫永寶用
8.4142 子子孫孫永寶用
8.4143 子子孫孫永寶用
8.4145 永皆(世)毋忘
8.4147 永寶用享
8.4148 永寶用享
8.4149 永寶用享
8.4150 永寶用享
8.4151 永寶用享
8.4152 永保用享
8.4153 其子子孫孫永寶
8.4154 孫孫(子子)孫其永寶用
8.4155 子子孫其永寶用
8.4156 子孫永寶用享
8.4157 用匄眉壽、永令(命)/乎其萬人(年)永用
8.4158 用匄眉壽、永令(命)/乎其萬人(年)永用
8.4160 它它(施施)受茲永命/永寶茲設
8.4161 它它(施施)受茲永命/永寶茲設
8.4162 子子孫孫其永寶
8.4163 子子孫孫其永寶
8.4164 子子孫孫其永寶
8.4168 永寶用享
8.4169 其永寶用
8.4178 其永用之
8.4179 子子孫孫永寶用
8.4180 子子孫孫永寶用
8.4181 子子孫孫永寶用
8.4182 祈匄康𧻚、屯(純)右(祐)、通彔(祿)、永令(命)/永寶用享
8.4183 永寶用享
8.4184 永寶茲休
8.4185 永寶茲休
8.4186 永寶茲休
8.4187 永寶茲休
8.4188 永寶用享
8.4189 永寶用享
8.4194 沓眔厥子子孫永寶
8.4196 子子孫其永寶用
8.4197 子子孫孫其永寶
8.4198 用匄眉壽、綽綰、永令(命)/永寶用享
8.4201 子子孫永寶
8.4202 其永寶用
8.4203 永寶用享
8.4204 永寶用享
8.4207 其孫孫子子永寶
8.4209 子子孫孫永寶用
8.4210 子子孫孫永寶用
8.4211 子子孫孫永寶用
8.4212 子子孫孫永寶用
8.4213 㞸(殿)𢼸(敖)其子子孫孫永寶
8.4214 世孫子永寶
8.4216 子子孫孫永寶用
8.4217 子子孫孫永寶用
8.4218 子子孫孫永寶用
8.4219 用祈匄眉壽、永令(命)/子子孫孫永寶用
8.4220 用祈匄眉壽、永令(命)/子子孫孫永寶用
8.4221 用祈匄眉壽、永令(命)/子子孫孫永寶用
8.4222 用祈匄眉壽、永令(命)/子子孫孫永寶用
8.4223 用祈匄眉壽、永令(命)/子子孫孫永寶用
8.4224 用祈匄眉壽、永令(命)/子子孫孫永寶用
8.4225 子孫永寶用
8.4226 子孫永寶用
8.4227 子孫永寶用
8.4228 子孫永寶用
8.4229 子子孫孫永寶用
8.4230 子子孫孫永寶用
8.4231 子子孫孫永寶用
8.4232 子子孫孫永寶用
8.4233 子子孫孫永寶用
8.4234 子子孫孫永寶用
8.4235 子子孫孫永寶用
8.4236 子子孫孫永寶用
8.4240 免其萬年永寶用
8.4242 勵(擢)于永令(命)/禹其邁(萬)年永寶用
8.4243 子子孫孫永寶用
8.4244 萬年永寶用
8.4245 永保用享
8.4246 永寶用
8.4247 永寶用
8.4248 永寶用
8.4249 永寶用
8.4250 子子孫孫永寶用
8.4251 虘其萬年永寶用
8.4252 虘其萬年永寶用
8.4253 子子孫孫永寶用

8.4254 子子孫孫永寶用
8.4255 其子子孫孫永用
8.4256 衛其子子孫孫永寶用
8.4257 子子孫孫永寶用
8.4258 其孫孫子子永寶用
8.4259 其子子孫孫永寶用
8.4260 其子子孫孫永寶用
8.4262 子子孫孫永保用
8.4263 子子孫孫永保用
8.4264 子子孫孫永保用
8.4265 子子孫孫永保用
8.4267 子子孫孫其永寶
8.4268 王臣其永寶用
8.4270 子子孫孫永寶用
8.4271 子子孫孫永寶用
8.4272 子子孫孫永寶用
8.4274 子子孫孫永寶用
8.4275 子子孫孫永寶用
8.4276 萬年永寶用于宗室
8.4277 其萬年永保
8.4278 子子孫孫永寶用
8.4279 子子孫孫永寶用
8.4280 子子孫孫永寶用
8.4281 子子孫孫永寶用
8.4282 子子孫孫永寶用
8.4283 孫孫子子其永寶
8.4284 孫孫子子其永寶
8.4285 子子孫孫永寶用
8.4286 子子孫孫永寶
8.4287 永寶用享
8.4288 子子孫孫永寶用
8.4289 子子孫孫永寶用
8.4290 子子孫孫永寶用
8.4291 子子孫孫永寶用
8.4294 子子孫其萬年永寶用
8.4295 子子孫其萬年永寶用
8.4296 永寶用享
8.4297 永寶用享
8.4298 其子子孫孫永寶用
8.4299 其子子孫孫永寶用
8.4300 婦子後人永寶
8.4301 婦子後人永寶
8.4302 余其永邁(萬)年寶用
8.4303 子子孫孫永寶用
8.4304 子子孫孫永寶用
8.4305 子子孫孫永寶用
8.4306 子子孫孫永寶用
8.4307 子子孫孫永寶用
8.4308 子子孫孫永寶用
8.4309 子子孫孫永寶用
8.4310 子子孫孫永寶用
8.4311 永寶用享
8.4312 子子孫孫永寶用
8.4313 永寶用享
8.4314 永寶用享
8.4316 其永寶用
8.4317 用奉(祓)壽、匄永令(命)
8.4318 子子孫孫永寶用
8.4319 子子孫孫永寶用
8.4321 子子孫永寶用
8.4322 永襲厥身/其子子孫孫永寶
8.4323 子子孫孫永寶用
8.4324 子子孫孫永寶用
8.4325 子子孫孫永寶用
8.4326 永寶
8.4327 子子孫孫永寶用
8.4328 其永寶用享
8.4329 用永乃事/永屯(純)、霝(靈)冬(終)/其永寶用享
8.4331 用祈屯(純)彔(祿)、永命
8.4332 用追孝、祈匄康䵼、屯(純)右(祐)、通彔(祿)、永令(命)/子子孫孫永寶用
8.4333 用追孝祈匄康䵼、屯(純)右(祐)、通彔(祿)、永令(命)/子子孫孫永寶用
8.4334 用追孝祈匄康䵼、屯(純)右(祐)、通彔(祿)、永令(命)/子子孫孫永寶用
8.4335 用追孝祈匄康䵼、屯(純)右(祐)、通彔(祿)、永令(命)/子孫永寶用
8.4336 用追孝祈匄康䵼、屯(純)右(祐)、通彔(祿)、永令(命)/子子孫孫永寶用
8.4337 用追孝祈匄康䵼、屯(純)右(祐)、通彔(祿)、永令(命)/子子孫孫永寶用
8.4338 用追孝祈匄康䵼、屯(純)右(祐)、通彔(祿)、永令(命)/子子孫孫永寶用
8.4339 用追孝祈匄康䵼、屯(純)右(祐)、通彔(祿)、永令(命)/子子孫孫永寶用

8.4340 子子孫孫永寶
　　　用
8.4341 子子孫多世其
　　　永寶
8.4342 子子孫孫永寶
8.4343 子子孫孫永寶
　　　用
9.4353 永用
9.4357 其永保用
9.4358 其永保用
9.4359 其永保用
9.4360 其永保用
9.4361 其永寶用
9.4362 其永寶用
9.4363 其永寶用
9.4364 其永寶用
9.4365 子子孫孫永寶
　　　用
9.4366 其永寶用
9.4367 其永寶用
9.4368 其永寶用
9.4369 其永寶用
9.4370 其永寶用
9.4371 其永寶用
9.4372 子子孫孫永寶
　　　用
9.4373 子子孫孫永寶
　　　用
9.4374 其子子孫孫永
　　　寶用
9.4375 其永用
9.4376 其永用
9.4377 子子孫孫永用
9.4378 子子孫孫永寶
　　　用
9.4380 子子孫孫永寶
　　　用
9.4381 永寶用
9.4382 其萬年永寶

9.4383 其萬年永寶用
9.4384 子子孫孫永寶
　　　用
9.4385 其萬年永寶用
9.4386 其永寶用
9.4387 其永寶用
9.4388 其萬年永寶用
9.4389 永寶用享
9.4390 其子子孫孫永
　　　寶用享
9.4391 其永寶用
9.4392 子子孫孫永寶
　　　用
9.4393 子子孫孫永寶
　　　用
9.4394 其遘(萬)年永
　　　寶用
9.4395 其遘(萬)年永
　　　寶用
9.4396 及子子孫孫永
　　　寶用
9.4397 永寶用
9.4398 其子子孫孫永
　　　寶用
9.4399 其遘(萬)年永
　　　寶用
9.4400 其永寶用
9.4401 其永寶用
9.4402 子子孫孫永寶
　　　用
9.4403 子子孫孫永寶
　　　用
9.4404 其遘(萬)年永
　　　寶用
9.4405 其子子孫孫永
　　　寶用
9.4407 子子孫孫永寶
　　　用
9.4408 子子孫孫永寶

用
9.4409 子子孫孫永寶
　　　用
9.4410 子子孫孫永寶
　　　用
9.4411 永寶用享
9.4412 子子孫孫永寶
　　　用
9.4413 子子孫孫永寶
　　　用
9.4414 子子孫孫永寶
　　　用
9.4415 萬年永寶用
9.4416 子子孫永寶用
9.4417 子子孫孫永寶
　　　用
9.4418 子子孫永寶用
9.4419 其永寶用享
9.4420 延其萬年永寶
9.4421 延其萬年永寶
9.4422 其子子孫孫永
　　　匋(寶)用
9.4423 永寶用
9.4424 其子子孫孫萬
　　　年永寶用
9.4425 永彶仲姬寶用
9.4426 子子孫孫永寶
　　　用
9.4427 永寶用
9.4428 其子子孫萬年
　　　永寶用
9.4429 永寶用
9.4430 其子子孫孫永
　　　寶用
9.4431 子子孫孫永寶
　　　用
9.4432 子子孫孫永寶
　　　用
9.4433 子子孫孫永寶

用
9.4434 子子孫孫永寶
　　　用
9.4436 子子孫永寶用
9.4437 永寶用〔享〕
9.4438 子子孫孫永用
9.4439 子子孫孫永用
9.4440 永寶用享
9.4441 子子孫永寶用
　　　享
9.4446 子子孫孫永寶
　　　用
9.4447 子子孫孫永寶
　　　用
9.4448 用肈(祓)壽、匃
　　　永令(命)/ 其萬年永
　　　寶用
9.4449 用肈(祓)壽、匃
　　　永令(命)/ 其萬年永
　　　寶用
9.4450 用肈(祓)壽、匃
　　　永令(命)/ 其萬年永
　　　寶用
9.4451 用肈(祓)壽、匃
　　　永令(命)/ 其萬年永
　　　寶用
9.4452 用肈(祓)壽、匃
　　　永令(命)/ 其萬年永
　　　寶用
9.4453 永寶用享
9.4454 奠(鄭)季其子
　　　子孫孫永寶用
9.4455 奠(鄭)季其子
　　　子孫孫永寶用
9.4456 奠(鄭)季其子
　　　子孫孫永寶用
9.4457 奠(鄭)季其子
　　　子孫孫永寶用
9.4458 永寶用享

9.4459 永寶用
9.4460 永寶用
9.4461 永寶用
9.4462 子子孫孫其永寶
9.4463 子子孫孫其永寶
9.4464 永用多休
9.4465 降克多福、眉壽、永令(命)/ 子子孫孫永寶用
9.4466 王在永師田宫 / 其子子孫孫永寶用
9.4467 子子孫孫永寶用
9.4468 子子孫孫永寶用
9.4469 子子孫孫永寶用
9.4481 永寶
9.4504 其永用
9.4514 其萬年永寶
9.4515 其萬年永寶
9.4516 子子孫孫永寶用
9.4517 永寶用
9.4518 永寶用
9.4519 永寶用
9.4520 永寶用
9.4521 永壽用之
9.4522 其子子孫孫永寶用
9.4523 其萬年永寶用
9.4524 其子子孫孫永寶用
9.4526 永祜福
9.4528 則永祜福
9.4529 則永祜福
9.4530 其萬年永寶
9.4531 子孫永寶用享
9.4532 其子子孫孫永寶用享
9.4533 永寶用之
9.4534 子子孫孫永寶用
9.4535 其萬年永寶用
9.4536 □其邁(萬)年永寶用
9.4537 子子孫永用
9.4538 子子孫永用
9.4539 子子孫永寶用
9.4540 子子孫永寶用
9.4541 子子孫永寶用
9.4543 子子孫孫永用
9.4544 永古(祜)畐(福)
9.4545 永壽用
9.4546 其子子孫孫永寶用享
9.4547 其子子孫永寶用享
9.4548 其子子孫孫永寶用享
9.4552 子子孫孫永寶用
9.4553 子子孫孫永寶用
9.4554 子子孫孫永寶用
9.4555 子子孫孫永寶用
9.4556 永保用享
9.4557 子子孫孫永寶用
9.4558 子子孫孫永寶用
9.4559 子子孫孫永寶用
9.4560 永寶用
9.4561 永寶用享
9.4562 永寶用享
9.4563 子子孫孫永寶用
9.4564 子子孫孫永寶用
9.4565 永寶用
9.4566 永寶用
9.4567 永寶用
9.4568 永寶用
9.4569 永寶用之
9.4570 永寶用
9.4571 永寶用
9.4572 子子孫孫永寶用
9.4574 子子孫孫永寶用
9.4575 子孫永保之
9.4576 子孫永保之
9.4577 子孫永保之
9.4578 其子子孫孫永寶用享
9.4579 其子子孫孫永寶用享
9.4581 永寶用之
9.4582 子子孫孫永寶用
9.4583 子子孫孫永寶用
9.4584 子子孫孫永寶用
9.4585 子子孫孫永寶用
9.4586 子子孫孫永寶用
9.4587 永寶用之
9.4588 永保用之
9.4591 永寶用之
9.4592 永寶用享
9.4593 永壽用之
9.4595 永保用簠
9.4596 永保用簠
9.4597 永壽用之
9.4598 其子子孫孫其永用之
9.4599 其永用之
9.4600 子子孫孫永寶用
9.4601 用爲永寶
9.4602 用爲永寶
9.4603 永壽用之
9.4604 永壽用之
9.4605 永壽用之
9.4606 永壽用之
9.4607 永壽用之
9.4608 永寶用之
9.4609 永寶用之
9.4610 永寶用之
9.4611 永寶用之
9.4612 永保用之
9.4613 永寶用之
9.4614 永寶用之
9.4617 永命無疆 / 永寶用之
9.4618 永保用之
9.4619 永寶用之
9.4620 永寶用之
9.4621 永寶用之
9.4623 永寶用之
9.4624 永寶用之
9.4625 永保用之
9.4626 免其萬年永寶用
9.4628 其子子孫孫永寶用享
9.4631 永寶用之享
9.4632 永寶用之享

9.4638 其邁(萬)年永保用
9.4639 其邁(萬)年永保用
9.4641 永保用之
9.4643 永保用之
9.4644 永枼(世)毋出
9.4645 子子孫永保用之
9.4646 永𡭗(世)毋忘
9.4647 永𡭗(世)毋忘
9.4648 永𡭗(世)毋忘
9.4649 永爲典尚(常)
9.4681 其萬年永寶
9.4684 永寶用
9.4686 則永祜(祜)福(福)
9.4687 則永祜(祜)福(福)
9.4689 子孫永寶用之
9.4690 永寶用之
9.4691 永寶用之
9.4692 用匄永令(命)/虘其永寶用享
9.4693 永命多福/永寶用
10.4885 馬永
10.5343 其永寶
10.5359 其永寶
10.5365 其子子孫孫永寶
10.5371 其子孫永寶
10.5376 子子孫孫永寶用
10.5381 其永寶用
10.5382 邁(萬)年永寶
10.5392 以寡子乍(作)永寶
10.5406 用匄永福/其永寶用
10.5408 其子子孫孫永寶用
10.5411 其子子孫永福(寶)
10.5416 萬年永光
10.5418 免其萬年永寶用
10.5423 其子子孫孫永寶用
10.5425 子子孫永寶
10.5426 永寶用
10.5431 尹其亘萬年受厥永魯
10.5433 亦其子子孫孫永寶
11.5941 厥孫子永寶
11.5942 其永寶
11.5946 其孫孫子子永用
11.5948 其孫子永用
11.5950 用永孝
11.5958 子子孫孫其永寶
11.5959 其永寶
11.5960 其永賜
11.5961 其子孫永寶
11.5964 子子孫孫其永寶
11.5966 子子孫其永寶
11.5969 世孫子永寶
11.5970 孫子永寶
11.5972 邁(萬)年永寶
11.5976 其西(百)世孫子永寶
11.5980 永寶用
11.5982 子孫永寶用享
11.5988 永寶
11.5993 其用匄永福
11.6001 其萬年永寶用
11.6002 其永寶
11.6004 萬年永光
11.6005 其萬年永寶
11.6006 免其萬年永寶用
11.6008 其子子孫孫永用
11.6009 亦其子子孫孫永寶
11.6010 永保用之
11.6011 世子子孫孫永寶之
11.6015 孫孫子子其永亡冬(終)
12.6507 孫子子永寶
12.6513 永保怠(台)身
12.6516 永寶
14.8658 父辛永
15.9297 其永寶
15.9302 永寶用
15.9303 其永寶
15.9428 厥孫子永寶
15.9429 子子孫其永寶
15.9432 萬年永寶用
15.9435 邁(萬)年永寶
15.9437 子子孫孫永寶用
15.9438 其萬年永寶用
15.9440 其永寶用
15.9441 其永寶用
15.9443 子子孫孫永寶用
15.9444 其邁(萬)年永寶用
15.9445 則永祜(祜)福(福)
15.9446 其永用之
15.9447 子子孫孫永寶用
15.9453 子子孫其永寶
15.9456 永寶用
15.9586 永寶用
15.9587 永寶用
15.9596 永寶用
15.9597 永寶用
15.9598 永寶用
15.9599 永寶用
15.9600 永寶用/永寶用
15.9601 永用享
15.9602 永用享
15.9603 永用
15.9604 永用
15.9607 永用
15.9610 子子孫孫永寶用
15.9611 子子孫孫永寶用
15.9612 其子子孫孫永寶
15.9613 子孫永用
15.9614 其永寶用
15.9615 其永寶用
15.9618 子子孫孫永用/子子孫孫永用
15.9619 彶姜氏永寶用
15.9620 其邁(萬)年永寶用
15.9621 永用
15.9622 子子孫孫永寶用
15.9623 其萬年永寶用
15.9624 其萬年永寶用
15.9625 永用之
15.9626 永用之
15.9627 永保用享
15.9630 其永寶用享

15.9631 子子孫孫永寶用
15.9632 永寶用
15.9633 其萬年永寶用
15.9634 其萬年永寶用
15.9635 子子孫孫永寶用
15.9636 則永宿(祐)寵(福)
15.9639 子孫永寶用之
15.9641 子子孫永保用
15.9642 子子孫孫永寶用
15.9643 子子孫孫永寶用
15.9644 邁(萬)子孫永用享
15.9645 邁(萬)子孫永用享
15.9651 子子孫孫永用
15.9652 子子孫孫永用
15.9653 永寶用享
15.9654 永寶用享
15.9655 子子孫孫永寶
15.9656 萬年子子孫孫永寶用
15.9658 子孫永寶用之
15.9659 子孫永保用
15.9661 子子孫孫永寶用
15.9662 永寶用
15.9663 則永祜寵(福)
15.9664 則永祜寵(福)
15.9667 子子孫孫永寶用
15.9668 子子孫孫永寶用
15.9669 子子孫孫永寶用
15.9670 永寶用享
15.9671 永用享考(孝)于大宗
15.9676 永寶用享
15.9677 其永用之
15.9687 永寶用享
15.9688 子子孫永寶用享
15.9690 永寶用
15.9691 永寶用
15.9694 永寶用之
15.9695 永寶用之
15.9696 子子孫孫永寶用
15.9697 子子孫孫永寶
15.9698 永寶用
15.9699 永寶用
15.9701 萬年永寶用享
15.9704 永保其身 / 子孫永保用之
15.9705 子子孫孫永寶用
15.9706 子子孫永寶用之
15.9708 子子孫永寶是尚(常)
15.9713 子子孫孫是永寶
15.9716 永令(命)無疆 / 永寶用
15.9717 永令(命)無疆 / 永寶用 / 其子子孫孫永寶用
15.9718 永寶用享
15.9719 其永用之
15.9720 其永用之
15.9721 孫孫子子永寶用
15.9722 子子孫孫永寶用
15.9723 瘨其萬年永寶
15.9724 瘨其萬年永寶
15.9725 克克其子子孫孫永寶用享
15.9726 瘨其萬年永寶
15.9727 瘨其萬年永寶
15.9728 永令(命)多福 / 其永寶用
15.9731 用追孝祈匄康𩒨、屯(純)右(祐)、通彔(禄)、永令(命)
15.9732 用追孝祈匄康𩒨、屯(純)右(祐)、通彔(禄)、永令(命)
15.9735 其永保用亡疆
15.9822 其子子孫永寶
15.9824 永寶用享
15.9825 永寶用享
15.9826 其邁(萬)年永寶
16.9878 告永
16.9879 告永
16.9889 子子孫孫其永寶
16.9891 永寶用
16.9893 孫孫子子其永寶
16.9895 其永寶
16.9896 唯朕文考乙公永啟余魯 / 子子孫孫永寶用
16.9897 百世孫子永寶
16.9898 吴其世子孫永寶用
16.7360 子孫永寶用者
16.9962 其子子孫孫永寶用
16.9963 則永襠(祜)𥧕(福)
16.9964 子子孫孫永寶用
16.9965 子子孫孫永寶用
16.9966 則永祐(祜)缶(福)
16.9967 子子孫孫永寶用
16.9968 子子孫孫永寶用
16.9969 子子孫永寶用
16.9970 永寶用享
16.9971 永寶用享
16.9972 子孫永寶用享
16.9973 孫子𠄘永寶 / 孫子𠄘永寶
16.9974 子孫永寶是尚(常)
16.9979 永壽用之
16.9980 子孫永寶用之
16.9981 子子孫孫永寶用
16.9982 子子孫永寶
16.9987 則永祜寶(福)
16.10005 永保用之
16.10006 永寶用之
16.10007 永寶用之
16.10058 永寶用享
16.10088 子子孫孫永寶用
16.10089 子孫永寶用
16.10090 其子子孫孫永寶用
16.10091 子子孫孫永寶用
16.10092 子子孫孫永寶用
16.10093 子子孫孫永

寶用
16.10094 永寶用享
16.10095 子子孫永寶用
16.10096 其永寶用鄉(饗)
16.10097 子子孫永寶用之
16.10098 子子孫孫永寶用
16.10102 子子孫孫永寶用
16.10103 子子孫孫永寶用
16.10104 則永穡(祜)穽(福)
16.10107 子子孫孫永寶用
16.10108 子子孫孫永寶用
16.10109 永寶用之
16.10110 子子孫孫永寶用
16.10111 子子孫孫永寶用
16.10112 子子孫孫永用
16.10113 其永寶用
16.10114 其永寶用
16.10115 其永寶用
16.10116 永寶用享
16.10117 子子孫孫永保用
16.10118 子子孫永寶用之
16.10120 其孫孫子子永寶用
16.10121 永寶用享
16.10122 則永祜祐(福)
16.10124 永壽用之
16.10125 其子子孫孫永寶用享
16.10126 子子孫孫永寶用
16.10127 永壽用之
16.10128 永壽用之
16.10130 子孫永用享
16.10131 永寶用之
16.10132 子子孫永寶用享
16.10133 子子孫孫永寶用
16.10134 其永用之
16.10135 子子孫孫永寶用
16.10136 子孫永用之享
16.10139 子子孫永寶用享
16.10140 子孫永寶用之
16.10141 永寶用享
16.10142 永受大福用
16.10143 永寶用之
16.10144 永壽用之
16.10145 子子孫孫永保用
16.10146 其永用之
16.10147 永保用享
16.10148 子子孫孫永用享
16.10149 子子孫永用之
16.10150 永寶用享
16.10152 永寶用
16.10153 其子孫永保用之
16.10154 永寶用之
16.10155 永寶用之
16.10156 子孫永寶用享
16.10157 永壽用之
16.10159 永保用之
16.10160 永寶用之
16.10162 永寶用之
16.10163 永保其身/永保用之
16.10164 子子孫孫永寶用
16.10165 永寶用之
16.10166 子孫其永寶
16.10168 其丙(百)世子子孫孫永寶用
15.10169 其子子孫孫永寶用
16.10170 子子孫孫永寶
16.10171 永保用之
16.10172 子子孫孫永寶用
16.10174 子子孫孫永寶用
16.10175 永不(丕)巩(恐)狄虘(柤)/其萬年永寶用
16.10184 永寶用
16.10200 永寶用
16.10201 永用
16.10208 永用之
16.10210 其永寶用
16.10213 其子子孫孫永用
16.10214 永寶用享
16.10215 其子子孫孫永寶用
16.10216 永寶用
16.10217 其永寶用
16.10218 孫孫(子孫)永寚(寶)用
16.10220 子子孫孫永寶用
16.10221 子子孫孫永寶用
16.10222 其邁(萬)年永寶用
16.10223 子子孫孫永寶用
16.10224 子子孫孫永寶用
16.10225 其子子孫孫永寶用
16.10226 其子子孫孫永寶用
16.10229 萬年永寶用
16.10230 子孫則永祜穡(福)
16.10231 子子孫孫永寶用
16.10232 子子孫孫永寶用
16.10233 永寶用享
16.10234 子孫永寶用之
16.10237 永寶用享
16.10238 子子孫孫永寶用
16.10239 子子孫孫永寶用
16.10241 永寶用享
16.10242 子子孫永保用
16.10243 子孫永寶用
16.10244 其永寶用
16.10245 子孫永保用
16.10246 永寶用之

16.10248 子子孫孫永寶用
16.10249 永寶用享
16.10250 子子孫孫永用之
16.10252 其子子孫孫永用
16.10253 子子孫孫永寶用
16.10254 則永祜褔(福)
16.10255 其子孫永寶用
16.10256 其永寶用享
16.10258 子子孫永寶用享
16.10259 子孫永寶用
16.10260 永乍(作)祜〔福〕
16.10261 子子孫孫永寶用
16.10262 子子孫永寶用之
16.10263 子子孫孫永寶用
16.10264 永保用也(匜)
16.10265 永寶用享
16.10266 子子孫孫永寶用
16.10267 永壽用之
16.10268 子子孫永寶用享
16.10269 子孫永寶用享
16.10270 其萬年永寶用
16.10271 子孫永寶用享
16.10272 子子孫孫永寶用
16.10273 子孫永用享
16.10275 永寶用享
16.10276 永寶用之
16.10277 永保用之
16.10278 子子孫永寶用之
16.10279 永壽用之
16.10281 永寶用之
16.10282 永保其身 / 永保用之
16.10283 永保用之
16.10284 永寶用之
16.10310 子子孫孫永寶用
16.10311 子子孫永寶用
16.10312 永寶用享
16.10313 其萬年永寶
16.10314 子子孫永寶用
16.10315 子子孫孫永寶用
16.10316 永寶用
16.10317 子子孫孫永用
16.10318 永保其身 / 永保用之
16.10320 孫子永壽用之
16.10321 其永寶用
16.10322 賜畀(娉)師永厥田：滄(浛、陰)昜(陽)洛 / 付永厥田 / 永拜𩒨首 / 永用乍(作)朕文考乙伯尊盂 / 永其邁(萬)年 / 永其逘寶用
16.10330 永寶用之
16.10331 子孫永用
16.10334 其子子孫孫永寶用
16.10335 子子孫永壽用之
16.10336 子子孫孫永用之
16.10337 永寶用享
16.10338 永寶用之
16.10339 永寶用之
16.10340 永寶用之
16.10341 永保用之 / 永保用之
16.10342 永康寶
16.10352 子子孫孫永寶用
16.10356 永保用
16.10361 永保用之
16.10583 永台(以)馬母□□司乘

3022 辰

8.4140 王辰(永)大(太)保

3023 羕

1.140 羕(永)保用之
1.285 羕(永)保其身 / 羕(永)保用享
5.2573 羕(永)保用之
7.4096 以貣(眖、覝)羕(永)令(命)、頪(眉)壽
7.4120 羕(永)保用享
9.4594 羕(永)保用之
9.4616 其子子孫孫羕(永)保用之
9.4629 子子孫孫羕(永)保用
9.4630 子子孫孫羕(永)保用
11.5811 羕史乍(作)旅彝
15.9680 羕(永)保用之
15.9709 羕(永)保其身 / 羕(永)保用之
16.10280 羕(永)保其身 / 羕(永)保用之
16.10297 羕(永)甬(用)之
17.11358 羕(養)陵公伺之睘(縣)所部(造)、冶己女

3024 水

3.980 出游水虫
8.4270 厥逆(朔)至于玄水
8.4271 厥逆(朔)至于玄水
8.4330 用水(賜)霝(靈)令(命)
11.5983 在淌水上

3025 ⿱夂小(洧)

16.10262 唯⿱夂小(洧)伯君堇生(甥)自乍(作)也(匜)

3026 汆

4.2390 余(徐)子汆之鼎

3027 汈

1.120 王曰：者汈
1.121 王曰：者汈
1.122 王曰：者汈

1.125-8 王曰：者汈
1.132 王曰：者汈

3028 汩

16.10579 汩盤（器）不而甾丌（其）欽

3029 汙

8.4343 在師汙父宮

3030 汜

3.671 伯汜父乍（作）大姬齋鬲

3031 汋

5.2840 蒦（與）其汋（溺）於人旃／寧汋（溺）於淵

3032 池

3.753 子仲漁叟池
5.2720 王漁于㝩池
8.4207 乎漁于大池
8.4273 卿（佮）䝑（豳）茘師邦君射于大池
15.9678 禺（遇）邗王于黃池
15.9679 禺（遇）邗王于黃池
17.11120 曹公子池之鋯（造）戈
17.11216 州□冶池

3033 江

1.73-4 江漢之陰陽
1.76-7 江漢之陰陽
1.78-9 江漢之陰陽
1.80-1 江漢之陰陽
4.2391 江小仲母生自乍（作）甬（用）鬲
17.10934 江魚
18.11665 乂江之台
18.11718 余處江之陽
18.12113 逾江／内（入）瀆（瀘）江／走（让、上）江／走（让、上）江

3034 沙

5.2814 賜女（汝）玄衣黹屯（純）、戈琱戟、歇（厚）必（柲）、彤沙（蘇）、攸（鋚）勒、総（鑾）旂
5.2819 王乎史減册賜袁：玄衣黹屯（純）、赤芾、朱黃（衡）、総（鑾）旅（旂）、攸（鋚）勒、戈琱戟、歇（厚）必（柲）、彤沙（蘇）
8.4216 儕（齎）女（汝）毌五、昜（錫）登盾生皇（凰）、畫内（枘）戈琱戟、歇（厚）必（柲）、彤沙（蘇）
8.4217 儕（齎）女（汝）毌五、昜（錫）登盾生皇（凰）、畫内（枘）戈琱戟、歇（厚）必（柲）、彤沙（蘇）
8.4218 儕（齎）女（汝）毌五、昜（錫）登盾生皇（凰）、畫内（枘）戈琱戟、歇（厚）必（柲）、彤沙（蘇）
8.4257 賜女（汝）玄衣黹屯（純）、鉥（素）芾、金鈧（衡）、赤舄、戈琱戟、彤沙（蘇）、攸（鋚）勒、総（鑾）旂五日
8.4258 賜戈琱戟、彤沙（蘇）
8.4259 賜戈琱戟、彤沙（蘇）
8.4260 賜戈琱戟、彤沙（蘇）
8.4268 乎内史秀（敖、佚）册命王臣：賜女（汝）朱黃（衡）桒（賁）親（襯）、玄衣黹屯（純）、総（鑾）旂五日、戈畫戟、䧢（墉）必（柲）、彤沙（蘇）
8.4286 賜女（汝）玄衣黹屯（純）、赤芾、朱黃（衡）、戈彤沙（蘇）琱戟、旂五日
8.4321 賜女（汝）玄衣黹屯（純）、載（緇）芾、冋（裻）黃（衡）、戈琱戟、歇（厚）必（柲）、彤沙（蘇）、総（鑾）旂、攸（鋚）勒
16.10170 王乎乍（作）册尹册賜休：玄衣黹屯（純）、赤芾、朱黃（衡）、戈琱戟、彤沙（蘇）、歇（厚）必（柲）、総（鑾）㫃
16.10172 王乎史減册賜袁：玄衣黹屯（純）、赤芾、朱黃（衡）、総（鑾）旂、攸（鋚）勒、戈琱戟、歇（厚）必（柲）、彤沙（蘇）

3035 汲

15.9632 事（使）小臣以汲
16.10407 不汲於利

3036 沖

4.2229 沖子𨚕之行貞（鼎）

3037 汸

8.4312 官嗣汸闇
15.9734 四駐（牡）汸汸（滂滂）

3038 沇（兖）

1.203 郐（徐）王庚之𢘅（淑）子沇兒

3039 洑

15.9421 洑乍（作）父乙尊彝
15.9422 洑乍（作）父乙尊彝
15.9566 洑乍（作）父乙尊彝
16.10354 [illegible]之九壁洑[illegible]紆収

3040 汪

10.5223 汪伯乍（作）寶旅彝

3041 沚

3.741 亞沚
4.2400 亞若癸受丁旅乙沚自（師）
4.2402 亞若癸受丁旅乙沚自（師）

6.3713 亞若癸受丁旅乙沚自(師)
7.3990 亞沚
11.5938 亞受旅乙沚若癸自(師)乙
12.6482 亞沚
12.7308 亞若癸乙自(師)受丁沚旅
12.7309 亞若癸乙自(師)受丁沚旅
13.7471 沚
13.7472 沚
13.7817 亞沚
13.7818 亞沚
16.9886 亞若癸乙自(師)受丁旅沚
16.9887 亞若癸乙自(師)受丁旅沚

3042 汾

17.11331 臨汾守曋、庫係、工歁造

3043 沐

17.11399 高工丞沐叜(叟)、工隸臣逑(徒)

3044 沅

18.12113 內(入)濱(資)、沅、澧、滫(油)

3045 沈

8.4330 令乃鵬(嫞)沈子乍(作)綢于周公宗 / 乃沈子其顧褱(懷)多公能福 / 乃沈子妹(昧)克蔑見猒(厭)于公休 / 沈子肇斁狃貯嗇 / 其丮哀(愛)乃沈子也唯福

3046 洵

16.10461 洵城都

3047 泆

7.4007 泆伯寺自乍(作)寶毀

3048 洚

4.2355 洚叔之行貞(鼎)

3049 況

4.2304 西況

3050 沽

6.3623 厈沽乍(作)父卯寶毀
16.10176 至于大沽(湖)
18.11661 隰倫(令)棺(梆、郭)唐、下庫工師孫屯、冶沽敎(撻)齋(劑)

3051 河

8.4270 自虐東至于河
8.4271 自虐東至于河

3052 油

1.223-4 油油漾漾
18.12113 逾油(湝)

3053 沬

9.4629 沬(眉)壽邁(萬)年
9.4630 沬(眉)壽邁(萬)年
16.10284 賸(媵)孟姬有之婦沬盤

3054 沰

4.2234 鄧尹疾之沰盜

3055 沱

5.2624 自乍(作)礴沱
5.2668 大(太)帀(師)鐘伯侵自乍(作)石(礴)沱(盜)
16.10280 沱沱(施施)熙熙(熙熙)

3056 波

18.11670 守相杢(執、廉)波(頗)、右庫工師慶□、冶巡敎(撻)齋(劑)
18.11700 守相杢(執、廉)波(頗)、邦右庫工師韓亥、冶巡敎(撻)齋(劑)
18.11701 守相杢(執、廉)波(頗)、邦右庫工師韓亥、冶巡敎(撻)齋(劑)
18.11702 守相杢(執、廉)波(頗)、邦左庫工師采隅、冶句敎(撻)齋(劑)

3057 泪

16.10465 中富丞肖(趙)□、冶泪

3058 洀

17.11404 洀

3059 洪(湰)

16.10256 樊君夔用自乍(作)洪(浣)也(匜)

3060 減(減)

5.2791 天子減宔(貯)伯姜

3061 洿(污)

15.9734 大啟邦洿(污、宇)

3063 津

5.2766 ㄐ(糾)津涂俗
9.4459 伐角、津
9.4460 伐角、津
9.4461 伐角、津

3064 洀

4.2337 伯六辝乍(作)洀旗寶蕁(尊)盄(齍)
11.5983 在洀水上
17.11304 洀坴(垍)都尉
18.11503 右洀(盤)州還

3065 洛

8.4323 內伐湋、昴、參泉、裕敏、陰(陰)陽洛 / 王令敔追鄧(攔)于上洛、烬(炆)谷
9.4692 用卲洛(各)朕文祖考
11.5986 洛(各)于官
16.10173 于洛之陽
16.10322 賜畁(鍈)師永厥田:滄(洛、陰)

昜(陽)洛
17.11404 洛都
17.11406 洛都
18.11574 洛都
18.11687 洛都

3066 洹

2.321 洹(宣)鐘之在晉也爲六墉(墉)
7.3837 伯喜父乍(作)洹餴(饋)段 / 洹其萬年永寶用
7.3838 伯喜父乍(作)洹餴(饋)段 / 洹其萬年永寶用
7.3839 伯喜父乍(作)洹餴(饋)段 / 洹其萬年永寶用
7.3867 洹秦乍(作)祖乙寶段
15.9729 齊侯既遭(躋)洹子孟姜喪 / 洹子孟姜用乞嘉命
15.9730 齊侯既遭(躋)洹子孟姜喪 / 洹子孟姜用乞嘉命
17.11383 郾(燕)侯庫(鞏載)自洹徠(來)

3067 浊

18.11672 坓(型、邢)疫命(令)邦乙、下庫工師孫所、長缶、冶浊齋(劑)

3068 涞

2.412 涞秋伊辛

3069 浘

18.11460 浘陽

3070 涑

17.11213 涑鄙(縣)發弩戈

3071 浮

16.10278 浮公之孫公父宅

3072 流

15.9734 霖霖(潸潸)流霖(涕)

3073 涂

5.2652 涂大(太)子伯辰□乍(作)爲其好妻□[鼎]
5.2766 ㄐ(糾)津涂俗

3074 涞(次)

5.2621 唯涞伯𢀛(挌)𣲙林乍(作)貞(鼎)

3075 涉

8.4262 涉東門
8.4263 涉東門
8.4264 涉東門
8.4265 涉東門
10.5433 公賜厥涉(世)子效王休(好)貝廿朋
11.6009 公賜厥涉(世)子效王休(好)貝廿朋
12.7040 涉車
14.8809 戈涉亟(系)
16.10176 眉(堳)自瀗涉以南 / 復涉瀗、陟雩
17.10827 涉

3076 涇

1.120 女(汝)亦虔秉不(丕)涇(經)[德]
1.121 女(汝)亦虔秉不(丕)涇(經)德
1.122 女(汝)亦虔秉不(丕)涇(經)德
1.125-8 女(汝)亦虔秉不(丕)涇(經)德
1.132 女(汝)亦虔秉不(丕)涇(經)德
1.204-5 適涇東至于京師
1.206-7 適涇東至于京師
1.208 適涇東至于京[師]
1.209 適涇東至于京師

3077 海

8.4238 伐海眉(堳)
8.4239 伐海眉(堳)

3078 涅

15.9607 休涅

3079 涅

18.11931 丌(其)攻(工)涅

3080 淪

16.10103 伯駟父乍(作)姬淪朕(媵)般(盤)

3081 洎

15.9824 洎御事(史)乍(作)尊雷(罍)
15.9825 洎御事(史)乍(作)尊雷(罍)

3082 洍(洍)

8.4153 㬎其洍洍(熙熙)

3083 深

15.9735 匿(陟)炁(愛)深

3084 淖(潮)

8.4169 㣈(誕)伐淖黑
9.4648 陳侯午淖(朝)群邦者(諸)侯于齊
9.4649 淖(朝)聞(問)者(諸)侯

3085 減

5.2819 王乎史減册賜袁:玄衣黹屯(純)、赤芾、朱黄(衡)、緣(鑾)旅(旂)、攸(鋚)勒、戈琱㦸、歇(厚)必(柲)、彤沙(蘇)
8.4279 王在減应
8.4280 王在減应
8.4281 王在減应
8.4282 王在減应
15.9455 穆王在下減应(位)
16.10172 王乎史減册賜袁:玄衣黹屯(純)、赤芾、朱黄(衡)、緣(鑾)旅、攸(鋚)勒、戈琱㦸、歇(厚)必(柲)、彤沙(蘇)

3086 液

5.2669 叔液自乍(作)餴(饙)貞(鼎)
8.4312 嗣工(空)液伯入右(佑)師類

3087 渪

5.2653 王賜小臣缶渪責(積)五年

3088 湡

10.5368 乎湡用乍(作)父己尊彝

3089 泒

1.105 用喜泒(侃)前文人

3090 𣚣

7.3767 𣚣徃(誕)乍(作)寶段
7.3768 𣚣徃(誕)乍(作)寶段

3091 豩(沴)

1.261 龢豩(沴)民人

3092 滮

1.143 王在成周嗣土(徒)滮宮
2.423 喬君滮盧與朕以贏
9.4539 兪山奢滮鑄其寶簠
15.9723 王在成周嗣土(徒)滮宮
15.9724 王在成周嗣土(徒)滮宮

3093 淄

1.238 淄(祇)御于天子
1.239 淄(祇)御于天子
1.240 淄(祇)御于天子
1.241 淄(祇)御于天子
1.242-4 淄(祇)御于天子
1.272-8 師(次)于淄涶
1.285 師(次)于淄涶
5.2563 曾者子𦤎(曚)用乍(作)淄(䬙)鼎
5.2569 瘶乍(作)其淄(䬙)鼎貞(鼎)
6.3592 蔡侯龖(申)乍(作)淄(䬙)段
6.3593 蔡侯龖(申)乍(作)淄(䬙)段
6.3594 蔡侯龖(申)乍(作)淄(䬙)段
6.3595 蔡侯龖(申)乍(作)淄(䬙)段
6.3596 蔡侯龖(申)乍(作)淄(䬙)段
6.3597 蔡侯龖(申)乍(作)淄(䬙)段
6.3598 蔡侯龖(申)乍(作)淄(䬙)段
6.3599 蔡侯龖(申)乍(作)淄(䬙)段
7.3924 東仲豆父乍(作)淄(䬙)段
9.4610 䰧(申)公彭宇自乍(作)淄(䬙)簠
9.4611 䰧(申)公彭宇自乍(作)淄(䬙)簠
9.4613 鑄其淄(䬙)簠
12.6644 淄
15.9573 蔡侯龖(申)之淄(䬙)壺
15.9574 蔡侯龖(申)之淄(䬙)壺
15.9729 𥚤傳淄(祇)御
15.9730 𥚤傳淄(祇)御
16.10001 蔡公子乍(作)姬安尊淄(䬙)□

3094 淺

18.11621 邶王欿(勾)淺(踐)自乍(作)用鐱(劍)

3095 淮

2.429 至于淮之上
5.2734 周伯邊及仲傞(催)父伐南淮尸(夷)
5.2824 率虎臣御(禦)淮戎
5.2833 亦唯噩(鄂)侯馭方率南淮尸(夷)、東尸(夷)
8.4313 王若曰: 戉(捄)淮尸(夷)/ 征淮尸(夷)
8.4314 戉(捄)淮尸(夷)/ 征淮尸(夷)
8.4323 南淮尸(夷)遱、殳
9.4435 伐南淮尸(夷)
9.4459 王征南淮尸(夷)
9.4460 王征南淮尸(夷)
9.4461 王征南淮尸(夷)
9.4464 逹(帥)高父見南淮尸(夷)/ 我乃至于淮小大邦
9.4631 克狄(逖)淮尸(夷)
9.4632 克狄(逖)淮尸(夷)
10.5419 王令或曰: 叡淮尸(夷)敢伐內國
10.5420 王令或曰: 叡淮尸(夷)敢伐內國
16.10174 至于南淮尸(夷)/ 淮尸(夷)舊我員(帛)畮人
16.10176 矢人有嗣眉(堳)田: 鮮、且、微、武父、西宮襄、豆人虞丂、彔、貞、師氏右省、小門人繇、原人虞艿、淮嗣工(空)虎孛、開豐父、唯(鳿)人有嗣、刑丂

3097 渒

5.2836 賜女(汝)田于渒
17.11065 嚚(器)渒侯散戈

3098 渾

17.10932 渾(鄆)左

3100 溉

12.6506 嵩(觶)溉之炳(炯)

3101 渴

10.5412 王令𠬝(邲)其兄(貺)饎于夆田渴

3102 澓(澓)

9.4466 澓(復)限余

(予)鬲比田

3103 湋

7.3821 湋伯乍(作)意與尊段

3104 湛

5.2841 趩余小子圂湛于艱

16.10285 㪔乃可(苛)湛(抌)

3105 㴔(漣)

5.2804 用乍(作)朕文考㴔(漣)伯尊鼎

3106 渴

15.9735 賙(貯)渴(竭)志盡忠

3107 湙

3.1502 湙貞(鼎)

3108 㴖、㓕(渦)

12.6497 㴖子 / 㓕子

3109 湃

9.4436 犀(屖)乍(作)姜湃盨

3110 湨

4.2213 孟湨父乍(作)寶鼎

3111 游

1.172 自乍(作)鑄游鍾(鐘)/鑄其游鍊(鐘)

1.173 自乍(作)鑄游鍊(鐘)/鑄其游鍊(鐘)

1.174 自乍(作)鑄其游鍊(鐘)/鑄其游鍊(鐘)

1.175 自乍(作)鑄游鍊(鐘)/鑄其游鍊(鐘)

1.176 自乍(作)鑄游鍊(鐘)/鑄其游鍊(鐘)

1.177 自乍(作)鑄游鍊(鐘)/鑄其游鍊(鐘)

1.178 自乍(作)鑄游鍊(鐘)/鑄其游鍊(鐘)

1.179 自乍(作)鑄其游鍊(鐘)/鑄其游鍊(鐘)

1.180 自乍(作)鑄其游鍊(鐘)/鑄其游鍊(鐘)

3.980 出游水虫

3112 渻

8.4323 內伐渻、昴、參泉、裕敏、陰(陰)陽洛

3113 測

5.2750 既龢無測

3114 湩

1.272-8 師(次)于淄湩

1.285 師(次)于淄湩

3115 湶(源)

16.10176 登于厂湶

3116 湯

3.746 師湯父有嗣仲枏父乍(作)寶鬲

3.747 師湯父有嗣仲枏父乍(作)寶鬲

3.748 師湯父有嗣仲枏父乍(作)寶鬲

3.749 師湯父有嗣仲枏父乍(作)寶鬲

3.750 師湯父有嗣仲枏父乍(作)寶鬲

3.751 師湯父有嗣仲枏父乍(作)寶鬲

3.752 師湯父有嗣仲枏父乍(作)寶鬲

5.2714 鄁公湯用其吉金

5.2766 郐(徐)𩔾尹譬自乍(作)湯貞(鼎)

5.2780 師湯父拜頟首

5.2826 征繁湯(陽)䧹

5.2835 賜女(汝)圭瓚一、湯(錫)鐘一㸓(肆)、鐈鋚百勻(鈞)

8.4154 師湯父有嗣仲枏父乍(作)寶段

8.4155 師湯父有嗣仲枏父乍(作)寶段

9.4631 卬(抑)燮𨛜(繁)湯(陽)

9.4632 卬(抑)燮𨛜(繁)湯(陽)

16.10155 堂(棠)湯叔伯氏荏鑄其尊

16.10188 郾湯伯荏乍(作)也(匜)

16.10208 郾湯伯荏乍(作)也(匜)

17.11376 冡子韓𤔲(𤔲)、邦庫嗇夫𢦏(扶)湯、冶舒散(槽、造)戈

3117 湉

17.11398 奠(鄭)倫(令)棺(槨、郭)湉、司寇肖(趙)它、往庫工師皮耴、冶君(尹)啟

18.11552 奠(鄭)倫(令)棺(槨、郭)湉、司寇芋慶、往庫工師皮耴、冶君(尹)貞散(造)

18.11555 奠(鄭)倫(令)棺(槨、郭)湉、司寇肖(趙)它、往庫工師皮耴、冶君(尹)坡(坡)

18.11559 奠(鄭)倫(令)棺(槨、郭)湉、司寇芋慶、左庫工師佀䜣、冶君(尹)弜(㢡)散(造)

18.11560 奠(鄭)命(令)棺(槨、郭)湉、司寇肖(趙)它、往庫工師皮耴、冶君(尹)坡(坡)散(造)

18.11563 奠(鄭)倫(令)棺(槨、郭)湉、司寇芋慶、往庫工師皮耴、冶君(尹)坡(坡)散(造)戟束(刺)

18.11693 奠(鄭)命(令)棺(槨、郭)湉、司寇肖(趙)它、往庫工師皮耴、冶君(尹)啟散(造)

3118 湩

18.11910 梠(舵)湩都大嗣馬

3119 湘

18.12113 內(入)湘

3120 湈

4.2344 湈(沬)伯遟乍(作)寶尊彝
7.4059 湈(沬)𤔲土(徒)遟眔啚(鄙)
10.5363 湈(沬)伯遟乍(作)厥考寶旅尊/湈(沬)伯遟乍(作)厥考寶旅尊彝
10.5364 湈(沬)伯遟乍(作)厥考寶旅尊/湈(沬)伯遟乍(作)厥考寶旅尊彝
11.5954 湈(沬)伯遟乍(作)厥考寶旅尊彝
13.8229 眲湈(沬)
13.8230 眲湈(沬)
13.8231 眲湈(沬)
18.11657 𡋬(型、邢)肖、下庫工師孫𠂇(炪)、冶湈敦(撻)齋(劑)

3121 滋

16.10310 滋乍(作)盂毁

3122 澆(澆)

10.5410 至于上侯澆(澆)川上

3123 滛

5.2791 王在葊京滛宮
15.9714 王在葊京滛宮
16.10176 曰: 我既付散氏滛田、牆(畛)田

3124 滑

4.1947 滑孝子

3125 滂

15.9708 多福滂滂

3126 濅(浸)

15.9605 北濅(浸)
15.9673 北濅(浸、寑)

3127 澬

18.12113 內(入)澬(資)、沅、澧、𣶒(油)

3128 濂(濂)

3.495 濂(濂)季乍(作)
4.2466 濂(濂)俗父乍(作)旅貞(鼎)
5.2659 濂(濂)公蔑𤔲曆
5.2730 厚趠又(有)償(饋)于濂(濂)公
5.2740 濂(濂)公令䨣眔史旟曰: 以師眔厥有𤔲、後或(國)𢦏伐腺(貊)
5.2741 濂(濂)公令䨣眔史旟曰: 以師眔厥有𤔲、後或(國)𢦏伐腺(貊)
5.2803 王馭濂(濂)仲㒓(僕)/王至于濂(濂)宮
5.2831 矩廼眔濂(濂)𢦚令壽商眔意/舍(捨)濂虡冟(幎)㜸(?)㯱(幘)、鞹面
7.3978 濂(濂)姬乍(作)父庚尊毁

3129 滄(滄、泠)

16.10322 賜畀(㛸)師永厥田: 滄(滄、陰)昜(陽)洛

3130 潢

8.4342 邦弦潢辪(嬖)

3131 澮、𧗿(衍)

2.286 獸鐘之澮(衍)𠭯(歸)/穆鐘之澮(衍)商/割(姑)𣑾(洗)之澮(衍)宮/獸鐘之澮(衍)徵/新鐘之澮(衍)翆(羽)/濁坪皇之澮(衍)商/濁文王之澮(衍)宮
2.296 新鐘之澮(衍)商/文王之澮(衍)𠭯(歸)
2.297 割(姑)𣑾(洗)之澮(衍)商/𨞲(應)音之澮(衍)翆(羽)

3132 漾(瀁)

1.223-4 油油漾漾
15.9710 虐安兹漾陵
15.9711 虐安兹漾陵

3133 瀶、瀗

16.10176 眉(堳)自瀶涉以南/復涉瀶、陟雩

3134 漢

1.73-4 江漢之陰陽
1.76-7 江漢之陰陽
1.78-9 江漢之陰陽
1.80-1 江漢之陰陽
3.949 伯買父廼以厥人戍漢、中、州

3135 溥

17.11325 溥宮我其獻
17.11326 溥宮我其獻

3136 潦

3.872 潦伯乍(作)甗
16.10321 君在潦既宮

3137 漯(涇)

10.5226 漯(涇)伯乍(作)寶尊彝
10.5227 漯(涇)伯乍(作)寶尊彝
11.5848 漯(涇)伯乍(作)寶尊彝

3138 淵、𣶒

5.2840 寧汋(溺)於淵
8.4330 䖒吾考克淵克
16.10175 淵哲康王
17.10980 淵行還

3139 漆、桼

9.4694 圣桼(率)一斅(挻)襄(鑲)/冢(重)三桼(率)二圣桼(率)四ト用
16.10384 桼工巸、丞詘造
17.10935 桼垣
17.11362 桼工疾、丞䣓、隸臣宁
17.11363 桼垣工師爽、工更長𤞷

17.11374 漆工師豬、丞狹、工隸臣積

17.11378 漆工朐、□□守丞巨造

17.11404 漆垣工師爽、工更長猗

17.11405 漆垣工師爽、丞鶡、冶工隸臣猗

3140　桼(漆)

9.4631 曾伯桼(漆)哲聖元武/曾伯桼(漆)叚(遐)不黄耇、邁(萬)年

9.4632 曾伯桼(漆)哲聖元武/曾桼(漆)叚(遐)不黄耇、邁(萬)年

3141　濁

2.286 濁新鐘之徵/濁坪皇之商/濁文王之宮/濁割(姑)辪(洗)之下角/濁坪皇之涾(衍)商/濁文王之涾(衍)宮

2.296 濁獸鐘之翆(羽)/濁割(姑)辪(洗)之翆(羽)/濁坪皇之徵

2.297 濁獸鐘之徵/濁新鐘之宮/濁坪皇之下角/濁文王之商

2.300 濁新鐘之巽反/濁坪皇之歆(騃)

2.301 濁新鐘之壴(鼓)/濁坪皇之歆(騃)/濁新鐘之冬(終)

2.302 濁穆鐘之冬(終)/濁文王之歆(騃)/濁穆鐘之商/濁獸鐘之〔巽〕

2.303 濁獸鐘之冬(終)/濁坪皇之歆(騃)/濁文王之少商/濁新鐘之巽

2.304 濁新鐘之冬(終)/濁坪皇之商/濁文王之宮/濁坪皇之少商/濁文王之巽

2.305 濁新鐘之下角/濁坪皇之宮/濁坪皇之巽/濁簓(姑)馩(洗)之商

2.306 濁獸鐘之宮/濁獸鐘之下角/濁穆鐘之商/濁簓(姑)馩(洗)之宮

2.307 濁獸鐘之翆(羽)/濁坪皇之冬(終)/濁簓(姑)馩(洗)之翆(羽)

2.308 濁獸鐘之徵/濁新鐘之宮/濁坪皇之下角/濁文王之宮

2.310 濁獸鐘之喜(鼓)/濁獸鐘之巽/濁新鐘之少商

2.311 濁新鐘之巽反/濁坪皇之歆(騃)

2.312 濁新鐘之歆(騃)/濁文王之喜(鼓)/濁新鐘之冬(終)

2.313 濁穆鐘之冬(終)/濁文王之歆(騃)/濁新鐘之商/濁獸鐘之巽

2.314 濁獸鐘之冬(終)/濁坪皇之歆(騃)/濁文王之少商/濁新鐘之巽

2.315 濁新鐘之冬(終)/濁坪皇之商/濁文王之宮/濁坪皇之少商/濁文王之巽

2.316 濁新鐘之下角/濁坪皇之宮/濁坪皇之巽/濁簓(姑)馩(洗)之商

2.317 濁獸鐘之宮/濁獸鐘之下角/濁穆鐘之商/濁簓(姑)馩(洗)之冬(終)

2.318 濁獸鐘之翆(羽)/濁坪皇之冬(終)/濁簓(姑)馩(洗)之翆(羽)

2.320 濁獸鐘之徵/濁新鐘之宮/濁坪皇之下角/濁文王之商

3142　澧

18.12113 內(入)滑(資)、沅、澧、滁(油)

3143　濡

18.12113 內(入)濡(耒)

3144　濕

18.11542 平都、濕成

3145　濯

17.10978 右濯戈

3146　瀰

5.2787 令史頌省穌(蘇)瀰(姻)友、里君、百生(姓)

5.2788 令史頌省穌(蘇)瀰(姻)友、里君、百生(姓)

8.4229 令史頌省穌(蘇)瀰(姻)友、里君、百生(姓)

8.4230 令史頌省穌(蘇)瀰(姻)友、里君、百生(姓)

8.4231 令史頌省穌(蘇)瀰(姻)友、里君、百生(姓)

8.4232 令史頌省穌(蘇)瀰(姻)友、里君、百生(姓)

8.4233 令史頌省穌(蘇)瀰(姻)友、里君、百生(姓)

8.4234 令史頌省穌(蘇)瀰(姻)友、里君、百生(姓)

8.4235 令史頌省穌(蘇)瀰(姻)友、里君、百生(姓)

8.4236 令史頌省穌(蘇)瀰(姻)友、里君、百生(姓)

3147　濟

15.9735 穆穆濟濟

3148　瀘(瀘)

18.12113 內(入)瀘(瀘)江

3149　濫

16.10297 王郘姬之濫(鑑)

3150 濼

1.88 用濼(樂)好賓
1.89 用濼(樂)好賓
1.90-1 用濼(樂)好賓
1.172 飼(以)濼(樂)其大西(酋)
1.174 飼(以)濼(樂)其大西(酋)
1.175 台(以)濼(樂)其大西(酋)
1.176 飼(以)濼(樂)其大西(酋)
1.177 飼(以)濼(樂)其大西(酋)
1.178 飼(以)濼(樂)其大西(酋)
1.179 飼(以)濼(樂)其大西(酋)
1.180 飼(以)濼(樂)其大西(酋)
1.193 不濼(鑠)不彫
1.194 不濼(鑠)不彫
1.195 不濼(鑠)不彫
1.196 不濼(鑠)不彫
1.197 不濼(鑠)不彫
1.198 不濼(鑠)不彫
15.9570 伯濼父乍(作)旅壺
15.9620 伯濼父乍(作)寶壺

3151 瀘

9.4466 州、瀘二邑

3152 瀕

3.643 婣休賜厥瀕事(吏)貝
5.2816 用乍(作)朕文考瀕公宮尊鼎
8.4241 魯天子造厥瀕(頻)福
8.4317 其瀕在帝廷

3153 瀞

16.10361 卑(俾)旨卑(俾)瀞(清)

3154 瀼

15.9821 瀼

3155 瀧

18.11707 相邦春平侯、邦左庫工師長身、冶宕瀧執(撻)齊(劑)

3156 滌(油)

18.12113 內(入)濱(資)、沅、澧、滌(油)

3157 灋(法)

1.60-3 勿灋(廢)朕命
1.272-8 余弗敢灋(廢)乃命
1.285 余弗敢灋(廢)乃命
5.2816 勿灋(廢)朕令
5.2826 勿灋(廢)文侯覭(景)令(命)
5.2836 勿灋(廢)朕令(命)
5.2837 灋(法)保先王 / 勿灋(廢)朕令(命)
8.4199 夙夕勿灋(廢)朕令
8.4200 夙夕勿灋(廢)朕令
8.4288 敬夙夜勿灋(廢)朕令(命)
8.4289 敬夙夜勿灋(廢)朕令(命)
8.4290 敬夙夜勿灋(廢)朕令(命)
8.4291 敬夙夜勿灋(廢)朕令(命)
8.4316 敬夙夜勿灋(廢)朕令(命)
8.4324 敬夙夜勿灋(廢)朕令(命)
8.4325 敬夙夜勿灋(廢)朕令(命)
8.4340 敬夙夕勿灋(廢)朕令(命)
8.4343 敬夙夕勿灋(廢)朕令(命)
9.4467 敬夙夕勿灋(廢)朕令(命)
9.4468 敬夙夕勿灋(廢)朕令(命)
9.4469 敬夙夕勿灋(廢)朕命

3158 灘

18.12113 𧺆(让、上)灘(漢)/ 逾灘(漢)

3159 漉

3.1112 漉

3160 瀵

3.925 瀵刃筍父乍(作)寶獻(甗)

3161 泻、引(泓)

4.2318 泻(泓)乍(作)文父丁爐
15.9298 仲子異泻(泓)乍(作)文父丁尊彝

3162 鴻

13.8222 鴻豖

3163 泂

15.9733 庚率二百乘舟入鄘(莒)從泂(河)

3164 濮(滕)

15.9733 台(以)鑄其濮(盥)壺

3165 𠕎(盥)

9.4666 衛始(姒)乍(作)饋(饙)𠕎段
9.4667 衛始(姒)乍(作)饋(饙)𠕎段

3166 沵

16.9938 沵都

3167 涍

17.11287 上郡〔守〕高、丞甲、徒涍

3168 𨚫

16.10183 姞𨚫母乍(作)旅匜

3169 𨗴

15.9580 鑄大𨗴之笶一壺

3170 𣳡

5.2841 毋敢𣳡于西(酒)

3171 川

4.1694 父癸川
5.2832 焚(營)二川
8.4320 賜土：厥川(甽)三百□
8.4328 川(永)屯(純)、霝(靈)冬(終)
10.5410 至于上侯滰(滰)川上
16.9973 以行以川

3172 州

1.272-8 咸有九州
1.283 又□九州
1.285 咸有九州
3.949 伯買父迺以厥人戍漢、中、州
6.3447 仲州乍(作)寶毁
8.4241 賜臣三品：州人、重人、墉(鄘)人
8.4342 用乍(作)州宮寶
9.4466 州、瀘二邑
16.10176 陟州剛(崗)/散人小子眉(堳)田：戎、微父、效㮚(櫂)父、襄之有𤔲橐、州㝵(就)、倐從嵩(鬲)
17.10727 州
17.11074 郛(郛、豫)州左庫造
17.11216 州□冶池
17.11269 州工師明、冶㫚
17.11298 州□□□忩(忦)、工師𧾞𣓦(漆)、丞造
18.11503 右洀(盤)州還
18.11535 戉(越)王州句自乍(作)用矛
18.11579 戉(越)王州句(勾)之〔元用劍〕
18.11622 戉(越)王州(朱)句(勾)自乍(作)用僉(劍)
18.11623 戉(越)王州(朱)句(勾)自乍(作)用僉(劍)
18.11624 戉(越)王州(朱)句(勾)自乍(作)用僉(劍)
18.11625 戉(越)王州(朱)句(勾)自乍(作)用僉(劍)
18.11626 戉(越)王州(朱)句(勾)自乍(作)用僉(劍)
18.11627 戉(越)王州(朱)句(勾)自乍(作)用僉(劍)
18.11628 戉(越)王州(朱)句(勾)自乍(作)用僉(劍)
18.11629 戉(越)王州(朱)句(勾)自乍(作)用僉(劍)
18.11630 戉(越)王州(朱)句(勾)自乍(作)用僉(劍)
18.11631 戉(越)王州(朱)句(勾)自乍(作)用僉(劍)
18.11632 戉(越)王州(朱)句(勾)自乍(作)用僉(劍)

3173 𡿧(𠁥、㚇)

10.5207 𡿧乍(作)父乙寶彝

3174 巟

4.1758 亞巟丁
6.3530 巟伯乍(作)姬寶毁
6.3531 巟伯乍(作)姬寶毁

3175 巠(經)

5.2826 巠(經)雍明德
5.2836 巠(經)念厥聖保祖師華父
5.2837 敬擁(雍)德巠(經)
5.2841 今余唯肇巠(經)先王命
8.4317 巠(經)擁(雍)先王
9.4467 余唯巠(經)乃先祖考
9.4468 余唯巠(經)乃先祖考

3176 𣄸

16.10081 曩伯𡨦父朕(賸)姜無𣄸(沬)般(盤)
16.10211 曩(紀)伯𡨦父朕(賸)姜無𣄸(沬)也(匜)
16.10321 天君事(使)遡事(使)𣄸(沬)
17.11164 蝕𣄸乍(作)莲(造)戈三百

3177 侃

1.49 侃先王
1.65 用侃(衎)喜(饎)前文人
1.66 用侃喜前文人
1.67 用侃喜前文人
1.68 用侃喜前文人
1.69 用侃喜前文人
1.70 用侃喜
1.71 用侃喜前文人
1.109-10 用追考(孝)、侃喜前文人
1.112 用追考(孝)考(孝)侃前文人
1.141 用喜侃前文人
1.143 用侃喜上下
1.145 用喜侃皇考
1.146 用喜侃皇考
1.147 用喜侃皇考
1.148 用喜侃皇考
1.187-8 用卲各、喜侃前文人
1.189-90 用卲各、喜侃前文人
1.246 用卲各、喜侃樂前文人
2.358 用喜(饎)侃(衎)前文人
7.3743 保侃母賜貝于庚宮
7.3744 保侃母賜貝于庚宮
8.4137 用侃喜百生(姓)、倗友眔子婦
12.6515 侃(衎)多友
15.9646 王姛賜保侃母貝
16.10153 侃孫奎母乍(作)㚸寶般(盤)

3178 井

1.21 奠(鄭)井叔乍(作)霝(靈)開(龢)鐘
1.22 奠(鄭)井叔乍(作)霝(靈)開(龢)鐘
1.82 余小子肇帥井(型)朕皇祖考懿德
1.109-10 井人人妄曰:覠(景)盄(淑)文祖、皇考
1.111 井人人妄曰:覠(景)盄(淑)文祖、皇考
1.187-8 梁其肇帥井(型)皇祖考
1.189-90 梁其肇帥井(型)皇祖考
1.192 梁其肇帥井(型)皇祖考
1.238 旅敢肇帥井(型)皇考威義(儀)
1.239 旅敢肇帥井(型)皇考威義(儀)
1.240 旅敢肇帥井(型)皇考威義(儀)
1.241 旅敢肇帥井(型)皇考威義(儀)
1.242-4 旅敢肇帥井(型)皇考威義(儀)
1.247 瘐不敢弗帥井(型)祖考
1.248 瘐不敢弗帥井(型)祖考
1.249 瘐不敢弗帥井(型)祖考
1.250 瘐不敢弗帥井(型)祖考
1.270 叡(睿)専(敷)明井(刑)
1.272-8 中専盟(明)井(刑)
1.285 中専盟(明)井(刑)
2.356 井叔叔采乍(作)朕文祖穆公大鐘
2.357 井叔叔采乍(作)朕文祖穆公大鐘
3.580 奠(鄭)井叔歖父乍(作)拜(饙)鬲
3.581 奠(鄭)井叔歖父乍(作)羞鬲
3.615 伯狺父乍(作)井叔、季姜尊鬲
3.729 仲生父乍(作)井孟姬寶鬲
3.873 井伯乍(作)旅獻(甗)
3.919 井
3.923 井
3.926 奠(鄭)井叔乍(作)季姞獻(甗)
4.2192 強乍(作)井姬用鼎
4.2199 井季𩵦乍(作)旅鼎
4.2277 強伯乍(作)井姬鼎
4.2278 強伯乍(作)井姬穼(竈)貞(鼎)
4.2465 井
5.2575 事(史)盥(朕)在井(邢)
5.2614 考(孝)咨(友)唯井(型)
5.2676 井姬晞亦佣祖考夌公宗室/乍(作)井姬用貞(鼎)殷
5.2677 井姬晞亦佣祖考夌公宗室/乍(作)井姬用貞(鼎)殷
5.2706 井(邢)侯征(延)嚆(嚐)于麥/用從井(邢)侯征事
5.2709 唯王正(征)井方
5.2720 乎(呼)井從漁
5.2779 𢍰(𢍰)昇其井
5.2783 井伯入右(佑)趞曹
5.2786 奠(鄭)井
5.2804 井伯內(入)右(佑)利
5.2812 朢(望)肇帥井(型)皇考
5.2813 嗣馬井伯右(佑)師奎父
5.2830 用井(型)乃聖祖考
5.2832 衛以邦君厲告于井伯、伯邑父、定伯、琼伯、伯俗父/井伯、伯邑父、定伯、琼伯、伯俗父廼顜/厲叔子夙、厲有嗣𩰫(申)季、慶癸、燹(豳)麃、荆人敢、井人偈屖
5.2833 政于井邦
5.2834 政于井邦
5.2836 賜女(汝)井寓匔/賜女(汝)井、微、匔人/耦(纘)賜女(汝)井人奔于量
5.2837 今我唯即井(型)亶(稟)于文王正德/令女(汝)盂井(型)乃嗣祖南公
5.2838 井叔賜曶赤金、鐾/井叔在異/事(使)厥小子𪑻(究)以限訟于井叔/井叔曰:才(裁):王人廼賣(贖)用徵
5.2841 女(汝)毋弗帥用先王乍(作)明井(型)
6.3722 莓(敽)伯乍(作)井姬寶殷
7.3891 井𠂤叔安父自乍(作)寶殷
7.3896 井(邢)姜大(太)宰虫(巳)
7.3923 豐井叔乍(作)伯姬尊殷
7.3927 伯田父乍(作)井妧寶殷
7.3949 季𩵦肇乍(作)厥文考井叔寶尊彝
7.4113 井南伯乍(作)鄭季姚好尊殷
8.4167 賜厥臣弟豦井五楃
8.4196 井伯右(佑)
8.4237 井(邢)侯𢾊(搏)戎
8.4240 井叔有(佑)免
8.4241 王令燮(榮)眔內史曰:𦍃(介)井(邢)侯服
8.4242 肇帥井(型)先文祖
8.4243 井伯內(入)右(佑)救
8.4244 嗣馬井伯〔入〕右(佑)走
8.4253 井叔內(入)右(佑)師察
8.4254 井叔內(入)右

(佑)師察
8.4276 井伯入右(佑)豆閉
8.4283 嗣馬井伯親右(佑)師𤸱
8.4284 嗣馬井伯親右(佑)師𤸱
8.4302 其帥井(型)受茲休
8.4316 井伯內(入)右(佑)師虎/今余唯帥井(型)先王令(命)
8.4326 番生(甥)不敢弗帥井(型)皇祖考不(丕)杯(丕)元德
8.4330 我孫克又(有)井(型)斆(效)
8.4341 文王孫亡弗褱(懷)井(型)
8.4343 不用先王乍(作)井(型)/不井(型)不中/女(汝)毋敢弗帥先王乍(作)明井(型)用/毋敢不明不中不井(型)/毋敢不尹人不中不井(型)
9.4400 奠(鄭)井叔康乍(作)旅盨(𣝣)
9.4401 奠(鄭)井叔康乍(作)旅盨(𣝣)
10.5239 井季㒸乍(作)旅彝
10.5418 井叔右(佑)免
11.5859 井季㒸(𤝵)乍(作)旅彝
11.5913 彊伯乍(作)井姬用盂鑵
11.6006 井叔右(佑)免
11.6015 王令辟井(邢)侯出坏(坯)/侯于井(邢)/覭(景)孝于井(邢)侯
11.6163 亞井
12.6457 井叔乍(作)飲壺
12.6516 咸井叔入右(佑)䢅
15.9451 井(邢)侯光厥事(吏)麥/用從井(邢)侯征事
15.9455 即井伯、大(太)祝射/穆穆王蔑長甶以逨(徠)即井伯/井伯氏(是)強(貪)不姦
15.9728 井公內(入)右(佑)曶
16.9875 井叔乍(作)旅彝
16.9893 辟井(邢)侯光厥正事(吏)/用鬲井(邢)侯出入遲(揚)令(命)
16.10174 則即井(刑)廙(撲)伐/則亦井(刑)
16.10175 井(型)帥宇(訏)誨(謀)
16.10176 眉(堳)井邑田/左至于井邑
16.10270 井
16.10322 厥眔公出厥命:井伯、𤇈(榮)伯、尹氏、師俗父、趞(遣)仲
16.10342 敢帥井(型)先王

3179 栟

6.3686 栟廷冀乍(作)父癸寶尊彝

3180 霁(深)

8.4300 令用霁(深)㞋于皇王
8.4301 令用霁(深)㞋于皇王

3181 𦬊、𦬊

5.2779 𦬊(𦬊)畀其井
15.9733 □昀ㄆ(矢)舟𦬊(𦬊)鯀丘

3182 欙

5.2675 郤(徐)王欙用其良金

3183 𠈌

11.5444 𠈌

3184 泉

5.2762 史顛(頙)乍(作)朕皇考釐仲、王(皇)母泉母尊鼎
5.2777 史伯碩父追考(孝)于朕皇考釐仲、王(皇)母泉母
8.4323 內伐浞、昴、參泉、裕敏、隂(陰)陽洛
16.10372 重泉

3185 㒸

1.49 數數㒸㒸
1.109-10 數數㒸㒸
1.112 數數㒸㒸
1.187-8 數數㒸㒸
1.189-90 數數㒸㒸
1.238 數數㒸㒸
1.239 數數㒸㒸
1.240 數數㒸㒸
1.241 數數㒸㒸
1.246 數數㒸㒸
1.247 其豐豐㒸㒸
1.248 其豐豐㒸㒸
1.249 其豐豐㒸㒸
1.250 其豐豐㒸㒸
1.260 㒸㒸數數
5.2709 在㒸𠂤(次)
5.2820 昔先王既令女(汝)左(佐)疋(胥)㒸侯/令女(汝)左(佐)疋(胥)㒸侯
8.4288 啻(嫡)官邑人、虎臣、西門尸(夷)、㒸尸(夷)、秦尸(夷)、京尸(夷)、弁身尸(夷)
8.4289 啻(嫡)官邑人、虎臣、西門尸(夷)、㒸尸(夷)、秦尸(夷)、京尸(夷)、弁身尸(夷)
8.4290 啻(嫡)官邑人、虎臣、西門尸(夷)、㒸尸(夷)、秦尸(夷)、京尸(夷)、弁身尸(夷)
8.4291 啻(嫡)官邑人、虎臣、西門尸(夷)、㒸尸(夷)、秦尸(夷)、京尸(夷)、弁身尸(夷)
8.4321 先虎臣後庸:西門尸(夷)、秦尸(夷)、京尸(夷)、㒸尸(夷)、師笭、側新(薪)、□華尸(夷)、弁豸尸(夷)、𠭯人、成周走亞、戍、秦人、降人、

服尸(夷)
9.4465 皇祖考其數數□□
11.6137 子□
11.6138 子□
12.6894 子□
12.6895 子□
13.7531 □
13.8115 子□

3186 □

11.5540 子□
11.5541 子□
12.6773 □
12.6774 □
12.6775 □
12.6776 □
12.6777 □
12.6891 子□
12.6892 子□
12.6893 子□
13.8284 □
13.8285 □
13.8286 □
13.8287 □
13.8288 □
13.8289 □
13.8290 □
13.8291 □
13.8292 □
15.9224 子□

3187 緐、緐(瀿)

16.10175 □(繁)婳(福)多孷(釐)

3188 □

14.9102 在□

3189 仌(冰)

10.4875 □仌(冰)

3190 冰

17.11284 嗇夫冰、冶幸
17.11369 上郡守冰(李冰)造
17.11399 上郡守冰(李冰)造

3191 冫(冰、凝)

7.4096 冫(冰)月(十一月)丁亥

3192 冬

1.93 攻敔仲冬䴗之外孫、坪之子臧孫
1.94 攻敔仲冬䴗之外孫、坪之子臧孫
1.95 攻敔仲冬䴗之外孫、坪之子臧孫
1.96 攻敔仲冬䴗之外孫、坪之子臧孫
1.100 攻敔仲冬䴗之外孫、坪之子臧孫
1.101 攻敔仲冬䴗之外孫、坪之子臧孫
1.109-10 永冬(終)于吉
1.111 永冬(終)于吉
1.247 受(授)余屯(純)魯、通彔(祿)、永令(命)、眉壽、霝(靈)冬(終)
1.248 受(授)余屯(純)魯、通彔(祿)、永令(命)、眉壽、霝(靈)冬(終)
1.249 受(授)余屯(純)魯、通彔(祿)、永令(命)、眉壽、霝(靈)冬(終)
1.250 受(授)余屯(純)魯、通彔(祿)、永令(命)、眉壽、霝(靈)冬(終)
1.251-6 霝(靈)冬(終)
2.300 穆鐘之冬(終)反
2.301 坪皇之冬(終)反/濁新鐘之冬(終)
2.302 濁穆鐘之冬(終)/割(姑)肄(洗)之冬(終)
2.303 濁獸鐘之冬(終)/穆鐘之冬(終)
2.304 濁新鐘之冬(終)
2.305 坪皇之冬(終)/新鐘之冬(終)
2.306 文王之冬(終)
2.307 濁坪皇之冬(終)
2.310 割(姑)肄(洗)之冬(終)反
2.311 穆鐘之冬(終)反
2.312 坪皇之冬(終)反/濁新鐘之冬(終)
2.313 濁穆鐘之冬(終)/割(姑)肄(洗)之冬(終)
2.314 濁獸鐘之冬(終)/穆鐘之冬(終)
2.315 濁新鐘之冬(終)
2.316 坪皇之冬(終)/新鐘之冬(終)
2.317 文王之冬(終)/濁割(姑)肄(洗)之冬(終)
2.318 濁坪皇之冬(終)
2.324 穆音之冬(終)坂(反)
2.325 妥(蕤)賓之冬(終)
2.326 割(姑)肄(洗)之冬(終)
3.577 曾侯乙詐(作)時(持)甬(用)冬(終)
3.687 霝(靈)冬(終)霝(靈)後
3.974 曾侯乙詐(作)時(持)甬(用)冬(終)
3.1450 冬刃
3.1451 冬刃
3.1452 冬刃
4.2290 曾侯乙詐(作)時(持)甬(用)冬(終)
4.2291 曾侯乙詐(作)時(持)甬(用)冬(終)
4.2292 曾侯乙乍(作)時(持)甬(用)冬(終)
4.2293 曾侯乙詐(作)時(持)甬(用)冬(終)
4.2294 曾侯乙詐(作)時(持)甬(用)冬(終)
4.2295 曾侯乙詐(作)時(持)甬(用)冬(終)
5.2566 霝(靈)冬(終)霝(靈)後
5.2762 用祈匄眉壽、永令(命)、靁(靈)冬(終)
5.2790 用賜康勵、魯休、屯(純)右(佑)、眉壽、永令(命)、霝(靈)冬(終)
5.2796 用匄康勵、屯(純)右(祐)、眉壽、永令(命)、霝(靈)冬

(終)
5.2797 用匄康勵、屯(純)右(祐)、眉壽、永令(命)、霝(靈)冬(終)
5.2798 用匄康勵、屯(純)右(祐)、眉壽、永令(命)、霝(靈)冬(終)
5.2799 用匄康勵、屯(純)右(祐)、眉壽、永令(命)、霝(靈)冬(終)
5.2800 用匄康勵、屯(純)右(祐)、眉壽、永令(命)、霝(靈)冬(終)
5.2801 用匄康勵、屯(純)右(祐)、眉壽、永令(命)、霝(靈)冬(終)
5.2802 用匄康勵、屯(純)右(祐)、眉壽、永令(命)、霝(靈)冬(終)
5.2821 霝(靈)冬(終)
5.2822 霝(靈)冬(終)
5.2823 霝(靈)冬(終)
5.2825 用祈匄眉壽、綽綰、永令(命)、霝(靈)冬(終)
5.2827 霝(靈)冬(終)
5.2828 霝(靈)冬(終)
5.2829 霝(靈)冬(終)
6.3038 竹冬
6.3636 曾侯乙詐(作)時(持)甬(用)冬(終)
6.3637 曾侯乙詐(作)時(持)甬(用)冬(終)
6.3638 曾侯乙詐(作)時(持)甬(用)冬(終)
6.3639 曾侯乙詐(作)時(持)甬(用)冬(終)
6.3640 曾侯乙詐(作)時(持)甬(用)冬(終)
6.3641 曾侯乙詐(作)時(持)甬(用)冬(終)
6.3642 曾侯乙詐(作)時(持)甬(用)冬(終)
6.3643 曾侯乙詐(作)時(持)甬(用)冬(終)
8.4153 霝(靈)冬(終)、霝(靈)令(命)
8.4156 用賜害(匄)眉壽、黃耇、霝(靈)冬(終)、萬年
8.4198 霝(靈)冬(終)
8.4203 用賜眉壽、黃耇、霝(靈)冬(終)
8.4204 用賜眉壽、黃耇、霝(靈)冬(終)
8.4219 霝(靈)冬(終)
8.4220 霝(靈)冬(終)
8.4221 霝(靈)冬(終)
8.4222 霝(靈)冬(終)
8.4223 霝(靈)冬(終)
8.4224 霝(靈)冬(終)
8.4241 帝無冬(終)令(命)于有周
8.4303 霝(靈)冬(終)
8.4304 霝(靈)冬(終)
8.4305 霝(靈)冬(終)
8.4306 霝(靈)冬(終)
8.4307 霝(靈)冬(終)
8.4308 霝(靈)冬(終)
8.4309 霝(靈)冬(終)
8.4310 霝(靈)冬(終)
8.4328 川(永)屯(純)、霝(靈)冬(終)
8.4329 永屯(純)、霝(靈)冬(終)
8.4332 霝(靈)冬(終)
8.4333 霝(靈)冬(終)
8.4334 霝(靈)冬(終)
8.4335 霝(靈)冬(終)
8.4336 霝(靈)冬(終)
8.4337 霝(靈)冬(終)
8.4338 霝(靈)冬(終)
8.4339 霝(靈)冬(終)
9.4495 曾侯乙詐(作)時(持)甬(用)冬(終)
9.4496 曾侯乙詐(作)時(持)甬(用)冬(終)
9.4670 曾侯乙詐(作)右(持)甬(用)冬(終)
9.4671 曾侯乙詐(作)時(持)甬(用)冬(終)
9.4687 霝(靈)冬(終)、霝(靈)後
11.6015 孫孫子子其永亡冬(終)/冬(終)用造德
11.6142 婦冬(？)
12.7023 冬刃
12.7024 冬刃
12.7203 冬臣單
13.7611 冬刃
13.7612 冬刃
15.9433 嬬(孁、靈)冬(終)
15.9445 霝(靈)冬(終)霝(靈)後
15.9581 曾侯乙乍(作)時(持)用冬(終)
15.9582 曾侯乙詐(作)時(持)甬(用)冬(終)
15.9663 霝(靈)冬(終)霝(靈)復(後)
15.9664 霝(靈)冬(終)霝(靈)復(後)
15.9703 孟冬戊辰
15.9713 霝(靈)冬(終)難老
15.9731 霝(靈)冬(終)
15.9732 霝(靈)冬(終)
15.9826 敬冬(終)
16.9927 曾侯乙詐(作)時(持)甬(用)冬(終)
16.9928 曾侯乙詐(作)時(持)甬(用)冬(終)
16.9929 曾侯乙詐(作)時(持)甬(用)冬(終)
16.9930 曾侯乙詐(作)時(持)甬(用)冬(終)
16.9975 孟冬戊辰
16.9987 霝(靈)冬(終)霝(靈)復(後)
16.9998 曾侯乙詐(作)時(持)甬(用)冬(終)
16.9999 曾侯乙詐(作)時(持)甬(用)冬(終)
16.10000 曾侯乙詐(作)時(持)甬(用)冬(終)
16.10077 曾侯乙詐(作)時(持)用冬(終)
16.10156 其黃耇霝(靈)冬(終)
16.10197 曾侯乙詐(作)時(持)甬(用)冬(終)
16.10198 曾侯乙乍(作)時(持)甬(用)冬(終)
16.10292 曾侯乙詐(作)時(持)甬(用)冬

(終)
16.10372 冬十二月乙酉
16.10387 曾侯乙詐(作)時(持)甬(用)冬(終)
16.10398 曾侯乙詐(作)時(持)甬(用)冬(終)
16.10399 曾侯乙詐(作)時(持)甬(用)冬(終)
16.10407 勿可哲(折)冬(中)
16.10439 曾侯乙詐(作)時(持)甬(用)冬(終)
16.10455 曾侯乙詐(作)時(持)甬(用)冬(終)
17.10881 冬刃

3193 冶

3.975 冶盤埜、秦忑爲之
3.976 冶盤埜、秦忑爲之
3.977 冶紹(紹)圣、陳共爲之
3.978 冶紹(紹)圣、陳共爲之
4.2309 旨府之右冶疾鑄
4.2481 寧冢子得、冶諎爲財(齋)
4.2482 昌國鄃工師翟伐、冶更所爲
4.2526 穌(蘇)冶妊乍(作)虢妃魚母賸(媵)
4.2527 虒竝(令)瘫、眂(視)事鴡、冶巡鑄
5.2577 叚工師王馬重(童)、眂(視)事鐙、冶敬
5.2590 梁陰命(令)率上官冢子疾、冶勳鑄
5.2611 虒命(令)周収、眂(視)事犽、冶期鑄
5.2701 左官冶大夫杕命冶憙(憓)鑄貞(鼎)
5.2773 眂(視)事敀、冶瘖／眂(視)事司馬敀、冶王石
5.2794 冶師史秦、差(佐)苛臆爲之／冶師盤埜、差(佐)秦忑爲之
5.2795 冶師紹(紹)圣、差(佐)陳共爲之／冶師紹(紹)圣、差(佐)陳共爲之
9.4516 冶𢓊乍(作)寶匳(筐)
11.5881 冶仲乍(作)父己彝
12.6488 冶㑭乍(作)厥寶尊彝
15.9449 犽、冶期鑄
15.9683 冶勻嗇夫攺重、工尼
15.9707 府嗇夫在、冶事(吏)狄敓(洛)之
15.9708 冶仲丂父自乍(作)壺
16.9931 冶事(吏)秦、苛臆爲之
16.9932 冶事(吏)秦、苛臆爲之
16.10118 穌(蘇)冶妊乍(作)虢妃魚母般(盤)
16.10158 冶師紹(紹)圣、差(佐)陳共爲之
16.10257 冶勻嗇夫殷重、工貣
16.10328 冶勻嗇夫孫恣(亢)、工福
16.10385 命戍代、冶與、下庫工師孟、關師四人
16.10465 中富丞肖(趙)□、冶泪
17.10941 冶𤞞
17.11135 陰晉左庫冶富
17.11159 敓命(令)長足、冶哥
17.11211 工城佐㞷、冶昌茆鉞(戈)
17.11213 冶珍
17.11216 州□冶池
17.11266 右庫冶气(乞)之鑄
17.11269 州工師明、冶㫗
17.11271 得工戋(或)、冶左勿
17.11284 嗇夫冰、冶幸
17.11291 邙(亡)命(令)羨、右庫工師鉌、冶□
17.11293 莆(蒲)子□□碏、工師罟、冶□
17.11299 郚(梧)命(令)垠、右工師齒、冶良
17.11301 下丘嗇夫□、工師𨚕、冶系
17.11302 高都命(令)陳鸙(鶴、懽)、工師冶勳(勝)
17.11303 高都命(令)陳鸙(鶴、懽)、工師冶勳(勝)
17.11306 敓𦬁(封)竝(令)瘫、工師鈙、冶者
17.11307 □丘命(令)□□□、冶□
17.11312 業(鄴)竝(令)孚(裼)、左庫工師臣、冶山
17.11313 戈(甾)丘命(令)瘫、工師朝、冶淂
17.11314 皇陽命(令)强㽒、工師瘂皶(鸎)、冶才
17.11315 皇陽命(令)强㽒、工師瘂皶(鸎)、冶才
17.11316 四年命(令)韓誁、宜陽工師敥(播)愷、冶庶
17.11317 邑(附)余(魚)命(令)韓譙、工師罕(罕)瘐(瘳)、冶陽(埽)
17.11318 邑(附)余(魚)命(令)韓譙、工師罕(罕)瘐(瘳)、冶陽(埽)
17.11319 邑(附)余(魚)命(令)韓譙、工師罕(罕)瘐(瘳)、冶竈
17.11320 庍命(令)肖(趙)軌、下庫工師□、

冶□

17.11321 邨（頓）丘命
（令）燮、左工師晢、冶
夢

17.11322 侖（綸）氏命
（令）韓化、工師榮冋
（頋）、冶愻（謀）

17.11324 陽春嗇夫雒、
工師敫（操）、冶剸

17.11327 格氏命（令）
韓貴、工師亘公、冶𢆶

17.11329 得工冶腾所
教、馬重（童）爲

17.11330 大梁左庫工
師丑、冶乬（刃）

17.11335 邝命（令）輅
庶、上庫工師郎□、冶
氏㒼（釁）

17.11336 奠（鄭）命
（令）韓熙、右庫工師
司馬鷗、冶狄

17.11337 命（令）司寇
書、右庫工師厝向、冶
厕

17.11338 工師奠（鄭）
恭、冶敞（微）

17.11341 咎（高）奴曹
命（令）壯罌、工師賙
疾、冶問

17.11343 旨命（令）司
馬伐、右庫工師高雁、
冶□

17.11344 盲（芒）命
（令）□輅、左庫工師
叔新（梁）掃、冶小

17.11345 亲（新）城大
命（令）韓定、工師宋
費、冶褚

17.11347 □陽命（令）

恚戲、工師北宮（宮）
疂、冶黃

17.11348 羿（龔）端
（令）思、左庫工師長
史盧、冶歔近

17.11349 羿（龔）端
（令）思、左庫工師長
史盧、冶歔近

17.11351 喜倫（令）韓
鲐、左庫工師司馬裕、
冶何

17.11354 紛匋命（令）
富反、下庫工師王豈、
冶禽

17.11355 肖（趙）命
（令）甘（邯）丹（鄲）㓞
（僤）、右庫工師翌
（翊）綳（紹）、冶倉敊
（造）（？）

17.11356 邨陰（陰）命
（令）萬爲、右庫工師
莧（鞔）、冶豎

17.11357 奠（鄭）命
（令）韓熙、右庫工
事（吏）柔（裼）、冶□

17.11358 羕（養）陵公
伺之寰（縣）所部
（造）、冶己女

17.11360 邯端（令）夜
晳（脈）、上庫工師□
□、冶闗（間）

17.11366 垫（型、邢）倫
（令）吳希（次）、上庫
工師宋及、冶屄敊
（撻）齋（劑）

17.11371 奠（鄭）命
（令）幽□恒、司寇彭
璋、武庫工師車啞、冶
狆

17.11372 奠（鄭）倫
（令）韓悫（悉）、司寇
攼（扶）裕、右庫工師
張阪、冶赣

17.11373 奠（鄭）命
（令）艇□、司寇攼
（扶）裕、左庫工師吉
忘、冶緤

17.11375 馬雍命（令）
事（吏）吳、武庫工師
爽信、冶祥造

17.11376 冢子韓繒
（獸）、邗庫嗇夫攼
（扶）湯、冶舒敊（撻、
造）戈

17.11377 武城命（令）
□□、苩早、〔庫〕嗇夫
事（吏）歇、冶章敊
（撻）齋（劑）

17.11382 巍倫（令）艇
腾、司寇奠（鄭）言、左
庫工師器較（較）、冶
□歔（造）

17.11384 奠（鄭）倫
（令）韓半、司寇長朱、
武庫工師代悫、冶君
（尹）敫（披）歔（造）

17.11385 奠（鄭）倫
（令）韓麦、司寇長朱、
右庫工師皀高、冶君
（尹）端歔（造）

17.11386 奠（鄭）倫
（令）公先豐（幼）、司
寇事（吏）欣、右庫工
師皀高、冶君（尹）□
歔（造）

17.11387 奠（鄭）倫
（令）肖（趙）距、司寇
王屠、武庫工師鑄章、

17.11388 奠（鄭）倫
（令）肖（趙）距、司寇
彭璋、右庫工師陳坪、
冶赣

17.11389 奠（鄭）倫
（令）肖（趙）距、司寇
彭璋、往庫工師皇佳、
冶瘖

17.11390 邗府大夫肖
（趙）閎、邗上庫工師
韓山、冶同敊（撻）齋
（劑）

17.11391 相邗肖（趙）
狐、邗左庫工師鄭哲、
冶匝□敊（撻）齋（劑）

17.11397 奠（鄭）倫
（令）公先豐（學、幼）、
司寇向□、左庫工師
百慶、冶君（尹）□歔
（造）

17.11398 奠（鄭）倫
（令）棺（槨、郭）活、司
寇肖（趙）它、往庫工
師皮耴、冶君（尹）啟

17.11405 漆垣工師爽、
丞裼、冶工隸臣猗

18.11499 格氏冶鞊

18.11545 邗司寇富勅、
上庫工師戎閦、冶眺

18.11546 宅陽命（令）
隅鐙、右庫工師夜疢
（瘥）、冶起歔（造）

18.11549 邗司寇野弟
（苐）、上庫工師司馬
瘟、冶督

18.11551 奠（鄭）倫
（令）向佃、司寇霧
（露）商、武庫工師鑄

章、冶㺩

18.11552 奠（鄭）倫（令）棺（槨、郭）涌、司寇芋慶、往庫工師皮耴、冶君（尹）貞敳（造）

18.11553 奠（鄭）命（令）韓半、司寇長（張）朱、左庫工師昜（陽）𣏴（俑）、冶君（尹）卲敼（㯱、造）

18.11554 奠（鄭）倫（令）公先呰（幼）、司寇史陉（隋）、左庫工師倉慶、冶君（尹）弜（彊）敳（造）

18.11555 奠（鄭）倫（令）棺（槨、郭）涌、司寇肖（趙）它、往庫工師皮耴、冶君（尹）皮（坡）

18.11556 相邦春平侯、邦右庫工師肖（趙）瘁、冶韓開敎（撻）齋（劑）

18.11557 相邦春平侯、邦左伐器工師長翟（鳳）、冶粈（枌）敎（撻）齋（劑）

18.11558 相邦春平侯、邦左庫工師長翟（鳳）、冶㔾（匀）敎（撻）齋（劑）

18.11559 奠（鄭）倫（令）棺（槨、郭）涌、司寇芋慶、左庫工師郘沂、冶君（尹）弜（彊）敳（造）

18.11560 奠（鄭）命（令）棺（槨、郭）涌、司寇肖（趙）它、往庫工師皮耴、冶君（尹）皮（坡）敳（造）

18.11561 閔倫（令）肖（趙）狽、下庫工師𠬝石、冶人参所鑄鈷户者

18.11562 安陽倫（令）韓壬、司刑欣（听）䤈、右庫工師艾（肴）固、冶㽺敳（造）戟朿（刺）

18.11563 奠（鄭）倫（令）棺（槨、郭）涌、司寇芋慶、往庫工師皮耴、冶君（尹）皮（坡）敳（造）戟朿（刺）

18.11564 截（截）雍倫（令）韓匡、司寇刋它、左庫工師刑秦、冶昜（裼）敼（㯱、造）戟朿（刺）

18.11565 襄田倫（令）夅（舉）名、司寇麻維、右庫工師甘（邯）丹（鄲）𩚵、冶向敳（造）

18.11590 奠（鄭）武庫、冶期

18.11635 相邦建信君、邦右庫□□工師吳症（瘠）、冶疕敎（撻）齋（劑）

18.11652 高都命（令）陳鷯（鶬）、工師冶勳

18.11657 垄（型、邢）肖、下庫工師孫⿱（烛）、冶湈敎（撻）齋（劑）

18.11660 往□倫（令）王褢、右庫工師㚔（執、廉）生、冶参敎（撻）齋（劑）

18.11661 𨼆倫（令）棺（槨、郭）唐、下庫工師孫屯、冶沽敎（撻）齋（劑）

18.11662 相邦春平侯〼伐器工師□□、冶〼

18.11669 彼倫（令）肖（趙）世、上庫工師樂星、冶胡（影）敎（撻）齋（劑）

18.11670 守相㚔（執、廉）波（頗）、右庫工師慶□、冶巡敎（撻）齋（劑）

18.11671 安平守變疾、左庫工師賦（戥）晢、冶余敎（撻）齋（劑）

18.11672 垄（型、邢）疫命（令）邦乙、下庫工師孫㢈、長缶、冶浊齋（劑）

18.11673 南行昜（唐）倫（令）朋（瞿）卯、右庫工師司馬卻、冶得敎（撻）齋（劑）

18.11674 南行昜（唐）倫（令）朋（瞿）卯、右庫工師司馬卻、冶得敎（撻）齋（劑）

18.11675 武信倫（令）馬師閵（閭）、右庫啟工師㽙秦、冶瘀敎（撻）齋（劑）

18.11676 邦司寇肖（趙）新、邦右庫工師下足、冶巡敎（撻）齋（劑）

18.11677 相邦建信君、邦右庫工師郥段、冶君（尹）䂙敎（撻）齋（劑）

18.11678 相邦建信君、邦左庫工師郥段、冶君（尹）䂙敎（撻）齋（劑）

18.11679 相邦建信君、邦左庫工師郥段、冶君（尹）肉敎（撻）齋（劑）

18.11680 相邦建信君、邦左庫工師郥段、冶君（尹）匝敎（撻）齋（劑）

18.11681 相邦建信君、邦左庫工師郥段、冶君（尹）月（明）敎（撻）齋（劑）

18.11682 相邦春平侯、邦左庫工師肖（趙）痟、冶事（吏）開敎（撻）齋（劑）

18.11683 相邦春平侯、邦左庫工師肖（趙）痟、冶事（吏）開敎（撻）齋（劑）

18.11684 相邦春平侯、邦左庫工師□□□、冶馬齋（劑）

18.11685 得工嗇夫杜相女（如）、左得工工師韓段、冶君（尹）朝敎（撻）齋（劑）

18.11686 邦司寇馬𢘓、迂（下）庫工師得尚、

冶君(尹)曦半㪷敎(撻)齋(劑)

18.11687 相邦建信君、邦左庫工師㙨旅、冶肉敎(撻)齋(劑)

18.11688 相邦春平侯、邦左庫工師肖(趙)瘠、冶君(尹)五月敎(撻)齋(劑)

18.11689 相邦春平侯、邦左伐器工師長雚(鳳)、冶赦敎(撻)齋(劑)

18.11690 相邦春平侯、邦左伐器工師長雚(鳳)、冶明敎(撻)齋(劑)

18.11691 相邦春平侯、邦左伐器工師長雚(鳳)、冶句敎(撻)齋(劑)

18.11693 奠 (鄭) 命(令)棺(梆、郭)湆、司寇肖(趙)它、往庫工師皮耴、冶君(尹)啟𢾊(造)

18.11694 春平相邦鄗(晉)得、邦右庫工師𡚸(瞖)輅徒、冶臣成敎(撻)齋(劑)

18.11695 相邦建信君、邦右庫韓段、工師爿痘、冶息敎(撻)齋(劑)

18.11699 相邦春平侯、邦左伐器工師□□□□、冶亘敎(撻)齋(劑)

18.11700 守相杢(執、廉)波(頗)、邦右庫工師韓亥、冶巡敎(撻)齋(劑)

18.11701 守相杢(執、廉)波(頗)、邦右庫工師韓亥、冶巡敎(撻)齋(劑)

18.11702 守相杢(執、廉)波(頗)、邦左庫工師采隅、冶句敎(撻)齋(劑)

18.11705 南行昜(唐)倫(令)瞿(瞿)卯、右庫工師司馬郃、冶君(尹)㐭得敎(撻)齋(劑)(?)

18.11706 相邦建信君、邦左庫工師郪段、冶君(尹)㐭敎(撻)齋(劑)

18.11707 相邦春平侯、邦左庫工師長身、冶宔瀌敎(撻)齊(劑)

18.11708 相邦春平侯、邦右庫工師訬㐭、冶巡敎(撻)齋(劑)

18.11709 相邦春平侯、邦右伐器工師羊𢿢(播)、冶疢敎(撻)齋(劑)

18.11710 相邦春平侯、左伐器𠩺工師析論、冶𨑢敎(撻)齋(劑)

18.11711 守相申毋官、邦□韓秋、冶醇敎(撻)齋(劑)

18.11712 相邦陽安君、邦右庫工師史笶胡、冶事(吏)疴敎(撻)齋(劑)

18.11713 相邦春平侯、邦左伐器工師長雚(鳳)、冶句敎(撻)齋(劑)

18.11714 相邦春平侯、邦左伐器工師長雚(鳳)、冶句敎(撻)齋(劑)

18.11715 相邦春平侯、邦右伐器工師從訬、冶巡敎(撻)齋(劑)

18.11716 相邦春平侯、邦左伐器工師長雚(鳳)、冶叵敎(撻)齋(劑)

18.11717 相邦建信君、邦右庫工師司馬郃、冶得㐭敎(撻)齋(劑)

18.11815 齊城右造車鉞(戟)、冶腯

18.11837 邦右庫冶事(吏)𠂤

18.12040 冶綤(紹)夆、陳共爲之

3194 㴯(脂)

7.4071 孟姬㴯(脂)自乍(作)𩛥(饙)𣪘

7.4072 孟姬㴯(脂)自乍(作)𩛥(饙)𣪘

3195 淂(淂)

17.11313 𢦏(甾)丘命(令)瘫、工師𦞡、冶淂

3196 淩

3.527 淩姬乍(作)寶𩱛

3.923 伯淩父乍(作)𤮊(甗)

6.3437 朿(刺)淩乍(作)尊彝

3197 馮

2.424 姑馮昏同(馮同、逢同)之子

16.10342 乍(作)馮(凭)左右

3198 𣲡

3.626 樊君乍(作)叔𣲡嬴賸(媵)器寶鬹(烓)

3199 𣲨、𤇈(燕)

17.11284 𣲨(燕)月

3200 灰

5.2814 灰(賄)于圖室

3201 夊(夜)

15.9734 日夊(夜)不忘

3202 烝、𦍌

2.358 余黄𦍌(烝)

5.2681 用烝用嘗

5.2837 有髭(祟)烝祀無敢𩚨/夙夕召(紹)我一人烝四方

8.4208 王真畢烝

8.4317 寍(憲)烝宇、慕遠猷

9.4692 大(太)師虘乍(作)烝尊豆

10.5431 烝

3203 羑

2.428 羑子孫余冉

17.11015 王羑之戈

17.11291 邛（宫）命（令）羡、右庫工師鉌、冶□

3204 耿

5.2833 敢對揚武公不（丕）顯耿光

5.2841 亡不閈于文、武耿光

3205 虔

6.3125 㒸（揅）虔秘

3206 票

16.10342 制票（暴）霖（胡）䨓（迮）

3207 曳、烛

18.11657 垩（型、邢）肖、下庫工師孫曳（烛）、冶渫教（撻）齋（劑）

3208 燓

10.5428 唯女（汝）燓𠧟（其）敬辥（嬖）乃身 / 燓

10.5429 唯女（汝）燓𠧟（其）敬辥（嬖）乃身 / 燓

11.6193 燓乍（作）

16.10176 散人小子眉（堳）田：戎、微父、效果（櫂）父、襄之有𤔲橐、州𩫨（就）、燓從嵩（鬲）

3209 炜

14.9097 舟𩎟（角）炜乍（作）厥祖乙寶宗彝

3210 𤇾

14.8846 𤇾（害）乍（作）祖辛

3211 昭（炤、照）

16.10175 昊昭（照）亡𥄳（斁）

3212 庶

1.121 𡧧（往）攼（捍）庶戱（盟）

1.122 𡧧（往）攼（捍）庶戱（盟）

1.125-8 𡧧（往）攼（捍）庶戱（盟）

1.129-31 𡧧（往）攼（捍）庶戱（盟）

1.182 兼以父𧾷（兄）、庶士

1.203 及我父𧾷（兄）、庶士

1.210 定均庶邦

1.211 定均庶邦

1.217 定均庶邦

1.218 定均庶邦

1.219 定均庶邦

1.220 定均庶邦

1.221 定均庶邦

1.222 定均庶邦

1.245 台（以）宴士庶子

1.272-8 諫罰朕庶民

1.279 諫罰朕庶民

1.285 諫罰朕庶民

2.429 余以共旒示□帝（嫡）庶子

5.2746 亡智求𠦪畬夫庶魔擇吉金

5.2837 人鬲自馭至于庶人

5.2840 社禝其庶虖（乎）

5.2841 雩之庶出入事于外 / 勿雍（壅）逮庶人𡨦

7.3983 伯庶父乍（作）王姑凡姜尊𣪘

8.4320 賜宜庶人六百又□六夫

8.4343 亦多虐庶民 / 厥訊庶右𥂝（鄰）/ 雩乃訊庶右𥂝（鄰）

9.4410 伯庶父乍（作）盨𣪘

12.6510 公仲賜庶貝十朋 / 庶用乍（作）寶尊彝

15.9456 矩伯庶人取堇（瑾）章（璋）于裘衛

15.9619 伯庶父乍（作）醴壺

15.9735 則庶民𨸏（附）

16.10200 伯庶父乍（作）肩（肩）

16.10277〔作〕其庶女𪎼（厲、賴）孟姬賸（媵）也（匜）

16.10311 庶乍（作）寶盂

17.11316 四年命（令）韓譙、宜陽工師㪙（播）愷、冶庶

17.11323 𢆶（兹）氏命（令）吳庶、下庫工師長武

17.11335 邘命（令）輅庶、上庫工師郾□、冶氏𦕹（髯）

18.11911 大良造庶長鞅之造

3213 熠、熠

8.4323 王令敔追𨜒（攔）于上洛、熠（熠）谷 / 于熠（熠）衣𫞖

3214 烕（烕）

5.2638 𢽤侯賜弟𠃌𤔲烕（烕）

3215 焚

5.2835 衣（卒）焚

18.12110 就鄢（陽）丘、就邡（方）城、就𧰼（象）禾、就梄（柳）焚（棼）、就繁昜（陽）、就高丘、就下鄵（蔡）、就居鄛（巢）、就郢

18.12111 就昜（陽）丘、就邡（方）城、就𧰼（象）禾、就梄（柳）焚（棼）、就繁昜（陽）、就高丘、就下鄵（蔡）、就居鄛（巢）、就郢

18.12112 就昜（陽）丘、就邡（方）城、就𧰼（象）禾、就梄（柳）焚（棼）、就繁昜（陽）、就高丘、就下鄵（蔡）、就居鄛（巢）、就郢

3216 然（𩁹）

5.2840 寡人懼其忽然不可得

3217 賁

18.11863 私庫嗇夫𧵍正、工孟鮮

18.11864 私庫嗇夫𧵍正、工夏昊(昃)

18.11865 私庫嗇夫𧵍正、工陲亘

18.12042 私庫嗇夫𧵍正、工適

18.12043 私庫嗇夫𧵍正、工適

18.12044 私庫嗇夫𧵍正、工適

18.12045 私庫嗇夫𧵍正、工適

18.12046 私庫嗇夫𧵍正、工適

18.12047 私庫嗇夫𧵍正、工適

18.12048 私庫嗇夫𧵍正、工適

18.12049 私庫嗇夫𧵍正、工適

18.12050 私庫嗇夫𧵍正、工適

18.12051 私庫嗇夫𧵍正、工適

18.12052 私庫嗇夫𧵍正、工適

18.12053 私庫嗇夫𧵍正、工適

3218 膹

10.5413 膹(𧵍)

3219 焦

16.10583 □□焦金壴(鼓)

3220 𤈦、煬

5.2840 亡寈(憏)𤈦(愓)之𢗬(慮)

15.9735 㝠(寧)又(有)寈(憏)𤈦(愓)

3221 𤇻、煩

5.2659 賜睘□𤇻嬰

3222 賸

3.565 吾乍(作)賸(媵)公寶尊彝

4.2154 賸(滕)侯乍(作)寶尊彝

4.2525 鼄(邾)伯御戎乍(作)賸(滕)姬寶貞(鼎)

6.3670 賸(滕)侯乍(作)朕公寶尊彝

7.3828 賸(滕)虎敢肇乍(作)厥皇考公命仲寶尊彝

7.3829 賸(滕)虎敢肇乍(作)厥皇考公命仲寶尊彝

7.3830 賸(滕)虎敢肇乍(作)厥皇考公命仲寶尊彝

7.3831 賸(滕)虎敢肇乍(作)厥皇考公命仲寶尊彝

7.3832 賸(滕)虎敢肇乍(作)厥皇考公命仲寶尊彝

9.4428 賸(滕)侯穌乍(作)厥文考賸(滕)仲旅毁

9.4635 賸(滕)侯昊(昃)之御盩(敦)

16.10195 蔡侯乍(作)姬單賸(媵)也(匜)

17.11018 賸(滕)侯昊(昃)之〔戈〕

17.11077 賸(滕)侯耆(耆、耆)之鋯(造)

17.11078 賸(滕)侯耆(耆、耆)之艁(造)

17.11079 賸(滕)侯昊(昃)之艁(造)

17.11123 賸(滕)侯昊(昃)之𨣈(酷、造)戟

17.11205 賸(滕)司徒□之戈

18.11608 賸(滕)之不㤼由于

3223 㬥

11.5979 㬥從王女(如)南

3224 熙

15.9704 它它(施施)熙熙

17.11336 奠(鄭)命(令)韓熙、右庫工師司馬鴡、冶狄

17.11357 奠(鄭)命(令)韓熙、右庫工師事(吏)釆(裼)、冶□

3225 𤎩(煬)

15.9734 逢郾(燕)亡道𤎩(煬)上

3226 𪋧

5.2831 矩取省車、軝𣓌(賁)𠻷、虎冟(幎)、蔡(希)𢐗、畫轉、𩊚(鞭)𢃄(席)𩌏、帛繼(緄)乘、金𪋧(鑣)鋞(鋞)

10.5348 𪋧父乍(作)𡛥是從宗彝𩩐(肆)

11.5930 𪋧父乍(作)𡛥是從宗彝𩩐(肆)

3227 熬

15.9671 兮熬乍(作)尊壺

3228 𤏐

17.11334 𢦏(戴)大㽙(酉)𤏐臣鑄其載戈

3229 燹

18.12109 燔燹之事

3230 𤑔(熾)

1.246 㯡(齊)角(祿)𤑔(熾)光

16.10175 㯡(齊)角(祿)𤑔(熾)光

3231 𤒗

6.3692 伯𤒗乍(作)媿氏旅

6.3693 伯𤒗乍(作)媿氏旅

3232 燎

5.2839 □□入燎周廟

8.4169 至燎于宗周

3233 𤓉(爐)

16.10390 郐(徐)王之尭(无)元桒(背)之少(小)𤓉(爐)膚(盧、爐)

3234 燔

18.12108 燔隊(燧)事
18.12109 燔燧之事

3235 熰(煙)

5.2782 永用熰(煙、禋)祀

3236 爍

1.113 用爍(樂)父蜺(兄)、者(諸)士
1.203 以爍(樂)嘉賓
1.261 用爍(樂)嘉賓、父蜺(兄)

3237 燹

5.2820 監燹(豳)師戍
5.2832 厲叔子夙、厲有嗣藟(申)季、慶癸、燹(豳)褱、荆人敢、井人偈屖
9.4411 項燹(豳)乍(作)旅盨
15.9456 燹(豳)趙、衛小子韐逆者(諸)其鄉(饗)

3238 爔(煣)

10.5410 堇(謹)不爔(擾)

3239 爕(煣)

10.5427 爕(叩)蜺(晛)鑄彝

3240 爇、爇

1.193 工𠫑王皮爇(然)之子者減
1.194 工𠫑王皮爇(然)之子者減
1.195 工𠫑王皮爇(然)之子者減
1.196 工𠫑王皮爇(然)之子者減
1.197 工𠫑王皮爇(然)之子者減
1.198 工𠫑王皮爇(然)之子者減
1.199 工𠫑王皮爇(然)之子者減
1.200 工𠫑王皮爇(然)之子者減
1.201 工𠫑王皮爇(然)之子者減
1.202 工𠫑王皮爇(然)之子者減

3241 爕

5.2831 舍(捨)濂豦㠯(幎)爕(?)㚔(幘)、韣㒸

3242 𤒎(黖)

17.11314 皇陽命(令)强䑐、工師痥𤒎(黖)、冶才
17.11315 皇陽命(令)强䑐、工師痥𤒎(黖)、冶才

3243 炏(炏)

12.6506 耑(觶)㵻之炏(炏)

3244 炎

8.4300 伯在炎
8.4301 伯在炎
10.5416 在炎師(次)/用追于炎
11.6004 在炎師(次)/用追于炎
11.6005 公令䵷(蜾)從□友□炎身

3245 燋

14.9088 子燋在𡨦

3246 袭、袭(衮)

1.271 𩰫(鮑)叔又(有)成袭(勞)于齊邦
1.272-8 女(汝)巩(鞏)袭(勞)朕行師/堇(勤)袭(勞)其政事
1.283 堇(勤)袭(勞)其政事
1.285 女(汝)巩(鞏)袭(勞)朕行師/堇(勤)袭(勞)其政事
8.4313 曰冄、曰袭(袭)、曰鈴、曰達
8.4314 曰冄、曰袭(袭)、曰鈴、曰達

3247 煽(爈)

12.6374 煽(爈)大父乙

3248 燊

3.754 休天君弗望(忘)穆公聖燊明飢事先王
3.755 休天君弗望(忘)穆公聖燊明飢事先王
5.2831 矩廼眔濂(濂)燊令壽商眔意

3249 營、營

3.949 厥貯營言
8.4343 厥訊庶右營(鄰)/雩乃訊庶右營(鄰)
16.10175 子(兹)厥(納)營明

3250 光

1.64 用寓光我家
1.103 用卲乃穆穆不(丕)顯龍(寵)光
1.120 光之于聿(肆)
1.121 以克總光朕邲(越)/台(以)祗光朕立(位)
1.122 以克總光朕邲(越)/台(以)祗光朕立(位)
1.123 光之于聿(肆)
1.125-8 台(以)克總光朕邲(越)/台(以)祗光朕立(位)/光之于聿(肆)
1.129-31 台(以)祗光朕立(位)/光之于聿(肆)
1.132 台(以)克總光朕邲(越)
1.187-8 用璵光梁其身
1.189-90 用璵光梁其身
1.223-4 吳王光逗之穆曾(贈)舿(舒)金/□慶□而(尔)光
1.246 檮(齊)角(祿)龔(熾)光/用瑀光痶身
1.251-6 用瑀光痶身
1.272-8 膺受君公之賜光
1.285 膺受君公之賜光

3.741 王光商(賞)卿(僆)貝
3.863 光乍(作)從彝
3.1024 光
3.1025 光
4.1530 光父乙
4.1531 光乙侁
4.2001 西單光父乙
4.2055 單光乍(作)從彝
4.2056 單光乍(作)從彝
4.2283 卑吤君光之飤貞(鼎)
4.2362 竹宔知光徽
5.2709 尹光邐
5.2749 光用大(太)保
5.2826 每(敏)揚厥光剌(烈)
5.2833 敢對揚武公不(丕)顯耿光
5.2834〔敢對揚武公丕顯耿〕光
5.2840 忎(恐)隕社禝之光
5.2841 亡不閈于文、武耿光
6.3104 亞光
6.3109 光册
6.3441 單光乍(作)從彝
7.3990 王光商(賞)卿(僆)貝
8.4205 乍(作)朕文考光父乙
10.4927 光父乙
10.5395 王光宰甫貝五朋
10.5401 單光
10.5416 萬年永光
10.5417 子光商(賞)畵貝二朋
11.5965 子光商(賞)𡿺(毀)㠱敐貝
11.6004 萬年永光
11.6016 用光父丁
11.6030 光
12.6427 光乍(作)每(母)辛
12.6912 子光
12.7018 單光
12.7192 西單光
12.7273 單光乍(作)從彝
13.7354 光
13.8161 光父
13.8162 光父
13.8163 單光
14.8600 父辛光
15.9237 光乍(作)從彝
15.9273 光父乙
15.9396 單光乍(作)從彝用 / 單光從彝
15.9451 井(邢)侯光厥事(吏)麥
15.9735 以明闢(辟)光
16.9893 辟井(邢)侯光厥正事(吏)
16.9901 用光父丁
16.10168 周師光守宫事
16.10173 孔覭(景)又(有)光
16.10175 櫅(齊)角(禄)龔(熾)光
16.10298 吳王光擇其吉金
16.10299 吳王光擇其吉金
16.10538 光乍(作)從彝
17.11029 攻敔王光自乍(作)
17.11151 攻敔王光自
17.11255 大(吳)王光逗自乍(作)用戈
17.11256 大(吳)王光逗自(作)用戈
17.11257 大(吳)王光逗自乍(作)用戈
18.11620 攻敔王光自乍(作)用鐱(劍)
18.11641 戉(越)王訠(台)旨(者旨)不光
18.11642 戉(越)王訠(台)旨(者旨)不光
18.11644 戉(越)王不光厥□□□□卯□
18.11645 戉(越)王不光厥□□□□卯□
18.11646 戉(越)王不光厥□□□□卯□
18.11647 戉(越)王不光厥□□□□卯□
18.11648 戉(越)王不光厥□□□□卯□
18.11649 戉(越)王不光厥□□□□卯□
18.11650 戉(越)王不光厥□丌□□卯□
18.11654 攻敔王光自乍(作)用鐱(劍)
18.11664 戉(越)王不光厥□□□□卯□
18.11666 攻敔王光自乍(作)用鐱(劍)
18.11667 戉(越)王不光厥□□□□卯□
18.11704 訠(台)旨(者旨)不光自乍(作)用攻(?)/ 台戉(越)不光唯曰:可

3251 韹、煌

1.153 元鳴孔韹(煌)
1.154 元鳴孔韹(煌)
1.261 元鳴孔韹
1.270 其音鍺鍺雍雍孔煌

3252 皝

3.1026 皝
4.1630 皝父庚
4.1976 皝禾乍(作)旅
6.2932 皝
6.2933 皝
6.2934 皝
6.2935 皝
6.3500 皝
6.3501 皝
10.4777 皝
10.4970 父庚皝
10.5200 皝
10.5214 皝乍(作)父戊旅彝
10.5311 皝
11.5653 父庚皝
11.5899 皝
11.6031 皝
12.7294 皝
12.7295 皝
13.7355 皝
13.7356 皝
14.8331 䲨戊皝
14.8332 䲨戊皝
16.10052 皝乍(作)父

戊
16.10534 戠乍(作)父乙

3253 土(坴)

1.143 王在成周𤔲土(徒)淲宮
1.181 𤔲土(徒)南宮乎
1.260 王肇遹省文武、堇(覲)疆土/南或(國)𠬝孳(子)敢臽(陷)處我土
2.429〔余以〕宅東土
4.2359 吳王孫無土之脰(廚)貞(鼎)
5.2654 公侯賜亳杞土、麋土、𣓁禾、𪚶禾
5.2782 死(尸)于下土
5.2785 王令大(太)史兄(貺)褔土/今兄(貺)畀女(汝)褔土
5.2821 𤔲土(徒)毛叔右(佑)此
5.2822 𤔲土(徒)毛叔右(佑)此
5.2823 𤔲土(徒)毛叔又(佑)此
5.2832 𤔲土(徒)邑人趙、𤔲馬頌人邦、𤔲工陶矩
5.2835 賜女(汝)土田
5.2837 雩我其遹省先王受民受疆土/遹鋮遷自厥土
6.3671 旂𤔲土(徒)梡乍(作)寶尊𣪘
6.3696 𤔲土(徒)𤔲乍(作)厥丂(考)寶尊彝
6.3697 𤔲土(徒)𤔲乍(作)厥丂(考)寶尊彝
7.4059 湈(沬)𤔲土(徒)𨒅眔啚(鄙)
8.4140 賜休余(集)土
8.4197 乍(作)𤔲土(徒)
8.4255 令女(汝)乍(作)𤔲土(徒)
8.4292 僕墉(庸)土田多諫
8.4303 𤔲土(徒)毛叔右(佑)此
8.4304 𤔲土(徒)毛叔右(佑)此
8.4305 𤔲土(徒)毛叔右(佑)此
8.4306 𤔲土(徒)毛叔右(佑)此
8.4307 𤔲土(徒)毛叔右(佑)此
8.4308 𤔲土(徒)毛叔右(佑)此
8.4309 𤔲土(徒)毛叔右(佑)此
8.4310 𤔲土(徒)毛叔右(佑)此
8.4320 入土(社)/賜土:厥川(甽)三百□
8.4341 王令毛公以邦冢君、土(徒)馭、𢦚(越)人伐東或(國)㾓戎
9.4626 令(命)免乍(作)𤔲土(徒)
10.5344 盩𤔲土(徒)幽乍(作)祖辛旅彝
11.5917 盩𤔲土(徒)幽乍(作)祖辛旅彝
11.6002 令乍(作)册折兄(貺)聖土于相侯
11.6013 曰:用𤔲六師、王行、參(叁)有𤔲:𤔲土(徒)、𤔲馬、𤔲工(空)
14.8708 土父癸
15.9303 令乍(作)册折兄(貺)聖土于相侯
15.9456 伯邑父、焚(榮)伯、定伯、𤨏伯、單伯迺令參有𤔲:𤔲土(徒)微邑、𤔲馬單旟、𤔲工(空)邑人服眔受(授)田
15.9709 公子土斧乍(作)子仲姜𨫒之般(盤)壺
15.9723 王在成周𤔲土(徒)淲宮
15.9724 王在成周𤔲土(徒)淲宮
15.9728 乍(作)冢𤔲土(徒)于成周八師
15.9734 于皮(彼)新土(坴)
16.9895 令乍(作)册折兄(貺)聖土于相侯
16.9899 曰:用𤔲六師王行、參有𤔲:𤔲土(徒)、𤔲馬、𤔲工(空)
16.9900 曰:用𤔲六師王行、參有𤔲:𤔲土(徒)、𤔲馬、𤔲工(空)
16.9977 土匀(軍)
16.10176 正眉(堳)夨舍(捨)散田:𤔲土(徒)屰亩、𤔲馬嘼[illegible]、䚄人𤔲工(空)騵君、宰德父
16.10321 命䢦(逋)事(使)于述(遂)土
16.10360 休王自穀事(使)賞畢土方五十里
18.11785 𠭯𤔲土(徒)北征蒿盧

3254 在(才)

1.49 先王其嚴(儼)在帝左右
1.60-3 叔氏在大廟
1.109-10 前文人其嚴在上
1.112 前文人其嚴在上
1.140 辰在丁亥
1.143 王在成周𤔲土(徒)淲宮
1.145 皇考其嚴在上
1.146 皇考其嚴在上
1.147〔皇考〕其嚴在上
1.148 皇考其嚴在〔上〕
1.149 辰在乙亥
1.150 辰在乙亥
1.151 辰在乙亥
1.152 辰在乙亥
1.187-8 皇祖考其嚴在上
1.189-90 皇祖考其嚴在下(上)
1.204-5 王在周康剌宮
1.206-7 王在周康剌宮
1.208 王在周康剌宮
1.209 王在周康剌宮
1.238 皇考嚴在上/異(翼)在下
1.239 皇考嚴在上/異(翼)在下
1.240 皇考其嚴在上/異(翼)在下

1.241 皇考其嚴在上／異(翼)在下
1.242-4 皇考嚴在上／異(翼)在下
1.246 嚴在上
1.260 先王其嚴在上
1.262-3 秦公其畯黔(令)在立(位)
1.267 秦公其畯黔(紷令)在立(位)
1.268 秦公畯黔(令)在立(位)
1.269 秦公其畯黔(令)在立(位)
1.270 不家(墜)在上／畯疐在立(位)
1.272-8 辰在戊寅／又(有)敢(嚴)在帝所
1.285 辰在戊寅／又(有)敢(嚴)在帝所
2.287 妥(蕤)賓之在楚也爲坪皇／其在𪇕(申)也爲遅(夷)則
2.290 贏(嬴)嗣(亂)之在楚爲新鐘／其在齊爲呂音／穆音之在楚爲穆鐘／其在周爲剌(厲)音／在晉爲槃鐘
2.291 東音之在楚也爲文王／鄘(應)音之在楚爲獸鐘／其在周爲鄘(應)音
2.292 妥(蕤)賓之在楚也爲坪皇／其在𪇕(申)也爲遅(夷)則
2.293 割(姑)𨑢(洗)之在楚也爲呂鐘／宣鐘之在晉也爲六𩫖(墉)
2.319 贏(嬴)嗣(亂)之在楚爲新鐘／其在鄰(齊)爲呂音／在晉爲槃鐘／穆音之在楚爲穆鐘／其在周爲剌(厲)音
2.321 割(姑)肄(洗)之在楚爲呂鐘／洹(宣)鐘之在晉也爲六墇(墉)
2.322 贏(嬴)嗣(亂)之在楚也爲新鐘／其在鄰(齊)也爲呂音／大(太)族(簇)之在周也爲剌(厲)音／其在晉也爲槃鐘／穆音之在楚也爲穆鐘
2.323 其在楚也爲文王
2.324 妥(蕤)賓之在𪇕(申)也爲遅(夷)則
2.325 割(姑)肄(洗)之在楚也爲呂鐘
2.326 東音之在楚也爲文王
2.327 妥(蕤)賓之在楚也爲坪皇／其在𪇕(申)也爲遅(夷)則
2.328 割(姑)肄(洗)之在楚也爲呂鐘／亘(宣)鐘之在晉爲六𩫖(墉)
2.358 乍(作)疐在下
2.425 日在庚
3.689 在戊辰
3.741 鄧(倲)桒(祓)□在寢
3.948 師雍父戍在古師(次)
3.949 埶(藝)应在曾／在噩(鄂)師師(次)
4.2425 在寢
4.2504 康侯在朽(柯)師(次)
5.2575 事(史)盥(朧)在井(邢)
5.2577 在平陰勹(庖)之所
5.2595 在新邑
5.2615 唯八月在亩(顛)应
5.2626 唯成王大桒(祓)在宗周
5.2627 唯成王大桒(祓)在宗周
5.2648 子賜小子𡥘(哭)王商(賞)貝在[illegible](兢)師(次)
5.2661 王在成周
5.2670 辰在乙卯
5.2674 在斤
5.2702 娸商(賞)又正嬰(聯)嬰貝在穆朋二百
5.2708 在闌(管)宗／在九月
5.2709 在㝵師(次)
5.2710 在二月
5.2720 王在葊京
5.2725 辰在乙亥／王在葊京
5.2726 辰在乙亥／王在葊京
5.2728 在十又一月庚申／公在盩師(次)
5.2729 在宗周
5.2735 王在上侯应
5.2736 王在上侯应
5.2742 王在豊
5.2749 在匽(燕)
5.2751 在夒陴真山
5.2752 在夒陴真山
5.2754 辰在壬戌
5.2756 王在葊京真□
5.2775 王在成周
5.2776 王在衣(殷)／辰在丁卯
5.2780 王在周新宮／在射廬
5.2783 王在周般宮
5.2784 龏(恭)王在周新宮
5.2785 王在寒師(次)
5.2786 王在康宮
5.2787 王在宗周
5.2788 王在宗周
5.2789 在壹自(次)
5.2790 王在宗周
5.2791 王在葊京溼宮
5.2792 王在稣宮／王在華宮㕯／王在邦宮／王在邦
5.2796 王在宗周
5.2797 王在宗周
5.2798 王在宗周
5.2799 王在宗周
5.2800 王在宗周
5.2801 王在宗周
5.2802 王在宗周
5.2805 王在康廟
5.2806 王在㮚侲宮
5.2807 王在㮚侲宮
5.2808 王在㮚侲宮
5.2809 在芳
5.2810 在坏(坯)
5.2815 王在周康卲宮
5.2816 辰在丙午
5.2817 王在周師彔宮
5.2818 王在周康宮𢓊

大室
5.2819 王在周康穆宮
5.2820 辰在丁亥 / 王在宗周
5.2821 王在周康宮徲宮
5.2822 王在周康宮徲宮
5.2823 王在周康宮徲宮
5.2825 王在周
5.2827 王在周康卲宮
5.2828 王在周康卲宮
5.2829 王在周康卲宮
5.2830 辰在丁卯
5.2831 王在周駒宮
5.2835 武公在獻宮
5.2836 王在宗周
5.2837 王在宗周 / 在武王嗣文乍(作)邦 / 在雩(于)御事
5.2838 王在周穆王大〔室〕/ 王在邇应 / 辰在丁酉 / 井叔在異
5.2839 辰在甲申
5.2841 死(尸)毋童(動)余一人在立(位) / 女(汝)毋敢家(墜)在乃服
7.3749 在十月
7.3858 王在侯𠀀
7.3861 王賜貝在闌(管)
7.3941 王在寢
7.3948 在新邑
7.3950 在成周
7.3951 在成周
7.3953 辰在寅
7.3990 在小圃
7.4023 辰在壬寅
7.4029 在遨(擅)
7.4046 王令燮在(緇)巿、旂(旂)
7.4060 王在大宮
7.4088 在葊京
7.4091 畯在立(位)
7.4092 畯在立(位)
7.4093 畯在立(位)
7.4094 畯在立(位)
7.4112 王在華
8.4131 王在闌(管)師(次)
8.4138 在上魯 / 在十月四
8.4144 在十月一
8.4165 王在奠(鄭)
8.4166 王在周
8.4178 王在康宮大室
8.4201 同公在豐
8.4202 王在華宮
8.4205 獻身在畢公家
8.4206 王在葊京
8.4207 穆穆王在葊京
8.4214 王在周
8.4215 辰在甲午
8.4229 王在宗周
8.4230 王在宗周
8.4231 王在宗周
8.4232 王在宗周
8.4233 王在宗周
8.4234 王在宗周
8.4235 王在宗周
8.4236 王在宗周
8.4238 雩厥復歸在牧師(次)
8.4239 雩厥復歸在牧師(次)
8.4240 王在周
8.4242 其嚴在上
8.4243 王在師嗣馬宮大室
8.4244 王在周
8.4250 王在康宮
8.4251 王在周師量宮
8.4252 王在周師量宮
8.4253 王在葊
8.4254 王在葊
8.4256 王在周
8.4258 王在屖宮
8.4259 王在屖宮
8.4260 王在屖宮
8.4261 文王監在上
8.4262 王在成周
8.4263 王在成周
8.4264 王在成周
8.4265 王在成周
8.4266 王在宗周
8.4267 王在周康宮
8.4269 辰在壬午
8.4270 王在宗周
8.4271 王在宗周
8.4272 王在周康宮新宮
8.4273 王在葊京
8.4274 王在周
8.4275 王在周
8.4276 辰在戊寅
8.4277 在周師彔宮 / 畯在立(位)
8.4278 王在周康宮徲大室
8.4279 王在減应
8.4280 王在減应
8.4281 王在減应
8.4282 王在減应
8.4283 王在周師嗣馬宮
8.4284 王在周師嗣馬宮
8.4285 王在周師彔宮
8.4286 王在周康宮
8.4287 王在周康宮
8.4288 王在吳(虞)
8.4289 王在吳(虞)
8.4290 王在吳(虞)
8.4291 王在吳(虞)
8.4293 王在葊
8.4294 王在周康宮
8.4295 王在周康宮
8.4296 王在周卲宮
8.4297 王在周卲宮
8.4298 王在𧊒㑨宮
8.4299 王在𧊒㑨宮
8.4300 伯在炎
8.4301 伯在炎
8.4302 辰在庚寅
8.4303 王在周康宮徲宮
8.4304 王在周康宮徲宮
8.4305 王在周康宮徲宮
8.4306 王在周康宮徲宮
8.4307 王在周康宮徲宮
8.4308 王在周康宮徲宮
8.4309 王在周康宮徲宮
8.4310 王在周康宮徲宮
8.4312 王在周康宮
8.4315 在帝之坏(坯) / 畯疐在天
8.4316 王在杜㝉(应)

8.4317 其瀕在帝廷／畯在立(位)／乍(作)疐在下
8.4318 王在周
8.4319 王在周
8.4320 辰在丁未／賜在宜王人十又七生(姓)
8.4321 王在射日宮
8.4322 在臺師(次)
8.4323 王在成周
8.4324 王在周／在昔先王小學
8.4325 王在周／在昔先王小學
8.4326 嚴(儼)在上
8.4332 王在周康卲宮
8.4333 王在周康卲宮
8.4334 王在周康卲宮
8.4335 王在周康卲宮
8.4336 王在周康卲宮
8.4337 王在周康卲宮
8.4338 王在周康卲宮
8.4339 王在周康卲宮
8.4340 王在雍应
8.4341 在宗周
8.4343 王在周／在師汙父宮
9.4435 在成周
9.4438 王在成周
9.4439 王在成周
9.4454 王在成周
9.4455 王在成周
9.4456 王在成周
9.4457 王在成周
9.4462 王在周師彔宮
9.4463 王在周師彔宮
9.4465 王在周康穆宮
9.4466 王在永師田宮
9.4626 王在周
10.5378 賜在寢
10.5379 賜在寢
10.5395 在醙(插)師(次)
10.5396 王在廙
10.5397 王賜嶲俞貝在寑／在九月
10.5402 王在庍(斥)
10.5403 王在成周
10.5404 辰在丁亥
10.5407 王在庍(斥)
10.5408 王在葊京
10.5412 在正月
10.5413 宜在召大廳／王在棆／在四月
10.5414 在六月
10.5415 在二月既望
10.5416 在炎師(次)
10.5417 在十月
10.5418 王在奠(鄭)
10.5421 在五月既朢辛酉
10.5422 在五月既朢辛酉
10.5423 懿王在射盧(廬)
10.5424 王在䧏应
10.5425 在𩫏(坯)
10.5426 辰在己丑
10.5431 唯還在周／辰在庚申／亡競在服
10.5432 在二月既朢乙亥／公大(太)史在豐
11.5974 王在魯
11.5983 在㴑水上
11.5985 王在新邑
11.5987 在新喬
11.5989 在庍(斥)
11.5992 王在庍(斥)
11.5996 王在成周
11.5997 辰在丁亥
11.5999 在五月既朢辛酉
11.6000 見(獻)在大室
11.6001 唯王南征在庍(斥)
11.6002 王在庍(斥)
11.6003 在二月既望(朢)
11.6004 在炎師(次)
11.6006 王在奠(鄭)
11.6007 辰在辛卯
11.6011 辰在甲申
11.6014 在四月丙戌／曰：昔在爾考公氏
11.6015 在璧(辟)雝(雍)／雩王在庍(斥)
11.6016 辰在甲申
12.6512 在成師
12.6516 王在周
14.9088 子𣲆在疐
14.9098 王賞㝬瓦在寢
14.9102 在鬳
14.9105 王在蔄(闌、管)／在六月
15.9249 在四月
15.9301 在十月又三
15.9303 王在庍(斥)
15.9453 王在魯
15.9454 在五月既望辛酉
15.9455 穆王在下淢应(位)
15.9707 府嗇夫在、冶事(吏)狄敀(狢)之
15.9710 職在王室
15.9711 職在王室
15.9714 王在葊京溼宮
15.9715 寶(饔)在我車
15.9723 王在成周嗣土(徒)淲宮
15.9724 王在成周嗣土(徒)淲宮
15.9726 王在奠(鄭)／王在句陵
15.9727 王在奠(鄭)／王在句陵
15.9731 王在周康卲(昭)宮
15.9732 王在周康卲(昭)宮
15.9735 使得孯(賢)在(士)良猚(佐)賙(貯)／賙(貯)忎(願)從在(士)大夫／敄(務)在得孯(賢)
16.9890 王在圃
16.9893 在八月乙亥
16.9894 在九月
16.9895 王在庍(斥)
16.9897 王在周康寢
16.9898 王在周成大室
16.9901 辰在甲申
16.10161 王在周
16.10166 王在葊京
16.10168 王在周
16.10170 王在周康宮
16.10172 王在周康穆宮
16.10175 在微需(靈)處
16.10176 辰在乙卯
16.10285 王在葊上宮
16.10321 君在潦既宮
16.10342 ☐虩虩在〔上〕

16.10581 公仲在宗周
18.11718 在行之先
18.12108 右在王 / 左在新郪
18.12109 右在君 / 左在杜

3255 圭

5.2835 賜女(汝)圭瓚一、湯(錫)鐘一牆(肆)、鐈鋚百勻(鈞)
5.2841 賜女(汝)秬鬯一卣、祼圭瓚寶、朱芾、悤(蔥)黄(衡)、玉環、玉琭、金車、𠦪(賁)縟較(較)、朱鬣(鞹)䩗靳、虎冟(冪)熏裏、右軛、畫轉、畫輯、金甬(桶)、遣(錯)衡、金嶂(踵)、金豙(軝)、㫃(約)𣪘(盛)、金簟彌(茀)、魚箙、馬四匹、攸(鋚)勒、金㗂(臺)、金膺、朱旂二鈴(鈴)
8.4292 琱生(甥)則堇(覲)圭
8.4323 事(使)尹氏受(授)賫(賚)敔:圭(珪)瓚、𢆶貝五十朋
8.4342 賜女(汝)秬鬯一卣、圭瓚、尸(夷)允(訊)三百人
16.9897 王乎宰利賜師遽琿圭一、環(瑑)章(璋)四

3256 坔

3.977 冶緆(紹)坔、陳共爲之
3.978 冶緆(紹)坔、陳共爲之
4.1801 右坔刃(刀)
5.2795 冶師緆(紹)坔、差(佐)陳共爲之 / 冶師緆(紹)坔、差(佐)陳共爲之
6.3610 坔乍(作)父戊寶尊彝
9.4694 坔衒(率)一㳄(挻)襄(鑲)/ 冢(重)三衒(率)二坔衒(率)四
16.10158 冶師緆(紹)坔、差(佐)陳共爲之
18.12040 冶緆(紹)坔、陳共爲之

3257 垦(埕)

9.4644 絟(繼)毋垦(埕)用祀

3258 坴(埬)

4.2303 襄公上坴(埬)曲昜

3259 均

1.210 定均庶邦 / 均(君)子大夫
1.211 定均庶邦 / 均(君)子大夫
1.217 定均庶邦 / 均(君)子大夫
1.218 定均庶邦 / 均(君)子大夫
1.219 定均庶邦 / 均(君)子大夫
1.220 定均庶邦 / 均(君)子大夫
1.221 定均庶邦 / 均(君)子大夫
1.222 定均庶邦 / 均(君)子大夫

3260 垟(𡉚、封)

16.10154 魯少(小)𤔲寇垟(封)孫宅(庇)

3261 址

3.1424 亞𡪪址
4.1759 址亞蠷
10.5079 亞址父己
14.8926 亞址父己

3262 垫(坓、型)

17.11366 垫(型、邢)倫(令)吳爺(次)、上庫工師宋艮、冶𢊁敎(撻)齋(劑)
18.11657 垫(型、邢)肖、下庫工師孫𠬝(灺)、冶湶敎(撻)齋(劑)
18.11672 垫(型、邢)疫命(令)邦乙、下庫工師孫𢈊、長缶、冶浊齋(劑)

3263 𡊨(坂)

18.12085 𡊨(坂)日

3264 坂

2.293 其坂(反)
2.324 穆音之冬(終)坂(反)
2.325 其坂(反)
2.328 其坂(反)

3265 𡉆、垧

17.11304 汭𡉆(垧)都尉

3266 坪

1.93 攻敔仲冬㦸之外孫、坪之子臧孫
1.94 攻敔仲冬㦸之外孫、坪之子臧孫
1.95 攻敔仲冬㦸之外孫、坪之子臧孫
1.96 攻敔仲冬㦸之外孫、坪之子臧孫
1.97 攻敔仲㦸之外孫、坪之子臧孫
1.98 攻敔仲㦸之外孫、坪之子臧孫
1.99 攻敔仲㦸之外孫、坪之子臧孫
1.100 攻敔仲冬㦸之外孫、坪之子臧孫
1.101 攻敔仲冬㦸之外孫、坪之子臧孫
2.286 濁坪皇之商 / 濁坪皇之渻(衍)商
2.287 妥(蕤)賓之在楚也爲坪皇
2.288 坪皇之翆(羽)/ 爲坪皇詽(變)商
2.289 坪皇之翆(羽)
2.291 坪皇之詽(變)徵
2.292 妥(蕤)賓之在楚也爲坪皇
2.293 爲坪皇詽(變)商
2.294 爲坪皇徵角
2.295 坪皇之翆(羽)
2.296 坪皇之商 / 濁坪皇之徵

2.297 坪皇之宮 / 濁坪皇之下角
2.300 坪皇之巽反 / 濁坪皇之歆(騂)
2.301 坪皇之冬(終)反 / 濁坪皇之歆(騂)
2.302 坪皇之少商
2.303 坪皇之巽 / 濁坪皇之歆(騂)
2.304 濁坪皇之商 / 濁坪皇之少商
2.305 坪皇之冬(終)/ 濁坪皇之宮 / 濁坪皇之巽
2.306 坪皇之喜(鼓)
2.307 坪皇之商 / 濁坪皇之冬(終)
2.308 坪皇之宮 / 濁坪皇之下角
2.311 坪皇之巽反 / 濁坪皇之歆(騂)
2.312 坪皇之冬(終)反
2.313 坪皇之少商
2.314 坪皇之巽 / 濁坪皇之歆(騂)
2.315 濁坪皇之商 / 濁坪皇之少商
2.316 坪皇之冬(終)/ 濁坪皇之宮 / 濁坪皇之巽
2.317 坪皇之喜(鼓)
2.318 坪皇之商 / 濁坪皇之冬(終)
2.320 坪皇之宮 / 濁坪皇之下角
2.321 坪誩(皇)之終
2.324 坪皇之徵曾
2.326 爲坪皇之翇(羽)顀下角
2.327 妥(蕤)賓之在楚也爲坪皇
2.328 爲坪皇旂(變)商
2.329 爲坪皇徵角
2.330 坪皇之翇(羽)
5.2764 坪安邦斪客 / 坪安邦斪客 / 單父上官嗣憙所受坪安君者也
5.2793 坪安邦斪客財(鼒)/ 單父上官嗣憙所受坪安君者也 / 坪安邦斪客財(鼒)/ 單父上官嗣憙所受坪安君者也
16.10425 坪(平)险(陰)睘
17.11020 高坪乍(作)戗(戈)
17.11388 奠(鄭)倫(令)肖(趙)距、司寇彭璋、右庫工師陳坪、冶贛

3267 坏、坯

5.2810 在坏(坯)
8.4315 在帝之坏(坯)
11.6015 王令辟井(邢)侯出坏(坯)

3268 坡、坡

16.10478 丌(其)坡五十乇(尺)/ 丌(其)坡五十乇(尺)/ 丌(其)坡五十乇(尺)/ 丌(其)坡卌(四十)乇(尺)/ 丌(其)坡卌(四十)乇(尺)
18.11555 奠(鄭)倫(令)棺(槨、郭)涵、司寇肖(趙)它、往庫工師皮耴、冶君(尹)坡(坡)
18.11560 奠(鄭)命(令)棺(槨、郭)涵、司寇肖(趙)它、往庫工師皮耴、冶君(尹)坡(坡)散(造)
18.11563 奠(鄭)倫(令)棺(槨、郭)涵、司寇芋慶、往庫工師皮耴、冶君(尹)坡(坡)散(造)戟朿(刺)

3269 封、𡉚

5.2840 闢啟封疆
8.4287 王乎命尹封册命伊: 䊷(纘)官嗣康宮王臣妾、百工
8.4293 余典勿敢封
15.9735 刅(創)辟封疆
16.10321 逋敢封(奉)揚
17.11306 啟封

3270 〓(封)

10.4880 睭〓(封)
17.11306 啟〓(封)斡(令)癰、工師鈘、冶者

3271 〓、〓

11.6201 祖乙〓(封)
12.6819 〓(封)乙

3272 〓、〓

3.1248 〓
17.11254 曾仲之孫〓戲用戈

3273 垠

17.11299 郜(梧)命(令)垠、右工師齒、冶良

3274 垔

17.10824 垔
17.11051 大垔公戜(戟)

3275 型

5.2840 考尾(度)唯型
15.9734 大奎(去)型(刑)罰

3276 城、䧕

1.157 入䟆(長)城
1.158 入䟆(長)城
1.159 入䟆(長)城
1.160 入䟆(長)城
1.161 入䟆(長)城
2.425 自乍(作)征城
5.2840 剌(列)城譽(數)十
6.3551 城虢仲乍(作)旅毁
7.3866 城虢遣生(甥)乍(作)旅毁
8.4274 用乍(作)皇祖城公鸎毁
8.4275 用乍(作)皇祖城公鸎毁
8.4341 王令毛伯更虢城公服 / 徣(誕)城衛父身
16.9980 郜□孟城乍(作)爲行鈚(鉼)
16.10176 奉(封)于敝

城、楮木
16.10422 方城睘
16.10423 方城睘
16.10434 北尚城睘
16.10435 東尚城睘
16.10437 □□城睘
16.10461 洵城都
17.10900 武城
17.10966 武城戈
17.10967 武城戟
17.10998 昌城右
17.11024 武城徒戈
17.11025 武城建銰(戈)
17.11154 成陽(暘)辛城里銰(戈)
17.11155 成陽(暘)辛城里銰(戈)
17.11211 工城佐𠂤、冶昌茆銰(戈)
17.11345 亲(新)城大命(令)韓定、工師宋費、冶褚
17.11369 工師瘖、丞□、工城旦王(?)
17.11377 武城命(令)□□、苩早、〔庫〕嗇夫事(吏)歟、冶章敎(撻)齋(劑)
18.11815 齊城右造車鉞(戟)、冶䏽
18.12110 就鄒(陽)丘、就邡(方)城、就㒸(象)禾、就栖(柳)焚(棼)、就繁昜(陽)、就高丘、就下鄡(蔡)、就居鄛(巢)、就郢
18.12111 就昜(陽)丘、就邡(方)城、就㒸(象)禾、就栖(柳)焚(棼)、就繁昜(陽)、就高丘、就下鄡(蔡)、就居鄛(巢)、就郢
18.12112 就昜(陽)丘、就邡(方)城、就㒸(象)禾、就栖(柳)焚(棼)、就繁昜(陽)、就高丘、就下鄡(蔡)、就居鄛(巢)、就郢

3277 垣、䡉
4.2242 垣上官
5.2816 王命䡉(垣)侯伯晨曰:飼(嗣)乃祖考侯于䡉(垣)
16.10478 內宮垣/中宮垣
17.10935 涤垣
17.11363 涤垣工師爽、工更長猗
17.11404 涤垣工師爽、工更長猗
17.11405 涤垣工師爽、丞鞪、冶工隸臣猗
18.11686 武垣

3278 埑
4.2498 鄾(邊)子葺埑爲其行器
5.2644 廓季之伯歸埑用其吉金
5.2645 廓季之伯歸埑用其吉金
9.4545 埑爲其行器

3279 垂
4.2273 王乍(作)垂姬寶尊鼎

3280 垦
1.223-4 垦(振)鳴叡(且)鰪

3281 堧、堰
8.4243 用大葡(備)于五邑守堧(堰)

3282 堣
1.272-8 處堣(禹)之堵
1.283 處堣(禹)之堵
1.285 處堣(禹)之堵

3283 堵、䣝
1.225 其竈(簉)四堵
1.226 其竈(簉)四堵
1.227 其竈(簉)四堵
1.228 其竈(簉)四堵
1.229 其竈(簉)四堵
1.230 其竈(簉)四堵
1.231 其竈(簉)四堵
1.232 其竈(簉)四堵
1.233 其竈(簉)四堵
1.234 其竈(簉)四堵
1.235 其竈(簉)四堵
1.236 其竈(簉)四堵
1.237 其竈(簉)四堵
1.272-8 處堣(禹)之堵
1.283 處堣(禹)之堵
1.285 處堣(禹)之堵
16.10377 □堵

3284 基
1.113 其眉壽無基(期)
1.114 其眉壽無基(期)
1.115 其眉壽無基(期)
1.116 其眉壽無基(期)
1.117 其眉壽無基(期)

3285 堳
18.12107 堳(填)丘牙(與)塿紙

3286 堍
17.10989 齊萑堍(象)郜(造)

3287 埸
16.10227 埸(陽)飤生(甥)自乍(作)寶也(匜)

3288 塂
18.11998 敬唐(虐)塂(嗟)忓(吁)

3289 㙓
2.429 自乍(作)㙓鼓

3290 堋(堋)
2.428 永堋乍(作)以□□

3291 塼
1.285 塼(溥)受天命

3292 塍(塍)
3.669 鼄(邾)伯乍(作)塍(媵)鬲
5.2650 陳(陳)侯乍(作)鑄嫣罔母塍(媵)鼎
9.4561 鱻侯乍(作)叔姬寺男塍(媵)簠
9.4562 鱻侯乍(作)叔姬寺男塍(媵)簠
9.4593 曹公塍(媵)盂

奺念母匡(筐)

9.4603 敶(陳)侯乍(作)王仲媯𡚬(瘬)塍(媵)簠

9.4604 敶(陳)侯乍(作)王仲媯𡚬(瘬)塍(媵)簠

9.4606 敶(陳)侯乍(作)孟姜𡢁(瘬)塍(媵)簠

9.4607 敶(陳)侯乍(作)孟姜𡢁(瘬)塍(媵)簠

16.10095 京叔乍(作)孟嬴塍(媵)般(盤)

16.10129 伯侯父塍(媵)叔媯㜌(聯)母鎜(盤)

16.10144 曹公塍(媵)孟姬念母般(盤)

16.10149 䣄伯塍(媵)嬴尹母𩰫(沬)盤

16.10267 乍(作)西孟媯婤母塍(媵)匜

16.10279 乍(作)庳孟爲(媯)穀女(母)塍(媵)匜

3293 塚

18.11687 相邦建信君、邦左庫工師塚旅、冶肉敕(撻)齋(劑)

3294 塿

18.12107 堉(填)丘牙(與)塿紙

3295 ⿱陽土(場)

17.11156 平⿱陽土(場)高馬里鈛(戈)

3296 墬

8.4317 墬(地)于四方

15.9734 敬明新墬(地)

3297 墉、𩫏

1.37 秦王卑(俾)命競墉

2.358 墉厚多福

3.616 伯墉父乍(作)叔姬鬲

3.617 伯墉父乍(作)叔姬鬲

3.618 伯墉父乍(作)叔姬鬲

3.619 伯墉父乍(作)叔姬鬲

3.620 伯墉父乍(作)叔姬鬲

3.621 伯墉父乍(作)叔姬鬲

3.622 伯墉父乍(作)叔姬鬲

3.623 伯墉父乍(作)叔姬鬲

3.792 宁墉

3.1292 己墉

3.1296 辛墉

3.1297 墉青

4.1966 墉乍(作)寶鼎

4.2305 墉夜君成之載(𩰬)貞(鼎)

5.2774 曰:余弋毋墉(庸)又(有)𧥛(忘)

5.2830 于朕考墉(郭)季易父敕(秩)宗

5.2841 余非墉(庸)又聞(昏)

8.4169 賜墉(郭)伯𢼸(捱)貝十朋

8.4237 母弟引墉(庸)又(有)望(忘)

8.4241 賜臣三品:州人、重人、墉(鄘)人

8.4292 僕墉(庸)土田多諫

9.4644 拍乍(作)朕配平姬墉宮祀彝

9.4693 姬㝱母乍(作)大公、墉公、□公、魯仲㪅、省伯、孝公、靜公豆

15.9437 伯墉父乍(作)寶盉

15.9608 伯山父乍(作)尊墉(甂)

15.9725 用乍(作)朕穆考後仲尊墉(甂)

16.9960 䄠伯墉

16.10130 䄠伯墉自乍(作)寶監(鑑)

16.10361 攻(工)帀(師)㑘鑄西墉寶𦉢四秉

17.10745 墉

3298 墨

17.11160 即墨華之造用

17.11214 肵(析)君墨𦙶之部(造)鉘(戟)

3299 堇

17.10989 齊堇𡊨(象)部(造)

3300 塱(坤)

3.633 塱(坍)肇家鑄乍(作)鬻

5.2739 公賞塱(坍)貝百朋

9.4469 王曰:塱(坤、坍)/塱(坍)拜頴首

3301 ⿰酉坴

7.3895 ⿰酉坴仲奠父乍(作)尊𣪘

15.9718 ⿰酉坴史㞋(殿)乍(作)寶壺

3302 ⿰土萬

1.149 至于⿰土萬(萬)年

1.150 至于⿰土萬(萬)年

1.151 至于⿰土萬(萬)年

1.152 至于⿰土萬(萬)年

1.245 其⿰土萬(萬)年無疆

3303 僔、塼

12.6486 叔僔(塼)乍(作)楷公寶彝

3304 墢

5.2840 語不墢(廢)𢦏(哉)

3305 壘

17.11347 □陽命(令)𣪘戲、工師北宮(宮)壘、冶黄

3306 壞

17.11342 壞(懷)、德、雍

3307 壁、𨛍

8.4262 立(涖)盦(歆)

成壆(邑)

8.4263 立(蒞)盨(歃)成壆(邑)

8.4264 立(蒞)盨(歃)成壆(邑)

8.4265 立(蒞)盨(歃)成壆(邑)

3308 壘

5.2830 伯亦克𣪊(款)由先祖壘孫子

11.6351 子癸壘

3309 堂、坣

16.10194 㡯𠭯丘坣之鎗(會)鐈(浣)

16.10478 王坣方二百乇(尺)/ 王后坣方二百乇(尺)/ 恣(寧)后坣方二百乇(尺)/□坣方百五十乇(尺)/ 夫人坣方百五十乇(尺)/ 兩坣閔(間)百乇(尺)/ 兩坣閔(間)八十乇(尺)

18.12110 屯十台(以)坣(當)一車 / 屯廿檐(擔)台(以)坣(當)一車

18.12111 屯十台(以)坣(當)一車 / 屯廿檐(擔)台(以)坣(當)一車

18.12112 屯十台(以)坣(當)一車 / 屯廿檐(擔)台(以)坣(當)一車

3310 壁

16.10354 [illegible][illegible][illegible]之九壁汱[illegible]紆収

3311 坽(冷)

17.11270 坽(冷)陽

3312 垔

17.11041 平垔(阿)左戟(戈)

3313 嬰

5.2659 賜睘□煩嬰

3314 𡐿

5.2706 用鄉(饗)多𡐿(寮)友

3315 𡒄(墩、埻)

2.321 洹(宣)鐘之在晉也爲六𡒄(墉)

3316 盱

5.2740 溓(濂)公令𩁹眔史旗曰:以盱眔厥有嗣、後或(國)𢦏伐腺(貊)

5.2741 溓(濂)公令𩁹眔史旗曰:以盱眔厥有嗣、後或(國)𢦏伐腺(貊)

3317 䏴

9.4346 䏴伯乍(作)仲姞尊

9.4669 䏴叔乍(作)德人旅甫(簠)

17.11209 䏴公𩵦曹(造)戈三百

3318 䁤

8.4318 䁤伯右(佑)師兑

8.4319 䁤伯右(佑)師兑

3319 堇

1.82 㪤堇(勤)大令(命)

1.260 王肇遹省文武、堇(覲)疆土

1.272-8 堇(勤)裳(勞)其政事

1.283 堇(勤)裳(勞)其政事

1.285 堇(勤)裳(勞)其政事

4.2155 堇伯乍(作)旅尊彝

4.2156 堇伯乍(作)尊彝

4.2312 堇臨乍(作)父乙寶尊彝

5.2579 雙堇(覲)于王

5.2774 念王母堇(勤)匋(陶)

5.2825 反(返)入(納)堇(瑾)章(璋)

5.2827 反(返)入(納)堇(瑾)章(璋)

5.2828 反(返)入(納)堇(瑾)章(璋)

5.2829 反(返)入(納)堇(瑾)章(璋)

5.2841 㪤(勛)堇(勤)大命

6.3647 堇臨乍(作)父乙寶尊彝

6.3648 堇臨乍(作)父乙寶尊彝

8.4213 㞬(殿)𢼸(敖)堇(謹)用豹皮于事(史)孟

8.4292 琱生(甥)則堇(覲)圭

8.4332 反(返)入(納)堇(瑾)章(璋)

8.4333 反(返)入(納)堇(瑾)章(璋)

8.4334 反(返)入(納)堇(瑾)章(璋)

8.4335 反(返)入(納)堇(瑾)章(璋)

8.4336 反(返)入(納)堇(瑾)章(璋)

8.4337 反(返)入(納)堇(瑾)章(璋)

8.4338 反(返)入(納)堇(瑾)章(璋)

8.4339 反(返)入(納)堇(瑾)章(璋)

9.4464 堇(謹)尸(夷)俗

9.4595 肇堇(謹)經德

9.4596 肇堇(謹)經德

10.5410 堇(謹)不爰(擾)

10.5417 子令小子𤔲先以人于堇

15.9456 矩伯庶人取堇(瑾)章(璋)于裘衛

15.9729 其人民都邑堇(謹)宴舞

15.9730 其人民都邑堇(謹)宴舞

15.9731 反(返)入(納)堇(瑾)章(璋)

15.9732 反(返)入(納)堇(瑾)章(璋)
16.10262 唯[illegible](洧)伯君堇生(甥)自乍(作)也(匜)
16.10571 堇伯乍(作)旅尊彝

3320 莫

5.2703 匽(燕)侯令莫饔(饔)大(太)保于宗周／大(太)保賞莫貝
17.11367 莫(漢)中守趣(運)造

3321 艱

1.272-8 女(汝)尃余于艱恤
1.282 女(汝)尃余于艱恤
1.285 女(汝)尃余于艱恤
5.2841 趯余小子圂湛于艱／俗(欲)女(汝)弗以乃辟圅(陷)于艱
8.4328 女(汝)休弗以我車圅(陷)于艱
8.4329 女(汝)休弗以我車圅(陷)于艱
8.4342 谷(欲)女(汝)弗以乃辟圅(陷)于艱

3322 難

1.272-8 霝(靈)命難老
1.285 霝(靈)命難老
5.2840 此易言而難行旃／叟(鄰)邦難寴(親)
15.9713 霝(靈)冬(終)難老
16.10151 霝(靈)命難老

3324 鄞(坯)

10.5425 在鄞(坯)

3325 䩐(坒)

6.3615 䩐(坒)敷(搋)伯具乍(作)寶毁
10.5355 子賜䩐(坒)
14.9100 子賜奄䩐(坒)貝

3326 䩜、堣

5.2787 帥堣(偶)盩于成周
5.2788 帥堣(偶)盩于成周
8.4229 帥堣(偶)盩于成周
8.4230 帥堣(偶)盩于成周
8.4231 帥堣(偶)盩于成周
8.4232 帥堣(偶)盩于成周
8.4233 帥堣(偶)盩于成周
8.4234 帥堣(偶)盩于成周
8.4235 帥堣(偶)盩于成周
8.4236 帥堣(偶)盩于成周

3327 韄(墓)

5.2782 嘉曰：余韄(墓、鄭)邦之産

3328 𪇉

11.5906 𪇉乍(作)父癸旅寶尊彝

3329 田

3.889 田告乍(作)仲子彝
3.890 田農乍(作)寶尊彝
3.1482 告田
3.1483 告田
4.1642 田父辛
4.1849 田告父丁
4.2145 田告乍(作)母辛尊
4.2174 田農乍(作)寶尊彝
4.2506 田告亞
5.2704 王姜賜旟田三于待劀
5.2710 王令寢農省北田四品
5.2755 遣仲令穸䀠(纘)嗣奠(甸)田
5.2803 王大耤(藉)農于諆田／王歸自諆田
5.2818 曰：女(汝)覓我田／其且(沮)射(厭)分田邑
5.2832 曰：余舍(捨)女(汝)田五田／正廼訊厲曰：女(汝)貯田不(否)／厲廼許曰：余審貯田五田／帥履裘衛厲田四田／厥逆(朔)疆眔厲田／厥東疆眔散田／厥南疆眔散田／眔政父田／厥西疆眔厲田／邦君厲眔付裘衛田
5.2835 賜女(汝)土田
5.2836 賜女(汝)田于埜／賜女(汝)田于渒／田于峻／賜女(汝)田于康／賜女(汝)田于匽／賜女(汝)田于陣原／賜女(汝)田于寒山
5.2837 唯殷邊侯、田(甸)雩(與)殷正百辟
5.2838 田厥田／于匫用五田／廼或(又)即匫用田二／凡用即匫田七田、人五夫
5.2839 盂以(與)者(諸)侯眔侯、田(甸)、男□□從盂征
6.3142 田父甲
6.3576 田農乍(作)寶尊彝
6.3711 告田
7.3927 伯田父乍(作)井姚寶毁
8.4206 令師田父殷成周年／師田父令小臣傳非(緋)余(琭)／師田父令余嗣□官
8.4255 官嗣耤(藉)田
8.4262 厥貯(賈)卅田／用典格伯田
8.4263 厥貯(賈)卅田／用典格伯田
8.4264 厥貯(賈)卅田／用典格伯田
8.4265 厥貯(賈)卅田／用典格伯田
8.4278 曰：女(汝)爰

(覓)我田/其且(沮)射(厭)分田邑
8.4292 僕墉(庸)土田多諫
8.4294 官嗣量田佃
8.4295 官嗣量田佃
8.4323 賜田于敓(扲)五十田/于早五十田
8.4327 賜于乍一田/賜于宻(宣)一田/賜于隊一田/賜于戜一田
8.4328 賜女(汝)弓一、矢束、臣五家、田十田
8.4329 賜女(汝)弓一、矢束、臣五家、田十田
9.4465 典善(膳)夫克田人
9.4466 王在永師田宮/曰:章(賞)厥簪夫吒𤔲比田/㝛(復)友(賄)𤔲比其田/畀(俾)𤔲比㝛(復)厥小宮吒𤔲比田/洀(復)限余(予)𤔲比田/凡復友(賄)、復付𤔲比田十又三邑
9.4544 八田日
10.4903 甲父田
10.5019 毛田舌
10.5056 田告父乙
10.5273 田告父丁乍(作)寶彝
10.5347 鳥父乙母告田
10.5405 公姞令次嗣田人
10.5412 王令𠨘(邲)其兄(貺)䰞于夆田渦
10.5424 小大事毋又田
11.5994 公姞令次嗣田人
11.6016 眔者(諸)侯:侯、田、男
11.6191 告田
11.6192 告田
12.6391 父丁告田
12.6871 婦田
12.7012 田免
12.7013 田告
13.7700 田
14.8368 田父甲
14.8903 田告父丁
15.9190 [illegible]田
15.9205 田父甲
15.9227 妣田干
15.9257 田告/告田
15.9456 厥貯(賈)其舍(捨)田十田/其舍(捨)田三田/伯邑父、焚(榮)伯、定伯、𤶫伯、單伯廼令參有嗣:嗣土(徒)微邑、嗣馬單旟、嗣工(空)邑人服眔受(授)田
15.9583 田
15.9777 田告
15.9785 田父甲
15.9821 王由攸田劦
16.9901 眔者(諸)侯:侯、田(甸)、男
16.10176 廼即散用田/眉(堳)井邑田/夨人有嗣眉(堳)田:鮮、且、微、武父、西宮襄、豆人虞丂、彔、貞、師氏右省、小門人䌛、原人虞艿、淮嗣工(空)虎孛、開豐父、𨾊(鳿)人有嗣、刑丂/正眉(堳)夨舍(捨)散田:嗣土(徒)屰舌、嗣馬嘼[illegible]、𩵦人嗣工(空)騌君、宰德父/散人小子眉(堳)田:戎、微父、效𣐿(櫂)父、襄之有嗣橐、州𩫖(就)、倏從𩁹(鬲)/曰:我既(既)付散氏田器/曰:我既付散氏溼田、牆(畛)田
16.10322 賜畀(辨)師永厥田:澮(洽、陰)昜(陽)洛/疆眔師俗父田/付永厥田
16.10536 田告父丁
16.10573 田乍(作)父己寶尊彝
17.10738 田
17.10739 田
17.10740 田
17.11019 雍之田戈
17.11165 田(甸)人邑再戈
17.11166 田(甸)人邑再戈
17.11394 咸陽工師田、工大人耆、工積
18.11565 襄田倫(令)夆(舉)名、司寇麻維、右庫工師甘(邯)丹(鄲)旣、冶向敳(造)
18.11735 田
18.11829 田
18.12074 田

3330 由

4.1978 由(古?)乍(作)旅貞(鼎)
5.2830 夙夜尃由先祖剌(烈)德/伯亦克𢽾(款)由先祖蠱孫子
7.4030 𠭯由于彝
7.4031 𠭯由于彝
10.5356 由伯曰:七月
11.5769 㲃(揆)由乍(作)旅
11.5998 由伯曰:[illegible]御乍(作)尊彝/曰由伯子曰:[illegible]爲厥父彝
15.9821 王由攸田劦
18.11608 滕(滕)之不㤜由于

3331 甸

1.144 甸甸台(以)鼓之

3332 男

1.272-8 卑(俾)百斯男
1.280 斯男
1.285 卑(俾)百斯男
5.2549 無(許)男乍(作)成姜逗(趄)女(母)朕(媵)尊貞(鼎)
5.2839 盂以(與)者(諸)侯眔侯、田(甸)、男□□從盂征
7.3848 乍(作)魯男、王姬𩰫彝
8.4313 余用乍(作)朕後男𪓐尊毁
8.4314 余用乍(作)朕後男𪓐尊毁
9.4459 其百男、百女、千孫
9.4460 其百男、百女、千孫

9.4461 其百男、百女、千孫
9.4561 㪤侯乍(作)叔姬寺男媵(媵)簠
9.4562 㪤侯乍(作)叔姬寺男媵(媵)簠
9.4569 鄀公乍(作)犀仲、仲嬭(芈)義男尊簠
9.4645 男女無期
11.6016 眔者(諸)侯:侯、田、男
16.9901 眔者(諸)侯:侯、田(甸)、男
16.10159 男女無期
16.10270 叔男父乍(作)爲霍姬賸(媵)旅也(匜)
16.10280 男女無期
16.10283 男女無期

3333 畜

1.262-3 咸畜左右
1.264-6 咸畜左右
1.267 咸畜左右
1.268 咸畜左右
1.269 咸畜左右
1.270 咸畜百辟、胤士
8.4315 咸畜胤士
16.10008 余畜孫書也
16.10342 余咸畜胤士

3334 留

1.15 留爲叔虢禾(龢)鐘
5.2815 史留(籀)受(授)王令(命)書
17.10927 屯留

3335 𤲞(畊、耕)

1.38 唯𤲞(荆)篙(曆)屈奈(夕)
9.4623 鼄(邾)大(太)宰欉子𤲞(耕)鑄其簠
9.4624 鼄(邾)大(太)宰欉子𤲞(耕)鑄其簠
16.10391 瘨(瘫、疟)君之孫郐(徐)敂(令)尹者(諸)旨(稽)𤲞(耕)

3336 畯、吮

1.181 畯永保四方
1.260 畯保四或(國)
1.262-3 秦公其畯𩓃(令)在立(位)
1.267 秦公其畯𩓃(紟令)在立(位)
1.268 秦公畯𩓃(令)在立(位)
1.269 秦公其畯𩓃(令)在立(位)
1.270 畯疐在立(位)
2.358 永畯尹四方
5.2768 畯臣天[子]
5.2769 畯臣天[子]
5.2770 畯臣天[子]
5.2821 畯臣天子
5.2822 畯臣天子
5.2823 畯臣天子
5.2826 畯保其孫子
5.2827 畯臣天子
5.2828 畯臣天子
5.2829 畯臣天子
5.2836 畯尹四方
5.2837 畯正厥民
7.4091 畯在立(位)
7.4092 畯在立(位)
7.4093 畯在立(位)
7.4094 畯在立(位)
8.4219 畯臣天子
8.4220 畯臣天子
8.4221 畯臣天子
8.4222 畯臣天子
8.4223 畯臣天子
8.4224 畯臣天子
8.4277 畯在立(位)
8.4303 畯臣天子
8.4304 畯臣天子
8.4305 畯臣天子
8.4306 畯臣天子
8.4307 畯臣天子
8.4308 畯臣天子
8.4309 畯臣天子
8.4310 畯臣天子
8.4315 畯疐在天
8.4317 畯在立(位)
8.4332 畯臣天子
8.4333 畯臣天子
8.4334 畯臣天子
8.4335 畯臣天子
8.4336 畯臣天子
8.4337 畯臣天子
8.4338 畯臣天子
8.4339 畯臣天子
9.4446 畯臣天子
9.4447 畯臣天子
9.4465 畯臣天子
15.9731 畯臣天子
15.9732 畯臣天子
16.10175 達殷畯民

3337 𤰝(畛)

16.10176 曰:我既付散氏溼田、𤰝(畛)田

3338 畞(域)

8.4322 戓率有嗣、師氏奔追鄧(攔)戎于畞(域)林

3339 畬、曆(𠩺)

8.4192 王事(使)焚(榮)穢(蔑)曆(曆)
8.4193 王事(使)焚(榮)穢(蔑)曆(曆)
16.10175 農嗇(穡)戉(越)畬(曆)

3340 疊

4.2254 疊乍(作)父辛尊鼎

3341 畮

7.4104 公命事(使)畮賢百畮𩰫
7.4105 公命事(使)畮賢百畮𩰫
7.4106 公命事(使)畮賢百畮𩰫
8.4313 繇我負(帛)畮臣
8.4314 繇我負(帛)畮臣
16.10174 淮尸(夷)舊我負(帛)畮人

3342 疇、𠃬

8.4276 用賜疇壽
8.4302 余賜女(汝)秬鬯一卣、金車、𠦪(賁)疇(幬)較(較)、𠦪(賁)𠚤朱號(鞹)靳、虎冟(冪)寀(朱)裏、金甬(筩)、畫閈(軒)、金厄(軛)、畫轉、馬四

四、鋈勒

16.10228 唯登(鄧)筰(柞)生(甥)吉疇(酬)登(鄧)公金

3343 疆、畕、畺、彊、隱

1.34 敷(敷)內(入)吳疆

1.35 福無疆

1.39 豐𧰼(象)降多福無疆

1.40 年無疆

1.41 年無疆

1.59 萬年無疆

1.72 其眉壽無疆

1.73-4 其眉壽無疆

1.75 其眉壽無疆

1.76-7 其眉壽無疆

1.78-9 其眉壽無疆

1.80-1 其眉壽無疆

1.86 萬年無疆

1.87 用旂(祈)眉壽無疆

1.103 子子孫孫亡(無)疆寶

1.109-10 降余厚多福無疆

1.112 降余厚多福無疆

1.141 用匄眉壽無疆

1.144 萬枼(世)亡疆

1.145 降余魯多福亡疆

1.146 降余魯多福亡疆

1.147 降余魯多福亡疆

1.148 降余魯多福亡疆

1.187-8 梁其其萬年無疆

1.189-90 梁其其萬年無疆

1.245 其壙(萬)年無疆

1.246 無疆覭(景)福

1.251-6 無疆覭(景)福

1.260 王肇遹省文武、堇(覲)疆土

1.262-3 眉壽無疆

1.267 眉壽無疆

1.268 眉壽無疆

1.269 眉壽無疆

1.270 眉壽無疆

2.350 用祈眉壽無疆

2.351 用祈眉壽無疆

2.352 用祈眉壽無疆

2.353 用祈眉壽無疆

2.354 用祈眉壽無疆

2.355 用祈眉壽無疆

2.425 眉壽無疆

2.428 余處此南疆

3.670 無疆用

3.732 萬年無疆

3.733 萬年無疆

3.734 萬年無疆

3.742 萬年無疆

3.945 其萬年無疆

3.946 其眉壽無疆

3.947 萬年無疆

4.2430 其萬年無疆

5.2602 眉壽無疆

5.2603 萬年無疆

5.2604 萬年無疆

5.2606 眉壽無疆

5.2621 其萬年無疆

5.2622 其萬年無疆

5.2634 其萬年無疆

5.2635 其萬年無疆

5.2636 其萬年無疆

5.2640 眉壽無疆

5.2641 眉壽無疆

5.2646 用祈眉壽無疆

5.2657 其萬年無疆

5.2660 其亡(無)疆

5.2667 萬年無疆

5.2669 萬年無疆

5.2679 其萬年無疆

5.2681 用匄眉壽無疆

5.2690 其萬年無疆

5.2691 其萬年無疆

5.2692 其萬年無疆

5.2714 其萬年無疆

5.2715 眉壽無疆

5.2716 眉壽無疆

5.2737 其萬年無疆

5.2738 邁(萬)年無疆

5.2743 用賜眉壽無疆

5.2744 用賜眉壽無疆

5.2753 萬年無疆

5.2762 多福無疆

5.2768 眉壽無疆 / 其萬年無疆

5.2769 眉壽無疆 / 其萬年無疆

5.2770 眉壽無疆 / 其萬年無疆

5.2771 萬年無疆

5.2772 萬年無疆

5.2777 萬年無疆

5.2787 頌其萬年無疆

5.2788 頌其萬年無疆

5.2790 其萬年無疆

5.2796 邁(萬)年無疆

5.2797 邁(萬)年無疆

5.2798 邁(萬)年無疆

5.2799 邁(萬)年無疆

5.2800 邁(萬)年無疆

5.2801 邁(萬)無疆

5.2802 邁(萬)年無疆

5.2821 此其萬年無疆

5.2822 此其萬年無疆

5.2823 此其萬年無疆

5.2826 萬年無疆

5.2832 厥逆(朔)疆眔厲田 / 厥東疆眔散田 / 厥南疆眔散田 / 厥西疆眔厲田

5.2836 賜贅(賚)無疆 / 天子其萬年無疆 / 克其萬年無疆

5.2837 雩我其遹省先王受民受疆土

5.2840 闢啟封疆

7.3971 其萬年無疆

7.3972 其萬年無疆

7.3973 其萬年無疆

7.4008 其萬年無疆

7.4009 其萬年無疆

7.4010 其萬年無疆

7.4014 其萬年無疆

7.4015 其萬年無疆

7.4016 萬年無疆

7.4017 萬年無疆

7.4107 萬年無疆

7.4108 萬年無疆

7.4114 辛父其萬年無疆

7.4120 其邁(萬)年無疆

8.4124 其萬年無疆

8.4147 壽無疆

8.4148 壽無疆

8.4149 壽無疆

8.4150 壽無疆

8.4151 壽無疆

8.4153 萬年無疆

8.4160 無疆屯(純)右(祐)

8.4161 無疆屯(純)右(祐)

8.4168 萬年無疆
8.4182 受福無疆
8.4183 邁(萬)年無疆
8.4188 邁(萬)年無疆
8.4189 邁(萬)年無疆
8.4198 其萬年無疆
8.4229 頌其萬年無疆
8.4230 頌其萬年無疆
8.4231 頌其萬年無疆
8.4232 頌其萬年無疆
8.4233 頌其萬年無疆
8.4234 頌其萬年無疆
8.4235 頌其萬年無疆
8.4236 頌其萬年無疆
8.4287 伊其萬年無疆
8.4296 邁(萬)年無疆
8.4297 邁(萬)年無疆
8.4303 此其萬年無疆
8.4304 此其萬年無疆
8.4305 此其萬年無疆
8.4306 此其萬年〔無〕疆
8.4307 此其萬年無疆
8.4308 此其萬年無疆
8.4309 此其萬年無疆
8.4310 此其萬年無疆
8.4315 眉壽無疆
8.4328 眉壽無疆
8.4329 眉壽無疆
8.4332 眉壽無疆
8.4333 眉壽無疆
8.4334 眉壽無疆
8.4335 眉壽無疆
8.4336 眉壽無疆
8.4337 眉壽無疆
8.4338 眉壽無疆
8.4339 眉壽無疆
9.4426 其萬年無疆
9.4431 其邁(萬)年無疆
9.4434 其萬年無疆
9.4442 割(匄)眉壽無疆
9.4443 割(匄)眉壽無疆
9.4444 割(匄)眉壽無疆
9.4445 割(匄)眉壽無疆
9.4453 匄眉壽無疆
9.4465 克其日賜休無疆
9.4526 伯疆爲皇氏伯行器
9.4580 其萬年無疆
9.4593 用祈眉壽無疆
9.4597 萬年無疆
9.4603 用祈眉壽無疆
9.4604 用祈眉壽無疆
9.4606 萬年無疆
9.4607 萬年無疆
9.4608 萬年無疆
9.4609 萬年無疆
9.4610 萬年無疆
9.4611 萬年無疆
9.4612 其眉壽無疆
9.4614 其眉壽無疆
9.4615 用祈眉考(老)無疆
9.4617 永命無疆
9.4619 眉壽無疆
9.4620 萬年無疆
9.4621 萬年無疆
9.4622 萬年無疆
9.4627 弭仲受無疆福
9.4628 多福無疆
9.4631 眉壽無疆
9.4632 眉壽無疆
9.4645 邁(萬)年無疆
9.4689 萬年無疆
9.4690 萬年無疆
9.4691 萬年無疆
9.4694 官(綰)攸(悠)無疆
9.4695 官(綰)攸(悠)無疆
11.6010 千歲無疆
15.9627 其邁(萬)年無疆
15.9657 用求福無疆
15.9701 其眉壽無疆
15.9706 眉壽萬年無疆
15.9708 萬年無疆
15.9712 用受大福無疆
15.9716 永令(命)無疆
15.9717 永令(命)無疆
15.9718 享叔用賜眉壽無疆
15.9719 旂(祈)無疆
15.9720 旂(祈)無疆
15.9725 克用匄眉老無疆
15.9729 萬年無疆
15.9730 邁(萬)年無疆
15.9734 竹(畜)胄亡疆
15.9735 以請(靖)郾(燕)疆/刱(創)辟封疆/其永保用亡疆
15.9824 其萬年無疆
15.9825 其萬年無疆
16.9897 用匄萬年無疆
16.9974 萬(萬)年無疆
16.9979 萬年無疆
16.9980 其眉壽無疆
16.9982 萬年無疆
16.10006 用祈眉壽無疆
16.10007 用祈眉壽無疆
16.10123 眉壽無疆
16.10130 其萬年疆無
16.10132 其萬年無疆
16.10135 其邁(萬)年無疆
16.10138 用祈福(福)無疆
16.10141 其萬年無疆
16.10142 其萬年無疆
16.10143 眉壽無疆
16.10144 用祈眉壽無疆
16.10145 眉壽無疆
16.10147 萬年無疆
16.10155 其萬年無疆
16.10156 萬年無疆
16.10157 萬年無疆
16.10159 邁(萬)年無疆
16.10160 邁(萬)年無疆
16.10162 萬禾(年)無疆
16.10165 萬年無疆
16.10171 千歲無疆
16.10173 萬年無疆
16.10174 萬年無疆
16.10175 匍(勈)尹意(億)疆
16.10176 奉(封)于桿(棹)東疆
16.10245 其萬年無疆
16.10250 其萬年無疆
16.10251 其萬年無疆
16.10259 其萬年無疆
16.10264 眉壽無疆
16.10265 其萬年無疆

（疆）
16.10266 其萬年無疆
16.10272 其邁（萬）年無疆
16.10276 其眉壽無疆
16.10277 萬年無疆
16.10279 萬年無疆
16.10281 其萬年無疆
16.10283 邁（萬）年無疆
16.10284 萬年無疆
16.10297 官（綰）攸（悠）無疆
16.10298 眉壽無疆
16.10299 眉壽無疆
16.10319 用祈眉壽無疆
16.10322 疆眔師俗父田／厥逹（率）䦆（堳）：厥疆宋句（洵）
16.10337 萬年無疆
16.10338 其眉壽無疆
16.10339 萬年無疆
16.10340 其眉壽無疆
16.10341 萬年無疆
16.10342 我刺（烈）考☐疆

3344　斲

10.5409 王各于吕斲

3345　𦖝（暱）

6.3443 杫（柂）𦖝（暱）乍（作）寶𣪘

3346　阬

18.12110 命集尹䚄（怊）𥢋（秸）、裁（織）尹逆、裁（織）敆（令）阬
18.12111 命集尹䚄（怊）𥢋（秸）、裁（織）尹逆、裁（織）敆（令）阬
18.12112 命集尹䚄（怊）𥢋（秸）、裁（織）尹逆、裁（織）敆（令）阬
18.12113 命集尹䚄（怊）𥢋（秸）、裁（織）尹逆、裁（織）敆（令）阬

3347　阦

18.11486 辛邑阦

3348　阤、陀（陁）

8.4317 陀陀降余多福
15.9735 以阤（陁、施）及子孫

3349　阪

17.11372 奠（鄭）倫（令）韓恙（恙）、司寇坆（扶）裕、右庫工師張阪、冶贛

3350　陂

5.2790 王令微緣䍐（纘）嗣九陂

3351　阿

17.10923 阿武
17.11001 平阿左
17.11101 平阿右造（？）銭（戈）
17.11158 平阿左造徒戟（戟）

3352　陉、隋

18.11554 奠（鄭）倫（令）公先豊（幼）、司寇史陉（隋）、左庫工師倉慶、冶肴（尹）弜（彁）敳（造）

3353　阱

6.3653 子阱乍（作）父己寶尊彝

3354　陕

8.4238 述東陕
8.4239 述東陕

3355　陕（陸）

6.3475 陕乍（作）寶𣪘

3356　限

5.2838 事（使）厥小子䝭（究）以限訟于井叔／限許曰：𠭯則卑（俾）我賞（償）馬
9.4466 洰（復）限余（予）鬲比田
14.9036 伯限乍（作）寶彝

3357　降、夅

1.39 㝬龟（龜）降多福無疆
1.49 降〔余多福無疆〕
1.105 用降多福
1.109-10 降余厚多福無疆
1.112 降余厚多福無疆
1.145 降余魯多福亡疆
1.146 降余魯多福亡疆
1.147 降余魯多福亡疆
1.148 降余魯多福亡疆
1.187-8 降余大魯福亡哭（斁）
1.189-90 降余大魯福亡哭（斁）
1.238 降旅多福
1.239 降旅多福
1.240 降旅多福
1.241 降旅多福
1.247 大神其陟降嚴祜
1.248 大神其陟降嚴祜
1.249 大神其陟降嚴祜
1.250 大神其陟降嚴祜
1.251-6 上帝降懿德大甹（屏）
1.260 降余多福
2.358 文人陟降
5.2683 以降大福
5.2684 以降大福
5.2685 以降大福
5.2686 以降大福
5.2687 以降大福
5.2688 以降大福
5.2689 以降大福
5.2745 自豖鼎降十
5.2833 用天降大喪于下或（國）
5.2834 用天降亦（大）喪于下或（國）
5.2840 天降休命于朕邦
7.3770 降（绛）人緐乍（作）寶𣪘
7.4076 以降大福
7.4077 以降大福
7.4078 以降大福
7.4079 以降大福
7.4080 以降大福

7.4081 以降大福
7.4082 以降大福
7.4083 以降大福
7.4084 以降大福
7.4085 以降大福
7.4086 以降大福
7.4087 以降大福
8.4140 王降征令于大(太)保
8.4141 自豖鼎降十
8.4142 自豖鼎降十
8.4143 自豖鼎降十
8.4242 降余多福、繁孷(釐)
8.4261 降 / 王降亡助(賀、嘉)爵、退(裉)囊
8.4317 陟降 / 陀陀降余多福
8.4321 先虎臣後庸:西門尸(夷)、秦尸(夷)、京尸(夷)、㠯尸(夷)、師笭、側新(薪)、□華尸(夷)、弁豸尸(夷)、㲋人、成周走亞、戍、秦人、降人、服尸(夷)
8.4342 今日天疾畏(威)降喪
9.4465 降克多福、眉壽、永令(命)
9.4469 則唯輔天降喪
10.5396 降令曰:歸祼于我多高
15.9698 以降大福
15.9699 以降大福
15.9808 朋五夆(降)父庚
16.10152 以降大福
16.10164 自豖鼎降十又一
16.10175 上帝降懿德大甹(屏)
16.10176 降以南 / 降棫
17.11286 不降棘余子之貲金
18.11470 不降
18.11541 不降棘余子之貲金
18.11987 不降

3358 陪(陪)

5.2838 曰陪(陪)、曰恒、曰劦、曰𨚗、曰省
6.3242 耳伯陪(陪)

3359 陟

1.247 大神其陟降嚴祜
1.248 大神其陟降嚴祜
1.249 大神其陟降嚴祜
1.250 大神其陟降嚴祜
2.358 文人陟降
8.4317 陟降
8.4330 陟二公
8.4341 否畀屯(純)陟
11.6010 上下陟祏
16.10171 上下陟祏(否)
16.10176 以陟 / 復涉瀗、陟雩 / 內陟芻 / 陟剛(崗)三奉(封)/ 陟州剛(崗)

3360 陓、阡(序)

3.611 王乍(作)陓(序)𩰫(蔣)彝母寶𩰫彝

3361 陜

17.11386 奠(鄭)倫(令)公先𢆶(幼)、司寇事(吏)陜、右庫工師皂高、冶肖(尹)□㪔(造)

3362 陸

1.102 陸螮(融)之孫邾公鈓
3.1359 陸册
6.3619 義伯乍(作)宄婦陸姑
6.3621 陸婦乍(作)高姑尊彝
10.5050 陸册父甲
10.5052 陸册父乙
10.5081 陸册父庚
14.8372 陸父甲
14.8874 父乙陸册
15.9733 庚戌陸
17.10925 平陸
17.10926 平陸
17.11056 平陸左戟(戟)
18.11495 攸(拍)陸睘

3363 陰、险、陰

1.73-4 江漢之陰陽
1.76-7 江漢之陰陽
1.78-9 江漢之陰陽
1.80-1 江漢之陰陽
1.157 先會于平险(陰)
1.158 先會于平险(陰)
1.159 先會于平险(陰)
1.160 先會于平险(陰)
1.161 先會于平险(陰)
2.428 以陰以〔陽〕
5.2577 在平陰勹(庖)之所
5.2590 梁陰命(令)率上官冢子疾、冶勳鑄
8.4323 內伐涫、昴、参泉、裕敏、陰(陰)陽洛
9.4442 其陰其陽
9.4443 其陰其陽
9.4444 其陰其陽
9.4445 其陰其陽
16.10425 坪(平)险(陰)睘
16.10428 茬(蜀、陶)险(陰)睘
17.11055 訫(信)险(陰)君庫
17.11135 陰晉左庫冶富
17.11356 郈险(陰)命(令)萬爲、右庫工師莧(䚕)、冶臖
18.11609 险(陰)平左庫之艁(造)

3364 陾

16.10176 叡(徂)邍陾以西 / 奉(封)剳析、陾陵、剛析

3365 陵

4.2198 陵叔乍(作)衣寶彝
4.2241 東陵𪓮(鍋)
5.2693 邛(江)干爲享陵財(鬳)/ 稾(槁)朝爲享陵鑄
9.4694 鄵陵君王子申
9.4695 鄵陵君王子申
11.5823 陵乍(作)父乙旅彝
15.9452 長陵一斗一升

15.9710 虘安兹漾陵
15.9711 虘安兹漾陵
15.9726 王在句陵
15.9727 王在句陵
15.9816 陵乍(作)父日乙寶雷(罍)
16.10176 奉(封)剳析、咲陵、剛析
16.10297 鄓陵君王子申
16.10371 於兹安陵亭
17.11062 陵右銡(造)鉞(戟)
17.11358 羕(養)陵公伺之睘(縣)所部(造)、冶己女
18.11461 孱陵
18.11462 孱陵
18.11542 久陵、萑朿
18.12110 大司馬卲(昭)剔(陽)敗晉師於襄陵之歲
18.12111 大司馬卲(昭)剔(陽)敗晉師於襄陵之歲
18.12112 大司馬卲(昭)剔(陽)敗晉師於襄陵之歲
18.12113 大司馬卲(昭)剔(陽)敗晉師於襄陵之歲/就爰陵

3366 隝(埽)

17.11317 宲(附)余(魚)命(令)韓譙、工師罕(罕)瘌(瘳)、冶隝(埽)
17.11318 宲(附)余(魚)命(令)韓譙、工師罕(罕)瘌(瘳)、冶隝(埽)

3367 陮

1.223-4 維紒〼陮綊

3368 陭

15.9712 唯曾伯陭迺用吉金鐈鋚

3369 隁、隔

4.2160 隁(隔)伯乍(作)寶尊彝
4.2161 隁(隔)伯乍(作)寶尊彝
6.3524 隁(隔)伯乍(作)寶尊彝
6.3525 隁(隔)伯乍(作)寶尊彝
10.5224 隁(隔)伯乍(作)寶尊彝
10.5225 隁(隔)伯乍(作)寶尊彝
11.5847 隁(隔)伯乍(作)寶尊彝
15.9414 隁(隔)伯乍(作)寶尊彝/隁(隔)伯乍(作)

3370 陲

18.11865 私庫嗇夫貣正、工陲亘

3371 陶

4.2406 瓚陶
5.2630 伯陶乍(作)厥文考宫叔寶𪊨彝
5.2832 嗣土(徒)邑人趙、嗣馬頞人邦、嗣工陶矩
8.4328 女(汝)以我車宕伐厰(玁)允(狁)于高陶
8.4329 女(汝)以我車宕伐厰(玁)允(狁)于高陶
16.10105 陶子或賜匋(陶)姛金一鈞

3372 陽

1.73-4 江漢之陰陽
1.76-7 江漢之陰陽
1.78-9 江漢之陰陽
1.80-1 江漢之陰陽
1.223-4 鳴陽(揚)條(調)虡(暢)
4.1992 宜陽右蒼(倉)
4.2392 叔姬乍(作)陽伯旅鼎
4.2420 陽乍(作)寶鼎
5.2805 王乎乍(作)册尹册命柳:嗣六師牧、陽(場)大𠭯(友)/嗣羲夷陽(場)佃史(事)
6.3398 宜陽右倉
6.3578 陽尹乍(作)厥旅段
7.3984 陽飤(食)生(甥)自乍(作)尊段
7.3985 陽飤(食)生(甥)自乍(作)尊段
8.4323 內伐湦、昴、參泉、裕敏、隂(陰)陽洛
9.4442 其陰其陽
9.4443 其陰其陽
9.4444 其陰其陽
9.4445 其陰其陽
16.10173 于洛之陽
17.10908 武陽
17.10916 陽狐
17.10920 晉陽
17.10921 晉陽
17.10945 陽右
17.10986 中陽
17.11017 平陽左庫
17.11053 武陽右庫
17.11270 淦(冷)陽
17.11294 咸陽工師葉、工武
17.11314 皇陽命(令)強𢦏、工師瘂𪏭(黥)、冶才
17.11315 皇陽命(令)強𢦏、工師瘂𪏭(黥)、冶才
17.11316 四年命(令)韓訷、宜陽工師𣪊(播)悎、冶庶
17.11324 陽春嗇夫維、工師𣪘(操)、冶剸
17.11338 山陽
17.11347 □陽命(令)𢍰戲、工師北宮(宮)壘、冶黄
17.11361 櫟陽工上造間
17.11363 定陽
17.11374 □陽
17.11379 郚陽嘉、丞兼、庫脾、工邪/郚陽
17.11390 咸陽
17.11394 咸陽工師田、工大人耆、工積
17.11405 中陽
18.11460 泥陽
18.11463 陽周

18.11464 陽周
18.11471 平陽
18.11494 中陽
18.11502 櫟陽
18.11509 □陽
18.11546 宅陽命(令)隅鐙、右庫工師夜疟(瘧)、冶趄敳(造)
18.11562 安陽倫(令)韓壬、司刑欧(㕜)歈、右庫工師芠(肴)固、冶瑡敳(造)戟朿(刺)
18.11581 高陽左庫
18.11592 高陽右𠂤徒
18.11712 相邦陽安君、邦右庫工師史笽胡、冶事(吏)痾教(撻)齋(劑)
18.11718 余處江之陽

3373　隊

8.4327 賜于隊一田
18.12108 燔隊(燧)事

3374　隇、陕

4.2285 子陕□之孫□行畄

3375　陘(堙)

15.9700 宗詞客敬爲陘(禋)壺九

3376　階

9.4521 階侯微逆乍(作)簠

3377　隕

5.2840 忎(恐)隕社稷之光

3378　隫

5.2836 賜女(汝)田于隫原

3379　隮

16.10083 京隮(陕)仲僕乍(作)父辛寶尊彝

3380　障

4.2452 障父之走(趣)馬吳買

3381　隰

8.4159 公賜𪓐(蜼)宗彝一隰(肆)
8.4269 肄(肆)敢隰(肆)于彝

3382　隅

18.11546 宅陽命(令)隅鐙、右庫工師夜疟(瘧)、冶趄敳(造)
18.11702 守相杢(執、廉)波(頗)、邦左庫工師采隅、冶句教(撻)齋(劑)

3383　陞、陳

2.429 逆〔于〕郐(徐)人、陳〔人〕/ □以支埜(野)于陳□□山之下
3.705 陳(?)侯乍(作)畢季嬀媵鬲
3.706 陳(?)侯乍(作)畢季嬀媵鬲
3.977 冶紭(紹)夅、陳共爲之
3.978 冶紭(紹)夅、陳共爲之
5.2795 冶師紭(紹)夅、差(佐)陳共爲之 / 冶師紭(紹)夅、差(佐)陳共爲之
5.2831 我舍(捨)顏陳大馬兩
7.4096 陳屯(純)裔孫逆
8.4145 陳侯午台(以)群者(諸)侯獻金
8.4190 肪曰：余陳仲𤰈(産)孫、𥁕(釐、萊)叔和子
9.4595 齊陳曼不敢逸康
9.4596 齊陳曼不敢逸康
9.4629 少子陳逆曰：余陳(田)趄(桓)子之裔孫
9.4630 少子陳逆曰：余陳(田)趄(桓)子之裔孫
9.4646 陳侯午台(以)群者(諸)侯獻金
9.4647 陳侯午台(以)群者(諸)侯獻金
9.4648 陳侯午淖(朝)群邦者(諸)侯于齊
9.4649 陳侯因脊(齊)曰：皇考孝武趄(桓)公龏(恭)截(戴)
15.9700 陳喜再立(涖)事歲
15.9703 莫(鄭)昜、陳得再立(涖)事歲 / 大𡠜(將)鈛孔、陳璋內(入)伐匽(燕)亳邦之獲
16.9975 莫(鄭)昜、陳得再立(涖)事歲 / 齊𡠜(將)鈛(鍋)孔、陳璋內(入)伐匽(燕)亳邦之獲
16.10158 冶師紭(紹)夅、差(佐)陳共爲之
16.10371 陳猷立(涖)事歲 / 斁(屯)者曰陳純
16.10373 以命攻(工)尹穆丙、攻(工)差(佐)競之、集尹陳夏、少集尹龏賜、少攻(工)差(佐)孝癸
16.10374 □命諓陳得：左關釜(釜)節于斁(廩)釜(釜)
17.10816 陳
17.10924 陳生(往)
17.10963 陳散戈
17.10964 陳冢邑
17.11031 陳□車戈
17.11033 陳貝散盉(戈)
17.11034 陳卯鋯(造)鈛(戈)
17.11035 陳余造鈛(戈)
17.11036 陳窒散鈛(戈)
17.11037 陳豫車戈
17.11038 陳子𠭯𢦏
17.11081 陳侯因脊(齊)鋯(造)
17.11082 陳丽子窹(造)鈛(戈)

17.11083 陳御寇散鉞(戈)
17.11084 陳子山造戟(戟)
17.11086 陳子翼徒戈
17.11087 陳子翼造戈
17.11126 陳子皮之告(造)戈
17.11127 陳胎之右棠鉞(戈)
17.11128 陳卿聖孟造鉞(戈)
17.11129 陳侯因脊(齊)之造
17.11251 陳旺之歲
17.11260 陳侯因咨(齊)造
17.11302 高都命(令)陳鴝(鴝、懽)、工師冶勳(勝)
17.11303 高都命(令)陳鴝(鴝、懽)、工師冶勳(勝)
17.11388 奠(鄭)倫(令)肖(趙)距、司寇彭璋、右庫工師陳坪、冶贛
18.11591 陳窒(室)散造鐱(劍)
18.11652 高都命(令)陳鴝(鴝)、工師冶勳
18.11653 高都命(令)陳鴝(鴝)
18.12023 陳窒散
18.12024 陳窒散
18.12040 冶絮(紹)圣、陳共爲之

3384 陧

3.696 夆(隆)伯乍(作)陧孟姬尊鬲

3385 隮

16.10321 隮諆(其)各钔(姒)

3386 陵

4.2264 師乍(作)陵仲寶尊彝
4.2265 師乍(作)陵仲寶尊彝
4.2266 師乍(作)陵仲寶尊彝
4.2267 師乍(作)陵仲寶尊彝
4.2282 尹叔乍(作)陵姞贕(媵)鼎
7.3918 陵仲孛乍(作)父日乙尊𣪘

3387 隐

5.2594 王曰:𢿢隐馬

3388 陴

5.2751 在䨺陴真山
5.2752 在䨺陴真山

3389 隥

8.4341 隥于大服

3390 隧

4.2363 父庚保隧祖辛
4.2364 父庚保隧祖辛
6.3683 父父庚保隧祖辛

3391 敶(陳)

2.350 敶(陳)大喪史仲高乍(作)鈴鐘
2.351 敶(陳)大喪史仲高乍(作)鈴鐘
2.352 敶(陳)大喪史仲高乍(作)鈴鐘
2.353 敶(陳)大喪史仲高乍(作)鈴鐘
2.354 敶(陳)大喪史仲高乍(作)鈴鐘
2.355 敶(陳)大喪史仲高乍(作)鈴鐘
3.947 敶(陳)公子子叔遵父乍(作)旅獻(甗)
4.2287 㝬(胡)侯之孫敶之鼾(鼾)
4.2468 敶(陳)生(甥)隺乍(作)飤鼎
5.2650 敶(陳)侯乍(作)鑄媯冏母塍(媵)鼎
7.3815 敶(陳)侯乍(作)王媯媵𣪘
7.3903 敶(陳)侯乍(作)嘉姬寶𣪘
9.4379 敶(陳)姬小公子子𧰼(豥、豯)叔媯飤盨
9.4597 敶(陳)公子仲慶
9.4603 敶(陳)侯乍(作)王仲媯𡟰(瘑)塍(媵)簠
9.4604 敶(陳)侯乍(作)王仲媯𡟰(瘑)塍(媵)簠
9.4606 敶(陳)侯乍(作)孟姜㛹(瘑)塍(媵)簠
9.4607 敶(陳)侯乍(作)孟姜㛹(瘑)塍(媵)簠
15.9633 敶(陳)侯乍(作)媯橹朕(媵)壺
15.9634 敶(陳)侯乍(作)媯橹朕(媵)壺
16.9979 敶(陳)公孫𡨦父乍(作)旅𣪊(鉼)
16.10157 敶(陳)侯乍(作)王仲媯㛹(瘑)母媵般(盤)
16.10267 敶(陳)伯鴋(鷊)之子伯元
16.10279 敶(陳)子子

3392 隣

3.643 用乍(作)隣寶彝
5.2830 隣明紷(令)辟前王
8.4266 訊小大又(右)隣

3393 隊

11.5895 隊乍(作)父乙寶尊彝

3394 隱

15.9734 隱㑥(逸)先王

3395 隞

4.2346 勅隞乍(作)丁侯尊彝

3396 陵

16.10161 令乍(作)册內史賜免鹵百陵

3397 隴

3.1421 亞隴

3.1422 亞隵
6.3465 隵乍(作)寶尊彝

3398 隮

10.5424 王在隮应

3399 隱

9.4641 隱(郳)公胄(克)鑄其餴(饙)鐘(敦)

3400 隫(尊彝)

11.5595 隫(尊彝)息
12.7071 隫(尊彝)息

3401 隲

18.11661 隲倫(令)棺(槨、郭)唐、下庫工師孫屯、冶沽敕(撻)齋(劑)

3402 隮

12.6514 自隮侯四騳

3403 [illegible]

17.11211 工城佐[illegible]、冶昌茆銰(戈)

3404 [illegible]

6.3566 [illegible]娟乍(作)乙尊彝

3405 邑

1.133 𤔲五邑佃人事
1.134 𤔲五邑佃人事
1.135 𤔲五邑佃人事
1.136 𤔲五邑佃人事
1.137-9 𤔲五邑佃人事
1.271 侯氏賜之邑二百又九十又九邑
1.285 余命女(汝)𤔲辝(台)釐(萊)邑
5.2595 在新邑
5.2605 鄦(許)大邑魯生(甥)乍(作)壽母朕(媵)貞(鼎)
5.2682 王來奠新邑/[往]自新邑于東
5.2817 王乎乍(作)册尹册命師晨：疋(胥)師俗𤔲邑人
5.2818 其且(沮)射(厭)分田邑
5.2821 曰：旅邑人、善(膳)夫
5.2822 曰：旅邑人、善(膳)夫
5.2823 曰：旅邑人、善(膳)夫
5.2832 衛以邦君厲告于井伯、伯邑父、定伯、琼伯、伯俗父/井伯、伯邑父、定伯、琼伯、伯俗父迺顜/𤔲土(徒)邑人趙、𤔲馬頣人邦、𤔲工陶矩/迺舍寓(宇)于厥邑
5.2838 曰：弋尚(當)卑(俾)處又(厥)邑
6.3672 北伯邑辛乍(作)寶尊𣪘
7.3948 在新邑
7.4059 王束(來)伐商邑
8.4243 用大𦿎(備)于五邑守堰(堰)
8.4274 𤔲左右走(趣)馬、五邑走(趣)馬
8.4275 𤔲左右走(趣)馬、五邑走(趣)馬
8.4278 其且(沮)射(厭)分田邑
8.4283 令(命)女(汝)官𤔲邑人、師氏
8.4284 令(命)女(汝)官𤔲邑人、師氏
8.4288 啻(嫡)官邑人、虎臣、西門尸(夷)、㝬尸(夷)、秦尸(夷)、京尸(夷)、弁身尸(夷)
8.4289 啻(嫡)官邑人、虎臣、西門尸(夷)、㝬尸(夷)、秦尸(夷)、京尸(夷)、弁身尸(夷)
8.4290 啻(嫡)官邑人、虎臣、西門尸(夷)、㝬尸(夷)、秦尸(夷)、京尸(夷)、弁身尸(夷)
8.4291 啻(嫡)官邑人、虎臣、西門尸(夷)、㝬尸(夷)、秦尸(夷)、京尸(夷)、弁身尸(夷)
8.4293 余以邑訊有𤔲
8.4296 昔先王既命女(汝)乍(作)邑/䵼(纘)五邑祝
8.4297 昔先王既命女(汝)乍(作)邑/䵼(纘)五邑祝
8.4303 曰：旅邑人、善(膳)夫
8.4304 曰：旅邑人、善(膳)夫
8.4305 曰：旅邑人、善(膳)夫
8.4306 王乎史翏册令(命)〔此〕曰：旅邑人、善(膳)夫
8.4307 曰：旅邑人、善(膳)夫
8.4308 曰：旅邑人、善(膳)夫
8.4309 曰：旅邑人、善(膳)夫
8.4310 曰：旅邑人、善(膳)夫
8.4320 厥宅邑卅又五
8.4321 今余令(命)女(汝)啻(嫡)官𤔲邑人
9.4466 其邑旃、𠫑(鄰)、䍜(置)/其邑復猷、言二挹(邑)/其邑役罘句、商、兒/其邑競、楙(槌)、甲三邑/州、瀘二邑/凡復友(賄)、復付鬲比田十又三邑
10.5387 員先內(入)邑
11.5985 王在新邑
11.6014 唯武王既克大邑商
12.6459 邑乍(作)寶尊彝
12.6463 邑祖辛、父辛
13.7588 邑
13.7589 邑
15.9249 王賜小臣邑貝十朋
15.9456 裘衛迺彘(矢)告于伯邑父、燚(榮)伯、定伯、琼伯、單伯/伯邑父、燚(榮)伯、定伯、琼伯、單伯迺令參有𤔲：𤔲土(徒)微邑、𤔲馬單旟、𤔲工

(空)邑人服眔受(授)田
15.9707 安邑下官重(鍾)
15.9729 其人民都邑堇(謹)窶舞
15.9730 其人民都邑堇(謹)窶舞
15.9733 商(賞)之台(以)邑
16.9958 亞車丙邑
16.10167 䜌伯方□邑/□邑百/寶用于斤(新)邑
16.10176 用矢𢦔(撲)散邑/眉(堳)井邑田/左至于井邑
16.10246 唯衛邑戈伯自乍(作)寶匜
16.10322 公廼命酉嗣徃(徒)圅父、周人嗣工(空)扆、敗史、師氏、邑人奎父、畢人師同
17.10885 新邑
17.10964 陳冢邑
17.11165 田(甸)人邑再戈
17.11166 田(甸)人邑再戈
18.11486 辛邑阦

3406 邕

3.945 邕子良人擇其吉金

3407 邙

17.11291 邙(盲)命(令)羕、右庫工師觩、冶□

3408 邘

17.11270 非欽業邘
17.11335 邘命(令)略庶、上庫工師郾□、冶氏肙(髯)

3409 邗

15.9678 禺(遇)邗王于黄池/邗王之惕(賜)金
15.9679 禺(遇)邗王于黄池/邗王之惕(賜)金
17.11263 邗王是埜(野)

3410 邛、汇(江)

1.72 楚王朕(媵)邛(江)仲嬭(芈)南龢鐘
3.677 汇(江)叔盉乍(作)其尊鬲
5.2693 邛(江)干爲享陵財(鼒)
9.4598 曾侯乍(作)叔姬、邛(江)嬭(芈)朕(媵)器黨彝
15.9639 邛(江)君婦龢乍(作)其壺
15.9706 邛(江)立(大、太)宰孫叔師父乍(作)行具
16.10160 邛(江)仲之孫伯戔
16.10341 邛(江)仲之孫伯戔/邛(江)仲之孫伯戔
17.11252 邛(江)季之孫□方或之元

3411 邪

17.11379 郶陽嘉、丞兼、庫脾、工邪

3412 𨚖

16.9995 𨚖子彩(鬙)之赴缶

3413 𨚵

5.2697 椒伯車父乍(作)𨚵姞尊鼎
5.2698 椒伯車父乍(作)𨚵姞尊鼎
5.2699 椒伯車父乍(作)𨚵姞尊鼎
5.2700 椒伯車父乍(作)𨚵姞尊鼎

3414 䢵

18.12113 內(入)䢵(涓)

3415 邡

18.12110 就鄝(陽)丘、就邡(方)城、就𧰼(象)禾、就栖(柳)焚(棼)、就繁昜(陽)、就高丘、就下鄵(蔡)、就居鄛(巢)、就郢
18.12111 就昜(陽)丘、就邡(方)城、就𧰼(象)禾、就栖(柳)焚(棼)、就繁昜(陽)、就高丘、就下鄵(蔡)、就居鄛(巢)、就郢
18.12112 就昜(陽)丘、就邡(方)城、就𧰼(象)禾、就栖(柳)焚(棼)、就繁昜(陽)、就高丘、就下鄵(蔡)、就居鄛(巢)、就郢

3416 邦、邦

1.156 曰:余入邦
1.187-8 身邦君大正
1.189-90 身邦君大止(正)
1.191 身邦君大正
1.210 定均庶邦/建我邦國
1.211 定均庶邦/建我邦國
1.217 定均庶邦/建我邦國
1.218 定均庶邦/建我邦國
1.219 定均庶邦/建我邦國
1.220 定均庶邦/建我邦國
1.221 定均庶邦/建我邦國
1.222 定均庶邦/建我邦國
1.245 奄(郑)邦是保
1.251-6 匍受萬邦
1.260 南尸(夷)、東尸(夷)具(俱)見廿又六邦
1.270 頤(揉)燮百邦/厥名曰咕(固)邦
1.271 鞷(鮑)叔又(有)成裝(勞)于齊邦
3.560 伯邦父乍(作)齋鬲
3.932 子邦父乍(作)旅

獻(甗)
3.949 以王令(命)曰:余令女(汝)史(使)小大邦/造□邦
5.2764 坪安邦斪客/坪安邦斪客
5.2782 嘉曰:余𨏳(墓、鄭)邦之產
5.2792 王在邦宮/王在邦
5.2793 坪安邦斪客財(𧶠)/坪安邦斪客財(𧶠)
5.2826 晉姜曰:余唯司(嗣)朕先姑君晉邦
5.2832 衛以邦君厲告于井伯、伯邑父、定伯、琼伯、伯俗父/嗣土(徒)邑人趙、嗣馬頌人邦、嗣工陶矩/邦君厲眔付裘衛田
5.2833 政于井邦
5.2834 政于井邦
5.2836 保辪(嬖)周邦
5.2837 在武王嗣文乍(作)邦/賜女(汝)邦嗣四伯
5.2839 □□□邦賓/征(延)邦賓尊其旅服/祝征(延)☐邦賓/贊邦賓/贊王邦賓
5.2840 猶梘(迷)惑於子之而迮(亡)其邦/天降休命于朕邦/天其又(有)㓝(型)于𢦏(在)厥邦/氏(是)以寡人匽(委)賃(任)之邦/以憂𢞁(勞)邦家/以征不宜(義)之邦/皮(克)倘(敵)大邦/毋忘尔邦/叟(鄰)邦難窺(親)/毋竝(替)厥邦
5.2841 邦𤔲(將)害(曷)吉/命女(汝)辪(嬖)我邦、我家內外/擁(雍)我邦小大猷/啚我邦、我家
8.4128 用狃萬邦
8.4145 保有齊邦
8.4192 令𢓊(往)邦/用保厥邦
8.4193 令𢓊(往)邦/用保厥邦
8.4242 用𩰫(申)𢘨(恪)、奠保我邦、我家
8.4273 卿(佮)數(𠧟)荍師邦君射于大池
8.4276 嗣𡨦(寂)俞邦君嗣馬、弓、矢
8.4302 有𤔲(勛)于周邦
8.4313 即賓(賓)厥邦𢍰(酉)
8.4314 即賓(賓)厥邦𢍰(酉)
8.4321 則乃祖奠周邦
8.4331 異(翼)自它邦/我亦弗𥦗(深)享邦/天子休弗望(忘)小𢊁(裔)邦
8.4341 王令毛公以邦冢君、土(徒)馭、或(𢦏)人伐東或(國)㾓戎
8.4342 鄉(嚮)女(汝)彶屯(純)恤周邦/令(命)女(汝)𠭁(惠)擁(雍)我邦小大猷/邦𢒼潢辪(嬖)
9.4464 南仲邦父命駒父殷(即)南者(諸)侯/我乃至于淮小大邦
9.4467 則繇唯乃先祖考又(有)𤔲(勛)于周邦
9.4468 則唯乃先祖考又(有)𤔲(勛)于周邦
9.4469 雩邦人、正人、師氏人/叔邦父、叔姞邁(萬)年
9.4580 叔邦父乍(作)簠
9.4598 叔姬霝乍(迮)黃邦
9.4646 保又(有)齊邦
9.4647 保又(有)齊邦
9.4648 陳侯午淖(朝)群邦者(諸)侯于齊/保有齊邦
9.4649 保有齊邦
10.5392 [illegible]乃邦
11.6013 萬年保我萬邦
15.9453 卿(佮)即邦君、者(諸)侯、正、有嗣大射
15.9609 成伯邦父乍(作)叔姜萬人(年)壺
15.9621 成周邦父乍(作)干仲姜寶壺
15.9703 大𡠦(將)鈛孔、陳璋內(入)伐匽(燕)亳邦之獲
15.9734 而冢(重)賃(任)之邦/大啟邦涉(污、宇)/唯邦之榦(幹)
15.9735 中山王𰀁命相邦賙(貯)擇郾(燕)吉金/而譸(專)賃(任)之邦/受賃(任)𢓋(佐)邦/旃(故)邦亡身死
16.9899 萬年保我萬邦
16.9900 萬年保我萬邦
16.9975 齊𡠦(將)鈛(鍋)孔、陳璋內(入)伐匽(燕)亳邦之獲
16.10120 〔吉〕金用〔迮〕邦
16.10175 迨(會)受萬邦/用𦀚(肇)啟(徹)周邦
16.10342 □□〔晉〕邦/☐召𩣗(業)☐晉邦/𤰈(固)燮萬邦/宗婦楚邦/晉邦唯韓(翰)
16.10361 齊邦鼏(謐)靜安寧
17.11106 邦之入
17.11308 相邦呂不韋造
17.11332 屬邦工師戠、丞□、工□/屬邦
17.11342 相邦冄(冉)造
17.11359 相邦冄(冉)其造
17.11361 相邦樛斿之造
17.11376 冢子韓𤊽(䜌)、邦庫嗇夫㪍(扶)湯、冶舒數(槽、造)戈
17.11380 相邦呂不韋造

17.11390 邦府大夫肖
（趙）閔、邦上庫工師
韓山、冶同敦（撻）齋
（劑）

17.11391 相邦肖（趙）
狐、邦左庫工師郖哲、
冶匜□敦（撻）齋（劑）

17.11394 相邦義（張
儀）之造

17.11395 相邦呂不韋
造／屬邦

17.11396 相邦呂不韋
造／屬邦

18.11532 武庫受（授）
屬邦

18.11533 武庫受（授）
屬邦

18.11545 邦司寇富勣、
上庫工師戎閔、冶朕

18.11549 邦司寇野芇
（芇）、上庫工師司馬
瘏、冶督

18.11550 武庫受（授）
屬邦

18.11556 相邦春平侯、
邦右庫工師肖（趙）
痤、冶韓開敦（撻）齋
（劑）

18.11557 相邦春平侯、
邦左伐器工師長雚
（鳳）、冶私（粨）敦
（撻）齋（劑）

18.11558 相邦春平侯、
邦左庫工師長雚
（鳳）、冶刂（匀）敦
（撻）齋（劑）

18.11619 相邦建信
〔君〕□工師□

18.11635 相邦建信君、

邦右庫□□工師吳疢
（瘠）、冶疚敦（撻）齋
（劑）

18.11662 相邦春平侯、
□伐器工師□□、冶
□

18.11672 埜（型、邢）疫
命（令）邦乙、下庫工
師孫屄、長缶、冶浊齋
（劑）

18.11676 邦司寇肖
（趙）新、邦右庫工師
下足、冶巡敦（撻）齋
（劑）

18.11677 相邦建信君、
邦右庫工師郖叚、冶
君（尹）乇敦（撻）齋
（劑）

18.11678 相邦建信君、
邦左庫工師郖叚、冶
君（尹）乇敦（撻）齋
（劑）

18.11679 相邦建信君、
邦左庫工師郖叚、冶
君（尹）肉敦（撻）齋
（劑）

18.11680 相邦建信君、
邦左庫工師郖叚、冶
君（尹）匜敦（撻）齋
（劑）

18.11681 相邦建信君、
邦左庫工師郖叚、冶
君（尹）月（明）敦（撻）
齋（劑）

18.11682 相邦春平侯、
邦左庫工師肖（趙）
痤、冶事（吏）開敦
（撻）齋（劑）

18.11683 相邦春平侯、

邦左庫工師肖（趙）
痤、冶事（吏）開敦
（撻）齋（劑）

18.11684 相邦春平侯、
邦左庫工師□□□、
冶馬齋（劑）

18.11686 邦司寇馬愬、
迀（下）庫工師得尚、
冶君（尹）矖半舒敦
（撻）齋（劑）

18.11687 相邦建信君、
邦左庫工師塚旅、冶
肉敦（撻）齋（劑）‧

18.11688 相邦春平侯、
邦左庫工師肖（趙）
痤、冶君（尹）五月敦
（撻）齋（劑）

18.11689 相邦春平侯、
邦左伐器工師長雚
（鳳）、冶敇敦（撻）齋
（劑）

18.11690 相邦春平侯、
邦左伐器工師長雚
（鳳）、冶明敦（撻）齋
（劑）

18.11691 相邦春平侯、
邦左伐器工師長雚
（鳳）、冶句敦（撻）齋
（劑）

18.11694 春平相邦鄀
（晉）得、邦右庫工師
匽（医）輅徒、冶臣成
敦（撻）齋（劑）

18.11695 相邦建信君、
邦右庫韓叚、工師爿
疮、冶息敦（撻）齋
（劑）

18.11699 相邦春平侯、
邦左伐器工師□□□

□、冶匡敦（撻）齋
（劑）

18.11700 守相杢（埶、
廉）波（頗）、邦右庫工
師韓亥、冶巡敦（撻）
齋（劑）

18.11701 守相杢（埶、
廉）波（頗）、邦右庫工
師韓亥、冶巡敦（撻）
齋（劑）

18.11702 守相杢（埶、
廉）波（頗）、邦左庫工
師采隋、冶句敦（撻）
齋（劑）

18.11706 相邦建信君、
邦左庫工師郖叚、冶
君（尹）乇敦（撻）齋
（劑）

18.11707 相邦春平侯、
邦左庫工師長身、冶
窑瀌敦（撻）齊（劑）

18.11708 相邦春平侯、
邦右庫工師訬乇、冶
巡敦（撻）齋（劑）

18.11709 相邦春平侯、
邦右伐器工師羊救
（播）、冶疢敦（撻）齋
（劑）

18.11710 相邦春平侯、
左伐器爯工師析論、
冶斑敦（撻）齋（劑）

18.11711 邦右□／守
相申毋官、邦□韓秌、
冶醇敦（撻）齋（劑）

18.11712 相邦陽安君、
邦右庫工師史苁胡、
冶事（吏）疬敦（撻）齋
（劑）

18.11713 相邦春平侯、

郲左伐器工師長瞿
（鳳）、冶句敦（撻）齋
（劑）

18.11714　相郲春平侯、
郲左伐器工師長瞿
（鳳）、冶句敦（撻）齋
（劑）

18.11715　相郲春平侯、
郲右伐器工師從訬、
冶巡敦（撻）齋（劑）

18.11716　相郲春平侯、
郲左伐器工師長瞿
（鳳）、冶匡敦（撻）齋
（劑）

18.11717　相郲建信君、
郲右庫工師司馬郋、
冶得乇敦（撻）齋（劑）

18.11758　天子建郲

18.11837　郲右庫冶事
（吏）

3417　邨

17.11356　邨陰（陰）命
（令）萬爲、右庫工師
莧（䖆）、冶豐

3418　邼（越）

1.121　以克總光朕邼
（越）

1.122　以克總光朕邼
（越）

1.125-8　台（以）克總光
朕邼（越）

1.132　台（以）克總光
朕邼（越）

1.155　衣（依）余〔於〕邼
（越）〔連〕者／邼（越）
鄵曰：唯余〔者〕（諸）
尸（夷）連

17.10981　曾侯邼（越）

17.11094　曾侯邼（越）
乍（作）峕（持）

17.11095　曾侯邼（越）
乍（作）峕（持）

17.11096　曾侯邼（越）
乍（作）峕（持）

17.11097　曾侯邼（越）
乍（作）峕（持）

17.11098　曾侯邼（越）
之戜（戜）

17.11174　曾侯邼（越）
之用戈

17.11175　曾侯邼（越）
之行戜（戜）

17.11176　曾侯邼（越）
之行戜（戜）

17.11177　曾侯邼（越）
之行戜（戜）

18.11567　曾侯邼（越）
之用殳

18.11621　邼王欥（勾）
淺（踐）自乍（作）用鎵
（劍）

3419　戴（戴）

9.4649　陳侯因資（齊）
曰：皇考孝武趄（桓）
公龏（恭）戴（戴）

17.11334　戴（戴）大嘼
（酉）煟臣鑄其載戈

3420　郲

5.2835　搏于郲

3421　邨（𨛜）

17.10912　邨鳥

17.11048　邨君乍（作）
之

3422　郋

17.11379　郋陽　嘉、丞
兼、庫脾、工邪／郋陽

18.12031　齊司馬郋右

3423　邤

17.10902　邤戈

18.11677　相邦建信君、
邦右庫工師邤叚、冶
肙（尹）乇敦（撻）齋
（劑）

18.11678　相邦建信君、
邦左庫工師邤叚、冶
肙（尹）乇敦（撻）齋
（劑）

18.11679　相邦建信君、
邦左庫工師邤叚、冶
肙（尹）肉敦（撻）齋
（劑）

18.11680　相邦建信君、
邦左庫工師邤叚、冶
肙（尹）匜敦（撻）齋
（劑）

18.11681　相邦建信君、
邦左庫工師邤叚、冶
肙（尹）月（明）敦（撻）
齋（劑）

18.11706　相邦建信君、
邦左庫工師邤叚、冶
肙（尹）乇敦（撻）齋
（劑）

3424　邤

1.102　陸螎（融）之孫邤
公釴

1.155　〔大〕邤曰之

1.156　連余大邤

16.10221　尋（鄩）伯乍

（作）邤子□□朕（媵）
匜

17.11206　邤大嗣馬之
䤂（造）戈

3425　郞

18.11905　郞

3426　郏

18.12113　就郏（洮）易
（陽）

3427　郘

4.2422　郘造遨（譴）乍
（作）寶鼎

5.2601　郘伯肇乍（作）
孟妊善（膳）貞（鼎）

5.2602　郘伯祀乍（作）
善（膳）貞（鼎）

7.4040　郘遨（譴）乍
（作）寶敼

3428　蓺（郢）

17.11026　蓺（郢）君凡
寶有

3429　郣

18.11508　左郣

3430　邸

17.11299　邸（梧）命
（令）㫐、右工師齒、冶
良

3431　邸

18.11544　於戉（越）目
（台）王旨邸之大（太）
子句（三）壽

3432 𨚍(𨚍、豫)

17.11074 𨚍(𨚍、豫)州左庫造

3433 鄢

9.4694 鄢陵君王子申
9.4695 鄢陵君王子申
16.10297 鄢陵君王子申

3434 部

8.4156 唯伯家父部迺用吉金
17.10989 齊菫垙(象)部(造)
17.11042 郙之新部(造)
17.11214 斨(析)君墨脣之部(造)鉘(戟)
17.11358 羕(養)陵公伺之睘(縣)所部(造)、冶己女

3435 郢

2.419 郙郢率鐸
9.4694 郢姬府所告(造)
16.10297 王郢姬之濫(鑑)
16.10370 郢大府之□笅(筲)
16.10373 郾(郾、燕)客臧嘉聞(問)王於蔵郢之歲
18.12110 王凥(処)於蔵郢之遊宮/就鄢(陽)丘、就邡(方)城、就畬(象)禾、就栖(柳)焚(棼)、就繁昜(陽)、就高丘、就下鄡(蔡)、就居鄛(巢)、就郢
18.12111 王凥(処)於蔵郢之遊宮/就昜(陽)丘、就邡(方)城、就畬(象)禾、就栖(柳)焚(棼)、就繁昜(陽)、就高丘、就下鄡(蔡)、就居鄛(巢)、就郢
18.12112 王凥(処)於蔵郢之遊宮/就昜(陽)丘、就邡(方)城、就畬(象)禾、就栖(柳)焚(棼)、就繁昜(陽)、就高丘、就下鄡(蔡)、就居鄛(巢)、就郢
18.12113 王凥(処)於蔵郢之遊宮/就郢

3436 邽

16.10054 大(太)保邽鑄
18.12113 就邽(襄)

3437 𨛫(青)

17.10997 𨛫右庭(定、膚、廂)

3438 郙

18.11611 郙王蒦自攸(作)承鋥

3439 鄭

18.12108 左在新鄭

3440 郐(徐)

1.182 郐(徐)王子旃擇其吉金
1.203 郐(徐)王庚之忠(淑)子沇兒
2.425 郐(徐)諮(詔)尹者故𧊒
2.428 余以伐郐(徐)
2.429 逆〔于〕郐(徐)人、陳〔人〕
5.2675 郐(徐)王擅用其良金
5.2715 郐(徐)王之子庚兒
5.2716 郐(徐)王之子庚兒
5.2766 郐(徐)𠪚尹瞥自乍(作)湯貞(鼎)
12.6506 郐(徐)王㳄又之耑(觶)
12.6513 郐(徐)王義楚擇余吉金
16.10099 郐(徐)王義楚擇其吉金
16.10320 郐(徐)王季糧之孫宜桐
16.10390 郐(徐)王之堯(无)元柰(背)之少(小)叟(熽)膚(盧、爐)
16.10391 痍(瘯、疨)君之孫郐(徐)敓(令)尹者(諸)旨(稽)型(耕)
17.11282 郐(徐)王之子羽(叚)之元用戈
18.11668 郐(徐)王義楚之元子羽

3441 郡

17.11287 上郡〔守〕高、丞甲、徒𠭯
17.11296 上郡疾造
17.11297 上郡守疾之造
17.11362 上郡守廟造
17.11363 上郡守〔壽之〕造
17.11369 上郡守冰(李冰)造
17.11370 上郡守起之〔造〕
17.11378 上郡武庫
17.11399 上郡守冰(李冰)造/上郡武庫
17.11404 上郡守壽(向壽)造
17.11405 上郡守壽(向壽)之造
17.11406 上郡守厝(司馬錯)造/上郡武庫
18.11501 上郡武庫
18.11548 𠂡郡武庫

3442 郞

2.428 余以乙(乚)郞

3443 𨛬

16.10441 𣎵(藏)麀(鏖)啬夫𨛬信軐(勒)斡(看)器
16.10442 𣎵(藏)麀(鏖)啬夫𨛬信軐(勒)斡(看)器
16.10443 𣎵(藏)麀(鏖)啬夫𨛬信軐(勒)斡(看)器

3444 鄈(諆)

15.9658 鄈(諆)季寬(魔)車自乍(作)行壺
16.10109 鄈(諆)季寬(魔)車自乍(作)行盤
16.10234 鄈(諆)季寬(魔)車自乍(作)行匜
16.10337 唯鄈(諆)子宿車自乍(作)行盆

3445 都

1.260 撲伐厥都
1.271 礜(與)鄩之民人都啚(鄙)
1.272-8 余賜女(汝)釐(萊)都、䏿(密)、劂(膠)
1.281 余賜女(汝)釐(萊)都、䏿(密)☐
1.285 余賜女(汝)釐(萊)都、䏿(密)、劂(膠)
15.9729 其人民都邑堇(謹)宴舞
15.9730 其人民都邑堇(謹)宴舞
16.9938 汖都
16.10461 洵城都
17.10906 中都
17.10937 寡都
17.11284 ☐都
17.11302 高都命(令)陳鵖(鴴、權)、工師冶勳(勝)
17.11303 高都命(令)陳鵖(鴴、權)、工師冶勳(勝)
17.11304 淯尘(均)都尉
17.11404 洛都
17.11405 西都
17.11406 洛都
18.11506 武都
18.11542 平都、濕成
18.11574 洛都
18.11652 高都命(令)陳鵖(鴴)、工師冶勳
18.11653 高都命(令)陳鵖(鴴)
18.11687 洛都
18.11909 庚(唐)都司馬
18.11910 梠(舵)湩都大馭馬

3446 郳

3.596 郳始逘母鑄其羞鬲
16.10381 郳稃之器(?)
17.10969 郳右庭(庭、膂、廂)

3447 郙

17.11042 郙之新部(造)

3448 郾、郾

5.2840 郾(燕)君子徻(噲)
15.9734 逢郾(燕)亡道湯(煬)上 / 率師征郾(燕)
15.9735 中山王譽命相邦賙(貯)擇郾(燕)吉金 / 詆(詆)郾(燕)之訛 / 倘(適)曹(遭)郾(燕)君子徻(噲)/ 以請(靖)郾(燕)疆 / 郾(燕)旂(故)君子徻(噲)
16.10373 郾(郾、燕)客臧嘉聞(問)王於藏郢之歲
16.10583 郾(燕)侯軍(鞷載)思(夙)夜恖(淑)人
17.10942 郾(燕)王
17.11004 郾(燕)王喜恖(悛、授)☐
17.11005 郾(燕)王喜☐
17.11057 郾(燕)侯右宮
17.11058 郾(燕)王詈戈(?)
17.11109 郾(燕)王右庫戈
17.11110 郾(燕)王職乍(作)〔攷〕萃鋸
17.11184 郾(燕)侯脮乍(作)〔帀〕萃鍨鉘(戟)
17.11185 郾(燕)侯軍(鞷、載)乍(作)☐鍨(戣)鉘(戟)六
17.11186 郾(燕)侯軍(鞷、載)乍(作)萃鋸(戵)
17.11187 郾(燕)王職乍(作)王萃
17.11188 郾(燕)王職乍(作)攷鋸(戵)
17.11189 郾(燕)王職乍(作)攷鋸(戵)
17.11190 郾(燕)王職乍(作)王萃
17.11191 郾(燕)王職乍(作)王萃
17.11192 郾(燕)王戎人王萃鋸(戵)
17.11193 郾(燕)王詈乍(作)攷鋸(戵)
17.11194 郾(燕)王詈恖(悛、授)攷鋸(戵)
17.11195 郾(燕)王喜恖(悛、授)攷鋸(戵)
17.11196 郾(燕)王詈恖(悛、授)行議鍨(戣)
17.11217 郾(燕)侯〔職〕乍(作)攷萃鋸(戵)
17.11218 郾(燕)侯軍(鞷)乍(作)左宮鋸(戵)
17.11219 郾(燕)侯軍(鞷)乍(作)帀(師)萃鉘(戟)
17.11220 郾(燕)侯軍(鞷)乍(作)右軍鉘(戟)
17.11221 郾(燕)侯職恖(悛、授)帀(師)萃鋸(戵)
17.11222 郾(燕)侯職乍(作)帀(師)萃鋸(戵)
17.11223 郾(燕)侯職乍(作)帀(師)萃鋸(戵)
17.11224 郾(燕)王戠(職)乍(作)雩萃鋸(戵)
17.11225 郾(燕)王職

乍(作)帀(師)萃鋸(戳)
17.11226 郾(燕)王職乍(作)廳萃鋸(戳)
17.11227 郾(燕)王職乍(作)雩(瀞)萃鋸(戳)
17.11228 郾(燕)王職乍(作)雩(瀞)萃鋸(戳)
17.11229 郾(燕)王職乍(作)雩(瀞)萃鋸(戳)
17.11230 郾(燕)王職乍(作)巨攼鋸(戳)
17.11231 郾(燕)王職乍(作)巨攼鋸(戳)
17.11232 郾(燕)王職乍(作)巨攼鋸(戳)
17.11233 郾(燕)王職乍(作)巨攼鋸(戳)
17.11234 郾(燕)王職乍(作)巨攼鋸(戳)
17.11235 郾(燕)王職乍(作)巨攼鋸(戳)
17.11236 郾(燕)王職乍(作)御司馬
17.11237 郾(燕)王戎人乍(作)攼鋸(戳)
17.11238 郾(燕)王戎人乍(作)攼鋸(戳)
17.11239 郾(燕)王戎人乍(作)攼鋸(戳)
17.11240 郾(燕)王詈愨(悛、授)巨攼鋸(戳)
17.11241 郾(燕)王詈愨(悛、授)雩(瀞)萃鋸(戳)
17.11242 郾(燕)王詈愨(悛、授)雩(瀞)萃鋸(戳)
17.11243 郾(燕)王詈愨(悛、授)行議鍨
17.11244 郾(燕)王詈愨(悛、授)行議鍨
17.11245 郾(燕)王詈乍(作)巨攼鋸(戳)
17.11246 郾(燕)王喜愨(悛、授)巨攼鋸(戳)
17.11247 郾(燕)王喜愨(悛、授)巨攼鋸(戳)
17.11248 郾(燕)王喜愨(悛、授)巨攼鋸(戳)
17.11249 郾(燕)王喜愨(悛、授)巨攼鋸(戳)
17.11272 郾(燕)侯脮乍(作)帀(師)萃鍨鉘(戟)
17.11273 郾(燕)王戎人乍(作)雩(瀞)萃鋸(戳)
17.11274 郾(燕)王戎人乍(作)雩(瀞)萃鋸(戳)
17.11275 郾(燕)王戎人乍(作)雩(瀞)萃鋸(戳)
17.11276 郾(燕)王戎人乍(作)巨攼鋸(戳)
17.11277 郾(燕)王喜乍(作)雩(瀞)攼鋸(戳)
17.11278 郾(燕)王喜愨(悛、授)御司馬鍨(戣)
17.11304 郾(燕)王職乍(作)雩萃鋸(戳)
17.11305 郾(燕)王詈愨(悛、授)行義(議、儀)自纟司馬鉘(戟)
17.11350 郾(燕)王詈愨(悛、授)行議鍨(戣)
17.11383 郾(燕)侯庫(韋載)自洹徠(來)
18.11479 郾(燕)王戎〔人〕〼
18.11480 郾(燕)王職□□
18.11481 郾(燕)王右□□
18.11482 郾(燕)王喜□□
18.11483 郾(燕)王職□□
18.11484 郾(燕)右軍
18.11497 郾(燕)王詈(讙)愨
18.11498 郾(燕)王戎人
18.11513 郾(燕)侯庫(韋)乍(作)左軍
18.11514 郾(燕)王職乍(作)攼鈦
18.11515 郾(燕)王職乍(作)攼鈦
18.11516 郾(燕)王職乍(作)攼鈦
18.11517 郾(燕)王職乍(作)黃(廣)衣(卒)鈦
18.11518 郾(燕)王職乍(作)黃(廣)衣(卒)鈦
18.11519 郾(燕)王職乍(作)攼鈦
18.11520 郾(燕)王職乍(作)攼鈦
18.11521 郾(燕)王職乍(作)攼鈦
18.11522 郾(燕)王喜愨(悛、授)□廩□
18.11523 郾(燕)王喜愨(悛、授)檢□
18.11524 郾(燕)王詈(讙)乍(作)攼鈦
18.11525 郾(燕)王戎人□□
18.11526 郾(燕)王職乍(作)巨攼鈦
18.11527 郾(燕)王職乍(作)巨攼鈦
18.11528 郾(燕)王喜愨(悛、授)全張(長)利
18.11529 郾(燕)王喜愨(悛、授)全張(長)利
18.11530 郾(燕)王詈(讙)愨(悛、授)夷萃攼
18.11531 郾(燕)王戎人乍(作)攼鈦
18.11536 郾(燕)王戎人乍(作)巨攼鈦
18.11537 郾(燕)王戎人乍(作)巨攼鈦
18.11538 郾(燕)王戎人乍(作)王萃鈦
18.11539 郾(燕)王戎人乍(作)巨攼鈦

18.11540 郾(燕)王詈(讙)乍(作)巨攺鍨(矛)
18.11543 郾(燕)王戎人乍(作)自𢍰率鈦
18.11583 郾(燕)王喜恖□
18.11584 郾(燕)王喜金□
18.11585 郾(燕)王喜恖□□□
18.11606 郾(燕)王喜恖旅鈦
18.11607 郾(燕)王喜恖旅鈦
18.11612 郾(燕)王喜恖無(橆)旅鈦
18.11613 郾(燕)王喜恖無(橆)旅鈦
18.11614 郾(燕)王喜恖無(橆)旅鈦
18.11615 郾(燕)王喜恖無(橆)旅鈦
18.11616 郾(燕)王喜恖無(橆)旅鈦
18.11617 郾(燕)王喜恖無(橆)旅鈦
18.11634 郾(燕)王職恖武無(橆)旅鐱(劍)
18.11643 郾(燕)王職乍(作)武無(橆)鏃(鍺)鐱(劍)
18.11705 郾(燕)王喜立(涖)事

3449 郡

1.59 唯郡正二月/郡公孜人自乍(作)走(奏)鐘
5.2771 唯郡八月/郡公平侯自乍(作)尊鎑(盂)
5.2772 唯郡八月/郡公平侯自乍(作)尊鎑(盂)
8.4183 唯郡正二月/上郡公孜人乍(作)尊段
9.4542 郡于子瓶(甏)自乍(作)旅簠
9.4543 郡于子瓶(甏)又自乍(作)旅簠
9.4569 郡公乍(作)犀仲、仲孋(芉)義男尊簠
9.4613 上郡府擇其吉金
16.9980 郡□孟城乍(作)爲行鈚(鉼)

3450 郻(鄛)

17.10907 郻(鄛)戈

3451 鄋(沙)

17.10914 長鄋
17.10915 長鄋

3452 邜

17.11360 邜諭(令)夜僭(胍)、上庫工師□□、冶闞(間)

3453 鄒

18.12110 大司馬卲(昭)鄒(陽)敗晉師於襄陵之歲/就鄒(陽)丘、就邡(方)城、就酓(象)禾、就棲(柳)焚(棼)、就繁昜(陽)、就高丘、就下鄡(蔡)、就居鄛(巢)、就郢
18.12111 大司馬卲(昭)鄒(陽)敗晉師於襄陵之歲
18.12112 大司馬卲(昭)鄒(陽)敗晉師於襄陵之歲
18.12113 大司馬卲(昭)鄒(陽)敗晉師於襄陵之歲

3454 郣(柏)

17.11253 郣(柏)子誰臣之元允(用)戈

3455 郿

5.2714 郿公湯用其吉金
7.4016 郿公伯盨(韡)用吉金
7.4017 郿公伯盨(韡)用吉金

3456 郐(粉)

16.10473 牀(藏)麀(鏕)嗇夫郐(粉)試靭(勒)之
16.10474 牀(藏)麀(鏕)嗇夫郐(粉)試靭(勒)之
16.10475 牀(藏)麀(鏕)嗇夫郐(粉)試靭(勒)之

3457 郱

3.1139 郱

3458 鄆

17.10828 鄆

3459 郫

17.11310 郫(郐)□至(致)
17.11311 郫(郐)□至(致)

3460 郢(鄍)

7.3881 栿車父乍(作)郢(鄍)姞奉(鏄、饋)段
7.3882 栿車父乍(作)郢(鄍)姞鏄(饋)段
7.3883 栿車父乍(作)郢(鄍)姞鏄(饋)段
7.3884 栿車父乍(作)郢(鄍)姞鏄(饋)段
7.3885 栿車父乍(作)郢(鄍)姞鏄(饋)段
7.3886 栿車父乍(作)郢(鄍)姞鏄(饋)段

3461 郤

5.2597 晉嗣徒伯郤父乍(作)周姬寶尊鼎

3462 鄭

7.4113 井南伯乍(作)鄭季姚好尊段

3463 郋(程)

17.11202 郋(程)侯之廍(造)戈五百

3464 鄑(晉)

18.11694 春平相邦鄑

(晉)得、邦右庫工師罠(瞖)輅徒、冶臣成敦(撻)齋(劑)

3465 郋(息)

16.10330 鄎(息)子行自乍(作)飤盆

3466 鄍

17.10829 鄍

3467 郪(䣑)

9.4599 郪(養)伯受用其吉金

17.11027 郪之寶(？)戈

3468 郐

9.4573 曾子邍彝爲孟姬郐鑄賸(媵)簠

3469 郈

2.419 郈郢率鐸

3470 鄍、鄭

17.11391 相邦肖(趙)狐、邦左庫工師鄭哲、冶匝□敦(撻)齋(劑)

3471 鄭

9.4637 楚子𥜽(遚)鄭之飤

3472 鄱

17.10899 是鄱

3473 鄤

8.4296 右(佑)祝鄤/王乎內史册命鄤/王曰：鄤/鄤拜韻首/鄤用乍(作)朕皇考龏伯尊段/鄤其眉壽

8.4297 右(佑)祝鄤/王乎內史册命鄤/王曰：鄤/鄤拜韻首/鄤用乍(作)朕皇考龏伯尊段/鄤其眉壽

8.4320 王令(命)虞(虎)侯夨曰：鄤(？)侯于宜

16.10332 曾孟𡢁(芈)諫乍(作)飲鄤盆

3474 郘

7.3919 郘公聞自乍(作)饆(饋)段

3475 鄯(部)

5.2683 王子剌公之宗婦鄯(部)嬰/保辪(乂)鄯(部)國

5.2684 王子剌公之宗婦鄯(部)嬰/保辪(乂)鄯(部)國

5.2685 王子剌公之宗婦鄯(部)嬰/保辪(乂)鄯(部)國

5.2686 王子剌公之宗婦鄯(部)嬰/保辪(乂)鄯(部)國

5.2687 王子剌公之宗婦鄯(部)嬰/保辪(乂)鄯(部)國

5.2688 王子剌公之宗婦鄯(部)嬰/保辪(乂)鄯(部)國

5.2689 王子剌公爲宗婦鄯(部)嬰宗彝𩰫彝/保辪(乂)鄯(部)國

7.4076 王子剌公之宗婦鄯(部)嬰/保辪(乂)鄯(部)國

7.4077 王子剌公之宗婦鄯(部)嬰/保辪(乂)鄯(部)國

7.4078 王子剌公之宗婦鄯(部)嬰/保辪(乂)鄯(部)國

7.4079 王子剌公之宗婦鄯(部)嬰/保辪(乂)鄯(部)國

7.4080 王子剌公之宗婦鄯(部)嬰/保辪(乂)鄯(部)國

7.4081 王子剌公之宗婦鄯(部)嬰/保辪(乂)鄯(部)國

7.4082 王子剌公之宗婦鄯(部)嬰/保辪(乂)鄯(部)國

7.4083 王子剌公之宗婦鄯(部)嬰/保辪(乂)鄯(部)國

7.4084 王子剌公之宗婦鄯(部)嬰/保辪(乂)鄯(部)國

7.4085 王子剌公之宗婦鄯(部)嬰/保辪(乂)鄯(部)國

7.4086 王子剌公之宗婦鄯(部)嬰/保辪(乂)鄯(部)國

7.4087 王子剌公之宗婦鄯(部)嬰/保辪(乂)鄯(部)國

15.9698 王子剌公之宗婦鄯(部)嬰/保辪(乂)鄯(部)國

15.9699 王子剌公之宗婦鄯(部)嬰/保辪(乂)鄯(部)國

16.10152 王子剌公之宗婦鄯(部)嬰/保辪(乂)鄯(部)國

3476 𢆶

17.11007 𢆶右

3477 𢆶(𨛫)

9.4466 其邑旃、𢆶(𨛫)、𦋰(置)

3478 鄲(單)

5.2574 鄲(單)孝子台(以)庚寅之日

3479 鄦

1.271 𦥑(與)鄦之民人都啚(鄙)

16.10135 鄦仲賸(媵)仲女子寶般(盤)

3480 鄦、鄦、鄦

1.153 鄦(許)子𪒠(𪒠)自(師)擇其吉金

1.154 鄦(許)子𪒠(𪒠)自(師)擇其吉金

5.2605 鄦(許)大邑魯生(甥)乍(作)壽母朕(媵)貞(鼎)

5.2738 蔡大(太)師䐈賸(媵)鄦(許)叔姬可母飤繁

9.4616 鄦(許)子妝擇其吉金

17.11045 鄦之𢦏(造)

戈

3481 鄧

4.2234 鄧尹疾之沰盜
4.2235 鄧子午之飤鐈
5.2573 鄧公乘自乍(作)飤鬻
16.10121 鄧伯吉射自乍(作)盥般(盤)

3482 鄉

17.11264 鄉左庫吳□

3483 鄖

17.11213 洓鄖(縣)發弩戈

3484 鄣

18.12113 就鄣(郴)

3485 鄛

18.12110 就鄗(陽)丘、就邡(方)城、就鄬(象)禾、就栖(柳)焚(棼)、就繁昜(陽)、就高丘、就下鄒(蔡)、就居鄛(巢)、就郢
18.12111 就昜(陽)丘、就邡(方)城、就鄬(象)禾、就栖(柳)焚(棼)、就繁昜(陽)、就高丘、就下鄒(蔡)、就居鄛(巢)、就郢
18.12112 就昜(陽)丘、就邡(方)城、就鄬(象)禾、就栖(柳)焚(棼)、就繁昜(陽)、就高丘、就下鄒(蔡)、就居鄛(巢)、就郢

3486 鄸(邊)

4.2498 鄸(邊)子蒷臺爲其行器
9.4545 鄸(邊)子乍(作)飤(飤)簠

3487 鄭

2.289 鄭鎛/割(姑)姺(洗)鄭鎛

3488 鄱(鄱、郗)

5.2732 鄱(郗)审之孫簷(筥)大(太)史申

3489 鄒(蔡)

18.12110 就鄗(陽)丘、就邡(方)城、就鄬(象)禾、就栖(柳)焚(棼)、就繁昜(陽)、就高丘、就下鄒(蔡)、就居鄛(巢)、就郢
18.12111 就昜(陽)丘、就邡(方)城、就鄬(象)禾、就栖(柳)焚(棼)、就繁昜(陽)、就高丘、就下鄒(蔡)、就居鄛(巢)、就郢
18.12112 就昜(陽)丘、就邡(方)城、就鄬(象)禾、就栖(柳)焚(棼)、就繁昜(陽)、就高丘、就下鄒(蔡)、就居鄛(巢)、就郢

3490 鄂(鄂)

18.12110 爲鄂(鄂)君啟之府賦(僦、就)鑄金節/自鄂(鄂)市
18.12111 爲鄂(鄂)君啟之府賦(僦、就)鑄金節/自鄂(鄂)市
18.12112 爲鄂(鄂)君啟之府賦(僦、就)鑄金節/自鄂(鄂)市
18.12113 爲鄂(鄂)君啟之府賦(僦、就)鑄金節/自鄂(鄂)市

3491 鄺(唐)

16.10342 晉公曰:我皇祖鄺(唐)公/〔王〕命鄺(唐)公

3492 龏

17.10977 龏(龍)公戈

3493 鄺

17.10896 鄺戈
17.10897 鄺戈
17.11022 鄺左庫戈

3494 鄺

8.4152 鄺(筥)侯少(小)子析(析)、乃孝孫不巨
15.9733 庚率二百乘舟入鄺(筥)從洀(河)

3495 鄐

2.319 其在鄐(齊)爲呂音
2.322 其在鄐(齊)也爲呂音
5.2707 右使車嗇夫鄐(齊)痤、工簡
15.9448 右使車嗇夫宋、鄐(齊)痤、工隼(觸)
15.9450 右使車嗇夫鄐(齊)虘、工㔾
15.9684 右使車嗇夫鄐(齊)痤、工角
16.10333 右使車嗇夫鄐(齊)痤、工□
16.10359 右使車嗇夫鄐(齊)痤、工廣
16.10445 左使車嗇夫鄐(齊)痤、工疥
16.10446 右使車嗇夫鄐(齊)痤、工疥
16.10477 右使車嗇夫鄐(齊)痤、工疥

3496 鄲

3.678 鄲(慶)大嗣攻(空)嗣攻(空)單

3497 鄨

9.4631 卬(抑)燮鄨(繁)湯(陽)
9.4632 卬(抑)燮鄨(繁)湯(陽)

3498 鄭

17.10994 鄭左庫
17.10995 鄭右庫

3499 鄎

8.4313 弗速(蹟)我東鄎(國)
8.4314 弗速(蹟)我東鄎(國)
17.11295 章子鄎(國)尾其元金

3500 邵

15.9735 以內絶邵(召)公之業

3501 鄺(應)

2.287 爲鄺(應)音翌(羽)
2.289 鄺(應)鐘之訢(變)宮
2.291 鄺(應)音之宮 / 鄺(應)音之在楚爲獸鐘 / 其在周爲鄺(應)音
2.292 爲鄺(應)音翌(羽)
2.294 鄺(應)音之訢(變)商 / 爲鄺(應)音翌(羽)曾
2.297 鄺(應)音之濬(衍)翌(羽)
2.308 鄺(應)音之鼓
2.320 鄺(應)音之喜(鼓)
2.325 鄺(應)音之角
2.326 鄺(應)鐘之徵角
2.327 爲鄺(應)音翌(羽)
2.329 鄺(應)音之訢(變)商 / 爲鄺(應)音翌(羽)曾

3502 鄖

16.10188 鄖湯伯茬乍(作)也(匜)
16.10208 鄖湯伯茬乍(作)也(匜)
17.11335 邗命(令)輅庶、上庫工師鄖□、冶氏頁(髯)

3503 郘

1.225 郘(呂)黛(縹)曰:余畢公之孫、郘(呂)伯之子
1.226 郘(呂)黛(縹)曰:余畢公之孫、郘(呂)伯之子
1.227 郘(呂)黛(縹)曰:余畢公之孫、郘(呂)伯之子
1.228 郘(呂)黛(縹)曰:余畢公之孫、郘(呂)伯之子
1.229 郘(呂)黛(縹)曰:余畢公之孫、郘(呂)伯之子
1.230 郘(呂)黛(縹)曰:余畢公之孫、郘(呂)伯之子
1.231 郘(呂)黛(縹)曰:余畢公之孫、郘(呂)伯之子
1.232 郘(呂)黛(縹)曰:余畢公之孫、郘(呂)伯之子
1.233 郘(呂)黛(縹)曰:余畢公之孫、郘(呂)伯之子
1.234 郘(呂)黛(縹)曰:余畢公之孫、郘(呂)伯之子
1.235 郘(呂)黛(縹)曰:余畢公之孫、郘(呂)伯之子
1.236 郘(呂)黛(縹)曰:余畢公之孫、郘(呂)伯之子
1.237 郘(呂)黛(縹)曰:余畢公之孫、郘(呂)伯之子
18.11788 郘(呂)大叔以新金爲貣(貳)車之斧十

3504 郲

17.10823 郲
17.11285 郲悬(愜)歲
18.11907 郲齖(牙)庫

3505 邨

17.11321 邨(頓)丘命(令)燮、左工師晢、冶夢

3506 里

4.1993 今永里倉
4.2101 沓里三斗鎮(鼎)
5.2707 痞里
5.2787 令史頌省穌(蘇)潿(姻)友、里君、百生(姓)
5.2788 令史頌省穌(蘇)潿(姻)友、里君、百生(姓)
5.2816 賜女(汝)秬鬯一卣、玄衮衣、幽夫(芾)、赤舄、駒車、畫呻(紳)、轋(幬)學(較)、虎幃(幃)、冟袛里幽、攸(鋚)勒、旅(旂)五旅(旂)、彤弓、彤矢、旅(玈)弓、旅(玈)矢、⽮戈、虢(皋)冑
5.2831 廼舍(捨)裘衛林晉里 / 履付裘衛林晉里
5.2840 方譽(數)百里
8.4215 命女(汝)嗣成周里人
8.4229 令史頌省穌(蘇)潿(姻)友、里君、百生(姓)
8.4230 令史頌省穌(蘇)潿(姻)友、里君、百生(姓)
8.4231 令史頌省穌(蘇)潿(姻)友、里君、百生(姓)
8.4232 令史頌省穌(蘇)潿(姻)友、里君、百生(姓)
8.4233 令史頌省穌(蘇)潿(姻)友、里君、百生(姓)
8.4234 令史頌省穌(蘇)潿(姻)友、里君、百生(姓)
8.4235 令史頌省穌(蘇)潿(姻)友、里君、百生(姓)
8.4236 令史頌省穌(蘇)潿(姻)友、里君、百生(姓)
8.4298 賜趞睽里 / 王令善(膳)夫豕曰趞睽曰:余既賜大乃里 / 豕以(與)睽履大賜里
8.4299 賜趞睽里 / 王令善(膳)夫豕曰趞睽曰:余既賜大乃里 / 豕以(與)睽履大賜里
9.4668 蔓(畫)圖窑(陶)里人告(造)
11.6016 眔里君、眔百

工
15.9734 枋(方)譻(數)百里
16.9901 眔里君、眔百工
16.10360 休王自穀事(使)賞畢土方五十里
16.10366 右里䏎(敢)鋈(鋈)
16.10367 右里䏎(敢)鋈(鋈)
16.10383 右伯君西里痘
17.11154 成陽(暘)辛城里錢(戈)
17.11155 成陽(暘)辛城里錢(戈)
17.11156 平墬(埸)高馬里錢(戈)
17.11402 公孳里脽之大夫敀(披)之卒/柭里瘟之敀戈

3507 野

18.11549 邦司寇野茀(茀)、上庫工師司馬瘓、冶督

3508 埜

2.429 ☐以攴埜(野)于陳□□山之下
3.975 冶盤埜、秦忑爲之
3.976 冶盤埜、秦忑爲之
5.2794 冶師盤埜、差(佐)秦忑爲之
5.2836 賜女(汝)田于埜
17.11263 邗王是埜(野)

3509 釐

1.36 䀝仲乍(作)朕文考釐公大鍴(林)寶鐘
1.92 用乍(作)朕文考釐伯龢醬(林)鐘
1.193 用祈眉壽繁釐
1.194 用祈眉壽繁釐
1.195 用祈眉壽繁釐
1.196 用祈眉壽繁釐
1.197 用祈眉壽繁釐
1.198 用祈眉壽繁釐
1.262-3 屯(純)魯多釐
1.264-6 屯(純)魯多釐
1.267 屯(純)魯多釐
1.268 屯(純)魯多釐
1.269 屯(純)魯多釐
1.270 以受屯(純)魯多釐
1.272-8 余賜女(汝)釐(萊)都、膝(密)、厠(膠)/余命女(汝)嗣辝(台)釐(萊)/釐(萊)僕三百又五十家
1.281 余賜女(汝)釐(萊)都、膝(密)☐
1.285 余賜女(汝)釐(萊)都、膝(密)、厠(膠)/余命女(汝)嗣辝(台)釐(萊)邑/釐(萊)僕三百又五十家
3.663 釐伯、詹母子剌乍(作)寶鬲
3.664 釐伯、詹母子剌乍(作)寶鬲
3.665 釐伯、詹母子剌乍(作)寶鬲
4.2067 釐乍(作)寶齋鼎
5.2755 用乍(作)朕文考釐叔尊貞(鼎)
5.2762 史顟(頙)乍(作)朕皇考釐仲、王(皇)母泉母尊鼎
5.2777 史伯碩父追考(孝)于朕皇考釐仲、王(皇)母泉母
5.2786 用乍(作)朕文考釐伯寶尊鼎
5.2796 克乍(作)朕皇祖釐季寶宗彝
5.2797 克乍(作)朕皇祖釐季寶宗彝
5.2798 克乍(作)朕皇祖釐季寶宗彝
5.2799 克乍(作)朕皇祖釐季寶宗彝
5.2800 克乍(作)朕皇祖釐季寶宗彝
5.2801 克乍(作)朕皇祖釐季寶宗彝
5.2802 克乍(作)朕皇祖釐季寶宗彝
6.3588 㕣(役)乍(作)釐伯寶殷
8.4225 無㠱用乍(作)朕皇祖釐季尊殷
8.4226 無㠱用乍(作)朕皇祖釐季尊殷
8.4227 無㠱用乍(作)朕皇祖釐季尊殷
8.4228 無㠱用乍(作)朕皇祖釐季尊殷
8.4276 用乍(作)朕文考釐叔寶殷
8.4288 公族㖞釐入右(佑)師酉
8.4289 公族㖞釐入右(佑)師酉
8.4290 公族㖞釐入右(佑)師酉
8.4291 公族㖞釐入右(佑)師酉
8.4302 用乍(作)朕皇考釐王寶尊殷
8.4315 以受屯(純)魯多釐
8.4318 用乍(作)朕皇考釐公䵼殷
8.4319 用乍(作)朕皇考釐公䵼殷
8.4341 不(丕)杯(丕)丮皇公受京宗懿釐
9.4404 伯大(太)師釐乍(作)旅盨
15.9585 內(芮)伯肇乍(作)釐公尊彝
15.9728 用乍(作)朕文考釐公尊壺
15.9733 齊三軍圍釐(萊)
16.10112 伯碩㚃乍(作)釐姬㜸般(盤)
16.10168 守宮對揚周師釐
17.11044 釐吹克瘻

3510 石

4.2421 奠(鄭)子石乍(作)鼎
5.2668 大(太)帀(師)鐘伯侵自乍(作)石(䃮)沱(盜)
5.2773 眡(視)事司馬敂、冶王石

7.3977 己(紀)姜石(祏)用𠀠
10.5427 遺祜石(祏)宗不剌
15.9674 冢(重)一石百卌(四十)二刀之冢(重)
15.9684 冢(重)一石八十二刀之冢(重)
15.9686 冢(重)一石三百刀之冢(重)
15.9693 冢(重)一石三百卅九刀之冢(重)
16.10380 公芻半石
16.10384 禾石
16.10385 以禾石石尚(當)變平石
16.10402 冢(重)一石三百五十五刀之冢(重)
18.11561 閔倫(令)肖(趙)狽、下庫工師臤石、冶人參所鑄鈷户者

3511 ⿰石者

17.11293 莆(蒲)子□□⿰石者、工師曌、冶□

3512 礓

12.6405 礓父己

3513 鏂(礪)

16.10277〔作〕其庶女鏂(厲、賴)孟姬賸(媵)也(匜)

3514 ⿰⿱匕匕⿱匕匕

16.10427 武⿰⿱匕匕⿱匕匕睘

3515 山

2.429 ☐以支埜(野)于陳□□山之下
4.1561 山父乙
4.2026 𠂤女(母)乍(作)山柔
5.2751 在夒陴真山
5.2752 在夒陴真山
5.2825 南宮乎入右(佑)善(膳)夫山/王乎史桒冊令(命)山/王曰:山/山拜䭫首/山敢對揚天子休令(命)
5.2836 賜女(汝)田于寒山
5.2840 中山王譽詐(作)貞(鼎)
6.3032 山
6.3070 癸山
7.3797 歸叔山父乍(作)疊(嬞、姪)姬尊𣪕
7.3798 歸叔山父乍(作)疊(嬞、姪)姬尊𣪕
7.3799 歸叔山父乍(作)疊(嬞、姪)姬尊𣪕
7.3800 歸叔山父乍(作)疊(嬞、姪)姬尊𣪕
7.3801 歸叔山父乍(作)疊(嬞、姪)姬尊𣪕
9.4539 魯山奢淲鑄其寶簠
9.4540 魯山旅虎鑄其寶簠
9.4541 魯山旅虎鑄其寶簠
9.4601 奠(鄭)伯大嗣工(空)召叔山父乍(作)旅簠
9.4602 奠(鄭)伯大嗣工(空)召叔山父乍(作)旅簠
10.5396 处(咎)山賜𧶠(釐)
10.5410 王出獸南山/叟(搜)⿺辶冊(跚)山谷
11.5614 山父乙
11.5642 山父戊
11.5983 ⿺辶冊(跚)山谷
11.6144 山婦
11.6261 山父丁
12.6496 犬山㕛
12.7081 山祖庚
12.7115 山父丁
12.7116 山父丁
12.7117 山父丁
13.7653 山
13.7654 山
13.8017 山丁
14.8324 山祖丁
14.8356 山祖壬
14.8866 犬山父乙
15.9210 山父乙
15.9232 山口父辛
15.9271 山父乙
15.9608 伯山父乍(作)尊墉(甗)
15.9735 中山王譽命相邦賙(貯)擇郾(燕)吉金
16.10167 印丯(寿)山
16.10568 山乍(作)父乙尊彝
16.10582 山
17.11084 陳子山造戜(戟)
17.11312 業(鄴)竛(令)𥎦(裼)、左庫工師臣、冶山
17.11338 山陽
17.11390 邦府大夫肖(趙)閔、邦上庫工師韓山、冶同敕(撻)齋(劑)
18.11754 山午
18.11758 中山侯忞(忻)乍(作)茲軍鉞
18.11830 中山

3516 冚

18.11750 冚父

3517 ⿱山王(嶅)

4.2238 須⿱山王(嶅)生(甥)之飤貞(鼎)

3518 弟(苐)

18.11549 邦司寇野弟(苐)、上庫工師司馬瘋、冶瞀

3519 岡

1.225 余頡岡(頏)事君
1.226 余頡岡(頏)事君
1.227 余頡岡(頏)事君
1.228 余頡岡(頏)事君
1.229 余頡岡(頏)事君
1.230 余頡岡(頏)事君
1.231 余頡岡(頏)事君
1.232 余頡岡(頏)事君
1.233 余頡岡(頏)事君

1.234 余頡岡(頏)事君
1.235 余頡岡(頏)事君
1.236 余頡岡(頏)事君
1.237 余頡岡(頏)事君
10.5383 賜岡刼貝朋

3520　⿰山朱

9.4502 慶孫之子⿰山朱之餴(饙)簠

3521　畯、峻

5.2836 田于畯

3522　⿱每缶

3.1345 ⿱每缶公(宮)
4.1808 ⿱每缶胸(容)四分
10.5113 ⿱每缶乍(作)尊彝
15.9515 ⿱每缶下官
17.11347 □陽命(令)⿱每缶戲、工師北宮(宮)壘、冶黄

3523　崥

16.10569 崥乍(作)父戊寶尊彝

3524　崠

4.1760 蚀崠力
12.7202 崠耒蚀
14.8805 蚀崠耒
16.9869 蚀崠耒

3525　嵋

15.9635 嵋粠乍(作)寶壺

3526　畱(留?)

18.11618 唯弜公之居旨卲亥(?)畱丌□僉(劍)
18.11656 唯弜公之居旨卲亥(?)畱丌(其)□僉(劍)
18.11692 戉(越)王唯弜公之居旨卲亥(?)畱丌□僉

3527　⿰言章(嶂)

17.11021 子備⿰言章(嶂)戈

3528　陽(崵)

17.11154 成陽(崵)辛城里鈛(戈)
17.11155 成陽(崵)辛城里鈛(戈)

3529　嶙

18.11593 先嶙余之用

3530　頣、稽

1.60-3 逆敢拜手稽(韻)

3531　⿸广業

14.8592 ⿸广業父□
15.9406 ⿸广業乍(作)父己

3532　巒

7.3784 伯俘乍(作)伯巒寶毁

3533　丘

9.4557 商丘叔乍(作)其旅簠
9.4558 商丘叔乍(作)其旅簠
9.4559 商丘叔乍(作)其旅簠
13.8238 丘刀
15.9733 台(以)亟(殛)伐䖒□丘/□昀ㄆ(矢)舟䍐(䍐)䋣丘
16.10194 䖒𨕖丘堂之鑰(會)鑪(浣)
16.10374 丘關之釜(釜)
16.10478 丘平者五十乇(尺)/丘平者五十乇(尺)/丘平者五十乇(尺)/丘平者卌(四十)乇(尺)/丘平者卌(四十)乇(尺)/丘欧(坎)/從丘欧(坎)以至內宮六步/從丘欧(坎)至內宮廿四步
17.11069 事孫□丘戈
17.11073 閵(閻)丘虞鵅造
17.11265 虎𨕖丘君豫之元用
17.11301 下丘啬夫□、工師䢼、冶系
17.11307 □丘命(令)□□□、冶□
17.11313 𢦏(甾)丘命(令)痽、工師𩓐、冶得
17.11321 郙(頓)丘命(令)燮、左工師哲、冶夢
18.11942 商丘
18.12107 堋(填)丘牙(與)塿紙
18.12110 就鄾(陽)丘、就邡(方)城、就酓(象)禾、就栖(柳)焚(棼)、就繁昜(陽)、就高丘、就下鄰(蔡)、就居鄛(巢)、就郢
18.12111 就昜(陽)丘、就邡(方)城、就酓(象)禾、就栖(柳)焚(棼)、就繁昜(陽)、就高丘、就下鄰(蔡)、就居鄛(巢)、就郢
18.12112 就昜(陽)丘、就邡(方)城、就酓(象)禾、就栖(柳)焚(棼)、就繁昜(陽)、就高丘、就下鄰(蔡)、就居鄛(巢)、就郢

3534　谷

2.429 遠盄(淑)聞于王東吳谷
5.2701 谷(容)一斛
7.4095 唯食生(甥)走馬谷自乍(作)吉金用尊毁
8.4262 厥從格伯反(按)彶佃(甸):殷谷厥紉(絶)雩谷、杜木、邍谷、旅菜
8.4263 厥從格伯反(按)彶佃(甸):殷谷厥紉(絶)雩谷、杜木、邍谷、旅菜
8.4264 厥從格伯反(按)彶佃(甸):殷〔谷〕厥〔紉〕雩谷、杜木、邍谷、旅菜
8.4265 厥從格伯反(按)彶佃(甸):殷〔谷〕厥紉(絶)雩谷、杜木、邍谷、旅菜

8.4323 王令敔追御(攔)于上洛、㷄(㷄)谷
8.4342 谷(欲)女(汝)弗以乃辟圅(陷)于艱
10.5410 叟(搜)迣(躐)山谷
11.5983 迣(躐)山谷
11.6014 叀(唯)王龏德谷(裕)天
17.11183 谷咟戠(造)銭(戈)□

3535 巛

16.10176 以南奉(封)于巛徠道

3536 龠(隃)

10.5221 龠(隃)伯乍(作)寶尊彝

3537 欲

5.2834 右(肄)師〔彌〕客(宋)欲(匋)匡

3538 馬

1.107-8 賜彤弓一、彤矢百、馬四匹
1.204-5 賜克佃車、馬乘
1.206-7 賜克佃車、馬乘
1.209 賜克佃車、馬乘
1.272-8 余賜女(汝)馬、車、戎兵
1.285 余賜女(汝)車、馬、戎兵
3.738 𠂤馬孟辛父
3.739 𠂤馬孟辛父
3.740 𠂤馬孟辛父
3.754 賜玉五品、馬四匹
3.755 賜玉五品、馬四匹
4.1889 馬豕(豩)父辛
4.2000 馬羊侁父乙
4.2452 陴父之走(趣)馬吳買
4.2509 馬豕(豩)
4.2510 馬豕(豩)
5.2577 叚工師王馬重(童)、眂(視)事鐙、冶敬
5.2594 王曰:𢿢隐馬
5.2612 車叔商(賞)揚馬
5.2613 車叔商(賞)揚馬
5.2719 賓貣(布)馬繼乘
5.2729 楷仲賞厥嫊奚逐毛兩、馬匹
5.2758 公賞乍(作)册大白馬
5.2759 公賞乍(作)册大白馬
5.2760 公賞乍(作)册大白馬
5.2761 公賞乍(作)册大白馬
5.2773 眂(視)事司馬敓、冶王石
5.2775 小臣夌賜貝、賜馬丙(兩)
5.2779 俘車馬五乘
5.2787 穌(蘇)賓章(璋)、馬四匹、吉金
5.2788 穌(蘇)賓章(璋)、馬四匹、吉金
5.2803 令眔奮先馬走
5.2807 王召走(趣)馬膺
5.2808 王召走(趣)馬膺
5.2810 王窺(親)賜馭方玉五瑴、馬四匹、矢五束
5.2813 嗣馬井伯右(佑)師奎父
5.2817 嗣馬共右(佑)師晨
5.2831 我舍(捨)顏陳大馬兩
5.2832 嗣土(徒)邑人趙、嗣馬頌人邦、嗣工陶矩
5.2835 唯馬毆(毆)𧗠
5.2837 賜女(汝)鬯一卣、冂(裋)衣、芾、舄、車、馬
5.2838 效父用匹馬、束絲/限許曰:㲼則卑(俾)我賞(償)馬
5.2839 孚馬□□匹/孚馬百四匹
5.2841 賜女(汝)秬鬯一卣、裸圭瓚寶、朱芾、悤(葱)黃(衡)、玉環、玉瑹、金車、𠦪(賁)縟較(較)、朱䩩(鞹)圅靳、虎冟(冪)熏裏、右軛、畫轉、畫輴、金甬(桶)、逪(錯)衡、金嶂(踵)、金豙(軝)、㓞(約)𣪘(盛)、金簟弼(茀)、魚箙、馬四匹、攸(鋚)勒、金𠯑(臺)、金膺、朱旂二鈴(鈴)
6.3311 馬豕(豩)父丁
6.3418 庚獶馬父乙
6.3458 馬豕(豩)
6.3459 馬豕(豩)
6.3714 馬豕(豩)
6.3715 馬豕(豩)
6.3716 馬豕(豩)
7.3878 奠(鄭)牧馬受乍(作)寶毁
7.3879 奠(鄭)牧馬受乍(作)寶毁
7.3880 奠(鄭)牧馬受乍(作)寶毁
7.4044 懋父賞御正衛馬匹自王
7.4095 唯食生(甥)走馬谷自乍(作)吉金用尊毁
7.4099 賜敷弓、矢束、馬匹、貝五朋
8.4179 賓(儐)馬兩、金十鈞
8.4180 賓(儐)馬兩、金十鈞
8.4181 賓(儐)馬兩、金十鈞
8.4184 賜女(汝)馬乘、鐘五金
8.4185 賜女(汝)馬乘、鐘五金
8.4186 賜女(汝)馬乘、鐘五金
8.4187 賜女(汝)馬乘、鐘五金
8.4195 師黃賓(儐)茍章(璋)一、馬兩
8.4201 伯賜小臣宅畫

冊、戈九、易(錫)金車、馬兩
8.4225 王賜無㠱馬四匹
8.4226 王賜無㠱馬四匹
8.4227 王賜無㠱馬四匹
8.4228 王賜無㠱馬四匹
8.4229 穌(蘇)賓(儐)章(璋)、馬四匹、吉金
8.4230 穌(蘇)賓(儐)章(璋)、馬四匹、吉金
8.4231 穌(蘇)賓(儐)章(璋)、馬四匹、吉金
8.4232 穌(蘇)賓(儐)章(璋)、馬四匹、吉金
8.4233 穌(蘇)賓(儐)章(璋)、馬四匹、吉金
8.4234 穌(蘇)賓(儐)章(璋)、馬四匹、吉金
8.4235 穌(蘇)賓(儐)章(璋)、馬四匹、吉金
8.4236 穌(蘇)賓(儐)章(璋)、馬四匹、吉金
8.4243 王在師嗣馬宮大室
8.4244 嗣馬井伯〔入〕右(佑)走
8.4255 賜女(汝)戠(織)衣、赤⊖巿、䜌(鑾)旂、楚走馬
8.4262 格伯爰良馬乘于倗生(甥)
8.4263 格伯爰良馬乘于倗生(甥)
8.4264 格伯爰良馬乘于倗生(甥)
8.4265 格伯爰良馬乘于倗生(甥)
8.4266 命女(汝)乍(作)𣪘(豳)師冢嗣馬
8.4274 嗣左右走(趣)馬、五邑走(趣)馬
8.4275 嗣左右走(趣)馬、五邑走(趣)馬
8.4276 嗣窐(寂)俞邦君嗣馬、弓、矢
8.4277 嗣馬共右(佑)師俞
8.4283 王在周師嗣馬宮/嗣馬井伯親右(佑)師瘨
8.4284 王在周師嗣馬宮/嗣馬井伯親右(佑)師瘨
8.4285 嗣馬共右(佑)諫
8.4298 大賓(儐)豖訊(介)章(璋)、馬兩
8.4299 大賓(儐)豖訊(介)章(璋)、馬兩
8.4302 余賜女(汝)秬鬯一卣、金車、桒(賁)疇(幬)較(較)、桒(賁)鹵朱虢(鞹)靳、虎冟(冪)寀(朱)裏、金甬(筩)、畫聞(輴)、金厄(軛)、畫轉、馬四匹、鋚勒
8.4318 嗣左右走(趣)馬/令(命)女(汝)䵼(纘)嗣走(趣)馬/賜女(汝)秬鬯一卣、金車、桒(賁)較(較)、朱虢(鞹)鹵靳、虎冟(冪)熏(纁)裏、右厄(軛)、畫轉、畫輴、金甬(筩)、馬四匹、攸(鋚)勒
8.4319 嗣左右走(趣)馬/令(命)女(汝)䵼(纘)嗣走(趣)馬/賜女(汝)秬鬯一卣、金車、桒(賁)較(較)、朱虢(鞹)鹵靳、虎冟(冪)熏(纁)裏、右厄(軛)、畫轉、畫輴、金甬(筩)、馬四匹、攸(鋚)勒
8.4327 賜女(汝)馬十匹、牛十
9.4462 嗣馬共右(佑)瘨
9.4463 嗣馬共右(佑)瘨
9.4467 賜女(汝)秬鬯一卣、赤巿、五黄(衡)、赤舃、牙僰、駒車、桒(賁)較(較)、朱虢(鞹)鹵靳、虎冟(冪)熏(纁)裏、畫轉(轉)、畫輴、金甬(筩)、朱旂、馬四匹、攸(鋚)勒、素戉(鉞)
9.4468 賜女(汝)秬鬯一卣、赤巿、五黄(衡)、赤舃、牙僰、駒車、桒(賁)較(較)、朱虢(鞹)鹵靳、虎冟(冪)熏(纁)裏、畫轉(轉)、畫輴、金甬(筩)、朱旂、馬四匹、攸(鋚)勒、素戉(鉞)
9.4469 賜女(汝)秬鬯一卣、乃父巿、赤舃、駒車、桒(賁)較(較)、朱虢(鞹)鹵靳、虎冟(冪)熏(纁)裏、畫轉、畫輴、金甬(筩)、馬四匹、鋚勒
9.4505 大嗣馬孛术自乍(作)飤簠
9.4556 走(趣)馬辪(薛)仲赤
10.4885 馬永
10.5062 馬豖(豨)父丁
10.5063 馬豖(豨)父丁
10.5337 馬豖(豨)
10.5390 伯富(廩)父曰:休父賜余馬
10.5405 賜馬
10.5416 伯懋父賜(賜)召白馬、妦黄、媺(髮)微
10.5430 車馬兩
10.5432 賞乍(作)册魖馬
11.5651 己父馬(?)
11.5729 馬豖(豨)父乙
11.5737 馬豖(豨)父丁
11.5749 㿝馬父辛
11.5803 馬豖(豨)乍(作)父辛
11.5898 馬豖(豨)
11.5932 馬豖(豨)
11.5994 賜馬、賜裘
11.6004 伯懋父賜(賜)召白馬、妦黄、媺(髮)微
11.6013 曰:用嗣六師、王行、參(叁)有嗣:嗣土(徒)、嗣馬、嗣工(空)
11.6015 劑(齎)用王乘

車馬、金勒、冂(裑)衣、芾、舄
11.6068 馬
11.6190 車馬
12.6408 父己馬豕(豸肙)
12.6514 王賜中馬
12.6997 馬何
12.6998 馬何
12.7263 庚(庚)獿父乙馬
13.7806 亞馬
14.8878 馬乍(作)父乙
14.8986 走(趣)馬乍(作)彝
15.9234 亞次馬豕(豸肙)
15.9300 豚(獮)馭弟史遻(饋)馬
15.9456 伯邑父、燮(榮)伯、定伯、琼伯、單伯廼令參有𤔲:𤔲土(徒)微邑、𤔲馬單旟、𤔲工(空)邑人服眔受(授)田
15.9588 右走(趣)馬嘉自乍(作)行壺
15.9733 𤔲(嗣)衣、裘、車、馬/商(賞)之台(以)兵虢(皐)車馬/庚蔵(捷)其兵虢(皐)車馬
15.9734 或得賀(賢)狌(㸚、佐)司馬賙(貯)/唯司馬賙(貯)訢詻戰(僤)忞(怒)
15.9796 馬豕(豸肙)父乙
15.9797 馬豕(豸肙)父丁
16.9872 馬豕(豸肙)父丁
16.9898 賜秬鬯一卣、玄衮衣、赤舄、金車、桒(賁)甬朱虢(鞹)靳、虎冟(冪)熏(纁)裏、桒(賁)較(較)、畫轉、金甬(筩)、馬四匹、攸(鋚)勒
16.9899 曰:用𤔲六師王行、參有𤔲:𤔲土(徒)、𤔲馬、𤔲工(空)
16.9900 曰:用𤔲六師王行、參有𤔲:𤔲土(徒)、𤔲馬、𤔲工(空)
16.10168 賜守宮絲束、蘆(苴)幙(幕)五、蘆(苴)萺(冟、冪)二、馬匹、毳希(布)三、専(専、團)俸(篷)三、銮(琜)朋
16.10170 益公右(佑)走(趣)馬休
16.10173 王賜(賜)乘馬
16.10174 王賜兮甲馬四匹、駒車
16.10176 正眉(堳)矢舍(捨)散田:𤔲土(徒)屰舌、𤔲馬嘼𡩜、䢅人𤔲工(空)騵君、宰德父
16.10241 𤔲馬南叔乍(作)𩰫姬朕(媵)也(匜)
16.10385 司馬成公朔(影)𠬝(鞅)事
16.10583 休台馬醻皇母/永台(以)馬母□□司乘
17.10857 馬戈
17.10858 馬戈
17.11016 □□𤔲馬
17.11059 乍(作)御司馬
17.11093 雍王其所馬
17.11131 司馬望之告(造)戟(戈)
17.11156 平陽(場)高馬里戟(戈)
17.11206 邾大𤔲馬之艁(造)戈
17.11236 郾(燕)王職乍(作)御司馬
17.11278 郾(燕)王喜愍(悒、授)御司馬鍨(戣)
17.11305 郾(燕)王詈愍(悒、授)行義(議、儀)自令司馬銉(戟)
17.11329 得工冶勝所教、馬重(童)爲
17.11336 奠(鄭)命(令)韓熙、右庫工師司馬鴟、冶狄
17.11339 𣁋左乘馬大夫子駿戥
17.11343 㐭命(令)司馬伐、右庫工師高痽、冶□
17.11351 喜倫(令)韓船、左庫工師司馬裕、冶何
17.11364 宗子攻(工)正明我、左工師𠂤許、馬重(童)丹所爲
17.11375 馬雍命(令)事(吏)吳、武庫工師奭信、冶祥造
18.11549 邦司寇野弟(茀)、上庫工師司馬瘨、冶督
18.11673 南行昜(唐)倫(令)田(瞿)卯、右庫工師司馬卻、冶得教(撻)齋(劑)
18.11674 南行昜(唐)倫(令)田(瞿)卯、右庫工師司馬卻、冶得教(撻)齋(劑)
18.11675 武信倫(令)馬師闢(閭)、右庫啟工師粤秦、冶瘀教(撻)齋(劑)
18.11686 邦司寇馬陟、迓(下)庫工師得尚、冶君(尹)曦半舒教(撻)齋(劑)
18.11705 南行昜(唐)倫(令)田(瞿)卯、右庫工師司馬卻、冶君(尹)瓩得教(撻)齋(劑)(?)
18.11717 相邦建信君、邦右庫工師司馬卻、冶得瓩教(撻)齋(劑)
18.11909 庚(唐)都司馬
18.11910 梠(舵)湩都大𤔲馬
18.12031 齊司馬郘右
18.12032 昜(陽)曲笅馬重(童)
18.12110 大司馬卲(昭)鄒(陽)敗晉師於襄陵之歲/女(如)馬、女(如)牛、女(如)德(植、犆、特)
18.12111 大司馬卲(昭)鄒(陽)敗晉師於襄陵之歲/女(如)

馬、女(如)牛、女(如)德(値、犆、特)
18.12112 大司馬邵(昭)鄒(陽)敗晉師於襄陵之歲 / 女(如)馬、女(如)牛、女(如)德(値、犆、特)
18.12113 大司馬邵(昭)鄒(陽)敗晉師於襄陵之歲 / 女(如)載馬、牛、羊

3539 駐(牡)

15.9733 虩方綾滕相乘駐(牡)/ 剑不囗其王乘駐(牡)
15.9734 四駐(牡)汸汸(滂滂)

3540 搗

17.11121 曾侯搗伯秉戈

3541 騈(駢)

4.2469 大(太)師人騈乎乍(作)寶鼎

3542 駟

3.707 魯宰駟父乍(作)姬鵬賸(媵)鬲
15.9733 罘(罤)其王駟
16.10103 伯駟父乍(作)姬淪朕(媵)般(盤)

3543 駿(騸)

17.11339 斜左乘馬大夫子駿戡

3544 駒

4.2386 絲駒父乍(作)旅鼎
5.2742 賜駒兩
5.2813 王乎內史駒册命師奎父
5.2816 賜女(汝)秬鬯一卣、玄衮衣、幽夫(芾)、赤舄、駒車、畫呻(紳)、幬(幬)學(較)、虎幃(幃)、冟袨里幽、攸(鋚)勒、旅(旂)五旅(旂)、彤弓、彤矢、旅(玈)弓、旅(玈)矢、𢦏戈、皝(皋)冑
5.2831 王在周駒宮
7.3750 蔑(癃)見(獻)駒
7.3936 彔旁仲駒父乍(作)仲姜𣪕
7.3937 彔旁仲駒父乍(作)仲姜𣪕
7.3938 彔旁仲駒父乍(作)仲姜𣪕
9.4464 南仲邦父命駒父𣪕(即)南者(諸)侯 / 駒父其邁(萬)年
9.4467 賜女(汝)秬鬯一卣、赤芾、五黄(衡)、赤舄、牙僰、駒車、奉(賁)較(較)、朱虢(鞹)㚇靳、虎冟(冪)熏(纁)裏、畫轉(鞾)、畫𨎥、金甬(筩)、朱旂、馬四匹、攸(鋚)勒、素戉(鉞)
9.4468 賜女(汝)秬鬯一卣、赤芾、五黄(衡)、赤舄、牙僰、駒車、奉(賁)較(較)、朱虢(鞹)㚇靳、虎冟(冪)熏(纁)裏、畫轉(鞾)、畫𨎥、金甬(筩)、朱旂、馬四匹、攸(鋚)勒、素戉(鉞)
9.4469 賜女(汝)秬鬯一卣、乃父芾、赤舄、駒車、奉(賁)較(較)、朱虢(鞹)㚇靳、虎冟(冪)熏(纁)裏、畫轉、畫𨎥、金甬(筩)、馬四匹、鋚勒
11.6011 王拘駒㡿(拆、斥)/ 賜盠駒勇雷騅子 / 王初執駒于㡿(斥)/ 駒賜兩
11.6012 王拘駒𠂤(㠯)/ 賜盠駒勇雷駱子
16.10174 王賜兮甲馬四匹、駒車

3545 駱

11.6012 賜盠駒勇雷駱子

3546 騶

7.3917 是騶乍(作)朕文考乙公尊𣪕
9.4469 廼騶(協)倗即女(汝)

3547 駿、馭

5.2803 王馭溓(濂)仲㒒(僕)
5.2810 噩(鄂)侯馭方內(納)壺于王 / 馭方畣(侑)王 / 馭方卿(佮)王射 / 馭方休闌 / 王寴(親)賜馭方玉五瑴、馬四匹、矢五束 / 馭方拜手䭫首
5.2833 亦唯噩(鄂)侯馭方率南淮尸(夷)、東尸(夷)/ 王廼命西六師、殷八師曰: 剿(撲)伐噩(鄂)侯馭方 / 肄(肆)武公廼遣禹率公戎車百乘、斯(廝)馭二百、徒千 / 叀(惟)西六師、殷八師伐噩(鄂)侯馭方 / 雩禹以武公徒馭至于噩(鄂)/ 休獲厥君馭方
5.2834 亦唯噩(鄂)侯馭方率南〔淮〕尸(夷)、東〔尸〕廣〔伐〕南或(國)東或(國)/ 王〔廼〕命廼(西)六師、殷八師曰: 剿(撲)伐噩(鄂)侯馭方 / 斯(廝)馭二百、徒〔千〕/ 叀(惟)揚(西)六師、殷八師〔伐噩〕侯馭方
5.2837 人鬲自馭至于庶人
7.3976 犾(獮)馭從王南征
8.4311 僕馭百工、牧臣妾
8.4313 無諆(朞)徒馭
8.4314 無諆(朞)徒馭
8.4328 馭方、厰(玁)允(狁)廣伐西俞

8.4329 駇方、厰(玁)允(狁)廣伐西俞

8.4341 王令毛公以邦冢君、土(徒)駇、或(戜)人伐東或(國)痟戎

10.5380 王賜駇⺌貝一具

13.7522 駇

15.9300 𤜱(獮)駇弟史遡(饋)馬

15.9734 駇右和同

3548 駽

15.9449 駽㸚(旲)

3549 騬

5.2807 王乎善(膳)大(夫)騬召大

5.2808 王乎善(膳)大(夫)騬召大

10.5118 騬乍(作)旅彝

3550 騅

11.6011 賜盠駒勇雷騅子

3551 騎

18.12091 騎傳(連)竹居(侚)

3552 駺

4.2491 居舣(服)駺乍(作)用寶鼎

16.10176 正眉(堳)夨舍(捨)散田：嗣土(徒)屰亩、嗣馬單𤔲、䖒人嗣工(空)駺君、宰德父

3553 䮶(犅)

5.2807 令取誰(牸)䮶(犅)卅二匹賜大

5.2808 令取誰(牸)䮶(犅)卅二匹賜大

3554 䮷

12.6514 自隮侯四䮷

3555 驢

3.1111 驢

3556 驫(騁)

4.2193 驫 姛 (㚸) 乍(作)寶尊彝

6.3567 驫 㜽 (㚸) 乍(作)寶尊彝

3557 駜

15.9710 萬阴(間)之無駜(匹)

15.9711 萬阴(間)之無駜(匹)

3558 牛

3.1102 牛

3.1103 牛

3.1104 牛

5.2838 曶用茲金乍(作)朕文孝(考)宄伯𩰫牛鼎

5.2839 俘牛三百五十五牛

6.2973 牛

8.4132 賞菽(叔)鬱鬯、白金、趨(芻)牛

8.4133 賞菽(叔)鬱鬯、白金、趨(芻)牛

8.4194 賜牛三

8.4313 歐(毆)俘士女、牛羊

8.4314 歐(毆)俘士女、羊牛

8.4327 賜女(汝)馬十匹、牛十

11.5780 牛

11.6016 明公賜亢師鬯、金、小牛 / 賜令鬯、金、小牛

14.9079 牛册

16.9901 明公賜亢師鬯、金、小牛 / 賜令鬯、金、小牛

16.10285 曰：牧牛 / 伯揚父迺或事(使)牧牛誓 / 牧牛則誓 / 牧牛辭(𧥲)誓

18.11824 牛

18.12110 女(如)馬、女(如)牛、女(如)德(惪、犆、特)

18.12111 女(如)馬、女(如)牛、女(如)德(值、犆、特)

18.12112 女(如)馬、女(如)牛、女(如)德(值、犆、特)

18.12113 女(如)載馬、牛、羊

3559 牟

16.10384 工隸臣牟

3560 牪(犾)

9.4544 子叔牪(犾)父乍(作)行器

3561 牢

7.3979 大牢其萬年祀厥取(祖)考

10.5409 王牢于庣(陸)

3562 牡

5.2776 用牡于大室

3563 牶、舉

18.11565 襄田倫(令)牶(舉)名、司寇麻維、右庫工師甘(邯)丹(鄲)毦、冶向斅(造)

3564 牲

5.2839 □□用牲啻(禘)周王、武王、成王

11.6016 明公用牲于京宮 / 用牲于康宮 / 用牲于明公

16.9901 明公用牲于京宮 / 用牲于康宮 / 用牲于王

17.11367 左工師齊、丞㔻、工牲

3565 犪

1.149 鼄(邾)公犪擇厥吉金

1.150 鼄(邾)公犪擇厥吉金

1.151 鼄(邾)公犪擇厥吉金

1.152 鼄(邾)公犪擇厥吉金

3566 犀、犀

3.572 弭叔乍(作)犀妊

齊(齋)鬲
3.573 弭叔乍(作)犀妊齊(齋)鬲
3.574 弭叔乍(作)犀妊齊(齋)鬲
5.2534 犀伯魚父乍(作)旅鼎
9.4569 鄀公乍(作)犀仲、仲孎(芊)義男尊簠
16.10374 䞓台(以)□犀

3567 㦚(㦃)

8.4165 賜㢟(㦃)羊(騂)㦚(㦃)
8.4273 王以(與)吳朱、呂㦚(㦃)

3568 㦃

2.429 聖靡公㦃擇其吉金

3569 犢

8.4123 伯𦬞父事(使)䎽犢(觀)尹人于齊師
17.11113 犢共卑氏戜(戟)
17.11298 州□□□忿(价)、工師犢桼(漆)、丞造

3570 𦍌(䍯)

10.5368 𦍌尹肈家

3571 羊

1.251-6 癲其萬年羊角
3.1105 羊
3.1106 羊
3.1463 羊侁
3.1467 蚰羊(?)
4.1627 羊父庚
4.1836 宁羊父丙
4.1850 子羊父丁
4.1860 乍(作)父丁羊
4.2000 馬羊侁父乙
4.2410 羊
4.2439 羊𠆢兹乍(作)厥文考叔寶尊彝
4.2490 羊册
5.2535 伯庳父乍(作)羊鼎
5.2710 羊册
5.2779 羊百䀉(挈)
5.2838 迺卑(俾)〔饗〕以曶酉(酒)彶(及)羊、絲三寽(鋝)
5.2839 羊卅八羊
6.3313 蚰羊父丁
6.3314 蚰羊父丁
7.3750 羊侁
7.3942 王賜叔德臣嫊十人、貝十朋、羊百
8.4313 毆(毆)俘士女、牛羊
8.4314 毆(毆)俘士女、羊牛
9.4462 木羊册
9.4463 木羊册
10.5267 羊乍(作)父乙寶尊彝
10.5399 羊
10.5403 木羊册
11.5585 羊ㅁ
11.5836 亞羊子征(延)父辛
11.5996 木羊册
11.6002 木羊册
11.6171 羊册
11.6184 羊ㅁ
11.6185 㚔羊
11.6315 羊父辛
12.6656 羊
12.6657 羊
12.7072 羊祖甲
12.7160 蚰羊乙
12.7201 羊貝(貳)車
12.7210 羊侁父乙
13.7510 羊
13.7511 羊
13.7512 羊
13.7513 羊
13.8051 羊庚
13.8219 羊ㅁ
13.8220 羊ㅁ
14.8367 羊祖癸
14.8789 蚰羊乙
14.8796 羊己妊(娗)
14.8804 羊貝(貳)車
14.8896 父丁羊建
14.9006 羊侁獸父丁
14.9060 木羊册
14.9061 羊
14.9080 木羊册
14.9081 木羊册
14.9082 木羊册
15.9248 木羊册
15.9266 羊父甲
15.9303 木羊册
16.9895 木羊册
16.10484 羊
17.10713 羊
17.11089 羊子之艁(造)戈
17.11090 羊子之艁(造)戈
17.11210 羊角之亲(新)艁(造)散戈
18.11709 相邦春平侯、邦右伐器工師羊敉(播)、冶疢敦(撻)齋(劑)
18.12113 女(如)載馬、牛、羊

3572 羌

1.157 𠩺羌乍(作)戒
1.158 𠩺羌乍(作)戒
1.159 𠩺羌乍(作)戒
1.160 𠩺羌乍(作)戒
1.161 𠩺羌乍(作)戒
3.659 奠(鄭)羌伯乍(作)季姜尊鬲
3.660 奠(鄭)羌伯乍(作)季姜尊鬲
3.1464 魚羌
4.2204 羌乍(作)宄姜齋鼎
5.2673 □令羌死(尸)𤔲□官/羌對揚君令于彝
9.4392 奠(鄭)義羌父乍(作)旅盨
9.4393 奠(鄭)義羌父乍(作)旅盨
9.4578 唯羌仲无擇其吉金
11.5879 羌乍(作)父己寶尊彝
12.6926 羌柔
12.7306 亞𠦃羌𢊁向乍(作)尊彝
14.8779 亞乙羌
15.9544 亞羌乍(作)㹜(獮、禰)彝

3573 美

3.1361 美宁
12.7010 美宁
14.9086 美乍(作)厥祖可公尊彝
14.9087 美乍(作)厥祖可公尊彝
15.9735 因載所美

3574 宰

13.7516 宰(小牢)

3575 羊

1.193 不帛(白)不羊(騂)
1.194 不帛(白)不羊(騂)
1.195 不帛(白)不羊(騂)
1.196 不帛(白)不羊(騂)
1.197 不帛(白)不羊(騂)
1.198 不帛(白)不羊(騂)
8.4165 賜芻(犓)羊(騂)犅(犅)

3576 羔

5.2831 東臣羔裘
14.9091 索諆乍(作)有羔日辛鬻彝
15.9726 賜羔俎
15.9727 賜羔俎

3577 羝

5.2831 舍(捨)盠冒梯、羝皮二、選皮二、業舄通(筩)皮二

3578 羣

16.10350 羣氏詹(諺)乍(作)善(膳)鎗

3579 羛

15.9674 右使〔車〕嗇夫吳羛、工賙

3580 羖

8.4331 王命仲到(致)歸(饋)羖伯貔(貔)裘/王若曰:羖伯/羖伯拜手䭫首/用乍(作)朕皇考武羖幾王尊段

3581 羞(彝)

3.1107 羞(彝)
3.1108 羞(彝)
3.1109 羞(彝)
12.6658 羞(彝)
13.7514 羞(彝)
13.7515 羞(彝)
15.9218 羞(彝)父辛

3582 群

1.113 群孫斨子璋
1.114 群孫斨子璋
1.115 群孫斨子璋
1.116 群孫斨子璋
1.117 群孫斨子璋
1.118-9 群孫斨子璋
5.2840 虘(吾)先考成王早棄群臣
8.4145 陳侯午台(以)群者(諸)侯獻金
9.4646 陳侯午台(以)群者(諸)侯獻金
9.4647 陳侯午台(以)群者(諸)侯獻金
9.4648 陳侯午淖(朝)群邦者(諸)侯于齊

3583 羴

12.6659 羴
12.6660 羴
12.6661 羴
17.10721 羴

3584 羸(犅)

11.5977 賜羸(犅)刧貝朋

3585 羠、羦

16.10245 羠子乍(作)行彝
17.11356 郙陰(陰)命(令)萬爲、右庫工師羠(羦)、冶豎

3586 羶

12.6835 羶己

3587 羺

13.7517 羺

3588 𤜣

4.2439 羊𤜣茲乍(作)厥文考叔寶尊彝

3589 犬

2.426 吳王□□□□犬子配兒
2.427 吳王□□□□犬子配兒
3.838 子父乙犬
4.1565 犬父丙
4.1811 犬王祖甲
4.1845 亞犬(貘?)父丁
4.2117 㣇犬犬魚父乙
5.2695 王令員執犬
5.2708 犬魚
5.2817 唯小臣、善(膳)夫、守、[友]、官、犬
6.3608 宰犬乍(作)父丁餑(饋)彝
10.4826 丁犬
11.6168 史犬
12.6496 犬山双
12.6647 犬
12.7179 亞卩犬(?)
13.7524 犬
13.7525 犬
13.7526 犬
13.7803 亞犬
13.7804 亞犬
13.8188 史犬
14.8866 犬山父乙
14.8867 㮚犬父乙
15.9489 天犬
17.10840 亞犬(?)

3590 犮

6.2915 犮
10.4863 㸚犮
15.9735 卲犮(跋)皇工(功)/明犮(跋)之于壺而時觀焉

3591 犾

8.4128 用犾萬邦

3592 犿(犿、獙)

3.918 孚父犿(獙)乍

(作)旅甗(甗)

3593 狄

1.49 敭狄(逖)不龏(恭)
7.4019 曹伯狄乍(作)夙(宿)㚸公尊段
9.4631 克狄(逖)淮尸(夷)
9.4632 克狄(逖)淮尸(夷)
15.9707 府啬夫在、冶事(吏)狄敀(挌)之
16.10175 永不(丕)巩(恐)狄虘(祖)
17.11336 奠(鄭)命(令)韓熙、右庫工師司馬鴡、冶狄

3594 狃

15.9734 茅(苗)蒐狃(田)獵

3595 犽

5.2611 虒命(令)周収、眂(視)事犽、冶期鑄
15.9449 犽、冶期鑄

3596 狗

4.2369 長子狗乍(作)文父乙尊彝

3597 狐

17.10916 陽狐
17.11391 相邦肖(趙)狐(豹)、邦左庫工師鄗哲、冶匜□敦(撻)齋(劑)

3598 狷(猘、狾)

10.5198 狷(猘)乍(作)寶尊彝

3599 狎

17.11371 奠(鄭)命(令)幽□恒、司寇彭璋、武庫工師車咺、冶狎
17.11387 奠(鄭)倫(令)肖(趙)距、司寇王屠、武庫工師鑄章、冶狎
18.11551 奠(鄭)倫(令)向佃、司寇零(露)商、武庫工師鑄章、冶狎

3600 狘

5.2840 天其又(有)狘(型)于㘴(在)厥邦

3601 犾、豩(獮)

4.2141 犾(獮)父乍(作)㛐(瀕)始(姒)貞(鼎)
5.2826 用康頤(揉)妥(綏)褱(懷)遠豩(邇)君子
5.2836 頤(揉)遠能豩(邇)
7.3976 犾(獮)馭從王南征
8.4326 頤(揉)遠能豩(邇)
15.9300 豩(獮)馭弟史遡(饋)馬
15.9544 亞羌乍(作)犾(獮、禰)彝

3602 狽

10.5197 狽乍(作)寶尊彝
10.5278 狽元乍(作)父戊尊彝
11.5839 狽乍(作)旅彝
12.6492 狽
15.9242 宁狽乍(作)父丁彝
16.10539 乍(作)狽寶彝
18.11561 閔倫(令)肖(趙)狽、下庫工師叚石、冶人參所鑄鈷户者

3603 狺

3.615 伯狺父乍(作)井叔、季姜尊鬲

3604 猒

1.272-8 余引猒(厭)乃心
1.281 余引猒(厭)乃心
1.285 余引猒(厭)乃心
5.2841 皇天引猒(厭)厥德
7.4110 魯士商叡肇乍(作)朕皇考叔猒父尊段
7.4111 魯士商叡肇乍(作)朕皇考叔猒父尊段
8.4330 乃沈子妹(昧)克蔑見猒(厭)于公休

3605 戕、獵

10.5119 獵乍(作)旅彝
11.5775 獵乍(作)旅彝

3606 猲

4.1768 猲壺鼎

3607 猒、獡

12.7300 亞獡皿合乍(作)尊彝

3608 雅(雅)

15.9558 雅(雅)子艂尊壺

3609 猷

1.260 朕猷又(有)成亡競
1.261 誨(謀)猷不(丕)飤(飭)
5.2826 宣𠨘我猷
5.2836 宖(宇)静于猷
5.2841 擁(雍)我邦小大猷
8.4317 寍(憲)烝宇、慕遠猷
8.4342 令(命)女(汝)叀(惠)擁(雍)我邦小大猷
16.10175 遠猷腹心
16.10371 陳猷立(涖)事歲

3610 猶

5.2840 猶粯(迷)惑於子之而迒(亡)其邦

3611 猤、㹯

5.2840 以猤(佐)右(佑)寡人
15.9734 或得賢(賢)猤

(㺉、佐)司馬賙(貯)
15.9735 使得孯(賢)在(士)良㺉(佐)賙(貯)/以㺉(佐)右(佑)厥闢(辟)/受賃(任)㺉(佐)邦

3612 獄

8.4293 用獄誎爲伯
8.4340 勿事(使)敢又(有)疾止從(縱)獄
9.4469 勿事(使)暴虐從(縱)獄

3613 獏、貘

3.503 亞貘父己
4.1841 亞貘父丁
4.1842 亞貘父丁
4.1843 亞貘父丁
4.1844 亞貘父丁
6.3102 亞貘
10.5086 亞貘父辛
10.5412 亞貘父丁
10.5413 亞貘父丁
10.5414 亞貘
11.5736 亞貘父丁
12.7231 亞貘父丁
14.8894 亞貘父丁
14.8895 亞貘父丁
15.9164 亞貘
15.9374 亞貘父丁

3614 獙

3.648 魯侯獙(熙)乍(作)彝
10.5067 獙盧父丁
16.10175 亟獙逭(宣)慕(謨)

3615 獛

16.10210 鑄子獛乍(作)也(匜)

3616 獻(誏)

8.4311 伯龢父若曰:師獻/獻拜䭫首/獻其萬年

3617 獸

15.9735 獸(舉)孯(賢)使能

3618 獿

3.1117 獿
3.1118 獿
4.1855 庚獿父丁
6.3418 庚獿馬父乙
11.6183 㢆(庚)獿
12.6381 㢆(庚)獿父乙
12.7263 㢆(庚)獿父乙馬
14.8865 㢆獿父乙
17.10821 獿

3619 玃

3.1415 亞玃
4.1742 亞辛玃
4.2034 亞伯禾玃乍(作)
12.6481 㠱𩰫(䞐)玃乍(作)祖辛彝
13.7344 玃

3620 獵

15.9715 罝(罟)獵毋後
15.9734 茅(苗)蒐狃(田)獵

3621 獻、甗

3.805 寶獻(甗)
3.858 伯乍(作)旅獻(甗)
3.860 仲乍(作)旅獻(甗)
3.862 䡇乍(作)旅獻(甗)
3.870 伯真乍(作)旅獻(甗)
3.873 井伯乍(作)旅獻(甗)
3.874 解子乍(作)旅獻(甗)
3.877 龏妊賸(媵)獻(甗)
3.887 卤弗生(甥)乍(作)旅獻(甗)
3.898 伯產乍(作)寶旅獻(甗)
3.900 伯𨾾(媢)父乍(作)旅獻(甗)
3.902 仲酉父肈乍(作)獻(甗)
3.905 乍(作)父癸寶尊獻(甗)
3.909 叔鼒乍(作)寶獻(甗)
3.910 孟姬安自乍(作)寶獻(甗)
3.911 㫃仲雩父乍(作)旅獻(甗)
3.913 比乍(作)寶獻(甗)
3.918 孚父猌(猌)乍(作)旅獻(甗)
3.919 㞢乍(作)獻(甗)
3.921 □□□乍(作)寶獻(甗)
3.923 伯淩父乍(作)獻(甗)
3.925 滇刃筍父乍(作)寶獻(甗)
3.926 奠(鄭)井叔乍(作)季姞獻(甗)
3.927 伯姜乍(作)旅獻(甗)
3.928 叔碩父乍(作)旅獻(甗)
3.929 㲃父乍(作)寶獻(甗)
3.931 仲伐父乍(作)姬尚母旅獻(甗)
3.932 子邦父乍(作)旅獻(甗)
3.933 尌仲乍(作)獻(甗)
3.934 自乍(作)寶獻(甗)
3.937 奠(鄭)大(太)師小子侯父乍(作)寶獻(甗)
3.938 奠(鄭)氏伯高父乍(作)旅獻(甗)
3.939 魯仲齊乍(作)旅獻(甗)
3.940 伯鮮乍(作)旅獻(甗)
3.942 仲枏父乍(作)旅獻(甗)
3.943 自乍(作)旅獻(甗)
3.945 自乍(作)飤獻(甗)
3.947 敶(陳)公子子叔邍父乍(作)旅獻(甗)
3.948 用乍(作)旅獻

(甗)
5.2626 商(賞)獻侯顯貝
5.2627 商(賞)獻侯顯貝
5.2718 寓獻佩于王姛
5.2778 史獸獻工(功)于尹/咸獻工(功)
5.2792 始獻工(功)
5.2825 令女(汝)官嗣歙(飲)獻人于晃
5.2835 多友廼獻俘聝訊于公/武公廼獻于王/武公在獻宮/廼迣(延)于獻宮
5.2839 獻西旅
7.3894 學(肇)父乍(作)姬獻賸(媵)段
8.4145 陳侯午台(以)群者(諸)侯獻金
8.4205 楷伯令厥臣獻金車/獻身在畢公家
8.4213 戎獻金于子牙父百車
8.4292 余獻寢氏以壺
8.4293 今余既一名典獻
8.4317 肄(肆)余以餧士、獻民
8.4328 余來歸獻禽(擒)
8.4329 余來歸獻禽(擒)
8.4331 獻責(帛)
9.4413 諫季獻乍(作)旅須(盨)
9.4464 厥獻厥服
9.4465 唯用獻于師尹、倗友、聞(婚)遘(媾)
9.4595 乍(作)皇考獻叔餴(饋)般(盤)
9.4596 乍(作)皇考獻叔餴(饋)般(盤)
9.4646 陳侯午台(以)群者(諸)侯獻金
9.4647 陳侯午台(以)群者(諸)侯獻金
12.7213 奄獻祖丁
14.8567 獻父己
15.9733 絺者獻于霝(靈)公之所/歸獻于霝(靈)公之所/獻之于畝(輜、莊)公之所
16.7360 用獻用酌
16.10173 獻聝于王
17.11325 溥宮我其獻
17.11326 溥宮我其獻
17.11358 獻鼎之歲
18.12041 寺工獻、工上造但

3622 㬎

9.4501 王孫㬎乍(作)蔡姬飤簠

3623 豖

3.1401 亞豖
5.2745 自豖鼎降十
5.2778 賜豖鼎一、爵一
8.4141 自豖鼎降十
8.4142 自豖鼎降十
8.4143 自豖鼎降十
10.4841 癸豖
12.6465 亞聿萬豖父乙
12.6668 豖
13.7518 豖
13.7519 豖
13.7520 豖
13.8213 𠀠豖
13.8222 鴻豖
14.8315 豖祖乙
14.8617 豖父辛
14.8850 亞豖父甲
16.10164 自豖鼎降十又一
17.10679 豖

3624 豕

8.4298 王令善(膳)夫豕曰趞睽曰:余既賜大乃里/睽賓(儐)豕章(璋)、帛束/睽令豕曰天子:余弗敢歠(吝)/豕以(與)睽履大賜里/大賓(儐)豕訊(介)章(璋)、馬兩
8.4299 王令善(膳)夫豕曰趞睽曰:余既賜大乃里/睽賓(儐)豕章(璋)、帛束/睽令豕曰天子:余弗敢歠(吝)/豕以(與)睽履大賜里/大賓(儐)豕訊(介)章(璋)、馬兩

3625 豻

4.1645 辛父豻
10.4892 豻祖戊
12.6423 齊豻父癸
12.6651 豻

3626 豩

7.3980 吳豩父乍(作)皇祖考庚孟尊段
7.3981 吳豩父乍(作)皇祖考庚孟尊段
7.3982 吳豩父乍(作)皇祖考庚孟尊段

3627 豜

8.4330 沈子肇斁豜貯嗇

3628 豰

5.2598 未(叔)史小子豰乍(作)寒姒好尊鼎
13.7521 豰

3629 豚

4.2315 亞豚乍(作)父乙寶尊鼎
10.5365 豚乍(作)父庚宗彝
10.5421 昔(穀)百生(姓)豚
10.5422 昔(穀)百生(姓)豚
11.5999 昔(穀)百生(姓)豚
15.9454 昔(穀)百生(姓)豚
16.9894 辭商(賞)貝十朋、丏豚

3630 家

5.2841 賜女(汝)秬鬯一卣、祼圭瓚寶、朱市、悤(蔥)黃(衡)、玉環、玉琮、金車、桒(賁)縟較(較)、朱鞹(鞹)㘝靳、虎冟(冪)熏裏、右軛、畫轉、畫輯、金甬(桶)、逪(錯)衡、金嶂(踵)、金家(軝)、約(約)𩕉(盛)、金簟弼(茀)、魚箙、馬

四匹、攸(鋚)勒、金𠯑(臺)、金膺、朱旂二鈴(鈴)

8.4326 賜朱芾、悤(葱)黄(衡)、鞞鞍(璲)、玉睘(環)、玉瑹、車、電軫、桒(賁)縟較(较)、朱𩍐(鞹)𩏽靳、虎冟(冪)熏(纁)裏、道(錯)衡、右厄(軛)、畫轉、畫𨍭、金童(踵)、金豙(軝)、金簟弼(茀)、魚葡(箙)、朱旂旜(旜)金芫二鈴

3631 㺜

12.6654 㺜

13.7530 㺜

15.9456 裘衛廼㺜(矢)告于伯邑父、㷛(榮)伯、定伯、𣄨伯、單伯

15.9726 賜㺜俎

15.9727 賜㺜俎

15.9733 台(以)亟(殛)伐㺜□丘 / 與台□㺜師

17.11382 㺜倫(令)鯱賸、司寇奠(鄭)𡨄、左庫工師器較(較)、冶□散(造)

3632 豩

12.7055 ⾻(臣)豩

3633 豧

9.4618 樂子嚷豧擇其吉金

3634 豬

7.4027 伯豬父乍(作)朕皇考𢓊伯、吳(虞)姬尊段

3635 豰

5.2570 掃片昶豰乍(作)寶鼎

5.2571 掃片昶豰乍(作)寶鼎

3636 豱(貂)

11.5850 𤪌伯豱(貂)乍(作)寶尊

3637 豲

5.2840 覰(叡)弇夫豲

3638 豬

17.11374 漆工師豬、丞㧊、工隸臣積

3639 豵

17.11314 皇陽命(令)强豵、工師痯𪏇(黝)、冶才

17.11315 皇陽命(令)强豵、工師痯𪏇(黝)、冶才

3640 豶

5.2830 伯亦克豶(款)由先祖蠱孫子

3641 豶(貜)

3.1373 豶(貜)

3.1374 豶(貜)

3.1375 豶(貜)

3.1376 豶(貜)

4.1600 豶(貜)父丁

4.1856 豶(貜)父丁册

6.3108 豶(貜)册

6.3320 豶(貜)册父丁

6.3604 豶(貜)册

10.4871 豶(貜)册

10.5045 豶(貜)册祖丁

10.5046 豶(貜)册祖丁

11.5573 豶(貜)册

12.6390 豶(貜)册父丁

13.7500 豶(貜)

15.9199 豶(貜)册

15.9377 豶(貜)册父丁

16.10030 豶(貜)册

17.10678 豶(貜)

3642 豷(鴉)

10.4789 豷

3643 豸(豯、豵)

9.4379 敶(陳)姬小公子子豸(豯、豵)叔嬀飤盨

3644 豹

12.6655 豹

3645 豺

13.8214 豺

3646 豻

3.731 奠(鄭)師豻(邍)父乍(作)鬲鬲

3647 豽

6.3453 乍(作)豽商彝段

15.9729 齊侯女雷豽(聿)喪其段(舅)

15.9730 齊侯女雷豽(聿)喪其段(舅)

3648 貀(?)

15.9456 燮(豳)趙、衛小子貀逆者(諸)其鄉(饗)

3649 貁(貁)

8.4192 貁(貁)對揚王休

8.4193 貁(貁)對揚王休

8.4237 余貁(貁)敂〔作〕朕皇文考寶尊

3650 貂

6.3231 貂父寶

8.4195 王命𦺇眔叔貂父歸(饋)吳姬𩞁(饔)器

8.4261 不(丕)貂(肆)王乍(則)庚(庸)

10.5416 不(丕)貂(肆)伯懋父友(友)召

3651 貅、貅(貂、豗)

3.1319 子貅(貂)

6.3322 子貅(貂)父丁

10.4850 子貅(豗)

10.5057 子貅(豗)父乙

17.10680 貅(豗)

3652 貆

11.5565 亞貆

11.6356 亞貆冉

13.8211 貆册

13.8212 貆册

14.8949 父辛貆重

14.8950 父辛貆重

16.9851 亞𩴎

3653 飳、𩚃(狖、貁)

3.754 休天君弗望(忘)穆公聖𢍰明𩚃事先王

3.755 休天君弗望(忘)穆公聖𢍰明𩚃事先王

5.2837 女(汝)勿𩚃(蔽)余乃辟一人

11.5962 叔𩚃(貁)賜貝于王㚸(姒)

16.9888 叔𩚃(貁)賜貝于王㚸(姒)

3654 㲋

6.3444 季㲋乍(作)旅毁

3655 𠅞(貄)

1.39 𠅞(彔)降多福無疆

1.145 數數𠅞𠅞(彔彔)

1.146 數數𠅞𠅞(彔彔)

1.147 數數𠅞𠅞(彔彔)

1.148 數數𠅞𠅞(彔彔)

3.646 王乍(作)姬𠅞(貄)母尊鬲

4.2199 井季𠅞乍(作)旅鼎

9.4366 史𠅞乍(作)旅盨

9.4367 史𠅞乍(作)旅盨

9.4523 史𠅞乍(作)旅簠

10.5239 井季𠅞乍(作)旅彝

11.5859 井季𠅞(貄)乍(作)旅彝

3656 𩴎

7.3848 乍(作)𩴎男、王姬𩴎彝

7.3949 季𩴎肇乍(作)厥文考井叔寶尊彝

8.4138 在上𩴎

3657 𩵦

3.663 𩵦伯、𩵦母子剌乍(作)寶鬲

3.664 𩵦伯、𩵦母子剌乍(作)寶鬲

3.665 𩵦伯、𩵦母子剌乍(作)寶鬲

9.4539 𩵦山奢淲鑄其寶簠

9.4540 𩵦山旅虎鑄其寶簠

9.4541 𩵦山旅虎鑄其寶簠

3658 𩵳

10.5413 𩵳

3659 兔

5.2548 圅皇父乍(作)琱娟(妘)尊兔鼎

3660 能

1.272-8 女(汝)康能乃又(有)事(吏)

1.285 女(汝)康能乃又(有)事(吏)

5.2782 勿或能訇(已)

5.2818 牧弗能許鬲比

5.2836 顧(揉)遠能𢓊(邇)

5.2840 其隹(誰)能之/其隹(誰)能之

5.2841 康能四或(國)

8.4269 我不能不眔縣伯萬年保

8.4278 牧弗能許鬲比

8.4326 顧(揉)遠能𢓊(邇)

8.4330 乃沈子其顧褱(懷)多公能福

11.5984 能匋賜貝于厥咎(盌)公/能匋用乍(作)文父日乙寶尊彝

15.9734 不能寧處

15.9735 與(舉)孯(賢)使能/進孯(賢)散(措)能

3661 虎

1.272-8 靈(靈)力若虎

1.283 若虎

1.285 靈(靈)力若虎

3.575 無(許)姬乍(作)姜虎旅鬲

4.1629 虎父庚

4.1885 虎重父辛

4.2343 叔虎父乍(作)叔姬寶鼎

4.2437 𠬝(拔)虎乍(作)𩰬鼎

5.2751 唯王令南宮伐反(叛)虎方之年

5.2752 唯王令南宮伐反(叛)虎方之年

5.2784 史趞曹賜弓矢、虎盧、九(厹)、冑、毌(干)、殳

5.2814 曰:官嗣穆王遉(正)側虎臣

5.2816 賜女(汝)秬鬯一卣、玄衮衣、幽夫(巿)、赤舄、駒車、畫呻(紳)、䩛(幬)學(較)、虎𩊚(幃)、冟袚里幽、攸(鋚)勒、旅(旂)五旅(旂)、彤弓、彤矢、旅(玈)弓、旅(玈)矢、𠂕戈、虢(皋)冑

5.2824 率虎臣御(禦)淮戎

5.2831 矩取省車、軷𠦪(賁)圅、虎冟(幎)、蔡(𢑚)𠈪、畫轉、㝉(鞭)㡀(席)𩋾、帛𢇍(繐)乘、金應(鑣)鋞(鋞)

5.2841 雩(與)參有嗣、小子、師氏、虎臣/賜女(汝)秬鬯一卣、祼圭瓚寶、朱巿、悤(蔥)黃(衡)、玉環、玉琮、金車、𠦪(賁)縟較(較)、朱𩍓(鞹)圅靳、虎冟(冪)熏裏、右軛、畫轉、畫輯、金甬(桶)、遣(錯)衡、金嶂(踵)、金豙(軝)、𦀚(約)𦅸(盛)、金簟弼(茀)、魚箙、馬四匹、攸(鋚)勒、金𠷎(臺)、金膺、朱旂二鈴(鈴)

6.2974 虎

6.2975 虎

6.2976 虎

6.2977 虎

6.2978 虎

7.3828 賸(滕)虎敢肇乍(作)厥皇考公命仲寶尊彝

7.3829 滕(滕)虎敢肇乍(作)厥皇考公命仲寶尊彝
7.3830 滕(滕)虎敢肇乍(作)厥皇考公命仲寶尊彝
7.3831 滕(滕)虎敢肇乍(作)厥皇考公命仲寶尊彝
7.3832 滕(滕)虎敢肇乍(作)厥皇考公命仲寶尊彝
8.4251 王乎宰曶賜大(太)師虘虎裘
8.4252 王乎宰曶賜大(太)師虘虎裘
8.4288 啻(嫡)官邑人、虎臣、西門尸(夷)、㠱尸(夷)、秦尸(夷)、京尸(夷)、弁身尸(夷)
8.4289 啻(嫡)官邑人、虎臣、西門尸(夷)、㠱尸(夷)、秦尸(夷)、京尸(夷)、弁身尸(夷)
8.4290 啻(嫡)官邑人、虎臣、西門尸(夷)、㠱尸(夷)、秦尸(夷)、京尸(夷)、弁身尸(夷)
8.4291 啻(嫡)官邑人、虎臣、西門尸(夷)、㠱尸(夷)、秦尸(夷)、京尸(夷)、弁身尸(夷)
8.4292 召伯虎曰: 余既訊㚖
8.4293 召伯虎告曰: 余告慶
8.4302 余賜女(汝)秬鬯一卣、金車、㚔(賁)幬(幬)較(較)、㚔(賁)圅朱號(鞹)靳、虎冟(冪)窔(朱)裏、金甬(筩)、畫聞(輯)、金厄(軛)、畫轉、馬四匹、鋚勒
8.4313 㞢(殿)左右虎臣
8.4314 㞢(殿)左右虎臣
8.4316 井伯內(入)右(佑)師虎 / 王乎內史吳曰: 册令(命)虎 / 王若曰: 虎 / 虎敢拜䭫首
8.4318 賜女(汝)秬鬯一卣、金車、㚔(賁)較(較)、朱號(鞹)圅靳、虎冟(冪)熏(纁)裏、右厄(軛)、畫轉、畫輯、金甬(筩)、馬四匹、攸(鋚)勒
8.4319 賜女(汝)秬鬯一卣、金車、㚔(賁)較(較)、朱號(鞹)圅靳、虎冟(冪)熏(纁)裏、右厄(軛)、畫轉、畫輯、金甬(筩)、馬四匹、攸(鋚)勒
8.4321 先虎臣後庸: 西門尸(夷)、秦尸(夷)、京尸(夷)、㠱尸(夷)、師笭、側新(薪)、□華尸(夷)、弁豸尸(夷)、㫃人、成周走亞、戍、秦人、降人、服尸(夷)
8.4326 賜朱市、悤(蔥)黃(衡)、鞞鞻(璲)、玉環(環)、玉琮、車、電軫、㚔(賁)緐較(较)、朱圅(鞹)圅靳、虎冟(冪)熏(纁)裏、造(錯)衡、右厄(軛)、畫轉、畫輯、金童(踵)、金家(軛)、金簟弼(茀)、魚葡(箙)、朱旂旜(旜)金芫二鈴
8.4343 賜女(汝)秬鬯一卣、金車、㚔(賁)較(較)、畫輯、朱號(鞹)圅靳、虎冟(冪)熏(纁)裏、旂、余(駼)〔馬〕四匹
9.4399 亘虎
9.4467 䋣(纘)嗣左右虎臣 / 賜女(汝)秬鬯一卣、赤市、五黃(衡)、赤舄、牙僰、駒車、㚔(賁)較(較)、朱號(鞹)圅靳、虎冟(冪)熏(纁)裏、畫轉(轉)、畫輯、金甬(筩)、朱旂、馬四匹、攸(鋚)勒、素戉(鉞)
9.4468 䋣(纘)嗣左右虎臣 / 賜女(汝)秬鬯一卣、赤市、五黃(衡)、赤舄、牙僰、駒車、㚔(賁)較(較)、朱號(鞹)圅靳、虎冟(冪)熏(纁)裏、畫轉(轉)、畫輯、金甬(筩)、朱旂、馬四匹、攸(鋚)勒、素戉(鉞)
9.4469 賜女(汝)秬鬯一卣、乃父市、赤舄、駒車、㚔(賁)較(較)、朱號(鞹)圅靳、虎冟(冪)熏(纁)裏、畫轉、畫輯、金甬(筩)、馬四匹、鋚勒
9.4540 㒸山旅虎鑄其寶簠
9.4541 㒸山旅虎鑄其寶簠
9.4592 是叔虎父乍(作)杞孟辝(姒)餴(饙)簠
12.7035 戈(戒)虎
12.7150 虎未父辛
12.7223 父乙㚸(戎)虎
13.7508 虎
15.9456 矩或取赤虎(琥)兩、麀㚔(韍)兩、㚔(賁)韐(䘓、帢)一
16.9898 賜秬鬯一卣、玄衮衣、赤舄、金車、㚔(賁)圅朱號(鞹)靳、虎冟(冪)熏(纁)裏、㚔(賁)較(較)、畫轉、金甬(筩)、馬四匹、攸(鋚)勒
16.10176 夨人有嗣眉(堳)田: 鮮、且、微、武父、西宮襄、豆人虞丂、彔、貞、師氏右省、小門人繇、原人虞艿、淮嗣工(空)虎孛、㽙豐父、唯(鳿)人有嗣、刑丂
17.10860 ᒍ虎
17.11265 虎㪅丘君豫之元用
17.11364 虎奔(賁)
18.11783 㚢(戒)虎
18.11999 虎

3662 虒

1.14 己(紀)侯虒乍(作)寶鐘

3663 彪

16.10145 毛叔朕(媵)彪氏孟姬寶般(盤)

17.11134 無(許)伯彪之用戈

3664 虓(豺)

7.3908 量侯虓(豺)柞(作)寶尊段

3665 虘

11.5477 虘

3666 虤

11.5857 叔虤乍(作)寶尊彝

3667 虢

5.2831 其朝(賸)衛臣虢朏

3668 號

1.141 師臾肁(肇)乍(作)朕剌(烈)祖號季、宄公、幽叔、朕皇考德叔大稟(林)鐘

1.238 號叔旅曰：不(丕)顯皇考叀(惠)叔

1.239 號叔旅曰：不(丕)顯皇考叀(惠)叔

1.240 號叔旅曰：不(丕)顯皇考叀(惠)叔

1.241 號叔旅曰：不(丕)顯皇考叀(惠)叔

1.242-4 號叔旅曰：不(丕)顯皇考叀(惠)叔

3.512 號姞乍(作)鬲

3.524 號叔乍(作)尊鬲

3.525 號叔乍(作)尊鬲

3.561 號仲乍(作)姞尊鬲

3.562 號仲乍(作)姞尊鬲

3.603 號叔乍(作)叔殷穀尊鬲

3.661 號季子緻(組)乍(作)鬲

3.662 號季氏子緻(組)乍(作)鬲

3.683 號季氏子钕乍(作)寶鬲

3.708 號仲乍(作)號妃尊鬲

3.709 號伯乍(作)姬大母尊鬲

3.736 號文公子钕乍(作)叔妃鬲

3.897 號伯乍(作)旅甗用

4.2472 號姜乍(作)寶尊鼎

4.2492 號叔大父乍(作)尊鼎

4.2526 穌(蘇)冶妊乍(作)號妃魚母賸(媵)

5.2599 奠(鄭)號仲悆咸(勇)用乍(作)皇祖、文考寶鼎

5.2634 號文公子钕乍(作)叔妃鼎

5.2635 號文公子钕乍(作)叔妃鼎

5.2636 號文公子钕乍(作)叔妃鼎

5.2637 號宣公子白乍(作)尊鼎

5.2742 王乎號叔召瘨

5.2818 王令省史南以即號旅 / 號旅迺事(使)攸衛牧誓曰：我弗具付鬲匕(比)

5.2827 王乎史號生(甥)册令(命)頌

5.2828 王乎史號生(甥)册令(命)頌

5.2829 王乎史號生(甥)册令(命)頌

6.3244 號叔乍(作)

6.3551 城號仲乍(作)旅段

7.3820 號姜乍(作)寶段

7.3866 城號遣生(甥)乍(作)旅段

7.3971 號季氏子緻(組)乍(作)段

7.3972 號季氏子緻(組)乍(作)段

7.3973 號季氏子緻(組)乍(作)段

7.4024 奠(鄭)號仲乍(作)寶段

7.4025 奠(鄭)號仲乍(作)寶段

7.4026 奠(鄭)號仲乍(作)寶段

8.4182 號姜乍(作)寶尊段 / 號姜其萬年眉壽

8.4184 號仲令公臣嗣朕百工

8.4185 號仲令公臣嗣朕百工

8.4186 號仲令公臣嗣朕百工

8.4187 號仲令公臣嗣朕百工

8.4202 王乎號仲入右(佑)何

8.4278 王令省史南以即號旅 / 號旅迺事(使)攸衛牧誓

8.4302 余賜女(汝)秬鬯一卣、金車、桒(賁)幬(幬)較(較)、桒(賁)㮚朱號(鞹)靳、虎冟(冪)窞(朱)裏、金甬(筩)、畫聞(輯)、金厄(軛)、畫轉、馬四匹、鋚勒

8.4318 賜女(汝)秬鬯一卣、金車、桒(賁)較(較)、朱號(鞹)㮚靳、虎冟(冪)熏(纁)裏、右厄(軛)、畫轉、畫輯、金甬(筩)、馬四匹、攸(鋚)勒

8.4319 賜女(汝)秬鬯一卣、金車、桒(賁)較(較)、朱號(鞹)㮚靳、虎冟(冪)熏(纁)裏、右厄(軛)、畫轉、畫輯、金甬(筩)、馬四匹、攸(鋚)勒

8.4332 王乎史號生(甥)册令(命)頌

8.4333 王乎史號生(甥)册令(命)頌

8.4334 王乎史號生(甥)册令(命)頌

8.4335 王乎史號生

(甥)册令(命)頌
8.4336 王乎史虢生(甥)册令(命)頌
8.4337 王乎史虢生(甥)册令(命)頌
8.4338 王乎史虢生(甥)册令(命)頌
8.4339 王乎史虢生(甥)册令(命)頌
8.4341 王令毛伯更虢城公服
8.4343 賜女(汝)秬鬯一卣、金車、桒(賁)較(較)、畫轄、朱虢(鞹)㢱靳、虎冟(冪)熏(纁)裏、旂、余(駼)〔馬〕四匹
9.4389 虢叔鑄行盨
9.4416 遣叔吉父乍(作)虢王姞旅須(盨)
9.4417 遣叔吉父乍(作)虢王姞旅須(盨)
9.4418 遣叔吉父乍(作)虢王姞旅須(盨)
9.4435 虢仲以王南征
9.4462 王乎史寿(敖)册賜般(鞶)靳、虢(鞹)攸(芾)、攸(鋚)勒
9.4463 王乎史寿(敖)册賜般(鞶)靳、虢(鞹)攸(芾)、攸(鋚)勒
9.4467 賜女(汝)秬鬯一卣、赤芾、五黄(衡)、赤舄、牙僰、駒車、桒(賁)較(較)、朱虢(鞹)㢱靳、虎冟(冪)熏(纁)裏、畫轉(轉)、畫轄、金甬(筩)、朱旂、馬四匹、攸(鋚)勒、素戉(鉞)
9.4468 賜女(汝)秬鬯一卣、赤芾、五黄(衡)、赤舄、牙僰、駒車、桒(賁)較(較)、朱虢(鞹)㢱靳、虎冟(冪)熏(纁)裏、畫轉(轉)、畫轄、金甬(筩)、朱旂、馬四匹、攸(鋚)勒、素戉(鉞)
9.4469 賜女(汝)秬鬯一卣、乃父芾、赤舄、駒車、桒(賁)較(較)、朱虢(鞹)㢱靳、虎冟(冪)熏(纁)裏、畫轉、畫轄、金甬(筩)、馬四匹、鋚勒
9.4498 虢叔乍(作)叔殷穀尊簠
9.4514 虢叔乍(作)旅簠
9.4515 虢叔乍(作)旅簠
10.5376 虢季子緻(組)乍(作)寶彝
11.5914 虢叔乍(作)叔殷穀尊朕
15.9655 虢季氏子緻(組)乍(作)寶壺
15.9726 王乎虢叔召(詔)瘋
15.9727 王乎虢叔召(詔)瘋
15.9731 王乎史虢生(甥)册令(命)頌
15.9732 王乎史虢生(甥)册令(命)頌
16.9898 賜秬鬯一卣、玄衮衣、赤舄、金車、桒(賁)㢱朱虢(鞹)靳、虎冟(冪)熏(纁)裏、桒(賁)較(較)、畫轉、金甬(筩)、馬四匹、攸(鋚)勒
16.10088 虢嬶(姪)〔妃〕乍(作)寶般(盤)
16.10118 穌(蘇)冶妊乍(作)虢妃魚母般(盤)
16.10173 虢季子白乍(作)寶盤
16.10192 虢季乍(作)中姬寶也(匜)
16.10272 齊侯乍(作)虢孟姬良女(母)寶也(匜)
16.10306 虢叔乍(作)旅盂
16.10307 虢叔乍(作)旅盂
17.11116 虢大(太)子元徒戈
17.11117 虢大(太)子元徒戈

3669 虢、虢

5.2816 賜女(汝)秬鬯一卣、玄衮衣、幽夫(芾)、赤舄、駒車、畫呻(紳)、幬(幬)學(較)、虎幃(幃)、冟衽里幽、攸(鋚)勒、旅(旂)五旅(旂)、彤弓、彤矢、旅(玈)弓、旅(玈)矢、𢦏戈、虢(臯)胄
5.2839 弓一、矢百、畫虢(臯)一、貝胄一、金毌(干)一、𢧵戈二、矢豉八
15.9733 㝵(崔)子虢(執)鼓/虢者獻于靈(靈)公之所/商(賞)之台(以)兵虢(臯)車馬/虢方綾滕相乘駐(牡)/庚蔵(捷)其兵虢(臯)車馬

3670 虢、虢、虒、虒

1.262-3 以虢事綜(蠻)方
1.264-6 以虢事綜(蠻)方
1.267 以虢事綜(蠻)方
1.268 以虢事綜(蠻)方
1.269 以虢事綜(蠻)方
1.270 虢事綜(蠻)夏
1.272-8 虢虢(赫赫)成唐(湯)
1.285 虢虢(赫赫)成唐(湯)
5.2841 虢許上下若否雩(于)四方
8.4315 虢(赫)事綜(蠻)夏
16.10342 ☐虢虢在〔上〕/☐攻虢者

3671 虢

6.3552 叔虢乍(作)寶尊殷
6.3553 叔虢乍(作)寶尊殷
6.3554 叔虢乍(作)寶尊殷

8.4250 曰：嗣琱宫人虤𢈋

3672　譬

5.2766 郤(徐)𦡞尹譬自乍(作)湯貞(鼎)

3673　虐、唐

8.4270 自虐東至于河
8.4271 自虐東至于河
8.4343 亦多虐庶民
9.4469 卑(俾)復虐逐厥君、厥師／勿事(使)暴虐從(縱)獄
18.11998 敬唐(虐)垟(嗟)忏(吁)

3674　虖

1.183 曰："於虖敬哉
1.185 曰："於虖敬哉
4.2082 虖北乍(作)季姬
5.2824 㦰曰：烏虖(乎)／㦰曰：烏虖(乎)
5.2833 烏虖(乎)哀哉
5.2840 于銘曰：於(烏)虖(乎)／而皇(况)才(在)於少君虖(乎)／於(烏)虖(乎)折(哲)絭(哉)／社禝其庶虖(乎)／於(烏)虖(乎)／於(烏)虖(乎)／於(烏)虖(乎)
5.2841 烏虖(乎)
8.4330 烏虖(乎)／烏虖(乎)
8.4341 班頴首曰：烏虖(乎)
10.5392 烏虖(乎)
10.5428 烏虖(乎)
10.5429 烏虖(乎)
10.5433 烏虖(乎)
11.6009 烏虖(乎)
11.6014 烏虖(乎)
15.9734 於(烏)虖(乎)
15.9735 於(烏)虖(乎)
16.10194 虖㫚丘堂之鎗(會)鑑(浣)

3675　虞、虞

6.3445 舟虞乍(作)旅段
6.3446 舟虞乍(作)旅段

3676　虗

15.9450 右使車嗇夫鄌(齊)虗、工㝬
15.9710 虗安兹漾陵
15.9711 虗安兹漾陵

3677　虔

1.120 女(汝)亦虔秉不(丕)浧(經)〔德〕
1.121 女(汝)亦虔秉不(丕)浧(經)德
1.122 女(汝)亦虔秉不(丕)浧(經)德
1.125-8 女(汝)亦虔秉不(丕)浧(經)德
1.132 女(汝)亦虔秉不(丕)浧(經)德
1.187-8 虔夙夕
1.189-90 虔夙夕
1.192 虔夙夕
1.210 有虔不惕(易)
1.211 有虔不惕(易)
1.217 有虔不惕(易)
1.218 有虔不惕(易)
1.219 有虔不惕(易)
1.220 有虔不惕(易)
1.221 有虔不惕(易)
1.222 有虔不惕(易)
1.223-4 虔〔敬〕命勿忘
1.251-6 今痶夙夕虔敬卹厥死(尸)事
1.262-3 余夙夕虔敬朕祀
1.264-6 余夙夕虔敬朕祀
1.267 余夙夕虔敬朕祀
1.268 余夙夕虔敬朕祀
1.269 余夙夕虔敬朕祀
1.270 虔敬朕祀
1.272-8 虔卹厥死(尸)事／余用虔卹不易
1.282 虔卹不易
1.285 虔卹乃死(尸)事／虔卹不易
5.2812 虔夙夜
5.2826 虔不家(墜)
5.2841 虔夙夕叀(惠)我一人
8.4219 追虔夙夕卹厥死(尸)事
8.4220 追虔夙夕卹厥死(尸)事
8.4221 追虔夙夕卹厥死(尸)事
8.4222 追虔夙夕卹厥死(尸)事
8.4223 追虔夙夕卹厥死(尸)事
8.4224 追虔夙夕卹厥死(尸)事
8.4313 師袁虔不家(墜)
8.4314 師袁虔不家(墜)
8.4315 虔敬朕祀
8.4326 虔夙夜
11.6010 蔡侯龖(申)虔共(恭)大命
16.10171 蔡侯龖(申)虔共(恭)大命
16.10298 虔敬乃后
16.10299 虔敬乃后
16.10342 虔龏盟〔祀〕

3678　虘

1.88 虘乍(作)寶鐘／虘眔蔡姬永寶
2.423 喬君淲虘與朕以贏
5.2839 𢦚(鬼)旟(獫)虘以新□從
6.3520 虘乍(作)父辛尊彝
7.4091 伯梡虘肈乍(作)皇考剌公尊段
7.4092 伯梡虘肈乍(作)皇考剌公尊段
7.4093 伯梡虘肈乍(作)皇考剌公尊段
7.4094 伯梡虘肈乍(作)皇考剌公尊段
7.4111 商虘(叡)其萬年眉壽
8.4251 王乎師晨召(詔)大(太)師虘／王乎宰曶賜大(太)師虘虎裘／虘拜頴首／虘其萬年永寶用
8.4252 王乎師晨召(詔)大(太)師虘／王

乎宰曶賜大(太)師虘虎裘/虘拜韻首/虘其萬年永寶用
9.4692 大(太)師虘乍(作)烝尊豆/虘其永寶用享
14.8952 虘乍(作)父辛
16.10175 永不(丕)巩(恐)狄虘(柤)
18.11496 正□虘非

3679 虞

8.4199 世子子孫虞寶用
8.4200 世子子孫孫虞寶用
8.4320 王令(命)虞(虎)侯夨曰:鄙(?)侯于宜/乍(作)虞(虎)公父丁尊彝
15.9694 虞嗣寇伯吹乍(作)寶壺
15.9695 虞嗣寇伯吹乍(作)寶壺
15.9696 虞侯政乍(作)寶壺
16.10176 夨人有嗣眉(堳)田:鮮、且、微、武父、西宮襄、豆人虞丂、彔、貞、師氏右省、小門人繇、原人虞艿、淮嗣工(空)虎孛、閈豐父、隹(鴻)人有嗣、刑丂
17.11002 虞之戟
17.11073 闈(閒)丘虞鵻造

3680 豦

5.2831 舍(捨)湅豦冟(幎)𤄲(?)𣫷(幘)、韔𠧪
8.4167 豦拜韻首/賜厥臣弟豦井五楒/豦弗敢望(忘)公伯休
9.4485 般仲豦肇乍(作)簠
11.6011 王乎師豦召(詔)盠

3681 虘

11.5821 虘乍(作)從彝

3682 虡

5.2831 舍(捨)顏始(姒)虡[illegible](𦉶)

3683 盧(鱸)

14.8971 盧(鱸)夷父癸

3684 虡(虞)

1.223-4 鳴陽(揚)條(調)虡(暢)
1.225 既旃(伸)㫚(暢)虡
1.226 既旃(伸)㫚(暢)虡
1.227 既旃(伸)㫚(暢)虡
1.228 既旃(伸)㫚(暢)虡
1.229 既旃(伸)㫚(暢)虡
1.230 既旃(伸)㫚(暢)虡
1.231 既旃(伸)㫚(暢)虡
1.232 既旃(伸)㫚(暢)虡
1.233 既旃(伸)㫚(暢)虡
1.234 既旃(伸)㫚(暢)虡
1.235 既旃(伸)㫚(暢)虡
1.236 既旃(伸)㫚(暢)虡
1.237 既旃(伸)㫚(暢)虡
18.11663 虡公自擇楖(厥)吉金
18.11696 胃(謂)之少虡
18.11697 胃(謂)之少虡
18.11698 胃(謂)之少虡
18.12104 傳虡(遽)甫戊燕
18.12105 傳虡(遽)甫戊燕
18.12106 傳虡(遽)甫戊燕

3685 虞

16.10359 右使車嗇夫鄭(齊)痓、工虞

3686 虢

6.3711 乍(作)祖乙虢侯叔尊彝

3687 [illegible]

10.5193 [illegible]娸乍(作)從彝

3688 豸

8.4321 先虎臣後庸:西門尸(夷)、秦尸(夷)、京尸(夷)、𩏀尸(夷)、師笭、側新(薪)、□華尸(夷)、弁豸尸(夷)、㽙人、成周走亞、戍、秦人、降人、服尸(夷)

3689 豹

8.4213 㞷(殿)𢽾(敖)堇(謹)用豹皮于事(史)孟

3690 貉

7.3977 己(紀)侯貉子分己(紀)姜寶
9.4659 穌(蘇)貉乍(作)小用
10.5233 伯貉乍(作)寶尊彝
10.5409 王令士道歸(饋)貉子鹿三/貉子對昜(揚)王休
11.5845 伯貉乍(作)寶尊彝

3691 貍

11.5904 貍乍(作)父癸寶尊彝

3692 貙、貙

10.5249 貙乍(作)寶尊彝

3693 龍

1.103 用卲乃穆穆不(丕)顯龍(寵)光
1.225 喬喬(嬌嬌)其龍

1.226 喬喬(矯矯)其龍
1.227 喬喬(矯矯)其龍
1.228 喬喬(矯矯)其龍
1.229 喬喬(矯矯)其龍
1.230 喬喬(矯矯)其龍
1.231 喬喬(矯矯)其龍
1.232 喬喬(矯矯)其龍
1.233 喬喬(矯矯)其龍
1.234 喬喬(矯矯)其龍
1.235 喬喬(矯矯)其龍
1.236 喬喬(矯矯)其龍
1.237 喬喬(矯矯)其龍
2.429 俳公隻(獲)飛龍
3.675 樊夫人龍嬴
3.676 樊夫人龍嬴
3.713 䄂仲無龍乍(作)寶鬲
3.714 䄂仲無龍乍(作)寶鬲
3.861 龍乍(作)旅彝
3.970 䄂仲無龍
3.1119 龍
6.3040 龍
10.4784 龍
11.5809 乍(作)龍母彝
13.7532 龍
13.7533 龍
13.7534 龍
13.8223 冋龍
15.9485 子龍
15.9637 樊夫人龍嬴
16.10082 樊夫人龍嬴自乍(作)行盤
16.10209 樊夫人龍嬴自乍(作)行也(匜)
16.10249 䄂仲無龍乍(作)寶也(匜)
16.10486 龍

3694 龖

3.679 用朕(媵)嬴女龖母
4.2470 用朕(媵)嬴女龖女(母)

3695 象

4.1512 象祖辛
5.2780 王乎宰曆賜盛弓、象弭、矢臸、彤欮
9.4365 立象(爲)旅須(盨)
10.5423 乍(作)象〓/匡甫象〓二
11.5609 象祖辛
12.6667 象
13.7509 象

3696 豫、〓

1.210 雈雈豫政/豫令祗祗
1.211 雈雈豫政/豫令祗祗
1.216 豫令祗祗
1.217 雈雈豫政/豫(捨)令祗祗
1.218 雈雈豫政/豫(捨)令祗祗
1.219 雈雈豫政/豫(捨)令祗祗
1.220 雈雈豫政/豫(捨)令祗祗
1.221 雈雈豫政/豫(捨)令祗祗
1.222 雈雈豫政/豫(捨)令祗祗
17.11037 陳豫車戈
17.11068 豫少(小)鉤(鉤)庫造
17.11265 虎犲丘君豫之元用

3697 〓

10.5423 匡甫象〓二

3698 兕

15.9689 吕行蔵(捷)寽(捋)兕(犀)

3699 鹿

3.1110 鹿
7.4112 王賜命鹿
10.5409 王令士道歸(饋)貉子鹿三
12.6666 鹿
14.8953 父壬亞鹿

3700 麀

15.9456 矩或取赤虎(琥)兩、麀㚕(韍)兩、㚕(賁)韐(帢、幍)一

3701 麂

16.10441 牀(藏)麂(鏕)啬夫郃信䩛(勒)斡(看)器
16.10442 牀(藏)麂(鏕)啬夫郃信䩛(勒)斡(看)器
16.10443 牀(藏)麂(鏕)啬夫郃信䩛(勒)斡(看)器
16.10473 牀(藏)麂(鏕)啬夫郄(粭)試䩛(勒)之
16.10474 牀(藏)麂(鏕)啬夫郄(粭)試䩛(勒)之
16.10475 牀(藏)麂(鏕)啬夫郄(粭)試䩛(勒)之

3702 麇

5.2654 公侯賜亳杞土、麇土、桼禾、䵚禾
12.7312 麇婦□賞于㚤
14.9029 麇婦辟彝
14.9030 麇婦辟彝

3703 麋

7.3995 伯偈父乍(作)姬麋寶段
14.8813 冉夫麋

3704 〓

7.4100 〓伯令生史事(使)于楚
7.4101 〓伯令生史事(使)于楚

3705 慶、謦

9.4581 唯伯其(麒)父慶(謦)乍(作)旅祜(簠)
18.12088 慶尿(屎、臀)

3706 麋(麌)

1.17 麋(麌)侯自乍(作)龢鐘用
7.4116 麋(麌)生(甥)曶父師害及仲曶
7.4117 麋(麌)生(甥)曶父師害及仲曶

3707 麝

13.8215 麝

14.8904 麝父丁

3708 麗、丽

8.4279 賜女(汝)赤芾、冋(絅)黄(衡)、麗般(鞶)
8.4280 賜女(汝)赤芾、冋(絅)黄(衡)、麗般(鞶)
8.4281 賜女(汝)赤芾、冋(絅)黄(衡)、麗般(鞶)
8.4282 賜女(汝)赤芾、冋(絅)黄(衡)、麗般(鞶)
16.10126 用賸(媵)之麗妃
16.10253 用賸(媵)之麗妃
17.11082 陳丽子窹(造)鈛(戈)

3709 㸚(丽)

11.5696 㸚(丽)叚(退)阜
15.9790 㸚(丽)叚(退)阜

3710 𠬝(遷)

3.778 𠬝(遷)

3711 鬻

16.10336 曾大(太)保鬻叔亟

3712 鳫

6.3634 卲(昭)王之諻(媓)之鳫(薦)㲃(毁)
6.3635 卲(昭)王之諻(媓)之鳫(薦)㲃(毁)
12.7228 亞鳫父丁
17.11328 奠(鄭)命(令)韓□、右庫工師駱鳫

3713 鬳、𨍏

4.2429 鬳(𨍏)仲□乍(作)鼎
9.4420 走亞鬳(𨍏)孟延乍(作)盨
9.4421 走亞鬳(𨍏)孟延乍(作)盨

3714 麠

2.429 聖麠公㚏擇其吉金
9.4487 樊君麠之飤簠

3715 駱

17.11328 奠(鄭)命(令)韓□、右庫工師駱鳫

3716 騝

18.11477 騝睘

3717 䌌(鼬)

8.4331 王命仲致(致)歸(饋)𨍏伯䌌(鼬)裘/賜女(汝)䌌(鼬)裘

3718 畱

1.225 余畱(狩)孔武
1.226 余畱(狩)孔武
1.227 余畱(狩)孔武
1.228 余畱(狩)孔武
1.229 余畱(狩)孔武
1.230 余畱(狩)孔武
1.231 余畱(狩)孔武
1.232 余畱(狩)孔武
1.233 余畱(狩)孔武
1.234 余畱(狩)孔武
1.235 余畱(狩)孔武
1.236 余畱(狩)孔武
1.237 余畱(狩)孔武
3.602 王乍(作)王母畱宮尊鬲
4.2334 祷𠊻父乍(作)畱㚸朕(媵)鼎
4.2459 交從畱(獸)
5.2839 執畱(酋)三人/執畱(酋)一人/以畱(酋)進/王令㷀(榮)遂畱(酋)/㷀(榮)即畱(酋)遂厥故/折畱(酋)于□
6.3124 耶畱
8.4313 即質(貿)厥邦畱(酋)
8.4314 即質(貿)厥邦畱(酋)
10.5329 畱乍(作)父乙旅尊彝
15.9719 柬柬(簡簡)畱畱(優優)
15.9720 柬柬(簡簡)畱畱(優優)
16.10176 奉(封)于畱道/正眉(堳)矢舍(捨)散田：𤔲土(徒)屰舌、𤔲馬畱𠷎、𠃧人𤔲工(空)騡君、宰德父
16.10507 耶畱
17.10892 大畱(酋)
17.11293 莆(蒲)子□□䀿、工師畱、冶□
17.11334 戠(戴)大畱(酋)焗臣鑄其載戈

3719 獸(獸形銘)

2.286 獸鐘之涫(衍)歸(歸)/獸鐘之涫(衍)徵
2.288 爲獸鐘徵顧下角
2.289 爲獸鐘徵曾/爲獸鐘之徵顧下角
2.291 鄘(應)音之在楚爲獸鐘
2.294 爲獸鐘之孠(羽)顧下角
2.295 爲獸鐘徵顧下角
2.296 濁獸鐘之孠(羽)/獸鐘之宮
2.297 濁獸鐘之徵/獸鐘之孠(羽)
2.300 獸鐘之壴(鼓)反
2.301 獸鐘之喜(鼓)
2.302 濁獸鐘之〔巽〕
2.303 濁獸鐘之冬(終)/獸鐘之喜(鼓)
2.304 獸鐘之下角/獸鐘之徵
2.306 濁獸鐘之宮/濁獸鐘之下角
2.307 濁獸鐘之孠(羽)/獸鐘之宮
2.308 濁獸鐘之徵/獸鐘之孠(羽)
2.309 獸鐘之歆([illegible])
2.310 濁獸鐘之喜(鼓)/濁獸鐘之巽
2.311 獸鐘之喜(鼓)反
2.312 獸鐘之歆(歆)
2.313 濁獸鐘之巽
2.314 濁獸鐘之冬(終)

/ 獸鐘之喜(鼓)
2.315 獸鐘之下角 / 獸鐘之徵
2.317 濁獸鐘之宮 / 濁獸鐘之下角
2.318 濁獸鐘之翌(羽) / 獸鐘之宮
2.320 濁獸鐘之徵 / 獸鐘之翌(羽)
2.321 獸鐘之翌(羽)角
2.329 爲獸鐘之翌(羽)顀下角
2.330 獸鐘之徵角 / 爲獸鐘之徵顀下角
4.1640 獸父辛
4.1641 獸父辛
4.1870 亞獸父己
4.1895 射獸(?)父癸
4.2474 僕嗣寇獸肈乍(作)寶貞(鼎)
5.2655 先(?)獸乍(作)朕老(考)寶尊鼎 / 獸其邁(萬)年永寶用
5.2695 王獸于眂(視)敹(廩)
5.2778 尹令史獸立(涖)工于成周 / 史獸獻工(功)于尹 / 尹賞史獸祼
5.2811 闌闌(簡簡)獸獸(優優)
6.3212 獸父癸
6.3299 獸亞父乙
10.4957 獸父己
10.5084 獸幸父辛
10.5123 獸
10.5356 獸
10.5395 王來獸自豆彔(麓)
10.5410 王出獸南山
11.5478 獸
11.5902 獸乍(作)父庚寶尊彝
11.5998 獸
12.6670 獸
12.6671 獸
12.6945 亞獸
13.7802 亞獸
13.7805 亞獸
13.7807 亞獸
13.8210 獸宁
14.8692 父癸獸
14.9006 羊侁獸父丁
14.9053 獸乍(作)父戊寶彝
14.9054 獸乍(作)父戊寶
15.9325 亞獸
16.9973 我以嗇獸 / 我以嗇獸
17.10781 獸
17.10841 亞獸
17.10848 夿(敖)獸

3720 鼉

1.225 玉鐳(馨)鼉鼓
1.226 玉鐳(馨)鼉鼓
1.227 玉鐳(馨)鼉鼓
1.228 玉鐳(馨)鼉鼓
1.229 玉鐳(馨)鼉鼓
1.230 玉鐳(馨)鼉鼓
1.231 玉鐳(馨)鼉鼓
1.232 玉鐳(馨)鼉鼓
1.233 玉鐳(馨)鼉鼓
1.234 玉鐳(馨)鼉鼓
1.235 玉鐳(馨)鼉鼓
1.236 玉鐳(馨)鼉鼓
1.237 玉鐳(馨)鼉鼓

3721 釆(釆、㸚)

2.356 井叔叔釆乍(作)朕文祖穆公大鐘
2.357 井叔叔釆乍(作)朕文祖穆公大鐘
10.5075 釆乍(作)父丁
10.5205 舦釆乍(作)父乙彝
14.8841 祖戊仒釆

3722 番

3.545 魯侯乍(作)姬番鬲
3.630 番伯㚒孫自乍(作)寶鬲
3.645 王乍(作)番妃齊(齋)鬲
3.732 唯番君酟伯自乍(作)寶鼎
3.733 唯番君酟伯自乍(作)寶鼎
3.734 唯番君酟伯自乍(作)寶鼎
3.1353 史番
5.2617 唯番昶伯者尹自乍(作)寶貞(鼎)
5.2618 唯番昶伯者尹自乍(作)寶貞(鼎)
8.4326 番生(甥)不敢弗帥井(型)皇祖考不(丕)环(丕)元德 / 番生(甥)敢對天子休
9.4582 番君召乍(作)餑(饙)簠
9.4583 番君召乍(作)餑(饙)簠
9.4584 番君召乍(作)餑(饙)簠
9.4585 番君召乍(作)餑(饙)簠
9.4586 番君召乍(作)餑(饙)簠
9.4587 番君召乍(作)餑(饙)簠
15.9670 番其萬年
15.9705 番匊(鞠)生(甥)鑄賸壺
16.9971 唯番伯官㠱(曾)自乍(作)寶罍(鐳)
16.10136 唯番君伯歒(攏)用其青金
16.10139 唯番昶伯者君
16.10140 唯番昶伯者君用其吉金
16.10258 唯番仲𠬝自乍(作)寶也(匜)
16.10259 唯番伯龠自乍(作)也(匜)
16.10268 唯番昶伯者君自乍(作)寶匜
16.10269 唯番昶伯者尹(君)自乍(作)寶匜
16.10271 唯番君肈用士(吉)金
17.11261 番中(仲)攸(作)伯皇之散(造)戈

3723 審、㝯

5.2832 厲迺許曰:余審貯田五田

3724 禹

4.2111 龔祖辛禹
4.2112 龔祖辛禹

5.2833 禹曰：不(丕)顯趠趠皇祖穆公/命禹仦(肖)賸(朕)祖考/肄(肆)禹亦弗敢惷(惷)/肄(肆)武公廼遣禹率公戎車百乘、斯(廝)馭二百、徒千/雩禹以武公徒馭至于噩(鄂)/肄(肆)禹又(有)成/禹其萬年

5.2834 禹曰：不(丕)顯走(趠趠)皇祖穆公/命禹允(仦)〔朕〕祖考/肄(肆)禹〔有成〕

8.4242 叔向父禹曰：余小子司(嗣)朕皇考/廣啟禹身/禹其邁(萬)年永寶用

8.4315 鼏(冪)宅禹責(跡)

10.5201 㠱祖辛禹亞顩(預)

15.9806 祖辛禹稅(秛)㠱

3725 禺

15.9678 禺(遇)邗王于黃池

15.9679 禺(遇)邗王于黃池

3726 禽

4.1937 大(太)祝禽鼎

4.1938 大(太)祝禽鼎

4.2408 禽乍(作)文考父辛寶鼎

4.2486 禽乍(作)文考寶熰鼎

5.2835 多禽(擒)

7.4041 禽祝/禽又(有)啟(振)祝/禽用乍(作)寶彝

8.4323 告禽(擒)聝百、訊卌(四十)

8.4328 余來歸獻禽(擒)/女(汝)多禽(擒)

8.4329 余來歸獻禽(擒)/女(汝)多禽(擒)

11.6015 王射大龏(鴻)禽

13.7649 禽

14.8795 何禽戊

17.11354 鈖匋命(令)富反、下庫工師王豈、冶禽

3727 萬

1.20 㫃其萬年臣天〔子〕

1.23 其萬年永寶

1.24 其萬年永寶

1.25 其萬年永寶

1.26 其萬年永寶

1.27 其萬年永寶

1.28 其萬年永寶

1.29 其萬年永寶

1.30 其萬年永寶

1.35 媘(髮)其萬年

1.46 其萬年子孫永寶

1.54 走其萬年

1.55 其萬年

1.56 走其萬年

1.57 走其萬年

1.58 走其萬年

1.59 萬年無疆

1.86 萬年無疆

1.102 君以萬年

1.103 侇(遲)父眔齊萬年眉壽

1.106 公逆其萬年又(有)壽

1.109-10 妟其萬年

1.112 妟其萬年

1.140 其萬年頮(眉)壽

1.141 師臾其萬年

1.144 萬枼(世)亡疆

1.145 士父其眔□姬萬年

1.146 士父其眔□姬萬年

1.147 士父眔□〔姬〕萬年

1.148 士父其眔□姬萬年

1.153 萬年無諆(期)

1.154 萬年無諆(期)

1.171 萬枼(世)之後

1.172 萬年無諆(期)

1.173 萬年無諆(期)

1.174 萬年無諆(期)

1.175 萬年無諆(期)

1.176 萬年無諆(期)

1.177 萬年無諆(期)

1.178 萬年無諆(期)

1.179 萬年無諆(期)

1.180 萬年無諆(期)

1.181 天子其萬年眉壽

1.182 萬枼(世)鼓之

1.187-8 梁其其萬年無疆

1.189-90 梁其其萬年無疆

1.204-5 克其萬年

1.206-7 克其萬年

1.209 克其萬年

1.238 旅其萬年

1.239 旅其萬年

1.240 旅其萬年

1.241 旅其萬年

1.246 癲其萬年

1.247 癲其萬年

1.248 癲其萬年

1.249 癲其萬年

1.250 癲其萬年

1.251-6 匄受萬邦/癲其萬年羊角

1.257 萬年日鼓

1.258 萬年日鼓

1.259 萬年日鼓

1.260 㝬(胡)其萬年

1.261 萬年無諆(期)/枼(世)萬孫子

1.262-3 大壽萬年

1.264-6 大壽萬年

1.267 大壽萬年

1.268 大壽萬年

1.269 大壽萬年

1.270 協龢萬民/萬生(姓)是敕

1.271 萬年龢(令)保其身/侯氏從造(告)之曰：枼(世)萬至於辝(台)孫子

2.358 㝬(胡)其萬年

2.411 亞萬父己

2.421 用祈萬壽

2.422 用祈萬壽

2.423 其萬年

2.425 枼(世)萬子孫

2.428 萬枼(世)之外

2.429 世(?)萬子孫永保

3.612 其萬〼

3.630 其萬〼

3.631 其萬年用鄉(饗)各
3.634 其萬年永寶用
3.642 其萬〔年〕子☐
3.645 其萬年永寶用
3.647 其萬年永寶用
3.666 其萬年
3.667 其萬年
3.669 其萬年
3.670 萬壽眉其年
3.681 其萬年永寶用
3.696 其萬年
3.697 其萬年
3.698 其萬年
3.705 其萬年
3.706 其萬年
3.707 其萬年永寶用
3.709 其萬年
3.710 其萬年
3.713 其萬年
3.715 其萬年
3.716 其萬年
3.718 其萬年子孫用之
3.719 其萬年
3.720 其萬年
3.721 其萬年
3.722 其萬年
3.723 其萬年
3.724 其萬年
3.725 其萬年
3.726 其萬年
3.727 其萬年
3.728 其萬年
3.729 其萬年
3.732 萬年無疆
3.733 萬年無疆
3.734 萬年無疆
3.735 其萬年眉壽
3.736 其萬年
3.738 其萬年
3.739 其萬年
3.740 其萬年
3.742 萬年無疆
3.745 其萬年
3.746 其萬年
3.747 其萬年
3.748 其萬年
3.749 其萬年
3.750 其萬年
3.751 其萬年
3.752 其萬年
3.913 其萬年用
3.921 其萬年永寶用
3.929 其萬年
3.938 其萬年
3.939 其萬年眉壽
3.942 其萬年
3.945 其萬年無疆
3.946 萬年無諆(期)
3.947 萬年無疆
3.1134 萬
4.2043 其萬年
4.2352 其萬年寶用
4.2385 其萬年永寶用
4.2413 其萬年用
4.2414 萬年永寶用
4.2419 其萬年永寶用
4.2420 其萬年
4.2428 其萬年寶
4.2430 其萬年無疆
4.2438 其萬年永寶用
4.2440 其萬年永寶用
4.2441 其萬年永寶用
4.2460 其萬年用享
4.2461 其萬年
4.2462 其萬年寶用
4.2463 其萬年
4.2464 其萬年
4.2472 其萬年永寶用
4.2484 其萬年
4.2488 其萬年
4.2491 其萬年永寶用
4.2492 其萬年永寶用
4.2500 其萬年
4.2511 子孫其萬年永寶用
4.2513 其萬年
4.2514 其萬年
4.2515 其萬年
4.2516 其萬年
4.2521 其萬年
4.2529 其萬年
5.2532 其萬年用[illegible]祀
5.2533 其萬年
5.2534 其萬年
5.2535 其子子孫孫萬年
5.2537 其萬年眉壽
5.2538 堂其萬年
5.2547 其萬年
5.2552 其萬年
5.2557 其萬年
5.2558 其萬年
5.2559 其萬年永用享
5.2561 其萬年
5.2562 其萬子孫永寶用
5.2565 其萬年
5.2568 其萬年眉壽
5.2570 其萬年
5.2571 其萬年
5.2572 其眉壽萬年
5.2580 其萬年
5.2584 其萬年
5.2585 子子孫其眉壽萬年
5.2586 其眉壽萬年
5.2587 其萬年眉壽
5.2589 其眉壽萬年
5.2592 其萬年眉壽
5.2593 其萬年眉壽
5.2597 其萬年永寶用
5.2600 其萬年
5.2601 其萬年眉壽
5.2602 其萬年
5.2603 萬年無疆
5.2604 萬年無疆
5.2605 其萬年眉壽
5.2616 衛其萬年
5.2617 其萬年
5.2618 其萬年
5.2621 其萬年無疆
5.2622 其萬年無疆
5.2631 其萬年
5.2634 其萬年無疆
5.2635 其萬年無疆
5.2636 其萬年無疆
5.2638 其萬年
5.2640 其萬年
5.2641 其萬年
5.2642 其萬年眉壽
5.2656 其萬年
5.2657 其萬年無疆
5.2660 萬年唯人(仁)
5.2667 萬年無疆
5.2669 萬年無疆
5.2679 其萬年無疆
5.2680 諆其萬年眉壽
5.2681 其萬年
5.2690 其萬年無疆
5.2691 其萬年無疆
5.2692 其萬年無疆
5.2696 其萬年
5.2697 其萬年
5.2698 其萬年
5.2699 其萬年

5.2700 其萬年
5.2713 其萬年
5.2714 其萬年無疆
5.2727 師器父其萬年
5.2734 其萬年
5.2737 其萬年無疆
5.2742 痶萬年永寶用
5.2743 其子子孫萬年
5.2744 其子子孫萬年
5.2745 琱娼(妘)其萬年
5.2746 鬲(歷)年萬不(丕)承
5.2749 憲萬年
5.2753 萬年無疆
5.2768 其萬年無疆
5.2769 其萬年無疆
5.2770 其萬年無疆
5.2771 萬年無疆
5.2772 萬年無疆
5.2777 萬年無疆
5.2781 其萬年
5.2786 其萬年永寶用
5.2787 頌其萬年無疆
5.2788 頌其萬年無疆
5.2790 其萬年無疆
5.2791 天子萬年
5.2804 利其萬年
5.2805 其萬年
5.2811 萬年無諆(期)
5.2812 師朢(望)其萬年
5.2813 師奎父其萬年
5.2814 用割(匄)頪(眉)壽萬年
5.2815 其眉壽萬年
5.2816 子孫其萬年永寶用
5.2821 此其萬年無疆
5.2822 此其萬年無疆
5.2823 此其萬年無疆
5.2824 唯厥事(使)乃子或萬年辟事天子
5.2826 譬(甹)我萬民/萬年無疆
5.2827 頌其萬年眉壽
5.2828 頌其萬年眉壽
5.2829 頌其萬年眉壽
5.2832 衛其萬年永寶用
5.2833 禹其萬年
5.2834 〔禹〕其萬〔年〕
5.2836 叀(惠)于萬民/天子其萬年無疆/克其萬年無疆
5.2838 曶其萬年用祀
5.2839 俘人萬三千八十一人
6.3117 亞萬
6.3676 其萬年用
6.3703 其萬年用
6.3718 其萬年
6.3721 窚萬年寶
6.3723 其萬年永用
6.3728 其萬年寶用
6.3729 其萬年寶用/其萬年寶用
6.3740 其萬年用
6.3742 孫孫子子其萬年用
7.3745 其萬年用鄉(饗)賓
7.3753 其用萬年
7.3754 其用萬年
7.3757 其萬年永寶用
7.3758 其萬年永寶用
7.3759 其萬年永寶用
7.3764 子子孫孫其萬年用
7.3767 其萬年子孫寶用
7.3768 其萬年子孫寶用
7.3773 其子子孫孫萬年寶用
7.3774 其子子孫孫萬年寶用
7.3783 其萬年
7.3786 其萬年
7.3788 其萬年
7.3789 其萬年永寶用
7.3792 其萬年
7.3805 其萬年
7.3806 其萬年
7.3808 其萬年
7.3809 其萬年/其萬年
7.3810 其萬年
7.3811 其萬年
7.3812 其萬年
7.3813 其萬年
7.3814 其萬年
7.3815 其萬年永寶用
7.3816 其萬年
7.3835 其子子孫孫萬年永寶用
7.3836 其萬年永寶用
7.3837 洹其萬年永寶用
7.3838 洹其萬年永寶用
7.3839 洹其萬年永寶用
7.3846 㫷(其)萬年
7.3864 ☐其萬年用寶
7.3865 其萬年永寶用
7.3866 其萬年
7.3867 其萬年
7.3868 其萬年
7.3872 其萬年
7.3877 其萬年
7.3881 其萬年
7.3882 其萬年
7.3883 其萬年
7.3884 其萬年
7.3885 其萬年
7.3886 其萬年
7.3888 其萬年眉壽
7.3889 其萬年眉壽
7.3890 其萬年
7.3892 子子孫其萬年
7.3893 其萬年
7.3894 其萬年眉壽
7.3895 其萬年
7.3909 其萬年
7.3914 其萬年
7.3923 其萬年
7.3924 其萬年
7.3925 其萬年
7.3926 其萬年
7.3927 其萬年
7.3928 王姞其萬年
7.3929 王姞其萬年
7.3930 王姞其萬年
7.3931 萬(邁)年用
7.3933 萬年用
7.3943 祈其萬年寶
7.3944 其萬年眉壽
7.3946 其萬年
7.3947 其萬年
7.3955 兑其萬年
7.3962 其萬年
7.3963 其萬年
7.3971 其萬年無疆
7.3972 其萬年無疆
7.3973 其萬年無疆

7.3974 其萬年眉壽
7.3977 用匄萬年
7.3978 孫子其萬年永寶
7.3979 大牢其萬年祀厥取(祖)考
7.3980 其萬年
7.3981 其萬年
7.3982 其萬年
7.3984 用賜眉壽萬年
7.3985 用賜眉壽萬年
7.3986 克其萬年
7.3987 其萬年眉壽
7.3988 其萬年眉壽
7.3989 其萬年眉壽
7.3993 其萬年
7.3994 其萬年
7.3996 客其萬年
7.3997 喜其萬年
7.3998 喜其萬年
7.3999 喜其萬年
7.4000 喜其萬年
7.4001 尸其萬年／尸其萬年
7.4002 尸其萬年
7.4003 尸其萬年
7.4007 其萬年
7.4008 其萬年無疆
7.4009 其萬年無疆
7.4010 其萬年無疆
7.4014 其萬年無疆
7.4015 其萬年無疆
7.4016 萬年無疆
7.4017 萬年無疆
7.4019 其萬年眉壽
7.4033 𠟭其壽考萬年
7.4034 𠟭其壽考萬年
7.4035 其萬年
7.4036 其萬年
7.4037 其萬年
7.4039 用賜眉壽、黃耇、萬年
7.4051 其萬年
7.4052 其萬年
7.4053 其萬年
7.4054 萬年眉壽
7.4056 其萬年永寶用
7.4057 其萬年永寶用
7.4058 其萬年永寶用
7.4061 鮮其萬年
7.4062 子子孫孫其萬年
7.4065 子子孫其萬年
7.4066 子子孫孫其萬年
7.4067 子子孫其萬年
7.4068 其萬年
7.4069 其萬年
7.4070 其萬年
7.4074 𨗨(傳)其萬年
7.4075 𨗨(傳)其萬年
7.4091 萬年眉壽
7.4092 萬年眉壽
7.4093 萬年眉壽
7.4094 萬年眉壽
7.4095 用賜其眉壽、萬年
7.4098 臾其萬年
7.4107 萬年無疆
7.4108 萬年無疆
7.4109 其萬年
7.4110 商叡其萬年眉壽
7.4111 商虘(叡)其萬年眉壽
7.4114 辛父其萬年無疆
7.4115 唯匄萬年
8.4124 其萬年無疆
8.4126 柭季其萬年
8.4127 皇萬年永用
8.4128 其萬年永壽／用狃萬邦
8.4136 其萬年□待□□侯
8.4153 萬年無疆
8.4154 其萬年
8.4155 其萬年
8.4156 用賜害(匄)眉壽、黃耇、霝(靈)冬(終)、萬年
8.4157 乎其萬人(年)永用
8.4158 乎其萬人(年)永用
8.4159 其萬年孫子寶
8.4160 康其萬年眉壽
8.4161 康其萬年眉壽
8.4166 其萬年寶
8.4168 萬年無疆／兑其萬年
8.4169 其萬年
8.4170 癲萬年寶
8.4171 癲萬年寶
8.4172 癲萬年寶
8.4173 癲萬年寶
8.4174 癲萬年寶
8.4175 癲萬年寶
8.4176 癲萬年寶
8.4177 癲萬年寶
8.4182 虢姜其萬年眉壽
8.4184 公臣其萬年
8.4185 公臣其萬年
8.4186 公臣其萬年
8.4187 公臣其萬年
8.4192 萬年以(與)厥孫子寶用
8.4193 萬年以(與)厥孫子寶用
8.4196 其萬年
8.4198 其萬年無疆
8.4199 其萬年
8.4200 其萬年
8.4201 其萬年用鄉(饗)王出入
8.4202 𤔲其萬年
8.4208 孫孫子子萬年用享祀
8.4210 衛其萬年
8.4211 衛其萬年
8.4212 衛其萬年
8.4219 追其萬年
8.4220 追其萬年
8.4221 追其萬年
8.4222 追其萬年
8.4223 追其萬年
8.4224 追其萬年
8.4225 無㠱其萬年
8.4226 無㠱其萬年
8.4227 無㠱其萬年
8.4228 無㠱其萬年
8.4229 頌其萬年無疆
8.4230 頌其萬年無疆
8.4231 頌其萬年無疆
8.4232 頌其萬年無疆
8.4233 頌其萬年無疆
8.4234 頌其萬年無疆
8.4235 頌其萬年無疆
8.4236 頌其萬年無疆
8.4240 免其萬年永寶用
8.4243 其萬年
8.4244 萬年永寶用
8.4245 用祈萬年眉壽
8.4250 即其萬年

8.4251 虘其萬年永寶用
8.4252 虘其萬年永寶用
8.4257 其萬年
8.4269 我不能不眔縣伯萬年保
8.4273 其萬年用
8.4274 師兑其萬年
8.4275 師兑其萬年
8.4276 萬年永寶用于宗室
8.4277 天子其萬年/其萬年永保
8.4283 瘨其萬年
8.4284 瘨其萬年
8.4285 諫其萬年
8.4286 嫠其萬年
8.4287 伊其萬年無疆
8.4288 酉其萬年
8.4289 酉其萬年
8.4290 酉其萬年
8.4291 酉其萬年
8.4293 其萬年
8.4294 子子孫其萬年永寶用
8.4295 子子孫其萬年永寶用
8.4303 此其萬年無疆
8.4304 此其萬年無疆
8.4305 此其萬年無疆
8.4306 此其萬年〔無〕疆
8.4307 此其萬年無疆
8.4308 此其萬年無疆
8.4309 此其萬年無疆
8.4310 此其萬年無疆
8.4311 歔其萬年
8.4312 師穎其萬年
8.4313 其萬年
8.4317 㝬(胡)其萬年𩕦
8.4318 師兑其萬年
8.4319 師兑其萬年
8.4322 卑(俾)乃子戜萬年
8.4325 嫠其萬年
8.4327 卯其萬年
8.4332 頌其萬年
8.4333 頌其萬年
8.4334 頌其萬年
8.4335 頌其萬年
8.4336 頌其萬年
8.4337 頌其萬年
8.4338 頌其萬年
8.4339 頌其萬年
8.4340 蔡其萬年眉壽
8.4342 訇其萬囟(斯)年
8.4343 牧其萬年壽考
9.4381 其萬壽
9.4382 其萬年永寶
9.4383 其萬年永寶用
9.4385 其萬年永寶用
9.4388 其萬年永寶用
9.4402 其萬年
9.4403 其萬年
9.4410 其萬年
9.4411 其萬年
9.4412 其萬年
9.4415 萬年永寶用
9.4420 延其萬年永寶
9.4421 延其萬年永寶
9.4423 其萬年眉壽
9.4424 其子子孫孫萬年永寶用
9.4425 鬲叔其萬年
9.4426 其萬年無疆
9.4428 其子子孫萬年永寶用
9.4429 子子孫其萬年
9.4434 其萬年無疆
9.4437 其萬年眉壽
9.4440 其萬年眉壽
9.4441 其萬年眉壽
9.4446 萬年唯亟(極)
9.4447 萬年唯亟(極)
9.4448 其萬年永寶用
9.4449 其萬年永寶用
9.4450 其萬年永寶用
9.4451 其萬年永寶用
9.4452 其萬年永寶用
9.4453 其子子孫萬年
9.4458 悆其萬年眉壽
9.4462 癲其萬年
9.4463 癲其萬年
9.4465 克其萬年
9.4514 其萬年永寶
9.4515 其萬年永寶
9.4523 其萬年永寶用
9.4530 其萬年永寶
9.4535 其萬年永寶用
9.4552 其萬年
9.4554 其萬年眉壽
9.4555 其萬年
9.4557 其萬年
9.4558 其萬年
9.4559 其萬年
9.4560 其萬年眉壽
9.4563 其萬年
9.4564 其萬年
9.4565 其眉壽萬年
9.4566 其萬年眉壽
9.4567 其萬年眉壽
9.4568 其萬年眉壽
9.4570 其萬年眉壽
9.4571 其萬年眉壽
9.4572 其萬年
9.4574 其萬年眉壽
9.4580 其萬年無疆
9.4581 用賜眉壽萬年
9.4591 其萬〼
9.4592 其萬年眉壽
9.4597 萬年無疆
9.4600 用賜眉壽萬年
9.4606 萬年無疆
9.4607 萬年無疆
9.4608 萬年無疆
9.4609 萬年無疆
9.4610 萬年無疆
9.4611 萬年無疆
9.4618 萬年無椇(諆期)
9.4619 其萬年
9.4620 萬年無疆
9.4621 萬年無疆
9.4622 萬年無疆
9.4623 萬年無㫷(期)
9.4624 萬年無㫷(期)
9.4625 萬年無椇(諆、期)
9.4626 免其萬年永寶用
9.4642 萬壽用之
9.4649 𣥺(世)萬子孫
9.4681 其萬年永寶
9.4689 萬年無疆
9.4690 萬年無疆
9.4691 萬年無疆
10.4752 萬
10.4964 萬父己
10.5341 其用萬年
10.5342 其用萬年
10.5366 用萬年事
10.5376 其萬年
10.5416 萬年永光

10.5418 免其萬年永寶用
10.5426 其子子孫孫萬年
10.5431 尹其亘萬年受厥永魯
11.5955 用萬年事
11.5982 其萬年
11.6001 其萬年永寶
11.6004 萬年永光
11.6005 其萬年永寶
11.6006 免其萬年永寶用
11.6007 侯萬年壽考、黃耇
11.6013 萬年保我萬邦
11.6070 萬
11.6071 萬
11.6216 萬父甲
11.6257 父丁萬
11.6291 萬父己
12.6465 亞聿萬豕父乙
12.6511 匄三壽、懿德、萬年
12.6515 萬諆乍(作)兹䍐(觶)/萬年寶
12.6680 萬
13.7550 萬
13.7551 萬
13.7552 萬
13.7553 萬
13.8050 萬庚
14.8373 萬父甲
14.8564 萬父己
14.8565 萬父己
14.8619 □萬父辛
14.8763 子工萬
14.8764 子工萬
14.8868 口萬父乙
15.9265 癸萬
15.9431 其萬年用鄉(饗)賓
15.9432 萬年永寶用
15.9434 其萬年
15.9436 用萬年用楚(胥)保眔叔堯(无)
15.9437 其萬年
15.9438 其萬年永寶用
15.9440 其萬年
15.9441 其萬年
15.9443 其萬年
15.9456 衛其萬年
15.9609 成伯邦父乍(作)叔姜萬人(年)壺
15.9623 其萬年永寶用
15.9624 其萬年永寶用
15.9633 其萬年永寶用
15.9634 其萬年永寶用
15.9635 其萬年
15.9642 其萬年
15.9653 僕其萬年
15.9654 僕其萬年
15.9656 萬年子子孫孫永寶用
15.9661 其萬年
15.9662 其眉壽萬年
15.9669 其萬年
15.9670 番其萬年
15.9671 其萬年
15.9676 其萬年
15.9688 其萬年眉考(老)
15.9697 伯車父其萬年
15.9701 萬年永寶用享
15.9704 眉壽萬年
15.9706 眉壽萬年無疆
15.9708 萬年無疆
15.9709 用旂(祈)眉壽、萬年
15.9713 其萬年
15.9719 至于萬意(億)年
15.9720 至于萬意(億)年
15.9723 瘐其萬年永寶
15.9724 瘐其萬年永寶
15.9726 瘐其萬年永寶
15.9727 瘐其萬年永寶
15.9728 曶用匄萬年眉壽
15.9729 萬年無疆
15.9731 頌其萬年眉壽
15.9732 頌其萬年眉壽
15.9824 其萬年無疆
15.9825 其萬年無疆
15.9827 其用萬人(年)/事萬人(年)
16.9892 余其萬年𩞁
16.9896 魯其萬年
16.9897 用匄萬年無疆
16.9899 萬年保我萬邦
16.9900 萬年保我萬邦
16.9964 其萬年
16.9965 其萬年
16.9967 其萬年
16.9968 其萬年
16.9969 其萬年
16.9970 其萬年
16.9971 其萬年
16.9972 其萬年
16.9979 萬年無疆
16.9982 萬年無疆
16.10008 萬枼(世)是䛠(寶)
16.10089 其萬年
16.10092 其萬年
16.10093 其萬年
16.10094 其萬年
16.10106 用萬年用楚(胥)保眔叔堯
16.10107 其萬年
16.10108 其萬年
16.10110 其萬年眉壽
16.10111 其萬年
16.10116 其萬年
16.10121 子子孫萬年
16.10123 其萬年
16.10129 萬年用之
16.10130 其萬年疆無
16.10132 其萬年無疆
16.10133 其眉壽萬年
16.10136 自萬年
16.10139 其萬年
16.10141 其萬年無疆
16.10142 其萬年無疆
16.10143 其萬年
16.10145 其萬年
16.10147 萬年無疆
16.10148 其萬年
16.10149 其萬年
16.10150 迺用萬年
16.10154 其眉壽萬年
16.10155 其萬年無疆
16.10156 萬年無疆
16.10157 萬年無疆
16.10161 其萬年寶用
16.10162 萬禾(年)無疆
16.10163 其眉壽萬年
16.10164 琱娟(妘)其萬年
16.10165 萬年無疆
16.10167 其萬年眉壽、黃耇
16.10170 休其萬年
16.10173 萬年無疆

16.10174 萬年無疆
16.10175 迨(會)受萬邦/其萬年永寶用
16.10206 其萬人(年)用
16.10219 萬年用之
16.10229 萬年永寶用
16.10232 其萬壽
16.10235 其萬年子子孫孫用之
16.10237 其萬年
16.10238 其萬年
16.10239 其萬年
16.10242 其萬年
16.10243 其萬年
16.10245 其萬年無疆
16.10248 其萬年
16.10249 其萬年
16.10250 其萬年無疆
16.10251 其萬年無疆
16.10258 其萬年
16.10259 其萬年無疆
16.10262 其萬年
16.10263 其眉壽萬年
16.10265 其萬年無畺(疆)
16.10266 其萬年無疆
16.10268 其萬年
16.10269 其萬年
16.10270 其萬年永寶用
16.10271 其萬年
16.10273 其萬年
16.10275 其萬年眉壽
16.10277 萬年無疆
16.10279 萬年無疆
16.10280 其眉壽萬年
16.10281 其萬年無疆
16.10284 萬年無疆
16.10310 其萬年
16.10311 其萬年
16.10312 其萬年
16.10313 其萬年永寶
16.10314 其萬年
16.10316 其萬年眉壽
16.10318 其眉壽萬年
16.10337 萬年無疆
16.10339 萬年無疆
16.10341 萬年無疆
16.10342 咕(固)燮萬邦/烏(無)歆(咎)萬年
17.10697 萬
17.10698 萬
17.10699 萬
17.10700 萬
17.10701 萬
17.11340 敿(播)𢦚、萬丌(其)所爲
17.11356 郙陰(陰)命(令)萬爲、右庫工師萈(䨯)、冶豎

3728 芇、芇

8.4331 又(有)芇(當)于大命

3729 乖

4.1733 乖叔乍(作)
15.9705 用賸(媵)厥元子孟妃乖

3730 蔑

1.187-8 用天子寵蔑梁其曆
1.189-90 用天子寵蔑梁其曆
1.191 用天子寵蔑梁其曆
3.753 天君蔑公姑曆
3.754 君蔑尹姑曆
3.755 君蔑尹姑曆
3.948 侯蔑遇曆
4.2237 王蔑/彝(搾)荏王蔑
4.2509 屯蔑曆于亢衛
4.2510 屯蔑曆于亢衛
5.2659 滌(濂)公蔑嗣曆
5.2712 叔(矧)辛伯蔑乃子克曆
5.2721 其父蔑㝨曆
5.2748 王蔑庚贏曆
5.2756 王蔑曆
5.2812 多蔑曆賜休
5.2839 乎蔑我征
8.4122 蔑彔曆
8.4134 伯屖父蔑御史競曆
8.4135 伯屖父蔑御史競曆
8.4238 小臣謎(誎)蔑曆
8.4239 小臣謎(誎)蔑曆
8.4261 唯朕又(有)蔑
8.4277 俞其蔑曆
8.4323 王蔑敔曆
8.4330 乃沈子妹(昧)克蔑見猒(厭)于公休
10.5411 蔑曆
10.5415 蔑曆于保
10.5417 子曰:貝唯丁蔑女(汝)曆
10.5418 王蔑免曆
10.5419 伯雍父蔑彔曆
10.5420 伯雍父蔑彔曆
10.5425 競蔑曆
11.6003 蔑曆于保
11.6006 王蔑免曆
12.6516 對趩蔑曆
15.9453 義蔑曆
15.9455 穆穆王蔑長由以逨(徠)即井伯/長由蔑曆
16.9897 師遽蔑曆
16.10175 其日蔑曆

3731 蔑

5.2840 蔑(與)其汋(溺)於人旃
9.4668 蔑(畫)圝窑(陶)里人告(造)

3732 雚

3.941 王人吮輔歸雚(觀)
10.5433 王雚(觀)于嘗公東宮
11.6009 王雚(觀)于嘗公東宮
11.6150 雚母
16.9890 雚(觀)京

3733 舊

1.245 元器其舊
1.272-8 尸典其先舊
1.285 尸典其先舊
6.3188 舊父戊
8.4324 令(命)女(汝)嗣乃祖舊官小輔眔鼓鐘
8.4325 令(命)女(汝)嗣乃祖舊官小輔、鼓鐘
11.6011 拜䭫首曰:王

弗望(忘)厥舊宗小子
16.10174 淮尸(夷)舊我貟(帛)晦人

3734 鳥

3.476 鳥父乙
4.1685 鳥父癸
4.1741 亞鳥魚
4.1817 亞鳥父甲
4.2176 鳥壬舣乍(作)尊彝
4.2460 梠(柍)伯肆(津)乍(作)鳥寶鼎
6.2979 鳥
6.2980 鳥(鶴)
10.4889 鳥祖甲
10.4902 鳥父甲
10.5017 鳥 (四)夓(柄)
10.5347 鳥父乙母告田
11.5514 鳥祖
11.5586 巫鳥
11.5677 鳥父癸
11.5761 子之弄鳥
11.5805 鳥册宁父辛
11.5943 亞鳥
12.6466 鳥
12.6672 鳥
12.6673 鳥
12.6674 鳥
12.6675 鳥
12.6870 婦鳥
12.7056 鳥
12.7088 鳥父乙
13.7569 鳥
13.7570 鳥
13.7571 鳥
13.7572 鳥(鶴)
13.7809 亞鳥
13.8221 鳥卯
13.8248 戉弁鳥
14.8363 鳥祖癸
14.8694 鳥父癸
14.8695 鳥父癸
15.9135 鳥
16.10044 父辛鳥
17.10711 鳥
17.10912 郕鳥

3735 堯

7.3912 堯生(甥)穖(蔑)爯曆
7.3913 堯生(甥)穖(蔑)爯曆
9.4425 堯叔乍(作)仲姬旅盨 / 堯叔其萬年
16.10181 堯叔乍(作)旅也(匜)

3736 圜(冏)

13.7565 圜(冏)

3737 鳿、雁

5.2615 鳿叔從王南征
7.3950 鳿(雁)叔從王、員征楚荆
7.3951 鳿(雁)叔從王、員征楚荆
16.10176 至于雁(鳿)莫(墓)/ 夨人有嗣眉(堳)田: 鮮、且、微、武父、西宫襄、豆人虞丂、彔、貞、師氏右省、小門人繇、原人虞艿、淮嗣工(空)虎孛、開豐父、雁(鳿)人有嗣、刑丂

3738 鳳

5.2751 中乎歸(饋)生鳳于王
5.2752 中乎歸(饋)生鳳于王
6.3712 卂賜鳳玉

3739 瞿(鳳)

18.11557 相邦春平侯、邦左伐器工師長瞿(鳳)、冶粎(粭)敎(撻)齋(劑)
18.11558 相邦春平侯、邦左庫工師長瞿(鳳)、冶 (匀)敎(撻)齋(劑)
18.11689 相邦春平侯、邦左伐器工師長瞿(鳳)、冶赦敎(撻)齋(劑)
18.11690 相邦春平侯、邦左伐器工師長瞿(鳳)、冶明敎(撻)齋(劑)
18.11691 相邦春平侯、邦左伐器工師長瞿(鳳)、冶句敎(撻)齋(劑)
18.11713 相邦春平侯、邦左伐器工師長瞿(鳳)、冶句敎(撻)齋(劑)
18.11714 相邦春平侯、邦左伐器工師長瞿(鳳)、冶句敎(撻)齋(劑)
18.11716 相邦春平侯、邦左伐器工師長瞿(鳳)、冶匿敎(撻)齋(劑)

3740 鳴

1.153 元鳴孔煌(煌)
1.154 元鳴孔煌(煌)
1.182 元鳴孔皇(煌)
1.203 元鳴孔皇(煌)
1.210 元鳴無期
1.211 元鳴無期
1.216 元鳴無期
1.217 元鳴無期
1.218 元鳴無期
1.219 元鳴無期
1.220 元鳴無期
1.221 元鳴無期
1.222 元鳴無期
1.223-4 屖(振)鳴叡(且)龤 / 鳴陽(揚)條(調)虡(暢)
1.261 元鳴孔煌
11.6034 鳴

3741 鼻(鵙)

4.1831 冉鼻(鵙)父乙

3742 射

4.2360 九射(鮪)反(半)
15.9607 受六孛(穀、斛)四射
15.9617 受一言(穀、斛)六射
16.9975 受一言(穀、斛)五射
17.11304 洀 (均)都射

3743 皷(鮪)

4.2528 登(鄧)小仲鮁(鮪)㣔□□取

3744 鮪、鮪

17.11073 闠(閭)丘虞鮪造

3745 鳶、鳶

2.359 鳶
3.1123 鳶
3.1124 鳶
6.2981 鳶
6.3201 鳶父辛
6.3227 旅母鳶
10.4787 鳶
10.4897 鳶祖辛
11.6072 鳶
12.6676 鳶
12.6677 鳶
12.6678 鳶
12.7118 鳶父丁
13.7573 鳶
13.7574 鳶
15.9747 鳶
16.9836 鳶
16.9905 鳶

3746 鵈

17.10818 鵈
18.11651 鵈公圃自乍(作)元鐱(劍)

3747 鼻、鵧(鵈)

4.1586 鵧(鵈)父丁
4.1910 子鵧(鵈)君齋
10.4928 鼻(鵈)父乙
11.6288 鼻(鵈)父己
12.7079 鵧(鵈)己祖
12.7119 鵧(鵈)父丁

18.11869 鼻(鵈)

3748 鵈

8.4330 令乃鵈(嫿)沈子乍(作)緲于周公宗

3749 鴳(玄鳥)

15.9794 鴳(玄鳥)婦

3750 鵬

3.707 魯宰駟父乍(作)姬鵬賸(媵)鬲

3751 鴡

17.11336 奠(鄭)命(令)韓熙、右庫工師司馬鴡、冶狄

3752 學、鸴

3.496 鸴祖癸
3.539 亞从父丁鸴
15.9403 亞鸴从父丁

3753 𢆶(駱)

17.10710 𢆶(駱)

3754 駱

9.4380 周駱乍(作)旅須(盨)

3755 鵅(鷊)

16.10267 陳(陳)伯鵅(鷊)之子伯元

3756 鴴(鵡)

12.7287 婦鴴(鵡)乍(作)彝

3757 鴽

12.6372 鴽分父甲

3758 鵑

17.11313 弋(峃)丘命(令)瘫、工師鵑、冶淂

3759 鵅(鷂)

1.193 自乍(作)鵅(謠)鐘
1.194 自乍(作)鵅(謠)鐘
1.195 自乍(作)鵅(謠)鐘
1.196 自乍(作)鵅(謠)鐘
1.197 自乍(作)鵅(謠)鐘
1.198 自乍(作)鵅(謠)鐘
1.199 自乍(作)鵅(謠)鐘
1.200 自乍(作)鵅(謠)鐘
1.201 自乍(作)鵅(謠)鐘
1.202 自乍(作)鵅(謠)鐘
3.595 用從鵅(遥)征

3760 鵑、鵃

17.11351 喜倫(令)韓鵃、左庫工師司馬裕、冶何

3761 鶇

4.2205 鶇叟父乍(作)旅鼎

3762 鷥(鷹)

6.3315 冉鷥(?)父丁

3763 鷊、鷊

8.4203 敀(搥)乃鷊(醻)金
8.4204 敀(搥)乃鷊(醻)金

3764 鷥

7.4056 叔噩父乍(作)鷥姬旅毁
7.4057 叔噩父乍(作)鷥姬旅毁
7.4058 叔噩父乍(作)鷥姬旅毁

3765 鶬(鶬)

17.11302 高都命(令)陳鶬(鶬、懽)、工師冶勳(勝)
17.11303 高都命(令)陳鶬(鶬、懽)、工師冶勳(勝)
18.11652 高都命(令)陳鶬(鶬)、工師冶勳
18.11653 高都命(令)陳鶬(鶬)

3766 鶦(鴹、翔)

5.2640 鼄(邾)鶦(翔)伯乍(作)此嬴尊鼎
5.2641 鼄(邾)鶦(翔)伯乍(作)此嬴尊鼎

3767 鶴(鶉)

4.2195 伯遅父乍(作)鶴(鶉)貞(鼎)
4.2452 乍(作)鶴(鶉)貞(鼎)用

3768 鵜

3.1120 鵜(？)
3.1121 鵜(？)

3769 鯛、鴟

4.2527 虒竝(令)癰、眂(視)事鷈、冶巡鑄

3770 鴟

11.5884 鷈矢乍(作)父辛寶彝

3771 𣎆

6.3687 𣎆婦乍(作)日癸尊彝

3772 魚

1.39 朕皇考叔旅魚父
1.141 用祈屯(純)魚(魯)、永令(命)
2.408 乙正魚
2.409 乙正魚
2.410 乙正魚
3.441 魚
3.753 事(使)賜公姑魚三百
3.980 逑(墜)王魚頙(鼎)
3.1126 魚
3.1127 魚
3.1464 魚羌
3.1465 魚從
4.1551 魚父乙
4.1552 魚父乙
4.1553 魚父乙
4.1585 魚父丁
4.1643 魚父辛
4.1686 魚父癸
4.1741 亞鳥魚
4.1766 月魚几
4.2117 侖犬犬魚父乙
4.2168 伯魚乍(作)寶尊彝
4.2526 穌(蘇)冶妊乍(作)虢妃魚母賸(媵)
5.2534 犀伯魚父乍(作)旅鼎
5.2708 犬魚
5.2841 賜女(汝)秬鬯一卣、祼圭瓚寶、朱芾、悤(葱)黃(衡)、玉環、玉琮、金車、桒(賁)縟較(較)、朱𩏂(鞹)㔶靳、虎冟(冪)熏裏、右軛、畫轉、畫𨋰、金甬(桶)、遣(錯)衡、金嶂(踵)、金家(軶)、约(約)𩕢(盛)、金簟弼(茀)、魚箙、馬四匹、攸(鋚)勒、金𠯑(臺)、金膺、朱旂二鈴(鈴)
6.2982 魚
6.2983 魚
6.2984 魚
6.3063 乙魚
6.3128 魚從
6.3129 魚從
6.3161 魚父乙
6.3162 魚父乙
6.3216 魚父癸
6.3534 伯魚乍(作)寶尊彝
6.3535 伯魚乍(作)寶尊彝
7.3825 伯魚乍(作)寶尊彝
8.4169 唯王伐逨(徠)魚
8.4258 官嗣尸(夷)僕、小射、底魚
8.4259 官嗣尸(夷)僕、小射、底魚
8.4260 官嗣尸(夷)僕、小射、底魚
8.4274 敢對揚天子不(丕)顯魚(魯)休
8.4326 賜朱芾、悤(葱)黃(衡)、鞞鞢(璲)、玉睘(環)、玉琮、車、電軫、桒(賁)縟較(较)、朱䙡(鞹)㔶靳、虎冟(冪)熏(纁)裏、遣(錯)衡、右厄(軛)、畫轉、畫𨋰、金童(踵)、金家(軶)、金簟弼(茀)、魚葡(箙)、朱旂旜(旜)金芫二鈴
10.4740 魚
10.4851 母魚
10.4853 魚從
10.4914 魚父乙
10.4915 魚父乙
10.4916 魚父乙
10.4917 父乙魚
10.4997 父癸魚
10.4999 魚母乙
10.5162 亞雀父己魚
10.5234 伯魚乍(作)寶尊彝
10.5317 魚
11.5588 魚從
11.5589 魚丨(棍)
11.5635 父丁魚
11.5801 魚乍(作)父庚彝
11.5833 魚乍(作)父庚彝
11.5880 魚乍(作)父己寶尊彝
11.5977 用乍(作)魚(盧)高祖缶(寶)尊彝
11.6243 魚父乙
11.6343 魚父癸
12.6683 魚
12.6684 魚
12.6876 魚母
12.6877 魚母
12.7057 魚從
12.7166 魚母乙
13.7537 魚
13.7538 魚
13.7539 魚
13.7540 魚
13.7541 魚
13.7542 魚
13.7543 魚
13.7544 魚
13.7545 魚
14.8400 魚父乙
14.8401 魚父乙
14.8402 魚父乙
14.8403 魚父乙
14.8437 魚父丙
14.8460 魚父丁
14.8461 魚父丁
14.8888 亞魚父丁
14.8889 亞魚父丁
14.8981 亞魚兄丁
14.9101 王賜寢魚貝／亞魚
15.9186 乙魚
15.9311 魚
15.9331 魚從
15.9506 魚父癸

15.9599 伯魚父乍(作)旅壺
15.9600 伯魚父乍(作)旅壺
15.9791 魚
16.10018 魚
16.10036 魚從
16.10118 穌(蘇)冶妊乍(作)虢妃魚母般(盤)
16.10545 伯魚乍(作)寶彝
17.10934 江魚

3773 魡(釣)

3.1128 魡(釣)
3.1129 魡(釣)

3774 𩵋、漁

3.753 子仲漁㚆池
3.1125 漁
5.2720 王漁于𢊁池/乎(呼)井從漁/攸賜漁(魚)
8.4207 乎漁于大池
10.4741 漁
11.5542 子漁
13.7546 漁
13.7547 漁
13.7548 漁
13.7549 漁
15.9174 子漁
15.9743 漁
17.11152 楚王孫漁(子魚)之用
17.11153 楚王孫漁(子魚)之用

3775 䲆、敏

10.4855 冉䲆(敏)
11.5587 冉䲆(敏)
11.6181 冉䲆(敏)
12.6685 敏
12.6686 敏
12.7062 冉䲆(敏)
12.7063 冉䲆(敏)
15.9330 冉䲆(敏)
15.9744 䲆(敏)
16.10485 敏

3776 鮺

14.8620 鮺父辛

3777 鱻

4.2506 王賜鱻貝

3778 鮎

17.11352 左右芾鮎
17.11353 左右芾鮎
18.11547 左右芾鮎

3779 鮮

1.143 王賜鮮吉金/鮮拜手䭫首
3.940 伯鮮乍(作)旅獻(甗)
4.2143 鮮父乍(作)寶尊彝
5.2663 伯鮮乍(作)旅鼎
5.2664 伯鮮乍(作)旅鼎
5.2665 伯鮮乍(作)旅鼎
5.2666 伯鮮乍(作)旅鼎
7.4061 畢鮮乍(作)皇祖益公尊段/鮮其萬年
9.4361 伯鮮乍(作)旅段
9.4362 伯鮮乍(作)旅段
9.4363 伯鮮乍(作)旅段
9.4364 伯鮮乍(作)旅段
15.9715 歲賢鮮于(虞)
15.9734 以取鮮薹(藁)
16.10166 鮮穖(蔑)曆
16.10176 矢人有𤔲眉(堳)田:鮮、且、微、武父、西宮𡨦、豆人虞丂、彔、貞、師氏右省、小門人䌛、原人虞艿、淮𤔲工(空)虎孛、𨜒豐父、唯(鳿)人有𤔲、刑丂/矢卑(俾)鮮、且、𦣻、旅誓/鮮、且、𦣻、旅則誓
18.11863 私庫嗇夫貣正、工孟鮮

3780 鱸

1.271 保鱸(吾)兄弟/保鱸(吾)子佳(姓)
5.2840 鱸(吾)先考成王早棄群臣/唯鱸(吾)老賙(賈)/鱸(吾)先祖趄王、卲(昭)考成王/含(今)鱸(吾)老賙(賈)親率參軍之眾/鱸(吾)老賙(賈)奔走不聽命
11.5850 鱸伯𦗎(貂)乍(作)寶尊
12.6447 鱸乍(作)父丁
15.9715 鱸(吾)台(以)爲弄壺/鱸(吾)台(以)匽(宴)飲
15.9735 䣳(將)與鱸(吾)君並立於𠀍(世)
16.10008 鱸(吾)以旂(祈)眉壽
16.10174 王初各(格)伐厰(玁)𣪕(梳、狁)于𡨦鱸
16.10212 工鱸季生乍(作)其盥會匜
18.11665 工鱸王乍(作)元巳(祀)用鐱(劍)

3781 鮇(鰟)

4.2085 登(鄧)鮇(鰟)之飤貞(鼎)

3782 鰶

4.2200 鰶還乍(作)寶用鼎
15.9733 □㫬⿰(矢)舟𦐧(𦐧)鰶丘
16.10175 左右毅(綏)𣪘剛鰶

3783 鱻

5.2841 迺敄(侮)鱻寡
10.5427 弋勿刂(剥)嗌鱻寡

3784 鱻

5.2719 公貿用牧休鱻

3785 龜

3.1468 弔龜
3.1469 弔龜

4.1569 龜父丙
6.3116 弔龜
6.3426 弔龜乍(作)父丙
6.3427 弔龜乍(作)父丙
11.6182 弔龜
12.7058 弔龜
12.7059 弔龜
12.7060 弔龜
12.7218 弔龜祖癸
13.7535 龜
13.8224 弔龜
13.8225 弔龜
13.8226 弔龜
13.8227 弔龜
13.8228 弔龜
14.8459 龜父丁
15.9193 弔龜
16.9951 弔龜
17.10862 弔龜
18.11781 弔龜
18.11782 弔龜

3786 龜、龜

13.7563 龜
13.7564 龜
13.7814 亞龜
14.8782 亞龜舟

3787 黽、黽

3.845 黽乍(作)父辛
4.1583 黽父丁
4.1584 黽父丁
5.2779 差于黽
10.4979 父辛黽
11.6290 黽父己
12.7073 黽祖乙
13.7536 黽
14.8618 黽父辛
15.9243 黽
15.9677 黽以☐其吉〔金〕
18.12110 毋載金、革、黽(鏑、筲)箭
18.12111 毋載金、革、黽(鏑、筲)箭
18.12112 毋載金、革、黽(鏑、筲)箭

3788 鼁(蛇)

8.4157 鼁(蛇)乎乍(作)寶毁
8.4158 鼁(蛇)乎乍(作)寶毁

3789 鼄(蛛)

1.50 鼄(邾)君求吉金
1.86 鼄(邾)大(太)宰欉子敹(掠)
1.87 鼄(邾)叔之伯☐友擇左(厥)吉金
1.140 鼄(邾)公孫班擇其吉金
1.149 鼄(邾)公牼擇厥吉金
1.150 鼄(邾)公牼擇厥吉金
1.151 鼄(邾)公牼擇厥吉金
1.152 鼄(邾)公牼擇厥吉金
1.245 鼄(邾)公華擇厥吉金 / 鼄(邾)邦是保
3.669 鼄(邾)伯乍(作)塍(媵)鬲
3.670 鼄(邾)來隹乍(作)貞(鼎)
3.690 魯伯愈父乍(作)鼄(邾)姬仁朕(媵)羞鬲
3.691 魯伯愈父乍(作)鼄(邾)姬仁朕(媵)羞鬲
3.692 魯伯愈父乍(作)鼄(邾)姬仁朕(媵)羞鬲
3.693 魯伯愈父乍(作)鼄(邾)姬仁朕(媵)羞鬲
3.694 魯伯愈父乍(作)鼄(邾)姬仁朕(媵)羞鬲
3.695 魯伯愈父乍(作)鼄(邾)姬仁朕(媵)羞鬲
3.717 鼄(邾)咎(友)父朕(媵)其子胙(胙)嫊寶鬲
4.2426 鼄(邾)訧爲其鼎
4.2494 杞伯每刃乍(作)鼄(邾)嫊寶貞(鼎)
4.2495 杞伯每刃乍(作)鼄(邾)嫊寶貞(鼎)
4.2525 鼄(邾)伯御戎乍(作)媵(媵)姬寶貞(鼎)
5.2640 鼄(邾)犨(翔)伯乍(作)此嬴尊鼎
5.2641 鼄(邾)犨(翔)伯乍(作)此嬴尊鼎
5.2642 杞伯每刃乍(作)鼄(邾)嫊寶貞(鼎)
7.3897 杞伯每刃乍(作)鼄(邾)嫊寶毁
7.3898 杞伯每刃乍(作)鼄(邾)嫊寶毁
7.3899 杞伯每刃乍(作)鼄(邾)嫊寶毁
7.3901 杞伯每刃乍(作)鼄(邾)嫊寶毁
7.3902 杞伯每刃乍(作)鼄(邾)嫊寶毁
9.4623 鼄(邾)大(太)宰欉子䢼(耕)鑄其簠
9.4624 鼄(邾)大(太)宰欉子䢼(耕)鑄其簠
15.9687 杞伯每刃乍(作)鼄(邾)嫊寶壺
15.9688 杞伯每刃乍(作)鼄(邾)嫊宲(寶)卣
16.10113 魯伯愈父乍(作)鼄(邾)姬仁朕(媵)顋(沬)盤
16.10114 魯伯愈父乍(作)鼄(邾)姬仁朕(媵)顋(沬)盤
16.10115 魯伯愈父乍(作)鼄(邾)姬仁朕(媵)顋(沬)盤
16.10236 鼄(邾)𨩿(斯)寶鬲其☐
16.10244 魯伯愈父乍(作)鼄(邾)姬仁朕(媵)盨(沬)也(匜)
16.10255 杞伯每刃鑄鼄(邾)嫊用寶也(匜)
16.10334 杞伯每刃乍(作)鼄(邾)嫊寶盁(盂)

3790 鼉(蜎)

8.4159 鼉(蜎)徣(延)公/公賜鼉(蜎)宗彝一𨻰(肆)/鼉(蜎)對揚公休

3791 鼀、蜍

15.9531 蜍乍(作)寶彝

3792 鼁(蟪)

4.2342 叔鼁(蟪)肈乍(作)南宮寶尊

8.4292 余鼁(蟪、惠)于君氏大章(璋)

3793 鼂(螺)

11.6005 公令鼂(螺)從□友□炎身/鼂既告于公

3794 鼃、鼈

3.1130 鼈

3795 虫

3.980 出游水虫

4.2175 虫智乍(作)寶旅鼎

7.3896 井(邢)姜大(太)宰虫(巳)

13.7555 虫

13.8000 甲虫

3796 蚪、虬

12.6906 子虬(蚪)

13.8100 子蚪(虬)

3797 蚘(蛔)

3.980 參蚘(蚩)蚘(尤)命帛命入

3798 蚸、蝨

16.10405 仲蚸

18.11997 顧之蝨(蚸)

3799 蚷(蛋)

14.9024 敫(搋)乍(作)妣癸蚷(蛋)

3800 蛈(蚩)

3.980 參蛈(蚩)蚘(尤)命帛命入

3801 𤔲

10.5319 王賜𤔲高呂(鋁)

3802 膪

4.2302 膪所佶(造)貞貞(鼎)

5.2794 冶師史秦、差(佐)苛膪爲之

16.9931 冶事(吏)秦、苛膪爲之

16.9932 冶事(吏)秦、苛膪爲之

3803 盜(蠚)

3.677 洍(江)叔盜乍(作)其尊鬲

15.9734 胤嗣好盜

3804 蛪、蝴

17.11355 肖(趙)命(令)甘(邯)丹(鄲)𢍏(偉)、右庫工師蛪(蝴)綤(紹)、冶倉敀(造)(?)

3805 蝕

6.3467 蝕乍(作)寶尊彝

3806 强

17.11314 皇陽命(令)强𢧢、工師痞𪏟(黶)、冶才

17.11315 皇陽命(令)强𢧢、工師痞𪏟(黶)、冶才

3807 蜀

8.4341 秉繁、蜀、巢

17.11008 蜀西工

17.11009 蜀西工

17.11368 蜀守武造

3808 蜂

3.500 冉蜂父丁

3.568 蜂冉

3.1356 册蜂

3.1381 冉蜂

3.1382 冉蜂

3.1383 冉蜂

3.1384 冉蜂

4.1830 冉蜂父乙

4.2247 蜂冉

6.3316 冉蜂父丁

6.3602 冉蜂

6.3673 蜂乍(作)厥母寶尊毁

7.3862 冉蜂生

7.3905 蜂□賜𡚬貝卄朋

10.4751 蜂

10.4856 冉蜂

10.4857 冉蜂

10.5009 丁冉蜂

10.5071 冉蜂父丁

10.5072 冉蜂父丁

11.5975 冉蜂

11.6179 冉蜂

12.6383 蜂冉父乙

12.6389 冉蜂父丙

12.6394 冉蜂父丁

12.6682 蜂

12.7064 冉蜂

15.9255 冉蜂

16.9855 冉蜂

17.10707 蜂

17.10708 蜂

17.10709 蜂

3809 蟺(蟺)

4.2028 蟺(檀)姜乍(作)旅鼎

6.3526 蟺(蟺檀)伯乍(作)寶尊彝

3810 蝠

12.6908 子蝠

12.7173 子蝠砢

12.7174 子蝠砢

13.8091 子蝠

13.8092 子蝠

13.8093 子蝠

13.8094 子蝠

13.8095 子蝠

13.8096 子蝠

13.8097 子蝠

13.8145 蝠天

15.9172 子蝠

15.9332 子蝠

16.9865 子蝠

3811 蝢

17.11164 螾晨乍(作)蓪(造)戈三百

3812 雖

1.270 曰:余雖小子
8.4315 余雖小子
18.12108 雖毋會符
18.12109 雖毋會符

3813 螬

2.425 郐(徐)諮(詔)尹者故螬

3814 蜹(蚋)

5.2765 蜹(蚋)來遘于妊氏/妊氏令蜹事保厥家/蜹拜韻首曰:休朕皇君弗醒(忘)厥寶臣

3815 蠦

17.11348 龏(龔)竛(令)思、左庫工師長史蠦、冶數近
17.11349 龏(龔)竛(令)思、左庫工師長史蠦、冶數近

3816 蚰

3.980 曰征(誕)有蚰匕(朼)
3.1466 介蚰
3.1467 蚰羊(?)
4.1760 蚰崃力
6.3313 蚰羊父丁
6.3314 蚰羊父丁
11.6180 爰蚰
11.6265 蚰父丁
12.7160 蚰羊乙
12.7202 崃耒蚰
14.8463 蚰父丁
14.8731 蚰父[丁]
14.8789 蚰羊乙
14.8805 蚰崃耒
16.9869 蚰崃耒

3817 蝨(蚳、蚔)

17.11383 蝨(蚳)生不(丕)乍(作)戎戒(械)

3818 蝨(蛕)

8.4203 曾仲大父蝨(蛕)迺用吉攸(鋚)/蝨其用追孝于其皇考
8.4204 曾仲大父蝨(蛕)迺用吉攸(鋚)/蝨其用追孝于其皇考

3819 蝨、蜡

5.2753 下蝨(都)雍公緘乍(作)尊鼎
9.4600 蝽(都)公諴(誠)乍(作)旅簠

3820 螸、螸(龕、蛤)

8.4152 螸(拾)趣(取)吉金

3821 螻、蠼

16.10175 上帝司蠼(擾)尢保
16.10285 曰:自今余敢蠼(擾)乃小大史(事)

3822 蟲、蠣

1.102 陸蠣(融)之孫邾公鈺
1.246 蠣(融)妥(綏)厚多福
1.251-6 用蠣(融)妥(綏)厚多福

3823 蠷

4.1759 址亞蠷

3824 它

4.2227 取(聊)它人之善(膳)貞(鼎)
8.4160 它它(施施)受茲永命
8.4161 它它(施施)受茲永命
8.4331 異(翼)自它邦
9.4645 它它(施施)巸巸(熙熙)
15.9704 它它(施施)熙熙
16.9897 用乍(作)文祖它公寶尊彝
16.10141 唯句它□□〔自〕乍(作)寶般(盤)
16.10159 它它(施施)巸巸(熙熙)
16.10163 它它(施·施)巸巸(熙熙)
16.10282 它它(施施)巸巸(熙熙)
16.10283 它它(施施)巸巸(熙熙)
17.11398 奠(鄭)倫(令)棺(槨、郭)涵、司寇肖(趙)它、往庫工師皮耴、冶君(尹)啟
18.11555 奠(鄭)倫(令)棺(槨、郭)涵、司寇肖(趙)它、往庫工師皮耴、冶君(尹)波(坡)
18.11560 奠(鄭)命(令)棺(槨、郭)涵、司寇肖(趙)它、往庫工師皮耴、冶君(尹)波(坡)斅(造)
18.11564 戠(截)雍倫(令)韓匡、司寇判它、左庫工師刑秦、冶烝(锡)斅(摺、造)戟束(刺)
18.11693 奠(鄭)命(令)棺(槨、郭)涵、司寇肖(趙)它、往庫工師皮耴、冶君(尹)啟斅(造)

3825 也

2.287 妥(蕤)賓之在楚也爲坪皇/其在龖(申)也爲遲(夷)則
2.291 東音之在楚也爲文王
2.292 妥(蕤)賓之在楚也爲坪皇/其在龖(申)也爲遲(夷)則
2.293 割(姑)妌(洗)之在楚也爲呂鐘/宣鐘之在晉也爲六覃(墉)
2.321 洹(宣)鐘之在晉也爲六墉(墉)
2.322 嬴(嬴)嗣(亂)之在楚也爲新鐘/其在鄐(齊)也爲呂音/大(太)族(簇)之在周也爲剌(厲)音/其在晉也爲槃鐘/穆音之在楚也爲穆鐘

2.323 其在楚也爲文王
2.324 妥(蕤)賓之在𪔛(申)也爲遟(夷)則
2.325 割(姑)𦘫(洗)之在楚也爲呂鐘
2.326 東音之在楚也爲文王
2.327 妥(蕤)賓之在楚也爲坪皇 / 其在𪔛(申)也爲遟(夷)則
2.328 割(姑)𦘫(洗)之在楚也爲呂鐘
3.710 仲𣄰大也(它)鑄其寶鬲
5.2764 單父上官嗣憙所受坪安君者也
5.2793 單父上官嗣憙所受坪安君者也 / 單父上官嗣憙所受坪安君者也
8.4330 也曰: 拜韻首 / 其乇哀(愛)乃沈子也唯福 / 也用襃(懷)迺我多弟子
15.9733 曰: 不可多也
16.10008 余畜孫書也
16.10181 皛叔乍(作)旅也(匜)
16.10184 乍(作)子□□也(匜)
16.10185 孟皇父乍(作)旅也(匜)
16.10186 自乍(作)吳姬賸(媵)也(匜)
16.10187 魯士商𪙭乍(作)也(匜)
16.10188 郳湯伯茬乍(作)也(匜)
16.10192 虢季乍(作)中姬寶也(匜)
16.10193 散伯乍(作)夨姬寶也(匜)
16.10195 蔡侯乍(作)姬單滕(媵)也(匜)
16.10201 匽伯聖乍(作)𤔲(工)也(匜)
16.10203 叔侯父乍(作)姜□寶也(匜)
16.10204 奠(鄭)義伯乍(作)季姜寶也(匜)用
16.10205 穌(蘇)甫(夫)人乍(作)㜸(姪)妃襄賸(媵)盉也(匜)
16.10208 郳湯伯茬乍(作)也(匜)
16.10209 樊夫人龍嬴自乍(作)行也(匜)
16.10210 鑄子撫乍(作)也(匜)
16.10211 曩(紀)伯𡨦父朕(媵)姜無㬱(沬)也(匜)
16.10213 寒戊乍(作)寶也(匜)
16.10214 黃仲自乍(作)𩜁也(匜)
16.10215 弭伯乍(作)旅也(匜)
16.10216 召樂父乍(作)婦妃寶也(匜)
16.10217 備叔黑臣(頤)乍(作)寶也(匜)
16.10218 周窐(竈)乍(作)救姜寚(寶)也(匜)
16.10222 魯伯敢乍(作)寶也(匜)
16.10223 賠金氏(氏)乍(作)寶也(匜)
16.10225 函皇父乍(作)周(琱)娟(妘)也(匜)
16.10226 伯吉父乍(作)京姬也(匜)
16.10227 埸(陽)飤生(甥)自乍(作)寶也(匜)
16.10228 自乍(作)盥也(匜)
16.10231 伯正父乍(作)旅也(匜)
16.10233 齊侯子行乍(作)其寶也(匜)
16.10235 緐君單自乍(作)寶也(匜)
16.10238 仲姞義母乍(作)旅也(匜)
16.10239 叔高父乍(作)仲𡚬也(匜)
16.10240 王婦曩孟姜乍(作)旅也(匜)
16.10241 𤔲馬南叔乍(作)𠭯姬朕(媵)也(匜)
16.10242 齊侯乍(作)𦾔(蓋)姬寶也(匜)
16.10243 吕仲生𠀩乍(作)旅也(匜)
16.10244 魯伯愈父乍(作)鼄(邾)姬仁朕(媵)𣵠(沬)也(匜)
16.10248 叔𡪞父乍(作)師姬寶也(匜)
16.10249 䢅仲無龍乍(作)寶也(匜)
16.10251 唯箄肈其乍(作)𩒨(沬)鼎也(匜)
16.10253 取膚(盧、慮)上子商鑄也(匜)
16.10255 杞伯每刃鑄鼄(邾)㜸用寶也(匜)
16.10256 樊君夒用自乍(作)浂(浣)也(匜)
16.10258 唯番仲𠬝自乍(作)寶也(匜)
16.10259 唯番伯酓自乍(作)也(匜)
16.10261 兹乍(作)寶也(匜)
16.10262 唯𠫑(洧)伯君堇生(甥)自乍(作)也(匜)
16.10263 薛侯乍(作)叔妊襄朕(媵)也(匜)
16.10264 永保用也(匜)
16.10265 唯甫季加自乍(作)寶也(匜)
16.10266 尋(鄩)仲賸(媵)仲女丁子子寶也(匜)
16.10270 叔男父乍(作)爲霍姬賸(媵)旅也(匜)
16.10271 乍(作)自寶也(匜)
16.10272 齊侯乍(作)虢孟姬良女(母)寶也(匜)
16.10275 肇乍(作)皇考伯走父寶也(匜)
16.10277 〔作〕其庶女𧽊(厲、賴)孟姬賸(媵)也(匜)
16.10278 鑄其行也

(匜)

3826 嬴、嬴

2.291 嬴(嬴)辪(亂)之商
2.330 嬴(嬴)嗣(亂)之翌(羽)曾
2.346 嬴(嬴)嗣(亂)之宮
5.2705 祝(兄)人師眉嬴王爲周客
7.4097 嬴(嬴)王爲周客
14.9027 妊乍(作)殺(郳)嬴(嬴)彝
14.9028 妊乍(作)殺(郳)嬴(嬴)彝
16.10273 楚嬴(嬴)鑄其匜

3827 嬴

4.2027 嬴(嬴)氏乍(作)寶貞(鼎)
10.5426 王逘(各)于庚嬴(嬴)宮 / 王穖(秾、蔑)庚嬴(嬴)曆 / 庚嬴(嬴)對揚王休
16.9896 休多嬴

3828 嬴(裎)

2.423 喬君淲虘與朕以嬴
5.2585 巤季乍(作)嬴(嬴)氏行鼎

3829 嬴、嬴

2.288 嬴(嬴)嗣之翌(羽)曾
2.289 嬴(嬴)嗣(亂)之翌(羽)角
2.290 嬴(嬴)嗣(亂)之宮 / 嬴(嬴)嗣(亂)之在楚爲新鐘 / 嬴(嬴)嗣(亂)之宮角
2.295 嬴(嬴)嗣(亂)之翌(羽)曾
2.319 嬴(嬴)嗣(亂)之宮 / 嬴(嬴)嗣(亂)之在楚爲新鐘
2.322 嬴(嬴)嗣(亂)之宮 / 嬴(嬴)嗣(亂)之在楚也爲新鐘

3830 嬴

14.9045 嬴乍(作)祖丁寶彝

3831 隹、唯

3.670 鼄(郳)來隹乍(作)貞(鼎)
5.2774 帥隹懋䚄(貺)/ 乃顀子帥隹
5.2840 其隹(誰)能之 / 其隹(誰)能之 / 氏(是)以賜之厥命: 隹(雖)又(有)死辠(罪)
8.4311 女(汝)有隹(雖)小子
8.4317 王曰: 有余隹(雖)小子
11.5695 長隹壺
11.5901 隹乍(作)父己寶彝
14.8816 長隹壺
14.8817 長隹壺
15.9734 以憂厥民之隹(罹)不娀(辜)
17.11389 奠(鄭)倫(令)肖(趙)距、司寇彭璋、往庫工師皇隹、治瘖

3832 雀

10.5162 亞雀父己魚

3833 惟

16.10342 公曰: 余惟今小子 / 惟今小子

3834 雍

1.172 截截(嘟嘟)雍雍(噰噰)
1.173 截截雍雍
1.174 截截雍雍
1.175 截截雍雍
1.176 截截雍雍
1.177 截截雍雍
1.178 截截雍雍
1.179 截截雍雍
1.180 截截雍雍
1.260 雒雒(鶺鶺)雍雍
1.262-3 霝(靈)音鍺鍺雍雍
1.264-6 霝(靈)音鍺鍺雍雍
1.267 霝(靈)音鍺鍺雍雍
1.268 霝(靈)音鍺鍺雍雍
1.269 霝(靈)音鍺鍺雍雍
1.270 其音鍺鍺雍雍孔煌
3.948 師雍父戍在古師(次)/ 遇(踽)從師雍父
4.2521 雍乍(作)母乙尊鼎
5.2531 王令雍伯啚于乇爲宮 / 雍伯乍(作)寶尊彝
5.2559 雍伯原乍(作)寶鼎
5.2675 用雍(饔)賓客
5.2721 師雍父省導(道)至于猒(胡)
5.2737 宣喪(尚)用雍(饔)其者(諸)父、者(諸)兄
5.2753 下蠚(都)雍公緘乍(作)尊鼎
5.2826 巠(經)雍明德
5.2841 勿雍(壅)逮庶人貯
6.3568 雍叜(姒)乍(作)寶尊彝
8.4122 伯雍父來自猒(胡)
8.4340 王在雍应
10.5411 稺從師雍父戍于古師(次)/ 對揚師雍父休
10.5419 伯雍父蔑彔曆
10.5420 伯雍父蔑彔曆
11.6008 爰從師雍父戍于㝬(固)自(次)之年
15.9605 雍工敃
16.10074 伯雍父自乍(作)用器
16.10409 雍
17.11019 雍之田戈
17.11093 雍王其所馬
17.11342 雍工師葉 / 壞(懷)、德、雍
17.11375 馬雍命(令)事(吏)吳、武庫工師

奭信、冶梓造
18.11564 㦸(截)雍倫(令)韓匡、司寇判它、左庫工師刑秦、冶烝(𥚨)散(攜、造)戟束(刺)
18.11911 雍

3835 雋

5.2758 雋冊
5.2759 雋冊
5.2760 雋冊
5.2761 雋冊
6.3153 雋父乙
6.3300 亞雋父乙
8.4300 雋冊
8.4301 雋冊
10.5069 串雋父丁
11.6016 雋冊
12.6508 雋冊
13.8069 雋癸
14.8399 雋父乙
14.8413 雋父乙
14.8968 父癸妻(晝)雋
15.9136 雋
16.9901 雋冊
16.10065 雋冊

3836 嶲

7.3940 王賜嶲𢅠玉十玉(玨)、章(璋)
10.5397 王賜嶲俞貝在𡨦

3837 雔

12.7277 亞雔(離)辛爵

3838 雗、鶾

1.260 雗雗(鶾鶾)雍雍

3839 雗、離

2.404 子離
3.1089 離
11.5727 亞離父乙
13.8281 ㄗ離
15.9238 辛亞離扦
16.9959 亞離𠂤
16.10535 亞離父丁

3840 雞、鷄

4.1959 𦧇(諳)其雞
9.4658 串雞父丁
10.5012 諳其雞
10.5068 串雞父丁
11.5802 𠬤(及)父辛 雞
12.6443 雞登串父丁
15.9226 諳其雞
17.10861 雞串

3841 雗(翰)

1.153 中(終)雗𠭯(且)旛(䬘)
1.154 中雗𠭯旛
1.182 中雗𠭯諹(䬘)
16.10342 晉邦唯雗(翰)

3842 雔

3.636 呂雔姬乍(作)𩰫彝
3.907 雔卯𠨍乍(作)母戊彝
11.6258 雔父丁
11.6314 雔父辛
12.6980 雔亞
12.7134 雔父己
13.7810 亞雔
14.8698 雔父癸
15.9817 雔冊

3843 雔

6.3606 雔(雔)乍(作)文父日丁
10.5362 雔乍(作)文父日丁寶尊旅彝
11.5877 雔乍(作)文父日丁

3844 雔

9.4466 眔雔、戈

3845 霍

4.2413 霍乍(作)己公寶鼎
16.10270 叔男父乍(作)爲霍姬賸(媵)旅也(匜)

3846 雔(集)

4.2379 雔(集)兹乍(作)旅鼎

3847 集

3.914 鑄器客爲集楮七府
4.1807 集脰五
4.2095 集脰(廚)
4.2096 集脰(廚)
4.2296 鑄客爲集脰(廚)/集脰(廚)
4.2297 鑄客爲集脰(廚)爲之
4.2298 鑄客爲集脰(廚)爲之
4.2299 鑄客爲集糕(饎)爲之
4.2300 鑄客爲集𦛨爲之
4.2480 鑄客爲集䐑、伸䐑、睘腋䐑爲之
5.2623 集脰(廚)社鼎/集脰(廚)
5.2757 臧敔集[功]
5.2794 集脰(廚)/集脰(廚)
5.2795 集脰(廚)
5.2841 唯天𨟻(壯)集厥命
6.3656 集
6.3657 集
6.3658 集
10.5218 集
10.5370 亞集
12.6450 𣎴小集母乙
14.8696 集父癸
15.9420 鑄客爲集𦛨爲之/鑄客爲集𦛨爲之
16.10291 集脰(廚)
16.10373 以命攻(工)尹穆丙、攻(工)差(佐)競之、集尹陳夏、少集尹龏賜、少攻(工)差(佐)孝癸
16.10388 鑄客爲集𦛨爲之
16.10389 鑄客爲集□敗(挸)爲之
16.10577 鑄客爲集脰(廚)爲之
18.12110 命集尹㽙(㫯)𦙶(𦙶)、裁(織)尹逆、裁(織)𣪘(令)阢
18.12111 命集尹㽙(㫯)𦙶(𦙶)、裁(織)

尹逆、裁(織)敓(令)阠

18.12112 命集尹恕(怊)輆(赭)、裁(織)尹逆、裁(織)敓(令)阠

18.12113 命集尹恕(怊)輆(赭)、裁(織)尹逆、裁(織)敓(令)阠

3848 奞

6.3669 噩(鄂)季奞父乍(作)寶尊彝

11.6354 兄丁奞

12.7020 甗奞

13.8283 甗奞

3849 奪

4.2366 奪乍(作)父丁寶尊彝

5.2835 復奪京師之俘

6.3372 奪乍(作)寶段

8.4323 奪俘人四百

9.4469 爰奪叡行道

10.5330 奪乍(作)父丁寶尊彝

10.5331 奪乍(作)父丁寶尊彝

11.5921 奪乍(作)父丁寶尊彝

15.9592 奪乍(作)父丁寶尊彝

15.9593 奪乍(作)父丁寶尊彝

3850 奮

5.2803 令眔奮先馬走 / 王曰：令眔奮

5.2840 奮桴晨(振)鐸

3851 烏

5.2824 或曰：烏虖(乎)/ 或曰：烏虖(乎)

5.2833 烏虖(乎)哀哉

5.2841 烏虖(乎)

8.4330 烏虖(乎)/ 烏虖(乎)

8.4341 班韻首曰：烏虖(乎)

10.5392 烏虖(乎)

10.5428 烏虖(乎)

10.5429 烏虖(乎)

10.5433 烏虖(乎)

11.6009 烏虖(乎)

11.6014 烏虖(乎)

16.10342 烏(無)斁(咎)萬年

3852 舄

5.2757 用鑄舄彝

5.2816 賜女(汝)秬鬯一卣、玄衮衣、幽夫(芾)、赤舄、駒車、畫呻(紳)、轎(幬)學(較)、虎幃(幃)、冟袦里幽、攸(鋚)勒、旅(旂)五旅(旂)、彤弓、彤矢、旅(旅)弓、旅(旅)矢、𢦏戈、虢(皋)胄

5.2817 賜赤舄

5.2831 舍(捨)盠冒梯、羝皮二、選皮二、業舄通(筩)皮二

5.2837 賜女(汝)鬯一卣、冂(裑)衣、芾、舄、車、馬

8.4253 王乎尹氏册命師察：賜女(汝)赤舄、攸(鋚)勒

8.4254 王乎尹氏册命師察：賜女(汝)赤舄、攸(鋚)勒

8.4257 賜女(汝)玄衣黹屯(純)、鉥(素)芾、金鈧(衡)、赤舄、戈琱胾、彤沙(蘇)、攸(鋚)勒、緣(鑾)旂五日

8.4274 賜女(汝)乃祖巾、五黄(衡)、赤舄

8.4275 賜女(汝)乃祖巾、五黄(衡)、赤舄

8.4316 賜女(汝)赤舄

8.4324 賜女(汝)菽(素)芾、金黄(衡)、赤舄、攸(鋚)勒

8.4325 賜女(汝)菽(素)芾、金黄(衡)、赤舄、攸(鋚)勒

8.4340 賜女(汝)玄衮衣、赤舄

9.4467 賜女(汝)秬鬯一卣、赤芾、五黄(衡)、赤舄、牙僰、駒車、桒(賁)較(較)、朱虢(鞹)圅靳、虎冟(冪)熏(纁)裹、畫轉(轉)、畫輴、金甬(筩)、朱旂、馬四匹、攸(鋚)勒、素戉(鉞)

9.4468 賜女(汝)秬鬯一卣、赤芾、五黄(衡)、赤舄、牙僰、駒車、桒(賁)較(較)、朱虢(鞹)圅靳、虎冟(冪)熏(纁)裹、畫轉(轉)、畫輴、金甬(筩)、朱旂、馬四匹、攸(鋚)勒、素戉(鉞)

9.4469 賜女(汝)秬鬯一卣、乃父芾、赤舄、駒車、桒(賁)較(較)、朱虢(鞹)圅靳、虎冟(冪)熏(纁)裹、畫轉、畫輴、金甬(筩)、馬四匹、鋚勒

11.6015 劑(齎)用王乘車馬、金勒、冂(裑)衣、芾、舄

15.9723 王乎乍(作)册尹册賜瘐：畫靳、牙僰、赤舄

15.9724 王乎乍(作)册尹册賜瘐：畫靳、牙僰、赤舄

15.9728 賜女(汝)秬鬯一卣、玄衮衣、赤巾、幽黄(衡)、赤舄、攸(鋚)勒、緣(鑾)旂

16.9898 賜秬鬯一卣、玄衮衣、赤舄、金車、桒(賁)圅朱虢(鞹)靳、虎冟(冪)熏(纁)裹、桒(賁)較(較)、畫轉、金甬(筩)、馬四匹、攸(鋚)勒

17.11333 舄兹戈

3853 於

1.1 於

1.38 晉人救戎於楚競(境)

1.144 戉(越)王者旨於賜擇厥吉金

1.155 □連小□利之於大〔邾〕者/□於□曰利
1.156 丌(其)者□□□於子子
1.183 曰:"於虖敬哉
1.185 曰:"於虖敬哉
1.271 侯氏從造(告)之曰:枼(世)萬至於辝(台)孫子
2.288 府(附)於索宮之頟
2.292 府(附)於索商之頟
2.293 府(附)於索宮之頟
2.327 府(附)於索商之頟(䪡)
2.328 府(附)於索宮之頟(䪡)
5.2840 于銘曰:於(烏)虖(乎)/蒦(與)其汋(溺)於人旃/寧汋(溺)於淵/閈於天下之勿(物)矣/猶粯(迷)惑於子之而亾(亡)其邦/而皇(況)才(在)於少君虖(乎)/於(烏)虖(乎)折(哲)𢦏(哉)/於(烏)虖(乎)/於(烏)虖(乎)/於(烏)虖(乎)
8.4190 用追孝於(于)我皇𣪕(舅)
8.4342 亦則於女(汝)乃聖祖考克尃(輔)右(佑)先王
15.9733 於霝(靈)公之王(廷)
15.9734 於(烏)虖(乎)
15.9735 外之則𨟭(將)使𧺆(上)勤於天子之庿/而退與者(諸)侯齒𨱔(長)於遚(會)同/則𧺆(上)逆於天/下不㥠(順)於人旃/𨟭(將)與䖍(吾)君並立於㣇(世)/齒𨱔(長)於遚(會)同/於(烏)虖(乎)
16.10165 者尚余卑□於𦣞(即?)擇其吉金
16.10371 於兹安陵亭
16.10373 郾(郾、燕)客臧嘉聞(問)王於蒧郢之歲
16.10407 不汲於利
17.11310 戉(越)王者旨於睗
17.11311 戉(越)王者(諸)旨(稽)於睗
18.11511 戉(越)王者(諸)旨(稽)於睗
18.11512 戉(越)王者(諸)旨(稽)於睗
18.11544 於戉(越)𠯑(台)王旨𨛭之大(太)子𠦪(三)壽
18.11596 戉(越)王者(諸)旨(稽)於睗
18.11597 戉(越)王者(諸)旨(稽)於睗
18.11598 戉(越)王者(諸)旨(稽)於睗
18.11599 戉(越)王者(諸)旨(稽)於睗
18.11600 戉(越)王者(諸)旨(稽)於睗
18.11704 乍(作)於元用僉(劍)
18.11757 於取(郰)子敄鼓鑄鑵元喬
18.12110 大司馬卲(昭)𨜒(陽)敗晉師於襄陵之歲/王凥(処)於蒧郢之遊宮/台(以)毀於五十乘之中
18.12111 大司馬卲(昭)𨜒(陽)敗晉師於襄陵之歲/王凥(処)於蒧郢之遊宮/台(以)毀於五十乘之中
18.12112 大司馬卲(昭)𨜒(陽)敗晉師於襄陵之歲/王凥(処)於蒧郢之遊宮/台(以)毀於五十乘之中
18.12113 大司馬卲(昭)𨜒(陽)敗晉師於襄陵之歲/王凥(処)於蒧郢之遊宮/則政(徵)於大府/毋政(徵)於閘(關)

3854 焉

15.9735 不祥莫大焉/明友(跋)之于壺而時觀焉

3855 燕

18.12104 傳虡(遽)甫戊燕
18.12105 傳虡(遽)甫戊燕
18.12106 傳虡(遽)甫戊燕

3856 𦣞、齒、𠀤

2.400 木見齒册
2.401 木見齒册
2.402 木見齒册
3.481 齒父己
3.1488 齒嫩
4.1762 木見齒册
11.5694 木見齒册
11.5714 齒受祖丁
11.6353 齒兄丁
12.6368 徙乍(作)祖丁𠀤(齒)
12.7053 齒木
13.8208 齒戊
15.9107 齒
15.9735 而退與者(諸)侯齒𨱔(長)於遚(會)同/齒𨱔(長)於遚(會)同
15.9792 木見齒册
17.10768 𢦏(我)齒
17.10769 齒
17.10952 木見齒册
17.11299 郚(梧)命(令)垠、右工師齒、冶良

3857 𪗾(齗、齰)

16.10491 𪗾

3858 齨

5.2654 公侯賜亳杞土、麇土、栗禾、齨禾

3859 礬(醬)

5.2631 南公有𤔲礬(醬)乍(作)尊鼎
10.5254 礬(醬)乍(作)

□寶尊彝

11.5892 瞀(醬)乍(作)祖辛寶尊彝

3860 牙、𤘗、齖

3.674 叔牙父乍(作)姞氏尊鬲

7.3987 魯大(太)宰邍父乍(作)季姬牙朕(媵)殷

8.4213 戎獻金于子牙父百車

9.4467 乍(作)爪牙/賜女(汝)秬鬯一卣、赤市、五黃(衡)、赤舄、牙僰、駒車、桒(賁)較(較)、朱虢(鞹)鞃靳、虎冟(冪)熏(纁)裏、畫轉(轉)、畫輯、金甬(筩)、朱旂、馬四匹、攸(鋚)勒、素戉(鉞)

9.4468 乍(作)爪牙/賜女(汝)秬鬯一卣、赤市、五黃(衡)、赤舄、牙僰、駒車、桒(賁)較(較)、朱虢(鞹)鞃靳、虎冟(冪)熏(纁)裏、畫轉(轉)、畫輯、金甬(筩)、朱旂、馬四匹、攸(鋚)勒、素戉(鉞)

14.9037 叔牙乍(作)尊彝

15.9723 王乎乍(作)册尹册賜瘼：畫靳、牙僰、赤舄

15.9724 王乎乍(作)册尹册賜瘼：畫靳、牙僰、赤舄

18.11907 郷齖(牙)庫

18.12107 埍(填)丘牙(與)塿紙

3861 猗

17.11363 漆垣工師爽、工更長猗

17.11404 漆垣工師爽、工更長猗

17.11405 漆垣工師爽、丞犨、冶工隸臣猗

3862 角

1.246 檜(齊)角(祿)龔(熾)光

1.251-6 瘼其萬年羊角

2.286 濁割(姑)䢅(洗)之下角

2.287 黃鐘之商角/爲東音羿(羽)角/爲妥(蕤)賓之徵顛下角

2.288 割(姑)䢅(洗)之徵角/爲獸鐘徵顛下角/爲犀(夷)則羿(羽)角/爲穆音之羿(羽)顛下角

2.289 徵角/羸(羸)嗣(亂)之羿(羽)角/割(姑)䢅(洗)之徵角/爲無睪(射)之羿(羽)顛下角/爲穆音羿(羽)角/爲獸鐘之徵顛下角

2.290 商角/割(姑)䢅(洗)之商角/羸(羸)嗣(亂)之宮角

2.291 東音之下角

2.292 黃鐘之商角/爲妥(蕤)賓之徵顛下角/爲無睪(射)徵角/爲東音羿(羽)角

2.293 爲䅇(穆)音之羿(羽)顛下角/爲犀(夷)則羿(羽)角

2.294 羿(羽)角/爲大(太)族(簇)之徵顛下角/割(姑)䢅(洗)之羿(羽)角/爲坪皇徵角/爲獸鐘之羿(羽)顛下角

2.295 徵角/黃鐘之徵角/割(姑)䢅(洗)之徵角/爲獸鐘徵顛下角/爲大(太)族(簇)羿(羽)角

2.297 穆鐘之角/濁坪皇之下角

2.299 角反/角反

2.302 下角/割(姑)肄(洗)之下角

2.303 穆鐘之下角

2.304 獸鐘之下角

2.305 羿(羽)角/濁新鐘之下角

2.306 徵角/割(姑)肄(洗)之徵角/濁獸鐘之下角

2.307 宮角/割(姑)肄(洗)之角/文王之下角

2.308 穆鐘之角/濁坪皇之下角

2.310 角反

2.313 下角/割(姑)肄(洗)之下角

2.314 穆鐘之下角

2.315 獸鐘之下角

2.316 羿(羽)角/濁新鐘之下角

2.317 徵角/割(姑)肄(洗)之徵角/濁獸鐘之下角

2.318 宮角/割(姑)肄(洗)之角/文王下角

2.319 商角

2.320 穆鐘之角/濁坪皇之下角

2.321 獸鐘之羿(羽)角

2.322 商角

2.323 宮角/割(姑)肄(洗)之角/新鐘之羿(羽)角

2.325 黃鐘之羿(羽)角/鄘(應)音之角

2.326 宮角/割(姑)肄(洗)之宮角/鄘(應)鐘之徵角/爲坪皇之羿(羽)顛下角

2.327 爲妥(蕤)賓之徵顛下角/爲無鐸(射)徵角/爲東音羿(羽)角

2.328 爲遟(夷)則羿(羽)角/爲穆音之羿(羽)顛下角

2.329 羿(羽)角/割(姑)肄(洗)之羿(羽)角/爲坪皇徵角/爲獸鐘之羿(羽)顛下角/爲夫(太)族(簇)之徵顛下角

2.330 徵角/獸鐘之徵角/割(姑)肄(洗)之徵角/爲獸鐘之徵顛下角/爲夫(太)族(簇)羿(羽)角

2.332 徵角
2.333 商角
2.335 翆(羽)角
2.337 翆(羽)角
2.338 商角
2.340 翆(羽)角
2.341 商角
2.344 徵角
2.345 宮角
2.347 徵角
2.348 宮角
4.1864 角字父戊
5.2810 伐角、僪(遹)
6.3417 角單匽祖己
7.3958 叔角父乍(作)朕皇考宕(宄)公尊段
7.3959 叔角父乍(作)朕皇考宕(宄)公尊段
9.4459 伐角、津
9.4460 伐角、津
9.4461 伐角、津
15.9440 伯角父乍(作)寶盉
15.9684 右使車嗇夫鄫(齊)痤、工角
16.9860 角丐
16.10175 檮(齊)角(祿)龔(熾)光
17.11210 羊角之亲(新)艁(造)散戈
17.11250 寺工讐、金角
18.11820 角

3863 皐(觸)

15.9448 右使車嗇夫宋、鄫(齊)痤、工皐(觸)

3864 解

3.874 解子乍(作)旅獻(甗)
4.2345 解子乍(作)厥宄團宮鼎
5.2840 夙夜不解(懈)
15.9735 夙夜篚(匪)解(懈)

3865 觟

12.6804 觟
17.10849 丮觟

3866 觤

17.11373 奠(鄭)命(令)觤□、司寇敊(扶)裕、左庫工師吉忘、冶鍥
17.11382 㝵倫(令)觤䝼、司寇奠(鄭)䀈、左庫工師器較(較)、冶□𢾰(造)

3867 觸

17.11294 丞相觸(壽燭)造

3868 鸞

5.2537 静叔乍(作)鸞嬶旅貞(鼎)

3869 毛

3.587 𠳵(召)伯毛乍(作)王母尊鬲
5.2619 善(膳)夫旅伯乍(作)毛仲姬尊鼎
5.2724 毛公旅鼎亦唯段
5.2729 楷仲賞厥嫊奚逐毛兩、馬匹
5.2780 乍(作)朕文考毛叔𨶹彝
5.2821 嗣土(徒)毛叔右(佑)此
5.2822 嗣土(徒)毛叔右(佑)此
5.2823 嗣土(徒)毛叔又(佑)此
5.2841 毛公㫃對揚天子皇休
7.4009 毛伯嘌(啰)父乍(作)仲姚寶段
7.4028 毛𡚬乍(作)寶段
8.4162 孟曰:朕文考眔毛公、趞(遣)仲征無需/毛公賜朕文考臣
8.4163 孟曰:朕文考眔毛公、趞(遣)仲征無需/毛公賜朕文考臣
8.4164 孟曰:朕文考眔毛公、趞(遣)仲征無需/毛公賜朕文考臣
8.4196 師毛父即立(位)
8.4296 毛伯內(入)門
8.4297 毛伯內(入)門
8.4303 嗣土(徒)毛叔右(佑)此
8.4304 嗣土(徒)毛叔右(佑)此
8.4305 嗣土(徒)毛叔右(佑)此
8.4306 嗣土(徒)毛叔右(佑)此
8.4307 嗣土(徒)毛叔右(佑)此
8.4308 嗣土(徒)毛叔右(佑)此
8.4309 嗣土(徒)毛叔右(佑)此
8.4310 嗣土(徒)毛叔右(佑)此
8.4341 王令毛伯更虢城公服/王令毛公以邦冢君、土(徒)馭、㦰(䠞)人伐東或(國)㾓戎/王令吳(虞)伯曰:以乃師左比毛公/王令吕伯曰:以乃師右比毛父
16.10145 毛叔朕(媵)彪氏孟姬寶般(盤)
18.11857 日毛

3870 乇

17.11150 蔡侯乇之用戟

3871 厇

18.11677 相邦建信君、邦右庫工師郲段、冶君(尹)厇敎(撻)齋(劑)
18.11678 相邦建信君、邦左庫工師郲段、冶君(尹)厇敎(撻)齋(劑)
18.11705 南行昜(唐)倫(令)瞿(瞿)卯、右庫工師司馬卻、冶君(尹)厇得敎(撻)齋(劑)(?)
18.11706 相邦建信君、邦左庫工師郲段、冶

君(尹)𣬛敎(撻)齋(劑)
18.11708 相邦春平侯、邦右庫工師訬𣬛、冶巡敎(撻)齋(劑)
18.11717 相邦建信君、邦右庫工師司馬卲、冶得𣬛敎(撻)齋(劑)

3872 毳

7.3931 毳乍(作)王母媿氏鋒(饙)段
7.3932 毳乍(作)王母媿氏鋒(饙)段
7.3933 毳乍(作)王母媿氏鋒(饙)段
7.3934 毳乍(作)王母媿氏鋒(饙)段
15.9442 毳乍(作)王(皇)母媿氏顒(沬)盉
16.10119 毳乍(作)王(皇)母媿氏顒(沬)般(盤)
16.10168 賜守宮絲束、蘆(苴)𧃑(幕)五、蘆(苴)萺(冟、冪)二、馬匹、毳帣(布)三、專(專、團)俸(篷)三、銮(琜)朋
16.10247 毳乍(作)王(皇)母媿氏顒(沬)盉

3873 尾

14.9040 伯尾父乍(作)寶彝
15.9447 王仲皇父乍(作)尾嫃(妘)般(盤)盉
17.11295 章子鄭(國)尾其元金

3874 屎、屡

1.60-3 今余賜女(汝)毌五、鍚戈彤屡(蘇)
8.4311 賜女(汝)戈琱㦸、〔歇〕必(柲)、彤屎(沙、蘇)、毌五、鍚鐘一斆(肆)五金
9.4528 曾子屎(屡)自乍(作)行器
9.4529 曾子屎(屡)自乍(作)行器

3875 屈

1.38 唯𦉢(荆)篙(曆)屈奈(夕)
9.4612 楚屈子赤目朕(媵)仲媥(芈)璜飤簠
16.10373 羅莫囂(敖)臧帀(師)、連囂(敖)屈走(让)
17.11198 楚屈叔佗之元用
17.11393 楚屈叔佗屈□之孫

3876 屬

17.11332 屬邦工師㦸、丞□、工□/屬邦
17.11395 屬邦
17.11396 屬邦
18.11532 武庫受(授)屬邦
18.11533 武庫受(授)屬邦
18.11550 武庫受(授)屬邦

3877 眉、釁(沬)

1.40 眉壽永寶
1.41 眉壽永寶
1.59 用祈眉壽
1.72 其眉壽無疆
1.73-4 其眉壽無疆
1.75 其眉壽無疆
1.76-7 其眉壽無疆
1.78-9 其眉壽無疆
1.80-1 其眉壽無疆
1.86 敦(掠)用祈眉壽多福(福)
1.87 用旂(祈)眉壽無疆
1.102 旂(祈)年眉壽
1.103 侯(遅)父眔齊萬年眉壽
1.107-8 用賜眉壽、永命
1.113 其眉壽無基(期)
1.114 其眉壽無基(期)
1.115 其眉壽無基(期)
1.116 其眉壽無基(期)
1.117 其眉壽無基(期)
1.118-9 其眉壽無其(期)
1.141 用匄眉壽無疆
1.153 眉壽毋已
1.154 眉壽毋已
1.172 其受此眉壽
1.173 其受此眉壽
1.174 其受此眉壽
1.175 其受此眉壽
1.176 其受此眉壽
1.177 其受此眉壽
1.178 其受此眉壽
1.179 其受此眉壽
1.180 其受此眉壽
1.181 天子其萬年眉壽
1.182 眉壽無諆(期)
1.187-8 眉壽永寶
1.189-90 眉壽永寶
1.193 用祈眉壽繁釐
1.194 用祈眉壽繁釐
1.195 用祈眉壽繁釐
1.196 用祈眉壽繁釐
1.197 用祈眉壽繁釐
1.198 用祈眉壽繁釐
1.203 眉壽無期
1.225 以祈眉壽
1.226 以祈眉壽
1.227 以祈眉壽
1.228 以祈眉壽
1.229 以祈眉壽
1.230 以祈眉壽
1.231 以祈眉壽
1.232 以祈眉壽
1.233 以祈眉壽
1.234 以祈眉壽
1.235 以祈眉壽
1.236 以祈眉壽
1.237 以祈眉壽
1.245 哉(載)公眉壽
1.247 受(授)余屯(純)魯、通彔(祿)、永令(命)、眉壽、霝(靈)冬(終)
1.248 受(授)余屯(純)魯、通彔(祿)、永令(命)、眉壽、霝(靈)冬(終)
1.249 受(授)余屯(純)魯、通彔(祿)、永令(命)、眉壽、霝(靈)冬(終)
1.250 受(授)余屯(純)魯、通彔(祿)、永令

(命)、眉壽、霝(靈)冬(終)
1.261 用祈眉壽
1.262-3 眉壽無疆
1.267 眉壽無疆
1.268 眉壽無疆
1.269 眉壽無疆
1.270 眉壽無疆
1.272-8 用旂(祈)眉壽
1.285 用旂(祈)眉壽
2.350 用祈眉壽無疆
2.351 用祈眉壽無疆
2.352 用祈眉壽無疆
2.353 用祈眉壽無疆
2.354 用祈眉壽無疆
2.355 用祈眉壽無疆
2.423 用旂(祈)眉壽
2.425 眉壽無疆
3.487 眉■子
3.670 萬壽眉其年
3.717 其眉壽
3.735 其萬年眉壽
3.742 其眉壽
3.746 用旟(祈)眉壽
3.747 用旟(祈)眉壽
3.748 用旟(祈)眉壽
3.749 用旟(祈)眉壽
3.750 用旟(祈)眉壽
3.751 用旟(祈)眉壽
3.752 用旟(祈)眉壽
3.939 其萬年眉壽
3.946 其眉壽無疆
3.947 用祈眉壽
4.1989 眉壽乍(作)彝
4.2103 眉(沬)脒(廚)
4.2478 眉壽□□
5.2537 其萬年眉壽
5.2551 其眉壽無期
5.2568 其萬年眉壽
5.2572 其眉壽萬年
5.2573 其眉壽無期
5.2585 子子孫其眉壽萬年
5.2586 其眉壽萬年
5.2587 其萬年眉壽
5.2589 其眉壽萬年
5.2592 其萬年眉壽
5.2593 其萬年眉壽
5.2601 其萬年眉壽
5.2602 眉壽無疆
5.2605 其萬年眉壽
5.2606 眉壽無疆
5.2607 其眉壽無斯(諆、期)
5.2639 其邁(萬)年眉壽
5.2640 眉壽無疆
5.2641 眉壽無疆
5.2642 其萬年眉壽
5.2646 用祈眉壽無疆
5.2667 其眉壽
5.2669 用祈眉壽
5.2680 諆其萬年眉壽
5.2681 用匄眉壽無疆
5.2705 祝(兄)人師眉羸王爲周客
5.2715 眉壽無疆
5.2716 眉壽無疆
5.2717 其眉壽無諆(期)
5.2722 眉壽無期
5.2727 用旂(祈)眉壽、黃句(耇)、吉康
5.2738 用祈眉壽
5.2743 用賜眉壽無疆
5.2744 用賜眉壽無疆
5.2753 用乞眉壽
5.2762 用祈匄眉壽、永令(命)、靈(靈)冬(終)
5.2766 眉壽無其(期)
5.2768 眉壽無疆
5.2769 眉壽無疆
5.2770 眉壽無疆
5.2771 用腸(賜)眉壽
5.2772 用腸(賜)眉壽
5.2777 尊鼎用祈匄百彔(祿)、眉壽、綰綽、永令(命)
5.2790 用賜康勵、魯休、屯(純)右(佑)、眉壽、永令(命)、霝(靈)冬(終)
5.2796 用匄康勵、屯(純)右(祐)、眉壽、永令(命)、霝(靈)冬(終)
5.2797 用匄康勵、屯(純)右(祐)、眉壽、永令(命)、霝(靈)冬(終)
5.2798 用匄康勵、屯(純)右(祐)、眉壽、永令(命)、霝(靈)冬(終)
5.2799 用匄康勵、屯(純)右(祐)、眉壽、永令(命)、霝(靈)冬(終)
5.2800 用匄康勵、屯(純)右(祐)、眉壽、永令(命)、霝(靈)冬(終)
5.2801 用匄康勵、屯(純)右(祐)、眉壽、永令(命)、霝(靈)冬(終)
5.2802 用匄康勵、屯(純)右(祐)、眉壽、永令(命)、霝(靈)冬(終)
5.2811 用祈眉壽
5.2813 用匄眉壽、黃耇、吉康
5.2815 其眉壽萬年
5.2821 用匄眉壽
5.2822 用匄眉壽
5.2823 用匄眉壽
5.2825 用祈匄眉壽、綽綰、永令(命)、霝(靈)冬(終)
5.2826 晉姜用祈綽綰、眉壽
5.2827 頌其萬年眉壽
5.2828 頌其萬年眉壽
5.2829 頌其萬年眉壽
5.2831 眉敾(敖)者膚卓事見于王
5.2834 〔勿〕眉(遺)壽子(幼)
6.3420 子眉口父乙
7.3888 其萬年眉壽
7.3889 其萬年眉壽
7.3894 其萬年眉壽
7.3931 媿氏其眉壽
7.3932 媿氏其眉壽
7.3933 媿氏其眉壽
7.3934 媿氏其眉壽
7.3944 其萬年眉壽
7.3974 其萬年眉壽
7.3984 用賜眉壽萬年
7.3985 用賜眉壽萬年
7.3987 其萬年眉壽
7.3988 其萬年眉壽
7.3989 其萬年眉壽
7.4007 用賜眉壽

7.4018 祈眉壽
7.4019 其萬年眉壽
7.4039 用賜眉壽、黄者、萬年
7.4048 用賜眉壽
7.4049 用賜眉壽
7.4050 用賜眉壽
7.4051 用賜眉壽、黄者
7.4052 用賜眉壽、黄者
7.4053 用賜眉壽、黄者
7.4054 萬年眉壽
7.4061 用祈眉壽、魯休
7.4091 萬年眉壽
7.4092 萬年眉壽
7.4093 萬年眉壽
7.4094 萬年眉壽
7.4095 用賜其眉壽、萬年
7.4097 祝(兄)人師眉
7.4107 用祈眉壽
7.4108 綰綽、眉壽、永令(命)
7.4109 用賜眉壽
7.4110 商叡其萬年眉壽
7.4111 商虘(叡)其萬年眉壽
8.4124 祈匄眉壽
8.4125 用賜眉壽
8.4129 用賜黄者、眉壽
8.4147 用匄眉壽
8.4148 用匄眉壽
8.4149 用匄眉壽
8.4150 用匄眉壽
8.4151 用匄眉壽
8.4154 用祈眉壽
8.4155 用祈眉壽
8.4156 用賜害(匄)眉壽、黄者、霝(靈)冬(終)、萬年
8.4157 用匄眉壽、永令(命)
8.4158 用匄眉壽、永令(命)
8.4160 康其萬年眉壽
8.4161 康其萬年眉壽
8.4168 用祈眉壽
8.4182 虢姜其萬年眉壽
8.4183 用賜眉壽
8.4198 用匄眉壽、綽綰、永令(命)
8.4203 用賜眉壽、黄者、霝(靈)冬(終)
8.4204 用賜眉壽、黄者、霝(靈)冬(終)
8.4219 用祈匄眉壽、永令(命)
8.4220 用祈匄眉壽、永令(命)
8.4221 用祈匄眉壽、永令(命)
8.4222 用祈匄眉壽、永令(命)
8.4223 用祈匄眉壽、永令(命)
8.4224 用祈匄眉壽、永令(命)
8.4238 伐海眉(堳)
8.4239 伐海眉(堳)
8.4245 用祈萬年眉壽
8.4277 眉壽、黄者
8.4296 郾其眉壽
8.4297 郾其眉壽
8.4303 用匄眉壽
8.4304 用匄眉壽
8.4305 用匄眉壽
8.4306 用匄眉壽
8.4307 用匄眉壽
8.4308 用匄眉壽
8.4309 用匄眉壽
8.4310 匄眉壽
8.4315 眉壽無疆
8.4328 眉壽無疆
8.4329 眉壽無疆
8.4331 王命益公征眉敖/眉敖至見
8.4332 眉壽無疆
8.4333 眉壽無疆
8.4334 眉壽無疆
8.4335 眉壽無疆
8.4336 眉壽無疆
8.4337 眉壽無疆
8.4338 眉壽無疆
8.4339 眉壽無疆
8.4340 蔡其萬年眉壽
9.4423 其萬年眉壽
9.4432 用匄眉壽
9.4433 用匄眉壽
9.4436 用祈眉壽屯(純)魯
9.4437 其萬年眉壽
9.4440 其萬年眉壽
9.4441 其萬年眉壽
9.4442 割(匄)眉壽無疆
9.4443 割(匄)眉壽無疆
9.4444 割(匄)眉壽無疆
9.4445 割(匄)眉壽無疆
9.4446 用匄眉壽、多福
9.4447 用匄眉壽、多福
9.4453 匄眉壽無疆
9.4458 𠓜其萬年眉壽
9.4459 其邁(萬)年眉壽
9.4460 其邁(萬)年眉壽
9.4461 其邁(萬)年眉壽
9.4465 降克多福、眉壽、永令(命)
9.4554 其萬年眉壽
9.4560 其萬年眉壽
9.4565 其眉壽萬年
9.4566 其萬年眉壽
9.4567 其萬年眉壽
9.4568 其萬年眉壽
9.4570 其萬年眉壽
9.4571 其萬年眉壽
9.4574 其萬年眉壽
9.4581 用賜眉壽萬年
9.4582 用䢅(祈)眉壽
9.4583 用䢅(祈)眉壽
9.4584 用䢅(祈)眉壽
9.4585 用䢅(祈)眉壽
9.4586 用䢅(祈)眉壽
9.4587 用䢅(祈)眉壽
9.4592 其萬年眉壽
9.4593 用祈眉壽無疆
9.4594 眉壽無其(期)
9.4597 用祈眉壽
9.4600 用賜眉壽萬年
9.4601 用匄眉壽
9.4602 用匄眉壽
9.4603 用祈眉壽無疆
9.4604 用祈眉壽無疆
9.4606 用祈眉壽
9.4607 用祈眉壽
9.4608 其眉壽
9.4609 其眉壽
9.4610 宇其眉壽
9.4611 宇其眉壽
9.4612 其眉壽無疆

9.4613 𣪕(其)眉壽無記(期)
9.4614 其眉壽無疆
9.4615 用祈眉考(老)無疆
9.4617 以祈眉壽
9.4618 其眉壽
9.4619 眉壽無疆
9.4620 叔朕眉壽
9.4621 叔朕眉壽
9.4622 叔朕眉壽
9.4623 其眉壽以𩛥
9.4624 其眉壽以𩛥
9.4625 其眉壽
9.4628 用旂(祈)眉壽
9.4631 眉壽無疆
9.4632 眉壽無疆
9.4643 其眉壽無期
9.4645 用旂(祈)眉壽
9.4689 其眉壽
9.4690 其眉壽
9.4691 其眉壽
9.4693 用祈眉壽
13.7523 眉
15.9442 媿氏其眉壽
15.9659 其眉壽無期
15.9662 其眉壽萬年
15.9677 用睗(賜)眉壽
15.9687 邁(萬)年眉壽
15.9688 其萬年眉考(老)
15.9694 用祈眉壽
15.9695 用祈眉壽
15.9701 其眉壽無疆
15.9704 眉壽萬年
15.9706 眉壽萬年無疆
15.9708 用祈眉壽
15.9709 用旂(祈)眉壽、萬年
15.9712 用賜(賜)眉壽
15.9713 用祈匄眉壽
15.9716 用祈多福、眉壽
15.9717 用祈多福、眉壽
15.9718 享叔用賜眉壽無疆
15.9725 克用匄眉老無疆
15.9728 曶用匄萬年眉壽
15.9729 用旂(祈)眉壽
15.9730 用旂(祈)眉壽
15.9731 頌其萬年眉壽
15.9732 頌其萬年眉壽
15.9826 用匄眉壽
16.7360 用祈眉壽
16.9973 用賜眉壽 / 用賜眉壽
16.9974 用祈眉壽
16.9979 用祈眉壽
16.9980 其眉壽無疆
16.9981 其眉壽
16.9982 用祈眉壽
16.10006 用祈眉壽無疆
16.10007 用祈眉壽無疆
16.10008 䖒(吾)以旂(祈)眉壽
16.10110 其萬年眉壽
16.10119 媿氏其眉壽
16.10123 眉壽無疆
16.10129 用祈眉壽
16.10133 其眉壽萬年
16.10143 眉壽無疆
16.10144 用祈眉壽無疆
16.10145 眉壽無疆
16.10147 其眉壽
16.10151 台(以)祈眉壽
16.10153 用祈眉壽
16.10154 其眉壽萬年
16.10157 用祈眉壽
16.10159 用祈眉壽
16.10160 用祈眉壽
16.10162 用祈眉壽
16.10163 其眉壽萬年
16.10165 用祈眉壽
16.10167 其萬年眉壽、黃耇
16.10174 其眉壽
16.10176 眉(堳)自濾涉以南 / 右還奉(封)于眉(郿)道 / 眉(堳)井邑田 / 夨人有𤔲眉(堳)田：鮮、且、微、武父、西宮襄、豆人虞丂、彔、貞、師氏右省、小門人䋣、原人虞艿、淮𤔲工(空)虎孝、𨾴豐父、唯(鴻)人有𤔲、刑丂 / 正眉(堳)夨舍(捨)散田：𤔲土(徒)屰䢅、𤔲馬單[illegible]、𨊠人𤔲工(空)駷君、宰德父 / 散人小子眉(堳)田：戎、微父、效𤰈(櫂)父、襄之有𤔲橐、州豪(就)、焂從鬲(鬲)
16.10227 用賜眉壽
16.10240 其邁(萬)年眉壽用之
16.10247 媿氏其眉壽
16.10263 其眉壽萬年
16.10264 眉壽無疆
16.10274 用祈眉壽
16.10275 其萬年眉壽
16.10276 其眉壽無疆
16.10277 其眉壽
16.10279 用祈眉壽
16.10280 其眉壽萬年
16.10282 其眉壽邁(萬)年
16.10283 用祈眉壽
16.10284 用祈眉壽
16.10298 眉壽無疆
16.10299 眉壽無疆
16.10316 其萬年眉壽
16.10318 其眉壽萬年
16.10319 用祈眉壽無疆
16.10332 其眉壽用之
16.10338 其眉壽無疆
16.10340 其眉壽無疆
16.10341 其眉壽
16.10361 侯氏受福眉壽

3878 [illegible](睘)

10.5326 伯[illegible](睘)乍(作)厥室寶尊彝
10.5327 伯[illegible](睘)乍(作)厥室寶尊彝

3879 羽

11.5953 羽旻
15.9517 上白羽
17.11282 郐(徐)王之子羽(叚)之元用戈
18.11668 郐(徐)王義楚之元子羽

3880 翆

1.84 少𦐂(羽)反
2.286 新鐘之渻(衍)𦐂(羽)
2.287 𦐂(羽)曾 / 爲東音𦐂(羽)角 / 爲𨜓(應)音𦐂(羽)/ 割(姑)𦍩(洗)之𦐂(羽)曾
2.288 坪皇之𦐂(羽)/ 𦋺(贏)𤔲之𦐂(羽)曾 / 爲𢓊(夷)則𦐂(羽)角 / 新鐘之𦐂(羽)/ 爲穆音之𦐂(羽)頔下角 / 剌(厲)音之𦐂(羽)曾
2.289 穆音之𦐂(羽)/ 𦋺(贏)𤔲(亂)之𦐂(羽)角 / 𢓊(夷)則之𦐂(羽)曾 / 坪皇之𦐂(羽)/ 爲無睪(射)之𦐂(羽)頔下角 / 妥(蕤)賓之𦐂(羽)/ 爲穆音𦐂(羽)角
2.292 𦐂(羽)曾 / 割(姑)𦍩(洗)之𦐂(羽)曾 / 爲東音𦐂(羽)角 / 爲𨜓(應)音𦐂(羽)
2.293 新鐘之𦐂(羽)/ 爲𥢌(穆)音之𦐂(羽)頔下角 / 剌(厲)音之𦐂(羽)曾 / 爲𢓊(夷)則𦐂(羽)角
2.294 𦐂(羽)/ 𦐂(羽)角 / 割(姑)𦍩(洗)之𦐂(羽)/ 東音之𦐂(羽)曾 / 爲𨜓(應)音𦐂(羽)曾 / 割(姑)𦍩(洗)之𦐂(羽)角 / 爲文王𦐂(羽)/ 爲獸鐘之𦐂(羽)頔下角
2.295 大(太)族(簇)之𦐂(羽)/ 妥(蕤)賓之𦐂(羽)曾 / 坪皇之𦐂(羽)/ 𦋺(贏)𤔲(亂)之𦐂(羽)曾 / 爲大(太)族(簇)𦐂(羽)角
2.296 濁獸鐘之𦐂(羽) / 濁割(姑)𦍩(洗)之𦐂(羽)
2.297 𦐂(羽)曾 / 獸鐘之𦐂(羽)/ 割(姑)𦍩(洗)之𦐂(羽)曾 / 𨜓(應)音之渻(衍)𦐂(羽)
2.298 𦐂(羽)反 / 𦐂(羽)反
2.300 𦐂(羽)曾
2.301 少𦐂(羽)
2.302 新鐘之𦐂(羽)頔
2.303 𦐂(羽)曾
2.304 新鐘之𦐂(羽)
2.305 𦐂(羽)/ 𦐂(羽)角 / 𨟭(姑)𦘴(洗)之𦐂(羽)/ 文王之𦐂(羽)
2.306 穆鐘之𦐂(羽)/ 新鐘之𦐂(羽)頔 / 新鐘之𦐂(羽)曾
2.307 濁獸鐘之𦐂(羽) / 濁𨟭(姑)𦘴(洗)之𦐂(羽)
2.308 𦐂曾 / 獸鐘之𦐂(羽)/ 𨟭(姑)𦘴(洗)之𦐂(羽)曾
2.309 𦐂(羽)/ 𨟭(姑)𦘴(洗)之𦐂(羽)反
2.311 𦐂(羽)曾
2.312 少𦐂(羽)
2.313 新鐘之𦐂(羽)頔
2.314 𦐂(羽)曾
2.315 新鐘之𦐂(羽)
2.316 𦐂(羽)/ 𦐂(羽)角 / 𨟭(姑)𦘴(洗)之𦐂(羽)/ 文王之𦐂(羽)
2.317 穆鐘之𦐂(羽)/ 新鐘之𦐂(羽)頔 / 新鐘之𦐂(羽)曾
2.318 濁獸鐘之𦐂(羽) / 濁𨟭(姑)𦘴(洗)之𦐂(羽)
2.320 𦐂(羽)曾 / 獸鐘之𦐂(羽)/ 割(姑)𦘴(洗)之𦐂(羽)曾
2.321 𦐂(羽)/ 割(姑)𦘴(洗)之少𦐂(羽)/ 獸鐘之𦐂(羽)角
2.323 穆音之𦐂(羽)/ 新鐘之𦐂(羽)角 / 𢓊(夷)則之𦐂(羽)曾
2.324 𦐂(羽)曾
2.325 𦐂(羽)/ 割(姑)𦘴(洗)之𦐂(羽)/ 黄鐘之𦐂(羽)角 / 東音之䛒(變)𦐂(羽)
2.326 爲坪皇之𦐂(羽)頔下角 / 爲槃鐘𦐂(羽)
2.327 𦐂(羽)曾 / 割(姑)𦘴(洗)之𦐂(羽)曾 / 爲東音𦐂(羽)角 / 爲𨜓(應)音𦐂(羽)
2.328 爲遅(夷)則𦐂(羽)角 / 新鐘之𦐂(羽)/ 爲穆音之𦐂(羽)頔下角 / 剌(厲)音之𦐂(羽)曾
2.329 𦐂(羽)/ 𦐂(羽)角 / 割(姑)𦘴(洗)之𦐂(羽)/ 東音之𦐂(羽)曾 / 割(姑)𦘴(洗)之𦐂(羽)角 / 爲文王𦐂(羽)/ 爲獸鐘之𦐂(羽)頔下角 / 爲𨜓(應)音𦐂(羽)曾
2.330 夫(太)族(簇)之𦐂(羽)/ 遅(夷)則之𦐂(羽)曾 / 坪皇之𦐂(羽)/ 𦋺(贏)𤔲(亂)之𦐂(羽)曾 / 爲夫(太)族(簇)𦐂(羽)角
2.331 𦐂(羽)/ 𦐂(羽)曾
2.335 𦐂(羽)角 / 𦐂(羽)曾
2.337 𦐂(羽)角
2.338 𦐂(羽)
2.339 𦐂(羽)曾
2.340 𦐂(羽)角
2.341 𦐂(羽)
2.342 𦐂(羽)曾
2.343 𦐂(羽)曾

3881 翏

5.2814 王乎史翏册令(命)無叀
5.2821 王乎史翏册令(命)此
5.2822 王乎史翏册令(命)此
5.2823 王乎史翏册令(命)此
7.3993 翏乍(作)北子作𣪘
7.3994 翏乍(作)北作𣪘

8.4303 王乎史翏册令(命)此
8.4304 王乎史翏册令(命)此
8.4305 王乎史翏册令(命)此
8.4306 王乎史翏册令(命)〔此〕曰：旅邑人、善(膳)夫
8.4307 王乎史翏册令(命)此
8.4308 王乎史翏册令(命)此
8.4309 王乎史翏册令(命)此
8.4310 王乎史翏册令(命)此
9.4459 翏生(甥)從 / 翏生(甥)眔大娟(妘)
9.4460 翏生(甥)從 / 翏生(甥)眔大娟(妘)
9.4461 翏生(甥)從 / 翏生(甥)眔大娟(妘)
17.10910 玄翏(鏐)
17.10911 玄翏(鏐)
17.10970 玄翏(鏐)敊(鏞)鋁之用
17.11136 玄翏(鏐)敊(鏞)鋁之用
17.11137 玄翏(鏐)敊(鏞)鋁之用
17.11138 玄翏(鏐)敊(鏞)鋁之用
17.11139 玄翏(鏐)敊(鏞)鋁之用
17.11163 玄翏(鏐)夫(鏞)睭(鋁)之用
17.11262 翏(鏐)金良金

3882 䍐(翳)

4.2453 休王賜䍐(翳)父貝
4.2454 休王賜䍐(翳)父貝
4.2455 休王賜䍐(翳)父貝

3883 翟

1.144 自祝(鑄)禾(龢)兹(聯)翟(鑃)
4.2473 史喜乍(作)朕文考翟祭
4.2482 昌國豚工師翟伐、冶更所爲

3884 龍(鶵)

18.12110 歲龗(鶵、贏)返
18.12111 歲龗(鶵、贏)返
18.12112 歲龗(鶵、贏)返
18.12113 歲龗(鶵、贏)返

3885 翽

17.11088 君子翽造戟(戟)

3886 飛

2.429 伂公隻(獲)飛龍

3887 [illegible](飛)

13.8297 辰[illegible](飛)

3888 翼(龔)

1.262-3 龔受明德
1.264-6 龔受明德
1.267 龔受明德
1.268 龔受明德
1.269 龔受明德
15.9735 祗祗龔卲告後嗣
17.11086 陳子龔徒戈
17.11087 陳子龔造戈

3889 屮、屮

6.3386 屮(草)乍(作)從彝
6.3514 屮
14.8547 屮(屮)父己
15.9383 屮(屮)乍(作)從彝
18.11780 中屮(屮)
18.11809 屮(屮)巨

3890 [illegible]、[illegible]

2.360 [illegible]
17.10759 [illegible]
17.10760 [illegible]
17.10761 [illegible]

3891 乇(芇、范)

4.2104 上乇(范)床(廚)

3892 屯

1.64 受(授)余通彔(禄)、庚(康)𧻚、屯(純)右(祐)
1.105 用祈康𧻚、屯(純)魯
1.106 爲□舌屯
1.109-10 得屯(純)用魯
1.111 得屯(純)用魯
1.141 用祈屯(純)魚(魯)、永令(命)
1.145 唯康右(祐)、屯(純)魯
1.146 唯康右(祐)、屯(純)魯
1.147 唯康右(祐)、屯(純)魯
1.148 唯〔康〕右(祐)、屯(純)魯
1.187-8 得屯(純)亡敃(愍)/ 用祈匃康𧻚、屯(純)右(祐)、綽綰、通彔(禄)
1.189-90 得屯(純)亡敃(愍)/ 用祈匃康𧻚、屯(純)右(祐)、綽綰、通彔(禄)
1.192 得屯(純)亡敃(愍)
1.204-5 用匃屯(純)叚(嘏)、永令(命)
1.206-7 用匃屯(純)叚(嘏)、永令(命)
1.209 用匃屯(純)叚(嘏)、永令(命)
1.238 得屯(純)亡敃(愍)
1.239 得屯(純)亡敃(愍)
1.240 得屯(純)亡敃(愍)
1.241 得屯(純)亡敃(愍)
1.242-4 得屯(純)亡敃(愍)
1.246 綽綰、婧(福)彔(禄)、屯(純)魯
1.247 受(授)余屯(純)

魯、通彔(祿)、永令(命)、眉壽、霝(靈)冬(終)
1.248 受(授)余屯(純)魯、通彔(祿)、永令(命)、眉壽、霝(靈)冬(終)
1.249 受(授)余屯(純)魯、通彔(祿)、永令(命)、眉壽、霝(靈)冬(終)
1.250 受(授)余屯(純)魯、通彔(祿)、永令(命)、眉壽、霝(靈)冬(終)
1.262-3 屯(純)魯多釐
1.264-6 屯(純)魯多釐
1.267 屯(純)魯多釐
1.268 屯(純)魯多釐
1.269 屯(純)魯多釐
1.270 以受屯(純)魯多釐
1.272-8 弗敢不對揚朕辟皇君之登屯(純)厚乃命/其邁(萬)福屯(純)魯
1.285 余用登屯(純)厚乃命/其邁(萬)福屯(純)魯
2.358 受(授)余屯(純)魯
4.2509 屯蔑曆于亢衛
4.2510 屯蔑曆于亢衛
5.2781 王賜赤⊖市、玄衣黹屯(純)、䜌(鑾)旂(旂)
5.2790 用賜康勵、魯休、屯(純)右(佑)、眉壽、永令(命)、霝(靈)冬(終)
5.2791 丙(百)世孫孫子子受厥屯(純)魯
5.2796 用匄康勵、屯(純)右(祐)、眉壽、永令(命)、霝(靈)冬(終)
5.2797 用匄康勵、屯(純)右(祐)、眉壽、永令(命)、霝(靈)冬(終)
5.2798 用匄康勵、屯(純)右(祐)、眉壽、永令(命)、霝(靈)冬(終)
5.2799 用匄康勵、屯(純)右(祐)、眉壽、永令(命)、霝(靈)冬(終)
5.2800 用匄康勵、屯(純)右(祐)、眉壽、永令(命)、霝(靈)冬(終)
5.2801 用匄康勵、屯(純)右(祐)、眉壽、永令(命)、霝(靈)冬(終)
5.2802 用匄康勵、屯(純)右(祐)、眉壽、永令(命)、霝(靈)冬(終)
5.2812 得屯(純)亡敃(愍)
5.2813 賜戴(緇)市、冋(裔)黄(衡)、玄衣黹屯(純)、戈琱㦸、旂
5.2814 賜女(汝)玄衣黹屯(純)、戈琱㦸、㕾(厚)必(柲)、彤沙(蘇)、攸(鋚)勒、䜌(鑾)旂
5.2815 王乎內史⿱冊 册賜趩;玄衣屯(純)黹、赤市、朱黄(衡)、䜌(鑾)旂、攸(鋚)勒
5.2819 王乎史淢册賜寰:玄衣黹屯(純)、赤市、朱黄(衡)、䜌(鑾)旅(旂)、攸(鋚)勒、戈琱㦸、㕾(厚)必(柲)、彤沙(蘇)
5.2820 秉德共(恭)屯(純)/余用匄屯(純)魯雩(于)邁(萬)年
5.2821 賜女(汝)玄衣黹屯(純)、赤市、朱黄(衡)、䜌(鑾)旅(旂)
5.2822 賜女(汝)玄衣黹屯(純)、赤市、朱黄(衡)、䜌(鑾)旂
5.2823 賜女(汝)玄衣黹屯(純)、赤市、朱黄(衡)、䜌(鑾)旅(旂)
5.2825 賜女(汝)玄衣黹屯(純)、赤市、朱黄(衡)、䜌(鑾)旂
5.2827 賜女(汝)玄衣黹屯(純)、赤市、朱黄(衡)、䜌(鑾)旂、攸(鋚)勒/用追孝祈匄康𩁹、屯(純)右(祐)、通彔(禄)、永令(命)
5.2828 賜女(汝)玄衣黹屯(純)、赤市、朱黄(衡)、䜌(鑾)旂、攸(鋚)勒/用追孝祈匄康𩁹、屯(純)右(祐)、通彔(禄)、永令(命)
5.2829 賜女(汝)玄衣黹屯(純)、赤市、朱黄(衡)、䜌(鑾)旂、攸(鋚)勒/用追孝祈匄康𩁹、屯(純)右(祐)、通彔(禄)、永令(命)
5.2830 用乃孔德琢(遜)屯(純)/賜女(汝)玄衣黼(黼)屯(純)、赤市、朱櫎(黄衡)、䜌(鑾)旂、大(太)師金膺、攸(鋚)勒
5.2836 得屯(純)亡敃(愍)
7.4096 陳屯(純)裔孫逆
7.4115 秉德共(恭)屯(純)
8.4160 無疆屯(純)右(祐)
8.4161 無疆屯(純)右(祐)
8.4182 祈匄康𩁹、屯(純)右(祐)、通彔(祿)、永令(命)
8.4188 用賜賓(眉)壽、屯(純)右(祐)、康勵
8.4189 用賜賓(眉)壽、屯(純)右(祐)、康勵
8.4243 內史尹册賜救:玄衣黹屯(純)、旂四日
8.4250 王乎命女(汝):赤市、朱黄(衡)、玄衣黹屯(純)、䜌(鑾)旂
8.4257 賜女(汝)玄衣黹屯(純)、銶(素)市、

金銃(衡)、赤舃、戈琱㦸、彤沙(蘇)、攸(鋚)勒、䜌(鑾)旂五日

8.4258 曰：賜女(汝)秬(賁)朱黄(衡)、玄衣黹屯(純)、㫃、攸(鋚)革(勒)

8.4259 曰：賜女(汝)秬(賁)朱黄(衡)、玄衣黹屯(純)、㫃、攸(鋚)革(勒)

8.4260 曰：賜女(汝)秬(賁)朱黄(衡)、玄衣黹屯(純)、㫃、攸(鋚)革(勒)

8.4268 乎內史夀(敖、佚)册命王臣：賜女(汝)朱黄(衡)秬(賁)親(襯)、玄衣黹屯(純)、䜌(鑾)旂五日、戈畫㦸、厤(墉)必(柲)、彤沙(蘇)

8.4286 賜女(汝)玄衣黹屯(純)、赤巿、朱黄(衡)、戈彤沙(蘇)琱㦸、旂五日

8.4303 賜女(汝)玄衣黹屯(純)、赤巿、朱黄(衡)、䜌(鑾)旂(旂)

8.4304 賜女(汝)玄衣黹屯(純)、赤巿、朱黄(衡)、䜌(鑾)旂(旂)

8.4305 賜女(汝)玄衣黹屯(純)、赤巿、朱黄(衡)、䜌(鑾)旂(旂)

8.4306 賜女(汝)玄衣〔黹〕屯(純)、赤巿、朱黄(衡)、䜌(鑾)旂(旂)

8.4307 賜女(汝)玄衣黹屯(純)、赤巿、朱黄(衡)、䜌(鑾)旂(旂)

8.4308 賜女(汝)玄衣黹屯(純)、赤巿、朱黄(衡)、䜌(鑾)旂(旂)

8.4309 賜女(汝)玄衣黹屯(純)、赤巿、朱黄(衡)、䜌(鑾)旂(旂)

8.4310 賜女(汝)玄衣黹屯(純)、赤巿、朱黄(衡)、䜌(鑾)旂(旂)

8.4315 以受屯(純)魯多釐

8.4321 賜女(汝)玄衣黹屯(純)、載(緇)巿、冋(裔)黄(衡)、戈琱㦸、歐(厚)必(柲)、彤沙(蘇)、䜌(鑾)旂、攸(鋚)勒

8.4328 川(永)屯(純)、霝(靈)冬(終)

8.4329 永屯(純)、霝(靈)冬(終)

8.4331 用祈屯(純)彔(祿)、永命

8.4332 賜女(汝)玄衣黹屯(純)、赤巿、朱黄(衡)、䜌(鑾)旂、攸(鋚)勒 / 用追孝、祈匄康𩂜、屯(純)右(祐)、通彔(祿)、永令(命)

8.4333 賜女(汝)玄衣黹屯(純)、赤巿、朱黄(衡)、䜌(鑾)旂、攸(鋚)勒 / 用追孝祈匄康𩂜、屯(純)右(祐)、通彔(祿)、永令(命)

8.4334 賜女(汝)玄衣黹屯(純)、赤巿、朱黄(衡)、䜌(鑾)旂、攸(鋚)勒 / 用追孝祈匄康𩂜、屯(純)右(祐)、通彔(祿)、永令(命)

8.4335 賜女(汝)玄衣黹屯(純)、赤巿、朱黄(衡)、䜌(鑾)旂、攸(鋚)勒 / 用追孝祈匄康𩂜、屯(純)右(祐)、通彔(祿)、永令(命)

8.4336 賜女(汝)玄衣黹屯(純)、赤巿、朱黄(衡)、䜌(鑾)旂、攸(鋚)勒 / 用追孝祈匄康𩂜、屯(純)右(祐)、通彔(祿)、永令(命)

8.4337 賜女(汝)玄衣黹屯(純)、赤巿、朱黄(衡)、䜌(鑾)旂、攸(鋚)勒 / 用追孝祈匄康𩂜、屯(純)右(祐)、通彔(祿)、永令(命)

8.4338 賜女(汝)玄衣黹屯(純)、赤巿、朱黄(衡)、䜌(鑾)旂、攸(鋚)勒 / 用追孝祈匄康𩂜、屯(純)右(祐)、通彔(祿)、永令(命)

8.4339 賜女(汝)玄衣黹屯(純)、赤巿、朱黄(衡)、䜌(鑾)旂、攸(鋚)勒 / 用追孝祈匄康𩂜、屯(純)右(祐)、通彔(祿)、永令(命)

8.4341 否畀屯(純)陟

8.4342 鄉(嚮)女(汝)彶屯(純)恤周邦

9.4436 用祈眉壽屯(純)魯

10.5337 屯乍(作)兄辛寶尊彝

11.5932 屯乍(作)兄辛寶尊彝

15.9719 承受屯(純)德

15.9720 承受屯(純)德

15.9731 賜女(汝)玄衣黹屯(純)、赤巿、朱黄(衡)、䜌(鑾)旂、攸(鋚)勒 / 用追孝祈匄康𩂜、屯(純)右(祐)、通彔(禄)、永令(命)

15.9732 賜女(汝)玄衣黹屯(純)、赤巿、朱黄(衡)、䜌(鑾)旂、攸(鋚)勒 / 用追孝祈匄康𩂜、屯(純)右(祐)、通彔(禄)、永令(命)

16.10170 王乎乍(作)册尹册賜休：玄衣黹屯(純)、赤巿、朱黄(衡)、戈琱㦸、彤沙(蘇)、歐(厚)必(柲)、䜌(鑾)㫃

16.10172 王乎史減册賜寰：玄衣黹屯(純)、赤巿、朱黄(衡)、䜌(鑾)旂、攸(鋚)勒、戈琱㦸、歐(厚)必(柲)、彤沙(蘇)

16.10175 得屯(純)無諫

17.10927 屯留

18.11661 𨸏侖(令)棺(梆、郭)唐、下庫工師孫屯、冶沽敎(撻)齋

(劑)

18.12110 屯十台(以)堂(當)一車/屯廿檐(擔)台(以)堂(當)一車

18.12111 屯十台(以)堂(當)一車/屯廿檐(擔)台(以)堂(當)一車

18.12112 屯十台(以)堂(當)一車/屯廿檐(擔)台(以)堂(當)一車

18.12113 屯三舟爲一舿(舸)

3893 每

4.2428 [杞]子每刃乍(作)寶鼎

4.2494 杞伯每刃乍(作)敉(邾)嫀寶貞(鼎)/杞伯每刃乍(作)鼄(邾)嫀寶貞(鼎)

4.2495 杞伯每刃乍(作)鼄(邾)嫀寶貞(鼎)

5.2642 杞伯每刃乍(作)鼄(邾)嫀寶貞(鼎)

5.2766 啇良聖每(敏)

5.2826 每(敏)揚厥光剌(烈)

5.2834 每(弗)克我(伐)[噩]

5.2838 曶迺每(誨)于䛐曰:女(汝)其舍(捨)𣪘(究)矢五秉

7.3897 杞伯每刃乍(作)鼄(邾)嫀寶𣪕

7.3898 杞伯每刃乍(作)鼄(邾)嫀寶𣪕

7.3899 杞伯每刃乍(作)鼄(邾)嫀寶𣪕

7.3900 杞伯每刃乍(作)嫀寶𣪕

7.3901 杞伯每刃乍(作)鼄(邾)嫀寶𣪕

7.3902 杞伯每刃乍(作)鼄(邾)嫀寶𣪕

8.4261 每(敏)啟王休于尊𠂤(𣪕)

11.6014 順我不每(敏)

12.6427 光乍(作)每(母)辛

13.8084 子每

15.9687 杞伯每刃乍(作)鼄(邾)嫀寶壺

15.9688 杞伯每刃乍(作)鼄(邾)嫀宔(寶)卣

15.9734 𢆶(慈)忎(炁、愛)百每(民)

16.10255 杞伯每刃鑄鼄(邾)嫀用寶也(匜)

16.10334 杞伯每刃乍(作)鼄(邾)嫀寶盁(盂)

3894 莗(𦺇)

3.1136 莗(𦺇)

11.5661 莗父辛

3895 熏

5.2841 賜女(汝)秬鬯一卣、祼圭瓚寶、朱芾、悤(蔥)黃(衡)、玉環、玉琮、金車、桒(賁)緟較(較)、朱䪊(鞹)䩛靳、虎冟(冪)熏裏、右軛、畫轉、畫䡇、金甬(桶)、道(錯)衡、金嶂(踵)、金豙(軝)、䝼(約)𣪊(盛)、金簟弼(茀)、魚箙、馬四匹、攸(鋚)勒、金𠯑(臺)、金膺、朱旂二鈴(鈴)

8.4318 賜女(汝)秬鬯一卣、金車、桒(賁)較(較)、朱虢(鞹)䩛靳、虎冟(冪)熏(纁)裏、右厄(軛)、畫轉、畫䡇、金甬(筩)、馬四匹、攸(鋚)勒

8.4319 賜女(汝)秬鬯一卣、金車、桒(賁)較(較)、朱虢(鞹)䩛靳、虎冟(冪)熏(纁)裏、右厄(軛)、畫轉、畫䡇、金甬(筩)、馬四匹、攸(鋚)勒

8.4326 賜朱芾、悤(蔥)黃(衡)、鞞鞣(璲)、玉睘(環)、玉琮、車、電軫、桒(賁)緟較(较)、朱𩏂(鞹)䩛靳、虎冟(冪)熏(纁)裏、道(錯)衡、右厄(軛)、畫轉、畫䡇、金童(踵)、金豙(軝)、金簟弼(茀)、魚葡(箙)、朱旂旜(旜)金芃二鈴

8.4343 賜女(汝)秬鬯一卣、金車、桒(賁)較(較)、畫䡇、朱虢(鞹)䩛靳、虎冟(冪)熏(纁)裏、旂、余(駼)[馬]四匹

9.4467 賜女(汝)秬鬯一卣、赤芾、五黃(衡)、赤舄、牙僰、駒車、桒(賁)較(較)、朱虢(鞹)䩛靳、虎冟(冪)熏(纁)裏、畫轉(轉)、畫䡇、金甬(筩)、朱旂、馬四匹、攸(鋚)勒、素戉(鉞)

9.4468 賜女(汝)秬鬯一卣、赤芾、五黃(衡)、赤舄、牙僰、駒車、桒(賁)較(較)、朱虢(鞹)䩛靳、虎冟(冪)熏(纁)裏、畫轉(轉)、畫䡇、金甬(筩)、朱旂、馬四匹、攸(鋚)勒、素戉(鉞)

9.4469 賜女(汝)秬鬯一卣、乃父芾、赤舄、駒車、桒(賁)較(較)、朱虢(鞹)䩛靳、虎冟(冪)熏(纁)裏、畫轉、畫䡇、金甬(筩)、馬四匹、鋚勒

16.9898 賜秬鬯一卣、玄衮衣、赤舄、金車、桒(賁)䩛朱虢(鞹)靳、虎冟(冪)熏(纁)裏、桒(賁)較(較)、畫轉、金甬(筩)、馬四匹、攸(鋚)勒

3896 芀(茷)

2.429 其□鼓芀芀(茷茷)

3897 艾(肴)

18.11562 安陽倫(令)韓壬、司刑欣(昕)鉩、右庫工師芠(肴)固、冶瘂𢿱(造)戟朿(刺)

3898 芀

3.546 姬芀母乍(作)齋鬲

5.2809 在芀

7.3792 伯芀乍(作)寶毁

8.4123 伯芀父事(使)䰜犢(覿)尹人于齊師

16.10176 夨人有𤔲眉(堳)田：鮮、且、微、武父、西宮襄、豆人虞丂、彔、貞、師氏右省、小門人繇、原人虞芀、淮𤔲工(空)虎孛、𠕁豐父、堆(鳿)人有𤔲、刑丂

3899 芋

18.11552 奠(鄭)倫(令)棺(槨、郭)涵、司寇芋慶、往庫工師皮耴、冶肙(尹)貞𢿱(造)

18.11559 奠(鄭)倫(令)棺(槨、郭)涵、司寇芋慶、左庫工師邰䜣、冶肙(尹)弜(彊)𢿱(造)

18.11563 奠(鄭)倫(令)棺(槨、郭)涵、司寇芋慶、往庫工師皮耴、冶肙(尹)皷(坡)𢿱(造)戟朿(刺)

3900 苿

5.2707 十四苿

15.9448 十一苿

15.9450 十二苿

15.9665 十四苿

15.9666 十四苿

15.9674 十苿

15.9675 十三苿

15.9683 十苿

15.9684 十一苿

15.9685 十二苿

15.9686 十三苿

15.9692 三苿

15.9693 十三苿

16.9933 十三苿

16.9934 十三苿

16.10257 八苿

16.10328 八苿

16.10333 十苿

16.10358 十苿

16.10359 十二苿

16.10397 十苿

16.10402 十苿

16.10441 十四苿

16.10442 十四苿

16.10443 十四苿

16.10444 十四苿

16.10445 十四苿

16.10446 十四苿

16.10447 十四苿

16.10472 十四苿

16.10473 十四苿

16.10474 十四苿

16.10475 十四苿

16.10477 十四苿

18.11822 十四苿

18.11862 十四苿十二月

18.11863 十三苿

18.11864 十三苿

18.11865 十三苿

18.12042 十四苿

18.12043 十四苿

18.12044 十四苿

18.12045 十四苿

18.12046 十四苿

18.12047 十四苿

18.12048 十四苿

18.12049 十四苿

18.12050 十四苿

18.12051 十四苿

18.12052 十四苿

18.12053 十四苿

18.12054 十四苿

18.12055 十四苿

18.12056 十四苿

18.12058 十四苿

18.12059 十四苿

18.12060 十四苿

18.12061 十四苿

18.12062 十四苿

18.12063 十四苿

3901 苜(苫)

10.5245 夆(逢)苜(苫)父乍(作)寶彝

16.10236 苜(苫)父弃囗子賓厦寶用

3902 芮

16.10407 民產又芮

3903 芻

3.949 厥又舍(捨)女(汝)芻量

5.2832 內史友寺芻

8.4165 賜芻(犓)羊(騂)犅(犅)

8.4294 罘𤔲芻

8.4295 罘𤔲芻

8.4331 歸芻敢對揚天子不(丕)杯(丕)魯休/歸芻其邁(萬)年

16.10176 奉(封)于芻逨(徠)/奉(封)于芻道/內陟芻

16.10380 公芻半石

3904 芇

5.2836 賜女(汝)菽(素)芇、參冋(絅)、芇悤(葱)

6.3589 芇侯乍(作)登寶毁

3905 芫

8.4326 賜朱芇、悤(葱)黃(衡)、鞞鞢(璲)、玉睘(環)、玉琭、車、電軫、桒(賁)縟較(较)、朱鬲(鞹)畗靳、虎冟(冪)熏(纁)裏、造(錯)衡、右厄(軛)、畫轉、畫輯、金童(踵)、金豙(軶)、金簟弼(茀)、魚葡(箙)、朱旂旜(旜)金芫二鈴

3906 芸

18.12113 就芸(郥)易(陽)

3907 折

5.2779 折首執訊

5.2835 多友右(有)折

首執訊 / 凡以公車折首二百又□又五人 / 折首卅又六人 / 多友或(又)右(有)折首執訊 / 公車折首百又十又五人
5.2839 折嘼(酋)于□
5.2840 於(烏)虖(乎)折(哲)𢦏(哉)
5.2841 毋折緘
8.4313 折首執訊
8.4314 折首執訊
8.4328 女(汝)多折首執訊 / 折首執訊
8.4329 女(汝)多折首執訊 / 折首執訊
9.4459 執訊折首
9.4460 執訊折首
9.4461 執訊折首
11.6002 令乍(作)册折兄(貺)聖土于相侯
13.8120 折子
15.9303 令乍(作)册折兄(貺)聖土于相侯
15.9729 于大無嗣折(誓)、于大嗣命用璧、兩壺、八鼎
15.9730 于大無嗣折(誓)、于大嗣命用璧、兩壺、八鼎
16.9895 令乍(作)册折兄(貺)聖土于相侯
16.10173 折首五百
16.10174 折首執訊
17.10805 折(制)

3908 若

1.60-3 叔氏若曰：逆
1.104 王若曰：畟〔生〕(甥)
1.193 若召公壽 / 若參(叄)壽
1.194 若召公壽 / 若參(叄)壽
1.195 若召公壽 / 若參(叄)壽
1.196 若召公壽 / 若參(叄)壽
1.197 若召公壽 / 若參(叄)壽
1.198 若召公壽 / 若參(叄)壽
1.272-8 龗(靈)力若虎 / 卑(俾)若鍾(鐘)鼓
1.283 若虎
1.284 卑(俾)若鍾(鐘)鼓
1.285 龗(靈)力若虎 / 卑(俾)若鍾(鐘)鼓
2.429 命从若敳
4.2400 亞若癸受丁旅乙沚自(師)
4.2401 亞若癸受丁旅乙父甲
4.2402 亞若癸受丁旅乙沚自(師)
5.2675 世世是若
5.2732 子孫是若
5.2750 心聖若慵(慮)
5.2763 亞若
5.2836 王若曰：克
5.2837 王若曰：盂 / 若文王令二三正 / 若敬乃正
5.2838 〔王〕若曰：曶 / 羝則卑(俾)復令(命)曰：若(諾)
5.2839 王若曰：□/ 雩若翌日乙酉
5.2840 智(知)天若否 / 亡不若(赦)/ 詒死辠(罪)之又(有)若(赦)
5.2841 王若曰：父厝 / 虢許上下若否雩(于)四方 / 告余先王若德
6.3713 亞若癸受丁旅乙沚自(師)
8.4128 復公仲若我曰：其擇吉金
8.4266 王若曰：趞
8.4294 王若曰：揚
8.4295 王若曰：揚
8.4302 王若曰：彔伯戜
8.4311 伯龢父若曰：師獸
8.4312 王若曰：師類
8.4313 王若曰：𡧍(拔)淮尸(夷)
8.4314 王若曰：師寰
8.4316 王若曰：虎
8.4321 王若曰：訇
8.4331 王若曰：𢦚伯
8.4340 王若曰：蔡
8.4342 王若曰：師訇
8.4343 王若曰：牧
9.4467 王若曰：師克
9.4468 王若曰：師克
11.5937 亞旅止乙受若癸自(師)
11.5938 亞受旅乙沚若癸自(師)乙
11.6015 雩若二月 / 雩若竭(昱、翌)日
12.6409 亞若父己
12.6430 亞若癸冉
12.7308 亞若癸乙自(師)受丁沚旅
12.7309 亞若癸乙自(師)受丁沚旅
14.8545 父己若
14.8928 父己亞若
15.9253 亞若
15.9735 允𢦏(哉)若言
16.9886 亞若癸乙自(師)受丁旅沚
16.9887 亞若癸乙自(師)受丁旅沚
16.10478 死亡若(赦)
17.11114 亞若癸

3909 苜

17.11377 武城命(令)□□、苜早、〔庫〕嗇夫事(吏)歜、冶章敎(撻)齋(劑)

3910 茅

15.9734 茅(苗)蒐狃(田)獵

3911 苗

9.4374 苗㚤乍(作)盨

3912 茀

7.4090 叔皮父乍(作)朕文考茀公
14.8478 茀父丁

3913 英

1.223-4 莘英又(有)慶(宴)

3914 苛

5.2794 冶師史秦、差(佐)苛膗爲之

15.9589 苛𠂤官
16.9931 冶事(吏)秦、苛膽爲之
16.9932 冶事(吏)秦、苛膽爲之

3915 茆

17.11211 工城佐𠂤、冶昌茆鈛(戈)
17.11281 宋公差(佐)之所賠(造)茆族戈

3916 荒

15.9735 嚴敬不敢怃(怠)荒

3917 苾

16.10328 冶匀啬夫孫苾(艽)、工福

3918 茬

16.10428 茬(匋、陶)险(陰)睘

3919 莱

4.2065 莱(莉)歎乍(作)寶鎜(觓)

3920 萓

4.1994 巨萓十九
4.2301 巨萓王/巨萓十二

3921 荆

5.2832 厲叔子夙、厲有嗣鼺(申)季、慶癸、燹(豳)褭、荆人敢、井人偈屖
6.3732 真從王戍荆
7.3907 過伯從王伐反(叛)荆
7.3950 鳿(唯)叔從王、員征楚荆
7.3951 鳿(唯)叔從王、員征楚荆
7.3976 伐楚荆
8.4316 啻(嫡)官嗣左右戲繁荆/啻(嫡)官嗣左右戲繁荆
9.4642 荆公孫鑄其善(膳)臺(敦)
16.10175 廣敞楚荆

3922 荏

4.2237 竝(𢯱)荏王蔑
16.10155 堂(棠)湯叔伯氏荏鑄其尊

3923 莫

9.4688 莫(暮)其𦘪
11.5776 莫乍(作)旅彝
12.7264 亞父乙微莫
15.9735 不祥莫大焉
16.10176 至于唯(鳿)莫(墓)
16.10342 莫不來〔王〕/諭莫不日頓覹
16.10373 羅莫嚣(敖)臧帀(師)、連嚣(敖)屈走(辶)
18.11718 莫敢御(禦)余
18.11844 莫

3924 菩

8.4342 率以乃友干(捍)菩(禦)王身

3925 革

7.3835 革乍(作)父寶尊𣪘

3926 莆

4.2307 右廈公(宮)莆官和鍞(鼎)

3927 苣(艽)

4.1799 嵩苣(艽)箕
8.4270 用乍(作)朕文丂(考)苣(艽)仲尊寶𣪘
8.4271 用乍(作)朕文丂(考)苣(艽)仲尊寶𣪘
9.4466 鬲比乍(作)朕皇祖丁公、文考苣(艽)公盨

3928 莘

1.223-4 莘英又(有)慶(宴)

3929 莤

15.9605 莤(糟)府
15.9673 莤(糟)府

3930 莽(蒡)

3.566 戒乍(作)莽官(館)明(盟)尊彝
4.2511 叔莽父乍(作)尊鼎
5.2720 王在莽京
5.2725 王在莽京
5.2726 王在莽京
5.2756 王在莽京真□
5.2791 王在莽京溼宮
7.4088 在莽京
8.4206 王在莽京
8.4207 穆穆王在莽京
8.4253 王在莽
8.4254 王在莽
8.4273 王在莽京
8.4293 王在莽
8.4327 昔乃祖亦既令乃父死(尸)嗣莽人/今余唯令女(汝)死(尸)莽宮、莽人
10.5408 王在莽京
10.5421 徭(誕)飤莽京年
10.5422 徭(誕)飤莽京年
11.5999 徭(誕)飤莽京年
11.6015 逾(會)王飤莽京
15.9454 徭(誕)飤莽京年
15.9714 王在莽京溼宮
16.10166 王在莽京
16.10285 王在莽上宮

3931 莆(蒲)

17.11293 莆(蒲)子□□储、工師㽙、冶□

3932 莽

15.9673 寺工師初、丞拑、稟(廩)人莽

3933 春

1.144 唯正月甬(仲)春
1.223-4 𠂔春念(稔)歲/▨臨春和▨
4.2397 壽春府貞(鼎)

15.9616 春成侯中府/春成侯中府爲重(鍾)
16.10008 正月季春
17.11324 陽春嗇夫維、工師敫(操)、冶𠛳
18.11556 相邦春平侯、邦右庫工師肖(趙)瘁、冶韓開敎(撻)齋(劑)
18.11557 相邦春平侯、邦左伐器工師長雚(鳳)、冶私(粉)敎(撻)齋(劑)
18.11558 相邦春平侯、邦左庫工師長雚(鳳)、冶㔾(匀)敎(撻)齋(劑)
18.11662 相邦春平侯▨伐器工師□□、冶▨
18.11682 相邦春平侯、邦左庫工師肖(趙)瘠、冶事(吏)開敎(撻)齋(劑)
18.11683 相邦春平侯、邦左庫工師肖(趙)瘠、冶事(吏)開敎(撻)齋(劑)
18.11684 相邦春平侯、邦左庫工師□□□、冶馬齋(劑)
18.11688 相邦春平侯、邦左庫工師肖(趙)瘠、冶君(尹)五月敎(撻)齋(劑)
18.11689 相邦春平侯、邦左伐器工師長雚(鳳)、冶赦敎(撻)齋(劑)
18.11690 相邦春平侯、邦左伐器工師長雚(鳳)、冶明敎(撻)齋(劑)
18.11691 相邦春平侯、邦左伐器工師長雚(鳳)、冶句敎(撻)齋(劑)
18.11694 春平相邦鄗(晉)得、邦右庫工師罬(瞖)輅徒、冶臣成敎(撻)齋(劑)
18.11699 相邦春平侯、邦左伐器工師□□□□、冶亘敎(撻)齋(劑)
18.11707 相邦春平侯、邦左庫工師長身、冶宭瀧敎(撻)齊(劑)
18.11708 相邦春平侯、邦右庫工師訬𨒍、冶巡敎(撻)齋(劑)
18.11709 相邦春平侯、邦右伐器工師羊秋(播)、冶疢敎(撻)齋(劑)
18.11710 相邦春平侯、左伐器𦡱工師析論、冶𨑢敎(撻)齋(劑)
18.11713 相邦春平侯、邦左伐器工師長雚(鳳)、冶句敎(撻)齋(劑)
18.11714 相邦春平侯、邦左伐器工師長雚(鳳)、冶句敎(撻)齋(劑)
18.11715 相邦春平侯、邦右伐器工師從訬、冶巡敎(撻)齋(劑)
18.11716 相邦春平侯、邦左伐器工師長雚(鳳)、冶匡敎(撻)齋(劑)

3934 䕩

7.3892 永寶用䕩(享)

3935 萃

17.11110 郾(燕)王職乍(作)〔攺〕萃鋸
17.11184 郾(燕)侯脮乍(作)〔帀〕萃鍨鉘(戟)
17.11186 郾(燕)侯庫(𩇕、載)乍(作)萃鋸(戳)
17.11187 郾(燕)王職乍(作)王萃
17.11190 郾(燕)王職乍(作)王萃
17.11191 郾(燕)王職乍(作)王萃
17.11192 郾(燕)王戎人王萃鋸(戳)
17.11217 郾(燕)侯〔職〕乍(作)攺萃鋸(戳)
17.11219 郾(燕)侯庫(𩇕)乍(作)帀(師)萃鉘(戟)
17.11221 郾(燕)侯職㥯(㥶、授)帀(師)萃鋸(戳)
17.11222 郾(燕)侯職乍(作)帀(師)萃鋸(戳)
17.11223 郾(燕)侯職乍(作)帀(師)萃鋸(戳)
17.11224 郾(燕)王戠(職)乍(作)雩萃鋸(戳)
17.11225 郾(燕)王職乍(作)帀(師)萃鋸(戳)
17.11226 郾(燕)王職乍(作)𢊁萃鋸(戳)
17.11227 郾(燕)王職乍(作)雩(澭)萃鋸(戳)
17.11228 郾(燕)王職乍(作)雩(澭)萃鋸(戳)
17.11229 郾(燕)王職乍(作)雩(澭)萃鋸(戳)
17.11241 郾(燕)王詈㥯(㥶、授)雩(澭)萃鋸(戳)
17.11242 郾(燕)王詈㥯(㥶、授)雩(澭)萃鋸(戳)
17.11272 郾(燕)侯脮乍(作)帀(師)萃鍨鉘(戟)
17.11273 郾(燕)王戎人乍(作)雩(澭)萃鋸(戳)
17.11274 郾(燕)王戎人乍(作)雩(澭)萃鋸(戳)
17.11275 郾(燕)王戎人乍(作)雩(澭)萃鋸(戳)
17.11304 郾(燕)王職乍(作)雩萃鋸(戳)

18.11530 郾(燕)王詈(讙)恖(㥈、授)夷萃攸

18.11538 郾(燕)王戎人乍(作)王萃鈢

3936 萆

16.10478 丌(其)萆柜(棺)中柜(棺)眂(視)忞(寧)后/萆柜(棺)中柜(棺)眂(視)忞(寧)后

3937 葴

17.10962 葴戠(造)戈

3938 萑

18.11542 久陵、萑東

3939 菜

8.4262 厥從格伯反(按)彶佃(甸):殷谷厥紉(絕)雩谷、杜木、遼谷、旅菜

8.4263 厥從格伯反(按)彶佃(甸):殷谷厥紉(絕)雩谷、杜木、遼谷、旅菜

8.4264 厥從格伯反(按)彶佃(甸):殷〔谷〕厥〔紉〕雩谷、杜木、遼谷、旅菜

8.4265 厥從格伯反(按)彶佃(甸):殷〔谷〕厥紉(絕)雩谷、杜木、遼谷、旅菜

3940 茬

16.10188 郘湯伯茬乍(作)也(匜)

16.10208 郘湯伯茬乍(作)也(匜)

3941 茷

5.2580 大(太)師小子伯茷父乍(作)寶鼎

10.5147 亞茷柜父乙

14.8397 茷父乙

3942 菅

16.10168 賜守宮絲束、蘆(苴)幎(幕)五、蘆(苴)菅(冟、冪)二、馬匹、毳爷(布)三、𦪇(專、團)俸(篷)三、埊(琜)朋

3943 萛

10.5345 㐱(僉)萛高乍(作)父乙寶尊彝

10.5370 萛乍(作)文考父丁寶尊彝

11.5926 亞旃(杠)旅萛乍(作)父辛彝尊

14.9083 萛大乍(作)父辛寶尊彝

3944 葉

17.11294 咸陽工師葉、工武

17.11342 雍工師葉

3945 蒼

4.1992 宜陽右蒼(倉)

3946 蒐

15.9734 茅(苗)蒐猸(田)獵

3947 蓍

8.4241 王令燮(榮)眔內史曰:蓍(介)井(邢)侯服

3948 蒿、藁

5.2661 征(延、誕)武福自蒿(鎬)

10.5383 用乍(作)朕蒿(高)祖缶(寶)尊彝

15.9710 蒿閒(間)之無駜(匹)

15.9711 蒿閒(間)之無駜(匹)

15.9734 以取鮮蒿(薨)

18.11785 叡嗣土(徒)北征蒿盧

3949 萯

4.2498 鄾(邊)子萯棗爲其行器

3950 莲

17.11164 蜎昃乍(作)莲(造)戈三百

3951 蒙、蒙

15.9735 氏(是)以身蒙幸(皋)胄

3952 莓(蕧)

6.3722 莓(敏)伯乍(作)井姬寶毀

3953 蕽(晨)

5.2710 王令寢蕽省北田四品

3954 蘆

16.10168 賜守宮絲束、蘆(苴)幎(幕)五、蘆(苴)菅(冟、冪)二、馬匹、毳爷(布)三、𦪇(專、團)俸(篷)三、埊(琜)朋

3955 蓸

17.11341 咎(高)奴蓸命(令)壯罂、工師䀠疾、冶問

3956 葳

16.10373 郾(郾、燕)客臧嘉聞(問)王於葳郢之歲

18.12110 王凥(処)於葳郢之遊宮

18.12111 王凥(処)於葳郢之遊宮

18.12112 王凥(処)於葳郢之遊宮

18.12113 王凥(処)於葳郢之遊宮

3957 蓼

3.715 睽士父乍(作)蓼(翏)妃尊鬲

3.716 睽士父乍(作)蓼(翏)妃尊鬲

3958 蕃

11.6010 子孫蕃昌

16.10171 子孫蕃昌

3959 觟

3.579 奠(鄭)叔觟父乍

(作)羞鬲
3.580 奠(鄭)井叔戠父乍(作)拜(饙)鬲
3.581 奠(鄭)井叔戠父乍(作)羞鬲

3960 葳(捷)

5.2731 王令趞葳(捷)東反(叛)尸(夷)
15.9689 吕行葳(捷)寽(捋)兕(犀)
15.9733 庚葳(捷)其兵虢(皋)車馬

3961 蔡

1.88 虘眔蔡姬永寶
1.89 戲眔蔡姬永寶
1.90-1 戲眔蔡姬〔永寶〕
1.92 戲眔蔡姬永寶
1.210 蔡侯〔龖〕曰：余唯(雖)末少子
1.211 蔡侯〔龖〕曰：余唯(雖)末少子
1.212 蔡侯龖(申)之行鐘
1.213 蔡侯龖(申)之行鐘
1.214-5 蔡侯龖(申)之行鐘
1.217 蔡侯〔龖〕曰：余唯(雖)末少子
1.218 蔡侯〔龖〕曰：余唯(雖)末少子
1.219 蔡侯〔龖〕曰：余唯(雖)末少子
1.220 蔡侯〔龖〕曰：余唯(雖)末少子
1.221 蔡侯〔龖〕曰：余唯(雖)末少子
1.222 蔡侯〔龖〕曰：余唯(雖)末少子
2.429 迲(却)蔡于寺
4.2093 左使車工蔡
4.2094 左使車工蔡
4.2215 蔡侯龖(申)之飤鼾
4.2216 蔡侯龖(申)之飤鼾
4.2217 蔡侯龖(申)之飤貞(鼎)
4.2218 蔡侯龖(申)之飤貞(鼎)
4.2219 蔡侯龖(申)之飤貞(鼎)
4.2220 蔡侯龖(申)之飤貞(鼎)
4.2221 蔡侯龖(申)之飤貞(鼎)
4.2222 蔡侯龖(申)之頭貞(鼎)
4.2223 蔡侯龖(申)之頭貞(鼎)
4.2224 蔡侯龖(申)之□貞(鼎)
4.2225 蔡侯龖(申)之飤鼾
4.2226 蔡侯龖(申)之□□
4.2441 蔡侯乍(作)旅貞(鼎)
4.2518 𡨦蔡生(甥)䆫(坑)乍(作)其貞(鼎)
5.2738 蔡大(太)師䐈賸(媵)鄦(許)叔姬可母飤緐
5.2831 矩取省車、軐䡅(賁)𢍰、虎冟(幎)、蔡(㠯)𦅫、畫轉、叏(鞭)师(席)䡰、帛戀(縷)乘、金鹿(鑣)鋛(鋞)
6.3592 蔡侯龖(申)乍(作)淄(𦉜)段
6.3593 蔡侯龖(申)乍(作)淄(𦉜)段
6.3594 蔡侯龖(申)乍(作)淄(𦉜)段
6.3595 蔡侯龖(申)乍(作)淄(𦉜)段
6.3596 蔡侯龖(申)乍(作)淄(𦉜)段
6.3597 蔡侯龖(申)乍(作)淄(𦉜)段
6.3598 蔡侯龖(申)乍(作)淄(𦉜)段
6.3599 蔡侯龖(申)乍(作)淄(𦉜)段
6.3678 伯蔡父乍(作)母嫊寶段
8.4198 蔡姞乍(作)皇兄尹叔尊𩰫彝
8.4340 宰曶入右(佑)蔡/王乎史敚(敖、佚)册令(命)蔡/王若曰：蔡/厥非先告蔡/蔡拜手𩒨首/蔡其萬年眉壽
9.4464 還至于蔡
9.4477 左使車工蔡
9.4490 蔡侯龖(申)之飤簠
9.4491 蔡侯龖(申)之飤簠
9.4492 蔡侯龖(申)之飤簠
9.4493 蔡侯龖(申)之飤簠
9.4500 蔡公子義工之飤簠
9.4501 王孫𡧊乍(作)蔡姬飤簠
11.5939 蔡侯龖(申)乍(作)大孟姬賸(媵)尊
11.5969 伯乍(作)蔡姬宗彝
11.5974 蔡賜貝十朋
11.6010 蔡侯龖(申)虔共(恭)大命
14.8832 蔡乍(作)旅
15.9573 蔡侯龖(申)之淄(𦉜)壺
15.9574 蔡侯龖(申)之淄(𦉜)壺
15.9627 蔡侯□〔作〕□母朕(媵)〔壺〕
15.9701 蔡公子□乍(作)尊壺
16.9924 左使車工蔡
16.9925 左使車工蔡
16.9976 蔡侯龖(申)之鉳(鉼)
16.9991 蔡侯朱之缶
16.9992 蔡侯龖(申)之盥缶
16.9993 蔡侯龖(申)之尊缶
16.9994 蔡侯龖(申)之尊缶
16.10001 蔡公子乍(作)姬安尊淄(𦉜)□
16.10004 蔡侯龖(申)乍(作)大孟姬賸(媵)盥缶
16.10072 蔡侯龖(申)乍(作)尊盤(盤)
16.10171 蔡侯龖(申)

虔共(恭)大命
16.10189 蔡侯䨻(申)之盥匜
16.10195 蔡侯乍(作)姬單賸(媵)也(匜)
16.10196 蔡子𠬝自乍(作)會𠤎(匜)
16.10284 蔡叔季之孫貫
16.10290 蔡侯䨻(申)之尊盜(浣)匜
16.10349 左使車工蔡
16.10356 蔡大(太)史𡔷乍(作)其鉚
16.10411 左工蔡
16.10444 左使車嗇夫孫固、工蔡
16.10450 右使車工蔡
17.11140 蔡侯䨻(申)之行戈
17.11141 蔡侯䨻(申)之用戈
17.11142 蔡侯䨻(申)之用戈
17.11143 蔡侯產之用戈
17.11144 蔡侯產之用戈
17.11145 蔡公子果之用
17.11146 蔡公子果之用
17.11147 蔡公子果之用
17.11148 蔡公子加之用
17.11149 蔡加子之用戈
17.11150 蔡侯毛之用戓
18.11587 蔡侯產之用鐱(劍)
18.11601 蔡侯𠦝叔之用
18.11602 蔡侯產乍(作)畏(威)效(效)
18.11603 蔡侯產乍(作)畏(威)效(效)
18.11604 蔡侯產之用僉(劍)
18.11605 蔡公子從之用

3962 蒖(茕)

16.10329 樊君蒖(茕)用其吉金

3963 蔵

8.4323 長榜(榜)蔵(載)首百

3964 藉(莦)

3.980 敓藉(滑)入藉(滑)出

3965 薪

17.11406 高奴工師竈、丞申、工鬼薪詘

3966 薛、辥

4.2377 薛侯戚乍(作)父乙鼎彝
16.10133 薛侯乍(作)叔妊襄朕(媵)般(盤)
16.10263 薛侯乍(作)叔妊襄朕(媵)也(匜)
17.10817 薛

3968 薦

3.597 奠(鄭)𦫳伯乍(作)叔嬬薦鬲
3.598 奠(鄭)𦫳伯乍(作)叔嬬薦鬲
3.599 奠(鄭)𦫳伯乍(作)叔嬬薦鬲
3.731 奠(鄭)師𧰼(遼)父乍(作)薦鬲
5.2714 自乍(作)薦鼎
9.4649 者(諸)侯𡨦(贪)薦吉金
15.9638 華母自乍(作)薦壺
16.10298 台(以)乍(作)叔姬寺吁宗彝(彝)薦鑑
16.10299 台(以)乍(作)叔姬寺吁宗彝(彝)薦鑑

3969 蓋

15.9446 蓋(嘉)仲者比用其吉金

3970 蘩

15.9822 蘩乍(作)祖己尊彝

3971 蓧

18.11611 郙王蓧自牧(作)承鋥

3972 蘇

5.2722 蘇公之孫寬兒

3973 蘋(蒖)

6.3573 師蘋其乍(作)寶𣪘

3975 芋

3.642 芋伯碩〔父〕乍(作)叔娟(妘)寶鬲

3976 蕁、蕁

4.2336 伯戒乍(作)厥父寶蕁(尊)彝
4.2337 伯六辞乍(作)涃旛寶蕁(尊)𦉥(齍)

3977 𦫳

15.9452 受長𦫳𠂢(抚、概)

3978 𢆶

3.1137 𢆶(蕤?)

3979 禾

1.15 留爲叔虢禾(龢)鐘
1.34 叁(惓)乍(作)禾(龢)〔鐘〕
1.102 乍(作)厥禾(龢)鐘
1.144 自祝(鑄)禾(龢)兹(聯)翟(鑃)
1.171 自乍(作)禾(龢)童(鐘)
3.1472 大禾
4.1976 𩠐禾乍(作)旅
4.2034 亞伯禾獲乍(作)
5.2654 公侯賜亳杞土、麇土、粟禾、𪗋禾
5.2838 寇曶禾十秭/曶曰:弋唯朕禾是賞(償)/東宮迺曰:賞

(償)曶禾十秭
6.3122 禾休
6.3603 大禾乍(作)父乙尊彝
7.3939 禾(和)肈乍(作)皇母懿龏孟姬鋍(饋)彝
10.4750 禾
11.5871 禾伯乍(作)父乙寶尊
12.6507 其邁(萬)禾(年)
12.7052 禾柙(橞)
13.7725 禾
13.8108 子禾
13.8109 子禾
13.8194 禾又
14.8476 禾父丁
14.8960 禾子父癸
16.10162 萬禾(年)無疆
16.10374 子禾(和)子□□內者御梠(莒)市
16.10384 禾石
16.10385 以禾石石尚(當)變平石
16.10550 吴(嘩)禾乍(作)寶彝
17.11130 子禾(和)子左造戜(戟)
18.12110 就鄢(陽)丘、就邡(方)城、就嵤(象)禾、就栖(柳)焚(棼)、就繁昜(陽)、就高丘、就下鄵(蔡)、就居鄛(巢)、就郢
18.12111 就昜(陽)丘、就邡(方)城、就嵤(象)禾、就栖(柳)焚(棼)、就繁昜(陽)、就高丘、就下鄵(蔡)、就居鄛(巢)、就郢
18.12112 就昜(陽)丘、就邡(方)城、就嵤(象)禾、就栖(柳)焚(棼)、就繁昜(陽)、就高丘、就下鄵(蔡)、就居鄛(巢)、就郢

3980 年

1.20 𠦝其萬年臣天〔子〕
1.23 其萬年永寶
1.24 其萬年永寶
1.25 其萬年永寶
1.26 其萬年永寶
1.27 其萬年永寶
1.28 其萬年永寶
1.29 其萬年永寶
1.30 其萬年永寶
1.35 媘(髮)其萬年
1.40 年無疆
1.41 年無疆
1.46 其萬年子孫永寶
1.54 走其萬年
1.55 其萬年
1.56 走其萬年
1.57 走其萬年
1.58 走其萬年
1.59 萬年無疆
1.60-3 唯王元年
1.86 萬年無疆
1.102 旂(祈)年眉壽/君以萬年
1.103 侯(遟)父眔齊萬年眉壽
1.106 公逆其萬年又(有)壽
1.109-10 妄其萬年
1.112 妄其萬年
1.120 唯戉(越)十有(又)九年
1.121 唯戉(越)十有(又)九年
1.122 唯戉(越)十有(又)九年
1.125-8 唯戉(越)十有(又)九年
1.132 唯戉(越)十有(又)九年
1.133 唯王三年
1.134 (唯)王三年
1.135 唯王三年
1.136 唯王三年
1.137-9 唯王三年
1.140 其萬年頮(眉)壽
1.141 師臾其萬年
1.145 士父其眔□姬萬年
1.146 士父其眔□姬萬年
1.147 士父眔□〔姬〕萬年
1.148 士父其眔□姬萬年
1.149 至于壊(萬)年
1.150 至于壊(萬)年
1.151 至于壊(萬)年
1.152 至于壊(萬)年
1.153 萬年無諆(期)
1.154 萬年無諆(期)
1.172 萬年無諆(期)
1.173 萬年無諆(期)
1.174 萬年無諆(期)
1.175 萬年無諆(期)
1.176 萬年無諆(期)
1.177 萬年無諆(期)
1.178 萬年無諆(期)
1.179 萬年無諆(期)
1.180 萬年無諆(期)
1.181 天子其萬年眉壽
1.187-8 梁其其萬年無疆
1.189-90 梁其其萬年無疆
1.204-5 唯十又六年/克其萬年
1.206-7 唯十又六年/克其萬年
1.208 唯十又六年
1.209 唯十又六年/克其萬年
1.238 旅其萬年
1.239 旅其萬年
1.240 旅其萬年
1.241 旅其萬年
1.245 其壊(萬)年無疆
1.246 瘐其萬年
1.247 瘐其萬年
1.248 瘐其萬年
1.249 瘐其萬年
1.250 瘐其萬年
1.251-6 瘐其萬年羊角
1.257 萬年日鼓
1.258 萬年日鼓
1.259 萬年日鼓
1.260 㝬(胡)其萬年
1.261 萬年無諆(期)
1.262-3 大壽萬年
1.264-6 大壽萬年
1.267 大壽萬年
1.268 大壽萬年
1.269 大壽萬年
1.271 萬年龠(令)保其身
1.272-8 女(汝)考壽邁

(萬)年
1.285 女(汝)考壽邁(萬)年
2.358 䚄(胡)其萬年
2.423 其萬年
3.631 其萬年用鄉(饗)各
3.632 其邁(萬)年寶用
3.634 其萬年永寶用
3.645 其萬年永寶用
3.647 其萬年永寶用
3.666 其萬年
3.667 其萬年
3.669 其萬年
3.670 萬壽眉其年
3.681 其萬年永寶用
3.696 其萬年
3.697 其萬年
3.698 其萬年
3.705 其萬年
3.706 其萬年
3.707 其萬年永寶用
3.708 其邁(萬)年
3.709 其萬年
3.710 其萬年
3.713 其萬年
3.715 其萬年
3.716 其萬年
3.718 其萬年子孫用之
3.719 其萬年
3.720 其萬年
3.721 其萬年
3.722 其萬年
3.723 其萬年
3.724 其萬年
3.725 其萬年
3.726 其萬年
3.727 其萬年
3.728 其萬年
3.729 其萬年
3.730 其邁(萬)年
3.732 萬年無疆
3.733 萬年無疆
3.734 萬年無疆
3.735 其萬年眉壽
3.736 其萬年
3.737 其邁(萬)年
3.738 其萬年
3.739 其萬年
3.740 其萬年
3.742 萬年無疆
3.744 琱生(甥)其邁(萬)年
3.745 其萬年
3.746 其萬年
3.747 其萬年
3.748 其萬年
3.749 其萬年
3.750 其萬年
3.751 其萬年
3.752 其萬年
3.913 其萬年用
3.921 其萬年永寶用
3.927 其邁(萬)年永寶用
3.929 其萬年
3.938 其萬年
3.939 其萬年眉壽
3.941 其邁(萬)年
3.942 其萬年
3.945 其萬年無疆
3.946 萬年無諆(期)
3.947 萬年無疆
4.2043 其萬年
4.2240 十年弗(戟?)官
4.2352 其萬年寶用
4.2385 其萬年永寶用
4.2413 其萬年用
4.2414 萬年永寶用
4.2419 其萬年永寶用
4.2420 其萬年
4.2428 其萬年寶
4.2430 其萬年無疆
4.2437 其邁(萬)年永寶用
4.2438 其萬年永寶用
4.2440 其萬年永寶用
4.2441 其萬年永寶用
4.2460 其萬年用享
4.2461 其萬年
4.2462 其萬年寶用
4.2463 其萬年
4.2464 其萬年
4.2472 其萬年永寶用
4.2481 二年
4.2482 四年
4.2484 其萬年
4.2488 其萬年
4.2489 其孫孫子子邁(萬)年永寶
4.2491 其萬年永寶用
4.2492 其萬年永寶用
4.2493 其邁(萬)年子孫永用
4.2496 其邁(萬)年
4.2500 其萬年
4.2502 其邁(萬)年永寶用
4.2508 其邁(萬)年
4.2511 子孫其萬年永寶用
4.2512 其邁(萬)年
4.2513 其萬年
4.2514 其萬年
4.2515 其萬年
4.2516 其萬年
4.2518 邁(萬)年永寶用
4.2521 其萬年
4.2527 卅年
4.2529 其萬年
5.2532 其萬年用㠯祀
5.2533 其萬年
5.2534 其萬年
5.2535 其子子孫孫萬年
5.2537 其萬年眉壽
5.2538 堂其萬年
5.2547 其萬年
5.2552 其萬年
5.2557 其萬年
5.2558 其萬年
5.2559 其萬年永用享
5.2561 其萬年
5.2565 其萬年
5.2568 其萬年眉壽
5.2570 其萬年
5.2571 其萬年
5.2572 其眉壽萬年
5.2575 唯伯殷父北師(次)叟年
5.2577 十七年
5.2580 其萬年
5.2584 其萬年
5.2585 子子孫其眉壽萬年
5.2586 其眉壽萬年
5.2587 其萬年眉壽
5.2589 其眉壽萬年
5.2590 十三年
5.2592 其萬年眉壽
5.2593 其萬年眉壽
5.2596 其邁(萬)年
5.2597 其萬年永寶用
5.2598 其邁(萬)年

5.2600 其萬年
5.2601 其萬年眉壽
5.2602 其萬年
5.2603 萬年無疆
5.2604 萬年無疆
5.2605 其萬年眉壽
5.2608 十一年
5.2609 梁廿又七年
5.2610 梁廿又七年
5.2611 卅五年
5.2616 衛其萬年
5.2617 其萬年
5.2618 其萬年
5.2619 其邁(萬)年
5.2621 其萬年無疆
5.2622 其萬年無疆
5.2631 其萬年
5.2632 其邁(萬)年
5.2633 其邁(萬)年
5.2634 其萬年無疆
5.2635 其萬年無疆
5.2636 其萬年無疆
5.2638 其萬年
5.2639 其邁(萬)年眉壽
5.2640 其萬年
5.2641 其萬年
5.2642 其萬年眉壽
5.2649 其邁(萬)年
5.2651 三年
5.2653 王賜小臣缶湡責(積)五年
5.2655 獸其邁(萬)年永寶用
5.2656 其萬年
5.2657 其萬年無疆
5.2658 卅六年
5.2660 萬年唯人(仁)
5.2667 萬年無疆
5.2669 萬年無疆
5.2679 其萬年無疆
5.2680 諆其萬年眉壽
5.2681 其萬年
5.2690 其萬年無疆
5.2691 其萬年無疆
5.2692 其萬年無疆
5.2693 十九年 / 廿四年
5.2696 其萬年
5.2697 唯王四年 / 其萬年
5.2698 唯王四年 / 其萬年
5.2699 唯王四年 / 其萬年
5.2700 唯王四年 / 其萬年
5.2701 十一年十一月乙巳朏
5.2713 其萬年
5.2714 其萬年無疆
5.2727 師器父其萬年
5.2728 唯公大(太)保來伐反(叛)尸(夷)年
5.2730 唯王來各于成周年
5.2734 其萬年
5.2737 其萬年無疆
5.2738 邁(萬)年無疆
5.2742 唯三年四月庚午 / 癲萬年永寶用
5.2743 其子子孫萬年
5.2744 其子子孫萬年
5.2745 琱娼(妘)其萬年
5.2746 梁十九年 / 鬲(歷)年萬不(丕)承
5.2748 唯廿又二年
5.2749 憲萬年
5.2751 唯王令南宮伐反(叛)虎方之年
5.2752 唯王令南宮伐反(叛)虎方之年
5.2753 萬年無疆
5.2762 顛(頊)其邁(萬)年
5.2764 卅二年 / 卅三年
5.2767 㝬(胡)叔、信(信)姬其邁(萬)年
5.2768 其萬年無疆
5.2769 其萬年無疆
5.2770 其萬年無疆
5.2771 萬年無疆
5.2772 萬年無疆
5.2773 十二年 / 十二年
5.2776 天子邁(萬)年
5.2777 唯六年八月 / 萬年無疆
5.2780 其邁(萬)年
5.2781 其萬年
5.2783 唯七年十月既生霸
5.2784 唯十又五年
5.2786 其萬年永寶用
5.2787 唯三年五月丁巳 / 頌其萬年無疆
5.2788 唯三年五月丁巳 / 頌其萬年無疆
5.2790 唯王廿又三年九月 / 其萬年無疆
5.2791 天子萬年
5.2793 廿八年 / 卅三年 / 廿八年 / 卅三年
5.2796 唯王廿又三年九月 / 遹正八師之年 / 邁(萬)年無疆
5.2797 唯王廿又三年九月 / 遹正八師之年 / 邁(萬)年無疆
5.2798 唯王廿又三年九月 / 遹正八師之年 / 邁(萬)年無疆
5.2799 唯王廿又三年九月 / 遹正八師之年 / 邁(萬)年無疆
5.2800 唯王廿又三年九月 / 遹正八師之年 / 邁(萬)年無疆
5.2801 唯王廿又三年九月 / 遹正八師之年
5.2802 唯王廿又三年九月 / 遹正八師之年 / 邁(萬)年無疆
5.2804 利其萬年
5.2805 其萬年
5.2806 唯十又五年 / 大其子[子孫孫邁]年永寶用
5.2807 唯十又五年 / 大其子子孫孫邁(萬)年永寶用
5.2808 唯十又五年 / 大其子子孫孫邁(萬)年永寶用
5.2810 其邁(萬)年
5.2811 萬年無諆(期)
5.2812 師朢(望)其萬年
5.2813 師奎父其萬年
5.2814 用割(匄)顈(眉)壽萬年
5.2815 唯十又九年 / 其眉壽萬年
5.2816 子孫其萬年永

寶用
5.2817 唯三年三月
5.2818 唯卅又二年／肅攸比其邁(萬)年
5.2819 唯廿又八年／寰其邁(萬)年
5.2820 余用匄屯(純)魯雩(于)邁(萬)年
5.2821 唯十又七年／此其萬年無疆
5.2822 唯十又七年／此其萬年無疆
5.2823 唯十又七年／此其萬年無疆
5.2824 唯厥事(使)乃子戓萬年辟事天子
5.2825 唯卅又七年
5.2826 萬年無疆
5.2827 唯三年五月／頌其萬年眉壽
5.2828 唯三年五月／頌其萬年眉壽
5.2829 唯三年五月／頌其萬年眉壽
5.2830 卑(俾)天子邁(萬)年
5.2831 唯九年正月／衛其邁(萬)年永寶用
5.2832 衛其萬年永寶用
5.2833 禹其萬年
5.2836 天子其萬年無疆／克其萬年無疆
5.2838 唯王元年／曶其萬年用祀
5.2840 唯十四年／五年覆吳
6.3579 年姒乍(作)用𣪘
6.3676 其萬年用
6.3703 其萬年用
6.3718 其萬年
6.3720 寇邁(萬)年寶
6.3721 寇萬年寶
6.3723 其萬年永用
6.3724 其邁(萬)年永寶
6.3725 其邁(萬)年用
6.3728 其萬年寶用
6.3729 其萬年寶用／其萬年寶用
6.3738 其邁(萬)年孫子寶
6.3740 其萬年用
6.3741 其子孫邁(萬)年永寶
6.3742 孫孫子子其萬年用
7.3745 其萬年用鄉(饗)賓
7.3751 邁(萬)年孫子寶
7.3752 其邁(萬)年用
7.3753 其用萬年
7.3754 其用萬年
7.3757 其萬年永寶用
7.3758 其萬年永寶用
7.3759 其萬年永寶用
7.3761 其邁(萬)年
7.3764 子子孫孫其萬年用
7.3767 其萬年子孫寶用
7.3768 其萬年子孫寶用
7.3770 其子子孫孫邁(萬)年用
7.3773 其子子孫孫萬年寶用
7.3774 其子子孫孫萬年寶用
7.3777 其厲(萬)年永用
7.3778 其厲(萬)年永用
7.3779 其厲(萬)年永用
7.3780 其厲(萬)年永用
7.3781 其邁(萬)年永寶
7.3782 其邁(萬)年永寶
7.3783 其萬年
7.3786 其萬年
7.3788 其萬年
7.3789 其萬年永寶用
7.3792 其萬年
7.3804 其邁(萬)年
7.3805 其萬年
7.3806 其萬年
7.3807 叙(捨)年伯自乍(作)其寶𣪘
7.3808 其萬年
7.3809 其萬年／其萬年
7.3810 其萬年
7.3811 其萬年
7.3812 其萬年
7.3813 其萬年
7.3814 其萬年
7.3815 其萬年永寶用
7.3816 其萬年
7.3819 其邁(萬)年
7.3820 唯王四年
7.3833 其邁(萬)年
7.3834 其邁(萬)年
7.3835 其子子孫孫萬年永寶用
7.3836 其萬年永寶用
7.3837 洹其萬年永寶用
7.3838 洹其萬年永寶用
7.3839 洹其萬年永寶用
7.3840 其子子孫孫邁(萬)年永寶用
7.3841 其子子孫孫邁(萬)年永寶用
7.3842 其邁(萬)年
7.3843 其邁(萬)年
7.3844 其邁(萬)年
7.3846 䫹(其)萬年
7.3860 其邁(萬)年永寶用
7.3864 □其萬年用寶
7.3865 其萬年永寶用
7.3866 其萬年
7.3867 其萬年
7.3868 其萬年
7.3869 其邁(萬)年永寶用
7.3871 其邁(萬)年永寶用
7.3872 其萬年
7.3873 其邁(萬)年壽考
7.3874 旛嫼其邁(萬)年
7.3875 旛嫼其邁(萬)年
7.3876 旛嫼其邁(萬)年
7.3877 其萬年
7.3878 其子子孫孫邁

(萬)年永寶用
7.3879 其子子孫孫邁(萬)年永寶用
7.3880 其子子孫孫邁(萬)年永寶用
7.3881 其萬年
7.3882 其萬年
7.3883 其萬年
7.3884 其萬年
7.3885 其萬年
7.3886 其萬年
7.3887 其邁(萬)年
7.3888 其萬年眉壽
7.3889 其萬年眉壽
7.3890 其萬年
7.3892 子子孫其萬年
7.3893 其萬年
7.3894 其萬年眉壽
7.3895 其萬年
7.3903 其邁(萬)年
7.3908 子子孫邁(萬)年永寶
7.3909 其萬年
7.3914 其萬年
7.3916 其邁(萬)年
7.3919 其邁(萬)年
7.3923 其萬年
7.3924 其萬年
7.3925 其萬年
7.3926 其萬年
7.3927 其萬年
7.3928 王姞其萬年
7.3929 王姞其萬年
7.3930 王姞其萬年
7.3931 萬(邁)年用
7.3932 邁(萬)年用
7.3933 萬年用
7.3934 邁(萬)年用
7.3935 其蠆(萬)年用享
7.3943 祈其萬年寶
7.3944 其萬年眉壽
7.3945 嬇嫼其邁(萬)年
7.3946 其萬年
7.3947 其萬年
7.3955 兑其萬年
7.3956 其邁(萬)年
7.3957 其邁(萬)年
7.3960 其邁(萬)年
7.3961 其邁(萬)年
7.3962 其萬年
7.3963 其萬年
7.3971 其萬年無疆
7.3972 其萬年無疆
7.3973 其萬年無疆
7.3974 其萬年眉壽
7.3977 用匄萬年
7.3978 孫子其萬年永寶
7.3979 大牢其萬年祀厥取(祖)考
7.3980 其萬年
7.3981 其萬年
7.3982 其萬年
7.3984 用賜眉壽萬年
7.3985 用賜眉壽萬年
7.3986 克其萬年
7.3987 其萬年眉壽
7.3988 其萬年眉壽
7.3989 其萬年眉壽
7.3993 其萬年
7.3994 其萬年
7.3996 客其萬年
7.3997 喜其萬年
7.3998 喜其萬年
7.3999 喜其萬年
7.4000 喜其萬年
7.4001 尸其萬年/尸其萬年
7.4002 尸其萬年
7.4003 尸其萬年
7.4004 其邁(萬)年
7.4005 其邁(萬)年
7.4006 其邁(萬)年
7.4007 其萬年
7.4008 其萬年無疆
7.4009 其萬年無疆
7.4010 其萬年無疆
7.4014 其萬年無疆
7.4015 其萬年無疆
7.4016 萬年無疆
7.4017 萬年無疆
7.4019 其萬年眉壽
7.4027 其邁(萬)年
7.4028 其子子孫孫邁(萬)年
7.4033 㝬其壽考萬年
7.4034 㝬其壽考萬年
7.4035 其萬年
7.4036 其萬年
7.4037 其萬年
7.4039 用賜眉壽、黄耇、萬年
7.4045 其邁(萬)年
7.4047 王令東宫追以六師之年
7.4051 其萬年
7.4052 其萬年
7.4053 其萬年
7.4054 萬年眉壽
7.4056 其萬年永寶用
7.4057 其萬年永寶用
7.4058 其萬年永寶用
7.4061 鮮其萬年
7.4062 子子孫孫其萬年
7.4063 子子孫其邁(萬)年
7.4064 子子孫其邁(萬)年
7.4065 子子孫其萬年
7.4066 子子孫孫其萬年
7.4067 子子孫其萬年
7.4068 其萬年
7.4069 其萬年
7.4070 其萬年
7.4073 唯用祈桒(祓)邁(萬)年
7.4074 𠭯(傳)其萬年
7.4075 𠭯(傳)其萬年
7.4090 其邁(萬)年
7.4091 萬年眉壽
7.4092 萬年眉壽
7.4093 萬年眉壽
7.4094 萬年眉壽
7.4095 用賜其眉壽、萬年
7.4098 嬰其萬年
7.4102 其邁(萬)年
7.4103 其邁(萬)年
7.4107 萬年無疆
7.4108 萬年無疆
7.4109 其萬年
7.4110 商叡其萬年眉壽
7.4111 商虘(叡)其萬年眉壽
7.4113 其邁(萬)年
7.4114 辛父其萬年無疆
7.4115 唯匄萬年
7.4120 其邁(萬)年無疆
8.4124 其萬年無疆

8.4125 唯十又五年六月/其子子孫孫邁(萬)年永寶用
8.4126 唯王四年/楙季其萬年
8.4127 皇萬年永用
8.4128 其萬年永壽
8.4130 其邁(萬)年永寶用
8.4136 其萬年□待□□侯
8.4137 眔仲氏邁(萬)年
8.4141 琱娟其邁(萬)年
8.4142 琱娟其邁(萬)年
8.4143 琱娟其邁(萬)年
8.4145 唯十又四年
8.4152 唯五年正月丙午
8.4153 萬年無疆
8.4154 其萬年
8.4155 其萬年
8.4156 用賜害(匄)眉壽、黄耇、霝(靈)冬(終)、萬年
8.4159 其萬年孫子寶
8.4160 康其萬年眉壽
8.4161 康其萬年眉壽
8.4166 其萬年寶
8.4168 萬年無疆/兑其萬年
8.4169 其萬年
8.4170 瘨萬年寶
8.4171 瘨萬年寶
8.4172 瘨萬年寶
8.4173 瘨萬年寶
8.4174 瘨萬年寶
8.4175 瘨萬年寶
8.4176 瘨萬年寶
8.4177 瘨萬年寶
8.4182 虢姜其萬年眉壽
8.4183 邁(萬)年無疆
8.4184 公臣其萬年
8.4185 公臣其萬年
8.4186 公臣其萬年
8.4187 公臣其萬年
8.4188 邁(萬)年無疆
8.4189 邁(萬)年無疆
8.4192 萬年以(與)厥孫子寶用
8.4193 萬年以(與)厥孫子寶用
8.4196 其萬年
8.4197 唯元年三月丙寅
8.4198 其萬年無疆
8.4199 其萬年
8.4200 其萬年
8.4201 其萬年用鄉(饗)王出入
8.4202 痐其萬年
8.4203 其邁(萬)年
8.4204 其邁(萬)年
8.4206 令師田父殷成周年
8.4208 孫孫子子萬年用享祀
8.4209 衛其邁(萬)年
8.4210 衛其萬年
8.4211 衛其萬年
8.4212 衛其萬年
8.4216 唯王五年九月
8.4217 唯王五年九月
8.4218 唯王五年九月
8.4219 追其萬年
8.4220 追其萬年
8.4221 追其萬年
8.4222 追其萬年
8.4223 追其萬年
8.4224 追其萬年
8.4225 唯十又三年/無曩其萬年
8.4226 唯十又三年/無曩其萬年
8.4227 唯十又三年/無曩其萬年
8.4228 唯十又三年/無曩其萬年
8.4229 唯三年五月丁巳/頌其萬年無疆
8.4230 唯三年五月丁巳/頌其萬年無疆
8.4231 唯三年五月丁巳/頌其萬年無疆
8.4232 唯三年五月丁巳/頌其萬年無疆
8.4233 唯三年五月丁巳/頌其萬年無疆
8.4234 唯三年五月丁巳/頌其萬年無疆
8.4235 唯三年五月丁巳/頌其萬年無疆
8.4236 唯三年五月丁巳/頌其萬年無疆
8.4240 免其萬年永寶用
8.4242 禹其邁(萬)年永寶用
8.4243 其萬年
8.4244 唯王十又二年/萬年永寶用
8.4245 用祈萬年眉壽
8.4246 其子子孫孫邁(萬)年
8.4247 其子子孫孫邁(萬)年
8.4248 其子子孫孫邁(萬)年
8.4249 其子子孫孫邁(萬)年
8.4250 即其萬年
8.4251 虘其萬年永寶用/唯十又二年
8.4252 虘其萬年永寶用/唯十又二年
8.4253 弭叔其邁(萬)年
8.4254 弭叔其邁(萬)年
8.4256 唯廿又七年
8.4257 其萬年
8.4262 其邁(萬)年
8.4263 其邁(萬)年
8.4264 其邁(萬)年
8.4265 其邁(萬)年
8.4266 其子子孫孫邁(萬)年寶用
8.4267 申其邁(萬)年用
8.4268 唯二年三月
8.4269 我不能不眔縣伯萬年保
8.4270 其邁(萬)年
8.4271 其邁(萬)年
8.4272 唯王十又三年/王乎史年册命望:死(尸)嗣畢王家/其邁(萬)年
8.4273 其萬年用
8.4274 唯元年五月/師兑其萬年
8.4275 唯元年五月/

師兑其萬年
8.4276 萬年永寶用于宗室
8.4277 唯三年三月/天子其萬年/其萬年永保
8.4278 唯卅又二年/比其邁(萬)年
8.4279 唯王元年/其邁(萬)年
8.4280 唯王元年/其邁(萬)年
8.4281 唯王元年/其邁(萬)年
8.4282 唯王元年/其邁(萬)年
8.4283 瘨其萬年
8.4284 瘨其萬年
8.4285 唯五年三月/諫其萬年
8.4286 嫠其萬年
8.4287 唯王廿又七年/伊其萬年無疆
8.4288 唯王元年正月/酉其萬年
8.4289 唯王元年正月/酉其萬年
8.4290 唯王元年正月/酉其萬年
8.4291 唯王元年正月/酉其萬年
8.4292 唯五年正月己丑
8.4293 唯六年四月甲子/其萬年
8.4294 子子孫其萬年永寶用
8.4295 子子孫其萬年永寶用
8.4296 唯二年正月初吉/邁(萬)年無疆
8.4297 唯二年正月初吉/邁(萬)年無疆
8.4298 唯十又二年
8.4299 唯十又二年
8.4302 余其永邁(萬)年寶用
8.4303 唯十又七年/此其萬年無疆
8.4304 唯十又七年/此其萬年無疆
8.4305 唯十又七年/此其萬年無疆
8.4306 唯十又七年/此其萬年〔無〕疆
8.4307 唯十又七年/此其萬年無疆
8.4308 唯十又七年/此其萬年無疆
8.4309 唯十又七年/此其萬年無疆
8.4310 唯十又七年/此其萬年無疆
8.4311 唯王元年正月/猷其萬年
8.4312 唯王元年九月/師類其萬年
8.4313 其萬年
8.4314 其邁(萬)年
8.4316 唯元年六月
8.4317 㝬(胡)其萬年𪒠
8.4318 唯三年二月/師兑其萬年
8.4319 唯三年二月/師兑其萬年
8.4321 訇邁(萬)年
8.4322 卑(俾)乃子𢦚萬年
8.4323 敔其邁(萬)年
8.4324 唯十又一年/嫠其邁(萬)年
8.4325 唯十又一年/嫠其萬年
8.4327 卯其萬年
8.4331 唯王九年九月甲寅/歸芻其邁(萬)年
8.4332 唯三年五月/頌其萬年
8.4333 唯三年五月/頌其萬年
8.4334 唯三年五月/頌其萬年
8.4335 唯三年五月/頌其萬年
8.4336 唯三年五月/頌其萬年
8.4337 唯三年五月/頌其萬年
8.4338 唯三年五月/頌其萬年
8.4339 唯三年五月/頌其萬年
8.4340 唯元年既望丁亥/蔡其萬年眉壽
8.4341 三年靜(靖)東或(國)
8.4342 訇其萬囟(斯)年/唯元年二月
8.4343 唯王七年/牧其萬年壽考
9.4382 其萬年永寶
9.4383 其萬年永寶用
9.4385 其萬年永寶用
9.4388 其萬年永寶用
9.4394 其邁(萬)年永寶用
9.4395 其邁(萬)年永寶用
9.4399 其邁(萬)年永寶用
9.4402 其萬年
9.4403 其萬年
9.4404 其邁(萬)年永寶用
9.4407 其邁(萬)年
9.4408 其邁(萬)年
9.4409 其邁(萬)年
9.4410 其萬年
9.4411 其萬年
9.4412 其萬年
9.4413 其邁(萬)年
9.4415 萬年永寶用
9.4420 延其萬年永寶
9.4421 延其萬年永寶
9.4423 其萬年眉壽
9.4424 其子子孫孫萬年永寶用
9.4425 皃叔其萬年
9.4426 其萬年無疆
9.4428 其子子孫萬年永寶用
9.4429 子子孫其萬年
9.4431 其邁(萬)年無疆
9.4434 其萬年無疆
9.4437 其萬年眉壽
9.4438 唯卅又三年
9.4439 唯卅又三年
9.4440 其萬年眉壽
9.4441 其萬年眉壽
9.4446 萬年唯亟(極)
9.4447 萬年唯亟(極)
9.4448 其萬年永寶用
9.4449 其萬年永寶用

9.4450 其萬年永寶用
9.4451 其萬年永寶用
9.4452 其萬年永寶用
9.4453 其子子孫萬年
9.4454 唯王元年
9.4455 唯王元年
9.4456 唯王元年
9.4457 唯王元年
9.4458 悆其萬年眉壽
9.4459 其邁(萬)年眉壽
9.4460 其邁(萬)年眉壽
9.4461 其邁(萬)年眉壽
9.4462 唯四年二月/瘨其萬年
9.4463 唯四年二月/瘨其萬年
9.4464 唯王十又八年正月/駒父其邁(萬)年
9.4465 唯十又八年/克其萬年
9.4466 唯王廿又五年
9.4467 克其邁(萬)年
9.4468 克其邁(萬)年
9.4469 叔邦父、叔姞邁(萬)年
9.4514 其萬年永寶
9.4515 其萬年永寶
9.4523 其萬年永寶用
9.4530 其萬年永寶
9.4535 其萬年永寶用
9.4536 □其邁(萬)年永寶用
9.4537 其邁(萬)年
9.4538 其邁(萬)年
9.4552 其萬年
9.4553 其邁(萬)年
9.4554 其萬年眉壽
9.4555 其萬年
9.4557 其萬年
9.4558 其萬年
9.4559 其萬年
9.4560 其萬年眉壽
9.4563 其萬年
9.4564 其萬年
9.4565 其眉壽萬年
9.4566 其萬年眉壽
9.4567 其萬年眉壽
9.4568 其萬年眉壽
9.4570 其萬年眉壽
9.4571 其萬年眉壽
9.4572 其萬年
9.4574 其萬年眉壽
9.4580 其萬年無疆
9.4581 用賜眉壽萬年
9.4592 其萬年眉壽
9.4597 萬年無疆
9.4600 用賜眉壽萬年
9.4606 萬年無疆
9.4607 萬年無疆
9.4608 萬年無疆
9.4609 萬年無疆
9.4610 萬年無疆
9.4611 萬年無疆
9.4618 萬年無棋(諆)期)
9.4619 其萬年
9.4620 萬年無疆
9.4621 萬年無疆
9.4622 萬年無疆
9.4623 萬年無曻(期)
9.4624 萬年無曻(期)
9.4625 萬年無棋(諆、期)
9.4626 免其萬年永寶用
9.4629 沬(眉)壽邁(萬)年
9.4630 沬(眉)壽邁(萬)年
9.4631 曾伯桼(漆)叚(遐)不黄耇、邁(萬)年
9.4632 曾桼(漆)叚(遐)不黄耇、邁(萬)年
9.4638 其邁(萬)年永保用
9.4639 其邁(萬)年永保用
9.4645 邁(萬)年無疆
9.4646 唯十又四年
9.4647 唯十又四年
9.4648 唯十年
9.4681 其萬年永寶
9.4689 萬年無疆
9.4690 萬年無疆
9.4691 萬年無疆
10.5341 其用萬年
10.5342 其用萬年
10.5366 用萬年事
10.5376 其萬年
10.5382 邁(萬)年永寶
10.5400 唯明保殷成周年
10.5407 唯十又九年
10.5416 萬年永光
10.5418 免其萬年永寶用
10.5421 徃(誕)餘葊京年
10.5422 徃(誕)餘葊京年
10.5426 其子子孫孫萬年
10.5430 其邁(萬)年寶
10.5431 尹其亘萬年受厥永魯
10.5432 唯公大(太)史見服于宗周年
10.5433 效不敢不邁(萬)年夙夜奔走揚公休
11.5955 用萬年事
11.5969 其邁(萬)年
11.5972 邁(萬)年永寶
11.5980 其子子孫孫邁(萬)年
11.5982 其萬年
11.5991 唯明保殷成周年
11.5993 邁(萬)年子孫寶
11.5999 徃(誕)餘葊京年
11.6001 其萬年永寶
11.6004 萬年永光
11.6005 其萬年永寶
11.6006 免其萬年永寶用
11.6007 侯萬年壽考、黄耇
11.6008 爰從師雍父戍于誥(固)自(次)之年
11.6009 效不敢不邁(萬)年夙夜奔走揚公休
11.6010 元年正月
11.6011 邁(萬)年保我邁(萬)宗/盠曰:其邁(萬)年
11.6013 萬年保我萬邦
11.6015 唯天子休于麥

辟侯之年鑄
12.6498 父己年膚
12.6511 匄三壽、懿德、萬年
12.6515 萬年寶
15.9302 其子子孫孫邁(萬)年
15.9431 其萬年用鄉(饗)賓
15.9432 萬年永寶用
15.9433 匄邁(萬)年壽
15.9434 其萬年
15.9435 邁(萬)年永寶
15.9436 用萬年用楚(胥)保眔叔堯(无)
15.9437 其萬年
15.9438 其萬年永寶用
15.9440 其萬年
15.9441 其萬年
15.9442 邁(萬)年用
15.9443 其萬年
15.9444 其邁(萬)年永寶用
15.9447 其邁(萬)年
15.9449 卅五年
15.9454 㳄(誕)餽荐京年
15.9456 唯三年三月 / 衛其萬年
15.9608 厲(萬)年寶用
15.9618 其邁(萬)年 / 其邁(萬)年
15.9620 其邁(萬)年永寶用
15.9623 其萬年永寶用
15.9624 其萬年永寶用
15.9627 其邁(萬)年無疆
15.9633 其萬年永寶用
15.9634 其萬年永寶用
15.9635 其萬年
15.9640 廿九年十二月
15.9642 其萬年
15.9643 其邁(萬)年
15.9651 其邁(萬)年
15.9652 其邁(萬)年
15.9653 僕其萬年
15.9654 僕其萬年
15.9656 萬年子子孫孫永寶用
15.9661 其萬年
15.9662 其眉壽萬年
15.9667 其邁(萬)年
15.9668 其邁(萬)年
15.9669 其萬年
15.9670 番其萬年
15.9671 其萬年
15.9673 二年
15.9676 其萬年
15.9687 邁(萬)年眉壽
15.9688 其萬年眉考(老)
15.9690 其子子孫孫邁(萬)年
15.9691 其子子孫孫邁(萬)年
15.9696 其邁(萬)年
15.9697 伯車父其萬年
15.9701 萬年永寶用享
15.9703 唯王五年
15.9704 眉壽萬年
15.9705 唯廿又六年
15.9706 眉壽萬年無疆
15.9707 七年九月
15.9708 萬年無疆
15.9709 用旂(祈)眉壽、萬年
15.9710 唯王廿又六年
15.9711 唯王廿又六年
15.9713 其萬年
15.9718 其邁(萬)年
15.9719 唯十年四月吉日 / 至于萬意(億)年
15.9720 唯十年四月吉日 / 至于萬意(億)年
15.9721 其邁(萬)年
15.9722 其邁(萬)年
15.9723 唯十又三年 / 瘨其萬年永寶
15.9724 唯十又三年 / 瘨其萬年永寶
15.9725 唯十又六年
15.9726 唯三年九月丁巳 / 瘨其萬年永寶
15.9727 唯三年九月丁巳 / 瘨其萬年永寶
15.9728 曶用匄萬年眉壽
15.9729 萬年無疆
15.9730 邁(萬)年無疆
15.9731 唯三年五月 / 頌其萬年眉壽
15.9732 唯三年五月 / 頌其萬年眉壽
15.9735 唯十四年
15.9824 其萬年無疆
15.9825 其萬年無疆
15.9826 其邁(萬)年永寶
16.9891 其子子孫孫邁(萬)年
16.9892 余其萬年攦
16.9896 唯八年十又二月 / 魯其萬年
16.9897 用匄萬年無疆
16.9899 萬年保我萬邦
16.9900 萬年保我萬邦
16.9964 其萬年
16.9965 其萬年
16.9967 其萬年
16.9968 其萬年
16.9969 其萬年
16.9970 其萬年
16.9971 其萬年
16.9972 其萬年
16.9974 萬(萬)年無疆
16.9975 唯王五年
16.9979 萬年無疆
16.9982 萬年無疆
16.9997 廿七年
16.10089 其萬年
16.10091 其邁(萬)年
16.10092 其萬年
16.10093 其萬年
16.10094 其萬年
16.10102 其邁(萬)年
16.10106 用萬年用楚(胥)保眔叔堯
16.10107 其萬年
16.10108 其萬年
16.10110 其萬年眉壽
16.10111 其萬年
16.10112 其邁(萬)年
16.10116 其萬年
16.10117 其邁(萬)年
16.10119 邁(萬)年用
16.10121 子子孫萬年
16.10123 其萬年
16.10129 萬年用之
16.10130 其萬年疆無
16.10132 其萬年無疆
16.10133 其眉壽萬年
16.10135 其邁(萬)年無疆
16.10136 自萬年
16.10139 其萬年

16.10141 其萬年無疆
16.10142 其萬年無疆
16.10143 其萬年
16.10145 其萬年
16.10147 萬年無疆
16.10148 其萬年
16.10149 其萬年
16.10150 迺用萬年
16.10154 其眉壽萬年
16.10155 其萬年無疆
16.10156 萬年無疆
16.10157 萬年無疆
16.10159 邁(萬)年無疆
16.10160 邁(萬)年無疆
16.10161 其萬年寶用
16.10163 其眉壽萬年
16.10164 琱娟(妘)其萬年
16.10165 萬年無疆
16.10167 其萬年眉壽、黄耇
16.10170 唯廿年正月既望甲戌 / 休其萬年
16.10171 元年正月
16.10172 唯廿又八年 / 寰其邁(萬)年
16.10173 唯十又二年 / 萬年無疆
16.10174 唯五年三月 / 萬年無疆
16.10175 受(授)天子綰(寬)令(命)、厚福、豐年 / 其萬年永寶用
16.10219 萬年用之
16.10220 其邁(萬)年
16.10222 其邁(萬)年永寶用
16.10224 其邁(萬)年
16.10229 萬年永寶用
16.10231 其邁(萬)年
16.10235 其萬年子子孫孫用之
16.10237 其萬年
16.10238 其萬年
16.10239 其萬年
16.10240 其邁(萬)年眉壽用之
16.10242 其萬年
16.10243 其萬年
16.10245 其萬年無疆
16.10247 邁(萬)年用
16.10248 其萬年
16.10249 其萬年
16.10250 其萬年無疆
16.10251 其萬年無疆
16.10258 其萬年
16.10259 其萬年無疆
16.10262 其萬年
16.10263 其眉壽萬年
16.10265 其萬年無畺(疆)
16.10266 其萬年無疆
16.10268 其萬年
16.10269 其萬年
16.10270 其萬年永寶用
16.10271 其萬年
16.10272 其邁(萬)年無疆
16.10273 其萬年
16.10275 其萬年眉壽
16.10277 萬年無疆
16.10278 其邁(萬)年
16.10279 萬年無疆
16.10280 其眉壽萬年
16.10281 其萬年無疆
16.10282 其眉壽邁(萬)年
16.10283 邁(萬)年無疆
16.10284 萬年無疆
16.10310 其萬年
16.10311 其萬年
16.10312 其萬年
16.10313 其萬年永寶
16.10314 其萬年
16.10315 其邁(萬)年
16.10316 其萬年眉壽
16.10317 其邁(萬)年
16.10318 其眉壽萬年
16.10322 唯十又二年 / 永其邁(萬)年
16.10337 萬年無疆
16.10339 萬年無疆
16.10341 萬年無疆
16.10342 烏(無)欲(咎)萬年
16.10353 廿五年
16.10372 十八年
16.10384 三年
16.10385 五年
16.10453 廿四年
16.10465 三年
17.11197 □年
17.11215 廿七年
17.11216 廿九年
17.11250 二年
17.11264 十八年
17.11266 四年
17.11269 十四年
17.11271 七年
17.11279 十三年
17.11283 九年
17.11287 三年
17.11291 十年
17.11292 二年
17.11293 三年
17.11294 〔十六〕年
17.11296 王五年
17.11297 王六年
17.11298 二年
17.11299 廿三年
17.11300 □年
17.11301 廿三年
17.11302 廿九年
17.11303 廿九年
17.11306 廿一年
17.11307 九年
17.11308 四年
17.11312 卅三年
17.11313 九年
17.11314 二年
17.11315 二年
17.11316 四年命(令)韓訷、宜陽工師敕(播)悟、冶庶
17.11317 三年
17.11318 三年
17.11319 三年
17.11320 六年
17.11321 卅四年
17.11322 七年
17.11323 八年
17.11324 廿五年
17.11325 九年
17.11326 九年
17.11327 六年
17.11328 王二年
17.11330 卅三年
17.11331 廿二年
17.11332 十四年
17.11335 四年
17.11336 六年
17.11337 六年

17.11338 三年
17.11339 十三年正月
17.11340 四年
17.11341 四年
17.11342 廿一年
17.11344 八年
17.11345 八年
17.11347 十三年
17.11348 五年
17.11349 五年
17.11351 十六年
17.11354 三年
17.11355 十二年
17.11356 廿四年
17.11357 王三年
17.11359 廿年
17.11360 元年
17.11361 四年
17.11362 二年
17.11363 〔十二〕年
17.11364 二年
17.11366 十七年
17.11367 六年
17.11368 廿六年
17.11369 三年
17.11370 卌(四十)年
17.11371 十七年
17.11372 廿年
17.11373 廿一年
17.11374 廿七年
17.11375 王三年
17.11376 十八年
17.11377 十四年
17.11378 十八年
17.11379 十七年
17.11380 五年
17.11382 十七年
17.11384 四年
17.11385 五年
17.11386 八年
17.11387 十四年
17.11388 十五年
17.11389 十六年
17.11390 □年
17.11391 廿九年
17.11394 十三年
17.11395 八年
17.11396 五年
17.11397 六年
17.11398 卅一年
17.11399 二年
17.11404 十二年
17.11405 十五年
17.11406 廿五年
18.11508 廿二年
18.11545 七年
18.11546 七年
18.11548 廿年
18.11549 十二年
18.11550 十三年
18.11551 九年
18.11552 元年
18.11553 五年
18.11554 七年
18.11555 卅二年
18.11556 元年
18.11557 五年
18.11558 十七年
18.11559 三年
18.11560 卅四年
18.11561 十一年
18.11562 六年
18.11563 二年
18.11564 四年
18.11565 廿三年
18.11619 四年
18.11633 十二年
18.11635 三年
18.11652 廿九年
18.11653 廿九年
18.11657 七年
18.11658 十七年
18.11660 元年
18.11661 三年
18.11662 五年
18.11671 六年
18.11672 七年
18.11675 三年
18.11676 十二年
18.11677 八年
18.11678 八年
18.11679 八年
18.11680 八年
18.11681 八年
18.11682 二年
18.11683 三年
18.11684 十七年
18.11685 十年
18.11686 五年
18.11687 三年
18.11689 十七年
18.11690 十七年
18.11691 十五年
18.11693 卅三年
18.11694 四年
18.11695 四年
18.11699 十七年
18.11700 十五年
18.11701 十五年
18.11702 十五年
18.11706 八年
18.11707 四年
18.11708 十七年
18.11709 十五年
18.11710 十八年
18.11711 十三年
18.11712 七年
18.11713 十七年
18.11714 十七年
18.11715 十七年
18.11716 十七年
18.11717 十八年
18.11837 八年
18.11902 廿四年
18.11911 十六年
18.11916 廿年
18.11931 八年
18.11996 廿一年
18.12018 西年
18.12032 十年
18.12041 廿一年

3981 秉

12.6786 秉
12.7281 秉以父庚宗尊
12.7282 秉以父庚宗尊
13.7739 秉
13.7740 秉
14.8908 秉册父丁
14.9056 秉以父庚宗尊
14.9057 秉以父庚宗尊
17.10776 秉

3982 斨(析)

8.4152 鄘(筥)侯少(小)子斨(析)、乃孝孫不巨
17.10895 伯斨(析)

3983 柏

16.10456 柏室門鉼(栚)

3984 秭

5.2838 寇曶禾十秭/東宮迺曰:賞(償)曶

禾十秭 / 遺(饋)十秭 / 爲廿秭 / 則付卌(四十)秭 / 曶覓匡三十秭

3985 朮(秫)

9.4505 大嗣馬孛朮自乍(作)飤簠
9.4627 用成(盛)朮(秫)旝(稻)糕粱
18.11488 安朮右
18.11489 安朮右
18.11490 安朮右

3986 秦

1.37 秦王卑(俾)命競墉 / 救秦戎
1.157 率征秦迮齊
1.158 率征秦迮齊
1.159 率征秦迮齊
1.160 率征秦迮齊
1.161 率征秦迮齊
1.262-3 秦公曰: 我先祖受天令(命)/ 秦公其畯𩖱(令)在立(位)
1.264-6 秦公曰: 我先祖受天命 / 秦☐
1.267 秦公曰: 我先祖受天令(命)/ 秦公其畯𩖱(紷令)在立(位)
1.268 秦公曰: 我先祖受天令(命)/ 秦公畯𩖱(令)在立(位)
1.269 秦公曰: 我先祖受天令(命)/ 秦公其畯𩖱(令)在立(位)
1.270 秦公曰: 不(丕)顯朕皇祖受天命 / 保業厥秦 / 于秦執事
3.468 史秦
3.969 宰秦
3.975 冶盤埜、秦忑爲之
3.976 冶盤埜、秦忑爲之 / 史秦
4.2241 大右秦
5.2739 㱃(飲)秦㱃(飲)
5.2747 王[各]于師秦宮
5.2794 冶師史秦、差(佐)苛膡爲之 / 冶師盤埜、差(佐)秦忑爲之
7.3867 洹秦乍(作)祖乙寶段
8.4288 啻(嫡)官邑人、虎臣、西門尸(夷)、𩵦尸(夷)、秦尸(夷)、京尸(夷)、弁身尸(夷)
8.4289 啻(嫡)官邑人、虎臣、西門尸(夷)、𩵦尸(夷)、秦尸(夷)、京尸(夷)、弁身尸(夷)
8.4290 啻(嫡)官邑人、虎臣、西門尸(夷)、𩵦尸(夷)、秦尸(夷)、京尸(夷)、弁身尸(夷)
8.4291 啻(嫡)官邑人、虎臣、西門尸(夷)、𩵦尸(夷)、秦尸(夷)、京尸(夷)、弁身尸(夷)
8.4315 秦公曰: 不(丕)顯朕皇祖 / 保業厥秦
8.4321 先虎臣後庸: 西門尸(夷)、秦尸(夷)、京尸(夷)、𩵦尸(夷)、師笭、側新(薪)、☐華尸(夷)、弁豸尸(夷)、𤔲人、成周走亞、戍、秦人、降人、服尸(夷)
9.4616 用賸(媵)孟姜、秦嬴
16.9931 冶事(吏)秦、苛膡爲之
16.9932 冶事(吏)秦、苛膡爲之
16.10582 伊𡜏賞辛事(吏)秦金
17.11352 秦子乍(作)造(造)中辟元用
17.11353 秦子乍(作)造(造)公族元用
17.11370 啚(圖)工師耤(藉)、丞秦、〔工〕隸臣庚
18.11547 秦子乍(作)造公族元用
18.11564 戠(截)雍倫(令)韓匡、司寇判它、左庫工師刑秦、冶𢦏(𥏫)㪚(搏、造)戟朿(刺)
18.11675 武信倫(令)馬師闞(間)、右庫啟工師𠱾秦、冶瘀敎(撻)齋(劑)

3987 𥝢、𥝢(秠、茌)

11.5876 𥝢乍(作)父丁尊彝

3988 秺(稡)

7.3751 秺(稡)乍(作)父柙(甲)寶段

3989 稟

5.2654 公侯賜亳杞土、麇土、稟禾、𪗈禾

3990 稅(秡)

10.5011 㔾稅(秡)
14.8771 㔾亞稅(秡)
14.8772 㔾亞稅(秡)
14.8773 㔾亞稅(秡)
14.8774 㔾亞稅(秡)
15.9806 祖辛禹稅(秡)㔾

3991 兼

1.182 兼以父覞(兄)、庶士
4.1991 兼明
10.5208 弓天(?)兼未父丙
17.11379 郘陽嘉、丞兼、庫𦠫、工邪

3992 稱

10.5411 稱從師雍父戍于古師(次)/ 稱拜𩒨首

3993 稻

3.947 用鬻(䭃、饎)稻粱(粱)
9.4620 以𣪘稻粱
9.4621 以𣪘稻粱
9.4622 以𣪘稻粱
9.4631 用盛稻粱
9.4632 用盛稻粱

3994 積

16.10372 爰積十六尊

(寸)五分尊(寸)壹爲升

3995 槷(藝)

7.3873 槷(藝)其乍(作)寶毁

3996 穆

1.83 穆商
1.103 用卲乃穆穆不(丕)顯龍(寵)光
1.105 冥生(甥)用乍(作)穆公大鏞(林)鐘
1.109-10 穆穆秉德
1.111 穆穆秉德
1.153 穆穆龢鐘
1.154 穆穆龢鐘
1.187-8 穆穆異異(翼翼)
1.189-90 穆穆異異(翼翼)
1.192 穆穆異異(翼翼)
1.223-4 吳王光逌之穆曾(贈)舒(舒)金
1.238 穆穆秉元明德
1.239 穆穆秉元明德
1.240 穆穆秉元明德
1.241 穆穆秉元明德
1.242-4 穆穆秉元明德
1.245 𢘅(淑)穆不家(墜)于厥身
1.270 穆穆帥秉明德
1.272-8 不(丕)顯穆公之孫
1.285 不(丕)顯穆公之孫、其配襄公之妣
2.286 穆鐘之濇(衍)商
2.288 爲穆音䛣(變)商 / 爲穆音之羿(羽)顚下角
2.289 穆音之羿(羽)/ 爲穆音羿(羽)角
2.290 穆音之宮 / 穆音之在楚爲穆鐘
2.295 爲穆音䛣(變)商
2.297 穆鐘之角 / 穆鐘之徵
2.300 穆鐘之冬(終)反
2.302 濁穆鐘之冬(終) / 穆鐘之壴(鼓)/ 濁穆鐘之商
2.303 穆鐘之下角 / 穆鐘之冬(終)
2.304 穆鐘之商
2.306 穆鐘之羿(羽)/ 濁穆鐘之商
2.308 穆鐘之角 / 穆鐘之徵
2.310 穆鐘之喜(鼓)反
2.311 穆鐘之冬(終)反
2.312 穆鐘之少商
2.313 濁穆鐘之冬(終) / 穆鐘之喜(鼓)
2.314 穆鐘之下角 / 穆鐘之冬(終)
2.315 穆鐘之商
2.317 穆鐘之羿(羽)/ 濁穆鐘之商
2.319 穆音之宮 / 穆音之在楚爲穆鐘
2.320 穆鐘之角 / 穆鐘之徵
2.322 穆音之宮 / 穆音之在楚也爲穆鐘
2.323 穆音之羿(羽)
2.324 穆音之冬(終)坂(反)
2.325 穆音之商
2.328 爲穆音之羿(羽)顚下角
2.330 爲穆音䛣(變)商
2.345 穆音之宮
2.356 井叔叔采乍(作)朕文祖穆公大鐘
2.357 井叔叔采乍(作)朕文祖穆公大鐘
3.699 唯曾伯宮父穆
3.754 穆公乍(作)尹姞宗室于繇林 / 休天君弗望(忘)穆公聖粦明毗事先王
3.755 穆公乍(作)尹姞宗室于繇林 / 休天君弗望(忘)穆公聖粦明毗事先王
4.2251 穆乍(作)父丁寶尊彝
4.2331 穆父乍(作)姜懿母鐈(饋)貞(鼎)
4.2332 穆父乍(作)姜懿母鐈(饋)貞(鼎)
5.2702 𡚸商(賞)又正要(聯)嬰貝在穆朋二百
5.2746 穆穆魯辟
5.2812 穆穆克盟(明)厥心
5.2814 曰: 官嗣穆王
5.2819 王在周康穆宮
5.2824 用穆穆夙夜
5.2830 臣朕皇考穆穆王
5.2833 禹曰: 不(丕)顯趄趄皇祖穆公
5.2834 禹曰: 不(丕)顯走(趄趄)皇祖穆公 / 穆(肆)武公亦(弗)歷(叚)望(忘)〔朕聖〕自(祖)考幽大叔、懿〔叔〕
5.2836 克曰: 穆穆朕文祖師華父 / 王各穆廟
5.2838 王在周穆王大〔室〕
8.4191 穆公沓(侑)印王 / 兮(乎)宰□賜穆公貝廿朋 / 穆公對王休
8.4207 穆穆王在蒼京 / 穆穆王寴(親)賜遹爵 / 敢對揚穆穆王休
8.4255 穆公入右(佑)戠
8.4287 王各穆大室
8.4315 穆穆帥秉明德
8.4326 穆穆克誓(哲)厥德
9.4465 王在周康穆宮
11.5993 乍(作)厥穆穆文祖考寶尊彝
11.6010 穆穆釁釁(亹亹)/ 康諧穆好
11.6013 穆公又(佑)盠
15.9455 穆王在下減应(位)/ 穆王鄉(饗)豊(醴)/ 穆穆王蔑長甶以逨(徠)即井伯
15.9725 用乍(作)朕穆考後仲尊墉(甗)
15.9735 穆穆濟濟
16.9899 穆公又(佑)盠
16.9900 穆公又(佑)盠
16.10171 穆穆釁釁(亹亹)/ 康諧穆好

16.10172 王在周康穆宮
16.10175 祇覭(景)穆王
16.10373 以命攻(工)尹穆丙、攻(工)差(佐)競之、集尹陳夏、少集尹龏賜、少攻(工)差(佐)孝癸
17.11365 穆侯之子、西宮之孫

3997 積

17.11297 工師積
17.11374 漆工師豬、丞抜、工隸臣積
17.11394 咸陽工師田、工大人耆、工積

3998 穌、穌

4.1926 叔乍(作)穌(蘇)子
4.2381 穌(蘇)衛妃乍(作)旅鼎
4.2382 穌(蘇)衛妃乍(作)旅鼎
4.2383 穌(蘇)衛妃乍(作)旅鼎
4.2384 穌(蘇)衛妃乍(作)旅鼎
4.2526 穌(蘇)冶妊乍(作)虢妃魚母賸(媵)
5.2787 令史頌省穌(蘇)瀾(姻)友、里君、百生(姓)/穌(蘇)賓章(璋)、馬四匹、吉金
5.2788 令史頌省穌(蘇)瀾(姻)友、里君、百生(姓)/穌(蘇)賓章(璋)、馬四匹、吉金
6.3739 穌(蘇)公乍(作)王妃盂毁
7.4014 穌(蘇)公子癸父甲乍(作)尊毁
7.4015 穌(蘇)公子癸父甲乍(作)尊毁
8.4229 令史頌省穌(蘇)瀾(姻)友、里君、百生(姓)/穌(蘇)賓(儐)章(璋)、馬四匹、吉金
8.4230 令史頌省穌(蘇)瀾(姻)友、里君、百生(姓)/穌(蘇)賓(儐)章(璋)、馬四匹、吉金
8.4231 令史頌省穌(蘇)瀾(姻)友、里君、百生(姓)/穌(蘇)賓(儐)章(璋)、馬四匹、吉金
8.4232 令史頌省穌(蘇)瀾(姻)友、里君、百生(姓)/穌(蘇)賓(儐)章(璋)、馬四匹、吉金
8.4233 令史頌省穌(蘇)瀾(姻)友、里君、百生(姓)/穌(蘇)賓(儐)章(璋)、馬四匹、吉金
8.4234 令史頌省穌(蘇)瀾(姻)友、里君、百生(姓)/穌(蘇)賓(儐)章(璋)、馬四匹、吉金
8.4235 令史頌省穌(蘇)瀾(姻)友、里君、百生(姓)/穌(蘇)賓(儐)章(璋)、馬四匹、吉金
8.4236 令史頌省穌(蘇)瀾(姻)友、里君、百生(姓)/穌(蘇)賓(儐)章(璋)、馬四匹、吉金
9.4428 賸(滕)侯穌乍(作)厥文考賸(滕)仲旅毁
9.4659 穌(蘇)貉乍(作)小用
16.10080 穌(蘇)甫(夫)人乍(作)嫿(姪)妃襄賸(媵)般(盤)
16.10118 穌(蘇)冶妊乍(作)虢妃魚母般(盤)
16.10205 穌(蘇)甫(夫)人乍(作)嫿(姪)妃襄賸(媵)盉也(匜)
17.11209 郳公穌曹(造)戈三百
17.11291 邙(亡)命(令)羡、右庫工師穌、冶□

3999 穖(秣)

5.2830 𨖭穖(蔑)曆伯大(太)師
7.3912 皃生(甥)穖(蔑)再曆
7.3913 皃生(甥)穖(蔑)再曆
8.4146 員伯穖(蔑)繁曆
8.4165 穖(蔑)大曆
8.4166 王穖(蔑)敔曆
8.4193 王事(使)焚(縈)穖(蔑)曆(曆)
8.4194 王穖(蔑)咎曆(曆)
8.4208 王穖(蔑)段曆
10.5426 王穖(秣、蔑)庚贏(嬴)曆
10.5430 公穖(蔑)繁曆
16.10161 免穖(蔑)靜女王休
16.10166 鮮穖(蔑)曆

4000 龢

1.16 益公爲楚氏龢鐘
1.17 麌(虞)侯自乍(作)龢鐘用
1.18 魯邍乍(作)龢鐘
1.23 中義乍(作)龢鐘
1.24 中義乍(作)龢鐘
1.25 中義乍(作)龢鐘
1.26 中義乍(作)龢鐘
1.27 中義乍(作)龢鐘
1.28 中義乍(作)龢鐘
1.29 中義乍(作)龢鐘
1.30 中義乍(作)龢鐘
1.46 昆疕王貯(鑄)乍(作)龢鐘
1.50 用自乍(作)其龢鐘、龢鈴
1.54 走乍(作)朕皇祖、文考寶龢鐘
1.55 乍(作)朕皇祖、文考寶龢〔鐘〕
1.56 走乍(作)朕皇祖、文考寶龢鐘
1.57 走乍(作)朕皇祖、文考寶龢鐘
1.58 走乍(作)朕皇祖、文考寶龢鐘

1.72 楚王賸(媵)邛(江)仲嬭(芈)南𩁹鐘
1.87 用鑄其𩁹鐘
1.92 用乍(作)朕文考釐伯𩁹薔(林)鐘
1.93 自乍(作)𩁹鐘
1.94 自乍(作)𩁹鐘
1.95 自乍(作)𩁹鐘
1.96 自乍(作)𩁹鐘
1.97 自乍(作)𩁹鐘
1.98 自乍(作)𩁹鐘
1.99 自乍(作)𩁹鐘
1.100 自乍(作)𩁹鐘
1.101 自乍(作)𩁹鐘
1.103 遲(遲)父乍(作)姬齊姜𩁹薔(林)鍾(鐘)
1.109-10 𨽹(肆)妄乍(作)𩁹父大薔(林)鐘
1.112 𨽹(肆)妄乍(作)𩁹父大薔(林)鐘
1.113 自乍(作)𩁹鐘
1.114 自乍(作)𩁹鐘
1.115 自乍(作)𩁹鐘
1.116 自乍(作)𩁹鐘
1.117 自乍(作)𩁹鐘
1.118-9 自乍(作)𩁹鐘
1.140 爲其𩁹鎛
1.142 自乍(作)𩁹鐘
1.149 自乍(作)𩁹鍾(鐘)/ 鑄辝(台)𩁹鍾(鐘)二鍺(堵)
1.150 自乍(作)𩁹鍾(鐘)/ 鑄辝(台)𩁹鍾(鐘)二鍺(堵)
1.151 自乍(作)𩁹鍾(鐘)/ 鑄辝(台)𩁹鍾(鐘)二鍺(堵)
1.152 自乍(作)𩁹鍾(鐘)/ 鑄辝(台)𩁹鍾(鐘)二鍺(堵)
1.153 穆穆𩁹鐘
1.154 穆穆𩁹鐘
1.182 自乍(作)𩁹鐘
1.187-8 用乍(作)朕皇祖考𩁹鐘
1.189-90 用乍(作)朕皇祖考𩁹鐘
1.191 用乍(作)朕皇祖考𩁹鐘
1.193 卑(俾)𩁹卑(俾)孚 / 𩁹𩁹倉倉(鏘鏘)
1.194 卑(俾)𩁹卑(俾)孚 / 𩁹𩁹倉倉
1.195 卑(俾)𩁹卑(俾)孚 / 𩁹𩁹倉倉
1.196 卑(俾)𩁹卑(俾)孚 / 𩁹𩁹倉倉
1.197 卑(俾)𩁹卑(俾)孚 / 𩁹𩁹倉倉
1.198 卑(俾)𩁹卑(俾)孚 / 𩁹𩁹倉倉
1.203 自乍(作)𩁹鐘 / 𩁹逾百生(姓)
1.223-4 台(以)乍(作)寺吁𩁹鐘 / 柬柬(簡簡)𩁹鐘
1.238 用乍(作)皇考叀(惠)叔大薔(林)𩁹鐘
1.239 用乍(作)皇考叀(惠)叔大薔(林)𩁹鐘
1.240 用乍(作)朕皇考叀(惠)叔大薔(林)𩁹鐘
1.241 用乍(作)朕皇考叀(惠)叔大薔(林)𩁹鐘
1.242-4 用乍(作)朕皇考叀(惠)叔大薔(林)𩁹鐘
1.245 用鑄厥𩁹鐘 / 鑄其𩁹鐘
1.246 𩁹鐳(林)鐘
1.247 敢乍(作)文人大寶協𩁹鐘
1.248 敢乍(作)文人大寶協𩁹鐘
1.249 敢乍(作)文人大寶協𩁹鐘
1.250 敢乍(作)文人大寶協𩁹鐘
1.251-6 初盭𩁹于政 / 肇乍(作)𩁹鏻(林)鐘
1.261 自乍(作)𩁹鐘 / 闌闌(簡簡)𩁹鐘 / 𩁹鋈(沴)民人
1.262-3 盭𩁹胤士 / 乍(作)厥𩁹鐘
1.264-6 盭𩁹胤士 / 乍(作)厥𩁹鐘
1.267 盭𩁹胤士 / 乍(作)厥𩁹鐘
1.268 盭𩁹胤士 / 乍(作)厥𩁹鐘
1.269 盭𩁹胤士 / 乍(作)厥𩁹鐘
1.270 協𩁹萬民 / 乍(作)盄(淑)𩁹〔鎛〕
1.272-8 敄(勠)𩁹三軍徒𨔲 / 𩁹協而(爾)又(有)事
1.285 敄(勠)𩁹三軍徒𨔲 / 𩁹協而(爾)又(有)事
4.2407 伯𩁹乍(作)召伯父辛寶尊鼎
5.2715 用𩁹用饗(菜)
5.2716 用𩁹用饗(菜)
5.2750 既𩁹無測
5.2792 王在𩁹宮
8.4274 王乎內史尹册令(命)師兑: 疋(胥)師𩁹父
8.4275 王乎內史尹册令(命)師兑: 疋(胥)師𩁹父
8.4311 伯𩁹父若曰: 師𣪕
8.4318 王乎內史尹册令(命)師兑: 余既令女(汝)疋(胥)師𩁹父
8.4319 王乎內史尹册令(命)師兑: 余既令(命)女(汝)疋(胥)師𩁹父
8.4324 師𩁹父𠭯(胙)𢼸菽(素)芾
8.4325 師𩁹父𠭯(胙)𢼸菽(素)芾
14.9089 𩁹乍(作)召伯父辛寶尊彝
15.9639 邛(江)君婦𩁹乍(作)其壺
16.10175 初敾(盭)𩁹于政
16.10342 𩁹〔燮〕百緿(蠻)

4001 木

2.400 木見𪗉册
2.401 木見𪗉册
2.402 木見𪗉册
3.781 木
4.1654 木父辛
4.1665 木父壬
4.1762 木見𪗉册

4.1997 木祖辛父丙
4.2131 木乍(作)父辛寶尊
4.2246 木工册
4.2328 木工册
5.2838 □□木栲
6.3168 木父丙
6.3666 木工册
8.4262 厥從格伯反(按)彶佃(甸):殷谷厥紉(絶)雩谷、杜木、遼谷、旅菜
8.4263 厥從格伯反(按)彶佃(甸):殷谷厥紉(絶)雩谷、杜木、遼谷、旅菜
8.4264 厥從格伯反(按)彶佃(甸):殷〔谷〕厥〔紉〕雩谷、杜木、遼谷、旅菜
8.4265 厥從格伯反(按)彶佃(甸):殷〔谷〕厥紉(絶)雩谷、杜木、遼谷、旅菜
9.4462 木羊册
9.4463 木羊册
10.4864 戊木
10.5166 ㄒ木父辛册
10.5403 木羊册
11.5694 木見齒册
11.5929 木工册
11.5996 木羊册
11.6002 木羊册
11.6280 木父己
12.6502 木工册
12.6742 木
12.6743 木
12.6834 戊木
12.7053 齒木
12.7120 木父丁
12.7181 亞木守
12.7214 木戊祖戊
12.7256 子ㄖ册木
13.7736 木
13.8182 木竝
13.8209 戊木
13.8273 木叚(柄)
14.8350 木祖辛
14.8477 木父丁
14.8633 父辛木
14.8663 木父壬
14.8691 木父癸
14.8711 木父癸
14.9007 ㄖ(尹)木亞父丁
14.9022 子■木父癸
14.9060 木羊册
14.9080 木羊册
14.9081 木羊册
14.9082 木羊册
15.9248 木羊册
15.9303 木羊册
15.9792 木見齒册
16.9895 木羊册
16.10176 奉(封)于敝城、楮木/自根木道
17.10952 木見齒册
18.12113 就木闈(關)

4002 本

4.2081 本肇乍(作)寶鼎

4003 末

1.210 蔡侯〔𪐴〕曰:余唯(雖)末少子
1.211 蔡侯〔𪐴〕曰:余唯(雖)末少子
1.217 蔡侯〔𪐴〕曰:余唯(雖)末少子
1.218 蔡侯〔𪐴〕曰:余唯(雖)末少子
1.219 蔡侯〔𪐴〕曰:余唯(雖)末少子
1.220 蔡侯〔𪐴〕曰:余唯(雖)末少子
1.221 蔡侯〔𪐴〕曰:余唯(雖)末少子
1.222 蔡侯〔𪐴〕曰:余唯(雖)末少子
15.9497 末昊
18.11915 悍(忓)乍(作)距末

4004 朱

1.133 柞賜載、朱黄(衡)、䜌(鑾)
1.134 柞賜載、朱黄(衡)、䜌(鑾)
1.135 柞賜載、朱黄(衡)、䜌(鑾)
1.136 柞賜載、朱黄(衡)、䜌(鑾)
1.137-9 柞賜載、朱黄(衡)、䜌(鑾)
1.171 □朱句(勾)之孫(?)□亘□喪
4.1946 公朱(廚)右官
4.2396 公朱(廚)右官
5.2658 十三斤八兩十四朱(銖)
5.2701 公朱(廚)左官
5.2789 王㓤(訇)姜事(使)内史友員賜㦰玄衣、朱襮裣
5.2815 王乎内史㚔册賜趞:玄衣屯(純)黹、赤芾、朱黄(衡)、䜌(鑾)旂、攸(鋚)勒
5.2819 王乎史減册賜寰:玄衣黹屯(純)、赤芾、朱黄(衡)、䜌(鑾)旅(旂)、攸(鋚)勒、戈琱㦰、歐(厚)必(柲)、彤沙(蘇)
5.2821 賜女(汝)玄衣黹屯(純)、赤芾、朱黄(衡)、䜌(鑾)旅(旂)
5.2822 賜女(汝)玄衣黹屯(純)、赤芾、朱黄(衡)、䜌(鑾)旂
5.2823 賜女(汝)玄衣黹屯(純)、赤芾、朱黄(衡)、䜌(鑾)旅(旂)
5.2825 賜女(汝)玄衣黹屯(純)、赤芾、朱黄(衡)、䜌(鑾)旂
5.2827 賜女(汝)玄衣黹屯(純)、赤芾、朱黄(衡)、䜌(鑾)旂、攸(鋚)勒
5.2828 賜女(汝)玄衣黹屯(純)、赤芾、朱黄(衡)、䜌(鑾)旂、攸(鋚)勒
5.2829 賜女(汝)玄衣黹屯(純)、赤芾、朱黄(衡)、䜌(鑾)旂、攸(鋚)勒
5.2830 賜女(汝)玄衣黼(黼)屯(純)、赤芾、朱𧝞(黄衡)、䜌(鑾)旂、大(太)師金膺、攸(鋚)勒
5.2834 聞(肄)武公廼〔遣〕我(禹)率公朱

(戎)車百乘

5.2841 賜女(汝)秬鬯一卣、祼圭瓚寶、朱芾、悤(蔥)黄(衡)、玉環、玉瑹、金車、桒(賁)縪較(較)、朱𩍂(鞹)𠚕靳、虎冟(冪)熏裏、右軛、畫轉、畫輡、金甬(桶)、道(錯)衡、金嶂(踵)、金豙(軝)、靮(約)𩬓(盛)、金簟弼(茀)、魚箙、馬四匹、攸(鋚)勒、金𠯑(臺)、金膺、朱旂二鈴(鈴)

8.4202 王賜𤔲赤芾、朱亢(衡)、䜌(鑾)旂

8.4250 王乎命女(汝):赤芾、朱黄(衡)、玄衣黹屯(純)、䜌(鑾)旂

8.4256 賜衛載(緇)芾、朱黄(衡)、䜌(鑾)

8.4258 曰:賜女(汝)桒(賁)朱黄(衡)、玄衣黹屯(純)、㫃、攸(鋚)革(勒)

8.4259 曰:賜女(汝)桒(賁)朱黄(衡)、玄衣黹屯(純)、㫃、攸(鋚)革(勒)

8.4260 曰:賜女(汝)桒(賁)朱黄(衡)、玄衣黹屯(純)、㫃、攸(鋚)革(勒)

8.4268 乎內史寿(敖、侁)册命王臣:賜女(汝)朱黄(衡)桒(賁)親(襯)、玄衣黹屯(純)、䜌(鑾)旂五日、戈畫蔵、𤰈(墉)必(柲)、彤沙(蘇)

8.4277 賜赤芾、朱黄(衡)、旂

8.4286 賜女(汝)玄衣黹屯(純)、赤芾、朱黄(衡)、戈彤沙(蘇)琱蔵、旂五日

8.4288 新賜女(汝)赤芾、朱黄(衡)、中絅(褧)、攸(鋚)勒

8.4289 新賜女(汝)赤芾、朱黄(衡)、中絅(褧)、攸(鋚)勒

8.4290 新賜女(汝)赤芾、朱黄(衡)、中絅(褧)、攸(鋚)勒

8.4291 新賜女(汝)赤芾、朱黄(衡)、中絅(褧)、攸(鋚)勒

8.4302 余賜女(汝)秬鬯一卣、金車、桒(賁)𣊫(幬)𨍉(較)、桒(賁)𠚕朱號(鞹)靳、虎冟(冪)窠(朱)裏、金甬(筩)、畫聞(輡)、金厄(軛)、畫轉、馬四匹、鋚勒

8.4303 賜女(汝)玄衣黹屯(純)、赤芾、朱黄(衡)、䜌(鑾)旅(旂)

8.4304 賜女(汝)玄衣黹屯(純)、赤芾、朱黄(衡)、䜌(鑾)旅(旂)

8.4305 賜女(汝)玄衣黹屯(純)、赤芾、朱黄(衡)、䜌(鑾)旅(旂)

8.4306 賜女(汝)玄衣〔黹〕屯(純)、赤芾、朱黄(衡)、䜌(鑾)旅(旂)

8.4307 賜女(汝)玄衣黹屯(純)、赤芾、朱黄(衡)、䜌(鑾)旅(旂)

8.4308 賜女(汝)玄衣黹屯(純)、赤芾、朱黄(衡)、䜌(鑾)旅(旂)

8.4309 賜女(汝)玄衣黹屯(純)、赤芾、朱黄(衡)、䜌(鑾)旅(旂)

8.4310 賜女(汝)玄衣黹屯(純)、赤芾、朱黄(衡)、䜌(鑾)旅(旂)

8.4312 賜女(汝)赤芾、朱黄(衡)、䜌(鑾)旂、攸(鋚)勒

8.4318 賜女(汝)秬鬯一卣、金車、桒(賁)較(較)、朱號(鞹)𠚕靳、虎冟(冪)熏(纁)裏、右厄(軛)、畫轉、畫輡、金甬(筩)、馬四匹、攸(鋚)勒

8.4319 賜女(汝)秬鬯一卣、金車、桒(賁)較(較)、朱號(鞹)𠚕靳、虎冟(冪)熏(纁)裏、右厄(軛)、畫轉、畫輡、金甬(筩)、馬四匹、攸(鋚)勒

8.4326 賜朱芾、悤(蔥)黄(衡)、鞞𩎟(璲)、玉睘(環)、玉瑹、車、電軫、桒(賁)縪較(较)、朱鬲(鞹)𠚕靳、虎冟(冪)熏(纁)裏、道(錯)衡、右厄(軛)、畫轉、畫輡、金童(踵)、金豙(軝)、金簟弼(茀)、魚葡(箙)、朱旂旜(旜)金芫二鈴

8.4332 賜女(汝)玄衣黹屯(純)、赤芾、朱黄(衡)、䜌(鑾)旂、攸(鋚)勒

8.4333 賜女(汝)玄衣黹屯(純)、赤芾、朱黄(衡)、䜌(鑾)旂、攸(鋚)勒

8.4334 賜女(汝)玄衣黹屯(純)、赤芾、朱黄(衡)、䜌(鑾)旂、攸(鋚)勒

8.4335 賜女(汝)玄衣黹屯(純)、赤芾、朱黄(衡)、䜌(鑾)旂、攸(鋚)勒

8.4336 賜女(汝)玄衣黹屯(純)、赤芾、朱黄(衡)、䜌(鑾)旂、攸(鋚)勒

8.4337 賜女(汝)玄衣黹屯(純)、赤芾、朱黄(衡)、䜌(鑾)旂、攸(鋚)勒

8.4338 賜女(汝)玄衣黹屯(純)、赤芾、朱黄(衡)、䜌(鑾)旂、攸(鋚)勒

8.4339 賜女(汝)玄衣黹屯(純)、赤芾、朱黄(衡)、䜌(鑾)旂、攸(鋚)勒

8.4343 賜女(汝)秬鬯一卣、金車、桒(賁)較(較)、畫輡、朱號(鞹)

靣靳、虎冟（冪）熏（纁）裏、旂、余（騟）〔馬〕四匹

9.4467 賜女（汝）秬鬯一卣、赤巿、五黄（衡）、赤舄、牙僰、駒車、桒（賁）較（較）、朱虢（鞹）靣靳、虎冟（冪）熏（纁）裏、畫轉（轉）、畫輯、金甬（箙）、朱旂、馬四匹、攸（鋚）勒、素戉（鉞）

9.4468 賜女（汝）秬鬯一卣、赤巿、五黄（衡）、赤舄、牙僰、駒車、桒（賁）較（較）、朱虢（鞹）靣靳、虎冟（冪）熏（纁）裏、畫轉（轉）、畫輯、金甬（箙）、朱旂、馬四匹、攸（鋚）勒、素戉（鉞）

9.4469 賜女（汝）秬鬯一卣、乃父巿、赤舄、駒車、桒（賁）較（較）、朱虢（鞹）靣靳、虎冟（冪）熏（纁）裏、畫轉、畫輯、金甬（箙）、馬四匹、鋚勒

11.6348 母朱戈

15.9731 賜女（汝）玄衣黹屯（純）、赤巿、朱黄（衡）、䜌（鑾）旂、攸（鋚）勒

15.9732 賜女（汝）玄衣黹屯（純）、赤巿、朱黄（衡）、䜌（鑾）旂、攸（鋚）勒

16.9898 賜秬鬯一卣、玄衮衣、赤舄、金車、桒（賁）靣朱虢（鞹）靳、虎冟（冪）熏（纁）裏、桒（賁）較（較）、畫轉、金甬（箙）、馬四匹、攸（鋚）勒

16.9991 蔡侯朱之缶

16.10170 王乎乍（作）册尹册賜休：玄衣黹屯（純）、赤巿、朱黄（衡）、戈琱戟、彤沙（蘇）、歐（厚）必（柲）、䜌（鑾）㫃

16.10172 王乎史減册賜寰：玄衣黹屯（純）、赤巿、朱黄（衡）、䜌（鑾）旂、攸（鋚）勒、戈琱戟、歐（厚）必（柲）、彤沙（蘇）

17.11384 奠（鄭）倫（令）韓半、司寇長朱、武庫工師𠂇恙、冶君（尹）敓（披）斅（造）

17.11385 奠（鄭）倫（令）韓夌、司寇長朱、右庫工師皂高、冶君（尹）𡡉斅（造）

18.11553 奠（鄭）命（令）韓半、司寇長（張）朱、左庫工師昜（陽）𣐺（俖）、冶君（尹）弜斅（摧、造）

18.12033 二兩二朱（銖）

18.12034 二兩五朱（銖）

18.12035 二兩十朱（銖）

18.12036 〔二〕兩十二朱（銖）

18.12037 二兩十二朱（銖）

18.12038 二兩卄一朱（銖）

18.12039 二兩十四朱（銖）

4005 𤇾、榮

1.107-8 𤇾（榮）伯內（入）右（佑）膺（應）侯見工

3.632 𤇾（榮）伯鑄鬲

3.679 𤇾（榮）又（有）嗣爯乍（作）𩰫鬲

3.930 𤇾（榮）子旅乍（作）祖乙寶彝

4.2206 𤇾（榮）子乍（作）寶尊鼎

4.2470 𤇾（榮）又（有）嗣爯乍（作）𩰫鼎

4.2503 𤇾（榮）子旅乍（作）父戊寶尊彝

5.2786 𤇾（榮）伯內（入）右（佑）康

5.2832 𤇾（營）二川

5.2837 今余唯令女（汝）盂召（紹）𤇾（榮）

5.2839 王令𤇾（榮）遝嘼（酉）/𤇾（榮）即嘼（酉）遝厥故

6.3584 𤇾（榮）子旅乍（作）寶毁

8.4121 𤇾（榮）各

8.4192 王事（使）𤇾（榮）機（蔑）曆（曆）

8.4193 王事（使）𤇾（榮）機（蔑）曆（曆）

8.4209 𤇾（榮）伯右（佑）衛

8.4210 𤇾（榮）伯右（佑）衛

8.4211 𤇾（榮）伯右（佑）衛

8.4212 𤇾（榮）伯右（佑）衛

8.4241 王令𤇾（榮）眔內史曰：菁（介）井（邢）侯服

8.4257 𤇾（榮）伯內（入）右（佑）師耤（藉）

8.4270 𤇾（榮）伯右（佑）同

8.4271 𤇾（榮）伯右（佑）同

8.4286 𤇾（榮）伯入右（佑）輔師嫠

8.4323 啚于𤇾（榮）伯之所

8.4327 𤇾（榮）季入右（佑）卯/𤇾（榮）伯乎令（命）卯曰：𢦏（載）乃先祖考死（尸）嗣𤇾（榮）公室/敢對揚𤇾（榮）伯休

8.4342 𤇾（榮）內（入）右（佑）訇

10.5256 𤇾（榮）子旅乍（作）旅彝

11.5843 𤇾（榮）子乍（作）寶尊彝

15.9393 乍（作）公𠙵𤇾（鎣）

15.9401 師轉乍（作）寶𤇾（鎣）

15.9409 強伯自乍（作）般（盤）𤇾（鎣）

15.9434 圓（昆）君婦媿

霝乍(作)焚(鎣)
15.9456 裘衛廼彘(矢)告于伯邑父、焚(榮)伯、定伯、琼伯、單伯/伯邑父、焚(榮)伯、定伯、琼伯、單伯廼令參有嗣：嗣土(徒)微邑、嗣馬單旟、嗣工(空)邑人服眔受(授)田
16.9880 焚(榮)子乍(作)寶尊彝
16.9881 焚(榮)子乍(作)寶尊彝
16.10064 強伯乍(作)般(盤)焚(鎣)
16.10069 焚(榮)子乍(作)寶尊彝
16.10322 厥眔公出厥命：井伯、焚(榮)伯、尹氏、師俗父、趞(遣)仲
17.10888 焚(榮)子
17.11322 侖(綸)氏命(令)韓化、工師槃原(原)、冶憖(謀)
18.11719 焚(榮)監

4006 休

1.92 敢對揚天子不(丕)顯休
1.105 敢對揚王休
1.107-8 見工敢對揚天子休
1.125-8 齊(齋)休祝成
1.129-31 齊(齋)休祝成
1.133 柞拜手對揚仲大(太)師休
1.134 柞拜手對揚仲大(太)師休
1.135 柞拜手對揚仲大(太)師休
1.136 柞拜手對揚仲大(太)師休
1.137-9 柞拜手對揚仲大(太)師休
1.143 敢對揚天子休
1.181 敢對揚天子不(丕)顯魯休
1.187-8 梁其敢對天子不(丕)顯休揚
1.189-90 梁其敢對天子不(丕)顯休揚
1.191 梁其敢對天子不(丕)顯休揚
1.204-5 克敢對揚天子休
1.206-7 克敢對揚天子休
1.209 克敢對揚天子休
1.210 休有成慶
1.211 休有成慶
1.217 休有成慶
1.218 休有成慶
1.219 休有成慶
1.220 休有成慶
1.221 休有成慶
1.222 休有成慶
1.238 廼天子多賜旅休/旅對天子魯休揚
1.239 廼天子多賜旅休/旅對天子魯休揚
1.240 廼天子多賜旅休/旅對天子魯休揚
1.241 廼天子多賜旅休/旅敢對天子魯休揚
1.242-4 廼天子多賜旅休/旅對天子魯休揚
1.272-8 賜休命
1.285 弗敢不對揚朕辟皇君之賜休命
3.643 姛休賜厥瀕事(吏)貝
3.753 對揚天君休
3.754 休天君弗望(忘)穆公聖粦明𣪘事先王/對揚天君休
3.755 休天君弗望(忘)穆公聖粦明𣪘事先王/對揚天君休
3.949 日傳□王〔皇〕休
4.2453 休王賜嬰(翳)父貝
4.2454 休王賜嬰(翳)父貝
4.2455 休王賜嬰(翳)父貝
4.2505 休朕公君匽(燕)侯賜圉貝
5.2556 休于小臣䢅(擸)貝五朋
5.2581 休仲賜遡鼎
5.2629 揚辛宮休
5.2654 亳敢對公仲休
5.2659 嗣揚公休
5.2678 宓伯于成周休眈小臣金
5.2695 休善
5.2704 用對王休
5.2718 對昜(揚)䢼(挂)王姛休
5.2719 公貿用牧休鱻
5.2720 對揚王休
5.2721 對揚其父休
5.2725 肄(肆)𤔲對揚王休
5.2726 肄(肆)𤔲對揚王休
5.2729 對揚尹休
5.2735 敢揚王休
5.2736 敢揚王休
5.2747 敢對揚天子不(丕)顯休
5.2748 對王休
5.2749 揚侯休
5.2754 對揚王休
5.2755 對揚遣仲休
5.2756 對王休
5.2765 螨拜韻首曰：休朕皇君弗醒(忘)厥寶臣
5.2775 對揚王休
5.2776 剌對揚王休
5.2778 對揚皇尹不(丕)顯休
5.2781 對揚王休
5.2783 敢對揚天子休
5.2784 敢對揚天子休
5.2785 中對王休令(命)
5.2786 敢對揚天子不(丕)顯休
5.2787 休又(有)成事
5.2788 休又(有)成事
5.2789 對揚王𠟭(刉)姜休
5.2790 用賜康勵、魯休、屯(純)右(佑)、眉壽、永令(命)、霝(靈)冬(終)
5.2791 伯姜對揚天子休/伯姜日受天子魯休
5.2792 大矢始敢對揚天子休

5.2796 朕辟魯休
5.2797 朕辟魯休
5.2798 朕辟魯休
5.2799 朕辟魯休
5.2800 朕辟魯休
5.2801 朕辟魯休
5.2802 朕辟魯休
5.2803 令對揚王休
5.2804 對揚天子不(丕)顯皇休
5.2805 對揚天子休
5.2806 ☒子不(丕)顯休
5.2807 對揚天子不(丕)顯休
5.2808 對揚天子不(丕)顯休
5.2810 王休偃(偃)/馭方休闌/敢對揚天子不(丕)顯休贅(賚)
5.2812 多蔑曆賜休/朢(望)敢對揚天子不(丕)顯魯休
5.2813 對揚天子不(丕)环(丕)魯休
5.2814 無(許)叀敢對揚天子不(丕)顯魯休
5.2815 敢對揚天子不(丕)顯魯休
5.2816 敢對揚王休
5.2817 敢對揚天子不(丕)顯休令(命)
5.2819 敢對揚天子不(丕)顯叚(遐)休令(命)
5.2820 對揚皇天子不(丕)环(丕)休
5.2821 此敢對揚天子不(丕)顯休令(命)
5.2822 此敢對揚天子不(丕)顯休令(命)
5.2823 此敢對揚天子不(丕)顯休令(命)
5.2824 朕文考甲公、文母日庚弋休
5.2825 山敢對揚天子休令(命)
5.2827 頌敢對揚天子不(丕)顯魯休
5.2828 頌敢對揚天子不(丕)顯魯休
5.2829 頌敢對揚天子不(丕)顯魯休
5.2830 休伯大(太)師肩(肩)黹/𠭰敢對王休
5.2833 休獲厥君馭方
5.2835 休不𠯑/多友敢對揚公休
5.2836 多賜寶休/敢對揚天子不(丕)顯魯休
5.2837 盂用對王休
5.2838 曶受休〔命于〕王
5.2840 天降休命于朕邦
5.2841 毛公厝對揚天子皇休
6.3609 休乍(作)父丁寶段
7.3791 甚㜏君休于王
7.3822 休王賜效父呂(鋁)三
7.3823 休王賜效父呂(鋁)三
7.3864 用對揚公休令(命)
7.4042 易⺘曰:趞叔休于小臣貝三朋、臣三家/對厥休
7.4043 易⺘曰:趞叔休于小臣貝三朋、臣三家/對厥休
7.4046 對揚王休
7.4060 對揚王休
7.4061 用祈眉壽、魯休
7.4099 永揚公休
7.4116 休厥成事
7.4117 休厥成事
8.4121 王休賜厥臣父瓚(贊)王祼、貝百朋/對揚天子休
8.4122 對揚伯休
8.4132 叔(叔)對大(太)保休
8.4133 叔(叔)對大(太)保休
8.4134 競揚伯屖父休
8.4135 競揚伯屖父休
8.4136 相侯休于厥臣殳/殳揚侯休
8.4140 賜休余(集)土
8.4146 繁對揚公休
8.4159 𪓐(蜆)對揚公休
8.4162 對揚朕考賜休
8.4163 對揚朕考賜休
8.4164 對揚朕考賜休
8.4165 對揚王休
8.4166 敔對昜(揚)王休
8.4167 休朕匋(寶)君公伯/㝬弗敢朢(忘)公伯休/對揚伯休
8.4169 敢對揚王休
8.4178 君夫敢奸(奉)揚王休
8.4179 守敢對揚天子休令(命)
8.4180 守敢對揚天子休令(命)
8.4181 守敢對揚天子休令(命)
8.4184 敢𩰫(揚?)天尹不(丕)顯休/永寶茲休
8.4185 敢𩰫(揚?)天尹不(丕)顯休/永寶茲休
8.4186 敢𩰫(揚?)天尹不(丕)顯休/永寶茲休
8.4187 敢𩰫(揚?)天尹不(丕)顯休/永寶茲休
8.4191 穆公對王休
8.4192 𥠖(稀)對揚王休
8.4193 𥠖(稀)對揚王休
8.4194 吝對揚王休
8.4195 𦿅對揚天子休
8.4196 對揚王休
8.4197 㽙敢對揚王休
8.4199 敢對揚天子休
8.4200 敢對揚天子休
8.4201 揚公伯休
8.4205 楷伯于遘王休/對朕辟休/受天子休
8.4206 揚伯休
8.4207 敢對揚穆穆王休
8.4208 敢對揚王休
8.4209 衛敢對揚天子不(丕)顯休

8.4210 衛敢對揚天子不(丕)顯休
8.4211 衛敢對揚天子不(丕)顯休
8.4212 衛敢對揚天子不(丕)顯休
8.4214 敢對揚天子不(丕)杯(丕)休
8.4215 對揚王休命
8.4216 旋敢昜(揚)王休
8.4217 旋敢昜(揚)王休
8.4218 旋敢昜(揚)王休
8.4219 天子多賜追休
8.4220 天子多賜追休
8.4221 天子多賜追休
8.4222 天子多賜追休
8.4223 天子多賜追休
8.4224 天子多賜追休
8.4225 曰：敢對揚天子魯休令(命)
8.4226 曰：敢對揚天子魯休令(命)
8.4227 曰：敢對揚天子魯休令(命)
8.4228 曰：敢對揚天子魯休令(命)
8.4229 休又(有)成事
8.4230 休又(有)成事
8.4231 休又(有)成事
8.4232 休又(有)成事
8.4233 休又(有)成事
8.4234 休又(有)成事
8.4235 休又(有)成事
8.4236 休又(有)成事
8.4240 免對揚王休
8.4243 敢對揚天子休
8.4244 對揚王休
8.4246 疐揚天子不(丕)顯休
8.4247 疐揚天子不(丕)顯休
8.4248 疐揚天子不(丕)顯休
8.4249 疐揚天子不(丕)顯休
8.4250 即敢對揚天子不(丕)顯休
8.4251 敢對揚天子不(丕)顯休
8.4252 敢對揚天子不(丕)顯休
8.4253 敢對揚天子休
8.4254 敢對揚天子休
8.4255 對揚王休
8.4256 敢對揚天子不(丕)顯休
8.4258 對揚王休命
8.4259 對揚王休命
8.4260 對揚王休命
8.4261 每(敏)啟王休于尊皀(段)
8.4266 對揚王休
8.4267 申敢對揚天子休令(命)
8.4268 不(丕)敢顯天子對揚休
8.4269 伯屖父休于縣妃 / 縣妃奸(奉)揚伯屖父休 / 曰：休伯哭(哭)益恤縣伯室 / 孫孫子子毋敢望(忘)伯休
8.4270 對揚天子厥休
8.4271 對揚天子厥休
8.4272 對揚天子不(丕)顯休
8.4273 對揚天子不(丕)顯休
8.4274 敢對揚天子不(丕)顯魚(魯)休
8.4275 敢對揚天子不(丕)顯魯休
8.4276 敢對揚天子不(丕)顯休命
8.4277 日賜魯休 / 俞敢對揚天子不(丕)顯休
8.4279 敢對昜(揚)天子不(丕)顯魯休命
8.4280 敢對揚天子不(丕)顯魯休令(命)
8.4281 敢對揚天子不(丕)顯魯休(命)
8.4282 敢對揚天子不(丕)顯魯休令(命)
8.4283 敢對揚天子不(丕)顯休
8.4284 敢對揚天子不(丕)顯休
8.4285 敢對揚天子不(丕)顯休
8.4286 敢對揚王休令(命)
8.4287 對昜(揚)天子休
8.4288 對揚天子不(丕)顯休令(命)
8.4289 對揚天子不(丕)顯休命
8.4290 對揚天子不(丕)顯休命
8.4291 對揚天子不(丕)顯休命
8.4293 琱生(甥)奉揚朕宗君其休
8.4294 敢對揚天子不(丕)顯休
8.4295 敢對揚天子不(丕)顯休
8.4296 敢對揚天子休命
8.4297 敢對揚天子休命
8.4298 敢對揚天子不(丕)顯休
8.4299 敢對揚天子不(丕)顯休
8.4302 對(對)揚天子不(丕)顯休 / 其帥井(型)受茲休
8.4303 此敢對揚天子不(丕)顯休令(命)
8.4304 此敢對揚天子不(丕)顯休令(命)
8.4305 此敢對揚天子不(丕)顯休令(命)
8.4306 此敢對揚天子不(丕)顯休令(命)
8.4307 此敢對揚天子不(丕)顯休令(命)
8.4308 此敢對揚天子不(丕)顯休令(命)
8.4309 此敢對揚天子不(丕)顯休令(命)
8.4310 此敢對揚天子不(丕)顯休令(命)
8.4311 敢對揚皇君休
8.4312 敢對揚天子不(丕)顯休
8.4313 休既又(有)工(功)
8.4314 休既又(有)工(功)

8.4316 對揚天子不(丕)袮(丕)魯休
8.4318 敢對揚天子不(丕)顯魯休
8.4319 敢對揚天子不(丕)顯魯休
8.4320 宜侯夨揚王休
8.4321 對揚天子休令(命)
8.4322 休宕厥心
8.4323 敔敢對揚天子休
8.4324 敢對揚天子休
8.4325 對揚天子休
8.4326 番生(甥)敢對天子休
8.4327 敢對揚焚(榮)伯休
8.4328 女(汝)休弗以我車函(陷)于艱/不聑拜韻手(首)休
8.4329 女(汝)休弗以我車函(陷)于艱/不聑拜韻手(首)休
8.4330 不敢不緢休同/乃沈子妹(昧)克蔑見猒(厭)于公休
8.4331 天子休弗望(忘)小𧝓(裔)邦/歸夆敢對揚天子不(丕)袮(丕)魯休
8.4332 頌敢對揚天子不(丕)顯魯休
8.4333 頌敢對揚天子不(丕)顯魯休
8.4334 頌敢對揚天子不(丕)顯魯休
8.4335 頌敢對揚天子不(丕)顯魯休
8.4336 頌敢對揚天子不(丕)顯魯休
8.4337 頌敢對揚天子不(丕)顯魯休
8.4338 頌敢對揚天子不(丕)顯魯休
8.4339 頌敢對揚天子不(丕)顯魯休
8.4340 敢對揚天子不(丕)顯魯休
8.4342 敢對揚天子休
8.4343 敢對揚王不(丕)顯休
9.4397 仲大(太)師小子休
9.4462 敢對揚天子休
9.4463 敢對揚天子休
9.4464 永用多休
9.4465 敢對天子不(丕)顯魯休揚/克其日賜休無疆
9.4467 克敢對揚天子不(丕)顯魯休
9.4468 克敢對揚天子不(丕)顯魯休
9.4469 對揚天子不(丕)顯魯休
9.4626 對揚王休
10.5381 寓對揚王休
10.5384 耳休弗敢且(沮)
10.5390 伯宙(㢊)父曰:休父賜余馬/對揚父休
10.5398 同對揚王休
10.5399 盂對揚公休
10.5400 鄺揚公休
10.5402 趞對王休
10.5405 對揚公姞休
10.5407 揚王姜休
10.5408 敢對揚王休
10.5409 貉子對易(揚)王休
10.5411 對揚師雍父休
10.5418 對揚王休
10.5419 對揚伯休
10.5420 對揚伯休
10.5423 王曰:休/對揚天子不(丕)顯休
10.5424 敢對揚王休
10.5425 對揚伯休
10.5426 庚贏(嬴)對揚王休
10.5430 對揚公休
10.5431 揚尹休
10.5432 揚公休
10.5433 公賜厥涉(世)子效王休(好)貝卄朋/效對公休/效不敢不邁(萬)年夙夜奔走揚公休
11.5959 守宮揚王休
11.5974 對揚王休
11.5975 對公休
11.5981 欼(啜)休于𢀛季/揚季休
11.5988 斱寡(揚)仲休
11.5991 鄺揚公休
11.5992 趞對王休
11.5994 對揚公姞休
11.6001 用對揚王休
11.6002 揚王休
11.6005 休亡眍/敢對揚厥休
11.6006 對揚王休
11.6007 䢃侯休于耳/𠂤師耳對禓(揚)侯休/耳日哸(受)休
11.6008 對揚競父休
11.6009 公賜厥涉(世)子效王休(好)貝卄朋/效對公休/效不敢不邁(萬)年夙夜奔走揚公休
11.6011 盠曰:余其敢對揚天子之休
11.6013 敢對揚王休
11.6015 遲(揚)天子休/唯天子休于麥辟侯之年鑄
12.6514 中埶(藝)王休
12.6516 揚王休
13.7386 休
15.9303 揚王休
15.9453 對揚王休
15.9455 敢對揚天子不(丕)袮(丕)休
15.9607 休涅
15.9646 揚婀休
15.9702 對揚王休
15.9714 對王休
15.9721 對揚朕皇君休
15.9722 對揚朕皇君休
15.9723 對揚王休
15.9724 對揚王休
15.9726 敢對揚天子休
15.9727 敢對揚天子休
15.9728 敢對揚天子不(丕)顯魯休令(命)
15.9731 頌敢對揚天子不(丕)顯魯休
15.9732 頌敢對揚天子不(丕)顯魯休
15.9735 休又(有)成工(功)
16.9895 揚王休
16.9896 休多贏

16.9897 敢對揚天子不(丕)顯休
16.9898 敢對揚王休
16.9899 敢對揚王休
16.9900 敢對揚王休
16.10161 免蔑(蔑)靜女王休
16.10166 對王休
15.10169 吕服余敢對揚天[子]不(丕)顯休令(命)
16.10170 益公右(佑)走(趣)馬休/王乎乍(作)册尹册賜休: 玄衣黹屯(純)、赤芾、朱黄(衡)、戈琱戟、彤沙(蘇)、歐(厚)必(柲)、䜌(鑾)旂/休拜䭫首/敢對揚天子不(丕)顯休令(命)/休其萬年
16.10172 敢對揚天子不(丕)顯叚(遐)休令(命)
16.10174 休亡敗(愍)
16.10175 對揚天子不(丕)顯休令(命)
16.10322 對揚天子休命
16.10360 休王自穀事(使)賞畢土方五十里/𥃝(召)弗敢譹(忘)王休異(翼)
16.10583 休台馬醻皇母

4007 朽

4.2504 康侯在朽(柯)師(次)

4008 𣏟(鉌)

16.9873 母宰(寏、潔)𣏟(鉌)婦

4009 杞

4.2494 杞伯每刃乍(作)敄(邾)𡢁寶貞(鼎)/杞伯每刃乍(作)鼄(邾)𡢁寶貞(鼎)
4.2495 杞伯每刃乍(作)鼄(邾)𡢁寶貞(鼎)
5.2642 杞伯每刃乍(作)鼄(邾)𡢁寶貞(鼎)
5.2654 公侯賜亳杞土、麇土、粟禾、䶉禾
7.3897 杞伯每刃乍(作)鼄(邾)𡢁寶段
7.3898 杞伯每刃乍(作)鼄(邾)𡢁寶段
7.3899 杞伯每刃乍(作)鼄(邾)𡢁寶段
7.3900 杞伯每刃乍(作)𡢁寶段
7.3901 杞伯每刃乍(作)鼄(邾)𡢁寶段
7.3902 杞伯每刃乍(作)鼄(邾)𡢁寶段
9.4592 是叔虎父乍(作)杞孟辝(姒)餴(饙)簠
10.5097 亞䤋杞婦
15.9687 杞伯每刃乍(作)鼄(邾)𡢁寶壺
15.9688 杞伯每刃乍(作)鼄(邾)𡢁宔(寶)卣
16.10255 杞伯每刃鑄鼄(邾)𡢁用寶也(匜)
16.10334 杞伯每刃乍(作)鼄(邾)𡢁寶盈(盂)

4010 杆(杅)

3.1509 杆氏

4011 杙

7.4045 膺(應)侯乍(作)生杙姜尊段

4012 杉

9.4437 乘父士杉

4013 李

15.9495 李瘬

4014 杝(柁、椸)

6.3443 杝(椸)㚤(嫼)乍(作)寶段

4015 杕

5.2701 左官冶大夫杕命冶憙(憎)鑄貞(鼎)
15.9715 杕氏福及

4016 杜

3.698 杜伯乍(作)叔𡢁(祁)尊鬲
8.4262 厥從格伯反(按)彶佃(甸): 殷谷厥紉(絶)雩谷、杜木、邍谷、旅菜
8.4263 厥從格伯反(按)彶佃(甸): 殷谷厥紉(絶)雩谷、杜木、邍谷、旅菜
8.4264 厥從格伯反(按)彶佃(甸): 殷[谷]厥[紉]雩谷、杜木、邍谷、旅菜
8.4265 厥從格伯反(按)彶佃(甸): 殷[谷]厥紉(絶)雩谷、杜木、邍谷、旅菜
8.4316 王在杜空(应)
9.4448 杜伯乍(作)寶盨
9.4449 杜伯乍(作)寶盨
9.4450 杜伯乍(作)寶盨
9.4451 杜伯乍(作)寶盨
9.4452 杜伯乍(作)寶盨
9.4684 𢍏公乍(作)杜𡢁(祁)鐏(奠)鋪(簠)
18.11685 得工嗇夫杜相女(如)、左得工工師韓段、冶肴(尹)朝敎(撻)齋(劑)
18.12109 左在杜

4017 余(集)

8.4140 賜休余(集)土

4018 宋(不、櫳)

12.7054 目宋(不)
14.8634 宋(不)父辛

4019 𣏟

7.3752 𣏟侯曰: 爲季姬段
16.10441 𣏟(藏)𢉩

(鑢)啬夫郜信靭(勒)斡(看)器

16.10442 牀(藏)麀(鑢)啬夫郜信靭(勒)斡(看)器

16.10443 牀(藏)麀(鑢)啬夫郜信靭(勒)斡(看)器

16.10473 牀(藏)麀(鑢)啬夫郐(枱)試靭(勒)之

16.10474 牀(藏)麀(鑢)啬夫郐(枱)試靭(勒)之

16.10475 牀(藏)麀(鑢)啬夫郐(枱)試靭(勒)之

4020 采

5.2785 乍(作)乃采

5.2839 □□大采

10.5402 賜趞(遣)采曰趚

11.5992 賜趞(遣)采曰趚

18.11702 守相杢(執、廉)波(頗)、邦左庫工師采隅、冶句敎(撻)齋(劑)

18.12093 采者旃節

4021 枋

15.9734 枋(方)譻(數)百里

4022 枏(楠)

3.746 師湯父有嗣仲枏父乍(作)寶鬲

3.747 師湯父有嗣仲枏父乍(作)寶鬲

3.748 師湯父有嗣仲枏父乍(作)寶鬲

3.749 師湯父有嗣仲枏父乍(作)寶鬲

3.750 師湯父有嗣仲枏父乍(作)寶鬲

3.751 師湯父有嗣仲枏父乍(作)寶鬲

3.752 師湯父有嗣仲枏父乍(作)寶鬲

3.942 仲枏父乍(作)旅獻(甗)

3.979 仲枏父乍(作)匕(朼)

8.4154 師湯父有嗣仲枏父乍(作)寶毁

8.4155 師湯父有嗣仲枏父乍(作)寶毁

4023 林

16.10426 林單睘

4024 松

18.12113 就松(樅)昜(陽)

4025 枀

12.7156 枀父癸

4026 析

4.1550 析父乙

8.4262 則析

8.4263 則析

8.4264 則析

8.4265 則析

10.4936 析父丙

10.5310 析家乍(作)父戊寶尊彝

13.7742 析

18.11710 相邦春平侯、左伐器脟工師析論、冶巠敎(撻)齋(劑)

18.11871 析

4027 枘(藝)

12.6505 何乍(作)枘(藝、禰)日辛尊彝

13.8199 宀枘(埶、藝)

4028 果

6.3474 果乍(作)放(昉)旅毁

17.11145 蔡公子果之用

17.11146 蔡公子果之用

17.11147 蔡公子果之用

4029 枼

1.144 萬枼(世)亡疆

1.157 永枼(世)毋忘

1.158 永枼(世)毋忘

1.159 永枼(世)毋忘

1.160 永枼(世)毋忘

1.161 永枼(世)毋忘

1.171 萬枼(世)之後

1.182 萬枼(世)鼓之

1.261 枼(世)萬孫子

1.271 侯氏從造(告)之曰:枼(世)萬至於辝(台)孫子

1.272-8 至于枼(世)曰:武靈(靈)成

1.285 至于枼(世)曰:武靈(靈)成

2.425 枼(世)萬子孫

2.428 萬枼(世)之外

9.4644 永枼(世)毋出

4030 某

7.4041 周公某(謀)

8.4285 女(汝)某(謀)不又(有)聞(昏)

4031 柠(楮)

6.3512 柠(楮)乍(作)父丁尊彝

4032 柜(椇)

4.2460 柜(椇)伯肆(津)乍(作)鳥寶鼎

4033 柞、筡

1.133 仲大(太)師右(佑)柞/柞賜載、朱黄(衡)、綜(鑾)/柞拜手對揚仲大(太)師休

1.134 仲大(太)師右(佑)柞/柞賜載、朱黄(衡)、綜(鑾)/柞拜手對揚仲大(太)師休

1.135 仲大(太)師右(佑)柞/柞賜載、朱黄(衡)、綜(鑾)/柞拜手對揚仲大(太)師休

1.136 仲大(太)師右(佑)柞/柞賜載、朱黄(衡)、綜(鑾)/柞拜手對揚仲大(太)師休

1.137-9 仲大(太)師右(佑)柞/柞賜載、朱

黄(衡)、縊(鑾)/柞拜手對揚仲大(太)師休

7.3908 量侯魁(豺)柞(作)寶尊段

7.3993 翏乍(作)北子柞段

7.3994 翏乍(作)北柞段

16.10228 唯登(鄧)柞(作)生(甥)吉疇(酬)登(鄧)公金

4034 柳

5.2805 武公有(佑)南宮柳/王乎乍(作)册尹册命柳:嗣六師牧、陽(埸)大吝(友)/柳拜韻首

16.10176 至于邊柳

4035 柀

8.4146 賓(儐)柀廿、貝十朋

4036 桤(榿、舥)

18.11910 桤(舥)湩都大嗣馬

4037 枚

17.11402 枚里瘟之敀戈

4038 柔

4.2026 阜女(母)乍(作)山柔

12.6926 羌柔

16.10143 唯般仲柔乍(作)其盤

4039 亲

7.3946 中伯乍(作)亲(辛)姬縊人寶段

7.3947 中伯乍(作)亲(辛)姬縊人寶段

8.4195 唯六月既生霸亲(辛)巳

15.9667 中伯乍(作)亲(辛)姬縊(孌)人朕(媵)壺

15.9668 中伯乍(作)亲(辛)姬縊(孌)人朕(媵)壺

17.11210 羊角之亲(新)皓(造)散戈

17.11345 亲(新)城大命(令)韓定、工師宋費、冶褚

4040 栖(栝)

17.11118 宮氏伯子元栖(栝)

17.11119 宮氏伯子元栖(栝)

4041 栟、柝

10.5426 又丹一栟(柝、管)

16.10176 奉(封)剳栟、隮陵、剛栟/登栟

4042 桓

16.10478 丌(其)莗桓(棺)中桓(棺)眂(視)忞(寧)后/莗桓(棺)中桓(棺)眂(視)忞(寧)后

4043 桐

9.4459 伐桐、遹(僑)

9.4460 伐桐、遹(僑)

9.4461 伐桐、遹(僑)

16.10320 郐(徐)王季糧之孫宜桐

4044 栀、茩

16.10416 辛栀(茩)睘

16.10417 辛栀(茩)睘

16.10418 辛栀(茩)睘

16.10419 辛栀(茩)睘

4045 桖

1.106 厥格(名)曰身桖(恤)

4046 格

1.106 厥格(名)曰身桖(恤)

4047 柚

11.5827 柚乍(作)父丁旅彝

16.10556 柚乍(作)父丁旅彝

4048 栺

5.2735 不栺賜貝十朋/不栺拜韻首

5.2736 不栺賜貝十朋/不栺拜韻首

4049 梼

5.2838 □□木梼

4050 格

7.3952 格伯乍(作)晉姬寶段

8.4262 格伯爰良馬乘于倗生(甥)/格伯遻殹妊彶佤/厥從格伯反(按)彶佃(甸):殷谷厥紉(絶)雩谷、杜木、邍谷、旅菜/用典格伯田

8.4263 格伯爰良馬乘于倗生(甥)/格伯遻殹妊彶佤/厥從格伯反(按)彶佃(甸):殷谷厥紉(絶)雩谷、杜木、邍谷、旅菜/用典格伯田

8.4264 格伯爰良馬乘于倗生(甥)/格伯遻殹妊彶佤/厥從格伯反(按)彶佃(甸):殷〔谷〕厥〔紉〕雩谷、杜木、邍谷、旅菜/用典格伯田

8.4265 格伯爰良馬乘于倗生(甥)/格伯遻殹妊彶佤/厥從格伯反(按)彶佃(甸):殷〔谷〕厥紉(絶)雩谷、杜木、邍谷、旅菜/用典格伯田

17.11327 格氏命(令)韓貴、工師亘公、冶𝜒

18.11499 格氏冶對

4051 栒

18.11430 栒

4052 沙、梁

1.187-8 梁其曰:不(丕)顯皇祖考/梁其

肇帥井(型)皇祖考/天子肩(肩)事梁其/用天子寵蔑梁其曆/梁其敢對天子不(丕)顯休揚/用璵光梁其身/梁其其萬年無疆

1.189-90 梁其曰：不(丕)顯皇祖考/梁其肇帥井(型)皇祖考/天子肩(肩)事梁其/用天子寵蔑梁其曆/梁其敢對天子不(丕)顯休揚/用璵光梁其身/梁其其萬年無疆

1.191 天子肩(肩)事梁其/用天子寵蔑梁其曆/梁其敢對天子不(丕)顯休揚/梁其

1.192 梁其肇帥井(型)皇祖考

3.947 用饗(飽、饎)稻梁(粱)

4.2451 梁上官

5.2590 梁陰命(令)率上官冢子疾、冶勳鑄

5.2609 梁廿又七年/大梁司寇肖(趙)亡智鑄

5.2610 梁廿又七年/大梁司寇肖(趙)亡智鑄

5.2746 梁十九年

5.2768 梁其乍(作)尊鼎

5.2769 梁其乍(作)尊鼎

5.2770 梁其乍(作)尊鼎

7.3793 伯梁父乍(作)嫭(龏)姑尊毁

7.3794 伯梁父乍(作)嫭(龏)姑尊毁

7.3795 伯梁父乍(作)嫭(龏)姑尊毁

7.3796 伯梁父乍(作)嫭(龏)姑尊毁

8.4147 善(膳)夫梁其乍(作)朕皇考惠仲、皇母惠妣尊毁

8.4148 善(膳)夫梁其乍(作)朕皇考惠仲、皇母惠妣尊毁

8.4149 善(膳)夫梁其乍(作)朕皇考惠仲、皇母惠妣尊毁

8.4150 善(膳)夫梁其乍(作)朕皇考惠仲、皇母惠妣尊毁

8.4151 善(膳)夫梁其乍(作)朕皇考惠仲、皇母惠妣尊毁

9.4446 伯梁其乍(作)旅須(盨)

9.4447 伯梁其乍(作)旅須(盨)

9.4579 用盛旞(稻)梁(粱)

9.4615 用成(盛)旞(稻)梁(粱)

15.9716 梁其乍(作)尊壺

15.9717 梁其乍(作)尊壺

15.9733 𠂤于梁

17.11330 大梁左庫工師丑、冶刊(刃)

17.11346 梁伯乍(作)宮行元用

4053 條

1.223-4 鳴陽(揚)條(調)虡(暢)

4054 梠

16.10137 用征梠(莒)

16.10374 子禾(和)子□□內者御梠(莒)市

16.10459 左梠胐(?)大攻(工)看(尹)月鑄

4055 根

16.10176 自根木道

4056 棯

10.5413 王在棯

4057 榍、相

4.1967 榍(相)乍(作)寶罍

4058 梯

5.2831 舍(捨)盠冒梯、羝皮二、選皮二、業舄通(甬)皮二

4059 補

1.272-8 伊少(小)臣唯補(輔)

1.285 伊少(小)臣唯補(輔)

4060 栖

18.12110 就鄗(陽)丘、就邡(方)城、就畬(象)禾、就橊(柳)焚(棼)、就繁昜(陽)、就高丘、就下鄵(蔡)、就居鄛(巢)、就郢

18.12111 就昜(陽)丘、就邡(方)城、就畬(象)禾、就橊(柳)焚(棼)、就繁昜(陽)、就高丘、就下鄵(蔡)、就居鄛(巢)、就郢

18.12112 就昜(陽)丘、就邡(方)城、就畬(象)禾、就橊(柳)焚(棼)、就繁昜(陽)、就高丘、就下鄵(蔡)、就居鄛(巢)、就郢

4061 桿

16.10374 關人築桿戚釜(釜)

4062 柾

10.5147 亞虎柾父乙

4063 桴

5.2840 奮桴晨(振)鐸

18.11670 大攻(工)看(尹)公孫桴

18.11701 大攻(工)看(尹)公孫桴

18.11702 大攻(工)看(尹)公孫桴

4064 榮

17.11127 陳胎之右榮銊(戈)

4065 棫

16.10176 降棫

4066 植

16.10407 宜植(直)則

直

4067 梫(櫆、槼)

9.4629 台(以)享台(以)養(孝)于大宗、皇槼(槼、祖)、皇妣、皇丂(考)、皇母

9.4630 台(以)享台(以)養(孝)于大宗、皇槼(槼、祖)、皇妣、皇丂(考)、皇母

4068 梳

6.3671 旟嗣土(徒)梳乍(作)寶尊段

7.4073 伯梳乍(作)厥宮室寶段

7.4091 伯梳虘肇乍(作)皇考剌公尊段

7.4092 伯梳虘肇乍(作)皇考剌公尊段

7.4093 伯梳虘肇乍(作)皇考剌公尊段

7.4094 伯梳虘肇乍(作)皇考剌公尊段

12.7146 梳父辛

14.8637 梳父辛

14.9105 宰梳从

4069 桒(槼)

3.1412 亞桒(槼)

12.6412 亞桒(槼)父辛

12.6974 亞桒(槼)

14.8635 父辛桒(槼)

14.8844 亞桒(槼)祖己

17.10837 亞桒(槼)

4070 楷

3.542 楷叔知(矧)父乍(作)鼎

4.2045 楷仲乍(作)旅彝

4.2179 吹乍(作)楷妊尊彝

5.2729 楷仲賞厥嫊奚逐毛兩、馬匹

6.3363 楷仲乍(作)旅

7.3915 周爨生(甥)乍(作)楷娟(妘)媵(媵)段

8.4139 楷侯乍(作)姜氏寶𧊒彝/用乍(作)文母楷妊寶段

8.4205 楷伯于遘王休/楷伯令厥臣獻金車

9.4429 師趛乍(作)楷姬旅盨

12.6486 叔僔(塼)乍(作)楷公寶彝

15.9553 楷侯乍(作)旅彝

16.10120 周爨(娶)生(甥)乍(作)楷娟(妘)朕(媵)般(盤)

4071 楊

5.2835 𨘢(越)追至于楊冢(塚)

4072 楳(梅)

6.3644 史楳䚕(晛)

4073 楿

8.4167 賜厥臣弟豦井五楿

16.10478 丌(其)楿(題)起(凑)堠(長)三乇(尺)/丌(其)楿(題)起(凑)堠(長)三乇(尺)

4074 榦

15.9734 唯邦之榦(幹)

4075 木、木、末(幹)

3.609 唯黃末(幹)𣐺用吉金乍(作)鬲

3.610 唯黃末(幹)𣐺用吉金乍(作)鬲

5.2578 敢曰:□□仲自乍(作)末(幹)鼎

18.11548 寺工末(幹)、攻(工)丞敬造

4076 樹

11.6316 樹父辛

4077 槼(櫂)

16.10176 散人小子眉(堳)田:戎、微父、效槼(櫂)父、襄之有嗣橐、州𩫖(就)、㸒從嵩(鬲)

4078 樬(柏)

15.9586 樬(柏)侯乍(作)旅壺

15.9587 樬(柏)侯乍(作)旅壺

4079 槅(槨)

17.11398 莫(鄭)倫(令)槅(槨、郭)涵、司寇肖(趙)它、往庫工師皮耴、冶君(尹)啟

18.11552 莫(鄭)倫(令)槅(槨、郭)涵、司寇芋慶、往庫工師皮耴、冶君(尹)貞斅(造)

18.11555 莫(鄭)倫(令)槅(槨、郭)涵、司寇肖(趙)它、往庫工師皮耴、冶君(尹)皷(坡)

18.11559 莫(鄭)倫(令)槅(槨、郭)涵、司寇芋慶、左庫工師邙沂、冶君(尹)弜(彊)斅(造)

18.11560 莫(鄭)命(令)槅(槨、郭)涵、司寇肖(趙)它、往庫工師皮耴、冶君(尹)皷(坡)斅(造)

18.11563 莫(鄭)倫(令)槅(槨、郭)涵、司寇芋慶、往庫工師皮耴、冶君(尹)皷(坡)斅(造)戟束(刺)

18.11661 隰倫(令)槅(槨、郭)唐、下庫工師孫屯、冶沽教(撻)齋(劑)

18.11693 莫(鄭)命(令)槅(槨、郭)涵、司寇肖(趙)它、往庫工師皮耴、冶君(尹)啟斅(造)

4080 槀、槖(楝)

13.7728 槖(楝)

4081 槒、楮

16.10176 奉(封)于敝城、楮木

4082 虢

4.2314 虢册
6.3687 虢册
15.9421 虢册
15.9422 虢册
15.9566 虢册

4083 樛

17.11361 相邦樛斿之造

4084 樂

1.51 用樂嘉賓、父兄、大夫、倗友
1.73-4 以樂君子
1.76-7 以樂君子
1.78-9 以樂君子
1.80-1 以樂君子
1.102 用樂我嘉賓
1.114 用樂父蜺(兄)、者(諸)士
1.115 用樂父蜺(兄)、者(諸)士
1.116 用樂父蜺(兄)、者(諸)士
1.117 用樂父蜺(兄)、者(諸)士
1.118-9 用樂天(父)兄、〔諸〕之(士)
1.123 㫃牄(逸)康樂
1.125-8 㫃牄(逸)康樂
1.129-31 㫃牄(逸)康樂
1.142 用樂嘉賓
1.143 用樂好賓
1.144 台(以)樂可康
1.150 台(以)樂其身
1.151 台(以)樂其身
1.152 台(以)樂其身
1.153 用樂嘉賓、大夫
1.154 用樂嘉賓、大夫
1.171 台(以)樂賓客
1.173 台(以)樂其大酉(酋)
1.182 以樂嘉賓、倗友、者(諸)臤(賢)
1.183 樂我父兄
1.184 樂我父兄
1.186 樂我父兄
1.225 樂我先祖
1.226 樂我先祖
1.227 樂我先祖
1.228 樂我先祖
1.229 樂我先祖
1.230 樂我先祖
1.231 樂我先祖
1.232 樂我先祖
1.233 樂我先祖
1.234 樂我先祖
1.235 樂我先祖
1.236 樂我先祖
1.237 樂我先祖
1.245 台(以)樂大夫
1.246 用卲各、喜侃樂前文人
1.247 用追孝、盩(敦)祀、卲各樂大神
1.248 用追孝、盩(敦)祀、卲各樂大神
1.249 用追孝、盩(敦)祀、卲各樂大神
1.250 用追孝、盩(敦)祀、卲各樂大神
2.356 用喜(饎)樂文神、人/其子子孫孫永日鼓樂茲鐘
2.357 用喜(饎)樂文神、人/其子子孫孫日鼓樂茲鐘
2.424 以樂賓客
2.426 台(以)樂我者(諸)父
2.427 台(以)樂我者(諸)父
4.1969 樂乍(作)旅鼎
4.1970 樂乍(作)旅鼎
4.2105 上樂床(廚)
4.2419 樂乍(作)寶鼎
7.4120 率樂𠧟子員父
9.4618 樂子嚷豧擇其吉金
12.6920 樂文
15.9606 樂
15.9719 康樂我家
15.9720 康樂我家
15.9729 用從(縱)爾大樂
15.9730 用從(縱)爾大樂
16.9981 樂大嗣徒子𠂆之子引
16.10216 召樂父乍(作)婦妃寶也(匜)
17.11338 𢓊(敗)命(令)樂疚(痏)
18.11669 彼倫(令)肖(趙)世、上庫工師樂星、冶朗(影)敎(撻)齋(劑)

4085 𣏼

3.1499 𣏼徒

4086 棋(棋)

9.4618 萬年無棋(諆期)
9.4625 萬年無棋(諆、期)

4087 槃

18.11582 繁槃(陽)之金

4088 橛

18.11663 虡公自擇橛(厥)吉金

4089 𣓀(鞞、棹)

16.10176 奉(封)于𣓀(棹)東疆

4090 檢

18.11523 郾(燕)王喜怒(悛、授)檢□

4091 檐

18.12097 一檐(擔)飤之
18.12098 一檐(擔)飤之
18.12099 一檐(擔)飤之
18.12100 一檐(擔)飤之
18.12101 一檐(擔)飤之
18.12102 一檐(擔)飤之
18.12110 女(如)檐(擔)徒/屯廿檐(擔)台(以)堂(當)一車
18.12111 女(如)檐(擔)徒/屯廿檐(擔)台(以)堂(當)一車
18.12112 女(如)檐

（擔）徒 / 屯廿㯿（擔）台（以）堂（當）一車

4092 櫅

1.246 櫅（齊）角（祿）龔（熾）光

16.10175 櫅（齊）角（祿）龔（熾）光

4093 櫓

15.9633 陳（陳）侯乍（作）嬀櫓朕（媵）壺

15.9634 陳（陳）侯乍（作）嬀櫓朕（媵）壺

4094 櫋（榜）

8.4323 長櫋（榜）䢦（載）首百

4095 櫟

17.11361 櫟陽工上造間

18.11502 櫟陽

4096 櫗（林）

8.4192 王事（使）焚（榮）櫗（蔑）曆（曆）

10.5405 次櫗（蔑）曆

11.5994 次櫗（蔑）曆

11.6008 爰櫗（蔑）曆

4097 欃

1.86 鼄（邾）大（太）宰欃子敔（掠）

9.4623 鼄（邾）大（太）宰欃子䎽（耕）鑄其簠

9.4624 鼄（邾）大（太）宰欃子䎽（耕）鑄其簠

4098 樫、栩

3.1135 栩

16.9839 栩

16.10490 栩

17.10846 栩

4099 朷

6.3202 朷父辛

4100 田、柙（匣）

6.3632 寧遹乍（作）柙（甲）㛗尊毁

7.3751 秭（稺）乍（作）父柙（甲）寶毁

8.4253 唯五月初吉柙（甲）戌

8.4254 唯五月初吉柙（甲）戌

15.9431 柙乍（作）寶尊彝

4101 椑（槵）

12.7052 禾椑（槵）

12.7151 椑（槵）父辛

4102 櫨

5.2704 師櫨䣛（舔）兄（貺）

4103 櫾（槫）

18.12110 毌舍（捨）櫾（饌）飤

18.12111 毌舍（捨）櫾（饌）飤

18.12112 毌舍（捨）櫾（饌）飤

18.12113 毌舍（捨）櫾（饌）飤

4104 朩朩（秩）

3.609 唯黃朩（幹）朩朩用吉金乍（作）鬲

3.610 唯黃朩（幹）朩朩用吉金乍（作）鬲

4105 棗

5.2693 棗（槁）朝爲享陵鑄

4106 柫

14.8346 祖辛柫

14.8347 祖辛柫

4107 林

3.613 林䄍乍（作）父辛寶尊彝

3.754 穆公乍（作）尹姞宗室于繇林 / 各于尹姞宗室繇林

3.755 穆公乍（作）尹姞宗室于繇林 / 各于尹姞宗室繇林

5.2621 唯㴱伯㲋（恪）朩林乍（作）貞（鼎）

5.2831 廼舍（捨）裘衛林㝅里 / 虘厥唯顏林 / 履付裘衛林㝅里

6.3571 姜林母乍（作）䨷（錯）毁

7.4018 卓林父乍（作）寶毁

8.4270 嗣易（場）、林、吳（虞）、牧

8.4271 嗣易（場）、林、吳（虞）、牧

8.4322 䢅率有嗣、師氏奔追鄧（攔）戎于䣙（域）林

10.5013 林亞俞

15.9734 其逾（會）女（如）林

4108 桂（柮）

11.6011 桂（柮）皇盠身

4109 棽（蓋）

7.4041 王伐棽（蓋）侯

10.5383 王征棽（蓋）

11.5977 王征棽（蓋）

16.10117 齊侯乍（作）棽（蓋）姬寶般（盤）

16.10242 齊侯乍（作）棽（蓋）姬寶也（匜）

4110 楙（茂）

1.247 皇王對㾓身楙（懋）

1.248 皇王對㾓身楙（懋）

1.249 皇王對㾓身楙（懋）

1.250 皇王對㾓身楙（懋）

8.4170 王對㾓楙（懋）

8.4171 王對㾓楙（懋）

8.4172 王對㾓楙（懋）

8.4173 王對㾓楙（懋）

8.4174 王對㾓楙（懋）

8.4175 王對㾓楙（懋）

8.4176 王對㾓楙（懋）

8.4177 王對㾓楙（懋）

15.9631 奠（鄭）楙叔賓父乍（作）醴壺

4111 楚

1.16 益公爲楚氏龢鐘

1.38 晉人救戎於楚競(境)
1.42 楚公豖自鑄鍚(錫)鐘
1.43 楚公豖自乍(作)寶大歞(林)鐘
1.44 楚公豖自乍(作)寶大歞(林)鐘
1.45 楚公豖自乍(作)寶大歞(林)鐘
1.53 楚王領(頵)自乍(作)鈴鐘
1.72 楚王賸(媵)邛(江)仲嬭(羋)南龢鐘
1.83 楚王酓(熊)章乍(作)曾侯乙宗彝
1.85 楚王酓(熊)章乍(作)曾侯乙宗彝
1.106 楚公逆自乍(作)夜雷鎛
1.157 䜌敓(奪)楚京
1.158 䜌敓(奪)楚京
1.159 䜌敓(奪)楚京
1.160 䜌敓(奪)楚京
1.161 䜌敓(奪)楚京
1.183 余義楚之良臣
1.210 差(佐)右(佑)楚王
1.211 差(佐)右(佑)楚王
1.217 差(佐)右(佑)楚王
1.218 差(佐)右(佑)楚王
1.219 差(佐)右(佑)楚王
1.220 差(佐)右(佑)楚王
1.221 差(佐)右(佑)楚王
1.222 差(佐)右(佑)楚王
2.287 妥(蕤)賓之在楚也爲坪皇
2.290 嬴(嬴)嗣(亂)之在楚爲新鐘 / 穆音之在楚爲穆鐘
2.291 柬音之在楚也爲文王 / 鄜(應)音之在楚爲獸鐘
2.292 妥(蕤)賓之在楚也爲坪皇
2.293 割(姑)𢎛(洗)之在楚也爲呂鐘
2.319 嬴(嬴)嗣(亂)之在楚爲新鐘 / 穆音之在楚爲穆鐘
2.321 割(姑)𢎛(洗)之在楚爲呂鐘
2.322 嬴(嬴)嗣(亂)之在楚也爲新鐘 / 穆音之在楚也爲穆鐘
2.323 其在楚也爲文王
2.325 割(姑)𢎛(洗)之在楚也爲呂鐘
2.326 柬音之在楚也爲文王
2.327 妥(蕤)賓之在楚也爲坪皇
2.328 割(姑)𢎛(洗)之在楚也爲呂鐘
4.2231 楚子趌之飤𦉜
4.2357 楚叔之孫倗之飤鼾
4.2479 楚王酓(熊)肯乍(作)鑄匜貞(鼎)
4.2501 ☒女楚☒女玄☒旅☒天☒彝
5.2623 楚王酓(熊)肯乍(作)鑄鐈貞(鼎)
5.2775 王迖于楚麓 / 令小臣夌先省楚应
5.2794 楚王酓(熊)忎(悍)戰獲兵銅 / 楚王酓(熊)忎(悍)戰獲兵銅 / 三楚
5.2795 楚王酓(熊)忎(悍)戰獲兵銅 / 楚王酓(熊)忎(悍)戰獲兵銅
5.2841 埶(藝)小大楚(胥)賦
6.3448 季楚乍(作)寶㲃
7.3950 鳿(唯)叔從王、員征楚荆
7.3951 鳿(唯)叔從王、員征楚荆
7.3976 伐楚荆
7.4100 𠂤伯令生史事(使)于楚
7.4101 𠂤伯令生史事(使)于楚
8.4246 仲倗父內(入)又(佑)楚 / 內史尹氏册命楚：赤⊖芾、䜌(鑾)旂 / 楚敢拜手䭫首
8.4247 仲倗父內(入)又(佑)楚 / 內史尹氏册命楚：赤⊖芾、䜌(鑾)旂 / 楚敢拜手䭫首
8.4248 仲倗父內(入)又(佑)楚 / 內史尹氏册命楚：赤⊖芾、䜌(鑾)旂 / 楚敢拜手䭫首
8.4249 仲倗父內(入)又(佑)楚 / 內史尹氏册命楚：赤⊖芾、䜌(鑾)旂 / 楚敢拜手䭫首
8.4253 用楚(胥)弭伯
8.4254 用楚(胥)弭伯
8.4255 賜女(汝)戠(織)衣、赤⊖芾、䜌(鑾)旂、楚走馬
8.4300 唯王于伐楚
8.4301 唯王于伐楚
9.4549 楚王酓(熊)肯钕(作)鑄金簠
9.4550 楚王酓(熊)肯钕(作)鑄金簠
9.4551 楚王酓(熊)肯钕(作)鑄金簠
9.4575 楚子暖鑄其飤簠
9.4576 楚子暖鑄其飤簠
9.4577 楚子暖鑄其飤簠
9.4612 楚屈子赤目朕(媵)仲嬭(羋)璜飤簠
9.4637 楚子𢓜(迦)鄴之飤
12.6462 義楚之祭耑(觶)
12.6513 郐(徐)王義楚擇余吉金
15.9426 楚叔之孫途爲之盉
15.9436 用萬年用楚(胥)保眔叔堯(无)
16.9989 楚高
16.9990 楚高

16.10099 郐(徐)王義楚擇其吉金

16.10100 楚王酓(熊)肯攸(作)爲盥盤

16.10106 用萬年用楚(胥)保眔叔堯

16.10125 楚季𦱤(苟)乍(作)嬶(羋)尊媵(媵)盥般(盤)

16.10137 中子化用保楚王

16.10148 楚嬴鑄其寶盤

16.10158 楚王酓(熊)志(悍)戰獲兵銅

16.10175 廣敝楚荆

16.10273 楚嬴(嬴)鑄其匜

16.10342 宗婦楚邦

16.10400 楚王

17.11064 楚公冡秉戈

17.11092 敚乍(作)楚王戎(戟)

17.11152 楚王孫漁(子魚)之用

17.11153 楚王孫漁(子魚)之用

17.11198 楚屈叔佗之元用

17.11381 楚王酓(熊)璋嚴龏(恭)寅乍(作)𨊻(軫)戈

17.11393 楚王之元右(佑)王鐘 / 楚屈叔佗屈□之孫

18.11659 楚王酓(熊)章爲從□士鑄用〔劍〕

18.11668 郐(徐)王義楚之元子羽

18.12022 楚高

4112　𣡕(柤、樝)

9.4466 其邑競、𣡕(樝)、甲三邑

4113　埜(棠)

16.10155 埜(棠)湯叔伯氏荏鑄其尊

4114　𣘻(森)

17.11400 王𣘻(森)人

4115　鍌

16.10453 鍌昌我左攻(工)戠(18.11902)

18.11902 鍌昌我左攻(工)戠(16.10453)

4116　𣝔(柧)

3.584 王乍(作)䫓王姬𣝔䰜彝

3.585 王乍(作)䫓王姬𣝔䰜彝

4117　麓

5.2775 王迖于楚麓

4118　薿、𧅊(檥、槩)

4.1965 薿乍(作)寶鼎

4119　𣞡

15.9536 𣞡乍(作)寶壺

4120　林

4.2087 㦘𢜽(蔡)子林之貞(鼎)

4121　㪔(撒)

5.2697 㪔伯車父乍(作)郱姑尊鼎

5.2698 㪔伯車父乍(作)郱姑尊鼎

5.2699 㪔伯車父乍(作)郱姑尊鼎

5.2700 㪔伯車父乍(作)郱姑尊鼎

7.3881 㪔車父乍(作)郌(鄭)姑𡠧(𨩽、饙)𣪘

7.3882 㪔車父乍(作)郌(鄭)姑𨩽(饙)𣪘

7.3883 㪔車父乍(作)郌(鄭)姑𨩽(饙)𣪘

7.3884 㪔車父乍(作)郌(鄭)姑𨩽(饙)𣪘

7.3885 㪔車父乍(作)郌(鄭)姑𨩽(饙)𣪘

7.3886 㪔車父乍(作)郌(鄭)姑𨩽(饙)𣪘

8.4126 㪔季肇乍(作)朕王母叔姜寶𣪘 / 㪔季其萬年

15.9669 㪔(散)氏車父乍(作)醓姜尊壺

15.9697 㪔(散)車父乍(作)皇母醓姜寶壺

4122　竹

4.2033 亞𠷎孤竹迺

4.2362 竹宔知光徽

6.3038 竹冬

6.3137 竹祖丁

6.3431 𠭯册竹父丁

6.3432 𠭯册竹父丁

10.4852 竹旅

10.5006 𠭯册竹

10.5158 𠭯册竹父丁

10.5271 亞𠷎(𣪕)宔㱙(孤)竹丁父

12.6444 𠭯册竹父丁

12.6741 竹

12.6932 聑竹

12.7293 𤓯(孤)竹

13.8205 聑竹

13.8206 聑竹

13.8269 耳竹

13.8270 丿竹

13.8271 竹司

14.8755 婦竹

14.8848 𠭯册竹祖癸

15.9546 𠭯册竹父丁

15.9734 竹(畜)冑亡疆

15.9793 孤竹亞𠷎

15.9810 父丁孤竹亞微

16.9878 竹宔(鑄)父戊

16.9879 竹宔(鑄)父戊

16.10178 册宁竹

16.10433 豐王竹睘

18.12091 騎傳(遵)竹㡀(㑴)

4123　个(个、箇)

13.8293 个(个、箇)祖

4124　𥫩

3.1473 𥫩佚

4125　𥫳

15.9580 鑄大𡿭之𥫳一壺

16.10370 郢大府之□𥫳(筲)

4126　𥫶(笏)

18.11851 矢𥫶(笏)

4127 笄(簡)

15.9735 載之笄(簡)箣(策)

4128 笭

8.4321 先虎臣後庸：西門尸(夷)、秦尸(夷)、京尸(夷)、㲋尸(夷)、師笭、側新(薪)、□華尸(夷)、弁豸尸(夷)、㕯人、成周走亞、戍、秦人、降人、服尸(夷)

12.6487 征乍(作)笭公寶尊彝

4129 笙

17.11393 ▲笙于缶

4130 符

18.12108 甲兵之符/用兵五十人以上——會王符/雖毋會符

18.12109 兵甲之符/必會君符/雖毋會符

4131 笹(箕)

7.3991 用笹(世)享孝

7.3992 用笹(世)享孝

4132 僉(答、會)

2.429 余以僉(會)同生(姓)九礼

16.10342 以僉(答)〔揚〕皇卿

4133 筍、笱

3.730 奠(鄭)伯筍父乍(作)叔姬尊鬲

3.925 濩刃筍父乍(作)寶獻(甗)

4.2513 伯筍父乍(作)寶鼎

4.2514 伯筍父乍(作)寶鼎

5.2835 戎伐筍(郇)/衣(卒)復筍(郇)人孚

9.4350 伯筍父乍(作)旅盨

9.4422 筍伯大父乍(作)嬴妃鑄匋(寶)盨

16.10096 筍侯乍(作)叔姬賸(媵)般(盤)

16.10232 筍侯□乍(作)寶盉

4134 箭

9.4681 微伯癲乍(作)箭

4135 筆

4.1951 筆乍(作)寶鼎

4.1952 筆乍(作)寶鼎

4136 筡

4.2306 筡

4137 答、箬

3.508 幵(笄)箬乍(作)彝

4138 筮

15.9714 寴(親)令史懋路(露)筮

4139 筵

18.11712 相邦陽安君、邦右庫工師史筵胡、冶事(吏)痀教(撻)齋(劑)

4140 筥

7.4036 筥小子逬(跗)家弗受逊

7.4037 筥小子逬(跗)家弗受逊

4141 篓

18.12032 昜(陽)曲篓馬重(童)

4142 節

15.9735 節于醴(禋)醻

16.10371 節于敷(廩)釜(釜)

16.10374 □命誃陳得：左關釜(釜)節于敷(廩)釜(釜)/關鈉節于敷(廩)半

18.12086 節

18.12089 懺(悄)節

18.12090 齊節大夫欧(夙、欭)五

18.12093 采者旓節

18.12107 辟(壁)大夫信節

18.12110 爲鄦(鄂)君啟之府賦(僦、就)鑄金節/見其金節則毋政(徵)/不見其金節則政(徵)

18.12111 爲鄦(鄂)君啟之府賦(僦、就)鑄金節/見其金節則毋政(徵)/不見其金節則政(徵)

18.12112 爲鄦(鄂)君啟之府賦(僦、就)鑄金節/見其金節則毋政(徵)/不見其金節則政(徵)

18.12113 爲鄦(鄂)君啟之府賦(僦、就)鑄金節/見其金節則毋政(徵)/不見其金節則政(徵)

4143 箕

4.1799 黨苣(㠯)箕

4144 其(箕)

1.3 其台

1.7 自乍(作)其走(奏)鐘

1.20 ⺦其萬年臣天〔子〕

1.23 其萬年永寶

1.24 其萬年永寶

1.25 其萬年永寶

1.26 其萬年永寶

1.27 其萬年永寶

1.28 其萬年永寶

1.29 其萬年永寶

1.30 其萬年永寶

1.35 媘(鬘)其萬年

1.42 孫孫子子其永寶

1.43 孫子其永寶

1.44 孫孫子子其永寶

1.45 孫孫子子其永寶

1.46 其萬年子孫永寶

1.47 其子子孫孫永享用之

1.49 先王其嚴(儼)在帝左右

1.50 用自乍(作)其龢

鐘、龢鈴
1.53 其聿(律)其言(歆)
1.54 走其萬年
1.55 其萬年
1.56 走其萬年
1.57 走其萬年
1.58 走其萬年
1.65 其用追孝于皇考己(紀)伯
1.67 其用追孝于皇考己(紀)伯
1.68 其用追孝于皇考己(紀)伯
1.69 其用追孝于皇考己(紀)伯
1.70 其用追孝于皇考己(紀)伯
1.71 其用追孝于皇考己(紀)伯
1.72 其眉壽無疆
1.73-4 其眉壽無疆
1.75 其眉壽無疆
1.76-7 其眉壽無疆
1.78-9 其眉壽無疆
1.80-1 其眉壽無疆
1.83 其永時(持)用享
1.84 其永時(持)用享
1.85 其永時(持)用享
1.86 自乍(作)其祓(扣)鐘/擇其吉金膚(鑪)呂(鋁)
1.87 用鑄其龢鐘/以乍(祚)其皇祖、皇考
1.106 公逆其萬年又(有)壽/孫子其永寶
1.109-10 前文人其嚴在上/妟其萬年
1.112 前文人其嚴在上/妟其萬年
1.113 子璋擇其吉金/其眉壽無基(期)
1.114 子璋擇其吉金/其眉壽無基(期)
1.115 子璋擇其吉金/其眉壽無基(期)
1.116 子璋擇其吉金/其眉壽無基(期)
1.117 子璋擇其吉金/其眉壽無基(期)
1.118-9 璋擇其吉金/其眉壽無其(期)
1.120 女(汝)其用茲
1.121 今余其念藹乃有
1.122 今余其念藹乃有
1.123 女(汝)其用茲
1.125-8 今余其念藹乃有/女(汝)其用茲
1.129-31 今余其念藹乃有/女(汝)其用茲
1.133 其子子孫孫永寶
1.134 其子子孫孫永寶
1.135 其子子孫孫永寶
1.136 其子子孫孫永寶
1.137-9 其子孫孫永寶
1.140 鼄(邾)公孫班擇其吉金/爲其龢鎛/用喜(饎)于其皇祖/其萬年頪(眉)壽/霝(靈)命無其(期)
1.141 師臾其萬年
1.142 齊鞷(鮑)氏孫𠄎擇其吉金
1.145 皇考其嚴在上/士父其眔□姬萬年
1.146 皇考其嚴在上/士父其眔□姬萬年
1.147 〔皇考〕其嚴在上
1.148 皇考其嚴在〔上〕/士父其眔□姬萬年
1.149 台(以)〔樂〕其身
1.150 台(以)樂其身
1.151 台(以)樂其身
1.152 台(以)樂其身
1.153 鄦(許)子盟(醬)𠂤(師)擇其吉金
1.154 鄦(許)子盟(醬)𠂤(師)擇其吉金
1.172 鑄其游鍊(鐘)/刣(以)濼(樂)其大西(酉)/其受此眉壽
1.173 鑄其游鍊(鐘)/刣(以)樂其大西(酉)/其受此眉壽
1.174 自乍(作)鑄其游鍊(鐘)/鑄其游鍊(鐘)/刣(以)濼(樂)其大西(酉)/其受此眉壽
1.175 鑄其游鍊(鐘)/台(以)濼(樂)其大西(酉)/其受此眉壽
1.176 鑄其游鍊(鐘)/刣(以)濼(樂)其大西(酉)/其受此眉壽
1.177 鑄其游鍊(鐘)/刣(以)濼(樂)其大西(酉)/其受此眉壽
1.178 鑄其游鍊(鐘)/刣(以)濼(樂)其大西(酉)/其受此眉壽
1.179 自乍(作)鑄其游鍊(鐘)/鑄其游鍊(鐘)/刣(以)濼(樂)其大西(酉)/其受此眉壽
1.180 自乍(作)鑄其游鍊(鐘)/鑄其游鍊(鐘)/刣(以)濼(樂)其大西(酉)/其受此眉壽
1.181 天子其萬年眉壽
1.182 郐(徐)王子旃擇其吉金/其音⿱攸言⿱攸言(悠悠)
1.187-8 梁其曰:不(丕)顯皇祖考/梁其肇帥井(型)皇祖考/天子肩(肩)事梁其/用天子寵蔑梁其曆/梁其敢對天子不(丕)顯休揚/皇祖考其嚴在上/用琠光梁其身/梁其其萬年無疆
1.189-90 梁其曰:不(丕)顯皇祖考/梁其肇帥井(型)皇祖考/天子肩(肩)事梁其/用天子寵蔑梁其曆/梁其敢對天子不(丕)顯休揚/皇祖考其嚴在下(上)/用琠光梁其身/梁其其萬年無疆
1.191 天子肩(肩)事梁其/用天子寵蔑梁其曆/梁其敢對天子不(丕)顯休揚/梁其
1.192 梁其肇帥井(型)皇祖考
1.193 擇其吉金/于其皇祖皇考/其登于上下
1.194 擇其吉金/于其皇祖皇考/其登于上下

1.195 擇其吉金／于其皇祖皇考／其登于上下
1.196 擇其吉金／于其皇祖皇考／其登于上下
1.197 擇其吉金／于其皇祖皇考／其登于上下
1.198 擇其吉金／于其皇祖皇考／其登于上下
1.203 擇其吉金
1.204-5 克其萬年
1.206-7 克其萬年
1.209 克其萬年
1.223-4 其〼大(？)婁(？)〼
1.225 其竈(簉)四堵／喬喬(嬌嬌)其龍
1.226 其竈(簉)四堵／喬喬(嬌嬌)其龍
1.227 其竈(簉)四堵／喬喬(嬌嬌)其龍
1.228 其竈(簉)四堵／喬喬(嬌嬌)其龍
1.229 其竈(簉)四堵／喬喬(嬌嬌)其龍
1.230 其竈(簉)四堵／喬喬(嬌嬌)其龍
1.231 其竈(簉)四堵／喬喬(嬌嬌)其龍
1.232 其竈(簉)四堵／喬喬(嬌嬌)其龍
1.233 其竈(簉)四堵／喬喬(嬌嬌)其龍
1.234 其竈(簉)四堵／喬喬(嬌嬌)其龍
1.235 其竈(簉)四堵／喬喬(嬌嬌)其龍
1.236 其竈(簉)四堵／喬喬(嬌嬌)其龍
1.237 其竈(簉)四堵／喬喬(嬌嬌)其龍
1.238 旅其萬年
1.239 旅其萬年
1.240 皇考其嚴在上／旅其萬年
1.241 皇考其嚴在上／旅其萬年
1.245 台(以)乍(祚)其皇祖皇考／鑄其龢鐘／台(以)恤其祭祀盟祀／元器其舊／其塽(萬)年無疆
1.246 癲其萬年
1.247 大神其陟降嚴祜／其豐豐彙彙／癲其萬年
1.248 大神其陟降嚴祜／其豐豐彙彙／癲其萬年
1.249 大神其陟降嚴祜／其豐豐彙彙／癲其萬年
1.250 大神其陟降嚴祜／其豐豐彙彙／癲其萬年
1.251-6 癲其萬年羊角
1.260 王辜(敦)伐其至／先王其嚴在上／麸(胡)其萬年
1.261 王孫遺者擇其吉金／畏其(忌)趩趩
1.262-3 具(俱)即其服／秦公其畯鈴(令)在立(位)／其康寶
1.264-6 具(俱)即其服
1.267 具(俱)即其服／秦公其畯鈴(紷令)在立(位)／其康寶
1.268 具(俱)即其服／其康寶
1.269 具(俱)即其服／秦公其畯鈴(令)在立(位)／其康寶
1.270 其音鍺鍺雍雍孔煌
1.271 萬年龢(令)保其身
1.272-8 其縣三百／尸典其先舊／及其高祖／其配襄公之妣／堇(勤)袋(勞)其政事／尸用乍(作)鑄其寶鍾(鐘)／用享于其皇祖、皇妣、皇母、皇考／其乍(祚)福元孫／其邁(萬)福屯(純)魯／永保其身
1.280 其配襄公之妣
1.283 堇(勤)袋(勞)其政事
1.284 外內〼其皇祖、皇妣、皇母、皇〼
1.285 其縣三百／尸典其先舊／及其高祖／不(丕)顯穆公之孫、其配襄公之妣／堇(勤)袋(勞)其政事／用乍(作)鑄其寶鎛／用享于其皇祖、皇妣、皇母、皇考／其乍(祚)福元孫／其邁(萬)福屯(純)魯／羕(永)保其身
2.287 其在鸝(申)也爲遅(夷)則
2.290 其在齊爲呂音／其在周爲剌(厲)音／其反
2.291 其在周爲郿(應)音
2.292 其在鸝(申)也爲遅(夷)則
2.293 其坂(反)
2.319 其在鄭(齊)爲呂音／其反／其在周爲剌(厲)音
2.322 其在鄭(齊)也爲呂音／其在晉也爲槃鐘
2.323 其在楚也爲文王
2.325 其坂(反)
2.327 其在鸝(申)也爲遅(夷)則
2.328 其坂(反)
2.356 其子子孫孫永日鼓樂茲鐘／其永寶用
2.357 其子子孫孫日鼓樂茲鐘／其永寶用
2.358 麸(胡)其萬年／其各
2.421 其次擇其吉金
2.422 其次擇其吉金
2.423 其萬年
2.426 余卹(畢)龏威(畏)其(忌)
2.427 余卹(畢)龏威(畏)其(忌)
2.428 其〼／其〼／其〼盂舍
2.429 聖靡公㑴擇其吉金／其神其臭／其□鼓芀芀(茯茯)
3.472 亞□其

3.569 其永寶
3.570 子其永寶
3.595 衛文君夫人叔姜乍(作)其行鬲
3.596 郳始逘母鑄其羞鬲
3.612 其萬〼
3.628 其永用
3.629 其永用
3.630 其萬〼
3.631 其萬年用鄉(饗)各
3.632 其邁(萬)年寶用
3.633 其永子孫寶
3.634 其萬年永寶用
3.636 其子子孫孫寶用
3.637 其永寶用
3.638 其永寶用
3.639 其永寶用
3.640 其永寶用
3.641 其永缶(寶)用
3.642 其萬〔年〕子〼
3.644 其永寶用
3.645 其萬年永寶用
3.647 其萬年永寶用
3.649 其子子孫孫永寶用
3.650 其子子孫孫永寶用
3.651 其子子孫孫永寶用
3.652 其子子孫孫永寶用
3.653 其子子孫孫永寶用
3.654 其子子孫孫永寶用
3.655 其子子孫孫永寶用
3.656 其子子孫孫永寶用
3.657 其子子孫孫永寶用
3.658 其子子孫孫永寶用
3.659 其永寶用
3.660 其永寶用
3.666 其萬年
3.667 其萬年
3.669 其萬年
3.670 萬壽眉其年
3.672 其子子孫孫永寶用
3.673 其子子孫孫永寶用
3.675 用其吉金
3.676 用其吉金
3.677 邛(江)叔盜乍(作)其尊鬲
3.678 〔自作〕鑄其鬲
3.681 其萬年永寶用
3.682 其子孫永寶用
3.684 其子子孫寶用
3.690 其永寶用
3.691 其永寶用
3.692 其永寶用
3.693 其永寶用
3.694 其永寶用
3.695 其永寶用
3.696 其萬年
3.697 其萬年
3.698 其萬年
3.700 其子子孫孫永寶用
3.701 其子子孫孫永寶用
3.702 其子子孫孫永寶用
3.703 其子子孫孫永寶用
3.704 其子子孫孫永寶用
3.705 其萬年
3.706 其萬年
3.707 其萬年永寶用
3.708 其邁(萬)年
3.709 其萬年
3.710 仲勘大也(它)鑄其寶鬲 / 其萬年
3.713 其萬年
3.714 其子子孫永寶用享
3.715 其萬年
3.716 其萬年
3.717 鼄(邾)吝(友)父朕(媵)其子胙(胙)嫜寶鬲 / 其眉壽
3.718 其萬年子孫用之
3.719 其萬年
3.720 其萬年
3.721 其萬年
3.722 其萬年
3.723 其萬年
3.724 其萬年
3.725 其萬年
3.726 其萬年
3.727 其萬年
3.728 其萬年
3.729 其萬年
3.730 其邁(萬)年
3.735 其萬年眉壽
3.736 其萬年
3.737 其邁(萬)年
3.738 其萬年
3.739 其萬年
3.740 其萬年
3.742 其眉壽
3.743 其子子孫孫永寶用享
3.744 琱生(甥)其邁(萬)年
3.745 其萬年
3.746 其萬年 / 其永寶用
3.747 其萬年 / 其永寶用
3.748 其萬年 / 其永寶用
3.749 其萬年 / 其永寶用
3.750 其萬年 / 其永寶用
3.751 其萬年 / 其永寶用
3.752 其萬年 / 其永寶用
3.913 其萬年用
3.921 其萬年永寶用
3.923 其永寶〔用〕
3.927 其邁(萬)年永寶用
3.929 其萬年
3.931 其永用
3.932 其子子孫孫永寶用
3.934 其永用享
3.938 其萬年
3.939 其萬年眉壽
3.941 鑄其寶 / 其邁(萬)年 / 其永寶用貞(鼎)
3.942 其萬年
3.943 唯曾子仲謱用其吉金 / 其永用之
3.945 邕子良人擇其吉金 / 其萬年無疆 / 其

子子孫孫永〔壽用之〕
3.946 王孫壽擇其吉金/其眉壽無疆
3.980 毋處其所
4.1959 踮(䛗)其雞
4.2043 其萬年
4.2189 史昔其乍(作)旅鼎
4.2252 鼎其用乍(作)父己寶
4.2284 喬夫人鑄其饎(饙)貞(鼎)
4.2352 其萬年寶用
4.2356 其永用之
4.2378 其永寶用
4.2381 其永用
4.2382 其永用
4.2383 其永用
4.2384 其永用
4.2385 其萬年永寶用
4.2399 其永寶用享
4.2409 其永寶用
4.2411 其永寶用
4.2412 其永寶用
4.2413 其萬年用
4.2415 其永寶用
4.2417 其子子孫孫永寶用
4.2419 其萬年永寶用
4.2420 其萬年
4.2426 奄(郙)訧爲其鼎
4.2428 其萬年寶
4.2430 其萬年無疆
4.2437 其邁(萬)年永寶用
4.2438 其萬年永寶用
4.2440 其萬年永寶用
4.2441 其萬年永寶用
4.2443 其永寶用
4.2444 其永寶用
4.2445 其永寶用
4.2446 其永寶用
4.2447 其永寶用
4.2460 其萬年用享
4.2461 其萬年
4.2462 其萬年寶用
4.2463 其萬年
4.2464 其萬年
4.2465 其子子孫孫永用
4.2466 其永寶用
4.2467 其永寶用
4.2468 其永寶用
4.2469 其子子孫孫用
4.2471 其子子孫其永寶用
4.2472 其萬年永寶用
4.2474 其永寶用
4.2476 其子子孫孫永寶用
4.2477 何𣪕君党擇其吉金
4.2478 ☐其吉金
4.2484 其萬年
4.2485 其用盟䵼宄嬀日辛
4.2488 其萬年
4.2489 其孫孫子子邁(萬)年永寶
4.2491 其萬年永寶用
4.2492 其萬年永寶用
4.2493 其邁(萬)年子孫永用
4.2496 其邁(萬)年
4.2498 鄝(邊)子蒷臺爲其行器/其永壽用之
4.2500 其萬年
4.2502 其邁(萬)年永寶用
4.2503 其孫子永寶
4.2508 其邁(萬)年
4.2511 子孫其萬年永寶用
4.2512 其邁(萬)年
4.2513 其萬年
4.2514 其萬年
4.2515 其萬年
4.2516 其萬年
4.2518 𠤳蔡生(甥)䆟(坑)乍(作)其貞(鼎)
4.2519 考𣥠(征延)君季自乍(作)其盉鼎
4.2520 其子子孫孫永寶用
4.2521 其萬年
4.2522 武生(甥)毀(捏)乍(作)其羞鼎
4.2523 武生(甥)毀(捏)乍(作)其羞鼎
4.2524 其子子孫孫永寶用
4.2529 其萬年
5.2532 其萬年用𩙯祀
5.2533 其萬年
5.2534 其萬年
5.2535 其子子孫孫萬年
5.2536 其子子孫孫永寶用
5.2537 其萬年眉壽
5.2538 伯堂肈其乍(作)寶鼎/堂其萬年
5.2539 其子子孫孫永用享
5.2540 其子子孫孫永用享
5.2541 其子子孫孫永寶用
5.2542 其子子孫孫永寶用
5.2543 其子子孫孫永寶用
5.2544 其子子孫孫永寶用
5.2545 其子子孫孫永寶用
5.2547 其萬年
5.2548 其永寶用
5.2551 其眉壽無期
5.2552 其萬年
5.2557 師昌(帥)其乍(作)寶齋鼎/其萬年
5.2558 其萬年
5.2559 其萬年永用享
5.2560 季姬其永寶用
5.2561 其萬年
5.2562 其萬子孫永寶用
5.2565 其萬年
5.2568 其萬年眉壽
5.2569 瘃乍(作)其滔(𩰫)鼎貞(鼎)
5.2570 其萬年
5.2571 其萬年
5.2572 其眉壽萬年
5.2573 其眉壽無期
5.2580 其萬年
5.2582 其子子孫孫用享孝于宗老
5.2584 其萬年
5.2585 子子孫其眉壽萬年
5.2586 其眉壽萬年
5.2587 其萬年眉壽

5.2589 其眉壽萬年
5.2591 [illegible]魯宰兩乍(作)其亘嘉寶鼎/其子子孫孫永寶用之
5.2592 其萬年眉壽
5.2593 其萬年眉壽
5.2596 其邁(萬)年
5.2597 其萬年永寶用
5.2598 其邁(萬)年
5.2600 其萬年
5.2601 其萬年眉壽
5.2602 其萬年
5.2605 其萬年眉壽
5.2607 其眉壽無期(諆、期)
5.2614 其用夙夕鬻享
5.2616 衛其萬年
5.2617 其萬年
5.2618 其萬年
5.2619 其邁(萬)年
5.2620 唯曾子仲謱用其吉金/其永用之
5.2621 其萬年無疆
5.2622 其萬年無疆
5.2624 樊季氏孫仲□[擇]其吉金
5.2629 子子孫孫其永寶
5.2630 子子孫孫其永寶
5.2631 其萬年
5.2632 其邁(萬)年
5.2633 其邁(萬)年
5.2634 其萬年無疆
5.2635 其萬年無疆
5.2636 其萬年無疆
5.2638 其萬年
5.2639 其邁(萬)年眉壽
5.2640 其萬年
5.2641 其萬年
5.2642 其萬年眉壽
5.2643 其永寶用
5.2644 郿季之伯歸夌用其吉金
5.2645 郿季之伯歸夌用其吉金
5.2646 叔夜鑄其餴(饙)貞(鼎)
5.2649 其邁(萬)年
5.2650 其永壽用之
5.2652 涂大(太)子伯辰□乍(作)爲其好妻□[鼎]
5.2655 獸其邁(萬)年永寶用
5.2656 其萬年
5.2657 其萬年無疆
5.2660 其亡(無)疆
5.2667 其眉壽
5.2668 其子子孫孫永寶用之
5.2675 郐(徐)王糧用其良金/鑄其餴(饙)鼎
5.2679 其萬年無疆
5.2680 諆肇乍(作)其皇考、皇母告比君鬻貞(鼎)/諆其萬年眉壽
5.2681 其萬年
5.2690 其萬年無疆
5.2691 其萬年無疆
5.2692 其萬年無疆
5.2696 其萬年
5.2697 其萬年
5.2698 其萬年
5.2699 其萬年
5.2700 其萬年
5.2704 子子孫其永寶
5.2705 其用享于厥帝(嫡)考
5.2712 辛伯其竝(普)受厥永匐(福)
5.2713 其萬年
5.2714 鄁公湯用其吉金/其萬年無疆
5.2717 王子昊(昃)擇其吉金/其眉壽無諆(期)
5.2721 其父蔑𡨦曆/對揚其父休
5.2722 擇其吉金
5.2723 其乍(作)厥文考寶貞(鼎)
5.2727 師器父其萬年
5.2730 其子子孫孫永寶
5.2731 子子孫孫其永寶
5.2732 乍(作)其造(竈)鼎十
5.2734 其萬年
5.2737 曾子仲宣□用其吉金/宣喪(尚)用雍(饔)其者(諸)父、者(諸)兄/其萬年無疆
5.2743 其用享用考(孝)/其子子孫萬年
5.2744 其用享用考(孝)/其子子孫萬年
5.2745 琱娟(妘)其萬年
5.2755 其孫孫子子其永寶
5.2757 曾子𠭯擇其吉金
5.2762 顬(頊)其邁(萬)年
5.2766 眉壽無其(期)
5.2767 其用享于文祖考/㝬(胡)叔眔仉(信)姬其壽老(耇)、多宗、永令(命)/㝬(胡)叔、仉(信)姬其邁(萬)年
5.2768 梁其乍(作)尊鼎/其百子千孫/其萬年無疆/其子子孫孫永寶用
5.2769 梁其乍(作)尊鼎/其百子千孫/其萬年無疆/其子子孫孫永寶用
5.2770 梁其乍(作)尊鼎/其百子千孫/其萬年無疆/其子子孫孫永寶用
5.2776 其孫孫子子永寶用
5.2779 𤔲(舜)畀其井/其永寶用
5.2780 其邁(萬)年
5.2781 其萬年
5.2782 亦弗其逘獲
5.2786 其萬年永寶用
5.2787 頌其萬年無疆
5.2788 頌其萬年無疆
5.2789 其用夙夜享孝于厥文祖乙公/其子子孫孫永寶
5.2790 其萬年無疆
5.2796 克其日用鬻/克其子子孫孫永寶用
5.2797 克其日用鬻/

克其子子孫孫永寶用
5.2798 克其日用𬜪/克其子子孫孫永寶用
5.2799 克其日用𬜪/克其子子孫孫永寶用
5.2800 克其日用𬜪/克其子子孫孫永寶用
5.2801 克其日用𬜪/克其子子孫孫永寶用
5.2802 克其日用𬜪/克其子子孫孫永寶用
5.2803 余其舍(捨)女(汝)臣十家
5.2804 利其萬年
5.2805 其萬年
5.2806 大其子[子孫孫邁]年永寶用
5.2807 大其子子孫孫邁(萬)年永寶用
5.2808 大其子子孫孫邁(萬)年永寶用
5.2809 其又(有)內(納)于師旂
5.2810 其邁(萬)年
5.2811 王子午擇其吉金/永受其福
5.2812 師腥(望)其萬年
5.2813 師奎父其萬年
5.2815 其眉壽萬年
5.2816 子孫其萬年永寶用
5.2817 晨其[百]世子子孫孫/其永寶用
5.2818 其且(沮)射(厭)分田邑/鬲攸比其邁(萬)年
5.2819 寰其邁(萬)年
5.2820 余其用各我宗子雩(與)百生(姓)/其永寶用之
5.2821 此其萬年無疆
5.2822 此其萬年無疆
5.2823 此其萬年無疆
5.2824 其子子孫孫永寶茲剌(烈)
5.2826 畯保其孫子
5.2827 頌其萬年眉壽
5.2828 頌其萬年眉壽
5.2829 頌其萬年眉壽
5.2831 其匍(賸)衛臣虢朏/衛其邁(萬)年永寶用
5.2832 衛小子逆其鄉(饗)、匍(賸)/衛其萬年永寶用
5.2833 禹其萬年
5.2834 〔禹〕其萬〔年〕
5.2835 其子子孫永寶用
5.2836 天子其萬年無疆/克其萬年無疆
5.2837 雩我其遹省先王受民受疆土
5.2838 曶其萬年用祀/子子孫孫其永寶/曶廼每(誨)于𪔵曰:女(汝)其舍(捨)黻(究)矢五秉
5.2839 征(延)邦賓尊其旅服
5.2840 蔑(與)其沟(溺)於人旃/猶粯(迷)惑於子之而迲(亡)其邦/侖(論)其德/省其行/社禝其庶虖(乎)/其隹(誰)能之/其隹(誰)能之/天其又(有)𢒈(型)于𤔲(在)厥邦/寡人庸其德/嘉其力/以明其德/庸其工(功)/寡人懼其忽然不可得/後人其庸庸之
5.2841 引其唯王智
6.3550 敔仲乍(作)其旅毀
6.3573 師蘋其乍(作)寶毀
6.3676 其萬年用
6.3677 其永寶用
6.3685 亞其
6.3700 其壽考寶用
6.3701 其壽考寶用
6.3703 其萬年用
6.3704 其永用
6.3710 西替乍(作)其妹靳鐘(饋)鉦鎗
6.3718 其萬年
6.3723 其萬年永用
6.3724 其邁(萬)年永寶
6.3725 其邁(萬)年用
6.3728 其萬年寶用
6.3729 其萬年寶用/其萬年寶用
6.3734 其子子孫孫永寶用
6.3735 其子子孫孫永寶用
6.3736 其子子孫孫永寶用
6.3738 其邁(萬)年孫子寶
6.3740 其萬年用
6.3741 其子孫邁(萬)年永寶
6.3742 孫孫子子其萬年用
7.3745 其萬年用鄉(饗)賓
7.3752 其邁(萬)年用
7.3753 其用萬年
7.3754 其用萬年
7.3757 其萬年永寶用
7.3758 其萬年永寶用
7.3759 其萬年永寶用
7.3760 其子子孫孫永用
7.3761 其邁(萬)年
7.3764 子子孫孫其萬年用
7.3765 其永寶用
7.3766 其永寶用
7.3767 其萬年子孫寶用
7.3768 其萬年子孫寶用
7.3769 其永寶用
7.3770 其子子孫孫邁(萬)年用
7.3771 其孫子永寶
7.3772 子子孫其永寶用
7.3773 其子子孫孫萬年寶用
7.3774 其子子孫孫萬年寶用
7.3775 其永寶用
7.3776 其永寶用
7.3777 其厲(萬)年永用
7.3778 其厲(萬)年永用
7.3779 其厲(萬)年永用

7.3780 其厲(萬)年永用
7.3781 其邁(萬)年永寶
7.3782 其邁(萬)年永寶
7.3783 其萬年
7.3786 其萬年
7.3787 其子子孫孫永用
7.3788 其萬年
7.3789 其萬年永寶用
7.3792 其萬年
7.3797 其永寶用
7.3798 其永寶用
7.3799 其永寶用
7.3800 其永寶用
7.3801 其永寶用
7.3802 其子子孫孫永寶用
7.3803 其子子孫孫永寶用
7.3804 其邁(萬)年
7.3805 其萬年
7.3806 其萬年
7.3807 叡(搭)年伯自乍(作)其寶段
7.3808 其萬年
7.3809 其萬年/其萬年
7.3810 其萬年
7.3811 其萬年
7.3812 其萬年
7.3813 其萬年
7.3814 其萬年
7.3815 其萬年永寶用
7.3816 其萬年
7.3819 其邁(萬)年
7.3820 其永用享
7.3821 其子子孫孫永寶用
7.3827 其[illegible]
7.3833 其邁(萬)年
7.3834 其邁(萬)年
7.3835 其子子孫孫萬年永寶用
7.3836 其萬年永寶用
7.3837 洹其萬年永寶用
7.3838 洹其萬年永寶用
7.3839 洹其萬年永寶用
7.3840 其子子孫孫邁(萬)年永寶用
7.3841 其子子孫孫邁(萬)年永寶用
7.3842 其邁(萬)年
7.3843 其邁(萬)年
7.3844 其邁(萬)年
7.3845 子子孫孫其永寶用
7.3846 孫孫子子其永用
7.3847 其子子孫永寶用享
7.3848 趞(遣)小子䡵以(與)其友
7.3849 其子子孫孫永寶用
7.3850 其子子孫孫永寶用
7.3851 其子子孫孫永寶用
7.3852 其子子孫孫永寶用
7.3853 其子子孫孫永寶用
7.3854 其子子孫孫永寶用
7.3855 其子子孫孫永寶用
7.3856 其子子孫孫永寶用
7.3857 其子子孫孫永寶用
7.3859 子子孫孫其寶用
7.3860 其邁(萬)年永寶用
7.3863 子子孫其永寶
7.3864 □其萬年用寶
7.3865 其萬年永寶用
7.3866 其萬年
7.3867 其萬年
7.3868 其萬年
7.3869 其邁(萬)年永寶用
7.3871 其邁(萬)年永寶用
7.3872 其萬年
7.3873 埶(藝)其乍(作)寶段/其邁(萬)年壽考
7.3874 嬀嫼其邁(萬)年
7.3875 嬀嫼其邁(萬)年
7.3876 嬀嫼其邁(萬)年
7.3877 其萬年
7.3878 其子子孫孫邁(萬)年永寶用
7.3879 其子子孫孫邁(萬)年永寶用
7.3880 其子子孫孫邁(萬)年永寶用
7.3881 其萬年
7.3882 其萬年
7.3883 其萬年
7.3884 其萬年
7.3885 其萬年
7.3886 其萬年
7.3887 其邁(萬)年
7.3888 叡(揗)其肈乍(作)段/其萬年眉壽
7.3889 叡(揗)其肈乍(作)段/其萬年眉壽
7.3890 其萬年
7.3891 其子孫永寶用
7.3892 子子孫其萬年
7.3893 其萬年
7.3894 其萬年眉壽
7.3895 其萬年
7.3896 鑄其寶段
7.3903 其邁(萬)年
7.3909 其萬年
7.3910 其子孫永寶用
7.3911 其子孫永寶用
7.3914 其萬年
7.3915 其孫孫子子永寶用
7.3916 其邁(萬)年
7.3918 子子孫其永寶用
7.3919 其邁(萬)年
7.3923 其萬年
7.3924 其萬年
7.3925 其萬年
7.3926 其萬年
7.3927 其萬年
7.3928 王姞其萬年
7.3929 王姞其萬年
7.3930 王姞其萬年
7.3931 媿氏其眉壽
7.3932 媿氏其眉壽

7.3933 媿氏其眉壽
7.3934 媿氏其眉壽
7.3935 其[illegible](萬)年用享
7.3943 祈其萬年寶
7.3944 其萬年眉壽
7.3945 旞嫖其邁(萬)年
7.3946 其萬年
7.3947 其萬年
7.3949 子子孫孫其永寶用
7.3952 其永寶用
7.3953 其子孫永寶
7.3955 兑其萬年
7.3956 其邁(萬)年
7.3957 其邁(萬)年
7.3958 其子子孫孫永寶用
7.3959 其子孫永寶用
7.3960 其邁(萬)年
7.3961 其邁(萬)年
7.3962 其萬年
7.3963 其萬年
7.3964 其子子孫永寶用
7.3965 其子子孫永寶用
7.3966 其子子孫永寶用
7.3967 其子子孫孫永寶用
7.3968 其子子孫永寶用
7.3969 其子子孫永寶用
7.3970 其子子孫永寶用
7.3971 其萬年無疆
7.3972 其萬年無疆
7.3973 其萬年無疆
7.3974 其萬年眉壽
7.3978 孫子其萬年永寶
7.3979 大牢其萬年祀厥叡(祖)考
7.3980 其萬年
7.3981 其萬年
7.3982 其萬年
7.3983 其永寶用
7.3986 克其萬年
7.3987 其萬年眉壽
7.3988 其萬年眉壽
7.3989 其萬年眉壽
7.3991 其子子孫其永寶用
7.3992 其子子孫其永寶用
7.3993 其萬年
7.3994 其萬年
7.3996 客其萬年
7.3997 喜其萬年 / 其永寶用
7.3998 喜其萬年 / 其永寶用
7.3999 喜其萬年 / 其永寶用
7.4000 喜其萬年 / 其永寶用
7.4001 尸其萬年 / 尸其萬年
7.4002 尸其萬年
7.4003 尸其萬年
7.4004 其邁(萬)年
7.4005 其邁(萬)年
7.4006 其邁(萬)年
7.4007 其萬年
7.4008 其萬年無疆
7.4009 其萬年無疆
7.4010 其萬年無疆
7.4014 其萬年無疆
7.4015 其萬年無疆
7.4018 其子子孫孫永寶用
7.4019 其萬年眉壽
7.4021 其用各百神
7.4022 其用各百神
7.4027 其邁(萬)年
7.4028 其子子孫孫邁(萬)年
7.4030 其于之朝夕監
7.4031 其于之朝夕監
7.4033 [illegible]其壽考萬年
7.4034 [illegible]其壽考萬年
7.4035 其萬年
7.4036 其萬年
7.4037 其萬年
7.4038 其用追孝于朕敵(嫡)考 / 其子子孫孫永寶用之
7.4040 用追孝于其父母
7.4045 其邁(萬)年
7.4051 其萬年
7.4052 其萬年
7.4053 其萬年
7.4056 其夙夜用享孝于皇君 / 其萬年永寶用
7.4057 其夙夜用享孝于皇君 / 其萬年永寶用
7.4058 其夙夜用享孝于皇君 / 其萬年永寶用
7.4061 鮮其萬年
7.4062 用享孝于其姑公 / 子子孫孫其萬年
7.4063 用享孝于其姑公 / 子子孫其邁(萬)年
7.4064 用享孝于其姑公 / 子子孫其邁(萬)年
7.4065 用享孝于其姑公 / 子子孫其萬年
7.4066 用享孝于其姑公 / 子子孫孫其萬年
7.4067 用享孝于其姑公 / 子子孫其萬年
7.4068 其萬年
7.4069 其萬年
7.4070 其萬年
7.4071 其用追考(孝)于其辟君武公 / 孟姬其子孫永寶
7.4072 其用追考(孝)于其辟君武公 / 孟姬其子孫永寶
7.4074 𨒅(傳)其萬年
7.4075 𨒅(傳)其萬年
7.4088 其子孫永寶
7.4089 其朝夕用享于文考 / 其子子孫孫永寶用
7.4090 其邁(萬)年
7.4095 用賜其眉壽、萬年
7.4097 其用享于厥帝(嫡)考
7.4098 嬰其萬年
7.4102 其邁(萬)年
7.4103 其邁(萬)年
7.4109 其萬年
7.4110 商叡其萬年眉壽

7.4111 商虘(叡)其萬年眉壽
7.4112 命其永以(與)多友段(餇)飤
7.4113 其邁(萬)年
7.4114 辛父其萬年無疆
7.4115 伯戒肇其乍(作)西宮寶
7.4116 以召(紹)其辟
7.4117 以召(紹)其辟
7.4120 其邁(萬)年無疆
8.4122 其子子孫孫永寶
8.4123 其子子孫孫永寶用
8.4124 其萬年無疆
8.4125 其子子孫孫邁(萬)年永寶用
8.4126 栿季其萬年
8.4127 其妻子用享考(孝)于叔皮父
8.4128 復公仲若我曰:其擇吉金/其萬年永壽
8.4129 其用追孝于朕皇祖、啻(嫡)考/買其子子孫孫永寶用享
8.4130 其邁(萬)年永寶用
8.4136 其萬年□待□□侯
8.4139 堯(无)其日受宔(貯)
8.4141 琱娟其邁(萬)年
8.4142 琱娟其邁(萬)年
8.4143 琱娟其邁(萬)年
8.4147 善(膳)夫梁其乍(作)朕皇考惠仲、皇母惠妣尊段
8.4148 善(膳)夫梁其乍(作)朕皇考惠仲、皇母惠妣尊段
8.4149 善(膳)夫梁其乍(作)朕皇考惠仲、皇母惠妣尊段
8.4150 善(膳)夫梁其乍(作)朕皇考惠仲、皇母惠妣尊段
8.4151 善(膳)夫梁其乍(作)朕皇考惠仲、皇母惠妣尊段
8.4153 屡其沍沍(熙熙)/其子子孫孫永寶
8.4154 其萬年/孫孫(子子)孫其永寶用
8.4155 其萬年/子子孫其永寶用
8.4156 用享于其皇取(祖)、文考
8.4157 乎其萬人(年)永用
8.4158 乎其萬人(年)永用
8.4159 其萬年孫子寶
8.4160 康其萬年眉壽
8.4161 康其萬年眉壽
8.4162 子子孫孫其永寶
8.4163 子子孫孫其永寶
8.4164 子子孫孫其永寶
8.4166 其萬年寶
8.4168 兑其萬年
8.4169 其萬年/其永寶用
8.4170 其盩(敦)祀大神
8.4171 其盩(敦)祀大神
8.4172 其盩(敦)祀大神
8.4173 其盩(敦)祀大神
8.4174 其盩(敦)祀大神
8.4175 其盩(敦)祀大神
8.4176 其盩祀大神
8.4177 其盩(敦)祀大神
8.4178 其永用之
8.4182 虢姜其萬年眉壽
8.4184 公臣其萬年
8.4185 公臣其萬年
8.4186 公臣其萬年
8.4187 公臣其萬年
8.4188 乍(作)其皇祖考遟王、監伯尊段
8.4189 乍(作)其皇祖考遟王、監伯尊段
8.4196 其萬年/子子孫其永寶用
8.4197 子子孫孫其永寶
8.4198 其萬年無疆
8.4199 其萬年
8.4200 其萬年
8.4201 其萬年用鄉(饗)王出入
8.4202 痾其萬年/其永寶用
8.4203 盠其用追孝于其皇考/其邁(萬)年
8.4204 盠其用追孝于其皇考/其邁(萬)年
8.4207 其孫孫子子永寶
8.4209 衛其邁(萬)年
8.4210 衛其萬年
8.4211 衛其萬年
8.4212 衛其萬年
8.4213 其右(佑)子歆(嘟)、事(史)孟/屎(殿)敚(敖)其子子孫孫永寶
8.4215 其子子孫孫寶用
8.4219 追其萬年
8.4220 追其萬年
8.4221 追其萬年
8.4222 追其萬年
8.4223 追其萬年
8.4224 追其萬年
8.4225 無㠱其萬年
8.4226 無㠱其萬年
8.4227 無㠱其萬年
8.4228 無㠱其萬年
8.4229 頌其萬年無疆
8.4230 頌其萬年無疆
8.4231 頌其萬年無疆
8.4232 頌其萬年無疆
8.4233 頌其萬年無疆
8.4234 頌其萬年無疆
8.4235 頌其萬年無疆
8.4236 頌其萬年無疆
8.4240 免其萬年永寶用
8.4242 其嚴在上/禹

其邁(萬)年永寶用
8.4243 其萬年
8.4244 走其眔厥子子孫孫
8.4245 其遵(躋)孟□[illegible]敃子□塱仲□□
8.4246 其子子孫孫邁(萬)年
8.4247 其子子孫孫邁(萬)年
8.4248 其子子孫孫邁(萬)年
8.4249 其子子孫孫邁(萬)年
8.4250 即其萬年
8.4251 虘其萬年永寶用
8.4252 虘其萬年永寶用
8.4253 弭叔其邁(萬)年
8.4254 弭叔其邁(萬)年
8.4255 其子子孫孫永用
8.4256 衛其子子孫孫永寶用
8.4257 其萬年
8.4258 其孫孫子子永寶用
8.4259 其子子孫孫永寶用
8.4260 其子子孫孫永寶用
8.4262 其邁(萬)年
8.4263 其邁(萬)年
8.4264 其邁(萬)年
8.4265 其邁(萬)年
8.4266 其子子孫孫邁(萬)年寶用
8.4267 申其邁(萬)年用 / 子子孫孫其永寶
8.4268 王臣其永寶用
8.4269 曰: 其自今日
8.4270 其邁(萬)年
8.4271 其邁(萬)年
8.4272 其邁(萬)年
8.4273 其萬年用
8.4274 師兑其萬年
8.4275 師兑其萬年
8.4277 天子其萬年 / 俞其蔑曆 / 其萬年永保
8.4278 其且(沮)射(厭)分田邑 / 比其邁(萬)年
8.4279 其邁(萬)年
8.4280 其邁(萬)年
8.4281 其邁(萬)年
8.4282 其邁(萬)年
8.4283 瘨其萬年 / 孫孫子子其永寶
8.4284 瘨其萬年 / 孫孫子子其永寶
8.4285 諫其萬年
8.4286 嫠其萬年
8.4287 伊其萬年無疆
8.4288 酉其萬年
8.4289 酉其萬年
8.4290 酉其萬年
8.4291 酉其萬年
8.4292 公宕其参(叁)/ 女(汝)則宕其貳 / 公宕其貳 / 女(汝)則宕其一
8.4293 琱生(甥)奉揚朕宗君其休 / 其萬年
8.4294 子子孫其萬年永寶用
8.4295 子子孫其萬年永寶用
8.4296 鄦其眉壽
8.4297 鄦其眉壽
8.4298 其子子孫孫永寶用
8.4299 其子子孫孫永寶用
8.4302 余其永邁(萬)年寶用 / 其帥井(型)受茲休
8.4303 此其萬年無疆
8.4304 此其萬年無疆
8.4305 此其萬年無疆
8.4306 此其萬年〔無〕疆
8.4307 此其萬年無疆
8.4308 此其萬年無疆
8.4309 此其萬年無疆
8.4310 此其萬年無疆
8.4311 猷其萬年
8.4312 師穎其萬年
8.4313 其萬年
8.4314 其邁(萬)年
8.4316 其永寶用
8.4317 其各前文人 / 其瀕在帝廷 / 㝬(胡)其萬年𩰫
8.4318 師兑其萬年
8.4319 師兑其萬年
8.4322 其子子孫孫永寶
8.4323 敔其邁(萬)年
8.4324 嫠其邁(萬)年
8.4325 嫠其萬年
8.4327 卯其萬年
8.4328 其永寶用享
8.4329 其永寶用享
8.4330 乃沈子其顊褱(懷)多公能福 / 其丮哀(愛)乃沈子也唯福
8.4331 歸芻其邁(萬)年
8.4332 頌其萬年
8.4333 頌其萬年
8.4334 頌其萬年
8.4335 頌其萬年
8.4336 頌其萬年
8.4337 頌其萬年
8.4338 頌其萬年
8.4339 頌其萬年
8.4340 蔡其萬年眉壽
8.4341 子子孫多世其永寶
8.4342 訇其萬囟(斯)年
8.4343 牧其萬年壽考
9.4357 其永保用
9.4358 其永保用
9.4359 其永保用
9.4360 其永保用
9.4361 其永寶用
9.4362 其永寶用
9.4363 其永寶用
9.4364 其永寶用
9.4366 其永寶用
9.4367 其永寶用
9.4368 其永寶用
9.4369 其永寶用
9.4370 其永寶用
9.4371 其永寶用
9.4374 其子子孫孫永寶用
9.4375 其永用
9.4376 其永用
9.4381 其萬壽
9.4382 其萬年永寶

9.4383 其萬年永寶用
9.4385 其萬年永寶用
9.4386 其永寶用
9.4387 其永寶用
9.4388 其萬年永寶用
9.4390 其子子孫孫永寶用享
9.4391 其永寶用
9.4394 其邁(萬)年永寶用
9.4395 其邁(萬)年永寶用
9.4397 爲其旅盨
9.4398 其子子孫孫永寶用
9.4399 其邁(萬)年永寶用
9.4400 其永寶用
9.4401 其永寶用
9.4402 其萬年
9.4403 其萬年
9.4404 其邁(萬)年永寶用
9.4405 其子子孫孫永寶用
9.4407 其邁(萬)年
9.4408 其邁(萬)年
9.4409 其邁(萬)年
9.4410 其萬年
9.4411 其萬年
9.4412 其萬年
9.4413 其邁(萬)年
9.4419 其永寶用享
9.4420 延其萬年永寶
9.4421 延其萬年永寶
9.4422 其子子孫孫永匋(寶)用
9.4423 其萬年眉壽
9.4424 其子子孫孫萬年永寶用
9.4425 晲叔其萬年
9.4426 其萬年無疆
9.4427 走父以(與)其子子孫孫寶用
9.4428 其子子孫萬年永寶用
9.4429 子子孫其萬年
9.4430 其子子孫孫永寶用
9.4431 其邁(萬)年無疆
9.4434 其萬年無疆
9.4437 其肇乍(作)其皇考伯明父寶段/其萬年眉壽
9.4440 其萬年眉壽
9.4441 其萬年眉壽
9.4442 乍(作)其延(征)盨/其陰其陽/慶其以臧
9.4443 乍(作)其延(征)盨/其陰其陽/慶其以臧
9.4444 乍(作)其延(征)盨/其陰其陽/慶其以臧
9.4445 乍(作)其延(征)盨/其陰其陽/慶其以臧
9.4446 伯梁其乍(作)旅須(盨)
9.4447 伯梁其乍(作)旅須(盨)
9.4448 其用享孝于皇申(神)、祖考/其萬年永寶用
9.4449 其用享孝于皇申(神)、祖考/其萬年永寶用
9.4450 其用享孝于皇申(神)、祖考/其萬年永寶用
9.4451 其用享孝于皇申(神)、祖考/其萬年永寶用
9.4452 其用享孝于皇申(神)、祖考/其萬年永寶用
9.4453 其用享用孝于皇祖、文考/其子子孫萬年
9.4454 奠(鄭)季其子子孫孫永寶用
9.4455 奠(鄭)季其子子孫孫永寶用
9.4456 奠(鄭)季其子子孫孫永寶用
9.4457 奠(鄭)季其子子孫孫永寶用
9.4458 其肇乍(作)其皇孝(考)、皇母旅盨段/悆其萬年眉壽
9.4459 其百男、百女、千孫/其邁(萬)年眉壽
9.4460 其百男、百女、千孫/其邁(萬)年眉壽
9.4461 其百男、百女、千孫/其邁(萬)年眉壽
9.4462 瘨其萬年/子子孫其永寶
9.4463 瘨其萬年/子子孫其永寶
9.4464 駒父其邁(萬)年
9.4465 克其用朝夕享于皇祖考/皇祖考其數數彙彙/克其日賜休無疆/克其萬年
9.4466 其邑旃、烇(鄰)、䍐(置)/畗(復)友(賄)鬲比其田/其邑復畝、言二挹(邑)/其邑彶罘句、商、兒/其邑競、楙(槌)、甲三邑/其子子孫孫永寶用
9.4467 克其邁(萬)年
9.4468 克其邁(萬)年
9.4479 射南自乍(作)其簠
9.4480 射南自乍(作)其簠
9.4482 仲其父乍(作)旅簠
9.4483 仲其父乍(作)旅簠
9.4486 微乘鑄其寶簠
9.4503 西替乍(作)其妹靳尊簠
9.4504 其永用
9.4514 其萬年永寶
9.4515 其萬年永寶
9.4522 其子子孫孫永寶用
9.4523 其萬年永寶用
9.4524 其子子孫孫永寶用
9.4530 其萬年永寶
9.4532 其子子孫孫永寶用享
9.4535 其萬年永寶用
9.4536 □其邁(萬)年永寶用

9.4537 其邁(萬)年
9.4538 其邁(萬)年
9.4539 魯山奢淲鑄其寶簠
9.4540 魯山旅虎鑄其寶簠
9.4541 魯山旅虎鑄其寶簠
9.4545 叀爲其行器
9.4546 其子子孫孫永寶用享
9.4547 其子子孫永寶用享
9.4548 其子子孫孫永寶用享
9.4552 其萬年
9.4553 其邁(萬)年
9.4554 其萬年眉壽
9.4555 其萬年
9.4556 自乍(作)其簠
9.4557 商丘叔乍(作)其旅簠/其萬年
9.4558 商丘叔乍(作)其旅簠/其萬年
9.4559 商丘叔乍(作)其旅簠/其萬年
9.4560 其萬年眉壽
9.4563 其萬年
9.4564 其萬年
9.4565 其眉壽萬年
9.4566 其萬年眉壽
9.4567 其萬年眉壽
9.4568 其萬年眉壽
9.4570 其萬年眉壽
9.4571 其萬年眉壽
9.4572 其萬年
9.4574 其萬年眉壽
9.4575 楚子暖鑄其飤簠
9.4576 楚子暖鑄其飤簠
9.4577 楚子暖鑄其飤簠
9.4578 唯羌仲无擇其吉金/其子子孫孫永寶用享
9.4579 其子子孫孫永寶用享
9.4580 其萬年無疆
9.4581 唯伯其(麒)父慶(磬)乍(作)旅祜(簠)
9.4589 乍(作)其妹句敔夫人季子媵簠
9.4590 乍(作)其妹句敔夫人季子媵簠
9.4591 其萬〼
9.4592 其萬年眉壽
9.4594 子季嬴青擇其吉金/眉壽無其(期)
9.4598 其子子孫孫其永用之
9.4599 䣄(養)伯受用其吉金/乍(作)其元妹叔嬴爲心賸(媵)饙(餴)簠/其永用之
9.4605 嘉子伯昜臚用其吉金
9.4608 其眉壽
9.4609 其眉壽
9.4610 宇其眉壽
9.4611 宇其眉壽
9.4612 其眉壽無疆
9.4613 上鄀府擇其吉金/鑄其淄(䊷)簠
9.4614 曾□□擇其吉金/其眉壽無疆
9.4616 鄦(許)子妝擇其吉金/用鑄其簠/其子子孫孫羕(永)保用之
9.4618 樂子嚷豧擇其吉金/其眉壽
9.4619 孫叔左擇其吉金/其萬年
9.4620 叔朕擇其吉金
9.4621 叔朕擇其吉金
9.4622 叔朕擇其吉金
9.4623 鼄(邾)大(太)宰欉子掛(耕)鑄其簠/其眉壽以餴
9.4624 鼄(邾)大(太)宰欉子掛(耕)鑄其簠/其眉壽以餴
9.4625 長子𩧢臣擇其吉金/乍(作)其子孟孀(芈)之女賸(媵)簠/其眉壽
9.4626 免其萬年永寶用
9.4627 其匠(奐)、其玄、其黄
9.4628 其金孔吉/其子子孫孫永寶用享
9.4631 余擇其吉金黄鏞(铝)
9.4632 余擇其吉金黄鏞(铝)
9.4638 其邁(萬)年永保用
9.4639 其邁(萬)年永保用
9.4640 魯子仲之子歸父爲其善(膳)䡈(敦)
9.4641 隓(郧)公胄(克)鑄其餴(饙)鐳(敦)
9.4642 荆公孫鑄其善(膳)䡈(敦)
9.4643 其眉壽無期
9.4649 其惟因脊(齊)揚皇考
9.4681 其萬年永寶
9.4688 莫(暮)其𥙊
9.4689 其眉壽
9.4690 其眉壽
9.4691 其眉壽
9.4692 盧其永寶用享
10.4817 亞其
10.5012 酟其雞
10.5015 亞疑其(㠱)
10.5168 亞其戈父辛
10.5292 亞其(㠱)疑乍(作)母辛彝
10.5293 亞其(㠱)疑乍(作)母辛彝
10.5294 亞其(㠱)疑乍(作)母辛彝
10.5341 其用萬年
10.5342 其用萬年
10.5343 其永寶
10.5359 其永寶
10.5365 其子子孫孫永寶
10.5371 其子孫永寶
10.5376 其萬年
10.5381 其永寶用
10.5382 乍(作)其爲厥考宗彝
10.5401 其以父癸夙夕卿(佮)爾百聞(婚)遘(媾)
10.5406 其永寶用
10.5408 其子子孫孫永寶用
10.5411 其子子孫永寶

(寶)
10.5412 王令𠨍(邲)其兄(䀮)饙于夆田渴
10.5413 𠨍(邲)其賜貝
10.5414 𠨍(邲)其賜乍(作)册孯徵一、玗一
10.5418 免其萬年永寶用
10.5419 女(汝)其以成周師氏戍于𠨘(固)師(次)
10.5420 女(汝)其以成周師氏戍于𠨘(固)師(次)
10.5423 其子子孫孫永寶用
10.5426 其子子孫孫萬年
10.5430 其邁(萬)年寶
10.5431 尹其亘萬年受厥永魯/㠱長疑其子子孫孫寶用
10.5433 亦其子子孫孫永寶
11.5942 其永寶
11.5946 其孫孫子子永用
11.5948 其孫子永用
11.5953 犀㡪(肇)其乍(作)父己寶尊彝
11.5958 子子孫孫其永寶
11.5959 其永寶
11.5960 其永賜
11.5961 其子孫永寶
11.5964 子子孫孫其永寶
11.5966 子子孫其永寶
11.5969 其邁(萬)年
11.5972 □□乍(作)其爲乙考宗彝
11.5976 其西(百)世孫子永寶
11.5980 其子子孫孫邁(萬)年
11.5982 其萬年
11.5993 其用夙夜享于厥大宗/其用匄永福
11.6001 其萬年永寶
11.6002 其永寶
11.6005 其萬年永寶
11.6006 免其萬年永寶用
11.6008 其子子孫孫永用
11.6009 亦其子子孫孫永寶
11.6011 不(丕)其則/盠曰：余其敢對揚天子之休/盠曰：其邁(萬)年
11.6013 盠曰：不(丕)叚(遐)不(丕)其(基)
11.6014 曰：余其宅茲中或(國)
11.6015 孫孫子子其永亡冬(終)
12.6489 其(箕)史乍(作)祖己寶尊彝
12.6507 其邁(萬)禾(年)
12.6515 其鼎此𤖏祼
12.6946 亞其
12.6947 亞其
12.6948 亞其
12.6949 亞其
12.6950 亞其
12.6951 亞其
12.6952 亞其
12.6953 亞其
12.6954 亞其
12.6955 亞其
12.7302 亞或其訦乍(作)父己彝
13.7831 亞其
13.7832 亞其
13.7833 亞其
13.7834 亞其
13.7835 亞其
13.7836 亞其
13.7837 亞其
13.7838 亞其
13.7839 亞其
13.7840 亞其
13.7841 亞其
13.7842 亞其
13.7843 亞其
15.9127 其
15.9163 亞其(箕)
15.9226 𩚯其雞
15.9297 其永寶
15.9302 其子子孫孫邁(萬)年
15.9303 其永寶
15.9429 子子孫其永寶
15.9431 其萬年用鄉(饗)賓
15.9434 其萬年
15.9437 其萬年
15.9438 其萬年永寶用
15.9440 其萬年/其永寶用
15.9441 其萬年/其永寶用
15.9442 媿氏其眉壽
15.9443 其萬年
15.9444 其邁(萬)年永寶用
15.9446 𦾔(嘉)仲者比用其吉金/其永用之
15.9447 其邁(萬)年
15.9453 子子孫其永寶
15.9456 厥貯(賈)其舍(捨)田十田/其舍(捨)田三田/𩰫(豳)趙、衛小子𩠬逆者(諸)其鄉(饗)/衛其萬年
15.9606 纕(襄)安君其鉼(瓶)
15.9612 其子子孫孫永寶
15.9614 其永寶用
15.9615 其永寶用
15.9618 其邁(萬)年/其邁(萬)年
15.9620 其邁(萬)年永寶用
15.9623 其萬年永寶用
15.9624 其萬年永寶用
15.9627 其邁(萬)年無彊
15.9630 其永寶用享
15.9633 其萬年永寶用
15.9634 其萬年永寶用
15.9635 其萬年
15.9637 用其吉金
15.9639 邛(江)君婦龢乍(作)其壺
15.9642 其萬年
15.9643 其邁(萬)年
15.9651 其邁(萬)年
15.9652 其邁(萬)年
15.9653 僕其萬年
15.9654 僕其萬年
15.9655 其用享

15.9659 其眉壽無期
15.9661 其萬年
15.9662 其眉壽萬年
15.9667 其邁(萬)年
15.9668 其邁(萬)年
15.9669 其萬年
15.9670 番其萬年
15.9671 其萬年
15.9672 仲自(師)父其用沓(侑)
15.9676 㑌句乍(作)其寶壺 / 其萬年
15.9677 䀠以𡆧其吉〔金〕/ 其永用之
15.9680 其成公鑄子孟妃朕(媵)盥壺
15.9681 復公仲擇其吉金 / 其賜公子孫
15.9688 其萬年眉考(老)
15.9690 其用享于宗 / 其子子孫孫邁(萬)年
15.9691 其用享于宗 / 其子子孫孫邁(萬)年
15.9696 其邁(萬)年
15.9697 伯車父其萬年
15.9701 其眉壽無疆
15.9704 永保其身
15.9709 羕(永)保其身
15.9713 其萬年
15.9716 梁其乍(作)尊壺 / 其百子千孫
15.9717 梁其乍(作)尊壺 / 其百子千孫 / 其子子孫孫永寶用
15.9718 其邁(萬)年
15.9719 其永用之
15.9720 其永用之
15.9721 其邁(萬)年
15.9722 其邁(萬)年
15.9723 瘐其萬年永寶
15.9724 瘐其萬年永寶
15.9725 克克其子子孫孫永寶用享
15.9726 瘐其萬年永寶
15.9727 瘐其萬年永寶
15.9728 其永寶用
15.9729 齊侯女雷巿(聿)喪其𠂤(舅)/ 余不其事(使)女(汝)受朿(刺)/ 爾其遭(躋)受御 / 其人民都邑堇(謹)宴舞
15.9730 齊侯女雷巿(聿)喪其𠂤(舅)/ 余不其事(使)女(汝)受朿(刺)/ 爾其遭(躋)受御 / 其人民都邑堇(謹)宴舞
15.9731 頌其萬年眉壽
15.9732 頌其萬年眉壽
15.9733 擇其吉金 / 台(以)鑄其𣿦(盥)壺 / 殺其□□□□斀(鬭)者 /□其士女 / 罢(罼)其王駟 / 剑不□其王乘駐(牡)/ 庚蔵(捷)其兵虢(皋)車馬
15.9734 其逾(會)女(如)林
15.9735 天不臭(斁)其又(有)忈(願)/ 余智(知)其忠誚(信)旃 / 不貳(膩、貳)其心 / 乏其先王之祭祀 / 賙(貯)曰: 爲人臣而返(反)臣其宔(主)/ 天子不忘其又(有)勛 / 使其老筋(策)賞仲父 / 其即得民 / 其永保用亡疆
15.9822 其子子孫永寶
15.9823 其邃㶾弗述(墜)/ 其乍(作)彝
15.9824 其萬年無疆
15.9825 其萬年無疆
15.9826 其邁(萬)年永寶
15.9827 其用萬人(年)
16.9889 子子孫孫其永寶
16.9891 其子子孫孫邁(萬)年
16.9892 余其萬年𩰫
16.9893 孫孫子子其永寶
16.9895 其永寶
16.9896 魯其萬年
16.9898 吳其世子孫永寶用
16.9899 盠曰: 天子不(丕)叚(遐)不(丕)其(基)
16.9900 盠曰: 天子不(丕)叚(遐)不(丕)其(基)
16.9912 亞其
16.9962 其子子孫孫永寶用
16.9964 其萬年
16.9965 其萬年
16.9967 其萬年
16.9968 其萬年
16.9969 其萬年
16.9970 其萬年
16.9971 其萬年
16.9972 其萬年
16.9980 其眉壽無疆
16.9981 其眉壽
16.10005 孟滕姬擇其吉金
16.10008 擇其吉金
16.10085 孫孫子子其寶用
16.10089 其萬年
16.10090 其子子孫孫永寶用
16.10091 其邁(萬)年
16.10092 其萬年
16.10093 其萬年
16.10094 其萬年
16.10096 其永寶用鄉(饗)
16.10099 郐(徐)王義楚擇其吉金
16.10102 其邁(萬)年
16.10107 其萬年
16.10108 其萬年
16.10110 德其肇乍(作)盤 / 其萬年眉壽
16.10111 其萬年
16.10112 其邁(萬)年
16.10113 其永寶用
16.10114 其永寶用
16.10115 其永寶用
16.10116 其萬年
16.10117 其邁(萬)年
16.10119 媿氏其眉壽
16.10120 其孫孫子子永寶用
16.10123 其萬年
16.10124 乍(作)鑄其御般(盤)
16.10125 其子子孫孫永寶用享
16.10130 其萬年疆無

16.10132 其萬年無疆
16.10133 其眉壽萬年
16.10134 攸(掀)仲鬻(窔)履用其吉金/其永用之
16.10135 其邁(萬)年無疆
16.10136 唯番君伯歔(攏)用其青金
16.10137 用擇其吉金
16.10138 曾師季韩(芾)用其士(吉)金
16.10139 其萬年
16.10140 唯番昶伯者君用其吉金
16.10141 其萬年無疆
16.10142 其萬年無疆
16.10143 唯般仲柔乍(作)其盤/其萬年
16.10145 其萬年
16.10146 其永用之
16.10147 其眉壽
16.10148 楚嬴鑄其寶盤/其萬年
16.10149 其萬年
16.10150 唯𠂤右自乍(作)用其吉金寶般(盤)
16.10153 其子孫永保用之
16.10154 乍(作)其子孟姬嬰朕(媵)盤/其眉壽萬年
16.10155 埜(棠)湯叔伯氏荏鑄其尊/其萬年無疆
16.10156 唯曾子伯眈用其吉金/其黄耇霝(靈)冬(終)
16.10161 其萬年寶用
16.10163 其眉壽萬年/永保其身
16.10164 琱娟(妘)其萬年
16.10165 者尚余卑□於𠬝(即?)擇其吉金/自乍(作)鑄其般(盤)
16.10166 子孫其永寶
16.10167 其萬年眉壽、黄耇
16.10168 其丙(百)世子子孫孫永寶用
15.10169 其子子孫孫永寶用
16.10170 休其萬年
16.10172 寰其邁(萬)年
16.10173 彤矢其央
16.10174 毋敢不出其貟(帛)、其責(積)、其進人/其責(積)/其唯我者(諸)侯、百生(姓)/其眉壽
16.10175 義(宜)其禋(禋)祀/其日蔑曆/其萬年永寶用
16.10202 其用〔子〕孫享
16.10206 其萬人(年)用
16.10210 其永寶用
16.10212 工虞季生乍(作)其盥會匜
16.10213 其子子孫孫永用
16.10215 其子子孫孫永寶用
16.10217 其永寶用
16.10220 其邁(萬)年
16.10222 其邁(萬)年永寶用
16.10224 其邁(萬)年
16.10225 其子子孫孫永寶用
16.10226 其子子孫孫永寶用
16.10231 其邁(萬)年
16.10232 其萬壽
16.10233 齊侯子行乍(作)其寶也(匜)
16.10235 其萬年子子孫孫用之
16.10236 鼄(邾)𨥙(斯)寶鬲其□
16.10237 其萬年
16.10238 其萬年
16.10239 其萬年
16.10240 其邁(萬)年眉壽用之
16.10242 其萬年
16.10243 其萬年
16.10244 其永寶用
16.10245 其萬年無疆
16.10247 媿氏其眉壽
16.10248 其萬年
16.10249 其萬年
16.10250 其萬年無疆
16.10251 唯筸肇其乍(作)顋(沬)鼎也(匜)/其萬年無疆
16.10252 其子子孫孫永用
16.10255 其子孫永寶用
16.10256 其永寶用享
16.10258 其萬年
16.10259 其萬年無疆
16.10262 其萬年
16.10263 其眉壽萬年
16.10265 其萬年無畺(疆)
16.10266 其萬年無疆
16.10268 其萬年
16.10269 其萬年
16.10270 其子子孫孫/其萬年永寶用
16.10271 其萬年
16.10272 其邁(萬)年無疆
16.10273 楚嬴(嬴)鑄其匜/其萬年
16.10275 其萬年眉壽
16.10276 其眉壽無疆
16.10277 〔作〕其庶女𪈲(厲、賴)孟姬賸(媵)也(匜)/其眉壽
16.10278 鑄其行也(匜)/其邁(萬)年
16.10280 其眉壽萬年/羕(永)保其身
16.10281 其萬年無疆
16.10282 其眉壽邁(萬)年/永保其身
16.10298 吳王光擇其吉金
16.10299 吳王光擇其吉金
16.10310 其萬年
16.10311 其萬年
16.10312 其萬年
16.10313 其萬年永寶
16.10314 其萬年
16.10315 其邁(萬)年
16.10316 其萬年眉壽
16.10317 其邁(萬)年

16.10318 其眉壽萬年/永保其身
16.10321 其永寶用
16.10322 永其邁(萬)年/永其逹寶用
16.10329 樊君萈(芫)用其吉金
16.10332 其眉壽用之
16.10334 其子子孫孫永寶用
16.10335 唯子言(碁)鑄其行盂
16.10336 用其吉金
16.10338 乍(作)其餴(饋)盆/其眉壽無疆
16.10340 彭子仲擇其吉金/其眉壽無疆
16.10341 其眉壽
16.10356 蔡大(太)史𢍰乍(作)其鉚
16.10391 擇其吉金
16.10559 其(員)侯亞疑
17.11093 雍王其所馬
17.11243 其攻(工)眾
17.11244 其攻(工)眾
17.11288 自乍(作)其用戈
17.11290 鑄其元用
17.11295 章子鄭(國)尾其元金/爲其戎戈
17.11325 溥宮我其獻
17.11326 溥宮我其獻
17.11334 戠(戴)大䏍(酉)焆臣鑄其戟戈
17.11350 其攻(工)豎
17.11359 相邦冄(冉)其造
17.11400 用其良金/自乍(作)其元戈
18.11636 攻敔王夫差自乍(作)其元用
18.11637 攻敔王夫差自乍(作)其元用
18.11638 攻敔王夫差自乍(作)其元用
18.11639 攻敔王夫差自乍(作)其元用
18.11663 其㠯(以)乍(作)爲用元鐱(劍)
18.11668 擇其吉金
18.11719 其寶用
18.12110 見其金節則毋政(徵)/不見其金節則政(徵)
18.12111 見其金節則毋政(徵)/不見其金節則政(徵)
18.12112 見其金節則毋政(徵)/不見其金節則政(徵)
18.12113 見其金節則毋政(徵)/不見其金節則政(徵)

4145 筡(笭)

17.10820 筡(笭)

4146 簡

5.2707 右使車嗇夫鄭(齊)痤、工簡

4147 箄

16.10251 唯箄肇其乍(作)顯(沬)鼎也(匜)

4148 箮

1.272-8 又(有)共(恭)于箮(桓)武靈(靈)公之所/箮(桓)武靈(靈)公賜尸吉金鈇鎬

4149 箣(策)

15.9735 使其老箣(策)賞仲父/載之笄(簡)箣(策)

4150 箭

18.12110 毋載金、革、黽(鏑、管)箭
18.12111 毋載金、革、黽(鏑、管)箭
18.12112 毋載金、革、黽(鏑、管)箭

4151 箾(簫)

1.271 箾箾(肅肅)義政

4152 𣪘、皀(簋)

4.2276 強伯乍(作)自爲貞(鼎)𣪘
5.2676 乍(作)井姬用貞(鼎)𣪘
5.2677 乍(作)井姬用貞(鼎)𣪘
5.2705 爲寶器鼎二、𣪘二
5.2724 毛公旅鼎亦唯𣪘
5.2745 鼎𣪘具/又𣪘八
6.3247 乍(作)旅𣪘
6.3248 乍(作)旅𣪘
6.3249 乍(作)旅𣪘
6.3250 乍(作)旅𣪘
6.3251 乍(作)寶𣪘
6.3252 乍(作)寶𣪘
6.3253 乍(作)寶𣪘
6.3254 乍(作)寶𣪘
6.3255 乍(作)寶𣪘
6.3256 乍(作)寶𣪘
6.3257 乍(作)寶𣪘
6.3258 乍(作)寶𣪘
6.3259 乍(作)寶𣪘
6.3260 乍(作)寶𣪘
6.3293 伯乍(作)𣪘
6.3295 乍(作)用𣪘
6.3344 王妊乍(作)𣪘
6.3347 母姅乍(作)𣪘
6.3348 吕姜乍(作)𣪘
6.3351 伯乍(作)旅𣪘
6.3352 伯乍(作)旅𣪘
6.3353 伯乍(作)寶𣪘
6.3354 伯乍(作)寶𣪘
6.3355 伯乍(作)寶𣪘
6.3356 伯乍(作)寶𣪘
6.3357 伯乍(作)寶𣪘
6.3364 仲乍(作)寶𣪘
6.3368 翍乍(作)寶𣪘
6.3369 翍乍(作)寶𣪘
6.3370 央乍(作)寶𣪘
6.3371 旂乍(作)寶𣪘
6.3372 奪乍(作)寶𣪘
6.3373 舍乍(作)寶𣪘
6.3375 舟乍(作)寶𣪘
6.3376 閡乍(作)旅𣪘
6.3377 中乍(作)旅𣪘
6.3378 戜乍(作)旅𣪘
6.3392 乍(作)矩父𣪘
6.3412 乍(作)寶尊𣪘
6.3413 乍(作)寶用𣪘
6.3415 乍(作)旅𣪘
6.3416 乍(作)旅𣪘
6.3425 乍(作)父乙𣪘
6.3439 新宴乍(作)餴(饋)𣪘

6.3440 新𡠀乍(作)鏄(饙)𣪘
6.3442 膺(應)事乍(作)旅𣪘
6.3443 杝(栜)䊷(暌)乍(作)寶𣪘
6.3444 季㚤乍(作)旅𣪘
6.3445 舟虔乍(作)旅𣪘
6.3446 舟虔乍(作)旅𣪘
6.3447 仲州乍(作)寶𣪘
6.3448 季楚乍(作)寶𣪘
6.3453 乍(作)𢁒商彝𣪘
6.3455 乍(作)妊氏从𣪘
6.3456 乍(作)妊氏从𣪘
6.3458 乍(作)从𣪘
6.3459 乍(作)从𣪘
6.3461 農父乍(作)寶𣪘
6.3462 矩父乍(作)寶𣪘
6.3470 畢□□□父戊旅𣪘
6.3474 果乍(作)放(昉)旅𣪘
6.3475 阦乍(作)寶𣪘
6.3480 𣪕(椓)伯乍(作)旅𣪘
6.3481 縈伯乍(作)旅𣪘
6.3482 丮伯乍(作)旅𣪘
6.3484 □伯乍(作)寶𣪘
6.3485 叔𠤎(𦥑)乍(作)寶𣪘
6.3487 叔𢼊(㧃)乍(作)寶𣪘
6.3488 伯𨚕(僆)乍(作)旅𣪘
6.3489 伯𢦚乍(作)旅𣪘
6.3490 伯到乍(作)𡢃𣪘
6.3491 伯尚乍(作)寶𣪘
6.3496 伯乍(作)寶尊𣪘
6.3497 伯乍(作)寶尊𣪘
6.3499 伯乍(作)南宮𣪘
6.3500 乍(作)祖戊寶𣪘
6.3501 乍(作)祖戊寶𣪘
6.3509 乍(作)父乙寶𣪘
6.3510 乍(作)父乙寶𣪘
6.3511 乍(作)父乙寶𣪘
6.3527 𩵦伯乍(作)寶尊𣪘
6.3528 𩵦伯乍(作)寶尊𣪘
6.3529 𩵦伯乍(作)寶尊𣪘
6.3530 㐬伯乍(作)姬寶𣪘
6.3531 㐬伯乍(作)姬寶𣪘
6.3537 伯婁俯乍(作)寶𣪘
6.3540 伯乍(作)乙公尊𣪘
6.3541 伯乍(作)寶用尊𣪘
6.3542 伯乍(作)寶用尊𣪘
6.3543 仲獲父乍(作)寶𣪘
6.3545 仲師父乍(作)旅𣪘
6.3546 仲□父乍(作)寶𣪘
6.3547 仲酉父乍(作)旅𣪘
6.3548 仲言(?)父乍(作)旅𣪘
6.3550 敔仲乍(作)其旅𣪘
6.3551 城虢仲乍(作)旅𣪘
6.3552 叔虤乍(作)寶尊𣪘
6.3553 叔虤乍(作)寶尊𣪘
6.3554 叔虤乍(作)寶尊𣪘
6.3555 叔㑎父乍(作)叀𣪘
6.3557 季𡠀(姒)乍(作)用𣪘
6.3563 姞伋父乍(作)寶𣪘
6.3564 員父乍(作)寶尊𣪘
6.3569 戚姬乍(作)寶尊𣪘
6.3570 王乍(作)姜氏尊𣪘
6.3571 姜林母乍(作)𩰫(䥄)𣪘
6.3573 師𧄍其乍(作)寶𣪘
6.3578 陽尹乍(作)厥旅𣪘
6.3579 年姒乍(作)用𣪘
6.3581 長甶乍(作)寶尊𣪘
6.3582 長甶乍(作)寶尊𣪘
6.3584 𤇾(榮)子旅乍(作)寶𣪘
6.3585 嬴霝德乍(作)𩚅𣪘
6.3586 段(鍛)金𩑈乍(作)旅𣪘
6.3587 段(鍛)金𩑈乍(作)旅𣪘
6.3588 㞾(役)乍(作)䵼伯寶𣪘
6.3589 苇侯乍(作)登寶𣪘
6.3590 登(鄧)公牧乍(作)鏄(饙)𣪘
6.3591 登(鄧)公牧乍(作)鏄(饙)𣪘
6.3592 蔡侯𩕾(申)乍(作)淄(𩚅)𣪘
6.3593 蔡侯𩕾(申)乍(作)淄(𩚅)𣪘
6.3594 蔡侯𩕾(申)乍(作)淄(𩚅)𣪘
6.3595 蔡侯𩕾(申)乍(作)淄(𩚅)𣪘
6.3596 蔡侯𩕾(申)乍

(作)淄(飤)𣪘
6.3597 蔡侯䌛(申)乍(作)淄(飤)𣪘
6.3598 蔡侯䌛(申)乍(作)淄(飤)𣪘
6.3599 蔡侯䌛(申)乍(作)淄(飤)𣪘
6.3609 休乍(作)父丁寶𣪘
6.3615 𣁋(𡊨)敵(摅)伯具乍(作)寶𣪘
6.3616 𢐗伯乍(作)旅用鼎𣪘
6.3617 𢐗伯乍(作)旅用鼎𣪘
6.3618 𢐗伯乍(作)自爲貞(鼎)𣪘
6.3620 嫁(媛)仲乍(作)乙伯寶𣪘
6.3623 𥝅沽乍(作)父卯寶𣪘
6.3630 現乍(作)寶𣪘
6.3632 寧適乍(作)枊(甲)娟尊𣪘
6.3633 大(太)師乍(作)孟姜𩞄(饙)𣪘
6.3646 史述乍(作)父乙寶𣪘
6.3651 牧壁乍(作)父丁少(小)食𣪘
6.3668 噩(鄂)侯弟曆季自乍(作)𣪘
6.3671 旗嗣土(徒)梀乍(作)寶尊𣪘
6.3672 北伯邑辛乍(作)寶尊𣪘
6.3673 蛙乍(作)厥母寶尊𣪘
6.3676 旃乍(作)寶𣪘
6.3677 罠乍(作)寶𣪘
6.3678 伯蔡父乍(作)母嫊寶𣪘
6.3679 伯嘉父乍(作)叀姬尊𣪘
6.3680 伯嘉父乍(作)叀姬尊𣪘
6.3681 毅乍(作)寶𣪘
6.3690 伯乍(作)寶𣪘
6.3691 伯好父自鑄乍(作)爲旅𣪘
6.3700 𨄏乍(作)尊𣪘
6.3701 𨄏乍(作)尊𣪘
6.3702 彔乍(作)文考乙公寶尊𣪘
6.3703 同師乍(作)旅𣪘
6.3704 孟肅父乍(作)寶𣪘
6.3705 師𡨦父乍(作)季姞寶尊𣪘
6.3706 師𡨦父乍(作)叔姞寶尊𣪘
6.3707 內(芮)公乍(作)鑄從𣪘
6.3708 內(芮)公乍(作)鑄從𣪘
6.3709 內(芮)公乍(作)鑄從𣪘
6.3718 伯乍(作)寶𣪘
6.3720 康伯乍(作)登用𣪘
6.3721 康伯乍(作)登用𣪘
6.3722 莓(敏)伯乍(作)井姬寶𣪘
6.3724 叔宔(宇)乍(作)寶𣪘
6.3725 叔友父乍(作)尊𣪘
6.3726 友父乍(作)寶𣪘
6.3727 友父乍(作)寶𣪘
6.3728 叔妃乍(作)尊𣪘
6.3729 叔妃乍(作)尊𣪘
6.3730 季𣪘乍(作)旅𣪘
6.3731 𠨧乍(作)寶𣪘
6.3732 用乍(作)𩞄(饙)𣪘
6.3734 辰乍(作)𩞄(饙)𣪘
6.3735 旂乍(作)寶𣪘
6.3736 旂乍(作)寶𣪘
6.3737 㚔乍(作)豐𡢁寶𣪘
6.3738 意乍(作)寶𣪘
6.3739 穌(蘇)公乍(作)王妃盂𣪘
6.3740 齊史逗乍(作)寶𣪘
6.3741 乍(作)寶𣪘
6.3742 乍(作)寶尊𣪘
7.3743 乍(作)寶𣪘
7.3744 乍(作)寶𣪘
7.3745 㪤乍(作)厥𣪘兩
7.3746 𡟰琭𣪘用乍(作)智辛飤𣪘
7.3748 伯者父乍(作)寶𣪘
7.3751 稃(稡)乍(作)父枊(甲)寶𣪘
7.3752 𣏟侯曰:爲季姬𣪘
7.3753 仲師父乍(作)好旅𣪘
7.3754 仲師父乍(作)好旅𣪘
7.3755 中友父乍(作)寶𣪘
7.3756 中友父乍(作)寶𣪘
7.3757 仲五父乍(作)𣪘
7.3758 仲五父乍(作)𣪘
7.3759 仲五父乍(作)𣪘
7.3760 叔臨父乍(作)寶𣪘
7.3761 𤞷乍(作)寶𣪘
7.3762 伯就父乍(作)𠂤(飤)𣪘
7.3764 叔㮚父乍(作)寶𣪘
7.3765 伯幾父乍(作)𡙕(𩞄、饙)𣪘
7.3766 伯幾父乍(作)𡙕(𩞄、饙)𣪘
7.3767 𧟠㣧(誕)乍(作)寶𣪘
7.3768 𧟠㣧(誕)乍(作)寶𣪘
7.3769 乎乍(作)姞氏寶𣪘
7.3770 降(絳)人繁乍(作)寶𣪘
7.3771 晉人事(吏)寓乍(作)寶𣪘
7.3772 己(紀)侯乍(作)姜縈𣪘
7.3773 伯鬩乍(作)尊𣪘

7.3774 伯闢乍(作)尊𣪕
7.3775 登(鄧)公乍(作)膺(應)嫚𣪕(毗)朕(媵)𣪕
7.3776 登(鄧)公乍(作)膺(應)嫚𣪕(毗)朕(媵)𣪕
7.3777 散伯乍(作)矢姬寶𣪕
7.3778 散伯乍(作)矢姬寶𣪕
7.3779 散伯乍(作)矢姬寶𣪕
7.3780 散伯乍(作)矢姬寶𣪕
7.3781 侯氏乍(作)孟姬尊𣪕
7.3782 侯氏乍(作)孟姬尊𣪕
7.3783 仲競乍(作)寶𣪕
7.3784 伯倗乍(作)伯辯寶𣪕
7.3785 叡香妊乍(作)寶𣪕
7.3786 史寏乍(作)寶𣪕
7.3787 保子達乍(作)寶𣪕
7.3788 趞乍(作)寶𣪕
7.3789 史㫚(場)父乍(作)尊𣪕
7.3792 伯芀乍(作)寶𣪕
7.3793 伯梁父乍(作)嫭(龏)姞尊𣪕
7.3794 伯梁父乍(作)嫭(龏)姞尊𣪕
7.3795 伯梁父乍(作)嫭(龏)姞尊𣪕
7.3796 伯梁父乍(作)嫭(龏)姞尊𣪕
7.3797 歸叔山父乍(作)疊(嬗、姪)姬尊𣪕
7.3798 歸叔山父乍(作)疊(嬗、姪)姬尊𣪕
7.3799 歸叔山父乍(作)疊(嬗、姪)姬尊𣪕
7.3800 歸叔山父乍(作)疊(嬗、姪)姬尊𣪕
7.3801 歸叔山父乍(作)疊(嬗、姪)姬尊𣪕
7.3802 叔侯父乍(作)尊𣪕
7.3803 叔侯父乍(作)尊𣪕
7.3804 姞(㝬胡)衍乍(作)寶𣪕
7.3805 害叔乍(作)尊𣪕
7.3806 害叔乍(作)尊𣪕
7.3807 叙(搭)年伯自乍(作)其寶𣪕
7.3808 兮仲乍(作)寶𣪕
7.3809 兮仲乍(作)寶𣪕/兮仲乍(作)寶𣪕
7.3810 兮仲乍(作)寶𣪕
7.3811 兮仲乍(作)寶𣪕
7.3812 兮仲乍(作)寶𣪕
7.3813 兮仲乍(作)寶𣪕
7.3814 兮仲乍(作)寶𣪕
7.3815 敶(陳)侯乍(作)王嬀媵𣪕
7.3816 齊嬗(姪)姬乍(作)寶𣪕
7.3817 寺(邿)季故公乍(作)寶𣪕
7.3818 寺(邿)季故公乍(作)寶𣪕
7.3819 叔旦乍(作)寶𣪕
7.3820 虢姜乍(作)寶𣪕
7.3821 湋伯乍(作)意與尊𣪕
7.3827 敔乍(作)寶𣪕
7.3833 伯賓父乍(作)寶𣪕
7.3834 伯賓父乍(作)寶𣪕
7.3835 葷乍(作)父寶尊𣪕
7.3836 衛㚸(姒)乍(作)寶尊𣪕
7.3837 伯喜父乍(作)洹鎛(饙)𣪕
7.3838 伯喜父乍(作)洹鎛(饙)𣪕
7.3839 伯喜父乍(作)洹鎛(饙)𣪕
7.3840 詁乍(作)皇母尊𣪕
7.3841 詁乍(作)皇母尊𣪕
7.3842 孟奠父乍(作)尊𣪕
7.3843 孟奠父乍(作)尊𣪕
7.3844 孟奠父乍(作)尊𣪕
7.3845 妊嫢(理)母乍(作)南旁寶𣪕
7.3846 㓨伯達(達)乍(作)寶𣪕
7.3847 倗伯屭自乍(作)尊𣪕
7.3849 叔向父乍(作)婞(辛)姒尊𣪕
7.3850 叔向父乍(作)婞(辛)姒尊𣪕
7.3851 叔向父乍(作)婞(辛)姒尊𣪕
7.3852 叔向父乍(作)婞(辛)姒尊𣪕
7.3853 叔向父乍(作)婞(辛)姒尊𣪕
7.3854 叔向父乍(作)婞(辛)姒尊𣪕
7.3855 叔向父乍(作)婞(辛)姒尊𣪕
7.3856 伯家父乍(作)孟姜賸(媵)𣪕
7.3857 伯家父乍(作)孟姜賸(媵)𣪕
7.3858 登(鄧)公乍(作)旅𣪕
7.3859 辛叔皇父乍(作)中姬尊𣪕
7.3860 膺(應)侯乍(作)姬邍母尊𣪕
7.3863 彔乍(作)厥文考乙公寶尊𣪕
7.3865 戜乍(作)祖庚

尊𣪘
7.3866 城虢遣生(甥)乍(作)旅𣪘
7.3867 洹秦乍(作)祖乙寶𣪘
7.3868 亶乍(作)祖辛寶𣪘
7.3869 亢僕乍(作)父己尊𣪘
7.3870 叔向父爲備寶𣪘兩、寶鼎二
7.3871 夨王乍(作)奠(鄭)姜尊𣪘
7.3872 旅仲乍(作)諆寶𣪘
7.3873 埶(藝)其乍(作)寶𣪘
7.3874 𤸫嫼乍(作)尊𣪘
7.3875 𤸫嫼乍(作)尊𣪘
7.3876 𤸫嫼乍(作)尊𣪘
7.3877 季佝父逬乍(作)寶𣪘
7.3878 奠(鄭)牧馬受乍(作)寶𣪘
7.3879 奠(鄭)牧馬受乍(作)寶𣪘
7.3880 奠(鄭)牧馬受乍(作)寶𣪘
7.3881 栦車父乍(作)郥(鄖)姞㚔(餴、饙)𣪘
7.3882 栦車父乍(作)郥(鄖)姞餴(饙)𣪘
7.3883 栦車父乍(作)郥(鄖)姞餴(饙)𣪘
7.3884 栦車父乍(作)郥(鄖)姞餴(饙)𣪘
7.3885 栦車父乍(作)郥(鄖)姞餴(饙)𣪘
7.3886 栦車父乍(作)郥(鄖)姞餴(饙)𣪘
7.3887 伯𨑏父乍(作)嫭寶𣪘
7.3888 𢻱(揸)其肇乍(作)𣪘
7.3889 𢻱(揸)其肇乍(作)𣪘
7.3890 廣乍(作)叔彭父寶𣪘
7.3891 井𠂇叔安父自乍(作)寶𣪘
7.3892 師㫚父乍(作)寶𣪘
7.3893 齊巫姜乍(作)尊𣪘
7.3894 孷(㢑)父乍(作)姬獻賸(媵)𣪘
7.3895 䍙仲奠父乍(作)尊𣪘
7.3896 鑄其寶𣪘
7.3897 杞伯每刃乍(作)䵼(邾)㜏寶𣪘
7.3898 杞伯每刃乍(作)䵼(邾)㜏寶𣪘
7.3899 杞伯每刃乍(作)䵼(邾)㜏寶𣪘
7.3900 杞伯每刃乍(作)㜏寶𣪘
7.3901 杞伯每刃乍(作)䵼(邾)㜏寶𣪘
7.3902 杞伯每刃乍(作)䵼(邾)㜏寶𣪘
7.3903 敶(陳)侯乍(作)嘉姬寶𣪘
7.3904 用乍(作)父丁尊𣪘
7.3908 量侯虘(豺)柞(作)寶尊𣪘
7.3909 臭乍(作)日辛尊寶𣪘
7.3910 是婁乍(作)文考寶𣪘
7.3911 是婁乍(作)文考寶𣪘
7.3914 大(太)師事(史)良父乍(作)寶𣪘
7.3915 周𩰫生(甥)乍(作)楷娟(妘)媅賸(媵)𣪘
7.3916 姞氏自牧(作)爲寶尊𣪘
7.3917 是騞乍(作)朕文考乙公尊𣪘
7.3918 隓仲孛乍(作)父日乙尊𣪘
7.3919 郜公聞自乍(作)餴(饙)𣪘
7.3920 伯百父乍(作)周姜寶𣪘
7.3921 叔𣪕父乍(作)朕文母、剌(烈)考尊𣪘
7.3922 叔𣪕父乍(作)朕文母、剌(烈)考尊𣪘
7.3923 豐井叔乍(作)伯姬尊𣪘
7.3924 東仲豆父乍(作)淄(𩰲)𣪘
7.3925 命父諲乍(作)寶𣪘
7.3926 命父諲乍(作)寶𣪘
7.3927 伯田父乍(作)井姺寶𣪘
7.3928 噩(鄂)侯乍(作)王姞㬱(媵)𣪘
7.3929 噩(鄂)侯乍(作)王姞㬱(媵)𣪘
7.3930 噩(鄂)侯乍(作)王姞㬱(媵)𣪘
7.3931 𩰫乍(作)王母媿氏餴(饙)𣪘
7.3932 𩰫乍(作)王母媿氏餴(饙)𣪘
7.3933 𩰫乍(作)王母媿氏餴(饙)𣪘
7.3934 𩰫乍(作)王母媿氏餴(饙)𣪘
7.3935 㹝生䜌乍(作)寶𣪘
7.3936 彔旁仲駒父乍(作)仲姜𣪘
7.3937 彔旁仲駒父乍(作)仲姜𣪘
7.3938 彔旁仲駒父乍(作)仲姜𣪘
7.3943 伯祈乍(作)文考幽仲尊𣪘
7.3944 鑄子叔黑臣肇乍(作)寶𣪘
7.3945 鴋(䳓、唐)姬乍(作)𤸫嫼賸(媵)𣪘
7.3946 中伯乍(作)亲(辛)姬䜌人寶𣪘
7.3947 中伯乍(作)亲(辛)姬䜌人寶𣪘
7.3950 誒乍(作)寶𣪘
7.3951 誒乍(作)寶𣪘
7.3952 格伯乍(作)晉姬寶𣪘
7.3953 □□自乍(作)寶𣪘

7.3954 用厥賓(儐)乍(作)丁寶𣪘
7.3955 兑乍(作)朕皇考叔氏尊𣪘
7.3956 仲叀父乍(作)鎛(饙)𣪘
7.3957 仲叀父乍(作)鎛(饙)𣪘
7.3958 叔角父乍(作)朕皇考宕(宄)公尊𣪘
7.3959 叔角父乍(作)朕皇考宕(宄)公尊𣪘
7.3960 孟弼父乍(作)寶𣪘
7.3961 孟弼父乍(作)寶𣪘
7.3962 孟弼父乍(作)幻伯妊賸(媵)𣪘八
7.3963 孟弼父乍(作)幻伯妊賸(媵)𣪘八
7.3964 仲殷父鑄𣪘
7.3965 仲殷父鑄𣪘
7.3966 仲殷父鑄𣪘
7.3967 仲殷父鑄𣪘
7.3968 仲殷父鑄𣪘
7.3969 仲殷父鑄𣪘
7.3970 仲殷父鑄𣪘
7.3971 虢季氏子緻(組)乍(作)𣪘
7.3972 虢季氏子緻(組)乍(作)𣪘
7.3973 虢季氏子緻(組)乍(作)𣪘
7.3974 魯伯大父乍(作)季姬婧賸(媵)𣪘
7.3977 乍(作)𣪘
7.3978 滌(濂)姬乍(作)父庚尊𣪘
7.3979 呂伯乍(作)厥宮室寶尊彝𣪘
7.3980 吳彩父乍(作)皇祖考庚孟尊𣪘
7.3981 吳彩父乍(作)皇祖考庚孟尊𣪘
7.3982 吳彩父乍(作)皇祖考庚孟尊𣪘
7.3983 伯庶父乍(作)王姑凡姜尊𣪘
7.3984 陽飤(食)生(甥)自乍(作)尊𣪘
7.3985 陽飤(食)生(甥)自乍(作)尊𣪘
7.3986 德克乍(作)朕文祖考尊𣪘
7.3987 魯大(太)宰邍父乍(作)季姬牙賸(媵)𣪘
7.3988 魯伯大父乍(作)孟姜賸(媵)𣪘
7.3989 魯伯大父乍(作)仲姬俞賸(媵)𣪘
7.3991 乃孫乍(作)寶𣪘
7.3992 乃孫乍(作)寶𣪘
7.3993 翏乍(作)北子作𣪘
7.3994 翏乍(作)北柞𣪘
7.3995 伯偈父乍(作)姬麇寶𣪘
7.3996 吷客乍(作)朕文考日辛寶尊𣪘
7.3997 伯喜乍(作)朕文考剌公尊𣪘
7.3998 伯喜乍(作)朕文考剌公尊𣪘
7.3999 伯喜乍(作)朕文考剌公尊𣪘
7.4000 伯喜乍(作)朕文考剌公尊𣪘
7.4001 豐兮尸乍(作)朕皇考酉(尊)𣪘/豐兮尸乍(作)朕皇考尊𣪘
7.4002 豐兮尸乍(作)朕皇考尊𣪘
7.4003 豐兮尸乍(作)朕皇考酉(尊)𣪘
7.4004 乍(作)孟姜尊𣪘
7.4005 乍(作)孟姜尊𣪘
7.4006 乍(作)孟姜尊𣪘
7.4007 浂伯寺自乍(作)寶𣪘
7.4008 兮吉父乍(作)仲姜寶尊𣪘
7.4009 毛伯嚶(㖸)父乍(作)仲姚寶𣪘
7.4010 殳僭(𠑹)生(甥)乍(作)尹姞尊𣪘
7.4011 乍(作)我姑登(鄧)孟媿賸(媵)𣪘
7.4012 乍(作)我姑登(鄧)孟媿賸(媵)𣪘
7.4013 乍(作)我姑登(鄧)孟媿賸(媵)𣪘
7.4014 穌(蘇)公子癸父甲乍(作)尊𣪘
7.4015 穌(蘇)公子癸父甲乍(作)尊𣪘
7.4016 用乍(作)寶𣪘
7.4017 用乍(作)寶𣪘
7.4018 卓林父乍(作)寶𣪘
7.4019 曹伯狄乍(作)夙(宿)妫公尊𣪘
7.4021 寧肇諆(其)乍(作)乙考尊𣪘
7.4022 寧肇諆(其)乍(作)乙考尊𣪘
7.4023 用乍(作)厥寶尊𣪘
7.4024 奠(鄭)虢仲乍(作)寶𣪘
7.4025 奠(鄭)虢仲乍(作)寶𣪘
7.4026 奠(鄭)虢仲乍(作)寶𣪘
7.4027 伯䝞父乍(作)朕皇考徲伯、吳(虞)姬尊𣪘
7.4028 毛𢍰乍(作)寶𣪘
7.4032 官(管)李父乍(作)義友寶𣪘
7.4033 向䚄乍(作)旅𣪘
7.4034 向䚄乍(作)旅𣪘
7.4035 伯吉父乍(作)毅尊𣪘
7.4036 用乍(作)厥文考隮(奠)𣪘
7.4037 用乍(作)厥文考隮(奠)𣪘
7.4038 章叔將自乍(作)尊𣪘
7.4039 黄君乍(作)季劦秘賸(媵)𣪘
7.4040 邿遫(譴)乍(作)寶𣪘
7.4045 膺(應)侯乍(作)生杙姜尊𣪘

7.4047 眔子鼓𩰫鑄旅𣪕

7.4048 琱我父乍(作)交尊𣪕

7.4049 琱我父乍(作)交尊𣪕

7.4050 琱我父乍(作)交尊𣪕

7.4051 唯曾伯文自乍(作)寶𣪕

7.4052 唯曾伯文自乍(作)寶𣪕

7.4053 唯曾伯文自乍(作)寶𣪕

7.4054 自乍(作)□𣪕

7.4056 叔噩父乍(作)鸞姬旅𣪕

7.4057 叔噩父乍(作)鸞姬旅𣪕

7.4058 叔噩父乍(作)鸞姬旅𣪕

7.4061 畢鮮乍(作)皇祖益公尊𣪕

7.4062 㝬(胡)叔、㝬(胡)姬乍(作)伯媿賸(媵)𣪕

7.4063 㝬(胡)叔、㝬(胡)姬乍(作)伯媿賸(媵)𣪕

7.4064 㝬(胡)叔、㝬(胡)姬乍(作)伯媿賸(媵)𣪕

7.4065 㝬(胡)叔、㝬(胡)姬乍(作)伯媿賸(媵)𣪕/內(芮)叔墜父乍(作)寶𣪕

7.4066 㝬(胡)叔、㝬(胡)姬乍(作)伯媿賸(媵)𣪕/內(芮)叔墜父乍(作)寶𣪕

7.4067 㝬(胡)叔、㝬(胡)姬乍(作)伯媿賸(媵)𣪕/內(芮)叔墜父乍(作)寶𣪕

7.4068 乍(作)微姚寶𣪕

7.4069 乍(作)微姚寶𣪕

7.4070 乍(作)微姚寶𣪕

7.4071 孟姬㫖(脂)自乍(作)饆(饙)𣪕

7.4072 孟姬㫖(脂)自乍(作)饆(饙)𣪕

7.4073 伯椃乍(作)厥宮室寶𣪕

7.4074 ⿺辶叀刂(傳)乍(作)朕文考胤伯尊𣪕

7.4075 ⿺辶叀刂(傳)乍(作)朕文考胤伯尊𣪕

7.4089 事(史)族乍(作)寶𣪕

7.4090 眔朕文母季姬寶𣪕

7.4091 伯椃虘肈乍(作)皇考剌公尊𣪕

7.4092 伯椃虘肈乍(作)皇考剌公尊𣪕

7.4093 伯椃虘肈乍(作)皇考剌公尊𣪕

7.4094 伯椃虘肈乍(作)皇考剌公尊𣪕

7.4095 唯食生(甥)走馬谷自乍(作)吉金用尊𣪕

7.4096 乍(作)爲㞷(皇)祖大宗𣪕

7.4097 用爲寶器鼎二、𣪕二

7.4098 ⿱𦥑大乍(作)文祖考尊寶𣪕

7.4100 用乍(作)寶𣪕

7.4101 用乍(作)寶𣪕

7.4102 仲𠭰父乍(作)朕皇考遟伯、王(皇)母遟姬尊𣪕

7.4103 仲𠭰父乍(作)朕皇考遟伯、王(皇)母遟姬尊𣪕

7.4107 豐伯車父乍(作)尊𣪕

7.4108 叔擐父乍(作)孟姜尊𣪕

7.4109 內(芮)伯多父乍(作)寶𣪕

7.4110 魯士商𠭰肈乍(作)朕皇考叔猒父尊𣪕

7.4111 魯士商𠭰肈乍(作)朕皇考叔猒父尊𣪕

7.4112 命其永以(與)多友𣪕(餇)飤

7.4113 井南伯乍(作)鄭季姚好尊𣪕

7.4114 仲辛父乍(作)朕皇祖日丁、皇考日癸尊𣪕

7.4116 師害乍(作)文考尊𣪕

7.4117 師害乍(作)文考尊𣪕

7.4118 宴用乍(作)朕文考日己寶𣪕

7.4119 宴用乍(作)朕文考日己寶𣪕

7.4120 乍(作)召(?)伯聮(聯)保𣪕

8.4122 用乍(作)文祖辛公寶𪓋𣪕

8.4123 用乍(作)妊小寶𣪕

8.4124 封仲乍(作)朕皇考𧻚仲𪓋彝尊𣪕

8.4125 大乍(作)尊𣪕

8.4126 ⿲木未攵季肈乍(作)朕王母叔姜寶𣪕

8.4127 乍(作)鑄叔皮父尊𣪕

8.4128 用乍(作)我子孟⿰女害寑小尊賸(媵)𣪕

8.4129 勇叔買自乍(作)尊𣪕

8.4130 用乍(作)寶𣪕

8.4134 用乍(作)父乙寶尊彝𣪕

8.4135 用乍(作)父乙寶尊彝𣪕

8.4136 用乍(作)尊𣪕

8.4137 叔妣乍(作)寶尊𣪕

8.4139 乍(作)寶𣪕/用乍(作)文母楷妊寶𣪕

8.4141 函皇父乍(作)琱⿰女員(妘)般(盤)盉尊器𣪕具/又𣪕八

8.4142 函皇父乍(作)琱⿰女員(妘)般(盤)盉尊器𣪕具/又𣪕八

8.4143 函皇父乍(作)琱⿰女員(妘)般(盤)盉尊器𣪕具/又𣪕八

8.4147 善(膳)夫梁其乍(作)朕皇考惠仲、皇母惠妣尊𣪕

8.4148 善(膳)夫梁其乍(作)朕皇考惠仲、皇母惠妣尊𣪘
8.4149 善(膳)夫梁其乍(作)朕皇考惠仲、皇母惠妣尊𣪘
8.4150 善(膳)夫梁其乍(作)朕皇考惠仲、皇母惠妣尊𣪘
8.4151 善(膳)夫梁其乍(作)朕皇考惠仲、皇母惠妣尊𣪘
8.4152 㜏乍(作)皇妣𠚑(玲)君中妃祭器八𣪘
8.4154 師湯父有嗣仲枏父乍(作)寶𣪘
8.4155 師湯父有嗣仲枏父乍(作)寶𣪘
8.4156 自乍(作)寶𣪘
8.4157 竈(蛇)乎乍(作)寶𣪘
8.4158 竈(蛇)乎乍(作)寶𣪘
8.4159 用乍(作)辛公𣪘
8.4160 伯康乍(作)寶𣪘/永寶茲𣪘
8.4161 伯康乍(作)寶𣪘/永寶茲𣪘
8.4165 用乍(作)朕皇考大仲尊𣪘
8.4168 𤔲(蔣)兑乍(作)朕文祖乙公、皇考季氏尊𣪘
8.4169 用乍(作)朕文考寶尊𣪘
8.4170 乍(作)祖考𣪘
8.4171 乍(作)祖考𣪘
8.4172 乍(作)祖考𣪘
8.4173 乍(作)祖考𣪘
8.4174 乍(作)祖考𣪘
8.4175 乍(作)祖考𣪘
8.4176 乍(作)祖考𣪘
8.4177 乍(作)祖考𣪘
8.4179 用乍(作)鑄引仲寶𣪘
8.4180 用乍(作)鑄引仲寶𣪘
8.4181 用乍(作)鑄引仲寶𣪘
8.4182 虢姜乍(作)寶尊𣪘
8.4183 上鄀公敄人乍(作)尊𣪘
8.4184 用乍(作)尊𣪘
8.4185 用乍(作)尊𣪘
8.4186 用乍(作)尊𣪘
8.4187 用乍(作)尊𣪘
8.4188 乍(作)其皇祖考遟王、監伯尊𣪘
8.4189 乍(作)其皇祖考遟王、監伯尊𣪘
8.4190 乍(作)茲寶𣪘/用追孝於(于)我皇𣪘(舅)
8.4191 用乍(作)寶皇𣪘
8.4194 用乍(作)厥文㹈(考)尊𣪘
8.4195 用乍(作)尊𣪘
8.4196 用乍(作)寶𣪘
8.4197 用乍(作)寶𣪘
8.4199 用乍(作)文考公叔寶𣪘
8.4200 用乍(作)文考公叔寶𣪘
8.4202 用乍(作)寶𣪘
8.4203 用自乍(作)寶𣪘
8.4204 用自乍(作)寶𣪘
8.4208 用乍(作)𣪘
8.4209 用乍(作)朕文祖考寶尊𣪘
8.4210 用乍(作)朕文祖考寶尊𣪘
8.4211 用乍(作)朕文祖考寶尊𣪘
8.4212 用乍(作)朕文祖考寶尊𣪘
8.4213 用乍(作)寶𣪘
8.4214 用乍(作)文考施叔尊𣪘
8.4215 用乍(作)寶𣪘
8.4216 用乍(作)寶𣪘
8.4217 用乍(作)寶𣪘
8.4218 用乍(作)寶𣪘
8.4219 用乍(作)朕皇祖考尊𣪘
8.4220 用乍(作)朕皇祖考尊𣪘
8.4221 用乍(作)朕皇祖考尊𣪘
8.4222 用乍(作)朕皇祖考尊𣪘
8.4223 用乍(作)朕皇祖考尊𣪘
8.4224 用乍(作)朕皇祖考尊𣪘
8.4225 無㠱用乍(作)朕皇祖釐季尊𣪘
8.4226 無㠱用乍(作)朕皇祖釐季尊𣪘
8.4227 無㠱用乍(作)朕皇祖釐季尊𣪘
8.4228 無㠱用乍(作)朕皇祖釐季尊𣪘
8.4240 用乍(作)尊𣪘
8.4242 乍(作)朕皇祖幽大叔尊𣪘
8.4243 用乍(作)寶𣪘
8.4244 用自乍(作)寶尊𣪘
8.4245 用〔乍〕寶𣪘
8.4246 用乍(作)尊𣪘
8.4247 用乍(作)尊𣪘
8.4248 用乍(作)尊𣪘
8.4249 用乍(作)尊𣪘
8.4250 用乍(作)朕文考幽叔寶𣪘
8.4251 用乍(作)寶𣪘
8.4252 用乍(作)寶𣪘
8.4253 用乍(作)朕文祖寶𣪘
8.4254 用乍(作)朕文祖寶𣪘
8.4255 用乍(作)朕文考寶𣪘
8.4256 用乍(作)朕文祖考寶𣪘
8.4257 弭伯用乍(作)尊𣪘
8.4258 用乍(作)文考寶𣪘
8.4259 用乍(作)文考寶𣪘
8.4260 用乍(作)文考寶𣪘
8.4261 每(敏)敔王休于尊𣪘(殷)
8.4262 鑄保(寶)𣪘
8.4263 鑄保𣪘
8.4264 鑄保𣪘
8.4265 鑄保𣪘
8.4267 用乍(作)朕皇

考孝孟尊𣪘
8.4268 用乍(作)朕文考易仲尊𣪘
8.4270 用乍(作)朕文丂(考)𦮃(艽)仲尊寶𣪘
8.4271 用乍(作)朕文丂(考)𦮃(艽)仲尊寶𣪘
8.4272 用乍(作)朕皇祖伯囱(窗)父寶𣪘
8.4273 用乍(作)文母外姞尊𣪘
8.4274 用乍(作)皇祖城公𪊨𣪘
8.4275 用乍(作)皇祖城公𪊨𣪘
8.4276 用乍(作)朕文考䰜叔寶𣪘
8.4278 比乍(作)皇祖丁公、皇考叀公尊𣪘
8.4279 用乍(作)朕文祖益仲尊𣪘
8.4280 用乍(作)朕文祖益仲尊𣪘
8.4281 用乍(作)朕文祖益仲尊𣪘
8.4282 用乍(作)朕文祖益仲尊𣪘
8.4283 用乍(作)朕文考外季尊𣪘
8.4284 用乍(作)朕文考外季尊𣪘
8.4285 𣪘(即)立(位)/用乍(作)朕文考叀伯尊𣪘
8.4286 用乍(作)寶尊𣪘
8.4288 用乍(作)朕文考乙伯、宄姬尊𣪘
8.4289 用乍(作)朕文考乙伯、宄姬尊𣪘
8.4290 用乍(作)朕文考乙伯、宄姬尊𣪘
8.4291 用乍(作)朕文考乙伯、宄姬尊𣪘
8.4293 用乍(作)朕剌(烈)祖召公嘗𣪘
8.4294 余用乍(作)朕剌(烈)考富(憲)伯寶𣪘
8.4295 余用乍(作)朕剌(烈)考富(憲)伯寶𣪘
8.4296 鄀用乍(作)朕皇考龏伯尊𣪘
8.4297 鄀用乍(作)朕皇考龏伯尊𣪘
8.4298 用乍(作)朕皇考剌伯尊𣪘
8.4299 用乍(作)朕皇考剌伯尊𣪘
8.4300 用乍(作)丁公寶𣪘
8.4301 用乍(作)丁公寶𣪘
8.4302 用乍(作)朕皇考䰜王寶尊𣪘
8.4303 用乍(作)朕皇考癸公尊𣪘
8.4304 用乍(作)朕皇考癸公尊𣪘
8.4305 用乍(作)朕皇考癸公尊𣪘
8.4306 用乍(作)皇考考癸尊𣪘
8.4307 用乍(作)朕皇考考癸尊𣪘
8.4308 用乍(作)朕皇考癸公尊𣪘
8.4309 用乍(作)朕皇考癸公尊𣪘
8.4310 用乍(作)朕皇考癸公尊𣪘
8.4311 用乍(作)朕文考乙仲𪊨𣪘
8.4312 用乍(作)朕文考尹伯尊𣪘
8.4313 余用乍(作)朕後男巤尊𣪘
8.4314 余用乍(作)朕後男巤尊𣪘
8.4315 𣪘
8.4316 用乍(作)朕剌(烈)考日庚尊𣪘
8.4317 㝬(胡)乍(作)𪊨彝寶𣪘
8.4318 用乍(作)朕皇考䰜公𪊨𣪘
8.4319 用乍(作)朕皇考䰜公𪊨𣪘
8.4321 用乍(作)文祖乙伯、同姬尊𣪘
8.4322 用乍(作)文母日庚寶尊𣪘
8.4323 用乍(作)尊𣪘
8.4324 用乍(作)朕皇考輔伯尊𣪘
8.4325 用乍(作)朕皇考輔伯尊𣪘
8.4326 用乍(作)𣪘
8.4327 用乍(作)寶尊𣪘
8.4328 用乍(作)朕皇祖公伯、孟姬尊𣪘
8.4329 用乍(作)朕皇祖公伯、孟姬尊𣪘
8.4330 乍(作)茲𣪘
8.4331 用乍(作)朕皇考武𤔲幾王尊𣪘
8.4332 用乍(作)朕皇考龏叔、皇母龏始(姒)寶尊𣪘
8.4333 用乍(作)朕皇考龏叔、皇母龏始(姒)寶尊𣪘
8.4334 用乍(作)朕皇考龏叔、皇母龏始(姒)寶尊𣪘
8.4335 用乍(作)朕皇考龏叔、皇母龏始(姒)寶尊𣪘
8.4336 用乍(作)朕皇考龏叔、皇母龏始(姒)寶尊𣪘
8.4337 用乍(作)朕皇考龏叔、皇母龏始(姒)寶尊𣪘
8.4338 用乍(作)朕皇考龏叔、皇母龏始(姒)寶尊𣪘
8.4339 用乍(作)朕皇考龏叔、皇母龏始(姒)寶尊𣪘
8.4340 用乍(作)寶尊𣪘
8.4342 用乍(作)朕剌(烈)祖乙伯、同益姬寶𣪘
8.4343 用乍(作)朕皇文考益伯寶尊𣪘
9.4361 伯鮮乍(作)旅𣪘
9.4362 伯鮮乍(作)旅𣪘
9.4363 伯鮮乍(作)旅

毁
9.4364 伯鮮乍(作)旅毁
9.4375 叔謀父乍(作)旅盨毁
9.4376 叔謀父乍(作)旅盨毁
9.4410 伯庶父乍(作)盨毁
9.4412 華季嗌乍(作)寶毁
9.4415 敢肇乍(作)旅毁
9.4419 伯多父乍(作)成姬多母霝(鐕)毁
9.4428 朕(滕)侯穌乍(作)厥文考朕(滕)仲旅毁
9.4437 其肇乍(作)其皇考伯明父寶毁
9.4440 肇乍(作)皇考伯走父鍏(饋)盨毁
9.4441 肇乍(作)皇考伯走父鍏(饋)盨毁
9.4458 其肇乍(作)其皇孝(考)、皇母旅盨毁
9.4462 用乍(作)文考寶毁
9.4463 用乍(作)文考寶毁
9.4464 南仲邦父命駒父毁(即)南者(諸)侯
9.4666 衛始(姒)乍(作)饚(饙)皿毁
9.4667 衛始(姒)乍(作)饚(饙)皿毁
14.8351 毁(毁)祖辛
15.9729 齊侯女雷肴(聿)喪其毁(舅)
15.9730 齊侯女雷肴(聿)喪其毁(舅)
16.10164 鼎毁一具/毁八、兩罍、兩壺
16.10310 滋乍(作)盂毁
16.10565 師高乍(作)寶尊毁

4153 篚

15.9735 夙夜篚(匪)解(懈)

4154 篙

1.38 唯習(荆)篙(曆)屈柰(夕)

4155 築

16.10374 關人築桿戚釜(釜)

4156 簧

4.2361 畾簧爲
8.4317 簧黹朕心

4157 簞

5.2841 賜女(汝)秬鬯一卣、祼圭瓚寶、朱芾、悤(蔥)黄(衡)、玉環、玉瑹、金車、桒(賁)縟較(較)、朱鬮(鞹)靣靳、虎冟(冪)熏裏、右軛、畫轉、畫轁、金甬(桶)、道(錯)衡、金嶂(踵)、金家(軛)、莉(約)盛(盛)、金簞弼(茀)、魚箙、馬四匹、攸(鋚)勒、金嚨(臺)、金膺、朱旂二鈴(鈴)
8.4326 賜朱芾、悤(蔥)黄(衡)、鞞鞢(璲)、玉睘(環)、玉瑹、車、電軫、桒(賁)縟較(较)、朱鬮(鞹)靣靳、虎冟(冪)熏(纁)裏、道(錯)衡、右厄(軛)、畫轉、畫轁、金童(踵)、金家(軛)、金簞弼(茀)、魚葡(箙)、朱旂旜(旜)金芫二鈴

4158 簕(箬)

2.304 簕(姑)肄(洗)之宮
2.305 簕(姑)肄(洗)之翠(羽)/濁簕(姑)肄(洗)之商
2.306 簕(姑)肄(洗)之徵/濁簕(姑)肄(洗)之宮
2.307 簕(姑)肄(洗)之角/簕(姑)肄(洗)之宮曾/濁簕(姑)肄(洗)之翠(羽)
2.308 簕(姑)肄(洗)之歆(衍)商/簕(姑)肄(洗)之翠(羽)曾
2.309 簕(姑)肀(洗)之翠(羽)反
2.312 簕(姑)肄(洗)之喜(鼓)
2.313 簕(姑)肄(洗)之下角/簕(姑)肄(洗)之冬(終)
2.316 簕(姑)肄(洗)之翠(羽)/濁簕(姑)肄(洗)之商
2.317 簕(姑)肄(洗)之徵/簕(姑)肄(洗)之徵角/濁簕(姑)肄(洗)之冬(終)
2.318 簕(姑)肄(洗)之角/簕(姑)肄(洗)之宮曾/濁簕(姑)肄(洗)之翠(羽)

4159 簻(筥)

1.172 簻(筥)叔之仲子平
1.173 簻(筥)叔之仲子平
1.174 簻(筥)叔之仲子平
1.175 簻(筥)叔之仲子平
1.176 簻(筥)叔之仲子平
1.177 簻(筥)叔之仲子平
1.178 簻(筥)叔之仲子平
1.179 簻(筥)叔之仲子平
1.180 簻(筥)叔之仲子平
5.2732 鄦(鄀)宙之孫簻(筥)大(太)史申

4160 籟

11.6010 籟文王母
16.10171 籟(類)文王母

4161 篿、篿

11.5899 叡(摣)乍(作)

父戊寶篿(尊)彝

4162 尗

5.2598 尗(叔)史小子殺乍(作)寒姒好尊鼎

4163 菽(叔)

4.2052 菽乍(作)寶尊彝

4.2054 菽乍(作)寶尊彝

5.2836 賜女(汝)菽(素)市、參冋(絅)、芊悤(葱)

8.4132 王姜史(使)菽(叔)事(使)于大(太)保／賞菽(叔)鬱鬯、白金、趨(芻)牛／菽(叔)對大(太)保休

8.4133 王姜史(使)菽(叔)事(使)于大(太)保／賞菽(叔)鬱鬯、白金、趨(芻)牛／菽(叔)對大(太)保休

8.4324 賜女(汝)菽(素)市、金黄(衡)、赤舄、攸(鋚)勒／師龢父钕(胙)嫠菽(素)市

8.4325 賜女(汝)菽(素)市、金黄(衡)、赤舄、攸(鋚)勒／師龢父钕(胙)嫠菽(素)市

16.9898 王乎史戊册令(命)吳：嗣旃眔菽金

4164 來

1.251-6 微史剌(烈)祖來見武王

1.260 𠬝孳(子)廼遣閔來逆卲王

3.670 奄(郱)來隹乍(作)貞(鼎)

4.2396 來

5.2682 王來奠新邑

5.2728 唯公大(太)保來伐反(叛)尸(夷)年／來(萊)

5.2730 唯王來各于成周年

5.2765 蝺(蚋)來遘于妊氏

5.2838 〔若〕來歲弗賞(償)

7.4047 唯巢來钕(迮)

8.4122 伯雍父來自誅(胡)

8.4292 召來合事

8.4328 余來歸獻禽(擒)

8.4329 余來歸獻禽(擒)

10.5395 王來獸自豆彔(麓)

11.5990 唯王來征人(夷)方

15.9429 來父乍(作)盉

15.9729 齊侯命大(太)子乘遽來句宗伯

15.9730 齊侯命大(太)子乘遽來句宗伯

16.9894 唯來束(東)

16.10175 微史剌(烈)祖廼來見武王

16.10342 莫不來〔王〕

16.10372 齊遣卿大夫眔來聘

4165 乘、棶

3.944 棶(萊)册

4.1619 棶(萊)父己

10.4749 棶

12.7027 棶毌

12.7028 棶毌

15.9299 棶

17.10868 棶毌

4166 𠦪

10.4747 𠦪

10.4748 𠦪

11.5500 𠦪

11.5604 𠦪祖己

4167 麥

3.490 麥乍(作)彝

5.2706 井(邢)侯征(延)噣(嚌)于麥／麥賜赤金

11.6015 乍(作)册麥賜金于辟侯／麥揚／唯天子休于麥辟侯之年鑄

15.9451 井(邢)侯光厥事(吏)麥／鬲(嗝、鬲)于麥宮／侯賜麥金

16.9893 鬲于麥宮

16.10085 麥𠦪乍(作)鋄(鋚)般(盤)

4168 麳

1.15 留爲叔麳禾(龢)鐘

4169 米

10.5255 似向(餉)米宴(宮)尊彝

11.5779 米宴(宮)尊彝

12.7204 米宮彝

15.9299 王令般兄(貺)米于鈚(搤)

4170 粆(粭)

18.11557 相邦春平侯、邦左伐器工師長翟(鳳)、冶粆(粭)敎(撻)齋(劑)

4171 料

16.10326 嗣料柬所〔持〕

16.10327 嗣料柬所寺(持)

16.10374 閉料于□外

4172 粊(糜)

6.3125 龚(肇)虎粊

7.4039 黄君乍(作)季劦粊賸(媵)殷

4173 粭

4.2516 粭娼(妘)乍(作)寶鼎

4174 粱

9.4620 以歡稻粱

9.4621 以歡稻粱

9.4622 以歡稻粱

9.4627 用成(盛)术(秫)牐(稻)糕粱

9.4628 用成(盛)稚(糕)牐(稻)需(糯)粱

9.4631 用盛稻粱

9.4632 用盛稻粱

4175 糈、稰

3.914 鑄器客爲集糈七

府

18.12110 命集尹恝(怊)⿰米者(楮)、㦰(織)尹逆、㦰(織)敂(令)阢

18.12111 命集尹恝(怊)⿰米者(楮)、㦰(織)尹逆、㦰(織)敂(令)阢

18.12112 命集尹恝(怊)⿰米者(楮)、㦰(織)尹逆、㦰(織)敂(令)阢

18.12113 命集尹恝(怊)⿰米者(楮)、㦰(織)尹逆、㦰(織)敂(令)阢

4176　⿰米帚

3.680 成伯孫父乍(作)⿰米帚羸尊鬲

4177　⿱般米

2.287 爲⿱般米鐘徵

2.290 在晉爲⿱般米鐘

2.292 爲⿱般米鐘徵

2.294 爲⿱般米鐘徵曾

2.319 在晉爲⿱般米鐘

2.322 其在晉也爲⿱般米鐘

2.326 爲⿱般米鐘羿(羽)

2.327 爲⿱般米鐘徵

2.329 爲⿱般米鐘徵曾

4178　綅

6.3583 史綅乍(作)寶尊彝

4179　⿰糸殳

16.10175 左右⿰糸殳(綬)⿰糸殳剛鯀

4180　⿰米隹、⿰米焦

9.4627 用成(盛)朮(秫)旝(稻)⿰米焦粱

9.4628 用成(盛)⿰米隹(⿰米焦)旝(稻)需(糯)粱

4181　糧

16.10320 郐(徐)王季糧之孫宜桐

4182　⿰米盍(饁)

4.2299 鑄客爲集⿰米盍(饁)爲之

4183　瓜

15.9719 命(令)瓜(狐)君嗣子

15.9720 命(令)瓜(狐)君嗣子

4184　華

1.245 鼄(邾)公華擇厥吉金

3.547 華

3.548 華

3.549 華

3.550 華

3.551 華

3.552 華

3.553 華

3.554 華

3.555 華

3.556 華

3.557 華

3.558 華

4.2418 己(紀)華父乍(作)寶鼎

5.2541 華

5.2542 華

5.2543 華

5.2544 華

5.2545 華

5.2547 華季嗌乍(作)寶鼎

5.2792 王在華宮㝉

5.2836 克曰：穆穆朕文祖師華父／巠(經)念厥聖保祖師華父／用乍(作)朕文祖師華父寶䵼彝

7.4112 王在華

8.4202 王在華宮

8.4321 先虎臣後庸：西門尸(夷)、秦尸(夷)、京尸(夷)、㠯尸(夷)、師笭、側新(薪)、□華尸(夷)、弁豸尸(夷)、㕑人、成周走亞、戍、秦人、降人、服尸(夷)

9.4386 華

9.4387 華

9.4412 華季嗌乍(作)寶𣪘

15.9638 華母自乍(作)薦壺

16.10321 司寮女寮：奚、微、華

17.11160 即墨華之造用

4185　朿(刺)

3.538 正朿(刺)

3.878 朿(刺)

3.879 朿(刺)

3.896 朿(刺)叔乍(作)寶尊彝

3.901 朿(刺)弜乍(作)父乙尊彝

3.920 朿(刺)

3.1245 朿(刺)

3.1246 朿(刺)

3.1247 朿(刺)

4.2125 朿(刺)册

4.2408 亞朿(刺)

4.2486 亞朿(刺)

5.2725 亞朿(刺)

5.2726 亞朿(刺)

5.2730 朿(刺)

5.2758 公朿(刺)鑄武王、成王異鼎

5.2759 公朿(刺)鑄武王、成王異鼎

5.2760 公朿(刺)鑄武王、成王異鼎

5.2761 公朿(刺)鑄武王、成王異鼎

6.3437 朿(刺)淩乍(作)尊彝

7.4059 王朿(來)伐商邑

8.4157 朿(刺)

8.4158 朿(刺)

10.4912 朿(刺)父乙

10.4944 朿(刺)父丁

10.5303 朿(刺)叔乍(作)厥寶尊彝

10.5333 公賞朿

11.6242 父乙朿(刺)

11.6317 父辛朿(刺)

12.6744 朿(刺)

13.8013 朿(刺)乙

13.8035 朿(刺)己

13.8170 保朿(刺)

14.8471 朿(刺)父丁

15.9594 亞朿(刺)
15.9595 亞朿(刺)
15.9729 余不其事(使)女(汝)受朿(刺)
15.9730 余不其事(使)女(汝)受朿(刺)
17.10782 朿(刺)
18.11507 奠(鄭)往庫旋(戟)朿(刺)
18.11562 安陽倫(令)韓壬、司刑欣(听)鈥、右庫工師艾(肴)固、冶瑡斂(造)戟朿(刺)
18.11563 奠(鄭)倫(令)棺(槨、郭)涺、司寇芋慶、往庫工師皮耴、冶肴(尹)坡(坡)斂(造)戟朿(刺)
18.11564 畝(截)雍倫(令)韓匡、司寇判它、左庫工師刑秦、冶衆(裼)散(撸、造)戟朿(刺)
18.11633 寧右庫五朿(刺)

4186 棗

17.10922 酸棗
17.11112 宜無之棗(造)戜(戟)

4187 棘

17.11286 不降棘余子之貲金
18.11541 不降棘余子之貲金

4188 東

2.287 爲東音翌(羽)角
2.291 東音之宮 / 東音之在楚也爲文王 / 東音之下角
2.292 爲東音翌(羽)角
2.294 東音之翌(羽)曾
2.295 東音之徵曾
2.323 東音之宮 / 東音之徵曾
2.324 東音之辭(變)商
2.325 東音之辭(變)翌(羽)
2.326 東音之宮 / 東音之在楚也爲文王 / 東音之徵曾
2.327 爲東音翌(羽)角
2.329 東音之翌(羽)曾
2.340 東音之宮
16.10326 翻料東所〔持〕
16.10327 翻料東所寺(持)
18.11542 久陵、萑東

4189 束

4.1659 束父辛
5.2810 王窺(親)賜馭方玉五瑴、馬四匹、矢五束
5.2838 效父用匹馬、束絲 / 效父則卑(俾)復厥絲束
7.3924 束仲豆父乍(作)淄(𩰫)段
7.4099 賜斂弓、矢束、馬匹、貝五朋
8.4195 吳姬賓(儐)帛束
8.4292 報寢氏帛束、璜
8.4298 睽賓(儐)豖章(璋)、帛束 / 賓(儐)睽訊(介)章(璋)、帛束
8.4299 睽賓(儐)豖章(璋)、帛束 / 賓(儐)睽訊(介)章(璋)、帛束
8.4328 賜女(汝)弓一、矢束、臣五家、田十田
8.4329 賜女(汝)弓一、矢束、臣五家、田十田
10.5399 兮公室(貯)盂鬯束、貝十朋
14.8424 束父乙
15.9702 賜𡗜(虆、奞)伯矢束、素絲束
16.9894 唯來束(東)
16.10011 束
16.10168 賜守宮絲束、蘆(苴)幙(幕)五、蘆(苴)莒(冟、冪)二、馬匹、毳希(布)三、𨐌(專、團)俸(篷)三、埊(琜)朋

4190 剌

1.82 單伯旲生(甥)曰:不(丕)顯皇祖剌(烈)考
1.120 〔用〕再剌(烈)壯(壯)
1.123 剌(烈)壯(壯)用再
1.125-8 用再剌(烈)壯(壯)
1.129-31 用再剌(烈)壯(壯)
1.141 師臾犀(肇)乍(作)朕剌(烈)祖虢季、宄公、幽叔、朕皇考德叔大稟(林)鐘
1.157 武文咸剌(烈)
1.158 武文咸剌(烈)
1.159 武文咸剌(烈)
1.160 武文咸剌(烈)
1.161 武文咸剌(烈)
1.204-5 王在周康剌宮
1.206-7 王在周康剌宮
1.208 王在周康剌宮
1.209 王在周康剌宮
1.246 弋皇祖考高對爾剌(烈)
1.251-6 微史剌(烈)祖來見武王
1.262-3 剌剌(烈烈)卲文公、静公、憲公
1.264-6 剌剌(烈烈)卲文公、静公、憲公
1.267 剌剌(烈烈)卲文公、静公、憲公
1.268 剌剌(烈烈)卲文公、静公、憲公
1.269 剌剌(烈烈)卲文公、静公、憲公
1.270 剌剌(烈烈)趄趄(桓桓)
2.288 剌(厲)音之翌(羽)曾
2.289 爲剌(厲)音辭(變)商
2.290 其在周爲剌(厲)音
2.291 爲剌(厲)音辭(變)徵
2.293 剌(厲)音之翌(羽)曾
2.319 其在周爲剌(厲)音

2.322 大(太)族(簇)之在周也爲剌(厲)音
2.323 爲剌(厲)音鼓
2.328 剌(厲)音之翆(羽)曾
3.663 鼄伯、畬母子剌乍(作)寶鬲
3.664 鼄伯、畬母子剌乍(作)寶鬲
3.665 鼄伯、畬母子剌乍(作)寶鬲
4.2127 剌乍(作)父庚尊彝
4.2436 剌肇宁(貯)
4.2485 剌覲(肇)乍(作)寶尊
5.2683 王子剌公之宗婦鄁(部)嫛
5.2684 王子剌公之宗婦鄁(部)嫛
5.2685 王子剌公之宗婦鄁(部)嫛
5.2686 王子剌公之宗婦鄁(部)嫛
5.2687 王子剌公之宗婦鄁(部)嫛
5.2688 王子剌公之宗婦鄁(部)嫛
5.2689 王子剌公爲宗婦鄁(部)嫛宗彝䵼彝
5.2757 惠于剌曲
5.2776 剌御 / 王賜剌貝卅朋 / 剌對揚王休
5.2805 用乍(作)朕剌(烈)考尊鼎
5.2807 用乍(作)朕剌(烈)考己伯盂鼎
5.2808 用乍(作)朕剌(烈)考己伯盂鼎
5.2813 用追考(孝)于剌仲
5.2814 用享于朕剌(烈)考
5.2824 王唯念㺇辟剌(烈)考甲公 / 其子子孫孫永寶茲剌(烈)
5.2826 每(敏)揚厥光剌(烈)
5.2830 夙夜專由先祖剌(烈)德 / 用厥剌(烈)祖介德
5.2840 剌(列)城譽(數)十
7.3921 叔𣪕父乍(作)朕文母、剌(烈)考尊𣪘
7.3922 叔𣪕父乍(作)朕文母、剌(烈)考尊𣪘
7.3997 伯喜乍(作)朕文考剌公尊𣪘
7.3998 伯喜乍(作)朕文考剌公尊𣪘
7.3999 伯喜乍(作)朕文考剌公尊𣪘
7.4000 伯喜乍(作)朕文考剌公尊𣪘
7.4076 王子剌公之宗婦鄁(部)嫛
7.4077 王子剌公之宗婦鄁(部)嫛
7.4078 王子剌公之宗婦鄁(部)嫛
7.4079 王子剌公之宗婦鄁(部)嫛
7.4080 王子剌公之宗婦鄁(部)嫛
7.4081 王子剌公之宗婦鄁(部)嫛
7.4082 王子剌公之宗婦鄁(部)嫛
7.4083 王子剌公之宗婦鄁(部)嫛
7.4084 王子剌公之宗婦鄁(部)嫛
7.4085 王子剌公之宗婦鄁(部)嫛
7.4086 王子剌公之宗婦鄁(部)嫛
7.4087 王子剌公之宗婦鄁(部)嫛
7.4091 伯椃虘肇乍(作)皇考剌公尊𣪘
7.4092 伯椃虘肇乍(作)皇考剌公尊𣪘
7.4093 伯椃虘肇乍(作)皇考剌公尊𣪘
7.4094 伯椃虘肇乍(作)皇考剌公尊𣪘
8.4293 用乍(作)朕剌(烈)祖召公嘗𣪘
8.4294 余用乍(作)朕剌(烈)考𡨦(憲)伯寶𣪘
8.4295 余用乍(作)朕剌(烈)考𡨦(憲)伯寶𣪘
8.4298 用乍(作)朕皇考剌伯尊𣪘
8.4299 用乍(作)朕皇考剌伯尊𣪘
8.4315 剌剌(烈烈)趄趄(桓桓)
8.4316 用乍(作)朕剌(烈)考日庚尊𣪘
8.4317 用康惠朕皇文剌(烈)祖考
8.4322 對揚文母福剌(烈)
8.4330 廼妹(昧)克衣告剌(烈)成工(功)
8.4341 亡克競厥剌(烈)
8.4342 用乍(作)朕剌(烈)祖乙伯、同益姬寶𣪘
9.4459 用對剌(烈)
9.4460 用對剌(烈)
9.4461 用對剌(烈)
10.5338 剌乍(作)兄丁、辛尊彝
11.6013 盠敢拜䭫首曰：剌剌(烈烈)朕身
15.9698 王子剌公之宗婦鄁(部)嫛
15.9699 王子剌公之宗婦鄁(部)嫛
15.9721 用乍(作)朕剌(烈)考尊壺
15.9722 用乍(作)朕剌(烈)考尊壺
15.9734 以追庸(誦)先王之工(功)剌(烈)
16.9892 用䚬(𪓐、申)文考剌(烈)
16.9899 盠敢拜䭫首曰：剌剌(烈烈)朕身
16.9900 盠敢拜䭫首曰：剌剌(烈烈)朕身
16.10152 王子剌公之宗婦鄁(部)嫛
16.10175 天子圂(恪)屢(纘)文武長剌(烈) / 微史剌(烈)祖廼來見武王 / 剌(烈)祖文考

16.10342 我𠛬(烈)考㘝疆
17.11400 鼎仲之子伯𠛬

4191 柬

1.223-4 柬柬(簡簡)龢鐘
5.2682 [往]自新邑于柬
6.3698 柬人守父乍(作)厥寶尊彝
15.9719 柬柬(簡簡)嚚嚚(優優)
15.9720 柬柬(簡簡)嚚嚚(優優)

4192 𦐂(𩂯)

11.6279 𦐂(𩂯)父己

4193 東

1.172 聞于𥛗(頂)東
1.173 聞于𥛗(頂)東
1.174 聞于𥛗(頂)東
1.175 聞于𥛗(頂)東
1.176 聞于𥛗(頂)東
1.177 聞于𥛗(頂)東
1.178 聞于𥛗(頂)東
1.179 聞于𥛗(頂)東
1.180 聞于𥛗(頂)東
1.204-5 通涇東至于京師
1.206-7 通涇東至于京師
1.208 通涇東至于京〔師〕
1.209 通涇東至于京師
1.260 南尸(夷)、東尸(夷)具(俱)見廿又六邦
2.429 遠盄(淑)聞于王東吳谷/〔余以〕宅東土
3.442 東
3.1484 東宮
4.2241 東陵鼒(䭴)
5.2595 公違省自東
5.2711 大(太)子賜東大貝
5.2731 王令趞蔑(捷)東反(叛)尸(夷)
5.2739 唯周公于征伐東尸(夷)
5.2740 唯王伐東尸(夷)
5.2741 唯王伐東尸(夷)
5.2831 東臣羔裘
5.2832 于卲大室東逆(朔)/厥東疆眔散田
5.2833 亦唯噩(鄂)侯馭方率南淮尸(夷)、東尸(夷)/廣伐南或(國)、東或(國)
5.2834 亦唯噩(鄂)侯馭方率南〔淮〕尸(夷)、東〔尸〕廣〔伐〕南或(國)東或(國)
5.2838 以匡季告東宮/東宮廼曰:求乃人/曶或(又)以匡季告東宮/東宮廼曰:賞(償)曶禾十秭
5.2839 東鄉(嚮)
7.3948 公違省自東
7.4029 遣三族伐東或(國)
7.4047 王令東宮追以六師之年
7.4118 宴從㕓父東
7.4119 宴從㕓父東
8.4238 𠭯東尸(夷)大反(叛)/伯懋父以殷八師征東尸(夷)/述東陕
8.4239 𠭯東尸(夷)大反(叛)/伯懋父以殷八師征東尸(夷)/述東陕
8.4262 涉東門
8.4263 涉東門
8.4264 涉東門
8.4265 涉東門
8.4270 自虘東至于河
8.4271 自虘東至于河
8.4311 䍒(纘)嗣我西扁(偏)、東扁(偏)/東(董)裁(裁)內外
8.4313 弗速(蹟)我東𨙶(國)
8.4314 弗速(蹟)我東𨙶(國)
8.4320 𢓊(誕)省東或(國)圖
8.4341 王令毛公以邦冢君、土(徒)馭、或(𢦏)人伐東或(國)𤜼戎/三年靜(靖)東或(國)
10.5415 王令保及殷東或(國)五侯
10.5425 唯伯屖父以成師即東
10.5433 王雚(觀)于嘗公東宮
11.5869 辟東乍(作)父乙尊彝
11.5982 唯東朗叀(惠)于金
11.6003 王令保及殷東或(國)五侯
11.6009 王雚(觀)于嘗公東宮
15.9640 爲東周左官㮚(槽)壺
16.9972 唯東朗叀于金
16.10176 以東/奉(封)于𣐋(棹)東疆/道以東一奉(封)/矢王于豆新宮東廷
16.10435 東尚城睘
17.11368 東工師宦、丞未、工𢆶
18.11504 東周左庫
18.11505 東周左庫

4194 𣗥

14.8864 大𣗥(曹)父乙
14.8956 大𣗥父癸

4195 橐

5.2652 □于橐亞(次)
5.2841 毋敢龏(拱)橐(苞)/龏(拱)橐(苞)
16.10176 散人小子眉(堳)田:戎、微父、效𣟭(櫂)父、襄之有嗣橐、州𩫖(就)、焂從䰜(鬲)

4196 櫜

6.3308 亞櫜父丁
10.4796 櫜
11.5502 櫜
11.5615 櫜乙父
11.6161 亞櫜

13.7766 櫜
14.8636 櫜父辛

4197 囊

8.4261 王降亡助(賀、嘉)爵、退(褪)囊

4198 賣、贖

5.2710 乍(作)册友史賜贖貝
8.4144 弜師賜肄寠户贖貝

4199 朮

12.6975 亞朮

4200 孛

7.3918 陵仲孛乍(作)父日乙尊段
9.4505 大嗣馬孛术自乍(作)飤簠
16.10176 矢人有嗣眉(堳)田：鮮、且、微、武父、西宮襄、豆人虞丂、彔、貞、師氏右省、小門人繇、原人虞艿、淮嗣工(空)虎孛、開豐父、难(鳿)人有嗣、刑丂

4201 芾

8.4273 王以(與)吳芾、吕犅(犅)
11.5855 噩(鄂)革芾乍(作)寶尊
12.6506 郐(徐)王芾又之耑(觶)
13.7726 芾
16.10250 唯伯芾乍(作)寶匜

4202 索

2.288 守(附)於索宫之顀
2.292 守(附)於索商之顀
2.293 守(附)於索宫之顀
2.327 守(附)於索商之顀(誧)
2.328 守(附)於索宫之顀(誧)
14.9091 索諆乍(作)有羔日辛𪛉彝
16.10317 伯索史乍(作)季姜寶盂

4203 家

17.10847 需家

4204 㶆(嗦)

16.10175 㶆圉武王

4205 南

1.72 楚王賸(媵)邛(江)仲嬭(芈)南龢鐘
1.181 嗣土(徒)南宫乎/先祖南公/用乍(作)朕皇祖南公、亞祖公仲
1.260 南或(國)𠬝孳(子)敢臽(陷)處我土/南尸(夷)、東尸(夷)具(俱)見廿又六邦
2.428 余處此南疆
3.949 王令中先省南或(國)貫行
4.2342 叔韶(螗)肇乍(作)南宫寶尊
5.2600 吳王姬乍(作)南宫史叔飤鼎
5.2615 鳿叔從王南征
5.2631 南公有嗣𣪘(𧾷)乍(作)尊鼎
5.2734 周伯邊及仲㑭(催)父伐南淮尸(夷)
5.2751 唯王令南宫伐反(叛)虎方之年/王令中先省南或(國)貫行
5.2752 唯王令南宫伐反(叛)虎方之年/王令中先省南或(國)貫行
5.2805 武公有(佑)南宫柳
5.2810 王南征
5.2814 嗣徒南仲右(佑)無(許)叀
5.2818 王令省史南以即虢旅
5.2825 南宫乎入右(佑)善(膳)夫山
5.2832 厥南疆眔散田
5.2833 亦唯噩(鄂)侯馭方率南淮尸(夷)、東尸(夷)/廣伐南或(國)、東或(國)
5.2834 亦唯噩(鄂)侯馭方率南〔淮〕尸(夷)、東〔尸〕廣〔伐〕南或(國)東或(國)
5.2837 令女(汝)盂井(型)乃嗣祖南公/賜乃祖南公旂/用乍(作)祖南公寶鼎
6.3499 伯乍(作)南宫段
7.3845 奼嬰(理)母乍(作)南旁寶段
7.3976 犾(獮)馭從王南征
7.4113 井南伯乍(作)鄭季姚好尊段
8.4188 仲禹父大(太)宰南醽(申)厥嗣(辭)
8.4189 南醽(申)伯大(太)宰禹父厥嗣(辭)
8.4225 王征南尸(夷)
8.4226 王征南尸(夷)
8.4227 王征南尸(夷)
8.4228 王征南尸(夷)
8.4256 南伯入右(佑)裘衛
8.4278 王令省史南以即虢旅
8.4320 南鄉(嚮)
8.4323 南淮尸(夷)遱、殳
9.4435 虢仲以王南征/伐南淮尸(夷)
9.4459 王征南淮尸(夷)
9.4460 王征南淮尸(夷)
9.4461 王征南淮尸(夷)
9.4464 南仲邦父命駒父段(即)南者(諸)侯/達(帥)高父見南淮尸(夷)
9.4479 射南自乍(作)其簠
9.4480 射南自乍(作)其簠

10.5410 王出獸南山
10.5425 命伐南尸(夷)
11.5979 㚸從王女(如)南
11.5983 啟從王南征
11.6001 唯王南征在庈(斥)
12.6504 南宮
12.6514 南宮兄(貺)
12.7014 南單
12.7191 南單冓
15.9642 仲南父乍(作)尊壺
15.9643 仲南父乍(作)尊壺
15.9729 于南宮子用璧二備(琫)、玉二嗣(笥)、鼓鐘〔一銉〕
15.9730 于南宮子用璧二備(琫)、玉二嗣(笥)、鼓鐘一銉(肆)
16.10174 至于南淮尸(夷)
16.10175 唯奐(煥)南行
16.10176 眉(堳)自濾涉以南/以南奉(封)于□徠道/降以南
16.10241 嗣馬南叔乍(作)𩰫姬朕(媵)也(匜)
18.11665 北南西行
18.11673 南行昜(唐)倫(令)睸(瞿)卯、右庫工師司馬郃、冶得教(撻)齋(劑)
18.11674 南行昜(唐)倫(令)睸(瞿)卯、右庫工師司馬郃、冶得教(撻)齋(劑)
18.11705 南行昜(唐)倫(令)睸(瞿)卯、右庫工師司馬郃、冶肴(尹)㐬得教(撻)齋(劑)(?)
18.11718 至于南行西行
18.12071 南
18.12072 南
18.12073 南

4206 生

1.60-3 三月既生霸庚申
1.82 單伯昊生(甥)曰:不(丕)顯皇祖剌(烈)考
1.105 〔昊〕生(甥)拜手韻首/昊生(甥)用乍(作)穆公大鑪(林)鐘
1.203 龢逾百生(姓)
1.270 萬生(姓)是敕
1.271 用求丂(考)命、彌生
1.272-8 雩(粵)生叔尸
1.285 雩(粵)生叔尸
2.429 余以會(會)同生(姓)九礼
3.672 召仲乍(作)生妣尊鬲
3.673 召仲乍(作)生妣尊鬲
3.729 仲生父乍(作)井孟姬寶鬲
3.744 琱生(甥)乍(作)文考宄仲尊鬲/琱生(甥)其邁(萬)年
3.753 唯十又二月既生霸
3.754 唯六月既生霸乙卯
3.755 唯六月既生霸乙卯
3.887 圅弗生(甥)乍(作)旅獻(甗)
4.2238 須丞(嵍)生(甥)之飤貞(鼎)
4.2354 魯內小臣床生(甥)乍(作)鼏
4.2391 江小仲母生自乍(作)甬(用)鬲
4.2468 敶(陳)生(甥)隺乍(作)飤鼎
4.2483 彭生(甥)乍(作)[文考]日辛寶尊彝
4.2518 □蔡生(甥)宄(坑)乍(作)其貞(鼎)
4.2522 武生(甥)毀(捏)乍(作)其羞鼎
4.2523 武生(甥)毀(捏)乍(作)其羞鼎
4.2524 𦨶(𦨶)弃(扶)生(甥)乍(作)成媿賸(媵)貞(鼎)
5.2605 無(許)大邑魯生(甥)乍(作)壽母朕(媵)貞(鼎)
5.2632 □偖生(甥)□□用吉金
5.2633 □偖生(甥)□□用吉金
5.2749 唯九月既生霸辛酉
5.2751 中乎歸(饋)生鳳于王
5.2752 中乎歸(饋)生鳳于王
5.2756 唯二月既生霸丁丑
5.2758 唯四月既生霸己丑
5.2759 唯四月既生霸己丑
5.2760 唯四月既生霸己丑
5.2761 唯四月既生霸己丑
5.2781 唯五月既生霸庚午
5.2783 唯七年十月既生霸
5.2784 五月既生霸壬午
5.2787 令史頌省穌(蘇)澗(姻)友、里君、百生(姓)
5.2788 令史頌省穌(蘇)澗(姻)友、里君、百生(姓)
5.2791 唯正月既生霸庚申
5.2813 唯六月既生霸庚寅
5.2820 余其用各我宗子雩(與)百生(姓)
5.2821 既生霸乙卯
5.2822 既生霸乙卯
5.2823 既生霸乙卯
5.2827 王乎史虢生(甥)册令(命)頌
5.2828 王乎史虢生(甥)册令(命)頌
5.2829 王乎史虢生(甥)册令(命)頌
6.3631 伊生(甥)乍

(作)公母尊彝
7.3862 冉蛙生
7.3866 城虢遣生(甥)乍(作)旅毁
7.3912 兒生(甥)穮(蔑)再曆
7.3913 兒生(甥)穮(蔑)再曆
7.3915 周𩰫生(甥)乍(作)楷娟(妘)媿賸(媵)毁
7.3935 𤔲生𨚕乍(作)寶毁
7.3953 唯七月既生霸
7.3984 陽飤(食)生(甥)自乍(作)尊毁
7.3985 陽飤(食)生(甥)自乍(作)尊毁
7.4010 殳偖(鯈)生(甥)乍(作)尹姞尊毁
7.4024 既生霸庚戌
7.4025 既生霸庚戌
7.4026 既生霸庚戌
7.4045 膺(應)侯乍(作)生杙姜尊毁
7.4095 唯食生(甥)走馬谷自乍(作)吉金用尊毁
7.4098 唯八月既生霸
7.4100 𢎗伯令生史事(使)于楚
7.4101 𢎗伯令生史事(使)于楚
7.4108 彌厥生
7.4116 麋(麌)生(甥)智父師害及仲智
7.4117 麋(麌)生(甥)智父師害及仲智
8.4137 用侃喜百生(姓)、倗友眾子婦
8.4192 既生霸丁亥
8.4193 既生霸丁亥
8.4195 唯六月既生霸亲(辛)巳
8.4196 唯六月既生霸戊戌
8.4198 彊(彌)厥生
8.4203 唯五月既生霸庚申
8.4204 唯五月既生霸庚申
8.4207 唯六月既生霸
8.4214 既生霸辛酉
8.4216 既生霸壬午/儕(齎)女(汝)卌五、昜(錫)登盾生皇(凰)、畫內(枘)戈琱戟、歐(厚)必(柲)、彤沙(蘇)
8.4217 既生霸壬午/儕(齎)女(汝)卌五、昜(錫)登盾生皇(凰)、畫內(枘)戈琱戟、歐(厚)必(柲)、彤沙(蘇)
8.4218 既生霸壬午/儕(齎)女(汝)卌五、昜(錫)登盾生皇(凰)、畫內(枘)戈琱戟、歐(厚)必(柲)、彤沙(蘇)
8.4229 令史頌省穌(蘇)灋(姻)友、里君、百生(姓)
8.4230 令史頌省穌(蘇)灋(姻)友、里君、百生(姓)
8.4231 令史頌省穌(蘇)灋(姻)友、里君、百生(姓)
8.4232 令史頌省穌(蘇)灋(姻)友、里君、百生(姓)
8.4233 令史頌省穌(蘇)灋(姻)友、里君、百生(姓)
8.4234 令史頌省穌(蘇)灋(姻)友、里君、百生(姓)
8.4235 令史頌省穌(蘇)灋(姻)友、里君、百生(姓)
8.4236 令史頌省穌(蘇)灋(姻)友、里君、百生(姓)
8.4256 三月既生霸戊戌
8.4262 格伯妥良馬乘于倗生(甥)
8.4263 格伯妥良馬乘于倗生(甥)
8.4264 格伯妥良馬乘于倗生(甥)
8.4265 格伯妥良馬乘于倗生(甥)
8.4279 四月既生霸
8.4280 四月既生霸
8.4281 四月既生霸
8.4282 四月既生霸
8.4286 既生霸甲寅
8.4292 琱生(甥)又(有)事/琱生(甥)則堇(覲)圭
8.4293 琱生(甥)奉揚朕宗君其休
8.4298 三月既生霸丁亥
8.4299 三月既生霸丁亥
8.4303 既生霸乙卯
8.4304 既生霸乙卯
8.4305 既生霸乙卯
8.4306 既生霸乙卯
8.4307 既生霸乙卯
8.4308 既生霸乙卯
8.4309 既生霸乙卯
8.4310 既生霸乙卯
8.4320 賜在宜王人十又七生(姓)
8.4324 宰琱生(甥)內(入)右(佑)師嫠
8.4325 宰琱生(甥)內(入)右(佑)師嫠
8.4326 番生(甥)不敢弗帥井(型)皇祖考不(丕)杯(丕)元德/番生(甥)敢對天子休
8.4327 既生霸丁亥
8.4332 王乎史虢生(甥)册令(命)頌
8.4333 王乎史虢生(甥)册令(命)頌
8.4334 王乎史虢生(甥)册令(命)頌
8.4335 王乎史虢生(甥)册令(命)頌
8.4336 王乎史虢生(甥)册令(命)頌
8.4337 王乎史虢生(甥)册令(命)頌
8.4338 王乎史虢生(甥)册令(命)頌
8.4339 王乎史虢生(甥)册令(命)頌
8.4343 既生霸甲寅
9.4430 唯五月既生霸

庚寅
9.4459 翏生(甥)從/翏生(甥)眔大娟(妘)
9.4460 翏生(甥)從/翏生(甥)眔大娟(妘)
9.4461 翏生(甥)從/翏生(甥)眔大娟(妘)
9.4462 既生霸戊戌
9.4463 既生霸戊戌
9.4626 唯三月既生霸乙卯
9.4672 單昊生(甥)乍(作)羞豆
9.4682 周生(甥)乍(作)尊豆
9.4683 周生(甥)乍(作)尊豆
9.4685 康生(甥)乍(作)玟(文)考癸公寶尊彝
10.5361 宜生(甥)商(賞)膃
10.5403 唯六月既生霸乙卯
10.5406 唯九月既生霸乙亥
10.5421 昔(穀)百生(姓)豚
10.5422 昔(穀)百生(姓)豚
10.5425 正月既生霸辛丑
10.5432 雩四月既生霸庚午
11.5996 唯六月既生霸乙卯
11.5999 昔(穀)百生(姓)豚
11.6001 王令生辨事于公宗/小子生賜金、鬱鬯
11.6005 唯九月既生霸
11.6008 既生霸丁卯
12.6511 員仲乍(作)倗生(甥)飲壺
15.9453 既生霸甲申
15.9454 昔(穀)百生(姓)豚
15.9456 既生霸壬寅
15.9615 宬伯員生(甥)乍(作)旅壺
15.9670 □□生乍(作)懿伯寶壺
15.9705 番匊(鞠)生(甥)鑄賸壺
15.9725 七月既生雨(霸)乙未
15.9731 王乎史號生(甥)册令(命)頌
15.9732 王乎史號生(甥)册令(命)頌
15.9735 唯逆生禍/唯巡(順)生福
16.9892 頙肇卿(佮)宁(貯)百生(姓)
16.9896 齊生(甥)魯肇貯(賈)
16.9897 唯正月既生霸丁酉
16.10120 周窶(趖)生(甥)乍(作)楷娟(妘)朕(媵)般(盤)
16.10167 唯八月既生霸庚申
16.10168 唯正月既生霸乙未
16.10174 其唯我者(諸)侯、百生(姓)
16.10175 褱(懷)媘(福)彔(禄)、黄耇、彌生
16.10212 工盧季生乍(作)其盥會匜
16.10227 塲(陽)飤生(甥)自乍(作)寶也(匜)
16.10228 唯登(鄧)築(柞)生(甥)吉疇(酬)登(鄧)公金
16.10243 吕仲生𠂤中乍(作)旅也(匜)
16.10262 唯𡱒(洧)伯君堇生(甥)自乍(作)也(匜)
17.11383 螽(蚔)生不(丕)乍(作)戎戒(械)
18.11566 勇龠生安空/勇龠生安空
18.11660 往□倫(令)王褎、右庫工師杢(執、廉)生、冶参敎(撻)齋(劑)

4207 丰

4.2153 康侯丰(封)乍(作)寶尊
10.4825 丁丰
10.4905 丰父甲
11.5873 丰

4208 巢

4.2457 緐(鼬)侯獲巢
7.4047 唯巢來牧(迮)
8.4341 秉繁、蜀、巢

4209 㽙(貶)

3.911 㽙仲雩父乍(作)旅獻(甗)
7.4028 毛㽙乍(作)寶段
17.11066 㽙乍(作)之元戈

4210 耒

4.1618 耒父己
6.2969 耒
6.3328 耒乍(作)父己
10.4945 耒父丁
10.4946 耒父丁
10.5117 耒乍(作)寶彝
11.5647 耒父己
12.6437 耒乍(作)寶彝
12.7202 崍耒蚰
13.8039 己耒
14.8429 耒父乙
14.8688 耒父癸
14.8689 耒父癸
14.8805 蚰崍耒
15.9758 耒
16.9869 蚰崍耒
17.11368 東工師宦、丞耒、工𢆶
18.11755 耒𢆶(呈)

4211 耤、藉

5.2803 王大耤(藉)農于諆田
8.4255 官嗣耤(藉)田
8.4257 焚(棨)伯內(入)右(佑)師耤(藉)/王乎內史尹氏册命師耤(藉)
8.4343 乸侯之耤(籍)
17.11370 啚(圖)工師耤(藉)、丞秦、〔工〕隸臣庚

4212 力

1.157 武侄寺(持)力
1.158 武侄寺(持)力
1.159 武侄寺(持)力
1.160 武侄寺(持)力
1.161 武侄寺(持)力
1.272-8 霝(靈)力若虎
1.285 霝(靈)力若虎
4.1760 蚰蝀力
5.2840 嘉其力
10.5235 力伯乍(作)寶尊彝
12.7233 力册父丁

4213 加

14.8924 加乍(作)父戊
14.8925 加乍(作)父戊
16.10173 王孔加(嘉)子白義
16.10265 唯甫季加自乍(作)寶也(匜)
17.11148 蔡公子加之用
17.11149 蔡加子之用戈

4214 功

5.2723 王夜(掖)功
11.5995 王夜(掖)功

4215 劦

3.1365 劦宁
4.1941 劦册⺀辛
5.2838 曰陪(陪)、曰恒、曰劦、曰鑫、曰省
6.3319 劦册父丁
6.3431 劦册竹父丁
6.3432 劦册竹父丁
7.4039 黄君乍(作)季劦秘賸(媵)段
10.5006 劦册竹
10.5158 劦册竹父丁
11.5753 劦册父癸
11.5754 劦册父癸
12.6444 劦册竹父丁
12.7269 劦(耒?)册父辛叟
13.8282 劦册
14.8848 劦册竹祖癸
14.8912 劦册父丁
15.9241 劦闢乍(作)父丁彝
15.9283 劦册冉
15.9469 劦
15.9470 劦
15.9483 宁劦
15.9546 劦册竹父丁
15.9821 王由攸田劦
17.10879 鼎劦

4216 勇

8.4129 勇叔買自乍(作)尊段
11.6011 賜盠駒勇雷騅子
11.6012 賜盠駒勇雷駱子
18.11566 勇龠生安空/勇龠生安空

4217 勑

4.2346 勑暾乍(作)丁侯尊彝

4218 𢼄

8.4144 𢼄日
10.5397 𢼄日
16.9894 𢼄日

4219 勘

3.710 仲勘大也(它)鑄其寶鬲

4220 勨(勝)

5.2590 梁陰命(令)率上官冢子疾、冶勨鑄
17.11302 高都命(令)陳鶬(鴿、懽)、工師冶勨(勝)
17.11303 高都命(令)陳鶬(鴿、懽)、工師冶勨(勝)
18.11545 邦司寇富勨、上庫工師戎閔、冶朕
18.11652 高都命(令)陳鶬(鴿)、工師冶勨

4221 勛

15.9735 天子不忘其又(有)勛

4222 勝

15.9477 勝

4223 勵(擢)

1.64 勵(擢)于永令(命)
1.145 勵(擢)于永命
1.146 勵(擢)于永命
1.147 勵(擢)于永命
1.148 勵(擢)于永令(命)
1.187-8 勵(擢)于永令(命)
1.189-90 勵(擢)于永令(命)
1.246 勵(擢)于永令(命)
1.251-6 勵(擢)于永令(命)
5.2790 用賜康勵、魯休、屯(純)右(佑)、眉壽、永令(命)、霝(靈)冬(終)
5.2796 用匄康勵、屯(純)右(祐)、眉壽、永令(命)、霝(靈)冬(終)
5.2797 用匄康勵、屯(純)右(祐)、眉壽、永令(命)、霝(靈)冬(終)
5.2798 用匄康勵、屯(純)右(祐)、眉壽、永令(命)、霝(靈)冬(終)
5.2799 用匄康勵、屯(純)右(祐)、眉壽、永令(命)、霝(靈)冬(終)
5.2800 用匄康勵、屯(純)右(祐)、眉壽、永令(命)、霝(靈)冬(終)
5.2801 用匄康勵、屯(純)右(祐)、眉壽、永令(命)、霝(靈)冬(終)
5.2802 用匄康勵、屯(純)右(祐)、眉壽、永令(命)、霝(靈)冬(終)
5.2836 勵克王服
8.4188 用賜賓(眉)壽、屯(純)右(祐)、康勵

8.4189 用賜賓(眉)壽、屯(純)右(祐)、康勵

8.4242 勵(擢)于永令(命)

8.4326 勵于大服

4224 勤

5.2840 身勤社褉行四方

15.9735 外之則晒(將)使𨑢(上)勤於天子之廟

4225 勞

1.171 志(誌)勞尃(賻)者(諸)侯

4226 㐭(廩)

10.5390 伯㐭(廩)父曰: 休父賜余馬

11.5984 夨㐭(廩)五朋

13.8299 伯㐭(廩)

4227 啚(鄙)

1.271 䢅(與)鄩之民人都啚(鄙)

5.2531 王令雍伯啚于𡳿爲宮

7.4059 征(誕)令康侯啚(鄙)于衛 / 湈(沬)𤔲土(徒)𨑓眔啚(鄙)

8.4199 令女(汝)更喬克𤔲直啚(鄙)

8.4200 令女(汝)更喬克𤔲直啚(鄙)

8.4246 𤔲㑹啚(鄙)官(館)、內師舟

8.4247 𤔲㑹啚(鄙)官(館)、內師舟

8.4248 𤔲㑹啚(鄙)官(館)、內師舟

8.4249 𤔲㑹啚(鄙)官(館)、內師舟

8.4323 啚于㷖(榮)伯之所

17.11370 啚(圖)工師𥟤(藉)、丞秦、〔工〕隸臣庚

4228 稟、廩

1.141 師臾肁(肇)乍(作)朕刺(烈)祖虢季、宄公、幽叔、朕皇考德叔大稟(林)鐘

4.2307 右廩公(宮)莆官和鎖(鼎)

5.2837 今我唯即井(型)廩(稟)于文王正德

8.4293 曰: 公厥稟(廩)貝

15.9673 寺工師初、丞拑、稟(廩)人莽

18.11522 郾(燕)王喜恖(悛、授)□廩□

18.11784 右廩

18.11802 右廩

18.11827 右廩

18.11832 右廩

18.11833 右廩

4229 嗇、稟、廩(廩)

10.5424 廼嗇(廩)厥䇷(䇷)

17.10930 左稟(廩)

4230 啬(嗇)

11.5687 大御嗇(嗇)

17.10775 嗇

4231 嗇(㯥)

1.69 兮仲乍(作)大嗇(林)鐘

1.92 用乍(作)朕文考釐伯龢嗇(林)鐘

1.103 遟(遲)父乍(作)姬齊姜龢嗇(林)鍾(鐘)

1.107-8 用乍(作)朕皇祖膺(應)侯大嗇(林)鐘

1.109-10 肄(肆)妄乍(作)龢父大嗇(林)鐘

1.112 肄(肆)妄乍(作)龢父大嗇(林)鐘

1.143 用乍(作)朕皇考嗇(林)鐘

1.145 乍(作)朕皇考叔氏寶嗇(林)鐘

1.146 乍(作)朕皇考叔氏寶嗇(林)鐘

1.147 乍(作)朕皇考叔氏寶嗇(林)鐘

1.148 乍(作)朕皇考叔氏嗇(林)鐘

1.238 用乍(作)皇考叀(惠)叔大嗇(林)龢鐘

1.239 用乍(作)皇考叀(惠)叔大嗇(林)龢鐘

1.240 用乍(作)朕皇考叀(惠)叔大嗇(林)龢鐘

1.241 用乍(作)朕皇考叀(惠)叔大嗇(林)龢鐘

1.242-4 用乍(作)朕皇考叀(惠)叔大嗇(林)龢鐘

16.9973 我以嗇獸 / 我以嗇獸

4232 嗇(穡)

5.2608 庫嗇夫肖(趙)不夆(夆)、貯氏大琻(令)所爲

5.2707 右使車嗇夫郳(齊)痤、工簡

5.2746 亡智求戟嗇夫庶魔擇吉金

8.4330 沈子肇斁狃貯嗇

13.7729 嗇

15.9448 右使車嗇夫宋、郳(齊)痤、工𨛭(觸)

15.9450 右使車嗇夫郳(齊)虘、工㞢

15.9665 㸓(片)器嗇夫亮疸所勒(勒)翰(看)器乍(作)勒(勒)者

15.9666 㸓(片)器嗇夫亮疸所勒(勒)翰(看)器乍(作)勒(勒)者

15.9674 右使〔車〕嗇夫吳𦍩、工䀝

15.9675 左使車嗇夫孫固所勒(勒)翰(看)器乍(作)勒(勒)者

15.9683 冶匀嗇夫攸重、工尼

15.9684 右使車嗇夫郳(齊)痤、工角

15.9685 左使車嗇夫孫固、工自(師)賃

15.9686 左使車嗇夫孫固、工𡏖(坿)

15.9692 左使車嗇夫孫固、工上
15.9693 左使車嗇夫孫固、工嬻(坿)
15.9707 府嗇夫在、冶事(吏)狄敀(挌)之
16.10175 農嗇(穡)戉(越)𣅀(曆)
16.10257 冶匀嗇夫殷重、工貲
16.10285 専(溥)趦(佫)嗇覩(睦)儹
16.10328 冶匀嗇夫孫恣(芃)、工福
16.10333 右使車嗇夫鄭(齊)痤、工[illegible]
16.10358 左使車嗇夫事斁、工貲
16.10359 右使車嗇夫鄭(齊)痤、工廣
16.10402 左使車嗇夫七敓(旼)、工尼
16.10441 牀(藏)麀(鏕)嗇夫郘信鞀(勒)翰(看)器
16.10442 牀(藏)麀(鏕)嗇夫郘信鞀(勒)翰(看)器
16.10443 牀(藏)麀(鏕)嗇夫郘信鞀(勒)翰(看)器
16.10444 左使車嗇夫孫固、工蔡
16.10445 左使車嗇夫鄭(齊)痤、工疥
16.10446 右使車嗇夫鄭(齊)痤、工疥
16.10447 左使車嗇夫孫固、工絫
16.10473 牀(藏)麀(鏕)嗇夫郄(絟)訧鞀(勒)之
16.10474 牀(藏)麀(鏕)嗇夫郄(絟)訧鞀(勒)之
16.10475 牀(藏)麀(鏕)嗇夫郄(絟)訧鞀(勒)之
16.10477 右使車嗇夫鄭(齊)痤、工疥
17.11284 嗇夫冰、冶幸
17.11301 下丘嗇夫□、工師𢦏、冶系
17.11324 陽春嗇夫維、工師敫(操)、冶䵼
17.11376 冢子韓𤔲(𤔲)、邦庫嗇夫敊(扶)湯、冶舒𢿢(槽、造)戈
17.11377 武城命(令)□□、苔早、〔庫〕嗇夫事(吏)猷、冶章敎(撻)齋(劑)
18.11685 得工嗇夫杜相女(如)、左得工工師韓段、冶君(尹)朝敎(撻)齋(劑)
18.11863 私庫嗇夫責正、工孟鮮
18.11864 私庫嗇夫責正、工夏昊(昃)
18.11865 私庫嗇夫責正、工陲亘
18.12042 私庫嗇夫責正、工適
18.12043 私庫嗇夫責正、工適
18.12044 私庫嗇夫責正、工適
18.12045 私庫嗇夫責正、工適
18.12046 私庫嗇夫責正、工適
18.12047 私庫嗇夫責正、工適
18.12048 私庫嗇夫責正、工適
18.12049 私庫嗇夫責正、工適
18.12050 私庫嗇夫責正、工適
18.12051 私庫嗇夫責正、工適
18.12052 私庫嗇夫責正、工適
18.12053 私庫嗇夫責正、工適
18.12054 左使車嗇夫孫固、工嬻(坿)
18.12055 左使車嗇夫孫固、工嬻(坿)
18.12056 左使車嗇夫孫固、工嬻(坿)
18.12057 左使車嗇夫孫固、工嬻(坿)
18.12058 左使車嗇夫孫固、工嬻(坿)
18.12059 左使車嗇夫孫固、工嬻(坿)
18.12060 左使車嗇夫孫固、工嬻(坿)
18.12061 左使車嗇夫孫固、工嬻(坿)
18.12062 左使車嗇夫孫固、工嬻(坿)
18.12063 左使車嗇夫孫固、工嬻(坿)

4233 𥟇(嗇)

10.5173 天𥟇册父癸
13.7727 𥟇(嗇)

4234 牆

8.4288 王乎史牆册命師酉：嗣(嗣)乃祖
8.4289 王乎史牆册命師酉：嗣(嗣)乃祖
8.4290 王乎史牆册命師酉：嗣(嗣)乃祖
8.4291 王乎史牆册命師酉：嗣(嗣)乃祖
8.4313 夙夜恤厥牆(將)事
8.4314 夙夜恤厥牆(將)事
14.9067 牆乍(作)父乙寶尊彝
14.9068 牆乍(作)父乙寶尊彝
16.10175 史牆夙夜不家(墜)/ 牆弗敢取(抯、沮)/ 弋(式)窺(貯)受(授)牆爾(薾)龖(髗)福

4235 倉

1.193 龢龢倉倉(鏘鏘)
1.194 龢龢倉倉
1.195 龢龢倉倉
1.196 龢龢倉倉
1.197 龢龢倉倉
1.198 龢龢倉倉
1.260 倉倉悤悤
3.1142 倉
4.1993 今永里倉
6.3398 宜陽右倉

9.4351 叔倉父乍(作)寶盨
17.11355 肖(趙)命(令)甘(邯)丹(鄲)𠂤(偉)、右庫工師翌(翊)綤(紹)、冶倉散(造)(?)
18.11554 奠(鄭)倫(令)公先豊(幼)、司寇史陞(隋)、左庫工師倉慶、冶君(尹)弜(彊)𢾊(造)

4236 麻

5.2552 師麻孝叔乍(作)旅貞(鼎)
9.4555 師麻孝叔乍(作)旅匡(筐)
18.11565 襄田倫(令)夆(舉)名、司寇麻維、右庫工師甘(邯)丹(鄲)氏、冶向𢾊(造)

4237 嵩

4.1634 嵩父辛
12.6462 義楚之祭嵩(觶)
12.6506 郗(徐)王朩又之嵩(觶)/嵩(觶)溉之炳(炏)
12.6556 嵩
12.7141 父辛嵩
18.11700 大攻(工)君(尹)韓嵩
18.11706 大攻(工)君(尹)韓嵩
18.11708 大攻(工)君(尹)韓嵩
18.11709 大攻(工)君(尹)韓嵩
18.11711 大攻(工)君(尹)韓嵩
18.11713 大攻(工)君(尹)韓嵩
18.11714 大攻(工)君(尹)韓嵩
18.11715 大攻(工)君(尹)韓嵩
18.11716 大攻(工)君(尹)韓嵩

4238 寪

10.5353 子賜寪貝

4239 桒、褅(祓)

1.246 用褅(祓)壽、匄永令(命)
3.741 𨚕(倢)桒(祓)□在寢
3.935 王桒(祓)于成周
5.2626 唯成王大桒(祓)在宗周
5.2627 唯成王大桒(祓)在宗周
5.2733 用桒(祓)壽、匄永福
5.2735 桒(祓)祼
5.2736 桒(祓)祼
5.2825 王乎史桒册令(命)山
5.2831 矩取省車、軑桒(賁)圅、虎冟(幎)、蔡(𦃃)𠊋、畫轉、㪅(鞭)𢂑(席)鞣、帛繀(繐)乘、金𢊁(鑣)鋞(鋞)/舍(捨)𣶒𢊁冟(幎)𤔡(?)桒(幩)、韉𠧝
5.2841 賜女(汝)秬鬯一卣、祼圭瓚寶、朱市、悤(蔥)黃(衡)、玉環、玉琭、金車、桒(賁)綧較(較)、朱𩍉(鞹)𠧝靳、虎冟(冪)熏裏、右軛、畫轉、畫轁、金甬(桶)、逪(錯)衡、金嶂(踵)、金豙(軝)、剌(約)𢫦(盛)、金簟弼(茀)、魚箙、馬四匹、攸(鋚)勒、金𠂤(𩊚)、金膺、朱旂二鈴(鈴)
7.3765 伯幾父乍(作)桒(鍏、饙)段
7.3766 伯幾父乍(作)桒(鍏、饙)段
7.3824 王桒(祓)于成周
7.3825 王桒(祓)于成周
7.3881 𣐼車父乍(作)郋(鄀)姞桒(鍏、饙)段
7.4073 唯用祈桒(祓)邁(萬)年
8.4132 唯王桒(祓)于宗周
8.4133 唯王桒(祓)于宗周
8.4258 曰:賜女(汝)桒(賁)朱黃(衡)、玄衣黹屯(純)、㫃、攸(鋚)革(勒)
8.4259 曰:賜女(汝)桒(賁)朱黃(衡)、玄衣黹屯(純)、㫃、攸(鋚)革(勒)
8.4260 曰:賜女(汝)桒(賁)朱黃(衡)、玄衣黹屯(純)、㫃、攸(鋚)革(勒)
8.4268 乎內史寿(敖、佚)册命王臣:賜女(汝)朱黃(衡)桒(賁)親(襯)、玄衣黹屯(純)、䜌(鑾)旂五日、戈畫㦸、厤(墉)必(柲)、彤沙(蘇)
8.4302 余賜女(汝)秬鬯一卣、金車、桒(賁)幬(幬)較(較)、桒(賁)圅朱虢(鞹)靳、虎冟(冪)窔(朱)裏、金甬(筩)、畫聞(轁)、金厄(軛)、畫轉、馬四匹、鋚勒
8.4317 用桒(祓)壽、匄永令(命)
8.4318 賜女(汝)秬鬯一卣、金車、桒(賁)較(較)、朱虢(鞹)圅靳、虎冟(冪)熏(纁)裏、右厄(軛)、畫轉、畫轁、金甬(筩)、馬四匹、攸(鋚)勒
8.4319 賜女(汝)秬鬯一卣、金車、桒(賁)較(較)、朱虢(鞹)圅靳、虎冟(冪)熏(纁)裏、右厄(軛)、畫轉、畫轁、金甬(筩)、馬四匹、攸(鋚)勒
8.4326 賜朱市、悤(蔥)黃(衡)、鞞鞣(璲)、玉睘(環)、玉琭、車、電軫、桒(賁)綧較(较)、朱𩍉(鞹)圅靳、虎冟

(冪)熏(纁)裹、道(錯)衡、右厄(軛)、畫轉、畫輴、金童(踵)、金豙(軝)、金簟弼(茀)、魚葡(箙)、朱旂旜(旜)金芫二鈴

8.4331 乃祖克𠦪(弼)先王

8.4343 賜女(汝)秬鬯一卣、金車、𠦪(賁)較(較)、畫輴、朱虢(鞹)靣靳、虎冟(冪)熏(纁)裹、旂、余(騌)〔馬〕四匹

9.4448 用𠦪(祓)壽、匄永令(命)

9.4449 用𠦪(祓)壽、匄永令(命)

9.4450 用𠦪(祓)壽、匄永令(命)

9.4451 用𠦪(祓)壽、匄永令(命)

9.4452 用𠦪(祓)壽、匄永令(命)

9.4467 賜女(汝)秬鬯一卣、赤芾、五黃(衡)、赤舄、牙僰、駒車、𠦪(賁)較(較)、朱虢(鞹)靣靳、虎冟(冪)熏(纁)裹、畫轉(轉)、畫輴、金甬(筩)、朱旂、馬四匹、攸(鋚)勒、素戉(鉞)

9.4468 賜女(汝)秬鬯一卣、赤芾、五黃(衡)、赤舄、牙僰、駒車、𠦪(賁)較(較)、朱虢(鞹)靣靳、虎冟(冪)熏(纁)裹、畫轉(轉)、畫輴、金甬(筩)、朱旂、馬四匹、攸(鋚)勒、素戉(鉞)

9.4469 賜女(汝)秬鬯一卣、乃父芾、赤舄、駒車、𠦪(賁)較(較)、朱虢(鞹)靣靳、虎冟(冪)熏(纁)裹、畫轉、畫輴、金甬(筩)、馬四匹、鋚勒

10.5374 王𠦪(祓)于成周

11.5940 用𠦪(祓)畐(福)

11.6016 曰:用𠦪(祓)/曰:用𠦪(祓)

12.6516 𠦪(百)世孫子毋敢家(墜)

14.9104 唯王初𠦪(祓)于成周

15.9456 矩或取赤虎(琥)兩、麀𠦪(韍)兩、𠦪(賁)韐(韐、帢)一

15.9721 賜幾父甘𠦪(韍)六、僕四家、金十鈞

15.9722 賜幾父甘𠦪(韍)六、僕四家、金十鈞

16.9898 賜秬鬯一卣、玄衮衣、赤舄、金車、𠦪(賁)靣朱虢(鞹)靳、虎冟(冪)熏(纁)裹、𠦪(賁)較(較)、畫轉、金甬(筩)、馬四匹、攸(鋚)勒

16.9901 曰:用𠦪(祓)/曰:用𠦪(祓)

17.11298 州□□□忿(价)、工師犢𠦪(漆)、丞造

4240　皋(皐)

14.8943 亞皋父辛

4241　𠦝(𣏟、梳)

16.10173 搏伐厰(玁)𠦝(梳、狁)

16.10174 王初各(格)伐厰(玁)𠦝(梳、狁)于啚盧

4242　𢽍(奏)

4.2044 𢽍(奏)伯乍(作)旅貞(鼎)

4243　不

1.49 𣪘狄(逖)不龏(恭)

1.60-3 毋又(有)不聞智(知)

1.82 單伯旲生(甥)曰:不(丕)顯皇祖剌(烈)考

1.92 敢對揚天子不(丕)顯休

1.103 用卲乃穆穆不(丕)顯龍(寵)光

1.109-10 妄不敢弗帥用文祖、皇考

1.111 妄不敢弗帥用文祖、皇考

1.120 女(汝)亦虔秉不(丕)涇(經)〔德〕

1.121 女(汝)亦虔秉不(丕)涇(經)德

1.122 女(汝)亦虔秉不(丕)涇(經)德

1.123 勿有不義/訙之于不〔啻〕

1.124 勿有不義/訙之于不啻

1.125-8 女(汝)亦虔秉不(丕)涇(經)德/勿有不義/訙之于不啻

1.129-31 勿有不義/訙之于不啻

1.132 女(汝)亦虔秉不(丕)涇(經)德

1.144 夙暮不貣(忒)

1.181 敢對揚天子不(丕)顯魯休

1.187-8 梁其曰:不(丕)顯皇祖考/梁其敢對天子不(丕)顯休揚

1.189-90 梁其曰:不(丕)顯皇祖考/梁其敢對天子不(丕)顯休揚

1.191 梁其敢對天子不(丕)顯休揚

1.192 曰:不(丕)顯皇祖考

1.193 不帛(白)不羊(騂)/不濼(鑠)不彫

1.194 不帛(白)不羊(騂)/不濼(鑠)不彫

1.195 不帛(白)不羊(騂)/不濼(鑠)不彫

1.196 不帛(白)不羊(騂)/不濼(鑠)不彫

1.197 不帛(白)不羊(騂)/不濼(鑠)不彫

1.198 不帛(白)不羊(騂)/不濼(鑠)不彫

1.204-5 克不敢家(墜)

1.206-7 克不敢家(墜)
1.209 克不敢家(墜)
1.210 有虔不惕(易)/不㥜(愆)不貣(忒)
1.211 有虔不惕(易)/不㥜(愆)不貣(忒)
1.216 不㥜(愆)不貣(忒)
1.217 有虔不惕(易)/不㥜(愆)不貣(忒)
1.218 有虔不惕(易)/不㥜(愆)不貣(忒)
1.219 有虔不惕(易)/不㥜(愆)不貣(忒)
1.220 有虔不惕(易)/不㥜(愆)不貣(忒)
1.221 有虔不惕(易)/不㥜(愆)不貣(忒)
1.222 有虔不惕(易)/不㥜(愆)不貣(忒)
1.223-4 入成(城)不賡
1.225 余不敢爲喬(驕)
1.226 余不敢爲喬(驕)
1.227 余不敢爲喬(驕)
1.228 余不敢爲喬(驕)
1.229 余不敢爲喬(驕)
1.230 余不敢爲喬(驕)
1.231 余不敢爲喬(驕)
1.232 余不敢爲喬(驕)
1.233 余不敢爲喬(驕)
1.234 余不敢爲喬(驕)
1.235 余不敢爲喬(驕)
1.236 余不敢爲喬(驕)
1.237 余不敢爲喬(驕)
1.238 虢叔旅曰：不(丕)顯皇考叀(惠)叔
1.239 虢叔旅曰：不(丕)顯皇考叀(惠)叔
1.240 虢叔旅曰：不(丕)顯皇考叀(惠)叔
1.241 虢叔旅曰：不(丕)顯皇考叀(惠)叔
1.242-4 虢叔旅曰：不(丕)顯皇考叀(惠)叔
1.245 惄(淑)穆不家(墜)于厥身
1.247 痶曰：不(丕)顯高祖、亞祖、文考/痶不敢弗帥井(型)祖考
1.248 痶曰：不(丕)顯高祖、亞祖、文考/痶不敢弗帥井(型)祖考
1.249 痶曰：不(丕)顯高祖、亞祖、文考/痶不敢弗帥井(型)祖考
1.250 痶曰：不(丕)顯高祖、亞祖、文考/痶不敢弗帥井(型)祖考
1.260 用卲各不(丕)顯祖考先王
1.261 誨(謀)猷不(丕)飤(飭)
1.262-3 不家(墜)于上
1.264-6 不家(墜)于上
1.267 不家(墜)于上
1.268 不家(墜)于上
1.269 不家(墜)于上
1.270 秦公曰：不(丕)顯朕皇祖受天命/不家(墜)在上/鍞(鎮)靜(靖)不廷
1.272-8 女(汝)不家(墜)夙夜/尸不敢弗憼戒/弗敢不對揚朕辟皇君之登屯(純)厚乃命/余用虔恤不易/不(丕)顯穆公之孫/不(丕)顯皇祖
1.279 尸不敢
1.282 虔恤不易
1.283 不(丕)顯⧄
1.285 女(汝)不家(墜)夙夜/尸不敢弗憼戒/弗敢不對揚朕辟皇君之賜休命/虔恤不易/不(丕)顯穆公之孫、其配襄公之妣/不(丕)顯皇祖
2.358 用[illegible]不廷方
2.426 余不敢[illegible]
2.427 余不敢[illegible]
5.2608 庫嗇夫肖(趙)不[illegible]、貯氏大竛(令)所爲
5.2735 不指賜貝十朋/不指拜𩒨首
5.2736 不指賜貝十朋/不指拜𩒨首
5.2746 鬲(歷)年萬不(丕)承
5.2747 敢對揚天子不(丕)顯休
5.2778 對揚皇尹不(丕)顯休
5.2786 敢對揚天子不(丕)顯休
5.2804 對揚天子不(丕)顯皇休
5.2806 ⧄子不(丕)顯休
5.2807 對揚天子不(丕)顯休
5.2808 對揚天子不(丕)顯休
5.2809 師旂眔僕不從王征于方雷/叡厥不從厥右(佑)征
5.2810 敢對揚天子不(丕)顯休賛(賚)
5.2811 余不畏不差
5.2812 大(太)師小子師朢(望)曰：不(丕)顯皇考宄公/不敢不𠣬不妻/朢(望)敢對揚天子不(丕)顯魯休
5.2813 對揚天子不(丕)杯(丕)魯休
5.2814 無(許)叀敢對揚天子不(丕)顯魯休
5.2815 敢對揚天子不(丕)顯魯休
5.2817 敢對揚天子不(丕)顯休令(命)
5.2819 敢對揚天子不(丕)顯叚(遐)休令(命)
5.2820 對揚皇天子不(丕)杯(丕)休
5.2821 此敢對揚天子不(丕)顯休令(命)
5.2822 此敢對揚天子不(丕)顯休令(命)
5.2823 此敢對揚天子不(丕)顯休令(命)
5.2825 毋敢不善
5.2826 余不叚(暇)妄(荒)寧/虔不家(墜)
5.2827 頌敢對揚天子不(丕)顯魯休
5.2828 頌敢對揚天子不(丕)顯魯休
5.2829 頌敢對揚天子不(丕)顯魯休
5.2830 不(丕)自乍(作)小子
5.2832 正迺訊厲曰：

女(汝)貯田不(否)
5.2833 禹曰：不(丕)顯趄趄皇祖穆公/敢對揚武公不(丕)顯耿光
5.2834 禹曰：不(丕)顯走(趄趄)皇祖穆公
5.2835 唯俘車不克以/休不逆
5.2836 不(丕)顯天子/敢對揚天子不(丕)顯魯休
5.2837 不(丕)顯文王
5.2838 不逆付/不出
5.2839 不(丕)祼
5.2840 語不墜(廢)𢦏(哉)/亡不率尸(仁)/夙夜不解(懈)/亡不思(順)道/以征不宜(義)之邦/亡不若(赦)/虞(吾)老賙(賈)奔走不聽命/寡人懼其忽然不可得
5.2841 不(丕)顯文、武/衛褱(懷)不廷方/亡不閈于文、武耿光/不(丕)巩(鞏)先王配命/大從(縱)不靜(靖)/敬念王畏(威)不睗(易)
7.3827 厥不(丕)吉
7.4055 不故女夫人飤(以)乍(迮)登(鄧)公
7.4060 王姜賜不壽裘
8.4152 鄘(筥)侯少(小)子析(析)、乃孝孫不巨
8.4170 不敢弗帥用夙夕
8.4171 不敢弗帥用夙夕
8.4172 不敢弗帥用夙夕
8.4173 不敢弗帥用夙夕
8.4174 不敢弗帥用夙夕
8.4175 不敢弗帥用夙夕
8.4176 不敢弗帥用夙夕
8.4177 不敢弗帥用夙夕
8.4184 敢𢦏(揚？)天尹不(丕)顯休
8.4185 敢𢦏(揚？)天尹不(丕)顯休
8.4186 敢𢦏(揚？)天尹不(丕)顯休
8.4187 敢𢦏(揚？)天尹不(丕)顯休
8.4205 十世不諲(忘)
8.4209 衛敢對揚天子不(丕)顯休
8.4210 衛敢對揚天子不(丕)顯休
8.4211 衛敢對揚天子不(丕)顯休
8.4212 衛敢對揚天子不(丕)顯休
8.4213 賜不諱
8.4214 敢對揚天子不(丕)杯(丕)休
8.4241 對不敢彖(墜)
8.4246 𠭰揚天子不(丕)顯休
8.4247 𠭰揚天子不(丕)顯休
8.4248 𠭰揚天子不(丕)顯休
8.4249 𠭰揚天子不(丕)顯休
8.4250 即敢對揚天子不(丕)顯休
8.4251 敢對揚天子不(丕)顯休
8.4252 敢對揚天子不(丕)顯休
8.4256 敢對揚天子不(丕)顯休
8.4261 衣祀于王不(丕)顯考文王/不(丕)顯王乍(則)省/不(丕)緐(肆)王乍(則)庚(庸)/不(丕)克乞(訖)衣(殷)王祀
8.4268 不(丕)敢顯天子對揚休
8.4269 我不能不眔縣伯萬年保
8.4272 對揚天子不(丕)顯休
8.4273 對揚天子不(丕)顯休
8.4274 敢對揚天子不(丕)顯魚(魯)休
8.4275 敢對揚天子不(丕)顯魯休
8.4276 敢對揚天子不(丕)顯休命
8.4277 俞敢對揚天子不(丕)顯休
8.4279 敢對昜(揚)天子不(丕)顯魯休命
8.4280 敢對揚天子不(丕)顯魯休令(命)
8.4281 敢對揚天子不(丕)顯魯休(命)
8.4282 敢對揚天子不(丕)顯魯休令(命)
8.4283 敢對揚天子不(丕)顯休
8.4284 敢對揚天子不(丕)顯休
8.4285 女(汝)某(謀)不又(有)聞(昏)/毋敢不善/敢對揚天子不(丕)顯休
8.4287 伊用乍(作)朕不(丕)顯皇祖文考徲叔寶𩰫彝
8.4288 對揚天子不(丕)顯休令(命)
8.4289 對揚天子不(丕)顯休命
8.4290 對揚天子不(丕)顯休命
8.4291 對揚天子不(丕)顯休命
8.4294 敢對揚天子不(丕)顯休
8.4295 敢對揚天子不(丕)顯休
8.4298 敢對揚天子不(丕)顯休
8.4299 敢對揚天子不(丕)顯休
8.4302 女(汝)肇不彖(墜)/𡬼(對)揚天子不(丕)顯休
8.4303 此敢對揚天子不(丕)顯休令(命)
8.4304 此敢對揚天子不(丕)顯休令(命)
8.4305 此敢對揚天子不(丕)顯休令(命)

8.4306 此敢對揚天子不(丕)顯休令(命)
8.4307 此敢對揚天子不(丕)顯休令(命)
8.4308 此敢對揚天子不(丕)顯休令(命)
8.4309 此敢對揚天子不(丕)顯休令(命)
8.4310 此敢對揚天子不(丕)顯休令(命)
8.4312 敢對揚天子不(丕)顯休
8.4313 師寰虔不豖(墜)
8.4314 師寰虔不豖(墜)
8.4315 秦公曰：不(丕)顯朕皇祖 / 鎮(鎮)靜(靖)不廷
8.4316 對揚天子不(丕)杯(丕)魯休
8.4318 敢對揚天子不(丕)顯魯休
8.4319 敢對揚天子不(丕)顯魯休
8.4321 不(丕)顯文、武受令(命)
8.4326 不(丕)顯皇祖考 / 番生(甥)不敢弗帥井(型)皇祖考不(丕)杯(丕)元德 / 専(溥)求不朁(潛)德
8.4327 不盄(淑)/ 女(汝)毋敢不善
8.4328 伯氏曰：不㫚 / 伯氏曰：不㫚 / 不㫚拜𩒨手(首)休
8.4329 伯氏曰：不㫚 / 伯氏曰：不㫚 / 不㫚拜𩒨手(首)休
8.4330 不敢不𢆶休同
8.4331 朕不(丕)顯祖文、武 / 歸芻敢對揚天子不(丕)杯(丕)魯休
8.4332 頌敢對揚天子不(丕)顯魯休
8.4333 頌敢對揚天子不(丕)顯魯休
8.4334 頌敢對揚天子不(丕)顯魯休
8.4335 頌敢對揚天子不(丕)顯魯休
8.4336 頌敢對揚天子不(丕)顯魯休
8.4337 頌敢對揚天子不(丕)顯魯休
8.4338 頌敢對揚天子不(丕)顯魯休
8.4339 頌敢對揚天子不(丕)顯魯休
8.4340 毋敢又(有)不聞 / 敢對揚天子不(丕)顯魯休
8.4341 亡不成眈天畏(威)/ 不(丕)杯(丕)丮皇公受京宗懿釐
8.4342 不(丕)顯文、武 / 雩四方民亡不康靜(靖)/ 首德不克𦘠(畫)
8.4343 不用先王乍(作)井(型)/ 不井(型)不中 / 毋敢不明不中不井(型)/ 毋敢不尹人不中不井(型)/ 敢對揚王不(丕)顯休
9.4464 豖(遂)不敢不敬畏王命 / 亡敢不饮(敹)具(俱)逆王命
9.4465 敢對天子不(丕)顯魯休揚
9.4467 不(丕)顯文、武 / 克敢對揚天子不(丕)顯魯休
9.4468 不(丕)顯文、武 / 克敢對揚天子不(丕)顯魯休
9.4469 不［盄］唯死 / 對揚天子不(丕)顯魯休
9.4595 齊陳曼不敢逸康
9.4596 齊陳曼不敢逸康
9.4615 哲德不亡(忘)
9.4631 曾伯桼(漆)叚(遐)不黃耇、邁(萬)年
9.4632 曾桼(漆)叚(遐)不黃耇、邁(萬)年
10.5392 䇂不叔(淑)
10.5410 堇(謹)不爕(擾)
10.5416 用𠂤不(丕)杯(丕)召多 / 不(丕)䜌(肆)伯懋父𠂤(友)召
10.5423 對揚天子不(丕)顯休
10.5427 不彔(禄)嗌子 / 不敢娣(雉)/ 遺祐石(祏)宗不刜
10.5428 叔䞣父曰：余考(老)不克御事
10.5429 叔䞣父曰：余考(老)不克御事
10.5433 效不敢不邁(萬)年夙夜奔走揚公休
11.6004 用𠂤不(丕)杯(丕)召多 / 不(丕)䜌(肆)伯懋父𠂤(友)召
11.6009 效不敢不邁(萬)年夙夜奔走揚公休
11.6010 歔(攆)敬不惕(易)/ 不諱壽考
11.6011 不(丕)其則
11.6013 盠曰：不(丕)叚(遐)不(丕)其(基)
11.6014 順我不每(敏)
13.8110 子不
15.9455 井伯氏(是)彌(夤)不姦 / 敢對揚天子不(丕)杯(丕)休
15.9715 多寡不訏
15.9728 敢對揚天子不(丕)顯魯休令(命)
15.9729 余不其事(使)女(汝)受朿(刺)
15.9730 余不其事(使)女(汝)受朿(刺)
15.9731 頌敢對揚天子不(丕)顯魯休
15.9732 頌敢對揚天子不(丕)顯魯休
15.9733 釗不□其王乘駐(牡)/ 曰：不可多也
15.9734 日夊(夜)不忘 / 以憂厥民之隹(罹)不𣧑(辜)/ 子之大臂(闢)不宜(義)/ 不能寧處 / 不敢寧處 / 毋

又(有)不敬
15.9735 嚴敬不敢居(怠)荒/天不臭(斁)其又(有)忨(願)/不戜(膩、貳)其心/不顧大宜(義)/不舊(舊)者(諸)侯/下不𢖻(順)於人旃/不祥莫大焉/則臣不忍見旃/以栽(誅)不𢖻(順)/不用豊(禮)宜(儀)/不顧逆𢖻(順)/天子不忘其又(有)勛
16.9897 敢對揚天子不(丕)顯休
16.9899 盠曰: 天子不(丕)叚(遐)不(丕)其(基)
16.9900 盠曰: 天子不(丕)叚(遐)不(丕)其(基)
16.10006 不(邳)伯夏子自乍(作)尊罍
16.10007 不(邳)伯夏子自乍(作)尊罍
16.10168 裸周師不(丕)嚭(丕)
15.10169 呂服余敢對揚天〔子〕不(丕)顯休令(命)
16.10170 敢對揚天子不(丕)顯休令(命)
16.10171 𢽤(攤)敬不惕(易)/不諱考壽
16.10172 敢對揚天子不(丕)顯叚(遐)休令(命)
16.10173 不(丕)顯子白
16.10174 毋敢不出其負(帛)、其責(積)、其進人/毋敢不即餗(次)/敢不用令(命)/毋不即市
16.10175 永不(丕)巩(恐)狄虘(柤)/方縊(蠻)亡不娸(踝)見/史牆夙夜不豕(墜)/對揚天子不(丕)顯休令(命)
16.10342 莫不來〔王〕/諭莫不日頓饗
16.10374 不用命則寅之
16.10407 不汲於利/不擇貴戔(賤)
16.10478 不行王命者
16.10579 汩盤(器)不而畄亓(其)欽
17.11286 不降棘余子之貲金
17.11289 宋公差(佐)之所賠(造)不昜族戈
17.11308 相邦呂不韋造
17.11380 相邦呂不韋造
17.11383 蝨(蚔)生不(丕)乍(作)戎戒(械)
17.11395 相邦呂不韋造
17.11396 相邦呂不韋造
18.11470 不降
18.11541 不降棘余子之貲金
18.11608 滕(滕)之不忏由于
18.11641 戉(越)王訂(台)旨(者旨)不光
18.11642 戉(越)王訂(台)旨(者旨)不光
18.11644 戉(越)王不光厥□□□□卯□
18.11645 戉(越)王不光厥□□□□卯□
18.11646 戉(越)王不光厥□□□□卯□
18.11647 戉(越)王不光厥□□□□卯□
18.11648 戉(越)王不光厥□□□□卯□
18.11649 戉(越)王不光厥□□□□卯□
18.11650 戉(越)王不光厥□亓□□卯□
18.11664 戉(越)王不光厥□□□□卯□
18.11667 戉(越)王不光厥□□□□卯□
18.11704 訂(台)旨(者旨)不光自乍(作)用攻(?)/台戉(越)不光唯曰: 可
18.11987 不降
18.12104 舟三千不句酉
18.12105 傳舟得三千不句酉
18.12106 傳舟得三千不句酉
18.12110 不見其金節則政(徵)
18.12111 不見其金節則政(徵)
18.12112 不見其金節則政(徵)
18.12113 不見其金節則政(徵)

4244 否

5.2840 智(知)天若否
5.2841 虩許上下若否雩(于)四方
8.4311 毋敢否(不)善
8.4341 否畀屯(純)陟
16.10342 否(丕)乍(作)元女

4245 秠

5.2813 對揚天子不(丕)秠(丕)魯休
5.2820 對揚皇天子不(丕)秠(丕)休
6.3623 秠沽乍(作)父卯寶段
8.4214 敢對揚天子不(丕)秠(丕)休
8.4316 對揚天子不(丕)秠(丕)魯休
8.4326 番生(甥)不敢弗帥井(型)皇祖考不(丕)秠(丕)元德
8.4331 歸夆敢對揚天子不(丕)秠(丕)魯休
8.4341 不(丕)秠(丕)丮皇公受京宗懿釐
10.5416 用𠂤不(丕)秠(丕)召多
11.6004 用𠂤不(丕)秠(丕)召多
15.9455 敢對揚天子不(丕)秠(丕)休

4246 嚭

16.10168 裸周師不

(丕)㬱(丕)

4247 勿

1.60-3 勿灋(廢)朕命
1.123 勿有不義
1.124 勿有不義
1.125-8 勿有不義
1.129-31 勿有不義
1.144 用之勿相(爽)
1.223-4 虔〔敬〕命勿忘
1.271 勿或俞(渝)改
2.428 女(汝)勿喪勿敗
5.2782 勿或能訇(已)
5.2816 勿灋(廢)朕令
5.2826 勿灋(廢)文侯覭(景)令(命)
5.2833 勿遺壽幼 / 勿遺壽幼
5.2834 勿〔遺〕壽幼
5.2836 勿灋(廢)朕令(命)
5.2837 女(汝)勿飽(蔽)余乃辟一人 / 勿灋(廢)朕令(命)
5.2840 開於天下之勿(物)矣
5.2841 勿雍(壅)逮庶人宮
7.3908 𢇍(斷)勿喪
8.4199 夙夕勿灋(廢)朕令
8.4200 夙夕勿灋(廢)朕令
8.4288 敬夙夜勿灋(廢)朕令(命)
8.4289 敬夙夜勿灋(廢)朕令(命)
8.4290 敬夙夜勿灋(廢)朕令(命)
8.4291 敬夙夜勿灋(廢)朕令(命)
8.4293 余典勿敢封
8.4316 敬夙夜勿灋(廢)朕令(命)
8.4324 敬夙夜勿灋(廢)朕令(命)
8.4325 敬夙夜勿灋(廢)朕令(命)
8.4340 勿事(使)敢又(有)疾止從(縱)獄 / 敬夙夕勿灋(廢)朕令(命)
8.4343 敬夙夕勿灋(廢)朕令(命)
9.4467 敬夙夕勿灋(廢)朕令(命)
9.4468 敬夙夕勿灋(廢)朕令(命)
9.4469 勿事(使)暴虐從(縱)獄 / 敬夙夕勿灋(廢)朕命
10.5427 弋勿𠛪(剥)嗌鰥寡
16.10168 勿遂(墜)
16.10298 子孫勿忘
16.10299 子孫勿忘
16.10407 勿可哲(折)冬(中)
17.11271 得工戋(或)、冶左勿
17.11407 下吉勿而獲□

4248 昜

1.203 中斡叡昜(颺)
3.1500 正昜
4.1991 昜兒
4.2256 昜乍(作)父辛寶旅彝
4.2303 襄公上垄(堵)曲昜□
5.2678 昜(揚)
5.2679 旛叔樊乍(作)昜(陽)姚寶鼎
5.2718 對昜(揚)玨(挂)王姛休
5.2765 對昜(揚)
8.4166 敔對昜(揚)王休
8.4201 伯賜小臣宅畫毌、戈九、昜(錫)金車、馬兩
8.4216 儕(齎)女(汝)毌五、昜(錫)登盾生皇(凰)、畫內(枘)戈琱㦸、歇(厚)必(柲)、彤沙(蘇)/ 旋敢昜(揚)王休
8.4217 儕(齎)女(汝)毌五、昜(錫)登盾生皇(凰)、畫內(枘)戈琱㦸、歇(厚)必(柲)、彤沙(蘇)/ 旋敢昜(揚)王休
8.4218 儕(齎)女(汝)毌五、昜(錫)登盾生皇(凰)、畫內(枘)戈琱㦸、歇(厚)必(柲)、彤沙(蘇)/ 旋敢昜(揚)王休
8.4270 嗣昜(場)、林、吳(虞)、牧
8.4271 嗣昜(場)、林、吳(虞)、牧
8.4279 敢對昜(揚)天子不(丕)顯魯休命
8.4287 對昜(揚)天子休
9.4390 昜(陽)叔乍(作)旅須(盨)
9.4605 嘉子伯昜臚用其吉金
10.5322 闌乍(作)生(皇)昜日辛尊彝
10.5409 貉子對昜(揚)王休
15.9703 奠(鄭)昜、陳得再立(涖)事歲
15.9734 敢明昜(揚)告：昔者先王
16.9975 奠(鄭)昜、陳得再立(涖)事歲
16.10322 賜畀(婢)師永厥田：澮(洛、陰)昜(陽)洛
17.10903 □昜
17.10918 建昜
17.10943 守昜
17.11260 勹(復)昜(陽)右
17.11289 宋公差(佐)之所賠(造)不昜族戈
18.11553 奠(鄭)命(令)韓半、司寇長(張)朱、左庫工師昜(陽)㯤(倗)、冶君(尹)弜散(槽、造)
18.11673 南行昜(唐)倫(令)瞿(瞿)卯、右庫工師司馬卻、冶得敎(撻)齋(劑)
18.11674 南行昜(唐)倫(令)瞿(瞿)卯、右庫工師司馬卻、冶得敎(撻)齋(劑)
18.11705 南行昜(唐)

倫(令)眲(瞿)卯、右庫工師司馬卻、冶肴(尹)㐂得敎(撻)齋(劑)(？)
18.11838 衛師昜(鍚)
18.11839 衛師昜(鍚)
18.11858 非師昜(鍚)
18.11859 衛師昜(鍚)
18.11860 匽(燕)侯無(舞)昜(鍚)
18.11861 匽(燕)侯無(舞)昜(鍚)
18.11929 右昜攻(工)肴(尹)
18.11930 右昜宮攻(工)肴(尹)
18.11941 昜
18.12032 昜(陽)曲筊馬重(童)
18.12110 就鄩(陽)丘、就邡(方)城、就鄶(象)禾、就栖(柳)焚(棼)、就繁昜(陽)、就高丘、就下鄰(蔡)、就居鄛(巢)、就郢
18.12111 就昜(陽)丘、就邡(方)城、就鄶(象)禾、就栖(柳)焚(棼)、就繁昜(陽)、就高丘、就下鄰(蔡)、就居鄛(巢)、就郢
18.12112 就昜(陽)丘、就邡(方)城、就鄶(象)禾、就栖(柳)焚(棼)、就繁昜(陽)、就高丘、就下鄰(蔡)、就居鄛(巢)、就郢
18.12113 就芸(鄖)昜(陽)/ 就松(樅)昜(陽)/ 就郲(洮)昜(陽)

4249 亡

1.103 子子孫孫亡(無)疆寶
1.144 萬枼(世)亡疆
1.145 降余魯多福亡疆
1.146 降余魯多福亡疆
1.147 降余魯多福亡疆
1.148 降余魯多福亡疆
1.171 亡(無)疾自下
1.187-8 得屯(純)亡敃(愍)/ 降余大魯福亡睪(斁)
1.189-90 得屯(純)亡敃(愍)/ 降余大魯福亡睪(斁)
1.192 得屯(純)亡敃(愍)
1.238 得屯(純)亡敃(愍)
1.239 得屯(純)亡敃(愍)
1.240 得屯(純)亡敃(愍)
1.241 得屯(純)亡敃(愍)
1.242-4 得屯(純)亡敃(愍)
1.260 朕猷又(有)成亡競
5.2609 大梁司寇肖(趙)亡智鑄
5.2610 大梁司寇肖(趙)亡智鑄
5.2660 其亡(無)疆
5.2746 亡智求戟嗇夫庶魔擇吉金
5.2812 得屯(純)亡敃(愍)
5.2836 得屯(純)亡敃(愍)
5.2840 亡不率𡰥(仁)/ 亡不怹(順)道 / 亡寡(懔)炅(惕)之忌(慮)/ 亡不若(赦)
5.2841 亡不閈于文、武耿光 / 肆(肆)皇天亡睪(斁)
8.4140 大(太)保克敬亡遣(譴)
8.4205 亡尤
8.4207 適御亡遣(譴)
8.4237 臣諫□亡
8.4261 天亡又(宥)王 / 王降亡助(賀、嘉)爵、退(褪)囊
8.4317 余亡康晝夜
8.4341 亡不成眈天畏(威)/ 唯民亡徣(延)才(哉)/ 故亡 / 亡卣(攸)違 / 文王孫亡弗褱(懷)井(型)/ 亡克競厥剌(烈)
8.4342 肆(肆)皇帝亡睪(斁)/ 雩四方民亡不康靜(靖)/ 古(故)亡承于先王
9.4464 亡敢不炆(敉)具(俱)逆王命
9.4615 哲德不亡(忘)
10.5427 亡子
10.5430 衣事亡䁳
10.5431 亡競在服
11.6005 休亡䁳
11.6014 爾有唯(雖)小子亡戠(識)
11.6015 亡迖(尤)/ 告亡尤 / 孫孫子子其永亡冬(終)
15.9734 竹(畜)胄亡疆 / 逢郾(燕)亡道燙(煬)上
15.9735 亡又(有)轉(常)息 / 旃(故)邦亡身死 / 曾亡鼠(一)夫之救 / 其永保用亡疆
16.10174 休亡敃(愍)
16.10175 昊䚻(照)亡睪(斁)/ 方縊(蠻)亡不𢒼(踝)見
16.10478 死亡若(赦)
17.10975 亡濾(鹽)右
17.10976 亡濾(鹽)右
18.12092 亡縱一乘

4250 匄(丐)

1.103 乃用祈匄多福
1.141 用匄眉壽無疆
1.187-8 用祈匄康𩐁、屯(純)右(祐)、綽綰、通彔(祿)
1.189-90 用祈匄康𩐁、屯(純)右(祐)、綽綰、通彔(祿)
1.204-5 用匄屯(純)叚(嘏)、永令(命)
1.206-7 用匄屯(純)叚(嘏)、永令(命)
1.209 用匄屯(純)叚(嘏)、永令(命)
1.246 用褅(祓)壽、匄永令(命)
4.2280 用匄永福
5.2630 用匄永福
5.2662 用匄倗魯福

5.2681 用匄眉壽無疆
5.2733 用桒(祓)壽、匄永福
5.2762 用祈匄眉壽、永令(命)、顬(靈)冬(終)
5.2777 尊鼎用祈匄百彔(禄)、眉壽、綰綽、永令(命)
5.2796 用匄康勵、屯(純)右(祐)、眉壽、永令(命)、霝(靈)冬(終)
5.2797 用匄康勵、屯(純)右(祐)、眉壽、永令(命)、霝(靈)冬(終)
5.2798 用匄康勵、屯(純)右(祐)、眉壽、永令(命)、霝(靈)冬(終)
5.2799 用匄康勵、屯(純)右(祐)、眉壽、永令(命)、霝(靈)冬(終)
5.2800 用匄康勵、屯(純)右(祐)、眉壽、永令(命)、霝(靈)冬(終)
5.2801 用匄康勵、屯(純)右(祐)、眉壽、永令(命)、霝(靈)冬(終)
5.2802 用匄康勵、屯(純)右(祐)、眉壽、永令(命)、霝(靈)冬(終)
5.2813 用匄眉壽、黄耇、吉康
5.2820 余用匄屯(純)魯雩(于)邁(萬)年
5.2821 用匄眉壽
5.2822 用匄眉壽
5.2823 用匄眉壽
5.2825 用祈匄眉壽、綽綰、永令(命)、霝(靈)冬(終)
5.2827 用追孝祈匄康𩁹、屯(純)右(祐)、通彔(禄)、永令(命)
5.2828 用追孝祈匄康𩁹、屯(純)右(祐)、通彔(禄)、永令(命)
5.2829 用追孝祈匄康𩁹、屯(純)右(祐)、通彔(禄)、永令(命)
7.3977 用匄萬年
7.4115 唯匄萬年
8.4124 祈匄眉壽
8.4147 用匄眉壽
8.4148 用匄眉壽
8.4149 用匄眉壽
8.4150 用匄眉壽
8.4151 用匄眉壽
8.4157 用匄眉壽、永令(命)
8.4158 用匄眉壽、永令(命)
8.4182 祈匄康𩁹、屯(純)右(祐)、通彔(祿)、永令(命)
8.4198 用匄眉壽、綽綰、永令(命)
8.4219 用祈匄眉壽、永令(命)
8.4220 用祈匄眉壽、永令(命)
8.4221 用祈匄眉壽、永令(命)
8.4222 用祈匄眉壽、永令(命)
8.4223 用祈匄眉壽、永令(命)
8.4224 用祈匄眉壽、永令(命)
8.4237 匄〔永福〕
8.4303 用匄眉壽
8.4304 用匄眉壽
8.4305 用匄眉壽
8.4306 用匄眉壽
8.4307 用匄眉壽
8.4308 用匄眉壽
8.4309 用匄眉壽
8.4310 匄眉壽
8.4317 用桒(祓)壽、匄永令(命)
8.4328 用匄多福
8.4329 用匄多福
8.4332 用追孝、祈匄康𩁹、屯(純)右(祐)、通彔(祿)、永令(命)
8.4333 用追孝祈匄康𩁹、屯(純)右(祐)、通彔(祿)、永令(命)
8.4334 用追孝祈匄康𩁹、屯(純)右(祐)、通彔(祿)、永令(命)
8.4335 用追孝祈匄康𩁹、屯(純)右(祐)、通彔(祿)、永令(命)
8.4336 用追孝祈匄康𩁹、屯(純)右(祐)、通彔(祿)、永令(命)
8.4337 用追孝祈匄康𩁹、屯(純)右(祐)、通彔(祿)、永令(命)
8.4338 用追孝祈匄康𩁹、屯(純)右(祐)、通彔(祿)、永令(命)
8.4339 用追孝祈匄康𩁹、屯(純)右(祐)、通彔(祿)、永令(命)
9.4432 用匄眉壽
9.4433 用匄眉壽
9.4446 用匄眉壽、多福
9.4447 用匄眉壽、多福
9.4448 用桒(祓)壽、匄永令(命)
9.4449 用桒(祓)壽、匄永令(命)
9.4450 用桒(祓)壽、匄永令(命)
9.4451 用桒(祓)壽、匄永令(命)
9.4452 用桒(祓)壽、匄永令(命)
9.4453 匄眉壽無疆
9.4601 用匄眉壽
9.4602 用匄眉壽
9.4692 用匄永令(命)
10.5382 用匄壽
10.5406 用匄永福
10.5410 用匄魯福
11.5972 用匄壽
11.5993 其用匄永福
12.6511 匄三壽、懿德、萬年
15.9433 匄邁(萬)年壽
15.9713 用祈匄眉壽
15.9725 克用匄眉老無疆
15.9728 曶用匄萬年眉壽
15.9731 用追孝祈匄康𩁹、屯(純)右(祐)、通彔(禄)、永令(命)

15.9732 用追孝祈匄康
  舝、屯(純)右(祐)、通
  彔(禄)、永令(命)
15.9826 用匄眉壽
16.9897 用匄萬年無疆
16.10175 天子𩰫(徽)
  無匄(害)

4251 乍、作

1.5 天尹乍(作)元弄
1.6 天尹乍(作)元弄
1.7 自乍(作)其走(奏)
  鐘
1.14 己(紀)侯虓乍
  (作)寶鐘
1.17 麐(麌)侯自乍
  (作)龢鐘用
1.18 魯邍乍(作)龢鐘
1.21 奠(鄭)井叔乍
  (作)霝(靈)龠(龢)鐘
1.22 奠(鄭)井叔乍
  (作)霝(靈)龠(龢)鐘
1.23 中義乍(作)龢鐘
1.24 中義乍(作)龢鐘
1.25 中義乍(作)龢鐘
1.26 中義乍(作)龢鐘
1.27 中義乍(作)龢鐘
1.28 中義乍(作)龢鐘
1.29 中義乍(作)龢鐘
1.30 中義乍(作)龢鐘
1.31 內(芮)公乍(作)
  從鐘
1.32 內(芮)公乍(作)
  鑄從鐘之句(鉤)
1.33 內(芮)公乍(作)
  鑄從鐘之句(鉤)
1.34 卷(惓)乍(作)禾
  (龢)〔鐘〕
1.36 䀠仲乍(作)朕文
  考釐公大鎛(林)寶鐘
1.43 楚公冢自乍(作)
  寶大歔(林)鐘
1.44 楚公冢自乍(作)
  寶大歔(林)鐘
1.45 楚公冢自乍(作)
  寶大歔(林)鐘
1.46 昆疕王貯(鑄)乍
  (作)龢鐘
1.47 鑄侯求乍(作)季
  姜朕(媵)鐘
1.50 用自乍(作)其龢
  鐘、龢鈴
1.52 王子嬰次自乍
  (作)□鐘
1.53 楚王領(領)自乍
  (作)鈴鐘
1.54 走乍(作)朕皇祖、
  文考寶龢鐘
1.55 乍(作)朕皇祖、文
  考寶龢〔鐘〕
1.56 走乍(作)朕皇祖、
  文考寶龢鐘
1.57 走乍(作)朕皇祖、
  文考寶龢鐘
1.58 走乍(作)朕皇祖、
  文考寶龢鐘
1.59 鄀公敄人自乍
  (作)走(奏)鐘
1.65 兮仲乍(作)大鎛
  (林)鐘
1.66 兮仲乍(作)大鏷
  (林)鐘
1.67 兮仲乍(作)大鏷
  (林)鐘
1.68 兮仲乍(作)大鏷
  (林)鐘
1.69 兮仲乍(作)大禁
  (林)鐘
1.70 兮仲乍(作)大鏷
  (林)鐘
1.71 兮仲乍(作)大鏷
  (林)鐘
1.73-4 自乍(作)永
  (咏)命(鈴)
1.75 自乍(作)永(咏)
  命(鈴)
1.76-7 自乍(作)永
  (咏)命(鈴)
1.78-9 自乍(作)永
  (咏)命(鈴)
1.80-1 自乍(作)永
  (咏)命(鈴)
1.83 楚王酓(熊)章乍
  (作)曾侯乙宗彝
1.84 乍(作)曾侯乙宗
  彝
1.85 楚王酓(熊)章乍
  (作)曾侯乙宗彝
1.86 自乍(作)其衳
  (扣)鐘
1.87 以乍(祚)其皇祖、
  皇考
1.88 虘乍(作)寶鐘
1.89 戱乍(作)寶鐘
1.92 用乍(作)朕文考
  釐伯龢禁(林)鐘
1.93 自乍(作)龢鐘
1.94 自乍(作)龢鐘
1.95 自乍(作)龢鐘
1.96 自乍(作)龢鐘
1.97 自乍(作)龢鐘
1.98 自乍(作)龢鐘
1.99 自乍(作)龢鐘
1.100 自乍(作)龢鐘
1.101 自乍(作)龢鐘
1.102 乍(作)厥禾(龢)
  鐘
1.103 遟(遲)父乍(作)
  姬齊姜龢禁(林)鍾
  (鐘)
1.105 罕生(甥)用乍
  (作)穆公大鏷(林)鐘
1.106 楚公逆自乍(作)
  夜雷鎛
1.107-8 用乍(作)朕皇
  祖膺(應)侯大禁(林)
  鐘
1.109-10 肄(肆)妟乍
  (作)龢父大禁(林)鐘
1.112 肄(肆)妟乍(作)
  龢父大禁(林)鐘
1.113 自乍(作)龢鐘
1.114 自乍(作)龢鐘
1.115 自乍(作)龢鐘
1.116 自乍(作)龢鐘
1.117 自乍(作)龢鐘
1.118-9 自乍(作)龢鐘
1.133 用乍(作)大鏷
  (林)鐘
1.134 用乍(作)大鏷
  (林)鐘
1.135 用乍(作)大鏷
  (林)鐘
1.136 用乍(作)大鏷
  (林)鐘
1.141 師臾犀(肇)乍
  (作)朕刺(烈)祖虢
  季、宄公、幽叔、朕皇
  考德叔大禀(林)鐘
1.142 自乍(作)龢鐘
1.143 用乍(作)朕皇考
  禁(林)鐘
1.145 乍(作)朕皇考叔
  氏寶禁(林)鐘
1.146 乍(作)朕皇考叔
  氏寶禁(林)鐘

1.147 乍(作)朕皇考叔氏寶薔(林)鐘
1.148 乍(作)朕皇考叔氏薔(林)鐘
1.149 自乍(作)龢鍾(鐘)
1.150 自乍(作)龢鍾(鐘)
1.151 自乍(作)龢鍾(鐘)
1.152 自乍(作)龢鍾(鐘)
1.153 自乍(作)鈴鐘
1.154 自乍(作)錀(鈴)鐘
1.155 小者乍(作)心□/□□乍(作)尸(夷)□
1.156 乍(作)□曰: 自祈□曰/乍(作)利□小
1.157 屭羌乍(作)戎
1.158 屭羌乍(作)戎
1.159 屭羌乍(作)戎
1.160 屭羌乍(作)戎
1.161 屭羌乍(作)戎
1.171 自乍(作)禾(龢)童(鐘)
1.172 自乍(作)鑄游鍾(鐘)
1.173 自乍(作)鑄游鍊(鐘)
1.174 自乍(作)鑄其游鍊(鐘)
1.175 自乍(作)鑄游鍊(鐘)
1.176 自乍(作)鑄游鍊(鐘)
1.177 自乍(作)鑄游鍊(鐘)
1.178 自乍(作)鑄游鍊(鐘)
1.179 自乍(作)鑄其游鍊(鐘)
1.180 自乍(作)鑄其游鍊(鐘)
1.181 乍(作)大鑇(林)協鐘/用乍(作)朕皇祖南公、亞祖公仲
1.182 自乍(作)龢鐘
1.187-8 用乍(作)朕皇祖考龢鐘
1.189-90 用乍(作)朕皇祖考龢鐘
1.191 用乍(作)朕皇祖考龢鐘
1.193 自乍(作)鷂(謠)鐘
1.194 自乍(作)鷂(謠)鐘
1.195 自乍(作)鷂(謠)鐘
1.196 自乍(作)鷂(謠)鐘
1.197 自乍(作)鷂(謠)鐘
1.198 自乍(作)鷂(謠)鐘
1.199 自乍(作)鷂(謠)鐘
1.200 自乍(作)鷂(謠)鐘
1.201 自乍(作)鷂(謠)鐘
1.202 自乍(作)鷂(謠)鐘
1.203 自乍(作)龢鐘
1.204-5 用乍(作)朕皇祖考伯寶劃(林)鐘
1.206-7 用乍(作)朕皇祖考伯寶劃(林)鐘
1.209 用乍(作)朕皇祖考伯寶劃(林)鐘
1.210 自乍(作)訶(歌)鐘
1.211 自乍(作)訶(歌)鐘
1.217 自乍(作)訶(歌)鐘
1.218 自乍(作)訶(歌)鐘
1.219 自乍(作)訶(歌)鐘
1.220 自乍(作)訶(歌)鐘
1.221 自乍(作)訶(歌)鐘
1.222 自乍(作)訶(歌)鐘
1.223-4 台(以)乍(作)寺吁龢鐘
1.225 乍(作)爲余鐘
1.226 乍(作)爲余鐘
1.227 乍(作)爲余鐘
1.228 乍(作)爲余鐘
1.229 乍(作)爲余鐘
1.230 乍(作)爲余鐘
1.231 乍(作)爲余鐘
1.232 乍(作)爲余鐘
1.233 乍(作)爲余鐘
1.234 乍(作)爲余鐘
1.235 乍(作)爲余鐘
1.236 乍(作)爲余鐘
1.237 乍(作)爲余鐘
1.238 用乍(作)皇考叀(惠)叔大薔(林)龢鐘
1.239 用乍(作)皇考叀(惠)叔大薔(林)龢鐘
1.240 用乍(作)朕皇考叀(惠)叔大薔(林)龢鐘
1.241 用乍(作)朕皇考叀(惠)叔大薔(林)龢鐘
1.242-4 用乍(作)朕皇考叀(惠)叔大薔(林)龢鐘
1.245 台(以)乍(祚)其皇祖皇考
1.247 敢乍(作)文人大寶協龢鐘
1.248 敢乍(作)文人大寶協龢鐘
1.249 敢乍(作)文人大寶協龢鐘
1.250 敢乍(作)文人大寶協龢鐘
1.251-6 肇乍(作)龢鏷(林)鐘
1.257 痶乍(作)協鐘
1.258 痶乍(作)協鐘
1.259 痶乍(作)協鐘
1.260 王對乍(作)宗周寶鐘
1.261 自乍(作)龢鐘
1.262-3 乍(作)厥龢鐘
1.264-6 乍(作)厥龢鐘
1.267 乍(作)厥龢鐘
1.268 乍(作)厥龢鐘
1.269 乍(作)厥龢鐘
1.270 乍(作)盄(淑)龢〔鎛〕
1.271 乍(作)子仲姜寶鎛
1.272-8 尸用乍(作)鑄其寶鍾(鐘)/其乍

(祚)福元孫
1.285 用乍(作)鑄其寶鎛/其乍(祚)福元孫
2.286 曾侯乙乍(作)時(持)
2.287 曾侯乙乍(作)時(持)
2.288 曾侯乙乍(作)時(持)
2.289 曾侯乙乍(作)時(持)
2.290 曾侯乙乍(作)時(持)
2.291 曾侯乙乍(作)時(持)
2.292 曾侯乙乍(作)時(持)
2.293 曾侯乙乍(作)時(持)
2.294 曾侯乙乍(作)時(持)
2.295 曾侯乙乍(作)時(持)
2.296 曾侯乙乍(作)時(持)
2.297 曾侯乙乍(作)時(持)
2.298 曾侯乙乍(作)寺(持)
2.299 曾侯乙乍(作)寺(持)
2.300 曾侯乙乍(作)寺(持)
2.301 曾侯乙乍(作)時(持)
2.302 曾侯乙乍(作)寺(持)
2.303 曾侯乙乍(作)寺(持)
2.304 曾侯乙乍(作)寺(持)
2.305 曾侯乙乍(作)時(持)
2.306 曾侯乙乍(作)時(持)
2.307 曾侯乙乍(作)時(持)
2.308 曾侯乙乍(作)時(持)
2.309 曾侯乙乍(作)寺(持)
2.310 曾侯乙乍(作)時(持)
2.311 曾侯乙乍(作)時(持)
2.312 曾侯乙乍(作)時(持)
2.313 曾侯乙乍(作)時(持)
2.314 曾侯乙乍(作)寺(持)
2.315 曾侯乙乍(作)寺(持)
2.316 曾侯乙乍(作)時(持)
2.317 曾侯乙乍(作)時(持)
2.318 曾侯乙乍(作)時(持)
2.319 曾侯乙乍(作)寺(持)
2.320 曾侯乙乍(作)寺(持)
2.321 曾侯乙乍(作)時(持)
2.322 曾侯乙乍(作)時(持)
2.323 曾侯乙乍(作)時(持)
2.324 曾侯乙乍(作)時(持)
2.325 曾侯乙乍(作)時(持)
2.326 曾侯乙乍(作)時(持)
2.327 曾侯乙乍(作)時(持)
2.328 曾侯乙乍(作)時(持)
2.329 曾侯乙乍(作)寺(持)
2.330 曾侯乙乍(作)時(持)
2.350 陳(陳)大喪史仲高乍(作)鈴鐘
2.351 陳(陳)大喪史仲高乍(作)鈴鐘
2.352 陳(陳)大喪史仲高乍(作)鈴鐘
2.353 陳(陳)大喪史仲高乍(作)鈴鐘
2.354 陳(陳)大喪史仲高乍(作)鈴鐘
2.355 陳(陳)大喪史仲高乍(作)鈴鐘
2.356 井叔叔采乍(作)朕文祖穆公大鐘
2.357 井叔叔采乍(作)朕文祖穆公大鐘
2.358 乍(作)厥王大寶/乍(作)叀在下
2.423 乍(作)無者俞寶鑃鍟(鐸)
2.424 自乍(作)商句(勾)鑃
2.425 自乍(作)征城
2.426 自乍(作)鉤(鈎)鑃
2.427 自乍(作)鉤(鈎)鑃
2.428 〔用自〕乍(作)鉦(征)鉞/永堋乍(作)以□□
2.429 自乍(作)隼鼓
3.465 伯乍(作)
3.469 乍(作)旅
3.470 乍(作)聮医
3.471 乍(作)彝
3.488 弔乍(作)彝
3.489 叔乍(作)彝
3.490 麥乍(作)彝
3.491 乍(作)尊彝
3.492 乍(作)尊彝
3.493 乍(作)寶彝
3.494 伯乍(作)彝
3.495 溓(濂)季乍(作)
3.497 竟乍(作)父乙
3.498 竟乍(作)父乙
3.504 乍(作)父辛
3.506 北伯乍(作)彝
3.507 彊伯乍(作)鼎
3.508 幵(笄)箬乍(作)彝
3.509 仲乍(作)寶彝
3.510 仲姬乍(作)鬲
3.512 虢姞乍(作)鬲
3.514 矢伯乍(作)旅鼎
3.515 矢伯乍(作)旅鼎
3.516 微伯乍(作)齋鬲
3.517 微伯乍(作)齋鬲
3.518 微伯乍(作)齋鬲
3.519 微伯乍(作)齋鬲
3.520 微伯乍(作)齋鬲
3.521 微仲乍(作)旅尊
3.522 同姜乍(作)尊鬲
3.523 仲姜乍(作)尊鬲

3.524 虢叔乍(作)尊鬲
3.525 虢叔乍(作)尊鬲
3.526 緐姞乍(作)寶鼎
3.527 凌姬乍(作)寶齍
3.528 鼒乍(作)寶尊彝
3.529 零(露)人守乍(作)寶
3.530 伯禾乍(作)尊彝
3.531 季貞乍(作)尊鬲
3.532 旂姬乍(作)寶鬲
3.533 師□乍(作)寶鬲
3.534 孟始(姒)乍(作)寶鬲
3.535 帛女(母)乍(作)齊(齍)鬲
3.536 會始(姒)乍(作)朕(媵)鬲
3.540 大乍(作)媰寶尊彝
3.541 季執乍(作)寶尊彝
3.542 楷叔知(矧)父乍(作)鼎
3.543 敬乍(作)父丁尊齍
3.544 仲𢦏父乍(作)𪔂鬲
3.545 魯侯乍(作)姬番鬲
3.546 姬艿母乍(作)齍鬲
3.547 仲姞乍(作)羞鬲
3.548 仲姞乍(作)羞鬲
3.549 仲姞乍(作)羞鬲
3.550 仲姞乍(作)羞鬲
3.551 仲姞乍(作)羞鬲
3.552 仲姞乍(作)羞鬲
3.553 仲姞乍(作)羞鬲
3.554 仲姞乍(作)羞鬲
3.555 仲姞乍(作)羞鬲
3.556 仲姞乍(作)羞鬲
3.557 仲姞乍(作)羞鬲
3.558 仲姞乍(作)羞鬲
3.559 季右父乍(作)尊鬲
3.560 伯邦父乍(作)齍鬲
3.561 虢仲乍(作)姞尊鬲
3.562 虢仲乍(作)姞尊鬲
3.563 乍(作)予叔嬴賸(媵)鬲
3.564 通乍(作)父癸彝
3.565 吾乍(作)滕(媵)公寶尊彝
3.566 戒乍(作)葊官(館)明(盟)尊彝
3.567 䨩乍(作)父癸寶彝
3.568 丮乍(作)父乙彝
3.569 乍(作)寶彝
3.570 乍(作)寶彝
3.571 □戈(?)母乍(作)寶鬲
3.572 弭叔乍(作)犀妊齊(齍)鬲
3.573 弭叔乍(作)犀妊齊(齍)鬲
3.574 弭叔乍(作)犀妊齊(齍)鬲
3.575 無(許)姬乍(作)姜虎旅鬲
3.576 伯庸父乍(作)姞尊鬲
3.578 周□乍(作)尊鬲
3.579 奠(鄭)叔㦰父乍(作)羞鬲
3.580 奠(鄭)井叔㦰父乍(作)拜(饙)鬲
3.581 奠(鄭)井叔㦰父乍(作)羞鬲
3.582 訾子旅乍(作)父戊寶彝
3.583 訾子旅乍(作)父戊寶彝
3.584 王乍(作)緐王姬𦉢彝
3.585 王乍(作)緐王姬𦉢彝
3.587 𧊒(召)伯毛乍(作)王母尊鬲
3.588 叔皇父乍(作)仲姜尊鬲
3.589 旹(詩)伯乍(作)叔母□羞鬲
3.590 旹(詩)伯乍(作)叔母□羞鬲
3.591 旹(詩)伯乍(作)叔母□羞鬲
3.592 士孫伯穀(揀)自乍(作)尊鬲
3.593 魯姬乍(作)尊鬲
3.594 衛始乍(作)鬲
3.595 衛文君夫人叔姜乍(作)其行鬲
3.597 奠(鄭)𩰫伯乍(作)叔嬬薦鬲
3.598 奠(鄭)𩰫伯乍(作)叔嬬薦鬲
3.599 奠(鄭)𩰫伯乍(作)叔嬬薦鬲
3.600 己(紀)侯乍(作)□姜□〔鬲〕
3.601 宋顜父乍(作)豐子賸(媵)鬲
3.602 王乍(作)王母𦉢宮尊鬲
3.603 虢叔乍(作)叔殷穀尊鬲
3.604 聿造乍(作)尊鬲
3.605 伯姜乍(作)齊(齍)鬲
3.606 王伯姜乍(作)尊鬲
3.607 王伯姜乍(作)尊鬲
3.608 𢦏(戴)叔慶父乍(作)叔姬尊鬲
3.609 唯黃朱(幹)𣏌用吉金乍(作)鬲
3.610 唯黃朱(幹)𣏌用吉金乍(作)鬲
3.611 王乍(作)㪉(序)𦉢(蔣)贊母寶𦉢彝
3.612 〔番〕伯㠯子(孫)自乍(作)寶鬲
3.613 林𢦏乍(作)父辛寶尊彝
3.614 叔䵼乍(作)己(紀)伯父丁寶尊彝
3.615 伯猗父乍(作)井叔、季姜尊鬲
3.616 伯墉父乍(作)叔姬鬲
3.617 伯墉父乍(作)叔姬鬲
3.618 伯墉父乍(作)叔姬鬲
3.619 伯墉父乍(作)叔姬鬲
3.620 伯墉父乍(作)叔姬鬲
3.621 伯墉父乍(作)叔姬鬲
3.622 伯墉父乍(作)叔

姬鬲
3.623 伯墉父乍(作)叔姬鬲
3.624 黄子乍(作)黄甫(夫)人孟母器
3.625 曾子單用吉金自乍(作)寶鬲
3.626 樊君乍(作)叔𢍰嬴媵(媵)器寶鬵(烓)
3.627 孜父乍(作)尊鬲
3.628 姬趛母乍(作)尊鬲
3.629 姬趛母乍(作)尊鬲
3.630 番伯𠂤孫自乍(作)寶鬲
3.631 𡔞乍(作)寶尊鼎
3.633 塱(坍)肇家鑄乍(作)鬵
3.634 郳(郳)妣(祁)乍(作)尊鬲
3.635 吕王乍(作)尊鬲
3.636 吕雔姬乍(作)齋彝
3.637 庚姬乍(作)叔娊(?)尊鬲
3.638 庚姬乍(作)叔娊(?)尊鬲
3.639 庚姬乍(作)叔娊(?)尊鬲
3.640 庚姬乍(作)叔娊(?)尊鬲
3.641 京姜𠂹母乍(作)尊鬲
3.642 芉伯碩〔父〕乍(作)叔娟(妘)寶鬲
3.643 用乍(作)隣寶彝
3.644 伯上父乍(作)姜氏尊鬲
3.645 王乍(作)番妃齊(齋)鬲
3.646 王乍(作)姬㚸(𡛴)母尊鬲
3.647 王伯姜乍(作)尊鬲
3.648 魯侯獄(熙)乍(作)彝
3.649 伯先父乍(作)妖尊鬲
3.650 伯先父乍(作)妖尊鬲
3.651 伯先父乍(作)妖尊鬲
3.652 伯先父乍(作)妖尊鬲
3.653 伯先父乍(作)妖尊鬲
3.654 伯先父乍(作)妖尊鬲
3.655 伯先父乍(作)妖尊
3.656 伯先父乍(作)妖尊
3.657 伯先父乍(作)妖鬲
3.658 伯先父乍(作)妖尊鬲
3.659 奠(鄭)羌伯乍(作)季姜尊鬲
3.660 奠(鄭)羌伯乍(作)季姜尊鬲
3.661 虢季子緻(組)乍(作)鬲
3.662 虢季氏子緻(組)乍(作)鬲
3.663 蘯伯、𩵦母子剌乍(作)寶鬲
3.664 蘯伯、𩵦母子剌乍(作)寶鬲
3.665 蘯伯、𩵦母子剌乍(作)寶鬲
3.666 戲伯乍(作)餴(饙)齋
3.667 戲伯乍(作)餴(饙)齋
3.668 右戲仲夏父乍(作)豐鬲
3.669 鼄(邾)伯乍(作)塍(媵)鬲
3.670 鼄(邾)來隹乍(作)貞(鼎)
3.671 伯汼父乍(作)大姬齋鬲
3.672 召仲乍(作)生妣尊鬲
3.673 召仲乍(作)生妣尊鬲
3.674 叔牙父乍(作)姞氏尊鬲
3.675 自乍(作)行鬲
3.676 自乍(作)行鬲
3.677 汈(江)叔蚉乍(作)其尊鬲
3.679 焚(榮)又(有)嗣爯乍(作)齋鬲
3.680 成伯孫父乍(作)㛸嬴尊鬲
3.681 仲父乍(作)尊鬲
3.682 伯家父乍(作)孟姜𦑘(媵)鬲
3.683 虢季氏子伇乍(作)寶鬲
3.684 奠(鄭)鑄友父乍(作)幾姜旅鬲
3.685 齊趫父乍(作)孟姬寶鬲
3.686 齊趫父乍(作)孟姬寶鬲
3.687 黄子乍(作)黄甫(夫)人行器
3.688 用乍(作)又母辛尊彝
3.689 用乍(作)父戊尊彝
3.690 魯伯愈父乍(作)鼄(邾)姬仁朕(媵)羞鬲
3.691 魯伯愈父乍(作)鼄(邾)姬仁朕(媵)羞鬲
3.692 魯伯愈父乍(作)鼄(邾)姬仁朕(媵)羞鬲
3.693 魯伯愈父乍(作)鼄(邾)姬仁朕(媵)羞鬲
3.694 魯伯愈父乍(作)鼄(邾)姬仁朕(媵)羞鬲
3.695 魯伯愈父乍(作)鼄(邾)姬仁朕(媵)羞鬲
3.696 夆(隆)伯乍(作)陊孟姬尊鬲
3.697 弢(發)伯乍(作)叔姬尊鬲
3.698 杜伯乍(作)叔𡢃(祁)尊鬲
3.699 自乍(作)寶尊鬲
3.700 善(膳)〔夫〕吉父乍(作)京姬尊鬲
3.701 善(膳)夫吉父乍(作)京姬尊鬲
3.702 善(膳)夫吉父乍(作)京姬尊鬲
3.703 善(膳)夫吉父乍

(作)京姬尊鬲
3.704 善(膳)夫吉父乍(作)京姬尊鬲
3.705 陳(?)侯乍(作)畢季媯媵鬲
3.706 陳(?)侯乍(作)畢季媯媵鬲
3.707 魯宰駟父乍(作)姬鵬賸(媵)鬲
3.708 虢仲乍(作)虢妃尊鬲
3.709 虢伯乍(作)姬大母尊鬲
3.711 內(芮)公乍(作)鑄京氏婦叔姬朕(媵)鬲
3.712 內(芮)公乍(作)鑄京氏婦叔姬朕(媵)鬲
3.713 衵仲無龍乍(作)寶鬲
3.714 衵仲無龍乍(作)寶鬲
3.715 睽士父乍(作)蓼(翏)妃尊鬲
3.716 睽士父乍(作)蓼(翏)妃尊鬲
3.718 [illegible]季乍(作)孟姬窞(庿)女(母)遳鬲
3.719 伯夏父乍(作)畢姬尊鬲
3.720 伯夏父乍(作)畢姬尊鬲
3.721 伯夏父乍(作)畢姬尊鬲
3.722 伯夏父乍(作)畢姬尊鬲
3.723 伯夏父乍(作)畢姬尊鬲
3.724 伯夏父乍(作)畢姬尊鬲
3.725 伯夏父乍(作)畢姬尊鬲
3.726 伯夏父乍(作)畢姬尊鬲
3.727 伯夏父乍(作)畢姬尊鬲
3.728 伯夏父乍(作)畢姬
3.729 仲生父乍(作)井孟姬寶鬲
3.730 奠(鄭)伯筍父乍(作)叔姬尊鬲
3.731 奠(鄭)師豪(邍)父乍(作)薦鬲
3.732 唯番君酓伯自乍(作)寶鼎
3.733 唯番君酓伯自乍(作)寶鼎
3.734 唯番君酓伯自乍(作)寶鼎
3.735 鑄子叔黑臣(頤)肇乍(作)寶鬲
3.736 虢文公子伇乍(作)叔妃鬲
3.737 單伯邍父乍(作)仲姞尊鬲
3.738 乍(作)孟姞寶尊鬲
3.739 乍(作)孟姞寶尊鬲
3.740 乍(作)孟姞寶尊鬲
3.741 用乍(作)父丁彝
3.742 醫子子奠伯乍(作)尊鬲
3.743 內(芮)公乍(作)鑄京仲氏婦叔姬賸(媵)鬲
3.744 琱生(甥)乍(作)文考宄仲尊鼏
3.745 師趛乍(作)文考聖公、文母聖姬尊𩰫
3.746 師湯父有嗣仲柟父乍(作)寶鬲
3.747 師湯父有嗣仲柟父乍(作)寶鬲
3.748 師湯父有嗣仲柟父乍(作)寶鬲
3.749 師湯父有嗣仲柟父乍(作)寶鬲
3.750 師湯父有嗣仲柟父乍(作)寶鬲
3.751 師湯父有嗣仲柟父乍(作)寶鬲
3.752 師湯父有嗣仲柟父乍(作)寶鬲
3.753 用乍(作)齍鼎
3.754 穆公乍(作)尹姞宗室于繇林/用乍(作)寶齍
3.755 穆公乍(作)尹姞宗室于繇林/用乍(作)寶齍
3.818 見乍(作)甗
3.829 伯乍(作)彝
3.830 伯乍(作)彝
3.831 爻乍(作)彝
3.832 乍(作)寶
3.833 乍(作)寶彝
3.834 乍(作)寶彝
3.835 乍(作)從彝
3.836 乍(作)旅彝
3.837 𢦏乍(作)旅
3.845 黽乍(作)父辛
3.848 襄射乍(作)尊
3.849 猷乍(作)寶彝
3.850 乍(作)戲尊彝
3.852 命乍(作)寶彝
3.853 舟乍(作)尊彝
3.854 闢乍(作)寶彝
3.855 宋乍(作)寶彝
3.857 伯乍(作)寶彝
3.858 伯乍(作)旅獻(甗)
3.859 仲乍(作)旅彝
3.860 仲乍(作)旅獻(甗)
3.861 龍乍(作)旅彝
3.862 疐乍(作)旅獻(甗)
3.863 光乍(作)從彝
3.865 頪乍(作)旅彝
3.867 商婦乍(作)彝
3.868 伯盧乍(作)尊彝
3.869 伯丁乍(作)寶彝
3.870 伯真乍(作)旅獻(甗)
3.871 矢伯乍(作)旅
3.872 潦伯乍(作)甗
3.873 井伯乍(作)旅獻(甗)
3.874 解子乍(作)旅獻(甗)
3.875 沓乍(作)寶尊彝
3.876 雷乍(作)寶尊彝
3.878 乍(作)祖己尊彝
3.879 乍(作)祖己尊彝
3.880 鼎乍(作)父乙尊彝
3.881 乍(作)父庚尊彝
3.882 𣪘(揆)乍(作)父庚旅彝
3.883 膺(應)監乍(作)寶尊彝
3.884 師趞乍(作)旅甗

尊
3.885 何嫊㕧乍(作)寶彝
3.886 亞䣕乍(作)季尊彝
3.887 亙弗生(甥)乍(作)旅獻(甗)
3.888 㝬史䢍乍(作)旅彝
3.889 田告乍(作)仲子彝
3.890 田農乍(作)寶尊彝
3.891 鼃乍(作)婦姑鼺彝
3.892 伯矩乍(作)寶尊彝
3.893 伯矩乍(作)寶尊彝
3.894 夆(逢)伯命乍(作)旅彝
3.896 朿(刺)叔乍(作)寶尊彝
3.897 虢伯乍(作)旅甗用
3.898 伯產乍(作)寶旅獻(甗)
3.899 䍐司(姒)乍(作)旅
3.900 伯盨(媚)父乍(作)旅獻(甗)
3.901 朿(刺)弜乍(作)父乙尊彝
3.902 仲西父肇乍(作)獻(甗)
3.903 亞又乍(作)父乙尊彝
3.904 亞無(許)咢(疇)乍(作)父己彝
3.905 乍(作)父癸寶尊獻(甗)
3.906 亞㫃乍(作)父己彝尊
3.907 雔卯夘乍(作)母戊彝
3.908 㺇伯乍(作)凡姬用甗
3.909 叔㡭乍(作)寶獻(甗)
3.910 孟姬安自乍(作)寶獻(甗)
3.911 㝬仲雩父乍(作)旅獻(甗)
3.912 尹伯乍(作)祖辛寶尊彝
3.913 比乍(作)寶獻(甗)
3.915 大(太)史𡧊乍(作)召公寶尊彝
3.916 [illegible]夫乍(作)祖丁寶尊彝
3.918 孚父狄(猻)乍(作)旅獻(甗)
3.919 㞢乍(作)獻(甗)
3.920 歸䢍乍(作)父辛寶尊彝
3.921 □□□乍(作)寶獻(甗)
3.922 婦闔乍(作)文姑日癸尊彝
3.923 伯淩父乍(作)獻(甗)
3.924 乃子乍(作)父辛寶尊彝 / 乃子乍(作)父辛寶尊彝
3.925 濵刃筍父乍(作)寶獻(甗)
3.926 奠(鄭)井叔乍(作)季姑獻(甗)
3.927 伯姜乍(作)旅獻(甗)
3.928 叔碩父乍(作)旅獻(甗)
3.929 㱿父乍(作)寶獻(甗)
3.930 炏(滎)子旅乍(作)祖乙寶彝
3.931 仲伐父乍(作)姬尚母旅獻(甗)
3.932 子邦父乍(作)旅獻(甗)
3.933 封仲乍(作)獻(甗)
3.934 自乍(作)寶獻(甗)
3.935 用乍(作)寶尊彝
3.937 奠(鄭)大(太)師小子侯父乍(作)寶獻(甗)
3.938 奠(鄭)氏伯高父乍(作)旅獻(甗)
3.939 魯仲齊乍(作)旅獻(甗)
3.940 伯鮮乍(作)旅獻(甗)
3.942 仲枏父乍(作)旅獻(甗)
3.943 自乍(作)旅獻(甗)
3.944 王商(賞)乍(作)册般貝 / 用乍(作)父己尊
3.945 自乍(作)飤獻(甗)
3.946 自乍(作)飤甗
3.947 敶(陳)公子子叔遼父乍(作)旅獻(甗)
3.948 用乍(作)旅獻(甗)
3.949 用乍(作)父乙寶彝
3.972 微伯痶乍(作)匕(朼)
3.973 微伯痶乍(作)匕(朼)
3.979 仲枏父乍(作)匕(朼)
3.1283 乙乍(作)
3.1489 㱿乍(作)
3.1504 乍(作)鼎
3.1505 乍(作)寶
3.1506 乍(作)用
4.1564 乍(作)父乙
4.1620 乍(作)父己
4.1663 乍(作)父辛
4.1705 [illegible]乍(作)戊
4.1720 伯乍(作)鼎
4.1721 伯乍(作)鼎
4.1722 伯乍(作)鼎
4.1723 伯乍(作)鼎
4.1724 伯乍(作)鼎
4.1725 伯乍(作)寶
4.1726 伯乍(作)鼺
4.1727 伯乍(作)彝
4.1728 伯乍(作)彝
4.1729 伯乍(作)彝
4.1731 仲乍(作)齋
4.1732 叔乍(作)寶
4.1733 乖叔乍(作)
4.1751 鼎乍(作)貞
4.1753 [illegible](埜)乍(作)彝
4.1754 [illegible](埜)乍(作)彝
4.1755 [illegible](埜)乍(作)彝

4.1767 [illegible]（規）乍（作）尊
4.1769 尚乍（作）齋
4.1770 羞乍（作）寶
4.1771 箅（搁、揮）乍（作）寶
4.1772 弢乍（作）旅
4.1773 乍（作）旅鼎
4.1774 乍（作）旅鼎
4.1775 乍（作）旅鼎
4.1776 伯乍（作）旅
4.1777 乍（作）旅鼎
4.1778 乍（作）旅鼎
4.1779 乍（作）寶鼎
4.1780 乍（作）寶鼎
4.1781 乍（作）寶鼎
4.1782 乍（作）寶鼎
4.1783 乍（作）寶鼎
4.1784 乍（作）寶鼎
4.1785 乍（作）寶鼎
4.1786 乍（作）寶鼎
4.1787 乍（作）寶鼎
4.1788 乍（作）旅彝
4.1789 乍（作）旅彝
4.1790 乍（作）旅寶
4.1791 乍（作）寶彝
4.1792 乍（作）寶彝
4.1793 乍（作）寶彝
4.1794 乍（作）寶彝
4.1795 乍（作）寶彝
4.1796 乍（作）寶彝
4.1797 乍（作）從彝
4.1812 鬩乍（作）祖丁
4.1814 吳乍（作）祖戊
4.1832 [illegible]乍（作）父乙
4.1860 乍（作）父丁羊
4.1877 遽乍（作）父己
4.1878 乍（作）父己冉
4.1886 [illegible]乍（作）父辛
4.1901 [illegible]乍（作）父癸
4.1903 乍（作）母旅彝
4.1911 北伯乍（作）尊
4.1912 伯乍（作）寶鼎
4.1913 或伯乍（作）彝
4.1914 伯乍（作）寶鼎
4.1915 伯乍（作）旅鼎
4.1916 伯乍（作）旅彝
4.1917 伯乍（作）寶彝
4.1918 伯乍（作）寶彝
4.1919 伯乍（作）寶彝
4.1920 伯乍（作）寶彝
4.1921 伯乍（作）旅鼎
4.1922 仲乍（作）旅鼎
4.1923 叔乍（作）寶彝
4.1924 內（芮）叔乍（作）鼎
4.1925 叔尹乍（作）旅
4.1926 叔乍（作）穌（蘇）子
4.1927 叔乍（作）尊鼎
4.1928 叔乍（作）旅鼎
4.1929 叔乍（作）旅鼎
4.1930 叔睨乍（作）用
4.1931 季乍（作）寶彝
4.1934 公乍（作）雩鼎
4.1940 更乍（作）旅鼎
4.1948 乍（作）寶鼎
4.1949 中乍（作）寶齋
4.1950 寅乍（作）寶鼎
4.1951 箙乍（作）寶鼎
4.1952 箙乍（作）寶鼎
4.1953 舟乍（作）寶鼎
4.1954 舟乍（作）寶鼎
4.1956 右乍（作）旅鼎
4.1957 中乍（作）寶鼎
4.1958 員乍（作）用鼎
4.1960 丰乍（作）寶鼎
4.1961 嗌乍（作）寶貞（鼎）
4.1962 興乍（作）寶貞（鼎）
4.1963 興乍（作）寶鼎
4.1964 甗乍（作）寶鼎
4.1965 麸乍（作）寶鼎
4.1966 墉乍（作）寶鼎
4.1967 楣（椙）乍（作）寶䵼
4.1968 寡長乍（作）齋
4.1969 樂乍（作）旅鼎
4.1970 樂乍（作）旅鼎
4.1971 攸乍（作）旅貞（鼎）
4.1972 [illegible]（淵）乍（作）寶彝
4.1973 [illegible]乍（作）寶彝
4.1974 犨乍（作）寶器
4.1975 膺（應）[illegible]乍（作）旅
4.1976 戠禾乍（作）旅
4.1977 [illegible]乍（作）寶鼎
4.1978 由（古？）乍（作）旅貞（鼎）
4.1979 敖（扶）乍（作）旅鼎
4.1981 乍（作）丮（封）从彝
4.1982 乍（作）丮（封）从彝
4.1983 乍（作）寶尊彝
4.1984 乍（作）寶尊彝
4.1985 乍（作）寶尊彝
4.1986 乍（作）寶尊彝
4.1987 辛乍（作）寶彝
4.1988 明我乍（作）貞（鼎）
4.1989 眉壽乍（作）彝
4.1999 乍（作）父甲尊彝
4.2007 乍（作）父乙尊彝
4.2008 乍（作）父乙寶䵼
4.2011 毌丩（糾）乍（作）父戊
4.2012 殺乍（作）父戊䵼
4.2013 黿乍（作）父戊彝
4.2015 小子乍（作）父己
4.2016 小子乍（作）父己
4.2018 子乍（作）鼎盟彝
4.2021 孔乍（作）父癸旅
4.2022 [illegible]父乍（作）寶鼎
4.2023 瞏父乍（作）旅鼎
4.2024 考𠭯乍（作）旅鼎
4.2025 己乍（作）寶尊彝
4.2026 𠂤女（母）乍（作）山柔
4.2027 嬴（嬴）氏乍（作）寶貞（鼎）
4.2028 亶（檀）姜乍（作）旅鼎
4.2029 散姬乍（作）尊鼎
4.2030 王伯乍（作）寶齋
4.2031 王季乍（作）鼎彝

4.2032 小臣乍(作)尊鼎
4.2034 亞伯禾獿乍(作)
4.2035 亞㠱疑乍(作)彝
4.2036 史吏乍(作)旅鼎
4.2037 頣乍(作)父庚彝
4.2038 伯員乍(作)旅鼎
4.2039 伯申乍(作)寶彝
4.2040 伯旂乍(作)寶鼎
4.2041 閟伯乍(作)旅鼎
4.2042 閟伯乍(作)旅鼎
4.2044 敄(奏)伯乍(作)旅貞(鼎)
4.2045 楷仲乍(作)旅彝
4.2046 仲師父乍(作)齋
4.2047 仲乍(作)寶尊鼎
4.2048 仲乍(作)旅寶鼎
4.2049 叔攸乍(作)旅鼎
4.2050 叔伐父乍(作)鼎
4.2051 叔乍(作)懿宗䪿(齍)
4.2052 𦳨乍(作)寶尊彝
4.2053 叔乍(作)寶尊彝
4.2054 𦳨乍(作)寶尊彝
4.2055 單光乍(作)從彝
4.2056 單光乍(作)從彝
4.2057 良(郎)季乍(作)寶貞(鼎)
4.2058 竟乍(作)厥寶彝
4.2059 丂獲乍(作)尊彝
4.2060 [illegible]乍(作)寶䵼彝
4.2061 腹公乍(作)寶鼎
4.2062 □乍(作)寶尊彝
4.2063 猒乍(作)寶鼎
4.2064 [illegible]乍(作)□寶彝
4.2065 茦(莿)歡乍(作)寶鐙(䵻)
4.2066 訴肇乍(作)旅鼎
4.2067 盩乍(作)寶齋鼎
4.2068 姚乍(作)䵼餴(饙)鼎
4.2069 立乍(作)寶尊彝
4.2070 遽乍(作)寶尊彝
4.2071 旁肇乍(作)尊諆
4.2072 刣乍(作)寶彝
4.2073 [illegible]律乍(作)匋(寶)器
4.2074 戓乍(作)厥尊貞(鼎)
4.2075 弔乍(作)母從彝
4.2076 觀肇乍(作)寶鼎
4.2077 𢍬乍(作)旅尊鼎
4.2078 事乍(作)小旅彝
4.2079 [illegible]乍(作)尊寶彝
4.2080 畟乍(作)厥尊彝
4.2081 本肇乍(作)寶鼎
4.2082 虘北乍(作)季姬
4.2109 𢿯伯乍(作)齋鼎
4.2110 𢿚(捏)乍(作)祖丁盟獲(鑊)
4.2114 般乍(作)父乙
4.2118 疋彈寢乍(作)父丙
4.2119 乍(作)父丙寶尊彝
4.2120 韋乍(作)父丁彝
4.2121 𦉢乍(作)父丁寶鼎
4.2122 [illegible]乍(作)父丁尊彝
4.2123 [illegible]乍(作)父丁寶鼎
4.2124 [illegible][illegible]日戊乍(作)彝
4.2125 乍(作)父己彝
4.2126 奉乍(作)父己寶貞(鼎)
4.2127 刺乍(作)父庚尊彝
4.2128 具乍(作)父庚寶鼎
4.2129 乍(作)父辛寶尊彝
4.2130 乍(作)父辛寶尊彝
4.2131 木乍(作)父辛寶尊
4.2132 乍(作)父癸彝
4.2133 乍(作)父癸尊彝
4.2134 乍(作)父癸尊彝
4.2137 乍(作)婦姑䵼彝
4.2138 乍(作)婦姑䵼彝
4.2139 爻癸婦戟乍(作)彝
4.2140 乍(作)歲婦尊彝
4.2141 犾(獮)父乍(作)𦅫(瘯)始(姒)貞(鼎)
4.2142 安父乍(作)寶尊彝
4.2143 鮮父乍(作)寶尊彝
4.2144 旂父乍(作)寶䵼彝
4.2145 田告乍(作)母辛尊
4.2147 王乍(作)仲姬寶彝
4.2148 齊姜乍(作)寶尊鼎

4.2149 矢王乍(作)寶尊貞(鼎)
4.2150 膺(應)公乍(作)寶尊彝
4.2151 膺(應)公乍(作)寶尊彝
4.2152 豐公[illegible]乍(作)尊彝
4.2153 康侯丰(封)乍(作)寶尊
4.2154 朕(滕)侯乍(作)寶尊彝
4.2155 堇伯乍(作)旅尊彝
4.2156 堇伯乍(作)尊彝
4.2157 [illegible]乍(作)尊彝
4.2158 [illegible]乍(作)尊彝
4.2159 [illegible]乍(作)尊彝
4.2160 [illegible](隔)伯乍(作)寶尊彝
4.2161 [illegible](隔)伯乍(作)寶尊彝
4.2162 丏[illegible](佼)乍(作)尊
4.2163 丏[illegible](佼)乍(作)尊
4.2164 史逨(徠)乍(作)寶方鼎
4.2165 史逨(徠)乍(作)寶方鼎
4.2166 [illegible](搢)史乍(作)考尊彝
4.2167 伯卿乍(作)寶尊彝
4.2168 伯魚乍(作)寶尊彝
4.2169 史戎乍(作)寶尊彝
4.2170 伯矩乍(作)寶尊彝
4.2171 嬴霝德乍(作)小鼎
4.2172 膺(應)叔乍(作)寶尊齋
4.2173 北單乍(作)從旅彝
4.2174 田農乍(作)寶尊彝
4.2175 虫曶乍(作)寶旅鼎
4.2176 鳥壬舤乍(作)尊彝
4.2177 [illegible][illegible]乍(作)寶尊彝
4.2178 [illegible][illegible]乍(作)寶尊彝
4.2179 吹乍(作)楷妊尊彝
4.2180 向乍(作)厥尊彝
4.2181 乍(作)公尊彝
4.2182 乍(作)□寶尊彝
4.2183 才俱父乍(作)尊彝
4.2184 霸姞乍(作)寶尊彝
4.2185 伯[illegible]乍(作)旅尊鼎
4.2186 外叔乍(作)寶尊彝
4.2187 叔旅乍(作)寶尊鼎
4.2188 考乍(作)昚父尊鼎
4.2189 史昔其乍(作)旅鼎
4.2190 伯趞(超)乍(作)尊寶彝
4.2191 王乍(作)仲姜寶鼎
4.2192 強乍(作)井姬用鼎
4.2193 [illegible][illegible](姒)乍(作)寶尊彝
4.2194 [illegible]父乍(作)寶食彝
4.2195 伯遲父乍(作)鶝(鷊)貞(鼎)
4.2196 史盄父乍(作)寶鼎
4.2197 伯咸父乍(作)寶鼎
4.2198 陵叔乍(作)衣寶彝
4.2199 井季[illegible]乍(作)旅鼎
4.2200 緐還乍(作)寶用鼎
4.2201 非(排)啟乍(作)保旅鼎
4.2202 孟[illegible](貴)乍(作)䵼彝
4.2203 史宋自乍(作)盂貞(鼎)
4.2204 羌乍(作)宄姜齋鼎
4.2205 [illegible]叟父乍(作)旅鼎
4.2206 炏(榮)子乍(作)寶尊鼎
4.2207 仲義父乍(作)尊鼎
4.2208 仲義父乍(作)尊鼎
4.2209 仲義父乍(作)尊鼎
4.2210 仲義父乍(作)尊鼎
4.2211 仲義父乍(作)尊鼎
4.2212 遣叔乍(作)旅鼎用
4.2213 孟淠父乍(作)寶鼎
4.2214 尹小叔乍(作)鑾(鸞)鼎
4.2230 [楚]子哀□乍(作)□貞(鼎)
4.2244 [illegible]乍(作)祖乙寶尊彝
4.2245 厝乍(作)祖己彝
4.2246 乍(作)妣戊[illegible]
4.2247 乍(作)父乙寶[illegible]
4.2248 乍(作)父乙尊彝
4.2249 或乍(作)父丁寶尊彝
4.2250 吳乍(作)父丁寶尊彝
4.2251 穆乍(作)父丁寶尊彝
4.2252 鼎其用乍(作)父己寶
4.2253 乍(作)父辛寶
4.2254 [illegible]乍(作)父辛尊鼎
4.2255 [illegible](挺)乍(作)父辛寶尊彝
4.2256 易乍(作)父辛寶旅彝
4.2257 [illegible]乍(作)父癸寶尊彝

4.2258 瞅(哋)乍(作)父癸寶尊䵼
4.2259 册乍(作)父癸寶尊彝
4.2260 乍(作)母丙尊彝
4.2261 王乍(作)康季寶尊鼒
4.2262 臺乍(作)母癸
4.2263 曰：伯重姑乍(作)尊鼎
4.2264 師乍(作)隩仲寶尊彝
4.2265 師乍(作)隩仲寶尊彝
4.2266 師乍(作)隩仲寶尊彝
4.2267 師乍(作)隩仲寶尊彝
4.2268 周公乍(作)文王尊彝
4.2269 匽(燕)侯旨乍(作)父辛尊
4.2270 叔乍(作)單公寶尊彝
4.2271 子戉乍(作)母丁尊彝
4.2272 圳(圳)小子句乍(作)寶鼎
4.2273 王乍(作)垂姬寶尊鼎
4.2274 侯乍(作)父丁尊彝
4.2275 豊用乍(作)父壬䵼彝
4.2276 強伯乍(作)自爲貞(鼎)段
4.2277 強伯乍(作)井姬鼎
4.2278 強伯乍(作)井姬穴(竈)貞(鼎)
4.2279 仲義君自乍(作)食繁
4.2280 [illegible]乍(作)尊
4.2281 師閔乍(作)免伯寶鼎
4.2282 尹叔乍(作)隩姑賸(媵)鼎
4.2286 盅子𧥺(諄)自乍(作)飤鐈
4.2292 曾侯乙乍(作)時(持)甬(用)冬(終)
4.2310 逌(徵)乍(作)祖丁尊彝
4.2311 咸媒(姀)子乍(作)祖丁尊彝
4.2312 堇臨乍(作)父乙寶尊彝
4.2313 乍(作)父乙寶尊彝
4.2314 士乍(作)父乙尊彝
4.2315 亞豚乍(作)父乙寶尊鼎
4.2316 亳乍(作)父乙尊彝
4.2317 乍(作)父丁寶尊彝
4.2318 泻(泓)乍(作)文父丁熽
4.2319 串乍(作)父丁寶鼎
4.2320 營子旅乍(作)父戊寶彝
4.2321 彈乍(作)父辛尊彝
4.2322 乍(作)父辛寶尊彝
4.2323 梓(辣)乍(作)父癸寶尊彝
4.2324 珁(挺)乍(作)父癸寶尊彝
4.2325 [illegible]季乍(作)父癸寶尊彝
4.2326 史造(?)乍(作)父癸寶尊彝
4.2327 用乍(作)女(母)辛彝
4.2328 乍(作)母辛尊彝
4.2329 北子乍(作)母癸寶尊彝
4.2330 姞曶母乍(作)厥宔(寶)尊鼎
4.2331 穆父乍(作)姜懿母饙(饋)貞(鼎)
4.2332 穆父乍(作)姜懿母饙(饋)貞(鼎)
4.2333 姬乍(作)厥姑日辛尊彝
4.2334 禓倲父乍(作)瞿姁朕(媵)鼎
4.2335 季乍(作)兄己尊彝
4.2336 伯戜乍(作)厥父寶蕁(尊)彝
4.2337 伯六辞乍(作)渧旟寶蕁(尊)盡(齍)
4.2338 義仲乍(作)厥父周季尊彝
4.2339 公大(太)史乍(作)姬妾寶尊彝
4.2340 季無(甗)乍(作)宮伯寶尊盡(齍)
4.2341 叔具乍(作)厥考寶尊彝
4.2342 叔䵼(螗)肇乍(作)南宮寶尊
4.2343 叔虎父乍(作)叔姬寶鼎
4.2344 湈(沫)伯疑乍(作)寶尊彝
4.2345 解子乍(作)厥宄圍宮鼎
4.2346 勅嫩乍(作)丁侯尊彝
4.2347 旂乍(作)厥文考寶尊彝
4.2348 乍(作)長寶尊彝
4.2349 [illegible]乍(作)寶鼎
4.2350 乍(作)寶鼎
4.2351 小臣氏樊尹乍(作)寶用
4.2352 徣(蹉)乍(作)鼎
4.2353 師奐父乍(作)季姑尊鼎
4.2354 魯內小臣床生(甥)乍(作)䵼
4.2365 歸乍(作)祖壬寶尊彝
4.2366 奪乍(作)父丁寶尊彝
4.2367 闌(管)監引乍(作)父己寶䵼彝
4.2369 長子狗乍(作)文父乙尊彝
4.2370 公大(太)史乍(作)姬妾寶尊彝
4.2371 公大(太)史乍(作)姬妾寶尊彝
4.2372 徧乍(作)宗室寶尊彝
4.2373 史斿父乍(作)寶尊彝貞(鼎)

4.2374 啐乍比(妣)辛尊彝
4.2375 逐肇諆(其)乍(作)廟叔寶尊彝
4.2376 乙公乍(作)尊貞(鼎)
4.2377 薛侯戚乍(作)父乙鼎彝
4.2378 季念乍(作)旅鼎
4.2379 雔(集)兹乍(作)旅鼎
4.2380 亘乍(作)寶鼎
4.2381 穌(蘇)衛妃乍(作)旅鼎
4.2382 穌(蘇)衛妃乍(作)旅鼎
4.2383 穌(蘇)衛妃乍(作)旅鼎
4.2384 穌(蘇)衛妃乍(作)旅鼎
4.2385 至乍(作)寶鼎
4.2386 絲駒父乍(作)旅鼎
4.2387 內(芮)公乍(作)鑄從鼎
4.2388 內(芮)公乍(作)鑄從鼎
4.2389 內(芮)公乍(作)鑄從鼎
4.2391 江小仲母生自乍(作)甬(用)鬲
4.2392 叔姬乍(作)陽伯旅鼎
4.2398 用乍(作)享□尊彝
4.2399 言肇用乍(作)尊鼎
4.2403 婦闖乍(作)文姑日癸尊彝
4.2404 伯旛乍(作)厥宗寶尊彝鬺(䵊)
4.2405 用乍(作)寶尊彝
4.2406 乍(作)父辛寶尊彝
4.2407 伯龢乍(作)召伯父辛寶尊鼎
4.2408 禽乍(作)文考父辛寶鼎
4.2409 大(太)師乍(作)叔姜鼎
4.2410 甚諆(其)肇乍(作)父丁尊彝
4.2411 叔師父乍(作)尊鼎
4.2412 叔壴父乍(作)尊鼎
4.2413 霍乍(作)己公寶鼎
4.2414 伯旬乍(作)尊鼎
4.2415 奠(鄭)同媿乍(作)旅鼎
4.2416 子邁乍(作)寶鼎
4.2417 廟孱乍(作)鼎
4.2418 己(紀)華父乍(作)寶鼎
4.2419 樂乍(作)寶鼎
4.2420 陽乍(作)寶鼎
4.2421 奠(鄭)子石乍(作)鼎
4.2422 郜造遪(譴)乍(作)寶鼎
4.2423 曾侯仲子斿(遊)父自乍(作)䵼彝
4.2424 曾侯仲子斿(遊)父自乍(作)䵼彝
4.2425 用乍(作)[寶]彝
4.2428 [杞]子每刃乍(作)寶鼎
4.2429 獻(辥)仲□乍(作)鼎
4.2430 自乍(作)尊鼎
4.2431 乃孫乍(作)祖己宗寶鬳爐
4.2432 用乍(作)文父甲寶尊彝
4.2433 乍(作)父乙彝
4.2434 乍(作)父乙彝
4.2435 從用乍(作)寶鼎
4.2436 用乍(作)父庚寶尊彝
4.2437 犮(拔)虎乍(作)飤鼎
4.2438 伯□乍(作)尊鼎
4.2439 羊工兹乍(作)厥文考叔寶尊彝
4.2440 叔□父乍(作)鼎
4.2441 蔡侯乍(作)旅貞(鼎)
4.2442 仲宦父乍(作)寶鼎
4.2443 伯氏乍(作)娻氏羞貞(鼎)
4.2444 伯氏乍(作)娻氏羞貞(鼎)
4.2445 伯氏乍(作)娻氏羞貞(鼎)
4.2446 伯氏乍(作)娻氏羞貞(鼎)
4.2447 伯氏乍(作)娻氏羞貞(鼎)
4.2448 內(芮)大(太)子乍(作)鑄鼎
4.2449 內(芮)大(太)子乍(作)鑄鼎
4.2452 乍(作)鶉(鶉)貞(鼎)用
4.2453 用乍(作)厥寶尊彝
4.2454 用乍(作)厥寶尊彝
4.2455 用乍(作)厥寶尊彝
4.2456 伯矩乍(作)寶彝
4.2457 用乍(作)旅鼎
4.2458 用乍(作)祖癸寶鼎
4.2459 用乍(作)寶彝
4.2460 柜(楝)伯肄(津)乍(作)鳥寶鼎
4.2461 从乍(作)寶鼎
4.2462 倗仲乍(作)畢媿賸(媵)鼎
4.2463 仲殷父乍(作)鼎
4.2464 仲殷父乍(作)鼎
4.2465 伯軓父乍(作)寶鼎
4.2466 溓(濂)俗父乍(作)旅貞(鼎)
4.2467 奠(鄭)姜(羌)伯乍(作)寶鼎
4.2468 敶(陳)生(甥)隺乍(作)飤鼎
4.2469 大(太)師人駢乎乍(作)寶鼎
4.2470 焚(榮)又(有)

嗣再乍(作)齋鼎
4.2471 圂𢁒乍(作)鼎
4.2472 虢姜乍(作)寶尊鼎
4.2473 史喜乍(作)朕文考翟祭
4.2474 𠑹嗣寇獸肇乍(作)寶貞(鼎)
4.2475 內(芮)公乍(作)鑄飤鼎
4.2476 專車季乍(作)寶鼎
4.2477 自乍(作)旅鼎
4.2479 楚王畬(熊)肯乍(作)鑄匜貞(鼎)
4.2483 彭生(甥)乍(作)[文考]日辛寶尊彝
4.2484 □舟乍(作)寶鼎
4.2485 刺覲(肇)乍(作)寶尊
4.2486 禽乍(作)文考寶㸑鼎
4.2487 伯寏父乍(作)旅貞(鼎)
4.2488 右伯乍(作)寶鼎
4.2489 伯衛父乍(作)□𩰫
4.2490 叀乍(作)微伯娟(妘)氏勹(庖)鼎
4.2491 厝舤(服)駷乍(作)用寶鼎
4.2492 虢叔大父乍(作)尊鼎
4.2494 杞伯每刃乍(作)敄(邾)嫌寶貞(鼎)/ 杞伯每刃乍(作)鼄(邾)嫌寶貞(鼎)
4.2495 杞伯每刃乍(作)鼄(邾)嫌寶貞(鼎)
4.2496 內(芮)大(太)子白乍(作)鼎
4.2497 黃君孟自乍(作)行器刅
4.2499 用乍(作)父丁尊彝
4.2500 伯嚩父乍(作)比鼎
4.2503 燮(榮)子旅乍(作)父戊寶尊彝
4.2504 賜乍(作)冊䡅貝 / 用乍(作)寶彝
4.2505 用乍(作)寶尊彝
4.2506 用乍(作)祖乙尊
4.2507 復用乍(作)父乙寶尊彝
4.2508 伯考父乍(作)寶鼎
4.2509 用乍(作)𩰫彝
4.2510 用乍(作)𩰫彝
4.2511 叔𦯞父乍(作)尊鼎
4.2512 吉父乍(作)旅鼎
4.2513 伯筍父乍(作)寶鼎
4.2514 伯筍父乍(作)寶鼎
4.2515 史宜父乍(作)尊鼎
4.2516 粭娟(妘)乍(作)寶鼎
4.2517 內(芮)子仲㲄(搬)乍(作)叔媿尊鼎
4.2518 𨟭蔡生(甥)㝚(坈)乍(作)其貞(鼎)
4.2519 考𢓊(征延)君季自乍(作)其盉鼎
4.2520 奠(鄭)戒(勇)句父自乍(作)飤䵼
4.2521 雍乍(作)母乙尊鼎
4.2522 武生(甥)毁(捏)乍(作)其羞鼎
4.2523 武生(甥)毁(捏)乍(作)其羞鼎
4.2524 甬(甬)𢍏(扶)生(甥)乍(作)成媿賸(賸)貞(鼎)
4.2525 鼄(邾)伯御戎乍(作)賸(賸)姬寶貞(鼎)
4.2526 穌(蘇)冶妊乍(作)虢妃魚母賸(賸)
4.2528 用乍(作)厥文祖寶𩰫尊𧊒(齍)
4.2529 [仲]再父乍(作)寶鼎
5.2531 雍伯乍(作)寶尊彝
5.2532 乃𦢊子乍(作)厥文考尊彝
5.2533 仲旼(涿)父乍(作)尊鼎
5.2534 犀伯魚父乍(作)旅鼎
5.2535 伯𢉖父乍(作)羊鼎
5.2536 奠(鄭)登伯伋(及)叔嬀乍(作)寶鼎
5.2537 靜叔乍(作)𩰫嫜旅貞(鼎)
5.2538 伯堂肇其乍(作)寶鼎
5.2539 自乍(作)寶鼎
5.2540 自乍(作)寶鼎
5.2541 仲義父乍(作)新㝛(客)寶鼎
5.2542 仲義父乍(作)新㝛(客)寶鼎
5.2543 仲義父乍(作)新㝛(客)寶鼎
5.2544 仲義父乍(作)新㝛(客)寶鼎
5.2545 仲義父乍(作)新㝛(客)寶鼎
5.2546 輔伯雁父乍(作)豐孟娟(妘)賸(賸)鼎
5.2547 華季嗌乍(作)寶鼎
5.2548 圅皇父乍(作)琱娟(妘)尊兔鼎
5.2549 無(許)男乍(作)成姜𧻚(趄)女(母)朕(賸)尊貞(鼎)
5.2550 曾伯從寵自乍(作)寶鼎用
5.2551 褱自乍(作)飤碨𩰫
5.2552 師麻孝叔乍(作)旅貞(鼎)
5.2553 膺(應)公乍(作)寶尊彝
5.2554 膺(應)公乍(作)寶尊彝
5.2555 旂用乍(作)父戊寶尊彝
5.2556 用乍(作)寶尊彝

5.2557 師昌(帥)其乍(作)寶齍鼎
5.2558 師賸父乍(作)鹵(鹵)姬寶鼎
5.2559 雍伯原乍(作)寶鼎
5.2560 王伯姜乍(作)季姬福母尊鼎
5.2561 善(膳)夫伯辛父乍(作)尊鼎
5.2562 [illegible]金父乍(作)叔姬寶尊鼎
5.2563 曾者子𦃷(曚)用乍(作)淄(鼒)鼎
5.2564 曾仲子敔用吉金自乍(作)寶鼎
5.2565 黃季乍(作)季嬴寶鼎
5.2566 黃子乍(作)黃甫(夫)人行器
5.2567 黃子乍(作)黃甫(夫)人孟姬器
5.2568 鑄叔乍(作)嬴氏寶貞(鼎)
5.2569 瘀乍(作)其淄(鼒)鼎貞(鼎)
5.2570 掃片昶𤞞乍(作)寶鼎
5.2571 掃片昶𤞞乍(作)寶鼎
5.2572 交君子叕肇乍(作)寶鼎
5.2573 鄧公乘自乍(作)飤鼐
5.2575 乍(作)考寶尊彝
5.2578 㜏乍(作)父庚𩰫 / 敢曰：□□仲自乍(作)耒(幹)鼎
5.2579 用乍(作)雙尊彝
5.2580 大(太)師小子伯莀父乍(作)寶鼎
5.2581 乍(作)寶
5.2582 辛中姬皇母乍(作)尊鼎
5.2583 辛中姬皇母乍(作)尊鼎
5.2584 伯夏父乍(作)畢姬尊鼎
5.2585 鼄季乍(作)嬴(嬴)氏行鼎
5.2586 齊夰(抶)史喜乍(作)寶貞(鼎)
5.2587 鑄子叔黑臣肇乍(作)寶貞(鼎)
5.2588 自乍(作)會(膾)鼎
5.2589 弗奴父乍(作)孟姒㝴(府)賸(媵)貞(鼎)
5.2591 [illegible]魯宰兩乍(作)其叵嘉寶鼎
5.2592 [魯]大左嗣徒元乍(作)善(膳)貞(鼎)
5.2593 魯大左嗣徒元乍(作)善(膳)貞(鼎)
5.2594 用乍(作)父丁尊彝
5.2595 用乍(作)父乙寶彝
5.2596 新宮叔碩父、監姬乍(作)寶鼎
5.2597 晉嗣徒伯鄀父乍(作)周姬寶尊鼎
5.2598 尗(叔)史小子殺乍(作)寒姒好尊鼎
5.2599 奠(鄭)虢仲悆戚(勇)用乍(作)皇祖、文考寶鼎
5.2600 吳王姬乍(作)南宮史叔飤鼎
5.2601 邿伯肇乍(作)孟妊善(膳)貞(鼎)
5.2602 邿伯祀乍(作)善(膳)貞(鼎)
5.2603 唯緊(紟)子丙車乍(作)行貞(鼎)
5.2604 唯緊(紟)子丙車乍(作)行貞(鼎)
5.2605 鄦(許)大邑魯生(甥)乍(作)壽母朕(媵)貞(鼎)
5.2606 曾孫無期(棋)自乍(作)飤繁
5.2607 乙自乍(作)飤繁
5.2612 用乍(作)父庚尊彝
5.2613 用乍(作)父庚彝
5.2614 乍(作)寶尊彝
5.2615 誨(謀)乍(作)寶鬲鼎
5.2616 衛乍(作)文考小仲、姜氏盂鼎
5.2617 唯番昶伯者尹自乍(作)寶貞(鼎)
5.2618 唯番昶伯者尹自乍(作)寶貞(鼎)
5.2619 善(膳)夫旅伯乍(作)毛仲姬尊鼎
5.2620 自乍(作)鬻彝
5.2621 唯㴱伯[illegible](挌)[illegible]林乍(作)貞(鼎)
5.2622 唯昶伯業自乍(作)寶碼盜
5.2623 楚王酓(熊)肯乍(作)鑄鐈貞(鼎)
5.2624 自乍(作)碼沱
5.2625 豊用乍(作)父丁鼎
5.2626 用乍(作)丁侯尊彝
5.2627 用乍(作)丁侯尊彝
5.2628 用乍(作)又(有)始(姒)寶尊彝
5.2629 用乍(作)寶鼎
5.2630 伯陶乍(作)厥文考宮叔寶鬻彝
5.2631 南公有嗣晢(醬)乍(作)尊鼎
5.2632 乍(作)寶鼎
5.2633 乍(作)寶鼎
5.2634 虢文公子伇乍(作)叔妃鼎
5.2635 虢文公子伇乍(作)叔妃鼎
5.2636 虢文公子伇乍(作)叔妃鼎
5.2637 虢宣公子白乍(作)尊鼎
5.2638 弟[illegible]乍(作)寶鼎
5.2639 魯仲齊肇乍(作)皇考鬻貞(鼎)
5.2640 鼄(邾)䍾(翔)伯乍(作)此嬴尊鼎
5.2641 鼄(邾)䍾(翔)伯乍(作)此嬴尊鼎
5.2642 杞伯每刃乍(作)鼄(邾)嫌寶貞(鼎)
5.2643 伯氏、始(姒)氏

乍(作)𪉏(孄)婞罘拜(鋅)貞(鼎)
5.2644 自乍(作)寶鼎
5.2645 自乍(作)寶鼎
5.2648 㝈(罘)用乍(作)父己寶尊
5.2649 伯頵父乍(作)朕皇考㞒伯、吴姬寶鼎
5.2650 敶(陳)侯乍(作)鑄嬀囧母媵(媵)鼎
5.2652 涂大(太)子伯辰□乍(作)爲其好妻□[鼎]
5.2653 缶用乍(作)享大(太)子乙家祀尊
5.2654 用乍(作)尊鼎
5.2655 先(?)獸乍(作)朕老(考)寶尊鼎
5.2656 伯士(吉)父乍(作)毅尊鼎
5.2657 唯黄孫子緐(綐)君叔單自乍(作)貞(鼎)
5.2659 用乍(作)父辛尊彝
5.2660 辛乍(作)寶
5.2661 用乍(作)寶尊彝
5.2662 或者乍(作)旅鼎/用乍(作)文考宫伯寶尊彝
5.2663 伯鮮乍(作)旅鼎
5.2664 伯鮮乍(作)旅鼎
5.2665 伯鮮乍(作)旅鼎
5.2666 伯鮮乍(作)旅鼎
5.2667 奠(鄭)伯氏士叔皇父乍(作)旅鼎
5.2668 大(太)帀(師)鐘伯侵自乍(作)石(䂽)沱(盜)
5.2669 叔液自乍(作)鋅(饋)貞(鼎)
5.2670 旂用乍(作)文父日乙寶尊彝
5.2671 㝯父乍(作)𩰫(揮)寶鼎
5.2672 㝯父乍(作)𩰫(揮)寶鼎
5.2673 用乍(作)文考㝊叔䵼彝
5.2674 用乍(作)父丁尊彝
5.2676 乍(作)井姬用貞(鼎)𣪘
5.2677 乍(作)井姬用貞(鼎)𣪘
5.2678 用乍(作)寶旅鼎
5.2679 𣄰叔樊乍(作)昜(陽)姚寶鼎
5.2680 諆肈乍(作)其皇考、皇母告比君䵼貞(鼎)
5.2682 用乍(作)寶彝
5.2690 𢦏(戴)叔朕自乍(作)鋅(饋)鼎
5.2691 𢦏(戴)叔朕自乍(作)鋅(饋)鼎
5.2692 𢦏(戴)叔朕自乍(作)鋅(饋)鼎
5.2694 用乍(作)父乙𪔂
5.2695 用乍(作)父甲䵼彝
5.2697 㭫伯車父乍(作)邪姞尊鼎
5.2698 㭫伯車父乍(作)邪姞尊鼎
5.2699 㭫伯車父乍(作)邪姞尊鼎
5.2700 㭫伯車父乍(作)邪姞尊鼎
5.2702 用乍(作)母己尊𤆯
5.2703 用乍(作)大子癸寶尊𤆯
5.2706 用乍(作)鼎
5.2708 用乍(作)父癸寶𩰬(餗)
5.2709 用乍(作)父丁彝
5.2710 乍(作)册友史賜贖貝/用乍(作)父乙尊
5.2711 王𨑓于乍(作)册般新宗/王商(賞)乍(作)册豐貝/用乍(作)父己寶𤆯
5.2712 用乍(作)父辛寶尊彝
5.2713 師𧼛乍(作)文考聖公、文母聖姬尊𣅀
5.2714 自乍(作)薦鼎
5.2715 自乍(作)飤繁
5.2716 自乍(作)飤繁
5.2717 自乍(作)飤鼾
5.2718 用乍(作)父壬寶尊鼎
5.2719 用乍(作)寶彝
5.2720 用乍(作)寶尊鼎
5.2721 用乍(作)寶鼎
5.2722 自乍(作)飤繁
5.2723 其乍(作)厥文考寶貞(鼎)
5.2725 用乍(作)父辛寶𪔂
5.2726 用乍(作)父辛寶𪔂
5.2727 師器父乍(作)尊鼎
5.2728 旅用乍(作)父丁尊彝
5.2729 用乍(作)己公寶尊彝
5.2730 趞用乍(作)厥文考父辛寶尊𪔂
5.2731 用乍(作)寶尊彝
5.2732 乍(作)其造(竈)鼎十
5.2733 衛肈乍(作)厥文考己仲寶䵼
5.2734 用乍(作)寶鼎
5.2735 用乍(作)寶䵼彝
5.2736 用乍(作)寶䵼彝
5.2737 自乍(作)寶貞(鼎)
5.2739 用乍(作)尊鼎
5.2740 䨏用乍(作)𩛥公寶尊鼎
5.2741 䨏用乍(作)𩛥公寶尊鼎
5.2742 用乍(作)皇祖文考盂鼎
5.2743 仲師父乍(作)季㚸始寶尊鼎

5.2744 仲師父乍(作)季妓始寶尊鼎
5.2745 函皇父乍(作)周娟(妘)般(盤)盉尊器
5.2747 用乍(作)尊鼎
5.2748 用乍(作)寶貞(鼎)
5.2749 用乍(作)召伯父辛寶尊彝
5.2750 自乍(作)䵼彝
5.2753 下蓋(鄀)雍公緘乍(作)尊鼎
5.2754 用乍(作)寶齋
5.2755 用乍(作)朕文考釐叔尊貞(鼎)
5.2756 史(使)廳(諄)大人賜乍(作)册寓䵼(纘)倬 / 用乍(作)尊彝
5.2758 公賞乍(作)册大白馬 / 用乍(作)祖丁寶尊彝
5.2759 公賞乍(作)册大白馬 / 用乍(作)祖丁寶尊彝
5.2760 公賞乍(作)册大白馬 / 用乍(作)祖丁寶尊彝
5.2761 公賞乍(作)册大白馬 / 用乍(作)祖丁寶尊彝
5.2762 史顛(頙)乍(作)朕皇考釐仲、王(皇)母泉母尊鼎
5.2763 我乍(作)禦䘏(恤)祖乙、妣乙、祖己、妣癸 / 用乍(作)父己寶尊彝
5.2765 用乍(作)寶尊
5.2766 郐(徐)䣄尹譬自乍(作)湯貞(鼎)
5.2767 𨛠(胡)叔、伯(信)姬乍(作)寶鼎
5.2768 梁其乍(作)尊鼎
5.2769 梁其乍(作)尊鼎
5.2770 梁其乍(作)尊鼎
5.2771 鄀公平侯自乍(作)尊錳(盂)
5.2772 鄀公平侯自乍(作)尊錳(盂)
5.2774 自乍(作)後王母
5.2775 用乍(作)季娟(妘)寶尊彝
5.2776 用乍(作)黃公尊䵼彝
5.2778 用乍(作)父庚永寶尊彝
5.2780 乍(作)朕文考毛叔䵼彝
5.2781 用乍(作)寶鼎
5.2782 乍(作)鑄飤器黃鑊
5.2783 用乍(作)寶鼎
5.2784 用乍(作)寶鼎
5.2785 賜于武王乍(作)臣 / 乍(作)乃采
5.2786 用乍(作)朕文考釐伯寶尊鼎
5.2787 用乍(作)䵼彝
5.2788 用乍(作)䵼彝
5.2789 用乍(作)寶䵼尊鼎
5.2790 緐乍(作)朕皇考䵼彝尊鼎
5.2791 用乍(作)寶尊彝
5.2792 用乍(作)文考日己寶鼎
5.2796 克乍(作)朕皇祖釐季寶宗彝
5.2797 克乍(作)朕皇祖釐季寶宗彝
5.2798 克乍(作)朕皇祖釐季寶宗彝
5.2799 克乍(作)朕皇祖釐季寶宗彝
5.2800 克乍(作)朕皇祖釐季寶宗彝
5.2801 克乍(作)朕皇祖釐季寶宗彝
5.2802 克乍(作)朕皇祖釐季寶宗彝
5.2804 王乎乍(作)命内史册命利 / 用乍(作)朕文考泖(漣)伯尊鼎
5.2805 王乎乍(作)册尹册命柳：嗣六師牧、陽(場)大啎(友)/ 用乍(作)朕剌(烈)考尊鼎
5.2807 用乍(作)朕剌(烈)考己伯盂鼎
5.2808 用乍(作)朕剌(烈)考己伯盂鼎
5.2810 用乍(作)尊鼎
5.2811 自乍(作)䵼彝䢅(𪔂)鼎
5.2812 用乍(作)朕皇考宄公尊鼎
5.2813 用乍(作)尊鼎
5.2814 用乍(作)尊鼎
5.2815 用乍(作)朕皇考㜾(郃)伯、奠(鄭)姬寶鼎
5.2816 用乍(作)朕文考㴸公宫尊鼎
5.2817 王乎乍(作)册尹册命師晨：疋(胥)師俗嗣邑人 / 用乍(作)朕文祖辛公尊鼎
5.2818 比乍(作)朕皇祖丁公、皇考叀公尊鼎
5.2819 用乍(作)朕皇考奠(鄭)伯、姬尊鼎
5.2820 用乍(作)宗室寶尊
5.2821 用乍(作)朕皇考癸公尊鼎
5.2822 用乍(作)朕皇考癸公尊貞(鼎)
5.2823 用乍(作)朕皇考癸公尊鼎
5.2824 用乍(作)文母日庚寶尊䵼彝
5.2825 用乍(作)憲司貯 / 用乍(作)朕皇考叔碩父尊鼎
5.2826 用乍(作)寶尊鼎 / 乍(作)疐爲亟(極)
5.2827 用乍(作)朕皇考龏叔、皇母龏始(姒)寶尊鼎
5.2828 用乍(作)朕皇考龏叔、皇母龏始(姒)寶尊鼎
5.2829 用乍(作)朕皇考龏叔、皇母龏始(姒)寶尊鼎

5.2830 不(丕)自乍(作)小子/用妥(綏)乍(作)公上父尊
5.2831 衛用乍(作)朕文考寶鼎
5.2832 衛用乍(作)朕文考寶鼎
5.2833 用乍(作)大寶鼎
5.2834 賜(愓)〔共〕朕般(辟)乍(之)命/乍(曰)王(于)〔匡〕朕〔肅慕〕/用乍(作)大寶〔鼎〕
5.2835 用乍(作)尊鼎
5.2836 用乍(作)朕文祖師華父寶䵼彝
5.2837 在武王嗣文乍(作)邦/用乍(作)祖南公寶鼎
5.2838 曶用茲金乍(作)朕文孝(考)宄伯䵼牛鼎
5.2839 用乍(作)□伯寶尊彝
5.2841 俗(欲)我弗乍(作)先王憂/女(汝)毋弗帥用先王乍(作)明井(型)/用乍(作)尊鼎
6.3133 乍(作)彝
6.3230 乍(作)己姜
6.3236 弜乍(作)旅
6.3240 乍(作)母ꓤ
6.3244 虢叔乍(作)
6.3247 乍(作)旅段
6.3248 乍(作)旅段
6.3249 乍(作)旅段
6.3250 乍(作)旅段
6.3251 乍(作)寶段
6.3252 乍(作)寶段
6.3253 乍(作)寶段
6.3254 乍(作)寶段
6.3255 乍(作)寶段
6.3256 乍(作)寶段
6.3257 乍(作)寶段
6.3258 乍(作)寶段
6.3259 乍(作)寶段
6.3260 乍(作)寶段
6.3261 乍(作)旅彝
6.3262 乍(作)旅彝
6.3263 乍(作)旅彝
6.3264 乍(作)寶彝
6.3265 乍(作)寶彝
6.3266 乍(作)寶彝
6.3267 乍(作)寶彝
6.3268 乍(作)寶彝
6.3269 乍(作)寶彝
6.3270 乍(作)寶彝
6.3271 乍(作)寶彝
6.3272 乍(作)寶彝
6.3273 乍(作)寶彝
6.3274 乍(作)寶彝
6.3275 乍(作)寶彝
6.3276 乍(作)寶彝
6.3277 乍(作)寶彝
6.3278 乍(作)寶彝
6.3279 乍(作)寶彝
6.3280 乍(作)從彝
6.3281 乍(作)從彝
6.3282 乍(作)尊彝
6.3283 乍(作)尊彝
6.3284 乍(作)尊彝
6.3285 伯乍(作)彝
6.3286 伯乍(作)彝
6.3287 伯乍(作)彝
6.3288 伯乍(作)彝
6.3289 伯乍(作)彝
6.3290 伯乍(作)彝
6.3291 伯乍(作)彝
6.3292 伯乍(作)彝
6.3293 伯乍(作)段
6.3294 幺(縈)乍(作)彝
6.3295 乍(作)用段
6.3305 歜乍(作)父乙
6.3306 乍(作)父乙侁
6.3307 □乍(作)父乙
6.3328 耒乍(作)父己
6.3335 賁(贚)乍(作)父辛
6.3336 乍(作)父辛彝
6.3342 乍(作)父癸
6.3344 王妊乍(作)段
6.3346 考母乍(作)聮(聯)医
6.3347 母姘乍(作)段
6.3348 吕姜乍(作)段
6.3349 乍(作)母尊彝
6.3350 伯姬乍(作)
6.3351 伯乍(作)旅段
6.3352 伯乍(作)旅段
6.3353 伯乍(作)寶段
6.3354 伯乍(作)寶段
6.3355 伯乍(作)寶段
6.3356 伯乍(作)寶段
6.3357 伯乍(作)寶段
6.3358 伯乍(作)寶彝
6.3359 伯乍(作)寶彝
6.3360 伯乍(作)寶彝
6.3361 伯乍(作)寶彝
6.3362 伯身乍(作)寶
6.3363 楷仲乍(作)旅
6.3364 仲乍(作)寶段
6.3365 く(畎)叔乍(作)姒尊
6.3366 晨乍(作)寶
6.3367 晨乍(作)寶𣪘(飼、段)
6.3368 䎵乍(作)寶段
6.3369 䎵乍(作)寶段
6.3370 央乍(作)寶段
6.3371 旂乍(作)寶段
6.3372 奪乍(作)寶段
6.3373 舍乍(作)寶段
6.3374 霝乍(作)寶飤
6.3375 舟乍(作)寶段
6.3376 闞乍(作)旅段
6.3377 中乍(作)旅段
6.3378 戜乍(作)旅段
6.3379 殷乍(作)寶彝
6.3380 殅乍(作)寶彝
6.3381 匀乍(作)寶彝
6.3382 邵乍(作)寶彝
6.3383 戈乍(作)旅彝
6.3384 戈乍(作)旅彝
6.3385 各乍(作)旅彝
6.3386 屮(草)乍(作)從彝
6.3387 豐乍(作)從彝
6.3388 德乍(作)尊彝
6.3389 王乍(作)䵼彝
6.3390 見乍(作)寶尊
6.3391 尹乍(作)寶尊
6.3392 乍(作)矩父段
6.3394 戈罟乍(作)厥
6.3395 戈罟乍(作)厥
6.3396 戈罟乍(作)厥
6.3399 乍(作)寶尊彝
6.3400 乍(作)寶尊彝
6.3401 乍(作)寶尊彝
6.3402 乍(作)寶尊彝
6.3403 乍(作)寶尊彝
6.3404 乍(作)寶尊彝
6.3405 乍(作)寶尊彝
6.3406 乍(作)寶尊彝

6.3407 乍(作)寶尊彝
6.3408 乍(作)寶尊彝
6.3409 乍(作)寶尊彝
6.3410 乍(作)寶尊彝
6.3411 乍(作)寶尊彝
6.3412 乍(作)寶尊段
6.3413 乍(作)寶用段
6.3414 用乍(作)寶彝
6.3415 乍(作)旅段
6.3416 乍(作)旅段
6.3425 乍(作)父乙段
6.3426 弔龜乍(作)父丙
6.3427 弔龜乍(作)父丙
6.3429 乍(作)父丁
6.3430 凢乍(作)父丁彝
6.3434 乍(作)父辛彝
6.3435 团乍(作)父辛彝
6.3436 繼(德)乍(作)父癸彝
6.3437 朿(刺)凌乍(作)尊彝
6.3438 皿辟乍(作)尊彝
6.3439 新𡧊乍(作)鍏(饙)段
6.3440 新𡧊乍(作)鍏(饙)段
6.3441 單光乍(作)從彝
6.3442 膺(應)事乍(作)旅段
6.3443 杝(椸)緩(暖)乍(作)寶段
6.3444 季夐乍(作)旅段
6.3445 舟虔乍(作)旅段
6.3446 舟虔乍(作)旅段
6.3447 仲州乍(作)寶段
6.3448 季楚乍(作)寶段
6.3450 乍(作)姬寶尊彝
6.3451 𡚬乍(作)寶尊彝
6.3452 姜㢭乍(作)尊彝
6.3453 乍(作)帚商彝段
6.3454 乍(作)車寶彝尊
6.3455 乍(作)妊氏从段
6.3456 乍(作)妊氏从段
6.3457 大丏乍(作)母彝
6.3458 乍(作)从段
6.3459 乍(作)从段
6.3460 王乍(作)又䵼彝
6.3461 農父乍(作)寶段
6.3462 矩父乍(作)寶段
6.3463 事父乍(作)寶彝
6.3464 圳(圳)父乍(作)車登
6.3465 𨼆乍(作)寶尊彝
6.3466 匞(匜、杯)乍(作)寶尊彝
6.3467 䑕乍(作)寶尊彝
6.3468 御乍(作)寶尊彝
6.3469 𠬪乍(作)寶尊彝
6.3471 文乍(作)寶尊彝
6.3472 文乍(作)寶尊彝
6.3474 果乍(作)放(旊)旅段
6.3475 陕乍(作)寶段
6.3476 闌乍(作)寶尊彝
6.3477 膺(應)公乍(作)旅彝
6.3478 膺(應)公乍(作)旅彝
6.3479 公乍(作)寶尊彝
6.3480 𣪘(掾)伯乍(作)旅段
6.3481 縈伯乍(作)旅段
6.3482 𠬪伯乍(作)旅段
6.3483 尸曰乍(作)寶尊
6.3484 □伯乍(作)寶段
6.3485 叔𠚤(曶)乍(作)寶段
6.3486 叔京乍(作)旅彝
6.3487 叔𢼂(抯)乍(作)寶段
6.3488 伯𨛜(倢)乍(作)寶尊彝
6.3489 伯戜乍(作)旅段
6.3490 伯到乍(作)𡟰段
6.3491 伯尚乍(作)寶段
6.3492 伯乍(作)寶尊彝
6.3493 伯乍(作)寶尊彝
6.3494 伯乍(作)寶尊彝
6.3495 伯乍(作)寶尊彝
6.3496 伯乍(作)寶尊段
6.3497 伯乍(作)寶尊段
6.3498 伯乍(作)寶尊彝
6.3499 伯乍(作)南宮段
6.3500 乍(作)祖戊寶段
6.3501 乍(作)祖戊寶段
6.3503 戈乍(作)父乙尊彝
6.3505 亞疑員乍(作)父乙
6.3507 用乍(作)父乙尊彝
6.3508 令乍(作)父乙尊彝
6.3509 乍(作)父乙寶段
6.3510 乍(作)父乙寶段

6.3511 乍（作）父乙寶
　　段

6.3512 柠（楮）乍（作）
　　父丁尊彝

6.3514 乍（作）父戊旅
　　彝

6.3515 丫人乍（作）父
　　己尊彝

6.3516 歗乍（作）父庚
　　寶彝

6.3517 殽乍（作）父庚
　　旅彝

6.3518 耴乍（作）父辛
　　尊彝

6.3519 □乍（作）父辛
　　寶彝

6.3520 盧乍（作）父辛
　　尊彝

6.3521 丂敀（搏）乍
　　（作）父癸尊彝

6.3524 陵（隔）伯乍
　　（作）寶尊彝

6.3525 陵（隔）伯乍
　　（作）寶尊彝

6.3526 亶（𪔗檀）伯乍
　　（作）寶尊彝

6.3527 弜伯乍（作）寶
　　尊段

6.3528 弜伯乍（作）寶
　　尊段

6.3529 弜伯乍（作）寶
　　尊段

6.3530 亢伯乍（作）姬
　　寶段

6.3531 亢伯乍（作）姬
　　寶段

6.3532 伯矩乍（作）寶
　　尊彝

6.3533 伯矩乍（作）寶

6.3534 伯魚乍（作）寶
　　尊彝

6.3535 伯魚乍（作）寶
　　尊彝

6.3536 伯艅（艅）乍
　　（作）寶尊彝

6.3537 伯婁俯乍（作）
　　寶段

6.3538 伯丂禽乍（作）
　　寶彝

6.3539 伯丂禽乍（作）
　　寶彝

6.3540 伯乍（作）乙公
　　尊段

6.3541 伯乍（作）寶用
　　尊段

6.3542 伯乍（作）寶用
　　尊段

6.3543 仲獲父乍（作）
　　寶段

6.3544 仲儆乍（作）寶
　　尊彝

6.3545 仲師父乍（作）
　　旅段

6.3546 仲□父乍（作）
　　寶段

6.3547 仲酉父乍（作）
　　旅段

6.3548 仲言（?）父乍
　　（作）旅段

6.3549 橺仲乍（作）寶
　　尊彝

6.3550 敢仲乍（作）其
　　旅段

6.3551 城虢仲乍（作）
　　旅段

6.3552 叔虩乍（作）寶
　　尊段

6.3553 叔虩乍（作）寶
　　尊段

6.3554 叔虩乍（作）寶
　　尊段

6.3555 叔佼父乍（作）
　　虫段

6.3556 季犀乍（作）寶
　　尊彝

6.3557 季㚸（姒）乍
　　（作）用段

6.3558 嬴季乍（作）寶
　　尊彝

6.3559 𩇵父乍（作）寶
　　尊彝

6.3560 安父乍（作）寶
　　尊彝

6.3562 微父乍（作）寶
　　尊彝

6.3563 姑仮父乍（作）
　　寶段

6.3564 員父乍（作）寶
　　尊段

6.3565 霸姑乍（作）寶
　　尊彝

6.3566 𢃇姑乍（作）乙
　　尊彝

6.3567 䨣㚸（姒）乍
　　（作）寶尊彝

6.3568 雍㚸（姒）乍
　　（作）寶尊彝

6.3569 戚姬乍（作）寶
　　尊段

6.3570 王乍（作）姜氏
　　尊段

6.3571 姜林母乍（作）
　　䵼（錯）段

6.3572 向乍（作）厥尊
　　彝

6.3573 師麛其乍（作）

6.3574 噩（鄂））叔乍
　　（作）寶尊彝

6.3575 農乍（作）寶尊
　　彝

6.3576 田農乍（作）寶
　　尊彝

6.3577 卜孟乍（作）寶
　　尊彝

6.3578 陽尹乍（作）厥
　　旅段

6.3579 年㚸乍（作）用
　　段

6.3580 利乍（作）寶尊
　　𩰫彝

6.3581 長囟乍（作）寶
　　尊段

6.3582 長囟乍（作）寶
　　尊段

6.3583 史毅乍（作）寶
　　尊彝

6.3584 熒（榮）子旅乍
　　（作）寶段

6.3585 嬴霝德乍（作）
　　𩰫段

6.3586 段（鍛）金歸乍
　　（作）旅段

6.3587 段（鍛）金歸乍
　　（作）旅段

6.3588 屐（役）乍（作）
　　釐伯寶段

6.3589 革侯乍（作）登
　　寶段

6.3590 登（鄧）公牧乍
　　（作）䤪（饋）段

6.3591 登（鄧）公牧乍
　　（作）䤪（饋）段

6.3592 蔡侯𦅮（申）乍
　　（作）淄（𩰫）段

6.3593 蔡侯龖(申)乍(作)淄(𩚬)段
6.3594 蔡侯龖(申)乍(作)淄(𩚬)段
6.3595 蔡侯龖(申)乍(作)淄(𩚬)段
6.3596 蔡侯龖(申)乍(作)淄(𩚬)段
6.3597 蔡侯龖(申)乍(作)淄(𩚬)段
6.3598 蔡侯龖(申)乍(作)淄(𩚬)段
6.3599 蔡侯龖(申)乍(作)淄(𩚬)段
6.3600 㠯乍(作)祖丁寶尊彝
6.3601 偁缶乍(作)祖癸尊彝
6.3602 乍(作)父乙寶彝
6.3603 大禾乍(作)父乙尊彝
6.3605 弔乍(作)父丁寶尊彝
6.3606 䧹(雝)乍(作)文父日丁
6.3607 古乍(作)父丁寶隩(奠)彝
6.3608 宰犬乍(作)父丁𩜦(饙)彝
6.3609 休乍(作)父丁寶段
6.3610 丞乍(作)父戊寶尊彝
6.3611 廣乍(作)父己寶尊
6.3612 衛乍(作)父庚寶尊彝
6.3613 哦乍(作)父辛寶尊彝
6.3614 匽(燕)侯乍(作)姬丞尊彝
6.3615 𩛥(𡊄)𢽴(摅)伯具乍(作)寶段
6.3616 漁伯乍(作)旅用鼎段
6.3617 漁伯乍(作)旅用鼎段
6.3618 漁伯乍(作)自爲貞(鼎)段
6.3619 義伯乍(作)宄婦陸姞
6.3620 㛸(媛)仲乍(作)乙伯寶段
6.3621 陸婦乍(作)高姑尊彝
6.3622 召父乍(作)厥□寶彝
6.3623 矺沽乍(作)父卯寶段
6.3624 叔單乍(作)義公尊彝
6.3625 比乍(作)伯婦尊彝
6.3626 㵞乍(作)文祖寶尊彝
6.3627 㵞乍(作)文祖寶尊彝
6.3628 㫃乍(作)寶尊彝
6.3629 叉乍(作)厥考寶尊彝
6.3630 琨乍(作)寶段
6.3631 伊生(甥)乍(作)公母尊彝
6.3632 寧遹乍(作)柙(甲)姛尊段
6.3633 大(太)師乍(作)孟姜𩜦(饙)段
6.3644 乍(作)祖辛寶彝
6.3645 敎乍(作)祖癸寶尊彝
6.3646 史述乍(作)父乙寶段
6.3647 堇臨乍(作)父乙寶尊彝
6.3648 堇臨乍(作)父乙寶尊彝
6.3649 乍(作)父丁寶尊彝
6.3650 乍(作)父丁寶尊彝
6.3651 牧壁乍(作)父丁少(小)食段
6.3652 龠乍(作)父丁寶尊彝
6.3653 子阩乍(作)父己寶尊彝
6.3654 䠶乍(作)父壬寶尊彝
6.3655 亞高亢乍(作)父癸尊彝
6.3656 㞷(征)乍(作)父癸寶尊彝
6.3657 㞷(征)乍(作)父癸寶尊彝
6.3658 㞷(征)乍(作)父癸寶尊彝
6.3659 子令乍(作)父癸寶尊彝
6.3660 𢽽(𠰍)乍(作)父癸寶尊彝
6.3661 𢽽(𠰍)乍(作)父癸寶尊彝
6.3662 𢽽(𠰍)乍(作)父癸寶尊彝
6.3663 黄乍(作)父癸寶尊彝
6.3664 乍(作)父乙寶尊彝
6.3665 厚乍(作)兄日辛寶彝
6.3666 乍(作)母日甲尊彝
6.3667 倗丏乍(作)義妣寶尊彝
6.3668 噩(鄂)侯弟厝季自乍(作)段
6.3669 噩(鄂)季奞父乍(作)寶尊彝
6.3670 媵(滕)侯乍(作)朕公寶尊彝
6.3671 旟嗣土(徒)梳乍(作)寶尊段
6.3672 北伯邑辛乍(作)寶尊段
6.3673 蛙乍(作)厥母寶尊段
6.3674 伯乍(作)厥諲(禋)子寶尊彝
6.3675 或者乍(作)宮伯寶尊彝
6.3676 旃乍(作)寶段
6.3677 睘乍(作)寶段
6.3678 伯蔡父乍(作)母嫊寶段
6.3679 伯嘉父乍(作)叀姬尊段
6.3680 伯嘉父乍(作)叀姬尊段
6.3681 毅乍(作)寶段
6.3682 大(太)師小子師望乍(作)䵼彝
6.3684 劏臿乍(作)祖戊寶尊彝

6.3685 見乍(作)父己寶尊彝
6.3686 刑廷冀乍(作)父癸寶尊彝
6.3687 [illegible] 婦乍(作)日癸尊彝
6.3688 適 遥（遥）乍(作)父癸寶彝
6.3689 亞疑員乍(作)母辛彝 / 亞疑員㣎乍(作)女(母)辛寶彝
6.3690 伯乍(作)寶𣪘
6.3691 伯好父自鑄乍(作)爲旅𣪘
6.3692 伯𥟴乍(作)媿氏旅
6.3693 伯𥟴乍(作)媿氏旅
6.3694 叔宿乍(作)日壬寶尊彝
6.3695 義叔聞𢘵(肇)乍(作)彝
6.3696 𤔲土(徒)𤔲乍(作)厥丂(考)寶尊彝
6.3697 𤔲土(徒)𤔲乍(作)厥丂(考)寶尊彝
6.3698 柬人守父乍(作)厥寶尊彝
6.3699 公大(太)史乍(作)母庚寶尊彝
6.3700 䟗乍(作)尊𣪘
6.3701 䟗乍(作)尊𣪘
6.3702 彔乍(作)文考乙公寶尊𣪘
6.3703 同師乍(作)旅𣪘
6.3704 孟肅父乍(作)寶𣪘
6.3705 師㝨父乍(作)季姑寶尊𣪘
6.3706 師㝨父乍(作)叔姑寶尊𣪘
6.3707 內（芮）公乍(作)鑄從𣪘
6.3708 內（芮）公乍(作)鑄從𣪘
6.3709 內（芮）公乍(作)鑄從𣪘
6.3710 西替乍(作)其妹靳𩰫(饙)鉦鑰
6.3711 乍(作)祖乙𤓰侯叔尊彝
6.3712 用乍(作)祖癸彝
6.3714 辨乍(作)文父己寶尊彝
6.3715 辨乍(作)文父己寶尊彝
6.3716 辨乍(作)文父己寶尊彝
6.3717 [illegible] 乍(作)父辛尊彝
6.3718 伯乍(作)寶𣪘
6.3719 𨟻伯㒸肇乍(作)守 / 乍(作)宝(寶)尊彝
6.3720 康伯乍(作)登用𣪘
6.3721 康伯乍(作)登用𣪘
6.3722 莓（敏）伯乍(作)井姬寶𣪘
6.3723 仲乍(作)寶尊彝
6.3724 叔宔（宇）乍(作)寶𣪘
6.3725 叔友父乍(作)尊𣪘
6.3726 友父乍(作)寶𣪘
6.3727 友父乍(作)寶𣪘
6.3728 叔妃乍(作)尊𣪘
6.3729 叔妃乍(作)尊 / 叔妃乍(作)尊𣪘
6.3730 季𣪘乍(作)旅𣪘 / 唯子孫乍(作)寶
6.3731 𠀠乍(作)寶𣪘
6.3732 用乍(作)𩰫(饙)𣪘
6.3733 用乍(作)寶尊彝
6.3734 辰乍(作)𩰫(饙)𣪘
6.3735 旂乍(作)寶𣪘
6.3736 旂乍(作)寶𣪘
6.3737 𠭯乍(作)豐嬇寶𣪘
6.3738 意乍(作)寶𣪘
6.3739 鮇（蘇）公乍(作)王妃盂𣪘
6.3740 齊史逗乍(作)寶𣪘
6.3741 乍(作)寶𣪘
6.3742 乍(作)寶尊𣪘
7.3743 乍(作)寶𣪘
7.3744 乍(作)寶𣪘
7.3745 𢼸乍(作)厥𣪘兩
7.3746 𡡞𥧝𣪕用乍(作)𠤳辛𩚬𣪘
7.3747 仲爯乍(作)又(厥)寶彝
7.3748 伯者父乍(作)寶𣪘
7.3749 [illegible] 乍(作)厥祖寶尊彝
7.3750 用乍(作)父乙尊彝
7.3751 秙(稃)乍(作)父柙(甲)寶𣪘
7.3753 仲師父乍(作)好旅𣪘
7.3754 仲師父乍(作)好旅𣪘
7.3755 中友父乍(作)寶𣪘
7.3756 中友父乍(作)寶𣪘
7.3757 仲五父乍(作)𣪘
7.3758 仲五父乍(作)𣪘
7.3759 仲五父乍(作)𣪘
7.3760 叔臨父乍(作)寶𣪘
7.3761 𤛏乍(作)寶𣪘
7.3762 伯就父乍(作)[illegible](飤)𣪘
7.3763 遽伯睘乍(作)寶尊彝
7.3764 叔㮚父乍(作)寶𣪘
7.3765 伯幾父乍(作)𡴑(𩰫、饙)𣪘
7.3766 伯幾父乍(作)𡴑(𩰫、饙)𣪘
7.3767 㝬徣（誕）乍(作)寶𣪘
7.3768 㝬徣（誕）乍(作)寶𣪘
7.3769 乎乍(作)姑氏寶𣪘
7.3770 降(絳)人緐乍

(作)寶𣪘
7.3771 晉人事(吏)寓乍(作)寶𣪘
7.3772 己(紀)侯乍(作)姜縈𣪘
7.3773 伯闢乍(作)尊𣪘
7.3774 伯闢乍(作)尊𣪘
7.3775 登(鄧)公乍(作)膺(應)嫚妣(㔭)朕(媵)𣪘
7.3776 登(鄧)公乍(作)膺(應)嫚妣(㔭)朕(媵)𣪘
7.3777 散伯乍(作)夨姬寶𣪘
7.3778 散伯乍(作)夨姬寶𣪘
7.3779 散伯乍(作)夨姬寶𣪘
7.3780 散伯乍(作)夨姬寶𣪘
7.3781 侯氏乍(作)孟姬尊𣪘
7.3782 侯氏乍(作)孟姬尊𣪘
7.3783 仲競乍(作)寶𣪘
7.3784 伯偁乍(作)伯䜌寶𣪘
7.3785 叡昚妊乍(作)寶𣪘
7.3786 史㝔乍(作)寶𣪘
7.3787 保子達乍(作)寶𣪘
7.3788 趞乍(作)寶𣪘
7.3789 史𧿁(場)父乍(作)尊𣪘
7.3790 用乍(作)父丁尊彝
7.3791 自乍(作)器
7.3792 伯芀乍(作)寶𣪘
7.3793 伯梁父乍(作)𡟰(龏)姞尊𣪘
7.3794 伯梁父乍(作)𡟰(龏)姞尊𣪘
7.3795 伯梁父乍(作)𡟰(龏)姞尊𣪘
7.3796 伯梁父乍(作)𡟰(龏)姞尊𣪘
7.3797 䢅叔山父乍(作)疊(𡢁、姪)姬尊𣪘
7.3798 䢅叔山父乍(作)疊(𡢁、姪)姬尊𣪘
7.3799 䢅叔山父乍(作)疊(𡢁、姪)姬尊𣪘
7.3800 䢅叔山父乍(作)疊(𡢁、姪)姬尊𣪘
7.3801 䢅叔山父乍(作)疊(𡢁、姪)姬尊𣪘
7.3802 叔侯父乍(作)尊𣪘
7.3803 叔侯父乍(作)尊𣪘
7.3804 𫎩(㝬胡)衍乍(作)寶𣪘
7.3805 害叔乍(作)尊𣪘
7.3806 害叔乍(作)尊𣪘
7.3807 㕡(搈)年伯自乍(作)其寶𣪘
7.3808 兮仲乍(作)寶𣪘
7.3809 兮仲乍(作)寶𣪘/兮仲乍(作)寶𣪘
7.3810 兮仲乍(作)寶𣪘
7.3811 兮仲乍(作)寶𣪘
7.3812 兮仲乍(作)寶𣪘
7.3813 兮仲乍(作)寶𣪘
7.3814 兮仲乍(作)寶𣪘
7.3815 敶(陳)侯乍(作)王嬀媵𣪘
7.3816 齊𡢁(姪)姬乍(作)寶𣪘
7.3817 寺(邿)季故公乍(作)寶𣪘
7.3818 寺(邿)季故公乍(作)寶𣪘
7.3819 叔旦乍(作)寶𣪘
7.3820 虢姜乍(作)寶𣪘
7.3821 湋伯乍(作)意與尊𣪘
7.3822 用乍(作)厥寶尊彝
7.3823 用乍(作)又(厥)寶尊彝
7.3824 用乍(作)寶尊彝
7.3825 用乍(作)寶尊彝/伯魚乍(作)寶尊彝
7.3826 耳侯戥乍(作)𩰫□□匽辝乙□□癸文考
7.3827 敔乍(作)寶𣪘
7.3828 賸(滕)虎敢肈乍(作)厥皇考公命仲寶尊彝
7.3829 賸(滕)虎敢肈乍(作)厥皇考公命仲寶尊彝
7.3830 賸(滕)虎敢肈乍(作)厥皇考公命仲寶尊彝
7.3831 賸(滕)虎敢肈乍(作)厥皇考公命仲寶尊彝
7.3832 賸(滕)虎敢肈乍(作)厥皇考公命仲寶尊彝
7.3833 伯賓父乍(作)寶𣪘
7.3834 伯賓父乍(作)寶𣪘
7.3835 革乍(作)父寶尊𣪘
7.3836 衛𡠦(姒)乍(作)寶尊𣪘
7.3837 伯喜父乍(作)洹𩛥(饙)𣪘
7.3838 伯喜父乍(作)洹𩛥(饙)𣪘
7.3839 伯喜父乍(作)洹𩛥(饙)𣪘
7.3840 詁乍(作)皇母尊𣪘
7.3841 詁乍(作)皇母尊𣪘
7.3842 孟奠父乍(作)尊𣪘

7.3843 孟奠父乍(作)尊段
7.3844 孟奠父乍(作)尊段
7.3845 妀嫠(理)母乍(作)南旁寶段
7.3846 訇伯達(達)乍(作)寶段
7.3847 倗伯廲自乍(作)尊段
7.3848 乍(作)酓男、王姬𪓔彝
7.3849 叔向父乍(作)婞(辛)姒尊段
7.3850 叔向父乍(作)婞(辛)姒尊段
7.3851 叔向父乍(作)婞(辛)姒尊段
7.3852 叔向父乍(作)婞(辛)姒尊段
7.3853 叔向父乍(作)婞(辛)姒尊段
7.3854 叔向父乍(作)婞(辛)姒尊段
7.3855 叔向父乍(作)婞(辛)姒尊段
7.3856 伯家父乍(作)孟姜賸(媵)段
7.3857 伯家父乍(作)孟姜賸(媵)段
7.3858 登(鄧)公乍(作)旅段
7.3859 辛叔皇父乍(作)中姬尊段
7.3860 膺(應)侯乍(作)姬遵母尊段
7.3861 用乍(作)父己尊彝
7.3862 用乍(作)父乙寶尊彝
7.3863 彔乍(作)厥文考乙公寶尊段
7.3864 伯乍(作)尊彝
7.3865 戜乍(作)祖庚尊段
7.3866 城虢遣生(甥)乍(作)旅段
7.3867 洹秦乍(作)祖乙寶段
7.3868 朢乍(作)祖辛寶段
7.3869 亢僕乍(作)父己尊段
7.3871 夨王乍(作)奠(鄭)姜尊段
7.3872 旅仲乍(作)誟寶段
7.3873 埶(藝)其乍(作)寶段
7.3874 旛嫖乍(作)尊段
7.3875 旛嫖乍(作)尊段
7.3876 旛嫖乍(作)尊段
7.3877 季佝父逬乍(作)寶段
7.3878 奠(鄭)牧馬受乍(作)寶段
7.3879 奠(鄭)牧馬受乍(作)寶段
7.3880 奠(鄭)牧馬受乍(作)寶段
7.3881 梌車父乍(作)鄓(鄸)姑䭜(鐘、饋)段
7.3882 梌車父乍(作)鄓(鄸)姑餴(饙)段
7.3883 梌車父乍(作)鄓(鄸)姑餴(饙)段
7.3884 梌車父乍(作)鄓(鄸)姑餴(饙)段
7.3885 梌車父乍(作)鄓(鄸)姑餴(饙)段
7.3886 梌車父乍(作)鄓(鄸)姑餴(饙)段
7.3887 伯㴱父乍(作)嫜寶段
7.3888 𪉖(揰)其肇乍(作)段
7.3889 𪉖(揰)其肇乍(作)段
7.3890 廣乍(作)叔彭父寶段
7.3891 井𠂇叔安父自乍(作)寶段
7.3892 師旲父乍(作)寶段
7.3893 齊巫姜乍(作)尊段
7.3894 孷(䕂)父乍(作)姬獻賸(媵)段
7.3895 鯥仲奠父乍(作)尊段
7.3897 杞伯每刃乍(作)鼄(邾)婕寶段
7.3898 杞伯每刃乍(作)鼄(邾)婕寶段
7.3899 杞伯每刃乍(作)鼄(邾)婕寶段
7.3900 杞伯每刃乍(作)婕寶段
7.3901 杞伯每刃乍(作)鼄(邾)婕寶段
7.3902 杞伯每刃乍(作)鼄(邾)婕寶段
7.3903 敶(陳)侯乍(作)嘉姬寶段
7.3904 用乍(作)父丁尊段
7.3905 娸用乍(作)父丁尊彝
7.3906 用乍(作)父戊寶尊彝 / 肇乍(作)羞
7.3907 用乍(作)宗室寶尊彝
7.3909 臭乍(作)日辛尊寶段
7.3910 是婁乍(作)文考寶段
7.3911 是婁乍(作)文考寶段
7.3912 用乍(作)季日乙
7.3913 用乍(作)季日乙
7.3914 大(太)師事(史)良父乍(作)寶段
7.3915 周䌛生(甥)乍(作)楷娟(妘)媅賸(媵)段
7.3917 是騙乍(作)朕文考乙公尊段
7.3918 陻仲孛乍(作)父日乙尊段
7.3919 郚公聞自乍(作)餴(饙)段
7.3920 伯百父乍(作)周姜寶段
7.3921 叔𢽾父乍(作)朕文母、剌(烈)考尊段
7.3922 叔𢽾父乍(作)朕文母、剌(烈)考尊段
7.3923 豐井叔乍(作)

伯姬尊段
7.3924 束仲豆父乍(作)淄(𦣻)段
7.3925 命父諲乍(作)寶段
7.3926 命父諲乍(作)寶段
7.3927 伯田父乍(作)井妧寶段
7.3928 噩(鄂)侯乍(作)王姞㬱(媵)段
7.3929 噩(鄂)侯乍(作)王姞㬱(媵)段
7.3930 噩(鄂)侯乍(作)王姞㬱(媵)段
7.3931 㲋乍(作)王母媿氏䵼(饙)段
7.3932 㲋乍(作)王母媿氏䵼(饙)段
7.3933 㲋乍(作)王母媿氏䵼(饙)段
7.3934 㲋乍(作)王母媿氏䵼(饙)段
7.3935 犾生𢆶乍(作)寶段
7.3936 彔旁仲駒父乍(作)仲姜段
7.3937 彔旁仲駒父乍(作)仲姜段
7.3938 彔旁仲駒父乍(作)仲姜段
7.3939 禾(和)肇乍(作)皇母懿龏孟姬䵼(饙)彝
7.3940 用乍(作)祖丁彝
7.3941 用乍(作)祖癸寶尊
7.3942 用乍(作)寶尊彝
7.3943 伯祈乍(作)文考幽仲尊段
7.3944 鑄子叔黑臣肇乍(作)寶段
7.3945 鴋(鰟、唐)姬乍(作)𡟰嫼賸(媵)段
7.3946 中伯乍(作)亲(辛)姬䜌人寶段
7.3947 中伯乍(作)亲(辛)姬䜌人寶段
7.3948 用乍(作)父乙寶彝
7.3949 季魯肇乍(作)厥文考井叔寶尊彝
7.3950 誃乍(作)寶段
7.3951 誃乍(作)寶段
7.3952 格伯乍(作)晉姬寶段
7.3953 □□自乍(作)寶段
7.3954 用厥賓(儐)乍(作)丁寶段
7.3955 兑乍(作)朕皇考叔氏尊段
7.3956 仲叀父乍(作)䵼(饙)段
7.3957 仲叀父乍(作)䵼(饙)段
7.3958 叔角父乍(作)朕皇考宄(宄)公尊段
7.3959 叔角父乍(作)朕皇考宄(宄)公尊段
7.3960 孟弼父乍(作)寶段
7.3961 孟弼父乍(作)寶段
7.3962 孟弼父乍(作)幻伯妊賸(媵)段八
7.3963 孟弼父乍(作)幻伯妊賸(媵)段八
7.3971 虢季氏子緅(組)乍(作)段
7.3972 虢季氏子緅(組)乍(作)段
7.3973 虢季氏子緅(組)乍(作)段
7.3974 魯伯大父乍(作)季姬婧賸(媵)段
7.3975 用乍(作)大子丁
7.3976 用乍(作)父戊寶尊彝
7.3977 乍(作)段
7.3978 溓(濂)姬乍(作)父庚尊段 / 用乍(作)乃後御
7.3979 吕伯乍(作)厥宮室寶尊彝段
7.3980 吳彩父乍(作)皇祖考庚孟尊段
7.3981 吳彩父乍(作)皇祖考庚孟尊段
7.3982 吳彩父乍(作)皇祖考庚孟尊段
7.3983 伯庶父乍(作)王姑凡姜尊段
7.3984 陽飤(食)生(甥)自乍(作)尊段
7.3985 陽飤(食)生(甥)自乍(作)尊段
7.3986 德克乍(作)朕文祖考尊段
7.3987 魯大(太)宰邍父乍(作)季姬牙賸(媵)段
7.3988 魯伯大父乍(作)孟姜賸(媵)段
7.3989 魯伯大父乍(作)仲姬俞賸(媵)段
7.3990 用乍(作)父乙彝
7.3991 乃孫乍(作)寶段
7.3992 乃孫乍(作)寶段
7.3993 翏乍(作)北子柞段
7.3994 翏乍(作)北柞段
7.3995 伯偈父乍(作)姬麐寶段
7.3996 吏客乍(作)朕文考日辛寶尊段
7.3997 伯喜乍(作)朕文考剌公尊段
7.3998 伯喜乍(作)朕文考剌公尊段
7.3999 伯喜乍(作)朕文考剌公尊段
7.4000 伯喜乍(作)朕文考剌公尊段
7.4001 豐兮尸乍(作)朕皇考酉(尊)段 / 豐兮尸乍(作)朕皇考尊段
7.4002 豐兮尸乍(作)朕皇考尊段
7.4003 豐兮尸乍(作)朕皇考酉(尊)段
7.4004 乍(作)孟姜尊段
7.4005 乍(作)孟姜尊段
7.4006 乍(作)孟姜尊段
7.4007 汧伯寺自乍

(作)寶殷
7.4008 兮吉父乍(作)仲姜寶尊殷
7.4009 毛伯𠺝(𠱓)父乍(作)仲姚寶殷
7.4010 殳偖(觡)生(甥)乍(作)尹姞尊殷
7.4011 乍(作)我姑登(鄧)孟媿賸(媵)殷
7.4012 乍(作)我姑登(鄧)孟媿賸(媵)殷
7.4013 乍(作)我姑登(鄧)孟媿賸(媵)殷
7.4014 穌(蘇)公子癸父甲乍(作)尊殷
7.4015 穌(蘇)公子癸父甲乍(作)尊殷
7.4016 用乍(作)寶殷
7.4017 用乍(作)寶殷
7.4018 卓林父乍(作)寶殷
7.4019 曹伯狄乍(作)夙(宿)㚸公尊殷
7.4020 用乍(作)父丁尊彝
7.4021 寧肇諆(其)乍(作)乙考尊殷
7.4022 寧肇諆(其)乍(作)乙考尊殷
7.4023 用乍(作)厥寶尊殷
7.4024 奠(鄭)虢仲乍(作)寶殷
7.4025 奠(鄭)虢仲乍(作)寶殷
7.4026 奠(鄭)虢仲乍(作)寶殷
7.4027 伯䢅父乍(作)朕皇考徲伯、吳(虞)姬尊殷
7.4028 毛㝬乍(作)寶殷
7.4029 用乍(作)旅彝
7.4032 官(管)夌父乍(作)義友寶殷
7.4033 向䣄乍(作)旅殷
7.4034 向䣄乍(作)旅殷
7.4035 伯吉父乍(作)毅尊殷
7.4036 用乍(作)厥文考隮(奠)殷
7.4037 用乍(作)厥文考隮(奠)殷
7.4038 章叔將自乍(作)尊殷
7.4039 黃君乍(作)季㛸䊾賸(媵)殷
7.4040 邿遣(譴)乍(作)寶殷
7.4041 禽用乍(作)寶彝
7.4042 用乍(作)父丁尊彝
7.4043 用乍(作)父丁尊彝
7.4044 用乍(作)父戊寶尊彝
7.4045 膺(應)侯乍(作)生杙姜尊殷
7.4046 用乍(作)宮仲念器
7.4048 琱我父乍(作)交尊殷
7.4049 琱我父乍(作)交尊殷
7.4050 琱我父乍(作)交尊殷
7.4051 唯曾伯文自乍(作)寶殷
7.4052 唯曾伯文自乍(作)寶殷
7.4053 唯曾伯文自乍(作)寶殷
7.4054 自乍(作)□殷
7.4055 不故女夫人䣄(以)乍(迮)登(鄧)公
7.4056 叔噩父乍(作)鸞姬旅殷
7.4057 叔噩父乍(作)鸞姬旅殷
7.4058 叔噩父乍(作)鸞姬旅殷
7.4059 乍(作)厥考尊彝
7.4060 用乍(作)寶
7.4061 畢鮮乍(作)皇祖益公尊殷
7.4062 㝬(胡)叔、㝬(胡)姬乍(作)伯媿賸(媵)殷
7.4063 㝬(胡)叔、㝬(胡)姬乍(作)伯媿賸(媵)殷
7.4064 㝬(胡)叔、㝬(胡)姬乍(作)伯媿賸(媵)殷
7.4065 㝬(胡)叔、㝬(胡)姬乍(作)伯媿賸(媵)殷 / 內(芮)叔䵼父乍(作)寶殷
7.4066 㝬(胡)叔、㝬(胡)姬乍(作)伯媿賸(媵)殷 / 內(芮)叔䵼父乍(作)寶殷
7.4067 㝬(胡)叔、㝬(胡)姬乍(作)伯媿賸(媵)殷 / 內(芮)叔䵼父乍(作)寶殷
7.4068 乍(作)微姚寶殷
7.4069 乍(作)微姚寶殷
7.4070 乍(作)微姚寶殷
7.4071 孟姬㫖(脂)自乍(作)𩞁(饙)殷
7.4072 孟姬㫖(脂)自乍(作)𩞁(饙)殷
7.4073 伯梡乍(作)厥宮室寶殷
7.4074 遫(傳)乍(作)朕文考胤伯尊殷
7.4075 遫(傳)乍(作)朕文考胤伯尊殷
7.4088 用乍(作)父乙寶彝
7.4089 事(史)族乍(作)寶殷
7.4090 叔皮父乍(作)朕文考茀公
7.4091 伯梡虘肇乍(作)皇考剌公尊殷
7.4092 伯梡虘肇乍(作)皇考剌公尊殷
7.4093 伯梡虘肇乍(作)皇考剌公尊殷
7.4094 伯梡虘肇乍(作)皇考剌公尊殷
7.4095 唯食生(甥)走馬谷自乍(作)吉金用尊殷
7.4096 乍(作)爲生(皇)祖大宗殷
7.4098 䟃乍(作)文祖

考尊寶𣪘
7.4100 用乍(作)寶𣪘
7.4101 用乍(作)寶𣪘
7.4102 仲䲨父乍(作)朕皇考遟伯、王(皇)母遟姬尊𣪘
7.4103 仲䲨父乍(作)朕皇考遟伯、王(皇)母遟姬尊𣪘
7.4104 用乍(作)寶彝
7.4105 用乍(作)寶彝
7.4106 用乍(作)寶彝
7.4107 豐伯車父乍(作)尊𣪘
7.4108 叔攘父乍(作)孟姜尊𣪘
7.4109 內(芮)伯多父乍(作)寶𣪘
7.4110 魯士商䲨肇乍(作)朕皇考叔猒父尊𣪘
7.4111 魯士商䲨肇乍(作)朕皇考叔猒父尊𣪘
7.4112 用乍(作)寶彝
7.4113 井南伯乍(作)鄭季姚好尊𣪘
7.4114 仲辛父乍(作)朕皇祖日丁、皇考日癸尊𣪘
7.4115 伯㦰肇其乍(作)西宮寶
7.4116 師害乍(作)文考尊𣪘
7.4117 師害乍(作)文考尊𣪘
7.4118 宴用乍(作)朕文考日己寶𣪘
7.4119 宴用乍(作)朕文考日己寶𣪘
7.4120 乍(作)召(?)伯聅(聯)保𣪘
8.4121 用乍(作)寶尊彝
8.4122 用乍(作)文祖辛公寶𩰫𣪘
8.4123 用乍(作)妊小寶𣪘
8.4124 封仲乍(作)朕皇考趄仲𩰫彝尊𣪘
8.4125 大乍(作)尊𣪘
8.4126 栿季肇乍(作)朕王母叔姜寶𣪘
8.4127 乍(作)鑄叔皮父尊𣪘
8.4128 用乍(作)我子孟嬶寢小尊賸(媵)𣪘
8.4129 勇叔買自乍(作)尊𣪘
8.4130 用乍(作)寶𣪘
8.4131 用乍(作)旝公寶尊彝
8.4132 用乍(作)寶尊彝
8.4133 用乍(作)寶尊彝
8.4134 用乍(作)父乙寶尊彝𣪘
8.4135 用乍(作)父乙寶尊彝𣪘
8.4136 用乍(作)尊𣪘
8.4137 叔妣乍(作)寶尊𣪘
8.4138 用乍(作)文父丁尊彝
8.4139 楷侯乍(作)姜氏寶𩰫彝/乍(作)寶𣪘/用乍(作)文母楷妊寶𣪘
8.4141 函皇父乍(作)琱娟(妘)般(盤)盉尊器𣪘具
8.4142 函皇父乍(作)琱娟(妘)般(盤)盉尊器𣪘具
8.4143 函皇父乍(作)琱娟(妘)般(盤)盉尊器𣪘具
8.4144 用乍(作)父乙寶彝
8.4145 乍(作)皇妣孝大妃祭器鈇錞(敦)
8.4146 用乍(作)祖戊寶尊彝
8.4147 善(膳)夫梁其乍(作)朕皇考惠仲、皇母惠㛀尊𣪘
8.4148 善(膳)夫梁其乍(作)朕皇考惠仲、皇母惠㛀尊𣪘
8.4149 善(膳)夫梁其乍(作)朕皇考惠仲、皇母惠㛀尊𣪘
8.4150 善(膳)夫梁其乍(作)朕皇考惠仲、皇母惠㛀尊𣪘
8.4151 善(膳)夫梁其乍(作)朕皇考惠仲、皇母惠㛀尊𣪘
8.4152 㚤乍(作)皇妣[illegible](玲)君中妃祭器八𣪘
8.4153 廙乍(作)皇祖乙公、文公、武伯、皇考龏伯𩰫彝
8.4154 師湯父有嗣仲枏父乍(作)寶𣪘
8.4155 師湯父有嗣仲枏父乍(作)寶𣪘
8.4156 自乍(作)寶𣪘
8.4157 竈(蛇)乎乍(作)寶𣪘
8.4158 竈(蛇)乎乍(作)寶𣪘
8.4159 用乍(作)辛公𣪘
8.4160 伯康乍(作)寶𣪘
8.4161 伯康乍(作)寶𣪘
8.4162 乍(作)厥
8.4163 乍(作)厥
8.4164 乍(作)厥
8.4165 用乍(作)朕皇考大仲尊𣪘
8.4166 用乍(作)文考父丙𩰫彝
8.4167 用乍(作)祖考寶尊彝
8.4168 𩰫(蔣)兑乍(作)朕文祖乙公、皇考季氏尊𣪘
8.4169 用乍(作)朕文考寶尊𣪘
8.4170 乍(作)祖考𣪘
8.4171 乍(作)祖考𣪘
8.4172 乍(作)祖考𣪘
8.4173 乍(作)祖考𣪘
8.4174 乍(作)祖考𣪘
8.4175 乍(作)祖考𣪘
8.4176 乍(作)祖考𣪘
8.4177 乍(作)祖考𣪘
8.4178 用乍(作)文父丁𩰫彝
8.4179 用乍(作)鑄引仲寶𣪘

8.4180 用乍(作)鑄引仲寶𣪘
8.4181 用乍(作)鑄引仲寶𣪘
8.4182 虢姜乍(作)寶尊𣪘
8.4183 上鄀公敄人乍(作)尊𣪘
8.4184 用乍(作)尊𣪘
8.4185 用乍(作)尊𣪘
8.4186 用乍(作)尊𣪘
8.4187 用乍(作)尊𣪘
8.4188 乍(作)其皇祖考遟王、監伯尊𣪘
8.4189 乍(作)其皇祖考遟王、監伯尊𣪘
8.4190 乍(作)茲寶𣪘
8.4191 用乍(作)寶皇𣪘
8.4192 用自乍(作)寶器
8.4193 用自乍(作)寶器
8.4194 用乍(作)厥文⿰糸考(考)尊𣪘
8.4195 用乍(作)尊𣪘
8.4196 用乍(作)寶𣪘
8.4197 乍(作)𤔲土(徒)/ 用乍(作)寶𣪘
8.4198 蔡姞乍(作)皇兄尹叔尊䵼彝
8.4199 用乍(作)文考公叔寶𣪘
8.4200 用乍(作)文考公叔寶𣪘
8.4201 用乍(作)乙公尊彝
8.4202 用乍(作)寶𣪘
8.4203 用自乍(作)寶𣪘
8.4204 用自乍(作)寶𣪘
8.4205 乍(作)朕文考光父乙
8.4206 用乍(作)朕考日甲寶
8.4207 用乍(作)文考父乙尊彝
8.4208 用乍(作)𣪘
8.4209 用乍(作)朕文祖考寶尊𣪘
8.4210 用乍(作)朕文祖考寶尊𣪘
8.4211 用乍(作)朕文祖考寶尊𣪘
8.4212 用乍(作)朕文祖考寶尊𣪘
8.4213 用乍(作)寶𣪘
8.4214 用乍(作)文考旆叔尊𣪘
8.4215 用乍(作)寶𣪘
8.4216 用乍(作)寶𣪘
8.4217 用乍(作)寶𣪘
8.4218 用乍(作)寶𣪘
8.4219 用乍(作)朕皇祖考尊𣪘
8.4220 用乍(作)朕皇祖考尊𣪘
8.4221 用乍(作)朕皇祖考尊𣪘
8.4222 用乍(作)朕皇祖考尊𣪘
8.4223 用乍(作)朕皇祖考尊𣪘
8.4224 用乍(作)朕皇祖考尊𣪘
8.4225 無㠱用乍(作)朕皇祖釐季尊𣪘
8.4226 無㠱用乍(作)朕皇祖釐季尊𣪘
8.4227 無㠱用乍(作)朕皇祖釐季尊𣪘
8.4228 無㠱用乍(作)朕皇祖釐季尊𣪘
8.4229 用乍(作)䵼彝
8.4230 用乍(作)䵼彝
8.4231 用乍(作)䵼彝
8.4232 用乍(作)䵼彝
8.4233 用乍(作)䵼彝
8.4234 用乍(作)䵼彝
8.4235 用乍(作)䵼彝
8.4236 用乍(作)䵼彝
8.4238 用乍(作)寶尊彝
8.4239 用乍(作)寶尊彝
8.4240 王受(授)乍(作)册尹者(書)/ 用乍(作)尊𣪘
8.4241 乍(作)周公彝
8.4242 乍(作)朕皇祖幽大叔尊𣪘
8.4243 用乍(作)寶𣪘
8.4244 王乎乍(作)册尹〔册賜〕走: ⿰耒凡(纘)疋(胥)益 / 用自乍(作)寶尊𣪘
8.4246 用乍(作)尊𣪘
8.4247 用乍(作)尊𣪘
8.4248 用乍(作)尊𣪘
8.4249 用乍(作)尊𣪘
8.4250 用乍(作)朕文考幽叔寶𣪘
8.4251 用乍(作)寶𣪘
8.4252 用乍(作)寶𣪘
8.4253 用乍(作)朕文祖寶𣪘
8.4254 用乍(作)朕文祖寶𣪘
8.4255 令女(汝)乍(作)𤔲土(徒)/ 用乍(作)朕文考寶𣪘
8.4256 用乍(作)朕文祖考寶𣪘
8.4257 弭伯用乍(作)尊𣪘
8.4258 用乍(作)文考寶𣪘
8.4259 用乍(作)文考寶𣪘
8.4260 用乍(作)文考寶𣪘
8.4261 不(丕)顯王乍(則)省 / 不(丕)⿰糸肆(肆)王乍(則)庚(庸)
8.4266 命女(汝)乍(作)⿰豳攵(豳)師冢𤔲馬 / 用乍(作)季姜尊彝
8.4267 用乍(作)朕皇考孝孟尊𣪘
8.4268 用乍(作)朕文考易仲尊𣪘
8.4270 用乍(作)朕文丂(考)萈(亢)仲尊寶𣪘
8.4271 用乍(作)朕文丂(考)萈(亢)仲尊寶𣪘
8.4272 用乍(作)朕皇祖伯囪(窗)父寶𣪘
8.4273 用乍(作)文母外姞尊𣪘
8.4274 用乍(作)皇祖城公䵼𣪘
8.4275 用乍(作)皇祖城公䵼𣪘

8.4276 用乍(作)朕文考釐叔寶毀
8.4277 王乎乍(作)册內史册命師俞:𩊚(纘)𤔲𠈇人 / 用乍(作)寶
8.4278 比乍(作)皇祖丁公、皇考叀公尊毀
8.4279 王乎乍(作)册尹克册命師旋 / 用乍(作)朕文祖益仲尊毀
8.4280 王乎乍(作)册尹克册命師旋 / 用乍(作)朕文祖益仲尊毀
8.4281 王乎乍(作)册尹克册命師旋 / 用乍(作)朕文祖益仲尊毀
8.4282 王乎乍(作)册尹克册命師旋 / 用乍(作)朕文祖益仲尊毀
8.4283 用乍(作)朕文考外季尊毀
8.4284 用乍(作)朕文考外季尊毀
8.4285 用乍(作)朕文考叀伯尊毀
8.4286 王乎乍(作)册尹册令(命)嫠 / 用乍(作)寶尊毀
8.4287 伊用乍(作)朕不(丕)顯皇祖文考徲叔寶䵼彝
8.4288 用乍(作)朕文考乙伯、究姬尊毀
8.4289 用乍(作)朕文考乙伯、究姬尊毀
8.4290 用乍(作)朕文考乙伯、究姬尊毀
8.4291 用乍(作)朕文考乙伯、究姬尊毀
8.4293 用乍(作)朕刺(烈)祖召公嘗毀
8.4294 乍(作)𤔲工(空)/ 余用乍(作)朕刺(烈)考害(憲)伯寶毀
8.4295 乍(作)𤔲工(空)/ 余用乍(作)朕刺(烈)考害(憲)伯寶毀
8.4296 昔先王既命女(汝)乍(作)邑 / 𨞷用乍(作)朕皇考龏伯尊毀
8.4297 昔先王既命女(汝)乍(作)邑 / 𨞷用乍(作)朕皇考龏伯尊毀
8.4298 用乍(作)朕皇考刺伯尊毀
8.4299 用乍(作)朕皇考刺伯尊毀
8.4300 乍(作)册矢令尊宜于王姜 / 用乍(作)丁公寶毀
8.4301 乍(作)册矢令尊宜于王姜 / 用乍(作)丁公寶毀
8.4302 用乍(作)朕皇考釐王寶尊毀
8.4303 用乍(作)朕皇考癸公尊毀
8.4304 用乍(作)朕皇考癸公尊毀
8.4305 用乍(作)朕皇考癸公尊毀
8.4306 用乍(作)皇考考癸尊毀
8.4307 用乍(作)朕皇考考癸尊毀
8.4308 用乍(作)朕皇考癸公尊毀
8.4309 用乍(作)朕皇考癸公尊毀
8.4310 用乍(作)朕皇考癸公尊毀
8.4311 用乍(作)朕文考乙仲䵼毀
8.4312 才先王既令(命)女(汝)乍(作)𤔲士 / 用乍(作)朕文考尹伯尊毀
8.4313 余用乍(作)朕後男巤尊毀
8.4314 余用乍(作)朕後男巤尊毀
8.4315 乍(作)㝬宗彝
8.4316 用乍(作)朕刺(烈)考日庚尊毀
8.4317 㝬(胡)乍(作)䵼彝寶毀 / 乍(作)疐在下
8.4318 用乍(作)朕皇考釐公䵼毀
8.4319 用乍(作)朕皇考釐公䵼毀
8.4320 乍(作)虘(虎)公父丁尊彝
8.4321 用乍(作)文祖乙伯、同姬尊毀
8.4322 用乍(作)文母日庚寶尊毀
8.4323 用乍(作)尊毀
8.4324 用乍(作)朕皇考輔伯尊毀
8.4325 用乍(作)朕皇考輔伯尊毀
8.4326 用乍(作)毀
8.4327 賜于乍一田 / 用乍(作)寶尊毀
8.4328 用乍(作)朕皇祖公伯、孟姬尊毀
8.4329 用乍(作)朕皇祖公伯、孟姬尊毀
8.4330 令乃鴅(嬗)沈子乍(作)緉于周公宗 / 乍(作)茲毀
8.4331 用乍(作)朕皇考武豜幾王尊毀
8.4332 用乍(作)朕皇考龏叔、皇母龏始(姒)寶尊毀
8.4333 用乍(作)朕皇考龏叔、皇母龏始(姒)寶尊毀
8.4334 用乍(作)朕皇考龏叔、皇母龏始(姒)寶尊毀
8.4335 用乍(作)朕皇考龏叔、皇母龏始(姒)寶尊毀
8.4336 用乍(作)朕皇考龏叔、皇母龏始(姒)寶尊毀
8.4337 用乍(作)朕皇考龏叔、皇母龏始(姒)寶尊毀
8.4338 用乍(作)朕皇考龏叔、皇母龏始(姒)寶尊毀
8.4339 用乍(作)朕皇考龏叔、皇母龏始(姒)寶尊毀
8.4340 昔先王既令女(汝)乍(作)宰 / 用乍(作)寶尊毀

8.4341 乍(作)四方亟(極)/ 唯乍(作)邵(昭)考爽
8.4342 乍(作)厥厷(肱)殳(股)/ 用乍(作)朕刺(烈)祖乙伯、同益姬寶設 / 用乍(作)州宮寶
8.4343 昔先王既令女(汝)乍(作)嗣士 / 不用先王乍(作)井(型)/ 女(汝)毋敢弗帥先王乍(作)明井(型)用 / 用乍(作)朕皇文考益伯寶尊設
9.4344 攸甬乍(作)旅盨(鎮)
9.4345 伯夸父乍(作)寶盨(鎮)
9.4346 雒伯乍(作)仲姞尊
9.4347 艾伯乍(作)妍彊用
9.4348 師奐父乍(作)旅須(盨)
9.4349 師奐父乍(作)旅須(盨)
9.4350 伯筍父乍(作)旅盨
9.4351 叔倉父乍(作)寶盨
9.4352 冥女(母)乍(作)微姬旅盨
9.4353 夨賸乍(作)寶旅盨
9.4354 大(太)師小子師朢乍(作)䵼彝
9.4355 中伯乍(作)𡢁(孌)姬旅盨用
9.4356 中伯乍(作)𡢁(孌)姬旅盨用
9.4357 彔乍(作)鑄頪匽(設)
9.4358 彔乍(作)鑄頪匽(設)
9.4359 彔乍(作)鑄頪匽(設)
9.4360 彔乍(作)鑄頪匽(設)
9.4361 伯鮮乍(作)旅設
9.4362 伯鮮乍(作)旅設
9.4363 伯鮮乍(作)旅設
9.4364 伯鮮乍(作)旅設
9.4366 史㲋乍(作)旅盨
9.4367 史㲋乍(作)旅盨
9.4368 伯多父乍(作)旅須(盨)
9.4369 伯多父乍(作)旅須(盨)
9.4370 伯多父乍(作)旅須(盨)
9.4371 伯多父乍(作)旅須(盨)
9.4372 仲彤乍(作)旅盨
9.4373 仲彤乍(作)旅盨
9.4374 苗姦乍(作)盨
9.4375 叔謙父乍(作)旅盨設
9.4376 叔謙父乍(作)旅盨設
9.4377 叔賓父乍(作)寶盨
9.4378 剮叔乍(作)旅須(盨)
9.4380 周駱乍(作)旅須(盨)
9.4381 京叔乍(作)餴(饙)盨
9.4382 伯車父乍(作)旅須(盨)
9.4383 伯車父乍(作)旅盨
9.4384 伯公父乍(作)旅盨
9.4385 弭叔乍(作)旅盨
9.4386 仲義父乍(作)旅盨
9.4387 仲義父乍(作)旅盨
9.4388 叔姞乍(作)旅盨
9.4390 昜(陽)叔乍(作)旅須(盨)
9.4391 奠(鄭)義伯乍(作)旅須(盨)
9.4392 奠(鄭)義羌父乍(作)旅盨
9.4393 奠(鄭)義羌父乍(作)旅盨
9.4394 伯大(太)師乍(作)旅盨
9.4395 伯大(太)師乍(作)旅盨
9.4396 奠(鄭)登叔乍(作)旅盨
9.4398 仲閔父乍(作)旅盨
9.4400 奠(鄭)井叔康乍(作)旅盨(頪)
9.4401 奠(鄭)井叔康乍(作)旅盨(頪)
9.4402 圃自乍(作)旅盨
9.4403 圃自乍(作)旅盨
9.4404 伯大(太)師釐乍(作)旅盨
9.4405 鬲叔興父乍(作)旅須(盨)
9.4409 叔良父乍(作)旅盨
9.4410 伯庶父乍(作)盨設
9.4411 項燮(豳)乍(作)旅盨
9.4412 華季嗌乍(作)寶設
9.4413 譔季獻乍(作)旅須(盨)
9.4414 改乍(作)朕文考乙公旅盨
9.4415 敢肇乍(作)旅設
9.4416 遣叔吉父乍(作)虢王姞旅須(盨)
9.4417 遣叔吉父乍(作)虢王姞旅須(盨)
9.4418 遣叔吉父乍(作)虢王姞旅須(盨)
9.4419 伯多父乍(作)成姬多母霤(鍇)設
9.4420 走亞𣪕(辥)孟延乍(作)盨
9.4421 走亞𣪕(辥)孟延乍(作)盨
9.4422 筍伯大父乍(作)嬴妃鑄匋(寶)盨

9.4423 鑄子叔黑臣肇乍(作)寶盨
9.4424 單子白乍(作)叔姜旅盨
9.4425 皃叔乍(作)仲姬旅盨
9.4426 兮伯吉父乍(作)旅尊盨
9.4427 食仲走父乍(作)旅盨
9.4428 賸(滕)侯穌乍(作)厥文考賸(滕)仲旅毁
9.4429 師趛乍(作)楷姬旅盨
9.4430 弭叔乍(作)叔班旅須(盨)
9.4431 曼龏父乍(作)寶盨
9.4432 曼龏父乍(作)寶盨
9.4433 曼龏父乍(作)寶盨
9.4434 曼龏父乍(作)寶盨
9.4435 乍(作)旅盨
9.4436 屖(徲)乍(作)姜湈盨
9.4437 其肇乍(作)其皇考伯明父寶毁
9.4438 伯寬(窺、覓)父乍(作)寶盨
9.4439 伯寬(覓、窺)父乍(作)寶須(盨)
9.4440 肇乍(作)皇考伯走父餑(饙)盨毁
9.4441 肇乍(作)皇考伯走父餑(饙)盨毁
9.4442 乍(作)其延(征)盨
9.4443 乍(作)其延(征)盨
9.4444 乍(作)其延(征)盨
9.4445 乍(作)其延(征)盨
9.4446 伯梁其乍(作)旅須(盨)
9.4447 伯梁其乍(作)旅須(盨)
9.4448 杜伯乍(作)寶盨
9.4449 杜伯乍(作)寶盨
9.4450 杜伯乍(作)寶盨
9.4451 杜伯乍(作)寶盨
9.4452 杜伯乍(作)寶盨
9.4453 仲自(師)父乍(作)季龏□寶尊盨
9.4454 叔叀刂(剸)父乍(作)奠(鄭)季寶鐘六金、尊盨四、鼎七
9.4455 叔叀刂(剸)父乍(作)奠(鄭)季寶鐘六金、尊盨四、鼎七
9.4456 叔叀刂(剸)父乍(作)奠(鄭)季寶鐘六金、尊盨四、鼎七
9.4457 叔叀刂(剸)父乍(作)奠(鄭)季寶鐘六金、尊盨四、鼎七
9.4458 其肇乍(作)其皇孝(考)、皇母旅盨毁
9.4459 用乍(作)旅盨
9.4460 用乍(作)旅盨
9.4461 用乍(作)旅盨
9.4462 用乍(作)文考寶毁
9.4463 用乍(作)文考寶毁
9.4464 乍(作)旅盨
9.4465 用乍(作)旅盨
9.4466 鬲比乍(作)朕皇祖丁公、文考苣(艽)公盨
9.4467 乍(作)爪牙/用乍(作)旅盨
9.4468 乍(作)爪牙/用乍(作)旅盨
9.4469 迺乍(作)余一人咎/用乍(作)寶盨
9.4473 史利乍(作)簠
9.4474 史利乍(作)簠
9.4479 射南自乍(作)其簠
9.4480 射南自乍(作)其簠
9.4481 史頌乍(作)簠
9.4482 仲其父乍(作)旅簠
9.4483 仲其父乍(作)旅簠
9.4484 劃伯乍(作)孟姬簠
9.4485 般仲遬肇乍(作)簠/般仲虘肇乍(作)簠
9.4497 函交仲乍(作)旅簠
9.4498 虢叔乍(作)叔殷穀尊簠
9.4499 衛子叔旡父乍(作)旅簠
9.4501 王孫[illegible]乍(作)蔡姬飤簠
9.4503 西替乍(作)其妹靳尊簠
9.4504 京叔姬乍(作)寶簠
9.4505 大嗣馬孛朮自乍(作)飤簠
9.4514 虢叔乍(作)旅簠
9.4515 虢叔乍(作)旅簠
9.4516 冶[illegible]乍(作)寶匱(筐)
9.4517 魯士厚(閔)父乍(作)飤簠
9.4518 魯士厚(閔)父乍(作)飤簠
9.4519 魯士厚(閔)父乍(作)飤簠
9.4520 魯士厚(閔)父乍(作)飤簠
9.4521 階侯微逆乍(作)簠
9.4522 窔(密)姒乍(作)旅匡(筐)
9.4523 史免乍(作)旅簠
9.4524 寒(塞)自乍(作)[旅]簠
9.4525 伯鹿父乍(作)旅簠
9.4527 吳王御士尹氏叔繁乍(作)旅匡(筐)
9.4528 曾子㬎(㬎)自乍(作)行器
9.4529 曾子㬎(㬎)自乍(作)行器
9.4530 善(膳)夫吉父

乍(作)旅簋
9.4531 內(芮)公乍(作)鑄寶簋
9.4532 胄自乍(作)餴(饙)簋
9.4533 伊諺(譒)乍(作)簋
9.4534 姘仲乍(作)甫妋朕(賸)簋
9.4535 伯壽父乍(作)寶簋
9.4536 伯𠹍父乍(作)餴(饙)簋
9.4537 內(芮)大(太)子白乍(作)簋
9.4538 內(芮)大(太)子白乍(作)簋
9.4542 都于子瓶(甈)自乍(作)旅簋
9.4543 都于子瓶(甈)又自乍(作)旅簋
9.4544 子叔牀(𤜏)父乍(作)行器
9.4545 鄾(邊)子乍(作)𠙵(飤)簋
9.4546 胖(薛)子仲安乍(作)旅簋
9.4547 胖(薛)子仲安乍(作)旅簋
9.4548 胖(薛)子仲安乍(作)旅簋
9.4552 㝬(胡)叔乍(作)吳(虞)姬尊鉦(筐)
9.4553 尹氏貯(賈)良乍(作)旅匡(筐)
9.4554 伯戒(勇)父乍(作)簋
9.4555 師麻孝叔乍(作)旅匡(筐)
9.4556 自乍(作)其簋
9.4557 商丘叔乍(作)其旅簋
9.4558 商丘叔乍(作)其旅簋
9.4559 商丘叔乍(作)其旅簋
9.4560 鑄叔乍(作)嬴氏寶簋
9.4561 鄦侯乍(作)叔姬寺男媵(賸)簋
9.4562 鄦侯乍(作)叔姬寺男媵(賸)簋
9.4563 季𡧊父乍(作)宗(崇)娟(妘)𠑹(賸)簋
9.4564 季𡧊父乍(作)宗(崇)娟(妘)𠑹(賸)簋
9.4565 交君子叕肈乍(作)寶簋
9.4566 魯伯俞(愈)父乍(作)姬仁簋
9.4567 魯伯俞(愈)父乍(作)姬仁簋
9.4568 魯伯俞(愈)父乍(作)姬仁簋
9.4569 都公乍(作)犀仲、仲孃(芈)義男尊簋
9.4570 肈乍(作)寶簋
9.4571 肈乍(作)寶簋
9.4572 季宮父乍(作)仲姊孃姬佚(賸)簋
9.4574 鑄公乍(作)孟妊車母朕(賸)簋
9.4578 用自乍(作)寶簋
9.4579 史免乍(作)旅匡(筐)
9.4580 叔邦父乍(作)簋
9.4581 唯伯其(麒)父慶(𩫨)乍(作)旅祜(簋)
9.4582 番君召乍(作)餴(饙)簋
9.4583 番君召乍(作)餴(饙)簋
9.4584 番君召乍(作)餴(饙)簋
9.4585 番君召乍(作)餴(饙)簋
9.4586 番君召乍(作)餴(饙)簋
9.4587 番君召乍(作)餴(饙)簋
9.4588 曾子□自乍(作)飤簋
9.4589 乍(作)其妹句敔夫人季子媵簋
9.4590 乍(作)其妹句敔夫人季子媵簋
9.4591 曾孫史尸乍(作)餴(饙)簋
9.4592 是叔虎父乍(作)杞孟辝(姒)餴(饙)簋
9.4594 自乍(作)飤簋
9.4595 乍(作)皇考獻叔餴(饙)般(盤)
9.4596 乍(作)皇考獻叔餴(饙)般(盤)
9.4597 自乍(作)匡(筐)簋
9.4598 叔姬霝乍(迮)黃邦/曾侯乍(作)叔姬、邛(江)嬭(芈)賸(賸)器𪔶彝
9.4599 乍(作)其元妹叔嬴爲心賸(賸)餴(饙)簋
9.4600 𧌒(都)公諴(諴)乍(作)旅簋
9.4601 奠(鄭)伯大嗣工(空)召叔山父乍(作)旅簋
9.4602 奠(鄭)伯大嗣工(空)召叔山父乍(作)旅簋
9.4603 敶(陳)侯乍(作)王仲嬀𡢁(痛)媵(賸)簋
9.4604 敶(陳)侯乍(作)王仲嬀𡢁(痛)媵(賸)簋
9.4605 自乍(作)寶簋
9.4606 敶(陳)侯乍(作)孟姜𡢁(痛)媵(賸)簋
9.4607 敶(陳)侯乍(作)孟姜𡢁(痛)媵(賸)簋
9.4608 考叔𢑚父自乍(作)尊簋
9.4609 考叔𢑚父自乍(作)尊簋
9.4610 𩱦(申)公彭宇自乍(作)淄(𦈡)簋
9.4611 𩱦(申)公彭宇自乍(作)淄(𦈡)簋
9.4614 自乍(作)餴(饙)簋
9.4615 叔家父乍(作)仲姬匡(筐)
9.4617 自乍(作)飤簋

9.4618 自乍(作)飤簠
9.4619 自乍(作)餑(饙)簠
9.4620 自乍(作)𩞁(薦)簠
9.4621 自乍(作)𩞁(薦)簠
9.4622 自乍(作)𩞁(薦)簠
9.4625 乍(作)其子孟孎(芊)之女賸(媵)簠
9.4626 令(命)免乍(作)𤔲土(徒)/用乍(作)旅𩰫彝
9.4627 弭仲乍(作)寶匽(琏)
9.4628 伯大(太)師小子伯公父乍(作)簠
9.4629 台(以)乍(作)厥元配季姜之祥器/乍(作)冢(遂)今命
9.4630 台(以)乍(作)厥元配季姜之祥器/乍(作)冢(遂)今命
9.4631 余用自乍(作)旅簠
9.4632 余用自乍(作)旅簠
9.4638 齊侯乍(作)飤𦎫(敦)
9.4639 齊侯乍(作)飤𦎫(敦)
9.4643 王子申乍(作)嘉孎(芊)盞盂
9.4644 拍乍(作)朕配平姬墉宮祀彝
9.4645 齊侯乍(作)朕(媵)寬圓孟姜膳𦎫(敦)
9.4646 乍(作)皇妣孝大妃祭器鈚(釴)錞(敦)
9.4647 乍(作)皇妣孝大妃祭器鈚(釴)錞(敦)
9.4648 用乍(作)平壽适器𦎫(敦)
9.4649 用乍(作)孝武趄(桓)公祭器錞(敦)
9.4659 穌(蘇)貉乍(作)小用
9.4666 衛始(姒)乍(作)饎(饎)𠕾𣪕
9.4667 衛始(姒)乍(作)饎(饎)𠕾𣪕
9.4669 夆叔乍(作)德人旅甫(簠)
9.4672 單𡰥生(甥)乍(作)羞豆
9.4673 曾仲斿父自乍(作)寶甫(簠)
9.4674 曾仲斿父自乍(作)寶甫(簠)
9.4681 微伯瘐乍(作)簠
9.4682 周生(甥)乍(作)尊豆
9.4683 周生(甥)乍(作)尊豆
9.4684 [illegible]公乍(作)杜𡡉(祁)鏌(奠)鋪(簠)
9.4685 康生(甥)乍(作)玟(文)考癸公寶尊彝
9.4686 黄君孟自乍(作)行器
9.4687 黄子乍(作)黄甫(夫)人行器
9.4689 乍(作)善(膳)匿(簠)
9.4690 乍(作)善(膳)匿(簠)
9.4691 乍(作)善(膳)匿(簠)
9.4692 大(太)師虘乍(作)烝尊豆
9.4693 姬寏母乍(作)大公、墉公、□公、魯仲臤、省伯、孝公、靜公豆
10.4886 乍(作)彝
10.4887 乍(作)旅
10.5021 公乍(作)彝
10.5022 伯乍(作)彝
10.5024 員乍(作)夾
10.5025 吳乍(作)彝
10.5026 從乍(作)彝
10.5027 乍(作)從彝
10.5028 乍(作)從彝
10.5029 乍(作)旅彝
10.5030 乍(作)旅彝
10.5031 乍(作)旅彝
10.5032 乍(作)旅彝
10.5033 乍(作)旅
10.5034 乍(作)寶彝
10.5035 乍(作)寶彝
10.5036 乍(作)寶彝
10.5037 乍(作)寶彝
10.5038 乍(作)寶彝
10.5039 乍(作)寶彝
10.5040 乍(作)尊彝
10.5041 乍(作)尊彝
10.5042 西乍(作)旅
10.5043 乍(作)宗彝
10.5066 微乍(作)父丁
10.5075 采乍(作)父丁
10.5092 乍(作)父癸
10.5102 王乍(作)娍弄
10.5103 伯[illegible]父乍(作)
10.5104 伯乍(作)尊彝
10.5105 伯乍(作)寶彝
10.5106 伯乍(作)寶彝
10.5107 伯乍(作)寶彝
10.5108 叔乍(作)旅彝
10.5109 叔乍(作)寶彝
10.5112 戈罟乍(作)厥
10.5113 𣫚乍(作)尊彝
10.5114 闌乍(作)尊彝
10.5115 登乍(作)尊彝
10.5116 辛乍(作)寶彝
10.5117 耒乍(作)寶彝
10.5118 駛乍(作)旅彝
10.5119 獵乍(作)旅彝
10.5120 乍(作)旅彝
10.5121 乍(作)旅寶彝
10.5122 乍(作)宗寶彝
10.5123 乍(作)從彝
10.5124 戎乍(作)從彝
10.5126 乍(作)寶尊彝
10.5127 乍(作)寶尊彝
10.5128 乍(作)寶尊彝
10.5129 乍(作)寶尊彝
10.5130 乍(作)寶尊彝
10.5131 乍(作)寶尊彝
10.5132 乍(作)寶尊彝
10.5133 乍(作)寶尊彝
10.5134 乍(作)寶尊彝
10.5135 乍(作)寶尊彝
10.5136 乍(作)寶尊彝
10.5137 乍(作)寶尊彝
10.5138 乍(作)寶尊彝
10.5139 乍(作)寶尊彝
10.5140 乍(作)寶尊彝
10.5141 戈乍(作)旅彝
10.5144 乍(作)戲尊彝
10.5148 棐乍(作)父乙

彝
10.5154 競乍(作)父乙旅
10.5157 咏乍(作)旅父丁
10.5159 乍(作)父戊寶彝
10.5160 乍(作)父戊寶彝
10.5164 訇乍(作)父己彝
10.5170 守宮乍(作)父辛
10.5171 㠱乍(作)父辛彝
10.5175 小子乍(作)母己
10.5176 小子乍(作)母己
10.5177 膺(應)公乍(作)寶彝
10.5178 伯乍(作)寶尊彝
10.5179 伯乍(作)寶尊彝
10.5180 伯乍(作)寶尊彝
10.5181 伯乍(作)寶尊彝
10.5182 伯乍(作)寶尊彝
10.5183 伯乍(作)寶尊彝
10.5184 仲乍(作)寶尊彝
10.5185 叔乍(作)寶尊彝
10.5186 允册乍(作)尊彝
10.5187 叀乍(作)寶尊彝
10.5188 頙乍(作)寶尊彝
10.5189 輦乍(作)寶尊彝
10.5190 舀乍(作)寶尊彝
10.5191 豐乍(作)從寶彝 / 豐乍(作)寶從彝
10.5192 皇𢦏乍(作)尊彝
10.5193 𢦏妍乍(作)從彝
10.5194 師獲乍(作)尊彝
10.5196 見乍(作)寶尊彝
10.5197 狽乍(作)寶尊彝
10.5198 狛(𤞹)乍(作)寶尊彝
10.5200 乍(作)祖戊寶彝
10.5202 齊乍(作)父乙尊彝
10.5204 乍(作)父乙寶彝
10.5205 觥采乍(作)父乙彝
10.5207 卅乍(作)父乙寶彝
10.5209 叀乍(作)父丁寶彝
10.5210 乍(作)父丁寶旅彝
10.5211 乍(作)丁揚尊彝
10.5212 大中乍(作)父丁尊
10.5213 珥義乍(作)父庚尊彝
10.5214 龤乍(作)父戊旅彝
10.5215 乍(作)父己彝
10.5216 考乍(作)父辛尊彝
10.5217 乍(作)父辛寶尊彝
10.5218 乍(作)父癸尊彝
10.5219 乍(作)公尊彝
10.5220 膺(應)公乍(作)寶尊彝
10.5221 緰(隃)伯乍(作)寶尊彝
10.5222 俞伯乍(作)寶尊彝
10.5223 汪伯乍(作)寶旅彝
10.5224 陻(隔)伯乍(作)寶尊彝
10.5225 陻(隔)伯乍(作)寶尊彝
10.5226 漯(涇)伯乍(作)寶尊彝
10.5227 漯(涇)伯乍(作)寶尊彝
10.5228 伯矩乍(作)寶尊彝
10.5229 伯矩乍(作)寶尊彝
10.5230 伯矩乍(作)寶尊彝
10.5231 伯各乍(作)寶尊彝
10.5232 伯各乍(作)寶尊彝
10.5233 伯貉乍(作)寶尊彝
10.5234 伯魚乍(作)寶尊彝
10.5235 力伯乍(作)寶尊彝
10.5236 仲繳乍(作)寶尊彝
10.5237 叔截乍(作)寶尊彝
10.5238 亞醜乍(作)寶尊彝
10.5239 井季𠒇乍(作)旅彝
10.5240 鄺季乍(作)寶尊彝
10.5241 強季乍(作)寶旅彝
10.5242 衛父乍(作)寶尊彝
10.5243 鬿(魑)父乍(作)旅彝
10.5244 正父乍(作)寶彝 / 正父乍(作)寶尊彝
10.5245 夆(逢)苜(苜)父乍(作)寶彝
10.5246 仲自(師)父乍(作)旅彝
10.5247 安父乍(作)寶尊彝
10.5248 鼻乍(作)車(旅)彝
10.5249 貙乍(作)寶尊彝
10.5250 向乍(作)厥尊彝
10.5251 灩(蔣)嗌乍(作)寶尊彝

10.5252 買王罘乍(作)尊彝
10.5253 竟乍(作)厥寶尊彝
10.5254 督(醬)乍(作)□寶尊彝
10.5256 㸚(枼)子旅乍(作)旅彝
10.5257 盟弜(强)乍(作)寶尊彝
10.5258 卿乍(作)厥考尊彝
10.5259 卿乍(作)厥考尊彝
10.5260 遣乍(作)祖乙寶尊彝
10.5261 迴乍(作)祖乙寶尊彝
10.5262 戉乍(作)祖乙寶尊彝
10.5263 趠乍(作)祖丁寶尊彝
10.5264 𣏟(杋、枇)乍(作)祖辛尊彝
10.5266 輦乍(作)妣癸尊彝
10.5267 羊乍(作)父乙寶尊彝
10.5268 小臣乍(作)父乙寶彝
10.5269 乍(作)父乙寶尊彝
10.5270 貧(布)乍(作)父乙尊彝
10.5272 戈車乍(作)父丁寶尊彝
10.5273 田告父丁乍(作)寶彝
10.5274 子般用乍(作)父丁彝
10.5275 敄乍(作)父丁尊彝
10.5276 聑日乍(作)父丁寶尊彝
10.5277 重乍(作)父戊寶旅彝
10.5278 狽元乍(作)父戊尊彝
10.5279 𠂤乍(作)寶尊彝
10.5280 𡔷(㬎)尸乍(作)父己尊彝
10.5281 𠦪父己乍(作)寶尊彝
10.5282 孖乍(作)父己寶尊彝
10.5283 書(鱸)乍(作)父辛寶尊彝
10.5284 黴(敳)乍(作)父辛寶尊彝
10.5285 𠂇𠃑(舌)乍(作)父辛尊彝
10.5286 竟乍(作)父辛寶尊彝
10.5287 畋(描)乍(作)父辛旅彝
10.5288 史戍乍(作)父壬尊彝
10.5289 乍(作)父壬寶尊彝
10.5290 書(鱸)乍(作)父癸寶尊彝
10.5291 矢伯獲乍(作)父癸彝
10.5292 亞其(曩)疑乍(作)母辛彝
10.5293 亞其(曩)疑乍(作)母辛彝
10.5294 亞其(曩)疑乍(作)母辛彝
10.5295 亞疑曩臺乍(作)母癸
10.5296 尹舟乍(作)兄癸尊彝
10.5297 閟乍(作)宄伯寶尊彝
10.5298 閟乍(作)宄伯寶尊彝
10.5299 北伯殁乍(作)寶尊彝
10.5300 散伯乍(作)屖(侲)父尊彝
10.5301 散伯乍(作)屖(侲)父尊彝
10.5302 弔敖(扶)册乍(作)寶彝
10.5303 朿(刺)叔乍(作)厥寶尊彝
10.5304 佷矢乍(作)父辛寶彝
10.5305 史見乍(作)父甲尊彝
10.5306 乃子子乍(作)父庚寶尊彝
10.5307 髭乍(作)祖癸寶尊彝
10.5308 䨻(瓮)乍(作)父甲寶尊彝
10.5309 無(許)憂乍(作)父丁彝
10.5310 析家乍(作)父戊寶尊彝
10.5311 覼(覶)乍(作)父戊寶尊彝
10.5312 鈇乍(作)父戊尊彝
10.5313 寵乍(作)父辛尊彝
10.5314 夾乍(作)父辛尊彝
10.5315 㪍(㣊)乍(作)父癸寶尊彝
10.5316 伯乍(作)文(大)公寶尊旅彝
10.5317 𪓐(虒)伯罰乍(作)寶尊彝
10.5318 㠯(帥)丞乍(作)文父丁尊彝
10.5319 用乍(作)彝
10.5320 小夫乍(作)父丁宗尊彝
10.5321 交乍(作)祖乙寶尊彝
10.5322 闞乍(作)皇(皇)昜日辛尊彝
10.5323 衛乍(作)季衛父寶尊彝
10.5325 噩(鄂)侯弟曆(厝)季乍(作)旅彝
10.5326 伯𡆥(睘)乍(作)厥室寶尊彝
10.5327 伯𡆥(睘)乍(作)厥室寶尊彝
10.5328 對乍(作)父乙寶尊彝
10.5329 罾乍(作)父乙旅尊彝
10.5330 奪乍(作)父丁寶尊彝
10.5331 奪乍(作)父丁寶尊彝
10.5332 𠂔(乎)乍(作)父丁尊彝
10.5333 用乍(作)父辛于(鬱)彝
10.5334 㕞(征)乍(作)

父癸寶尊彝
10.5335 𠧪(卣)乍(作)文考癸寶尊彝
10.5336 述乍(作)兄日乙寶尊彝
10.5337 屯乍(作)兄辛寶尊彝
10.5338 刺乍(作)兄丁、辛尊彝
10.5339 𡧊乍(作)兄日壬寶尊彝
10.5340 伯㐭乍(作)西宮伯寶尊彝
10.5341 仲乍(作)好旅彝
10.5342 仲乍(作)好旅彝
10.5343 参乍(作)甲考宗彝
10.5344 盭𤔲土(徒)幽乍(作)祖辛旅彝
10.5345 㑒(僉)莽高乍(作)父乙寶尊彝
10.5346 豐乍(作)父癸寶尊彝
10.5348 麃父乍(作)𡚬是從宗彝𦚢(肆)
10.5349 婦闆乍(作)文姑日癸尊彝
10.5350 婦闆乍(作)文姑日癸尊彝
10.5351 女(汝)子小臣兒乍(作)己尊彝
10.5352 用乍(作)父乙彝
10.5353 用乍(作)凡彝
10.5354 敎乍(作)旅彝
10.5355 用乍(作)父癸尊彝
10.5356 乍(作)父丙寶尊彝
10.5357 憶(憶)季遽父乍(作)豐姬寶尊彝
10.5358 憶(憶)季遽父乍(作)豐姬寶尊彝
10.5359 守宮乍(作)父辛尊彝
10.5360 亞㲋(𣪊)𥨍𧖚(𧖧)乍(作)父癸寶尊彝
10.5361 用乍(作)父辛尊彝
10.5362 䧹乍(作)文父日丁寶尊旅彝
10.5363 渫(沬)伯𨑯乍(作)厥考寶旅尊/渫(沬)伯𨑯乍(作)厥考寶旅尊彝
10.5364 渫(沬)伯𨑯乍(作)厥考寶旅尊/渫(沬)伯𨑯乍(作)厥考寶旅尊彝
10.5365 豚乍(作)父庚宗彝
10.5366 倗乍(作)厥考寶尊彝
10.5367 用乍(作)母乙彝
10.5368 乎渪用乍(作)父己尊彝
10.5369 無(許)仲趎乍(作)厥文考寶尊彝
10.5370 莽乍(作)文考父丁寶尊彝
10.5371 伯乍(作)厥文考尊彝
10.5372 異乍(作)厥考伯效父寶宗彝
10.5373 叡𢆶(𤔲)用乍(作)丁師彝
10.5374 用乍(作)寶尊彝
10.5375 子乍(作)婦𡛜彝
10.5376 虢季子緅(組)乍(作)寶彝
10.5377 用乍(作)祖丁彝
10.5378 用乍(作)祖乙尊
10.5379 用乍(作)祖乙尊
10.5380 用乍(作)父己尊彝
10.5381 用乍(作)幽尹寶尊彝
10.5382 縈叔乍(作)/乍(作)其爲厥考宗彝
10.5383 用乍(作)朕蒿(高)祖缶(寶)尊彝
10.5384 用乍(作)父乙寶尊彝
10.5385 用乍(作)父乙寶尊彝
10.5386 用乍(作)父乙寶尊彝
10.5387 用乍(作)旅彝
10.5388 顯(頂)乍(作)母辛尊彝
10.5389 顯(頂)乍(作)母辛尊彝
10.5390 用乍(作)寶尊彝
10.5391 執用乍(作)父丁尊彝
10.5392 以寡子乍(作)永寶
10.5393 乍(作)寶彝/乍(作)厥文考父辛寶尊彝
10.5394 用乍(作)父己寶彝
10.5395 用乍(作)寶𩰫
10.5396 用乍(作)毓(后)祖丁尊
10.5397 用乍(作)兄癸彝
10.5398 用乍(作)父戊寶尊彝
10.5399 乍(作)旅/用乍(作)父丁寶尊彝
10.5400 公賜乍(作)册翻(䶒)鬯、貝/用乍(作)父乙寶尊彝
10.5401 乍(作)父癸旅宗尊彝
10.5402 用乍(作)姑寶彝
10.5403 用乍(作)父辛寶尊彝
10.5404 商用乍(作)文辟日丁寶尊彝
10.5405 用乍(作)寶彝
10.5407 王姜令乍(作)册睘安尸伯/用乍(作)文考癸寶尊器
10.5408 用乍(作)宗彝
10.5409 用乍(作)寶尊彝
10.5410 乍(作)祖丁寶旅尊彝
10.5411 用乍(作)文考日乙寶尊彝
10.5414 𠨘(必)其賜乍(作)册𢦏徵一、玗一/用乍(作)祖癸尊彝

10.5415 用乍(作)文父癸宗寶尊彝
10.5416 用乍(作)團宮旅彝
10.5417 𤔲用乍(作)母辛彝
10.5418 乍(作)嗣工(空)/ 用乍(作)尊彝
10.5419 用乍(作)文考乙公寶尊彝
10.5420 用乍(作)文考乙公寶尊彝
10.5421 用乍(作)父癸寶尊彝
10.5422 用乍(作)父癸寶尊彝
10.5423 乍(作)象㚒 / 用乍(作)文考日丁寶彝
10.5424 從乍(作)寶彝
10.5425 用乍(作)父乙寶尊彝
10.5426 用乍(作)厥文姑寶尊彝
10.5427 乍(作)册嗌乍(作)父辛尊 / 用乍(作)大禦于厥祖妣、父母、多申(神)
10.5430 用乍(作)文考辛公寶尊彝
10.5431 高對乍(作)父丙寶尊彝
10.5432 賞乍(作)册䰧馬 / 用乍(作)日己旅尊彝
10.5433 用乍(作)寶尊彝
11.5592 乍(作)旅
11.5593 乍(作)齊
11.5594 乍(作)彝
11.5605 乍(作)祖庚
11.5606 乍(作)祖庚
11.5652 乍(作)父己
11.5688 天乍(作)从
11.5690 伯乍(作)彝
11.5691 仲乍(作)彝
11.5692 員乍(作)旅
11.5693 明乍(作)旅
11.5698 乍(作)旅彝
11.5699 乍(作)旅彝
11.5700 乍(作)旅彝
11.5701 乍(作)從
11.5702 乍(作)從彝
11.5703 乍(作)從彝
11.5704 乍(作)寶彝
11.5705 乍(作)寶彝
11.5706 乍(作)寶彝
11.5707 乍(作)寶彝
11.5708 乍(作)寶彝
11.5709 乍(作)寶彝
11.5710 乍(作)寶彝
11.5711 乍(作)寶彝
11.5712 乍(作)尊彝
11.5713 乍(作)尊彝
11.5715 㶣乍(作)祖丁
11.5723 乍(作)父乙
11.5732 乍(作)父乙旅
11.5759 乍(作)母旅彝
11.5762 北子乍(作)彝
11.5763 伯乍(作)旅彝
11.5764 伯乍(作)旅彝
11.5765 伯乍(作)寶彝
11.5766 鼄乍(作)從彝
11.5767 刅(創)乍(作)旅彝
11.5768 登乍(作)尊彝
11.5769 敤(揆)由乍(作)旅
11.5770 幷(并)乍(作)旅彝
11.5771 乍(作)從彝
11.5772 戈乍(作)尊彝
11.5773 戈乍(作)旅彝
11.5774 辛乍(作)寶彝
11.5775 獵乍(作)旅彝
11.5776 莫乍(作)旅彝
11.5777 穽(穽)乍(作)旅彝
11.5778 卬乍(作)旅彝
11.5780 乍(作)旅彝
11.5781 乍(作)寶尊彝
11.5782 乍(作)寶尊彝
11.5783 乍(作)寶尊彝
11.5784 乍(作)寶尊彝
11.5785 乍(作)寶尊彝
11.5786 乍(作)寶尊彝
11.5787 乍(作)寶尊彝
11.5788 乍(作)寶尊彝
11.5789 乍(作)寶尊彝
11.5790 乍(作)寶尊彝
11.5791 乍(作)從尊彝
11.5792 乍(作)從彝
11.5793 乍(作)祖丁尊彝
11.5794 乍(作)祖戊尊彝
11.5796 競乍(作)父乙旅
11.5798 戈乍(作)父丙彝
11.5799 咏乍(作)旅父丁
11.5801 魚乍(作)父庚彝
11.5803 馬豢(貑)乍(作)父辛
11.5804 宰乍(作)父辛旅
11.5807 王乍(作)母癸尊
11.5809 乍(作)龍母彝
11.5810 乍(作)彭史从尊
11.5811 兼史乍(作)旅彝
11.5812 見乍(作)寶尊彝
11.5813 事伯乍(作)旅彝
11.5814 曶乍(作)寶尊彝
11.5815 史曶乍(作)寶彝
11.5816 𣪕(𣪕)赤乍(作)寶彝
11.5817 事乍(作)小旅彝
11.5818 矩乍(作)寶尊彝
11.5819 𨑫乍(作)寶尊彝
11.5820 𨑫乍(作)寶尊彝
11.5821 虘乍(作)從彝
11.5822 乍(作)祖乙寶尊彝
11.5823 陵乍(作)父乙旅彝
11.5824 乍(作)父乙寶彝
11.5825 衍耳乍(作)父乙彝
11.5826 乍(作)父丁寶彝
11.5827 柚乍(作)父丁旅彝

11.5828 商乍(作)父丁吾尊

11.5829 乍(作)父丁寶彝尊

11.5830 乍(作)父戊寶尊彝

11.5831 乍(作)父己寶彝

11.5832 □乍(作)父庚寶尊彝

11.5833 魚乍(作)父庚彝

11.5834 [illegible]乍(作)父辛尊彝

11.5837 乍(作)父辛寶尊上彝

11.5839 狽乍(作)旅彝

11.5840 亞䤈乍(作)季尊彝

11.5841 膺(應)公乍(作)寶尊彝

11.5842 乍(作)公尊彝

11.5843 𤇾(榮)子乍(作)寶尊彝

11.5844 伯各乍(作)寶尊彝

11.5845 伯貉乍(作)寶尊彝

11.5846 伯矩乍(作)寶尊彝

11.5847 陖(隔)伯乍(作)寶尊彝

11.5848 濦(涇)伯乍(作)寶尊彝

11.5849 俞伯乍(作)寶尊彝

11.5850 虘伯䍜(貂)乍(作)寶尊

11.5851 仲𢇍乍(作)寶尊彝

11.5852 登仲乍(作)寶尊彝

11.5853 登仲乍(作)寶尊彝

11.5854 仲夷乍(作)旅尊彝

11.5855 噩(鄂)革㢸乍(作)寶尊

11.5856 戒叔乍(作)寶尊彝

11.5857 叔䣐乍(作)寶尊彝

11.5858 彄季乍(作)寶旅彝

11.5859 井季㚔(䝂)乍(作)旅彝

11.5860 鄺季乍(作)寶尊彝

11.5861 員父乍(作)寶尊彝

11.5862 竟乍(作)厥寶尊彝

11.5863 段(鍛)金𩛥乍(作)旅彝

11.5864 𨔶(傳)臾乍(作)從宗彝

11.5865 亞耳乍(作)祖丁尊彝

11.5866 乍(作)祖己寶尊彝

11.5867 竟乍(作)祖癸寶尊彝

11.5868 史見乍(作)父甲尊彝

11.5869 辟東乍(作)父乙尊彝

11.5870 小臣乍(作)父乙寶彝

11.5871 禾伯乍(作)父乙寶尊

11.5872 子殷用乍(作)父丁彝

11.5873 乍(作)父丁寶尊彝

11.5874 逆乍(作)父丁寶尊彝

11.5875 乍(作)父丁寶尊彝

11.5876 㮄乍(作)父丁尊彝

11.5877 䱐乍(作)文父日丁

11.5878 孖乍(作)父己寶尊彝

11.5879 羌乍(作)父己寶尊彝

11.5880 魚乍(作)父己寶尊彝

11.5881 冶仲乍(作)父己彝

11.5882 𪏁(揩)乍(作)父辛寶尊彝

11.5883 𦘺(䀲)乍(作)父辛寶尊彝

11.5884 鴅矢乍(作)父辛寶彝

11.5885 耇史乍(作)父辛旅彝

11.5886 此乍(作)父辛寶尊彝

11.5887 咏乍(作)䡏(摡)尊彝

11.5888 𡨦乍(作)母癸

11.5889 卿乍(作)厥考寶尊彝

11.5890 北伯𣪘乍(作)寶尊彝

11.5891 魁乍(作)祖乙寶彝

11.5892 㬱(醬)乍(作)祖辛寶尊彝

11.5893 輂乍(作)妣癸尊彝

11.5894 乍(作)父乙尊彝

11.5895 㬫乍(作)父乙寶尊彝

11.5896 令 咾 (咾) 乍(作)父乙寶尊彝

11.5897 史伏乍(作)父乙寶旅彝

11.5898 乍(作)父丁寶尊彝

11.5899 𠭯(摣)乍(作)父戊寶䔿(尊)彝

11.5900 亯册䣓(?)乍(作)父己尊彝

11.5901 隹乍(作)父己寶彝

11.5902 獸乍(作)父庚寶尊彝

11.5903 厥子乍(作)父辛寶尊彝

11.5904 貍乍(作)父癸寶尊彝

11.5905 單 㠯 (具) 乍(作)父癸寶尊彝

11.5906 𩁹乍(作)父癸旅寶尊彝

11.5907 𣢟(哵)乍(作)父癸寶尊彝

11.5908 𩎟乍(作)厥皇考寶尊彝

11.5909 仲子乍(作)日乙尊彝

11.5910 子麦乍(作)母

辛尊彝
11.5912 噩(鄂)侯弟厝(厝)季乍(作)旅彝
11.5913 彊伯乍(作)井姬用盂鏙
11.5914 虢叔乍(作)叔殷穀尊朕
11.5915 衛乍(作)季衛父寶尊彝
11.5917 螯嗣土(徒)幽乍(作)祖辛旅彝
11.5918 對乍(作)父乙寶尊彝
11.5919 對乍(作)父乙寶尊彝
11.5920 單乍(作)父乙旅尊彝
11.5921 奪乍(作)父丁寶尊彝
11.5922 周免旁乍(作)父丁宗寶彝
11.5923 乍(作)父丁寶旅彝
11.5924 乍(作)父丁寶旅彝
11.5925 傳乍(作)父戊寶尊彝
11.5926 亞㡯(杠)旅葬乍(作)父辛彝尊
11.5927 㞢(征)乍(作)父癸寶尊彝
11.5928 㸚辟乍(作)日癸公寶尊彝
11.5929 䲕乍(作)母甲尊彝
11.5930 盧父乍(作)妞是從宗彝𦘒(肆)
11.5931 㫚乍(作)文考日庚寶尊器
11.5932 屯乍(作)兄辛寶尊彝
11.5933 㓝乍(作)兄日壬寶尊彝
11.5934 述乍(作)兄日乙寶尊彝
11.5939 蔡侯𩇯(申)乍(作)大孟姬賸(媵)尊
11.5940 季 盜(寧) 乍(作)寶尊彝
11.5941 㐄乍(作)宗尊
11.5942 㐱乍(作)甲考宗彝
11.5943 效乍(作)祖辛亢寶尊彝
11.5944 㺩(班)乍(作)父乙寶尊彝
11.5945 夰(扶)者君乍(作)父乙寶尊彝
11.5946 □乍(作)父癸寶尊彝
11.5947 㦝(憻)季遽父乍(作)豐姬寶尊彝
11.5948 公乍(作)寶尊彝
11.5951 省史超乍(作)祖丁寶尊彝
11.5952 乍(作)父甲旅尊
11.5953 犀㢊(肇)其乍(作)父己寶尊彝
11.5954 湈(沬)伯㲻乍(作)厥考寶旅尊彝
11.5955 倗乍(作)厥考寶尊彝
11.5956 用乍(作)父甲寶尊彝
11.5957 用乍(作)父乙旅尊彝
11.5958 㪁攸乍(作)父庚尊彝
11.5959 乍(作)父辛尊
11.5960 事(史)噩乍(作)丁公寶彝
11.5961 伯乍(作)厥文考尊彝
11.5962 用乍(作)寶尊彝
11.5963 無(許)仲趚乍(作)厥文考寶尊彝
11.5964 㱿乍(作)父乙宗寶尊彝
11.5965 用乍(作)文父辛尊彝
11.5966 員乍(作)父壬寶尊彝
11.5967 用乍(作)父己尊彝
11.5968 乍(作)文考日辛寶尊彝
11.5969 伯乍(作)蔡姬宗彝
11.5970 乍(作)父己寶宗彝
11.5971 執用乍(作)父丁尊彝
11.5972 □□乍(作)其爲乙考宗彝
11.5973 用乍(作)父乙尊彝
11.5974 用乍(作)宗彝
11.5975 用乍(作)父乙寶尊彝
11.5976 黃肇乍(作)文考宗伯旅尊彝
11.5977 用乍(作)魚(盧)高祖缶(寶)尊彝
11.5978 用乍(作)父乙寶尊彝
11.5979 用乍(作)公日辛寶彝
11.5980 乍(作)文考日己寶尊宗彝
11.5981 用乍(作)考付父尊彝
11.5982 自乍(作)寶彝
11.5983 啟乍(作)祖丁旅寶彝
11.5984 能匋用乍(作)文父日乙寶尊彝
11.5985 用乍(作)父戊尊彝
11.5986 用乍(作)父乙寶尊彝
11.5987 用乍(作)父辛寶尊彝
11.5988 用乍(作)文考尊彝
11.5989 君令余乍(作)册睘安尸伯 / 用乍(作)朕文考日癸旅寶
11.5991 公賜乍(作)册翻(醽)鬯、貝 / 用乍(作)父乙寶尊彝
11.5992 用乍(作)姑寶彝
11.5993 乍(作)厥穆穆文祖考寶尊彝
11.5994 用乍(作)寶彝
11.5995 用乍(作)厥文考寶彝
11.5996 用乍(作)父辛寶尊彝
11.5997 商用乍(作)文辟日丁寶尊彝
11.5998 由伯曰:𠂔御乍(作)尊彝

11.5999 用乍(作)父癸寶尊彝
11.6000 用乍(作)己寶𠤕
11.6001 用乍(作)皷寶尊彝
11.6002 令乍(作)册折兄(貺)聖土于相侯/用乍(作)父乙尊
11.6003 用乍(作)父癸宗寶尊彝
11.6004 用乍(作)圃宮旅彝
11.6005 用乍(作)辛公寶尊彝
11.6006 乍(作)嗣工(空)/用乍(作)尊彝
11.6007 肆(肇)乍(作)京公寶尊彝
11.6008 用乍(作)父乙寶旅彝
11.6009 用乍(作)寶尊彝
11.6011 余用乍(作)朕文考大仲寶尊彝
11.6013 用乍(作)朕文祖益公寶尊彝
11.6014 用乍(作)囡(匽、庾)公寶尊彝
11.6015 乍(作)册麥賜金于辟侯/用乍(作)寶尊彝
11.6016 乍(作)册令敢揚明公尹厥室(貯)/用乍(作)父丁寶尊彝
11.6193 㑥乍(作)
11.6194 乍(作)仲
11.6195 叔乍(作)
11.6196 乍(作)侯
11.6197 乍(作)𠙵
11.6198 乍(作)旅
11.6199 乍(作)尊
11.6253 乍(作)父丙
11.6295 乍(作)父庚
11.6350 乍(作)姑彝
11.6360 臼乍(作)衙
11.6361 伯乍(作)彝
11.6362 伯乍(作)彝
11.6363 伯乍(作)彝
11.6365 戚乍(作)彝
11.6366 戚乍(作)彝
12.6368 徙乍(作)祖丁𠙹(齒)
12.6407 冉乍(作)父己
12.6417 宀乍(作)父辛
12.6419 寧乍(作)父辛
12.6426 𠂹乍(作)父癸
12.6427 光乍(作)每(母)辛
12.6431 員乍(作)旅彝
12.6432 員乍(作)旅彝
12.6433 戈𦉪乍(作)厥
12.6434 季乍(作)旅彝
12.6435 乍(作)玌(封)從彝
12.6436 逨(徠)乍(作)寶彝
12.6437 耒乍(作)寶彝
12.6438 乍(作)寶尊彝
12.6441 高乍(作)父乙彝
12.6442 冋(坰)逋乍(作)父乙
12.6446 聅(聯)子乍(作)父丁
12.6447 虘乍(作)父丁
12.6448 乍(作)父辛寶尊
12.6449 𠂹乍(作)父癸
12.6451 姞亘母乍(作)寶
12.6452 矢王乍(作)寶彝
12.6453 麦伯乍(作)寶彝
12.6454 伯戜乍(作)飲壺
12.6455 伯戜乍(作)旅彝
12.6456 伯乍(作)姬飲壺
12.6457 井叔乍(作)飲壺
12.6458 叔偈父乍(作)姜
12.6459 邑乍(作)寶尊彝
12.6460 事乍(作)小旅彝
12.6461 亘丰(丰)玤(琫)乍(作)彝
12.6466 尚乍(作)父乙彝
12.6467 丰(丰)乍(作)父乙尊彝
12.6468 小臣乍(作)父乙寶彝
12.6469 膺(應)事乍(作)父乙寶
12.6470 ◗乍(作)父丙尊彝
12.6471 句乍(作)父丁尊彝
12.6472 耳竹乍(作)㮚父辛
12.6473 □乍(作)父辛寶尊彝
12.6474 敄乍(作)父癸彝
12.6475 朕乍(作)父癸尊彝
12.6476 北子𠦪乍(作)旅彝
12.6477 伯旃乍(作)寶尊彝
12.6478 伯旃乍(作)寶尊彝
12.6479 者(諸)兒乍(作)寶尊彝
12.6480 遚乍(作)寶尊彝
12.6481 䢅𩰫(荎)獶乍(作)祖辛彝
12.6482 中乍(作)妣己彝
12.6483 乍(作)父戊彝
12.6484 乍(作)父己尊彝
12.6485 子达乍(作)兄日辛彝
12.6486 叔傳(塼)乍(作)楷公寶彝
12.6487 征乍(作)夆公寶尊彝
12.6488 冶徃乍(作)厥寶尊彝
12.6489 其(箕)史乍(作)祖己寶尊彝
12.6490 齊史遚乍(作)祖辛寶彝
12.6491 齊史遚乍(作)祖辛寶彝
12.6492 凡乍(作)父乙尊彝
12.6493 誎乍(作)父丁寶尊彝

12.6494 舌仲乍(作)父丁寶尊彝
12.6495 遽仲乍(作)父丁寶
12.6496 子乍(作)父戊彝
12.6497 甚乍(作)父戊寶尊
12.6499 誎乍(作)父己尊彝
12.6500 鼓䵼乍(作)父辛寶尊彝
12.6501 [illegible]乍(作)父癸寶尊彝
12.6502 乍(作)母甲尊彝
12.6503 吕伯乍(作)厥叡(祖)寶尊彝
12.6504 甾乍(作)父己寶尊彝
12.6505 何乍(作)枘(藝、禰)日辛尊彝
12.6507 北子乍(作)寶尊彝
12.6508 用乍(作)父乙寶尊彝
12.6509 用乍(作)寶尊彝
12.6510 庶用乍(作)寶尊彝
12.6511 員仲乍(作)倗生(甥)飲壺
12.6512 用乍(作)寶尊彝
12.6514 用乍(作)父乙寶尊彝
12.6515 萬諆乍(作)兹晨(觶)/用乍(作)念于多友
12.6516 用乍(作)寶尊彝
12.7101 乍(作)父乙
12.7205 夭(走)乍(作)彝
12.7206 夭(走)乍(作)彝
12.7207 乍(作)從彝
12.7208 乍(作)從彝
12.7209 乍(作)從彝
12.7234 省乍(作)父丁
12.7235 乍(作)父丁
12.7257 戈罟乍(作)厥
12.7258 登乍(作)尊彝
12.7259 亽乍(作)從彝
12.7260 乍(作)[illegible](封)從彝
12.7261 咒祖乙乍(作)彝
12.7265 丩冊乍(作)父乙
12.7272 叔乍(作)母□彝
12.7273 單光乍(作)從彝
12.7274 敖(敖)册乍(作)从彝
12.7278 責(賾)引乍(作)尊彝
12.7279 史見乍(作)父甲彝
12.7280 句乍(作)父丁尊彝
12.7283 乍(作)父辛尊
12.7284 乍(作)父辛寶尊彝
12.7285 亞夫乍(作)寶從彝
12.7286 亞夫乍(作)寶從彝
12.7287 婦鴴(鴟)乍(作)彝
12.7289 [illegible]乍(作)祖己尊彝
12.7290 亞乍(作)父乙寶尊彝
12.7291 亞乍(作)父乙寶尊彝
12.7292 卿乍(作)父乙寶尊彝
12.7294 叡乍(作)父戊尊彝
12.7295 叡乍(作)父戊尊彝
12.7296 天(大、太)子聽乍(作)父丁彝
12.7297 臺乍(作)母癸彝
12.7298 臺乍(作)母癸彝
12.7300 亞獡皿合乍(作)尊彝
12.7301 埶(藝)戉乍(作)祖癸句寶彝
12.7302 亞或其訦乍(作)父己彝
12.7304 妏乍(作)乙公寶彝
12.7305 趞乍(作)日癸寶尊彝
12.7306 亞[illegible]羌旃向乍(作)尊彝
12.7307 亞旟(杠)[illegible](負)乍(作)父丁寶尊彝
12.7310 用乍(作)父乙尊彝
12.7311 用乍(作)父乙彝
13.8046 乍(作)己
13.8300 伯乍(作)
13.8301 侯乍(作)
13.8302 廿乍(作)
13.8303 乍(作)彝
13.8304 乍(作)從
13.8305 乍(作)寶
13.8306 乍(作)尊
14.8431 乍(作)父乙
14.8432 乍(作)父乙
14.8512 乍(作)父丁
14.8659 乍(作)父辛
14.8660 乍(作)父辛
14.8818 員乍(作)旅
14.8819 員乍(作)旅
14.8820 孟乍(作)旅
14.8824 仲乍(作)公
14.8825 乍(作)乙公
14.8828 則乍(作)寶
14.8829 右乍(作)彝
14.8830 訋(詔、昭)乍(作)彝
14.8831 侁乍(作)彝
14.8832 蔡乍(作)旅
14.8833 乍(作)從彝
14.8838 [illegible]乍(作)祖丁
14.8846 [illegible](害)乍(作)祖辛
14.8876 旃乍(作)父乙
14.8877 檴乍(作)父乙
14.8878 馬乍(作)父乙
14.8879 □乍(作)父乙
14.8880 卿乍(作)父乙
14.8881 乍(作)父乙彝
14.8885 鼺乍(作)父丙
14.8886 鼺乍(作)父丙
14.8916 瘨乍(作)父丁
14.8917 瘨乍(作)父丁

14.8923 ㄐ冊乍(作)父戊
14.8924 加乍(作)父戊
14.8925 加乍(作)父戊
14.8952 虘乍(作)父辛
14.8976 伯乍(作)父癸
14.8978 舌乍(作)妣丁
14.8979 舌乍(作)妣丁
14.8980 享乍(作)映母
14.8985 丮申乍(作)寶
14.8986 走(趣)馬乍(作)彝
14.8988 鬣乍(作)[illegible]子
14.8989 戈罟乍(作)厥
14.8990 戈罟乍(作)厥
14.8991 過伯乍(作)彝
14.8992 [illegible](㫐、良)乍(作)祖乙彝
14.8998 臣乍(作)父乙寶
14.8999 臣乍(作)父乙寶
14.9000 疑亞乍(作)父乙
14.9001 疑亞乍(作)父乙
14.9002 大亞乍(作)父乙
14.9003 執乍(作)父乙冉
14.9004 乍(作)父乙尊彝
14.9009 戋乍(作)父丁寶
14.9011 亞商乍(作)父戊
14.9012 乍(作)尊
14.9013 乍(作)尊
14.9017 守宮乍(作)父辛
14.9018 守宮乍(作)父辛
14.9020 歸乍(作)父辛彝
14.9021 家父乍(作)辛
14.9023 [illegible](婢)乍(作)父癸
14.9024 赦(摅)乍(作)妣癸蚔(蛋)
14.9027 妊乍(作)殺(郳)嬴(嬴)彝
14.9028 妊乍(作)殺(郳)嬴(嬴)彝
14.9031 立乍(作)寶尊彝
14.9032 聞乍(作)寶尊彝
14.9033 剛乍(作)寶尊彝
14.9034 癸旻乍(作)考戊
14.9035 伯眲乍(作)寶彝
14.9036 伯限乍(作)寶彝
14.9037 叔牙乍(作)尊彝
14.9038 聑日獲乍(作)寶旅彝
14.9039 尹公乍(作)旅彝
14.9040 伯尾父乍(作)寶彝
14.9041 史留乍(作)寶彝
14.9042 乍(作)丮尊彝
14.9043 剢乍(作)祖乙寶彝
14.9044 剢乍(作)祖乙寶彝
14.9045 嬴乍(作)祖丁寶彝
14.9046 遶乍(作)祖辛旅彝
14.9047 襄庚乍(作)祖辛彝
14.9048 膺(應)史乍(作)父乙寶
14.9052 乍(作)甫(父)丁寶尊彝
14.9053 獸乍(作)父戊寶彝
14.9054 獸乍(作)父戊寶
14.9059 [illegible](貆)乍(作)父庚尊彝
14.9060 乍(作)父辛
14.9061 [illegible](淄)公乍(作)父戊
14.9062 嫣乍(作)父癸尊彝
14.9063 史遽乍(作)寶尊彝
14.9064 乍(作)祖乙
14.9065 效乍(作)祖戊寶尊彝
14.9066 [illegible](嗞)乍(作)祖己旅寶彝
14.9067 牆乍(作)父乙寶尊彝
14.9068 牆乍(作)父乙寶尊彝
14.9069 乍(作)父乙旅尊彝
14.9070 瘐乍(作)父丁/乍(作)尊彝
14.9071 小車乍(作)父丁寶彝
14.9072 乍(作)父丁尊彝
14.9073 [illegible](䀹)乍(作)父己尊彝
14.9075 亳乍(作)母癸
14.9076 攸乍(作)上父寶尊彝
14.9077 囗乍(作)厥父寶尊彝
14.9078 [illegible](召)乍(作)父丁尊彝
14.9079 達乍(作)父己尊彝
14.9080 豐乍(作)父辛寶
14.9081 豐乍(作)父辛寶
14.9082 豐乍(作)父辛寶
14.9083 萛大乍(作)父辛寶尊彝
14.9086 美乍(作)厥祖可公尊彝
14.9087 美乍(作)厥祖可公尊彝
14.9088 乍(作)文父乙彝
14.9089 鯀乍(作)召伯父辛寶尊彝
14.9091 索諆乍(作)有羔日辛鬻彝
14.9092 婦闆乍(作)文姑日癸尊彝
14.9093 婦闆乍(作)文姑日癸尊彝
14.9094 用乍(作)父甲寶彝
14.9095 吕仲僕乍(作)

毓子寶尊彝
14.9096 魯侯乍(作)爵
14.9097 舟鑰(角)婥乍(作)厥祖乙寶宗彝
14.9098 用乍(作)尊彝
14.9099 用乍(作)父辛彝
14.9100 用乍(作)父癸尊彝
14.9101 用乍(作)父丁彝
14.9102 用乍(作)父癸彝
14.9103 用乍(作)父辛尊彝
14.9104 用乍(作)父寶尊彝
14.9105 用乍(作)父丁尊彝
15.9211 乍(作)父乙
15.9231 ㄐ毌乍(作)父戊
15.9235 𠭯(史)䀠乍(作)彝
15.9236 登乍(作)尊彝
15.9237 光乍(作)從彝
15.9239 蕫乍(作)寶尊彝
15.9240 戈卬(玥、併)乍(作)父丁彝
15.9241 劦闢乍(作)父丁彝
15.9242 宁狽乍(作)父丁彝
15.9243 乍(作)婦姑尊彝
15.9244 微乍(作)康公寶尊彝
15.9245 𩫖乍(作)母癸
15.9246 婦闟乍(作)文姑日癸尊彝
15.9247 婦闟乍(作)文姑日癸尊彝
15.9248 乍(作)父乙寶尊彝
15.9249 用乍(作)母癸尊彝
15.9286 㪅(插)乍(作)寶彝
15.9288 晝(聽)引乍(作)尊彝
15.9289 𠀠乍(作)父丁寶彝
15.9291 乍(作)女(母)戊寶尊彝
15.9292 㔶(匵)乍(作)父辛寶尊彝
15.9293 旃乍(作)父乙寶尊彝
15.9296 㻞(班)乍(作)父乙寶尊彝
15.9297 守宮乍(作)父辛尊彝
15.9298 仲子㠱泻(泓)乍(作)文父丁尊彝
15.9300 用乍(作)父戊寶尊彝
15.9301 用乍(作)文嫊己寶彝
15.9302 乍(作)文考日己寶尊宗彝
15.9303 令乍(作)册折兄(貺)聖土于相侯 / 用乍(作)父乙尊
15.9336 乍(作)祖辛
15.9367 員乍(作)盉
15.9368 元乍(作)彝
15.9369 伯彭乍(作)
15.9381 戈䍜乍(作)厥
15.9382 冉乍(作)宗彝
15.9383 ㄚ(屮)乍(作)從彝
15.9384 乍(作)玐(封)從彝
15.9385 此乍(作)寶彝
15.9390 㽙子乍(作)父戊
15.9391 㽙子乍(作)父戊
15.9393 乍(作)公ㄩ㷭(鎣)
15.9394 乍(作)從彝
15.9395 䶂(鼉)父乍(作)寶彝
15.9396 單光乍(作)從彝用
15.9397 公乍(作)寶尊彝
15.9398 伯矩乍(作)旅盉
15.9399 伯春乍(作)寶盉
15.9400 伯定乍(作)寶彝
15.9401 師轉乍(作)寶㷭(鎣)
15.9402 卿乍(作)父乙尊彝
15.9404 戈卬(併)乍(作)父丁彝
15.9405 中乍(作)父丁彝
15.9406 㢊乍(作)父己
15.9407 吳乍(作)寶盉
15.9408 魯侯乍(作)姜享彝
15.9409 㴔伯自乍(作)般(盤)㷭(鎣)
15.9410 仲自(師)父乍(作)旅盉
15.9411 㡭王乍(作)姬姊盉
15.9412 伯矩乍(作)寶尊彝
15.9413 伯𡨦自乍(作)用盉
15.9414 陻(隔)伯乍(作)寶尊彝 / 陻(隔)伯乍(作)
15.9415 乍(作)仲子辛彝
15.9416 𩰫父乍(作)兹女(母)匋(寶)盉
15.9417 伯䶂乍(作)母娟旅盉
15.9418 伯䶂乍(作)母娟旅盉
15.9419 季嬴霝德乍(作)寶盉
15.9421 汖乍(作)父乙尊彝
15.9422 汖乍(作)父乙尊彝
15.9423 亞□□乍(作)父戊尊盉
15.9424 𨒅乍(作)厥考寶尊彝
15.9425 伯百父乍(作)孟姬朕(媵)鎣
15.9427 伯𢀛乍(作)西宮伯寶尊彝 / 𢀛乍(作)西
15.9428 ㄎ乍(作)宗尊
15.9429 來父乍(作)盉
15.9430 伯害(憲)乍(作)召伯父辛寶尊彝

15.9431 柙乍(作)寶尊彝
15.9432 師(瓷)子于匹乍(作)旅盉
15.9433 乍(作)遣盉
15.9434 圓(昆)君婦媿霝乍(作)㸚(鎣)
15.9435 伯衛父乍(作)羸𩰫彝
15.9436 尧(无)敢乍(作)姜盉
15.9437 伯墉父乍(作)寶盉
15.9438 王乍(作)豐妊單寶盉
15.9439 乍(作)父乙寶尊彝
15.9440 伯角父乍(作)寶盉
15.9441 伯玉𣪕(毅)乍(作)寶盉
15.9442 𢀛乍(作)王(皇)母媿氏𩕳(沬)盉
15.9443 季良父乍(作)𢍰始(姒)寶盉
15.9444 季老或乍(作)文考大伯寶尊彝
15.9445 黄子乍(作)黄甫(夫)人行器
15.9446 自乍(作)盉
15.9447 王仲皇父乍(作)尾娟(妘)般(盤)盉
15.9449 虒令周収、視事乍(作)盉
15.9451 乍(作)盉
15.9453 用乍(作)寶尊盉
15.9454 用乍(作)父癸寶尊彝
15.9455 用肇乍(作)尊彝
15.9456 衛用乍(作)朕文考惠孟寶般(盤)
15.9512 叔乍(作)寶
15.9518 尧(无)乍(作)壺
15.9519 乍(作)旅壺
15.9520 乍(作)旅彝
15.9521 乍(作)從彝
15.9525 辰乍(作)父己
15.9527 考女(母)乍(作)聮(聯)医/考母乍(作)聮(聯)医
15.9528 伯乍(作)寶壺
15.9529 伯乍(作)寶壺
15.9530 事(史)从乍(作)壺
15.9531 蜍乍(作)寶彝
15.9532 刅(創)乍(作)寶彝
15.9533 夾乍(作)彝
15.9534 員乍(作)旅壺
15.9535 皆乍(作)尊壺
15.9536 𠂤乍(作)寶壺
15.9544 亞羌乍(作)㹜(獮、禰)彝
15.9545 亞吕乍(作)旅彝
15.9548 乍(作)父己尊彝
15.9550 䚈乍(作)尊彝
15.9552 天姬自乍(作)壺
15.9553 楷侯乍(作)旅彝
15.9554 亞伯乍(作)尊彝
15.9555 𠟭(劉、嬗、姪)嫣乍(作)寶壺
15.9556 嬗(姪)妊乍(作)安壺
15.9557 㪁姬乍(作)寶彝
15.9564 恒乍(作)祖辛壺
15.9566 洑乍(作)父乙尊彝
15.9567 伯矩乍(作)寶尊彝
15.9568 伯矩乍(作)寶尊彝
15.9569 伯到(致)乍(作)寶尊彝
15.9570 伯㵒父乍(作)旅壺
15.9571 孟𢧵父乍(作)鬱壺
15.9572 鴋(唐)仲多乍(作)醴壺
15.9576 𠁁(𡥎)尸乍(作)父己尊彝
15.9577 叡乍(作)父辛彝
15.9578 □父乍(作)父壬寶壺
15.9579 魯侯乍(作)尹叔姬壺
15.9581 曾侯乙乍(作)時(持)用冬(終)
15.9584 鬼乍(作)父丙寶壺
15.9585 內(芮)伯肇乍(作)䵼公尊彝
15.9586 𣏟(柏)侯乍(作)旅壺
15.9587 𣏟(柏)侯乍(作)旅壺
15.9588 右走(趣)馬嘉自乍(作)行壺
15.9592 奪乍(作)父丁寶尊彝
15.9593 奪乍(作)父丁寶尊彝
15.9594 乍(作)父辛歠
15.9595 歸𡛥乍(作)父辛寶尊彝
15.9596 內(芮)公乍(作)鑄從壺
15.9597 內(芮)公乍(作)鑄從壺
15.9598 內(芮)公乍(作)鑄從壺
15.9599 伯魚父乍(作)旅壺
15.9600 伯魚父乍(作)旅壺/伯魯父乍(作)旅壺
15.9601 賓(官)車父乍(作)寶壺
15.9602 賓(官)車父乍(作)寶壺
15.9603 子叔乍(作)叔姜尊壺/子叔乍(作)尊壺
15.9604 子叔乍(作)叔姜尊壺
15.9608 伯山父乍(作)尊墉(甂)
15.9609 成伯邦父乍(作)叔姜萬人(年)壺
15.9610 吕季姜乍(作)醴壺
15.9611 吕季姜乍(作)醴壺
15.9612 大乍(作)父乙

寶彝
15.9614 孟上父乍(作)尊壺
15.9615 宬伯員生(甥)乍(作)旅壺
15.9618 尚自乍(作)旅壺/尚自乍(作)旅壺
15.9619 伯庶父乍(作)醴壺
15.9620 伯灤父乍(作)寶壺
15.9621 成周邦父乍(作)干仲姜寶壺
15.9622 登(鄧)孟乍(作)監嫚尊壺
15.9623 王伯姜乍(作)尊壺
15.9624 王伯姜乍(作)尊壺
15.9628 自乍(作)寶尊壺
15.9629 自乍(作)寶尊壺
15.9630 吕王造乍(作)內(芮)姬尊壺
15.9631 奠(鄭)楙叔賓父乍(作)醴壺
15.9632 己(紀)侯乍(作)鑄壺
15.9633 敶(陳)侯乍(作)嬀櫓朕(媵)壺
15.9634 敶(陳)侯乍(作)嬀櫓朕(媵)壺
15.9635 嵋敖乍(作)寶壺
15.9636 黄君孟自乍(作)行器
15.9637 自乍(作)行壺
15.9638 華母自乍(作)薦壺
15.9639 邛(江)君婦龢乍(作)其壺
15.9641 乍(作)爲衛姬壺
15.9642 仲南父乍(作)尊壺
15.9643 仲南父乍(作)尊壺
15.9644 乍(作)鑄寶壺
15.9645 乍(作)鑄寶壺
15.9646 用乍(作)寶壺
15.9651 矩叔乍(作)仲姜寶尊壺
15.9652 矩叔乍(作)仲姜寶尊壺
15.9653 史僕乍(作)尊壺
15.9654 史僕乍(作)尊壺
15.9655 虢季氏子緻(組)乍(作)寶壺
15.9656 伯公父乍(作)叔姬醴壺
15.9657 侯母乍(作)侯父戎壺
15.9658 郳(䣄)季寬(魔)車自乍(作)行壺
15.9659 齊皇乍(作)壺盂
15.9661 大(太)師小子師望乍(作)寶壺
15.9662 交君子叕肇乍(作)寶壺
15.9663 黄子乍(作)黄父(夫)人行器
15.9664 黄子乍(作)黄父(夫)人行器
15.9665 爿(片)器嗇夫亮疸所靭(勒)翰(看)器乍(作)靭(勒)者
15.9666 爿(片)器嗇夫亮疸所靭(勒)翰(看)器乍(作)靭(勒)者
15.9667 中伯乍(作)亲(辛)姬䜌(孌)人朕(媵)壺
15.9668 中伯乍(作)亲(辛)姬䜌(孌)人朕(媵)壺
15.9669 㪔(散)氏車父乍(作)醒姜尊壺
15.9670 □□生乍(作)懿伯寶壺
15.9671 兮熬乍(作)尊壺
15.9672 仲自(師)父乍(作)卣壺
15.9675 左使車嗇夫孫固所靭(勒)翰(看)器乍(作)靭(勒)者
15.9676 餀句乍(作)其寶壺
15.9681 用乍(作)鄉(饗)壺
15.9687 杞伯每刃乍(作)鼄(邾)嫊寶壺
15.9688 杞伯每刃乍(作)鼄(邾)嫊宝(寶)卣
15.9689 用乍(作)寶尊彝
15.9690 周䘖乍(作)公己尊壺
15.9691 周䘖乍(作)公己尊壺
15.9694 虞嗣寇伯吹乍(作)寶壺
15.9695 虞嗣寇伯吹乍(作)寶壺
15.9696 虞侯政乍(作)寶壺
15.9697 㪔(散)車父乍(作)皇母醒姜寶壺
15.9701 蔡公子□乍(作)尊壺
15.9702 用乍(作)鏬(𨯳)壺
15.9704 員(紀)公乍(作)爲子叔姜媵盥壺
15.9706 邛(江)立(大、太)宰孫叔師父乍(作)行具
15.9708 治仲丂父自乍(作)壺
15.9709 公子土斧乍(作)子仲姜鑑之般(盤)壺
15.9710 甬(用)乍(作)宗彝尊壺
15.9711 甬(用)乍(作)宗彝尊壺
15.9712 用自乍(作)醴壺
15.9713 弁(弁)季良父乍(作)𡛗始(姒)尊壺
15.9714 用乍(作)父丁寶壺
15.9716 梁其乍(作)尊壺
15.9717 梁其乍(作)尊壺
15.9718 䣄史展(殿)乍(作)寶壺
15.9719 乍(作)鑄尊壺
15.9720 乍(作)鑄尊壺
15.9721 用乍(作)朕剌

(烈)考尊壺
15.9722 用乍(作)朕剌(烈)考尊壺
15.9723 王乎乍(作)册尹册賜癲：畫靳、牙僰、赤舃
15.9724 王乎乍(作)册尹册賜癲：畫靳、牙僰、赤舃
15.9725 用乍(作)朕穆考後仲尊墉(甗)
15.9726 用乍(作)皇祖、文考尊壺
15.9727 用乍(作)皇祖、文考尊壺
15.9728 乍(作)冢嗣土(徒)于成周八師/用乍(作)朕文考螿公尊壺
15.9731 用乍(作)朕皇考龏叔、皇母龏始(姒)寶尊壺
15.9732 用乍(作)朕皇考龏叔、皇母龏始(姒)寶尊壺
15.9801 考母乍(作)聅(聯)医
15.9802 竟乍(作)厥彝
15.9803 乍(作)員從彝
15.9804 乍(作)員從彝
15.9805 乍(作)祖戊尊彝
15.9809 大(太)史乍(作)尊彝
15.9811 冉乍(作)父丁妻盟
15.9812 皿乍(作)父己尊彝
15.9813 伯乍(作)厥寶尊彝
15.9814 再乍(作)日父丁尊彝
15.9815 乍(作)父乙寶彝尊雷(罍)
15.9816 陵乍(作)父日乙寶雷(罍)
15.9817 趞乍(作)文父戊尊彝
15.9820 婦闟乍(作)文姑日癸尊彝
15.9821 乍(作)父丁尊
15.9822 纍乍(作)祖己尊彝
15.9823 乃孫[illegible]乍(作)祖甲畾(罍)/其乍(作)彝
15.9824 洍御事(史)乍(作)尊雷(罍)
15.9825 洍御事(史)乍(作)尊雷(罍)
15.9826 對乍(作)文考日癸寶尊雷(罍)
15.9827 季㚸(姒)讐乍(作)寶畾(罍)
16.9875 井叔乍(作)旅彝
16.9876 伯豐乍(作)旅彝
16.9877 册旻乍(作)彝
16.9880 熒(榮)子乍(作)寶尊彝
16.9881 熒(榮)子乍(作)寶尊彝
16.9882 仲追父乍(作)宗彝
16.9883 皿天全(玲)乍(作)父己尊彝
16.9884 匽(匽)乍(作)父辛寶尊彝
16.9885 匽(匽)乍(作)父辛寶尊彝
16.9888 用乍(作)寶尊彝
16.9889 韓攸(肇)乍(作)父庚尊彝
16.9890 用乍(作)父癸寶尊
16.9891 乍(作)文考日己寶尊宗彝
16.9892 用乍(作)高文考父癸寶尊彝
16.9893 用乍(作)尊彝
16.9895 令乍(作)册折兄(貺)聖土于相侯/用乍(作)父乙尊
16.9896 用乍(作)朕文考乙公寶尊彝
16.9897 用乍(作)文祖它公寶尊彝
16.9898 宰胐右(佑)乍(作)册吳/用乍(作)青尹寶尊彝
16.9899 用乍(作)朕文祖益公寶尊彝
16.9900 用乍(作)朕文祖益公寶尊彝
16.9901 乍(作)册令敢揚明公尹厥宦(貯)/用乍(作)父丁寶尊彝
16.7360 伯公父乍(作)金爵
16.9961 唯曾伯文自乍(作)厥歓(飲)鑘
16.9962 善(膳)夫吉父乍(作)旅鑘
16.9963 黃君孟自乍(作)行器
16.9964 仲義父乍(作)旅鑘
16.9965 仲義父乍(作)旅鑘
16.9966 黃子乍(作)黃甫(夫)人孟乙行器
16.9967 伯夏父乍(作)畢姬尊霝(鑘)
16.9968 伯夏父乍(作)畢姬尊霝(鑘)
16.9969 亨□父祀戊乍(作)寶鑘(鑘)
16.9970 亨□父祀戊乍(作)寶罍(鑘)
16.9971 唯番伯官甾(曾)自乍(作)寶鑘(鑘)
16.9972 自乍(作)寶𨰝(鑘)
16.9973 奠(鄭)義伯乍(作)步□鑘(鑘)/奠(鄭)義伯乍(作)步□鑘(鑘)
16.9974 自乍(作)鑘
16.9979 敶(陳)公孫㝬父乍(作)旅甗(鉼)
16.9980 鄀□孟城乍(作)爲行鉼(鉼)
16.9981 乍(作)旅甗(鉼)
16.9982 喪史賓(寶)自乍(作)鈚(鉼)
16.9986 仲乍(作)旅罐
16.9987 黃子乍(作)黃孟姬行器
16.10001 蔡公子乍(作)姬安尊滔(𦉜)□
16.10004 蔡侯驧(申)乍(作)大孟姬賸(媵)

盥缶
16.10005 自乍(作)浴缶
16.10006 不(邳)伯夏子自乍(作)尊罍
16.10007 不(邳)伯夏子自乍(作)尊罍
16.10048 季乍(作)寶
16.10049 乍(作)從彝
16.10050 乍(作)從彝
16.10052 戠乍(作)父戊
16.10055 轉乍(作)寶艦
16.10056 封仲乍(作)般(盤)
16.10057 乍(作)玥(封)從彝
16.10059 曆乍(作)寶尊彝
16.10060 矩乍(作)寶尊彝
16.10061 事(史)從乍(作)寶般(盤)
16.10062 公乍(作)寶尊彝
16.10063 強伯乍(作)用盥(盤)
16.10064 強伯乍(作)般(盤)燮(鎣)
16.10065 令乍(作)父丁
16.10066 吳乍(作)寶般(盤)
16.10067 征(延)乍(作)周公尊彝
16.10068 鄦(鬻)父乍(作)寶尊彝
16.10069 燮(榮)子乍(作)寶尊彝
16.10070 單子白乍(作)寶般(盤)
16.10071 宗(崇)仲乍(作)尹姞般(盤)
16.10072 蔡侯𨐋(申)乍(作)尊盤(盤)
16.10073 𢀓(規)伯矩乍(作)寶尊彝
16.10074 伯雍父自乍(作)用器
16.10075 䢅父乍(作)茲女(母)匋(寶)般(盤)
16.10076 季嬴霝德乍(作)寶般(盤)
16.10078 遟乍(作)厥考寶尊彝
16.10079 伯百父乍(作)孟姬朕(媵)般(盤)
16.10080 穌(蘇)甫(夫)人乍(作)嫚(姪)妃襄賸(媵)般(盤)
16.10082 樊夫人龍嬴自乍(作)行盤
16.10083 京隮(陝)仲僕乍(作)父辛寶尊彝
16.10084 北子宋乍(作)文父乙寶尊彝
16.10085 麥[illegible]乍(作)鋑(鎣)般(盤)
16.10086 魯伯厚父乍(作)仲姬俞賸(媵)般(盤)
16.10087 魯伯者父乍(作)孟姬嫞(媾)朕(媵)般(盤)
16.10088 虢嫚(姪)〔妃〕乍(作)寶般(盤)
16.10089 自乍(作)般(盤)
16.10090 奠(鄭)伯乍(作)般(盤)匜
16.10091 真乍(作)寶般(盤)
16.10092 晨乍(作)寶〔盤〕
16.10093 史頌乍(作)般(盤)
16.10094 〔番〕昶〔伯〕□乍(作)寶般(盤)
16.10095 京叔乍(作)孟嬴賸(媵)般(盤)
16.10096 筍侯乍(作)叔姬賸(媵)般(盤)
16.10097 曾仲自乍(作)旅盤
16.10098 賭金氏(氏)孫乍(作)寶般(盤)
16.10099 自乍(作)湀(浣)盤
16.10101 用乍(作)仲宦(寶)器
16.10102 中友父乍(作)般(盤)
16.10103 伯駟父乍(作)姬淪朕(媵)般(盤)
16.10104 黃君孟自乍(作)行器
16.10105 用乍(作)寶尊彝
16.10106 堯(无)敢乍(作)姜般(盤)
16.10107 叔五父乍(作)寶般(盤)
16.10108 伯考父乍(作)寶盤
16.10109 郳(誽)季寬(魔)車自乍(作)行盤
16.10110 德其肇乍(作)盤
16.10111 師奐父乍(作)季姬般(盤)
16.10112 伯碩𦤎乍(作)䵾姬饔般(盤)
16.10113 魯伯愈父乍(作)鼄(邾)姬仁朕(媵)顒(沬)盤
16.10114 魯伯愈父乍(作)鼄(邾)姬仁朕(媵)顒(沬)盤
16.10115 魯伯愈父乍(作)鼄(邾)姬仁朕(媵)顒(沬)盤
16.10116 魯嗣徃(徒)仲齊肇乍(作)般(盤)
16.10117 齊侯乍(作)荽(蓋)姬寶般(盤)
16.10118 穌(蘇)冶妊乍(作)虢妃魚母般(盤)
16.10119 毳乍(作)王(皇)母媿氏顒(沬)般(盤)
16.10120 周㚸(娙)生(甥)乍(作)楷娟(妘)朕(媵)般(盤)
16.10121 鄧伯吉射自乍(作)盥般(盤)
16.10122 黃子乍(作)黃孟臣(姬)行器
16.10123 齊侯乍(作)皇氏孟姬寶般(盤)
16.10124 乍(作)鑄其御般(盤)

16.10125 楚季[illegible](苟)乍(作)媥(半)尊賸(媵)盥般(盤)
16.10127 儕孫殷穀乍(作)頮(沫)盤
16.10128 儕孫殷穀乍(作)頮(沫)
16.10130 衵伯墉自乍(作)寶監(鑑)
16.10131 干氏叔子乍(作)仲姬客母嬽(媵)般(盤)
16.10132 綏君單自乍(作)[illegible](盤)
16.10133 薛侯乍(作)叔妊襄朕(媵)般(盤)
16.10134 自乍(作)寶盤
16.10137 自乍(作)盥(浣)盤
16.10138 自乍(作)寶般(盤)
16.10139 自乍(作)寶般(盤)
16.10140 自乍(作)旅盤
16.10141 唯句它□□〔自〕乍(作)寶般(盤)
16.10142 齊叔姬乍(作)孟庚寶般(盤)
16.10143 唯般仲柔乍(作)其盤
16.10146 黃韋俞父自乍(作)飤器
16.10147 乍(作)寶般(盤)
16.10150 唯[illegible]右自乍(作)用其吉金寶般(盤)
16.10153 侃孫奎母乍(作)姒寶般(盤)
16.10154 乍(作)其子孟姬嬰朕(媵)盤
16.10156 自乍(作)旅盤
16.10157 敶(陳)侯乍(作)王仲媯㛄(痡)母媵般(盤)
16.10159 齊侯乍(作)賸(媵)寬圂孟姜盥般(盤)
16.10160 自乍(作)頮(沫)盤
16.10161 令乍(作)册內史賜免鹵百𨻰／用乍(作)般(盤)盉
16.10162 乍(作)仲嬴[illegible]賸(媵)盤
16.10163 夆(逢)叔乍(作)季妃盥般(盤)
16.10164 函皇父乍(作)琱娟(妘)般(盤)盉尊器
16.10165 自乍(作)鑄其般(盤)
16.10166 用乍(作)
16.10167 自乍(作)朕(浣)般(盤)
16.10168 用乍(作)祖乙尊
15.10169 用乍(作)寶般(盤)盉
16.10170 王乎乍(作)册尹册賜休：玄衣黹屯(純)、赤巿、朱黃(衡)、戈琱㦸、彤沙(蘇)、歐(厚)必(柲)、緣(鑾)旂／用乍(作)朕文考日丁尊般(盤)
16.10172 用乍(作)朕皇考奠(鄭)伯、奠(鄭)姬寶般(盤)
16.10173 虢季子白乍(作)寶盤
16.10174 兮伯吉父乍(作)般(盤)
16.10175 用乍(作)寶尊彝
16.10179 季姬乍(作)盉
16.10180 叔乍(作)旅匜
16.10181 皃叔乍(作)旅也(匜)
16.10182 宗(崇)仲乍(作)尹姞盉
16.10183 姞[illegible]母乍(作)旅匜
16.10184 乍(作)子□□也(匜)
16.10185 孟皇父乍(作)旅也(匜)
16.10186 自乍(作)吳姬賸(媵)也(匜)
16.10187 魯士商𠭯乍(作)也(匜)
16.10188 鄦湯伯茬乍(作)也(匜)
16.10191 乍(作)父乙寶尊彝
16.10192 虢季乍(作)中姬寶也(匜)
16.10193 散伯乍(作)矢姬寶也(匜)
16.10195 蔡侯乍(作)姬單媵(媵)也(匜)
16.10196 蔡子[illegible]自乍(作)會[illegible](匜)
16.10198 曾侯乙乍(作)時(持)甬(用)冬(終)
16.10200 伯庶父乍(作)肙(肩)
16.10201 匽伯聖乍(作)[illegible](工)也(匜)
16.10202 [illegible]姬乍(作)寶
16.10203 叔侯父乍(作)姜□寶也(匜)
16.10204 奠(鄭)義伯乍(作)季姜寶也(匜)用
16.10205 穌(蘇)甫(夫)人乍(作)嬶(姪)妃襄賸(媵)盉也(匜)
16.10206 甫人父乍(作)旅匜
16.10207 唯曾子伯尹自乍(作)尊匜
16.10208 鄦湯伯茬乍(作)也(匜)
16.10209 樊夫人龍嬴自乍(作)行也(匜)
16.10210 鑄子𢑴乍(作)也(匜)
16.10212 工盧季生乍(作)其盥會匜
16.10213 寒戊乍(作)寶也(匜)
16.10214 黃仲自乍(作)𨟭也(匜)
16.10215 弭伯乍(作)旅也(匜)
16.10216 召樂父乍(作)婦妃寶也(匜)
16.10217 備叔黑臣

(頤)乍(作)寶也(匜)
16.10218 周宅(窾)乍(作)救姜寚(寶)也(匜)
16.10219 聑(聯)子叔榖自乍(作)盥匜
16.10220 史頌乍(作)匜
16.10221 尋(鄩)伯乍(作)邾子□□朕(媵)匜
16.10222 魯伯敢乍(作)寶也(匜)
16.10223 賭金氏(氏)乍(作)寶也(匜)
16.10224 中友父乍(作)匜
16.10225 函皇父乍(作)周(琱)娟(妘)也(匜)
16.10226 伯吉父乍(作)京姬也(匜)
16.10227 埸(陽)飤生(甥)自乍(作)寶也(匜)
16.10228 自乍(作)盥也(匜)
16.10229 匽(燕)公乍(作)爲姜乘般(盤)匜
16.10230 黄君孟自乍(作)行器
16.10231 伯正父乍(作)旅也(匜)
16.10232 筍侯□乍(作)寶盉
16.10233 齊侯子行乍(作)其寶也(匜)
16.10234 郲(誋)季寬(魔)車自乍(作)行匜
16.10235 綏君單自乍(作)寶也(匜)
16.10237 衵仲𠂤乍(作)寶匜
16.10238 仲姞義母乍(作)旅也(匜)
16.10239 叔高父乍(作)仲妣也(匜)
16.10240 王婦㠱孟姜乍(作)旅也(匜)
16.10241 嗣馬南叔乍(作)𦏧姬朕(媵)也(匜)
16.10242 齊侯乍(作)䔢(蓋)姬寶也(匜)
16.10243 吕仲生𠁩乍(作)旅也(匜)
16.10244 魯伯愈父乍(作)鼄(邾)姬仁朕(媵)盨(沬)也(匜)
16.10245 䅵子乍(作)行彝
16.10246 唯衞邑𢦏伯自乍(作)寶匜
16.10247 𦏧乍(作)王(皇)母媿氏䫋(沬)盉
16.10248 叔㕞父乍(作)師姬寶也(匜)
16.10249 衵仲無龍乍(作)寶也(匜)
16.10250 唯伯㫃乍(作)寶匜
16.10251 唯箄肇其乍(作)䫋(沬)鼎也(匜)
16.10252 貯(賈)子己父乍(作)寶盉
16.10254 黄子乍(作)黄孟匠(姬)行器
16.10256 樊君夒用自乍(作)洪(浣)也(匜)
16.10258 唯番仲𠬝自乍(作)寶也(匜)
16.10259 唯番伯酓自乍(作)也(匜)
16.10260 乍(作)嗣𢆶彝/永乍(作)祜〔福〕
16.10261 兹乍(作)寶也(匜)
16.10262 唯𣎵(洧)伯君堇生(甥)自乍(作)也(匜)
16.10263 薛侯乍(作)叔妊襄朕(媵)也(匜)
16.10264 伯乍(作)日□監日文☒
16.10265 唯甫季加自乍(作)寶也(匜)
16.10267 乍(作)西孟嬀媢母塍(媵)匜
16.10268 唯番衵伯者君自乍(作)寶匜
16.10269 唯番衵伯者尹(君)自乍(作)寶匜
16.10270 叔男父乍(作)爲霍姬賸(媵)旅也(匜)
16.10271 乍(作)自寶也(匜)
16.10272 齊侯乍(作)虢孟姬良女(母)寶也(匜)
16.10274 乍(作)般(盤)匜
16.10275 肇乍(作)皇考伯走父寶也(匜)
16.10276 寓(塞)公孫䏰父自乍(作)盥匜
16.10279 乍(作)庠孟爲(嬀)榖女(母)塍(媵)匜
16.10281 乍(作)叔娟(妘)朕(媵)匜
16.10282 夆(逢)叔乍(作)季妃盥般(盤)
16.10283 齊侯乍(作)賸(媵)寬圜孟姜盥盂
16.10285 倂用乍(作)旅盉
16.10294 自乍(作)御監(鑑)
16.10295 自乍(作)御監(鑑)
16.10296 自乍(作)御監(鑑)
16.10298 台(以)乍(作)叔姬寺吁宗彠(彝)薦鑑
16.10299 台(以)乍(作)叔姬寺吁宗彠(彝)薦鑑
16.10303 匽(燕)侯乍(作)旅盂
16.10304 匽(燕)侯乍(作)旅盂
16.10305 匽(燕)侯乍(作)餴(饙)盂
16.10306 虢叔乍(作)旅盂
16.10307 虢叔乍(作)旅盂
16.10308 逑乍(作)寶尊彝
16.10309 微乍(作)康公寶尊彝
16.10310 滋乍(作)盂毁
16.10311 庶乍(作)寶

盂
16.10312 伯乍(作)寶尊盂
16.10313 □乍(作)父丁盂
16.10314 伯公父乍(作)旅盂
16.10315 善(膳)夫吉父乍(作)盂
16.10316 魯大嗣徒元乍(作)飲盂
16.10317 伯索史乍(作)季姜寶盂
16.10318 齊侯乍(作)朕(媵)子仲姜寶盂
16.10319 婁君伯庿自乍(作)餴(饙)盂
16.10320 乍(作)鑄飤盂
16.10321 用乍(作)文祖己公尊盂
16.10322 永用乍(作)朕文考乙伯尊盂
16.10324 微㾓乍(作)寶
16.10325 微㾓乍(作)寶
16.10329 自乍(作)寶盆
16.10330 郥(息)子行自乍(作)飤盆
16.10331 子叔嬴內君乍(作)寶器
16.10332 曾孟嬶(芈)諫乍(作)飲鄀盆
16.10334 杞伯每刃乍(作)鼄(邾)婕寶盨(盂)
16.10336 自乍(作)旅盆
16.10337 唯郯(鄀)子宿車自乍(作)行盆
16.10338 乍(作)其餴(饙)盆
16.10339 □子季〔嬴青自〕乍(作)鑄〔餴盆〕
16.10340 自乍(作)餴(饙)盆
16.10341 自乍(作)餴(饙)𥁰 / 自乍(作)餴(饙)𥁰
16.10342 乍(作)馮(溤)左右 / 否(丕)乍(作)元女
16.10347 王乍(作)姬弄
16.10348 曾侯乙乍(作)時(持)
16.10350 㝬氏𧦝(諺)乍(作)善(膳)鑰
16.10351 乍(作)父丁寶旅彝
16.10352 史孔乍(作)和
16.10355 黃子乍(作)黃甫(夫)人孟姬器
16.10356 蔡大(太)史窫乍(作)其鉚
16.10360 用乍(作)散宮旅彝
16.10391 自乍(作)盧(爐)盤
16.10463 史乍(作)[illegible]
16.10527 乍(作)尊彝
16.10528 乍(作)寶彝
16.10529 乍(作)寶彝
16.10530 乍(作)旅彝
16.10531 乍(作)旅彝
16.10534 戠乍(作)父乙
16.10538 光乍(作)從彝
16.10539 乍(作)狽寶彝
16.10540 伯乍(作)旅彝
16.10541 伯乍(作)旅彝
16.10542 弔乍(作)寶彝
16.10543 卲乍(作)寶彝
16.10544 宵乍(作)旅彝
16.10545 伯魚乍(作)寶彝
16.10546 䑣伯乍(作)寶彝
16.10547 弔乍(作)寶尊彝
16.10548 叔乍(作)寶尊彝
16.10549 [illegible]姬乍(作)寶彝
16.10550 吳(嘩)禾乍(作)寶彝
16.10551 比乍(作)寶尊彝
16.10552 凡乍(作)旅彝
16.10553 疑乍(作)伯旅彝
16.10554 衍耳乍(作)父乙彝
16.10555 子乍(作)父乙寶彝
16.10556 柚乍(作)父丁旅彝
16.10557 乍(作)父丁寶旅彝
16.10558 壽乍(作)父戊尊彝
16.10560 [illegible](封)乍(作)父辛尊彝
16.10561 㳄气(乞)乍(作)父辛彝
16.10562 女(汝)母乍(作)婦己彝
16.10563 伯享父乍(作)𩰫彝
16.10564 伯丙乍(作)寶尊彝
16.10565 師高乍(作)寶尊𣪘
16.10566 俞伯乍(作)寶尊彝
16.10567 向乍(作)厥尊彝
16.10568 山乍(作)父乙尊彝
16.10569 崥乍(作)父戊寶尊彝
16.10570 乍(作)父戊彝
16.10571 堇伯乍(作)旅尊彝
16.10572 [illegible]乍(作)父丁寶尊彝
16.10573 田乍(作)父己寶尊彝
16.10574 耳乍(作)父癸寶尊彝
16.10575 趨(鄒)子[illegible](㑌)乍(作)父庚寶尊彝
16.10576 庚姬乍(作)

鬻女(母)寶尊彝
16.10580 用乍(作)旅彝
16.10581 用乍(作)父辛尊彝
16.10582 用乍(作)父□尊彝
17.11003 〔郾王〕職乍(作)□□鋸(戳)
17.11014 豐伯乍(作)戈
17.11020 高坪乍(作)鈛(戈)
17.11028 自乍(作)用戈
17.11029 攻敔王光自乍(作)
17.11047 旸乍(作)[illegible]戈
17.11048 邶君乍(作)之
17.11059 乍(作)御司馬
17.11066 啚乍(作)之元戈
17.11092 敓乍(作)楚王戜(戟)
17.11094 曾侯邚(越)乍(作)時(持)
17.11095 曾侯邚(越)乍(作)時(持)
17.11096 曾侯邚(越)乍(作)時(持)
17.11097 曾侯邚(越)乍(作)時(持)
17.11107 乍(作)用于昌弗(?)
17.11110 郾(燕)王職乍(作)〔攼〕萃鋸
17.11164 蝜昃乍(作)蒁(造)戈三百
17.11184 郾(燕)侯腰乍(作)〔帀〕萃鍨鉘(戟)
17.11185 郾(燕)侯庫(䡇、載)乍(作)□鍨(戣)鉘(戟)六
17.11186 郾(燕)侯庫(䡇、載)乍(作)萃鋸(戳)
17.11187 郾(燕)王職乍(作)王萃
17.11188 郾(燕)王職乍(作)攼鋸(戳)
17.11189 郾(燕)王職乍(作)攼鋸(戳)
17.11190 郾(燕)王職乍(作)王萃
17.11191 郾(燕)王職乍(作)王萃
17.11193 郾(燕)王詈乍(作)攼鋸(戳)
17.11199 黄君孟乍(作)元□戈
17.11217 郾(燕)侯〔職〕乍(作)攼萃鋸(戳)
17.11218 郾(燕)侯庫(䡇)乍(作)左宮鋸(戳)
17.11219 郾(燕)侯庫(䡇)乍(作)帀(師)萃鉘(戟)
17.11220 郾(燕)侯庫(䡇)乍(作)右軍鉘(戟)
17.11222 郾(燕)侯職乍(作)帀(師)萃鋸(戳)
17.11223 郾(燕)侯職乍(作)帀(師)萃鋸(戳)
17.11224 郾(燕)王戠(職)乍(作)雩萃鋸(戳)
17.11225 郾(燕)王職乍(作)帀(師)萃鋸(戳)
17.11226 郾(燕)王職乍(作)廳萃鋸(戳)
17.11227 郾(燕)王職乍(作)雩(澭)萃鋸(戳)
17.11228 郾(燕)王職乍(作)雩(澭)萃鋸(戳)
17.11229 郾(燕)王職乍(作)雩(澭)萃鋸(戳)
17.11230 郾(燕)王職乍(作)巨攼鋸(戳)
17.11231 郾(燕)王職乍(作)巨攼鋸(戳)
17.11232 郾(燕)王職乍(作)巨攼鋸(戳)
17.11233 郾(燕)王職乍(作)巨攼鋸(戳)
17.11234 郾(燕)王職乍(作)巨攼鋸(戳)
17.11235 郾(燕)王職乍(作)巨攼鋸(戳)
17.11236 郾(燕)王職乍(作)御司馬
17.11237 郾(燕)王戎人乍(作)攼鋸(戳)
17.11238 郾(燕)王戎人乍(作)攼鋸(戳)
17.11239 郾(燕)王戎人乍(作)攼鋸(戳)
17.11245 郾(燕)王詈乍(作)巨攼鋸(戳)
17.11255 大(吳)王光逗自乍(作)用戈
17.11257 大(吳)王光逗自乍(作)用戈
17.11258 攻敔工(夫)差自乍(作)用戜(戟)
17.11263 乍(作)爲元用
17.11267 單靖託乍(作)用戈三万(萬)
17.11268 用厥金乍(作)吉用
17.11272 郾(燕)侯腰乍(作)帀(師)萃鍨鉘(戟)
17.11273 郾(燕)王戎人乍(作)雩(澭)萃鋸(戳)
17.11274 郾(燕)王戎人乍(作)雩(澭)萃鋸(戳)
17.11275 郾(燕)王戎人乍(作)雩(澭)萃鋸(戳)
17.11276 郾(燕)王戎人乍(作)巨攼鋸(戳)
17.11277 郾(燕)王喜乍(作)雩(澭)攼鋸(戳)
17.11288 自乍(作)其用戈
17.11304 郾(燕)王職乍(作)雩萃鋸(戳)
17.11346 梁伯乍(作)宮行元用

17.11352 秦子乍(作)造(造)中臂元用
17.11353 秦子乍(作)造(造)公族元用
17.11381 楚王酓(熊)璋嚴龏(恭)寅乍(作)𨌲(幹)戈
17.11383 蝨(蚳)生不(丕)乍(作)戎戒(械)
17.11400 自乍(作)其元戈
17.11407 囗毋乍(作)丌(其)枣(速、迹)
18.11513 郾(燕)侯庫(䡅)乍(作)左軍
18.11514 郾(燕)王職乍(作)攺鈦
18.11515 郾(燕)王職乍(作)攺鈦
18.11516 郾(燕)王職乍(作)攺鈦
18.11517 郾(燕)王職乍(作)黄(廣)衣(卒)鈦
18.11518 郾(燕)王職乍(作)黄(廣)衣(卒)鈦
18.11519 郾(燕)王職乍(作)攺鈦
18.11520 郾(燕)王職乍(作)攺鈦
18.11521 郾(燕)王職乍(作)攺鈦
18.11524 郾(燕)王詈(讙)乍(作)攺鈦
18.11526 郾(燕)王職乍(作)巨攺鈦
18.11527 郾(燕)王職乍(作)巨攺鈦
18.11531 郾(燕)王戎人乍(作)攺鈦
18.11534 吳王夫差自乍(作)甬(用)鍬(鍱)
18.11535 戉(越)王州句自乍(作)用矛
18.11536 郾(燕)王戎人乍(作)巨攺鈦
18.11537 郾(燕)王戎人乍(作)巨攺鈦
18.11538 郾(燕)王戎人乍(作)王萃鈦
18.11539 郾(燕)王戎人乍(作)巨攺鈦
18.11540 郾(燕)王詈(讙)乍(作)巨攺鋈(矛)
18.11543 郾(燕)王戎人乍(作)自⺼率鈦
18.11544 自乍(作)元用矛
18.11547 秦子乍(作)造公族元用
18.11586 吉爲乍(作)元用
18.11602 蔡侯產乍(作)畏(威)效(效)
18.11603 蔡侯產乍(作)畏(威)效(效)
18.11620 攻敔王光自乍(作)用鐱(劍)
18.11621 邚王歆(勾)淺(踐)自乍(作)用鐱(劍)
18.11622 戉(越)王州(朱)句(勾)自乍(作)用僉(劍)
18.11623 戉(越)王州(朱)句(勾)自乍(作)用僉(劍)
18.11624 戉(越)王州(朱)句(勾)自乍(作)用僉(劍)
18.11625 戉(越)王州(朱)句(勾)自乍(作)用僉(劍)
18.11626 戉(越)王州(朱)句(勾)自乍(作)用僉(劍)
18.11627 戉(越)王州(朱)句(勾)自乍(作)用僉(劍)
18.11628 戉(越)王州(朱)句(勾)自乍(作)用僉(劍)
18.11629 戉(越)王州(朱)句(勾)自乍(作)用僉(劍)
18.11630 戉(越)王州(朱)句(勾)自乍(作)用僉(劍)
18.11631 戉(越)王州(朱)句(勾)自乍(作)用僉(劍)
18.11632 戉(越)王州(朱)句(勾)自乍(作)用僉(劍)
18.11636 攻敔王夫差自乍(作)其元用
18.11637 攻敔王夫差自乍(作)其元用
18.11638 攻敔王夫差自乍(作)其元用
18.11639 攻敔王夫差自乍(作)其元用
18.11641 自乍(作)用攻(?)
18.11642 自乍(作)用攻(?)
18.11643 郾(燕)王職乍(作)武無(橅)鍨(鍺)鐱(劍)
18.11651 鵙公圃自乍(作)元鐱(劍)
18.11654 攻敔王光自乍(作)用鐱(劍)
18.11663 其㠯(以)乍(作)爲用元鐱(劍)
18.11665 工盧王乍(作)元巳(祀)用鐱(劍)
18.11666 攻敔王光自乍(作)用鐱(劍)
18.11668 自乍(作)用僉(劍)
18.11696 乍(作)爲元用
18.11697 乍(作)爲元用
18.11703 自乍(作)元之用之僉(劍)/ 自乍(作)用旨自
18.11704 䛐(台)旨(者旨)不光自乍(作)用攻(?)/ 乍(作)於元用僉(劍)
18.11718 自乍(作)元用
18.11719 叔趙父乍(作)旅再
18.11758 中山侯忞(忺)乍(作)茲軍釚
18.11915 㤓(忏)乍(作)距末
18.12029 口乍(作)矢寶
18.12030 嬶(姪)妊乍

(作)安車

4252 望

3.754 休天君弗望(忘)穆公聖粦明䚺事先王
3.755 休天君弗望(忘)穆公聖粦明䚺事先王
5.2695 唯征(正)月既望癸酉
5.2714 唯王八月既望
5.2747 唯五月既望
5.2748 四月既望己酉
5.2755 唯王九月既望乙巳
5.2789 唯九月既望乙丑
5.2814 唯九月既望甲戌
5.2815 四月既望辛卯
5.2819 五月既望庚寅
5.2834 穆(肄)武公亦(弗)歷(叚)望(忘)〔朕聖〕自(祖)考幽大叔、懿〔叔〕
5.2838 六月既望乙亥
5.2839 唯八月既望
8.4206 唯五月既望甲子
8.4237 母弟引墉(庸)又(有)望(忘)
8.4251 正月既望甲午
8.4252 正月既望甲午
8.4331 天子休弗望(忘)小𠪚(裔)邦
10.5206 亞矢望丩父乙(15.9565)
10.5415 在二月既望
10.5417 唯子曰令望人(夷)方𦊆
11.6003 在二月既望(望)
14.9103 唯四月既望丁亥
15.9454 在五月既望辛酉
15.9565 亞矢望丩父乙(10.5206)
16.10170 唯廿年正月既望甲戌
18.11492 高望
18.11493 高望

4253 喪

1.171 □朱句(勾)之孫(?)□亘□喪
2.350 敶(陳)大喪史仲高乍(作)鈴鐘
2.351 敶(陳)大喪史仲高乍(作)鈴鐘
2.352 敶(陳)大喪史仲高乍(作)鈴鐘
2.353 敶(陳)大喪史仲高乍(作)鈴鐘
2.354 敶(陳)大喪史仲高乍(作)鈴鐘
2.355 敶(陳)大喪史仲高乍(作)鈴鐘
2.428 女(汝)勿喪勿敗
5.2555 弗敢喪
5.2678 弗敢喪
5.2737 宣喪(尚)用雍(饔)其者(諸)父、者(諸)兄
5.2833 用天降大喪于下或(國)
5.2834 用天降亦(大)喪于下或(國)
5.2837 古(故)喪師已(矣)
5.2839 昧喪(爽)
5.2841 廼唯是喪我或(國)
7.3908 㫚(斷)勿喪
8.4240 昧喪(爽)
8.4327 寀用喪
8.4342 今日天疾畏(威)降喪
9.4469 則唯輔天降喪
15.9729 齊侯女雷𦍩(聿)喪其毁(舅)/齊侯既遵(躋)洹子孟姜喪
15.9730 齊侯女雷𦍩(聿)喪其毁(舅)/齊侯既遵(躋)洹子孟姜喪
16.9982 喪史賓(賓)自乍(作)鉼(缾)

4254 無、橅

1.35 福無疆
1.39 亹龜(龜)降多福無疆
1.40 年無疆
1.41 年無疆
1.59 萬年無疆
1.72 其眉壽無疆
1.73-4 其眉壽無疆
1.75 其眉壽無疆
1.76-7 其眉壽無疆
1.78-9 其眉壽無疆
1.80-1 其眉壽無疆
1.86 萬年無疆
1.87 用旂(祈)眉壽無疆
1.109-10 降余厚多福無疆
1.112 降余厚多福無疆
1.113 其眉壽無基(期)
1.114 其眉壽無基(期)
1.115 其眉壽無基(期)
1.116 其眉壽無基(期)
1.117 其眉壽無基(期)
1.118-9 其眉壽無其(期)
1.140 霝(靈)命無其(期)
1.141 用匄眉壽無疆
1.153 萬年無諆(期)
1.154 萬年無諆(期)
1.172 萬年無諆(期)
1.173 萬年無諆(期)
1.174 萬年無諆(期)
1.175 萬年無諆(期)
1.176 萬年無諆(期)
1.177 萬年無諆(期)
1.178 萬年無諆(期)
1.179 萬年無諆(期)
1.180 萬年無諆(期)
1.181 茲鐘名曰無斁(射)
1.182 眉壽無諆(期)
1.187-8 梁其其萬年無疆
1.189-90 梁其其萬年無疆
1.203 眉壽無期
1.210 元鳴無期
1.211 元鳴無期
1.216 元鳴無期
1.217 元鳴無期
1.218 元鳴無期
1.219 元鳴無期
1.220 元鳴無期
1.221 元鳴無期
1.222 元鳴無期

1.245 其壋(萬)年無疆
1.246 無疆覭(景)福
1.251-6 無疆覭(景)福
1.261 萬年無諆(期)
1.262-3 眉壽無疆
1.267 眉壽無疆
1.268 眉壽無疆
1.269 眉壽無疆
1.270 眉壽無疆
2.287 無鐸(射)之宮曾 / 爲無睪(射)徵顀
2.289 爲無睪(射)之翌(羽)顀下角
2.292 無鐸(射)之宮曾 / 爲無睪(射)徵角
2.294 無睪(射)之徵
2.325 無鐸(射)之徵曾
2.327 爲無鐸(射)徵角
2.329 無鐸(射)之徵
2.349 無鍨(射)之宮
2.350 用祈眉壽無疆
2.351 用祈眉壽無疆
2.352 用祈眉壽無疆
2.353 用祈眉壽無疆
2.354 用祈眉壽無疆
2.355 用祈眉壽無疆
2.423 乍(作)無者俞寶鍴鍟(鐸)
2.425 眉壽無疆
3.670 無疆用
3.713 祖仲無龍乍(作)寶鬲
3.714 祖仲無龍乍(作)寶鬲
3.732 萬年無疆
3.733 萬年無疆
3.734 萬年無疆
3.742 萬年無疆
3.904 亞無(許)睘(疇)乍(作)父己彝
3.944 無攼
3.945 其萬年無疆
3.946 其眉壽無疆 / 萬年無諆(期)
3.947 萬年無疆
3.970 祖仲無龍
3.980 下民無智
4.2098 無(許)臭之饋(餾)貞(鼎)
4.2099 無(許)臭之饋(餾)貞(鼎)
4.2359 吳王孫無土之脰(廚)貞(鼎)
4.2430 其萬年無疆
4.2432 無攼
5.2551 其眉壽無期
5.2573 其眉壽無期
5.2602 眉壽無疆
5.2603 萬年無疆
5.2604 萬年無疆
5.2606 曾孫無鼎(諆)自乍(作)飤繁 / 眉壽無疆
5.2607 其眉壽無鼎(諆、期)
5.2621 其萬年無疆
5.2622 其萬年無疆
5.2634 其萬年無疆
5.2635 其萬年無疆
5.2636 其萬年無疆
5.2640 眉壽無疆
5.2641 眉壽無疆
5.2646 用祈眉壽無疆
5.2657 其萬年無疆
5.2667 萬年無疆
5.2669 萬年無疆
5.2679 其萬年無疆
5.2681 用匄眉壽無疆
5.2690 其萬年無疆
5.2691 其萬年無疆
5.2692 其萬年無疆
5.2714 其萬年無疆
5.2715 眉壽無疆
5.2716 眉壽無疆
5.2717 其眉壽無諆(期)
5.2722 眉壽無期
5.2731 攻龠(踚)無啻(敵)
5.2737 其萬年無疆
5.2738 邁(萬)年無疆
5.2743 用賜眉壽無疆
5.2744 用賜眉壽無疆
5.2750 既龢無測
5.2753 萬年無疆
5.2762 多福無疆
5.2766 眉壽無其(期)
5.2768 眉壽無疆 / 其萬年無疆
5.2769 眉壽無疆 / 其萬年無疆
5.2770 眉壽無疆 / 其萬年無疆
5.2771 萬年無疆
5.2772 萬年無疆
5.2775 無遣(譴)
5.2777 萬年無疆
5.2787 頌其萬年無疆
5.2788 頌其萬年無疆
5.2790 其萬年無疆
5.2796 邁(萬)年無疆
5.2797 邁(萬)年無疆
5.2798 邁(萬)年無疆
5.2799 邁(萬)年無疆
5.2800 邁(萬)年無疆
5.2801 邁(萬)無疆
5.2802 邁(萬)年無疆
5.2811 萬年無諆(期)
5.2814 嗣徒南仲右(佑)無(許)叀 / 王乎史翏册令(命)無叀 / 無(許)叀敢對揚天子不(丕)顯魯休
5.2821 此其萬年無疆
5.2822 此其萬年無疆
5.2823 此其萬年無疆
5.2826 萬年無疆
5.2836 賜贅(賚)無疆 / 天子其萬年無疆 / 克其萬年無疆
5.2837 叡西(酒)無敢醺(舔)/ 有髭(柴)烝祀無敢醴
5.2838 䭫首曰：余無卣(由)具寇正(足)〔秭〕
5.2841 無唯正聞(昏)
6.3664 無攼
7.3971 其萬年無疆
7.3972 其萬年無疆
7.3973 其萬年無疆
7.4008 其萬年無疆
7.4009 其萬年無疆
7.4010 其萬年無疆
7.4014 其萬年無疆
7.4015 其萬年無疆
7.4016 萬年無疆
7.4017 萬年無疆
7.4107 萬年無疆
7.4108 萬年無疆
7.4114 辛父其萬年無疆
7.4120 其邁(萬)年無疆
8.4124 其萬年無疆
8.4147 壽無疆

8.4148 壽無疆
8.4149 壽無疆
8.4150 壽無疆
8.4151 壽無疆
8.4153 萬年無疆
8.4160 無疆屯(純)右(祐)/用夙夜無訇(已)
8.4161 無疆屯(純)右(祐)/用夙夜無訇(已)
8.4162 孟曰:朕文考眔毛公、趞(遣)仲征無需
8.4163 孟曰:朕文考眔毛公、趞(遣)仲征無需
8.4164 孟曰:朕文考眔毛公、趞(遣)仲征無需
8.4168 萬年無疆
8.4182 受福無疆
8.4183 邁(萬)年無疆
8.4188 邁(萬)年無疆
8.4189 邁(萬)年無疆
8.4198 其萬年無疆
8.4225 王賜無㠱馬四匹/無㠱拜手韻首/無㠱用乍(作)朕皇祖釐季尊段/無㠱其萬年
8.4226 王賜無㠱馬四匹/無㠱拜手韻首/無㠱用乍(作)朕皇祖釐季尊段/無㠱其萬年
8.4227 王賜無㠱馬四匹/無㠱拜手韻首/無㠱用乍(作)朕皇祖釐季尊段/無㠱其萬年
8.4228 王賜無㠱馬四匹/無㠱拜手韻首/無㠱用乍(作)朕皇祖釐季尊段/無㠱其萬年
8.4229 頌其萬年無疆
8.4230 頌其萬年無疆
8.4231 頌其萬年無疆
8.4232 頌其萬年無疆
8.4233 頌其萬年無疆
8.4234 頌其萬年無疆
8.4235 頌其萬年無疆
8.4236 頌其萬年無疆
8.4241 帝無冬(終)令(命)于有周
8.4273 靜學(教)無眈(尤)
8.4287 伊其萬年無疆
8.4296 邁(萬)年無疆
8.4297 邁(萬)年無疆
8.4303 此其萬年無疆
8.4304 此其萬年無疆
8.4305 此其萬年無疆
8.4307 此其萬年無疆
8.4308 此其萬年無疆
8.4309 此其萬年無疆
8.4310 此其萬年無疆
8.4313 無諆(碁)徒馭
8.4314 無諆(碁)徒馭
8.4315 眉壽無疆
8.4322 無眈(尤)于氒身
8.4328 眉壽無疆
8.4329 眉壽無疆
8.4332 眉壽無疆
8.4333 眉壽無疆
8.4334 眉壽無疆
8.4335 眉壽無疆
8.4336 眉壽無疆
8.4337 眉壽無疆
8.4338 眉壽無疆
8.4339 眉壽無疆
9.4426 其萬年無疆
9.4431 其邁(萬)年無疆
9.4434 其萬年無疆
9.4442 割(匄)眉壽無疆
9.4443 割(匄)眉壽無疆
9.4444 割(匄)眉壽無疆
9.4445 割(匄)眉壽無疆
9.4453 匄眉壽無疆
9.4465 克其日賜休無疆
9.4466 令小臣成友逆旅□、內史無彖、大(太)史旟
9.4580 其萬年無疆
9.4593 用祈眉壽無疆
9.4594 眉壽無其(期)
9.4597 萬年無疆
9.4603 用祈眉壽無疆
9.4604 用祈眉壽無疆
9.4606 萬年無疆
9.4607 萬年無疆
9.4608 萬年無疆
9.4609 萬年無疆
9.4610 萬年無疆
9.4611 萬年無疆
9.4612 其眉壽無疆
9.4613 䢅(其)眉壽無記(期)
9.4614 其眉壽無疆
9.4615 用祈眉考(老)無疆
9.4617 永命無疆
9.4618 萬年無棋(諆期)
9.4619 眉壽無疆
9.4620 萬年無疆
9.4621 萬年無疆
9.4622 萬年無疆
9.4623 萬年無㠱(期)
9.4624 萬年無㠱(期)
9.4625 萬年無棋(諆、期)
9.4627 弭仲受無疆福
9.4628 多福無疆
9.4631 眉壽無疆
9.4632 眉壽無疆
9.4642 大寶無碁(期)
9.4643 其眉壽無期
9.4645 邁(萬)年無疆/男女無期
9.4689 萬年無疆
9.4690 萬年無疆
9.4691 萬年無疆
9.4694 官(綰)攸(悠)無疆
9.4695 官(綰)攸(悠)無疆
10.5309 無(許)憂乍(作)父丁彝
11.6010 祐受無已/千歲無疆
15.9627 其邁(萬)年無疆
15.9657 用求福無疆
15.9659 其眉壽無期
15.9701 其眉壽無疆
15.9704 受福無期
15.9706 眉壽萬年無疆

15.9708 萬年無疆
15.9710 聖趄(桓)之夫人曾姬無恤/蒿閑(間)之無駆(匹)
15.9711 聖趄(桓)之夫人曾姬無恤/蒿閑(間)之無駆(匹)
15.9712 爲德無叚(瑕)/用受大福無疆
15.9716 永令(命)無疆
15.9717 永令(命)無疆
15.9718 享叔用賜眉壽無疆
15.9719 旂(祈)無疆
15.9720 旂(祈)無疆
15.9725 克用匄眉老無疆
15.9729 于大無嗣折(誓)、于大嗣命用璧、兩壺、八鼎/萬年無疆
15.9730 于大無嗣折(誓)、于大嗣命用璧、兩壺、八鼎/邁(萬)年無疆
15.9824 其萬年無疆
15.9825 其萬年無疆
16.9897 用匄萬年無疆
16.9974 蒚(萬)年無疆
16.9979 萬年無疆
16.9980 其眉壽無疆
16.9982 萬年無疆
16.10006 用祈眉壽無疆
16.10007 用祈眉壽無疆
16.10081 曩伯庭父朕(塍)姜無杘(沬)般(盤)
16.10123 眉壽無疆
16.10130 其萬年疆無
16.10132 其萬年無疆
16.10135 其邁(萬)年無疆
16.10138 用祈寵(福)無疆
16.10141 其萬年無疆
16.10142 其萬年無疆
16.10143 眉壽無疆
16.10144 用祈眉壽無疆
16.10145 眉壽無疆
16.10147 萬年無疆
16.10155 其萬年無疆
16.10156 萬年無疆
16.10157 萬年無疆
16.10159 邁(萬)年無疆/男女無期
16.10160 邁(萬)年無疆
16.10162 萬禾(年)無疆
16.10163 壽老無期
16.10165 萬年無疆
16.10171 千歲無疆
16.10173 萬年無疆
16.10174 萬年無疆
16.10175 天子釁(徽)無匄(害)/得屯(純)無諫
16.10211 曩(紀)伯庭父朕(塍)姜無杘(沬)也(匜)
16.10245 其萬年無疆
16.10249 昶仲無龍乍(作)寶也(匜)
16.10250 其萬年無疆
16.10251 其萬年無疆
16.10259 其萬年無疆
16.10264 眉壽無疆
16.10265 其萬年無畺(疆)
16.10266 其萬年無疆
16.10272 其邁(萬)年無疆
16.10276 其眉壽無疆
16.10277 萬年無疆
16.10279 萬年無疆
16.10280 男女無期
16.10281 其萬年無疆
16.10282 壽老無期
16.10283 邁(萬)年無疆/男女無期
16.10284 萬年無疆
16.10297 官(綰)攸(悠)無疆
16.10298 眉壽無疆
16.10299 眉壽無疆
16.10319 用祈眉壽無疆
16.10337 萬年無疆
16.10338 其眉壽無疆
16.10339 萬年無疆
16.10340 其眉壽無疆
16.10341 萬年無疆
17.11112 宜無之棗(造)戟(戟)
17.11134 無(許)伯彪之用戈
18.11612 郾(燕)王喜怣無(檡)旅鈠
18.11613 郾(燕)王喜怣無(檡)旅鈠
18.11614 郾(燕)王喜怣無(檡)旅鈠
18.11615 郾(燕)王喜怣無(檡)旅鈠
18.11616 郾(燕)王喜怣無(檡)旅鈠
18.11617 郾(燕)王喜怣無(檡)旅鈠
18.11634 郾(燕)王職怣武無(檡)旅鐱(劍)
18.11643 郾(燕)王職乍(作)武無(檡)鍦(鍺)鐱(劍)
18.11860 匽(燕)侯無(舞)昜(錫)
18.11861 匽(燕)侯無(舞)昜(錫)

4255 有

1.120 唯戉(越)十有(又)九年
1.121 唯戉(越)十有(又)九年/今余其念譎乃有
1.122 唯戉(越)十有(又)九年/今余其念譎乃有
1.123 勿有不義
1.124 勿有不義
1.125-8 唯戉(越)十有(又)九年/今余其念譎乃有/勿有不義
1.129-31 今余其念譎乃有/勿有不義
1.132 唯戉(越)十有(又)九年
1.210 有虔不愓(易)/休有成慶
1.211 有虔不愓(易)/休有成慶
1.217 有虔不愓(易)/休有成慶
1.218 有虔不愓(易)/

休有成慶
1.219 有虔不惕(易)/休有成慶
1.220 有虔不惕(易)/休有成慶
1.221 有虔不惕(易)/休有成慶
1.222 有虔不惕(易)/休有成慶
1.251-6 匍(撫)有四方
1.262-3 匍(撫)有四方
1.267 匍(撫)有四方
1.268 匍有四方
1.269 匍(撫)有四方
1.272-8 咸有九州
1.285 咸有九州
3.746 師湯父有嗣仲枏父乍(作)寶鬲
3.747 師湯父有嗣仲枏父乍(作)寶鬲
3.748 師湯父有嗣仲枏父乍(作)寶鬲
3.749 師湯父有嗣仲枏父乍(作)寶鬲
3.750 師湯父有嗣仲枏父乍(作)寶鬲
3.751 師湯父有嗣仲枏父乍(作)寶鬲
3.752 師湯父有嗣仲枏父乍(作)寶鬲
3.980 曰征(誕)有蝕匕(枇)
5.2631 南公有嗣晢(鬶)乍(作)尊鼎
5.2671 征(延、誕)令曰:有女(汝)多兄(貺)
5.2672 征(延、誕)令曰:有女(汝)多兄(貺)
5.2740 溓(濂)公令寧眔史旟曰:以盱眔厥有嗣、後或(國)戜伐腺(貊)
5.2741 溓(濂)公令寧眔史旟曰:以盱眔厥有嗣、後或(國)戜伐腺(貊)
5.2803 有嗣眔師氏、小子卿(佮)射
5.2805 武公有(佑)南宮柳
5.2831 舍(捨)顏有嗣壽商圝(貉)裘、盠冟
5.2832 迺令參有嗣/厲叔子夙、厲有嗣䪻(申)季、慶癸、燹(豳)麀、荊人敢、井人偈屖
5.2837 受天有大令(命)/匍(撫)有四方/有髭(祡)烝祀無敢醺/〔匍〕有四方
5.2839 □□卜有臧
5.2841 配我有周/臨保我有周/毋有敢惷尃(敷)命于外/雩(與)參有嗣、小子、師氏、虎臣
8.4145 保有齊邦
8.4154 師湯父有嗣仲枏父乍(作)寶毁
8.4155 師湯父有嗣仲枏父乍(作)寶毁
8.4240 井叔有(佑)免
8.4241 帝無冬(終)令(命)于有周
8.4293 余以邑訊有嗣/有嗣曰:㝵令
8.4302 有鼻(勛)于周邦
8.4311 女(汝)有隹(雖)小子
8.4317 王曰:有余隹(雖)小子
8.4322 戜率有嗣、師氏奔追鄧(攔)戎于䧹(域)林
8.4343 有冋(炯)事包迺多䦧(亂)
9.4467 匍(撫)有四方
9.4468 匍(撫)有四方
9.4589 有殷天乙唐(湯)孫宋公䜌(欒)
9.4590 有殷天乙唐(湯)孫宋公䜌(欒)
9.4648 保有齊邦
9.4649 保有齊邦
10.5427 子引有孫
11.6013 曰:用嗣六師、王行、參(叄)有嗣:嗣土(徒)、嗣馬、嗣工(空)
11.6014 爾有唯(雖)小子亡戠(識)/有爵(勛)于天
14.9091 索諆乍(作)有羔日辛鬻彝
15.9453 卿(佮)即邦君、者(諸)侯、正、有嗣大射
15.9456 伯邑父、焚(榮)伯、定伯、琼伯、單伯迺令參有嗣:嗣土(徒)微邑、嗣馬單旟、嗣工(空)邑人服眔受(授)田
16.9899 曰:用嗣六師王行、參有嗣:嗣土(徒)、嗣馬、嗣工(空)
16.9900 曰:用嗣六師王行、參有嗣:嗣土(徒)、嗣馬、嗣工(空)
16.10175 匍(撫)有上下
16.10176 矢人有嗣眉(堳)田:鮮、且、微、武父、西宮褱、豆人虞丂、彔、貞、師氏右省、小門人繇、原人虞艿、淮嗣工(空)虎孛、開豐父、唯(鳿)人有嗣、刑丂/散人小子眉(堳)田:戎、微父、效果(櫂)父、襄之有嗣橐、州豪(就)、倏從嵩(鬲)/凡散有嗣十夫/有爽/實余有散氏心賊/余有爽緣(變)
16.10284 賸(媵)孟姬有之婦沬盤
17.11026 鄁(郘)君凡寶有

4256 㞢(有)

5.2531 王令雍伯啚于㞢爲宮
11.6000 白□一、琅九㞢(又)百
15.9287 王㞢(祐)母

4257 是

1.93 永保是從
1.94 永保是從
1.95 永保是從
1.96 永保是從
1.97 永保是從

1.98 永保是從
1.99 永保是從
1.100 永保是從
1.101 永保是從
1.140 [illegible][illegible]是保
1.149 分器是寺(持)
1.150 分器是寺(持)
1.151 分器是寺(持)
1.152 分器是寺(持)
1.183 後民是語
1.184 後民是語
1.186 後民是語
1.193 永保是尚(常)
1.194 永保是尚(常)
1.195 永保是尚(常)
1.196 永保是尚(常)
1.197 永保是尚(常)
1.198 永保是尚(常)
1.210 天命是遅
1.211 天命是遅
1.217 天命是遅
1.218 天命是遅
1.219 天命是遅
1.220 天命是遅
1.221 天命是遅
1.222 天命是遅
1.245 鼄(邾)邦是保
1.270 萬生(姓)是敕
1.271 余四事是台(以)/是辝(台)可事(使)
1.272-8 是辟于齊侯之所/是少(小)心龏(恭)遵(齊)
1.285 是辟于齊侯之所/是少(小)心龏(恭)遵(齊)
2.425 士余是尚(常)
2.426 先人是誇
2.427 先人是誇
2.429 永祀是抈
3.947 子孫是尚(常)
5.2675 世世是若
5.2724 是用壽考
5.2732 子孫是若
5.2757 百民是奠
5.2782 嘉是唯哀成叔
5.2811 子孫是制
5.2826 三壽是利
5.2838 曶曰:弋唯朕禾是賞(償)
5.2840 是皮(克)行之
5.2841 廼唯是喪我或(國)
7.3910 是婁乍(作)文考寶段
7.3911 是婁乍(作)文考寶段
7.3917 是騶乍(作)朕文考乙公尊段
7.4096 子孫是保
7.4107 子孫是尚(常)
8.4315 邁(萬)民是敕
8.4330 懿父廼是子
9.4592 是叔虎父乍(作)杞孟辝(姒)饙(饋)簠
10.5348 廌父乍(作)玐是從宗彝肆(肆)
11.5930 廌父乍(作)玐是從宗彝肆(肆)
11.6010 禋享是台(以)
15.9708 子子孫永寶是尚(常)
15.9713 子子孫孫是永寶
15.9715 可(何、荷)是金哲(誓)
15.9735 是又(有)軘(純)德遺巡(訓)
16.9974 子孫永寶是尚(常)
16.10008 萬粍(世)是寶(寶)
16.10171 禋享是台(以)
16.10173 是以先行/是用左(佐)王
16.10319 〔永〕寶是尚(常)
17.10899 是鄙
17.11263 邗王是埜(野)

4258 非

1.210 余非敢寧忘(荒)
1.211 余非敢寧忘(荒)
1.217 余非敢寧忘(荒)
1.218 余非敢寧忘(荒)
1.219 余非敢寧忘(荒)
1.220 余非敢寧忘(荒)
1.221 余非敢寧忘(荒)
1.222 余非敢寧忘(荒)
5.2696 賜金一勻(鈞)、非(緋)余(琮)
5.2838 非出五夫
5.2840 非恁(信)與忠
5.2841 余非墉(庸)又聞(昏)/厥非先告父瘖
8.4206 師田父令小臣傳非(緋)余(琮)
8.4327 今余非敢夢先公又(有)雈遂
8.4340 厥非先告蔡
8.4341 班非敢覓
9.4469 厥非正命
12.7050 非[illegible]
15.9613 今[illegible]伯多人非壺
15.9735 寡人非之
17.11270 非欽業邗
18.11496 正□虘非
18.11858 非師易(錫)

4259 古

1.251-6 曰古文王
3.948 師雍父戍在古師(次)
5.2739 豐公、専(薄)古(姑)咸戋
5.2809 伯懋父廼罰得㬎古三百寽(鋝)
5.2837 古(故)天異(翼)臨子/古(故)喪師已(矣)
6.3607 古乍(作)父丁寶隮(奠)彝
7.3861 亞古
8.4342 古(故)亡承于先王
9.4544 永古(祜)畐(福)
10.5215 亞古
10.5411 稱從師雍父戍于古師(次)
12.7239 亞古父己
13.7703 古
14.8927 亞古父己
15.9378 亞古父丁
15.9735 夫古之聖王
16.10175 曰古文王
18.11703 唯戉(越)王丌(其)北古/戉(越)王丌(其)北古

4260 才

4.2183 才偰父乍(作)尊彝
5.2838 井叔曰: 才(裁): 王人迺賣(贖)用徵
5.2840 而皇(況)才(在)於少君虖(乎)/厥業才(在)祇/戕(仇)人才(在)彷(旁)
8.4312 才先王既令(命)女(汝)乍(作)嗣士
8.4341 唯民亡徣(延)才(哉)/允才(哉)顯
8.4342 哀才(哉)
14.8535 才父戊
15.9456 才(裁)八十朋/才(裁)廿朋
17.11314 皇陽命(令)强繈、工師痼皺(韱)、冶才
17.11315 皇陽命(令)强繈、工師痼皺(韱)、冶才

4261 乃

1.60-3 乃祖考許政于公室/敬乃夙夜/毋家(墜)乃政
1.103 用卲乃穆穆不(丕)顯龍(寵)光/乃用祈匄多福
1.120 妥(綏)安乃壽
1.121 今余其念諵乃有
1.122 今余其念諵乃有
1.123 妥(綏)安乃壽
1.124 元灦乃德
1.125-8 今余其念諵乃有/妥(綏)安乃壽/元灦乃德
1.129-31 今余其念諵乃有/妥(綏)安乃壽/元灦乃德
1.172 乃爲之音
1.173 乃爲之音
1.174 乃爲之音
1.175 乃爲之音
1.176 乃爲之音
1.177 乃爲之音
1.178 乃爲之音
1.179 乃爲之音
1.180 乃爲之音
1.272-8 余經乃先祖/余既尃乃心/余引猒(厭)乃心/弗敢不對揚朕辟皇君之登屯(純)厚乃命/女(汝)康能乃又(有)事(吏)/眾乃敵(敵)寮/余弗敢灋(廢)乃命
1.281 余引猒(厭)乃心
1.285 余經乃先祖/余既尃乃心/余引猒(厭)乃心/虔恤乃死(尸)事/乃敢用拜頴首/女(汝)康能乃又(有)事(吏)/眾乃敵(敵)寮/余用登屯(純)厚乃命/余弗敢灋(廢)乃命
2.358 乃膺受大令(命)
2.429 乃于之雩
3.924 乃子乍(作)父辛寶尊彝/乃子乍(作)父辛寶尊彝
4.2431 乃孫乍(作)祖己宗寶鬻爐
5.2532 乃贈子乍(作)厥文考尊彝
5.2553 曰: 奄以乃弟用夙夕鬻享
5.2554 曰: 奄以乃弟用夙夕鬻享
5.2712 叔(刱)辛伯蔑乃子克曆
5.2733 乃用鄉(饗)王出入事(使)人
5.2750 乃擇吉金
5.2774 乃頓子帥隹
5.2785 乍(作)乃采
5.2803 乃克至
5.2810 乃祼之/乃射
5.2813 用嗣乃父官、友
5.2816 王命䡅(垣)侯伯晨曰: 飼(嗣)乃祖考侯于䡅(垣)
5.2820 賜女(汝)乃祖旂
5.2824 王用肇事(使)乃子戜/則尚(常)安永宕乃子戜心/唯厥事(使)乃子戜萬年辟事天子
5.2830 女(汝)克鼏乃身/用乃孔德琢(遜)屯(純)/乃用引正乃辟安德/用井(型)乃聖祖考
5.2831 則乃成夆(封)四夆(封)
5.2835 命武公遣乃元士
5.2836 今余唯饠(申)豪(就)乃令(命)
5.2837 女(汝)勿饱(蔽)余乃辟一人/令女(汝)盂井(型)乃嗣祖南公/賜乃祖南公旂/若敬乃正
5.2838 令(命)女(汝)更乃祖考嗣卜事/東宮迺曰: 求乃人/乃弗得
5.2841 引唯乃智/善效乃又(有)正/女(汝)毋敢家(墜)在乃服/俗(欲)女(汝)弗以乃辟函(陷)于艱/以乃族干(捍)吾(敔)王身
7.3978 用乍(作)乃後御
7.3991 乃孫乍(作)寶㲃
7.3992 乃孫乍(作)寶㲃
8.4152 鄘(莒)侯少(小)子析(析)、乃孝孫不巨
8.4165 曰: 用啻(禘)于乃考
8.4178 王命君夫曰: 儥求乃友
8.4197 曰: 用飼(嗣)乃祖考事
8.4203 敀(搥)乃鸝(醻)金
8.4204 敀(搥)乃鸝(醻)金
8.4258 用餴(饔)乃祖考事
8.4259 用餴(饔)乃祖考事
8.4260 用餴(饔)乃祖考事
8.4267 王命尹冊命申:

更乃祖考疋(胥)大(太)祝
8.4269 曰：叡乃任縣伯室
8.4274 賜女(汝)乃祖巾、五黄(衡)、赤舄
8.4275 賜女(汝)乃祖巾、五黄(衡)、赤舄
8.4276 用偖(抄)乃祖考事
8.4286 曰：更乃祖考嗣輔/今余曾(增)乃令(命)
8.4288 王乎史牆册命師酉：嗣(嗣)乃祖
8.4289 王乎史牆册命師酉：嗣(嗣)乃祖
8.4290 王乎史牆册命師酉：嗣(嗣)乃祖
8.4291 王乎史牆册命師酉：嗣(嗣)乃祖
8.4296 今余唯醽(申)臺(就)乃命
8.4297 今余唯醽(申)臺(就)乃命
8.4298 王令善(膳)夫豕曰趞睽曰：余既賜大乃里
8.4299 王令善(膳)夫豕曰趞睽曰：余既賜大乃里
8.4302 繇自乃祖考
8.4311 乃祖考又(有)爵(勛)于我家/敬乃夙夜
8.4312 今余唯肇醽(申)乃令(命)
8.4316 截(載)先王既令(命)乃取(祖)考事/令(命)女(汝)更乃取(祖)考
8.4318 今余唯醽(申)臺(就)乃令(命)
8.4319 今余唯醽(申)臺(就)乃令(命)
8.4321 則乃祖奠周邦
8.4322 乃子或拜頴首/卑(俾)乃子或萬年
8.4324 既令(命)女(汝)更乃祖考嗣小輔/今余唯醽(申)臺(就)乃令(命)/令(命)女(汝)嗣乃祖舊官小輔眔鼓鐘
8.4325 既令女(汝)更乃祖考嗣/今余唯醽(申)臺(就)乃令(命)/令(命)女(汝)嗣乃祖舊官小輔、鼓鐘
8.4327 焚(榮)伯乎令(命)卯曰：䂂(載)乃先祖考死(尸)嗣焚(榮)公室/昔乃祖亦既令乃父死(尸)嗣葊人
8.4328 用從(永)乃事
8.4329 用永乃事
8.4330 令乃鴅(嫚)沈子乍(作)綴于周公宗/乃沈子其顛褱(懷)多公能福/乃沈子妹(昧)克蔑見猒(厭)于公休/其丮哀(愛)乃沈子也唯福
8.4331 乃祖克桒(弼)先王
8.4340 今余唯醽(申)臺(就)乃令(命)
8.4341 王令吳(虞)伯曰：以乃師左比毛公/王令吕伯曰：以乃師右比毛父/趞(遣)令曰：以乃族從父征
8.4342 亦則於女(汝)乃聖祖考克専(輔)右(佑)先王/䂂(載)乃事/今余唯醽(申)臺(就)乃令(命)/敬明乃心/率以乃友干(捍)吾(禦)王身/谷(欲)女(汝)弗以乃辟圅(陷)于艱
8.4343 雩乃訊庶右𨚕(鄰)/乃毌(貫)政事/今余唯醽(申)臺(就)乃命
9.4464 我乃至于淮小大邦
9.4467 則繇唯乃先祖考又(有)爵(勛)于周邦/余唯巠(經)乃先祖考/今余唯醽(申)臺(就)乃令(命)/令(命)女(汝)更乃祖考
9.4468 則唯乃先祖考又(有)爵(勛)于周邦/余唯巠(經)乃先祖考/今余唯醽(申)臺(就)乃令(命)/令(命)女(汝)更乃祖考
9.4469 敬明乃心/善效(教)乃友內(入)辟(躍)/賜女(汝)秬鬯一卣、乃父芾、赤舄、駒車、桒(賁)較(較)、朱虢(鞹)凮靳、虎冟(幂)熏(纁)裏、畫轉、畫輯、金甬(筩)、馬四匹、鋚勒
10.5306 乃子子乍(作)父庚寶尊彝
10.5388 顯(頂)賜婦[illegible](婧)曰：用黷于乃姑宓(閟)
10.5389 顯(頂)賜婦[illegible](婧)曰：用黷于乃姑宓(閟)
10.5392 [illegible]乃邦
10.5401 乃祓(戚)子壴
10.5428 唯女(汝)攸期(其)敬辪(乂)乃身/女(汝)期(其)用鄉(饗)乃辟軝侯
10.5429 唯女(汝)攸期(其)敬辪(乂)乃身/女(汝)期(其)用鄉(饗)乃辟軝侯
11.6016 爽(尚)左右于乃寮以乃友事
15.9728 曰：更乃祖考
15.9823 乃孫[illegible]乍(作)祖甲罍(罍)
16.9901 爽(尚)右(差、左)右于乃寮以乃友事
15.10169 令(命)女(汝)敷(挭、更)乃祖考事
16.10285 叡乃可(苛)湛(抌)/女(汝)敢以乃師訟/亦既御乃誓/曰：自今余敢擾(擾)乃小大史(事)/乃師或以女(汝)告/乃倰(鞭)千、黷䵣(剭)/乃以告事(吏)

蚖、事(吏)曶于會
16.10298 虔敬乃后
16.10299 虔敬乃后
18.12108 乃敢行之
18.12109 乃敢行之

4262 廼

1.238 廼天子多賜旅休
1.239 廼天子多賜旅休
1.240 廼天子多賜旅休
1.241 廼天子多賜旅休
1.242-4 廼天子多賜旅休
1.260 㞢孳(子)廼遣閔來逆卲王
3.699 廼用吉金
3.949 伯買父廼以厥人戍漢、中、州
4.2033 亞𡨦孤竹廼
5.2803 曰：小子廼學
5.2809 伯懋父廼罰得夏古三百寽(鋝)
5.2818 虢旅廼事(使)攸衛牧誓曰：我弗具付鬲匕(比)
5.2831 廼舍(捨)裘衛林䇂里／矩廼眔濂(濂)𡿓令壽商眔意
5.2832 正廼訊厲曰：女(汝)貯田不(否)/厲廼許曰：余審貯田五田／井伯、伯邑父、定伯、琼伯、伯俗父廼顜／廼令參有嗣／廼舍寓(宇)于厥邑
5.2833 王廼命西六師、殷八師曰：剿(撲)伐噩(鄂)侯馭方／肄(肆)武公廼遣禹率公戎車百乘、斯(廝)馭二百、徒千
5.2834 王〔廼〕命廼(西)六師、殷八師曰：剿(撲)伐噩(鄂)侯馭方／聞(肆)武公廼〔遣〕我(禹)率公朱(戎)車百乘
5.2835 多友廼獻俘聝訊于公／武公廼獻于王／廼曰武公曰：女(汝)既靜(靖)京師／廼命向父(禹)佋多友／廼迣(延)于獻宮
5.2837 廼召(紹)夾死(尸)嗣戎
5.2838 贇、效父廼許贇／廼𩰫又(有)訋(詾)眔𩔖金／井叔曰：才(裁)：王人廼賣(贖)用徵／廼卑(俾)〔饗〕以曶酉(酒)彶(及)羊、絲三寽(鋝)/曶廼每(誨)于𩰫曰：女(汝)其舍(捨)𩰫(究)矢五秉／東宮廼曰：求乃人／匡廼䭫首／東宮廼曰：賞(償)曶禾十秭／廼或(又)即曶用田二
5.2841 廼唯是喪我或(國)/廼敄(侮)鰥寡
7.4030 畢公廼賜史䛧貝十朋
7.4031 畢公廼賜史䛧貝十朋
8.4156 唯伯家父部廼用吉金
8.4191 廼自商師(次)復還至于周
8.4203 曾仲大父蝨(蛕)廼用吉攸(鋚)
8.4204 曾仲大父蝨(蛕)廼用吉攸(鋚)
8.4278 虢旅廼事(使)攸衛牧誓
8.4330 廼妹(昧)克衣告剌(烈)成工(功)/懿父廼是子
8.4343 有同(炯)事包廼多𤔔(亂)/廼俟之耤(籍)
9.4469 廼𧗫(協)倗即女(汝)/廼繇(繇)宕／廼乍(作)余一人咎／廼敢疾訊人
10.5424 廼嗇(稟)厥卒(稡)
11.6016 廼令曰：今我唯令女(汝)二人亢眔矢
15.9456 裘衛廼彘(矢)告于伯邑父、𤇾(榮)伯、定伯、琼伯、單伯／伯邑父、𤇾(榮)伯、定伯、琼伯、單伯廼令參有嗣：嗣土(徒)微邑、嗣馬單旗、嗣工(空)邑人服眔受(授)田
15.9712 唯曾伯陭廼用吉金鐈鋚
16.9901 廼令曰：今我唯令女(汝)二人亢眔矢
16.10150 廼用萬年
16.10175 微史剌(烈)祖廼來見武王
16.10176 廼即散用田／廼卑(俾)西宮㝨、武父誓
16.10285 伯揚父廼成賓(劾)/伯揚父廼或事(使)牧牛誓
16.10322 公廼出厥命／公廼命酉嗣㞢(徒)䎽父、周人嗣工(空)𡿨、𢧵史、師氏、邑人奎父、畢人師同
17.11383 廼𦣞(熙)

4263 弋

1.246 弋皇祖考高對爾剌(烈)
5.2774 曰：余弋毋墉(庸)又(有)謹(忘)
5.2824 朕文考甲公、文母日庚弋休
5.2838 曰：弋尚(當)卑(俾)處又(厥)邑／曶曰：弋唯朕禾是賞(償)
8.4292 弋伯氏從許
10.5424 王窺(親)令伯𢓊曰：毋卑(俾)農弋(特)
10.5427 弋勿𠟭(剝)𠼢鰥寡
16.10175 弋(式)竈(貯)受(授)牆爾(薾)𪓐(𪓐)福
16.10285 弋(式)可(苛)

4264 此

1.172 其受此眉壽
1.173 其受此眉壽

1.174 其受此眉壽
1.175 其受此眉壽
1.176 其受此眉壽
1.177 其受此眉壽
1.178 其受此眉壽
1.179 其受此眉壽
1.180 其受此眉壽
2.428 鑄此鉦(征)鋮 / 余處此南疆
2.429 余受此于之玄孫
4.1595 此父丁
5.2640 鼄(邾)犨(翔)伯乍(作)此嬴尊鼎
5.2641 鼄(邾)犨(翔)伯乍(作)此嬴尊鼎
5.2821 嗣土(徒)毛叔右(佑)此 / 王乎史翏册令(命)此 / 此敢對揚天子不(丕)顯休令(命)/ 此其萬年無疆
5.2822 嗣土(徒)毛叔右(佑)此 / 王乎史翏册令(命)此 / 此敢對揚天子不(丕)顯休令(命)/ 此其萬年無疆
5.2823 嗣土(徒)毛叔又(佑)此 / 王乎史翏册令(命)此 / 此敢對揚天子不(丕)顯休令(命)/ 此其萬年無疆
5.2840 此易言而難行旃
8.4303 嗣土(徒)毛叔右(佑)此 / 王乎史翏册令(命)此 / 此敢對揚天子不(丕)顯休令(命)/ 此其萬年無疆
8.4304 嗣土(徒)毛叔右(佑)此 / 王乎史翏册令(命)此 / 此敢對揚天子不(丕)顯休令(命)/ 此其萬年無疆
8.4305 嗣土(徒)毛叔右(佑)此 / 王乎史翏册令(命)此 / 此敢對揚天子不(丕)顯休令(命)/ 此其萬年無疆
8.4306 嗣土(徒)毛叔右(佑)此 / 此敢對揚天子不(丕)顯休令(命)/ 此其萬年〔無〕疆
8.4307 嗣土(徒)毛叔右(佑)此 / 王乎史翏册令(命)此 / 此敢對揚天子不(丕)顯休令(命)/ 此其萬年無疆
8.4308 嗣土(徒)毛叔右(佑)此 / 王乎史翏册令(命)此 / 此敢對揚天子不(丕)顯休令(命)/ 此其萬年無疆
8.4309 嗣土(徒)毛叔右(佑)此 / 王乎史翏册令(命)此 / 此敢對揚天子不(丕)顯休令(命)/ 此其萬年無疆
8.4310 嗣土(徒)毛叔右(佑)此 / 王乎史翏册令(命)此 / 此敢對揚天子不(丕)顯休令(命)/ 此其萬年無疆
10.5332 亞此
11.5569 亞此
11.5886 此乍(作)父辛寶尊彝
12.6515 其鼎此𣪘祼
15.9385 此乍(作)寶彝
15.9707 至此

4265 小

1.60-3 僕庸臣妾、小子、室家
1.82 余小子肈帥井(型)朕皇祖考懿德
1.155 □連小〼利之於大〔邾〕者 / 連□小 / 小者乍(作)心□
1.156 乍(作)利□小
1.260 唯皇上帝、百神保余小子
1.262-3 公及王姬曰: 余小子
1.264-6 公及王姬曰: 余小子
1.267 公及王姬曰: 余小子
1.268 公及王姬曰: 余小子
1.269 公及王姬曰: 余小子
1.270 曰: 余雖小子
2.358 余小子肈嗣先王
3.937 奠(鄭)大(太)師小子侯父乍(作)寶獻(甗)
3.949 以王令(命)曰: 余令女(汝)史(使)小大邦 / 小多㕚
4.1874 父己小子
4.2015 小子乍(作)父己
4.2016 小子乍(作)父己
4.2032 小臣乍(作)尊鼎
4.2078 事乍(作)小旅彝
4.2171 嬴霝德乍(作)小鼎
4.2214 尹小叔乍(作)鑾(鸞)鼎
4.2272 圳(邳)小子句乍(作)寶鼎
4.2351 小臣氏樊尹乍(作)寶用
4.2354 魯內小臣床生(甥)乍(作)𩰫
4.2391 江小仲母生自乍(作)甬(用)鬲
4.2528 登(鄧)小仲鮁(鮪)𢓊□□取
5.2556 休于小臣𡪞(攕)貝五朋
5.2580 大(太)師小子伯蒦父乍(作)寶鼎
5.2581 小臣逋(逋)即事于西
5.2598 尗(叔)史小子𣪕乍(作)寒姒好尊鼎
5.2616 衛乍(作)文考小仲、姜氏盂鼎
5.2648 子賜小子𡢁(𡥼)王商(賞)貝在𡿨(兢)餗(次)
5.2653 王賜小臣缶湡責(積)五年
5.2678 宓伯于成周休賜小臣金
5.2775 令小臣夌先省楚应 / 小臣夌賜貝、賜馬丙(兩)
5.2803 有嗣眔師氏、小子卿(佮)射 / 曰: 小子廼學
5.2812 大(太)師小子

師朢(望)曰：不(丕)顯皇考宄公
5.2817 唯小臣、善(膳)夫、守、[友]、官、犬
5.2830 叀(惟)余小子肇盄(淑)先王德/不(丕)自乍(作)小子
5.2831 顏小子具(俱)叀(惟)夆(封)/衛小子夒(?)逆者(諸)
5.2832 衛小子逆其鄉(饗)、𠑇(賸)
5.2836 賜女(汝)史、小臣、霝(靈)龠(龢)鼓鐘
5.2837 余唯即朕小學
5.2838 事(使)厥小子𩫖(究)以限訟于井叔
5.2841 司余小子弗彶(及)/趯余小子圂湛于艱/𠭰(𠭰)于小大政/擁(雍)我邦小大猷/埶(藝)小大楚(胥)賦/雩(與)參有𤔲、小子、師氏、虎臣
6.3682 大(太)師小子師朢乍(作)𩰫彝
7.3848 遣(遣)小子𨨗以(與)其友
7.3904 卿事賜小子𠭯貝二百
7.3990 在小圃
7.4036 筥小子𢓊(跗)家弗受𤔲
7.4037 筥小子𢓊(跗)家弗受𤔲
7.4042 易𢀛曰：趞叔休于小臣貝三朋、臣三家
7.4043 易𢀛曰：趞叔休于小臣貝三朋、臣三家
8.4123 妊小從/用乍(作)妊小寶𣪘
8.4128 用乍(作)我子孟𡢁寑小尊賸(媵)𣪘
8.4138 𡚬商(賞)小子𢐗貝十朋
8.4179 王事(使)小臣守事(使)于夷
8.4180 王事(使)小臣守事(使)于僙(夷)
8.4181 王事(使)小臣守事(使)于僙(夷)
8.4201 伯賜小臣宅畫毌、戈九、昜(錫)金車、馬兩
8.4206 師田父令小臣傳非(緋)余(琮)/伯𠛬(𠛬)父賞小臣傳□
8.4238 小臣謎(誺)蔑曆
8.4239 小臣謎(誺)蔑曆
8.4242 叔向父禹曰：余小子司(嗣)朕皇考
8.4258 官𤔲尸(夷)僕、小射、底魚
8.4259 官𤔲尸(夷)僕、小射、底魚
8.4260 官𤔲尸(夷)僕、小射、底魚
8.4266 訊小大又(右)隣
8.4273 小子眔服、眔小臣、眔尸(夷)僕學射
8.4311 女(汝)有隹(雖)小子
8.4315 余雖小子/一斗七升小拳(賸)
8.4317 王曰：有余隹(雖)小子
8.4324 在昔先王小學/既令(命)女(汝)更乃祖考𤔲小輔/令(命)女(汝)𤔲乃祖舊官小輔眔鼓鐘
8.4325 在昔先王小學/令(命)女(汝)𤔲乃祖舊官小輔、鼓鐘
8.4328 女(汝)小子
8.4329 女(汝)小子
8.4331 天子休弗望(忘)小𢊁(裔)邦
8.4342 妥(綏)立余小子/令(命)女(汝)叀(惠)擁(雍)我邦小大猷
9.4354 大(太)師小子師朢乍(作)𩰫彝
9.4379 𨻰(陳)姬小公子子豪(豵、猔)叔媯飤𥁕
9.4397 仲大(太)師小子休
9.4464 我乃至于淮小大邦
9.4466 令小臣成友逆旅□、內史無𩵦、大(太)史𣄨/畀(俾)𠦪比𢓊(復)厥小宮吒𠦪比田
9.4628 伯大(太)師小子伯公父乍(作)簠
9.4659 穌(蘇)貉乍(作)小用
10.5175 小子乍(作)母己
10.5176 小子乍(作)母己
10.5268 小臣乍(作)父乙寶彝
10.5320 小夫乍(作)父丁宗尊彝
10.5351 女(汝)子小臣兒乍(作)己尊彝
10.5352 商(賞)小臣豊貝
10.5378 王賜小臣𢀛(系)
10.5379 王賜小臣𢀛(系)
10.5394 子商(賞)小子省貝五朋
10.5417 子令小子𠭯先以人于堇
10.5424 厥小子/小大事毋又田
10.5428 毋尚(常)爲小子/余𧠤(睨)爲女(汝)兹小鬱彝/兹小彝妹吹見
10.5429 毋尚(常)爲小子/余𧠤(睨)爲女(汝)兹小鬱彝/兹小彝妹吹見
10.5431 尹賜臣唯小僰
11.5817 事乍(作)小旅彝
11.5835 小臣𠑹辰父辛
11.5870 小臣乍(作)父乙寶彝
11.5967 𡚬商(賞)小子夫貝二朋
11.5990 王賜小臣俞𡠧貝

11.6001 小子生賜金、鬱鬯
11.6011 拜頴首曰：王弗朢(忘)厥舊宗小子
11.6014 王弇(誥)宗小子于京室／爾有唯(雖)小子亡戠(識)
11.6016 明公賜亢師鬯、金、小牛／賜令鬯、金、小牛
12.6450 ⽕小集母乙
12.6460 事乍(作)小旅彝
12.6468 小臣乍(作)父乙寶彝
12.6512 周公賜小臣單貝十朋
14.9071 小車乍(作)父丁寶彝
15.9249 王賜小臣邑貝十朋
15.9456 豑(豳)趙、衛小子䪬逆者(諸)其鄉(饗)
15.9632 事(使)小臣以汲
15.9661 大(太)師小子師朢乍(作)寶壺
16.9901 明公賜亢師鬯、金、小牛／賜令鬯、金、小牛
16.10176 矢人有嗣眉(堳)田：鮮、且、微、武父、西宮褱、豆人虞丂、彔、貞、師氏右省、小門人繇、原人虞艿、淮嗣工(空)虎孛、開豐父、𨾏(鳿)人有嗣、刑丂／散人小子眉(堳)田：戎、微父、效果(櫂)父、襄之有嗣槖、州豪(就)、倏從鬲(鬲)
16.10285 曰：自今余敢嬶(擾)乃小大史(事)
16.10302 寢小室盂
16.10342 公曰：余锥今小子／锥今小子
17.11344 盲(芒)命(令)□輅、左庫工師叔新(梁)掃、冶小

4266 少

1.84 少翠(羽)反
1.210 蔡侯〔龖〕曰：余唯(雖)末少子
1.211 蔡侯〔龖〕曰：余唯(雖)末少子
1.217 蔡侯〔龖〕曰：余唯(雖)末少子
1.218 蔡侯〔龖〕曰：余唯(雖)末少子
1.219 蔡侯〔龖〕曰：余唯(雖)末少子
1.220 蔡侯〔龖〕曰：余唯(雖)末少子
1.221 蔡侯〔龖〕曰：余唯(雖)末少子
1.222 蔡侯〔龖〕曰：余唯(雖)末少子
1.272-8 女(汝)少(小)心畏忌／女(汝)尸毋曰余少(小)子／伊少(小)臣唯補(輔)／是少(小)心龏(恭)遭(齊)
1.285 女(汝)少(小)心畏忌／女(汝)尸毋曰余少(小)子／伊少(小)臣唯補(輔)／是少(小)心龏(恭)遭(齊)
2.300 少商／割(姑)銉(洗)之少商
2.301 少翠(羽)
2.302 坪皇之少商
2.303 新鐘之少徵頔／濁文王之少商
2.304 濁坪皇之少商
2.310 濁新鐘之少商
2.311 少商／割(姑)銉(洗)之少商
2.312 少翠(羽)／穆鐘之少商
2.313 坪皇之少商
2.314 新鐘之少徵頔／濁文王之少商
2.315 濁坪皇之少商
2.321 割(姑)銉(洗)之少翠(羽)／割(姑)辪(洗)之少宮
2.324 割(姑)銉(洗)之少商
3.936 二斗五升少半升
5.2746 少料(半)
5.2782 少去母父
5.2840 而皇(況)才(在)於少君虖(乎)／事少女(如)㞷(長)
6.3651 牧璧乍(作)父丁少(小)食毁
8.4152 鄘(筥)侯少(小)子析(析)、乃孝孫不巨
9.4629 少子陳逆曰：余陳(田)趄(桓)子之裔孫
9.4630 少子陳逆曰：余陳(田)趄(桓)子之裔孫
15.9452 少府
15.9682 三斗少半／今三斗二升少半升
15.9707 大斛斗一益(溢)少半益(溢)
16.10154 魯少(小)嗣寇埒(封)孫宅(庇)
16.10158 窒(室)鑄少(小)盤
16.10357 四斗少半斗
16.10370 少
16.10373 以命攻(工)尹穆丙、攻(工)差(佐)競之、集尹陳夏、少集尹龏賜、少攻(工)差(佐)孝癸
16.10390 郐(徐)王之堯(无)元枼(背)之少(小)斝(熻)盧(盧、爐)
16.10431 㑭少彐(掌)罠
16.10432 □少兩罠
16.10458 少府
16.10478 闔閡(狹)少(小)大之𣅀
17.11068 豫少(小)鉤(鉤)庫造
17.11106 少府
18.11454 少府
18.11510 少明〼
18.11532 少府
18.11550 少府工儋
18.11696 胃(謂)之少虞

18.11697 胃(謂)之少虡
18.11698 胃(謂)之少虡
18.11917 僕□□少□眔
18.12039 少府

4267 多

1.39 豐𩵋(魚)降多福無疆
1.86 敓(掠)用祈眉壽多富(福)
1.103 乃用祈匄多福
1.105 用降多福
1.109-10 降余厚多福無疆
1.112 降余厚多福無疆
1.143 用祈多福
1.145 降余魯多福亡疆
1.146 降余魯多福亡疆
1.147 降余魯多福亡疆
1.148 降余魯多福亡疆
1.238 廼天子多賜旅休/降旅多福
1.239 廼天子多賜旅休/降旅多福
1.240 廼天子多賜旅休/降旅多福
1.241 廼天子多賜旅休/降旅多福
1.242-4 廼天子多賜旅休
1.246 蛹(融)妥(綏)厚多福
1.247 業妥(綏)厚多福
1.248 業妥(綏)厚多福
1.249 業妥(綏)厚多福
1.250 業妥(綏)厚多福
1.251-6 用蛹(融)妥(綏)厚多福
1.260 降余多福
1.262-3 以受多福/屯(純)魯多釐
1.264-6 以受多福/屯(純)魯多釐
1.267 以受多福/屯(純)魯多釐
1.268 以受多福/屯(純)魯多釐
1.269 以受多福/屯(純)魯多釐
1.270 以受多福/以受屯(純)魯多釐
2.357 用祈富(福)實、多壽、每(誨)魯
2.358 墉厚多福
3.949 小多𣥂
5.2655 朝夕鄉(饗)厥多倗友
5.2660 𧌒用昔(穀)厥剘多友/多友贅(賚)辛
5.2671 征(延、誕)令曰:有女(汝)多兄(貺)/唯女(汝)率我多友以事
5.2672 征(延、誕)令曰:有女(汝)多兄(貺)/唯女(汝)率我多友以事
5.2706 用鄉(饗)多寮(寮)友
5.2733 眔多倗友
5.2750 多用旨食
5.2762 多福無疆
5.2767 𩁹(胡)叔眔佀(信)姬其壽考(耇)、多宗、永令(命)
5.2768 用祈多福
5.2769 用祈多福
5.2770 用祈多福
5.2812 多蔑曆賜休
5.2835 武公命多友率公車/多友西追/多友右(有)折首執訊/多友或(又)右(有)折首執訊/多友廼獻俘聝訊于公/廼命向父(禹)佋多友/公窺(親)曰多友曰:余肈事(使)女(汝)/多禽(擒)/多友敢對揚公休
5.2836 多賜寶休
5.2839 三左三右多君入服酉(酒)/盂以多旂佩
7.3975 王酓(飲)多亞
7.4004 師趩父孫孫叔多父
7.4005 師趩父孫孫叔多父
7.4006 師趩父孫孫叔多父
7.4021 用妥(綏)多福
7.4022 用妥(綏)多福
7.4109 內(芮)伯多父乍(作)寶毀
7.4112 命其永以(與)多友毀(餫)飤
7.4118 多賜宴
7.4119 多賜宴
8.4168 多寶(福)
8.4170 大神妥(綏)多福
8.4171 大神妥(綏)多福
8.4172 大神妥(綏)多福
8.4173 大神妥(綏)多福
8.4174 大神妥(綏)多福
8.4175 大神妥(綏)多福
8.4176 大神妥(綏)多福
8.4177 大神妥(綏)多福
8.4198 尹叔用妥(綏)多福于皇考德尹、叀姬
8.4219 天子多賜追休
8.4220 天子多賜追休
8.4221 天子多賜追休
8.4222 天子多賜追休
8.4223 天子多賜追休
8.4224 天子多賜追休
8.4242 降余多福、緐孷(釐)
8.4292 僕墉(庸)土田多諫
8.4315 以受屯(純)魯多釐
8.4317 陀陀降余多福/實朕多禦
8.4328 女(汝)多折首執訊/女(汝)多禽(擒)/用匄多福
8.4329 女(汝)多折首執訊/女(汝)多禽(擒)/用匄多福
8.4330 乃沈子其顧褱(懷)多公能福/用各多公/也用褱(懷)迭

我多弟子
8.4341 子子孫多世其永寶
8.4343 有𠕀(炯)事包廼多𤔲(亂)/亦多虐庶民
9.4368 伯多父乍(作)旅須(盨)
9.4369 伯多父乍(作)旅須(盨)
9.4370 伯多父乍(作)旅須(盨)
9.4371 伯多父乍(作)旅須(盨)
9.4419 伯多父乍(作)成姬多母霝(鑄)𣪕
9.4446 用匄眉壽、多福
9.4447 用匄眉壽、多福
9.4458 用旟(祈)多福
9.4464 永用多休
9.4465 降克多福、眉壽、永令(命)
9.4628 多福無疆
9.4692 用旜(祈)多福
9.4693 永命多福
10.5396 降令曰:歸祼于我多高
10.5416 用𠦪不(丕)𠀠(丕)召多
10.5427 用乍(作)大禦于厥祖妣、父母、多申(神)
10.5432 辨(遍)于多正
11.6004 用𠦪不(丕)𠀠(丕)召多
11.6015 妥(綏)多友
12.6515 侃(衎)多友/用乍(作)念于多友
15.9572 鷐(唐)仲多乍(作)醴壺
15.9613 今𠦪伯多人非壺
15.9708 多福滂滂
15.9715 多寡不訏
15.9716 用祈多福、眉壽
15.9717 用祈多福、眉壽
15.9728 永令(命)多福
15.9733 曰:不可多也
15.9827 享孝于厥多公
16.9896 休多贏
16.10175 𦃞(繁)𩐀(福)多𠈁(釐)
18.11666 克戠多攻

4268 𡖈、𡖊

15.9690 周𡖊乍(作)公己尊壺
15.9691 周𡖊乍(作)公己尊壺

4269 賸、賸

9.4466 令小臣成友逆旅□、内史無賸、大(太)史旟

4270 下

1.143 用侃喜上下
1.171 亡(無)疾自下
1.189-90 皇祖考其嚴在下(上)
1.193 其登于上下
1.194 其登于上下
1.195 其登于上下
1.196 其登于上下
1.197 其登于上下
1.198 其登于上下
1.238 異(翼)在下
1.239 異(翼)在下
1.240 異(翼)在下
1.241 異(翼)在下
1.242-4 異(翼)在下
1.270 竈(肇)又(有)下國
2.286 濁割(姑)𣲖(洗)之下角
2.287 爲妥(蕤)賓之徵顀下角
2.288 爲獸鐘徵顀下角/爲穆音之翠(羽)顀下角
2.289 爲無睪(射)之翠(羽)顀下角/爲獸鐘之徵顀下角
2.291 東音之下角
2.292 爲妥(蕤)賓之徵顀下角
2.293 爲𪏗(穆)音之翠(羽)顀下角
2.294 爲大(太)族(簇)之徵顀下角/爲獸鐘之翠(羽)顀下角
2.295 爲獸鐘徵顀下角
2.297 濁坪皇之下角
2.302 下角/割(姑)𣲖(洗)之下角
2.303 穆鐘之下角
2.304 獸鐘之下角
2.305 濁新鐘之下角
2.306 濁獸鐘之下角
2.307 文王之下角
2.308 濁坪皇之下角
2.313 下角/𨜒(姑)𣲖(洗)之下角
2.314 穆鐘之下角
2.315 獸鐘之下角
2.316 濁新鐘之下角
2.317 濁獸鐘之下角
2.318 文王下角
2.320 濁坪皇之下角
2.326 爲坪皇之翠(羽)顀下角
2.327 爲妥(蕤)賓之徵顀下角
2.328 爲穆音之翠(羽)顀下角
2.329 爲獸鐘之翠(羽)顀下角/爲夫(太)族(簇)之徵顀下角
2.330 爲獸鐘之徵顀下角
2.358 配上下/乍(作)𡍬在下
2.429 ☐以支埜(野)于陳□□山之下
3.980 下民無智
5.2610 下官
5.2611 下官
5.2753 下𨛭(都)雍公縅乍(作)尊鼎
5.2757 𠧪𡱂下保
5.2773 下官/下官
5.2782 死(尸)于下土
5.2831 顏下皮二
5.2833 用天降大喪于下或(國)
5.2834 用天降亦(大)喪于下或(國)
5.2836 𤪌于上下
5.2840 閈於天下之勿(物)矣/爲天下𣨛(僇)
5.2841 虩許上下若否雩(于)四方
8.4241 克奔走上下

8.4317 乍(作)䡅在下

8.4326 廣啟厥孫子于下

10.5412 既𡚸于上下帝

11.6010 上下陟祏

11.6011 盠曰：王倗下

15.9455 穆王在下減应(位)

15.9515 毌下官

15.9707 安邑下官重(鍾)

15.9735 下不𢜈(順)於人旃/上下之軆(體)

16.10171 上下陟祏(否)

16.10175 匍(撫)有上下/𩞄(褰)卬(𠛬、併)上下

16.10385 命戍代、冶與、下庫工師孟、關師四人

16.10413 左使車工下士甘□

17.11301 下丘嗇夫□、工師[illegible]、冶系

17.11320 庰命(令)肖(趙)𨊠、下庫工師□、冶□

17.11323 [illegible](兹)氏命(令)吳庶、下庫工師長武

17.11354 鈖匋命(令)富反、下庫工師王豈、冶禽

17.11407 下吉勿而獲[illegible]

18.11561 閔倫(令)肖(趙)狽、下庫工師臤石、冶人參所鑄鈷户者

18.11657 坓(型、邢)肖、下庫工師孫𦤎(烛)、冶湶敎(撻)齋(劑)

18.11661 𨼁倫(令)棺(梛、郭)唐、下庫工師孫屯、冶沽敎(撻)齋(劑)

18.11672 坓(型、邢)疫命(令)邦乙、下庫工師孫庰、長缶、冶浊齋(劑)

18.11676 邦司寇肖(趙)新、邦右庫工師下足、冶巡敎(撻)齋(劑)

18.12015 下宮

18.12110 就鄗(陽)丘、就邡(方)城、就𠑹(象)禾、就棲(柳)焚(棼)、就繁昜(陽)、就高丘、就下鄵(蔡)、就居鄛(巢)、就郢

18.12111 就昜(陽)丘、就邡(方)城、就𠑹(象)禾、就棲(柳)焚(棼)、就繁昜(陽)、就高丘、就下鄵(蔡)、就居鄛(巢)、就郢

18.12112 就昜(陽)丘、就邡(方)城、就𠑹(象)禾、就棲(柳)焚(棼)、就繁昜(陽)、就高丘、就下鄵(蔡)、就居鄛(巢)、就郢

4271 上

1.109-10 前文人其嚴在上

1.112 前文人其嚴在上

1.143 用侃喜上下

1.145 皇考其嚴在上

1.146 皇考其嚴在上

1.147 〔皇考〕其嚴在上

1.187-8 皇祖考其嚴在上

1.193 其登于上下

1.194 其登于上下

1.195 其登于上下

1.196 其登于上下

1.197 其登于上下

1.198 其登于上下

1.238 皇考嚴在上

1.239 皇考嚴在上

1.240 皇考其嚴在上

1.241 皇考其嚴在上

1.242-4 皇考嚴在上

1.246 嚴在上

1.251-6 上帝降懿德大甹(屏)

1.260 唯皇上帝、百神保余小子/先王其嚴在上

1.262-3 不彖(墜)于上

1.264-6 不彖(墜)于上

1.267 不彖(墜)于上

1.268 不彖(墜)于上

1.269 不彖(墜)于上

1.270 不彖(墜)在上

2.358 配上下

2.429 至于淮之上

3.644 伯上父乍(作)姜氏尊鬲

3.967 上

4.2104 上[illegible](范)床(廚)

4.2105 上樂床(廚)

4.2242 垣上官

4.2303 襄公上坴(埆)曲易[illegible]

4.2451 梁上官

5.2590 梁陰命(令)率上官冢子疾、冶勳鑄

5.2723 王女(如)上侯

5.2735 王在上侯应

5.2736 王在上侯应

5.2750 上曾大(太)子般殷

5.2764 上官/單父上官嗣憙所受坪安君者也/上官

5.2793 單父上官嗣憙所受坪安君者也/單父上官嗣憙所受坪安君者也

5.2830 亦弗謹(忘)公上父𤔲(胡)德/用妥(綏)乍(作)公上父尊

5.2836 瑰于上下

5.2841 虩許上下若否雩(于)四方

8.4138 在上𠑹

8.4183 上鄀公敄人乍(作)尊𣪕

8.4241 克奔走上下

8.4242 其嚴在上

8.4261 事喜(饎)上帝/文王監在上

8.4323 王令敔追𨙶(攔)于上洛、㷉(烬)谷

8.4326 嚴(儼)在上

8.4341 公告厥事于上

9.4613 上鄀府擇其吉金

9.4688 富子之上官獲

之畫𨰿銅鉄十
10.5410 至于上侯湸(湸)川上
10.5412 既𤋸于上下帝
10.5421 王令士上眔史寅𣪘(殷)于成周
10.5422 王令士上眔史寅𣪘(殷)于成周
11.5837 乍(作)父辛寶尊上彝
11.5983 在㴋水上
11.5995 王女(如)上侯
11.5999 王令士上眔史寅𣪘(殷)于成周
11.6010 上下陟祏
14.9076 攸乍(作)上父寶尊彝
15.9454 王令士上眔史寅𣪘(殷)于成周
15.9517 上白羽
15.9614 孟上父乍(作)尊壺
15.9692 左使車嗇夫孫固、工上
15.9729 于上天子用璧玉備(珏)
15.9730 于上天子用璧玉備(珏)、〔玉〕一𤦡(笥)
15.9734 逄郾(燕)亡道𤉣(煬)上
15.9735 以鄉(饗、享)上帝/上下之軆(體)
16.10126 取膚(盧)上子商鑄般(盤)
16.10171 上下陟祏(否)
16.10175 上帝降懿德大甹(屏)/匍(撫)有上下/𩍙(褰)卬(刑、併)上下/上帝司𧓍(擾)尤保
16.10253 取膚(盧、慮)上子商鑄也(匜)
16.10281 奠(鄭)大内史叔上
16.10285 王在菁上宮/女(汝)上卬(侹)先誓
16.10468 上五
16.10470 王上、上、上、上
16.10471 君王上、上/王、上、上
17.10996 甘(邯)丹(鄲)上
17.11039 甘(邯)丹(鄲)上庫
17.11054 上黨武庫
17.11215 晉上容大夫
17.11287 上郡〔守〕高、丞甲、徒𢓊
17.11296 上郡疾造
17.11297 上郡守疾之造
17.11335 邘命(令)軩庶、上庫工師郾□、冶氏𦔻(𦖞)
17.11360 郛𧦝(令)夜胥(胍)、上庫工師□□、冶闞(閒)
17.11361 櫟陽工上造間
17.11362 上郡守廟造
17.11363 上郡守〔壽之〕造
17.11366 垄(型、邢)倫(令)吳𠔉(次)、上庫工師宋㝵、冶𡳐敎(撻)齋(劑)
17.11369 上郡守冰(李冰)造
17.11370 上郡守起之〔造〕
17.11374 上守趞(司馬錯)造
17.11378 上郡武庫
17.11390 邦府大夫肖(趙)閔、邦上庫工師韓山、冶冋敎(撻)齋(劑)
17.11399 上郡守冰(李冰)造/上郡武庫
17.11404 上郡守壽(向壽)造
17.11405 上郡守壽(向壽)之造
17.11406 上郡守厝(司馬錯)造/上郡武庫
18.11500 上黨武庫
18.11501 上郡武庫
18.11509 上武(上郡武庫)
18.11545 邦司寇富勳、上庫工師戎閔、冶朕
18.11548 上目
18.11549 邦司寇野弟(茀)、上庫工師司馬癮、冶督
18.11669 伎倫(令)肖(趙)世、上庫工師樂星、冶朔(影)敎(撻)齋(劑)
18.11916 尚上張乘
18.11917 上攻□底者□□
18.11934 上
18.12041 寺工獻、工上造但
18.12108 用兵五十人以上——會王符
18.12109 用兵五十人以上

4272 帝

1.49 先王其嚴(儼)在帝左右
1.251-6 上帝降懿德大甹(屏)
1.260 唯皇上帝、百神保余小子
1.272-8 又(有)敢(嚴)在帝所
1.285 又(有)敢(嚴)在帝所
2.429 余以共旒示□帝(嫡)庶子
5.2705 其用享于厥帝(嫡)考
5.2743 于皇祖帝考
5.2744 于皇祖帝考
7.4097 其用享于厥帝(嫡)考
8.4241 帝無冬(終)令(命)于有周
8.4261 事喜(饎)上帝
8.4315 在帝之坏(坯)
8.4317 其瀕在帝廷/䵼(申)圂(恪)皇帝大魯令(命)
8.4342 肄(肆)皇帝亡昊(斁)
10.5392 詠帝家
10.5404 帝司賞庚姬貝卅朋、𢓊(貸)絲廿哥(鋝)
10.5412 既𤋸于上下帝

10.5413 王曰：尊文武帝乙
11.5997 帝司(姛)賞庚姬貝卅朋、迖(貸)絲廿寽(鋝)
14.9015 亞帝己父ㄐ
15.9735 以鄉(饗、享)上帝
16.10175 上帝降懿德大甹(屏)/上帝司夒(擾)尢保

4273 旁

4.2009 旁㞢宁父乙
4.2071 旁肇乍(作)尊諆
5.2746 遣(徂)省朔旁(方)
7.3845 奼嫢(理)母乍(作)南旁寶毁
7.3936 彔旁仲駒父乍(作)仲姜毁
7.3937 彔旁仲駒父乍(作)仲姜毁
7.3938 彔旁仲駒父乍(作)仲姜毁
10.5431 王初餕旁
11.5922 周免旁乍(作)父丁宗寶彝
15.9768 亞旁
17.11346 卬(抑?)攻旁(方)

4274 尚

1.193 永保是尚(常)
1.194 永保是尚(常)
1.195 永保是尚(常)
1.196 永保是尚(常)
1.197 永保是尚(常)
1.198 永保是尚(常)
2.425 士余是尚(常)
3.931 仲伐父乍(作)姬尚母旅獻(甗)
3.947 子孫是尚(常)
4.1769 尚乍(作)齋
5.2785 唯臣尚(常)中臣
5.2824 則尚(常)安永宕乃子𢦏心
5.2838 曰：弋尚(當)卑(俾)處又(厥)邑
6.3491 伯尚乍(作)寶毁
7.4107 子孫是尚(常)
9.4406 邁(萬)歲用尚(常)
9.4649 永爲典尚(常)
10.5428 毋尚(常)爲小子
10.5429 毋尚(常)爲小子
12.6466 尚乍(作)父乙彝
15.9618 尚自乍(作)旅壺/尚自乍(作)旅壺
15.9708 子子孫永寶是尚(常)
15.9735 可灋(法)可尚(常)
16.9974 子孫永寶是尚(常)
16.10165 者尚余卑□於𠂤(即?)擇其吉金
16.10319 〔永〕寶是尚(常)
16.10385 以禾石石尚(當)變平石
16.10434 北尚城睘
16.10435 東尚城睘
17.11407 獲于公尚
18.11686 邦司寇馬㦨、迀(下)庫工師得尚、冶君(尹)贜半舒敎(撻)齋(劑)
18.11916 尚上張乘

4275 堂、堂

5.2538 伯堂肇其乍(作)寶鼎/堂其萬年
15.9735 外之則𣶒(將)使堂(上)勤於天子之廟/則堂(上)逆於天

4276 党

4.2477 何𣪘君党擇其吉金

4277 當

18.11502 當

4278 鲎(掌)

4.1799 鲎茧(芁)箕

4279 入

1.156 曰：余入邦
1.157 入䢅(長)城
1.158 入䢅(長)城
1.159 入䢅(長)城
1.160 入䢅(長)城
1.161 入䢅(長)城
1.223-4 入成(城)不賡
3.688 嬶入(納)熉于女(汝)子
3.980 參蚌(蚩)蚘(尤)命帛命入/敷藉(滑)入藉(滑)出
5.2733 乃用鄉(饗)王出入事(使)人
5.2783 井伯入右(佑)趞曹
5.2785 茲褔人入史(事)
5.2807 以厥友入攼(捍)
5.2808 以厥友入攼(捍)
5.2815 入門
5.2817 入門
5.2819 入門
5.2821 入門
5.2822 入門
5.2823 入門
5.2825 南宮乎入右(佑)善(膳)夫山/入門/反(返)入(納)堇(瑾)章(璋)
5.2827 入門/反(返)入(納)堇(瑾)章(璋)
5.2828 入門/反(返)入(納)堇(瑾)章(璋)
5.2829 入門/反(返)入(納)堇(瑾)章(璋)
5.2836 入門
5.2837 敏朝夕入讕(諫)
5.2839 三左三右多君入服酉(酒)/𩲃(鬼)方子□□入三門/王乎贊伯令盂以人聝入門/□□入燎周廟/盂以囗入三門/三周入服酉(酒)/王乎□□□令盂以區入/□三事□□入服酉(酒)
5.2841 雩之庶出入事于外/出入尃(敷)命

于外
8.4201 其萬年用鄉(饗)王出入
8.4202 王乎虢仲入右(佑)㺸
8.4250 定伯入右(佑)即
8.4251 入門
8.4252 入門
8.4255 穆公入右(佑)𢦏
8.4256 南伯入右(佑)裘衛/入門
8.4268 益公入右(佑)王臣
8.4272 入門
8.4274 入門
8.4275 入門
8.4276 井伯入右(佑)豆閉
8.4277 入門
8.4279 遲公入右(佑)師旋
8.4280 遲公入右(佑)師旋
8.4281 遲公入右(佑)師旋
8.4282 遲公入右(佑)師旋
8.4283 入門
8.4284 入門
8.4285 入門
8.4286 𤇾(榮)伯入右(佑)輔師嫠
8.4288 公族□釐入右(佑)師酉
8.4289 公族□釐入右(佑)師酉
8.4290 公族□釐入右(佑)師酉
8.4291 公族□釐入右(佑)師酉
8.4303 入門
8.4304 入門
8.4305 入門
8.4307 入門
8.4308 入門
8.4309 入門
8.4310 入門
8.4312 𤔲工(空)液伯入右(佑)師頯
8.4318 入門
8.4319 入門
8.4320 入土(社)
8.4321 益公入右(佑)訇
8.4323 武公入右(佑)敔
8.4327 𤇾(榮)季入右(佑)卯
8.4332 入門/反(返)入(納)堇(瑾)章(璋)
8.4333 入門/反(返)入(納)堇(瑾)章(璋)
8.4334 入門/反(返)入(納)堇(瑾)章(璋)
8.4335 入門/反(返)入(納)堇(瑾)章(璋)
8.4336 入門/反(返)入(納)堇(瑾)章(璋)
8.4337 入門/反(返)入(納)堇(瑾)章(璋)
8.4338 入門/反(返)入(納)堇(瑾)章(璋)
8.4339 入門/反(返)入(納)堇(瑾)章(璋)
8.4340 宰曶入右(佑)蔡/出入姜氏令/毋敢疾又(有)入告
8.4343 公族絙(緆)入右(佑)牧
10.5354 孫子用言(歆)出入
11.5998 曰:毋入于公/丙日唯毋入于公
12.6516 咸井叔入右(佑)趩
15.9731 入門/反(返)入(納)堇(瑾)章(璋)
15.9732 入門/反(返)入(納)堇(瑾)章(璋)
15.9733 庚率二百乘舟入鄘(筥)從洀(河)
16.9893 用㒸井(邢)侯出入運(揚)令(命)
16.9898 入門
16.10170 入門
16.10172 入門
16.10174 毋敢或入䜌(蠻)宄貯(賈)
17.10973 入(內、芮)公戈
17.11106 邦之入

4280 內

1.31 內(芮)公乍(作)從鐘
1.32 內(芮)公乍(作)鑄從鐘之句(鉤)
1.33 內(芮)公乍(作)鑄從鐘之句(鉤)
1.34 敷(敷)內(入)吳疆
1.107-8 𤇾(榮)伯內(入)右(佑)膺(應)侯見工
1.272-8 䡹命于外內之事/外內剴(闓)辟(闢)
1.284 外內□其皇祖、皇妣、皇母、皇□
1.285 䡹命于外內之事/外內剴(闓)辟(闢)
3.711 內(芮)公乍(作)鑄京氏婦叔姬賸(媵)鬲
3.712 內(芮)公乍(作)鑄京氏婦叔姬賸(媵)鬲
3.743 內(芮)公乍(作)鑄京仲氏婦叔姬賸(媵)鬲
4.1924 內(芮)叔乍(作)鼎
4.2308 內黄
4.2354 魯內小臣床生(甥)乍(作)䵼
4.2387 內(芮)公乍(作)鑄從鼎
4.2388 內(芮)公乍(作)鑄從鼎
4.2389 內(芮)公乍(作)鑄從鼎
4.2448 內(芮)大(太)子乍(作)鑄鼎
4.2449 內(芮)大(太)子乍(作)鑄鼎
4.2456 用言(歆)王出內(入)事(使)人
4.2475 內(芮)公乍(作)鑄飤鼎
4.2496 內(芮)大(太)子白乍(作)鼎
4.2517 內(芮)子仲𣪘(搬)乍(作)叔媿尊鼎
5.2696 內史令𢍏(并)

事/曰：內史龏朕天君
5.2786 㷖（榮）伯內（入）右（佑）康
5.2789 王𠛱（訆）姜事（使）內史友員賜戜玄衣、朱襮裣
5.2804 井伯內（入）右（佑）利/王乎乍（作）命內史册命利
5.2809 其又（有）內（納）于師旂
5.2810 噩（鄂）侯馭方內（納）壺于王
5.2812 出內（入）王命
5.2813 王乎內史駒册命師奎父
5.2814 內（入）門
5.2815 王乎內史㝉册賜趞：玄衣屯（純）黹、赤巿、朱黄（衡）、䜌（鑾）旂、攸（鋚）勒
5.2832 內史友寺芻
5.2833 至于歷內
5.2836 出內（入）王令（命）/昔余既令女（汝）出內（入）朕令（命）
5.2841 命女（汝）辥（乂）我邦、我家內外
6.3707 內（芮）公乍（作）鑄從毁
6.3708 內（芮）公乍（作）鑄從毁
6.3709 內（芮）公乍（作）鑄從毁
7.4065 內（芮）叔𨜑父乍（作）寶毁
7.4066 內（芮）叔𨜑父乍（作）寶毁
7.4067 內（芮）叔𨜑父乍（作）寶毁
7.4109 內（芮）伯多父乍（作）寶毁
8.4196 內史册命：賜赤巿
8.4209 內（入）即立（位）
8.4210 內（入）即立（位）
8.4211 內（入）即立（位）
8.4212 內（入）即立（位）
8.4216 儕（齎）女（汝）毌五、昜（錫）登盾生皇（凰）、畫內（枘）戈琱戟、歇（厚）必（柲）、彤沙（蘇）
8.4217 儕（齎）女（汝）毌五、昜（錫）登盾生皇（凰）、畫內（枘）戈琱戟、歇（厚）必（柲）、彤沙（蘇）
8.4218 儕（齎）女（汝）毌五、昜（錫）登盾生皇（凰）、畫內（枘）戈琱戟、歇（厚）必（柲）、彤沙（蘇）
8.4241 王令㷖（榮）眔內史曰：䔲（介）井（邢）侯服
8.4243 井伯內（入）右（佑）救/內史尹册賜救：玄衣黹屯（純）、旂四日
8.4246 仲倗父內（入）又（佑）楚/內史尹氏册命楚：赤⊖巿、䜌（鑾）旂/𤔲𩛥啚（鄙）官（館）、內師舟
8.4247 仲倗父內（入）又（佑）楚/內史尹氏册命楚：赤⊖巿、䜌（鑾）旂/𤔲𩛥啚（鄙）官（館）、內師舟
8.4248 仲倗父內（入）又（佑）楚/內史尹氏册命楚：赤⊖巿、䜌（鑾）旂/𤔲𩛥啚（鄙）官（館）、內師舟
8.4249 仲倗父內（入）又（佑）楚/內史尹氏册命楚：赤⊖巿、䜌（鑾）旂/𤔲𩛥啚（鄙）官（館）、內師舟
8.4253 井叔內（入）右（佑）師察
8.4254 井叔內（入）右（佑）師察
8.4256 王乎內史
8.4257 㷖（榮）伯內（入）右（佑）師耤（藉）/王乎內史尹氏册命師耤（藉）
8.4266 內史即命
8.4267 益公內（入）右（佑）申
8.4268 乎內史寿（敖、佚）册命王臣：賜女（汝）朱黄（衡）𠦪（賁）親（襯）、玄衣黹屯（純）、䜌（鑾）旂五日、戈畫戟、㢈（墉）必（柲）、彤沙（蘇）
8.4274 王乎內史尹册令（命）師兑：疋（胥）師龢父
8.4275 王乎內史尹册令（命）師兑：疋（胥）師龢父
8.4276 王乎內史册命豆閉
8.4277 王乎乍（作）册內史册命師俞：𦔻（纘）𤔲任人
8.4283 王乎內史吳册令（命）師𤸫
8.4284 王乎內史吳册令（命）師𤸫
8.4285 王乎內史寿（敖、佚）册命諫
8.4287 醽（申）季內（入）右（佑）伊
8.4294 𤔲徒單伯內（入）右（佑）揚/王乎內史史寿（敖、佚）册令（命）揚
8.4295 𤔲徒單伯內（入）右（佑）揚/王乎內史史寿（敖、佚）册令（命）揚
8.4296 毛伯內（入）門/王乎內史册命鄁
8.4297 毛伯內（入）門/王乎內史册命鄁
8.4311 東（董）栽（裁）內外
8.4312 王乎內史遺册令（命）師顈
8.4316 井伯內（入）右（佑）師虎/王乎內史吳曰：册令（命）虎
8.4318 王乎內史尹册令（命）師兑：余既令女（汝）疋（胥）師龢父

8.4319 王乎內史尹册令(命)師兑：余既令(命)女(汝)疋(胥)師龢父
8.4323 內伐洭、昻、參泉、裕敏、陰(陰)陽洛
8.4324 宰琱生(甥)內(入)右(佑)師嫠
8.4325 宰琱生(甥)內(入)右(佑)師嫠
8.4340 从嗣王家外內
8.4342 燮(榮)內(入)右(佑)訇
8.4343 王乎內史吳册令(命)牧
9.4466 令小臣成友逆旅□、內史無斁、大(太)史旟
9.4469 善效(教)乃友內(入)辟(蹕)
9.4531 內(芮)公乍(作)鑄寶簠
9.4537 內(芮)大(太)子白乍(作)簠
9.4538 內(芮)大(太)子白乍(作)簠
10.5387 員先內(入)邑
10.5419 王令或曰：𠭰淮尸(夷)敢伐內國
10.5420 王令或曰：𠭰淮尸(夷)敢伐內國
10.5428 逆造出內(入)事(使)人
10.5429 逆造出內(入)事(使)人
10.5433 內(納)鄉(饗)于王
11.6001 用鄉(饗)出內(入)事(使)人
11.6009 內(納)鄉(饗)于王
11.6015 王以侯內(入)于寢
12.6516 王乎內史册令(命)趩：更厥祖考服
13.8207 內耳
15.9585 內(芮)伯肇乍(作)䡜公尊彝
15.9596 內(芮)公乍(作)鑄從壺
15.9597 內(芮)公乍(作)鑄從壺
15.9598 內(芮)公乍(作)鑄從壺
15.9630 吕王造乍(作)內(芮)姬尊壺
15.9644 內(芮)大(太)子白
15.9645 內(芮)大(太)子白
15.9648 右內酉(糟)七
15.9649 左內酉(糟)廿八
15.9650 右內酉(糟)四
15.9703 大夔(將)鈛孔、陳璋內(入)伐匽(燕)亳邦之獲
15.9728 井公內(入)右(佑)曶
15.9735 以內絶邵(召)公之業
16.9975 齊夔(將)鈛(鍋)孔、陳璋內(入)伐匽(燕)亳邦之獲
16.10161 令乍(作)册內史賜免鹵百隫
16.10167 □內(入)吴
15.10169 備仲內(入)右(佑)吕服余
16.10176 內陟㽙
16.10281 奠(鄭)大內史叔上
16.10322 益公內(入)即命于天子
16.10331 子叔嬴內君乍(作)寶器
16.10374 子禾(和)子□□內者御相(莒)市
16.10478 從丘欧(坎)以至內宮六步 / 從丘欧(坎)至內宮廿四步 / 內宮垣 / 從內宮至中宮廿五步 / 從內宮以至中宮卅步 / 從內宮至中宮卅六步
17.11203 內(芮)大攺□之造
18.12113 內(入)邔(涓)/ 內(入)瀳(瀘)江 / 內(入)湘 / 內(入)潘(耒)/ 內(入)濱(資)、沅、澧、滌(油)/ 台(以)出內(入)閘(關)

4281 仝、全

18.11528 郾(燕)王喜慭(𢘅、授)仝𢒼(長)利
18.11529 郾(燕)王喜慭(𢘅、授)仝𢒼(長)利

4282 𠂇、左

1.49 先王其嚴(儼)在帝左右
1.87 奄(邾)叔之伯□友擇左(厥)吉金
1.247 左(佐)尹氏
1.248 左(佐)尹氏
1.249 左(佐)尹氏
1.250 左(佐)尹氏
1.262-3 咸畜左右
1.264-6 咸畜左右
1.267 咸畜左右
1.268 咸畜左右
1.269 咸畜左右
1.272-8 左右毋諱 / 左右余一人 / 齊侯左右
1.279 左右毋諱
1.280 齊侯左右
1.285 左右毋諱 / 左右余一人 / 齊侯左右
2.403 亞虹左
3.513 左使車尼
3.537 左使車工尼
3.971 左使車工蓴(坿)
3.1097 左
3.1372 左敎
4.1738 左敎癸
4.2088 左使車工蓴(坿)
4.2089 左使車工蓴(坿)
4.2090 左使車工蓴(坿)
4.2091 左使車工㬎
4.2092 左使車工尼
4.2093 左使車工蔡
4.2094 左使車工蔡
4.2097 王后左和室
4.2360 王后左和室 / 王后左和室
5.2576 左中
5.2592 [魯]大左嗣徒元乍(作)善(膳)貞

(鼎)
5.2593 魯大左嗣徒元乍(作)善(膳)貞(鼎)
5.2701 公朱(廚)左官/左官冶大夫杕命冶憙(懀)鑄貞(鼎)
5.2820 昔先王既令女(汝)左(佐)疋(胥)𩵦侯/令女(汝)左(佐)疋(胥)𩵦侯
5.2834 克夾召(紹)先王曰(奠)左(四)方
5.2839 三左三右多君入服酉(酒)
8.4274 嗣左右走(趣)馬、五邑走(趣)馬
8.4275 嗣左右走(趣)馬、五邑走(趣)馬
8.4279 曰:備于大左/左(佐)右(佑)師氏
8.4280 曰:備于大左/左(佐)右(佑)師氏
8.4281 曰:備于大左/左(佐)右(佑)師氏
8.4282 曰:備于大左/左(佐)右(佑)師氏
8.4313 屖(殿)左右虎臣
8.4314 屖(殿)左右虎臣
8.4316 啻(嫡)官嗣左右戲繁荊/啻(嫡)官嗣左右戲繁荊
8.4318 嗣左右走(趣)馬
8.4319 嗣左右走(趣)馬
8.4341 王令吳(虞)伯曰:以乃師左比毛公
9.4467 䣄(纘)嗣左右虎臣
9.4468 䣄(纘)嗣左右虎臣
9.4477 左使車工蔡
9.4478 左使車工塤(坿)
9.4619 孫叔左擇其吉金
9.4664 左使車工尼
9.4665 左使車工縣
11.6016 爽(尚)左右于乃寮以乃友事
12.6588 左
13.8086 子左
15.9300 弗左
15.9315 左
15.9450 左鑾者
15.9499 左𡰥(迡、遲)
15.9538 左孝子之壺
15.9539 左孝子之壺
15.9561 左使車工尼
15.9562 左使車工縣
15.9590 左酉五十三/徝(廚)宮左官
15.9591 左酉卅四/徝(廚)宮左官
15.9640 爲東周左官酉(糟)壺
15.9647 徝(廚)宮左官/左酉(糟)七
15.9649 左內酉(糟)廿八
15.9660 左酉(糟)卅/徝(廚)宮左官
15.9675 左使車嗇夫孫固所勒(勒)翰(看)器乍(作)勒(勒)者
15.9683 左鑾者
15.9685 左使車嗇夫孫固、工自(師)賃/左鑾者
15.9686 左使車嗇夫孫固、工塤(坿)
15.9692 左使車嗇夫孫固、工上/左鑾者
15.9693 左使車嗇夫孫固、工塤(坿)
15.9700 爲左(佐)大族
15.9783 左姦
16.9924 左使車工蔡
16.9925 左使車工蔡
16.9926 左使車工縣
16.10173 是用左(佐)王
16.10175 左右綏(綬)綬剛鯀
16.10176 左至于井邑/厥左執縷史正仲農
16.10342 左(佐)右(佑)武王/乍(作)馮(憑)左右
16.10349 左使車工蔡
16.10358 左使車嗇夫事斁、工賁/左鑾者
16.10359 左鑾者
16.10368 左關之鈉
16.10371 命左關師發敕(敕)成左關之釜(釜)
16.10374 □命誃陳得:左關釜(釜)節于敷(廩)釜(釜)
16.10396 左鑾者
16.10401 左九
16.10402 左使車嗇夫七敗(欿)、工尼
16.10410 左工塤(坿)
16.10411 左工蔡
16.10412 左工貴
16.10413 左使車工下士甘□
16.10444 左使車嗇夫孫固、工蔡
16.10445 左使車嗇夫鄭(齊)痓、工疥
16.10447 左使車嗇夫孫固、工縣
16.10453 鍪昌我左攻(工)𢦏(18.11902)
16.10459 左梠朏(?)大攻(工)君(尹)月鑄
16.10466 左鍾君(尹)
16.10467 左
16.10472 左使車造
17.10874 左右(佐佑)
17.10930 左稟(廩)
17.10931 左軍
17.10932 渾(鄆)左
17.10959 綠(欒)左庫
17.10960 綠(欒)左庫
17.10968 左之艁(造)
17.10971 左徒戈
17.10982 皇宮左
17.10983 皇宮(?)左
17.10984 皇宮(?)左
17.10985 音宮(?)左
17.10988 羑左庫
17.10994 鄭左庫
17.11001 平阿左
17.11010 亞 攺 左(父?)
17.11017 平陽左庫
17.11022 鄗左庫戈
17.11041 平堅(阿)左鈛(戈)
17.11056 平陸左戜

(戟)
17.11074 郛(郛、豫)州左庫造
17.11111 左行議逹戈
17.11130 子禾(和)子左造戜(戟)
17.11135 陰晉左庫冶富
17.11158 平阿左造徒戜(戟)
17.11218 郾(燕)侯庫(輂)乍(作)左宮鋸(戵)
17.11264 鄊左庫吳□
17.11271 得工戋(戓)、冶左勿
17.11312 業(鄴)竨(令)豖(裼)、左庫工師臣、冶山
17.11321 邨(頓)丘命(令)燮、左工師晳、冶夢
17.11330 大梁左庫工師丑、冶刄(刃)
17.11339 斜左乘馬大夫子駭戡
17.11344 盲(芒)命(令)□輅、左庫工師叔新(梁)掃、冶小
17.11348 犇(龔)竨(令)思、左庫工師長史鬳、冶數近
17.11349 犇(龔)竨(令)思、左庫工師長史鬳、冶數近
17.11351 喜倫(令)韓鮨、左庫工師司馬裕、冶何
17.11352 左右苪鮇
17.11353 左右苪鮇
17.11364 宗子攻(工)正明我、左工師[illegible]許、馬重(童)丹所爲
17.11367 左工師齊、丞巸、工牲
17.11373 奠(鄭)命(令)鯱□、司寇敊(扶)裕、左庫工師吉忘、冶緄
17.11382 彘倫(令)鯱腃、司寇奠(鄭)㫖、左庫工師器較(較)、冶□數(造)
17.11391 相邦肖(趙)狐、邦左庫工師鄗哲、冶匜□教(撻)齋(劑)
17.11397 奠(鄭)倫(令)公先𦧧(學、幼)、司寇向□、左庫工師百慶、冶君(尹)□數(造)
17.11402 左軍之攸僕介巨
18.11458 左庫
18.11504 東周左庫
18.11505 東周左庫
18.11508 左郛
18.11513 郾(燕)侯庫(輂)乍(作)左軍
18.11547 左右苪鮇
18.11553 奠(鄭)命(令)韓半、司寇長(張)朱、左庫工師易(陽)楅(偪)、冶君(尹)弜數(摶、造)
18.11554 奠(鄭)倫(令)公先𦧧(幼)、司寇史陘(隋)、左庫工師倉慶、冶君(尹)弜(彉)數(造)
18.11557 相邦春平侯、邦左伐器工師長翟(鳳)、冶私(枱)教(撻)齋(劑)
18.11558 相邦春平侯、邦左庫工師長翟(鳳)、冶[illegible](勻)教(撻)齋(劑)
18.11559 奠(鄭)倫(令)棺(槨、郭)涌、司寇芋慶、左庫工師卲沂、冶君(尹)弜(彉)數(造)
18.11564 𢦏(截)雍倫(令)韓匡、司寇判它、左庫工師刑秦、冶豖(裼)數(摶、造)戟朿(刺)
18.11581 高陽左庫
18.11609 隂(陰)平左庫之艁(造)
18.11671 安平守變疾、左庫工師賦(戢)賁、冶余教(撻)齋(劑)
18.11678 相邦建信君、邦左庫工師邯段、冶君(尹)㐱教(撻)齋(劑)
18.11679 相邦建信君、邦左庫工師邯段、冶君(尹)肉教(撻)齋(劑)
18.11680 相邦建信君、邦左庫工師邯段、冶君(尹)匜教(撻)齋(劑)
18.11681 相邦建信君、邦左庫工師邯段、冶君(尹)月(明)教(撻)齋(劑)
18.11682 相邦春平侯、邦左庫工師肖(趙)瘠、冶事(吏)開教(撻)齋(劑)
18.11683 相邦春平侯、邦左庫工師肖(趙)瘠、冶事(吏)開教(撻)齋(劑)
18.11684 相邦春平侯、邦左庫工師□□□、冶馬齋(劑)
18.11685 得工嗇夫杜相女(如)、左得工工師韓段、冶君(尹)朝教(撻)齋(劑)
18.11687 相邦建信君、邦左庫工師塚旅、冶肉教(撻)齋(劑)
18.11688 相邦春平侯、邦左庫工師肖(趙)瘠、冶君(尹)五月教(撻)齋(劑)
18.11689 相邦春平侯、邦左伐器工師長翟(鳳)、冶赦教(撻)齋(劑)
18.11690 相邦春平侯、邦左伐器工師長翟(鳳)、冶明教(撻)齋(劑)
18.11691 相邦春平侯、邦左伐器工師長翟(鳳)、冶句教(撻)齋(劑)
18.11699 相邦春平侯、邦左伐器工師□□□

□、冶匄敚(撻)齋(劑)

18.11702 守相杢(执、廉)波(頗)、邧左庫工師采隄、冶句敚(撻)齋(劑)

18.11706 相邧建信君、邧左庫工師郲叚、冶君(尹)毛敚(撻)齋(劑)

18.11707 相邧春平侯、邧左庫工師長身、冶宖瀌敚(撻)齋(劑)

18.11710 相邧春平侯、左伐器脟工師析論、冶班敚(撻)齋(劑)

18.11713 相邧春平侯、邧左伐器工師長瞿(鳳)、冶句敚(撻)齋(劑)

18.11714 相邧春平侯、邧左伐器工師長瞿(鳳)、冶句敚(撻)齋(劑)

18.11716 相邧春平侯、邧左伐器工師長瞿(鳳)、冶匡敚(撻)齋(劑)

18.11814 左使車工塤(坿)

18.11822 左使車四

18.11902 鎣昌我左攻(工)戔(16.10453)

18.11923 左攻(工)君(尹)

18.11924 左攻(工)君(尹)

18.11925 左周印

18.11926 左周印

18.11927 左周印

18.11928 左周印

18.11935 左

18.11936 左

18.11974 左得工

18.11975 左得工

18.11976 左得工

18.11977 左得工

18.11978 左得工

18.11979 左得工

18.11980 左得工

18.11981 左得工

18.11982 左得工

18.11983 左得工

18.11984 左得工

18.11985 左得工

18.12004 左

18.12005 左

18.12006 左

18.12013 左宮

18.12014 左宮

18.12054 左使車嗇夫孫固、工塤(坿)

18.12055 左使車嗇夫孫固、工塤(坿)

18.12056 左使車嗇夫孫固、工塤(坿)

18.12057 左使車嗇夫孫固、工塤(坿)

18.12058 左使車嗇夫孫固、工塤(坿)

18.12059 左使車嗇夫孫固、工塤(坿)

18.12060 左使車嗇夫孫固、工塤(坿)

18.12061 左使車嗇夫孫固、工塤(坿)

18.12062 左使車嗇夫孫固、工塤(坿)

18.12063 左使車嗇夫孫固、工塤(坿)

18.12068 左宮之三

18.12069 左宮之廿

18.12108 左在新郪

18.12109 左在杜

4283 差

1.272-8 余命女(汝)織(職)差正卿

1.285 余命女(汝)織(職)差正卿

5.2794 冶師史秦、差(佐)苛臘爲之 / 冶師盤埜、差(佐)秦忑爲之

5.2795 冶師緥(紹)夆、差(佐)陳共爲之 / 冶師緥(紹)夆、差(佐)陳共爲之

5.2811 余不畏不差

8.4270 王命同：差(佐)右(佑)吳(虞)大父 / 世孫孫子子差(佐)右(佑)吳(虞)大父

8.4271 王命同：差(佐)右(佑)吳(虞)大父 / 世孫孫子子差(佐)右(佑)吳(虞)大父

16.10158 冶師緥(紹)夆、差(佐)陳共爲之

16.10294 吳王夫差擇厥吉金

16.10295 吳王夫差擇厥吉金

16.10296 吳王夫差擇厥吉金

16.10361 國差(佐)立(涖)事歲

16.10373 以命攻(工)尹穆丙、攻(工)差(佐)競之、集尹陳夏、少集尹葬賜、少攻(工)差(佐)孝癸

17.11204 宋公差(佐)之賠(造)戈

17.11258 攻敔工(夫)差自乍(作)用戈(戟)

17.11281 宋公差(佐)之所賠(造)茆族戈

17.11288 攻敔王夫差

17.11289 宋公差(佐)之所賠(造)不易族戈

18.11534 吳王夫差自乍(作)甬(用)鎗(鋸)

18.11636 攻敔王夫差自乍(作)其元用

18.11637 攻敔王夫差自乍(作)其元用

18.11638 攻敔王夫差自乍(作)其元用

18.11639 攻敔王夫差自乍(作)其元用

18.11915 用差(佐)商國

4284 卑

1.37 秦王卑(俾)命競塤

1.142 卑(俾)曰(勻)伇(赴)好

1.193 卑(俾)穌卑(俾)孚 / 卑(俾)女(汝)輪輪剖剖

1.194 卑(俾)穌卑(俾)孚 / 卑(俾)女(汝)輪

龠剖剖
1.195 卑(俾)龢卑(俾)孚/卑(俾)女(汝)龢龠音音
1.196 卑(俾)龢卑(俾)孚/卑(俾)女(汝)龢龠剖剖
1.197 卑(俾)龢卑(俾)孚/卑(俾)女(汝)龢龠剖剖
1.198 卑(俾)龢卑(俾)孚/卑(俾)女(汝)龢龠剖剖
1.272-8 卑(俾)若鍾(鐘)鼓/卑(俾)百斯男
1.284 卑(俾)若鍾(鐘)鼓
1.285 卑(俾)若鍾(鐘)鼓/卑(俾)百斯男
4.2283 卑吤君光之飤貞(鼎)
5.2757 民具(俱)卑(俾)鄉(饗)
5.2826 卑(俾)貫通□
5.2830 卑(俾)天子邁(萬)年
5.2838 限許曰：氐則卑(俾)我賞(償)馬/效父則卑(俾)復厥絲束/曶毋卑(俾)式于氐/迺卑(俾)〔饗〕以曶酉(酒)彶(及)羊、絲三寽(鋝)/曰：弋尚(當)卑(俾)處又(厥)邑/氐則卑(俾)復令(命)曰：若(諾)
5.2840 皮(克)巡(順)皮(克)卑
8.4240 卑(俾)册令(命)免
8.4322 卑(俾)克厥啻(敵)/卑(俾)乃子戜萬年
9.4469 卑(俾)復虐逐厥君、厥師
9.4631 具既卑(俾)方
9.4632 具既卑(俾)方
10.5424 王窺(親)令伯𡖊曰：毋卑(俾)農弋(特)
16.10165 者尚余卑□於𠩺(即?)擇其吉金
16.10175 卑(俾)處甬
16.10176 矢卑(俾)鮮、且、舄、旅誓/迺卑(俾)西宮襄、武父誓
16.10361 卑(俾)旨卑(俾)瀞(清)
17.11113 犢共卑氏戜(戟)

4285 丶、丶(炷)

3.1235 丶
4.1716 子脊丶
13.8047 丶庚

4286 丿

3.1479 盥丿
3.1480 盥丿
12.6470 丿乍(作)父丙尊彝
13.8191 盥丿
13.8192 盥丿

4287 丸(丸)

14.9010 亞向丸(丸)父戊

4289 丨、丨(棍)

4.2427 宧父癸宅于丨丨(二)
11.5589 魚丨(棍)
11.6274 丨父己
12.6802 丨(棍)
12.7065 冉丨
12.7066 丨(棍)兇(讋)
12.7303 友(右)敄父癸丨川(三)址
14.8737 妣丙丨

4290 乂(丫)

3.1238 乂

4291 中

1.23 中義乍(作)龢鐘
1.24 中義乍(作)龢鐘
1.25 中義乍(作)龢鐘
1.26 中義乍(作)龢鐘
1.27 中義乍(作)龢鐘
1.28 中義乍(作)龢鐘
1.29 中義乍(作)龢鐘
1.30 中義乍(作)龢鐘
1.153 中(終)翰叡(且)旟(颺)
1.154 中翰叡旟
1.182 中翰叡謁(颺)
1.203 中翰叡昜(颺)
1.210 延(誕)中厥德
1.211 延(誕)中厥德
1.217 延(誕)中厥德
1.218 延(誕)中厥德
1.219 延(誕)中厥德
1.220 延(誕)中厥德
1.221 延(誕)中厥德
1.222 延(誕)中厥德
1.261 中翰叡(且)旟(颺)/延(誕)中余德(值)
1.272-8 慎中厥罰/中專盟(明)井(刑)
1.285 慎中厥罰/中專盟(明)井(刑)
2.291 中鎛/割(姑)㳄(洗)之中鎛
2.367 中
2.368 中
2.369 中
2.370 中
2.371 中
3.864 師中即□
3.936 王后中官
3.949 王令中先省南或(國)貫行/中省自方、登(鄧)/伯買父迺以厥人戍漢、中、州
3.1194 中
4.1714 中婦鼒
4.1933 中賻王貞(鼎)
4.1935 中官
4.1949 中乍(作)寶齋
4.1957 中乍(作)寶鼎
4.2102 中私官
4.2228 中敀𠧪(卣、調)鼎
4.2458 侯賜中貝三朋
4.2530 王子中府
5.2576 左中
5.2582 辛中姬皇母乍(作)尊鼎
5.2583 辛中姬皇母乍(作)尊鼎
5.2751 王令中先省南或(國)貫行/中乎歸(饋)生鳳于王
5.2752 王令中先省南

或(國)貫行 / 中乎歸(饋)生鳳于王
5.2783 立中廷
5.2785 王曰：中 / 中對王休令(命)/ 唯臣尚(常)中臣
5.2804 立中廷
5.2805 即立中廷
5.2809 引以告中史書
5.2814 立中廷
5.2815 立中廷
5.2817 立中廷
5.2819 立中廷
5.2821 立中廷
5.2822 立中廷
5.2823 立中廷
5.2825 立中廷
5.2827 立中廷
5.2828 立中廷
5.2829 立中廷
5.2836 立中廷
5.2839 即立中廷
5.2840 中山王嚳詐(作)貞(鼎)
6.3028 中
6.3134 中府
6.3377 中乍(作)旅段
7.3755 中友父乍(作)寶段
7.3756 中友父乍(作)寶段
7.3859 辛叔皇父乍(作)中姬尊段
7.3946 中伯乍(作)亲(辛)姬緣人寶段
7.3947 中伯乍(作)亲(辛)姬緣人寶段
7.4023 伯中父夙夜事走(朕)考
8.4152 妳乍(作)皇妣𠃓(玪)君中妃祭器八段
8.4243 立中廷
8.4246 立中廷
8.4247 立中廷
8.4248 立中廷
8.4249 立中廷
8.4251 立中廷
8.4252 立中廷
8.4253 即立中廷
8.4254 即立中廷
8.4255 立中廷
8.4256 立中廷
8.4257 即立中廷
8.4267 〔立〕中廷
8.4268 即立中廷
8.4270 立中廷
8.4271 立中廷
8.4272 立中廷
8.4274 立中廷
8.4275 立中廷
8.4277 立中廷
8.4279 即立中廷
8.4280 即立中廷
8.4281 即立中廷
8.4282 即立中廷
8.4283 立中廷
8.4284 立中廷
8.4285 立中廷
8.4287 立中廷
8.4288 立中廷 / 新賜女(汝)赤芾、朱黄(衡)、中絅(褧)、攸(鋚)勒
8.4289 立中廷 / 新賜女(汝)赤芾、朱黄(衡)、中絅(褧)、攸(鋚)勒
8.4290 立中廷 / 新賜女(汝)赤芾、朱黄(衡)、中絅(褧)、攸(鋚)勒
8.4291 立中廷 / 新賜女(汝)赤芾、朱黄(衡)、中絅(褧)、攸(鋚)勒
8.4296 立中廷
8.4297 立中廷
8.4303 立中廷
8.4304 立中廷
8.4305 立中廷
8.4306 立中廷
8.4307 立中廷
8.4308 立中廷
8.4309 立中廷
8.4310 立中廷
8.4312 立中廷
8.4316 即立中廷
8.4318 立中廷
8.4319 立中廷
8.4327 立中廷
8.4332 立中廷
8.4333 立中廷
8.4334 立中廷
8.4335 立中廷
8.4336 立中廷
8.4337 立中廷
8.4338 立中廷
8.4339 立中廷
8.4340 立中廷
8.4343 立中廷 / 不井(型)不中 / 毋敢不明不中不井(型)/ 毋敢不尹人不中不井(型)
9.4355 中伯乍(作)嬔(孌)姬旅盨用
9.4356 中伯乍(作)嬔(孌)姬旅盨用
10.5212 大中乍(作)父丁尊
10.5332 中
11.6013 立中廷
11.6014 曰：余其宅兹中或(國)
11.6087 中
11.6213 祉中祖
12.6482 中乍(作)妣己彝
12.6514 王賜中馬 / 中埶(藝)王休
12.6933 朋中
12.7215 大中祖己
13.7716 中
13.8166 亽大中
14.8414 中父乙
14.8630 父辛中
15.9316 中
15.9405 中乍(作)父丁彝
15.9616 春成侯中府 / 春成侯中府爲重(鍾)
15.9667 中伯乍(作)亲(辛)姬緣(孌)人朕(賸)壺
15.9668 中伯乍(作)亲(辛)姬緣(孌)人朕(賸)壺
15.9731 立中廷
15.9732 立中廷
15.9735 中山王嚳命相邦賙(貯)擇郾(燕)吉金 / 攸(作)斂中
16.9898 立中廷
16.9899 立于中廷
16.9900 立于中廷
16.10102 中友父乍

(作)般(盤)
16.10137 中子化用保楚王
16.10170 立中廷
16.10172 立中廷
16.10192 虢季乍(作)中姬寶也(匜)
16.10224 中友父乍(作)匜
16.10374 中刑斤逐(殺)
16.10465 中富丞肖(趙)□、冶泪
16.10478 丌(其)葷桓(棺)中桓(棺)眂(視)恣(寧)后/葷桓(棺)中桓(棺)眂(視)恣(寧)后/中宮垣/從內宮至中宮廿五步/從內宮以至中宮卅步/從內宮至中宮卅六步
17.10779 中
17.10906 中都
17.10986 中陽
17.11261 番中(仲)攸(作)伯皇之散(造)戈
17.11352 秦子乍(作)遣(造)中臂元用
17.11367 莫(漢)中守趣(運)造
17.11405 中陽
18.11494 中陽
18.11566 曰:毋又(有)中央/曰:毋又(有)中央
18.11758 中山侯忩(恢)乍(作)茲軍鉞
18.11780 中屮(屮)
18.11830 中山
18.11855 中次
18.11856 中次
18.11906 中府
18.12110 台(以)毀於五十乘之中
18.12111 台(以)毀於五十乘之中
18.12112 台(以)毀於五十乘之中

4292 串

3.1192 串
4.1660 串父辛
4.1693 癸父串
4.2319 串乍(作)父丁寶鼎
6.3203 串父辛
6.3204 串父辛
9.4658 串雞父丁
10.4992 串父癸
10.5068 串雞父丁
10.5069 串雋父丁
11.5503 串
11.5504 串
11.6085 串
12.6443 雞登串父丁
12.6747 串
12.6748 串
12.7196 媒冉串
12.7197 媒冉串
13.7714 串
13.7715 串
14.8369 串父甲
14.8370 串父甲
15.9150 串
17.10861 雞串

4293 弗

3.1501 弗刀
10.4865 弗刀
11.5584 弗刀
12.7032 弗刀

4294 キ、丰、𠂉、丰

4.1756 丰丞(琞)兮
4.1823 丰丞(琞)父乙
4.1960 丰乍(作)寶鼎
6.3241 丞(琞)丰卷
10.5016 丰丞(琞)兮
10.5111 丰丞(琞)母彝
11.5967 丰丞(琞)
12.6461 亘丰(丰)𡴭(珛)乍(作)彝
12.6467 丰(丰)乍(作)父乙尊彝
12.7217 祖壬丰刀
14.8710 丰父癸

4295 丆、丅、幵、幵、幵(笄)

3.508 幵(笄)簪乍(作)彝
12.6484 亞幵(笄)
12.6800 幵(笄)
12.6924 交幵(笄)
15.9238 辛亞離幵
15.9721 賜幾父幵𡴭(韍)六、僕四家、金十鈞
15.9722 賜幾父幵𡴭(韍)六、僕四家、金十鈞
17.10851 竝幵(笄)

4296 卝

6.3195 卝父已

4297 卝、丬(礦、磺)

16.10434 卝尚城䍜

4298 𦬅、𦬅、𠯑、𨚕(卯)

12.6795 𦬅(𨚕、卯)
12.6796 𦬅(𨚕、卯)
17.10726 𠯑(𨚕、卯)

4299 𢾊(蟥)

13.7566 𢾊(蟥)
15.9467 𢾊(蟥)

4300 肜

5.2625 肜日乙
9.4372 仲肜乍(作)旅盨
9.4373 仲肜乍(作)旅盨
10.5412 肜日
11.5990 肜日
15.9249 肜日

4301 㐱

10.5343 㐱乍(作)甲考宗彝
11.5942 㐱乍(作)甲考宗彝
12.6557 㐱
12.6558 㐱
12.6823 乙㐱
13.7343 㐱
15.9118 㐱成

4302 𠫭

17.10651 𠫭

4303 彫

1.193 不濼(鑠)不彫
1.194 不濼(鑠)不彫
1.195 不濼(鑠)不彫
1.196 不濼(鑠)不彫
1.197 不濼(鑠)不彫
1.198 不濼(鑠)不彫

4304 彰(鬢)

16.9995 邨子彰(鬢)之赴缶

4305 匸、匚

4.2132 匸(報)賓
4.2431 匸(報)賓
13.8277 賓匸(報)
14.8502 匸(報)父丁

4306 匜、鉈

4.2479 楚王酓(熊)肯乍(作)鑄匜貞(鼎)
16.10090 奠(鄭)伯乍(作)般(盤)匜
16.10180 叔乍(作)旅匜
16.10183 姞𦣞母乍(作)旅匜
16.10189 蔡侯龖(申)之盥匜
16.10206 甫人父乍(作)旅匜
16.10207 唯曾子伯尹自乍(作)尊匜
16.10212 工盧季生乍(作)其盥會匜
16.10219 聑(聯)子叔敎自乍(作)盥匜
16.10220 史頌乍(作)匜
16.10221 尋(鄩)伯乍(作)邾子□□朕(媵)匜
16.10224 中友父乍(作)匜
16.10229 匽(燕)公乍(作)爲姜乘般(盤)匜
16.10234 郳(郳)季寬(魔)車自乍(作)行匜
16.10237 衵仲𢦏乍(作)寶匜
16.10246 唯衛邑戈伯自乍(作)寶匜
16.10250 唯伯𠂇乍(作)寶匜
16.10267 乍(作)西孟嬀媿母塍(媵)匜
16.10268 唯番衵伯者君自乍(作)寶匜
16.10269 唯番衵伯者尹(君)自乍(作)寶匜
16.10273 楚嬴(嬴)鑄其匜
16.10274 乍(作)般(盤)匜
16.10276 寅(塞)公孫𢍰父自乍(作)盥匜
16.10279 乍(作)庠孟爲(嬀)敎女(母)塍(媵)匜
16.10280 慶叔攸(作)朕(媵)子孟姜盥匜
16.10281 乍(作)叔娟(妘)朕(媵)匜
16.10284 匜
16.10290 蔡侯龖(申)之尊盜(浣)匜

4307 回

10.5340 伯回乍(作)西宮伯寶尊彝
15.9427 伯回乍(作)西宮伯寶尊彝 / 回乍(作)西

4308 匠

12.7075 乙祖匠

4309 医

3.470 乍(作)聅医
6.3346 考母乍(作)聅(聯)医
15.9527 考女(母)乍(作)聅(聯)医 / 考母乍(作)聅(聯)医
15.9801 考母乍(作)聅(聯)医

4310 匡(筐)

5.2833 𦘔(肆)師彌宋(怵)匌匡(恇)/ 曰:于匡朕肅慕
5.2834 右(𦘔)師〔彌〕客(宋)欿(匌)匡
5.2838 匡眔厥臣廿夫 / 以匡季告東宮 / 女(汝)匡罰大 / 匡迺頶首 / 曶或(又)以匡季告東宮 / 曶覓匡三十秭
9.4522 㝉(密)姒乍(作)旅匡(筐)
9.4527 吳王御士尹氏叔緐乍(作)旅匡(筐)
9.4553 尹氏貯(賈)良乍(作)旅匡(筐)
9.4555 師麻孝叔乍(作)旅匡(筐)
9.4579 史免乍(作)旅匡(筐)
9.4593 曹公塍(媵)孟姬悆母匡(筐)
9.4597 自乍(作)匡(筐)簠
9.4615 叔家父乍(作)仲姬匡(筐)
10.5423 匡甫象𩫏二 / 匡拜手頶首
18.11564 戠(截)雍倫(令)韓匡、司寇判它、左庫工師刑秦、冶𢦚(𥚾)散(搢、造)戟朿(刺)
18.11716 相邦春平侯、邦左伐器工師長翟(鳳)、冶匡敎(撻)齋(劑)

4311 匧(甈)

15.9680 匧(甈)君兹旂者

4312 匠(匿、杯)

6.3466 匠(匿、杯)乍(作)寶尊彝

4313 匩

18.11699 相邦春平侯、邦左伐器工師□□□□、冶匩敎(撻)齋(劑)

4314 匨

5.2840 氏(是)以寡人匨(委)賃(任)之邦

4315 匪

18.11865 私庫嗇夫貴

正、工陲⿷匚目

4316　㔺

17.11391 相邦肖(趙)狐、邦左庫工師鄭哲、冶㔺□敎(撻)齋(劑)
18.11680 相邦建信君、邦左庫工師郹段、冶君(尹)㔺敎(撻)齋(劑)

4317　⿷匚亘

2.325 爲⿷匚亘(宣)鐘
2.328 爲⿷匚亘(宣)鐘 / ⿷匚亘(宣)鐘之在晉爲六𩫖(墉)

4318　⿷匚甫

9.4689 乍(作)善(膳)⿷匚甫(簠)
9.4690 乍(作)善(膳)⿷匚甫(簠)
9.4691 乍(作)善(膳)⿷匚甫(簠)

4319　⿷匚各

7.3826 耳侯戣乍(作)䵼□□⿷匚各辝乙□□癸文考

4320　匱

9.4516 冶[illegible]乍(作)寶匱(筐)

4321　⿷匚酉

16.10583 ⿷匚酉賓允□

4322　匽(璉)

9.4627 弭仲乍(作)寶匽(璉)

4323　⿷匚⿱乇夭、匵

15.9292 ⿷匚⿱乇夭(匵)乍(作)父辛寶尊彝
16.9884 ⿷匚⿱乇夭(匵)乍(作)父辛寶尊彝
16.9885 ⿷匚⿱乇夭(匵)乍(作)父辛寶尊彝

4324　匹

1.82 徠匹之王
1.107-8 賜彤弓一、彤矢百、馬四匹
3.754 賜玉五品、馬四匹
3.755 賜玉五品、馬四匹
5.2729 楷仲賞厥嫊奚逐毛兩、馬匹
5.2787 穌(蘇)賓章(璋)、馬四匹、吉金
5.2788 穌(蘇)賓章(璋)、馬四匹、吉金
5.2806 令□□□[卅]二匹賜大
5.2807 令取誰(犉)䮬(犅)卅二匹賜大
5.2808 令取誰(犉)䮬(犅)卅二匹賜大
5.2810 王窺(親)賜馭方玉五瑴、馬四匹、矢五束
5.2826 用召(紹)匹辝(台)辟
5.2838 效父用匹馬、束絲
5.2839 俘馬□□匹 / 俘馬百四匹
5.2841 賜女(汝)秬鬯一卣、祼圭瓚寶、朱芾、悤(蔥)黄(衡)、玉環、玉琭、金車、桒(賁)緷較(較)、朱䪧(鞹)䩛靳、虎冟(冪)熏裏、右軛、畫轉、畫輯、金甬(桶)、道(錯)衡、金嶂(踵)、金豙(軶)、剌(約)𣂐(盛)、金簟弼(茀)、魚箙、馬四匹、攸(鋚)勒、金[illegible](臺)、金膺、朱旂二鈴(鈴)
7.4044 懋父賞御正衛馬匹自王
7.4099 賜敷弓、矢束、馬匹、貝五朋
8.4225 王賜無㠱馬四匹
8.4226 王賜無㠱馬四匹
8.4227 王賜無㠱馬四匹
8.4228 王賜無㠱馬四匹
8.4229 穌(蘇)賓(儐)章(璋)、馬四匹、吉金
8.4230 穌(蘇)賓(儐)章(璋)、馬四匹、吉金
8.4231 穌(蘇)賓(儐)章(璋)、馬四匹、吉金
8.4232 穌(蘇)賓(儐)章(璋)、馬四匹、吉金
8.4233 穌(蘇)賓(儐)章(璋)、馬四匹、吉金
8.4234 穌(蘇)賓(儐)章(璋)、馬四匹、吉金
8.4235 穌(蘇)賓(儐)章(璋)、馬四匹、吉金
8.4236 穌(蘇)賓(儐)章(璋)、馬四匹、吉金
8.4302 余賜女(汝)秬鬯一卣、金車、桒(賁)疇(幬)較(較)、桒(賁)䩛朱虢(鞹)靳、虎冟(冪)桼(朱)裏、金甬(筩)、畫聞(輯)、金厄(軛)、畫轉、馬四匹、鋚勒
8.4318 賜女(汝)秬鬯一卣、金車、桒(賁)較(較)、朱虢(鞹)䩛靳、虎冟(冪)熏(纁)裏、右厄(軛)、畫轉、畫輯、金甬(筩)、馬四匹、攸(鋚)勒
8.4319 賜女(汝)秬鬯一卣、金車、桒(賁)較(較)、朱虢(鞹)䩛靳、虎冟(冪)熏(纁)裏、右厄(軛)、畫轉、畫輯、金甬(筩)、馬四匹、攸(鋚)勒
8.4327 賜女(汝)馬十匹、牛十
8.4343 賜女(汝)秬鬯一卣、金車、桒(賁)較(較)、畫輯、朱虢(鞹)䩛靳、虎冟(冪)熏(纁)裏、旂、余(騌)〔馬〕四匹
9.4467 賜女(汝)秬鬯一卣、赤芾、五黄(衡)、赤舄、牙僰、駒車、桒(賁)較(較)、朱虢(鞹)䩛靳、虎冟(冪)熏(纁)裏、畫轉

(轉)、畫輯、金甬(箭)、朱旂、馬四匹、攸(鋚)勒、素戉(鉞)
9.4468 賜女(汝)秬鬯一卣、赤芾、五黄(衡)、赤舄、牙僰、駒車、桒(賁)較(較)、朱虢(鞹)靣靳、虎冟(冪)熏(纁)裏、畫轉(轉)、畫輯、金甬(箭)、朱旂、馬四匹、攸(鋚)勒、素戉(鉞)
9.4469 賜女(汝)秬鬯一卣、乃父芾、赤舄、駒車、桒(賁)較(較)、朱虢(鞹)靣靳、虎冟(冪)熏(纁)裏、畫轉、畫輯、金甬(箭)、馬四匹、鋚勒
15.9432 師(餈)子于匹乍(作)旅盉
16.9898 賜秬鬯一卣、玄衮衣、赤舄、金車、桒(賁)靣朱虢(鞹)靳、虎冟(冪)熏(纁)裏、桒(賁)較(較)、畫轉、金甬(箭)、馬四匹、攸(鋚)勒
16.10168 賜守宫絲束、蘆(苴)幙(幕)五、蘆(苴)莧(冟、冪)二、馬匹、毳爷(布)三、専(專、團)俸(篷)三、峚(琜)朋
16.10174 王賜兮甲馬四匹、駒車
16.10175 叀(惟)乙祖逨(弼)匹厥辟

4325 匽

1.52 永用匽(宴)喜(饎)
1.113 用匽(宴)以喜(饎)
1.114 用匽(宴)以喜(饎)
1.115 用匽(宴)以喜(饎)
1.116 用匽(宴)以喜(饎)
1.117 用匽(宴)以喜(饎)
1.118-9 用匽(宴)以喜(饎)
1.142 用匽(宴)用喜(饎)
1.149 台(以)匽(宴)大夫
1.150 以匽(宴)大夫
1.151 台(以)匽(宴)大夫
1.152 台(以)匽(宴)大夫
1.153 用匽(宴)以喜(饎)
1.154 用匽(宴)以喜(饎)
1.203 歔(余)以匽(宴)以喜(饎)
1.261 用匽(宴)台(以)喜(饎)
1.262-3 以匽(宴)皇公
1.264-6 以匽(宴)皇公
1.267 以匽(宴)皇公
1.268 以匽(宴)皇公
1.269 以匽(宴)皇公
3.689 匽(燕)侯賜伯矩貝
4.2269 匽(燕)侯旨乍(作)父辛尊
4.2505 休朕公君匽(燕)侯賜圛貝
5.2556 酱(召)公𣪘(饋?)匽(燕)
5.2628 匽(燕)侯旨初見事于宗周
5.2703 匽(燕)侯令堇饔(饗)大(太)保于宗周
5.2749 在匽(燕)
5.2836 賜女(汝)田于匽
6.3614 匽(燕)侯乍(作)姬丞尊彝
11.5978 匽(燕)侯賞復冂(褐)衣、臣妾、貝
15.9439 匽(燕)侯賜亞貝
15.9703 大嬖(將)銭孔、陳璋内(入)伐匽(燕)亳邦之獲
15.9715 盧(吾)台(以)匽(宴)飲
16.9975 齊嬖(將)銭(鍋)孔、陳璋内(入)伐匽(燕)亳邦之獲
16.10201 匽伯聖乍(作)𠃊(工)也(匜)
16.10229 匽(燕)公乍(作)爲姜乘般(盤)匜
16.10303 匽(燕)侯乍(作)旅盂
16.10304 匽(燕)侯乍(作)旅盂
16.10305 匽(燕)侯乍(作)鍏(饋)盂
17.10887 匽(燕)侯
17.10953 匽(燕)侯天戜(戟)
17.11011 匽(燕)侯舞戈
18.11854 匽(燕)侯
18.11860 匽(燕)侯無(舞)昜(鍚)
18.11861 匽(燕)侯無(舞)昜(鍚)

4326 區

5.2839 王乎□□□令盂以區入/凡區以品
16.10374 于丌(其)事區夫

4327 匿

2.365 匿
2.366 匿
5.2837 辟(闢)厥匿
11.5545 匿乙
13.7373 匿
13.7374 匿
13.7375 匿
13.7376 匿
13.7377 匿
15.9114 匿
15.9115 匿

4328 睨

11.5986 隮(睦)從公𠂤(師、次)睨

4329 西(陋)

10.4860 西享
10.4861 西享
10.4862 西享

4330 直

8.4199 令女(汝)更乔克嗣直啚(鄙)
8.4200 令女(汝)更乔克嗣直啚(鄙)
16.10407 宜植(直)則直

4331 [illegible](埶、睦)

4.1753 [illegible](埶)乍(作)彝
4.1754 [illegible](埶)乍(作)彝
4.1755 [illegible](埶)乍(作)彝

4332 凡

3.908 強伯乍(作)凡姬用甗
5.2835 凡以公車折首二百又□又五人
5.2838 凡用即曶田七田、人五夫
5.2839 凡區以品
7.3983 伯庶父乍(作)王姑凡姜尊毁
8.4261 王凡三方
8.4322 凡百又卅又五叙(款)
9.4466 凡復友(賄)、復付鬲比田十又三邑
10.5353 用乍(作)凡彝
11.5497 凡
12.6492 凡乍(作)父乙尊彝
16.10176 凡十又五夫 / 凡散有嗣十夫
16.10552 凡乍(作)旅彝
17.11026 鄀(郢)君凡寶有
18.12108 凡興士被(披)甲
18.12109 凡興士被(披)甲

4333 亘

1.171 □朱句(勾)之孫(?)□亘□喪
2.321 亘(宣)鐘之宮
3.447 亘
4.2380 亘乍(作)寶鼎
9.4399 亘虎
10.5431 尹其亘萬年受厥永魯
12.6451 姞亘母乍(作)寶
12.6461 亘丰(丰)[illegible](琫)乍(作)彝
17.11327 格氏命(令)韓貴、工師亘公、冶[illegible]

4334 [illegible](量)

5.2659 王初[illegible](量)于成周

4335 亟

5.2811 毁民之所亟(極)
5.2826 乍(作)𡩜爲亟(極)
5.2841 命女(汝)亟(極)一方
8.4341 乍(作)四方亟(極)
9.4446 萬年唯亟(極)
9.4447 萬年唯亟(極)
15.9733 台(以)亟(殛)伐彘□丘
16.10167 □□□亟斿西□
16.10175 亟獄逗(宣)慕(謨)
16.10336 曾大(太)保譽叔亟

4336 匶(匶、柩)

15.9735 不匶(舊)者(諸)侯

4337 乂

18.11665 乂江之台

4338 爻

3.831 爻乍(作)彝
3.1212 爻
4.1560 爻父乙
4.1833 父乙爻[illegible](敢)
4.2139 爻癸婦𢦏乍(作)彝
6.3163 爻父乙
6.3164 爻父乙
6.3181 爻父丁
10.4802 爻
10.4948 爻父丁 / 爻丁尹
10.5001 爻母辛
10.5378 爻[illegible](敢)
10.5379 爻[illegible](敢)
11.5506 爻
11.6082 爻
11.6263 爻父丁
12.6797 爻
12.6798 爻
12.6922 見爻
13.7760 爻
13.7761 爻
13.7762 爻
13.7763 爻
13.7764 爻
14.8505 爻父丁
14.8534 爻父戊
14.8576 爻父己
14.8741 爻妣辛
14.8857 [illegible](敢)父乙爻
15.9201 爻祖丁
15.9322 爻
15.9475 爻
16.9892 爻
16.10032 仌爻

4339 爽

8.4144 遘于妣戊武乙爽
8.4341 唯乍(作)卲(昭)考爽
10.5412 大乙爽
11.6016 爽(尚)左右于乃寮以乃友事
16.9901 爽(尚)𢀜(差、左)右于乃寮以乃友事
16.10176 有爽 / 余有爽𢍰(變)
17.11363 漆垣工師爽、工更長猗
17.11404 漆垣工師爽、工更長猗
17.11405 漆垣工師爽、丞𥿟、冶工隸臣猗

4340 爾

1.246 弋皇祖考高對爾刺(烈)/ 褱受(授)余爾𪊨福

1.251-6 褱受(授)余爾龖福
4.2450 爾永祜福
10.5401 其以父癸夙夕卿(佮)爾百聞(婚)遘(媾)
11.6014 曰：昔在爾考公氏／爾有唯(雖)小子亡戠(識)
12.7178 亞亼爾
15.9729 曰：期則爾期／爾其遼(躋)受御／用從(縱)爾大樂／用鑄爾羞鈚(瓶)／用御爾事
15.9730 曰：期則爾期／爾其遼(躋)受御／用從(縱)爾大樂／用鑄爾羞鈚(瓶)／用御爾事
16.10175 弋(式)寍(貯)受(授)牆爾(薾)龖(龖)福
16.10342 整辪(乂)爾容

4341 囧、冏

3.1487 ✧囧
4.2406 戈囧
5.2650 敶(陳)侯乍(作)鑄嬀囧母賸(媵)鼎

4342 明、朙

1.157 用明則之于銘
1.158 用明則之于銘
1.159 用明則之于銘
1.160 用明則之于銘
1.161 用明則之于銘
1.187-8 秉明德
1.189-90 秉明德
1.192 秉明德
1.203 惠于明(盟)祀
1.238 穆穆秉元明德
1.239 穆穆秉元明德
1.240 穆穆秉元明德
1.241 穆穆秉元明德
1.242-4 穆穆秉元明德
1.247 克明厥心／秉明德
1.248 克明厥心／秉明德
1.249 克明厥心／秉明德
1.250 克明厥心／秉明德
1.262-3 克明又(厥)心／翼受明德
1.264-6 克明又(厥)心／翼受明德
1.267 克明又(厥)心／翼受明德
1.268 克明又(厥)心／翼受明德
1.269 克明又(厥)心／翼受明德
1.270 穆穆帥秉明德／叡(睿)尃(敷)明井(刑)
2.358 明輻文
3.566 戒乍(作)葊官(館)明(盟)尊彝
3.754 休天君弗望(忘)穆公聖粦明䚛事先王
3.755 休天君弗望(忘)穆公聖粦明䚛事先王
3.1414 亞明
4.1988 明我乍(作)貞(鼎)
4.1991 兼明
5.2766 余敢敬明(盟)祀
5.2791 用夙夜明(盟)享于卲伯日庚
5.2826 巠(經)雍明德
5.2830 隣明紟(令)辟前王
5.2836 天子明哲
5.2839 明／䝨伯□□□□于明伯、䜌(繼)伯、㝊伯
5.2840 以明其德
5.2841 女(汝)毋弗帥用先王乍(作)明井(型)
7.4029 唯王令明公
8.4242 共(恭)明德
8.4315 穆穆帥秉明德
8.4342 敬明乃心
8.4343 女(汝)毋敢弗帥先王乍(作)明井(型)用／毋敢不明不中不井(型)
9.4437 其肇乍(作)其皇考伯明父寶殷
9.4469 敬明乃心
10.5400 唯明保殷成周年
11.5693 明乍(作)旅
11.5968 服肇夙夕明(盟)享
11.5991 唯明保殷成周年
11.6015 遣明令
11.6016 王令周公子明保／明公朝至于成周／明公用牲于京宮／用牲于明公／明公賜亢師鬯、金、小牛／乍(作)册令敢揚明公尹厥宦(貯)／敢追明公賞于父丁
15.9734 敢明易(揚)告：昔者先王／敬明新墜(地)
15.9735 以明闢(辟)光／明犮(跋)之于壺而時觀焉
16.9901 王令(命)周公子明保／明公朝至于成周／明公用牲于京宮／明公歸自王／明公賜亢師鬯、金、小牛／乍(作)册令敢揚明公尹厥宦(貯)／敢追明公賞于父丁
16.10175 子(兹)厭(納)瞀明
17.11269 州工師明、冶㫺
17.11300 褱庫□工師乙□、〔冶〕□明
17.11364 宗子攻(工)正明我、左工師𠂤許、馬重(童)丹所爲
18.11510 少明▱
18.11690 相邦春平侯、邦左伐器工師長翟(鳳)、冶明敎(撻)齋(劑)

4343 盟、盟、盟

1.102 用敬恤盟祀
1.182 以敬盟祀
1.245 台(以)恤其祭祀盟祀

1.272-8 中尃盟(明)井(刑)/ 膺恤余于盟(明)恤
1.285 中尃盟(明)井(刑)/ 膺恤余于盟(明)恤
4.2018 子乍(作)鼎盟彝
4.2110 ⿰(貍)乍(作)祖丁盟獲(鑊)
4.2485 其用盟𩰫宄嬀日辛
5.2811 敬厥盟祀
5.2812 穆穆克盟(明)厥心
8.4241 卲(昭)朕福盟
10.5257 盟弜(强)乍(作)寶尊彝
11.6010 祇盟嘗啇
14.9096 啚⿱用尊㮚(縮)盟
15.9491 盟商
15.9811 冉乍(作)父丁妻盟
16.10171 祇盟嘗啇(譎)
16.10342 虔龏盟〔祀〕

4344 丂

1.271 用求丂(考)命、彌生
3.746 用敢鄉(饗)考(孝)于皇祖丂(考)
3.747 用敢鄉(饗)考(孝)于皇祖丂(考)
3.748 用敢鄉(饗)考(孝)于皇祖丂(考)
3.749 用敢鄉(饗)考(孝)于皇祖丂(考)
3.750 用敢鄉(饗)考(孝)于皇祖丂(考)
3.751 用敢鄉(饗)考(孝)于皇祖丂(考)
3.752 用敢鄉(饗)考(孝)于皇祖丂(考)
3.1474 丂婦
4.2059 丂獲乍(作)尊彝
5.2753 用追享丂(孝)于皇祖考
6.3538 伯丂⿱乍(作)寶彝
6.3539 伯丂⿱乍(作)寶彝
6.3696 𤔲土(徒)𤔲乍(作)厥丂(考)寶尊彝
6.3697 𤔲土(徒)𤔲乍(作)厥丂(考)寶尊彝
8.4154 用敢鄉(饗、享)考(孝)于皇祖丂(考)
8.4155 用敢鄉(饗、享)考(孝)于皇祖丂(考)
8.4183 于厥皇丂(考)
8.4270 用乍(作)朕文丂(考)萺(宄)仲尊寶段
8.4271 用乍(作)朕文丂(考)萺(宄)仲尊寶段
9.4533 用事于丂(考)
9.4629 台(以)享台(以)養(孝)于大宗、皇榎(桒、祖)、皇妣、皇丂(考)、皇母
9.4630 台(以)享台(以)養(孝)于大宗、皇榎(桒、祖)、皇妣、皇丂(考)、皇母
15.9299 丂⿱
15.9708 冶仲丂父自乍(作)壺
16.10176 夨人有𤔲眉(堳)田：鮮、且、微、武父、西宮襄、豆人虞丂、彔、貞、師氏右省、小門人䌛、原人虞艿、淮𤔲工(空)虎孛、⿰豐父、唯(鳿)人有𤔲、刑丂

4345 甹(甹)

1.48 宮令宰僕賜甹白金十匀(鈞)/ 甹敢拜䭬首
1.60-3 用甹(屏)朕身
1.251-6 上帝降懿德大甹(屏)
8.4326 甹(屏)王立(位)
8.4341 甹(屏)王立(位)
16.10175 上帝降懿德大甹(屏)
18.11675 武信倫(令)馬師闢(間)、右庫啟工師甹秦、冶瘀敕(撻)齋(劑)

4346 覭

16.10176 正眉(堳)夨舍(捨)散田：𤔲土(徒)屰⿱、𤔲馬單⿱、覭人𤔲工(空)騍君、宰德父

4347 鸋(鴳)

13.7824 亞鸋(鴳)

4348 寧

1.210 余非敢寧忘(荒)
1.211 余非敢寧忘(荒)
1.217 余非敢寧忘(荒)
1.218 余非敢寧忘(荒)
1.219 余非敢寧忘(荒)
1.220 余非敢寧忘(荒)
1.221 余非敢寧忘(荒)
1.222 余非敢寧忘(荒)
3.462 寧母
4.1851 寧母父丁
4.2107 寧母又母剸
4.2481 寧冢子得、冶諎爲肘(𩰫)
5.2826 余不叚(暇)妄(荒)寧
5.2840 寧汋(溺)於淵
5.2841 女(汝)毋敢妄(荒)寧
6.3632 寧遹乍(作)柙(甲)娟尊段
7.4021 寧肇諆(其)乍(作)乙考尊段
7.4022 寧肇諆(其)乍(作)乙考尊段
10.5384 寧史賜耳
11.6015 用龏(恭)義(儀)寧侯
12.6419 寧乍(作)父辛
12.6515 用寧室人、⿱人
14.8797 辛鄉寧
14.9104 王令孟寧登(鄧)伯
15.9734 不能寧處 / 不敢寧處
16.9997 寧爲𨥨(皿)
16.10175 䚄(申)寧天

子

16.10361 齊邦鼏(謐)靜安寧

18.11633 寧右庫五束(剌)

4349 兮

1.65 兮仲乍(作)大鍴(林)鐘

1.66 兮仲乍(作)大鏷(林)鐘

1.67 兮仲乍(作)大鏷(林)鐘

1.68 兮仲乍(作)大鏷(林)鐘

1.69 兮仲乍(作)大薔(林)鐘

1.70 兮仲乍(作)大鏷(林)鐘

1.71 兮仲乍(作)大鏷(林)鐘

4.1756 丰丞(翌)兮

7.3808 兮仲乍(作)寶段

7.3809 兮仲乍(作)寶段 / 兮仲乍(作)寶段

7.3810 兮仲乍(作)寶段

7.3811 兮仲乍(作)寶段

7.3812 兮仲乍(作)寶段

7.3813 兮仲乍(作)寶段

7.3814 兮仲乍(作)寶段

7.4001 豐兮尸乍(作)朕皇考酉(尊)段 / 豐兮尸乍(作)朕皇考尊段

7.4002 豐兮尸乍(作)朕皇考尊段

7.4003 豐兮尸乍(作)朕皇考酉(尊)段

7.4008 兮吉父乍(作)仲姜寶尊段

8.4191 兮(乎)宰□賜穆公貝廿朋

9.4426 兮伯吉父乍(作)旅尊盨

10.5016 丰丞(翌)兮

10.5399 兮公室(貯)盂鬯束、貝十朋

12.6921 兮建

13.7733 兮

13.7734 兮

15.9671 兮熬乍(作)尊壺

16.10174 兮甲從王 / 王賜兮甲馬四匹、駒車 / 兮伯吉父乍(作)般(盤)

17.10725 兮

18.11726 兮

18.11887 兮

4350 乎(評)

1.181 嗣土(徒)南宮乎 / 乎拜手韻首

1.204-5 王乎士曶召克

1.206-7 王乎士曶召克

1.208 王乎士曶召克

1.209 王乎士曶召克

4.2469 大(太)師人騂乎乍(作)寶鼎

5.2720 乎(呼)井從漁

5.2742 王乎虢叔召癲

5.2751 中乎歸(饋)生鳳于王

5.2752 中乎歸(饋)生鳳于王

5.2780 王乎宰曆賜盛弓、象弭、矢臸、彤欮

5.2804 王乎乍(作)命內史冊命利

5.2805 王乎乍(作)冊尹冊命柳：嗣六師牧、陽(場)大沓(友)

5.2806 王乎善(膳)大(夫)□

5.2807 王乎善(膳)大(夫)騣召大

5.2808 王乎善(膳)大(夫)騣召大

5.2813 王乎內史駒冊命師奎父

5.2814 王乎史翏冊令(命)無叀

5.2815 王乎內史□冊賜趩；玄衣屯(純)黹、赤芾、朱黃(衡)、緣(鑾)旂、攸(鋚)勒

5.2817 王乎乍(作)冊尹冊命師晨：疋(胥)師俗嗣邑人

5.2819 王乎史減冊賜寰：玄衣黹屯(純)、赤芾、朱黃(衡)、緣(鑾)旅(旂)、攸(鋚)勒、戈琱畝、歍(厚)必(柲)、彤沙(蘇)

5.2821 王乎史翏冊令(命)此

5.2822 王乎史翏冊令(命)此

5.2823 王乎史翏冊令(命)此

5.2825 南宮乎入右(佑)善(膳)夫山 / 王乎史桒冊令(命)山

5.2827 王乎史虢生(甥)冊令(命)頌

5.2828 王乎史虢生(甥)冊令(命)頌

5.2829 王乎史虢生(甥)冊令(命)頌

5.2836 王乎尹氏冊令(命)善(膳)夫克

5.2839 乎蔑我征 / 王乎贊伯令盂以人聝入門 / 王乎贊盂 / 王乎□□□令盂以區入

7.3769 乎乍(作)姞氏寶段

8.4157 奄(蛇)乎乍(作)寶段 / 乎其萬人(年)永用

8.4158 奄(蛇)乎乍(作)寶段 / 乎其萬人(年)永用

8.4192 乎賜緣(鑾)旂

8.4193 乎賜緣(鑾)旂

8.4202 王乎虢仲入右(佑)𤔲

8.4207 乎漁于大池

8.4214 王乎師朕賜師遽貝十朋

8.4244 王乎乍(作)冊尹〔冊賜〕走：䵼(纘)疋(胥)益

8.4250 王乎命女(汝)：赤芾、朱黃(衡)、玄衣黹屯(純)、緣(鑾)旂

8.4251 王乎師晨召(詔)大(太)師虘 / 王

乎宰曶賜大(太)師虘虎裘
8.4252 王乎師晨召(詔)大(太)師虘/王乎宰曶賜大(太)師虘虎裘
8.4253 王乎尹氏册命師察：賜女(汝)赤舄、攸(鋚)勒
8.4254 王乎尹氏册命師察：賜女(汝)赤舄、攸(鋚)勒
8.4256 王乎內史
8.4257 王乎內史尹氏册命師耤(藉)
8.4268 乎內史秀(敖、佚)册命王臣：賜女(汝)朱黄(衡)奉(賁)親(襯)、玄衣黹屯(純)、絲(鑾)旂五日、戈畫㦰、厲(墉)必(柲)、彤沙(蘇)
8.4272 王乎史年册命望：死(尸)𤔲畢王家
8.4274 王乎內史尹册令(命)師兑：疋(胥)師龢父
8.4275 王乎內史尹册令(命)師兑：疋(胥)師龢父
8.4276 王乎內史册命豆閉
8.4277 王乎乍(作)册內史册命師俞：䟽(纘)𤔲𢓊人
8.4279 王乎乍(作)册尹克册命師旋
8.4280 王乎乍(作)册尹克册命師旋
8.4281 王乎乍(作)册尹克册命師旋
8.4282 王乎乍(作)册尹克册命師旋
8.4283 王乎內史吳册令(命)師瘨
8.4284 王乎內史吳册令(命)師瘨
8.4285 王乎內史秀(敖、佚)册命諫
8.4286 王乎乍(作)册尹册令(命)𣪕
8.4287 王乎命尹封册命伊：䟽(纘)官𤔲康宮王臣妾、百工
8.4288 王乎史牆册命師酉：𤔲(嗣)乃祖
8.4289 王乎史牆册命師酉：𤔲(嗣)乃祖
8.4290 王乎史牆册命師酉：𤔲(嗣)乃祖
8.4291 王乎史牆册命師酉：𤔲(嗣)乃祖
8.4294 王乎內史史秀(敖、佚)册令(命)揚
8.4295 王乎內史史秀(敖、佚)册令(命)揚
8.4296 王乎內史册命𨛭
8.4297 王乎內史册命𨛭
8.4298 王乎吳(虞)師召(詔)大
8.4299 王乎吳(虞)師召(詔)大
8.4303 王乎史翏册令(命)此
8.4304 王乎史翏册令(命)此
8.4305 王乎史翏册令(命)此
8.4306 王乎史翏册令(命)〔此〕曰：旅邑人、善(膳)夫
8.4307 王乎史翏册令(命)此
8.4308 王乎史翏册令(命)此
8.4309 王乎史翏册令(命)此
8.4310 王乎史翏册令(命)此
8.4312 王乎內史遺册令(命)師頛
8.4316 王乎內史吳曰：册令(命)虎
8.4318 王乎內史尹册令(命)師兑：余既令女(汝)疋(胥)師龢父
8.4319 王乎內史尹册令(命)師兑：余既令(命)女(汝)疋(胥)師龢父
8.4324 王乎尹氏册令(命)師𣪕
8.4325 王乎尹氏册令(命)師𣪕
8.4327 㸚(榮)伯乎令(命)卯曰：𢦚(載)乃先祖考死(尸)𤔲㸚(榮)公室
8.4332 王乎史虢生(甥)册令(命)頌
8.4333 王乎史虢生(甥)册令(命)頌
8.4334 王乎史虢生(甥)册令(命)頌
8.4335 王乎史虢生(甥)册令(命)頌
8.4336 王乎史虢生(甥)册令(命)頌
8.4337 王乎史虢生(甥)册令(命)頌
8.4338 王乎史虢生(甥)册令(命)頌
8.4339 王乎史虢生(甥)册令(命)頌
8.4340 王乎史秀(敖、佚)册令(命)蔡
8.4343 王乎內史吳册令(命)牧
9.4462 王乎史秀(敖)册賜般(鞶)靳、虢(鞹)敉(巿)、攸(鋚)勒
9.4463 王乎史秀(敖)册賜般(鞶)靳、虢(鞹)敉(巿)、攸(鋚)勒
10.5368 乎凋用乍(作)父己尊彝
10.5406 周乎鑄旅宗彝
11.6011 王乎師豦召(詔)盠
12.6516 王乎內史册令(命)趩：更厥祖考服
14.8862 乎子父乙
14.8863 乎子父乙
15.9714 王乎伊伯賜懋貝
15.9723 王乎乍(作)册尹册賜瘐：畫靳、牙僰、赤舄
15.9724 王乎乍(作)册尹册賜瘐：畫靳、牙僰、赤舄
15.9726 王乎虢叔召

(詔)瘨 / 乎師壽召(詔)瘨

15.9727 王乎虢叔召(詔)瘨 / 乎師壽召(詔)瘨

15.9728 王乎尹氏册令(命)智

15.9731 王乎史虢生(甥)册令(命)頌

15.9732 王乎史虢生(甥)册令(命)頌

16.9897 王乎宰利賜師遽瑚圭一、環(篆)章(璋)四

16.9898 王乎史戊册令(命)吳：嗣旃眔菽金

16.10170 王乎乍(作)册尹册賜休：玄衣黹屯(純)、赤芾、朱黃(衡)、戈琱戟、彤沙(蘇)、歇(厚)必(柲)、緣(鑾)旂

16.10172 王乎史減册賜寰：玄衣黹屯(純)、赤芾、朱黃(衡)、緣(鑾)旂、攸(鋚)勒、戈琱戟、歇(厚)必(柲)、彤沙(蘇)

4351 羲、義

3.586 倗羲妣尊彝

5.2805 嗣羲夷陽(場)佃史(事)

16.9852 亞羲

4352 于

1.51 余武于戎攻(功)

1.59 用追孝于厥皇祖哀公、皇考晨公

1.60-3 乃祖考許政于公室 / 用鼐于公室

1.64 勵(擢)于永令(命)

1.65 其用追孝于皇考己(紀)伯

1.66 用追孝于皇考己(紀)伯

1.67 其用追孝于皇考己(紀)伯

1.68 其用追孝于皇考己(紀)伯

1.69 其用追孝于皇考己(紀)伯

1.70 其用追孝于皇考己(紀)伯

1.71 其用追孝于皇考己(紀)伯

1.73-4 至于父蜺(兄)

1.76-7 至于父蜺(兄)

1.78-9 至于父蜺(兄)

1.80-1 至于父蜺(兄)

1.83 寞之于西旛

1.84 寞之于西旛

1.85 寞之于西旛

1.88 用追孝于己伯

1.89 用追孝于己伯

1.90-1 用追孝于己伯

1.107-8 膺(應)侯見工遺(饋)王于周 / 王各于康

1.109-10 永冬(終)于吉

1.111 永冬(終)于吉

1.120 光之于聿(肆)

1.121 于之遜學

1.122 于之遜學

1.123 光之于聿(肆)/ 訙之于不〔啻〕

1.124 訙之于不啻

1.125-8 于之遜(遜)學 / 光之于聿(肆)/ 訙之于不啻

1.129-31 光之于聿(肆)/ 訙之于不啻

1.132 于囚

1.140 用喜(饎)于其皇祖

1.142 用享台(以)孝于𠭯(台)皇祖文考

1.145 勵(擢)于永命 / 用享于宗

1.146 勵(擢)于永命 / 用享于宗

1.147 勵(擢)于永命 / 用享于宗

1.148 勵(擢)于永令(命)/ 用享于宗

1.149 至于壜(萬)年

1.150 至于壜(萬)年

1.151 至于壜(萬)年

1.152 至于壜(萬)年

1.157 先會于平陰(陰)/ 賞于𩖝(韓)宗 / 令于晉公 / 昭于天子 / 用明則之于銘

1.158 先會于平陰(陰)/ 賞于𩖝(韓)宗 / 令于晉公 / 昭于天子 / 用明則之于銘

1.159 先會于平陰(陰)/ 賞于𩖝(韓)宗 / 令于晉公 / 昭于天子 / 用明則之于銘

1.160 先會于平陰(陰)/ 賞于𩖝(韓)宗 / 令于晉公 / 昭于天子 / 用明則之于銘

1.161 先會于平陰(陰)/ 賞于𩖝(韓)宗 / 令于晉公 / 昭于天子 / 用明則之于銘

1.172 聞于[illegible](頂)東

1.173 聞于[illegible](頂)東

1.174 聞于[illegible](頂)東

1.175 聞于[illegible](頂)東

1.176 聞于[illegible](頂)東

1.177 聞于[illegible](頂)東

1.178 聞于[illegible](頂)東

1.179 聞于[illegible](頂)東

1.180 聞于[illegible](頂)東

1.182 聞于四方

1.183 曾孫僕兒、余迭斯于之子(孫)、余茲佫之元子

1.185 曾孫僕兒、余迭斯于之孫

1.186 追考(孝)于佚(先)祖

1.187-8 勵(擢)于永令(命)

1.189-90 勵(擢)于永令(命)

1.193 協于我霝(靈)龠(籥)/ 于其皇祖皇考 / 其登于上下 / 聞于四方

1.194 協于我霝(靈)龠(籥)/ 于其皇祖皇考 / 其登于上下 / 聞于四方

1.195 協于我霝(靈)龠(籥)/ 于其皇祖皇考 / 其登于上下 / 聞于四方

1.196 協于我霝(靈)龠

(籥)/于其皇祖皇考/其登于上下/聞于四方
1.197 協于我霝(靈)龠(籥)/于其皇祖皇考/其登于上下/聞于四方
1.198 協于我霝(靈)龠(籥)/于其皇祖皇考/其登于上下/聞于四方
1.203 𢖶(淑)于畏(威)義(儀)/惠于明(盟)祀
1.204-5 適涇東至于京師
1.206-7 適涇東至于京師
1.208 適涇東至于京〔師〕
1.209 適涇東至于京師
1.210 既悤(聰)于心
1.211 既悤(聰)于心
1.217 既悤(聰)于心
1.218 既悤(聰)于心
1.219 既悤(聰)于心
1.220 既悤(聰)于心
1.221 既悤(聰)于心
1.222 既悤(聰)于心
1.238 御于厥辟/淄(祇)御于天子
1.239 御于厥辟/淄(祇)御于天子
1.240 御于厥辟/淄(祇)御于天子
1.241 御于厥辟/淄(祇)御于天子
1.242-4 御于厥辟/淄(祇)御于天子
1.245 𢖶(淑)穆不豖(墜)于厥身
1.246 追孝于高祖辛公、文祖乙公、皇考丁公/⿰龠力(擢)于永令(命)
1.251-6 初盭龢于政/⿰龠力(擢)于永令(命)
1.261 于我皇祖文考/惠于政德/𢖶(淑)于威義(儀)/余尃(溥)昀(徇)于國
1.262-3 不豖(墜)于上
1.264-6 不豖(墜)于上
1.267 不豖(墜)于上
1.268 不豖(墜)于上
1.269 不豖(墜)于上
1.270 于秦執事
1.271 用享考(孝)于皇祖聖叔、皇祉(妣)聖姜/于皇祖又成惠叔、皇祉(妣)又成惠姜/𩛥(鮑)叔又(有)成裳(勞)于齊邦
1.272-8 師(次)于淄浽/余命女(汝)政于朕三軍/女(汝)肇勄(敏)于戎攻(功)/女(汝)専余于艱恤/䣄命于外內之事/膺恤余于盟(明)恤/是辟于齊侯之所/又(有)共(恭)于𥫔(桓)武靈(靈)公之所/用享于其皇祖、皇妣、皇母、皇考/至于枼(世)曰:武靈(靈)成
1.281 余☐勄(敏)于戎攻(功)
1.282 女(汝)専余于艱恤
1.285 師(次)于淄浽/余命女(汝)政于朕三軍/女(汝)肇勄(敏)于戎攻(功)/女(汝)専余于艱恤/䣄命于外內之事/膺恤余于盟(明)恤/是辟于齊侯之所/又(有)共(恭)于公所/用享于其皇祖、皇妣、皇母、皇考/至于枼(世)曰:武靈(靈)成
2.426 曰:余孰臧于戎攻(功)叡(且)武
2.427 曰:余孰臧于戎攻(功)叡(且)武
2.429 余受此于之玄孫/遠盄(淑)聞于王東吳谷/迲(却)蔡于寺/☐以支埜(野)于陳□□山之下/乃于之雩/至于淮之上
3.688 奠入(納)熉于女(汝)子
3.746 用敢鄉(饗)考(孝)于皇祖丂(考)
3.747 用敢鄉(饗)考(孝)于皇祖丂(考)
3.748 用敢鄉(饗)考(孝)于皇祖丂(考)
3.749 用敢鄉(饗)考(孝)于皇祖丂(考)
3.750 用敢鄉(饗)考(孝)于皇祖丂(考)
3.751 用敢鄉(饗)考(孝)于皇祖丂(考)
3.752 用敢鄉(饗)考(孝)于皇祖丂(考)
3.754 穆公乍(作)尹姞宗室于繇林/各于尹姞宗室繇林
3.755 穆公乍(作)尹姞宗室于繇林/各于尹姞宗室繇林
3.935 王桒(祓)于成周
3.948 肙(肩)史(事)遹事(使)于䚯(胡)侯
3.949 至于女虒
4.1905 婦未于竉
4.2427 宔父癸宅于丨丨(二)
4.2433 龏姛商(賞)賜貝于司
4.2434 龏姛商(賞)賜貝于司
4.2509 屯蔑曆于亢衛
4.2510 屯蔑曆于亢衛
5.2531 王令雍伯啚于㞢爲宮
5.2556 休于小臣⿸厂豈(攕)貝五朋
5.2563 用享于祖
5.2579 雙堇(覲)于王
5.2581 小臣逋(逋)即事于西
5.2582 其子子孫孫用享孝于宗老
5.2583 [其子子]孫孫用享孝于宗老
5.2612 揚見事于彭
5.2613 揚見事于彭
5.2628 匽(燕)侯旨初見事于宗周
5.2631 用享于宗廟
5.2637 用卲享于皇祖考

5.2652 □于橐叵(次)
5.2659 王初[illegible](量)于成周
5.2663 用享孝于文祖
5.2664 用享孝于文祖
5.2665 用享孝于文祖
5.2666 用享孝于文祖
5.2673 羌對揚君令于彝
5.2678 使于曾／宓伯于成周休畀小臣金
5.2679 用享孝于朕文祖
5.2682 [往]自新邑于柬
5.2694 王令宜子迨(會)西方于省
5.2695 王獸于眂(視)數(廩)
5.2703 匽(燕)侯令𦳊饔(饔)大(太)保于宗周
5.2704 王姜賜旟田三于待劃
5.2705 其用享于厥帝(嫡)考
5.2706 井(邢)侯征(延)嚍(嚍)于麥
5.2711 王迖于乍(作)册般新宗
5.2718 寓獻佩于王姛
5.2720 王漁于㴐池
5.2721 師雍父省導(道)至于𠰉(胡)
5.2727 用享考(孝)于宗室
5.2730 唯王來各于成周年／厚趠又(有)償(饋)于溓(濂)公
5.2731 省于人身
5.2739 唯周公于征伐東尸(夷)／公歸禝(禝)于周廟
5.2743 于皇祖帝考
5.2744 于皇祖帝考
5.2746 信于兹巽
5.2747 王[各]于師秦宮／王各于享廟
5.2751 中乎歸(饋)生鳳于王／埶(藝)于寶彝
5.2752 中乎歸(饋)生鳳于王／埶(藝)于寶彝
5.2753 用追享丂(孝)于皇祖考
5.2754 吕征(延)于大室
5.2757 惠于剌曲
5.2765 蜹(蚋)來遘于妊氏
5.2767 其用享于文祖考
5.2768 用享考(孝)于皇祖考
5.2769 用享考(孝)于皇祖考
5.2770 用享考(孝)于皇祖考
5.2771 用追孝于厥皇祖晨公／于厥皇考屖盉(盂)公
5.2772 用追孝于厥皇祖晨公／于厥皇考屖盉(盂)公
5.2774 王母唯用自念于周公孫子
5.2775 王迖于楚麓／王至于迖应
5.2776 用牡于大室
5.2777 史伯碩父追考(孝)于朕皇考釐仲、王(皇)母泉母
5.2778 尹令史獸立(涖)工于成周／史獸獻工(功)于尹
5.2779 羞于黽
5.2782 死(尸)于下土
5.2784 王射于射盧(廬)
5.2785 賜于武王乍(作)臣
5.2787 帥堣(偶)盩于成周
5.2788 帥堣(偶)盩于成周
5.2789 其用夙夜享孝于厥文祖乙公／于文妣日戊
5.2790 緐用享孝于朕皇考
5.2791 用夙夜明(盟)享于卲伯日庚
5.2796 王命善(膳)夫克舍(捨)令于成周
5.2797 王令善(膳)夫克舍(捨)[令]于成周
5.2798 王命善(膳)夫克舍(捨)令于成周
5.2799 王命善(膳)夫克舍(捨)令于成周
5.2800 王命善(膳)夫克舍(捨)令(命)于成周
5.2801 王命善(膳)夫克舍(捨)令于成周
5.2802 王命善(膳)夫克舍令(命)于成周
5.2803 王大耤(藉)農于諆田／王至于溓(濂)宮
5.2804 王客于般宮
5.2809 師旂眾僕不從王征于方雷／使厥友引以告于伯懋父／其又(有)內(納)于師旂／旂對厥賢(劾)于尊彝
5.2810 噩(鄂)侯馭方內(納)壺于王
5.2811 用享以孝于我皇祖文考／惠于政德／思(淑)于威義(儀)
5.2812 用辟于先王
5.2813 王各于大室／用追考(孝)于剌仲
5.2814 王各于周廟／灰(賄)于圖室／用享于朕剌(烈)考
5.2815 各于大室
5.2816 王命䣄(垣)侯伯晨曰：𤔲(嗣)乃祖考侯于䣄(垣)
5.2818 鬲比以攸衛牧告于王
5.2821 用享孝于文神
5.2822 用享孝于文神
5.2823 用享孝于文神
5.2824 厥復享于天子／毋又(有)眈于厥身
5.2825 令女(汝)官嗣歓(飲)獻人于冕
5.2830 于朕考墉(郭)季易父敉(秩)宗
5.2831 眉敫(敖)者膚卓事見于王

5.2832 衛以邦君厲告于井伯、伯邑父、定伯、𬆤伯、伯俗父/于卲大室東逆(朔)/迺舍寓(宇)于厥邑
5.2833 政于井邦/用天降大喪于下或(國)/至于歷內/曰:于匡朕肅慕/雩禹以武公徒馭至于噩(鄂)
5.2834 政于井邦/用天降亦(大)喪于下或(國)/至于歷寒(內)/雩〔禹〕以〔武公徒馭〕至于噩(鄂)
5.2835 告追于王/羞追于京師/羞追于京師/搏于郛/或(又)搏于龔(共)/追搏于世/𣦸(越)追至于楊冢(塚)/多友迺獻俘聝訊于公/武公迺獻于王/迺𨒅(延)于獻宮
5.2836 宖(宇)靜于猷/𤰈(惠)于萬民/𦘔(肆)克𢀜于皇天/𤦹于上下/永念于厥孫辟天子/顯(景)孝于神/賜女(汝)田于埜/賜女(汝)田于溓/田于峻/賜女(汝)田于康/賜女(汝)田于匽/賜女(汝)田于𨸏原/賜女(汝)田于寒山/䵼(纘)賜女(汝)井人奔于量
5.2837 率肄于酉(酒)/今我唯即井(型)㐭(禀)于文王正德/人鬲自馭至于庶人
5.2838 事(使)厥小子𣪘(究)以限訟于井叔/曰:于王參門/䂂毋卑(俾)式于𢆶/䂂迺每(誨)于𨛐曰:女(汝)其舍(捨)𣪘(究)矢五秉/于䂂用五田
5.2839 折𠙶(酉)于□/𧶠伯□□□□于明伯、𦣝(繼)伯、𢘓伯
5.2840 于銘曰:於(烏)虖(乎)/天降休命于朕邦/天其又(有)𢦔(型)于𢦏(在)厥邦/至于含(今)
5.2841 亡不閈于文、武耿光/𨗥余小子圂湛于艱/𢛢(惷)于小大政/雩之庶出入事于外/出入尃(敷)命于外/毋有敢惷尃(敷)命于外/女(汝)𩕏于政/毋敢𢍰于酉(酒)/俗(欲)女(汝)弗以乃辟圅(陷)于艱/𣪕(抄)茲卿事寮、大(太)史寮于父即尹
7.3743 保侃母賜貝于庚宮
7.3744 保侃母賜貝于庚宮
7.3791 甚𢀸君休于王
7.3824 王𡍕(祓)于成周
7.3825 王𡍕(祓)于成周
7.3954 仲幾父事(使)幾事(使)于者(諸)侯、者(諸)監
7.3995 用夙夜享于宗室
7.4030 𥁐由于彝/其于之朝夕監
7.4031 𥁐由于彝/其于之朝夕監
7.4038 其用追孝于朕𢿌(嫡)考
7.4040 用追孝于其父母
7.4042 易𢀋曰:趞叔休于小臣貝三朋、臣三家
7.4043 易𢀋曰:趞叔休于小臣貝三朋、臣三家
7.4048 用享于皇祖、文考
7.4049 用享于皇祖、文考
7.4050 用享于皇祖、文考
7.4056 其夙夜用享孝于皇君
7.4057 其夙夜用享孝于皇君
7.4058 其夙夜用享孝于皇君
7.4059 𢓊(誕)令康侯啚(鄙)于衛
7.4062 用享孝于其姑公
7.4063 用享孝于其姑公
7.4064 用享孝于其姑公
7.4065 用享孝于其姑公
7.4066 用享孝于其姑公
7.4067 用享孝于其姑公
7.4068 牧師父弟叔𥢚父御于君
7.4069 牧師父弟叔𥢚父御于君
7.4070 牧師父弟叔𥢚父御于君
7.4071 其用追考(孝)于其辟君武公
7.4072 其用追考(孝)于其辟君武公
7.4073 用追考(孝)于厥皇考
7.4089 其朝夕用享于文考
7.4097 其用享于厥帝(嫡)考
7.4098 用孝于宗室
7.4100 𢑜伯令生史事(使)于楚
7.4101 𢑜伯令生史事(使)于楚
7.4102 用享于宗室
7.4103 用享于宗室
7.4104 公叔初見于衛
7.4105 公叔初見于衛
7.4106 公叔初見于衛
7.4109 用享于皇祖、文考
8.4123 伯艿父事(使)䵼𧷤(覿)尹人于齊師
8.4125 用享于高祖、皇考
8.4127 其妻子用享考(孝)于叔皮父

8.4129 其用追孝于朕皇祖、啻(嫡)考
8.4130 𤔲(敖)叔微㝬于西宫
8.4132 唯王桒(祓)于宗周/王姜史(使)蔽(叔)事(使)于大(太)保
8.4133 唯王桒(祓)于宗周/王姜史(使)蔽(叔)事(使)于大(太)保
8.4136 相侯休于厥臣殳/告于文考
8.4137 用夙夜享孝于宗室
8.4140 王降征令于大(太)保
8.4144 遘于妣戊武乙奭
8.4146 公令繁伐(閥)于㠱伯
8.4153 用享于宗室
8.4154 用敢鄉(饗、享)考(孝)于皇祖丂(考)
8.4155 用敢鄉(饗、享)考(孝)于皇祖丂(考)
8.4156 用享于其皇取(祖)、文考
8.4165 曰: 用啻(禘)于乃考
8.4166 各于大室
8.4169 至燎于宗周
8.4179 王事(使)小臣守事(使)于夷
8.4180 王事(使)小臣守事(使)于倲(夷)
8.4181 王事(使)小臣守事(使)于倲(夷)
8.4182 用禪(祈)追孝于皇考叀仲
8.4183 用享考(孝)于厥皇祖/于厥皇丂(考)
8.4191 迺自商師(次)復還至于周/鄉(饗)醴于大室
8.4194 升于厥文取(祖)考
8.4196 王各于大室
8.4197 王各于大室
8.4198 尹叔用妥(綏)多福于皇考德尹、叀姬
8.4203 𪊨其用追孝于其皇考
8.4204 𪊨其用追孝于其皇考
8.4205 楷伯于遘王休
8.4207 乎漁于大池
8.4208 令龏䚄遣(饋)大則于段
8.4209 王客(各)于康宫
8.4210 王客(各)于康宫
8.4211 王客(各)于康宫
8.4212 王客(各)于康宫
8.4213 戎獻金于子牙父百車/展(殿)𤔲(敖)堇(謹)用豹皮于事(史)孟
8.4216 令女(汝)羞追于齊
8.4217 令女(汝)羞追于齊
8.4218 令女(汝)羞追于齊
8.4219 用享孝于前文人
8.4220 用享孝于前文人
8.4221 用享孝于前文人
8.4222 用享孝于前文人
8.4223 用享孝于前文人
8.4224 用享孝于前文人
8.4229 帥堣(偶)盩于成周
8.4230 帥堣(偶)盩于成周
8.4231 帥堣(偶)盩于成周
8.4232 帥堣(偶)盩于成周
8.4233 帥堣(偶)盩于成周
8.4234 帥堣(偶)盩于成周
8.4235 帥堣(偶)盩于成周
8.4236 帥堣(偶)盩于成周
8.4237 唯戎大出于軝/征(誕)令臣諫□□亞旅處于軝/唯用妥(綏)康令于皇辟侯
8.4240 王各于大廟
8.4241 帝無冬(終)令(命)于有周
8.4242 勱(擢)于永令(命)
8.4243 用大葡(備)于五邑守堰(堰)
8.4245 用〔享〕考(孝)于□
8.4246 王各于康宫
8.4247 王各于康宫
8.4248 王各于康宫
8.4249 王各于康宫
8.4253 各于大室
8.4254 各于大室
8.4255 王各于大室
8.4257 王各于大室
8.4261 王祀于天室/衣祀于王丕(丕)顯考文王/每(敏)啟王休于尊𠂤(𣪘)
8.4262 格伯爰良馬乘于倗生(甥)
8.4263 格伯爰良馬乘于倗生(甥)
8.4264 格伯爰良馬乘于倗生(甥)
8.4265 格伯爰良馬乘于倗生(甥)
8.4266 王各于大朝(廟)
8.4268 王各于大室
8.4269 伯屖父休于縣妃/𦘔(肆)敢𨻰(肆)于彝
8.4270 各于大廟/自虐東至于河/厥逆(朔)至于玄水
8.4271 各于大廟/自虐東至于河/厥逆(朔)至于玄水
8.4273 卿(佮)𢿋(豳)茲師邦君射于大池
8.4276 王各于師戲大

室/萬年永寶用于宗室
8.4278 鬲比以攸衛牧告于王
8.4279 曰：備于大左
8.4280 曰：備于大左
8.4281 曰：備于大左
8.4282 曰：備于大左
8.4283 用享于宗室
8.4284 用享于宗室
8.4292 余䵻(螅、惠)于君氏大章(璋)
8.4293 用享于宗
8.4296 王各于宣射(榭)
8.4297 王各于宣射(榭)
8.4300 唯王于伐楚/乍(作)册矢令尊宜于王姜/公尹伯丁父兄(貺)于戍/令用弇(深)扆于皇王/用尊事于皇宗
8.4301 唯王于伐楚/乍(作)册矢令尊宜于王姜/公尹伯丁父兄(貺)于戍/令用弇(深)扆于皇王/用尊史(事)于皇宗
8.4302 有爵(勛)于周邦
8.4303 用享孝于文神
8.4304 用享孝于文神
8.4305 用享孝于文神
8.4306 用享孝于文神
8.4307 用享孝于文神
8.4308 用享孝于文神
8.4309 用享孝于文神
8.4310 用孝于文神
8.4311 乃祖考又(有)爵(勛)于我家
8.4316 佫于大室
8.4317 墜(地)于四方
8.4320 王立(蒞)于宜/王令(命)虞(虎)侯矢曰：鄙(?)侯于宜
8.4322 戜率有嗣、師氏奔追鄧(攔)戎于喊(域)林/無眈(尤)于戜身/用夙夜尊享于厥文母
8.4323 王令敔追鄧(攔)于上洛、熜(熜)谷/至于伊、班/嘗于𤇾(榮)伯之所/于熜(熜)衣諱/王各于成周大廟/賜田于敜(扲)五十田/于早五十田
8.4324 各于大室/巩(恐)告于王
8.4325 各于大室/巩(恐)告于王
8.4326 廣啟厥孫子于下/勵于大服
8.4327 賜于乍一田/賜于宩(宜)一田/賜于隊一田/賜于戜一田
8.4328 王令我羞追于西/余命女(汝)御(禦)追于畧/女(汝)以我車宕伐厰(玁)允(狁)于高陶/女(汝)休弗以我車函(陷)于艱/女(汝)肇誨(敏)于戎工(功)
8.4329 王令我羞追于西/余命女(汝)御(禦)追于畧/女(汝)以我車宕伐敢(玁)允(狁)于高陶/女(汝)休弗以我車函(陷)于艱/女(汝)肇誨(敏)于戎工(功)
8.4330 令乃鴅(嬗)沈子乍(作)䋣于周公宗/以于顯顯受令(命)/乃沈子妹(昧)克蔑見猒(厭)于公休
8.4331 又(有)芇(當)于大命/日用享于宗室
8.4341 公告厥事于上/陞于大服
8.4342 古(故)亡承于先王/谷(欲)女(汝)弗以乃辟函(陷)于艱/王各于大室
9.4436 用享考(孝)于姑公
9.4448 其用享孝于皇申(神)、祖考/于好倗友
9.4449 其用享孝于皇申(神)、祖考/于好倗友
9.4450 其用享孝于皇申(神)、祖考/于好倗友
9.4451 其用享孝于皇申(神)、祖考/于好倗友
9.4452 其用享孝于皇申(神)、祖考/于好倗友
9.4453 其用享用孝于皇祖、文考
9.4464 我乃至于淮小大邦/還至于蔡
9.4465 唯用獻于師尹、倗友、聞(婚)遘(媾)/克其用朝夕享于皇祖考
9.4467 則繇唯乃先祖考又(有)爵(勛)于周邦
9.4468 則唯乃先祖考又(有)爵(勛)于周邦
9.4533 用事于丂(考)
9.4542 都于子瓶(甏)自乍(作)旅簠
9.4543 都于子瓶(甏)又自乍(作)旅簠
9.4600 用追孝于皇祖、皇考
9.4629 台(以)享台(以)養(孝)于大宗、皇棏(聚、祖)、皇妣、皇丂(考)、皇母
9.4630 台(以)享台(以)養(孝)于大宗、皇棏(聚、祖)、皇妣、皇丂(考)、皇母
9.4631 用孝用享于我皇祖、文考
9.4632 用孝用享于我皇文考
9.4636 鴝于敵(麾)之行盞
9.4648 陳侯午淖(朝)群邦者(諸)侯于齊
9.4682 用享于宗室
9.4683 用享于宗室
10.5333 用乍(作)父辛于(鬱)彝

10.5374 王𡍩(祓)于成周
10.5385 息伯賜貝于姜
10.5386 息伯賜貝于姜
10.5388 顯(頂)賜婦[illegible](嫸)曰：用䵼于乃姑宓(閟)
10.5389 顯(頂)賜婦[illegible](嫸)曰：用䵼于乃姑宓(閟)
10.5391 尹洛(各)于宫
10.5396 降令曰：歸祼于我多高
10.5406 用享于文考庚仲
10.5409 王各于吕𩁹 / 王牢于庂(陡)
10.5410 至于上侯瀼(滰)川上
10.5411 稽從師雍父戍于古師(次)
10.5412 王令𠨘(邲)其兄(貺)𪓿于夆田渴 / 遣于妣丙 / 既𢦏于上下帝
10.5415 蔑曆于保 / 遣于四方 / 祓(宥)于周
10.5416 用追于炎
10.5417 子令小子畬先以人于堇
10.5419 女(汝)其以成周師氏戍于古(固)師(次)
10.5420 女(汝)其以成周師氏戍于古(固)師(次)
10.5421 唯王大龠(禴、礿)于宗周 / 王令士上眔史寅㱿(殷)于成周
10.5422 唯王大龠(禴、礿)于宗周 / 王令士上眔史寅㱿(殷)于成周
10.5425 伯屖父皇競各于官
10.5426 王洛(各)于庚嬴(嬴)宫
10.5427 用乍(作)大禦于厥祖妣、父母、多申(神)
10.5432 唯公大(太)史見服于宗周年 / 公大(太)史咸見服于辟王 / 辨(遍)于多正
10.5433 王雚(觀)于嘗公東宫 / 內(納)鄉(饗)于王
11.5956 鬲賜貝于王
11.5962 叔飽(貔)賜貝于王姒(姒)
11.5971 尹洛(各)于宫
11.5981 𢾊(啜)休于𠂤季
11.5982 唯東朋叀(惠)于金
11.5984 能匋賜貝于厥咎(盌)公
11.5986 唯公遘于宗周 / 洛(各)于官
11.5993 其用夙夜享于厥大宗
11.5998 曰：毋入于公 / 丙日唯毋入于公
11.5999 唯王大龠(禴、礿)于宗周 / 王令士上眔史寅㱿(殷)于成周
11.6001 王令生辨事于公宗
11.6002 令乍(作)册折兄(貺)聖土于相侯
11.6003 蔑曆于保 / 遣于四方 / 祓(宥)于周
11.6004 用追于炎
11.6005 疊既告于公
11.6007 侯各于耳 / 辟侯休于耳
11.6008 爰從師雍父戍于古(固)自(次)之年
11.6009 王雚(觀)于嘗公東宫 / 內(納)鄉(饗)于王
11.6011 王初執駒于㡿(斥)
11.6013 王各于周廟
11.6014 唯王初鼐宅于成周 / 王真(誥)宗小子于京室 / 則廷告于天 / 覞(視)于公氏 / 有爵(勛)于天
11.6015 侯于井(邢) / 侯見于宗周 / 王乘于舟 / 侯乘于赤旂舟 / 王以侯內(入)于寢 / 䚄(景)孝于井(邢)侯 / 乍(作)册麥賜金于辟侯 / 唯天子休于麥辟侯之年鑄
11.6016 令夨告于周公宫 / 明公朝至于成周 / 明公用牲于京宫 / 用牲于康宫 / 用牲于明公 / 爽(尚)左右于乃寮以乃友事 / 敢追明公賞于父丁
12.6509 厝賜貝于公仲
12.6513 用享于皇天
12.6514 王大省公族于庚
12.6515 用乍(作)念于多友
12.7311 龏㚸賜商(賞)貝于㚸
12.7312 麃婦□賞于𢦏
14.9104 唯王初𡍩(祓)于成周
15.9299 王令般兄(貺)米于鈚(鎰)
15.9303 令乍(作)册折兄(貺)聖土于相侯
15.9432 師(餈)子于匹乍(作)旅盨
15.9451 鬲(嗝、鬲)于麥宫
15.9453 眔于王
15.9454 唯王大龠(禴)于宗周 / 王令士上眔史寅㱿(殷)于成周
15.9456 王再旂于豐 / 矩伯庶人取堇(瑾)章(璋)于裘衛 / 裘衛廼彘(矢)告于伯邑父、焚(榮)伯、定伯、𤸫伯、單伯
15.9671 永用享考(孝)于大宗
15.9678 禺(遇)邗王于黄池
15.9679 禺(遇)邗王于黄池
15.9690 其用享于宗
15.9691 其用享于宗
15.9713 用享孝于兄弟、聞(婚)顜(媾)、者(諸)老

15.9715 歲賢鮮于(虞)
15.9716 用享考(孝)于皇祖考
15.9717 用享考(孝)于皇祖考
15.9718 用禋祀于茲宗室 / 于茲先申(神)、皇祖
15.9719 至于萬意(億)年
15.9720 至于萬意(億)年
15.9728 王各于成宮 / 乍(作)冢嗣土(徒)于成周八師
15.9729 聖(聽)命于天子 / 于上天子用璧玉備(珽)/ 于大無嗣折(誓)、于大嗣命用璧、兩壺、八鼎 / 于南宮子用璧二備(珽)、玉二嗣(笥)、鼓鐘〔一銉〕
15.9730 聖(聽)命于天子 / 于上天子用璧玉備(珽)、〔玉〕一嗣(笥)/ 于大無嗣折(誓)、于大嗣命用璧、兩壺、八鼎 / 于南宮子用璧二備(珽)、玉二嗣(笥)、鼓鐘一銉(肆)
15.9733 虢者獻于霝(靈)公之所 / [illegible]于梁 / 歸獻于霝(靈)公之所 / 獻之于畝(輜、莊)公之所
15.9734 于皮(彼)新土(坴)
15.9735 節于醒(禋)醻 / 明友(跋)之于壺而時觀焉
15.9827 享孝于厥多公
16.9888 叔䚔(貔)賜貝于王釗(姒)
16.9893 鬲于麥宮
16.9894 戍鈴尊宜于𠑹(召)
16.9895 令乍(作)册折兄(貺)聖土于相侯
16.9899 王各于周廟 / 立于中廷
16.9900 王各于周廟 / 立于中廷
16.9901 令矢告于周公宮 / 明公朝至于成周 / 明公用牲于京宮 / 用牲于康宮 / 用牲于王 / 爽(尚)旨(逘、左)右于乃寮以乃友事 / 敢追明公賞于父丁
16.7360 于朕皇考
16.9972 唯東甽曹于金
16.10166 啻(禘)于珋(昭)王
16.10167 寶用于𢆶(新)邑
16.10173 壯武于戎工(功)/ 于洛之陽 / 獻䤋于王
16.10174 王初各(格)伐厥(玁)執(梳、狁)于罟盧 / 至于南淮尸(夷)
16.10175 初敎(盩)龢于政 / 武王則令周公舍(捨)圖(宇)于周
16.10176 至于大沽(湖)/ 至于邊柳 / 奉(封)于敝城、楮木 / 奉(封)于芻速(徠)/ 奉(封)于芻遼 / 登于广湶 / 奉(封)于眉道 / 奉(封)于原道 / 奉(封)于周道 / 奉(封)于䢵(棹)東疆 / 右還奉(封)于眉(郿)道 / 以南奉(封)于𡿪徠道 / 至于难(鳿)莫(墓)/ 左至于井邑 / 奉(封)于同道 / 矢王于豆新宮東廷
16.10285 乃以告事(吏)蜺、事(吏)曶于會
16.10321 命逋(逋)事(使)于述(遂)土
16.10322 益公內(入)即命于天子
16.10342 至于大廷
16.10371 節于𢾅(廩)釜(釜)
16.10374 □命諡陳得:左關釜(釜)節于𢾅(廩)釜(釜)/ 關鉚節于𢾅(廩)半 / 閉料于□外 / 于丌(其)事區夫
16.10580 保汝(如)母賜貝于庚姜
16.10582 伊𡚬征(延)于辛事(吏)
17.11107 乍(作)用于昌弗(?)
17.11124 辜(淳)于公之𧱏艁(造)
17.11125 辜(淳)于公之𧱏艁(造)
17.11393 [illegible]笙于缶
17.11407 獲于公尚
18.11608 滕(滕)之不㤁由于
18.11718 至于南行西行

4353 平

1.157 先會于平陰(陰)
1.158 先會于平陰(陰)
1.159 先會于平陰(陰)
1.160 先會于平陰(陰)
1.161 先會于平陰(陰)
1.172 簷(筥)叔之仲子平 / 仲平善弦(發)䰙考
1.173 簷(筥)叔之仲子平 / 仲平善弦(發)䰙考
1.174 簷(筥)叔之仲子平 / 仲平善弦(發)䰙考
1.175 簷(筥)叔之仲子平 / 仲平善弦(發)䰙考
1.176 簷(筥)叔之仲子平 / 仲平善弦(發)䰙考
1.177 簷(筥)叔之仲子平 / 仲平善弦(發)䰙考
1.178 簷(筥)叔之仲子平 / 仲平善弦(發)䰙考
1.179 簷(筥)叔之仲子平 / 仲平善弦(發)䰙考

1.180 簷(筥)叔之仲子平/仲平善弢(發)叡考
3.1236 平
5.2576 平宮右般
5.2577 在平陰勹(庖)之所
5.2771 郡公平侯自乍(作)尊鍑(盂)
5.2772 郡公平侯自乍(作)尊鍑(盂)
9.4644 拍乍(作)朕配平姬墉宮祀彝
9.4648 用乍(作)平壽适器辜(敦)
16.10385 以禾石石尚(當)孌平石
16.10478 丘平者五十乇(尺)/丘平者五十乇(尺)/丘平者五十乇(尺)/丘平者卌(四十)乇(尺)/丘平者卌(四十)乇(尺)
17.10925 平陸
17.10926 平陸
17.11001 平阿左
17.11017 平陽左庫
17.11041 平垔(阿)左鋱(戈)
17.11056 平陸左戜(戟)
17.11101 平阿右造(?)鋱(戈)
17.11156 平壂(埸)高馬里鋱(戈)
17.11158 平阿左造徒戜(戟)
18.11465 平周
18.11466 平周
18.11467 平周
18.11471 平陽
18.11542 平都、濕成
18.11556 相邦春平侯、邦右庫工師肖(趙)瘁、冶韓開教(撻)齋(劑)
18.11557 相邦春平侯、邦左伐器工師長瞿(鳳)、冶粘(粘)教(撻)齋(劑)
18.11558 相邦春平侯、邦左庫工師長瞿(鳳)、冶勻(匀)教(撻)齋(劑)
18.11609 陰(陰)平左庫之皓(造)
18.11662 相邦春平侯☐伐器工師□□、冶☐
18.11671 安平守變疾、左庫工師賦(戠)頙、冶余教(撻)齋(劑)
18.11682 相邦春平侯、邦左庫工師肖(趙)瘠、冶事(吏)開教(撻)齋(劑)
18.11683 相邦春平侯、邦左庫工師肖(趙)瘠、冶事(吏)開教(撻)齋(劑)
18.11684 相邦春平侯、邦左庫工師□□□、冶馬齋(劑)
18.11688 相邦春平侯、邦左庫工師肖(趙)瘠、冶君(尹)五月教(撻)齋(劑)
18.11689 相邦春平侯、邦左伐器工師長瞿(鳳)、冶赦教(撻)齋(劑)
18.11690 相邦春平侯、邦左伐器工師長瞿(鳳)、冶明教(撻)齋(劑)
18.11691 相邦春平侯、邦左伐器工師長瞿(鳳)、冶句教(撻)齋(劑)
18.11694 春平相邦鄗(晉)得、邦右庫工師叚(䀛)輅徒、冶臣成教(撻)齋(劑)
18.11699 相邦春平侯、邦左伐器工師□□□□、冶亘教(撻)齋(劑)
18.11707 相邦春平侯、邦左庫工師長身、冶宎瀌教(撻)齊(劑)
18.11708 相邦春平侯、邦右庫工師訬秐、冶巡教(撻)齋(劑)
18.11709 相邦春平侯、邦右伐器工師羊敊(播)、冶疢教(撻)齋(劑)
18.11710 相邦春平侯、左伐器癖工師析論、冶敤教(撻)齋(劑)
18.11713 相邦春平侯、邦左伐器工師長瞿(鳳)、冶句教(撻)齋(劑)
18.11714 相邦春平侯、邦左伐器工師長瞿(鳳)、冶句教(撻)齋(劑)
18.11715 相邦春平侯、邦右伐器工師從訬、冶巡教(撻)齋(劑)
18.11716 相邦春平侯、邦左伐器工師長瞿(鳳)、冶匡教(撻)齋(劑)

4354 㕑(㕑)

8.4321 先虎臣後庸:西門尸(夷)、秦尸(夷)、京尸(夷)、𥄳尸(夷)、師笭、側新(薪)、□華尸(夷)、弁豸尸(夷)、㕑人、成周走亞、戍、秦人、降人、服尸(夷)

4355 丏

3.499 𠂤丏父丁
3.841 丏亞父丁
4.2162 丏⿰彳爻(佼)乍(作)尊/大丏
4.2163 丏⿰彳爻(佼)乍(作)尊/大丏
6.3457 大丏乍(作)母彝
6.3667 倗丏乍(作)義妣寶尊彝
10.4814 亞丏
10.5073 舟丏父丁
11.5576 丏甫
11.6170 大丏
12.6395 亞丏父丁
12.7299 尧(瞽)丏䚒父辛彝
14.8473 丏父丁
14.8944 大丏父辛

14.8945 父辛𡵂(瞽)丏
15.9252 丏甫
15.9285 爵丏父癸
15.9309 丏甫
16.9844 丏甫
16.9860 角丏
16.9894 𪔯商(賞)貝十朋、丏豚

4356 万

17.11267 單𡒊託乍(作)用戈三万(萬)

4357 冂

5.2837 賜女(汝)𩰫一卣、冂(裖)衣、芾、舄、車、馬
11.5978 匽(燕)侯賞復冂(裖)衣、臣妾、貝
11.6015 𠝹(齎)用王乘車馬、金勒、冂(裖)衣、芾、舄
16.10342 冂(冪)宅京師

4358 𡨦

5.2816 賜女(汝)秬𩰫一卣、玄袞衣、幽夫(芾)、赤舄、駒車、畫呻(紳)、幬(幬)學(較)、虎韔(韔)、𡨦袛里幽、攸(鋚)勒、旅(旂)五旅(旂)、彤弓、彤矢、旅(旅)弓、旅(旅)矢、𢦔戈、𩊄(皋)胄
5.2831 矩取省車、𩉴𩫋(賁)𠚍、虎𡨦(幎)、蔡(𢀁)𦅫、畫轉、𠦪(鞭)𢂾(席)𩌏、帛𢇁(纏)乘、金𩏂(鑣)鋞(鋞)/舍(捨)顏有𤔲壽商𡊒(貉)裘、盠𡨦/舍(捨)溓𪊨𡨦(幎)𢶸(?)𩫋(幘)、𩌏𠚍
5.2841 賜女(汝)秬𩰫一卣、祼圭瓚寶、朱芾、悤(蔥)黃(衡)、玉環、玉瑹、金車、𩫋(賁)𦆫較(較)、朱𩌏(鞹)𠚍靳、虎𡨦(冪)熏裏、右軛、畫轉、畫𨌲、金甬(桶)、遣(錯)衡、金𨍹(踵)、金豙(軝)、約(約)𣪊(盛)、金簟弼(茀)、魚箙、馬四匹、攸(鋚)勒、金𠦑(臺)、金膺、朱旂二鈴(鈴)
6.3160 父乙𡨦
8.4302 余賜女(汝)秬𩰫一卣、金車、𩫋(賁)𤔲(幬)𩊮(較)、𩫋(賁)𠚍朱虢(鞹)靳、虎𡨦(冪)𥹉(朱)裏、金甬(筩)、畫聞(𨌲)、金厄(軛)、畫轉、馬四匹、鋚勒
8.4318 賜女(汝)秬𩰫一卣、金車、𩫋(賁)較(較)、朱虢(鞹)𠚍靳、虎𡨦(冪)熏(纁)裏、右厄(軛)、畫轉、畫𨌲、金甬(筩)、馬四匹、攸(鋚)勒
8.4319 賜女(汝)秬𩰫一卣、金車、𩫋(賁)較(較)、朱虢(鞹)𠚍靳、虎𡨦(冪)熏(纁)裏、右厄(軛)、畫轉、畫𨌲、金甬(筩)、馬四匹、攸(鋚)勒
8.4326 賜朱芾、悤(蔥)黃(衡)、鞞𩌏(璲)、玉睘(環)、玉瑹、車、電軫、𩫋(賁)𦆫較(较)、朱𩌏(鞹)𠚍靳、虎𡨦(冪)熏(纁)裏、遣(錯)衡、右厄(軛)、畫轉、畫𨌲、金童(踵)、金豙(軝)、金簟弼(茀)、魚葡(箙)、朱旂旜(旜)金芃二鈴
8.4343 賜女(汝)秬𩰫一卣、金車、𩫋(賁)較(較)、畫𨌲、朱虢(鞹)𠚍靳、虎𡨦(冪)熏(纁)裏、旂、余(駼)〔馬〕四匹
9.4467 賜女(汝)秬𩰫一卣、赤芾、五黃(衡)、赤舄、牙僰、駒車、𩫋(賁)較(較)、朱虢(鞹)𠚍靳、虎𡨦(冪)熏(纁)裏、畫轉(轉)、畫𨌲、金甬(筩)、朱旂、馬四匹、攸(鋚)勒、素戉(鉞)
9.4468 賜女(汝)秬𩰫一卣、赤芾、五黃(衡)、赤舄、牙僰、駒車、𩫋(賁)較(較)、朱虢(鞹)𠚍靳、虎𡨦(冪)熏(纁)裏、畫轉(轉)、畫𨌲、金甬(筩)、朱旂、馬四匹、攸(鋚)勒、素戉(鉞)
9.4469 賜女(汝)秬𩰫一卣、乃父芾、赤舄、駒車、𩫋(賁)較(較)、朱虢(鞹)𠚍靳、虎𡨦(冪)熏(纁)裏、畫轉、畫𨌲、金甬(筩)、馬四匹、鋚勒
14.8722 𡨦父癸
16.9898 賜秬𩰫一卣、玄袞衣、赤舄、金車、𩫋(賁)𠚍朱虢(鞹)靳、虎𡨦(冪)熏(纁)裏、𩫋(賁)較(較)、畫轉、金甬(筩)、馬四匹、攸(鋚)勒

4359 鼏

3.614 叔鼏乍(作)己(紀)伯父丁寶尊彝
8.4315 鼏(冪)宅禹責(蹟)
16.10361 齊邦鼏(謐)靜安寧

4360 賔(𡨦)

15.9601 賔(𡨦)車父乍(作)寶壺
15.9602 賔(𡨦)車父乍(作)寶壺

4361 宀、冋(坰)

5.2783 賜趞曹載(緇)芾、冋(𥃝)黃(衡)、䜌(鑾)
5.2813 賜載(緇)芾、冋(𥃝)黃(衡)、玄衣黹屯(純)、戈琱㦸、旂
5.2836 賜女(汝)𦋪(素)芾、參冋(絅)、苸

悤(蔥)

8.4279 賜女(汝)赤芾、冋(裔)黃(衡)、麗般(鞶)

8.4280 賜女(汝)赤芾、冋(裔)黃(衡)、麗般(鞶)

8.4281 賜女(汝)赤芾、冋(裔)黃(衡)、麗般(鞶)

8.4282 賜女(汝)赤芾、冋(裔)黃(衡)、麗般(鞶)

8.4296 賜女(汝)赤芾、冋(裔)䙴(縷)黃(衡)、絲(鑾)旂

8.4297 賜女(汝)赤芾、冋(裔)䙴(縷)黃(衡)、絲(鑾)旂

8.4321 賜女(汝)玄衣黹屯(純)、載(緇)芾、冋(裔)黃(衡)、戈琱㦸、歇(厚)必(柲)、彤沙(蘇)、絲(鑾)旂、攸(鋚)勒

8.4343 有冋(炯)事包廼多𤔲(亂)

10.5418 令史懋賜免:載(緇)芾、冋(裔)黃(衡)

11.6006 令史懋賜免:載(緇)芾、冋(裔)黃(衡)

12.6442 冋(坰)逋乍(作)父乙

12.6516 賜趩戠(織)衣、載(緇)芾、冋(裔)黃(衡)、旂

12.6940 冋犨

13.8223 冋龍

13.8233 冋戈

13.8234 冋戈

14.8319 冋祖丙

14.8712 父癸冋

17.11390 邦府大夫肖(趙)閔、邦上庫工師韓山、冶冋敕(捷)齋(劑)

18.11761 冋(坰)

18.11903 犨冋

4362 央

6.3370 央乍(作)寶毁

16.10173 彤矢其央

18.11566 曰:毋又(有)中央/曰:毋又(有)中央

4363 市

16.10174 即市/毋不即市

16.10374 子禾(和)子□□內者御梠(莒)市

18.12110 自酈(鄂)市

18.12111 自酈(鄂)市

18.12112 自酈(鄂)市

18.12113 自酈(鄂)市

4364 凵(坎)

14.8578 凵(坎)父己

4365 臽(陷)

1.260 南或(國)𠬝孳(子)敢臽(陷)處我土

12.7122 臽(陷)父戊

4366 囗

12.6370 囗㚔祖己

4367 凸

14.8504 凸父丁

4368 ㄗ

13.8281 ㄗ離

4369 卆、卆

10.4843 卆母

13.8133 女(母)卆

4370 ㄗ(牢)

13.8143 ㄗ天

4371 𠙶(囚)

14.8364 𠙶祖癸

4372 甹、挽

14.8929 甹(挽)父己犕

4373 𠛚、刖

11.5806 刖父壬

4374 厶、私

3.1508 私官眦(貲)

4.1995 安氏私官

4.2102 中私官

4.2304 張(長)信侯私官

5.2658 私官

5.2773 詢(信)安君私官/詢(信)安君私官

15.9583 見厶(私)官

18.11863 私庫嗇夫貴正、工孟鮮

18.11864 私庫嗇夫貴正、工夏昊(昃)

18.11865 私庫嗇夫貴正、工陲亘

18.12042 私庫嗇夫貴正、工適

18.12043 私庫嗇夫貴正、工適

18.12044 私庫嗇夫貴正、工適

18.12045 私庫嗇夫貴正、工適

18.12046 私庫嗇夫貴正、工適

18.12047 私庫嗇夫貴正、工適

18.12048 私庫嗇夫貴正、工適

18.12049 私庫嗇夫貴正、工適

18.12050 私庫嗇夫貴正、工適

18.12051 私庫嗇夫貴正、工適

18.12052 私庫嗇夫貴正、工適

18.12053 私庫嗇夫貴正、工適

4375 美

17.10988 美左庫

4376 曲

4.2303 襄公上坖(堵)曲易𢦏

5.2757 惠于刺曲

14.8501 曲父丁

16.10407 宜曲則曲

18.12032 昜(陽)曲篓馬重(童)

4377 予

3.563 乍(作)予叔嬴賸

(賸)鬲

4378 幻

7.3962 孟弼父乍(作)幻伯妊賸(媵)段八
7.3963 孟弼父乍(作)幻伯妊賸(媵)段八

4379 舒

17.11376 冢子韓熷(戟)、邦庫嗇夫敖(扶)湯、冶舒散(撸、造)戈

4380 斜

17.11339 斜左乘馬大夫子駿戲

4381 吕、吕

1.86 擇其吉金膚(鏞)吕(鋁)
1.149 玄鏐膚(鏞)吕(鋁)
1.150 玄鏐膚(鏞)吕(鋁)
1.151 玄鏐膚(鏞)吕(鋁)
1.152 玄鏐膚(鏞)吕(鋁)
1.223-4 青吕(鋁)專皇
2.290 其在齊爲吕音
2.293 割(姑)銑(洗)之在楚也爲吕鐘
2.319 其在鄰(齊)爲吕音
2.321 割(姑)銉(洗)之在楚爲吕鐘
2.322 其在鄰(齊)也爲吕音
2.325 割(姑)銉(洗)之在楚也爲吕鐘
2.328 割(姑)銉(洗)之在楚也爲吕鐘
2.429 玄鏐鈍吕(鋁)
3.635 吕王乍(作)尊鬲
3.636 吕雠姬乍(作)齋彝
5.2754 吕征(延)于大室/王賜吕秬鬯三卣、貝卅朋
6.3348 吕姜乍(作)段
7.3822 休王賜效父吕(鋁)三
7.3823 休王賜效父吕(鋁)三
7.3979 吕伯乍(作)厥宮室寶尊彝段
8.4245 [illegible](曾)孫三兒曰:余吕以□之孫
8.4273 王以(與)吳朿、吕犅(犅)
8.4341 王令吕伯曰:以乃師右比毛父
10.5318 吕
10.5319 王賜[illegible]高吕(鋁)
10.5391 賜吕(鋁)二、聿(筆)二
10.5409 王各于吕𩰫
11.5971 賜吕(鋁)二、聿(筆)二
12.6503 吕伯乍(作)厥取(祖)寶尊彝
14.9095 吕仲僕乍(作)毓子寶尊彝
15.9610 吕季姜乍(作)醴壺
15.9611 吕季姜乍(作)醴壺
15.9630 吕王造乍(作)內(芮)姬尊壺
15.9689 吕行蔵(提)寽(捋)兕(犀)
15.10169 備仲內(入)右(佑)吕服余/吕服余敢對揚天〔子〕不(丕)顯休令(命)
16.10243 吕仲生[illegible]乍(作)旅也(匜)
17.10955 吕師(次)戈
17.11200 衛公孫吕之告(造)戈
17.11308 相邦吕不韋造
17.11380 相邦吕不韋造
17.11395 相邦吕不韋造
17.11396 相邦吕不韋造
18.11696 玄鏐鋪(鏞)吕(鋁)
18.11697 玄鏐鋪(鏞)吕(鋁)
18.11698 ⧄鋪(鏞)吕(鋁)
18.11786 吕大叔之貳車之斧
18.11787 吕大叔之貳車之斧

4382 毛

10.5019 毛田舌
16.10478 王堂方二百毛(尺)/丘平者五十毛(尺)/丌(其)坡五十毛(尺)/王后堂方二百毛(尺)/丘平者五十毛(尺)/丌(其)坡五十毛(尺)/寍(寧)后堂方二百毛(尺)/丘平者五十毛(尺)/丌(其)坡五十毛(尺)/□堂方百五十毛(尺)/丌(其)棍(題)起(凑)埗(長)三毛(尺)/丘平者卌(四十)毛(尺)/丌(其)坡卌(四十)毛(尺)/夫人堂方百五十毛(尺)/丌(其)棍(題)起(凑)埗(長)三毛(尺)/丘平者卌(四十)毛(尺)/丌(其)坡卌(四十)毛(尺)/兩堂閒(間)百毛(尺)/兩堂閒(間)八十毛(尺)/大酒(將)宮方百毛(尺)/執白(帛)宮方百毛(尺)/正奎宮方百毛(尺)/㾓宗宮方百毛(尺)
18.11459 毛庫
18.11773 毛

4384 𡰥、𡰥(尺)

3.504 𡰥(尺)
3.783 𡰥(尺)
3.812 乙父𡰥
3.1154 𡰥
3.1155 𡰥
3.1156 𡰥
3.1157 𡰥
4.1601 𡰥(尺)父戊
4.1648 𡰥(尺)父辛

4.1649 ▨(尺)父辛
4.1671 ▨(尺)父癸
4.1672 ▨(尺)父癸
4.1696 ▨父己(？)
6.2990 ▨(尺)
6.2991 ▨
6.2992 ▨
6.2993 ▨
6.3144 ▨父甲
6.3152 ▨父乙
6.3174 ▨父丁
6.3205 ▨父辛
6.3430 ▨乍(作)父丁彝
10.4764 ▨
10.4765 ▨
10.4766 ▨
10.4881 ▨安
10.4921 ▨父乙
10.4940 ▨父丁
10.4962 ▨父己
10.4982 ▨父辛
10.4983 辛父▨
10.5254 ▨
11.5493 ▨
11.5494 ▨
11.5608 祖辛▨
11.5621 父乙▨
11.5622 ▨父乙
11.5633 ▨父丁
11.5892 ▨
11.5989 ▨
11.6202 ▨祖丙
11.6233 ▨父乙
11.6234 ▨父乙
11.6235 ▨父乙
11.6278 ▨父己
11.6308 ▨父辛
11.6309 ▨父辛

11.6310 ▨父辛
12.6765 ▨
12.6766 ▨
12.6767 ▨
12.6832 丁▨
12.7098 ▨父乙
12.7129 ▨父己
12.7237 ▨戔父丁
13.7688 ▨(尺)
13.7689 ▨
13.7690 ▨
13.7691 ▨
13.7692 ▨
13.7693 ▨
13.7694 ▨
13.7695 ▨
13.8037 己▨
13.8038 己▨
14.8316 ▨祖乙
14.8317 ▨祖乙
14.8320 ▨祖丙
14.8338 ▨祖己
14.8365 ▨祖癸
14.8417 ▨父乙
14.8491 ▨父丁
14.8492 ▨父丁
14.8493 ▨父丁
14.8494 ▨父丁
14.8496 ▨父丁
14.8575 ▨父己
14.8591 ▨父庚
14.8654 ▨父辛
14.8655 ▨父辛
14.8729 ▨父癸
14.8733 ▨父□
15.9175 紫▨(尺)
15.9321 ▨(尺)
15.9363 ▨父癸
15.9786 父乙▨

16.10519 ▨父丁

4385　▨、▨(叽、瞲)

13.7696 ▨(瞲)
13.8272 ▨(瞲)文
17.10669 ▨(叽、瞲)

4386　□(方)

3.1064 □(方)
12.6844 己□(方)

4387　方

1.181 畯永保四方
1.182 聞于四方
1.193 聞于四方
1.194 聞于四方
1.195 聞于四方
1.196 聞于四方
1.197 聞于四方
1.198 聞于四方
1.251-6 匍(撫)有四方
1.262-3 以兓事緣(蠻)方/匍(撫)有四方
1.264-6 以兓事緣(蠻)方
1.267 以兓事緣(蠻)方/匍(撫)有四方
1.268 以兓事緣(蠻)方/匍有四方
1.269 以兓事緣(蠻)方/匍(撫)有四方
1.270 匍(撫)又(有)四方
2.358 匍(撫)右(有)四方/用𤔲不廷方/永畯尹四方
3.944 王宜人(夷)方
3.949 中省自方、登(鄧)

4.2164 史逨(徠)乍(作)寶方鼎
4.2165 史逨(徠)乍(作)寶方鼎
5.2694 王令宜子迨(會)西方于省
5.2709 唯王正(征)井方
5.2751 唯王令南宮伐反(叛)虎方之年
5.2752 唯王令南宮伐反(叛)虎方之年
5.2809 師旅眾僕不從王征于方雷
5.2810 噩(鄂)侯馭方內(納)壺于王/馭方各(侑)王/馭方卿(佮)王射/馭方休闌/王寴(親)賜馭方玉五穀、馬四匹、矢五束/馭方拜手頜首
5.2833 克夾召(紹)先王奠四方/亦唯噩(鄂)侯馭方率南淮尸(夷)、東尸(夷)/王廼命西六師、殷八師曰：剝(撲)伐噩(鄂)侯馭方/重(惟)西六師、殷八師伐噩(鄂)侯馭方/休獲厥君馭方
5.2834 克夾召(紹)先王曰(奠)左(四)方/亦唯噩(鄂)侯馭方率南〔淮〕尸(夷)、東〔尸〕廣〔伐〕南或(國)東或(國)/王〔廼〕命廼(西)六師、殷八師曰：剝(撲)伐噩(鄂)

侯馭方 / 叀(惟)揚(西)六師、殷八師〔伐噩〕侯馭方 /〔休獲厥君馭〕方
5.2836 畯尹四方
5.2837 匍(撫)有四方 /〔匍〕有四方 / 夙夕召(紹)我一人烝四方
5.2839 䳣(鬼)方子□□入三門 / 告曰: 王令盂以□□伐䳣(鬼)方
5.2840 含(今)舍(余)方壯 / 身勤社稷行四方 / 方譬(數)百里
5.2841 衛褢(懷)不廷方 / 䟢䟢四方 / 虢許上下若否雩(于)四方 / 命女(汝)亟(極)一方
8.4138 唯𤔲令伐人(夷)方
8.4261 王凡三方
8.4302 右(佑)闢四方
8.4315 竃(造)囿(有)四方
8.4317 墜(地)于四方
8.4326 用諫四方
8.4328 馭方、厰(玁)允(狁)廣伐西俞
8.4329 馭方、厰(玁)允(狁)廣伐西俞
8.4341 乍(作)四方亟(極)
8.4342 雩四方民亡不康靜(靖)
9.4467 匍(撫)有四方
9.4468 匍(撫)有四方
9.4631 具既卑(俾)方
9.4632 具既卑(俾)方
10.5415 遘于四方
10.5417 唯子曰令望人(夷)方䍙
11.5990 唯王來征人(夷)方
11.6003 遘于四方
11.6016 尹三事四方 / 舍(捨)四方命(令)
14.8778 亞母方
15.9733 䟤方綾滕相乘駐(牡)
16.9901 尹三事四方 / 舍(捨)四方令
16.10167 緣伯方□邑
16.10173 經緻(維)四方 / 用政(征)緣(蠻)方
16.10174 王令甲政𤔲(𤔲)成周四方責(積)
16.10175 通征四方 / 方緣(蠻)亡不𤔲(踝)見
16.10260 雩之四方
16.10342 廣𤔲四方
16.10360 休王自穀事(使)賞畢土方五十里
16.10422 方城䍙
16.10423 方城䍙
16.10478 王堂方二百乇(尺)/ 王后堂方二百乇(尺)/ 忢(寧)后堂方二百乇(尺)/□堂方百五十乇(尺)/ 夫人堂方百五十乇(尺)/ 大𨡓(將)宮方百乇(尺)/ 執㿝(帛)宮方百乇(尺)/ 正奎宮方百乇(尺)/ 痞宗宮方百乇(尺)
17.11252 邛(江)季之孫□方或之元
17.11346 卬(抑)敷(鬼)方緣(蠻)

4388 ⿸方配

12.6515 其鼎此⿸方配裸

4389 〇、圓

3.1065 圓

4390 員

4.1958 員乍(作)用鼎
4.2038 伯員乍(作)旅鼎
5.2695 王令員執犬
5.2789 王𡚬(訆)姜事(使)內史友員賜戜玄衣、朱褋裣
6.3564 員父乍(作)寶尊𣪕
7.3950 鳿(唯)叔從王、員征楚荊
7.3951 鳿(唯)叔從王、員征楚荊
10.5024 員乍(作)夾
10.5387 員從史旟伐會(鄶)/ 員先內(入)邑 / 員俘金
11.5692 員乍(作)旅
11.5861 員父乍(作)寶尊彝
11.5966 員乍(作)父壬寶尊彝
12.6431 員乍(作)旅彝
12.6432 員乍(作)旅彝
14.8818 員乍(作)旅
14.8819 員乍(作)旅
15.9367 員乍(作)盉
15.9534 員乍(作)旅壺
15.9803 乍(作)員從彝
15.9804 乍(作)員從彝

4391 ⿰貝隹

5.2826 征繁湯(陽)⿰貝隹

4392 ⊖、⿰⊖市(䋢)

5.2781 王賜赤⊖巿、玄衣黹屯(純)、緣(鑾)旅(旂)
5.2804 曰: 賜女(汝)赤⊖巿、緣(鑾)旂
5.2838 賜女(汝)赤⊖〔巿〕、□
8.4197 賜戠(織)衣、赤⊖巿
8.4240 賜女(汝)赤⊖巿
8.4246 內史尹氏冊命楚: 赤⊖巿、緣(鑾)旂
8.4247 內史尹氏冊命楚: 赤⊖巿、緣(鑾)旂
8.4248 內史尹氏冊命楚: 赤⊖巿、緣(鑾)旂
8.4249 內史尹氏冊命楚: 赤⊖巿、緣(鑾)旂
8.4255 賜女(汝)戠(織)衣、赤⊖巿、緣(鑾)旂、楚走馬
8.4272 賜女(汝)赤⊖巿、緣(鑾)
8.4276 賜女(汝)戠(織)衣、⊖巿、緣(鑾)

旂

8.4294 賜(賜)女(汝)赤⊖(⊖)芾、䜌(鑾)旂

8.4295 賜(賜)女(汝)赤⊖(⊖)芾、䜌(鑾)旂

4393 嵤、營

3.582 營子旅乍(作)父戊寶彝

3.583 營子旅乍(作)父戊寶彝

4.2320 營子旅乍(作)父戊寶彝

15.9390 營子乍(作)父戊

15.9391 營子乍(作)父戊

4394 囗(圍)

16.9909 囗(圍)冊

4395 ⿴囗己(起)

13.7753 ⿴囗己(起)

13.7754 ⿴囗己(起)

4396 ⿵冂丨

12.7189 弓丁⿵冂丨

12.7190 弓丁⿵冂丨

4397 回

14.8906 父丁⿵凵口回

4398 囝

3.1047 囝

3.1048 囝

6.3435 囝乍(作)父辛彝

12.6531 囝

13.7321 囝

14.8597 囝父辛

4399 因

5.2765 因付厥且僕二家

9.4649 陳侯因脊(齊)曰：皇考孝武超(桓)公龔(恭)截(戴)/其惟因脊(齊)揚皇考

15.9735 因載所美

17.11081 陳侯因脊(齊)鋯(造)

17.11129 陳侯因脊(齊)之造

17.11260 陳侯因咨(齊)造

4400 困

14.8909 父丁困冊

4401 囷(種)

13.7737 囷(種)

13.7738 囷(種)

4402 固

15.9675 左使車嗇夫孫固所勒(勒)翰(看)器乍(作)勒(勒)者

15.9685 左使車嗇夫孫固、工自(師)賃

15.9686 左使車嗇夫孫固、工墳(埘)

15.9692 左使車嗇夫孫固、工上

15.9693 左使車嗇夫孫固、工墳(埘)

16.10444 左使車嗇夫孫固、工蔡

16.10447 左使車嗇夫孫固、工㬎

17.10938 成固

17.10939 成固

17.10940 成固

18.11562 安陽倫(令)韓壬、司刑欣(听)鈠、右庫工師芟(若)固、冶瓯㪉(造)戟束(刺)

18.12054 左使車嗇夫孫固、工墳(埘)

18.12055 左使車嗇夫孫固、工墳(埘)

18.12056 左使車嗇夫孫固、工墳(埘)

18.12057 左使車嗇夫孫固、工墳(埘)

18.12058 左使車嗇夫孫固、工墳(埘)

18.12059 左使車嗇夫孫固、工墳(埘)

18.12060 左使車嗇夫孫固、工墳(埘)

18.12061 左使車嗇夫孫固、工墳(埘)

18.12062 左使車嗇夫孫固、工墳(埘)

18.12063 左使車嗇夫孫固、工墳(埘)

4403 ⿰古丰(固)

1.270 厥名曰⿰古丰(固)邦

10.5419 女(汝)其以成周師氏戍于⿰古丰(固)師(次)

10.5420 女(汝)其以成周師氏戍于⿰古丰(固)師(次)

11.6008 爰從師雍父戍于⿰古丰(固)自(次)之年

16.10342 ⿰古丰(固)燮萬邦/⿰古丰(固)親百嵩

16.10382 侯興□⿰古丰(固)三

4404 囿

8.4315 竈(造)囿(有)四方

4405 ⿴囗旬

18.11888 ⿴囗旬

4406 圃

7.3990 在小圃

9.4402 圃自乍(作)旅盨

9.4403 圃自乍(作)旅盨

16.9890 王在圃

18.11651 鵙公圃自乍(作)元鐱(劍)

4407 圂

5.2841 趩余小子圂湛于艱

12.6652 圂

12.6653 圂

4408 ⿴囗㠯

6.3005 ⿴囗㠯

6.3006 ⿴囗㠯

4409 國

1.210 建我邦國

1.211 建我邦國

1.217 建我邦國

1.218 建我邦國

1.219 建我邦國
1.220 建我邦國
1.221 建我邦國
1.222 建我邦國
1.261 余尃(溥)昀(徇)于國
1.270 竈(肇)又(有)下國
3.1348 國子
4.1935 國子
4.2482 昌國豚工師翟伐、冶更所爲
5.2683 保辪(嬖)鄁(部)國
5.2684 保辪(嬖)鄁(部)國
5.2685 保辪(嬖)鄁(部)國
5.2686 保辪(嬖)鄁(部)國
5.2687 保辪(嬖)鄁(部)國
5.2688 保辪(嬖)鄁(部)國
5.2689 保辪(嬖)鄁(部)國
5.2757 事四國
7.4076 保辪(嬖)鄁(部)國
7.4077 保辪(嬖)鄁(部)國
7.4078 保辪(嬖)鄁(部)國
7.4079 保辪(嬖)鄁(部)國
7.4080 保辪(嬖)鄁(部)國
7.4081 保辪(嬖)鄁(部)國
7.4082 保辪(嬖)鄁(部)國
7.4083 保辪(嬖)鄁(部)國
7.4084 保辪(嬖)鄁(部)國
7.4085 保辪(嬖)鄁(部)國
7.4086 保辪(嬖)鄁(部)國
7.4087 保辪(嬖)鄁(部)國
10.5419 王令𢦏曰：叡淮尸(夷)敢伐內國
10.5420 王令𢦏曰：叡淮尸(夷)敢伐內國
15.9698 保辪(嬖)鄁(部)國
15.9699 保辪(嬖)鄁(部)國
16.10152 保辪(嬖)鄁(部)國
16.10167 睗(賜)三國
16.10342 保辪(嬖)王國
16.10361 國差(佐)立(涖)事歲
18.11915 用差(佐)商國

4410　⿴囗出(圍)

3.1057 ⿴囗出(圍)
3.1058 ⿴囗出(圍)
3.1059 ⿴囗出(圍)
15.9746 ⿴囗出(圍)

4411　⿴囗足(圍)

2.361 ⿴囗足(圍)
3.1053 ⿴囗足(圍)
3.1054 ⿴囗足(圍)
3.1055 ⿴囗足(圍)
3.1056 ⿴囗足(圍)
6.2945 ⿴囗足(圍)
6.2946 ⿴囗足(圍)
6.2947 ⿴囗足(圍)
11.6035 ⿴囗足(圍)
12.6637 ⿴囗足(圍)
13.7485 ⿴囗足
13.7486 ⿴囗足
13.7487 ⿴囗足
13.7488 ⿴囗足
13.7489 ⿴囗足
15.9132 ⿴囗足(圍)
15.9462 ⿴囗足(圍)
15.9463 ⿴囗足(圍)
17.10691 ⿴囗足(圍)

4412　圍

15.9733 齊三軍圍釐(萊)

4413　⿴囗禹(宇)

16.10175 武王則令周公舍(捨)⿴囗禹(宇)于周

4414　⿴囗昆(昆)

4.2502 ⿴囗昆(昆)君婦媿霝[作]旅尊貞(鼎)
15.9434 ⿴囗昆(昆)君婦媿霝乍(作)癸(鍪)

4415　⿴囗臾(匽、庚)

11.6014 用乍(作)⿴囗臾(匽、庚)公寶尊彝

4416　⿴囗昜

9.4668 蔓(畫)⿴囗昜窑(陶)里人告(造)

4417　團

4.2345 解子乍(作)厥宂團宮鼎
10.5416 用乍(作)團宮旅彝
11.6004 用乍(作)團宮旅彝

4418　圖

5.2814 灰(賄)于圖室
5.2825 各圖室
8.4320 王省武王、成王伐商圖 / 征(誕)省東或(國)圖
10.5005 子廟圖
11.5682 子廟圖
16.9870 子廟圖
16.10176 厥受(授)圖
17.11380 詔事(使)圖、丞戠、工寅
17.11395 詔事(使)圖、丞戠、工奭
17.11396 詔事(使)圖、丞戠、工寅

4419　圏

4.2471 圏兆乍(作)鼎

4420　⿴囗貉

1.247 ⿴囗貉(恪)夙夕
1.248 ⿴囗貉(恪)夙夕
1.249 ⿴囗貉(恪)夙夕
1.250 ⿴囗貉(恪)夙夕
2.358 用醽⿴囗貉先王
5.2831 舍(捨)顏有嗣壽商⿴囗貉(貉)裘、盠冟
5.2841 醽(申)⿴囗貉(恪)大命 / ⿴囗貉(恪)夙夕

8.4242 用䌛（申）𤔲（恪）、奠保我邦、我家
8.4317 䌛（申）𤔲（恪）皇帝大魯令（命）
8.4326 用䌛（申）𤔲（恪）大令（命）
16.10175 天子𤔲（恪）𠩺（纘）文武長剌（烈）

4421 圜

9.4645 齊侯乍（作）朕（媵）寬圜孟姜膳辜（敦）
16.10159 齊侯乍（作）賸（媵）寬圜孟姜盥般（盤）
16.10283 齊侯乍（作）賸（媵）寬圜孟姜盥盂

4422 𡥜（轂）

11.5965 子光商（賞）𡥜（轂）冀啟貝

4423 冒

5.2831 舍（捨）盠冒梯、羝皮二、選皮二、業舄通（甬）皮二

4424 胄

4.2457 俘厥金胄
5.2784 史趞曹賜弓矢、虎盧、九（厹）、胄、毌（干）、殳
5.2816 賜女（汝）秬鬯一卣、玄衮衣、幽夫（市）、赤舄、駒車、畫呻（紳）、䡅（幬）學（較）、虎幃（幃）、冟袨里幽、攸（鋚）勒、旅（旂）五旅（旂）、彤弓、彤矢、旅（玈）弓、旅（玈）矢、𡉈戈、虢（皋）胄
5.2839 弓一、矢百、畫虢（皋）一、貝胄一、金毌（干）一、戠戈二、矢箙八
8.4167 賜祈胄、干戈
8.4322 俘戎兵𤸿（盾）、矛、戈、弓、備（箙）、矢、裨胄
9.4532 胄自乍（作）餴（饙）簠
9.4641 𨞮（郘）公胄（克）鑄其餴（饙）𨭆（敦）
15.9734 竹（畜）胄亡疆
15.9735 氏（是）以身蒙幸（皋）胄

4425 𡉈

7.3858 王在侯𡉈

4426 𠨰

14.8418 𠨰父乙

4427 㥯（悁）

3.968 亞㥯（悁）

4428 良

1.183 余義楚之良臣
3.945 邕子良人擇其吉金
4.2057 良（郎）季乍（作）寶貞（鼎）
5.2675 郐（徐）王𥃩用其良金
5.2766 𠕒良聖每（敏）
7.3914 大（太）師事（史）良父乍（作）寶設
8.4262 格伯爰良馬乘于倗生（甥）
8.4263 格伯爰良馬乘于倗生（甥）
8.4264 格伯爰良馬乘于倗生（甥）
8.4265 格伯爰良馬乘于倗生（甥）
9.4409 叔良父乍（作）旅盨
9.4553 尹氏貯（賈）良乍（作）旅匡（筐）
14.9103 公大（太）保賞御正良貝
15.9443 季良父乍（作）𢼸始（姒）寶盉
15.9641 𠻸寇良父
15.9713 𡚬（弁）季良父乍（作）𢼸始（姒）尊壺
15.9735 使得孯（賢）在（士）良猹（佐）賙（貯）
16.10272 齊侯乍（作）虢孟姬良女（母）寶也（匜）
16.10372 大良造鞅
17.11262 翏（鏐）金良金／台（以）鑄良兵
17.11279 大良造鞅之造戟
17.11299 郚（梧）命（令）垠、右工師齒、冶良
17.11400 用其良金
18.11911 大良造庶長鞅之造

4430 𦥑

4.1890 父辛𦥑矢

4431 𦣞、㠯（良）

14.8992 𦣞（㠯、良）乍（作）祖乙彝

4432 𢶠、玦（珽）

4.1955 鼎之伐𢶠（珽）

4433 𤡾

2.300 濁坪皇之𤡾（鴃）
2.301 濁坪皇之𤡾（鴃）
2.302 濁文王之𤡾（鴃）
2.303 濁坪皇之𤡾（鴃）
2.309 獸鐘之𤡾（鴃）
2.310 割（姑）𦘫（洗）之𤡾（鴃）
2.311 濁坪皇之𤡾（鴃）
2.312 濁新鐘之𤡾（鴃）／獸鐘之𤡾（鴃）
2.313 濁文王之𤡾（鴃）
2.314 濁坪皇之𤡾（鴃）

4434 宁

3.792 宁墉
3.839 宁戈乙父
3.1166 宁
3.1361 美宁
3.1362 鄉宁
3.1363 鄉宁
3.1364 鄉宁
3.1365 劦宁
3.1366 西宁
3.1367 父宁
3.1368 告宁
3.1448 戈宁
4.1699 鄉乙宁
4.1700 鄉宁癸
4.1701 鄉癸宁

4.1761 册宁戈
4.1824 鄉宁父乙
4.1836 宁羊父丙
4.2009 旁艮宁父乙
4.2362 鄉宁
4.2436 刺肇宁(貯)
6.3111 鄉宁
6.3317 宁戈父丁
6.3337 鄉父癸宁
11.5577 鄉宁
11.5805 鳥册宁父辛
11.5944 戈宁册
12.6382 鄉宁父乙
12.6398 告宁父戊
12.6445 庚宁册父丁
12.6508 歺肇貝宁(貯)
12.6625 宁
12.7003 鄉宁
12.7004 鄉宁
12.7005 告宁
12.7006 告宁
12.7009 宁戈
12.7010 美宁
12.7011 宁朋
12.7031 宁壺
12.7070 [illegible](奉)宁
12.7162 己鄉宁
12.7163 辛鄉宁
12.7248 亞宁父癸
13.8175 鄉宁
13.8176 鄉宁
13.8177 鄉宁
13.8210 獸宁
13.8264 告宁
13.8265 告宁
14.8787 戈卂甲宁
14.8801 宁未口
14.8914 父丁宁戈
14.8963 父癸鄉宁
14.9014 攸宁享父戊
15.9195 鄉宁
15.9242 宁狽乍(作)父丁彝
15.9296 戈宁册
15.9376 戈宁父丁
15.9388 宁未父乙册
15.9481 鄉宁
15.9482 鄉宁
15.9483 宁劦
15.9522 宁戈父乙
15.9523 宁戈父乙
16.9856 鄉宁
16.9857 鄉宁
16.9858 鄉宁
16.9892 頎肇卿(佮)宁(貯)百生(姓)
16.10178 册宁竹
16.10502 鄉宁
16.10503 鄉宁
17.10716 宁
17.11362 漆工疾、丞袧、隸臣宁
18.11806 宁

4435 [illegible]

11.5797 季甫(父)父乙[illegible](㝝)

4436 [illegible]

10.4866 [illegible][illegible]
11.6359 [illegible][illegible]省

4437 竚

3.1453 竚
4.1825 竚父乙
6.3318 竚父丁
10.5335 竚
12.6727 竚
12.7007 竚
12.7008 竚
13.8243 竚
13.8244 竚
15.9229 竚父丁
15.9258 竚

4438 卣

3.887 卣弗生(甥)乍(作)旅獻(甗)

4439 甬

1.19 旨賞公卂故(咕)之甬(用)鐘
1.144 唯正月甬(仲)春
3.577 曾侯乙詐(作)時(持)甬(用)冬(終)
3.974 曾侯乙詐(作)時(持)甬(用)冬(終)
4.2290 曾侯乙詐(作)時(持)甬(用)冬(終)
4.2291 曾侯乙詐(作)時(持)甬(用)冬(終)
4.2292 曾侯乙乍(作)時(持)甬(用)冬(終)
4.2293 曾侯乙詐(作)時(持)甬(用)冬(終)
4.2294 曾侯乙詐(作)時(持)甬(用)冬(終)
4.2295 曾侯乙詐(作)時(持)甬(用)冬(終)
4.2391 江小仲母生自乍(作)甬(用)鬲
5.2840 未甬(通)智
5.2841 賜女(汝)秬鬯一卣、祼圭瓚寶、朱芾、悤(蔥)黃(衡)、玉環、玉琮、金車、桒(賁)緟較(較)、朱鬣(鞹)圅靳、虎冟(冪)熏裏、右軛、畫轉、畫轄、金甬(桶)、道(錯)衡、金嶂(踵)、金豙(軝)、朐(約)䀇(盛)、金簟弼(茀)、魚箙、馬四匹、攸(鋚)勒、金[illegible](臺)、金膺、朱旂二鈴(鈴)
6.3636 曾侯乙詐(作)時(持)甬(用)冬(終)
6.3637 曾侯乙詐(作)時(持)甬(用)冬(終)
6.3638 曾侯乙詐(作)時(持)甬(用)冬(終)
6.3639 曾侯乙詐(作)時(持)甬(用)冬(終)
6.3640 曾侯乙詐(作)時(持)甬(用)冬(終)
6.3641 曾侯乙詐(作)時(持)甬(用)冬(終)
6.3642 曾侯乙詐(作)時(持)甬(用)冬(終)
6.3643 曾侯乙詐(作)時(持)甬(用)冬(終)
8.4302 余賜女(汝)秬鬯一卣、金車、桒(賁)幬(幬)較(較)、桒(賁)圅朱虢(鞹)靳、虎冟(冪)窠(朱)裏、金甬(箭)、畫聞(輴)、金厄(軛)、畫轉、馬四匹、鋚勒
8.4318 賜女(汝)秬鬯一卣、金車、桒(賁)較(較)、朱虢(鞹)圅靳、虎冟(冪)熏(纁)裏、右厄(軛)、畫轉、畫輴、金甬(箭)、馬四

匹、攸(鋚)勒
8.4319 賜女(汝)秬鬯一卣、金車、䡾(賁)較(較)、朱虢(鞹)𩍙靳、虎冟(冪)熏(纁)裏、右厄(軛)、畫轉、畫輯、金甬(箙)、馬四匹、攸(鋚)勒
9.4467 賜女(汝)秬鬯一卣、赤巿、五黄(衡)、赤舄、牙僰、駒車、䡾(賁)較(較)、朱虢(鞹)𩍙靳、虎冟(冪)熏(纁)裏、畫轉(轉)、畫輯、金甬(箙)、朱旂、馬四匹、攸(鋚)勒、素戉(鉞)
9.4468 賜女(汝)秬鬯一卣、赤巿、五黄(衡)、赤舄、牙僰、駒車、䡾(賁)較(較)、朱虢(鞹)𩍙靳、虎冟(冪)熏(纁)裏、畫轉(轉)、畫輯、金甬(箙)、朱旂、馬四匹、攸(鋚)勒、素戉(鉞)
9.4469 賜女(汝)秬鬯一卣、乃父巿、赤舄、駒車、䡾(賁)較(較)、朱虢(鞹)𩍙靳、虎冟(冪)熏(纁)裏、畫轉、畫輯、金甬(箙)、馬四匹、鋚勒
9.4495 曾侯乙詐(作)時(持)甬(用)冬(終)
9.4496 曾侯乙詐(作)時(持)甬(用)冬(終)
9.4670 曾侯乙詐(作)右(持)甬(用)冬(終)
9.4671 曾侯乙詐(作)時(持)甬(用)冬(終)
9.4694 祥(永)甬(用)之
9.4695 祥(永)甬(用)之
15.9582 曾侯乙詐(作)時(持)甬(用)冬(終)
15.9710 甬(用)乍(作)宗彝尊壺/後嗣甬(用)之
15.9711 甬(用)乍(作)宗彝尊壺/後嗣甬(用)之
15.9733 公曰:甬甬(庸庸)/公曰:甬甬(庸庸)
16.9898 賜秬鬯一卣、玄衮衣、赤舄、金車、䡾(賁)𩍙朱虢(鞹)靳、虎冟(冪)熏(纁)裏、䡾(賁)較(較)、畫轉、金甬(箙)、馬四匹、攸(鋚)勒
16.9927 曾侯乙詐(作)時(持)甬(用)冬(終)
16.9928 曾侯乙詐(作)時(持)甬(用)冬(終)
16.9929 曾侯乙詐(作)時(持)甬(用)冬(終)
16.9930 曾侯乙詐(作)時(持)甬(用)冬(終)
16.9998 曾侯乙詐(作)時(持)甬(用)冬(終)
16.9999 曾侯乙詐(作)時(持)甬(用)冬(終)
16.10000 曾侯乙詐(作)時(持)甬(用)冬(終)
16.10197 曾侯乙詐(作)時(持)甬(用)冬(終)
16.10198 曾侯乙乍(作)時(持)甬(用)冬(終)
16.10292 曾侯乙詐(作)時(持)甬(用)冬(終)
16.10297 羕(永)甬(用)之
16.10387 曾侯乙詐(作)時(持)甬(用)冬(終)
16.10398 曾侯乙詐(作)時(持)甬(用)冬(終)
16.10399 曾侯乙詐(作)時(持)甬(用)冬(終)
16.10439 曾侯乙詐(作)時(持)甬(用)冬(終)
16.10455 曾侯乙詐(作)時(持)甬(用)冬(終)
18.11534 吳王夫差自乍(作)甬(用)鍬(鋘)

4441 圅(函)

5.2548 圅皇父乍(作)琱娟(妘)尊兔鼎
5.2745 圅皇父乍(作)周娟(妘)般(盤)盉尊器
5.2841 俗(欲)女(汝)弗以乃辟圅(陷)于艱
6.3684 劃圅乍(作)祖戊寶尊彝
8.4141 圅皇父乍(作)琱娟(妘)般(盤)盉尊器毁具
8.4142 圅皇父乍(作)琱娟(妘)般(盤)盉尊器毁具
8.4143 圅皇父乍(作)琱娟(妘)般(盤)盉尊器毁具
8.4328 女(汝)休弗以我車圅(陷)于艱
8.4329 女(汝)休弗以我車圅(陷)于艱
8.4342 谷(欲)女(汝)弗以乃辟圅(陷)于艱
9.4497 圅交仲乍(作)旅簠
16.10164 圅皇父乍(作)琱娟(妘)般(盤)盉尊器
16.10225 圅皇父乍(作)周(琱)娟(妘)也(匜)

4442 丙、囟

5.2603 唯紧(紽)子丙車乍(作)行貞(鼎)
5.2604 唯紧(紽)子丙車乍(作)行貞(鼎)
5.2791 丙(百)世孫孫子子受厥屯(純)魯
7.3870 丙(百)世孫子寶
11.5976 其丙(百)世孫子永寶
16.10168 其丙(百)世子子孫孫永寶用

4443 ⿰酉比

11.5900 亯册䧹(?)乍(作)父己尊彝

4444 䪴

4.2037 䪴乍(作)父庚彝

4445 醼(幕)

16.10168 賜守宮絲束、蘆(苴)纛(幕)五、蘆(苴)萓(㝠、冪)二、馬匹、毳爷(布)三、專(專、團)倴(篷)三、㚒(球)朋

4446 卂

1.19 旨賞公卂故(咕)之甬(用)鐘
6.3482 卂伯乍(作)旅毁

4447 覆

5.2840 五年覆吳

4448 从

3.539 亞从父丁鴞
15.9403 亞鴞从父丁

4449 兩

4.2530 四斤十二兩
5.2576 十三兩十七斤
5.2591 𫠣魯宰兩乍(作)其晅嘉寶鼎
5.2647 三斤十一兩
5.2651 十一斤十四兩
5.2658 十三斤八兩十四朱(銖)
5.2729 楷仲賞厥嫊奚逐毛兩、馬匹
5.2742 賜駒兩
5.2745 兩罍、兩壺
5.2826 賜鹵(滷)責(漬)千兩
5.2831 舍(捨)矩姜帛三兩/我舍(捨)顏陳大馬兩
5.2839 俘車卅兩(輛)/俘車百□兩(輛)
7.3745 斁乍(作)厥毁兩
7.3870 叔向父爲備寶毁兩、寶鼎二
8.4141 兩罍、兩壺
8.4142 兩罍、兩壺
8.4143 兩罍、兩壺
8.4179 賓(儐)馬兩、金十鈞
8.4180 賓(儐)馬兩、金十鈞
8.4181 賓(儐)馬兩、金十鈞
8.4195 師黄賓(儐)萬章(璋)一、馬兩
8.4201 伯賜小臣宅畫毌、戈九、易(錫)金車、馬兩
8.4298 大賓(儐)豖訊(介)章(璋)、馬兩
8.4299 大賓(儐)豖訊(介)章(璋)、馬兩
10.5430 車馬兩
11.6011 駒賜兩
15.9456 矩或取赤虎(琥)兩、麀㚔(韍)兩、㚔(賁)韐(韐、韐)一
15.9729 于大無嗣折(誓)、于大嗣命用璧、兩壺、八鼎
15.9730 于大無嗣折(誓)、于大嗣命用璧、兩壺、八鼎
16.10164 毁八、兩罍、兩壺
16.10357 卄三斤十兩
16.10432 □少兩睘
16.10440 十四兩八分十六分卅二反(半)
16.10478 兩堂閔(間)百乇(尺)/兩堂閔(間)八十乇(尺)
18.12033 二兩二朱(銖)
18.12034 二兩五朱(銖)
18.12035 二兩十朱(銖)
18.12036 〔二〕兩十二朱(銖)
18.12037 二兩十二朱(銖)
18.12038 二兩卄一朱(銖)
18.12039 二兩十四朱(銖)

4450 萬

8.4195 王命萬眔叔緣父歸(饋)吳姬𩞁(饔)器/師黄賓(儐)萬章(璋)一、馬兩/萬對揚天子休

4451 彔

1.64 受(授)余通彔(禄)、庚(康)𩛥、屯(純)右(祐)
1.187-8 用祈匃康𩛥、屯(純)右(祐)、綽綰、通彔(禄)
1.189-90 用祈匃康𩛥、屯(純)右(祐)、綽綰、通彔(禄)
1.246 綽綰、𩓵(福)彔(禄)、屯(純)魯
1.247 受(授)余屯(純)魯、通彔(禄)、永令(命)、眉壽、霝(靈)冬(終)
1.248 受(授)余屯(純)魯、通彔(禄)、永令(命)、眉壽、霝(靈)冬(終)
1.249 受(授)余屯(純)魯、通彔(禄)、永令(命)、眉壽、霝(靈)冬(終)
1.250 受(授)余屯(純)魯、通彔(禄)、永令(命)、眉壽、霝(靈)冬(終)
5.2662 用妥(綏)𩓵(福)彔(禄)
5.2777 尊鼎用祈匃百彔(禄)、眉壽、綰綽、永令(命)
5.2817 王在周師彔宮
5.2827 用追孝祈匃康𩛥、屯(純)右(祐)、通彔(禄)、永令(命)
5.2828 用追孝祈匃康𩛥、屯(純)右(祐)、通彔(禄)、永令(命)
5.2829 用追孝祈匃康𩛥、屯(純)右(祐)、通彔(禄)、永令(命)
6.3702 彔乍(作)文考

乙公寶尊毁
7.3863 彔乍(作)厥文考乙公寶尊毁
7.3936 彔旁仲駒父乍(作)仲姜毁
7.3937 彔旁仲駒父乍(作)仲姜毁
7.3938 彔旁仲駒父乍(作)仲姜毁
8.4122 蔑彔曆
8.4140 王伐彔(祿)子聽
8.4182 祈匄康𧰼、屯(純)右(祐)、通彔(祿)、永令(命)
8.4277 在周師彔宮
8.4285 王在周師彔宮
8.4302 王若曰：彔伯𢦚/彔伯𢦚敢拜手𩒨首
8.4331 用祈屯(純)彔(祿)、永命
8.4332 用追孝、祈匄康𧰼、屯(純)右(祐)、通彔(祿)、永令(命)
8.4333 用追孝祈匄康𧰼、屯(純)右(祐)、通彔(祿)、永令(命)
8.4334 用追孝祈匄康𧰼、屯(純)右(祐)、通彔(祿)、永令(命)
8.4335 用追孝祈匄康𧰼、屯(純)右(祐)、通彔(祿)、永令(命)
8.4336 用追孝祈匄康𧰼、屯(純)右(祐)、通彔(祿)、永令(命)
8.4337 用追孝祈匄康𧰼、屯(純)右(祐)、通彔(祿)、永令(命)
8.4338 用追孝祈匄康𧰼、屯(純)右(祐)、通彔(祿)、永令(命)
8.4339 用追孝祈匄康𧰼、屯(純)右(祐)、通彔(祿)、永令(命)
9.4357 彔乍(作)鑄頫毁(毁)
9.4358 彔乍(作)鑄頫毁(毁)
9.4359 彔乍(作)鑄頫毁(毁)
9.4360 彔乍(作)鑄頫毁(毁)
9.4462 王在周師彔宮
9.4463 王在周師彔宮
10.5395 王來獸自豆彔(麓)
10.5419 伯雍父蔑彔曆/彔拜𩒨首
10.5420 伯雍父蔑彔曆/彔拜𩒨首
10.5427 不彔(禄)嗌子
15.9718 用追䨒(福)彔(禄)
15.9731 用追孝祈匄康𧰼、屯(純)右(祐)、通彔(禄)、永令(命)
15.9732 用追孝祈匄康𧰼、屯(純)右(祐)、通彔(禄)、永令(命)
16.10175 褱(懷)𡡉(福)彔(禄)、黃耇、彌生
16.10176 矢人有嗣眉(堳)田：鮮、且、微、武父、西宮襄、豆人虞丂、彔、貞、師氏右省、小門人繇、原人虞艿、淮嗣工(空)虎孛、開豐父、难(鳿)人有嗣、刑丂

4452 業、𣡌、𡘇

1.247 業妥(綏)厚多福
1.248 業妥(綏)厚多福
1.249 業妥(綏)厚多福
1.250 業妥(綏)厚多福
1.270 保業厥秦
5.2622 唯袒伯業自乍(作)寶𥔲盜
5.2831 舍(捨)盠冒梯、瓶皮二、選皮二、業舃通(筩)皮二
5.2840 厥業才(在)祇
8.4315 保業厥秦
15.9735 以內絶邵(召)公之業
16.10342 〼召𣡌(業)〼晉邦
17.11270 非欽業邗
17.11312 業(鄴)竛(令)𥎦(䄏)、左庫工師臣、冶山

4453 對

1.92 敢對揚天子不(丕)顯休
1.105 敢對揚王休
1.107-8 見工敢對揚天子休
1.133 柞拜手對揚仲大(太)師休
1.134 柞拜手對揚仲大(太)師休
1.135 柞拜手對揚仲大(太)師休
1.136 柞拜手對揚仲大(太)師休
1.137-9 柞拜手對揚仲大(太)師休
1.143 敢對揚天子休
1.181 敢對揚天子不(丕)顯魯休
1.187-8 梁其敢對天子不(丕)顯休揚
1.189-90 梁其敢對天子不(丕)顯休揚
1.191 梁其敢對天子不(丕)顯休揚
1.204-5 克敢對揚天子休
1.206-7 克敢對揚天子休
1.209 克敢對揚天子休
1.238 旅對天子魯休揚
1.239 旅對天子魯休揚
1.240 旅對天子魯休揚
1.241 旅敢對天子魯休揚
1.242-4 旅對天子魯休揚
1.246 弋皇祖考高對爾剌(烈)
1.247 皇王對痶身楙(懋)
1.248 皇王對痶身楙(懋)
1.249 皇王對痶身楙(懋)
1.250 皇王對痶身楙(懋)
1.260 王對乍(作)宗周寶鐘
1.272-8 弗敢不對揚朕辟皇君之登屯(純)厚

乃命
1.285 弗敢不對揚朕辟皇君之賜休命
3.753 對揚天君休
3.754 對揚天君休
3.755 對揚天君休
5.2614 曆肇對元德
5.2654 亳敢對公仲休
5.2673 羌對揚君令于彝
5.2704 用對王休
5.2718 對昜(揚)玨(挂)王婤休
5.2720 對揚王休
5.2721 對揚其父休
5.2723 俞則對揚厥德
5.2725 肄(肆)[illegible]對揚王休
5.2726 肄(肆)[illegible]對揚王休
5.2729 對揚尹休
5.2747 敢對揚天子不(丕)顯休
5.2748 對王休
5.2754 對揚王休
5.2755 對揚遣仲休
5.2756 對王休
5.2765 對昜(揚)
5.2775 對揚王休
5.2776 刺對揚王休
5.2778 對揚皇尹不(丕)顯休
5.2781 對揚王休
5.2783 敢對揚天子休
5.2784 趞曹敢對/敢對揚天子休
5.2785 中對王休令(命)
5.2786 敢對揚天子不(丕)顯休
5.2789 對揚王[illegible]([illegible])姜休
5.2791 伯姜對揚天子休
5.2792 大矢始敢對揚天子休
5.2803 令對揚王休
5.2804 對揚天子不(丕)顯皇休
5.2805 對揚天子休
5.2807 對揚天子不(丕)顯休
5.2808 對揚天子不(丕)顯休
5.2809 㫃對厥賓(𣄰)于尊彝
5.2810 敢對揚天子不(丕)顯休贅(賚)
5.2812 朢(望)敢對揚天子不(丕)顯魯休
5.2813 對揚天子不(丕)杯(丕)魯休
5.2814 無(許)叀敢對揚天子不(丕)顯魯休
5.2815 敢對揚天子不(丕)顯魯休
5.2816 敢對揚王休
5.2817 敢對揚天子不(丕)顯休令(命)
5.2819 敢對揚天子不(丕)顯叚(遐)休令(命)
5.2820 對揚皇天子不(丕)杯(丕)休
5.2821 此敢對揚天子不(丕)顯休令(命)
5.2822 此敢對揚天子不(丕)顯休令(命)
5.2823 此敢對揚天子不(丕)顯休令(命)
5.2824 對揚王令(命)
5.2825 山敢對揚天子休令(命)
5.2827 頌敢對揚天子不(丕)顯魯休
5.2828 頌敢對揚天子不(丕)顯魯休
5.2829 頌敢對揚天子不(丕)顯魯休
5.2830 [illegible]敢對王休
5.2833 敢對揚武公不(丕)顯耿光
5.2835 多友敢對揚公休
5.2836 敢對揚天子不(丕)顯魯休
5.2837 盂用對王休
5.2841 毛公厝對揚天子皇休
7.3864 用對揚公休令(命)
7.4042 對厥休
7.4043 對厥休
7.4046 對揚王休
7.4060 對揚王休
8.4121 對揚天子休
8.4122 對揚伯休
8.4132 菽(叔)對大(太)保休
8.4133 菽(叔)對大(太)保休
8.4140 用茲彝對令
8.4146 繁對揚公休
8.4159 鼂(蛽)對揚公休
8.4162 對揚朕考賜休
8.4163 對揚朕考賜休
8.4164 對揚朕考賜休
8.4165 對揚王休
8.4166 敌對昜(揚)王休
8.4167 對揚伯休
8.4169 敢對揚王休
8.4170 王對癲楙(懋)
8.4171 王對癲楙(懋)
8.4172 王對癲楙(懋)
8.4173 王對癲楙(懋)
8.4174 王對癲楙(懋)
8.4175 王對癲楙(懋)
8.4176 王對癲楙(懋)
8.4177 王對癲楙(懋)
8.4179 守敢對揚天子休令(命)
8.4180 守敢對揚天子休令(命)
8.4181 守敢對揚天子休令(命)
8.4191 穆公對王休
8.4192 緐(䋣)對揚王休
8.4193 緐(䋣)對揚王休
8.4194 昝對揚王休
8.4195 [illegible]對揚天子休
8.4196 對揚王休
8.4197 曶敢對揚王休
8.4199 敢對揚天子休
8.4200 敢對揚天子休
8.4202 對揚天子魯命
8.4205 對朕辟休
8.4207 敢對揚穆穆王休
8.4208 敢對揚王休
8.4209 衛敢對揚天子不(丕)顯休
8.4210 衛敢對揚天子

不（丕）顯休

8.4211 衛敢對揚天子
不（丕）顯休

8.4212 衛敢對揚天子
不（丕）顯休

8.4214 敢對揚天子不
（丕）㷱（丕）休

8.4215 對揚王休命

8.4219 追敢對天子覭
（景）揚

8.4220 追敢對天子覭
（景）揚

8.4221 追敢對天子覭
（景）揚

8.4222 追敢對天子覭
（景）揚

8.4223 追敢對天子覭
（景）揚

8.4224 追敢對天子覭
（景）揚

8.4225 曰：敢對揚天
子魯休令（命）

8.4226 曰：敢對揚天
子魯休令（命）

8.4227 曰：敢對揚天
子魯休令（命）

8.4228 曰：敢對揚天
子魯休令（命）

8.4240 免對揚王休

8.4241 對不敢冢（墜）

8.4243 敢對揚天子休

8.4244 對揚王休

8.4250 即敢對揚天子
不（丕）顯休

8.4251 敢對揚天子不
（丕）顯休

8.4252 敢對揚天子不
（丕）顯休

8.4253 敢對揚天子休

8.4254 敢對揚天子休

8.4255 對揚王休

8.4256 敢對揚天子不
（丕）顯休

8.4258 對揚王休命

8.4259 對揚王休命

8.4260 對揚王休命

8.4266 對揚王休

8.4267 申敢對揚天子
休令（命）

8.4268 不（丕）敢顯天
子對揚休

8.4270 對揚天子厥休

8.4271 對揚天子厥休

8.4272 對 揚 天 子 不
（丕）顯休

8.4273 對 揚 天 子 不
（丕）顯休

8.4274 敢對揚天子不
（丕）顯魚（魯）休

8.4275 敢對揚天子不
（丕）顯魯休

8.4276 敢對揚天子不
（丕）顯休命

8.4277 俞敢對揚天子
不（丕）顯休

8.4279 敢對易（揚）天
子不（丕）顯魯休命

8.4280 敢對揚天子不
（丕）顯魯休令（命）

8.4281 敢對揚天子不
（丕）顯魯休（命）

8.4282 敢對揚天子不
（丕）顯魯休令（命）

8.4283 敢對揚天子不
（丕）顯休

8.4284 敢對揚天子不
（丕）顯休

8.4285 敢對揚天子不

（丕）顯休

8.4286 敢對揚王休令
（命）

8.4287 對易（揚）天子
休

8.4288 對揚天子不
（丕）顯休令（命）

8.4289 對揚天子不
（丕）顯休命

8.4290 對揚天子不
（丕）顯休命

8.4291 對揚天子不
（丕）顯休命

8.4294 敢對揚天子不
（丕）顯休

8.4295 敢對揚天子不
（丕）顯休

8.4296 敢對揚天子休
命

8.4297 敢對揚天子休
命

8.4298 敢對揚天子不
（丕）顯休

8.4299 敢對揚天子不
（丕）顯休

8.4303 此敢對揚天子
不（丕）顯休令（命）

8.4304 此敢對揚天子
不（丕）顯休令（命）

8.4305 此敢對揚天子
不（丕）顯休令（命）

8.4306 此敢對揚天子
不（丕）顯休令（命）

8.4307 此敢對揚天子
不（丕）顯休令（命）

8.4308 此敢對揚天子
不（丕）顯休令（命）

8.4309 此敢對揚天子
不（丕）顯休令（命）

8.4310 此敢對揚天子
不（丕）顯休令（命）

8.4311 敢對揚皇君休

8.4312 敢對揚天子不
（丕）顯休

8.4316 對 揚 天 子 不
（丕）㷱（丕）魯休

8.4318 敢對揚天子不
（丕）顯魯休

8.4319 敢對揚天子不
（丕）顯魯休

8.4321 對揚天子休令
（命）

8.4322 對揚文母福刺
（烈）

8.4323 敔敢對揚天子
休

8.4324 敢對揚天子休

8.4325 對揚天子休

8.4326 番生（甥）敢對
天子休

8.4327 敢對揚焂（榮）
伯休

8.4331 歸夘敢對揚天
子不（丕）㷱（丕）魯休

8.4332 頌敢對揚天子
不（丕）顯魯休

8.4333 頌敢對揚天子
不（丕）顯魯休

8.4334 頌敢對揚天子
不（丕）顯魯休

8.4335 頌敢對揚天子
不（丕）顯魯休

8.4336 頌敢對揚天子
不（丕）顯魯休

8.4337 頌敢對揚天子
不（丕）顯魯休

8.4338 頌敢對揚天子
不（丕）顯魯休

8.4339 頌敢對揚天子不(丕)顯魯休
8.4340 令(命)女(汝)眔曶䟽(纘)疋(胥)對各/敢對揚天子不(丕)顯魯休
8.4342 敢對揚天子休
8.4343 敢對揚王不(丕)顯休
9.4459 用對剌(烈)
9.4460 用對剌(烈)
9.4461 用對剌(烈)
9.4462 敢對揚天子休
9.4463 敢對揚天子休
9.4465 敢對天子不(丕)顯魯休揚
9,4467 克敢對揚天子不(丕)顯魯休
9.4468 克敢對揚天子不(丕)顯魯休
9.4469 對揚天子不(丕)顯魯休
9.4626 對揚王休
10.5328 對乍(作)父乙寶尊彝
10.5381 寓對揚王休
10.5390 對揚父休
10.5398 同對揚王休
10.5399 盂對揚公休
10.5402 趞對王休
10.5405 對揚公姞休
10.5408 敢對揚王休
10.5409 貉子對昜(揚)王休
10.5411 對揚師雍父休
10.5418 對揚王休
10.5419 對揚伯休
10.5420 對揚伯休
10.5423 對揚天子不(丕)顯休
10.5424 敢對揚王休
10.5425 對揚伯休
10.5426 庚嬴(嬴)對揚王休
10.5430 對揚公休
10.5431 高對乍(作)父丙寶尊彝
10.5433 效對公休
11.5918 對乍(作)父乙寶尊彝
11.5919 對乍(作)父乙寶尊彝
11.5974 對揚王休
11.5975 對公休
11.5992 趞對王休
11.5994 對揚公姞休
11.5995 俞則對揚厥德
11.6001 用對揚王休
11.6005 敢對揚厥休
11.6006 對揚王休
11.6007 𠂤師耳對禓(揚)侯休
11.6008 對揚競父休
11.6009 效對公休
11.6011 盠曰：余其敢對揚天子之休
11.6013 敢對揚王休
12.6516 對趩蔑曆
15.9453 對揚王休
15.9455 敢對揚天子不(丕)杯(丕)休
15.9702 對揚王休
15.9714 對王休
15.9721 對揚朕皇君休
15.9722 對揚朕皇君休
15.9723 對揚王休
15.9724 對揚王休
15.9725 伯克對揚天右(佑)王伯友(賄)
15.9726 敢對揚天子休
15.9727 敢對揚天子休
15.9728 敢對揚天子不(丕)顯魯休令(命)
15.9731 頌敢對揚天子不(丕)顯魯休
15.9732 頌敢對揚天子不(丕)顯魯休
15.9826 對乍(作)文考日癸寶尊雷(罍)
16.9897 敢對揚天子不(丕)顯休
16.9898 敢對揚王休
16.9899 敢對揚王休
16.9900 敢對揚王休
16.10166 對王休
16.10168 守宮對揚周師釐
15.10169 吕服余敢對揚天〔子〕不(丕)顯休令(命)
16.10170 敢對揚天子不(丕)顯休令(命)
16.10172 敢對揚天子不(丕)顯叚(遐)休令(命)
16.10175 對揚天子不(丕)顯休令(命)
16.10322 對揚天子休命

4454　弟

1.271 保𢉩(吾)兄弟
5.2553 曰：奄以乃弟用夙夕鬻享
5.2554 曰：奄以乃弟用夙夕鬻享
5.2638 㠱侯賜弟[illegible]𤔲[illegible]([illegible])/弟[illegible]乍(作)寶鼎
6.3668 噩(鄂)侯弟厝季自乍(作)毁
7.4068 牧師父弟叔疾父御于君
7.4069 牧師父弟叔疾父御于君
7.4070 牧師父弟叔疾父御于君
8.4167 賜厥臣弟豦井五楊
8.4237 母弟引墉(庸)又(有)望(忘)
8.4330 也用褱(懷)逵我多弟子
10.5325 噩(鄂)侯弟厝(曆)季乍(作)旅彝
11.5912 噩(鄂)侯弟厝(曆)季乍(作)旅彝
15.9300 [illegible](獮)馭弟史遡(饋)馬
15.9713 用享孝于兄弟、聞(婚)顜(媾)、者(諸)老

4455　叙(掾)

14.9008 亞弁叙(掾)父丁
15.9287 叙

4456　肄、肆

1.109-10 肄(肆)妄乍(作)龢父大薔(林)鐘
1.112 肄(肆)妄乍(作)龢父大薔(林)鐘
3.949 肄肩(肩)又(有)羞
5.2724 肄(肆)毋又

(有)弗競(競)

5.2725 肄(肆)𠂤對揚王休

5.2726 肄(肆)𠂤對揚王休

5.2833 肄(肆)武公亦弗叚(遐)朢(忘)賸(朕)聖祖考幽大叔、懿叔/肄(肆)禹亦弗敢惷(惷)/肄(肆)師彌宋(怵)匌匡(恇)/肄(肆)武公廼遣禹率公戎車百乘、斯(廝)馭二百、徒千/肄(肆)禹又(有)成

5.2834 肄(肆)禹〔有成〕

5.2836 肄(肆)克龏(恭)保厥辟龏(恭)王/肄(肆)克𠃬于皇天

5.2841 肄(肆)皇天亡旲(斁)

8.4144 弜師賜肄𤔲户贖貝

8.4269 肄(肆)敢𣪊(肆)于彝

8.4317 肄(肆)余以餗士、獻民

8.4342 肄(肆)皇帝亡旲(斁)

11.6014 肄(肆)文王受茲大命

4457 肆

5.2837 率肆于酉(酒)

4458 肅

1.261 肅哲聖武

1.272-8 肅成朕師旟之政德/肅肅義政

1.280 肅肅義政

1.285 肅成朕師旟之政德/肅肅義政

5.2833 曰:于匡朕肅慕

6.3704 盂肅父乍(作)寶段

4459 聿

1.53 其聿(律)其言(歆)

1.120 光之于聿(肆)

1.123 光之于聿(肆)

1.125-8 光之于聿(肆)

1.129-31 光之于聿(肆)

3.604 聿造乍(作)尊鬲

3.1099 聿

10.5099 婦聿𢓊(延)膚

10.5391 賜呂(鋁)二、聿(筆)二

11.5555 辛聿

11.5971 賜呂(鋁)二、聿(筆)二

11.6040 聿

12.6465 亞聿萬豖父乙

12.6837 己聿

13.7440 聿

13.7441 聿

13.7442 聿

13.7443 聿

13.7444 聿

14.8858 亞聿父乙

15.9124 聿

15.9213 聿父戊

16.9832 聿

16.10583 安毋聿(肆)㦰(屠)

17.10763 聿

4460 書

4.2397 書腏廟(餚)

5.2809 引以告中史書

5.2815 史留(籀)受(授)王令(命)書

5.2819 史𣪘受(授)王命書

5.2827 尹氏受(授)王令(命)書

5.2828 尹氏受(授)王令(命)書

5.2829 尹氏受(授)王令(命)書

8.4262 厥書史戠武

8.4263 厥書史戠武

8.4264 厥書史戠武

8.4265 厥書史戠武

8.4332 尹氏受(授)王令(命)書

8.4333 尹氏受(授)王令(命)書

8.4334 尹氏受(授)王令(命)書

8.4335 尹氏受(授)王令(命)書

8.4336 尹氏受(授)王令(命)書

8.4337 尹氏受(授)王令(命)書

8.4338 尹氏受(授)王令(命)書

8.4339 尹氏受(授)王令(命)書

15.9731 尹氏受(授)王令(命)書

15.9732 尹氏受(授)王令(命)書

16.10008 余畜孫書也/䜌(樂)書之子孫

16.10172 史𣪘受(授)王令(命)書

17.11337 命(令)司寇書、右庫工師㡭向、冶𠩺

18.11916 丌(其)我彊攻(工)書

4461 肀

2.309 𨥁(姑)肀(洗)之翆(羽)反

4462 𦘔(洗)

2.300 割(姑)𦘔(洗)之少商

2.301 割(姑)𦘔(洗)之壴(鼓)/割(姑)𦘔(洗)之巽

2.302 割(姑)𦘔(洗)之下角/割(姑)𦘔(洗)之冬(終)

2.303 割(姑)𦘔(洗)之商

2.304 𨥁(姑)𦘔(洗)之宫

2.305 𨥁(姑)𦘔(洗)之翆(羽)/濁𨥁(姑)𦘔(洗)之商

2.306 𨥁(姑)𦘔(洗)之徵/割(姑)𦘔(洗)之徵角/濁𨥁(姑)𦘔(洗)之宫

2.307 𨥁(姑)𦘔(洗)之角/𨥁(姑)𦘔(洗)之宫曾/濁𨥁(姑)𦘔(洗)之翆(羽)

2.308 𨥁(姑)𦘔(洗)之

歠(衍)商/龤(姑)肄(洗)之翆(羽)曾
2.309 割(姑)肄(洗)之巽
2.310 割(姑)肄(洗)之歕(趹)/割(姑)肄(洗)之冬(終)反
2.311 割(姑)肄(洗)之少商
2.312 龤(姑)肄(洗)之喜(鼓)/割(姑)肄(洗)之巽
2.313 龤(姑)肄(洗)之下角/龤(姑)肄(洗)之冬(終)
2.314 割(姑)肄(洗)之商
2.315 割(姑)肄(洗)之宮
2.316 龤(姑)肄(洗)之翆(羽)/濁龤(姑)肄(洗)之商
2.317 龤(姑)肄(洗)之徵/龤(姑)肄(洗)之徵角/濁龤(姑)肄(洗)之冬(終)
2.318 龤(姑)肄(洗)之角/龤(姑)肄(洗)之宮曾/濁龤(姑)肄(洗)之翆(羽)
2.320 割(姑)肄(洗)之歠(衍)商/割(姑)肄(洗)之翆(羽)曾
2.321 割(姑)肄(洗)之少翆(羽)/割(姑)肄(洗)之在楚爲呂鐘
2.323 割(姑)肄(洗)之角/割(姑)肄(洗)之徵反
2.324 割(姑)肄(洗)之少商/割(姑)肄(洗)之龠(龢)
2.325 割(姑)肄(洗)之翆(羽)/割(姑)肄(洗)之宮佑/割(姑)肄(洗)之在楚也爲呂鐘
2.326 割(姑)肄(洗)之宮角/割(姑)肄(洗)之冬(終)
2.327 割(姑)肄(洗)之商/割(姑)肄(洗)之翆(羽)曾
2.328 割(姑)肄(洗)之宮/割(姑)肄(洗)之在楚也爲呂鐘/割(姑)肄(洗)之徵曾
2.329 割(姑)肄(洗)之翆(羽)/割(姑)肄(洗)之翆(羽)角
2.330 割(姑)肄(洗)之徵/割(姑)肄(洗)之徵角
2.341 割(姑)肄(洗)之宮

4463　辪(銳)

2.286 割(姑)辪(洗)之濬(衍)宮/濁割(姑)辪(洗)之下角
2.287 割(姑)辪(洗)之翆(羽)曾
2.288 割(姑)辪(洗)之徵角/割(姑)辪(洗)之徵曾
2.289 割(姑)辪(洗)鄭鎛/割(姑)辪(洗)之徵角
2.290 割(姑)辪(洗)之商角/割(姑)辪(洗)之商曾
2.291 割(姑)辪(洗)之中鎛/割(姑)辪(洗)之宮曾
2.292 割(姑)辪(洗)之翆(羽)曾
2.293 割(姑)辪(洗)之宮/割(姑)辪(洗)之在楚也爲呂鐘/割(姑)辪(洗)之徵曾
2.294 割(姑)辪(洗)之翆(羽)/割(姑)辪(洗)之翆(羽)角
2.295 割(姑)辪(洗)之徵/割(姑)辪(洗)之徵角
2.296 割(姑)辪(洗)之鍚(歸)/濁割(姑)辪(洗)之翆(羽)/割(姑)辪(洗)之宮曾
2.297 割(姑)辪(洗)之濬(衍)商/割(姑)辪(洗)之翆(羽)曾
2.321 割(姑)辪(洗)之少宮

4464　隶

1.225 大鐘八隶(聿肆)
1.226 大鐘八隶(聿肆)
1.227 大鐘八隶(聿肆)
1.228 大鐘八隶(聿肆)
1.229 大鐘八隶(聿肆)
1.230 大鐘八隶(聿肆)
1.231 大鐘八隶(聿肆)
1.232 大鐘八隶(聿肆)
1.233 大鐘八隶(聿肆)
1.234 大鐘八隶(聿肆)
1.235 大鐘八隶(聿肆)
1.236 大鐘八隶(聿肆)
1.237 大鐘八隶(聿肆)

4465　隸

16.10384 工隸臣牟
17.11359 西工師訇、丞冞、隸臣□
17.11362 漆工疾、丞袧、隸臣宁
17.11370 啚(圖)工師耤(藉)、丞秦、〔工〕隸臣庚
17.11374 漆工師豬、丞拔、工隸臣積
17.11399 高工丞沐叜(叟)、工隸臣逑(徒)
17.11405 漆垣工師爽、丞犨、冶工隸臣猗

4466　畫

5.2816 賜女(汝)秬鬯一卣、玄衮衣、幽夫(芾)、赤舄、駒車、畫呻(紳)、鞹(幬)學(較)、虎冟(幃)、冟袓里幽、攸(鋚)勒、旂(旂)五旂(旂)、彤弓、彤矢、旅(旅)弓、旅(旅)矢、𢦏戈、皝(皋)胄
5.2831 矩取省車、軝桒(賁)圅、虎冟(幎)、蔡(㡀)㒷、畫轉、㚔(鞭)师(席)䩞、帛繼(纏)乘、金麃(鑣)鋞(鋞)
5.2839 弓一、矢百、畫皝(皋)一、貝胄一、金毌(干)一、戫戈二、矢

巠八

5.2841 賜女(汝)秬鬯一卣、裸圭瓚寶、朱芾、悤(蔥)黄(衡)、玉環、玉琭、金車、𠦪(賁)緟較(較)、朱䪞(鞹)㐭靳、虎冟(冪)熏裏、右軛、畫䡅、畫䡌、金甬(桶)、逪(錯)衡、金嚨(踵)、金豙(軝)、約(約)𩰫(盛)、金簟弼(茀)、魚箙、馬四匹、攸(鋚)勒、金□(臺)、金膺、朱旂二鈴(鈴)

8.4201 伯賜小臣宅畫毌、戈九、昜(錫)金車、馬兩

8.4216 儕(齎)女(汝)毌五、昜(錫)登盾生皇(凰)、畫內(枘)戈琱戫、歇(厚)必(柲)、彤沙(蘇)

8.4217 儕(齎)女(汝)毌五、昜(錫)登盾生皇(凰)、畫內(枘)戈琱戫、歇(厚)必(柲)、彤沙(蘇)

8.4218 儕(齎)女(汝)毌五、昜(錫)登盾生皇(凰)、畫內(枘)戈琱戫、歇(厚)必(柲)、彤沙(蘇)

8.4268 乎內史寿(敖、佚)册命王臣:賜女(汝)朱黄(衡)𠦪(賁)親(襯)、玄衣黹屯(純)、䜌(鑾)旂五日、戈畫戫、厤(墉)必(柲)、彤沙(蘇)

8.4302 余賜女(汝)秬鬯一卣、金車、𠦪(賁)幬(幬)較(較)、𠦪(賁)㐭朱虢(鞹)靳、虎冟(冪)桼(朱)裏、金甬(筩)、畫聞(䡌)、金厄(軛)、畫䡅、馬四匹、鋚勒

8.4318 賜女(汝)秬鬯一卣、金車、𠦪(賁)較(較)、朱虢(鞹)㐭靳、虎冟(冪)熏(纁)裏、右厄(軛)、畫䡅、畫䡌、金甬(筩)、馬四匹、攸(鋚)勒

8.4319 賜女(汝)秬鬯一卣、金車、𠦪(賁)較(較)、朱虢(鞹)㐭靳、虎冟(冪)熏(纁)裏、右厄(軛)、畫䡅、畫䡌、金甬(筩)、馬四匹、攸(鋚)勒

8.4326 賜朱芾、悤(蔥)黄(衡)、鞞鞣(璲)、玉睘(環)、玉琭、車、電軫、𠦪(賁)緟較(较)、朱䩛(鞹)㐭靳、虎冟(冪)熏(纁)裏、逪(錯)衡、右厄(軛)、畫䡅、畫䡌、金童(踵)、金豙(軝)、金簟弼(茀)、魚葡(箙)、朱旂旜(旜)金芫二鈴

8.4343 賜女(汝)秬鬯一卣、金車、𠦪(賁)較(較)、畫䡌、朱虢(鞹)㐭靳、虎冟(冪)熏(纁)裏、旂、余(駼)〔馬〕四匹

9.4467 賜女(汝)秬鬯一卣、赤芾、五黄(衡)、赤舄、牙僰、駒車、𠦪(賁)較(較)、朱虢(鞹)㐭靳、虎冟(冪)熏(纁)裏、畫䡅(䡅)、畫䡌、金甬(筩)、朱旂、馬四匹、攸(鋚)勒、素戉(鉞)

9.4468 賜女(汝)秬鬯一卣、赤芾、五黄(衡)、赤舄、牙僰、駒車、𠦪(賁)較(較)、朱虢(鞹)㐭靳、虎冟(冪)熏(纁)裏、畫䡅(䡅)、畫䡌、金甬(筩)、朱旂、馬四匹、攸(鋚)勒、素戉(鉞)

9.4469 賜女(汝)秬鬯一卣、乃父芾、赤舄、駒車、𠦪(賁)較(較)、朱虢(鞹)㐭靳、虎冟(冪)熏(纁)裏、畫䡅、畫䡌、金甬(筩)、馬四匹、鋚勒

9.4688 富子之上官獲之畫□銅鉄十

15.9723 王乎乍(作)册尹册賜痶:畫靳、牙僰、赤舄

15.9724 王乎乍(作)册尹册賜痶:畫靳、牙僰、赤舄

16.9898 賜秬鬯一卣、玄衮衣、赤舄、金車、𠦪(賁)㐭朱虢(鞹)靳、虎冟(冪)熏(纁)裏、𠦪(賁)較(較)、畫䡅、金甬(筩)、馬四匹、攸(鋚)勒

17.11061 車大夫長畫

4467 □、婁(晝)

5.2812 不敢不兮不婁

6.3073 子婁(晝)

6.3074 子婁(晝)

7.3912 婁(晝)

7.3913 婁(晝)

8.4342 首德不克婁(晝)

14.8968 父癸婁(晝)雋

16.10514 子婁(晝)

4468 晝

8.4317 余亡康晝夜

4469 今

1.60-3 今余賜女(汝)毌五、錫戈彤屡(蘇)

1.121 今余其念𪒠乃有

1.122 今余其念𪒠乃有

1.125-8 今余其念𪒠乃有

1.129-31 今余其念𪒠乃有

1.251-6 今痶夙夕虔敬恤厥死(尸)事

4.1993 今永里倉

5.2785 今兄(貺)畀女(汝)福土

5.2809 今弗克厥罰/今毋敹(播)

5.2820 今余唯肇醽(申)先王令

5.2836 今余唯醽(申)𩫏(就)乃令(命)

5.2837 今我唯即井

(型)廩(稟)于文王正德/今余唯令女(汝)盂召(紹)焚(榮)
5.2841 今余唯肇巠(經)先王命/歷自今/今余唯𤕌(申)先王命
8.4269 曰: 其自今日
8.4283 今余唯𤕌(申)先王令(命)
8.4284 今余唯𤕌(申)先王令(命)
8.4285 今余唯或𤔲(嗣)命女(汝)
8.4286 今余曾(增)乃令(命)
8.4293 今余既訊/今余既一名典獻
8.4296 今余唯𤕌(申)𦎫(就)乃命
8.4297 今余唯𤕌(申)𦎫(就)乃命
8.4312 今余唯肇𤕌(申)乃令(命)
8.4313 今敢博(薄)厥眔叚(暇)/今余肇令女(汝)/今余弗叚(遐)組(徂)
8.4314 今敢博(薄)厥眔叚(暇)/今余肇令女(汝)/今余弗叚(遐)組(徂)
8.4316 今余唯帥井(型)先王令(命)
8.4318 今余唯𤕌(申)𦎫(就)乃令(命)
8.4319 今余唯𤕌(申)𦎫(就)乃令(命)
8.4321 今余令(命)女(汝)啻(嫡)官𤔲邑人
8.4324 今余唯𤕌(申)𦎫(就)乃令(命)
8.4325 今余唯𤕌(申)𦎫(就)乃令(命)
8.4327 今余非敢夢先公又(有)𢓊遂/今余唯令女(汝)死(尸)葊宮、葊人
8.4340 今余唯𤕌(申)𦎫(就)乃令(命)
8.4342 今日天疾畏(威)降喪/今余唯𤕌(申)𦎫(就)乃令(命)
8.4343 今余唯或𣪕改/以今餇(鞫)司匐(服)厥辠(罪)嘝(厥)故(辜)/今余唯𤕌(申)𦎫(就)乃命
9.4467 今余唯𤕌(申)𦎫(就)乃令(命)
9.4468 今余唯𤕌(申)𦎫(就)乃令(命)
9.4629 乍(作)㒸(遂)今命
9.4630 乍(作)㒸(遂)今命
11.6016 迺令曰: 今我唯令女(汝)二人亢眔矢
15.9613 今彳伯多人非壺
15.9682 今三斗二升少半升
16.9901 迺令曰: 今我唯令女(汝)二人亢眔矢
16.10285 今女(汝)亦既又(有)御誓/今我敄女(汝)/今大敄女(汝)/曰: 自今余敢夒(擾)乃小大史(事)
16.10342 公曰: 余锥今小子/锥今小子

4470 合

1.262-3 卲合(答)皇天
1.264-6 卲合(答)皇天
1.267 卲合(答)皇天
1.268 卲合(答)皇天
1.269 卲合(答)皇天
8.4292 召來合事
9.4649 合(答)揚厥德
12.7300 亞獁皿合乍(作)尊彝
16.10101 仲丮臣亻肇合以金
18.11880 合
18.11881 合
18.11882 合
18.11883 合
18.11884 合

4471 㑒(僉)

10.5345 㑒(僉)茸高乍(作)父乙寶尊彝

4472 僉

18.11604 蔡侯產之用僉(劍)
18.11618 唯弜公之居旨卲亥(?)嗇丌□僉(劍)
18.11622 戉(越)王州(朱)句(勾)自乍(作)用僉(劍)
18.11623 戉(越)王州(朱)句(勾)自乍(作)用僉(劍)
18.11624 戉(越)王州(朱)句(勾)自乍(作)用僉(劍)
18.11625 戉(越)王州(朱)句(勾)自乍(作)用僉(劍)
18.11626 戉(越)王州(朱)句(勾)自乍(作)用僉(劍)
18.11627 戉(越)王州(朱)句(勾)自乍(作)用僉(劍)
18.11628 戉(越)王州(朱)句(勾)自乍(作)用僉(劍)
18.11629 戉(越)王州(朱)句(勾)自乍(作)用僉(劍)
18.11630 戉(越)王州(朱)句(勾)自乍(作)用僉(劍)
18.11631 戉(越)王州(朱)句(勾)自乍(作)用僉(劍)
18.11632 戉(越)王州(朱)句(勾)自乍(作)用僉(劍)
18.11656 唯弜公之居旨卲亥(?)嗇丌(其)□僉(劍)
18.11668 自乍(作)用僉(劍)
18.11692 戉(越)王唯弜公之居旨卲亥(?)嗇丌□僉
18.11703 自乍(作)元之用之僉(劍)
18.11704 乍(作)於元

用僉(劍)

4473　俞

5.2840 俞(論)其德
17.11322 俞(綸)氏命(令)韓化、工師桒𠩺(原)、冶㥞(謀)

4474　舍

1.223-4 舍(余)厰(嚴)天之命
1.251-6 武王則令周公舍(捨)寓(宇)以五十頌處
2.426 舍(余)擇厥吉金
2.427 舍(余)擇厥吉金
2.428 其☐盂舍
3.949 厥又舍(捨)女(汝)匍量
5.2629 辛宮賜舍父帛、金
5.2796 王命善(膳)夫克舍(捨)令于成周
5.2797 王令善(膳)夫克舍(捨)[令]于成周
5.2798 王命善(膳)夫克舍(捨)令于成周
5.2799 王命善(膳)夫克舍(捨)令于成周
5.2800 王命善(膳)夫克舍(捨)令(命)于成周
5.2801 王命善(膳)夫克舍(捨)令于成周
5.2802 王命善(膳)夫克舍令(命)于成周
5.2803 余其舍(捨)女(汝)臣十家
5.2831 舍(捨)矩姜帛三兩 / 廼舍(捨)裘衛林𦀚里 / 我舍(捨)顏陳大馬兩 / 舍(捨)顏始(姒)虞𠙵(咨)/ 舍(捨)顏有𤔲壽商圝(貉)裘、盠冟 / 舍(捨)盠冒梯、羝皮二、選皮二、業舄通(筩)皮二 / 舍(捨)湶虡冟(幎)𤇾(?)𣪕(幘)、韉𠯱
5.2832 曰：余舍(捨)女(汝)田五田 / 廼舍寓(宇)于厥邑
5.2838 曶廼每(誨)于𩛥曰：女(汝)其舍(捨)𩛥(究)矢五秉
5.2840 含(今)舍(余)方壯
5.2841 父厝舍(捨)命
6.3373 舍乍(作)寶段
7.4011 復公子伯舍曰：敃新
7.4012 復公子伯舍曰：敃新
7.4013 復公子伯舍曰：敃新
11.6016 徃(誕)令舍(捨)三事令 / 舍(捨)四方命(令)
15.9456 厥貯(賈)其舍(捨)田十田 / 其舍(捨)田三田
16.9901 徃令舍(捨)三事令 / 舍(捨)四方令
16.10175 武王則令周公舍(捨)國(宇)于周
16.10176 正眉(堳)矢舍(捨)散田：𤔲土(徒)屰舌、𤔲馬單𩰫、𣪘人𤔲工(空)騋君、宰德父
18.12110 毋舍(捨)楙(饌)飤
18.12111 毋舍(捨)楙(饌)飤
18.12112 毋舍(捨)楙(饌)飤
18.12113 毋舍(捨)楙(饌)飤

4475　會

1.157 先會于平陰(陰)
1.158 先會于平陰(陰)
1.159 先會于平陰(陰)
1.160 先會于平陰(陰)
1.161 先會于平陰(陰)
3.536 會始(姒)乍(作)朕(媵)鬲
4.1800 長𦙶會(合)
5.2588 自乍(作)會(膾)鼎
9.4694 以會父佳(兄)
9.4695 以會父侃(兄)
10.5387 員從史旟伐會(鄶)
16.10196 蔡子㐁自乍(作)會𠂤(匜)
16.10212 工𪊨季生乍(作)其盥會匜
16.10285 乃以告事(吏)𧊒、事(吏)曶于會
16.10297 以會父佳(兄)
18.12108 用兵五十人以上——會王符 / 雖毋會符
18.12109 必會君符 / 雖毋會符

4476　鑫

5.2838 曰陪(陪)、曰恒、曰劦、曰鑫、曰省

4477　龕

1.40 龕事朕辟皇王
1.41 龕事朕辟皇王
1.187-8 龕臣皇王
1.189-90 龕臣皇王
16.10175 龕(堪)事厥辟

4478　㑒(險)

7.3990 𨙶(倢)尋㑒

4479　仝(玲)

16.9883 皿天仝(玲)乍(作)父己尊彝

4480　龠

1.193 協于我霝(靈)龠(籥)
1.194 協于我霝(靈)龠(籥)
1.195 協于我霝(靈)龠(籥)
1.196 協于我霝(靈)龠(籥)
1.197 協于我霝(靈)龠(籥)
1.198 協于我霝(靈)龠(籥)
5.2731 攻龠(踚)無啻(敵)
5.2836 賜女(汝)史、小臣、霝(靈)龠(龢)鼓

鐘
6.3652 龠乍(作)父丁寶尊彝
10.5421 唯王大龠(禴、礿)于宗周
10.5422 唯王大龠(禴、礿)于宗周
11.5999 唯王大龠(禴、礿)于宗周
15.9454 唯王大龠(禴)于宗周

4481　鑰(角)

14.9097 舟鑰(角)煒乍(作)厥祖乙寶宗彝

4482　鸙

1.193 卑(俾)女(汝)鸙鸙剖剖
1.194 卑(俾)女(汝)鸙鸙剖剖
1.195 卑(俾)女(汝)鸙鸙音音
1.196 卑(俾)女(汝)鸙鸙剖剖
1.197 卑(俾)女(汝)鸙鸙剖剖
1.198 卑(俾)女(汝)鸙鸙剖剖

4483　爚

1.223-4 㞢(振)鳴叡(且)爚

4484　閞(龠)

1.21 莫(鄭)井叔乍(作)霝(靈)龢(龢)鐘
1.22 莫(鄭)井叔乍(作)霝(靈)龢(龢)鐘
16.10176 夨人有嗣眉(堳)田：鮮、且、微、武父、西宮襄、豆人虞丂、彔、貞、師氏右省、小門人繇、原人虞艿、淮嗣工(空)虎孛、閞豐父、唯(鳿)人有嗣、刑丂

4485　屚

8.4342 盠屚(龢)雩(于)政

4486　鬻、鬻、䰝(鑐)

16.9969 享□父祉戊乍(作)寶鬻(鑐)
16.9970 享□父祉戊乍(作)寶鬻(鑐)
16.9971 唯番伯官曽(曾)自乍(作)寶鬻(鑐)

4487　䚘

16.10342 諭莫不日頓䚘

4488　譽

5.2840 中山王譽詐(作)貞(鼎)
15.9735 中山王譽命相邦賙(貯)擇郾(燕)吉金

4489　釁(沬)

11.6010 穆穆釁釁(亹亹)
16.10149 嚚伯塍(媵)嬴尹母釁(沬)盤
16.10151 齊大(太)宰歸父㝉為忌釁(沬)盤
16.10171 穆穆釁釁(亹亹)
16.10175 天子釁(徽)無匄(害)

4490　戜

5.2841 賜女(汝)秬鬯一卣、祼圭瓚寶、朱巿、悤(蔥)黄(衡)、玉環、玉瑹、金車、桒(賁)縟較(較)、朱䩞(鞹)䩏靳、虎冟(冪)熏裏、右軛、畫轉、畫輯、金甬(桶)、道(錯)衡、金嶂(踵)、金豙(軝)、杸(約)戜(盛)、金簟弼(茀)、魚箙、馬四匹、攸(鋚)勒、金𠯑(臺)、金膺、朱旂二鈴(鈴)

4491　𢆉

5.2830 䣄敢𢆉(釐)王
8.4313 率齊師㠱(紀)、𢆉(釐、萊)、僰

4492　𣐋(庲)

5.2815 用乍(作)朕皇考𣐋(郃)伯、奠(鄭)姬寶鼎

4493　商、𠶷

1.83 穆商/商
1.262-3 商(賞)宅受或(國)
1.264-6 商(賞)宅受或(國)
1.267 商(賞)宅受或(國)
1.268 商(賞)宅受或(國)
1.269 商(賞)宅受或(國)
2.286 穆鐘之湆(衍)商/濁坪皇之商/濁坪皇之湆(衍)商
2.287 商/黄鐘之商角/文王之許(變)商
2.288 為穆音許(變)商/為坪皇許(變)商
2.289 為剌(厲)音許(變)商
2.290 商角/商曾/割(姑)辥(洗)之商角/割(姑)辥(洗)之商曾
2.291 遟(夷)則之商/嬴(嬴)辥(亂)之商
2.292 商/黄鐘之商角/文王之許(變)商/符(附)於索商之頔
2.293 大(太)族(簇)之商/妥(蕤)賓之商曾/為坪皇許(變)商
2.294 鄜(應)音之許(變)商
2.295 新鐘之許(變)商/為穆音許(變)商
2.296 坪皇之商/新鐘之商曾/新鐘之湆(衍)商/新鐘之商
2.297 商/割(姑)辥(洗)之湆(衍)商/濁文王之商
2.300 少商/割(姑)肄(洗)之少商
2.301 新鐘之商頔
2.302 坪皇之少商/濁

穆鐘之商
2.303 商/割(姑)肄(洗)之商/濁文王之少商
2.304 穆鐘之商/濁坪皇之商/濁坪皇之少商
2.305 濁割(姑)肄(洗)之商
2.306 濁穆鐘之商
2.307 坪皇之商/新鐘之商曾/新鐘之商/新鐘之商
2.308 商/割(姑)肄(洗)之歆(衍)商
2.310 濁新鐘之少商
2.311 少商/割(姑)肄(洗)之少商
2.312 穆鐘之少商/新鐘之商頔
2.313 坪皇之少商/濁新鐘之商
2.314 商/割(姑)肄(洗)之商/濁文王之少商
2.315 穆鐘之商/濁坪皇之商/濁坪皇之少商
2.316 濁割(姑)肄(洗)之商
2.317 濁穆鐘之商
2.318 坪皇之商/新鐘之商曾/新鐘之商/新鐘之商
2.319 商角/商曾
2.320 商/割(姑)肄(洗)之歆(衍)商/濁文王之商
2.322 商角/商曾
2.324 商/割(姑)肄(洗)之少商/東音之辝(變)商
2.325 穆音之商
2.326 嬴(羸)嗣(亂)之辝(變)商
2.327 商/割(姑)肄(洗)之商/文王之辝(變)商/府(附)於索商之頔(誧)
2.328 爲坪皇辝(變)商
2.329 鄘(應)音之辝(變)商
2.330 新鐘之辝(變)商/爲穆音辝(變)商
2.333 商角/商曾
2.337 商曾
2.338 商角
2.339 商
2.340 商曾
2.341 商角
2.342 商
2.343 商
2.424 自乍(作)商句(勾)鑵
3.741 王光商(賞)郢(倢)貝
3.866 子商亞絴乙
3.867 商婦乍(作)彝
3.944 王商(賞)乍(作)冊般貝
4.2398 [揚]辟商(賞)
4.2433 彝娟商(賞)賜貝于司
4.2434 彝娟商(賞)賜貝于司
4.2499 尹商(賞)脔貝三朋
5.2579 商(賞)雙貝二朋
5.2612 車叔商(賞)揚馬
5.2613 車叔商(賞)揚馬
5.2625 王商(賞)宗庚豊貝二朋
5.2626 商(賞)獻侯顯貝
5.2627 商(賞)獻侯顯貝
5.2648 子賜小子𡚬(奚)王商(賞)貝在𢀛(兟)帥(次)
5.2702 䢔商(賞)又正嬰(聯)嬰貝在穆朋二百/嬰扆䢔商(賞)
5.2708 王商(賞)戍嗣(孠)貝廿朋
5.2709 商(賞)貝
5.2711 王商(賞)乍(作)冊豊貝
5.2774 厚商(賞)厥文母魯公孫用貞(鼎)
5.2831 舍(捨)顏有嗣壽商圝(貉)裘、盠冟/矩廼眔溓(濂)粦令壽商眔意/壽商鬩(?)
6.3453 乍(作)帚商彝段
7.3990 王光商(賞)郢(倢)貝
7.4020 商(賞)貝
7.4059 王朿(來)伐商邑
7.4110 魯士商叡肈乍(作)朕皇考叔猷父尊段/商叡其萬年眉壽
7.4111 魯士商叡肈乍(作)朕皇考叔猷父尊段/商虘(叡)其萬年眉壽
8.4131 武征商/夙又(有)商
8.4138 䢔商(賞)小子𦒈貝十朋
8.4191 廼自商師(次)復還至于周
8.4300 姜商(賞)令貝十朋、臣十家、鬲百人
8.4301 姜商(賞)令貝十朋、臣十家、鬲百人
8.4320 王省武王、成王伐商圖/賜𩰫(𩰪)鬯一卣、商瓚一□、彤弓一、彤矢百、旅(㫋)弓十、旅(㫋)矢千
9.4466 其邑彶眔句、商、兒
9.4557 商丘叔乍(作)其旅簠
9.4558 商丘叔乍(作)其旅簠
9.4559 商丘叔乍(作)其旅簠
10.5352 商(賞)小臣豊貝
10.5361 宜生(甥)商(賞)膃
10.5391 商(賞)執
10.5394 子商(賞)小子省貝五朋/省揚君商(賞)
10.5404 商用乍(作)文辟日丁寶尊彝
10.5417 子光商(賞)畬貝二朋

11.5828 商乍(作)父丁吾尊
11.5965 子光商(賞)𡥈(斅)巽啟貝
11.5967 𡚬商(賞)小子夫貝二朋
11.5986 商(賞)睘(睦)貝
11.5997 商用乍(作)文辟日丁寶尊彝
11.6000 用王商(賞)子黃瓚一、貝百朋/子女(母)商(賞)奺、丁貝
11.6010 霝(靈)頌託商
11.6014 唯武王既克大邑商
12.6512 王後𠬝(坂、返)克商
12.7311 龏姛賜商(賞)貝于姛
14.9011 亞商乍(作)父戊
14.9099 𡚬商(賞)征貝
15.9491 盟商
15.9733 商(賞)之台(以)邑/商(賞)之台(以)兵䖒(皋)車馬
16.9890 王商(賞)遹(趨)貝
16.9894 齡商(賞)貝十朋、丐豚
16.10126 取膚(盧)上子商鑄般(盤)
16.10171 霝(靈)頌託商
16.10187 魯士商叡乍(作)也(匜)
16.10253 取膚(盧、盧)上子商鑄也(匜)
17.10852 子商
18.11551 奠(鄭)倫(令)向佃、司寇䨏(露)商、武庫工師鑄章、冶狽
18.11915 用差(佐)商國
18.11942 商丘

4494 西

1.83 返自西旟/寞之于西旟
1.84 寞之于西旟
1.85 返自西旟/寞之于西旟
3.1503 西官
4.2001 西單光父乙
4.2304 西況
5.2581 小臣𧼛(逋)即事于西
5.2694 王令宜子迨(會)西方于省
5.2832 厥西疆眔厲田
5.2833 王廼命西六師、殷八師曰: 剿(撲)伐噩(鄂)侯馭方/叀(惟)西六師、殷八師伐噩(鄂)侯馭方
5.2835 多友西追
5.2839 獻西旅
6.3243 西單獲
6.3710 西替乍(作)其妹靳餴(饙)鉦鑰
7.4115 伯㦰肇其乍(作)西宮寶
8.4130 𢼊(敖)叔微鼻于西宮
8.4288 啻(嫡)官邑人、虎臣、西門尸(夷)、象尸(夷)、秦尸(夷)、京尸(夷)、弁身尸(夷)
8.4289 啻(嫡)官邑人、虎臣、西門尸(夷)、象尸(夷)、秦尸(夷)、京尸(夷)、弁身尸(夷)
8.4290 啻(嫡)官邑人、虎臣、西門尸(夷)、象尸(夷)、秦尸(夷)、京尸(夷)、弁身尸(夷)
8.4291 啻(嫡)官邑人、虎臣、西門尸(夷)、象尸(夷)、秦尸(夷)、京尸(夷)、弁身尸(夷)
8.4311 㪤(纘)嗣我西扁(偏)、東扁(偏)
8.4315 西元器/西
8.4321 先虎臣後庸: 西門尸(夷)、秦尸(夷)、京尸(夷)、象尸(夷)、師笭、側新(薪)、□華尸(夷)、弁豸尸(夷)、𠩺人、成周走亞、戍、秦人、降人、服尸(夷)
8.4328 馭方、厰(玁)允(狁)廣伐西俞/王令我羞追于西
8.4329 馭方、厰(玁)允(狁)廣伐西俞/王令我羞追于西
9.4503 西替乍(作)其妹靳尊簠
10.5007 西單獲
10.5156 西單毌父丁
10.5340 伯亘乍(作)西宮伯寶尊彝
10.5431 王厭(飲)西宮
11.6364 西單𠤳
12.6384 西單父乙
12.6396 西單父丁
12.7015 西單
12.7016 西單
12.7192 西單光
12.7193 西單己
12.7194 西單ʊ
13.8036 己西
13.8257 西單
13.8258 西單
13.8259 西單
14.8808 西單𠤳
14.8884 西單父丙
15.9200 西單
15.9230 西單父丁
15.9427 伯亘乍(作)西宮伯寶尊彝/亘乍(作)西
15.9563 西宮
15.9721 同仲宄西宮
15.9722 同仲宄西宮
16.10167 □□□亟斿西□
16.10176 𠭯(徂)邍堠以西/以西/還以西一奉(封)/矢人有嗣眉(堳)田: 鮮、且、微、武父、西宮襄、豆人虞丂、彔、貞、師氏右省、小門人繇、原人虞艿、淮嗣工(空)虎孛、開豐父、難(鳿)人有嗣、刑丂/廼卑(俾)西宮襄、武父誓/西宮襄、武父則誓
16.10267 乍(作)西孟嬀婤母塍(媵)匜
16.10361 攻(工)市

(師)俩鑄西墉寶鎗四秉
16.10383 右伯君西里疸
17.11008 蜀西工
17.11009 蜀西工
17.11359 西工師旬、丞冞、隸臣□
17.11365 穆侯之子、西宮之孫
17.11405 西都
18.11431 西
18.11550 西成
18.11665 北南西行
18.11718 至于南行西行
18.12018 西年

4495 一

1.107-8 賜彤弓一、彤矢百、馬四匹
1.272-8 左右余一人
1.285 左右余一人
3.788 六六一六六一
4.2103 一斗半
4.2156 八五一
4.2306 一寽(鋝)卅一冢(重)
4.2530 丑一
5.2608 十一年
5.2647 三斤十一兩/魏三斗一升/魏三斗一升
5.2651 容一斗二升/十一斤十四兩
5.2658 一斗半正
5.2696 賜金一勻(鈞)、非(緋)余(琭)
5.2701 十一年十一月乙巳朏/谷(容)一斛
5.2706 唯十又一月
5.2721 唯十又一月
5.2728 在十又一月庚·申
5.2763 唯十月又一月丁亥
5.2778 十又一月癸未/賜豕鼎一、爵一
5.2793 一益(鎰)十釿半釿四分釿之冢(重)
5.2816 賜女(汝)秬鬯一卣、玄衮衣、幽夫(芾)、赤舄、駒車、畫呻(紳)、幬(幬)學(較)、虎幃(幃)、冟衽里幽、攸(鋚)勒、旂(旂)五旂(旂)、彤弓、彤矢、旅(㫃)弓、旅(㫃)矢、𢦏戈、褫(皋)胄
5.2830 事余一人/一𨙶皇辟懿德
5.2831 朏帛(白)金一反(鈑)
5.2835 俘戎車百乘一十又七乘/賜女(汝)圭瓚一、湯(錫)鐘一牆(肆)、鐈鋚百勻(鈞)
5.2837 女(汝)勿鮨(蔽)余乃辟一人/夙夕召(紹)我一人烝四方/賜女(汝)鬯一卣、冂(䙷)衣、芾、舄、車、馬
5.2838 用眔一夫/又臣一夫
5.2839 俘人萬三千八十一人/執嘼(酋)一人/弓一、矢百、畫皋(皋)一、貝胄一、金毌(干)一、戴戈二、矢琟八
5.2841 死(尸)毋童(動)余一人在立(位)/虔夙夕叀(惠)我一人/命女(汝)亟(極)一方/賜女(汝)秬鬯一卣、祼圭瓚寶、朱芾、悤(蔥)黄(衡)、玉環、玉琭、金車、桼(賁)縟較(較)、朱𩌏(鞹)𩏂靳、虎冟(冪)熏裏、右軛、畫轉、畫轄、金甬(桶)、遣(錯)衡、金嶂(踵)、金豙(軶)、畇(約)𩎬(盛)、金簟弼(茀)、魚箙、馬四匹、攸(鋚)勒、金𠭯(臺)、金膺、朱旂二鈴(鈴)
7.4024 唯十又一月
7.4025 唯十又一月
7.4026 唯十又一月
7.4112 唯十又一月
8.4144 在十月一/豕(豕)一
8.4146 唯十又一月
8.4159 公賜𪓐(蜆)宗彝一𩛥(肆)
8.4195 師黄賓(儐)萬章(璋)一、馬兩
8.4208 十又一月丁卯
8.4292 女(汝)則宕其一
8.4293 今余既一名典獻
8.4302 余賜女(汝)秬鬯一卣、金車、桼(賁)疇(幬)較(較)、桼(賁)𩏂朱虢(鞹)靳、虎冟(冪)冞(朱)裏、金甬(筩)、畫聞(輯)、金厄(軛)、畫轉、馬四匹、鋚勒
8.4311 賜女(汝)戈琱戴、〔歐〕必(柲)、彤𢆶(沙、蘇)、毌五、錫鐘一𣪘(肆)五金
8.4315 一斗七升小拳(賸)/一斗七升大半升
8.4318 賜女(汝)秬鬯一卣、金車、桼(賁)較(較)、朱虢(鞹)𩏂靳、虎冟(冪)熏(纁)裏、右厄(軛)、畫轉、畫輯、金甬(筩)、馬四匹、攸(鋚)勒
8.4319 賜女(汝)秬鬯一卣、金車、桼(賁)較(較)、朱虢(鞹)𩏂靳、虎冟(冪)熏(纁)裏、右厄(軛)、畫轉、畫輯、金甬(筩)、馬四匹、攸(鋚)勒
8.4320 賜彇(䍗)鬯一卣、商瓚一□、彤弓一、彤矢百、旅(㫃)弓十、旅(㫃)矢千
8.4323 唯王十又一月
8.4324 唯十又一年
8.4325 唯十又一年
8.4327 唯王十又一月/賜女(汝)瓚四、章(璋)㲃(穀)、宗彝一

牗(肆)/賜于乍一田/賜于宩(宜)一田/賜于隊一田/賜于戜一田
8.4328 賜女(汝)弓一、矢束、臣五家、田十田
8.4329 賜女(汝)弓一、矢束、臣五家、田十田
8.4342 賜女(汝)秬鬯一卣、圭瓚、尸(夷)允(訊)三百人
8.4343 賜女(汝)秬鬯一卣、金車、桒(賁)較(較)、畫䡅、朱虢(鞹)𩊚靳、虎冟(冪)熏(纁)裏、旂、余(騌)〔馬〕四匹
9.4467 賜女(汝)秬鬯一卣、赤巿、五黄(衡)、赤舄、牙僰、駒車、桒(賁)較(較)、朱虢(鞹)𩊚靳、虎冟(冪)熏(纁)裏、畫轉(轉)、畫䡅、金甬(筩)、朱旂、馬四匹、攸(鋚)勒、素戉(鉞)
9.4468 賜女(汝)秬鬯一卣、赤巿、五黄(衡)、赤舄、牙僰、駒車、桒(賁)較(較)、朱虢(鞹)𩊚靳、虎冟(冪)熏(纁)裏、畫轉(轉)、畫䡅、金甬(筩)、朱旂、馬四匹、攸(鋚)勒、素戉(鉞)
9.4469 迺乍(作)余一人咎/用辟我一人/賜女(汝)秬鬯一卣、乃父巿、赤舄、駒車、桒(賁)較(較)、朱虢(鞹)𩊚靳、虎冟(冪)熏(纁)裏、畫轉、畫䡅、金甬(筩)、馬四匹、鋚勒
9.4610 唯正十又一月辛巳
9.4611 唯正十又一月辛巳
9.4694 夆泰(率)一潡(挻)襄(鑲)
10.4868 六一八六一一
10.5373 子賜䖒𡨄(霝)玗一
10.5380 王賜馭⺌貝一具
10.5414 㘦(邲)其賜乍(作)册掔徵一、玗一
10.5426 又丹一栿(柝、管)
10.5430 雩(越)旬又一日辛亥/賜宗彝一𦚏(肆)
11.6000 白□一、琅九屮(又)百/用王商(賞)子黄瓚一、貝百朋
15.9448 十一芺
15.9452 一斗二益(溢)/長陵一斗一升
15.9453 唯十又一月
15.9456 矩或取赤虎(琥)兩、麀桒(韍)兩、桒(賁)鞈(韐、韐)一
15.9580 鑄大⿰之笲一壺
15.9617 受一害(㲉、斛)六尌
15.9648 四寽(鋝)十一冢(重)盤
15.9674 冢(重)一石百卌(四十)二刀之冢(重)
15.9684 十一芺/冢(重)一石八十二刀之冢(重)
15.9686 冢(重)一石三百刀之冢(重)
15.9693 冢(重)一石三百卅九刀之冢(重)
15.9707 十三斗一升/大斛斗一益(溢)少半益(溢)
15.9728 賜女(汝)秬鬯一卣、玄衮衣、赤巿、幽黄(衡)、赤舄、攸(鋚)勒、䜌(鑾)旂
15.9730 于上天子用璧玉備(瑚)、〔玉〕一嗣(笥)/于南宫子用璧二備(瑚)、玉二嗣(笥)、鼓鐘一銉(肆)
16.9897 王乎宰利賜師遽瑚圭一、環(篆)章(璋)四
16.9898 賜秬鬯一卣、玄衮衣、赤舄、金車、桒(賁)𩊚朱虢(鞹)靳、虎冟(冪)熏(纁)裏、桒(賁)較(較)、畫轉、金甬(筩)、馬四匹、攸(鋚)勒
16.9975 受一害(㲉、斛)五尌
16.10016 八一六
16.10019 六六一一六一
16.10105 陶子或賜匋(陶)姛金一鈞
16.10164 鼎毁一具/自豖鼎降十又一
16.10176 一奉(封)/道以東一奉(封)/還以西一奉(封)
16.10353 一斗八升
16.10358 冢(重)百十一刀之冢(重)
16.10402 冢(重)一石三百五十五刀之冢(重)
16.10450 十一
16.10478 丌(其)一從/丌(其)一瘄(藏)府
16.10571 八五一
16.10579 廿一
17.11306 廿一年
17.11342 廿一年
17.11373 廿一年
17.11398 卅一年
18.11550 八一
18.11561 十一年
18.11893 一
18.11996 廿一年
18.12038 二兩廿一朱(銖)
18.12041 廿一年
18.12057 一
18.12092 亡縱一乘
18.12097 一檜(擔)飤之
18.12098 一檜(擔)飤之
18.12099 一檜(擔)飤之
18.12100 一檜(擔)飤之
18.12101 一檜(擔)飤

之
18.12102 ▒檐(擔)飤之
18.12110 屯十台(以)堂(當)▒車/屯廿檐(擔)台(以)堂(當)▒車
18.12111 屯十台(以)堂(當)▒車/屯廿檐(擔)台(以)堂(當)▒車
18.12112 屯十台(以)堂(當)▒車/屯廿檐(擔)台(以)堂(當)▒車
18.12113 屯三舟爲▒舿(舸)

4496 鼠

15.9735 曾亡▒(一)夫之救

4497 二

1.59 唯都正▒月
1.107-8 唯正▒月初吉
1.149 鑄辝(台)龢鍾(鐘)▒鍺(堵)
1.150 鑄辝(台)龢鍾(鐘)▒鍺(堵)
1.151 鑄辝(台)龢鍾(鐘)▒鍺(堵)
1.152 鑄辝(台)龢鍾(鐘)▒鍺(堵)
1.270 十又▒公
1.271 侯氏賜之邑▒百又九十又九邑
3.753 唯十又▒月既生霸
3.936 ▒斗五升少半升
4.2301 巨萓十▒
4.2481 ▒年
4.2530 四斤十▒兩
5.2576 ▒斗
5.2579 商(賞)夔貝▒朋
5.2608 空(容)▒斗
5.2625 王商(賞)宗庚豊貝▒朋
5.2651 容一斗▒升
5.2656 唯十又▒月初士(吉)
5.2693 ▒
5.2694 王賞戍𠂤貝▒朋
5.2702 娸商(賞)又正嬰(聯)嬰貝在穆朋▒百
5.2705 爲寶器鼎▒、𣪕▒
5.2707 勻(鈞)▒百六十▒刀之勻(鈞)
5.2710 在▒月
5.2718 唯十又▒月丁丑
5.2719 唯十又▒月
5.2729 唯▒月初吉庚寅
5.2748 唯廿又▒年
5.2756 唯▒月既生霸丁丑
5.2763 征(延)礿繫(縮)▒母/咸𢍰(羿)遣福▒
5.2764 卅▒年
5.2765 因付厥且僕▒家
5.2773 十▒年/再(稱)▒益(鎰)六釿/十▒年
5.2780 唯十又▒月
5.2806 令□□□[卅]▒匹賜大
5.2807 令取誰(牸)䮽(犅)卅▒匹賜大
5.2808 令取誰(牸)䮽(犅)卅▒匹賜大
5.2818 唯卅又▒年
5.2820 唯十又▒月初吉
5.2821 十又▒月
5.2822 十又▒月
5.2823 十又▒月
5.2831 舍(捨)盠冒梯、羝皮▒、選皮▒、業舄通(甬)皮▒/厥吳喜皮▒/顏下皮▒
5.2832 𤇾(營)▒川
5.2833 肄(肆)武公廼遣禹率公戎車百乘、斯(廝)馭▒百、徒千
5.2834 斯(廝)馭▒百、徒[千]
5.2835 凡以公車折首▒百又□又五人/執訊▒人
5.2837 若文王令▒三正
5.2838 廼或(又)即曶用田▒
5.2839 獲馘四千八百又▒馘/獲馘▒百卅七馘/弓一、矢百、畫虢(皋)一、貝冑一、金毌(干)一、戚戈▒、矢𦤎八
5.2841 賜女(汝)秬鬯一卣、祼圭瓚寶、朱芾、悤(蔥)黄(衡)、玉環、玉琭、金車、𠦪(賁)縟較(較)、朱𩍐(鞹)𩏂靳、虎冟(冪)熏裏、右軛、畫轉、畫輯、金甬(桶)、逪(錯)衡、金嫜(踵)、金豙(軛)、𥿃(約)𤔲(盛)、金簟弼(茀)、魚箙、馬四匹、攸(鋚)勒、金𠯑(臺)、金膺、朱旂▒鈴(鈴)
7.3870 叔向父爲備寶𣪕兩、寶鼎▒
7.3904 卿事賜小子𤔲貝▒百
7.3941 賞寢𢽴□貝▒朋
7.3975 邐賜貝▒朋
7.3983 唯▒月戊寅
7.4035 唯十又▒月初吉
7.4097 用爲寶器鼎▒、𣪕▒
8.4127 唯▒月初吉
8.4136 唯▒月乙亥
8.4157 唯正▒月
8.4158 唯正▒月
8.4159 賜鼎▒
8.4183 唯都正▒月
8.4192 唯十又▒月
8.4193 唯十又▒月
8.4238 唯十又▒月
8.4239 唯十又▒月
8.4240 唯十又▒月初吉
8.4243 唯▒月初吉
8.4244 唯王十又▒年
8.4251 唯十又▒年

8.4252 唯十又▒年
8.4268 唯▒年三月
8.4270 唯十又▒月
8.4271 唯十又▒月
8.4276 唯王▒月既省(生)霸
8.4278 唯卅又▒年
8.4283 唯▒月初吉戊寅
8.4284 唯▒月初吉戊寅
8.4296 唯▒年正月初吉
8.4297 唯▒年正月初吉
8.4298 唯十又▒年
8.4299 唯十又▒年
8.4303 十又▒月
8.4304 十又▒月
8.4305 十又▒月
8.4306 十又▒月
8.4307 十又▒月
8.4308 十又▒月
8.4309 十又▒月
8.4310 十又▒月
8.4315 十又▒公
8.4317 唯王十又▒祀
8.4318 唯三年▒月
8.4319 唯三年▒月
8.4322 獲馘(聝)百、執訊▒夫
8.4326 賜朱芾、悤(葱)黄(衡)、鞞鞢(璲)、玉睘(環)、玉琮、車、電軫、桒(賁)縟較(较)、朱鬺(鞹)㔶靳、虎冟(冪)熏(纁)裏、逪(錯)衡、右厄(軛)、畫轉、畫輯、金童(踵)、金豙(軝)、金簟弼(茀)、魚葡(箙)、朱旂旜(旜)金芜▒鈴
8.4330 陟▒公
8.4331 ▒月
8.4342 唯元年▒月
9.4435 茲𤔲友(有)十又▒
9.4462 唯四年▒月
9.4463 唯四年▒月
9.4465 十又▒月
9.4466 其邑復歒、言▒挹(邑)/州、瀘▒邑
9.4694 冡(重)三桼(率)▒全桼(率)四𠃢
10.5391 賜呂(鋁)▒、聿(筆)▒
10.5398 唯十又▒月
10.5405 唯▒月初吉丁卯
10.5412 唯王▒祀
10.5415 在▒月既望
10.5417 子光商(賞)畬貝▒朋
10.5423 匡甫象鰥▒
10.5431 唯十又▒月
10.5432 在▒月既望乙亥
11.5967 𡚬商(賞)小子夫貝▒朋
11.5971 賜呂(鋁)▒、聿(筆)▒
11.5981 受貝▒朋
11.5994 唯▒月初吉丁卯
11.6003 在▒月既望(塱)
11.6011 唯王十又▒月
11.6015 雩若▒月/侯賜者(赭)𡚬臣▒百家
11.6016 廼令曰:今我唯令女(汝)▒人亢眔夨
12.6516 唯王▒祀
15.9450 十▒茉
15.9452 一斗▒益(溢)
15.9541 己孝子之壺▒
15.9640 廿九年十▒月
15.9673 ▒年
15.9674 冡(重)一石百卌(四十)▒刀之冡(重)
15.9682 今三斗▒升少半升
15.9684 冡(重)一石八十▒刀之冡(重)
15.9685 十▒茉
15.9696 唯王▒月
15.9729 于南宫子用璧▒備(珥)、玉▒嗣(笥)、鼓鐘〔一肆〕
15.9730 于南宫子用璧▒備(珥)、玉▒嗣(笥)、鼓鐘一銉(肆)
15.9733 庚率▒百乘舟入鄺(莒)從㴱(河)
16.9896 唯八年十又▒月
16.9898 唯▒月初吉丁亥/唯王▒祀
16.9901 廼令曰:今我唯令女(汝)▒人亢眔夨
16.9975 廿▒
16.9978 三斗▒升
16.10148 唯王▒月
16.10168 賜守宫絲束、蘆(苴)醭(幕)五、蘆(苴)萺(冟、冪)▒、馬匹、毳爷(布)三、專(專、團)俸(篷)三、銮(琜)朋
15.10169 唯正▒月
16.10173 唯十又▒年
16.10176 ▒奉(封)/▒奉(封)
16.10252 唯王▒月
16.10281 唯十又▒月
16.10322 唯十又▒年
16.10359 十▒茉
16.10360 唯十又▒月
16.10372 冬十▒月乙酉
16.10378 又▒匀(鈞)益(鎰)
16.10440 十四兩八分十六分卅▒反(半)
16.10448 十▒
16.10458 肙(胸、容)▒益(溢)
16.10478 王堂方▒百乇(尺)/王后堂方▒百乇(尺)/忞(寧)后堂方▒百乇(尺)
17.11250 ▒年
17.11292 ▒年
17.11298 ▒年
17.11314 ▒年
17.11315 ▒年
17.11325 牆(將)軍張▒月
17.11326 牆(將)軍張▒月
17.11328 王▒年
17.11331 廿▒年
17.11355 十▒年
17.11362 ▒年

17.11364 二年
17.11375 廿二
17.11399 二年
17.11404 十二年
18.11508 廿二年
18.11549 十二年
18.11555 卅二年
18.11563 二年
18.11633 十二年
18.11676 十二年
18.11682 二年
18.11862 十四茉十二月
18.11894 二
18.12033 二兩二朱(銖)
18.12034 二兩五朱(銖)
18.12035 二兩十朱(銖)
18.12036 〔二〕兩十二朱(銖)
18.12037 二兩十二朱(銖)
18.12038 二兩廿一朱(銖)
18.12039 二兩十四朱(銖)
18.12058 二

4498 弍

5.2838 曶毋卑(俾)弍于既
15.9606 弍孛(斆、斛)

4499 三

1.60-3 三月既生霸庚申
1.133 唯王三年
1.134 (唯)王三年
1.135 唯王三年
1.136 唯王三年
1.137-9 唯王三年
1.272-8 余命女(汝)政于朕三軍/歎(勤)龢三軍徒旓/其縣三百/釐(萊)僕三百又五十家
1.285 余命女(汝)政于朕三軍/歎(勤)龢三軍徒旓/其縣三百/釐(萊)僕三百又五十家
3.753 事(使)賜公姞魚三百
4.2101 沓里三斗鎮(鼎)
4.2105 脣(容)三分
4.2232 三斗半
4.2458 侯賜中貝三朋
4.2499 尹商(賞)鬲貝三朋
5.2576 十三兩十七斤
5.2590 十三年
5.2647 三斤十一兩/魏三斗一升/魏三斗一升/廿三斤
5.2651 三年
5.2658 十三斤八兩十四朱(銖)
5.2661 唯三月
5.2704 王姜賜旟田三于待劃
5.2742 唯三年四月庚午
5.2754 王賜呂秬鬯三卣、貝卅朋
5.2764 卅三年
5.2765 唯三月初吉
5.2785 唯十又三月庚寅
5.2786 唯三月初吉甲戌
5.2787 唯三年五月丁巳
5.2788 唯三年五月丁巳
5.2790 唯王廿又三年九月
5.2792 唯三月初吉庚寅
5.2793 卅三年/卅三年
5.2794 三楚
5.2796 唯王廿又三年九月
5.2797 唯王廿又三年九月
5.2798 唯王廿又三年九月
5.2799 唯王廿又三年九月
5.2800 唯王廿又三年九月
5.2801 唯王廿又三年九月
5.2802 唯王廿又三年九月
5.2806 三月既霸丁亥
5.2807 三月既霸丁亥
5.2808 三月既霸丁亥
5.2809 唯三月丁卯/伯懋父廼罰得㚖古三百寽(鋝)
5.2817 唯三年三月
5.2818 三月初吉壬辰
5.2826 三壽是利
5.2827 唯三年五月
5.2828 唯三年五月
5.2829 唯三年五月
5.2831 舍(捨)矩姜帛三兩
5.2835 執訊廿又三人/執訊三人
5.2837 若文王令二三正/賜尸(夷)嗣王臣十又三伯/唯王廿又三祀
5.2838 廼卑(俾)〔饗〕以曶酉(酒)彶(及)羊、絲三寽(鋝)/曶覓匡三十秭
5.2839 三左三右多君入服酉(酒)/戓(鬼)方子□□入三門/執嘼(酋)三人/孚人萬三千八十一人/孚牛三百五十五牛/盂以▨入三門/三周入服酉(酒)/□三事□□入服酉(酒)
7.3822 休王賜效父吕(鋁)三
7.3823 休王賜效父吕(鋁)三
7.3906 侯賞攸貝三朋
7.3952 唯三月初吉
7.4029 遣三族伐東或(國)
7.4042 易☨曰: 趞叔休于小臣貝三朋、臣三家
7.4043 易☨曰: 趞叔休于小臣貝三朋、臣三家
7.4089 唯三月既望乙

亥
8.4130 唯王▒月
8.4194 賜牛▒
8.4197 唯元年▒月丙寅
8.4202 唯▒月初吉庚午
8.4214 唯王▒祀四月
8.4225 唯十又▒年
8.4226 唯十又▒年
8.4227 唯十又▒年
8.4228 唯十又▒年
8.4229 唯▒年五月丁巳
8.4230 唯▒年五月丁巳
8.4231 唯▒年五月丁巳
8.4232 唯▒年五月丁巳
8.4233 唯▒年五月丁巳
8.4234 唯▒年五月丁巳
8.4235 唯▒年五月丁巳
8.4236 唯▒年五月丁巳
8.4241 唯▒月/賜臣▒品：州人、重人、墉(鄘)人
8.4244 ▒月既望庚寅
8.4245 曾(曾)孫▒兒曰：余呂以□之孫
8.4250 唯王▒月
8.4256 ▒月既生霸戊戌
8.4261 王凡▒方
8.4266 唯▒月
8.4268 唯二年▒月
8.4269 唯十又▒月既望
8.4272 唯王十又▒年
8.4277 唯▒年▒月
8.4278 ▒月初吉壬辰
8.4285 唯五年▒月
8.4298 ▒月既生霸丁亥
8.4299 ▒月既生霸丁亥
8.4318 唯▒年二月
8.4319 唯▒年二月
8.4320 賜土：厥川(甽)▒百□
8.4332 唯▒年五月
8.4333 唯▒年五月
8.4334 唯▒年五月
8.4335 唯▒年五月
8.4336 唯▒年五月
8.4337 唯▒年五月
8.4338 唯▒年五月
8.4339 唯▒年五月
8.4341 ▒年靜(靖)東或(國)
8.4342 賜女(汝)秬鬯一卣、圭瓚、尸(夷)允(訊)▒百人
8.4343 十又▒月
9.4438 唯卅又▒年
9.4439 唯卅又▒年
9.4466 其邑競、楙(櫏)、甲▒邑/凡復友(賄)、復付鬲比田十又▒邑
9.4626 唯▒月既生霸乙卯
9.4694 冢(重)▒桼(率)二圣桼(率)四𠬪
10.5402 唯十又▒月辛卯
10.5409 王令士道歸(饋)貉子鹿▒
10.5424 農▒拜䭫首
11.5992 唯十又▒月辛卯
11.6008 唯十又▒月
11.6016 尹▒事四方/徣(誕)令舍(捨)▒事令
12.6511 匃▒壽、懿德、萬年
12.6516 唯▒月初吉乙卯
15.9301 在十月又▒
15.9448 冢(重)▒百八刀
15.9450 冢(重)▒百卌(四十)五刀
15.9455 唯▒月初吉丁亥
15.9456 唯▒年▒月/其舍(捨)田▒田
15.9590 左酒五十▒
15.9605 ▒斗
15.9650 四寽(鋝)十▒冢(重)
15.9673 ▒斗
15.9675 十▒茉
15.9682 ▒斗少半/今▒斗二升少半升
15.9686 十▒茉/冢(重)一石▒百刀之冢(重)
15.9692 ▒茉
15.9693 十▒茉/冢(重)一石▒百卅九刀之冢(重)
15.9707 十▒斗一升
15.9723 唯十又▒年
15.9724 唯十又▒年
15.9726 唯▒年九月丁巳
15.9727 唯▒年九月丁巳
15.9731 唯▒年五月
15.9732 唯▒年五月
15.9733 齊▒軍圍釐(萊)
16.9901 尹▒事四方/徣令舍(捨)▒事令
16.9933 十▒茉
16.9934 十▒茉
16.9978 ▒斗二升
16.10166 裸玉▒品
16.10167 賜(賜)▒國
16.10168 賜守宮絲束、蘆(苴)䌓(幕)五、蘆(苴)䔰(冟、羃)二、馬匹、毳爷(布)▒、叀(專、團)㚗(篷)▒、銮(琜)朋
16.10174 唯五年▒月
16.10176 陟剛(崗)▒奉(封)
16.10285 唯▒月既死霸甲申/罰女(汝)▒百寽(鋝)
16.10357 廿▒斤十兩
16.10382 侯興□䢅(固)▒
16.10384 ▒年
16.10402 冢(重)一石▒百五十五刀之冢(重)
16.10465 ▒年
16.10469 十▒

16.10478 丌（其）楃（題）起（湊）堰（長）三乇（尺）/ 丌（其）楃（題）起（湊）堰（長）三乇（尺）
17.10987 甲十三
17.11164 蜹昗乍（作）蓝（造）戈三百
17.11209 𨸏公穌曹（造）戈三百
17.11267 單𦣻託乍（作）用戈三万（萬）
17.11279 十三年
17.11287 三年
17.11293 三年
17.11299 廿三年
17.11301 廿三年
17.11312 卅三年
17.11317 三年
17.11318 三年
17.11319 三年
17.11330 卅三年
17.11338 三年
17.11339 十三年正月
17.11347 十三年
17.11354 三年
17.11357 王三年
17.11369 三年
17.11375 王三年
17.11394 十三年
18.11550 十三年
18.11559 三年
18.11565 廿三年
18.11635 三年
18.11661 三年
18.11675 三年
18.11683 三年
18.11687 三年
18.11693 卅三年
18.11711 十三年
18.11863 十三苿
18.11864 十三苿
18.11865 十三苿
18.12056 三
18.12061 三
18.12068 左宮之三
18.12104 舟三千不句酉
18.12105 傳舟得三千不句酉
18.12106 傳舟得三千不句酉
18.12113 屯三舟爲一䑳（舸）

4500 三、四

1.107-8 賜彤弓一、彤矢百、馬四匹
1.133 四月初吉甲寅
1.134 四月初吉甲寅
1.135 四月初吉甲寅
1.136 四月初吉甲寅
1.137-9 四月初吉甲寅
1.181 畯永保四方
1.182 聞于四方
1.193 聞于四方
1.194 聞于四方
1.195 聞于四方
1.196 聞于四方
1.197 聞于四方
1.198 聞于四方
1.225 其竈（簉）四堵
1.226 其竈（簉）四堵
1.227 其竈（簉）四堵
1.228 其竈（簉）四堵
1.229 其竈（簉）四堵
1.230 其竈（簉）四堵
1.231 其竈（簉）四堵
1.232 其竈（簉）四堵
1.233 其竈（簉）四堵
1.234 其竈（簉）四堵
1.235 其竈（簉）四堵
1.236 其竈（簉）四堵
1.237 其竈（簉）四堵
1.251-6 匍（撫）有四方
1.260 畯保四或（國）
1.262-3 匍（撫）有四方
1.267 匍（撫）有四方
1.268 匍有四方
1.269 匍（撫）有四方
1.270 匍（撫）又（有）四方
1.271 余四事是台（以）
1.272-8 𨗨（造）或（𢦏）徒四千
1.285 𨗨（造）或（𢦏）徒四千
2.358 匍（撫）右（有）四方 / 永畯尹四方
3.754 賜玉五品、馬四匹
3.755 賜玉五品、馬四匹
4.1808 𣪕朐（容）四分
4.2100 四
4.2104 脣（容）四分
4.2481 四分㕣
4.2482 四年
4.2507 侯賞復貝四朋
4.2527 脣（容）四分
4.2530 四斤十二兩
5.2574 王四月
5.2609 爲量脣（容）四分
5.2651 十一斤十四兩 / 卌（四十）四
5.2658 十三斤八兩十四朱（銖）
5.2682 [二]旬又四日丁卯
5.2693 廿四年
5.2697 唯王四年
5.2698 唯王四年
5.2699 唯王四年
5.2700 唯王四年
5.2707 十四苿
5.2710 王令寢䢅省北田四品
5.2742 唯三年四月庚午
5.2748 四月既望己酉
5.2753 唯十又四月
5.2757 事四國
5.2758 唯四月既生霸己丑
5.2759 唯四月既生霸己丑
5.2760 唯四月既生霸己丑
5.2761 唯四月既生霸己丑
5.2764 脣（容）四分齋 / 脣（容）四分齋 / 五益（鎰）六釿半釿四分釿之冢（重）
5.2787 穌（蘇）賓章（璋）、馬四匹、吉金
5.2788 穌（蘇）賓章（璋）、馬四匹、吉金
5.2793 四分齋 / 一益（鎰）十釿半釿四分釿之冢（重）/ 四分齋
5.2810 王窺（親）賜馭方玉五穀、馬四匹、矢五束
5.2815 四月既望辛卯

5.2831 則乃成夆(封)四夆(封)
5.2832 帥履裘衛厲田四田
5.2833 克夾召(紹)先王奠四方
5.2836 畯尹四方
5.2837 甸(撫)有四方/〔甸〕有四方/夙夕召(紹)我一人烝四方/賜女(汝)邦嗣四伯
5.2838 唯王四月既省(生)霸/曰用茲四夫
5.2839 獲聝四千八百又二聝/俘馬百四匹
5.2840 唯十四年/身勤社禝行四方
5.2841 䜌䜌四方/䚩許上下若否雩(于)四方/康能四或(國)/賜女(汝)秬鬯一卣、祼圭瓚寶、朱芾、悤(葱)黄(衡)、玉環、玉琭、金車、桒(賁)緝較(較)、朱䎘(鞹)𠧪靳、虎冟(冪)熏裹、右軛、畫轉、畫輯、金甬(桶)、遣(錯)衡、金嶂(踵)、金豙(軝)、豹(約)㲺(盛)、金簟弼(茀)、魚箙、馬四匹、攸(鋚)勒、金𠮛(臺)、金膺、朱旂二鈴(鈴)
7.3763 用貝十朋又四朋
7.3820 唯王四年
7.3858 唯十又四月
8.4126 唯王四年
8.4138 在十月四
8.4145 唯十又四年
8.4166 唯四月初吉丁亥
8.4194 唯四月初吉丁卯
8.4208 唯王十又四祀
8.4214 唯王三祀四月
8.4225 王賜無㠱馬四匹
8.4226 王賜無㠱馬四匹
8.4227 王賜無㠱馬四匹
8.4228 王賜無㠱馬四匹
8.4229 穌(蘇)賓(儐)章(璋)、馬四匹、吉金
8.4230 穌(蘇)賓(儐)章(璋)、馬四匹、吉金
8.4231 穌(蘇)賓(儐)章(璋)、馬四匹、吉金
8.4232 穌(蘇)賓(儐)章(璋)、馬四匹、吉金
8.4233 穌(蘇)賓(儐)章(璋)、馬四匹、吉金
8.4234 穌(蘇)賓(儐)章(璋)、馬四匹、吉金
8.4235 穌(蘇)賓(儐)章(璋)、馬四匹、吉金
8.4236 穌(蘇)賓(儐)章(璋)、馬四匹、吉金
8.4243 內史尹册賜救:玄衣黹屯(純)、旂四日
8.4245 唯王四月
8.4258 唯四月初吉
8.4259 唯四月初吉
8.4260 唯四月初吉
8.4279 四月既生霸
8.4280 四月既生霸
8.4281 四月既生霸
8.4282 四月既生霸
8.4293 唯六年四月甲子
8.4302 右(佑)闢四方/余賜女(汝)秬鬯一卣、金車、桒(賁)幬(幬)較(較)、桒(賁)𠧪朱號(鞹)靳、虎冟(冪)寀(朱)裹、金甬(筩)、畫聞(輯)、金厄(軛)、畫轉、馬四匹、鋚勒
8.4315 竈(造)囿(有)四方
8.4317 墜(地)于四方
8.4318 賜女(汝)秬鬯一卣、金車、桒(賁)較(較)、朱號(鞹)𠧪靳、虎冟(冪)熏(纁)裹、右厄(軛)、畫轉、畫輯、金甬(筩)、馬四匹、攸(鋚)勒
8.4319 賜女(汝)秬鬯一卣、金車、桒(賁)較(較)、朱號(鞹)𠧪靳、虎冟(冪)熏(纁)裹、右厄(軛)、畫轉、畫輯、金甬(筩)、馬四匹、攸(鋚)勒
8.4320 唯四月
8.4322 寽(捋)俘人百又十又四人
8.4323 奪俘人四百
8.4326 用諫四方
8.4327 賜女(汝)瓚四、章(璋)瑴(瑴)、宗彝一䢔(肆)
8.4341 乍(作)四方亟(極)
8.4342 雩四方民亡不康靜(靖)
8.4343 賜女(汝)秬鬯一卣、金車、桒(賁)較(較)、畫輯、朱號(鞹)𠧪靳、虎冟(冪)熏(纁)裹、旂、余(騌)〔馬〕四匹
9.4454 叔専(專)父乍(作)奠(鄭)季寶鐘六金、尊盨四、鼎七
9.4455 叔専(專)父乍(作)奠(鄭)季寶鐘六金、尊盨四、鼎七
9.4456 叔専(專)父乍(作)奠(鄭)季寶鐘六金、尊盨四、鼎七
9.4457 叔専(專)父乍(作)奠(鄭)季寶鐘六金、尊盨四、鼎七
9.4462 唯四年二月
9.4463 唯四年二月
9.4464 四月
9.4467 甸(撫)有四方/賜女(汝)秬鬯一卣、赤芾、五黄(衡)、赤舄、牙僰、駒車、桒(賁)較(較)、朱號(鞹)𠧪靳、虎冟(冪)熏(纁)裹、畫轉(轉)、畫輯、金甬(筩)、朱旂、馬四匹、攸(鋚)勒、素戉(鉞)
9.4468 甸(撫)有四方/賜女(汝)秬鬯一卣、赤芾、五黄(衡)、赤舄、牙僰、駒車、桒

(賁)較(較)、朱虢(鞹)鬲靳、虎冟(冪)熏(纁)裏、畫轉(轉)、畫䡈、金甬(筩)、朱旂、馬四匹、攸(鋚)勒、素戉(鉞)

9.4469 賜女(汝)秬鬯一卣、乃父巿、赤舄、駒車、桒(賁)較(較)、朱虢(鞹)鬲靳、虎冟(冪)熏(纁)裏、畫轉、畫䡈、金甬(筩)、馬四匹、鋚勒

9.4646 唯十又四年

9.4647 唯十又四年

9.4694 豚(重)十[illegible]四[illegible]/冢(重)三桼(率)二夅桼(率)四[illegible]

10.5408 唯四月初吉丙寅

10.5413 在四月/唯王四祀

10.5415 遣于四方

10.5423 唯四月初吉甲午

10.5432 雩四月既生霸庚午

10.5433 唯四月初吉甲午

11.5987 唯四月乙卯/公賜臣衛宋䀠貝四朋

11.5988 唯四月

11.6003 遣于四方

11.6009 唯四月初吉甲午

11.6014 在四月丙戌

11.6016 尹三事四方/舍(捨)四方命(令)

12.6514 自隮侯四䮂

14.9103 唯四月既望丁亥

15.9249 在四月

15.9591 左酒卅四

15.9607 受六𦎫(㲉、斛)四射

15.9648 四斗𠣋客/四寽(鋝)十一冢(重)盎

15.9649 四斗𠣋客/四寽(鋝)七冢(重)盎

15.9650 四斗𠣋客/四寽(鋝)十三冢(重)/右內酒(糟)四

15.9660 十九冉四寽(鋝)廿九冢(重)□

15.9665 十四苿

15.9666 十四苿

15.9683 冢(重)四百六刀冢(重)

15.9689 唯四月

15.9692 冢(重)四百七十四刀之冢(重)

15.9719 唯十年四月吉日

15.9720 唯十年四月吉日

15.9721 賜幾父幵桒(韍)六、僕四家、金十鈞

15.9722 賜幾父幵桒(韍)六、僕四家、金十鈞

15.9734 四駐(牡)汸汸(滂滂)

15.9735 唯十四年

16.9897 王乎宰利賜師遽瑚圭一、環(瑑)章(璋)四

16.9898 賜秬鬯一卣、玄衮衣、赤舄、金車、桒(賁)鬲朱虢(鞹)靳、虎冟(冪)熏(纁)裏、桒(賁)較(較)、畫轉、金甬(筩)、馬四匹、攸(鋚)勒

16.9901 尹三事四方/舍(捨)四方令

16.9977 容四斗鉀(瓶)

16.10166 唯王卅又四祀

16.10173 經緞(維)四方

16.10174 王賜兮甲馬四匹、駒車/王令甲政辭(嗣)成周四方責(積)

16.10175 適征四方

16.10260 雩之四方

16.10342 廣嗣四方/囗賸(媵)墓四酉

16.10357 四斗少半斗

16.10361 攻(工)帀(師)𠈏鑄西墉寶鐈四秉

16.10385 命戍代、冶與、下庫工師孟、關師四人

16.10440 十四兩八分十六分卅二反(半)

16.10441 十四苿

16.10442 十四苿

16.10443 十四苿

16.10444 十四苿

16.10445 十四苿

16.10446 十四苿

16.10447 十四苿

16.10453 廿四年

16.10472 十四苿

16.10473 十四苿

16.10474 十四苿

16.10475 十四苿

16.10477 十四苿

16.10478 從丘歐(坎)至內宮廿四步

17.11266 四年

17.11269 十四年

17.11270 廿四

17.11308 四年

17.11316 四年命(令)韓誰、宜陽工師敇(播)憘、冶庶

17.11321 卅四年

17.11332 十四年

17.11335 四年

17.11340 四年

17.11341 四年

17.11356 廿四年

17.11361 四年

17.11377 十四年

17.11384 四年

17.11387 十四年

18.11560 卅四年

18.11564 四年

18.11619 四年

18.11694 四年

18.11695 四年

18.11707 四年

18.11822 十四苿/左使車四

18.11862 十四苿十二月

18.11902 廿四年

18.12039 二兩十四朱(銖)

18.12042 十四苿

18.12043 十四苿

18.12044 十四苿

18.12045 十四茉
18.12046 十四茉
18.12047 十四茉
18.12048 十四茉
18.12049 十四茉
18.12050 十四茉
18.12051 十四茉
18.12052 十四茉
18.12053 十四茉
18.12054 十四茉
18.12055 十四茉 / 四
18.12056 十四茉
18.12058 十四茉
18.12059 十四茉
18.12060 十四茉
18.12061 十四茉
18.12062 十四茉 / 四
18.12063 十四茉

4501 五

1.60-3 今余賜女(汝)毌五、錫戈彤㞒(蘇)
1.83 唯王五十又六祀
1.85 唯王五十又六祀
1.133 嗣五邑佃人事
1.134 嗣五邑佃人事
1.135 嗣五邑佃人事
1.136 嗣五邑佃人事
1.137-9 嗣五邑佃人事
1.210 唯正五月
1.211 唯正五月
1.251-6 武王則令周公舍(捨)寓(宇)以五十頌處
1.271 唯王五月
1.272-8 唯王五月 / 釐(萊)僕三百又五十家
1.285 唯王五月 / 釐(萊)僕三百又五十家
2.358 唯王五祀
3.731 唯五月初吉丁酉
3.754 賜玉五品、馬四匹
3.755 賜玉五品、馬四匹
3.936 二斗五升少半升
4.1757 七六八六七五
4.1807 集脮五
4.2156 八五一
4.2373 七五六
5.2556 休于小臣䢅(攕)貝五朋
5.2611 卅五年
5.2652 唯五月初吉丁亥
5.2653 王賜小臣缶湡責(積)五年
5.2669 唯五月庚申
5.2693 五
5.2705 賜貝五朋
5.2712 宝(貯)絲五十寽(鋝)
5.2734 唯正五月
5.2747 唯五月既望
5.2754 唯五月既死霸
5.2763 丮貝五朋
5.2764 五益(鎰)六釿半釿四分釿之冢(重)
5.2768 唯五月初吉壬申
5.2769 唯五月初吉壬申
5.2770 唯五月初吉壬申
5.2776 唯五月
5.2779 俘車馬五乘 / 鋪五十
5.2781 唯五月既生霸庚午
5.2784 唯十又五年 / · 五月既生霸壬午
5.2787 唯三年五月丁巳
5.2788 唯三年五月丁巳
5.2805 唯王五月
5.2806 唯十又五年
5.2807 唯十又五年
5.2808 唯十又五年
5.2810 王寴(親)賜馭方玉五瑴、馬四匹、矢五束
5.2816 賜女(汝)秬鬯一卣、玄衮衣、幽夫(芾)、赤舄、駒車、畫呻(紳)、幬(幃)學(較)、虎幂(幃)、熏裡里幽、攸(鋚)勒、旅(旂)五旅(旂)、彤弓、彤矢、旅(玈)弓、旅(玈)矢、𢦏戈、虢(皋)胄
5.2819 五月既望庚寅
5.2827 唯三年五月
5.2828 唯三年五月
5.2829 唯三年五月
5.2832 曰:余舍(捨)女(汝)田五田 / 厲廼許曰:余審貯田五田 / 唯王五祀
5.2835 凡以公車折首二百又□又五人 / 公車折首百又十又五人
5.2837 六百又五十又九夫 / 人鬲千又五十夫
5.2838 我既賣(贖)女(汝)五夫 / 用徵祉(誕)賣(贖)茲五夫 / 非出五夫 / 受茲五夫 / 曶廼每(誨)于䛷曰:女(汝)其舍(捨)䝿(究)矢五秉 / 于曶用五田 / 凡用即曶田七田、人五夫
5.2839 俘牛三百五十五牛 / 唯王廿又五祀
5.2840 五年覆吳
6.3026 五
6.3027 五
7.3757 仲五父乍(作)段
7.3758 仲五父乍(作)段
7.3759 仲五父乍(作)段
7.3822 五八六
7.3823 五八六
7.4023 唯五月
7.4033 唯王五月甲寅
7.4034 唯王五月甲寅
7.4044 五月初吉甲申
7.4097 賜貝五朋
7.4099 賜敷弓、矢束、馬匹、貝五朋
8.4125 唯十又五年六月
8.4152 唯五年正月丙午
8.4159 賜貝五朋
8.4167 賜厥臣弟豦井五椲
8.4179 唯五月既死霸辛未
8.4180 唯五月既死霸辛未

8.4181 唯五月既死霸辛未
8.4184 賜女(汝)馬乘、鐘五金
8.4185 賜女(汝)馬乘、鐘五金
8.4186 賜女(汝)馬乘、鐘五金
8.4187 賜女(汝)馬乘、鐘五金
8.4190 唯王五月
8.4201 唯五月壬辰
8.4203 唯五月既生霸庚申
8.4204 唯五月既生霸庚申
8.4206 唯五月既望甲子
8.4215 取徵五寽(鋝)
8.4216 唯王五年九月/儕(齎)女(汝)冊五、昜(錫)登盾生皇(凰)、畫內(枘)戈琱㦰、歇(厚)必(柲)、彤沙(蘇)
8.4217 唯王五年九月/儕(齎)女(汝)冊五、昜(錫)登盾生皇(凰)、畫內(枘)戈琱㦰、歇(厚)必(柲)、彤沙(蘇)
8.4218 唯王五年九月/儕(齎)女(汝)冊五、昜(錫)登盾生皇(凰)、畫內(枘)戈琱㦰、歇(厚)必(柲)、彤沙(蘇)
8.4229 唯三年五月丁巳
8.4230 唯三年五月丁巳
8.4231 唯三年五月丁巳
8.4232 唯三年五月丁巳
8.4233 唯三年五月丁巳
8.4234 唯三年五月丁巳
8.4235 唯三年五月丁巳
8.4236 唯三年五月丁巳
8.4238 賜師率征自五齵貝
8.4239 賜師率征自五齵貝
8.4243 用大葡(備)于五邑守堨(堰)
8.4246 取遄(徵)五寽(鋝)
8.4247 取遄(徵)五寽(鋝)
8.4248 取遄(徵)五寽(鋝)
8.4249 取遄(徵)五寽(鋝)
8.4253 唯五月初吉柙(甲)戌
8.4254 唯五月初吉柙(甲)戌
8.4255 取徵五寽(鋝)
8.4257 賜女(汝)玄衣黹屯(純)、鋉(素)芾、金鈧(衡)、赤舄、戈琱㦰、彤沙(蘇)、攸(鋚)勒、䜌(鑾)旂五日
8.4266 取徵五寽(鋝)
8.4268 乎內史寿(敖、侁)册命王臣：賜女(汝)朱黄(衡)𡙊(賁)親(襯)、玄衣黹屯(純)、䜌(鑾)旂五日、戈畫㦰、𠩺(墉)必(柲)、彤沙(蘇)
8.4274 唯元年五月/嗣左右走(趣)馬、五邑走(趣)馬/賜女(汝)乃祖巾、五黄(衡)、赤舄
8.4275 唯元年五月/嗣左右走(趣)馬、五邑走(趣)馬/賜女(汝)乃祖巾、五黄(衡)、赤舄
8.4285 唯五年三月
8.4286 賜女(汝)玄衣黹屯(純)、赤芾、朱黄(衡)、戈彤沙(蘇)琱㦰、旂五日
8.4292 唯五年正月己丑
8.4294 取徵五寽(鋝)
8.4295 取徵五寽(鋝)
8.4296 䡅(纘)五邑祝
8.4297 䡅(纘)五邑祝
8.4311 賜女(汝)戈琱㦰、〔歇〕必(柲)、彤𠩺(沙、蘇)、冊五、錫鐘一㪔(肆)五金
8.4320 厥宅邑卅又五/厥盧□又五十夫
8.4322 凡百又卅又五㪇(款)
8.4323 事(使)尹氏受(授)贅(賚)敔：圭(珪)瓚、㚸貝五十朋/賜田于敌(扵)五十田/于早五十田
8.4328 賜女(汝)弓一、矢束、臣五家、田十田
8.4329 賜女(汝)弓一、矢束、臣五家、田十田
8.4332 唯三年五月
8.4333 唯三年五月
8.4334 唯三年五月
8.4335 唯三年五月
8.4336 唯三年五月
8.4337 唯三年五月
8.4338 唯三年五月
8.4339 唯三年五月
9.4430 唯五月既生霸庚寅
9.4466 唯王廿又五年
9.4467 賜女(汝)秬鬯一卣、赤芾、五黄(衡)、赤舄、牙僰、駒車、𡙊(賁)較(較)、朱虢(鞹)鞃靳、虎冟(冪)熏(纁)裏、畫轉(轉)、畫䡈、金甬(筩)、朱旂、馬四匹、攸(鋚)勒、素戉(鉞)
9.4468 賜女(汝)秬鬯一卣、赤芾、五黄(衡)、赤舄、牙僰、駒車、𡙊(賁)較(較)、朱虢(鞹)鞃靳、虎冟(冪)熏(纁)裏、畫轉(轉)、畫䡈、金甬(筩)、朱旂、馬四匹、攸(鋚)勒、素戉(鉞)
10.4793 五
10.5020 七五六六六七
10.5394 子商(賞)小子省貝五朋

10.5395 王光宰甫貝五
　　朋

10.5402 賜貝五朋

10.5404 唯五月

10.5412 賓貝五朋

10.5415 王令保及殷東
　　或(國)五侯

10.5421 在五月既朢辛
　　酉

10.5422 在五月既朢辛
　　酉

10.5433 王賜公貝五十
　　朋

11.5984 矢富(廩)五朋

11.5990 唯王十祀又五

11.5992 賜貝五朋

11.5997 唯五月

11.5999 在五月既朢辛
　　酉

11.6002 唯五月

11.6003 王令保及殷東
　　或(國)五侯

11.6009 王賜公貝五十
　　朋

11.6014 唯王五祀

12.6492 五

13.8240 五荀

14.9105 賜貝五朋／翌
　　又五

15.9303 唯五月

15.9449 卅五年

15.9450 冢(重)三百卅
　　(四十)五刀

15.9452 五

15.9454 在五月既朢辛
　　酉

15.9498 五斗

15.9540 己孝子之壺五

15.9590 左佰五十三

15.9647 卅五 再五 孚
　　(鋜)五冢(重)

15.9685 冢(重)五百六
　　十九刀

15.9703 唯王五年

15.9716 唯五月初吉壬
　　申

15.9717 唯五月初吉壬
　　申

15.9721 唯五月初吉庚
　　午

15.9722 唯五月初吉庚
　　午

15.9731 唯三年五月

15.9732 唯三年五月

15.9808 朋五夅(降)父
　　庚

16.9895 唯五月

16.9975 唯王五年／受
　　一言(穀、斛)五射

16.10107 叔五父乍
　　(作)寶般(盤)

16.10161 唯五月初吉

16.10166 唯五月既朢
　　戊午

16.10168 賜守宮絲束、
　　蘆(苴)釀(幕)五、蘆
　　(苴)莒(㠯、冪)二、馬
　　匹、毳爷(布)三、啚
　　(專、團)夆(篷)三、奎
　　(球)朋

16.10172 五月既朢庚
　　寅

16.10173 折首五百／
　　執訊五十

16.10174 唯五年三月

16.10176 凡十又五夫

16.10285 造亦兹五夫／
　　俊(鞭)女(汝)五百

16.10298 唯王五月

16.10299 唯王五月

16.10353 卅五年

16.10357 十五

16.10360 休王自敎事
　　(使)賞畢土方五十里

16.10372 爰積十六尊
　　(寸)五分尊(寸)壹爲
　　升

16.10385 五年

16.10402 冢(重)一石
　　三百五十五刀之冢
　　(重)

16.10468 上五

16.10478 丘平者五十
　　毛(尺)／亓(其)坡五
　　十毛(尺)／丘平者五
　　十毛(尺)／亓(其)坡
　　五十毛(尺)／丘平者
　　五十毛(尺)／亓(其)
　　坡五十毛(尺)／□堂
　　方百五十毛(尺)／夫
　　人堂方百五十毛(尺)
　　／從內宮至中宮廿五
　　步

16.10571 八五一

16.10581 賜芎(羿)貝
　　五朋

17.10790 五(衙)

17.11108 □御戈五百

17.11202 禦(程)侯之
　　廏(造)戈五百

17.11296 王五年

17.11324 卅五年

17.11348 五年

17.11349 五年

17.11380 五年

17.11385 五年

17.11388 十五年

17.11396 五年

17.11405 十五年

17.11406 卅五年

18.11432 五

18.11553 五年

18.11557 五年

18.11566 五西之後

18.11569 五

18.11633 寧右庫五束
　　(刺)

18.11658 子壬五

18.11662 五年

18.11686 五年

18.11688 相邦春平侯、
　　邦左庫工師肖(趙)
　　瘠、冶君(尹)五月敎
　　(撻)齋(劑)

18.11691 十五年

18.11700 十五年

18.11701 十五年

18.11702 十五年

18.11709 十五年

18.11840 五

18.11895

18.11896

18.11897 五

18.11898

18.11931 右禡(遇)攻
　　(工)君(尹)五大夫青

18.12034 二兩五朱
　　(銖)

18.12054 五

18.12063 五

18.12090 齊節大夫歐
　　(戾、欣)五

18.12108 用兵五十人
　　以上——會王符

18.12109 用兵五十人
　　以上

18.12110 車五十乘/台(以)毁於五十乘之中
18.12111 車五十乘/台(以)毁於五十乘之中
18.12112 車五十乘/台(以)毁於五十乘之中
18.12113 五十艕(舸)

4502 ⋈(网、五)

3.797 戈⋈
3.1234 ⋈
10.4854 戈⋈(五)
10.5249 ⋈(五)
10.5327 ⋈(五)
13.7749 ⋈(五)
13.7750 ⋈(五)

4503 六

1.83 唯王五十又六祀
1.85 唯王五十又六祀
1.87 唯王六〔月〕
1.204-5 唯十又六年
1.206-7 唯十又六年
1.208 唯十又六年
1.209 唯十又六年
1.260 南尸(夷)、東尸(夷)具(俱)見廿又六邦
2.293 宣鐘之在晉也爲六𩫖(墉)
2.321 洹(宣)鐘之在晉也爲六壿(墉)
2.328 亘(宣)鐘之在晉爲六𩫖(墉)
3.746 唯六月初吉
3.747 唯六月初吉
3.748 唯六月初吉
3.749 唯六月初吉
3.750 唯六月初吉
3.751 唯六月初吉
3.752 唯六月初吉
3.754 唯六月既生霸乙卯
3.755 唯六月既生霸乙卯
3.788 六六一六六一
3.924 六
3.942 唯六月初吉
3.948 唯六月既死霸丙寅
4.1757 七六八六七五
4.2228 六斗
4.2337 伯六辞乍(作)浟旟寶蕁(尊)𩰫(齍)
4.2373 七五六
5.2647 魏廿六
5.2658 卅六年
5.2707 勻(鈞)二百六十二刀之勻(鈞)
5.2764 五益(鎰)六釿半釿四分釿之冢(重)
5.2773 爯(稱)二益(鎰)六釿
5.2777 唯六年八月
5.2785 七八六六六六/八七六六六六
5.2793 六益(鎰)半釿之冢(重)
5.2805 王乎乍(作)册尹册命柳:嗣六師牧、陽(場)大𠭯(友)
5.2813 唯六月既生霸庚寅
5.2833 王廼命西六師、殷八師曰:剿(撲)伐噩(鄂)侯馭方/叀(惟)西六師、殷八師伐噩(鄂)侯馭方
5.2834 王〔廼〕命廼(西)六師、殷八師曰:剿(撲)伐噩(鄂)侯馭方/叀(惟)揚(西)六師、殷八師〔伐噩〕侯馭方
5.2835 折首卅又六人
5.2837 六百又五十又九夫
5.2838 六月既望乙亥
7.3822 五八六
7.3823 五八六
7.4028 唯六月初吉丙申
7.4047 王令東宫追以六師之年
8.4125 唯十又五年六月
8.4134 唯六月既死霸壬申
8.4135 唯六月既死霸壬申
8.4154 唯六月初吉
8.4155 唯六月初吉
8.4165 唯六月初吉丁巳
8.4195 唯六月既生霸亲(辛)巳
8.4196 唯六月既生霸戊戌
8.4207 唯六月既生霸
8.4272 六月初吉戊戌
8.4273 唯六月初吉
8.4293 唯六年四月甲子
8.4316 唯元年六月
8.4320 賜宜庶人六百又□六夫
8.4322 唯六月初吉乙酉
9.4454 六月初吉丁亥/叔剸(剸)父乍(作)奠(鄭)季寶鐘六金、尊盨四、鼎七
9.4455 六月初吉丁亥/叔剸(剸)父乍(作)奠(鄭)季寶鐘六金、尊盨四、鼎七
9.4456 六月初吉丁亥/叔剸(剸)父乍(作)奠(鄭)季寶鐘六金、尊盨四、鼎七
9.4457 六月初吉丁亥/叔剸(剸)父乍(作)奠(鄭)季寶鐘六金、尊盨四、鼎七
9.4506 鑄客爲王句(后)六室爲之
9.4507 鑄客爲王句(后)六室爲之
9.4508 鑄客爲王句(后)六室爲之
9.4509 鑄客爲王句(后)六室爲之
9.4510 鑄客爲王句(后)六室爲之
9.4511 鑄客爲王句(后)六室爲之
9.4512 鑄客爲王句(后)六室爲之
9.4513 鑄客爲王句(后)六室爲之
9.4613 唯正六月
9.4649 唯正六月癸未
9.4675 鑄客爲王句

(后)六室爲之
9.4676 鑄客爲王句(后)六室爲之
9.4677 鑄客爲王句(后)六室爲之
9.4678 鑄客爲王句(后)六室爲之
9.4679 鑄客爲王句(后)六室爲之
9.4680 鑄客爲王句(后)六室爲之
10.4868 六一八六一一
10.5020 七五六六六七
10.5161 六六六
10.5403 唯六月既生霸乙卯
10.5414 在六月 / 唯王六祀
10.5415 征(誕)兄(貺)六品
10.5418 唯六月初吉
11.5996 唯六月既生霸乙卯
11.6003 征(誕)兄(貺)六品
11.6006 唯六月初吉
11.6007 唯六月初吉
11.6013 曰：用嗣六師、王行、參(叁)有嗣：嗣土(徒)、嗣馬、嗣工(空)/ 王令(命)盞曰：䵣(纘)嗣六師眔八師埶(藝)
14.9105 在六月
15.9249 唯王六祀
15.9372 七六七六七六
15.9607 受六享(穀、斛)四尉
15.9617 受一亯(穀、斛)六尉
15.9682 十六斤
15.9683 冢(重)四百六刀冢(重)
15.9685 冢(重)五百六十九刀
15.9705 唯廿又六年
15.9708 唯六月初吉丁亥
15.9710 唯王廿又六年
15.9711 唯王廿又六年
15.9721 賜幾父犴𢍰(韍)六、僕四家、金十鈞
15.9722 賜幾父犴𢍰(韍)六、僕四家、金十鈞
15.9725 唯十又六年
16.9899 曰：用嗣六師王行、參有嗣：嗣土(徒)、嗣馬、嗣工(空)/ 王令(命)盞曰：䵣(纘)嗣六師眔八師埶(藝)
16.9900 曰：用嗣六師王行、參有嗣：嗣土(徒)、嗣馬、嗣工(空)/ 王令(命)盞曰：䵣(纘)嗣六師眔八師埶(藝)
16.9940 冢(重)十六傎(傎)
16.10002 鑄客爲王句(后)六室爲之
16.10003 鑄客爲王句(后)六室爲之
16.10016 八一六
16.10019 六六一一六一
15.10169 疋(胥)備仲嗣六師服
16.10293 鑄客爲王句(后)六室爲之
16.10372 爰積十六尊(寸)五分尊(寸)壹爲升
16.10440 十四兩八分十六分卅二反(半)
16.10478 從丘欿(坎)以至內宮六步 / 從內宮至中宮卅六步
16.10578 鑄客爲王句(后)六室爲之
16.10582 六月初吉癸卯
17.11185 郾(燕)侯庫(輂、載)乍(作)□鍨(戣)鉘(戟)六
17.11297 王六年
17.11320 六年
17.11327 六年
17.11336 六年
17.11337 六年
17.11351 十六年
17.11367 六年
17.11368 廿六年
17.11389 十六年
17.11397 六年
18.11562 六年
18.11671 六年
18.11911 十六年
18.12060 六

4504 七

3.914 鑄器客爲集䊦七府
4.1757 七六八六七五
4.2373 七五六
4.2393 鑄客爲王句(后)七府爲之
4.2394 鑄客爲王句(后)七府爲之
5.2576 十三兩十七斤
5.2577 十七年
5.2607 七月丁亥
5.2609 梁廿又七年
5.2610 梁廿又七年
5.2720 唯七月
5.2783 唯七年十月既生霸
5.2785 七八六六六六 / 八七六六六六
5.2821 唯十又七年
5.2822 唯十又七年
5.2823 唯十又七年
5.2825 唯卅又七年
5.2835 俘戎車百乘一十又七乘
5.2838 凡用即曶田七田、人五夫
5.2839 獲聝二百卅七聝
7.3953 唯七月既生霸
7.4074 唯七月初吉甲戌
7.4075 唯七月初吉甲戌
8.4256 唯廿又七年
8.4287 唯王廿又七年
8.4303 唯十又七年
8.4304 唯十又七年
8.4305 唯十又七年
8.4306 唯十又七年
8.4307 唯十又七年
8.4308 唯十又七年
8.4309 唯十又七年
8.4310 唯十又七年

8.4315 一斗七升小拳(賸)/ 一斗七升大半升
8.4320 賜在宜王人十又七生(姓)/ 賜莫(甸)七伯
8.4321 唯王十又七祀
8.4343 唯王七年
9.4454 叔朝(剸)父乍(作)奠(鄭)季寶鐘六金、尊盨四、鼎七
9.4455 叔朝(剸)父乍(作)奠(鄭)季寶鐘六金、尊盨四、鼎七
9.4456 叔朝(剸)父乍(作)奠(鄭)季寶鐘六金、尊盨四、鼎七
9.4457 叔朝(剸)父乍(作)奠(鄭)季寶鐘六金、尊盨四、鼎七
9.4466 七月既望□□
10.5020 七五六六六七
10.5356 由伯曰: 七月
15.9372 七六七六七六
15.9551 王七祀
15.9647 左僧(糟)七
15.9648 右內僧(糟)七
15.9649 四哥(鋝)七冢(重)盉
15.9692 冢(重)四百七十四刀之冢(重)
15.9707 七年九月
15.9725 七月既生雨(霸)乙未
16.9997 廿七年
16.10257 冢(重)七十刀之冢(重)
16.10373 告(造)七月
16.10402 左使車嗇夫七斂(斂)、工尼
17.11215 廿七年
17.11271 七年
17.11322 七年
17.11366 十七年
17.11371 十七年
17.11374 廿七年
17.11379 十七年
17.11382 十七年
18.11545 七年
18.11546 七年
18.11554 七年
18.11558 十七年
18.11657 七年
18.11658 十七年
18.11672 七年
18.11684 十七年
18.11689 十七年
18.11690 十七年
18.11699 十七年
18.11708 十七年
18.11712 七年
18.11713 十七年
18.11714 十七年
18.11715 十七年
18.11716 十七年
18.11914 聽七府

4505 八

1.52 八月初吉
1.106 唯八月甲申
1.225 大鐘八肆(聿肆)
1.226 大鐘八肆(聿肆)
1.227 大鐘八肆(聿肆)
1.228 大鐘八肆(聿肆)
1.229 大鐘八肆(聿肆)
1.230 大鐘八肆(聿肆)
1.231 大鐘八肆(聿肆)
1.232 大鐘八肆(聿肆)
1.233 大鐘八肆(聿肆)
1.234 大鐘八肆(聿肆)
1.235 大鐘八肆(聿肆)
1.236 大鐘八肆(聿肆)
1.237 大鐘八肆(聿肆)
4.1757 七六八六七五
4.2156 八五一
5.2615 唯八月在甶(頙)应
5.2643 唯登(鄧)八月初吉
5.2658 十三斤八兩十四朱(銖)
5.2670 唯八月初吉
5.2690 唯八月初吉庚申
5.2691 唯八月初吉庚申
5.2692 唯八月初吉庚申
5.2697 八月初吉丁亥
5.2698 八月初吉丁亥
5.2699 八月初吉丁亥
5.2700 八月初吉丁亥
5.2704 唯八月初吉
5.2714 唯王八月既望
5.2722 唯正八月
5.2725 唯八月
5.2726 唯八月
5.2735 唯八月既朢(望)戊辰
5.2736 唯八月既朢(望)戊辰
5.2745 又毁八
5.2771 唯鄀八月
5.2772 唯鄀八月
5.2777 唯六年八月
5.2785 七八六六六六 / 八七六六六六
5.2793 廿八年 / 廿八年
5.2796 適正八師之年
5.2797 適正八師之年
5.2798 適正八師之年
5.2799 適正八師之年
5.2800 適正八師之年
5.2801 適正八師之年
5.2802 適正八師之年
5.2816 唯王八月
5.2819 唯廿又八年
5.2830 唯王八祀正月
5.2833 王迺命西六師、殷八師曰: 剿(撲)伐噩(鄂)侯馭方 / 叀(惟)西六師、殷八師伐噩(鄂)侯馭方
5.2834 王〔迺〕命迺(西)六師、殷八師曰: 剿(撲)伐噩(鄂)侯馭方 / 叀(惟)揚(西)六師、殷八師〔伐噩〕侯馭方
5.2839 唯八月既望 / 獲聝四千八百又二聝 / 孚人萬三千八十一人 / 羊卅八羊 / 弓一、矢百、畫虢(皋)一、貝胄一、金毌(干)一、㦸戈二、矢䇓八
7.3822 五八六
7.3823 五八六
7.3962 孟弼父乍(作)幻伯妊賸(媵)毁八
7.3963 孟弼父乍(作)幻伯妊賸(媵)毁八
7.4046 唯八月初吉庚午
7.4098 唯八月既生霸

7.4099 唯八月初吉丁亥
7.4113 唯八月初吉壬午
8.4126 八月初吉丁亥
8.4141 又段八
8.4142 又段八
8.4143 又段八
8.4152 妳乍(作)皇妣𠭰(玪)君中妃祭器八段
8.4209 唯八月初吉丁亥
8.4210 唯八月初吉丁亥
8.4211 唯八月初吉丁亥
8.4212 唯八月初吉丁亥
8.4238 伯懋父以殷八師征東尸(夷)
8.4239 伯懋父以殷八師征東尸(夷)
8.4257 唯八月初吉戊寅
8.4273 雩八月初吉庚寅
8.4341 唯八月初吉
9.4438 八月既死辛卯
9.4439 八月既死辛卯
9.4464 唯王十又八年正月
9.4465 唯十又八年
9.4512 八
9.4544 八田日
9.4575 唯八月初吉庚申
9.4576 唯八月初吉庚申
9.4577 唯八月初吉庚申
10.4868 六一八六一一
10.5385 唯王八月
10.5386 唯王八月
11.6013 唯八月初吉/王令(命)盠曰：䝨(纘)𤔲六師眔八師埶(藝)
11.6016 唯八月
15.9448 冢(重)三百八刀
15.9456 才(裁)八十朋
15.9616 冢(重)十八益(鎰)
15.9617 百卌(四十)八
15.9649 左內佰(糟)廿八
15.9684 冢(重)一石八十二刀之冢(重)
15.9714 唯八月既死霸戊寅
15.9728 乍(作)冢𤔲土(徒)于成周八師
15.9729 于大無𤔲折(誓)、于大𤔲命用璧、兩壺、八鼎
15.9730 于大無𤔲折(誓)、于大𤔲命用璧、兩壺、八鼎
16.9893 在八月乙亥
16.9896 唯八年十又二月
16.9899 唯八月初吉/王令(命)盠曰：䝨(纘)𤔲六師眔八師埶(藝)
16.9900 唯八月初吉/王令(命)盠曰：䝨(纘)𤔲六師眔八師埶(藝)
16.9901 唯八月
16.10016 八一六
16.10151 唯王八月丁亥
16.10164 段八、兩罍、兩壺
16.10167 唯八月既生霸庚申
16.10172 唯廿又八年
16.10257 八茉
16.10328 八茉
16.10340 唯八月初吉丁亥
16.10341 唯八月初吉庚午
16.10353 一斗八升
16.10359 冢(重)百廿八刀之冢(重)
16.10372 十八年
16.10440 十四兩八分十六分卅二反(半)
16.10478 兩堂閎(間)八十乇(尺)
16.10571 八五一
16.10581 唯八月甲申
17.11085 亳庭(庭、膚、廟)八族戈
17.11264 十八年
17.11323 八年
17.11344 八年
17.11345 八年
17.11376 十八年
17.11378 十八年
17.11386 八年
17.11395 八年
18.11550 八一
18.11677 八年
18.11678 八年
18.11679 八年
18.11680 八年
18.11681 八年
18.11706 八年
18.11710 十八年
18.11717 十八年
18.11837 八年
18.11899 八
18.11931 八年
18.12087 乘□□八□□乘
18.12103 造□八□□右□/□□八丙

4506 公

1.8 宋公戌之諆(歌)鐘
1.9 宋公戌之諆(歌)鐘
1.10 宋公戌之諆(歌)鐘
1.11 宋公戌之諆(歌)鐘
1.12 宋公戌之諆(歌)鐘
1.13 宋公戌之諆(歌)鐘
1.16 益公爲楚氏龢鐘
1.19 旨賞公丮故(咕)之甬(用)鐘
1.31 內(芮)公乍(作)從鐘
1.32 內(芮)公乍(作)鑄從鐘之句(鉤)
1.33 內(芮)公乍(作)鑄從鐘之句(鉤)
1.36 䣄仲乍(作)朕文考釐公大鍴(林)寶鐘
1.42 楚公冡自鑄鍚(錫)鐘

1.43 楚公豪自乍(作)寶大歔(林)鐘
1.44 楚公豪自乍(作)寶大歔(林)鐘
1.45 楚公豪自乍(作)寶大歔(林)鐘
1.59 都公敄人自乍(作)走(奏)鐘/用追孝于厥皇祖哀公、皇考晨公
1.60-3 乃祖考許政于公室/用鼏于公室
1.102 陸螐(融)之孫邾公釪
1.105 冥生(甥)用乍(作)穆公大鐘(林)鐘
1.106 楚公逆自乍(作)夜雷鎛/公逆其萬年又(有)壽
1.140 鼄(邾)公孫班擇其吉金
1.141 師臾肁(肇)乍(作)朕剌(烈)祖虢季、宄公、幽叔、朕皇考德叔大稟(林)鐘
1.149 鼄(邾)公牼擇厥吉金
1.150 鼄(邾)公牼擇厥吉金
1.151 鼄(邾)公牼擇厥吉金
1.152 鼄(邾)公牼擇厥吉金
1.157 令于晉公
1.158 令于晉公
1.159 令于晉公
1.160 令于晉公
1.161 令于晉公
1.181 先祖南公/亞祖公仲必父之家/用乍(作)朕皇祖南公、亞祖公仲
1.193 若召公壽
1.194 若召公壽
1.195 若召公壽
1.196 若召公壽
1.197 若召公壽
1.198 若召公壽
1.225 郘(呂)黛(緐)曰:余畢公之孫、郘(呂)伯之子
1.226 郘(呂)黛(緐)曰:余畢公之孫、郘(呂)伯之子
1.227 郘(呂)黛(緐)曰:余畢公之孫、郘(呂)伯之子
1.228 郘(呂)黛(緐)曰:余畢公之孫、郘(呂)伯之子
1.229 郘(呂)黛(緐)曰:余畢公之孫、郘(呂)伯之子
1.230 郘(呂)黛(緐)曰:余畢公之孫、郘(呂)伯之子
1.231 郘(呂)黛(緐)曰:余畢公之孫、郘(呂)伯之子
1.232 郘(呂)黛(緐)曰:余畢公之孫、郘(呂)伯之子
1.233 郘(呂)黛(緐)曰:余畢公之孫、郘(呂)伯之子
1.234 郘(呂)黛(緐)曰:余畢公之孫、郘(呂)伯之子
1.235 郘(呂)黛(緐)曰:余畢公之孫、郘(呂)伯之子
1.236 郘(呂)黛(緐)曰:余畢公之孫、郘(呂)伯之子
1.237 郘(呂)黛(緐)曰:余畢公之孫、郘(呂)伯之子
1.245 鼄(邾)公華擇厥吉金/哉(載)公眉壽
1.246 追孝于高祖辛公、文祖乙公、皇考丁公
1.251-6 武王則令周公舍(捨)寓(宇)以五十頌處
1.262-3 秦公曰:我先祖受天令(命)/剌剌(烈烈)卲文公、静公、憲公/公及王姬曰:余小子/以匽(宴)皇公/秦公其畯黔(令)在立(位)
1.264-6 秦公曰:我先祖受天命/剌剌(烈烈)卲文公、静公、憲公/公及王姬曰:余小子/以匽(宴)皇公
1.267 秦公曰:我先祖受天令(命)/剌剌(烈烈)卲文公、静公、憲公/公及王姬曰:余小子/以匽(宴)皇公/秦公其畯黔(紟令)在立(位)
1.268 秦公曰:我先祖受天令(命)/剌剌(烈烈)卲文公、静公、憲公/公及王姬曰:余小子/以匽(宴)皇公/秦公畯黔(令)在立(位)
1.269 秦公曰:我先祖受天令(命)/剌剌(烈烈)卲文公、静公、憲公/公及王姬曰:余小子/以匽(宴)皇公/秦公其畯黔(令)在立(位)
1.270 秦公曰:不(丕)顯朕皇祖受天命/十又二公
1.272-8 公曰:女(汝)尸/公曰:尸/女(汝)膺(應)鬲(歷)公家/公曰:尸/台(以)専戒公家/膺受君公之賜光/不(丕)顯穆公之孫/其配襄公之妣/而鹹公之女/又(有)共(恭)于篚(桓)武靈(靈)公之所/篚(桓)武靈(靈)公賜尸吉金鈇鎬
1.280 毋☐公之孫/其配襄公之妣/而鹹公之女
1.282 膺受君公之☐
1.285 公曰:女(汝)尸/公曰:尸/女(汝)膺(應)鬲(歷)公家/公曰:尸/女(汝)台(以)専戒公家/膺受君公之賜光/不(丕)顯穆公之孫、其配襄公之妣/而鹹公之女/又(有)共(恭)于公

所
2.356 井叔叔采乍(作)朕文祖穆公大鐘
2.357 井叔叔采乍(作)朕文祖穆公大鐘
2.429 聖靡公幰擇其吉金/俳公隻(獲)飛龍
3.565 吾乍(作)賸(媵)公寶尊彝
3.648 用享𩰫厥文考魯公
3.711 內(芮)公乍(作)鑄京氏婦叔姬朕(媵)鬲
3.712 內(芮)公乍(作)鑄京氏婦叔姬朕(媵)鬲
3.736 虢文公子铵乍(作)叔妃鬲
3.743 內(芮)公乍(作)鑄京仲氏婦叔姬賸(媵)鬲
3.745 師趛乍(作)文考聖公、文母聖姬尊𩰫
3.753 天君蔑公姑曆/事(使)賜公姑魚三百
3.754 穆公乍(作)尹姑宗室于繇林/休天君弗望(忘)穆公聖粦明𣪕事先王
3.755 穆公乍(作)尹姑宗室于繇林/休天君弗望(忘)穆公聖粦明𣪕事先王
3.915 大(太)史沓乍(作)召公寶尊彝
3.947 敶(陳)公子子叔邍父乍(作)旅獻(甗)
3.1345 每公(宮)
3.1346 向公
3.1347 公乘
4.1932 師公之鼎
4.1934 公乍(作)雩鼎
4.1945 徣(廚)公(宮)右官
4.1946 公朱(廚)右官
4.2061 腹公乍(作)寶鼎
4.2150 膺(應)公乍(作)寶尊彝
4.2151 膺(應)公乍(作)寶尊彝
4.2152 豐公𣪘乍(作)尊彝
4.2181 乍(作)公尊彝
4.2233 宋公繇(欒)之餗(饙)貞(鼎)
4.2268 周公乍(作)文王尊彝
4.2270 叔乍(作)單公寶尊彝
4.2303 襄公上坴(埇)曲昜𢦏
4.2307 右𢊁公(宮)莆官和鎖(鼎)
4.2339 公大(太)史乍(作)姬娄寶尊彝
4.2361 公胅(廚)右官貞(鼎)
4.2370 公大(太)史乍(作)姬娄寶尊彝
4.2371 公大(太)史乍(作)姬娄寶尊彝
4.2376 乙公乍(作)尊貞(鼎)
4.2387 內(芮)公乍(作)鑄從鼎
4.2388 內(芮)公乍(作)鑄從鼎
4.2389 內(芮)公乍(作)鑄從鼎
4.2396 公朱(廚)右官
4.2413 霍乍(作)己公寶鼎
4.2475 內(芮)公乍(作)鑄飤鼎
4.2505 休朕公君匽(燕)侯賜圉貝
5.2553 膺(應)公乍(作)寶尊彝
5.2554 膺(應)公乍(作)寶尊彝
5.2556 𧷸(召)公𣪘(饋?)匽(燕)
5.2573 鄧公乘自乍(作)飤𩰫
5.2588 宋𦡱(莊)公之孫趯亥
5.2595 公違省自東
5.2631 南公有𤔲㬱(醬)乍(作)尊鼎
5.2634 虢文公子铵乍(作)叔妃鼎
5.2635 虢文公子铵乍(作)叔妃鼎
5.2636 虢文公子铵乍(作)叔妃鼎
5.2637 虢宣公子白乍(作)尊鼎
5.2654 公侯賜亳杞土、麇土、枼禾、𪗋禾/亳敢對公仲休
5.2659 溓(濂)公蔑𤔲曆/𤔲揚公休
5.2670 公賜旂僕
5.2676 井姬啼亦偈祖考夌公宗室
5.2677 井姬啼亦偈祖考夌公宗室
5.2683 王子剌公之宗婦鄁(部)嬰
5.2684 王子剌公之宗婦鄁(部)嬰
5.2685 王子剌公之宗婦鄁(部)嬰
5.2686 王子剌公之宗婦鄁(部)嬰
5.2687 王子剌公之宗婦鄁(部)嬰
5.2688 王子剌公之宗婦鄁(部)嬰
5.2689 王子剌公爲宗婦鄁(部)嬰宗彝𩰫彝
5.2701 公朱(廚)左官
5.2713 師趛乍(作)文考聖公、文母聖姬尊㬝
5.2714 鄁公湯用其吉金
5.2719 公貿用牧休𩰫
5.2722 蘇公之孫寬兒
5.2724 毛公旅鼎亦唯𣪘
5.2728 唯公大(太)保來伐反(叛)尸(夷)年/公在盩師(次)/公賜旅貝十朋
5.2729 用乍(作)己公寶尊彝
5.2730 厚趠又(有)償(饋)于溓(濂)公
5.2739 唯周公于征伐東尸(夷)/豐公、專(薄)古(姑)咸𢦏/公歸禩(禴)于周廟/公賞塱(坍)貝百朋

5.2740 溓(濂)公令寧眾史旟曰：以昕眾厥有嗣、後或(國)戜伐腺(貊)/寧用乍(作)䬴公寶尊鼎
5.2741 溓(濂)公令寧眾史旟曰：以昕眾厥有嗣、後或(國)戜伐腺(貊)/寧用乍(作)䬴公寶尊鼎
5.2753 下蠚(鄀)雍公緘乍(作)尊鼎
5.2758 公朿(刺)鑄武王、成王異鼎/公賞乍(作)册大白馬
5.2759 公朿(刺)鑄武王、成王異鼎/公賞乍(作)册大白馬
5.2760 公朿(刺)鑄武王、成王異鼎/公賞乍(作)册大白馬
5.2761 公朿(刺)鑄武王、成王異鼎/公賞乍(作)册大白馬
5.2762 用追公孝
5.2771 鄀公平侯自乍(作)尊錳(盂)/用追孝于厥皇祖晨公/于厥皇考屖盄(盂)公
5.2772 鄀公平侯自乍(作)尊錳(盂)/用追孝于厥皇祖晨公/于厥皇考屖盄(盂)公
5.2774 戻商(賞)厥文母魯公孫用貞(鼎)/王母唯用自念于周公孫子
5.2776 用乍(作)黃公尊鬻彝
5.2782 台(以)事康公
5.2789 其用夙夜享孝于厥文祖乙公
5.2805 武公有(佑)南宮柳
5.2812 大(太)師小子師朢(望)曰：不(丕)顯皇考宄公/用乍(作)朕皇考宄公尊鼎
5.2816 用乍(作)朕文考瀕公宮尊鼎
5.2817 用乍(作)朕文祖辛公尊鼎
5.2818 比乍(作)朕皇祖丁公、皇考叀公尊鼎
5.2821 用乍(作)朕皇考癸公尊鼎
5.2822 用乍(作)朕皇考癸公尊貞(鼎)
5.2823 用乍(作)朕皇考癸公尊鼎
5.2824 王唯念戜辟剌(烈)考甲公/朕文考甲公、文母日庚弋休
5.2830 亦弗謹(忘)公上父麩(胡)德/用妥(綏)乍(作)公上父尊
5.2833 禹曰：不(丕)顯超超皇祖穆公/肄(肆)武公亦弗叚(遐)朢(忘)賸(朕)聖祖考幽大叔、懿叔/肄(肆)武公迺遣禹率公戎車百乘、斯(厮)馭二百、徒千/雩禹以武公徒馭至于噩(鄂)/敢對揚武公不(丕)顯耿光
5.2834 禹曰：不(丕)顯走(超超)皇祖穆公/穆(肄)武公亦(弗)歷(叚)望(忘)〔朕聖〕自(祖)考幽大叔、懿〔叔〕/聞(肄)武公迺〔遣〕我(禹)率公朱(戎)車百乘
5.2835 命武公遣乃元士/武公命多友率公車/凡以公車折首二百又□又五人/公車折首百又十又五人/多友迺獻俘聝訊于公/武公迺獻于王/迺曰武公曰：女(汝)既靜(靖)京師/武公在獻宮/公窺(親)曰多友曰：余肇事(使)女(汝)/多友敢對揚公休
5.2837 令女(汝)盂井(型)乃嗣祖南公/賜乃祖南公旂/用乍(作)祖南公寶鼎
5.2841 命女(汝)耤(纘)嗣公族/毛公𢉩對揚天子皇休
6.3477 膺(應)公乍(作)旅彝
6.3478 膺(應)公乍(作)旅彝
6.3479 公乍(作)寶尊彝
6.3540 伯乍(作)乙公尊毁
6.3590 登(鄧)公牧乍(作)餴(饙)毁
6.3591 登(鄧)公牧乍(作)餴(饙)毁
6.3624 叔單乍(作)義公尊彝
6.3631 伊生(甥)乍(作)公母尊彝
6.3670 媵(滕)侯乍(作)朕公寶尊彝
6.3699 公大(太)史乍(作)母庚寶尊彝
6.3702 彔乍(作)文考乙公寶尊毁
6.3707 內(芮)公乍(作)鑄從毁
6.3708 內(芮)公乍(作)鑄從毁
6.3709 內(芮)公乍(作)鑄從毁
6.3739 穌(蘇)公乍(作)王妃盂毁
7.3775 登(鄧)公乍(作)膺(應)嫚毗(㲹)朕(媵)毁
7.3776 登(鄧)公乍(作)膺(應)嫚毗(㲹)朕(媵)毁
7.3817 寺(邿)季故公乍(作)寶毁
7.3818 寺(邿)季故公乍(作)寶毁
7.3828 媵(滕)虎敢肇乍(作)厥皇考公命仲寶尊彝
7.3829 媵(滕)虎敢肇乍(作)厥皇考公命仲寶尊彝
7.3830 媵(滕)虎敢肇乍(作)厥皇考公命仲寶尊彝
7.3831 媵(滕)虎敢肇

乍(作)厥皇考公命仲寶尊彝
7.3832 滕(滕)虎敢肇乍(作)厥皇考公命仲寶尊彝
7.3858 登(鄧)公乍(作)旅𣪘
7.3862 公史(使)微
7.3863 彔乍(作)厥文考乙公寶尊𣪘
7.3864 用對揚公休令(命)
7.3917 是騳乍(作)朕文考乙公尊𣪘
7.3919 郜公閘自乍(作)鐛(饋)𣪘
7.3948 公違省自東
7.3958 叔角父乍(作)朕皇考宕(宄)公尊𣪘
7.3959 叔角父乍(作)朕皇考宕(宄)公尊𣪘
7.3997 伯喜乍(作)朕文考剌公尊𣪘
7.3998 伯喜乍(作)朕文考剌公尊𣪘
7.3999 伯喜乍(作)朕文考剌公尊𣪘
7.4000 伯喜乍(作)朕文考剌公尊𣪘
7.4011 復公子伯舍曰:敃新
7.4012 復公子伯舍曰:敃新
7.4013 復公子伯舍曰:敃新
7.4014 穌(蘇)公子癸父甲乍(作)尊𣪘
7.4015 穌(蘇)公子癸父甲乍(作)尊𣪘
7.4016 鄦公伯盬(韡)用吉金
7.4017 鄦公伯盬(韡)用吉金
7.4019 曹伯狄乍(作)夙(宿)奿公尊𣪘
7.4029 唯王令明公
7.4030 畢公迺賜史䛐貝十朋
7.4031 畢公迺賜史䛐貝十朋
7.4041 周公某(謀)
7.4055 不故女夫人㠯(以)乍(迮)登(鄧)公
7.4061 畢鮮乍(作)皇祖益公尊𣪘
7.4062 用享孝于其姑公
7.4063 用享孝于其姑公
7.4064 用享孝于其姑公
7.4065 用享孝于其姑公
7.4066 用享孝于其姑公
7.4067 用享孝于其姑公
7.4071 其用追考(孝)于其辟君武公
7.4072 其用追考(孝)于其辟君武公
7.4076 王子剌公之宗婦鄁(部)嬰
7.4077 王子剌公之宗婦鄁(部)嬰
7.4078 王子剌公之宗婦鄁(部)嬰
7.4079 王子剌公之宗婦鄁(部)嬰
7.4080 王子剌公之宗婦鄁(部)嬰
7.4081 王子剌公之宗婦鄁(部)嬰
7.4082 王子剌公之宗婦鄁(部)嬰
7.4083 王子剌公之宗婦鄁(部)嬰
7.4084 王子剌公之宗婦鄁(部)嬰
7.4085 王子剌公之宗婦鄁(部)嬰
7.4086 王子剌公之宗婦鄁(部)嬰
7.4087 王子剌公之宗婦鄁(部)嬰
7.4088 公姲(姒)賜奢貝
7.4090 叔皮父乍(作)朕文考茀公
7.4091 伯椃虘肇乍(作)皇考剌公尊𣪘
7.4092 伯椃虘肇乍(作)皇考剌公尊𣪘
7.4093 伯椃虘肇乍(作)皇考剌公尊𣪘
7.4094 伯椃虘肇乍(作)皇考剌公尊𣪘
7.4099 永揚公休
7.4104 公叔初見于衛/公命事(使)晦賢百晦䵼
7.4105 公叔初見于衛/公命事(使)晦賢百晦䵼
7.4106 公叔初見于衛/公命事(使)晦賢百晦䵼
8.4122 用乍(作)文祖辛公寶鬻𣪘
8.4128 復公仲若我曰:其擇吉金
8.4131 用乍(作)旜公寶尊彝
8.4146 公令繁伐(閥)于㠱伯/繁對揚公休
8.4153 廙乍(作)皇祖乙公、文公、武伯、皇考龏伯鬻彝
8.4159 鼂(蜎)徣(延)公/公賜鼂(蜎)宗彝一𨻰(肆)/鼂(蜎)對揚公休/用乍(作)辛公𣪘
8.4162 孟曰:朕文考眔毛公、趞(遣)仲征無需/毛公賜朕文考臣
8.4163 孟曰:朕文考眔毛公、趞(遣)仲征無需/毛公賜朕文考臣
8.4164 孟曰:朕文考眔毛公、趞(遣)仲征無需/毛公賜朕文考臣
8.4167 休朕匋(寶)君公伯/虡弗敢朢(忘)公伯休
8.4168 鬻(蔣)兑乍(作)朕文祖乙公、皇考季氏尊𣪘
8.4183 上鄀公敄人乍(作)尊𣪘
8.4184 虢仲令公臣嗣朕百工/公臣拜䭫首/公臣其萬年

8.4185 虢仲令公臣嗣朕百工/公臣拜䭫首/公臣其萬年

8.4186 虢仲令公臣嗣朕百工/公臣拜䭫首/公臣其萬年

8.4187 虢仲令公臣嗣朕百工/公臣拜䭫首/公臣其萬年

8.4191 穆公耆(侑)印王/兮(乎)宰□賜穆公貝廿朋/穆公對王休

8.4197 康公右(佑)卻(郃)智(盌)

8.4199 用乍(作)文考公叔寶𣪘

8.4200 用乍(作)文考公叔寶𣪘

8.4201 同公在豐/揚公伯休/用乍(作)乙公尊彝

8.4205 獻身在畢公家

8.4241 乍(作)周公彝

8.4255 穆公入右(佑)𢦏

8.4267 益公內(入)右(佑)申

8.4268 益公入右(佑)王臣

8.4274 用乍(作)皇祖城公𩰫𣪘

8.4275 用乍(作)皇祖城公𩰫𣪘

8.4278 比乍(作)皇祖丁公、皇考叀公尊𣪘

8.4279 遲公入右(佑)師旋

8.4280 遲公入右(佑)師旋

8.4281 遲公入右(佑)師旋

8.4282 遲公入右(佑)師旋

8.4288 公族[illegible]釐入右(佑)師酉

8.4289 公族[illegible]釐入右(佑)師酉

8.4290 公族[illegible]釐入右(佑)師酉

8.4291 公族[illegible]釐入右(佑)師酉

8.4292 余老止公/公㝛其參(叁)/公㝛其貳

8.4293 曰：公厥稟(稟)貝/用乍(作)朕剌(烈)祖召公嘗𣪘

8.4300 公尹伯丁父兄(貺)于戍/丁公文報/唯丁公報/用乍(作)丁公寶𣪘

8.4301 公尹伯丁父兄(貺)于戍/丁公文報/唯丁公報/用乍(作)丁公寶𣪘

8.4303 用乍(作)朕皇考癸公尊𣪘

8.4304 用乍(作)朕皇考癸公尊𣪘

8.4305 用乍(作)朕皇考癸公尊𣪘

8.4308 用乍(作)朕皇考癸公尊𣪘

8.4309 用乍(作)朕皇考癸公尊𣪘

8.4310 用乍(作)朕皇考癸公尊𣪘

8.4315 秦公曰：不(丕)顯朕皇祖/十又二公

8.4318 用乍(作)朕皇考釐公𩰫𣪘

8.4319 用乍(作)朕皇考釐公𩰫𣪘

8.4320 乍(作)虡(虎)公父丁尊彝

8.4321 益公入右(佑)訇

8.4323 武公入右(佑)敔

8.4326 王令𩁹(纘)嗣公族、卿事(士)、大(太)史寮

8.4327 焚(榮)伯乎令(命)卯曰：䚄(載)乃先祖考死(尸)嗣焚(榮)公室/今余非敢夢先公又(有)𧽊遂/余懋再先公官

8.4328 用乍(作)朕皇祖公伯、孟姬尊𣪘

8.4329 用乍(作)朕皇祖公伯、孟姬尊𣪘

8.4330 令乃鴅(嫿)沈子乍(作)𦃃于周公宗/陟二公/公克成妥(綏)吾考/唯考敃又念自先王、先公/乃沈子其顧褱(懷)多公能福/乃沈子妹(昧)克蔑見猒(厭)于公休/用䚄鄉(饗)己公/用辂多公/用妥(綏)公唯壽

8.4331 王命益公征眉敖/益公至告

8.4341 王令毛伯更虢城公服/王令毛公以邦冢君、土(徒)馭、𢦚(𢦚)人伐東或(國)𤼈戎/王令吳(虞)伯曰：以乃師左比毛公/公告厥事于上/不(丕)杯(丕)丮皇公受京宗懿釐

8.4343 公族組(紹)入右(佑)牧

9.4379 敶(陳)姬小公子子[illegible](𤡪、𥡴)叔嬀𩞁盨

9.4384 伯公父乍(作)旅盨

9.4414 改乍(作)朕文考乙公旅盨

9.4436 用享考(孝)于姑公

9.4458 魯伯悆用公龏(恭)

9.4466 鬲比乍(作)朕皇祖丁公、文考苣(亢)公盨

9.4500 蔡公子義工之𩞁簠

9.4531 內(芮)公乍(作)鑄寶簠

9.4569 郜公乍(作)犀仲、仲孄(芈)義男尊簠

9.4574 鑄公乍(作)孟妊車母朕(媵)簠

9.4589 有殷天乙唐(湯)孫宋公䜌(欒)

9.4590 有殷天乙唐(湯)孫宋公䜌(欒)

9.4593 曹公賸(媵)孟

奺悆母匡(筐)
9.4597 敶(陳)公子仲慶
9.4600 蝫(都)公諫(諴)乍(作)旅簠
9.4610 醽(申)公彭宇自乍(作)淄(䣄)簠
9.4611 醽(申)公彭宇自乍(作)淄(䣄)簠
9.4617 無(許)公買擇厥吉金
9.4628 伯大(太)師小子伯公父乍(作)簠
9.4641 隮(郳)公胄(克)鑄其餴(饋)鎗(敦)
9.4642 荆公孫鑄其善(膳)𦎫(敦)
9.4649 陳侯因資(齊)曰:皇考孝武𧻚(桓)公龏(恭)戠(戴)/用乍(作)孝武𧻚(桓)公祭器鐘(敦)
9.4654 公
9.4655 公
9.4656 公
9.4657 公
9.4684 𢆶公乍(作)杜嫞(祁)鏌(奠)鋪(簠)
9.4685 康生(甥)乍(作)玟(文)考癸公寶尊彝
9.4693 姬奐母乍(作)大公、墉公、□公、魯仲臤、省伯、孝公、靜公豆
10.5021 公乍(作)彝
10.5074 埶(藝)公父丁
10.5177 膺(應)公乍(作)寶彝
10.5219 乍(作)公尊彝
10.5220 膺(應)公乍(作)寶尊彝
10.5316 伯乍(作)文(大)公寶尊旅彝
10.5333 公賞束
10.5399 兮公室(貯)盂鬯束、貝十朋/盂對揚公休
10.5400 公賜乍(作)册鄱(醽)鬯、貝/鄱揚公休
10.5405 公姞令次嗣田人/對揚公姞休
10.5419 用乍(作)文考乙公寶尊彝
10.5420 用乍(作)文考乙公寶尊彝
10.5430 公酓祀/公啻(禘)酓辛公祀/公穖(蔑)繁曆/對揚公休/用乍(作)文考辛公寶尊彝
10.5432 唯公大(太)史見服于宗周年/公大(太)史咸見服于辟王/王遣公大(太)史/公大(太)史在豐/揚公休
10.5433 王雚(觀)于嘗公東宮/王賜公貝五十朋/公賜厥涉(世)子效王休(好)貝廿朋/效對公休/效不敢不邁(萬)年夙夜奔走揚公休
11.5841 膺(應)公乍(作)寶尊彝
11.5842 乍(作)公尊彝
11.5928 𠂇脺乍(作)日癸公寶尊彝
11.5948 公乍(作)寶尊彝
11.5960 事(史)䵼乍(作)丁公寶彝
11.5975 公賜微貝/對公休
11.5979 用乍(作)公日辛寶彝
11.5984 能匋賜貝于厥咎(盌)公
11.5986 唯公遙于宗周/隮(睦)從公亓(師、次)旣
11.5987 公賜臣衛宋𣪘貝四朋
11.5991 公賜乍(作)册鄱(醽)鬯、貝/鄱揚公休
11.5994 公姞令次嗣田人/對揚公姞休
11.5998 曰:毋入于公/丙日唯毋入于公
11.6001 王令生辨事于公宗
11.6005 公令黿(螺)從□友□炎身/黿既告于公/用乍(作)辛公寶尊彝
11.6007 肆(肇)乍(作)京公寶尊彝/京公孫子寶
11.6009 王雚(觀)于嘗公東宮/王賜公貝五十朋/公賜厥涉(世)子效王休(好)貝廿朋/效對公休/效不敢不邁(萬)年夙夜奔走揚公休
11.6013 穆公又(佑)盠/用乍(作)朕文祖益公寶尊彝
11.6014 曰:昔在爾考公氏/覞(視)于公氏/用乍(作)圅(匽、庾)公寶尊彝
11.6016 王令周公子明保/令夨告于周公宮/公令徣(延)同卿事寮/明公朝至于成周/明公用牲于京宮/用牲于明公/明公賜亢師鬯、金、小牛/乍(作)册令敢揚明公尹厥宦(貯)/敢追明公賞于父丁
11.6174 膺(應)公
12.6486 叔僔(塼)乍(作)楷公寶彝
12.6487 征乍(作)等公寶尊彝
12.6509 𢍰賜貝于公仲
12.6510 公仲賜庶貝十朋
12.6512 周公賜小臣單貝十朋
12.6514 王大省公族于庚
12.7304 妏乍(作)乙公寶彝
14.8824 仲乍(作)公
14.8825 乍(作)乙公
14.9039 尹公乍(作)旅彝
14.9061 𠙵(淄)公乍(作)父戊

14.9086 美乍(作)厥祖可公尊彝
14.9087 美乍(作)厥祖可公尊彝
14.9094 公賜𨙸貝
14.9103 公大(太)保賞御正良貝
15.9244 微乍(作)康公寶尊彝
15.9393 乍(作)公ㅂ㸚(鋻)
15.9397 公乍(作)寶尊彝
15.9496 公乘
15.9513 公鑄壺
15.9514 公子裙(裘)獲
15.9585 內(芮)伯肈乍(作)盩公尊彝
15.9596 內(芮)公乍(作)鑄從壺
15.9597 內(芮)公乍(作)鑄從壺
15.9598 內(芮)公乍(作)鑄從壺
15.9656 伯公父乍(作)叔姬醴壺
15.9680 其成公鑄子孟妃朕(媵)盥壺
15.9681 復公仲擇其吉金 / 其賜公子孫
15.9690 周𡩜乍(作)公己尊壺
15.9691 周𡩜乍(作)公己尊壺
15.9698 王子剌公之宗婦鄁(部)嬰
15.9699 王子剌公之宗婦鄁(部)嬰
15.9701 蔡公子□乍(作)尊壺
15.9702 辛公再父宮
15.9704 曩(紀)公乍(作)爲子叔姜媵盥壺
15.9709 公孫窹(灶)立(涖)事歲 / 公子土斧乍(作)子仲姜鐙之般(盤)壺
15.9728 井公內(入)右(佑)曶 / 用乍(作)朕文考盩公尊壺
15.9733 虢者獻于霝(靈)公之所 / 公曰: 甬甬(庸庸)/ 於霝(靈)公之壬(廷)/ 歸獻于霝(靈)公之所 / 獻之于㦸(輜、莊)公之所 / 公曰: 甬甬(庸庸)
15.9735 以內絶邵(召)公之業
15.9827 享孝于厥多公
16.9896 唯朕文考乙公永啟余魯 / 用乍(作)朕文考乙公寶尊彝
16.9897 用乍(作)文祖它公寶尊彝
16.9899 穆公又(佑)盠 / 用乍(作)朕文祖益公寶尊彝
16.9900 穆公又(佑)盠 / 用乍(作)朕文祖益公寶尊彝
16.9901 王令(命)周公子明保 / 令夨告于周公宮 / 公令徃同卿事寮 / 明公朝至于成周 / 明公用牲于京宮 / 明公歸自王 / 明公賜亢師鬯、金、小牛 / 乍(作)册令敢揚明公尹厥宝(貯)/ 敢追明公賞于父丁
16.7360 伯公父乍(作)金爵
16.9978 魏公㠯(鉼)
16.9979 陳(陳)公孫𦬇父乍(作)旅𠤳(鉼)
16.10001 蔡公子乍(作)姬安尊淄(𨪼)□
16.10062 公乍(作)寶尊彝
16.10067 征(延)乍(作)周公尊彝
16.10144 曹公塍(媵)孟姬悆母般(盤)
16.10152 王子剌公之宗婦鄁(部)嬰
16.10170 益公右(佑)走(趣)馬休
16.10175 武王則令周公舍(捨)囲(宇)于周 / 匮(㝬、胡)屖(遲)文考乙公遽(競)趬(爽)
16.10228 唯登(鄧)𥫗(作)生(甥)吉𤖉(酬)登(鄧)公金
16.10229 匽(燕)公乍(作)爲姜乘般(盤)匜
16.10276 寅(塞)公孫𦬇父自乍(作)盥匜
16.10278 浮公之孫公父宅
16.10309 微乍(作)康公寶尊彝
16.10313 用享宗公
16.10314 伯公父乍(作)旅盂
16.10321 用乍(作)文祖己公尊盂
16.10322 益公內(入)即命于天子 / 公廼出厥命 / 厥眔公出厥命: 井伯、㸚(榮)伯、尹氏、師俗父、趞(遣)仲 / 公廼命酉嗣徃(徒)圅父、周人嗣工(空)扂、𣪕史、師氏、邑人奎父、畢人師同
16.10342 晉公曰: 我皇祖𨞪(唐)公 /〔王〕命𨞪(唐)公 / 公曰: 余惟今小子
16.10380 公㔫半石
16.10385 司馬成公翊(影)𠦝(䑦)事
16.10404 公䑭
16.10454 公
16.10581 公仲在宗周
17.10813 公
17.10973 入(內、芮)公戈
17.10977 鄽(龍)公戈
17.10999 大公戈
17.11051 大亜公戜(戟)
17.11064 楚公豪秉戈
17.11099 □公之造戈
17.11120 曹公子沱之鋯(造)戈
17.11124 𦎫(淳)于公之𩍌艁(造)
17.11125 𦎫(淳)于公之𩍌艁(造)
17.11132 宋公得(德、特)之賠(造)戈

17.11133 宋公緣(欒)之賠(造)戈
17.11145 蔡公子果之用
17.11146 蔡公子果之用
17.11147 蔡公子果之用
17.11148 蔡公子加之用
17.11200 衛公孫呂之告(造)戈
17.11204 宋公差(佐)之賠(造)戈
17.11209 郳公鈇曹(造)戈三百
17.11280 愳公之元戈
17.11281 宋公差(佐)之所賠(造)茆族戈
17.11285 相公子矰(戠)之告(造)
17.11289 宋公差(佐)之所賠(造)不昜族戈
17.11327 格氏命(令)韓貴、工師亘公、冶𠀠
17.11353 秦子乍(作)遳(造)公族元用
17.11358 羕(養)陵公伺之睘(縣)所部(造)、冶己女
17.11367 公
17.11386 奠(鄭)倫(令)公先𣄰(幼)、司寇事(吏)㚀、右庫工師皂高、冶君(尹)□戲(造)
17.11397 奠(鄭)倫(令)公先𣄰(學、幼)、司寇向□、左庫工師百慶、冶君(尹)□戲(造)
17.11402 公孳里脽之大夫敓(披)之卒
17.11407 獲于公尚
18.11427 公
18.11428 公
18.11547 秦子乍(作)造公族元用
18.11554 奠(鄭)倫(令)公先𣄰(幼)、司寇史陘(隋)、左庫工師倉慶、冶君(尹)弼(彊)戲(造)
18.11605 蔡公子從之用
18.11618 唯弫公之居旨卲亥(?)畱丌□僉(劍)
18.11651 鵙公圃自乍(作)元鐱(劍)
18.11656 唯弫公之居旨卲亥(?)畱丌(其)□僉(劍)
18.11663 虞公自擇橛(厥)吉金
18.11670 大攻(工)君(尹)公孫桴
18.11692 戉(越)王唯弫公之居旨卲亥(?)畱丌□僉
18.11701 大攻(工)君(尹)公孫桴
18.11702 大攻(工)君(尹)公孫桴
18.11800 公
18.11821 公
18.11932 公
18.11933 公
18.11995 𠀠(哯)公之矢
18.11997 郘(卿)公𠀠𠀠之矢
18.12026 大(太)后公(宮)
18.12027 晉公之車
18.12028 晉公之車

4507　分

1.149 分器是寺(持)
1.150 分器是寺(持)
1.151 分器是寺(持)
1.152 分器是寺(持)
4.1808 㱃胸(容)四分
4.2104 膚(容)四分
4.2105 膚(容)三分
4.2451 膚(容)參(叁)分/膚(容)參(叁)分
4.2481 四分𠀠
4.2527 膚(容)四分
5.2609 爲量膚(容)四分
5.2764 膚(容)四分齋/膚(容)四分齋/五益(鎰)六釿半釿四分釿之冢(重)
5.2793 四分齋/一益(鎰)十釿半釿四分釿之冢(重)/四分齋
5.2818 其且(沮)射(厭)分田邑
7.3977 己(紀)侯貉子分己(紀)姜寶
8.4278 其且(沮)射(厭)分田邑
12.6372 篙分父甲
16.10362 參分
16.10372 爰積十六尊(寸)五分尊(寸)壹爲升
16.10440 十四兩八分十六分卌二反(半)

4508　介

5.2830 用厥剌(烈)祖介德
17.11402 左軍之攼僕介巨

4509　必

1.181 亞祖公仲必父之家
5.2814 賜女(汝)玄衣黹屯(純)、戈琱戫、歐(厚)必(柲)、彤沙(蘇)、攸(鋚)勒、緣(鑾)旂
5.2819 王乎史減册賜寰:玄衣黹屯(純)、赤市、朱黄(衡)、緣(鑾)旅(旂)、攸(鋚)勒、戈琱戫、歐(厚)必(柲)、彤沙(蘇)
8.4216 儕(齎)女(汝)卌五、昜(鍚)登盾生皇(凰)、畫內(枘)戈琱戫、歐(厚)必(柲)、彤沙(蘇)
8.4217 儕(齎)女(汝)卌五、昜(鍚)登盾生皇(凰)、畫內(枘)戈琱戫、歐(厚)必(柲)、彤沙(蘇)
8.4218 儕(齎)女(汝)卌五、昜(鍚)登盾生皇(凰)、畫內(枘)戈琱戫、歐(厚)必(柲)、

彤沙(蘇)

8.4268 乎內史寿(敖、侁)册命王臣：賜女(汝)朱黃(衡)𠦪(賁)親(襯)、玄衣黹屯(純)、䜌(鑾)旂五日、戈畫㦸、𤰈(墉)必(柲)、彤沙(蘇)

8.4311 賜女(汝)戈琱㦸、〔歇〕必(柲)、彤𡰥(沙、蘇)、毌五、錫鐘一斆(肆)五金

8.4321 賜女(汝)玄衣黹屯(純)、載(緇)巿、冋(裔)黃(衡)、戈琱㦸、歇(厚)必(柲)、彤沙(蘇)、䜌(鑾)旂、攸(鋚)勒

16.10170 王乎乍(作)册尹册賜休：玄衣黹屯(純)、赤巿、朱黃(衡)、戈琱㦸、彤沙(蘇)、歇(厚)必(柲)、䜌(鑾)㫃

16.10172 王乎史減册賜寰：玄衣黹屯(純)、赤巿、朱黃(衡)、䜌(鑾)旂、攸(鋚)勒、戈琱㦸、歇(厚)必(柲)、彤沙(蘇)

18.12109 必會君符

4510 尔

5.2840 毋忘尔邦/尔毋大而𢘓(肆)

4511 ⿱𠂉可

5.2812 不敢不⿱𠂉可不妻

13.7382 ⿱𠂉可

16.10175 ⿱𠂉可(勔)尹意(億)疆

4512 ⿰⿱𠂉可攵

13.7383 ⿰⿱𠂉可攵

18.11730 ⿰⿱𠂉可攵

4513 余

1.51 余武于戎攻(功)

1.60-3 今余賜女(汝)毌五、錫戈彤𡰥(蘇)

1.64 受(授)余通彔(祿)、庚(康)𧊒、屯(純)右(祐)

1.82 余小子肇帥井(型)朕皇祖考懿德

1.109-10 降余厚多福無疆

1.112 降余厚多福無疆

1.121 今余其念諦乃有

1.122 今余其念諦乃有

1.125-8 今余其念諦乃有

1.129-31 今余其念諦乃有

1.144 順余子孫

1.145 降余魯多福亡疆

1.146 降余魯多福亡疆

1.147 降余魯多福亡疆

1.148 降余魯多福亡疆

1.149 曰：余畢龏威(畏)忌

1.150 曰：余畢龏威(畏)忌

1.151 曰：余畢龏威(畏)忌

1.152 曰：余畢龏威(畏)忌

1.155 衣(依)余〔於〕邲(越)〔連〕者/邲(越)禦曰：唯余〔者〕(諸)尸(夷)連

1.156 連余大邾/曰：余入邦/行則曰：自余

1.171 余之客

1.183 曾孫僕兒、余达斯于之子(孫)、余茲佫之元子/余義楚之良臣/余䝴逐兒

1.184 余䝴逐兒

1.185 曾孫僕兒、余达斯于之孫/余茲佫之元子/余

1.187-8 降余大魯福亡睪(斁)

1.189-90 降余大魯福亡睪(斁)

1.210 蔡侯〔𩰫〕曰：余唯(雖)末少子/余非敢寧忘(荒)

1.211 蔡侯〔𩰫〕曰：余唯(雖)末少子/余非敢寧忘(荒)

1.217 蔡侯〔𩰫〕曰：余唯(雖)末少子/余非敢寧忘(荒)

1.218 蔡侯〔𩰫〕曰：余唯(雖)末少子/余非敢寧忘(荒)

1.219 蔡侯〔𩰫〕曰：余唯(雖)末少子/余非敢寧忘(荒)

1.220 蔡侯〔𩰫〕曰：余唯(雖)末少子/余非敢寧忘(荒)

1.221 蔡侯〔𩰫〕曰：余唯(雖)末少子/余非敢寧忘(荒)

1.222 蔡侯〔𩰫〕曰：余唯(雖)末少子/余非敢寧忘(荒)

1.225 郘(呂)黛(縓)曰：余畢公之孫、郘(呂)伯之子/余頶岡(頏)事君/余嘼(狩)丮武/乍(作)爲余鐘/余不敢爲喬(驕)

1.226 郘(呂)黛(縓)曰：余畢公之孫、郘(呂)伯之子/余頶岡(頏)事君/余嘼(狩)丮武/乍(作)爲余鐘/余不敢爲喬(驕)

1.227 郘(呂)黛(縓)曰：余畢公之孫、郘(呂)伯之子/余頶岡(頏)事君/余嘼(狩)丮武/乍(作)爲余鐘/余不敢爲喬(驕)

1.228 郘(呂)黛(縓)曰：余畢公之孫、郘(呂)伯之子/余頶岡(頏)事君/余嘼(狩)丮武/乍(作)爲余鐘/余不敢爲喬(驕)

1.229 郘(呂)黛(縓)曰：余畢公之孫、郘(呂)伯之子/余頶岡(頏)事君/余嘼(狩)丮武/乍(作)爲余鐘/余不敢爲喬(驕)

1.230 郘(呂)黛(縓)曰：余畢公之孫、郘(呂)伯之子/余頶岡(頏)事君/余嘼(狩)

孔武/乍(作)爲余鐘/余不敢爲喬(驕)
1.231 郘(呂)黛(纁)曰：余畢公之孫、郘(呂)伯之子/余頡岡(頏)事君/余嘼(狩)孔武/乍(作)爲余鐘/余不敢爲喬(驕)
1.232 郘(呂)黛(纁)曰：余畢公之孫、郘(呂)伯之子/余頡岡(頏)事君/余嘼(狩)孔武/乍(作)爲余鐘/余不敢爲喬(驕)
1.233 郘(呂)黛(纁)曰：余畢公之孫、郘(呂)伯之子/余頡岡(頏)事君/余嘼(狩)孔武/乍(作)爲余鐘/余不敢爲喬(驕)
1.234 郘(呂)黛(纁)曰：余畢公之孫、郘(呂)伯之子/余頡岡(頏)事君/余嘼(狩)孔武/乍(作)爲余鐘/余不敢爲喬(驕)
1.235 郘(呂)黛(纁)曰：余畢公之孫、郘(呂)伯之子/余頡岡(頏)事君/余嘼(狩)孔武/乍(作)爲余鐘/余不敢爲喬(驕)
1.236 郘(呂)黛(纁)曰：余畢公之孫、郘(呂)伯之子/余頡岡(頏)事君/余嘼(狩)孔武/乍(作)爲余鐘/余不敢爲喬(驕)
1.237 郘(呂)黛(纁)曰：余畢公之孫、郘(呂)伯之子/余頡岡(頏)事君/余嘼(狩)孔武/乍(作)爲余鐘/余不敢爲喬(驕)
1.245 曰：余畢龏威(畏)忌
1.246 褱受(授)余爾龖福/永余寶
1.247 受(授)余屯(純)魯、通彔(祿)、永令(命)、眉壽、霝(靈)冬(終)
1.248 受(授)余屯(純)魯、通彔(祿)、永令(命)、眉壽、霝(靈)冬(終)
1.249 受(授)余屯(純)魯、通彔(祿)、永令(命)、眉壽、霝(靈)冬(終)
1.250 受(授)余屯(純)魯、通彔(祿)、永令(命)、眉壽、霝(靈)冬(終)
1.251-6 褱受(授)余爾龖福/永余寶
1.260 唯皇上帝、百神保余小子/降余多福/福余順孫
1.261 余亟龏猷屖/余恁訂(台)心/延(誕)中余德(值)/余專(溥)昀(徇)于國
1.262-3 公及王姬曰：余小子/余夙夕虔敬朕祀
1.264-6 公及王姬曰：余小子/余夙夕虔敬朕祀
1.267 公及王姬曰：余小子/余夙夕虔敬朕祀
1.268 公及王姬曰：余小子/余夙夕虔敬朕祀
1.269 公及王姬曰：余小子/余夙夕虔敬朕祀
1.270 曰：余雖小子
1.271 䵼(鮑)子鎛(紷)曰：余彌心畏認(忌)/余四事是台(以)/余爲大攻厄、大事(史)、大逵(徒)、大(太)宰
1.272-8 余經乃先祖/余既專乃心/余引猒(厭)乃心/余命女(汝)政于朕三軍/余賜女(汝)釐(萊)都、脒(密)、剺(膠)/余命女(汝)嗣辝(台)釐(萊)/女(汝)尸毋曰余少(小)子/女(汝)專余于艱恤/余用虔恤不易/左右余一人/余命女(汝)織(職)差正卿/膺恤余于盟(明)恤/女(汝)台(以)恤余朕身/余賜女(汝)馬、車、戎兵/余弗敢灋(廢)乃命
1.281 余引猒(厭)乃心/余〼勧(敏)于戎攻(功)/余賜女(汝)釐(萊)都、脒(密)〼
1.282 女(汝)專余于艱恤
1.285 余經乃先祖/余既專乃心/余引猒(厭)乃心/余命女(汝)政于朕三軍/余賜女(汝)釐(萊)都、脒(密)、剺(膠)/余命女(汝)嗣辝(台)釐(萊)邑/余用登屯(純)厚乃命/女(汝)尸毋曰余少(小)子/女(汝)專余于艱恤/左右余一人/余命女(汝)織(職)差正卿/膺恤余于盟(明)恤/女(汝)台(以)恤余朕身/余賜女(汝)車、馬、戎兵/余弗敢灋(廢)乃命
2.358 余小子肈嗣先王/余黃章(烝)/受(授)余屯(純)魯
2.425 士余是尚(常)
2.426 曰：余執臧于戎攻(功)叡(且)武/余卯(畢)龏威(畏)其(忌)/余不敢詩
2.427 曰：余執臧于戎攻(功)叡(且)武/余卯(畢)龏威(畏)其(忌)/余不敢詩
2.428 余以政訂(台)徒/余以乙(乚)郎/余以伐郐(徐)/羕子孫余冉/余處此南疆
2.429 余受此于之玄孫/余寺(持)可參□□/余以共旒示□帝(嫡)庶子/余以倉(會)同

生(姓)九礼
3.949 以王令(命)曰:余令女(汝)史(使)小大邦/余□䢅(捍)
4.2390 余(徐)子氽之鼎
5.2673 永余寶
5.2696 賜金一勻(鈞)、非(緋)余(琭)
5.2766 余敢敬明(盟)祀
5.2774 曰:余弋毋墉(庸)又(有)諲(忘)
5.2782 嘉曰:余䢼(奠、鄭)邦之產
5.2803 余其舍(捨)女(汝)臣十家
5.2811 余不畏不差
5.2820 今余唯肇𤔲(申)先王令/余其用各我宗子雩(與)百生(姓)/余用匄屯(純)魯雩(于)邁(萬)年
5.2826 晉姜曰:余唯司(嗣)朕先姑君晉邦/余不叚(暇)妄(荒)寧
5.2830 叀(惟)余小子肇盄(淑)先王德/事余一人
5.2832 曰:厲曰余執龏(恭)王恤工/曰:余舍(捨)女(汝)田五田/厲廼許曰:余審貯田五田
5.2835 公窺(親)曰多友曰:余肇事(使)女(汝)
5.2836 昔余既令女(汝)出內(入)朕令(命)/今余唯𤔲(申)𦣞(就)乃令(命)
5.2837 余唯即朕小學/女(汝)勿䏌(蔽)余乃辟一人/今余唯令女(汝)盂召(紹)焚(榮)
5.2838 䭫首曰:余無卣(由)具寇正(足)〔秭〕/夋(鞭)余
5.2841 司余小子弗彶(及)/趩余小子圂湛于艱/今余唯肇巠(經)先王命/死(尸)毋童(動)余一人在立(位)/余非墉(庸)又聞(昏)/告余先王若德/今余唯𤔲(申)先王命
8.4190 昉曰:余陳仲𤔔(產)孫、𥁕(𧶠、萊)叔和子
8.4206 師田父令小臣傳非(緋)余(琭)/師田父令余𤔲□官
8.4237 子□余𢍰(朕)皇辟侯/余絺(𥡴)敍〔作〕朕皇文考寶尊
8.4242 叔向父禹曰:余小子司(嗣)朕皇考/降余多福、繁𤔲(釐)
8.4245 𠂤(曾)孫三兒曰:余呂以□之孫/毋乞余𢾅/余□□□□□□□塱〔仲〕皇母
8.4283 今余唯𤔲(申)先王令(命)
8.4284 今余唯𤔲(申)先王令(命)
8.4285 今余唯或𤔲(嗣)命女(汝)
8.4286 今余曾(增)乃令(命)
8.4292 余獻寢氏以壺/余老止公/余𩰫(𢡟、惠)于君氏大章(璋)/召伯虎曰:余既訊㕨/余弗敢𤔔(亂)/余或至(致)我考我母令
8.4293 召伯虎告曰:余告慶/余告慶/余以邑訊有𤔲/余典勿敢封/今余既訊/今余既一名典獻
8.4294 余用乍(作)朕刺(烈)考寏(憲)伯寶𣪘
8.4295 余用乍(作)朕刺(烈)考寏(憲)伯寶𣪘
8.4296 今余唯𤔲(申)𦣞(就)乃命
8.4297 今余唯𤔲(申)𦣞(就)乃命
8.4298 王令善(膳)夫豕曰趞睽曰:余既賜大乃里/睽令豕曰天子:余弗敢𢿌(吝)
8.4299 王令善(膳)夫豕曰趞睽曰:余既賜大乃里/睽令豕曰天子:余弗敢𢿌(吝)
8.4302 余賜女(汝)秬鬯一卣、金車、𠦪(賁)𩌏(幬)較(較)、𠦪(賁)𠟭朱虢(鞹)靳、虎冟(冪)䊆(朱)裏、金甬(筩)、畫聞(䡅)、金厄(軶)、畫轉、馬四匹、鋚勒/余其永邁(萬)年寶用
8.4311 余令女(汝)死(尸)我家
8.4312 今余唯肇𤔲(申)乃令(命)
8.4313 今余肇令女(汝)/今余弗叚(遐)組(徂)/余用乍(作)朕後男巤尊𣪘
8.4314 今余肇令女(汝)/今余弗叚(遐)組(徂)/余用乍(作)朕後男巤尊𣪘
8.4315 余雖小子
8.4316 今余唯帥井(型)先王令(命)
8.4317 王曰:有余隹(雖)小子/余亡康晝夜/䍜(肆)余以餧士、獻民/陀陀降余多福
8.4318 王乎內史尹册令(命)師兑:余既令女(汝)疋(胥)師龢父/今余唯𤔲(申)𦣞(就)乃令(命)
8.4319 王乎內史尹册令(命)師兑:余既令(命)女(汝)疋(胥)師龢父/今余唯𤔲(申)𦣞(就)乃令(命)
8.4321 今余令(命)女(汝)啻(嫡)官𤔲邑人
8.4324 今余唯𤔲(申)𦣞(就)乃令(命)

8.4325 今余唯𤔲(申)
𩫏(就)乃令(命)
8.4327 今余非敢夢先
公又(有)雚遂/余懋
再先公官/今余唯令
女(汝)死(尸)䔔宮、
䔔人
8.4328 余來歸獻禽
(擒)/余命女(汝)御
(禦)追于畧
8.4329 余來歸獻禽
(擒)/余命女(汝)御
(禦)追于畧
8.4340 今余唯𤔲(申)
𩫏(就)乃令(命)
8.4342 妥(綏)立余小
子/今余唯𤔲(申)𩫏
(就)乃令(命)
8.4343 今余唯或𣪕改/
今余唯𤔲(申)𩫏(就)
乃命/賜女(汝)秬鬯
一卣、金車、㚔(賁)較
(較)、畫輴、朱虢(鞹)
𠧪靳、虎冟(冪)熏
(纁)裏、旂、余(騟)
〔馬〕四匹
9.4466 復(復)限余
(予)𤳚比田
9.4467 余唯巠(經)乃
先祖考/昔余既令
(命)女(汝)/今余唯
𤔲(申)𩫏(就)乃令
(命)
9.4468 余唯巠(經)乃
先祖考/昔余既令
(命)女(汝)/今余唯
𤔲(申)𩫏(就)乃令
(命)
9.4469 迺乍(作)余一
人咎
9.4623 曰:余諾龏
(恭)孔惠
9.4624 曰:余諾龏
(恭)孔惠
9.4629 少子陳逆曰:
余陳(田)𧻚(桓)子之
裔孫/余寅(夤)事齊
侯
9.4630 少子陳逆曰:
余陳(田)𧻚(桓)子之
裔孫/余寅(夤)事齊
侯
9.4631 余擇其吉金黃
鏞(铝)/余用自乍
(作)旅簠
9.4632 余擇其吉金黃
鏞(铝)/余用自乍
(作)旅簠
10.5390 伯𠳋(廩)父
曰:休父賜余馬
10.5428 叔䞫父曰:余
考(老)不克御事/余
䙳(覭)爲女(汝)兹小
鬱彝/余唯用諆(其)
䣿女(汝)
10.5429 叔䞫父曰:余
考(老)不克御事/余
䙳(覭)爲女(汝)兹小
鬱彝/余唯用諆(其)
䣿女(汝)
11.5989 君令余乍(作)
册睘安尸伯
11.6011 盠曰:余其敢
對揚天子之休/余用
乍(作)朕文考大仲寶
尊彝
11.6014 曰:余其宅兹
中或(國)
12.6513 郐(徐)王義楚
擇余吉金
15.9729 余不其事(使)
女(汝)受朿(刺)
15.9730 余不其事(使)
女(汝)受朿(刺)
15.9733 戒□曰𠘨余台
(以)賜女(汝)□
15.9735 余智(知)其忠
訫(信)旃
16.9892 余其萬年𩰫
16.9896 唯朕文考乙公
永啟余魯
16.10008 余畜孫書也
16.10165 者尚余卑□
於𠨍(即?)擇其吉金
15.10169 備仲內(入)
右(佑)吕服余/王
曰:服余/吕服余敢
對揚天〔子〕不(丕)顯
休令(命)
16.10176 實余有散氏
心賊/余有爽𢿢(變)
16.10261 𪒠甫(夫)人
余/余王寶𠭯孫
16.10285 曰:自今余
敢𧑗(擾)乃小大史
(事)
16.10342 公曰:余锥
今小子/余咸畜胤士
17.11035 陳余造鈛
(戈)
17.11286 不降棘余子
之𧶠金
17.11317 㝵(附)余
(魚)命(令)韓譙、工
師罡(罕)痀(瘳)、冶
陽(埽)
17.11318 㝵(附)余
(魚)命(令)韓譙、工
師罡(罕)痀(瘳)、冶
陽(埽)
17.11319 㝵(附)余
(魚)命(令)韓譙、工
師罡(罕)痀(瘳)、冶
竈
18.11541 不降棘余子
之𧶠金
18.11579 余王利攺
(捍)
18.11593 先嶙余之用
18.11666 亘余允至
18.11671 安平守變疾、
左庫工師賦(戭)晢、
冶余敕(撻)齋(劑)
18.11696 朕余名之
18.11697 朕余名之
18.11698 朕余名之
18.11718 莫敢御(禦)
余/余處江之陽

4514 冡(墜)

1.60-3 毋冡(墜)乃政
1.204-5 克不敢冡(墜)
1.206-7 克不敢冡(墜)
1.209 克不敢冡(墜)
1.245 㥁(淑)穆不冡
(墜)于厥身
1.262-3 不冡(墜)于上
1.264-6 不冡(墜)于上
1.267 不冡(墜)于上
1.268 不冡(墜)于上
1.269 不冡(墜)于上
1.270 不冡(墜)在上
1.272-8 女(汝)不冡
(墜)夙夜
1.285 女(汝)不冡(墜)
夙夜

5.2826 虘不豙(墜)
5.2841 女(汝)毋敢豙(墜)在乃服
8.4144 豙(豖)一
8.4241 對不敢豙(墜)
8.4302 女(汝)肇不豙(墜)
8.4313 師袁虘不豙(墜)
8.4314 師袁虘不豙(墜)
9.4464 豙(遂)不敢不敬畏王命
9.4629 乍(作)豙(遂)今命
9.4630 乍(作)豙(遂)今命
12.6516 𠦪(百)世孫子毋敢豙(墜)
14.8921 父戊車豙
14.8922 父戊車豙
16.10175 史牆夙夜不豙(墜)

4515 𠁩、曽、曾

1.83 楚王酓(熊)章乍(作)曾侯乙宗彝
1.84 乍(作)曾侯乙宗彝
1.85 楚王酓(熊)章乍(作)曾侯乙宗彝
1.183 曾孫僕兒、余达斯于之子(孫)、余茲佫之元子
1.185 曾孫僕兒、余达斯于之孫
1.223-4 吳王光逗之穆曾(贈)舲(舒)金
2.286 曾侯乙乍(作)時(持)/ 徵曾
2.287 曾侯乙乍(作)時(持)/ 翌(羽)曾 / 無鐸(射)之宮曾 / 徲(夷)則之徵曾 / 割(姑)𨐨(洗)之翌(羽)曾
2.288 曾侯乙乍(作)時(持)/ 徵曾 / 嬴(嬴)嗣之翌(羽)曾 / 割(姑)𨐨(洗)之徵曾 / 剌(厲)音之翌(羽)曾
2.289 曾侯乙乍(作)時(持)/ 徲(夷)則之翌(羽)曾 / 爲獸鐘徵曾
2.290 曾侯乙乍(作)時(持)/ 商曾 / 割(姑)𨐨(洗)之商曾 / 妥(蕤)賓之宮曾
2.291 曾侯乙乍(作)時(持)/ 宮曾 / 割(姑)𨐨(洗)之宮曾
2.292 曾侯乙乍(作)時(持)/ 翌(羽)曾 / 無鐸(射)之宮曾 / 割(姑)𨐨(洗)之翌(羽)曾 / 徲(夷)則之徵曾
2.293 曾侯乙乍(作)時(持)/ 徵曾 / 妥(蕤)賓之商曾 / 剌(厲)音之翌(羽)曾 / 割(姑)𨐨(洗)之徵曾
2.294 曾侯乙乍(作)時(持)/ 新鐘之徵曾 / 柬音之翌(羽)曾 / 爲鄘(應)音翌(羽)曾 / 爲槃鐘徵曾
2.295 曾侯乙乍(作)時(持)/ 妥(蕤)賓之翌(羽)曾 / 柬音之徵曾 / 嬴(嬴)嗣(亂)之翌(羽)曾 / 爲黃鐘徵曾
2.296 曾侯乙乍(作)時(持)/ 宮曾 / 新鐘之商曾 / 割(姑)𨐨(洗)之宮曾
2.297 曾侯乙乍(作)時(持)/ 翌(羽)曾 / 新鐘之宮曾 / 割(姑)𨐨(洗)之翌(羽)曾
2.298 曾侯乙乍(作)寺(持)
2.299 曾侯乙乍(作)寺(持)
2.300 曾侯乙乍(作)寺(持)/ 翌(羽)曾
2.301 曾侯乙乍(作)時(持)
2.302 曾侯乙乍(作)寺(持)
2.303 曾侯乙乍(作)寺(持)/ 翌(羽)曾
2.304 曾侯乙乍(作)寺(持)/ 徵曾
2.305 曾侯乙乍(作)時(持)/ 新鐘之徵曾
2.306 曾侯乙乍(作)時(持)/ 新鐘之翌(羽)曾
2.307 曾侯乙乍(作)時(持)/ 宮曾 / 新鐘之商曾 / 𨮾(姑)肆(洗)之宮曾
2.308 曾侯乙乍(作)時(持)/ 翌曾 / 新鐘之宮曾 / 𨮾(姑)肆(洗)之翌(羽)曾
2.309 曾侯乙乍(作)寺(持)
2.310 曾侯乙乍(作)時(持)
2.311 曾侯乙乍(作)時(持)/ 翌(羽)曾
2.312 曾侯乙乍(作)時(持)
2.313 曾侯乙乍(作)時(持)
2.314 曾侯乙乍(作)寺(持)/ 翌(羽)曾
2.315 曾侯乙乍(作)寺(持)/ 徵曾
2.316 曾侯乙乍(作)時(持)/ 新鐘之徵曾
2.317 曾侯乙乍(作)時(持)/ 新鐘之翌(羽)曾
2.318 曾侯乙乍(作)時(持)/ 新鐘之商曾 / 𨮾(姑)肆(洗)之宮曾
2.319 曾侯乙乍(作)寺(持)/ 商曾
2.320 曾侯乙乍(作)寺(持)/ 翌(羽)曾 / 新鐘之宮曾 / 割(姑)肆(洗)之翌(羽)曾
2.321 曾侯乙乍(作)時(持)
2.322 曾侯乙乍(作)時(持)/ 商曾
2.323 曾侯乙乍(作)時(持)/ 柬音之徵曾 / 徲(夷)則之翌(羽)曾
2.324 曾侯乙乍(作)時(持)/ 翌(羽)曾 / 坪皇之徵曾 / 爲遲則徵曾
2.325 曾侯乙乍(作)時

(持)/ 無鐸(射)之徵曾
2.326 曾侯乙乍(作)時(持)/ 東音之徵曾
2.327 曾侯乙乍(作)時(持)/ 羿(羽)曾 / 割(姑)𦘲(洗)之羿(羽)曾 / 遟(夷)則之徵曾
2.328 曾侯乙乍(作)時(持)/ 徵曾 / 割(姑)𦘲(洗)之徵曾 / 剌(厲)音之羿(羽)曾
2.329 曾侯乙乍(作)寺(持)/ 新鐘之徵曾 / 東音之羿(羽)曾 / 爲𨞻(應)音羿(羽)曾 / 爲槃鐘徵曾
2.330 曾侯乙乍(作)時(持)/ 遟(夷)則之羿(羽)曾 / 贏(贏)𤔲(亂)之羿(羽)曾 / 爲黃鐘徵曾
2.331 羿(羽)曾
2.332 徵曾
2.333 商曾
2.334 徵曾
2.335 羿(羽)曾
2.336 宮曾
2.337 商曾
2.339 羿(羽)曾
2.340 商曾
2.342 羿(羽)曾
2.343 羿(羽)曾
2.346 徵曾
2.347 宮曾
2.349 徵曾
3.577 曾侯乙詐(作)時(持)甬(用)冬(終)
3.625 曾子單用吉金自乍(作)寶鬲
3.699 唯曾伯宮父穆
3.943 唯曾子仲謱用其吉金
3.949 埶(藝)应在曾
3.974 曾侯乙詐(作)時(持)甬(用)冬(終)
4.2290 曾侯乙詐(作)時(持)甬(用)冬(終)
4.2291 曾侯乙詐(作)時(持)甬(用)冬(終)
4.2292 曾侯乙乍(作)時(持)甬(用)冬(終)
4.2293 曾侯乙詐(作)時(持)甬(用)冬(終)
4.2294 曾侯乙詐(作)時(持)甬(用)冬(終)
4.2295 曾侯乙詐(作)時(持)甬(用)冬(終)
4.2423 曾侯仲子斿(遊)父自乍(作)𩰫彝
4.2424 曾侯仲子斿(遊)父自乍(作)𩰫彝
4.2450 曾子伯誩鑄行器
5.2550 曾伯從寵自乍(作)寶鼎用
5.2563 曾者子鑝(矇)用乍(作)淄(飤)鼎
5.2564 曾仲子敔用吉金自乍(作)寶鼎
5.2606 曾孫無䫐(掑)自乍(作)飤鼒
5.2620 唯曾子仲謱用其吉金
5.2678 使于曾
5.2737 曾子仲宣□用其吉金
5.2750 上曾大(太)子般殷
5.2757 曾子𤔲擇其吉金
6.3636 曾侯乙詐(作)時(持)甬(用)冬(終)
6.3637 曾侯乙詐(作)時(持)甬(用)冬(終)
6.3638 曾侯乙詐(作)時(持)甬(用)冬(終)
6.3639 曾侯乙詐(作)時(持)甬(用)冬(終)
6.3640 曾侯乙詐(作)時(持)甬(用)冬(終)
6.3641 曾侯乙詐(作)時(持)甬(用)冬(終)
6.3642 曾侯乙詐(作)時(持)甬(用)冬(終)
6.3643 曾侯乙詐(作)時(持)甬(用)冬(終)
7.4051 唯曾伯文自乍(作)寶段
7.4052 唯曾伯文自乍(作)寶段
7.4053 唯曾伯文自乍(作)寶段
7.4054 曾大(太)保□用吉金
8.4203 曾仲大父蠡(蛕)迺用吉攸(鋚)
8.4204 曾仲大父蠡(蛕)迺用吉攸(鋚)
8.4208 戊辰曾(贈)
8.4209 王曾(增)令衛
8.4210 王曾(增)令衛
8.4211 王曾(增)令衛
8.4212 王曾(增)令衛
8.4286 今余曾(增)乃令(命)
9.4488 曾子遇之行簠
9.4489 曾子遇之行簠
9.4495 曾侯乙詐(作)時(持)甬(用)冬(終)
9.4496 曾侯乙詐(作)時(持)甬(用)冬(終)
9.4528 曾子屖(㞸)自乍(作)行器
9.4529 曾子屖(㞸)自乍(作)行器
9.4573 曾子遽彝爲孟姬鄀鑄賸(媵)簠
9.4588 曾子□自乍(作)飤簠
9.4591 曾孫史尸乍(作)餺(饋)簠
9.4598 曾侯乍(作)叔姬、邛(江)嬶(芈)賸(媵)器𩰫彝
9.4614 曾□□擇其吉金
9.4631 曾伯霥(漆)哲聖元武 / 曾伯霥(漆)叚(遐)不黃耇、邁(萬)年
9.4632 曾伯霥(漆)哲聖元武 / 曾霥(漆)叚(遐)不黃耇、邁(萬)年
9.4670 曾侯乙詐(作)右(持)甬(用)冬(終)
9.4671 曾侯乙詐(作)時(持)甬(用)冬(終)
9.4673 曾仲斿父自乍(作)寶甫(簠)
9.4674 曾仲斿父自乍(作)寶甫(簠)
15.9581 曾侯乙乍(作)時(持)用冬(終)
15.9582 曾侯乙詐(作)

時(持)甬(用)冬(終)
15.9628 曾仲斿(游)父用吉金
15.9629 曾仲斿(游)父用吉金
15.9710 聖趄(桓)之夫人曾姬無卹
15.9711 聖趄(桓)之夫人曾姬無卹
15.9712 唯曾伯陭迺用吉金鐈鋚
15.9735 曾亡鼠(一)夫之救
16.9927 曾侯乙詐(作)時(持)甬(用)冬(終)
16.9928 曾侯乙詐(作)時(持)甬(用)冬(終)
16.9929 曾侯乙詐(作)時(持)甬(用)冬(終)
16.9930 曾侯乙詐(作)時(持)甬(用)冬(終)
16.9961 唯曾伯文自乍(作)厥歆(飲)鑐
16.9971 唯番伯官甾(曾)自乍(作)寶罍(鑐)
16.9996 曾子遇之行缶
16.9998 曾侯乙詐(作)時(持)甬(用)冬(終)
16.9999 曾侯乙詐(作)時(持)甬(用)冬(終)
16.10000 曾侯乙詐(作)時(持)甬(用)冬(終)
16.10077 曾侯乙詐(作)時(持)用冬(終)
16.10097 曾仲自乍(作)旅盤
16.10138 曾師季[illegible](帯)用其士(吉)金
16.10156 唯曾子伯[illegible]用其吉金
16.10197 曾侯乙詐(作)時(持)甬(用)冬(終)
16.10198 曾侯乙乍(作)時(持)甬(用)冬(終)
16.10207 唯曾子伯尹自乍(作)尊匜
16.10292 曾侯乙詐(作)時(持)甬(用)冬(終)
16.10332 曾孟嬶(芈)諫乍(作)飲鄒盆
16.10336 曾大(太)保譽叔亟
16.10348 曾侯乙乍(作)時(持)
16.10387 曾侯乙詐(作)時(持)甬(用)冬(終)
16.10398 曾侯乙詐(作)時(持)甬(用)冬(終)
16.10399 曾侯乙詐(作)時(持)甬(用)冬(終)
16.10439 曾侯乙詐(作)時(持)甬(用)冬(終)
16.10455 曾侯乙詐(作)時(持)甬(用)冬(終)
17.10981 曾侯邚(越)
17.11094 曾侯邚(越)乍(作)時(持)
17.11095 曾侯邚(越)乍(作)時(持)
17.11096 曾侯邚(越)乍(作)時(持)
17.11097 曾侯邚(越)乍(作)時(持)
17.11098 曾侯邚(越)之戟(戟)
17.11121 曾侯[illegible]伯秉戈
17.11167 曾侯乙之寢戈
17.11168 曾侯乙之走戈
17.11169 曾侯乙之用戈
17.11170 曾侯乙之用戈
17.11171 曾侯乙之走戈
17.11172 曾侯乙之用戟(戟)
17.11173 曾侯乙之用戟(戟)
17.11174 曾侯邚(越)之用戈
17.11175 曾侯邚(越)之行戟(戟)
17.11176 曾侯邚(越)之行戟(戟)
17.11177 曾侯邚(越)之行戟(戟)
17.11178 曾侯[illegible]之用戟(戟)
17.11179 曾侯[illegible]之用戟(戟)
17.11180 曾侯遇之行戟(戟)
17.11181 曾侯遇之行戟(戟)
17.11254 曾仲之孫[illegible]戲用戈
17.11365 曾大攻(工)尹季[illegible](怡)之用
18.11567 曾侯邚(越)之用殳

4516 [illegible]

15.9416 [illegible]父乍(作)兹女(母)匋(寶)盉
16.10075 [illegible]父乍(作)兹女(母)匋(寶)般(盤)

4517 [illegible]

18.11837 邦右庫治事(吏)[illegible]

4518 九

1.120 唯戉(越)十有(又)九年
1.121 唯戉(越)十有(又)九年
1.122 唯戉(越)十有(又)九年
1.125-8 唯戉(越)十有(又)九年
1.132 唯戉(越)十有(又)九年
1.183 唯正九月
1.185 唯正九月
1.204-5 九月初吉庚寅
1.206-7 九月初吉庚寅
1.208 九月初吉庚寅
1.209 九月初吉庚寅
1.271 侯氏賜之邑二百又九十又九邑
1.272-8 咸有九州
1.283 又□九州

1.285 咸有九州
2.429 余以酓(會)同生(姓)九礼
3.745 唯九月初吉庚寅
3.947 唯九月初吉丁亥
4.1994 巨萓十九
4.2360 九 射（鮒）反(半)
5.2693 十九年
5.2708 在九月
5.2713 唯九月初吉庚寅
5.2746 梁十九年
5.2749 唯九月既生霸辛酉
5.2755 唯王九月既望乙巳
5.2773 爯（稱）九 益(鎰)
5.2784 史趞曹賜弓矢、虎盧、九(厹)、冑、毌(干)、殳
5.2789 唯九月既望乙丑
5.2790 唯王廿又三年九月 / 王令微緣精(纘)嗣九陂
5.2796 唯王廿又三年九月
5.2797 唯王廿又三年九月
5.2798 唯王廿又三年九月
5.2799 唯王廿又三年九月
5.2800 唯王廿又三年九月
5.2801 唯王廿又三年九月
5.2802 唯王廿又三年九月
5.2804 唯王九月丁亥
5.2814 唯九月既望甲戌
5.2815 唯十又九年
5.2826 唯王九月乙亥
5.2831 唯九年正月
5.2837 唯九月 / 六百又五十又九夫
6.3035 九
7.3807 唯九月初吉
7.3950 唯九月
7.3951 唯九月
7.4055 唯登(鄧)九月初吉
7.4060 唯九月初吉戊戌
7.4104 唯九月初吉庚午
7.4105 唯九月初吉庚午
7.4106 唯九月初吉庚午
8.4201 伯賜小臣宅畫毌、戈九、昜(錫)金車、馬兩
8.4205 唯九月既朢庚寅
8.4216 唯王五年九月
8.4217 唯王五年九月
8.4218 唯王五年九月
8.4267 官嗣豐人眔九戲祝
8.4286 唯王九月
8.4294 唯王九月
8.4295 唯王九月
8.4300 唯九月既死霸丁丑
8.4301 唯九月既死霸丁丑
8.4312 唯王元年九月
8.4324 九月初吉丁亥
8.4325 九月初吉丁亥
8.4328 唯九月初吉戊申
8.4329 唯九月初吉戊申
8.4331 唯王九年九月甲寅
9.4573 唯九月初吉庚申
9.4605 唯九月初吉壬申
9.4631 唯王九月
9.4632 唯王九月
10.5397 在九月 / 唯王九祀
10.5406 唯九月既生霸乙亥
10.5407 唯十又九年
10.5416 唯九月
10.5430 唯九月初吉癸丑
11.6000 白□一、琅九屮(又)百
11.6002 唯王十又九祀
11.6004 唯九月
11.6005 唯九月既生霸
15.9303 唯王十又九祀
15.9640 廿九年十二月
15.9660 十九 爯四 寽(鋝)廿九冢(重)□
15.9685 冢(重)五百六十九刀
15.9693 冢(重)一石三百卌九刀之冢(重)
15.9700 宗詞客敬爲陘(陘)壺九
15.9707 七年九月
15.9723 九月初吉戊寅
15.9724 九月初吉戊寅
15.9726 唯三年九月丁巳
15.9727 唯三年九月丁巳
16.9894 康虎齡九律 / 在九月
16.9895 唯王十又九祀
16.10176 唯王九月
16.10339 唯正九月
16.10354 [illegible][illegible][illegible]之九壁沃[illegible]紆収
16.10401 左九
17.11216 廿九年
17.11283 九年
17.11302 廿九年
17.11303 廿九年
17.11307 九年
17.11313 九年
17.11325 九年
17.11326 九年
17.11391 廿九年
18.11551 九年
18.11652 廿九年
18.11653 廿九年

4519 十

1.48 宮令宰僕賜粤白金十匀(鈞)
1.83 唯王五十又六祀
1.85 唯王五十又六祀
1.113 唯正十月
1.114 唯正十月
1.115 唯正十月
1.116 唯正十月
1.117 唯正十月

1.118-9 唯正十月
1.120 唯戉(越)十有(又)九年
1.121 唯戉(越)十有(又)九年
1.122 唯戉(越)十有(又)九年
1.125-8 唯戉(越)十有(又)九年
1.132 唯戉(越)十有(又)九年
1.204-5 唯十又六年
1.206-7 唯十又六年
1.208 唯十又六年
1.209 唯十又六年
1.251-6 武王則令周公舍(捨)寓(宇)以五十頌處
1.270 十又二公
1.271 侯氏賜之邑二百又九十又九邑
1.272-8 釐(萊)僕三百又五十家
1.285 釐(萊)僕三百又五十家
3.753 唯十又二月既生霸
4.1994 巨荁十九
4.2240 十年弗(戟?)官
4.2301 巨荁十二
4.2530 四斤十二兩
5.2550 唯王十月既吉
5.2576 十三兩十七斤
5.2577 十七年
5.2590 十三年
5.2608 十一年
5.2647 三斤十一兩
5.2651 十一斤十四兩
5.2656 唯十又二月初士(吉)
5.2658 十三斤八兩十四朱(銖)
5.2678 唯十月
5.2682 王[賞]貝十朋
5.2693 十九年
5.2701 十一年十一月乙巳朏
5.2706 唯十又一月
5.2707 十四茉/匀(鈞)二百六十二刀之匀(鈞)
5.2712 宔(貯)絲五十寽(鋝)
5.2718 唯十又二月丁丑
5.2719 唯十又二月
5.2721 唯十又一月
5.2728 在十又一月庚申/公賜旅貝十朋
5.2732 乍(作)其造(竈)鼎十
5.2735 不栺賜貝十朋
5.2736 不栺賜貝十朋
5.2745 自豕鼎降十
5.2746 梁十九年
5.2748 賜褁䡊(璋)、貝十朋
5.2753 唯十又四月
5.2763 唯十月又一月丁亥
5.2773 十二年/十二年
5.2778 十又一月癸未
5.2779 鋪五十
5.2780 唯十又二月
5.2783 唯七年十月既生霸
5.2784 唯十又五年
5.2785 唯十又三月庚寅
5.2793 一益(鎰)十釿半釿四分釿之冢(重)
5.2803 余其舍(捨)女(汝)臣十家
5.2806 唯十又五年
5.2807 唯十又五年
5.2808 唯十又五年
5.2815 唯十又九年
5.2820 唯十又二月初吉
5.2821 唯十又七年/十又二月
5.2822 唯十又七年/十又二月
5.2823 唯十又七年/十又二月
5.2835 唯十月/俘戎車百乘一十又七乘/俘車十乘/公車折首百又十又五人
5.2837 六百又五十又九夫/賜尸(夷)嗣王臣十又三伯/人鬲千又五十夫
5.2838 寇曶禾十秭/東宮廼曰: 賞(償)曶禾十秭/遺(饋)十秭/曶覓匡三十秭
5.2839 俘人萬三千八十一人/俘牛三百五十五牛
5.2840 唯十四年/剌(列)城譻(數)十
7.3749 在十月
7.3763 用貝十朋又四朋
7.3858 唯十又四月
7.3910 唯十月
7.3911 唯十月
7.3940 王賜嶲繖玉十玉(玨)、章(璋)
7.3942 王賜叔德臣嫊十人、貝十朋、羊百
7.4024 唯十又一月
7.4025 唯十又一月
7.4026 唯十又一月
7.4030 畢公廼賜史䛗貝十朋
7.4031 畢公廼賜史䛗貝十朋
7.4035 唯十又二月初吉
7.4088 唯十月初吉辛巳
7.4112 唯十又一月
8.4125 唯十又五年六月
8.4130 嗌貝十朋
8.4138 䢅商(賞)小子䍙貝十朋/在十月四
8.4141 自豕鼎降十
8.4142 自豕鼎降十
8.4143 自豕鼎降十
8.4144 在十月一
8.4145 唯十又四年
8.4146 唯十又一月/賓(儐)柀廿、貝十朋
8.4169 賜墉(郭)伯馭(挋)貝十朋
8.4179 賓(儐)馬兩、金十鈞
8.4180 賓(儐)馬兩、金十鈞
8.4181 賓(儐)馬兩、金十鈞

8.4192 唯十又二月
8.4193 唯十又二月
8.4205 十世不諆(忘)
8.4208 唯王十又四祀/十又一月丁卯
8.4213 而賜盦(魯)屖(殿)[illegible](敖)金十鈞
8.4214 王乎師朕賜師遽貝十朋
8.4215 賜女(汝)尸(夷)臣十家
8.4225 唯十又三年
8.4226 唯十又三年
8.4227 唯十又三年
8.4228 唯十又三年
8.4238 唯十又二月
8.4239 唯十又二月
8.4240 唯十又二月初吉
8.4244 唯王十又二年
8.4251 唯十又二年
8.4252 唯十又二年
8.4269 唯十又三月既望
8.4270 唯十又二月
8.4271 唯十又二月
8.4272 唯王十又三年
8.4298 唯十又二年
8.4299 唯十又二年
8.4300 姜商(賞)令貝十朋、臣十家、鬲百人
8.4301 姜商(賞)令貝十朋、臣十家、鬲百人
8.4303 唯十又七年/十又二月
8.4304 唯十又七年/十又二月
8.4305 唯十又七年/十又二月
8.4306 唯十又七年/十又二月
8.4307 唯十又七年/十又二月
8.4308 唯十又七年/十又二月
8.4309 唯十又七年/十又二月
8.4310 唯十又七年/十又二月
8.4315 十又二公
8.4317 唯王十又二祀
8.4320 賜鬯(䰠)鬯一卣、商瓚一□、彤弓一、彤矢百、旅(旅)弓十、旅(旅)矢千/賜在宜王人十又七生(姓)/厥盧□又五十夫
8.4321 唯王十又七祀
8.4322 孚(捋)俘人百又十又四人
8.4323 唯王十月/唯王十又一月/事(使)尹氏受(授)贅(賚)敔:圭(珪)瓚、㲃貝五十朋/賜田于敆(拎)五十田/于早五十田
8.4324 唯十又一年
8.4325 唯十又一年
8.4327 唯王十又一月/賜女(汝)馬十匹、牛十
8.4328 賜女(汝)弓一、矢束、臣五家、田十田
8.4329 賜女(汝)弓一、矢束、臣五家、田十田
8.4343 十又三月
9.4435 兹盨友(有)十又二
9.4464 唯王十又八年正月
9.4465 唯十又八年/十又二月
9.4466 凡復友(賄)、復付鬲比田十又三邑
9.4610 唯正十又一月辛巳
9.4611 唯正十又一月辛巳
9.4620 唯十月初吉庚午
9.4621 唯十月初吉庚午
9.4622 唯十月初吉庚午
9.4646 唯十又四年
9.4647 唯十又四年
9.4648 唯十年
9.4688 富子之上官獲之畫[illegible]銅鉄十
9.4694 冢(重)十[illegible]四[illegible]
10.5398 唯十又二月
10.5399 兮公室(貯)盂鬯束、貝十朋
10.5402 唯十又三月辛卯
10.5407 唯十又九年
10.5417 在十月
10.5419 賜貝十朋
10.5420 賜貝十朋
10.5426 唯王十月既望/賜貝十朋
10.5431 唯十又二月
10.5433 王賜公貝五十朋
11.5974 蔡賜貝十朋
11.5990 唯王十祀又五
11.5992 唯十又三月辛卯
11.6002 唯王十又九祀
11.6007 賜臣十家
11.6008 唯十又三月
11.6009 王賜公貝五十朋
11.6011 唯王十又二月
11.6016 唯十月月吉癸未
12.6510 公仲賜庶貝十朋
12.6512 周公賜小臣單貝十朋
15.9249 王賜小臣邑貝十朋
15.9301 在十月又三
15.9303 唯王十又九祀
15.9448 十一茉
15.9450 十二茉
15.9453 唯十又一月/逨(徠)義賜貝十朋
15.9456 才(裁)八十朋/厥貯(賈)其舍(捨)田十田
15.9590 左佰五十三
15.9616 冢(重)十八益(鎰)
15.9640 廿九年十二月
15.9648 四寽(鋝)十一冢(重)盉
15.9650 四寽(鋝)十三冢(重)
15.9660 十九再四寽(鋝)廿九冢(重)□
15.9665 十四茉
15.9666 十四茉

15.9674 十茉
15.9675 十三茉
15.9682 十六斤
15.9683 十茉
15.9684 十一茉/冢(重)一石八十二刀之冢(重)
15.9685 十二茉/冢(重)五百六十九刀
15.9686 十三茉
15.9692 冢(重)四百七十四刀之冢(重)
15.9693 十三茉
15.9705 十月初吉己卯
15.9707 十三斗一升
15.9719 唯十年四月吉日
15.9720 唯十年四月吉日
15.9721 賜幾父幵桒(韍)六、僕四家、金十鈞
15.9722 賜幾父幵桒(韍)六、僕四家、金十鈞
15.9723 唯十又三年
15.9724 唯十又三年
15.9725 唯十又六年
15.9735 唯十四年
16.9894 齡商(賞)貝十朋、丏豚/唯王十祀
16.9895 唯王十又九祀
16.9896 唯八年十又二月
16.9901 唯十月月吉癸未
16.9933 十三茉
16.9934 十三茉
16.9940 冢(重)十六傒(偵)
16.10153 十月乙酉
16.10164 自冢鼎降十又一
16.10173 唯十又二年/執訊五十
16.10176 凡十又五夫/凡散有嗣十夫
16.10257 冢(重)七十刀之冢(重)
16.10264 唯十月
16.10281 唯十又二月
16.10322 唯十又二年
16.10333 十茉
16.10357 廿三斤十兩/十五
16.10358 十茉/冢(重)百十一刀之冢(重)
16.10359 十二茉
16.10360 唯十又二月/休王自穀事(使)賞畢土方五十里
16.10372 十八年/冬十二月乙酉/爰積十六尊(寸)五分尊(寸)壹爲升
16.10397 十茉
16.10402 十茉/冢(重)一石三百五十五刀之冢(重)
16.10440 十四兩八分十六分卅二反(半)
16.10441 十四茉
16.10442 十四茉
16.10443 十四茉
16.10444 十四茉
16.10445 十四茉
16.10446 十四茉
16.10447 十四茉
16.10448 十二
16.10450 十一
16.10451 十
16.10469 十三
16.10472 十四茉
16.10473 十四茉
16.10474 十四茉
16.10475 十四茉
16.10477 十四茉
16.10478 丘平者五十乇(尺)/丌(其)坡五十乇(尺)/丘平者五十乇(尺)/丌(其)坡五十乇(尺)/丘平者五十乇(尺)/丌(其)坡五十乇(尺)/□堂方百五十乇(尺)/夫人堂方百五十乇(尺)/兩堂閟(間)八十乇(尺)
17.10987 甲十三
17.11071 ↥用十𠃌戈
17.11264 十八年
17.11269 十四年
17.11279 十三年
17.11291 十年
17.11332 十四年
17.11339 十三年正月
17.11347 十三年
17.11351 十六年
17.11355 十二年
17.11366 十七年
17.11371 十七年
17.11376 十八年
17.11377 十四年
17.11378 十八年
17.11379 十七年
17.11382 十七年
17.11387 十四年
17.11388 十五年
17.11389 十六年
17.11394 十三年
17.11404 十二年
17.11405 十五年
18.11549 十二年
18.11550 十三年
18.11558 十七年
18.11561 十一年
18.11633 十二年
18.11658 十七年
18.11676 十二年
18.11684 十七年
18.11685 十年
18.11689 十七年
18.11690 十七年
18.11691 十五年
18.11699 十七年
18.11700 十五年
18.11701 十五年
18.11702 十五年
18.11708 十七年
18.11709 十五年
18.11710 十八年
18.11711 十三年
18.11713 十七年
18.11714 十七年
18.11715 十七年
18.11716 十七年
18.11717 十八年
18.11788 郘(呂)大叔以新金爲貣(貳)車之斧十
18.11822 十四茉
18.11862 十四茉十二月
18.11863 十三茉
18.11864 十三茉

18.11865 十三苿
18.11900 客(露)十命
18.11911 十六年
18.12032 十年
18.12035 二 兩 十 朱(銖)
18.12036 〔二〕兩十二朱(銖)
18.12037 二兩十二朱(銖)
18.12039 二兩十四朱(銖)
18.12042 十四苿
18.12043 十四苿
18.12044 十四苿
18.12045 十四苿
18.12046 十四苿
18.12047 十四苿
18.12048 十四苿
18.12049 十四苿
18.12050 十四苿
18.12051 十四苿
18.12052 十四苿
18.12053 十四苿
18.12054 十四苿
18.12055 十四苿
18.12056 十四苿
18.12058 十四苿
18.12059 十四苿 / 十
18.12060 十四苿
18.12061 十四苿
18.12062 十四苿
18.12063 十四苿
18.12108 用兵五十人以上——會王符
18.12109 用兵五十人以上
18.12110 車五十乘 / 屯十台(以)堂(當)一車 / 台(以)毀於五十乘之中
18.12111 車五十乘 / 屯十台(以)堂(當)一車 / 台(以)毀於五十乘之中
18.12112 車五十乘 / 屯十台(以)堂(當)一車 / 台(以)毀於五十乘之中
18.12113 五十舿(舸)

4520 廿、廿(二十)

1.157 唯廿又再祀
1.158 唯廿又再祀
1.159 唯廿又再祀
1.160 唯廿又再祀
1.161 唯廿又再祀
1.260 南尸(夷)、東尸(夷)具(俱)見廿又六邦
3.949 厥人鬲廿夫
4.2405 王賜德貝廿朋
5.2609 梁廿又七年
5.2610 梁廿又七年
5.2628 王賞旨貝廿朋
5.2647 魏廿六 / 廿三斤
5.2661 王賜德貝廿朋
5.2693 廿四年
5.2708 王商(賞)戍嗣(孠)貝廿朋
5.2748 唯廿又二年
5.2779 大車廿 / 戎鼎廿 / 鐱(劍)廿
5.2790 唯王廿又三年九月
5.2793 廿八年 / 廿八年
5.2796 唯王廿又三年九月
5.2797 唯王廿又三年九月
5.2798 唯王廿又三年九月
5.2799 唯王廿又三年九月
5.2800 唯王廿又三年九月
5.2801 唯王廿又三年九月
5.2802 唯王廿又三年九月
5.2819 唯廿又八年
5.2827 令女(汝)官嗣成周貯(廛)廿家
5.2828 令女(汝)官嗣成周貯(廛)廿家
5.2829 令女(汝)官嗣成周貯(廛)廿家
5.2835 執訊廿又三人
5.2837 唯王廿又三祀
5.2838 匡眔厥臣廿夫 / 爲廿秭
5.2839 唯王廿又五祀
6.3733 王賜德貝廿朋
7.3905 蛙□賜玑貝廿朋
8.4144 唯王廿祀
8.4146 賓(儐)柀廿、貝十朋
8.4191 兮(乎)宰□賜穆公貝廿朋
8.4256 唯廿又七年
8.4287 唯王廿又七年
8.4320 厥□百又廿
8.4326 取徵廿寽(鋝)
9.4466 唯王廿又五年
10.5404 帝司賞庚姬貝卅朋、迖(貸)絲廿寽(鋝)
10.5433 公賜厥涉(世)子效王休(好)貝廿朋
11.5997 帝司(姛)賞庚姬貝卅朋、迖(貸)絲廿寽(鋝)
11.6009 公賜厥涉(世)子效王休(好)貝廿朋
14.9105 唯王廿祀
15.9456 才(裁)廿朋
15.9640 廿九年十二月
15.9649 左內偤(糟)廿八
15.9660 十九再四寽(鋝)廿九冡(重)□
15.9705 唯廿又六年
15.9710 唯王廿又六年
15.9711 唯王廿又六年
15.9731 令女(汝)官嗣成周貯(廛)廿家
15.9732 令女(汝)官嗣成周貯(廛)廿家
16.9975 廿二
16.9997 廿七年
16.10166 貝廿朋
16.10170 唯廿年正月既望甲戌
16.10172 唯廿又八年
16.10353 廿五年
16.10357 廿三斤十兩
16.10359 冢(重)百廿八刀之冢(重)
16.10373 鑄廿金鍿(桶)
16.10453 廿四年
16.10478 從丘欧(坎)至內宮廿四步 / 從內

宮至中宮廿五步
16.10579 廿一
17.11215 廿七年
17.11216 廿九年
17.11270 廿四
17.11299 廿三年
17.11300 廿
17.11301 廿三年
17.11302 廿九年
17.11303 廿九年
17.11306 廿一年
17.11324 廿五年
17.11331 廿二年
17.11342 廿一年
17.11356 廿四年
17.11359 廿年
17.11368 廿六年
17.11372 廿年
17.11373 廿一年
17.11374 廿七年
17.11375 廿二
17.11391 廿九年
17.11406 廿五年
18.11508 廿二年
18.11548 廿年
18.11565 廿三年
18.11652 廿九年
18.11653 廿九年
18.11902 廿四年
18.11916 廿年
18.11996 廿一年
18.12038 二兩廿一朱(銖)
18.12041 廿一年
18.12069 左宮之廿
18.12110 屯廿檐(擔)台(以)堂(當)一車
18.12111 屯廿檐(擔)台(以)堂(當)一車
18.12112 屯廿檐(擔)台(以)堂(當)一車

4521 卅(三十)

4.2306 一寽(鋝)卅一家(重)
4.2435 伯姜賜從貝卅朋
4.2527 卅年
5.2611 卅五年
5.2658 卅六年
5.2754 王賜呂秬鬯三卣、貝卅朋
5.2764 卅二年 / 卅三年
5.2776 王賜剌貝卅朋
5.2779 俘戎金〓卅
5.2793 卅三年 / 卅三年
5.2807 令取誰(牸)䮻(犅)卅二匹賜大
5.2808 令取誰(牸)䮻(犅)卅二匹賜大
5.2818 唯卅又二年
5.2825 唯卅又七年
5.2835 折首卅又六人
5.2839 俘車卅兩(輛)/羊卅八羊 / 獲聝二百卅七聝
5.2841 取徵卅爰(鋝)
8.4262 厥貯(賈)卅田
8.4263 厥貯(賈)卅田
8.4264 厥貯(賈)卅田
8.4265 厥貯(賈)卅田
8.4278 唯卅又二年
8.4320 厥宅邑卅又五
8.4322 凡百又卅又五款(款)
9.4438 唯卅又三年
9.4439 唯卅又三年
10.5404 帝司賞庚姬貝卅朋、迖(貸)絲廿寽(鋝)
10.5411 賜貝卅寽(鋝)
11.5997 帝司(姛)賞庚姬貝卅朋、迖(貸)絲廿寽(鋝)
11.6014 珂賜貝卅朋
15.9449 卅五年
15.9591 左酒卅四
15.9647 卅五再五寽(鋝)五冢(重)
15.9660 左酒(糟)卅
15.9693 冢(重)一石三百卅九刀之冢(重)
15.9725 伯大(太)師賜伯克僕卅夫
16.10166 唯王卅又四祀
16.10440 十四兩八分十六分卅二反(半)
16.10478 從內宮以至中宮卅步 / 從內宮至中宮卅六步
17.11312 卅三年
17.11321 卅四年
17.11330 卅三年
17.11398 卅一年
18.11555 卅二年
18.11560 卅四年
18.11693 卅三年

4522 卌(四十)

5.2651 卌(四十)四
5.2838 則付卌(四十)秭
8.4320 厥□百又卌(四十)
8.4323 執訊卌(四十)/告禽(擒)聝百、訊卌(四十)
15.9450 冢(重)三百卌(四十)五刀
15.9617 百卌(四十)八
15.9674 冢(重)一石百卌(四十)二刀之冢(重)
16.10478 丘平者卌(四十)乇(尺)/丌(其)坡卌(四十)乇(尺)/丘平者卌(四十)乇(尺)/丌(其)坡卌(四十)乇(尺)
17.11370 卌(四十)年

4523 千

1.272-8 迺(造)或(䢓)徒四千
1.285 迺(造)或(䢓)徒四千
5.2768 其百子千孫
5.2769 其百子千孫
5.2770 其百子千孫
5.2826 賜鹵(滷)責(漬)千兩
5.2833 肄(肆)武公迺遣禹率公戎車百乘、斯(廝)馭二百、徒千
5.2837 人鬲千又五十夫
5.2839 獲聝四千八百又二聝 / 俘人萬三千八十一人
8.4147 百字(子)千孫
8.4148 百字(子)千孫
8.4149 百字(子)千孫
8.4150 百字(子)千孫

8.4151 百字(子)千孫
8.4320 賜䝨(𡨦)鬯一卣、商瓚一□、彤弓一、彤矢百、旅(玈)弓十、旅(玈)矢千
9.4459 其百男、百女、千孫
9.4460 其百男、百女、千孫
9.4461 其百男、百女、千孫
11.6010 千歲無疆
15.9716 其百子千孫
15.9717 其百子千孫
16.10171 千歲無疆
16.10176 則㝬(隱)千罰千/㝬(隱)千罰千
16.10285 我義(宜)伎(鞭)女(汝)千/義(宜)伎(鞭)女(汝)千/乃伎(鞭)千、𪓊𪓊(剭)
18.12104 舟三千不句酉
18.12105 傳舟得三千不句酉
18.12106 傳舟得三千不句酉

4524 協

1.171 禽禽孔協
1.181 乍(作)大鐳(林)協鐘
1.193 協于我霝(靈)龠(籥)
1.194 協于我霝(靈)龠(籥)
1.195 協于我霝(靈)龠(籥)
1.196 協于我霝(靈)龠(籥)
1.197 協于我霝(靈)龠(籥)
1.198 協于我霝(靈)龠(籥)
1.247 敢乍(作)文人大寶協龢鐘
1.248 敢乍(作)文人大寶協龢鐘
1.249 敢乍(作)文人大寶協龢鐘
1.250 敢乍(作)文人大寶協龢鐘
1.257 瘐乍(作)協鐘
1.258 瘐乍(作)協鐘
1.259 瘐乍(作)協鐘
1.262-3 以康莫協朕或(國)
1.264-6 以康莫協朕或(國)
1.267 以康莫協朕或(國)
1.268 以康莫協朕或(國)
1.269 以康莫協朕或(國)
1.270 協龢萬民
1.272-8 龢協而(爾)又(有)事
1.285 龢協而(爾)又(有)事

4525 博、戟、搏

8.4313 今敢博(薄)厥眾叚(暇)
8.4314 今敢博(薄)厥眾叚(暇)
8.4322 𢹎(搏)戎𢦏(胡)/衣(卒)博(搏)
8.4328 女(汝)役戎大𦎧(敦)戟(搏)
8.4329 女(汝)役戎大𦎧(敦)戟(搏)
18.11492 博
18.11493 博

4526 甲

1.104 〔初〕吉甲戌
1.106 唯八月甲申
1.133 四月初吉甲寅
1.134 四月初吉甲寅
1.135 四月初吉甲寅
1.136 四月初吉甲寅
1.137-9 四月初吉甲寅
3.538 祖辛、父甲
3.807 戈父甲
4.1517 戈父甲
4.1518 戈父甲
4.1519 戈父甲
4.1520 咸父甲
4.1521 丵父甲
4.1522 ◆父甲
4.1811 犬王祖甲
4.1817 亞鳥父甲
4.1998 亞弁覃父甲
4.1999 乍(作)父甲尊彝
4.2401 亞若癸受丁旅乙父甲
4.2432 用乍(作)文父甲寶尊彝
5.2695 用乍(作)父甲𩰫彝
5.2786 唯三月初吉甲戌
5.2805 初吉甲寅
5.2814 唯九月既望甲戌
5.2817 初吉甲戌
5.2824 王唯念𢦚辟剌(烈)考甲公/朕文考甲公、文母日庚弋休
5.2827 既死霸甲戌
5.2828 既死霸甲戌
5.2829 既死霸甲戌
5.2835 甲申之脣(辰)
5.2839 辰在甲申
6.2911 甲
6.3142 田父甲
6.3143 戈父甲
6.3144 凡父甲
6.3666 乍(作)母日甲尊彝
7.4014 穌(蘇)公子癸父甲乍(作)尊毁
7.4015 穌(蘇)公子癸父甲乍(作)尊毁
7.4033 唯王五月甲寅
7.4034 唯王五月甲寅
7.4044 五月初吉甲申
7.4074 唯七月初吉甲戌
7.4075 唯七月初吉甲戌
7.4112 初吉甲申
8.4121 唯正月甲申
8.4131 唯甲子朝
8.4206 唯五月既望甲子/用乍(作)朕考日甲寶
8.4215 辰在甲午
8.4251 正月既望甲午
8.4252 正月既望甲午
8.4274 初吉甲寅
8.4275 初吉甲寅
8.4277 初吉甲戌

8.4279 甲寅
8.4280 甲寅
8.4281 甲寅
8.4282 甲寅
8.4286 既生霸甲寅
8.4293 唯六年四月甲子
8.4316 既望甲戌
8.4331 唯王九年九月甲寅
8.4332 既死霸甲戌
8.4333 既死霸甲戌
8.4334 既死霸甲戌
8.4335 既死霸甲戌
8.4336 既死霸甲戌
8.4337 既死霸甲戌
8.4338 既死霸甲戌
8.4339 既死霸甲戌
8.4341 甲戌
8.4343 既生霸甲寅
9.4466 其邑兢、桝(槌)、甲三邑
10.4889 鳥祖甲
10.4902 鳥父甲
10.4903 甲父田
10.4904 𠮷父甲
10.4905 丰父甲
10.4906 敉父甲
10.4907 舟父甲
10.5049 亞簑(㾜)父甲
10.5050 陸册父甲
10.5305 史見乍(作)父甲尊彝
10.5308 㼰(瓮)乍(作)父甲寶尊彝
10.5343 参乍(作)甲考宗彝
10.5394 甲寅
10.5416 甲午
10.5423 唯四月初吉甲午
10.5424 唯正月甲午
10.5433 唯四月初吉甲午
11.5515 父甲
11.5720 幸旅父甲
11.5868 史見乍(作)父甲尊彝
11.5911 乙丁辛甲冎受
11.5929 瀘乍(作)母甲尊彝
11.5942 参乍(作)甲考宗彝
11.5949 丁乙受丁辛丁甲冎
11.5952 乍(作)父甲旅尊
11.5956 用乍(作)父甲寶尊彝
11.6004 甲午
11.6009 唯四月初吉甲午
11.6011 辰在甲申
11.6016 辰在甲申 / 甲申
11.6091 祖甲
11.6214 冉父甲
11.6215 𠀠父甲
11.6216 萬父甲
12.6372 篙分父甲
12.6502 乍(作)母甲尊彝
12.6818 甲戈
12.7072 羊祖甲
12.7164 甲母礿(衲)
12.7165 甲母礿(衲)
12.7221 卷父甲丁
12.7222 册俞父甲
12.7279 史見乍(作)父甲彝
13.7668 甲
13.7845 祖甲
13.7846 祖甲
13.7873 父甲
13.7874 父甲
13.7875 父甲
13.7876 父甲
13.7877 父甲
13.7878 父甲
13.7879 父甲
13.7999 示甲
13.8000 甲虫
13.8001 中甲
13.8002 甲拳
13.8136 甲婦
13.8294 祖甲
14.8368 田父甲
14.8369 串父甲
14.8370 串父甲
14.8371 車父甲
14.8372 陸父甲
14.8373 萬父甲
14.8374 父甲攴
14.8375 父甲攴
14.8787 戈孔甲宁
14.8849 毌倗(偁)父甲
14.8850 亞豖父甲
14.8851 父甲卩册
14.9094 用乍(作)父甲寶彝
14.9100 甲寅
15.9204 豙(豲)父甲
15.9205 田父甲
15.9266 羊父甲
15.9318 甲
15.9387 子令皿父甲
15.9453 既生霸甲申
15.9706 初吉甲戌
15.9731 既死霸甲戌
15.9732 既死霸甲戌
15.9773 責(賹)甲
15.9785 田父甲
15.9823 乃孫𠂤乍(作)祖甲罍(罍)
16.9901 辰在甲申 / 甲申
16.10024 父甲
16.10038 㠯父甲
15.10169 初吉甲寅
16.10170 唯廿年正月既望甲戌
16.10174 兮甲從王 / 王賜兮甲馬四匹、駒車 / 王令甲政𤔲(嗣)成周四方責(積)
16.10285 唯三月既死霸甲申
16.10581 唯八月甲申
17.10987 甲十三
17.11287 上郡〔守〕高、丞甲、徒𢓊
18.11874 甲
18.11875 甲
18.11876 甲
18.12108 甲兵之符 / 凡興士被(披)甲
18.12109 兵甲之符 / 凡興士被(披)甲

4527 乙

1.83 楚王酓(熊)章乍(作)曾侯乙宗彝
1.84 乍(作)曾侯乙宗彝
1.85 楚王酓(熊)章乍(作)曾侯乙宗彝

1.149 辰在乙亥
1.150 辰在乙亥
1.151 辰在乙亥
1.152 辰在乙亥
1.171 初吉乙巳
1.245 初吉乙亥
1.246 追孝于高祖辛公、文祖乙公、皇考丁公
2.286 曾侯乙乍(作)時(持)
2.287 曾侯乙乍(作)時(持)
2.288 曾侯乙乍(作)時(持)
2.289 曾侯乙乍(作)時(持)
2.290 曾侯乙乍(作)時(持)
2.291 曾侯乙乍(作)時(持)
2.292 曾侯乙乍(作)時(持)
2.293 曾侯乙乍(作)時(持)
2.294 曾侯乙乍(作)時(持)
2.295 曾侯乙乍(作)時(持)
2.296 曾侯乙乍(作)時(持)
2.297 曾侯乙乍(作)時(持)
2.298 曾侯乙乍(作)寺(持)
2.299 曾侯乙乍(作)寺(持)
2.300 曾侯乙乍(作)寺(持)
2.301 曾侯乙乍(作)時(持)
2.302 曾侯乙乍(作)寺(持)
2.303 曾侯乙乍(作)寺(持)
2.304 曾侯乙乍(作)寺(持)
2.305 曾侯乙乍(作)時(持)
2.306 曾侯乙乍(作)時(持)
2.307 曾侯乙乍(作)時(持)
2.308 曾侯乙乍(作)時(持)
2.309 曾侯乙乍(作)寺(持)
2.310 曾侯乙乍(作)時(持)
2.311 曾侯乙乍(作)時(持)
2.312 曾侯乙乍(作)時(持)
2.313 曾侯乙乍(作)時(持)
2.314 曾侯乙乍(作)寺(持)
2.315 曾侯乙乍(作)寺(持)
2.316 曾侯乙乍(作)時(持)
2.317 曾侯乙乍(作)時(持)
2.318 曾侯乙乍(作)時(持)
2.319 曾侯乙乍(作)寺(持)
2.320 曾侯乙乍(作)寺(持)
2.321 曾侯乙乍(作)時(持)
2.322 曾侯乙乍(作)時(持)
2.323 曾侯乙乍(作)時(持)
2.324 曾侯乙乍(作)時(持)
2.325 曾侯乙乍(作)時(持)
2.326 曾侯乙乍(作)時(持)
2.327 曾侯乙乍(作)時(持)
2.328 曾侯乙乍(作)時(持)
2.329 曾侯乙乍(作)寺(持)
2.330 曾侯乙乍(作)時(持)
2.408 乙正魚
2.409 乙正魚
2.410 乙正魚
2.428 余以乙(乚)郘
3.474 [illegible]父乙
3.475 弔父乙
3.476 鳥父乙
3.477 [illegible]父乙
3.497 竟乍(作)父乙
3.498 竟乍(作)父乙
3.505 亞[illegible]母乙
3.568 珥乍(作)父乙彝
3.577 曾侯乙許(作)時(持)甬(用)冬(終)
3.754 唯六月既生霸乙卯
3.755 唯六月既生霸乙卯
3.799 父乙
3.800 父乙
3.808 [illegible]父乙
3.809 [illegible](擠)父乙
3.810 冉父乙
3.811 冉父乙
3.812 乙父[illegible]
3.838 子父乙犬
3.839 宁戈乙父
3.866 子商亞絴乙
3.880 鼎乍(作)父乙尊彝
3.901 朿(刺)弜乍(作)父乙尊彝
3.903 亞又乍(作)父乙尊彝
3.930 㸚(榮)子旅乍(作)祖乙寶彝
3.949 用乍(作)父乙寶彝
3.974 曾侯乙許(作)時(持)甬(用)冬(終)
3.1251 祖乙
3.1252 祖乙
3.1281 母乙
3.1283 乙乍(作)
3.1284 乙[illegible](玉)
3.1285 西乙
3.1286 酋乙
3.1287 乙戎
3.1315 子乙
3.1385 乙冉
4.1523 㠱父乙
4.1524 㠱父乙
4.1525 㠱父乙
4.1526 㠱父乙
4.1527 㠱父乙
4.1528 [illegible](仉)父乙
4.1529 [illegible](仉)父乙

4.1530 光父乙
4.1531 光乙侁
4.1532 欠父乙
4.1533 妽(戎)父乙
4.1534 子父乙
4.1535 息父乙
4.1536 尧(嚳)父乙
4.1537 鬣父乙
4.1538 紷父乙
4.1539 葡(箙)父乙
4.1540 幸父乙
4.1541 丙父乙
4.1542 丙父乙
4.1543 㓁父乙
4.1544 冉父乙
4.1545 父乙冉
4.1546 父乙鼎
4.1547 父乙鼎
4.1548 夵父乙
4.1549 具父乙
4.1550 析父乙
4.1551 魚父乙
4.1552 魚父乙
4.1553 魚父乙
4.1554 黿父乙
4.1555 黿父乙
4.1556 黿父乙
4.1557 黿父乙
4.1558 黿父乙
4.1559 黿父乙
4.1560 爻父乙
4.1561 山父乙
4.1562 未父乙
4.1563 祺父乙
4.1564 乍(作)父乙
4.1699 鄉乙宁
4.1702 乙■車
4.1703 亞丁乙
4.1818 亞攸父乙
4.1819 亞醜父乙
4.1820 亞歐父乙
4.1821 敖(扶)册父乙
4.1822 天册父乙
4.1823 丰丞(蹬)父乙
4.1824 鄉宁父乙
4.1825 竚父乙
4.1826 子刀父乙
4.1827 子□父乙
4.1828 子鼎父乙
4.1829 廠父乙乙
4.1830 冉蜼父乙
4.1831 冉鼻(鵙)父乙
4.1832 㓁乍(作)父乙
4.1833 父乙爻𢽾(敢)
4.1834 父乙耳衡
4.1835 耳衡父乙
4.2000 馬羊侁父乙
4.2001 西單光父乙
4.2002 辰行采父乙
4.2003 父乙臣辰侁
4.2004 父乙臣辰侁
4.2005 臣辰侁父乙
4.2006 父乙臣辰侁
4.2007 乍(作)父乙尊彝
4.2008 乍(作)父乙寶鬻
4.2009 旁艮宁父乙
4.2114 般乍(作)父乙
4.2115 臣辰侁册父乙
4.2116 臣辰侁册父乙
4.2117 侖犬犬魚父乙
4.2244 朁乍(作)祖乙寶尊彝
4.2247 乍(作)父乙寶爗
4.2248 乍(作)父乙尊彝
4.2290 曾侯乙詐(作)時(持)甬(用)冬(終)
4.2291 曾侯乙詐(作)時(持)甬(用)冬(終)
4.2292 曾侯乙乍(作)時(持)甬(用)冬(終)
4.2293 曾侯乙詐(作)時(持)甬(用)冬(終)
4.2294 曾侯乙詐(作)時(持)甬(用)冬(終)
4.2295 曾侯乙詐(作)時(持)甬(用)冬(終)
4.2312 堇臨乍(作)父乙寶尊彝
4.2313 乍(作)父乙寶尊彝
4.2314 士乍(作)父乙尊彝
4.2315 亞豚乍(作)父乙寶尊鼎
4.2316 亳乍(作)父乙尊彝
4.2369 長子狗乍(作)文父乙尊彝
4.2376 乙公乍(作)尊貞(鼎)
4.2377 薛侯戚乍(作)父乙鼎彝
4.2400 亞若癸受丁旅乙沚自(師)
4.2401 亞若癸受丁旅乙父甲
4.2402 亞若癸受丁旅乙沚自(師)
4.2425 乙未
4.2433 乍(作)父乙彝
4.2434 乍(作)父乙彝
4.2473 厥日唯乙
4.2506 用乍(作)祖乙尊
4.2507 復用乍(作)父乙寶尊彝
4.2521 雍乍(作)母乙尊鼎
5.2595 用乍(作)父乙寶彝
5.2607 乙自乍(作)飤繁
5.2624 唯正月初吉乙亥
5.2625 乙未/彤日乙
5.2648 乙亥
5.2653 缶用乍(作)享大(太)子乙家祀尊/父乙
5.2670 辰在乙卯/旂用乍(作)文父日乙寶尊彝
5.2694 用乍(作)父乙齍
5.2701 十一年十一月乙巳朏
5.2709 乙亥
5.2710 用乍(作)父乙尊
5.2725 辰在乙亥
5.2726 辰在乙亥
5.2755 唯王九月既望乙巳
5.2763 我乍(作)禦䘏(恤)祖乙、妣乙、祖己、妣癸
5.2767 初吉乙丑
5.2785 鬻父乙尊
5.2789 唯九月既望乙丑/其用夙夜享孝于厥文祖乙公
5.2821 既生霸乙卯

5.2822 既生霸乙卯
5.2823 既生霸乙卯
5.2826 唯王九月乙亥
5.2838 六月既望乙亥
5.2839 雩若翌日乙酉
6.3049 祖乙
6.3052 父乙
6.3061 [illegible]乙
6.3062 乙戈
6.3063 乙魚
6.3086 乙冉
6.3145 冀父乙
6.3146 冀父乙
6.3147 冀父乙
6.3148 父乙冀
6.3149 [illegible]父乙
6.3150 咸父乙
6.3151 趨(趨)父乙
6.3152 [illegible]父乙
6.3153 雋父乙
6.3154 父乙冉
6.3155 黿父乙
6.3156 戈父乙
6.3157 葡(箙)父乙
6.3158 天父乙
6.3159 天父乙
6.3160 父乙亘
6.3161 魚父乙
6.3162 魚父乙
6.3163 交父乙
6.3164 交父乙
6.3165 侁父乙
6.3166 侁父乙
6.3167 父乙侁
6.3220 母乙冀
6.3232 㫃乙[illegible]
6.3297 亞攸父乙
6.3298 父乙亞矢
6.3299 獸亞父乙
6.3300 亞雋父乙
6.3301 亞殺父乙
6.3302 [illegible]嗥葡父乙
6.3303 [illegible](齊)册父乙
6.3304 允册父乙
6.3305 歔乍(作)父乙
6.3306 乍(作)父乙侁
6.3307 □乍(作)父乙
6.3418 庚獿馬父乙
6.3419 亞弁單父乙
6.3420 子眉[illegible]父乙
6.3421 秉毌册父乙
6.3422 臣辰侁父乙
6.3423 父乙臣辰侁
6.3424 父乙臣辰侁
6.3425 乍(作)父乙殷
6.3449 仲子日乙
6.3502 文父乙卯婦娸
6.3503 戈乍(作)父乙尊彝
6.3504 亞疑員侯父乙
6.3505 亞疑員乍(作)父乙
6.3506 臣辰侁册父乙
6.3507 用乍(作)父乙尊彝
6.3508 令乍(作)父乙尊彝
6.3509 乍(作)父乙寶殷
6.3510 乍(作)父乙寶殷
6.3511 乍(作)父乙寶殷
6.3540 伯乍(作)乙公尊殷
6.3566 [illegible]始乍(作)乙尊彝
6.3602 乍(作)父乙寶彝
6.3603 大禾乍(作)父乙尊彝
6.3620 嫘(媛)仲乍(作)乙伯寶殷
6.3636 曾侯乙詐(作)時(持)甬(用)冬(終)
6.3637 曾侯乙詐(作)時(持)甬(用)冬(終)
6.3638 曾侯乙詐(作)時(持)甬(用)冬(終)
6.3639 曾侯乙詐(作)時(持)甬(用)冬(終)
6.3640 曾侯乙詐(作)時(持)甬(用)冬(終)
6.3641 曾侯乙詐(作)時(持)甬(用)冬(終)
6.3642 曾侯乙詐(作)時(持)甬(用)冬(終)
6.3643 曾侯乙詐(作)時(持)甬(用)冬(終)
6.3646 史述乍(作)父乙寶殷
6.3647 堇臨乍(作)父乙寶尊彝
6.3648 堇臨乍(作)父乙寶尊彝
6.3664 乍(作)父乙寶尊彝
6.3702 彔乍(作)文考乙公寶尊殷
6.3711 乍(作)祖乙𪓐侯叔尊彝
6.3713 亞若癸受丁旅乙沚自(師)
7.3750 用乍(作)父乙尊彝
7.3826 耳侯戩乍(作)䵼□□匽辝乙□□癸
文考
7.3862 用乍(作)父乙寶尊彝
7.3863 彔乍(作)厥文考乙公寶尊殷
7.3867 洹秦乍(作)祖乙寶殷
7.3904 乙未
7.3912 用乍(作)季日乙
7.3913 用乍(作)季日乙
7.3917 是𩣡乍(作)朕文考乙公尊殷
7.3918 陵仲李乍(作)父日乙尊殷
7.3940 乙亥
7.3948 用乍(作)父乙寶彝
7.3990 用乍(作)父乙彝
7.3993 用興厥祖父日乙
7.3994 用興厥祖父日乙
7.4021 寧肇諆(其)乍(作)乙考尊殷
7.4022 寧肇諆(其)乍(作)乙考尊殷
7.4030 乙亥
7.4031 乙亥
7.4032 既死霸乙卯
7.4088 用乍(作)父乙寶彝
7.4089 唯三月既望乙亥
8.4134 用乍(作)父乙寶尊彝殷
8.4135 用乍(作)父乙

寶尊彝𣪘
8.4136 唯二月乙亥
8.4144 用乍(作)父乙寶彝/遘于妣戊武乙爽
8.4153 㝨乍(作)皇祖乙公、文公、武伯、皇考龏伯𤼈彝
8.4168 𤼈(蔣)兑乍(作)朕文祖乙公、皇考季氏尊𣪘
8.4178 唯正月初吉乙亥
8.4183 初吉乙丑
8.4201 用乍(作)乙公尊彝
8.4205 乍(作)朕文考光父乙
8.4207 用乍(作)文考父乙尊彝
8.4255 唯正月乙巳
8.4261 乙亥
8.4288 用乍(作)朕文考乙伯、宄姬尊𣪘
8.4289 用乍(作)朕文考乙伯、宄姬尊𣪘
8.4290 用乍(作)朕文考乙伯、宄姬尊𣪘
8.4291 用乍(作)朕文考乙伯、宄姬尊𣪘
8.4303 既生霸乙卯
8.4304 既生霸乙卯
8.4305 既生霸乙卯
8.4306 既生霸乙卯
8.4307 既生霸乙卯
8.4308 既生霸乙卯
8.4309 既生霸乙卯
8.4310 既生霸乙卯
8.4311 用乍(作)朕文考乙仲𤼈𣪘
8.4321 用乍(作)文祖乙伯、同姬尊𣪘
8.4322 唯六月初吉乙酉
8.4342 用乍(作)朕剌(烈)祖乙伯、同益姬寶𣪘
9.4414 改乍(作)朕文考乙公旅盨
9.4495 曾侯乙詐(作)時(持)甬(用)冬(終)
9.4496 曾侯乙詐(作)時(持)甬(用)冬(終)
9.4550 乙
9.4589 有殷天乙唐(湯)孫宋公䜌(欒)
9.4590 有殷天乙唐(湯)孫宋公䜌(欒)
9.4614 唯正□月初吉乙亥
9.4626 唯三月既生霸乙卯
9.4644 唯正月吉日乙丑
9.4670 曾侯乙詐(作)右(持)甬(用)冬(終)
9.4671 曾侯乙詐(作)時(持)甬(用)冬(終)
10.4822 父乙
10.4823 冉乙
10.4890 㭉祖乙
10.4908 天父乙
10.4909 天父乙
10.4910 何父乙
10.4911 趨(𨓏)父乙
10.4912 朿(刺)父乙
10.4913 册父乙
10.4914 魚父乙
10.4915 魚父乙
10.4916 魚父乙
10.4917 父乙魚
10.4918 卷父乙
10.4919 高子父乙
10.4920 〓父乙
10.4921 〓父乙
10.4922 黿父乙
10.4923 黿父乙
10.4924 黿父乙
10.4925 〓(亞)父乙
10.4926 冀父乙
10.4927 光父乙
10.4928 鼂(鵬)父乙
10.4929 史父乙
10.4930 〓(皮)父乙
10.4931 敄父乙
10.4932 〓父乙
10.4933 亞父乙
10.4934 〓父乙
10.4935 㡣(庚)父乙
10.4999 魚母乙
10.5047 〓(戉)葡祖乙
10.5051 父乙𢖍(衛)典
10.5052 陸册父乙
10.5053 亞覃父乙
10.5054 亞俞父乙
10.5055 亞厷(肱)父乙
10.5056 田告父乙
10.5057 子〓(䊷)父乙
10.5058 耶〓父乙
10.5059 ㄐ册父乙
10.5060 ㄐ册父乙
10.5061 幸旅父乙
10.5147 亞䒌柜父乙
10.5148 冀乍(作)父乙彝
10.5149 臣辰侁父乙
10.5150 臣辰侁父乙
10.5151 臣辰侁父乙
10.5152 臣辰侁父乙
10.5153 臣辰侁父乙
10.5154 競乍(作)父乙旅
10.5199 亞弁祖乙、父己
10.5202 齊乍(作)父乙尊彝
10.5203 亞𡨦趩宔(鑄)父乙
10.5204 乍(作)父乙寶彝
10.5205 𣪕采乍(作)父乙彝
10.5206 亞矢望ㄐ父乙(15.9565)
10.5207 〓乍(作)父乙寶彝
10.5260 遣乍(作)祖乙寶尊彝
10.5261 𨕖乍(作)祖乙寶尊彝
10.5262 㓝乍(作)祖乙寶尊彝
10.5267 羊乍(作)父乙寶尊彝
10.5268 小臣乍(作)父乙寶彝
10.5269 乍(作)父乙寶尊彝
10.5270 𧴪(布)乍(作)父乙尊彝
10.5321 交乍(作)祖乙寶尊彝
10.5328 對乍(作)父乙寶尊彝
10.5329 𣌭乍(作)父乙旅尊彝

10.5336 逑乍(作)兄日乙寶尊彝
10.5345 㚔(僉)萛高乍(作)父乙寶尊彝
10.5347 亞啟父乙/鳥父乙母告田
10.5352 用乍(作)父乙彝
10.5367 用乍(作)母乙彝
10.5377 乙亥
10.5378 用乍(作)祖乙尊
10.5379 用乍(作)祖乙尊
10.5384 用乍(作)父乙寶尊彝
10.5385 用乍(作)父乙寶尊彝
10.5386 用乍(作)父乙寶尊彝
10.5391 乙亥
10.5400 用乍(作)父乙寶尊彝
10.5403 唯六月既生霸乙卯
10.5406 唯九月既生霸乙亥
10.5411 用乍(作)文考日乙寶尊彝
10.5412 大乙爽
10.5413 乙巳/王曰:尊文武帝乙/遣乙
10.5414 乙亥
10.5415 乙卯
10.5417 乙巳
10.5419 用乍(作)文考乙公寶尊彝
10.5420 用乍(作)文考乙公寶尊彝
10.5425 用乍(作)父乙寶尊彝
10.5432 在二月既望乙亥
11.5516 父乙
11.5517 父乙
11.5518 乙父
11.5519 父乙
11.5520 父乙
11.5521 父乙
11.5545 匿乙
11.5546 乙冉
11.5596 己祖乙
11.5597 己祖乙
11.5598 奄祖乙
11.5614 山父乙
11.5615 櫜乙父
11.5616 舌父乙
11.5617 [illegible]父乙
11.5618 父乙㠱
11.5619 甫父乙
11.5620 冉父乙
11.5621 父乙凡
11.5622 凡父乙
11.5623 奄父乙
11.5624 戈父乙
11.5625 幸乙父
11.5626 休父乙
11.5721 侁㴗(府)父乙
11.5722 侁㴗(府)父乙
11.5723 乍(作)父乙
11.5724 [illegible]册父乙
11.5725 子翌父乙
11.5726 子父乙步
11.5727 亞離父乙
11.5728 亞醜父乙
11.5729 馬豢(豩)父乙
11.5730 亞攸(啟)父乙
11.5731 𡚬(戎)鼎父乙
11.5732 乍(作)父乙旅
11.5795 臣辰侁父乙
11.5796 競乍(作)父乙旅
11.5797 季甫(父)父乙[illegible](㑖)
11.5822 乍(作)祖乙寶尊彝
11.5823 陵乍(作)父乙旅彝
11.5824 乍(作)父乙寶彝
11.5825 衍耳乍(作)父乙彝
11.5869 辟東乍(作)父乙尊彝
11.5870 小臣乍(作)父乙寶彝
11.5871 禾伯乍(作)父乙寶尊
11.5891 魁乍(作)祖乙寶彝
11.5894 乍(作)父乙尊彝
11.5895 𠂤乍(作)父乙寶尊彝
11.5896 令 哮 (咾) 乍(作)父乙寶尊彝
11.5897 史伏乍(作)父乙寶旅彝
11.5909 仲子乍(作)日乙尊彝
11.5911 乙丁辛甲[illegible]受
11.5918 對乍(作)父乙寶尊彝
11.5919 對乍(作)父乙寶尊彝
11.5920 單乍(作)父乙旅尊彝
11.5934 逑乍(作)兄日乙寶尊彝
11.5937 亞旅止乙受若癸自(師)
11.5938 亞受旅乙沚若癸自(師)乙
11.5944 𤦴(班)乍(作)父乙寶尊彝
11.5945 㚔(扶)者君乍(作)父乙寶尊彝
11.5949 丁乙受丁辛丁甲[illegible]
11.5957 用乍(作)父乙旅尊彝
11.5964 㲋乍(作)父乙宗寶尊彝
11.5971 乙亥
11.5972 □□乍(作)其爲乙考宗彝
11.5973 乙卯/用乍(作)父乙尊彝
11.5975 用乍(作)父乙寶尊彝
11.5978 用乍(作)父乙寶尊彝
11.5984 能匋用乍(作)文父日乙寶尊彝
11.5986 用乍(作)父乙寶尊彝
11.5987 唯四月乙卯
11.5991 用乍(作)父乙寶尊彝
11.5996 唯六月既生霸乙卯
11.6000 乙巳
11.6002 用乍(作)父乙尊
11.6003 乙卯

11.6008 用乍(作)父乙寶旅彝
11.6016 乙酉
11.6097 父乙
11.6098 乙父
11.6099 父乙
11.6100 父乙
11.6101 父乙
11.6200 史祖乙
11.6201 祖乙丯(封)
11.6210 子祖乙
11.6217 大父乙
11.6218 冀父乙
11.6219 冀父乙
11.6220 冀父乙
11.6221 妕(戎)父乙
11.6222 婌父乙
11.6223 我父乙
11.6224 戉父乙
11.6225 幸父乙
11.6226 牧父乙
11.6227 丯(㓞、潔)父乙
11.6228 𠂤父乙
11.6229 受父乙
11.6230 酨(酟)父乙
11.6231 𢍰父乙
11.6232 亞父乙
11.6233 凡父乙
11.6234 凡父乙
11.6235 凡父乙
11.6236 父乙卣(鈴)
11.6237 𠙵父乙
11.6238 𠙵父乙
11.6239 辰父乙
11.6240 豖(嫁)父乙
11.6241 父乙遽
11.6242 父乙朿(刺)
11.6243 魚父乙
11.6244 黿父乙
11.6245 黿父乙
11.6246 父乙寶
11.6247 父乙飤
12.6367 唐子祖乙
12.6373 子廡父乙
12.6374 熇(燷)大父乙
12.6375 亞大父乙
12.6376 亞大父乙
12.6377 亞疑父乙
12.6378 亞䖵(虹)父乙
12.6379 亞俞父乙
12.6380 𢊁(庚)册父乙
12.6381 𢊁(庚)獿父乙
12.6382 鄉宁父乙
12.6383 蛙冉父乙
12.6384 西單父乙
12.6385 聑日父乙
12.6386 葡戊父乙
12.6387 ‖(二)又父乙
12.6440 亞疑叡(摶)父乙
12.6441 高乍(作)父乙彝
12.6442 冋(坰)逋乍(作)父乙
12.6450 米小集母乙
12.6465 亞聿萬豕父乙
12.6466 尚乍(作)父乙彝
12.6467 丰(丯)乍(作)父乙尊彝
12.6468 小臣乍(作)父乙寶彝
12.6469 膺(應)事乍(作)父乙寶
12.6492 凡乍(作)父乙尊彝
12.6508 用乍(作)父乙寶尊彝
12.6509 乙丑
12.6510 乙丑
12.6514 用乍(作)父乙寶尊彝
12.6516 唯三月初吉乙卯
12.6810 父乙
12.6811 父乙
12.6819 丯(封)乙
12.6820 丯(玉)乙
12.6821 乙正
12.6822 乙正
12.6823 乙参
12.6824 乙息
12.6825 戈乙
12.6826 乙戈
12.6827 乙冉
12.6828 冉乙
12.6829 乙亇(宔)
12.7073 黽祖乙
12.7074 家祖乙
12.7075 乙祖匠
12.7086 得父乙
12.7087 敄父乙
12.7088 鳥父乙
12.7089 𢆶(係)父乙
12.7090 卣(鈴)父乙
12.7091 父乙豕(豨)
12.7092 冀父乙
12.7093 冀父乙
12.7094 冀父乙
12.7095 黿父乙
12.7096 黿父乙
12.7097 亞(?)父乙
12.7098 凡父乙
12.7099 父乙孟
12.7100 冉父乙
12.7101 乍(作)父乙
12.7160 蚰羊乙
12.7166 魚母乙
12.7183 亞𢀛乙
12.7210 羊侁父乙
12.7211 祖丁、父乙
12.7212 祖丁、父乙
12.7223 父乙妕(戎)虎
12.7224 册𠭁(退)父乙
12.7225 幸旅父乙
12.7226 丩册父乙
12.7227 𢊁(庚)册父乙
12.7253 乙亳戈册
12.7261 兆祖乙乍(作)彝
12.7262 亳戈册父乙
12.7263 𢊁(庚)獿父乙馬
12.7264 亞父乙微莫
12.7265 丩册乍(作)父乙
12.7267 臣辰侁父乙
12.7268 臣辰侁父乙
12.7290 亞乍(作)父乙寶尊彝
12.7291 亞乍(作)父乙寶尊彝
12.7292 卿乍(作)父乙寶尊彝
12.7304 妏乍(作)乙公寶彝
12.7308 亞若癸乙自(師)受丁沚旅
12.7309 亞若癸乙自(師)受丁沚旅
12.7310 用乍(作)父乙尊彝
12.7311 用乍(作)父乙彝
12.7312 用〔作〕辟日乙

尊彝
13.7847 祖乙
13.7848 祖乙
13.7849 祖乙
13.7850 祖乙
13.7851 祖乙
13.7880 父乙
13.7881 父乙
13.7882 父乙
13.7883 父乙
13.7884 父乙
13.7885 父乙
13.7886 父乙
13.7887 父乙
13.7888 父乙
13.7889 父乙
13.7890 父乙
13.7891 父乙
13.7892 父乙
13.7893 父乙
13.7894 父乙
13.7895 父乙
13.7896 父乙
13.7897 父乙
13.7898 父乙
13.7899 父乙
13.7900 父乙
13.8003 癸乙
13.8004 何乙
13.8005 [illegible]乙
13.8006 [illegible]乙
13.8007 乙冉
13.8008 乙冉
13.8009 冉乙
13.8010 冉乙
13.8011 [illegible]乙
13.8012 [illegible]乙
13.8013 朿(刺)乙
13.8014 戈乙
13.8028 丁乙
14.8311 卷祖乙
14.8312 兂(簪)祖乙
14.8313 冉祖乙
14.8314 冉祖乙
14.8315 豖祖乙
14.8316 [illegible]祖乙
14.8317 [illegible]祖乙
14.8318 [illegible]祖乙
14.8376 天父乙
14.8377 妕(戎)父乙
14.8378 令父乙
14.8379 冀父乙
14.8380 冀父乙
14.8381 父乙冀
14.8382 父乙冀
14.8383 子父乙
14.8384 侁父乙
14.8385 父乙侁
14.8386 侁父乙
14.8387 父乙侁
14.8388 父乙侁
14.8389 兂(簪)父乙
14.8390 舀父乙
14.8391 [illegible]父乙
14.8392 [illegible]父乙
14.8393 子父乙
14.8394 臤父乙
14.8395 黿父乙
14.8396 黿父乙
14.8397 蔍父乙
14.8398 [illegible]父乙
14.8399 雋父乙
14.8400 魚父乙
14.8401 魚父乙
14.8402 魚父乙
14.8403 魚父乙
14.8404 亞父乙
14.8405 亞父乙
14.8406 亞父乙
14.8407 戈父乙
14.8408 父乙戈
14.8409 戈父乙
14.8410 戈父乙
14.8411 戈父乙
14.8412 廌父乙
14.8413 雋父乙
14.8414 中父乙
14.8415 酉父乙
14.8416 弜父乙
14.8417 [illegible]父乙
14.8418 [illegible]父乙
14.8419 鼎父乙
14.8420 鼎父乙
14.8421 父乙鼎
14.8422 父乙鼎
14.8423 丩冊父乙
14.8424 束父乙
14.8425 冉父乙
14.8426 冉父乙
14.8427 冉父乙
14.8428 冉父乙
14.8429 耒父乙
14.8430 舟父乙
14.8431 乍(作)父乙
14.8432 乍(作)父乙
14.8433 □父乙
14.8434 廟父乙
14.8435 父乙□
14.8590 乙父庚
14.8734 戈母乙
14.8735 剢妣乙
14.8736 竝妣乙
14.8779 亞乙羌
14.8789 蚰羊乙
14.8825 乍(作)乙公
14.8834 唐子祖乙
14.8835 唐子祖乙
14.8836 唐子祖乙
14.8837 [illegible]丁祖乙
14.8852 亞僕父乙
14.8853 亞䏞(犀)父乙
14.8854 亞盤父乙
14.8855 [illegible](敢)亞父乙
14.8856 [illegible](敢)亞父乙
14.8857 [illegible](敢)父乙爻
14.8858 亞聿父乙
14.8859 亞戈父乙
14.8860 亞勺父乙
14.8861 子翌父乙
14.8862 乎子父乙
14.8863 乎子父乙
14.8864 大棘(曹)父乙
14.8865 廌獿父乙
14.8866 犬山父乙
14.8867 楠犬父乙
14.8868 [illegible]萬父乙
14.8869 辰侁父乙
14.8870 攸父乙
14.8871 秉冊父乙
14.8872 冊㑥(偁)父乙
14.8873 冉吺(扣)父乙
14.8874 父乙陸冊
14.8875 廌冊父乙
14.8876 旟乍(作)父乙
14.8877 懱乍(作)父乙
14.8878 馬乍(作)父乙
14.8879 □乍(作)父乙
14.8880 卿乍(作)父乙
14.8881 乍(作)父乙彝
14.8987 子[illegible]乙辛(酉)
14.8992 [illegible](㠯、良)乍(作)祖乙彝
14.8993 [illegible]祖丁、父乙
14.8994 父乙臣辰侁
14.8995 父乙臣辰侁
14.8996 父乙臣辰侁

14.8997 父乙臣辰侁
14.8998 臣乍(作)父乙寶
14.8999 臣乍(作)父乙寶
14.9000 疑亞乍(作)父乙
14.9001 疑亞乍(作)父乙
14.9002 大亞乍(作)父乙
14.9003 執乍(作)父乙冉
14.9004 乍(作)父乙尊彝
14.9043 剌乍(作)祖乙寶彝
14.9044 剌乍(作)祖乙寶彝
14.9048 膺(應)史乍(作)父乙寶
14.9049 子册翌夵父乙
14.9050 黿父乙
14.9051 黿父乙
14.9064 乍(作)祖乙
14.9067 牆乍(作)父乙寶尊彝
14.9068 牆乍(作)父乙寶尊彝
14.9069 乍(作)父乙旅尊彝
14.9088 乍(作)文父乙彝
14.9097 舟鑰(角)煒乍(作)厥祖乙寶宗彝
14.9098 乙未
15.9167 父乙
15.9185 龠乙
15.9186 乙魚
15.9206 𣎵父乙
15.9207 冉父乙
15.9208 冉父乙
15.9209 黿父乙
15.9210 山父乙
15.9211 乍(作)父乙
15.9248 乍(作)父乙寶尊彝
15.9267 黿父乙
15.9268 𡗜父乙
15.9269 父乙㠱
15.9270 父乙㠱
15.9271 山父乙
15.9272 豕(豩)父乙
15.9273 光父乙
15.9293 旛乍(作)父乙寶尊彝
15.9296 𤤺(班)乍(作)父乙寶尊彝
15.9303 用乍(作)父乙尊
15.9329 乙冉
15.9338 子父乙
15.9339 子父乙
15.9340 子父乙
15.9341 子父乙
15.9342 黿父乙
15.9343 尧(誓)父乙
15.9344 乙父畀
15.9345 㓁父乙
15.9346 丩毌父乙
15.9347 父乙𠙽
15.9348 父乙飤
15.9370 𣐈參父乙
15.9371 亞盉父乙
15.9372 父乙吳
15.9388 宁未父乙册
15.9402 卿乍(作)父乙尊彝
15.9421 汱乍(作)父乙尊彝
15.9422 汱乍(作)父乙尊彝
15.9439 乍(作)父乙寶尊彝
15.9500 子父乙
15.9501 趄(趙)父乙
15.9522 宁戈父乙
15.9523 宁戈父乙
15.9565 亞矢望丩父乙(10.5206)
15.9566 汱乍(作)父乙尊彝
15.9581 曾侯乙乍(作)時(持)用冬(終)
15.9582 曾侯乙詐(作)時(持)甬(用)冬(終)
15.9612 大乍(作)父乙寶彝
15.9725 七月既生雨(霸)乙未
15.9786 父乙卂
15.9795 毌倗(傰)父乙
15.9796 馬豕(豩)父乙
15.9815 乍(作)父乙寶彝尊雷(罍)
15.9816 陵乍(作)父日乙寶雷(罍)
16.9866 𡗞(昊)父乙
16.9871 聑𠂤父乙
16.9874 乙冉
16.9886 亞若癸乙自(師)受丁旅祉
16.9887 亞若癸乙自(師)受丁旅祉
16.9893 在八月乙亥
16.9895 用乍(作)父乙尊
16.9896 唯朕文考乙公永啟余魯 / 用乍(作)朕文考乙公寶尊彝
16.9901 乙酉
16.9927 曾侯乙詐(作)時(持)甬(用)冬(終)
16.9928 曾侯乙詐(作)時(持)甬(用)冬(終)
16.9929 曾侯乙詐(作)時(持)甬(用)冬(終)
16.9930 曾侯乙詐(作)時(持)甬(用)冬(終)
16.9966 黄子乍(作)黄甫(夫)人孟乙行器
16.9998 曾侯乙詐(作)時(持)甬(用)冬(終)
16.9999 曾侯乙詐(作)時(持)甬(用)冬(終)
16.10000 曾侯乙詐(作)時(持)甬(用)冬(終)
16.10039 倗父乙
16.10040 黿父乙
16.10077 曾侯乙詐(作)時(持)用冬(終)
16.10084 北子宋乍(作)文父乙寶尊彝
16.10153 十月乙酉
16.10168 唯正月既生霸乙未 / 用乍(作)祖乙尊
16.10175 叀(惟)乙祖逨(弼)匹厥辟 / 𣪕(㝬、胡)屖(遲)文考乙公遽(競)趬(爽)
16.10176 辰在乙卯
16.10191 乍(作)父乙寶尊彝
16.10197 曾侯乙詐

(作)旹(持)甬(用)冬(終)
16.10198 曾侯乙乍(作)旹(持)甬(用)冬(終)
16.10281 初吉乙巳
16.10292 曾侯乙詐(作)旹(持)甬(用)冬(終)
16.10322 永用乍(作)朕文考乙伯尊盂
16.10348 曾侯乙乍(作)旹(持)
16.10372 冬十二月乙酉
16.10387 曾侯乙詐(作)旹(持)甬(用)冬(終)
16.10398 曾侯乙詐(作)旹(持)甬(用)冬(終)
16.10399 曾侯乙詐(作)旹(持)甬(用)冬(終)
16.10439 曾侯乙詐(作)旹(持)甬(用)冬(終)
16.10455 曾侯乙詐(作)旹(持)甬(用)冬(終)
16.10476 亞辛弁乙覃
16.10509 乙戈
16.10516 黿父乙
16.10517 壴(鼓)父乙
16.10532 ▇享父乙
16.10533 弔妶父乙
16.10534 戠乍(作)父乙
16.10554 衍耳乍(作)父乙彝
16.10555 子乍(作)父乙寶彝
16.10568 山乍(作)父乙尊彝
17.11114 亞旅乙止(沚)
17.11115 祖乙、祖己、祖丁
17.11167 曾侯乙之寢戈
17.11168 曾侯乙之走戈
17.11169 曾侯乙之用戈
17.11170 曾侯乙之用戈
17.11171 曾侯乙之走戈
17.11172 曾侯乙之用戟(戟)
17.11173 曾侯乙之用戟(戟)
17.11300 褢庫□工師乙□、〔冶〕□明
17.11392 大兄日乙、兄日戊、兄日壬、兄日癸、兄日癸、兄日丙
17.11401 大祖日己、祖日丁、祖日乙、祖日庚、祖日丁、祖日己、祖日己
17.11403 祖日乙、大父日癸、大父日癸、仲父日癸、父日癸、父日辛、父日己
18.11672 坓(型、邢)疫命(令)邦乙、下庫工師孫所、長缶、冶浊齋(劑)
18.11756 咢(謍)父乙
18.12110 乙亥之日
18.12111 乙亥之日
18.12112 乙亥之日
18.12113 乙亥之日

4528 尤

8.4205 亡尤
11.6015 告亡尤

4529 孔

1.153 元鳴孔煌(煌)
1.154 元鳴孔煌(煌)
1.171 龠龠孔協
1.182 元鳴孔皇(煌)
1.203 元鳴孔皇(煌)/孔嘉元成
1.261 元鳴孔煌
1.270 其音鍺鍺雍雍孔煌
4.2021 孔乍(作)父癸旅
5.2757 孔哫□□
5.2830 用乃孔德琢(遜)屯(純)
9.4623 曰:余諸龏(恭)孔惠
9.4624 曰:余諸龏(恭)孔惠
9.4628 其金孔吉
9.4631 元武孔黹
9.4632 元武孔黹
15.9703 大嬰(將)釴孔、陳璋內(入)伐匽(燕)亳邦之獲
16.9975 齊嬰(將)釴(鍋)孔、陳璋內(入)伐匽(燕)亳邦之獲
16.10173 王孔加(嘉)子白義/孔覭(景)又(有)光
16.10352 史孔乍(作)和
17.11290 子孔擇厥吉金
17.11309 孔臧元武

4530 丙

3.478 重父丙
3.948 唯六月既死霸丙寅
4.1565 犬父丙
4.1566 冉父丙
4.1567 父丙𠃬
4.1568 弔父丙
4.1569 龜父丙
4.1836 宁羊父丙
4.1837 亞醜父丙
4.1997 木祖辛父丙
4.2118 疋彈𡨦乍(作)父丙
4.2119 乍(作)父丙寶尊彝
4.2260 乍(作)母丙尊彝
5.2674 丙午
5.2708 丙午
5.2775 小臣麦賜貝、賜馬丙(兩)
5.2780 初吉丙午
5.2816 辰在丙午
6.3168 木父丙
6.3426 弔龜乍(作)父丙
6.3427 弔龜乍(作)父丙
7.4028 唯六月初吉丙

申
8.4152 唯五年正月丙午
8.4166 用乍(作)文考父丙𩰫彝
8.4197 唯元年三月丙寅
10.4824 冉丙
10.4936 析父丙
10.4937 牧父丙
10.5208 弓天(?)兼未父丙
10.5356 乍(作)父丙寶尊彝
10.5367 丙寅
10.5408 唯四月初吉丙寅
10.5412 丙辰/遘于妣丙
10.5413 丙午
10.5431 高對乍(作)父丙寶尊彝
11.5522 父丙
11.5599 爵祖丙
11.5798 戈乍(作)父丙彝
11.5998 丙日唯毋入于公
11.6014 在四月丙戌
11.6092 祖丙
11.6102 父丙
11.6202 亼祖丙
11.6203 文祖丙
11.6248 子父丙
11.6249 父丙重
11.6250 丙父丙
11.6251 戈父丙
11.6252 戈父丙
11.6253 乍(作)父丙
12.6388 尹舟父丙
12.6389 冉蛙父丙
12.6470 丿乍(作)父丙尊彝
12.6812 父丙
12.7076 㚸(戎)祖丙
12.7102 史父丙
12.7103 子父丙
12.7104 敄父丙
13.7825 亞丙
13.7901 父丙
13.8015 冉丙
13.8016 牧丙
14.8319 冋祖丙
14.8320 亢祖丙
14.8321 冉祖丙
14.8436 畀父丙
14.8437 魚父丙
14.8438 重父丙
14.8439 鼎父丙
14.8440 珥父丙
14.8737 妣丙丨
14.8882 亞𩰫父丙
14.8883 父丙𢊁册
14.8884 西單父丙
14.8885 𩰫乍(作)父丙
14.8886 𩰫乍(作)父丙
14.8977 母丙遂䢅
14.9102 丙申
15.9301 丙寅
15.9584 鬼乍(作)父丙寶壺
15.9614 丙
16.9958 亞車丙邑
16.10373 以命攻(工)尹穆丙、攻(工)差(佐)競之、集尹陳夏、少集尹龏賜、少攻(工)差(佐)孝癸
16.10374 褆月丙午
16.10564 伯丙乍(作)寶尊彝
17.11392 大兄日乙、兄日戊、兄日壬、兄日癸、兄日癸、兄日丙
18.12103 □□八丙

4531 丙、丙

3.482 丙父己
3.769 丙
3.770 丙
3.771 丙
3.808 丙父乙
3.832 丙
3.1158 丙
3.1159 丙
3.1160 丙
3.1161 丙
3.1162 丙
4.1541 丙父乙
4.1542 丙父乙
4.1543 丙父乙
4.1576 父丁丙
4.1607 丙父己
4.1608 丙父己
4.1609 丙父己
4.1610 丙父己
4.1611 丙父己
4.1646 丙父辛
4.1647 丙父辛
4.1673 丙父癸
4.1832 丙乍(作)父乙
4.1886 丙乍(作)父辛
5.2659 丙
5.2709 丙
6.2994 丙
6.2995 丙
6.2996 丙
6.2997 丙
6.2998 丙
6.2999 丙
6.3000 丙
6.3069 辛丙
6.3135 丙祖丁
6.3199 丙父辛
6.3217 丙父癸
10.4712 丙
10.4713 丙
10.4714 丙
10.4715 丙
10.4716 丙
10.4717 丙
10.4718 丙
10.4719 丙
10.4720 丙
10.4828 丁丙
10.4899 祖癸丙
10.4904 丙父甲
10.4920 丙父乙
10.4965 丙父己
10.4966 丙父己
10.4973 丙父辛
10.4974 丙父辛
10.5166 丙木父辛册
10.5396 丙
10.5397 丙
11.5483 丙
11.5484 丙
11.5485 丙
11.5486 丙
11.5487 丙
11.5611 丙祖癸
11.5641 丙父戊
11.5658 丙父辛
11.5673 丙父癸
11.5674 丙父癸
11.6073 丙

11.6074 □
11.6075 □
11.6076 □
11.6250 □父丙
11.6306 父辛□
11.6307 □父辛
12.6447 □
12.6763 □
12.6764 □
12.7110 □父丁
12.7127 □父己
12.7128 □父己
13.7655 □
13.7656 □
13.7657 □
13.7658 □
13.7659 □
13.7660 □
13.7661 □
13.7662 □
13.7663 □
13.7664 □
13.7665 □
13.7666 □
13.7667 □
13.7826 亞□
13.8005 □乙
13.8006 □乙
13.8041 己□
13.8144 □天
13.8245 □矢
14.8353 □祖辛
14.8366 □祖癸
14.8479 □父丁
14.8572 □父己
14.8573 □父己
14.8574 □父己
14.8649 □父辛
14.8650 □辛父
14.8651 □父辛
14.8652 □父辛
14.8653 □父辛
14.8717 □父癸
14.8738 □母己
14.8838 □乍(作)祖丁
14.8993 □祖丁、父乙
15.9263 □己
15.9345 □父乙
15.9505 □父辛
15.9757 □
16.10015 □
16.10524 □父癸
18.11426 □

4532 □

17.10767 □

4533 □(鈴)

10.4875 □仌(冰)

4534 □、□

13.7720 □
13.7721 □

4535 □

16.10034 □(五□)

4536 □、□(鐸)

13.8001 □甲

4537 □(鐸)

14.8707 □父癸

4538 □

6.3039 □

4539 □、□、□、□(鈴)

3.477 □父乙
3.1153 □(鈴)
4.1522 □父甲
10.4953 □(鈴)父己
11.6236 父乙□(鈴)
12.6762 □(鈴)
12.7090 □(鈴)父乙
13.7697 □(鈴)
13.7698 □(鈴)
14.8503 □(鈴)父丁
14.8718 □(鈴)父癸
15.9471 □(鈴)

4540 □(鈴)

12.6791 □

4541 丁

1.53 初吉丁亥
1.72 唯正月初吉丁亥
1.88 唯正月初吉丁亥
1.89 唯正月初吉丁亥
1.93 初吉丁亥
1.94 初吉丁亥
1.95 初吉丁亥
1.96 初吉丁亥
1.97 初吉丁亥
1.98 初吉丁亥
1.99 初吉丁亥
1.100 初吉丁亥
1.101 初吉丁亥
1.113 初吉丁亥
1.114 初吉丁亥
1.115 初吉丁亥
1.116 初吉丁亥
1.117 初吉丁亥
1.118-9 初吉丁亥
1.140 辰在丁亥
1.142 唯正月初吉丁亥
1.144 吉日丁亥
1.153 唯正月初吉丁亥
1.154 唯正月初吉丁亥
1.183 初吉丁亥
1.185 初吉丁亥
1.193 唯正月初吉丁亥
1.194 唯正月初吉丁亥
1.195 唯正月初吉丁亥
1.196 唯正月初吉丁亥
1.197 唯正月初吉丁亥
1.198 唯正月初吉丁亥
1.199 唯正月初吉丁亥
1.200 唯正月初吉丁亥
1.201 唯正月初吉丁亥
1.202 唯正月初吉丁亥
1.203 唯正月初吉丁亥
1.225 初吉丁亥
1.226 初吉丁亥
1.227 初吉丁亥
1.228 初吉丁亥
1.229 初吉丁亥
1.230 初吉丁亥
1.231 初吉丁亥
1.232 初吉丁亥
1.233 初吉丁亥
1.234 初吉丁亥
1.235 初吉丁亥
1.236 初吉丁亥
1.237 初吉丁亥
1.246 追孝于高祖辛公、文祖乙公、皇考丁公
1.261 唯正月初吉丁亥
1.271 初吉丁亥
2.421 唯正初吉丁亥
2.422 唯正初吉丁亥
2.424 初吉丁亥
3.458 父丁
3.479 㠱父丁
3.480 弔父丁

3.499 𠂤丏父丁
3.500 冉蛙父丁
3.501 □糸父丁
3.539 亞从父丁鴅
3.543 敬乍(作)父丁尊齋
3.614 叔鼏乍(作)己(紀)伯父丁寶尊彝
3.731 唯五月初吉丁酉
3.741 用乍(作)父丁彝
3.798 祖丁
3.806 祖丁幸旅
3.813 □父丁
3.840 亞盉父丁
3.841 丏亞父丁
3.842 亞衆(爨)父丁
3.869 伯丁乍(作)寶彝
3.916 □夫乍(作)祖丁寶尊彝
3.946 唯正月初吉丁亥
3.947 唯九月初吉丁亥
3.986 丁
3.1255 父丁
3.1256 父丁
3.1288 丁爿
3.1289 丁𩫏
3.1290 弔丁
3.1386 丁冉
4.1510 倗祖丁
4.1570 𡨦父丁
4.1571 𡨦父丁
4.1572 𡨦父丁
4.1573 父丁𡨦
4.1574 冉父丁
4.1575 冉父丁
4.1576 父丁□
4.1577 𠂤父丁
4.1578 𠂤父丁
4.1579 𠂤父丁
4.1580 𠂤父丁
4.1581 □父丁
4.1582 彖(貗)父丁
4.1583 黽父丁
4.1584 黽父丁
4.1585 魚父丁
4.1586 鵃(鵬)父丁
4.1587 弔父丁
4.1588 弔父丁
4.1589 弔父丁
4.1590 大父丁
4.1591 何父丁
4.1592 倗父丁
4.1593 襄父丁
4.1594 䡞(衛)父丁
4.1595 此父丁
4.1596 子父丁
4.1597 句父丁
4.1598 息父丁
4.1599 戈父丁
4.1600 𦥑(玃)父丁
4.1703 亞丁乙
4.1704 甫母丁
4.1758 亞㐬丁
4.1765 丁冉侁
4.1812 𩰫乍(作)祖丁
4.1813 祖丁巫□
4.1838 丁父倗舟
4.1839 亞䣄父丁
4.1840 亞䣄父丁
4.1841 亞獏父丁
4.1842 亞獏父丁
4.1843 亞獏父丁
4.1844 亞獏父丁
4.1845 亞犬(獏?)父丁
4.1846 亞㫃父丁
4.1847 亞西父丁
4.1848 亞豈(䞣)父丁
4.1849 田告父丁
4.1850 子羊父丁
4.1851 寧母父丁
4.1852 臤父丁鑊
4.1853 耳衡父丁
4.1854 耳衡父丁
4.1855 庚獿父丁
4.1856 𦥑(玃)父丁册
4.1857 尹舟父丁
4.1858 □父丁册
4.1859 弓𩫏父丁
4.1860 乍(作)父丁羊
4.1861 □(會)□父丁
4.2010 宰德宔(鑄)父丁
4.2110 𢽾(捏)乍(作)祖丁盟獲(鑊)
4.2120 韋乍(作)父丁彝
4.2121 𠭯乍(作)父丁寶鼎
4.2122 □乍(作)父丁尊彝
4.2123 □乍(作)父丁寶鼎
4.2249 或乍(作)父丁寶尊彝
4.2250 吳乍(作)父丁寶尊彝
4.2251 穆乍(作)父丁寶尊彝
4.2271 子戌乍(作)母丁尊彝
4.2274 侯乍(作)父丁尊彝
4.2310 徝(徵)乍(作)祖丁尊彝
4.2311 咸娸(妸)子乍(作)祖丁尊彝
4.2317 乍(作)父丁寶尊彝
4.2318 沔(泓)乍(作)文父丁𤈦
4.2319 𠦪乍(作)父丁寶鼎
4.2346 勅𣁋乍(作)丁侯尊彝
4.2366 奪乍(作)父丁寶尊彝
4.2368 示己、祖丁、父癸
4.2400 亞若癸受丁旅乙沚自(師)
4.2401 亞若癸受丁旅乙父甲
4.2402 亞若癸受丁旅乙沚自(師)
4.2410 甚諆(其)肈乍(作)父丁尊彝
4.2478 [吉]日丁亥
4.2499 用乍(作)父丁尊彝
5.2578 唯丁未
5.2594 用乍(作)父丁尊彝
5.2607 七月丁亥
5.2625 豊用乍(作)父丁鼎
5.2626 用乍(作)丁侯尊彝
5.2627 用乍(作)丁侯尊彝
5.2650 唯正月初吉丁亥
5.2652 唯五月初吉丁亥
5.2674 用乍(作)父丁尊彝

5.2682 ［二］旬又四日丁卯
5.2694 丁卯
5.2697 八月初吉丁亥
5.2698 八月初吉丁亥
5.2699 八月初吉丁亥
5.2700 八月初吉丁亥
5.2702 丁亥
5.2709 用乍(作)父丁彝
5.2715 唯正月初吉丁亥
5.2716 唯正月初吉丁亥
5.2717 唯正月初吉丁亥
5.2718 唯十又二月丁丑
5.2728 旅用乍(作)父丁尊彝
5.2734 初吉丁亥
5.2738 唯正月初吉丁亥
5.2748 丁巳
5.2756 唯二月既生霸丁丑
5.2758 用乍(作)祖丁寶尊彝
5.2759 用乍(作)祖丁寶尊彝
5.2760 用乍(作)祖丁寶尊彝
5.2761 用乍(作)祖丁寶尊彝
5.2763 唯十月又一月丁亥
5.2776 辰在丁卯
5.2787 唯三年五月丁巳
5.2788 唯三年五月丁巳
5.2804 唯王九月丁亥
5.2806 三月既霸丁亥
5.2807 三月既霸丁亥
5.2808 三月既霸丁亥
5.2809 唯三月丁卯
5.2811 唯正月初吉丁亥
5.2818 比乍(作)朕皇祖丁公、皇考叀公尊鼎
5.2820 辰在丁亥
5.2830 辰在丁卯
5.2835 丁酉
5.2838 辰在丁酉
6.3053 父丁
6.3054 父丁
6.3064 卷丁
6.3087 冉丁
6.3135 罒祖丁
6.3136 門祖丁
6.3137 竹祖丁
6.3138 倗祖丁
6.3169 巽父丁
6.3170 巽父丁
6.3171 戈父丁
6.3172 戈父丁
6.3173 戈父丁
6.3174 凡父丁
6.3175 父丁𨐨(二辛)
6.3176 父丁ゆ
6.3177 𦓤(䎹)父丁
6.3178 醜父丁
6.3179 黿父丁
6.3180 保父丁
6.3181 交父丁
6.3182 亞父丁
6.3183 弔父丁
6.3184 弔父丁
6.3221 戈母丁
6.3233 天己丁
6.3296 祖癸父丁
6.3308 亞橐父丁
6.3309 亞豈(䞶)父丁
6.3310 亞醜父丁
6.3311 馬豙(貊)父丁
6.3312 文頣父丁
6.3313 蚰羊父丁
6.3314 蚰羊父丁
6.3315 冉鷩(?)父丁
6.3316 冉蛙父丁
6.3317 宁戈父丁
6.3318 𡛎父丁
6.3319 劦册父丁
6.3320 瞿(玃)册父丁
6.3321 □□父丁
6.3322 子羽(䌛)父丁
6.3428 戈亳册父丁
6.3429 乍(作)父丁
6.3430 凡乍(作)父丁彝
6.3431 劦册竹父丁
6.3432 劦册竹父丁
6.3512 柠(楮)乍(作)父丁尊彝
6.3600 𠂤乍(作)祖丁寶尊彝
6.3604 宝(鑄)父丁尊彝
6.3605 弔乍(作)父丁寶尊彝
6.3606 雔(雠)乍(作)文父日丁
6.3607 古乍(作)父丁寶隩(尊)彝
6.3608 宰犬乍(作)父丁餗(饋)彝
6.3609 休乍(作)父丁寶段
6.3649 乍(作)父丁寶尊彝
6.3650 乍(作)父丁寶尊彝
6.3651 牧壁乍(作)父丁少(小)食段
6.3652 侖乍(作)父丁寶尊彝
6.3713 亞若癸受丁旅乙沚自(師)
7.3790 用乍(作)父丁尊彝
7.3904 用乍(作)父丁尊段
7.3905 𡛗用乍(作)父丁尊彝
7.3940 用乍(作)祖丁彝
7.3954 用厥賓(儐)乍(作)丁寶段
7.3975 用乍(作)大子丁
7.4020 用乍(作)父丁尊彝
7.4042 用乍(作)父丁尊彝
7.4043 用乍(作)父丁尊彝
7.4045 唯正月初吉丁亥
7.4096 冫(冰)月(十一月)丁亥
7.4099 唯八月初吉丁亥
7.4100 用事厥䱷(祖)日丁
7.4101 用事厥䱷(祖)

日丁
7.4114 仲辛父乍(作)朕皇祖日丁、皇考日癸尊毁
8.4126 八月初吉丁亥
8.4138 用乍(作)文父丁尊彝
8.4159 唯正月初吉丁卯
8.4165 唯六月初吉丁巳
8.4166 唯四月初吉丁亥
8.4178 用乍(作)文父丁𪒠彝
8.4190 元日丁亥
8.4192 既生霸丁亥
8.4193 既生霸丁亥
8.4194 唯四月初吉丁卯
8.4208 十又一月丁卯
8.4209 唯八月初吉丁亥
8.4210 唯八月初吉丁亥
8.4211 唯八月初吉丁亥
8.4212 唯八月初吉丁亥
8.4229 唯三年五月丁巳
8.4230 唯三年五月丁巳
8.4231 唯三年五月丁巳
8.4232 唯三年五月丁巳
8.4233 唯三年五月丁巳
8.4234 唯三年五月丁巳
8.4235 唯三年五月丁巳
8.4236 唯三年五月丁巳
8.4245 初吉丁巳
8.4246 唯正月初吉丁亥
8.4247 唯正月初吉丁亥
8.4248 唯正月初吉丁亥
8.4249 唯正月初吉丁亥
8.4261 丁丑
8.4267 唯正月初吉丁卯
8.4270 初吉丁丑
8.4271 初吉丁丑
8.4273 丁卯
8.4278 比乍(作)皇祖丁公、皇考叀公尊毁
8.4287 正月既望丁亥
8.4296 丁亥
8.4297 丁亥
8.4298 三月既生霸丁亥
8.4299 三月既生霸丁亥
8.4300 唯九月既死霸丁丑 / 公尹伯丁父兄(貺)于戍 / 丁公文報 / 唯丁公報 / 用乍(作)丁公寶毁
8.4301 唯九月既死霸丁丑 / 公尹伯丁父兄(貺)于戍 / 丁公文報 / 唯丁公報 / 用乍(作)丁公寶毁
8.4311 初吉丁亥
8.4312 既望丁亥
8.4318 初吉丁亥
8.4319 初吉丁亥
8.4320 辰在丁未 / 乍(作)虞(虎)公父丁尊彝
8.4324 九月初吉丁亥
8.4325 九月初吉丁亥
8.4327 既生霸丁亥
8.4340 唯元年既望丁亥
9.4454 六月初吉丁亥
9.4455 六月初吉丁亥
9.4456 六月初吉丁亥
9.4457 六月初吉丁亥
9.4466 𢼄比乍(作)朕皇祖丁公、文考苣(宄)公盨
9.4588 唯正月初吉丁亥
9.4603 唯正月初吉丁亥
9.4604 唯正月初吉丁亥
9.4606 唯正月初吉丁亥
9.4607 唯正月初吉丁亥
9.4608 唯正月初吉丁亥
9.4609 唯正月初吉丁亥
9.4612 唯正月初吉丁亥
9.4613 初吉丁亥
9.4616 唯正月初吉丁亥
9.4617 初吉丁亥
9.4618 唯正月初吉丁亥
9.4619 唯正月初吉丁亥
9.4625 唯正月初吉丁亥
9.4629 初吉丁亥
9.4630 初吉丁亥
9.4658 串雞父丁
10.4825 丁丰
10.4826 丁犬
10.4827 丁冉
10.4828 丁罒
10.4891 子祖丁
10.4938 冀父丁
10.4939 冀父丁
10.4940 ⺁父丁
10.4941 史父丁
10.4942 爵父丁
10.4943 子父丁
10.4944 朿(刺)父丁
10.4945 耒父丁
10.4946 耒父丁
10.4947 酉父丁
10.4948 爻父丁 / 爻丁尹
10.4949 𠂤父丁
10.4972 賓婦丁父辛
10.5002 倗兄丁
10.5003 倗兄丁
10.5008 秉册丁
10.5009 丁冉蛙
10.5044 祖丁父己
10.5045 瞿(玃)册祖丁
10.5046 瞿(玃)册祖丁
10.5062 馬豕(貁)父丁
10.5063 馬豕(貁)父丁
10.5064 立佾父丁

10.5065 立鉛父丁
10.5066 微乍(作)父丁
10.5067 獄盧父丁
10.5068 串雞父丁
10.5069 串雋父丁
10.5070 子廟父丁
10.5071 冉蛙父丁
10.5072 冉蛙父丁
10.5073 舟丏父丁
10.5074 埶(藝)公父丁
10.5075 采乍(作)父丁
10.5155 頙文父丁毆(撫)
10.5156 西單毌父丁
10.5157 咏乍(作)旅父丁
10.5158 劦冊竹父丁
10.5209 疐乍(作)父丁寶彝
10.5210 乍(作)父丁寶旅彝
10.5211 乍(作)丁揚尊彝
10.5212 大中乍(作)父丁尊
10.5263 趄乍(作)祖丁寶尊彝
10.5265 祖丁、示己、父癸
10.5271 亞𡨄(猒)宔𦥑(孤)竹丁父
10.5272 戈車乍(作)父丁寶尊彝
10.5273 田告父丁乍(作)寶彝
10.5274 子𣪘用乍(作)父丁彝
10.5275 敄乍(作)父丁尊彝
10.5276 聑日乍(作)父丁寶尊彝
10.5309 無(許)憂乍(作)父丁彝
10.5318 𠂤(師)丞乍(作)文父丁尊彝
10.5320 小夫乍(作)父丁宗尊彝
10.5330 奪乍(作)父丁寶尊彝
10.5331 奪乍(作)父丁寶尊彝
10.5332 朿(平)乍(作)父丁尊彝
10.5338 剌乍(作)兄丁、辛尊彝
10.5362 𩿁乍(作)文父日丁寶尊旅彝
10.5370 萛乍(作)文考父丁寶尊彝
10.5373 𠭯𡨦(靁)用乍(作)丁師彝
10.5377 用乍(作)祖丁彝
10.5391 執用乍(作)父丁尊彝
10.5396 用乍(作)毓(后)祖丁尊
10.5397 丁巳
10.5399 用乍(作)父丁寶尊彝
10.5404 辰在丁亥 / 商用乍(作)文辟日丁寶尊彝
10.5405 唯二月初吉丁卯
10.5409 唯正月丁丑
10.5410 乍(作)祖丁寶旅尊彝
10.5412 亞獏父丁
10.5413 亞獏父丁 / 丁未
10.5417 子曰: 貝唯丁蔑女(汝)曆
10.5418 丁亥
10.5423 用乍(作)文考日丁寶彝
11.5523 父丁
11.5524 父丁
11.5547 丁冉
11.5548 丁冉
11.5549 冉丁
11.5550 幸丁
11.5600 冉祖丁
11.5601 𡛬(戎)祖丁
11.5602 i 祖丁
11.5627 母父丁
11.5628 母父丁
11.5629 父丁㠱
11.5630 尹父丁
11.5631 𡕩(衛)父丁
11.5632 𠀠父丁
11.5633 𠘧父丁
11.5634 父丁[illegible]
11.5635 父丁魚
11.5636 奄父丁
11.5637 豢(𧳝)父丁
11.5638 豢(𧳝)父丁
11.5639 鼓父丁
11.5683 倗兄丁
11.5714 齒受祖丁
11.5715 𡜣乍(作)祖丁
11.5717 祖辛、父丁
11.5733 文父丁㠱
11.5734 文父丁㠱
11.5735 亞醜父丁
11.5736 亞獏父丁
11.5737 馬豢(𧳝)父丁
11.5738 父丁享𠂤(戉)
11.5793 乍(作)祖丁尊彝
11.5799 咏乍(作)旅父丁
11.5826 乍(作)父丁寶彝
11.5827 柚乍(作)父丁旅彝
11.5828 商乍(作)父丁吾尊
11.5829 乍(作)父丁寶彝尊
11.5865 亞耳乍(作)祖丁尊彝
11.5872 子𣪘用乍(作)父丁彝
11.5873 乍(作)父丁寶尊彝
11.5874 逆乍(作)父丁寶尊彝
11.5875 乍(作)父丁寶尊彝
11.5876 𣘻乍(作)父丁尊彝
11.5877 𩿁乍(作)文父日丁
11.5898 乍(作)父丁寶尊彝
11.5911 乙丁辛甲冉受
11.5921 奪乍(作)父丁寶尊彝
11.5922 周免旁乍(作)父丁宗寶彝
11.5923 乍(作)父丁寶旅彝
11.5924 乍(作)父丁寶旅彝
11.5949 丁乙受丁辛丁

甲𠂤
11.5951 省史趄乍(作)祖丁寶尊彝
11.5960 事(史)𤰞乍(作)丁公寶彝
11.5971 執用乍(作)父丁尊彝
11.5983 㪍乍(作)祖丁旅寶彝
11.5985 丁巳
11.5990 丁巳
11.5994 唯二月初吉丁卯
11.5997 辰在丁亥/商用乍(作)文辟日丁寶尊彝
11.6000 子女(母)商(賞)妃、丁貝
11.6006 丁亥
11.6008 既生霸丁卯
11.6016 丁亥/用乍(作)父丁寶尊彝/敢追明公賞于父丁/用光父丁
11.6093 祖丁
11.6094 祖丁
11.6103 父丁
11.6104 父丁
11.6105 父丁
11.6106 父丁
11.6107 父丁
11.6108 父丁
11.6109 父丁
11.6110 父丁
11.6111 父丁
11.6112 父丁
11.6113 父丁
11.6114 父丁
11.6135 丁母
11.6176 冉丁
11.6204 冉祖丁
11.6205 我祖丁
11.6206 舟祖丁
11.6207 監祖丁
11.6254 子父丁
11.6255 𦥑父丁
11.6256 𠂆父丁
11.6257 父丁萬
11.6258 雔父丁
11.6259 享父丁
11.6260 舌父丁
11.6261 山父丁
11.6262 幸父丁
11.6263 𢓊父丁
11.6264 𠂤(師、次)父丁
11.6265 蚰父丁
11.6266 𠁁父丁
11.6267 冉父丁
11.6268 冉父丁
11.6353 𠧢兄丁
11.6354 兄丁奞
12.6368 徙乍(作)祖丁𠙵(𠧢)
12.6390 𦊓(𢐗)册父丁
12.6391 父丁告田
12.6392 母父丁戉
12.6393 典弜父丁
12.6394 冉蛭父丁
12.6395 亞丏父丁
12.6396 西單父丁
12.6443 雞登串父丁
12.6444 劦册竹父丁
12.6445 庚宁册父丁
12.6446 聧(聯)子乍(作)父丁
12.6447 𧆞乍(作)父丁
12.6471 旬乍(作)父丁尊彝
12.6493 誎乍(作)父丁寶尊彝
12.6494 舌仲乍(作)父丁寶尊彝
12.6495 遽仲乍(作)父丁寶
12.6513 唯正月吉日丁酉
12.6830 丁冉
12.6831 丁冉
12.6832 丁𠔿
12.6833 弔丁
12.7077 𠨍(卯、嚮)祖丁
12.7078 戈祖丁
12.7105 亞父丁
12.7106 父丁史
12.7107 文父丁
12.7108 巴父丁
12.7109 𦥑父丁
12.7110 𠔼父丁
12.7111 冉父丁
12.7112 冉父丁
12.7113 冉父丁
12.7114 㑒父丁
12.7115 山父丁
12.7116 山父丁
12.7117 山父丁
12.7118 鳶父丁
12.7119 鴅(鵬)父丁
12.7120 木父丁
12.7176 允册丁
12.7182 亞丁𠃨
12.7189 弓丁𠙵
12.7190 弓丁𠙵
12.7198 丁冉侁
12.7199 丁冉侁
12.7200 丁冉侁
12.7211 祖丁、父乙
12.7212 祖丁、父乙
12.7213 奄獻祖丁
12.7220 女(汝)子妣丁
12.7221 卷父甲丁
12.7228 亞鳶父丁
12.7229 子刀父丁
12.7230 亞𩰫父丁
12.7231 亞貘父丁
12.7232 亞盉父丁
12.7233 力册父丁
12.7234 省乍(作)父丁
12.7235 乍(作)父丁
12.7236 尹舟父丁
12.7237 𠔿𤔲父丁
12.7280 旬乍(作)父丁尊彝
12.7293 亞𠃧(𣪕)宔(鑄)父丁
12.7296 天(大、太)子聽乍(作)父丁彝
12.7307 亞𣄭(杠)𠬪(負)乍(作)父丁寶尊彝
12.7308 亞若癸乙自(師)受丁沚旅
12.7309 亞若癸乙自(師)受丁沚旅
13.7852 祖丁
13.7853 祖丁
13.7902 父丁
13.7903 父丁
13.7904 父丁
13.7905 父丁
13.7906 父丁
13.7907 父丁
13.7908 父丁
13.7909 父丁
13.7910 父丁

13.7911 父丁
13.7912 父丁
13.7913 父丁
13.7914 父丁
13.7915 父丁
13.7916 父丁
13.7917 父丁
13.7918 父丁
13.7919 父丁
13.7920 父丁
13.7921 父丁
13.7922 父丁
13.7923 父丁
13.7924 父丁
13.7925 父丁
13.7926 父丁
13.8017 山丁
13.8018 丁羞
13.8019 丁冉
13.8020 丁冉
13.8021 冉丁
13.8022 冉丁
13.8023 冉丁
13.8024 冉丁
13.8025 丁父
13.8026 丁戈
13.8027 弁丁
13.8028 丁乙
14.8322 車祖丁
14.8323 亞祖丁
14.8324 山祖丁
14.8325 疋(祉)祖丁
14.8326 祖丁帚
14.8327 册祖丁
14.8328 叞祖丁
14.8441 子父丁
14.8442 子父丁
14.8443 呆(保)父丁
14.8444 𠔃父丁
14.8445 𠔃父丁
14.8446 𢆶父丁
14.8447 欠父丁
14.8448 卩父丁
14.8449 氏父丁
14.8450 父丁幸旅
14.8451 父丁豖(豣)
14.8452 𠨍(卯)父丁
14.8453 史父丁
14.8454 鳳父丁
14.8455 朋父丁
14.8456 齊(擠)父丁
14.8457 孚(捊)父丁
14.8458 韋(衛)父丁
14.8459 龜父丁
14.8460 魚父丁
14.8461 魚父丁
14.8462 弔父丁
14.8463 蚰父丁
14.8464 刿(刿)父丁
14.8465 戔父丁
14.8466 叙(矧)父丁
14.8467 戈父丁
14.8468 戈父丁
14.8469 戈父丁
14.8470 戈父丁
14.8471 朿(刺)父丁
14.8472 宁(宝)父丁
14.8473 丏父丁
14.8474 皿父丁
14.8475 皿父丁
14.8476 禾父丁
14.8477 木父丁
14.8478 茀父丁
14.8479 㒳父丁
14.8480 父丁冉
14.8481 冉父丁
14.8482 冉父丁
14.8483 冉父丁
14.8484 冉父丁
14.8485 冉父丁
14.8486 冉父丁
14.8487 冉父丁
14.8488 帚父丁
14.8489 帚父丁
14.8490 旂父丁
14.8491 亢父丁
14.8492 亢父丁
14.8493 亢父丁
14.8494 亢父丁
14.8495 襄父丁
14.8496 亢父丁
14.8497 糸父丁
14.8498 𠂤(師)父丁
14.8499 宑(寏、潔)父丁
14.8500 夰父丁
14.8501 曲父丁
14.8502 匚(報)父丁
14.8503 令(鈴)父丁
14.8504 凸父丁
14.8505 爻父丁
14.8506 車父丁
14.8507 文父丁
14.8508 𩁹(召)父丁
14.8509 父丁彝
14.8510 □父丁
14.8511 □父丁
14.8512 乍(作)父丁
14.8768 子丁衤
14.8790 脊丁乚
14.8791 册丁帚
14.8792 䶒(䶒)工(空)丁
14.8793 丁冉侁
14.8794 丁冉侁
14.8837 ♟丁祖乙
14.8838 㒳乍(作)祖丁
14.8839 祖丁幸旅
14.8840 爵珥倗祖丁
14.8887 父丁亞弁
14.8888 亞魚父丁
14.8889 亞魚父丁
14.8890 亞覃父丁
14.8891 亞弜父丁
14.8892 亞弜父丁
14.8893 父丁亞旐(杠)
14.8894 亞獏父丁
14.8895 亞獏父丁
14.8896 父丁羊建
14.8897 父丁幸旅
14.8898 己竝父丁
14.8899 己竝父丁
14.8900 己竝父丁
14.8901 埶(藝)戈父丁
14.8902 尹舟父丁
14.8903 田告父丁
14.8904 麝父丁
14.8905 弔父丁木
14.8906 父丁㘝回
14.8907 麝册父丁
14.8908 秉册父丁
14.8909 父丁困册
14.8910 壬册父丁
14.8911 壬册父丁
14.8912 劦册父丁
14.8913 □册父丁
14.8914 父丁宁戈
14.8915 叀庚父丁
14.8916 瘨乍(作)父丁
14.8917 瘨乍(作)父丁
14.8978 舌乍(作)妣丁
14.8979 舌乍(作)妣丁
14.8981 亞魚兄丁
14.8993 㒳祖丁、父乙
14.9005 父丁弓臺
14.9006 羊侁獸父丁

14.9007 㠯(尹)木亞父丁
14.9008 亞弁叙(掾)父丁
14.9009 戋乍(作)父丁寶
14.9025 亞丁父癸尊彝
14.9045 鸁乍(作)祖丁寶彝
14.9052 乍(作)甫(父)丁寶尊彝
14.9070 瘨乍(作)父丁
14.9071 小車乍(作)父丁寶彝
14.9072 乍(作)父丁尊彝
14.9078 𦣻(召)乍(作)父丁尊彝
14.9099 丁未
14.9101 用乍(作)父丁彝
14.9103 唯四月既望丁亥
14.9105 用乍(作)父丁尊彝
15.9194 丁冉侁
15.9201 爻祖丁
15.9202 䶂祖丁
15.9212 單父丁
15.9228 亞弜父丁
15.9229 竚父丁
15.9230 西單父丁
15.9240 戈卬(玶、併)乍(作)父丁彝
15.9241 劦闢乍(作)父丁彝
15.9242 宁狽乍(作)父丁彝
15.9274 父丁尊
15.9275 天父丁
15.9284 文父丁𩰫
15.9289 𡩜乍(作)父丁寶彝
15.9298 仲子曩泀(泓)乍(作)文父丁尊彝
15.9349 父丁子 / 丁父子
15.9350 倗父丁
15.9351 𠈇父丁
15.9352 冉父丁
15.9353 皀(次)父丁 / 皀(次)父丁
15.9373 亞䍃父丁
15.9374 亞獏父丁
15.9375 亞得父丁
15.9376 戈宁父丁
15.9377 䁬(玃)册父丁
15.9378 亞古父丁
15.9389 戈北單父丁
15.9403 亞鴝从父丁
15.9404 戈卬(併)乍(作)父丁彝
15.9405 中乍(作)父丁彝
15.9455 唯三月初吉丁亥
15.9484 丁冉
15.9502 史父丁
15.9503 弔父丁
15.9524 ⌘(會)▬父丁
15.9546 劦册竹父丁
15.9592 奪乍(作)父丁寶尊彝
15.9593 奪乍(作)父丁寶尊彝
15.9625 擇厥吉日丁
15.9626 擇厥吉日丁
15.9708 唯六月初吉丁亥
15.9714 用乍(作)父丁寶壺
15.9726 唯三年九月丁巳
15.9727 唯三年九月丁巳
15.9728 唯正月初吉丁亥
15.9733 初吉丁亥
15.9779 丁癸
15.9787 襄父丁
15.9797 馬豢(豧)父丁
15.9798 父丁子天
15.9799 父丁
15.9807 敄亞高父丁
15.9810 父丁孤竹亞微
15.9811 冉乍(作)父丁妻盟
15.9814 再乍(作)日父丁尊彝
15.9821 乍(作)父丁尊
16.9872 馬豢(豧)父丁
16.9886 亞若癸乙自(師)受丁旅祉
16.9887 亞若癸乙自(師)受丁旅祉
16.9894 用宔(鑄)丁宗彝
16.9896 初吉丁亥
16.9897 唯正月既生霸丁酉
16.9898 唯二月初吉丁亥
16.9901 丁亥 / 用乍(作)父丁寶尊彝 / 敢追明公賞于父丁 / 用光父丁
16.9974 唯正月衣(初)吉丁亥
16.10005 唯正月初吉丁亥
16.10006 唯正月初吉丁亥
16.10007 唯正月初吉丁亥
16.10026 丁冉
16.10041 弔父丁
16.10051 豆册父丁
16.10065 令乍(作)父丁
16.10151 唯王八月丁亥
16.10157 唯正月初吉丁亥
16.10160 唯正月初吉丁亥
16.10162 初吉丁亥
16.10163 初吉丁亥
16.10165 初吉丁亥
16.10170 用乍(作)朕文考日丁尊般(盤)
16.10173 正月初吉丁亥
16.10266 尋(鄩)仲媵(媵)仲女丁子子寶也(匜)
16.10279 唯正月初吉丁亥
16.10282 初吉丁亥
16.10284 唯正月初吉丁亥
16.10313 □乍(作)父丁盂
16.10322 初吉丁卯
16.10338 唯正月初吉丁亥
16.10340 唯八月初吉

丁亥
16.10342 初吉丁亥
16.10351 乍(作)父丁寶旅彝
16.10360 初吉丁卯
16.10361 咸丁亥
16.10518 子父丁
16.10519 凡父丁
16.10520 㠱父丁
16.10535 亞離父丁
16.10536 田告父丁
16.10537 母康丁
16.10556 柚乍(作)父丁旅彝
16.10557 乍(作)父丁寶旅彝
16.10572 令[illegible]乍(作)父丁寶尊彝
17.11115 祖乙、祖己、祖丁
17.11401 大祖日己、祖日丁、祖日乙、祖日庚、祖日丁、祖日己、祖日己
18.12083 矢丁
18.12084 矢丁

4542 戊

1.272-8 辰在戊寅
1.285 辰在戊寅
3.502 亞牧父戊
3.582 訾子旅乍(作)父戊寶彝
3.583 訾子旅乍(作)父戊寶彝
3.689 在戊辰 / 用乍(作)父戊尊彝
3.779 戊
3.814 父戊戈
3.907 雔卯卯乍(作)母戊彝
3.1253 祖戊
3.1257 父戊
3.1258 父戊
3.1259 父戊
3.1291 句戊
3.1316 子戊
4.1601 凡(尺)父戊
4.1705 [illegible]乍(作)戊
4.1706 司母戊
4.1764 秉毌戊
4.1814 吳乍(作)祖戊
4.1862 季父戊子
4.1863 亞俴(踐)父戊
4.1864 角字父戊
4.2011 毌ㄐ(糾)乍(作)父戊
4.2012 殺乍(作)父戊䵼
4.2013 黿乍(作)父戊彝
4.2019 㠱兄戊父癸
4.2124 [illegible][illegible]日戊乍(作)彝
4.2246 乍(作)妣戊熽
4.2253 役戊冊
4.2320 訾子旅乍(作)父戊寶彝
4.2348 日戊
4.2503 㷇(榮)子旅乍(作)父戊寶尊彝
5.2555 旂用乍(作)父戊寶尊彝
5.2594 戊寅
5.2735 唯八月既朢(望)戊辰
5.2736 唯八月既朢(望)戊辰
5.2739 戊辰
5.2756 戊寅
5.2789 于文妣日戊
6.3050 祖戊
6.3055 父戊
6.3056 父戊
6.3065 何戊
6.3185 ㄐ冊父戊
6.3186 子父戊
6.3187 父戊黿
6.3188 舊父戊
6.3189 矤(矧)父戊
6.3190 𢉩(庚)父戊
6.3323 允冊父戊
6.3470 畢□□□父戊旅段
6.3500 乍(作)祖戊寶段
6.3501 乍(作)祖戊寶段
6.3513 亞疑㠱侯父戊
6.3514 乍(作)父戊旅彝
6.3610 圣乍(作)父戊寶尊彝
6.3684 劀函乍(作)祖戊寶尊彝
7.3906 用乍(作)父戊寶尊彝
7.3976 用乍(作)父戊寶尊彝
7.3983 唯二月戊寅
7.4044 用乍(作)父戊寶尊彝
7.4060 唯九月初吉戊戌
7.4100 用事厥考日戊
7.4101 用事厥考日戊
8.4144 戊辰 / 遣于妣戊武乙爽
8.4146 用乍(作)祖戊寶尊彝
8.4196 唯六月既生霸戊戌
8.4208 戊辰曾(贈)
8.4256 三月既生霸戊戌
8.4257 唯八月初吉戊寅
8.4266 戊寅
8.4272 六月初吉戊戌
8.4276 辰在戊寅
8.4283 唯二月初吉戊寅
8.4284 唯二月初吉戊寅
8.4328 唯九月初吉戊申
8.4329 唯九月初吉戊申
9.4462 既生霸戊戌
9.4463 既生霸戊戌
9.4549 戊寅
10.4864 戊木
10.4892 [illegible]祖戊
10.4893 [illegible]祖戊
10.4950 黿父戊
10.5076 ㄐ冊父戊
10.5159 乍(作)父戊寶彝
10.5160 乍(作)父戊寶彝
10.5161 父戊
10.5195 干子[illegible]父戊
10.5200 乍(作)祖戊寶彝
10.5214 [illegible]乍(作)父戊旅彝

10.5277 亩乍(作)父戊寶旅彝
10.5278 狽元乍(作)父戊尊彝
10.5310 析家乍(作)父戊寶尊彝
10.5311 覵(覰)乍(作)父戊寶尊彝
10.5312 鈇乍(作)父戊尊彝
10.5398 用乍(作)父戊寶尊彝
11.5510 祖戊
11.5525 父戊
11.5640 天父戊
11.5641 㒳父戊
11.5642 山父戊
11.5739 丩冊父戊
11.5794 乍(作)祖戊尊彝
11.5800 干子▇父戊
11.5830 乍(作)父戊寶尊彝
11.5887 日戊
11.5899 觑(摣)乍(作)父戊寶篿(尊)彝
11.5925 傳乍(作)父戊寶尊彝
11.5985 用乍(作)父戊尊彝
11.6002 戊子
11.6115 父戊
11.6116 父戊
11.6117 父戊
11.6118 父戊
11.6134 母戊
11.6177 冉戊
11.6208 襄祖戊
11.6269 矨(矧)父戊
11.6357 秉毌戊
12.6369 祖戊爯冉
12.6397 ▇父戊
12.6398 告宁父戊
12.6439 ▇厚祖戊
12.6483 乍(作)父戊彝
12.6496 子乍(作)父戊彝
12.6497 甚乍(作)父戊寶尊 / 甚戊
12.6834 戊木
12.6875 母戊
12.7121 㔻父戊
12.7122 臽(陷)父戊
12.7123 矨(矧)父戊
12.7161 舌甗戊
12.7214 木戊祖戊
12.7238 㡀(二幸)父戊
12.7294 觑乍(作)父戊尊彝
12.7295 觑乍(作)父戊尊彝
13.7854 祖戊
13.7855 祖戊
13.7856 祖戊
13.7927 父戊
13.7928 父戊
13.7929 父戊
13.7930 父戊
13.7931 父戊
13.8029 㡀(二幸)戊
13.8208 鹵戊
13.8262 戊冉
14.8329 戈祖戊
14.8330 矨(矧)祖戊
14.8331 觑戊䖒
14.8332 觑戊䖒
14.8513 子父戊
14.8514 子父戊
14.8515 子父戊
14.8516 子父戊
14.8517 父戊㔻
14.8518 黿父戊
14.8519 宂(兀)父戊
14.8520 弅父戊
14.8521 徲父戊
14.8522 告父戊
14.8523 矨(矧)父戊
14.8524 矨(矧)父戊
14.8525 庚(庚)父戊
14.8526 ▇父戊
14.8527 ▇▇父戊
14.8528 耤(櫨)父戊
14.8529 父戊▇
14.8530 父戊口
14.8531 丩冊父戊
14.8532 冉父戊
14.8533 冉父戊
14.8534 㸚父戊
14.8535 才父戊
14.8795 何禽戊
14.8841 祖戊▇釆
14.8918 ▇(叒)矢父戊
14.8919 ▇(叒)矢父戊
14.8920 ▇(叒)矢父戊
14.8921 父戊車豖
14.8922 父戊車豖
14.8923 丩冊乍(作)父戊
14.8924 加乍(作)父戊
14.8925 加乍(作)父戊
14.9010 亞向▇(丸)父戊
14.9011 亞商乍(作)父戊
14.9012 父戊
14.9013 父戊
14.9014 攸宁享父戊
14.9034 癸旻乍(作)考戊
14.9053 獸乍(作)父戊寶彝
14.9054 獸乍(作)父戊寶
14.9061 ▇(淄)公乍(作)父戊
14.9065 效乍(作)祖戊寶尊彝
15.9152 戊
15.9153 戊
15.9165 祖戊
15.9213 聿父戊
15.9231 丩冊乍(作)父戊
15.9276 父戊竟
15.9291 乍(作)女(母)戊寶尊彝
15.9300 用乍(作)父戊寶尊彝
15.9303 戊子
15.9354 黿父戊
15.9355 戈父戊
15.9356 ▇父戊
15.9357 ▇父戊
15.9390 嘗子乍(作)父戊
15.9391 嘗子乍(作)父戊
15.9423 亞□□乍(作)父戊尊盉
15.9682 己戊
15.9703 孟冬戊辰
15.9714 唯八月既死霸戊寅
15.9723 九月初吉戊寅
15.9724 九月初吉戊寅
15.9805 乍(作)祖戊尊

彝
15.9817 趞乍(作)文父戊尊彝
16.9878 竹宝(鑄)父戊
16.9879 竹宝(鑄)父戊
16.9895 戊子
16.9898 王乎史戊册令(命)吳：嗣旃罘菽金
16.9957 ㄐ册父戊
16.9969 享□父祀戊乍(作)寶𩰫(鑐)
16.9970 享□父祀戊乍(作)寶𩰫(鑐)
16.9975 孟冬戊辰
16.10042 父戊𠂤
16.10052 䧹乍(作)父戊
16.10166 唯五月既望戊午
16.10213 寒戊乍(作)寶也(匜)
16.10371 𢿢月戊寅
16.10558 壽乍(作)父戊尊彝
16.10569 峠乍(作)父戊寶尊彝
16.10570 乍(作)父戊彝
17.11381 台(以)卲(昭)旟(揚)文武之戊(茂)用(庸)
17.11392 大兄日乙、兄日戊、兄日壬、兄日癸、兄日癸、兄日丙
18.12104 傳虡(遽)甫戊燕
18.12105 傳虡(遽)甫戊燕
18.12106 傳虡(遽)甫戊燕

4543 成

1.107-8 王歸自成周
1.125-8 齊(齋)休祝成
1.129-31 齊(齋)休祝成
1.143 王在成周嗣土(徒)虢宮
1.203 孔嘉元成
1.210 休有成慶
1.211 休有成慶
1.217 休有成慶
1.218 休有成慶
1.219 休有成慶
1.220 休有成慶
1.221 休有成慶
1.222 休有成慶
1.223-4 入成(城)不賡
1.260 朕猷又(有)成亡競
1.271 于皇祖又成惠叔、皇祉(妣)又成惠姜/鞷(鮑)叔又(有)成裳(勞)于齊邦
1.272-8 肅成朕師旟之政德/虩虩(赫赫)成唐(湯)/至于枼(世)曰：武霝(靈)成
1.285 肅成朕師旟之政德/虩虩(赫赫)成唐(湯)/至于枼(世)曰：武霝(靈)成
2.416 成周王令(鈴)
2.417 成周王令(鈴)
3.680 成伯孫父乍(作)𣬉嬴尊鬲
3.935 王奉(祓)于成周
4.1734 成王尊
4.2305 墉夜君成之載(𩰬)貞(鼎)
4.2524 庯(䈬)弃(扰)生(甥)乍(作)成媿賸(賸)貞(鼎)
5.2549 無(許)男乍(作)成姜逗(趄)女(母)朕(賸)尊貞(鼎)
5.2626 唯成王大奉(祓)在宗周
5.2627 唯成王大奉(祓)在宗周
5.2659 王初𢍏(量)于成周
5.2661 王在成周
5.2678 宓伯于成周休畀小臣金
5.2730 唯王來各于成周年
5.2758 公朿(刺)鑄武王、成王異鼎
5.2759 公朿(刺)鑄武王、成王異鼎
5.2760 公朿(刺)鑄武王、成王異鼎
5.2761 公朿(刺)鑄武王、成王異鼎
5.2775 王在成周
5.2778 尹令史獸立(涖)工于成周
5.2782 嘉是唯哀成叔/哀成叔之鼎
5.2787 帥堣(偶)盩于成周/休又(有)成事
5.2788 帥堣(偶)盩于成周/休又(有)成事
5.2796 王命善(膳)夫克舍(捨)令于成周
5.2797 王令善(膳)夫克舍(捨)[令]于成周
5.2798 王命善(膳)夫克舍(捨)令于成周
5.2799 王命善(膳)夫克舍(捨)令于成周
5.2800 王命善(膳)夫克舍(捨)令(命)于成周
5.2801 王命善(膳)夫克舍(捨)令于成周
5.2802 王命善(膳)夫克舍令(命)于成周
5.2827 令女(汝)官嗣成周貯(廛)廿家
5.2828 令女(汝)官嗣成周貯(廛)廿家
5.2829 令女(汝)官嗣成周貯(廛)廿家
5.2831 則乃成夆(封)四夆(封)
5.2833 肄(肆)禹又(有)成
5.2835 又(有)成事
5.2839 □□用牲啻(禘)周王、武王、成王
5.2840 𪓑(吾)先考成王早棄群臣/𪓑(吾)先祖趄王、卲(昭)考成王
7.3824 王奉(祓)于成周
7.3825 王奉(祓)于成周
7.3950 在成周
7.3951 在成周
7.4116 休厥成事
7.4117 休厥成事
8.4206 令師田父殷成周年

8.4215 命女(汝)嗣成周里人
8.4229 帥堣(偶)盠于成周/休又(有)成事
8.4230 帥堣(偶)盠于成周/休又(有)成事
8.4231 帥堣(偶)盠于成周/休又(有)成事
8.4232 帥堣(偶)盠于成周/休又(有)成事
8.4233 帥堣(偶)盠于成周/休又(有)成事
8.4234 帥堣(偶)盠于成周/休又(有)成事
8.4235 帥堣(偶)盠于成周/休又(有)成事
8.4236 帥堣(偶)盠于成周/休又(有)成事
8.4262 王在成周/立(涖)盫(畝)成塱(鄙)
8.4263 王在成周/立(涖)盫(畝)成塱(鄙)
8.4264 王在成周/立(涖)盫(畝)成塱(鄙)
8.4265 王在成周/立(涖)盫(畝)成塱(鄙)
8.4293 又(有)祇又(有)成
8.4320 王省武王、成王伐商圖
8.4321 先虎臣後庸:西門尸(夷)、秦尸(夷)、京尸(夷)、𩵦尸(夷)、師笭、側新(薪)、□華尸(夷)、弁豸尸(夷)、𨟻人、成周走亞、戍、秦人、降人、服尸(夷)
8.4323 王在成周/王各于成周大廟
8.4330 公克成妥(綏)吾考/迺妹(昧)克衣告剌(烈)成工(功)
8.4332 令(命)女(汝)官嗣成周貯(廛)
8.4333 令女(汝)官嗣成周貯(廛)
8.4334 令女(汝)官嗣成周貯(廛)
8.4335 令女(汝)官嗣成周貯(廛)
8.4336 令女(汝)官嗣成周貯(廛)
8.4337 令女(汝)官嗣成周貯(廛)
8.4338 令女(汝)官嗣成周貯(廛)
8.4339 令女(汝)官嗣成周貯(廛)
8.4341 亡不成眈天畏(威)/廣成厥工(功)
9.4419 伯多父乍(作)成姬多母𩰫(鐠)㲃
9.4435 在成周
9.4438 王在成周
9.4439 王在成周
9.4454 王在成周
9.4455 王在成周
9.4456 王在成周
9.4457 王在成周
9.4466 令小臣成友逆旅□、內史無㝨、大(太)史旟
9.4615 用成(盛)旓(稻)梁(粱)
9.4627 用成(盛)术(秫)旓(稻)糕粱
9.4628 用成(盛)糕(𪎊)旓(稻)需(糯)粱
9.4649 大慕(謨)克成
9.4650 哀成叔之鉌
9.4663 哀成叔之𥁰(鍪)
10.5374 王𣪘(祓)于成周
10.5400 唯明保殷成周年
10.5403 王在成周
10.5419 女(汝)其以成周師氏戍于辥(固)師(次)
10.5420 女(汝)其以成周師氏戍于辥(固)師(次)
10.5421 王令士上眔史寅寂(殷)于成周
10.5422 王令士上眔史寅寂(殷)于成周
10.5425 唯伯犀父以成師即東
11.5991 唯明保殷成周年
11.5996 王在成周
11.5999 王令士上眔史寅寂(殷)于成周
11.6014 唯王初𩰪宅于成周
11.6016 明公朝至于成周
12.6512 在成師
14.9104 唯王初𣪘(祓)于成周
15.9118 参成
15.9405 成
15.9454 王令士上眔史寅寂(殷)于成周
15.9609 成伯邦父乍(作)叔姜萬人(年)壺
15.9616 春成侯中府/春成侯中府爲重(鍾)
15.9621 成周邦父乍(作)于仲姜寶壺
15.9680 其成公鑄子孟妃朕(媵)盥壺
15.9723 王在成周嗣土(徒)淲宮
15.9724 王在成周嗣土(徒)淲宮
15.9728 王各于成宮/乍(作)冢嗣土(徒)于成周八師
15.9731 令女(汝)官嗣成周貯(廛)廿家
15.9732 令女(汝)官嗣成周貯(廛)廿家
15.9735 趄(桓)祖、成考/休又(有)成工(功)
16.9898 王在周成大室
16.9901 明公朝至于成周
16.10174 王令甲政𤔲(嗣)成周四方責(積)
16.10175 憲聖成王
16.10285 伯揚父迺成貿(劾)/成
16.10371 命左關師發敕(敕)成左關之釜(釜)
16.10385 司馬成公胡(影)𤔲(踝)事
17.10882 成周
17.10883 成周
17.10884 成周
17.10938 成固
17.10939 成固

17.10940 成固
17.11154 成陽(崵)辛城里錢(戈)
17.11155 成陽(崵)辛城里錢(戈)
18.11542 平都、濕成
18.11550 西成
18.11694 春平相邦鄗(晋)得、邦右庫工師㝃(詈)略徒、冶臣成敎(撻)齋(劑)

4544 Տ、∽(己)

3.1241 ∽(己)
16.10269 Տ(己)
18.11799 Տ(己)

4545 Տ2(己)

4.1898 册Տ2(己)父癸
10.5096 畀Տ2(己)父癸

4546 己

1.14 己(紀)侯虓乍(作)寶鐘
1.65 其用追孝于皇考己(紀)伯
1.66 用追孝于皇考己(紀)伯
1.67 其用追孝于皇考己(紀)伯
1.68 其用追孝于皇考己(紀)伯
1.69 其用追孝于皇考己(紀)伯
1.70 其用追孝于皇考己(紀)伯
1.71 其用追孝于皇考己(紀)伯
1.88 用追孝于己伯
1.89 用追孝于己伯
1.90-1 用追孝于己伯
2.411 亞萬父己
3.481 齒父己
3.482 㓞父己
3.503 亞獏父己
3.600 己(紀)侯乍(作)□姜□〔鬲〕
3.614 叔鼐乍(作)己(紀)伯父丁寶尊彝
3.801 父己
3.815 令父己
3.816 庸(庚)父己
3.817 㐭父己
3.819 見父己
3.843 亞㠱(㠱)父己
3.844 父己得亞
3.878 乍(作)祖己尊彝
3.879 乍(作)祖己尊彝
3.904 亞無(許)𠷎(疇)乍(作)父己彝
3.906 亞㫃乍(作)父己彝尊
3.944 用乍(作)父己尊
3.1260 父己
3.1261 父己
3.1262 父己
3.1263 父己
3.1264 父己
3.1265 父己
3.1266 父己
3.1292 己墉
3.1293 戈己
3.1294 㲋己
3.1295 㲋己
3.1387 己冉
3.1388 己冉
3.1471 己𠤔(奠)
4.1602 大父己
4.1603 㠱父己
4.1604 㠱父己
4.1605 㱃(㘸)父己
4.1606 戈父己
4.1607 㓞父己
4.1608 㓞父己
4.1609 㓞父己
4.1610 㓞父己
4.1611 㓞父己
4.1612 𠨍(卯)父己
4.1613 㐱父己
4.1614 㐱父己
4.1615 㐱父己
4.1616 舌父己
4.1617 㞢父己
4.1618 耒父己
4.1619 秝(萊)父己
4.1620 乍(作)父己
4.1621 子父己
4.1622 父己車
4.1696 ⺅父己(?)
4.1717 子雨己
4.1736 史己
4.1815 祖己父癸
4.1865 亞𠤳父己
4.1866 亞𠤳父己
4.1867 父己亞䣛
4.1868 亞㠱(㠱)父己
4.1869 亞戈父己
4.1870 亞獸父己
4.1871 亞㫃父己
4.1872 亞舀父己
4.1873 子申父己
4.1874 父己小子
4.1875 右敄父己
4.1876 弓𦎫父己
4.1877 遽乍(作)父己
4.1878 乍(作)父己冉
4.1879 子刀父己
4.2014 父己亞吂史
4.2015 小子乍(作)父己
4.2016 小子乍(作)父己
4.2025 己乍(作)寶尊彝
4.2125 乍(作)父己彝
4.2126 奉乍(作)父己寶貞(鼎)
4.2245 曆乍(作)祖己彝
4.2252 鼎其用乍(作)父己寶
4.2304 己
4.2335 季乍(作)兄己尊彝
4.2367 闌(管)監引乍(作)父己寶䵼彝
4.2368 示己、祖丁、父癸
4.2413 霍乍(作)己公寶鼎
4.2418 己(紀)華父乍(作)寶鼎
4.2431 乃孫乍(作)祖己宗寶𪔃爐
4.2506 己亥
4.2509 父己
4.2510 父己
5.2612 己亥
5.2613 己亥
5.2648 尉(叒)用乍(作)父己寶尊
5.2668 唯正月初吉己亥
5.2702 用乍(作)母己尊爐
5.2711 用乍(作)父己

寶爐
5.2729 用乍(作)己公寶尊彝
5.2733 衛肇乍(作)厥文考己仲寶鼒
5.2748 四月既望己酉
5.2758 唯四月既生霸己丑
5.2759 唯四月既生霸己丑
5.2760 唯四月既生霸己丑
5.2761 唯四月既生霸己丑
5.2763 我乍(作)禦衁(恤)祖乙、妣乙、祖己、妣癸/用乍(作)父己寶尊彝
5.2777 初吉己巳
5.2792 用乍(作)文考日己寶鼎
5.2807 用乍(作)朕剌(烈)考己伯盂鼎
5.2808 用乍(作)朕剌(烈)考己伯盂鼎
6.3043 己V
6.3057 父己
6.3058 父己
6.3066 戈己
6.3067 己天/父己
6.3088 己冉
6.3139 戈祖己
6.3140 倗祖己
6.3191 冉父己
6.3192 冉父己
6.3193 糸父己
6.3194 車父己
6.3195 卝父己
6.3196 執(藝)父己
6.3197 舌父己
6.3198 氏父己
6.3222 妕母己
6.3230 乍(作)己姜
6.3233 天己丁
6.3324 北阜父己
6.3325 尹舟父己
6.3326 亞竝父己
6.3327 亞戈父己
6.3328 耒乍(作)父己
6.3329 又(右)敄父己
6.3417 角單畐祖己
6.3433 天工册父己
6.3515 Y A 乍(作)父己尊彝
6.3611 廣乍(作)父己寶尊
6.3653 子阩乍(作)父己寶尊彝
6.3685 見乍(作)父己寶尊彝
6.3714 辨乍(作)文父己寶尊彝
6.3715 辨乍(作)文父己寶尊彝
6.3716 辨乍(作)文父己寶尊彝
7.3772 己(紀)侯乍(作)姜縈殷
7.3861 己亥/用乍(作)父己尊彝
7.3869 亢僕乍(作)父己尊殷
7.3939 唯正月己亥
7.3977 己(紀)侯貉子分己(紀)姜寶/己(紀)姜石(祏)用宀
7.4118 宴用乍(作)朕文考日己寶殷
7.4119 宴用乍(作)朕文考日己寶殷
8.4292 唯五年正月己丑
8.4330 用飤鄉(饗)己公
8.4331 己未
10.4829 己鬻
10.4830 己鬻
10.4831 己鬻
10.4832 㞢己
10.4833 冉己
10.4894 子祖己
10.4951 酉父己
10.4952 酉父己
10.4953 令(鈴)父己
10.4954 戈父己
10.4955 戈父己
10.4956 趣(趨)父己
10.4957 獸父己
10.4958 受父己
10.4959 遽父己
10.4960 父己冀
10.4961 父己冀
10.4962 凡父己
10.4963 冉父己
10.4964 萬父己
10.4965 网父己
10.4966 网父己
10.5000 冀母己
10.5044 祖丁父己
10.5048 圳(邛)刀祖己
10.5077 又(右)敄父己
10.5078 亞異父己
10.5079 亞址父己
10.5145 ◎父己妕(戎)
10.5146 ◎祖己、父辛
10.5162 亞雀父己魚
10.5163 冀父己、母癸
10.5164 俞乍(作)父己彝
10.5175 小子乍(作)母己
10.5176 小子乍(作)母己
10.5199 亞弁祖乙、父己
10.5215 乍(作)父己彝
10.5265 祖丁、示己、父癸
10.5279 父己
10.5280 ◎(嬰)尸乍(作)父己尊彝
10.5281 冀父己乍(作)寶尊彝
10.5282 孖乍(作)父己寶尊彝
10.5351 女(汝)子小臣兒乍(作)己尊彝
10.5368 乎渦用乍(作)父己尊彝
10.5380 用乍(作)父己尊彝
10.5394 用乍(作)父己寶彝
10.5413 己酉
10.5426 辰在己丑
10.5432 用乍(作)日己旅尊彝
11.5526 父己
11.5527 父己
11.5528 父己
11.5551 冉己
11.5552 冉己
11.5553 己冉
11.5554 天己
11.5596 己祖乙
11.5597 己祖乙

11.5603 戈祖己
11.5604 [illegible]祖己
11.5643 吳父己
11.5644 侁父己
11.5645 遽父己
11.5646 𡨦(衛)父己
11.5647 耒父己
11.5648 鼎父己
11.5649 鼎父己
11.5650 [illegible]父己
11.5651 己父馬(?)
11.5652 乍(作)父己
11.5679 冀母己
11.5740 又(右)敄父己
11.5741 尹舟父己
11.5742 亞㠱父己
11.5743 子翌父己
11.5831 乍(作)父己寶彝
11.5866 乍(作)祖己寶尊彝
11.5878 伢乍(作)父己寶尊彝
11.5879 羌乍(作)父己寶尊彝
11.5880 魚乍(作)父己寶尊彝
11.5881 冶仲乍(作)父己彝
11.5900 亯册䣄(?)乍(作)父己尊彝
11.5901 隹乍(作)父己寶彝
11.5953 犀庫(肇)其乍(作)父己寶尊彝
11.5967 用乍(作)父己尊彝
11.5970 乍(作)父己寶宗彝
11.5980 乍(作)文考日己寶尊宗彝
11.6000 用乍(作)己寶[illegible]
11.6119 父己
11.6120 父己
11.6121 父己
11.6122 父己
11.6209 戈祖己
11.6270 字父己
11.6271 襄父己
11.6272 史父己
11.6273 祝父己
11.6274 丨父己
11.6275 冉父己
11.6276 冉父己
11.6277 冉父己
11.6278 [illegible]父己
11.6279 𦔻(𦗢)父己
11.6280 木父己
11.6281 [illegible]父己
11.6282 埶(藝)父己
11.6283 己父[illegible](玉)
11.6284 矤(矧)父己
11.6285 [illegible](妊)父己
11.6286 父己[illegible]([illegible])
11.6287 [illegible]父己
11.6288 𪇴(鵬)父己
11.6289 奄父己
11.6290 黽父己
11.6291 萬父己
12.6370 [illegible]祖己
12.6399 子[illegible]父己
12.6400 辰𡨦(衛)父己
12.6401 父己矢𡚬(戎)
12.6402 亞㠱父己
12.6403 亞脊父己
12.6404 亞𢍉父己
12.6405 礓父己
12.6406 牧正父己
12.6407 冉乍(作)父己
12.6408 父己馬𧰽(豬)
12.6409 亞若父己
12.6482 中乍(作)妣己彝
12.6484 乍(作)父己尊彝
12.6489 其(箕)史乍(作)祖己寶尊彝
12.6498 父己年㿿
12.6499 諫乍(作)父己尊彝
12.6504 甾作(作)父己寶尊彝
12.6805 □己
12.6813 父己
12.6814 己父
12.6815 父己
12.6835 㽙己
12.6836 玉己
12.6837 己聿
12.6844 己口(方)
12.6845 叏(拍)己
12.6846 叏(拍)己
12.7079 鴅(鵬)己祖
12.7080 襄祖己
12.7124 子父己
12.7125 亞父己
12.7126 亞父己
12.7127 [illegible]父己
12.7128 [illegible]父己
12.7129 [illegible]父己
12.7130 冉父己
12.7131 矤(矧)父己
12.7132 舌父己
12.7133 㬅父己
12.7134 雔父己
12.7135 戈父己
12.7136 [illegible](玉)父己
12.7162 己鄉宁
12.7193 西單己
12.7215 大中祖己
12.7219 亞䢅(㠱)妣己
12.7239 亞古父己
12.7240 大册父己
12.7241 亞疑父己
12.7242 辰𡨦(衛)父己
12.7243 亞旅父己
12.7244 戊未父己
12.7289 [illegible]乍(作)祖己尊彝
12.7302 亞或其訧乍(作)父己彝
13.7857 祖己
13.7858 祖己
13.7932 父己
13.7933 父己
13.7934 父己
13.7935 父己
13.7936 父己
13.7937 父己
13.7938 父己
13.7939 父己
13.7940 父己
13.7941 父己
13.7942 父己
13.7943 父己
13.7944 父己
13.7945 父己
13.7946 父己
13.7947 父己
13.7992 母己
13.7993 母己
13.7994 母己
13.8030 己竝
13.8031 夕己
13.8032 夕己

13.8033 戈己
13.8034 己⺊(玉)
13.8035 朿(刺)己
13.8036 己西
13.8037 己亢
13.8038 己亢
13.8039 己耒
13.8040 冉己
13.8041 己㓁
13.8042 祼己
13.8043 己重
13.8044 𡉚(疌)己
13.8045 𡉚(疌)己
13.8046 乍(作)己
14.8333 襄祖己
14.8334 襄祖己
14.8335 戈祖己
14.8336 𠬝(䂐)祖己
14.8337 祼祖己
14.8338 亢祖己
14.8339 𠦪祖己
14.8340 𠦪祖己
14.8536 父己子
14.8537 𠔼父己
14.8538 㓞父己
14.8539 父己祼
14.8540 祼父己
14.8541 𠂤父己
14.8542 𢆶父己
14.8543 秉父己
14.8544 㔾父己
14.8545 父己若
14.8546 面父己
14.8547 𠂇(屮)父己
14.8548 面父己
14.8549 敔父己
14.8550 𠂆父己
14.8551 𠃊父己
14.8552 舌父己
14.8553 舌父己
14.8554 心父己
14.8555 戈父己
14.8556 戈父己
14.8557 戈父己
14.8558 戈父己
14.8559 戈父己
14.8560 戈父己
14.8561 𠬝(䂐)父己
14.8562 舟父己
14.8563 刿(刿)父己
14.8564 萬父己
14.8565 萬父己
14.8566 鼎父己
14.8567 獻父己
14.8568 冉父己
14.8569 冉父己
14.8570 冉父己
14.8571 冉父己
14.8572 㓁父己
14.8573 㓁父己
14.8574 㓁父己
14.8575 亢父己
14.8576 𠂢父己
14.8577 覃父己
14.8578 凵(坎)父己
14.8579 𠑹父己
14.8580 父己𠕁
14.8581 幸父己
14.8582 幸父己
14.8583 父己冊
14.8738 㓁母己
14.8739 𡚬妣己
14.8796 羊己妊(姃)
14.8842 祖己冊𠦪(偁)
14.8843 弓𠙵(衛)祖己
14.8844 亞㚔(㚔)祖己
14.8847 父己、祖辛
14.8898 己竝父丁
14.8899 己竝父丁
14.8900 己竝父丁
14.8926 亞址父己
14.8927 亞古父己
14.8928 父己亞若
14.8929 𠕒(娩)父己冓
14.8930 辰𠙵(衛)父己
14.8931 幸旅父己
14.8932 幸旅父己
14.8933 尹舟父己
14.8934 北𠂤父己
14.8935 𠕁冊父己
14.8936 𠕁冊父己
14.8937 單冊父己
14.8938 父己冊𠦪(偁)
14.9015 亞帝己父㇂
14.9055 糸子口刀父己
14.9066 𡉚(嗑)乍(作)祖己旅寶彝
14.9073 𠙵(畯)乍(作)父己尊彝
14.9079 達乍(作)父己尊彝
15.9166 祖己
15.9168 己父
15.9203 襄祖己
15.9214 保父己
15.9215 冉父己
15.9263 㓁己
15.9299 𠂤用賓父己
15.9301 用乍(作)文嫊己寶彝
15.9302 乍(作)文考日己寶尊宗彝
15.9358 𢆶父己
15.9406 𢊁乍(作)父己
15.9493 父己
15.9504 酉父己
15.9525 辰乍(作)父己
15.9540 己孝子之壺五
15.9541 己孝子之壺二
15.9547 工冊天父己
15.9548 乍(作)父己尊彝
15.9576 𠕒(娶)尸乍(作)父己尊彝
15.9632 己(紀)侯乍(作)鑄壺
15.9682 己戊
15.9690 周䍃乍(作)公己尊壺
15.9691 周䍃乍(作)公己尊壺
15.9700 𢦏月己酉
15.9705 十月初吉己卯
15.9726 己丑
15.9727 己丑
15.9788 𡉚(糗)父己
15.9789 冉父己
15.9812 皿乍(作)父己尊彝
15.9822 蘩乍(作)祖己尊彝
16.9883 皿天全(玲)乍(作)父己尊彝
16.9891 乍(作)文考日己寶尊宗彝
16.9894 己酉
16.10008 元日己丑
16.10043 𢆶父己
16.10252 貯(賈)子己父乍(作)寶盉
16.10320 唯正月初吉己酉
16.10321 用乍(作)文祖己公尊盂
16.10373 亯月己酉之日

16.10559 父己
16.10562 女(汝)母乍(作)婦己彝
16.10573 田乍(作)父己寶尊彝
17.10856 己戈
17.11115 祖乙、祖己、祖丁
17.11358 羕(養)陵公伺之睘(縣)所部(造)、治己女
17.11401 大祖日己、祖日丁、祖日乙、祖日庚、祖日丁、祖日己、祖日己
17.11403 祖日乙、大父日癸、大父日癸、仲父日癸、父日癸、父日辛、父日己
18.11791 己
18.11792 己
18.11808 己

4547 㠱

4.1745 亞㠱(箕)疑
4.2035 亞㠱疑乍(作)彝
4.2146 㠱女(母)尊彝
4.2262 亞㠱疑
5.2638 㠱侯賜弟訇嗣䧹(㺚)
5.2702 亞㠱侯疑
5.2719 叔氏使貣(布)安㠱伯
6.3504 亞疑㠱侯父乙
6.3505 亞疑㠱乍(作)父乙
6.3513 亞疑㠱侯父戊
6.3689 亞疑㠱乍(作)母辛彝 / 亞疑㠱嫲乍(作)女(母)辛寶彝
7.4120 率樂⿰幺木子㠱父
8.4146 公令繁伐(閥)于㠱伯 / 㠱伯穖(蔑)繁曆
8.4225 王賜無㠱馬四匹 / 無㠱拜手韻首 / 無㠱用乍(作)朕皇祖釐季尊段 / 無㠱其萬年
8.4226 王賜無㠱馬四匹 / 無㠱拜手韻首 / 無㠱用乍(作)朕皇祖釐季尊段 / 無㠱其萬年
8.4227 王賜無㠱馬四匹 / 無㠱拜手韻首 / 無㠱用乍(作)朕皇祖釐季尊段 / 無㠱其萬年
8.4228 王賜無㠱馬四匹 / 無㠱拜手韻首 / 無㠱用乍(作)朕皇祖釐季尊段 / 無㠱其萬年
8.4313 率齊師㠱(紀)、𢼊(釐、萊)、僰
8.4314 率齊師、㠱(紀)、𧶛(萊)、僰
9.4442 㠱伯子窔父
9.4443 㠱伯子窔父
9.4444 㠱伯子窔父
9.4445 㠱伯子窔父
9.4623 萬年無㠱(期)
9.4624 萬年無㠱(期)
10.5078 亞㠱父己
10.5295 亞疑㠱亳乍(作)母癸
10.5377 㠱侯亞疑
10.5431 㠱長疑其子子孫孫寶用
11.5742 亞㠱父己
11.5888 亞㠱疑
11.5923 亞㠱侯
11.5924 亞㠱侯
12.6402 亞㠱父己
12.6464 㠱侯亞疑妣辛
12.6511 㠱仲乍(作)倗生(甥)飲壺
12.7297 亞疑㠱
12.7298 亞疑㠱
14.9075 㠱亞疑
15.9245 㠱亞疑
15.9298 仲子㠱泻(泓)乍(作)文父丁尊彝
15.9439 㠱侯亞疑
15.9615 宬伯㠱生(甥)乍(作)旅壺
15.9704 㠱(紀)公乍(作)爲子叔姜賸盥壺
16.10081 㠱伯窔父朕(媵)姜無𣳚(沫)般(盤)
16.10211 㠱(紀)伯窔父朕(媵)姜無𣳚(沫)也(匜)
16.10240 王婦㠱孟姜乍(作)旅也(匜)
16.10261 㠱甫(夫)人余
16.10351 㠱侯亞

4548 ⿸广冓(庚)

3.816 ⿸广冓(庚)父己
3.987 ⿸广冓(庚)
3.988 ⿸广冓(庚)
3.1355 ⿸广冓(庚)册
4.1897 册⿸广冓(庚)癸父
5.2578 ⿸广冓册
6.3190 ⿸广冓(庚)父戊
6.3208 ⿸广冓父辛
7.3746 ⿸广冓册
10.4935 ⿸广冓(庚)父乙
10.5099 婦聿㞢(延)⿸广冓
10.5353 ⿸广冓
11.5660 ⿸广冓(庚)父辛
11.6183 ⿸广冓(庚)夒
12.6380 ⿸广冓(庚)册父乙
12.6381 ⿸广冓(庚)夒父乙
12.6428 婦嫌⿸广冓册
12.6498 父己年⿸广冓
12.6721 ⿸广冓(庚)
12.6994 ⿸广冓(庚)册
12.7177 毚⿸广冓册
12.7227 ⿸广冓(庚)册父乙
12.7263 ⿸广冓(庚)夒父乙馬
12.7266 ⿸广冓册父庚彶(退)
13.7670 ⿸广冓(庚)
13.8255 ⿸广冓册
13.8256 ⿸广冓册
14.8412 ⿸广冓父乙
14.8525 ⿸广冓(庚)父戊
14.8742 ⿸广冓兄癸
14.8865 ⿸广冓夒父乙
14.8875 ⿸广冓册父乙
14.8883 父丙⿸广冓册
14.8907 ⿸广冓册父丁
14.9105 ⿸广冓(庚)册
15.9198 ⿸广冓(庚)册
15.9549 父庚彶(退)⿸广冓册
15.9577 ⿸广冓册
16.9947 ⿸广冓

4549 庚

1.60-3 三月既生霸庚申
1.64 受(授)余通彔(禄)、庚(康)霝、屯(純)右(祐)
1.73-4 初吉庚申
1.75 初吉庚申
1.76-7 初吉庚申
1.78-9 初吉庚申
1.80-1 初吉庚申
1.172 唯正月初吉庚午
1.173 唯正月初吉庚午
1.174 唯正月初吉庚午
1.175 唯正月初吉庚午
1.176 唯正月初吉庚午
1.177 唯正月初吉庚午
1.178 唯正月初吉庚午
1.179 唯正月初吉庚午
1.180 唯正月初吉庚午
1.203 郐(徐)王庚之忠(淑)子沇兒
1.204-5 九月初吉庚寅
1.206-7 九月初吉庚寅
1.208 九月初吉庚寅
1.209 九月初吉庚寅
1.210 初吉孟庚
1.211 初吉孟庚
1.217 唯正月初吉孟庚
1.218 唯正月初吉孟庚
1.219 唯正月初吉孟庚
1.220 唯正月初吉孟庚
1.221 唯正月初吉孟庚
1.222 唯正月初吉孟庚
1.223-4 吉日初庚
2.425 日在庚
2.426 〔唯〕□〔月〕初吉庚午
2.427 〔唯〕□〔月〕初吉庚午
2.429 唯正月初吉庚午
3.637 庚姬乍(作)叔娊(?)尊鬲
3.638 庚姬乍(作)叔娊(?)尊鬲
3.639 庚姬乍(作)叔娊(?)尊鬲
3.640 庚姬乍(作)叔娊(?)尊鬲
3.741 庚寅
3.745 唯九月初吉庚寅
3.881 乍(作)父庚尊彝
3.882 殺(揆)乍(作)父庚旅彝
3.940 唯正月初吉庚午
4.1623 史父庚
4.1624 史父庚
4.1625 葡(箙)父庚
4.1626 父庚幸
4.1627 羊父庚
4.1628 父庚叟
4.1629 虎父庚
4.1630 戠父庚
4.1631 亞父庚
4.1855 庚獿父丁
4.1880 亞得父庚
4.1996 旅(魯)祖庚父辛
4.2037 酓乍(作)父庚彝
4.2127 刺乍(作)父庚尊彝
4.2128 具乍(作)父庚寶鼎
4.2242 庚(容)斛
4.2363 父庚保隣祖辛
4.2364 父庚保隣祖辛
4.2436 用乍(作)父庚寶尊彝
5.2574 鄲(單)孝子台(以)庚寅之日
5.2578 孋乍(作)父庚鼒
5.2612 用乍(作)父庚尊彝
5.2613 用乍(作)父庚彝
5.2625 王商(賞)宗庚豊貝二朋
5.2663 唯正月初吉庚午
5.2664 唯正月初吉庚午
5.2665 唯正月初吉庚午
5.2666 唯正月初吉庚午
5.2669 唯五月庚申
5.2690 唯八月初吉庚申
5.2691 唯八月初吉庚申
5.2692 唯八月初吉庚申
5.2703 庚申
5.2710 庚午
5.2713 唯九月初吉庚寅
5.2715 郐(徐)王之子庚兒
5.2716 郐(徐)王之子庚兒
5.2728 在十又一月庚申
5.2729 唯二月初吉庚寅
5.2742 唯三年四月庚午
5.2748 王蔑庚贏曆
5.2766 唯正月吉日初庚
5.2778 用乍(作)父庚永寶尊彝
5.2781 唯五月既生霸庚午
5.2782 正月庚午
5.2785 唯十又三月庚寅
5.2791 唯正月既生霸庚申 / 用夙夜明(盟)享于卲伯日庚
5.2792 唯三月初吉庚寅
5.2811 命(令)尹子庚
5.2813 唯六月既生霸庚寅
5.2819 五月既望庚寅
5.2824 朕文考甲公、文母日庚弋休 / 用乍(作)文母日庚寶尊𩰫彝
5.2825 正月初吉庚戌
5.2831 既死霸庚辰
5.2832 唯正月初吉庚戌
6.3418 庚獿馬父乙
6.3516 歘乍(作)父庚寶彝
6.3517 殺乍(作)父庚旅彝
6.3612 衛乍(作)父庚寶尊彝
6.3683 父父庚保隣祖辛
6.3699 公大(太)史乍

(作)母庚寶尊彝
7.3743 保侃母賜貝于庚宮
7.3744 保侃母賜貝于庚宮
7.3865 戜乍(作)祖庚尊段
7.3978 溓(濂)姬乍(作)父庚尊段
7.3980 吳彩父乍(作)皇祖考庚孟尊段
7.3981 吳彩父乍(作)皇祖考庚孟尊段
7.3982 吳彩父乍(作)皇祖考庚孟尊段
7.3991 祖日庚
7.3992 祖日庚
7.4024 既生霸庚戌
7.4025 既生霸庚戌
7.4026 既生霸庚戌
7.4046 唯八月初吉庚午
7.4104 唯九月初吉庚午
7.4105 唯九月初吉庚午
7.4106 唯九月初吉庚午
7.4118 唯正月初吉庚寅
7.4119 唯正月初吉庚寅
8.4202 唯三月初吉庚午
8.4203 唯五月既生霸庚申
8.4204 唯五月既生霸庚申
8.4205 唯九月既望庚寅
8.4244 三月既望庚寅
8.4250 初吉庚申
8.4268 初吉庚寅
8.4273 雩八月初吉庚寅
8.4285 初吉庚寅
8.4294 既省(生)霸庚寅
8.4295 既省(生)霸庚寅
8.4302 辰在庚寅
8.4316 用乍(作)朕剌(烈)考日庚尊段
8.4322 用乍(作)文母日庚寶尊段
8.4342 既望庚寅
9.4430 唯五月既生霸庚寅
9.4465 初吉庚寅
9.4573 唯九月初吉庚申
9.4575 唯八月初吉庚申
9.4576 唯八月初吉庚申
9.4577 唯八月初吉庚申
9.4620 唯十月初吉庚午
9.4621 唯十月初吉庚午
9.4622 唯十月初吉庚午
9.4631 初吉庚午
9.4632 初吉庚午
10.4895 祖庚史
10.4967 父庚粪
10.4968 弓父庚
10.4969 子父庚
10.4970 父庚䚄
10.5080 子翌父庚
10.5081 陸册父庚
10.5082 家戈父庚
10.5083 獲婦父庚
10.5213 聑義乍(作)父庚尊彝
10.5306 乃子子乍(作)父庚寶尊彝
10.5365 豚乍(作)父庚宗彝
10.5375 女(汝)子母庚宓(閟)祀尊彝
10.5404 帝司賞庚姬貝卌朋、迖(貸)絲廿寽(鋝)
10.5406 用享于文考庚仲
10.5426 王洛(各)于庚嬴(嬴)宮/王穖(秝、蔑)庚嬴(嬴)曆/庚嬴(嬴)對揚王休
10.5431 辰在庚申
10.5432 雩四月既生霸庚午
11.5605 乍(作)祖庚
11.5606 乍(作)祖庚
11.5653 父庚䚄
11.5744 ■冊父庚
11.5801 魚乍(作)父庚彝
11.5832 □乍(作)父庚寶尊彝
11.5833 魚乍(作)父庚彝
11.5902 獸乍(作)父庚寶尊彝
11.5931 㫚乍(作)文考日庚寶尊器
11.5958 彈攸乍(作)父庚尊彝
11.5997 帝司(姛)賞庚姬貝卌朋、迖(貸)絲廿寽(鋝)
11.6123 父庚
11.6124 父庚
11.6292 子父庚
11.6293 奺(戒)父庚
11.6294 庚父皁
11.6295 乍(作)父庚
12.6445 庚宁册父丁
12.6514 王大省公族于庚
12.6722 庚
12.6816 父庚
12.6838 庚户
12.7081 山祖庚
12.7137 粪父庚
12.7138 子庚父
12.7139 吳父庚
12.7266 𢉩册父庚𡰥(退)
12.7271 亞登兄日庚
12.7281 秉以父庚宗尊
12.7282 秉以父庚宗尊
13.7669 庚
13.7859 祖庚
13.7860 祖庚
13.7861 祖庚
13.7948 庚父
13.7949 父庚
13.7950 父庚
13.7951 父庚
13.8047 ■庚
13.8048 庚■
13.8049 庚子
13.8050 萬庚

13.8051 羊庚
14.8341 𠙵祖庚
14.8342 冉祖庚
14.8584 子父庚
14.8585 戍父庚
14.8586 戍父庚
14.8587 𢦏父庚
14.8588 父庚黽
14.8589 父庚黽
14.8590 乙父庚
14.8591 𠘧父庚
14.8740 母庚黽
14.8915 叀庚父丁
14.8939 父庚弓𧗿(衛)
14.8940 旻𢀡(褱)父庚
14.8972 庚壴(鼓)父癸
14.9047 襄庚乍(作)祖辛彝
14.9056 秉以父庚宗尊
14.9057 秉以父庚宗尊
14.9058 𤕌(藝)遣父庚寶彝
14.9059 𩵦(貊)乍(作)父庚尊彝
14.9074 耳衛父庚酉侁
14.9105 庚申
15.9169 父庚
15.9187 庚戈
15.9264 庚𢍏
15.9277 句父庚
15.9549 父庚𢓊(退)𢊁册
15.9638 唯正月初吉庚午
15.9701 唯正月初吉庚午
15.9702 初吉庚寅
15.9721 唯五月初吉庚午
15.9722 唯五月初吉庚午
15.9733 殷王之孫、右師之子武叔曰庚 / 庚大門之 / 庚率二百乘舟入鄘(莒)從涧(河) / 庚戍陸 / 庚蔵(捷)其兵𫘤(皋)車馬
15.9791 〔父〕庚寶
15.9808 朋五夅(降)父庚
16.9867 𠕀(搁)父庚
16.9889 𧩙攸(肇)乍(作)父庚尊彝
16.10142 齊叔姬乍(作)孟庚寶般(盤)
16.10146 唯正月初吉庚申
16.10148 初吉庚午
16.10149 唯正月初吉庚午
16.10167 唯八月既生霸庚申
16.10172 五月既望庚寅
16.10174 既死霸庚寅
16.10273 初吉庚午
16.10276 唯正月初吉庚午
16.10278 初吉庚午
16.10298 吉日初庚
16.10299 吉日初庚
16.10339 初吉庚午
16.10341 唯八月初吉庚午
16.10575 趣(鄒)子𡧵(俍)乍(作)父庚寶尊彝
16.10576 庚姬乍(作)𨜽女(母)寶尊彝
16.10580 保攸(如)母賜貝于庚姜
17.11268 庚寅
17.11370 啚(圖)工師稓(藉)、丞秦、〔工〕隸臣庚
17.11401 大祖日己、祖日丁、祖日乙、祖日庚、祖日丁、祖日己、祖日己
18.11759 庚
18.11909 庚(唐)都司馬

4550 庸(鏞)

3.949 至于女庸
8.4261 不(丕)𢑚(肆)王乍(則)庸(庸)
16.9894 康庸龢九律

4551 辛

1.107-8 辛未
1.246 追孝于高祖辛公、文祖乙公、皇考丁公
2.412 涞秋伊辛
3.450 辛
3.459 父辛
3.484 𠭯母辛
3.504 乍(作)父辛
3.538 祖辛、父甲
3.613 林𡛟乍(作)父辛寶尊彝
3.688 用乍(作)又母辛尊彝
3.738 𠂤馬孟辛父
3.739 𠂤馬孟辛父
3.740 𠂤馬孟辛父
3.802 冉辛
3.820 元父辛
3.821 𡚬(戒)父辛
3.845 黽乍(作)父辛
3.912 尹伯乍(作)祖辛寶尊彝
3.920 歸𡛟乍(作)父辛寶尊彝
3.924 乃子乍(作)父辛寶尊彝 / 乃子乍(作)父辛寶尊彝
3.989 辛
3.1254 祖辛
3.1267 父辛
3.1268 父辛
3.1269 父辛
3.1270 父辛
3.1271 父辛
3.1296 辛墉
3.1298 舟辛
3.1389 冉辛
3.1390 冉辛
4.1511 戈祖辛
4.1512 象祖辛
4.1515 戈妣辛
4.1632 旅父辛
4.1633 侁父辛
4.1634 耑父辛
4.1635 父辛需
4.1636 父辛需
4.1637 父辛𢆶(誓)
4.1638 戈父辛
4.1639 戈父辛
4.1640 獸父辛
4.1641 獸父辛
4.1642 田父辛
4.1643 魚父辛
4.1644 刿(列)父辛
4.1645 辛父豣

4.1646 [illegible]父辛
4.1647 [illegible]父辛
4.1648 [illegible](尺)父辛
4.1649 [illegible](尺)父辛
4.1650 冉父辛
4.1651 冉父辛
4.1652 冉父辛
4.1653 冉父辛
4.1654 木父辛
4.1655 𢼸(描)父辛
4.1656 壴(鼓)父辛
4.1657 聑父辛
4.1658 句父辛
4.1659 束父辛
4.1660 串父辛
4.1661 子父辛
4.1662 父辛𢦏(誖)
4.1663 乍(作)父辛
4.1664 [illegible]([illegible])父辛
4.1707 司母辛
4.1708 司母辛
4.1746 亞疑辛
4.1809 秉父辛
4.1881 子刀父辛
4.1882 子刀父辛
4.1883 亞[illegible]([illegible])父辛
4.1884 亞醜父辛
4.1885 虎重父辛
4.1886 [illegible]乍(作)父辛
4.1887 父辛侁册
4.1888 逆[illegible]([illegible])父辛
4.1889 馬豕(豨)父辛
4.1890 父辛[illegible]矢
4.1891 子[illegible](撜)父辛
4.1941 劦册[illegible]辛
4.1987 辛乍(作)寶彝
4.1996 𥂴(魯)祖庚父辛
4.1997 木祖辛父丙
4.2017 子克册父辛
4.2111 冀祖辛禹
4.2112 冀祖辛禹
4.2113 [illegible]祖辛、祖癸享
4.2129 乍(作)父辛寶尊彝
4.2130 乍(作)父辛寶尊彝
4.2131 木乍(作)父辛寶尊
4.2145 田告乍(作)母辛尊
4.2253 乍(作)父辛寶
4.2254 畺乍(作)父辛尊鼎
4.2255 珽(挺)乍(作)父辛寶尊彝
4.2256 昜乍(作)父辛寶旅彝
4.2269 匽(燕)侯旨乍(作)父辛尊
4.2321 彈乍(作)父辛尊彝
4.2322 乍(作)父辛寶尊彝
4.2327 用乍(作)女(母)辛彝
4.2328 乍(作)母辛尊彝
4.2333 姬乍(作)厥姑日辛尊彝
4.2363 父庚保𨻰祖辛
4.2364 父庚保𨻰祖辛
4.2374 啈作比(妣)辛尊彝
4.2406 乍(作)父辛寶尊彝
4.2407 伯𩵦乍(作)召伯父辛寶尊鼎
4.2408 禽乍(作)文考父辛寶鼎
4.2483 彭生(甥)乍(作)[文考]日辛寶尊彝
4.2485 其用盟鬻宄嫣日辛
5.2561 善(膳)夫伯辛父乍(作)尊鼎
5.2582 辛中姬皇母乍(作)尊鼎
5.2583 辛中姬皇母乍(作)尊鼎
5.2629 辛宮賜舍父帛、金/揚辛宮休
5.2659 用乍(作)父辛尊彝
5.2660 辛乍(作)寶/多友𧷸(賚)辛
5.2712 叔(𠭰)辛伯蔑乃子克曆/用乍(作)父辛寶尊彝/辛伯其竝(普)受厥永𡧊(福)
5.2720 辛卯
5.2725 用乍(作)父辛寶齋
5.2726 用乍(作)父辛寶齋
5.2730 趞用乍(作)厥文考父辛寶尊齋
5.2732 唯正月初吉辛亥
5.2749 唯九月既生霸辛酉/用乍(作)召伯父辛寶尊彝
5.2815 四月既望辛卯
5.2817 用乍(作)朕文祖辛公尊鼎
6.3051 祖辛
6.3059 父辛
6.3060 父辛
6.3068 辛倗
6.3069 辛[illegible]
6.3141 祖辛[illegible]
6.3199 [illegible]父辛
6.3200 肰父辛
6.3201 鳶父辛
6.3202 初父辛
6.3203 串父辛
6.3204 串父辛
6.3205 [illegible]父辛
6.3206 埶(藝)父辛
6.3207 𢦔(戒)父辛
6.3208 𢊁父辛
6.3209 𦘔([illegible])父辛
6.3223 豕(豨)妣辛
6.3224 冀母辛
6.3330 亞龏父辛
6.3331 亞醜父辛
6.3332 亞醜父辛
6.3333 亞醜父辛
6.3334 亞孿父辛
6.3335 𦘔([illegible])乍(作)父辛
6.3336 乍(作)父辛彝
6.3434 乍(作)父辛彝
6.3435 囝乍(作)父辛彝
6.3518 珽乍(作)父辛尊彝
6.3519 □乍(作)父辛寶彝
6.3520 虘乍(作)父辛尊彝
6.3613 哦乍(作)父辛寶尊彝
6.3644 乍(作)祖辛寶彝

6.3665 厚乍(作)兄日辛寶彝
6.3672 北伯邑辛乍(作)寶尊殷
6.3683 父父庚保隮祖辛
6.3689 亞疑員乍(作)母辛彝/亞疑員㫃乍(作)女(母)辛寶彝
6.3717 [illegible]乍(作)父辛尊彝
7.3746 婳寏𣪕用乍(作)訇辛飤殷
7.3859 辛叔皇父乍(作)中姬尊殷
7.3868 𧻚乍(作)祖辛寶殷
7.3905 辛未
7.3909 臭乍(作)日辛尊寶殷
7.3941 辛亥
7.3975 辛巳
7.3990 辛巳
7.3996 吔客乍(作)朕文考日辛寶尊殷
7.4088 唯十月初吉辛巳
7.4114 仲辛父乍(作)朕皇祖日丁、皇考日癸尊殷/辛父其萬年無疆
8.4122 用乍(作)文祖辛公寶𩰫殷
8.4131 辛未
8.4146 初吉辛亥
8.4159 用乍(作)辛公殷
8.4179 唯五月既死霸辛未
8.4180 唯五月既死霸辛未
8.4181 唯五月既死霸辛未
8.4214 既生霸辛酉
9.4438 八月既死辛卯
9.4439 八月既死辛卯
9.4551 辛
9.4610 唯正十又一月辛巳
9.4611 唯正十又一月辛巳
10.4821 祖辛
10.4834 辛冉
10.4835 父辛
10.4896 竟祖辛
10.4897 鳶祖辛
10.4971 責(賸)父辛
10.4972 賓婦丁父辛
10.4973 网父辛
10.4974 网父辛
10.4975 [illegible](𢦏辛)父辛
10.4976 天父辛
10.4977 父辛埶(藝)
10.4978 黿父辛
10.4979 父辛黽
10.4980 冀父辛
10.4981 弔父辛
10.4982 凡父辛
10.4983 辛父凡
10.4984 擊父辛
10.4985 翌父辛
10.4986 冉父辛
10.4987 父辛酉
10.5001 爻母辛
10.5004 子辛䚄(覞)
10.5084 獸幸父辛
10.5085 亞醜父辛
10.5086 亞獏父辛
10.5087 令[illegible]父辛
10.5088 葡貝父辛
10.5089 句[illegible]父辛
10.5090 幸旅父辛
10.5116 辛乍(作)寶彝
10.5146 [illegible]祖己、父辛
10.5165 北子冉父辛
10.5166 网木父辛册
10.5167 冀敊(扶)父辛彝
10.5168 亞其戈父辛
10.5169 父辛葡册戉
10.5170 守宮乍(作)父辛
10.5171 冀乍(作)父辛彝
10.5201 冀祖辛禹亞䫄(預)
10.5216 考乍(作)父辛尊彝
10.5217 乍(作)父辛寶尊彝
10.5264 [illegible](朼、枇)乍(作)祖辛尊彝
10.5283 責(賸)乍(作)父辛寶尊彝
10.5284 𢿏(散)乍(作)父辛寶尊彝
10.5285 [illegible](舌)乍(作)父辛尊彝
10.5286 竟乍(作)父辛寶尊彝
10.5287 敀(描)乍(作)父辛旅彝
10.5292 亞其(員)疑乍(作)母辛彝
10.5293 亞其(員)疑乍(作)母辛彝
10.5294 亞其(員)疑乍(作)母辛彝
10.5304 佷矢乍(作)父辛寶彝
10.5313 窗乍(作)父辛尊彝
10.5314 夾乍(作)父辛尊彝
10.5322 闢乍(作)生(皇)昜日辛尊彝
10.5333 用乍(作)父辛于(鬱)彝
10.5337 屯乍(作)兄辛寶尊彝
10.5338 剌乍(作)兄丁、辛尊彝
10.5344 盩嗣土(徒)幽乍(作)祖辛旅彝
10.5353 辛卯
10.5359 守宮乍(作)父辛尊彝
10.5361 用乍(作)父辛尊彝
10.5369 日辛
10.5380 辛巳
10.5388 顛(頂)乍(作)母辛尊彝
10.5389 顛(頂)乍(作)母辛尊彝
10.5393 乍(作)厥文考父辛寶尊彝
10.5396 辛亥
10.5402 唯十又三月辛卯
10.5403 用乍(作)父辛寶尊彝
10.5417 畬用乍(作)母辛彝/冀母辛
10.5421 在五月既望辛酉

10.5422 在五月既望辛酉
10.5425 正月既生霸辛丑
10.5427 乍(作)册嗌乍(作)父辛尊
10.5430 雩(越)旬又一日辛亥/公啻(禘)酌辛公祀/用乍(作)文考辛公寶尊彝
11.5511 祖辛
11.5529 父辛
11.5530 父辛
11.5531 父辛
11.5532 父辛
11.5555 辛聿
11.5607 冉祖辛
11.5608 祖辛𠘨
11.5609 象祖辛
11.5612 亞妣辛
11.5654 髟父辛
11.5655 黿父辛
11.5656 叉(刀)父辛
11.5657 毌父辛
11.5658 𠬝父辛
11.5659 冉父辛
11.5660 庸(庚)父辛
11.5661 荤父辛
11.5716 子祖辛步
11.5717 祖辛、父丁
11.5718 祖辛
11.5745 亞父辛𠃧
11.5746 亞巽父辛
11.5747 亞𢍏父辛
11.5748 𧗿(衛)葡父辛
11.5749 𠂤馬父辛
11.5750 車木父辛
11.5774 辛乍(作)寶彝
11.5802 𠬝(及)父辛𠃌雞
11.5803 馬豢(豩)乍(作)父辛
11.5804 宰乍(作)父辛旅
11.5805 鳥册宁父辛
11.5834 𠂇乍(作)父辛尊彝
11.5835 小臣佚辰父辛
11.5836 亞羊子征(延)父辛
11.5837 乍(作)父辛寶尊上彝
11.5839 日辛
11.5882 徵(揩)乍(作)父辛寶尊彝
11.5883 責(贖)乍(作)父辛寶尊彝
11.5884 鴅矢乍(作)父辛寶彝
11.5885 耇史乍(作)父辛旅彝
11.5886 此乍(作)父辛寶尊彝
11.5892 呇(醬)乍(作)祖辛寶尊彝
11.5903 厥子乍(作)父辛寶尊彝
11.5910 子麦乍(作)母辛尊彝
11.5911 乙丁辛甲𠙵受
11.5917 盩嗣土(徒)幽乍(作)祖辛旅彝
11.5926 亞𣄰(杠)旅葬乍(作)父辛彝尊
11.5932 屯乍(作)兄辛寶尊彝
11.5943 效乍(作)祖辛亢寶尊彝
11.5949 丁乙受丁辛丁甲𠙵
11.5959 乍(作)父辛尊
11.5963 日辛
11.5965 用乍(作)文父辛尊彝
11.5968 乍(作)文考日辛寶尊彝
11.5979 用乍(作)公日辛寶彝
11.5987 用乍(作)父辛寶尊彝
11.5992 唯十又三月辛卯
11.5996 用乍(作)父辛寶尊彝
11.5999 在五月既望辛酉
11.6005 用乍(作)辛公寶尊彝
11.6007 辰在辛卯
11.6010 初吉辛亥
11.6017 辛
11.6095 祖辛
11.6096 祖辛
11.6125 父辛
11.6126 父辛
11.6127 父辛
11.6128 父辛
11.6129 父辛
11.6153 𠆢辛
11.6154 戈辛
11.6178 冉辛
11.6211 戈祖辛
11.6296 子父辛
11.6297 立父辛
11.6298 疑父辛
11.6299 竟父辛
11.6300 父辛巽
11.6301 父辛巽
11.6302 𢦏父辛
11.6303 父辛戈
11.6304 戈父辛
11.6305 行父辛
11.6306 父辛𠬝
11.6307 𠬝父辛
11.6308 𠘨父辛
11.6309 𠘨父辛
11.6310 𠘨父辛
11.6311 𠂤父辛
11.6312 冉父辛
11.6313 𩱧父辛
11.6314 𨾴父辛
11.6315 羊父辛
11.6316 榭父辛
11.6317 父辛朿(刺)
11.6318 遽徙父辛
11.6319 寐父辛
11.6320 責(贖)父辛
11.6321 𠙵父辛
11.6345 巽母辛
11.6355 𠆢兄辛
12.6371 亞祖辛𠨍(卯)
12.6410 子工父辛
12.6411 父辛亞俞
12.6412 亞枽(虆)父辛
12.6413 亞𢍏父辛
12.6414 亞學父辛
12.6415 弓䢅父辛
12.6416 逆𣎆父辛
12.6417 宀乍(作)父辛
12.6418 穷𡨄父辛
12.6419 寧乍(作)父辛
12.6427 光乍(作)每(母)辛
12.6448 乍(作)父辛寶尊
12.6463 邑祖辛、父辛

12.6464 㠱侯亞疑妣辛
12.6472 耳[illegible]乍(作)禦父辛
12.6473 □乍(作)父辛寶尊彝
12.6481 𩰫𩂣(㢵)獲乍(作)祖辛彝
12.6485 子达乍(作)兄日辛彝
12.6490 齊史𨒆乍(作)祖辛寶彝
12.6491 齊史𨒆乍(作)祖辛寶彝
12.6500 鼓𦎫乍(作)父辛寶尊彝
12.6505 何乍(作)梖(藝、禰)日辛尊彝
12.6723 辛
12.6806 祖辛
12.6807 祖辛
12.6808 祖辛
12.6839 辛戈
12.7082 子祖辛
12.7083 戈祖辛
12.7140 𩰫父辛
12.7141 父辛耑
12.7142 父辛竝
12.7143 㚔(孽)父辛
12.7144 𠑹(聸)父辛
12.7145 口父辛
12.7146 梳父辛
12.7147 弔父辛
12.7148 冉父辛
12.7149 冉父辛
12.7150 虎未父辛
12.7151 棹(棲)父辛
12.7152 辛父攸
12.7163 辛鄉宁
12.7216 祖辛戊刜
12.7245 幸旅父辛
12.7246 幸旅父辛
12.7247 父辛册叟
12.7252 母辛亞□
12.7269 劦(耒?)册父辛叟
12.7277 亞[illegible](離)辛爵
12.7283 乍(作)父辛尊
12.7284 乍(作)父辛寶尊彝
12.7288 亞𣂍(杠)妏父辛尊彝
12.7299 𠑹(聸)丏龏父辛彝
13.7671 辛
13.7672 辛
13.7844 亞辛
13.7862 辛祖
13.7863 祖辛
13.7864 祖辛
13.7865 祖辛
13.7866 祖辛
13.7867 祖辛
13.7952 父辛
13.7953 父辛
13.7954 父辛
13.7955 父辛
13.7956 父辛
13.7957 父辛
13.7958 父辛
13.7959 父辛
13.7960 父辛
13.7961 父辛
13.7962 父辛
13.7963 父辛
13.7964 父辛
13.7965 父辛
13.7966 父辛
13.7967 父辛
13.7968 父辛
13.7969 父辛
13.7970 父辛
13.8052 辛戈
13.8053 辛戈
13.8054 戈辛
13.8055 [illegible]辛
13.8056 辛冉
13.8057 冉辛
13.8058 [illegible]辛
13.8159 [illegible]辛
14.8343 子祖辛
14.8344 𡚬(戎)祖辛
14.8345 齊祖辛
14.8346 祖辛𣏟
14.8347 祖辛𣏟
14.8348 句祖辛
14.8349 戈祖辛
14.8350 木祖辛
14.8351 㿝(𣪘)祖辛
14.8352 [illegible]祖辛
14.8353 [illegible]祖辛
14.8593 子父辛
14.8594 子父辛
14.8595 子父辛
14.8596 子父辛
14.8597 囝父辛
14.8598 大父辛
14.8599 㚤父辛
14.8600 父辛光
14.8601 父辛𡚬(戎)
14.8602 𡚬(戎)父辛
14.8603 㚥(戒)父辛
14.8604 倗父辛
14.8605 𠑹(聸)父辛
14.8606 矢父辛
14.8607 𩰫父辛
14.8608 𩰫父辛
14.8609 父辛𦘔(𦗟)
14.8610 父辛𦘔(𦗟)
14.8611 𦘔(𦗟)父辛
14.8612 𦘔(𦗟)父辛
14.8613 𡧊父辛
14.8614 翌父辛
14.8615 史父辛
14.8616 興父辛
14.8617 豖父辛
14.8618 黽父辛
14.8619 □萬父辛
14.8620 㬎父辛
14.8621 弔父辛
14.8622 父辛𦣻
14.8623 酉父辛
14.8624 [illegible]父辛
14.8625 皿父辛
14.8626 𩰫父辛
14.8627 㠯父辛
14.8628 㠯父辛
14.8629 父辛㠯
14.8630 父辛中
14.8631 亞父辛
14.8632 亞父辛
14.8633 父辛木
14.8634 宋(不)父辛
14.8635 父辛𣎆(槼)
14.8636 橐父辛
14.8637 梳父辛
14.8638 鼎父辛
14.8639 鼎父辛
14.8640 鼎父辛
14.8641 册父辛
14.8642 父辛畀
14.8643 襄父辛
14.8644 冉父辛
14.8645 冉父辛
14.8646 冉父辛
14.8647 冉父辛
14.8648 冉父辛

14.8649 丙父辛
14.8650 丙辛父
14.8651 丙父辛
14.8652 丙父辛
14.8653 丙父辛
14.8654 凡父辛
14.8655 凡父辛
14.8656 戈父辛
14.8657 戈父辛
14.8658 父辛永
14.8659 乍(作)父辛
14.8660 乍(作)父辛
14.8661 需父辛
14.8741 爻妣辛
14.8797 辛鄉寧
14.8798 辛秉冊
14.8799 奭𡗕辛
14.8800 日辛弁
14.8845 仌(冰支)丩冊祖辛
14.8846 𤔲(害)乍(作)祖辛
14.8847 父己、祖辛
14.8941 亞伐父辛
14.8942 亞伐父辛
14.8943 亞皋父辛
14.8944 大丏父辛
14.8945 父辛𢐥(誓)丏
14.8946 子壐父辛
14.8947 父辛佚册
14.8948 父辛佚册
14.8949 父辛侮重
14.8950 父辛侮重
14.8951 妥興父辛
14.8952 虘乍(作)父辛
14.8987 子𢆶乙辛(酉)
14.9016 父辛亞天
14.9017 守宮乍(作)父辛
14.9018 守宮乍(作)父辛
14.9019 父辛弓𦎫
14.9020 𡚸乍(作)父辛彝
14.9021 家父乍(作)辛
14.9046 遷乍(作)祖辛旅彝
14.9047 襄庚乍(作)祖辛彝
14.9060 乍(作)父辛
14.9080 豐乍(作)父辛寶
14.9081 豐乍(作)父辛寶
14.9082 豐乍(作)父辛寶
14.9083 莽大乍(作)父辛寶尊彝
14.9089 鮴乍(作)召伯父辛寶尊彝
14.9091 索諆乍(作)有羔日辛𩰫彝
14.9099 用乍(作)父辛彝
14.9101 辛卯
14.9103 用乍(作)父辛尊彝
15.9170 父辛
15.9188 辛冉
15.9191 目辛𢆶(掃)
15.9216 冉父辛
15.9217 冉父辛
15.9218 肇(犛)父辛
15.9232 山口父辛
15.9238 辛亞離酐
15.9278 戍父辛
15.9280 司母辛
15.9281 司母辛
15.9290 冉父辛寶尊彝
15.9292 匽(匽)乍(作)父辛寶尊彝
15.9297 守宮乍(作)父辛尊彝
15.9336 乍(作)祖辛
15.9337 子祖辛
15.9379 亞學(孳)父辛
15.9415 乍(作)仲子辛彝
15.9430 伯富(憲)乍(作)召伯父辛寶尊彝
15.9454 在五月既望辛酉
15.9505 丙父辛
15.9507 䜌兄辛
15.9564 恒乍(作)祖辛壺
15.9577 䡊乍(作)父辛彝
15.9594 乍(作)父辛歈
15.9595 𡚸𡚱乍(作)父辛寶尊彝
15.9702 辛公爯父宮
15.9806 祖辛禹稅(秡)䜌
16.9884 匽(匽)乍(作)父辛寶尊彝
16.9885 匽(匽)乍(作)父辛寶尊彝
16.10025 父辛
16.10044 父辛鳥
16.10083 京𨸏(陝)仲僕乍(作)父辛寶尊彝
16.10167 辛□□胃□𠃊□𠬝
16.10171 初吉辛亥
16.10175 亞祖祖辛
16.10345 司母辛
16.10369 衛𠂤(師)辛(?)興𡘇
16.10416 辛栕(苢)罠
16.10417 辛栕(苢)罠
16.10418 辛栕(苢)罠
16.10419 辛栕(苢)罠
16.10476 亞辛弁乙覃
16.10499 父辛
16.10500 父辛
16.10512 𠆢辛
16.10521 亞父辛
16.10522 家父辛
16.10523 壴(鼓)父辛
16.10560 丮(封)乍(作)父辛尊彝
16.10561 宊气(乞)乍(作)父辛彝
16.10581 用乍(作)父辛尊彝
16.10582 伊𡚱征(延)于辛事(吏)/伊𡚱賞辛事(吏)秦金
17.11154 成陽(崵)辛城里鈛(戈)
17.11155 成陽(崵)辛城里鈛(戈)
17.11403 祖日乙、大父日癸、大父日癸、仲父日癸、父日癸、父日辛、父日己
18.11486 辛邑阦

4552 辝、辭(辤)

1.149 鑄辝(台)龢鍾(鐘)二鍺(堵)
1.150 鑄辝(台)龢鍾(鐘)二鍺(堵)
1.151 鑄辝(台)龢鍾(鐘)二鍺(堵)

1.152 鑄辝(台)鉌鍾(鐘)二鍺(堵)
1.271 侯氏從造(告)之曰:枼(世)萬至於辝(台)孫子/是辝(台)可事(使)
1.272-8 女(汝)敬共(恭)辝(台)命/余命女(汝)嗣辝(台)釐(萊)
1.285 女(汝)敬共(恭)辝(台)命/余命女(汝)嗣辝(台)釐(萊)邑
4.2337 伯六辝乍(作)㳄旟寶䵼(尊)䀇(齍)
5.2826 用召(紹)匹辝(台)辟
7.3826 耳侯戣乍(作)鬻□□䧢辝乙□□癸文考
9.4592 是叔虎父乍(作)杞孟辝(姒)𩞁(饋)簠

4553 梓(辣)

4.2323 梓(辣)乍(作)父癸寶尊彝

4554 辟

1.40 龕事朕辟皇王
1.41 龕事朕辟皇王
1.157 厥辟䢅(韓)宗徹
1.158 厥辟䢅(韓)宗徹
1.159 厥辟䢅(韓)宗徹
1.160 厥辟䢅(韓)宗徹
1.161 厥辟䢅(韓)宗徹
1.187-8 辟天子
1.189-90 辟天子
1.238 御于厥辟
1.239 御于厥辟
1.240 御于厥辟
1.241 御于厥辟
1.242-4 御于厥辟
1.247 用辟先王
1.248 用辟先王
1.249 用辟先王
1.250 用辟先王
1.270 咸畜百辟、胤士
1.271 齊辟䪞(鮑)叔之孫、遵(躋)仲之子鞈(紟)
1.272-8 弗敢不對揚朕辟皇君之登屯(純)厚乃命/是辟于齊侯之所/外內剴(闓)辟(闢)
1.285 弗敢不對揚朕辟皇君之賜休命/是辟于齊侯之所/外內剴(闓)辟(闢)
4.2398 [揚]辟商(賞)
5.2746 穆穆魯辟
5.2796 朕辟魯休
5.2797 朕辟魯休
5.2798 朕辟魯休
5.2799 朕辟魯休
5.2800 朕辟魯休
5.2801 朕辟魯休
5.2802 朕辟魯休
5.2812 用辟于先王
5.2824 王唯念䧹辟剌(烈)考甲公/唯厥事(使)乃子䧹萬年辟事天子
5.2826 用召(紹)匹辝(台)辟
5.2830 乃用引正乃辟安德/隣明紟(令)辟前王/䛚臣皇辟天子/用臣皇辟/一𦥷皇辟懿德
5.2833 睗(惕)共(恭)賸(朕)辟之命
5.2836 肆(肆)克龏(恭)保厥辟龏(恭)王/永念于厥孫辟天子
5.2837 辟(闢)厥匿/唯殷邊侯、田(甸)雩(與)殷正百辟/女(汝)勿皀(蔽)余乃辟一人
5.2841 亦唯先正畀辥(嬖)厥辟/俗(欲)女(汝)弗以乃辟圅(陷)于艱
6.3438 皿辟乍(作)尊彝
7.4071 其用追考(孝)于其辟君武公
7.4072 其用追考(孝)于其辟君武公
7.4116 以召(紹)其辟
7.4117 以召(紹)其辟
8.4170 用辟先王
8.4171 用辟先王
8.4172 用辟先王
8.4173 用辟先王
8.4174 用辟先王
8.4175 用辟先王
8.4176 用辟先王
8.4177 用辟先王
8.4205 朕辟天子/對朕辟休
8.4237 子□余弅(朕)皇辟侯/唯用妥(綏)康令于皇辟侯
8.4342 用夾召(紹)厥辟/谷(欲)女(汝)弗以乃辟圅(陷)于艱
8.4343 令女(汝)辟百寮(僚)
9.4469 用辟我一人
9.4628 我用召(紹)鄉(卿)事(士)、辟王
10.5404 商用乍(作)文辟日丁寶尊彝
10.5428 女(汝)㠱(其)用鄉(饗)乃辟軝侯
10.5429 女(汝)㠱(其)用鄉(饗)乃辟軝侯
10.5432 公大(太)史咸見服于辟王
11.5869 辟東乍(作)父乙尊彝
11.5997 商用乍(作)文辟日丁寶尊彝
11.6015 王令辟井(邢)侯出坏(坯)/乍(作)册麥賜金于辟侯/唯天子休于麥辟侯之年鑄
12.7312 用[作]辟日乙尊彝
14.9029 麇婦辟彝
14.9030 麇婦辟彝
15.9735 刅(創)辟封疆
16.9893 辟井(邢)侯光厥正事(吏)
16.10175 叀(惟)乙祖逨(弼)匹厥辟/唯辟孝畣(友)/龕(堪)事厥辟
16.10360 旋走事皇辟君
16.10374 厥辟□逑

18.12107 辥(壁)大夫信節

4555 皐

5.2840 氏(是)以賜之厥命:隹(雖)又(有)死皐(罪)/ 詒死皐(罪)之又(有)若(赦)
8.4343 以今𩛥(籍)司匍(服)厥皐(罪)𠧟(厥)故(辜)
9.4469 又(有)皐(罪)又(有)故(辜)

4556 辥、辪

5.2683 保辥(嬖)鄙(鄙)國
5.2684 保辥(嬖)鄙(鄙)國
5.2685 保辥(嬖)鄙(鄙)國
5.2686 保辥(嬖)鄙(鄙)國
5.2687 保辥(嬖)鄙(鄙)國
5.2688 保辥(嬖)鄙(鄙)國
5.2689 保辥(嬖)鄙(鄙)國
5.2836 諫辥(嬖)王家 / 保辥(嬖)周邦
5.2841 亦唯先正𠭯辥(嬖)厥辟 / 命女(汝)辥(嬖)我邦、我家內外
7.4076 保辥(嬖)鄙(鄙)國
7.4077 保辥(嬖)鄙(鄙)國
7.4078 保辥(嬖)鄙(鄙)國
7.4079 保辥(嬖)鄙(鄙)國
7.4080 保辥(嬖)鄙(鄙)國
7.4081 保辥(嬖)鄙(鄙)國
7.4082 保辥(嬖)鄙(鄙)國
7.4083 保辥(嬖)鄙(鄙)國
7.4084 保辥(嬖)鄙(鄙)國
7.4085 保辥(嬖)鄙(鄙)國
7.4086 保辥(嬖)鄙(鄙)國
7.4087 保辥(嬖)鄙(鄙)國
8.4342 邦弦潢辥(嬖)
10.5428 唯女(汝)𢓊𩰫(其)敬辥(嬖)乃身
10.5429 唯女(汝)𢓊𩰫(其)敬辥(嬖)乃身
11.6014 自之辥(辥、嬖)民
15.9698 保辥(嬖)鄙(鄙)國
15.9699 保辥(嬖)鄙(鄙)國
16.10152 保辥(嬖)鄙(鄙)國
16.10342 保辥(嬖)王國 / 整辥(乂)爾容

4557 𦏧

6.3368 𦏧乍(作)寶毀
6.3369 𦏧乍(作)寶毀

4558 兮、辛

3.990 辛

4559 㱃、音

4.2014 父己亞音史

4560 妾

1.60-3 僕庸臣妾、小子、室家
5.2836 以(與)厥臣妾
8.4287 王乎命尹封册命伊:𩐋(纘)官𤔲康宮王臣妾、百工
8.4311 僕馭百工、牧臣妾
11.5978 匽(燕)侯賞復冂(裑)衣、臣妾、貝
15.9537 趙君啟妾

4561 童

1.171 自乍(作)禾(龢)童(鐘)
5.2841 死(尸)毋童(動)余一人在立(位)
8.4326 賜朱芾、悤(蔥)黃(衡)、鞞鞍(璲)、玉睘(環)、玉琮、車、電軫、𠦪(賁)縟較(较)、朱鬣(鞹)𢐗靳、虎冟(冪)熏(纁)裏、道(錯)衡、右厄(軛)、畫轉、畫輯、金童(踵)、金家(軶)、金簟弼(茀)、魚葡(箙)、朱旂旜(旜)金芫二鈴
16.10175 微伐尸(夷)童
17.11102 武王之童𥇛
17.11103 武王之童𥇛
17.11104 武王之童𥇛

4562 𤔲、辭

8.4188 仲再父大(太)宰南𪓐(申)厥𤔲(辭)
8.4189 南𪓐(申)伯大(太)宰再父厥𤔲(辭)
14.8792 𤔲(嗣)工(空)丁
16.10174 王令甲政𤔲(嗣)成周四方責(積)
16.10285 牧牛𤔲(辭)誓
16.10363 𤔲(嗣)工(空)

4563 壬

1.87 初吉壬午
3.1272 壬父
3.1299 畀壬
4.1665 木父壬
4.1666 重父壬
4.2176 鳥壬𦨶乍(作)尊彝
4.2275 豊用乍(作)父壬𩰬彝
4.2365 歸乍(作)祖壬寶尊彝
5.2718 用乍(作)父壬寶尊鼎
5.2719 初吉壬午
5.2722 初吉壬申
5.2753 既死霸壬午
5.2754 辰在壬戌
5.2768 唯五月初吉壬申
5.2769 唯五月初吉壬申

5.2770 唯五月初吉壬申
5.2784 五月既生霸壬午
5.2818 三月初吉壬辰
6.3654 𨜏乍(作)父壬寶尊彝
6.3694 叔宿乍(作)日壬寶尊彝
7.4023 辰在壬寅
7.4113 唯八月初吉壬午
8.4134 唯六月既死霸壬申
8.4135 唯六月既死霸壬申
8.4157 既死霸壬戌
8.4158 既死霸壬戌
8.4168 唯正月初吉壬午
8.4201 唯五月壬辰
8.4216 既生霸壬午
8.4217 既生霸壬午
8.4218 既生霸壬午
8.4225 正月初吉壬寅
8.4226 正月初吉壬寅
8.4227 正月初吉壬寅
8.4228 正月初吉壬寅
8.4269 辰在壬午
8.4278 三月初吉壬辰
9.4605 唯九月初吉壬申
10.4898 子祖壬
10.5288 史戌乍(作)父壬尊彝
10.5289 乍(作)父壬寶尊彝
10.5339 䮂乍(作)兄日壬寶尊彝
11.5512 祖壬
11.5662 史父壬
11.5663 舟父壬
11.5664 [illegible](匠)父壬
11.5806 刖父壬
11.5933 䮂乍(作)兄日壬寶尊彝
11.5966 員乍(作)父壬寶尊彝
11.6322 [illegible]父壬
12.6429 䮂兄日壬
12.6498 母壬、日壬
12.6809 祖壬
12.7217 祖壬丰刀
13.7466 父壬
13.7868 祖壬
13.7971 父壬
13.7972 父壬
13.7973 父壬
13.7974 父壬
13.7975 父壬
13.8254 壬舟
14.8354 日祖壬
14.8355 矤(矧)祖壬
14.8356 山祖壬
14.8357 瞩祖壬
14.8662 子父壬
14.8663 木父壬
14.8664 冉父壬
14.8665 父壬糸
14.8953 父壬亞鹿
14.8954 子翌父壬
15.9456 既生霸壬寅
15.9578 □父乍(作)父壬寶壺
15.9696 初吉壬戌
15.9716 唯五月初吉壬申
15.9717 唯五月初吉壬申
16.10155 唯正月初吉壬午
16.10356 初吉壬午
17.11392 大兄日乙、兄日戊、兄日壬、兄日癸、兄日癸、兄日丙
18.11658 子壬五
18.11696 吉日壬午
18.11697 吉日壬午

4564 壬

14.8910 壬册父丁
14.8911 壬册父丁
15.9733 於霝(靈)公之壬(廷)
18.11562 安陽倫(令)韓壬、司刑欣(听)𩚩、右庫工師艾(肴)固、冶瑯𣪘(造)戟朿(刺)

4565 朢

5.2735 唯八月既朢(望)戊辰
5.2736 唯八月既朢(望)戊辰
5.2833 肄(肆)武公亦弗叚(遐)朢(忘)賸(朕)聖祖考幽大叔、懿叔
6.3682 大(太)師小子師朢乍(作)𩰫彝
7.4089 唯三月既朢乙亥
8.4167 虘弗敢朢(忘)公伯休
8.4205 唯九月既朢庚寅
8.4244 三月既朢庚寅
8.4245 其遵(躋)孟□[illegible]臤子□朢仲□□/余□□[illegible]□□[illegible]□□朢〔仲〕皇母
8.4269 唯十又三月既朢/孫孫子子毋敢朢(忘)伯休
8.4272 宰倗父右(佑)朢/王乎史年册命朢:死(尸)𤔲畢王家/朢拜䭫首
8.4287 正月既朢丁亥
8.4312 既朢丁亥
8.4316 既朢甲戌
8.4340 唯元年既朢丁亥
8.4342 既朢庚寅
9.4354 大(太)師小子師朢乍(作)𩰫彝
9.4429 唯王正月既朢
9.4466 七月既朢□□
10.5421 在五月既朢辛酉
10.5422 在五月既朢辛酉
10.5426 唯王十月既朢
10.5432 在二月既朢乙亥
11.5999 在五月既朢辛酉
11.6011 拜䭫首曰:王弗朢(忘)厥舊宗小子
14.9094 公賜朢貝
15.9661 大(太)師小子師朢乍(作)寶壺
16.10166 唯五月既朢戊午
16.10172 五月既朢庚寅

17.11131 司馬塱之告(造)鈛(戈)
17.11313 高塱

4566 ⿱山王、⿱山貝、⿰口⿱山王、徵

2.286 徵曾 / 濁新鐘之徵 / 獸鐘之渻(衍)徵
2.287 徲(夷)則之徵曾 / 爲槃鐘徵 / 爲妥(蕤)賓之徵顛下角 / 爲無睪(射)徵顛
2.288 徵顛 / 徵曾 / 割(姑)跣(洗)之徵角 / 爲獸鐘徵顛下角 / 割(姑)跣(洗)之徵曾 / 爲黃鐘徵
2.289 徵角 / 割(姑)跣(洗)之徵角 / 爲獸鐘徵曾 / 爲獸鐘之徵顛下角
2.291 爲剌(厲)音辭(變)徵 / 坪皇之辭(變)徵
2.292 爲槃鐘徵 / 爲妥(蕤)賓之徵顛下角 / 爲無睪(射)徵角 / 徲(夷)則之徵曾
2.293 徵曾 / 割(姑)跣(洗)之徵曾 / 爲黃鐘徵
2.294 遟(夷)則之徵 / 新鐘之徵曾 / 無睪(射)之徵 / 爲大(太)族(簇)之徵顛下角 / 爲槃鐘徵曾 / 爲坪皇徵角
2.295 徵 / 徵角 / 割(姑)跣(洗)之徵 / 黃鐘之徵角 / 柬音之徵曾 / 宣鐘之珈徵 / 割(姑)跣(洗)之徵角 / 爲獸鐘徵顛下角 / 文王之徵 / 爲黃鐘徵曾
2.296 濁坪皇之徵
2.297 濁獸鐘之徵 / 穆鐘之徵 / 新鐘之徵顛
2.299 徵反 / 徵反
2.301 新鐘之徵顛
2.302 徵反
2.303 新鐘之少徵顛
2.304 徵曾 / 獸鐘之徵
2.305 新鐘之徵曾 / 新鐘之徵
2.306 徵 / 徵角 / 割(姑)肄(洗)之徵 / 割(姑)肄(洗)之徵角
2.308 濁獸鐘之徵 / 穆鐘之徵 / 新鐘之徵顛
2.310 徵反
2.313 徵反
2.314 新鐘之少徵顛
2.315 徵曾 / 獸鐘之徵
2.316 新鐘之徵曾 / 新鐘之徵
2.317 徵 / 徵角 / 割(姑)肄(洗)之徵 / 割(姑)肄(洗)之徵角
2.318 徵
2.320 濁獸鐘之徵 / 穆鐘之徵 / 新鐘之徵顛
2.323 徵 / 割(姑)肄(洗)之徵反 / 柬音之徵曾
2.324 坪皇之徵曾 / 爲遟則徵曾
2.325 無鐸(射)之徵曾 / 新鐘之辭(變)徵
2.326 徵 / 鄘(應)鐘之徵角 / 柬音之徵曾
2.327 爲槃鐘徵 / 爲妥(蕤)賓之徵顛下角 / 爲無鐸(射)徵角 / 遟(夷)則之徵曾
2.328 徵曾 / 割(姑)肄(洗)之徵曾 / 爲黃鐘徵
2.329 遟(夷)則之徵 / 新鐘之徵 / 新鐘之徵曾 / 爲坪皇徵角 / 無鐸(射)之徵 / 爲夫(太)族(簇)之徵顛下角 / 爲槃鐘徵曾
2.330 徵 / 徵角 / 割(姑)肄(洗)之徵 / 獸鐘之徵角 / 割(姑)肄(洗)之徵角 / 爲獸鐘之徵顛下角 / 文王徵 / 爲黃鐘徵曾
2.332 徵曾 / 徵角
2.334 徵曾 / 徵
2.344 宮徵 / 徵角
2.345 徵
2.346 徵曾
2.347 徵角
2.348 徵
2.349 徵曾
5.2838 用徵祉(誕)賣(贖)茲五夫 / 井叔曰:才(裁):王人迺賣(贖)用徵
5.2841 取徵卅爰(鋝)
8.4215 取徵五寽(鋝)
8.4255 取徵五寽(鋝)
8.4266 取徵五寽(鋝)
8.4294 取徵五寽(鋝)
8.4295 取徵五寽(鋝)
8.4326 取徵卄寽(鋝)
10.5414 𠨍(邲)其賜乍(作)册孯徵一、玗一

4567 癸

1.182 元日癸亥
3.460 癸父
3.467 冉癸
3.473 享祖癸
3.483 冉父癸
3.496 鴋祖癸
3.564 通乍(作)父癸彝
3.567 寠乍(作)父癸寶彝
3.822 冀父癸
3.823 伕父癸
3.824 爰父癸
3.826 𠂔母癸
3.846 𦬁(箙)戉父癸
3.905 乍(作)父癸寶尊獻(甗)
3.922 婦闖乍(作)文姑日癸尊彝
3.1273 父癸
3.1274 父癸
3.1275 父癸
3.1276 父癸
3.1277 父癸
3.1278 父癸
3.1279 父癸
3.1280 父癸
3.1282 癸母
3.1300 正癸
3.1317 子癸
3.1391 癸冉
3.1392 癸冉
4.1513 戈祖癸
4.1514 戈祖癸
4.1516 𢍰妣癸
4.1667 大父癸

4.1668 龏(擎)父癸
4.1669 凭(䝟)父癸
4.1670 𠔁父癸
4.1671 [illegible](尺)父癸
4.1672 [illegible](尺)父癸
4.1673 [illegible]父癸
4.1674 冉父癸
4.1675 冉父癸
4.1676 戈父癸
4.1677 䆁(戒)父癸
4.1678 弓父癸
4.1679 [illegible]父癸
4.1680 𠂤父癸
4.1681 [illegible]父癸
4.1682 黿父癸
4.1683 黿父癸
4.1684 黿父癸
4.1685 鳥父癸
4.1686 魚父癸
4.1687 [illegible](擠)父癸
4.1688 旻父癸
4.1689 旻父癸
4.1690 旻父癸
4.1691 目父癸
4.1692 徙父癸
4.1693 癸父串
4.1694 父癸川
4.1695 鼠父癸
4.1700 鄉宁癸
4.1701 鄉癸宁
4.1738 左敄癸
4.1739 右敄癸
4.1815 祖己父癸
4.1816 朋亞祖癸
4.1892 亞弁父癸
4.1893 何父癸㾷
4.1894 何父癸㾷
4.1895 射獸(?)父癸
4.1896 父癸衍(延)要
4.1897 册㢋(庚)癸父
4.1898 册[illegible](己)父癸
4.1899 允册父癸
4.1900 父癸疋册
4.1901 [illegible]乍(作)父癸
4.1902 [illegible](齊)父癸
4.1939 右敄父癸
4.2019 㒼兄戊父癸
4.2020 㒼俞女(母)癸父
4.2021 孔乍(作)父癸旅
4.2113 [illegible]祖辛、祖癸享
4.2132 乍(作)父癸彝
4.2133 乍(作)父癸尊彝
4.2134 乍(作)父癸尊彝
4.2135 臣辰侁册父癸
4.2136 子[illegible]刀糸父癸
4.2139 爻癸婦戠乍(作)彝
4.2257 朋乍(作)父癸寶尊彝
4.2258 𢿌(姍)乍(作)父癸寶尊鬻
4.2259 册乍(作)父癸寶尊彝
4.2262 亶乍(作)母癸
4.2323 梓(辣)乍(作)父癸寶尊彝
4.2324 珽(挺)乍(作)父癸寶尊彝
4.2325 [illegible]季乍(作)父癸寶尊彝
4.2326 史造(?)乍(作)父癸寶尊彝
4.2329 北子乍(作)母癸寶尊彝
4.2368 示己、祖丁、父癸
4.2400 亞若癸受丁旅乙沚𠂤(師)
4.2401 亞若癸受丁旅乙父甲
4.2402 亞若癸受丁旅乙沚𠂤(師)
4.2403 婦闟乍(作)文姑日癸尊彝
4.2427 宜父癸宅于|||(二)
4.2458 用乍(作)祖癸寶鼎
4.2499 癸卯
5.2579 癸日
5.2682 癸卯
5.2695 唯征(正)月既望癸酉
5.2703 用乍(作)大子癸寶尊𩰫
5.2707 癸巳
5.2708 用乍(作)父癸寶𩰫(餗)
5.2711 癸亥
5.2763 我乍(作)禦祫(恤)祖乙、妣乙、祖己、妣癸
5.2771 初吉癸未
5.2772 初吉癸未
5.2778 十又一月癸未
5.2821 用乍(作)朕皇考癸公尊鼎
5.2822 用乍(作)朕皇考癸公尊貞(鼎)
5.2823 用乍(作)朕皇考癸公尊鼎
5.2832 厲叔子夙、厲有𤔲䌛(申)季、慶癸、燹(豳)㒼、荆人敢、井人偈屖
5.2835 癸未
6.3070 癸山
6.3089 癸冉
6.3210 酉父癸
6.3211 舀父癸
6.3212 獸父癸
6.3213 叔父癸
6.3214 父癸倗
6.3215 龏(擎)父癸
6.3216 魚父癸
6.3217 [illegible]父癸
6.3218 冉父癸
6.3219 弁父癸
6.3225 史母癸
6.3226 弔母癸
6.3296 祖癸父丁
6.3337 鄉父癸宁
6.3338 亞弜父癸
6.3339 亞弁父癸
6.3340 耳衡父癸
6.3341 何㾷父癸
6.3342 乍(作)父癸
6.3436 𢇍(𦅫)乍(作)父癸彝
6.3521 [illegible]𢾅(捧)乍(作)父癸尊彝
6.3522 臣辰侁册父癸
6.3523 臣辰侁册父癸
6.3601 偁缶乍(作)祖癸尊彝
6.3645 教乍(作)祖癸寶尊彝
6.3655 亞高亢乍(作)父癸尊彝
6.3656 㞕(征)乍(作)父癸寶尊彝
6.3657 㞕(征)乍(作)

父癸寶尊彝
6.3658 厝(征)乍(作)父癸寶尊彝
6.3659 子令乍(作)父癸寶尊彝
6.3660 𢼸(嗍)乍(作)父癸寶尊彝
6.3661 𢼸(嗍)乍(作)父癸寶尊彝
6.3662 𢼸(嗍)乍(作)父癸寶尊彝
6.3663 黃乍(作)父癸寶尊彝
6.3686 㽙廷冀乍(作)父癸寶尊彝
6.3687 㐬婦乍(作)日癸尊彝
6.3688 通遹(遹)乍(作)父癸寶彝
6.3712 用乍(作)祖癸彝
6.3713 亞若癸受丁旅乙㳄自(師)
7.3826 耳侯戣乍(作)𪒠□□匿㢜乙□□癸文考
7.3941 用乍(作)祖癸寶尊
7.4014 穌(蘇)公子癸父甲乍(作)尊毁
7.4015 穌(蘇)公子癸父甲乍(作)尊毁
7.4020 癸亥
7.4114 仲辛父乍(作)朕皇祖日丁、皇考日癸尊毁
8.4130 初吉癸卯
8.4138 癸巳
8.4262 唯正月初吉癸巳
8.4263 唯正月初吉癸巳
8.4264 唯正月初吉癸巳
8.4265 唯正月初吉癸巳
8.4303 用乍(作)朕皇考癸公尊毁
8.4304 用乍(作)朕皇考癸公尊毁
8.4305 用乍(作)朕皇考癸公尊毁
8.4306 用乍(作)皇考考癸尊毁
8.4307 用乍(作)朕皇考考癸尊毁
8.4308 用乍(作)朕皇考癸公尊毁
8.4309 用乍(作)朕皇考癸公尊毁
8.4310 用乍(作)朕皇考癸公尊毁
9.4649 唯正六月癸未
9.4685 康生(甥)乍(作)玟(文)考癸公寶尊彝
10.4836 父癸
10.4837 父癸
10.4838 癸冉
10.4839 癸𢀛
10.4840 癸𢀛
10.4841 癸豖
10.4899 祖癸㓁
10.4900 㠱祖癸
10.4901 子祖癸
10.4988 爵父癸
10.4989 另(剮)父癸
10.4990 史父癸
10.4991 戕(戒)父癸
10.4992 串父癸
10.4993 奄父癸
10.4994 取父癸
10.4995 令父癸
10.4996 䢅(䡴)父癸
10.4997 父癸魚
10.4998 父癸㠱
10.5010 癸𧗳(衛)典
10.5091 何父癸𡨦
10.5092 乍(作)父癸
10.5093 行天父癸
10.5094 亞得父癸
10.5095 𧗳(衛)册父癸
10.5096 畀𢀛(己)父癸
10.5163 㠱父己、母癸
10.5172 㠱父癸母鉛
10.5173 天黿册父癸
10.5174 又(右)敄癸
10.5218 乍(作)父癸尊彝
10.5265 祖丁、示己、父癸
10.5266 䇓乍(作)妣癸尊彝
10.5290 賁(賸)乍(作)父癸寶尊彝
10.5291 矢伯獲乍(作)父癸彝
10.5295 亞疑㠯臺乍(作)母癸
10.5296 尹舟乍(作)兄癸尊彝
10.5307 髭乍(作)祖癸寶尊彝
10.5315 𢼸(嗍)乍(作)父癸寶尊彝
10.5334 厝(征)乍(作)父癸寶尊彝
10.5335 㔾(卣)乍(作)文考癸寶尊彝
10.5346 豐乍(作)父癸寶尊彝
10.5349 婦闟乍(作)文姑日癸尊彝
10.5350 婦闟乍(作)文姑日癸尊彝
10.5355 用乍(作)父癸尊彝
10.5360 亞𡕷(䝞)䚳蛊(𧉅)乍(作)父癸寶尊彝
10.5370 父癸
10.5397 用乍(作)兄癸彝
10.5401 文考日癸 / 乍(作)父癸旅宗尊彝 / 其以父癸夙夕卿(佮)爾百聞(婚)遘(媾)
10.5407 用乍(作)文考癸寶尊器
10.5414 用乍(作)祖癸尊彝
10.5415 用乍(作)文父癸宗寶尊彝
10.5421 用乍(作)父癸寶尊彝
10.5422 用乍(作)父癸寶尊彝
10.5430 唯九月初吉癸丑
11.5513 祖癸
11.5533 父癸
11.5534 父癸
11.5610 㠱祖癸
11.5611 㓁祖癸
11.5613 咸妣癸
11.5665 㒸父癸

11.5666 史父癸
11.5667 史父癸
11.5668 㰯父癸
11.5669 戈父癸
11.5670 耿(取)父癸
11.5671 冉父癸
11.5672 舣(掛、抻)父癸
11.5673 ⺲父癸
11.5674 ⺲父癸
11.5675 爵父癸
11.5676 舀父癸
11.5677 鳥父癸
11.5678 奄父癸
11.5680 司娉癸
11.5681 司娉癸
11.5719 伯祖癸
11.5751 亞天父癸
11.5752 尹舟父癸
11.5753 劦册父癸
11.5754 劦册父癸
11.5755 父癸告(牛)正
11.5756 何父癸㾓
11.5757 何父癸㾓
11.5758 弓幸父癸
11.5807 王乍(作)母癸尊
11.5808 亯亞亢父癸
11.5838 臣辰㐱册父癸
11.5867 竟乍(作)祖癸寶尊彝
11.5888 亳乍(作)母癸
11.5893 輦乍(作)妣癸尊彝
11.5904 貍乍(作)父癸寶尊彝
11.5905 單曩(具)乍(作)父癸寶尊彝
11.5906 雔乍(作)父癸旅寶尊彝
11.5907 㱿(𠴨)乍(作)父癸寶尊彝
11.5927 㞌(征)乍(作)父癸寶尊彝
11.5928 𡿨辟乍(作)日癸公寶尊彝
11.5937 亞旅止乙受若癸𠂤(師)
11.5938 亞受旅乙沚若癸𠂤(師)乙
11.5946 □乍(作)父癸寶尊彝
11.5989 用乍(作)朕文考日癸旅寶
11.5999 用乍(作)父癸寶尊彝
11.6003 用乍(作)父癸宗寶尊彝
11.6016 唯十月月吉癸未
11.6018 癸
11.6019 癸
11.6130 父癸
11.6131 父癸
11.6132 父癸
11.6212 刀祖癸
11.6323 子父癸
11.6324 重父癸
11.6325 重父癸
11.6326 䢅父癸
11.6327 父癸䢅
11.6328 𣎆父癸
11.6329 𡚱(戒)父癸
11.6330 𡚱(戒)父癸
11.6331 弜父癸
11.6332 弓父癸
11.6333 矢父癸
11.6334 叔(㓷)父癸
11.6335 叔(㓷)父癸
11.6336 戈父癸
11.6337 史父癸
11.6338 叡父癸
11.6339 父癸爰
11.6340 冉父癸
11.6341 冉父癸
11.6342 𠂤父癸
11.6343 魚父癸
11.6344 敄父癸
11.6351 子癸𡍬
12.6420 子𡍬(衛)父癸
12.6421 亞食父癸
12.6422 尹舟父癸
12.6423 齊豹父癸
12.6424 何父癸㾓
12.6425 𢇁父癸
12.6426 𠂠乍(作)父癸
12.6430 亞若癸冉
12.6449 㣇乍(作)父癸
12.6474 敄乍(作)父癸彝
12.6475 朕乍(作)父癸尊彝
12.6501 㐅乍(作)父癸寶尊彝
12.6817 父癸
12.6840 癸重
12.6841 癸𠂤
12.6842 𠃬癸
12.6843 癸冉
12.7084 祖癸冉
12.7085 子祖癸
12.7153 奄父癸
12.7154 獲父癸
12.7155 戈父癸
12.7156 枀父癸
12.7157 行父癸
12.7158 子父癸
12.7159 㔾父癸
12.7218 弔龜祖癸
12.7248 亞宁父癸
12.7249 父癸幸𦬓
12.7250 何父癸㾓
12.7251 何父癸㾓
12.7297 亳乍(作)母癸彝
12.7298 亳乍(作)母癸彝
12.7301 埶(藝)戉乍(作)祖癸句寶彝
12.7303 友(右)敄父癸丨川(三)㚢
12.7305 趞乍(作)日癸寶尊彝
12.7308 亞若癸乙𠂤(師)受丁沚旅
12.7309 亞若癸乙𠂤(師)受丁沚旅
13.7673 癸
13.7869 祖癸
13.7870 祖癸
13.7871 祖癸
13.7872 祖癸
13.7976 父癸
13.7977 父癸
13.7978 父癸
13.7979 父癸
13.7980 父癸
13.7981 父癸
13.7982 父癸
13.7983 父癸
13.7984 父癸
13.7985 父癸
13.7986 父癸
13.7987 父癸
13.7988 父癸
13.7989 父癸

13.7990 癸父
13.7995 母癸
13.7996 母癸
13.7997 母癸
13.7998 妣癸
13.8003 癸乙
13.8059 癸弁
13.8060 癸企
13.8061 癸冉
13.8062 冉癸
13.8063 𧗿(衛)癸
13.8064 亣(次)癸
13.8065 史癸
13.8066 侁癸
13.8067 𠙹(替)癸
13.8068 癸𦥑(盈)
13.8069 雋癸
13.8070 介癸
13.8071 子癸
14.8358 兂(誓)祖癸
14.8359 兂(誓)祖癸
14.8360 𠇍(伎)祖癸
14.8361 趭(趭)祖癸
14.8362 趭(趭)祖癸
14.8363 鳥祖癸
14.8364 㐭祖癸
14.8365 𠘧祖癸
14.8366 㓁祖癸
14.8367 羊祖癸
14.8666 子癸父
14.8667 子癸父
14.8668 𡗜(掌)父癸
14.8669 𡧍父癸
14.8670 𡧍父癸
14.8671 侁父癸
14.8672 元父癸
14.8673 冀父癸
14.8674 冀父癸
14.8675 冀父癸
14.8676 𠬪父癸
14.8677 趭(趭)父癸
14.8678 𡚬(戒)父癸
14.8679 𡧊(倸)父癸
14.8680 兂(誓)父癸
14.8681 㚘(扶)父癸
14.8682 旅父癸
14.8683 旅父癸
14.8684 母父癸
14.8685 盥父癸
14.8686 𥎦(矧)父癸
14.8687 𥎦(矧)父癸
14.8688 耒父癸
14.8689 耒父癸
14.8690 徙父癸
14.8691 木父癸
14.8692 父癸獸
14.8693 奄父癸
14.8694 鳥父癸
14.8695 鳥父癸
14.8696 集父癸
14.8697 獲父癸
14.8698 雔父癸
14.8699 戈父癸
14.8700 戈父癸
14.8701 矢父癸
14.8702 矢父癸
14.8703 弓父癸
14.8704 𩫖父癸
14.8705 幸父癸
14.8706 幸父癸
14.8707 𠀠父癸
14.8708 土父癸
14.8709 享父癸
14.8710 丰父癸
14.8711 木父癸
14.8712 父癸冋
14.8713 𠂭父癸
14.8714 襄父癸
14.8715 𠃊父癸
14.8716 㝑父癸
14.8717 冂父癸
14.8718 𠂤(鈴)父癸
14.8719 玄父癸
14.8720 𠕁父癸
14.8721 𠕁父癸
14.8722 㝊父癸
14.8723 冉父癸
14.8724 父癸冉
14.8725 冉父癸
14.8726 冉父癸
14.8727 冉父癸
14.8728 𠂤父癸
14.8729 𠆢父癸
14.8730 父癸□
14.8742 𡨄兄癸
14.8848 劦册竹祖癸
14.8955 父癸亞𡳿(注)
14.8956 大𣏌父癸
14.8957 何父癸𡧓
14.8958 何父癸𡧓
14.8959 何父癸𡧓
14.8960 禾子父癸
14.8961 𠂤子父癸
14.8962 北𠂤父癸
14.8963 父癸鄉宁
14.8964 弁目父癸
14.8965 弁目父癸
14.8966 弁目父癸
14.8967 父癸舟尹
14.8968 父癸妻(晝)雋
14.8969 父癸幸旅
14.8970 父癸幸𣓀
14.8971 𧇾(𪓰)夷父癸
14.8972 庚壴(鼓)父癸
14.8973 毌𠈃(偁)父癸
14.8974 𠕁册父癸
14.8975 𠕁册父癸
14.8976 伯乍(作)父癸
14.9022 子■木父癸
14.9023 𠃌(𡛞)乍(作)父癸
14.9024 𢿞(摅)乍(作)妣癸𧈧(蛋)
14.9025 亞丁父癸尊彝
14.9026 𢁒(𤝞)父癸尊彝
14.9034 癸𡜏乍(作)考戊
14.9062 嫞乍(作)父癸尊彝
14.9075 𡧊乍(作)母癸
14.9084 友(右)敄父癸仙㚢
14.9085 又(右)敄父癸父仙㚢
14.9092 婦闔乍(作)文姑日癸尊彝
14.9093 婦闔乍(作)文姑日癸尊彝
14.9100 用乍(作)父癸尊彝
14.9102 用乍(作)父癸彝
15.9154 癸
15.9171 父癸
15.9219 冀父癸
15.9220 畀父癸
15.9233 何父癸𡧓
15.9245 𡧊乍(作)母癸
15.9246 婦闔乍(作)文姑日癸尊彝
15.9247 婦闔乍(作)文姑日癸尊彝
15.9249 癸巳/用乍(作)母癸尊彝
15.9265 癸萬

15.9279 黿父癸
15.9285 爵丏父癸
15.9359 黿父癸
15.9360 妋(戒)父癸
15.9361 史父癸
15.9362 爵父癸
15.9363 ⺈父癸
15.9364 句父癸
15.9365 冉父癸
15.9392 父癸臣辰侁
15.9454 用乍(作)父癸寶尊彝
15.9506 魚父癸
15.9778 父癸
15.9779 丁癸
15.9800 何父癸瘠
15.9820 婦闟乍(作)文姑日癸尊彝
15.9826 對乍(作)文考日癸寶尊雷(罍)
16.9874 冉癸
16.9877 祖癸
16.9886 亞若癸乙自(師)受丁旅沚
16.9887 亞若癸乙自(師)受丁旅沚
16.9890 癸未 / 用乍(作)父癸寶尊
16.9892 用乍(作)高文考父癸寶尊彝
16.9901 唯十月月吉癸未
16.9954 癸冉
16.10373 以命攻(工)尹穆丙、攻(工)差(佐)競之、集尹陳夏、少集尹龏賜、少攻(工)差(佐)孝癸
16.10501 父癸
16.10524 ⺳父癸
16.10525 冉父癸
16.10574 耳乍(作)父癸寶尊彝
16.10582 六月初吉癸卯
17.11114 亞若癸
17.11392 大兄日乙、兄日戊、兄日壬、兄日癸、兄日癸、兄日丙
17.11403 祖日乙、大父日癸、大父日癸、仲父日癸、父日癸、父日辛、父日己

4568 子

1.31 子孫永寶用
1.35 子子孫孫永寶
1.42 孫孫子子其永寶
1.43 孫子其永寶
1.44 孫孫子子其永寶
1.45 孫孫子子其永寶
1.46 其萬年子孫永寶
1.47 其子子孫孫永享用之
1.52 王子嬰次自乍(作)□鐘
1.54 子子孫孫
1.55 子子孫孫
1.56 子子孫孫
1.57 子子孫孫
1.58 子子孫孫
1.59 子子孫孫
1.60-3 僕庸臣妾、小子、室家
1.65 子子孫孫
1.66 子孫永寶用享
1.68 子孫永寶用享
1.69 子孫永寶用享
1.71 子孫永寶用享
1.72 子孫永保用之
1.73-4 以樂君子
1.76-7 以樂君子
1.78-9 以樂君子
1.80-1 以樂君子
1.82 余小子肇帥井(型)朕皇祖考懿德
1.86 奄(邾)大(太)宰欉子敓(掠)/ 子子孫孫
1.87 子子孫孫
1.92 敢對揚天子不(丕)顯休
1.93 攻敔仲冬戜之外孫、坪之子臧孫 / 子子孫孫
1.94 攻敔仲冬戜之外孫、坪之子臧孫 / 子子孫孫
1.95 攻敔仲冬戜之外孫、坪之子臧孫 / 子子孫孫
1.96 攻敔仲冬戜之外孫、坪之子臧孫 / 子子孫孫
1.97 攻敔仲戜之外孫、坪之子臧孫 / 子子孫孫
1.98 攻敔仲戜之外孫、坪之子臧孫 / 子子孫孫
1.99 攻敔仲戜之外孫、坪之子臧孫 / 子子孫孫
1.100 攻敔仲冬戜之外孫、坪之子臧孫 / 子子孫孫
1.101 攻敔仲冬戜之外孫、坪之子臧孫 / 子子孫孫
1.103 子子孫孫亡(無)疆寶
1.106 孫子其永寶
1.107-8 見工敢對揚天子休 / 子子孫孫永寶用
1.109-10 子子孫永寶用享
1.112 子子孫永寶用享
1.113 群孫斨子璋 / 子璋擇其吉金 / 子子孫孫
1.114 群孫斨子璋 / 子璋擇其吉金 / 子子孫孫
1.115 群孫斨子璋 / 子璋擇其吉金 / 子子孫孫
1.116 群孫斨子璋 / 子璋擇其吉金 / 子子孫孫
1.117 群孫斨子璋 / 子璋擇其吉金 / 子子孫孫
1.118-9 群孫斨子璋 / 子子孫孫
1.124 子孫永保
1.125-8 子孫永保
1.129-31 子孫永保
1.133 其子子孫孫永寶
1.134 其子子孫孫永寶
1.135 其子子孫孫永寶
1.136 其子子孫孫永寶
1.137-9 其子孫孫永寶
1.140 子子孫孫
1.142 子子孫孫
1.143 敢對揚天子休 /

孫子永寶
1.144 順余子孫
1.145 子子孫永寶
1.146 子子孫永寶
1.147 子子孫永寶
1.148 子子孫永寶
1.153 無(許)子盥(醬)自(師)擇其吉金 / 子子孫孫
1.154 無(許)子盥(醬)自(師)擇其吉金 / 子子孫孫
1.156 丌(其)者□□□於子子
1.157 昭于天子
1.158 昭于天子
1.159 昭于天子
1.160 昭于天子
1.161 昭于天子
1.172 簷(筥)叔之仲子平 / 子子孫孫
1.173 簷(筥)叔之仲子平 / 子子孫孫
1.174 簷(筥)叔之仲子平
1.175 簷(筥)叔之仲子平 / 子子孫孫
1.176 簷(筥)叔之仲子平 / 子子孫孫
1.177 簷(筥)叔之仲子平 / 子子孫孫
1.178 簷(筥)叔之仲子平 / 子子孫孫
1.179 簷(筥)叔之仲子平 / 子子孫孫
1.180 簷(筥)叔之仲子平 / 子子孫孫
1.181 天子其萬年眉壽 / 敢對揚天子不(丕)顯魯休
1.182 郐(徐)王子旃擇其吉金 / 子子孫孫
1.183 曾孫僕兒、余达斯于之子(孫)、余茲佫之元子 / 子孫用之
1.184 子孫用之
1.185 余茲佫之元子
1.186 子孫用之
1.187-8 辟天子 / 天子肩(肩)事梁其 / 用天子寵蔑梁其曆 / 梁其敢對天子不(丕)顯休揚
1.189-90 辟天子 / 天子肩(肩)事梁其 / 用天子寵蔑梁其曆 / 梁其敢對天子不(丕)顯休揚
1.191 天子 / 天子肩(肩)事梁其 / 用天子寵蔑梁其曆 / 梁其敢對天子不(丕)顯休揚
1.193 工勮王皮難(然)之子者減 / 子子孫孫
1.194 工勮王皮難(然)之子者減 / 子子孫孫
1.195 工勮王皮難(然)之子者減 / 子子孫孫
1.196 工勮王皮難(然)之子者減 / 子子孫孫
1.197 工勮王皮難(然)之子者減 / 子子孫孫
1.198 工勮王皮難(然)之子者減 / 子子孫孫
1.199 工勮王皮難(然)之子者減 / 子子孫孫
1.200 工勮王皮難(然)之子者減 / 子子孫孫
1.201 工勮王皮難(然)之子者減 / 子子孫孫
1.202 工勮王皮難(然)之子者減 / 子子孫孫
1.203 郐(徐)王庚之思(淑)子沇兒 / 子孫永保鼓之
1.204-5 克敢對揚天子休 / 子子孫孫永寶
1.206-7 克敢對揚天子休 / 子子孫孫永寶
1.209 克敢對揚天子休 / 子子孫孫永寶
1.210 蔡侯〔鸝〕曰: 余唯(雖)末少子 / 均(君)子大夫 / 子孫鼓之
1.211 蔡侯〔鸝〕曰: 余唯(雖)末少子 / 均(君)子大夫 / 子孫鼓之
1.216 子孫鼓之
1.217 蔡侯〔鸝〕曰: 余唯(雖)末少子 / 均(君)子大夫 / 子孫鼓之
1.218 蔡侯〔鸝〕曰: 余唯(雖)末少子 / 均(君)子大夫 / 子孫鼓之
1.219 蔡侯〔鸝〕曰: 余唯(雖)末少子 / 均(君)子大夫 / 子孫鼓之
1.220 蔡侯〔鸝〕曰: 余唯(雖)末少子 / 均(君)子大夫 / 子孫鼓之
1.221 蔡侯〔鸝〕曰: 余唯(雖)末少子 / 均(君)子大夫 / 子孫鼓之
1.222 蔡侯〔鸝〕曰: 余唯(雖)末少子 / 均(君)子大夫 / 子孫鼓之
1.225 郘(呂)黛(纚)曰: 余畢公之孫、郘(呂)伯之子 / 世世子孫
1.226 郘(呂)黛(纚)曰: 余畢公之孫、郘(呂)伯之子 / 世世子孫
1.227 郘(呂)黛(纚)曰: 余畢公之孫、郘(呂)伯之子 / 世世子孫
1.228 郘(呂)黛(纚)曰: 余畢公之孫、郘(呂)伯之子 / 世世子孫
1.229 郘(呂)黛(纚)曰: 余畢公之孫、郘(呂)伯之子 / 世世子孫
1.230 郘(呂)黛(纚)曰: 余畢公之孫、郘(呂)伯之子 / 世世子孫
1.231 郘(呂)黛(纚)曰: 余畢公之孫、郘(呂)伯之子 / 世世子孫
1.232 郘(呂)黛(纚)曰: 余畢公之孫、郘(呂)伯之子 / 世世子孫

1.233 郘(吕)黛(縹)曰:余畢公之孫、郘(吕)伯之子/世世子孫
1.234 郘(吕)黛(縹)曰:余畢公之孫、郘(吕)伯之子/世世子孫
1.235 郘(吕)黛(縹)曰:余畢公之孫、郘(吕)伯之子/世世子孫
1.236 郘(吕)黛(縹)曰:余畢公之孫、郘(吕)伯之子/世世子孫
1.237 郘(吕)黛(縹)曰:余畢公之孫、郘(吕)伯之子/世世子孫
1.238 淄(祇)御于天子/廼天子多賜旅休/旅對天子魯休揚/子子孫孫
1.239 淄(祇)御于天子/廼天子多賜旅休/旅對天子魯休揚/子子孫孫
1.240 淄(祇)御于天子/廼天子多賜旅休/旅對天子魯休揚/子子孫孫
1.241 淄(祇)御于天子/廼天子多賜旅休/旅敢對天子魯休揚/子子孫孫
1.242-4 淄(祇)御于天子/廼天子多賜旅休/旅對天子魯休揚
1.245 台(以)宴士庶子/子子孫孫
1.260 唯皇上帝、百神保余小子
1.261 枼(世)萬孫子
1.262-3 公及王姬曰:余小子
1.264-6 公及王姬曰:余小子
1.267 公及王姬曰:余小子
1.268 公及王姬曰:余小子
1.269 公及王姬曰:余小子
1.270 曰:余雖小子
1.271 齊辟鼙(鮑)叔之孫、遵(躋)仲之子黔(紟)/乍(作)子仲姜寶鎛/保慮(吾)子佳(姓)/侯氏從造(告)之曰:枼(世)萬至於辝(台)孫子/鼙(鮑)子黔(紟)曰:余彌心畏諆(忌)/子子孫永保用享
1.272-8 女(汝)尸毋曰余少(小)子/子孫永保用享
1.285 女(汝)尸毋曰余少(小)子/子子孫孫
2.350 子子孫孫
2.351 子子孫孫
2.352 子子孫孫
2.353 子子孫孫
2.354 子子孫孫
2.355 子子孫孫
2.356 其子子孫孫永日鼓樂兹鐘
2.357 其子子孫孫日鼓樂兹鐘
2.358 余小子肈嗣先王
2.404 子離
2.421 子子孫孫
2.422 子子孫孫
2.423 子子孫孫
2.424 姑馮昏同(馮同、逢同)之子/子子孫孫
2.425 枼(世)萬子孫
2.426 吳王□□□□犬子配兒/子孫用之
2.427 吳王□□□□犬子配兒/子孫用之
2.428 □□之子〔余冄〕/羕子孫余冄/子子孫孫
2.429 余以共旒示□帝(嫡)庶子/世(?)萬子孫永保
3.487 眉▇子
3.570 子其永寶
3.582 嘗子旅乍(作)父戊寶彝
3.583 嘗子旅乍(作)父戊寶彝
3.600 子子孫孫
3.601 宋頪父乍(作)豐子賸(媵)鬲
3.612 〔番〕伯ㄌ子(孫)自乍(作)寶鬲
3.624 黄子乍(作)黄甫(夫)人孟母器
3.625 曾子單用吉金自乍(作)寶鬲
3.627 子子孫孫永寶用
3.633 其永子孫寶
3.635 子子孫孫
3.636 其子子孫孫寶用
3.642 其萬〔年〕子☐
3.646 子子孫孫永寶用
3.649 其子子孫孫永寶用
3.650 其子子孫孫永寶用
3.651 其子子孫孫永寶用
3.652 其子子孫孫永寶用
3.653 其子子孫孫永寶用
3.654 其子子孫孫永寶用
3.655 其子子孫孫永寶用
3.656 其子子孫孫永寶用
3.657 其子子孫孫永寶用
3.658 其子子孫孫永寶用
3.661 虢季子緻(組)乍(作)鬲/子孫永寶用享
3.662 虢季氏子緻(組)乍(作)鬲/子子孫孫
3.663 釐伯、毚母子剌乍(作)寶鬲/子孫永寶用
3.664 釐伯、毚母子剌乍(作)寶鬲/子孫永寶用
3.665 釐伯、毚母子剌乍(作)寶鬲/子孫永寶用
3.666 子子孫孫永寶用
3.667 子子孫孫永寶用

3.668 子子孫孫永寶用
3.669 子子孫孫永寶用
3.671 子子孫孫永寶用
3.672 其子子孫孫永寶用
3.673 其子子孫孫永寶用
3.674 子子孫孫永寶用
3.677 子子孫孫
3.678 子子孫孫
3.680 子子孫孫永寶用
3.681 子子孫孫
3.682 其子孫永寶用
3.683 虢季氏子役乍(作)寶鬲 / 子子孫孫
3.684 其子子孫寶用
3.685 子子孫孫
3.686 子子孫孫
3.687 黄子乍(作)黄甫(夫)人行器
3.688 鄭入(納)爐于女(汝)子
3.696 子子孫孫永寶
3.697 子子孫孫永寶用
3.698 子子孫孫永寶用
3.700 其子子孫孫永寶用
3.701 其子子孫孫永寶用
3.702 其子子孫孫永寶用
3.703 其子子孫孫永寶用
3.704 其子子孫孫永寶用
3.705 子子孫孫永用
3.706 子子孫孫永用
3.708 子子孫孫永寶用
3.709 子子孫孫永寶用
3.710 子子孫孫永寶用
3.711 子子孫孫永用享
3.712 子子孫孫
3.713 子子孫孫
3.714 其子子孫永寶用享
3.715 子子孫孫永寶用
3.716 子子孫孫永寶用
3.717 鼄(邾)沓(友)父朕(媵)其子胙(胙)嫊寶鬲
3.718 其萬年子孫用之
3.719 子子孫孫
3.720 子子孫孫
3.721 子子孫孫
3.722 子子孫孫
3.723 子子孫孫
3.724 子子孫孫
3.725 子子孫孫
3.726 子子孫孫
3.727 子子孫孫
3.728 子子孫孫
3.729 子子孫孫永寶用
3.730 子子孫孫永寶用
3.732 子子孫永用
3.733 子子孫永用
3.734 子孫永用
3.735 鑄子叔黑臣(頤)肇乍(作)寶鬲
3.736 虢文公子役乍(作)叔妃鬲 / 子孫永寶用享
3.737 子子孫孫
3.738 子子孫孫永寶用
3.739 子子孫孫寶用
3.740 子子孫孫寶用
3.742 醫子子奠伯乍(作)尊鬲 / 子子孫孫永寶用
3.743 其子子孫孫永寶用享
3.744 子子孫孫
3.745 子孫永寶用
3.746 子子孫孫
3.747 子子孫孫
3.748 子子孫孫
3.749 子子孫孫
3.750 子子孫孫
3.751 子子孫孫
3.752 子子孫孫
3.753 子仲漁斐池
3.838 子父乙犬
3.847 丱(丱)北子冉
3.866 子商亞絴乙
3.874 解子乍(作)旅獻(甗)
3.889 田告乍(作)仲子彝
3.917 者(諸)女以大子尊彝
3.919 子子孫孫永寶用
3.924 乃子乍(作)父辛寶尊彝 / 乃子乍(作)父辛寶尊彝
3.928 子子孫孫永寶用
3.929 子子孫孫永寶用
3.930 燓(榮)子旅乍(作)祖乙寶彝 / 子孫永寶
3.932 子邦父乍(作)旅獻(甗)/ 其子子孫孫永寶用
3.933 子子孫孫永寶用
3.934 至子子孫孫
3.937 奠(鄭)大(太)師小子侯父乍(作)寶獻(甗)/ 子子孫永寶用
3.938 子子孫孫永寶
3.939 子子孫孫永寶用
3.940 孫子永寶用
3.941 子子孫孫
3.942 子子孫孫永寶用
3.943 唯曾子仲諆用其吉金 / 子子孫孫
3.945 邕子良人擇其吉金 / 其子子孫孫永〔壽用之〕
3.946 子子孫孫
3.947 敶(陳)公子子叔遼父乍(作)旅獻(甗)/ 子孫是尚(常)
3.1042 子
3.1043 子
3.1044 子
3.1045 子
3.1046 子
3.1301 子妥
3.1302 子妥
3.1303 子妥
3.1304 子妥
3.1305 子妥
3.1306 子龏
3.1307 子龏
3.1308 子龏
3.1309 子媚
3.1310 子廞
3.1311 子衛
3.1312 子衛
3.1313 子𦎧(就)
3.1314 子𦎧(就)
3.1315 子乙
3.1316 子戊
3.1317 子癸
3.1318 子翌
3.1319 子𦐖(綠)
3.1348 國子
3.1349 向孝子

4.1534 子父乙
4.1596 子父丁
4.1621 子父己
4.1661 子父辛
4.1697 子父异
4.1715 子脊𢀛
4.1716 子脊
4.1717 子雨己
4.1718 屰子干
4.1719 北子冉
4.1798 子首氏
4.1826 子刀父乙
4.1827 子□父乙
4.1828 子鼎父乙
4.1850 子羊父丁
4.1862 季父戊子
4.1873 子申父己
4.1874 父己小子
4.1879 子刀父己
4.1881 子刀父辛
4.1882 子刀父辛
4.1891 子𡬶(撜)父辛
4.1909 亞 (敢) 女(汝)子
4.1910 子鴅(鵬)君竈
4.1926 叔乍(作)穌(蘇)子
4.1935 國子
4.1947 滑孝子
4.2015 小子乍(作)父己
4.2016 小子乍(作)父己
4.2017 子克册父辛
4.2018 子乍(作)鼎盟彝
4.2086 君子之弄鼎
4.2087 㯳㰧(蔡)子林之貞(鼎)
4.2095 大(太)子貞(鼎)
4.2096 大(太)子貞(鼎)
4.2136 子刀糸父癸
4.2206 燮(榮)子乍(作)寶尊鼎
4.2229 沖子𨝂之行貞(鼎)
4.2230 [楚]子哀□乍(作)□貞(鼎)
4.2231 楚子趌之飤繁
4.2235 鄧子午之飤鐈
4.2239 爰子宨之飤繁
4.2271 子戊乍(作)母丁尊彝
4.2272 圳(圳)小子句乍(作)寶鼎
4.2285 子陳□之孫□行𠙶
4.2286 𧊒子𧊒(諱)自乍(作)飤鐈
4.2289 王子侄自酢(作)飤貞(鼎)
4.2311 咸媟(㚤)子乍(作)祖丁尊彝
4.2320 訾子旅乍(作)父戊寶彝
4.2329 北子乍(作)母癸寶尊彝
4.2345 解子乍(作)厥宄圛宮鼎
4.2349 子孫永用
4.2350 子子孫孫永寶用
4.2369 長子狗乍(作)文父乙尊彝
4.2376 子子孫孫永寶
4.2379 孫孫子永寶
4.2380 子子孫永寶用
4.2390 余(徐)子汆之鼎
4.2396 君孝子貞(鼎)
4.2416 子邁乍(作)寶鼎/子子孫孫永寶用
4.2417 其子子孫孫永寶用
4.2418 子子孫永用
4.2420 孫子寶
4.2421 奠(鄭)子石乍(作)鼎/子子孫孫永寶用
4.2422 子子孫孫用享
4.2423 曾侯仲子斿(遊)父自乍(作)𩰫彝
4.2424 曾侯仲子斿(遊)父自乍(作)𩰫彝
4.2426 子子孫孫永寶用
4.2428 [杞]子每刃乍(作)寶鼎
4.2429 子子孫孫永寶用
4.2430 子孫永寶用享
4.2442 子子孫永寶用
4.2448 內(芮)大(太)子乍(作)鑄鼎/子孫永用享
4.2449 內(芮)大(太)子乍(作)鑄鼎/子孫永用享
4.2450 曾子伯誩鑄行器
4.2451 宜信冢子
4.2461 子孫永寶用
4.2463 子子孫孫寶用
4.2464 子子孫孫寶用
4.2465 其子子孫孫永用
4.2466 子子孫孫
4.2467 子子孫孫
4.2468 子子孫孫
4.2469 其子子孫孫用
4.2471 其子子孫其永寶用
4.2475 子孫永寶用享
4.2476 其子子孫孫永寶用
4.2481 寧冢子得、冶誥爲財(𦼮)
4.2484 子孫永寶用
4.2486 子子孫孫永寶
4.2488 子子孫孫永寶用
4.2489 其孫孫子子邁(萬)年永寶
4.2493 其邁(萬)年子孫永用
4.2494 子子孫孫永寶用/子子孫孫永寶用
4.2495 子子孫孫永寶用
4.2496 內(芮)大(太)子白乍(作)鼎/子孫永用
4.2497 子孫則永祐瘔(福)
4.2498 鄒(邊)子䒵棗爲其行器
4.2500 孫子永寶用
4.2503 燮(榮)子旅乍(作)父戊寶尊彝/其孫子永寶
4.2508 子子孫永寶用
4.2511 子孫其萬年永寶用
4.2512 子子孫永寶用

享
4.2513 子子孫孫永寶用
4.2514 子子孫孫永寶用
4.2515 子子孫孫永寶用
4.2516 子子孫永寶用享
4.2517 內(芮)子仲㲒(搬)乍(作)叔媿尊鼎 / 子子孫孫永寶用
4.2518 子子孫孫
4.2519 子孫永寶用之
4.2520 其子子孫孫永寶用
4.2521 子子孫孫永寶用
4.2522 子子孫孫
4.2523 子子孫孫
4.2524 其子子孫孫永寶用
4.2525 子子孫孫永寶用
4.2526 子子孫孫永寶用
4.2529 子子孫永用享孝
4.2530 王子中府
5.2532 乃牆子乍(作)厥文考尊彝
5.2533 子子孫孫
5.2534 子子孫孫永寶用
5.2535 其子子孫孫萬年
5.2536 其子子孫孫永寶用
5.2538 子子孫孫永寶用享
5.2539 其子子孫孫永用享
5.2540 其子子孫孫永用享
5.2541 其子子孫孫永寶用
5.2542 其子子孫孫永寶用
5.2543 其子子孫孫永寶用
5.2544 其子子孫孫永寶用
5.2545 其子子孫孫永寶用
5.2546 子子孫孫永寶用
5.2547 子子孫孫
5.2548 子子孫孫
5.2549 子子孫孫永寶用
5.2552 子子孫孫永寶用
5.2557 子子孫孫永寶用
5.2558 子子孫孫永寶用
5.2559 子子孫孫
5.2561 子子孫永寶用
5.2562 其萬子孫永寶用
5.2563 曾者子鏍(𥈭)用乍(作)淄(𨥑)鼎 / 子子孫孫永壽
5.2564 曾仲子敔用吉金自乍(作)寶鼎 / 子孫永用享
5.2565 子孫永寶用享
5.2566 黃子乍(作)黃甫(夫)人行器
5.2567 黃子乍(作)黃甫(夫)人孟姬器
5.2569 子子孫孫
5.2570 子子孫永寶用享
5.2571 子子孫永寶用享
5.2572 交君子叕肈乍(作)寶鼎
5.2574 鄲(單)孝子台(以)庚寅之日
5.2580 大(太)師小子伯莀父乍(作)寶鼎 / 子子孫孫永寶用
5.2582 其子子孫孫用享孝于宗老
5.2584 子子孫孫
5.2585 子子孫其眉壽萬年
5.2586 子子孫孫永寶用
5.2587 鑄子叔黑臣肈乍(作)寶貞(鼎)
5.2588 子子孫孫
5.2590 梁陰命(令)率上官冢子疾、冶勳鑄
5.2591 其子子孫孫永寶用之
5.2596 子子孫孫永寶用
5.2598 尗(叔)史小子毅乍(作)寒姒好尊鼎 / 子子孫永寶用
5.2599 子子孫永寶用
5.2600 子子孫孫永寶用
5.2601 子子孫孫永寶用
5.2602 子子孫永寶用享
5.2603 唯緊(紶)子丙車乍(作)行貞(鼎)/ 子孫永寶
5.2604 唯緊(紶)子丙車乍(作)行貞(鼎)/ 子孫永寶
5.2606 子孫永寶用之
5.2616 子子孫孫永寶用
5.2617 子孫永寶用
5.2618 子孫永寶用
5.2619 子子孫永寶用享
5.2620 唯曾子仲謱用其吉金 / 子子孫孫
5.2621 子子孫孫
5.2622 子子孫孫
5.2629 子子孫孫其永寶
5.2630 子子孫孫其永寶
5.2631 子子孫孫永寶
5.2632 子子孫永寶用享
5.2633 子子孫孫
5.2634 虢文公子伇乍(作)叔妃鼎 / 子孫孫永寶用享
5.2635 虢文公子伇乍(作)叔妃鼎 / 子孫孫永寶用享
5.2636 虢文公子伇乍(作)叔妃鼎 / 子孫孫永寶用享
5.2637 虢宣公子白乍(作)尊鼎 / 子子孫孫
5.2638 子子孫孫永寶用

5.2639 子子孫孫
5.2640 子子孫孫永寶用
5.2641 子子孫孫永寶用
5.2642 子子孫永寶用享
5.2644 子子孫永寶用之
5.2645 子子孫孫
5.2648 子賜小子爵(畀)王商(賞)貝在𠂤(兢)師(次)
5.2649 子子孫孫永寶用
5.2652 涂大(太)子伯辰□乍(作)爲其好妻□[鼎]
5.2653 缶用乍(作)享大(太)子乙家祀尊
5.2656 子子孫永寶用
5.2657 唯黃孫子緐(絼)君叔單自乍(作)貞(鼎)/子孫孫永寶用享
5.2663 子子孫孫永寶用
5.2664 子子孫孫永寶用
5.2665 子子孫孫永寶用
5.2666 子子孫孫永寶用
5.2667 子子孫孫
5.2668 其子子孫孫永寶用之
5.2675 子子孫孫
5.2679 子子孫永寶用
5.2680 子孫孫永寶用享
5.2681 子子孫孫永寶用
5.2683 王子剌公之宗婦鄁(部)嬰
5.2684 王子剌公之宗婦鄁(部)嬰
5.2685 王子剌公之宗婦鄁(部)嬰
5.2686 王子剌公之宗婦鄁(部)嬰
5.2687 王子剌公之宗婦鄁(部)嬰
5.2688 王子剌公之宗婦鄁(部)嬰
5.2689 王子剌公爲宗婦鄁(部)嬰宗彝鬻彝
5.2690 子子孫孫
5.2691 子子孫孫
5.2692 子子孫孫
5.2694 王令宜子迨(會)西方于省
5.2697 子子孫永寶
5.2698 子子孫孫永寶
5.2699 子子孫孫永寶
5.2700 子子孫孫永寶
5.2703 用乍(作)大子癸寶尊爐
5.2704 子子孫其永寶
5.2711 大(太)子賜東大貝
5.2712 叔(𠭯)辛伯蔑乃子克曆
5.2713 子孫永寶用
5.2714 子子孫孫
5.2715 郐(徐)王之子庚兒
5.2716 郐(徐)王之子庚兒
5.2717 王子昊(昃)擇其吉金/子子孫孫
5.2723 孫孫子子寶用
5.2727 子子孫孫永寶用
5.2730 其子子孫孫永寶
5.2731 子子孫孫其永寶
5.2732 子孫是若
5.2733 子孫永寶
5.2734 子子孫孫永寶用
5.2737 曾子仲宣□用其吉金/子子孫孫
5.2738 子子孫孫
5.2743 其子子孫萬年
5.2744 其子子孫萬年
5.2745 子子孫孫永寶用
5.2747 敢對揚天子不(丕)顯休
5.2749 子子孫孫寶
5.2750 上曾大(太)子般殷
5.2753 子子孫孫永寶用
5.2754 子子孫孫永用
5.2755 其孫孫子子其永寶
5.2757 曾子斻擇其吉金
5.2762 子子孫孫
5.2766 壽躬穀子
5.2767 子子孫永寶
5.2768 其百子千孫/其子子孫孫永寶用
5.2769 其百子千孫/其子子孫孫永寶用
5.2770 其百子千孫/其子子孫孫永寶用
5.2771 子子孫孫
5.2772 子子孫孫
5.2774 乃頷子帥隹/王母唯用自念于周公孫子
5.2776 天子邁(萬)年/其孫孫子子永寶用
5.2777 子子孫孫
5.2779 子子孫孫
5.2780 孫孫子子永寶用
5.2781 子子孫孫永用
5.2783 敢對揚天子休
5.2784 敢對揚天子休
5.2786 敢對揚天子不(丕)顯休/子子孫孫
5.2787 日遅(揚)天子覭(景)令(命)/子子孫孫永寶用
5.2788 日遅(揚)天子覭(景)令(命)/子子孫孫永寶用
5.2789 其子子孫孫永寶
5.2790 緣子子孫永寶用享
5.2791 天子洀宝(貯)伯姜/伯姜對揚天子休/天子萬年/百(百)世孫孫子子受厥屯(純)魯/伯姜日受天子魯休
5.2792 大矢始敢對揚天子休/孫孫子子永寶用
5.2796 克其子子孫孫永寶用

5.2797 克其子子孫孫永寶用
5.2798 克其子子孫孫永寶用
5.2799 克其子子孫孫永寶用
5.2800 克其子子孫孫永寶用
5.2801 克其子子孫孫永寶用
5.2802 克其子子孫孫永寶用
5.2803 有嗣眔師氏、小子卿(佮)射 / 曰:小子迺學
5.2804 對揚天子不(丕)顯皇休 / 子孫永寶用
5.2805 對揚天子休 / 子子孫孫永寶用
5.2806 囚子不(丕)顯休 / 大其子[子孫孫邁]年永寶用
5.2807 對揚天子不(丕)顯休 / 大其子子孫孫邁(萬)年永寶用
5.2808 對揚天子不(丕)顯休 / 大其子子孫孫邁(萬)年永寶用
5.2810 敢對揚天子不(丕)顯休贅(賚)/ 子孫永寶用
5.2811 王子午擇其吉金 / 命(令)尹子庚 / 子孫是制
5.2812 大(太)師小子師朢(望)曰:不(丕)顯皇考宄公 / 朢(望)敢對揚天子不(丕)顯魯休 / 子子孫孫永寶用
5.2813 對揚天子不(丕)邴(丕)魯休 / 子子孫永寶用
5.2814 無(許)叀敢對揚天子不(丕)顯魯休 / 子孫永寶用
5.2815 敢對揚天子不(丕)顯魯休 / 子子孫孫永寶
5.2816 子孫其萬年永寶用
5.2817 敢對揚天子不(丕)顯休令(命)/ 晨其[百]世子子孫孫
5.2818 子子孫孫永寶用
5.2819 敢對揚天子不(丕)顯叚(遐)休令(命)/ 子孫永寶用
5.2820 對揚皇天子不(丕)邴(丕)休 / 余其用各我宗子雩(與)百生(姓)
5.2821 此敢對揚天子不(丕)顯休令(命)/ 畯臣天子 / 子子孫永寶用
5.2822 此敢對揚天子不(丕)顯休令(命)/ 畯臣天子 / 子子孫孫永寶用
5.2823 此敢對揚天子不(丕)顯休令(命)/ 畯臣天子 / 子子孫永寶用
5.2824 王用肇事(使)乃子䵼 / 則尚(常)安永宕乃子䵼心 / 厥復享于天子 / 唯厥事(使)乃子䵼萬年辟事天子 / 其子子孫孫永寶茲剌(烈)
5.2825 山敢對揚天子休令(命)/ 子子孫孫永寶用
5.2826 用康頤(揉)妥(綏)褱(懷)遠埶(邇)君子 / 畯保其孫子
5.2827 頌敢對揚天子不(丕)顯魯休 / 畯臣天子 / 子子孫寶用
5.2828 頌敢對揚天子不(丕)顯魯休 / 畯臣天子 / 子子孫孫寶用
5.2829 頌敢對揚天子不(丕)顯魯休 / 畯臣天子 / 子子孫孫寶用
5.2830 叀(惟)余小子肇盄(淑)先王德 / 䢅臣皇辟天子 / 不(丕)自乍(作)小子 / 伯亦克㲋(款)由先祖蠱孫子 / 卑(俾)天子邁(萬)年 / 臣保天子
5.2831 顔小子具(俱)叀(惟)夆(封)/ 衛小子㝱(?)逆者(諸)
5.2832 厲叔子夙、厲有嗣䵵(申)季、慶癸、燹(豳)褢、荆人敢、井人偈屖 / 衛小子逆其鄉(饗)、匔(媵)
5.2833 子子孫孫寶用
5.2834 〔勿〕眉(遺)壽子(幼)/ 子子孫孫寶用
5.2835 其子子孫永寶用
5.2836 永念于厥孫辟天子 / 天子明哲 / 不(丕)顯天子 / 天子其萬年無疆 / 敢對揚天子不(丕)顯魯休 / 子子孫孫永寶用
5.2837 古(故)天異(翼)臨子
5.2838 子子孫孫其永寶 / 事(使)厥小子斆(究)以限訟于井叔
5.2839 戠(鬼)方子□□入三門
5.2840 郾(燕)君子儈(噲)/ 猶粯(迷)惑於子之而迒(亡)其邦 / 子子孫孫
5.2841 司余小子弗役(及)/ 趩余小子圂湛于艱 / 雩(與)参有嗣、小子、師氏、虎臣 / 毛公㫚對揚天子皇休 / 子子孫孫永寶用
6.3071 子巫
6.3072 子青
6.3073 子妻(晝)
6.3074 子妻(晝)
6.3075 子妥
6.3076 子臭(扣)
6.3077 子眚(孤)
6.3078 子彈
6.3079 子刀
6.3080 翌子
6.3186 子父戊
6.3234 ㄖ止子
6.3322 子羽(䌛)父丁
6.3420 子眉口父乙

7.4090 子子孫孫永寶用
7.4091 子子孫孫永寶
7.4092 子子孫孫永寶
7.4093 子子孫孫永寶
7.4094 子子孫孫永寶
7.4095 子孫永寶用享
7.4096 子孫是保
7.4098 孫孫子子永寶
7.4102 子子孫孫永寶
7.4103 子子孫孫永寶
7.4107 子孫是尚(常)/子孫之寶
7.4108 子子孫孫
7.4109 子子孫孫
7.4110 子子孫孫
7.4111 子子孫孫
7.4113 子子孫孫永寶
7.4114 子孫孫永寶用享
7.4115 子子孫孫永寶
7.4116 子子孫孫永寶用
7.4117 子子孫孫永寶用
7.4118 子子孫孫永寶用
7.4119 子子孫孫永寶用
7.4120 率樂𢇍子𡚬父/子子孫孫
8.4121 對揚天子休
8.4122 其子子孫孫永寶
8.4123 其子子孫孫永寶用
8.4124 子子孫孫永寶用
8.4125 其子子孫孫邁(萬)年永寶用
8.4126 子子孫孫永寶
8.4127 其妻子用享考(孝)于叔皮父/子子孫孫寶
8.4128 用乍(作)我子孟媾寢小尊賸(媵)段
8.4129 買其子子孫孫永寶用享
8.4130 子子孫孫
8.4131 唯甲子朝
8.4137 用侃喜百生(姓)、倗友眔子婦/子孫永寶
8.4138 𡛢商(賞)小子𩰫貝十朋
8.4140 王伐彔(淥)子聽
8.4141 子子孫孫永寶用
8.4142 子子孫孫永寶用
8.4143 子子孫孫永寶用
8.4147 孫子子孫孫
8.4148 孫子子孫孫
8.4149 孫子子孫孫
8.4150 孫子子孫孫
8.4151 孫子子孫孫
8.4152 鄘(筥)侯少(小)子析(析)、乃孝孫不巨
8.4153 其子子孫孫永寶
8.4155 子子孫其永寶用
8.4156 子孫永寶用享
8.4159 其萬年孫子寶
8.4162 子子孫孫其永寶
8.4163 子子孫孫其永寶
8.4164 子子孫孫其永寶
8.4168 子子孫孫
8.4169 子子孫孫
8.4178 子子孫孫
8.4179 守敢對揚天子休令(命)/子子孫孫永寶用
8.4180 守敢對揚天子休令(命)/子子孫孫永寶用
8.4181 守敢對揚天子休令(命)/子子孫孫永寶用
8.4182 子子孫孫
8.4183 子子孫孫
8.4188 子子孫孫
8.4189 子子孫孫
8.4190 肪曰:余陳仲𠭯(産)孫、𥁓(釐、萊)叔和子
8.4192 萬年以(與)厥孫子寶用
8.4193 萬年以(與)厥孫子寶用
8.4194 𡧍眔厥子子孫永寶
8.4195 𦯧對揚天子休
8.4196 子子孫其永寶用
8.4197 子子孫孫其永寶
8.4198 子子孫孫
8.4199 敢對揚天子休/世子子孫虞寶用
8.4200 敢對揚天子休/世子子孫孫虞寶用
8.4201 子子孫永寶
8.4202 對揚天子魯命/子子孫孫
8.4203 子子子子(孫孫)
8.4204 子子孫孫
8.4205 朕辟天子/受天子休
8.4206 唯五月既望甲子
8.4207 其孫孫子子永寶
8.4208 念畢仲孫子/孫孫子子萬年用享祀/孫子取引
8.4209 衛敢對揚天子不(丕)顯休/子子孫孫永寶用
8.4210 衛敢對揚天子不(丕)顯休/子子孫孫永寶用
8.4211 衛敢對揚天子不(丕)顯休/子子孫孫永寶用
8.4212 衛敢對揚天子不(丕)顯休/子子孫孫永寶用
8.4213 戎獻金于子牙父百車/其右(佑)子歆(𠬪)、事(史)孟/屖(殿)𢼸(敖)其子子孫孫永寶
8.4214 敢對揚天子不(丕)𠀠(丕)休/世孫子永寶
8.4215 其子子孫孫寶用
8.4216 子子孫孫永寶

用
8.4217 子子孫孫永寶用
8.4218 子子孫孫永寶用
8.4219 天子多賜追休/追敢對天子覨(景)揚/畯臣天子/子子孫孫永寶用
8.4220 天子多賜追休/追敢對天子覨(景)揚/畯臣天子/子子孫孫永寶用
8.4221 天子多賜追休/追敢對天子覨(景)揚/畯臣天子/子子孫孫永寶用
8.4222 天子多賜追休/追敢對天子覨(景)揚/畯臣天子/子子孫孫永寶用
8.4223 天子多賜追休/追敢對天子覨(景)揚/畯臣天子/子子孫孫永寶用
8.4224 天子多賜追休/追敢對天子覨(景)揚/畯臣天子/子子孫孫永寶用
8.4225 曰:敢對揚天子魯休令(命)/子孫永寶用
8.4226 曰:敢對揚天子魯休令(命)/子孫永寶用
8.4227 曰:敢對揚天子魯休令(命)/子孫永寶用
8.4228 曰:敢對揚天子魯休令(命)/子孫永寶用
8.4229 日遅(揚)天子覨(景)令(命)/子子孫孫永寶用
8.4230 日遅(揚)天子覨(景)令(命)/子子孫孫永寶用
8.4231 日遅(揚)天子覨(景)令(命)/子子孫孫永寶用
8.4232 日遅(揚)天子覨(景)令(命)/子子孫孫永寶用
8.4233 日遅(揚)天子覨(景)令(命)/子子孫孫永寶用
8.4234 日遅(揚)天子覨(景)令(命)/子子孫孫永寶用
8.4235 日遅(揚)天子覨(景)令(命)/子子孫孫永寶用
8.4236 日遅(揚)天子覨(景)令(命)/子子孫孫永寶用
8.4237 子□余弅(朕)皇辟侯
8.4241 魯天子造厥瀕(頻)福/朕臣天子
8.4242 叔向父禹曰:余小子司(嗣)朕皇考
8.4243 敢對揚天子休/子子孫孫永寶用
8.4244 走其眔厥子子孫孫
8.4245 䚄□𢼸子/其遭(躋)孟□□𢼸子□望仲□□/子子孫孫用
8.4246 䦯揚天子不(丕)顯休/其子子孫孫邁(萬)年
8.4247 䦯揚天子不(丕)顯休/其子子孫孫邁(萬)年
8.4248 䦯揚天子不(丕)顯休/其子子孫孫邁(萬)年
8.4249 䦯揚天子不(丕)顯休/其子子孫孫邁(萬)年
8.4250 即敢對揚天子不(丕)顯休/子子孫孫永寶用
8.4251 敢對揚天子不(丕)顯休
8.4252 敢對揚天子不(丕)顯休
8.4253 敢對揚天子休/子子孫孫永寶用
8.4254 敢對揚天子休/子子孫孫永寶用
8.4255 其子子孫孫永用
8.4256 敢對揚天子不(丕)顯休/衛其子子孫孫永寶用
8.4257 子子孫孫永寶用
8.4258 其孫孫子子永寶用
8.4259 其子子孫孫永寶用
8.4260 其子子孫孫永寶用
8.4262 子子孫孫永保用
8.4263 子子孫孫永保用
8.4264 子子孫孫永保用
8.4265 子子孫孫永保用
8.4266 其子子孫孫邁(萬)年寶用
8.4267 申敢對揚天子休令(命)/子子孫孫其永寶
8.4268 不(丕)敢顯天子對揚休
8.4269 孫孫子子毋敢望(忘)伯休
8.4270 世孫孫子子差(佐)右(佑)吳(虞)大父/對揚天子厥休/子子孫孫永寶用
8.4271 世孫孫子子差(佐)右(佑)吳(虞)大父/對揚天子厥休/子子孫孫永寶用
8.4272 對揚天子不(丕)顯休/子子孫孫永寶用
8.4273 小子眔服、眔小臣、眔尸(夷)僕學射/對揚天子不(丕)顯休/子子孫孫
8.4274 敢對揚天子不(丕)顯魚(魯)休/子子孫孫永寶用
8.4275 敢對揚天子不(丕)顯魯休/子子孫孫永寶用
8.4276 敢對揚天子不(丕)顯休命
8.4277 天子其萬年/俞敢對揚天子不(丕)

顯休 / 臣天子

8.4278 子子孫孫永寶用

8.4279 敢對昜(揚)天子不(丕)顯魯休命 / 子子孫孫永寶用

8.4280 敢對揚天子不(丕)顯魯休令(命)/ 子子孫孫永寶用

8.4281 敢對揚天子不(丕)顯魯休(命)/ 子子孫孫永寶用

8.4282 敢對揚天子不(丕)顯魯休令(命)/ 子子孫孫永寶用

8.4283 敢對揚天子不(丕)顯休 / 孫孫子子其永寶

8.4284 敢對揚天子不(丕)顯休 / 孫孫子子其永寶

8.4285 敢對揚天子不(丕)顯休 / 子子孫孫永寶用

8.4286 子子孫孫永寶

8.4287 對昜(揚)天子休 / 子子孫孫

8.4288 對揚天子不(丕)顯休令(命)/ 子子孫孫永寶用

8.4289 對揚天子不(丕)顯休命 / 子子孫孫永寶用

8.4290 對揚天子不(丕)顯休命 / 子子孫孫永寶用

8.4291 對揚天子不(丕)顯休命 / 子子孫孫永寶用

8.4293 唯六年四月甲子 / 子子孫孫寶

8.4294 敢對揚天子不(丕)顯休 / 子子孫其萬年永寶用

8.4295 敢對揚天子不(丕)顯休 / 子子孫其萬年永寶用

8.4296 敢對揚天子休命 / 子子孫孫

8.4297 敢對揚天子休命 / 子子孫孫

8.4298 睽令豖曰天子: 余弗敢𪢈(吝)/ 敢對揚天子不(丕)顯休 / 其子子孫孫永寶用

8.4299 睽令豖曰天子: 余弗敢𪢈(吝)/ 敢對揚天子不(丕)顯休 / 其子子孫孫永寶用

8.4300 婦子後人永寶

8.4301 婦子後人永寶

8.4302 䵼(對)揚天子不(丕)顯休 / 子子孫孫

8.4303 此敢對揚天子不(丕)顯休令(命)/ 畯臣天子 / 子子孫孫永寶用

8.4304 此敢對揚天子不(丕)顯休令(命)/ 畯臣天子 / 子子孫孫永寶用

8.4305 此敢對揚天子不(丕)顯休令(命)/ 畯臣天子 / 子子孫孫永寶用

8.4306 此敢對揚天子不(丕)顯休令(命)/ 畯臣天子 / 子子孫孫永寶用

8.4307 此敢對揚天子不(丕)顯休令(命)/ 畯臣天子 / 子子孫孫永寶用

8.4308 此敢對揚天子不(丕)顯休令(命)/ 畯臣天子 / 子子孫孫永寶用

8.4309 此敢對揚天子不(丕)顯休令(命)/ 畯臣天子 / 子子孫孫永寶用

8.4310 此敢對揚天子不(丕)顯休令(命)/ 畯臣天子 / 子子孫孫永寶用

8.4311 女(汝)有隹(雖)小子 / 子子孫孫

8.4312 敢對揚天子不(丕)顯休 / 子子孫孫永寶用

8.4313 孫孫子子

8.4314 子子孫孫

8.4315 余雖小子

8.4316 對揚天子不(丕)杯(丕)魯休 / 子子孫孫

8.4317 王曰: 有余隹(雖)小子

8.4318 敢對揚天子不(丕)顯魯休 / 子子孫孫永寶用

8.4319 敢對揚天子不(丕)顯魯休 / 子子孫孫永寶用

8.4321 對揚天子休令(命)/ 子子孫永寶用

8.4322 乃子或拜稽首 / 卑(俾)乃子或萬年 / 其子子孫孫永寶

8.4323 敔敢對揚天子休 / 子子孫孫永寶用

8.4324 敢對揚天子休 / 子子孫孫永寶用

8.4325 對揚天子休 / 子子孫孫永寶用

8.4326 廣啟厥孫子于下 / 番生(甥)敢對天子休

8.4327 子子孫孫永寶用

8.4328 女(汝)小子 / 子子孫孫

8.4329 女(汝)小子 / 子子孫孫

8.4330 令乃鴅(嬗)沈子乍(作)縐于周公宗 / 乃沈子其顀褱(懷)多公能福 / 乃沈子妹(昧)克蔑見猒(厭)于公休 / 沈子肇斁狃貯嗇 / 其丮哀(愛)乃沈子也唯福 / 也用褱(懷)逵我多弟子 / 懿父迺是子

8.4331 天子休弗望(忘)小𢊁(裔)邦 / 歸芻敢對揚天子不(丕)杯(丕)魯休 / 魯壽子孫

8.4332 頌敢對揚天子不(丕)顯魯休 / 畯臣天子 / 子子孫孫永寶用

8.4333 頌敢對揚天子不(丕)顯魯休 / 畯臣

天子 / 子子孫孫永寶用

8.4334 頌敢對揚天子不(丕)顯魯休 / 睗臣天子 / 子子孫孫永寶用

8.4335 頌敢對揚天子不(丕)顯魯休 / 睗臣天子 / 子孫永寶用

8.4336 頌敢對揚天子不(丕)顯魯休 / 睗臣天子 / 子子孫孫永寶用

8.4337 頌敢對揚天子不(丕)顯魯休 / 天子 / 子子孫孫永寶用

8.4338 頌敢對揚天子不(丕)顯魯休 / 睗臣天子 / 子子孫孫永寶用

8.4339 頌敢對揚天子不(丕)顯魯休 / 睗臣天子 / 子子孫永寶用

8.4340 敢對揚天子不(丕)顯魯休 / 子子孫永寶用

8.4341 子子孫多世其永寶

8.4342 妥(綏)立余小子 / 敢對揚天子休 / 子子孫孫永寶

8.4343 子子孫孫永寶用

9.4354 大(太)師小子師塑乍(作)[?]彝

9.4365 子子孫孫永寶用

9.4372 子子孫孫永寶用

9.4373 子子孫孫永寶用

9.4374 其子子孫孫永寶用

9.4377 子子孫孫永用

9.4378 子子孫孫永寶用

9.4379 敶(陳)姬小公子子豪(殷、粽)叔嬀飤盨

9.4380 子子孫孫永寶用

9.4384 子子孫孫永寶用

9.4389 子子孫孫

9.4390 其子子孫孫永寶用享

9.4391 子子孫孫

9.4392 子子孫孫永寶用

9.4393 子子孫孫永寶用

9.4396 及子子孫孫永寶用

9.4397 仲大(太)師小子休

9.4398 其子子孫孫永寶用

9.4400 子子孫孫

9.4401 子子孫孫

9.4402 子子孫孫永寶用

9.4403 子子孫孫永寶用

9.4405 其子子孫孫永寶用

9.4407 子子孫孫永寶用

9.4408 子子孫孫永寶用

9.4409 子子孫孫永寶用

9.4410 子子孫孫永寶用

9.4411 子子孫孫

9.4412 子子孫孫永寶用

9.4413 子子孫孫永寶用

9.4414 子子孫孫永寶用

9.4416 子子孫永寶用

9.4417 子子孫孫永寶用

9.4418 子子孫永寶用

9.4420 子子孫孫用

9.4421 子子孫孫用

9.4422 其子子孫孫永匋(寶)用

9.4423 鑄子叔黑臣肇乍(作)寶盨

9.4424 單子白乍(作)叔姜旅盨 / 其子子孫孫萬年永寶用

9.4426 子子孫孫永寶用

9.4427 走父以(與)其子子孫孫寶用

9.4428 其子子孫萬年永寶用

9.4429 子子孫其萬年

9.4430 其子子孫孫永寶用

9.4431 子子孫孫永寶用

9.4432 子子孫孫永寶用

9.4433 子子孫孫永寶用

9.4434 子子孫孫永寶用

9.4436 子子孫永寶用

9.4438 子子孫孫永用

9.4439 子子孫孫永用

9.4440 子子孫孫

9.4441 子子孫永寶用享

9.4442 羕伯子定父

9.4443 羕伯子定父

9.4444 羕伯子定父

9.4445 羕伯子定父

9.4446 睗臣天子 / 子子孫孫永寶用

9.4447 睗臣天子 / 子子孫孫永寶用

9.4453 其子子孫萬年

9.4454 奠(鄭)季其子子孫孫永寶用

9.4455 奠(鄭)季其子子孫孫永寶用

9.4456 奠(鄭)季其子子孫孫永寶用

9.4457 奠(鄭)季其子子孫孫永寶用

9.4462 敢對揚天子休 / 子子孫孫其永寶

9.4463 敢對揚天子休 / 子子孫孫其永寶

9.4465 敢對天子不(丕)顯魯休揚 / 睗臣天子 / 子子孫孫永寶用

9.4466 其子子孫孫永寶用

9.4467 克敢對揚天子

不(丕)顯魯休 / 子子孫孫永寶用
9.4468 克敢對揚天子不(丕)顯魯休 / 子子孫孫永寶用
9.4469 對揚天子不(丕)顯魯休 / 子子孫孫永寶用
9.4488 曾子遐之行簠
9.4489 曾子遐之行簠
9.4499 衛子叔旡父乍(作)旅簠
9.4500 蔡公子義工之飤簠
9.4502 慶孫之子峠之𩞁(饙)簠
9.4516 子子孫孫永寶用
9.4522 其子子孫孫永寶用
9.4524 其子子孫孫永寶用
9.4528 曾子𡱒(㞋)自乍(作)行器
9.4529 曾子𡱒(㞋)自乍(作)行器
9.4531 子孫永寶用享
9.4532 其子子孫孫永寶用享
9.4534 子子孫孫永寶用
9.4537 內(芮)大(太)子白乍(作)簠 / 子子孫永用
9.4538 內(芮)大(太)子白乍(作)簠 / 子子孫永用
9.4539 子子孫永寶用
9.4540 子子孫永寶用
9.4541 子子孫永寶用
9.4542 都于子瓶(𤭯)自乍(作)旅簠
9.4543 都于子瓶(𤭯)又自乍(作)旅簠 / 子子孫孫永用
9.4544 子叔牀(𣏌)父乍(作)行器
9.4545 鄒(邊)子乍(作)𩚁(飤)簠
9.4546 辥(薛)子仲安乍(作)旅簠 / 其子子孫孫永寶用享
9.4547 辥(薛)子仲安乍(作)旅簠 / 其子子孫永寶用享
9.4548 辥(薛)子仲安乍(作)旅簠 / 其子子孫孫永寶用享
9.4552 子子孫孫永寶用
9.4553 子子孫孫永寶用
9.4554 子子孫孫永寶用
9.4555 子子孫孫永寶用
9.4556 子子孫孫
9.4557 子子孫孫永寶用
9.4558 子子孫孫永寶用
9.4559 子子孫孫永寶用
9.4561 子子孫孫
9.4562 子子孫孫
9.4563 子子孫孫永寶用
9.4564 子子孫孫永寶用
9.4565 交君子叕肇乍(作)寶簠
9.4569 子子孫孫
9.4570 鑄子叔黑臣
9.4571 鑄子叔黑臣
9.4572 子子孫孫永寶用
9.4573 曾子𨖎彝爲孟姬鄬鑄賸(媵)簠
9.4574 子子孫孫永寶用
9.4575 楚子暖鑄其飤簠 / 子孫永保之
9.4576 楚子暖鑄其飤簠 / 子孫永保之
9.4577 楚子暖鑄其飤簠 / 子孫永保之
9.4578 其子子孫孫永寶用享
9.4579 其子子孫孫永寶用享
9.4580 子子孫孫
9.4581 子子孫孫
9.4582 子子孫孫永寶用
9.4583 子子孫孫永寶用
9.4584 子子孫孫永寶用
9.4585 子子孫孫永寶用
9.4586 子子孫孫永寶用
9.4587 子子孫孫
9.4588 曾子□自乍(作)飤簠 / 子子孫孫
9.4589 乍(作)其妹句敔夫人季子媵簠
9.4590 乍(作)其妹句敔夫人季子媵簠
9.4592 子子孫孫
9.4593 子子孫孫
9.4594 子季嬴青擇其吉金 / 子子孫孫
9.4597 敶(陳)公子仲慶 / 子子孫孫
9.4598 其子子孫孫其永用之
9.4599 子子孫孫
9.4600 子子孫孫永寶用
9.4601 子子孫孫
9.4602 子子孫孫
9.4605 嘉子伯昜臚用其吉金 / 子子孫孫
9.4608 子子孫孫
9.4609 子子孫孫
9.4610 子子孫孫
9.4611 子子孫孫
9.4612 楚屈子赤目朕(媵)仲嬭(芈)璜飤簠 / 子子孫孫
9.4613 子子孫孫
9.4614 子子孫孫
9.4615 孫子之𩛥(䀌)
9.4616 鄦(許)子妝擇其吉金 / 其子子孫孫羕(永)保用之
9.4617 子子孫孫
9.4618 樂子嚷豧擇其吉金 / 子子孫孫
9.4619 子子孫孫
9.4620 子子孫孫
9.4621 子子孫孫
9.4623 鼄(邾)大(太)宰欉子𣪘(耕)鑄其簠 / 子子孫孫

9.4624 奄(郳)大(太)宰欉子𨟻(耕)鑄其簠/子子孫孫
9.4625 長子𩱄臣擇其吉金/乍(作)其子孟嬶(羋)之女媵(媵)簠/子子孫孫
9.4628 伯大(太)師小子伯公父乍(作)簠/其子子孫孫永寶用享
9.4629 少子陳逆曰:余陳(田)趄(桓)子之裔孫/子子孫孫羕(永)保用
9.4630 少子陳逆曰:余陳(田)趄(桓)子之裔孫/子子孫孫羕(永)保用
9.4631 子子孫孫
9.4632 子子孫孫
9.4637 楚子䢔(迦)鄴之飤/子
9.4640 魯子仲之子歸父爲其善(膳)辜(敦)
9.4643 王子申乍(作)嘉嬭(羋)盞盂
9.4645 子子孫永保用之
9.4649 枼(世)萬子孫
9.4686 子子孫孫
9.4687 黄子乍(作)黄甫(夫)人行器
9.4688 富子之上官獲之畫𨰞銅鉄十
9.4689 子孫永寶用之
9.4690 子子孫孫
9.4691 子子孫孫
9.4694 鄴陵君王子申
9.4695 鄴陵君王子申
10.4732 子
10.4847 子侯
10.4848 子[illegible]
10.4849 子臭
10.4850 子羽(殀)
10.4891 子祖丁
10.4894 子祖己
10.4898 子祖壬
10.4901 子祖癸
10.4919 高子父乙
10.4943 子父丁
10.4969 子父庚
10.5004 子辛觤(覗)
10.5005 子廟圖
10.5057 子羽(殀)父乙
10.5070 子廟父丁
10.5080 子翌父庚
10.5142 㽙子弓葡
10.5143 子𦣻遽册
10.5165 北子冉父辛
10.5175 小子乍(作)母己
10.5176 小子乍(作)母己
10.5195 干子[illegible]父戊
10.5256 焚(榮)子旅乍(作)旅彝
10.5274 子殷用乍(作)父丁彝
10.5306 乃子子乍(作)父庚寶尊彝
10.5329 子廟
10.5351 女(汝)子小臣兒乍(作)己尊彝
10.5353 子賜寓貝
10.5354 孫子用言(歆)出入
10.5355 子賜執(坒)
10.5365 其子子孫孫永寶
10.5371 其子孫永寶
10.5373 子賜觑寀(霝)玗一
10.5375 子乍(作)婦媯彝/女(汝)子母庚宓(閟)祀尊彝
10.5376 虢季子緅(組)乍(作)寶彝/子子孫孫永寶用
10.5392 以寡子乍(作)永寶/子
10.5394 子商(賞)小子省貝五朋
10.5401 乃祓(戚)子壴
10.5406 孫孫子子
10.5408 其子子孫孫永寶用
10.5409 王令士道歸(饋)貉子鹿三/貉子對易(揚)王休
10.5411 其子子孫永寳(寶)
10.5417 子令小子𦤎先以人于堇/子光商(賞)𦤎貝二朋/子曰:貝唯丁蔑女(汝)曆/唯子曰令望人(夷)方畧
10.5423 對揚天子不(丕)顯休/其子子孫孫永寶用
10.5424 厥小子
10.5425 子子孫永寶
10.5426 其子子孫孫萬年
10.5427 曰:子子孫寶/不彔(禄)嗌子/子征(延)先盡死/亡子/子引有孫
10.5428 毋尚(常)爲小子
10.5429 毋尚(常)爲小子
10.5431 員長疑其子子孫孫寶用
10.5433 公賜厥涉(世)子效王休(好)貝廿朋/亦其子子孫孫永寶
11.5540 子𦤎
11.5541 子𦤎
11.5542 子漁
11.5543 子犇
11.5544 子廟
11.5682 子廟圖
11.5716 子祖辛步
11.5725 子翌父乙
11.5726 子父乙步
11.5743 子翌父己
11.5761 子之弄鳥
11.5762 北子乍(作)彝
11.5800 干子[illegible]父戊
11.5836 亞羊子征(延)父辛
11.5843 焚(榮)子乍(作)寶尊彝
11.5872 子殷用乍(作)父丁彝
11.5891 子廟
11.5903 厥子乍(作)父辛寶尊彝
11.5909 仲子乍(作)日乙尊彝
11.5910 子麦乍(作)母辛尊彝
11.5920 子廟
11.5935 者(諸)姛以大子尊彝

11.5936 者(諸)姛以大子尊彝
11.5941 厥孫子永寶
11.5946 其孫孫子子永用
11.5948 其孫子永用
11.5958 子子孫孫其永寶
11.5961 其子孫永寶
11.5964 子子孫孫其永寶
11.5965 子光商(賞)□(穀)㠱啟貝
11.5966 子子孫其永寶
11.5967 𡚬商(賞)小子夫貝二朋
11.5969 世孫子永寶
11.5970 黃子魯天 / 孫子永寶
11.5976 其西(百)世孫子永寶
11.5980 其子子孫孫邁(萬)年
11.5982 子孫永寶用享
11.5985 子脊
11.5993 邁(萬)年子孫寶
11.5995 孫孫子子寶
11.5998 曰由伯子曰: □爲厥父彝
11.6000 用王商(賞)子黃瓚一、貝百朋 / 子女(母)商(賞)奻、丁貝
11.6001 小子生賜金、鬱鬯
11.6002 戉子
11.6005 子子孫孫
11.6007 京公孫子寶
11.6008 其子子孫孫永用
11.6009 公賜厥涉(世)子效王休(好)貝廿朋 / 亦其子子孫孫永寶
11.6010 肇䡰(佐)天子 / 子孫蕃昌
11.6011 賜盠駒勇雷騅子 / 拜韻首曰: 王弗朢(忘)厥舊宗小子 / 盠曰: 余其敢對揚天子之休 / 世子子孫孫永寶之
11.6012 賜盠駒勇雷駱子
11.6014 王咠(誥)宗小子于京室 / 爾有唯(雖)小子亡戠(識)
11.6015 遅(揚)天子休 / 唯天子休于麥辟侯之年鑄 / 孫孫子子其永亡冬(終)
11.6016 王令周公子明保
11.6020 子
11.6021 子
11.6136 子媚
11.6137 子象
11.6138 子象
11.6139 子刀
11.6140 子弓
11.6210 子祖乙
11.6248 子父丙
11.6254 子父丁
11.6292 子父庚
11.6296 子父辛
11.6323 子父癸
11.6349 龏女(汝)子 / 子龏
11.6351 子癸㽙
12.6367 唐子祖乙
12.6373 子廟父乙
12.6399 子□父己
12.6410 子□父辛
12.6420 子𢦚(衛)父癸
12.6446 聅(聯)子乍(作)父丁
12.6476 北子芇乍(作)旅彝
12.6485 子达乍(作)兄日辛彝
12.6496 子乍(作)父戊彝
12.6497 □子 / □子
12.6507 北子乍(作)寶尊彝 / 孫子子永寶
12.6513 子孫寶
12.6516 桒(百)世孫子毋敢豕(墜)
12.6524 子
12.6525 子
12.6526 子
12.6527 子
12.6528 子
12.6529 子
12.6891 子曩
12.6892 子曩
12.6893 子曩
12.6894 子象
12.6895 子象
12.6896 子妥
12.6897 子脊
12.6898 子媚
12.6899 子媚
12.6900 子□(規)
12.6901 子□(規)
12.6902 子𢦚(衛)
12.6903 子𢦚(衛)
12.6904 子𢦚(衛)
12.6905 子𢦚(衛)
12.6906 子虬(虯)
12.6907 子□
12.6908 子蝠
12.6909 子保
12.6910 子□
12.6911 子□(㧗)
12.6912 子光
12.6913 子雨
12.6914 龏子
12.7082 子祖辛
12.7085 子祖癸
12.7103 子父丙
12.7124 子父己
12.7138 子庚父
12.7158 子父癸
12.7173 子蝠𥔲
12.7174 子蝠𥔲
12.7175 子取□
12.7220 女(汝)子妣丁
12.7229 子刀父丁
12.7255 糸子□刀
12.7256 子□册木
12.7270 子𡝤心
12.7296 天(大、太)子聽乍(作)父丁彝
13.7313 子
13.7314 子
13.7315 子
13.7316 子
13.7317 子
13.7318 子
13.7319 子
13.7320 子
13.7788 亞子
13.8049 庚子
13.8071 子癸
13.8072 子□(尊)

13.8073 子[illegible](吼)
13.8074 子[illegible]
13.8075 子炣
13.8076 子媚
13.8077 子媚
13.8078 子媚
13.8079 子媚
13.8080 子媚
13.8081 子媚
13.8082 子媚
13.8083 子媚
13.8084 子每
13.8085 子[illegible]
13.8086 子左
13.8087 子𡨦(衛)
13.8088 子𡨦(衛)
13.8089 子𡨦(衛)
13.8090 子𡨦(衛)
13.8091 子蝠
13.8092 子蝠
13.8093 子蝠
13.8094 子蝠
13.8095 子蝠
13.8096 子蝠
13.8097 子蝠
13.8098 子脊
13.8099 子脊
13.8100 子蚪(虬)
13.8101 子[illegible]
13.8102 子[illegible]
13.8103 子鼎
13.8104 子鼎
13.8105 子糸
13.8106 子糸
13.8107 子糸
13.8108 子禾
13.8109 子禾
13.8110 子不
13.8111 子工
13.8112 子工
13.8113 子雨
13.8114 子雨
13.8115 子[illegible]
13.8116 子刀
13.8117 子□
13.8118 子[illegible]
13.8119 [illegible]子
13.8120 折子
13.8121 □子
14.8343 子祖辛
14.8383 子父乙
14.8441 子父丁
14.8442 子父丁
14.8513 子父戊
14.8514 子父戊
14.8515 子父戊
14.8516 子父戊
14.8536 父己子
14.8584 子父庚
14.8593 子父辛
14.8594 子父辛
14.8595 子父辛
14.8596 子父辛
14.8662 子父壬
14.8666 子癸父
14.8667 子癸父
14.8752 [illegible]子妥
14.8756 子[illegible](皀)母
14.8757 子[illegible](皀)母
14.8758 子[illegible](皀)母
14.8759 子[illegible](皀)母
14.8760 子工單
14.8761 子工單
14.8762 目(眉)子工
14.8763 子工萬
14.8764 子工萬
14.8765 子工[illegible](吅)
14.8766 子[illegible]爰
14.8767 子[illegible](就)
14.8768 子丁[illegible]
14.8826 [illegible](蔣)子寶
14.8827 [illegible](蔣)子寶
14.8834 唐子祖乙
14.8835 唐子祖乙
14.8836 唐子祖乙
14.8861 子翌父乙
14.8862 乎子父乙
14.8863 乎子父乙
14.8946 子麈父辛
14.8954 子翌父壬
14.8960 禾子父癸
14.8961 [illegible]子父癸
14.8987 子[illegible]乙辛(酉)
14.8988 鬣乍(作)[illegible]子
14.9022 子[illegible]木父癸
14.9049 子册翌[illegible]父乙
14.9055 糸子[illegible]刀父己
14.9088 子楚在[illegible]
14.9090 者(諸)姛以大子尊彝
14.9095 呂仲僕乍(作)毓子寶尊彝
14.9100 子賜黿軝(坒)貝
15.9172 子蝠
15.9173 子媚
15.9174 子漁
15.9224 子[illegible]
15.9282 王子聽
15.9294 者(諸)女(母)以大子尊彝
15.9295 者(諸)女(母)以大子尊彝／者(諸)姛以大子尊彝
15.9298 仲子[illegible]汚(泓)乍(作)文父丁尊彝
15.9301 子賜□貝
15.9302 其子子孫孫邁(萬)年
15.9303 戊子
15.9332 子蝠
15.9337 子祖辛
15.9338 子父乙
15.9339 子父乙
15.9340 子父乙
15.9341 子父乙
15.9349 父丁子／丁父子
15.9387 子[illegible]父甲
15.9390 營子乍(作)父戊
15.9391 營子乍(作)父戊
15.9415 乍(作)仲子辛彝
15.9428 厥孫子永寶
15.9429 子子孫其永寶
15.9432 師(餈)子于匹乍(作)旅盉
15.9434 子子孫孫實用
15.9435 孫孫子子
15.9437 子子孫孫永寶用
15.9440 子子孫孫
15.9441 子子孫孫
15.9443 子子孫孫永寶用
15.9444 子子孫孫
15.9445 黃子乍(作)黃甫(夫)人行器
15.9446 子子孫孫
15.9447 子子孫孫永寶用
15.9453 子子孫其永寶
15.9455 敢對揚天子不(丕)杯(丕)休

15.9456 嫠(豳)趞、衛小子𦬁逆者(諸)其卿(饗)
15.9485 子龍
15.9500 子父乙
15.9514 公子裙(裘)獲
15.9516 嘍孝子
15.9538 左孝子之壺
15.9539 左孝子之壺
15.9540 己孝子之壺五
15.9541 己孝子之壺二
15.9558 雉(雍)子䢅尊壺
15.9559 子𠈯迈子壺
15.9560 子𠈯迈子壺
15.9603 子叔乍(作)叔姜尊壺/子叔乍(作)尊壺
15.9604 子叔乍(作)叔姜尊壺
15.9610 子子孫孫永寶用
15.9611 子子孫孫永寶用
15.9612 其子子孫孫永寶
15.9613 子孫永用
15.9618 子子孫孫永用/子子孫孫永用
15.9622 子子孫孫永寶用
15.9627 子子孫孫
15.9631 子子孫孫永寶用
15.9635 子子孫孫永寶用
15.9636 子子孫孫
15.9639 子孫永寶用之
15.9641 子子孫永保用
15.9642 子子孫孫永寶用
15.9643 子子孫孫永寶用
15.9644 內(芮)大(太)子白/邁(萬)子孫永用享
15.9645 內(芮)大(太)子白/邁(萬)子孫永用享
15.9651 子子孫孫永用
15.9652 子子孫孫永用
15.9653 子子孫孫
15.9654 子子孫孫
15.9655 虢季氏子緻(組)乍(作)寶壺/子子孫孫永寶
15.9656 萬年子子孫孫永寶用
15.9658 子孫永寶用之
15.9659 子孫永保用
15.9661 大(太)師小子師望乍(作)寶壺/子子孫孫永寶用
15.9662 交君子叕肈乍(作)寶壺
15.9663 黃子乍(作)黃父(夫)人行器
15.9664 黃子乍(作)黃父(夫)人行器
15.9667 子子孫孫永寶用
15.9668 子子孫孫永寶用
15.9669 子子孫孫永寶用
15.9670 子子孫孫
15.9671 子子孫孫
15.9676 子子孫孫
15.9677 子子孫孫
15.9680 其成公鑄子孟妃朕(媵)盥壺
15.9681 其賜公子孫
15.9687 子子孫孫
15.9688 子子孫永寶用享
15.9690 其子子孫孫邁(萬)年
15.9691 其子子孫孫邁(萬)年
15.9694 子子孫孫
15.9695 子子孫孫
15.9696 子子孫孫永寶用
15.9697 子子孫孫永寶
15.9698 王子剌公之宗婦鄁(邶)嬰
15.9699 王子剌公之宗婦鄁(邶)嬰
15.9701 蔡公子□乍(作)尊壺/子子孫孫
15.9704 曩(紀)公乍(作)爲子叔姜媵盥壺/子孫永保用之
15.9705 用賸(媵)厥元子孟妃乖/子子孫孫永寶用
15.9706 子子孫永寶用之
15.9708 子子孫永寶是尚(常)
15.9709 公子土斧乍(作)子仲姜鑑之般(盤)壺/子子孫孫
15.9712 子子孫孫
15.9713 子子孫孫是永寶
15.9716 其百子千孫
15.9717 其百子千孫/其子子孫孫永寶用
15.9718 子子孫孫
15.9719 命(令)瓜(狐)君嗣子/子之子
15.9720 命(令)瓜(狐)君嗣子/子之子
15.9721 孫孫子子永寶用
15.9722 子子孫孫永寶用
15.9725 克克其子子孫孫永寶用享
15.9726 敢對揚天子休
15.9727 敢對揚天子休
15.9728 敢對揚天子不(丕)顯魯休令(命)/子子孫孫
15.9729 齊侯命大(太)子乘遽來句宗伯/聖(聽)命于天子/于上天子用璧玉備(珁)/于南宮子用璧二備(珁)、玉二嗣(笥)、鼓鐘〔一銉〕/齊侯既遭(躋)洹子孟姜喪/用御天子之事/洹子孟姜用乞嘉命
15.9730 齊侯命大(太)子乘遽來句宗伯/聖(聽)命于天子/于上天子用璧玉備(珁)、〔玉〕一嗣(笥)/于南宮子用璧二備(珁)、玉二嗣(笥)、鼓鐘一銉(肆)/齊侯既遭(躋)洹子孟姜喪/用御天子之事/洹子孟姜用乞嘉命

15.9731 頌敢對揚天子不(丕)顯魯休／畯臣天子／子子孫孫寶用
15.9732 頌敢對揚天子不(丕)顯魯休／畯臣天子／子子孫孫寶用
15.9733 殷王之孫、右師之子武叔曰庚／昇(崔)子虢(執)鼓
15.9734 子之大臂(闢)不宜(義)／子子孫孫
15.9735 以陁(陁、施)及子孫／僑(適)曹(遭)郾(燕)君子徻(噲)／外之則牆(將)使並(上)勤於天子之庿／郾(燕)旃(故)君子徻(噲)／新君子之／天子不忘其又(有)勛／子之子
15.9784 子媚
15.9798 父丁子天
15.9799 川(三)子
15.9818 者(諸)姛以大子尊彝／者(諸)姛以尊彝大子
15.9819 者(諸)姛以大子尊彝
15.9822 其子子孫永寶
15.9824 子子孫孫
15.9825 子子孫孫
15.9826 子子孫孫
15.9827 子子孫孫寶用
16.9865 子蝠
16.9870 子廙圖
16.9880 燮(榮)子乍(作)寶尊彝
16.9881 燮(榮)子乍(作)寶尊彝
16.9889 子子孫孫其永寶
16.9891 其子子孫孫邁(萬)年
16.9892 孫子寶
16.9893 孫孫子子其永寶
16.9895 戊子
16.9896 子子孫孫永寶用
16.9897 敢對揚天子不(丕)顯休／百世孫子永寶
16.9898 吳其世子孫永寶用
16.9899 盠曰：天子不(丕)叚(遐)不(丕)其(基)
16.9900 盠曰：天子不(丕)叚(遐)不(丕)其(基)
16.9901 王令(命)周公子明保
16.9902 子
16.9914 弹子
16.7360 子孫永寶用者
16.9937 甘孝子
16.9962 其子子孫孫永寶用
16.9963 子子孫孫
16.9964 子子孫孫永寶用
16.9965 子子孫孫永寶用
16.9966 黃子乍(作)黃甫(夫)人孟乙行器
16.9967 子子孫孫永寶用
16.9968 子子孫孫永寶用
16.9969 子子孫永寶用
16.9970 子子孫孫
16.9971 子子孫孫
16.9972 子孫永寶用享
16.9973 孫子彡永寶／孫子彡永寶
16.9974 黃孫須頸子伯亞臣／子孫永寶是尚(常)
16.9980 子孫永寶用之
16.9981 樂大嗣徒子[illegible]之子引／子子孫孫永寶用
16.9982 子子孫永寶
16.9987 黃子乍(作)黃孟姬行器
16.9995 邨子彘(鬢)之赴缶
16.9996 曾子遡之行缶
16.10001 蔡公子乍(作)姬安尊滔(𦉜)□
16.10006 不(邳)伯夏子自乍(作)尊罍／子子孫孫
16.10007 不(邳)伯夏子自乍(作)尊罍／子子孫孫
16.10008 緣(欒)書之子孫
16.10027 子刀
16.10069 燮(榮)子乍(作)寶尊彝
16.10070 單子白乍(作)寶般(盤)
16.10084 北子宋乍(作)文父乙寶尊彝
16.10085 孫孫子子其寶用
16.10088 子子孫孫永寶用
16.10089 子孫永寶用
16.10090 其子子孫孫永寶用
16.10091 子子孫孫永寶用
16.10092 子子孫孫永寶用
16.10093 子子孫孫永寶用
16.10094 子子孫孫
16.10095 子子孫永寶用
16.10097 子子孫永寶用之
16.10098 子子孫孫永寶用
16.10102 子子孫孫永寶用
16.10103 子子孫孫永寶用
16.10104 子子孫孫
16.10105 陶子或賜匋(陶)姛金一鈞
16.10107 子子孫孫永寶用
16.10108 子子孫孫永寶用
16.10109 子子孫孫
16.10110 子子孫孫永寶用
16.10111 子子孫孫永寶用
16.10112 子子孫孫永用
16.10117 子子孫孫永保用
16.10118 子子孫永寶

用之
16.10120 其孫孫子子永寶用
16.10121 子子孫萬年
16.10122 黄子乍(作)黄孟臣(姬)行器
16.10124 子子孫孫
16.10125 其子子孫孫永寶用享
16.10126 取膚(慮)上子商鑄般(盤)/子子孫孫永寶用
16.10127 子子孫孫
16.10128 子子孫孫
16.10130 子孫永用享
16.10131 干氏叔子乍(作)仲姬客母媵(媵)般(盤)/子子孫孫
16.10132 子子孫永寶用享
16.10133 子子孫孫永寶用
16.10134 子子孫孫
16.10135 鄀仲賸(媵)仲女子寶般(盤)/子子孫孫永寶用
16.10136 子孫永用之享
16.10137 中子化用保楚王
16.10139 子子孫永寶用享
16.10140 子孫永寶用之
16.10141 子子孫孫
16.10142 子子孫孫
16.10143 子子孫孫
16.10144 子子孫孫
16.10145 子子孫孫永保用
16.10146 子子孫孫
16.10147 子子孫孫
16.10148 子子孫孫永用享
16.10149 子子孫永用之
16.10150 子子孫孫
16.10152 王子剌公之宗婦鄁(鄁)嬰
16.10153 其子孫永保用之
16.10154 乍(作)其子孟姬嬰朕(媵)盤
16.10155 子子孫孫
16.10156 唯曾子伯皃用其吉金/子孫永寶用享
16.10159 子子孫孫
16.10160 子子孫孫
16.10162 黄大(太)子伯克/子子孫孫
16.10164 子子孫孫永寶用
16.10165 子子孫孫
16.10166 子孫其永寶
16.10167 子子孫孫
16.10168 其西(百)世子子孫孫永寶用
15.10169 其子子孫孫永寶用
16.10170 敢對揚天子不(丕)顯休令(命)/子子孫孫永寶
16.10171 肇輊(佐)天子/子孫蕃昌
16.10172 敢對揚天子不(丕)顯叚(遐)休令(命)/子子孫孫永寶用
16.10173 虢季子白乍(作)寶盤/不(丕)顯子白/趄趄(桓桓)子白/王孔加(嘉)子白義/子子孫孫
16.10174 子子孫孫永寶用
16.10175 醽(申)寧天子/天子圂(恪)屖(纘)文武長剌(烈)/天子釁(徽)無匄(害)/受(授)天子綰(寬)令(命)、厚福、豐年/子(玆)厭(納)砮明/籔毓(育)子孫/對揚天子不(丕)顯休令(命)
16.10176 散人小子眉(堳)田:戎、微父、效果(櫂)父、襄之有嗣橐、州豪(就)、攸從鬲(鬲)
16.10184 乍(作)子□□也(匜)
16.10190 王子适之遣(會)盡(浣)
16.10196 蔡子𠂆自乍(作)會𠘧(匜)
16.10207 唯曾子伯尹自乍(作)尊匜
16.10210 鑄子撫乍(作)也(匜)
16.10213 其子子孫孫永用
16.10215 其子子孫孫永寶用
16.10219 槩(聯)子叔穀自乍(作)盥匜
16.10220 子子孫孫永寶用
16.10221 尋(鄩)伯乍(作)邾子□□朕(媵)匜/子子孫孫永寶用
16.10223 子子孫孫永寶用
16.10224 子子孫孫永寶用
16.10225 其子子孫孫永寶用
16.10226 其子子孫孫永寶用
16.10230 子孫則永祜福(福)
16.10231 子子孫孫永寶用
16.10232 子子孫孫永寶用
16.10233 齊侯子行乍(作)其寶也(匜)/子子孫孫
16.10234 子孫永寶用之
16.10235 其萬年子子孫孫用之
16.10236 苩(苢)父弃□子賓匜寶用
16.10237 子子孫孫
16.10238 子子孫孫永寶用
16.10239 子子孫孫永寶用
16.10241 子子孫孫
16.10242 子子孫永保用
16.10243 子孫永寶用
16.10245 羖子乍(作)行彝/子孫永保用

16.10246 子子孫孫
16.10248 子子孫孫永寶用
16.10249 子子孫孫
16.10250 子子孫孫永用之
16.10251 子孫享
16.10252 貯(賈)子己父乍(作)寶盉 / 其子子孫孫永用
16.10253 取膚(盧、慮)上子商鑄也(匜)/ 子子孫孫永寶用
16.10254 黃子乍(作)黃孟臣(姬)行器
16.10255 其子孫永寶用
16.10256 子子孫孫
16.10258 子子孫永寶用享
16.10259 子孫永寶用
16.10261 子子孫孫永寶用
16.10262 子子孫永寶用之
16.10263 子子孫孫永寶用
16.10264 子子孫孫
16.10265 子子孫孫
16.10266 尋(鄩)仲媵(媵)仲女丁子子寶也(匜)/ 子子孫孫永寶用
16.10267 陳(陳)伯鴅(鷉)之子伯元
16.10268 子子孫永寶用享
16.10269 子孫永寶用享
16.10270 其子子孫孫
16.10271 子孫永寶用享
16.10272 子子孫孫永寶用
16.10273 子孫永用享
16.10274 大(太)師子大孟姜 / 子子孫孫
16.10275 子子孫孫
16.10276 子子孫孫
16.10277 魯大嗣徒子仲白 / 子子孫孫
16.10278 子子孫永寶用之
16.10279 陳(陳)子子
16.10280 慶叔攸(作)朕(媵)子孟姜盥匜 / 子子孫孫
16.10281 子子孫孫
16.10283 子子孫孫
16.10284 子子孫孫
16.10288 智君子之弄鑑
16.10289 智君子之弄鑑
16.10291 大(太)子之鎬
16.10297 鄀陵君王子申
16.10298 子孫勿忘
16.10299 子孫勿忘
16.10310 子子孫孫永寶用
16.10311 子子孫永寶用
16.10312 孫孫子子
16.10314 子子孫永寶用
16.10315 子子孫孫永寶用
16.10317 子子孫孫永用
16.10318 齊侯乍(作)朕(媵)子仲姜寶盂 / 子子孫孫
16.10319 子子孫孫
16.10320 孫子永壽用之
16.10322 益公內(入)即命于天子 / 對揚天子休命 / 孫孫子子
16.10330 郞(息)子行自乍(作)飤盆
16.10331 子叔嬴內君乍(作)寶器 / 子孫永用
16.10334 其子子孫孫永寶用
16.10335 唯子習(朞)鑄其行盂 / 子子孫永壽用之
16.10336 子子孫孫永用之
16.10337 唯郄(䢵)子宿車自乍(作)行盆 / 子子孫孫
16.10338 黃大(太)子伯克 / 子子孫孫
16.10339 □子季〔嬴青自〕乍(作)鑄〔餴盆〕/ 子子孫孫
16.10340 彭子仲擇其吉金 / 子子孫孫
16.10341 子子孫孫
16.10342 公曰: 余锥今小子 / 锥今小子
16.10352 子子孫孫永寶用
16.10355 黃子乍(作)黃甫(夫)人孟姬器
16.10361 子子孫孫
16.10374 子禾(和)子□□內者御相(莒)市
16.10386 王子嬰次之庾(炒)盧(爐)
16.10478 㤥(殃)遜(連)子孫
16.10513 子[illegible](鼠)
16.10514 子妻(晝)
16.10515 衛(衛)子
16.10518 子父丁
16.10555 子乍(作)父乙寶彝
16.10575 趨(鄒)子[illegible](偯)乍(作)父庚寶尊彝
17.10693 子
17.10694 子
17.10695 子
17.10696 子
17.10852 子商
17.10853 子工
17.10854 子工
17.10855 子[illegible](戊)
17.10888 㷀(滎)子
17.10898 藤(滕)子
17.10904 [illegible](徹)子
17.10905 [illegible](徽)子
17.10957 子車戈
17.10958 子惻子
17.10961 高子戈
17.11021 子備𨟻(嶂)戈
17.11038 陳子[illegible]
17.11072 子可䀯(期)之用
17.11076 [illegible](徹)子之

艁(造)戈
17.11080 [illegible]子之艁(造)戈
17.11082 陳丽子窹(造)鈛(戈)
17.11084 陳子山造戜(戟)
17.11086 陳子翼徒戈
17.11087 陳子翼造戈
17.11088 君子翃造戜(戟)
17.11089 羊子之艁(造)戈
17.11090 羊子之艁(造)戈
17.11100 子賏(皿)之用戈
17.11105 子耑龏之戜(戟)
17.11116 虢大(太)子元徒戈
17.11117 虢大(太)子元徒戈
17.11118 宮氏伯子元栖(桰)
17.11119 宮氏伯子元栖(桰)
17.11120 曹公子沱之鋯(造)戈
17.11122 王子反鑄寢戈
17.11126 陳子皮之告(造)戈
17.11130 子禾(和)子左造戜(戟)
17.11145 蔡公子果之用
17.11146 蔡公子果之用
17.11147 蔡公子果之用
17.11148 蔡公子加之用
17.11149 蔡加子之用戈
17.11162 王子□之戕(拱)戈
17.11207 王子孜之用戈
17.11208 王子孜之用戈
17.11253 郮(柏)子誰臣之元允(用)戈
17.11282 郐(徐)王之子羽(叚)之元用戈
17.11285 相公子矰(戕)之告(造)
17.11286 不降棘余子之貲金
17.11290 子孔擇厥吉金
17.11293 莆(蒲)子□□睹、工師䁂、冶□
17.11295 章子鄭(國)尾其元金
17.11339 斜左乘馬大夫子駮戲
17.11340 □□子□□
17.11352 秦子乍(作)遣(造)中臂元用
17.11353 秦子乍(作)遣(造)公族元用
17.11364 宗子攻(工)正明我、左工師[illegible]許、馬重(童)丹所爲
17.11365 穆侯之子、西宮之孫
17.11376 冢子韓矰(戕)、邦庫嗇夫㪿(扶)湯、冶舒數(搚、造)戈
17.11400 䁂仲之子伯剌
17.11407 □□或□子
18.11541 不降棘余子之貲金
18.11544 於戉(越)𠂤(台)王旨郘之大(太)子𠁣(三)壽
18.11547 秦子乍(作)造公族元用
18.11578 䊵(捈、郄、卻)子之用
18.11594 戉(越)王欿(勾)戔(踐)之子
18.11595 戉(越)王欿(勾)戔(踐)之子
18.11605 蔡公子從之用
18.11640 吳季子之子逞之元用鐱(劍)
18.11658 子壬五
18.11668 郐(徐)王義楚之元子羽
18.11718 工𢧁大(太)子姑發𦑗(䖵)反
18.11751 龏子
18.11752 子[illegible]
18.11757 於取(郰)子敄鼓鑄鑵元喬
18.11758 天子建邦
18.11789 子
18.11816 唯侂(佗)仲𡢁子用
18.12009 子
18.12010 子

4569　孕

16.10464 [illegible]孕

4570　字

1.183 而逐之字(慈)父
1.184 之字(慈)父
1.272-8 而執(藝)斯字(滋)
1.280 而執(藝)斯字(滋)
1.285 而執(藝)斯字(滋)
4.1864 角字父戊
8.4147 百字(子)千孫
8.4148 百字(子)千孫
8.4149 百字(子)千孫
8.4150 百字(子)千孫
8.4151 百字(子)千孫
11.6270 字父己
12.6530 字
16.10298 既字白(迫)期
16.10299 既字白(迫)期

4571　孟

1.210 初吉孟庚
1.211 初吉孟庚
1.217 唯正月初吉孟庚
1.218 唯正月初吉孟庚
1.219 唯正月初吉孟庚
1.220 唯正月初吉孟庚
1.221 唯正月初吉孟庚
1.222 唯正月初吉孟庚
3.534 孟始(姒)乍(作)寶鬲
3.624 黃子乍(作)黃甫(夫)人孟母器

3.682 伯家父乍(作)盂姜㬰(媵)鬲
3.685 齊趫父乍(作)盂姬寶鬲
3.686 齊趫父乍(作)盂姬寶鬲
3.696 夆(隆)伯乍(作)陎盂姬尊鬲
3.718 ⺿季乍(作)盂姬窞(庿)女(母)逑鬲
3.729 仲生父乍(作)井盂姬寶鬲
3.738 𠂤馬盂辛父/乍(作)盂姑寶尊鬲
3.739 𠂤馬盂辛父/乍(作)盂姑寶尊鬲
3.740 𠂤馬盂辛父/乍(作)盂姑寶尊鬲
3.910 盂姬安自乍(作)寶獻(甗)
4.2202 盂𦥑(貴)乍(作)䵼彝
4.2213 盂湨父乍(作)寶鼎
4.2497 黄君盂自乍(作)行器𠃌
5.2546 輔伯雁父乍(作)豐盂娟(妘)賸(媵)鼎
5.2567 黄子乍(作)黄甫(夫)人盂姬器
5.2589 弗奴父乍(作)盂姒㝐(府)賸(媵)貞(鼎)
5.2601 郝伯肇乍(作)盂妊善(膳)貞(鼎)
6.3577 卜盂乍(作)寶尊彝
6.3633 大(太)師乍(作)盂姜餴(饙)段
6.3704 盂肅父乍(作)寶段
7.3781 侯氏乍(作)盂姬尊段
7.3782 侯氏乍(作)盂姬尊段
7.3842 盂奠父乍(作)尊段
7.3843 盂奠父乍(作)尊段
7.3844 盂奠父乍(作)尊段
7.3856 伯家父乍(作)盂姜賸(媵)段
7.3857 伯家父乍(作)盂姜賸(媵)段
7.3939 禾(和)肇乍(作)皇母懿龏盂姬餴(饙)彝
7.3960 盂弜父乍(作)寶段
7.3961 盂弜父乍(作)寶段
7.3962 盂弜父乍(作)幻伯妊賸(媵)段八
7.3963 盂弜父乍(作)幻伯妊賸(媵)段八
7.3980 吴彩父乍(作)皇祖考庚盂尊段
7.3981 吴彩父乍(作)皇祖考庚盂尊段
7.3982 吴彩父乍(作)皇祖考庚盂尊段
7.3988 魯伯大父乍(作)盂姜賸(媵)段
7.4004 乍(作)盂姜尊段
7.4005 乍(作)盂姜尊段
7.4006 乍(作)盂姜尊段
7.4011 乍(作)我姑登(鄧)盂媿賸(媵)段
7.4012 乍(作)我姑登(鄧)盂媿賸(媵)段
7.4013 乍(作)我姑登(鄧)盂媿賸(媵)段
7.4071 盂姬𣳉(脂)自乍(作)餴(饙)段/盂姬其子孫永寶
7.4072 盂姬𣳉(脂)自乍(作)餴(饙)段/盂姬其子孫永寶
7.4108 叔㩁父乍(作)盂姜尊段
8.4128 用乍(作)我子盂嫞寢小尊賸(媵)段
8.4162 盂曰：朕文考眔毛公、趞(遣)仲征無需
8.4163 盂曰：朕文考眔毛公、趞(遣)仲征無需
8.4164 盂曰：朕文考眔毛公、趞(遣)仲征無需
8.4213 其右(佑)子歆(嘟)、事(史)盂/展(殿)𢻫(敖)堇(謹)用豹皮于事(史)盂
8.4245 其遭(躋)盂□𦍌敀子□塱仲□□
8.4267 用乍(作)朕皇考孝盂尊段
8.4328 用乍(作)朕皇祖公伯、盂姬尊段
8.4329 用乍(作)朕皇祖公伯、盂姬尊段
9.4420 走亞𢾊(辥)盂延乍(作)盨
9.4421 走亞𢾊(辥)盂延乍(作)盨
9.4484 𠜱伯乍(作)盂姬簠
9.4573 曾子遽彝爲盂姬鄬鑄賸(媵)簠
9.4574 鑄公乍(作)盂妊車母朕(媵)簠
9.4592 是叔虎父乍(作)杞盂辝(姒)餴(饙)簠
9.4593 曹公塍(媵)盂奾念母匡(筐)
9.4606 陳(陳)侯乍(作)盂姜嫚(痫)塍(媵)簠
9.4607 陳(陳)侯乍(作)盂姜嫚(痫)塍(媵)簠
9.4616 用賸(媵)盂姜、秦嬴
9.4625 乍(作)其子盂孎(羋)之女賸(媵)簠
9.4645 齊侯乍(作)朕(媵)寬圓盂姜膳𦎫(敦)
9.4686 黄君盂自乍(作)行器
11.5939 蔡侯𩵦(申)乍(作)大盂姬賸(媵)尊
11.6010 用詐(作)大盂姬賸(媵)彝𨥜(缶)
12.7099 父乙盂
14.8820 盂乍(作)旅
15.9425 伯百父乍(作)盂姬朕(媵)鎣

15.9456 衛用乍(作)朕文考惠孟寶般(盤)
15.9571 孟訙父乍(作)鬱壺
15.9614 孟上父乍(作)尊壺
15.9622 登(鄧)孟乍(作)監嫚尊壺
15.9636 黄君孟自乍(作)行器
15.9678 爲趙孟庎(介)
15.9679 爲趙孟庎(介)
15.9680 其成公鑄子孟妃朕(賸)盥壺
15.9703 孟冬戊辰
15.9705 用賸(媵)厥元子孟妃乖
15.9729 齊侯既遵(躋)洹子孟姜喪/洹子孟姜用乞嘉命
15.9730 齊侯既遵(躋)洹子孟姜喪/洹子孟姜用乞嘉命
16.9963 黄君孟自乍(作)行器
16.9966 黄子乍(作)黄甫(夫)人孟乙行器
16.9975 孟冬戊辰
16.9980 郩□孟城乍(作)爲行缾(鉼)
16.9987 黄子乍(作)黄孟姬行器
16.10004 蔡侯𩛥(申)乍(作)大孟姬賸(媵)盥缶
16.10005 孟滕姬擇其吉金
16.10079 伯百父乍(作)孟姬朕(媵)般(盤)
16.10087 魯伯者父乍(作)孟姬嫜(媾)朕(媵)般(盤)
16.10095 京叔乍(作)孟嬴塍(媵)般(盤)
16.10104 黄君孟自乍(作)行器
16.10122 黄子乍(作)黄孟匝(姬)行器
16.10123 齊侯乍(作)皇氏孟姬寶般(盤)
16.10142 齊叔姬乍(作)孟庚寶般(盤)
16.10144 曹公塍(媵)孟姬悆母般(盤)
16.10145 毛叔朕(媵)彪氏孟姬寶般(盤)
16.10154 乍(作)其子孟姬嬰朕(媵)盤
16.10159 齊侯乍(作)賸(媵)寬圜孟姜盥般(盤)
16.10171 用詐(作)大孟姬嬇(媵)彝盤(盤)
16.10185 孟皇父乍(作)旅也(匜)
16.10230 黄君孟自乍(作)行器
16.10240 王婦㠱孟姜乍(作)旅也(匜)
16.10254 黄子乍(作)黄孟匝(姬)行器
16.10267 乍(作)西孟嬀婤母塍(媵)匜
16.10272 齊侯乍(作)虢孟姬良女(母)寶也(匜)
16.10274 大(太)師子大孟姜
16.10277〔作〕其庶女𤬪(厲、賴)孟姬賸(媵)也(匜)
16.10279 乍(作)庠孟爲(嬀)㝅女(母)塍(媵)匜
16.10280 慶叔攸(作)朕(媵)子孟姜盥匜
16.10283 齊侯乍(作)賸(媵)寬圜孟姜盥盂
16.10284 賸(媵)孟姬有之婦沫盤
16.10332 曾孟孎(芈)諫乍(作)飲鄦盆
16.10355 黄子乍(作)黄甫(夫)人孟姬器
16.10385 命戍代、冶與、下庫工師孟、關師四人
17.11000 孟右人
17.11128 陳卿聖孟造戟(戈)
17.11199 黄君孟乍(作)元□戈
18.11863 私庫嗇夫責正、工孟鮮

4572 季

1.47 鑄侯求乍(作)季姜朕(媵)鐘
1.141 師臾庫(肇)乍(作)朕剌(烈)祖虢季、宄公、幽叔、朕皇考德叔大稟(林)鐘
3.495 溓(濂)季乍(作)
3.531 季貞乍(作)尊鬲
3.541 季執乍(作)寶尊彝
3.559 季右父乍(作)尊鬲
3.615 伯猶父乍(作)井叔、季姜尊鬲
3.659 奠(鄭)羌伯乍(作)季姜尊鬲
3.660 奠(鄭)羌伯乍(作)季姜尊鬲
3.661 虢季子緅(組)乍(作)鬲
3.662 虢季氏子緅(組)乍(作)鬲
3.683 虢季氏子佊乍(作)寶鬲
3.705 陳(?)侯乍(作)畢季嬀媵鬲
3.706 陳(?)侯乍(作)畢季嬀媵鬲
3.718 𬎾季乍(作)孟姬寗(庿)女(母)逹鬲
3.886 亞𩰫乍(作)季尊彝
3.926 奠(鄭)井叔乍(作)季姞獻(甗)
4.1862 季父戊子
4.1931 季乍(作)寶彝
4.2031 王季乍(作)鼎彝
4.2057 良(郎)季乍(作)寶貞(鼎)
4.2082 𢊁北乍(作)季姬
4.2199 井季㲋乍(作)旅鼎
4.2261 王乍(作)康季寶尊𩰫
4.2325 𢁔季乍(作)父癸寶尊彝
4.2335 季乍(作)兄己

尊彝
4.2338 義仲乍(作)厥父周季尊彝
4.2340 季無(甗)乍(作)宮伯寶尊齍(齋)
4.2353 師寏父乍(作)季姞尊鼎
4.2378 季念乍(作)旅鼎
4.2476 專車季乍(作)寶鼎
4.2519 考㠯(征延)君季自乍(作)其盠鼎
5.2547 華季嗌乍(作)寶鼎
5.2560 王伯姜乍(作)季姬福母尊鼎 / 季姬其永寶用
5.2565 黃季乍(作)季嬴寶鼎
5.2585 鼎季乍(作)嬴(嬴)氏行鼎
5.2624 樊季氏孫仲鬲[擇]其吉金
5.2644 庰季之伯歸𡓣用其吉金
5.2645 庰季之伯歸𡓣用其吉金
5.2743 仲師父乍(作)季妘始寶尊鼎
5.2744 仲師父乍(作)季妘始寶尊鼎
5.2775 用乍(作)季娟(妘)寶尊彝
5.2781 伯俗父右(佑)𠂤季 / 𠂤季拜韻首
5.2796 克乍(作)朕皇祖釐季寶宗彝
5.2797 克乍(作)朕皇祖釐季寶宗彝
5.2798 克乍(作)朕皇祖釐季寶宗彝
5.2799 克乍(作)朕皇祖釐季寶宗彝
5.2800 克乍(作)朕皇祖釐季寶宗彝
5.2801 克乍(作)朕皇祖釐季寶宗彝
5.2802 克乍(作)朕皇祖釐季寶宗彝
5.2830 于朕考墉(郭)季易父敎(秩)宗
5.2832 厲叔子夙、厲有嗣醽(申)季、慶癸、燹(豳)褱、荆人敢、井人偈屖
5.2836 醽(申)季右(佑)善(膳)夫克
5.2838 以匡季告東宮 / 曶或(又)以匡季告東宮
6.3444 季㝖乍(作)旅𣪘
6.3448 季楚乍(作)寶𣪘
6.3556 季屖乍(作)寶尊彝
6.3557 季㚸(姒)乍(作)用𣪘
6.3558 嬴季乍(作)寶尊彝
6.3668 噩(鄂)侯弟曆季自乍(作)𣪘
6.3669 噩(鄂)季奞父乍(作)寶尊彝
6.3705 師寏父乍(作)季姞寶尊𣪘
6.3730 季𣪘乍(作)旅𣪘
7.3752 𣎆侯曰:爲季姬𣪘
7.3817 寺(邿)季故公乍(作)寶𣪘
7.3818 寺(邿)季故公乍(作)寶𣪘
7.3877 季侚父𨑱乍(作)寶𣪘
7.3912 用乍(作)季日乙
7.3913 用乍(作)季日乙
7.3949 季魯肇乍(作)厥文考井叔寶尊彝
7.3971 虢季氏子緻(組)乍(作)𣪘
7.3972 虢季氏子緻(組)乍(作)𣪘
7.3973 虢季氏子緻(組)乍(作)𣪘
7.3974 魯伯大父乍(作)季姬婧賸(媵)𣪘
7.3987 魯大(太)宰遽父乍(作)季姬牙賸(媵)𣪘
7.4039 黃君乍(作)季劦䊤賸(媵)𣪘
7.4090 眔朕文母季姬寶𣪘
7.4113 井南伯乍(作)鄭季姚好尊𣪘
8.4126 栿季肇乍(作)朕王母叔姜寶𣪘 / 栿季其萬年
8.4168 𦰩(蔣)兑乍(作)朕文祖乙公、皇考季氏尊𣪘
8.4195 季姜
8.4225 無㠱用乍(作)朕皇祖釐季尊𣪘
8.4226 無㠱用乍(作)朕皇祖釐季尊𣪘
8.4227 無㠱用乍(作)朕皇祖釐季尊𣪘
8.4228 無㠱用乍(作)朕皇祖釐季尊𣪘
8.4266 用乍(作)季姜尊彝
8.4283 用乍(作)朕文考外季尊𣪘
8.4284 用乍(作)朕文考外季尊𣪘
8.4287 醽(申)季内(入)右(佑)伊
8.4327 㷭(榮)季入右(佑)卯
9.4412 華季嗌乍(作)寶𣪘
9.4413 諆季獻乍(作)旅須(盨)
9.4453 仲自(師)父乍(作)季𡚸□寶尊盨
9.4454 叔𠭯(剸)父乍(作)奠(鄭)季寶鐘六金、尊盨四、鼎七 / 奠(鄭)季其子子孫孫永寶用
9.4455 叔𠭯(剸)父乍(作)奠(鄭)季寶鐘六金、尊盨四、鼎七 / 奠(鄭)季其子子孫孫永寶用
9.4456 叔𠭯(剸)父乍(作)奠(鄭)季寶鐘六金、尊盨四、鼎七 / 奠(鄭)季其子子孫孫永寶用

9.4457 叔剌(剌)父乍(作)奠(鄭)季寶鐘六金、尊盨四、鼎七/奠(鄭)季其子子孫孫永寶用
9.4563 季宮父乍(作)宗(崇)娟(妘)𠑹(媵)簠
9.4564 季宮父乍(作)宗(崇)娟(妘)𠑹(媵)簠
9.4572 季宮父乍(作)仲姊嬭姬倴(媵)簠
9.4589 乍(作)其妹句敔夫人季子媵簠
9.4590 乍(作)其妹句敔夫人季子媵簠
9.4594 子季嬴青擇其吉金
9.4629 台(以)乍(作)厥元配季姜之祥器
9.4630 台(以)乍(作)厥元配季姜之祥器
10.5239 井季㚔乍(作)旅彝
10.5240 鄘季乍(作)寶尊彝
10.5241 㢸季乍(作)寶旅彝
10.5323 衛乍(作)季衛父寶尊彝
10.5325 噩(鄂)侯弟暦(曆)季乍(作)旅彝
10.5357 憻(憻)季遽父乍(作)豐姬寶尊彝
10.5358 憻(憻)季遽父乍(作)豐姬寶尊彝
10.5376 虢季子緻(組)乍(作)寶彝
11.5797 季甫(父)父乙宁(𤘘)
11.5840 亞䣓乍(作)季尊彝
11.5858 彇季乍(作)寶旅彝
11.5859 井季㚔(貄)乍(作)旅彝
11.5860 鄘季乍(作)寶尊彝
11.5912 噩(鄂)侯弟暦(曆)季乍(作)旅彝
11.5915 衛乍(作)季衛父寶尊彝
11.5940 季㝉(寧)乍(作)寶尊彝
11.5947 憻(憻)季遽父乍(作)豐姬寶尊彝
11.5981 欻(啜)休于𣥂季/揚季休
12.6434 季乍(作)旅彝
15.9419 季嬴霝德乍(作)寶盉
15.9443 季良父乍(作)𠱾始(姒)寶盉
15.9444 季老或乍(作)文考大伯寶尊彝
15.9575 盛季壺
15.9610 吕季姜乍(作)醴壺
15.9611 吕季姜乍(作)醴壺
15.9655 虢季氏子緻(組)乍(作)寶壺
15.9658 郳(鄀)季寬(魔)車自乍(作)行壺
15.9713 㝸(弁)季良父乍(作)𠱾始(姒)尊壺
15.9827 季㚸(姒)𩍿乍(作)寶𦉜(罍)
16.10008 正月季春
16.10048 季乍(作)寶
16.10076 季嬴霝德乍(作)寶般(盤)
16.10109 郳(鄀)季寬(魔)車自乍(作)行盤
16.10111 師寏父乍(作)季姬般(盤)
16.10125 楚季𠰔(苟)乍(作)嫞(羋)尊媵(媵)盥般(盤)
16.10138 曾師季䡅(芾)用其士(吉)金
16.10163 夆(逢)叔乍(作)季妃盥般(盤)
16.10173 虢季子白乍(作)寶盤
16.10179 季姬乍(作)盉
16.10192 虢季乍(作)中姬寶也(匜)
16.10204 奠(鄭)義伯乍(作)季姜寶也(匜)用
16.10212 工𢑴季生乍(作)其盥會匜
16.10234 郳(鄀)季寬(魔)車自乍(作)行匜
16.10265 唯甫季加自乍(作)寶也(匜)
16.10282 夆(逢)叔乍(作)季妃盥般(盤)
16.10284 蔡叔季之孫君
16.10317 伯索史乍(作)季姜寶盂
16.10320 郐(徐)王季糧之孫宜桐
16.10339 □子季〔嬴青自〕乍(作)鑄〔𨪔盆〕
17.11252 邛(江)季之孫□方或之元
17.11309 周王孫季怠(怡)
17.11333 季秉昏(香)
17.11365 曾大攻(工)尹季𢚁(怡)之用
18.11640 吳季子之子逞之元用鐱(劍)

4573 昏、昏、香

7.3785 叡昏妊乍(作)寶𣪘
10.5271 亞𡨥(獣)宔昏(孤)竹丁父
17.11333 季秉昏(香)

4574 好

15.9734 胤嗣好盗

4575 孷、殼

15.9606 弍孷(穀、斛)
15.9607 受六孷(穀、斛)四尌

4576 毓

8.4341 毓(后)文王、王㚸(姒)聖孫
10.5396 用乍(作)毓(后)祖丁尊
14.9095 吕仲僕乍(作)毓子寶尊彝
16.10175 𢽾毓(育)子孫

4577 孳

1.260 南或(國)𠬝孳

(子)敢臽(陷)處我土/艮孳(子)迺遣閒來逆卲王

17.11402 公孳里雎之大夫敓(披)之卒

4578 孿

6.3334 亞孿父辛

7.3791 甚孿君休于王

12.6414 亞孿父辛

15.9379 亞孿(孳)父辛

4579 孱(僝)

4.2417 廟孱乍(作)鼎

18.11461 孱陵

18.11462 孱陵

4580 孯(賢子)

16.10379 孯之倌(官)環

4581 掔

15.9735 舆(舉)掔(賢)使能/使得掔(賢)在(士)良猛(佐)賙(貯)/進掔(賢)散(措)能/敄(務)在得掔(賢)/則掔(賢)人至/則掔(賢)人新(親)

4582 矣、疑

2.380 亞疑

2.381 亞疑

2.382 亞疑

2.413 亞疑

2.414 亞疑

2.415 亞疑

3.789 亞疑

3.828 亞疑侁

3.1426 亞疑

3.1427 亞疑

3.1428 亞疑

3.1429 亞疑

3.1430 亞疑

3.1431 亞疑

3.1432 亞疑

4.1745 亞㠱(箕)疑

4.1746 亞疑辛

4.2035 亞㠱疑乍(作)彝

4.2146 亞疑

4.2262 亞㠱疑

4.2374 亞疑

5.2658 工師瑱、工疑

5.2702 亞㠱侯疑

6.3090 亞疑

6.3091 亞疑

6.3092 亞疑

6.3504 亞疑㠱侯父乙

6.3505 亞疑㠱乍(作)父乙

6.3513 亞疑㠱侯父戊

6.3689 亞疑㠱乍(作)母辛彝/亞疑㠱𪉩乍(作)女(母)辛寶彝

9.4653 亞疑

10.4813 亞疑

10.5015 亞疑其(㠱)

10.5248 亞疑

10.5292 亞其(㠱)疑乍(作)母辛彝

10.5293 亞其(㠱)疑乍(作)母辛彝

10.5294 亞其(㠱)疑乍(作)母辛彝

10.5295 亞疑㠱臺乍(作)母癸

10.5377 㠱侯亞疑

10.5431 㠱長疑其子子孫孫寶用

11.5570 亞疑

11.5888 亞㠱疑

11.6156 亞疑

11.6298 疑父辛

12.6377 亞疑父乙

12.6440 亞疑㪟(揨)父乙

12.6464 㠱侯亞疑妣辛

12.6959 亞疑

12.6960 亞疑

12.6961 亞疑

12.6962 亞疑

12.6963 亞疑

12.6964 亞疑

12.6965 亞疑

12.6966 亞疑

12.7241 亞疑父己

12.7283 亞疑

12.7297 亞疑㠱

12.7298 亞疑㠱

13.7772 亞疑

13.7773 亞疑

13.7774 亞疑

13.7775 亞疑

13.7776 亞疑

13.7777 亞疑

13.7778 亞疑

13.7779 亞疑

13.7780 亞疑

13.7781 亞疑

13.7782 亞疑

14.9000 疑亞乍(作)父乙

14.9001 疑亞乍(作)父乙

14.9075 㠱亞疑

14.9099 亞疑

15.9156 亞疑

15.9157 亞疑

15.9158 亞疑

15.9245 㠱亞疑

15.9249 亞疑

15.9439 㠱侯亞疑

15.9761 亞疑

15.9762 亞疑

15.9794 亞疑

16.9845 亞疑

16.9948 亞疑

16.9984 亞疑

16.10021 亞疑

16.10022 亞疑

16.10023 亞疑

16.10045 亞疑妃

16.10344 亞疑

16.10393 亞疑

16.10553 疑乍(作)伯旅彝

16.10559 其(㠱)侯亞疑

17.10830 亞疑

17.10831 亞疑

17.10832 亞疑

17.10833 亞疑

17.10834 亞疑

17.10835 亞疑

17.10836 亞疑

18.11433 亞疑

18.11434 亞疑

18.11435 亞疑

18.11436 亞疑

18.11437 亞疑

18.11744 亞疑

18.11745 亞疑

18.11746 亞疑

18.11762 疑

18.11763 疑

18.11775 亞疑
18.11776 亞疑
18.11794 亞疑
18.11795 亞疑
18.11801 亞疑
18.11813 亞疑
18.11831 亞疑
18.11852 亞疑
18.11853 亞疑

4583 孷

8.4242 降余多福、繁孷(釐)
16.10175 緐(繁)婟(福)多孷(釐)

4584 ⿱戔子、學(攆)

7.3750 ⿱戔子(攆)見(獻)駒
7.3894 學(攆)父乍(作)姬獻賸(媵)毁

4585 學

1.121 于之孫學
1.122 于之孫學
1.125-8 于之孫(遜)學
1.129-31 〔于〕之孫(遜)學
5.2803 曰:小子迺學
5.2816 賜女(汝)秬鬯一卣、玄衮衣、幽夫(芾)、赤舄、駒車、畫呻(紳)、幬(幬)學(較)、虎幎(幃)、冟衼里幽、攸(鋚)勒、旅(旂)五旅(旂)、彤弓、彤矢、旅(玈)弓、旅(玈)矢、𢦔戈、䖒(皋)冑
5.2837 余唯即朕小學
8.4273 王令靜嗣射學宮/小子眔服、眔小臣、眔尸(夷)僕學射/靜學(教)無眈(尤)
8.4324 在昔先王小學
8.4325 在昔先王小學

4586 孜

11.6302 孜父辛

4587 孓

14.8393 孓父乙

4588 丑

4.2530 丑一
5.2718 唯十又二月丁丑
5.2756 唯二月既生霸丁丑
5.2758 唯四月既生霸己丑
5.2759 唯四月既生霸己丑
5.2760 唯四月既生霸己丑
5.2761 唯四月既生霸己丑
5.2767 初吉乙丑
5.2789 唯九月既望乙丑
8.4183 初吉乙丑
8.4261 丁丑
8.4270 初吉丁丑
8.4271 初吉丁丑
8.4292 唯五年正月己丑
8.4300 唯九月既死霸丁丑
8.4301 唯九月既死霸丁丑
9.4644 唯正月吉日乙丑
10.5409 唯正月丁丑
10.5425 正月既生霸辛丑
10.5426 辰在己丑
10.5430 唯九月初吉癸丑
12.6509 乙丑
12.6510 乙丑
15.9583 丑
15.9726 己丑
15.9727 己丑
16.10008 元日己丑
17.11330 大梁左庫工師丑、冶丮(刃)

4589 羞

3.547 仲姞乍(作)羞鬲
3.548 仲姞乍(作)羞鬲
3.549 仲姞乍(作)羞鬲
3.550 仲姞乍(作)羞鬲
3.551 仲姞乍(作)羞鬲
3.552 仲姞乍(作)羞鬲
3.553 仲姞乍(作)羞鬲
3.554 仲姞乍(作)羞鬲
3.555 仲姞乍(作)羞鬲
3.556 仲姞乍(作)羞鬲
3.557 仲姞乍(作)羞鬲
3.558 仲姞乍(作)羞鬲
3.579 奠(鄭)叔截父乍(作)羞鬲
3.581 奠(鄭)井叔截父乍(作)羞鬲
3.589 時(詩)伯乍(作)叔母□羞鬲
3.590 時(詩)伯乍(作)叔母□羞鬲
3.591 時(詩)伯乍(作)叔母□羞鬲
3.596 郳始逞母鑄其羞鬲
3.690 魯伯愈父乍(作)鼄(邾)姬仁朕(媵)羞鬲
3.691 魯伯愈父乍(作)鼄(邾)姬仁朕(媵)羞鬲
3.692 魯伯愈父乍(作)鼄(邾)姬仁朕(媵)羞鬲
3.693 魯伯愈父乍(作)鼄(邾)姬仁朕(媵)羞鬲
3.694 魯伯愈父乍(作)鼄(邾)姬仁朕(媵)羞鬲
3.695 魯伯愈父乍(作)鼄(邾)姬仁朕(媵)羞鬲
3.949 肆肩(肩)又(有)羞
3.1070 羞
3.1071 羞
3.1072 羞
4.1770 羞乍(作)寶
4.2443 伯氏乍(作)�氏羞貞(鼎)
4.2444 伯氏乍(作)嫊氏羞貞(鼎)
4.2445 伯氏乍(作)嫊氏羞貞(鼎)
4.2446 伯氏乍(作)嫊氏羞貞(鼎)
4.2447 伯氏乍(作)嫊氏羞貞(鼎)

4.2522 武生(甥)毁(捏)乍(作)其羞鼎
4.2523 武生(甥)毁(捏)乍(作)其羞鼎
5.2779 羞于黽
5.2835 羞追于京師/羞追于京師
8.4216 令女(汝)羞追于齊
8.4217 令女(汝)羞追于齊
8.4218 令女(汝)羞追于齊
8.4328 王令我羞追于西
8.4329 王令我羞追于西
9.4672 單昊生(甥)乍(作)羞豆
11.6028 羞
13.8018 丁羞
15.9729 用鑄爾羞鉳(瓶)
15.9730 用鑄爾羞鉳(瓶)
18.11731 羞

4590 寅

1.133 四月初吉甲寅
1.134 四月初吉甲寅
1.135 四月初吉甲寅
1.136 四月初吉甲寅
1.137-9 四月初吉甲寅
1.143 唯□月初吉□寅
1.204-5 九月初吉庚寅
1.206-7 九月初吉庚寅
1.208 九月初吉庚寅
1.209 九月初吉庚寅
1.272-8 辰在戊寅
1.285 辰在戊寅
3.741 庚寅
3.745 唯九月初吉庚寅
3.948 唯六月既死霸丙寅
4.1950 寅乍(作)寶鼎
5.2574 鄲(單)孝子台(以)庚寅之日
5.2594 戊寅
5.2713 唯九月初吉庚寅
5.2729 唯二月初吉庚寅
5.2756 戊寅
5.2785 唯十又三月庚寅
5.2792 唯三月初吉庚寅
5.2805 初吉甲寅
5.2813 唯六月既生霸庚寅
5.2819 五月既望庚寅
6.3045 寅
7.3953 辰在寅
7.3983 唯二月戊寅
7.4023 辰在壬寅
7.4033 唯王五月甲寅
7.4034 唯王五月甲寅
7.4118 唯正月初吉庚寅
7.4119 唯正月初吉庚寅
8.4197 唯元年三月丙寅
8.4205 唯九月既朢庚寅
8.4225 正月初吉壬寅
8.4226 正月初吉壬寅
8.4227 正月初吉壬寅
8.4228 正月初吉壬寅
8.4244 三月既朢庚寅
8.4257 唯八月初吉戊寅
8.4266 戊寅
8.4268 初吉庚寅
8.4273 雩八月初吉庚寅
8.4274 初吉甲寅
8.4275 初吉甲寅
8.4276 辰在戊寅
8.4279 甲寅
8.4280 甲寅
8.4281 甲寅
8.4282 甲寅
8.4283 唯二月初吉戊寅
8.4284 唯二月初吉戊寅
8.4285 初吉庚寅
8.4286 既生霸甲寅
8.4294 既省(生)霸庚寅
8.4295 既省(生)霸庚寅
8.4302 辰在庚寅
8.4331 唯王九年九月甲寅
8.4342 既朢庚寅
8.4343 既生霸甲寅
9.4430 唯五月既生霸庚寅
9.4465 初吉庚寅
9.4549 戊寅
9.4629 余寅(夤)事齊侯
9.4630 余寅(夤)事齊侯
10.5367 丙寅
10.5394 甲寅
10.5408 唯四月初吉丙寅
10.5421 王令士上眔史寅廏(殷)于成周
10.5422 王令士上眔史寅廏(殷)于成周
11.5999 王令士上眔史寅廏(殷)于成周
12.6598 寅
14.9100 甲寅
15.9141 寅
15.9301 丙寅
15.9454 王令士上眔史寅廏(殷)于成周
15.9456 既生霸壬寅
15.9474 寅
15.9702 初吉庚寅
15.9714 唯八月既死霸戊寅
15.9723 九月初吉戊寅
15.9724 九月初吉戊寅
15.10169 初吉甲寅
16.10172 五月既朢庚寅
16.10174 既死霸庚寅
16.10371 敳月戊寅
16.10374 不用命則寅之
17.10652 寅从
17.11268 庚寅
17.11380 詔事(使)圖、丞戟、工寅
17.11381 楚王酓(熊)璋嚴龏(恭)寅乍(作)輥(幹)戈
17.11396 詔事(使)圖、丞戟、工寅
18.11738 寅

4591　卯

3.754 唯六月既生霸乙卯
3.755 唯六月既生霸乙卯
3.907 𠑹卯𠛎乍(作)母戊彝
3.1413 亞卯
4.2499 癸卯
5.2670 辰在乙卯
5.2682 癸卯/[二]旬又四日丁卯
5.2694 丁卯
5.2720 辛卯
5.2776 辰在丁卯
5.2809 唯三月丁卯
5.2815 四月既望辛卯
5.2821 既生霸乙卯
5.2822 既生霸乙卯
5.2823 既生霸乙卯
5.2830 辰在丁卯
6.3502 文父乙卯婦娸
6.3623 伓沽乍(作)父卯寶段
7.4032 既死霸乙卯
8.4130 初吉癸卯
8.4159 唯正月初吉丁卯
8.4194 唯四月初吉丁卯
8.4208 十又一月丁卯
8.4267 唯正月初吉丁卯
8.4273 丁卯
8.4303 既生霸乙卯
8.4304 既生霸乙卯
8.4305 既生霸乙卯
8.4306 既生霸乙卯
8.4307 既生霸乙卯
8.4308 既生霸乙卯
8.4309 既生霸乙卯
8.4310 既生霸乙卯
8.4327 𤇾(榮)季入右(佑)卯/𤇾(榮)伯乎令(命)卯曰：𢦏(載)乃先祖考死(尸)𤔲𤇾(榮)公室/卯拜手頁(䭫)手(首)/卯其萬年
9.4438 八月既死辛卯
9.4439 八月既死辛卯
9.4626 唯三月既生霸乙卯
10.5353 辛卯
10.5402 唯十又三月辛卯
10.5403 唯六月既生霸乙卯
10.5405 唯二月初吉丁卯
10.5415 乙卯
11.5973 乙卯
11.5987 唯四月乙卯
11.5992 唯十又三月辛卯
11.5994 唯二月初吉丁卯
11.5996 唯六月既生霸乙卯
11.6003 乙卯
11.6007 辰在辛卯
11.6008 既生霸丁卯
12.6516 唯三月初吉乙卯
13.8221 鳥卯
14.9101 辛卯
15.9705 十月初吉己卯
16.10176 辰在乙卯
16.10322 初吉丁卯
16.10360 初吉丁卯
16.10582 六月初吉癸卯
17.10944 右卯
17.11034 陳卯鋯(造)戗(戈)
18.11644 戉(越)王不光厥□□□□卯□
18.11645 戉(越)王不光厥□□□□卯□
18.11646 戉(越)王不光厥□□□□卯□
18.11647 戉(越)王不光厥□□□□卯□
18.11648 戉(越)王不光厥□□□□卯□
18.11649 戉(越)王不光厥□□□□卯□
18.11650 戉(越)王不光厥□丌□□卯□
18.11664 戉(越)王不光厥□□□□卯□
18.11667 戉(越)王不光厥□□□□卯□
18.11673 南行昜(唐)倫(令)畄(瞿)卯、右庫工師司馬郃、冶得教(撻)齋(劑)
18.11674 南行昜(唐)倫(令)畄(瞿)卯、右庫工師司馬郃、冶得教(撻)齋(劑)
18.11705 南行昜(唐)倫(令)畄(瞿)卯、右庫工師司馬郃、冶肴(尹)𤔲得教(撻)齋(劑)(？)

4592　辰

1.52 日唯辰
1.140 辰在丁亥
1.149 辰在乙亥
1.150 辰在乙亥
1.151 辰在乙亥
1.152 辰在乙亥
1.272-8 辰在戊寅
1.285 辰在戊寅
3.689 在戊辰
4.1942 臣辰𠈌册
4.1943 臣辰𠈌册
4.2002 辰行奚父乙
4.2003 父乙臣辰𠈌
4.2004 父乙臣辰𠈌
4.2005 臣辰𠈌父乙
4.2006 父乙臣辰𠈌
4.2115 臣辰𠈌册父乙
4.2116 臣辰𠈌册父乙
4.2135 臣辰𠈌册父癸
5.2652 涂大(太)子伯辰□乍(作)爲其好妻□[鼎]
5.2670 辰在乙卯
5.2725 辰在乙亥
5.2726 辰在乙亥
5.2735 唯八月既朢(望)戊辰
5.2736 唯八月既朢(望)戊辰
5.2739 戊辰
5.2754 辰在壬戌
5.2776 辰在丁卯
5.2816 辰在丙午
5.2818 三月初吉壬辰
5.2820 辰在丁亥
5.2830 辰在丁卯
5.2831 既死霸庚辰

5.2837 女(汝)妹(昧)辰又(有)大服
5.2838 辰在丁酉
5.2839 辰在甲申
6.3397 臣辰侁册
6.3422 臣辰侁父乙
6.3423 父乙臣辰侁
6.3424 父乙臣辰侁
6.3506 臣辰侁册父乙
6.3522 臣辰侁册父癸
6.3523 臣辰侁册父癸
6.3734 辰乍(作)餴(饙)段
7.3953 辰在寅
7.4023 辰在壬寅
8.4144 戊辰
8.4201 唯五月壬辰
8.4208 戊辰曾(贈)
8.4215 辰在甲午
8.4269 辰在壬午
8.4276 辰在戊寅
8.4278 三月初吉壬辰
8.4302 辰在庚寅
8.4320 辰在丁未
10.5101 戉葙旲(嘩)辰
10.5149 臣辰侁父乙
10.5150 臣辰侁父乙
10.5151 臣辰侁父乙
10.5152 臣辰侁父乙
10.5153 臣辰侁父乙
10.5404 辰在丁亥
10.5412 丙辰
10.5421 臣辰册侁
10.5422 臣辰册侁
10.5426 辰在己丑
10.5431 辰在庚申
11.5580 𡕒(衛)辰
11.5795 臣辰侁父乙
11.5835 小臣侁辰父辛
11.5838 臣辰侁册父癸
11.5997 辰在丁亥
11.5999 臣辰侁册
11.6007 辰在辛卯
11.6011 辰在甲申
11.6016 辰在甲申
11.6239 辰父乙
12.6400 辰𡕒(衛)父己
12.7242 辰𡕒(衛)父己
12.7267 臣辰侁父乙
12.7268 臣辰侁父乙
13.8297 辰∿(飛)
14.8869 辰侁父乙
14.8930 辰𡕒(衛)父己
14.8994 父乙臣辰侁
14.8995 父乙臣辰侁
14.8996 父乙臣辰侁
14.8997 父乙臣辰侁
15.9380 臣辰侁册
15.9392 父癸臣辰侁
15.9454 臣辰册侁
15.9525 辰乍(作)父己
15.9526 臣辰侁册
15.9703 孟冬戊辰
16.9859 廟辰
16.9901 辰在甲申
16.9975 孟冬戊辰
16.10053 臣辰侁册
16.10176 辰在乙卯

4593 □

16.10549 □姬乍(作)寶彝

4594 巳

1.171 初吉乙巳
5.2701 十一年十一月乙巳朏
5.2707 癸巳
5.2748 丁巳
5.2755 唯王九月既望乙巳
5.2777 初吉己巳
5.2787 唯三年五月丁巳
5.2788 唯三年五月丁巳
7.3975 辛巳
7.3990 辛巳
7.4088 唯十月初吉辛巳
8.4138 癸巳
8.4165 唯六月初吉丁巳
8.4195 唯六月既生霸亲(辛)巳
8.4229 唯三年五月丁巳
8.4230 唯三年五月丁巳
8.4231 唯三年五月丁巳
8.4232 唯三年五月丁巳
8.4233 唯三年五月丁巳
8.4234 唯三年五月丁巳
8.4235 唯三年五月丁巳
8.4236 唯三年五月丁巳
8.4245 初吉丁巳
8.4255 唯正月乙巳
8.4262 唯正月初吉癸巳
8.4263 唯正月初吉癸巳
8.4264 唯正月初吉癸巳
8.4265 唯正月初吉癸巳
9.4610 唯正十又一月辛巳
9.4611 唯正十又一月辛巳
10.5380 辛巳
10.5397 丁巳
10.5413 乙巳
10.5417 乙巳
11.5985 丁巳
11.5990 丁巳
11.6000 乙巳
15.9249 癸巳
15.9726 唯三年九月丁巳
15.9727 唯三年九月丁巳
16.10281 初吉乙巳
18.11665 工盧王乍(作)元巳(祀)用鐱(劍)

4595 已

1.153 眉壽毋已
1.154 眉壽毋已
1.171 往已(矣)
1.223-4 往已叔姬
1.272-8 毋疾毋已
1.285 毋疾毋已
5.2837 古(故)喪師已(矣)
5.2841 已曰
11.6010 祐受無已
11.6015 已夕
16.10171 祐受毋已
16.10298 往已叔姬

16.10299 往巳叔姬
17.11407 〼侯□巳翌(蝍)〼

4596 㠯、以

1.73-4 以樂君子 / 以之大行
1.76-7 以樂君子 / 以之大行
1.78-9 以樂君子 / 以之大行
1.80-1 以樂君子 / 以之大行
1.87 以乍(祚)其皇祖、皇考
1.102 君以萬年
1.113 用匽(宴)以喜(饎)
1.114 用匽(宴)以喜(饎)
1.115 用匽(宴)以喜(饎)
1.116 用匽(宴)以喜(饎)
1.117 用匽(宴)以喜(饎)
1.118-9 用匽(宴)以喜(饎)
1.121 以克總光朕邸(越)
1.122 以克總光朕邸(越)
1.150 以匽(宴)大夫
1.153 用匽(宴)以喜(饎)
1.154 用匽(宴)以喜(饎)
1.182 以敬盟祀 / 以樂嘉賓、倗友、者(諸)臤(賢)/ 兼以父䫤(兄)、庶士 / 以宴以喜(饎)
1.203 馭(余)以匽(宴)以喜(饎)/ 以爍(樂)嘉賓
1.225 我以享孝 / 以祈眉壽 / 永以爲寶
1.226 我以享孝 / 以祈眉壽 / 永以爲寶
1.227 我以享孝 / 以祈眉壽 / 永以爲寶
1.228 我以享孝 / 以祈眉壽 / 永以爲寶
1.229 我以享孝 / 以祈眉壽 / 永以爲寶
1.230 我以享孝 / 以祈眉壽 / 永以爲寶
1.231 我以享孝 / 以祈眉壽 / 永以爲寶
1.232 我以享孝 / 以祈眉壽 / 永以爲寶
1.233 我以享孝 / 以祈眉壽 / 永以爲寶
1.234 我以享孝 / 以祈眉壽 / 永以爲寶
1.235 我以享孝 / 以祈眉壽 / 永以爲寶
1.236 我以享孝 / 以祈眉壽 / 永以爲寶
1.237 我以享孝 / 以祈眉壽 / 永以爲寶
1.251-6 武王則令周公舍(捨)寓(宇)以五十頌處
1.262-3 以虢事縊(蠻)方 / 以受多福 / 以康奠協朕或(國)/ 以匽(宴)皇公 / 以受大福
1.264-6 以虢事縊(蠻)方 / 以受多福 / 以康奠協朕或(國)/ 以匽(宴)皇公 / 以受大福
1.267 以虢事縊(蠻)方 / 以受多福 / 以康奠協朕或(國)/ 以匽(宴)皇公 / 以受大福
1.268 以虢事縊(蠻)方 / 以受多福 / 以康奠協朕或(國)/ 以匽(宴)皇公 / 以受大福
1.269 以虢事縊(蠻)方 / 以受多福 / 以康奠協朕或(國)/ 以匽(宴)皇公 / 以受大福
1.270 以受多福 / 以卲客(各)孝享 / 以受屯(純)魯多釐
2.423 喬君淲虘與朕以贏
2.424 以樂賓客
2.428 以〼船 / 以陰以〔陽〕/ 余以政刣(台)徒 / 余以乙(乚)郾 / 余以伐郐(徐)/ 永堋乍(作)以□□
2.429 〼以攴埜(野)于陳□□山之下 / 余以共旒示□帝(嫡)庶子 / 余以倉(會)同生(姓)九礼 / 以飤大夫、倗友
3.594 以從永征
3.917 者(諸)女以大子尊彝
3.949 以王令(命)曰：余令女(汝)史(使)小大邦 / 伯買父迺以厥人戍漢、中、州
5.2553 曰：奄以乃弟用夙夕䵼享
5.2554 曰：奄以乃弟用夙夕䵼享
5.2623 以共(供)歲祟(嘗)
5.2646 以征以行
5.2671 唯女(汝)率我多友以事
5.2672 唯女(汝)率我多友以事
5.2683 以降大福
5.2684 以降大福
5.2685 以降大福
5.2686 以降大福
5.2687 以降大福
5.2688 以降大福
5.2689 以降大福
5.2740 溓(濂)公令雪眔史旟曰：以師眔厥有嗣、後或(國)戜伐腺(貊)
5.2741 溓(濂)公令雪眔史旟曰：以師眔厥有嗣、後或(國)戜伐腺(貊)
5.2766 以知恤謼
5.2794 以共(供)歲祟(嘗)/ 以共(供)歲祟(嘗)
5.2795 以共(供)歲祟(嘗)/ 以共(供)歲祟(嘗)
5.2806 大以厥友守
5.2807 大以厥友守 / 以厥友入攼(捍)
5.2808 大以厥友守 / 以厥友入攼(捍)

5.2809 使厥友引㠯告于伯懋父/引㠯告中史書
5.2811 用享㠯孝于我皇祖文考
5.2818 鬲比㠯攸衛牧告于王/王令省史南㠯即虢旅
5.2825 受册佩㠯出
5.2827 受令(命)册佩㠯出
5.2828 受令(命)册佩㠯出
5.2829 受令(命)册佩㠯出
5.2832 衛㠯邦君厲告于井伯、伯邑父、定伯、椋伯、伯俗父
5.2833 雩禹㠯武公徒馭至于噩(鄂)
5.2834 雩〔禹〕㠯〔武公徒馭〕至于噩(鄂)
5.2835 凡㠯公車折首二百又□又五人/唯俘車不克㠯
5.2836 㠯(與)厥臣妾
5.2838 事(使)厥小子瞉(究)㠯限訟于井叔/事(使)寽(鋝)㠯告㽙/廼卑(俾)〔饗〕㠯曶酉(酒)彶(及)羊、絲三寽(鋝)/㠯匡季告東宮/曶或(又)㠯匡季告東宮
5.2839 盂㠯多旂佩/告曰:王令盂㠯□□伐戜(鬼)方/㠯嘼(酋)進/戜(鬼)旟(獯)虘㠯新□從/王乎贊伯令盂㠯人馘入門/盂㠯☐入三門/盂㠯(與)者(諸)侯罘侯、田(甸)、男□□從盂征/㠯□□□進賓/王乎□□□令盂㠯區入/凡區㠯品
5.2840 㠯㳄(佐)右(佑)寡人/㠯譁(誘)道(導)寡人/氏(是)㠯寡人匡(委)賃(任)之邦/㠯憂烼(勞)邦家/㠯征不宜(義)之邦/氏(是)㠯賜之厥命:隹(雖)又(有)死辠(罪)/㠯明其德/氏(是)㠯寡人許之
5.2841 俗(欲)女(汝)弗㠯乃辟圅(陷)于艱/㠯乃族干(捍)吾(敔)王身
7.3848 趞(遣)小子䣙㠯(與)其友
7.4047 王令東宮追㠯六師之年
7.4076 㠯降大福
7.4077 㠯降大福
7.4078 㠯降大福
7.4079 㠯降大福
7.4080 㠯降大福
7.4081 㠯降大福
7.4082 㠯降大福
7.4083 㠯降大福
7.4084 㠯降大福
7.4085 㠯降大福
7.4086 㠯降大福
7.4087 㠯降大福
7.4096 㠯貟(晩、睍)羕(永)令(命)、頪(眉)壽
7.4112 命其永㠯(與)多友毁(匓)飤
7.4116 㠯召(紹)其辟
7.4117 㠯召(紹)其辟
8.4192 萬年㠯(與)厥孫子寶用
8.4193 萬年㠯(與)厥孫子寶用
8.4238 伯懋父㠯殷八師征東尸(夷)
8.4239 伯懋父㠯殷八師征東尸(夷)
8.4245 𠷎(曾)孫三兒曰:余呂㠯□之孫
8.4273 王㠯(與)吳朿、呂犅(犅)
8.4278 鬲比㠯攸衛牧告于王/王令省史南㠯即虢旅
8.4292 余獻寢氏㠯壺/告曰:㠯君氏令曰
8.4293 余㠯邑訊有嗣
8.4298 豖㠯(與)睽履大賜里
8.4299 豖㠯(與)睽履大賜里
8.4315 㠯卲(昭)皇祖/㠯受屯(純)魯多釐
8.4317 肄(肆)余㠯餴士、獻民
8.4328 女(汝)㠯我車宕伐厰(玁)允(狁)于高陶/女(汝)休弗㠯我車圅(陷)于艱
8.4329 女(汝)㠯我車宕伐嚴(玁)允(狁)于高陶/女(汝)休弗㠯我車圅(陷)于艱
8.4330 㠯于顯顯受令(命)
8.4332 受令(命)册佩㠯出
8.4333 受令(命)册佩㠯出
8.4334 受令(命)册佩㠯出
8.4335 受令(命)册佩㠯出
8.4336 受令(命)册佩㠯出
8.4337 受令(命)册佩㠯出
8.4338 受令(命)册佩㠯出
8.4339 受令(命)册佩㠯出
8.4341 王令毛公㠯邦冢君、土(徒)馭、𢦏(趞)人伐東或(國)痛戎/王令吳(虞)伯曰:㠯乃師左比毛公/王令吕伯曰:㠯乃師右比毛父/趞(遣)令曰:㠯乃族從父征
8.4342 率㠯乃友干(捍)吾(禦)王身/谷(欲)女(汝)弗㠯乃辟圅(陷)于艱
8.4343 㠯今餔(籍)司匐(服)厥辠(罪)𠵈(厥)故(辜)
9.4427 走父㠯(與)其子子孫孫寶用
9.4435 虢仲㠯王南征
9.4442 㠯延(征)㠯行/慶其㠯臧
9.4443 㠯延(征)㠯行/

慶其以臧
9.4444 以延(征)以行/慶其以臧
9.4445 以延(征)以行/慶其以臧
9.4549 以共(供)歲棠(嘗)
9.4550 以共(供)歲棠(嘗)
9.4551 以共(供)歲棠(嘗)
9.4617 以祈眉壽
9.4620 以㪍稻粱
9.4621 以㪍稻粱
9.4622 以㪍稻粱
9.4623 其眉壽以鋒
9.4624 其眉壽以鋒
9.4631 以征以行
9.4632 以征以行
9.4694 以祀皇祖/以會父佳(兄)
9.4695 以祀皇祖/以會父侃(兄)
10.5392 以寡子乍(作)永寶
10.5401 其以父癸夙夕卿(佮)爾百聞(婚)遘(媾)
10.5417 子令小子畬先以人于堇
10.5419 女(汝)其以成周師氏戍于𡉚(固)師(次)
10.5420 女(汝)其以成周師氏戍于𡉚(固)師(次)
10.5425 唯伯屖父以成師即東
11.5935 者(諸)姛以大子尊彝
11.5936 者(諸)姛以大子尊彝
11.6015 王以侯內(入)于寢
11.6016 爽(尚)左右于乃寮以乃友事
12.7281 秉以父庚宗尊
12.7282 秉以父庚宗尊
14.9056 秉以父庚宗尊
14.9057 秉以父庚宗尊
14.9090 者(諸)姛以大子尊彝
15.9294 者(諸)女(母)以大子尊彝
15.9295 者(諸)女(母)以大子尊彝/者(諸)姛以大子尊彝
15.9455 穆穆王蔑長甶以逨(徠)即井伯
15.9632 事(使)小臣以汲
15.9672 眔以(台)倗友醮
15.9677 䀠以〼其吉〔金〕
15.9698 以降大福
15.9699 以降大福
15.9731 受令(命)册佩以出
15.9732 受令(命)册佩以出
15.9734 以憂厥民之隹(罹)不䟽(辜)/以取鮮薹(蘪)/以追庸(誦)先王之工(功)剌(烈)
15.9735 以鄉(饗、享)上帝/以祀先王/以慭(儆)嗣王/以陀(阤、施)及子孫/以輔相厥身/氏(是)以遊夕(閑)飲飤/以㔫(佐)右(佑)厥闢(辟)/以明闢(辟)光/以內絕邵(召)公之業/以請(靖)郾(燕)疆/氏(是)以身蒙幸(皋)胄/以栽(誅)不巡(順)/以戒(誡)嗣王
15.9818 者(諸)姛以大子尊彝/者(諸)姛以尊彝大子
15.9819 者(諸)姛以大子尊彝
16.9901 爽(尚)庴(𨑢、左)右于乃寮以乃友事
16.9973 以㜸我奠(鄭)/我用以皮沓[illegible]/我以蕾獸/以行以川/我用以皮沓[illegible]/我以蕾獸
16.10008 以攸(作)鑄鈕(缶)/以祭我皇祖/虞(吾)以旂(祈)眉壽
16.10101 仲丮臣𠂇肇合以金
16.10152 以降大福
16.10158 以共(供)歲棠(嘗)
16.10173 是以先行
16.10176 眉(堳)自瀗涉以南/以陟/叡(徂)邍俟以西/以東/以南奉(封)于[illegible]徠道/以西/道以東一奉(封)/還以西一奉(封)/降以南
16.10285 女(汝)敢以乃師訟/乃師或以女(汝)告/乃以告事(吏)䀢、事(吏)曶于會
16.10297 以祀皇祖/以會父佳(兄)
16.10320 以𡫸妹
16.10342 以 倉 (答) 〔揚〕皇卿
16.10373 以命攻(工)尹穆丙、攻(工)差(佐)競之、集尹陳夏、少集尹龏賜、少攻(工)差(佐)孝癸/以䀐
16.10385 以禾石石尚(當)㝤平石
16.10478 從丘欧(坎)以至內宮六步/從內宮以至中宮卅步
18.11544 於戉(越)㠯(台)王旨郘之大(太)子何(三)壽
18.11610 未㠯(貽)金
18.11663 其㠯(以)乍(作)爲用元鐱(劍)
18.11758 以敬(儆)厥眾
18.11788 郘(呂)大叔以新金爲貣(貳)車之斧十
18.12108 用兵五十人以上——會王符
18.12109 用兵五十人以上

4597 午

1.87 初吉壬午
1.172 唯正月初吉庚午
1.173 唯正月初吉庚午
1.174 唯正月初吉庚午
1.175 唯正月初吉庚午
1.176 唯正月初吉庚午
1.177 唯正月初吉庚午
1.178 唯正月初吉庚午
1.179 唯正月初吉庚午
1.180 唯正月初吉庚午
2.426〔唯〕□〔月〕初吉庚午
2.427〔唯〕□〔月〕初吉庚午
2.429 唯正月初吉庚午
3.940 唯正月初吉庚午
4.2235 鄧子午之飤鐈
5.2663 唯正月初吉庚午
5.2664 唯正月初吉庚午
5.2665 唯正月初吉庚午
5.2666 唯正月初吉庚午
5.2674 丙午
5.2708 丙午
5.2710 庚午
5.2719 初吉壬午
5.2742 唯三年四月庚午
5.2753 既死霸壬午
5.2780 初吉丙午
5.2781 唯五月既生霸庚午
5.2782 正月庚午
5.2784 五月既生霸壬午
5.2811 王子午擇其吉金
5.2816 辰在丙午
7.4046 唯八月初吉庚午
7.4104 唯九月初吉庚午
7.4105 唯九月初吉庚午
7.4106 唯九月初吉庚午
7.4113 唯八月初吉壬午
8.4145 陳侯午台(以)群者(諸)侯獻金
8.4152 唯五年正月丙午
8.4168 唯正月初吉壬午
8.4202 唯三月初吉庚午
8.4215 辰在甲午
8.4216 既生霸壬午
8.4217 既生霸壬午
8.4218 既生霸壬午
8.4251 正月既望甲午
8.4252 正月既望甲午
8.4269 辰在壬午
9.4620 唯十月初吉庚午
9.4621 唯十月初吉庚午
9.4622 唯十月初吉庚午
9.4631 初吉庚午
9.4632 初吉庚午
9.4646 陳侯午台(以)群者(諸)侯獻金
9.4647 陳侯午台(以)群者(諸)侯獻金
9.4648 陳侯午淖(朝)群邦者(諸)侯于齊
10.5413 丙午
10.5416 甲午
10.5423 唯四月初吉甲午
10.5424 唯正月甲午
10.5432 雩四月既生霸庚午
10.5433 唯四月初吉甲午
11.6004 甲午
11.6009 唯四月初吉甲午
15.9638 唯正月初吉庚午
15.9701 唯正月初吉庚午
15.9721 唯五月初吉庚午
15.9722 唯五月初吉庚午
16.10148 初吉庚午
16.10149 唯正月初吉庚午
16.10155 唯正月初吉壬午
16.10166 唯五月既朢戊午
16.10273 初吉庚午
16.10276 唯正月初吉庚午
16.10278 初吉庚午
16.10339 初吉庚午
16.10341 唯八月初吉庚午
16.10356 初吉壬午
16.10374 禝月丙午
18.11696 吉日壬午
18.11697 吉日壬午
18.11754 山午

4598 未

1.107-8 辛未
4.1562 未父乙
4.1905 婦未于鼀
4.2425 乙未
5.2578 唯丁未
5.2625 乙未
5.2651 未侯宮
5.2771 初吉癸未
5.2772 初吉癸未
5.2778 十又一月癸未
5.2835 癸未
5.2840 未甬(通)智
7.3904 乙未
7.3905 辛未
8.4131 辛未
8.4179 唯五月既死霸辛未
8.4180 唯五月既死霸辛未
8.4181 唯五月既死霸辛未
8.4320 辰在丁未
8.4331 己未
9.4649 唯正六月癸未
10.5208 弓天(?)兼未父丙
10.5413 丁未
11.6016 唯十月月吉癸未
12.6915 襄未
12.7150 虎未父辛
12.7244 戉未父己
14.8801 宁未口

14.9098 乙未
14.9099 丁未
15.9388 宁未父乙册
15.9725 七月既生雨(霸)乙未
16.9890 癸未
16.9901 唯十月月吉癸未
16.10168 唯正月既生霸乙未
17.10762 未
18.11610 未吕(貽)金

4599 申

1.60-3 三月既生霸庚申
1.73-4 初吉庚申
1.75 初吉庚申
1.76-7 初吉庚申
1.78-9 初吉庚申
1.80-1 初吉庚申
1.106 唯八月甲申
4.1873 子申父己
4.2039 伯申乍(作)寶彝
4.2108 之宅褱門(門)申腋
5.2669 唯五月庚申
5.2690 唯八月初吉庚申
5.2691 唯八月初吉庚申
5.2692 唯八月初吉庚申
5.2703 庚申
5.2722 初吉壬申
5.2728 在十又一月庚申
5.2732 鄦(鄀)宭之孫簷(莒)大(太)史申
5.2768 唯五月初吉壬申
5.2769 唯五月初吉壬申
5.2770 唯五月初吉壬申
5.2791 唯正月既生霸庚申
5.2835 甲申之脣(辰)
5.2839 辰在甲申
7.4028 唯六月初吉丙申
7.4044 五月初吉甲申
7.4112 初吉甲申
8.4121 唯正月甲申
8.4134 唯六月既死霸壬申
8.4135 唯六月既死霸壬申
8.4203 唯五月既生霸庚申
8.4204 唯五月既生霸庚申
8.4250 初吉庚申
8.4267 益公內(入)右(佑)申 / 王命尹册命申: 更乃祖考疋(胥)大(太)祝 / 申敢對揚天子休令(命)/ 申其邁(萬)年用
8.4328 唯九月初吉戊申
8.4329 唯九月初吉戊申
9.4448 其用享孝于皇申(神)、祖考
9.4449 其用享孝于皇申(神)、祖考
9.4450 其用享孝于皇申(神)、祖考
9.4451 其用享孝于皇申(神)、祖考
9.4452 其用享孝于皇申(神)、祖考
9.4573 唯九月初吉庚申
9.4575 唯八月初吉庚申
9.4576 唯八月初吉庚申
9.4577 唯八月初吉庚申
9.4605 唯九月初吉壬申
9.4643 王子申乍(作)嘉孄(芊)盞盂
9.4694 郪陵君王子申
9.4695 郪陵君王子申
10.5427 用乍(作)大禦于厥祖妣、父母、多申(神)
10.5431 辰在庚申
11.6011 辰在甲申
11.6016 辰在甲申 / 甲申
14.8985 孔申乍(作)寶
14.9102 丙申
14.9105 庚申
15.9453 既生霸甲申
15.9716 唯五月初吉壬申
15.9717 唯五月初吉壬申
15.9718 于兹先申(神)、皇祖
16.9901 辰在甲申 / 甲申
16.10146 唯正月初吉庚申
16.10167 唯八月既生霸庚申
16.10285 唯三月既死霸甲申
16.10297 郪陵君王子申
16.10581 唯八月甲申
17.11406 高奴工師竈、丞申、工鬼薪詘
18.11711 守相申毋官、邦〼韓𢓭、冶醇敎(撻)齋(劑)

4600 〓

12.7159 〓父癸

4601 西

1.172 㠯(以)濼(樂)其大酉(酉)
1.173 㠯(以)樂其大酉(酉)
1.174 㠯(以)濼(樂)其大酉(酉)
1.175 台(以)濼(樂)其大酉(酉)
1.176 㠯(以)濼(樂)其大酉(酉)
1.177 㠯(以)濼(樂)其大酉(酉)
1.178 㠯(以)濼(樂)其大酉(酉)
1.179 㠯(以)濼(樂)其大酉(酉)
1.180 㠯(以)濼(樂)其大酉(酉)
1.203 用盤飲酉(酒)
3.731 唯五月初吉丁酉

3.902 仲酉父肇乍(作)獻(甗)
3.1285 酉乙
3.1366 酉宁
4.1847 亞酉父丁
5.2674 天君鄉(饗)禝酉(酒)
5.2695 唯征(正)月既望癸酉
5.2709 王鄉(饗)酉(酒)
5.2748 四月既望己酉
5.2749 唯九月既生霸辛酉
5.2835 丁酉
5.2837 觑酉(酒)無敢醆(舔)/ 率肄于酉(酒)
5.2838 辰在丁酉 / 迺卑(俾)〔饗〕以曶酉(酒)彶(及)羊、絲三寽(鋝)
5.2839 三左三右多君入服酉(酒)/ 三周入服酉(酒)/ 雩若翌日乙酉 /□三事□□入服酉(酒)
5.2841 毋敢[illegible]于酉(酒)
6.3210 酉父癸
6.3235 亞保酉
6.3547 仲酉父乍(作)旅毁
7.4020 我天君鄉(饗)餂(聒)酉(酒)
8.4207 王鄉(饗)酉(酒)
8.4214 既生霸辛酉
8.4288 公族[illegible]釐入右(佑)師酉 / 王乎史牆册命師酉：嗣(嗣)乃祖 / 師酉拜韻首 / 酉其萬年
8.4289 公族[illegible]釐入右(佑)師酉 / 王乎史牆册命師酉：嗣(嗣)乃祖 / 師酉拜韻首 / 酉其萬年
8.4290 公族[illegible]釐入右(佑)師酉 / 王乎史牆册命師酉：嗣(嗣)乃祖 / 師酉拜韻首 / 酉其萬年
8.4291 公族[illegible]釐入右(佑)師酉 / 王乎史牆册命師酉：嗣(嗣)乃祖 / 師酉拜韻首 / 酉其萬年
8.4322 唯六月初吉乙酉
10.4947 酉父丁
10.4951 酉父己
10.4952 酉父己
10.4987 父辛酉
10.5042 酉乍(作)旅
10.5395 王鄉(饗)酉(酒)
10.5413 己酉
10.5421 在五月既塱辛酉
10.5422 在五月既塱辛酉
11.5999 在五月既塱辛酉
11.6016 乙酉
12.6513 唯正月吉日丁酉
12.6989 亞酉
12.6990 亞酉
13.7590 酉
13.7591 酉
13.8275 酉冎
13.8276 酉冎
14.8415 酉父乙
14.8623 酉父辛
14.9074 耳衡父庚酉侁
15.9160 亞酉
15.9454 在五月既望辛酉
15.9504 酉父己
15.9606 酉
15.9700 𩰫月己酉
15.9713 用盛旨酉(酒)
15.9726 鄉(饗)逆酉(酒)
15.9727 鄉(饗)逆酉(酒)
16.9894 己酉
16.9897 唯正月既生霸丁酉
16.9901 乙酉
16.10153 十月乙酉
16.10320 唯正月初吉己酉
16.10322 公廼命酉嗣社(徒)圅父、周人嗣工(空)屖、敝史、師氏、邑人奎父、畢人師同
16.10342 ☐賸(媵)壺四酉
16.10361 用實旨酉(酒)
16.10372 冬十二月乙酉
16.10373 享月己酉之日
17.10880 酉冎
18.11566 五酉之後

4602 配

1.181 配皇天
1.260 我唯司(嗣)配皇天
1.272-8 其配襄公之妣
1.280 其配襄公之妣
1.285 不(丕)顯穆公之孫、其配襄公之妣
2.358 配上下
2.426 吳王□□□□犬子配兒
2.427 吳王□□□□犬子配兒
5.2841 配我有周 / 不(丕)巩(鞏)先王配命
8.4317 用配皇天
9.4629 台(以)乍(作)厥元配季姜之祥器
9.4630 台(以)乍(作)厥元配季姜之祥器
9.4644 拍乍(作)朕配平姬墉宮祀彝
11.6005 用夙夕配宗
11.6010 敬配吳王
12.6515 配用[illegible]
16.9903 配
16.10171 敬配吳王

4603 酌

16.7360 用獻用酌

4604 彭

5.2594 彭
10.5430 公彭祀 / 公啻(禘)彭辛公祀
11.5894 彭

11.6015 彭祀

4606 酨(⿰酉弋)

6.3025 酨(⿰酉弋)
10.5380 酨
11.6230 酨(⿰酉弋)父乙

4607 酢

4.2289 王子侸自酢(作)飤貞(鼎)
12.6513 自酢(作)祭鍴(觶)

4608 ⿰酉正

3.732 唯番君⿰酉正伯自乍(作)寶鼎
3.733 唯番君⿰酉正伯自乍(作)寶鼎
3.734 唯番君⿰酉正伯自乍(作)寶鼎

4609 酸

17.10922 酸棗

4610 醕、醇

18.11711 守相申毋官、邦⼞韓汳、冶醕教(撻)齋(劑)

4611 ⿰酉垔

15.9735 節于⿰酉垔(禋)⿰酉齊

4612 ⿰酉屋

15.9669 楙(散)氏車父乍(作)⿰酉屋姜尊壺
15.9697 楙(散)車父乍(作)皇母⿰酉屋姜寶壺

4613 〓(酷)

17.11123 滕(滕)侯昃(昃)之〓(酷、造)戟

4614 酷

10.5428 余唯用諆(其)酷女(汝)
10.5429 余唯用諆(其)酷女(汝)

4615 ⿰酉忝

5.2837 𠭯酉(酒)無敢⿰酉忝(舔)

4616 ⿰酉舌

5.2704 師櫨⿰酉舌(舔)兄(貺)

4617 〓(醬)

1.153 鄦(許)子〓(醬)𠂤(師)擇其吉金
1.154 鄦(許)子〓(醬)𠂤(師)擇其吉金

4618 ⿰酉望

5.2765 𧊒拜䭬首曰:休朕皇君弗⿰酉望(忘)厥寶臣

4619 醴

5.2807 王鄉(饗)醴
5.2808 王鄉(饗)醴
8.4191 鄉(饗)醴于大室
15.9572 𨜒(唐)仲多乍(作)醴壺
15.9610 吕季姜乍(作)醴壺
15.9611 吕季姜乍(作)醴壺
15.9619 伯庶父乍(作)醴壺
15.9631 奠(鄭)楙叔賓父乍(作)醴壺
15.9656 伯公父乍(作)叔姬醴壺
15.9712 用自乍(作)醴壺
15.9726 鄉(饗)醴
15.9727 鄉(饗)醴
16.9897 鄉(饗)醴

4620 醁

4.2398 □醁京

4621 ⿰酉齊

15.9735 節于⿰酉垔(禋)⿰酉齊
16.10583 休台馬⿰酉齊皇母

4622 ⿰酉嬰

5.2837 有髭(紫)烝祀無敢⿰酉嬰

4623 ⿰酉隹

15.9672 眔以(台)倗友⿰酉隹

4624 〓

11.5564 〓亞

4625 〓

12.6515 配用〓

4626 〓

15.9420 鑄客爲集〓爲之

4627 〓

4.2300 鑄客爲集〓爲之
16.10388 鑄客爲集〓爲之

4628 〓

15.9420 鑄客爲集〓爲之

4629 酋

7.4001 豐兮尸乍(作)朕皇考酋(尊)𣪕
7.4003 豐兮尸乍(作)朕皇考酋(尊)𣪕
18.12104 舟三千不句酋
18.12105 傳舟得三千不句酋
18.12106 傳舟得三千不句酋

4630 ⿰阝尊、尊

3.491 乍(作)⿰阝尊彝
3.492 乍(作)⿰阝尊彝
3.521 微仲乍(作)旅⿰阝尊
3.522 同姜乍(作)⿰阝尊鬲
3.523 仲姜乍(作)⿰阝尊鬲
3.524 虢叔乍(作)⿰阝尊鬲
3.525 虢叔乍(作)⿰阝尊鬲
3.528 𩰫乍(作)寶⿰阝尊彝
3.530 伯矛乍(作)⿰阝尊彝
3.531 季貞乍(作)⿰阝尊鬲
3.540 大乍(作)婳寶⿰阝尊彝
3.541 季執乍(作)寶⿰阝尊彝
3.543 敬乍(作)父丁⿰阝尊齋
3.559 季右父乍(作)⿰阝尊

鬲
3.561 虢仲乍(作)姞尊鬲
3.562 虢仲乍(作)姞尊鬲
3.565 吾乍(作)滕(滕)公寶尊彝
3.566 戒乍(作)荐官(館)明(盟)尊彝
3.576 伯鄘父乍(作)姞尊鬲
3.578 周□乍(作)尊鬲
3.586 倗羲妣尊彝
3.587 𠭰(召)伯毛乍(作)王母尊鬲
3.588 叔皇父乍(作)仲姜尊鬲
3.592 士孫伯穀(揀)自乍(作)尊鬲
3.593 魯姬乍(作)尊鬲
3.602 王乍(作)王母冒宮尊鬲
3.603 虢叔乍(作)叔殷穀尊鬲
3.604 聿造乍(作)尊鬲
3.606 王伯姜乍(作)尊鬲
3.607 王伯姜乍(作)尊鬲
3.608 𢦏(戴)叔慶父乍(作)叔姬尊鬲
3.613 林𡛷乍(作)父辛寶尊彝
3.614 叔鼏乍(作)己(紀)伯父丁寶尊彝
3.615 伯狺父乍(作)井叔、季姜尊鬲
3.627 孜父乍(作)尊鬲
3.628 姬趛母乍(作)尊鬲
3.629 姬趛母乍(作)尊鬲
3.631 叀乍(作)寶尊鼎
3.634 鄏(郳)媿(祁)乍(作)尊鬲
3.635 呂王乍(作)尊鬲
3.637 庚姬乍(作)叔娊(?)尊鬲
3.638 庚姬乍(作)叔娊(?)尊鬲
3.639 庚姬乍(作)叔娊(?)尊鬲
3.640 庚姬乍(作)叔娊(?)尊鬲
3.641 京姜糸母乍(作)尊鬲
3.644 伯上父乍(作)姜氏尊鬲
3.646 王乍(作)姬𦤎(䝞)母尊鬲
3.647 王伯姜乍(作)尊鬲
3.649 伯先父乍(作)妖尊鬲
3.650 伯先父乍(作)妖尊鬲
3.651 伯先父乍(作)妖尊鬲
3.652 伯先父乍(作)妖尊鬲
3.653 伯先父乍(作)妖尊鬲
3.654 伯先父乍(作)妖尊鬲
3.655 伯先父乍(作)妖尊
3.656 伯先父乍(作)妖尊
3.658 伯先父乍(作)妖尊鬲
3.659 奠(鄭)羌伯乍(作)季姜尊鬲
3.660 奠(鄭)羌伯乍(作)季姜尊鬲
3.672 召仲乍(作)生妣尊鬲
3.673 召仲乍(作)生妣尊鬲
3.674 叔牙父乍(作)姞氏尊鬲
3.677 㳉(江)叔盗乍(作)其尊鬲
3.680 成伯孫父乍(作)䋈嬴尊鬲
3.681 仲父乍(作)尊鬲
3.688 用乍(作)又母辛尊彝
3.689 用乍(作)父戊尊彝
3.696 夆(隆)伯乍(作)陎孟姬尊鬲
3.697 弢(發)伯乍(作)叔姬尊鬲
3.698 杜伯乍(作)叔𡢁(祁)尊鬲
3.699 自乍(作)寶尊鬲
3.700 善(膳)[夫]吉父乍(作)京姬尊鬲
3.701 善(膳)夫吉父乍(作)京姬尊鬲
3.702 善(膳)夫吉父乍(作)京姬尊鬲
3.703 善(膳)夫吉父乍(作)京姬尊鬲
3.704 善(膳)夫吉父乍(作)京姬尊鬲
3.708 虢仲乍(作)虢妃尊鬲
3.709 虢伯乍(作)姬大母尊鬲
3.715 睽士父乍(作)蓼(鄝)妃尊鬲
3.716 睽士父乍(作)蓼(鄝)妃尊鬲
3.719 伯夏父乍(作)畢姬尊鬲
3.720 伯夏父乍(作)畢姬尊鬲
3.721 伯夏父乍(作)畢姬尊鬲
3.722 伯夏父乍(作)畢姬尊鬲
3.723 伯夏父乍(作)畢姬尊鬲
3.724 伯夏父乍(作)畢姬尊鬲
3.725 伯夏父乍(作)畢姬尊鬲
3.726 伯夏父乍(作)畢姬尊鬲
3.727 伯夏父乍(作)畢姬尊鬲
3.730 奠(鄭)伯筍父乍(作)叔姬尊鬲
3.737 單伯遵父乍(作)仲姞尊鬲
3.738 乍(作)孟姞寶尊鬲
3.739 乍(作)孟姞寶尊鬲
3.740 乍(作)孟姞寶尊鬲
3.742 𨙸子子奠伯乍(作)尊鬲
3.744 琱生(甥)乍(作)文考宄仲尊甗

3.745 師趛乍(作)文考聖公、文母聖姬尊彝
3.848 襄射乍(作)尊
3.850 乍(作)戲尊彝
3.853 舟乍(作)尊彝
3.868 伯廅乍(作)尊彝
3.875 明乍(作)寶尊彝
3.876 雷乍(作)寶尊彝
3.878 乍(作)祖己尊彝
3.879 乍(作)祖己尊彝
3.880 鼎乍(作)父乙尊彝
3.881 乍(作)父庚尊彝
3.883 雁(應)監乍(作)寶尊彝
3.884 師趣乍(作)旅甗尊
3.886 亞䤈乍(作)季尊彝
3.890 田農乍(作)寶尊彝
3.892 伯矩乍(作)寶尊彝
3.893 伯矩乍(作)寶尊彝
3.896 朿(刺)叔乍(作)寶尊彝
3.901 朿(刺)弜乍(作)父乙尊彝
3.903 亞叉乍(作)父乙尊彝
3.905 乍(作)父癸寶尊獻(甗)
3.906 亞𢼄乍(作)父己彝尊
3.912 尹伯乍(作)祖辛寶尊彝
3.915 大(太)史𠭯乍(作)召公寶尊彝
3.916 夫乍(作)祖丁寶尊彝
3.917 者(諸)女以大子尊彝
3.920 𡚬乍(作)父辛寶尊彝
3.922 婦闆乍(作)文姑日癸尊彝
3.924 乃子乍(作)父辛寶尊彝 / 乃子乍(作)父辛寶尊彝
3.935 用乍(作)寶尊彝
3.944 用乍(作)父己尊
4.1734 成王尊
4.1767 𡧊(規)乍(作)尊
4.1911 北伯乍(作)尊
4.1927 叔乍(作)尊鼎
4.1983 乍(作)寶尊彝
4.1984 乍(作)寶尊彝
4.1985 乍(作)寶尊彝
4.1986 乍(作)寶尊彝
4.1999 乍(作)父甲尊彝
4.2007 乍(作)父乙尊彝
4.2025 己乍(作)寶尊彝
4.2029 散姬乍(作)尊鼎
4.2032 小臣乍(作)尊鼎
4.2047 仲乍(作)寶尊鼎
4.2052 𦲷乍(作)寶尊彝
4.2053 叔乍(作)寶尊彝
4.2054 𦲷乍(作)寶尊彝
4.2059 丂獲乍(作)尊彝
4.2062 □乍(作)寶尊彝
4.2069 立乍(作)寶尊彝
4.2070 𨘢乍(作)寶尊彝
4.2071 旁肇乍(作)尊諆
4.2074 𢦏乍(作)厥尊貞(鼎)
4.2077 䢅乍(作)旅尊鼎
4.2079 乍(作)尊寶彝
4.2080 𡠦乍(作)厥尊彝
4.2119 乍(作)父丙寶尊彝
4.2122 乍(作)父丁尊彝
4.2127 剌乍(作)父庚尊彝
4.2129 乍(作)父辛寶尊彝
4.2130 乍(作)父辛寶尊彝
4.2131 木乍(作)父辛寶尊
4.2133 乍(作)父癸尊彝
4.2134 乍(作)父癸尊彝
4.2140 乍(作)歲婦尊彝
4.2142 安父乍(作)寶尊彝
4.2143 鮮父乍(作)寶尊彝
4.2145 田告乍(作)母辛尊
4.2146 㝬女(母)尊彝
4.2148 齊姜乍(作)寶尊鼎
4.2149 夨王乍(作)寶尊貞(鼎)
4.2150 雁(應)公乍(作)寶尊彝
4.2151 雁(應)公乍(作)寶尊彝
4.2152 豐公乍(作)尊彝
4.2153 康侯丰(封)乍(作)寶尊
4.2154 朕(滕)侯乍(作)寶尊彝
4.2155 堇伯乍(作)旅尊彝
4.2156 堇伯乍(作)尊彝
4.2157 䋣乍(作)尊彝
4.2158 䋣乍(作)尊彝
4.2159 䋣乍(作)尊彝
4.2160 𨸏(隔)伯乍(作)寶尊彝
4.2161 𨸏(隔)伯乍(作)寶尊彝
4.2162 丏(佼)乍(作)尊
4.2163 丏(佼)乍(作)尊
4.2166 𢿢(𢿢)史乍(作)考尊彝
4.2167 伯卿乍(作)寶尊彝
4.2168 伯魚乍(作)寶

尊彝
4.2169 史戎乍(作)寶尊彝
4.2170 伯矩乍(作)寶尊彝
4.2172 膺(應)叔乍(作)寶尊甗
4.2174 田農乍(作)寶尊彝
4.2176 鳥壬舣乍(作)尊彝
4.2177 䀠遟乍(作)寶尊彝
4.2178 䀠遟乍(作)寶尊彝
4.2179 吹乍(作)楷妊尊彝
4.2180 向乍(作)厥尊彝
4.2181 乍(作)公尊彝
4.2182 乍(作)□寶尊彝
4.2183 才㑢父乍(作)尊彝
4.2184 霸姞乍(作)寶尊彝
4.2185 伯䊷乍(作)旅尊鼎
4.2186 外叔乍(作)寶尊彝
4.2187 叔旅乍(作)寶尊鼎
4.2188 考乍(作)沓父尊鼎
4.2190 伯趞(趙)乍(作)尊寶彝
4.2193 𪓐姛(姒)乍(作)寶尊彝
4.2206 焚(榮)子乍(作)寶尊鼎
4.2207 仲義父乍(作)尊鼎
4.2208 仲義父乍(作)尊鼎
4.2209 仲義父乍(作)尊鼎
4.2210 仲義父乍(作)尊鼎
4.2211 仲義父乍(作)尊鼎
4.2244 䳔乍(作)祖乙寶尊彝
4.2248 乍(作)父乙尊彝
4.2249 或乍(作)父丁寶尊彝
4.2250 吳乍(作)父丁寶尊彝
4.2251 穆乍(作)父丁寶尊彝
4.2254 𪓐乍(作)父辛尊鼎
4.2255 珁(挺)乍(作)父辛寶尊彝
4.2257 䀠乍(作)父癸寶尊彝
4.2258 䣛(㸚)乍(作)父癸寶尊𪔂
4.2259 册乍(作)父癸寶尊彝
4.2260 乍(作)母丙尊彝
4.2261 王乍(作)康季寶尊甗
4.2263 曰：伯𢆶姞乍(作)尊鼎
4.2264 師乍(作)陵仲寶尊彝
4.2265 師乍(作)陵仲寶尊彝
4.2266 師乍(作)陵仲寶尊彝
4.2267 師乍(作)陵仲寶尊彝
4.2268 周公乍(作)文王尊彝
4.2269 匽(燕)侯旨乍(作)父辛尊
4.2270 叔乍(作)單公寶尊彝
4.2271 子戌乍(作)母丁尊彝
4.2273 王乍(作)垂姬寶尊鼎
4.2274 侯乍(作)父丁尊彝
4.2280 𠂤乍(作)尊
4.2310 逘(徵)乍(作)祖丁尊彝
4.2311 咸娸(妳)子乍(作)祖丁尊彝
4.2312 堇臨乍(作)父乙寶尊彝
4.2313 乍(作)父乙寶尊彝
4.2314 士乍(作)父乙尊彝
4.2315 亞豚乍(作)父乙寶尊鼎
4.2316 亳乍(作)父乙尊彝
4.2317 乍(作)父丁寶尊彝
4.2321 彈乍(作)父辛尊彝
4.2322 乍(作)父辛寶尊彝
4.2323 梓(棘)乍(作)父癸寶尊彝
4.2324 珁(挺)乍(作)父癸寶尊彝
4.2325 𢻫季乍(作)父癸寶尊彝
4.2326 史造(?)乍(作)父癸寶尊彝
4.2328 乍(作)母辛尊彝
4.2329 北子乍(作)母癸寶尊彝
4.2330 姞𦧟母乍(作)厥宝(寶)尊鼎
4.2333 姬乍(作)厥姑日辛尊彝
4.2335 季乍(作)兄己尊彝
4.2338 義仲乍(作)厥父周季尊彝
4.2339 公大(太)史乍(作)姬鉴寶尊彝
4.2340 季𣞤(甗)乍(作)宫伯寶尊壺(齍)
4.2341 叔具乍(作)厥考寶尊彝
4.2342 叔黿(𧑪)肈乍(作)南宫寶尊
4.2344 湈(沬)伯遟乍(作)寶尊彝
4.2346 勅𨟚乍(作)丁侯尊彝
4.2347 㫃乍(作)厥文考寶尊彝
4.2348 乍(作)長寶尊彝
4.2353 師寏父乍(作)季姑尊鼎
4.2365 歸乍(作)祖壬

寶尊彝
4.2366 奪乍(作)父丁寶尊彝
4.2368 盧(魯)婦尊
4.2369 長子狗乍(作)文父乙尊彝
4.2370 公大(太)史乍(作)姬銮寶尊彝
4.2371 公大(太)史乍(作)姬銮寶尊彝
4.2372 徿乍(作)宗室寶尊彝
4.2373 史斿父乍(作)寶尊彝貞(鼎)
4.2374 啐作比(妣)辛尊彝
4.2375 逐肇諆(其)乍(作)廟叔寶尊彝
4.2376 乙公乍(作)尊貞(鼎)
4.2398 用乍(作)享□尊彝
4.2399 言肇用乍(作)尊鼎
4.2403 婦闟乍(作)文姑日癸尊彝
4.2404 伯旛乍(作)厥宗寶尊彝鬹(鼒)
4.2405 用乍(作)寶尊彝
4.2406 乍(作)父辛寶尊彝
4.2407 伯龢乍(作)召伯父辛寶尊鼎
4.2410 甚諆(其)肇乍(作)父丁尊彝
4.2411 叔師父乍(作)尊鼎
4.2412 叔[illegible]父乍(作)尊鼎
4.2414 伯旬乍(作)尊鼎
4.2430 自乍(作)尊鼎
4.2432 用乍(作)文父甲寶尊彝
4.2436 用乍(作)父庚寶尊彝
4.2438 伯□乍(作)尊鼎
4.2439 羊[illegible]茲乍(作)厥文考叔寶尊彝
4.2453 用乍(作)厥寶尊彝
4.2454 用乍(作)厥寶尊彝
4.2455 用乍(作)厥寶尊彝
4.2472 虢姜乍(作)寶尊鼎
4.2483 彭生(甥)乍(作)[文考]日辛寶尊彝
4.2485 剌覲(肇)乍(作)寶尊
4.2492 虢叔大父乍(作)尊鼎
4.2499 用乍(作)父丁尊彝
4.2502 圓(昆)君婦媿霝[作]旅尊貞(鼎)
4.2503 燮(榮)子旅乍(作)父戊寶尊彝
4.2505 用乍(作)寶尊彝
4.2506 用乍(作)祖乙尊
4.2507 復用乍(作)父乙寶尊彝
4.2511 叔萶父乍(作)尊鼎
4.2515 史宜父乍(作)尊鼎
4.2517 內(芮)子仲殿(搬)乍(作)叔媿尊鼎
4.2521 雍乍(作)母乙尊鼎
4.2528 用乍(作)厥文祖寶鬻尊盏(齍)
5.2531 雍伯乍(作)寶尊彝
5.2532 乃牆子乍(作)厥文考尊彝
5.2533 仲殂(涿)父乍(作)尊鼎
5.2548 亩皇父乍(作)琱娟(妘)尊兔鼎
5.2549 無(許)男乍(作)成姜逗(趄)女(母)朕(媵)尊貞(鼎)
5.2553 膺(應)公乍(作)寶尊彝
5.2554 膺(應)公乍(作)寶尊彝
5.2555 旂用乍(作)父戊寶尊彝
5.2556 用乍(作)寶尊彝
5.2560 王伯姜乍(作)季姬福母尊鼎
5.2561 善(膳)夫伯辛父乍(作)尊鼎
5.2562 [illegible]金父乍(作)叔姬寶尊鼎
5.2575 乍(作)考寶尊彝
5.2579 用乍(作)雙尊彝
5.2582 辛中姬皇母乍(作)尊鼎
5.2583 辛中姬皇母乍(作)尊鼎
5.2584 伯夏父乍(作)畢姬尊鼎
5.2594 用乍(作)父丁尊彝
5.2597 晉嗣徒伯鄀父乍(作)周姬寶尊鼎
5.2598 尗(叔)史小子殺乍(作)寒姒好尊鼎
5.2612 用乍(作)父庚尊彝
5.2614 乍(作)寶尊彝
5.2619 善(膳)夫旅伯乍(作)毛仲姬尊鼎
5.2626 用乍(作)丁侯尊彝
5.2627 用乍(作)丁侯尊彝
5.2628 用乍(作)又(有)始(姒)寶尊彝
5.2631 南公有嗣晳(鬵)乍(作)尊鼎
5.2637 虢宣公子白乍(作)尊鼎
5.2640 奄(郰)翟(翔)伯乍(作)此嬴尊鼎
5.2641 奄(郰)翟(翔)伯乍(作)此嬴尊鼎
5.2648 爵(罢)用乍(作)父己寶尊
5.2653 缶用乍(作)享大(太)子乙家祀尊
5.2654 用乍(作)尊鼎
5.2655 先(?)獸乍(作)朕老(考)寶尊鼎
5.2656 伯士(吉)父乍

(作)毅尊鼎
5.2659 用乍(作)父辛尊彝
5.2661 用乍(作)寶尊彝
5.2662 用乍(作)文考宮伯寶尊彝
5.2670 旂用乍(作)文父日乙寶尊彝
5.2674 用乍(作)父丁尊彝
5.2696 用爲考寶尊
5.2697 梑伯車父乍(作)郱姞尊鼎
5.2698 梑伯車父乍(作)郱姞尊鼎
5.2699 梑伯車父乍(作)郱姞尊鼎
5.2700 梑伯車父乍(作)郱姞尊鼎
5.2702 用乍(作)母己尊熉
5.2703 用乍(作)大子癸寶尊熉
5.2710 用乍(作)父乙尊
5.2712 用乍(作)父辛寶尊彝
5.2713 師趁乍(作)文考聖公、文母聖姬尊䢅
5.2718 用乍(作)父壬寶尊鼎
5.2720 用乍(作)寶尊鼎
5.2727 師器父乍(作)尊鼎
5.2728 旅用乍(作)父丁尊彝
5.2729 用乍(作)己公寶尊彝
5.2730 趠用乍(作)厥文考父辛寶尊齍
5.2731 用乍(作)寶尊彝
5.2739 用乍(作)尊鼎
5.2740 䧹用乍(作)餩公寶尊鼎
5.2741 䧹用乍(作)餩公寶尊鼎
5.2743 仲師父乍(作)季妓始寶尊鼎
5.2744 仲師父乍(作)季妓始寶尊鼎
5.2745 圅皇父乍(作)周娟(妘)般(盤)盉尊器
5.2747 用乍(作)尊鼎
5.2749 用乍(作)召伯父辛寶尊彝
5.2753 下蠚(鄀)雍公緘乍(作)尊鼎
5.2755 用乍(作)朕文考釐叔尊貞(鼎)
5.2756 用乍(作)尊彝
5.2758 用乍(作)祖丁寶尊彝
5.2759 用乍(作)祖丁寶尊彝
5.2760 用乍(作)祖丁寶尊彝
5.2761 用乍(作)祖丁寶尊彝
5.2762 史頵(頍)乍(作)朕皇考釐仲、王(皇)母泉母尊鼎
5.2763 用乍(作)父己寶尊彝
5.2765 用乍(作)寶尊
5.2768 梁其乍(作)尊鼎
5.2769 梁其乍(作)尊鼎
5.2770 梁其乍(作)尊鼎
5.2771 鄀公平侯自乍(作)尊鋙(盂)
5.2772 鄀公平侯自乍(作)尊鋙(盂)
5.2775 用乍(作)季娟(妘)寶尊彝
5.2776 用乍(作)黃公尊鼝彝
5.2777 尊鼎用祈匄百彔(祿)、眉壽、綰綽、永令(命)
5.2778 用乍(作)父庚永寶尊彝
5.2779 用鑄茲尊鼎
5.2785 鼝父乙尊
5.2786 用乍(作)朕文考釐伯寶尊鼎
5.2789 用乍(作)寶鼝尊鼎
5.2790 緐乍(作)朕皇考鼝彝尊鼎
5.2791 用乍(作)寶尊彝
5.2804 用乍(作)朕文考溯(漣)伯尊鼎
5.2805 用乍(作)朕剌(烈)考尊鼎
5.2809 旂對厥賫(劾)于尊彝
5.2810 用乍(作)尊鼎
5.2812 用乍(作)朕皇考宂公尊鼎
5.2813 用乍(作)尊鼎
5.2814 用乍(作)尊鼎
5.2816 用乍(作)朕文考瀕公宮尊鼎
5.2817 用乍(作)朕文祖辛公尊鼎
5.2818 比乍(作)朕皇祖丁公、皇考叀公尊鼎
5.2819 用乍(作)朕皇考奠(鄭)伯、姬尊鼎
5.2820 用乍(作)宗室寶尊
5.2821 用乍(作)朕皇考癸公尊鼎
5.2822 用乍(作)朕皇考癸公尊貞(鼎)
5.2823 用乍(作)朕皇考癸公尊鼎
5.2824 用乍(作)文母日庚寶尊鼝彝 / 尊享孝妥(綏)福
5.2825 用乍(作)朕皇考叔碩父尊鼎
5.2826 用乍(作)寶尊鼎
5.2827 用乍(作)朕皇考龏叔、皇母龏始(姒)寶尊鼎
5.2828 用乍(作)朕皇考龏叔、皇母龏始(姒)寶尊鼎
5.2829 用乍(作)朕皇考龏叔、皇母龏始(姒)寶尊鼎
5.2830 用妥(綏)乍(作)公上父尊
5.2835 用乍(作)尊鼎
5.2839 征(延)邦賓尊

其旅服/用乍(作)□
伯寶尊彝
5.2841 用乍(作)尊鼎
6.3282 乍(作)尊彝
6.3283 乍(作)尊彝
6.3284 乍(作)尊彝
6.3349 乍(作)母尊彝
6.3365 く(畎)叔乍(作)姒尊
6.3388 德乍(作)尊彝
6.3390 見乍(作)寶尊
6.3391 尹乍(作)寶尊
6.3399 乍(作)寶尊彝
6.3400 乍(作)寶尊彝
6.3401 乍(作)寶尊彝
6.3402 乍(作)寶尊彝
6.3403 乍(作)寶尊彝
6.3404 乍(作)寶尊彝
6.3405 乍(作)寶尊彝
6.3406 乍(作)寶尊彝
6.3407 乍(作)寶尊彝
6.3408 乍(作)寶尊彝
6.3409 乍(作)寶尊彝
6.3410 乍(作)寶尊彝
6.3411 乍(作)寶尊彝
6.3412 乍(作)寶尊段
6.3437 朿(刺)凌乍(作)尊彝
6.3438 皿辟乍(作)尊彝
6.3450 乍(作)姬寶尊彝
6.3451 [illegible]乍(作)寶尊彝
6.3452 姜[illegible]乍(作)尊彝
6.3454 乍(作)車寶彝尊
6.3465 [illegible]乍(作)寶尊彝
6.3466 㔭(匽、杯)乍(作)寶尊彝
6.3467 触乍(作)寶尊彝
6.3468 御乍(作)寶尊彝
6.3469 [illegible]乍(作)寶尊彝
6.3471 文乍(作)寶尊彝
6.3472 文乍(作)寶尊彝
6.3476 闟乍(作)寶尊彝
6.3479 公乍(作)寶尊彝
6.3483 尸曰乍(作)寶尊
6.3492 伯乍(作)寶尊彝
6.3493 伯乍(作)寶尊彝
6.3494 伯乍(作)寶尊彝
6.3495 伯乍(作)寶尊彝
6.3496 伯乍(作)寶尊段
6.3497 伯乍(作)寶尊段
6.3498 伯乍(作)寶尊彝
6.3503 戈乍(作)父乙尊彝
6.3507 用乍(作)父乙尊彝
6.3508 令乍(作)父乙尊彝
6.3512 柠(楮)乍(作)父丁尊彝
6.3515 Y A 乍(作)父己尊彝
6.3518 𦓐乍(作)父辛尊彝
6.3520 虘乍(作)父辛尊彝
6.3521 [illegible] 敄(捷)乍(作)父癸尊彝
6.3524 隁(隔)伯乍(作)寶尊彝
6.3525 隁(隔)伯乍(作)寶尊彝
6.3526 亶(蟺檀)伯乍(作)寶尊彝
6.3527 𢐗伯乍(作)寶尊段
6.3528 𢐗伯乍(作)寶尊段
6.3529 𢐗伯乍(作)寶尊段
6.3532 伯矩乍(作)寶尊彝
6.3533 伯矩乍(作)寶尊彝
6.3534 伯魚乍(作)寶尊彝
6.3535 伯魚乍(作)寶尊彝
6.3536 伯魧(魴)乍(作)寶尊彝
6.3540 伯乍(作)乙公尊段
6.3541 伯乍(作)寶用尊段
6.3542 伯乍(作)寶用尊段
6.3544 仲僘乍(作)寶尊彝
6.3549 楅仲乍(作)寶尊彝
6.3552 叔虤乍(作)寶尊段
6.3553 叔虤乍(作)寶尊段
6.3554 叔虤乍(作)寶尊段
6.3556 季屖乍(作)寶尊彝
6.3558 嬴季乍(作)寶尊彝
6.3559 龢父乍(作)寶尊彝
6.3561 安父乍(作)寶尊彝
6.3562 微父乍(作)寶尊彝
6.3564 員父乍(作)寶尊段
6.3565 霸姞乍(作)寶尊彝
6.3566 冋始乍(作)乙尊彝
6.3567 鼂妟(姒)乍(作)寶尊彝
6.3568 雍妟(姒)乍(作)寶尊彝
6.3569 戚姬乍(作)寶尊段
6.3570 王乍(作)姜氏尊段
6.3572 向乍(作)厥尊彝
6.3574 噩(鄂))叔乍(作)寶尊彝
6.3575 農乍(作)寶尊彝

6.3576 田農乍(作)寶尊彝
6.3577 卜孟乍(作)寶尊彝
6.3580 利乍(作)寶尊鼎彝
6.3581 長甶乍(作)寶尊設
6.3582 長甶乍(作)寶尊設
6.3583 史翏乍(作)寶尊彝
6.3600 乞乍(作)祖丁寶尊彝
6.3601 偁缶乍(作)祖癸尊彝
6.3603 大禾乍(作)父乙尊彝
6.3604 宔(鑄)父丁尊彝
6.3605 弔乍(作)父丁寶尊彝
6.3610 圣乍(作)父戊寶尊彝
6.3611 廣乍(作)父己寶尊
6.3612 衛乍(作)父庚寶尊彝
6.3613 哦乍(作)父辛寶尊彝
6.3614 匽(燕)侯乍(作)姬丞尊彝
6.3621 陸婦乍(作)高姑尊彝
6.3624 叔單乍(作)義公尊彝
6.3625 比乍(作)伯婦尊彝
6.3626 緻乍(作)文祖寶尊彝
6.3627 緻乍(作)文祖寶尊彝
6.3628 旂乍(作)寶尊彝
6.3629 叉乍(作)厥考寶尊彝
6.3631 伊生(甥)乍(作)公母尊彝
6.3632 寧遹乍(作)柙(甲)姛尊設
6.3645 敎乍(作)祖癸寶尊彝
6.3647 堇臨乍(作)父乙寶尊彝
6.3648 堇臨乍(作)父乙寶尊彝
6.3649 乍(作)父丁寶尊彝
6.3650 乍(作)父丁寶尊彝
6.3652 侖乍(作)父丁寶尊彝
6.3653 子阩乍(作)父己寶尊彝
6.3654 䲔乍(作)父壬寶尊彝
6.3655 亞高亢乍(作)父癸尊彝
6.3656 晵(征)乍(作)父癸寶尊彝
6.3657 晵(征)乍(作)父癸寶尊彝
6.3658 晵(征)乍(作)父癸寶尊彝
6.3659 子令乍(作)父癸寶尊彝
6.3660 𣪘(㣫)乍(作)父癸寶尊彝
6.3661 𣪘(㣫)乍(作)父癸寶尊彝
6.3662 𣪘(㣫)乍(作)父癸寶尊彝
6.3663 黃乍(作)父癸寶尊彝
6.3664 乍(作)父乙寶尊彝
6.3666 乍(作)母日甲尊彝
6.3667 倗丏乍(作)義妣寶尊彝
6.3669 噩(鄂)季奞父乍(作)寶尊彝
6.3670 滕(滕)侯乍(作)朕公寶尊彝
6.3671 旗嗣土(徒)梚乍(作)寶尊設
6.3672 北伯邑辛乍(作)寶尊設
6.3673 蛭乍(作)厥母寶尊設
6.3674 伯乍(作)厥諲(諲)子寶尊彝
6.3675 或者乍(作)宮伯寶尊彝
6.3679 伯嘉父乍(作)叀姬尊設
6.3680 伯嘉父乍(作)叀姬尊設
6.3684 劀圅乍(作)祖戊寶尊彝
6.3685 見乍(作)父己寶尊彝
6.3686 弅廷龔乍(作)父癸寶尊彝
6.3687 ⺪婦乍(作)日癸尊彝
6.3694 叔宿乍(作)日壬寶尊彝
6.3696 嗣土(徒)嗣乍(作)厥丂(考)寶尊彝
6.3697 嗣土(徒)嗣乍(作)厥丂(考)寶尊彝
6.3698 柬人守父乍(作)厥寶尊彝
6.3699 公大(太)史乍(作)母庚寶尊彝
6.3700 𣥊乍(作)尊設
6.3701 𣥊乍(作)尊設
6.3702 彔乍(作)文考乙公寶尊設
6.3705 師𡨦父乍(作)季姞寶尊設
6.3706 師𡨦父乍(作)叔姞寶尊設
6.3711 乍(作)祖乙𩁹侯叔尊彝
6.3714 辨乍(作)文父己寶尊彝
6.3715 辨乍(作)文父己寶尊彝
6.3716 辨乍(作)文父己寶尊彝
6.3717 𠂤乍(作)父辛尊彝
6.3719 乍(作)宝(寶)尊彝
6.3723 仲乍(作)寶尊彝
6.3725 叔友父乍(作)尊設
6.3728 叔妃乍(作)尊設
6.3729 叔妃乍(作)尊/叔妃乍(作)尊設
6.3733 用乍(作)寶尊彝

6.3742 乍(作)寶障𣪕
7.3749 [illegible]乍(作)厥祖寶障彝
7.3750 用乍(作)父乙障彝
7.3763 遽伯睘乍(作)寶障彝
7.3773 伯闢乍(作)障𣪕
7.3774 伯闢乍(作)障𣪕
7.3781 侯氏乍(作)孟姬障𣪕
7.3782 侯氏乍(作)孟姬障𣪕
7.3789 史賬(塲)父乍(作)障𣪕
7.3790 用乍(作)父丁障彝
7.3793 伯梁父乍(作)嬶(龏)姑障𣪕
7.3794 伯梁父乍(作)嬶(龏)姑障𣪕
7.3795 伯梁父乍(作)嬶(龏)姑障𣪕
7.3796 伯梁父乍(作)嬶(龏)姑障𣪕
7.3797 歸叔山父乍(作)疊(嫚、姪)姬障𣪕
7.3798 歸叔山父乍(作)疊(嫚、姪)姬障𣪕
7.3799 歸叔山父乍(作)疊(嫚、姪)姬障𣪕
7.3800 歸叔山父乍(作)疊(嫚、姪)姬障𣪕
7.3801 歸叔山父乍(作)疊(嫚、姪)姬障𣪕
7.3802 叔侯父乍(作)障𣪕
7.3803 叔侯父乍(作)障𣪕
7.3805 害叔乍(作)障𣪕
7.3806 害叔乍(作)障𣪕
7.3821 湋伯乍(作)意與障𣪕
7.3822 用乍(作)厥寶障彝
7.3823 用乍(作)又(厥)寶障彝
7.3824 用乍(作)寶障彝
7.3825 用乍(作)寶障彝/伯魚乍(作)寶障彝
7.3828 媵(滕)虎敢肇乍(作)厥皇考公命仲寶障彝
7.3829 媵(滕)虎敢肇乍(作)厥皇考公命仲寶障彝
7.3830 媵(滕)虎敢肇乍(作)厥皇考公命仲寶障彝
7.3831 媵(滕)虎敢肇乍(作)厥皇考公命仲寶障彝
7.3832 媵(滕)虎敢肇乍(作)厥皇考公命仲寶障彝
7.3835 革乍(作)父寶障𣪕
7.3836 衛[illegible](姒)乍(作)寶障𣪕
7.3840 詁乍(作)皇母障𣪕
7.3841 詁乍(作)皇母障𣪕
7.3842 孟奠父乍(作)障𣪕
7.3843 孟奠父乍(作)障𣪕
7.3844 孟奠父乍(作)障𣪕
7.3847 倗伯屖自乍(作)障𣪕
7.3849 叔向父乍(作)婞(辛)姒障𣪕
7.3850 叔向父乍(作)婞(辛)姒障𣪕
7.3851 叔向父乍(作)婞(辛)姒障𣪕
7.3852 叔向父乍(作)婞(辛)姒障𣪕
7.3853 叔向父乍(作)婞(辛)姒障𣪕
7.3854 叔向父乍(作)婞(辛)姒障𣪕
7.3855 叔向父乍(作)婞(辛)姒障𣪕
7.3859 辛叔皇父乍(作)中姬障𣪕
7.3860 膺(應)侯乍(作)姬遼母障𣪕
7.3861 用乍(作)父己障彝
7.3862 用乍(作)父乙寶障彝
7.3863 彔乍(作)厥文考乙公寶障𣪕
7.3864 伯乍(作)障彝
7.3865 𢦚乍(作)祖庚障𣪕
7.3869 亢僕乍(作)父己障𣪕
7.3871 夨王乍(作)奠(鄭)姜障𣪕
7.3874 旛嫼乍(作)障𣪕
7.3875 旛嫼乍(作)障𣪕
7.3876 旛嫼乍(作)障𣪕
7.3893 齊巫姜乍(作)障𣪕
7.3895 畬仲奠父乍(作)障𣪕
7.3904 用乍(作)父丁障𣪕
7.3905 [illegible]用乍(作)父丁障彝
7.3906 用乍(作)父戊寶障彝
7.3907 用乍(作)宗室寶障彝
7.3908 量侯魁(豺)柞(作)寶障𣪕
7.3909 臭乍(作)日辛障寶𣪕
7.3916 姞氏自牧(作)爲寶障𣪕
7.3917 是騙乍(作)朕文考乙公障𣪕
7.3918 陵仲孛乍(作)父日乙障𣪕
7.3921 叔𢿭父乍(作)朕文母、剌(烈)考障𣪕
7.3922 叔𢿭父乍(作)朕文母、剌(烈)考障

𣪕
7.3923 豐井叔乍(作)伯姬尊𣪕
7.3941 用乍(作)祖癸寶尊
7.3942 用乍(作)寶尊彝
7.3943 伯祈乍(作)文考幽仲尊𣪕
7.3949 季魯肇乍(作)厥文考井叔寶尊彝
7.3955 兑乍(作)朕皇考叔氏尊𣪕
7.3958 叔角父乍(作)朕皇考宕(宄)公尊𣪕
7.3959 叔角父乍(作)朕皇考宕(宄)公尊𣪕
7.3976 用乍(作)父戊寶尊彝
7.3978 溓(濂)姬乍(作)父庚尊𣪕
7.3979 吕伯乍(作)厥宫室寶尊彝𣪕
7.3980 吴彩父乍(作)皇祖考庚孟尊𣪕
7.3981 吴彩父乍(作)皇祖考庚孟尊𣪕
7.3982 吴彩父乍(作)皇祖考庚孟尊𣪕
7.3983 伯庶父乍(作)王姑凡姜尊𣪕
7.3984 陽飤(食)生(甥)自乍(作)尊𣪕
7.3985 陽飤(食)生(甥)自乍(作)尊𣪕
7.3986 德克乍(作)朕文祖考尊𣪕
7.3996 吷客乍(作)朕文考日辛寶尊𣪕
7.3997 伯喜乍(作)朕文考剌公尊𣪕
7.3998 伯喜乍(作)朕文考剌公尊𣪕
7.3999 伯喜乍(作)朕文考剌公尊𣪕
7.4000 伯喜乍(作)朕文考剌公尊𣪕
7.4001 豐兮尸乍(作)朕皇考尊𣪕
7.4002 豐兮尸乍(作)朕皇考尊𣪕
7.4004 乍(作)孟姜尊𣪕
7.4005 乍(作)孟姜尊𣪕
7.4006 乍(作)孟姜尊𣪕
7.4008 兮吉父乍(作)仲姜寶尊𣪕
7.4010 殳偺(鯈)生(甥)乍(作)尹姑尊𣪕
7.4014 穌(蘇)公子癸父甲乍(作)尊𣪕
7.4015 穌(蘇)公子癸父甲乍(作)尊𣪕
7.4019 曹伯狄乍(作)夙(宿)姒公尊𣪕
7.4020 用乍(作)父丁尊彝
7.4021 寧肇諆(其)乍(作)乙考尊𣪕
7.4022 寧肇諆(其)乍(作)乙考尊𣪕
7.4023 用乍(作)厥寶尊𣪕
7.4027 伯䝰父乍(作)朕皇考徲伯、吴(虞)姬尊𣪕
7.4035 伯吉父乍(作)毅尊𣪕
7.4038 章叔將自乍(作)尊𣪕
7.4042 用乍(作)父丁尊彝
7.4043 用乍(作)父丁尊彝
7.4044 用乍(作)父戊寶尊彝
7.4045 膺(應)侯乍(作)生杙姜尊𣪕
7.4048 琱我父乍(作)交尊𣪕
7.4049 琱我父乍(作)交尊𣪕
7.4050 琱我父乍(作)交尊𣪕
7.4055 用爲女夫人尊誟𣪕
7.4059 乍(作)厥考尊彝
7.4061 畢鮮乍(作)皇祖益公尊𣪕
7.4074 𨑩(傳)乍(作)朕文考胤伯尊𣪕
7.4075 𨑩(傳)乍(作)朕文考胤伯尊𣪕
7.4091 伯椃虘肇乍(作)皇考剌公尊𣪕
7.4092 伯椃虘肇乍(作)皇考剌公尊𣪕
7.4093 伯椃虘肇乍(作)皇考剌公尊𣪕
7.4094 伯椃虘肇乍(作)皇考剌公尊𣪕
7.4095 唯食生(甥)走馬谷自乍(作)吉金用尊𣪕
7.4098 婜乍(作)文祖考尊寶𣪕
7.4102 仲叡父乍(作)朕皇考遟伯、王(皇)母遟姬尊𣪕
7.4103 仲叡父乍(作)朕皇考遟伯、王(皇)母遟姬尊𣪕
7.4107 豐伯車父乍(作)尊𣪕
7.4108 叔𧵠父乍(作)孟姜尊𣪕
7.4110 魯士商叡肇乍(作)朕皇考叔猒父尊𣪕
7.4111 魯士商叡肇乍(作)朕皇考叔猒父尊𣪕
7.4113 井南伯乍(作)鄭季姚好尊𣪕
7.4114 仲辛父乍(作)朕皇祖日丁、皇考日癸尊𣪕
7.4116 師害乍(作)文考尊𣪕
7.4117 師害乍(作)文考尊𣪕
8.4121 用乍(作)寶尊彝
8.4124 封仲乍(作)朕皇考趄仲䵼彝尊𣪕
8.4125 大乍(作)尊𣪕
8.4127 乍(作)鑄叔皮父尊𣪕
8.4128 用乍(作)我子孟媿寢小尊賸(媵)𣪕
8.4129 勇叔買自乍(作)尊𣪕
8.4131 用乍(作)旛公

寶尊彝
8.4132 用乍(作)寶尊彝
8.4133 用乍(作)寶尊彝
8.4134 用乍(作)父乙寶尊彝段
8.4135 用乍(作)父乙寶尊彝段
8.4136 用乍(作)尊段
8.4137 叔妣乍(作)寶尊段
8.4138 用乍(作)文父丁尊彝
8.4141 函皇父乍(作)琱娟(妘)般(盤)盉尊器段具
8.4142 函皇父乍(作)琱娟(妘)般(盤)盉尊器段具
8.4143 函皇父乍(作)琱娟(妘)般(盤)盉尊器段具
8.4146 用乍(作)祖戊寶尊彝
8.4147 善(膳)夫梁其乍(作)朕皇考惠仲、皇母惠妣尊段
8.4148 善(膳)夫梁其乍(作)朕皇考惠仲、皇母惠妣尊段
8.4149 善(膳)夫梁其乍(作)朕皇考惠仲、皇母惠妣尊段
8.4150 善(膳)夫梁其乍(作)朕皇考惠仲、皇母惠妣尊段
8.4151 善(膳)夫梁其乍(作)朕皇考惠仲、皇母惠妣尊段
8.4165 用乍(作)朕皇考大仲尊段
8.4167 用乍(作)祖考寶尊彝
8.4168 𨟻(蔣)兑乍(作)朕文祖乙公、皇考季氏尊段
8.4169 用乍(作)朕文考寶尊段
8.4182 虢姜乍(作)寶尊段
8.4183 上鄀公敄人乍(作)尊段
8.4184 用乍(作)尊段
8.4185 用乍(作)尊段
8.4186 用乍(作)尊段
8.4187 用乍(作)尊段
8.4188 乍(作)其皇祖考遅王、監伯尊段
8.4189 乍(作)其皇祖考遅王、監伯尊段
8.4194 用乍(作)厥文㚤(考)尊段
8.4195 用乍(作)尊段
8.4198 蔡姞乍(作)皇兄尹叔尊𨟻彝
8.4201 用乍(作)乙公尊彝
8.4207 用乍(作)文考父乙尊彝
8.4209 用乍(作)朕文祖考寶尊段
8.4210 用乍(作)朕文祖考寶尊段
8.4211 用乍(作)朕文祖考寶尊段
8.4212 用乍(作)朕文祖考寶尊段
8.4214 用乍(作)文考旄叔尊段
8.4219 用乍(作)朕皇祖考尊段
8.4220 用乍(作)朕皇祖考尊段
8.4221 用乍(作)朕皇祖考尊段
8.4222 用乍(作)朕皇祖考尊段
8.4223 用乍(作)朕皇祖考尊段
8.4224 用乍(作)朕皇祖考尊段
8.4225 無㠱用乍(作)朕皇祖釐季尊段
8.4226 無㠱用乍(作)朕皇祖釐季尊段
8.4227 無㠱用乍(作)朕皇祖釐季尊段
8.4228 無㠱用乍(作)朕皇祖釐季尊段
8.4237 余𧊒(豨)敀〔作〕朕皇文考寶尊
8.4238 用乍(作)寶尊彝
8.4239 用乍(作)寶尊彝
8.4240 用乍(作)尊段
8.4242 乍(作)朕皇祖幽大叔尊段
8.4244 用自乍(作)寶尊段
8.4246 用乍(作)尊段
8.4247 用乍(作)尊段
8.4248 用乍(作)尊段
8.4249 用乍(作)尊段
8.4257 弭伯用乍(作)尊段
8.4261 每(敏)啟王休于尊皀(段)
8.4266 用乍(作)季姜尊彝
8.4267 用乍(作)朕皇考孝孟尊段
8.4268 用乍(作)朕文考易仲尊段
8.4270 用乍(作)朕文丂(考)萓(艽)仲尊寶段
8.4271 用乍(作)朕文丂(考)萓(艽)仲尊寶段
8.4273 用乍(作)文母外姑尊段
8.4278 比乍(作)皇祖丁公、皇考叀公尊段
8.4279 用乍(作)朕文祖益仲尊段
8.4280 用乍(作)朕文祖益仲尊段
8.4281 用乍(作)朕文祖益仲尊段
8.4282 用乍(作)朕文祖益仲尊段
8.4283 用乍(作)朕文考外季尊段
8.4284 用乍(作)朕文考外季尊段
8.4285 用乍(作)朕文考叀伯尊段
8.4286 用乍(作)寶尊段
8.4288 用乍(作)朕文考乙伯、宄姬尊段
8.4289 用乍(作)朕文考乙伯、宄姬尊段
8.4290 用乍(作)朕文

考乙伯、宂姬尊段
8.4291 用乍(作)朕文考乙伯、宂姬尊段
8.4296 鄫用乍(作)朕皇考龏伯尊段
8.4297 鄫用乍(作)朕皇考龏伯尊段
8.4298 用乍(作)朕皇考剌伯尊段
8.4299 用乍(作)朕皇考剌伯尊段
8.4300 乍(作)册矢令尊宜于王姜/用尊事于皇宗
8.4301 乍(作)册矢令尊宜于王姜/用尊史(事)于皇宗
8.4302 用乍(作)朕皇考鼄王寶尊段
8.4303 用乍(作)朕皇考癸公尊段
8.4304 用乍(作)朕皇考癸公尊段
8.4305 用乍(作)朕皇考癸公尊段
8.4306 用乍(作)皇考考癸尊段
8.4307 用乍(作)朕皇考考癸尊段
8.4308 用乍(作)朕皇考癸公尊段
8.4309 用乍(作)朕皇考癸公尊段
8.4310 用乍(作)朕皇考癸公尊段
8.4312 用乍(作)朕文考尹伯尊段
8.4313 余用乍(作)朕後男巤尊段
8.4314 余用乍(作)朕後男巤尊段
8.4316 用乍(作)朕剌(烈)考日庚尊段
8.4320 乍(作)虞(虎)公父丁尊彝
8.4321 用乍(作)文祖乙伯、同姬尊段
8.4322 用乍(作)文母日庚寶尊段/用夙夜尊享于厥文母
8.4323 用乍(作)尊段
8.4324 用乍(作)朕皇考輔伯尊段
8.4325 用乍(作)朕皇考輔伯尊段
8.4327 用乍(作)寶尊段
8.4328 用乍(作)朕皇祖公伯、孟姬尊段
8.4329 用乍(作)朕皇祖公伯、孟姬尊段
8.4331 用乍(作)朕皇考武斨幾王尊段
8.4332 用乍(作)朕皇考龏叔、皇母龏始(姒)寶尊段
8.4333 用乍(作)朕皇考龏叔、皇母龏始(姒)寶尊段
8.4334 用乍(作)朕皇考龏叔、皇母龏始(姒)寶尊段
8.4335 用乍(作)朕皇考龏叔、皇母龏始(姒)寶尊段
8.4336 用乍(作)朕皇考龏叔、皇母龏始(姒)寶尊段
8.4337 用乍(作)朕皇考龏叔、皇母龏始(姒)寶尊段
8.4338 用乍(作)朕皇考龏叔、皇母龏始(姒)寶尊段
8.4339 用乍(作)朕皇考龏叔、皇母龏始(姒)寶尊段
8.4340 用乍(作)寶尊段
8.4343 用乍(作)朕皇文考益伯寶尊段
9.4346 陸伯乍(作)仲姞尊
9.4426 兮伯吉父乍(作)旅尊盨
9.4453 仲自(師)父乍(作)季龏□寶尊盨
9.4454 叔剸(剸)父乍(作)奠(鄭)季寶鐘六金、尊盨四、鼎七
9.4455 叔剸(剸)父乍(作)奠(鄭)季寶鐘六金、尊盨四、鼎七
9.4456 叔剸(剸)父乍(作)奠(鄭)季寶鐘六金、尊盨四、鼎七
9.4457 叔剸(剸)父乍(作)奠(鄭)季寶鐘六金、尊盨四、鼎七
9.4498 虢叔乍(作)叔殷穀尊簠
9.4503 西替乍(作)其妹靳尊簠
9.4552 㝬(胡)叔乍(作)吳(虞)姬尊鉦(筐)
9.4569 郡公乍(作)犀仲、仲孀(芊)義男尊簠
9.4608 考叔脂父自乍(作)尊簠
9.4609 考叔脂父自乍(作)尊簠
9.4682 周生(甥)乍(作)尊豆
9.4683 周生(甥)乍(作)尊豆
9.4685 康生(甥)乍(作)玟(文)考癸公寶尊彝
9.4692 大(太)師虘乍(作)烝尊豆
10.5040 乍(作)尊彝
10.5041 乍(作)尊彝
10.5104 伯乍(作)尊彝
10.5113 毎乍(作)尊彝
10.5114 闌乍(作)尊彝
10.5115 登乍(作)尊彝
10.5126 乍(作)寶尊彝
10.5127 乍(作)寶尊彝
10.5128 乍(作)寶尊彝
10.5129 乍(作)寶尊彝
10.5130 乍(作)寶尊彝
10.5131 乍(作)寶尊彝
10.5132 乍(作)寶尊彝
10.5133 乍(作)寶尊彝
10.5134 乍(作)寶尊彝
10.5135 乍(作)寶尊彝
10.5136 乍(作)寶尊彝
10.5137 乍(作)寶尊彝
10.5138 乍(作)寶尊彝
10.5139 乍(作)寶尊彝
10.5140 乍(作)寶尊彝
10.5144 乍(作)戲尊彝
10.5178 伯乍(作)寶尊彝

10.5179 伯乍(作)寶尊彝
10.5180 伯乍(作)寶尊彝
10.5181 伯乍(作)寶尊彝
10.5182 伯乍(作)寶尊彝
10.5183 伯乍(作)寶尊彝
10.5184 仲乍(作)寶尊彝
10.5185 叔乍(作)寶尊彝
10.5186 允册乍(作)尊彝
10.5187 叀乍(作)寶尊彝
10.5188 頦乍(作)寶尊彝
10.5189 輩乍(作)寶尊彝
10.5190 習乍(作)寶尊彝
10.5192 皇[illegible]乍(作)尊彝
10.5194 師獲乍(作)尊彝
10.5196 見乍(作)寶尊彝
10.5197 狽乍(作)寶尊彝
10.5198 狛(猁)乍(作)寶尊彝
10.5202 齊乍(作)父乙尊彝
10.5211 乍(作)丁揚尊彝
10.5212 大中乍(作)父丁尊
10.5213 聑義乍(作)父庚尊彝
10.5216 考乍(作)父辛尊彝
10.5217 乍(作)父辛寶尊彝
10.5218 乍(作)父癸尊彝
10.5219 乍(作)公尊彝
10.5220 膺(應)公乍(作)寶尊彝
10.5221 侖(隃)伯乍(作)寶尊彝
10.5222 俞伯乍(作)寶尊彝
10.5224 陵(隔)伯乍(作)寶尊彝
10.5225 陵(隔)伯乍(作)寶尊彝
10.5226 濕(溼)伯乍(作)寶尊彝
10.5227 濕(溼)伯乍(作)寶尊彝
10.5228 伯矩乍(作)寶尊彝
10.5229 伯矩乍(作)寶尊彝
10.5230 伯矩乍(作)寶尊彝
10.5231 伯各乍(作)寶尊彝
10.5232 伯各乍(作)寶尊彝
10.5233 伯貉乍(作)寶尊彝
10.5234 伯魚乍(作)寶尊彝
10.5235 力伯乍(作)寶尊彝
10.5236 仲繳乍(作)寶尊彝
10.5237 叔截乍(作)寶尊彝
10.5238 亞覤乍(作)寶尊彝
10.5240 鄺季乍(作)寶尊彝
10.5242 衛父乍(作)寶尊彝
10.5244 正父乍(作)寶尊彝
10.5247 安父乍(作)寶尊彝
10.5249 貙乍(作)寶尊彝
10.5250 向乍(作)厥尊彝
10.5251 蠶(蔣)嗌乍(作)寶尊彝
10.5252 買王罘尊彝/買王罘乍(作)尊彝
10.5253 竟乍(作)厥寶尊彝
10.5254 朁(醬)乍(作)□寶尊彝
10.5255 似向(餉)米寔(宮)尊彝
10.5257 盟弔(强)乍(作)寶尊彝
10.5258 卿乍(作)厥考尊彝
10.5259 卿乍(作)厥考尊彝
10.5260 遣乍(作)祖乙寶尊彝
10.5261 迴乍(作)祖乙寶尊彝
10.5262 叺乍(作)祖乙寶尊彝
10.5263 趠乍(作)祖丁寶尊彝
10.5264 [illegible](杍、枇)乍(作)祖辛尊彝
10.5266 輩乍(作)妣癸尊彝
10.5267 羊乍(作)父乙寶尊彝
10.5269 乍(作)父乙寶尊彝
10.5270 賁(布)乍(作)父乙尊彝
10.5272 戈車乍(作)父丁寶尊彝
10.5275 敔乍(作)父丁尊彝
10.5276 聑[illegible]乍(作)父丁寶尊彝
10.5278 狽元乍(作)父戊尊彝
10.5279 [illegible]乍(作)寶尊彝
10.5280 [illegible](奭)尸乍(作)父己尊彝
10.5281 㚔父己乍(作)寶尊彝
10.5282 奷乍(作)父己寶尊彝
10.5283 賁(贐)乍(作)父辛寶尊彝
10.5284 歠(歠)乍(作)父辛寶尊彝
10.5285 [illegible](舌)乍(作)父辛尊彝
10.5286 竟乍(作)父辛寶尊彝
10.5288 史戍乍(作)父

壬尊彝
10.5289 乍(作)父壬寶尊彝
10.5290 賁(贍)乍(作)父癸寶尊彝
10.5296 尹舟乍(作)兄癸尊彝
10.5297 闕乍(作)宄伯寶尊彝
10.5298 闕乍(作)宄伯寶尊彝
10.5299 北伯殁乍(作)寶尊彝
10.5300 散伯乍(作)屖(徙)父尊彝
10.5301 散伯乍(作)屖(徙)父尊彝
10.5303 束(刺)叔乍(作)厥寶尊彝
10.5305 史見乍(作)父甲尊彝
10.5306 乃子子乍(作)父庚寶尊彝
10.5307 髭乍(作)祖癸寶尊彝
10.5308 甕(瓮)乍(作)父甲寶尊彝
10.5310 析家乍(作)父戊寶尊彝
10.5311 覼(覩)乍(作)父戊寶尊彝
10.5312 鈇乍(作)父戊尊彝
10.5313 窰乍(作)父辛尊彝
10.5314 夾乍(作)父辛尊彝
10.5315 猒(姍)乍(作)父癸寶尊彝
10.5316 伯乍(作)文(大)公寶尊旅彝
10.5317 尳(尯)伯罰乍(作)寶尊彝
10.5318 㠯(師)丞乍(作)文父丁尊彝
10.5320 小夫乍(作)父丁宗尊彝
10.5321 交乍(作)祖乙寶尊彝
10.5322 闢乍(作)生(皇)易日辛尊彝
10.5323 衛乍(作)季衛父寶尊彝
10.5326 伯㓨(睘)乍(作)厥室寶尊彝
10.5327 伯㓨(睘)乍(作)厥室寶尊彝
10.5328 對乍(作)父乙寶尊彝
10.5329 畧乍(作)父乙旅尊彝
10.5330 奪乍(作)父丁寶尊彝
10.5331 奪乍(作)父丁寶尊彝
10.5332 𢆉(平)乍(作)父丁尊彝
10.5334 㞷(征)乍(作)父癸寶尊彝
10.5335 𠁁(卣)乍(作)文考癸寶尊彝
10.5336 述乍(作)兄日乙寶尊彝
10.5337 屯乍(作)兄辛寶尊彝
10.5338 剌乍(作)兄丁、辛尊彝
10.5339 痾乍(作)兄日壬寶尊彝
10.5340 伯亘乍(作)西宮伯寶尊彝
10.5345 㑒(僉)莽高乍(作)父乙寶尊彝
10.5346 豐乍(作)父癸寶尊彝
10.5349 婦闔乍(作)文姑日癸尊彝
10.5350 婦闔乍(作)文姑日癸尊彝
10.5351 女(汝)子小臣兒乍(作)己尊彝
10.5355 用乍(作)父癸尊彝
10.5356 乍(作)父丙寶尊彝
10.5357 㦖(憻)季遽父乍(作)豐姬寶尊彝
10.5358 㦖(憻)季遽父乍(作)豐姬寶尊彝
10.5359 守宮乍(作)父辛尊彝
10.5360 亞𣪕(䙅)竄豊(禮)乍(作)父癸寶尊彝
10.5361 用乍(作)父辛尊彝
10.5362 𩵋乍(作)文父日丁寶尊旅彝
10.5363 湈(沫)伯𢓊乍(作)厥考寶旅尊/湈(沫)伯𢓊乍(作)厥考寶旅尊彝
10.5364 湈(沫)伯𢓊乍(作)厥考寶旅尊/湈(沫)伯𢓊乍(作)厥考寶旅尊彝
10.5366 倗乍(作)厥考寶尊彝
10.5368 乎渪用乍(作)父己尊彝
10.5369 無(許)仲𨒅乍(作)厥文考寶尊彝
10.5370 莽乍(作)文考父丁寶尊彝
10.5371 伯乍(作)厥文考尊彝
10.5374 用乍(作)寶尊彝
10.5375 女(汝)子母庚宓(閟)祀尊彝
10.5378 用乍(作)祖乙尊
10.5379 用乍(作)祖乙尊
10.5380 用乍(作)父己尊彝
10.5381 用乍(作)幽尹寶尊彝
10.5383 用乍(作)朕蒿(高)祖缶(寶)尊彝
10.5384 用乍(作)父乙寶尊彝
10.5385 用乍(作)父乙寶尊彝
10.5386 用乍(作)父乙寶尊彝
10.5388 顳(頂)乍(作)母辛尊彝
10.5389 顳(頂)乍(作)母辛尊彝
10.5390 用乍(作)寶尊彝
10.5391 執用乍(作)父丁尊彝
10.5393 乍(作)厥文考父辛寶尊彝

10.5396 用乍(作)毓(后)祖丁尊
10.5398 用乍(作)父戊寶尊彝
10.5399 用乍(作)父丁寶尊彝
10.5400 用乍(作)父乙寶尊彝
10.5401 乍(作)父癸旅宗尊彝
10.5403 用乍(作)父辛寶尊彝
10.5404 商用乍(作)文辟日丁寶尊彝
10.5407 用乍(作)文考癸寶尊器
10.5409 用乍(作)寶尊彝
10.5410 乍(作)祖丁寶旅尊彝
10.5411 用乍(作)文考日乙寶尊彝
10.5413 王曰：尊文武帝乙
10.5414 用乍(作)祖癸尊彝
10.5415 用乍(作)文父癸宗寶尊彝
10.5418 用乍(作)尊彝
10.5419 用乍(作)文考乙公寶尊彝
10.5420 用乍(作)文考乙公寶尊彝
10.5421 用乍(作)父癸寶尊彝
10.5422 用乍(作)父癸寶尊彝
10.5425 用乍(作)父乙寶尊彝
10.5426 用乍(作)厥文姑寶尊彝
10.5427 乍(作)册嗌乍(作)父辛尊
10.5430 用乍(作)文考辛公寶尊彝
10.5431 高對乍(作)父丙寶尊彝
10.5432 用乍(作)日己旅尊彝
10.5433 用乍(作)寶尊彝
11.5712 乍(作)尊彝
11.5713 乍(作)尊彝
11.5768 登乍(作)尊彝
11.5772 戈乍(作)尊彝
11.5779 米宫(宮)尊彝
11.5781 乍(作)寶尊彝
11.5782 乍(作)寶尊彝
11.5783 乍(作)寶尊彝
11.5784 乍(作)寶尊彝
11.5785 乍(作)寶尊彝
11.5786 乍(作)寶尊彝
11.5787 乍(作)寶尊彝
11.5788 乍(作)寶尊彝
11.5789 乍(作)寶尊彝
11.5790 乍(作)寶尊彝
11.5791 乍(作)從尊彝
11.5793 乍(作)祖丁尊彝
11.5794 乍(作)祖戊尊彝
11.5807 王乍(作)母癸尊
11.5810 乍(作)彭史从尊
11.5812 見乍(作)寶尊彝
11.5814 㫚乍(作)寶尊彝
11.5818 矩乍(作)寶尊彝
11.5819 疐乍(作)寶尊彝
11.5820 疐乍(作)寶尊彝
11.5822 乍(作)祖乙寶尊彝
11.5828 商乍(作)父丁吾尊
11.5829 乍(作)父丁寶彝尊
11.5830 乍(作)父戊寶尊彝
11.5832 □乍(作)父庚寶尊彝
11.5834 [illegible]乍(作)父辛尊彝
11.5837 乍(作)父辛寶尊上彝
11.5840 亞醜乍(作)季尊彝
11.5841 膺(應)公乍(作)寶尊彝
11.5842 乍(作)公尊彝
11.5843 𤇾(榮)子乍(作)寶尊彝
11.5844 伯各乍(作)寶尊彝
11.5845 伯貉乍(作)寶尊彝
11.5846 伯矩乍(作)寶尊彝
11.5847 陻(隔)伯乍(作)寶尊彝
11.5848 溼(涇)伯乍(作)寶尊彝
11.5849 俞伯乍(作)寶尊彝
11.5850 虘伯翏(紹)乍(作)寶尊
11.5851 仲𢼸乍(作)寶尊彝
11.5852 登仲乍(作)寶尊彝
11.5853 登仲乍(作)寶尊彝
11.5854 仲夷乍(作)旅尊彝
11.5855 噩(鄂)革弔乍(作)寶尊
11.5856 戒叔乍(作)寶尊彝
11.5857 叔䖒乍(作)寶尊彝
11.5860 𨟻季乍(作)寶尊彝
11.5861 員父乍(作)寶尊彝
11.5862 竟乍(作)厥寶尊彝
11.5865 亞耳乍(作)祖丁尊彝
11.5866 乍(作)祖己寶尊彝
11.5867 竟乍(作)祖癸寶尊彝
11.5868 史見乍(作)父甲尊彝
11.5869 辟東乍(作)父乙尊彝
11.5871 禾伯乍(作)父乙寶尊
11.5873 乍(作)父丁寶尊彝
11.5874 逆乍(作)父丁寶尊彝

11.5875 乍(作)父丁寶尊彝
11.5876 集乍(作)父丁尊彝
11.5878 好乍(作)父己寶尊彝
11.5879 羌乍(作)父己寶尊彝
11.5880 魚乍(作)父己寶尊彝
11.5882 徵(揩)乍(作)父辛寶尊彝
11.5883 責(賸)乍(作)父辛寶尊彝
11.5886 此乍(作)父辛寶尊彝
11.5887 咏乍(作)甗(甗)尊彝
11.5889 卿乍(作)厥考寶尊彝
11.5890 北伯殁乍(作)寶尊彝
11.5892 晳(醬)乍(作)祖辛寶尊彝
11.5893 肇乍(作)妣癸尊彝
11.5894 乍(作)父乙尊彝
11.5895 噘乍(作)父乙寶尊彝
11.5896 令咾(咾)乍(作)父乙寶尊彝
11.5898 乍(作)父丁寶尊彝
11.5900 亯册毗(?)乍(作)父己尊彝
11.5902 獸乍(作)父庚寶尊彝
11.5903 厥子乍(作)父辛寶尊彝
11.5904 貍乍(作)父癸寶尊彝
11.5905 單員(具)乍(作)父癸寶尊彝
11.5906 虢乍(作)父癸旅寶尊彝
11.5907 冊(珊)乍(作)父癸寶尊彝
11.5908 禼乍(作)厥皇考寶尊彝
11.5909 仲子乍(作)日乙尊彝
11.5910 子麥乍(作)母辛尊彝
11.5914 虢叔乍(作)叔殷穀尊朕
11.5915 衛乍(作)季衛父寶尊彝
11.5918 對乍(作)父乙寶尊彝
11.5919 對乍(作)父乙寶尊彝
11.5920 單乍(作)父乙旅尊彝
11.5921 奪乍(作)父丁寶尊彝
11.5925 傳乍(作)父戊寶尊彝
11.5926 亞旒(杠)旅葬乍(作)父辛彝尊
11.5927 曆(征)乍(作)父癸寶尊彝
11.5928 ㄗ脖乍(作)日癸公寶尊彝
11.5929 龖乍(作)母甲尊彝
11.5931 曶乍(作)文考日庚寶尊器
11.5932 屯乍(作)兄辛寶尊彝
11.5933 痾乍(作)兄日壬寶尊彝
11.5934 述乍(作)兄日乙寶尊彝
11.5935 者(諸)姛以大子尊彝
11.5936 者(諸)姛以大子尊彝
11.5939 蔡侯龖(申)乍(作)大孟姬賸(媵)尊
11.5940 季盜(寧)乍(作)寶尊彝
11.5941 ㄘ乍(作)宗尊
11.5943 效乍(作)祖辛亢寶尊彝
11.5944 璥(班)乍(作)父乙寶尊彝
11.5945 弅(扶)者君乍(作)父乙寶尊彝
11.5946 □乍(作)父癸寶尊彝
11.5947 憧(憧)季遽父乍(作)豐姬寶尊彝
11.5948 公乍(作)寶尊彝
11.5950 引爲魖膚寶尊彝
11.5951 省史趄乍(作)祖丁寶尊彝
11.5952 乍(作)父甲旅尊
11.5953 犀雇(肇)其乍(作)父己寶尊彝
11.5954 湈(沫)伯趮乍(作)厥考寶旅尊彝
11.5955 倗乍(作)厥考寶尊彝
11.5956 用乍(作)父甲寶尊彝
11.5957 用乍(作)父乙旅尊彝
11.5958 蹕攸乍(作)父庚尊彝
11.5959 乍(作)父辛尊
11.5961 伯乍(作)厥文考尊彝
11.5962 用乍(作)寶尊彝
11.5963 無(許)仲趚乍(作)厥文考寶尊彝
11.5964 穀乍(作)父乙宗寶尊彝
11.5965 用乍(作)文父辛尊彝
11.5966 員乍(作)父壬寶尊彝
11.5967 用乍(作)父己尊彝
11.5968 乍(作)文考日辛寶尊彝
11.5971 執用乍(作)父丁尊彝
11.5973 用乍(作)父乙尊彝
11.5975 用乍(作)父乙寶尊彝
11.5976 黄肇乍(作)文考宗伯旅尊彝
11.5977 用乍(作)魚(盧)高祖缶(寶)尊彝
11.5978 用乍(作)父乙寶尊彝
11.5980 乍(作)文考日己寶尊宗彝
11.5981 用乍(作)考付父尊彝

11.5984 能匋用乍(作)文父日乙寶尊彝
11.5985 用乍(作)父戊尊彝
11.5986 用乍(作)父乙寶尊彝
11.5987 用乍(作)父辛寶尊彝
11.5988 用乍(作)文考尊彝
11.5991 用乍(作)父乙寶尊彝
11.5993 乍(作)厥穆穆文祖考寶尊彝
11.5996 用乍(作)父辛寶尊彝
11.5997 商用乍(作)文辟日丁寶尊彝
11.5998 由伯曰:[illegible]御乍(作)尊彝
11.5999 用乍(作)父癸寶尊彝
11.6001 用乍(作)攺寶尊彝
11.6002 用乍(作)父乙尊
11.6003 用乍(作)父癸宗寶尊彝
11.6005 用乍(作)辛公寶尊彝
11.6006 用乍(作)尊彝
11.6007 肆(肇)乍(作)京公寶尊彝
11.6009 用乍(作)寶尊彝
11.6011 余用乍(作)朕文考大仲寶尊彝
11.6013 用乍(作)朕文祖益公寶尊彝
11.6014 用乍(作)圂(匽、庚)公寶尊彝
11.6015 用乍(作)寶尊彝
11.6016 用乍(作)父丁寶尊彝
11.6199 乍(作)尊
12.6438 乍(作)寶尊彝
12.6448 乍(作)父辛寶尊
12.6459 邑乍(作)寶尊彝
12.6467 丰(丰)乍(作)父乙尊彝
12.6470 [illegible]乍(作)父丙尊彝
12.6471 句乍(作)父丁尊彝
12.6473 □乍(作)父辛寶尊彝
12.6475 朕乍(作)父癸尊彝
12.6477 伯旃乍(作)寶尊彝
12.6478 伯旃乍(作)寶尊彝
12.6479 者(諸)兒乍(作)寶尊彝
12.6480 趞乍(作)寶尊彝
12.6484 乍(作)父己尊彝
12.6487 征乍(作)筡公寶尊彝
12.6488 冶徣乍(作)厥寶尊彝
12.6489 其(箕)史乍(作)祖己寶尊彝
12.6492 凡乍(作)父乙尊彝
12.6493 誎乍(作)父丁寶尊彝
12.6494 舌仲乍(作)父丁寶尊彝
12.6497 甚乍(作)父戊寶尊
12.6499 誎乍(作)父己尊彝
12.6500 鼓䵼乍(作)父辛寶尊彝
12.6501 [illegible]乍(作)父癸寶尊彝
12.6502 乍(作)母甲尊彝
12.6503 吕伯乍(作)厥取(祖)寶尊彝
12.6504 畄作(作)父己寶尊彝
12.6505 何乍(作)枏(藝、禰)日辛尊彝
12.6507 北子乍(作)寶尊彝
12.6508 用乍(作)父乙寶尊彝
12.6509 用乍(作)寶尊彝
12.6510 庶用乍(作)寶尊彝
12.6512 用乍(作)寶尊彝
12.6514 用乍(作)父乙寶尊彝
12.6516 用乍(作)寶尊彝
12.7258 登乍(作)尊彝
12.7275 買王罘尊彝
12.7276 買王罘尊彝
12.7278 書(瞷)引乍(作)尊彝
12.7280 句乍(作)父丁尊彝
12.7281 秉以父庚宗尊
12.7282 秉以父庚宗尊
12.7283 乍(作)父辛尊
12.7284 乍(作)父辛寶尊彝
12.7288 亞旃(杠)妏父辛尊彝
12.7289 吙乍(作)祖己尊彝
12.7290 亞乍(作)父乙寶尊彝
12.7291 亞乍(作)父乙寶尊彝
12.7292 卿乍(作)父乙寶尊彝
12.7294 叡乍(作)父戊尊彝
12.7295 叡乍(作)父戊尊彝
12.7300 亞獁皿合乍(作)尊彝
12.7305 趞乍(作)日癸寶尊彝
12.7306 亞[illegible]羌旃向乍(作)尊彝
12.7307 亞旃(杠)[illegible](負)乍(作)父丁寶尊彝
12.7310 用乍(作)父乙尊彝
12.7312 用〔作〕辟日乙尊彝
13.8306 乍(作)尊
14.9004 乍(作)父乙尊彝
14.9012 乍(作)尊

14.9013 乍(作)尊
14.9025 亞丁父癸尊彝
14.9026 [illegible](貆)父癸尊彝
14.9031 立乍(作)寶尊彝
14.9032 聞乍(作)寶尊彝
14.9033 剛乍(作)寶尊彝
14.9037 叔牙乍(作)尊彝
14.9042 乍(作)犽尊彝
14.9052 乍(作)甫(父)丁寶尊彝
14.9056 秉以父庚宗尊
14.9057 秉以父庚宗尊
14.9059 [illegible](貆)乍(作)父庚尊彝
14.9062 媾乍(作)父癸尊彝
14.9063 史遨乍(作)寶尊彝
14.9065 效乍(作)祖戊寶尊彝
14.9067 牆乍(作)父乙寶尊彝
14.9068 牆乍(作)父乙寶尊彝
14.9069 乍(作)父乙旅尊彝
14.9070 乍(作)尊彝
14.9072 乍(作)父丁尊彝
14.9073 [illegible](瞅)乍(作)父己尊彝
14.9076 攸乍(作)上父寶尊彝
14.9077 □乍(作)厥父寶尊彝
14.9078 [illegible](召)乍(作)父丁尊彝
14.9079 逹乍(作)父己尊彝
14.9083 萛大乍(作)父辛寶尊彝
14.9086 美乍(作)厥祖可公尊彝
14.9087 美乍(作)厥祖可公尊彝
14.9089 穌乍(作)召伯父辛寶尊彝
14.9090 者(諸)姛以大子尊彝
14.9092 婦闟乍(作)文姑日癸尊彝
14.9093 婦闟乍(作)文姑日癸尊彝
14.9095 吕仲僕乍(作)毓子寶尊彝
14.9096 [illegible][illegible]用尊[illegible](縮)盟
14.9098 用乍(作)尊彝
14.9100 用乍(作)父癸尊彝
14.9103 用乍(作)父辛尊彝
14.9104 用乍(作)父寶尊彝
14.9105 用乍(作)父丁尊彝
15.9236 登乍(作)尊彝
15.9239 菁乍(作)寶尊彝
15.9243 乍(作)婦姑尊彝
15.9244 微乍(作)康公寶尊彝
15.9246 婦闟乍(作)文姑日癸尊彝
15.9247 婦闟乍(作)文姑日癸尊彝
15.9248 乍(作)父乙寶尊彝
15.9249 用乍(作)母癸尊彝
15.9274 父丁尊
15.9288 責(驉)引乍(作)尊彝
15.9290 冉父辛寶尊彝
15.9291 乍(作)女(母)戊寶尊彝
15.9292 㔶(匽)乍(作)父辛寶尊彝
15.9293 旛乍(作)父乙寶尊彝
15.9294 者(諸)女(母)以大子尊彝
15.9295 者(諸)女(母)以大子尊彝 / 者(諸)姛以大子尊彝
15.9296 㚬(班)乍(作)父乙寶尊彝
15.9297 守宮乍(作)父辛尊彝
15.9298 仲子㠱泻(泓)乍(作)文父丁尊彝
15.9300 用乍(作)父戊寶尊彝
15.9302 乍(作)文考日己寶尊宗彝
15.9303 用乍(作)父乙尊
15.9397 公乍(作)寶尊彝
15.9402 卿乍(作)父乙尊彝
15.9412 伯矩乍(作)寶尊彝
15.9414 陾(隔)伯乍(作)寶尊彝
15.9421 汱乍(作)父乙尊彝
15.9422 汱乍(作)父乙尊彝
15.9423 亞□□乍(作)父戊尊盉
15.9424 [illegible]乍(作)厥考寶尊彝
15.9427 伯亘乍(作)西宮伯寶尊彝
15.9428 [illegible]乍(作)宗尊
15.9430 伯害(憲)乍(作)召伯父辛寶尊彝
15.9431 柙乍(作)寶尊彝
15.9439 乍(作)父乙寶尊彝
15.9444 季老或乍(作)文考大伯寶尊彝
15.9453 用乍(作)寶尊盉
15.9454 用乍(作)父癸寶尊彝
15.9455 用肇乍(作)尊彝
15.9535 皆乍(作)尊壺
15.9548 乍(作)父己尊彝
15.9550 [illegible]乍(作)尊彝
15.9554 [illegible]伯乍(作)尊彝
15.9558 猚(雒)子[illegible]尊壺
15.9566 汱乍(作)父乙尊彝

15.9567 伯矩乍(作)寶尊彝
15.9568 伯矩乍(作)寶尊彝
15.9569 伯致(致)乍(作)寶尊彝
15.9576 𠬝(奭)尸乍(作)父己尊彝
15.9585 內(芮)伯肇乍(作)𥁕公尊彝
15.9592 奪乍(作)父丁寶尊彝
15.9593 奪乍(作)父丁寶尊彝
15.9595 歸𠫑乍(作)父辛寶尊彝
15.9603 子叔乍(作)叔姜尊壺 / 子叔乍(作)尊壺
15.9604 子叔乍(作)叔姜尊壺
15.9608 伯山父乍(作)尊墉(甂)
15.9614 孟上父乍(作)尊壺
15.9622 登(鄧)孟乍(作)監嫚尊壺
15.9623 王伯姜乍(作)尊壺
15.9624 王伯姜乍(作)尊壺
15.9625 迻叔尊壺
15.9626 迻叔之尊壺
15.9628 自乍(作)寶尊壺
15.9629 自乍(作)寶尊壺
15.9630 吕王造乍(作)內(芮)姬尊壺
15.9642 仲南父乍(作)尊壺
15.9643 仲南父乍(作)尊壺
15.9651 矩叔乍(作)仲姜寶尊壺
15.9652 矩叔乍(作)仲姜寶尊壺
15.9653 史僕乍(作)尊壺
15.9654 史僕乍(作)尊壺
15.9669 枚(散)氏車父乍(作)醒姜尊壺
15.9671 兮敖乍(作)尊壺
15.9689 用乍(作)寶尊彝
15.9690 周𡖊乍(作)公己尊壺
15.9691 周𡖊乍(作)公己尊壺
15.9701 蔡公子□乍(作)尊壺
15.9710 甬(用)乍(作)宗彝尊壺
15.9711 甬(用)乍(作)宗彝尊壺
15.9713 𢍏(弁)季良父乍(作)𡚬始(姒)尊壺
15.9716 梁其乍(作)尊壺
15.9717 梁其乍(作)尊壺
15.9719 乍(作)鑄尊壺
15.9720 乍(作)鑄尊壺
15.9721 用乍(作)朕剌(烈)考尊壺
15.9722 用乍(作)朕剌(烈)考尊壺
15.9725 用乍(作)朕穆考後仲尊墉(甂)
15.9726 用乍(作)皇祖、文考尊壺
15.9727 用乍(作)皇祖、文考尊壺
15.9728 用乍(作)朕文考𥁕公尊壺
15.9731 用乍(作)朕皇考龏叔、皇母龏始(姒)寶尊壺
15.9732 用乍(作)朕皇考龏叔、皇母龏始(姒)寶尊壺
15.9805 乍(作)祖戊尊彝
15.9809 大(太)史乍(作)尊彝
15.9812 皿乍(作)父己尊彝
15.9813 伯乍(作)厥寶尊彝
15.9814 再乍(作)日父丁尊彝
15.9815 乍(作)父乙寶彝尊雷(罍)
15.9817 趞乍(作)文父戊尊彝
15.9818 者(諸)姛以大子尊彝 / 者(諸)姛以尊彝大子
15.9819 者(諸)姛以大子尊彝
15.9820 婦闟乍(作)文姑日癸尊彝
15.9821 乍(作)父丁尊
15.9822 橐乍(作)祖己尊彝
15.9824 洀御事(史)乍(作)尊雷(罍)
15.9825 洀御事(史)乍(作)尊雷(罍)
15.9826 對乍(作)文考日癸寶尊雷(罍)
16.9880 焚(榮)子乍(作)寶尊彝
16.9881 焚(榮)子乍(作)寶尊彝
16.9883 皿天全(玪)乍(作)父己尊彝
16.9884 匽(匽)乍(作)父辛寶尊彝
16.9885 匽(匽)乍(作)父辛寶尊彝
16.9888 用乍(作)寶尊彝
16.9889 𢦚攴(肇)乍(作)父庚尊彝
16.9890 用乍(作)父癸寶尊
16.9891 乍(作)文考日己寶尊宗彝
16.9892 用乍(作)高文考父癸寶尊彝
16.9893 用乍(作)尊彝
16.9894 戍鈴尊宜于𩲸(召)
16.9895 用乍(作)父乙尊
16.9896 用乍(作)朕文考乙公寶尊彝
16.9897 用乍(作)文祖它公寶尊彝
16.9898 用乍(作)青尹寶尊彝
16.9899 用乍(作)朕文祖益公寶尊彝

16.9900 用乍(作)朕文祖益公寶尊彝
16.9901 用乍(作)父丁寶尊彝
16.9967 伯夏父乍(作)畢姬尊霝(鑐)
16.9968 伯夏父乍(作)畢姬尊霝(鑐)
16.9988 倗之尊缶
16.9993 蔡侯䜌(申)之尊缶
16.9994 蔡侯䜌(申)之尊缶
16.10001 蔡公子乍(作)姬安尊淄(𨥛)□
16.10006 不(邳)伯夏子自乍(作)尊罍
16.10007 不(邳)伯夏子自乍(作)尊罍
16.10059 曆乍(作)寶尊彝
16.10060 矩乍(作)寶尊彝
16.10062 公乍(作)寶尊彝
16.10067 征(延)乍(作)周公尊彝
16.10068 鄦(鄦)父乍(作)寶尊彝
16.10069 棨(榮)子乍(作)寶尊彝
16.10072 蔡侯䜌(申)乍(作)尊盤(盤)
16.10073 𠃧(規)伯矩乍(作)寶尊彝
16.10078 𨑈乍(作)厥考寶尊彝
16.10083 京隮(陕)仲僕乍(作)父辛寶尊彝
16.10084 北子宋乍(作)文父乙寶尊彝
16.10105 用乍(作)寶尊彝
16.10125 楚季咩(苟)乍(作)嬭(羋)尊賸(媵)盥般(盤)
16.10155 埜(棠)湯叔伯氏茬鑄其尊
16.10164 函皇父乍(作)琱娟(妘)般(盤)盉尊器
16.10168 用乍(作)祖乙尊
16.10170 用乍(作)朕文考日丁尊般(盤)
16.10175 用乍(作)寶尊彝
16.10191 乍(作)父乙寶尊彝
16.10207 唯曾子伯尹自乍(作)尊匜
16.10290 蔡侯䜌(申)之尊湓(浣)匜
16.10308 逑乍(作)寶尊彝
16.10309 微乍(作)康公寶尊彝
16.10312 伯乍(作)寶尊盂
16.10321 用乍(作)文祖己公尊盂
16.10322 永用乍(作)朕文考乙伯尊盂
16.10372 爰積十六尊(寸)五分尊(寸)壹爲升
16.10527 乍(作)尊彝
16.10547 弔乍(作)寶尊彝
16.10548 叔乍(作)寶尊彝
16.10551 比乍(作)寶尊彝
16.10558 壽乍(作)父戊尊彝
16.10560 玤(封)乍(作)父辛尊彝
16.10564 伯丙乍(作)寶尊彝
16.10565 師高乍(作)寶尊段
16.10566 俞伯乍(作)寶尊彝
16.10567 向乍(作)厥尊彝
16.10568 山乍(作)父乙尊彝
16.10569 岬乍(作)父戊寶尊彝
16.10571 堇伯乍(作)旅尊彝
16.10572 ◇ [illegible]乍(作)父丁寶尊彝
16.10573 田乍(作)父己寶尊彝
16.10574 耳乍(作)父癸寶尊彝
16.10575 趨(鄒)子冧(偯)乍(作)父庚寶尊彝
16.10576 庚姬乍(作)[illegible]女(母)寶尊彝
16.10581 用乍(作)父辛尊彝
16.10582 用乍(作)父□尊彝

4631 戌

1.8 宋公戌之謌(歌)鐘
1.9 宋公戌之謌(歌)鐘
1.10 宋公戌之謌(歌)鐘
1.11 宋公戌之謌(歌)鐘
1.12 宋公戌之謌(歌)鐘
1.13 宋公戌之謌(歌)鐘
1.104 〔初〕吉甲戌
4.2271 子戌乍(作)母丁尊彝
5.2754 辰在壬戌
5.2786 唯三月初吉甲戌
5.2814 唯九月既望甲戌
5.2817 初吉甲戌
5.2825 正月初吉庚戌
5.2827 既死霸甲戌
5.2828 既死霸甲戌
5.2829 既死霸甲戌
5.2832 唯正月初吉庚戌
7.4024 既生霸庚戌
7.4025 既生霸庚戌
7.4026 既生霸庚戌
7.4060 唯九月初吉戊戌
7.4074 唯七月初吉甲戌
7.4075 唯七月初吉甲戌
8.4157 既死霸壬戌
8.4158 既死霸壬戌
8.4196 唯六月既生霸

戊戌
8.4253 唯五月初吉柙(甲)戌
8.4254 唯五月初吉柙(甲)戌
8.4256 三月既生霸戊戌
8.4272 六月初吉戊戌
8.4277 初吉甲戌
8.4316 既望甲戌
8.4332 既死霸甲戌
8.4333 既死霸甲戌
8.4334 既死霸甲戌
8.4335 既死霸甲戌
8.4336 既死霸甲戌
8.4337 既死霸甲戌
8.4338 既死霸甲戌
8.4339 既死霸甲戌
8.4341 甲戌
9.4462 既生霸戊戌
9.4463 既生霸戊戌
11.6014 在四月丙戌
15.9696 初吉壬戌
15.9706 初吉甲戌
15.9731 既死霸甲戌
15.9732 既死霸甲戌
16.10170 唯廿年正月既望甲戌

4632 亥

1.53 初吉丁亥
1.72 唯正月初吉丁亥
1.88 唯正月初吉丁亥
1.89 唯正月初吉丁亥
1.93 初吉丁亥
1.94 初吉丁亥
1.95 初吉丁亥
1.96 初吉丁亥
1.97 初吉丁亥
1.98 初吉丁亥
1.99 初吉丁亥
1.100 初吉丁亥
1.101 初吉丁亥
1.113 初吉丁亥
1.114 初吉丁亥
1.115 初吉丁亥
1.116 初吉丁亥
1.117 初吉丁亥
1.118-9 初吉丁亥
1.140 辰在丁亥
1.142 唯正月初吉丁亥
1.144 吉日丁亥
1.149 辰在乙亥
1.150 辰在乙亥
1.151 辰在乙亥
1.152 辰在乙亥
1.153 唯正月初吉丁亥
1.154 唯正月初吉丁亥
1.182 元日癸亥
1.183 初吉丁亥
1.185 初吉丁亥
1.193 唯正月初吉丁亥
1.194 唯正月初吉丁亥
1.195 唯正月初吉丁亥
1.196 唯正月初吉丁亥
1.197 唯正月初吉丁亥
1.198 唯正月初吉丁亥
1.199 唯正月初吉丁亥
1.200 唯正月初吉丁亥
1.201 唯正月初吉丁亥
1.202 唯正月初吉丁亥
1.203 唯正月初吉丁亥
1.225 初吉丁亥
1.226 初吉丁亥
1.227 初吉丁亥
1.228 初吉丁亥
1.229 初吉丁亥
1.230 初吉丁亥
1.231 初吉丁亥
1.232 初吉丁亥
1.233 初吉丁亥
1.234 初吉丁亥
1.235 初吉丁亥
1.236 初吉丁亥
1.237 初吉丁亥
1.245 初吉乙亥
1.261 唯正月初吉丁亥
1.271 初吉丁亥
2.421 唯正初吉丁亥
2.422 唯正初吉丁亥
2.424 初吉丁亥
3.946 唯正月初吉丁亥
3.947 唯九月初吉丁亥
4.2478 [吉]日丁亥
4.2506 己亥
5.2588 宋牆(莊)公之孫趨亥
5.2607 七月丁亥
5.2612 己亥
5.2613 己亥
5.2624 唯正月初吉乙亥
5.2648 乙亥
5.2650 唯正月初吉丁亥
5.2652 唯五月初吉丁亥
5.2668 唯正月初吉己亥
5.2697 八月初吉丁亥
5.2698 八月初吉丁亥
5.2699 八月初吉丁亥
5.2700 八月初吉丁亥
5.2702 丁亥
5.2709 乙亥
5.2711 癸亥
5.2715 唯正月初吉丁亥
5.2716 唯正月初吉丁亥
5.2717 唯正月初吉丁亥
5.2725 辰在乙亥
5.2726 辰在乙亥
5.2732 唯正月初吉辛亥
5.2734 初吉丁亥
5.2738 唯正月初吉丁亥
5.2763 唯十月又一月丁亥
5.2804 唯王九月丁亥
5.2806 三月既霸丁亥
5.2807 三月既霸丁亥
5.2808 三月既霸丁亥
5.2811 唯正月初吉丁亥
5.2820 辰在丁亥
5.2826 唯王九月乙亥
5.2838 六月既望乙亥
7.3861 己亥
7.3939 唯正月己亥
7.3940 乙亥
7.3941 辛亥
7.4020 癸亥
7.4030 乙亥
7.4031 乙亥
7.4045 唯正月初吉丁亥
7.4089 唯三月既塱乙亥
7.4096 冫(冰)月(十一月)丁亥
7.4099 唯八月初吉丁亥
8.4126 八月初吉丁亥

8.4136 唯二月乙亥
8.4146 初吉辛亥
8.4166 唯四月初吉丁亥
8.4178 唯正月初吉乙亥
8.4190 元日丁亥
8.4192 既生霸丁亥
8.4193 既生霸丁亥
8.4209 唯八月初吉丁亥
8.4210 唯八月初吉丁亥
8.4211 唯八月初吉丁亥
8.4212 唯八月初吉丁亥
8.4246 唯正月初吉丁亥
8.4247 唯正月初吉丁亥
8.4248 唯正月初吉丁亥
8.4249 唯正月初吉丁亥
8.4261 乙亥
8.4287 正月既朢丁亥
8.4296 丁亥
8.4297 丁亥
8.4298 三月既生霸丁亥
8.4299 三月既生霸丁亥
8.4311 初吉丁亥
8.4312 既朢丁亥
8.4318 初吉丁亥
8.4319 初吉丁亥
8.4324 九月初吉丁亥
8.4325 九月初吉丁亥
8.4327 既生霸丁亥
8.4340 唯元年既朢丁亥
9.4454 六月初吉丁亥
9.4455 六月初吉丁亥
9.4456 六月初吉丁亥
9.4457 六月初吉丁亥
9.4588 唯正月初吉丁亥
9.4603 唯正月初吉丁亥
9.4604 唯正月初吉丁亥
9.4606 唯正月初吉丁亥
9.4607 唯正月初吉丁亥
9.4608 唯正月初吉丁亥
9.4609 唯正月初吉丁亥
9.4612 唯正月初吉丁亥
9.4613 初吉丁亥
9.4614 唯正□月初吉乙亥
9.4616 唯正月初吉丁亥
9.4617 初吉丁亥
9.4618 唯正月初吉丁亥
9.4619 唯正月初吉丁亥
9.4625 唯正月初吉丁亥
9.4629 初吉丁亥
9.4630 初吉丁亥
10.5377 乙亥
10.5391 乙亥
10.5396 辛亥
10.5404 辰在丁亥
10.5406 唯九月既生霸乙亥
10.5414 乙亥
10.5418 丁亥
10.5430 雩(越)旬又一日辛亥
10.5432 在二月既朢乙亥
11.5971 乙亥
11.5997 辰在丁亥
11.6006 丁亥
11.6010 初吉辛亥
11.6016 丁亥
14.9103 唯四月既望丁亥
15.9455 唯三月初吉丁亥
15.9708 唯六月初吉丁亥
15.9728 唯正月初吉丁亥
15.9733 初吉丁亥
16.9893 在八月乙亥
16.9896 初吉丁亥
16.9898 唯二月初吉丁亥
16.9901 丁亥
16.9974 唯正月衣(初)吉丁亥
16.10005 唯正月初吉丁亥
16.10006 唯正月初吉丁亥
16.10007 唯正月初吉丁亥
16.10151 唯王八月丁亥
16.10157 唯正月初吉丁亥
16.10160 唯正月初吉丁亥
16.10162 初吉丁亥
16.10163 初吉丁亥
16.10165 初吉丁亥
16.10171 初吉辛亥
16.10173 正月初吉丁亥
16.10279 唯正月初吉丁亥
16.10282 初吉丁亥
16.10284 唯正月初吉丁亥
16.10338 唯正月初吉丁亥
16.10340 唯八月初吉丁亥
16.10342 初吉丁亥
16.10361 咸丁亥
17.11310 戋(癸)亥
17.11311 戋(癸)亥
18.11618 唯弜公之居旨卲亥(？)嵤丌□僉(劍)
18.11656 唯弜公之居旨卲亥(？)嵤丌(其)□僉(劍)
18.11692 戉(越)王唯弜公之居旨卲亥(？)嵤丌□僉
18.11700 守相杢(執、廉)波(頗)、邦右庫工師韓亥、冶巡敎(撻)齋(劑)
18.11701 守相杢(執、廉)波(頗)、邦右庫工師韓亥、冶巡敎(撻)

齋(劑)
18.12110 乙亥之日
18.12111 乙亥之日
18.12112 乙亥之日
18.12113 乙亥之日

4633 月

1.52 八月初吉
1.53 唯王正月
1.59 唯都正二月
1.60-3 三月既生霸庚申
1.72 唯正月初吉丁亥
1.73-4 唯王正月
1.75 唯王正月
1.76-7 唯王正月
1.78-9 唯王正月
1.80-1 唯王正月
1.88 唯正月初吉丁亥
1.89 唯正月初吉丁亥
1.93 唯王正月
1.94 唯王正月
1.95 唯王正月
1.96 唯王正月
1.97 唯王正月
1.98 唯王正月
1.99 唯王正月
1.100 唯王正月
1.101 唯王正月
1.106 唯八月甲申
1.107-8 唯正二月初吉
1.113 唯正十月
1.114 唯正十月
1.115 唯正十月
1.116 唯正十月
1.117 唯正十月
1.118-9 唯正十月
1.133 四月初吉甲寅
1.134 四月初吉甲寅
1.135 四月初吉甲寅
1.136 四月初吉甲寅
1.137-9 四月初吉甲寅
1.140 唯王正月
1.142 唯正月初吉丁亥
1.143 唯□月初吉□寅
1.144 唯正月甬(仲)春
1.149 唯王正月初吉
1.150 唯王正月初吉
1.151 唯王正月初吉
1.152 唯王正月初吉
1.153 唯正月初吉丁亥
1.154 唯正月初吉丁亥
1.171 唯王正月
1.172 唯正月初吉庚午
1.173 唯正月初吉庚午
1.174 唯正月初吉庚午
1.175 唯正月初吉庚午
1.176 唯正月初吉庚午
1.177 唯正月初吉庚午
1.178 唯正月初吉庚午
1.179 唯正月初吉庚午
1.180 唯正月初吉庚午
1.182 唯正月初吉
1.183 唯正九月
1.185 唯正九月
1.193 唯正月初吉丁亥
1.194 唯正月初吉丁亥
1.195 唯正月初吉丁亥
1.196 唯正月初吉丁亥
1.197 唯正月初吉丁亥
1.198 唯正月初吉丁亥
1.199 唯正月初吉丁亥
1.200 唯正月初吉丁亥
1.201 唯正月初吉丁亥
1.202 唯正月初吉丁亥
1.203 唯正月初吉丁亥
1.204-5 九月初吉庚寅
1.206-7 九月初吉庚寅
1.208 九月初吉庚寅
1.209 九月初吉庚寅
1.210 唯正五月
1.211 唯正五月
1.217 唯正月初吉孟庚
1.218 唯正月初吉孟庚
1.219 唯正月初吉孟庚
1.220 唯正月初吉孟庚
1.221 唯正月初吉孟庚
1.222 唯正月初吉孟庚
1.225 唯王正月
1.226 唯王正月
1.227 唯王正月
1.228 唯王正月
1.229 唯王正月
1.230 唯王正月
1.231 唯王正月
1.232 唯王正月
1.233 唯王正月
1.234 唯王正月
1.235 唯王正月
1.236 唯王正月
1.237 唯王正月
1.245 唯王正月
1.261 唯正月初吉丁亥
1.271 唯王五月
1.272-8 唯王五月
1.285 唯王五月
2.424 唯王正月
2.425 正月初吉
2.428 唯正月□□□□
2.429 唯正月初吉庚午
3.731 唯五月初吉丁酉
3.745 唯九月初吉庚寅
3.746 唯六月初吉
3.747 唯六月初吉
3.748 唯六月初吉
3.749 唯六月初吉
3.750 唯六月初吉
3.751 唯六月初吉
3.752 唯六月初吉
3.753 唯十又二月既生霸
3.754 唯六月既生霸乙卯
3.755 唯六月既生霸乙卯
3.940 唯正月初吉庚午
3.942 唯六月初吉
3.946 唯正月初吉丁亥
3.947 唯九月初吉丁亥
3.948 唯六月既死霸丙寅
4.1766 月魚几
5.2550 唯王十月既吉
5.2569 唯正月初[吉]
5.2574 王四月
5.2607 七月丁亥
5.2615 唯八月在䣐(頵)应
5.2624 唯正月初吉乙亥
5.2643 唯登(鄧)八月初吉
5.2650 唯正月初吉丁亥
5.2652 唯五月初吉丁亥
5.2656 唯十又二月初士(吉)
5.2661 唯三月
5.2663 唯正月初吉庚午
5.2664 唯正月初吉庚午
5.2665 唯正月初吉庚午
5.2666 唯正月初吉庚

午
5.2668 唯正月初吉己亥
5.2669 唯五月庚申
5.2670 唯八月初吉
5.2678 唯十月
5.2690 唯八月初吉庚申
5.2691 唯八月初吉庚申
5.2692 唯八月初吉庚申
5.2695 唯征(正)月既望癸酉
5.2697 八月初吉丁亥
5.2698 八月初吉丁亥
5.2699 八月初吉丁亥
5.2700 八月初吉丁亥
5.2701 十一年十一月乙巳朏
5.2704 唯八月初吉
5.2706 唯十又一月
5.2708 在九月
5.2710 在二月
5.2713 唯九月初吉庚寅
5.2714 唯王八月既望
5.2715 唯正月初吉丁亥
5.2716 唯正月初吉丁亥
5.2717 唯正月初吉丁亥
5.2718 唯十又二月丁丑
5.2719 唯十又二月
5.2720 唯七月
5.2721 唯十又一月
5.2722 唯正八月
5.2725 唯八月
5.2726 唯八月
5.2728 在十又一月庚申
5.2729 唯二月初吉庚寅
5.2732 唯正月初吉辛亥
5.2734 唯正五月
5.2735 唯八月既朢(望)戊辰
5.2736 唯八月既朢(望)戊辰
5.2738 唯正月初吉丁亥
5.2742 唯三年四月庚午
5.2747 唯五月既望
5.2748 四月既望己酉
5.2749 唯九月既生霸辛酉
5.2753 唯十又四月
5.2754 唯五月既死霸
5.2755 唯王九月既望乙巳
5.2756 唯二月既生霸丁丑
5.2758 唯四月既生霸己丑
5.2759 唯四月既生霸己丑
5.2760 唯四月既生霸己丑
5.2761 唯四月既生霸己丑
5.2763 唯十月又一月丁亥
5.2765 唯三月初吉
5.2766 唯正月吉日初庚
5.2767 唯王正月
5.2768 唯五月初吉壬申
5.2769 唯五月初吉壬申
5.2770 唯五月初吉壬申
5.2771 唯都八月
5.2772 唯都八月
5.2775 正月
5.2776 唯五月
5.2777 唯六年八月
5.2778 十又一月癸未
5.2780 唯十又二月
5.2781 唯五月既生霸庚午
5.2782 正月庚午
5.2783 唯七年十月既生霸
5.2784 五月既生霸壬午
5.2785 唯十又三月庚寅
5.2786 唯三月初吉甲戌
5.2787 唯三年五月丁巳
5.2788 唯三年五月丁巳
5.2789 唯九月既望乙丑
5.2790 唯王廿又三年九月
5.2791 唯正月既生霸庚申
5.2792 唯三月初吉庚寅
5.2794 正月吉日/正月吉日
5.2795 正月吉日/正月吉日
5.2796 唯王廿又三年九月
5.2797 唯王廿又三年九月
5.2798 唯王廿又三年九月
5.2799 唯王廿又三年九月
5.2800 唯王廿又三年九月
5.2801 唯王廿又三年九月
5.2802 唯王廿又三年九月
5.2804 唯王九月丁亥
5.2805 唯王五月
5.2806 三月既霸丁亥
5.2807 三月既霸丁亥
5.2808 三月既霸丁亥
5.2809 唯三月丁卯
5.2811 唯正月初吉丁亥
5.2813 唯六月既生霸庚寅
5.2814 唯九月既望甲戌
5.2815 四月既望辛卯
5.2816 唯王八月
5.2817 唯三年三月
5.2818 三月初吉壬辰
5.2819 五月既望庚寅
5.2820 唯十又二月初吉
5.2821 十又二月
5.2822 十又二月
5.2823 十又二月

5.2825 正月初吉庚戌
5.2826 唯王九月乙亥
5.2827 唯三年五月
5.2828 唯三年五月
5.2829 唯三年五月
5.2830 唯王八祀正月
5.2831 唯九年正月
5.2832 唯正月初吉庚戌
5.2835 唯十月
5.2837 唯九月
5.2838 六月既望乙亥/唯王四月既省(生)霸
5.2839 唯八月既望
7.3749 在十月
7.3807 唯九月初吉
7.3858 唯十又四月
7.3910 唯十月
7.3911 唯十月
7.3939 唯正月己亥
7.3950 唯九月
7.3951 唯九月
7.3952 唯三月初吉
7.3953 唯七月既生霸
7.3956 唯王正月
7.3957 唯王正月
7.3983 唯二月戊寅
7.4023 唯五月
7.4024 唯十又一月
7.4025 唯十又一月
7.4026 唯十又一月
7.4028 唯六月初吉丙申
7.4032 唯王正月
7.4033 唯王五月甲寅
7.4034 唯王五月甲寅
7.4035 唯十又二月初吉
7.4044 五月初吉甲申
7.4045 唯正月初吉丁亥
7.4046 唯八月初吉庚午
7.4055 唯登(鄧)九月初吉
7.4060 唯九月初吉戊戌
7.4074 唯七月初吉甲戌
7.4075 唯七月初吉甲戌
7.4088 唯十月初吉辛巳
7.4089 唯三月既朢乙亥
7.4096 仌(冰)月(十一月)丁亥
7.4098 唯八月既生霸
7.4099 唯八月初吉丁亥
7.4104 唯九月初吉庚午
7.4105 唯九月初吉庚午
7.4106 唯九月初吉庚午
7.4112 唯十又一月
7.4113 唯八月初吉壬午
7.4118 唯正月初吉庚寅
7.4119 唯正月初吉庚寅
8.4121 唯正月甲申
8.4125 唯十又五年六月
8.4126 八月初吉丁亥
8.4127 唯二月初吉
8.4130 唯王三月
8.4134 唯六月既死霸壬申
8.4135 唯六月既死霸壬申
8.4136 唯二月乙亥
8.4138 在十月四
8.4144 在十月一
8.4146 唯十又一月
8.4152 唯五年正月丙午
8.4154 唯六月初吉
8.4155 唯六月初吉
8.4157 唯正二月
8.4158 唯正二月
8.4159 唯正月初吉丁卯
8.4165 唯六月初吉丁巳
8.4166 唯四月初吉丁亥
8.4168 唯正月初吉壬午
8.4178 唯正月初吉乙亥
8.4179 唯五月既死霸辛未
8.4180 唯五月既死霸辛未
8.4181 唯五月既死霸辛未
8.4183 唯鄀正二月
8.4190 唯王五月
8.4192 唯十又二月
8.4193 唯十又二月
8.4194 唯四月初吉丁卯
8.4195 唯六月既生霸亲(辛)巳
8.4196 唯六月既生霸戊戌
8.4197 唯元年三月丙寅
8.4201 唯五月壬辰
8.4202 唯三月初吉庚午
8.4203 唯五月既生霸庚申
8.4204 唯五月既生霸庚申
8.4205 唯九月既朢庚寅
8.4206 唯五月既望甲子
8.4207 唯六月既生霸
8.4208 十又一月丁卯
8.4209 唯八月初吉丁亥
8.4210 唯八月初吉丁亥
8.4211 唯八月初吉丁亥
8.4212 唯八月初吉丁亥
8.4214 唯王三祀四月
8.4215 唯王正月
8.4216 唯王五年九月
8.4217 唯王五年九月
8.4218 唯王五年九月
8.4225 正月初吉壬寅
8.4226 正月初吉壬寅
8.4227 正月初吉壬寅
8.4228 正月初吉壬寅
8.4229 唯三年五月丁巳
8.4230 唯三年五月丁巳
8.4231 唯三年五月丁

巳
8.4232 唯三年五月丁巳
8.4233 唯三年五月丁巳
8.4234 唯三年五月丁巳
8.4235 唯三年五月丁巳
8.4236 唯三年五月丁巳
8.4238 唯十又二月
8.4239 唯十又二月
8.4240 唯十又二月初吉
8.4241 唯三月
8.4243 唯二月初吉
8.4244 三月既塱庚寅
8.4245 唯王四月
8.4246 唯正月初吉丁亥
8.4247 唯正月初吉丁亥
8.4248 唯正月初吉丁亥
8.4249 唯正月初吉丁亥
8.4250 唯王三月
8.4251 正月既望甲午
8.4252 正月既望甲午
8.4253 唯五月初吉枂(甲)戌
8.4254 唯五月初吉枂(甲)戌
8.4255 唯正月乙巳
8.4256 三月既生霸戊戌
8.4257 唯八月初吉戊寅
8.4258 唯四月初吉
8.4259 唯四月初吉
8.4260 唯四月初吉
8.4262 唯正月初吉癸巳
8.4263 唯正月初吉癸巳
8.4264 唯正月初吉癸巳
8.4265 唯正月初吉癸巳
8.4266 唯三月
8.4267 唯正月初吉丁卯
8.4268 唯二年三月
8.4269 唯十又三月既塱
8.4270 唯十又二月
8.4271 唯十又二月
8.4272 六月初吉戊戌
8.4273 唯六月初吉/雩八月初吉庚寅
8.4274 唯元年五月
8.4275 唯元年五月
8.4276 唯王二月既省(生)霸
8.4277 唯三年三月
8.4278 三月初吉壬辰
8.4279 四月既生霸
8.4280 四月既生霸
8.4281 四月既生霸
8.4282 四月既生霸
8.4283 唯二月初吉戊寅
8.4284 唯二月初吉戊寅
8.4285 唯五年三月
8.4286 唯王九月
8.4287 正月既塱丁亥
8.4288 唯王元年正月
8.4289 唯王元年正月
8.4290 唯王元年正月
8.4291 唯王元年正月
8.4292 唯五年正月己丑
8.4293 唯六年四月甲子
8.4294 唯王九月
8.4295 唯王九月
8.4296 唯二年正月初吉
8.4297 唯二年正月初吉
8.4298 三月既生霸丁亥
8.4299 三月既生霸丁亥
8.4300 唯九月既死霸丁丑
8.4301 唯九月既死霸丁丑
8.4302 唯王正月
8.4303 十又二月
8.4304 十又二月
8.4305 十又二月
8.4306 十又二月
8.4307 十又二月
8.4308 十又二月
8.4309 十又二月
8.4310 十又二月
8.4311 唯王元年正月
8.4312 唯王元年九月
8.4316 唯元年六月
8.4318 唯三年二月
8.4319 唯三年二月
8.4320 唯四月
8.4322 唯六月初吉乙酉
8.4323 唯王十月/唯王十又一月
8.4324 九月初吉丁亥
8.4325 九月初吉丁亥
8.4327 唯王十又一月
8.4328 唯九月初吉戊申
8.4329 唯九月初吉戊申
8.4331 唯王九年九月甲寅/二月
8.4332 唯三年五月
8.4333 唯三年五月
8.4334 唯三年五月
8.4335 唯三年五月
8.4336 唯三年五月
8.4337 唯三年五月
8.4338 唯三年五月
8.4339 唯三年五月
8.4341 唯八月初吉
8.4342 唯元年二月
8.4343 十又三月
9.4429 唯王正月既塱
9.4430 唯五月既生霸庚寅
9.4438 八月既死辛卯
9.4439 八月既死辛卯
9.4454 六月初吉丁亥
9.4455 六月初吉丁亥
9.4456 六月初吉丁亥
9.4457 六月初吉丁亥
9.4462 唯四年二月
9.4463 唯四年二月
9.4464 唯王十又八年正月/四月
9.4465 十又二月
9.4466 七月既塱□□
9.4573 唯九月初吉庚申

9.4575 唯八月初吉庚申
9.4576 唯八月初吉庚申
9.4577 唯八月初吉庚申
9.4588 唯正月初吉丁亥
9.4603 唯正月初吉丁亥
9.4604 唯正月初吉丁亥
9.4605 唯九月初吉壬申
9.4606 唯正月初吉丁亥
9.4607 唯正月初吉丁亥
9.4608 唯正月初吉丁亥
9.4609 唯正月初吉丁亥
9.4610 唯正十又一月辛巳
9.4611 唯正十又一月辛巳
9.4612 唯正月初吉丁亥
9.4613 唯正六月
9.4614 唯正□月初吉乙亥
9.4616 唯正月初吉丁亥
9.4617 唯王正月
9.4618 唯正月初吉丁亥
9.4619 唯正月初吉丁亥
9.4620 唯十月初吉庚午
9.4621 唯十月初吉庚午
9.4622 唯十月初吉庚午
9.4623 唯正月初吉
9.4624 唯正月初吉
9.4625 唯正月初吉丁亥
9.4626 唯三月既生霸乙卯
9.4629 唯王正月
9.4630 唯王正月
9.4631 唯王九月
9.4632 唯王九月
9.4644 唯正月吉日乙丑
9.4649 唯正六月癸未
10.5356 由伯曰：七月
10.5385 唯王八月
10.5386 唯王八月
10.5397 在九月
10.5398 唯十又二月
10.5402 唯十又三月辛卯
10.5403 唯六月既生霸乙卯
10.5404 唯五月
10.5405 唯二月初吉丁卯
10.5406 唯九月既生霸乙亥
10.5408 唯四月初吉丙寅
10.5409 唯正月丁丑
10.5412 在正月
10.5413 在四月
10.5414 在六月
10.5415 在二月既望
10.5416 唯九月
10.5417 在十月
10.5418 唯六月初吉
10.5421 在五月既朢辛酉
10.5422 在五月既朢辛酉
10.5423 唯四月初吉甲午
10.5424 唯正月甲午
10.5425 正月既生霸辛丑
10.5426 唯王十月既朢
10.5430 唯九月初吉癸丑
10.5431 唯十又二月
10.5432 在二月既朢乙亥／雩四月既生霸庚午
10.5433 唯四月初吉甲午
11.5987 唯四月乙卯
11.5988 唯四月
11.5992 唯十又三月辛卯
11.5994 唯二月初吉丁卯
11.5996 唯六月既生霸乙卯
11.5997 唯五月
11.5999 在五月既朢辛酉
11.6002 唯五月
11.6003 在二月既望(朢)
11.6004 唯九月
11.6005 唯九月既生霸
11.6006 唯六月初吉
11.6007 唯六月初吉
11.6008 唯十又三月
11.6009 唯四月初吉甲午
11.6010 元年正月
11.6011 唯王十又二月
11.6013 唯八月初吉
11.6014 在四月丙戌
11.6015 雩若二月
11.6016 唯八月／唯十月月吉癸未
12.6513 唯正月吉日丁酉
12.6516 唯三月初吉乙卯
14.9103 唯四月既望丁亥
14.9105 在六月
15.9249 在四月
15.9301 在十月又三
15.9303 唯五月
15.9453 唯十又一月
15.9454 在五月既望辛酉
15.9455 唯三月初吉丁亥
15.9456 唯三年三月
15.9638 唯正月初吉庚午
15.9640 廿九年十二月
15.9689 唯四月
15.9696 唯王二月
15.9700 ⿰食丮月己酉
15.9701 唯正月初吉庚午
15.9702 唯王正月
15.9705 十月初吉己卯
15.9706 唯王正月
15.9707 七年九月
15.9708 唯六月初吉丁

亥
15.9709 飯者月
15.9714 唯八月既死霸戊寅
15.9716 唯五月初吉壬申
15.9717 唯五月初吉壬申
15.9719 唯十年四月吉日
15.9720 唯十年四月吉日
15.9721 唯五月初吉庚午
15.9722 唯五月初吉庚午
15.9723 九月初吉戊寅
15.9724 九月初吉戊寅
15.9725 七月既生雨(霸)乙未
15.9726 唯三年九月丁巳
15.9727 唯三年九月丁巳
15.9728 唯正月初吉丁亥
15.9731 唯三年五月
15.9732 唯三年五月
15.9733 唯王正月
16.9893 在八月乙亥
16.9894 在九月
16.9895 唯五月
16.9896 唯八年十又二月
16.9897 唯正月既生霸丁酉
16.9898 唯二月初吉丁亥
16.9899 唯八月初吉
16.9900 唯八月初吉
16.9901 唯八月/唯十月月吉癸未
16.9974 唯正月衣(初)吉丁亥
16.10005 唯正月初吉丁亥
16.10006 唯正月初吉丁亥
16.10007 唯正月初吉丁亥
16.10008 正月季春
16.10127 唯正月初吉
16.10128 唯正月初吉
16.10146 唯正月初吉庚申
16.10148 唯王二月
16.10149 唯正月初吉庚午
16.10151 唯王八月丁亥
16.10153 十月乙酉
16.10155 唯正月初吉壬午
16.10157 唯正月初吉丁亥
16.10158 正月吉日
16.10160 唯正月初吉丁亥
16.10161 唯五月初吉
16.10162 唯王正月
16.10163 唯王正月
16.10165 唯王正月
16.10166 唯五月既望戊午
16.10167 唯八月既生霸庚申
16.10168 唯正月既生霸乙未
15.10169 唯正二月
16.10170 唯廿年正月既望甲戌
16.10171 元年正月
16.10172 五月既望庚寅
16.10173 正月初吉丁亥
16.10174 唯五年三月
16.10176 唯王九月
16.10252 唯王二月
16.10264 唯十月
16.10273 唯王正月
16.10276 唯正月初吉庚午
16.10278 唯王正月
16.10279 唯正月初吉丁亥
16.10281 唯十又二月
16.10282 唯王正月
16.10284 唯正月初吉丁亥
16.10285 唯三月既死霸甲申
16.10298 唯王五月
16.10299 唯王五月
16.10319 唯正月初吉
16.10320 唯正月初吉己酉
16.10321 唯正月初吉
16.10338 唯正月初吉丁亥
16.10339 唯正九月
16.10340 唯八月初吉丁亥
16.10341 唯八月初吉庚午
16.10342 唯王正月
16.10356 唯王正月
16.10360 唯十又二月
16.10371 斆月戊寅
16.10372 冬十二月乙酉
16.10373 享月己酉之日/告(造)七月
16.10374 褮月丙午
16.10459 左相朏(?)大攻(工)君(尹)月鑄
16.10581 唯八月甲申
16.10582 六月初吉癸卯
17.11284 𤆍(燕)月
17.11325 酒(將)軍張二月
17.11326 酒(將)軍張二月
17.11339 十三年正月
18.11681 相邦建信君、邦左庫工師郥段、冶君(尹)月(明)敎(撻)齋(劑)
18.11688 相邦春平侯、邦左庫工師肖(趙)瘠、冶君(尹)五月敎(撻)齋(劑)
18.11862 十四茉十二月
18.12110 夏层之月
18.12111 夏层之月
18.12112 夏层之月
18.12113 夏层之月

4634 朏

5.2701 十一年十一月乙巳朏
5.2831 朏帛(白)金一反(鈑)/其覫(賸)衛臣虢朏

5.2838 用臣曰𤸰、曰朏、曰莫
16.9898 宰朏右(佑)乍(作)册吳
16.10459 左相朏(?)大攻(工)君(尹)月鑄

4635 朔

5.2746 遣(徂)省朔旁(方)

4636 期、諆、朞

1.203 眉壽無期
1.210 元鳴無期
1.211 元鳴無期
1.216 元鳴無期
1.217 元鳴無期
1.218 元鳴無期
1.219 元鳴無期
1.220 元鳴無期
1.221 元鳴無期
1.222 元鳴無期
5.2551 其眉壽無期
5.2573 其眉壽無期
5.2611 虒命(令)周奴、眂(視)事犽、冶期鑄
5.2722 眉壽無期
9.4642 大寶無棊(期)
9.4643 其眉壽無期
9.4645 男女無期
15.9449 犽、冶期鑄
15.9659 其眉壽無期
15.9704 受福無期
15.9729 曰:期則爾期
15.9730 曰:期則爾期
16.10159 男女無期
16.10163 壽老無期
16.10280 男女無期
16.10282 壽老無期
16.10283 男女無期
16.10298 既字白(迫)期
16.10299 既字白(迫)期
18.11590 奠(鄭)武庫、冶期

4637 [illegible]

16.9974 [illegible](萬)年無疆

4638 霸

1.60-3 三月既生霸庚申
3.753 唯十又二月既生霸
3.754 唯六月既生霸乙卯
3.755 唯六月既生霸乙卯
3.948 唯六月既死霸丙寅
4.2184 霸姞乍(作)寶尊彝
4.2501 ☐霸
5.2749 唯九月既生霸辛酉
5.2753 既死霸壬午
5.2754 唯五月既死霸
5.2756 唯二月既生霸丁丑
5.2758 唯四月既生霸己丑
5.2759 唯四月既生霸己丑
5.2760 唯四月既生霸己丑
5.2761 唯四月既生霸己丑
5.2781 唯五月既生霸庚午
5.2783 唯七年十月既生霸
5.2784 五月既生霸壬午
5.2791 唯正月既生霸庚申
5.2806 三月既霸丁亥
5.2807 三月既霸丁亥
5.2808 三月既霸丁亥
5.2813 唯六月既生霸庚寅
5.2821 既生霸乙卯
5.2822 既生霸乙卯
5.2823 既生霸乙卯
5.2827 既死霸甲戌
5.2828 既死霸甲戌
5.2829 既死霸甲戌
5.2831 既死霸庚辰
5.2838 唯王四月既省(生)霸
6.3565 霸姞乍(作)寶尊彝
7.3953 唯七月既生霸
7.4024 既生霸庚戌
7.4025 既生霸庚戌
7.4026 既生霸庚戌
7.4032 既死霸乙卯
7.4098 唯八月既生霸
8.4134 唯六月既死霸壬申
8.4135 唯六月既死霸壬申
8.4157 既死霸壬戌
8.4158 既死霸壬戌
8.4179 唯五月既死霸辛未
8.4180 唯五月既死霸辛未
8.4181 唯五月既死霸辛未
8.4192 既生霸丁亥
8.4193 既生霸丁亥
8.4195 唯六月既生霸亲(辛)巳
8.4196 唯六月既生霸戊戌
8.4203 唯五月既生霸庚申
8.4204 唯五月既生霸庚申
8.4207 唯六月既生霸
8.4214 既生霸辛酉
8.4216 既生霸壬午
8.4217 既生霸壬午
8.4218 既生霸壬午
8.4256 三月既生霸戊戌
8.4276 唯王二月既省(生)霸
8.4279 四月既生霸
8.4280 四月既生霸
8.4281 四月既生霸
8.4282 四月既生霸
8.4286 既生霸甲寅
8.4294 既省(生)霸庚寅
8.4295 既省(生)霸庚寅
8.4298 三月既生霸丁亥
8.4299 三月既生霸丁亥
8.4300 唯九月既死霸丁丑
8.4301 唯九月既死霸丁丑

8.4303 既生霸乙卯
8.4304 既生霸乙卯
8.4305 既生霸乙卯
8.4306 既生霸乙卯
8.4307 既生霸乙卯
8.4308 既生霸乙卯
8.4309 既生霸乙卯
8.4310 既生霸乙卯
8.4327 既生霸丁亥
8.4332 既死霸甲戌
8.4333 既死霸甲戌
8.4334 既死霸甲戌
8.4335 既死霸甲戌
8.4336 既死霸甲戌
8.4337 既死霸甲戌
8.4338 既死霸甲戌
8.4339 既死霸甲戌
8.4343 既生霸甲寅
9.4430 唯五月既生霸庚寅
9.4462 既生霸戊戌
9.4463 既生霸戊戌
9.4626 唯三月既生霸乙卯
10.5403 唯六月既生霸乙卯
10.5406 唯九月既生霸乙亥
10.5425 正月既生霸辛丑
10.5432 雩四月既生霸庚午
11.5996 唯六月既生霸乙卯
11.6005 唯九月既生霸
11.6008 既生霸丁卯
15.9453 既生霸甲申
15.9456 既生霸壬寅
15.9714 唯八月既死霸戊寅
15.9731 既死霸甲戌
15.9732 既死霸甲戌
16.9897 唯正月既生霸丁酉
16.10167 唯八月既生霸庚申
16.10168 唯正月既生霸乙未
16.10174 既死霸庚寅
16.10285 唯三月既死霸甲申

4639 朢

5.2812 大(太)師小子師朢(望)曰：不(丕)顯皇考宄公/朢(望)肇帥井(型)皇考/朢(望)敢對揚天子不(丕)顯魯休/師朢(望)其萬年

4640 夕

1.187-8 虔夙夕
1.189-90 虔夙夕
1.192 虔夙夕
1.246 夙夕聖趬(爽)
1.247 𡨦(恪)夙夕
1.248 𡨦(恪)夙夕
1.249 𡨦(恪)夙夕
1.250 𡨦(恪)夙夕
1.251-6 今瘨夙夕虔敬恤厥死(尸)事
1.262-3 余夙夕虔敬朕祀
1.264-6 余夙夕虔敬朕祀
1.267 余夙夕虔敬朕祀
1.268 余夙夕虔敬朕祀
1.269 余夙夕虔敬朕祀
1.270 唬(號)夙夕
5.2553 曰：奄以乃弟用夙夕䵼享
5.2554 曰：奄以乃弟用夙夕䵼享
5.2614 其用夙夕䵼享
5.2655 朝夕鄉(饗)厥多倗友
5.2837 敏朝夕入讕(諫)/夙夕召(紹)我一人烝四方
5.2841 虔夙夕叀(惠)我一人/𡨦(恪)夙夕
7.3920 用夙夕享
7.3964 用朝夕享考(孝)宗室
7.3965 用朝夕享考(孝)宗室
7.3966 用朝夕享考(孝)宗室
7.3967 用朝夕享考(孝)宗室
7.3968 用朝夕享考(孝)宗室
7.3969 用朝夕享考(孝)宗室
7.3970 用朝夕享考(孝)宗室
7.4030 其于之朝夕監
7.4031 其于之朝夕監
7.4089 其朝夕用享于文考
8.4170 不敢弗帥用夙夕
8.4171 不敢弗帥用夙夕
8.4172 不敢弗帥用夙夕
8.4173 不敢弗帥用夙夕
8.4174 不敢弗帥用夙夕
8.4175 不敢弗帥用夙夕
8.4176 不敢弗帥用夙夕
8.4177 不敢弗帥用夙夕
8.4191 ʃ(此)夕
8.4199 夙夕勿灋(廢)朕令
8.4200 夙夕勿灋(廢)朕令
8.4219 追虔夙夕恤厥死(尸)事
8.4220 追虔夙夕恤厥死(尸)事
8.4221 追虔夙夕恤厥死(尸)事
8.4222 追虔夙夕恤厥死(尸)事
8.4223 追虔夙夕恤厥死(尸)事
8.4224 追虔夙夕恤厥死(尸)事
8.4279 敬夙夕用事
8.4280 敬夙夕用事
8.4281 敬夙夕用事
8.4282 敬夙夕用事
8.4331 享夙夕
8.4340 敬夙夕勿灋(廢)朕令(命)
8.4343 敬夙夕勿灋(廢)朕令(命)
9.4465 克其用朝夕享于皇祖考
9.4467 敬夙夕勿灋

(廢)朕令(命)
9.4468 敬夙夕勿灋(廢)朕令(命)
9.4469 敬夙夕勿灋(廢)朕命
10.5401 其以父癸夙夕卿(佮)爾百聞(婚)遘(媾)
11.5968 服肈夙夕明(盟)享
11.6005 用夙夕配宗
11.6015 已夕
11.6172 夕册
13.8031 夕己
13.8032 夕己
15.9451 夙夕爾(嗝、鬲)御事
15.9735 氏(是)以遊夕(閔)飲飤

4641 外

1.73-4 百歲之外
1.76-7 百歲之外
1.78-9 百歲之外
1.80-1 百歲之外
1.93 攻敔仲冬戲之外孫、坪之子臧孫
1.94 攻敔仲冬戲之外孫、坪之子臧孫
1.95 攻敔仲冬戲之外孫、坪之子臧孫
1.96 攻敔仲冬戲之外孫、坪之子臧孫
1.97 攻敔仲戲之外孫、坪之子臧孫
1.98 攻敔仲戲之外孫、坪之子臧孫
1.99 攻敔仲戲之外孫、坪之子臧孫
1.100 攻敔仲冬戲之外孫、坪之子臧孫
1.101 攻敔仲冬戲之外孫、坪之子臧孫
1.272-8 䎽命于外內之事/外內剴(闓)辟(闢)
1.284 外內〼其皇祖、皇妣、皇母、皇〼
1.285 䎽命于外內之事/外內剴(闓)辟(闢)
2.420 外卒鐸
2.428 萬枼(世)之外
4.2186 外叔乍(作)寶尊彝
5.2841 命女(汝)辥(嬖)我邦、我家內外/雩之庶出入事于外/出入專(敷)命于外/毋有敢憃專(敷)命于外
8.4273 用乍(作)文母外姑尊毀
8.4283 用乍(作)朕文考外季尊毀
8.4284 用乍(作)朕文考外季尊毀
8.4311 東(董)裁(裁)內外
8.4340 从嗣王家外內
15.9735 外之則晒(將)使䇂(上)勤於天子之廟
16.10374 閉料于□外

4642 夙

1.60-3 敬乃夙夜
1.144 夙暮不貣(忒)
1.187-8 虔夙夕
1.189-90 虔夙夕
1.192 虔夙夕
1.246 夙夕聖趬(爽)
1.247 圝(恪)夙夕
1.248 圝(恪)夙夕
1.249 圝(恪)夙夕
1.250 圝(恪)夙夕
1.251-6 今瘨夙夕虔敬恤厥死(尸)事
1.262-3 余夙夕虔敬朕祀
1.264-6 余夙夕虔敬朕祀
1.267 余夙夕虔敬朕祀
1.268 余夙夕虔敬朕祀
1.269 余夙夕虔敬朕祀
1.270 虓(號)夙夕
1.272-8 女(汝)不彖(墜)夙夜
1.285 女(汝)不彖(墜)夙夜
5.2553 曰:奄以乃弟用夙夕䵼享
5.2554 曰:奄以乃弟用夙夕䵼享
5.2614 其用夙夕䵼享
5.2789 其用夙夜享孝于厥文祖乙公
5.2791 用夙夜明(盟)享于卲伯日庚
5.2812 虔夙夜
5.2816 用夙夜事
5.2824 用穆穆夙夜
5.2830 夙夜專由先祖剌(烈)德
5.2832 厲叔子夙、厲有嗣醽(申)季、慶癸、燹(豳)㒼、荆人敢、井人偈屖
5.2836 敬夙夜用事
5.2837 夙夕召(紹)我一人烝四方
5.2840 夙夜不解(懈)
5.2841 虔夙夕叀(惠)我一人/圝(恪)夙夕
7.3920 用夙夕享
7.3995 用夙夜享于宗室
7.4019 曹伯狄乍(作)夙(宿)奻公尊毀
7.4023 伯中父夙夜事走(朕)考
7.4056 其夙夜用享孝于皇君
7.4057 其夙夜用享孝于皇君
7.4058 其夙夜用享孝于皇君
8.4131 夙又(有)商
8.4137 用夙夜享孝于宗室
8.4157 用聽夙夜
8.4158 用聽夙夜
8.4160 用夙夜無訇(已)
8.4161 用夙夜無訇(已)
8.4170 不敢弗帥用夙夕
8.4171 不敢弗帥用夙夕
8.4172 不敢弗帥用夙夕
8.4173 不敢弗帥用夙夕
8.4174 不敢弗帥用夙夕
8.4175 不敢弗帥用夙

夕
8.4176 不敢弗帥用夙夕
8.4177 不敢弗帥用夙夕
8.4199 夙夕勿灋(廢)朕令
8.4200 夙夕勿灋(廢)朕令
8.4219 追虔夙夕恤厥死(尸)事
8.4220 追虔夙夕恤厥死(尸)事
8.4221 追虔夙夕恤厥死(尸)事
8.4222 追虔夙夕恤厥死(尸)事
8.4223 追虔夙夕恤厥死(尸)事
8.4224 追虔夙夕恤厥死(尸)事
8.4279 敬夙夕用事
8.4280 敬夙夕用事
8.4281 敬夙夕用事
8.4282 敬夙夕用事
8.4288 敬夙夜勿灋(廢)朕令(命)
8.4289 敬夙夜勿灋(廢)朕令(命)
8.4290 敬夙夜勿灋(廢)朕令(命)
8.4291 敬夙夜勿灋(廢)朕令(命)
8.4311 敬乃夙夜
8.4313 夙夜恤厥牆(將)事
8.4314 夙夜恤厥牆(將)事
8.4316 敬夙夜勿灋(廢)朕令(命)
8.4322 用夙夜尊享于厥文母
8.4324 敬夙夜勿灋(廢)朕令(命)
8.4325 敬夙夜勿灋(廢)朕令(命)
8.4326 虔夙夜
8.4331 享夙夕
8.4340 敬夙夕勿灋(廢)朕令(命)
8.4343 敬夙夕勿灋(廢)朕令(命)
9.4458 悆夙㒷(興)用追孝
9.4467 敬夙夕勿灋(廢)朕令(命)
9.4468 敬夙夕勿灋(廢)朕令(命)
9.4469 敬夙夕勿灋(廢)朕命
10.5401 其以父癸夙夕卿(佮)爾百聞(婚)遘(媾)
10.5410 用夙夜事
10.5433 效不敢不邁(萬)年夙夜奔走揚公休
11.5968 服肇夙夕明(盟)享
11.5993 其用夙夜享于厥大宗
11.6005 用夙夕配宗
11.6009 效不敢不邁(萬)年夙夜奔走揚公休
15.9451 夙夕鬲(嗝、鬲)御事
15.9735 夙夜篚(匪)解(懈)
16.10175 史牆夙夜不家(墜)
17.10822 夙

4643 夜

1.60-3 敬乃夙夜
1.106 楚公逆自乍(作)夜雷鎛
1.272-8 女(汝)不家(墜)夙夜
1.285 女(汝)不家(墜)夙夜
2.429 曰夜白
4.2305 墉夜君成之載(飤)貞(鼎)
5.2646 叔夜鑄其饆(饋)貞(鼎)
5.2723 王夜(掖)功
5.2789 其用夙夜享孝于厥文祖乙公
5.2791 用夙夜明(盟)享于卲伯日庚
5.2812 虔夙夜
5.2816 用夙夜事
5.2824 用穆穆夙夜
5.2830 夙夜尃由先祖剌(烈)德
5.2836 敬夙夜用事
5.2840 夙夜不解(懈)
7.3995 用夙夜享于宗室
7.4023 伯中父夙夜事走(朕)考
7.4056 其夙夜用享孝于皇君
7.4057 其夙夜用享孝于皇君
7.4058 其夙夜用享孝于皇君
8.4137 用夙夜享孝于宗室
8.4157 用聽夙夜
8.4158 用聽夙夜
8.4160 用夙夜無訇(已)
8.4161 用夙夜無訇(已)
8.4288 敬夙夜勿灋(廢)朕令(命)
8.4289 敬夙夜勿灋(廢)朕令(命)
8.4290 敬夙夜勿灋(廢)朕令(命)
8.4291 敬夙夜勿灋(廢)朕令(命)
8.4311 敬乃夙夜
8.4313 夙夜恤厥牆(將)事
8.4314 夙夜恤厥牆(將)事
8.4316 敬夙夜勿灋(廢)朕令(命)
8.4317 余亡康晝夜
8.4322 用夙夜尊享于厥文母
8.4324 敬夙夜勿灋(廢)朕令(命)
8.4325 敬夙夜勿灋(廢)朕令(命)
8.4326 虔夙夜
10.5410 用夙夜事
10.5433 效不敢不邁(萬)年夙夜奔走揚公休
11.5993 其用夙夜享于厥大宗
11.5995 王夜(掖)功

11.6009 效不敢不邁(萬)年夙夜奔走揚公休
15.9735 夙夜簠(匪)解(懈)
16.10175 史牆夙夜不家(墜)
16.10583 郾(燕)侯軍(肇載)思(夙)夜思(淑)人
17.11360 郛埨(令)夜胥(胍)、上庫工師□□、治闞(間)
18.11546 宅陽命(令)隅鐙、右庫工師夜痃(痿)、治赶敳(造)

4644 夤

1.270 嚴龔夤天命
8.4315 嚴龔(恭)夤天命

4645 夢

8.4327 今余非敢夢先公又(有)雚遂
17.11321 邨(頓)丘命(令)燮、左工師晢、治夢

4646 日

1.52 日唯辰
1.144 吉日丁亥
1.182 元日癸亥
1.223-4 吉日初庚
1.247 永寶日鼓
1.248 永寶日鼓
1.249 永寶日鼓
1.250 永寶日鼓
1.257 萬年日鼓
1.258 萬年日鼓
1.259 萬年日鼓
2.356 其子子孫孫永日鼓樂茲鐘
2.357 其子子孫孫日鼓樂茲鐘
2.425 日在庚
3.922 婦闐乍(作)文姑日癸尊彝
3.949 日傳□王〔皇〕休
4.2124 盥𠬝日戊乍(作)彝
4.2333 姬乍(作)厥姑日辛尊彝
4.2348 日戊
4.2403 婦闐乍(作)文姑日癸尊彝
4.2473 厥日唯乙
4.2478 [吉]日丁亥
4.2483 彭生(甥)乍(作)[文考]日辛寶尊彝
4.2485 其用盟鬻宄嫣日辛
5.2574 鄲(單)孝子台(以)庚寅之日
5.2579 癸日
5.2625 肜日乙
5.2670 旂用乍(作)文父日乙寶尊彝
5.2682 [二]旬又四日丁卯
5.2766 唯正月吉日初庚
5.2787 日遅(揚)天子覭(景)令(命)
5.2788 日遅(揚)天子覭(景)令(命)
5.2789 于文妣日戊
5.2791 用夙夜明(盟)享于卲伯日庚/伯姜日受天子魯休
5.2792 用乍(作)文考日己寶鼎
5.2794 正月吉日/正月吉日
5.2795 正月吉日/正月吉日
5.2796 克其日用鬻
5.2797 克其日用鬻
5.2798 克其日用鬻
5.2799 克其日用鬻
5.2800 克其日用鬻
5.2801 克其日用鬻
5.2802 克其日用鬻
5.2824 朕文考甲公、文母日庚弋休/用乍(作)文母日庚寶尊鬻彝
5.2839 雩若翌日乙酉
6.3449 仲子日乙
6.3606 鮴(鮴)乍(作)文父日丁
6.3630 用日享
6.3665 厚乍(作)兄日辛寶彝
6.3666 乍(作)母日甲尊彝
6.3687 ﹝婦乍(作)日癸尊彝
6.3694 叔窅乍(作)日壬寶尊彝
7.3909 臭乍(作)日辛尊寶㲃
7.3912 用乍(作)季日乙
7.3913 用乍(作)季日乙
7.3918 陵仲孛乍(作)父日乙尊㲃
7.3991 祖日庚
7.3992 祖日庚
7.3993 用興厥祖父日乙
7.3994 用興厥祖父日乙
7.3996 吏客乍(作)朕文考日辛寶尊㲃
7.4100 用事厥叡(祖)日丁/用事厥考日戊
7.4101 用事厥叡(祖)日丁/用事厥考日戊
7.4113 日用享考(孝)
7.4114 仲辛父乍(作)朕皇祖日丁、皇考日癸尊㲃
7.4118 宴用乍(作)朕文考日己寶㲃
7.4119 宴用乍(作)朕文考日己寶㲃
8.4139 堯(无)其日受宔(貯)
8.4144 咎日
8.4190 元日丁亥
8.4206 用乍(作)朕考日甲寶
8.4229 日遅(揚)天子覭(景)令(命)
8.4230 日遅(揚)天子覭(景)令(命)
8.4231 日遅(揚)天子覭(景)令(命)
8.4232 日遅(揚)天子覭(景)令(命)
8.4233 日遅(揚)天子覭(景)令(命)
8.4234 日遅(揚)天子

睘(景)令(命)
8.4235 日遈(揚)天子睘(景)令(命)
8.4236 日遈(揚)天子睘(景)令(命)
8.4243 內史尹册賜敉：玄衣黹屯(純)、旂四日
8.4257 賜女(汝)玄衣黹屯(純)、銶(素)芾、金鈧(衡)、赤舄、戈琱戫、彤沙(蘇)、攸(鋚)勒、絲(鑾)旂五日
8.4268 乎內史寿(敖、侁)册命王臣：賜女(汝)朱黄(衡)桒(賁)親(襯)、玄衣黹屯(純)、絲(鑾)旂五日、戈畫戫、厤(墉)必(柲)、彤沙(蘇)
8.4269 曰：其自今日
8.4277 日賜魯休
8.4286 賜女(汝)玄衣黹屯(純)、赤芾、朱黄(衡)、戈彤沙(蘇)琱戫、旂五日
8.4316 用乍(作)朕剌(烈)考日庚尊段
8.4321 王在射日宮
8.4322 用乍(作)文母日庚寶尊段
8.4331 日用享于宗室
8.4342 今日天疾畏(威)降喪
9.4465 克其日賜休無疆
9.4544 八田日
9.4644 唯正月吉日乙丑
10.5322 闞乍(作)㞷(皇)易日辛尊彝
10.5336 述乍(作)兄日乙寶尊彝
10.5339 豞乍(作)兄日壬寶尊彝
10.5349 婦闖乍(作)文姑日癸尊彝
10.5350 婦闖乍(作)文姑日癸尊彝
10.5362 雔乍(作)文父日丁寶尊旅彝
10.5369 日辛
10.5397 咎日
10.5401 文考日癸
10.5404 商用乍(作)文辟日丁寶尊彝
10.5411 用乍(作)文考日乙寶尊彝
10.5412 彤日
10.5413 翌日/翌日
10.5414 翌日
10.5423 用乍(作)文考日丁寶彝
10.5430 雩(越)旬又一日辛亥
10.5432 用乍(作)日己旅尊彝
11.5839 日辛
11.5877 雔乍(作)文父日丁
11.5887 日戊
11.5909 仲子乍(作)日乙尊彝
11.5928 丬辟乍(作)日癸公寶尊彝
11.5931 㫃乍(作)文考日庚寶尊器
11.5933 豞乍(作)兄日壬寶尊彝
11.5934 述乍(作)兄日乙寶尊彝
11.5963 日辛
11.5968 乍(作)文考日辛寶尊彝
11.5979 用乍(作)公日辛寶彝
11.5980 乍(作)文考日己寶尊宗彝
11.5984 能匋用乍(作)文父日乙寶尊彝
11.5989 用乍(作)朕文考日癸旅寶
11.5990 彤日
11.5997 商用乍(作)文辟日丁寶尊彝
11.5998 丙日唯毋入于公
11.6007 耳日叏(受)休
11.6015 雩若竭(昱、翌)日/之日
12.6429 豞兄日壬
12.6485 子达乍(作)兄日辛彝
12.6498 母壬、日壬
12.6505 何乍(作)枫(藝、禰)日辛尊彝
12.6513 唯正月吉日丁酉
12.7271 亞登兄日庚
12.7305 趞乍(作)日癸寶尊彝
12.7312 用〔作〕辟日乙尊彝
14.8354 日祖壬
14.8800 日辛弁
14.9091 索諆乍(作)有羔日辛鬻彝
14.9092 婦闖乍(作)文姑日癸尊彝
14.9093 婦闖乍(作)文姑日癸尊彝
15.9246 婦闖乍(作)文姑日癸尊彝
15.9247 婦闖乍(作)文姑日癸尊彝
15.9249 彤日
15.9302 乍(作)文考日己寶尊宗彝
15.9625 擇厥吉日丁
15.9626 擇厥吉日丁
15.9719 唯十年四月吉日
15.9720 唯十年四月吉日
15.9734 日夙(夜)不忘
15.9814 再乍(作)日父丁尊彝
15.9816 陵乍(作)父日乙寶雷(罍)
15.9820 婦闖乍(作)文姑日癸尊彝
15.9826 對乍(作)文考日癸寶尊雷(罍)
16.9891 乍(作)文考日己寶尊宗彝
16.9894 咎日
16.10008 元日己丑
16.10158 正月吉日
16.10170 用乍(作)朕文考日丁尊般(盤)
16.10175 其日蔑曆
16.10264 伯乍(作)日□監日文☐
16.10298 吉日初庚
16.10299 吉日初庚
16.10342 諭莫不日頓

[illegible]
16.10373 享月己酉之日
17.11392 大兄日乙、兄日戊、兄日壬、兄日癸、兄日癸、兄日丙
17.11401 大祖日己、祖日丁、祖日乙、祖日庚、祖日丁、祖日己、祖日己
17.11403 祖日乙、大父日癸、大父日癸、仲父日癸、父日癸、父日辛、父日己
18.11696 吉日壬午
18.11697 吉日壬午
18.11857 日毛
18.12110 乙亥之日
18.12111 乙亥之日
18.12112 乙亥之日
18.12113 乙亥之日

4647 旦

5.2783 旦
5.2817 旦
5.2819 旦
5.2821 旦
5.2822 旦
5.2823 旦
5.2827 旦
5.2828 旦
5.2829 旦
5.2836 旦
7.3819 叔旦乍(作)寶段
8.4196 旦
8.4251 旦
8.4252 旦
8.4272 旦
8.4277 旦
8.4285 旦
8.4287 旦
8.4294 旦
8.4295 旦
8.4303 旦
8.4304 旦
8.4305 旦
8.4306 旦
8.4307 旦
8.4308 旦
8.4309 旦
8.4310 旦
8.4312 旦
8.4321 旦
8.4332 旦
8.4333 旦
8.4334 旦
8.4335 旦
8.4336 旦
8.4337 旦
8.4338 旦
8.4339 旦
8.4340 旦
15.9731 旦
15.9732 旦
16.9898 旦
16.10170 旦
16.10172 旦
17.11369 工師痻、丞□、工城旦王(?)

4648 ⿰日乙(涿)

5.2533 仲⿰日乙(涿)父乍(作)尊鼎

4649 早

5.2840 虞(吾)先考成王早棄群臣
8.4323 于早五十田
17.11377 武城命(令)□□、苢早、〔庫〕嗇夫事(吏)歅、冶章敕(撻)齋(劑)

4650 旲

7.3892 師旲父乍(作)寶段
15.9497 末旲

4651 昊(昃)

5.2717 王子昊(昃)擇其吉金
9.4635 滕(滕)侯昊(昃)之御鳌(敦)
17.11018 滕(滕)侯昊(昃)之〔戈〕
17.11079 滕(滕)侯昊(昃)之艁(造)
17.11123 滕(滕)侯昊(昃)之䢋(酷、造)戟
18.11864 私庫嗇夫責正、工夏昊(昃)

4652 𠂇、𠂇(昃)

12.6560 𠂇(昦)
16.9866 𠂇(昃)父乙

4653 𠂇(昦)

12.6565 𠂇

4654 香

16.10323 香

4655 昦

16.10175 昦昭(照)亡哭(斁)

4656 昆

1.46 昆疕王貯(鑄)乍(作)龢鐘

4657 昔

4.2189 史昔其乍(作)旅鼎
5.2820 昔先王既令女(汝)左(佐)疋(胥)麜侯
5.2836 昔余既令女(汝)出內(入)朕令(命)
5.2838 昔饉歲
5.2840 昔者/昔者/昔者/昔者
8.4296 昔先王既命女(汝)乍(作)邑
8.4297 昔先王既命女(汝)乍(作)邑
8.4324 在昔先王小學
8.4325 在昔先王小學
8.4327 昔乃祖亦既令乃父死(尸)𤔲荓人
8.4340 昔先王既令女(汝)乍(作)宰
8.4343 昔先王既令女(汝)乍(作)𤔲士
9.4467 昔余既令(命)女(汝)
9.4468 昔余既令(命)女(汝)
11.6014 曰:昔在爾考公氏
15.9734 敢明易(揚)告:昔者先王

4658 昌

4.2482 昌國賥工師翟伐、冶更所爲
11.6010 子孫番昌
16.10171 子孫番昌
16.10453 鍪昌我左攻(工)戣(18.11902)
17.10998 昌城右
17.11107 乍(作)用于昌弗(?)
17.11211 工城佐𠂤、冶昌茆銊(戈)
18.11902 鍪昌我左攻(工)戣(16.10453)

4659 旺

17.11251 陳旺之歲

4660 昀

1.261 余専(溥)昀(徇)于國
15.9733 □昀ㅿ(矢)舟曌(羿)鯀丘

4661 旹、時

15.9735 明友(跋)之于壺而時觀焉

4662 翌、竭(昱)

3.1318 子翌
5.2839 雩若翌日乙酉
6.3080 翌子
10.4985 翌父辛
10.5080 子翌父庚
10.5413 翌日 / 翌日
10.5414 翌日
11.5725 子翌父乙
11.5743 子翌父己
11.6015 雩若竭(昱、翌)日
13.8200 翌正
13.8239 戎翌
14.8614 翌父辛
14.8861 子翌父乙
14.8954 子翌父壬
14.9049 子册翌㫃父乙
14.9105 翌又五
17.10683 翌

4663 昶

3.713 昶仲無龍乍(作)寶鬲
3.714 昶仲無龍乍(作)寶鬲
3.970 昶仲無龍
5.2570 掃片昶猤乍(作)寶鼎
5.2571 掃片昶猤乍(作)寶鼎
5.2617 唯番昶伯者尹自乍(作)寶貞(鼎)
5.2618 唯番昶伯者尹自乍(作)寶貞(鼎)
5.2622 唯昶伯業自乍(作)寶𥖣盜
16.9960 昶伯墉
16.9969 享□父昶戊乍(作)寶罍(鑘)
16.9970 享□父昶戊乍(作)寶罍(鑘)
16.10094 〔番〕昶〔伯〕□乍(作)寶般(盤)
16.10130 昶伯墉自乍(作)寶監(鑑)
16.10139 唯番昶伯者君
16.10140 唯番昶伯者君用其吉金
16.10237 昶仲𠂇乍(作)寶匜
16.10249 昶仲無龍乍(作)寶也(匜)
16.10268 唯番昶伯者君自乍(作)寶匜
16.10269 唯番昶伯者尹(君)自乍(作)寶匜

4664 昧

5.2839 昧喪(爽)
8.4240 昧喪(爽)

4665 昭、卲

1.157 昭于天子
1.158 昭于天子
1.159 昭于天子
1.160 昭于天子
1.161 昭于天子
3.936 君昭

4666 鼎、昴

8.4323 內伐湄、鼎、參泉、裕敏、陰(陰)陽洛

4667 㬎、濕

4.2091 左使車工㬎
9.4665 左使車工㬎
15.9562 左使車工㬎
16.9926 左使車工㬎
16.10447 左使車嗇夫孫固、工㬎
16.10451 右使車工㬎

4668 晢

14.9035 伯晢乍(作)寶彝

4669 耆、者

17.11394 咸陽工師田、工大人耆、工積

4670 晉

1.38 晉人救戎於楚競(境)
1.157 令于晉公
1.158 令于晉公
1.159 令于晉公
1.160 令于晉公
1.161 令于晉公
2.290 在晉爲槃鐘
2.293 宣鐘之在晉也爲六𩫖(墉)
2.319 在晉爲槃鐘
2.321 洹(宣)鐘之在晉也爲六墉(墉)
2.322 其在晉也爲槃鐘
2.328 亘(宣)鐘之在晉爲六𩫖(墉)
5.2597 晉嗣徒伯郜父乍(作)周姬寶尊鼎
5.2826 晉姜曰:余唯司(嗣)朕先姑君晉邦 / 晉姜用祈綽綰、眉壽
7.3771 晉人事(吏)寓乍(作)寶㲃
7.3952 格伯乍(作)晉姬寶㲃
10.5346 晉㠯
16.10342 晉公曰:我皇祖𨛫(唐)公 / ☑召𩁹(業)☑晉邦 / 晉邦唯雗(翰)
17.10920 晉陽
17.10921 晉陽
17.10979 㑅(匋)晉戈
17.11135 陰晉左庫冶富

17.11215 晉上容大夫
18.12027 晉公之車
18.12028 晉公之車
18.12110 大司馬卲(昭)鄒(陽)敗晉師於襄陵之歲
18.12111 大司馬卲(昭)鄒(陽)敗晉師於襄陵之歲
18.12112 大司馬卲(昭)鄒(陽)敗晉師於襄陵之歲
18.12113 大司馬卲(昭)鄒(陽)敗晉師於襄陵之歲

4671 臬

17.10811 臬

4672 晞

5.2676 井姬晞亦倗祖考夌公宗室
5.2677 井姬晞亦倗祖考夌公宗室

4673 頙

6.3312 文頙父丁
10.5155 頙文父丁歐(撫)

4674 蚳、虹

2.403 亞虹左
12.6378 亞蚳(虹)父乙

4675 㬥

7.3928 噩(鄂)侯乍(作)王姑㬥(媵)毁
7.3929 噩(鄂)侯乍(作)王姑㬥(媵)毁
7.3930 噩(鄂)侯乍(作)王姑㬥(媵)毁

4676 晢

9.4582 用晢(祈)眉壽
9.4583 用晢(祈)眉壽
9.4584 用晢(祈)眉壽
9.4585 用晢(祈)眉壽
9.4586 用晢(祈)眉壽
9.4587 用晢(祈)眉壽

4677 暮

1.144 夙暮不貣(忒)

4678 曋

17.11331 臨汾守曋、庫係、工歍造

4679 鬲

3.626 樊君乍(作)叔ㄚ鬲賸(媵)器寶鬻(烓)
5.2624 樊季氏孫仲鬲[擇]其吉金
5.2643 伯氏、始(姒)氏乍(作)鬲(孋)婞罠拜(鎛)貞(鼎)

4680 易

1.272-8 余用虔恤不易
1.282 虔恤不易
1.285 虔恤不易
5.2830 于朕考墉(郭)季易父敎(秩)宗
5.2840 此易言而難行旃
7.4042 易ㄚ曰:趞叔休于小臣貝三朋、臣三家
7.4043 易ㄚ曰:趞叔休于小臣貝三朋、臣三家
8.4268 用乍(作)朕文考易仲尊毁
13.7770 易
15.9735 而臣宔(主)易立(位)

4681 ㄚ(瞫)

12.6784 ㄚ(瞫)

4682 星

18.11669 攸倫(令)肖(趙)世、上庫工師樂星、冶朔(影)敎(撻)齋(劑)

4683 參

1.193 若參(叁)壽
1.194 若參(叁)壽
1.195 若參(叁)壽
1.196 若參(叁)壽
1.197 若參(叁)壽
1.198 若參(叁)壽
1.260 參(叁)壽唯利
2.429 余寺(持)可參□□
3.980 參蚑(蚩)蚘(尤)命帛命入
4.2451 庴(容)參(叁)分/庴(容)參(叁)分
5.2832 迺令參有嗣
5.2836 賜女(汝)菽(素)芾、參冋(絅)、苹悤(蔥)
5.2838 曰:于王參門
5.2840 含(今)虞(吾)老賙(賈)親率參軍之眾/及參殜(世)
5.2841 雩(與)參有嗣、小子、師氏、虎臣
8.4292 公宕其參(叁)
8.4323 內伐涾、昴、參泉、裕敏、陰(陰)陽洛
11.6013 曰:用嗣六師、王行、參(叁)有嗣:嗣土(徒)、嗣馬、嗣工(空)
15.9370 葡參父乙
15.9456 伯邑父、焚(榮)伯、定伯、琼伯、單伯迺令參有嗣:嗣土(徒)微邑、嗣馬單旟、嗣工(空)邑人服眔受(授)田
16.9899 曰:用嗣六師王行、參有嗣:嗣土(徒)、嗣馬、嗣工(空)
16.9900 曰:用嗣六師王行、參有嗣:嗣土(徒)、嗣馬、嗣工(空)
16.10362 參分
18.11561 閔倫(令)肖(趙)狽、下庫工師叚石、冶人參所鑄鈷户者
18.11660 往□倫(令)王褱、右庫工師李(執、廉)生、冶參敎(撻)齋(劑)

4684 曡

7.3797 歸叔山父乍(作)曡(嫚、姪)姬尊毁
7.3798 歸叔山父乍(作)曡(嫚、姪)姬尊毁

7.3799 歸叔山父乍(作)□(嫿、姪)姬尊段
7.3800 歸叔山父乍(作)□(嫿、姪)姬尊段
7.3801 歸叔山父乍(作)□(嫿、姪)姬尊段

4685 劃(劃)

15.9555 □(劃、嫿、姪)嫣乍(作)寶壺

4686 □

13.7731 □

4687 □

11.5750 車□父辛

4688 □(求)

10.5328 亞□(求)
11.5918 亞□(求)
11.5919 亞□(求)

4689 □

13.7741 □

4690 □、□

10.5332 □(□)乍(作)父丁尊彝

4691 □

10.5392 □乃邦

4692 □、□

3.1377 射母□
3.1378 射母□
3.1379 射母□
12.6878 射母□
16.10286 射母□

4693 □

16.10462 □□

4694 □

5.2763 □貝五朋

4695 □(苪)

18.11807 □(苪)

4696 □、□

10.5416 用□不(丕)环(丕)召多
11.6004 用□不(丕)环(丕)召多

4697 □

13.7730 □

4698 □、□

16.10463 史乍(作)□
16.10464 □□孕

4699 □

14.8713 □父癸

4700 □

13.8213 □豕

4701 □

11.5744 □冊父庚

4702 □

11.6231 □父乙

4703 □

15.9151 □

4704 □

13.8101 子□

4705 □

13.8102 子□

4706 □

13.8174 爰□

4707 □(龜)

11.5945 □(龜)

4708 □(叱)

13.7554 □

4709 □(蛟)

16.10258 唯番仲□自乍(作)寶也(匜)

4710 □(黽)

12.7061 □(黽)□(敗)

4711 □

12.6515 用寧室人、□人

4712 □

13.7345 □

4713 □

13.7342 □

4714 □、□、□

10.4790 □
12.6669 □
13.8118 子□

4715 朊(犀)

14.8853 亞□(犀)父乙

4716 緣(鼬)

4.2457 □(鼬)侯獲巢

4717 □(狃)

14.9026 □(狃)父癸尊彝

4718 □

16.10176 正眉(堳)矢舍(捨)散田：嗣土(徒)屰畗、嗣馬□□、□人嗣工(空)騻君、宰德父

4719 □

16.10202 □姬乍(作)寶

4720 □

4.2152 豐公□乍(作)尊彝

4721 □、□

12.7194 西單□
15.9145 □
18.11478 □□

4722 □

13.7608 □

4723 □

3.1242 □

4724 □

6.3118 □□

4725 □

4.1813 祖丁巫

4726 (貆)

14.9059 (貆)乍(作)父庚尊彝

4727 (龠)

4.1664 (龠)父辛

4728 (害)

12.7178 亞爾

4729 、戉

4.1901 乍(作)父癸
4.2319 (戉)葡(箙)
6.3061 乙
10.5047 (戉)葡祖乙
10.5410 (戉)葡
11.5738 父丁享(戉)
11.5901 (戉)葡
11.5983 (戉)葡
11.6166 (戉)葡
17.10855 子(戉)

4730 、(戚)

15.9262 享
16.10532 享父乙

4731

15.9358 父己

4732

16.9835

4733 (我)

14.8768 子丁

4734 (我)

15.9550 (我)

4735 、、

4.1752 珥
17.10591
17.10592
17.10593
17.10594
17.10595
17.10596
17.10597
17.10598
17.10599
17.10600
17.10601
17.10602
17.10603
17.10604
17.10605
17.10606
17.10607
17.10608
17.10609
17.10610
17.10611
17.10612
17.10613
17.10614
17.10615
17.10616
17.10617
17.10618
17.10619
17.10620
17.10621
17.10622
17.10623
17.10624
17.10625
17.10626
17.10627
17.11010

4736 (午)

16.10492
18.11770
18.11823
18.11892

4737 (午)

18.11771

4738

3.1239

4739 (囯、圍)

3.786

4740

3.1218

4741

17.10719

4742

12.6916 并(鬲)
12.6917 并(鬲)

4743 (卣)

4.2228 中敃(卣、調)鼎

4744 、、、、

3.484 母辛
3.1169
3.1170
3.1171
3.1172
3.1173
3.1470 聝
4.1581 父丁
4.1681 父癸
6.3007
10.5146 祖己、父辛
10.5243 ()
11.5480
11.5481
11.5482
11.5634 父丁
11.5686 齊婛
11.6237 父乙
11.6238 父乙
11.6266 父丁
12.6755
12.6756
13.7767
13.7768
15.9137
15.9138
15.9347 父乙
15.9584 伊
16.9907
16.10537

4745

16.10300

4746

12.6793

4747

12.6399 子父己

4748 (奠)

3.1471 己(奠)

4749

12.7034 戈□

4750 □、□

3.1286 □乙
4.1679 □父癸
10.4756 □
10.4757 □
11.5492 □
11.6215 □父甲
12.6759 □
13.7592 □
13.7593 □
14.8490 □父丁
15.9182 □
15.9183 □
15.9184 □
15.9356 □父戊
15.9357 □父戊

4751 □

12.6760 □

4752 □(非？)

6.3123 甗□

4753 □

10.5145 □父己姛(戎)

4754 □

15.9254 □雨

4755 □(危)

10.4867 □(危)耳
11.5558 □(危)耳

4756 □(舌)

10.5285 □□(舌)乍(作)父辛尊彝

4757 □、□、□、□、□

3.487 眉□子
6.3117 □萬
6.3234 □止子
6.3521 □敉(撣)乍(作)父癸尊彝
10.4848 子□
10.5087 令□父辛
10.5195 干子□父戊
11.5800 干子□父戊
12.6410 子□父辛
12.6910 子□
12.7021 □甗
12.7022 旅□
12.7175 子取□
12.7255 糸子□刀
12.7256 子□册木
13.7706 □
13.8111 子□
13.8112 子□
13.8146 天□
13.8147 □弔
13.8148 □弔
13.8189 敉□
13.8190 □敎
13.8274 □攸
14.8760 子□單
14.8761 子□單
14.8762 目(眉)子□
14.8763 子□萬
14.8764 子□萬
14.8765 子□□(叩)
14.8987 子□乙辛(酉)
14.9022 子□木父癸
15.9256 □宄(忓)
15.9774 敉□
17.10853 子□
17.10854 子□
18.11752 子□

4758 □、□、□

4.1702 乙□車
4.2136 子□刀糸父癸
6.3420 子眉□父乙
13.8048 庚□
13.8149 □髻
14.8868 □萬父乙
14.9055 糸子□刀父己

4759 □、□、□、□、□、□、□、□、□、□、□

3.1486 □(齊)□
4.1861 □(會)□父丁
4.1902 □□(齊)父癸
5.2579 □□
6.3141 祖辛□
6.3232 㫃乙□
6.3429 □□
6.3649 □□
6.3650 □□
7.3935 □□
10.4883 □(會)□
10.5125 □(會)□從彝
13.7713 □
13.8153 天□
13.8278 □□
14.8527 □□父戊
15.9524 □(會)□父丁
16.10572 □□乍(作)父丁寶尊彝
17.10692 □
17.10860 □虎

4760 □

6.2953 □

4761 □(宔)

12.6829 乙□(宔)

4762 □(宔)

14.8472 □(宔)父丁

4763 □

10.5279 □乍(作)寶尊彝

4764 □

6.2952 □

4765 □、□、□

6.3044 □
10.5339 □
11.5933 □

4766 □

12.6799 □

4767 □

15.9554 □伯乍(作)尊彝

4768 □(皀)

14.8756 子□(皀)母
14.8757 子□(皀)母
14.8758 子□(皀)母
14.8759 子□(皀)母
15.9480 □(皀、㲃)旅

4769 □、□、□

2.395 □□
2.396 □□
2.397 □□
3.1140 □
3.1350 保□

4.1548 □父乙
4.1614 □父己
4.1615 □父己
10.4934 □父乙
11.5498 □
11.5499 □
11.5650 □父己
11.6153 □辛
11.6281 □父己
11.6355 □兄辛
12.6370 口□祖己
12.6728 □
12.6729 □
12.6730 □
12.6731 □
12.6732 □
12.6733 □
12.6734 □
12.6735 □
12.6736 □
12.6737 □
12.7050 非□
12.7114 □父丁
13.7580 □
13.7581 □
13.7582 □
13.7583 □
13.7584 □
13.7585 □
13.7586 □
13.7587 □
13.8171 保□
14.8500 □父丁
14.8769 □□保
14.8770 □□保
14.9049 子册翌□父乙
15.9351 □父丁
16.10512 □辛
17.10741 □
17.10742 □
17.10743 □
17.10867 □□

4770 □、□

3.1466 □蚰
4.1613 □父己
13.8070 □癸

4771 □

10.4866 □□
11.6359 □□省

4772 □

6.3193 □父己

4773 □

4.2117 □犬犬魚父乙
5.2559 射□

4774 □

3.817 □父己

4775 □

4.2114 □册

4776 □、□、□、□

4.1752 □聑□
10.4858 □□
10.4859 □□
10.5058 聑□父乙
10.5276 聑□乍(作)父丁寶尊彝
11.5585 羊□
11.6184 羊□
12.6385 聑□父乙
13.7723 聑□
13.8219 羊□
13.8220 羊□
13.8266 告□
13.8267 耳□
14.9038 聑□獲乍(作)寶旅彝
14.9073 聑□
16.9871 聑□父乙
16.9908 □□(□)
16.9913 聑□
17.10771 □
17.10772 □
18.11478 □□
18.12082 □
18.12085 □(坂)□

4777 □、□

10.4859 □□
14.8720 □父癸
14.8721 □父癸
14.8974 □册父癸
14.8975 □册父癸

4778 □

10.4858 □□

4779 □

12.7069 刀□

4780 □(會)

3.1240 □(會)
4.1861 □(會)□父丁
10.4883 □(會)□
10.5125 □(會)□從彝
15.9524 □(會)□父丁

4781 □(壴)

4.2317 亞□(壴)

4782 □(豆)

13.7603 □(豆)

4783 □

14.8624 □父辛

4784 □

14.8352 □祖辛

4785 □

6.3176 父丁□

4786 □

3.1233 □

4787 □

6.3036 □

4788 □

6.3033 □

4789 □、□(半)

12.7171 婦嫋□(半)
12.7172 婦嫋□(半)

4790 □、□(分)

4.1941 劦册□辛
10.5380 王賜馭□貝一具

4791 □(扒)

3.1237 □(扒)

4792 □、□、□(規)

3.780 □(規)
4.1767 □(規)乍(作)尊
6.3042 □(規)
12.6900 子□(規)
12.6901 子□(規)
14.8786 亞□(□)□

16.10073 □(規)伯矩乍(作)寶尊彝
18.11768 □(規)
18.11913 □(規)

4793 □

12.6801 □

4794 □(胖)

12.6788 □

4795 □

6.3609 □
7.3865 □□
11.5802 □(及)父辛□雞

4796 □、□(攴)

3.628 □(攴)
3.629 □(攴)
3.745 □(攴)
4.2202 □(攴)
5.2557 □(攴)
6.3350 □(攴)
6.3673 □(攴)
7.3787 □(攴)
7.3802 □(攴)
7.3803 □(攴)
7.3958 □(攴)
7.3959 □(攴)
8.4123 □(攴)
11.6084 □(攴)
12.6803 □(攴)

4797 □(冰攴)

14.8845 □(冰攴)□冊祖辛

4798 □

11.5508 □

4799 □

17.10774 □

4800 □(畎)

6.3365 □(畎)叔乍(作)㚸尊

4801 □

6.3043 己□

4802 □

14.8318 □祖乙

4803 □

6.3118 □□

4804 □、□

13.7755 □
14.8715 □父癸
14.8790 脊丁□

4805 □、□

13.7752 □
13.8270 □竹

4806 □

14.9015 亞帝己父□

4807 □

6.3515 □□乍(作)父己尊彝

4808 □

6.3515 □□乍(作)父己尊彝

4809 □

13.7724 □(止)

4810 □

11.5602 □祖丁

4811 川(二)

12.6387 □(二)又父乙

4812 川(三)

12.6936 □□(三)
12.7303 友(右)敄父癸|□(三)□
15.9799 □(三)子
16.10449 □(三)

4813 □、□(彡)

3.772 □
3.773 □
3.1231 □
3.1232 □
10.4804 □
15.9760 □

4814 □

4.2072 □

4815 □(杚、概)

3.530 伯□乍(作)尊彝

4816 □、□

3.804 □繭
10.5307 □
11.6147 □婦/□婦
12.6426 □乍(作)父癸
12.6450 □小集母乙
12.6927 □□
14.8905 弔父丁□
15.9206 □父乙

4817 □

12.7306 亞□羌旃向乍(作)尊彝

4818 □

12.7033 □戈

4819 □(晀)

6.3663 □(晀)

4820 □(晀)

3.1243 □(晀)

4821 □

17.10785 □(瓦)

4822 □

14.8752 □子妥

4823 屮(眉)

13.8164 □何

4824 □

13.8132 婦□

4825 □

13.8011 □乙

4826 □

13.7829 □亞

4827 □

13.7769 □

4828 □

13.8263 □辛

4829 □

13.7722 〓

4830 〓

10.4863 〓戉

4831 〓

14.8803 宗〓妣

4832 〓、〓

14.8339 〓祖己
14.8340 〓祖己

4833 〓

4.1944 亞 〓 〓 〓 〓(撻)

4834 〓

11.5745 亞父辛〓

4835 〓

11.5509 〓

4836 〓

6.3538 伯丂〓乍(作)寶彝
6.3539 伯丂〓乍(作)寶彝

4837 〓

14.9096 〓〓用尊臬(縮)盟

4838 〓

9.4561 〓侯乍(作)叔姬寺男賸(媵)簠
9.4562 〓侯乍(作)叔姬寺男賸(媵)簠

4839 〓

4.2280 〓乍(作)尊

4840 〓

16.10151 齊大(太)宰歸父〓爲忌釁(沫)盤

4841 〓(賠)

15.9650 〓(賠)𠤱

4842 〓

15.9393 乍(作)公〓斐(鍙)

4843 〓(淄)

14.9061 〓(淄)公乍(作)父戊

4844 〓(呈)

18.11755 耒〓(呈)

4845 〓

14.8988 〓乍(作)〓子

4846 〓

14.8769 〓𠅏保
14.8770 〓𠅏保

4847 〓

14.8341 〓祖庚

4848 〓

14.8837 〓丁祖乙

4849 〓

14.8580 父己〓

4850 〓

15.9583 韓氏〓

4851 〓

13.7745 〓

4852 〓(臣)

12.7055 〓(臣)豨

4853 〓(臣)

11.5664 〓(臣)父壬

4854 〓(掌)

13.8298 〓(掌)父
16.10431 海少〓(掌)睘

4855 〓

13.8302 〓乍(作)

4856 〓

11.5941 〓乍(作)宗尊
15.9428 〓乍(作)宗尊

4857 〓(妊)

11.6285 〓(妊)父己

4858 〓(壽)

16.10167 印〓(壽)山

4859 〓

4.1944 亞 〓 〓 〓 〓(撻)

4860 〓

13.8058 〓辛

4861 〓

7.3935 〓生〓乍(作)寶𣪕

4862 〓

4.1977 〓乍(作)寶鼎

4863 〓

8.4245 余□□〓□□〓□□塱〔仲〕皇母

4864 〓

4.1705 〓乍(作)戊

4865 〓

5.2562 〓金父乍(作)叔姬寶尊鼎

4866 〓

6.3600 〓乍(作)祖丁寶尊彝

4867 〓

16.10167 寶用于〓(新)邑

4868 〓

17.11368 東工師宦、丞耒、工〓

4869 〓

15.9613 今〓伯多人非壺

4870 海

16.10431 海少〓(掌)睘

4871 〓

16.10462 〓〓

4872 〓

1.223-4 春念(稔)歲

4873

4.1975 膺(應) 乍(作)旅

4874

4.2303 襄公上坔(堵)曲昜

4875 (此)

8.4191 (此)夕

4876

4.2064 乍(作)□寶彝

4877

4.2519 考(征延)君季自乍(作)其盂鼎

4878 (雎)

18.11601 蔡侯叔之用

4879 、(扯)

18.11904

18.11911

4880

17.11071 用十戈

4881 (工)

16.10201 匽伯聖乍(作)(工)也(匜)

4882 、(得、工)

8.4206 傳□朕考

18.11986 (得工)仕

4883

8.4288 公族盩入右(佑)師酉

8.4289 公族盩入右(佑)師酉

8.4290 公族盩入右(佑)師酉

8.4291 公族盩入右(佑)師酉

4884

5.2781 伯俗父右(佑)季/季拜䭬首

4885

10.5400 册舟

11.5991 册

4886

17.11305 郾(燕)王詈懮(慢、授)行義(議、儀)自司馬鈹(戟)

18.11543 郾(燕)王戎人乍(作)自率鈦

4887

4.2123 乍(作)父丁寶鼎

4888

4.2124 𢦏日戊乍(作)彝

4889 (猰)

4.2323 (猰)

4890

16.10354 之九

壁泆紆収

4891

18.11548 郡武庫

4892

17.11071 用十戈

4893

17.10877 (?)

4894

17.10877 (?)

4895

18.11717 大攻(工)君(尹)告

4896

17.11384 奠(鄭)倫(令)韓半、司寇長朱、武庫工師恙、冶君(尹)敓(披)敱(造)

4897

17.11283 工師□□、〔冶〕戠(職)

4898

3.718 季乍(作)孟姬窋(庿)女(母)逹鬲

4899

4.1973 乍(作)寶彝

4900 、

4.1972 (淵)乍(作)寶彝

17.11105 子䢅之戟

(戟)

4901

16.10464 孕

4902

4.1715 子脊

4903

3.949 小多

4904

3.738 馬孟辛父

3.739 馬孟辛父

3.740 馬孟辛父

4905

3.641 京姜母乍(作)尊鬲

4906

3.612 〔番〕伯子(孫)自乍(作)寶鬲

3.630 番伯孫自乍(作)寶鬲

4907

1.140 是保

4908

1.140 是保

4909

1.20 其萬年臣天〔子〕

4910

5.2638 㠱侯賜弟𤔲烕(㞢)

4911 [illegible]

5.2632 [illegible]偖生(甥)[illegible][illegible]用吉金
5.2633 [illegible]偖生(甥)[illegible][illegible]用吉金

4912 [illegible]

5.2632 [illegible]偖生(甥)[illegible][illegible]用吉金
5.2633 [illegible]偖生(甥)[illegible][illegible]用吉金

4913 [illegible]

5.2632 [illegible]偖生(甥)[illegible][illegible]用吉金
5.2633 [illegible]偖生(甥)[illegible][illegible]用吉金

4914 [illegible]

5.2621 唯深伯[illegible](挌)[illegible]林乍(作)貞(鼎)

4915 [illegible]

5.2591 [illegible]魯宰兩乍(作)其晅嘉寶鼎

4916 [illegible]、[illegible]

3.934 唯[illegible]用吉金
5.2539 唯[illegible]用吉金
5.2540 唯[illegible]用吉金

4917 [illegible]

4.2497 黄君孟自乍(作)行器[illegible]

4918 [illegible]

4.2481 四分[illegible]

4919 [illegible]

4.2243 僕屖恖[illegible]鉢伍侜

4920 [illegible]

7.3935 [illegible]生[illegible]乍(作)寶毁

4921 [illegible]

4.2194 [illegible]父乍(作)寶食彝

4922 [illegible]

4.2079 [illegible]乍(作)尊寶彝

4923 [illegible]

4.2073 [illegible]律乍(作)匋(寶)器

4924 [illegible]

6.3652 [illegible]

4925 [illegible]

16.10167 辛□□胃□[illegible]□[illegible]

4926 [illegible]

16.10167 辛□□胃□[illegible]□[illegible]

4927 [illegible]

16.10101 仲卂臣[illegible]肈合以金

4928 [illegible]

16.9981 樂大𤔲徒子[illegible]之子引

4929 [illegible]

16.9973 孫子[illegible]永寶/孫子[illegible]永寶

4930 [illegible](兀)

16.9973 我用以皮沓[illegible]/我用以皮沓[illegible]

4931 [illegible]

15.9733 戒□曰[illegible]余台(以)賜女(汝)□

4932 [illegible]

15.9733 [illegible]于梁

4933 [illegible]

15.9450 右使車嗇夫鄰(齊)虘、工[illegible]

4934 [illegible]

12.6501 [illegible]乍(作)父癸寶尊彝

4935 [illegible]

12.6472 耳[illegible]乍(作)禦父辛

4936 [illegible]

11.5981 斅(啜)休于[illegible]季

4937 [illegible]

11.5973 伯[illegible]父賜殺金

4938 [illegible]

11.5834 [illegible]乍(作)父辛尊彝

4939 [illegible]

10.5270 [illegible]

4940 [illegible]

9.4694 冡(重)三桼(率)二夆桼(率)四[illegible]

4941 [illegible]

8.4269 賜女(汝)婦爵、[illegible]之先周(琱)玉、黄[illegible]

4942 [illegible]

8.4245 其遭(躋)孟□[illegible]敃子□塱仲□□

4943 [illegible]

8.4245 [illegible](曾)孫三兒曰：余吕以□之孫

4944 [illegible]

7.4120 率樂[illegible]子曩父

4945 [illegible]

7.4042 易[illegible]曰：趞叔休于小臣貝三朋、臣三家
7.4043 易[illegible]曰：趞叔休于小臣貝三朋、臣三家

4946 [illegible]

6.3238 [illegible]寢出

4947 [illegible]

7.3891 井[illegible]叔安父自乍(作)寶毁

4948 〓

5.2839 贊伯□□□□于明伯、鑑(繼)伯、〓伯

4949 〓

5.2707 莫〓〓

4950 〓(?)

3.454 〓(享?)〓(?)

4951 〓

3.454 〓(享?)〓(?)

4952 〓

2.425 次〓升稍

4953 〓、〓(匀)

1.142 卑(俾)〓(匀)彶(赴)好

18.11558 相邦春平侯、邦左庫工師長瞿(鳳)、冶〓(匀)敎(撻)齋(劑)

4954 〓

1.142 齊鞷(鮑)氏孫〓擇其吉金

4955 〓

17.11080 〓子之艁(造)戈

4956 〓(僕)

17.11355 肖(趙)命(令)甘(邯)丹(鄲)〓(僕)、右庫工師翌(翊)綁(紹)、冶倉散(造)(?)

4957 〓

17.11364 宗子攻(工)正明我、左工師〓許、馬重(童)丹所爲

4958 〓

17.11327 格氏命(令)韓貴、工師亘公、冶〓

4959 〓

18.11592 高陽右〓徒

4960 〓

5.2815 王乎內史〓册賜趩;玄衣屯(純)黹、赤芾、朱黄(衡)、緣(鑾)旂、攸(鋚)勒

4961 〓

9.4475 〓之行簠

4962 〓

16.10354 〓〓〓之九壁狀〓紆収

4963 〓

16.10354 〓〓〓之九壁狀〓紆収

4964 〓

18.11710 相邦春平侯、左伐器脟工師析論、冶〓敎(撻)齋(劑)

4965 〓(躲)

16.10385 司馬成公胡(影)〓(躲)事

4966 〓

17.11038 陳子〓〓

4967 〓

17.11047 旟乍(作)〓戈

4968 〓

16.10237 袓仲〓乍(作)寶匜

4969 〓

16.10333 右使車嗇夫鄰(齊)痤、工〓

4970 〓

17.11393 〓笙于缶

4971 〓

18.11997 郘(卿)公〓〓之矢

4972 〓(喬豫?)

17.11124 辜(淳)于公之〓艁(造)

17.11125 辜(淳)于公之〓艁(造)

《金文編》《引得》收字對照表

説　明

1. 前列《金文編》的字號、頁碼，後書《引得》的字號。
2. 《金文編》一字號内收有數個單字者，分别按順序列出《引得》的字號。
3. 《金文編》中少數字未見于《引得》者，前列《金文編》字號，頁碼，後附以簡要説明。

0001·1	4495
0002·1	0194
0003·3	0132
0004·5	4243
0005·5	2941
0006·5	4496
0007·5	4271、4275、0968
0008·6	4272
0009·7	4273
0010·7	4270
0011·8	2964
0012·8	1811
0013·8	4451
0014·8	2967
0015·8	2976、2972、1962
0016·10	2961
0017·10	2960、4599
0018·10	2984、4621
0019·11	2975、1953、3235
0020·11	2970、2965
0021·11	2952、0251
0022·12	2609、2962
0023·13	2951、2972
0024·13	2963
0025·13	2955
0026·13	1483
0027·13	2959、2958
0028·14	2956、2873
0029·16	2983
0030·16	2954
0031·16	2977
0032·16	2957
0033·17	2953
0034·17	2969
0035·17	2971
0036·17	2985
0037·17	4499
0038·18	2918
0039·21	2919
0040·24	2368
0041·24	3319
0042·24	2382
0043·24	2394
0044·25	2393、1561
0045·25	2390、2618
0046·25	2391、1336
0047·25	2381、1455
0048·26	2370
0049·26	2926、1421
0050·26	2372
0051·26	2374
0052·26	2383
0053·26	2769
0054·27	3019
0055·27	2920、3254
0056·28	2921
0057·28	4290、0011
0058·30	4292
0059·31	3889
0060·31	3892
0061·32	3893
0062·33	3895
0063·33	2199
0064·33	4470
0065·33	3972、3998
0066·33	3957
0067·34	4140
0068·34	3966、1627
0069·34	3910
0070·34	3904
0071·34	3946
0072·35	3905
0073·35	3921、2755
0074·35	4029
0075·35	2589
0076·36	4280、3902
0077·36	3935
0078·36	3914
0079·36	3916
0080·36	3961、1388、3489
0081·37	4084
0082·37	3967、1722、1738
0083·38	3903

0084·38	3936
0085·38	3907
0086·38	1379、0575
0087·39	3951
0088·39	3898
0089·39	3970
0090·39	3948
0091·39	3958
0092·39	3933
0093·40	1951
0094·40	3906
0095·40	3956
0096·40	3964
0097·40	3923、3901
0098·41	2192
0099·41	3930、0869
0100·41	3943
0101·41	3947
0102·42	3949
0103·43	4265
0104·46	4266
0105·46	4505
0106·47	4507
0107·47	4510
0108·47	4515
0109·48	4274
0110·49	4514、4511
0111·49	4506
0112·51	4509
0113·51	4513
0114·53	3721
0115·53	3722、3472
0116·54	3723
0117·54	1834
0118·54	3558
0119·54	3562、3539
0120·55	3567、3584
0121·55	3564
0122·55	3561、3574
0123·55	2612
0124·55	3565
0125·55	3566
0126·56	3575
0127·56	1445
0128·57	1428
0129·57	4350
0130·57	1440
0131·57	1446
0132·57	1469、2334、1287、3907
0133·58	1444
0134·59	1454、0726、0467
0135·61	1432
0136·62	1470
0137·62	1475
0138·64	1448
0139·64	1463、2847
0140·64	1433、4596
0141·65	1485
0142·66	1430、0604
0143·67	1483
0144·68	1436
0145·70	1455
0146·72	1474
0147·72	1490
0148·72	3249
0149·73	1437
0150·73	1438、1165、1008
0151·74	1462
0152·74	2386
0153·74	1450
0154·75	1477
0155·75	0566
0156·75	1785
0157·75	1451
0158·75	1461
0159·75	2739
0160·76	1472
0161·76	1479
0162·76	1801、0774、0782
0163·76	1508
0164·76	1512、2084
0165·77	1507、1513
0166·78	1505、1506、4484
0167·78	1701
0168·78	1278
0169·79	1703
0170·79	4253、1034
0171·79	0999
0172·80	1015
0173·80	2695、3418
0174·81	1016
0175·81	1037
0176·81	1137
0177·81	1017
0178·81	1032
0179·81	1009、1583
0180·82	1018
0181·82	1036
0182·82	1014
0183·82	1007、0977、1068
0184·83	1010
0185·83	1028
0186·83	1000
0187·83	1027
0188·84	1025
0189·84	0963
0190·84	0980
0191·84	0978
0192·84	2069
0193·85	0981
0194·85	1230、3202、3389、0894
0195·86	0989
0196·87	0990
0197·88	4264
0198·88	0987
0199·90	0988
0200·90	4257
0201·91	1061
0202·91	1120
0203·92	1122
0204·92	1001、3253
0205·93	1053、1164
0206·94	1483
0207·94	1102
0208·94	1085
0209·94	1072
0210·95	1103
0211·95	1555
0212·95	1071
0213·96	1058
0214·96	1087
0215·96	1101
0216·96	1091
0217·96	1064、1484
0218·97	1117、3725
0219·97	1108
0220·98	1184
0221·98	1079
0222·98	1001
0223·98	1051
0224·98	1134、1561
0225·99	1067
0226·99	1112、1029、1140
0227·100	1146
0228·100	1113
0229·100	1128
0230·101	1098
0231·101	1096

0232・101	1077
0233・101	1129
0234・102	1057、4511
0235・102	1069
0236・102	1062
0237・103	1073
0238・104	1043
0239・104	1082
0240・104	1110
0241・104	器未收
0242・104	1086
0243・104	1142
0244・105	1099、1092、0672
0245・105	1131
0246・106	1136
0247・106	1041
0248・106	1050
0249・106	1047
0250・106	1048
0251・107	0047
0252・107	1072、3022
0253・107	1078
0254・107	1074
0255・108	1090、1947
0256・108	1089
0257・108	1094
0258・108	1111
0259・108	1177
0260・109	1115、1172、4239
0261・109	1133
0262・109	1119
0263・109	1124
0264・110	1143
0265・110	1190、1405
0266・111	1177、0553
0267・112	1238、4363
0268・112	2460
0269・112	3440
0270・112	1169
0271・112	1065
0272・112	1166
0273・113	1181
0274・113	1171
0275・114	1173、0478、3547、3549
0276・116	1156
0277・116	1159
0278・116	1055、4614、1056
0279・116	1572
0280・117	1185
0281・117	1176
0282・117	1194
0283・117	1065
0284・117	1186
0285・117	1188
0286・118	1191
0287・118	1212
0288・119	1168、1213
0289・119	1158、1055
0290・120	1158
0291・120	1201
0292・121	1208
0293・122	1204
0294・122	1205
0295・122	3856
0296・122	3860
0297・123	0991
0298・123	1135
0299・123	0992
0300・124	0993
0301・124	0413
0302・124	1517
0303・124	1518
0304・124	4484、4480
0305・124	3979、4000、1338
0306・125	4223
0307・126	4481
0308・126	2937
0309・128	2938
0310・128	1526
0311・128	2572
0312・129	1515
0313・129	1513
0314・130	2820
0315・130	1063
0316・130	4493
0317・132	2592
0318・132	2592
0319・133	4259、4403
0320・133	0626
0321・133	4519
0322・135	4523
0323・135	4525
0324・136	4520
0325・136	4521
0326・137	0966、4029、4131、0597、0439
0327・138	4522
0328・138	1243
0329・138	1284
0330・138	1591
0331・138	1294
0332・139	1250
0333・139	3908
0334・139	3844、3843
0335・139	2627
0336・139	1396
0337・140	1282、3893
0338・140	1274
0339・140	1370
0340・140	4473
0341・141	2673
0342・141	1248
0343・141	1307
0344・141	1280
0345・142	1301
0346・142	1287、3907
0347・142	1286
0348・142	1299
0349・143	1322
0350・143	1255
0351・143	1303
0352・143	1453
0353・143	4350
0354・143	1267
0355・144	1314
0356・145	1262
0357・145	1295、4636
0358・146	1158
0359・146	1295、2542
0360・146	1269
0361・147	1249
0362・147	1265
0363・147	1276
0364・147	1321、4565
0365・148	1288
0366・148	1331、1475、0061
0367・148	1325
0368・148	2689
0369・148	1257
0370・148	1260
0371・149	2197
0372・149	1254
0373・149	1268
0374・149	1339
0375・149	1277
0376・149	1281
0377・150	1279

0378・150	1339
0379・150	1331
0380・150	1297
0381・150	1309
0382・150	1312
0383・151	銘文僞刻
0384・151	1315
0385・151	1326
0386・151	1318
0387・151	1323
0388・151	1333
0389・152	1334、1320
0390・153	1335
0391・153	1336
0392・154	1340
0393・154	4561、0446
0394・155	4560
0395・155	4452、4254
0396・155	4453、0941、2366
0397・158	0093、2049
0398・158	0846
0399・158	0856、0880
0400・159	0876
0401・160	2603
0402・160	0855、0942
0403・160	2647
0404・160	0857
0405・160	0877、3693
0406・162	0865
0407・162	0889
0408・163	0854
0409・163	0868
0410・163	0864
0411・163	3246
0412・163	2208
0413・164	0898
0414・164	0870
0415・164	0898
0416・164	0846、0845、2394
0417・165	0877
0418・165	0251、0249
0419・166	0928、1493
0420・166	0929、2207
0421・166	4209
0422・167	0907、2547
0423・167	4488
0424・167	0904、1598、1133
0425・168	0909
0426・168	2439
0427・168	2450
0428・169	0935
0429・169	2445
0430・169	2449、2414
0431・169	2440、2439
0432・170	2447、0922、0056
0433・170	2446、2774
0434・170	1664、2395、1695、1666
0435・173	1803
0436・173	1820、3621
0437・173	1669、0867
0438・174	0833
0439・174	0834、0918
0440・174	0840、3696
0441・177	0841
0442・177	3775
0443・177	0933
0444・177	0947、3601
0445・178	0334
0446・178	0952、1640
0447・179	0935
0448・179	0939
0449・180	0937
0450・180	0829
0451・180	0953
0452・180	0604
0453・182	0608
0454・186	0645
0455・186	0635、0338
0456・186	0614、1587
0457・187	0640、3678
0458・188	0639
0459・189	0609、1163、0795
0460・190	0623
0461・190	0611
0462・190	0610
0463・191	4163、2234
0464・191	0622、0921
0465・192	0626
0466・192	0612、0625
0467・194	0633
0468・194	2974
0469・194	4282、4283
0470・195	4284
0471・195	2939、0047
0472・198	2941
0473・200	4459
0474・200	4456、4457
0475・201	4458
0476・201	4459、0614
0477・202	4460、2627
0478・202	4467
0479・202	4462、4463
0480・203	4466
0481・203	4468
0482・203	4464
0483・204	2928
0484・204	2927
0485・205	2932、2652、0749
0486・205	2934
0487・206	2929
0488・206	2931、2930
0489・206	2935
0490・206	0793
0491・206	0811
0492・206	0803
0493・207	0797
0494・207	0812
0495・207	4152
0496・207	0798
0497・207	0810
0498・207	3961
0499・208	3735
0500・208	0666
0501・208	0670、2196
0502・209	0668、2781
0503・209	2460
0504・209	0712
0505・210	0637
0506・210	2676、2746
0507・211	0709、3893
0508・211	0693
0509・212	0691
0510・212	0753
0511・212	0701、2735
0512・213	0696、4259、2869
0513・213	0694
0514・213	0668
0515・214	0680、2820
0516・214	0705
0517・214	1337
0518・214	0689、1083
0519・215	0717
0520・215	1533
0521・215	0757
0522・215	0874
0523・215	3391
0524・216	1483

0525・216	0715
0526・216	0714
0527・217	0761、1556
0528・217	0721
0529・217	0679
0530・218	0054
0531・218	0772、2139
0532・219	0708
0533・219	0711
0534・219	0740
0535・219	1821
0536・219	0678、2922
0537・220	4491、2355
0538・220	0707、1446
0539・221	0677
0540・221	0686
0541・221	2705
0542・221	1606
0543・222	0702
0544・222	0803
0545・222	0755
0546・222	0729
0547・222	0725
0548・222	0751
0549・223	0737
0550・223	0748
0551・223	3395
0552・223	0759
0553・223	3850
0554・223	0767
0555・224	3344
0556・224	0770
0557・224	0779
0558・224	0713、0688
0559・224	0776、4585
0560・225	2989
0561・225	2990
0562・225	2991
0563・225	2610、4439、2259
0564・230	2611
0565・230	2613
0566・231	2612
0567・231	4338
0568・231	4340
0569・232	4339
0570・233	1576
0571・233	1546
0572・233	1554
0573・233	1548
0574・234	1561、3878
0575・234	1555
0576・235	1577
0577・235	1547
0578・235	1551
0579・235	1564、1605、1553
0580・236	1552
0581・236	1563
0582・236	0747
0583・237	1575
0584・237	3877、4489
0585・242	1572
0586・242	1550
0587・243	1541
0588・244	1543
0589・244	1541
0590・245	2626
0591・245	2629
0592・247	2627
0593・248	2628
0594・249	2624
0595・250	3880
0596・250	3883
0597・251	3881
0598・251	3831
0599・255	0632
0600・256	3754
0601・256	1622
0602・257	3834、0814、3136、3095
0603・258	3767
0604・258	3737
0605・258	0807
0606・258	3833
0607・259	3757
0608・259	3848
0609・259	3849
0610・259	3850
0611・259	3731
0612・259	3732
0613・260	3733
0614・260	3730、3999、4096
0615・261	3571、2967
0616・262	3576
0617・262	3577
0618・262	3582
0619・262	3573
0620・263	3572
0621・263	3578
0622・263	3581
0623・263	3842
0624・263	3845
0625・264	3847
0626・264	3734
0627・264	3322
0628・264	3764
0629・264	3740
0630・265	3843
0631・265	3748
0632・265	3686
0633・265	3851、3853
0634・266	3852
00635・266	3854
0636・266	2833、0740
0637・267	2834
0638・267	2840
0639・267	2837
0640・267	2839
0641・268	2582
0642・269	2585、2586、2583
0643・269	2589
0644・270	2585、3531
0645・270	2590
0646・270	2588
0647・271	2593、1791、3927
0648・272	2594
0649・272	2595
0650・272	2582
0651・273	2589
0652・273	4378
0653・273	0685
0654・273	1233、0754
0655・273	0921
0656・273	2569、1516
0657・274	0919、2839、1482
0658・274	0918
0659・276	0784
0660・279	2576
0661・279	0599
0662・279	0601、0513
0663・280	4007
0664・280	1368
0665・280	0602
0666・281	3948
0667・281	0384
0668・281	1617
0669・281	1600
0670・282	1591
0671・282	1622
0672・282	1595

0673・282	1608
0674・282	1583
0675・283	1593
0676・283	1620、1333
0677・283	1585
0678・283	1606、4121
0679・284	1875
0680・284	1594
0681・284	1603
0682・284	1624
0683・284	2758
0684・285	2756
0685・288	2763
0686・289	2768、3193
0687・289	2786
0688・289	2778、1894
0689・290	2760
0690・290	2764
0691・290	2783
0692・290	2775
0693・291	3275
0694・291	2767
0695・291	2771
0696・291	2608
0697・291	2798、2799
0698・291	2291、4472
0699・292	2754
0700・292	4294
0701・292	4211
0702・292	3862
0703・292	3867
0704・293	1209
0705・293	3864
0706・293	1699
0707・295	4122
0708・295	4450
0709・295	4133
0710・296	4142
0711・296	4138
0712・296	4157
0713・296	4140、3494、4159、4054
0714・296	4152、2082、1934
0715・301	4134、2611、4406
0716・302	4153
0717・302	4128
0718・302	2612
0719・303	4156
0720・303	4127
0721・303	4149
0722・303	4154
0723・303	4143、4144、0945
0724・308	2599
0725・308	2601
0726・309	2602、0861
0727・309	2605、3160
0728・310	4282、1245
0729・311	4283、2415、3611
0730・311	2922
0731・312	2924、2923、0250
0732・313	1893
0733・313	2925
0734・313	1527、3339
0735・314	3604
0736・314	1525
0737・314	4048
0738・314	1473
0739・314	1519
0740・316	1520
0741・316	1523、0431
0742・317	1522
0743・317	4261
0744・318	4262
0745・319	1705
0746・319	4344
0747・320	4345、1476
0748・320	4347
0749・320	4348
0750・321	1434
0751・321	4349
0752・322	4350
0753・323	4352
0754・325	3007
0755・326	4353
0756・326	1662
0757・326	1663
0758・327	1829
0759・328	1824、1821
0760・328	1825
0761・328	1826、1827
0762・328	1828、4213
0763・329	1821、1824
0764・330	1810
0765・330	3202
0766・330	1811、1814
0767・331	1814
0768・332	3679
0769・332	3677
0770・333	3678
0771・333	3674
0772・334	3684、3685
0773・334	3661、3092
0774・335	3663
0775・335	3670
0776・335	3668
0777・336	3092、3673
0778・337	3662
0779・337	1535
0780・337	3669
0781・337	3671
0782・337	2362
0783・337	1710
0784・338	1712
0785・338	2233
0786・339	1725、4543
0787・339	1759、1690
0788・340	1748
0789・340	1714
0790・341	1716
0791・341	1749、0205
0792・343	1720、1448
0793・344	1740
0794・345	1742
0795・345	1715、3412
0796・345	1746、1381
0797・345	1719
0798・345	1729
0799・346	1712
0800・346	1733
0801・346	1734
0802・346	1751
0803・346	1747
0804・347	1024
0805・347	1760
0806・347	1757
0807・347	1728
0808・347	1764
0809・347	1752
0810・348	1235
0811・348	4452
0812・348	1781
0813・348	1783
0814・348	1722
0815・349	4285
0816・349	2615
0817・349	2616
0818・349	2639
0819・350	2640
0820・350	3178
0821・351	2755、3275

0822・352	3921
0823・352	3179
0824・352	3180
0825・352	3182
0826・352	4152
0827・352	1691
0828・352	1693
0829・355	4358
0830・355	1707
0831・356	1709
0832・356	1698
0833・356	1708
0834・356	1631
0835・357	1653、1646
0836・358	1656
0837・358	1645
0838・358	1829
0839・358	0699、0686
0840・359	1637
0841・359	1632、1633
0842・360	0460
0843・361	1648
0844・361	0502
0845・361	1525
0846・361	1652
0847・361	4360
0848・361	1635
0849・362	1643
0850・362	1642
0851・362	1647
0852・362	1657
0853・362	4470
0854・363	4472
0855・363	4473
0856・363	4469、1447
0857・364	4474
0858・364	4475、1124、2288
0859・365	4235
0860・365	4279
0861・366	4280
0862・367	1802
0863・368	0546
0864・368	1804、3002
0865・368	1808、3014
0866・369	1805
0867・369	2734、4590
0868・369	2740
0869・370	2738
0870・373	2628
0871・373	2736
0872・373	2735
0873・373	2630
0874・374	2140
0875・374	2142
0876・374	4361
0877・375	4363
0878・375	4362
0879・375	3323
0880・376	2133、2137
0881・377	0560
0882・377	2135、3934
0883・380	2139
0884・380	2152
0885・380	2147、2938、2148、2094
0886・381	2976
0887・381	4428、1460
0888・382	4229、4228、0764
0889・382	4227
0890・382	4516
0891・383	4232
0892・383	4234
0893・383	4164、1172
0894・384	4492
0895・384	4167
0896・384	1177
0897・384	1224、0203
0898・384	1226
0899・385	1227、1126
0900・385	2451
0901・385	2457
0902・385	2453
0903・385	2456
0904・386	4454
0905・386	1216
0906・387	1253
0907・387	1228
0908・389	4001
0909・389	4072
0910・389	4013
0911・390	4039
0912・390	4016
0913・390	4065
0914・390	4011
0915・390	4033
0916・391	4092
0917・391	4071
0918・391	4034
0919・391	1314
0920・391	4009
0921・392	4095
0922・392	4005、4393、2546
0923・393	4043
0924・393	4024
0925・393	4030
0926・393	4002
0927・394	4004、2006
0928・394	4003
0929・395	4028
0930・395	4026、4099
0931・395	4055
0932・395	4083
0933・395	4015
0934・395	4050、1438
0935・396	未收器
0936・396	4155
0937・396	4074
0938・396	4063
0939・396	4054
0940・396	4091
0941・397	2922、4001
0942・397	4077
0943・397	1754、2422、0387
0944・398	1807、3009
0945・398	3936
0946・398	4093
0947・398	4084、3150、3236
0948・399	4052、3504
0949・399	4020
0950・400	4026、3982
0951・400	4029、3900、2988
0952・400	4006
0953・402	4042
0954・402	4076
0955・402	4017
0956・402	4041
0957・403	4001
0958・403	4062
0959・403	4061
0960・403	4068
0961・403	4073
0962・403	4070、4102
0963・404	4193
0964・405	4194
0965・405	4107、4113
0966・405	4254
0967・408	4111
0968・410	4110
0969・410	4117

0970・410	1480
0971・410	4231、
	2256、
	2788、0775
0972・411	4260
0973・413	3908
0974・414	1237
0975・417	1238
0976・417	2942
0977・418	2942
0978・419	1232
0979・420	4205
0980・421	4206
0981・422	4207
0982・422	0395
0983・422	4184
0984・423	4189
0985・423	4191
0986・423	4190
0987・425	4195
0988・425	4198
0989・425	4397
0990・425	4418、1418
0991・426	4409、2650
0992・426	4404
0993・426	4406、4417
0994・426	4391
0995・427	4402
0996・427	4412
0997・427	4413
0998・427	4398
0999・427	4390
1000・428	2312
1001・429	2349、4581
1002・429	2323
1003・429	2332
1004・430	2316
1005・430	2356、
	2428、
	0101、
	0324、
	3292、0820
1006・431	2341、1930
1007・432	2340、1564
1008・432	3827
1009・432	2327、
	1365、2342
1010・433	2328、1596
1011・433	2335
1012・434	2325
1013・434	2344
1014・435	2731
1015・435	2321
1016・435	2341、4493
1017・436	2326
1018・436	2343
1019・437	2331
1020・437	2344
1021・437	2317
1022・437	2345
1023・437	2320
1024・437	2507
1025・438	2332
1026・438	2339
1027・438	2347、2137
1028・438	2314
1029・441	3405
1030・442	3416
1031・443	3445、3434
1032・444	4227
1033・444	1814
1034・444	2605、3327
1035・444	3458
1036・444	3500
1037・444	3178
1038・445	3478
1039・445	3480、1753
1040・445	3448、4325
1041・445	3465
1042・446	3481、1230
1043・446	3485
1044・446	3435、3463
1045・446	3490、1507
1046・446	3789、3424
1047・447	3323
1048・447	3415
1049・447	3434
1050・447	3410
1051・447	4475
1052・447	3440
1053・448	3427、0666
1054・448	0622
1055・448	4243
1056・448	3409
1057・449	3244
1058・449	4515、0580
1059・449	3420
1060・449	3446
1061・449	3419、2847
1062・449	2138
1063・450	3438
1064・450	3473
1065・450	3414
1066・450	3413
1067・450	3426
1068・450	器未收
1069・451	3444、2522
1070・451	3475
1071・451	3449
1072・451	3447
1073・451	3455
1074・452	3467
1075・452	3466
1076・452	3495、2531
1077・452	0669
1078・452	3501
1079・452	3488
1080・453	3486
1081・453	3307
1082・455	4646
1083・456	4661
1084・456	4649
1085・456	4664
1086・456	4670
1087・457	4651
1088・457	1535
1089・457	4658
1090・458	4662
1091・458	4657
1092・458	4656
1093・459	4655
1094・459	4663
1095・459	1444
1096・459	4668
1097・459	4647
1098・460	2900
1099・460	2901、3084
1100・461	2850
1101・461	2862、
	2850、2861
1102・462	1124
1103・463	2889
1104・463	2855、
	1175、
	2861、
	2900、
	2899、3111
1105・464	2866
1106・464	2863、3869
1107・464	1095、1073
1108・464	2861、
	2892、2902
1109・470	2865
1110・471	2864
1111・471	2870
1112・471	2898

1113・471	2878	1151・495	1682、3510		1911、4413	1218・532	1873
1114・471	2860	1152・495	1683、	1188・513	1978	1219・532	1863
1115・471	2884		1732、3032	1189・513	1919	1220・533	1866
1116・472	2896、2888	1153・495	1686	1190・514	4440	1221・534	1858
1117・472	2890	1154・495	1686	1191・514	1952	1222・534	1860
1118・472	2895	1155・497	0567、	1192・514	4348	1223・534	1865
1119・472	4682		2460、4424	1193・514	1871	1224・535	1872
1120・472	4683	1156・498	4451	1194・515	1855、2056	1225・535	1868
1121・473	4633	1157・499	3979	1195・515	1900	1226・535	1867
1122・476	4635	1158・500	4234、4232	1196・516	1959、	1227・535	1882
1123・477	4634、1588	1159・500	3999		0512、	1228・535	1855
1124・477	4638	1160・500	3996		1964、1969	1229・535	1072
1125・478	4636	1161・501	2979	1197・516	1917	1230・536	0629
1126・479	1601	1162・501	3993、2896	1198・516	1941	1231・536	1869
1127・479	4255、0004	1163・501	3011	1199・516	1888	1232・536	1892
1128・480	4342	1164・501	3980、0001	1200・516	1973、	1233・536	1895
1129・481	4341	1165・506	3998		1885、	1234・537	器未收
1130・481	4343	1166・506	3986		0546、	1235・537	1905
1131・482	4640、3201	1167・507	3984		1961、	1236・537	1726
1132・482	4643	1168・507	3988		1979、	1237・537	4238
1133・483	4644	1169・507	3987		1985、2352	1238・537	1928
1134・483	4641	1170・507	3991	1201・525	1906	1239・537	1960
1135・484	4642	1171・508	銘文僞刻	1202・525	1898	1240・538	1946
1136・485	4267	1172・508	4174、4052	1203・526	1853、	1241・538	1935
1137・486	4268	1173・508	4180		1854、1999	1242・538	1938
1138・486	4441	1174・508	4177	1204・527	1976	1243・538	1981
1139・486	4439、1499	1175・508	1848	1205・527	1879	1244・538	1954
1140・487	4188	1176・509	4365	1206・527	1875	1245・538	1921
1141・487	1705	1177・509	3859	1207・528	1890	1246・539	1948
1142・487	0585	1178・509	4121	1208・528	1908、1967	1247・539	1983
1143・488	4185	1179・509	4236	1209・528	1933、0332	1248・539	1987
1144・489	4186	1180・509	4237、2272	1210・529	2335	1249・539	1965
1145・489	4120	1181・509	4183	1211・529	1937	1250・539	1876
1146・489	1678、	1182・510	1889	1212・530	1887	1251・540	4005
	0910、2991	1183・511	1852、0079	1213・530	1910	1252・540	4381、
1147・494	1679	1184・511	1877、1949	1214・531	1922		2259、3503
1148・494	4359	1185・513	1883	1215・531	1894、0950	1253・541	2016
1149・494	1680	1186・513	1856	1216・531	4203	1254・541	2003
1150・495	1681、1833	1187・513	1859、	1217・532	1909、1901	1255・541	1950

1256・542	2001	1295・550	3728	1334・564	4251、0695	1370・578	1153
1257・542	1904、2018	1296・550	0379	1335・565	0067	1371・578	1839
1258・542	1237	1297・550	2500、0683	1336・565	0099	1372・579	0569
1259・542	2000	1298・551	2455	1337・565	2341	1373・579	0571
1260・542	2004	1299・551	2506、2507	1338・565	2699	1374・579	3533
1261・543	2002	1300・552	2622	1339・565	0026、	1375・580	0012
1262・543	2009	1301・552	2623		2938、1355	1376・580	0081
1263・543	2012	1302・553	0027、4344	1340・566	0056	1377・580	4566
1264・543	2015	1303・553	0027、4530	1341・566	0019、2331	1378・581	4563、
1265・543	1862	1304・553	2495	1342・566	0064		1532、4252
1266・543	2164	1305・554	2497	1343・567	4284	1379・582	0588
1267・544	2200	1306・554	2495	1344・567	1396	1380・582	0589
1268・544	2201	1307・554	2498	1345・567	0047、2941	1381・582	0387
1269・544	2159	1308・555	0001	1346・567	0092、1107	1382・583	0388
1270・544	2167	1309・556	0060	1347・567	0060	1383・583	0382
1271・544	2154	1310・559	0002	1348・567	0045、	1384・583	0385、1931
1272・544	2162	1311・559	0007		0324、0046	1385・584	2464
1273・545	2165	1312・559	0048	1349・568	0040	1386・585	2469、1462
1274・545	2167	1313・559	2622	1350・568	0034	1387・585	2477、3506
1275・545	2169	1314・559	0011	1351・568	0024	1388・586	2481
1276・545	2187	1315・560	0018	1352・568	0010	1389・586	2494
1277・545	1443	1316・560	4579	1353・569	0843	1390・586	2488
1278・546	4424	1317・560	0019	1354・569	0004、0005	1391・587	2476
1279・546	4423	1318・560	1512	1355・573	0468、0030	1392・587	2489
1280・547	4449	1319・560	0075	1356・574	0053	1393・587	1508
1281・547	4449	1320・561	0733、1416	1357・574	0020	1394・587	2484
1282・547	4450	1321・561	2590	1358・574	2436	1395・587	2480
1283・547	4502	1322・562	0432	1359・574	0074	1396・587	2466
1284・548	2824	1323・562	0086	1360・574	0077	1397・588	2473
1285・548	2822	1324・562	0435	1361・575	0461	1398・588	2882
1286・548	2827	1325・562	2335	1362・575	0091	1399・588	2492
1287・548	4447	1326・562	0098	1363・575	0100	1400・588	2493
1288・548	2499	1327・563	0865	1364・575	1843	1401・588	2462、2463
1289・548	2503	1328・563	0068	1365・575	1842	1402・589	0531
1290・549	4274	1329・563	2470	1366・575	1838	1403・589	0534
1291・549	2458、1490	1330・563	0084	1367・576	1840	1404・590	0533、2592
1292・549	2505	1331・563	0006	1368・576	1151、2606	1405・590	0537
1293・549	0378	1332・564	0085、2838	1369・576	1152、	1406・595	0535、
1294・550	2501	1333・564	1182		1149、1151		4344、4646

1407・600	0532、4200
1408・602	3869
1409・602	3872
1410・602	0449
1411・603	0455
1412・603	0065
1413・604	0459、1113
1414・604	0848
1415・604	1584
1416・605	0456
1417・605	0457
1418・605	2025
1419・605	0457
1420・605	4382
1421・605	3875
1422・606	2420
1423・606	2425
1424・606	2427
1425・607	4300
1426・607	2428、0889、0551、1737、1744、2433、2429
1427・611	2422、2076
1428・612	2424
1429・613	2431
1430・613	2432
1431・613	4387、4021
1432・614	0194
1433・614	0524
1434・614	0521
1435・615	0523
1436・615	0526、0527
1437・616	0529
1438・616	2375
1439・617	0528
1440・617	0431
1441・617	0433、1167
1442・618	0507
1443・619	0508
1444・619	0517、3732
1445・619	0512、1964
1446・619	3319
1447・620	0516
1448・620	0839
1449・620	0509
1450・620	0511
1451・621	0520
1452・621	0514
1453・621	0513
1454・621	2224
1455・621	0401
1456・621	1265
1457・622	0398
1458・622	0410
1459・622	0400
1460・622	0403
1461・622	0405
1462・622	0414
1463・623	0415
1464・623	1638、0549、0062
1465・624	2136
1466・625	0202
1467・625	0216
1468・625	0225
1469・625	0207
1470・626	0234
1471・626	0222、0228
1472・626	0215
1473・626	0210
1474・627	0218
1475・627	0208
1476・627	0231
1477・627	0206、1350
1478・628	2385
1479・628	0213
1480・628	0236
1481・629	0220
1482・629	0214
1483・630	0198
1484・630	0197
1485・632	0211、0197
1486・634	0199
1487・634	0205
1488・635	4301
1489・635	0389
1490・638	0391
1491・638	0381
1492・638	0390
1493・639	0394
1494・639	0396
1495・639	0395
1496・639	0201
1497・639	2947
1498・640	2945
1499・641	4237
1500・641	0467
1501・643	0468
1502・644	4508
1503・644	0471
1504・644	0472
1505・644	1173
1506・644	0473
1507・645	0476
1508・645	0083
1509・645	3473
1510・645	0960
1511・645	0502
1512・648	0499
1513・648	0500
1514・648	4554
1515・649	0549
1516・649	0545
1517・650	0539
1518・650	0544
1519・650	0547
1520・650	0552
1521・650	0553
1522・651	0550
1523・651	0543、4113
1524・651	2531
1525・652	0733、1478
1526・652	0733、0682
1527・653	2992、2660
1528・653	2993
1529・653	2994
1530・654	2995
1531・654	2997
1532・654	2999
1533・654	3725
1534・655	2998
1535・655	3515
1536・655	3519
1537・656	1903
1538・656	3517
1539・656	3520
1540・656	3312
1541・656	3521
1542・656	2026
1543・657	1748
1544・657	1212
1545・657	2032
1546・657	2082
1547・658	2045
1548・658	3212
1549・659	2042
1550・659	2047、2036
1551・659	2021
1552・660	2022
1553・660	2030
1554・660	2039
1555・660	2053
1556・660	2041

1557・661	2046
1558・661	2055
1559・661	2084
1560・662	2089、3513
1561・662	2069
1562・662	4259
1563・662	2027
1564・662	3604
1565・663	2058
1566・663	2025
1567・663	2066
1568・663	2065
1569・663	0631
1570・664	2070
1571・664	2078
1572・664	2073
1573・664	2085
1574・664	2091
1575・664	3510
1576・665	0586、0587
1577・665	2240、4464
1578・665	4247
1579・666	4248、2880
1580・667	2841
1581・668	1581
1582・668	3623、4514
1583・668	3633
1584・668	3640
1585・669	3680
1586・669	3630
1587・669	3650、1801
1588・669	3631
1589・669	3629、1550
1590・669	3688、3712
1591・670	3692
1592・670	3613
1593・670	3690
1594・670	2340
1595・673	4680
1596・673	3695
1597・675	3538
1598・677	3544
1599・677	3545
1600・677	0560
1601・678	3547
1602・678	3542
1603・678	3556
1604・678	3539
1605・678	3557
1606・678	3552
1607・679	3553
1608・679	3549
1609・679	3713
1610・679	3968
1611・679	3157
1612・680	3699
1613・680	3706
1614・680	3226
1615・680	3708
1616・681	3700
1617・681	3711
1618・681	3655
1619・681	3655
1620・681	3658、3188
1621・682	3185、3657
1622・682	1097
1623・683	3589
1624・683	3620
1625・683	0632
1626・683	3621
1627・685	3593
1628・685	3609、3610
1629・685	4183
1630・685	4524
1631・685	3592
1632・686	0556
1633・686	3594
1634・686	3602
1635・686	3603
1636・686	3637
1637・686	3605
1638・687	3606
1639・687	3613
1640・687	3615
1641・687	3617
1642・687	3614
1643・687	3612
1644・688	3660、3884
1645・688	3237、0781
1646・688	3232
1647・689	3240
1648・689	3202
1649・689	3203
1650・689	3227
1651・689	3215
1652・689	3219
1653・690	3211
1654・690	3250
1655・691	0577
1656・691	3208
1657・691	3214
1658・691	3220
1659・691	3244
1660・691	0645
1661・692	3248
1662・692	2632
1663・692	1379
1664・692	2617
1665・693	0129
1666・696	0145
1667・696	0029
1668・696	0143
1669・696	0138
1670・697	0140、0449
1671・697	2371
1672・697	0149
1673・697	1228
1674・697	2617、0135
1675・698	0565
1676・699	0566
1677・700	0557
1678・700	0560
1679・701	0557
1680・701	0562
1681・701	0134
1682・701	0555
1683・701	1695
1684・704	1697
1685・704	2902
1686・704	2906
1687・705	2907
1688・705	2914
1689・705	2911
1690・706	0149
1691・706	0131、2221
1692・706	4239
1693・707	4241
1694・707	0147
1695・708	1557
1696・708	1569
1697・708	0157
1698・708	0133
1699・709	0156
1700・709	0156
1701・710	0435
1702・711	0440
1703・711	0444
1704・711	3304
1705・712	0441
1706・712	1796、1523、0441
1707・712	2777
1708・712	3001
1709・712	1382
1710・712	1344
1711・713	1376

1712・713	4206
1713・713	1346
1714・713	1190
1715・714	1622
1716・714	1403
1717・714	1357
1718・714	1360
1719・715	1411
1720・715	1461
1721・715	1348
1722・715	1401
1723・716	1409、3730、3705
1724・716	1404
1725・716	1386、1457
1726・717	2488
1727・717	1396
1728・717	1422
1729・717	1424
1730・717	0666
1731・717	1425
1732・718	1417、4110
1733・718	1407
1734・718	1352
1735・718	1361
1736・719	1427
1737・719	1383
1738・719	1395、2425
1739・719	1389
1740・719	1410
1741・720	1369
1742・720	3864
1743・720	1359
1744・720	1353
1745・720	1356
1746・721	1392
1747・721	1391
1748・721	1354
1749・721	1373
1750・721	1378
1751・721	1224
1752・722	1412
1753・722	1349
1754・722	1393
1755・722	1347
1756・722	1379
1757・722	1351
1758・723	1350
1759・723	1372
1760・723	1366
1761・723	4458
1762・723	1380
1763・724	1390
1764・724	1406
1765・724	1408
1766・724	1387、1388
1767・724	1415
1768・724	1414
1769・725	?
1770・725	1419
1771・725	1420
1772・725	1413
1773・727	3024
1774・727	3051
1775・727	3033
1776・727	3032
1777・728	2609
1778・728	3107
1779・728	3044
1780・728	3076、3175
1781・728	3132
1782・729	3134、3158
1783・729	3065
1784・729	3038
1785・729	3097
1786・729	3119
1787・730	3083
1788・730	1761
1789・730	3095
1790・730	3142
1791・731	3109
1792・731	3150
1793・731	3066
1794・731	3141
1795・731	3100
1796・731	3088
1797・732	3147
1798・732	3050
1799・732	4052
1800・732	3048
1801・733	3077
1802・733	3062
1803・733	3084
1804・733	2896
1805・733	3092
1806・734	3085
1807・734	3040
1808・734	3036
1809・734	3222
1810・734	3080
1811・735	3071
1812・735	3103
1813・735	3113
1814・735	0004
1815・735	3138
1816・735	3156
1817・736	3094
1818・736	3034
1819・736	3050
1820・736	3063
1821・736	3104
1822・737	3031
1823・737	3127
1824・737	3045
1825・737	3081
1826・737	3128
1827・737	3101
1828・738	3123
1829・738	3153
1830・738	3116、4087
1831・739	3122
1832・739	3722
1833・739	3145
1834・739	3013
1835・739	3016
1836・739	3096
1837・740	3151、3148
1838・740	3027
1839・740	3037
1840・740	3047
1841・740	3064
1842・740	3061
1843・741	3074
1844・741	4176
1845・741	3091
1846・741	3137
1847・741	3225
1848・741	3133
1849・742	3143
1850・742	3072
1851・742	3075
1852・742	3152
1853・742	3171
1854・742	3175
1855・743	3174
1856・743	3406
1857・743	3177
1858・744	3172
1859・744	3187
1860・744	2064
1861・744	3021
1862・749	3023
1863・749	3022
1864・749	3534
1865・750	3536
1866・750	3189

1867・750	3190	1906・767	2099	1944・782	2679、2087	1981・804	2190
1868・750	3192	1907・768	2101	1945・783	3960	1982・805	0366、1314
1869・750	3004	1908・768	2123	1946・783	0817	1983・805	0260
1870・751	3009	1909・768	2122	1947・783	0252、0253	1984・805	0328
1871・751	3010	1910・769	2109、2107	1948・786	4206	1985・805	0350
1872・751	3014	1911・769	2121	1949・786	0297	1986・805	0329
1873・753	4638	1912・769	2103	1950・787	0307	1987・805	0325、2999
1874・753	3007	1913・770	2102	1951・790	0298	1988・806	0267
1875・753	3011	1914・770	2119	1952・791	0352、	1989・806	0296
1876・754	3005	1915・770	2114		3827、0479	1990・807	0282
1877・754	3012	1916・770	2108	1953・792	0349、0840	1991・807	0270
1878・754	3772	1917・770	2112	1954・792	0326	1992・807	0280
1879・756	3782	1918・770	2113	1955・793	1535	1993・808	0292
1880・756	3783	1919・771	2120	1956・793	0271	1994・808	0291
1881・756	3779	1920・771	2124	1957・794	0378	1995・808	0290
1882・757	2450	1921・771	1529	1958・795	0266	1996・808	0304
1883・757	3785	1922・771	3204	1959・795	0275	1997・808	0285、0604
1884・757	3777	1923・771	1532	1960・795	銘偽,未收	1998・808	0306
1885・757	3780、0777	1924・772	1531	1961・796	0253	1999・809	0284
1886・758	3774	1925・772	1537	1962・799	0293	2000・809	0302
1887・759	3693	1926・772	1535	1963・799	0287	2001・809	0336
1888・759	4477	1927・773	1538	1964・799	0300	2002・809	0314
1889・759	3695	1928・773	1536	1965・800	0276、2951	2003・809	0362
1890・760	3888、0251	1929・773	2525	1966・800	0278	2004・809	0318
1891・760	4258	1930・773	0576	1967・800	0286	2005・810	0321
1892・760	4446	1931・774	0577	1968・800	0049	2006・810	0330
1893・761	4529	1932・774	0815	1969・801	0034	2007・810	0348
1894・761	4243	1933・774	0830	1970・801	2840、0229	2008・810	0333
1895・763	4244	1934・776	0786	1971・801	0256、2502	2009・811	0361
1896・763	4245	1935・776	0666	1972・801	0264	2010・811	0360
1897・764	1240	1936・776	0827、2075	1973・801	0310	2011・811	0346
1898・765	1221、0049	1937・777	0876	1974・802	0265	2012・811	0343
1899・765	1241	1938・777	0848	1975・802	0284、	2013・811	0345
1900・765	4495	1939・777	1432		4596、0285	2014・811	0340
1901・766	2843	1940・778	0214	1976・803	0309	2015・812	器未收
1902・766	2845	1941・778	0829、	1977・804	0259	2016・812	0355、0356
1903・766	0466		4248、1920	1978・804	0319	2017・812	0357
1904・767	2128	1942・782	3617	1979・804	0252	2018・812	0365
1905・767	2129	1943・782	0756、0730	1980・804	0358	2019・813	0365

2020・813	0367		4033、	2096・857	2529	2134・873	3812
2021・813	0253		0695、1269	2097・857	2673	2135・874	3727
2022・813	0590	2059・839	4252	2098・858	4595	2136・874	3807
2023・814	2731	2060・839	4254	2099・858	4280	2137・874	1314
2024・815	4263	2061・840	4250	2100・858	2510	2138・874	3797
2025・815	3824、3825	2062・841	4326	2101・858	2556	2139・875	3799
2026・815	0591	2063・841	4327	2102・858	2532	2140・875	3803
2027・817	0593、1501	2064・841	4325	2103・858	2517	2141・875	3814
2028・819	0592	2065・842	4324	2104・859	2560	2142・875	3809
2029・820	2641、2225	2066・843	4305	2105・859	3192	2143・875	3802
2030・822	2676、2128	2067・843	4310	2106・860	4004	2144・876	3816
2031・823	2646	2068・843	4306、1720	2107・860	3895	2145・876	4582
2032・824	2657	2069・844	4311	2108・860	2538	2146・876	3822
2033・824	2674	2070・845	4309	2109・860	2523	2147・876	3824
2034・824	2644	2071・845	4314	2110・860	1379、0575	2148・878	3785
2035・825	2678、4484	2072・845	1758、2229	2111・861	2580	2149・878	3787
2036・825	2683	2073・847	4320	2112・861	2520	2150・878	3720
2037・825	2650	2074・847	4376	2113・861	2571	2151・878	3789
2038・826	0598	2075・847	1809	2114・862	2546	2152・879	3788
2039・826	2847	2076・847	2199	2115・862	2543	2153・879	3790
2040・827	2653	2077・848	1748	2116・862	2544	2154・880	3793
2041・828	2673、2656	2078・848	1820、3621	2117・862	2537、	2155・880	4497、4498
2042・828	2657	2079・848	2700		1457、2550	2156・880	4335
2043・829	2656、2673	2080・848	2717	2118・863	2531	2157・881	1375、4333
2044・829	2661	2081・849	2708	2119・863	2545	2158・881	4317
2045・829	2655	2082・849	2718、2540	2120・863	2321	2159・881	4336
2046・829	2689	2083・849	3343	2121・863	0282	2160・881	4332
2047・829	2664	2084・849	2701	2122・864	2549	2161・881	3253
2048・830	2663	2085・850	2723、2724	2123・871	2528	2162・882	3296
2049・830	4557	2086・850	2719	2124・872	2561	2163・882	3326
2050・830	0300	2087・850	2703	2125・872	2578	2164・883	3268
2051・830	3338	2088・850	2729	2126・872	2581	2165・883	3266
2052・830	2695	2089・851	2732	2127・872	2579	2166・883	3259
2053・831	2696	2090・851	2914、2915	2128・872	4204	2167・883	3292
2054・831	2697	2091・851	2564	2129・873	2509	2168・883	3284、4144
2055・832	2699	2092・851	2565	2130・873	2559	2169・884	3277
2056・833	4330	2093・856	2567	2131・873	2835、1211	2170・884	3283
2057・834	4249、1040	2094・857	2508	2132・873	3795	2171・884	3309、2138
2058・835	4251、	2095・857	2513	2133・873	3818	2172・884	3254、4260

2173·884	3325	2209·900	3332	2246·918	4235	2285·928	1835
2174·885	3269、	2210·901	4212	2247·918	2283、1379	2286·928	1700
	4294、3260	2211·901	4221	2248·918	4306	2287·928	4171
2175·885	3275、3600	2212·901	2922	2249·918	1752、2139	2288·928	1836
2176·885	3276	2213·901	0691	2250·918	2284、3881	2289·928	1834
2177·886	4515	2214·901	4561	2251·919	2300、1314	2290·929	1833
2178·886	3274	2215·902	1390、3246	2252·919	4248	2291·929	2691
2179·886	0809	2216·902	4224、3319	2253·919	2241	2292·929	2693
2180·886	3324	2217·902	4213	2254·919	2236	2293·929	2399
2181·887	3290	2218·902	1499、2654	2255·919	2216	2294·931	2407
2182·887	3296	2219·902	4217、2512	2256·919	2227	2295·932	2401
2183·887	3255	2220·903	2315	2257·920	2229	2296·932	2405
2184·887	3256	2221·903	4218	2258·920	2263	2297·932	2412、1535
2185·887	3264	2222·905	2212	2259·920	2242	2298·932	2403
2186·887	3257	2223·908	2260、4680	2260·920	2247	2299·932	2399
2187·888	3300	2224·908	2239	2261·920	2235	2300·933	0466
2188·888	3308	2225·908	2245、0679	2262·920	2250	2301·933	2408、2415
2189·888	3319	2226·908	2294	2263·921	2259	2302·933	2400
2190·889	3321	2227·912	1804	2264·921	2251	2303·934	2413
2191·889	3506	2228·912	2266	2265·921	2257	2304·934	器未收
2192·890	3509、	2229·912	2295、0387	2266·921	2270	2305·934	2410
	4583、1974	2230·912	2286、0560	2267·921	2284	2306·934	2409
2193·891	3508	2231·912	1674、2281	2268·921	2297	2307·934	2402
2194·891	3329	2232·913	2277	2269·922	2298	2308·935	0135、2399
2195·892	3341	2233·913	2279、4005	2270·922	2301	2309·935	2406
2196·892	0040、3329	2234·913	2264	2271·922	2598、2597	2310·935	2414
2197·892	4277、	2235·913	2217	2272·923	2609、0621	2311·935	器未收
	2665、3309	2236·913	2261	2273·925	2607	2312·935	2942、1886
2198·892	3336	2237·913	2296、	2274·925	2801	2313·936	1886
2199·893	3334		1748、2278	2275·925	2802	2314·937	3317
2200·893	3333	2238·914	0918	2276·925	2193	2315·937	2944
2201·894	3335	2239·914	2218、	2277·926	2811	2316·937	3365
2202·894	3337		0539、2231	2278·926	2803	2317·938	3363、3129
2203·894	3339	2240·914	2232、0467	2279·926	2806	2318·938	3372、4248
2204·894	2570	2241·915	2230	2280·926	2814	2319·939	3362
2205·894	3343	2242·915	2292、2913	2281·926	2810	2320·939	3351
2206·895	3343	2243·915	2278	2282·927	2813	2321·939	3356
2207·898	2618	2244·915	2285、2266	2283·927	0600	2322·939	3365
2208·900	2620	2245·917	2278	2284·928	1832	2323·940	3359

2324・940	3373、4514
2325・940	3357
2326・941	3377
2327・941	3348
2328・941	1112
2329・942	3368
2330・942	3391、3383
2331・942	3371
2332・943	3346
2333・943	3347
2334・943	3353
2335・943	3354、3355
2336・943	3358
2337・943	3364
2338・944	3392
2339・944	3379
2340・944	3369
2341・944	3378
2342・944	3392
2343・944	3375
2344・945	3386
2345・945	3381
2346・945	4500
2347・946	4434
2348・946	2936
2349・947	4501
2350・948	4503
2351・949	4504
2352・949	4518
2353・950	3726
2354・951	3727、1122、4637、3302、2089、4354
2355・958	3724
2356・959	3718、1139
2357・959	3719
2358・960	4526、4100
2359・961	4527
2360・962	2569
2361・962	4528
2362・962	4530
2363・963	4541
2364・964	4542
2365・965	4543
2366・967	4546
2367・968	4547
2368・969	4549、2137
2369・971	2034
2370・972	4551、4039
2371・975	4555
2372・975	0603
2373・975	4556
2374・975	4552
2375・976	2573、4562
2376・979	4563
2377・980	4567
2378・981	4568
2379・985	4570
2380・985	4575
2381・986	4572
2382・987	4571
2383・989	4578
2384・989	1074
2385・989	0569、4568
2386・989	4574
2387・989	4573
2388・989	4576
2389・990	4588
2390・990	4589
2391・991	4590、1754
2392・992	4591
2393・993	4592、0979
2394・995	4568、4594
2395・995	4596
2396・997	0568
2397・997	4597
2398・998	4598
2399・999	4599
2400・1000	0901
2401・1000	4601
2402・1001	4605
2403・1001	4619、1814
2404・1002	4602
2405・1002	4603
2406・1002	4607
2407・1003	2196
2408・1003	1638
2409・1003	4604
2410・1004	?
2411・1004	4606
2412・1004	4616
2413・1004	4611
2414・1004	4615
2415・1004	4618
2416・1005	4619
2417・1005	4622
2418・1005	4630、4161、3976
2419・1014	4631
2420・1015	4632

金文編附録上

001・1019	0245
002・1022	2155、1539
003・1023	0153
004・1024	3787
005・1024	0146
006・1024	0244
007・1025	0135
008・1025	3011
009・1025	0172
010・1025	0622
011・1025	0822
012・1026	2857
013・1026	0178
014・1026	2702、2701
015・1027	2647、0167、0168
016・1027	2646、2734
017・1028	0169
018・1028	2647
019・1028	0028
020・1028	0192、0070
021・1029	0200
022・1029	0250
023・1030	0075、0564
024・1030	0075、2420
025・1031	0180
026・1031	未收器
027・1031	0192、0070
028・1031	4652、0566
029・1031	0566、0557
030・1031	0566
031・1032	0164
032・1032	0162
033・1032	4531、0132
034・1032	0163
035・1032	1215
036・1032	0442
037・1033	0147
038・1033	4237
039・1033	3247、0132
040・1033	1529、1206
041・1033	4592、1201、0835
042・1034	2647
043・1034	0786、0141
044・1034	4296
045・1034	2421
046・1034	0134
047・1035	0132、4233、2937
048・1035	2646

049・1035	3856
050・1035	0158
051・1036	1439、4592、0188
052・1036	1539、0573
053・1036	1505、3250
054・1037	0001、0592、0014
055・1037	0442
056・1037	0482
057・1037	1182
058・1037	1182
059・1038	0469、1233
060・1038	0044
061・1038	0044
062・1039	4365
063・1039	0105
064・1039	0120
065・1039	0042
066・1039	0667
067・1039	0942
068・1040	0115
069・1040	0488
070・1040	0569
071・1040	0059
072・1040	2861
073・1040	2872
074・1041	2757
075・1041	2757
076・1041	0588
077・1041	2757
078・1041	0487
079・1041	4602
080・1042	0954
081・1042	0940
082・1042	0942、2641
083・1042	0490
084・1042	0028
085・1043	0010
086・1043	0489
087・1043	0480
088・1043	0471、2748
089・1043	1923
090・1043	0588
091・1044	0475
092・1044	2519
093・1044	0609、2700
094・1044	0484
095・1045	4543、4301
096・1045	3183
097・1045	4745
098・1045	1539、0609、0282
099・1046	4542、3726、0028
100・1046	2641、0933、4434
101・1046	4349、1213
102・1046	0524
103・1046	1508
104・1046	0503
105・1047	0467
106・1047	0431
107・1047	0786、0141
108・1047	4287
109・1047	0942、2695、4729
110・1048	0506
111・1048	4355、2611
112・1048	0569、1505
113・1049	0569、1505
114・1049	0569、2144
115・1049	0569、4568
116・1049	0569
117・1049	2861、4757
118・1050	0861
119・1050	0504
120・1050	2936、4541、0933
121・1051	0502
122・1051	0502、4434、0608、4567
123・1052	4273、0610、4434
124・1052	0502、4434
125・1052	0411
126・1052	0467
127・1052	0119、1205
128・1053	2936、1431
129・1056	2936、4582、4547、0432、2738
130・1057	2936、0155、3261
131・1058	2936、2202
132・1059	2936、2425
133・1059	2936、2595
134・1059	2936、2729
135・1060	2936、0890
136・1060	2936、0712
137・1060	2936、2887
138・1061	2936、4674
139・1061	2936、4196
140・1061	2936、4295
141・1062	2936、0607
142・1062	2936、1720
143・1062	2936、0853
144・1063	2936、1174
145・1063	2936、0441、0786
146・1064	2936、0060、4601
147・1064	2936、1209
148・1064	2936、4578
149・1065	2936、0572、2135
150・1065	2936、0563
151・1065	2936、0233、3990
152・1066	2936、0493
153・1066	2936、0129
154・1066	2936、0960
155・1066	2936、0769
156・1067	2936、1431
157・1067	2936、1182
158・1067	2936、0996
159・1067	2936、0977
160・1068	2936、3261
161・1068	2936、4264
162・1068	2936、1229
163・1068	2936、1102
164・1068	2936、3619
165・1068	2936、3699
166・1069	2936、3719
167・1069	2936、1762、3607
168・1069	2936、3839
169・1070	2936、3832
170・1070	2936、3397
171・1070	2936、2524、3572、4527
172・1070	2936、4069
173・1071	2936、1242
174・1071	2936、1846
175・1071	2936、1711
176・1071	未收器
177・1071	2936、2425
178・1071	2936、4259
179・1072	2936、4240
180・1072	2936、4559
181・1072	2936、3004
182・1072	2936、4688
183・1072	2936、2794

184・1072	2936、0896
185・1073	2936、2420
186・1073	3745
187・1074	3734、2936、3768
188・1075	3835、3747
189・1075	3752
190・1075	3734、0850
191・1076	0378、0632
192・1076	3810
193・1076	3741
194・1076	3661、3665、3941
195・1077	3693
196・1077	3623、2936
197・1077	3719
198・1078	3589
199・1078	3652
200・1078	3586
201・1078	3538
202・1079	3587
203・1079	3693
204・1079	3558
205・1079	3558
206・1079	3719
207・1080	3613
208・1080	3602
209・1080	4773、3589
210・1080	3623
211・1081	0791、2077
212・1081	0790
213・1081	2762
214・1082	0841
215・1082	2936、0838
216・1082	3185
217・1082	3538、0146
218・1083	3641、2937
219・1084	3719
220・1084	3589、2918
221・1084	2194
222・1085	3661、4598
223・1085	3774
224・1085	3808、4206
225・1086	0581
226・1086	未收，疑爲紋飾
227・1086	3762
228・1086	3840
229・1086	3840
230・1087	3786
231・1087	0004
232・1087	3816、3571
233・1088	3816
234・1088	3661
235・1088	2685
236・1088	2646
237・1088	2645
238・1088	1536
239・1089	1529、2699
240・1089	2748
241・1089	2748
242・1089	2750、4662
243・1089	4568、2750、4662
244・1090	2757
245・1090	0596
246・1090	2792
247・1090	3192、2796
248・1090	2691
249・1090	4735
250・1091	2695、4537
251・1091	4210
252・1091	4712
253・1091	2700、2139
254・1092	4434
255・1092	4434、2641
256・1092	4436
257・1092	4434、4601
258・1093	4434、4215
259・1093	3573、4434
260・1093	4437
261・1093	4769
262・1094	4166
263・1094	4358
264・1094	2133
265・1094	4771
266・1094	4774
267・1095	4285、4286、4795
268・1095	2949
269・1095	0582
270・1095	0582、4759、4795
271・1095	4759、0582
272・1095	4795
273・1096	4759
274・1096	4759
275・1096	0582、4759
276・1096	4785
277・1096	2949
278・1096	4758、4810
279・1097	4757
280・1097	4796
281・1097	2700
282・1097	4361
283・1097	2135
284・1098	2135
285・1098	4798
286・1098	4530
287・1098	4349
288・1098	4729、2695
289・1098	3734
290・1099	4290
291・1099	4792
292・1099	4792
293・1099	4792
294・1099	4185
295・1099	4736
296・1100	4787
297・1100	4849
298・1100	4384
299・1100	4385
300・1101	1508
301・1101	1508
302・1101	1511
303・1101	1510
304・1101	4355
305・1102	4063
306・1102	0583
307・1102	2820
308・1102	4735
309・1102	4448
310・1102	2730
311・1103	3001
312・1103	4243
313・1103	0044
314・1103	4825
315・1103	4367
316・1103	1344
317・1104	4386、4387
318・1104	0582
319・1104	4761
320・1104	4847
321・1104	4767、0027
322・1104	4765
323・1105	4722
324・1105	4763
325・1105	4700
326・1105	1429
327・1105	4539
328・1105	4539
329・1106	2592
330・1106	2592
331・1106	2592
332・1106	2592、0205
333・1106	1529

334·1106	1539	373·1116	4744	400·1121	4780	435·1129	1158
335·1107	4530	374·1116	0595	401·1121	1678	436·1129	0964
336·1107	4788	375·1116	0581	402·1121	2763	437·1129	1232
337·1107	0916	376·1116	0583	403·1122	4701	438·1129	0995
338·1107	4662、2750	377·1117	4766	404·1122	4702	439·1129	4264
339·1108	3856	378·1117	4807、3571	405·1122	1505	440·1129	0970、0971
340·1108	4816	379·1117	2611	406·1122	拓本未收	441·1130	3041
341·1108	2919	380·1117	0131	407·1122	4835、2577	442·1130	1158
342·1108	4819	381·1117	4828	408·1122	4437	443·1130	4294、0965
343·1108	4590	382·1117	0018、4744	409·1123	0389	444·1130	3359
344·1108	4786	383·1118	2844	410·1123	1579	445·1130	3075
345·1109	4760	384·1118	4753	411·1123	1575	446·1131	0987
346·1109	2419	385·1118	3857	412·1123	3862、2422	447·1131	4410
347·1109	0539	386·1119	1456	413·1123	4864	448·1131	4411
348·1109	2368	387·1119	0912	414·1123	4551、3323	449·1131	0987、2738
349·1109	4765	388·1119	1230	415·1124	1506	450·1132	2641、3075
350·1110	3272	389·1119	4857	416·1124	1139	451·1132	1064、0408
351·1110	4207	390·1119	1846	417·1124	4681	452·1132	1170、3661
352·1110	4830	391·1119	4776、	418·1124	4494、1505	453·1132	0521、2937
353·1110	3590		4777、4778	419·1125	4494、	454·1132	4545、2937
354·1110	?	392·1120	4505、		1505、0632	455·1133	0044、2937
355·1110	4888		4495、4503	420·1125	4494、	456·1133	1810、2937
356·1111	4503	393·1120	4505、		1505、	457·1133	4775、2937
357·1111	2425		4501、4495		2933、3862	458·1134	2936、
358·1111	?	394·1120	4501、	421·1125	3839、2936		0987、2937
359·1111	1497		4505、4503	422·1126	3726	459·1134	4777、2937
360·1111	4600	395·1120	4503、	423·1126	3709、	460·1134	4001、
361·1111	4834		4495、		0964、2144		3571、2937
362·1112	4531		4505、	424·1126	4692	461·1134	4796、
363·1113	2836		4503、	425·1126	2551		4885、
364·1114	2836		4495、4495	426·1127	4189		2937、2420
365·1114	2816	396·1120	4503、	427·1127	4754	462·1135	1208、2601
366·1114	2591、2816		4503、	428·1127	0851	463·1135	4215、2937
367·1115	2646		4495、4503	429·1127	1440、4794	464·1135	4215、
368·1115	2690		4503、4495	430·1127	1792		2937、4122
369·1115	2135	397·1120	4504、	431·1128	1445	465·1136	4215、2937
370·1115	1824		4501、4505	432·1128	1528	466·1136	0879
371·1115	4744	398·1121	1539、4776	433·1128	3006	467·1136	0850
372·1116	4744	399·1121	4730	434·1128	1158	468·1137	0686

469・1137	0851
470・1137	0983
471・1137	0862
472・1137	0885
473・1138	0911
474・1138	0908
475・1138	4144、2936
476・1138	2564
477・1139	1820
478・1139	0605
479・1139	0650
480・1139	2735、0664
481・1139	0610
482・1139	0622
483・1140	0648
484・1140	4210
485・1140	拓本未收
486・1140	0652
487・1140	4734
488・1140	4662
489・1141	0636
490・1141	2463
491・1141	2795
492・1141	4282
493・1141	0669
494・1141	0692、2922
495・1142	0808
496・1142	0743
497・1142	0621
498・1143	0923
499・1143	1546、4018
500・1143	1573
501・1143	1579
502・1143	1576
503・1144	1576
504・1144	1575、4290
505・1144	3572
506・1144	3571
507・1145	3571、0044
508・1145	1179
509・1145	0921、0926
510・1145	2279
511・1145	1789
512・1146	1789
513・1146	1824
514・1146	1824、1460
515・1146	1723
516・1146	1746
517・1147	0997
518・1147	1773
519・1147	1739
520・1147	1777
521・1148	2902
522・1148	3928
523・1148	2903
524・1148	2905
525・1148	2904
526・1149	2909
527・1149	2908
528・1149	2909、0592
529・1150	2917
530・1150	2916
531・1150	2902、2612、2905
532・1150	3323
533・1150	4008
534・1150	4598、2695、4729
535・1151	0794
536・1151	4098
537・1151	1518
538・1151	4196
539・1152	3773
540・1152	2890
541・1152	3390
542・1152	3979、4101
543・1152	1996
544・1153	1861
545・1153	1895
546・1153	1968
547・1153	2335、0378、4541
548・1153	1957、0262
549・1154	2011
550・1154	1510
551・1154	0090
552・1154	0004、0005
553・1154	0140
554・1155	0614、2420
555・1155	2423
556・1155	2428
557・1155	3877
558・1156	4673
559・1156	2044
560・1156	2050
561・1156	4122
562・1156	未收
563・1156	3250
564・1157	3252
565・1157	?
566・1157	2745
567・1158	0185
568・1158	1853、3007
569・1158	2125
570・1158	0279
571・1158	0378
572・1158	0316
573・1159	0315
574・1159	0378、2866
575・1159	0378、0296
576・1159	0584
577・1159	3270
578・1159	3512
579・1160	1153
580・1160	3174、4541
581・1160	4548、2937
582・1161	4549
583・1161	4549、2126
584・1161	4549
585・1161	1273
586・1161	4185
587・1162	4372
588・1162	2144
589・1162	4747
590・1162	2151
591・1163	4750
592・1163	4750
593・1163	4750
594・1163	4829
595・1163	0608、4563
596・1163	1379
597・1164	4534
598・1164	2329
599・1164	2329
600・1164	4144
601・1164	0902
602・1164	4748
603・1165	4710、3787
604・1165	0518
605・1165	紋飾，未收
606・1165	紋飾，未收
607・1165	4813
608・1166	3816
609・1166	3524
610・1166	巴蜀文字，未收

金文編附録下

001・1167	1581
002・1167	4295
003・1167	2966
004・1167	2973
005・1168	2973、2972
006・1168	2574
007・1168	2982
008・1168	2378
009・1168	4566

010·1168	3922	049·1175	1561	088·1182	1147、1066	127·1188	4209
011·1169	3927	050·1175	1702	089·1182	1150	128·1188	3230
012·1169	3959	051·1175	1704	090·1182	1109	129·1189	4355
013·1169	未收	052·1176	1704	091·1182	1142	130·1189	0901
014·1170	3973	053·1176	1004	092·1182	1065	131·1189	4490
015·1170	3962	054·1176	1114	093·1183	1095	132·1189	0907
016·1169	3971	055·1176	1026、1114	094·1183	1072	133·1189	1845
017·1170	1535	056·1176	1021	095·1183	1071	134·1189	4487
018·1170	4278	057·1176	1029	096·1183	1572	135·1190	4230
019·1170	3791	058·1177	1012	097·1183	1072	136·1190	1668
020·1170	3330	059·1177	1020	098·1183	3177	137·1190	1670
021·1170	0591、3330	060·1177	1023	099·1184	1187	138·1190	1672
022·1170	4755	061·1177	0990	100·1184	1142	139·1190	1673
023·1171	1444	062·1177	1007	101·1184	1128	140·1190	1671
024·1171	1787	063·1177	1220	102·1184	0427	141·1191	1670
025·1171	1452	064·1178	2595	103·1184	3922	142·1191	0943
026·1171	3193	065·1178	1190	104·1184	4961	143·1191	0958
027·1171	1444	066·1178	1056	105·1185	1516	144·1191	0948
028·1171	1459	067·1178	1075	106·1185	1477、0783	145·1192	3933
029·1172	0030	068·1178	1182	107·1185	0686	146·1192	2733
030·1172	0057	069·1179	1048	108·1185	1259	147·1192	0619
031·1172	1485	070·1179	1080	109·1185	1264	148·1192	0623
032·1172	1444	071·1179	1197	110·1185	1302	149·1192	0642
033·1172	1457	072·1179	1070	111·1186	1866、2946	150·1193	4455
034·1172	4663	073·1179	1052	112·1186	1324	151·1193	4584
035·1173	2739	074·1179	1052	113·1186	1308	152·1193	0657、2973
036·1173	1791	075·1180	1311	114·1186	1246	153·1193	0635
037·1173	0432	076·1180	1107	115·1186	4452	154·1193	2973
038·1173	4137	077·1180	1119	116·1186	4680	155·1193	3634
039·1173	1471	078·1180	1104	117·1187	2973	156·1194	1154
040·1173	2627	079·1180	銘僞,未收	118·1187	2825	157·1194	0559
041·1174	1794	080·1180	1138	119·1187	1566	158·1194	1821
042·1174	4952	081·1181	1144	120·1187	0949	159·1194	0388
043·1174	1248	082·1181	1190	121·1187	2827	160·1194	0663
044·1174	1248	083·1181	1088	122·1187	2208	161·1194	0681
045·1174	1465	084·1181	4566	123·1188	4119	162·1195	0703
046·1174	1464	085·1181	4566	124·1188	0878	163·1195	1233
047·1175	0235	086·1181	1093	125·1188	0878	164·1195	0805
048·1175	3825	087·1182	1100	126·1188	2711	165·1195	0802

166・1195	0720	205・1202	2791	244・1209	3943	283・1216	3460
167・1195	0771	206・1202	1604	245・1209	3882	284・1216	3479
168・1196	1072	207・1202	2800	246・1209	2135	285・1216	3442
169・1196	4242	208・1203	4524	247・1210	0536	286・1216	3468
170・1196	0764	209・1203	4215	248・1210	2137	287・1217	4111
171・1196	2553	210・1203	4691	249・1210	0560	288・1217	3847
172・1196	0780	211・1203	2832	250・1210	？1698	289・1217	3050
173・1196	0056	212・1204	4269	251・1210	3684	290・1217	3318
174・1197	1072	213・1204	3996	252・1210	3903	291・1218	2981
175・1197	4118	214・1204	4883	253・1211	1218	292・1218	2861
176・1197	0786	215・1204	1724	254・1211	4032	293・1218	2894
177・1197	0715	216・1204	2923	255・1211	0667	294・1218	2879
178・1197	4179	217・1204	1799	256・1211	未收器	295・1218	2885
179・1197	0108	218・1205	3193	257・1211	1228	296・1218	2891
180・1198	1499	219・1205	4351	258・1211	4014	297・1219	2860
181・1198	4216	220・1205	2144	259・1212	4049	298・1219	4504、4633
182・1198	4882	221・1205	1815	260・1212	4047	299・1219	1440
183・1198	1171、2922	222・1205	0842	261・1212	4081	300・1219	4645
184・1198	1376	223・1205	1826	262・1212	4084	301・1219	2444、
185・1199	1544	224・1206	3687	263・1212	4073		4440、4438
186・1199	3879	225・1206	0925	264・1212	3939	302・1219	1242
187・1199	3881	226・1206	1366	265・1213	4057	303・1220	1689、1675
188・1199	1290	227・1206	1774	266・1213	4056	304・1220	1675
189・1199	3838	228・1206	1767	267・1213	4103	305・1220	3218
190・1199	1698	229・1207	1736	268・1213	4022	306・1220	1674
191・1200	0641	230・1207	1721	269・1213	4089	307・1220	1687
192・1200	3763	231・1207	1755	270・1213	2807	308・1221	1843
193・1200	3729	232・1207	1766	271・1214	2782	309・1221	2549
194・1200	3585	233・1207	1741	272・1214	0095	310・1221	0519
195・1200	2495	234・1207	1676	273・1214	4109	311・1221	4839
196・1200	2525	235・1208	1743	274・1214	4108	312・1221	4175
197・1201	3588、2589	236・1208	1613	275・1214	4208	313・1221	1870
198・1201	0072	237・1208	3181	276・1214	4694	314・1222	1896
199・1201	2789	238・1208	1660	277・1215	4420	315・1222	1881
200・1201	1616	239・1208	銘僞,未收	278・1215	2907	316・1222	1867
201・1201	1614	240・1208	1658	279・1215	2357	317・1222	1866
202・1201	1623	241・1209	1638、2147	280・1215	2358	318・1222	1942
203・1202	2510	242・1209	4478	281・1216	2363	319・1222	1855
204・1202	2785	243・1209	2059	282・1216	0470	320・1223	1899

321・1223	1903	360・1230	0082	398・1236	0470	437・1243	3590
322・1223	1997	361・1230	0123	399・1236	0471	438・1243	0157
323・1223	1936	362・1230	0093	400・1236	4554	439・1243	3961
324・1223	1647	363・1230	0055	401・1237	3468	440・1243	4254
325・1223	1072	364・1230	3303	402・1237	0952	441・1243	0157
326・1224	1998	365・1230	0632	403・1237	2763	442・1243	0183
327・1224	4226	366・1231	0009	404・1237	0094	443・1244	2630
328・1224	1925	367・1231	3531	405・1237	2395	444・1244	2630
329・1224	1887	368・1231	2796	406・1237	4414	445・1244	0573
330・1224	4226	369・1231	3717	407・1238	2035	446・1244	0050
331・1224	1911	370・1231	3676	408・1238	2031	447・1244	0138
332・1225	1927	371・1231	4335	409・1238	2054	448・1244	0393
333・1225	1940	372・1232	2472	410・1238	？ 2073	449・1245	2638
334・1225	1945	373・1232	2442	411・1238	2083	450・1245	2636
335・1225	2575	374・1232	0453	412・1238	2086	451・1245	2637
336・1225	1943	375・1232	3566	413・1239	1612	452・1245	2635
337・1225	1977	376・1232	0458	414・1239	2057	453・1245	3979
338・1226	1929	377・1233	2437	415・1239	2044	454・1245	1031
339・1226	1966	378・1233	2434	416・1239	1183	455・1246	0561
340・1226	1856	379・1233	未收器	417・1239	1586	456・1246	0961
341・1226	1851	380・1233	1208	418・1239	3664	457・1246	4945
342・1226	2007	381・1233	4424	419・1240	0221	458・1246	1063
343・1226	1908	382・1233	2959	420・1240	3659	459・1246	0156
344・1227	4838	383・1234	0434	421・1240	3653	460・1246	2924
345・1227	2204	384・1234	2435	422・1240	3702	461・1247	0438
346・1227	未收	385・1234	0202	423・1240	3714	462・1247	4718
347・1227	2206	386・1234	0204	424・1240	3039	463・1247	0447
348・1227	2174	387・1234	2351	425・1241	3671	464・1247	1855
349・1227	4392	388・1234	0234	426・1241	2690	465・1247	0432
350・1228	1853	389・1235	0375	427・1241	3646	466・1247	3165
351・1228	1786	390・1235	3541	428・1241	3648	467・1248	3101
352・1228	0027、0591	391・1235	0239	429・1241	2568	468・1248	3115
353・1228	0106	392・1235	0240	430・1241	3734	469・1248	3085
354・1228	4006	393・1235	3176	431・1242	3223	470・1248	3120
355・1229	1458	394・1235	3525、	432・1242	3231	471・1248	3170
356・1229	1212		3877、4757	433・1242	未收器	472・1248	4923
357・1229	0127	395・1236	0241	434・1242	3193	473・1249	3996
358・1229	0017	396・1236	0044	435・1242	3245	474・1249	3123
359・1229	0032	397・1236	1173	436・1242	2632	475・1249	3146

476・1249	3131
477・1249	2727
478・1249	3154
479・1250	3022
480・1250	3535
481・1250	3198
482・1250	3008
483・1250	3040
484・1250	2126
485・1251	0515
486・1251	4234
487・1251	1529
488・1251	1529
489・1251	1233
490・1251	0826、0829
491・1252	4856
492・1252	0252
493・1252	0372
494・1252	0281
495・1252	0353
496・1252	銘僞，未收
497・1253	0303、4568
498・1253	0317
499・1253	0320
500・1253	0274
501・1253	0312
502・1254	0258
503・1254	0272
504・1254	0340
505・1254	銘僞，未收
506・1254	0340
507・1254	0295
508・1255	0269
509・1255	0307
510・1255	0311
511・1255	0329
512・1255	0344
513・1255	0376
514・1256	0324
515・1256	0359
516・1256	0905
517・1256	4612
518・1256	1535
519・1257	2643
520・1257	2650
521・1257	2688
522・1257	0620
523・1257	2849
524・1257	2696
525・1258	2696
526・1258	1526
527・1258	4354
528・1258	4328
529・1258	4307
530・1258	4323
531・1259	2961
532・1259	3161
533・1259	2710
534・1259	2714
535・1259	2717
536・1259	2719
537・1260	2726
538・1260	0147
539・1260	2533
540・1260	0554
541・1261	0707
542・1261	2549
543・1261	2557
544・1261	2563
545・1261	3820
546・1261	3792
547・1262	2815
548・1262	3792
549・1262	4274
550・1262	3277
551・1262	3314
552・1262	3297
553・1263	3281
554・1263	2138
555・1263	3691
556・1263	2379
557・1263	3646
558・1263	4147
559・1264	2224
560・1264	2244
561・1264	2253
562・1264	2268
563・1264	2299
564・1264	2306
565・1265	2311
566・1265	2302
567・1265	2279
568・1265	0871
569・1265	0028、2399
570・1265	2416
571・1266	2418
572・1266	3209
573・1266	2944
574・1266	2944
575・1266	0700
576・1266	1886、4374
577・1267	3387
578・1267	3386
579・1267	3380
580・1267	3392
581・1267	3385
582・1267	3381
583・1268	3396
584・1268	3398
585・1268	3394
586・1268	1131
587・1268	4499
588・1268	4499、4507
589・1269	3360
590・1269	4271、4568
591・1269	4529
592・1269	0459
593・1269	0532
594・1269	4575
595・1270	0550、4568
596・1270	1549
597・1270	3591
598・1270	1173
599・1270	0284
600・1270	4546
601・1271	4381
602・1271	0382
603・1271	4927
604・1271	4294
605・1271	0522
606・1271	4900
607・1272	1664
608・1272	2465
609・1272	4266
610・1272	4811
611・1272	0621
612・1272	0612
613・1273	1232
614・1273	4263
615・1273	2345
616・1273	1528
617・1273	1441
618・1273	4936
619・1274	2504
620・1274	0574
621・1274	4441
622・1274	4409
623・1274	4500
624・1274	2941
625・1275	0002
626・1275	4202
627・1275	1833
628・1275	3244
629・1275	2627
630・1275	2942
631・1276	2998

632・1276	0688
633・1276	4451
634・1276	3459
635・1276	2820
636・1276	1840
637・1277	0671
638・1277	1509
639・1277	4842
640・1277	0585
641・1277	2962
642・1277	4815
643・1278	0053
644・1278	0244
645・1278	3032
646・1278	4884
647・1278	3254
648・1278	0609
649・1279	4934
650・1279	0452
651・1279	4454
652・1279	4709
653・1279	3711
654・1279	0590
655・1280	1529
656・1280	4935
657・1280	2850
658・1280	1706
659・1280	1182
660・1280	4873
661・1281	4216
662・1281	1488
663・1281	3624
664・1281	3626
665・1281	4904
666・1281	2212
667・1282	0933
668・1282	0691
669・1282	1182
670・1282	3856
671・1282	3477
672・1282	?
673・1283	4697
674・1283	4837
675・1283	4690
676・1283	0378
677・1283	1602
678・1283	0417
679・1284	3093
680・1284	2941
681・1284	4840
682・1284	3196
683・1284	4968
684・1285	4663
685・1285	3852
686・1285	3858
687・1285	3919
688・1285	3755
689・1285	0093
690・1286	3771
691・1286	0378
692・1286	0787
693・1286	1224
694・1286	1225
695・1286	3238
696・1287	3821
697・1287	3821
698・1287	3826
699・1287	1849
700・1287	1847
701・1287	4172
702・1288	3702
703・1288	4421
704・1288	0840
705・1288	2395
706・1288	4188
707・1288	1748
708・1289	4178
709・1289	4329
710・1289	1684
711・1289	1542
712・1289	1659
713・1289	0093
714・1290	0579
715・1290	3197
716・1290	3826
717・1290	4290
718・1290	2259
719・1291	0386
720・1291	2491
721・1291	2486
722・1291	4679
723・1291	3830
724・1291	3828
725・1292	3867
726・1292	3138
727・1292	3522
728・1292	2333
729・1292	4126
730・1292	0565
731・1293	2738
732・1293	0323
733・1293	3428
734・1293	1444
735・1293	4332
736・1293	1973、4255
737・1294	2690
738・1294	4304
739・1294	2909
740・1294	1030
741・1294	4591

《引得》新收字一覽表

1. 新收字是指《金文編》未收字而言,共 1 755 個字。
2. 新收字的字號是引得單字排序便覽中的號碼。

0003	0073	0125	0177	0242	0339	0412	0465
0008	0076	0126	0179	0243	0341	0416	0474
0013	0078	0128	0181	0246	0342	0418	0477
0015	0080	0130	0182	0247	0347	0419	0481
0016	0087	0136	0184	0248	0351	0420	0483
0021	0088	0137	0186	0255	0354	0421	0485
0022	0089	0139	0187	0257	0363	0422	0486
0023	0096	0142	0189	0261	0364	0423	0491
0025	0097	0144	0190	0263	0368	0424	0492
0031	0102	0148	0191	0268	0369	0425	0494
0033	0103	0150	0193	0273	0370	0426	0495
0035	0104	0151	0195	0277	0371	0428	0496
0036	0107	0152	0196	0288	0373	0429	0497
0037	0109	0154	0209	0289	0374	0430	0498
0038	0110	0159	0212	0294	0377	0436	0501
0039	0111	0160	0217	0299	0380	0437	0505
0041	0112	0161	0219	0301	0383	0443	0510
0043	0113	0165	0223	0305	0392	0445	0525
0051	0114	0166	0224	0308	0397	0448	0530
0052	0116	0170	0226	0313	0399	0450	0538
0058	0117	0171	0227	0322	0402	0451	0540
0063	0118	0173	0230	0327	0404	0454	0541
0066	0121	0174	0232	0331	0406	0462	0542
0069	0122	0175	0237	0335	0407	0463	0548
0071	0124	0176	0238	0337	0409	0464	0558

0570	0698	0792	0891	0985	1148	1271	1394
0578	0704	0796	0892	0986	1155	1272	1397
0594	0706	0799	0893	0994	1157	1275	1398
0606	0710	0800	0895	0998	1160	1283	1399
0613	0716	0801	0897	1002	1161	1285	1400
0615	0718	0804	0899	1003	1162	1289	1402
0616	0719	0806	0900	1005	1178	1291	1423
0617	0722	0813	0903	1006	1180	1292	1426
0618	0723	0816	0906	1011	1189	1293	1435
0624	0724	0818	0913	1013	1192	1296	1442
0627	0727	0819	0914	1019	1193	1298	1449
0628	0728	0821	0915	1022	1195	1300	1466
0630	0731	0823	0917	1033	1196	1304	1467
0634	0732	0824	0920	1035	1198	1305	1468
0638	0734	0825	0924	1038	1199	1306	1481
0643	0735	0828	0927	1039	1200	1310	1486
0644	0736	0831	0930	1042	1202	1313	1487
0646	0738	0832	0931	1044	1203	1316	1489
0647	0739	0836	0932	1045	1207	1317	1491
0649	0741	0837	0934	1046	1210	1319	1492
0651	0742	0844	0936	1049	1214	1327	1494
0653	0744	0847	0938	1054	1217	1328	1495
0654	0745	0849	0944	1059	1219	1329	1496
0655	0746	0852	0946	1060	1222	1330	1498
0656	0750	0858	0951	1076	1223	1332	1500
0658	0752	0859	0955	1081	1231	1341	1502
0659	0758	0860	0956	1084	1234	1342	1503
0660	0760	0863	0957	1105	1236	1343	1504
0661	0762	0866	0959	1106	1239	1345	1514
0662	0763	0872	0962	1116	1244	1358	1521
0665	0765	0873	0967	1118	1247	1362	1524
0673	0766	0875	0969	1121	1251	1363	1530
0674	0768	0881	0972	1123	1252	1364	1534
0675	0773	0882	0973	1125	1256	1367	1540
0676	0778	0883	0974	1127	1258	1371	1545
0684	0785	0884	0975	1130	1261	1374	1558
0687	0787	0886	0976	1132	1263	1377	1559
0690	0788	0887	0982	1141	1266	1384	1560
0697	0789	0888	0984	1145	1270	1385	1562

1565	1667	1812	1970	2063	2156	2222	2322
1567	1677	1813	1971	2067	2157	2223	2324
1568	1685	1816	1972	2068	2158	2226	2330
1570	1688	1817	1975	2071	2160	2228	2336
1571	1692	1818	1980	2072	2161	2237	2337
1574	1694	1819	1982	2074	2163	2238	2338
1578	1696	1822	1984	2079	2166	2243	2346
1580	1713	1823	1986	2080	2168	2246	2348
1582	1717	1830	1988	2081	2170	2248	2350
1589	1718	1831	1989	2088	2171	2249	2353
1590	1727	1837	1990	2090	2172	2252	2354
1592	1730	1841	1991	2092	2173	2254	2359
1597	1731	1844	1992	2093	2175	2255	2360
1599	1735	1850	1993	2095	2176	2258	2361
1607	1745	1857	1994	2096	2177	2262	2364
1609	1750	1864	1995	2097	2178	2265	2365
1610	1756	1874	2005	2098	2179	2267	2367
1611	1763	1878	2008	2100	2180	2269	2369
1615	1765	1880	2010	2104	2181	2271	2373
1618	1768	1884	2013	2105	2182	2273	2376
1619	1769	1891	2014	2106	2183	2274	2377
1621	1770	1897	2017	2110	2184	2275	2380
1625	1771	1902	2019	2111	2185	2276	2384
1626	1772	1907	2020	2115	2186	2280	2387
1628	1775	1912	2023	2116	2188	2282	2388
1629	1776	1913	2024	2117	2189	2287	2389
1630	1778	1914	2028	2118	2191	2289	2392
1634	1779	1915	2029	2127	2195	2290	2396
1636	1780	1916	2033	2130	2198	2293	2397
1639	1782	1918	2037	2131	2203	2303	2398
1641	1784	1924	2038	2132	2205	2304	2404
1644	1788	1926	2040	2134	2209	2305	2411
1649	1790	1932	2043	2141	2210	2307	2417
1650	1793	1939	2048	2143	2211	2308	2426
1651	1795	1944	2051	2145	2213	2309	2430
1654	1797	1955	2052	2146	2214	2310	2438
1655	1798	1956	2060	2149	2215	2313	2441
1661	1800	1958	2061	2150	2219	2318	2443
1665	1806	1963	2062	2153	2220	2319	2448

2452	2587	2707	2809	2950	3082	3194	3293
2454	2596	2709	2812	2968	3086	3195	3294
2459	2600	2712	2817	2978	3087	3199	3295
2461	2604	2713	2818	2980	3089	3200	3298
2467	2614	2715	2819	2986	3090	3205	3299
2468	2619	2716	2821	2987	3098	3206	3301
2471	2621	2720	2823	2996	3099	3207	3305
2474	2625	2721	2826	3000	3102	3210	3306
2475	2631	2722	2828	3003	3105	3213	3310
2478	2633	2725	2829	3015	3106	3216	3311
2479	2634	2728	2830	3017	3108	3217	3313
2482	2642	2737	2831	3018	3110	3221	3315
2483	2648	2741	2842	3020	3112	3224	3316
2485	2649	2742	2846	3025	3114	3228	3320
2487	2651	2743	2848	3026	3117	3229	3328
2490	2658	2744	2851	3028	3118	3233	3331
2496	2659	2747	2852	3029	3121	3234	3340
2511	2662	2749	2853	3030	3124	3239	3342
2514	2666	2751	2854	3035	3125	3241	3345
2515	2667	2752	2856	3042	3126	3242	3349
2516	2668	2753	2858	3043	3130	3243	3350
2518	2669	2759	2859	3046	3135	3251	3352
2521	2670	2761	2867	3049	3139	3258	3361
2526	2671	2765	2868	3052	3140	3262	3366
2527	2672	2766	2871	3053	3144	3263	3367
2530	2675	2770	2874	3054	3149	3265	3370
2534	2677	2772	2875	3055	3155	3267	3374
2535	2680	2773	2876	3056	3159	3271	3376
2536	2681	2776	2877	3057	3162	3273	3382
2539	2682	2779	2881	3058	3163	3278	3384
2541	2684	2780	2883	3059	3164	3279	3388
2548	2686	2784	2886	3060	3166	3280	3393
2552	2687	2787	2893	3067	3167	3282	3399
2554	2692	2790	2897	3068	3168	3285	3400
2555	2694	2793	2910	3069	3169	3286	3401
2558	2698	2797	2912	3070	3173	3287	3402
2562	2702	2804	2940	3073	3184	3288	3403
2566	2704	2805	2943	3078	3186	3289	3404
2584	2706	2808	2948	3079	3191	3291	3407

3408	3496	3598	3715	3823	3932	4044	4145
3411	3497	3599	3716	3829	3937	4045	4146
3417	3498	3608	3736	3836	3938	4046	4148
3421	3499	3616	3738	3837	3940	4051	4150
3422	3502	3618	3739	3841	3942	4053	4151
3423	3505	3622	3742	3846	3944	4058	4158
3425	3507	3625	3743	3855	3945	4059	4160
3429	3511	3627	3744	3861	3950	4060	4162
3430	3514	3628	3746	3863	3952	4064	4165
3431	3516	3632	3749	3865	3953	4066	4168
3432	3518	3635	3750	3866	3954	4067	4169
3433	3523	3636	3751	3868	3955	4075	4170
3436	3526	3638	3753	3870	3963	4078	4173
3437	3527	3639	3756	3871	3965	4079	4181
3439	3528	3642	3758	3873	3969	4080	4182
3441	3529	3643	3759	3874	3974	4082	4187
3443	3530	3644	3760	3876	3975	4085	4192
3450	3532	3645	3761	3885	3977	4086	4197
3451	3537	3647	3765	3886	3978	4088	4199
3452	3540	3649	3766	3887	3981	4090	4201
3453	3543	3651	3769	3890	3983	4094	4214
3454	3546	3654	3770	3891	3985	4097	4219
3456	3548	3656	3776	3894	3989	4104	4220
3457	3550	3666	3778	3896	3992	4105	4222
3461	3551	3667	3781	3897	3994	4106	4225
3462	3554	3672	3784	3899	3995	4112	4246
3464	3555	3675	3794	3909	3997	4114	4256
3469	3559	3681	3796	3911	4010	4115	4276
3470	3560	3682	3798	3912	4012	4116	4281
3471	3563	3683	3800	3913	4019	4123	4288
3474	3568	3689	3801	3915	4023	4124	4289
3476	3569	3694	3804	3917	4025	4125	4291
3482	3570	3697	3805	3918	4027	4129	4293
3483	3579	3698	3806	3920	4031	4130	4297
3484	3580	3701	3811	3924	4035	4132	4298
3487	3583	3703	3813	3925	4036	4135	4299
3491	3595	3704	3815	3926	4037	4136	4302
3492	3596	3707	3817	3929	4038	4139	4303
3493	3597	3710	3819	3931	4040	4141	4308

4312	4419	4580	4693	4752	4832	4889	4932
4313	4422	4586	4695	4756	4833	4890	4933
4315	4425	4587	4696	4762	4836	4891	4937
4316	4426	4593	4698	4764	4841	4892	4938
4318	4427	4608	4699	4768	4843	4893	4939
4319	4429	4609	4703	4770	4844	4894	4940
4321	4430	4610	4704	4772	4845	4895	4941
4322	4431	4613	4705	4779	4846	4896	4942
4331	4432	4617	4706	4781	4848	4897	4943
4334	4433	4620	4707	4782	4850	4898	4944
4337	4435	4623	4708	4783	4851	4899	4946
4346	4442	4624	4711	4784	4852	4901	4947
4356	4443	4625	4713	4789	4853	4902	4948
4357	4444	4626	4714	4790	4854	4903	4949
4364	4445	4627	4715	4791	4855	4905	4950
4366	4461	4628	4716	4793	4858	4906	4951
4368	4465	4629	4717	4797	4859	4907	4953
4369	4471	4639	4719	4799	4860	4908	4954
4370	4476	4648	4720	4800	4861	4909	4955
4371	4479	4650	4721	4801	4862	4910	4956
4373	4482	4653	4723	4802	4863	4911	4957
4375	4483	4654	4724	4803	4865	4912	4958
4377	4485	4659	4725	4804	4866	4913	4959
4379	4486	4660	4726	4805	4867	4914	4960
4380	4512	4665	4727	4806	4868	4915	4962
4383	4517	4666	4728	4808	4869	4916	4963
4388	4532	4667	4731	4809	4870	4917	4964
4389	4533	4669	4732	4812	4871	4918	4965
4394	4535	4671	4733	4814	4872	4919	4966
4395	4536	4672	4737	4817	4874	4920	4967
4396	4538	4675	4738	4818	4875	4921	4969
4399	4540	4676	4739	4820	4876	4922	4970
4400	4544	4677	4740	4821	4877	4924	4971
4401	4550	4678	4741	4822	4878	4925	4972
4405	4553	4684	4742	4823	4879	4926	
4407	4558	4685	4743	4824	4880	4928	
4408	4564	4686	4746	4826	4881	4929	
4415	4569	4687	4749	4827	4886	4930	
4416	4577	4689	4751	4831	4887	4931	

《殷周金文集成》单字出現頻度表

1. 此表統計數字是由上海傑申電腦排版有限公司沈康年先生提供。
2. 統計數字按出現頻度由高至低先後排列。
3. 每字前列該字在《引得》中的單字序號,後列該字在銘文中出現的次數。

4251 乍、作 …… 4359
4568 子 ……… 3719
0608 父 ……… 3386
2610 用 ……… 3244
1973 寶 ……… 3094
2565 孫 ……… 2531
4144 其(箕) … 1927
2918 王 ……… 1844
3021 永 ……… 1766
2549 彝 ……… 1631
4630 隮、尊 …… 1533
3980 年 ……… 1421
1237 之 ……… 1398
0027 伯(白) …… 988
4527 乙 ………… 982
4541 丁 ………… 919
1475 唯、隹 …… 889
3727 萬 ………… 843
4352 于 ………… 821
2936 亞 ………… 791
4506 公 ………… 731
4152 𣪘、皀(簋) ………………… 725
0129 大 ………… 723
4633 月 ………… 675
2962 祖 ………… 671
4551 辛 ………… 649
2861 旅 ………… 626
0535 考 ………… 607
2942 師、𠂤、帀 … 569
4567 癸 ………… 560
1436 吉 ………… 555
0467 令、[illegible]、[illegible] … 541
2919 皇、[illegible]、[illegible] … 528
0537 壽 ………… 522
4546 己 ………… 513
2340 賜 ………… 511
2135 享 ………… 495
2738 侯 ………… 493
0005 叔(弔) …… 479
4243 不 ………… 451
1678 鼎 ………… 429
3254 在(才) …… 428
0011 仲 ………… 425
0132 天 ………… 425
0252 女 ………… 425
0593 厥(氒) …… 425
4006 休 ………… 424
4519 十 ………… 424
1430 右 ………… 411
2922 工 ………… 411
3877 眉、釁(沬) ………………… 411
2641 戈 ………… 410
0389 文、玟 …… 405
4254 無、橆 …… 402
1519 曰 ………… 396
2285 鐘 ………… 391
2428 朕 ………… 388
2937 册 ………… 388
1541 自 ………… 387
2756 初 ………… 368
4513 余 ………… 367
1876 宮、𡧊、宮 … 359
4596 㠯、以 …… 353
0840 爲 ………… 352
0604 又 ………… 348
2941 事 ………… 342
2939 史 ………… 332
0987 正 ………… 331
2212 金 ………… 326
0784 敢 ………… 323
0829 揚 ………… 308
0001 人 ………… 299
1455 周 ………… 298
4453 對 ………… 298
1454 命 ………… 296
4501 五 ………… 296
2573 嗣 ………… 290
3343 疆、畕、畺、彊、疆 ………………… 288
0253 母 ………… 285
0307 姬 ………… 280
4500 亖、四 …… 280
2836 冉 ………… 277
4549 庚 ………… 276
4515 曾、曽、曾 … 268
0060 保 ………… 262
4282 𠂇、左 …… 255
1866 宗 ………… 244
4542 戊 ………… 244
4499 三 ………… 242
1693 既 ………… 237
1122 邁 ………… 236
2294 鑄、鈢 …… 233
2927 臣 ………… 231

3416 邦、邦 …… 220
4497 二 ………… 217
2399 車 ………… 216
0378 婦、帚 …… 215
4291 中 ………… 213
4632 亥 ………… 213
0245 粪、糞 …… 211
0133 夫 ………… 209
0435 立 ………… 209
3538 馬 ………… 207
1664 鬲 ………… 204
4646 日 ………… 204
1444 君 ………… 199
4206 生 ………… 193
0591 氏 ………… 192
0919 受 ………… 191
0532 孝、耈 …… 190
4261 乃 ………… 190
2312 貝 ………… 187
0197 首 ………… 186
4493 商、啇 …… 184
2697 我 ………… 182
4526 甲 ………… 181
4543 成 ………… 180
1152 從 ………… 178
3193 冶 ………… 177
0614 尹 ………… 173
2618 黃 ………… 173
0211 韻 ………… 170
0830 拜、捧 …… 170
4495 一 ………… 170
4503 六 ………… 170
4572 季 ………… 169
2624 百 ………… 165
2629 魯 ………… 164
4280 內 ………… 159
1877 室 ………… 158
2032 庫 ………… 158
0433 先 ………… 156
3192 冬 ………… 156
4505 八 ………… 156
2653 武、珷 …… 155
4265 小 ………… 154
2034 康 ………… 153
1695 壺 ………… 152
2627 者 ………… 150
0567 克 ………… 148
4267 多 ………… 147
3996 穆 ………… 146
3329 田 ………… 143
0236 顯 ………… 140
4571 孟 ………… 140
0297 姜 ………… 139
1438 各 ………… 139
1201 行 ………… 138
3892 屯 ………… 138
4271 上 ………… 138
0194 元 ………… 136
1758 簠、匿、笑(醢)
…………………… 135
2605 奠、隩 …… 133
2972 福 ………… 133
4566 豈、賁、嘡、徵
…………………… 130
3880 孚 ………… 129
3178 井 ………… 128
1686 罍 ………… 127
4000 穌 ………… 127
4350 乎(評) …… 127
2991 貞 ………… 125
2956 祈、旂、簪、旂
…………………… 124
1072 造、戠、艁、鋯、賠、
廍、遳、窖 …… 123
4190 剌 ………… 123
1208 衛、衞(衛)
…………………… 122
3862 角 ………… 122
4531 㓁、冂 …… 122
3448 鄦、鄦 …… 121
4582 矣、疑 …… 121
0502 鄉(饗) …… 119
0259 好 ………… 118
1433 台 ………… 118
4279 入 ………… 118
4518 九 ………… 118
1691 即 ………… 117
2810 新 ………… 117
4111 楚 ………… 114
0449 尸 ………… 112
1062 追 ………… 112
1190 德 ………… 111
4520 卄、廿(二十)
…………………… 111
2945 司 ………… 109
3014 霝 ………… 108
4638 霸 ………… 108
2676 肇、戊、肈、肇、肆
…………………… 107
0044 侁 ………… 106
0254 毋(母) …… 106
1886 官 ………… 106
4387 方 ………… 106
0207 頌 ………… 105
0877 龏 ………… 105
1555 眔 ………… 105
2617 赤 ………… 105
3961 蔡 ………… 105
1171 得 ………… 104
3772 魚 ………… 104
2763 則 ………… 103
1314 緣 ………… 100
1431 𩰫、𪉺(召)
…………………… 100
3250 光 ………… 100
4255 有 ………… 100
2582 玄 ………… 99
4592 辰 ………… 99
4270 下 ………… 98
0585 齊 ………… 97
2500 市、芾 ……… 97
4250 匄(丏) …… 97
4642 夙 ………… 97
0876 斁、擇 ……… 96
3668 虢 ………… 96
1513 器 ………… 95
1829 喜 ………… 95
2335 賓 ………… 95
4590 寅 ………… 95
0010 伐 ………… 94
2699 義 ………… 94
4554 辟 ………… 94
4601 酉 ………… 94
1445 告 ………… 92
1632 飤 ………… 92
2422 般 ………… 92
1212 廷 ………… 91
1505 單 ………… 91
0612 友 ………… 90
2952 祀 ………… 90
2314 朋 ………… 89
2646 妯、戎 ……… 89
4504 七 ………… 89
0678 攻 ………… 88
3825 也 ………… 88
4530 丙 ………… 88
3405 邑 ………… 87
4342 明、朙 ……… 87
4384 ㄦ、ㄦ(尺) … 87
1749 盨、鎮、槙 … 86
2862 旂 ………… 86
3719 獸(獸形銘)
…………………… 86
0298 姑 ………… 85
0569 北 ………… 85
4004 朱 ………… 84

4563 壬 ………… 84
1173 御 ………… 83
0679 攸 ………… 82
1335 音 ………… 82
3141 濁 ………… 82
0153 鼄 ………… 81
1461 時(詩) …… 81
4205 南 ………… 81
4597 午 ………… 81
0075 倗 ………… 80
0566 吳 ………… 80
3621 獻、虘 ……… 80
2187 瘨 ………… 79
4193 東 ………… 78
1164 征、正 ……… 77
4257 是 ………… 77
4494 西 ………… 77
1432 釁、召 ……… 76
2420 舟 ………… 76
3908 若 ………… 76
4591 卯 ………… 76
1333 善 ………… 75
1653 餴、饙(饋) … 75
4434 宁 ………… 75
0733 敬、苟 ……… 74
2464 衣 ………… 74
2731 弗 ………… 74
3266 坪 ………… 74
0468 卲、琊 ……… 73
0640 叡(敱、攎) … 73
1887 客、㝛 ……… 73
2592 句 ………… 73
3571 羊 ………… 73
4353 平 ………… 73
4599 申 ………… 73
0382 身 ………… 72
3357 降、夅 ……… 72
2695 戉(鉞) …… 71
4266 少 ………… 71
4640 夕 ………… 71
0004 弔(吊) …… 70
4084 樂 ………… 70
4262 迺 ………… 70
2920 士 ………… 69
4249 亡 ………… 69
1240 至 ………… 68
2356 賸 ………… 68
3661 虎 ………… 68
4232 嗇(穡) …… 68
0047 使、使 ……… 67
1821 鼓 ………… 67
1889 家 ………… 67
2778 割 ………… 67
2133 京 ………… 66
0611 反 ………… 65
2140 高 ………… 65
4264 此 ………… 65
1587 君 ………… 64
2099 門 ………… 64
3383 陞、陳 ……… 64
3853 於 ………… 64
2816 冊 ………… 63
4547 異 ………… 63
0282 妥 ………… 62
3834 雍 ………… 62
2650 或 ………… 61
2902 㚔、幸(梏) … 61
2909 敎(撻) …… 61
4001 木 ………… 61
4469 今 ………… 61
3900 茉 ………… 60
4439 甬 ………… 60
0602 死 ………… 59
1551 相 ………… 59
2589 茲、兹 ……… 59
0526 兄、倪、侼 … 58
3253 土(垐) …… 58
3509 鼈 ………… 58
3515 山 ………… 58
4462 肄(洗) …… 58
3372 陽 ………… 57
0507 見 ………… 56
1712 盂、錳 ……… 56
1814 豐 ………… 56
2440 勒 ………… 56
4248 昜 ………… 56
1230 登 ………… 55
2137 亯、就 ……… 55
3336 畯、畂 ……… 55
4239 㚔、禣(祓) … 55
0694 政 ………… 54
2984 齊、齋 ……… 54
0565 矢(仄) …… 53
0999 走 ………… 53
1527 曆、㬝 ……… 53
2341 賞、賫 ……… 52
4451 彔 ………… 52
0712 攺、啟、啓 … 51
0966 世 ………… 51
1855 安 ………… 51
2327 貯、賍 ……… 51
2495 黹 ………… 51
4521 卅(三十) … 51
0560 喬 ………… 50
1064 逆 ………… 50
4284 卑 ………… 50
4381 吕、呂 ……… 50
4449 兩 ………… 50
4589 羞 ………… 50
0666 寺 ………… 49
0990 歲、戢 ……… 49
1898 宰 ………… 49
3986 秦 ………… 49
4631 戌 ………… 49
4643 夜 ………… 49
0550 冢 ………… 48
1336 章 ………… 48
1485 咸 ………… 48
1720 盉、[illegible] ……… 48
4052 沙、梁 ……… 48
1690 齋 ………… 47
1853 守 ………… 47
2503 帥 ………… 47
2576 鬻 ………… 47
3677 虔 ………… 47
4005 焚、棼 ……… 47
4769 [illegible]、[illegible]、[illegible] … 47
0135 亦 ………… 46
1228 乘、㮔 ……… 46
1572 省 ………… 46
2144 [illegible]、[illegible]、㫗(厚) ………… 46
2593 叀 ………… 46
2700 弓 ………… 46
2960 神 ………… 46
3185 彘 ………… 46
4247 勿 ………… 46
4325 匽 ………… 46
0586 長 ………… 45
0623 秉 ………… 45
0834 孚、俘 ……… 45
1622 雁、膺 ……… 45
4647 且 ………… 45
0385 殷 ………… 44
0686 牧 ………… 44
1001 徒、辻 ……… 44
1344 心 ………… 44
1532 聖 ………… 44
2833 畢 ………… 44
3475 鄁(邰) …… 44
4185 朿(刺) …… 44
0146 豕(豭、豣) … 43
1182 微、敚 ……… 43
1232 出 ………… 43
1707 辪 ………… 43
2261 鋸 ………… 43

2612 葡、箙 ……… 43
4324 匹 ………… 43
4474 舍 ………… 43
0028 何 ………… 42
0276 妣、处 ……… 42
1508 襄、丫、丫(攘) ………………… 42
3212 庶 ………… 42
3730 蔑 ………… 42
3789 鼄(蛛) …… 42
4409 國 ………… 42
4594 巳 ………… 42
0711 寇 ………… 41
1520 曶 ………… 41
2740 射 ………… 41
2748 刀 ………… 41
3007 雩、雩 ……… 41
0681 攺(托) …… 40
2139 辜(辜) …… 40
2701 引、弜 ……… 40
3734 鳥 ………… 40
0632 隻、獲、穫 … 39
1537 職 ………… 39
1875 宜 ………… 39
3319 堇 ………… 39
4548 庚(庚) …… 39
4735 [illegible] … 39
1269 詐 ………… 38
1535 䎽、聞、婚 … 38
1539 聑(璃) …… 38
2425 俞 ………… 38
2666 戟、戎、鉾、鉞、戴、旇、戟 ………… 38
1638 酓、歙、飲 … 37
2026 府、廥 ……… 37
2047 廟 ………… 37
2381 琱 ………… 37
2460 皮 ………… 37
2734 矢 ………… 37
2906 執 ………… 37
3276 城、䧙 ……… 37
3506 里 ………… 37
3847 集 ………… 37
4598 未 ………… 37
4757 [illegible] ………………… 37
1561 罠 ………… 36
2457 韓 ………… 36
3718 冒 ………… 36
3998 鮇、穌 ……… 36
0026 台(佁) …… 35
0198 醢、醢(醢) … 35
0699 敹(養) …… 35
0707 敔 ………… 35
0815 手 ………… 35
0846 共 ………… 35
1581 而 ………… 35
1834 料、半 ……… 35
2368 玉 ………… 35
2803 所 ………… 35
3693 龍 ………… 35
3979 禾 ………… 35
4338 爻 ………… 35
4349 兮 ………… 35
4565 望 ………… 35
0200 皀(嚮) …… 34
0387 監 ………… 34
0779 數 ………… 34
1131 遽 ………… 34
1367 恖(悛) …… 34
1745 盤、盤、盤、鎜 ………………… 34
3869 毛 ………… 34
0287 姑 ………… 33
0511 覞、䫉、顛、覞(景) ………………… 33
0521 允 ………… 33
0590 民 ………… 33
1529 耳 ………… 33
2284 鏐 ………… 33
2611 甫 ………… 33
2647 戕、戕、戕、戒 ………………… 33
4184 華 ………… 33
4274 尚 ………… 33
4523 千 ………… 33
4670 晉 ………… 33
0156 軷、祜 ……… 32
0275 妊 ………… 32
0284 姛、㚻、娒、姛、[illegible](姒) ………… 32
0588 重 ………… 32
1177 復、复 ……… 32
1248 訊 ………… 32
1295 誒、冒 ……… 32
1575 目(瞿) …… 32
1832 斗 ………… 32
2865 族 ………… 32
2924 矩、䑀 ……… 32
2961 祇、祇 ……… 32
3297 墉、章 ……… 32
3808 蛭 ………… 32
4556 辥、辪 ……… 32
4636 期、㫷、春 … 32
4641 外 ………… 32
0325 媿 ………… 31
0352 贏 ………… 31
0459 犀 ………… 31
0582 亽、◆(齊) … 31
0848 丞 ………… 31
0918 寽(捋) …… 31
1007 趄 ………… 31
1662 旨 ………… 31
1740 益 ………… 31
1781 卹、恤 ……… 31
2531 緐、鋼、繁 … 31
2599 丌、六(基) … 31
3533 丘 ………… 31
0339 嬶 ………… 30
1166 後 ………… 30
1443 同 ………… 30
2424 服 ………… 30
2571 釐 ………… 30
2622 白 ………… 30
2729 弜 ………… 30
4122 竹 ………… 30
4348 寧 ………… 30
4466 晝 ………… 30
4744 [illegible] ………………… 30
0074 倫(伶) …… 29
0093 僕 ………… 29
0285 始 ………… 29
0300 威 ………… 29
0939 娸 ………… 29
0947 埶、坴、槷、秇、埶(藝) ………… 29
1158 彶(延、誕) … 29
1409 慶 ………… 29
1828 嘉 ………… 29
2296 鏞 ………… 29
2835 率 ………… 29
2938 嗣、㪟、望、昇、孿 ………………… 29
3172 州 ………… 29
3547 駁、馭 ……… 29
3722 番 ………… 29
3881 翏 ………… 29
3933 春 ………… 29
4252 望 ………… 29
4283 差 ………… 29
0048 佩 ………… 28
0265 妃 ………… 28
0933 丮 ………… 28
1226 夏 ………… 28
1512 嚴 ………… 28

1743	盞	28
1746	盥	28
3558	牛	28
4306	匜、鉇	28
4588	丑	28
0609	及	27
0622	取、耿	27
0626	叚	27
0865	具	27
1063	屰	27
1576	叟、叓	27
1606	散	27
1895	宔、室	27
2839	再	27
2844	楠、[illegible]	27
3093	淄	27
3503	邵	27
3589	犬	27
3907	折	27
3935	萃	27
4344	亐	27
4514	豙(墜)	27
4683	參	27
0205	須	26
0326	娟(妘)	26
0501	卿	26
0668	專	26
0948	鼎(纘)	26
0978	前	26
1528	舌	26
1854	[illegible]、[illegible]、[illegible]	26
2266	鍾	26
2591	丩(糾)	26
2595	疐	26
2655	戜(疼)	26
2657	戚、蔵	26
2923	巨	26
3177	侃	26
3365	陵	26
3445	都	26
3674	虖	26
3930	葬(莽)	26
4253	喪	26
4382	乇	26
4460	書	26
4507	分	26
0664	矧、矤	25
0981	歸	25
1564	賜	25
1583	肖	25
1663	嘗、棠	25
1856	向	25
2217	欽	25
2628	智	25
2796	刃	25
3252	戠	25
3824	它	25
4272	帝	25
4428	良	25
4459	聿	25
4463	鉼(鋭)	25
0061	伹、信	24
0138	夸	24
1079	迵、通	24
1213	建	24
1353	忘	24
1507	靁	24
1536	職、緎	24
1839	比	24
1863	宋	24
2259	鋁	24
2585	幽	24
2616	彤	24
3391	陳(陳)	24
3893	每	24
4164	來	24
4215	劦	24
4258	非	24
4292	串	24
4361	冖、冋(坰)	24
4776	日、日、口、日	24
0921	爰	23
1112	遣	23
1113	遅(遲)	23
1181	徲(徲)	23
1705	卣、卣	23
2640	靜	23
2671	截(屠)	23
2758	利	23
3363	陰、隂、陰	23
3678	虘	23
3785	龜	23
3852	烏	23
4355	丏	23
4374	厶、私	23
4524	協	23
4529	孔	23
0053	免	22
0346	嬰	22
0524	兒	22
0625	沓(友)	22
0710	敀、殸、敳(捁)	22
1089	遲、徲	22
1128	通	22
1417	懋	22
1483	啻	22
2045	廣	22
2253	鍺	22
3095	淮	22
3157	灋(法)	22
4158	箭(箸)	22
4223	勵(擢)	22
4390	員	22
0244	臾	21
0695	攸、伇(祚)	21
1238	生、往	21
1337	許、許	21
1434	可	21
1603	脣	21
1802	缶、鈽、鑪	21
1933	寢	21
2147	厚	21
2594	惠	21
2726	鬻、鬻、鬻	21
2901	韓、朝	21
2914	盤、盤	21
3332	男	21
3544	駒	21
3684	虞(虞)	21
3779	鮮	21
4142	節	21
4189	束	21
4310	匡(筐)	21
4402	固	21
0199	縣	20
0251	異	20
0348	嫌	20
0441	竝、並(普)	20
0523	兑	20
0527	蜺	20
0856	奉	20
0925	叒	20
0929	興	20
1334	競	20
1950	寮(僚)	20
2225	鈛(鍋)	20
2606	巽、巴	20
2644	戍	20
2932	臧、臧	20
3116	湯	20
3186	橐	20
3222	滕	20
3696	豫、豫	20
3856	[illegible]、鹵、凷	20

4188 朿 ………… 20
4235 倉 ………… 20
4259 古 ………… 20
4340 爾 ………… 20
4343 盟、盟、盟 … 20
4456 肄、肆 ……… 20
4759 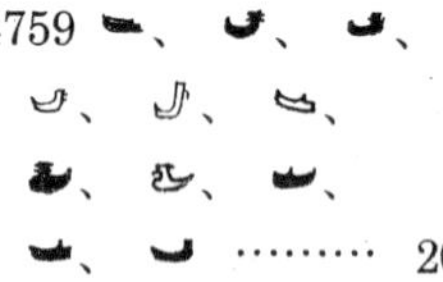 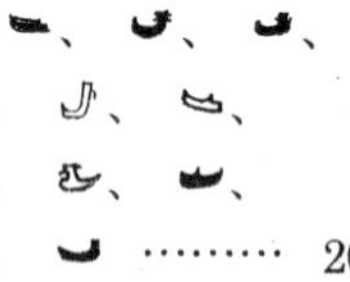 ……… 20
0447 墳(坿) …… 19
0533 耇、考 ……… 19
0693 敀 ………… 19
0995 疋 ………… 19
1163 彶 ………… 19
1379 恩 ………… 19
1411 害、憲 ……… 19
1820 甗 ………… 19
1826 彭 ………… 19
1871 定 ………… 19
1894 害 ………… 19
2027 应、立(位) … 19
2444 㔶(鞃、韔) … 19
2506 帛 ………… 19
2964 祜、宿 ……… 19
3111 游 ………… 19
3150 濼 ………… 19
3534 谷 ………… 19
3572 羌 ………… 19
3623 豕 ………… 19
3641 瞿(玃) …… 19
4033 柞、筰 ……… 19
4050 格 ………… 19
4411 瞏(圜) …… 19
4475 會 ………… 19
4602 配 ………… 19
4657 昔 ………… 19
4662 翌、翊(昱) … 19
4663 祖 ………… 19
0131 亢 ………… 18
0531 老 ………… 18
0577 匜 ………… 18
0945 嬰、淇(淇) … 18
1151 从 ………… 18
1360 念、念 ……… 18
1665 鬲 ………… 18
1752 盩、鐘、鐘、亯 ………………… 18
1833 升 ………… 18
1852 宅 ………… 18
1909 宄 ………… 18
2332 賁、賸 ……… 18
2391 璋 ………… 18
2415 鞋、韋(韋) … 18
2598 處 ………… 18
2820 干 ………… 18
2898 旋 ………… 18
3023 兼 ………… 18
3418 邶(越) …… 18
3724 禹 ………… 18
3745 鳶、鳶 ……… 18
3835 雋 ………… 18
4210 耒 ………… 18
4231 蕾(櫐) …… 18
4472 僉 ………… 18
0134 交 ………… 17
0639 鼖 ………… 17
0689 更 ………… 17
0701 效 ………… 17
0851 佾(送) …… 17
0857 兵 ………… 17
0904 晨 ………… 17
1287 誓 ………… 17
1376 息 ………… 17
1904 隺 ………… 17
2016 竈、竈 ……… 17
2232 鈴、鈴 ……… 17
2252 鍊 ………… 17
2326 買 ………… 17
2463 裘 ………… 17
2601 典 ………… 17
2999 畏 ………… 17
3283 堵、賭 ……… 17
3440 郐(徐) …… 17
3660 能 ………… 17
3726 禽 ………… 17
3740 鳴 ………… 17
4009 杞 ………… 17
4332 凡 ………… 17
0040 佃 ………… 16
0155 㚔(㝇) …… 16
0379 歸(嬀) …… 16
0786 敖(扶) …… 16
1134 還 ………… 16
1278 訔(讙) …… 16
1556 昊、昊(瞚、瞬) ………………… 16
1698 爵 ………… 16
2089 厲 ………… 16
2291 鐱(劍) …… 16
2400 軍 ………… 16
2757 [illegible]、[illegible]、刞 … 16
2783 罰 ………… 16
2847 戈 ………… 16
2928 臤(賢) …… 16
2959 祝 ………… 16
2973 祼 ………… 16
3259 均 ………… 16
3441 郡 ………… 16
3501 郿(應) …… 16
3510 石 ………… 16
3613 獏、貘 ……… 16
3655 㚔(豩) …… 16
3774 鱻、漁 ……… 16
3780 虞 ………… 16
4107 林 ………… 16
4358 亘 ………… 16
4454 弟 ………… 16
0018 伊 ………… 15
0086 備 ………… 15
0092 傳 ………… 15
0309 媚 ………… 15
0442 竟 ………… 15
0573 髭 ………… 15
0587 娠、娠 ……… 15
0909 農 ………… 15
1074 遲 ………… 15
1179 徙、徙(蹝) … 15
1600 胆 ………… 15
1697 懿 ………… 15
2717 弭 ………… 15
2908 [illegible]、[illegible]、拳 … 15
3005 雩(澌) …… 15
3041 沚 ………… 15
3217 責 ………… 15
3292 賸(塍) …… 15
3359 陟 ………… 15
3670 虢、虢、虒、虒 ………………… 15
3816 蚀 ………… 15
4029 桒 ………… 15
4237 耑 ………… 15
4570 字 ………… 15
4750 [illegible]、[illegible] ……… 15
4796 [illegible]、[illegible](支) … 15
0006 付 ………… 14
0283 姒、姒 ……… 14
0349 嫣 ………… 14
0398 次 ………… 14
0475 [illegible]、卷 ……… 14
0735 [illegible]、教、榖 … 14
0977 豈、昰(逗、超) ………………… 14
1024 趚 ………… 14
1055 徙(延、辿) … 14
1142 遼 ………… 14

1170 徙 ………… 14
1299 誎 ………… 14
1577 嬰、睽 ……… 14
1937 寡 ………… 14
1968 㾓 ………… 14
2092 鬳 ………… 14
2331 賃 ………… 14
2342 賙(貯) …… 14
2442 斮 ………… 14
2673 戠 ………… 14
2801 斤 ………… 14
3034 沙 ………… 14
3309 堂、堂 ……… 14
3362 陸 ………… 14
3473 鄩 ………… 14
3519 岡 ………… 14
3787 黽、黽 ……… 14
3810 蝠 ………… 14
3831 隹、唯 ……… 14
3851 烏 ………… 14
4016 杜 ………… 14
4070 楷 ………… 14
4121 椒(撒) …… 14
4163 菽(叔) …… 14
4260 才 ………… 14
4392 𢆶、𢆶(䜌) … 14
4470 合 ………… 14
4552 辥、辥(辪) … 14
4595 已 ………… 14
0002 仁、𡰥 ……… 13
0213 頡 ………… 13
0845 弁 ………… 13
1099 道 ………… 13
1107 𨖷、𨖷、𨕴、𨗆、遭、
傳、傳 ………… 13
1265 訶 ………… 13
1469 哲 ………… 13
1522 曹 ………… 13
1546 目 ………… 13

1708 𩏁、秬 ……… 13
1811 豊(禮) …… 13
2119 闢、闢 ……… 13
2159 疾 ………… 13
2301 鑐(饙) …… 13
2456 載 ………… 13
2488 褱(懷) …… 13
2588 𦃃、𦃃、𦃃(紂)
………………… 13
2633 黛(縓) …… 13
2868 旃 ………… 13
2880 旟 ………… 13
3066 洹 ………… 13
3435 郢 ………… 13
3449 䣙 ………… 13
3720 鼉 ………… 13
3999 穖(秣) …… 13
4110 楙(茂) …… 13
4441 圅(函) …… 13
4452 業、䕫、䕫 … 13
4464 隶 ………… 13
4480 龠 ………… 13
4522 卌(四十) … 13
4619 醴 ………… 13
0064 俗 ………… 12
0081 眔 ………… 12
0432 㚸 ………… 12
0777 獻 ………… 12
0898 樊 ………… 12
0952 𠦪 ………… 12
0989 步 ………… 12
1029 遣(遣) …… 12
1053 延(征) …… 12
1106 適 ………… 12
1175 游、遊 ……… 12
1204 衍(征) …… 12
1393 愓 ………… 12
1456 𠷎、𠷎(周) … 12
1462 哀 ………… 12

1617 膚 ………… 12
1810 豆 ………… 12
1928 袁 ………… 12
2044 甗 ………… 12
2121 闌、𩰫、𩰫 … 12
2204 膭 ………… 12
2254 鍿、鏷 ……… 12
2441 靭 ………… 12
2558 䜌、䜌 ……… 12
2590 幾 ………… 12
2888 旜、旜 ……… 12
2890 旗、旟 ……… 12
2900 𠂤 ………… 12
2947 后 ………… 12
3009 雷 ………… 12
3033 江 ………… 12
3860 牙、𨑊、齖 … 12
4091 檜 ………… 12
4227 啚(鄙) …… 12
4420 𣎆 ………… 12
4482 鰰 ………… 12
4509 必 ………… 12
4539 令、令、令、令(鈴)
………………… 12
4585 學 ………… 12
0147 奚 ………… 11
0218 䫏、䫏 ……… 11
0286 妹 ………… 11
0539 匀 ………… 11
0546 匋 ………… 11
0548 甫 ………… 11
0581 脊、脊 ……… 11
0691 敄 ………… 11
1057 述 ………… 11
1172 徠、逨 ……… 11
1448 和、和 ……… 11
1463 哉 ………… 11
1593 胤 ………… 11
1710 皿、鈿 ……… 11

1824 壴(鼓) …… 11
1900 宴 ………… 11
1932 㝛、㝛(匋) … 11
2142 亳 ………… 11
2278 鏄 ………… 11
2316 賁、賁 ……… 11
2394 辟、辟、璧 … 11
2401 較、較(較) … 11
2409 輔 ………… 11
2528 𢦏、織 ……… 11
2602 畀 ………… 11
2683 戲 ………… 11
2705 弢(發) …… 11
2837 再 ………… 11
2926 靁、霝、靁、靈
………………… 11
2944 𠂤、師(次) … 11
2970 祭 ………… 11
3075 涉 ………… 11
3120 渫 ………… 11
3128 溓(濂) …… 11
3131 滄、𧗳(衍) … 11
3139 漆、桼 ……… 11
3330 由 ………… 11
3495 鄭 ………… 11
3582 群 ………… 11
3679 虞 ………… 11
3759 鴹(鷸) …… 11
4022 枬(楠) …… 11
4167 麥 ………… 11
4212 力 ………… 11
4228 稟、廩 ……… 11
4234 牆 ………… 11
4245 杯 ………… 11
4273 旁 ………… 11
4294 丰、丰、丰、丰
………………… 11
4327 匿 ………… 11

4418 圖 ………… 11
4433 歀 ………… 11
4437 竚 ………… 11
4458 肅 ………… 11
0257 妄 ………… 10
0263 妖 ………… 10
0388 臨 ………… 10
0395 產、㢙 ……… 10
0457 屄(殿) …… 10
0522 堯(无) …… 10
0576 臣、𦣝 ……… 10
0709 敏、勄 ……… 10
1085 隹、進 ……… 10
1108 遘 ………… 10
1216 夅 ………… 10
1250 許 ………… 10
1262 訇(訽) …… 10
1354 忌 ………… 10
1395 愈 ………… 10
1440 名 ………… 10
1647 餩 ………… 10
1714 盄 ………… 10
1750 滷(鹹) …… 10
1807 壘、罍、櫑 … 10
1883 宣 ………… 10
2395 瓚 ………… 10
2429 朕 ………… 10
2477 裏 ………… 10
2508 糸(絲) …… 10
2509 絲 ………… 10
2570 䌛、䌛 ……… 10
2579 綸、紟、紷(給) ………………… 10
2639 青 ………… 10
2685 鬣 ………… 10
2772 剖 ………… 10
2806 斯 ………… 10
3065 洛 ………… 10
3146 澗 ………… 10
3240 雔、雙 ……… 10
3256 夅 ………… 10
3277 垣、䩀 ……… 10
3326 䩲、堣 ……… 10
3410 邛、㳅(江) … 10
3624 豖 ………… 10
3775 鱻、敏 ……… 10
3829 羸、羸 ……… 10
3849 奪 ………… 10
3921 荆 ………… 10
3923 莫 ………… 10
4003 末 ………… 10
4026 析 ………… 10
4133 筍、笱 ……… 10
4159 篖(筥) …… 10
4263 弋 ………… 10
4335 亟 ………… 10
4339 爽 ………… 10
4424 肙 ………… 10
4680 易 ………… 10
4729 [illegible]、戊 ……… 10
0235 [illegible]、[illegible](頂) … 9
0264 妣 …………… 9
0324 媵、嬇、孌 …… 9
0365 嫿、姪 ……… 9
0469 夀(敖) ……… 9
0564 翅(翄) ……… 9
0589 量 …………… 9
0605 叉 …………… 9
0855 弄 …………… 9
0896 [illegible]、[illegible](攀) … 9
0959 印 …………… 9
1032 趩(趯) ……… 9
1135 遵(蹲) ……… 9
1214 延 …………… 9
1243 言 …………… 9
1392 偬(愆) ……… 9
1473 哴(讓) ……… 9
1474 唐 …………… 9
1488 嗌 …………… 9
1531 聽 …………… 9
1554 眂、覞、視 …… 9
1675 鬻、煴 ……… 9
1701 罟 …………… 9
1748 盧 …………… 9
1873 宕 …………… 9
2124 闟(閎) ……… 9
2152 覃 …………… 9
2251 鋗 …………… 9
2270 鍨(戣) ……… 9
2520 緅、組 ……… 9
2538 綰 …………… 9
2887 旜、旃(杠) … 9
3076 淫 …………… 9
3333 畜 …………… 9
3341 晦 …………… 9
3369 陾、隔 ……… 9
3609 猷 …………… 9
3618 獿 …………… 9
3842 雔 …………… 9
3895 熏 …………… 9
3968 薦 …………… 9
3981 秉 …………… 9
4068 梀 …………… 9
4177 槃 …………… 9
4289 丨、丨(棍) … 9
4333 亘 …………… 9
4792 [illegible]、[illegible]、[illegible](規) ……………………… 9
4816 [illegible]、[illegible] ……… 9
0062 佰 …………… 8
0322 [illegible] …………… 8
0347 [illegible] …………… 8
0350 嫖 …………… 8
0355 嫻、媥 ……… 8
0473 邲(邲) ……… 8
0512 親 …………… 8
0558 奔 …………… 8
0617 取(担) ……… 8
0696 故 …………… 8
0708 敗 …………… 8
0878 彝、彝、彝(勛) ……………………… 8
0928 與 …………… 8
0941 𡉚(封) ……… 8
0963 止(趾) ……… 8
1028 趣、趣 ……… 8
1051 返 …………… 8
1068 逭 …………… 8
1077 連 …………… 8
1129 遺 …………… 8
1220 麦 …………… 8
1272 詔 …………… 8
1350 恖、恖(順) … 8
1446 吾 …………… 8
1517 品 …………… 8
1631 食 …………… 8
1725 盛 …………… 8
1846 舀 …………… 8
1962 富(福) ……… 8
2021 庐(斥) ……… 8
2070 唇(唇) ……… 8
2122 闢 …………… 8
2148 歇(嘐) ……… 8
2168 痤 …………… 8
2177 瘨 …………… 8
2218 鈞 …………… 8
2223 釿 …………… 8
2239 銅 …………… 8
2292 鐸 …………… 8
2321 責 …………… 8
2349 賢、贒 ……… 8
2353 [illegible]、豚 ……… 8
2408 載 …………… 8
2412 輶(輶) ……… 8
2419 [illegible]、[illegible](輻) … 8
2439 革 …………… 8

2449 轉 …… 8	0451 尼 …… 7	2567 繇 …… 7	4489 瀪(沬) …… 7
2462 求 …… 8	0455 居 …… 7	2609 且 …… 7	4502 ⋈(网、五) … 7
2581 韍、紼 …… 8	0478 鄧(倢) …… 7	2613 庸 …… 7	4561 童 …… 7
2632 黑 …… 8	0536 亹、亹(耄) … 7	2762 刿(刿) …… 7	4758 ■、口、■ …… 7
2649 戔 …… 8	0635 曼 …… 7	2855 斿 …… 7	0049 侄 …… 6
2860 旃 …… 8	0669 專、裹、專(轉) …… 7	2866 旋 …… 7	0136 [illegible] …… 6
3011 需、雯 …… 8	0680 孜(捍) …… 7	2907 圉 …… 7	0210 碩 …… 6
3032 池 …… 8	0714 敚(捝、脱) … 7	2921 壯、壯 …… 7	0225 顏 …… 6
3202 烝、聋 …… 8	0774 繳 …… 7	3004 雨 …… 7	0250 巩(掔) …… 6
3246 袋、彝(衮) … 8	0793 殳 …… 7	3020 乞 …… 7	0256 奴 …… 6
3268 坡、波 …… 8	0797 段(鍛) …… 7	3085 減 …… 7	0274 姅 …… 6
3321 艱 …… 8	0803 殹 …… 7	3117 涵 …… 7	0401 吹 …… 6
3490 鄂(鄂) …… 8	0847 承 …… 7	3175 巠(經) …… 7	0465 卩 …… 6
3564 牲 …… 8	0890 [illegible] …… 7	3244 炎 …… 7	0466 厄、軛 …… 6
3631 兔 …… 8	0907 叀 …… 7	3423 邦 …… 7	0500 卿(佮) …… 6
3695 象 …… 8	0910 鼎 …… 7	3575 羊 …… 7	0592 氏 …… 6
3733 舊 …… 8	0935 巩 …… 7	3581 筆(彝) …… 7	0629 叟 …… 6
3739 翟(鳳) …… 8	0973 屋、迟 …… 7	3593 狄 …… 7	0646 燮 …… 6
3826 鼏、羸 …… 8	1038 巡 …… 7	3601 狄、豩(獮) … 7	0715 救、救 …… 6
3840 雞、鷄 …… 8	1119 逋、遰 …… 7	3602 狽 …… 7	0726 敓、毀(拎) … 6
3872 毳 …… 8	1206 衡 …… 7	3604 猒 …… 7	0841 家(嫁) …… 6
3888 翼(龔) …… 8	1375 恒 …… 7	3629 豚 …… 7	0850 冎、冎 …… 6
4079 棺(槨) …… 8	1383 悆 …… 7	3652 色 …… 7	0859 㔷(抦) …… 6
4191 束 …… 8	1530 耴 …… 7	3669 虢、虢 …… 7	0960 印 …… 6
4295 丅、丅、幵、幵、幵(笄) …… 8	1584 肩(肩) …… 7	3708 麗、丽 …… 7	0964 叚(退) …… 6
4345 粤(甹) …… 8	1716 盆 …… 7	3747 鳧、鳧(鳧) … 7	0965 叕(翌) …… 6
4467 [illegible]、妻(晝) … 8	1722 盍 …… 7	3839 隼、離 …… 7	1016 趙 …… 6
4525 博、轉、搏 …… 8	1773 [illegible]、[illegible](啞) … 7	3876 屬 …… 7	1017 趌 …… 6
4658 昌 …… 8	1792 啬 …… 7	4019 牀 …… 7	1058 迮 …… 6
0029 夾 …… 7	1803 釜(釜) …… 7	4039 亲 …… 7	1101 遄 …… 6
0095 樊 …… 7	1843 真 …… 7	4165 乘、秭 …… 7	1110 遠 …… 6
0157 聑、聑(聯) … 7	1862 宁(牀) …… 7	4174 粱 …… 7	1153 并 …… 6
0201 媇(髮) …… 7	1910 寓 …… 7	4196 橐 …… 7	1176 徝(遉、躏) … 6
0212 頪 …… 7	1919 寏(院) …… 7	4202 索 …… 7	1242 䌛、綮、棄、叕(巠) …… 6
0295 姚 …… 7	2286 鐈 …… 7	4301 彡 …… 7	1249 訟 …… 6
0306 婞 …… 7	2525 聅(聯) …… 7	4363 市 …… 7	1266 謌(歌) …… 6
0408 歔(嘸) …… 7	2532 綳、紹 …… 7	4399 因 …… 7	1301 諱 …… 6
0443 竛、玲 …… 7	2546 縈、[illegible] …… 7	4403 咕(固) …… 7	1317 議 …… 6
		4465 隸 …… 7	

1321 譼、謰 ……… 6
1361 恧、愸 ……… 6
1365 宖、怍 ……… 6
1381 隥(憪) ……… 6
1396 意 ……… 6
1428 口 ……… 6
1524 甘 ……… 6
1567 翰(看) ……… 6
1588 肯 ……… 6
1627 脺 ……… 6
1709 鬱 ……… 6
1739 旛(魯) ……… 6
1753 無(甒) ……… 6
1759 齍、盡、齋(粢) ……… 6
1838 匕 ……… 6
1859 宇 ……… 6
1868 府(府) ……… 6
1874 宔(主) ……… 6
1905 寍 ……… 6
1914 寣(祜) ……… 6
1917 富 ……… 6
1927 寣 ……… 6
1931 寑 ……… 6
1942 察 ……… 6
1987 富(宫) ……… 6
2056 厎、𠧟(庈) … 6
2082 厩(厩) ……… 6
2084 厰 ……… 6
2107 閔 ……… 6
2156 疥 ……… 6
2193 斯 ……… 6
2194 附(府) ……… 6
2236 銘 ……… 6
2242 鉡(戟？) ……… 6
2245 鍪 ……… 6
2282 鎗 ……… 6
2283 鏓 ……… 6
2290 鏕 ……… 6
2355 贇(賚) ……… 6
2451 韋 ……… 6
2510 紉、絶 ……… 6
2615 丹 ……… 6
2661 戜 ……… 6
2678 戰 ……… 6
2723 彌、彌 ……… 6
2732 弼 ……… 6
2838 佣(倗) ……… 6
2841 冄 ……… 6
2850 㫃 ……… 6
2905 睪、嶧(籥) … 6
2911 報 ……… 6
2930 賠 ……… 6
2949 示、▼、▼ ……… 6
2983 禦 ……… 6
2989 卜 ……… 6
3171 川 ……… 6
3208 熋 ……… 6
3255 圭 ……… 6
3269 封、髾 ……… 6
3322 難 ……… 6
3371 陶 ……… 6
3386 陧 ……… 6
3460 鄔(鄴) ……… 6
3480 無、鄦、鄦 ……… 6
3508 埜 ……… 6
3566 犀、犀 ……… 6
3657 魯 ……… 6
3673 虘、虘 ……… 6
3680 虞 ……… 6
3690 貉 ……… 6
3701 麀 ……… 6
3871 秠 ……… 6
3875 屈 ……… 6
3889 屮、屮 ……… 6
3948 蒿、蓳 ……… 6
3984 秭 ……… 6
3990 稅(秡) ……… 6
3993 稻 ……… 6
4020 采 ……… 6
4069 粲(槃) ……… 6
4130 符 ……… 6
4211 耤、藉 ……… 6
4213 加 ……… 6
4300 彤 ……… 6
4303 彫 ……… 6
4376 曲 ……… 6
4398 囝 ……… 6
4442 丙、酉 ……… 6
4560 妾 ……… 6
4562 辭、辭 ……… 6
4581 孯 ……… 6
4634 胐 ……… 6
4651 昊(昃) ……… 6
4665 昭、晵 ……… 6
4667 㬎、㬎 ……… 6
4676 晳 ……… 6
4813 㫁、㫁(沴) … 6
0056 佞(便、鞭) … 5
0065 倀(辰) ……… 5
0098 儕 ……… 5
0140 夷 ……… 5
0226 頪 ……… 5
0266 妃 ……… 5
0367 嫜 ……… 5
0439 埜(堞) ……… 5
0461 曆(征) ……… 5
0476 卲(邵) ……… 5
0552 餇、般(飤) … 5
0572 髻 ……… 5
0610 艮 ……… 5
0756 敹、敿(播) … 5
0790 ⺊ ……… 5
0800 殺、杀 ……… 5
0808 敿 ……… 5
0814 翂、攡 ……… 5
0822 𣏌、掃 ……… 5
0854 夰(扶) ……… 5
0901 臾 ……… 5
1036 趯 ……… 5
1041 辻 ……… 5
1061 速 ……… 5
1065 退 ……… 5
1071 迨(會) ……… 5
1096 達 ……… 5
1120 逹 ……… 5
1124 遹 ……… 5
1137 遇(趣) ……… 5
1165 徭、遙 ……… 5
1189 徹 ……… 5
1202 衍 ……… 5
1221 致(致) ……… 5
1225 嬰、要 ……… 5
1234 䇂(敖) ……… 5
1282 誨 ……… 5
1300 諻 ……… 5
1352 忎(悍) ……… 5
1421 憲(𢟍) ……… 5
1460 㐌 ……… 5
1493 譽(譽) ……… 5
1515 嚚 ……… 5
1525 甚 ……… 5
1585 肘(胾) ……… 5
1604 膌、脟 ……… 5
1608 雁 ……… 5
1728 盜 ……… 5
1760 𧷸 ……… 5
1794 昔 ……… 5
1804 鉳、鉳、盤、𨙸(瓶、瓶) ……… 5
1808 鐳、鐳 ……… 5
1809 甾 ……… 5
1812 卷 ……… 5
1858 宦(字) ……… 5
1885 窑 ……… 5
1920 寡 ……… 5

1922 寒 …………… 5
1949 窒(室) ……… 5
1955 賓 …………… 5
2065 㞣 …………… 5
2102 閉 …………… 5
2113 闋 …………… 5
2196 牆(醬) ……… 5
2201 㾓、㿂、痟 …… 5
2202 糞(瘼) ……… 5
2241 鋪 …………… 5
2293 鑺 …………… 5
2334 貭(斯) ……… 5
2345 賫、贀、甿(貾) …………………… 5
2369 [illegible]、[illegible]、[illegible]、玉 …………………… 5
2435 履 …………… 5
2498 鱗 …………… 5
2499 巾 …………… 5
2507 㒸、貟(帛) … 5
2529 經 …………… 5
2564 𢆶、𢆷、系 …… 5
2643 戒(扐) ……… 5
2696 戚 …………… 5
2768 剛 …………… 5
2769 班 …………… 5
2781 㓷、剫 ……… 5
2786 辨 …………… 5
2818 貫 …………… 5
2892 旟 …………… 5
2910 斆(二教) …… 5
2925 巫 …………… 5
2929 㚘(附) ……… 5
2967 祥 …………… 5
2979 褸 …………… 5
3001 鼠、[illegible]、[illegible]、[illegible] …………………… 5
3024 水 …………… 5
3027 汈 …………… 5
3045 沈 …………… 5
3092 淲 …………… 5
3134 漢 …………… 5
3284 基 …………… 5
3302 堣 …………… 5
3409 邘 …………… 5
3424 邾 …………… 5
3434 郚 …………… 5
3453 鄒 …………… 5
3522 䍃 …………… 5
3573 美 …………… 5
3611 㹰、㹤 ……… 5
3619 獶 …………… 5
3651 [illegible]、[illegible](䋣、㹗) …………………… 5
3653 飤、飷(犭、猊) …………………… 5
3699 鹿 …………… 5
3721 采(釆、㝕) … 5
3732 藋 …………… 5
3735 覍 …………… 5
3737 鳿、㕣 ……… 5
3742 射 …………… 5
3795 虫 …………… 5
3827 贏 …………… 5
3898 芀 …………… 5
3956 葴 …………… 5
3985 朮(秫) ……… 5
4082 虢 …………… 5
4100 田、柙(匣) … 5
4109 埜(蓋) ……… 5
4175 楮、櫖 ……… 5
4201 㭒 …………… 5
4216 勇 …………… 5
4220 勳(勝) ……… 5
4244 否 …………… 5
4286 [illegible] …………… 5
4309 医 …………… 5
4393 砮、砮 ……… 5
4406 圃 …………… 5
4477 龕 …………… 5
4604 彭 …………… 5
4629 酉 …………… 5
4684 疊 …………… 5
4692 [illegible]、[illegible] ……… 5
4768 [illegible](皀) ……… 5
4777 [illegible]、[illegible] ……… 5
4780 [illegible](會) ……… 5
0017 佤 …………… 4
0079 侘 …………… 4
0113 [illegible](囗) ……… 4
0167 𠬤、㓞(𠬸) … 4
0214 頿(揉) ……… 4
0217 頪(讀) ……… 4
0234 顯(頂) ……… 4
0271 妻 …………… 4
0304 娊 …………… 4
0316 姍 …………… 4
0345 嫞 …………… 4
0404 欨 …………… 4
0427 邀、歔(讙) … 4
0456 㞕 …………… 4
0471 卬(邛) ……… 4
0563 趩 …………… 4
0595 冎 …………… 4
0597 殅、殸 ……… 4
0688 效(教) ……… 4
0690 敚(披) ……… 4
0734 敦(揑) ……… 4
0744 敵(揥) ……… 4
0764 𢿢、𢿟(播) … 4
0775 㪔 …………… 4
0801 𣪊、㪘(誅) … 4
0825 [illegible]、[illegible]、[illegible](㪥、倡) …………………… 4
0827 搏 …………… 4
0844 収 …………… 4
0868 𢍜(誥) ……… 4
0869 㪁(搒) ……… 4
0872 𨾴、叙 ……… 4
0889 㚘 …………… 4
0950 䚕(揞) ……… 4
0968 𧺆、𨑒 ……… 4
0991 足 …………… 4
0992 距 …………… 4
1023 趨 …………… 4
1027 趞 …………… 4
1073 逐 …………… 4
1090 遇(踽) ……… 4
1103 逾 …………… 4
1138 遱 …………… 4
1187 徜 …………… 4
1210 衛(還、狩) … 4
1224 憂 …………… 4
1260 訙、詃 ……… 4
1279 詆 …………… 4
1284 語 …………… 4
1324 譎 …………… 4
1331 䛐(信) ……… 4
1345 忍(懈) ……… 4
1357 忠 …………… 4
1373 忞(寧、哀) … 4
1380 恕(怊) ……… 4
1404 㥶 …………… 4
1405 悳(值) ……… 4
1407 慕 …………… 4
1437 吁 …………… 4
1459 咎(盌) ……… 4
1499 [illegible]、[illegible] ……… 4
1506 [illegible]、[illegible] ……… 4
1521 沓 …………… 4
1550 盾、[illegible] ……… 4
1552 眈 …………… 4
1591 胃 …………… 4
1595 脊(齊、臍) … 4
1646 饋 …………… 4
1674 鬻、鑊 ……… 4

1680 鼾、[illegible] ……… 4
1736 盦、歆 ……… 4
1762 盤 ……… 4
1789 [illegible]、[illegible]、孤 ……… 4
1801 [illegible]、[illegible] ……… 4
1840 卓 ……… 4
1867 宓 ……… 4
1888 容 ……… 4
1892 宔 ……… 4
1906 宧 ……… 4
1941 實 ……… 4
1948 寬 ……… 4
1969 寴(親) ……… 4
1976 寵 ……… 4
1985 寚、寶(寶) ……… 4
2001 空 ……… 4
2017 窒、窒 ……… 4
2024 底 ……… 4
2025 庭(庭、脣廂)
……… 4
2064 原 ……… 4
2069 歷 ……… 4
2080 廟(餚) ……… 4
2129 庳 ……… 4
2136 瘬 ……… 4
2151 [illegible]、齵 ……… 4
2197 牆(瘖) ……… 4
2222 鈇 ……… 4
2224 欽 ……… 4
2235 銑 ……… 4
2250 鉌 ……… 4
2260 錫、鍚 ……… 4
2288 鑰 ……… 4
2295 鑑 ……… 4
2299 鑷 ……… 4
2322 貴 ……… 4
2328 貳 ……… 4
2347 賦(僦) ……… 4
2360 贊 ……… 4
2371 奎 ……… 4
2403 軝(軧) ……… 4
2414 轉 ……… 4
2450 鞷(鞄) ……… 4
2469 衮 ……… 4
2480 裕 ……… 4
2519 紟 ……… 4
2537 維 ……… 4
2552 總 ……… 4
2560 纍、絅 ……… 4
2568 繇 ……… 4
2569 矞 ……… 4
2578 素 ……… 4
2597 尻(処) ……… 4
2607 俎 ……… 4
2626 皆 ……… 4
2630 臭、臭(澤) ……… 4
2654 戚(勇) ……… 4
2660 戜 ……… 4
2677 戥 ……… 4
2680 戴 ……… 4
2703 弜(剛、强) ……… 4
2718 張 ……… 4
2719 發 ……… 4
2733 彀(彀) ……… 4
2749 叒 ……… 4
2755 刑 ……… 4
2775 剌 ……… 4
2789 劄 ……… 4
2802 斧 ……… 4
2824 罻 ……… 4
2864 旅 ……… 4
2903 [illegible] ……… 4
2913 睪 ……… 4
2933 疊 ……… 4
2954 社、袿 ……… 4
2976 畐(畗) ……… 4
2996 魏 ……… 4
2997 由 ……… 4
3012 霧 ……… 4
3039 沃 ……… 4
3055 沱 ……… 4
3056 波 ……… 4
3063 津 ……… 4
3064 渏 ……… 4
3132 漾(瀁) ……… 4
3138 淵、淵 ……… 4
3140 桼(漆) ……… 4
3152 瀕 ……… 4
3176 昃 ……… 4
3184 泉 ……… 4
3215 焚 ……… 4
3224 熙 ……… 4
3237 燹 ……… 4
3249 縢、鼟 ……… 4
3251 煌、煌 ……… 4
3261 址 ……… 4
3264 坂 ……… 4
3278 棗 ……… 4
3300 塱(坍) ……… 4
3307 墨、郘 ……… 4
3335 畾(畊、耕) ……… 4
3346 阢 ……… 4
3351 阿 ……… 4
3356 限 ……… 4
3413 邪 ……… 4
3427 郙 ……… 4
3444 郘(郘) ……… 4
3481 鄧 ……… 4
3524 崠 ……… 4
3565 牼 ……… 4
3576 羔 ……… 4
3580 羘 ……… 4
3583 羸 ……… 4
3590 犮 ……… 4
3625 豻 ……… 4
3650 貉 ……… 4
3671 虒 ……… 4
3702 麋 ……… 4
3712 鳶 ……… 4
3765 鶬(鶬) ……… 4
3786 鼂、鼂 ……… 4
3802 膾 ……… 4
3807 蜀 ……… 4
3812 雖 ……… 4
3818 蝨(蛸) ……… 4
3841 雗(翰) ……… 4
3848 奞 ……… 4
3864 解 ……… 4
3874 屎、屡 ……… 4
3879 羽 ……… 4
3884 翟(翯) ……… 4
3890 [illegible]、[illegible] ……… 4
3914 苛 ……… 4
3927 莧(芁) ……… 4
3939 菜 ……… 4
3943 萛 ……… 4
3966 薛、胖 ……… 4
3991 兼 ……… 4
4028 果 ……… 4
4034 柳 ……… 4
4041 柝、柝 ……… 4
4042 桓 ……… 4
4043 桐 ……… 4
4044 栢、苫 ……… 4
4048 楮 ……… 4
4063 桴 ……… 4
4075 [illegible]、[illegible]、未(幹)
……… 4
4096 檖(林) ……… 4
4098 樫、栩 ……… 4
4103 櫟(槫) ……… 4
4166 [illegible] ……… 4
4169 米 ……… 4
4195 橐 ……… 4
4207 丰 ……… 4
4275 堂、堂 ……… 4

4293 弗 …… 4
4305 𠤯、匚 …… 4
4357 门 …… 4
4362 央 …… 4
4410 圝(圍) …… 4
4555 皋 …… 4
4564 壬 …… 4
4576 毓 …… 4
4578 學 …… 4
4639 膤 …… 4
4736 ↑(午) …… 4
4812 川(三) …… 4
4883 𢆶 …… 4
0007 仕 …… 3
0013 役、役 …… 3
0016 佴 …… 3
0083 偈 …… 3
0101 儹 …… 3
0145 奎 …… 3
0168 戕(伐) …… 3
0206 順 …… 3
0215 頧 …… 3
0219 灦 …… 3
0229 顛 …… 3
0230 纇 …… 3
0233 顐(預) …… 3
0268 妣 …… 3
0288 妯 …… 3
0296 姦 …… 3
0303 媒 …… 3
0308 婛 …… 3
0318 媓 …… 3
0321 媿 …… 3
0329 嫊 …… 3
0332 寑(婦) …… 3
0338 嫚 …… 3
0340 嫞(祁) …… 3
0357 嬃 …… 3
0359 嬉 …… 3
0361 鳺 …… 3
0413 欭(歎) …… 3
0414 歑(呼) …… 3
0452 屄(屎) …… 3
0470 卬(併) …… 3
0485 𠂤 …… 3
0486 夋(夋) …… 3
0499 𠨕、叩 …… 3
0538 勹 …… 3
0544 旬 …… 3
0557 夭(走) …… 3
0571 冀 …… 3
0583 𠦝、𠦝(薺) …… 3
0584 𠧪、㐭(稟) …… 3
0607 厷(肱) …… 3
0618 叙、敀(迫) …… 3
0627 叔 …… 3
0656 𠬝、𠬝 …… 3
0671 尋 …… 3
0672 導 …… 3
0677 改 …… 3
0683 攴(抪) …… 3
0702 斥、斥(拆) …… 3
0713 教 …… 3
0721 赦 …… 3
0740 斁 …… 3
0748 敹(擴) …… 3
0750 斢(擠) …… 3
0753 整 …… 3
0765 斅(濼) …… 3
0781 𢿭 …… 3
0782 𣀈、𢿤(播) …… 3
0794 攸 …… 3
0809 毀、戕 …… 3
0810 毀(揆) …… 3
0811 毆、毆、毆 …… 3
0812 毅 …… 3
0826 揑 …… 3
0837 𣦼(裼) …… 3
0839 覓 …… 3
0852 𠕁(擠) …… 3
0888 䴥(薦) …… 3
0917 叐 …… 3
0931 𪗉 …… 3
0953 䨐 …… 3
0961 叕 …… 3
0983 𠩺、𠩺 …… 3
0988 乏 …… 3
1009 趙 …… 3
1025 趧 …… 3
1026 趨 …… 3
1083 逿(踶) …… 3
1095 遂 …… 3
1098 違 …… 3
1102 過 …… 3
1109 逑 …… 3
1115 逵 …… 3
1126 遮 …… 3
1136 邊 …… 3
1145 邋(遢) …… 3
1167 徙 …… 3
1188 徻 …… 3
1209 衡 …… 3
1218 畬 …… 3
1227 舞 …… 3
1241 茎、墍 …… 3
1246 託 …… 3
1252 試 …… 3
1255 訢 …… 3
1286 諫 …… 3
1290 誰 …… 3
1313 譙 …… 3
1318 譽、數 …… 3
1323 諜 …… 3
1328 讐 …… 3
1343 讇 …… 3
1351 忑 …… 3
1355 紿、䋣、𢘈(怡) …… 3
1371 思 …… 3
1397 憙 …… 3
1403 慎 …… 3
1410 惷(惷) …… 3
1416 憋 …… 3
1419 憻(憻) …… 3
1439 吴(嘩) …… 3
1447 含 …… 3
1453 咏 …… 3
1458 咎、处 …… 3
1476 嘒(譓) …… 3
1477 唬 …… 3
1526 𨉷 …… 3
1549 𦣝、𦣝 …… 3
1594 胅 …… 3
1605 腸 …… 3
1619 膢 …… 3
1629 脅 …… 3
1641 鹹 …… 3
1649 餅(饔) …… 3
1666 鬲、鬸(嗝) …… 3
1670 鬻(菜) …… 3
1676 鬻 …… 3
1681 鬴 …… 3
1682 礶 …… 3
1699 鬺、觴 …… 3
1704 鬖、鬌 …… 3
1733 盞 …… 3
1734 盪 …… 3
1751 𧇻(甑) …… 3
1767 盡、鑪 …… 3
1791 害 …… 3
1793 𣍘、𣍘、𣍘 …… 3
1795 𣍘 …… 3
1825 尌(樹) …… 3
1835 斛 …… 3
1837 勺 …… 3
1842 化 …… 3

1861	宰(窦、滚)	3
1865	宙	3
1884	宧(字)	3
1901	宿、宕	3
1903	密	3
1911	寓(宇)	3
1918	虎、虒	3
1946	寘	3
1947	竅	3
1952	康	3
1967	寵(魔)	3
1981	寶	3
1989	寚	3
2000	穷	3
2023	疾(知)	3
2066	厦、厦	3
2073	肩	3
2078	眉、脣	3
2104	開	3
2108	閔	3
2126	户	3
2161	疽	3
2164	瘊	3
2173	癔(悒)	3
2179	瘠	3
2180	瘞、痸(瘳)	3
2185	癰	3
2199	腦、膻	3
2210	宂、宂	3
2230	鉦	3
2231	鉤(鈎)	3
2244	鎤(鈛)	3
2277	鎬	3
2320	貣(布)	3
2329	眗	3
2339	贊	3
2344	賣(贖)	3
2351	暖	3
2372	珈	3
2376	拳	3
2386	彀、青、殸	3
2410	輂	3
2423	舣	3
2443	鞅	3
2466	卒	3
2476	裔	3
2487	褔(醲)	3
2492	褭	3
2501	布、希	3
2533	緱(絓)	3
2583	幼	3
2587	豊(幼)	3
2604	畀	3
2608	剫(俎)	3
2635	黜、觳(剧)	3
2690	戔、蝥、誖	3
2691	矛	3
2702	弶	3
2728	弢(發)	3
2785	劃、劃	3
2788	劃	3
2805	斫	3
2807	新	3
2821	罕(罕)	3
2823	罷、罷	3
2869	旃	3
2891	旗	3
2904	斛(二幸)	3
2935	醬	3
2963	祠	3
2968	祐(裯)	3
2975	禋	3
2992	鬼、魂	3
3002	毗(昆)	3
3003	𠁁	3
3018	云(雲)	3
3037	汸	3
3050	沽	3
3052	油	3
3053	沫	3
3084	淖(潮)	3
3123	滏	3
3137	漯(涇)	3
3174	巟	3
3190	冰	3
3196	凌	3
3203	羨	3
3226	熏	3
3236	爍	3
3248	粦	3
3262	坓(坓、型)	3
3267	坏、坯	3
3282	堣	3
3317	隆	3
3320	英	3
3325	鞐(坒)	3
3334	留	3
3339	番、曆(壢)	3
3342	疇、𠷎	3
3348	陁、陀(陁)	3
3390	隊	3
3392	隣	3
3397	隴	3
3415	邡	3
3422	郘	3
3433	郪	3
3443	郜	3
3446	郳	3
3455	鄍	3
3456	郗(郗)	3
3485	鄵	3
3489	鄰(蔡)	3
3493	鄺	3
3499	郔	3
3502	郹	3
3504	鄹	3
3526	鬸(留?)	3
3539	駐(牡)	3
3542	駟	3
3549	騬	3
3569	犢	3
3599	狃	3
3612	獄	3
3614	獄	3
3616	獸(詪)	3
3626	彩	3
3647	豸	3
3649	豨(豨)	3
3656	魯	3
3676	虘	3
3706	麋(麑)	3
3713	麒、麟	3
3738	鳳	3
3752	鳥、鴻	3
3764	鷥	3
3778	魼	3
3782	鯀	3
3790	鼂(蛆)	3
3814	蜹(蚋)	3
3822	蠸、蝻	3
3843	雒	3
3850	奮	3
3855	燕	3
3859	罾(醬)	3
3861	犄	3
3873	尾	3
3882	翳(翳)	3
3883	翟	3
3899	芋	3
3920	苴	3
3941	蒐	3
3959	藏	3
3960	蔵(捷)	3
3997	積	3
4038	柔	3
4054	相	3

4060 栖 …… 3
4073 椳 …… 3
4097 欃 …… 3
4150 箭 …… 3
4171 料 …… 3
4200 孛 …… 3
4208 巢 …… 3
4209 㝵(貶) …… 3
4218 𣅀 …… 3
4226 亩(廩) …… 3
4236 麻 …… 3
4256 㞢(有) …… 3
4285 [illegible]、[illegible](炷) … 3
4298 [illegible]、[illegible]、[illegible]、𨙨(卵) …… 3
4307 回 …… 3
4317 亘 …… 3
4318 匩 …… 3
4323 㔷、匵 …… 3
4326 區 …… 3
4329 㔺(陋) …… 3
4330 直 …… 3
4331 [illegible](塂、睉) … 3
4341 囚、冏 …… 3
4351 羲、羲 …… 3
4359 鼏 …… 3
4385 [illegible]、[illegible](眖、瞎) …… 3
4407 圂 …… 3
4417 團 …… 3
4421 圓 …… 3
4450 㒼 …… 3
4484 龠(龠) …… 3
4486 䍃、䍃、䍃(鑐) …… 3
4511 㝵 …… 3
4544 [illegible]、[illegible](己) … 3
4550 庸(鏞) …… 3
4573 昏、昏、昏 …… 3
4577 孳 …… 3
4579 孱(僝) …… 3
4606 酨(酨) …… 3
4608 酟 …… 3
4649 早 …… 3
4675 㬧 …… 3
4679 㬎 …… 3
4688 [illegible](求) …… 3
4714 [illegible]、[illegible]、[illegible] …… 3
4721 [illegible]、[illegible] …… 3
4765 [illegible]、[illegible]、[illegible] …… 3
4770 [illegible]、介 …… 3
4795 [illegible] …… 3
4804 [illegible]、[illegible] …… 3
4904 [illegible] …… 3
4916 [illegible]、[illegible] …… 3
0003 仙 …… 2
0014 企 …… 2
0021 伕 …… 2
0022 价 …… 2
0023 伋 …… 2
0032 佗 …… 2
0038 佐 …… 2
0042 [illegible](疌、執) … 2
0045 侯 …… 2
0050 侇 …… 2
0051 偈 …… 2
0055 佫 …… 2
0073 偖 …… 2
0084 側 …… 2
0085 偁、偁 …… 2
0091 倘 …… 2
0106 [illegible]、巴 …… 2
0111 [illegible](佼) …… 2
0130 [illegible] …… 2
0143 奄 …… 2
0149 奢 …… 2
0154 奮 …… 2
0158 [illegible] …… 2
0160 [illegible] …… 2
0172 煏(偪) …… 2
0183 [illegible] …… 2
0191 [illegible] …… 2
0195 䞴 …… 2
0202 頁 …… 2
0203 頊 …… 2
0216 頭 …… 2
0222 傾 …… 2
0231 顧 …… 2
0232 顛、頙 …… 2
0239 顯 …… 2
0260 妄 …… 2
0267 妓(妾) …… 2
0270 㚬 …… 2
0277 妟(晏) …… 2
0278 姊 …… 2
0280 妭 …… 2
0281 㚴 …… 2
0291 奴 …… 2
0302 [illegible](婚) …… 2
0312 娟 …… 2
0317 [illegible]、婚 …… 2
0342 嬬 …… 2
0358 嬰 …… 2
0366 嬲 …… 2
0380 [illegible](姷) …… 2
0397 欠 …… 2
0399 [illegible]、[illegible](次) … 2
0400 玗(吁) …… 2
0402 [illegible]、[illegible] …… 2
0410 歁 …… 2
0420 歃 …… 2
0430 旡 …… 2
0431 琉 …… 2
0436 胡(影) …… 2
0453 㞖(侹) …… 2
0464 㞝(腴) …… 2
0479 鄬 …… 2
0491 [illegible]、仉 …… 2
0497 [illegible](卯、嚮) … 2
0508 䙷、視 …… 2
0510 親 …… 2
0517 觀 …… 2
0528 䟖 …… 2
0534 者、耆 …… 2
0547 匌 …… 2
0549 匐 …… 2
0551 匓 …… 2
0553 匔、匔、腹 …… 2
0554 匑 …… 2
0599 賓 …… 2
0600 賓(賓) …… 2
0620 戔、戚(摵) … 2
0621 取(捐) …… 2
0628 敕(揀) …… 2
0634 [illegible] …… 2
0637 敵、徹、徹 …… 2
0643 敼(揎) …… 2
0645 燮 …… 2
0654 [illegible] …… 2
0661 [illegible] …… 2
0676 孜、孜 …… 2
0682 攷(扣) …… 2
0685 放 …… 2
0692 敉(摔) …… 2
0697 變 …… 2
0700 敀(搥) …… 2
0703 [illegible]、[illegible] …… 2
0716 敕 …… 2
0722 [illegible](敂) …… 2
0731 敹(掠) …… 2
0732 數(嫟) …… 2
0746 敹 …… 2
0749 㪤(擕) …… 2
0751 敲(撝) …… 2
0752 數(摜) …… 2
0759 敿(描) …… 2

0769 𢿷 ……………… 2
0770 斆(㩭) ……… 2
0773 敷(攄) ……… 2
0780 斁(宄) ……… 2
0798 殁(戚) ……… 2
0802 毁(捏) ……… 2
0807 假 ……………… 2
0818 拘 ……………… 2
0833 爪 ……………… 2
0849 𠬛(扐) ……… 2
0862 𠕇(捫) ……… 2
0866 奂、奐 ……… 2
0867 㪅、𦥑(振) … 2
0870 非(排) ……… 2
0900 𢆶、𢆷、貴 …… 2
0922 𤔌(隱) ……… 2
0923 孚 ……………… 2
0938 𢩠(挺) ……… 2
0943 𤬪(撫) ……… 2
0946 𡙕 ……………… 2
0954 𣪊(打) ……… 2
0956 帆(抻) ……… 2
0979 𡯁(踬) ……… 2
1004 赵 ……………… 2
1010 起 ……………… 2
1012 趌 ……………… 2
1018 𧼛(逴) ……… 2
1019 趚(達) ……… 2
1021 趄 ……………… 2
1031 𧻚 ……………… 2
1033 𧾷 ……………… 2
1034 𧽋 ……………… 2
1035 𧽜 ……………… 2
1043 迁 ……………… 2
1046 近 ……………… 2
1047 迭 ……………… 2
1050 迊、迊 ……… 2
1052 迸(跚) ……… 2
1056 𨑹、徣 ……… 2
1059 逬(跗) ……… 2
1066 逑 ……………… 2
1069 逃 ……………… 2
1070 逜、适 ……… 2
1087 遣 ……………… 2
1097 逸、佹 ……… 2
1114 遖(趯) ……… 2
1116 𨘢 ……………… 2
1118 𨗃 ……………… 2
1125 𨗦 ……………… 2
1130 𨙫(趪) ……… 2
1132 𨘗 ……………… 2
1139 還、衠 ……… 2
1146 邐 ……………… 2
1148 逭 ……………… 2
1154 𢍏、𢍰(并) … 2
1168 律 ……………… 2
1169 待 ……………… 2
1174 徲 ……………… 2
1180 徲(遇) ……… 2
1185 徬、衜 ……… 2
1186 徹 ……………… 2
1198 𢓊、𢓌(徹) … 2
1229 𢔆、𢔇(𠔉) … 2
1233 寿、敖 ……… 2
1235 去 ……………… 2
1239 𧾷 ……………… 2
1244 訋(詾) ……… 2
1258 訏 ……………… 2
1261 訬 ……………… 2
1264 詀 ……………… 2
1271 詘 ……………… 2
1283 諕 ……………… 2
1291 諦 ……………… 2
1292 諓 ……………… 2
1298 諾 ……………… 2
1303 譛 ……………… 2
1304 譔 ……………… 2
1305 譁 ……………… 2
1307 諶 ……………… 2
1311 謎(諫) ……… 2
1312 䚊 ……………… 2
1326 譪 ……………… 2
1338 訴(謪) ……… 2
1339 訾 ……………… 2
1346 志 ……………… 2
1356 忎(忨) ……… 2
1364 忞(忟) ……… 2
1366 𢘻(寧) ……… 2
1370 𢝊(謀) ……… 2
1377 𢙄、恙 ……… 2
1378 悍、忓 ……… 2
1382 𢘅(慮) ……… 2
1387 㥥(肆) ……… 2
1390 𢡊(勞) ……… 2
1400 急(逸) ……… 2
1412 憚 ……………… 2
1414 𢤱(慷) ……… 2
1415 懆 ……………… 2
1423 懽(歡) ……… 2
1427 恁 ……………… 2
1435 𠮯(厶) ……… 2
1441 吒 ……………… 2
1442 㖃 ……………… 2
1451 吏、啓 ……… 2
1479 嘀(謫) ……… 2
1480 㭜、啉 ……… 2
1481 𠼢 ……………… 2
1489 㖠 ……………… 2
1494 𠻚、嚍 ……… 2
1502 每(誨) ……… 2
1510 𢍄、𢍅(鑲) … 2
1516 𡃁、嚼 ……… 2
1518 喿 ……………… 2
1540 𦏧、𦐇(䎐) … 2
1545 臭 ……………… 2
1547 旬(眴) ……… 2
1566 䁐(眣、瞚) … 2
1569 隮、䡃(睦) … 2
1578 𡖊 ……………… 2
1579 𦤎、𦤏 ……… 2
1580 面 ……………… 2
1582 肉 ……………… 2
1586 肙、胸 ……… 2
1601 腰 ……………… 2
1607 腋 ……………… 2
1616 膄(貊) ……… 2
1623 臂 ……………… 2
1625 臋 ……………… 2
1633 𠆢(飤) ……… 2
1640 截 ……………… 2
1645 饡、饙(饗飴)
……………………… 2
1654 餦 ……………… 2
1656 饔 ……………… 2
1658 饞(饢) ……… 2
1669 鬻、鬴 ……… 2
1679 鬳 ……………… 2
1703 罍 ……………… 2
1715 盅 ……………… 2
1721 盦、𥂝(閒) … 2
1723 盄 ……………… 2
1726 盂(宇) ……… 2
1727 𥁕(盂) ……… 2
1730 盩 ……………… 2
1732 盜 ……………… 2
1737 盪、洪(淺) … 2
1741 盭(韡) ……… 2
1744 盬(浣) ……… 2
1754 𥂕 ……………… 2
1757 𥂺(瓮) ……… 2
1761 𥃑(鹽) ……… 2
1763 盬(器) ……… 2
1768 𠀠 ……………… 2
1770 𠔌、浴 ……… 2
1780 血 ……………… 2
1783 盡 ……………… 2

1788 沓 …… 2
1797 脊 …… 2
1813 豎 …… 2
1817 瓶(甏) …… 2
1847 眈 …… 2
1850 宀 …… 2
1860 牢(宔) …… 2
1870 宋(寀) …… 2
1872 客 …… 2
1893 寋(塞) …… 2
1913 窷、廳 …… 2
1929 寠 …… 2
1945 竅(真) …… 2
1961 寚(寶) …… 2
1964 窾(親) …… 2
1986 寶、寤(福) …… 2
2009 覓(窺、覓) …… 2
2014 賨(賓) …… 2
2015 窖(竈、灶) …… 2
2022 庎(夰) …… 2
2029 廓 …… 2
2030 庲 …… 2
2033 庈 …… 2
2067 厝 …… 2
2076 厰 …… 2
2077 馬 …… 2
2101 閈 …… 2
2103 閑 …… 2
2109 閉 …… 2
2118 闢 …… 2
2127 扁 …… 2
2128 扉 …… 2
2138 臺、臺 …… 2
2141 亮 …… 2
2150 [illegible](崞) …… 2
2154 疕 …… 2
2190 妝 …… 2
2209 片 …… 2
2233 鋈、鋈、鋈 …… 2
2238 鍼 …… 2
2247 鉄 …… 2
2256 鐇 …… 2
2257 鋃 …… 2
2258 鐃 …… 2
2264 錍(瓶) …… 2
2265 錳 …… 2
2267 錫 …… 2
2273 鎵 …… 2
2276 鎋 …… 2
2279 鍌、鍐 …… 2
2280 㙓(鏗) …… 2
2298 鑵 …… 2
2303 鎮(鼎) …… 2
2305 鐳(鑐) …… 2
2307 鉉 …… 2
2313 則(貳) …… 2
2330 貲 …… 2
2350 賭 …… 2
2358 賻 …… 2
2361 贖 …… 2
2365 贛 …… 2
2378 琜 …… 2
2389 璃(瑀) …… 2
2390 璜 …… 2
2392 瑛 …… 2
2393 環 …… 2
2407 輅 …… 2
2417 犇(捙) …… 2
2426 舯(艀) …… 2
2431 舿 …… 2
2436 舦 …… 2
2445 鞞 …… 2
2447 殳(鞭) …… 2
2461 裧、褫(脈) …… 2
2465 衩(衲) …… 2
2471 被 …… 2
2494 襲 …… 2
2496 籥、齢 …… 2
2497 齟、齟 …… 2
2513 純、純 …… 2
2516 絣 …… 2
2517 緺(綰) …… 2
2522 緊(綷) …… 2
2523 紫 …… 2
2524 絴 …… 2
2534 綪 …… 2
2539 繼(緇) …… 2
2543 緘 …… 2
2544 縢 …… 2
2545 緈 …… 2
2572 繝 …… 2
2577 繼(繐) …… 2
2625 皂 …… 2
2631 奭 …… 2
2634 黨 …… 2
2637 黷、黷 …… 2
2659 斘 …… 2
2663 戔 …… 2
2679 戭、撲 …… 2
2687 戔 …… 2
2704 弤 …… 2
2713 弼(彯) …… 2
2714 弢 …… 2
2720 韓 …… 2
2721 彊 …… 2
2722 弓、彈 …… 2
2737 知 …… 2
2739 矨 …… 2
2743 矰 …… 2
2753 矸 …… 2
2760 剕 …… 2
2761 刼(劫) …… 2
2764 制 …… 2
2765 剬 …… 2
2773 剅 …… 2
2776 剴 …… 2
2777 剹 …… 2
2784 剺 …… 2
2798 刅(創) …… 2
2813 斮 …… 2
2825 罵 …… 2
2834 棄 …… 2
2840 菁 …… 2
2843 鹵 …… 2
2845 齵 …… 2
2846 齜 …… 2
2848 戟、戜 …… 2
2857 焣、焣 …… 2
2873 旝(旂) …… 2
2885 旛 …… 2
2889 旜、旜 …… 2
2894 旟 …… 2
2917 [illegible]、[illegible] …… 2
2940 [illegible]、吏(史) …… 2
2951 礼(祀) …… 2
2957 祓(祐) …… 2
2958 祈 …… 2
2965 祐 …… 2
2971 祏 …… 2
2993 魖、魃 …… 2
3006 霝(雨) …… 2
3008 [illegible]、霝 …… 2
3013 霖(霰、渮) …… 2
3015 霣(霓) …… 2
3019 气 …… 2
3031 汋 …… 2
3035 汲 …… 2
3051 河 …… 2
3073 涂 …… 2
3077 海 …… 2
3081 滔 …… 2
3082 泟(涇) …… 2
3086 液 …… 2
3090 泉 …… 2
3097 渒 …… 2
3104 湛 …… 2

3108 㒸、𡧔(渦) … 2
3114 涶 …… 2
3125 滂 …… 2
3126 濅(浸) …… 2
3133 溘、濾 …… 2
3135 溥 …… 2
3136 潦 …… 2
3147 濟 …… 2
3158 灘 …… 2
3161 汅、引(泓) … 2
3165 㒳(盥) …… 2
3180 弆(深) …… 2
3181 𢍰、𢍰 …… 2
3194 㫖(脂) …… 2
3197 馮 …… 2
3204 耿 …… 2
3213 熜、烬 …… 2
3220 㸐、煬 …… 2
3230 䊮(熾) …… 2
3231 爀 …… 2
3232 燎 …… 2
3234 燔 …… 2
3242 黫(黷) …… 2
3270 畫(封) …… 2
3271 𡉚、𡉚 …… 2
3272 𡉚、𡈼 …… 2
3274 垔 …… 2
3275 型 …… 2
3296 墜 …… 2
3298 墨 …… 2
3301 𨤥 …… 2
3308 𡒄 …… 2
3316 盰 …… 2
3318 𨤽 …… 2
3331 甸 …… 2
3354 陕 …… 2
3358 陪(陪) …… 2
3364 陕 …… 2
3366 隚(埽) …… 2
3373 隊 …… 2
3381 隙 …… 2
3382 隅 …… 2
3388 隮 …… 2
3400 𨽍(尊彝) …… 2
3408 邗 …… 2
3419 戡(戴) …… 2
3421 邮(鄭) …… 2
3436 邺 …… 2
3451 郪(沙) …… 2
3459 郫 …… 2
3467 郪(鄱) …… 2
3479 郲 …… 2
3486 鄇(邊) …… 2
3487 鄖 …… 2
3491 鄌(唐) …… 2
3494 鄘 …… 2
3497 鄨 …… 2
3498 鄭 …… 2
3528 陽(崵) …… 2
3531 㢃 …… 2
3546 騎 …… 2
3552 騍 …… 2
3553 𩢡(犅) …… 2
3556 𩦺(騁) …… 2
3557 驅 …… 2
3561 牢 …… 2
3567 犅(犅) …… 2
3585 莧、䒸 …… 2
3595 犽 …… 2
3597 狐 …… 2
3605 㹬、獵 …… 2
3620 獵 …… 2
3628 豩 …… 2
3630 豕 …… 2
3635 豨 …… 2
3639 豵 …… 2
3663 彪 …… 2
3675 虔、虔 …… 2
3694 蘢 …… 2
3703 麋 …… 2
3704 䴠 …… 2
3705 麌、麐 …… 2
3707 麛 …… 2
3709 𠂃(丽) …… 2
3714 麔 …… 2
3717 鎩(鼬) …… 2
3725 禺 …… 2
3729 乖 …… 2
3731 蒦 …… 2
3746 鵬 …… 2
3763 鷂、鷂 …… 2
3766 鸐(鴹、翔) … 2
3767 鷂(鶉) …… 2
3768 鵜 …… 2
3773 魡(釣) …… 2
3783 鰥 …… 2
3788 竈(蛇) …… 2
3792 黽(螗) …… 2
3793 鼉(螺) …… 2
3796 蚓、虬 …… 2
3798 蛎、蝨 …… 2
3803 蛮(蠻) …… 2
3806 强 …… 2
3809 蟗(蟺) …… 2
3815 蠠 …… 2
3819 蠚、蜡 …… 2
3821 蝬、蠖 …… 2
3828 贏(裎) …… 2
3833 锥 …… 2
3836 巂 …… 2
3838 雒、鵒 …… 2
3845 霍 …… 2
3854 焉 …… 2
3865 觟 …… 2
3866 觥 …… 2
3878 㑹(罠) …… 2
3894 莘(蓺) …… 2
3896 艿(茷) …… 2
3901 苩(苫) …… 2
3904 苹 …… 2
3912 茀 …… 2
3915 茆 …… 2
3922 茌 …… 2
3929 茜 …… 2
3936 萆 …… 2
3940 荏 …… 2
3944 葉 …… 2
3954 蘆 …… 2
3957 蓼 …… 2
3958 蕃 …… 2
3964 薅(脊) …… 2
3976 蕁、蔣 …… 2
3982 析(析) …… 2
3992 稈 …… 2
4015 杕 …… 2
4018 朱(不、㭊) … 2
4027 杋(藝) …… 2
4030 某 …… 2
4040 栖(栝) …… 2
4047 柚 …… 2
4059 栯 …… 2
4067 椶(椒、椉) … 2
4078 𣏟(柏) …… 2
4086 棤(棋) …… 2
4092 榜 …… 2
4093 橹 …… 2
4095 櫟 …… 2
4101 桿(槵) …… 2
4104 㭉(栦) …… 2
4106 梻 …… 2
4115 㯻 …… 2
4116 㭞(柧) …… 2
4125 笏 …… 2
4128 笭 …… 2
4131 筐(箕) …… 2
4132 會(答、會) … 2

4135 箄 ……………… 2
4140 筥 ……………… 2
4148 箮 ……………… 2
4149 笧(策) ……… 2
4151 篇(籥) ……… 2
4156 簧 ……………… 2
4157 簟 ……………… 2
4160 籟 ……………… 2
4172 粊(糜) ……… 2
4180 粧、糕 ……… 2
4183 瓜 ……………… 2
4186 棗 ……………… 2
4187 棘 ……………… 2
4194 棘 ……………… 2
4198 賣、贖 ……… 2
4214 功 ……………… 2
4224 勤 ……………… 2
4229 嗇、稟、廩(廩) ……………………… 2
4230 啚(廥) ……… 2
4233 嗇(嗇) ……… 2
4241 鞔(粇、梳) … 2
4268 豢、豢 ……… 2
4281 仝、全 ……… 2
4299 [illegible](蟥) ……… 2
4316 匜 ……………… 2
4360 賨(巨) ……… 2
4365 臽(陷) ……… 2
4369 [illegible]、[illegible] ……… 2
4378 幻 ……………… 2
4386 口(方) ……… 2
4395 囗(起) ……… 2
4396 [illegible] ……………… 2
4401 困(種) ……… 2
4408 圁 ……………… 2
4414 圓(昆) ……… 2
4436 [illegible] ……………… 2
4446 卂 ……………… 2
4448 从 ……………… 2
4455 叙(掾) ……… 2
4473 龠 ……………… 2
4488 譽 ……………… 2
4491 犛 ……………… 2
4498 弍 ……………… 2
4508 介 ……………… 2
4510 尔 ……………… 2
4512 敏 ……………… 2
4516 龠 ……………… 2
4528 尤 ……………… 2
4534 [illegible]、[illegible] ……… 2
4545 [illegible](己) ……… 2
4557 翍 ……………… 2
4575 孷、殻 ……… 2
4583 犛 ……………… 2
4584 斄、學(犛) … 2
4607 酢 ……………… 2
4612 醒 ……………… 2
4614 酷 ……………… 2
4617 醬(醬) ……… 2
4621 醑 ……………… 2
4627 [illegible] ……………… 2
4644 夤 ……………… 2
4645 夢 ……………… 2
4650 昊 ……………… 2
4652 [illegible]、[illegible](昃) … 2
4660 昀 ……………… 2
4664 昧 ……………… 2
4672 晞 ……………… 2
4673 晪 ……………… 2
4674 虹、虹 ……… 2
4696 [illegible]、[illegible] ……… 2
4698 [illegible]、[illegible] ……… 2
4730 [illegible]、[illegible](戚) … 2
4742 [illegible] ……………… 2
4755 [illegible](危) ……… 2
4771 [illegible] ……………… 2
4773 [illegible] ……………… 2
4789)、((半) … 2
4790 [illegible]、[illegible](分) … 2
4805 丿、亅 ……… 2
4832 [illegible]、[illegible] ……… 2
4836 [illegible] ……………… 2
4838 [illegible] ……………… 2
4846 [illegible] ……………… 2
4854 [illegible](掌) ……… 2
4856 [illegible] ……………… 2
4879 [illegible]、[illegible](扯) … 2
4882 [illegible]、[illegible](得、工) ……………………… 2
4884 [illegible] ……………… 2
4885 [illegible] ……………… 2
4886 [illegible] ……………… 2
4900 [illegible]、[illegible] ……… 2
4906 [illegible] ……………… 2
4911 [illegible] ……………… 2
4912 [illegible] ……………… 2
4913 [illegible] ……………… 2
4929 [illegible] ……………… 2
4930 [illegible](兀) ……… 2
4945 [illegible] ……………… 2
4953 [illegible]、[illegible](匀) … 2
4972 [illegible](喬豫?) … 2
0008 代 ……………… 1
0009 仦、仯 ……… 1
0012 仈(眾) ……… 1
0015 件 ……………… 1
0019 任 ……………… 1
0020 伇(豹) ……… 1
0024 伏 ……………… 1
0025 似 ……………… 1
0030 佋 ……………… 1
0031 伺 ……………… 1
0033 伸 ……………… 1
0034 侮(姆) ……… 1
0035 但 ……………… 1
0036 彼 ……………… 1
0037 侚 ……………… 1
0039 佅 ……………… 1
0041 性(姓) ……… 1
0043 [illegible] ……………… 1
0046 侎(抄) ……… 1
0052 [illegible](匋) ……… 1
0054 侎 ……………… 1
0057 侰 ……………… 1
0058 侍 ……………… 1
0059 示(保) ……… 1
0063 佶 ……………… 1
0066 侹 ……………… 1
0067 侵 ……………… 1
0068 俌(傅) ……… 1
0069 俸 ……………… 1
0070 係 ……………… 1
0071 倌 ……………… 1
0072 倂 ……………… 1
0076 偭 ……………… 1
0077 俯 ……………… 1
0078 俣(侘) ……… 1
0080 倬 ……………… 1
0082 倜 ……………… 1
0087 做、傚 ……… 1
0088 傎、[illegible] ……… 1
0089 傣(催) ……… 1
0090 得 ……………… 1
0094 僑 ……………… 1
0096 僋 ……………… 1
0097 偳(仃) ……… 1
0099 僨 ……………… 1
0100 僎 ……………… 1
0102 僕 ……………… 1
0103 [illegible] ……………… 1
0104 [illegible] ……………… 1
0105 [illegible](尊) ……… 1
0107 儫 ……………… 1
0108 僳 ……………… 1
0109 偹 ……………… 1
0110 僿 ……………… 1

0112 □ …… 1
0114 □ …… 1
0115 □ …… 1
0116 □ …… 1
0117 □(伎) …… 1
0118 □ …… 1
0119 □ …… 1
0120 □ …… 1
0121 □ …… 1
0122 俁、偃 …… 1
0123 儆 …… 1
0124 伍 …… 1
0125 俳(背) …… 1
0126 俍 …… 1
0127 佝 …… 1
0128 佑(佑) …… 1
0137 □ …… 1
0139 否 …… 1
0142 秫(侏) …… 1
0144 □(棄、棄) …… 1
0148 □(昊) …… 1
0150 奱 …… 1
0151 奭 …… 1
0152 㛷(偪) …… 1
0159 □ …… 1
0161 □ …… 1
0162 □ …… 1
0163 □ …… 1
0164 □(傒) …… 1
0165 □(掌) …… 1
0166 □(兀) …… 1
0169 𡘊 …… 1
0170 □ …… 1
0171 □(共) …… 1
0173 □ …… 1
0174 □(杙、杙) …… 1
0175 □(幸、𦓷) …… 1
0176 □ …… 1
0177 □(抓) …… 1
0178 □(搽) …… 1
0179 □ …… 1
0180 □ …… 1
0181 □ …… 1
0182 □(睞) …… 1
0184 □(偟) …… 1
0185 □ …… 1
0186 □ …… 1
0187 □ …… 1
0188 □ …… 1
0189 □ …… 1
0190 □ …… 1
0192 □ …… 1
0196 䄮 …… 1
0204 頂 …… 1
0208 頍、頷 …… 1
0209 頮 …… 1
0220 頏 …… 1
0221 頸 …… 1
0223 頓 …… 1
0224 顛 …… 1
0227 顛 …… 1
0228 顧 …… 1
0237 顱 …… 1
0238 顬 …… 1
0240 顯 …… 1
0241 頁 …… 1
0242 頙 …… 1
0243 𩑛(髯) …… 1
0246 □ …… 1
0247 㒸(拍) …… 1
0248 異(饗) …… 1
0249 㒼(具) …… 1
0255 妃 …… 1
0258 姒(祁) …… 1
0261 妫 …… 1
0262 奸 …… 1
0269 娩(娞) …… 1
0272 姸 …… 1
0273 妹 …… 1
0279 妊(娗) …… 1
0289 娫 …… 1
0290 始 …… 1
0292 姟(嫁) …… 1
0293 姁 …… 1
0294 姘 …… 1
0299 娟 …… 1
0301 妣 …… 1
0305 婳 …… 1
0310 娴 …… 1
0311 婧 …… 1
0313 娸 …… 1
0314 婤 …… 1
0315 婐 …… 1
0319 媅 …… 1
0320 嫩 …… 1
0323 嫨 …… 1
0327 媲 …… 1
0328 嫓 …… 1
0330 嫆(媛) …… 1
0331 媘(姆) …… 1
0333 嫡 …… 1
0334 娥 …… 1
0335 嫜(嫞) …… 1
0336 嫛 …… 1
0337 嫪 …… 1
0341 嬢 …… 1
0343 嬭 …… 1
0344 嫱 …… 1
0351 嬉 …… 1
0353 嬏 …… 1
0354 嬓 …… 1
0356 妳 …… 1
0360 嫭 …… 1
0362 嬢 …… 1
0363 孋 …… 1
0364 嬬、嫑 …… 1
0368 娶 …… 1
0369 姰 …… 1
0370 □ …… 1
0371 □(妖) …… 1
0372 □ …… 1
0373 □ …… 1
0374 □ …… 1
0375 □ …… 1
0376 婞 …… 1
0377 嫌 …… 1
0381 欷(妖) …… 1
0383 躬 …… 1
0384 軆(體) …… 1
0386 軀 …… 1
0390 奴(贅) …… 1
0391 娶 …… 1
0392 □ …… 1
0393 □ …… 1
0394 彥 …… 1
0396 詹(諺) …… 1
0403 放(昉) …… 1
0405 欲 …… 1
0406 欣(听) …… 1
0407 改(戻) …… 1
0409 故(咭) …… 1
0411 敕 …… 1
0412 欵(咱) …… 1
0415 歎 …… 1
0416 欷(嘟) …… 1
0417 歠 …… 1
0418 歈 …… 1
0419 散 …… 1
0421 歍(嗚) …… 1
0422 歐 …… 1
0423 歟(嘿) …… 1
0424 歔 …… 1
0425 歞(款) …… 1
0426 欲 …… 1
0428 □(抆) …… 1
0429 □ …… 1

0434 粇 …………… 1
0437 圻 …………… 1
0438 [illegible](玲) ……… 1
0440 迠 …………… 1
0444 逪 …………… 1
0445 遈(位) ……… 1
0446 違 …………… 1
0448 𨒅 …………… 1
0450 尸(仁) ……… 1
0454 屄(呐) ……… 1
0458 屐(役) ……… 1
0460 屭(纘) ……… 1
0462 屠、僭(脩) … 1
0463 屭(僎) ……… 1
0472 卬(侹) ……… 1
0474 和(倈) ……… 1
0477 [illegible](負) ……… 1
0480 [illegible] …………… 1
0481 [illegible] …………… 1
0482 [illegible](吼) ……… 1
0483 [illegible](絬) ……… 1
0484 [illegible] …………… 1
0487 [illegible] …………… 1
0488 [illegible] …………… 1
0489 [illegible] …………… 1
0490 [illegible] …………… 1
0492 [illegible] …………… 1
0493 [illegible] …………… 1
0494 [illegible] …………… 1
0495 [illegible] …………… 1
0496 [illegible](掌) ……… 1
0498 [illegible](斧) ……… 1
0503 [illegible] …………… 1
0504 [illegible] …………… 1
0505 [illegible](史) ……… 1
0506 [illegible](傑) ……… 1
0509 覞(眯) ……… 1
0513 覩 …………… 1
0514 覼 …………… 1
0515 覲 …………… 1
0516 覩(睦) ……… 1
0518 [illegible](敗、覞) … 1
0519 [illegible] …………… 1
0520 蹀(牒) ……… 1
0525 皃(貌) ……… 1
0529 兢(兢) ……… 1
0530 踉 …………… 1
0540 [illegible] …………… 1
0541 包 …………… 1
0542 佪(三) ……… 1
0543 匂(匐) ……… 1
0545 匊 …………… 1
0555 尢 …………… 1
0556 尬(尯) ……… 1
0559 [illegible]、迻 ……… 1
0561 [illegible] …………… 1
0562 䞘 …………… 1
0568 晃 …………… 1
0570 栥(背) ……… 1
0574 囦(囡) ……… 1
0578 瓪 …………… 1
0579 廬(廪) ……… 1
0580 醫 …………… 1
0594 久 …………… 1
0596 另(剮、剛) … 1
0598 殄 …………… 1
0601 叡 …………… 1
0603 叝、辜 ……… 1
0606 叉 …………… 1
0613 㕛、攷 ……… 1
0615 㕞(拼) ……… 1
0616 叔(抹) ……… 1
0619 㕡(坂) ……… 1
0624 㕣、捆 ……… 1
0630 㕦、[illegible] ……… 1
0631 㕧(捱) ……… 1
0633 叙(款) ……… 1
0636 叡、敦(撑) … 1
0638 叡(搭) ……… 1
0641 毄、擊 ……… 1
0642 叡 …………… 1
0644 [illegible] …………… 1
0647 [illegible] …………… 1
0648 [illegible](皮) ……… 1
0649 [illegible] …………… 1
0650 [illegible] …………… 1
0651 [illegible](馭) ……… 1
0652 [illegible](绅) ……… 1
0653 [illegible] …………… 1
0655 [illegible] …………… 1
0657 [illegible] …………… 1
0658 [illegible] …………… 1
0659 [illegible](尹) ……… 1
0660 [illegible]([illegible]) ……… 1
0662 [illegible] …………… 1
0663 [illegible]、弁 ……… 1
0665 [illegible] …………… 1
0667 夌 …………… 1
0670 將 …………… 1
0673 對 …………… 1
0674 支 …………… 1
0675 攴 …………… 1
0684 攽(掀) ……… 1
0687 炇(敹) ……… 1
0698 敋(挌) ……… 1
0704 敀(捙) ……… 1
0705 攸 …………… 1
0706 攼(挺) ……… 1
0717 敕 …………… 1
0718 攰 …………… 1
0719 敗(覞) ……… 1
0720 敐(振) ……… 1
0723 敜(拎) ……… 1
0724 敔(招) ……… 1
0725 散(措) ……… 1
0727 敺(撫) ……… 1
0728 敁(拒) ……… 1
0729 敝(搋) ……… 1
0730 敝 …………… 1
0736 敆(搶) ……… 1
0737 敝(攏) ……… 1
0738 敝(搋) ……… 1
0739 敺 …………… 1
0741 敷(敷) ……… 1
0742 敬 …………… 1
0743 敺(撫) ……… 1
0745 敵(敵) ……… 1
0747 敹(擐) ……… 1
0754 敶 …………… 1
0755 敝 …………… 1
0757 斂 …………… 1
0758 敾 …………… 1
0760 斁(擇) ……… 1
0761 斁(擇) ……… 1
0762 敾 …………… 1
0763 斆(操) ……… 1
0766 斆 …………… 1
0767 嗷 …………… 1
0768 敫 …………… 1
0771 斁(捚) ……… 1
0772 敦(敦) ……… 1
0776 斅(撑、攬) … 1
0778 斀(攏) ……… 1
0783 斀 …………… 1
0785 斀 …………… 1
0787 邀 …………… 1
0788 敳(撎) ……… 1
0789 斁(搬) ……… 1
0791 [illegible] …………… 1
0792 弢 …………… 1
0795 殳(抄) ……… 1
0796 殺(抚) ……… 1
0799 [illegible](拓) ……… 1
0804 殺(揀) ……… 1
0805 [illegible](斁) ……… 1
0806 殿(捅) ……… 1

0813 毀(鬭) ……… 1
0816 拑 ……………… 1
0817 拍 ……………… 1
0819 挾 ……………… 1
0820 拳 ……………… 1
0821 挂 ……………… 1
0823 [illegible](揲) ……… 1
0824 擘(曼) ……… 1
0828 搏 ……………… 1
0831 挹、㪉 ……… 1
0832 抈、肞 ……… 1
0835 採 ……………… 1
0836 [illegible] ……………… 1
0838 豢(豢) ……… 1
0842 攄、攎(攕) … 1
0843 [illegible] ……………… 1
0853 [illegible] ……………… 1
0858 [illegible](拔) ……… 1
0860 [illegible](挠) ……… 1
0863 弅 ……………… 1
0864 弇 ……………… 1
0871 䢃(揮) ……… 1
0873 蘘(攮) ……… 1
0874 彜、屖(厥) … 1
0875 彝 ……………… 1
0879 [illegible] ……………… 1
0880 [illegible]、奉 ……… 1
0881 [illegible]、㚸(匊) … 1
0882 [illegible](臾) ……… 1
0883 [illegible] ……………… 1
0884 [illegible] ……………… 1
0885 [illegible](撜) ……… 1
0887 㦰(捍) ……… 1
0891 [illegible](摡) ……… 1
0892 㢋(搋) ……… 1
0893 [illegible] ……………… 1
0894 [illegible] ……………… 1
0895 [illegible](開) ……… 1
0897 [illegible](搬) ……… 1
0899 臼(掬) ……… 1
0902 [illegible](俘) ……… 1
0903 曳 ……………… 1
0905 嬰 ……………… 1
0906 [illegible]、要(腰) … 1
0908 孚(捋) ……… 1
0911 [illegible](拹) ……… 1
0912 [illegible] ……………… 1
0913 [illegible] ……………… 1
0914 舌(括) ……… 1
0915 弆(抾) ……… 1
0916 [illegible] ……………… 1
0920 受(剽) ……… 1
0924 夒 ……………… 1
0927 舁 ……………… 1
0930 [illegible] ……………… 1
0932 [illegible] ……………… 1
0934 [illegible] ……………… 1
0936 𢀜 ……………… 1
0937 坃 ……………… 1
0940 瓶(䢼) ……… 1
0942 趌(挂) ……… 1
0944 䚁(搖) ……… 1
0949 歃 ……………… 1
0951 䚊(搤) ……… 1
0955 䚖(攃) ……… 1
0957 [illegible] ……………… 1
0958 [illegible] ……………… 1
0962 闐 ……………… 1
0967 奻(如) ……… 1
0969 㚷、㐫 ……… 1
0970 [illegible] ……………… 1
0971 迺 ……………… 1
0972 䢒、迺 ……… 1
0974 奎、迲 ……… 1
0976 枣、速 ……… 1
0980 壇(蹱) ……… 1
0984 [illegible]、犨(迮) … 1
0985 昰(是) ……… 1
0986 [illegible] ……………… 1
0993 路 ……………… 1
0994 允(跀) ……… 1
0996 跽 ……………… 1
0997 跽(踶) ……… 1
0998 [illegible] ……………… 1
1000 赴 ……………… 1
1002 起 ……………… 1
1003 趄 ……………… 1
1005 趈 ……………… 1
1006 趙 ……………… 1
1008 趦 ……………… 1
1011 趬 ……………… 1
1013 趫(趫) ……… 1
1014 趡 ……………… 1
1015 趣 ……………… 1
1020 趣 ……………… 1
1022 趯(運) ……… 1
1030 趥 ……………… 1
1037 趯 ……………… 1
1039 达 ……………… 1
1040 迒 ……………… 1
1042 迂(下) ……… 1
1044 迖 ……………… 1
1045 迦、㘳 ……… 1
1048 迏(赴) ……… 1
1049 [illegible] ……………… 1
1054 迲、奎 ……… 1
1060 迹 ……………… 1
1067 送 ……………… 1
1075 迸 ……………… 1
1076 途 ……………… 1
1078 逕(連) ……… 1
1080 逭 ……………… 1
1081 逦 ……………… 1
1082 逞 ……………… 1
1084 逑 ……………… 1
1086 逮 ……………… 1
1088 [illegible] ……………… 1
1091 逨(速) ……… 1
1092 遒 ……………… 1
1093 逕 ……………… 1
1094 遜 ……………… 1
1100 遄(遄) ……… 1
1104 遉(偵) ……… 1
1105 遱 ……………… 1
1111 遣(饋) ……… 1
1117 遇(遇) ……… 1
1121 遺(徂) ……… 1
1123 遷 ……………… 1
1127 遺 ……………… 1
1133 遐 ……………… 1
1140 遄 ……………… 1
1141 遹 ……………… 1
1143 邁(越) ……… 1
1144 邁(嘞) ……… 1
1147 逴 ……………… 1
1149 選 ……………… 1
1150 [illegible] ……………… 1
1155 彳 ……………… 1
1156 彶(如) ……… 1
1157 彸 ……………… 1
1159 彷 ……………… 1
1160 欲(赺) ……… 1
1161 休 ……………… 1
1162 役(赴) ……… 1
1178 徭(蹉) ……… 1
1183 [illegible] ……………… 1
1184 逢、逢 ……… 1
1191 德 ……………… 1
1192 衢(灌) ……… 1
1193 衻(扣) ……… 1
1194 兔(逸) ……… 1
1195 [illegible](獶) ……… 1
1196 [illegible] ……………… 1
1197 [illegible] ……………… 1
1199 [illegible](徽、纛) … 1
1200 [illegible] ……………… 1

1203 衔 …………… 1
1205 [illegible](衔) ……… 1
1207 衠 …………… 1
1211 衛、逹 ……… 1
1215 夆 …………… 1
1217 夆、夆 ……… 1
1219 [illegible] …………… 1
1222 叟 …………… 1
1223 叜、姆 ……… 1
1231 啙 …………… 1
1236 豗 …………… 1
1245 眉(謎、嗟) … 1
1247 記 …………… 1
1251 訏 …………… 1
1253 夤(謡) ……… 1
1254 訛 …………… 1
1256 諼(譒) ……… 1
1257 訊 …………… 1
1259 訧 …………… 1
1263 訫(咒) ……… 1
1267 詒 …………… 1
1268 訴 …………… 1
1270 訷 …………… 1
1273 [illegible](詷) ……… 1
1274 詻 …………… 1
1275 諱 …………… 1
1276 諫 …………… 1
1277 詠 …………… 1
1280 誋 …………… 1
1281 誇 …………… 1
1288 詆(詆) ……… 1
1289 誒 …………… 1
1293 諎 …………… 1
1294 請 …………… 1
1296 匔(籒、鞫) … 1
1297 辞(辭) ……… 1
1302 諃 …………… 1
1306 諹 …………… 1
1308 諂(謟) ……… 1
1309 詳 …………… 1
1310 譁 …………… 1
1315 講 …………… 1
1316 諭 …………… 1
1319 譙、譍 ……… 1
1320 讀(讀) ……… 1
1322 謋、誡 ……… 1
1325 讕 …………… 1
1327 論 …………… 1
1329 譯 …………… 1
1330 訒(詔、叨) … 1
1332 諰 …………… 1
1340 讙 …………… 1
1341 譾 …………… 1
1342 論 …………… 1
1347 忍 …………… 1
1348 忞(怒) ……… 1
1349 忎(恐) ……… 1
1358 卷(倦) ……… 1
1359 忽 …………… 1
1362 忿(价) ……… 1
1363 忛 …………… 1
1368 忲(快) ……… 1
1369 怷(怠) ……… 1
1372 忝 …………… 1
1374 恁(信) ……… 1
1384 悔(悔) ……… 1
1385 恿(勇) ……… 1
1386 惟 …………… 1
1388 憭 …………… 1
1389 愚 …………… 1
1391 惑 …………… 1
1394 感 …………… 1
1398 憙、愷 ……… 1
1399 惻 …………… 1
1401 慈 …………… 1
1402 恙、恙 ……… 1
1406 憲 …………… 1
1408 懬(慧惜) …… 1
1413 懯、懺(惰) … 1
1418 懕 …………… 1
1420 慵(慮) ……… 1
1422 懷(愯) ……… 1
1424 懼 …………… 1
1425 炁(愛) ……… 1
1426 悬(愜) ……… 1
1429 吃 …………… 1
1449 吩 …………… 1
1450 昏 …………… 1
1452 呻 …………… 1
1457 咎、映 ……… 1
1464 啞(啞) ……… 1
1465 [illegible](哈) ……… 1
1466 咨 …………… 1
1467 哲(喫) ……… 1
1468 咾(咾) ……… 1
1470 問 …………… 1
1471 喔 …………… 1
1472 哦、吾 ……… 1
1478 [illegible](苟) ……… 1
1482 嗖 …………… 1
1484 嗵 …………… 1
1486 卽(唧) ……… 1
1487 咲(咲、笑) … 1
1490 噐、嚣(噃) … 1
1491 萬、嘪 ……… 1
1492 噔 …………… 1
1495 噹(噴) ……… 1
1496 嚷 …………… 1
1497 [illegible] …………… 1
1498 [illegible](晲) ……… 1
1500 [illegible] …………… 1
1501 噘 …………… 1
1503 咺 …………… 1
1504 哐 …………… 1
1509 [illegible](兢) ……… 1
1511 [illegible]、[illegible](壤) … 1
1514 嚻(唬) ……… 1
1523 晉 …………… 1
1533 耿(揖) ……… 1
1534 聘 …………… 1
1538 聾 …………… 1
1542 臬(縮、莤) … 1
1543 聶 …………… 1
1544 官 …………… 1
1548 盰 …………… 1
1553 眦 …………… 1
1557 哭(哭) ……… 1
1558 督 …………… 1
1559 晳 …………… 1
1560 睘(瞖) ……… 1
1562 睔 …………… 1
1563 覞(瞀) ……… 1
1565 瞩 …………… 1
1568 曦 …………… 1
1570 覎(眩) ……… 1
1571 [illegible](境) ……… 1
1573 睊(眮) ……… 1
1574 矇(曚) ……… 1
1589 胡 …………… 1
1590 胎 …………… 1
1592 朐 …………… 1
1596 胾(膩) ……… 1
1597 脩 …………… 1
1598 脣 …………… 1
1599 脴(胍) ……… 1
1602 胴(胙) ……… 1
1609 脊 …………… 1
1610 胱 …………… 1
1611 脾 …………… 1
1612 脣(厭) ……… 1
1613 腦 …………… 1
1614 腼 …………… 1
1615 脣 …………… 1
1618 髾 …………… 1
1620 膳 …………… 1
1621 腊 …………… 1

1624 腴 …………… 1
1626 臚 …………… 1
1628 臂 …………… 1
1630 腡 …………… 1
1634 飪 …………… 1
1635 飫 …………… 1
1636 飳 …………… 1
1637 飯 …………… 1
1639 飾 …………… 1
1642 飻(饕) ……… 1
1643 餱 …………… 1
1644 餚 …………… 1
1648 餳 …………… 1
1650 餶(饡、餈) … 1
1651 餗 …………… 1
1652 饉 …………… 1
1655 饒 …………… 1
1657 饑 …………… 1
1659 饖(望) ……… 1
1660 餍(餍、饋) … 1
1661 餂(餂) ……… 1
1667 鬻 …………… 1
1668 鬻(烓) ……… 1
1671 鬻(飽、饎) … 1
1672 盥(鬻) ……… 1
1673 鬻(烹) ……… 1
1677 鬻(烎、腐) … 1
1683 鬻 …………… 1
1684 鬻(鬻) ……… 1
1685 鬻 …………… 1
1687 鬻(鬻) ……… 1
1688 鬻 …………… 1
1689 鬻(餗) ……… 1
1692 [illegible] …………… 1
1694 皆 …………… 1
1696 壹 …………… 1
1700 畀 …………… 1
1702 甹 …………… 1
1706 [illegible] …………… 1
1711 [illegible](注) ……… 1
1713 盞(鍋) ……… 1
1717 皿 …………… 1
1718 [illegible](盈) ……… 1
1719 盈 …………… 1
1724 盂 …………… 1
1729 盇 …………… 1
1731 [illegible](彗、替) … 1
1735 盉 …………… 1
1738 蓋 …………… 1
1742 盡 …………… 1
1747 盧(魯) ……… 1
1755 盥、盥(醢) … 1
1756 盦 …………… 1
1764 盧 …………… 1
1765 盥(媚) ……… 1
1766 鑒(鑄) ……… 1
1769 [illegible] …………… 1
1771 毗 …………… 1
1772 [illegible] …………… 1
1774 [illegible] …………… 1
1775 [illegible](盛) ……… 1
1776 [illegible] …………… 1
1777 [illegible](嗌) ……… 1
1778 [illegible] …………… 1
1779 盥 …………… 1
1782 盥(膿) ……… 1
1784 [illegible](嘫) ……… 1
1785 [illegible](呑、咾) … 1
1786 [illegible] …………… 1
1787 [illegible](曶) ……… 1
1790 昔(孤) ……… 1
1798 [illegible](替) ……… 1
1799 [illegible] …………… 1
1800 [illegible] …………… 1
1805 鎗 …………… 1
1806 罂 …………… 1
1815 甓(叚) ……… 1
1816 瓦 …………… 1
1818 甈(甕) ……… 1
1819 甑 …………… 1
1822 甐 …………… 1
1823 [illegible](及見鼓) … 1
1827 [illegible](澧) ……… 1
1830 㽪 …………… 1
1831 豈 …………… 1
1836 斞(斞) ……… 1
1841 匙(匙) ……… 1
1844 [illegible](真、貨) … 1
1845 舌 …………… 1
1848 舂 …………… 1
1849 舀 …………… 1
1851 亭 …………… 1
1857 穷 …………… 1
1864 㝑(坊) ……… 1
1869 弦 …………… 1
1878 宬 …………… 1
1879 宥 …………… 1
1880 宬 …………… 1
1881 宬 …………… 1
1882 穷 …………… 1
1890 宵 …………… 1
1891 寶 …………… 1
1896 宊 …………… 1
1897 宫 …………… 1
1899 [illegible] …………… 1
1902 宼(坑) ……… 1
1907 㝛(康) ……… 1
1908 宿 …………… 1
1912 宿(宿) ……… 1
1915 宲(堡) ……… 1
1916 寁 …………… 1
1921 寣 …………… 1
1923 寐 …………… 1
1925 寎 …………… 1
1926 寚、寚(密) … 1
1930 實(實) ……… 1
1934 寑(廄、廐) … 1
1935 寫 …………… 1
1936 寬 …………… 1
1938 寏(宋) ……… 1
1939 寐、寏 ……… 1
1940 寣(郧) ……… 1
1943 寖 …………… 1
1944 寖(鞣) ……… 1
1951 寢(藏) ……… 1
1953 寢(褌) ……… 1
1954 寍(陘) ……… 1
1957 寰 …………… 1
1958 寤(靡、壁) … 1
1959 寢 …………… 1
1960 寢 …………… 1
1963 寤(醄) ……… 1
1965 寶 …………… 1
1966 寤 …………… 1
1970 賽 …………… 1
1971 寤 …………… 1
1972 宿(庿) ……… 1
1974 寶(窯) ……… 1
1975 寤(寤) ……… 1
1977 寶 …………… 1
1978 寶 …………… 1
1979 寢、寣(貯) … 1
1980 寢(寣) ……… 1
1982 寰 …………… 1
1983 寰 …………… 1
1984 寰 …………… 1
1988 寶 …………… 1
1990 宔(祉) ……… 1
1991 寂 …………… 1
1992 [illegible] …………… 1
1993 [illegible] …………… 1
1994 宦(庇) ……… 1
1995 [illegible](宔、庭) … 1
1996 [illegible] …………… 1
1997 [illegible](宣、宂) … 1
1998 [illegible] …………… 1

1999 [illegible] …… 1
2002 窀(竉) …… 1
2003 宩(深、窔寏) …… 1
2004 灾(竈、灶) … 1
2005 宫(宮) …… 1
2006 窠 …… 1
2007 窒(窽) …… 1
2008 窑(窯) …… 1
2010 窠 …… 1
2011 寮 …… 1
2012 窜(穽) …… 1
2013 窅 …… 1
2018 窵 …… 1
2019 厇(庇) …… 1
2020 府 …… 1
2028 庰 …… 1
2031 庂(陆、厗) … 1
2035 庡、庈(炒) … 1
2036 庿(廟) …… 1
2037 [illegible] …… 1
2038 厝 …… 1
2039 庠 …… 1
2040 庤 …… 1
2041 廚(樹) …… 1
2042 廙 …… 1
2043 廜 …… 1
2046 廬 …… 1
2048 魔 …… 1
2049 廙 …… 1
2050 壓 …… 1
2051 廛(厚) …… 1
2052 廬 …… 1
2054 [illegible](廪) …… 1
2055 厂 …… 1
2057 厇(宅) …… 1
2058 庍(席) …… 1
2059 床(厥) …… 1
2060 屛 …… 1
2061 厝 …… 1
2062 㕟(叟) …… 1
2063 㕎 …… 1
2068 厓 …… 1
2071 厜 …… 1
2072 厮 …… 1
2074 厞 …… 1
2075 厫 …… 1
2079 厫 …… 1
2081 厰 …… 1
2083 厮 …… 1
2085 厬(厬) …… 1
2086 厬 …… 1
2087 厲 …… 1
2088 厥 …… 1
2090 靨 …… 1
2091 厴(陟) …… 1
2094 厡、厴 …… 1
2095 [illegible](原) …… 1
2096 原(㑹) …… 1
2097 [illegible] …… 1
2098 [illegible] …… 1
2100 閂(門) …… 1
2105 閃 …… 1
2106 間 …… 1
2110 閰 …… 1
2111 闇 …… 1
2112 閱 …… 1
2114 闒 …… 1
2115 闌 …… 1
2116 闕 …… 1
2117 闗 …… 1
2120 闢 …… 1
2123 闟 …… 1
2125 [illegible](南門) …… 1
2130 屠 …… 1
2131 眞 …… 1
2132 [illegible](居) …… 1
2134 [illegible](京) …… 1
2143 亮 …… 1
2145 [illegible](𠂤) …… 1
2146 [illegible](?) …… 1
2149 [illegible](糈) …… 1
2153 疚 …… 1
2155 兆(疣) …… 1
2157 疫 …… 1
2158 疢 …… 1
2160 痀(佝) …… 1
2162 痞 …… 1
2163 痄(瘥) …… 1
2165 瘵 …… 1
2166 瘕(瘠) …… 1
2167 痟 …… 1
2169 瘄 …… 1
2170 瘖 …… 1
2171 瘁 …… 1
2172 瘀 …… 1
2174 瘊(痥) …… 1
2175 瘠(瘠) …… 1
2176 瘣 …… 1
2178 瘨(癲) …… 1
2181 瘟 …… 1
2182 瘻 …… 1
2183 瘉 …… 1
2184 瘩 …… 1
2186 癄 …… 1
2188 [illegible] …… 1
2189 爿 …… 1
2191 狀 …… 1
2192 牀(葬) …… 1
2195 牊(瘟) …… 1
2198 牏(痾、癥) … 1
2200 牐 …… 1
2203 [illegible] …… 1
2205 牆 …… 1
2206 牃 …… 1
2207 牅 …… 1
2208 牗 …… 1
2211 斺(析) …… 1
2213 舒 …… 1
2214 釥 …… 1
2215 釪 …… 1
2216 釷 …… 1
2219 鈗 …… 1
2220 鈍 …… 1
2221 鈧 …… 1
2226 鈖 …… 1
2227 鈲 …… 1
2228 鋫(鉚) …… 1
2229 鈷 …… 1
2234 鉢(鋬) …… 1
2237 鉺 …… 1
2240 銉(錄) …… 1
2243 銂、磺 …… 1
2246 銹 …… 1
2248 鋞(鋞) …… 1
2249 鋥 …… 1
2255 鑛 …… 1
2262 錐 …… 1
2263 鍁(鍈) …… 1
2268 鐊(錫) …… 1
2269 鍨、鍥 …… 1
2271 鍟(鐸) …… 1
2272 鍴 …… 1
2274 鍕(鈽) …… 1
2275 鍬 …… 1
2281 鑵(罐) …… 1
2287 鏷 …… 1
2289 鏽 …… 1
2297 鐵 …… 1
2300 鑾 …… 1
2302 鑼 …… 1
2304 鉼 …… 1
2306 鏣 …… 1
2308 鑚 …… 1
2309 鉣 …… 1
2310 鉅 …… 1

2311 [illegible] …… 1	2398 [illegible] …… 1	2486 韡、褘 …… 1	2584 絝 …… 1
2315 助(賀) …… 1	2402 軏(軗) …… 1	2489 褺、褻 …… 1	2586 學(幼) …… 1
2317 貺 …… 1	2404 軖(軠、軭) …… 1	2490 褱(褱、表) …… 1	2596 几 …… 1
2318 貿(睨、睍) …… 1	2405 軫 …… 1	2491 褋 …… 1	2600 [illegible](丌) …… 1
2319 賁 …… 1	2406 較(較) …… 1	2493 褟 …… 1	2603 畁 …… 1
2323 賀 …… 1	2411 輅 …… 1	2502 𠬛(祭) …… 1	2614 [illegible](周) …… 1
2324 費 …… 1	2413 輿 …… 1	2504 昌 …… 1	2619 橨 …… 1
2325 貿 …… 1	2416 轀(幹) …… 1	2505 韡(幃) …… 1	2620 鞋 …… 1
2333 賄 …… 1	2418 轉 …… 1	2511 紆 …… 1	2621 翼(黏) …… 1
2336 賍、睨 …… 1	2421 舣 …… 1	2512 約(約) …… 1	2623 皀 …… 1
2337 賻 …… 1	2427 船 …… 1	2514 繡、紙 …… 1	2636 黜 …… 1
2338 賏 …… 1	2430 舒(舒) …… 1	2515 終 …… 1	2638 [illegible](蠡) …… 1
2343 賦 …… 1	2432 艁 …… 1	2518 給 …… 1	2642 戋(彧) …… 1
2346 賺 …… 1	2433 艦 …… 1	2521 絡 …… 1	2645 [illegible]、戕、戢 …… 1
2348 賡 …… 1	2434 艖、艕(艕) …… 1	2526 絹(絹) …… 1	2648 [illegible](戕) …… 1
2352 貸 …… 1	2437 肆(津) …… 1	2527 歘(局) …… 1	2651 戒(戚) …… 1
2354 賹 …… 1	2438 藁 …… 1	2530 紗 …… 1	2656 戓(戠) …… 1
2357 賫、儹 …… 1	2446 鞣(韖) …… 1	2535 緱 …… 1	2658 戕 …… 1
2359 贓 …… 1	2448 鞣 …… 1	2536 練 …… 1	2662 戣 …… 1
2362 贊 …… 1	2452 [illegible](韋) …… 1	2540 緂 …… 1	2664 栽 …… 1
2363 贇 …… 1	2453 韴 …… 1	2541 綾 …… 1	2665 戩 …… 1
2364 贉 …… 1	2454 韍(韍) …… 1	2542 綦、綦 …… 1	2667 戲、暴 …… 1
2366 贅 …… 1	2455 韐(韐) …… 1	2547 縷 …… 1	2668 戮(毀敗) …… 1
2367 [illegible](負) …… 1	2458 韝(幬) …… 1	2548 縱、縱 …… 1	2669 截、截 …… 1
2370 玗 …… 1	2459 韣 …… 1	2550 緞 …… 1	2670 戫(韜) …… 1
2373 珍 …… 1	2467 社 …… 1	2551 繭 …… 1	2672 戠 …… 1
2374 玎 …… 1	2468 袢(褉) …… 1	2553 纕 …… 1	2674 賊 …… 1
2375 玩 …… 1	2470 衺、衼 …… 1	2554 絃(縺) …… 1	2675 戣 …… 1
2377 琅 …… 1	2472 衦 …… 1	2555 繼(繼) …… 1	2681 戰 …… 1
2379 璎(理) …… 1	2473 衮、裷 …… 1	2556 絲(繼) …… 1	2682 戴 …… 1
2380 璧 …… 1	2474 裘 …… 1	2557 𧆞(纏) …… 1	2684 戳 …… 1
2382 鋈 …… 1	2475 裁(裁) …… 1	2559 繼 …… 1	2686 或 …… 1
2383 璮、瑨 …… 1	2478 褁、裙 …… 1	2561 縈 …… 1	2688 [illegible] …… 1
2384 瑲 …… 1	2479 裦、袢 …… 1	2562 𦈫(捷) …… 1	2689 栽(誅) …… 1
2385 項 …… 1	2481 裣(衿、襟) …… 1	2563 [illegible] …… 1	2692 [illegible](矛) …… 1
2387 瑑 …… 1	2482 祺 …… 1	2566 撵 …… 1	2693 矟 …… 1
2388 瓌(琢) …… 1	2483 褚 …… 1	2574 緌(插) …… 1	2694 稃 …… 1
2396 瓚 …… 1	2484 褌 …… 1	2575 𥎊 …… 1	2698 [illegible](我) …… 1
2397 [illegible](琑) …… 1	2485 褎(褂) …… 1	2580 綏(綏) …… 1	2706 [illegible]、弩 …… 1

2707 [illegible] …… 1
2708 弨 …… 1
2709 弫 …… 1
2710 [illegible](羿) …… 1
2711 [illegible]、异 …… 1
2712 [illegible] …… 1
2715 [illegible] …… 1
2716 [illegible] …… 1
2724 [illegible] …… 1
2725 [illegible] …… 1
2727 [illegible] …… 1
2730 [illegible]、弜 …… 1
2736 矣 …… 1
2741 [illegible](雉) …… 1
2742 [illegible]([illegible]、射) …… 1
2744 [illegible] …… 1
2745 联 …… 1
2746 [illegible] …… 1
2747 [illegible] …… 1
2751 [illegible]、[illegible] …… 1
2752 [illegible](剥) …… 1
2754 㓞(契) …… 1
2759 判 …… 1
2766 釗 …… 1
2767 [illegible] …… 1
2770 削、[illegible] …… 1
2771 [illegible] …… 1
2774 [illegible] …… 1
2779 [illegible] …… 1
2780 [illegible] …… 1
2782 [illegible](剖) …… 1
2787 [illegible] …… 1
2790 [illegible] …… 1
2791 劊 …… 1
2792 [illegible] …… 1
2793 [illegible] …… 1
2794 [illegible] …… 1
2795 [illegible] …… 1
2799 刱(創) …… 1
2800 [illegible] …… 1
2804 [illegible] …… 1
2808 [illegible](厮) …… 1
2809 新 …… 1
2811 [illegible]([illegible]) …… 1
2812 [illegible] …… 1
2814 [illegible](斷) …… 1
2815 [illegible] …… 1
2817 [illegible](遺) …… 1
2819 戲 …… 1
2822 [illegible]([illegible]) …… 1
2826 [illegible](罝) …… 1
2827 [illegible] …… 1
2828 [illegible] …… 1
2829 [illegible] …… 1
2830 羅 …… 1
2831 [illegible] …… 1
2832 華 …… 1
2842 [illegible] …… 1
2849 [illegible] …… 1
2851 [illegible] …… 1
2852 放 …… 1
2853 旃 …… 1
2854 施 …… 1
2856 斿 …… 1
2858 族 …… 1
2859 旅 …… 1
2863 旄 …… 1
2867 [illegible] …… 1
2870 [illegible] …… 1
2871 [illegible] …… 1
2872 [illegible]([illegible]) …… 1
2874 [illegible] …… 1
2875 [illegible] …… 1
2876 旒 …… 1
2877 旐 …… 1
2878 [illegible] …… 1
2879 [illegible] …… 1
2881 [illegible] …… 1
2882 [illegible] …… 1
2883 [illegible] …… 1
2884 [illegible] …… 1
2886 [illegible] …… 1
2893 [illegible] …… 1
2895 [illegible] …… 1
2896 [illegible] …… 1
2897 [illegible] …… 1
2899 [illegible] …… 1
2912 [illegible] …… 1
2915 [illegible] …… 1
2916 [illegible]、[illegible] …… 1
2931 [illegible]([illegible]) …… 1
2934 [illegible] …… 1
2943 [illegible](師) …… 1
2946 詞 …… 1
2948 [illegible]、[illegible] …… 1
2950 礼 …… 1
2953 [illegible] …… 1
2955 礿(禴) …… 1
2966 [illegible](恤) …… 1
2969 柰 …… 1
2974 [illegible] …… 1
2977 禍 …… 1
2978 禓([illegible]) …… 1
2980 [illegible]、[illegible] …… 1
2981 [illegible] …… 1
2982 [illegible] …… 1
2985 [illegible] …… 1
2986 禪 …… 1
2987 [illegible] …… 1
2988 [illegible] …… 1
2990 [illegible](卟) …… 1
2994 [illegible] …… 1
2995 [illegible] …… 1
2998 [illegible] …… 1
3000 [illegible] …… 1
3010 電 …… 1
3016 [illegible]([illegible]) …… 1
3017 [illegible] …… 1
3022 [illegible] …… 1
3025 [illegible]([illegible]) …… 1
3026 [illegible] …… 1
3028 [illegible] …… 1
3029 汓 …… 1
3030 [illegible] …… 1
3036 沖 …… 1
3038 沇(兖) …… 1
3040 汪 …… 1
3042 汾 …… 1
3043 沐 …… 1
3044 沅 …… 1
3046 洵 …… 1
3047 沃 …… 1
3048 泈 …… 1
3049 況 …… 1
3054 沰 …… 1
3057 泪 …… 1
3058 [illegible] …… 1
3059 [illegible]([illegible]) …… 1
3060 [illegible]([illegible]) …… 1
3061 [illegible](污) …… 1
3067 浊 …… 1
3068 [illegible] …… 1
3069 [illegible] …… 1
3070 涑 …… 1
3071 浮 …… 1
3072 流 …… 1
3074 [illegible](次) …… 1
3078 涅 …… 1
3079 [illegible] …… 1
3080 淪 …… 1
3083 深 …… 1
3087 [illegible] …… 1
3088 [illegible] …… 1
3089 [illegible] …… 1
3091 [illegible](沴) …… 1
3094 淺 …… 1

3098	渾	1
3100	溉	1
3101	渴	1
3102	湨(溭)	1
3103	湋	1
3105	溋(漣)	1
3106	溻	1
3107	滁	1
3109	滜	1
3110	渒	1
3112	滬	1
3113	測	1
3115	湶(源)	1
3118	湩	1
3119	湘	1
3121	滋	1
3122	滰(滰)	1
3124	滑	1
3127	滫	1
3129	滄(浛、泠)	1
3130	潢	1
3142	澧	1
3143	澑	1
3144	濕	1
3145	濯	1
3148	瀘(瀘)	1
3149	濫	1
3151	瀘	1
3153	瀞	1
3154	瀼	1
3155	灑	1
3156	瀹(油)	1
3159	漉	1
3160	濆	1
3162	潙	1
3163	溷	1
3164	滕(滕)	1
3166	[illegible]	1
3167	[illegible]	1
3168	[illegible]	1
3169	[illegible]	1
3170	[illegible]	1
3173	[illegible](𣲘、㳷)	1
3179	玶	1
3182	櫑	1
3183	[illegible]	1
3187	鬃、鬢(瀕)	1
3188	[illegible]	1
3189	仌(冰)	1
3191	[illegible](冰、凝)	1
3195	㝵(得)	1
3198	[illegible]	1
3199	[illegible]、[illegible](燕)	1
3200	灰	1
3201	灸(夜)	1
3205	虎	1
3206	票	1
3207	臾、烛	1
3209	煇	1
3210	[illegible]	1
3211	炤(炤、照)	1
3214	烕(烕)	1
3216	然(難)	1
3218	熉	1
3219	焦	1
3221	烎、煩	1
3223	熞	1
3225	燙(煬)	1
3227	熬	1
3228	熶	1
3229	燧	1
3233	燢(爆)	1
3235	熛(煙)	1
3238	爔(煣)	1
3239	爔(煣)	1
3241	爔	1
3243	炳(炳)	1
3245	楚	1
3247	熵(燣)	1
3257	垦(埋)	1
3258	埶(堵)	1
3260	垟(牡、封)	1
3263	[illegible](坂)	1
3265	[illegible]、均	1
3273	垠	1
3279	垂	1
3280	屋	1
3281	堨、堰	1
3285	堳	1
3286	堍	1
3287	場	1
3288	㙄	1
3289	隼	1
3290	堋(堋)	1
3291	塼	1
3293	塚	1
3294	塿	1
3295	墬(場)	1
3299	雈	1
3303	僡、塼	1
3304	墢	1
3305	壘	1
3306	壞	1
3310	壁	1
3311	坽(冷)	1
3312	垔	1
3313	曑	1
3314	墽	1
3315	墪(墩、埻)	1
3324	坏(坏)	1
3327	轒(墓)	1
3328	鼃	1
3337	牆(畛)	1
3338	畹(域)	1
3340	壘	1
3344	鬙	1
3345	貃(畔)	1
3347	阦	1
3349	阪	1
3350	陂	1
3352	陉、隋	1
3353	陑	1
3355	陕(陛)	1
3360	陓、阡(序)	1
3361	陜	1
3367	陮	1
3368	陭	1
3370	陲	1
3374	隀、陕	1
3375	陻(堙)	1
3376	階	1
3377	隕	1
3378	陣	1
3379	隟	1
3380	𨻶	1
3384	隉	1
3385	隮	1
3387	隐	1
3389	隥	1
3393	隳	1
3394	隱	1
3395	隞	1
3396	陵	1
3398	隰	1
3399	隮	1
3401	隰	1
3402	隮	1
3403	[illegible]	1
3404	[illegible]	1
3406	邕	1
3407	邛	1
3411	邪	1
3412	邮	1
3414	邳	1
3417	郏	1
3420	郗	1

3425 郮 …… 1
3426 郱 …… 1
3428 鄀(鄀) …… 1
3429 郣 …… 1
3430 郶 …… 1
3431 郾 …… 1
3432 郛(郛、豫) …… 1
3437 䣧(青) …… 1
3438 郙 …… 1
3439 鄈 …… 1
3442 郻 …… 1
3447 郼 …… 1
3450 鄏(鄏) …… 1
3452 郉 …… 1
3454 郣(柏) …… 1
3457 鄉 …… 1
3458 鄆 …… 1
3461 鄐 …… 1
3462 鄋 …… 1
3463 䢵(程) …… 1
3464 鄑(晉) …… 1
3465 鄎(息) …… 1
3466 鄓 …… 1
3468 鄇 …… 1
3469 鄅 …… 1
3470 鄎、鄎 …… 1
3471 鄰 …… 1
3472 鄱 …… 1
3474 鄡 …… 1
3476 䣧 …… 1
3477 𨛳(𨛳) …… 1
3478 鄲(單) …… 1
3482 鄉 …… 1
3483 鄹 …… 1
3484 鄭 …… 1
3488 鄦(鄦、鄦) …… 1
3492 鄭 …… 1
3496 鄺 …… 1
3500 邵 …… 1
3505 邨 …… 1
3507 野 …… 1
3511 硻 …… 1
3512 礓 …… 1
3513 礪(礪) …… 1
3514 [illegible] …… 1
3516 𠂤 …… 1
3517 否(否) …… 1
3518 弟(茀) …… 1
3520 峡 …… 1
3521 睃、峻 …… 1
3523 崞 …… 1
3525 嵋 …… 1
3527 䃅(嶂) …… 1
3529 嶙 …… 1
3530 䂞、嵇 …… 1
3532 巒 …… 1
3535 [illegible] …… 1
3536 阾(阾) …… 1
3537 谷 …… 1
3540 隽 …… 1
3541 騈(駢) …… 1
3543 駿(騶) …… 1
3545 駱 …… 1
3548 騆 …… 1
3550 騅 …… 1
3551 騎 …… 1
3554 鶡 …… 1
3555 驢 …… 1
3559 牟 …… 1
3560 牬(牬) …… 1
3562 牡 …… 1
3563 牽、舉 …… 1
3568 犪 …… 1
3570 𠂇(犆) …… 1
3574 牢 …… 1
3577 羝 …… 1
3578 羣 …… 1
3579 羌 …… 1
3584 獮(犅) …… 1
3586 獂 …… 1
3587 豨 …… 1
3588 𤜣 …… 1
3591 狃 …… 1
3592 狇(狇、狇) …… 1
3594 狪 …… 1
3596 狗 …… 1
3598 狛(猘、猘) …… 1
3600 狘 …… 1
3603 狺 …… 1
3606 猲 …… 1
3607 猒、獡 …… 1
3608 猚(雅) …… 1
3610 猶 …… 1
3615 獡 …… 1
3617 猰 …… 1
3622 猋 …… 1
3627 豻 …… 1
3632 豨 …… 1
3633 豧 …… 1
3634 豬 …… 1
3636 貈(貂) …… 1
3637 豬 …… 1
3638 豬 …… 1
3640 豩 …… 1
3642 豪(豬) …… 1
3643 豪(豯、豯) …… 1
3644 豭 …… 1
3645 [illegible] …… 1
3646 豢 …… 1
3648 豨(?) …… 1
3654 豦 …… 1
3658 魯 …… 1
3659 兔 …… 1
3662 虒 …… 1
3664 虢(豺) …… 1
3665 虡 …… 1
3666 虤 …… 1
3667 虓 …… 1
3672 虧 …… 1
3681 虘 …… 1
3682 虞 …… 1
3683 虜(虜) …… 1
3685 虞 …… 1
3686 虤 …… 1
3687 [illegible] …… 1
3688 豸 …… 1
3689 豹 …… 1
3691 貍 …… 1
3692 貙、貙 …… 1
3697 貒 …… 1
3698 兕 …… 1
3700 麀 …… 1
3710 𢀞(邇) …… 1
3711 䲨 …… 1
3715 駱 …… 1
3716 騠 …… 1
3723 審、窖 …… 1
3728 芇、芇 …… 1
3736 圓(囮) …… 1
3741 鼻(鵙) …… 1
3743 鮁(鮪) …… 1
3744 鮪、鶬 …… 1
3748 鵬 …… 1
3749 鴆(玄鳥) …… 1
3750 鵬 …… 1
3751 鴡 …… 1
3753 𠂇(駱) …… 1
3754 駱 …… 1
3755 鵾(鵾) …… 1
3756 鴇(鴇) …… 1
3757 鴛 …… 1
3758 鵑 …… 1
3760 鵑、鵒 …… 1
3761 鶾 …… 1
3762 鷩(鷹) …… 1
3769 鵰、鵰 …… 1

3770 鵑 …………… 1
3771 [illegible] …………… 1
3776 鼠 …………… 1
3777 鼠 …………… 1
3781 鮢(鰟) ……… 1
3784 蟲 …………… 1
3791 龕、蜍 ……… 1
3794 鼈、鱉 ……… 1
3797 蚘(蛔) ……… 1
3799 蜑(蛋) ……… 1
3800 蚗(蚩) ……… 1
3801 [illegible] …………… 1
3804 蛩、蛚 ……… 1
3805 螤 …………… 1
3811 蝢 …………… 1
3813 蟑 …………… 1
3817 蝨(蚔、蚳) … 1
3820 鑑、鑑(龕、蛤)
…………………… 1
3823 蠷 …………… 1
3830 贏 …………… 1
3832 雀 …………… 1
3837 [illegible] …………… 1
3844 雔 …………… 1
3846 雔(集) ……… 1
3857 [illegible](齘、齬) … 1
3858 齯 …………… 1
3863 隼(觸) ……… 1
3867 觸 …………… 1
3868 鷄 …………… 1
3870 乇 …………… 1
3885 弻 …………… 1
3886 飛 …………… 1
3887 [illegible](飛) ……… 1
3891 [illegible](芑、范) … 1
3897 芰(荇) ……… 1
3902 芮 …………… 1
3905 茪 …………… 1
3906 芸 …………… 1
3909 苢 …………… 1
3910 茅 …………… 1
3911 苗 …………… 1
3913 英 …………… 1
3916 荒 …………… 1
3917 莖 …………… 1
3918 茬 …………… 1
3919 莢 …………… 1
3924 菩 …………… 1
3925 菫 …………… 1
3926 莆 …………… 1
3928 莘 …………… 1
3931 莆(蒲) ……… 1
3932 莽 …………… 1
3934 葶 …………… 1
3937 葴 …………… 1
3938 萑 …………… 1
3942 萱 …………… 1
3945 蒼 …………… 1
3946 蒐 …………… 1
3947 蓍 …………… 1
3949 蒷 …………… 1
3950 蓮 …………… 1
3951 蒙、蒙 ……… 1
3952 莓(蘞) ……… 1
3953 蕽(晨) ……… 1
3955 蕒 …………… 1
3962 蕞(芫) ……… 1
3963 蕺 …………… 1
3965 薪 …………… 1
3969 藷 …………… 1
3970 蘩 …………… 1
3971 蘹 …………… 1
3972 蘇 …………… 1
3973 蘋(萛) ……… 1
3975 芋 …………… 1
3977 [illegible] …………… 1
3978 [illegible] …………… 1
3983 秡 …………… 1
3987 禾、秉(秠、秷)
…………………… 1
3988 秺(稺) ……… 1
3989 稟 …………… 1
3994 積 …………… 1
3995 蓺(藝) ……… 1
4002 本 …………… 1
4007 朽 …………… 1
4008 [illegible](鉌) ……… 1
4010 杅(杇) ……… 1
4011 杙 …………… 1
4012 杉 …………… 1
4013 李 …………… 1
4014 杝(柁、栬) … 1
4017 朵(集) ……… 1
4021 枋 …………… 1
4023 林 …………… 1
4024 松 …………… 1
4025 枀 …………… 1
4031 柠(楮) ……… 1
4032 柜(楰) ……… 1
4035 柀 …………… 1
4036 柂(柂、舵) … 1
4037 柭 …………… 1
4045 枷 …………… 1
4046 格 …………… 1
4049 栲 …………… 1
4051 栒 …………… 1
4053 條 …………… 1
4055 根 …………… 1
4056 梌 …………… 1
4057 梠、梖 ……… 1
4058 梯 …………… 1
4061 桿 …………… 1
4062 梐 …………… 1
4064 棨 …………… 1
4065 棫 …………… 1
4066 植 …………… 1
4071 楊 …………… 1
4072 楳(梅) ……… 1
4074 榦 …………… 1
4076 榭 …………… 1
4077 槑(欋) ……… 1
4080 橐、橐(楝) … 1
4081 槠、楮 ……… 1
4083 樛 …………… 1
4085 [illegible] …………… 1
4087 樑 …………… 1
4088 橛 …………… 1
4089 [illegible](鞟、棹) … 1
4090 檢 …………… 1
4094 櫋(榜) ……… 1
4099 枛 …………… 1
4102 櫨 …………… 1
4105 櫜 …………… 1
4108 棥(柚) ……… 1
4112 楙(梠、槌) … 1
4113 棠(棠) ……… 1
4114 森(森) ……… 1
4117 麓 …………… 1
4118 巍、巍(檹、鬆)
…………………… 1
4119 [illegible] …………… 1
4120 林 …………… 1
4123 个(个、箇) … 1
4124 笅 …………… 1
4126 笝(笏) ……… 1
4127 笄(簡) ……… 1
4129 笙 …………… 1
4134 筩 …………… 1
4136 筡 …………… 1
4137 箬、箸 ……… 1
4138 箴 …………… 1
4139 箵 …………… 1
4141 篗 …………… 1
4143 箕 …………… 1
4145 箚(笭) ……… 1
4146 簡 …………… 1

4147 箄 …………… 1
4153 篚 …………… 1
4154 篙 …………… 1
4155 築 …………… 1
4161 簹、篖 ……… 1
4162 朩 …………… 1
4168 虢 …………… 1
4170 粃(粕) ……… 1
4173 粭 …………… 1
4176 糈 …………… 1
4178 綬 …………… 1
4179 緩 …………… 1
4181 糧 …………… 1
4182 糕(餻) ……… 1
4192 粍(乾) ……… 1
4197 囊 …………… 1
4199 朮 …………… 1
4203 索 …………… 1
4204 緒(嗦) ……… 1
4217 勅 …………… 1
4219 勘 …………… 1
4221 勛 …………… 1
4222 勝 …………… 1
4225 勞 …………… 1
4238 寓 …………… 1
4240 皐(皋) ……… 1
4242 敎(奏) ……… 1
4246 舀 …………… 1
4269 賧、賧 ……… 1
4276 党 …………… 1
4277 當 …………… 1
4278 黨(掌) ……… 1
4287 [illegible](丸) ……… 1
4290 乂(丫) ……… 1
4296 丱 …………… 1
4297 丱、卝(礦、磺)
…………………… 1
4302 参 …………… 1
4304 彰(饔) ……… 1
4308 匠 …………… 1
4311 匜(瓷) ……… 1
4312 匞(匜、杯) … 1
4313 匣 …………… 1
4314 匧 …………… 1
4315 匩 …………… 1
4319 匫 …………… 1
4320 匱 …………… 1
4321 匵 …………… 1
4322 匳(璉) ……… 1
4328 既 …………… 1
4334 [illegible](輩) ……… 1
4336 舊(匶、柩) … 1
4337 乂 …………… 1
4346 覣 …………… 1
4347 聘(娉) ……… 1
4354 尌(廚) ……… 1
4356 万 …………… 1
4364 凵(坎) ……… 1
4366 匚 …………… 1
4367 凸 …………… 1
4368 [illegible] …………… 1
4370 [illegible](牢) ……… 1
4371 囟(囚) ……… 1
4372 免、挽 ……… 1
4373 卯、刖 ……… 1
4375 羑 …………… 1
4377 予 …………… 1
4379 舒 …………… 1
4380 斜 …………… 1
4388 舶 …………… 1
4389 〇、圓 ……… 1
4391 離 …………… 1
4394 囗(圍) ……… 1
4397 回 …………… 1
4400 困 …………… 1
4404 囿 …………… 1
4405 圃 …………… 1
4412 圍 …………… 1
4413 圉(宇) ……… 1
4415 囦(匽、庾) … 1
4416 圅 …………… 1
4419 圈 …………… 1
4422 [illegible](穀) ……… 1
4423 冒 …………… 1
4425 [illegible] …………… 1
4426 冕 …………… 1
4427 冃(帽) ……… 1
4430 [illegible] …………… 1
4431 [illegible]、[illegible](良) … 1
4432 玨、玦(珽) … 1
4435 [illegible] …………… 1
4438 卣 …………… 1
4443 酏 …………… 1
4444 酭 …………… 1
4445 醭(幕) ……… 1
4447 覆 …………… 1
4457 肄 …………… 1
4461 聿 …………… 1
4468 書 …………… 1
4471 㑒(僉) ……… 1
4476 鑫 …………… 1
4478 [illegible](陰) ……… 1
4479 全(玲) ……… 1
4481 鑰(角) ……… 1
4483 龢 …………… 1
4485 扁 …………… 1
4487 鬵 …………… 1
4490 鬳 …………… 1
4492 鬻(庲) ……… 1
4496 鼠 …………… 1
4517 [illegible] …………… 1
4532 [illegible] …………… 1
4533 [illegible](鈴) ……… 1
4535 [illegible] …………… 1
4536 中、甲(鐸) … 1
4537 [illegible](鐸) ……… 1
4538 [illegible] …………… 1
4540 [illegible](鈴) ……… 1
4553 梓(辣) ……… 1
4558 亏、辛 ……… 1
4559 啇、啇 ……… 1
4569 孕 …………… 1
4574 孖 …………… 1
4580 孯(賢子) …… 1
4586 孩 …………… 1
4587 孓 …………… 1
4593 [illegible] …………… 1
4600 [illegible] …………… 1
4603 酌 …………… 1
4609 酸 …………… 1
4610 醕、醇 ……… 1
4611 醒 …………… 1
4613 醋(酷) ……… 1
4615 醆 …………… 1
4616 酤 …………… 1
4618 醒 …………… 1
4620 醵 …………… 1
4622 醲 …………… 1
4623 醽 …………… 1
4624 [illegible] …………… 1
4625 [illegible] …………… 1
4626 [illegible] …………… 1
4628 [illegible] …………… 1
4635 朔 …………… 1
4637 朞 …………… 1
4648 [illegible](涿) ……… 1
4653 [illegible](昊) ……… 1
4654 旮 …………… 1
4655 昊 …………… 1
4656 昆 …………… 1
4659 旺 …………… 1
4661 旹、時 ……… 1
4666 鼎、昴 ……… 1
4668 昀 …………… 1
4669 耆、者 ……… 1
4671 [illegible] …………… 1

4677	暮	1
4678	曋	1
4681	[illegible](暺)	1
4682	星	1
4685	劃(劉)	1
4686	[illegible]	1
4687	木	1
4689	[illegible]	1
4690	[illegible]、[illegible]	1
4691	[illegible]	1
4693	[illegible]	1
4694	[illegible]	1
4695	[illegible](芇)	1
4697	[illegible]	1
4699	[illegible]	1
4700	[illegible]	1
4701	[illegible]	1
4702	[illegible]	1
4703	[illegible]	1
4704	[illegible]	1
4705	[illegible]	1
4706	[illegible]	1
4707	[illegible](龜)	1
4708	[illegible](吃)	1
4709	[illegible](蛟)	1
4710	[illegible](黽)	1
4711	[illegible]	1
4712	[illegible]	1
4713	[illegible]	1
4715	脱(犀)	1
4716	綵(鼬)	1
4717	[illegible](狐)	1
4718	[illegible]	1
4719	[illegible]	1
4720	[illegible]	1
4722	[illegible]	1
4723	[illegible]	1
4724	[illegible]	1
4725	[illegible]	1
4726	[illegible](貆)	1
4727	[illegible](龠)	1
4728	[illegible](害)	1
4731	[illegible]	1
4732	[illegible]	1
4733	[illegible](我)	1
4734	[illegible](我)	1
4737	[illegible](午)	1
4738	[illegible]	1
4739	[illegible](囲、圍)	1
4740	[illegible]	1
4741	[illegible]	1
4743	[illegible](卣)	1
4745	[illegible]	1
4746	[illegible]	1
4747	[illegible]	1
4748	[illegible](奠)	1
4749	[illegible]	1
4751	[illegible]	1
4752	[illegible](非？)	1
4753	[illegible]	1
4754	[illegible]	1
4756	[illegible](舌)	1
4760	[illegible]	1
4761	[illegible](宔)	1
4762	[illegible](宔)	1
4763	[illegible]	1
4764	[illegible]	1
4766	[illegible]	1
4767	[illegible]	1
4772	[illegible]	1
4774	[illegible]	1
4775	[illegible]	1
4778	[illegible]	1
4779	[illegible]	1
4781	[illegible](壴)	1
4782	[illegible](豆)	1
4783	[illegible]	1
4784	[illegible]	1
4785	[illegible]	1
4786	[illegible]	1
4787	[illegible]	1
4788	[illegible]	1
4791	[illegible](扒)	1
4793	[illegible]	1
4794	[illegible](胖)	1
4797	[illegible](冰支)	1
4798	[illegible]	1
4799	[illegible]	1
4800	[illegible](畎)	1
4801	[illegible]	1
4802	[illegible]	1
4803	[illegible]	1
4806	[illegible]	1
4807	[illegible]	1
4808	[illegible]	1
4809	[illegible]	1
4810	[illegible]	1
4811	[illegible](二)	1
4814	[illegible]	1
4815	[illegible](杚、概)	1
4817	[illegible]	1
4818	[illegible]	1
4819	[illegible](晄)	1
4820	[illegible](晄)	1
4821	[illegible]	1
4822	[illegible]	1
4823	[illegible](眉)	1
4824	[illegible]	1
4825	[illegible]	1
4826	[illegible]	1
4827	[illegible]	1
4828	[illegible]	1
4829	[illegible]	1
4830	[illegible]	1
4831	[illegible]	1
4833	[illegible]	1
4834	[illegible]	1
4835	[illegible]	1
4837	[illegible]	1
4839	[illegible]	1
4840	[illegible]	1
4841	[illegible](賠)	1
4842	[illegible]	1
4843	[illegible](淄)	1
4844	[illegible](呈)	1
4845	[illegible]	1
4847	[illegible]	1
4848	[illegible]	1
4849	[illegible]	1
4850	[illegible]	1
4851	[illegible]	1
4852	[illegible](臣)	1
4853	[illegible](臣)	1
4855	[illegible]	1
4857	[illegible](妊)	1
4858	[illegible](考)	1
4859	[illegible]	1
4860	[illegible]	1
4861	[illegible]	1
4862	[illegible]	1
4863	[illegible]	1
4864	[illegible]	1
4865	[illegible]	1
4866	[illegible]	1
4867	[illegible]	1
4868	[illegible]	1
4869	[illegible]	1
4870	海	1
4871	[illegible]	1
4872	[illegible]	1
4873	[illegible]	1
4874	[illegible]	1
4875	[illegible](此)	1
4876	[illegible]	1
4877	[illegible]	1
4878	[illegible](雌)	1

4880 …… 1
4881 (工) …… 1
4887 …… 1
4888 …… 1
4889 (猰) …… 1
4890 …… 1
4891 …… 1
4892 …… 1
4893 …… 1
4894 …… 1
4895 …… 1
4896 …… 1
4897 …… 1
4898 …… 1
4899 …… 1
4901 …… 1
4902 …… 1
4903 …… 1
4905 …… 1
4907 …… 1
4908 …… 1
4909 …… 1
4910 …… 1
4914 …… 1
4915 …… 1
4917 …… 1
4918 …… 1
4919 …… 1
4920 …… 1
4921 …… 1
4922 …… 1
4923 …… 1
4924 …… 1
4925 …… 1
4926 …… 1
4927 …… 1
4928 …… 1
4931 …… 1
4932 …… 1
4933 …… 1
4934 …… 1
4935 …… 1
4936 …… 1
4937 …… 1
4938 …… 1
4939 …… 1
4940 …… 1
4941 …… 1
4942 …… 1
4943 …… 1
4944 …… 1
4946 …… 1
4947 …… 1
4948 …… 1
4949 …… 1
4950 (?) …… 1
4951 …… 1
4952 …… 1
4954 …… 1
4955 …… 1
4956 (僕) …… 1
4957 …… 1
4958 …… 1
4959 …… 1
4960 …… 1
4961 …… 1
4962 …… 1
4963 …… 1
4964 …… 1
4965 (躲) …… 1
4966 …… 1
4967 …… 1
4968 …… 1
4969 …… 1
4970 …… 1
4971 …… 1
0141 夶、敊 …… 同 0786
0193 …… 同 2648
0575 恖、悤(聰) …… 同 1379
0861 、畀 …… 同 2602
0886 、登 …… 同 1230
0926 、爰 …… 同 0921
0975 巺、選 …… 同 1149
0982 [illegible]、[illegible] …… 同 1132
1285 [illegible](誥) …… 同 0868
1796 替、竝 …… 同 0441
1924 簉(造) …… 同 1072
1956 賓 …… 同 1955
2053 廰、廳 …… 同 1913
2093 厭 …… 同 1612
2652 戕 …… 同 2932
2735 奴、㚢 …… 同 0664
2750 、、翌 …… 同 4662
2797 靭(勒) …… 同 2441
3062 衍 …… 同 3131
3096 減 …… 同 1750
3099 浴、浴 …… 同 1770
3323 章(蠹) …… 同 3297
3967 蓋 …… 同 4109
3974 藉 …… 同 4211
4288 主 …… 同 1874
4383 、乇 …… 同 4382
4429 佷 …… 同 0126
4440 鬲(輾、鞁) …… 同 2444
4605 酒、酉 …… 同 4601

筆畫檢索

一畫

丨……1269
○……1293
一……1312
乙……1350

二畫

人……225
卩……336
勹……364
又……380
匕……629
厂……687
丩……808
几……810
刀……882
卜……983
亼……1016
力……1183
乃……1252
入……1262
𠂇……1265
匸……1272
乂……1275
丂……1277
冂……1289
凵……1290
厶……1290
二……1314
七……1325
八……1326
九……1342
十……1343
丁……1361

三畫

大……264
女……293
尸……334
尢……365
久……379
叉……383
之……499
口……528
勺……628
宀……629
巾……761
丌……811
弓……871
刃……890
干……893
士……934
工……934
乞……988
川……1012
土……1026
山……1058
也……1093
亡……1193
才……1251
弋……1254
小……1255
下……1259
上……1260
凡……1275
于……1280
万……1289
冖……1289
乇……1291
囗……1294
卂……1299
三……1316
廿……1347
千……1348
己……1373
子……1394
孓……1423
巳……1426
已……1426
夕……1462

四畫

仁……228
仙……228
弔……228
巴……264
亢……271
天……271
夫……275
元……282
毋……301
妃……302
文……324
欠……329
旡……330
厄……336
卬……344
仉……345
允……348
匀……364
夭……365
夨……366
氏……373
叉……383
厷……383
父……383
及……413
艮……413
反……413
友……414
㕚……415
尹……415
支……422
殳……439
手……440
爪……445
収……449
孔……459
卬……461
止……461
乏……466
从……483
心……522
叱……528
曰……568
斗……628
升……628
比……629
化……629
户……690
爿……701
市……761
六……811
丹……842
戈……855
引……872
弓……873
双……883
刈……883
办……890
斤……890
毌……892
冄……897
王……912

帀……960
云……988
水……1004
井……1013
牛……1064
犬……1066
牙……1099
毛……1100
屯……1106
木……1131
丰……1182
不……1187
勿……1192
屮……1250
少……1257
內……1263
中……1269
丰……1271
廾……1271
卝……1271
匹……1273
爻……1275
兮……1278
丏……1288
予……1290
幻……1291
囗……1292
方……1292
囚……1294
从……1299
今……1306
亖……1318
五……1321
⋈……1324
六……1324
公……1327
分……1335
介……1335
廿……1347
卅……1348
尤……1359
孔……1359
壬……1387
壬……1388
丑……1423
以……1427
午……1430
月……1455
日……1465

五畫

付……235
仕……235
代……235
仦……235
氶……257
仙……259
肰……281
刉……281
母……298
奴……302
妄……302
奺……303
妐……305
立……332
尸……335
尼……335
令……337
圳……344
叩……345
兄……349
包……364
佝……364
句……364
北……368
民……372
氐……375
另……379
弁……421
改……422
孜……422
弁……449
印……461
世……461
正……463
疋……467
彳……485
正……486
出……499
去……499
右……528
召……534
台……534
可……535
叴……536
处……553
甘……573
目……581
皿……614
瓦……625
半……628
宄……645
庀……680
厈……687
尾……687
帀……687
片……702
玉……734
皮……755
布……763
玄……805
幼……807
句……808
尻……810
且……814
用……814
白……848
戈……859
矛……867
戊……868
弗……874
矢……875
㐄……883
冉……894
巨……940
册……950
史……953
司……968
示……970
礼……970
因……983
气……988
永……988
汈……1004
冬……1016
炙……1021
田……1035
由……1036
阢……1040
石……1057
屳……1058
丘……1059
犮……1066
它……1093
毛……1100
禾……1116
术……1128
本……1132
末……1132
未……1143
朩……1143
囜……1145
瓜……1175
朮……1179
朱……1179
生……1180
加……1183
功……1183
匄……1193
乍……1195
古……1251
仝……1265
左……1265
主……635
屮……1271
参……1271
匜……1272
乎……1278
平……1287
冋……1289
央……1290
市……1290
宁……1296
弍……1316
四……1318
必……1335
尔……1336
卌……1348
甲……1349
丙……1359
戊……1369
孕……1417
卯……1425
𠮷……1427
未……1430
申……1431
外……1463
旦……1467
旼……1467
戉……1471

六畫

仯……235
伐……235
仲……236

佡…………241
役…………241
企…………241
件…………241
佩…………241
佤…………241
伊…………241
任…………242
伎…………242
佚…………242
价…………242
伋…………242
伏…………242
似…………242
伍…………264
交…………278
亦…………278
夸…………279
夻…………279
夷…………279
好…………303
妄…………303
妙…………303
奸…………303
妖…………303
妐…………304
妃…………304
妀…………304
妆…………304
奷…………304
次…………329
先…………330
靑…………344
卬…………344
老…………349
耂…………352
考…………352
旬…………364
囪…………369
冎…………379
死…………379
攷…………415
服…………417
寺…………421
杀…………439
肞…………445
共…………449
丞…………450
曳…………455
叏…………455
巩…………459
疋…………461
疋…………461
夅…………467
彺…………468
弅…………473
并…………485
彸…………485
行…………492
夆…………496
寿…………499
至…………511
忍…………522
忏…………524
吉…………536
吁…………541
各…………541
吴…………542
名…………542
吒…………542
吂…………542
同…………542
舌…………574
耳…………574
自…………576
而…………587
肉…………587
旨…………595
血…………622
缶…………623
宅…………629
守…………630
安…………630
向…………631
穷…………631
宧…………631
宇…………631
宨…………679
府…………680
庠…………680
舟…………742
妟…………753
衣…………756
糸…………764
皅…………813
皀…………848
百…………849
戒…………859
戍…………859
戏…………859
戎…………859
弜…………872
弜…………872
异…………872
弱…………874
弫…………874
刼…………883
刑…………883
毎…………893
华…………893
再…………896
戋…………897
扩…………897
臣…………941
自…………960
后…………970
礼…………970
由…………985
囟…………985
斥…………1004
氽…………1004
汩…………1005
汙…………1005
汑…………1005
汋…………1005
池…………1005
江…………1005
弔…………1012
泻…………1012
州…………1013
巟…………1013
冰…………1016
灰…………1021
光…………1024
在…………1026
圭…………1030
圣…………1030
阦…………1040
阤…………1040
夅…………1040
卭…………1046
邘…………1046
邗…………1046
邛…………1046
牟…………1064
羊…………1065
虫…………1092
羽…………1104
芀…………1109
艾…………1110
艿…………1110
年…………1117
朱…………1132
休…………1135
朽…………1139
朷…………1145
竹…………1147
赤…………1174
米…………1174
束…………1175
耒…………1182
劦…………1183
有…………1249
此…………1254
多…………1258
全…………1265
廾…………1271
讦…………1271
匠…………1272
医…………1272
匡…………1272
匛…………1272
匜…………1272
叵…………1272
西…………1274
亘…………1275
刖…………1290
曲…………1290
吕…………1291
回…………1294
团…………1294
因…………1294
囙…………1296
丙…………1298
聿…………1304
合…………1307
全…………1308
西…………1311
甸…………1336
成…………1371
夸…………1387
辛…………1387
字…………1417
戌…………1452
亥…………1453

凨…………1463
早…………1467

七 畫

役……………241
𠣏……………242
伯……………242
何……………254
夹……………254
佋……………254
伺……………254
佗……………254
伸……………254
侮……………254
但……………254
彼……………254
佐……………254
佅……………254
佃……………254
性……………255
俩……………262
佝……………264
佑……………264
㚘……………438
𡛂……………304
妧……………304
妻……………304
㚥……………304
妹……………305
妦……………305
妊……………305
妣……………305
妟……………305
姊……………306
妊……………306
妓……………306
𡚸……………306
妥……………306
姒……………306
釕……………306
身……………322
𣢐……………329
吹……………329
尿……………335
𡰯……………335
𡰪……………335
卲……………343
𠨘……………344
見……………346
兑……………348
皃……………349
侃……………349
孝……………350
尬……………365
吴……………366
克……………367
𦣝……………369
臣……………369
权……………417
取……………417
𠬝……………417
㞋……………417
𠬪……………417
䀠……………417
知……………421
夸……………422
孜……………422
改……………422
攻……………422
攸……………423
𢼊……………425
𢻸……………425
吱……………426
更……………426
抈……………445
孚……………445
弃……………450
弄……………450
兵……………451
𢦔……………454
弅……………454
𦥑……………454
夅……………455
𠯌……………455
𠦜……………459
𡉏……………459
杢……………460
帆……………461
𡗴……………462
辻……………462
𧺆……………462
𨑓……………462
𨑊……………462
步……………466
足……………467
走……………467
巡……………470
达……………470
𨑍……………470
𨑑……………470
𨑐……………470
迁……………471
𨑓……………471
迺……………471
𢓀……………485
㣊……………485
彷……………486
𢓈……………486
𢓃……………486
𢓅……………486
彶……………486
廷……………495
延……………496
夆……………496
㞷……………511
言……………512
志……………522
忍……………522
忞……………522
忎……………522
𢖾……………522
𢖬……………522
忑……………522
𢖽……………522
忘……………522
忌……………523
㤆……………523
君……………543
告……………545
吾……………546
含……………546
和……………546
吟……………546
昏……………546
耴……………574
甸……………581
肖……………587
肩……………587
𦘹……………588
即……………606
卣……………612
豆……………624
牢……………631
宰……………631
宑……………632
宋……………632
穷……………632
审……………632
定……………679
𥤣……………679
庎……………680
床……………687
𢇇……………687
疫……………699
疙……………699
妆……………701
貝……………719
玗……………734
車……………737
求……………756
𥘅……………757
希……………763
卒……………763
𥄎……………763
兹……………785
系……………785
甫……………841
彤……………843
赤……………843
皂……………850
𢦘……………860
𢦍……………860
戒……………860
𢦒……………867
我……………869
𢎺……………872
弢……………872
知……………421
矣……………875
初……………883
𠛔……………886
利……………886
判……………886
刪……………887
刦……………887
刚……………890
佣……………896
壯……………934
巫……………941
𠂤……………968
祀……………970
𥘆……………971
社……………971
礿……………971
沙…………1005

汲…………1005
沖…………1005
汸…………1005
沇…………1005
沃…………1005
汪…………1005
沚…………1005
汾…………1006
沐…………1006
沅…………1006
沈…………1006
巠…………1013
昃…………1013
研…………1015
冶…………1018
炙…………1021
呈…………1030
坙…………1030
均…………1030
坢…………1030
址…………1030
坒…………1030
坂…………1030
坏…………1031
甸…………1036
男…………1036
阪…………1040
阤…………1041
邑…………1045
邪…………1046
邮…………1046
郱…………1046
邵…………1046
邡…………1046
邦…………1046
邦…………1046
邮…………1056
里…………1056
谷…………1059
牫…………1064
牢…………1064
牡…………1064
狃…………1066
犻…………1066
狄…………1067
豖…………1069
豸…………1076
兕…………1077
丽…………1078
采…………1079
芇…………1086
虬…………1092
角…………1099
尾…………1101
每…………1109
芓…………1110
折…………1110
芊…………1116
杞…………1139
杅…………1139
杙…………1139
杉…………1139
李…………1139
杝…………1139
杕…………1139
杜…………1139
余…………1139
宋…………1139
沙…………1141
皀…………1164
束…………1176
孛…………1179
否…………1191
作…………1195
串…………1271
彤…………1271
囬…………1272
匧…………1272
亘…………1272
匜…………1273
囧…………1276
冏…………1276
甹…………1277
私…………1290
吕…………1291
困…………1294
良…………1296
卣…………1297
甬…………1297
弟…………1303
余…………1336
甾…………1340
辛…………1380
坣…………1389
吴…………1422
我…………1423
辰…………1425
酉…………1431
酉…………1431
吴…………1467
罒…………1476

八 畫

叔…………229
仰…………254
侁…………255
佚…………255
使…………255
佩…………256
侄…………256
侇…………256
免…………257
侎…………257
佫…………257
佼…………257
佰…………257
侍…………257
侘…………262
敖…………438
杕…………279
奄…………279
娍…………281
尭…………285
岦…………291
妸…………306
姛…………306
始…………307
妹…………307
姑…………307
姗…………308
姃…………308
姶…………308
姒…………308
妶…………308
姁…………308
妳…………319
帚…………320
玟…………324
攽…………328
於…………329
既…………330
並…………333
居…………335
屈…………336
和…………344
卷…………344
卸…………344
兒…………348
匊…………364
匌…………364
匋…………364
奔…………365
長…………371
取…………417
秉…………417
叓…………418
沓…………418
敂…………426
欣…………426
放…………426
牧…………426
炆…………426
效…………426
敖…………438
毀…………439
毀…………439
拑…………440
拍…………440
拘…………440
采…………445
承…………449
奉…………450
畀…………811
弆…………451
具…………451
奉…………454
受…………456
叕…………458
玨…………459
玭…………459
玦…………459
玩…………459
杋…………460
叒…………461
𡚱…………462
迺…………462
亞…………462
迲…………462
迯…………471
迣…………471
近…………471
迋…………471
迓…………471
亞…………471
返…………471

迲……471
征……486
夆……497
麦……497
到……497
往……511
忥……523
忎……523
忠……523
忽……523
念……523
忢……523
忩……523
忿……523
忬……523
忝……528
和……546
害……546
呹……546
呻……546
咏……546
命……546
周……550
咎……553
咉……553
咎……553
昝……553
侣……553
隹……555
㫚……572
沓……573
盱……581
䀜……581
哭……584
肎……588
肴……588
盂……614
卹……622
孤……623
甾……624
卓……629
宗……632
衎……635
弦……635
宋……635
定……635
客……635
宕……635
宔……635
宜……635
官……640
宥……644
空……679
疾……680
底……680
府……680
应……681
空……681
居……687
㞕……687
門……689
京……691
享……692
狀……701
斨……701
金……702
朋……721
既……732
奎……734
服……744
舡……750
㐭……752
卒……757
社……757
芾……761
帛……764
紉……764
坐……807
叀……809
典……811
畀……811
畁……811
者……850
臭……854
青……855
戔……861
或……861
戒……861
戕……861
武……861
𢦏……864
戊……865
弩……872
弫……872
弨……872
弦……872
知……875
制……888
斧……890
所……890
罕……893
放……898
斻……898
㚔……909
幸……909
臤……943
亞……944
昪……953
事……957
衩……972
衹……972
衹……973
雨……986
洵……1006
泆……1006
洚……1006
況……1006
沽……1006
河……1006
油……1006
沬……1006
沰……1006
沱……1006
波……1006
泪……1006
泝……1006
侃……1013
洎……1021
炎……1024
均……1030
坪……1030
坯……1031
坡……1031
陀……1040
陂……1040
阿……1040
陉……1040
邮……1049
邲……1049
丝……1054
邵……1055
丞……1058
弟……1058
岡……1058
叕……1064
羌……1065
狎……1067
犽……1067
狗……1067
狐……1067
狘……1067
豖……1069
㣇……1070
虎……1071
禹……1079
禺……1080
芇……1086
乖……1086
虬……1092
佳……1095
於……1097
毡……1100
屈……1101
茉……1110
苜……1110
苪……1110
苹……1110
芫……1110
芸……1110
秉……1127
牀……1139
采……1140
枋……1140
枏……1140
枺……1140
松……1140
朵……1140
析……1140
杋……1140
果……1140
林……1145
𣏟……1147
其……1148
來……1174
私……1174
東……1178
杯……1191
非……1251
尚……1262
卑……1268
弗……1271
参……1271
亘……1273
直……1275
明……1276

舀………… 1290
困………… 1294
固………… 1294
𢗀………… 1296
妊………… 1296
玦………… 1296
㽞…………… 752
囱………… 1298
兩………… 1299
彔………… 1299
隶………… 1305
妻………… 1306
贠………… 1307
侖………… 1308
舍………… 1308
協………… 1349
庚………… 1377
妾………… 1387
孟………… 1417
季………… 1419
夜………… 1464
昦………… 1467
旾………… 1467
昊………… 1467
昆………… 1467
昔………… 1467
昌………… 1467
旺………… 1468
昀………… 1468
旨………… 1468
易………… 1469

九　畫

侪…………… 255
徒…………… 255
保…………… 257
信…………… 259
俩…………… 260
偌…………… 260
俗…………… 260
侲…………… 260
侸…………… 260
侵…………… 260
俌…………… 260
侔…………… 260
係…………… 260
侵…………… 264
侲…………… 264
奎…………… 279
枯…………… 280
祀…………… 283
首…………… 283
頁…………… 285
姘…………… 308
姚…………… 308
姦…………… 308
姜…………… 308
姑…………… 310
姶…………… 311
威…………… 311
姪…………… 320
姰…………… 320
卨…………… 328
欿…………… 329
欲…………… 329
欣…………… 329
欧…………… 329
歗…………… 329
痾…………… 330
朗…………… 333
䜣…………… 333
屏…………… 336
屐…………… 336
侳…………… 349
耇…………… 352
耆…………… 352
俌…………… 364
柴…………… 369
脊…………… 370
重…………… 372
殅…………… 379
敀…………… 417
耿…………… 417
捒…………… 418
叚…………… 418
叔…………… 419
叚…………… 419
叕…………… 421
敝…………… 427
敄…………… 427
敂…………… 427
敃…………… 427
政…………… 427
钗…………… 428
攸…………… 428
故…………… 428
勈…………… 429
苟…………… 432
段…………… 439
殺…………… 439
拵…………… 440
拜…………… 444
叚…………… 445
俘…………… 445
叞…………… 451
弇…………… 451
奂…………… 451
奂…………… 451
叙…………… 451
臾…………… 454
要…………… 455
爰…………… 458
爰…………… 458
秖…………… 460
屖…………… 462
退…………… 462
奎…………… 462
速…………… 462
前…………… 462
𧺆…………… 463
赴…………… 468
迣…………… 471
延…………… 471
奎…………… 471
逌…………… 471
述…………… 471
迮…………… 471
逊…………… 471
迹…………… 471
速…………… 472
迵…………… 476
佫…………… 487
後…………… 487
侁…………… 487
律…………… 487
待…………… 487
复…………… 489
衍…………… 494
建…………… 496
夆…………… 497
訚…………… 512
信…………… 512
訙…………… 513
訇…………… 513
訒…………… 519
音…………… 520
宏…………… 523
㞷…………… 523
忿…………… 524
㥯…………… 524
毌…………… 524
思…………… 524
忝…………… 524
恒…………… 524
恙…………… 524
悍…………… 524
咟…………… 553
哀…………… 554
哉…………… 554
咨…………… 554
哲…………… 554
哮…………… 554
咸…………… 563
咺…………… 564
品…………… 568
甚…………… 573
叚…………… 581
盾…………… 581
相…………… 581
眈…………… 582
眦…………… 582
眂…………… 582
昦…………… 584
省…………… 585
旻…………… 586
面…………… 587
肯…………… 589
胡…………… 589
胎…………… 589
胃…………… 589
胸…………… 589
胤…………… 589
食…………… 592
既…………… 607
秬…………… 613
盏…………… 615
盄…………… 615
盅…………… 615
盆…………… 615
洪…………… 616
畂…………… 622
恤…………… 622
壴…………… 626
料…………… 628
甾…………… 629

亭……629
宓……634
宮……635
室……638
宬……640
宥……640
㝴……640
寂……640
穹……640
宣……640
宦……640
宝……640
客……641
宧……644
窀……679
宩……679
突……679
庰……681
庥……681
㢈……687
厗……687
屌……687
冐……689
扁……690
亮……697
厚……698
疥……699
疫……699
疢……699
牁……701
牂……701
斪……702
貟……721
勖……722
珈……734
珍……734
玲……734
珉……734
亯……735
軍……739
庫……741
舣……742
俞……744
革……750
韋……754
祥……758
帥……763
紆……764
绔……807
幽……807
紁……807
弇……811
俎……813
皆……850
咸……859
戚……863
戜……863
戠……863
弫……872
弲……872
弣……873
弱……873
弭……873
翊……421
侯……875
刻……887
則……887
削……888
勁……890
斫……891
罘……893
再……896
哉……897
施……898
斿……898
旂……898
斻……898
皇……928
牀……934
矩……940
哌……970
扂……970
祝……972
神……972
祇……973
祖……973
祠……979
祜……979
祐……980
畐……981
祹……983
貞……983
畏……985
洪……1006
波……1006
河……1006
衍……1010
津……1006
洧……1006
洛……1006
洹……1007
浊……1007
沬……1007
泉……1015
封……1031
垠……1031
垔……1031
型……1031
城……1031
垣……1032
奏……1032
垂……1032
盱……1034
晚……1037
阱……1040
陕……1040
陜……1040
限……1040
降……1040
陝……1043
邳……1046
郄……1049
邮……1049
郃……1049
郏……1049
郛……1049
郦……1049
郇……1049
郜……1049
郘……1056
峡……1059
欲……1060
牲……1064
美……1066
宰……1066
狛……1067
狟……1067
豻……1069
臽……1070
兔……1071
虐……1075
虐……1075
虎……1075
眉……1101
羿……1104
飛……1106
若……1111
苩……1111
茅……1111
苗……1111
茀……1111
英……1111
苛……1111
茆……1112
春……1112
析……1127
枼……1140
某……1140
柠……1140
柜……1140
柞……1140
柳……1141
柀……1141
柮……1141
柭……1141
柔……1141
亲……1141
柝……1141
柙……1145
柫……1145
笈……1147
笘……1147
乘……1174
刺……1176
柬……1178
南……1179
勇……1183
勑……1183
脅……1183
耑……1186
昜……1192
是……1250
迺……1254
帝……1261
党……1262
匪……1273
匽……1274
亟……1275
冟……1289
羑……1290
咡……1294
囿……1294
圊……1294
冒……1296
胄……1296

佷…………264
肃…………1304
豙…………1339
辛…………1387
癸…………1389
召…………1421
孛…………1421
酉…………1433
朏…………1460
祖…………1468
昧…………1468
昭…………1468
昴…………1468
耇…………1468
虹…………1469
星…………1469
海…………1475

十　畫

偈…………256
倌…………260
倂…………260
偖…………260
倫…………260
倗…………261
俯…………262
俟…………262
倬…………262
俳…………264
豢…………279
奚…………279
叟…………306
娏…………311
𡛷…………311
娱…………311
娊…………311
娴…………311
娗…………311
姬…………312
娟…………316
娶…………320
躬…………323
般…………323
要…………328
欯…………329
欸…………329
堇…………333
竩…………333
竝…………333
竛…………334
屖…………336
卿…………345
耆…………352
冢…………364
晃…………368
配…………369
脊…………370
㚤…………379
敕…………419
叟…………419
叚…………419
隻…………419
郭…………419
専…………422
敓…………428
敊…………428
畋…………428
效…………428
㡿…………429
敝…………429
鼓…………432
弢…………439
殺…………439
敉…………439
殺…………439
毁…………439
拳…………440
捏…………441
挹…………445
采…………445
俞…………450
屛…………451
弃…………451
婁…………455
耍…………458
异…………458
𢬢…………459
毘…………483
枣…………462
豈…………462
虔…………462
徒…………468
起…………468
徣…………471
追…………472
逆…………473
退…………474
迷…………474
送…………474
逗…………474
逃…………474
适…………474
迨…………474
逄…………487
散…………490
敝…………492
衙…………494
衎…………494
畟…………497
夋…………497
侮…………497
夏…………497
乘…………497
舛…………497
敖…………499
託…………512
記…………512
訊…………512
訏…………513
訧…………513
畓…………513
弃…………451
訇…………515
卷…………523
忝…………524
息…………524
悉…………524
忌…………525
恙…………526
恁…………528
哲…………554
問…………555
呢…………555
吾…………555
哦…………555
哏…………555
唐…………555
唦…………563
曷…………564
𢌳…………564
哐…………564
耿…………575
臭…………581
罘…………583
罢…………584
眀…………586
胸…………588
胅…………589
脊…………589
戠…………589
飤…………592
鬲…………596
邕…………612
皿…………615
盈…………615
盉…………615
豆…………616
盍…………616
益…………616
笑…………620
浴…………622
竝…………333
畚…………623
蚍…………624
豈…………628
真…………629
舀…………629
眈…………629
宮…………635
容…………642
家…………642
宵…………643
室…………643
寅…………643
害…………643
宦…………643
𡧃…………643
宫…………643
宰…………644
宴…………644
宿…………644
究…………644
虒…………645
疴…………647
庭…………680
廓…………681
㕡…………681
庫…………681
原…………687
辰…………687
冥…………687
厝…………687
雁…………687
扉…………691
高…………697

毫……697
𨸏……698
疾……699
痀……699
⿸疒亘……699
⿸疒召……699
⿸疒左……699
⿱吅丑……711
貣……722
般……742
⿰舟欠……744
朕……744
胅……749
⿰礻皮……756
衮……758
⿰衤立……758
被……758
裁……758
⿰朿勺……764
純……764
紙……764
𢆶……785
孫……785
素……805
兹……807
茲……807
⿱艹肙……842
臭……854
突……860
戚……863
戕……864
⿰𢦏攵……864
⿰酉戈……864
⿰亥戈……864
⿹戈丰……864
旆……864
⿰朿戈……867
⿰弓发……873
⿰弓叜……873
⿰弓貝……874
射……882
釗……888
⿰者刂……888
剛……888
班……888
⿰亘刂……888
⿰車刂……889
畢……893
冓……897
⿰方从……898
族……898
旆……898
旃……898
旅……898
旂……905
旄……907
旅……907
旃……907
軓……909
⿰阝南……910
拳……910
⿱叀女……957
師……960
䘏……980
祥……980
祐……980
鬼……985
⿰囟比……985
雩……986
涙……1007
涑……1007
浮……1007
流……1007
涂……1007
⿰氵呆……1007
涉……1007
涇……1007
海……1007
涅……1007
湼……1007
洍……1007
浴……622
峏……1010
奔……1015
⿰冫㝵……1021
凌……1021
烝……1021
羨……1021
耿……1022
虎……1022
臾……1022
烛……1022
⿰火冉……1024
坡……1031
屋……1032
埸……1032
塗……1034
畜……1037
留……1037
畱……1038
陪……1041
陟……1041
⿰阝孚……1041
⿰阝欠……1041
邕……1046
郭……1049
部……1049
郾……1049
⿰豕阝……1050
⿰扌阝……1050
郜……1050
郢……1050
⿰虫阝……1050
郙……1050
⿰麦阝……1050
郤……1050
郡……1050
郹……1051
邪……1053
峻……1059
⿱每山……1059
崥……1059
馬……1060
⿱⺷牛……1066
羔……1066
狽……1067
狺……1067
⿰豸彡……1069
能……1071
㤿……1073
⿸虍矢……1075
虚……1075
虔……1075
豹……1076
蚘……1092
烏……1097
舀……1099
屎……1101
翁……1110
荒……1112
葱……1112
⿱艹缶……1112
茦……1112
荁……1112
荆……1112
⿰禾白……1127
秭……1127
秦……1128
桀……1128
兼……1128
⿱炏文……1134
柄……1141
栟……1141
桓……1141
桐……1141
⿰木后……1141
⿱艹右……1141
侐……1141
格……1141
柚……1141
栺……1141
格……1141
栒……1141
條……1142
相……1142
柩……1142
桑……1143
栩……1145
⿱⺮少……1147
倉……1148
料……1174
柬……1176
索……1179
勘……1183
倉……1185
皋……1187
旁……1262
差……1268
陪……1273
員……1293
圃……1294
圂……1294
圁……1294
竚……1297
圅……1298
叙……1303
書……1304
敬……1336
奇……1387
哇……1389
胥……1421
配……1432
酌……1432
⿰酉彡……1432
酒……1431

朔 ………… 1461
時 ………… 1468
烎 ………… 1468
晢 ………… 1468
耆 ………… 1468
晉 ………… 1468
貟 ………… 1469
脘 ………… 1470

十一　畫

偭……………262
眾……………262
倜……………262
偈……………262
側……………262
偁……………262
偂……………264
偃……………264
奢……………279
頊……………285
頎……………285
聑……………291
烝……………291
異……………293
銅……………306
娮……………315
婟……………316
婧……………316
娸……………316
婄……………316
婣……………316
婞……………320
婦……………320
產……………328
欶……………329
欷……………329
欧……………329
欹……………329
欿……………330
欲……………330
竟……………334
軛……………336
珋……………343
鄉……………345
睍……………347
視……………347
跳……………349
匐……………364
匑……………365
迱……………365
悤……………524
悤……………524
䶊……………370
埌……………372
掤……………380
叙……………419
曼……………419
叡……………419
專……………422
専……………422
將……………422
敗……………429
敝……………429
敫……………429
敌……………429
敗……………429
敏……………429
散……………429
殸……………429
寇……………430
攽……………431
啟……………431
啓……………431
教……………431
敓……………431
救……………431
敊……………431
敕……………431
敳……………432
敗……………432
啟……………432
赦……………432
敛……………432
斁……………432
敂……………432
敓……………434
敢……………435
殹……………439
毃……………439
戝……………440
挃……………440
掃……………440
豙……………446
覓……………446
畣……………451
非……………451
啣……………454
颭……………459
䶊……………459
孰……………460
埶……………460
埶……………460
歴……………462
歲……………466
距……………467
趄……………468
逷……………474
戠……………474
造……………474
逐……………475
迸……………476
途……………476
連……………476
遥……………476
通……………476
迣……………476
逓……………476
逞……………476
逋……………476
述……………476
徥……………477
逋……………479
這……………483
從……………483
徙……………487
得……………487
徠……………488
御……………488
衎……………489
徯……………490
逢……………491
啙……………499
訟……………512
許……………513
訛……………513
訢……………513
訊……………513
訏……………513
訧……………513
詨……………513
訬……………513
章……………521
念……………523
倿……………524
悤……………524
惒……………525
悐……………525
悆……………525
悔……………525
悤……………525
惟……………525
悕……………525
惕……………525
悬……………528
唯……………555
唬……………563
唻……………563
替……………563
唆……………563
曹……………573
婚……………575
視……………582
睍……………582
逎……………585
脩……………589
脣……………589
脀……………589
脰……………589
脮……………590
脟……………590
脺……………592
會……………593
器……………611
咢……………611
盄……………616
盄……………616
盛……………616
盅……………616
晋……………623
曹……………623
啬……………623
晢……………623
斛……………628
戡……………629
春……………629
寏……………635
寈……………641
密……………644
寉……………644
寍……………644
寀……………645
宿……………645
寓……………645
寓……………645
宿……………645

庞……645
猝……646
窅……679
窠……680
窒……680
窑……680
庢……684
康……684
庮……686
庡……686
庤……686
庴……687
㢈……687
厮……687
厦……687
厡……688
閈……689
閉……689
㡪……691
兆……699
脭……701
䣺……701
脂……701
釪……706
釤……706
釬……706
釺……706
釱……706
釮……715
資……722
貯……722
貫……722
貰……722
貧……722
責……722
埶……734
琅……734
琜……734
較……739
軘……740
軝……740
舑……744
船……744
衺……758
衎……758
裪……758
䡇……764
終……764
絣……764
緺……765
給……765
紷……765
組……765
紹……766
絅……785
跃……785
幾……808
處……811
剏……814
庸……842
黃……845
妕……859
或……864
戏……864
戕……865
戚……868
弲……873
張……873
蛒……882
联……882
翌……1468
削……888
剖……888
剅……888
剢……888
䂻……891
貫……893
率……894
鹵……897
彧……897
族……907
旋……907
旃……907
旊……907
旆……907
旇……907
旋……909
晕……910
啐……910
執……910
圉……910
筐……943
臧……944
胏……968
袿……971
奈……980
袥……980
舭……985
斎……986
雩……986
兼……1004
淪……1007
滔……1007
深……1007
淳……1007
減……1007
液……1008
湡……1008
渦……1008
淲……1008
滮……1008
淄……1008
淺……1008
淮……1008
渾……1008
渫……1009
涵……1009
泰……1010
巽……1015
巽……1015
票……1022
焌……1022
焯……1022
貂……1022
庶……1022
焌……1022
焬……1022
烕……1022
晳……1031
堣……1032
堵……1032
基……1032
堂……1034
堊……1034
堇……1034
莫……1035
堨……1035
畱……1037
陸……1041
陰……1041
陯……1041
陵……1041
陽……1042
陮……1042
陭……1042
陶……1042
陳……1043
郖……1050
郜……1050
郯……1051
都……1051
郳……1051
鄀……1051
郻……1053
郶……1054
鄭……1055
郾……1056
野……1057
埜……1057
崠……1059
牼……1064
犀……1064
瓶……1066
羣……1066
犾……1067
犾……1067
猣……1067
猚……1067
豻……1069
豩……1069
豚……1069
豙……1069
豪……1070
䬷……1071
彪……1073
彪……1073
虖……1075
虘……1075
鹿……1077
鳥……1087
堆……1087
魚……1089
蚯……1095
唯……1095
雀……1095
雋……1096
奞……1097
焉……1098
隼……1100
屡……1101
翏……1105
翻……1106
荏……1112
莫……1112
菩……1112

華…………1112
莆…………1112
萓…………1112
莘…………1112
茜…………1112
莆…………1112
莽…………1112
莓…………1114
脺…………1116
集…………1128
稃…………1128
梮…………1141
梁…………1141
桹…………1142
梌…………1142
梯…………1142
桶…………1142
梄…………1142
桿…………1142
桴…………1142
椑…………1145
笌…………1148
笭…………1148
笙…………1148
符…………1148
笸…………1148
段…………1164
麥…………1174
粊…………1174
巢…………1182
㝵…………1182
啚…………1184
啚…………1184
麻…………1186
埜…………1186
望…………1246
粦…………1259
堂…………1262
堂…………1262
彫…………1271
鈍…………1272
區…………1274
匿…………1274
爽…………1275
朙…………1276
飧…………1289
挽…………1290
國…………1294
圉…………1295
圍…………1295
圁…………1295
圂…………1295
萬…………1299
辡…………1305
畫…………1306
開…………1309
產…………1309
商…………1309
曾…………1340
異…………1377
麂…………1380
孖…………1421
孯…………1422
學…………1423
羞…………1423
寅…………1424
酨…………1433
翌…………1468
畱…………1468
參…………1469

十二　畫

備…………262
傚…………262
儆…………262
傎…………262
偯…………262
傔…………263
奢…………280
奞…………280
煏…………281
須…………285
順…………285
昗…………292
媚…………315
媘…………316
媓…………316
媅…………316
嫩…………316
嫂…………316
歃…………322
欺…………329
款…………329
欻…………329
欲…………329
扆…………336
厝…………336
鄉…………345
堯…………348
蜆…………349
䚗…………365
喬…………365
量…………372
厥…………375
辜…………380
叚…………419
叡…………419
裏…………422
尋…………422
散…………432
斂…………432
殺…………432
敞…………432
敝…………432
敢…………432
數…………432
毆…………439
殽…………440
戕…………440
擊…………440
揚…………441
爲…………446
鼻…………451
登…………498
弃…………454
貴…………454
尋…………458
期…………460
齔…………467
越…………468
趏…………468
隼…………476
進…………476
遣…………477
遅…………477
遇…………477
速…………477
遒…………477
逞…………477
遜…………477
傀…………477
過…………478
這…………483
逑…………488
游…………489
徝…………489
復…………489
徬…………490
𢓊…………491
俛…………492
衙…………494
登…………498
蚣…………511
𦤳…………512
垩…………512
說…………513
詁…………513
訶…………513
詒…………513
訴…………513
詐…………514
訷…………514
詘…………514
詔…………514
善…………519
誁…………521
惄…………523
恕…………523
愚…………525
愁…………525
惑…………525
偲…………525
愷…………526
惻…………526
富…………527
覃…………533
啻…………563
單…………564
替…………573
聑…………576
督…………584
晳…………584
匽…………584
脣…………590
腞…………590
腸…………590
散…………590
腋…………590
脽…………590
脊…………590
胱…………590
腊…………591
腆…………592
飪…………593
飫…………593

飪……593
飯……593
飲……593
飾……594
廥……595
壺……609
壹……611
斝……611
盙……612
盆……616
盜……616
葢……616
盞……616
盡……622
習……623
替……333
鈚……624
尌……626
彭……626
喜……627
寍……645
寣……645
寚……645
寁……645
富……645
寏……645
寓……645
寒……645
寐……646
寎……646
寗……646
寘……647
寍……648
寬……680
窠……680
察……680
寣……680
庿……686
庴……686
廂……645
厦……687
廐……687
厲……688
厤……688
厥……688
厠……688
厦……688
閑……689
開……689
閔……689
間……689
閎……689
閏……690
閒……690
閒……690
屠……691
厧……691
瘬……696
就……696
亮……698
覃……699
痴……699
痵……699
痽……699
痟……699
痾……700
痸……700
瘀……701
瘤……701
瘂……701
瘉……701
瘏……701
鈎……706
鈗……706
鈍……706
鈧……706
鈇……706
釿……707
欽……707
鈛……707
鈖……707
鋈……707
貴……722
賀……722
費……722
貿……722
買……722
貯……723
貳……723
貺……723
貾……724
琱……735
琉……735
軫……740
艀……749
舿……749
舼……750
勤……750
靭……751
裗……756
衰……758
衺……758
裙……759
祥……759
裕……759
滿……759
貟……764
絲……764
絶……764
絡……765
緊……765
紫……765
絳……765
聯……765
絈……765
緻……765
裁……765
綣……785
豊……785
豨……800
學……807
豐……807
惠……810
奠……811
巽……813
智……852
黑……854
珷……861
戟……863
戠……864
鉾……864
戟……864
戲……865
截……865
戭……865
裁……865
哉……865
戔……867
稍……867
發……873
彃……873
彅……873
弼……875
弽……875
娣……882
剸……888
剴……888
剫……888
割……888
剹……889
靭……751
斯……891
斮……891
新……891
嬰……893
屚……893
朝……909
[illegible]……910
教……910
報……912
跖……944
量……944
豎……953
封……953
詞……970
寤……979
祭……980
裸……981
禍……981
雩……986
雯……987
髮……1008
豢……1008
減……619
渾……1008
湥……622
溉……1008
渴……1008
湲……1008
湋……1009
湛……1009
溯……1009
渴……1009
湪……1009
湹……1009
游……1009
湄……1009
測……1009
湩……1009
湶……1009
湯……1009
湩……1009
湘……1009
渫……1010
滑……1010

洄…………1012
馮…………1021
焚…………1022
然…………1022
煑…………1022
焦…………1023
煬…………1023
煚…………1023
煏…………1024
粦…………1024
堰…………1032
堳…………1032
堍…………1032
[illegible]…………1032
[illegible]…………1034
睃…………1037
[illegible]…………1037
畮…………1037
隋…………1040
[illegible]…………1041
陵…………1042
陲…………1042
陽…………1042
隊…………1043
隀…………1043
陻…………1043
階…………1043
鄍…………1051
鄀…………1053
鄅…………1053
鄓…………1053
[illegible]…………1053
鄃…………1053
[illegible]…………1053
鄆…………1053
嵋…………1059
稽…………1059
馭…………1063
屖…………1064
羗…………1066
豣…………1066
[illegible]…………1066
莧…………1066
猒…………1067
猲…………1067
猶…………1067
[illegible]…………1067
[illegible]…………1070
冡…………1070
[illegible]…………1073
象…………1077
麀…………1077
番…………1079
窨…………1079
禽…………1080
萬…………1080
[illegible]…………1092
[illegible]…………1092
蛪…………1092
[illegible]…………1092
强…………1092
蚰…………1093
雉…………1095
集…………1096
舄…………1097
猗…………1099
[illegible]…………1100
毳…………1101
菶…………1109
葶…………1113
萃…………1113
萆…………1114
萑…………1114
菜…………1114
茬…………1114
[illegible]…………1114
栗…………1128
稅…………1128
栥…………1142
棫…………1142
植…………1142
椱…………1143
椃…………1143
楮…………1143
椒…………1147
筍…………1148
筥…………1148
菽…………1174
粭…………1174
華…………1175
棗…………1176
棘…………1176
勑…………1183
勛…………1183
勝…………1183
劵…………1184
需…………1186
喪…………1246
無…………1246
咢…………1271
既…………1274
盈…………1276
[illegible]…………1277
舒…………1291
斛…………1291
圍…………1295
[illegible]…………1295
酏…………1298
畫…………1305
曾…………1340
博…………1349
辝…………1385
梓…………1386
[illegible]…………1387
童…………1387
孱…………1422
孨…………1422
酢…………1433
酟…………1433
尊…………1433
[illegible]…………1461
朞…………1461
期…………1461
[illegible]…………1469
耑…………1476

十三 畫

偈…………262
偊…………262
傳…………262
僕…………264
[illegible]…………280
[illegible]…………283
頌…………285
頒…………286
頍…………286
夏…………291
巽…………292
幾…………316
媵…………316
媿…………316
媍…………317
媲…………317
嫋…………317
媴…………317
媛…………317
[illegible]…………317
寑…………317
[illegible]…………328
詹…………329
歆…………330
[illegible]…………332
埨…………334
[illegible]…………334
偺…………336
[illegible]…………344
[illegible]…………347
飬…………350
餇…………365
腹…………365
踉…………372
楚…………419
[illegible]…………420
毄…………420
掔…………420
敕…………432
敬…………432
敦…………433
敎…………433
敹…………433
敆…………433
敘…………433
敞…………434
殽…………440
毀…………440
豛…………440
搏…………441
農…………455
歲…………466
路…………467
趙…………468
趄…………468
趌…………469
[illegible]…………474
艁…………474
逮…………477
遂…………477
達…………477
逸…………477
違…………477
道…………477
遄…………477
逾…………478
遉…………478
傳…………478

逭……478
遊……489
徯……490
偊……490
徲……490
微……490
徸……491
衙……494
酤……499
粲……512
詻……514
詳……514
諫……514
詠……514
詈……514
詑……515
紂……523
羚……523
感……526
愈……526
意……526
惪……526
急……526
嗟……563
郘……564
嗾……564
嗌……564
梟……568
聘……575
罠……584
賦……584
罭……584
賜……584
飼……586
雁……591
棠……596
鬲……598
兩……599
鼎……599
皓……609
衄……614
盇……616
滥……616
盞……616
盜……616
盝……616
歃……616
蓋……616
豊……624
巹……624
瓶……625
鼓……625
廓……645
痦……474
瘑……646
瘐……646
袁……646
窶……646
寊……646
廏……646
痞……646
窠……680
廍……686
廚……686
廐……688
廁……688
廠……688
廝……688
痙……699
瘖……700
瘄……700
瘁……700
瘀……700
瘓……700
瘂……700
鈲……707
鋈……707
鉆……707
鉦……707
鉤……707
鈴……707
鋆……707
鉠……708
鉮……708
鉉……719
鉣……719
貲……723
賃……723
賁……723
貺……723
瓔……735
瓮……735
瑀……735
瑰……735
頊……735
瑴……735
較……740
輅……740
載……740
靳……752
靮……754
鞆……754
裘……756
裔……758
裏……758
裛……759
袠……759
袷……759
祺……759
褚……759
裨……759
綴……765
經……765
綍……765
緜……765
綳……766
緳……766
兆……785
戢……865
賊……865
戥……865
肆……865
或……867
義……870
舁……872
衙……889
剸……889
椈……889
剷……890
新……891
韶……892
靉……893
冪……893
棄……894
戴……897
旍……907
旝……907
旒……907
旐……908
旐……908
睪……912
臨……944
嗣……953
旍……971
福……980
裡……981
裼……981
雷……986
電……987
滋……1010
澆……1010
滊……1010
滂……1010
滑……1010
溓……1010
湍……1010
溦……1012
㬎……1023
煩……1023
楚……1024
煌……1025
隼……1032
塌……1032
塼……1032
塍……1032
塚……1033
塿……1033
塋……1034
畽……1037
畺……1038
隕……1043
隖……1043
隩……1043
障……1043
隙……1043
隅……1043
隁……1044
戡……1049
郫……1053
鄖……1053
鄗……1053
鄭……1053
禦……1053
鄙……1053
郾……1054
碚……1058
畱……1059
馴……1063
群……1066
豨……1066
歐……1067
猷……1067
虞……1068
鈍……1071
叟……1071

䰠……1073
虞……1076
豦……1076
虘……1076
虡……1076
貉……1076
麀……1077
鳸……1078
覍……1087
黽……1091
黾……1091
蜍……1092
融……1092
蜀……1092
羸……1095
雍……1095
解……1100
罭……1106
萱……1114
葬……1114
葉……1114
蓋……1145
築……1140
楷……1143
楊……1143
楪……1143
榅……1143
楢……1143
稟……1143
楚……1145
楚……1145
楙……1145
楚……1145
筍……1148
箭……1148
筆……1148
筡……1148
筶……1148
筵……1148
筳……1148
篓……1148
節……1148
稑……1174
粱……1174
索……1179
勵……1183
勤……1184
稟……1184
嗇……1184
敎……1187
當……1262
匱……1273
盟……1276
聘……1277
圓……1293
詧……1294
業……1300
肆……1303
肄……1304
僉……1307
會……1308
扁……1309
畲……1342
搏……1349
膐……1377
辟……1386
皐……1387
皜……1387
香……1421
穀……1421
孳……1421
發……1423
酟……1433
項……1469
畞……1469
蹏……1478

十四　畫

僕……263
僑……263
僰……263
竈……280
竊……280
猷……280
臧……281
熖……285
碩……286
頊……289
靦……291
甀……293
嫡……317
嫩……317
嫛……317
嫪……317
嫚……317
嫮……317
嫱……317
嫽……318
監……323
歁……330
竨……334
運……334
層……336
踶……349
壽……359
復……365
歔……366
齊……370
賓……379
勩……420
敝……433
敝……433
歐……433
敟……433
敷……433
敬……433
毆……433
敷……438
數……439
搏……441
搒……444
豙……449
[illegible]……454
晨……455
曑……455
嬖……458
與……458
罽……461
蠶……461
趙……469
趧……469
趚……469
趙……469
趞……469
趄……469
趣……470
徲……471
遣……474
賠……474
遱……478
適……478
遮……478
遭……478
傳……478
遡……478
遡……478
遘……478
遝……478
遠……478
遣……478
遲……478
遨……479
逹……479
徫……491
徹……491
逹……495
畲……497
舞……497
稟……512
認……515
誇……515
誨……515
誤……515
語……515
諫……515
誓……515
誣……515
誒……515
數……518
謔……519
誩……519
辡……521
訴……521
慈……526
慈……526
慎……526
愻……526
德……526
蕙……526
啞……554
嘀……563
齬……563
嘣……573
聖……574
聒……575
聞……575
聝……575
叟……586
睽……586
翳……590
膞……590
膺……590
膉……590

䐃……590
膂……590
䬳……594
餂……595
嘗……596
𦋐……611
𥁕……616
𥂝……616
盠……617
澄……617
𥂁……619
𤼵……623
銛……623
𣯊……625
嘉……626
寧……643
寍……643
寑……646
寝……646
㝱……646
寛……646
寡……646
𥦂……646
䆝……647
𡨾……647
實……647
寣……647
𡫏……647
𡫤……679
賔……680
𡪚……680
廙……686
廓……686
廐……686
廣……686
廖……688
廤……688
厭……688
厲……688
厭……590
歌……698
牓……701
銖……708
銑……708
銘……708
鉺……708
銊……708
銅……708
銉……708
銕……708
鉄……708
鋁……709
鉼……719
鋌……719
𧵍……724
賓……724
賘……724
𧵳……725
賏……725
賛……725
瑴……735
瑑……736
瑗……736
輊……740
輔……740
艍……750
鞅……752
裹……759
褘……759
緌……766
綪……766
練……766
維……766
綰……766
綟……766
綾……766
綦……766
綨……766
縱……767
𪉖……785
麪……800
綽……805
𦓔……810
艊……842
斡……864
截……865
肈……865
肇……865
戬……867
誖……867
稕……867
殞……873
殦……873
罰……889
對……889
旗……907
旖……908
敲……912
臧……944
緊……981
複……981
褸……982
𩲅……983
魂……985
魁……985
需……987
霅……987
滯……1010
滄……1010
漬……1010
漾……1010
漢……1010
漙……1010
漆……1010
漉……1012
鴻……1012
滕……1023
熈……1023
熙……1023
熬……1023
熒……1024
墉……1033
塼……1033
鄙……1033
隃……1041
陳……1043
隊……1044
隈……1044
隱……1044
障……1044
蔀……1049
鄣……1054
鄯……1054
鄶……1054
鄦……1054
鄰……1056
搗……1063
驅……1064
犝……1065
羨……1066
𣠥……1067
獄……1068
獏……1068
獙……1068
豩……1070
豧……1070
豱……1070
豯……1070
豪……1070
豨……1070
豬……1070
象……1071
虢……1073
貍……1076
蒦……1086
𩾏……1087
鳺……1087
鳳……1087
鳴……1087
鳧……1087
鳲……1087
鳶……1088
魡……1090
漁……1090
䲆……1090
蜢……1092
䖒……1092
蝸……1093
雋……1096
奪……1097
翟……1106
熏……1109
蒼……1114
蒐……1114
蓍……1114
蒿……1114
蒖……1114
蒙……1114
𧁉……1114
稱……1128
榮……1134
槙……1142
榻……1142
榦……1143
榭……1143
槊……1143
槖……1143
榛……1145
槀……1145
槭……1147
箁……1148
箕……1148
箬……1164
箇……1164
箄……1164

糌……1174
糒……1175
粺……1175
粸……1182
稟……1184
畬……1184
嵒……1191
蒙……1259
貹……1259
匾……1273
爾……1275
寧……1277
龐……1293
團……1295
圖……1295
圈……1295
對……1300
緈……1303
鼠……1314
輒……1349
辭……1385
塱……1388
賣……1389
毓……1421
疑……1422
孷……1423
酸……1433
貪……1465
夢……1465
槑……1468
屎……1469
晳……1469
緐……1470

十五畫

儋……263
儞……263
僿……264
僿……264
儆……264
嬰……281
嬰……281
大戀……282
頡……286
頪……288
頡……288
贔……293
嫘……316
嬆……318
嬭……318
婳……318
嫥……318
嬰……318
嫌……318
嫣……318
嫖……319
歐……330
覦……347
覸……347
趣……366
髻……369
皿……370
奮……370
殄……379
徹……419
觳……420
數……433
毀……433
敷……433
嫠……433
敵……433
數……434
敞……434
毆……440
毆……440
毆……440
毅……440
樊……454
嬰……455
學……455
嬰……460
歠……461
飄……461
輒……461
選……483
趡……469
趣……469
趞……469
趛……469
趠……469
鋯……474
遵……478
遴……479
迿……479
邁……479
遛……479
遘……479
遽……479
遺……482
選……483
徧……491
徹……491
德……491
衛……494
憂……497
誰……515
諦……515
諉……515
諎……515
請……515
諆……515
齣……516
憲……526
慕……526
慶……526
惷……527
憚……527
嗕……564
壽……564
噧……564
暮……564
噔……564
嘶……564
瞀……573
瞞……585
毹……585
輶……585
羼……586
腺……590
膚……591
膌……591
歙……593
戬……594
餕……594
餱……594
餗……594
盬……616
盬……617
盡……617
膳……617
盤……617
齔……624
豎……624
察……647
寂……647
寐……647
窳……647
寞……647
窶……647
寬……647
窒……647
寮……647
廢……680
廬……686
廟……686
曆……688
匱……688
闇……690
閱……690
闞……690
闌……690
辜……696
瘠……700
瘣……700
瘨……700
瘨……700
瘠……700
牆……701
鍫……707
鋪……708
鑒……708
鋅……708
鋌……708
鋥……708
錍……711
賜……725
賞……731
賫……731
賙……732
賦……732
賣……732
賢……732
賢……732
璃……736
璜……736
璋……736
輟……739
輦……740
輅……741
輯……741
艣……750
履……750
軨……754
截……754
禰……759

鞱……764
賫……764
鎓……765
縅……766
醆……804
黔……805
黚……805
隫……811
横……848
魯……852
奭……854
暴……865
撲……867
彈……873
𡣍……882
劏……889
戩……893
罽……893
樐……897
齔……897
𣄴……908
旖……908
旃……908
敹……912
斠……944
臯……982
複……982
鼢……985
溍……1010
滈……1010
潦……1010
漂……1010
漠……1012
甍……1021
燙……1023
麃……1023
燖……1023
燧……1023
朁……1024
熿……1025
觥……1025
場……1032
墬……1033
墜……1033
章……1033
墨……1033
隺……1033
塱……1033
醛……1033
墧……1033
墢……1033
嶛……1034
章……1033
𥁕……1037
𦇧……1040
隔……1042
隥……1044
隊……1044
隞……1044
隣……1044
隵……1044
隱……1044
鄓……1054
鄭……1054
鄰……1054
鄱……1054
鄯……1054
鄘……1054
鄲……1054
鄩……1054
鄦……1054
鄧……1055
鄭……1055
駿……1059
陽……1059
嶙……1059
𥿦……1060
駢……1063
駟……1063
駮……1063
駒……1063
犪……1065
獛……1068
豬……1070
豵……1070
豨……1070
號……1073
慶……1077
罾……1078
審……1079
蔑……1086
駁……1087
鳶……1088
鵬……1088
鵬……1088
鮁……1090
鳥……1090
蝠……1092
螾……1092
蜡……1093
齒……1098
鯸……1100
莽……1112
蘒……1114
蓸……1114
蕽……1114
蘆……1114
蔢……1114
蒧……1114
蓼……1114
蔵……1115
稻……1128
鯀……1130
槿……1143
虢……1144
樛……1144
樂……1144
樫……1145
箟……1164
篩……1164
箭……1164
齎……1179
嘼……1184
褣……1186
㙒……1187
憮……1246
厭……1273
廄……1288
鼎……1289
圜……1296
隸……1304
徵……1389
醇……1433
醮……1433
隮……1433
竭……1468
暮……1469

十六　畫

儕……263
褱……280
䯨……284
頔……284
縣……285
頜……286
頤……288
頲……288
頭……288
頪……288
顯……288
瀕……288
頡……288
頸……288
嬻……316
嬛……319
嬴……319
嬌……319
嬑……319
默……330
歇……330
親……347
賺……348
臺……359
臺……359
鬄……365
冀……369
髭……369
賓……379
叡……379
勲……419
導……422
敵……433
敵……434
整……434
鼈……434
斁……434
敷……434
數……435
毀……440
擁……440
攄……449
叡……451
蘒……452
擘……452
犀……452
擇……452
毳……458
興……458
疃……463
犨……463
趢……469
趣……469
趨……469
醘……474
邁……479

遷…………… 481
遪…………… 481
遮…………… 481
遹…………… 482
遺…………… 482
遬…………… 482
徻…………… 491
衡…………… 495
諉…………… 513
諍…………… 516
諾…………… 516
諫…………… 516
諻…………… 516
諱…………… 516
諡…………… 516
諧…………… 516
諔…………… 516
謹…………… 516
諹…………… 516
諶…………… 516
諴…………… 518
謷…………… 522
憙…………… 526
憲…………… 527
憾…………… 527
懑…………… 527
憷…………… 527
噩…………… 565
器…………… 566
膝…………… 591
膳…………… 591
奮…………… 592
餘…………… 594
餧…………… 594
罵…………… 599
燁…………… 599
甗…………… 604
鬳…………… 604
錳…………… 614
盥…………… 618
盦…………… 618
盧…………… 618
橮…………… 618
盫…………… 620
匴…………… 620
甑…………… 625
窴…………… 647
竅…………… 647
竇…………… 647
竊…………… 647
竆…………… 647
窺…………… 647
窶…………… 647
竈…………… 647
竆…………… 647
竄…………… 648
窼…………… 648
寤…………… 679
寱…………… 680
窒…………… 680
寫…………… 680
歷…………… 687
曆…………… 688
廡…………… 688
闊…………… 690
闈…………… 690
閼…………… 690
闌…………… 690
瘟…………… 700
糞…………… 702
錀…………… 707
鉚…………… 708
鍋…………… 709
鍊…………… 709
鍺…………… 709
鍽…………… 709
錕…………… 709
錇…………… 709
錫…………… 709
鋸…………… 709
錐…………… 710
鍁…………… 710
錍…………… 710
錳…………… 710
賡…………… 732
賭…………… 732
賵…………… 732
賫…………… 732
璵…………… 736
艦…………… 750
艕…………… 750
褰…………… 759
褋…………… 759
齡…………… 760
蓊…………… 760
滕…………… 766
縪…………… 766
縈…………… 766
縷…………… 767
靜…………… 855
鍼…………… 864
戴…………… 864
戰…………… 867
戮…………… 867
戲…………… 867
戳…………… 867
戴…………… 867
蠹…………… 867
矰…………… 882
辦…………… 889
劑…………… 889
斲…………… 892
斷…………… 892
斳…………… 892
斸…………… 893
旛…………… 908
旟…………… 908
旝…………… 908
翰…………… 909
甏…………… 953
禦…………… 982
禬…………… 983
禪…………… 983
魁…………… 985
霱…………… 986
霝…………… 987
馛………… 1010
霂………… 1011
濁………… 1011
澧………… 1011
濡………… 1011
穲………… 1015
臏………… 1023
燏………… 1023
燎………… 1023
燛………… 1023
燔………… 1024
燻………… 1024
僡………… 1033
壁………… 1034
嬰………… 1034
瞏………… 1034
彊………… 1038
隥………… 1044
鄹………… 1053
鄉………… 1055
鄂………… 1055
鄸………… 1055
鄴………… 1055
鄹………… 1055
鄺………… 1056
駱………… 1063
騗………… 1063
駿………… 1063
獮………… 1066
豲………… 1066
豩………… 1070
貉………… 1070
魯………… 1071
魯………… 1071
虤………… 1074
虜………… 1074
虞………… 1074
虥………… 1074
虦………… 1076
豫………… 1077
麇………… 1077
鼂………… 1088
鴝………… 1088
鴩………… 1088
鵬………… 1088
鴟………… 1088
鵀………… 1088
鴻………… 1088
鮦………… 1089
鳳………… 1090
鮎………… 1090
臉………… 1092
蝨………… 1093
螽………… 1093
雒………… 1096
雔………… 1096
霍………… 1096
奮………… 1097
燕………… 1098
龍………… 1106
蕃………… 1114
歡………… 1114
蔡………… 1115
蕁………… 1116
積………… 1128
蓺………… 1129
穆………… 1129
穌………… 1130
椿………… 1144

澩…………1144
橛…………1144
塋…………1147
楙…………1147
篩…………1164
篚…………1173
篙…………1173
築…………1173
槃…………1175
糙…………1178
糗…………1178
橐…………1178
廩…………1184
薔…………1184
舊…………1275
盥…………1276
羲…………1280
羲…………1280
營…………1294
圝…………1295
歔…………1296
麵…………1299
肅…………1304
鬆…………1309
脊…………1309
辥…………1387
學…………1423
醑…………1433
醥…………1433
醒…………1433
盬…………1433
蓢…………1461
瞫…………1469

十七 畫

償…………263
傾…………288
嬻…………316
嬭…………319
雙…………319
嬰…………319
嬉…………319
臨…………324
墳…………334
顆…………347
趨…………366
獲…………419
獲…………419
燮…………420
燮…………420
斂…………434
斆…………434
歐…………434
斀…………434
斄…………434
歜…………434
鐰…………434
貑…………440
磨…………449
鼻…………451
鼼…………452
齃…………452
劘…………454
鼛…………460
鼢…………461
齓…………467
趨…………469
趤…………469
趲…………469
趨…………470
趨…………470
趩…………470
趲…………470
蹶…………477
遭…………481
遽…………482
違…………482
還…………482
衛…………495
謌…………513
諳…………516
諸…………516
謣…………516
韓…………516
憲…………527
懑…………527
懋…………527
懂…………527
嚳…………564
嚇…………564
啟…………564
襄…………566
曆…………573
鹹…………575
梟…………581
膺…………591
臂…………591
餐…………594
餳…………594
餅…………594
餔…………594
甗…………599
斠…………604
爵…………611
甕…………611
盪…………618
濾…………619
墓…………619
盭…………619
無…………620
糙…………620
盡…………622
盤…………624
斣…………628
寶…………648
餅…………648
寬…………648
魔…………686
麇…………686
塵…………686
犀…………688
豪…………696
臺…………696
癃…………700
瘤…………700
瘡…………700
臍…………702
鍾…………710
錫…………710
錁…………711
鐐…………711
鍠…………711
鍴…………711
録…………711
鍞…………719
賟…………723
賫…………732
賬…………732
賵…………732
賸…………732
環…………736
輿…………741
轉…………741
輶…………741
韗…………753
韓…………754
褻…………759
褎…………759
褰…………759
襄…………759
鷵…………760
繁…………765
縱…………767
總…………785
縲…………785
繇…………800
翻…………800
翿…………801
翮…………801
戲…………867
彌…………873
彊…………873
彋…………874
劗…………889
豲…………893
螯…………912
簪…………971
齋…………982
魈…………985
霝…………987
賣…………988
濕…………1011
濯…………1011
濶…………1011
濟…………1011
粲…………1024
墾…………1033
艱…………1035
曆…………1037
疊…………1037
隱…………1044
鄭…………1055
騆…………1064
騁…………1064
舉…………1064
獮…………1067
獸…………1068
隰…………1069
曌…………1070
豢…………1070
廬…………1076
龍…………1076
麇…………1077
獻…………1078
鴿…………1087

髆……1087
骼……1088
鵰……1089
鮮……1090
虪……1090
鮇……1090
龜……1090
蟲……1092
蚸……1092
雖……1093
蜳……1093
蟰……1093
翼……1106
薑……1114
蕢……1116
蕺……1116
薪……1116
薛……1116
藉……1182
積……1130
檢……1144
檜……1144
鎣……1147
篢……1173
糌……1174
綠……1175
糠……1175
橐……1178
翻……1179
藉……1182
廪……1184
牆……1185
膠……1259
黨……1262
彰……1272
匽……1273
匱……1273
隸……1305
鑫……1308
龠……1308
醬……1433
酷……1433
醖……1433
膻……1462
鼎……1468

十八畫

儇……263
顛……288
顚……288
顏……288
類……288
嬣……319
嫣……319
歸……322
邀……330
顒……347
競……349
艘……365
歎……429
數……434
歟……434
歔……434
噭……434
邀……439
毆……439
歸……463
遻……483
璺……483
趨……470
趢……470
趩……470
趬……470
遯……475
邉……482
遭……482
邊……482
遶……483
邊……483
徿……492
謹……518
諻……522
憠……527
憤……527
䤝……533
嘕……564
職……575
冀……585
腴……591
膞……592
餗……594
翯……599
磪……604
黹……604
觴……611
盤……617
鎜……617
遷……620
甕……620
篕……620
盥……623
豐……624
嬗……629
癖……648
竅……648
竈……680
麞……687
闕……690
闔……690
癰……700
臘……702
踝……702
鍥……711
鍬……711
鎔……711
鎬……711
鎛……711
鎣……711
鍨……711
鎗……711
鏃……719
瞰……732
贊……732
贇……733
僨……733
鏊……735
璧……736
鞄……741
蕞……750
鞣……753
織……765
繖……785
繭……785
繸……785
繇……800
翰……805
翻……805
韓……805
鞬……848
戳……867
彌……873
劃……889
劉……889
罍……893
旛……908
旟……908
旜……908
覷……940
禮……982
魖……985
魏……985
濾……1011
濫……1011
濼……1012
彙……1015
壘……1033
墇……1034
鄲……1055
鄽……1055
鼈……1057
礓……1058
譚……1059
曡……1059
騅……1064
騎……1064
騡……1064
颿……1064
䍶……1066
獏……1068
與……1068
獲……1068
獵……1068
豪……1070
虢……1074
虢……1074
虪……1076
貙……1076
麐……1077
藿……1086
舊……1086
鷊……1088
鶐……1088
鴛……1088
鵑……1088
鵝……1089
鵖……1089
鯀……1090
鼃……1091
黿……1091
鼇……1092
巂……1096
離……1096
雞……1096
雗……1096
瞽……1098

蔫…………1116
嘉…………1116
僕…………1116
櫅…………1145
簟…………1173
籀…………1173
籓…………1173
糕…………1175
糧…………1175
藉…………1182
蕃…………1185
覆…………1299
醒…………1433
鬲…………1469

十九 畫

儥…………263
顛…………289
顚…………289
巔…………289
糞…………291
嫜…………317
孃…………319
嬞…………319
嬤…………320
端…………334
屢…………336
對…………422
歛…………434
獥…………434
敫…………434
敫…………434
爵…………454
趫…………470
趯…………470
還…………483
蝁…………494
孆…………497
嬰…………497
謎…………516
譙…………516
䜌…………516
憭…………525
嚴…………566
嬰…………586
饉…………594
饈…………594
盩…………620
齍…………622
盬…………622
盪…………622
鬵…………623
鑑…………623
鎗…………624
櫑…………624
歸…………625
蘐…………626
竊…………648
竅…………648
寱…………679
廬…………687
闞…………690
癟…………700
礦…………708
鏙…………711
鏓…………711
鏐…………711
賦…………732
贎…………733
贈…………733
贊…………733
轃…………753
轉…………753
繡…………764
絲…………785
褱…………800
燵…………882
龔…………888
劙…………889
劉…………889
羅…………893
齵…………897
旛…………908
旃…………908
旝…………908
旜…………908
瀗…………1010
瀘…………1012
瀕…………1012
瀞…………1012
爍…………1024
壞…………1033
難…………1035
韜…………1035
韔…………1035
疇…………1037
疆…………1038
彊…………1038
隴…………1044
鄱…………1054
鄰…………1055
鄰…………1055
鄙…………1055
巇…………1059
鷊…………1064
犢…………1065
貕…………1074
豫…………1077
麇…………1077
貉…………1078
貔…………1078
獸…………1078
鷄…………1088
鼀…………1091
黿…………1091
嬴…………1095
羸…………1095
鶮…………1096
齗…………1099
薄…………1116
櫓…………1145
櫯…………1145
櫟…………1145
機…………1145
麓…………1147
藨…………1147
虢…………1174
毇…………1175
豐…………1295
醭…………1299
鬃…………1309
辭…………1387
疊…………1469

二十 畫

顥…………289
嬬…………319
嬃…………319
體…………323
覻…………347
徽…………434
黴…………434
斆…………435
龏…………453
舜…………454
鼎…………455
飄…………461
邀…………483
邇…………483
纂…………512
譁…………518
譣…………518
議…………518
譙…………518
膺…………518
競…………520
懽…………528
嚷…………564
囂…………568
聶…………581
曦…………585
臚…………592
臂…………592
饋…………594
饑…………595
饒…………595
鬘…………611
饕…………613
鐊…………618
盤…………622
鬵…………623
罌…………624
罍…………624
寶…………648
竉…………679
廱…………679
寵…………679
闞…………690
闟…………690
瀵…………702
鐘…………711
鐍…………715
鏷…………715
鍊…………715
鐀…………719
礐…………754
襮…………759
繼…………804
黛…………855
黨…………855
彌…………873
羅…………893
旜…………908
旟…………908
旗…………908

旝…………908
旟…………909
鼇…………912
瀼…………1012
瀷…………1012
鏺…………1024
鐓…………1024
隮…………1045
隱…………1045
隬…………1045
䢸…………1055
酈…………1055
鄹…………1055
獵…………1067
獻…………1068
鱻…………1071
朁…………1075
艗…………1088
黿…………1092
鼂…………1093
羸…………1095
贏…………1095
嬴…………1095
觿…………1096
觸…………1100
蘇…………1116
蘋…………1116
穖…………1130
櫨…………1145
雕…………1293
礐…………1309
醴…………1433

二十一 畫

鼆…………288
顧…………289
顡…………289
孄…………319
屭…………336
劙…………344
覰…………348
覼…………348
觀…………348
醫…………370
變…………428
歔…………434
歗…………435
歕…………435
衢…………483
邊…………483
邐…………483
徿…………492
譽…………518
譢…………518
譵…………518
懸…………527
懽…………528
懼…………528
囂…………568
嚻…………568
隮…………585
鐻…………586
鬻…………599
贈…………605
鬵…………622
鬷…………622
鬺…………624
甗…………625
鬸…………628
寷…………679
竇…………679
竊…………679
竅…………679
竁…………679
竀…………679
竈…………680
闢…………690
癲…………700
鐰…………709
鐊…………709
鑠…………711
鐺…………715
鑰…………715
鐱…………715
鐸…………715
鐶…………719
贙…………734
彝…………767
𩰲…………804
贑…………848
黷…………855
鬣…………867
旟…………909
襬…………982
霹…………988
灂…………1012
纍…………1016
䕙…………1024
黬…………1031
韣…………1032
蠱…………1034
醫…………1040
隮…………1045
礦…………1058
麝…………1077
麗…………1078
麤…………1078
鼷…………1078
艦…………1088
鰥…………1090
鼉…………1092
蠭…………1093
蠳…………1093
鷄…………1096
齜…………1098
屬…………1101
蘗…………1116
籥…………1173
籟…………1173
籣…………1173
龕…………1308
醺…………1433
醻…………1433
霸…………1461

二十二 畫

鼲…………289
孎…………320
孂…………320
覿…………348
數…………435
歡…………435
彝…………454
邁…………483
邋…………483
讅…………518
譎…………518
聽…………574
龔…………594
饔…………595
鬻…………599
鬶…………599
鑊…………599
齇…………606
齋…………606
懿…………611
鑪…………619
齎…………622
盤…………622
寶…………679
竊…………679
竇…………679
臺…………696
孿…………702
鑼…………715
贓…………723
贕…………732
贖…………733
糶…………742
轢…………742
繼…………785
鬱…………855
黰…………855
旛…………909
霡…………941
旟…………971
祈…………971
霰…………988
瀼…………1012
灘…………1012
爙…………1024
爞…………1024
隱…………1045
巒…………1059
玀…………1068
玁…………1076
綮…………1077
靡…………1078
翟…………1087
鷮…………1088
鑰…………1093
贏…………1095
藕…………1116
龢…………1130
欏…………1145
蘺…………1147
囊…………1179
豅…………1387
孿…………1422

二十三 畫

顯…………289
孅…………320
歠…………330
讌…………518

讕……519
醫……534
龔……576
蘚……594
饑……595
饐……595
鬻……599
髈……604
藨……604
鍏……619
蠹……623
鑐……624
竈……679
竇……679
亹……690
闖……690
齳……699
鑄……715
鑑……718
鏞……718
鑯……718
贙……733
贕……734
贒……734
瓚……736
韟……755
襲……759
鱸……760
鱳……761
繡……766
纕……785
聾……865
旟……908
髓……944
鬟……1016
鬢……1016
鷞……1024
夔……1024
豬……1032
韞……1035
龓……1077
鼉……1079
鷲……1088
鱉……1092
鱹……1096
鬻……1100
譽……1309
劚……1470
齯……1475

二十四 畫

顰……289
顲……291
歡……330
黴……435
黴……435
邏……483
讌……519
讑……519
讐……519
躐……568
鬻……599
髕……604
鬣……604
寶……679
壐……679
鐳……709
贛……734
靈……941
鄷……1054
鄺……1055
鸛……1076
鸇……1088
鷂……1088
蠷……1093
鰱……1096

二十五 畫

觀……348
黴……435
趯……470
趯……470
謲……522
鬻……599
鑒……622
鑪……622
鑐……624
廳……645
廳……645
鑲……709
鑵……718
鑷……718
鑐……719
齺……800
彏……873
龔……1023
鸃……1088
鷽……1088
鼉……1092
鼈……1092
鱷……1093
蠼……1093
龡……1309
龣……1309
醿……1433

二十六 畫

顲……291
顳……291
讜……519
龢……522
鑊……595
鷊……611
孿……691
韤……755

韡……759
纜……785
驢……1064
鷸……1088
䕩……1300

二十七 畫

讙……522
鑾……718
劙……890
韤……1035
鱣……1093
釁……1101
釁……1309
釁……1309

二十八 畫

闣……461
纛……512
鬻……599
灩……909
鬢……1016
齇……1035
豶……1478

二十九 畫

巗……323
鬻……599
鬱……614
竇……679
闟……690
鑶……719
犪……1024
鄺……1055
贖……1179
爨……1300
龡……1309
龤……1309
龥……1309

三十 畫

鸝……459
鬻……599
鬻……599
髏……606
齾……622
驫……1064
鸞……1088

三十一 畫

黷……855
黳……855

三十二 畫

厵……688

三十三 畫

瓛……736
鱺……804
鬰……1078
鱻……1090

三十四 畫

龗……941

三十六 畫

顳……291

三十七 畫

䲜……1090

三十八 畫

靐……941

無筆畫

[illegible]……228
[illegible]……255
[illegible]……255

…… 463
…… 467
…… 471
…… 477
…… 483
…… 485
…… 485
…… 491
…… 492
…… 492
…… 492
…… 492
…… 492
…… 492
…… 492
…… 494
…… 495
…… 497
…… 498
…… 498
…… 499
…… 514
…… 553
…… 553
…… 554
…… 563
…… 564
…… 564
…… 564
…… 564
…… 564
…… 565
…… 565
…… 566
…… 566
…… 566
…… 566
…… 566
…… 566
…… 566
…… 576
…… 576
…… 581
…… 581
…… 585
…… 586
…… 586
…… 593
…… 607
…… 612
…… 614
…… 615
…… 615
…… 616
…… 622
…… 622
…… 622
…… 622
…… 622
…… 622
…… 622
…… 622
…… 622
…… 622
…… 622
…… 623
…… 623
…… 623
…… 623
…… 623
…… 623
…… 623
…… 623
…… 623
…… 623
…… 623
…… 623
…… 623
…… 626
…… 626
…… 629
…… 630
…… 630
…… 630
…… 644
…… 679
…… 679
…… 679
…… 679
…… 679
…… 679
…… 679
…… 686
…… 687
…… 687
…… 688
…… 688
…… 688
…… 690
…… 691
…… 698
…… 698
…… 698
…… 698
…… 699
…… 699
…… 699
…… 701
…… 702
…… 702
…… 702
…… 719
…… 732
…… 734
…… 734
…… 734
…… 734
…… 736
…… 736
…… 736
…… 736
…… 742
…… 742
…… 754
…… 766
…… 785
…… 807
…… 811
…… 842
…… 855
…… 859
…… 859
…… 861
…… 867
…… 867
…… 870
…… 872
…… 874
…… 882
…… 882
…… 890
…… 1468
…… 1468
…… 883
…… 883
…… 886
…… 886
…… 890
…… 890
…… 891
…… 892
…… 897
…… 897
…… 898
…… 907
…… 909
…… 910
…… 910
…… 912
…… 912
…… 912
…… 912
…… 912
…… 928
…… 928
…… 957
…… 968
…… 970
…… 970
…… 985
…… 985
…… 985
…… 985
…… 986
…… 1004
…… 1009
…… 1009
…… 1012
…… 1012
…… 1012
…… 1012
…… 1012
…… 1012
…… 1013
…… 1015
…… 1016
…… 1021
…… 1021
…… 1022
…… 1030
…… 1030
…… 1031
…… 1031
…… 1031
…… 1031

1471	1472	1474	1475	1475
1471	1472	1474	1475	1475
1472	1473	1474	1475	1475
1472	1473	1474	1475	1476
1472	1473	1474	1475	1476
1472	1473	1474	1475	1476
1472	1473	1474	1475	1476
1472	1473	1474	1475	1476
1472	1473	1474	1475	1476
1472	1473	1474	1475	1476
1472	1473	1474	1475	1476
1472	1473	1474	1475	1476
1472	1473	1474	1475	1476
1472	1473	1474	1475	1476
1472	1473	1474	1475	1476
1472	1473	1474	1475	1476
1472	1473	1474	1475	1476
1472	1473	1474	1475	1476
1472	1473	1474	1475	1476
1472	1473	1474	1475	1476
1472	1473	1474	1475	1476
1472	1473	1474	1475	1476
1472	1473	1474	1475	1476
1472	1473	1474	1475	1476
1472	1473	1474	1475	1476
1472	1473	1474	1475	1476
1472	1473	1474	1475	1476
1472	1473	1474	1475	1476
1472	1473	1474	1475	1476
1472	1473	1474	1475	1476
1472	1473	1474	1475	1476
1472	1473	1474	1475	1476
1472	1473	1474	1475	1476
1472	1473	1474	1475	1476
1472	1474	1474	1475	1476
1472	1474	1474	1475	1476

後　記

本書的編撰，从對《集成》做釋文開始，到全書的完稿、出版，前後大約經過了 10 年時間，真可謂是十年磨一劍。

回顧這 10 年走過的歷程，是十分坎坷的。全書約 250 萬字，主要是在前六年完成的。這樣一部相當分量的書稿，全部是用手工勞動一點一點地摳出來的。别人休假我不休，别人看電視電影我不看，甚至有時連每年例行的體檢也捨不得時間去，真可以説是用拚命精神在拚搏。當有的朋友知道我開始搞這大部頭的《引得》時，都感到非常驚訝，懷疑我一個人能否啃得動這塊硬骨頭。有一位朋友曾對我説，現在没有人會幹這種傻事的。我却對从事這項工作充滿了自信，决心傻幹一場。

不幸的是，到 1995 年底，眼睛出了問題。由于眼壓過高，而且難以控制，造成了視力模糊，必須及時做青光眼降壓手術。這時，書稿還有一個項目，即《金文編》與《引得》的對照表還没有做。爲了防止手術發生意外而致失明，必須趕在做手術以前把這個對照表搶出來，免得留下遺憾。這時，我已病眼昏花，看材料相當吃力了。爲了搶進度，日夜兼程，視力因此而越來越糟，弄不好馬上就會帶來失明的危險。我這時閃過了一個念頭，要奮鬭，就會有犧牲，要倒就倒在戰鬥的崗位上，瞎就瞎得其所，决不後退一步。想到這裏，悲壯的熱淚不禁奪眶而出，浸濕了稿紙。我横下一條心，立即擦乾眼淚，又投入了這最後的一戰。經過 1 個月的日夜奮戰，十萬字的對照表終于在住院手術前趕寫出來，全書終于得以完稿。

从 96 年至 98 年，在短短的 3 年時間裏，我先後 7 次住院，做了 10 次手術，可謂是多災多難。前九次是眼睛手術。可憎的惡性青光眼不斷肆虐，反覆惡化，使我不斷陷入困境。有時連大夫也跟着着急，追着找我做手術。可每做一次手術，視力就降低一點。最後，左眼終于完全失明，右眼視力也岌岌可危，降到了國際公認盲人視力標準 0.08 上下，成爲一個“準盲人”。然而，禍不單行，1998 年底又患上了濕疹癌，不得已又做了 3

年中的第 10 次手術。這時,不但視力低到了極點,體力也因頻仍的手術而衰弱到了極點。

這 3 年,只寫了五六篇小文章。紀念于老、徐老、容老的文章,香港第三次年會的文章、《中國古文字研究》1 期的文章,都是這個時期發表的。有的是舊作校定後發表,有的是新作。《甲骨文字新解二則》就是新寫的。此文字數雖不多,因爲考釋了六百個甲骨文,翻閱了大量資料,耗費了很多精力。本來想仿效于老,寫《續甲骨文字釋林》一書,以紀念恩師,可惜眼睛不争氣,只能把寫作提綱拋出來,向大家請教。這篇文章的寫作用了 1 個多月時間。校對則是在醫院手術過程中做的。當時,病友對我深表同情,責備我家屬不懂事,不能再讓病人寫什麽文章了。妻爲此感到委屈,但她是瞭解我的心的,知道機會可能不多了,决不能讓我辛辛苦苦得來的這些研究心得白白埋没掉。這幾年,凡是領導和友好,見了面没有一個不規勸我,不要再搞什麽業務了,保住一點視力,好好安度晚年。

也許是受 A 型性格的驅使吧,我對古文字有着一種執着的追求。雖然生性不敏,頗能自勉奮進。現在視力是差一點,但並没有達到一點都不能幹的地步,那就不能止步,克服困難,哪怕像蝸牛,也要慢慢地向前爬行。

《引得》書稿 1996 年 5 月交中華書局,1999 年初納入出版計劃。因此,从 99 年 6 月開始,我重新校訂和抄寫了釋文,並對引得作了相應的修訂。原來收單字 4 924 個,調整後變爲 4 972 個。主要是把原來所收的僅存半個偏旁的殘字删去,把六七個獸形銘文爲書寫和印刷方便都收入到獸字條內。此外,還删除了個别重出和誤釋的字。單字的順序也作了個别調動。牽一髮而動全身,所以我對原有引得的前後部分實際又重新删改、調整和抄寫了 1 遍。包括釋文在內,工作量實際又有七十萬字之多。這對一個"準盲人"來説,自然是非常艱巨的任務。馬虎一點,原封不動地端出來,也不是不可以。但爲了把近 10 年來古文字研究的成果吸收和反映出來,爲了把失誤減少到最小程度,爲了使引得的質量進一步提高,我甘願"自討苦吃"。

在新編的引得中,我又把自己近年來所考釋出來的近 600 多個金文補收進去,从而使新識金文由原來的四百多個增加到一千多個。這就大大增強了《引得》的學術水準,對提高《引得》的質量大有好處,對金文研究也將産生重要影響。下面選擇若干字重點作些説明。

⿹戈隹和⿹戈尚,過去都以爲是不認識的字。尤其是⿹戈尚字,是金文中多次見到的常見字,然而對其音讀字義却一無所知。根據戴字或體作⿹戈異,載字或體作⿹戈車(由⿺走𢦏或作越爲證)可知,戈部字與𢦏部字往往可通。戈之作𢦏,上面增加"才"字作聲符,是文字聲化的演變過程。故⿹戈隹即截、⿹戈尚即⿹𢦏尚。賞賜銘文中"戈琱⿹戈尚"之⿹戈尚我隸定爲⿹𢦏尚。⿹𢦏尚字《説文》訓爲"大臠”，即大塊肉。戈之蔵是指較寬厚的枘部。“戈琱蔵”是指戈枘部加以琱琢刻鏤而言。蔵字音義的解决，爲銘文詞語的通讀創造了條件。

字很奇特難認，然其音義也不是不可解决的。按班毁“或人”之或从戈、从，可證即呈。呈古亦作姓氏名，與銘文族氏名之也相吻合，之釋呈更爲有據。“或人”與叔尸鐘“或徒”之或，均當讀爲“趨”，訓走，即今人所説的步兵。金文从呈之字還有邍、䧳、御、逞、郢、鋥等字。

與呈字形近之，上面不从口，而从圓圈形，不能與呈混爲一談。此字應隸定爲呈。从爿、从呈之䐯就是痓，訓爲病。在古文字中，疒字頭原本都从爿。甲骨文之疾字和西周金文之瘵字，就作一人躺卧在爿（牀）几之形。所以金文中的粪就是瘼，兆就是疣。這是没有什麽問題的。考釋古文字，既要摳一點一畫，但又不能拘泥于一點一畫，必須着眼于古文字發展總的脉絡。這就叫做原則性與靈活性的辯證統一。用自然科學的術語講，這就是模糊邏輯。

古文字複雜多變，同一個國名或人名用字也並不十分固定。用今天的眼光看，似乎有點不可理解。這是由古今習俗、理念不同所造成的差異。古人重音不重形。有一個族氏名就有綮、綏、郄、侫五六種不同的寫法。綮字从糸、从吒聲。吒、詫音義皆近。故綮就是綻，後省作綻。它是綻的繁構初形。奚音必與之相同，就也應是驚詫之詫的會意字。它作一人把手伸過來因驚詫而側頭躲閃之形。綮字確定其音讀之後，綏可確定爲从詫省聲之綻。侫可定爲从人、从詫省聲之侘和侂。瘓則可確定其爲从疒、从詫省聲之瘥。這幾個字就均可得到比較可信的釋讀。找到一個突破口以後，一連串的文字便可迎刃而解。

這種情况還見于問題更加棘手的以下幾個字。齊魯之地有一個小國，其名或作，或作。這倆個字形體書寫煩難，連隸定也困難，幾乎令人不知从何談起。主要原因是被這個偏旁所困擾。這個偏旁其實就是“敢”字所从。“敢”字只不過在下部多加了一個聲符“甘”。所以，它應該就是“敢”字初文。商代金文之字或釋爲“敢”，是正確的。其上面之就是敢字初形。敢本義是斷手，故从又（手），並在又（手）上加一横劃，以示斷意。在古代戰争中，軍功除了生擒戰俘外，殺掉多少敵人，其憑證有三：一是斬殺人頭，二是割取耳朵，三是砍取其手。馘、聝、戒 3 字就是這 3 種情况的生動寫照。斷其手爪以表軍功，這是勇敢者的行爲，所以敢字就寫成、。下从史（即事），表示斷手的行爲就是勇敢。這是個會意字。到西周時期，出現了从、从甘聲的形聲字（見頌壺和師瘨毁），从、从又、从甘聲（甘口古同字）的形體，增加了“又”（手）表示截取，則是其增繁體。由此可證，、就是敢字。這個字形確認以後，上述兩個難字就可隸定爲徹和黴。後者就是黴字。徹字火焰切。與从彳、从嚴聲的黴字音近可通（玁狁之玁金文或作从敢聲的厰可證)。徹字訓危,與行走在巖石之上的黴義訓也當相近,有可能就是同一個字的不同寫法,故可互作。金文中還有一個从彳聲、从炎(㸚)的鏉字,應該就是从黑、从敢的黷字。㸚爲黑色,㸚黑義近,故義旁可互作。敢字原始形旁確定之後,金文中的徹、黴、鏉三字的音讀義訓就涣然冰釋。

聯帶要提一下金文中从户的㡤字。㡤字从户从僕聲,應爲礦鏷之鏷的初文。在殷墟甲骨文中,它从户、从璞聲。故有的學者曾直接把它隸定爲璞字。"璞周"讀爲"撲周"。璞是未治之玉。鏷字舊訓爲未治之生鐵。西周中期金文中的鏷則是指礦鏷。那個時候根本不知鐵爲何物,所以不可能有生鐵的概念。生鐵當是後來的義訓。从菐聲的字都有撲擊、未治和原始意。原因就在于這個字根是礦鏷(礦石)之鏷。其它字義是从中引伸出來的。㡤如果是璞玉專字,似不必再从户旁,从玉旁足矣。我認爲㡤很可能就是玉石礦鏷的專字,是㡤字的前身,二者爲古今字。可見釋璞未必是確詁。㡤和㡤字,過去由于對户旁尚未認識,連隸定也隸定不出來,對其字義和演變情況更是茫然。

䜌字是綿縺之縺的初文,字本像絲連不解之形。縺、連在典籍中音同字通。所以,中山王器"殃遳子孫"之遳釋連是對的。基于這種認識,我把金文中的𨚔釋爲从人(人、卩義符相通)、从連的健,把㴸釋爲从水、从健省聲的漣,把𢹿釋爲从挑手、从連的摙,應該説是順理成章的事。

㝊、㝊二字舊以爲不識。我以爲是"字"字和學(幼)字。"巳"和"子"本來就是音義相通的兩個字。干支中"辰巳"之"巳",在早期古文字中,都以"子"字爲之。子子孫孫之子,金文有時也書作"巳",可見二者關係之密切。只要對"巳"字的造字本義弄清之後,這個謎自然會被揭穿。婦女懷胎之始,胚胎呈蝌蚪形,"巳"字就是這種形狀的寫照。等到三四個月之後,胚胎才發育成有四肢的人形。"子"字就巳有四肢,由于它作孩童包裹于襁褓之形,所以下肢並未分開。子與巳由于有這種淵源關係,所以才會音義並通,並可互作。可見㝊之釋字、㝊之釋學(幼)是有可靠的依據的。至于㝊則是㝊字的繁體,也應釋爲"字"。

由"巳"字的構形,可知古人對解剖之學已有相當的水平,不可低估。㓷字的分析,則又可知古代醫術之精妙。此字可分解爲𠬪和刀兩部分。𠬪字《説文》讀若"摽有梅"之"摽"。㓷應是从刀、从摽省聲之剽。剽《説文》訓爲砭刺,即以尖形石器或骨器針刺人體某些部位,从而達到治病的目的。有的學者曾經對新石器時代的某些骨石器,推測過其作爲醫用的可能性。這畢竟是一種推測。商代金文中的剽字的考釋,確鑿無疑地證實,商代人對穴位知識和針灸術,的確巳有了比較成熟的掌握和運用。這是很珍貴的古代醫學史料。另有一字作弜,从弓、从㓷省,根據上面的認識,推定其可能是从弓、从剽省聲的彇字。

《引得》所收金文單字，總共有 4 972 字。過去認識的大約爲 2 500 字。我新認出了將近 1 000 字。故尚有約 1 000 多字還没有認出來。我所考釋出來的新字，有的無需多説，一看便明白。例如，䂊即䂊、搖，琪即掑，𩊚即捭（牽引、拖曳車而奔走，故訓牽引和拖曳），只是丮旁、扌旁通轉；𨓋即蹦，迣即跗，只是辵旁、足旁的通轉；𡨦即竊，賔即賓，窨即宫，只是宀旁穴旁的通轉；㞋即征，屠即偐（各省口見“客新宫”之“客”），只是尸旁、人旁的通轉；鬻即㷆（府从付聲），鬻即熚，只是鬲旁火旁的通轉；媎即媄，緅即嵠（蹊），只是系旁與奚旁的通轉；㡊即瘠，只是市（芾）旁與巾旁的通轉，偃即偃，悬即悘，只是妟旁與匽旁的通轉，圂即匽，只是囗旁與匚旁的通轉（國或作國可證）；𠟭即劃，只是俎旁與宜旁的通轉（宜、俎爲一字分化）；戕即戓，只是丂旁與可旁的通轉（猗仢之即何），都比較容易理解和接受。有些字不加解釋則是不大好理解的，因此難以被人接受，下面試舉數例以明之。

黛字是銘文中的一個難字，其音義不爲人知。此字从戌（肇）、从黑。肇訓始。从戌从黑應是開始染黑的會意字。《爾雅・釋器》云“一染謂之縓。”《説文》縓訓“帛青黄色”。其色近黑，故黛字以黑爲其義符。黛、縓由會意轉形聲，是早晚字。《儀禮・喪服》“麻衣縓緣”注訓縓爲“淺絳”。吕黛鐘銘之吕黛，舊有魏絳和吕相二説。二説争持不下，各家也難斷孰是孰非。其根本原因就因爲對黛字的音義缺乏瞭解。按魏絳説是正確的。絳與訓爲淺絳色的黛（縓）是一名一字，名與字字義相關連。銘文中一個文字的考定，對確定歷史人物與器物的年代、定名等問題起到决定性的作用。過去誤釋黛爲黛，稱吕黛鐘爲吕黛鐘的説法應加訂正。

頂字最早有从頁从鼎聲作顛和从人形之上加丁聲的兩種寫法。春秋時期有一字作，左面人頭之上从丁聲，應與甲骨文中从人形从丁聲之形體相承，只是在其右面又增加了一個頁作頭部的義符。這個字過去不認識，現在則完全可以把它肯定下來。銘文“聞于頂東”即聲音傳到最東的意思，釋頂是符合銘文上下文意的，因而釋頂是正確的。這個形體爲頂字源流的研究找到了中間環節，是很有意義的。因爲過去普遍認爲从鼎聲的顛是頂字最早的形體。我考釋出了甲骨文中从丁聲的頂字以後，才知道从鼎聲和从丁聲的頂字同樣古老。這兩種字形並存，再一次證實了文字起源的多元性。由此可見，字構形雖不十分複雜，不作些解釋也不是很容易弄得懂的。

箁即箁，比較好理解，因爲甲骨文中的音旁字就从不。但對銘文中的苝字卻頗費思量。我曾經釋此爲背字，因爲北原來就是背字的本字。肩背之背因在身之後，引伸有相背、違背之意，所以可增一“不”字作違背之背的義旁或聲旁，這是可能的。但考慮到不、音偏旁相通的情況，苝字釋音（从不、从北聲）、倍也是不能輕易排除的另一種可能性。詛楚文“背盟”之“背”就正是假倍字爲之。可證背、倍音同字通。不管苝字釋背或倍，這都是一個新字，一個值得細加玩味的十分有意思的新字。由于没有文例，無法加以論定，暫時只好兩説並存。

麋字的釋讀也是個難點。它上从鹿，下从𠔿，應該是與鹿類有關的一個字。它的解决，必須从𠔿聲入手。𠔿是鏵的本字，或體作鋘。牡鹿之麌从吳聲，音俁。鋘、俁都以吳得聲。麋、麌音同，字當可通，應該是早晚字。二者只是聲符的轉换。故麋字釋麌似無大礙。麋在銘文中作國族名。這一新的國族名的確認是很有意義的。它很可能與圖騰崇拜有一定關係。

另外三個族氏名的考訂，更是饒有興味。困字不好認，是個新字。如果就字論字，目光死盯在从口、从未上面，就將會毫無解决的希望。據查，種子的種古體作穜，从禾、从困。我認爲禾旁是後加的義符，困才是其原始初形。困字从口即圍。種子被硬殼或硬皮所包裹，圍而未萌發，這正是表達了種子的基本特徵。這就是種字从口、从未的本意所在。所以，困即種子之種的會意初文。後來才在困字旁邊增加禾旁作爲禾類義符，才形成穜字。最後才變成从禾、从重聲的形聲字。種字古文有作穜的。此字左旁作圅，从未、从函(函、涵)，意爲包涵而未發，所表達的意思與从未、从口(圍)是一樣的。這是另一種的會意字。困爲種字的演變就是經歷了這種很有趣的複雜過程。種字初文的考定，對農藝史來説應是有益的。

昋字見于河南郟縣春秋早期的青銅盆內。由于它下从一手上揚的怪誕人形，上从日，過去人們幾乎是把它看成一幅圖畫或者宗教性質的畫符來看待的，所以談不上説它是什麽文字。其實它字形雖怪異，也是一個字，是一個族氏名的文字。它从夭、从日，可隸定爲昋。昋字音桂，古代有此姓氏。秦末就有人名叫“昋突”(參陳明遠、汪宗虎《中國姓氏大全》118 頁，北京出版社，1989 年)。此器當即昋氏所作。春秋時期青銅器銘文書寫族氏名的已經少見。目前所知只有兩件，另一件見于春秋早中期之交的秦器，銘文作 S 形之己字。商周時期盛行青銅器書寫族氏名的風氣到春秋時期發生突變，這個現像值得注意。這是社會大變革的歷史見證。今後應作專題討論。

最怪異和難認的族氏名當推[illegible]字。這個字在相當長一段時間內，我對它也是考慮再三而一籌莫展。經仔細反覆推敲，才得以確認它就是仉字。从人、从几可釋仉。但它不單純是人形，而是前後有雙手，一手向下，一手向上，比較難以解釋。手掌向下爲巴。手掌向上即反手爲掌。巴與掌同時存在，其音讀就難以確定。據查，仉字音義與掌字相通。這應該就是此字从掌、以掌爲聲的原因所在。至于與之相對的“巴”形，不過是一種對稱裝飾。而且巴與掌其義也相通。今天所説的巴掌即統指手，其義相當，故可相通。這就是這個字的特異性所在。所以十分難認。孟子的母親姓仉氏。説明此姓氏是很古老的。銘文中的仉字就是族氏名，這爲仉字的考定提供了堅實基礎。

銘文中从手形的怪字是不少的，例如為掌字的整體象形字，為掌字，為僕字，為抓或爪字，為扒字，為搩或揉字等等，雖然形狀各異，細加分辨，都是可以認定的。至于从𦐇、从舁之字，雖从四手，仍可釋爲𦐇字。𦐇字訓羽毛翹起，从舁是舉起的繁構義旁，後世才簡化成𦐇。古文字在漫長的歷史進程中，叠經變更，决不可以後世文字之點劃機械地去套古代的初文，必須作歷史的辯證分析。又比如説炇字，上从乙，下从火，我釋爲燕字。燕字或體作乙(乙、乚古同字)。炇字下从火，是仿效燕字下面四點而來。銘文中的"炇月"當指燕子飛來時的某一個月份。此字如果機械地用乙或燕的字形來硬套，就會失之交臂，視爲不識或不可識之字。

最後，要談談關于整體象形、整體會意、整體指事和整體形聲字的問題。古人對漢字造字曾提出過"六書"説。段玉裁進一步指出"四書爲體"、"二書爲用"的説法。這都是對文字學理論的貢獻。整體象形、整體會意字，我在《古文字分類考釋論稿》一文中已經作過論證説明。這裏不再重複。至于整體指事和整體形聲字的問題，則尚未曾有人討論過。由于事關文字學理論的大問題，故必須加以論證。

金文中有一個怪字作，下面是直立的人形，上面張大了口，口中有一指示符號小圓圈，表示這是口。此字我隸定爲曰。口字古文正作口中加一點的曰(見《字彙補》)。在商代的古文字中，指事字中的指事符號常作小圓圈。林澐同窗認爲即雁、膺，指事符號小圓圈正指向鳥的胸部，就是很好的例證。這個指事字由于口下有整體的人形，這種指事字我們稱之爲整體指事字。這樣的繁構形體，目前只見于時代較早的商代。這種類型的字雖然不多，卻很值得重視。

整體形聲字，可舉以下數例。啾字作，語字作(參拙作《甲骨文字新解二則》，《徐中舒先生百年誕辰紀念文集》32—33頁，巴蜀書社，1998年)。啾从側立人形之口，从叔聲。語字从正面直立人形之大(人)在發"言"，从五聲。這兩個字的口與言，下面都有整體的人形，所以它們都是整體形聲字。另外，爲餂的整體形聲字，舌下有側立人形。餂即甛，訓甘美。銘文"饗餂(甛)酒"即饗之以甘美之酒。由于餂是整體形聲字，一般就不認識了。最有趣的是字，中間是直立的人形大，右手持木，左手持匕，這個字歷來都解釋不了它的音義，不知其爲何字。如果思想解放一點，就可知它是另一類型的整體形聲字，把直立人形省略以後，它就是从木、从匕聲的朼(枇)字。由于我們過去對形聲字也有整體形聲字這一現象注意和研究得不够，對它就頗覺新鮮和生疏。其實像餂字所从整體象形的舌字，在甲骨文中並不少見。只不過我們對這一類現象没有加以認真的總結，以至于對這整體形聲的餂字之釋會産生意外之感。上面幾個整體形聲字説明，整體形聲字在商代古文字中，雖然不算普遍，但已有足够的例證。

整體指事字和整體形聲字，與整體象形和整體會意字一樣，結構比較原始複雜，書寫比較麻煩。它們顯然是更早階段文字的殘存和尾聲。在商代,更普遍地採用較之爲省簡的形體,以適應當時社會日益頻繁的文化交流之需。正因爲它們是商代以前即夏代文字的殘餘形態,進一步重視和研究,就具有十分重要的歷史意義和現實意義。夏代的物質文化遺存,在河南、山東等地已被廣泛發現。雖然夏代文字至今尚未發現,其出土則是早晚的事。我們對上述四種整體形態文字的研究,是爲今後研究夏代文字作好思想上和理論上的充分準備,其意義是不言而喻的。今後的事實必將充分證實這一點。

由于我考釋出了近千個金文,想要談的就實在太多,在這篇後記中顯然是不可能逐個地都講的。本來我是準備寫一本專門考釋金文單字的書的,書名稱之爲《商周金文釋林》。由于受視力所限,看來這個寫作計劃也是難以實現了。好在某字釋爲某字,我在引得一書中基本上已作了初步交待。有機會的話,我會再寫幾篇考證這些字的文章的。

也許是受老師的影響,我對古文字考釋也是情有獨鍾。思泊師教導我們,應該把不認識的字裝在腦子裏,經常注意分析和聯繫,這樣,疑難之字有時就會靈感一動,忽然貫通。這一點對我影響尤深。我不但白天經常考慮這些未識字,有時晚上做夢也在想。穢貊之貊和仉字等幾個極難認的字就是夢中所得。醒來後秉筆疾書,令人興奮不已。初看起來,似乎是神來之筆,其實是一分耕耘一分收獲。不謙虛地講,目前我可以説是認出金文較多的一個。要説基本經驗却只有16個字,即:鍥而不捨,方法得當,開闊視野,創新思維。真正堅持按照這16字去做,必然會有不菲的收獲。

古文字考釋的命中率受到主客觀各方面因素的影響,很難達到百分之百的正確。像𫚒之釋竮(并、立義旁通轉)、黴之釋黷(㚇、黑義旁通轉),以及蠷、瞎等字,旁證不多,還帶有一定假設的成分,提出來有待于今後作進一步驗證。我想,不管其正確程度如何,有解總比無解好,可備一説也是學術研究的一個進步。

根據《引得》初稿所寫的《疑難銘文擬定字一覽表》(《于省吾教授百年誕辰紀念文集》,吉林大學出版社,1996年),其中奚之釋摸,在修訂稿中已作了更正,作了自我否定。修訂稿中所釋字如有與此表所列有出入,當以修訂稿爲準。表中所列器號,也已作了些許調整和變更。

修訂後的《引得》,雖較之初稿已有較多改進和提高,但也不能説完美無缺。個別不盡如人意之處也還存在,例如,個別研究成果,像林澐所考的髟字還混雜在微字內,没有來得及吸收。個別文字的隸定也許不盡妥貼,個別釋文的句逗也許還有可商,個別文字的分合也許還有不盡合適,個别字的分部也許還欠妥,個別文字篆形的摹寫也許尚欠精確,等等。現在我已無能爲力,只能向讀者致歉。

我一生主要致力于金文基礎資料的編纂與研究。在長期的工作過程中,對金文資料比較熟悉,對金文研究成果比較瞭解,個人對金文也曾作過多方面的較深入的研究,特别是對千餘個金文單字作出了新的考釋，這些，都是我从事《引得》編寫工作的優越條件，也是此書編纂質量的基本保證。例如，我對殘缺的銘文能盡量加以適當的補足，對一般看不清的銘文能根據好拓本把它認出來，从而使上下文意得以較通順地釋讀，晉公盞、鄦侯簋銅器就是這樣的例證。同時，銘文中的某些字、詞不加正確釋讀，就不知道它表達的是什麽意思。我把"夜功"讀爲"掖功"、"鬼旟"讀爲"鬼獯"、"淍友"讀爲"婣(姻)友"、"番生"讀爲"番甥"，把賞賜物"聿"讀爲"筆"等等，都是很有創新意義的新解。另外，通過對許多難度很大的文字的考釋，使我們認識了許多國名、氏名、人名、地名和職官名。例如，我對郜(告)、復、腹 3 個國族的區分，把峙氏讀爲詩氏，對吕黛之黛考定爲縣，把吕黛確認爲魏絳等等，都是對銘文研究的新貢獻。這種例子不勝枚舉。本書既是對金文研究的一次全面總結，也可以説是把金文研究推進到了一個新的高度。由此可見，不管本書存有這樣那樣的問題，大醇小疵的評估，應該説是符合本書的真實面目和基本狀況的。

作爲一本好工具書，必須具備以下 3 個條件，即完整性、準確性和便利性。完整性和準確性已如上述，基本上是具備的。使用的方便性，我是通過分部編排、後面附以筆劃檢索和《金文編》與《引得》的對照表這 3 個方面、3 種途徑來解决和體現的。我想基本上是較好地達到了這一要求。

總之，完備、方便的工具書和代表當代最新水準的學術性的有機統一，是本書最大的特點和優點。

我寫這部書的初衷，是爲完成《古文字源流疏證》一書作舖墊、作準備。遺憾的是，這部書稿竟用去了我 10 年最好的時光，而且幾乎是用兩只眼睛換來的。甲骨文中剜目之刑的眢字，我對它曾詳加考證過。金文中的瞖、矇二字也是我考釋出來的。想不到我自己現在竟成了矇瞖之人，而且隨時面臨有因眼壓過高而挖目的危險。歷史給我開了一個大大的玩笑。真是天扼我也，徒呼奈何！《源流疏證》只完成了 1/3。現在别無選擇，這部耗時五年、已寫了約 80 萬字的力作只能就此擱淺報廢。我曾以"憤發進取，擁抱成功"以自勉。甲骨、金文《釋林》和《源流疏證》3 部書終成泡影，真是壯志暮年惜未酬了！

我是不幸的，但又是幸運的。中華書局在財政不寬餘的情况下能夠選中我的這部書，并開拓出能使這本書多快好省地得以出版的路子——電腦排印。現在《引得》一書能够較快地與讀者見面，我和讀者都應向中華書局和此書的責任編輯鄭仁甲先生表示崇高的敬意。上海杰申電腦排版有限公司沈康年總經理慨然以優惠的價格答應排印此書。電腦操作員爲此書的輸入、排版耗費了很多心力。没有他們的大力幫助，此書是很難這樣更快更好地出版的。我也要向他們表示極大的謝忱！

這本書是在世紀之交出版的，請允許我隨書捎去新世紀的祝福，帶去學術研究的方便服務，並誠懇地希望能得到讀者的教正。

張亞初

1999 年 10 月 5 日